U0920759

浙江政策年鉴

ZHEJIANG ZHENGCE NIANJIAN

2009

中共浙江省委政策研究室 编

研究出版社

编　辑　说　明

一、《浙江政策年鉴》是由中共浙江省委政策研究室编纂的省级政策性年鉴，主要收集、选编浙江省、市、县（市、区）党委、政府及省直部门制定出台的可公开发表的部分政策文件。这些政策文件反映了浙江省委、省政府和相关部门、地方的工作思路和举措，具有浙江特色，是各级党政干部、政策研究工作者的重要工具书，也是研究浙江的重要文献。

二、《浙江政策年鉴》每年出版一卷，2009卷选载2008年制定出台的部分政策文件。

三、本卷《浙江政策年鉴》，增设“年度政策综述”，文件按年度特色进行分类选编，分为“经济转型升级篇”、“全面改善民生篇”、“统筹城乡发展篇”、“建设生态文明篇”、“深化改革开放篇”、“加强党的建设篇”等。

四、本年鉴编纂工作在编辑委员会指导下，依靠省、市、县（市、区）及省直部门共同完成，谨向支持年鉴编纂工作的各地各部门表示衷心的感谢。本年鉴疏漏和不足之处，敬请广大读者批评指正。

二〇〇九年十月

省委书记赵洪祝
对《浙江政策年鉴》的批示

政策在经济社会发展中起着关键性作用。在今后的发展中，我们要坚持解放思想、实事求是、与时俱进，把中央精神与浙江实际紧密结合起来，认真研究制定好政策、学习宣传好政策、贯彻落实好政策，不断推进浙江社会主义经济、政治、文化、社会建设和党的建设。

赵洪祝

2007 年 9 月 4 日

序

李　强

《浙江政策年鉴》是省委政策研究室2007年创办的一部大型政策文献。两年来，《浙江政策年鉴》坚持以记录政策、存史资政为宗旨，把全省各级党委、政府及省直部门出台的重要政策文件编纂成册、公开出版，为各级领导机关科学决策提供了重要依据，为广大理论工作者开展研究提供了重要资料，已成为宣传浙江、研究浙江、解读浙江的重要途径。《浙江政策年鉴（2009卷）》即将付梓，谨表祝贺！

2008年是改革开放三十周年。三十年来，我省经济社会持续快速发展，实现了从资源小省向经济大省、从基本温饱到总体小康并向全面小康的历史性跨越。总结我们取得显著成就的原因，很重要的一条就是大力推进政策创新。在三十年的伟大实践中，我们坚持把中央精神与浙江实际结合起来，围绕推进中国特色社会主义在浙江的具体实践开展政策创新；坚持市场取向改革不动摇，始终把以改革促发展作为政策创新的主线；坚持尊重和保护人民首创精神，充分发挥基层和群众创造性实践在政策创新中的基础作用；坚持继承与发展有机统一，在保持政策连续性的基础上不断深化政策创新；坚持培养和造就一支高素质的干部队伍，确保政策创新的推进和落实。归结起来就是：创造性地贯彻落实中央的路线方针政策，创造性地制定实施具有浙江特色的地方政策。

本卷汇集了2008年全省各级各部门制定的重要政策文件，集中反映了我省过去一年在政策创新方面所取得的成果。2008年，由于受国际金融危机影响，我省发展遇到了前所未有的困难和挑战。在党中央的正确领导下，省委、省政府深入贯彻落实科学发展观，全面实施“创业富民、创新强省”

总战略，扎实推进“全面小康六大行动计划”，坚定信心、迎难而上，作出了一系列重大决策部署，确保经济平稳健康发展，积极推进政治建设、文化建设、社会建设和党的建设。全省各级各部门紧密结合实际，制定出台了许多具体的政策举措，切实把省委、省政府的决策部署落到实处，各项工作取得了新的进步。总的看，2008 年我省的政策创新主要围绕以下四条主线展开：

一是推进转型发展。省委、省政府紧紧抓住国际金融危机所形成的“倒逼机制”，立足于解决长期积累的结构性、素质性问题，把握发展规律、创新发展理念、破解发展难题，作出了加快转变经济发展方式、推进经济转型升级的重大决策部署，着力推动经济增长由主要依靠投资、出口拉动向依靠消费、投资、出口协调拉动转变，由主要依靠第二产业带动向依靠第一、第二、第三产业协同带动转变，由主要依靠增加物质资源消耗向主要依靠科技进步、劳动者素质提高、管理创新转变，推动浙江制造向浙江创造跨越、经济大省向经济强省迈进。同时，省委、省政府根据宏观经济运行情况的急剧变化，及时提出了“标本兼治、保稳促调”经济工作总体思路，部署了加强投资项目要素保障、完善技术改造支持政策等十个方面的重点工作，确保经济平稳增长，加快推进转型升级步伐。

二是推进和谐发展。省委、省政府始终强调坚持以人为本，把实现好、维护好、发展好最广大人民的根本利益作为一切工作的出发点和落脚点。2008 年，省委在总结为民办实事长效机制建设经验的基础上，根据人民群众日益增长的物质文化需要，作出了全面改善民生、促进社会和谐稳定的重大决策部署，明确提出了优先发展教育、积极扩大就业和促进创业、增加城乡居民收入、完善社会保障体系、提高城乡居民健康水平、加强公共文化建设、优化人居环境、切实维护社会和谐稳定等任务和举措，不断丰富城乡居民物质生活和精神文化生活，确保全省人民学有所教、劳有所得、病有所医、老有所养、住有所居，使全面建设小康社会的成果真正惠及全省人民。

三是推进协调发展。坚持统筹兼顾，协调推进经济、政治、文化、社会建设，协调推进新型工业化、新型城市化和新农村建设，协调推进发达地区和欠发达地区发展，形成协调并进、共同发展的新格局。深化文化大省建设，作出了推动文化大发展大繁荣的重大决策部署，着力建设社会主义核心价值体系、公共文化服务体系、文化产业发展体系“三大体系”，努力在建设社会主义核心价值体系、加强公共文化服务、加快文化产业发展等方面走在前列。认真贯彻党的十七届三中全会精神，作出了加快推进农村改革发展的重大工作部署，明确了今后一个时期我省农村改革发展的总体要求、目标原则和主要任务。完善欠发达地区扶持机制，出台了扶持景宁畲族自治县加快发展的若干意见，进一步加大对景宁的政策扶持力度，促进区域协调发展。

四是推进可持续发展。经过3年的努力，我省“811”环境污染整治行动基本完成，总体目标如期实现，全省环境污染和生态破坏的趋势得到基本控制，突出环境污染问题得到基本解决。2008年，省委、省政府决定以实施“811”新三年行动计划为抓手，加快形成有利于生态环境保护的产业结构、增长方式和消费模式。进一步加大污染减排和环境整治力度，对重点污染区域实施动态管理，限期完成整治任务。强化源头生态环境保护，加强林业、水利、湿地建设，提高生态质量。加大钱塘江、太湖等流域治理保护，推进海洋生态环境和生态特别保护区建设。

政策创新是推动我省改革开放和现代化建设的关键因素，是决定改革力度、发展速度、社会和谐程度的重要条件，其意义和影响已经、正在并将进一步在我省全面建设小康社会的进程中充分显现出来。各级党委、政府应当高度重视政策创新，深入研究政策创新的规律和特点，科学把握新时期新阶段政策创新的方向和重点，充分发挥政策创新在改革发展中的先导性作用，以创新实践丰富和完善各项政策，以政策创新推动实践创新。

希望全省各级各部门一如既往地支持《浙江政策年鉴》的编撰工作，使其全面系统地记录我省政策创新的历程，在传达政策精神、把握政策脉络、促进政策落实等方面发挥更大的作用。

2009年12月8日

作者系省委常委、秘书长

目　　录

年度政策综述

经济转型升级篇

·省委省政府政策·

·市县政策·

全面改善民生篇

·省委省政府政策·

·市县政策·

统筹城乡发展篇

·省委省政府政策·

·市县政策·

建设生态文明篇

·省委省政府政策·

·市县政策·

深化改革开放篇

·省委省政府政策·

·市县政策·

加强党的建设篇

·省委省政府政策·

·市县政策·

其　他

·省委省政府政策·

·市县政策·

年度政策综述

年度政策综述

2008年是我省改革发展进程中的重要一年。一年来,省委、省政府深入贯彻落实科学发展观,全面实施"创业富民、创新强省"总战略,扎实推进"全面小康六大行动计划",坚定信心、审时度势、克难攻坚,出台了一系列重大政策举措,主动应对国际金融危机冲击,推动经济社会又好又快发展。回顾这一年省委、省政府的重大政策,主要是突出了以下六个重点:

一、围绕加快经济转型升级制定政策

加快经济转型升级是省委在认真总结我省发展实践、正确把握发展规律、深入分析发展中面临的困难和问题的基础上作出的一项重大决策部署。面对国际金融危机影响不断加剧,省委十二届四次全会审议通过了《中共浙江省委关于深入学习实践科学发展观,加快转变经济发展方式,推进经济转型升级的决定》,明确了今后一个时期推进经济转型升级的总体要求、目标任务和重点举措,充分利用金融危机"倒逼机制"推进转型升级,通过加快转型升级确保经济平稳发展。为贯彻落实好省委这一重大决策部署,省政府相继制定出台了加快工业转型升级的实施意见、加快工业创新推动制造大省向创造强省跨越的若干意见、进一步加快发展服务业的实施意见、浙江省服务业发展规划(2008—2012年)、进一步加快发展现代物流业的意见,以及自主创新能力提升行动计划、重大项目建设行动计划等政策文件,进一步加大对调整产业结构、要素结构和需求结构的引导和支持力度,积极营造有利于经济转型升级的政策环境。

二、围绕全面改善民生制定政策

2008年4月,省委十二届三次全会审议通过了《关于全面改善民生促进社会和谐稳定的决定》。省委作出的这一重大决策部署,充分体现了以人为本的理念,体现了构建社会主义和谐社会的要求。根据省委的精神,省政府出台了一系列改善民生的政策,如实施公民权益依法保障行动计划、基本公共服务均等化行动计划和低收入群众增收行动计划,实施残疾人共享小康工程的意见,建立健全覆盖城乡居民的养老保障制度的意见,做好就业工作促进社会和谐的实施意见,加强和改进进城务工人员子女教育工作的意见,加快推进养老服务体系建设的意见,进一步加快学前教育发展全面提升学前教育质量的意见,进一步建立健全困难群众基本生活价格补贴机制的通知等,省委办公厅印发了全面实施"强塘固房"工程的意见,为使全面建设小康社会成果惠及全省人民提供了重要的政策保障。

三、围绕推进统筹发展制定政策

省委、省政府坚持总揽全局、统筹规划,围绕牵动全局的重大问题和发展中的紧迫问题,制定出台了许多政策举措,促进现代化建设各个方面相协调。省委办公厅印发了开展"千镇万村种文化"活动的意见。在民主法治建设方面,省委办公厅印发了建立健全村级民主监督组织加强村级民主监督试点工作的意见。在统筹城乡发展方面,省委下发了推进农村社区建设的意见,省政府出台了政策性农业保险、金融服务"三农"发展等政策,省委办公厅印发了加快推进社会主义新农村建设的意见、深入实施"千村示范、万村整治"工程的意见、加强农村实用人才队伍建设和农村人力资源开发的意见,省政府办公厅印发了加强村经济合作社组织建设的意见。在统筹区域发展方面,省委出台了扶持景宁畲族自治县加快发展的意见,对促进欠发达地区加快发展起到了积极作用。

四、围绕建设生态文明制定政策

省委、省政府认真贯彻落实中央有关建设生态文明的要求,把资源节约和环境保护列入"全面小康六大行动计划",进一步加大政策力度,推进经济社会可持续发展。省政府先后出台了推进节约集约利用土地的意见、"811"环境保护三年行动实施方案、限制类进口废物环境保护管理办法、节能减排统计监测及考核实施方案和办法、加强太湖流域水环境综合治理工作的意见和实施方案，以及做好耕地占用税征管工作和调整耕地开垦费征收标准的通知。省政府办公厅印发了生态环保财力转移支付试行办法、进一步规范完善环境影响评价审批制度的意见，以及加强新增建设用地利用工作、建立政府优先强制采购节能环保和自主创新产品制度、推进锅炉等高耗能特种设备节能减排工作、进一步加强水电资源开发管理工作、做好低丘缓坡综合开发利用工作等通知。在这些政策的有力推动下，2008 年全省超额完成单位生产总值能耗降低率的年度目标和国家主要污染物年度减排计划，化学需氧量和二氧化硫排放量分别比上年削减 4.51％和 7.08％。

五、围绕深化改革开放制定政策

2008 年我省比较大的改革举措主要有两项：一是农村改革。省委召开工作会议，研究部署农村改革，出台了《关于认真贯彻党的十七届三中全会精神，加快推进农村改革发展的实施意见》，把中央精神与浙江实际有机结合起来，对事关农村改革发展的若干重点领域和关键环节提出了新的任务举措。二是扩权强县。省委办公厅、省政府办公厅印发了扩大县(市)部分经济社会管理权限的通知，下放义乌市经济社会管理权限 618 项，下放其他县(市，包括萧山区、余杭区)经济社会管理权限 443 项。同时，主动应对国际金融危机冲击，特别是针对出口快速下滑的势头，省政府及时出台了促进全省外贸稳定健康发展的意见，进一步加大对外经贸发展的政策支持力度，鼓励企业开拓国际市场、调整出口商品结构和加强出口品牌建设，为有效遏制出口下滑发挥了积极作用。

六、围绕加强和改进党的建设制定政策

省委坚持把党的执政能力建设和先进性建设作为主线，通过政策举措创新推动党建工作创新，全面推进党的建设新的伟大工程。在思想建设方面，省委出台了开展深入学习实践科学发展观活动的实施意见，根据中央部署和要求，结合实际提出了许多具有浙江特点的任务举措和实践载体。省委办公厅印发了以加强领导班子思想政治建设为重点、深化拓展“树新形象、创新业绩”主题实践活动的意见，在全省各级领导班子中深入开展“树创”活动。在组织建设方面，省委下发了开展竞争性选拔干部工作的通知，省委办公厅出台了 2008—2012 年浙江省大规模培训干部工作的实施意见，优化干部队伍结构，提高干部整体素质。同时，进一步加强党管人才工作，省委办公厅出台了加快推进创新团队建设的意见。在作风建设方面，省委出台了建立健全作风建设长效机制的意见，进一步巩固和发展近年来作风建设所取得的成果。在制度建设方面，省委出台了《中国共产党浙江省地方各级代表大会代表任期制实施办法(试行)》，完善党内民主建设，推进党内民主建设。在反腐倡廉建设方面，省委出台了建立健全惩治和预防腐败体系 2008—2012 年实施办法，更加注重治本，更加注重预防，更加注重制度建设，进一步拓展了从源头上防治腐败工作领域。

省直各部门认真贯彻落实省委、省政府的决策部署和政策举措，从本部门实际出发，创造性地开展工作，制定出台了许多各具特点、切实可行的实施细则和配套文件，促进了省委、省政府重大政策的深化、细化和具体化，为推动我省经济建设、政治建设、文化建设、社会建设以及生态文明建设和党的建设发挥了积极的作用。

经济转型升级篇

中共浙江省委关于深入学习实践科学发展观加快转变经济发展方式推进经济转型升级的决定

（2008 年 9 月 26 日中国共产党浙江省第十二届委员会第四次全体会议通过）

浙委〔2008〕88 号

为全面贯彻落实党的十七大和省第十二次党代会精神，深入学习实践科学发展观，全面实施“创业富民、创新强省”总战略，切实加快转变经济发展方式、推进经济转型升级，促进浙江经济又好又快发展，特作如下决定。

一、加快转变经济发展方式、推进经济转型升级的总体要求和主要目标

（1）重大意义。深入贯彻落实科学发展观，加快转变经济发展方式、推进经济转型升级，是事关浙江经济社会发展全局紧迫而重大的战略任务。改革开放以来我省经济社会的持续快速发展和近年来推动科学发展的实践探索，为深入贯彻落实科学发展观，加快转变经济发展方式、推进经济转型升级提供了坚实的物质基础和工作基础。但是，必须清醒地看到，我省长期积累的素质性、结构性矛盾尚未解决，经济增长主要依靠物质资源消耗支撑的格局没有根本改变，产业层次低、布局散、竞争力弱的格局没有根本改变，企业主要依靠低成本、低价格竞争的格局没有根本改变。必须清醒地看到，我省正处于全面提升工业化、信息化、城市化、市场化、国际化水平的关键时期，国际国内发展环境正在发生一系列带有转折性、阶段性特征的新变化，在一定时期内我省将面临世界范围的经济增长减缓和通货膨胀的双重压力，面临资源环境约束和要素价格高企的双重压力，面临市场竞争日趋激烈和自身竞争优势弱化的双重压力，面临保持经济平稳较快发展和维护社会稳定的双重压力。解决当前我省发展面临的各种矛盾和问题、应对未来各种压力和挑战、保持经济又好又快发展，必须切实增强加快转变经济发展方式、推进经济转型升级的紧迫感、责任感，积极探索具有浙江特色的科学发展之路。

（2）总体要求。高举中国特色社会主义伟大旗帜，以邓小平理论和“三个代表”重要思想为指导，坚定不移地贯彻落实科学发展观，坚定不移地实施“创业富民、创新强省”总战略，坚持不懈地走科学发展道路。积极推进“全面小康六大行动计划”，着力推动经济增长由主要依靠投资、出口拉动向依靠消费、投资、出口协调拉动转变，由主要依靠第二产业带动向依靠第一、第二、第三产业协同带动转变，由主要依靠增加物质资源消耗向主要依靠科技进步、劳动者素质提高、管理创新转变，全面提高综合实力、国际竞争力和可持续发展能力，增强发展的稳定性、协调性、可持续性和普惠性，推动浙江制造向浙江创造的跨越、经济大省向经济强省的迈进，加快建设惠及全省人民的小康社会。

（3）基本原则。在推动经济发展方式转变和经济转型升级的具体工作中，要突出把握好以下几个方面：

——坚持把保持经济持续平稳较快发展作为基本目标。立足当前与着眼长远相结合，标本兼治、保稳促调，在努力确保即期经济平稳较快发展的同时，着重在增强持续发展能力上下功夫，实现速度和结构、质量、效益的有机统一，实现经济持续的又好又快发展。

——坚持把调整结构作为主要途径。政府推动与市场机制作用相结合，大力推动产业结构、需求结构、生产要素结构、空间布局结构调整，加快建设现代产业体系，加快形成符合科学发展观要求的发展模式，加快提升浙江经济整体素质。

——坚持把改革开放作为根本动力。统筹谋划与重点突破相结合，着力推动科技创新、体制创新、管理创新和对内对外开放，加快提高技术、人才、管理等创新要素的贡献率，加快形成有利于经济发展方式转变的体制机制，加快构筑对内对外开放新格局，再创浙江发展新优势。

——坚持把改善民生作为出发点和落脚点。推动改革发展与促进社会和谐稳定相结合，始终坚持发展为了人民、发展依靠人民、发展成果由人民共享，更加注重社会建设，推行有利于扩大就业的经济发展方式，全面提高城乡群众生活水平和生活质量，加快建设惠及全省人民的小康社会。

(4)主要目标。力争到2012年，我省经济发展方式转变和经济转型升级取得重大进展，这方面工作走在全国前列。

——提高自主创新能力取得重大突破。基本建立比较完善的区域创新体系和人才支撑体系，全社会科技投入、科技活动人员数、发明专利授权量、新产品销售收入均比2007年增长一倍以上，研究与试验发展经费支出占生产总值比例达到2%以上，科技对经济转型升级的推动作用明显增强，从业人员的教育与培训水平有较大提高，全省科技综合实力、区域创新能力位居全国前列，为率先建成创新型省份打下坚实基础。

——调整产业结构取得重大突破。信息化与工业化融合、一二三次产业联动发展深入推进，力争服务业增加值占生产总值的比重达到47%，高新技术产业、装备制造业增加值占工业增加值比重分别达到26%和32%，传统产业技术水平达到20世纪90年代末国际先进水平，现代农业发展水平明显提高，能源、交通、水利和信息等基础设施现代化水平明显提高，初步形成具有较强竞争优势的现代产业体系。

——节约资源和保护环境取得重大突破。耕地和水资源得到有效保护，资源利用效率大幅提高，循环经济形成较大规模，新能源、可再生能源比重明显上升，单位生产总值能耗、主要污染物排放总量在确保“十一五”期间下降20%和削减15%的基础上，继续保持全国先进水平。

——统筹城乡区域发展取得重大突破。城市化水平超过60%，城市基础设施和公共服务加速向农村延伸覆盖，大力推进城乡交通、供水、供电、污水和垃圾处理一体化，城乡区域之间教育、医疗、文化、体育、社会保障等基本公共服务差距明显缩小。

二、优化产业结构，加快构筑现代产业发展的新格局

(5)加快发展服务业。着力改变服务业特别是现代服务业发展滞后、经济增长过分依赖工业支撑的状况。紧贴工业转型升级和现代农业发展需求，大力发展现代物流、金融服务、科技服务、信息服务、文化服务和商务服务等产业，生产性服务业增加值占服务业比重达到55%左右。鼓励服务领域技术创新、业态创新和商业模式创新，大力发展连锁经营、物流配送、电子商务等现代流通方式，加快改造提升传统商贸业和专业市场，加快发展旅游业，积极促进房地产业平稳健康发展，推动社区服务等各类生活性服务业的创新发展。引导和支持服务业集聚发展，科学规划建设各类软件园、科技创业园、动漫和创意产业园、现代物流园和中央商务区，形成一批特色鲜明、主业突出、功能完善的现代服务业集聚区，大力发展总部经济、楼宇经济和服务外包，促进中心城市加快形成以服务业为主的产业结构，杭、甬、温三个中心城市(市区)服务业增加值占生产总值比重均超过50%。积极推动服务业改革开放，加快构建服务业市场体系，优化服务业组织结构，积极引进现代服务业高端人才、先进技术和管理以及优势企业，提高服务业市场化、产业化、社会化和国际化水平。

(6)加快推动工业结构优化升级。着力改变我省工业主要处在低端产业和低附加值加工环节的状况。支持各类科技企业孵化器、高新技术产业基地、重大高技术产业化项目建设和具有核心技术的高新技术企业发展，特别要在通信设备、生物与新医药、电子元器件、仪器仪表和新能源等重点行业发展上取得较大突破。完善装备制造业发展政策，大力推进电站装备、大型石化装备、轨道交通设备、纺织装备等重要领域装备的本地化。加快建设一批产业链长、带动力强的石化、能源、汽车、船舶和钢铁等临港重化工业项目。实施行业龙头骨干企业技术赶超计划、万亿技改促进升级计划和万家企业信息化工程，引导促进企业加快由一般加工和贴牌生产为主向自主研发设计和品牌营销为主转型，使我省纺织服装、皮革塑料、化学原料及化学制品、通用设备制造、建筑材料等重点行业的技术水平和规模、效益居全国前列。全面提升块状经济发展水平，积极整合提升各类开发区(园区)，加快建设现代产业集群，高新技术产业开发区(园区)和基地产值占全省高新技术产业产值比重达到75%以上。

(7)加快发展高效生态的现代农业。着力改变农业组织化、规模化、产业化水平低和比较效益低的状况。积极推动农业经营体制创新，坚持农村基本经营制度，建立健全耕地、林地承包经营权流转市场，按照依法自愿有偿的原则，积极鼓励多种形式的适度规模经营，探索建立以规模化专业大户经营与专业合作社、龙头企业服务相结合的新型农业经营体制。大力推进农业结构战略性调整，加强农业基础设施建设，落实粮食安全行政首长分级负责制，切实保护好1500万亩标准农田，确保300亿斤粮食生产能力，做强做优蔬菜、茶叶、果品、畜牧、水产养殖、竹木、花卉苗木、蚕桑、食用菌、中药材等10大主导产业，做大做强主要动植物种子种苗、农业生物技术、农产品精深加工等10个农业高科技产业，加快推进农业标准化、机械化，加强农产品质量管理和品牌建设，打造一批农业特色产业强县强镇强村。建立健全农业科技创新和社会化服务体系，实施农业科技创新工程和农业科技重大专项，完善新型农技推广体系，全面推行责任农技员和科技特派员制度，加快培育专业服务组织，加强“农民信箱”、农村党员现代远程教育等农业信息服务网络建设，完善农村金融和农业保险体系建设。

三、优化要素支撑结构，加快构筑节约集约创新发展的新格局

(8)大力推动自主创新。坚持把提高自主创新能力作为转变经济发展方式的中心环节，以实施“自主创新能力提升行动计划”为主要抓手，不断增强科技创新对经济的驱动力。引导各类创新主体加大研发投入，推动创新要素向企业集聚。组织实施科技创新平台建设和重大科技创新工程，积极引进大院名校，进一步发挥在浙部属高校科研院所的作用，围绕提高科技资源使用效率，建设科技基础条件平台；围绕主要行业和重点区域技术创新，建设50个左右行业创新平台和区域创新平台；围绕关键技术、共性技术攻关，组织实施重大科技专项，鼓励和支持高校、地方、企业和科研院所建立产学研战略联盟，引导高校重中之重学科建设成为面向行业、企业的科技创新服务平台。大力实施知识产权战略、标准化战略和品牌战略，培育知识产权优势企业4000家以上，国内专利授权总量6万件以上，法人企业商标拥有率达到70%以上，争取为主制修订国家标准200项左右，规模以上企业重点产品采用国际标准和国外先进标准比例达到90%以上。

(9)扎实推进人力资源强省建设。强化人才资源是第一资源的理念，更好地实施人才强省、科教兴省战略，不断强化人力资源的支撑保障作用。大力提升全民受教育水平和科学文化素养，加强素质教育，普及15年教育，义务教育完成率每年不低于98%，85%以上的中小学达到建设标准，75%的中等职业学校达到省等级标准，等级幼儿园覆盖面85%以上，每万人在校大学生数达到250人左右，完善继续教育、终身教育体系，大力开展企业职工、农民专业技能培训。深入实施浙江省特级专家制度、“新世纪151人才工程”、“百千万科技创新人才工程”、“钱江人才计划”、“海外留学人才回归计划”、紧缺急需高层次人才引进计划和高技能人才培养工程，大力推进创新团队建设。实施企业人才优先开发战略，以创业创新人才为重点，全面推进各类人才队伍建设。深化人才体制机制改革，营造有利于人才集聚和脱颖而出的良好环境。人才总量达到860万人，每万人专业技术人员数达到500人左右，企业R&D科学家和工程师占全社会R&D科学家和工程师的比重超过60%，高技能人才超过150万人。

(10)切实加强资源节约和环境保护。实施“资源节约和环境保护行动计划”。大力推进“节能降耗十大工程”，制定12项节能降耗强制性地方标准，推广实施500余项重大节能降耗新技术、新工艺、新产品，千家重点企业万元工业增加值能耗下降20%，五年综合节能3300万吨标准煤以上。切实加强建筑节能和节水节材等工作。实施“节约集约用地六大工程”，整体推进节约集约用地工作，单位生产总值与固定资产投资增长的新增建设用地消耗量分别减少20%和15%。深入实施污染减排、水污染防治、工业污染防治、城镇环境综合整治、农业农村环境污染防治、近岸海域污染防治、生态修复保护和生态创建等八大工程，全面改善生态环境质量，地表水环境功能区水质达标率达到62%以上，80%以上的省控城市空气质量达到二级标准，35%以上的县(市)达到省级生态县(市)标准，全省生态环境状况指数位居全国前列。推动循环经济试点省建设，大力发展循环经济，全省工业固体废弃物综合利用率达到94%以上，规模以上企业用水重复利用率达到72%，秸秆综合利用率达到85%以上。

四、优化需求结构，加快构筑消费投资出口协调拉动的新格局

(11)促进消费持续快速增长。把稳定消费预期，增强消费能力作为工作的主要着力点，不断扩大消费需求。加快实施“基本公共服务均等化行动计划”，建立健全全覆盖、保基本、多层次、可持续的社会保障体系，建立健全配置公平、发展均衡的社会事业体系，加快形成布局合理、城乡共享的公用设施体系，进一步稳定群众的消费预期，培育新的消费增长点。调整优化收入分配结构，提高城乡居民收入水平，实施“低收入群众增收行动计划”，低保农户除外的70%以上低收入农户家庭人均收入超过4000元，低保家庭除外的70%以上城镇低收入家庭人均可支配收入超过2007年当地城镇低保标准的4倍，不断提高城乡居民特别是低收入群众消费能力。

(12)优化投资结构。发挥投资对经济转型升级的促进作用。充分利用规划、土地要素配置、技术和环境标准等手段，引导和推动社会资金投向现代产业、基础设施和社会民生项目，坚决制止资源消耗大、污染重、效益低以及低水平重复建设项目。实施“重大项目建设行动计划”，组织推动千亿基础网络、千亿惠民安康和千亿产业提升等“三个千亿”工程建设，五年总投资6460亿元，新增铁路600公里，高速公路1000公里，港口货物吞吐能力3.1亿吨、集装箱吞吐能力800万标箱，机场旅客吞吐能力2000万人次，发电装机容量1700万千瓦，加固病险水库980座、海塘500公里、钱塘江干堤300公里，完成4.8万户农村困难群众危旧房改造，新开工经济适用住房1200万平方米，建设通村公路10000公里，解决500万人的饮用水安全，新建400个镇级以上污水处理厂和3000公里以上污水管网，加快建成一批重大产业项目。加强土地、资金等要素保障，科学开发利用沿海滩涂和低丘缓坡，加大农村宅基地整理和土地复垦力度，积极盘活和优化配置土地资源；积极推动金融创新和资本市场发展，完善地方金融体系，促进民间资金转化为发展资本。

(13)转变外贸增长方式。统筹国际国内发展，切实改变依靠数量、价格竞争的外贸增长方式。引导企业调整出口商品结构，积极实施出口品牌战略，拥有自主知识产权的高新技术产品出口额占出口总额的比重不断提高。积极开拓和巩固国际市场，推动优势企业多形式建立健全国际营销网络和创建国际品牌，积极推动加工贸易转型升级，大力发展服务贸易，加大先进技术装备和紧缺资源性商品进口力度。健全国际贸易预警和摩擦应对机制，加强对企业、行业组织应对反倾销、反补贴、保障措施和贸易壁垒等工作的指导和服务。

五、优化空间布局结构，加快构筑城乡区域协调发展的新格局

（14）积极推动产业布局优化和区域协调发展。落实国家推进长江三角洲地区改革开放和经济社会发展指导意见，进一步优化“三带三圈一群两区”发展布局，加强分类指导。深入推进环杭州湾、温台沿海和金衢丽高速公路沿线三大产业带建设，结合长三角地区发展规划和我省主体功能区规划的编制实施，进一步明确重点开发区域战略定位和重点开发区块产业空间布局，完善区域现代基础设施网络体系和要素支撑保障体系，推动环杭州湾地区加快提升国际化、现代化水平，推动温台沿海地区和金衢丽高速公路沿线地区加快开发开放步伐。充分发挥我省山海资源优势，加快建设港航强省，大力发展港航业和海洋生物、海洋能源、海洋旅游等产业，积极推动森林资源合理开发利用，大力发展山区特色农业和山区休闲旅游等产业，建设“海上浙江”、“山上浙江”。进一步创新支持欠发达地区发展的体制和政策，加大财政转移支付力度，深入实施新一轮“山海协作”工程，推动欠发达地区与发达地区产业和劳动力双向转移。

（15）积极推动城乡经济社会一体化发展。坚持新型城市化与新农村建设双轮驱动，统筹城乡要素配置，促进城乡一体化发展。加快构建杭州、宁波、温州都市经济圈和浙中城市群，不断增强区域中心城市的综合实力和集聚辐射能力，大力发展中小城市和中心镇。认真总结和推广义乌强县扩权试点经验，积极推进扩权强县改革，全面实施县市域总体规划，推动县域特色经济发展提升。健全以城带乡、以工促农的长效机制，扎实抓好“千村示范、万村整治”等工程，促进城乡教育、医疗卫生、文化、体育等事业均衡发展，全面改善农村生产生活环境。

（16）积极构筑对内对外开放新格局。坚持“走出去”与“引进来”相结合，在更大范围内优化配置资源。创新利用外资方式，加强保税区、出口加工区、经济技术开发区等开放平台建设，大力引进对产业升级具有重大带动作用的大项目和先进技术、管理经验、高素质人才，不断提高利用外资的质量。创新区域经济合作方式，加强与兄弟省份的经济技术合作，深入推进长三角区域一体化发展，积极与央企开展多种形式的战略合作，大力吸引国内外优势企业来浙设立总部、地区总部、研发中心、采购中心、营销中心，引导省内企业以浙江为总部跨区域发展。创新对外投资和合作方式，支持企业在研发、生产、销售等方面开展国际化经营，积极推进跨国并购和境外经贸合作区建设，加快培育浙江的跨国公司。

六、加强对经济发展方式转变、经济转型升级的体制政策保障

（17）不断创新和完善促进企业主动追求经济发展方式转变、经济转型升级的体制机制。充分发挥市场在资源配置中的基础性作用与政府的引导监管作用，形成倒逼机制，使政府导向目标内化为企业的自觉行动。深化国有和国有控股企业改革和战略性调整，完善落实促进非公有制经济发展的政策措施，引导企业加快建立现代企业制度和现代管理模式，支持企业重组做强做大，鼓励专利、商标等知识产权参与收入分配，探索推行期权期股制度，加快培育一批核心竞争力强的大企业、“专精特新”的行业龙头企业和科技型中小企业。推进资源要素配置市场化改革，深化水价、电价改革，完善水权、排污权交易和土地优化配置制度，建立健全反映市场供求关系、资源稀缺程度和环境损害成本的生产要素和资源价格形成机制。加强监管制度建设，加大知识产权保护执法力度，完善企业能耗、物耗、污染物排放以及安全、质量、技术等市场准入标准，健全项目、规划环境影响评价制度，建立能源、资源消耗审核制度，推行产品认证和标识制度，完善社会信用体系。

（18）不断创新和完善促进政府自觉推动经济发展方式转变、经济转型升级的体制机制。全面实施“公民权益依法保障行动计划”，深入推进行政管理体制改革，深化事业单位分类改革，加快转变政府职能。健全科学的导向机制，完善体现科学发展观和正确政绩观要求的干部考核评价体系和政府绩效管理体系，强化对转变经济发展方式工作成效的考核。健全科学民主决策机制，加强人大依法监督、政协民主监督和司法保障，推进政府依法行政。健全行政效能和行政监督机制，大力推进综合配套改革试点，深化行政审批制度改革，探索推行行政审批全程代理制度，加强行政监察、审计监督，完善食品药品安全监管体系，推行政府信息公开。

（19）不断创新和完善促进经济发展方式转变、经济转型升级的引导支持政策。充分利用和优化配置政府公共资源，进一步加大对经济发展方式转变、经济转型升级的引导支持力度。完善落实财政投入政策，按照整合存量、优化增量的原则，对分散在各部门的省级财政性专项资金进行整合，扩大资金规模，围绕经济发展方式转变的重点领域优化配置，最大限度地发挥财政资金的杠杆作用。完善落实税收扶持政策，宣传和落实好企业研究开发费加计扣除、高新技术企业和服务业等税收优惠政策；省对市县营业税当年增收上交省部分予以返还奖励；对省级金融保险业营业税当年增收部分给予市县20%的奖励；对当年引进的全国性金融保险机构总部（或跨国公司区域性总部），给予引进地财政一次性奖励；各地政府应拟定鼓励工业企业二、三产业分离的有关政策。完善落实要素保障政策，引导促进各地优先安排现代服务业、高新技术产业、装备制造业、先进临港重化工业等重大项目用地指标，引导促进各类金融机构加大对重点项目和成长性中小企业的信贷支持，大力推进优势企业上市，设立产业投资基金和创业投资引导资金，鼓励各类创业投资机构发展，制定实施有利于高层次人才集聚的政策。完善落实价格引导政策，加快实现商业用电、鼓励类服务行业用水与一般工业同价，加大差别电价和阶梯式水价政策实施力度，逐步推行行业超限额标准用能加价政策，加快建立能够反映污染治理成本的排污价格和收费机制。

七、加强对经济发展方式转变、经济转型升级的组织领导

(20)充分发挥各级党组织的领导保障作用。各级党委要进一步解放思想,以科学发展观统领各项工作。加强各级领导班子建设,坚持把落实科学发展观的理念、能力和实绩作为选人用人的重要标准,把各级领导班子建设成为善于推动科学发展、善于领导创业创新、善于推进转型升级的领导核心。建立健全党委领导、政府主管、部门协调的组织领导机制,完善目标责任制度、协调和督查考核制度,确保各项目标任务落到实处。

(21)营造良好的社会氛围。扎实开展深入学习实践科学发展观活动,广泛宣传科学发展的先进理念、新知识和先进典型,大力倡导节约能源资源和保护环境的增长方式和消费模式,最大限度地凝聚人民群众的智慧和力量,最大限度地把全社会的发展积极性引导到科学发展上来,形成推动科学发展的强大合力。加强和改善社会管理,努力为加快转变经济发展方式、推进经济转型升级创造和谐稳定的社会环境。

各地各部门要根据本《决定》,抓紧研究制定落实《决定》的实施办法和政策意见。

浙江省人民政府关于加快工业创新推动制造大省向创造强省跨越的若干意见

浙政发〔2008〕1号

为认真贯彻落实党的十七大和省第十二次党代会精神,深入实施"创业富民、创新强省"总战略,加快工业创新步伐,推动制造大省向创造强省跨越,特提出如下意见。

一、加快工业创新的重要意义和总体要求

(一)加快工业创新的重要性和紧迫性。工业是国民经济的支柱,是现代化建设的重要推动力,是创业富民、创新强省的重点领域和主力军。落实科学发展观,实现又好又快发展,不断增强综合实力,离不开工业的主体作用;统筹城乡发展,建设社会主义新农村,离不开工业的反哺和支撑;发展社会事业,全面改善民生,也离不开工业创造的物质财富基础。在今后相当长的时期,工业仍将在经济社会发展中继续发挥不可替代的重要作用。我省工业正处于创新发展的关键时期,加快工业创新,是顺应全球制造业发展趋势,增强自主创新能力,推进工业经济结构调整的客观需要;是贯彻落实科学发展观,加快工业发展方式转变的必然要求;是紧紧抓住我国工业化、信息化、城镇化、市场化、国际化深入发展所带来的新机遇,应对工业发展过程中各种挑战的有效途径;是关系我省经济社会全面协调可持续发展的一项十分重要而又紧迫的全局性任务。增强工业综合实力和国际竞争力,实现又好又快发展,继续走在全国前列,必须加快工业创新。

(二)总体要求。以邓小平理论和"三个代表"重要思想为指导,认真贯彻落实科学发展观,深入实施"创业富民、创新强省"总战略,着力提高自主创新能力,着力推进信息化与工业化融合,着力促进发展方式转变和产业结构优化升级,不断增强工业经济综合实力、国际竞争力和可持续发展能力,努力把浙江建设成为全球先进的制造业基地,实现由制造大省向创造强省跨越,走出一条具有中国特色浙江特点的新型工业化道路。

二、着力推进技术创新,增强工业竞争能力

(三)确立企业在创新中的主体地位。引导和支持创新资源向企业集聚,使企业真正成为研究开发投入、技术创新活动和创新成果应用的主体。加大培训和宣传力度,全面落实鼓励引导企业加大科技投入的各项政策,支持企业加大研发投入,提高创新能力,不断开发具有自主知识产权的先进技术和产品。鼓励企业建设各类研究开发机构。引导和支持大企业大集团创建国家级、省级企业技术中心、工程研究中心和博士后工作站;参股、控股省内外科研院所;鼓励有条件的企业到境外采用收购兼并等形式设立研发机构。鼓励和支持企业加大引进关键技术和设备的力度,重点在消化吸收再创新上下功夫。

(四)建立健全产学研相结合的技术创新体系。以企业为主体,充分利用省内外科技和人才资源,加快建设产学研紧密结合的创新体系。鼓励企业与高等院校、科研院所联合建设实验室、研发中心、技术联盟等创新组织,吸引大院名所来我省设立创新载体。加强技术创新服务体系建设,大力发展技术评估、技术咨询、技术服务、专利代理、科技信息等科技中介服务机构,培育面向块状经济、中小企业的公共创新服务平台和生产力促进中心、科技孵化基地。健全技术市场,完善技术转移机制,加快科技成果向现实生产力的转化。加强对产业共性技术开发的组织协调和支持,建立健全引导扶持、产学研联合攻关的合作创新机制。

(五)深入实施品牌、标准化和知识产权战略。建立健全品牌培育、发展和保护机制,引导企业提高创牌意识和品牌经营能力,大力培育品牌产品、企业和区域品牌,着力创建国家级和国际知名品牌。以技术专利化、专利标准化、标准国际化为重点,全面加强标准化工作。大力推进

高技术产业、装备制造业和特色优势产业等制造业技术标准的研制工作，建立完善产业标准体系。坚持技术研发与技术标准研制相结合，促进科研成果向技术标准转化，形成一批具有自主知识产权的先进标准。支持企业、行业协会和中介机构参与国际标准、国家标准和行业标准的制（修）订。建立健全知识产权激励和保护机制，引导和支持企业提高知识产权创造、管理、保护和运用水平，着力提高发明专利技术特别是国际专利技术的数量和比重。高度重视专利检索、专利引进利用和专利的二次开发。培育一批知识产权示范企业。严厉打击侵犯知识产权的违法行为。完善应对国外技术性贸易壁垒预警工作机制。

（六）加快工业技术赶超步伐。坚持技术改造和技术创新相结合，原始创新、集成创新和消化吸收再创新相结合，加快提升工业技术水平。组织实施重点行业、龙头企业技术赶超计划，培育一批产业装备和主要生产技术达到国内领先、国际先进水平的重点行业，形成一批技术领先、拥有自主知识产权、核心竞争力强、规模效益位居全国同行前茅、对产业具有良好示范和带动作用的创新型企业，攻克一批共性、关键性和前沿性重大技术。

（七）推进信息技术与产业发展融合。以企业信息化为突破口，促进信息化与工业化融合。支持工业企业根据行业特点和本企业实际，采用计算机辅助制造、柔性制造系统、先进控制技术等信息技术改造工艺技术和装备，提高制造过程的自动化、智能化水平。大力推进管理信息系统在企业财务、物流、营销、人力资源等管理环节的应用，实现管理的集成化、信息化和智能化。积极应用嵌入式系统等技术改造提升传统产品，促进信息技术与传统产业的融合。支持行业门户网站和企业网站建设，加快电子商务发展。

三、加快产业结构创新，发展现代产业体系

（八）积极发展高新技术产业。按照"有所为，有所不为"的原则，重点培育壮大电子信息、现代生物、新材料、新能源、精密仪器等高新技术产业，使其成为对工业发展具有先导作用的优势产业和新兴产业。重点依托国家级高新技术产业开发区、省级高新园区等高新技术产业基地，推进高新技术产业集聚发展。着力培育一批掌握核心技术、占据产业链高端的高新技术企业。

（九）大力发展装备制造业。立足我省装备制造业基础和优势，着力提高装备制造业的质量和水平，进一步发挥其在工业发展中的主导作用。鼓励支持装备制造企业开展新产品、新技术的研发、使用和生产，不断提高技术水平和档次。着力开发生产大型成套设备。做精做专做优电器机械、节能环保设备、现代仪器仪表、数控机床（加工中心）、新型纺织机械、高性能轻工机械、电子专用设备、高端机电产品和机电基础件等。积极发展经济型轿车、中高档客车、专用车、特种车、大型船舶、特种船舶及关键零部件生产，推进船舶修造业产业链延伸和整合提升。

（十）努力提升传统产业。积极运用高新技术和先进适用技术改造纺织、轻工、建材、化工等传统产业，加快实现从低加工度、低附加值为主向高加工度、高附加值为主转变，努力形成一批以高端产品为主的传统优势产业基地。支持传统优势企业加大技术研发力度，突破技术瓶颈，提高产品的技术含量和附加值。鼓励有条件的传统优势企业向高新技术企业转型发展。

（十一）加快发展生产性服务业。重点发展与工业企业生产经营密切相关的生产性服务业，充分发挥其对工业创新发展的助推作用。培育壮大工业设计、品牌策划、广告制作等创意产业。大力发展电子商务、物流配送、会展服务等行业。加快发展信息咨询、金融保险、产权交易、检测认证、人才培训等产业和中介机构。鼓励有条件的企业承接信息管理、数据处理、技术研发、工业设计、软件开发等国际服务外包业务。鼓励大型工业企业实行主辅分离，通过剥离整合企业内部服务性业务，发展社会化生产性服务企业。

（十二）培育现代产业集群。以块状经济为依托，以开发区、工业园区和工业功能区为载体，以高新技术产业、临港工业、装备制造业和传统优势产业为重点，培育一批产业特色突出、专业分工合理、协作配套完善、创新能力较强的现代产业集群。科学规划各类开发区和工业园区的总体布局、发展规模、产业导向、功能区块、生态环保及配套设施建设，提升开发区、工业园区的产业层次和管理服务水平。鼓励大企业、大项目及其他配套产业向开发区和工业园区集聚发展，限制高消耗、高污染、低产出的企业和项目进入。结合小城镇建设，在具备条件的地方科学规划和建设一批较高水平的新型工业功能区。在大中城市，发展一批知识、技术、技能密集及消耗低、占地少、污染小、附加值高的都市型工业示范区。鼓励企业向产业链上下游延伸，加强配套产业发展，支持企业间分工协作。

（十三）培育大企业大集团。培育一批主业突出、拥有自主知识产权和自主品牌、核心竞争力强的大企业大集团，使其在产品开发、技术创新、市场开拓和经营管理上逐步达到国际先进水平，发挥对产业发展的龙头带动作用。引导企业集中力量做强做大主业，提高市场竞争力和持续发展能力。鼓励大企业大集团采取联合、购并、控股等方式实施企业间、企业与科研院所间的资产重组。支持大企业大集团通过直接投资、参股并购等方式在境外设立原材料基地、研发基地、制造基地、运营中心和营销网络，加快向跨国公司发展。积极引进跨国公司、中央属企业和省外大型民营企业等大企业大集团来我省设立生产、研发和营销基地，促进我省的产业升级和结构调整。

（十四）组织实施重大产业项目。围绕传统优势产业提升、高新技术产业成长、装备制造业培育和循环经济发展等专题，每年组织实施一批投资规模及产业关联度大、带动作用强、技术水平高、市场前景好的重大技术改造项目和高新技术产业化项目。把承接国际产业转移与我省产业结构优化升级结合起来，做好招商选资工作，重点引进一批产业链高端的龙头带动项目和临港型先进基础原材料等项目。以引进重大技术消化吸收再创新、产业共性技术攻关、关键设备国产化、企业创新能力建设等为重点，每年组织实施一批重大科技进步和技术创新项目。

（十五）进一步促进中小企业发展。实施中小企业创新计划，支持中小企业开展小发明、小创造、小革新、小设计、小建议等多层次技术创新活动，大力发展科技型中小企业。积极扶持成长型中小企业，促进其上水平上规模，加快向大企业发展；着力培育以技术、品牌、出口、零部件配套为主导的“专精特新”中小企业和创业型小企业。鼓励中小企业与大企业建立稳定的原材料供应、生产、销售、技术开发和技术改造等方面的协作关系。建立健全中小企业服务体系，努力为中小企业发展创造良好的条件和环境。

四、深化制度和管理创新，增强企业创新发展动力

（十六）加快企业改革和制度创新。积极引导上规模的民营企业按照现代企业制度的要求，实行规范的公司制度改革，加快形成多元的产权结构、完善的法人治理结构和科学的决策机制。继续深化国有企业改革，鼓励非国有资本参与国有企业改革重组。完善分配、人事、劳动等制度，形成有利于创新的经营机制。支持企业充分利用资本市场，多渠道进行直接融资，推动企业组织结构创新。

（十七）推进企业经营管理创新。引导企业树立现代经营理念。支持有条件的企业开展资本经营，利用境内外资本市场实施并购重组，进行产业链整合，提高资源优化配置能力和市场竞争力。鼓励有条件的企业依托研发、设计、品牌、营销网络等能力和条件，对非核心业务采取联营、联盟、外包等方式开展虚拟经营。着力推进企业管理创新，积极引进和采用国外先进的企业管理理念、方法和手段，探索形成各具特色的现代管理模式。引导企业加强战略规划、产品创意、工艺设计、市场营销、售后服务、资金周转、成本控制、人力资源等管理基础，优化业务流程、组织架构和供应链，提高科学管理水平和运营效率。完善企业产品质量安全控制保证体系，积极推行计量检测体系确认和质量、环境等体系认证活动。

（十八）弘扬企业创新文化。引导企业经营者增强创业创新意识，向创新要市场、要效益、要发展。引导企业建立以创新为核心价值观的企业文化，将创新意识融入到企业精神、经营管理理念、各项管理制度和员工的行为规范之中，形成尊重劳动、尊重知识、尊重人才、尊重创造、鼓励创新、宽容失败的文化氛围。

（十九）强化企业社会责任。加强对企业履行社会责任的指导，动员社会各界积极参与，突出重点，逐步推广。开展企业履行社会责任试点，加强宣传教育，切实推进企业社会责任建设。引导和激励企业自觉履行社会责任，尤其要依法经营、照章纳税、改善工作环境、规范劳动用工、保证职工安全和健康、遵守商业道德、诚实守信、保护生态环境、创造社会财富、推动经济发展，同时，鼓励企业支持社会公益事业、福利事业、慈善事业等，回报造福于社会。

五、促进工业发展模式创新，努力构建资源节约和环境友好型制造体系

（二十）发展工业循环经济。以优化资源利用为重点，积极在工业领域发展循环经济。进一步落实国家和省关于加快工业循环经济发展的有关政策措施，着重抓好高能耗、高污染行业和企业的循环经济工作，以构建企业、产业之间循环链为主要途径，减量、循环高效利用资源，创建各具特色的循环型区域、园区（块状经济）和企业。

（二十一）加强节能减排。以节能减排为突破口，促进生态文明建设。严格控制新建高耗能、高污染项目，坚决淘汰高耗能、高污染的落后工艺设备和生产能力，构建节约能源资源和保护生态环境的产业结构。实施重点行业、重点企业节能环保技术改造，推广应用节能环保先进技术和设备。引导企业加强节能减排管理，强化能源计量工作，完善能源统计、污染减排台账和月报等节能环保管理制度及相关奖惩考核机制。加强节能监督管理，加大对高耗能单位、公共设施用能及产品能效标准、行业设计规范等执行情况的检查力度。深化化工、医药、制革、印染、造纸、电力热力、冶金、建材、酿造等重点行业污染整治，加快结构调整步伐。

（二十二）开展资源节约和综合利用。组织实施重大节水示范工程，大力推广先进的节水型或无水型工艺和技术，加强非传统水资源利用，鼓励工业企业开展中水回用，实现水资源的节约利用。引导重点行业和企业加强原材料消耗管理，严格单位产品原材料消耗定额，推广节材新技术、新工艺，减少原料物料消耗。严格执行工业建设项目用地控制指标，大力推进工业用地市场化配置，积极盘活存量建设土地，促进工业用地集约节约利用。建立完善废旧物资回收利用体系，扩大工业废弃物的综合开发利用，健康有序发展废弃资源和废旧材料回收加工业。

（二十三）推行清洁生产。制定和实施重点行业清洁生产标准和评价体系，加大对重点耗能、耗水和污染企业清洁生产审核力度。认真贯彻落实国家《重点行业清洁生产技术导向目录》，推广应用清洁生产先进工艺技术，创建一批高水准的绿色清洁企业和“零”排放企业。

六、加强组织领导，营造有利于工业创新的良好环境

（二十四）加强对工业创新的领导。各地、各有关部门要高度重视工业创新工作，把工业创新摆到更加突出的位置，切实加强对工业创新的领导，及时研究解决工业创新中遇到的新问题，总结新经验。有关部门要根据各自职责，分工协作，密切配合，形成合力，共同推进工业创新。

（二十五）加快推进工业创新人才队伍建设。进一步强化人才是第一资源的意识。以高层次企业经营管理人才、高层次专业技术人才和高技能人才为重点，加强创新人才培养，加快创新人才集聚，努力造就一支规模宏大、结构合理、素质优良的创新型人才队伍。大力实施企业经营管理人员素质提升工程，不断增强企业经营管理者的经营管理能力。加强以领军人才为核心的高层次技术研发人才队伍建设和创新团队建设。建立以企业为主体、职业技术院校为依托、学校教育与企业培育紧密结合、政府推动与社会支持互相配合的高技能人才培养体系，加快以高级技师、技师和高级工为主体的高技能人才的培养。建立和完善工业创新人才激励、保障和服务机制，发挥市场在人才资源配置中的基础作用，激发人才创新活力。完善并落实人才引进各项优惠政策，大力引进国内外高层次人才来我省创业创新，努力使我省成为创新人才的集聚地，为推进工业创新提供坚实的人才保证和智力支持。

（二十六）加大工业创新的支持力度。全面落实国家有关技术开发、技术改造、设备引进等方面的优惠政策。各级政府要根据财力可能，加大对工业创新的支持力度，主要支持重点研发项目、产学研联合攻关项目、关键技术引进等。要进一步整合现有扶持资金，充分发挥财政资金的导向作用。完善政府采购制度，建立政府首购和订购制度，在满足采购条件的前提下，优先采购自主创新产品或著名品牌产品。省级有关部门要突出重点，对工业创新重点领域、企业和项目实行优先支持和重点倾斜。

（二十七）强化资源要素保障。支持企业在境内外发行股票、债券，拓宽融资渠道。搭建银企对接平台，促进银企战略合作，鼓励和引导金融机构加大对先进装备制造、高新技术产业化、传统产业改造提升、企业自主创新和节能减排等领域的信贷支持力度。鼓励和支持金融机构开展金融创新，研究探索专利等无形资产质押贷款试点。积极推进中小企业信用担保体系建设，规范提升中小企业信用担保机构，推进担保机构与金融机构互利合作。大力推动创业投资产业的发展，探索建立创业风险投资引导基金，鼓励境内外机构和个人来我省设立风险投资机构。支持产权交易市场建设，促进企业产权合理有序流动。切实加强工业用地供应计划的科学编制，按照推进我省经济布局调整和产业结构优化升级、经济发展方式转变的原则，在数量和结构上确保工业用地的科学合理供应，对符合国家产业政策的高新技术产业项目、重大装备制造项目及传统优势产业改造提升项目用地需求，在工业用地供应计划编制时应当加以保障。

（二十八）努力营造工业创新的良好环境。进一步转变政府职能，加快服务型政府建设，为工业创新提供良好的服务。加快建立良好的制度环境和市场环境，健全信用体系。加强知识产权保护，坚决打击假冒伪劣的违法行为，努力营造公平竞争的市场秩序。大力弘扬创新精神，倡导创新文化，形成鼓励创新、宽容失败的社会氛围。

（二十九）加强舆论宣传。充分发挥报刊、广播、电视、新闻网站等媒体的作用，大力宣传科技创新的法律法规和政策措施，宣传工业创新的重要意义、工业创新所取得的成效，以及各地工业创新的先进经验和先进事迹，努力营造全社会关心支持工业创新的良好氛围。

二〇〇八年一月七日

浙江省人民政府关于加快推进现代国有农林渔场建设的若干意见

浙政发〔2008〕32号

长期以来，广大国有农林渔场干部职工以场为家，奋战在农业生产和绿化荒山一线，为保障粮油等主要农副产品供应、建设生态省做出了重要贡献。但是，由于生产经营范围受限、地理位置偏远、历史包袱较重等原因，目前仍有不少国有农林渔场经济和社会事业发展滞后，职工生活困难。为了尽快使国有农林渔场走出困境，增强发展活力，促进惠及全省人民的小康社会建设，现就加快推进现代国有农林渔场建设提出如下意见：

一、充分认识加快推进现代国有农林渔场建设的重要性

国有农林渔场（包括良种繁育场、园艺特产场、种畜种禽场等农业事业场，下同）是省和市、县（市、区）政府批准建立的基层农林渔业事（企）业单位，是农业农村的重要组成部分，也是发展现代农业、建设生态文明的重要力量。建设现代国有农林渔场，有利于解决历史遗留问题，排除发展障碍；有利于进一步加强基础设施建设，改善发展条件；有利于搞活经营机制，增强发展活力，从根本上解决当前面临的困境，促进国有农林渔场持续健康发展。各地、各有关部门要充分认识加快推进现代国有农林渔场建设的重要性，积极推进改革，以建设求稳定，以改革促发展。

二、建设现代国有农林渔场的总体要求和基本原则

（一）总体要求。以科学发展观为指导，按照实施“创业富民、创新强省”总战略的要求，以发展现代农业和建设新农村为立足点，以体制改革、机制创新为动力，融入当地经济社会发展环境，充分发挥国有农林渔场优势，加快产业新发展，建设新社区，培育新职工，营造新风尚，力争把国有农林渔场建设成为我省现代农业的示范点、新农村建设的排头兵、和谐社会的新社区，在建设新农村和生态文明中发挥更大的作用。

（二）基本原则。一是坚持以人为本，妥善处理好事关职工切身利益的问题，共享改革发展成果；二是坚持在统筹发展中找出路，把发展经济和社会事业放在首位，统筹各方力量，增强发展活力和自身实力；三是坚持分类指导，根据国有农林渔场主要功能、自身实际和地方财力，确定不同的发展方向，采取有针对性的改革和扶持政策；四是坚持属地管理与负责，国有农林渔场建设与管理由所在市、县（市、区）政府负主体责任，明确其事业或企业单位定位，纳入城乡统筹发展和新农村建设范畴，现有就业与社会保障、扶持“三农”等基础设施建设与经济社会发展的相关政策必须落实到国有农林渔场。

三、深化国有农林渔场改革

（一）多形式推进国有农林渔场整体改革。对国有农渔场，要继续坚持以公司制为主要方向的改革，按照现代企业制度要求，建立健全权责统一、运转协调、有效制衡的公司法人治理结构，重点培育一批主业突出、核心竞争力较强的现代农业企业。规模较大、整体素质较好的国有农林渔场，可实行公司制改造，组建股份有限公司或有限责任公司。国有农林渔场相对集中的县（市、区），应以骨干农林渔场为核心，组建实体性质的总场，具备条件的，可组建国有资产经营公司或企业集团公司，实行政府授权经营。中小型农林渔场可进行整体或部分改造，通过吸收社会投资、鼓励职工入股、出让企业产权等方式，依法改组为有限责任公司。对生态公益林比重较大的国有林场，要坚持以生态建设为主要方向，建立以国有生态公益林建设管理为主要职责的国有林场体系，可增挂“国有生态公益林保护站（所）”牌子，归口当地林业行政主管部门管理，主要承担林场内生态公益林建设管理、国有森林资源保护培育和林业科技示范推广等公益职责，并按照所管护生态公益林面积和“精干、高效”原则，核定与履行公益职责相适应的人员编制和经费。对从事种质资源保护、良种繁育的“事业三场”，要明确职责任务，核定相应经费，并实行严格考核，保障其履行职责。

（二）深化劳动用工制度改革。充分尊重职工意愿和维护职工权利，兼顾农林渔场和地方财政的承受能力，积极稳妥推进农林渔场职工劳动关系转换。在参照地方国有企事业单位改制相关政策，确定补偿标准和安置方案时，要根据国有农林渔场性质，遵循职工意愿，优先考虑实物或资源安置的方案，并尽可能给予政策支持。妥善分流安置富余人员，采取有效措施保障职工稳定再就业。国有林场中专职履行生态公益林管护等公益性职责的人员，按照“公平公开，竞争上岗，双向选择”的原则，从在职人员中择优录用，并按同类事业单位落实其工作经费和待遇。鼓励采用“少养人、买服务”的办法，将具体管护任务委托给转制分流职工或当地农民承担。

（三）加快国有农林渔场社区管理制度改革。剥离国有农林渔场办社会的职能，将其纳入县（市、区）相关职能部门和所在乡（镇、街道）政府管理，加快建立地域性国有农林渔场新型社区，不断完善建设内容和服务功能。

四、大力发展国有农林渔场经济

（一）开展现代农林渔示范场建设。要根据区位、资源等条件，按照三次产业联动的要求，科学制定现代农林渔示范场发展规划，确定发展重点和方向。加大招商引资力度，积极引进战略投资者，大力发展现代农林渔业。充分利用国有农林渔场的资源、技术等优势，稳定发展粮油、生猪等事关国计民生的农产品生产；积极引入社会资本，努力提升传统优势产业，因地制宜发展蔬菜、果品、茶叶、花卉苗木、畜牧、水产养殖、竹木、蚕桑、食用菌、中药材等主导产业；加快发展休闲观光农业、森林旅游业等新兴产业；积极发展农产品加工和服务业。承担生态公益林管护任务为主的国有林场，也要积极发展林区畜牧业、种植业等，增加经济收入。

（二）落实支农惠农政策。各级、各有关部门出台的扶持农业农村经济发展的各类支农惠农政策，都应统筹考虑国有农林渔场。凡按规定适用于国有农林渔场的优惠政策，要落实到位，并不断加大支持力度。在改革过程中，继续保留国有农业事业场的事业经费，并根据事业发展要求，力争逐年增加。要认真落实《国务院办公厅关于深化国有农场税费改革的意见》（国办发〔2006〕25号）精神，免除农业职工土地承包费中九年制义务教育、计划生育、优抚、民兵训练和乡村道路建设等五项费用，减轻职工负担，农林渔场由此减少的收入由地方财政给予适当补助。鼓励国有林场进一步扩大生态公益林建设面积，从2008年起，省对国有林场生态公益林的补偿标准，按“分类分档补偿”试点的要求，优先予以安排，具体由地方政府提出意见，按程序报批。

（三）加快科技进步。积极推广应用新品种、新机具和农业资源循环利用、农产品精深加工等先进适用技术。坚持产学研相结合，进一步加大国有农林渔场科技示范推广奖励力度，促进科技成果转化为现实生产力。加强国有农林渔场经营管理人才、科技人才和实用人才的培养，努力提高国有农林渔场干部职工队伍的整体素质。

（四）创新经营机制。坚持和完善以职工家庭承包经营为基础、统分结合的双层经营机制，切实保障职工土地承包经营权。创新经营方式，推进规模化、集约化经营，提高土地产出率和资源利用效益。从事种质资源保护、良种繁育的农林渔场，要通过招标等途径探索种质资源市场化开发与保护的路子。

五、推进国有农林渔场新社区建设

（一）将国有农林渔场纳入新农村建设范围。各地要按照统筹城乡发展的要求，把国有农林渔场纳入新农村建设范围，纳入土地利用总体规划、城镇体系规划、市县域总体规划、中心镇规划等各类规划，统筹安排，同等享受当地有关推进新农村建设的政策。

（二）加强基础设施建设。各地、各有关部门在安排农业农村基础设施建设项目时，要统筹考虑国有农林渔场，使国有农林渔场享受与周边农村同等的扶持政策。凡符合“康庄工程”、“千库保安”、“万里河道整治”等工程立项条件的，要优先立项，支持国有农林渔场开展道路建设、中小型水库除险加固、河道疏浚整治。把国有农林渔场用电纳入全省新农村电气化建设工程，统一规划与组织实施。支持国有农林渔场广播和有线电视网更新改造。2008—2010年，省财政每年安排一定资金，支持国有农林渔场基础设施建设。各市、县（市、区）也要安排资金予以支持。

（三）开展职工生活区整治。将职工居住集聚度较高的国有农林渔场生活区纳入“千村示范、万村整治”工程建设范围，享受同等扶持和奖励政策。加快推进国有农林渔场生产生活垃圾和污水集中处理，改善区域生态环境。将国有农林渔场居民饮用水纳入“千万农民饮用水工程”，建立统一的供水工程体系，切实解决国有农林渔场居民安全饮水问题。

六、加强国有农林渔场资产管理

（一）加强国有资产监管。国有农林渔场需要迁移、撤销建制或改变隶属关系的，须报经批准设立的政府同意。国有农林渔场设立、变更、撤销或者改变隶属关系和土地出让、合资、股份经营、委托经营、抵押等方式改变国有森林资源产权关系的，须根据《国有资产评估管理办法》和《浙江省森林管理条例》等有关法律法规的规定，依法评估和报批。

（二）依法保护国有农林渔场土地权益。国有农林渔场的财产、土地及其他资源均属国家所有，依法登记的土地使用权受法律保护。国有农林渔场对国家授权其经营管理的财产、土地和其他资源，依法享有占有、使用和收益的权利，任何单位和个人不得随意收缴、归并、侵占、平调。未经依法批准，不得擅自收回国有农林渔场土地使用权。各市、县（市、区）政府要切实做好国有农林渔场土地使用权登记发证工作，妥善调处国有农林渔场与周边农村、相关单位间的土地权属争议，按照尊重历史、兼顾现实的原则，依法确认国有农林渔场土地使用权。

（三）加强国有农林渔场土地管理。要根据国有农林渔场土地利用现状和发展定位，科学编制土地利用总体规划，按规定程序报批后，纳入所在县（市、区）土地利用总体规划，并报省农林渔场行政主管部门备案。加强国有农林渔场土地权证管理，严肃查处非法侵占国有农林渔场土地、擅自改变土地用途的行为。规范审批程序，因国家建设需收回或使用国有农林渔场土地的，必须符合土地利用总体规划和城镇建设规划，涉及农用地转为建设用地的，应依法办理转用审批手续，并参照征收集体土地的补偿安置标准予以补偿，足额支付土地补偿费、安置补助费、地上附着物和青苗的补偿费、被征地职工社会保障等费用。在上报用地审批之前，应通过召开国有农林渔场职工（代表）大会等形式充分听取意见，完善补偿安置方案，并经相关国有农林渔场及其行政主管部门的同意。加强对国有农林渔场土地补偿资金分配、使用的监督管理，确保国有资产和职工权益不受损害。

（四）落实国有农林渔场土地开发利用优惠政策。国有农林渔场土地列入当地统一规划开发建设的，应统筹安排国有农林渔场参与开发。国有农林渔场农用地转为建设用地的，可参照当地征收集体土地的相关规定和留地比例给国有农林渔场，经依法批准后方可开发建设。国有农林渔场利用场内土地进行非农建设，除按规定交足国家应收的税费部分外，其他地方性收费经有关部门批准后可酌情减免。国有农林渔场土地使用权依法转让、租赁和入股所得收益，按“收支两条线”管理要求，由地方财政部门通过财政预算，按其相应的收缴额度安排给国有农林渔场，主要用于发展生产、改善基础设施、补充职工社会保障资金和社区建设等。落实农林渔场享受周边农村在土地整理及标准农田建设、退宅还耕及盘活存量建设用地、后备土地资源开发等方面同等优惠政策。

七、努力解决国有农林渔场职工就业和社会保障问题

（一）促进职工就业再就业。将国有农林渔场下岗职工、分流安置人员和被征地职工家庭就业再就业，纳入当地就业管理服务组织体系统一管理，享受有关优惠政策。有条件的国有农林渔场社区要开展就业服务工作，对有劳动能力和就业愿望的下岗失业、分流安置职工免费发放《再就业优惠证》，享受当地政府的有关政策扶持。把国有农林渔场职工再就业培训纳入“千万农村劳动力素质培训工程”，提高职工劳动技能水平，增强转移就业能力，鼓励自谋职业、自主创业和灵活就业。

（二）全面落实社会保障政策。多渠道筹集资金，妥善处理国有农林渔场职工未参加城镇职工基本养老保险、困难职工欠缴养老保险费以及职工基本医疗、失业、工伤、生育保险等遗留问题。2008年底前，所有国有农林渔场职工均应参加城镇基本养老、医疗保险，省财政对有关县（市、区）酌情给予一次性补助。可根据“低门槛准入、低标准享受”的原则，参照国有农林渔场职工基本养老、医疗保险办法，妥善解决国有农林渔场长期临时工（家属工）的社会保障问题。本着就高不就低的原则，对符合条件的职工家庭，纳入所在城镇低保救济范围。

（三）逐步改善职工居住条件。各地要按照《浙江省人民政府关于加快解决城市低收入家庭住房困难的实施意见》（浙政发〔2007〕57号）要求，通过建造经济适用住房、危旧房综合改造等办法，多途径解决国有农林渔场职工的住房困难问题。对地处偏僻、困难户较多的国有农林渔场，在符合规划的前提下，经市、县（市、区）政府批准，可利用自用土地组织集资合作建房，纳入当地经济适用住房供应计划。其建设标准、供应对象、产权关系等均按照经济适用住房的有关规定执行。

（四）妥善解决涉及职工切身利益的历史遗留问题。要关心职工生活，特别是要保障困难群众的基本生活。按照《农业部公安部关于落实农垦系统国有企事业单位职工及家属非农业户口政策有关问题的通知》（农垦发〔2003〕2号）要求，落实国有农林渔场职工及家属非农业户口政策。妥善解决好国有农林渔场拖欠职工工资、住房改革等历史遗留问题，认真抓好安全生产、信访等工作，落实责任，完善应急处置预案，妥善处理各类矛盾纠纷，确保农林渔场社会的和谐稳定。

各地要高度重视现代国有农林渔场建设，进一步加强领导，切实把这项工作作为新农村建设的重要任务来抓，认真落实扶持政策，加快推进现代国有农林渔场建设。各有关部门要认真履行职责，出台扶持政策和措施，积极支持现代国有农林渔场建设。

二〇〇八年四月二十八日

浙江省人民政府
关于进一步加强我省企业上市工作的意见

浙政发〔2008〕35号

为抓住我国资本市场快速发展的机遇，推动更多的优质企业上市融资，更好地落实“创业富民、创新强省”总战略，实现我省经济又好又快发展，现就进一步加强我省企业上市工作提出如下意见：

一、进一步提高认识，明确上市工作目标

近几年来，我省越来越多的优质企业进入资本市场上市融资，有效地拓宽了企业融资的渠道，促进了支柱产业的发展。进一步推进企业上市工作，有利于扩大资金来源，突破企业发展中资金瓶颈约束；有利于促进产业和企业结构的调整优化，加快全省经济转型升级；有利于促进创新要素驱动，更好地为实施“两创”总战略服务。因此，各级政府及有关部门要充分认识利用资本市场，推进企业上市融资的重要性，不断增强紧迫感和责任感，增强服务意识，不断优化政策环境，提高服务水平，采取有力措施推进企业上市融资的各项工作。

今后一个时期，我省企业上市工作的目标是：到2012年末，努力推动300家企业进入改制上市工作；新增150家上市公司，实现上市公司数量在2007年基础上翻一番；大幅度提高企业上市融资能力，上市首发融资和上市公司再融资金额在2007年基础上增加50%，历年累计融资额超过1500亿元。通过五年努力，上市公司数量继续位居全国前列，上市公司运行质量不断提升，进一步打造具有浙江特色的“浙江板块”，培育一批具有自主创新能力和国际竞争力的优势上市公司，实现“证券大省”向“证券强省”转变。

二、加大上市后备企业培育力度，拓宽企业上市融资渠道

（一）加大上市后备企业培育力度。培育上市后备企业是推进企业上市的关键性基础工作，各级政府及其有关部门要按照积极引导、科学规划、分类指导、精心培育的原则，选择一批质地优良、成长性好、具备上市条件的企业作为培育对象，加强跟踪指导和服务。省有关部门要通过企业上市工作联席会议的形式，在各地上市后备企业和省属企业中选择一批企业作为省级重点培育对象，予以重点指导和培育。发展改革、环保、财政、税务、国资、工商等有关部门要提前介入省级重点培育企业的上市工作，涉及审批核准事项的，在符合国家相关法律、法规、政策的前提下，给予重点支持。省有关部门要加强和证券监管部门以及证券中介机构的联系，强化合作培育机制。

（二）加大政策引导与扶持力度。各级政府及有关部门要及时研究企业上市过程中遇到的困难和问题，对企业历史沿革中涉及国有、集体企业改制以及历年来因享受国家和地方有关优惠政策而形成的扶持资金等问题，要根据有关政策和实际情况，予以积极妥善解决；减轻企业改制上市成本，对经工商部门变更登记为股份有限公司的，国土资源、房地产等相关部门应当办理产权人名称等变更登记手续，免收行政过户费用；同等条件下优先安排重点上市培育企业技术改造、技术开发与创新等专项资金；规范上市公司环保核查制度，降低上市公司因环境污染带来的投资风险。

（三）加大多层次、多渠道上市融资力度。充分利用主板、中小板市场，优先推动高新技术产业、金融、现代商贸物流、文化、教育、旅游以及海洋经济领域的企业上市融资；抓住创业板市场机遇，及时选择一批科技含量高、成长性好、商业模式新，具有自主创新能力的企业尽快进入改制上市程序；继续开拓境外资本市场，推动民营企业赴境外上市融资，实施“走出去”战略。积极引导和支持国有企业通过资本市场做大做强。鼓励我省优质企业买壳上市，支持我省企业异地买壳上市后将注册地迁至浙江。各级政府及有关部门要做好协调和服务，引导企业根据自身实际及发展战略，选择相应的上市融资渠道。

三、积极推进上市公司可持续发展，充分发挥上市公司作用

（四）提高上市公司质量。各级政府及有关部门要督促上市公司完善法人治理结构，规范股东大会、董事会、监事会的运作，完善独立董事制度，加强内控制度建设和高级管理人员的诚信教育。严格规范和约束控股股东行为，防止控股股东和实际控制人侵害上市公司或社会中小股东利益。建立和规范激励机制，强化上市公司高级管理人员、公司股东之间的共同利益基础，提高上市公司经营业绩。引导符合条件的上市公司建立和完善股权激励机制。积极稳妥地推进国有控股上市公司股权激励工作。大力推动上市公司开展投资者关系管理，提高上市公司透明度，努力打造诚信“浙江板块”。

（五）支持上市公司做强做优。充分发挥上市公司的融资平台作用，鼓励上市公司通过增发、配股、公司债等形式实施再融资。支持上市公司在本省投资兴业，省、市规划的重点发展项目和特许经营项目，同等条件下优先选择有投资意向的上市公司作为投资方。充分利用现有上市公司资源，根据我省经济发展总体战略，通过“腾笼换鸟”方式，实现上市公司质量提升和主业转型。支持上市公司通过吸收合并、定向增发、整体上市等方式进行资产优化重组，促进优质资源向上市公司集中，培育一批具有国际竞争力优势企业。对上市公司因重组做强而产生的过高成本，当地政府可根据实际情况参照改制上市政策予以适当减免或补助。

（六）充分发挥上市公司作用。上市公司是区域经济发展的中坚力量。要充分发挥上市公司对经济发展的支撑作用、示范作用和带动作用，拉大产业链，强化我省支柱产业优势。引导上市公司将募集资金用于改造提升传统产业和发展高新技术产业，增强自主创新能力，实现我省产业的全面转型升级。鼓励上市公司利用资本纽带，做大做强地方金融业、科技服务业、旅游业、商贸物流业，带动发展其它现代服务业。引导上市公司积极履行社会责任，在带动当地经济发展的同时，关注自然资源、生态环境、劳动者权益和社会慈善等，争做社会的示范和表率。

（七）加强对上市公司运行风险的防范和化解。各级政府要支持证券监管部门切实加强对上市公司的监管，承担起防范与化解本地上市公司风险的责任，加强上市公司控股权转让过程中的风险防范，建立健全上市公司风险防范和化解预警机制，切实提高上市公司质量，维护上市公司的经营秩序、财产安全和社会稳定。

四、加强证券中介机构建设，提高中介服务水平

（八）大力培育和发展省内证券中介机构。支持我省地方证券公司通过增资扩股、收购兼并等方式充实资本、增强实力。支持省内证券公司、会计师事务所、律师事务所、评估公司在省内企业上市过程中发挥主导性作用。建立和完善专业人才引进、培训机制，不断提高我省证券中介机构人员素质与能力。积极吸引省外中介机构来浙开展业务。本着“市场开放、公平竞争、健康有序”的要求，吸引省外优秀证券中介机构来我省开展业务，并为其创造条件，提供方便。

（九）不断完善对在我省开展上市融资业务的证券中介机构的评价和监督工作。建立中介机构执业与诚信档案，及时通报和表彰优秀中介机构。选择一批资质好、执业质量高的证券中介机构，向我省上市重点培育企业宣传和推荐，为上市后备企业聘请中介机构提供咨询和便利。探索中介机构上市工作的责任追究机制，提高中介机构的诚信意识和社会公信力。对中介机构的不良行为，要及时通报，对严重失信、违法违规的中介机构，有关部门要加大监督力度，依法依规予以查处。

五、进一步加强组织领导，营造企业上市工作的良好环境

（十）加强组织领导。各级地方政府要将推动企业上市融资列入地方经济工作的重要议事日程，加强上市工作机构和队伍建设，完善机构职能，落实工作责任。省政府上市工作主管部门要加强对全省企业上市工作的统筹指导，协调处理企业改制上市及上市公司资产重组工作中的重大问题。为了进一步提高上市工作效率，增强部门间协同配合，省政府设立由金融、证监、财政、税务、发展改革、经贸、国资、国土资源、工商、环保、劳动保障等部门参加的企业上市工作联席会议制度，具体负责全省上市重点培育企业的确定以及上市过程中重大事项的协调。联席会议的日常工作由省金融办承担。

（十一）开辟绿色通道，提供高效服务。对进入上市程序的省级重点培育企业，省有关部门要结合各自职能，开辟“绿色通道”，在上市申报过程中予以优先办理，提供高效率的服务。工商部门在企业改制登记时，要着眼于加快企业上市，最大限度地帮助企业做好改制与上市的政策衔接工作；发展改革、环保、经贸等部门对企业上市融资项目立项、环评给予重点支持，时间上予以优先保障；国土资源、国资、劳动保障、经贸、财政、税务等部门要在各自职责范围内支持企业上市，合力营造企业上市的良好氛围。

二〇〇八年五月六日

浙江省人民政府
关于印发重大项目建设行动计划的通知

浙政发〔2008〕45号

各市、县（市、区）人民政府，省政府直属各单位：

现将《重大项目建设行动计划（2008—2012）》印发给你们，请结合实际，认真贯彻实施。

全面小康六大行动计划是贯彻落实党的十七大和省第十二次党代会精神、深入实施“创业富民、创新强省”总战略、全面建设惠及全省人民小康社会的重大举措，是各级政府履行职责、推动我省经济又好又快发展和社会和谐稳定的重要工作抓手。各地、各部门一定要高度重视，建立健全组织领导和工作协调机制、目标分解和责任落实机制、进度报告和监督检查机制，确保全面小康六大行动计划的各项目标任务顺利完成。

二〇〇八年七月十七日

重大项目建设行动计划

（2008—2012）

实施重点建设是落实科学发展观和“创业富民、创新强省”总战略的重要载体，也是政府履行职能、实现工作目标的基本抓手。为更加有力地抓好重点建设特别是重大项目建设，加快推进经济社会又好又快发展，根据省委、省政府总体工作部署，特制定本行动计划。

一、指导思想、总体目标和实施原则

（一）指导思想。

认真贯彻党的十七大和省第十二次党代会精神，全面实施“创业富民、创新强省”总战略，通过实施千亿基础网络、千亿惠民安康、千亿产业提升工程（以下称之为“三个千亿”工程），发挥重大建设项目对经济社会又好又快发展的带动作用，加快形成基础设施网络体系、基本公共服务体系、现代产业体系，推进科学发展、和谐发展、率先发展，为全面建设惠及全省人民的小康社会，提供坚实的基础。

（二）总体目标。

实施千亿基础网络工程，重点构建比较完备的能源网络、交通网络、水利网络和信息网络，加快形成结构优化、功能完善的现代基础设施网络体系。五年新增铁路600公里，高速公路1000公里，港口货物吞吐能力3.1亿吨、集装箱吞吐能力800万标箱，机场旅客吞吐能力2000万人次，城市地铁78公里；新增发电装机容量1698万千瓦，新增110KV及以上输电线路8600公里，变电容量5500KVA，新增输气管线600多公里；建设标准化水库300座，新增围垦面积40万亩；新增移动交换机容量1500万门。

实施千亿惠民安康工程，组织实施一批强塘固房、社会事业、保障救助、生态环境、帮扶致富、防灾减灾的重大项目，全面改善民生，加快形成覆盖城乡、布局合理的基本公共服务设施体系。五年加固病险水库982座、加固海塘536公里和配套水闸346座、加固钱塘江等干堤309公里，完成4.8万户农村困难群众危旧房改造。实现全省85%以上中小学校园达到标准化要求，新增大学校舍面积近230万平方米；建设农村通村公路10000公里；新开工经济适用住房1200万平方米、保障廉租住房5万平方米、农民工公寓100万平方米；基本完成乡镇街道社区卫生服务中心标准化建设，100%乡镇和95%行政村有线电视联网；实现农民下山搬迁25万人，解决500万人的饮用水安全问题，提高300万人的饮用水保障水平；整治10000公里清水河道，新建400个镇级以上污水处理厂和3000公里污水管网。

实施千亿产业提升工程，组织实施一批推动经济发展方式转变和产业结构优化升级的重大项目，加快形成技术先进、特色鲜明的现代产业体系。通过实施一批高效生态农业、高技术产业、临港工业、装备制造业、特色优势产业、现代服务业重大项目，加快建设“三大产业带”，提升重点开发区（园区）发展水平，带动我省产业的新一轮发展，逐步把我省建成具有国际竞争力的先进制造业基地，推进一、二、三产业的协调发展。

“三个千亿”工程共安排重大基本建设项目180个，2008—2012年总投资6460亿元。其中续建项目42个，新建项目124个，拟建14个。到2012年，争取建成131个项目，在建35个项目。

（三）实施原则。

重大项目建设（“三个千亿”工程）行动计划与我省“十一五”重大建设项目规划相衔接，保持项目的连续性，体现建设的递进性。主要坚持以下原则：

——重大性：项目应对全省经济社会发展具有重大战略意义。

——科学性：项目应符合“推动科学发展、促进社会和谐”的总要求，符合“创业富民、创新强省”的总战略，符合相关规划。

——可行性：项目应在五年内或建成、或开工建设、或实现前期工作的阶段性目标，并充分考虑土地资源、建设资金、环境容量等要素供给的条件。

——滚动性：项目可根据实施进展情况适当增补或调整。

二、主要内容

（一）千亿基础网络工程。

突出基础设施的网络化建设，着重提高建设的网络化水平，更好地发挥网络综合效益。包括80个项目，五年总投资3562亿元。重点建设四个网络：

1. 能源网络：20个项目，五年总投资1200亿元。推进110KV以上主干电网、天然气管网、成品油管线建设，积极发展核电、水电、风能等清洁能源。加快实施北仑电厂三期扩建、国华宁海电厂二期扩建、舟山电厂二期扩建、绍兴滨海热电工程、杭嘉及杭衢温天然气输气管道工程、甬台温及甬绍金衢成品油长输管线工程、温岭东海塘风电场；积极推进浙能乐清电厂、嘉兴电厂三期、舟山六横电厂、仙居抽水蓄能电站、苍南电厂、三门核电、秦山核电一期扩建、台州三门电厂等项目建设。

2. 交通网络：50个项目，五年总投资1749亿元。加快建设高标准铁路客运专线、城际轨道交通、省际联网路、宁波舟山港、航空枢纽港工程；加快推进温福铁路浙江段、甬台温铁路、宁杭铁路、杭甬铁路客运专线、杭州东站扩建工程、杭州钱江铁路新桥、绍兴至嘉兴跨江通道、台缙高速公路东延段、云景高速公路、东阳至永康高速公路、宁波梅山港区集装箱码头、金塘大浦口集装箱码头、岙山国家原油储备基地配套码头、杭州港大松树集装箱作业区、钱塘江中上游航道整治工程建设和国省道改造，以及杭州萧山机场二期扩建工程、杭州地铁等项目；积极推进沪杭磁悬浮、客运专线、钱江通道及接线工程、沪乍嘉湖铁路、宁波市轨道交通一号线一期工程、京杭运河“四改三”及二通道、六横及连接线、甬台温高速公路复线、舟山鼠浪湖港区开发等项目前期工作。

3. 水利网络:5个项目,五年总投资203亿元。加快重大水源工程、引水枢纽和引水干线管道建设,构建以重大水源工程为龙头,干线配水管道为动脉,通达乡(镇、街道)、村、组、户自来水管渠为毛细血管的水利网络,加快实施围垦工程。重点完成水库枢纽、浙东引水工程萧山枢纽、舟山大陆引水二期工程等引调水工程、温台产业带围垦和环杭州湾产业带围垦工程、海水淡化工程。

4. 信息网络:5个项目,五年总投资410亿元。进一步实施固定电话网络、传输网络、数据网络、移动通信网络等项目,发展光缆传输,建设宽带IP网络。到2012年,基本建成覆盖全省、全国领先、能够与全球信息高速公路接轨的信息基础设施。

(二)千亿惠民安康工程。

按照党的十七大提出的"学有所教、劳有所得、病有所医、老有所养、住有所居"和"富裕安康"的要求,着眼于建设惠及全省人民的全面小康社会目标,强化政府公共服务职能,重点加强对海塘、江堤以及病险水库的除险工作,做好周边民房和沿海台风频发地区民房的加固工作;优先配置教育、医疗、文化、体育等基本公共服务设施,实施饮用水源保护工程,在农村和欠发达地区加快廉租房和经济适用住房建设等方面,取得更大进展,努力促进社会和谐。同时,突出节能减排,加强环境保护和生态建设,促进生态文明。包括49个项目,五年总投资1660亿元。

1. 强塘固房工程:4个项目,五年总投资125亿元。主要实施病险水库、海塘和病险水闸、钱塘江等干堤的加固,完成4.8万户农村困难群众危旧房改造。

2. 社会事业工程:17个项目,五年总投资245亿元。主要包括标准化学校建设项目、浙江大学紫金港西校区、浙江工业大学屏峰校区、嘉兴学院梁林校区扩建;省档案馆新馆、十四届省运会体育设施项目、省长兴体育训练基地、农村文化基础设施建设项目、广电"村村通村村响"、公益性青少年学生校外专门活动场所标准化建设、公共卫生建设工程、群众体育设施建设工程等。

3. 保障救助工程:8个项目,五年总投资300亿元。主要建设一批敬老院,扩大养老床位,实现老有所养;建设一批廉租房、经济适用住房和农民工公寓,解决低收入家庭和外来农民工的住房困难;加快城乡社区公共服务设施、养老福利服务工程、未成年人福利服务工程、特殊训练及康复设施建设。

4. 环保生态工程:11个项目,五年总投资460亿元。主要建设万里清水河道二期、千村示范万村整治工程、污水处理和管网建设、电厂脱硫工程、省级废旧金属资源再利用循环经济项目、温州生态园仙垟湿地公园、千万亩十亿方节水工程、太湖流域水环境综合治理、沿海防护林体系等工程。

5. 帮扶致富工程:6个项目,五年总投资458亿元。主要是深化山海协作工程,推进农村公路、水上康庄工程、千万农民饮用水二期工程、欠发达地区下山搬迁工程、兴林富民示范工程建设等。

6. 防灾减灾工程:3个项目,五年总投资72亿元。主要实施减灾救灾网络工程、公路临水临崖安全设施完善工程、应急能力建设,提高综合防减灾能力。

(三)千亿产业提升工程。

发挥政府对产业发展的导向作用,重点以自主创新带动产业升级,大力发展高效生态农业、高新技术产业,积极发展临港产业和装备制造业,发展壮大特色优势产业,集聚提升工业发展平台和推进欠发达地区工业化,逐步建立"高增值、强辐射、广就业"的现代产业体系。到2012年,高技术产业产值达到6000亿元,建成软件、信息、生物等一批国家级高技术产业基地,进一步扩大省级以上企业技术中心及工程研究中心、工程实验室等研发机构的总量和规模。临港产业方面,发挥沿海深水岸线、滩涂等资源优势,立足我省的港口优势、产业基础,有选择地集中发展石化、钢铁、船舶等临港重化工业,形成在国内有重要地位、国际上有影响的制造基地。装备制造业方面,大力推进电站装备(大型火电、核电、风电、潮汐发电、IGCC等)、大型石化装备(百万吨级乙烯关键设备及自动化控制系统、千万吨级炼油关键设备和自动化控制系统等)、轨道交通设备(控制系统、通风系统、电力系统、屏蔽门等)、纺织装备等重要领域装备的本地化。特色优势产业方面,重点鼓励块状经济做强做大龙头企业,增强自主创新能力,不断提升产品档次和技术层次,促进区域优势产业全面升级。包括51个项目,五年总投资1238亿元。其中:

1. 高效生态农业:1个项目,五年总投资20亿元。建设一批特色农业生产基地,加快高效生态农业发展。

2. 高技术产业:15个项目,五年总投资394亿元。通过建设信息和生物等国家高技术产业基地、省重大科技创新平台和科技创新载体、新加坡杭州科技园、高新技术产业重点开发区(园区)基础设施及功能平台等一批重大项目,促进高技术产业集聚发展。

3. 临港工业:9个项目,五年总投资355亿元。实施镇海炼化100万吨乙烯项目、宁波400万吨钢铁扩产项目、振石集团东方特钢股份有限公司不锈钢宽板项目、舟山金海湾30万吨级造船、临港工业重点开发区(园区)基础设施及功能平台建设项目等,推进嘉兴石化有限公司PTA项目、炼化一体化项目前期工作,促进我省临港工业加快发展。

4. 装备制造业:10个项目,五年总投资100亿元。实施金华青年汽车项目、中国重汽集团杭州发动机有限公司迁扩建项目、西子联合控股有限公司盾构设备及地铁屏蔽门项目、浙江富春江水电设备有限公司大型潮汐发电机组制造项目等,推进纳智捷乘用车项目前期工作,促进装备制造业加快发展。

5. 特色优势产业:8个项目,五年总投资156亿元。实施巨石集团玻璃纤维、巨化氟化工、华东铝业汽车铝合金、浙江景兴纸业包装纸板、浙江山蒲照明有限公司一体化高效节能灯、特色优势产业重点开发区(园区)基础设施及功能平台等项目,提高我省特色优势产业的竞争力。

6. 服务业:8 个项目,五年总投资 213 亿元。实施杭州国际博览中心、宁波国际贸易中心、义乌国际物流中心、衢州综合物流中心、杭州农副产品中心、嘉兴(现代)西南物流基地、嘉兴粮食中转库及码头、中国义乌国际小商品博览会专用场馆工程等项目,全面提高服务业发展水平。

三、保障机制

为保障重大项目建设("三个千亿"工程)行动计划的顺利实施,重点建立五个机制。

(一)组织协调机制。

省里具体分三个层面:第一个层面是综合协调,由省政府领导召集,一般每季度一次。主要是分析重点项目和"三个千亿"工程推进情况,研究部署重点工作和任务,协调解决综合性的重点难点问题,统筹推进项目建设。第二个层面是专题协调。一般由省分管领导或者省级主管部门牵头,根据项目推进情况,不定期组织召开专题协调会,及时研究解决建设中的突出矛盾和难点问题。第三个层面是日常协调。一般的问题由省重点办(前期办)主持协调。各地也要建立相应的组织协调机制,政府主要领导亲自抓,分管领导具体抓,各相关部门积极发挥职能作用,合力推进重点建设。

(二)责任落实机制。

把实施行动计划的责任分解落实到牵头部门、参与部门、市、县(市、区)政府和项目业主,并制定分年度实施计划。独立选址的项目主要责任单位为地方政府,跨市域项目和线性工程的主要责任单位为省级有关单位。各项目业主负责具体项目的实施工作以及按季报送项目进展情况等。

省发改委为牵头部门,主要职责是牵头编制行动计划和年度实施计划;衔接平衡"三个千亿"工程项目;提出各有关单位责任分工;及时了解、总结推进情况;提出实施推进和责任单位考核等次等建议。

省财政厅、省国土资源厅、省环保局、人行杭州中心支行等有关部门为主要参与部门。省财政厅负责省级财政性资金安排与具体工程项目资金需求的对接,按照"三个千亿"工程年度实施计划,以及工程进度和规定的程序,及时安排和下达省级财政性资金计划,及时办理省级财政性资金拨付手续。省国土资源厅负责统筹、衔接、落实"三个千亿"工程项目所需的用地规划和计划指标,研究提出深入挖潜、创造条件保证"三个千亿"工程项目所需用地的对策措施,及时做好项目建设用地的预审、农转用、土地征收等工作。省环保局负责做好"三个千亿"工程项目的环评工作,统筹安排项目所需环境容量,及时办理项目环评报告书的审批手续。省金融办、人行杭州中心支行、浙江银监局负责根据项目推进计划和前期工作进展,引导金融机构采取多种贷款模式,提高金融服务水平,加大支持力度。

团省委、省农办、省经贸委、省教育厅、省科技厅、省民政厅、省建设厅、省交通厅、省水利厅、省林业厅、省信息产业厅、省广电局、省文化厅、省卫生厅、省体育局、省档案局、省通信管理局、省协作办、省电力公司、省能源集团等,以及项目所在地政府为"三个千亿"工程有关项目的责任单位,主要职责是根据项目计划提出本单位今后五年的目标、任务、对策措施和分年度具体计划,按季报送项目推进实施情况,确保完成年度和五年计划。涉及项目管理职能的省级有关部门,按各自职责做好有关工作。

(三)要素保障机制。

资金保障方面。把"三个千亿"工程年度实施计划作为财政性建设资金和信贷计划安排的重要依据,确保重点项目资金需求。省市县财政性预算资金和纳入财政管理的各种政府性专项建设基金,以及退出竞争性领域后的国有资产等,要向"三个千亿"工程项目倾斜,确保公益性、基础性重大项目建设需要。进一步拓宽重大项目投融资渠道,允许通过股权融资方式筹集建设资金;收益稳定的基础设施项目,积极通过公开发行股票、可转换债券等方式筹措资金;积极争取信贷资金对"三个千亿"工程建设的支持,改进和完善银行固定资产贷款审批方式,运用银团贷款、融资租赁、项目融资、财务顾问等多种方式支持项目建设;鼓励和促进保险资金间接投资基础设施和重点建设工程项目。

土地保障方面。把"三个千亿"工程项目纳入省重点建设项目计划,优先安排土地指标,按有关规定努力保障土地供给。属于国家重点的项目争取利用国家预留的土地指标,属于省重点的交通、能源、水利项目,继续实行省戴帽下达;对其他重点项目,各地要在省切块下达的指标中优先安排,保障用地供给。项目所在地要负责做好项目建设涉及耕地占补平衡、基本农田(标准农田)调整和补划、拆迁安置补偿等工作,确保数量和质量,切实维护群众合法权益,维护社会和谐稳定。

环境保障方面。优先支持和重点保证实施"三个千亿"工程所需的环境容量,并在环境影响评价审批等方面改善服务、提高效率。同时,把促进环境保护和节能降耗放在项目建设的重要位置,在项目的可研论证、规划设计、立项审批、建设施工等各个环节,严格把好环保节能关,尽最大限度减少项目建设对环境的负面影响。

(四)信息通报机制。

重点建设是科学执政、民主执政的一项重要内容,要建立健全信息通报机制,做到信息畅通。一是重点建设情况分析通报制度。由省重点办(前期办)在汇总重点项目月度信息的基础上,召开月度或者季度会议,检查工作情况,交流工作经验,分析存在问题,提出对策建议,形成分析通报材料。二是重大问题专报制度。对重点项目前期工作和实施过程中遇到的重大问题,省重点办(前期办)及时向省政府专题报告。各地也要加强重点建设信息采集和通报工作,畅通信息渠道,及时反映和处理建设中的重要信息。

(五)督查考核机制。

"三个千亿"工程项目是省重点建设项目的主体,是重中之重项目。重点针对项目进度、项目质量、项目安全、项目廉洁四方面的内容,建立督查考核机制,加强对重点建设的监督监管,确保各项工作任务落到实处。一是督办制度。对于省重点建设联席会和专题协调会确定的事项,由省重点办(前期办)下达重点建设督办单,明确办理单位、办理事项、办理要求及办结时限,并进行跟踪落实。二是重点项目检查制度。在重点项目建设实施过程中,建立项目自查和有关部门抽查、专项检查、项目稽查等相结合的检查制度。三是舆论监督制度。组织新闻媒体对重点建设开展宣传报道和舆论监督,鼓励先进,鞭策后进,动员全社会关注、支持和参与实施重点建设。四是人大、政协监督制度。定期或不定期向人大、政协报告、通报重点建设情况,邀请人大、政协领导和代表、委员视察重点建设。五是年度考评制度。把"三个千亿"工程实施工作列入省政府部门年度工作目标考核的重要内容,对每年实施情况进行量化考评,考评结果作为省直单位考核的重要内容,对实施不力的单位和个人予以批评;同时,加强"三个千亿"工程建设预防职务违法违纪工作,严格违法违纪责任追究。本届政府任期结束,对实施情况进行全面总结和表彰。

附件:浙江省重大项目建设("三个千亿"工程)行动计划项目表

附件

浙江省重大项目建设("三个千亿"工程)行动计划项目表

序号	项目名称	建设内容	建设起止年限	总投资(亿元)	08—12年计划完成投资(亿元)	2008年度实施计划			责任单位	备注
						计划完成投资	省级财政性资金	推进计划		
	共计180个			10129	6460	1408	54.78			
一	千亿基础网络工程(80个)			6068	3562.0	735	18.45			
	(一)能源网络(20个)			1962.4	1200.0	288	0.00			
1	浙江省电网工程	110KV及以上工程建设线路共8600公里,变电容量5500万KVA(其中:500KV线路1700公里容量1800万KVA,220KV线路3700公里2000万KVA,110KV线路3200公里1700万KVA)	2008—2012	321.0	321.0	76.0		建成110KV及以上工程建设线路共1610公里,变电容量1303万KVA(其中:500KV线路440公里容量400万KVA,220KV线路425公里462万KVA,110KV线路745公里441万KVA)	省电力公司,相关市政府	
2	杭嘉天然气输气管道工程	干线长87.7公里	2008—2009	12.7	12.7	4.72		完成项目核准,试验段建成通气	省能源集团,杭州、嘉兴市政府	
3	杭衢温天然气输气管道工程	杭金衢段干线长约242公里,衢丽温段干线长约285.6公里	2008—2011	59.2	59.2	0.25		完成可研报告	省能源集团,杭州、温州、衢州市政府	
4	甬台温成品油长输管线建设项目	建设成品油长输管线管道420公里	2008—2010	19.7	19.7	1.20		完成项目核准,油库土地征用,争取开工	省石油公司,宁波、温州、台州市政府	
5	甬绍金衢成品油长输管线建设项目	建设成品油长输管线管道390公里	2008—2010	14.8	14.8	0.80		完成项目核准,部分油库开工建设	省石油公司,宁波、绍兴、金华、衢州市政府	
6	滩坑水电站	3台20万千瓦	2004—2009	66.5	31.7	17.50		1号机投产发电,2、3号机设备安装	省能源集团、丽水市政府	
7	北仑电厂三期扩建工程	2台100万千瓦	2006—2009	74.4	42.4	27.60		6号机组完成168小时满负荷试运行	国电集团、宁波市政府	
8	国华宁海电厂二期扩建工程	2台100万千瓦	2006—2009	85.8	64.9	41.72		5号锅炉酸洗、点火吹管,机组整套启动,首次并网;6号汽机扣缸	国华电力、宁波市政府	
9	浙能乐清电厂	2台60万千瓦,2台66万千瓦	2004—2011	105.5	56.2	13.21		1号机组6月并网发电,2号机组9月并网发电	省能源集团、温州市政府	
10	舟山电厂二期扩建工程	1台30万千瓦	2008—2010	15.0	15.0	13.10		完成项目核准并开工建设	舟山市政府、舟山朗熹电力公司	
11	绍兴滨海热电工程	2台30万千瓦	2008—2010	27.6	27.6	5.04		完成项目核准并开工建设	省能源集团、绍兴市政府	
12	仙居抽水蓄能电站	上水库库容778万立方米,下水库为已建下岸水库,装机150万千瓦	2008—2012	53.3	53.3	1.00		向国家发改委上报项目申请报告	华东电网公司、台州市政府	
13	温岭东海塘风电场	4万千瓦	2007—2009	4.2	3.4	2.78		建成投产	国电集团、台州市政府	
14	嘉兴电厂三期工程	2台100万千瓦	2009—2013	75.2	67.7	0.14		争取国家出具同意项目开展前期工作文件并上报核准文件	省能源集团、嘉兴市政府	
15	舟山六横电厂	2台100万千瓦	2008—2013	72.9	65.0	4.66		争取国家出具同意项目开展前期工作文件并上报核准文件	省能源集团、舟山市政府	

序号	项目名称	建设内容	建设起止年限	总投资（亿元）	08—12年计划完成投资（亿元）	2008年度实施计划			责任单位	备注
						计划完成投资	省级财政性资金	推进计划		
16	台州三门电厂	2台100万千瓦	2009—2013	81.6	73.4	0.23		争取国家出具同意项目开展前期工作文件并上报核准文件	省能源集团、台州市政府	
17	苍南电厂	2台100万千瓦	2009—2013	80.1	70.0	0.00		争取国家出具同意项目开展前期工作文件并上报核准文件	华润电力、温州市政府	
18	三门核电一期工程	2台100万千瓦	2008—2014	450.0	100.0	51.72		上报项目申请报告并开展四通一平等工作	台州市政府	
19	秦山一期扩建工程（方家山）	2台100万千瓦	2008—2014	268.0	102.0	26.00		上报项目申请报告，争取国家核准并开工建设	省能源集团、嘉兴市政府	
20	象山乌沙山发电厂二期及海水淡化项目	建设2台1000MW发电机组及配套设施，海水淡化规模10万吨/日		75.0				完成相关基础工作，项目报国家发改委评审	大唐集团、宁波市政府	
	（二）综合交通网络（50个）			3336.1	1748.6	328.6	13.88			
1	温福铁路浙江段	新建国铁Ⅰ级电化双线69公里	2004—2009	48.8	12.3	8.0		全线基本铺通，站后四电工程及站房主体工程基本完工	省铁路集团、温州市政府	
2	甬台温铁路	新建国铁Ⅰ级电化双线282公里	2005—2009	162.8	53.8	50.0		全线基本铺通，站后四电工程基本完成，站房建设按照09年开通运营要求全力推进	省铁路集团，宁波、温州、台州市政府	
3	杭甬客运专线	新建国铁Ⅰ级电化双线152公里	2008—2012	187.0	187.0	43.7		完成可研报批工作，年内开工	省铁路集团、杭州、宁波、绍兴市政府	
4	宁杭铁路浙江段	新建国铁Ⅰ级电化双线102公里	2008—2012	134.5	134.5	26.9		完成可研报批工作，年内开工	省铁路集团、杭州、湖州市政府	
5	杭州东站扩建工程	车场规模扩建为15台30线	2008—2012	65.0	65.0	23.0		完成大部分红线内征地拆迁工作，工程开工	省铁路集团、杭州市政府	
6	杭州钱江铁路新桥	4线桥，全长2.226公里	2008—2010	13.2	13.2	4.6		完成征地拆迁工作，并进行墩台及线下工程施工，其中水中墩基础计划完成70%	省铁路集团、杭州市政府	
7	宁波铁路货运北环线及集装箱枢纽站	新建市区客货分流铁路环线44.66公里、新建铁路集装箱枢纽站一个和多个港区办理站	2009—2012	51.5	51.5			控制性详细规划完成预审	省铁路集团、宁波市政府	
8	申嘉湖（杭）高速公路练杭段	高速公路51公里	2006—2012	45.0	30.0	12.1		嘉兴、湖州路段完成路基、桥涵	省交通厅，杭州、湖州市政府	
9	台缙高速公路东延段	高速公路25公里	2007—2012	23.0	20.0	5.0		路基、桥涵	省交通厅、台州市政府	
10	宁波北仑穿山疏港高速公路	高速公路34公里	2009—2012	50	50	0		完成初步设计	宁波市政府	
11	绍兴至诸暨高速公路	高速公路63公里	2009—2012	46.0	46.0	5.0		力争开工	省交通厅、绍兴市政府	
12	杭长高速公路杭州至安城段	高速公路67公里	2009—2012	57.0	57.0	4.0		力争开工	省交通厅，杭州、湖州市政府	
13	东阳至永康高速公路	高速公路44公里	2009—2012	25.0	25.0	0.0		争取上报工可	省交通厅、金华市政府	
14	云景高速公路	高速公路11公里	2009—2012	10.0	10.0	2.0		力争开工	省交通厅、丽水市政府	
15	国省道改造	新改建国省道600公里	2008—2012	40.0	40.0	8.0	5.00		省交通厅	
16	湖嘉申线嘉兴段航道改造一期	三级航道15公里	2006—2010	4.0	4.0	1.0	0.90	完成57%	省交通厅、嘉兴市政府	
17	岙山国家原油储备基地配套码头	30万吨级原油码头一个，能力1500万吨	2008—2010	2.0	2.0	0.6		完成前期并开工	舟山市政府	
18	舟山凉潭矿石中转码头	25万吨级卸矿泊位1个，3.5万吨和5万吨级装矿泊位各1个，能力3000万吨	2009—2012	14.7	14.7	0.0		完成初设编制	省交通厅	
19	长湖申线湖州段四改三航道改造工程	三级航道63.8公里，四级航道13.7公里	2008—2012	19.0	19.0	4.0	1.98	完成前期并开工	省交通厅、湖州市政府	
20	杭州港大松树集装箱作业区	500吨级泊位15个，形成吞吐能力300万吨	2005—2010	3.0	2.0	0.8		完成67%	省交通厅、杭州市政府	

序号	项目名称	建设内容	建设起止年限	总投资（亿元）	08—12年计划完成投资（亿元）	2008年度实施计划			责任单位	备注
						计划完成投资	省级财政性资金	推进计划		
21	宁波梅山港区集装箱码头	5—10万吨级集装箱泊位2个，能力100万TEU	2009—2012	6.0	6.0	0.0		完成初设编制	宁波市政府	
22	乐清湾航道整治	10万吨级航道	2009—2012	2.0	2.0	0.0		完成初设编制	省交通厅	
23	杭州萧山国际机场合资和二期建设工程	新建3400米×60米的第二跑道及配套滑行道系统，新建国际航站楼和第二国内航站楼总面积15万平方米，新建站坪56.7平方米，以及附属配套的功用和辅助设施	2008—2011	68.1	68.1	23.5	6.00	国际航站楼站坪完成道面；土地征迁完成；河渠改道开始施工；航站楼土建	杭州萧山国际机场二期工程建设指挥部	省政府纪要明确
24	温州永强机场飞行区扩建工程	新建跑道长3200米，宽45米，两侧道肩宽7.5米	2008—2010	10.0	10.0	2.0		完成工可评审	温州市政府	
25	杭州市快速路网工程	三纵五横快速路建设，建成232公里城市快速路或准快速路	2008—2012	80.0	80.0	5		加快建设	杭州市政府	
26	杭州地铁工程	1号线一期工程：线路长47.97公里，车站30座；2号线一期工程：线路长30.488公里，车站24座	2007—2015	375.8	250.0	54.0		1号线建设，2号线推进	杭州市政府	
27	沪杭磁悬浮交通项目（浙江段）	新建线路总长调整为199.434公里，其中沪杭磁悬浮城际线（含三角区联络线）164.577公里，磁悬浮上海机场联络线（沪杭上海支线）34.857公里。浙江段长103.553公里，设嘉兴和杭州东两个车站	2010—2014	220.0	65.0	0.0		做好土地预审、规划选址、环境评估等前期工作	省沪杭磁悬浮交通项目（浙江段）筹建办公室，沿线各市政府	
28	沪杭客运专线浙江段	新建国铁Ⅰ级电化双线95公里	2009—2013	134.2	40.0	32.0		完成可研报批工作，力争年内开工	省铁路集团，杭州、嘉兴市政府	
29	金温铁路扩能改造	新建国铁Ⅰ级电化双线189公里	2009—2013	164.0	40.0	1.0		力争开工	省铁路集团，温州、金华、丽水市政府	
30	宁波象山港大桥及接线	高速公路47公里	2009—2013	65.0	35.0	5.0		力争开工	宁波市政府	
31	杭新景高速建德寿昌至开化白沙关段	高速公路130公里	2010—2013	88.0	50.0	0.0		争取上报工可	省交通厅，杭州、衢州市政府	
32	钱江通道（隧道）及接线工程	高速公路44公里	2009—2014	87.0	30.0	0.0		争取上报工可	省交通厅，杭州、嘉兴市政府	
33	丽龙庆高速公路龙泉至庆元段	高速公路54公里	2010—2013	40.0	30.0	1.0		力争开工	省交通厅、丽水市政府	
34	绍兴至嘉兴跨江通道	高速公路69公里：大桥12公里、南北接线57公里	2009—2014	119.0	50.0	2.3		力争开工	省交通厅，绍兴市、嘉兴市政府	
35	沿海高速公路（象山戴港至乐清南塘）	高速公路192.5公里	2010—2014	206.0	48.0	0.0		争取上报工可	省交通厅，宁波、温州、台州市政府	
36	金塘大浦口集装箱码头	建设7—10万吨集装箱泊位5个，形成吞吐能力250万TEU（至2012年完成7—10万吨集装箱泊位2个，形成吞吐能力100万TEU）	2006—2014	55.0	25.0	4.0	0.00	完成15％	省交通厅，宁波、舟山市政府	
37	杭申线四改三航道改造工程	三级航道106公里	2009—2013	11.0	8.0	0.0		完成初设编制	省交通厅、嘉兴市政府	
38	钱塘江中上游航道整治	衢江航道开发、兰江航道提升及富春江大坝改造	2009—2013	25.0	15.0	0.0		完成工可编制	省交通厅，衢州、金华市政府	
39	京杭运河四改三及二通道	三级航道70公里，其中四改三航道41公里	2009—2013	95.0	40.0	0.0		完成工可编制	省交通厅、杭州市政府	
40	乐清湾港区一期工程	5万吨级多用途泊位2个，能力560万吨	2009—2013	7.5	6.0	0.0		争取核准	省交通厅、温州市政府	
41	杭平申线航道改造（含黄姑塘海河联运枢纽）	四级航道131公里	2009—2015	27.0	8.0	0.0		完成工可编制	省交通厅、嘉兴市政府	
42	独山港区多用途码头	3—5万吨级多用途泊位2个，能力320万吨	2010—2013	2.0	1.5	0.0		完成工可编制	省交通厅、嘉兴市政府	
43	大榭30万吨级原油码头	30万吨级原油码头一个，能力1500万吨	2010—2013	5.0	4.0	0.0		完成工可编制	宁波市政府	

序号	项目名称	建设内容	建设起止年限	总投资（亿元）	08—12年计划完成投资（亿元）	2008年度实施计划			责任单位	备注
						计划完成投资	省级财政性资金	推进计划		
44	沪乍嘉湖铁路	新建国铁Ⅰ级单线137公里		56.0				推进前期工作	省铁路集团，嘉兴、湖州市政府	
45	宁波市轨道交通一号线一期工程	线路全长22.58公里，设车站21座、车场2座、主变电所2座、控制中心1座		118.0				推进前期工作	宁波市政府	
46	六横及连接线	六横至穿山疏港高速，高速公路28.5公里，总投资91亿元		91				推进前期工作	省交通厅，宁波、舟山市政府	
47	沿海高速公路（乐清南塘至瑞安阁巷）	高速公路87.7公里		91.0				推进前期工作	省交通厅、温州市政府	
48	金塘港区木岙和小李岙集装箱码头	5—10万吨级集装箱泊位6个，能力240万TEU		32.0				推进前期工作	省交通厅、舟山市政府	
49	舟山鼠浪湖港区开发	建设大型散货中转基地		50.0				推进前期工作	省交通厅，宁波、舟山市政府	
50	临海头门一期码头	3.5—5万吨级泊位2个，能力200万吨		4.0				推进前期工作	省交通厅、台州市政府	
	（三）水利网络（5个）			359.6	203.4	37.1	4.57			
1	水库枢纽工程	建设长兴合溪水库，完成30%工程量；钦寸水库、好溪水利枢纽、台州朱溪水库、平阳顺溪水利枢纽、临海方溪水库、仙居盂溪水库、闲林水库等水源水库有实质性进展	2007—2015	67.4	60.3	4.1	0.62	建设长兴合溪水库，完成30%工程量；浙东饮水钦寸水库、好溪水利枢纽、台州朱溪水库、平阳顺溪水利枢纽、临海方溪水库、仙居盂溪水库等6项水源工程前期性工作有实质性进展	省水利厅，各有关市政府	
2	引供水工程	建设浙东引水舟山大陆引水二期、浙东引水萧山枢纽、嘉兴太湖取水（东、西片）、永嘉楠溪江供水工程、钱塘江引水入城等引调水工程	2007—2012	32.2	29.1	8.5	1.45	开工建设浙东引水舟山大陆引水二期、浙东引水萧山枢纽、嘉兴太湖取水（东、西片），抓紧建设永嘉楠溪江供水工程等4项引调水工程	省水利厅，各有关市政府	
3	海水淡化工程	嵊泗、岱山、普陀、六横、温岭等地建设海水淡化工程，总规模20万吨/日	2006—2015	10.0	10.0	3.0		新建、续建若干海水淡化工程，总规模6万吨/日	各有关市、县（市、区）政府	
4	温台沿海产业带围垦工程	玉环漩门三期、苍南县江南海涂、路桥三山涂、温州浅滩二期、苍南大渔湾围垦造地30万亩	2007—2015	175.0	71.0	15.0	1.80	玉环漩门三期、苍南县江南海涂、路桥三山涂、温州浅滩二期、苍南大渔湾围垦造地5万亩	省水利厅，各有关市政府	
5	环杭州湾产业带围垦工程	建设上虞世纪丘围涂工程、宁海下洋涂、慈溪徐家浦两侧、慈溪陆中湾两侧、舟山金塘、六横、仇家门等围垦造地27万亩	2007—2015	75.0	33.0	6.5	0.70	建设上虞市世纪丘围涂工程、宁海下洋涂、慈溪徐家浦两侧、慈溪陆中湾两侧，围垦造地3万亩	省水利厅，各有关市政府	
	（四）信息网络（5个）			410.0	410.0	82				
1	固定电话网建设工程	重点建设本地交换网接入网扩容项目、本地交换网智能化项目和软交换技术引入项目，新增、更新、改造局用交换容量约300万门	2008—2012	20.0	20.0	5.0		重点建设本地交换网接入网扩容项目、本地交换网智能化项目和软交换技术引入项目，新增、更新、改造60万门	省通信管理局，各有关市政府	
2	移动通信网建设工程	投资重点集中在第三代移动通信网建设、网络优化、新技术新业务投资，新建移动交换机容量1500万门	2008—2012	152.0	152.0	35.0		新建移动交换机容量300万门	省通信管理局，各有关市政府	
3	传输网建设工程	满足业务发展特别是新业务发展需要，提升网络运行质量	2008—2012	100.0	100.0	20.0		满足业务发展特别是新业务发展需要，提升网络运行质量	省通信管理局，各有关市政府	
4	数据网建设工程	重点建设宽带IP网，将各通信运营企业的数据网从小网络、多平台逐步发展为平台相对集中、多业务融合的网络，新建400万户宽带网络容量	2008—2012	100.0	100.0	15.0		重点建设宽带IP网，新增加宽带用户80万户	省通信管理局，各有关市政府	
5	支撑网建设工程	完善业务支撑网、管理网、客服中心等系统的建设，满足7500万用户的支撑能力	2008—2012	38.0	38.0	7.0		完善业务支撑网、管理网、客服中心等系统的建设	省通信管理局，各有关市政府	
二	千亿惠民安康工程（49个）			1874.5	1660.7	372.9	32.6			
	（一）强塘固房工程（4个）			125.5	125.5	24.0	5.5			
1	水库除险加固工程	加固小（二）型以上水库982座，在全国率先基本完成水库除险加固任务	2008—2012	63.0	63.0	13.0	5.50	加固小（二）型以上水库260座	省水利厅，各有关市政府	

序号	项目名称	建设内容	建设起止年限	总投资(亿元)	08—12年计划完成投资(亿元)	2008年度实施计划			责任单位	备注
						计划完成投资	省级财政性资金	推进计划		
2	海塘加固配套工程	加固海塘247条536公里,配套加固水闸346座,全面落实海塘和配套闸站的管理维护,基本达到"安全达标、设施配套、运管正常"的目标要求	2008—2012	38.0	38.0	8.0		加固海塘93公里,配套加固水闸43座	省水利厅,各有关市政府	
3	钱塘江等干堤加固工程	加固干堤309公里,其中钱塘江干堤223公里,瓯江干堤36公里,以及宁波甬江干堤50公里	2009—2012	14.5	14.5			推进工作	省水利厅,各有关市政府	
4	固房工程	全面完成全省现有4.8万户农村困难群众危旧房改造,基本实现农村低保标准120%以下困难家庭危旧房改造	2008—2010	10	10	3.0		全面启动,完成1.6万户农村困难家庭危旧房改造	省建设厅,各有关市政府	
	(二)社会事业工程(17个)			345.3	245.2	53.0	3.54			
1	标准化学校建设项目	使全省85%以上的中小学校园达到标准	2008—2012	75.0	75.0	15.0		在现有标准化建设基础上,全省中小学校园标准化率达到60%	省教育厅,各有关市政府	该项同时也列入基本公共服务均等化计划项目
2	高等学校新校区建设工程	包括浙江大学紫金港校区西区120万平方米,浙江工业大学屏峰校区扩建项目71.9万平方米,嘉兴学院梁林校区扩建工程40万平方米,浙江财经学院东方学院迁建工程31.3万平方米,杭州科技职业技术学院18.5万平方米,杭州师范大学新校区建设150万平方米及其他独立学院建设	2008—2012	60.0	60.0	15.0		工程建设全面启动,争取2009年秋季部分工程竣工并投用	省教育厅	
3	公益性青少年学生校外专门活动场所标准化建设工程	使45家未达省级标准的县(市、区)级青少年宫的建筑面积达标,改扩建或新建5家市级青少年宫;改善青少年宫的设施设备;建设227家综合利用的校外活动场所,每家的建筑面积不少于100平方米;实施青少年宫信息网络工程,建设24家公益性的青少年网络服务场所——"天天"青少年网络活动室	2008—2012	8.6	8.6	4.2		改扩建金华市青少年宫、杭州青少年活动中心;新建台州市青少年活动中心、杭州市青少年发展中心、丽水市青少年宫;推动泰顺、文成、东阳、天台、洞头等5家建筑面积未达标的县级青少年宫加快建设;推动5家青少年宫改善设施建设;在街道(中心镇)建设50家综合利用的青少年校外活动场所;建设15家"天天"青少年网络活动室	团省委,各有关市政府	该项同时列入基本公共服务均等化计划项目
4	农村文化基础设施建设项目	100%的县(市、区)建设完成达标的文化馆、图书馆,100%的乡镇建设完成达标的乡镇综合文化站	2008—2010	7.9	7.9	1.7	0.58	全省新建、改扩建达标乡镇综合文化站100个	省文化厅,各有关市政府	
5	新一轮广播电视"村村通村村响"建设项目	100%的乡镇(除海岛)和95%行政村实现有线电视和有线广播联网建设,争取20户以上自然村有线电视联网率达到50%以上	2008—2010	4.3	4.3	2.8	0.79	6个乡镇和500个行政村的有线联网,争取尽可能多的20户以上自然村达到村村通标准;有线广播农户收听覆盖率达到80%左右	省广电局,各有关市政府	该项同时也列入基本公共服务均等化计划项目
6	省档案馆新馆建设项目	新增建筑面积4.7万平方米	2008—2012	5.0	5.0	2.0	2.00	完成项目建议书和可研报告的编制,完成征地拆迁,设计打桩	省档案局	
7	杭州市科技馆	建筑面积3.3万平方米	2009—2012	3.3	3.3	0.0		完成开工准备	杭州市政府	
8	省广电集团传媒业务用房项目	新增建筑面积11万平方米	2008—2012	9.6	9.6	0.0		完成可研	浙江广电集团	
9	省级医院布局调整	总建筑面积70万平方米,包括省妇保、儿保、肿瘤医院、新华、同德、省人民医院、温一医院、省血液中心、省医高专等	2008—2012	20.0	20.0	4.0		加快推进省人民医院急诊大楼、新华医院住院楼、肿瘤医院2号病房楼、温一医院迁建、浙江医院医疗业务综合楼、省医高专研科楼等项目建设;启动省妇保、省立同德医院闲林院区、省医科院科技医疗综合楼、省人民医院望江山院区等项目建设	省卫生厅,各有关市政府	
10	县级综合性医院建设项目	欠发达地区和一般县(市、区)综合性医院建设,建设规模60万平方米	2008—2012	25.0	25.0	3.0		推进8家县级综合性医院和6家中医医院建设	省卫生厅,各有关市政府	

序号	项目名称	建设内容	建设起止年限	总投资（亿元）	08—12年计划完成投资（亿元）	2008年度实施计划			责任单位	备注
						计划完成投资	省级财政性资金	推进计划		
11	公共卫生建设工程	建设全省县级卫生监督用房9万平方米，新建（改扩建）妇保院、精神病院等30家以上	2008—2012	5.0	5.0	1.0	0.17	新开工15家县级卫生监督机构（含改扩建），推进部分在建的县级精神病院、妇幼保健院建设	省卫生厅，各有关市政府	该项同时也列入基本公共服务均等化计划项目
12	中医药攀登工程强化项目	中医院标准化建设、中医药特色优势建设，中医药创新平台建设	2008—2013	10.0	10.0	2.0		启动全省20家中医院标准化建设，启动10个中医药制剂室建设；启动100个重点专科，50个中医药诊疗中心和名医工作室建设；启动7个创新基地平台，50个重点学科、实验室和研究室建设	省卫生厅，各有关市政府	
13	群众体育设施建设	建设小康体育村15000个；新建省级青少年体育俱乐部500个；新建省级村级体育俱乐部1000个以上；新建省级全民健身工程5—10个	2008—2012	5.5	5.5	1.10		建设小康体育村3000个，省级村级体育俱乐部100个，村级体育俱乐部200个，新建省级全民健身工程1—3个，创建体育强县4—5个、体育强镇（乡）100个	省体育局，各有关市政府	该项同时也列入基本公共服务均等化计划项目
14	十四届省运会体育设施项目	嘉兴市国际网球中心比赛馆1个5000平方米，室内训练场4片，附属室外训练场10片；嘉善县5000座观众席标准体育场；国家级水上训练基地（汾湖）；沙滩排球场；海宁市游泳馆、射击馆	2008—2009	2.4	2.4	0.5		全面开工建设	嘉兴市政府	
15	黄龙体育中心室内训练馆	建筑面积17686平方米，设五片网球场及健身馆	2009—2012	1.2	1.2	0.0		立项等前期工作	省体育局	
16	省长兴体育训练基地	总建筑面积70500平方米，包括自行车赛馆、射击馆、速滑馆、综合训练房、体能恢复用房等，08—12年实现主体工程完工	2008—2013	2.5	2.4	0.8		全面开工建设	省体育局、湖州市政府	
17	杭州白马湖生态创意城项目	规划面积约19平方公里。主要内容为：一核、二业、三带、四种生活区、五园	2008—2013	100.0					杭州市政府	
	（三）保障救助工程（8个）			300.3	300.3	72.4	1.83			
1	廉租住房建设工程	保障廉租住房5万平方米	2008—2012	22.0	22.0	3.0	1.00	推进建设廉租住房	省建设厅，各有关市政府	该项同时也列入基本公共服务均等化计划项目
2	经济适用住房建设工程	新开工经济适用住房1200万平方米	2008—2012	140.0	140.0	40.0		新开工经济适用住房300万平方米	省建设厅，各有关市政府	该项同时也列入基本公共服务均等化计划项目
3	农民工公寓建设工程	新建农民工公寓100万平方米	2008—2012	25.0	25.0	7.5		新建农民工公寓30万平方米	省建设厅，各有关市政府	该项同时也列入基本公共服务均等化计划项目
4	城乡社区服务设施建设工程	建设1628个城市社区服务中心，130个街道社区服务中心，1203个乡镇社区服务中心；15000个村级社区服务中心	2008—2012	50.0	50.0	10.0		建设575个城市社区服务中心，42个街道社区服务中心，240个乡镇社区服务中心；3000个村级社区服务中心	省民政厅，各有关市政府	
5	养老福利服务工程	建设省、市、县（市、区）有管理服务功能养老服务中心102个，1500个乡镇（街道）养老服务中心，18000个城乡社区居家养老服务组织，新增床位数10万余张	2008—2012	50.0	50.0	7.5		新建农村社区“星光老年之家”3000个，市、县（市、区）社会养老服务中心20个，街道、乡镇居家养老服务站300个，城市社区养老服务网点500个，新增床位数1.5万张	省民政厅，各有关市政府	该项同时也列入基本公共服务均等化计划项目

序号	项目名称	建设内容	建设起止年限	总投资（亿元）	08—12年计划完成投资（亿元）	2008年度实施计划			责任单位	备注
						计划完成投资	省级财政性资金	推进计划		
6	未成年人福利服务蓝天工程	建设6所市级儿童福利机构，改扩建6所县级儿童福利机构，建设26个市、县级流浪未成年人救助保护机构及浙江残疾儿童康复中心	2008—2010	7.5	7.5	2.0		新建儿童福利院3个，改扩建1个，新建4个流浪未成年人救助保护中心；浙江残疾儿童康复中心前期可研论证	省民政厅，各有关市政府	
7	特殊学校规划建设项目	新建30所、扩建40所特殊教育学校；为特殊学校配置272个康复训练等教室	2008—2012	1.8	1.8	0.36		安排10个学校新建、扩建项目	省教育厅，各有关市政府	
8	特殊训练及康复建设	省华强中等职业学校迁建、省残疾人体育训练中心、省残疾人康复中心扩建	2008—2012	4.0	4.0	2.04	0.83	省华强中等职业学校迁建项目动工，省残疾人体育训练中心年底前动工	省残联	
	（四）环保生态工程（11个）			573.4	459.7	128.6	11.38			
1	万里清水河道二期工程	综合整治1万公里清水河道	2008—2012	80.0	80.0	20.0	1.20	综合整治2000公里清水河道	省水利厅，各有关市政府	
2	“811”镇级污水处理设施建设	400个以上镇级污水处理设施建设	2008—2012	110.0	110.0	45.0	3.48	建成100个镇级污水处理设施	省建设厅，各有关市政府	
3	城镇污水管网配套管网建设项目	污水配套管网3000—4000公里	2008—2012	40.0	40.0	10.0	1.00	建成污水配套管网800公里	省建设厅，各有关市政府	
4	千村示范万村整治工程	使全省2万个村庄环境得到较好整治	2008—2012	100.0	100.0	20.0	4.00	整治村庄环境	省农办，各有关市、县（市、区）政府	
5	电厂脱硫减排工程	包括镇海电厂、嘉电一期、嘉电二期、温电一期等脱硫项目	2008—2009	9.7	9.7	3.85		镇海电厂二期、三期完成168小时试运行；嘉电一期1号机组投产，2号机组完成分步调试；嘉电二期5号、6号系统脱硫系统投产；温电一期完成168小时试运行	省能源集团，各有关市政府	
6	沿海防护林体系建设工程	建设总规模12万公顷	2008—2012	15.0	15.0	2.0	0.30	完成营造林任务15万亩、100公里沿海基干林带，建成绿化示范村200个	省林业厅，各有关市政府	
7	省级废旧金属资源再利用循环经济项目	台州金属资源再生产业基地；宁波废铜再利用示范项目；绍兴报废汽车综合利用示范项目；金华汽车零部件再制造示范项目；永康五金配件综合利用示范项目等	2008—2012	40.0	40.0	5.0		台州金属资源再生产业基地开工建设，其他各子项完成项目前期准备，绍兴报废汽车综合利用和金华汽车零部件再制造示范项目争取开工	省发改委，各有关市政府	
8	温州生态园仙垟湿地公园	建设湿地公园，包括水环境整治、生态修复、景观建设及道路绿化等公共配套基础设施建设	2006—2012	24.7	23.0	4.2		一期工程基础设施基本建成，二期完成前期准备	温州市政府	
9	太湖流域水环境治理工程	建设湖州市苕溪清水入湖河道整治工程、嘉兴市太嘉河工程、杭州市运河及河道整治工程、七格三期及城西污水处理、西溪湿地综合保护三期工程、独山排涝、大钱港、三堡排涝工程等	2007—2020	85.0	20.0	3.5	0.80	抓紧建设独山排涝、大钱港、三堡排涝工程	省水利厅，杭州、湖州、嘉兴市政府	
10	千万亩十亿方工程	防渗配套改造灌区干支渠1万公里及相应的渠系建筑物，推广喷微灌节水灌溉技术面积50万亩。08—12年改造灌区干支渠8000公里，推广喷微灌节水灌溉技术面积25万亩	2004—2015	50.0	12.0	15.0	0.60	防渗配套改造灌区干支渠1600公里及相应的渠系建筑物，推广喷微灌节水灌溉技术面积5万亩	省水利厅，各有关市政府	
11	世行贷款钱塘江流域小城镇环境综合治理项目	钱塘江流域内小城镇的污水处理、垃圾处理及供水等设施建设，新建污水处理厂28.9万立方米/日及配套管网、垃圾处理设施1700吨/日、供水工程设施28.4万立方米/日	2010—2015	19.0	10.0	0		前期工作	省建设厅，各有关市政府	
	（五）帮扶致富工程（6个）			458.0	458.0	89.1	10.23			
1	山海协作工程	积极推动发达地区与欠发达地区开展产业项目合作，促进发达地区产业向欠发达地区梯度转移，着力培育特色优势产业，努力提高欠发达地区的自我发展能力	2008—2012	200.0	200.0	40.0		推动发达地区与欠发达地区达成产业合作项目400个，到位资金40亿元	省协作办，各有关市政府	

序号	项目名称	建设内容	建设起止年限	总投资(亿元)	08—12年计划完成投资(亿元)	2008年度实施计划			责任单位	备注
						计划完成投资	省级财政性资金	推进计划		
2	欠发达地区下山搬迁工程	农民下山搬迁25万人以上	2008—2012	110.0	110.0	2.91	2.91	农民下山搬迁5.2万人	省农办,各有关市政府	
3	农村公路建设	建设农村公路1万公里	2008—2012	60.0	60.0	20.0	2.00	新建通村公路3500公里(路基、路面合计)	省交通厅,各有关市政府	
4	水上康庄工程	农村渡口、渡埠改造和渡改桥(路)450座,陆岛交通码头项目50个	2008—2012	15.0	15.0	4.0	0.12	农村渡口改造90座,陆岛码头13个	省交通厅,各有关市政府	
5	千万农民饮用水二期工程	解决500万人的饮用水安全问题,改造提高300万人的饮用水水平	2008—2012	58.0	58.0	19.2	4.90	解决150万人的饮用水安全问题,改造提高100万人的饮用水水平	省水利厅,各有关市政府	
6	兴林富民示范工程	全省建设高效生态林业基地300万亩,实现林农人均林业收入提高30%,培育建成50个兴林富民示范乡镇(含国有林场)和570个兴林富民示范村;建成省级竹子现代示范园27个	2008—2012	15.0	15.0	3.0	0.30	全省建设高效生态林业基地64万亩,建成兴林富民示范乡镇20个、兴林富民示范村200个,继续培育竹子现代示范区	省林业厅,各有关市政府	
	(六)防灾减灾工程(3个)			72.1	72.1	5.8	0.1			
1	救灾减灾建设工程	改扩建避灾工程9575个;扩建救灾仓储41个,新建省减灾中心1个	2008—2012	39.0	39.0	2.0	0.10	改扩建、新建避灾点按沿海灾害易发地区每乡镇2个点,其他乡镇建1个点,共1878个避灾点	省民政厅,各有关市政府	
2	应急能力建设	预案修编与演练、信息采集与预警系统、应急抢险和基础能力等建设	2008—2012	3.1	3.1	0.6		会商系统升级改造、应急抢险能力等建设	省水利厅,各有关市政府	
3	公路临水临崖安全设施完善工程	建设完善18000公里公路临水临崖安全设施	2008—2012	30.0	30.0	3		建设完善180公里公路临水临崖安全设施	省交通厅,各有关市政府	
三	千亿产业提升工程(51个)			2186.9	1237.8	299.3	3.75			
	(一)高效生态农业(1个)			20.0	20.0	4.0	1.16			
1	高效生态特色农业生产基地建设	围绕农业主导产业,培育新型农业产业主体,建成一批以粮油、蔬菜、茶叶、蚕桑、食用菌、畜牧等为重点的高效生态特色农业生产基地	2008—2012	20.0	20.0	4	1.16	推进建设	省农业厅,各有关市政府	
	(二)高技术产业(15个)			557.7	394.0	50.0	2.59			
1	省重大科技创新平台建设	新建公共科技基础条件平台、行业创新平台和区域创新平台3类科技创新平台30家	2008—2012	26.0	26.0	4.5	1.20	进一步推进已建29家重大科技创新平台建设。新建1个公共科技基础条件平台,5个行业创新平台和4个区域创新平台	省科技厅,各有关市政府	
2	科技创新载体建设	新建10家科技创新服务中心;新增引进大院名校共建创新载体75家;新增企业孵化器面积220万平方米;到2012年,全省省级以上重点实验室和试验基地达到150家,其中国家重点实验室和工程实验室争取达到20家	2008—2012	91.0	91.0	15.1	1.39	推进科技创新中介服务机构建设,新增科技创新服务中心4家,企业孵化器面积44万平方米,大院名校共建创新载体15家,重点实验室8家	省科技厅,各有关市政府	
3	杭州信息产业国家高技术产业基地	完善科研开发、孵化、综合服务、生产等设施建设,形成以现代通讯设备制造业为核心、软件业、集成电路设计业和光纤光缆为重要支柱的信息产业集群	2008—2012	11.5	11.5	0.0		编制好规划,部分项目开工建设	杭州市政府、省发改委	
4	杭州生物产业国家高技术产业基地	完善科研开发、孵化、综合服务、生产等设施建设,到2012年,初步建成为浙江省生物产业研发中心和产业化重要基地	2008—2012	19.0	19.0	0.0		编制好规划,部分项目开工建设	杭州市政府、省发改委	
5	中钢集团新型材料(浙江)有限公司,年产5000吨静压石墨材料	年产纯化等静压石墨材料2500吨、石墨化等静压石墨材料1000吨、超细结构石墨材料1500吨	2008—2010	9.0	9.0	0.0		完成土地平整,围墙工程完工,准备开工	湖州市政府、省发改委	
6	浙江龙柏光伏科技有限公司年产250MW太阳能电池片投资项目	年产250MW太阳能单晶硅电池片生产能力,引进国外切割和太阳能电池片生产设备以及最新180um超薄硅片的先进工艺	2007—2012	18.0	17.0	3.6		加快建设	绍兴市政府、省经贸委	
7	浙江中宁硅业有限公司年产3000吨以上多晶硅项目	通过引进硅烷还原炉、氢压机、硅芯机、薄膜蒸发器等先进设备,一期建设1500吨多晶硅,最终形成年产3000吨以上多晶硅生产能力	2008—2012	30.0	30.0	6.0		推进建设	衢州市政府、省经贸委	

序号	项目名称	建设内容	建设起止年限	总投资(亿元)	08—12年计划完成投资(亿元)	2008年度实施计划			责任单位	备注
						计划完成投资	省级财政性资金	推进计划		
8	嘉兴大晨光电科技有限公司二极发光芯片及封装器件	生产各种芯片9000KK，器件500KK的规模，建设LED照明应用产品生产线	2008—2010	7.5	7.5	0.0		完成前期工作，争取开工建设	嘉兴市政府、省发改委	
9	浙江新安迈图有机硅有限责任公司年产30万吨有机硅单体项目	通过建设有机硅单体的合成装置、水裂解装置、精馏装置、合成氯甲烷装置等，形成年产30万吨有机硅单体的生产能力	2007—2012	19.0	17.0	3.8		加快建设	杭州市政府、省经贸委	
10	高新技术产业重点开发区(园区)基础设施及功能平台建设	一、功能平台建设：信息化、研发、质检、培训、物流中心等功能平台建设。二、基础设施建设：1、道路约67公里；2、污水处理泵站2座；3、220KV变电所1座，110KV变电所1座等；4、生态化改造	2008—2012	10.0	10.0	2.0		部分设施开工建设	有关市政府，省发改委	
11	宁波市国家新材料产业基地	到2010年新材料高技术企业达到100家以上，产值达到1000亿元	2008—2015	100.0	50.0	10.0		完成规划、确定核心区	宁波市政府	
12	嘉善富士康电子项目	年产电脑液晶显示器1300万台、笔记本电脑显示面板3000万片、液晶电视机450万台及电脑连接器周边设备、数字放声设备	2008—2015	142.0	80.0	0.0		开工建设	嘉兴市政府、省发改委	
13	新加坡杭州科技园项目	建设科研楼75万平方米和配套设施，引进服务外包、工业设计、生物制药、科技中介企业	2007—2015	35.0	20.0	5.0		部分土建完成	杭州市政府、省发改委	
14	阿里巴巴“淘宝城”项目	建设“淘宝城”及相应的研发中心、客服中心、技术支持中心、产品中心、战略中心和计算机、电子、软件等配套设施	2008—2015	9.7	6.0	0.0		争取开工建设	杭州市政府、省发改委	
15	科研院所创新基地建设	改善科研院所科研环境，建设科研中试和放大试验基地，规划总建筑面积110万平方米		30.0				项目申报及开工前相关工作	省科技厅，各有关市政府	
	(三)临港工业(9个)			1034.3	354.5	146.0				
1	镇海炼化100万吨乙烯项目	年产100万吨乙烯	2006—2010	235	202	50		完成主要设备安装、基础设施详细设计，以及220KV总变送电、大工业用水引入、动力中心锅炉点火	宁波市政府、省发改委	
2	宁波钢铁400万吨扩建项目	在原400万吨基础上扩建400万吨，总能力达到800万吨	2003—2010	170	68	60		完成3号转炉、2号高炉、五丰塘焦炉等	宁波市政府、省发改委	
3	振石集团东方特钢股份有限公司不锈钢宽板项目	年产50万吨不锈钢宽板	2007—2009	18	16	16		土建竣工、设备安装	嘉兴市政府、省发改委	
4	舟山金海湾船业有限公司30万吨级造船(升级)项目	年造船160万载重吨	2007—2009	38.8	22	12		土建竣工、设备安装	舟山市政府、省发改委	
5	太平洋海洋工程(舟山)有限公司海洋工程装备和造船项目	年生产改装海洋钻井平台4艘，年制造8万吨级船舶20万载重吨	2007—2011	14	13	2		部分建成	舟山市政府、省发改委	
6	浙江鸿润石化150万吨重交沥青	年产重交沥青150万吨	2008—2010	13.5	13.5	1		争取开工建设	温州市政府、省发改委	
7	临港工业重点开发区(园区)基础设施及功能平台建设	一、功能平台建设：信息化、研发、质检、培训、物流中心等功能平台建设。二、基础设施建设：1、道路约168公里；2、供水管网68.7公里，污水处理泵站6座；3、220KV变电所2座，110KV变电所4座等；4、生态化改造	2008—2012	20	20	5		部分设施开工建设	有关市政府，省发改委	
8	嘉兴石化有限公司PTA项目	年产80万吨PTA		25				深化前期工作	嘉兴市政府、省发改委	
9	炼化一体化项目(包括中石油、中石化、中化、台塑、道达尔)	千万吨炼油、百万吨乙烯、百万吨对二甲苯(PX)等		500				深化前期工作	有关市政府，省发改委	
	(四)装备制造业(10个)			167.3	100.1	21.3	0.0			
1	青年汽车制造有限公司年产1万辆重型卡车、1万辆大客车及发动机项目	年产1万辆重型卡车、1万辆大客车、25万台发动机	2007—2010	26	21	6		大客车项目开工建设	金华、杭州市政府，省发改委	
2	中国重汽集团杭州发动机有限公司迁扩建项目	年产10万台汽车柴油发动机	2006—2010	20	12	5.3		完成总厂搬迁，铸造厂房主体施工及工艺设备订购	杭州市政府、省发改委	

序号	项目名称	建设内容	建设起止年限	总投资（亿元）	08—12年计划完成投资（亿元）	2008年度实施计划			责任单位	备注
						计划完成投资	省级财政性资金	推进计划		
4	西子联合控股有限公司盾构设备及地铁屏蔽门项目	年产盾构机20台、地铁屏蔽门5000套	2008—2010	15.2	15.2	2		开工建设	杭州、嘉兴市政府，省发改委	
5	浙江利源重型机械有限公司大功率柴油机曲轴及大型锻件项目	年产200根大功率柴油机曲轴，10万吨大型锻件	2009—2011	15	15	0		争取完成前期工作	台州市政府、省发改委	
6	浙江富春江水电设备有限公司大型潮汐发电机组制造项目	年产潮汐发电机250MW、风力发电设备300MW、贯流式水轮发电机250MW	2006—2009	5.76	4	1.28		潮汐发电机子项部分投产，风电子项争取开工	杭州市政府、省发改委	
7	杭氧迁扩建项目	形成年产大中型空分设备72万立方米/小时制氧容量，板翅式换热器2000吨，压缩机和低温泵阀等产品32740吨的生产能力	2006—2009	14.9	9.1	2		6月底前完成主体工程，年内完成部分搬迁	杭州市政府、省发改委	
8	中核苏阀横店机械有限公司大型清洁高效发电装备配套阀门项目	通过购置离子氮化炉、5000吨热锻液压机、高信电镜金相分析仪等，形成年产核安全阀门、超临界火电阀门、石化特种阀10万台生产能力	2007—2010	6.4	6.3	1.26		推进建设	金华市政府、省经贸委	
9	浙江星月集团地毯簇绒成套设备项目	形成120台数字化地毯簇绒机的生产能力	2008—2012	7.5	7.5	1.5		推进建设	金华市政府、省经贸委	
10	装备制造业重点开发区（园区）基础设施及功能平台建设	一、功能平台建设：信息化、研发、质检、培训、物流中心等功能平台建设。二、基础设施建设：1、道路约70公里；2、供水管网60公里，污水提升泵6座；3、110KV变电所3座，10KV开关站6座等；4、生态化改造	2008—2012	10	10	2		部分子项开工建设	有关市政府，省发改委	
3	纳智捷（杭州）汽车有限公司乘用车项目	建设汽车研发中心、汽车发动机和整车生产线，新建厂房、研究开发中心和各类辅助用房91万平方米，形成年产乘用车12万辆，配套生产12万台汽车发动机能力		46.5		0		推进前期工作	杭州市政府、省发改委	
	（五）特色优势产业（8个）			189.7	156.4	34.4	0.00			
1	巨石集团有限公司玻纤新建生产线（五期）项目	年产14万吨玻纤池窖拉丝生产线增资项目	2007—2009	7.15	7.1	7.15		建成投产	嘉兴市政府、省发改委	
2	浙江景兴纸业包装纸板项目	年产20万吨白面牛卡纸生产线一条，年产40万吨高档牛皮箱纸板生产线一条	2007—2009	12	11.2	3		完成年产20万吨白面牛卡纸生产线土建工程	嘉兴市政府、省发改委	
3	巨化集团公司氟化工产业可持续发展项目	项目主要包含28kt/aR134a、50kt/aTCE、2kt/a氟橡胶、2kt/aVDF及1kt/aPVDF、20kt/aVDF、80kt/a环已酮、100kt/a已内酰胺、技术中心实验厂扩建暨PFOS/PFOA替代研究开发、合成氨煤渣综合利用暨热电系统节能减排综合技术改造、衢化片区铁路站场兼货场建设等内容	2008—2012	21	21	7.15		建成投产	巨化集团、省发改委	
4	浙江华东铝业股份有限公司年产15万吨汽车用铝合金板带生产线	引进黑兹列特连铸机、三机架热精轧机及控制设备，形成年产15万吨汽车用铝合金板带的生产能力，产品可替代进口，属国内外先进水平	2007—2010	10.2	10	2		推进建设	金华市政府、省经贸委	
5	浙江山蒲照明有限公司一体化高效节能灯项目	整灯生产线50条，配套电子整流器生产线10条、陶瓷金卤灯生产线10条、新型高效荧光粉生产线10条	2009—2012	8	8	1.6		推进建设	丽水市政府、省经贸委	
6	浙江栋梁新材股份有限公司年产3万吨高精度铝板卷、2万吨铝箔坯料项目	形成年产3万吨高精度铝板卷、2万吨铝箔坯料生产能力	2007—2011	6.9	6.1	3.5		主体厂房建成，预计10月份投产	湖州市政府、省发改委	
7	特色优势产业重点开发区（园区）基础设施及功能平台建设	一、功能平台建设：信息化、研发、质检、培训、物流中心等功能平台建设。二、基础设施建设：1、道路约400公里；2、供水管网110公里，污水提升泵20座；3、220KV变电所12座，110KV变电所18座等；4、生态化改造	2008—2012	45	45	10		部分子项开工建设	有关市政府，省发改委	
8	浙江荣成纸业项目	年产300万吨低克重高档箱纸板	2007—2015	79.4	48	0		部分建成	嘉兴市政府、省发改委	
	（六）服务业（8个）			218	212.8	43.55	0.00			

序号	项目名称	建设内容	建设起止年限	总投资（亿元）	08—12年计划完成投资（亿元）	2008年度实施计划			责任单位	备注
						计划完成投资	省级财政性资金	推进计划		
1	杭州国际博览中心	以展览、展示为主，兼有一定的会议、文化体育、商务活动等功能，能举办10万平方米以上大型展会	2008—2010	40	40	10		主体工程开工建设	杭州市政府	
2	宁波国际贸易展览中心	总建筑面积75万平方米	2008—2010	26	26	1		推进前期工作	宁波市政府	
3	杭州农副产品交易中心	总建筑面积181万平方米	2008—2012	60	60	6		水产、肉类、果品、蔬菜市场4月开业运营；副食品和粮油市场8月开业运营；路网等各项基础配套建成并投入使用；完成约160000m²精品绿化；着手构建公共服务平台和网络信息网络平台	杭州市政府	
4	中国义乌国际小商品博览会专用场馆工程	总建筑面积29.3万平方米，国际标准展位5256个	2008—2012	18	18	10		主体工程开工建设	义乌市政府	
5	嘉兴(现代)西南物流基地项目	道路基础设施、仓储设施、物流配送分拨中心、第三方物流、物流公共服务营运平台	2008—2012	19.2	19.2	8		仓储设施15万平方米、物流公共交易平台3万平方米、道路桥梁建筑面积5万平方米	嘉兴市政府	
6	义乌市国际物流中心一、二期	国际物流海关进出口监管仓库及配套设施	2008—2012	27.6	27.6	6		一期主体工程建设、二期完成项目前期工作，争取开工建设	义乌市政府	
7	嘉兴粮食中转库及码头项目	外海码头及陆域仓库(二、三期项目拟规划占地500亩，建设3—5万吨外海码头3个，仓库8.7万平方米、堆场10万平方米，另建设500吨级泊位的内河港池一个)	2008—2012	12	12	0.75		部分仓储及堆场建成投入运行	嘉兴市政府	
8	衢州综合物流中心	建设衢州粮食物流中心、国际物流中心、加贝物流配送中心、农副产品交易中心、浙西金属材料集散中心及园区基础设施配套项目；加快铁路衢州东站、货场和疏港公路建设，形成"公水铁"联运功能	2008—2015	15	10	1.8		粮食物流中心计划8月份开工建设，无水港10月份一期工程建成投入试运营，大排渠、信安大道、公铁立交等园区基础设施配套5月份陆续开工建设，加贝物流、农批市场、浙西金属、铁路东站货场完成规划选址、立项、可研及土地农转用审批和挂牌出让等前期工作	衢州市政府	

浙江省人民政府
关于印发自主创新能力提升行动计划的通知

浙政发〔2008〕46号

各市、县(市、区)人民政府，省政府直属各单位：

现将《自主创新能力提升行动计划》印发给你们，请结合实际认真贯彻实施。

全面小康六大行动计划是贯彻落实党的十七大和省第十二次党代会精神、深入实施"创业富民、创新强省"总战略、全面建设惠及全省人民小康社会的重大举措，是各级政府履行职责、推动我省经济又好又快发展和社会和谐稳定的重要工作抓手。各地、各部门一定要高度重视，建立健全组织领导和工作协调机制、目标分解和责任落实机制、进度报告和监督检查机制，确保全面小康六大行动计划的各项目标任务顺利完成。

二〇〇八年七月二十一日

自主创新能力提升行动计划

(2008—2012年)

改革开放以来特别是近几年来，我省自主创新能力大幅提升，科技综合实力明显增强，科技对经济社会发展的支撑和引领作用日益显现，以企业为主体、市场为导向、产学研结合的自主创新体系初步形成，走出了一条具有浙江特色的自主创新路子。但我省自主创新能力仍然不强，存在着高层次创新人才不足，科技物质基础条件薄弱，产业层次和技术水平不高等问题。省第十二次党代会明确提出“创业富民、创新强省”总战略，把提高自主创新能力作为经济社会发展核心战略，省十一届人大一次会议提出新一届政府要组织实施“全面小康六大行动计划”，并把“自主创新能力提升计划”作为第一项计划。为全面贯彻落实省党代会和省人代会精神，加快提升我省自主创新能力，特制定本行动计划。

一、总体要求和目标

（一）总体要求。

认真贯彻党的十七大和省第十二次党代会、省委十二届二次全会、省十一届人大一次会议精神，全面落实科学发展观，按照“创业富民、创新强省”总战略的要求，以增强自主创新能力，加快建设创新型省份和科技强省为目标，深化改革、扩大开放，集聚创新资源，激活创新要素，转化创新成果，健全以企业为主体、市场为导向、产学研结合的自主创新体系，注重提高原始创新能力，突出增强集成创新和引进消化吸收再创新能力，进一步探索具有浙江特色的自主创新道路，为转变经济发展方式，优化经济结构，促进制造大省向创造大省跨越和经济社会又好又快发展，全面建设惠及全省人民的小康社会提供强大科技支撑。

（二）总体目标。

今后5年，努力实现“一个突破”、“三个改变”、“五个翻番”，进一步强化企业创新主体地位，大幅提升自主创新能力，科技进步贡献率达到55%，使我省科技综合实力、区域创新能力居全国前列，为在国内率先建成创新型省份和科技强省打下坚实基础。

“一个突破”，就是要在自主创新的体制机制上实现新突破。

“三个改变”，就是要改变创新人才不足、改变科技物质基础条件薄弱和改变高新技术产业发展滞后的局面。

“五个翻番”：

一是科技投入翻番。全社会科技投入由2007年的500亿元增加到2012年的1000亿元以上，增长一倍；R&D经费支出占生产总值比重达到2.2%左右，居全国前列。

二是科技活动人员翻番。全省从事科技活动人员由2007年的34万人增加到2012年的68万人以上，增长一倍。其中R&D人员实现翻番，达到25万人年左右，居全国前列。

三是发明专利翻番。发明专利申请量和授权量由2007年的9500件和2200件分别提高到2012年的2万件和5000件以上，分别增长110%和120%以上，居全国前列。

四是新产品销售收入翻番。规模以上工业企业新产品销售收入由2007年的5140亿元增加到2012年的1万亿元以上，增长一倍，居全国前列。新产品销售收入占产品销售收入比重达到20%左右。

五是高新技术产业产值翻番。高新技术产业产值由2007年的7748亿元增加到2012年的15500亿元以上，增长一倍；高技术产业产值超6000亿元，居全国前列。高新技术产业化指数争取达到全国平均水平。

二、重点工作任务

（一）大幅提升工业自主创新能力。

1. 大力发展高新技术产业和先进装备制造业。在通信设备、软件、生物与新医药、电子元器件、仪器仪表和新能源等6个重点产业产值均突破1000亿元。组织实施网络和通讯技术及装备、新型电子元器件、可再生能源利用技术等重大科技专项，掌握一批具有自主知识产权的核心技术，开发一批重大高新技术产品，培育一批具有国际竞争力的高新技术产业。积极开展面向国家大工程、连续化大生产和我省区域块状经济发展的关键制造装备及自动生产线的研究开发和推广应用，提高工业生产水平。到2012年，高新技术产业增加值占工业增加值的比重达到26%。拥有自主知识产权的高新技术产品出口额占出口总额的比重每年提高1个百分点以上。（省科技厅会同省发改委、省经贸委牵头，省信息产业厅、省外经贸厅、省统计局等参与）

2. 全面改造提升传统工业。组织实施重大科技专项计划、重大工业项目计划、“958”行业龙头骨干企业技术赶超计划和万亿技改促进升级计划，推进信息技术与产业融合发展，明显提高传统产业产品质量、档次和附加值，使我省纺织服装、皮革塑料、化学原料及化学制品、通用设备制造、建筑材料、船舶修造等6个重点行业的规模、效益和技术水平均居全国前列。到2012年，大中型工业企业新产品产值率达到30%左右。（省经贸委会同省科技厅牵头，省发改委、省外经贸厅、省统计局等参与）

3. 着力增强各类开发区（园区）和基地的创新能力。围绕三大产业带建设和发展，努力办好杭州、宁波2个国家级高新技术产业开发区和软件、信息、生物3个国家高技术产业基地、11个省级高新技术产业园区和60个省级以上高新技术特色产业基地。开展创新型园区建设，加快推进园区发展方式创新。鼓励和支持有条件的市县建设集研发、成果转化和产业化于一体的产业创新基地。建设一批高新技术产品出口基地。建成一批具有明显特色优势和国际竞争力的先进制造业集群与国家级产业基地。到2012年，高新技术产业开发区（园区）和基地产值占全省高新技术产业产值的比重达到75%。（省发改委会同省科技厅牵头，省经贸委、省外经贸厅、省国土资源厅、省统计局等参与）

4. 加快发展高新技术企业和科技型中小企业。组织实施技术创新引导工程，开展创新型企业示范试点工作，加快孵化器建设，着力培育创新型企业500强和一批具有较强自主创新能力的大企业大集团。到2012年，全省高新技术企业与科技型中小企业数增长一倍以上。（省科技厅牵头，省发改委、省经贸委、省工商局、省中小企业局、省统计局等参与）

（二）大幅提升农业农村科技创新能力。

1. 加快培育农业创新主体，建立完善农业科技创新体系。培育农业科技企业600家以上。建立健全以涉农高校科研院所为创新源头，农业科技企业、农业龙头企业、农民专业合作组织和农户为创新主体，责任农技员和科技特派员为纽带的农业技术创新与服务体系。（省科技厅牵头，省农办、省发改委、省农业厅、省林业厅、省海洋与渔业局等参与）

2. 加快实施农业科技创新工程和农业科技重大专项，突破一批重大关键技术。加快发展种子种苗、农业生物、设施农业、精准农业、重大动植物疫病防治和农产品精深加工技术，做强主要动植物种子种苗、农业生物技术、农业信息技术、生物质能源、生物质新材料、农产品精深加工、多功能农业装备与设施、工厂化设施农业、远洋渔业、林化产品制造等10个农业高科技产业，做优粮油、果蔬、畜禽、水产、竹木、茶叶、桑蚕茧、菌类药材、园林花卉、饲料等10个传统农业产业。（省科技厅牵头，省农业厅、省林业厅、省海洋与渔业局等参与）

3. 加快实施新农村建设科技示范工程，促进新农村建设。深入实施科技特派员、科技富民强县、欠发达县（市、区）结对帮扶、农业科技成果转化等科技促进行动，增强农村特别是欠发达地区的科技创新能力。全省主要动植物良种和配套技术的覆盖率达到95%以上，农业科技成果转化率达到60%以上。（省科技厅牵头，省农办、省农业厅、省林业厅、省海洋与渔业局等参与）

（三）大幅提升服务业创新能力。

1. 组织实施服务业创新工程和若干重大科技专项，建立基于网络增值业务的技术支撑平台、标准和规范，大力发展软件、电子商务、电子政务、现代物流、信息咨询、文化创意、服务外包等现代服务业，积极承接跨国公司服务外包。大力推进国家动漫产业基地和文化创意产业园区建设。电子商务、动漫游戏、应用软件等领域的技术和产业发展水平居国内领先。（省发改委会同省科技厅、省信息产业厅牵头，省经贸委、省工商局、省文化厅、省广电局、省外经贸厅等参与）

2. 加快运用信息技术改造提升传统服务业。组织实施服务业信息化重大科技专项，攻克一批关键技术难题，推广应用一批先进适用技术，实施一批示范工程，重点推进商贸、金融、运输、教育、卫生、房地产、城市管理、旅游等服务产业的信息化。大力推进智能交通、远程教育、数字卫生、数字社区。争取第三产业占GDP比重由2007年的40.4%增加到2012年的45%左右。（省发改委会同省信息产业厅、省科技厅牵头，省经贸委、省外经贸厅、省工商局、省交通厅、省教育厅、省卫生厅、省建设厅、省旅游局、省民政厅等参与）

3. 大力发展技术市场和科技中介服务。继续办好中国浙江网上技术市场与科技信箱，强化增值服务，推进市场运作。大力发展和规范科技评估、技术经纪、技术咨询、技术服务、专利代理和科技信息等各类科技中介机构。鼓励市县与企业积极举办和参与国内外各类科技会展，促进技术成果引进和转化。（省科技厅牵头，省民政厅、省工商局、省科协、省统计局等参与）

（四）大幅提升节能减排、资源环境和健康安全领域的创新能力。

1. 组织实施高效节能、可再生能源利用等重大专项，攻克和推广一批可再生能源和高效节能技术、工艺及产品，抓好一批节能技术示范工程。大力开发和推广节水、节煤、节材、节地和废弃物资源化的关键共性技术，提高能源资源利用效率。（省科技厅牵头，省经贸委、省发改委、省环保局、省建设厅、省水利厅、省农业厅、省气象局等参与）

2. 组织实施生态省和循环经济科技创新工程，攻克一批“三废”排放削减、废弃物循环利用和环境污染整治等方面的关键共性技术，推广一批成熟的减排和“零排放”技术，实施一批示范工程。建成3个国家级可持续发展示范区、6个国家级可持续发展实验区、20个省级可持续发展实验区。（省科技厅牵头，省环保局、省经贸委、省建设厅、省水利厅、省农业厅、省海洋与渔业局等参与）

3. 组织实施科技兴海创新工程，提高海洋产业综合竞争能力。建立和完善海洋船舶与装备制造、海水淡化与海水综合利用、海洋能源、海洋生物、海洋渔业和重大海洋灾害预警及应急处置重大科技攻关研究基地，开发一批具有自主知识产权的核心产品，培育一批具有高成长性的海洋高新技术龙头企业，为加快发展海洋经济，打造港航大省提供科技支撑。（省科技厅牵头，省发改委、省海洋与渔业局等参与）

4. 组织实施重大与高发疾病防治、重大自然灾害预警和应急处置等重大科技专项，加强中医药技术开发，攻克一批重大疾病防治、新型药物开发、重大自然灾害与突发公共安全事件的预警、预报和快速处置、食品药品安全等方面的关键共性技术，增强中医药原始创新能力，推广100项以上先进、适用的卫生技术，提高人口健康和公共安全水平。（省科技厅牵头，省卫生厅、省食品药品监管局、省公安厅、省气象局、省地震局等参与）

（五）大幅提升原始创新、集成创新、引进消化吸收再创新能力。

1. 加强基础研究和竞争前技术研究，增强源头创新能力和技术储备。强化收入分配激励，鼓励和支持科研人员自由探索、潜心研究，争取承担更多国家重点科学研究项目，着力培养中青年科技人才。进一步提高对自然科学基金的投入，到2012年，基础研究经费占全省R&D比重达到2%以上，获国家科技奖励数和国际论文被引用数居全国前列。（省科技厅牵头，省教育厅、省财政厅等参与）

2. 加强重点学科建设，增强高校和科研院所创新能力。优化结构，培育优势，提高、新建一批重点学科。到2012年，争取国家一级重点学科达到15个，二级重点学科达到60个，省级重点学科达到250个，重中之重学科达到40个，人文社科重点研究基地达到21个。充分发挥浙江大学等高校和科研院所作用，支持浙江大学和中国美术学院建设世界一流大学，支持浙江工业大学等若干省属高校按照国家“211工程”目标建设，跻身全国高校先进行列，支持中国水稻所、国家海洋二所和省农科院、省医科院等科研院所发展成国内外一流的科研院所。（省教育厅会同省科技厅牵头，省发改委、省经贸委、省财政厅、省农业厅、省卫生厅、省海洋与渔业局等参与）

3. 加强集成创新。鼓励产学研合作和多学科交叉研究，充分利用国内外现有单项和分散技术，加强综合集成，加速创新成果的转化和产业化，实现技术创新、工艺创新、产品创新。重点支持信息技术、生物技术、纳米技术在制造业和农业及节能节水技术在建筑业中的广泛应用。大力推进光机电一体化、制造业信息化、服务业电子化及嵌入式软件、生物医药、生物农业、精准农业的发展。提高科技项目的集成度和关联度。（省科技厅牵头，省发改委、省经贸委、省外经贸厅、省信息产业厅、省建设厅、省农业厅等参与）

4. 加强引进消化吸收再创新。鼓励企业积极引进国外先进技术，扩大引进规模，提高引进水平，专有技术和专利许可合同额占技术引进合同总额的比重提高到40%以上。鼓励企业与跨国公司及同行业高端企业的合资合作。鼓励和支持以企业为主体，建立引进消化吸收再创新战略联盟，主动设计和组织实施一批引进消化吸收再创新的重大重点项目，提高消化吸收再创新能力。（省科技厅牵头，省发改委、省经贸委、省外经贸厅等参与）

5. 加强创新成果转化和产业化。组织实施成果转化和产业化的重大重点项目，建立和完善创新成果转化为标准、标准推动成果产业化的机制，加快建设孵化器、中试基地、高新技术产业基地等成果转化和产业化基地。强化成果转化和产业化激励机制，设立科技成果转化奖，奖励在科技成果转化和产业化中有突出贡献的单位和个人。（省科技厅会同省发改委牵头，省经贸委、省外经贸厅、省教育厅、省质量技监局等参与）

（六）大幅提升知识产权、标准和品牌创造能力。

1. 全面实施知识产权战略，增强知识产权创造运用能力。充分发挥《我省应掌握自主知识产权的关键技术和重要产品目录》的导向作用，鼓励和支持企业大力开发、购买和应用发明专利、商标和版权。到2012年，培育各级知识产权优势企业4000家以上，杭州、宁波、温州、金华、台州等市争取成为国家知识产权工作示范城市。国内专利申请及授权量分别达到10万件和6万件以上，PCT国际专利申请达到500件以上；注册商标总数达到36万件，法人企业商标拥有率达到70%以上。（省知识产权局牵头，省科技厅、省经贸委、省工商局、省版权局等参与）

2. 加快实施标准化战略，提高标准化水平。鼓励企业和行业组织积极参与制订和实施国际、国家及行业标准。构建标准研制体系和标准化信息服务平台，培育一支标准化专家队伍和一批标准化创新型企业。到2012年，争取为主制修订国家标准200项左右；国家和省级专业标准化技术委员会（分技术委员会、工作组）达到100个左右，国际标准化专家50名，国内标准化专家1000名；培育500家标准创新型企业，规模以上企业重点产品采用国际和国外先进标准比例达到90%以上。（省质量技监局牵头，省科技厅、省经贸委、省建设厅等参与）

3. 加快实施品牌战略，建设品牌强省。鼓励企业通过技术创新和营销创新，打造具有自主知识产权核心技术的知名品牌。到2012年，全省拥有中国世界名牌产品5个，中国名牌产品500个，省出口名牌300个，浙江名牌产品2500个，浙江区域名牌50个；驰名商标300件，证明商标区域品牌50个；省著名商标2600件，专业商标品牌基地60个；省级以上工业品牌产品销售收入占全省规模以上工业企业的40%以上。（省经贸委会同省质量技监局、省工商局、省外经贸厅牵头，省农业厅等参与）

（七）大幅提升科技创新平台载体支撑能力。

1. 加快"六个一批"创新载体建设。到2012年，争取国家认定的企业技术（工程）中心达到40家以上、省级企业研发（技术）中心1500家以上；国家实验室1家、国家级重点实验室和工程实验室20家左右、省部级重点实验室（试验基地）150家以上；集中扶持40家左右重点科研院所，建立科研机构创新基地；办好浙江大学和2个国家大学科技园，省级以上孵化器达到70家以上，孵化面积超过300万平方米；省级以上区域科技创新服务中心达到120家以上；扶持100家左右技术转移等重点科技中介机构。各级政府和企业、高校、科研院所都要高度重视和不断增加科研仪器设备投入，明显改善我省科研物质条件。（省科技厅牵头，省发改委、省经贸委、省教育厅、省财政厅等参与）

2. 加快重大公共创新平台建设。采取股份制、理事会、会员制等多种形式跨地区、跨单位整合科技资源，强化公共服务，建设三类重大公共创新平台。围绕提高科技资源使用效率，建设好大型科研仪器协作共用等8个科技基础条件平台。围绕主要行业和重点区域技术创新，建设好50个左右行业创新平台和区域创新平台。（省科技厅牵头，省财政厅、省发改委、省经贸委、省教育厅、省农业厅、省林业厅、省海洋与渔业局等参与）

（八）大幅提升科技人才规模和创新能力。

1. 加快实施"新世纪151人才工程"、"百千万科技创新人才工程"和"钱江高级人才引进计划"，造就一支结构合理、规模宏大的创新人才队伍。到2012年，每万人专业技术人员数达到500人左右，每万人从事R&D科学家和工程师达到35人左右，企业R&D科学家和工程师占全社会R&D科学家和工程师比重超过60%。

研究制定有效政策措施，鼓励和支持企业引进一大批掌握核心技术、具有持续研发能力，并能实施重要产业化项目的海外高层次人才，大力培养、引进创新领军人物和创新团队，鼓励创新团队潜心研究、凝聚人才。（省人事厅会同省科技厅牵头，省财政厅、省教育厅、省经贸委等参与）

2. 实施企业经营管理人才创新素质培养工程。深入实施5511培训工程，采取多种形式对重点企业经营管理人员进行现代科技和管理知识轮训，着力培养造就一批具有国际战略眼光、开拓创新意识、现代经营管理水平和社会责任感的创新型企业家。到2012年，全省15%以上的企业家和职业经理人参加过EMBA研修。（省经贸委牵

头，省工商局、省教育厅、省人事厅、省科技厅、省外经贸厅等参与）

3. 实施高技能人才培养工程。大力发展中高等职业教育和企业职工、广大农民的技能培训，着力培养一大批具有高技能的生产一线创新人才。到2012年，全省高技能人才超过150万人。（省劳动保障厅牵头，省教育厅、省人事厅、省农业厅等参与）

4. 充分发挥教育对创新人才培养的作用。深化教育教学改革，创新人才培养模式。从基础教育到高等教育都要着力培养学生的创新意识和创造能力。中小学每个学期必须开设一定时段的科学课程，高校要与企业、农村密切配合组织学生开展创新创业实践活动。到2012年，每万人在校大学生数达到250人左右。（省教育厅牵头，省经贸委、省农办等参与）

5. 加强科技宣传与普及工作，提高全民科学素质。加强科技馆、图书馆、博物馆等各类科普设施建设和科普创作，经常开展全省性大型科普宣传、科技下乡等活动，报刊、电视、广播、网络等主流媒体应开设专栏、专版普及科学知识，宣传科学精神，着力提高全省公民尤其是农民、未成年人、企业职工、领导干部和机关工作人员的科学素质。（省科技厅会同省科协牵头，省委宣传部、省文化厅、省广电局、省新闻出版局等参与）

三、主要保障措施

（一）完善落实科技政策法规，营造良好创新环境。

抓好国家科技法律法规、地方法规规章和国家扶持自主创新的配套政策及实施细则的贯彻落实与督促检查，加快推进《浙江省科技进步条例》、《浙江省高新技术产业促进条例》等地方法规和规章的修订与制订，努力把科技进步与自主创新纳入法制化轨道。重点落实好企业研究开发费加计扣除、高新技术企业税收优惠、政府优先采购等一系列财税政策，降低企业创新成本。

加强市县知识产权执法机构建设，推进专利委托执法，加大知识产权保护力度。发展创新文化，营造鼓励创新、宽容失败的创新环境。

（省科技厅牵头，省法制办、省发改委、省财政厅、省国税局、省地税局、省人事厅、省知识产权局、杭州海关等参与）

（二）强化企业创新主体地位，完善产学研结合机制。

强化和完善技术创新体系。引导各类创新要素向企业集聚，引导企业不断加大科技投入，引导企业真正成为科技投入的主体、技术开发和成果转化的主体、风险承担和创新受益的主体。基本形成以企业为主体、市场为导向、产学研结合的技术创新体系。

强化和完善动力激励机制。引导企业加快建立现代企业制度，完善产权结构，鼓励专利、商标等知识产权出资和参与收入分配政策，探索推行期权期股，推进知识资本化。深化技术开发类科研院所产权和劳动制度改革，推进公益类科研院所建立现代科研院所制度。完善高校、科研院所的人才评价和考核机制。进一步调动企业、高校、科研院所和广大科技人员创业创新的积极性。

强化和完善市场导向的倒逼机制。深化资源要素市场化配置改革，建立健全反映市场供求、资源稀缺程度和环境成本的价格形成机制，引导和促进企业不断开发新技术、新工艺、新产品。

强化和完善产学研合作机制。鼓励和支持以企业为主体、市场为导向、联合高校院所，以股份制、理事会等多种形式建立利益共享、风险共担的各类创新平台和载体，组建产学研战略联盟，组织实施重大关键共性技术的研发、成果转化和产业化。

（省科技厅牵头，省发改委、省经贸委、省财政厅、省人事厅、省教育厅、省知识产权局、省国资委、省工商局等参与）

（三）深化科技管理体制改革，提高科技管理水平。

创新科技管理体制机制。进一步转变政府科技管理职能，坚持环境、人才、平台、项目"四位一体"，推进科技管理"五个转变"，加强科技工作的综合协调和宏观管理。探索建立省部、厅市和部门会商制度，形成科技部门牵头，有关部门协同配合、省市县集成联动、专家咨询与行政决策相结合的科技管理新体制。加强科技发展战略研究，建立省科技发展战略研究机构，开展对重大科技问题的战略研究。

围绕经济社会发展中的重大关键技术难题，加强重大、重点项目的主动设计和组织实施，提高项目集成度和关联度，合理确定竞争性项目比重。全面推行常年申报和受理，实行网上申报、受理和评审，建立完善统一的项目库和专家库。坚持和完善"三审一决策"制度，提高科技项目立项的民主化、科学化水平。逐步建立和推广科技项目监理制，加强科技项目的全过程监督和管理。建立健全科技信用制度，加强科技信用管理。

（省科技厅牵头，省发改委、省经贸委、省财政厅、省人事厅、省教育厅等参与）

（四）加大财政科技投入，提高经费使用绩效。

认真落实国家和省有关增加科技投入的法律法规和政策，确保财政科技投入的增长幅度明显高于经常性财政收入的增长幅度，引导全社会不断加大科技投入。

优化科技资源配置，进一步集中资金，加大科技环境、平台建设、人才培养引进、农业、节能减排、防灾减灾等公益性科技项目的支持力度。完善经费拨款方式，加强经费预算管理，提高经费使用绩效。

（省财政厅牵头，省科技厅等参与）

（五）加大金融扶持力度，发展创业风险投资。

引导各类银行加大对企业自主创新的支持力度。积极探索科技型企业开展股权质押登记试点，拓宽融资渠道。支持金融产品创新，鼓励保险机构开发高新科技研发保险险种；鼓励社会资金建立中小企业信用担保机构，加大对中小企业技术创新的信贷支持。（省金融办牵头，人行杭州中心支行、省发改委、省财政厅、省科技厅等参与）

加快发展创业风险投资。省设立创业投资引导基金，有条件的市县也要设立创业投资引导基金。积极引进国内外创业风险投资机构，鼓励引导民间资本投向创业风险投资。鼓励企业充分利用资本市场特别是创业板，积极争取到国内外资本市场上市或收购重组上市公司。（省科技厅会同省发改委牵头，省财政厅、省金融办等参与）

（六）扩大国内外科技合作，集聚优质创新资源。

深入实施引进大院名校共建创新载体战略。积极参与长三角区域创新体系建设。加强以中国科学院、中国工程院、清华大学、北京大学等“两院十校”为重点的全面科技合作。支持军转民与军民两用技术的联合开发、成果转化与产业化。鼓励和支持企业积极开展国际技术合作。加强与俄罗斯、乌克兰、欧美、日韩等科技强国的交流与合作。（省科技厅牵头，省经贸委、省外经贸厅、省教育厅、省国防工办、省外办、省台办、省侨办等参与）

（七）加强领导，强化考核。

坚持一把手对本地区和部门的科技进步与创新负总责，坚持完善市县党政领导科技进步与人才工作目标责任制考核。各级科教领导小组要加强宏观指导和组织协调，及时研究解决科技进步和自主创新中的重大问题。各部门要各司其职，形成合力，共同推进自主创新。

加强科技统计监测。及时、准确地反映全省及各地科技进步与自主创新能力提升动态。巩固提高杭州在全省科技创新中的主中心地位，加快宁波、嘉兴副中心建设。鼓励有条件的市县建设创新型城市和科技强县，鼓励发达地区率先发展，加大对欠发达地区的扶持力度。

（省委组织部会同省科技厅、省人事厅牵头，省统计局、省教育厅、省科协等参与）

附件：1. 总体目标年度计划安排（略）
2. 各市工作目标分解（略）
3.2008 年主要工作任务（略）
4.26 个重大科技专项目录（略）
5. 在建与拟建平台名单（略）
6. 重点支持建设的科研院所名单（略）

浙江省人民政府
关于进一步加快发展服务业的实施意见

浙政发〔2008〕55 号

当前我省正处于全面建设小康社会和工业化、城市化、信息化、市场化、国际化加速发展时期，经济发展阶段和居民收入水平决定今后一个时期将是服务业发展的重要战略机遇期。加快发展服务业尤其是现代服务业，是我省产业结构转型升级的重要推动力量，是经济发展方式转变的必由之路，也是扩大就业、改善民生的内在要求。各地区、各部门要进一步提高认识，把发展服务业放在更加突出的战略位置。为认真贯彻落实《国务院关于加快发展服务业的若干意见》（国发〔2007〕7 号）和《国务院办公厅关于加快发展服务业若干政策措施的实施意见》（国办发〔2008〕11 号）精神，围绕实施“创业富民、创新强省”总战略，现就进一步优化我省服务业发展环境，引导和促进服务业加快发展提出如下实施意见。

一、大力改善服务业创业环境

1. 进一步放宽服务领域市场准入。凡是法律法规没有禁止进入的服务业领域，各类资本均可进入；凡是向外资开放的服务领域，都向内资开放；凡是对本地区开放的服务领域，全部向外地企业开放。工商行政管理部门对一般性服务业企业降低注册资本最低限额，除法律、行政法规和依法设立的行政许可另有规定的外，一律降低到 3 万元人民币；对创新性、示范性强的服务企业，在营业场所、投资人资格、业务范围等方面还应适当放宽条件。除有特殊规定外，服务企业设立连锁经营门店可持总部的连锁经营相关文件和登记材料，直接到门店所在地工商行政管理部门办理登记手续。教育、文化、广播电视、新闻出版、社会保障、医疗卫生、体育、建设等部门对本领域能够实行市场化经营的服务，也要研究提出放宽市场准入、清理进入壁垒等方面的具体措施。

2. 改善服务企业融资环境。引导和鼓励各类金融机构开发和推广适应服务业发展需要的个性化金融产品，推进应收账款融资业务顺利开展，探索逐步扩大收费权、股权质押贷款范围。将服务业贷款比例纳入金融机构年度评价依据，引导金融机构逐步增加服务业贷款规模，加大对符合条件的重点服务企业的授信额度。对鼓励发展领域的中小服务企业贷款风险补偿，在省小企业贷款风险补偿标准的基础上再提高 0.3 个百分点，提高部分在省和地方服务业发展引导资金中安排。积极支持符合条件的服务业企业通过发行股票债券等多渠道筹措资金。在确定年度上市重点培育企业时，增加服务业企业数量。优先批准符合条件的服务企业集团设立财务公司等非银行金融机构。鼓励产业投资基金、私募股权基金（投资公司）、创业投资机构以及合格的信用担保机构积极面向中小服务企业开展业务。

3. 加强服务业用地保障。各地在编制主体功能区规划、土地利用总体规划、市县域总体规划和城市总体规划时，应明确保障服务业发展用地的措施；各市、县（市、区）在制定年度用地计划时，要根据本地服务业发展需要，逐步提高服务业用地比例；省安排地方年度土地利用计划时，要把各地服务业发展水平作为用地指标分配的依据之一。编制年度服务业重大项目计划，对列入计划的项目所需新增建设用地指标由相关市、县(市、区)优先安排，其中特别重大的项目，省里酌情给予支持。

积极支持以划拨方式取得土地的单位利用工业厂房、仓储用房、传统商业街等存量房产、土地资源兴办信息服务、研发设计、创意产业等现代服务业，土地用途和使用权人可暂不变更。鼓励中心城市市区企业“退二进三”，对符合规划、整体搬迁的，各地政府可给予原企业一定的补助。

4. 对鼓励发展的服务行业实行税费减免优惠。切实抓好现行国家税收优惠政策的落实。企业从事国家规定的符合条件的环境保护、节能节水项目所得，居民企业技术转让所得，符合规定的科技企业孵化器所得，政府鼓励的新办文化企业所得，对于国家规划布局内的重点软件生产企业所得，可按有关规定享受所得税优惠政策。经认定的新办软件生产企业和集成电路设计企业，按规定享受增值税和所得税优惠政策。

对试点物流企业和从事货运、拆迁、保险、知识产权、广告、会展等代理企业取得的代理业务收入，实行差额征收营业税。对创意产业及其集聚区、新办高新技术服务企业和连锁超市、省重点物流企业和农产品流通企业，按规定纳税确有困难的，经地税部门批准，酌情减征房产税、城镇土地使用税和水利建设专项资金。物流、连锁超市等企业在省内设立跨区域分支机构并符合相关条件的，企业所得税可由总部统一缴纳。

5. 调整服务业用水、用电、用气价格及收费政策。服务业用水(除桑拿、洗浴、洗车等高耗水行业外)、用气价格实现与一般工业同价；改革销售电价分类结构，2008年底前基本实现商业用电与一般工业用电价格并轨。各有关部门要抓紧对服务企业行政性收费进行清理，根据不同情况实施缓交、暂停、免收、取消等措施，监察、财政、物价等部门对各部门行政性收费清理情况进行督促检查，切实抓好落实。

6. 加大服务业领域财政资金投入力度。积极鼓励地方发展服务业尤其是现代服务业，优化财政收入结构，对市县营业税比上年增收上交部分予以返还奖励。对省级金融保险业营业税按收入来源市县进行划分，对其当年收入比上年增收部分给予市县20%的奖励；对当年引进全国性金融保险机构总部(或跨国公司区域性总部)的，给予引进地财政一次性奖励。

继续加大财政资金对服务业各重点行业和领域的支持。省级部门对本部门使用的服务业专项资金，要根据《浙江省服务业发展规划(2008—2012年)》和年度服务业工作要点确定的发展重点，集中配置，优化使用结构。财政等部门要对各专项资金的使用进行绩效考核，向省服务业工作部门联席会议报告。为了加大服务业发展的统筹协调力度，增加省服务业发展引导资金规模，2009年安排5000万元。引导资金主要用于中小服务企业贷款风险补偿、服务业国债项目配套和服务业重大项目贴息补助等方面。各市、县(市、区)政府也要根据需要安排服务业发展引导资金，引导社会资金加大对服务业的投入。

7. 切实做好服务业人才培养和引进工作。多渠道、多层次培养服务业人才。争取用五年时间培养1000名左右既了解省情特点、又熟悉国际规则的现代服务业国际化高端人才；有计划地在高等院校和中职学校增设服务业紧缺专业，扩大招生规模；加强服务业人才的继续教育，充分利用各类教育培训机构开展服务业技能型人才再培训、再教育；鼓励高校、企业合作开办人才实训基地，政府有关部门可给予适当资金补助；支持国(境)外从事现代服务业培训的职业资格认证组织来浙创办、合办培训认证机构，开展相关活动。

改善用人留人环境，加大服务业高端人才引进力度。抓紧制定并组织实施《浙江省现代服务业高端人才引进计划》，加快引进文化创意、工业设计、现代物流、金融商务、营销管理和软件与信息服务等高级专业人才。加大吸引在国外著名服务业机构从业的留学人才和外籍人才来浙领办、创办服务企业的政策扶持力度，积极为企业赴国内外引进服务业高端人才搭建平台、做好服务，必要时给予适当资金补助。对个人获得省政府、国务院部委及以上单位科学技术奖取得的奖励，免征个人所得税；对于报经省政府、国务院部委或国务院认可后发放的对优秀博士后、归国留学人员、浙江省特级专家等高层次人才和优秀人才的奖励，免征个人所得税。引进国家级科研机构、国家重点高校、海外知名大学、世界500强企业的高级技术职称或博士学位等高层次服务业人才，所支付的一次性住房补贴、安家费、科研启动经费等费用，可据实在计算企业所得税前扣除。对做出突出贡献的服务业人才，根据其实际贡献程度给予资助和补贴。鼓励以智力资本入股或参与分红。各级政府要在服务业高端人才密集的区域建立人才工作服务站，帮助解决各种困难和问题。对引进的服务业高级专业人才在住房等方面给予照顾。及时制定政策，解决外籍人才及子女的社会保险、医疗保险和就学问题。

二、积极引导服务业创新发展

8. 鼓励工业企业发展生产性服务业。加快推进工业企业转型升级，由加工制造环节向研发设计和品牌营销两端拓展延伸，大力发展面向生产的服务业，促进先进制造业与生产性服务业有机融合、互动发展。一是积极发展科技服务业。鼓励生产制造企业将技术中心、重大产业技术平台组建成为专业化的具有科技研发、技术推广、工业设计和节能环保功能的服务型企业，形成为企业技术创新提供社会化有偿服务的体系。二是积极发展现代物流业。鼓励生产制造企业利用现有的仓储能力和库房、运输车辆以及原材料等资产，投资组建独立的物流配送公司，对企业生产物料和产品实行统一配送，发展成为具有自身经营特色的第三方物流公司。三是积极发展国际贸易。鼓励有条件的生产制造企业成立独立核算的进出口贸易公司，在做好生产企业所需的原材料、设备进口和生产产品出口的基础上，充分利用生产企业的品牌优势，发展第三方贸易，使贸易公司快速发展成为综合型、国际化的服务企业。四是积极发展文化创意产业。鼓励工业企业盘活闲置的厂房、设施等现有资源，吸引国内外有实力的文化创意企业落户，重点培育研发设计、建筑设计、咨询策划、文化传媒和时尚消费等文化创意产业。五是支持鼓励生产制造企业将售后服务、后勤物业、餐饮和教育培训等内部服务功能剥离，整合组建专门的服务企业。

按照先行试点、逐步推广的原则，开展制造企业二、三产分离试点，在积累经验的基础上，进一步研究制定具有可操作性的鼓励制造企业二、三产分离的政策措施。分离后的税负如高于原税额，高出部分由各地财政对该企业予以扶持补助，鼓励分离后的服务企业为社会服务，其自用的生产经营房产应缴纳的房产税、占地面积较大的服务企业应缴纳的城镇土地使用税等，如纳税有困难的，经税务部门批准，设立初期的三年内给予减征；其所购的固定资产因技术进步等原因，可以加速折旧。有关部门要对工业企业组建生产性服务业企业给予支持，在市场准入、登记注册、资质认证等方面简化审批手续、降低相关费用、提高办事效率。

9. 鼓励服务领域技术创新、业态创新和商业模式创新。对研发、设计、创意等技术、知识含量较高的服务企业，可按规定认定为高新技术企业，享受相应的高新技术企业优惠政策。鼓励和支持产学研联盟研究开发服务业共性和关键技术，对提升电子商务、现代物流、文化传媒、数字教育、协同医疗和社会保障等服务业领域原始创新能力和集成创新能力的重大项目，予以优先立项。

引导推进总部经济、创意经济、网络经济、会展经济、商务经济和生态旅游、文化旅游、工业旅游、商务旅游等服务业新业态发展，鼓励发展连锁经营、特许经营、电子商务、物流配送、专卖店、专业店等现代流通组织形式。鼓励企业积极开展商业模式创新，鼓励风险资本投资采用新商业模式的服务企业。对于开展业态创新和商业模式创新的服务企业，应在土地保障、资金融通和税费减免等方面予以支持，各级财政资金也要给予重点扶持。

10. 引导和支持现代服务业集聚区建设。因势利导推进现代服务业集聚区建设，重点发展科技创业园、文化创意产业园、物流园区、服务外包基地、生产性服务集聚区、新型专业市场和特色街区等。编制全省现代服务业集聚区总体布局规划，选择确定一批已有一定基础、符合区域定位且发展前景看好的现代服务业集聚区，作为省规划布局内集聚区加以重点培育。

对省规划布局内集聚区中的建设项目，同等条件下优先纳入省服务业重大项目计划，给予优先安排用地计划和投资贴息补助；对省规划布局内集聚区的公共服务平台建设，给予一定资金补助。对省规划布局内集聚区中鼓励发展的服务企业，若纳税确有困难的，经地方税务部门批准，可享受房产税、城镇土地使用税和水利建设专项资金等税费减免优惠。

11. 继续深化服务领域的改革。促进服务企业改革重组。鼓励服务业规模化、网络化、品牌化经营，尽快形成一批拥有自主知识产权和知名品牌、具有较强竞争力的服务业龙头企业。积极推动省属国有服务企业股份制改革和战略性重组，鼓励省属服务企业和其他服务企业通过股权并购与置换、相互参股等方式进行重组，鼓励非公有制企业参与国有服务企业的改革、改组、改造。推进生产经营性事业单位转企改制。支持社会法人、民间资本参与城市公用事业和文化科技改革。进一步推进政府机关、事业单位后勤服务社会化改革。努力争取国家服务业综合改革试点和杭州空港物流“区港联动”试点，积极开展各类省级服务业创新发展试点。

12. 稳步推进服务领域开放合作。鼓励引进国内外著名服务企业总部、地区总部、采购中心、研发中心，各级政府对引进企业自建、购买或租赁办公用房上给予支持；对新引进的企业集团总部，经地税部门批准，可给予三年内免征房产税、城镇土地使用税和水利建设专项资金。大力发展国际服务贸易，特别是国际服务外包产业，支持杭州等城市建设国家服务外包基地，支持外包企业通过联合、兼并、股权置换等方式做大做强。积极推进宁波梅山保税港区等特殊功能区的服务业开放创新探索实践。

积极开展浙港、浙澳服务业合作，支持浙江企业参与两岸服务领域经贸合作。深化长三角服务业区域合作，重点围绕上海国际金融中心和国际航运中心建设，各有关部门和市县要加强相应合作路径和举措的深化与落实工作。

13. 加强服务业品牌和标准化建设。加快服务业品牌建设。根据省委、省政府《关于推进“品牌大省”建设的若干意见》要求，研究制定推进我省服务业品牌建设的实施意见，建立促进服务业品牌建设的工作机制，完善服务业品牌的认定办法。积极创建服务企业品牌，对具有“中国名牌产品”、“中国驰名商标”、“中华老字号”和“浙江名牌产品”、“浙江著名商标”、“浙江知名商号”的服务企业，应予鼓励支持。

积极推进服务领域标准化。抓紧制定并实施《浙江省服务业标准化发展规划》，继续在现代物流、旅游、交通运输和社区服务等领域开展服务业标准化试点示范工作，积极争取开展国家级服务业标准化试点，对试点地区和企业给予资金支持。抓紧制定省级地方行业标准，对暂不具备制定标准的服务行业，积极开展服务承诺、服务规范和服务公约等行业自律制度建设。加强对服务企业的标准化培训，鼓励企业采用国际先进标准。

三、切实加强对服务业发展的组织领导

14. 加强服务业发展的组织领导和综合协调。建立省服务业工作部门联席会议制度，加强对全省服务业发展的组织领导、统筹规划、政策制定和问题协调。联席会议办公室设在省发改委。各地也要建立相应的服务业工作组织协调机构。

15. 建立统分结合的服务业工作机制。建立和完善统分结合的服务业工作机制。要制定服务业发展规划和年度工作要点，编制服务业重大项目计划，确定目标，明确任务，落实责任，加强工作统筹和协调；各有关部门是推进服务业各行业、各领域发展的责任主体，要各司其职，各负其责，并加强相互之间的协作和配合。要逐步建立向同级党委、人大和上级政府报告服务业工作和发展情况的制度。要充分发挥行业协会的作用,支持开展战略研究、商务咨询、信息交流、标准制定和人才培训等方面工作,完善行业自律机制。

16. 强化服务业统计和考核评价。建立政府统计和行业管理部门分工负责的服务业统计工作机制,完善服务业统计调查方法和指标体系,健全服务业信息发布制度,做好服务业发展形势的监测与分析工作。统计所需工作经费由同级政府保障。

建立服务业工作考核评价制度。从2009年度开始,组织开展对联席会议成员单位服务业工作的绩效考核,主要检查年度重点工作完成情况,以及各自职责范围内相关工作绩效。考核结果经联席会议审议决定,纳入省政府直属单位工作目标考核体系。对各市、县(市、区)的服务业工作考核,主要对其服务业发展状况作出综合评价,并公布各地服务业发展主要指标。先从11个设区市开始,条件成熟后扩大到县(市、区)。

省级有关部门要根据本意见要求,按照职责分工,对已经明确的政策抓好落实,对需要制定专项政策措施和实施细则的要抓紧研究制定,成熟一项,出台一项。各地、各部门要加大对本意见的宣传力度,在全省范围内努力营造加快发展服务业的舆论氛围和政策环境,加强服务业管理队伍建设,全力开创我省服务业工作的新局面,力争使我省服务业实现突破性发展。

附件:省级有关部门深化落实本意见工作清单(略)

二○○八年九月二十五日

浙江省人民政府关于印发
浙江省服务业发展规划(2008—2012年)的通知

浙政发〔2008〕56号

各市、县(市、区)人民政府,省政府直属各单位:

现将《浙江省服务业发展规划(2008—2012年)》印发给你们,请结合实际,认真贯彻实施。

二○○八年九月二十四日

浙江省服务业发展规划

(2008—2012年)

当前我省经济社会发展的环境和条件已发生较大变化。切实转变发展理念和发展模式,加快发展服务业,推进工业转型升级与生产性服务业联动发展、居民消费结构优化提升与消费性服务业互动发展,构建现代产业体系,已成为我省新一轮发展的重大战略抉择。本规划的主要任务是,分析全省服务业发展的现状和趋势,明确全省服务业发展的目标和任务,确定全省服务业发展的重点领域和空间布局,提出促进服务业发展的保障措施。

本规划期限为2008—2012年,展望到2020年。

一、现状趋势

(一)基本现状。经过改革开放30年的持续发展,我省服务业各个方面已有较大进展,为进一步加快发展奠定了扎实基础。

1. 总量初具规模。2000年来我省服务业总体上呈加快发展态势。2000—2007年服务业增加值年均增长13.9%,比同期GDP增速高0.8个百分点,增速居全国首位。到2007年,全省实现服务业增加值7646亿元,总量居全国第四位,占GDP的比重为40.7%;人均服务业增加值达1.5万元,居各省区首位。

2. 结构逐步优化。行业集中度较高,批发和零售业、金融业、房地产业及交通运输、仓储和邮政业四大支柱行业占服务业增加值比重达到60%以上。特色产业优势明显,港口运输、专业市场、旅游等在全国占有十分重要的地位。生产性服务业和文化服务业发展开始加速,信息服务、现代物流、文化创意、电子商务等新兴行业迅速崛起。

3. 布局日趋合理。服务业向中心城市、三大产业带集聚,杭宁温三市服务业增加值占全省比重已达55%以上,杭州等城市已基本实现向服务型经济结构转型。顺应现代服务业集聚发展规律,总部基地、软件与服务外包基地、科技创业园、创意产业园、物流园区、生产性服务集聚区和新型专业市场等各类集聚区建设开始起步。城市服务业逐渐向农村延伸,农村服务业发展加快。

4. 地位明显提升。2007年全省服务业对经济增长的贡献率达44%,比2000年提高13.7个百分点,成为经济增长新引擎。2001—2007年全省服务业地税收入占全部地税收入比重由57.4%提高到63.1%,成为地方财税的主要来源。2000—2007年全省服务业从业人员占全部从业人员比重从29.0%提高到33.2%,2007年在全省全社会新增就业中服务业比重已达44.2%,成为新增就业的重要渠道。

但是,对照工业化、城市化进程与全面建设小康社会和构建现代产业体系的要求,我省服务业发展仍显滞后,主要表现在服务业比重偏低、质量和水平亟待提高。进一步发展面临不少有待破解的问题和障碍:重工业轻服务业的思想尚未根本改变,不少地方服务业尚难摆上政府工作的重要位置,企业服务外包意识还比较淡薄;服务业市场准入障碍依然较多,有的领域还处在垄断状态,服务业的创业环境需要改善;服务业管理比较分散,交叉管理和缺位管理状况并存,统筹协调和综合管理有待加强;服务业人才培养不适应发展需要,尤其是高端人才十分紧缺,人才引进制约因素较多。

(二)发展趋势。

1. 服务业需求进入加速扩张阶段。今后五年,我省进入人均GDP5000—10000美元发展阶段,消费结构和产业结构将加速转变。居民收入提高将促进消费性服务需求总量扩张和层次提升;产业分工深化,工业转型向研发和营销两端延伸及服务外包步伐逐步加快,对生产性服务业形成越来越大的需求空间。

2. 资源环境约束倒逼服务业发展。我省经济发展面临越来越严峻的资源和环境瓶颈制约。服务业能耗和污染排放相对较小,对提升节能减排、促进发展方式转变具有重要促进作用。把发展服务业放在更加突出的位置,促进三次产业协调互动,不仅有助于服务业自身发展,也可缓解资源环境约束带来的巨大压力。

3. 国际服务业转移带来新机遇。随着经济全球化的深入,服务业国际投资逐渐转向发展中国家,为我省承接国际服务业转移、提升服务业发展水平带来难得机遇。同时,面对国际贸易环境变化,要求我省发挥比较优势,切实转变外贸增长方式,加快发展国际服务贸易,提高出口产品和服务的国际竞争力。

当前,我省服务业内在增长机制正在形成。加快发展服务业是我省未来相当长一个时期顺应发展趋势,实施"两创"总战略,促进发展方式转变和经济结构转型,推进新型工业化、新型城市化和新农村建设,构建现代产业体系,提升居民生活品质的战略选择。

二、目标任务

*(一)总体要求。*当前和今后一个时期,我省推进服务业发展的总体要求是:以科学发展观为指导,按照党的十七大精神和实施"两创"总战略要求,将加快发展服务业作为转变经济发展方式、构建现代产业体系、提升居民生活品质的重要途径,坚持市场化、专业化、社会化导向,坚持产业互动、城乡联动、改革推动、创新驱动,努力形成"高增值、强带动、宽辐射、广就业"的服务经济体系,使之成为经济发展的新引擎、社会转型的新支撑。

实际工作中需要把握好以下原则:

坚持市场导向。今后一个时期,我省服务业需求将不断高涨、日益多元,推进服务业发展要顺应市场需求变化,因势利导,充分发挥市场配置资源的基础性作用,完善服务业市场环境,促进服务业供需互动,实现又好又快发展。

深化改革开放。服务领域改革深度和开放程度相对不足,是影响服务业发展的重要因素。需进一步深化改革,把创新制度供给、公平市场准入、扩大开放合作,作为推进服务业发展的重要举措,努力营造有利于服务业发展的体制环境和开放环境。

鼓励创新发展。当今世界新经济业态和新商业模式层出不穷。要获得服务领域的先发优势,需鼓励创新发展,引导服务企业不断进行理念创新、技术创新、管理创新、业态创新和商业模式创新,从创新中培育新增长点,挖掘新利润源,在创新中求生存、求拓展、求提升。

突出发展重点。根据我省比较优势和经济社会发展战略需要,下一步服务业发展以港口物流、现代金融、电子商务等生产性服务业和文化创意产业作为突破口。以生产性服务业发展推动工业转型升级,由加工环节向研发和营销两端延伸;以文化创意产业发展助推文化大省建设。同时继续抓好商贸、旅游、房地产等优势服务业,以及与民生密切相关的消费性服务业。

促进产业互动。服务业尤其是生产性服务业与先进制造业和现代农业之间存在共生互动关系。需充分利用我省相对扎实的产业基础,特别是产业集群比较发达、共性需求大的优势,引导服务业与制造业及农业间的互促、互动和融合发展。

统筹城乡布局。服务业向城市集聚或依托城市是一般规律。需遵循客观规律,强化中心城市的服务业综合功能,创建县域服务业特色优势。同时,坚持以城带乡,扶持农村服务业发展,大力推进城乡基本公共服务均等化,实现服务业的城乡合理布局。

*(二)到2012年的主要目标任务。*顺应服务业加速发展态势,在扩大总量、优化结构、完善布局、创新体制等方面取得明显进展,改变服务业相对滞后的状况。

1. 扩大总量。引导推进服务业加快发展,进一步提高服务业在国民经济中的地位。规划期内服务业增加值年均增长12%以上,到2012年,全省服务业增加值达到1.36万亿元(按2007年价格)以上,人均服务业增加值达到25000元左右,服务业增加值占GDP比重达到47%(同期GDP年均增速按9%计)左右,进一步缩小服务业就业结构与产值结构的差距。

2. 优化结构。引导推进金融、物流、科技、信息、会展、商务和批发分销等生产性服务业和文化创意产业加快发展。到2012年,生产性服务业增加值占服务业比重达到55%左右。商贸、旅游和港口物流等特色产业优势更加突出,研发设计、电子商务、物流配送、动漫游戏、网络传媒等新兴行业成为服务业的新增长点。培育形成一批富有竞争力、影响力的大型服务企业集团,一批具有创新性、示范性的现代服务企业。

3. 完善布局。引导推进服务业布局向三大产业带集聚、向区域中心城市和产业集群集聚、向现代服务业集聚区集聚。到2012年,杭宁温三个中心城市(市区)服务业增加值占GDP比重分别达到58%、53%和54%左右,其他城市产业结构由“二、三、一”型向“三、二、一”型加速转变。促进服务业由城市向农村延伸，增强中小城镇服务功能，完善农村服务网络，推进基本公共服务均等化。

4. 创新体制。引导推进服务业管理体制深化改革，进一步放宽市场准入，积极创建包括融资、用地和税费政策以及财政体制等有利于服务业发展的环境条件，切实提高服务业开放合作水平。建立和完善统分结合的服务业工作机制，加强和完善服务业统计制度，形成科学的服务业发展考核评价体系。

（三）2020年展望。到2020年，全省服务业增加值占GDP比重超过55%，形成以现代服务业为主体的产业结构。浙江成为长三角重要的现代物流和国际货运枢纽，金融创新发展的先行区和繁荣区，具有国际竞争力的商贸流通强省，国际知名、国内一流的旅游目的地，具有全国影响力的文化创意产业、信息服务和软件基地。

三、发展重点

紧紧围绕推进工业转型升级与生产性服务业联动发展这一战略重点，对全省服务业发展实行分类指导。突出电子商务、文化创意、研发设计和数字传媒等创新性、示范性现代服务业的培育发展，突出金融保险、现代物流、信息服务、科技教育、商务会展和批发分销等支撑和推动工业转型升级的生产性服务业的增速提质，突出商贸、旅游和房地产等传统优势服务业的改造提升，突出与民生密切相关的公共服务、社区服务等其他服务业的协调发展。据此，今后五年我省拟重点发展以下10大服务行业：

（一）现代商贸业。以“三体系一工程”为核心，推进现代商贸业建设。发展特许经营、连锁经营、总代理、电子商务等新型营销方式，应用信息化技术和电子商务模式改造提升专业市场，推进有形市场与无形市场的有机结合，大力发展会展经济，规划建设生产资料加工配送中心、商贸物流配送中心，构筑通畅高效的现代生产性商贸服务体系；发展购物中心、超市、便利店、餐饮服务和社区商业，完善多层次流通网络，构筑便利实惠的居民商贸服务体系；建设农村现代消费品流通网络、农业生产资料流通网络和农产品流通网络，构筑便利通畅的农村商贸服务体系。实施商贸流通业竞争力提升工程，加大大型流通企业培育、项目投入和品牌建设力度，提升我省商贸流通业综合竞争力。

（二）金融服务业。加强金融体制创新、产品创新和服务创新，改善金融生态环境，提高我省金融现代化水平。推动对外金融合作，引进国内外优质金融资源，拓宽多元化融资渠道，加快发展基金融资、债券融资以及企业上市融资等，不断提高直接融资规模和比重。积极完善地方金融体系，进一步打造银行业的“浙银品牌”、证券业的“浙江板块”、保险业的“浙江亮点”、地方金融的“浙商系列”和杭州、宁波两大区域性金融集聚地，增强金融要素集聚水平，维护金融稳定安全，努力把我省建设成为金融改革的先行区、金融发展的繁荣区、金融生态的优质区、金融运行的安全区。

（三）现代物流业。以杭州、宁波—舟山、温州、金华—义乌四大物流枢纽为重点，加强港航强省建设，深入推进宁波—舟山港口一体化，重点建设宁波梅山保税港区、杭州萧山国际机场空港物流中心以及金华—义乌、衢州等一批“内陆港”。大力引进和培育现代物流骨干企业，加强干支衔接的综合运输网络体系和适应多式联运发展的重大物流设施建设，提高国际资源整合和配置能力。重点发展港口物流和航空物流，培育发展保税物流，支持发展钢材、纺织、粮食、化工、医药、汽车等专业物流，促进都市配送物流发展。突破行业界限和地区限制，培育大型物流企业，提高行业组织化程度。加强物流标准制订和推广，加快物流信息化，加大物流新技术开发利用力度，推进大通关建设，提升现代物流水平。

（四）信息服务业。坚持以信息化带动工业化，完善信息基础设施。发挥我省软件业开发能力较强、产品市场占有率较高等优势，加强现代信息技术研发，突破关键共性技术，加强品牌企业群、优势产业链培育，做大做强嵌入式软件、行业应用软件和软件外包与出口，不断提高我省软件业的研发技术水平、自主创新能力、系统集成能力和产业化程度，促使我省软件外包业务向软件设计与核心业务服务外包等产业链高端发展。加强信息资源开发利用，优先发展数据库产业，加快发展网络出版、动漫游戏、数字影视等信息内容服务业。积极发展增值和互联网业务，推进“三网”融合，推进电子商务和电子政务，建成“数字浙江”，提升我省经济社会发展信息化水平。

（五）科技服务业。充分发挥科技对服务业发展的支撑和引领作用，鼓励发展专业化的科技研发、工业设计、信息咨询、科技培训、技术推广、节能减排服务等服务业。推动高等院校、科研院所与企业合作，培育科技研发主体，做强一批国家级、省级工程实验室、工程研究中心、企业技术中心和研发中心，提升我省科研创新与应用能力。完善科技服务基础设施建设规划，加快建设和高效运营一批科技企业孵化器和生产力促进中心，逐步建成完善的公共科技信息平台和协作网络。发展科技招投标、科技中介、技术产权交易、检验检测等服务机构，繁荣中国浙江网上技术市场等技术交易平台，促进专利代理服务业和专利技术交易服务业发展。

（六）商务服务业。规范提升会计、审计、税务、资产评估、检测等经济鉴证类服务业，制定和完善行业服务标准，培育知名品牌和规模企业，提升组织化、品牌化水平。规范发展环境，加大培育力度，扶持发展法律咨询、工程咨询、信用评估、认证认可、管理咨询、品牌营销、广告会展、知识产权代理等行业。加大优秀企业或机构的引进和培育力度，加强与先进制造业基地建设的互动融合，加强对外开放与交流，积极提升我省商务服务业现代化水平。

（七）旅游业。围绕全省“三带十区”旅游发展格局，依托优势旅游区和度假区，通过整合旅游资源，重点建设一批精品旅游项目，形成杭州休闲度假、宁波港城商埠、温州山水风情、舟山海洋佛教、绍兴古越文化、浙中商贸文化、浙北古镇运河、浙西南生态休闲等各具特色的旅游板块。做精做强文化旅游、生态旅游、休闲旅游、海洋旅游，引导发展农家乐、渔家乐等乡村旅游，支持发展商务旅游、购物旅游、红色旅游、工业旅游等特色旅游，有序发展邮轮游艇、国际会议等高端旅游，完善现代旅游产品体系。大力推进旅游国际化和区域一体化进程，加强全国及国际旅游推介，推动长三角无障碍旅游区建设，培育优秀旅游企业和精品旅游线路，完善旅游综合配套能力和自助游服务体系，率先建成旅游经济强省。

（八）文化服务业。深入推进文化体制改革综合试点，促进文化服务业繁荣发展。加强文化与创意结合，扶持发展创意设计、文艺创作、影视制作、出版发行、文化演艺、动漫游戏、数字传媒等文化创意产业。培育一批文化服务业集聚区。加强原创作品研发，扶持发展新兴文化服务业形态，形成一批优秀文化产品、规模文化企业、特色文化产业基地。推进竞技体育向实体化、职业化转型，发展体育经济。加强省外、国外文化市场开拓，扩大版权和出版物出口，引进外国优秀文化成果，扶持一批跨国文化企业集团，不断提高我省文化服务业在全国乃至国际的影响力。

（九）房地产业。合理引导和发展商品房市场，优化和保障供给。建立以廉租房、住房公积金和经济适用住房为主要内容的住房保障体系，改善中低收入家庭居住条件。倡导“绿色建筑”，强化建筑节能，提高住宅产业科技含量和智能化水平。加快建设房地产行业信用体系，建立透明的土地招拍挂出让制度，健全房地产市场信息系统和预警预报体系，保持房地产业稳定、健康发展。

（十）社区服务业。围绕便民服务，加强社区服务业规划，鼓励企业设立社区服务网点，加快形成便利店、家政、邮政、托幼、养老、医疗、教育、文娱、维修、保安、再生资源回收等配套完善的社区服务设施网络。创新社区服务形式与内容，完善社区服务与管理，逐步将养老、失业、医疗、社会福利、社会救助等管理和服务延伸到社区，推进社区服务向社会化、产业化、网络化方向发展。

同时，顺应国际经济竞争重点从货物贸易转向服务贸易态势，加快我省国际服务贸易发展。发挥人才优势，积极承接软件开发、信息管理、数据处理、财会核算、技术研发等服务外包业务，培育一批具备国际资质的服务外包企业，形成杭州、宁波等服务外包基地。发挥市场优势，鼓励设立境外采购、分销、物流等机构，延伸商标品牌、批发零售、仓储售后等增值服务，构建国际营销网络，增强国际贸易话语权。支持国际工程投标、承包，打响“浙江建筑”品牌。坚持港航并举，培育国际海运企业，促进现代航运服务业发展。扶持专利和专有技术对外许可、技术咨询服务，逐步实现从“浙江制造”向“浙江创造”出口转变。

此外，以城乡社区和欠发达地区为重点，加强公共服务体系建设，逐步推进基本公共服务均等化。健全公共卫生服务体系，提高卫生公平性、可及性和反应性水平；统筹城乡基础教育，保障农村居民和外来务工人员子女公平接受良好教育的机会和权利；加强基础体育设施建设和管理，促进群众体育发展；加强市政和环保服务建设，鼓励企业和个人投资市政设施、环保设施等的建设与经营，提高市政公用设施服务水平和效率；推进公共服务业体制改革，逐步实现公共服务供给主体多元化和供给方式多样化。

四、城乡布局

（一）进一步强化中心城市服务业集聚辐射功能。

杭州。突出发展旅游、金融、科教、文化创意、软件、服务外包、物流、会展等优势行业，加快建设国际风景旅游城市、区域性金融中心和民营经济总部、长三角重要的航空货运枢纽、国家信息产业基地和文化创意中心，不断增强全省现代服务业中心地位。

宁波。构建以国际贸易为龙头，港口物流为支撑，现代金融为保障，科技、信息等知识型服务业为引领，商贸商务、休闲旅游、文化创意等为配套的服务业产业体系，逐步打造长三角重要的港口物流枢纽、区域性金融中心和商贸会展城市。

温州。重点发展现代商贸、港口物流、金融保险、休闲旅游等特色优势产业，着力建设区域性外贸口岸、商贸会展中心、物流中心、旅游休闲中心和金融创新示范区，逐步发展成为浙南闽东地区服务业中心城市。

浙中城市群。重点发展现代商贸、品牌会展、现代物流等优势行业，加快建设国际性商贸会展城市和浙中区域性物流枢纽，发展古婺文化、东阳横店影视、义乌购物等特色旅游，带动浙江中西部地区服务业发展。

湖州、嘉兴、绍兴、衢州、舟山、台州、丽水等城市服务业发展也要强化优势，增量提质，增强对市域服务业发展的带动能力。各个城市要把满足市域服务需求放在首要位置，既要满足居民在物质文化方面的消费性需求，又要适应工业转型升级发展生产性服务业。与此同时，也要充分挖掘特色，发挥优势，积极培育具有跨市域意义的特色服务业。

（二）大力提升县域服务业发展水平。

1. 增强县城和中心镇服务功能。以县城和省级中心镇为重点，加大体制机制改革创新力度，着力增强服务功能，使县城和中心镇服务业成为联系城乡的重要平台。面向当地城乡居民市场需求，积极发展商贸、金融、商务、信息、文化、房地产、社区服务、公共服务等行业，扩大就业岗位，增强供给能力，提升城市化质量和水平。加强发展面向农业的产前、产中、产后的相关服务行业，扩大向农村地区的服务延伸作用。

2. 围绕产业集群构建区域生产性服务体系。顺应我省产业集群转型升级需要，依托集聚规模较大的产业集群，规划建设金融、科技、信息、物流、培训、会展、商务和公共服务等组成的区域生产性服务体系。各地要因地制宜合理选择发展重点和发展时序。既要立足集群，又要跳出行政区划，在更大范围内整合资源，培育建设一批跨区联动、产业互动的生产性服务平台，在为中小企业服务中求发展，带动产业集群转型升级，向研发和营销两端拓展延伸，提升产业整体水平。

3. 培育发展特色服务业。县域经济各有各的特色和优势，要在满足县域基本服务需求的基础上，充分发挥比较优势，大力培育发展特色服务业。在产业集群比较发达的县（市），规划建设新型专业市场、物流园区和总部基地等服务业集聚区，促进服务业与制造业互动发展；在生态环境、自然景观或历史文化方面具有优势的县(市),完善综合配套设施,积极发展各种特色旅游;在港口资源条件优越的县(市),要按照统一规划,合理分工布局,发展港口物流业。服务业特色鲜明又相对发达的县(市),要率先实现向服务型经济结构的转型。

(三)积极引导扶持农村服务业发展。

1. 推进城乡基本公共服务均等化。推进农村水利、交通、渔港、邮政、电信、电力、广播影视、医疗卫生、教育等基础设施建设,改善农民生产生活条件。推进农村社区建设,加快发展农村文化体育、医疗卫生、社会保障、社会福利、计划生育等事业,扩大出版物、广播影视在农村的覆盖面,丰富农民物质文化生活。加强农村基础教育、职业教育和继续教育,搞好农民和农民工培训,促进农村富余劳动力转移就业。

2. 建立完善农业服务网络。加大对农业产业化的扶持力度,积极开展种子统供、重大病虫害统防统治等生产性服务。加强农业科技体系建设,健全农业技术推广、农产品检测与认证、动物防疫和植物保护等支持体系,推进农业科技创新。加快农业信息服务体系建设,逐步形成连接国内外市场、覆盖生产和消费的信息网络。加强农村金融体系建设,发挥农村商业金融、合作金融、政策性金融和其他金融组织的作用,发展多渠道、多形式的农业保险,增强对"三农"的金融服务。支持发展各类农民专业合作组织,支持其开展市场营销、信息服务、技术培训、农产品加工储藏和农资采购经营。

3. 加快农村商品流通网络建设。深入开展"千镇连锁超市和万村放心店"工程,逐步提高农村商业网点覆盖面、商品统一配送率和商店服务水平,形成完善的农村现代消费品流通网络。培育大型农产品批发市场和农产品流通企业,发展符合当地实情的农产品流通方式,形成完善的农产品流通网络。培育一批重点农资流通企业,推进农资经营网点建设,逐步提高农资集中采购和统一配送率,形成完善的农业生产资料流通网络。

五、保障措施

(一)进一步突出服务业发展的战略地位。

1. 深化对服务业发展重要性的认识。今后一个时期是服务业发展的重要战略机遇期。加快发展服务业,对促进我省经济转型升级、构建现代产业体系,增加社会就业和地方财政收入,缓解节能减排压力和提高对外开放合作水平等方面,均具有十分重要的现实意义。要进一步统一思想,从根本上改变重工业轻服务业的传统观念,把服务业放在更加突出的战略位置,有条件的城市要坚持服务业优先发展战略,推进工业与服务业两轮驱动,全面促进三次产业协调发展。

2. 加强对服务业发展的组织领导。各地要进一步加强对服务业工作的领导。整合省服务业工作协调会议和省现代物流联席会议,建立统一的省服务业工作部门联席会议制度,加强对服务业发展的组织领导、统筹规划、政策制定和问题协调。联席会议办公室设在省发改委。各地也要建立相应的服务业工作领导机构,加强对本地服务业发展工作的指导和协调。

3. 建立和完善统分结合的服务业工作机制。改变服务业工作部门分割和交叉管理状况,加强服务业管理队伍建设,进一步理顺政府各部门的职能和权限,形成既有部门分工、又有统筹协调的工作机制。建立服务业发展考核评价制度,强化对部门和市、县服务业工作绩效及发展状况的考核评价。加强服务业统计工作,完善服务业统计调查方法和指标体系,提高服务业统计的全面性、精确性和及时性。组建浙江省服务业联合会,支持服务业商会、行业协会发展,完善行业服务和自律机制。

(二)进一步营造有利于服务业发展的市场环境。

1. 规范市场准入。建立公开透明、平等规范的市场准入制度,进一步降低服务业企业注册资本最低限额,进一步放宽创新性、示范性服务业企业准入前置条件,进一步简化服务业企业注册审批手续,切实做到对各类所有制企业在准入方面一视同仁。

2. 深化体制改革。加大垄断行业改革力度,进一步推进投资主体多元化,引入竞争机制。稳妥推进市政公用事业市场化改革,探索建立特许经营制度。推进生产经营性事业单位转企改制,加快建立现代企业制度。推进政府机关、事业单位后勤服务社会化改革,实现后勤管理和服务职能的分离。

3. 扩大开放合作。按照 WTO 框架协议承诺,逐步开放服务市场。大力吸引国内外知名服务企业来浙江投资设立企业总部、地区总部、采购中心、研发中心等。加快我省国际服务贸易发展。积极承接服务外包,加快培育一批具备国际资质的服务外包企业,形成一批外包产业基地。完善企业"走出去"的政策体系,支持有实力的服务企业开展跨国经营,建立健全国际营销网络。加强 CEPA 框架下浙港澳台服务业交流与合作,积极参与长三角区域合作,重点围绕上海国际金融中心和国际航运中心建设,探索合作途径,进一步增强合作的紧密度,在合作中拓展我省服务业发展空间。

(三)进一步加大对服务业的政策扶持力度。

1. 加大财政投入。发挥财政体制的导向作用,鼓励地方发展服务业,优化市县收入结构。调整优化财政支出结构,加大财政在公共服务领域的投入,继续安排支持服务业发展的各类专项资金和引导资金,并根据服务业发展需要和财力可能逐步增加资金规模,主要支持鼓励发展的重点行业、重点区域和重点项目。各地也要作出相应安排,引导社会资金加大对服务业的投入。

2. 实施税费优惠。切实抓好现行服务业各项税收优惠政策的落实。对鼓励发展的服务行业,要研究探索房产税、城镇土地使用税、水利建设专项资金等地方税费实施优惠倾斜的办法。加快推进对服务企业收费的清理工作,对不符合服务业发展要求的政策和行政性收费,要及时废除或作出修改。调整服务业用电、用水、用气价格政策,逐步实现与工业同价并轨。

3. 提供融资、用地支持。引导和鼓励金融机构对符合国家产业政策的服务企业予以信贷支持,加快开发适应服务业需要的金融产品，积极支持符合条件的服务企业进入境内外资本市场融资。鼓励创业风险投资机构和信用担保机构对服务企业开展业务。合理调整城市用地结构，逐步增加服务业用地比例，对鼓励发展的服务业建设项目，在供地上给予优先安排。

（四）进一步明确服务业的工作抓手。

1. 抓一批工业转型升级与生产性服务业联动发展的典型。生产制造企业要深化专业分工，有条件的企业要加快从生产加工环节向自主研发和品牌营销两端拓展，延伸产业链的服务环节，逐步向以研发和营销为主的现代企业转型。对于自主研发和品牌营销条件尚不具备的企业，要积极推进服务环节业务外包，引导形成一批为其提供社会化、专业化服务的生产性服务企业。以中小企业为主体的产业集群，大力培育生产性服务体系，是推动工业转型升级的有效途径。

2. 抓一批具有创新性、示范性的现代服务企业。围绕发展总部经济、创意经济、网络经济、会展经济、商务经济等新经济业态，鼓励发展连锁经营、特许经营、电子商务、物流配送、数字传媒、动漫游戏、创意设计和法律、会计、审计、税务、工程咨询、管理咨询等各类具有创新意义的现代服务企业，支持技术创新、管理创新和商业模式创新，成为服务业发展的排头兵。

3. 抓一批服务业的重大项目。做好服务业项目库建设，在前期工作上下深功夫，加大推介和招商引资力度，使服务业成为下一轮投资新热点。编制服务业重大项目年度计划，优先支持高端服务业项目和带动力强的服务业项目，切实抓好用地保障，并在投融资、用水用电等安排上给予倾斜，加快服务业重大项目建设，促进服务业高水平发展。

4. 抓一批现代服务业集聚区。支持规模较大的区域中心城市规划建设微型 CBD，优化城市布局，提升城市现代服务功能；在区域经济较发达的城市，规划建设总部基地、科技创业园、物流园区或新型专业市场，强化功能整合及有序延伸；在 IT 产业较发达的城市，整合软件企业、高校和相关研发机构，培育建设软件与服务外包基地；在文化底蕴深厚、文化产业较发达城市，培育建设创意产业园，促进文化服务业加快发展。

5. 抓一批服务业品牌。研究制定推进服务业品牌建设的实施意见，完善服务业品牌认定办法，支持企业开展自主品牌建设，鼓励服务企业以品牌为纽带，促进集团化发展。加强名牌产品、商标、商号、老字号等认定与复检。加强品牌市场、品牌旅游、品牌会展建设，培育知名商业中心、特色街区。加强服务业行业品牌和区域品牌建设。

6. 抓一批服务业创新发展试点。努力争取国家服务业综合改革试点和物流业“区港联动”试点。积极开展各类省级服务业创新试点，重点抓好制造业与服务业联动发展试点、制造企业二三产分离试点、探索性创新性服务业项目试点等等，充分发挥对全省服务业创新发展的示范引领作用。

（五）进一步加强人才培养和引进工作。

1. 多渠道、多层次培养服务业人才。引导高等院校和中等职业学校加强与服务业发展相适应的学科专业建设，加快培养服务业紧缺人才。支持高等院校、职业院校、科研院所与有条件的服务企业建立实训基地，支持各类教育培训机构开展服务业技能型人才再培训、再教育。完善和规范职业资格和职称制度，健全服务业职业资格标准体系。

2. 加强服务业高端人才引进。积极引进国内外优秀服务业人才，在住房、配偶就业、子女上学等方面提供相应政策支持。研究完善技术、管理等要素参与分配的有关政策，建立多元化分配激励机制，大力改善用人、留人环境。

浙江省人民政府
关于进一步加快发展现代物流业的若干意见

浙政发〔2008〕64 号

现代物流发展水平是衡量一个国家和地区综合竞争力的重要标志。在经济全球化、信息化加快推进的背景下，发展现代物流业已成为我省推进工业化、城市化和国际化，提升综合实力和国际竞争力的重要举措，对于优化资源配置、推进经济结构调整、改善发展环境、提高经济发展质量等都具有重要意义。为加快发展现代物流业，根据《浙江省现代物流发展纲要》，结合我省实际，提出如下意见。

一、加快发展现代物流业的指导思想和主要目标

1. 指导思想。围绕贯彻落实科学发展观和实施“创业富民、创新强省”总战略，抓住经济全球化和长三角一体化发展机遇，以需求为导向，企业为主体，降低物流成本和提高物流效率为核心，统筹规划，整合资源，进一步完善现代物流市场体系、设施网络体系和信息体系，构建具有国际竞争力的港口物流服务系统、环境负荷低的绿色物流服务系统、适应社会多样化需求的快捷物流服务系统。

2. 主要目标。到 2012 年，形成若干集聚辐射功能较强的港口物流枢纽、航空物流枢纽和综合交通物流枢纽，

规划建设一批钢材、有色金属、化工原料、建筑材料、汽车、医药、粮食和农副产品等专业物流基地，培育发展一批规模较大、信息化水平较高、整合资源能力较强的现代物流企业，物流成本明显降低，现代物流业成为服务业的重要产业，长三角重要的现代物流和国际货运枢纽建设取得明显进展。

二、改善现代物流业发展环境

3. 加强市场准入和后续管理。依法规范运输企业前置审批，把好市场准入关。加强对运输企业经营资质、经营行为的后续管理。改革货运代理行政性管理体制，加强后续监督和服务。推进物流企业规范化建设，鼓励物流企业做大做强。

4. 加快推进物流标准化和信息化。以发展第三方物流为重点，开展物流服务标准化试点，推动试点单位逐步建立适应发展要求的物流标准体系。加强物流标准制定和推广应用，使物流技术、装备、信息、管理、服务和安全等环节都有标准可依，提高物流业标准化管理水平，为发展先进制造业提供有力支撑。以建设“数字浙江”为契机，加快浙江物流公共信息系统和标准化物流软件建设，完善浙江物流网、浙江电子口岸、交通物流公共信息系统、中国联运物流网等平台，构建全省性、区域性、行业性的物流公共信息平台。支持企业运用现代化信息技术、物流管理理念和方法，开发应用企业内部的网络信息系统，实现企业内部、企业之间信息资源的传输、交互与共享；支持企业采用自动化、智能化的物流设施设备，全面提升物流信息化水平。

5. 继续整顿规范收费管理。交通、物价等部门要尽快调整物流车辆、船舶等规费征收办法和收费标准。继续完善我省集装箱车、专用车、厢式车、甩挂车的公路规费和通行费优惠政策，鼓励节能减排型车辆发展。对所有车辆总吨位在2000吨以上，平均吨位在8吨以上的企业，其营运货车的养路费和货运附加费实行全年9个月包缴。对我省内河自有运力达5万吨以上的航运企业运管费减半征收。规范收费公路的通行费征收，抓紧研究制定计重收费方案。进一步降低我省车辆通行收费标准，继续清理整顿普通公路收费站点。加强对报废车辆企业的监督检查，规范回收价格行为，杜绝报废车辆的不规范处理。不得向仓储服务企业收取运管费。5年内暂停出台新的面向物流企业的行政事业性收费。

6. 加快生产要素价格改革和物流市场培育。在符合土地利用总体规划的前提下，各地要对省重点物流建设项目用地给予重点支持。物流业用水、用气价格实现与一般工业同价。2008年底前实现物流业用电价格与一般工业用电价格基本并轨。扩大物流需求，改善物流供给，加快物流市场培育。引导和支持工商企业剥离低效的运输仓储功能和业务，发展专业化、社会化物流服务企业。在工业转型升级中鼓励制造业与物流业联动发展，采取多种措施支持现代物流业集聚区建设。

7. 积极培养和引进现代物流人才。鼓励和支持省内高等院校开展物流专业多层次学历教育，培养现代物流管理人才和专业技术人才；采取多种形式，积极开展物流业从业人员在职培训；鼓励引进国内外优秀物流专业人才，对引进的物流中高级技术人员与高级管理人员，给予省引进人才政策规定的相关待遇。

三、优化物流业发展布局

8. 加强规划引导。细化《浙江省现代物流发展纲要》，研究编制相关物流专项规划，加强与全省土地利用总体规划、城乡规划（县市域总体规划）和交通发展规划的衔接，整合资源，优化物流业发展布局。加强港口物流、航空物流、公路港物流、保税物流以及城乡物流配送等规划之间的衔接，优化以宁波—舟山港为龙头、嘉兴和温台港口群为两翼的港口物流布局结构，加快空港经济发展规划研究，积极推进杭州、宁波空港国际物流中心建设。加强全省物流网络布局规划，实现港口货运集疏运网络、干线公路集疏运网络和城市及农村配送网络的有效衔接，充分发挥铁路、公路、水运、民航等多式联运的作用。

9. 加快建设现代物流中心。围绕杭州、宁波、温州和金华—义乌四个物流枢纽，依托产业集聚区和大型专业批发市场等，通过新建、改建、扩建、整合等方式，培育发展一批现代物流企业聚集的区域性、国际性物流中心。加快港航强省建设，推动沿海港口建设和发展。加强我省港口联盟，继续推进宁波—舟山港口一体化，加快梅山保税港区保税物流功能的开发建设。发展内陆集装箱还提箱堆场业务发展和集装箱双重优化运输模式，推动港口与内陆国际物流中心联动，一般性进出口物流园区和保税物流园区联动。加快粮食、医药、农副产品、钢材和有色金属、化工原料、建筑材料等专业物流中心建设。

10. 统筹城乡物流业协调发展。研究制定我省城市物流配送管理办法，并在杭州市先行试点。推进城乡物流配送体系建设，结合实施“千镇连锁超市、万村放心店”工程，配套建设村、镇配送网络体系，发挥农村班车小件快运和农村客货运一体场站作用，保障城乡物流配送的安全、环保、节约和通畅。

四、提高物流业对外开放水平

11. 加强与港澳台等地区的物流合作。进一步贯彻实施CEPA，加强与港澳台地区及日本静冈、福田在物流领域的交流与合作，共同培养物流专业人才。引导省内各类资本尤其是民资与港澳台资本相结合，充分利用港澳台市场和资源开拓国内外物流业市场。承接国际转移，引导外资投向现代物流业基础设施和前沿领域。积极吸引发达国家和地区的物流企业落户浙江，学习借鉴发达国家和地区物流业发展的先进理念和管理模式，推进我省物流业加快发展。

12. 推进长三角地区物流合作。加强长三角区域间物流合作，优化资源配置，实现资源共享、要素集聚、信息互通、共同发展。大力发展水水联运、水陆联运、公铁联运、空陆联运等多式联运方式，构建高效、便捷的长三角综合交通运输网络；加强人才培养、引进、使用等环节的合作；加强长三角地区物流安全管理联动，大力营造物流行业诚信经营环境。

13. 加快“大通关”建设。加快浙江省电子口岸等平台建设,推进杭州空港、宁波海港、义乌小商品市场等国际物流中心的试点。口岸管理等部门应加大区域一体化改革力度,降低行政管辖划分对物流自由流动的影响。协同推进海港口岸对内陆的辐射和延伸作用,促进无水港发展。继续深化杭州地区国际物流平台的方案研究,加快杭州海关嘉兴港区监管模式的改革。

五、加大财税扶持力度

14. 进一步加大财政扶持力度。每年从省服务业发展引导资金中安排一部分用于重点物流项目建设、物流人才培训、物流标准化推进、物流新技术、新工艺、新材料的应用推广;从省级交通规费中安排一定数量的资金用于鼓励发展节能减排车辆、船舶,以及大吨位和特种(专用)车辆、船舶,并支持物流基地建设和信息化建设。各市、县(市、区)应安排相应的财政专项资金扶持现代物流业发展。对企业采用物流信息管理系统、自动分拣系统等先进物流技术和设备的,列入省政府科技项目经费和技术改造项目计划。对在物流领域推广使用国际通用标准、不易损坏且可循环利用托盘的企业和开展物流标准化设备改造的试点企业,给予重点支持。

15. 提供税收优惠。根据国家物流企业税收试点工作办法,在纳入试点名单的物流企业中落实试点物流企业税收政策。落实国家有关企业购置用于环境保护、节能节水、安全生产等专用设备投资抵免的企业所得税政策。对占地面积较大的现代物流企业,如按规定纳税确有困难的,报经地税部门批准,可减免城镇土地使用税。对在我省设立总部的大型物流企业确有困难的,可按管理权限报经批准,给予减免水利建设专项资金。新引进的国际知名物流公司地区总部和省外物流公司总部,报经地税部门批准,可给予三年免征房产税、城镇土地使用税和水利建设专项资金。

16. 进一步拓宽融资渠道。鼓励金融机构对信用等级资质较高的物流企业给予重点支持。推动政策性担保公司为中小物流企业提供短期资金贷款担保,鼓励民营担保公司为物流企业提供信贷担保。支持物流企业利用境内外资本市场融资或募集资金。鼓励民间资本参与物流项目建设。

六、加强组织领导

17. 加强综合协调。各市、县(市、区)政府要切实加强对物流业发展的组织领导和统筹协调,及时研究解决发展中的困难和问题。进一步理顺物流业相关管理部门之间的职责关系,建立和完善统分结合的工作机制,加强对现代物流业发展的组织协调、统筹规划和政策指导。

18. 建立物流统计制度。加强物流统计,继续开展社会物流企业联网直报工作,扩大社会物流企业统计调查范围,建立和完善我省物流统计直报制度,加强物流统计信息的预测和分析。

19. 强化物流行业自律。支持物流行业协会发展,充分发挥其制定行业管理规范、推广技术标准、交流行业发展信息、沟通和联系行业内企业等作用,进一步促进行业自律,营造良好的物流行业秩序。

二〇〇八年十月二十一日

浙江省人民政府
关于加快工业转型升级的实施意见

浙政发〔2008〕80号

为认真贯彻落实《中共浙江省委关于深入学习实践科学发展观加快转变经济发展方式推进经济转型升级的决定》(浙委〔2008〕88号),加快我省工业转型升级,提高工业综合实力、国际竞争力和可持续发展能力,特制订如下实施意见:

一、加快工业转型升级的总体要求和主要目标

(一)重要意义。改革开放以来,我省实现了从工业小省向工业大省的历史性跨越。工业成为我省具有竞争优势的产业领域、人民群众创业创新的主要阵地、区域经济发展的主要动力。但也必须清醒认识,由于国内外经济形势发生深刻变化,市场竞争更趋激烈,我省工业正面临着严峻的挑战,长期积累的结构性、素质性矛盾进一步凸现,一些新情况、新问题又亟待解决,原来以低端产业、低附加值产品、低层次技术、低价格竞争为主的发展路子难以为继。加快工业转型升级已刻不容缓,这是有效化解我省工业发展过程中各种困难和挑战的有效手段,是实现工业节约发展、清洁发展、安全发展、可持续发展的治本之策,也是推动我省经济发展方式转变的关键之举。必须看到,经济形势越严峻,工业发展越困难,同时也蕴藏着转型升级的先机,应当化挑战为机遇,化被动为主动,化压力为动力,把工业转型升级这项紧迫、艰巨而又长期的任务,放在经济全球化的大视野中,放在经济发展方式转变的大格局中,放在工业化和信息化融合、制造业和服务业互动的大背景下,深刻认识,科学规划,扎实推进。

(二)总体要求。以邓小平理论和“三个代表”重要思想为指导,全面贯彻落实科学发展观,深入实施“创业富民、创新强省”总战略，认真推进“全面小康六大行动计划”，坚持走新型工业化道路，大力推动工业化和信息化融合，以创业创新为动力，科技进步为支撑，结构调整为主线，节能减排为导向，发展培育主导产业，改造提升传统产业，限制淘汰落后产能，加快工业结构优化升级和发展方式转变，把我省建设成为长三角地区全球重要的先进制造业基地，为全省转变经济发展方式、推进经济转型升级作出积极贡献。

（三）主要目标。确保工业平稳较快发展，工业发展方式转变取得明显成效，产业结构调整取得重大进展，为构建具有浙江特色的现代工业体系打下坚实基础，力争工业转型升级走在全国前列，加快实现工业发展动力从资源消耗为主向创新驱动为主转变，产业结构从低附加值的一般加工业为主向高附加值的先进制造业和高新技术产业为主转变，企业经营方式从粗放经营为主向集约经营为主转变，产业组织形态从传统块状经济为主向现代产业集群为主转变。到2012年，科技进步贡献率达55%，规模以上企业研发经费支出占销售收入比例达1.5%左右，新产品产值率达18%以上，高新技术产业、装备制造业增加值占工业增加值比重分别达到26%和32%，大中型企业综合经济指标达到上世纪九十年代末国际先进水平，资源利用和节能减排等指标继续保持国内先进水平，现代产业集群产值占工业总产值比重明显提高。

（四）基本原则。

——坚持“标本兼治、保稳促调”的方针，既努力化解当前面临的困难和问题，更着力解决长期积累的结构性、素质性矛盾，实现又好又快发展。

——坚持深化体制机制改革，继续扩大工业领域对内对外开放，不断增强工业转型升级的动力和活力。

——坚持把自主创新作为工业转型升级的中心环节，加大高新技术和先进适用技术的研发和应用推广力度，推动产业结构调整和发展方式转变。

——坚持发挥企业的主体作用，通过市场调节、政府引导、行业自律，形成倒逼机制，促进企业主动走转型升级之路。

——坚持增量投入和存量调整并举，既重视增量投入，又重视存量提升，用高水平的增量来激活和带动存量优化调整，增强工业发展后劲。

——坚持发挥政府在工业转型升级中的促进作用，加强规划引导、公共服务和政策扶持，着力营造有利于转型升级的发展环境。

二、加快工业结构优化升级

（五）大力发展装备制造业。认真贯彻落实省委、省政府《关于加快发展装备制造业的若干意见》（浙委〔2007〕76号），围绕替代进口、扩大出口、增强竞争力，抓住国内外市场机遇，提高核电、水电、火电、风电、太阳能发电等电站设备以及轨道交通设备、大型石化装备等重要领域装备的制造水平，积极发展先进纺织、轻工、医药、化工、农业等专业机械以及数控精密机床、节能环保装备。大力发展节能环保型轿车、中高档客车、专用车、特种车等整车及相关产业，做大做强发动机、自动变速箱、制动器总成及系统、离合器、传动系统等关键零部件。

（六）加快发展高新技术产业。按照重点突破、跨越发展、掌握核心技术的原则，加快实施一批高新技术产业项目，培育一批高新技术企业，发展一批高新技术产业群。力争到2012年，形成通信与网络设备、生物与新医药、电子元器件、仪器仪表、新能源、新材料、软件服务等7个重点优势产业，高新技术企业数量增长1倍以上。高水平规划建设国家级高新技术产业开发区和产业基地以及一批省级高新技术产业园和高新技术特色产业基地。

（七）积极发展先进临港工业。依托我省沿海岸线优势，有选择地发展先进临港工业，着力在石化、船舶、钢铁三个产业领域实施一批技术含量高、产业带动强、经济效益好、节能环保的重大项目，培育一批临港工业大型企业和产业基地。力争到2012年，全省先进临港工业增加值占工业比重达10%以上。初步形成与下游化工产业协调发展的临港石化产业体系；建成国内重要并在国际上具有一定影响的船舶制造、修理和配件生产基地；建成布局合理、装备先进、产业链相对完整的钢铁生产基地。

（八）加强传统产业技术改造。围绕传统优势产业的转型升级，继续实施“958”行业龙头企业技术赶超计划、万亿技改促升级计划和企业技术改造“双千工程”，引导和扶持企业加大技术改造力度，加快实施一批投资规模和产业关联度大、技术水平高、市场前景好的重点技术改造项目，实现主要行业的技术装备达到国内领先水平。鼓励企业利用现有厂房、土地或通过淘汰落后生产能力腾出空间开展技术改造。加强技术改造与技术引进、技术创新的结合，引导企业加大引进技术的消化吸收再创新力度，实现省级重点技术改造项目引进技术投入与消化吸收再创新投入的比例达到国内先进水平。

（九）提高工业信息化水平。加强信息技术在工业领域的推广应用，促进企业生产经营各环节中信息技术的渗透融合，发挥信息化对工业发展的倍增作用。着力推进产品研发、设计的信息化，促进工业产品的更新换代，提高附加值和竞争力。推进生产装备与过程的信息化和自动化，提高工艺水平和生产效率。推进企业管理的信息化，促进企业资源优化和管理水平提升。推进产品流通信息化，扩大企业电子商务应用，实施中小企业电子商务推进工程，支持中小企业利用我省重点培育的电子商务公共平台开展内外贸业务。

（十）推动传统块状经济向现代产业集群提升。加大龙头企业培育力度，进一步促进其在块状经济中发挥产品辐射、技术示范、信息扩散和营销网络等方面的核心带动作用。鼓励企业积极向产业链的上下游扩展，支持企业依托原有产业优势发展相关产业，引导企业围绕主导产品开展专业化分工协作，促进块状经济产业链的纵向延伸和横向拓展，提升块状经济的产业分工地位和整体竞争力。完善块状经济生产性服务体系，加快公共服务平台建设，为企业转型升级提供技术支持、检验检测、金融保险、信息咨询、资质认证、物流仓储、人才培训等服务。促进产业和企业向开发区、工业园区和乡镇工业功能区集聚，使各类园区成为产业集群的核心区域。选择一批块状经济比较发达的县(市、区)作为全省培育现代产业集群示范点。

(十一)限制和淘汰落后生产能力。对不符合有关法律法规规定，严重浪费资源、污染环境、不具备安全生产条件的工艺技术、装备及产品等落后生产能力，采取限制和淘汰措施。对可以改造升级的，要求企业在一定期限内通过改造达到有关规定的要求；对难以改造升级的坚决予以限期淘汰，对不按期淘汰落后生产能力的企业，依据有关法律法规责令其停产或予以关闭。

三、促进工业发展方式转变

(十二)加强技术创新。充分利用省内外科技和人才资源，加快建设以企业为主体、市场为导向、产学研结合的区域创新体系。着力提高企业自主创新能力，推动创新资源向企业集聚，依托大企业建设一批国家级和省级企业技术中心、工程研究中心及重点实验室。鼓励企业与高等院校、科研院所联合建设实验室、研发中心、技术联盟等创新组织。积极引进大院名校来我省建设创新载体，充分发挥社会各方力量建设科技基础条件平台、行业创新平台、区域创新平台。引导和支持各类创新主体加强原始创新、集成创新和引进消化吸收再创新，着力开发专利技术，提高发明专利的数量和比重，加强对现有专利技术的利用和产业化，重视对过期专利技术资源的再利用、再开发。进一步创新浙江网上技术市场功能，发挥其在信息发布、产学研对接、成果转让中的积极作用，促进科技成果产业化。发挥政府的牵头协调作用，密切产学研合作，每年组织实施一批共性技术、关键技术、前沿技术的联合攻关专项。加大对专利侵权违法行为的打击力度。

(十三)加强产品创新。引导企业以市场需求为导向，加快研究开发并投产一批有自主知识产权、有自有知名品牌、有较高附加值、有市场竞争力的新产品，尤其是高新技术新产品和重大装备国产化首台(套)产品，促进我省产品由产业链低端向产业链高端提升、由价值链低位向价值链高位提升。重视传统产品的二次创新，引导企业以技术创新为支撑，提高研发设计水平，在技术、工艺、款式、性能、品种、品牌、包装等方面开展差别化竞争，提高非价格竞争力。

(十四)加强品牌创新。深入推进品牌战略，支持企业创建全国乃至国际知名品牌，鼓励有条件的企业依托品牌优势，采取收购、兼并、控股、联合以及委托加工等方式，整合众多无牌加工企业的生产能力。依托块状经济，鼓励行业协会、龙头企业牵头或由中小企业合作，共同打造专业商标品牌基地，推广应用地理标志证明商标、集体商标，开展地理标志产品保护，努力培育知名区域品牌。鼓励有条件的企业购买国外品牌。深入推进质量振兴战略，引导和督促企业加强质量管理，提高产品质量，夯实创建名牌的质量基础。深入推进标准化战略，鼓励并支持企业参与国内外标准制(修)订工作，争取为主承担更多的行业标准、国家标准和国际标准的制(修)订；督促企业严格执行强制性标准，引导企业制定并执行严于推荐性标准的产品标准，积极采用国际标准和国外先进标准。力争到2012年，规模以上工业企业重点产品采用国际标准和国外先进标准的比重提高到95%以上。加强质量、标准、认证等公共平台建设，为企业提高产品质量、争创名牌提供强有力的技术保障。

(十五)加强管理创新。发挥企业家在企业管理创新中的核心作用，引导企业家树立现代管理理念，带领企业构建以创新为核心的企业文化。引导企业建立符合现代企业制度要求、适应本企业实际和发展需要的企业组织形式和法人治理结构。引导企业全面提高战略规划、生产组织、技术开发、财务管理、市场营销、售后服务等基础性管理水平，夯实管理创新基础。引导有制造优势的企业努力向研发设计和品牌营销两端延伸，加快从单纯生产型向“生产+服务”型转变。鼓励支持具有研发、设计和品牌、营销网络优势的企业，从制造主导型向服务主导型转变，带动加工制造企业共同发展。针对不同行业特点和企业规模，开展百家企业现代企业制度建设示范活动，培育一批管理创新示范企业，总结行之有效的管理模式和经验，及时向全省企业推广。

(十六)加强开放创新。进一步加大招商选资力度，重点引进跨国公司、中央企业和兄弟省市大型知名企业，引进高新技术产业、高端制造环节和研究开发基地项目，引进先进技术、先进管理和高层次人才。鼓励我省企业在与跨国公司开展技术、加工配套合作的基础上，提高产业分工地位，向全球产业链高端提升。进一步推动企业“走出去”，到境外建立生产基地，设立研发机构，拓展营销网络，开展境外加工贸易和资源开发。深化国际科技合作，加强科技人员和成果交流，积极引进国外创新资源。支持企业抓住长三角地区一体化以及西部大开发、东北等老工业基地振兴和中部崛起的良好机遇，加强经济技术合作交流。优化工业品出口结构，扩大高技术、高附加值和自主知识产权产品出口，提高产品的国际竞争力。

(十七)加强人力资源开发创新。结合学习实践科学发展观活动，用两年时间，在全省所有企业中分别由省、市、县(市、区)分级分批开展企业家增强创业创新和现代经营管理能力轮训，提高企业家队伍素质。坚持培养和引进相结合，积极利用国际国内智力资源，加快构建一批以工业创新领军人才为核心的创新团队和一支以高层次企业经营管理人才、中高级专业技术人才为骨干的工业高层次专业人才队伍。深入实施高技能人才培训工程，积极推动校企合作，大力发展职业教育；依托中高职院校、技工学校、大型企业，加快建设一批省级高技能人才实训基地；督促企业加大员工培训的投入，广泛开展各种形式的岗位练兵和职业技能竞赛，抓紧培养一支以中高级技工为骨干的高技能人才队伍。

(十八)加强企业组织结构创新。着力培育一批主业突出、核心竞争力强的大公司大集团，一批专精特新的行业龙头企业，一批拥有自主知识产权和自主品牌的创新型企业，使其成为引领我省工业转型升级的重点骨干企业。鼓励重点骨干企业在国内外开展多种形式的购并或跨区域联合重组，加快做大做强，支持有条件的重点骨干企业向跨国公司发展。推动中小企业向专业化生产、精益化管理、自主化创新、集约化经营、信息化带动、品牌化运作等方向发展，着力抓好千家成长型中小企业、千家科技型中小企业和千家初创型小企业的培育工作，示范带动面上中小企业转型升级。支持中小企业通过行业协会、企业联盟、协作配套等方式开展合作。

（十九）加强节能减排方式创新。深化工业循环经济试点活动，减量、循环、高效利用资源，创建循环型产业集群、工业园区和企业。培育一批清洁生产示范企业，在发电、热力、电镀、医药、化工、造纸、印染、皮革等行业和工业园区内高资源消耗、高污染企业全面推行清洁生产模式，促进企业污染排放从原料投放、生产过程到末端控制的全过程治理。围绕十大重点节能工程，加快重点耗能行业节能技术改造，每年实施一批重大技术推广和示范项目。大力开展节电、节地、节水、节油、节材等资源节约和综合利用活动，深入实施工业污染防治工程。严格禁止投资建设不符合产业政策的高耗能、高污染项目，严格执行高耗能、高污染工艺、设备及生产能力等限期淘汰制度。建立健全节能减排目标责任评价、考核和奖惩制度。对各地和重点耗能企业实行分级分类考核，对超额完成节能考核目标的市，省政府按超额部分的节能量给予一定金额的奖励；对节能考核结果为未完成的市，省政府按未完成的节能量处以相应金额的处罚，省有关部门暂停对该地区新建高耗能项目的核准和审批；对列入省政府考核范围，考核结果为未完成等级的企业，禁止其新上高耗能项目，不得享受次年度政府各项优惠政策的申报资格。

（二十）加强生产性服务业发展创新。鼓励大公司大集团的研究开发、仓储物流、市场营销、后勤保障等非制造环节，在满足本企业生产经营所需的同时，为其他企业提供服务；支持有条件的企业，分离非制造环节单独组建独立法人企业。深化生产和服务企业的专业化分工，支持工业企业将生产辅助服务、售后服务、生活服务等外包给社会专业化服务企业。积极发展主要面向中小企业的科技咨询、管理咨询、商务服务、检测认证、设备租赁、会展服务、品牌策划、人才培训等生产性服务企业。支持金融机构服务创新，形成以信贷支持为主，现金管理、财务规划、咨询顾问、风险管理综合配套的金融服务体系。以各类软件与信息服务业园、科技创业园、动漫和创意产业园、现代物流园和中央商务区为重点，在中心城市大力发展一批生产性服务业集聚区。

四、加快工业转型升级的政策措施

（二十一）做好工业转型升级的统筹规划。按照发展培育一批、改造提升一批、限制淘汰一批的产业结构优化升级要求，排出一批重点行业，逐个制订转型升级的实施方案，明确目标定位、总体布局、发展导向以及相应的配套措施。加强各重点行业转型升级实施方案与国民经济和社会发展规划、土地利用总体规划、城乡规划、主体功能区规划及三大产业带规划等其他规划的衔接。做好各类园区发展规划的研究、修编和实施工作。抓好重大基础设施的规划建设工作，充分考虑工业转型升级和发展的需要，前瞻性规划并建设一批能源、交通、物流、污水处理等重大基础设施。

（二十二）推进重大工业投资项目实施。大力推进千亿产业提升工程，每年编制重大工业项目年度计划，按照综合管理和对口管理相结合的原则，推动企业抓紧实施一批对全省经济发展方式转变和产业结构优化升级有积极促进作用的重大工业项目。建立省政府重大工业项目推进协调机制，不定期组织召开专题协调会，及时研究解决产业规划、空间布局、招商引资、项目前期及建设中的突出问题。项目所在地政府要建立重大工业项目建设责任制，实行政府领导分工负责制，组建相应工作班子，加快项目实施进度。

（二十三）加大对工业转型升级的财政扶持力度。统筹安排省级部门现有工业类、科技类财政性资金，加大整合力度，建立统一的工业转型升级专项资金，在原有资金整合基础上，2009 年再增加 2 亿元，重点用于企业技术改造贴息，以推动企业产品创新、技术创新、管理创新、节约能源资源、减少污染排放和引进培育人才等；省级财政科技投入的增长幅度明显高于经常性财政收入的增长幅度。对欠发达和海岛地区工业转型升级重点项目予以支持。各地要加大对工业转型升级的财政扶持力度。

（二十四）加大对工业转型升级的金融支持力度。优先支持符合转型升级方向的企业在境内外上市，发行债券、短期融资券、中期票据以及上市公司再融资。建立政府与金融机构的沟通协调机制，搭建银企对接合作平台，主动向金融机构推荐符合我省工业转型升级要求的工业项目，促进金融机构加大信贷支持力度。支持金融创新，探索开展出口退税、保单、仓单以及知识产权等质押贷款，规范发展股权质押贷款。省财政每年安排一定的中小企业信用担保和风险补偿专项资金，用于引导和支持中小企业信用担保机构和区域性再担保机构发展。省政府设立创业投资引导资金，用于支持在我省境内从事创业投资的企业以及初创期科技型中小企业。鼓励民间设立创业投资、风险投资机构，开展对高技术创业型企业的投资。鼓励设立产业投资基金，参与对我省鼓励发展产业领域的股权投资。

（二十五）认真落实工业转型升级的税费减免优惠政策。

企业自主创新和技术进步方面：认真宣传贯彻并落实企业研究开发费用加计扣除政策。企业为自主创新活动而引进专利技术，其用于研发活动的专利技术摊销费用可纳入研究开发费用范围。企业的固定资产由于技术进步原因，确需加速折旧的，可以缩短折旧年限或者采取加速折旧的方法。从 2009 年 1 月 1 日起，企业（增值税一般纳税人）可抵扣其购进机器设备所含的增值税。引导企业充分用足用好国家鼓励进口设备的减免税政策。

高新技术产业发展方面：对经认定的高新技术企业，减按 15% 的税率征收企业所得税。创业投资企业采取股权投资方式投资于未上市的中小高新技术企业 2 年以上的，可以按照其投资额的70%在股权持有满2年的当年抵扣该创业投资企业的应纳税所得额；当年不足抵扣的，可以在以后纳税年度结转抵扣。对新开办的高新技术企业，自设立之日起3年内，报经地税部门批准，可免征水利建设专项资金。

中小企业发展方面：对从事国家非限制和禁止行业，符合条件的小型微利企业，减按20%的税率征收企业所得税。从2009年1月1日起，增值税小规模纳税人的征收率统一下调到3%。对向规模以下小企业特别是初创型小企业出租标准厂房的出租方，按规定纳税确有困难的，可按税收管理权限报税务机关审批后给予减免房产税的照顾。对为中小企业提供公共服务，非营利性的科研、咨询、检测等机构，允许其注册为民办非企业法人单位。

节能减排和安全生产方面：认真落实国家关于企业购置并实际使用环境保护、节能节水、安全生产设备投资额抵扣应纳所得税额，企业从事环境保护、节能节水项目所得免征、减征企业所得税，以及企业资源综合利用收入减计收入总额等方面的所得税优惠政策，对符合条件的资源综合利用企业以及购置并实际使用环境保护、节能节水和安全生产专用设备的企业，经批准可减征或免征水利建设专项资金。

工业用地节约集约利用方面：鼓励企业“零增地”技改，对企业利用老厂房翻建多层厂房和利用厂内空地建造三层以上厂房，其需缴纳的土地出让金和城镇基础设施建设配套费的地方留成部分，经批准可予减征或免交；建成使用后次月起3年内，按规定纳税确有困难的，可按税收管理权限报经税务机关批准，给予减免房产税照顾。

（二十六）加强工业转型升级的用地保障。支持各地在保护生态的前提下，合理开发利用低丘缓坡和滩涂资源，拓展工业发展的用地空间，努力减少耕地占用，提高产出率。按照工业转型升级的要求，在数量和结构上确保工业用地的科学合理供应，对重点工业项目，各地要在省切块下达的指标中优先安排；对事关全省经济结构调整和产业优化升级全局的省重大工业项目，地方安排用地指标确有困难的，省给予适当支持。各地在新一轮土地利用总体规划修编中，应科学合理规划好各类用地，对开发区、工业园区、乡镇工业功能区内现有土地进行整合，优化配置土地资源，以充分提高土地的节约集约利用水平。

（二十七）营造有利于创业创新的人才环境。省政府每年表彰一批创新型企业和创业创新优秀企业家。对企业引进国内外技术研发前沿的创新团队领军人才，在省级重大科技项目、重大工程项目和重点技术创新项目安排上，给予优先支持。支持各地通过商业保险等途径，为在企业从事技术开发的高层次人才建立补充养老、医疗保险。各地要通过增加财政投入、优化城市教育费附加使用和表彰奖励等，鼓励支持企业培养高技能人才。鼓励事业单位人员自主创业或到企业工作，支持高校毕业生自主创业。各地要进一步加大投入，抓紧建设一批人才公寓。

（二十八）改进政府对企业的服务。加强煤电油运的综合协调，切实保障煤电油的正常供应和重要物资的正常运输，为企业生产经营创造良好条件。加强工业经济运行状况的监测分析，完善产业指导信息发布制度，加大涉企政策宣传力度，引导企业生产经营以及各地工业转型升级。继续转变政府职能，深化行政审批制度改革，依法减少审批事项，简化审批程序，下放审批权限，探索推行行政审批全程代理制度。进一步规范涉企收费和行政执法行为，切实减轻企业负担。推动行业协会规范发展，进一步发挥其在贯彻国家法律法规和政府决策部署、促进行业转型升级、加强行业协调和自律、维护企业合法权益、提供优质便利服务等方面的积极作用。

（二十九）加强对困难行业和企业的指导与帮助。结合学习实践科学发展观活动，全面深化企业服务年活动，组织机关干部下基层、下企业，帮助企业解决生产经营中遇到的实际困难，指导企业转型升级。对困难行业中暂时亏损的企业，可根据法律法规给予一定期限的税款缓缴，对其需缴纳的行政事业性收费各地可酌情给予适当减免。对暂时亏损，但有订单、还款有保证的出口生产企业，金融机构要运用封闭贷款加以支持。各地要加强对企业资金链的监控，建立应急互助基金，视情为因资金周转困难诱发资金链断裂的重点企业提供应急资金，帮助企业解决临时周转和短期保障。积极推动企业兼并重组，对符合规定条件的重组，可暂不确认有关资产的转让所得或损失；认真落实国家出台的财税、金融、贸易、产业、收费等支持企业兼并重组的政策措施。对长期亏损、扭亏无望的企业，各地要帮助企业平稳有序退出。

（三十）加强对各行业转型升级的指导和支持。加强与国家发改委、科技部、工业和信息化部、中国科学院、中国工程院等国家有关部门的协作，建立健全部省指导联系和会商制度，积极争取国家有关部门加大对我省的政策支持力度。根据工业转型升级的需要，组织一批国家级行业协会、中国科学院和中国工程院院士、科研机构、高校以及国外高层次创新人才（包括留学归国人才）组成指导和支撑力量，参与推动我省工业各行业的转型升级。开展科技帮扶促调活动，组织科技人员为企业提供技术培训、专利申报、新产品开发等指导和服务。

（三十一）设立省科技发展战略研究机构和建设省工业科研创新基地。设立省科技发展战略研究机构，加强对国内外科技发展趋势和动态的前瞻性、战略性研究，为全省工业转型升级和产业技术进步提供宏观指导。加快省工业科研创新基地建设，引进国内外高水平工业科研机构，创新管理体制和运行机制，集聚优质科技资源，激活各类创新要素，加强产学研合作，支持科研院所到块状经济集聚区设立创新平台，增强工业自主创新能力，加快科技成果产业化，推动行业转型和产品升级。

（三十二）形成合力推动工业转型升级的工作机制。各地要切实加强对本地区工业转型升级工作的组织领导。省级有关部门要各司其职，各负其责，加强协调，密切配合，形成推动工业转型升级的合力。省政府将工业转型升级目标任务分解到各市及省级有关部门。从2009年起，省政府每年对各市工业转型升级进展情况进行评估，对各市政府和省级有关部门推进工业转型升级的重点工作任务及其成效适时开展督查，评估结果和督查情况及时向全省通报。为加强对全省工业转型升级工作的组织协调，将省先进制造业基地建设工作协调小组更名为省工业转型升级领导小组。各地也要建立健全相应的组织协调机制。

各地和省级有关部门要认真做好本实施意见的贯彻落实工作。各市、县（市、区）政府要结合本地实际，明确工业转型升级的总体要求和目标任务，制订具体实施办法和政策措施；省级有关部门要结合自身职责，制订相应的具体实施办法和配套措施。

二○○八年十二月十九日

中共浙江省委办公厅　浙江省人民政府办公厅关于加快推进创新团队建设的意见

（2008年6月9日）

浙委办〔2008〕50号

为深入贯彻党的十七大和省第十二次党代会精神，加快培养和集聚各类创新人才，切实提高我省自主创新能力，大力推进创新型省份建设，为实施"创业富民、创新强省"总战略提供有力的人才保证和智力支持，促进全省经济社会又好又快发展，经省委、省政府同意，现就加快推进创新团队建设提出如下意见：

一、创新团队建设的重要性和紧迫性

1. 创新团队是指以领军人才为核心，团队协作为基础，有明确目标任务，依托一定平台和项目，进行持续创新创造的人才群体。当今世界，科学技术日新月异，合作共享成为主流，诸多领域的创新日益成为社会化、集成化的系统工程，创新团队已成为集聚创新要素、转化创新成果、实现人才资源优化配置的重要形式和途径。近些年来，省委、省政府高度重视人才队伍建设，大力培养和引进创新团队，取得了一定成效，但是从总体上看，这项工作还处于起步阶段，人才资源对经济社会发展的瓶颈制约仍然比较严重，培育造就一大批高水平的、能够满足全省经济社会发展需要的创新团队，已成为实施"两创"总战略、推进创新型省份建设的一项紧迫任务。

二、创新团队建设的指导思想、工作目标和基本原则

2. 指导思想。坚持以邓小平理论和"三个代表"重要思想为指导，全面贯彻落实科学发展观，深入实施人才强省战略，按照"两创"总战略的要求，围绕增强自主创新能力、建设创新型省份，完善政策，落实措施，加大工作力度，坚持人才、项目、平台、环境四位一体，加快推进创新团队建设，努力在经济社会发展各个领域培养和集聚一批高层次领军人才，打造一批优秀创新团队，创建一批有力支撑创新团队发展的创新平台，建立和完善一套有利于人才创新创业的激励保障机制，加快推进我省创新型人才队伍建设，为全省经济社会又好又快发展提供强大的人才保证和智力支持。

3. 工作目标。当前和今后一个时期，努力在全省经济、文化、社会等多个领域建设形成一批创新人才集聚、创新机制灵活、持续创新能力强、创新绩效明显，具有国内领先水平的省级创新团队。到2010年，在全省经济社会发展的重点领域打造300个省级重点创新团队，并由此带动其他领域建设一大批不同层次、方向明确、结构合理、开拓创新、团结协作、各具特色的创新团队。

4. 基本原则。坚持围绕中心、服务大局，根据全省经济社会发展的规划战略进行合理布局，有效促进产业结构调整和经济发展方式转变。坚持政府引导、市场主导，充分发挥政府在宏观指导、制度创新、营造氛围等方面的作用，尊重和发挥企业、高校和科研院所等用人单位的主体作用，促进产学研结合和各种资源优化配置。坚持以人为本、尊重规律，尊重人才成长规律、科技进步规律和市场经济规律，充分调动人才的积极性、主动性和创造性。坚持分类指导、统筹推进，重点抓好主导产业、高新技术产业中企业创新团队建设和重点学科、重点专业的科技创新团队建设，统筹推进其他领域、其他类型的创新团队建设。

三、创新团队建设的主要任务

5. 大力培养和集聚创新型领军人才。创新团队领军人才是具有优良道德品质和强烈创新精神，有较高学术技术水平和研究创新能力，具备战略眼光，善于组织管理的高层次复合型人才。要结合我省企业紧缺急需人才引进工程、"钱江高级人才（特聘教授）引进计划"等，大力引进海内外高层次复合型人才；结合"两院"院士增选、浙江省特级专家评选、"新世纪151人才工程"、"百千万科技创新人才工程"、宣传文化"五个一批"人才工程，以及国家和省重大项目实施，大力培养和选拔一批创新型领军人才。创新团队所在单位要制定具体培养计划，加大投入，完善政策，强化服务，为创新型领军人才的脱颖而出创造有利条件。

6. 建设形成结构合理的创新团队。创新团队应有一定数量的高水平研究创新骨干，有合理的专业和年龄结构。要根据我省经济社会发展的总体规划，立足产业带、高新技术以及重点学科建设，进行合理宏观布局，加大创

新团队组建力度。可以在长期合作的基础上，根据实际需要合理搭配，进一步提高团队的整体创新能力；也可以打破行业部门分割、区域界限和行政隶属关系，围绕一个共同目标和任务，有机整合企业、高等院校、科研单位的力量，形成具有较强竞争力的创新团队；还可以根据产业、学科等发展的迫切需要，通过项目引进创新型领军人才或创新团队，以此带动培养一批人才，形成新的创新优势。各级党委和政府要制定战略性规划，加强引导，积极扶持，强化服务。

7. 建立科学的内部运行管理机制。创新团队可实行首席专家负责制，在选题立项、设备使用和科研经费使用等方面享有自主权，并根据工作需要享有人事、分配等权利。建立完善业绩考核评价体系、科学的薪酬制度、公正合理的内部知识产权制度和激励奖惩制度等。倡导尊重个性、鼓励创新、团结协作、甘于奉献的团队精神，努力营造生动、活泼、民主、团结的创新氛围。

8. 加强各类科技创新平台建设。加快建设“六个一批”创新载体，构筑三类重大公共创新平台。积极推进国内外大院名校和企业来我省共建各种形式的科技创新载体。积极探索国家和省重点实验室创新团队建设新模式，鼓励科研机构、高校和企业联合共建公共实验室，与省外、国外研发机构合作建设实验室。加强重点学科特别是“重中之重”学科和人文社科“重中之重”研究基地建设，集中精力建设若干个创新能力强、特色鲜明的学科群。建设一批拥有自主知识产权、创新能力达到国内一流水平的企业技术中心和工程技术研究中心。加强博士后科研流动站和工作站建设，吸引优秀博士、海外留学博士和优秀外籍博士进站从事博士后研究工作。加强留学人员创业园建设，吸引海外高层次留学人才来浙创新创业。支持创新团队参与国际合作研究开发项目、国家和省重大科技计划、创新工程和重点科研基地建设。紧紧围绕我省重点高新技术领域和重点发展产业，开展关键共性技术的研究开发，不断提升团队创新能力。

9. 发挥企业的主体平台作用。要根据企业发展战略，依托企业技术中心、研发中心、工程中心、博士后科研工作站等载体，组建各种层次的创新团队，通过团队建设加快构建企业创新体系。加强企业间横向或纵向合作与交流，组建紧密型、松散型等多种形式的企业创新联合体。积极开展企业对外人才交流与合作，大力培养和引进紧缺急需的各类创新人才。支持和鼓励企业加大创新投入，发挥企业在创新投入上的主体作用。落实企业技术要素参与分配政策，鼓励和规范企业创新成果合法有序流动，为团队创新创造条件。

10. 促进产学研紧密结合。按照优势互补、风险共担、利益共享原则，积极引导高校、科研单位与企业开展创新合作，通过项目合作开发、技术服务、人才交流等，建立产学研良性合作机制。支持创新团队参与或承担重大科技项目和建设项目，推动国际产学研合作，不断提高产学研合作创新的能力和水平。支持和鼓励创新团队加大对共性技术和关键技术的研究。鼓励校企兼职，引导和规范高等学校或科研机构的科技人才到企业兼职。

四、创新团队建设的激励保障机制

11. 完善创新团队建设工作机制。建立健全党委统一领导，组织部门牵头抓总，人事、科技部门具体负责，宣传、发展改革、经贸、教育、财政、劳动和社会保障、文化、卫生、国资、科协、社科联等有关部门密切配合的创新团队建设工作机制，形成创新团队建设整体合力。把创新团队建设情况列入市、县党政领导科技进步与人才工作目标责任制考核。各地各部门要结合各自实际，制定配套政策，加快推进本地区、本部门创新团队建设。

12. 建立创新团队建设的经费支持体系。确立人才投入是战略投资的观念，不断加大对创新团队的资助力度。建立完善以创新团队所在单位为主、各级政府和主管部门为辅、社会化多渠道的创新团队建设资金投入机制。对创新团队承担的科研课题、重大项目和创新平台建设在科研经费、人才经费、企业技改经费等安排上实行重点倾斜。省财政给予省级重点创新团队在人才培养、引进、项目研发等方面连续稳定的资助。拓宽资金投入渠道，逐步形成以市场为导向的创新团队建设投资回报机制，促进投入与回报的良性循环。

13. 加大税收和金融支持力度。综合运用财政、税收、金融等多种经济手段，加大对创新团队建设的支持力度。在政府采购项目中优先购买创新团队自主创新的产品。落实国家有关企业技术创新的税收优惠政策，发挥税收杠杆作用。企业为引进人才所支付的相关费用，符合企业所得税法及实施条例有关规定的，凭合法凭证在企业所得税税前扣除。积极创造条件，为创新团队建设提供良好的金融环境，引导各类金融机构支持创新团队建设和创新成果产业化。

14. 切实加强知识产权保护。进一步提高知识产权保护意识，加快建立完善相关法规政策，加大知识产权保护的执法力度，坚决打击各种违法侵权行为。加强对创新团队科研成果的知识产权保护，继续实施并不断完善知识产权资助机制，鼓励支持创新团队申报知识产权，支持以我为主形成重大技术标准。

15. 建立完善竞争激励机制。省级重点创新团队可优先承担国家和省重大科技攻关项目，优先获得省级科研项目资助，并根据成果贡献，推荐骨干人才为国家、省科学技术奖、有突出贡献的中青年专家、劳动模范、特级专家等的候选人。要把创新团队建设作为科技立项、项目评估、科技奖励评审、重点学科和重点实验室评审、企业技术中心和工程技术研究中心认定的重要条件，鼓励支持联合攻关和创新。成果运用单位对创新团队除依法支付报酬外，可给予一定的奖励或股权、期权激励。大力彰奖有突出贡献的创新团队，省里定期命名表彰一批“浙江省优秀创新团队”，并对取得重大创新成果的团队实行重奖。

16. 进一步加强和改进服务。建立政府引导、社会参与、用人单位为主体的创新团队服务机制，形成支持有力、配套齐全的服务体系。加快干部人事管理体制改革，对创新团队紧缺急需的关键性人才，打破地域、部门、所有制的限制，进行人才资源的合理配置。各地各部门要建立完善高层次人才库，把创新团队及其骨干人才作为重点对象纳入人才库实行统一管理，在项目支持、经费保障、学术交流、技术培训、社会保障、住房医疗、职称评定、配偶就业、子女入学、户籍管理等方面提供全方位服务。建立领导联系创新团队制度，及时帮助解决创新团队建设中的重大问题和实际困难。

17. 营造创新团队建设的良好环境。大力倡导勇于创新、宽容失败、崇尚竞争、力戒浮躁的创新文化，为创新团队建设提供深厚的思想文化基础。宣传推广各地各单位加强创新团队建设的好做法、好经验和先进典型，不断增强创新团队建设实效。大力宣传创新团队所取得的创新成果，表彰创新团队在“两创”总战略中的突出贡献，努力营造全社会重视、关心、支持创新团队建设的浓厚氛围。

中共浙江省委办公厅　浙江省人民政府办公厅转发省委学习实践活动领导小组办公室《关于开展建立健全转变经济发展方式和推动经济转型升级体制机制调研工作的意见》的通知

浙委办〔2008〕101号

杭州市委、宁波市委，省直属有关单位：

省委学习实践活动领导小组办公室《关于开展建立健全转变经济发展方式和推动经济转型升级体制机制调研工作的意见》，已经省委常委会议讨论通过，现转发给你们，请结合实际，认真贯彻落实。

中共浙江省委办公厅
浙江省人民政府办公厅
二〇〇八年十月三十一日

关于开展建立健全转变经济发展方式和推动经济转型升级体制机制调研工作的意见

省委学习实践活动领导小组办公室

二〇〇八年十月二十七日

为做好学习实践科学发展观专题调研课题选题和建立健全转变经济发展方式、推动经济转型升级的体制机制工作，省委学习实践活动领导小组办公室经过认真研究和上下沟通，从改革开放、自主创新、产业升级、节能环保、城乡统筹、改善民生、社会稳定、考评体系等8个方面，提出了以下调研课题。

一、省委、省政府领导体制机制调研课题

1. 提出新时期、新阶段继续推进改革开放的总体要求和重点领域、重点举措，形成深化全省改革开放的指导意见（赵洪祝主持，省委办公厅、省委政研室承担）。

2. 进一步完善促进基本公共服务均等化的若干意见（吕祖善主持，省政府办公厅、省政府研究室、省发改委、省财政厅承担）。

3. 加强我省现代农业服务体系建设，促进农业发展方式转变的意见（夏宝龙主持，省农办承担）。

4. 建立健全领导干部作风建设长效机制，保持党同人民群众的血肉联系的指导意见（王华元主持，省纪委承担）。

5. 进一步提高杭州城市国际化水平的实施意见（王国平主持，杭州市承担）。

6. 健全完善促进科学发展的干部考核评价机制（斯鑫良主持，省委组织部承担）。

7. 大力发展海洋经济，建设港航强省的指导意见（陈敏尔主持，省海洋与渔业局、省交通厅、省发改委承担）。

8. 加强预防和打击多发性侵财犯罪，促进社会稳定的工作举措（王辉忠主持，省公安厅承担）。

9. 加快构筑宁波都市经济圈的实施意见（巴音朝鲁主持，宁波市承担）。

10. 完善我省公共服务，加强社会管理的指导意见（李强主持，省委办公厅承担）。

11. 充分发挥企业民兵预备役人员骨干作用，为推进经济转型升级作贡献的工作意见（王贺文主持，省军区承担）。

12. 着力推进浙江文化体制创新，促进文化与经济融合的指导意见（黄坤明主持，省委宣传部承担）。

13. 加快推进我省国有经济转型升级的实施意见（葛慧君主持，省国资委承担）。

14. 推进我省排污权有偿使用和交易试点的工作意

见(陈加元主持,省环保局承担)。

15. 加快构筑开放新格局,提升浙江国际化水平的意见(钟山主持,省外经贸厅承担)。

16. 提升农业设施装备水平,促进我省现代农业发展的意见(茅临生主持,省农业厅承担)。

17. 推动全省工业转型升级的意见(金德水主持,省经贸委承担)。

18. 加快交通运输管理体制改革,积极构建我省综合交通运输体系的实施意见(王建满主持,省交通厅承担)。

19. 加强我省农村卫生工作的若干意见(郑继伟主持,省卫生厅承担)。

二、省有关部门建立健全体制机制的调研课题

(一)深化改革开放方面的体制机制

1. 关于把我省转变经济发展方式列为国家综合配套改革试点的工作推进机制(省发改委)。

2. 推动我省扩权强县改革的实施方案(省发改委、省法制办)。

3. 加快推进我省农村改革发展的实施意见(省农办)。

4. 加快我省土地流转步伐,推进适度规模经营的实施意见(省农办、省农业厅)。

5. 深化我省集体林权制度改革,加快形成林业良性发展机制的实施意见(省林业厅)。

6. 推进浙江财税分配体制改革的若干意见(省财政厅)。

7. 金融支持浙江经济转型升级的工作举措(省金融办)。

8. 研究制定我省民营经济创新示范区建设的工作举措(省工商局)。

9. 建立投资项目联动审批机制的若干意见(省发改委)。

10. 关于制定我省重大项目推进机制的实施办法(省发改委)。

11. 深化我省行政审批制度改革,加快建设服务型政府的实施意见(省发改委、省法制办)。

(二)增强自主创新能力方面的体制机制

12. 进一步提高浙江自主创新能力,推动经济转型升级的工作举措(省科技厅)。

13. 制定高层次人才集聚政策,为我省经济转型升级提供强有力的人才支撑(省委组织部、省人事厅)。

14. 浙江省现代服务业高端人才引进和国际化人才培养计划(省人事厅)。

15. 着力扶持拥有自主品牌、自主知识产权和技术标准的创新型企业的实施意见(省经贸委、省科技厅、省工商局、省质量技监局)。

16. 进一步加大我省企业知识产权保护力度的工作措施(省科技厅)。

(三)促进产业结构优化升级方面的体制机制

17. 推动我省工贸经济转型升级的"1+6"系列意见(省经贸委)。

18. 促进块状经济向现代产业集群转变的指导意见(省经贸委)。

19. 加快我省信息产业发展,促进经济转型升级的指导意见(省信息产业厅)。

20. 加快推进我省医药产业转型升级的实施意见(省食品药品监管局)。

21. 进一步实施"建筑强省"和"走出去"战略,推进全省建筑业、房地产业优化升级、健康发展的指导意见(省建设厅)。

22. 提高我省粮食综合生产能力,稳定发展粮食生产的工作意见(省农业厅)。

23. 推进浙江标准农田地力建设,提升农业综合生产能力的实施意见(省农业厅)。

24. 加快发展我省农民专业合作社,培育现代农业新主体的实施意见(省农业厅)。

25. 大力推进我省生态渔业建设的若干工作意见(省海洋与渔业局)。

26. 加快我省服务业发展的工作机制(省发改委)。

27. 关于进一步放宽市场准入,支持现代服务业发展的工作举措(省工商局)。

28. 加快发展我省国际服务贸易和服务外包的指导意见(省外经贸厅)。

29. 推进我省服务业标准化发展规划意见(省质量技监局)。

30. 加快我省旅游经济强省建设的实施意见(省旅游局)。

31. 加快建设港航强省的若干意见(省交通厅)。

32. 加快我省大物流建设的意见(省交通厅)。

(四)推进资源节约和环境保护方面的体制机制

33. 推进"节能降耗十大工程"的工作举措(省经贸委)。

34. 构建节约集约用地机制的实施意见(省国土资源厅)。

35. 促进我省建筑节能发展的指导意见(省建设厅)。

36. 浙江省化学原料药、印染、废纸造纸行业环境准入意见(省环保局)。

37. 依法推进规划环境影响评价工作的意见(省环保局)。

38. 加强畜禽养殖业污染防治,推进生态畜牧业健康发展的意见(省环保局、省农业厅)。

(五)统筹城乡区域协调发展方面的体制机制

39. 支援青川灾后恢复重建推进机制的工作意见(省发改委)。

40. 完善我省城乡规划管理体系,推进城乡统筹发展的实施意见(省建设厅)。

41. 大力推进我省农村社区建设的工作意见(省民政厅)。

(六)改善民生和促进社会事业发展方面的体制机制

42. 制定省级教育强县现代化水平评估体系,进一步形成引导区域教育科学和谐发展的意见(省教育厅)。

43. 浙江省全日制高等教育自学助学管理办法(省教育厅)。

44. 制定解决"国有民办"学校改制遗留问题的指导意见(省教育厅)。

45. 进一步理顺卫生监督职能,提高卫生执法效能的意见(省卫生厅)。

46. 建立完善我省养老服务体系的工作意见(省民政厅)。

47. 适当降低用人单位基本养老保险费缴费比例,进一步完善社会保险费"五费"合征制度的意见(省劳动保障厅)。

48. 构建以社会发展评价、民生福利指标、收入分配监测和就业失业预警等为主要内容的我省民生综合评价体系(省统计局)。

(七)促进社会稳定和加强安全生产方面的体制机制

49. 畅通民意表达机制,创新浙江信访工作的意见(省信访局)。

50. 加强食品安全监管体系建设,建立产品质量安全风险控制机制(省质量技监局)。

51. 加强我省农村食品药品安全保障体系建设的指导意见(省食品药品监管局)。

52. 加强我省乡镇公共安全监管体系建设的意见(省人事厅、省编委办)。

53. 我省"强塘固房"工作管理的实施意见(省水利厅、省建设厅)。

(八)体现科学发展观的民主决策和考核评价方面的体制机制

54. 深化我省政府机构改革,加快政府职能转变的实施意见(省编委办)。

55. 整合我省财政专项资金,提高资金使用绩效的举措(省财政厅)。

56. 推进浙江统计工作创新,提高统计服务水平的意见(省统计局)。

上述调研课题,请有关市和省直有关部门组织人员,抓紧开展调查研究,及时把调研成果转化为相关文件。这些拟制定的文件稿,请于 2009 年 1 月中旬前完成。对这项工作,省委学习实践活动领导小组办公室负责协调和督查。

浙江省人民政府办公厅转发省经贸委 省食品药品监管局关于促进医药产业持续健康发展意见的通知

浙政办发〔2008〕21 号

各市、县(市、区)人民政府,省政府直属各单位:

省经贸委、省食品药品监管局《关于促进医药产业持续健康发展的意见》已经省政府同意,现转发给你们,请结合实际,认真贯彻执行。

二〇〇八年三月二十九日

关于促进医药产业持续健康发展的意见

省经贸委 省食品药品监管局

(二〇〇八年三月十二日)

医药产业是我省重要的特色优势产业之一,产业规模和发展水平位居国内同行前茅。随着国内外发展环境的变化,近年来我省医药产业结构性、素质性矛盾日益突出,新情况、新问题不断显现,增长速度明显放慢,主要经济指标在全国的位次后移,持续健康发展面临较大挑战。为加快我省医药产业结构调整和发展方式转变,进一步提高综合实力、国际竞争力和可持续发展能力,保持持续健康发展,特提出如下意见:

一、促进医药产业持续健康发展的指导思想与总体目标

(一)指导思想。认真贯彻落实科学发展观,深入实施"创业富民、创新强省"总战略,着力增强医药企业自主创新能力,大力推进产业结构调整,加快转变发展方式,不断优化产业布局,提高产业竞争能力,努力实现又好又快发展,继续走在全国前列,为全面建设惠及全省人民的小康社会作出积极贡献。

(二)总体目标。至 2012 年末,初步建成具有较强国内外市场竞争力的重要医药产业基地,推进医药大省向医药强省跨越取得积极进展。自主创新能力显著提高,实现仿制药为主向仿创结合、自主创新药为主转变,力争企业研发投入达到销售收入的4%以上，新产品产值率达到45%以上；新型产业体系构建取得明显成效，化学原料药、中药、药物制剂、医疗器械、制药设备发展更加协调，形成一批创新能力强、规模和特色优势明显的骨干企业，培育一批单品种销售额位居全国前茅的主导产品；发展方式转变加快推进，产业区域布局明显优化，国际化步伐明显加快，出口产品中制剂和医疗器械的比重明显提高，出口逐步向欧美日等主流市场拓展。

二、医药产业的重点发展方向

（一）积极发展生物制药。重点发展单克隆抗体、细胞因子等重组药物和预防疾病的基因工程疫苗，以及疾病诊断防疫用的PCR、生物芯片等体外生物诊断检测新产品。集中力量开发一批具有自主知识产权的新型疫苗、生物试剂和基因工程等药物，加快实现产业化。

（二）做强做大药物制剂。鼓励发展控释、缓释、靶向定位、透皮吸收等新型制剂。积极参与美国FDA、欧盟COS等药品注册，逐步提高药物制剂在国外的注册比例，争取在药物制剂产品国际市场上实现新的突破。形成一批有影响力的制剂主导产品和骨干企业。

（三）巩固提升特色化学原料药。积极运用高新技术和先进适用技术改造提升传统产品，推进现有原料药的更新换代，不断提高原料药产品的附加值，争取更多的化学原料药获得国际市场的注册和认证。引导企业有针对性地研究开发一批市场需求潜力大、发展前景好、技术含量和附加值高的原料药产品，使之成为全省医药产业新的增长点。

（四）加快推进中药现代化。组织实施一批疗效确切、安全可靠、质量可控的中药创新药物的研发和传统优势品种的深度开发。探索建立符合中药特色和国际标准的质量检测方法和控制体系，进一步提高中药产品及中药材的质量水平。深入推进中药材的GAP基地建设，重点发展“浙八味”和铁皮石斛等药材的规范化、规模化种植，加大深加工的开发力度。加快发展植物提取物产业。

（五）大力发展特色医疗器械及关键制药装备。支持企业积极开发光机电一体化的诊疗设备、单元制药技术及配套设备、新型中药饮片生产工艺和装备。重点发展联动、成套制药设备，制药工艺参数在线检测和自动化控制系统、制药过程质量监控技术和设备，大力发展制药行业专用环保治理工艺技术与装备以及高效节能设备。

三、促进医药产业持续健康发展的主要任务

（一）加快产业技术创新。引导医药企业建设各类研发机构，鼓励有条件的企业创建国家级和省级企业技术中心。支持医药企业加大研发投入，提高创新能力，不断开发具有自主知识产权的先进技术和产品。重点开发恶性肿瘤、心脑血管疾病、神经退行性疾病、重大传染病等诊断、预防和治疗药物，大力发展酶法合成、手性技术、结晶技术以及超临界流体技术、连续逆流提取、大规模层析技术等制药关键技术，努力提高中药质量控制技术、中西药新型制剂技术，完善中药质量标准及规范。引导医药企业提高专利技术的创造、管理、保护和运用水平，鼓励企业积极申请国内外专利，开展境外注册和相关认证，加强对专利技术的引进和二次开发。

（二）实施品牌发展战略。建立健全品牌培育、发展和保护机制，鼓励引导企业实施品牌战略，从自发创牌向自觉创牌转变，提高创牌意识和品牌经营能力，形成一批名牌产品和知名商标，努力争创国家级和世界知名品牌。加强对“浙江医药”整体品牌的塑造，着力在质量、标准、技术、装备、管理、信用、员工素质、企业文化和品牌策划宣传上下功夫，不断扩大“浙江医药”的影响力和竞争力。

（三）加强节能减排工作。加快重点医药企业节能环保技术改造，推广应用一批节能环保先进技术和设备，加快淘汰不符合国家能耗环保标准的老旧落后设备。引导和督促医药企业积极开展清洁生产，严格执行国家环保标准和环保要求，切实加强“三废”处理，减少污染物排放。继续做好医药行业循环经济试点工作，引导企业加强节能、节水、节地、节材等资源节约和综合利用，实现资源合理有效利用。

（四）强化产品质量安全。引导和督促企业强化第一责任人意识，自觉严格执行《药品生产质量管理规范》（GMP）等规范和要求，全面加强质量管理，建立健全从产品研发到售后服务全过程的质量管理体系，确保使用的原料、辅料、添加剂符合法律法规和国家强制性标准，确保产品质量安全。支持企业加快技术创新和技术改造，改进装备和工艺，提高质量保证水平。整顿和关停一批规模偏小、技术装备水平不高、产品质量安全隐患突出的医药生产企业，切实淘汰不具备生产条件、质量无法保证、安全隐患较大的品种。

（五）发展医药产业集群。根据资源和环境承载能力，科学规划医药专业园区建设，提升浙东南化学原料药出口基地、杭州湾上虞工业园区等专业园区的产业层次和管理服务水平。发挥医药专业园区的核心作用，鼓励企业向上下游延伸，加强与区内外企业的协作配套，培育若干个产业特色突出、专业分工合理、协作配套完善、创新能力较强的现代医药产业集群。积极培育医药大企业大集团，发挥其在产业集群中的龙头带动作用。

四、营造有利于医药产业持续健康发展的良好环境

（一）完善医药产业发展的配套机制。深化医疗卫生体制改革，创新公立医疗机构运行机制，加大政府公共卫生投入。进一步完善城镇职工基本医疗保险制度，加快推进城镇居民基本保险试点工作和农村新型合作医疗制度。完善药品集中采购制度，建立充分发挥市场机制作用、有利于政府有效监管、规范高效的医疗机构药品采购长效机制。创新医疗机构药品采购方式，制定对医疗机构和医药企业有约束力的药品采购供应管理办法，规范购销双方的交易行为。鼓励医疗机构在药品采购中优先使用质量可靠、疗效确切的医药主导产品。完善医疗保险用药管理政策，在我省乙类目录药品调整中，对医药企业研发的化学药三类以上、中药和天然药物六类以上新药给予政策倾斜。加强药品价格管理，落实OTC药品优质优价政策。

（二）加大对医药产业发展的扶持力度。全面落实国家和我省支持高技术产业发展、自主创新能力提升等有关财政税收政策，推动医药产业发展。更好地发挥财政资金的导向作用，重点支持中药现代化和医药专业园区建设、重大医药科技攻关和产业化项目实施以及企业开展新药研究、技术改造。有条件的地区特别是医药产业发达的市、县也应研究制订相关政策，支持产业发展。引导和鼓励金融机构、风险投资机构和信用担保机构加大对医药产业的支持力度。按照有保有压、扶持重点的原则，对省级医药产业重点项目和骨干企业搬迁改造等用地需求，给予必要的支持。省级名牌产品评定，应考虑医药行业特点，适当给予倾斜。继续清理存在于医药行业的不合理收费，减轻企业负担。积极帮助医药企业解决跨地区发展的注册问题。

（三）推进医药流通体系建设。进一步完善药品销售网络，大力发展电子商务、连锁经营、物流配送等现代流通业态。进一步开拓农村医药市场，充分利用“千镇连锁超市”和“万村放心店”的网络资源，深入推进在农村超市和较大放心店设置OTC药品专柜工作。鼓励制药企业与药品销售企业建立新型产销模式，降低药品购销成本，增强企业竞争力。不断完善药品集中采购网络平台服务功能，切实降低药品采购交易成本，加快药品集中采购监管平台建设。

（四）加强医药行业监督管理。逐步建立与市场经济发展相适应的医药行业管理机制。加强医药行业准入管理，从严控制新开办医药生产、批发企业的审批。通过实施行业规范认证、完善退出机制、促进企业联合重组等措施，优化我省医药行业的企业结构。全面加强药品注册、生产、流通、使用和广告等环节的监管，坚决查处生产和销售假冒伪劣医药产品的违法经营行为，加大知识产权保护力度，营造公平竞争的市场环境。严厉打击恶意竞争和药品虚假广告，进一步规范药品名称管理，实施药品通用名处方制度，推进医院处方外配。充分发挥医药行业协会在研究制定和修订相关政策法规、行业标准、发展规划、准入条件以及行业自律等方面的作用。

浙江省人民政府办公厅
关于进一步加强和规范新开工项目管理的通知

浙政办发〔2008〕36号

各市、县（市、区）人民政府，省政府直属各单位：

为全面贯彻落实科学发展观，深化我省投资体制改革，进一步依法加强和规范新开工项目的管理工作，推动全省经济社会又好又快发展，根据《国务院办公厅关于加强和规范新开工项目管理的通知》（国办发〔2007〕64号）精神，结合我省实际，经省政府同意，现将有关事项通知如下：

一、充分认识做好新开工项目管理工作的重要意义

近年来我省新开工项目管理总体情况良好，但是，随着投资主体多元化、资金渠道多样化，一些新开工项目建设不同程度存在不符合国家有关规定的问题。进一步加强和规范新开工项目的管理，是全面贯彻落实科学发展观、认真执行国家宏观调控政策、不断深化我省投资体制改革的客观要求，也是维护正常的投资建设秩序、减少低水平重复建设的重要保证。各地、各部门要切实提高思想认识，进一步加强和规范新开工项目管理，营造和维护正常的投资建设秩序，推动全省经济社会又好又快发展。

二、明确投资项目开工建设的必备条件

各类投资项目开工建设必须符合以下条件：

（一）符合国家产业政策、发展建设规划、土地供应政策和市场准入标准。

（二）已经完成审批、核准或备案手续。实行审批制的政府投资项目已经批准可行性研究报告，其中需审批初步设计及概算的项目，已经批准初步设计及概算；实行核准制的企业投资项目，已经核准项目申请报告；实行备案制的企业投资项目，已经完成备案手续。

（三）规划区内的项目选址和布局必须符合城乡规划，并依照城乡规划法的有关规定办理相关规划许可手续。

（四）需要申请使用土地的项目必须依法取得用地批准手续，并已经签订国有土地有偿使用合同或取得国有土地划拨决定书。其中，工业、商业、旅游、娱乐和商品住宅等经营性投资项目，应当依法以招标、拍卖或挂牌出让方式取得土地。

（五）已经按照建设项目环境影响评价分类管理、分级审批的规定完成环境影响评价审批。

（六）对年综合耗能超过3000吨标准煤或年用电量300万千瓦时的固定资产投资项目，已经按照规定完成固定资产投资项目节能评估和审查。

（七）建筑工程开工前，建设单位依照建筑法的有关规定，已经取得施工许可证或者开工报告，并采取保证建设项目工程质量安全的具体措施。

（八）符合国家法律法规的其他相关要求。

三、健全新开工项目管理的分工协作机制

发展改革、经贸部门负责审核项目是否符合国家产业政策，项目的审批（核准、备案）、评估、审查等手续是否完备。城乡规划部门负责审核项目的规划许可手续是否完备有效。国土资源部门负责审核项目是否已依法取得用地批准手续，并已经签订国有土地有偿使用合同或取得国有土地划拨决定书。环境保护部门负责审核项目是否已经按照建设项目环境影响评价分类管理、分级审批的规定完成环境影响评价审批。建设部门负责审核建筑工程项目的施工许可证是否完备有效。其他行业主管部门负责审核是否依法完成国家法律法规的其他相关要求，并督促所属行业项目单位做好新开工项目有关工作。

对未取得规划选址、用地预审和环评审批文件的项目，发展改革、经贸部门不得予以审批或核准。对于未履行备案手续或者未予备案的项目，城乡规划、国土资源、环境保护等部门不得办理相关手续。对应以招标、拍卖或挂牌出让方式取得土地的项目，国土资源部门要会同发展改革、经贸、城乡规划、环境保护等部门将有关要求纳入土地出让方案。对未按规定取得项目审批（核准、备案）、规划许可、环评审批、用地管理等相关文件的建筑工程项目，建设行政主管部门不得发放施工许可证。对于未按程序和规定办理审批和许可手续的，要撤消有关审批和许可文件，并依法追究相关人员的责任。

各级发展改革、经贸、国土资源、建设、城乡规划、环境保护、统计等部门要认真履行职责，加强衔接配合，严格依法依规做好新开工项目管理工作。要在严格执行国家法律法规和政策规定的同时，不断增强服务意识，加强和改进对项目建设特别是重点项目建设的服务工作，积极给予指导和支持。要进一步提高办事效率，主动帮助解决项目建设过程中的问题和困难，尽快办理各项手续，推动我省投资平稳较快增长和结构优化升级。

四、建立新开工项目信息互通和公告制度

加强新开工项目信息交流、沟通和管理，推进信息资源共享。各级发展改革、经贸、国土资源、建设、城乡规划、环境保护等部门要加快完善本部门的信息系统，建立信息互通制度，将各自办理的项目审批、核准、备案和城乡规划、土地利用、环评审批等文件相互送达，同时抄送同级统计部门。统计部门要依据相关信息加强对新开工项目的统计检查，及时将统计的新开工项目信息抄送同级发展改革、经贸、国土资源、建设、城乡规划、环境保护等部门。

建立新开工项目公告制度，并逐步建立全省投资建设项目信息管理系统。自2008年起，对总投资5000万元以上的项目，通过省发改委门户网站，实行新开工项目信息录入、审核和公告制度，并逐步扩大范围。

网上录入：投资主管部门通过省发改委门户网站将具备上述开工条件的项目有关信息经预审后进行录入。录入分工按属地原则。省发展改革、经贸部门负责跨省、市区域项目的录入，设区市发展改革、经贸等投资主管部门负责跨县（市、区）项目的录入，县（市、区）发展改革、经贸等投资主管部门负责所在地项目的录入。每月1—10日为新开工项目信息录入时间。

网上审核：省、市、县（市、区）相关部门通过登录省发改委门户网站，对本部门审批或许可文件进行审核，国家有关部门的审批或许可文件由省级相关部门负责审核。每月11—15日和16—20日分别为县（市、区）、市相关部门网上审核时间，21日至月底为省级相关部门网上审核时间。不予通过审核的项目，应说明原因，自动退回录入单位，在条件完备后重新录入报送。在规定时间内未进行网上审核的，自动视为全部通过审核。

网上公告：省发改委对通过审核的项目在省发改委门户网站进行公告。

五、强化新开工项目的监督检查

各级发展改革、经贸、国土资源、建设、城乡规划、环境保护、统计等部门要在本级政府的统一领导下，切实负起责任，严格管理，强化对新开工项目事中、事后的监督检查。要建立健全沟通协调机制，加强对新开工项目管理及有关制度、规定执行情况的交流和检查，不断完善管理办法。

各类投资主体要严格执行国家法律、法规、政策规定和投资建设程序。项目开工前，必须履行完各项建设程序，报送相关信息并自觉接受监督。对于以化整为零、提供虚假材料等不正当手段取得审批、核准或备案文件的项目，发展改革、经贸部门要依法撤消该项目的审批、核准或备案文件，并责令其停止建设。对于违反城乡规划、土地管理、环境保护、施工许可等法律法规和国家相关规定擅自开工建设的项目，一经发现，即应停止建设，并由城乡规划、国土资源、环境保护、建设部门依法予以处罚，由此造成的损失均由项目投资者承担。对于在建设过程中不遵守城乡规划、土地管理、环境保护和施工许可要求的项目，城乡规划、国土资源、环境保护、建设部门要依法予以处罚，责令其停止建设或停止生产，并追究有关单位和人员的责任。对于篡改、编造虚假数据和虚报、瞒报、拒报统计资料等行为，要依法追究有关单位和个人的责任。对于存在上述问题且情节严重、性质恶劣的项目单位和个人，除依法惩处外，还应将相关情况通过新闻媒体向社会公布。

上级发展改革、经贸、国土资源、建设、城乡规划、环境保护等部门要对下级部门加强指导和监督。对项目建设程序的政策规定执行不力并已造成严重影响的地区，要及时予以通报批评并督促整改。

二〇〇八年五月六日

浙江省人民政府办公厅关于印发浙江省"十小"行业质量安全整治与规范实施意见的通知

浙政办发〔2008〕39号

各市、县(市、区)人民政府,省政府直属各单位:

《浙江省"十小"行业质量安全整治与规范实施意见》已经省政府同意,现印发给你们,请结合实际,认真贯彻执行。

二〇〇八年五月十四日

浙江省"十小"行业质量安全整治与规范实施意见

为了切实改善农村的消费环境,促进与人民群众密切相关的服务行业健康发展,根据《国务院关于加强产品质量和食品安全工作的通知》(国发〔2007〕23号)精神,省政府决定从2008年开始,在全省开展为期3年的以农村为重点的"食品加工小作坊、小食杂店、小餐饮店、小药店、小农资店、小菜场、小音像店、小美容美发店、小客运、小液化气供应点"等"十小"行业质量安全整治(以下简称"十小"整治),特提出以下实施意见:

一、指导思想和目标要求

(一)指导思想。全省"十小"整治工作要以党的十七大精神和省委"创业富民、创新强省"总战略为指针,以解决好群众最关心、最直接、最现实的利益问题为出发点和落脚点,实行集中整治与制度建设、严格执法与科学管理、扶优与治劣相结合,建立"政府统一领导、部门各负其责、县乡(镇)为主负责、业主自律诚信、社会共同参与"的工作机制,以块为主、突出重点、注重实效,加快推进执法监管向农村延伸,着力改善消费环境,保障消费安全,扩大消费需求,推动农村现代服务业发展,促进社会主义新农村建设。

(二)目标要求。以切实解决当前农村市场产品质量、食品安全和服务质量方面的突出问题为抓手,巩固和扩大产品质量和食品安全专项整治成果,逐步建立和完善"十小"行业质量安全长效监管机制,促进各行业健康有序发展。

2008年目标:摸清全省"十小"行业的基本状况并建立质量安全监管档案;建立健全目标考核责任制和各项监管制度;制定"十小"行业的生产经营规范和服务标准;在重点乡镇(街道)开展"十小"整治试点,解决一批群众反映强烈的区域性、行业性质量安全问题。在此基础上,注重典型示范,总结"十小"整治工作规律,开展"十小行业百点示范"活动。

2009年目标:在全省农村全面开展"十小"整治行动,充分发挥百个示范点的典型引路作用,推动"十小"行业按照经营规范和服务标准开展生产经营活动。即:扶植引导基础条件较好的"十小"生产经营单位上规模、上水平;改造提升基础条件较差的"十小"生产经营单位达到规范要求;关停转化达不到经营规范和服务标准的"十小"生产经营单位。同时,对故意制售假冒伪劣产品,以及生产经营条件恶劣、产(商)品质量安全隐患严重又不主动整改或屡次整改仍不到位的,要坚决予以打击或关停,净化农村消费环境,规范市场秩序。

2010年目标:巩固和深化"十小"整治成果,制假售劣、商业欺诈等违法行为得到有效遏制;"十小"生产经营行为基本符合规范要求;农村市场监管网络基本形成;"十小"行业质量安全长效监管机制基本健全;农村消费安全得到有力保障。

二、整治重点

重点对象:生产经营食品、药品、农资、液化气、音像制品、美容美发、农村客运等涉及群众身心健康安全的产品或服务的站、点、店、户。

重点区域:县城及县城以下的城乡结合部、中心镇和"十小"行业比较集中的区域,以及无证照生产经营问题突出的区域。

重点问题:生产经营中"脏、乱、差"和"无、散、低"等问题,具体包括:无证照或不按照法定条件、要求从事生产经营的行为;生产经营不符合保障人身健康安全标准产品的行为;生产经营假冒伪劣产品的行为;违反相关管理规定从事音像制品、客运经营的行为等。

三、主要任务和责任部门

(一)食品加工小作坊质量安全整治。督促纳入监管的小作坊业主履行质量安全承诺,严格按照《浙江省食品生产加工小作坊质量安全基本要求》组织生产;以桶装饮用水、"两豆"(豆制品及豆芽)、干制海产品、茶叶、米面制品等五类食品为重点,会同有关部门加大对无证照或证照不齐、达不到取证条件的食品加工小作坊的整治和取缔力度;严厉打击使用非食用原料、有毒有害物质、回收食品生产加工食品,以及违规使用食品添加剂等违法行为;鼓励小作坊取得食品生产许可证,按照龙头带动、区域集中等"五种模式"整合提升,积极探索建立有效的监管机制。通过整治,促使食品加工小作坊做到:证照齐全;生产场所符合保障食品质量安全的基本要求;"三框一盒"齐备,并执行相关规定；食品生产加工操作人员均持有健康证等。此项任务由质量技监部门负责牵头，卫生、工商、食品药品监管、环保、城市管理（执法）等部门配合。

（二）小食杂店质量安全整治。进一步完善监管制度，规范经营行为，严格执行食品进货台账制度，积极鼓励小食杂店改造提升为放心示范商店，逐步引导纳入经营食品统一配送体系。通过整治，促使小食杂店做到：证照齐全并上墙；店面整洁卫生；严格实行台账登记制度；严禁无证无照经营，超范围经营以及经销过期变质、有毒有害、假冒伪劣食品。此项任务由工商部门负责牵头，经贸、卫生、质量技监、食品药品监管、城市管理（执法）、供销等部门配合。

（三）小餐饮店质量安全整治。逐步推广实施食品卫生监督量化分级管理，进一步规范卫生许可和监督工作，严格执行餐饮原料进货登记制度，严厉查处无证照经营行为。促使小餐饮店、小农家乐、小食堂做到：证照齐全（需证照的）并上墙；环境整洁卫生；食品卫生管理制度健全、明示并有效执行；按照有关规定建立原料进货台账并实行进货验收；有专用的垃圾桶；餐饮工作人员持有健康证并穿戴整洁。此项任务由卫生部门负责牵头，工商、建设、食品药品监管、环保、城市管理（执法）等部门配合。

（四）小药店质量安全整治。进一步完善药品质量认证和日常监管制度，严格执行药品经营许可、索证索票、进货台账制度，禁止超范围经营。促使小药店、小诊所药品、药品专柜（零售点）做到：证照齐全并上墙，场所整洁卫生；严格执行药品购进查验、索证索票和台账登记制度；完善药品储存条件，做好库存药品养护；按规定销售和使用药品；从业人员具备相应资质。严禁无证无照、超范围经营药品；严禁销售和使用假劣药品；严禁发布违法虚假药品广告。此项任务由食品药品监管部门负责牵头，卫生、工商等部门配合。

（五）小农资店质量安全整治。推进农资店连锁经营和放心农资店建设，杜绝禁用农药的销售，严厉打击销售劣质农资坑农行为，维护农资市场秩序。促使小农资店做到：证照齐全并上墙；经营范围和经营内容相符；建立化肥、农药、兽药、种子、饲料及饲料添加剂等重要农资的进货索证和销售台账制度；执业人员具备农资销售相关专业技能和一定的农资使用指导能力。此项任务由农业部门负责牵头，工商、质量技监、供销、食品药品监管等部门配合。

（六）小菜场整治。延伸农贸市场监管触角，加强对农村小菜场整治力度。促使小菜场做到：建立商品准入制度，实行规范管理。不符合登记条件的固定和临时小菜场，确属群众生活需要并已纳入乡镇或新农村建设规划的，应加强引导和管理。对不符合基本条件和严重违法经营的，依法取缔。此项任务由工商部门牵头，农业、经贸、建设、食品药品监管、城市管理（执法）等部门配合。

（七）小美容美发店整治。督促业主严格执行有关卫生操作规程，加大对消毒杀菌设施投入，预防感染和疾病传播，严厉打击使用假冒伪劣产品提供服务的行为，保障公共卫生安全。促使小美容美发店，包括足浴店做到：证照齐全并上墙；从业人员定期体检并持有健康证；具备必须的消毒杀菌设备和工作间，经营场所、使用的设备和工具以及毛巾等用品定期消毒；查验化妆品、消毒用品等质量，建立并实施索证索票制度。此项任务由经贸部门负责牵头，公安、卫生、工商、质量技监、环保、城市管理（执法）等部门配合。

（八）小音像店整治。保护知识产权，严禁租售盗版音像制品；保护未成人身心健康，严厉打击销售淫秽、暴力、迷信等违法音像制品；加大对音像游商地摊的打击力度，依法取缔“黑网吧”。促使小音像店（包括网吧）做到：持有工商营业执照并取得行业经营许可；音像店经营的音像制品有合法进货凭证，正版率达到90%以上；“黑网吧”得到有效遏制；有良好的经营秩序。此项任务由文化部门负责牵头，工商、公安等部门配合。

（九）农村小客运质量安全整治。严厉打击客运车辆超员超速和无证营运等违法违章行为，严禁使用货运车辆、两轮摩托车、拖拉机或悬挂拖拉机号牌的车辆、报废车或以报废车零件拼装的车辆从事客运。整治农村客运经营秩序，严格执行客运营运许可、客运车辆定期检测、司乘人员资质审查、客运安全管理等制度。促使农村小客运业主做到：证照齐全，手续完备，车辆技术状况良好，从业人员持证上岗，按规定投保第三者责任险和乘运人责任险，遵章守法，不发生超员、超速、疲劳驾驶等严重违反交通安全法的行为，确保行车安全。此项任务由公安部门负责牵头，交通、工商、安全监管、农业（农机）等部门配合。

（十）小液化气供应点质量安全整治。严格执行液化气经营的布点审批规定，加强液化气经营场所的安全管理，增强从业人员安全意识和服务水平，建立行业服务规范，公开服务承诺，收费明码标价。促使小液化气供应点做到：证照齐全；从业人员具有相关资质；经营场所符合相关规定要求；液化气使用钢瓶100%经过检验合格并建立定点充装供应合同；不短斤缺两；从业人员熟悉业务知识并能熟练使用消防器材；建立进货登记台账并索取相关证明和检验报告。此项任务由建设（燃气管理）部门负责牵头，工商、公安、质量技监、物价等部门配合。

四、工作要求和主要措施

（一）加强领导，落实责任。省政府成立领导小组统一组织领导“十小”整治工作，领导小组办公室设在省质量技监局。各行业整治与规范牵头单位要切实负起责任，会同配合部门编制具体的整治与规范行动方案，制定切实可行的整治与规范标准，落实各项整治与规范任务。各市、县（市、区）政府和乡镇（街道）都要明确相应的组织领导机构，组织专门力量，结合本地实际制定“十小”整治实施方案，将具体整治任务和责任分解落实到有关部门和基层政府，落实到各生产经营单位。要将“十小”整治纳入目标考核体系，层层落实责任，确保各项整治与规范任务和工作目标顺利完成。各级政府要为“十小”整治提供必要的经费、装备等保障，推动整治与规范工作的顺利开展。

（二）堵疏结合，分类治理。要认真落实省委“两创”总战略，把整治工作与创建文明（卫生）城市、“千村示范万村整治”工程、社会主义新农村建设、“平安浙江”建设等工作有机结合起来,围绕群众的衣、食、住、行等最基本的民生问题,坚持科学发展、改善民生、促进和谐的基本原则,正确处理好三个关系:一是整治与创业就业的关系。既要整治问题严重的生产经营单位(个体工商户);更要注重规范、服务、提升,做到宽严相济,让更多的群众成为创业者。二是整治与便民利民的关系。既要关停取缔一批无证照及制假售劣的"十小"单位;又要整改帮扶一批"十小"单位达到规范要求,方便群众生活。三是整治与发展传统产业的关系。在大力整治存在严重质量安全隐患"十小"单位的同时,注意保护小而精、小而优的传统产业。要科学界定,合理把握,全面排查摸清"十小"行业底数,掌握存在的突出问题,分类制定整治标准,打扶结合、疏堵并举,积极出台政策鼓励和帮助"十小"单位通过连锁配送、合作经营、区域集中、联合加工等多种方式联小做大、规范发展。

(三)加强协调,密切配合。各地、各有关部门要围绕整治与规范的重点和目标任务,各司其职,各负其责,密切配合,建立上下联动、部门联动、区域联动的工作机制,形成工作合力。无论是牵头部门还是配合部门,都要在当地政府的统一指挥下,集中时间,集中力量,群策群力,积极主动,认真履职。要积极推进诚信建设,建立健全失信惩戒机制。同时,要通过加快信息化建设、充分发挥相关行业协会和中介组织的作用等途径,不断完善治理网络,推动"十小"行业质量安全水平的不断提高。

(四)强化宣传,正确引导。各级宣传部门要积极配合"十小"整治工作,切实加强舆论引导,充分发挥各市、县(市、区)新闻媒体的重要作用。要深入农村、社区大力宣传有关法律法规和政策知识,宣传开展"十小"整治工作的重要意义,提高公众消费安全意识。要建立健全信息发布制度,通过新闻发布会等形式,及时发布"十小"整治工作取得的成效及先进经验,扩大人民群众的知情权。同时,要对公民的监督权实施有效保护,进一步完善举报投诉制度,方便群众举报,兑现举报奖励,努力营造全社会关心、重视消费安全的良好氛围。

(五)督查推进,确保落实。各地、各有关部门要充实基层一线执法力量,加强一线监管工作,实现监管重心下移、关口前移。要继续组织工作组深入基层,开展经常性的督促检查,指导整治工作开展。要加大暗访力度,准确掌握真实情况,及时发现问题,督促整改落实。省政府将适时组织有关部门组成督查组,对重点地区、重点案件进行督查。

整治工作要分年度组织验收。对工作开展好的地区进行表扬,对开展较差的地区要通报批评,对"十小"行业质量安全突出问题长期得不到解决或因此发生恶性质量安全事故的地方,要依法追究主要负责人的责任。对在整治中失职渎职、包庇纵容违法活动的地方、部门负责人和有关责任人,要严肃查处。

浙江省人民政府办公厅转发省经贸委 浙江银监局关于做好行业龙头企业资金链安全保障工作若干意见的通知

浙政办发〔2008〕58号

各市、县(市、区)人民政府,省政府直属各单位:

省经贸委、浙江银监局《关于做好行业龙头企业资金链安全保障工作的若干意见》已经省政府同意,现转发给你们,请认真贯彻执行。

二〇〇八年九月十二日

关于做好行业龙头企业资金链安全保障工作的若干意见

省经贸委　浙江银监局

二〇〇八年八月二十五日

为贯彻国家宏观调控政策,维护我省经济金融稳定健康发展,合力提高风险防范和化解能力,充分发挥政府、银行和企业在防范和处置可能发生的资金链断裂风险过程中的功能和作用,根据省委、省政府"标本兼治、保稳促调"的总体要求,现就做好行业龙头企业资金链安全保障工作提出以下意见。

一、重点保障行业龙头企业

(一)行业龙头企业的范围。本意见所指的行业龙头企业是指资产经营规模在企业所在地排名前列,净资产质量较好,生产经营基本正常,盈利能力较强,符合产业发展方向,经营者具有较高的素质和良好的社会影响,且与上下游企业和银行关联度高,易对当地经济、金融正常运行带来重要影响的企业。

(二)重点保障的行业龙头企业的条件。列入重点保障的行业龙头企业,应符合以下条件:

1. 企业资金链断裂风险的产生是因宏观经济环境变化等外部不利因素,导致财务状况急剧恶化而引发的危机,或因企业对外提供担保,履行担保义务,可能引发企业资金链断裂，通过一定帮扶措施或其他债务重组等途径，能够化解财务风险的。

2. 企业融资余额较大，在多家银行融资，且担保链复杂，该企业的资金链断裂风险有可能引发连锁反应，对行业内企业、上下游企业和地方社会经济的稳定产生较大影响。

3. 企业具有良好的发展基础，产业优势明显，主营业务比较稳定，有较强的产销、研发能力和较高的市场占有率，解决财务危机后，具有良好的自主发展前景。

二、做好行业龙头企业资金链安全保障的工作原则

（一）顾全大局，维护稳定。企业要高度关注资金运行情况，稳健经营，努力保障资金链安全；银行部门要加强对信贷资金的监测、预警，搞好与企业的沟通，逐笔做好大额信贷资金的风险防范预案，避免由于关联担保而引起的“骨牌”效应，化解资金链危机，维护区域金融安全，保障企业生产和就业稳定，促进经济社会和谐发展。

（二）政府主导，多方合作。有效发挥政府主导作用，及时成立由政府有关部门、银行、企业组成的风险处置领导小组，加强组织协调，采取综合保障措施，及时化解风险，实现多方共赢。

（三）区别对待，促进升级。有保有压、区别对待，优先支持自主创新型、环境保护型、资源节约型企业发展，减少高污染、高能耗和资源消耗严重企业的银行信贷，有效促进产业结构升级。

三、做好行业龙头企业资金链安全保障的具体措施

（一）发挥政府监测、协调和应急作用。

1. 注重市场风险监测。各级政府及相关部门要加强对当地龙头企业的运行监测，及时掌握企业资金链维系情况，主动关心当地银行业运行，做好维系企业资金链安全的预案。

2. 成立工作机构。行业龙头企业出现资金链危机后，当地政府要及时成立应急处置工作机构，牵头联系债权银行和企业，共同研究处置方案。包括开展企业清产核资、帮助企业办理有关权证、增加企业融资抵押及担保能力、引荐相关投资公司与企业对接等。

3. 建立应急互助基金。各地可根据实际，建立市级应急互助基金，为因资金周转困难诱发资金链断裂的企业提供应急资金，帮助企业解决临时周转和短期保障，形成有效预警救助机制。

4. 加强综合政策支持。当行业龙头企业出现资金链危机时，当地政府要及时协调财税、工商、外贸等有关部门，与法院沟通，积极采取有力措施，提供有效的政策支持，帮助企业渡过难关。

（二）发挥银行信贷保障作用。

1. 高度重视企业资金链风险，切实履行社会责任。各银行业金融机构要充分认识到企业资金链断裂风险蔓延可能造成的重大损失和严重后果，合理安排信贷资金，努力完善金融服务功能，共同维护区域金融经济稳定健康发展。

2. 积极维护企业资金链安全。各银行业金融机构要从银企合作的长远考虑，急企业所急，主动帮助企业降低资金链风险，全力支持企业解困。要以大局为重，恪守承诺，积极配合相关部门及时处置和化解风险。

3. 加强债权银行间的互相协调。及时建立以主债权银行为组长的工作机构，通过同业信贷沟通协调，做到统一指挥、步调一致、协同应对、妥善处置。要在保障信贷资金安全的前提下，对风险企业不搞一刀切，不搞急刹车，审慎收贷，帮助企业渡过难关。

（三）企业要积极开展应对工作。

1. 透明企业资产。寻求帮助的企业必须向政府和银行提供准确的财产和负债情况，自觉接受债权银行的信贷管理，增加财务透明度，及时真实地向政府和银行通报生产运行情况。

2. 设立资金专户。经政府有关部门统一协调后，企业新获得的银行信贷资金应设立专户，封闭运作，专项用于生产经营，重大经营决策应经债权银行会议同意，并主动接受银行的监督。

3. 积极开展生产自救。企业要根据市场状况，适时调整经营策略，加强现金管理，增加经济效益。收缩对外投资，增强变现能力，积极回笼资金，必要时通过出售部分优质资产注入现金流量，提高运转能力。

4. 综合治理财务危机。企业要在地方政府的统一协调和帮助下，积极采取企业重组、盘活存量、收缩对外投资等方式，有计划、有步骤地解决企业财务危机。

5. 做好非金融债权人的工作。努力做好非金融债权人的解释安抚工作，在保护非金融债权人合法利益的同时，减少民间借贷而引发的高额利息支出。

（四）进一步形成工作合力。

1. 建立协调统一的风险保障处置机制。行业龙头企业在面临资金链断裂风险时，要及时向所在地政府报告，提出要求政府协调的请求，由市、县（市、区）政府牵头组织债权人、债务人召开联席会议，进行专题研究。遇重大情况可由市级政府向省级相关部门提出请求支持事项。

2. 发挥地方政府的主导作用。各级地方政府要加强对辖区内规模大、风险大、影响大和关联度大的行业龙头企业的关注，加强对企业经营状况和市场风险的监测分析，及时掌握相关情况。对于发生风险的企业，地方政府要及时牵头协调各方，建立风险处置领导小组，搭建银企对话协商的平台，及时处置和化解风险。

3. 发挥各级银行监管部门的作用。省内各级银行监管部门要进一步加强风险提示和预警工作，积极发挥银行业协会的作用，促进银行业机构开展行际合作，加强信息交流。对跨区域的企业资金链风险，各级银行监管部门要积极协助地方政府，指导、协调债权银行妥善处置企业个案风险。

4. 发挥各级经贸部门的作用。各级经贸部门要高度关注当前企业运行情况，及时排查和发现行业龙头企业可能发生资金链断裂等苗头性、趋势性问题。省经贸委、浙江银监局要根据各地政府的要求，联络协调省级相关部门，做好行业龙头企业资金链风险防范工作。各地经贸部门要在当地政府的主导下，积极参与当地行业龙头企业资金链风险防范处置工作。

浙江省人民政府办公厅
关于印发浙江省推进服务业发展工作机制的通知

浙政办发〔2008〕60号

各市、县(市、区)人民政府,省政府直属各单位:

《浙江省推进服务业发展工作机制》已经省政府同意,现印发给你们,请结合实际,认真贯彻执行。

二〇〇八年九月二十二日

浙江省推进服务业发展工作机制

为了更好地促进我省服务业发展,需要进一步明确省直有关部门的工作职责,强化统筹协调,建立统分结合的工作机制,形成合力推进服务业发展的工作格局。

一、总体要求

在省委、省政府的统一领导下,明确部门分工,责任到位;强化统筹协调,行动一致;紧密各方协作,合力推进;加强统计考评,提高绩效,推进我省服务业又好又快发展。

二、工作机制框架

1. 省政府常务会议。每年安排一次专题听取全省服务业工作汇报,就全省服务业发展作出总体部署;根据需要听取省服务业工作部门联席会议或服务业各口的专项汇报,研究协调重大问题。

2. 省服务业工作部门联席会议。整合省服务业工作协调会议和省现代物流联席会议,建立统一的省服务业工作部门联席会议制度。联席会议由常务副省长任总召集人,省政府办公厅分管负责人和省发改委主任任召集人,省委宣传部、省发改委、省经贸委、省教育厅、省科技厅、省民政厅、省财政厅、省人事厅、省国土资源厅、省建设厅、省交通厅、省信息产业厅、省外经贸厅、省文化厅、省卫生厅、省地税局、省环保局、省广电局、省体育局、省统计局、省工商局、省质量技监局、省旅游局、省新闻出版局、省物价局、省打私与海防口岸办、省金融办、省国税局、浙江检验检疫局、杭州海关和国家统计局浙江省调查总队等31个单位负责人为成员。联席会议办公室设在省发改委。

每年年初制定全省服务业工作要点及成员单位重点工作分工方案;年中、年末各听取一次成员单位服务业工作情况汇报,督促检查重点工作完成情况,研究解决存在问题;讨论审议以省政府名义印发的服务业发展规划、政策和年度服务业重大项目计划;根据需要召开专题会议,协调解决服务业发展中的突出矛盾和问题。

3. 省政府分管负责人。按照分工,指导协调归口管理的服务业工作,研究解决有关问题。

4. 职能部门。各部门按照各自职责做好服务业工作,各司其职,各负其责;认真完成统一部署的服务业重点工作任务,并加强部门之间的协作和配合。

5. 行业协会。组建浙江省服务业联合会,加强对各服务业协会的工作沟通和指导,充分发挥服务业行业协会的作用,支持各服务业行业协会积极开展战略研究、商务咨询、信息交流、标准制定和人才培训等工作,完善行业自律机制。

三、部门职责分工

联席会议31个成员单位职责分工如下:

1. 省委宣传部:负责全省文化产业发展的指导协调和牵头组织工作。

2. 省发改委:负责全省服务业发展规划、政策和项目的综合协调,以及现代物流发展的指导协调,承担省服务业工作部门联席会议办公室的日常工作。

3. 省经贸委:负责全省商贸流通业发展的指导协调。

4. 省教育厅:负责服务业人才教育和培训工作的指导协调,负责组织和实施全省教育行业统计工作。

5. 省科技厅:负责全省科技服务业发展的指导协调。

6. 省民政厅:负责全省社区服务业发展和行业协会的指导协调、监督管理,负责组织和实施全省基层群众组织和社会团体等单位的统计工作。

7. 省财政厅:负责全省服务业财税政策的指导协调和组织实施。

8. 省人事厅:负责全省服务业人才工作的指导协调。

9. 省国土资源厅:负责全省服务业用地政策的指导协调和组织实施。

10. 省建设厅:负责全省市政公用事业和房地产业发展的指导协调,负责组织和实施全省物业管理和房地产中介服务业统计工作。

11. 省交通厅:负责全省交通物流业发展的指导协调,负责组织和实施全省交通运输业统计工作。

12. 省信息产业厅:负责全省信息服务业发展的指导协调,负责组织和实施全省计算机服务和软件业统计工作。

13. 省外经贸厅:负责全省国际服务贸易发展的指导协调。

14. 省文化厅:负责全省文化娱乐业发展的指导协

调，负责推进网络游戏等创意产业发展，负责组织和实施全省文化艺术服务业统计工作。

15. 省卫生厅：负责全省卫生服务业的指导协调。

16. 省地税局：负责全省服务业地税政策的指导协调和组织实施。

17. 省环保局：负责全省服务业项目环评工作的指导协调。

18. 省广电局：负责全省广电业发展的指导协调，负责推进动漫等创意产业发展，负责组织和实施全省广播、电视、电影统计工作。

19. 省体育局：负责全省体育服务业的指导协调。

20. 省统计局：负责全省服务业统计的组织和综合协调，做好服务业统计数据库建设和服务业发展监测分析工作。

21. 省工商局：负责全省服务业准入政策及专业市场发展的指导协调，会同省发改委等部门组织省服务业著名商标认定，推荐服务业驰名商标。

22. 省质量技监局：负责全省服务业质量和标准化管理工作的指导协调，会同省发改委等部门组织省服务业名牌产品的认定，推荐服务业中国名牌。

23. 省旅游局：负责全省旅游业发展的指导协调，负责组织和实施全省旅游业统计工作。

24. 省新闻出版局：负责全省新闻出版业发展的指导协调，负责组织和实施全省新闻出版业统计工作。

25. 省物价局：负责全省服务业价格和收费的综合管理。

26. 省打私与海防口岸办：负责全省口岸发展规划和政策协调，推进大通关建设。

27. 省金融办：负责全省金融服务业发展的指导协调，推进完善服务业企业融资环境。

28. 省国税局：负责全省服务业国税政策的指导协调和组织实施。

29. 浙江检验检疫局：负责辖区内检验检疫管理，推进内陆口岸和大通关建设。

30. 杭州海关：负责关区内通关管理，推进内陆口岸和大通关建设。

31. 国家统计局浙江省调查总队：负责服务业行业的抽样调查，根据需要开展服务业企业发展情况的专项调查统计。

四、统计考评

建立政府统计和行业管理部门分工负责的服务业统计工作机制，完善服务业统计调查方法和指标体系，健全服务业信息发布制度，定期做好服务业发展形势的监测与分析工作。

把服务业发展和服务业工作列为考核市、县(市、区)政府和省级有关部门的重要内容。由省服务业工作部门联席会议办公室负责制定省级部门服务业工作绩效考核办法和市、县(市、区)服务业发展状况评价办法。

从2009年度开始，组织开展对联席会议成员单位服务业工作的绩效考核。主要检查年度服务业重点工作完成情况，以及各自职责范围内相关工作绩效。考核工作由省服务业工作部门联席会议办公室牵头组织。考核结果经联席会议审议决定，纳入省政府目标考核体系。

对于各市、县(市、区)的服务业工作，主要对其年度服务业发展状况作出综合评价，并公布各地服务业发展主要指标。评价工作先从11个设区市开始，条件成熟后扩大到县(市、区)。评价工作由省发改委和省统计局负责实施并发布评价结果。

浙江省人民政府办公厅
关于促进奶业平稳健康发展的通知

浙政办发〔2008〕86号

各市、县(市、区)人民政府，省政府直属各单位：

奶业是现代农业的重要组成部分，乳品是重要的“菜篮子”产品，与群众生活息息相关。当前，受三鹿牌婴幼儿奶粉事件影响，我省奶业发展面临较大困难。为了促进奶业平稳健康发展和农民增收，保障市场供应，根据国务院常务会议精神，经省政府同意，现就促进奶业平稳健康发展的有关事项通知如下：

一、加快推进标准化奶牛养殖场(小区)建设

各地要按照农牧结合、健康养殖的要求，加快推进存栏300头以上的标准化奶牛养殖场(小区)建设，引导奶牛散养户向标准化规模养殖小区集聚。鼓励规模养殖场(小区)以收购、代养、托管等方式，接纳散养户和小规模养殖户的奶牛，扩大养殖规模。省级现代农业生产发展资金要加大对标准化奶牛养殖场(小区)建设的支持力度，省补助资金主要用于养殖场(小区)标准化牛舍、挤奶机械、贮奶设备、排泄物综合利用和处理以及防疫、水、电、路等设施建设的补助。各级政府要合理安排用地，积极培育规模化奶牛生产经营主体，鼓励现有存栏50头以下奶牛的养殖业主进养殖小区养殖，鼓励奶牛养殖小区组建合作社。到2010年底，力争基本实现奶牛规模化养殖、合作化经营，促进奶业发展方式转变。

二、建立生鲜牛奶保护价收购应急机制

从2008年9月15日至12月31日，对省内发生滞销的生鲜牛奶实施保护价收购。凡省内乳品加工企业，按不低于当地政府确定的保护价收购省内奶农投售的合格生鲜牛奶用于加工奶粉的，由财政给予每吨800元的补贴，省财政按照省级专项转移支付类别档次系数给予补助。各级金融机构要帮助解决乳品加工企业因收购合格生鲜牛奶所需的贷款。对乳品加工企业因收购合格生鲜牛奶所需的贷款利息，按照《财政部关于印发〈原料奶收购贷款中央财政贴息管理办法〉的通知》（财金〔2008〕107号）规定，由中央财政给予贴息，贴息期限暂定为2008年10月1日至2008年12月31日，贴息率为3.105%。

三、加强生鲜牛奶质量监测

进一步完善畜产品质量监测体系建设，建立省、市和奶牛重点生产县（市、区）生鲜牛奶等畜产品和饲料质量监测体系，尽快完善监测手段，提高生鲜牛奶等畜产品和饲料质量特别是生鲜牛奶中含三聚氰胺等有害物质的检测水平。省财政支持省、市和重点县（市、区）畜产品质量安全检测中心购置相关检测仪器、设备和开展专项抽样检测。各地要加强生鲜牛奶等畜产品质量日常检测工作，加大投入力度，保障检测工作顺利开展。

四、对现有奶站进行规范化整治

根据《乳品质量安全监督管理条例》（国务院令第536号）有关规定，对现有服务于散养和小规模奶牛养殖业主的经营性奶站进行专项整治，规范奶站经营秩序，提升奶站整体素质。对清理整顿中停业的奶站或经整治达到规定要求的奶站，由省财政给予一定补助。

五、切实落实现行奶业扶持政策

各地要按照《浙江省人民政府办公厅关于促进奶业持续健康发展若干政策的通知》（浙政办发〔2007〕104号）要求，抓紧落实已出台的2008年度奶牛良种补贴、后备母牛补贴、牧业机械和挤奶机械购置补贴、奶牛重大疫病防治和扑杀补助、奶牛政策性保险等扶持政策，足额落实由地方财政承担的扶持资金，尽快将各项补贴资金发放到奶牛养殖业主和乳品加工企业，并根据当地实际研究出台配套扶持政策。要按照省里有关规定，落实税费减免政策，切实减轻乳品加工企业负担。要注重舆论引导，加强正面报道，积极引导群众科学消费奶制品，促进我省奶业平稳健康发展。

二〇〇八年十二月十二日

浙江省发展和改革委员会关于印发《浙江省发改委投资项目委托咨询评估管理办法》的通知

浙发改投资〔2008〕1号

各市、县（市、区）发改委（发改局），省级有关单位：

根据《国务院关于投资体制改革的决定》（国发〔2004〕20号、《国家发展改革委员委托咨询评估管理办法》（发改投资〔2004〕1973号）精神，《浙江省政府投资项目管理办法》（省政府令第185号）、《浙江省企业投资项目核准和备案暂行办法》（浙政办发〔2005〕73号）等有关规定，我委制定了《浙江省发改委投资项目委托咨询评估管理办法》，现印发你们，请遵照执行。

附件：《浙江省发改委投资项目委托咨询评估管理办法》

浙江省发展和改革委员会
二〇〇八年一月二日

附件

浙江省发改委投资项目委托咨询评估管理办法

第一条　为进一步加强投资决策的科学性和民主性，提高投资项目委托咨询评估的质量和效率，根据《国务院关于投资体制改革的决定》（国发〔2004〕20号）、《国家发展改革委委托投资咨询评估管理办法》（发改投资〔2004〕1973号）、《浙江省政府投资项目管理办法》（省政府令第185号）、《浙江省企业投资项目核准和备案暂行办法》（浙政办发〔2005〕73号）等有关规定，制定本办法。

第二条　本办法适用于省发改委委托的以下事项的咨询评估：

（一）省发改委审批或核报省政府批准的政府投资项目的项目建议书、可行性研究报告、初步设计或项目概算；

（二）省发改委核准或核报省政府批准的、与公众利益关联度大的企业投资项目的项目申请报告；

（三）省发改委委托的其他事项。

第三条　经国家发展改革委或省发改委确认的咨询评估机构(以下简称国家或省入选咨询评估机构),可以承担本办法第二条规定事项的咨询评估任务。

省入选咨询评估机构应当符合以下条件:

(一)具有省发改委委托咨询评估项目所属专业的甲级工程咨询评估资格;

(二)近3年承担总投资5000万元以上项目可行性研究报告、申请报告编制或项目评估任务不少于10个。

第四条　省发改委按照公正、公平、公开和竞争的原则,组织有关机构和专家,对符合本办法第三条规定条件并提出申请的咨询评估机构进行审查,确定省入选咨询评估机构,并公布结果。

第五条　委托咨询评估应遵循"专业对应,综合优先"原则,即被委托的入选咨询评估机构具备的专业资质与委托任务所属专业相对应,具有综合评估资质的评估单位优先。

第六条　省发改委按照公正、公平、公开和竞争的原则,确定投资项目的委托咨询评估机构,并出具《投资项目咨询评估委托书》。咨询评估的内容、重点和完成时限等应当在《投资项目咨询评估委托书》中予以明确。

第七条　承担咨询评估任务的入选咨询评估机构应按照国家规范要求开展咨询评估工作,并及时形成咨询评估报告报送省发改委。

第八条　对国民经济和社会发展有重要影响的投资项目,可以同时委托多家入选咨询评估机构进行咨询评估,或委托另一入选咨询评估机构对已经完成的咨询评估报告进行评价。

第九条　承担编制项目建议书、可行性研究报告、项目申请报告、初步设计和项目概算等业务的入选咨询评估机构,不得承担同一项目或事项的咨询评估任务。承担咨询评估任务的入选咨询评估机构,原则上不得承担同一项目的设计、优化设计等后续业务。

第十条　咨询评估费用由省发改委会同财政厅依据国家有关规定确定,定期拨付。

第十一条　受委托的入选咨询评估机构及其工作人员,不得收取省发改委委托咨询评估项目的项目单位支付的任何费用。

第十二条　省发改委定期公布入选咨询评估机构承担投资项目委托咨询评估任务的情况。

第十三条　省发改委可以组织专家或通过后评价,对完成的咨询评估报告的质量进行评价,对咨询评估的过程进行检查。

第十四条　省发改委受理举报、投诉,并组织或会同有关部门进行检查核实,对查实的问题进行处理。

第十五条　入选咨询评估机构有下列情形之一的,省发改委可以对其提出警告、暂停甚至取消其承担省发改委委托咨询评估任务的资格,并向社会公布:

(一)咨询评估报告有重大失误或质量低劣;

(二)咨询评估过程中有违反本办法规定的行为;

(三)无正当理由一年内两次拒绝接受委托咨询评估任务;

(四)其他违反国家法律法规规定的行为。

第十六条　机关工作人员履行本办法规定的有关行为,接受监察部门的监督。

第十七条　咨询评估费用的使用和支付,接受财政和审计部门的监督和审计。

第十八条　各级地方政府发改部门可以参照本办法的规定,制定有关管理办法。

第十九条　本办法自发布之日起施行。

浙江省科学技术厅关于印发《浙江省区域科技创新服务中心认定与管理办法(试行)》的通知

浙科发高〔2008〕1号

省各有关部门,各市、县(市、区)科技局:

为进一步加强区域科技创新服务中心的建设与管理,推动和完善区域创新体系建设,我厅制定了《浙江省区域科技创新服务中心认定与管理办法(试行)》。现予印发,请认真贯彻执行。

浙江省科学技术厅

二〇〇八年一月十日

浙江省区域科技创新服务中心认定与管理办法(试行)

一、总则

第一条　为贯彻落实《国家中长期科学和技术发展规划纲要》和《浙江省科技强省建设与"十一五"科学技术发展规划纲要》关于全面推进创新体系和加快区域科技创新服务中心建设的精神,进一步促进区域科技创新服务中心的发展,推动和完善区域创新体系建设,特制定本办法。

第二条　区域科技创新服务中心是我省区域创新体系的重要组成部分，是为广大中小企业和千家万户的农民提供可转化的高新技术和先进适用技术成果，并为之组织配套服务的区域性科技创新服务机构。

第三条　省科技行政部门负责对省级区域科技创新服务中心的宏观管理和业务指导。

二、中心的认定

第四条　区域科技创新服务中心的主要功能是：围绕区域支柱产业或块状特色经济的发展，为区域内广大中小企业或农户提供技术开发、技术咨询、产品设计、成果推广、人才培训等各类技术服务，以提高中小企业技术创新能力和市场竞争力，提升区域支柱产业或块状特色经济的技术水平。

第五条　组建省级区域科技创新服务中心应具备以下基本条件：

（一）中心所服务的区域支柱产业或块状特色经济具有规模大、知名度高的特点，其年产值应占县（市、区）区域工业或农业总产值的10%以上。

（二）中心在组织形式上应具有独立法人资格，并已批准为市级区域科技创新服务中心。

（三）中心具备开展科技创新服务相适应的人员结构、设备条件和资金实力，具有较好的技术创新服务能力及服务业绩。

（四）中心主要负责人具有较强的开拓创新和经营管理能力。

（五）中心具有中长期发展规划和合理可行的建设方案。

第六条　符合条件的市级区域科技创新服务中心可以申请认定为省级区域科技创新服务中心，申报材料经所在县（市、区）和市科技行政部门审核后，报省科技行政部门。

第七条　省科技行政部门对各地申报材料进行初审、组织专家评审和实地考察后，对符合第五条规定条件的中心认定为省级区域科技创新服务中心，由省科技行政部门发文公布，同时增挂生产力促进中心的牌子。

三、中心的运行

第八条　省级区域科技创新服务中心应以市场需求为导向，以技术经营服务为主业，以区域内广大中小企业或农户为主要服务对象，以成为区域科技创新服务平台为发展目标，逐步形成专业化、规范化、特色化的技术创新服务模式和盈利模式，实现自身的发展壮大。

第九条　省级区域科技创新服务中心应加强与高校、科研院所和大型企业研究开发中心的合作，促进科技要素的组合和人才的集聚，不断提高科技创新服务能力。

第十条　省级区域科技创新服务中心应加强科技创新服务条件建设，充分发挥科技网的作用，注重专业服务网站建设，形成稳定的为中小企业或农户服务的信息网络渠道。

第十一条　省级区域科技创新服务中心应围绕区域支柱产业或块状特色经济的发展，加强技术需求的调研，主动设计并组织开展关键、共性技术的研究开发，组织重大科技成果的引进和推广。

四、中心的管理

第十二条　省科技行政部门设立区域科技创新服务中心专项资金，对认定的省级区域科技创新中心给予一定数额的专项经费补助。补助经费主要用于支持中心的条件建设、开展技术服务活动的补助和服务绩效的奖励。省科技行政部门与省级区域科技创新服务中心签订合同书，明确中心创建目标、主要服务内容及经费支出预算。

第十三条　省科技行政部门对省级区域科技创新服务中心牵头申报的区域支柱产业关键、共性技术攻关项目、重大科技成果引进推广项目，经立项审查，符合省科技计划项目立项条件的，给予优先立项和经费支持。

第十四条　省科技行政部门建立省级区域科技创新服务中心绩效评价标准和指标体系，对中心实行动态管理和绩效考评。对运行情况好、服务绩效显著的中心优先给予滚动支持，有条件的进一步扶持发展成为区域科技创新服务平台；对运行不佳、服务绩效差的中心提出警告并限期整改，直至撤销省级区域科技创新服务中心（省级生产力促进中心）资格。

第十五条　省级区域科技创新服务中心应定期向省科技行政部门报送业务经营情况及相关统计报表。

第十六条　本办法由省科技行政部门负责解释。

浙江省国土资源厅关于落实标本兼治保稳促调要求促进经济平稳较快增长的意见

浙土资发〔2008〕32号

各市、县（市、区）国土资源局：

最近，党中央、国务院作出了进一步扩大内需、促进经济平稳较快增长的决策部署，这是为抵御国际经济环境对我国的不利影响，应对复杂多变的形势所采取的重大战略举措。根据省委、省政府提出的“创业富民、创新强省”总战略和“标本兼治、保稳促调”总体思路，为加快经济发展方式转变，推进经济转型升级，促进经济平稳较快增长，狠抓各项工作的落实，现就有关工作提出以下意见，请各地结合实际，认真贯彻落实。

一、进一步统一思想，提高认识

（一）中央针对当前国际金融危机影响，决定采取进一步扩大内需、促进经济增长的十项措施，既应对国际金融危机，又促进经济社会持续发展，体现了贯彻落实科学发展观的要求，体现了广大人民群众的根本利益。我们要把思想和行动统一到中央对经济形势的分析判断上来，统一到中央的决策部署上来，统一到贯彻落实科学发展观的要求上来，统一到省委、省政府的工作要求上来，进一步贯彻落实“标本兼治、保稳促调”各项工作措施，为推进经济转型升级，确保经济平稳较快增长作出我们应有的努力。

二、加快土地利用总体规划修编和规划修改试点工作，拓宽经济发展用地空间

（二）按照《国务院关于印发〈全国土地利用总体规划纲要(2006—2020年)〉的通知》要求，抓紧开展新一轮土地利用总体规划修编。切实加强与发改、交通、水利、电力、环保等重大急需项目主管部门的沟通，做好与各部门“十一五”规划的衔接，在严格保护耕地、节约集约用地的同时，确保为我省扩大投资、推进重大建设项目预留用地空间。积极支持农业现代化建设、农村基础设施建设和公益事业建设，落实地质灾害避险搬迁、下山脱贫和移民安置用地，推进城乡统筹发展。

（三）根据国土资源部《关于同意浙江省开展土地利用总体规划修改试点工作的批复》要求，加快推进土地利用总体规划修改试点工作。按照优先解决“重点、急需、困难”建设项目的原则，抓紧梳理第二批报省确认项目，确保防灾救灾、社会公益、城镇村重要基础设施、污染企业搬迁等事关民生、对当地经济社会发展有重大影响的四类建设项目顺利报批。

三、积极做好重点建设项目用地报批服务工作

（四）优先保障对事关经济社会发展、事关经济平稳较快增长、事关经济转型升级有重大影响的建设项目用地。加强省重点项目的用地保障，积极支持先进制造业、现代服务业的发展，加强先进制造业、现代服务业发展的土地要素保障工作，促进先进制造业和现代服务业健康有序发展。

（五）深化“重点建设项目服务月”活动。加强与项目主管部门和建设单位的衔接、协调和沟通，建立省重大建设项目用地情况通报制度，积极推动重大建设项目用地报批工作，确保具备报批条件的重大建设项目快报批、早启动。开展新增建设用地年度计划执行情况的中期评估和年终考核制度，推动新增建设用地指标的及时合理利用。建立健全保障重点建设项目用地的长效机制，为重点项目建设顺利推进创造良好条件。

（六）加快建设用地审批速度。进一步规范审批材料、精简审批环节、优化审批程序，努力提高办事效率和服务质量。在依法依规的前提下，要特事特办、急事急办，积极为重点建设项目提供优质高效服务。

四、大力推进土地开发复垦整理工作，确保实现耕地占补平衡

（七）积极推进补充耕地项目建设。重点做好以低丘缓坡开发和滩涂围垦造地为重点的土地开发工作，以提升耕地质量为重点的土地整理工作，以农村宅基地整村整治为重点的土地复垦工作，着力提升项目建设水平和新增耕地质量。积极落实省统筹委托造地和滩涂围垦补充耕地指标，保证国家和省级重点建设项目的耕地占补平衡。

五、全面推进365节约集约用地行动计划方案的实施

（八）开展“365节约集约用地行动计划实施方案”推进月活动。建立健全“365”节约集约用地行动计划的组织领导和工作协调机制、目标分解和责任落实机制、进度报告和监督检查机制，加强对行动计划实施工作的跟踪督查，确保行动计划顺利开展和各项目标任务的全面完成，为转变经济发展方式、推动经济转型升级服务。

六、积极参与房地产市场调控

（九）积极促进房地产市场健康稳定发展。继续做好保障性住房的土地供应，解决中低收入居民住房需求。严格控制低密度大套型住宅用地投放，调整住房供应结构中民生用地比重，优先保证中低价位、中小套型等紧凑型住房（含廉租房、经济适用房）用地供应，其供应量不低于居住用地供应总量的70%。对新出让的房地产用地，在出让合同中约定出让金分期缴纳和开竣工日期，适当延长出让金缴纳期限和开竣工期限，减轻房地产企业的资金压力和开竣工压力。

七、继续做好维权维稳工作，切实维护社会稳定

（十）加强农村征地管理，严格执行征地程序，全面落实征地资金，妥善解决征地矛盾，维护基层社会和谐稳定。继续深入排查国土资源信访问题，及时掌握国土资源信访苗头，对重复信访、越级集体上访的，实行领导包案，及时处理，化解矛盾。开展初信初访专项检查，不断提高初信初访的一次性办结率、息诉息访率。建立和完善国土资源信访工作网络，建立村级国土资源管理协管员队伍，及时掌握信访动态。

八、转变工作作风，提高服务水平

（十一）全省国土资源系统要认真贯彻落实科学发展观，解放思想，改革创新，努力构建保障和促进科学发展新机制。进一步转变工作作风，增强服务意识，提高服务能力。认真落实服务承诺制度，提高办事效率。大力推行首问负责、投诉受理、失职追究等制度，规范“一站式办公”和“一条龙服务”，营造良好的经济发展环境，为推动经济转型升级促进我省经济平稳较快增长做出积极贡献。

浙江省国土资源厅

二〇〇八年十一月十二日

中共浙江省国资委委员会关于加强省属企业创新型人才队伍建设的指导意见

浙国资党委发〔2008〕9号

各省属企业党委：

为贯彻落实党的十七大和省十二次党代会精神，推进省属企业深入实施“创业富民、创新强省”战略决策，切实增强企业自主创新能力，全面推进企业创新型人才队伍建设，提出如下意见：

一、加强省属企业创新型人才队伍建设的重要意义和指导思想

1. 加强省属企业创新型人才队伍建设的重要意义。近年来，省属企业深入实施人才强企战略，编制人才工作规划，优化人才工作环境，创新人才工作机制，加大人才工作投入，人才工作取得了一定成绩，为企业的持续发展提供了有力的智力支持。当前企业发展中，外部环境整体良好，但也存在资源争夺日益激化、环保要求日益严格、科技影响日益突显、竞争来源日益多元的挑战和压力，与之相比，企业自主创新能力的不足已在一定程度上限制了企业核心竞争能力的培育，影响了企业的长远发展。大力加强创新型人才队伍建设，加快提升省属企业自主创新能力已经成为转变省属企业经济发展方式、推动产业结构优化升级的迫切需要，已经成为培育企业核心竞争能力、实现企业又好又快发展的必然要求。

2. 加强省属企业创新型人才队伍建设的指导思想：以邓小平理论和“三个代表”重要思想为指导，坚持科学发展观，坚持党管人才原则，认真贯彻落实党的十七大精神和省十二次党代会精神，深入实施人才强省战略，按照以创新推进创业、以强企支撑强省的要求，紧密围绕提升企业自主创新能力、提高企业发展质量的目标，大力实施人才强企战略，以加强人才自主创新能力建设为核心，完善政策，创新机制，构建平台，优化环境，努力建设一支具有领先水平的创新型人才队伍，为省属企业创业创新提供坚强的人才保证。

二、强化创新型人才的引进、培养和使用

3. 畅通路径，大力引进创新型人才。各企业要贯彻“以我为主，按需引进，突出重点，讲究实效”的引才方针，制定实施自主创新急需的紧缺人才引进计划，充分利用省市各级政府部门现有优惠政策，结合企业实际，研究制定创新型人才引进政策。加强企业创新型人才需求预测，在省国资委网站建立省属企业人才供求信息平台，定期发布更新，引导鼓励创新型人才向国有企业集聚；依托人才市场，定期组织省属企业人才招聘会，公布人才招聘信息，为企业引进紧缺人才提供服务；加强与国际国内著名高校的合作联系，建立名校实习基地，拓展企业引进人才渠道，广纳名校优秀毕业生服务企业。鼓励创新型人才在企业间、企业与专业机构间以兼职、定期服务、技术开发、科技咨询等方式进行柔性流动。支持有条件的企业建立博士后工作站，对进博士后工作站的博士后企业可给予一次性研究项目研究经费奖励(经批准，此部分研究经费奖励在考核时可视同实现净利润)。鼓励企业进一步搞好搞活工资总额内部分配制度，并向紧缺人才重点倾斜；对于引进特殊人才所增加的工资总额数目设立审批“绿色通道”，由企业提出申请，省国资委审批。

4. 拓宽渠道，加强创新型人才自主培养。各企业要立足企业实际，做好人才培养的中长期规划。要以提升自主创新能力为重点、企业行为为主体，创新内部培训形式，分层分类定期组织专题培训。每年可有计划、有重点地选送一批创新型人才到国内外著名高等院校、科研机构进行深造和开展科技合作交流。要加大创新型人才培养经费投入，企业人才教育培训经费要重点用于创新型人才的教育培养。鼓励企业通过出资支持重点领域学科和专业建设、设立基金等方式加强与高等院校、科研机构的合作，有条件的企业可以建立长期定点培养关系，依托重大科研和重大工程项目，组织开展创新型人才培养工作。积极探索研究国资监管机构与企业、企业与企业之间创新型人才的交流工作，并引导人才在省属企业间的合理流动，加快提高创新型人才综合素质，切实增强企业再次创新能力。

5. 搭建平台，引导创新型人才合理使用。各企业要注重人才职业生涯规划，畅通人才使用和晋升渠道，合理设置工作岗位，积极推广竞争上岗制度，大力选拔任用创新型人才，努力做到人尽其才，才尽其用。加快建设人才创业创新载体，鼓励企业积极参与我省正在开展的重大科技创新服务平台，加大企业工程技术中心、技术研发中心的创建力度；有条件的企业可单独建立研发机构，其他企业可采取联合出资、共同委托等方式进行合作研究开发。对于企业间研究方向相同或接近的科研机构，鼓励企业积极探索建立开放式的技术创新战略联盟或与高校、科研院所建立产学研战略联盟，减少重复投资，发挥技术资源的最大功效。要根据企业发展战略，依托企业技术中心、研发中心、工程中心、博士后科研工作站等载体，组建各种层次的创新团队，通过团队建设加快构建企业创新体系。鼓励科技人员积极开展各种形式的科技创新活动，允许具备可行性的科技项目设立独立的子公司，有条件的企业可探索实行核心技术人员技术入股。定期开展企业自主创新培训、经验交流会，引导企业加强自主创新工作交流。倡导企业之间加强协作，集中优势，联合攻克关键技术，实现成果共享。

三、完善创新型人才评价激励机制

6. 创新观念，建立创新型人才考核评价制度。各企业要以品德、知识、能力、业绩为依据，以自主创新为核心，建立和完善创新型人才综合评价体系，强化应用导向和业绩导向，形成有利于创新型人才脱颖而出的评价机制。要研究和探索不同岗位的创新内涵，对科学研究、科研管理、技术支持、行政管理、法律保障等不同领域的创新型人才实行分类管理、分项考核，形成统分结合的创新型人才评价体系。

7. 突出重点，完善创新型人才激励机制。逐步建立市场机制调节、企业自主分配、职工民主参与、国资监管机构监督指导的省属企业创新型人才薪酬管理制度。鼓励企业对创新型人才探索试行知识入股、技术入股、期权激励等分配方式。建立创新型人才奖励制度，鼓励企业建立各种类型的激励表彰机制，对在企业自主创新工作中有突出贡献的单位、团队及个人，经有关部门认定，给予奖励。企业按规定支付的创新奖励金额，可追加企业当年或次年的工资总额预算。坚持精神奖励和物质奖励相结合，在现有劳动模范、先进工作者等各种荣誉称号评选过程中向创新型人才倾斜，使创新型人才获得较高的社会地位。

8. 着眼实际，健全创新型人才保障制度。各企业要加强对创新型人才的人文关怀，建立创新型人才跟踪服务制度，充分利用当地政府部门政策，切实解决好创新型人才引进、培养、使用过程中遇到的实际问题，改善他们学习、工作和生活条件；要保证研发经费投入，在政策允许的范围内，按《财政部关于企业加强研发费用财务管理的若干意见》(财企〔2007〕194 号)确定的研发费用口径，将企业考核年度实际研发费用超过“十五”期间平均值的部分，在考核时视同实现净利润，反之，不足部分扣减净利润；企业投资高科技创新风险项目，影响资产负债率指标的，经批准，在考核时予以剔除；要加大科技法律法规宣传力度，探索建立专利专项资金管理制度，通过专利、成果申报，切实保护创新型人才通过知识产权和专利成果获得相应收益。

四、切实加强创新型人才队伍建设的组织领导

9. 明确领导责任，确保各项措施贯彻落实。企业各级党委要把创新型人才队伍的建设摆在更加突出的位置，融入到企业发展总体规划中，建立和完善工作目标责任制。企业组织、人事部门要把创新型人才队伍建设作为当前人才工作的核心任务，确立总体目标，进行细化分解，提出进度要求，分阶段贯彻落实，并把完成情况作为年度考核的重要内容。国资监管部门在‘四好’领导班子考核中将注重考评企业领导班子对创新型人才队伍建设的组织领导工作，切实加强对人才政策和各项措施贯彻落实的宏观指导、协调服务、督促检查和考核评估，确保省属企业创新型人才队伍建设工作取得成效。

10. 加强宣传力度，营造和谐的创新氛围。企业各级党委要充分发挥舆论宣传导向作用，围绕创业创新战略，采取多种形式和方法，大力宣传党和国家，以及浙江省的各项人才政策，特别是高层次人才特殊政策；重视和加强创新型人才队伍建设的调查研究工作，积极运用研究成果指导和提升人才工作层次；加强企业创新文化建设，积极宣传各类人才在创业创新实践中的贡献，树立先进典型，普遍形成爱才惜才、识才用才的良好环境，使人才的创业创新活动得到鼓励、创业创新才能得到发挥、创业创新成果得到肯定、创业创新愿望得以实现，让各类创业创新人才政治上有荣誉、经济上得实惠、企业里受尊重。

中共浙江省人民政府国有资产监督管理委员会委员会
二〇〇八年九月十二日

浙江省质量技术监督局
关于进一步加强名牌培育质量提升工作的若干意见

浙质质发〔2008〕142 号

各市、县(市、区)质量技术监督局，省局机关各处室、各直属单位：

进一步加强名牌培育质量提升工作，是全省质监系统深入实施省委“创业富民、创新强省”总战略的重大举措，是加快推进经济结构调整和经济发展方式转变的有效途径，对推动我省经济转型升级，实现经济社会又好又快发展，具有十分重要的意义。名牌培育、质量提升必须鼓励发展高技术、高附加值的产业，以体现经济发展方式转变的要求；要充分发挥标准的创新、带动及规制作用，以促进块状产业优化提升；要推动行业龙头企业品牌建设，进一步发挥龙头企业的带动作用；要大力推行品牌企业质量诚信制度建设，提高我省品牌形象和产品竞争力。经研究并商浙江名牌战略推进委员会，现就进一步加强名牌培育质量提升工作，提出以下意见：

一、完善名牌培育和评价政策

(一)大力扶持高技术、高附加值产业创名牌产品。把优先发展高技术、高附加值名牌产品放在更加突出的位置，进一步加大扶持力度。对获得省部级以上科技进步奖和国家级新产品并形成批量生产的产品，申报浙江名牌可以不受销售产值规模限制，并优先推荐申报中国名牌和国家免检产品;对省级以上高新技术产品、发明专利产品、高附加值(附加值率≥0.3)产品,优先认定为浙江名牌和浙江省国家免检培育产品,并优先推荐申报中国名牌和国家免检产品。

(二)引导企业通过标准创新提高品牌附加值。鼓励和支持品牌企业将技术创新成果转化为标准,提高技术标准水平,实现品牌价值的提升。对获得中国标准创新贡献奖和省标准创新型企业的主导产品、承担国家和省专业标准化技术委员会(分技术委员会)秘书处企业的主导产品,优先认定为浙江名牌,并优先推荐申报中国名牌。

(三)支持企业发挥品牌效应进一步做大做强,积极培育符合国家政策导向的节能、环保名牌产品。对进入中国制造业500强企业的主导产品,可以直接认定为浙江名牌,并优先推荐中国名牌;质量长期稳定的,可以直接认定为浙江省国家免检培育产品,并优先推荐国家免检产品。对获得节能产品证书和环保产品证书的产品,优先认定为浙江名牌,并优先推荐申报中国名牌。

(四)鼓励采用国际标准和国外先进标准,着力提高企业的标准水平。凡列入浙江名牌初选名单的新增工业产品,可以采用国际标准或国外先进标准的必须采标,采标情况应到当地质量技术监督部门备案。公示浙江名牌初选名单时,同时公示采标情况,接受全社会的监督;加快推进农业标准化和服务业标准化,凡列入浙江名牌初选名单的新增初级农产品和加工农产品的原料,必须来自省市县三级标准化示范园区或基地。

复评的浙江名牌中,工业产品可以采用国际标准或国外先进标准而没有采标的,初级农产品和加工农产品的原料不是来自三级标准化示范区或基地的,服务产品没有服务标准的,原则上不再认定为浙江名牌。

(五)加强品牌企业的质量诚信制度建设。在获得省级以上名牌、国家免检产品及列入培育的块状产业和企业中,推行质量诚信制度建设,建立奖惩机制。对列入区域名牌培育规划并有效开展质量诚信制度建设的,优先认定为浙江区域名牌;对已经获得浙江区域名牌称号的块状产业,如一年内发生三起以上质量不诚信事件并造成重大影响的,暂停或撤销浙江区域名牌称号;对企业在浙江名牌证书有效期内出现两次以上不诚信记录的,撤销浙江名牌称号,收回获得的证书和奖牌;申报浙江名牌、浙江省国家免检培育产品的企业质量诚信制度缺失或近五年内有质量不诚信记录的,不予认定浙江名牌、浙江省国家免检培育产品,不推荐申报中国名牌和国家免检产品。

二、调整名牌培育规划

(六)按照名牌培育和评价政策导向,调整浙江名牌培育规划。今后五年浙江名牌培育的总体目标为:浙江工业名牌产品总量中,高技术、高附加值、装备制造业和拥有自主创新技术的产品比例每年递增5个以上百分点,获省部级科技进步奖和国家级新产品的比例每年递增5个以上百分点;采用国际标准和国外先进标准的产品比例每年递增12个以上百分点;浙江农业名牌产品总量中,来自省市县三级标准化示范园区或基地的产品比例每年递增12个以上百分点。

到2012年,浙江工业名牌产品总量中,高技术、高附加值、装备制造业和拥有自主创新技术的产品比例达到60%以上,获省部级科技进步奖和国家级新产品的比例达到30%以上;采用国际标准和国外先进标准的产品比例达到95%以上;浙江农业名牌产品总量中,初级农产品和加工农产品的原料全部来自省市县三级标准化示范园区或基地。

各地要按照上述目标要求,认真开展调研,并于2008年5月底前提出本地区今后五年浙江名牌培育规划建议。

三、推进块状产业质量提升

(七)积极培育和发展区域名牌。要把培育和发展区域名牌作为促进块状产业质量提升的有效载体,鼓励和支持块状产业行业协会(商会)或相关组织注册集体商标或证明商标,按照《浙江区域名牌评价管理办法(试行)》的要求,建立相应的管理机构,研究制定具体的培育计划和方案,明确产业联盟标准实施的范围和推进的措施,在产业内形成激励和约束机制,提升整体质量形象,创区域名牌。对基本符合条件,已申请集体商标或证明商标注册,并由工商行政管理机关受理的块状产业,可作为浙江区域名牌重点培育对象;已获得浙江区域名牌的管理机构,要进一步完善经营管理制度和准入标准,严格按准入标准把关,对达不到准入标准要求的企业,不准其使用区域名牌称号;要建立区域名牌的保护机制,加大对区域名牌的保护力度。对违规使用区域名牌称号的企业,要运用法律手段追究其民事、行政、刑事责任。

(八)实施质量提升重点项目,带动块状产业赶超国际、国外先进标准。积极鼓励块状产业龙头企业赶超国际、国外先进标准,带动块状产业整体质量提升。省局每年安排一批质量提升重点项目,重点支持行业和企业开展质量赶超、实质性采用国际标准或国外先进标准、在块状产业建立质量诚信制度等工作。各地质监部门要认真开展调查研究,选择有质量提升内在需求的块状产业,从根本上分析影响质量提升的主要问题,明确质量提升的主要目标、具体内容和保障措施,并向政府及相关部门提出支持质量提升的政策建议。对政府及相关部门有实质性支持措施的,省局优先列入省级块状产业质量提升重点项目。对省局确定的质量提升重点项目,要认真抓好落实,并每半年向省局报告一次项目进展情况。

各地每年要在有内在需求的1－2个块状产业中,实施5－10个重点项目,开展市、县级质量提升试点工作。

(九)加强对质量问题突出的块状产业的整治规范,提高块状产业的总体质量水平。对列入区域性质量问题整治和省局确定重点关注的块状产业,要严格按照国家法律法规的要求,督促企业建立健全原材料进厂把关制度和产品出厂检验制度,并加强对制度落实的巡查,规范企业的质量行为,落实企业的主体责任;要充分发挥行业协会(商会)的作用,在质量问题较多的块状产业,制定符合产业实际的联盟标准并严格实施;要积极探索块状产业质量诚信建设,对承诺执行联盟标准的企业,建立以自查、互查、巡查等方式的质量自律机制，提升块状产业的质量形象。

（十）加强质量、品牌和标准化知识培训。要在块状产业和大中型企业中积极开展“省长质量奖”等政府质量奖的宣传和推广工作，引导企业不断追求卓越绩效，提高质量管理水平；要积极争取政府及其相关部门的支持，对获得浙江区域名牌称号和列入区域名牌培育规划的块状产业，组织开展对企业经营管理者的品牌和标准化知识培训，带动企业品牌意识、标准化意识和整体素质的提高。

四、推行品牌企业质量诚信制度

（十一）大力推进品牌企业质量诚信制度建设。获得省级以上名牌、国家免检产品及列入培育的企业，应结合实际，按照以下基本要求，建立企业质量诚信制度，树立浙江品牌的良好形象：

1. 建立质量诚信教育和奖惩制度。制定并组织员工学习质量诚信规范，提高质量诚信意识，并做好相关记录；结合员工的岗位职责落实质量诚信责任，形成质量诚信绩效评价和奖惩机制，推动员工积极参与企业质量诚信建设。

2. 建立质量检验制度。按照有关规定配备具有资格或相应能力的检验人员；对原材料和外购、外协件进行严格的检验或验证，并按规定保存相关的检验或验证记录；配备必需的出厂检验设备，按标准要求对最终产品进行严格的质量检验，确保不合格产品不出厂，并按规定保存产品出厂检验记录；对在用的检验检测设备定期进行检定或校准，确保检验检测设备符合要求。

3. 建立售后服务制度。向顾客提供产品使用说明，对顾客使用中危及人身财产安全的可能进行警示，提醒顾客注意使用安全；建立顾客档案，及时向顾客传递售后服务信息；建立售后服务网络，在承诺的时间内帮助顾客解决产品使用过程中遇到的问题；公布投诉电话，妥善处理顾客对产品质量的投诉；开展顾客满意度调查，了解顾客需求，持续改进质量。

4. 对涉及人体健康和人身、财产安全的产品及其使用的原材料，建立有效的追溯制度。对出现的产品质量问题，能够及时妥善处理，并追究相关责任人的责任。

5. 开展用标识明示质量等形式的质量诚信自律活动，对产品使用的原材料、有效成份、有害物质成份、质量性能指标或质量等级等反映产品质量状况的特性进行明示或作出公开承诺。

（十二）建立质量诚信制度的时间进度要求。申报2008年浙江名牌的企业（含到期复评的企业），申报前必须建立并有效实施质量诚信制度；已经获得省级以上名牌、国家免检产品的企业和浙江区域名牌的块状产业，必须在2008年年底前建立并有效实施质量诚信制度；列入浙江名牌培育的企业，必须在规划申报的上一年年底前建立并有效实施质量诚信制度。

各地要按照上述意见要求，结合当地实际，认真抓好各项政策、目标和措施的落实工作。

浙江省质量技术监督局

二〇〇八年五月七日

浙江省工商行政管理局
关于进一步推进品牌国际化建设的若干意见

浙工商标〔2008〕23号

各市、县（市、区）工商行政管理局：

为认真贯彻省委省政府品牌强省战略，进一步落实品牌建设工作思路，切实加快我省企业走出去步伐，不断增强我省经济综合实力和国际竞争力，现就进一步推进品牌国际化建设提出如下意见：

一、指导思想

品牌国际化是衡量一个国家、地区和企业竞争力的重要标志、是经济全球化的客观要求、是优化产业结构提升经济发展方式的必然选择。支持和促进企业创自主品牌、走品牌国际化之路，是全面推进品牌强省建设的重要内容，是各级工商部门职责所在。各地要按照省局品牌强省、品牌强基、品牌强镇的要求，以外向型出口企业为主体，紧紧围绕企业商标国际注册、商标国际保护和自主品牌国际化三个关键环节，综合运用培育指导、宣传引导、政策调动等手段，大力推进我省企业自主国际品牌建设，为加快全省经济发展方式转变、促进经济社会又好又快发展作出积极贡献。

二、目标任务

力争经过3—5年的努力，建立起较为完善的品牌国际注册、培育、发展和保护机制，全社会的品牌国际化意识进一步增强，国际注册商标拥有量居全国前列，自主品牌出口率显著提高，一批自主品牌国际知名度明显提升。

——商标国际注册：出口商品企业在主要出口国拥有自己的境外注册商标，商标国际注册总量达到3万件；

——自主品牌国际化：企业品牌收购、资本运作、广告拓展等品牌国际化营运能力得到增强，重点培育5—10件在国际市场上具有较大影响力和竞争力的知名品牌；

——自主品牌出口率：商标国际注册保护知识普及，

全社会品牌国际化意识显著增强，自主品牌出口率比现有增长50%以上；

——商标国际保护：企业对恶意抢注、商标国际纠纷等案件能积极应对、有效防范，恶意抢注、品牌合作陷阱等现象得到有效遏制。

三、实施举措

（一）大力推进商标国际注册。鼓励企业按照“营销未动、注册先行”的原则，积极通过马德里体系、国家商标局和世界知识产权组织国际局的途径，申报注册国际商标。同时，企业也可根据需要通过欧盟、非洲知识产权组织、单一国家等途径实施商标国际注册。在国际注册过程中，既要指导企业注重商标中文和外文的统一性问题，更要提醒企业重视商标标识在当地的本土化和民族认同感。市、县（市、区）工商局要从调查摸底入手，摸清辖区内外向型品牌企业的底数，了解掌握企业开展商标国际注册、品牌国际化情况的第一手资料。要结合地方经济产业特色，制订时间表，稳步分行业推进。

（二）加强品牌国际化经营与运作。各地要优选一批基础好、已有较高知名度的外向型品牌企业，落实责任人，形成重点企业品牌国际化帮扶机制。鼓励企业学习借鉴跨国公司品牌运作经验，夯实产品品质与服务，积极参加国际会展、论坛等活动，扩大国际市场影响。指导企业通过专利研发、广告策划、资本运作、在国外建生产基地、品牌合作收购等方式，丰富提升品牌营运能力。加强分类指导，指导定牌加工企业学会两条腿走路，实施定牌加工与自主品牌双轨并行，逐步增加自主品牌出口比例，先易后难，先进入发展中国家，再逐步打入发达国家。

（三）鼓励驰名商标企业大力开拓国际市场。各地要深入宣传驰名商标特殊法律地位和在国际市场中的特殊作用，全力支持和引导驰名商标企业运用特有的法律地位和自身的“金字招牌”，开拓国际市场。要学习借鉴浙江知名企业品牌国际收购经验，学会驾御国际品牌，为我所用。在合作并购过程中，要指导企业量力而行，避免消化不良；另一方面，要注意防范品牌收购陷阱，牢固树立打造自主品牌理念，注重维护自身品牌的权益，防止自身品牌的淡化和消亡。要提高驰名商标企业对品牌突发事件危机处置水平，珍惜已有的成绩和荣誉，理智应对及时修补。要高度重视依法解决驰名商标在国外、港台等地被恶意抢注事件，鼓励企业积极应对、大胆应诉。

（四）促进地理标志证明商标国际化。根据目前国际相关商标保护公约规定，地理标志证明商标与驰名商标一样，受到国际商标法律的特殊保护。我省注册的证明商标大多是原产地特色突出的农特优产品或具有千年历史文化积淀的工艺品，是浙江经济文化的集中体现和宝贵财富。各地要积极会同有关部门努力挖潜，增加申报总量，力争把我省更多的地方特色产品注册为地理标志证明商标。已经在国内注册的证明商标要加快商标国际注册，加速占领国际市场，积极参与国际竞争。龙泉青瓷、青田石雕、金华火腿、绍兴黄酒和茶叶等特色品牌要先行一步，为全省创造经验。

（五）加大品牌国际保护力度。遵循平等互利原则，对国外品牌走进来要一视同仁，严厉打击侵犯国际知名品牌企业的违法行为。对符合移送标准的要坚决移送，严禁以罚代刑。发挥“浙江省知名商标品牌保护联络网”作用，加强与国内外知名商标品牌企业的联系交流。要突出抓好专业市场商标的规范管理工作，坚决制止区域性商标假冒侵权情况的发生，切实维护涉外商标、国际知名品牌合法权益，为我省品牌国际化创造一个良好市场环境。对国内品牌走出去遇到的问题和纠纷，各地要积极协调反映。对遭遇恶意抢注、商标国际纠纷的企业，各级工商部门要主动给予帮助，当好参谋。

（六）加快品牌国际化知识普及。各级工商部门要采取座谈研讨、实务培训、资料发放等多种形式，大力开展企业商标国际注册保护等基本知识培训。要围绕品牌国际化的方向和路径开展社会宣传。用足用好省、市、县政府出台的鼓励品牌发展、商标国际注册补助等奖励政策，并争取出台相应配套政策。省局将积极支持品牌国际化企业争创驰著名商标，继续对外向型企业申报省著名商标予以政策倾斜。各地要积极宣传动员，切实把政策落实到位，提高企业品牌国际化意识。

（七）开展品牌国际合作交流。各市要充分利用省局与国外商标机构、中介组织搭建的合作交流平台，采取走出去与请进来相结合的方法，积极为企业解决品牌国际化进程中遇到的困难和问题。要根据品牌国际化建设中的新情况、新问题，开拓思路，适时组织商标国际组织、工商部门与品牌企业三方对接活动，面对面交流，增强指导的针对性和有效性。在学习国外商标制度的同时，积极宣传我国商标法律制度，建立互惠共赢机制。

（八）着力培育品牌国际化管理人才。鼓励企业培养和引进品牌经营管理方面的高级人才，引导企业经营者增强品牌意识，帮助开展企业国际品牌经营人才的培训工作，加快培养一支熟悉外国市场运作规则、拥有国际品牌运作管理经验又熟悉本企业文化的管理团队。各级工商部门要在邀请专家举办讲座、组织企业家考察交流方面搞好服务。要加强自身商标队伍建设，积极与有关部门、大专院校合作，开展商标法律法规业务进修培训。各级工商局要根据需要努力培养和选配必要的熟悉商标国际注册和管理的专业人员。

以上意见，请各地结合当地实际认真贯彻执行。

浙江省工商行政管理局

二〇〇八年六月十六日

中共杭州市委　杭州市人民政府
关于打造全国文化创意产业中心的若干意见

（2008 年 1 月 8 日）

市委〔2008〕4 号

为贯彻落实党的十七大和省第十二次党代会、市第十次党代会及市委十届二次、三次全会精神，实现打造全国文化创意产业中心的目标，提出如下意见。

一、打造全国文化创意产业中心的基本形势

1. 打造全国文化创意产业中心意义重大

文化创意产业是以创意与文化为基础，以知识产权的形成与应用为载体，以创造财富与增加就业机会为目标的产业集群，主要涉及文化艺术、影视传媒、信息服务、设计服务、时尚消费、咨询策划等领域。作为 21 世纪的朝阳产业，文化创意产业正逐步成为一个国家和地区经济社会发展的重要动力。杭州打造全国文化创意产业中心，是贯彻落实党的十七大精神，推动社会主义文化大发展大繁荣，加快“一名城、四强市”建设，满足人民群众日益增长的精神文化和健康需求的客观需要；是落实科学发展观，贯彻省第十二次党代会提出的“创业富民、创新强省”总战略和我市共建共享“生活品质之城”，推进文化创新，发展文化生产力的重要举措；是调整产业结构，转变发展方式，推进节能减排，打造“生态市”，实现先进制造业和现代服务业“两轮驱动”的有效途径。各级党委和政府要把发展文化创意产业作为杭州经济社会发展的一个战略增长极和战略支撑点摆上重要议事日程。

2. 打造全国文化创意产业中心条件优越

杭州发展文化创意产业有基础，有优势，有潜力。杭州拥有一批名校名社名企，各大文化创意产业园集聚了大批专业人才，具有丰富的人才优势；杭州自然环境秀美，创业环境和谐，政策环境宽松，具有优越的环境优势；杭州区位条件优越，市场经济发达，民间资本充裕，社会需求旺盛，具有充分的市场优势；杭州文化创意产业主要发展指标位居全国同类城市前列，产业门类齐全，部分行业优势突出，具有扎实的产业优势；杭州历史悠久，文化灿烂，“精致和谐、大气开放”的新时代人文精神彰显，具有独特的文化优势。上述五大优势为杭州打造全国文化创意产业中心奠定了坚实的基础。

3. 打造全国文化创意产业中心任务艰巨

与打造全国文化创意产业中心的目标相比，杭州文化创意产业发展还存在不少差距。从城市间横向比较，前有“标兵”，后有“追兵”；从杭州内部审视，产业发展呈现出“低、散”特征，产品原创能力和核心竞争力欠缺，高端创意人才和经营管理人才缺乏，基础服务能力不高，知识产权保护任务艰巨，产业发展总体上仍处于初级阶段。准确定位，扬长避短，培育特色，积极发挥比较优势，是杭州打造全国文化创意产业中心的关键所在。

二、打造全国文化创意产业中心的总体要求

4. 指导思想

以邓小平理论和“三个代表”重要思想为指导，深入贯彻落实科学发展观，紧紧围绕建设“生活品质之城”、“一名

城、四强市”和“创新型城市”的战略目标，遵循“创意是源泉、文化是内容、人才是基础、科技为动力、产业化为方向、效益为目标”的发展理念，以资源禀赋为依托，以“创造、创新、创业”为主题，以弘扬“和谐创业”理念为先导，发挥政府主导力、企业主体力、市场配置力“三力合一”的作用，着力提升文化创意产业的关联度和辐射力，不断提高对经济社会发展的贡献率，以文化力引领生产力，增强城市综合实力，推动“生活品质之城”建设。

5. 发展目标

到2010年，文化创意产业的整体实力加快提升，产业特色初具轮廓，产业集聚快速推进，创新能力不断增强，创业环境持续优化，人才资源加速集聚，品牌效应开始展现，产权保护有效加强，公共服务得到完善，基本构建引领浙江、辐射全国的文化创意产业信息发布基地、技术研发基地和产品交易基地；到2015年，形成产业规模巨大、产业特色鲜明、创新能力强大、创业环境一流、专业人才集聚、知名品牌众多、产权保护严密、公共服务完善的文化创意产业集群，以文化、创业、环境高度融合为特色，把杭州打造成为国内领先、世界一流的全国文化创意产业中心。

到2010年的具体发展目标如下：

——产业实力加快提升。三年内把文化创意产业打造成为杭州的新兴主导产业，产业增加值以年均20%以上的速度递增。

——产业特色初具轮廓。依托杭州的产业基础与资源禀赋优势，信息服务业、动漫游戏业、设计服务业、现代传媒业、艺术品业、教育培训业、文化休闲旅游业、文化会展业等八大行业优势进一步突出，初步形成具有区域特色的现代产业集群。

——产业集聚快速推进。统筹规划，错位发展，初步建成25个以上具有区域特色的文化创意产业园区或基地，建筑面积总量超过100万平方米，集聚文化创意企业数量超过1000家。

——创新能力不断增强。作品原创能力、技术创新能力显著提升，推出一批具有全国和国际影响的作品、产品，成为浙江技术研发和作品原创的龙头。

——创业环境持续优化。自然环境美化，政策环境优化，“和谐创业”理念得到大力弘扬，进一步确立文化人在实践“和谐创业”中的引领地位。

——人才资源加速集聚。吸引一批业内领军人物和创业团队，汇聚一大批创新与创意人才，就业总人数以年均10%的速度递增。

——品牌效应开始展现。以动漫游戏、文化演艺、数字电视、女装设计等行业为突破口，重点推出一批知名作品和企业，依托众多品牌的有机集成，初步形成“杭州创意”大品牌。

——产权保护有效加强。全民知识产权保护意识不断增强，知识产权保护政策法规体系得到完善，侵犯著作权、专利权、商标权等违法犯罪行为明显下降。

——公共服务得到完善。建成一批产业孵化平台、投融资服务平台、技术创新平台、产品制作平台、产品和产权交易平台，产业园区服务机构健全，服务功能增强。

6. 基本原则

——坚持以人为本。充分发挥文化人在实践“和谐创业”中的引领作用，激发市民群众的文化创造活力，推动生活和创业、文化与经济的完美结合，着力提升人民群众生活品质，满足人民群众的精神文化与健康需求。

——坚持自主创新。牢固树立“创意为王”、“内容为王”的理念，高度重视创意与创新的关键性作用，高度重视创意人才队伍建设，提高文化创意产业原创能力，提升产业综合竞争力。

——坚持改革开放。牢固树立新的文化发展观，推动文化创新，以全面深化文化体制改革为动力，加快文化创意产业发展；加大开放力度，搞好招商工作，充分利用国内外“两个市场、两种资源”，推动产业实现跨越式发展。

——坚持整合资源。打好浙江牌、中华牌、国际牌，整合各方资源，调动各种力量，合力推进文化创意产业发展；接轨大上海，融入长三角，优势互补，错位发展，增强集聚能力，构筑辐射高地。

——坚持突出重点。结合杭州城市定位及资源禀赋条件，实施大项目带动战略，确定一批重点发展、优先发展、鼓励发展项目，着力打造一批重点行业与重点园区，梯度开发，以点带面，形成特色鲜明、布局合理的产业发展格局。

——坚持三力合一。既要发挥好政府的主导作用，又要充分发挥企业的主体作用和市场配置资源的基础性作用，坚持政府主导力、企业主体力和市场配置力“三力合一”。

三、打造全国文化创意产业中心的重点发展行业

结合杭州的资源禀赋条件及城市发展定位，结合文化创意产业发展趋势，确定信息服务业、动漫游戏业、设计服务业、现代传媒业、艺术品业、教育培训业、文化休闲旅游业、文化会展业等八大行业为杭州的重点发展行业。信息服务业主要是指互联网信息服务业、广播电视传输服务业等；动漫游戏业主要是指动漫制作、网络游戏等数字娱乐类相关行业；设计服务业主要是指以先进装备制造设计、服装设计、包装设计、模型设计等为重点的工业设计业，以建筑设计、规划设计、园艺设计与城市色彩设计等为重点的建筑景观设计业及广告业；现代传媒业主要是指以内容和技术更新为特征的广播影视业、新闻出版业等；艺术品业主要是指绘画、书法、雕塑、篆刻、工艺美术等造型艺术业；教育培训业主要是指除学前教育、义务教育和高中教育以外的普通高等教育、职业技能培训及其他教育业等；文化休闲旅游业主要是指以人文资源为内涵的休闲旅游业；文化会展业主要是指文化类会展或富有文化创意内容的会展及活动。

7. 抢占高端市场，增强辐射能力，全力发展信息服务业

充分发挥杭州作为国家电子信息产业基地、国家集成电路设计产业化基地、国家服务外包基地等国家级基地的集聚与辐射带动作用，重点发展互联网信息服务、有线广

播电视传输服务、无线广播电视传输服务、卫星传输服务业等，推动科技型文化创意产业全力发展。坚持“孵小、扶强、引外”战略，加快引进国内著名科研院所、境外研发机构和企业，集聚创业人才。积极培育和拓展产业链与价值链，实现企业的资源整合与优势互补，抢占高端产品市场。到2010年，依托产业集聚和产业结构优化，打造“中国电子商务之都”。

8. 提高原创能力，加强共性关键技术攻关，大力发展动漫游戏业

以打造“中国动漫之都”为目标，重点发展动漫制作、网络游戏等数字娱乐类相关产业。坚持扶优扶强，鼓励作品原创，树立品牌效应。加强共性关键技术的科技攻关，提高原始创新和集成创新能力。加快公共服务平台建设，提高软硬件服务能力，降低运营成本。提升国家动画产业基地、国家数字娱乐产业示范基地等国家级基地的水平与规模，新建若干国家级基地。加快卡通城建设。提高产业原创能力，推动衍生产品开发，拓展产业链与价值链。到2010年，动漫产业原创作品年生产能力超过2.5万分钟，带动相关产业收入大幅提升，成为全国行业发展的“排头兵”。

9. 提高附加值，增加贡献率，开拓发展设计服务业

立足杭州先进制造业的产业基础，重点发展先进装备制造设计业、服装设计业、包装设计业与模型设计业等工业设计业，促进制造业结构调整和产业转型，实现由“杭州制造”向“杭州创造”转变。发挥在杭各大建筑设计企业和研究机构的带动作用，导入在杭高校的学科优势，以建筑设计为主体，辅以装潢、图文制作、建筑模型等相关行业，同时大力发展环境规划设计、园艺设计、城市色彩设计等新兴设计业态。提升广告业的创意与技术水平，培育知名品牌。到2010年，创意设计要素对制造业和建筑业增加值的贡献率明显提高，女装设计等行业优势突出，把杭州打造成为国内设计服务业的重要基地。

10. 引入现代科技，推动产业转型，优先发展现代传媒业

以广播影视业、新闻出版业为基础，以杭报集团、杭州文广集团、华数数字电视有限公司等为重点，推动纸质媒体与广播电视媒体合作，传统媒体与网络媒体融合。扶持重点影视制作机构，切实提高影视剧生产制作水平。发展电子音像出版业，组建杭州出版总社，打造具有国内外影响的杭州“数字出版基地”。推动印刷业技术和设备更新，扶持重点印刷企业发展。以家庭信息化终端、城市信息化综合平台为方向，拉长产业链条，推进“三网”融合，促进有线和无线数字电视业健康发展。到2010年，报业、广播影视业增加值明显提升，现代传媒业综合排名跻身全国前五名。

11. 依托名校名社资源，活跃艺术创作和交易，积极发展艺术品业

依托中国美术学院和西泠印社等名校名社资源，挖掘杭州文化资源，重点发展书法、绘画、金石篆刻和具有杭州优势和特色的工艺美术品。积极扶持和引进各类艺术及工艺美术工作室。积极发展画廊、古玩收藏市场，规范交易行为，培育一级市场。以西泠印社拍卖有限公司等企业为龙头，推动艺术品拍卖业上新台阶，进一步确立我市作为江南艺术品交易中心的地位。鼓励民间资本进入行业发展，培育艺术教育、创作、鉴定、交易、会展、文物艺术品开发等产业链。到2010年，依托产业的快速发展，把杭州打造成为全国一流、世界知名的艺术品创作和交易中心。

12. 着眼人才培养，提供智力支撑，着力发展教育培训业

充分发挥在杭高校雄厚的师资力量、良好的教学设施和丰富的办学经验等优势，推动教育培训业发展。以“高起点、差异化、多元化”为原则，既要重视高层次人才的教育培训，也要大力发展适应现代工业化进程需要的职业技能教育及青少年课外教育等。深化办学模式改革，鼓励社会力量投资兴教，走“政府推动、企业主动、校企互动”的道路，促进教育培训业良性发展。到2010年，建成城乡结合、校企合作、结构合理、和谐发展、具有杭州特色的现代教育培育体系，使教育培训业成为“一城七中心”建设的重要推动力量。

13. 推动文化与旅游结合，文化与生活共生，创新发展文化休闲旅游业

以建设“国际风景旅游城市”和“国际休闲旅游中心”为目标，依托茶文化、中医药文化及市民消费方式的更新，发展文化演艺、疗养保健、运动休闲等特色潜力行业，打造具有杭州特色的生活品质行业和文化休闲旅游行业。依托杭州丰富的旅游资源和文化资源，推进文化与旅游的有机结合，大力发展旅游演艺业，进一步打响“印象西湖”、“宋城千古情”、“西湖之夜”、“和平颂”等一批知名品牌。积极推动知名企业与项目实施“走出去”战略。到2010年，特色潜力行业的品质明显提升，确立旅游演艺业在全国的领先地位。

14. 以国际化为方向，培育重点展会，提升发展文化会展业

依托杭州、浙江产业优势，积极培育丝绸女装、动漫游戏、工艺美术、金石书画、雕塑邀请展等文化会展及活动。进一步提升中国国际动漫节国际化、产业化水平，创设文化创意活动周、文化创意产业高峰论坛等高档次会议会展。充分发挥西湖博览会、世界休闲博览会的品牌优势和平台优势，推出一批重大文体活动和文化会展。鼓励组织兴办各类对外文化交流展会和活动。建设国际会展中心、杭州奥体中心等场馆，完善配套服务设施。到2010年，形成一批以杭州特色文化为内涵、特色产业为依托的国际性、全国性会展品牌。

四、打造全国文化创意产业中心的重点发展区块

15. 抓好产业基础建设，近期重点打造十大文化创意产业园

——西湖创意谷。该园涵盖整个上城区，并辐射带动周边相关区域，主要包括“一园、三区”。一园是指以中国美术学院为依托的大学科技园，三区是指产业孵化区、展示交易区、时尚休闲区。该园区主要发展艺术品业、建筑

景观设计业及时尚消费等特色产业。

——之江文化创意园。位于之江度假区转塘镇。该园主要形成“两心一线”互动发展的格局。“两心”指中国美术学院象山校区和以双流水泥厂为基础改建的文化创意产业基地；“一线”指由“两心”向中间地带辐射，带动10%留用地商业文化用地建设。该园主要发展艺术设计与现代传媒等产业。

——西湖数字娱乐产业园。该园主要包括“一心、多点”。“一心”是指扩建的国家数字娱乐产业示范基地，包括益乐工业园1号楼、益乐综合楼、古荡科技区块等区域；“多点”是指国家数字娱乐产业示范基地西溪分园、紫金港分园等。该园重点发展动漫游戏与互联网信息服务等产业。

——运河天地文化创意园。位于运河沿线拱墅段周边。该园在发展LOFT49、A8艺术公社、唐尚433、乐富·智汇园等产业基地同时，规划保护拱宸桥西大河造船厂等工业建筑和历史民居，打造运河天地LOFT文化公园等新的产业基地。该园以工业遗存、历史建筑的保护利用为特征，各点适当错位发展，主要培育文化艺术、设计服务等产业。

——杭州创新创业新天地。位于杭州市下城区北部传统工业区(杭重东部区块)。该园将现有厂区用地置换成综合性用地，重点发展以建设新型都市工业示范区为特征的工业设计与科技孵化等产业，带动杭州次级商务中心的建设。

——创意良渚基地。位于杭州市余杭区良渚镇。该园依托良渚文化的弘扬，突出玉文化元素，重点发展文化生态旅游与时尚消费创意设计等产业，带动良渚镇及周边区块的和谐发展。

——西溪创意产业园。包括西溪湿地二期桑梓漾、南漳蹊、董湾等区块。该园依托西溪综合保护工程的实施和西溪文化的挖掘，以西溪艺术村落等为重点，吸引文化艺术界知名人士入驻，主要发展文化休闲旅游和文学艺术等产业。

——湘湖文化创意产业园。位于休博园威尼斯水城区块。该园以浙江省文化创意产业实验区挂牌运作为契机，带动湘湖周边区域产业集聚，主要发展艺术设计、文化休闲旅游及文化会展等产业。

——下沙大学科技园。位于下沙高教园。该园依托下沙高教资源和辖区企业的研发能力，重点建设新加坡杭州科技园、第五时尚设计产业中心及浙江传媒学院文化创意产业园、中国计量学院ZILOG(杭州)应用设计中心等高校文化创意园和机构。该园以发展高校经济为指向，各高校创意园根据自身特点错位发展，重点培育工业设计、新闻传媒与教育培训业等产业。

——白马湖生态创意城。包括现国家动画产业基地和正在规划建设的卡通城等，其中卡通城位于杭州高新开发区白马湖周边地区。卡通城开发主要依托国家动画产业基地的先发优势及杭州高新开发区信息服务业的产业优势，保护利用自然生态和文化资源，推动动漫艺术与信息科技、旅游休闲业相结合，重点发展以动漫元素为主要特征的文化创意产业和生态旅游业，建设宜业、宜居、宜游、宜文的白马湖生态创意城。

16. 挖掘潜力资源，培育发展新兴文化创意产业园

根据各区、县(市)经济社会发展进程，依托各地资源禀赋条件，因地制宜培育发展一批新兴文化创意产业园：

——依托老厂房、老仓库等工业遗存的改造和产业优化升级，挖掘潜力区块，培育LOFT式特色文化创意产业园。

——结合总部经济和楼宇经济发展，依托商务中心建设，推动产业的本土化与国际化接轨，培育发展以咨询策划、信息服务等为特色的文化创意产业园。

——依托文化体育基础设施及会议与展览设施，以休闲、演艺、娱乐、文化会展等产业为重点，培育发展若干商务圈休闲娱乐产业园。

——充分利用杭州丰富的风景旅游资源，依托历史文化和地域文化的挖掘和弘扬，加快文化休闲娱乐产品创意和设计，培育若干文化休闲旅游产业园。

——以高新技术产业区、高教园区为依托，推动文化创意产业与高科技产业相结合，促进科研成果的产业转化，培育发展若干以设计服务、信息服务、教育培训等为特色的环高新、环高校文化创意产业园。

——结合区、县(市)块状经济发展，鼓励、引导适应新型块状经济发展的文化创意产业园区建设，引领块状经济优化升级，增强区域经济竞争力。

五、打造全国文化创意产业中心的途径和举措

17. 以创新体制为动力推动产业发展

各级党委和政府要解放思想，转变观念，统一认识，牢固树立新的文化发展观，坚持以全面深化文化体制改革为动力发展文化创意产业，以文化创意产业大发展大繁荣，推动社会主义文化大发展大繁荣。

要坚持市区(部门)联动，加强对打造全国文化创意产业中心的领导。建立杭州市文化创意产业指导委员会，负责产业发展战略及重大事项的决策，委员会下设市文化创意产业办公室，负责日常事务。各城区及十大园区建设主体应同步建立领导小组及办事机构，各县(市)、市属相关行业主管部门可参照建立相应的组织机构或落实具体责任部门(处室)，推动所管辖产业的发展。

要通过深化改革，创新体制，充分发挥政府主导力、企业主体力、市场配置力“三力合一”的作用。通过落实机构，编制规划，制订政策，切实解决发展文化创意产业“有人、有钱、有章”的问题，充分发挥政府主导力；通过优化产业发展环境，降低创业成本，鼓励社会力量参与文化创意园区和企业的建设与发展，支持文化创意企业成立行业协会，加强产业合作和行业自律，充分发挥企业主体力的作用；通过推进区域市场化进程，加快形成竞争机制，引导人才、资金等要素资源自由流动，促进文化创意企业做大做强，充分发挥市场配置力的作用。

18. 以科学谋划为先导创新发展模式

以完善开发机制、优化资源配置为出发点，制定杭州文化创意产业发展规划。以十大园区作为打造全国文化创意产业中心的主平台，制订十大园区建设三年行动计划和年度工作计划，大力开展招商引资系列活动。制订完善《杭州市文化创意产业投资指南》。建立完善杭州文化创意产业统计体系和统计制度，定期开展统计分析。建立杭州创意指数和文化创意产业园的评价体系。加强产业理论研究工作，每年编写《杭州文化创意产业发展报告》。加强与浙江大学、中国美术学院、浙江传媒学院等高校的合作力度，实现高校及科研院所的智力资源优势向产业优势转化。

19. 以五大政策为举措促进投资兴业

——财政投入政策。自2008年起，市大文化产业专项资金更名为文化创意产业专项资金，资金规模提高到每年1.52亿元，并根据实际需要逐年递增，主要用于重点项目建设、园区建设、产业孵化、动漫产业、人才培养、理论研究等方面的资助、贴息与奖励。从市科技计划相关专项中安排一块，用于扶持文化创意类公共服务平台建设、关键技术攻关和孵化器建设等；将高新技术文化创意企业纳入市级高新技术企业认定范畴，凡经认定的企业可享受财政扶持等优惠政策。各城区、十大园区建设责任主体及有条件的县(市)也要在本级财政安排文化创意产业专项资金。

——税收优惠政策。切实抓好各项支持文化创意产业发展税收政策的落实。在梳理整合相关政策的基础上出台《关于统筹财税政策，扶持文化创意产业发展的意见》。进一步加强税收政策的宣传力度。

——投融资扶持政策。支持和引导金融机构、担保机构、产权交易机构及相关中介机构为文化创意企业提供融资服务。建立由政府相关部门和在杭金融监管部门参加的文化创意产业投融资服务联席会议制度。积极培育与发展为文化创意企业服务的创业投资基金(风险投资基金)，探索银行、文化创意企业、担保公司、创业投资基金四方合作的“桥隧模式”，通过担保制度创新，构建信贷市场和资本市场的桥梁，解决中小文化创意企业融资瓶颈问题。积极支持符合条件的文化创意企业改制上市，上市企业享受《杭州市人民政府关于促进企业上市的若干意见》相关政策。鼓励知识产权入股，支持企业通过引进战略投资者、吸纳社会资本等形式，推进企业股权多元化。

——园区建设及土地政策。鼓励盘活存量房地资源，妥善保护与开发工业遗存，支持文化创意企业发展。在符合城市规划的前提下，鼓励企业租用现有物业从事文化创意产业经营。对利用空余或闲置工业厂房、仓储用房等存量房地资源兴办文化创意产业，不涉及重新开发建设的，凡符合国家规定、城市功能布局优化及有利于产业升级的，经有关行业主管部门和财政部门确认，市政府批准，对划拨土地或非经营性出让土地的经营行为，可参照《杭州市区土地年租金征收实施细则》，土地用途和使用权类型保持不变，暂不征收原产权单位土地年租金或土地收益。对用于建设文化创意产业基地或建设项目的新增用地，符合条件的可给予优先安排，涉及用地指标的可在各级开发区和招商引资切块指标中解决。开展市级文化创意产业基地认定工作，凡被认定为市级基地的，由市本级按有关规定给予扶持。

——人才建设政策。在市文化创意产业专项资金、市人才专项资金中安排一块，用于文化创意人才的培养、交流、引进、使用和奖励。支持专业院校、教育培训机构和企业加强文化创意人才教育培训力度。重视文化创意产业领军人才的培养与引进，加强与海外高校、研究机构和企业的交流与合作，着力引进一批国内外文化创意类优秀人才和创业团队，对引进的非本市户籍的高层次文化创意人才，给予调动、落户、子女入学等方面的优惠政策。将高层次文化创意产业人才作为我市有突出贡献人才专项用房配售的重点对象之一，缓解人才住房困难问题。实施文化创意人才发现计划，启动“文化创意人才梯队工程”，支持文化创意人才创业，鼓励大学生创业，发现和培育一批新的创意人才、团队。开展杭州年度文化创意风云人物评选工作，推出一批创新创业的典型。

20. 以品牌战略为途径拓展全国影响

加快文化创意产业发展，打响“杭州创意”整体品牌，使之成为打造“生活品质之城”城市品牌的重要依托。立足现有产业基础，以动漫游戏业、文化休闲旅游业、艺术品业等为突破口，加大对原创作品的扶持力度，着力推出一批精品，发挥品牌的引领与示范效应。加大扶优扶强力度，培育一批知名企业和产业园区，着力打造具有全国影响力的“领头雁”和“排头兵”。定期编制和发布全市文化创意产业著名品牌、商标名录。加强品牌的宣传和推广工作，实施品牌拓展计划，鼓励与支持有实力的企业与项目实施“走出去”战略，依托品牌，输出管理，连锁经营，拓展市场。

21. 以知识产权保护为重点优化发展环境

充分发挥杭州市知识产权工作领导小组的作用，切实加强知识产权保护工作。积极开展知识产权保护系列宣传活动。切实做好“全国版权保护示范城市”建设工作。促进知识产权贸易，创造条件建立知识产权交易体系。搭建文化创意产业知识产权交易平台。鼓励和规范知识产权评估机构等中介结构的发展。制定与完善有关知识产权保护的法规条例，加大执法力度，坚决打击侵犯著作权、专利权、商标权等非法行为，对侵权行为举报人给予奖励。探索建立企业保守商业秘密和竞业限制制度，企业可以与知悉商业秘密的员工在劳动合同中依法约定保守商业秘密和竞业限制条款。

22. 以“和谐创业”为理念弘扬创新创业文化

进一步弘扬“精致和谐、大气开放”的新时代人文精神与“和谐创业”理念，发挥文化人在实践“和谐创业”中的引领作用，使“和谐创业”模式真正成为杭州发展的内在动力。落实“尊重劳动、尊重知识、尊重人才、尊重创造”的方针，牢固树立“人人都是创业环境、人人都是创业主体”的观念，营造鼓励人们干事业、支持人们干成事业的社会氛围，以一流的环境引一流的人才，以一流的人才创一流的企业，使杭州真正成为创新创业发展的热土。通过组织研讨交流、开展媒体宣传、进行展示活动等多种形式广泛深入传播"和谐创业"理念,进一步打造"和谐创业"模式。进一步构建文化力转化为生产力的通道,搭建知识界、文化界和经济界的交流平台,提升创业的文化价值和层次。加大对创业者的宣传力度,引导现代发展理念,挖掘创业成功典型,传播创业精神,弘扬鼓励创新、勇于探索、崇尚成功、宽容失败的创新创业文化。

上城区人民政府办公室关于印发《上城区"西湖创意谷"三年行动计划(2008—2010年)》的通知

上政办〔2008〕2号

区政府各部门、各直属单位,各街道办事处:

《上城区"西湖创意谷"三年行动计划(2008—2010年)》已经区政府同意,现印发给你们,望认真遵照执行。

杭州市上城区人民政府办公室

二〇〇八年二月二十九日

上城区"西湖创意谷"三年行动计划

(2008年—2010年)

根据市委、市政府打造全国文化创意产业中心的目标,为促进上城区文化创意产业健康快速的发展,加快"西湖创意谷"的建设与发展,进一步提升上城区综合竞争力,按照《"西湖创意谷"建设规划(2006—2010年)》的要求,特制定本行动计划。

一、指导思想与发展定位

(一)指导思想

以科学发展观为统领,围绕杭州市建设生活品质之城的战略目标,遵循"科技是手段,文化是内容、创意是源泉、人才是基础、产业化是方向、效益是目标"的理念,充分发挥上城区和中国美院的优势和特色,以"原创、高端、精品、时尚"为主题,突出创意、创新、创造的功能定位,逐步增强"西湖创意谷"品牌影响力和辐射能力,为"打造杭州RBD,构建和谐新上城"、推进"生活品质示范区"建设提供支撑。

(二)发展定位

1. 创意人才的集聚高地。通过建设"西湖创意谷",吸引和汇聚一批国内外有影响力的创新、创意人才,用事业凝聚人才,用实践造就人才,用机制激励人才,用法制保障人才,全面提升对创意人才的集聚力,不断发展壮大创意人才队伍。

2. 创意企业的培育基地。通过建设"西湖创意谷",推进创意产业孵化器等载体建设,为企业提供优越的产业发展环境,在企业培育、公共平台建设、人才培训等方向出台扶持政策,促进创意产业发展,培育创意企业群体,打造并完善创意产业链,形成新的产业发展群落。

3. 创意产业的公共平台。通过建设"西湖创意谷",整合政府、企业、院校等各方优势,汇集国内外精英,引进先进理念、技术和管理,以市场为导向,建立一个理念先进、功能齐全、资源整合、机制科学的公共平台,为创意企业提供开展产业信息发布、展示交流、技术攻关、知识产权服务、教育培训等全方位的服务。

4. 产学研合作的联结纽带。通过建设"西湖创意谷",加强上城区与中国美院的合作,以区校联动、产学研互动的方式,共建大学科技园等创新载体,实现产业发展与名校战略的有效联结,创业环境与创意人才的有效联结,政府导向与创业需求的有效联结。

二、三年行动目标

通过三年的建设,力争使"西湖创意谷"成为一个在国内具有一定影响、与国际接轨、全省一流的创意设计与服务的中心区,品牌影响大、辐射范围广、竞争能力强,经济效益优,力争建成省级以上文化创意产业基地。具体目标为:

(一)创意产业快速发展。通过"一谷多点"的建设格局,形成若干个特色鲜明的产业集聚区,成为上城区经济发展的一个新亮点。全区创意产业增加值年均增长20%以上,创意产业企业达到300家以上;培育一批具有自主知识产权和知名品牌的创意产业骨干企业,其中超千万元的企业20家。

(二)创意人才大量集聚。汇聚一批处于各领域高端的艺术家、科学家、企业家和中介服务人才,引进和培育一批在国内外有影响力的知名设计师、文化名人、工艺美术大师等，其中文化艺术领域高级职称人员和市级以上大师、专家达到100名。

（三）创造水平显著提升。服务于上城区、杭州市和浙江省的制造业，通过创意设计将传统制造业提升为生产拥有知名品牌的时尚消费品的产业，变中国制造为中国创造。

（四）RBD品牌得到彰显。“西湖创意谷”成为杭州RBD的核心与标志，成为带动区域整体发展的强势品牌，步入“文化长入经济，经济体现文化”的融入互动高级发展阶段，使上城区真正成为杭州市创意的中心、时尚的中心、休闲的中心、旅游的胜地。

三、重点发展领域

重点发展领域注重产业和文化的结合，坚持“有所为”、“有所不为”的原则，突出以设计创意为核心的产业特色，使之成为经济增长与自主创新的重要推动力量，形成产业集聚、布局合理、开放度高、带动性强、富有特色、充满活力的发展格局。

（一）产业设计类创意产业：主要指与工业生产相关的研发与设计活动，包括工业设计、包装设计、服装设计、商标设计等，在适应功能设计的前提下，力求在造型、色彩、材质、功能搭配和装饰物等的选择上突出时尚化特征。

（二）建筑景观类创意产业：主要指与建筑、环境等相关的研发和设计活动，包括城市建筑设计、历史文化名城保护、建筑景观规划、园林绿化设计、特色街区建筑设计、工程勘察设计及建筑装饰、室内设计等。

（三）信息软件类创意产业：主要是指与计算机软件领域及高技术产品生产有关的研发和设计活动，包括软件设计、数码产品设计、数字影视（娱乐）等新媒体、互联网文化创意等。

（四）文化艺术类创意产业：主要是指在文化艺术领域的创作和传播活动，包括文艺创作表演、广播、电视、电影、音乐制作、出版发行、摄影创作、艺术品创作、工艺美术设计、艺术品交易等。

（五）时尚消费类创意产业：主要是指休闲旅游、日常消费、生活娱乐有关的体现创造性及其价值的行业，包括文化旅游、休闲娱乐、餐饮购物、休闲体育、婚庆策划等。

（六）咨询策划类创意产业：主要是指为企业、社会团队、政府或个人提供各类商务、投资、教育、生活消费及其他咨询和策划服务的活动，包括广告、市场调研、品牌策划、金融咨询、会展服务等。

四、重点发展区块

重点发展区块的主要功能是引导创意企业向集群化发展，提高协作配套能力，形成完整的产业链，增强集聚和辐射能力，带动相关产业发展。重点发展区块的建设坚持以点带面，资源综合平衡的原则，重点建设大学科技园、产业孵化区、展示交易区和时尚休闲区，即“一园三区”。

一园：

1. 以中国美院为依托的大学科技园

结合钱江新城建设和城市改造，汲取“海上海”创意园的设计理念，引入“新文化”地产概念，以中国美院的人才、技术和成果为依托，联合共建“中国美院大学科技园”，建设一个集创业、展示、会务、交流、居住、商业等于一体的高标准的大型创意园区，为创意企业的集群化、规模化发展提供空间。通过该项目实施，培育和集聚大量创意人才与经营人才，完善“教学科研—创意设计—加工制作—市场营销—衍生产品开发”的产业链和价值链，形成基于创意产业链的企业集群，最终建成原创力最强、最具影响力的国家级创意产业科技园。

产业孵化区：

2. 以浣沙路为轴线的建筑设计产业带

以浣沙路为轴线，积极向西湖大道、开元路等区块延伸，以建筑设计为主体，辅以装潢、图文制作、建筑模型、建筑监理等相关行业，以杭州市城建设计研究院、杭州市建筑设计研究院、浙江省水利水电勘测设计院等优势企业为龙头，导入中国美院的学科优势，大力发展环境规划设计、园艺设计、城市色彩设计等新兴设计产业形态，构建完整设计产业链条。同时，通过优化空间布局、整合资源，大力引进国内外知名的建筑设计企业，通过项目合作、设计分包、专业化生产等商业模式，形成建筑设计企业集聚区。

3. 以创意产业孵化基地为核心的创意产业集聚区建设

我们将积极引导、推进以创意产业孵化基地为核心的产业集聚区建设。同时鼓励社会力量参与创办创意产业孵化基地，形成多种形式的孵化体系。通过孵化基地的建设，吸引创意人才创新创业。我们通过搭建公共服务平台，积极引进金融服务机构、促进创意企业做大做强。我们将加大对创意产业集聚区的建设，资助金额50—100万元。通过三年的建设，力争建成各类创意产业集聚区6个，形成“一谷多点”的建设格局。

4. 以文保点为主体的名人名家工作基地

积极探索文保点的新型保护机制，探索保护与开发相结合的新途径，在历史建筑的保护中，坚持保留原有风貌的同时，注入时尚、个性的建筑元素，吸引大师级的高端创意人才创办工作室，实现历史价值、艺术价值和经济价值的完美结合。

展示交易区：

5. 以清河坊为轴线的艺术品产业带

清河坊历史街区是杭州目前唯一保存较完整的古街区，是杭州悠久历史的一个缩影。以清河坊、杭州工艺美术特色园为轴线、辅以吴山通宝城、吴山博物馆、吴山科技馆、岳王艺术城，形成以字画、古玩、雕刻、工艺品、古董等为主的艺术品产业带。启用全息流量商业生态运行模式，将人文景观与自然生态景观和建筑景观有机融合，同时注重服务软环境的建设，完善展示交易、收藏加工、鉴赏拍卖、游乐购物、文化交流和商务等功能，积极推动中国古文化、艺术产业经济圈的崛起。推进文化产品出租与拍卖等服务业的发展，促进文化产品流通，为资本与艺术收藏品市场的进一步结合创造良好环境，繁荣文化艺术市场。

6. 以涌金创意家园为核心的艺术创作产业带

涌金创意家园以劳动路为轴线，以艺术创作、艺术品展览展示为主要产业形态，为个人艺术、创意消费提供空间，形成画廊、画苑、创作工作室、凤山艺术空间等业态布局，构建艺术创作产业带。整个产业带以文化为主，高档休闲为辅，集聚国际国内大批艺术大师及创意设计室，融艺术性和创意性于一身，彰显现代、时尚、创新的特色。大力推进诚信画廊建设，提升产业层次。

7. 以天工艺苑为中心的工艺美术产业带

结合天工艺苑的改、扩建工程，建设国博艺术馆、当代大师馆，吸引一批工艺美术大师和研究创作、艺术品经营人才，引进一些工艺美术企业、研发中心和行业机构，使其成为工艺品、美术作品的研发、创作、展示、交易中心，带动解放路地区工艺美术产业的发展，打造工艺美术产业带。指导和扶持天工艺苑与国家博物馆共建工艺美术研究院。

时尚休闲区：

8. 以南山路、万松岭路为轴线的文化休闲产业带

把区域内元素丰富的历史文化资源转变为产业发展的优势，加大资源整合和集聚力度，打造文化产业休闲链，构建以南山路、万松岭路为轴线的文化休闲产业带。加快以浪漫茶吧为主的“南山情怀”、工艺字画为主的“南山撷奇”、艺术风情为主的“南山艺苑”、风味餐饮为主的“南山百味”、休闲娱乐为主的“南山寻悠”等特色功能区快的建设。依托丰富的文化旅游资源，建设一批在国内外有影响力的精品文化旅游景区和旅游线路，推进南宋御街遗址展示厅建设和八卦田、六部桥、白塔公园的开发建设，努力策划一批在国内外有影响力的文化旅游活动，打造文化休闲旅游品牌。

9、以湖滨路为轴线的创意时尚生活产业带

创意时尚生活产业带以湖滨路为轴线，以东坡路、平海路为辅，通过品牌引领、产业集聚，以全新的时尚内涵，专卖店组合的独特的业态形式，濒临西湖的无与伦比的地理位置，造就迷人魅力，成为世界顶级品牌聚集地。创意时尚生活产业带总商业面积约18000平方米，主要经营国际品牌服饰、箱包、珠宝、手表、皮草、家居、美容及中西式餐饮等，由世界著名品牌商直接经营或指导经营。

五、创意产业集聚区的建设

（一）“开元198”

“西湖创意谷”的第一个基地“开元198”，建筑面积4000平方米，区财政投入了400多万元，变压器、通信、网络等公用设施基本到位，会议室等公共服务空间基本齐全。目前已经有杭州北斗星色彩研究所、东方丝国、谷谷艺术设计公司等9家企业入驻，吸引了吴海燕、宋建明、渠晨明、陈坚等一批创意人才。2007年实现营业额5000万元，利税500万元。“开元198”二期建设项目“创意产业展示中心”已经完成施工。该中心面积300平方米，主要用于创意产品的展示、时尚产品的发布、创意企业沙龙等。

（二）金巢TMT孵化基地

金巢TMT孵化基地面积4000平方米，主要孵化电子商务和网络运营类创意企业。我们积极引进中国第一家民营互联网VC—红鼎创投，通过与红鼎创投的合作，积极引进IDG、红衫等知名VC建立办事处，积极开展项目合作和企业引进。加强与VC的合作，引进项目、资本和管理经验。通过资本、管理经验和技术的联合，构筑TMT经济的一个孵化区，吸引TMT人才到上城区创业。目前已经有中华机械网、中国香精香料网、畅翔网、高校短讯网、E时尚生活网、商品资源网等9家企业入驻。

（三）杭州工艺美术特色园

杭州市工艺美术特色园位于上城区清河坊历史街区，工艺美术大师工作室总面积800平方米。在特色园里，汇聚了朱炳仁、王文英等国家级工艺美术大师5位，省级工艺美术大师5位，市级工艺美术大师6位。特色园一楼为工艺美术品的大卖场。特色园为工艺美术的创意搭建了集创作、展示、交易的市场化平台。

（四）字画一条街—涌金创意家园

涌金创意家园以劳动路为轴线，以艺术创作、艺术品展览展示为主要产业形态，为个人艺术、创意消费提供空间，形成画廊、画苑、艺术创作工作室、凤山艺术空间等业态布局，构建艺术创作产业带。涌金创意家园集聚了画廊、字画创作室25家，被认定为首批中国诚信画廊的杭州5家画廊都集中该区域。

（五）国博艺术中心

结合天工艺苑的改、扩建工程，建设国博艺术馆、当代大师馆，吸引一批工艺美术大师和研究创作、艺术品经营人才，引进一些工艺美术企业、研发中心和行业机构，使其成为工艺品、美术作品的研发、创作、展示、交易中心。该中心建筑面积3600平方米，已经有10多为大师有人驻意向，2008年10月完成装修工程。天工艺苑与国家博物馆建立了战略合作关系，成立了“杭州天工艺苑工艺美术研究院”。

（六）时尚园

时尚园创意产业基地是由我区与毛戈平艺术学校联合打造，以毛戈平形象设计艺术学校为基础，将一个废弃的工厂改造成为时尚园区。该基地位于江城路16号，面积7200米2，该基地主要发展时尚产业，主要包括形象设计、造型设计、服装设计和平面设计等。该基地改造投入650万元，2008年5月正式投入使用。时尚园将吸引东北虎等知名品牌和陈娟红等时尚人士入驻。

六、工作举措

（一）大力引进创意企业

要通过各街道、指挥部、部门形成合力，大力引进创意企业。一是要以人引企。通过引进高端的创意人才，举办艺术家沙龙等活动，形成名人效应。通过创意人才的相互交流和传送，鼓励和吸引更多的创意人才来我区创业。二是以企引企。鼓励中小创意企业与规模以上的、有实力的创意企业合作，在我区成立分支机构和子公司。鼓励创意企业作为为主要发起人，成立行业协会或行业分会。通过行业协会引进更多的创意企业。三是以势引企。积极开展创意产业展示活动，如通过美院引进设计双年展活动，举办设计产品展等，使上城区成为创意展示的主要阵地。通过展示环境的营造，引进创意企业。

（二）提升创意企业竞争力

达·芬奇说:“艺术借助科技的翅膀才能高飞”。当今时代,高新科技已经成为社会生产力发展的火车头,同时也极大地促进了创意思的发展。今天,电子传媒及数字化、网络化的崛起,对于创意的传播起到了首要的作用。衡量一个艺术表演作品的社会影响,不仅看传统意义上的剧场演出场次,更重要的是要看其转换成各类音像制品的发行量以及利用电视、互联网络传输的程度。因此高新技术的运用,不仅能带来创意作品本身的成功,而且也可以创造巨大的经济价值。通过运用高新技术,积极推动创意产品的多层次开发和网络化服务,加大创意产品的开发力度,努力提高创意产品的科技含量,满足人们日益丰富的需求,提升创意企业的市场竞争力。

(三)培育壮大骨干企业

创意产业要做强做大,首先创意企业要做强做大,按照大企业带大产业的思路引进并推出一批实力雄厚、竞争力强的大型创意企业。一是从培育市场主体上突破,逐步形成具有一定规模的创意产业群体和具有较大包容性和扩张性的综合性集团,使创意产业上规模、上水平。以科技设计能力优化为抓手,加大对杭州城建设计院、杭州建筑设计院、浙江水利水电勘察设计院、华策影视、利群阳光、龙马广告等骨干企业的扶持。从凸现特色优势上突破,努力打造富有上城特色、上城创意的响亮品牌。加强清河坊、湖滨路等特色街区的建设,加强杭州工艺美术特色园、朱炳仁铜雕博物馆等的建设,大力发展特色旅游,提高旅游业的文化含量和市场竞争力。

(四)造就创意产业人才

人才是发展创意产业的关键。要牢固树立人才资源是第一资源的观念。努力发现、加快培养、积极引进、合理使用创意产业方面的人才,造就大批有想象力、创造力和个性化的创意人力资本。结合创意产业科研工作的开展,建立我区创意产业建设人才库,采取有力措施加强人才储备。改进人才管理和使用制度,建立规范灵活的人才有偿转让和自由流动的机制,继续实施对有突出贡献专业人才的奖励政策,对外来人才和本地人才一视同仁、平等相待,努力促进人才的交流和合理有序流动。允许和鼓励具有自主知识产权的人才创办创意企业,或占有企业股份,参与利润分配,使其价值得到充分体现。

七、保障措施

(一)加强组织保障,形成建设合力

成立“西湖创意谷”管委会,由中国美院与上城区政府的领导与相关部门负责人组成,主要负责编制“西湖创意谷”的发展规划,制定产业政策,统筹全区的创意资源,指导公共平台与重点项目的建设以及孵化基地的运行。管委会下设办公室,设在区科技局,负责日常管理与协调。成立“西湖创意谷”顾问委员会,整合各文化创意专业机构的力量,聘请全国文化创意领域知名专家学者担任顾问,协助管委会对设计谷的发展给予咨询和指导。管委会下设创业服务中心,创业服务中心负责公共平台搭建和孵化基地的建设与管理,为创意企业提供成果转化、产学研合作、产业化、投融资、企业管理等综合孵化服务。

(二)转变政府职能,加强机制保障

切实转变政府职能。继续推进文化管理体制改革,逐步理顺政府与文化企业、文化市场之间的关系。政府管理从以行政手段为主逐步向以经济和法律手段为主转变,将重点转移到产业规划、市场监管、政策支持、法规建设、公共服务上来。积极探索符合“西湖创意谷”发展的领导方法、组织体制、工作方法,坚持市场化的运营机制,实行政企分开,各尽其职,通过制度创新,建立和完善党委领导、政府管理、行业自律、企业依法运营的文化创意产业管理体制和富有活力的经营机制。

(三)加大投资力度,形成多元化的资金筹措机制

加大对“西湖创意谷”资金投入的力度,优化财政在文化领域的投入结构和投入方式,充分发挥财政资金的引导和带动作用,支持有市场发展前景的文化创意项目的产业化,支持关键技术的开发和公共平台建设,支持文化创意产业链的形成。设立文化创意产业发展专项资金,五年内每年安排500万元,主要用于创意产业集聚区建设。开辟多种融资渠道,搭建投融资平台,形成以企业投入、政府资金、银行贷款、文化产业基金、风险投资等相结合的多元化的投入机制。支持民资、外资以合资、合作、参股、兼并、收购、项目招标等形式投资兴办文化创意企业。通过政府推动和市场驱动,使社会资金向创意产业流动,带动产业要素集聚,形成特色鲜明的创意产业板块和聚集区。

(四)制定专向扶持政策,完善政策体系

认真贯彻执行国家和省市支持文化事业发展的政策,制订上城区加快文化创意产业发展的系列政策,进一步从财政政策、税收政策、投融资政策、文化设施建设政策、人才激励政策等方面加大扶持力度,创造有利于创意产业发展的政策环境,为处于萌芽状态的创意产业提供快速起步的发展机会。通过积极的政策引导,形成明确的投资导向,鼓励与带动社会资本进入文化创意产业领域,鼓励以社区、企业和个人名义建立有特色的文化创意企业。积极寻求与境外知名品牌和文化企业的合作,推动上城文化创意产业快速发展。

(五)建设公共服务平台,深化服务功能

建设效能型、服务型政府,不断改善创新创业环境,打造投资人的天堂和文化人的天堂。发挥管委会办公室的综合服务平台作用,整合上城区和中国美院的各类资源,构筑宣传推广、信息互动、展示交易、投资咨询、教育培训、国际交流、业务代理等服务平台,推动产业集聚,调动创意企业、机构及创意人才的积极性,整体推进创意产业发展。积极发展独立公正、规范运作的各类文化创意中介机构。充分发挥中介机构的网络化、功能化、社会化优势,为广大创意企业提供信息、交流、培训、咨询、引才、融资、专利代理等方面的服务。突破地域界限,加快发展优势文化创意行业协会组织,创造条件,吸引全国性的文化创意行业协会落户“西湖创意谷”,发挥行业协会在协调行业发展、维护知识产权等方面的作用。

中共江干区委　江干区人民政府
关于大力推进经济发展方式转变
加快构筑中心区产业体系的若干政策意见

江委〔2008〕1号

各街道、镇，区直属各单位：

为深入贯彻落实科学发展观，大力推进经济发展方式转变，加快构筑与大都市中心区相适应的产业体系，促进我区经济又好又快发展，按照注重导向、突出重点的原则，特提出如下意见：

一、转型发展城市工业

1. *推动实行总部化发展模式。*S对我区重点工业企业，鼓励其向外发展，其主要母公司或主要控股公司留在我区，形成结算中心、营销中心、研发中心等总部职能且年度纳税500万元以上的，原则上以该企业2007年度实缴税收为基础、每年增长10%确定各年度基数，超过基数部分的新增区财政贡献的60%给予奖励。有关销售收入（营业收入）、税收贡献等合并列入集团公司经营业绩综合考评范围，作为表彰奖励的依据。

鼓励搬迁企业留总部。对经认定的销售、研发等总部设在本区，生产基地设在区外且搬迁前纳税额在30万元以上的搬迁工业企业，以其对区财政贡献的60%给予奖励。

2. *推动组建规范化集团公司。*对列入区集团企业培育计划的公司，区有关部门应加强服务，组建集团和设立总部有关规税、规费按权限给予免收，不能减免的按实交额的区留成部分给予财政资助。从集团公司完成组建当年起，其在本区的控股子公司实施投资、技改、创新等财政资助项目时，属国家级、省级、市级重点项目的，在原有资助标准的基础上，相应增加4个、3个和2个百分点，一般项目增加1个百分点，资助额度原则上以该企业2007年度实缴税收为基础、每年增长10%确定各年度基数，超过基数部分的新增区财政贡献的50%为限。

3. *鼓励做大规模。*对新进入全国500强或全国民营企业500强的企业，分别给予企业主要经营者一次性奖励30万元、25万元（同时进入两项排名的从高奖励）。对年度工业销售（营业）收入首次超过10亿元、20亿元、30亿元、50亿元、100亿元且年度实缴税额增长10%以上的工业企业，分别给予企业主要经营者一次性奖励5万元、10万元、20万元、50万元、100万元（当年跨档上台阶的可以累计奖励）。

4. *推动集约发展。*鼓励标准厂房业主加强招商引资和承租企业的管理，按标准厂房承租企业合计纳税总额计算，高于40万元/千平方米的，按承租企业当年比上年新增区财政贡献的30%奖励给标准厂房业主。

鼓励工业企业利用存量土地和厂房，以转产、合资、合作、出让等形式发展符合产业导向的产业，以原企业上年度缴纳税收为基数，三年内按各年度新增区财政贡献的30%奖励给原土地、厂房业主。

对通过杭州市清洁生产审核的企业，被评为省、市循环经济示范（试点）的企业，区重点工业用能单位年度目标管理责任制考核达标的企业，每家奖励2万元。重点节能减排技术改造项目财政资助标准上浮1个百分点。

5. *鼓励建筑企业发展壮大。*对年纳税总额在1000万元以上或新引进的年纳税总额在500万元以上的建筑企业，按其年度新增区财政贡献的40%给予奖励，对其在区内承接政府投资项目工程予以支持。

对取得特级施工总承包资格的建筑业企业，给予一次性奖励50万元；对施工总承包企业取得国家一级资质的，给予一次性奖励10万元；专业施工承包企业取得国家一级资质的，给予一次性奖励5万元。

6. *建立城市工业发展考核和服务制度。*每年年初，由区发改局制订城市工业发展特别是总部型、集团型企业培育的目标任务，分解下达到各镇、街道，加大考核力度，配套相应的激励措施。建立区领导、区有关部门、所属街道（镇）和企业结对联系制度，加强政府和企业的沟通，加大服务工作力度，实现政府导向和企业发展意向的统一，不断增强发展合力。

二、大力发展现代商贸服务业

7. *鼓励发展现代商业。*对在我区年度纳税总额首次达到2000万元以上的大型购物中心、零售百货企业，或者1000万元以上大型综合超市、500万元以上的大型专业店和连锁店等企业给予一次性奖励20万元、10万元、5万元的。并以该企业上年度实缴税收为基础每年增长10%确定各年度基数（新引进企业当年度纳税额即达到上述标准的，该年度基数按照“一企一策”的原则进行确定，以后年度基数按上年度实缴税收为基础每年增长10%确定），超过基数部分的新增区财政贡献的30%给予奖励。

8. *鼓励酒店宾馆业上档次。*对首次评定为四星级、五星级宾馆（酒店）的，分别给予一次性奖励20万元、50万元。对宾馆酒店年度税收达到500万元以上、餐饮企业年度税收达到200万元以上的，以该企业上年度实缴税收为基础、每年增长10%确定各年度基数（新引进企业当年度纳税额即达到上述标准的，该年度基数按照“一企一策”的原则进行确定，以后年度基数按上年度实缴税收为基础每年增长10%确定），超过基数部分的新增区财政贡献的30%给予奖励。

9. 鼓励创建特色街区。鼓励各类主体挖掘潜力、整合资源，培育打造一批有利于提升城区品位、增强城市功能的特色街区。区政府根据每年对全区特色街区的建设进行验收考核，对达到标准的，按创建实绩给予一次性奖励（考核奖励办法另行制定）。

10. 扎实推进专业市场改造提升。认真落实一年准备、三年全面实施，五年完成改造提升的“135”目标，对实行商场化、公司化、楼宇化、总部化改造提升的，以其改造提升前一年度缴纳税收为改造提升完成后当年度的基数（以后年度按该企业上年度实缴税收为基础、每年增长10%确定各年度基数），超过基数部分的新增区财政贡献的30%给予奖励。对自行搬迁（含自行停止举办）的专业市场，予以大力支持和奖励。对按期达到改造提升要求的单位，落实好杭州市商贸流通设施改造项目配套资助政策。同时，加强对一般专业市场的监管，努力推动我区专业市场加快改造提升、转型发展。

三、加速发展楼宇经济

11. 打造千万元税收楼宇。对经申报并列入区重点培育计划的商务楼宇，其年度纳税总额（不包括房地产企业）达到1000万元以上并较上年度有较快增长的，给予楼宇管理机构（或招商机构）5万元奖励。在此基础上，对超过1000万元—3000万元以下（含3000万元，下同）的部分，按0.8%奖励；超过3000万元—5000万元以下的部分按1%奖励；超过5000万元—7000万元以下的部分按1.2%奖励；超过7000万元—9000万元以下的部分按1.3%奖励；超过9000万元以上的部分按1.5%奖励。

12. 推动特色楼宇发展。对区政府重点培育的特色商务楼宇（入驻企业以中介服务、科技研发、文化创意、服务外包产业等为主），同类企业入驻（以在我区纳税为准）面积达到楼宇总面积50%的，给予楼宇管理机构（或招商机构）20万元奖励；在此基础上，入驻率每增加10个百分点，增加奖励10万元。

13. 鼓励创新楼宇招商方法。鼓励商务楼宇开发单位持有楼宇物业并进行自主招商，引进优秀企业入驻。探索试行楼宇承包招商，试行把整幢楼宇的招商工作面向社会进行公开招投标，达到千万元以上税收楼宇或特色楼宇标准的，按上述政策给予奖励。各街道、镇和区有关部门要带头探索特色楼宇招商新路子，年底区委、区政府予以表彰奖励。

14. 鼓励引进规模型、龙头型企业。对商务楼宇中当年纳税总额在200万元以上的中小型商贸企业，100万元以上的会计、法律、装潢、设计、咨询等中介服务机构，50万元以上的科技型企业，以其年度新增区财政贡献10%以上部分的50%为额度给予奖励（新引进企业当年度纳税额即达到上述标准的，该年度基数按照“一企一策”的原则进行确定），并对在同行业中的龙头性企业或获得一定资质的企业在上述额度基础上再提高10个百分点。对入驻区政府重点培育的特色楼宇且达到一定规模的特色产业骨干企业，以其年度区财政新增贡献10%以上部分的60%为额度给予奖励。楼宇内新引进的企业总部按本意见“总部经济”有关政策执行。

15. 建立楼宇经济发展考核和结对服务制度。每年年初，由区商贸旅游局按照各地实际，明确各镇、街道招宇经济发展目标任务，制订考核办法，明确目标和职责，配套考核奖励政策。加大楼宇经济发展服务力度，对列入重点培育计划的千万元以上税收楼宇和特色楼宇，分别由四套班子领导和特色楼宇主体产业相关的区有关部门结对帮助，所属街道、镇负责对上述楼宇的日常服务。

四、加快引进企业总部

16. 鼓励引进区外企业总部。对从区外引进、符合认定条件，在我区设立的各类企业总部，根据其注册资金规模，给予一次性奖励。对世界500强的地区性总部，奖励力度适当加大。

17. 扶持总部大楼建设。对从区外引进、符合认定条件的企业总部（入驻我区除钱江新城核心区的，按市委〔2006〕6号文件执行），建造总部大楼的，努力帮助争取建设用地；购买办公楼的，按自用部分的房屋购买价的1.5%给予资助；租用办公房的，三年内分别给予每年40—50元/平方米的租金补贴。资金从该企业对区财政贡献中支出。

18. 支持新引进企业总部持续快速发展。对新引进的企业总部，按照“一企一策”的原则，确定企业当年度税收缴纳总额目标，在此基础上，按照每年增长10%确定各年度基数，以超过基数部分的新增区财政贡献（不包括在我区开发的房地产项目所缴税收）的50%给予奖励。

五、积极推动企业上市

19. 搞好企业上市培育。对列入杭州市上市培育对象的企业，在企业办理有关权证过户、土地资产处置、国家给予企业的扶持资金处理、科技创新和产业发展项目资助、人才引进等方面，按照江政发〔2007〕36号文件规定给予大力支持。并从被列为培育对象当年起不超过3年，按其企业所得税年递增一定幅度以上的区财政留成部分的一定比例为额度补贴给企业。

20. 鼓励企业加快上市。对实现国内上市且注册地、纳税登记在我区的企业，根据募集资金规模，给予一次性奖励100万元；对实现境外上市，给予一次性奖励50万元。

对企业通过购并方式实现境内外上市（取得相对控股权并成为第一大股东）并将上市公司注册地、纳税登记迁至我区的，或外地上市公司将注册地、纳税登记在我区的，除享受区推进总部经济发展的有关鼓励政策外，再给予一次性奖励100万元。

六、提升自主创新能力

21. 鼓励发展高新技术企业。对经认定的国家、省、市级高新技术企业，分别一次性给予50万元、30万元、10万元的奖励，对不同年度获得高一级认定的进行补差奖励。并国家、省、市级高新技术企业研发投入分别达到销售收入的8%、5%、3%的，三年内，以其对区财政新增贡献的50%为额度资助其研发投入。

对列入区重点培育计划的创新型企业，其当年(实缴增值税+营业税及附加+利润总额/产品销售收入)达到15%以上的，按其对区财政新增贡献年度环比递增10%以上部分的30%给予奖励。

22. *加强各类创新平台建设*。鼓励企业建立高新技术研发中心、工程技术中心，对新认定或引进的国家、省、市级研发中心、技术中心，分别给予100万元、50万元、30万元的资助。引导和支持各主体单位创办科技孵化器(科技楼宇)，对认定为国家、省、市级科技孵化器分别给予50万元、30万元、20万元的奖励，并自认定起3年内，按孵化器内所有的企业产生的税收对区财政的贡献，分别给予孵化器管理机构50%、30%、20%、10%的资助。对新建院士工作站、博士后工作站等创新载体，经认定后给予企业一次性10万元奖励。

23. *鼓励加大研发投入和产业化力度*。列入区高新技术产业化重点项目的，依据研发投入情况给予一定的资助，并从其产生效益之年起，三年内按新增区财政贡献的40%予以资助。对利用自主知识产权和自有专利进行产业化的企业，发明专利当年销售额500万元以上，实用新型专利当年销售额1000万元以上，经审核认定分别给予销售额1%和0.5%的奖励，奖励额度最高不超过30万元。

24. *鼓励支持企业加强自主品牌建设*。对获得中国名牌产品、中国驰名商标的，各奖励30万元；获得浙江省名牌、著名商标，各奖励20万元；获得杭州市名牌、著名商标各奖励10万元。

25. *加强创新人才的引进和培养*。鼓励各类高层次科技人才以其科技成果来我区创办企业，视情给予一次性创新资助。凡入选国家、省级、市级人才工程培养人选并获得财政奖励的，区财政按规定给予配套资助。对进入我区企业工作并签订3年以上聘用合同的高层次紧缺人才，经一定程序考核认定后，在三年内按引进人才的实际工作月数，按照有关标准给予补贴。市级以上高新技术企业中的核心科技人员个人所得税对区财政贡献部分，由区科技局在次年专项资金中安排一定额度予以奖励，奖励范围分别按照国家、省、市级高新技术企业科技人员总数的30%、20%、10%予以核定。具有高级职称、博士学位以上的人才在我区连续服务1年以上的，其子女在区内就学优先照顾。

七、其他

26. *实行年度优秀企业评选*。按照引领中心区产业体系发展方向的要求，根据我区经济发展的阶段性特点，每年分不同的产业类型评选一定数量的优秀企业，对企业和主要经营者在年度经济工作会议上予以表彰奖励。

27. *政策享受范围*：财政收入级次为江干区级的各类企业以及属地管理的省、市属企业及其经营者可享受本意见规定的各项政策。若同一企业同一项目适用多项的，可以择优选用，但不重复享受。企业迁出江干区(政策性要求的除外)，须将该企业所享受的奖励资助全额返还区财政。

对不符合我区产业发展目录要求或资源利用效率低下的企业，对当年发生重大安全生产事故、严重欠薪行为或严重违反环保法律法规的企业，停止享受各项产业扶持政策。

28. *资金承担*：上述政策所需资金，一次性奖励由区财政负担。凡与财政贡献挂钩的奖励和资助项目，由区本级与街道、镇财政和科技经济园按财政体制共同承担。在兑现政策时，先由区财政统一支付并由各街道、镇和科技经济园分别送达所属相关企业，然后按上述规定由区财政部门与各街道、镇和和科技经济园进行结算。

29. *政策兑现时间*：上述政策中，一次性奖励在区年度经济工作会议时兑现，其他政策在年度后由有关部门牵头拟定资助方案，报区政府同意后兑现。

30. *政策细化和实施*。上述政策要求，由区委政研室、区财政局牵头，会同发改局、商贸旅游局、招商局、科技局制定实施细则，区委政研室、区财政局负责解释。由区财政局牵头，会同发改局、商贸旅游局、招商局、科技局提出方案，报区委、区政府审定后进行政策兑现。

转型发展城市工业和加快引进总部中的有关政策，情况特殊的，可以采取“一企一策”。农业龙头企业实行总部化发展模式的，也可参照享受有关政策。

本意见自2008年1月1日起实施，执行时间暂定3年。我区原有的各项产业扶持政策停止执行。

二〇〇八年二月五日

中共西湖区委办公室　西湖区人民政府办公室
关于印发《西湖区建设现代服务业强区三年行动计划》的通知

西委办发〔2008〕168号

各镇党委、政府，街道党工委、办事处，区属各单位，之江国家旅游度假区各单位：

《西湖区建设现代服务业强区三年行动计划》已经区委、区政府同意，现印发给你们，请认真贯彻执行。

中共杭州市西湖区委办公室
杭州市西湖区人民政府办公室
二〇〇八年十月二十三日

西湖区建设现代服务业强区三年行动计划

为进一步贯彻落实区委、区政府实施"现代服务业强区"战略，努力推进全区产业结构优化升级，提升区域综合竞争力，结合我区实际，制订本行动计划（2008—2010年）。

一、指导思想

围绕"建现代服务业强区，创全国最美丽城区"的目标，以科学发展观为统领，以特色品牌为核心，以自主创新为支撑，以新兴产业为重点，完善市场机制，强化政府引导，提高集聚水平，逐步建立起布局合理、结构优化、机制灵活、功能完善、效益显著、符合区情的现代服务业体系，加速服务业大区向现代服务业强区转型提升。

二、发展目标

（一）总体目标

通过三年努力，使服务业增加值占地区生产总值、服务业从业人员占全社会从业人员、服务业税收对全区税收的贡献率三大比重进一步提高；现代服务业国际化、信息化、市场化、产业化步伐加快，综合竞争力进一步增强，实现由服务业大区向现代服务业强区的跨越，初步建设成为浙江省创新服务中心、创意设计中心和杭州市休闲旅游中心、电子商务中心、高端商务中心。

（二）具体目标

1.2008—2010年，服务业增加值（按现价）年均增长15.88%，到2010年达到380亿元，占地区生产总值的比重提高到80%以上。

2.到2010年，服务业实现地方财政收入39.2亿元，贡献率达80%以上。

3.到2010年，现代服务业增加值占服务业增加值总量达到90%以上，现代服务业地方财政收入占服务业地方财政收入总量达到90%以上。

4.三年内培育税收千万元楼宇30个，亿元楼宇9个。

5.三年内引进服务业企业总部18家，到位资金20亿元；培育发展一批主业优势明显、核心竞争力强、经营管理水平高，具有较强投融资能力、扩张能力和区域竞争力，能带动全区、全市乃至整个长三角地区经济快速发展的服务业大企业、大集团。

6.全面推进之江新城建设，启动西溪天堂综合体、五里塘生态休闲商务综合体、西溪湿地国际旅游综合体建设；加快龙坞旅游综合体、西溪商务城综合体、西溪天地综合体规划前期工作。

7.服务业中文化创意、商务服务、电子商务等知识型服务业发展居全市前列，面向全省的服务作用处于领先地位。

8.形成较为完善的现代服务业发展分类管理、服务协调工作机制和科学健全的现代服务业管理体系。

三、重点领域

加快发展文化创意产业、商务服务产业、休闲旅游产业、服务外包产业、电子商务产业、金融服务产业。

（一）文化创意产业。将文化创意产业作为我区发展现代服务业的首选产业。加强与浙江大学、中国美术学院的合作，发挥我区区位、人才、产业基础和空间资源优势，突出数字娱乐、设计创意、教育培训等重点领域，以杭州数字娱乐产业园、之江文化创意园和西溪创意产业园三大产业集聚区建设为核心，着力打造成为杭州市设计创意中心、浙江省文化创意产业人才培养基地、长三角区域自主创新策源地和中国文化创意产业研究与产品展示交易中心之一。

（二）商务服务产业。将楼宇经济作为我区发展现代服务业的主要载体。加强引进和培育，积极创新发展方式，重点发展科研服务、咨询评估、检测鉴证、市场中介等商务服务业。以中高档商务楼宇为主要载体，巩固和拓展发展空间，提高基础设施配置水平，优化美化发展环境。努力将黄龙国际商务区建设成为具有会计、法律、咨询、检测、鉴证、代理、行业协调等综合性功能，辐射服务全省的高水平、现代化、国际化高端商务服务中心。

（三）休闲旅游产业。将休闲旅游经济作为我区现代服务业经济的重要支撑。继续实施“旅游西进”战略，以之江新城和西溪湿地等旅游综合体建设为契机，提升发展之江国家旅游度假区、西溪国家湿地公园、龙坞休闲村落等优势旅游休闲品牌，加快建设灵山、大清谷等景区，大力开发湿地观光游、商务休闲游、乡村度假游、户外运动游、高校修学游等特色休闲旅游产品，努力形成会展、餐饮、演艺、观光、休闲、度假的休闲旅游产业链，打造杭州市重要的休闲旅游中心。

（四）服务外包产业。抓住国际产业资本转移的机遇，发挥我区信息服务和软件、商务服务产业基础优势、专业技术人才优势，主动承接在岸、近岸和离岸的软件服务等信息技术外包(ITO)，以及动漫制作、金融服务等业务流程外包(BPO)，提高我区现代服务业的国际化水平。以浙大科技园、文三路电子信息街区和西湖科技经济区块为主要基地，争创杭州市第三个服务外包示范区。

（五）电子商务产业。依托浙江省专业市场优势，瞄准全国和国际市场，积极推进跨行业、跨地区的网络商务协调，为电子商务企业打造垂直产业链体系提供良好的发展环境。在现有各类电子商务平台企业的品牌基础上，塑造区域电子商务品牌，打响“中国电子商务之都核心区”和“杭州市电子商务中心”品牌。进一步完善信息基础设施、现代物流体系和安全支付体系，加强电子商务生态链建设，为我区电子商务发展提供强有力的支持。

（六）金融服务产业。提高对金融服务业战略地位的认识，把握国际国内金融服务业创新发展带来的机遇，提升发展银行、保险、证券、风险投资、担保租赁、财富管理等金融行业，培育发展金融信息技术外包服务和金融业务流程外包服务，打造杭州市新兴的国际金融服务中心区和金融信息服务基地。以黄龙国际商务区为核心，大力引进外资银行、民营银行、保险公司、证券和基金、风险投资、担保租赁等金融企业的区域总部，开拓发展贸易融资、私募基金、创投基金、外汇理财、股权投资、担保服务、金融租赁等金融业务。发挥科技创新资源聚集优势，依托大学科技园、软件园、天堂硅谷创业创新投资服务中心等，提升发展风险投资业及相关咨询研究、中介服务等支持产业，打造全市金融服务副中心和全省风险投资高地。

四、重点功能区块

（一）一核：杭州（城西）中央智力商务区 CIBD。以黄龙国际商务区为基础，向西拓展至丰潭路，北部拓展至余杭塘河，向东延伸至莫干山路、环城西路，包括黄龙国际商务区和文三路电子信息街区。杭州（城西）中央智力商务区立足服务长三角和全省、全市科技创新，重点打造商务服务、金融服务、科技研发、文化创意、商贸会展、休闲旅游等服务功能。发展策略上以高档商务楼宇为依托，加快环境整治和功能提升，重点解决停车难等问题。

（二）两圈：环浙大创新创业圈和环美院创意产业圈。环浙大创新创业圈，主要是指环绕浙江大学紫金港校区和西溪湿地的广大区域，主要依托浙江大学学科综合优势，抓住蒋村新区、三墩新区和留下历史街区高起点、高标准、大规模规划建设的契机，大力引进和培育发展电子商务、软件、集成电路、设计创意、服务外包、教育培训、医疗保健等知识、技术密集型服务产业；依托西溪湿地发展休闲旅游、会展服务、文化创意、商务服务等特色服务业；依托城西大型高档住宅区发展特色餐饮、娱乐休闲、时尚购物、家居服务等商贸服务业，打造环浙大知识型社区。环美院创意产业圈，主要是指环绕中国美术学院象山校区的广大之江区域，以之江新城建设为契机，紧紧依托中国美术学院设计创意学科、人才、渠道优势和美院品牌优势，整合区内自然山水、旅游休闲园区、工业遗存等资源，大力发展休闲旅游、文化创意、商务服务、专业物流、生态观光农业等服务产业，打造之江艺术社区。

（三）三区：中部现代服务业提升区、北部现代服务业发展区和南部现代服务业培育区。中部现代服务业提升区，主要是指东西向的余杭塘路、文一路、文二路、文三路、天目山路，南北向的紫金港路、紫荆花路、学院路、教工路、曙光路、体育场路在内的“井”字型区域，包括黄龙国际商务区、文三路电子信息街区、曙光路都市休闲特色街，面积约为61平方公里。该区域以增强功能、搭建平台和优化环境为重点，大力发展信息、软件、会计、法律、证券、银行、风险投资、检测鉴证、中介代理、会展等产业；加快城市更新，推进区块内楼宇开发建设和更新改造步伐，着力发展总部楼宇经济，努力打造环境优美、设施完备、创业和人居适宜的商务中心区，成为集团总部、IT产业的孵化基地。北部现代服务业发展区，主要是指和谐杭州示范区，西溪湿地、三墩镇、留下街道、蒋村街道、古荡街道和文新街道的一部分，面积约为50平方公里，包括西湖科技经济区块、留祥路国际创业创新街、三墩农业生态观光园、三墩专业市场园、古墩路居家设计特色街、苏嘉路知识产业商务区、厚仁商业休闲街区、浙江大学国家大学科技园、西溪创意产业园、西溪湿地旅游度假区等特色产业功能区。该区域主要依托西溪湿地，大力发展休闲旅游、度假疗养、会议展览、文化创意等产业，逐步形成集商贸旅游和文化科研等知识型产业于一体的湿地经济产业圈；依托浙江大学国家大学科技园，大力发展科技孵化、科研服务、教育培训、会展服务等产业，打造全市高科技产业发展高地及信息技术外包产业基地；推进三墩、留下、蒋村三大新区开发建设，大力发展旅游度假、高尚住宅、商贸服务等产业。南部现代服务业培育区，主要是指之江旅游度假区及转塘周边地区，面积为146.5平方公里，包括之江文化创意园、转塘企业总部园、转塘专业物流园、龙坞休闲村落、灵山农业生态观光园、沿江休闲产业带等特色产业功能区。该区域充分发挥国家级度假区的政策和品牌优势，依托中国美术学院，推进“休闲度假、文化创意、科研产业、高端商务”四大功能区建设，逐步形成旅游服务、旅游集散、文化娱乐、教育培训、高尚住宅、商务办公基地；在双浦及转塘东南部适度发展电力、烟草等行业物流服务、特色餐饮业，大力发展观光农业和生态农业，度假疗养和体育休闲业。

（四）十八个特色产业功能区。文三路电子信息街区以电子商务、数码产品交易、数字娱乐增值服务、教育培训、软件和集成电路、生物医药研发及服务外包等行业为主，做强电子信息产业集聚功能。曙光路都市休闲特色街以体育赛事、特色餐饮、娱乐表演、休闲购物为主体，构建与黄龙国际商务区特色、水平相适应的特色国际商务休憩服务区。留祥路国际创业创新街以离岸外包、科技孵化、风险投资、医疗保健等产业为主，打造具有核心创新能力、丰富创新资源和浓郁创业氛围的产学研一体化的创新创业示范街区。古墩路居家设计特色街以发展居家产业为基础，培育和提升居家创意设计产业为核心，依托浙大、西溪湿地的优势，大力发展知识经济和休闲旅游经济。厚仁商业休闲街区大力发展商业休闲、电子商务等产业，积极引进企业总部，着力打造三墩地区休闲娱乐、商务商业区块。沿江休闲产业带塑造和宣传沿江生态、体育、休闲特色，大力发展旅游度假、观光农业、特色餐饮、体育休闲等产业。西湖科技经济区块打造以软件、新医药、装备等研发、孵化及服务外包为特色，兼及风险投资、医疗保健等知识密集型服务业集聚区。浙江大学国家大学科技园以科技孵化、科研服务、教育培训、会展服务等为主，打造杭州市高科技产业发展高地及信息技术外包产业基地。西溪创意产业园重点发展休闲旅游、文学艺术、创意设计和艺术品交易等产业，建成一个集艺术创作、艺术交易及文化、休闲、旅游为一体的艺术家集聚地。之江文化创意园重点发展文化创意和工业设计产业，打造国内顶级的企业和人才聚集的国家级文化创意与艺术设计产业园区。转塘企业总部园引进优势企业管理总部、研发中心及高科技核心产品、精密部件制造及总装中心，打造全区重要的企业总部密集区和高科技产业基地。转塘专业物流园打造服务全省，辐射赣东、皖南的行业物流基地，带动转塘现代服务业发展。三墩专业市场园打造以建材家居、文化体育、通讯家电等销售市场、电子商务中心和物流仓储、研发设计、品牌总部功能为一体的市级重点专业市场园区。三墩农业生态观光园打造以生态农业示范、观光农业旅游、绿色食品加工以及科普教育和农业科技示范等功能为一体的现代化农业生态观光园。灵山农业生态观光园以农业观光旅游及生态景观建设为主，推广花卉、水果、蔬菜、茶叶种植业发展，加强旅游业与农业互动开发。苏嘉路知识产业商务区依托浙江大学紫金港校区，充分发挥其人才、技术、信息等优势，大力发展设计、研发、高端商务等产业，形成对周边辐射较大的知识型商务区。西溪湿地旅游度假区以休闲旅游、度假疗养、会议展览等产业，打造具有西溪风情特色的休闲旅游集聚区；依托留下新区，适度发展特色餐饮、经济型酒店、超市百货等商贸服务业。龙坞休闲村落发展茶乡特色餐饮、旅游、疗养、运动、休闲服务业，打造杭州市郊最具山野自然特色和艺术气质的旅游休闲村落。

五、具体举措

（一）整合优势资源，提升服务业发展。充分利用区域内旅游、文化、区位、人才、资金、技术、信息等各种优势，积极整合创新园区、大学校园、旅游名区、商务社区等各种资源，做优做强传统优势产业。把服务业特别是六个重点发展产业作为我区招商引资工作重点，通过吸引技术领先、管理规范、实力雄厚的跨国企业落户我区，培育壮大新型产业，实现服务业整体发展水平的跨越。

（二）推进项目建设，带动服务业发展。立足高标准、大手笔、专业化，以“一核、两圈、三区和十八个特色产业功能区”为空间载体，搭建发展平台，引导产业集聚，引进建设一批可行性强、前期工作扎实、产业对路的服务业项目。争取将区服务业重点项目列入省、市重点项目，得到省市各有关部门的支持，增强大项目对服务业发展的示范带动作用。

（三）完善基础设施，支撑服务业发展。优化交通基础设施，形成贯穿服务业发展集聚区、快速便捷的交通网络。率先打造“无线城区”，增强综合通信网络，为科研、信息服务、电子商务、服务外包发展创造良好的条件。合理规划新商务楼宇，挖掘利用现有特色楼宇，按照开发和保护并重的原则，完善服务业集聚区的布局和功能，完善生活创业环境，构筑优质、方便、人性化的服务体系。

（四）优化政策环境，扶持服务业发展。研究和制定鼓励服务业发展产业导向目录，引导重点产业合理布局、集群发展。设立服务业发展基金，加大对服务业尤其是重点培育产业、产业积聚区及重点项目和相关企业的扶持力度。加强信用体系建设，加强文化创意产业、中介服务、信息服务和软件、金融服务、服务外包等行业的知识产权保护力度。积极转变职能、优化服务，有针对性地为企业提供支持和服务。

（五）健全组织机构，保障服务业发展。一是健全服务业指导协调性组织管理体制。形成服务业领导小组办公室综合协调，各职能部门职责明确、分工配合，覆盖服务业各门类的管理服务体系。二是建立服务业重点项目联系制度，协调推进项目又好又快建设。三是逐步建立切合我区实际的服务业统计和调查制度，强化现代服务业动态运行的监测、分析。四是逐步建立服务业发展目标责任制，并纳入全区年度经济工作考核。

中共建德市委　建德市人民政府关于加快现代服务业发展的若干意见

（2008年3月19日）

市委〔2008〕9号

为实现我市"十一五"现代服务业发展规划提出的目标，推进"商旅活市"战略，推动我市现代服务业上规模、上档次、上水平，加快现代服务业产业结构调整，促进现代服务业持续、快速、协调、健康发展，提出如下政策意见：

一、整合发展旅游业

1. 加大旅游业实施发展战略力度。突出旅游支柱产业地位，更加注重休闲旅游业的发展。通过实施"旅游业五大提升"工程，打造"一城三线"精品景区，着力完善住、吃、购、娱等旅游要素配套，把我市打造成适合观光、休闲、度假、商贸和会展的浙西旅游集散中心和华东地区主要旅游目的地。

2. 加大"新安江"主品牌宣传力度。突出宣传与推广"新安江"主品牌，办好新安江旅游节，整合地方特色名品、名人、名家，加大城市整体形象宣传。注重旅游促销，创新促销手段。主动融入"大杭州"旅游。积极鼓励旅游企业开展自主营销。

3. 加大旅游基础设施投入。市政府每年整合投入旅游基础设施建设资金5000万元以上，用三年左右时间，把新安江景区、东线景区创建为4A级景区，并加快提升西线和南线旅游板块。每年通过招商引资投入高等级宾馆、会展建设资金2亿元以上，到2010年建成或在建10家高等级宾馆。倡导民间资本与政府旅游资源合作，开发运动休闲为主要内容的高端项目、乡村度假游项目。

4. 加强旅游人才队伍建设。积极组织旅游行业内业务培训、技能比赛等，提高旅游从业人员素质，大力引进旅游服务人才。

上述工作由市旅商局会同国资公司牵头实施。

二、提升发展商贸物流业

5. 加大各类新型商贸企业引进力度。积极发展大中型综合超市、仓储式超市和连锁经营等新型商贸业态。通过招商引资，鼓励国内外知名商场、超市等连锁企业入驻我市设立区域性总部，实行独立核算。鼓励本地商贸企业做强做大。大力发展美食、茶楼、疗休养、演艺、保健、运动、休闲等特色潜力行业。重点以新安江水资源为特色，打造沿江休闲产业，建设休闲特色街区。

6. 加快流通网络建设。实施农村现代流通网络建设工程，实现行政村连锁便利店全覆盖。支持培育一批具有一定规模的再生资源回收利用企业，构建再生资源回收网络。鼓励现有农贸市场等专业市场提升改造。完善城区专业市场和大中型商业设施布局，加大传统百货商店、家电商场改造力度，提升档次，鼓励超市、餐饮企业向规模化发展。

上述工作由市旅商局会同工商分局牵头实施。

7. 加速发展现代物流业。编制现代物流业发展规划，出台推进现代物流业发展政策，打造物流配送中心，倡导新兴物流业态，积极发展专业物流和综合物流。重点在"一主四团"核心区域建立规范经营的物流公司。发挥新安物流、顺达物流等龙头带动作用。着手推进新安江火车东站货运站场搬迁、改造、提升。启动梅城十里埠综合作业码头建设。完善水路、铁路、公路对外物流体系。

上述工作由工商分局会同交通局、经发局牵头实施。

三、培育壮大金融保险业

8. 积极引进各商业银行、保险公司、投资公司、证券公司等来建德设立分支机构，三年内引进一家商业银行进驻建德。鼓励各家商业银行在镇乡（街道）设立网点，积极推进邮政储蓄银行的挂牌。加快完成农村合作银行的筹建工作。规范和完善担保、典当等金融服务。优化金融信贷环境，优化信贷投向，调整信贷结构，建立快审快批的绿色通道，不断完善金融市场体系建设，推进信用建德。设立金融贡献奖，鼓励金融保险业的发展。

上述工作由市财政局会同人民银行牵头实施。

四、培育和发展文化产业

9. 加快文化市场建设。制定文化产业发展五年行动计划，发挥市场机制作用，建立文化投入激励机制和自我发展机制，发展婺剧、越剧等传统文化，鼓励发展影视、演艺和娱乐等文化业，搭建文化发展平台。加大物质文化遗产和非物质文化遗产的保护力度，保护名胜古迹，扶持文化产业发展，推进农村文化事业，形成政府投入与社会投入相结合的多渠道、多元化的文化投入机制。

10. 加快广播电视传媒业的发展。加快数字电视工程建设，积极发展广播电视信息增值服务。加大广播电视传媒基础设施投入，完善体系建设。

11. 加快体育产业发展。积极引导体育消费，发展体育培训，加大对乒乓球、拳击、篮球、排球、龙舟等体育项目的扶持力度，积极争取全国性、区域性的体育赛事。大力加强农村体育设施和场馆建设，建设市游泳馆。

12. 加快教育产业发展。采取政府投入为主，大力吸引民间资本投入教育事业，进一步推动教育产业发展。加大对职高、成人教育、幼儿教育的投入力度，发挥浙西电力教育培训中心、建德市工业技校、新安江职业中学、杭州职业技术学院附属严州中等专业学校等龙头示范带动作用，推进建德市工业技校创建国家级示范职校工作。

13. 加快卫生产业发展。加大政府投入,做大做强公益性医院,鼓励民间资本投入,发展多种所有制形式的医疗机构。深入实施农民健康工程,进一步加强农村卫生工作。加快农村公共卫生服务网络建设,提高乡镇卫生院、村卫生室的整体服务能力,着力推进社区卫生服务工作。

上述工作由文广新局、体育局、教育局、卫生局根据各自的职责牵头实施,市委宣传部总协调。

五、引导发展信息服务业

14. 制定三年推进计划,培育和发展信息产业,对全市信息产业及推广应用进行一次全面调研,加快推进信息化在工业、农业、商贸旅游业等领域的应用,重点发展电子商务、网站建设,充分利用政务网站群,构建统一的社区服务信息网络,促进产业信息化。推进镇乡(街道)光纤覆盖,推动数字电视整体平移。发展以信息传输服务业为主的通信运营业,引进IT企业给予一企一策。

上述工作由市科技局会同电信局牵头实施。

六、规范发展中介服务业

15. 大力发展咨询租赁、评估拍卖、法律服务、研究开发、检测认证、招投标代理、职业介绍、财务顾问、会计审计、房地产中介等各类中介服务组织,基本形成种类齐全、分布合理、运作规范、行业功能日益完备的现代社会中介服务业体系。鼓励大型企业的服务机构特别是研发、检测认证等机构面向社会、走向市场,开展中介服务。探索劳务中介企业的发展渠道,鼓励建德中介服务企业引进人才,申报和提高资质等级,走出建德拓展业务。在中介服务业中开展"讲信用、上资质、创品牌"活动。

上述工作由工商分局牵头实施。

七、加快发展社区服务业和养老服务业

16. 加快社区管理体制改革,通过政府引导、行政推动、企业参与、基层协助等途径,优化环境、规范管理、完善功能,做大做强社区服务业。大力发展家政服务业,重点培育家政、保洁、物业等与社区居民生活密切相关的行业,创办社区服务实体,扩大就业渠道。

17. 推进发展养老服务业。鼓励和支持社会力量多形式、多渠道参与老年社会福利事业,积极组织开展养老服务业从业人员进行职业技能培训,支持养老机构开展对外服务,对营利性老年服务机构,税收地方所得部分市财政予以全额资助。推进居家养老服务工作,建立市、镇乡(街道)、社区三级居家养老服务机构,探索多样化、分层次的居家服务工作方式,提供专业化的服务内容。探索老年公寓的开发建设。

上述工作由市民政局牵头会同各乡镇(街道)实施。

八、有序发展房地产业

18. 完善房地产业发展规划。根据市场合理确定房地产用地规模和地块。按照楼宇经济发展思路推进商务楼盘建设,鼓励商务楼开发,按照总部经济的模式,支持重点企业建设企业总部楼宇,在保障经济适用房和安居房的前提下,优先保障知名企业开发高品质生态房产、旅游休闲度假房产项目用地。

19. 提升发展房地产业。积极鼓励引进外地知名度高、实力强的房地产开发企业参与我市房地产项目的开发和建设,引导向高层发展,利用好底下空间。鼓励房地产企业参与服务业项目的开发和商务楼盘开发。针对鼓励发展的开发项目实行一事一议政策。鼓励房地产企业走联合发展道路,提升整体形象。规范物业管理,提高管理水平。有序推进中心镇房地产发展,促进人口、产业向中心镇集聚。

在房地产企业(物业)中开展最佳楼盘、最具有社会责任感企业活动。

上述工作由市建设局会同国土局牵头实施。

九、加强组织领导。调整建德市现代服务业发展领导小组及其办公室。具体负责发展服务业的组织协调、统筹规划、政策指导和重大问题的解决等工作。定期召开全市服务业发展联席会议,分析全市服务业发展动态,研究解决制约服务业发展的矛盾和问题,不断完善服务业发展的政策措施。

十、各牵头单位应会同各协助单位,对本政策意见进一步细化,制定可操作的具体政策。市财政局通过资金整合,具体制定各专项资金管理办法。市发改局会同各牵头单位做好协调、服务工作。

十一、本《若干意见》自发文之日起施行。《关于加快服务业发展的若干意见》(市委〔2005〕25号)同时废止。

中共淳安县委　淳安县人民政府
关于印发《淳安县旅游业发展三年行动计划(2008—2010年)》的通知

县委〔2008〕27号

各乡镇党委、政府,县属各单位:

《淳安县旅游业发展三年行动计划(2008—2010年)》已经县委、县政府研究通过,现印发给你们,请认真贯彻实施。

中共淳安县委

淳安县人民政府

二〇〇八年五月二十一日

淳安县旅游业发展三年行动计划(2008—2010年)

2008—2010年,是实现"十一五"战略目标的攻坚阶段,是我县旅游产业升级换代的转型期、提速发展的黄金期、品牌打造的飞跃期。在千岛湖旅游实现"二次飞跃、再创辉煌"的关键阶段,为深入实施"旅游强县"战略,举全县之力,做大做强千岛湖旅游业,全力促进旅游从门票经济向税源经济的战略转变,快速提升旅游产业在创牌发展、举牌经营中的主导地位,全面放大以湖兴县、旅游强县的"千岛湖效应",精心培育杭州大都市圈的旅游增长极,特制定《淳安县旅游业发展三年行动计划(2008—2010年)》,以明确今后三年的发展目标,分解任务,落实责任。

一、"十一五"前期我县旅游业发展基本情况

近年来,县委、县政府对旅游业高度重视,确立了"以湖兴县"发展定位,进一步明确了旅游业在我县社会经济发展中战略产业的地位,旅游业继续保持了良好的发展势头。

1. 观光游览稳步增长,旅游经济大幅提升。2007年,全县全年共接待游客220.3万人,实现旅游经济总收入达25.1亿元,与上年同比分别增长21%和30%。

2. 休闲度假逐渐兴起,产业转型初见成效。省级旅游度假区规划范围调整获省政府批准;旅游大项目建设大力推进,秀水街、千岛湖乡村俱乐部分别建成开业;餐饮美食、酒吧茶楼、旅游商品、休闲游艇等特色潜力休闲业态蓬勃发展。

3. 基础设施日臻完善,接待能力大幅提高。旅游交通快速改善,杭千高速、淳开公路千汾段的建成通车,大大改善了我县的对内对外交通条件,为旅游业发展带来了新的机遇;新旅游码头的建成并投入使用,极大地提高了水路接待能力。接待设施提质增量,千岛龙庭、金紫度假村两大高星级酒店主体完工,万向洲际、绿城喜来登等多家五星级酒店动工建设,这些项目的建成开业必将显著提升旅游接待设施的品质与档次;一批经济型、家庭型旅馆的建设,既丰富了旅馆结构,也缓解了接待压力。

4. 资源开发新品不断,产品结构更加优化。老景点改造成效显著,景区观光旅游整合工程顺利推进,至2007年底,梅峰、龙山岛、天池、鸵鸟岛改造效果明显。新项目开发不断推进,宋村白云溪漂流景点建成开放,西南湖区龙川湾景点动工建设。同时,工、农业旅游逐步兴起,千岛湖有机鱼休闲观光园区成为全国农业旅游示范点,农夫山泉石林水业旅游生产基地动工建设,千岛湖啤酒休闲园完成项目策划。目前,全县已初步形成了"观光休闲齐头并进、景区乡村相互补充"的旅游发展新态势。

5. 综合实力显著增强,品牌创建硕果累累。2007年,我县成功摘取"中国旅游强县"桂冠,成为长三角地区唯一获此殊荣的县;被品牌中国联盟等单位评选为"中国县域旅游品牌十强县"。通过一系列的创建活动,极大地提升了我县旅游的综合实力,推进了千岛湖旅游业进一步发展。

6. 旅游体制更加完善,合力兴旅成为共识。为适应旅游快速发展的形势,加快转型升级步伐,我县旅游经营管理体制改革进一步推进,大旅游经营管理体制格局初步形成,全县上下合力兴旅氛围更加浓厚。

在新形势下,我县旅游业加快发展主要面临以下问题:城市发展的旅游功能和目的地形象需要进一步改善提升;相关配套产业有待发展壮大;旅游文化内涵需要挖掘丰富;旅游产业链延伸和结构完善必须加快步伐;旅游服务人才培养亟需有效推进;旅游管理特别是行业行风、市场秩序管理需要全力加强。

二、指导思想

贯彻落实党的十七大精神,坚持科学发展观,围绕县委、县政府"以湖兴县"发展定位和"打造休闲度假胜地,建设旅游经济强县"发展目标,以大项目为带动,促进旅游产品从单一"观光型"向"观光休闲度假并举的综合型"转变;以千岛湖镇建设为主要平台,促进旅游形态从景区旅游向目的地旅游转变;以延伸产业链为主导,促进旅游经济增长方式从门票经济型向税源经济型转变,全面实施三年行动计划。

三、发展目标

在旅游经济方面,到2010年,全年接待游客力争达到350万人次,其中度假游客占到40%以上;旅游经济收入年均以20%的速度递增,达到45亿元,其中大门票收入2.2亿元以上。在产品打造方面,初步形成"一湖两镇四区八线"的大格局。在区域旅游合作方面,着力打造"浙赣皖旅游共同体",在资源、规划、产品、品牌、政策、环境、人才等方面实现共建共享。在市场开拓方面,使千岛湖成为长三角经济圈市民首选的休闲度假地、国内游客的主要旅游目的地之一,成为在日本、韩国以及新马泰等国具有一定知名度的度假观光区,成为入境游客主要游览线路的重要站点。在品牌提升方面,成功摘取AAAAA级旅游区称号,并积极创建"国家旅游休闲度假示范区",彰显"千岛湖效应",充分发挥旅游产业带动作用,将我县打造成为"全国县域旅游发展的示范、全国旅游业态转型升级的模范、全国旅游创业创新的典范"。

四、重点领域和行动内容

依据今后三年旅游业发展目标,我县主要在目的地环境、目的地产品、目的地营销、目的地服务和目的地管理等五大重点领域实施以下30项具体行动计划:

(一)目的地环境行动计划

1. 加快陆路旅游交通设施建设。规划"千黄高速",启动项目前期工作;继续推进"一纵一横一环十出口"公路交通网工程,加快联村联网公路建设,完善覆盖乡镇景区景点的交通网络。(责任单位:县交通局、发改局、国土局、林业局、建设局、环保局、各乡镇政府)

2. 加强水上旅游交通设施建设。2008年完成中心湖区旅游码头扩建，2009年完成西南湖区和东南湖区旅游码头建设。全部淘汰现有乙类观光游船，逐步淘汰现有老、旧、差游艇，发展高品位观光休闲游艇。（责任单位：县交通局、旅游局、建设局、旅游度假区管委会、景区综合管理处、港航管理处、姜家产业区块管委会）

3. 构建旅游交通标识系统。2010年前完成县外杭新景高速、沪杭高速、杭甬高速、杭金衢高速、徽杭高速和杭宁高速等主干道至千岛湖的交通标识系统建设；完善县内淳开公路千汾段、千威线、各乡村旅游点尤其是乡村旅游特色村的公路旅游交通指示牌建设。（责任单位：县交通局、交警大队、旅游局、有关乡镇政府）

4. 推进旅游交通集散中心和咨询服务中心建设。结合千岛湖镇长途汽车站搬迁工程，建设全县旅游交通集散中心，积极发展旅游专线。完成杭千高速千岛湖出口旅游咨询服务中心建设。（责任单位：县交通局、经济开发区管委会、旅游局、建设局、国土局）

5. 完善提升千岛湖镇“宜旅”功能。

美化千岛湖。打造两条飘带，即从杭千高速出口经千岛湖大道至入城口、从05省道收费站出口经滨湖景观大道至旅游码头。改造三座公园，即湖滨公园、江滨公园、环城中湖公园。美化四条大街，即从05省道入城口经新安东路、新安大街至秀水街；从千岛湖大道入城口经龙门隧道、新安北路至丁字路口；从千岛湖广场经新安南路、南山大街、南景路至旅游码头；从老旅游码头经新安西路、排岭南路至十字街。（责任单位：县建设局、旅游局、开发区管委会、旅游度假区管委会、千岛湖镇政府）

亮化千岛湖。2008年完成千岛湖镇城区、景区景观照明工程规划编制，重点实施滨湖休闲带、重要街道、重要景点、重点建筑的景观照明工程。（责任单位：县建设局、旅游局、开发区管委会、旅游度假区管委会、千岛湖景区旅游有限公司、有关企业）

洁化千岛湖。巩固国家卫生县城创建成果，维护千岛湖镇“最整洁旅游城镇”的美誉。加强建筑工地扬尘控制及城区建筑工程车辆运载的管理，确保千岛湖镇的空气质量。加大“牛皮癣”整治力度，杜绝城市视觉污染。加强对沿街店面的管理，杜绝摊外摊、店外店。按三星级标准提升城区公厕档次。规划建设城区停车场，杜绝车辆沿街乱停乱放。（责任单位：县城管办、建设局、交警大队、千岛湖镇）

规范城区旅游服务标识。按照国家图文信息标识系统设置标准，规范宾馆饭店、购物场所、车站码头、景区景点、车辆船艇、广场街道等公共设施的图文标识，在重要景区、三星级以上宾馆、旅游集散地要推行多国语言标识。完成千岛湖镇城区、千岛湖大道、景观大道、淳开公路千汾段沿线的广告设置规划的编制，从严控制户外广告牌的设置，提升广告品位。规范景区（点）、宾馆饭店、乡村旅游交通引导标志牌，严禁乱设各类标志广告牌。（责任单位：县旅游局、交通局、交警大队、城管办、千岛湖景区旅游有限公司）

提升城市旅游文化品位。完成新安大街立面改造；完成明珠花园滨湖路商业步行街建设；丰富秀水街业态，加快梦姑塘山地文化公园建设；规划建设反映淳安人文历史和生活气息的精致城市雕塑小品20处，完成杭千高速千岛湖出口处的中国旅游强县标志性雕塑的建设。（责任单位：县建设局、旅游局、城管办、经贸局、文广新局、开发区管委会、旅游度假区管委会、工贸资产经营公司、财务公司）

6. 提升千岛湖水、气、声环境质量。加快城市污水管网和污水处理厂建设，2010年底基本建成千岛湖镇污水处理系统，进一步改善千岛湖镇附近水域水质；完成千岛湖镇主城区和工业园区“禁燃区”创建，进一步改善千岛湖镇空气环境质量；巩固千岛湖镇噪声达标区创建成果，加大千岛湖交通、商业、娱乐业噪声管理力度，进一步改善千岛湖镇的声环境质量。（责任单位：县环保局、建设局、公安局、城管办、经济开发区管委会、文广新局）

7. 建设姜家风情旅游小镇。改造完善姜家镇水、电、道路等基础设施；完成老镇区改造；启动甘坞新城区建设；开发李家湾文化创意园区。（责任单位：姜家产业区块管委会、姜家镇政府）

（二）目的地产品行动计划

在产业发展导向上，着力提升观光游、发展度假游、推进乡村游、培育特色游，整合社会旅游资源，培育八大特色潜力休闲产业。在产品格局上，着力打造“一湖两镇四区八线”。“一湖”即千岛湖，“两镇”指千岛湖镇和姜家镇，“四区”为进贤湾、排岭半岛、界首、姜家等四个旅游度假区块，“八线”分别为临岐—屏门线、里商—石林线、左口—光昌线、汾口—中洲线、宋村—王阜线、界首—浪川线（淳开公路千汾段沿线）、大坞山—富文—千岛湖镇线（06省道沿线）、金峰—宋村—威坪线（千威公路沿线）。

8. 全面完成湖区老景点改造。2009年底完成中心、东南两大湖区所有老景点改造提升，推出千岛湖夜游项目，推行“两大湖区、两张门票”政策。（责任单位：县旅游局、千岛湖景区旅游有限公司、景区综合管理处、交通局、港航管理处）

9. 改造建设外围景点。2009年龙川湾景点建成开放，森林氧吧景点完成改造。完成石林景区改造。（责任单位：千岛湖景区旅游有限公司、县财务公司、旅游局、姜家产业区块、新安江开发总公司、石林镇政府）

10. 推进五大乡村旅游基地建设。五大基地即休闲养生基地、农村观光基地、工业观光基地、农（渔）业观光基地、自驾车服务基地。休闲养生基地指千岛湖镇农林村和富泽村、中洲镇余家村、左口乡芳桥村、石林镇西岭村、临岐镇梅口村、屏门乡秋源村和隐将村等以老年人为主的休疗养和避暑基地。农村观光基地是推出千岛湖镇马路村、石林镇棠高村、临岐镇临岐村、中洲镇余家村等一批重点社会主义新农村观光点。工业观光基地重点建设千岛湖啤酒休闲园、农夫山泉茶园生产基地观光园、千岛玉叶博览园、绿盛百卤坊食品加工基地。农（渔）业观光基地重点建设里商、安阳、鸠坑的茶叶、威坪和浪川的蚕桑、界首的柑橘等农业观光基地。自驾车服务基地是依托淳开公路千汾段优越的自然环境，建设界首自驾车服务基地。（责

任单位:县旅游局、农办、农业局、建设局、国土局、供销总社、开发区管委会、旅游度假区管委会、茧丝绸总公司、有关乡镇政府)

11. 抓好五大乡村旅游项目建设。即漂流运动项目、登山探险项目、古道探迷项目、自行车健身项目、农事体验项目。漂流运动项目是完善宋村白云溪漂流和临岐屏溪漂流,全面推进左口金紫尖、富文王子谷、王阜龙潭峡、金峰隧道漂流四大新的漂流项目建设。登山探险项目是推出金紫尖、磨心尖、屏峰岩、千亩田等一批登山基地。古道探迷项目是推出浪川到安徽的连岭古道、中洲到安徽的茶山古道、里商到石林的文源古道等一批古道探迷项目。自行车健身项目主要推出两条线,即淳开公路千汾段、浪黄线(千岛湖—石头埠—黄智山)。农事体验项目是依托农家乐,丰富采茶、摘果、钓鱼、抓鱼、拔笋、耕田等趣味性、参与性农事体验项目。(责任单位:县旅游局、农办、水利局、林业局、安监局、国土局、建设局、文广新局、海事处、体育局、渔政局、相关乡镇政府)

12. 开发利用文化遗产。加大历史文化资源整合力度,开发利用古民居、古村落,编制省级历史文化古村落芹川村保护规划,并利用三年时间对其实施保护开发,2010年对游客开放。深度挖掘我县民间民俗文化资源,如民间庙会、民间艺术表演、民俗风情展示、睦剧演出等,形成具有地方特色文化的旅游项目。合理开发利用文物古迹,如汾口的余氏家厅、龙门塔,威坪的方腊洞,里商的商辂家厅、武肃祠,姜家的瀛山书院、中洲的茶山会议遗址等,包装成特色旅游产品。(责任单位:县旅游局、农办、文广新局、建设局、文联、有关乡镇政府)

13. 开放延伸社会旅游资源。加大社会资源整合力度,将我县社会发展(含城市公共服务设施、工农业旅游示范点、社会文化、社会政治、市民生活和节庆六大类)的丰硕成果转化为旅游产品。利用我县特色自然和文化资源,举办各种旅游节庆活动,如界首的柑橘节、瑶山的山核桃节、采茶节等,推动当地乡村旅游和社会经济的发展。(责任单位:县旅游局、建设局、供销总社、文广新局、经贸局、农办、有关乡镇政府)

14. 培育发展八大特色潜力休闲产业。

2008年制定出台特色潜力休闲产业扶持政策,积极鼓励发展休闲渔业、休闲运动业、茶楼酒吧业、餐饮美食业、文化娱乐业、康体疗养业、旅游商品业、休闲游艇业等八大特色潜力休闲产业。(责任单位:县府办、旅游局、经贸局)

休闲渔业:完成新渔港建设。做大淡水鱼观赏项目,扩大五龙岛观鱼,建设鲟鱼观光展示基地,提升巨网捕鱼项目。运作完善钓鱼岛,逐步将城中湖培育为华东第一自然水域垂钓中心。成立国际钓鱼俱乐部,每年举办一次大型钓鱼赛事活动。(责任单位:新安江开发总公司、旅游局、体育局、农业局〈渔政局〉、国土局、建设局、水利水电局、环保局、海事处)

休闲运动业:组建千岛湖水上运动俱乐部(帆板、游泳和自行车俱乐部),进一步提高市民和游客的观赏性、参与性和娱乐性;举办全国春、秋季赛艇和皮划艇锦标赛和冠军赛,提升千岛湖国家水上运动基地集科研、开发和教学为一体的运动品牌;打造环千岛湖国际公路自行车一流特色赛事,带动公路自行车、山地自行车休闲运动发展。2009年完成中心湖区水上大世界建设。(责任单位:县体育局、旅游度假区管委会、旅游局、国土局、交通局、公安局、海事处、千岛湖景区旅游有限公司、界首乡政府)

茶楼酒吧业:培育和引进具有本土特色或具有外来著名品牌的经营商,开发经营酒吧、茶馆、咖啡吧等;开展著名酒吧、茶馆评比活动,调动经营商积极性;挖掘本地茶叶特色,开展茶艺表演一台以上。(责任单位:县经贸局、供销总社)

餐饮美食业:充分利用秀水街展示餐饮品牌。继续举办全国性的以淡水鱼烹饪为主的赛事,每年举办一次全县农家菜、特色菜烹饪大赛,推广本地传统的徽菜、山越土菜、淡水鱼宴。三年间引进国内外著名餐饮连锁企业5家以上,培育本地特色名餐馆10家以上。2008年,鸵鸟岛、五龙岛、梅峰、天池等景点餐厅完成改造,打造景区自有餐饮品牌。(责任单位:新安江开发总公司、旅游度假区管委会、县农办、经贸局、旅游局、劳动和社会保障局、总工会、千岛湖景区旅游有限公司)

文化娱乐业:规划建设文化娱乐业园区或文化特色街区,引导娱乐市场合理布局、规模经营、形成特色、健康发展。鼓励社会力量创办文化娱乐项目、引进一家以上上档次的娱乐场所,开发一批创意独特、具有特色的娱乐项目。挖掘本地民俗风情,推出具有浓郁地方特色的文艺演出。鼓励并积极引进大型旅游文化演出项目,组建演出公司或演出中心,策划组织各类演出活动。积极开发与高新技术结合、具有文化创意产业特色的文化娱乐项目,制作完成一部三维或四维电影。打造影视拍摄基地、艺术创作基地、摄影基地,吸引影视拍摄、名人名家创作和名品名牌摄影,将千岛湖打造成为新兴文化创意产业园区。(责任单位:县旅游局、旅游度假区管委会、姜家产业区块管委会、建设局、文广新局、经贸局、千岛湖景区旅游有限公司)

康体疗养业:启动千岛湖生态环境对人体健康促进作用的研究项目(素质性条件专题研究);鼓励发展以水疗SPA为主的美容美体业,建设水疗主题酒店,引导在建高星级酒店做足水疗文章;鼓励引进一家以上亚健康体检中心。(责任单位:旅游度假区管委会、县经贸局、环保局、外经贸局、卫生局)

旅游商品业:培育1个以上中国驰名商标、6个以上省级著名商标、10个以上市级著名商标。继续加大农副产品转化为旅游商品的扶持力度,加大茧丝绸系列旅游商品开发力度;开发提升千岛玉叶系列名茶;积极开展产学研合作,继续推进传统鱼罐头、休闲产品和鱼头煲软包装等产品升级。鼓励开发具有鲜明本地特色的旅游纪念品和工艺品,开发青溪龙砚、山越麻绣、三雕等旅游商品;开发鱼拓、鱼标本等鱼系列旅游工艺品,使千岛湖成为全国鱼类旅游工艺品的开发、销售中心;鼓励引进旅游文化创意体验坊。(责任单位:县农办、工商分局、农业局、妇联、

文广新局、经贸局、旅游局、旅游度假区管委会、外经贸局、供销总社、茧丝绸总公司、新安江开发总公司)

休闲游艇业:完成湖滨天地游艇俱乐部和羡山国际游艇俱乐部建设;鼓励发展休闲游艇制造、维护和管理、租赁等产业;鼓励各类滨湖度假区(村)配套发展休闲游艇;加快经营性休闲游船艇发展,投放20条以上风格各异的休闲游船艇;继续举办千岛湖国际游艇展,使之成为中国大陆游艇业内的著名展会。(责任单位:县经贸局、建设局、旅游度假区管委会、景区综合管理处、交通局、国土局、旅游局、外经贸局、港航管理处、千岛湖旅游总公司)

15. 全面推进休闲度假产品开发建设。

加快推进排岭半岛、进贤湾、界首、姜家等四大旅游度假区块的建设。

排岭半岛区块:围绕以水为主题,以康体养生为主要功能的发展目标,打造针对大众化市场、营造欢乐氛围的休闲度假区块。完成土地利用规划的调整,控制性详细规划的编制。完成淳杨线二级公路排岭半岛路段改造工程和滨湖景观大道工程及供电线路工程。对排岭半岛原有的星岛度假村、桃源大酒店、凤凰岛度假村、天清岛度假村等进行提升改造,提高品位和档次。完成润和度假酒店、红星度假酒店的建设;基本完成艺术港湾特色酒店、松芦特色度假酒店、清心岛特色酒店和哨兵酒店的建设。(责任单位:旅游度假区管委会、国土局、交通局、供电局)

进贤湾区块:围绕以欧式度假小镇为主题,以商务度假为主要功能的发展方向,打造针对高端市场、营造静谧环境的休闲度假区块。完成区块土地利用规划的调整,控制性详细规划的编制。启动环左线改造。启动华联项目的一期,总投资20亿元人民币,基本完成国际会议中心、圣科瓦小镇、狂欢岛、水魔方等项目的建设。对千汾线和千威线交叉口地块进行旅游社区项目的储备;对河坑村库湾周边地块进行乡村度假项目的储备。(责任单位:旅游度假区管委会、国土局、建设局、交通局)

界首区块:围绕以休闲体育为主题,以体育运动为主要功能,打造针对境外和专业市场,营造运动氛围的休闲度假区块。完成风景区规划调整、土地利用规划调整和控规的编制;为国家小球培训中心项目做好土地、规划等前期工作,争取部分动工;结合界首乡的发展储备汽车野营基地、文化公园和大型游乐园等项目。(责任单位:旅游度假区管委会、旅游局、国土局、建设局、交通局)

姜家区块:完善规划体系。加快招商引资、开发建设步伐,三年内启动2个以上亿元投资项目,遂安列岛景点建成开放,启动谢家高尚休闲度假区建设。(责任单位:姜家产业区块管委会、建设局)

加快千岛湖度假酒店建设步伐:推进万向洲际旅游度假酒店、绿城喜来登度假公寓酒店、滨江索菲特酒店、润和雷迪森度假酒店、天屿度假村、文化度假村、金紫天域度假酒店、千岛湖龙庭开元酒店、燕山雷迪森度假酒店的建设,三年内新开业四星级以上度假酒店达到10家,其中五星级标准酒店4家以上。(责任单位:建设局、旅游局、旅游度假区管委会)

积极引进特色酒店入驻千岛湖:包括汽车旅馆、连锁经济型酒店、主题酒店、青年旅社等,尤其要注重引进国际连锁酒店和国内著名经济型酒店品牌。三年内全县新增标准床位8000个以上。(责任单位:县外经贸局、旅游局、经贸局、旅游度假区管委会)

(三)目的地营销行动计划

坚持以不断提升淳安的知名度和美誉度为目标,巩固江浙沪等长三角客源市场,重点开发山东、北京、广东等长线客源市场,逐步向全国市场拓展;接轨杭州旅游国际化行动方案,加强在海外市场的推广。

16. 合力打造千岛湖旅游品牌。

调动各部门创建各类全国性品牌的积极性,相关部门在三年内力争各获取一个国家级品牌荣誉奖项。(责任单位:县环保局、建设局、农业局、体育局、文广新局、团县委、总工会、残联、妇联、精神文明办、新安江开发总公司、千岛湖镇政府)。

完善并强化应用千岛湖旅游品牌的视觉体系。(责任单位:县旅游局、工商分局、城管办、建设局、文广新局)

推出千岛湖最佳形象代言人,拍摄制作千岛湖旅游宣传片。(责任单位:县旅游局、广播电视台)

17. 加大千岛湖旅游品牌的宣传推广。

在中央电视台等国内外主流媒体上投放广告,宣传千岛湖旅游品牌。(责任单位:旅游局、广播电视台)

加强与人民日报、中央人民广播电台、中央电视台、人民网、新华网、浙江在线、浙江人民广播电台、浙江卫视等重要媒体的合作,使千岛湖更多地在中央、省、市媒体上亮相。加大淳安电视台淳安新闻栏目的旅游报道量,办好淳安旅游资讯频道和千岛湖之声,使其成为向游客宣传本县旅游资讯的主要平台。加大《今日千岛湖》和千岛湖新闻网关于千岛湖旅游的报道量,每年刊播旅游类报道不少于200篇。(责任单位:县委宣传部、千岛湖传媒中心、广播电视台、旅游局)

加强与省市旅游主管部门、上海市旅委和黄山风景区管委会的合作,借势借力宣传千岛湖。通过外宣品制作、境外电视专题片拍摄制作播出、国际频道电视专题宣传及主题活动等方式加强面向海外旅游市场的宣传。(责任单位:县旅游局、广播电视台)

大力实施整合营销,与本县工农业旅游、房地产品牌共同对外宣传千岛湖。(责任单位:县委宣传部、经贸局、经济开发区管委会、建设局、旅游局、农办、有关旅游企业)

加大网络营销力度,维护完善多语种千岛湖旅游网站,加强千岛湖旅游网的推广,使网民对千岛湖的认知度达到20%。(责任单位:旅游局、县府办信息中心)

强化文化营销,通过电视、电影、歌曲、诗词、散文、网络小说、网络游戏、动漫创意等进行营销。(责任单位:县文广新局、文联、旅游局、县府办信息中心)

举办2009中国杭州·千岛湖秀水节,进一步提升千岛湖旅游品牌知名度。(责任单位:县府办、各有关单位)

加入杭州实施北京"奥运会"和上海"世博会"旅游专项行动计划,借助奥运会、世博会等重大活动宣传推介千

岛湖品牌,建设千岛湖旅游形象展示窗口。(责任单位:外经贸局、旅游局)

18. 实施千岛湖旅游产品市场拓展计划。

在长三角地区,积极与杭州、黄山、婺源等周边市县合作营销,重点推介杭州、黄山、义乌、三清山、婺源等组合旅游线路。在长线渤海湾、珠三角等地区,以浙赣皖旅游共同体的旅游集群新形象进行推介。(责任单位:县旅游局、交通局)

加强对特色市场如自驾车游、驴友、徒步自助游、探险游等市场营销,提高自助游的人数和规模,三年内实现散客占游客总人数60%以上。(责任单位:县旅游局、体育局、交通局)

加大以千岛湖为独立旅游目的地形象的国际营销,实施赴韩国、日本及新马泰促销计划。强化对旅居长三角的境外人士的促销,使之成为该细分市场的短期度假基地。(责任单位:县旅游局、县外事办、外经贸局)

加大政府投入,在主要客源地和县内的旅游集散中心、酒店、旅游商场提供免费旅游宣传品。旅游咨询电话改为24小时在线、多语种服务,同时开通网上人工服务台。(责任单位:县旅游局、财政局、电信局、杭州网通淳安分公司)

19. 构建科学高效的旅游目的地营销体系。

加强市场调研,启动来千岛湖游客的抽样调查,建立数据库,作为市场推广计划的决策依据。(责任单位:县旅游局、统计局)

每年组织淳安旅游行业有关单位和企业与杭州、上海旅游界在观念、信息和服务等方面进行全方位的行业对接。(责任单位:县旅游局、县府办信息中心)

认真研究千岛湖旅游营销方式,充分发挥千岛湖独创的"五指营销法"。加强市场细分,积极做好宣传促销活动的绩效评估。(责任单位:县旅游局、财政局)

20. 加强千岛湖旅游营销队伍建设。

设立旅行社奖励专项资金,对进入省市"十佳"和全国"百强"的旅行社进行奖励。鼓励大型旅行社在外设立办事处达20处以上。加大与全国性旅行商的合作结盟,实现与20家以上的客源地组团大社建立紧密合作关系。(责任单位:县旅游局、财政局、外经贸局)

建立重点市场旅游营销专家队伍,聘请有关海内外人士担任淳安旅游市场营销专家。注重县内营销人员队伍建设,如设立特色旅游产品开发奖、专项市场调研成果奖等,通过奖励弘扬先进,培育典型,提升营销队伍素质。(责任单位:县旅游局、财政局、劳动和社会保障局)

制定或完善原有的市场激励和扶持政策,鼓励旅行社做大做强。(责任单位:县旅游局、财政局)

(四)目的地服务行动计划

21. 大力推进旅游网络建设。

提升千岛湖旅游网络服务功能,丰富完善网站的英文、日文、韩文等版面内容,通过建立网络游戏、网络论坛、千岛湖各主要景点网上实时播放等提高网络的吸引力。强化千岛湖旅游网站和国内外知名专业门户网站的链接,三年内实现年点击人次100万以上。建立ctoc模式的旅游电子商务系统,年交易额超1000万元。(责任单位:县旅游局、县府办信息中心、电信局)

积极推进旅游企业信息化建设。统一搭建网络及语音订房、订餐、指路等服务平台,50%以上的旅游企业要建立自己的网站和网上预订系统。建立健全宽带漫游服务,实现三星以上宾馆饭店无线宽带全覆盖。二星以上宾馆饭店原则上都要实现"数字化客房",使游客到千岛湖休闲度假期间能享受数字电视、网上冲浪、异地办公等服务,并向游客开放"国内电话畅打"服务。(责任单位:县旅游局、电信局、数字电视公司)

22. 切实推进旅游人才教育培训。

积极引进高等学院来淳安兴办旅游职业教育学校或教学实践基地。加强和浙江省旅游职业学院的合作,依托其教研力量,加大对我县旅游业的智力支持。加快县旅游职业学校建设,把旅游专业办成省级示范专业。(责任单位:县教育局、旅游局、劳动和社会保障局)

加大对旅游经营管理人员、从业人员的培训再教育力度,每年从业人员的职业技能培训不少于2000人次。全县旅游企业中、高层经营管理人员持证上岗率达到100%。(责任单位:县旅游局、劳动和社会保障局、总工会)

适当提高导游准入台阶,逐步减少景区讲解员。壮大国家级导游队伍,到2010年国家级导游超过400人,其中外语导游人数不少于30人,中级导游不少于100人。(责任单位:县旅游局、劳动和社会保障局、总工会)

23. 重视加强旅游文化研究。

办好旅游文化研究会平台。2008年,旅游研究会应围绕旅游产品需求,结合全县三大纪念活动,编纂出版淳安历史文化丛书、海瑞系列丛书等书籍。(责任单位:县委宣传部、县文广新局、旅游局、文联)

加强对千岛湖旅游文化的研究,每年进行1—2个专题性研究。(责任单位:县委宣传部、县文联、文广新局、旅游局)

重视千岛湖形成以来历史资料的搜集整理和编印,建立有关资料档案,出版千岛湖历史画册。(责任单位:县委宣传部、县档案局)

24. 完善千岛湖旅游解说系统。着力挖掘淳安历史文化,整合千岛湖品牌和社会资源,重编千岛湖旅游导游解说词,丰富提升导游词的文化内涵、县情知识及地方特色,使导游真正成为千岛湖的宣传大使、文明形象。在重要景区景点、旅游码头、重要社会资源访问点设置多国语言语音解说设施,方便国外游客游览千岛湖。(责任单位:县旅游局、有关旅游企业)

25. 推行旅游志愿者服务建设。开展旅游志愿者服务,尤其是在黄金周、小长假期间应重点推出旅游宣传、秩序维持、导游服务等各类旅游志愿者服务项目。(责任单位:团县委、旅游局)

26. 构建游客支付便利体系。推进游客消费便利工程,为国内外旅游者在餐厅酒店、旅游景点、购物中心等场所提供便利的刷卡消费。加快构建外币兑换服务体系,逐

步实现外币兑换无障碍。(责任单位:人民银行、相关商业银行、信用联社、旅游局、千岛湖景区旅游有限公司、旅游度假区管委会)

(五)目的地管理行动计划

旅游目的地管理是淳安旅游业发展三年行动计划的保障。以旅游信息化管理、行业标准化和专业化管理、人才队伍建设为主要抓手,实现旅游体制的改革。

27. 推进旅游信息化管理。

在现有信息资源的基础上,由政府出资搭建信息平台,实现旅游企业信息和产品资源的有效整合。以旅游局网站为平台,链接和覆盖全部旅游企业。(责任单位:县旅游局、县府办信息中心、电信局、网通公司)

千岛湖湖区和游船推行无线监控系统工程,2008年完成中心湖区和东南湖区无线监控系统设置。(责任单位:县旅游局、交通局、景区综合管理处、千岛湖景区旅游有限公司、网通公司)

28. 推进行业标准化和专业化管理。

建立旅游文化经营公司,集市场策划、产品包装、品牌推广、销售经营等为一体,并给予一定政策扶持。注重专业市场调研、开发、包装和销售。(责任单位:县旅游局、千岛湖景区旅游有限公司、文广新局、经贸局)

鼓励引进国际知名品牌进入淳安旅游企业,尤其是引进国内国际知名的酒店(饭店)管理公司加强对高星级酒店的管理。低星级酒店积极引进和加入经济型饭店连锁(如假日饭店连锁店),开拓专业市场。(责任单位:县旅游局、旅游度假区管委会、姜家产业区块管委会、千岛湖景区旅游有限公司)

规范景区的排污、排烟设施,推行游船排污设施的更新换代和生态厕所的建设。(责任单位:县环保局、交通局、港航管理处、景区综合管理处、千岛湖景区旅游有限公司)

29. 加强目的地法制化管理。

健全旅游产业安全管理机制。多层面制定旅游安全应急预案,每年举行1—2次旅游安全演习。制定游客紧急救援体系和工作方案,加强杭州市急救中心淳安分中心建设,完善县城医疗救治保障体系。(责任单位:县旅游局、卫生局、景区综合管理处、交通局、安监局、公安局、海事处、千岛湖景区旅游有限公司)

加强对旅游企业的安全管理,尤其是农家乐、乡村旅游交通设施等,在旅游旺季需重点进行检查。(责任单位:各乡镇政府、县旅游局、安监局、交通局、质监局)

强化旅游市场长效管理机制建设。以旅游执法大队为基础,完善并强化由旅游、城管、卫生、工商、公安等单位的联动旅游综合稽查执法机制,加大对旅游经营、服务的检查监督,及时查处违规违法经营行为。规范旅游消费投诉机制,切实保护旅游消费者权益。推进法律进景点活动,开展从业人员法制培训;规范景点调委会建设,大力调处涉旅纠纷。大力造势,结合县政府或部门联合的一些创建载体,努力打造"诚信淳安"。(责任单位:县政府法制办、县工商分局、发改局、经贸局、公安局、城管办、卫生局、国税局、司法局、旅游局、人民银行、景区综合管理处、千岛湖景区旅游有限公司)

推行淳安县旅游消费推荐场所制度,完善千岛湖信用平台建设。加大对被推荐场所的宣传推介,培育一批优秀旅游经营单位,树立本县旅游服务的标杆。(责任单位:县工商分局、旅游局、经贸局、发改局、卫生局)

开展善待游客为主要内容的居民教育,优化旅游氛围,每年社区进行2次以上的旅游知识教育。(责任单位:千岛湖镇政府)

30. 推进旅游体制改革。

进一步完善景区经营和管理机制,加强部门协调,合力兴旅。(责任单位:县府办、县旅游局)

高度重视旅游业发展,出台相关旅游产业政策,优化招商引资环境,培育融资平台,拓宽融资渠道。(责任单位:县府办、县旅游局、外经贸局、财政局、各银行、各乡镇政府)

制定制度,强化考核,提升我县旅游发展的环境和服务。(责任单位:县委办、县府办、旅游局、县机关党工委)

五、保障措施

(一)明确旅游行动计划中各部门的职责

各部门、各单位在实施旅游业发展三年行动计划过程中,应认真履行自身职责,提出细化方案,其中必须明确分年度的工作目标、工作任务等内容。根据计划的相关要求成立领导小组,定期召开会议研究解决三年行动计划实施中遇到的困难和问题。要以"以科学的理论深化发展、以创业创新的激情推进发展、以求真务实的作风保证发展、以惠民利民的效果检验发展"为准则,齐抓共管做好各项具体工作。

(二)制定推进旅游行动计划的政策措施

实施旅游业发展三年行动计划工作纳入年度县委县政府工作目标考核。对实行旅游业发展三年行动计划工作做出突出贡献的单位和个人给予一定的奖励。各部门在资源配置、产业导向等方面进一步向旅游业倾斜,特别是对大型休闲度假旅游项目的建设、大型旅游企业集团的培育等应在用地指标、融资信贷、税收政策、人才引进等方面给予大力扶持。

(三)设立旅游行动计划实施的资金支持

根据旅游业发展三年行动计划所确定的各年度工作任务,政府给予相应的专项经费,用于保障和推进行动计划的专题研究、政策落实、项目推进、考核奖励等。

宁波市人民政府
关于实施工业创业创新倍增计划的若干意见

甬政发〔2008〕37号

各县(市)、区人民政府,市政府各部门、各直属单位:

为深入贯彻落实党的十七大精神,扎实推进“创业富民、创新强市”战略,加速调整优化产业结构,促进发展方式转变,持续提高工业发展质量和效益,推动全市经济又好又快发展,现就实施工业创业创新倍增计划(以下称工业“两创”倍增计划)提出如下意见:

一、充分认识实施工业“两创”倍增计划的重要性和紧迫性

工业是宁波社会经济发展的重要支柱。过去五年来,全市上下以科学发展观为指导,按照走新型工业化道路的要求,认真贯彻落实《关于坚持走新型工业化道路加快结构调整升级的若干意见》(甬政发〔2004〕115号)及其系列配套政策文件,工业发展取得了新的重大进展,产业结构进一步优化,发展质量和效益明显提高,节能减排初显成效,发展方式进一步转变。2007年,全市工业实现增加值1716亿元,实现税收418亿元,均比2003年翻了一番多,对全市税收收入的贡献达到60%。工业经济的持续健康快速发展,有力地推动了我市全面小康社会建设。

当前,国际国内发展环境正在发生广泛而深刻的重大变化。经济全球化深入推进,新一轮国际产业转移呈现出产业价值链全球范围内的重组和调整、产业层次不断提高的新态势;国家宏观调控进一步加强,土地、资金等资源环境要素制约日益趋紧,投资驱动的边际效应逐步递减,工业化与信息化加速融合。宁波工业已处于转型发展、提升发展的重要时期,既面临难得的历史机遇,也遇到前所未有的挑战。努力抓住机遇,主动走进矛盾,积极化解挑战,率先破解难题,进一步摒弃粗放式发展路子,加快推进工业创新转型发展,已是一项事关我市全面小康社会建设大局的紧迫任务。全市上下必须进一步解放思想,着眼长远,立足当前,大力培育、提升竞争新优势,实施工业“两创”倍增计划。

实施工业“两创”倍增计划,就是在要素资源日益紧缺条件下,通过推进自主创新,实行信息化与工业化紧密融合,提升优化产业结构,大力发展创新能力强、经济效益好、增长质量高、资源消耗低、环境污染少、与生态文明建设要求相统一的创新效益型工业,不断提高资源整合能力和各类生产要素利用效率,不断提高发展质量和效益,不断提高可持续发展能力,实现工业倍增发展。这是科学发展观在宁波工业领域的具体实践,是实施市委“六大联动、六大提升“和“创业富民、创新强市“战略的必然要求,也是加快转变发展方式的迫切需要。

二、指导思想、基本原则和总体目标

(一)指导思想

实施工业“两创”倍增计划的指导思想是,深入贯彻落实党的十七大精神,以科学发展观为指导,坚定不移地走融合信息化的新型工业化道路,围绕创新转型发展主题,全力培育工业创新机制,优化工业创新环境,健全工业创新组织体系,加快发展创新效益型工业,不断优化提升工业结构,切实推进发展方式转变,建设富有国际竞争力的先进制造业基地,实现工业经济又好又快发展。

(二)基本原则

1. 政府主导,企业主体。主动顺应工业发展加速由投资驱动向创新驱动转变的客观规律和要求,充分发挥政府在推进全民创业和全面创新进程中的主导作用,切实转变政府职能,着力完善创业创新政策,健全创业创新工作机制,拓展创业创新空间,构筑创业创新平台,优化创业创新环境,进一步激发企业主体创业创新的动力和活力。

2. 转型发展,提升水平。坚持以创新提升创业,以创业促进创新,以创业创新促进转型升级,坚定不移地走以创新为动力的提升发展道路,切实提高创业的层次和水平,加快从根本上改变以要素投入和投资驱动为主的粗放型经济增长方式,促进工业经济向符合科学发展观要求的发展方式转变。

3. 重点聚焦,整体提升。坚持以产业高端化、高新化、高产化发展为方向,在原有“510”重点优势制造业基础上,进一步凝炼目标和方向,整合资源,集中力量扶持发展一批重点优势产业和新兴产业,把有限的资源配置到最有核心价值的产业和企业上去,着力巩固既有比较优势,培育构建新优势;同时,坚持统筹兼顾、全面发展,以特色优势产业基地、公共服务平台和创新平台等建设为抓手,积极推进各县(市)、区现有特色产业加速创新转型发展,整体提升优化产业结构,增强国际竞争力。

4. 优化布局,集群发展。立足并充分发挥各类开发区(园区)、城市功能区及块状特色产业集聚区的产业基础、资源及创新要素集聚等比较优势,进一步强化区域功能合理布局,积极构建以各类开发区(园区)和城市功能区为主体、乡镇工业集聚区为补充,结对挂钩、互动发展的新格局,着力培育新兴产业基地和特色优势产业基地。

5. 多轮驱动,全面创新。坚持以政策创新为先导,技术创新为支撑,制度创新为保障,进一步解放思想,全面推进科技创新、文化创新、管理创新、体制机制再创新，增强工业发展新动力，全力重构工业发展新优势。

6. 统筹兼顾，和谐发展。坚持以提高劳动者素质为支撑，优化资源利用为重点，节能减排为突破口，全面推进社会主义和谐企业建设，加强资源节约和环境保护，扎实推进工业生态文明建设，努力构建资源节约和环境友好型的现代产业体系，促进工业经济全面、协调、可持续发展。

（三）总体目标

实施工业"两创"倍增计划的总体目标是，争取实现"四个走在前列"：工业综合创新能力走在全国同类城市前列；工业发展质量和效益走在全国同类城市前列；工业节能减排水平走在全国同类城市前列；工业国际竞争力走在全国同类城市前列。今后五年，是我市实施工业"两创"倍增计划的关键时期。

在上述要求的基础上，到2012年的主要奋斗目标是：1. 工业总量与2007年相比实现倍增，工业增加值达到3600亿元；2. 规模以上企业全员劳动生产率提高60%以上，超过13万元；3. 规模以上企业技术开发经费投入实现倍增，超过200亿元；4. 规模以上企业单位土地面积实现工业增加值比2007年提高60%以上；5. 年专利授权量增加60%以上，超过13000件；6. 中国名牌产品和驰名商标总数实现倍增，达到450件，力争中国世界名牌实现零的突破；7. 新增主持或参与制定国际、国家和行业标准50项以上；8. 培养有证书的创新型紧缺技术人才5万名以上、有证书的高中级技工20万名以上；9. 单位工业增加值能耗和污染物减排水平居国内行业先进行列；10. 集群化发展的新兴、特色优势产业基地完成工业增加值占全部工业增加值的比重达到75%左右。

三、主要任务

实施工业"两创"倍增计划，今后五年的重点是，大力实施"六五"工程：做强做优5个重点优势产业，做大做强5个新兴产业，市、县（市、区）两级培育50个在国内处于领先地位、产业集聚发展的新兴和特色优势产业基地，培育50家年销售收入超过50亿元的大企业大集团，培育500家具有较强核心竞争优势的"两创"示范企业，建成500家市级以上企业工程（技术）中心，全市工业综合实力和国际竞争力跃上一个新台阶。

（一）实施"5＋5"产业优先发展战略，提升优化产业结构

1. 做强做优五大重点优势产业。着力推进信息化改造，做强做优机电一体化的装备制造、电子电器、汽车及零部件、石化和高档纺织服装五大重点优势产业。其中，机电一体化的装备制造、电子电器、汽车及零部件三个产业，重点是在扩大规模的同时，全力主攻核心技术，向产业链的高端领域拓展，增强智能化的整机制造能力，提高关键零部件档次；石化产业，重点是按经济效益、社会效益和生态效益高度统一的原则，实行优化改造，扩张规模优势，完善产业链和循环经济链，提高发展质量；高档纺织服装产业，重点是推进产业链向高端延伸，加大研发投入，加强营销模式创新，提高国际国内市场开发经营能力，继续保持竞争优势。争取到2012年，五个重点优势产业的规模达到1万亿元。

2. 做大做强五大新兴产业。抢抓机遇，加强分类引导，瞄准国际前沿水平，集中优质资源，实行积极引进和重点培育扶持并举，着力做大做强新材料、新能源、新光源、软件及服务外包、医疗及保健设备等已有一定基础、发展前景广阔的五大新兴产业。争取到2012年，五大新兴产业的产业规模达到5000亿元，成为我国重要的产业基地，部分优势产品有较强的国际竞争能力。

（二）着力打造新兴、特色优势产业基地，推进产业集群发展

1. 大力推进各类开发区（园区）、城市功能区提升转型发展。按照"三为主、两致力、一促进"发展方针，紧紧围绕发展成为高产优质的主产区、创业创新的示范区、统筹城乡和谐发展的新城区的要求，进一步完善规划，优化功能布局，突出主导产业，以新兴、特色优势产业基地建设为抓手，强化专业化招商，推进产业链整合，实行集约发展、转型发展、高端发展，加快把各类开发区（园区）、城市功能区建设成为现代制造业基地、高新技术产业基地、有优势的高端服务业基地、创业创新的优质服务基地，提升各类开发区（园区）、城市功能区的发展水平和贡献率。力争经过五年的改造发展、提升发展，各类开发区（园区）、城市功能区的单位面积土地产出比全市平均水平高出2.5倍以上。

2. 着力提升块状特色产业集聚区发展水平。按集约化发展要求，优化产业层次，强化分工协作，加强产业链整合，鼓励发展"补链"型企业，实施差异化竞争战略，使已有块状特色产业集群从简单"轧堆"、价格竞争向完善价值链提升，努力形成一批规模大、创新能力强、品牌影响广、市场份额高的现代产业集群基地。

3. 着力培育新兴、特色产业基地。以各类开发区（园区）、城市功能区为重点，以五大新兴产业为主攻方向，加强产业规划，完善产业政策，大力扶持一批拥有自主专利和品牌、核心竞争能力强、发展态势好、成长性高的"苗子型"企业；进一步强化专业化招商选资，大力引进一批优势企业和项目，加快推进新兴产业基地建设。通过产业链带动、品牌带动、市场带动、资源循环利用、企业重组改造等多种途径，大力培育发展一批主导产业突出、特色显明、规模较大、创新能力强的特色优势产业基地。到2012年，力争市、县（市、区）两级形成50个在国内甚至国际上有重要地位的新兴、特色优势产业基地。

（三）大力培育"两创"示范企业，夯实工业创新发展基础

以科技型企业、高新技术企业、优势骨干企业、上市企业和高端服务企业为重点，以提高发展潜力、创新能力、竞争实力为目标，大力实施自主知识产权战略，加快推进自主创新，积极培育一批在自主研发、联合创新、科研成果产业化、二次创新能力突出的科技创新示范型企业；深入实施自主品牌战略，大力推进"品牌之都"建设，积极培育一批品牌开发经营示范企业；进一步推进和实施技术标准战略，积极培育一批在参与标准制（修）订、采标等方面取得

重大成效的标准化示范企业；大力推进信息化与工业化融合，积极培育一批在信息技术应用、嵌入式改造等方面取得重大进展的信息化示范企业；全面实施大中小企业联动成长计划，大力发展总部经济，推进“虚拟制造”、“虚拟经营”，积极培育一批带动力强、引领作用突出的领军型企业；大力推动企业加强股份制改造，促进企业上市，积极培育一批资本经营示范企业。争取到2012年，培育500家各具特色的“两创”示范企业，其中上市企业力争达到100家。

（四）大力推进自主创新体系建设，增强工业创新发展能力

1. 加强推进企业工程（技术）中心建设。突出企业主体地位，引导支持各类创新要素向企业集聚，加快建设一批各种形式的企业工程（技术）中心，使企业成为研发投入、技术创新活动和创新成果应用的主体。深入推进企业与国内外高校、科研院所建立多种形式的产学研资合作，联合建设研发中心、产业技术联盟等技术创新组织。力争到2012年，全市创新能力突出、高水平的国家、省、市级企业工程（技术）中心达到500家。

2. 加快推进科技“孵化器”建设。围绕加快发展五大重点新兴产业，加强统一规划，完善孵化功能，鼓励在重点新兴产业基地建立各类专业科技“孵化器”，并根据在孵企业数给予重点扶持，提高孵化器孵化成功率。

（五）培育健全的节能减排推进体系

根据国家《能源法》、《节约能源法》、《环境保护法》等法律法规和产业政策要求，实行区域指标、项目规划、标准对标、工作责任“四控”联合的工作方式，抓好统计监测考核和责任制建设，建立管理科学、技术进步、结构优化、政策调控、依法监管、中介服务等“六位一体”联合推进的节能减排新机制，基本形成以政府为主导、企业为主体、中介服务机构为重要补充的社会化节能减排推进体系。

四、主要保障政策措施

（一）建立健全要素保障机制

1. 加强规划控制。在国家规划指导下，根据长三角区域联动发展要求，加强全市产业规划控制。完善和细化各类开发区（园区）、城市功能区产业定位，严格按功能性质发展不同类别的产业，有序实施产业转移。制定各类产业基地发展布局规划和建设培育规划，集中资源，重点保障五大重点优势产业、五大新兴产业发展用地需要，大力扶持新兴、特色优势产业基地发展。根据产业规划，加强招商引资，引进国际、国内各种优质资源和优势企业。

2. 提高产业准入门槛。推行增加值率标准，提高产业准入门槛，重点发展国家鼓励类优势产业。实行产业政策和工业建设用地招拍挂制度相结合，招拍挂的工业建设用地向产业基地、重点项目、“补链”项目倾斜。实行更加严格的能效和环保标准，新建、改建、扩建项目的能效和污染物排放必须达到全国同行业先进水平，其中能够采标的临港高耗能项目必须达到国际行业先进水平。综合运用土地、财税、节能、环保等相关法律法规、产业政策及行政手段，分批淘汰能耗高、污染重、水耗大的落后产能和企业。

3. 推进能源资源的集约节约利用。建立综合运用法律、经济、行政等多种手段推进资源能源集约节约利用的工作格局。实施节能监察制度，加强节能监察队伍建设，健全能耗监测体系。推动重点耗能企业健全节能工作机构，建立科学的节能管理核算体系。加大奖励力度，加强先进节能技术设备的推广、开发，大力培育节能中介服务机构。开展能效对标活动，对超出行业能耗平均水平的企业，根据不同情况，依照国家法律法规和政策，实行电价和水价的累进加价、限期停产整改、设备强制淘汰等，加快提高能效水平。加强环境容量控制，探索企业排污权交易制度。

4. 大力发展循环经济。在企业、开发区（园区）和城市功能区、镇乡和县（市）、区等不同层次，大力发展工业循环经济。推进企业之间的产业对接配套，鼓励废弃物循环利用。建设生态工业园区，推进园区内的资源循环利用。大力发展清洁生产，加强扶持资源综合利用企业。

（二）建立健全财政投入稳定增长机制

1. 整合优化资源配置。推进优质创新资源向五大重点优势产业、五大新兴产业和特色优势产业基地倾斜，积极鼓励引进、采用国际国内先进技术和工艺装备，提升发展优势产业。五大重点优势产业、五大新兴产业的先进技术和工艺设备投资项目，优先列入市工业、科技、信息产业、外经贸等相关主管部门的项目计划。进一步加大鼓励力度，促进企业持续大幅度地增加科技创新投入，争取各类创新型企业研发投入占销售收入的比例达到全国行业先进水平，加快向国际水平迈进，主要行业对引进设备的消化、吸收投入比例达到全国先进水平。对符合条件的市级以上高新技术企业、专利示范（试点）企业、建有市级以上企业工程（技术）中心的企业等，根据其上年实际发生的研发费用，给予一定的科技经费补助。

2. 加大财税政策支持力度。在优化结构、提高效益、开展绩效评估基础上，整合现行各类财政扶持资金，并逐年加大扶持力度，通过重点支持新兴、特色优势产业基地建设的方法，重点支持新兴产业和特色优势产业的产学研资合作、科技创新服务平台建设、品牌培育、质量提升、专利开发、标准制订、软件开发及服务外包、节能和清洁生产、高技术产业化、高端生产性服务、高端人才培育和“补链”型企业发展等重点项目，确保工业创业创新倍增计划的实现。大力鼓励企业建立健全企业工程（技术）中心和科研开发机构，对经认定的国家、省、市级企业工程（技术）中心，分别给予不同额度的专项资助，资助资金专项用于企业工程（技术）中心的工艺设备购置和人才队伍培育等。

3. 大力推进产学研资合作。加大对企业与境内外的高校、科研单位以多种形式共建研发机构的支持力度，对共建研发机构开发的项目，市科技管理部门择优给予补助。鼓励市内外各类高校和科研单位主动走进企业、举办技术项目对接活动等，接受企业委托，定向开展科研攻关、攻克技术难题。定向攻关项目被企业接受后，由市工业主管部门根据项目情况对相关承担单位给予奖励，市科技主管部门择优予以立项并推荐申报上一级政府科研课题，县（市）、区予以配套资助。继续加大知识产权保护和表彰奖

励力度，深入实施专利、品牌、标准等自主创新三大战略，大力推进知识产权产业化开发和规模化发展。

4. 积极推进企业股份制改造。按产权清晰、权责明确、管理科学的要求，推进企业产权制度改革，组建股份有限公司。各级各部门要积极为企业改制提供政策等方面的服务。大力引导企业增强上市意识，着力降低上市改制成本，提高资本扩张和经营能力。鼓励企业建立开放的股权结构，引入现代管理理念和经营模式，为可持续发展提供制度保障。

5. 建立风险投资补偿机制。建立国有风险投资基金，大力引导、鼓励各类风险投资公司加强投资科技型创业企业，提供各种增值服务，形成以政府国资风险投资补助为引导、民营风险投资为主体，风险投资规模不断扩大、风险投资进入与退出良性循环的运行机制。

（三）建立健全创业创新人才保障机制

1. 加快培育创新型企业家。扩大范围，加大力度，大力实施企业家素质提升工程，实行深造培训和集中轮训相结合，通过EMBA课程、短期进修、网络培训等多种形式，进一步提升企业家和各类不同层次企业经营管理者的综合素质和国际化水平。到2012年，争取绝大多数规模以上企业经营管理者都得到现代经营管理和相关科技知识一次以上的培训。根据创新业绩，每年评选表彰一批创新型企业家，营造全社会崇尚创新、企业家竞相创新的社会氛围。

2. 加快建设创新型人才队伍。搭建平台，落实政策，大力引进以领军和拔尖人才为重点的各类高层次创新型人才。创造条件，优化服务，着眼于提高创新能力，加强培养管理、经营、工业设计等领域的高层次创新型人才，积极培育一大批高素质的“实用型、有证书”的各类创新型技能人才，有效推进企业创新团队建设。到2012年，争取全市工业创新型技术和技能人才总数大幅增长，其中实用型技能人才20万人以上，受到职业技能和专项培训的技工30万人以上。

（四）建立健全创业创新服务保障机制

1. 加快发展各类科技创新服务机构。以市研发园区、工业设计创意街区和新兴、优势产业基地等为重点，加强培育各类科技创新服务机构（科技创新服务平台），健全创新服务体系。大力培育信用担保、创业辅导、风险投资、检验检测、技术开发、人才培训、信息服务、市场开发、产品设计、管理咨询、行业协会等各类服务机构。鼓励国内外各类科技创新服务机构在甬设立分支机构，加快市十大公共创新服务平台建设。

2. 建立政府服务评价机制。根据建设服务型政府要求，把服务企业列入文明机关建设、机关民主评议的重要内容，着力引导各级政府部门牢固树立“真诚服务企业、促进科学发展”的意识，进一步改进和优化服务。

（五）建立健全联合推进保障机制

1. 加强领导。建立由市政府分管领导为组长的市实施工业“两创”倍增计划领导小组，领导小组成员由市发改委、市经委、市科技局、市信息产业局、市外经贸局、市质监局、市财税局、市人事局、市国土资源局、市统计局、市环保局、市教育局、市建委、市金融办、市发展研究中心等部门领导组成。领导小组主要职责是：研究重大政策举措，编制产业布局规划，制定年度工作计划，组织开展绩效考核，协调相关重大事项等。在市经委设立领导小组办公室，承担各项具体工作。

2. 实施政府荣誉制度。根据经济效益、社会效益和生态效益紧密结合的原则，建立完善工业“两创”倍增计划评价考核体系。每年由领导小组办公室牵头组织对各地、市级各相关职能部门、开发区（园区）和城市功能区、镇乡（街道）、企业和各类公共服务机构进行综合考评。对成绩突出的，由市政府给予表彰奖励。

3. 建立分析预警信息共享平台。由市经委牵头，组织市发改委、市科技局、市信息产业局、市统计局、市外经贸局、市质监局、市财税局、市人事局、市国土资源局、市环保局、市金融办等部门，建立工业“两创”倍增计划分析预警信息服务平台，加快建立工业企业用地、进出口及贸易壁垒、产业预警等信息共享体系，及时实行工作监控、绩效评估，定期为市领导提供分析预警信息，为企业提供信息服务。

宁波市人民政府

二○○八年四月二十二日

宁波市人民政府
关于印发今后五年宁波市服务业跨越式发展行动纲要的通知

甬政发〔2008〕69号

各县（市）、区人民政府，市政府各部门、各直属单位：

《今后五年宁波市服务业跨越式发展行动纲要》已经市政府第34次常务会议讨论通过，现予印发，请认真贯彻执行。

宁波市人民政府

二○○八年八月四日

今后五年宁波市服务业跨越式发展行动纲要

为贯彻落实国务院《关于加快发展服务业的若干意见》(国发〔2007〕7号)和市委、市政府《关于进一步加快服务业发展的若干意见》(甬党〔2007〕23号)精神，推进我市服务业提速、提质、提能级，实现服务业新的跨越式发展，特制订本行动纲要。

一、明确总体思路和发展目标

(一)总体思路

认真贯彻落实党的十七大和省、市党代会精神，深入实施"创业富民、创新强市"发展总战略，按照"六大联动、六大提升"的总体要求，坚持"高端、高效、高辐射"的发展方向和"国际化、市场化、集群化、专业化、信息化"的发展路径，通过开放带动、创新驱动、政策推动，努力形成以进出口贸易为龙头，运输物流为支撑，现代金融为保障，科技、信息等知识型服务业为引领，休闲旅游、文化创意、会展中介等为配套的服务业产业体系，着力构筑起"立足宁波、依托浙江、服务长三角、辐射中西部、对接海内外"的服务业发展大格局，实现服务业新的跨越式发展，加速推进我市经济结构转型升级，全面提高我市经济综合竞争实力。

(二)发展目标

围绕建设现代化国际港口城市的总体目标，通过提速、提质、提能级，实现全市服务业新的跨越式发展。到2012年，建成全国进出口大港和运输物流大港，形成区域性金融服务中心、创新服务中心和全国重要的服务外包基地，成为长三角世界级城市群重要的中心城市和全国一流的宜居宜业城市，进一步形成亚太地区重要的国际门户。

1. 提升服务业发展速度。服务业增加值年度增幅均高于GDP增幅2个百分点以上，总量实现翻番，突破3000亿元，占地区生产总值比重力争超过45%。

2. 提升服务业发展质量。现代服务业占服务业增加值比重达到46%，创新发展水平显著提高；服务业品牌、主体培育实现突破，培育、引进各行业示范企业100家，跻身全国服务业500强企业达到25家，形成一批在国内具有较大影响力的知名服务品牌；服务业效率、效益实现双提升，劳动生产率提高60%以上，超过15万元/人，服务业地方税收达300亿元，占地方财政收入超过50%。

3. 提升服务业发展能级。国际贸易、现代物流、金融服务、休闲旅游等城市综合服务功能进一步增强，对区域集聚、辐射和带动效应显著提升。到2012年，口岸进出口总额突破2000亿美元，物流增加值突破700亿元，金融业增加值突破500亿元，旅游总收入突破800亿元。

二、突出重点领域

按照有利于发挥我市比较优势、有利于增强城市综合服务功能和有利于提升服务业综合竞争力的基本原则，确定今后5年我市服务业发展的重点领域是：外贸出口、进口及内贸、运输物流、金融服务、会展、休闲旅游等六大支柱产业；科技与信息、文化创意、中介、高端培训等四大主导产业。

(一)外贸出口业

依托港口、产业和区位条件，集聚各类资源，搭建平台，创新服务，完善功能，全力打造全国进出口贸易大港，形成全国重要的服务外包基地。到2012年，全市自营出口总额达到600亿美元，口岸出口总额达到1200亿美元。

1. 加快培育各类出口贸易主体，形成国内外一体的出口贸易的市场组织体系。加大政策聚焦和服务聚焦，培育一批国际市场上有自主品牌、有较强竞争力、有较大市场份额的优势出口企业。引进一批国内外著名品牌销售总部和大型企业采购配送中心以及资本雄厚的批发商、代理商和经销商等境内外的进出口贸易机构，基本建立比较完善的进出口贸易体系。扶持一批综合性外贸龙头企业，促进中小进出口企业壮大，形成一批有影响、有规模的民营品牌出口企业。

2. 充分发挥保税港区等特殊功能区作用，形成以梅山保税港区为龙头，保税区、出口加工区、保税物流园区统筹协调发展的开放合作的园区体系。加快梅山保税港区的规划建设，最大限度地发挥保税港区政策功能，积极拓展国际中转、国际配送、国际采购、转口贸易等功能。推进宁波保税区转型发展，整合宁波保税物流园区、宁波出口加工区，进一步发挥其对全省及长三角开放型经济的示范、辐射和带动作用，努力打造国际贸易新的核心功能区。

3. 进一步完善口岸服务功能，形成有利于国内外开放的政务服务体系。按照"大口岸、大市场、大贸易"的方向，加快陆、海、空口岸建设，大力拓展口岸腹地。加强与国家有关委、部、署、局的合作，进一步提高"一关三检"的信息化、电子化水平，提升服务效能。加强与周边和中西部地区的合作，努力构筑宁波口岸的通道优势。推进口岸管理部门的改革和创新，促进长三角通关一体化建设，努力提高口岸通关综合服务水平，优化区域整体通关环境。

4. 突破发展服务外包产业，积极发展有特色的服务贸易产业体系。结合宁波产业优势，大力发展高端服务外包产业，主动承接跨国公司的离岸服务外包，建设若干个服务外包产业基地，重点发展信息技术、产品标准检测、工业设计研发、动漫创意、金融服务、财务结算，以及装备制造、电子电器、汽车及零部件等重点行业的行业解决方案设计等外包业务。引进一批国内外重点服务外包企业，培育一批自主知识产权、自主品牌、高增值服务能力的服务外包骨干企业。

(二)进口及内贸业

依照现代流通方式和新型业态的发展趋势，以网络市场和全国性、区域性大型批发交易市场建设为依托，扩大高端装备进口，全面增强生产资料和重要资源产品的进口集散配置能力，形成辐射力强、特色鲜明的现代进口内贸市场组织体系。到2012年，全市自营进口总额达到400

亿美元，口岸进口总额突破800亿美元，全社会商品零售总额突破2000亿元。

1. 鼓励发展进口贸易，积极发展进口内贸市场组织体系。充分利用当前发展进口贸易的有利形势和良好环境，积极拓展进口贸易，扩大进口规模。引导企业扩大新设备、新技术、新能源、新材料进口。鼓励拓展资源性、装备性产品进口，积极培育和发展环保设备、医疗设备的进口市场。银行、保险等部门要进一步完善进口服务体系，为企业创新、开拓国内外市场和规避风险提供良好的金融支持。

2. 推进区域性资源配置中心建设，培育生产性资源市场。积极培育塑料、液体化工、煤炭、建材、金属等一批全国性、区域性大型专业市场，全面提升进口资源集散配置能力。依托专业市场和保税(港)区功能优势，鼓励发展网上电子化交易和现代高端国际贸易形式，积极探索电子合约交易市场等新型进口贸易业态，大力发展现货保税交易和期货交割。充分发挥国际贸易展览中心的功能，扶持大型外贸企业进入国际采购体系。

3. 构建新型商贸流通体系，培育城乡一体化的生活贸易市场。优化商业网络布局规划，促进城市商业向农村延伸，发展以连锁经营、电子商务、"放心店"为特色的多元化、多层次的新型商贸流通业态。支持和鼓励优势企业通过参股、控股、并购、品牌输出等方式实现规模扩张、做大做强。引导传统批发市场改变经营模式，强化展示和服务功能，提升批发市场档次，培育一批档次高、辐射面广、带动力强的大型现代批发市场。以现代流通理念、流通技术和经营方式改造提升商品市场及大型生产资料市场，指导有条件的市场由传统市场向现代市场转型。

（三）运输物流业

以发展全国运输物流大港为目标，加快构筑大口岸、大通关、大流通、大辐射的大物流体系。到2012年，宁波港集装箱吞吐量争取达到1600万标箱，货物吞吐量3.8亿吨，宁波作为长三角重要的综合物流中心城市、全国性重点物流枢纽和亚太地区重要物流中心的地位进一步确立和提升。

1. 推进现代交通集疏运网络建设。协调推进港口、内河、公路、铁路、航空、管道等运输方式，加强港口基础设施建设，加快梅山等港区的开发。加强与铁道部的合作，推进宁波区域"北货南客"铁路环网、甬金铁路、甬台温铁路、杭州湾跨海铁路等规划和建设，完善海铁联运体系，更好地为中长距离腹地区域经济服务。加快"一环六射"高速公路网建设，努力实现以市区为中心的"213"高速交通圈。加强城市交通建设和管理，拓展城市配送通道。拓展国内、国际货运航线，完善宁波栎社国际机场综合功能。推进杭甬运河项目改造提升，完善内河水运体系。加快管道运输建设，促进高效化、融合化综合运输发展。

2. 加快物流市场主体培育。加快引进一批主营业务突出、核心竞争力强的第三方物流企业，提高物流供给能力和服务水平。加强政策引导，促进本地物流企业通过收购、兼并、控股等方式开展战略重组，强强联合，做大做强，发展成为品牌物流企业。鼓励制造业企业主辅分离和流程改造，合理选择物流业务外包，促进物流市场的培育和壮大。鼓励企业开展国际采购、国际配送等业务，拓展高端增值服务。

3. 打造物流服务平台。高水平开发建设梅山保税港区，充分发挥保税港区的资源优势和政策优势，提升港口国际物流发展水平。推进物流信息化建设，进一步完善宁波电子口岸公共信息平台功能，积极创造条件推动第四方物流网上运输市场建设。

4. 构筑物流发展区域网络。加快宁波—舟山港一体化进程，推进浙江省港口战略联盟建设。按照腹地区域开放型经济发展对港口门户城市提出的新要求，统筹谋划"无水港"布局，重点建设和整合提升金华、绍兴、上饶、鹰潭等省内外"无水港"。进一步加强和铁路部门的合作，尽早开通宁波至成都、武汉、重庆等中心城市的集装箱"五定班列"，完善港口物流市场揽货体系。

（四）金融服务业

积极构建银行类服务、保险服务、证券服务以及非银行类投融资服务等四大金融服务体系，加快区域性金融服务中心建设。到2012年，金融机构各项存、贷款余额分别超过11000亿元和9000亿元，每年新增金融或非银行金融机构的总部或地区总部1家以上。

1. 加快金融主体培育。鼓励设立银行、保险等民营类金融机构，支持市内大中型企业发起设立或参股银行和保险公司；加快国际金融服务中心建设，吸引集聚各类中外金融保险机构及国内外投资机构来甬设立总部或分支机构；鼓励宁波银行和其他金融机构走出宁波，在宁波市外设立网点，开展业务；深化农村金融体制改革，探索组建市级农村商业银行。

2. 拓展金融市场。重点发展风险投资、金融担保、信托以及证券融资等非银行类金融服务。支持中小企业特别是高新技术企业和民营企业上市融资，提高直接融资的比例；发展壮大风险投资市场，鼓励设立投资风险保险基金，发挥投资风险基金创业融资功能；加快组建中小企业贷款公司，进一步推进中小企业融资担保服务体系建设，支持中小企业发展；积极开拓新型险种，大力发展专业保险经纪公司、代理公司，逐步完善保险中介市场体系，积极支持商业保险参与社会保障体系建设。加快发展证券期货业，拓展证券投融资渠道。

3. 强化金融对服务业的引领带动作用。发挥国有商业银行、政策性银行、城市商业银行的融资主渠道作用，扩大信贷规模，支持地方经济发展。完善现代化的国际结算和支付系统，结合保税港区建设，探索发展离岸金融。推进征信机构体系建设，优化金融生态环境。

（五）会展服务业

发展以国际贸易为龙头的现代会展业，努力成为全国一流的国际国内交易服务平台和浙江省对外合作交流平台，基本形成以进出口贸易为主要特征的国际会展之都的产业框架。到2012年，全市举办会展活动达到300个，力争培育具有国际影响的品牌展3个，在国内有影响的品牌展5个。

1. 加快建设宁波国际贸易展览中心，完善相关的配套设施，加大投入，持续投入，积极发挥国有资本在会展领域引领性、战略性、基础性和示范性作用，使之成为宁波国际会展之都的核心平台。

2. 加大招展力度，鼓励引进国际名展，积极吸引国内大展，做足做优市内特展；支持会展企业或中介机构在国展中心等展馆举办国际性、国家级和地区性的各类展会，完善进出口商品常年展示、进口大宗物资交易、国际贸易商务办公、国际贸易信息、运输服务等综合配套服务。

3. 支持各县(市)、区举办各具特色的国际国内商务型会议。各县(市)、区要结合自身优势，大力引进举办商务、金融、文化、科技等各类会议(论坛)、节庆和体育赛事，创新发展会务经济，加快建设面向国际的会务经济发展平台。

4. 加强对展会主体的政策扶持力度，培育形成一批外向关联度高、招展引会能力强的优秀会展主体。推进展会品牌建设，培育一批国际化程度高、产业带动力强的优秀会展品牌。

(六)休闲旅游业

充分发挥山水人文资源丰富的综合优势，整合资源，创新产品，完善功能，加强营销，优化环境，加速推进以都市、海洋、文化、生态有机交融为主要特色的现代化国际港口旅游名城建设。到2012年，入境旅游达到140万人次，国内旅游达到4500万人次，基本建成长三角最佳休闲旅游目的地城市。

1. 加快重点区块开发。重点开发三江口都市游憩区、东钱湖旅游度假区、四明山休闲度假区、象山港滨海旅游度假区、黄金海岸旅游带、杭州湾滨海商务运动休闲旅游区、东方大港现代游乐区等功能区块。加快推进东钱湖南湖岸线、梁祝爱情产业园、四明山运动休闲基地、杭州湾湿地、宁海湾休闲旅游基地、慈城古县城、半边山旅游区、天童景区、雪窦山大佛景区等重大旅游项目建设。抓住杭州湾跨海大桥建成通车的契机，以大项目促成大产业，以集聚发展带动全面发展。

2. 创新旅游产品体系。整合提升都市旅游产品，推进三江六岸休闲旅游设施完善和景观升级，加快城市特色旅游文化街区建设，推动城市公共设施向旅游产品转化。规范引导乡村旅游，打造湖泊、山地、滨海等多类型的乡村旅游示范点。大力发展商务会展、美食购物、运动康体、文化修学等专项产品。着力培育游艇、邮轮、海钓、温泉、高尔夫、自助旅游等旅游新业态，打响“大海、大港、大桥、大佛”宁波特色旅游品牌。

3. 完善旅游服务功能。推进市旅游中心和全市旅游集散网络的建设，进一步完善市内交通干线及景区公路建设，开通重点景区旅游专线和“都市游”线路，形成高效便捷的游客集疏运体系。加快旅游信息化建设。建立和完善咨询、投诉、救援、标识引导等旅游公共服务体系。优化和提升星级饭店、经济型酒店、星级餐馆、旅行社、旅游演艺、旅游购物等旅游接待服务体系。

4. 推广城市旅游形象。整合城市外宣资源，加大对外推介力度，整体推出城市旅游新形象。深化旅游目的地营销，强化区域旅游合作，实施对接世博会的专题计划，举办重大旅游节事活动，培育国际旅游航线，进一步拓展境内外重点旅游客源市场。

5. 优化旅游发展环境。深入实施政府主导的大旅游发展战略，创新旅游管理体制和投融资机制，扶持旅游企业做大做强。加快旅游立法步伐，健全旅游质量监督网络，强化旅游行政执法，促进旅游行业的标准化、法制化建设。加强旅游人才培养，提高从业人员素质和服务水平。

(七)科技与信息服务业

以信息化改造传统工业和服务业，推动科技和信息的服务产业发展，积极构筑与创新型城市相适应的科技与信息服务体系。到2012年，全社会研究与试验发展(R&D)经费支出占GDP的比重达到1.5%以上，信息服务业业务收入达到300亿元。

1. 大力发展研发、设计、检测、试验等知识型生产性服务业，为制造业尤其是中小企业提供科技研发、技术推广、成果转化、人才服务和信息化的服务，提升创新发展水平。积极培育以企业为主体的科技研发与自主创新体系，引进国内外大公司来甬设立研发机构与研发基地。以产业集群为依托，鼓励发展标准检测、检验等市场化的生产服务企业，提高区域产业的整体竞争力。

2. 重点发展嵌入式设计服务业。充分发挥宁波软件园的载体作用，吸引国内外一流软件企业入驻，建设高水平的软件开发基地、软件服务外包基地和高级人才培养基地。建立嵌入式软件、集成电路设计等主要面向本地特色优势行业的服务产业体系。创造条件，建立软件对外贸易联合体或交易平台。扶持具有国际竞争力的骨干软件企业向集约化、规模化和国际化方向迈进，支持有条件的软件企业上市，努力培育我市软件业的龙头企业。

3. 鼓励信息网络技术应用。推进信息服务业与制造业的融合与衍生，加快推广信息网络技术在商贸、物流、金融、旅游、中介咨询、会展等领域的应用，促进产业优化升级，提升服务业现代化水平。建设服务业信息网络，广泛应用数据流通标准化、商品销售信息化等技术，大力发展电子商务，建立与电子商务相配套的技术和政策服务体系。着力培育商贸服务电子商务应用示范企业，支持面向中小企业的第三方电子商务服务平台的建设和发展。鼓励网上、网下相结合形态的市场发展，支持大、中型批发市场进行技术创新，实现网上交易、网下交割和现代化管理，实现电子化交易和智能化配送，做到有形市场和无形市场的优势互补、有机结合，努力提高商贸流通业集聚化、信息化、国际化、现代化的发展水平。

4. 抓好信息资源的整合和开发利用。积极构建全面的信息网络服务公共体系，包括引智招商平台、信息资讯平台、技术支持平台、人才支撑平台等公共服务平台。加强公共图书、科技信息、新闻出版和广播电视等公共信息资源的开发利用，不断满足社会和居民的信息服务需求。加大政府信息资源的公开和政府信息资源的开发利用，推进电子政务建设。加快创新创业信息服务平台建设，为企业和个人创业者等创新创业主体提供公益性、普遍性的信息服务。

（八）文化创意业

以市场为导向，创意为核心，创新为动力，营造良好发展环境，促进特色文化产业的发展和传统文化产业的改造提升。到2012年，文化产业增加值占生产总值的比重超过5%。

1. 拓展文化创意领域。积极运用高新技术创新文化生产方式，改造传统产业，催生新的文化业态。充分利用和发挥我市文化资源丰富、文化需求旺盛的优势，培育和发展广播影视、文化娱乐、研发设计、广告、出版发行、动漫游戏、软件及计算机服务、艺术品交易等产业，努力形成一批具有较强竞争实力的主导产业和具有宁波特色的文化创意产业发展体系。

2. 培育文化创意产业主体。优先培育和发展具有一定基础和发展实力的创意产业主体，培育发展一批具有较强实力的大型文化企业和企业集团，打造一批彰显宁波地域文化特色的创意品牌。逐步形成以龙头骨干企业为支点，大中小企业紧密配合，专业分工与协作完善，具有国际竞争力的产业集群和优势产业链。

3. 加快产业基地建设。优化资源配置，以实施重大文化产业项目带动战略为抓手，建设一批具有示范引导性的文化产业企业。积极推进文化产业公共服务和信息平台、共性技术开发平台、宁波文化广场、宁波书城、象山港影视文化产业基地等文化基础和标志性设施建设。加快文化产业基地和区域特色文化产业群建设，培育一批富有活力，各具特色、链条完整、布局科学、效益显著的创意产业园区，提高文化产业的集中度和辐射力。

4. 营造发展环境。积极构建文化创意产业发展的政策体系，改革和完善创意产业的投融资体制，引导银行加大对文化产业的信贷投入，鼓励和支持非公有制资本进入文化建设领域。建立和健全创意产业知识产权保护体系，加快创意产业人才培养和引进步伐，支持创意研发，鼓励自主创新。培育市民文化消费观念，激发文化消费需求，不断挖掘新的文化题材，打造新的文化品牌，促进创意产品的消费和销售。积极培育发展各类文化市场、文化产品服务和要素市场，加强市场监管，建设统一、开放、竞争、有序的文化市场，营造公平竞争的市场环境。

（九）中介服务业

完善市场机制，优化发展环境，形成门类齐全、运作高效、特色突出、诚信规范、与国际接轨的中介服务体系，成为在国内外具有竞争力的涉外高端商务服务示范基地。到2012年，力争形成100家具有较大国内影响力的商务服务机构。

1. 加强中介机构改革与管理。推动各类中介机构与行政管理部门脱钩，凡从事经营性业务的中介机构均成为独立的市场主体，承担行政职能的中介机构改制为公益性事业单位。改革和完善中介服务业管理体制，设立相应的管理机构，全面管理和协调中介组织机构发展，完善全市中介服务业发展规划，以及相应的政策和法规，协调发展中的问题。

2. 营造公开、公平、公正的发展环境。打破行业及部门垄断，清理并取消不合理的地方限制，凡法律、法规没有规定的市场准入门槛、指定服务等一律取消。完善中介组织机构政策和管理办法，凡是由行业组织或中介机构自律管理的事项均交给行业协会或中介机构。政府通过购买服务方式，通过公开公平竞争，择优选择优秀服务的中介组织承当公共类的非政务类的技术服务，以扶持中介机构的发展。

3. 引进培育国内外各类中介服务机构。积极引进专业培训、广告服务、会计、律师、管理咨询、技术检测和进出口相关的中介机构，突出培育航运融资、航运经纪、航运信息与咨询服务、海事法律等中介服务业态。

（十）高端培训业

深化教育体制改革，加强教育资源整合，加快高端培训机构培育和引进，到2012年，基本形成适合我市实际发展需求的职业资格考试和培训的政策体系，建立起为现代化国际港口城市功能与产业体系提供人力资源支撑的高端培训体系，成为我国著名的实用型高端白领和高级技术人才的培训基地。

1. 建设服务型教育体系。推进高等教育改革，加强高等院校和职业技术学校重点专业学科建设和相关的师资队伍建设，全面推进学业证书和执业资格证书“双证书”人才培养工程。引导各级各类院校和社会培训机构，发展各个层次、各种类型的继续教育培训服务，为我市发展培养大量的合格人才。

2. 加快引进国际国内的高端培训机构。出台扶持政策，鼓励引进一批国内外具有能够授予执业资质证书的知名培训组织来甬与各高校合资合作兴办培训机构，开展教学改革和培训活动，通过考试核发国内外的职业资格证书。

3. 加强高端培训的平台建设。进一步推动高层次校外产学研基地和实习实训基地的建设，包括大型公共职业技能培训平台建设。推动高端培训的就业服务平台建设。鼓励高等院校、培训机构与企业的合作与互动，形成密切合作、优势互补、相互促进、持续发展的机制。

三、建设服务业产业基地

以各类开发区（园区）、城市功能区为依托，以服务业六大支柱产业、四大主导产业为主攻方向，进一步完善规划布局，强化政策引导，扶持一批拥有自主品牌、发展态势良好、竞争力强、业态先进的服务业示范企业，培育形成一批布局合理、特色鲜明、产业高端、功能互补的服务业产业基地。

（一）建立有效的推进机制

研究制订市级服务业产业基地评价体系，开展市级服务业产业基地认定和考核，建立有效的基地准入与退出机制。凡符合基地认定标准和条件的，均可申请为市级服务业产业发展基地。各县（市）、区要结合区域服务业发展水平，积极争创服务业示范基地，鼓励发展态势好、潜力大、主业突出的示范基地申报省级、国家级的服务业产业基地。

（二）强化政策扶持力度

研究制订服务业产业基地发展的配套政策，建立定向招商和土地定向招拍挂的制度，加强公共服务平台和产业政策的建设，综合运用产业政策及规划、财政、税收、信贷、土地等手段，发挥政策的组合效应，使政策资源向产业基地、支柱产业和主导产业倾斜，促进服务业集群发展、高端发展和“链式”发展，提升服务业产业基地的能级和水平。

（三）加强公共服务平台建设

配合产业基地的建设，加强共性技术产业、政策、政务服务等公共服务平台建设，优化服务环境，实现资源共享。

四、培育服务业示范企业和知名品牌

加快服务业市场主体的培育和引进，推进服务业组织创新、技术创新和发展模式创新，引导服务业企业做大做强，充分发挥品牌示范企业的引领和带动作用，为全市服务业跨越式发展提供支撑和活力。

（一）积极推进服务业内外开放

加大“招商、招展、招机构”力度，大力引进国内外知名服务企业、跨国公司、民营企业来甬设立企业总部、区域性或功能性机构。鼓励设立国际物流、国际配送、国际采购、转口贸易以及金融保险、科技、信息、现代会展、休闲旅游等各种服务主体和机构，推动各类机构和服务主体尽快集聚和成长壮大。

（二）推动服务业创新发展

开展服务业企业的高新技术企业申报工作。支持有条件的服务企业以资本或以商标、专利等知识产权为纽带进行跨地区、跨行业兼并重组，促进规模化、网络化、品牌化经营，培育一批具有竞争优势的集团型示范企业。支持符合条件的服务企业进入海内外资本市场上市融资，培育一批在全国同行业具有竞争优势的资本经营型示范企业。加快推广新技术、新标准在商贸、物流、金融等领域的应用，鼓励服务企业进行管理创新、服务创新和产品创新，培育一批新技术、新标准应用取得重大成效的创新型示范企业。

（三）实施品牌服务战略

研究制订服务业品牌发展规划，制订和实施对服务业名牌产品、著名商标和驰名商标的保护、鼓励和奖励政策。开展市级服务品牌评选活动，加大著名商标、名牌产品申报、推荐和认定的工作力度。实施“老字号”品牌振兴计划，提升“老字号”品牌能级。鼓励服务企业与生产企业合作，实现服务品牌带动产品品牌推广、产品品牌促进服务品牌提升的互动发展。全面推进服务业标准化和规范化，建立健全服务业标准化体系，扩大服务标准覆盖面。

五、完善保障措施

（一）创新工作机制

建立全市服务业发展办公室，进一步加强对全市服务业发展的组织领导和统筹协调。加强部门和地区的协调沟通，及时研究决定全市服务业发展中的重大事宜。各县（市）、区也要建立相应的组织领导机构，理顺工作关系，明确职责分工，确保工作的落实。

（二）编制行动计划

根据本纲要明确的目标和任务，各相关职能部门要进一步制订服务业重点领域专项行动计划，做好与城市规划、土地总体利用规划等在产业、空间上的衔接，引导资源有效配置和集约利用，并抓紧组织实施。

（三）制订产业政策

围绕服务业行动纲要实施重点，抓住产业基地建设这个载体，积极构建全面有效的服务业产业政策体系。由行业主管部门牵头，充实完善重点服务业产业基地的扶持政策。由市国土管理部门牵头，编制实施鼓励十大重点行业发展的产业基地的定向招拍挂用地管理办法。学习全国文明城市创建的机制，在各县（市）、区开展服务业优秀产业基地创建活动，进一步完善年度服务业明星企业、新星企业的评比表彰办法。

（四）营造外部环境

加快“信用宁波”建设，切实维护统一、开放、公平、有序的服务业市场，努力营造良好的市场环境。加快建立和完善法规体系，加强行政执法监督，努力营造良好的法治环境。通过简化程序、提高效率，增加透明度，为服务业企业投资和经营提供优质服务，努力营造良好的政务环境。加大交通、通讯等基础设施建设，为各类机构和服务主体发展营造优良的商务和人居环境。

（五）加强人才保障

根据服务业跨越式发展对人才的需求，加快高端人才和高技能人才引进与培养，落实各项优惠扶持政策，创新使用考核和分配激励机制，提供优质配套人事服务，形成完善的人才保障体系。

（六）强化考核激励

按照行动纲要的总体要求，制订年度实施计划，明确责任主体，将服务业工作纳入各级各部门目标考核和政绩考核的重要内容。定期组织对服务业产业基地进行评估，对基地基础设施建设及“招商、招展、招机构”情况进行评价，对投入、产出、公共平台建设进行评审，对服务业发展成绩显著的企业单位和个人给予表彰奖励。

（七）健全统计分析

全面整合服务业各部门和行业协会的统计资源，建立起相互衔接、互为补充、信息共享的服务业统计体系；市统计部门要建立和完善重点行业的统计分析体系，为监测分析和考核评价提供基本依据。完善服务业发展形势监测分析制度，全面系统地把握服务业区域和行业发展状况，引导和促进服务业协调发展。

中共海曙区委办公室　海曙区政府办公室 关于在全区组织开展“干部进企业服务促发展”活动的通知

海党办〔2008〕73 号

各街道，区属各单位，区机关各部门：

为营造企业稳定发展、创新发展、转型发展的良好环境，帮助企业应对复杂多变的国际国内经济形势，强化各类服务，解决发展中遇到的突出困难和问题，促进区域经济稳定较快发展，根据省委、省政府和市委、市政府有关要求和部署，区委、区政府决定从今年 7 月中旬起到 9 月下旬，在全区开展“干部进企业，服务促发展”活动，特通知如下。

一、总体要求

全面贯彻党的十七大精神，落实科学发展观，按照中央 6 月 13 日会议要求和省委、省政府“标本兼治、保稳促调”的工作部署，深入实施“两创”战略，坚持“立足实事、突出实效、落到实处”的原则，以营造围绕中心服务大局、促进企业又好又快发展的良好环境，和帮助企业解决稳定发展、转型发展问题为两大主题，采取机关干部进企业直接送服务，充分发挥机关职能作用为企业间接服务等方式，通过主动服务、敢于负责、善于支持，努力实现“五个一”（即服务一批企业、落实一些政策、破解一组难题、机关作风进一步转变、发展环境进一步优化）的工作目标，群策群力推进全区经济社会又好又快发展。

二、主要任务

1. 服务大局，关心企业

教育引导全区各级领导干部进一步认清当前经济发展面临的形势，切实增强忧患意识，强化党政机关围绕中心、服务大局的理念，努力营造一心一意谋发展、服务企业促发展的浓厚氛围，真正做到急企业所急、想企业所想，切实关心企业发展，帮助解决实际困难，提供优质高效服务。

2. 政策服务，支持企业

送政策上门，组织宣讲解读，帮助企业进一步理解掌握和用好用足现有政策。督促政策落实，确保各级党委、政府制定出台的政策及时发挥作用和效益，避免政策放空截留。围绕“标本兼治、保稳促调”工作部署，加强调研，针对新情况、新问题、新矛盾，优化服务，努力减轻企业负担。

3. 要素保障，服务企业

加强和改善金融服务，帮助协调解决企业尤其是中小企业的融资问题。强化用地供地管地服务，缩短符合国家产业政策的项目报批周期，推动企业的重组兼并。合理调度电力供应，保障企业生产需求。完善供水服务，统筹安排生产、生活用水。

4. 重组服务，发展企业

促重组、促调整、促改革，努力实现持续快速发展。落实好工业“两创”倍增计划和服务业跨越发展行动纲要确定的各项配套政策，进一步推动产业结构的优化升级，切实转变发展方式。

5. 引导服务，指导企业

引导企业职工正确认识当前面临的经济形势，进一步创新发展理念，变困难为动力，视挑战为机遇，振奋精神，自强不息，坚定不移地推进创新发展、转型发展、提升发展。发动企业职工献计献策，群策群力，进一步增强主人翁意识，不断增强企业内部凝聚力，共克时艰，共谋发展。

6. 交流服务，帮助企业

及时总结推广企业应对国内外形势变化的好做法、好经验、好典型，促进企业挖潜革新、科学经营，提高适应形势的发展能力。广泛宣传机关服务企业的新举措、新典型和动人事迹，营造共谋发展的良好氛围。

三、活动要求

“干部进企业，服务促发展”活动时间紧、任务重、难度大、要求高，各级、各部门一定要高度重视，落实责任，精心组织，确保取得实效。

1. 提高认识，营造环境

全区各级、各部门要广泛发动，全面动员，进一步统一思想，提高认识，深刻领会开展“干部进企业，服务促发展”活动的重大意义。各级领导干部都要身体力行，坚持以经济建设为中心，深入基层，了解企业，帮助企业，服务企业，通过机关的带头作用，进一步营造全社会都来关心、支持企业成长发展的良好环境。

2. 转变作风，真抓实干

各级、各部门要把开展“干部进企业，服务促发展”活动与加强机关作风建设、推动政府职能转变结合起来，促进各级领导切实改进领导方式，增强服务意识，创新服务方法，提高服务效能。各级干部都要真心诚意走进企业，服务企业，认真听取企业意见，送政策、送思路、送方法、送服务，共同破解企业发展瓶颈。

3. 破解难题，注重实效

各级、各部门要加强领导，明确责任，认真组织，周密部署，切实做好为企业服务工作。机关各部门特别是综合管理和服务部门主要领导要亲自挂帅，抽调得力干部，加强领导，立足解难创优、保稳促调，充分发挥主观能动性和创造性，为企业的稳定发展提供实实在在的指导和帮助，实实在在地解决企业发展中的各种实际问题。

4. 政企联动，共建和谐

各级干部要主动深入基层、走进企业、走近职工，向社会学习、向企业学习、向职工学习，努力提高自身的实践能力和服务水平。要增进对企业的感情，关心企业的发展，通过宣讲形势政策，引导企业正确认识宏观环境，全面理解党委、政府的决策部署，坚定发展的信心；要发动广大企业职工凝心聚力，和衷共济，共建和谐企业。

四、组织方式

本次活动采取市、区与街道、部门三级联动方式，集中开展，合力推进。

1. 成立区“干部进企业，服务促发展”活动领导小组，下设办公室，负责日常工作和整体协调。区四套班子领导按照各自所联系企业的情况，确定负责联系服务的重点骨干企业，同时对联系街道进行活动的整体指导和督查。

2. 各街道实行党政主要领导负责制，按照区委、区政府统一部署和任务要求，组织干部进辖区企业送服务，就地解决难题。具体方案由各街道制定实施。

3. 区级部门抽调力量，成立若干专业服务组。组长由有关部门负责人担任。人员选派（包括部分专家、科研人员）由区领导小组办公室提出，区委组织部统筹安排。对口进企业工作方案由区领导小组办公室负责制定。

专业服务组设：工业企业服务组、科技创新企业服务组、外贸企业服务组和中介企业服务组，分别由海曙国土资源分局、区科技局、区发展改革局、区经济发展局、区财政局、区贸易局、区人事局等单位组成，其中区经济发展局、区科技局、区贸易局、区发展改革局分别为上述四个专业服务组的牵头单位。专业服务组的主要任务是在各街道为企业提供服务的基础上，根据不同类型的企业，切实提供有针对性的服务，并协调研究需区级或市级部门解决问题的方案。专业服务组实行牵头单位主要领导负责制。

区活动领导小组办公室、各专业服务组分工合作。各专业服务组均设联络员，负责向区活动领导小组办公室报送情况、交流信息等。

4. 区级对口服务的企业，除区四套班子领导联系的企业外，还要确定一批由区党政领导班子成员对口帮助的重点企业。企业名单由区财政局、区经济发展局、区发展改革局、区科技局、区贸易局、海曙国税局、海曙地税局等部门提出，由区贸易局汇总梳理后，提请区活动领导小组研究决定。企业范围主要为：规模以上工业企业、现代服务企业，规模以下创新型、高成长性的小企业，以及当前面临困难、需要通过帮助摆脱困境的企业等。

五、实施步骤

1. 启动阶段（7月中旬至7月下旬）

制定活动总体方案，成立工作机构，确定参加活动的干部与企业名单，组织开展相关培训，研究制订扶持政策，召开全区动员会。各街道、各部门组织研讨活动方案，出台相关政策，进行动员部署。

2. 实施阶段（7月下旬至9月上旬）

各街道、各部门开展企业发展的服务活动；区级机关部门各专业服务组深入到各街道，有重点地开展各类服务活动。

3. 总结阶设（9月中旬至9月下旬）

认真总结活动情况，评比表彰先进典型。研究制定帮扶解困、推动企业发展的长效机制。

六、保障措施

1. 加强领导，落实责任

区“干部进企业，服务促发展”活动领导小组，由施惠芳同志担任组长，石贤义、骆仁坚同志任副组长。各街道、区属各有关单位、区机关各有关部门为领导小组成员单位。领导小组办公室设在区贸易局，周京波同志任办公室主任，办公室工作人员从区有关部门抽调。领导小组办公室开展日常工作，负责综合协调、信息宣传等方面工作。各街道、各部门参照建立相应的领导机构，确保责任分解落实。

2. 建章立制，强化考评

建立全区合力推进、密切配合的联动机制，并与“大接访”、“破解难题、推进两创”专项行动相互动。建立属地管理、分级负责的责任落实机制，及时就地解决职权范围内应该解决的困难和问题。建立情况反馈机制，加强沟通交流，做到事事有回应。建立信息报送交流机制，及时报送服务信息。区领导小组办公室要加强情况统计和信息交流，建立考评机制，鼓励先进，鞭策后进。

3. 严明纪律，塑造形象

坚持高标准、严要求，勤政廉洁，自警自律。做到八个不准，即不准增加企业负担、不准接受企业宴请、不准向企业报销各种费用、不准借用企业车辆、不准接受企业馈赠、不准干扰企业生产经营秩序、不准扩散企业内部情况、不准搞形式主义，切实树立机关干部良好形象。

4. 广泛宣传、营造氛围

加大新闻媒体宣传力度，在《海曙通讯》、“数字海曙”网站等区级媒体上开辟专栏，积极宣传党委政府抓经济促发展、执政为民的宗旨理念，积极宣传机关干部服务基层的务实作风，积极宣传企业迎难而上的创业创新精神。及时挖掘活动中的先进典型和好的做法，激发广大机关干部服务企业、服务经济、服务大局的热情，为推动“干部进企业，服务促发展”活动顺利开展、取得实效营造良好的舆论氛围。

国共宁波市海曙区委办公室
宁波市海曙区人民政府办公室
二〇〇八年七月二十二日

中共慈溪市委　慈溪市人民政府
关于推进杭州湾现代服务休闲区开发建设的决定

(2008 年 5 月 19 日)

慈党〔2008〕16 号

杭州湾现代服务休闲区位于杭州湾跨海大桥连接线以北、以东，十塘以南，陆中湾江以西。为了充分发挥大桥功能，做大做强大桥经济，全面提升杭州湾新区开发开放水平，建设效益和谐新慈溪，现就杭州湾现代服务休闲区开发建设，作出如下决定。

一、统一思想，充分认识杭州湾现代服务休闲区开发建设的重要意义、总体要求和基本原则

(一)重要意义。加快推进杭州湾现代服务休闲区开发建设，是贯彻科学发展观，迎接大桥经济发展新时期，增强区域综合竞争力的重大举措；是提升杭州湾新区综合服务功能，促进新区“转型发展、二次创业”的迫切需要；是服务余慈地区统筹发展，推进新型城市化，尤其是杭州湾片区跨越式发展的内在要求；是应对当前激烈的区域竞争，培育又好又快发展新的经济增长点，增创发展优势，改善民生，造福群众，确保慈溪始终走在前列的必然选择。加快杭州湾现代服务休闲区开发建设，事关慈溪经济社会发展全局，事关百万慈溪人民福祉，各地各部门必须站在全局和战略的高度，切实把思想行动统一到市委市政府重大决策部署上来，齐心协力推进杭州湾现代服务休闲区的开发建设。

(二)总体要求。坚持以科学发展观为统领，充分依托独特的区位优势，坚持“港桥协同、产城互动”发展理念，以集聚现代服务业为基本导向，以培育产业服务功能和城市主体功能为基本开发策略，创新开发建设体制机制，市区联动，共建共享，努力把杭州湾现代服务休闲区建设成职教科研创意基地和商务健身休闲中心，成为引领余慈，联动宁波，服务大上海的特色鲜明、辐射有力的休闲商务区。

(三)基本原则。加快杭州湾现代服务休闲区开发建设，必须坚持特色开发的原则，在接轨长三角、服务余慈统筹发展、建设宁波都市北部区中心城市中找准定位，实现功能互补、特色错位发展。必须坚持联动开发的原则，集中市、区双方力量、双方资源，共同开发建设，利益共享；注重规划和基础设施区域统筹联动，促进公共服务设施整合共享。必须坚持效益开发的原则，强化资源集约利用，创新开发建设体制机制，提高投入产出水平，努力实现经济、社会、环境效益的有机统一。必须坚持分步开发的原则，科学务实、规划引领、基础先行、项目带动，正确处理好近期发展与长远发展、整体开发与逐步推进的关系，强化规划调控指导，分区块推进开发建设，实现可持续发展。

二、坚定方向，进一步明确杭州湾现代服务休闲区开发建设的功能定位和发展目标

(四)功能定位。立足服务整个长三角尤其环杭州湾地区，以职教科研创意基地和商务健身休闲中心为基本定位，注重发展职业教育、科研孵化、设计咨询、创意策划等支撑制造业发展的生产性服务业，配套建设休闲健身、旅游度假、商务办公、生活居住、大型商贸和文化娱乐等特色服务功能，打造现代服务业集聚板块，成为长三角乃至国内外有较大影响力的休闲商务区。

(五)发展目标。到 2011 年，首期 10.3 平方公里区块井字型道路骨干框架全面建成，河网水系景观系统基本形成，教职园区基本建成，酒店、现代物流等功能区块初具雏形，高效顺畅的开发建设管理机制和运作机制初步构建。到 2016 年，首期 10.3 平方公里区块基本形成特色鲜明的城市景观，基础设施配套健全，重点功能区块建设全面展开，商务和居住功能逐步形成，成为区域性的职教和商务会展基地、生产服务和旅游休闲健身中心。到 2020 年，基本建成功能完善、配套齐全、辐射带动强大，具有滨海特色、都市风貌的宁波大都市门户区、现代服务业集聚区、慈溪中心城市功能拓展区，休闲商务区的特色品牌在国内外得到广泛认同。

三、精心组织，有序推进杭州湾现代服务休闲区开发建设的各项工作

(六)编制完善规划规划体系。深化杭州湾现代服务休闲区发展战略和若干重大专题研究；充分发挥规划的先导、主导和统筹作用，优化杭州湾现代服务休闲区职教、居住、商业、健身等空间布局和功能分区，认真组织编制杭州湾现代服务休闲区总体规划、控制性分区详规以及其他专项规划，开展重点区块城市设计；加强与杭州湾片区及北部旅游休闲区块各层次的规划衔接，形成较为完善的规划体系。加大规划控制管理力度，提高开发档次水平。

(七)坚持基础设施和环境景观建设先行。立足建设宁波、慈溪北接上海的新门户，按照先地下后地上、先营造环境后开发的要求，加强公建配套，以此增强招商引资的吸引力和土地产出效益。注重基础设施与中心城区、周边镇、北部旅游休闲区块相互对接。按照客运快捷化、货运物流化、道路网络化的要求，规划建设“四横六纵”骨架道路系统，形成内外交通便捷，南连余慈、西接大桥，东与中部区块路网紧密连接的区域一体化交通道路格局，并预留轨道交通、城市快捷公交系统等新型交通方式，最终实现与宁波及余慈地区无缝快速交通衔接。着力推进给排水、供气、电力、电信等市政工程建设，完善基础设施。充分利用区内的河网水系和特色湿地景观，组织“南湖北山、十字轴线，水网阡陌、双环绿绕”空间架构。实施中心湖和贯穿东西、南北的两大城市轴线建设，营造城市景观，提升环境品质，加强生态环境保护建设，促进产业和人口集聚。

（八）以重点功能区建设带动整体开发。重点推进职教园区、酒店健身区和核心区三大功能区开发建设。加快推进杭州湾职校、宁波大红鹰软件学院和科创中心建设，以此为平台，吸引国内知名高职院校设立分校，集聚一批科研创意设计机构；围绕“一湖两轴”，合理布局商业、商务、居住、教育、文化等功能，促进核心区及早形成；以体育休闲、会展酒店项目引进建设为重点，推进酒店会展区建设，打造以休闲度假、体育健身、会展服务为主要特色的“城市客厅”。

（九）加强对外推介招商工作。精心制作宣传推介资料，通过多种形式开展对外宣传推介活动，提升杭州湾现代服务休闲区对外形象和知名度。探索多元合作开发模式，注重引进战略投资伙伴，支持有实力的品牌开发公司，进行局部性的整体开发；以 BT、BOT 方式，开展基础设施建设。完善招商政策，努力吸引企业总部、金融保险、信息服务、咨询策划、科技研发等机构落户，加大对休闲度假、教育卫生、现代物流、大型商贸等大项目的引进力度，对开发建设具有较强带动作用的优质项目，予以重点支持。加强对境内外著名服务业企业的经常性联系，吸引他们前来投资。健全专业招商队伍，加强招商业绩考核。

四、强化保障，努力构建科学高效的杭州湾现代服务休闲区开发建设的管理体制和运行机制

（十）切实加强组织领导。市委、市政府、开发区党工委全面加强对杭州湾现代服务休闲区开发建设的组织领导，列入重要议事日程，及时研究解决开发建设中重大问题，制订相关配套政策，充分发挥市、区两方面优势，推进开发建设。市、区联合建立杭州湾现代服务休闲区开发建设领导小组，由市政府、开发区主要领导担任组长，市政府、开发区分管领导担任副组长，市、区有关职能部门和相关镇主要负责人为成员；领导小组统筹研究开发建设中重要问题，协调重大事项。由开发区为主，市、区有关职能部门抽调人员，组织实干班子，具体实施杭州湾现代服务休闲区开发建设。市人大、市政协要加强对杭州湾现代服务休闲区开发建设的支持和监督，组织人大代表、政协委员和社会各界开展视察、督察活动，积极做好宣传引导、协同促进工作。全市各级各部门要积极配合、主动服务，全力支持杭州湾现代服务休闲区开发建设。

（十一）组建国有投资开发建设公司。组建杭州湾现代服务休闲区开发建设有限公司（以下简称开发建设公司），由开发建设公司进行建设资金筹措和对基础设施建设投入，并按《公司法》有关规定，建立法人治理结构，实行规范运作。

（十二）加大政策扶持力度。积极争取上级部门对杭州湾现代服务休闲区开发建设的政策支持。由财政部门建立开发建设专项资金，杭州湾现代服务休闲区土地出让净收益，以及该区域开发建设中财政所得部分，五年内全额注入专项资金，实行相对封闭运作，用于对本区域的基础设施投资。其中，在土地出让净收益中按一定比例由市统一提取杭州湾片区统筹发展资金，用于片区各镇基础设施建设。

（十三）明确开发建设主体经济责任。杭州湾现代服务休闲区开发建设实施由开发区管委会负责，具体任务由新组建的开发建设公司及相关工作班子承担。市委、市政府每年对实施绩效进行专项考核（具体办法另行制订）。开发建设情况定期向市人大、市政协通报。

（十四）建立专家决策咨询机制。邀请国内外有关专家组成杭州湾现代服务休闲区建设重大决策咨询委员会，为杭州湾现代服务休闲区开发建设、规划编制、政策制订、项目实施提供决策咨询，确保开发建设决策民主化、科学化和规范化。

（十五）健全高效服务机制。通过各种形式，广泛宣传杭州湾现代服务休闲区开发的重要意义，引导广大干部群众切实增强加快开发建设紧迫感和责任感。充分调动市区两方面积极性，市、区各职能部门和相关镇要顾全大局，坚持部门利益服从全市长远利益、根本利益，主动协作配合，自觉延伸职能搞好管理服务衔接，建立健全工作定期交流协调、委托执法等工作机制，优化服务，提高效率，着力营造市区齐心联动推进杭州湾现代服务休闲区开发建设的工作氛围和格局。

中共奉化市委　奉化市人民政府
关于进一步加快服务业发展的若干意见

市委〔2008〕4 号

各镇（街道）党委（党工委）、政府（办事处），市直属各单位：

加快发展服务业是优化产业结构、转变发展方式、提高可持续发展能力的战略举措，是实现经济社会又好又快发展的有效途径，是增强发展优势、培育新的经济增长点的重要方式，对加快建设海内外著名旅游城市和宁波南郊现代化生态城市具有重大意义。为进一步加快我市服务业发展，根据宁波市委、市政府《关于进一步加快服务业发展的若干意见》（甬党〔2007〕23号）精神，结合我市实际，提出以下意见：

一、明确服务业发展的指导思想和总体目标

1. 指导思想。以科学发展观为指导，围绕加快建设海内外著名旅游城市和宁波南郊现代化生态城市的总体目标，大力实施“创业富民、创新强市”、“差异发展、特色竞争”和“依托宁波、借势借力”三大战略，以紧紧抓住扩大消费为主线，以加大现代服务业培育和发展为重点，以机制体制创新为动力，以旅游业发展为龙头，着力建设生态旅游度假服务、生态农业服务、城乡居民生活质量服务和工业产业化配套服务四大平台，构筑休闲旅游区、都市商贸区、物流集散区和生态人居区四大功能区块，逐步形成开放合作、产业联动、城乡联动的服务业发展新局面，推进服务业有新的重大提升和发展。

2. 总体目标。到2010年：

——提升服务业比重，服务业增长速度高于GDP增长速度，服务业占GDP的比重达到42%以上，力争超过宁波市平均水平；

——加快旅游业发展，旅游综合经济收入年均递增20%以上；

——提升弥勒文化，加快溪口、滕头创建国家AAAAA旅游景区，构建溪口与城区旅游一体化；

——以“六个一建设提升工程”为抓手，初步形成休闲旅游区、都市商贸区、物流集散区、生态人居区四大服务业空间集聚区；

——优化商贸结构，培育新兴专业市场，服务业新业态有实质性突破。

二、加快发展服务业优势特色产业

3. 提升发展商贸流通业。加快中心城区商业街、特色街建设，大力实施现代商务区、高档商业区、休闲娱乐区、大型会议区、餐饮服务区和市场物流区“六个一建设提升工程”，加快太平洋商城、龙津尚都、家居博览中心、农批市场、海鲜夜宵城等重大项目建设进度，力促在谈的一批商贸休闲大项目落户，努力实现“让奉化人消费在奉化，让外地人来奉化消费”的目标。加快商贸结构调整，培育发展新业态，积极推行连锁经营、仓储式经营、配送中心、网上购物等新型经营业态，支持和发展品牌经营，满足不同消费层次的需求。

4. 大力发展休闲旅游业。加快推动旅游业转型升级，充分挖掘“生态、人文、山水、海洋”等资源优势，全力做好溪口、滕头创建国家AAAAA旅游景区工作，拉长旅游产业链，加快打造旅游“金三角”，让游客“游在奉化，住在奉化，吃在奉化，消费在奉化”，真正做到“宁波人喜欢来，香游客留下来”。扎实推进项目建设，加快雪窦山露天弥勒大佛、中塔寺扩建工程，实施溪口旅游集散服务中心项目，启动仁湖公园建设，加快武岭门地块改造，完成雪窦山架空单轨电车和索道客运工程，综合提升旅游形象。挖掘、拓展弥勒文化，全力办好“弥勒文化节”。积极引导和鼓励休闲旅游企业争创名优品牌，不断提高服务质量和档次。进一步完善旅游外宣促销协同机制，做好奉化“一日半”旅游文章。创造条件加快建设滨海休闲旅游开发，着力构建溪口与城区一体化旅游体系和配套服务体系。

5. 积极发展现代物流业。充分发挥港、河、陆交通便捷的优势，加快推进尚桥物流园区、方桥港区物流中心、松岙临港物流区建设。大力培育专业化物流企业，积极发展第三方物流，搭建区域性物流平台。加强物流基础设施建设和整合，推广现代物流管理技术，推进物流信息化。大力培育良好的物流市场，将发展现代物流纳入打造先进制造业基地的规划中。加快制定我市物流产业发展规划，把现代物流业发展纳入重点发展产业的战略布局。

6. 稳健发展房地产业。进一步完善房地产用地管理和房地产开发总量调节制度，保持房地产投资规模合理，优化商品房供应结构，加强房价监督和调控，保持合理平稳的价格水平，完善居住区物业管理。建立科学的住房供给体系，建立经济适用房、廉租房保障制度，推进农居小区建设和危陋平房改造，切实改善低收入居民住房条件。加快高档住宅小区开发，大力培育外来市场。统筹规划临象山港生态房产和海景房产区块。严格执行国家建筑节能标准，积极引导房地产业向集约型、环保型、生态型方向发展。

7. 完善社区服务体系。增强社区服务功能，完善社区服务设施。鼓励社会资本投资建设社区服务行业。拓宽社区服务领域，发展家政服务、社区文化、社区医疗、养老托老等新兴社区服务业，满足居民家庭生活服务需要，推进社区服务社会化、产业化、网络化。

8. 着力发展农村服务业。提高农村放心店配送中心能力，深入开展农村放心示范店工程。推进农村基层文化、医疗卫生、计划生育、体育健身等服务业发展，推动新农村建设。进一步完善城乡统筹的供水、供电、供气和交通等公共设施，逐步实现公共服务均衡化。

9. 规范发展中介服务业。大力发展知识型、科技型服务业，积极培育信息咨询、会计审计、科学技术、专利事务、经纪代理、企业经营、市场调查、法律服务、证券投资、资产评估、家庭理财等中介服务业。开展房屋置换业务和租赁业务，规范和发展房地产中介服务。

10. 培养发展文化产业。充分挖掘文化资源，优化文化产业发展布局，加大弥勒文化、民国文化的宣传力度，丰富旅游景点文化内涵。注重奉化布龙、奉化吹打等传统非物质文化遗产的保护和推广。加大财政对公益性文化事业投入，优化资源配置，逐步完善公共文化服务体系。完善市场机制、培育市场主体，创新文化业态，加快推进广播影视、文艺演出、文化娱乐、教育培训、体育健身等领域的产业化进程。

11. 构筑服务业数字化基础平台。以促进信息技术改造传统产业、推广信息技术广泛应用为重点，加强信息网络资源的整合和共享，支持高标准互联通信网络建设，支持专业信息资源库、专业网站建设，提高网络安全保障能力，为企业办公自动化、信息网络化和结算电子化等提供数字化平台。积极推进电信、数字电视和计算机三网融合，支持发展3G移动电话和高速无线移动互联网，拓展信息咨询、远程教育、互动娱乐等网络服务业，为居民生活提供数字化平台。

三、扩大服务业对外开放

12. 提高服务业外资利用水平。加快推进服务领域对外开放，着力提高利用外资的质量和水平，大力吸引国际知名服务企业、跨国公司和外来资本设立或投资分支机构、采购中心、研发中心、检测中心，或与我市企业联合创办服务企业。引入国外先进经验和技术，完善企业治理结构，培育一批具有较强竞争力的服务企业，提高服务业国际化水平。

13. 加强服务业区域合作。积极参与长三角区域合作，加强与上海和长三角其他城市服务业的全方位对接。进一步加强与中西部、东北部等地区的合作交流，扩宽服务业发展空间。与四大佛教名山联手共同拓展佛教文化旅游，实现跨越式发展，带动全市服务业优化升级。

四、推进服务业领域改革

14. 加快服务业市场化进程。深化经营性服务领域改革，在文化、体育、卫生、科技等经营性服务领域中引入竞争机制，充分发挥市场在资源配置中的作用，推进资产重组，实现投资多元化。继续推进政府机关和企事业单位的后勤服务、配套服务社会化，推动由内部自我服务为主向为社会提供服务为主转变。

15. 放宽服务业市场准入。建立公开、平等、规范的市场准入制度。凡是法律法规没有明令禁入的服务领域，都要向社会资本开放，坚持所有投资主体一律平等、一视同仁原则。进一步打破市场分割和地区封锁，推进统一开放、竞争有序的市场体系建设。凡是对本地企业开放的服务业领域，全部向外地企业开放；凡是向外资开放的领域，也向内资开放。

16. 深化行政审批制度改革。逐步清理行政事业性收费项目，简化行政审批程序，积极推行项目备案制，提高办事效率。对符合土地利用总体规划、城镇建设规划和供地政策的市重点服务业项目，优先安排土地利用年度计划，优先办理用地报批手续。深化税收管理体制改革，在税收权限内对符合条件的服务业实行税收优惠。深化依法行政工作，加大对知识产权和商业秘密的保护力度，依法打击侵权和不正当竞争行为。

17. 大力实施品牌战略。支持服务企业开展自主品牌建设，注册和使用自主商标。鼓励企业以与生产企业合作、跨区域合作、上市等形式实现服务品牌带动产品品牌推广，产品品牌推动服务品牌提升。建立宁波市、省和国家知名品牌奖励制度，扶持服务企业争创优秀品牌。

18. 推进现代服务业标准化和规范化建设。全面推进现代服务业标准化建设，广泛应用国内外先进标准，推进ISO认证体系建设。积极推行服务承诺、服务公约、服务规范制度。建立健全服务行业协会体系，协调行业经济活动，加强行业监督管理，促进行业自律发展。

五、不断优化服务业发展环境

19. 加大服务业政策支持力度。从财税、信贷、土地和价格等方面进一步完善促进服务业发展的政策体系。对被认定为高新技术企业的软件研发、产品技术研发及工业设计、信息技术研发、信息技术外包和技术性业务流程外包的服务企业，实行优惠政策。进一步推进服务价格体制改革，完善价格政策，对列入国家鼓励类的服务业逐步实现用能优惠，加强对行政事业性收费管理的监督检查。调整城市用地结构，合理确定服务业用地的比例，对列入国家鼓励类的服务业在供地安排上给予倾斜。

20. 拓宽渠道加大服务业投入。把更多财政资金投向服务领域，对服务业的关键领域和薄弱环节建设予以支持。鼓励金融机构对符合国家产业政策的服务企业优先提供信贷支持，推行专利、收益权质押贷款等业务。市政府每年安排专项资金扶持服务业提升发展。

21. 提供服务业人才保障。依托宁波高等院校、科研院所、职业学校及有关社会机构，积极推进国内和国际交流合作，抓紧培训一批适应服务业市场需求的技能型人才，培养一批熟悉国际规则的开放型人才，造就一批具有创新能力的科研型人才。鼓励各类就业服务中介机构发展，完善就业服务网络，加强农村剩余劳动力转移、城市下岗职工再就业、高校毕业生就业等服务体系建设，为加快服务业发展提供高素质的劳动力队伍。

22. 加强信用体系建设。加快推进企业信用、个人信用系统建设，大力促进银企合作、完善个人消费信贷制度，建立健全诚信监督体系。积极支持金融企业的改革发展，引导金融企业在优化信贷机构的基础上加大信贷支持力度，促进地方经济发展。

23. 营造现代服务业发展氛围。充分发挥新闻媒体及其他宣传舆论阵地的作用，加大发展服务业宣传力度，动员全社会共同关心和支持服务业发展，形成服务业发展的良好氛围。

六、加强促进服务业发展的组织领导

24. 加强组织领导。全市各级各部门要充分认识加快服务业发展的重要性和紧迫性，转变观念，拓宽思路。市里成立由市政府主要领导任组长、分管领导任副组长，各有关职能部门为成员单位的市服务业发展领导小组。领导小组下设办公室，具体负责全市服务业发展的规划、指导、协调和考核工作。各镇(街道)、部门也要建立相应的工作机构，落实人员，明确职责，强化对服务业工作的组织协调、统筹规划和政策指导，形成上下联动、齐抓共管的良好工作局面。

25. 完善统计考核体系。建立符合国际惯例、反映奉化服务业发展特点和水平的统计指标体系，把服务业增加值及增长速度、社会消费品零售额、重点工程完成情况、服务业比重等作为具体考核指标，把目标和责任分解到各镇(街道)和各职能部门，针对不同行业、不同类别服务业，实行分类绩效考核，确保全市服务业发展目标的实现。

中共奉化市委办公室
奉化市人民政府办公室
二〇〇八年三月十四日

中共象山县委办公室　象山县人民政府办公室关于进一步加快船舶工业转型提升的若干意见

县委办〔2008〕110号

各镇乡党委、政府，街道党工委、办事处，县级各部门：

为加强行业规划和管理，推进船舶工业转型提升，做大做强船舶企业，完善船舶配套产业，加大招商引资力度，提高科技创新能力和市场竞争能力，加快建设成为浙江省重要的船舶制造基地，特制定船舶工业发展若干意见：

一、明确目标定位，实现跨越式发展

1. *加快船舶工业发展的重要意义*。船舶工业是大型装备制造业，具有技术先导性强、产业关联度大、资本与劳动密集结合等特点，是名副其实的富民产业、强县产业。发展船舶工业对于加快建设临港工业，发展海洋经济，推进海陆一体化，推动我县经济社会又好又快发展，具有十分重要的意义。目前，已经成功迈出第一步的我县船舶工业，正处于转型提升的关键时期。全县上下一定要统一认识，解放思想，抢抓机遇，加快船舶工业转型提升，努力推动船舶工业跨越式发展。

2. *加快船舶工业发展的目标要求*。未来几年我县船舶工业发展的总体要求是：以科学发展观为指导，以国内外市场为导向，以提高船舶工业国际竞争力为核心，以科技进步与机制创新为动力，坚持扶强扶优、加强配套、培育特色、强化支撑、规范提高，促进船舶工业企业上规模和产业集群发展，推进船舶工业转型提升，形成可持续的竞争优势，真正实现富民强县。发展船舶工业的目标：经过3—5年努力，基本建立符合国际化形态的造船体系，形成若干个符合现代造船模式的大中型造船总装厂、一批具有企业集聚效应和“专、特、精、新”特色的船舶配套产品以及交易市场的综合性船舶工业体系，成为浙江省重要的船舶工业基地，到2010年，全部造船能力达到250万载重吨，产值120亿元，销售收入110亿元。

二、鼓励企业兼并联合，做大做强

3. *支持企业兼并联合*。要加快推进现有企业资源整合，争取生产力利用最大化。对组建集团公司且符合CB/T3000—2007《船企评价标准》规定的一级Ⅰ类要求的造船企业，给予一次性50万元奖励。对企业组建集团公司或船舶企业兼并联合，变更土地、房产、设备、知识产权等产权（股权）所涉及的各项税费，县财政所得部分全额奖励。新合并企业注册资本在2亿元以上，生产规模达到30万载重吨，当年销售达到5亿元，以合并之年所得税和增值税为基数，后二年税收增幅超过20%以上部分的县留成部分的70%奖励给企业。注册资本在3亿元以上，生产规模达到40万载重吨，当年销售在7亿元以上，以合并之年所得税和增值税为基数，后二年税收增幅超过20%以上部分的县留成部分的80%奖励给企业用于发展再生产。

4. *支持企业做大做强*。对在本县计税销售收入首次突破5亿元造船企业，给予一次性奖励20万元；首次突破7亿元，给予一次性奖励30万元；首次突破10亿元，实行“一厂一策”扶持政策，并给予一次性奖励50万元。

三、推进企业自主创新，提升竞争力

5. *鼓励企业技术创新和自主开发船舶产品*。鼓励企业技术创新，提高自主创新能力，对企业自主开发并拥有完全自主知识产权的船舶产品，每一系列给予20万元奖励。

6. *鼓励企业新建现代化修造船基础设施*。按照建设先进造船能力的客观要求，对建设以滑道或轨道方式下水的标准船台与新建的万吨级以上船坞，按每万吨5万元给予资金补助，对新建的5000吨以上舾装码头，按每座10万元给予资金补助。凭合法审批文件补助。

7. *鼓励企业开展国际认证*。对新获得英国劳氏船级社、德国劳氏船级社、挪威船级社、日本船级社等国际知名船级社认证的企业，每只给予一次性10万元资金补助；对通过中国船级社认证（CCS）的企业，给予一次性3万元资金补助。同一企业，最高限额为20万元。

四、加快培育船配企业，延伸产业链

8. *建设船配基地*。在继续加大象山港、环石浦港船舶制造基地建设力度的同时，将船配基地的建设作为产业发展的良好载体，推进船配产业的规模化与集聚化，在高塘岛选址建立县级船舶配套基地，规划1500亩，由高塘岛乡管辖。对2010年7月1日前落户基地企业，投资额在1000万元以上，其中设备投资占40%以上的船配项目，投产之日起至2011年底止企业实缴增值税和所得税县财政留成部分60%奖励给乡政府（享受年限最多不得超过二年，并在二年内不列入高塘岛乡的财政分成基数）。基地土地出让金净收益县可得部分全额补给高塘岛乡，用于基地配套建设。基地应做好基础设施建设，为船配工业投资项目与投产企业提供良好的配套保障，加快在建项目的“三通一平”工作，解决好建设、生产中遇到的各种问题，为企业提供齐全的配套设施。

9. *积极引导、组织县内机械、电子、冶金等行业参与船舶配套产品开发*。参与开发且船配产品单独核算的企业，其船配产品可以享受船配企业的扶持政策。

五、完善要素保障，创新配套服务

10. 强化信贷服务。鼓励支持金融机构、担保公司开展免担保保函业务，积极破解在建船舶抵押贷款瓶颈，拓宽船舶企业融资渠道。积极鼓励企业参与出口保函公司建设，凡企业出资额度在500万元以上的，县财政按出资额的20%给予配套资本金。

11. 强化人才支撑。建立船舶企业与高等院校、科研单位、职业学校的人才引进和培养长效机制。开展船舶企业员工初、中级职称评定和技能培训。鼓励企业引进各类适用人才。对引进并在船舶建造企业正常工作满一年的中高级职称人才且从事生产技术工作的，个人薪金年收入12万元以上部分的，其按规定缴纳的个人所得税县财政留成部分的80%给予奖励。增加县引进人才专项资金。主要用于船舶专业技术人才信息库建设、突出贡献人员奖励、中青年人才培养、紧缺人才引进和院校合作等。

12. 创建服务平台。进一步做好公共服务平台与船舶交易市场的培育，对新建的独立核算、独立运作，且服务对象企业达到15家以上的技术或服务平台项目，每项给予20万元资金补助。

六、加强管理，促进船舶行业健康快速持续发展

13. 加强领导协调与监管。县成立船舶工业领导小组，由县委县府有关领导和县级有关部门负责人组成，办公室设在县经发局，加强对船舶行业的领导、协调、规划、管理和监督工作，防止船舶工业低水平重复建设和无序发展，协助企业办理各项审批手续，确保船舶工业健康、快速、持续发展。发挥船舶行业协会作用，强化行业协调、指导、自律和服务。

14. 加强规划引导和对船舶修造行业的监管，进一步规范市场秩序。加强对象山港区和环石浦港造船规划领导，凡是新建或引进项目，必须经县船舶工业领导小组审核批准。原则上修造船企业建设区域限定在象山港口和环石浦港，不新增其它布点。新办钢质造船企业必须达到以下要求：石浦港区域，注册资本金1亿元以上，用地面积300亩以上，海岸线长度450m以上，固定资产投资达到3亿元以上，一年半内建成投产。象山港口区域，注册资本金2亿元以上，用地面积600亩以上，海岸线长度600m以上，固定资产投资4亿元以上，二年内建成投产。要加大船舶质量检验与监督管理力度，规范企业船台出租行为，杜绝无证、违规修造船舶及质量无保证的船舶进入市场。依法关闭技术落后、质量低劣、环境污染严重和不符合安全生产条件的造船企业。严厉查处无照经营企业。

15. 健全税收、安全生产等各项规章制度。各船舶企业要健全财务会计制度，核算规范，依法纳税，遵守国家相关的法律规定。按照现代企业制度的要求，加快管理制度的创新，切实提高企业管理水平。各企业要建立高效有力的安全管理制度，所有政策扶持都必须以健全、规范的企业运作为前提，对当年度有违法行为或发生一般安全生产事故的企业，不得享受政策扶持。

16. 加强工程队伍建设和监管。加大对船舶工程队伍合同、安全、培训、技术、职称等方面监管。对具有法人资格的独立船舶工程队在象山企业服务3年以上的，且无一般安全事故、产品质量事故和劳动纠纷，县财政给予一次性10万元奖励。出现安全事故和质量事故的，要严厉查处。

附则：1. 本意见由县经济发展局、县财政局负责解释。

2. 船配产品企业参照本意见执行。

3. 本意见自发布之日起实行。

中共象山县委办公室

象山县人民政府办公室

二〇〇八年八月八日

温州市人民政府
关于深化名牌发展战略加快创建区域品牌的意见

温政发〔2008〕43号

为深入实施“以质取胜、品牌强市”战略，加快块状经济向产业集聚转型，根据国务院《质量振兴纲要》、省委《关于推进“品牌大省”建设的若干意见》（浙委〔2006〕43号）、《浙江省先进制造业基地建设规划纲要》要求，结合温州实际，现就我市深化名牌发展战略、加快创建区域品牌提出如下意见。

一、指导思想

以科学发展观为统领，以提升产业集聚程度和创新发展能力为重点，以提高区域经济核心竞争力为目标，按照“政府推动、部门联动、行业参与、企业主体、市场导向”的原则，加快区域品牌创建工作，建立以集体商标和名牌培育为龙头，专利、技术改造、标准化、质量整治等工作协同推进的质量提升机制。通过创建区域品牌，促进区域特色产业整体质量水平、技术创新能力和管理水平的全面提高，促进产业结构优化，不断推进由名牌产品向名牌企业发展，由名牌企业向名牌产业发展，由名牌产业向名牌经济发展，着力形成一批总量规模大、创新能力强、品牌影响广、市场份额高和具有国际竞争力的现代产业集群，实现我市区域经济又好又快发展。

二、总体目标

区域品牌是在一定行政区域范围内，某一产业集群所形成的具有相当规模、较大市场占有率、较高知名度和美誉度等优势的某一产品或某一类产品的集体品牌。根据我市产业结构和区域块状产业的发展现状，以联盟标准、行业标准为基础，制定区域品牌产品的准入标准，以达到用品牌来规范、带动区域产业的目的；通过建立区域品牌的管理机构，探索区域品牌的经营与自律；深入研究块状产业优化提升的政策；建立区域品牌的保护机制，加大对地理标志产品和集体商标、证明商标的保护力度。

采取“先试点，后推广”的办法，通过5年的努力，将泵阀、皮鞋、汽摩配、低压电器、眼镜、锁具、制笔、服装、合成革、电能表等创建成具有国际、国内影响力的区域品牌，努力创建5至8个国家优质产品生产基地或浙江区域名牌。以培育区域品牌为目标，引领广大中小企业走以质量求生存、以品牌求发展的道路，使我市块状产业发展成为龙头企业地位突出、中小企业层次清楚、分工明确、配合密切、协调发展的产业集群。

三、政策措施

(一)分类培育。各县(市、区)政府要通过摸清底数，掌握行业(含产业链)情况，采取扶优扶强、科技创新、标准提升、分类监管、帮扶转化和企业整合等措施，确保区域品牌健康发展。按照温州市区域品牌培育规划，制订分年度区域品牌培育计划，有序推进区域品牌创建工作。要采取点、面结合，通过抓企业、抓产品的培育，突出某一企业、某一产品的创牌；同时围绕区域品牌的创建，建设信息、技术、检测等多种服务平台，促进产业的质量提升。

县(市、区)质监部门要根据《浙江区域名牌评价管理办法(试行)》要求，认真调查分析当地块状产业的品牌建设、企业结构、技术水平、质量状况、竞争优势等，找准问题，正视差距，按照“巩固稳定一批、成长壮大一批、发展储备一批”的要求制订出未来5年的分年度各级名牌培育计划、质量赶超计划和标准提升计划。

(二)合力推进。

1. 采用多途径培育区域品牌。在区域品牌创建过程中，坚持发展个体品牌与区域品牌相结合，在鼓励企业创建品牌的同时，积极培育区域品牌；坚持发展地方名牌与引进国际名牌相结合，发挥我市的区域特色优势和名牌集聚效应，加强与国外名牌的合作，在合作中提升壮大自主品牌；坚持培育自主名牌与嫁接合资名牌相结合，鼓励企业在为国际名牌贴牌加工的同时，创建自己的名牌，实现无牌贴牌变有牌、有牌变名牌。

2. 提高区域品牌产品的市场占有率。鼓励龙头企业以品牌为纽带，采用虚拟经营、委托加工等多种形式加快区域品牌产品的发展速度，提高市场占有率，促进产业集聚。不断强化对区域品牌产品的监管措施，提高产品的质量、美誉度和知名度。

(三)加强引导。

1. 注重集体商标、证明商标的注册和使用，保护好地理标志产品及集体商标、证明商标。为了有效创建区域品牌，应由创建区域品牌主体注册集体商标。区域品牌主体可以是当地人民政府、职能部门、村级集体合作社、行业协会或群体企业，通常含有区域、产业的名称或隐含区域地理、文化的特征。集体商标、证明商标的设计和注册应充分考虑产业集群的行业特性，突出公共特性和产业集群的整体发展理念。制定使用条件促进分类监管，鼓励A类企业使用、促使B类企业规范提高使用、限制C类企业使用等手段，真正达到发展A类企业、提升B类企业、规范C类企业的目的，确保产业健康有序发展。

2. 加强块状产业的标准化体系建设。标准化工作是创建区域品牌的重要技术支撑。要建立健全市场准入标准，制订产品质量、生产与检验资源配置、质量检验与管理、安全文明生产等标准，通过标准为各企业创造一个公平的市场准入环境；引导企业建立技术或企业标准体系，积极争创“标准化良好行为企业”；鼓励企业采用国际标准；支持企业参与行业标准、国家标准和国际标准的制订修订工作，逐步提升区域产品标准水平，主动接轨国际制造业标准体系，不断提高产品质量。

3. 加强计量检测体系建设。鼓励企业建立和完善计量检测体系，提高计量检测和保证能力。根据块状产业发展的需要，加快公共检测机构的建设，进一步提高服务中小企业的水平。鼓励企业加大对检测设备的投入，名牌产品生产企业要完善计量检测体系，中小企业要配备必要的计量检测设备，提高产品质量控制和改进能力。引导企业积极采用先进的能源计量和检测技术，推动企业节能增效工作，充分发挥计量在提高质量、降低消耗和增加效益方面的作用。

4. 加强质量管理体系建设。积极推行ISO9001质量管理体系认证、ISO14001环境管理体系认证和ISO18001职业安全健康管理体系认证，支持企业开展相关国际国内产品质量认证。加强人才队伍建设，引导企业采用6σ、5S、卓越绩效模式等先进质量管理方法，提高企业质量管理水平。

5. 全面开展质量赶超活动。产品质量是创建区域品牌的基础。要以创建区域品牌为载体，积极开展质量赶超活动，每年安排一定的质量工作资金用于区域品牌创建的产业质量赶超基金资助。相关企业要认真分析当前质量水平及与国内外先进水平的差距，提出赶超措施，加大投入，提高生产和检测设备技术水平，开展质量攻关活动，努力提高产品质量水平。

6. 加强服务平台建设。技术创新是区域品牌的生命力所在。鼓励企业加大研发投入；鼓励企业申报国家级、省级企业技术中心和研发中心，充分发挥现有技术机构的作用。支持企业开展行业共性技术和关键技术攻关，为行业内企业提供研发新产品、应用新技术服务。

(四)注重文化。品牌是一种文化、一种品位、一种理念、一种精神，品牌竞争已成为一种文化的竞争。各行业协会要充分发挥指导和服务的作用，不断丰富区域品牌的内涵，挖掘区域历史和人文资源，赋予区域品牌更丰富的文化内涵，努力培育区域文化对自主品牌的认同感。

（五）营造氛围。加大宣传工作力度，在全社会营造人人关注品牌、爱护品牌的浓厚氛围，积极策划、包装、宣传推介温州的名牌产业、名牌经济，凝聚名牌经济发展的社会合力。进一步净化名牌发展环境，通过法律、经济及行政手段为企业创造公平的竞争环境。严格实施区域品牌产品质量的市场准入制度，对假冒伪劣行为要予以严厉打击，为区域品牌的培育、成长保驾护航。

（六）实施奖励。建立集体商标市场推广有偿使用和区域品牌创建奖励机制，对获得国家优质产品生产基地或浙江区域名牌的单位参照《温州市质量与品牌奖励管理办法》给予奖励。

四、工作要求

（一）加强组织领导。市实施品牌战略联席会议领导小组统一领导、综合协调我市创建区域品牌工作。市实施品牌战略联席会议领导小组办公室（与市质量立市办合署办公，以下简称市质量立市办），负责创建区域品牌的日常事务。各职能部门分别根据相关上级部门的要求组织申报。各成员单位要加强合作、各司其职，形成合力。质监部门要在名牌和标准化战略实施、质量整治等方面加快区域质量提升工作；经贸部门要在政策引导、技术改造、大企业大集团的培育、建立健全企业技术中心等方面，强化龙头企业的带动作用，推进中小企业的发展，全面提升我市的块状产业；工商部门要在集体（证明）商标、品牌经营方面规范区域经济发展；科技部门要在专利、高新技术企业培养、企业研发机构建设、关键共性技术攻关、新产品试制研发等方面提高产品的技术含量，促进产业优化，加快推进企业科技进步。

各县（市、区）要建立相应的领导小组，组织协调区域品牌的创建工作，充分调动基层的积极性，抓好各项措施的落实。各级党委、政府要把创建区域品牌作为加快发展块状经济的重要措施，把加快发展新型块状经济作为提升传统优势产业的重要抓手。

（二）广泛宣传发动。在全市动员部署创建区域品牌工作。各县（市、区）政府要在调研的基础上，制订本县（市、区）分年度区域品牌培育规划，于6月底前报市质量立市办。各县（市、区）质监部门要按照“先试点，后推广”的原则，每年选择1至2个产业进行试点，扎实推进，务必取得实效。

（三）强化考核督查。将创建区域品牌工作纳入对各县（市、区）政府年度目标责任考核。各县（市、区）政府在每年12月底前对当年创建区域品牌工作进行总结，并报市质量立市办。市政府将不定期对各地创建区域品牌工作进行督查。

二〇〇八年六月三日

中共温州市龙湾区委　温州市龙湾区人民政府
关于拓市场保增长促进当前经济平稳健康发展的若干意见

温龙委发〔2008〕92号

各镇党委、人民政府，各街道党工委、办事处，区属各有关单位：

为了认真贯彻落实中央和省、市关于扩大内需促进经济增长的工作部署，积极应对世界经济金融危机冲击，立足“拓市场，保增长”，进一步坚定发展信心，全力克难攻坚，努力实现我区当前经济平稳健康发展，现结合实际，提出如下若干意见：

一、切实减轻企业负担

减负工作事关依法保护中小企业合法权益。要巩固深化涉企收费清理成果，落实国家和省、市有关税收减免缓政策和取消或暂停征收的有关行政事业性收费项目，并主动为企业减负与缓解压力。

（一）根据经营状况和意愿，企业结对帮扶资金可以暂缓支出。

（二）企业当月内停产或部分停产的，持有效依据申请排污变更，经核准后给予减免排污费。

（三）对连续停产六个月以上、需吊销营业执照的企业，予以特殊放行。

（四）任何单位不得以任何形式和名义，向企业乱收费、乱摊派、乱罚款、乱拉赞助搞评比或搭车违规收费。

（五）除了安全生产管理、环保整治之外，各部门要尽可能减少检查次数，压缩检查时间，控制检查规模。要规范行政执法，提倡柔性执法。

二、持续提高行政审批效率

行政审批效率备受全社会的关注。深化行政审批制度改革是一项长期而艰巨的任务，行政审批效率的提高是创新政府管理模式，优化投资环境，提升我区竞争力的重要举措。

（六）进一步减少审批事项，精简审批环节，原则上各部门的审批事项要压缩三分之一审批时限。

（七）基本建设项目的立项、初步设计文件、方案总平、竣工验收实行联合踏勘、联合审查和联合验收，按照“一家受理、抄送相关、联合审批、限时完成”的工作流程操作。

(八)加大审批中心窗口授权力度,逐步推进各部门科室审批职能整合归并,并整建制进审批中心办公,真正做到"事项到位、人员到位、授权到位"。

(九)区级以上重要招商引资项目实行全程无偿代理制,并由区领导联系督办,其他项目也要逐步推行全程代理制。

三、加大财政金融的支持力度

在国际金融危机的影响下,资金短缺成为发展的瓶颈。保持经济平稳较快发展,必须认真执行积极的财政政策和适度宽松的货币政策,发挥财政资金的杠杆作用,增强金融业促进经济增长的能力。

(十)开展扶工政策的宣传,竭尽全力帮助企业申报各级各类项目,争取上级财政更多的支持。

(十一)区本级技改、循环经济与节能降耗、科技、开放型经济等各项财政专项资金要抓紧完成申报、审核、公示,尽快下拨至企业。

(十二)各金融机构要积极争取信贷额度,2009 年度全区新增贷款额度要确保在 70 亿元以上。

(十三)加强银企、银项、银科合作力度,对在我区投资的项目加大信贷扶持力度,缩短融资审批进程,减轻企业融资成本。不断创新金融服务产品,大力推行联保联贷、信用担保。充分发挥股权出质登记在融资方面的积极作用。

(十四)设立中小企业信用担保和风险补偿专项资金,支持中小企业信用担保和区域再担保机构的发展。

四、保持工业性投资的较快增长

工业性投入的多少、快慢不仅事关当前的经济增长,也关系到经济长远发展的后劲,关系到我区工业经济的竞争力,既是当务之急,也是长远之计。要保护企业的投资积极性,鼓励企业加大投入。

(十五)坚决做好各地工业基地政策处理工作,妥善解决历史遗留问题,确保各类项目顺利进场施工。千方百计筹集资金,加快工业基地配套设施建设,完善物业管理。

(十六)全面推进 276 个工业项目,加快阀门基地、电镀基地等标准厂房的建设步伐,逐个跟进,逐个落实,严格"四率"考核,争取未开工的尽快开工,已开工的尽快投产,已投产的尽快形成产能。

(十七)鼓励企业在符合规划、不改变土地用途的前提下,利用现有厂区,通过改扩建增加厂房面积,通过引进先进设备加强技术改造。

(十八)选商引资工作的重点要面向大企业大集团和科技型、外向型项目。积极鼓励在外龙湾人回乡投资创业,鼓励传统优势企业重组。

五、努力开拓国内外市场

拓市场是发展现代市场经济的核心。我们正面临中央宏观经济政策重大调整的良好契机,要把帮助企业拓市场作为应尽的义务和职责,加强组织引导,积极搭建平台,与企业联动拓市场。

(十九)引导企业苦练内功,把握市场需求变化,开发适销对路产品,提高产品科技含量和附加值,增强市场竞争力。加大"国"字号产业基地区域品牌的宣传力度,鼓励企业之间实行品牌联合,引入加盟连锁等现代经营方式,壮大品牌经济。

(二十)鼓励行业龙头企业在巩固现有营销网络的基础上,加大销售网点的拓展,从中心城市进一步向乡镇、农村延伸。发挥行业龙头企业营销网络优势,吸纳中小企业进入其营销链。支持行业龙头企业延伸生产链,把产品生产外包给中小企业。

(二十一)有关部门要广泛搜集筛选信息,行业协会要发挥"桥梁"作用,组织引导企业参与国内各大经贸活动及海外各类专业展会。鼓励行业协会牵头,整合企业资源,举办一批具有相当规模和影响力的专业展会。

(二十二)发挥区内专业市场的传统优势,依托区域产业集群培育新兴专业市场,加快不锈钢、水暖洁具等一批市场的规划建设、改造提升工作。发挥在外龙湾人营销网络的独特优势,通过在外商会与外地专业市场建立多层次合作联系。

六、全力维护社会和谐稳定

一心一意拓市场、保增长,前提是全力以赴保稳定。要把可能影响社会稳定的风险和困难估计得更充分,把应对的方案和措施准备得更周密,把各项工作做得更扎实,为经济社会发展创造和谐稳定的环境。

(二十三)认真实施《劳动合同法》,深入倾听企业在劳动用工管理中的问题和困难,对职工投诉企业的一般共性的轻微行为,以思想教育为主,注重调解。

(二十四)关心企业职工生活,做好困难职工送温暖活动。深入开展企业职工工资支付情况专项排查行动,确保企业员工特别是农民工在春节前按时足额领取工资,确保不发生新的拖欠,确保不发生因欠薪而引发重大群体性事件。

(二十五)建立企业危机监测预警机制,及时处置和化解风险。金融机构要加强与政府部门的信息沟通,服从政府处置危机的统一部署。对出现资金暂时流动困难的企业,禁止简单抽贷引发风险蔓延;如果抽资,要预先向政府部门报告。

(二十六)加强舆论引导,及时制止和澄清社会上的不实传言,加大网络管理,严格控制和打击恶性传播。

(二十七)对于妨碍企业正常经营活动秩序、侵害企业正当经济利益的违法犯罪活动,有关部门要安排专门力量,快速受理、快速处置、快速查办。

七、进一步解放思想强化服务

要推动经济平稳较快增长,必须要提供优良的服务环境。当前,关心企业就是关心民生,关心企业就是关心发展。更新思想观念,更好地服务企业,比以往任何时候都显得更为重要。

(二十八)各镇(街道)、各部门要以解放思想为先导,进一步树立"法无禁止即可行"的服务理念。要深刻审视各自在思想观念、精神状态、工作作风、创新意识等方面存在的问题和不足,在服务方面出新招、出实招。

(二十九)各镇(街道)、各部门要建立健全岗位责任制、绩效评价制，明确各个岗位的工作内容、工作数量、质量要求、承担的责任、评价办法，通过奖优惩劣，树立典型、弘扬正气，形成你追我赶、力争上游的工作氛围。

（三十）在监督中完善服务，在服务中严格监督。对执行区委、区政府的决策态度不明朗、行动不迅速、措施软弱无力、影响经济发展环境的单位和责任人员，要采取通报、诫勉、调离岗位等措施，追究相应责任。

中共温州市龙湾区委
温州市龙湾区人民政府
二〇〇八年十二月十一日

中共瓯海区委办公室　瓯海区人民政府办公室印发《关于扶持“活力和谐企业”发展的若干规定》的通知

瓯委办发〔2008〕14 号

各镇党委、人民政府，各街道党工委、办事处，区属各单位：

《关于扶持“活力和谐企业”发展的若干规定》已经区委、区政府同意，现印发给你们，望认真组织实施。

中共温州市瓯海区办公室
温州市瓯海区人民政府办公室
二〇〇八年二月四日

关于扶持“活力和谐企业”发展的若干规定

一、为加快“活力和谐企业”建设步伐，培育与扶持一批“发展充满活力、内部关系融洽、外部环境友好、党建扎实有效”的优势企业和重点企业，进一步提升我区非公有制企业党建工作水平，根据《市委办公室　市政府办公室印发〈关于扶持“活力和谐企业”发展的若干规定〉的通知》（温委发〔2007〕251 号）精神，结合我区实际，特制定本办法。

二、加大政策扶持力度。在同等条件下，对“活力和谐企业”在土地供给、资金信贷、能源利用、人才引进、市场准入、品牌建设、上市发展等方面给予优先保障和优先安排。同时，凡我区已实施的有关扶持重点企业、优势企业发展优惠政策和激励办法，除未达到相关硬性指标外，“活力和谐企业”均可享受，其中一些惠及企业家个人的待遇同样适用于“活力和谐企业”党组织书记（党组织书记需在企业任职 2 年以上）。

三、鼓励企业自主创新。积极引导“活力和谐企业”加大投入力度，推进自主创新。区级有关部门应将“活力和谐企业”优先列为科技计划项目、建设先进制造业基地等相关财政专项资金的扶持对象。

四、明确“活力和谐企业”相关负责人的政治待遇。在安排党代表、人大代表、政协委员和工商联、青联等人民团体相关职务时，在符合相应条件的前提下，对“活力和谐企业”的董事长、党组织书记予以优先考虑。同时，将“活力和谐企业”评选入围单位的董事长、党组织书记、总经理列为当年度区级评选“优秀中国特色社会主义事业建设者”、“功勋企业家”、“优秀企业家”和“优秀党务工作者”的推荐对象。“活力和谐企业”的董事长、党组织书记、总经理纳入区重点人才培训对象，积极创造条件，帮助提升综合素质。

五、规范对“活力和谐企业”的执法检查。除法律规定和省、市、区统一安排的专项检查以及涉案检查外，区有关部门对“活力和谐企业”各种临时性、突击性的检查，应经该部门主要领导同意并报区社工委备案。

六、优化“活力和谐企业”的外部发展环境。加强对“活力和谐企业”所在工业园区内或周边环境整治，优化治安状况，完善公共交通、医疗卫生等配套服务。按照生产经营的现实需要，企业可经主管部门批准设立内部治安保卫机构。

七、加强舆论宣传。每年一度“活力和谐企业”评选结果产生后，要组织新闻媒体积极宣传入选企业的创业创新经验，为“活力和谐企业”创建活动提供有力的舆论支持。宣传企业的有关经费由区财政负责。

八、落实奖励措施。对首次入选“活力和谐企业”的，由区政府一次性奖励 10 万元。

九、区有关职能部门根据本规定要求制定具体实施办法，确保扶持政策落实到位。

十、本办法由温州市瓯海区“活力和谐企业”创建工作领导小组办公室负责解释。

中共永嘉县委　永嘉县人民政府
关于工业经济保稳促调工作的实施意见

永委发〔2008〕126号

各乡镇党委、人民政府，县直属各单位：

为贯彻落实省委、省政府提出的“标本兼治、保稳促调”的经济工作要求和市委、市政府有关工业经济保稳促调会议精神，推动我县工业经济健康发展，现就我县当前及今后一段时期工业经济保稳促调工作，提出如下实施意见。

一、全面增强企业发展信心

1. *清醒认识和正确判断经济形势。*今年以来，国际国内宏观环境发生了深刻变化，我县的工业经济受到了较大影响，部分企业生产运营面临困境。我们面临的既是经济调整期，又是重要战略机遇期。当前，党中央、国务院审时度势，实行积极的财政政策和适度宽松的货币政策，出台了扩大内需、促进经济较快增长的十条措施；省委、省政府立即作出相应部署，千方百计通过扩大投资、改善民生，促进经济平稳增长，并强调切实抓好改善企业生产经营环境的各项工作；市委、市政府召开市委常委扩大会就促进全市经济平稳较快发展进行了部署，研究出台了保稳促调和拓市场、保增长等方面的政策措施。我们一定要深刻领会中央和省市有关会议的精神实质，把思想统一到中央和省市对当前形势的分析判断上来，把思路统一到中央和省市确定的方针政策上来，把行动统一到中央和省市的工作要求上来，早思转危为机之策，早行非同寻常之举，早成逆势上行之事，切实增强永嘉经济的抗风险能力，努力实现新的跨越和提升。

2. *全面开展增强发展信心系列活动。*信心比黄金更珍贵，增强信心已成为各方面的当务之急。全县要立即开展共克时艰、共谋发展服务企业“六个一”主题活动，分层面做好增强发展信心各项工作。县政府层面，相关领导要全面开展政企对接主题走访等系列活动，努力从宏观政策层面上助推经济实现平稳过渡和健康发展；涉工部门层面，要研究制订上级政策的具体操作流程及具体办法，切实做好部门企业结对联系帮扶活动，努力在发展思路、项目审批、经营管理、节能降耗等各个具体领域帮助企业解决发展难题；相关乡镇层面，要相应开展系列走访结对帮扶活动，全面形成共克时艰、共谋发展的强大合力。

3. *全力营造加快发展的浓厚氛围。*有关乡镇和部门要迅速行动，深入挖掘一批在夹缝中求生存、求突破，抗压力、抗风险能力都很强的先进企业典型，县经贸、科技、工商、质监等部门要认真加以总结和推广。由县委宣传部牵头负责协调，全面开展工业经济保稳促调宣传活动，县广播电视台、新闻信息中心等新闻单位要全力办好企业服务年活动宣传专栏，集聚优势采编力量，多做深度报道、连续报道、跟踪报道，为企业发展加油鼓劲，帮助企业家增强信心、共度难关，着力营造服务企业、支持发展的浓厚氛围。

二、积极助推企业拓展市场

4. *要高度重视拓市场工作。*各乡镇、各部门要从永嘉实际出发，扬长补短，因势利导，把拓市场作为克难制胜的突破口和着力点，充分认识拓市场与稳运行、保增长的辩证关系，充分认识拓市场对促进经济平稳较快增长的重要性，充分发挥产品优势、营销网络优势、永嘉人优势，在拓展市场中抢占先机。县政府要制订拓市场、保增长的扶持政策，建立拓市场、保增长的专项扶持资金，对拓市场、保增长成效明显的重点企业，对帮助企业拓市场、保增长成效明显的商会和行业协会，对带动中小企业进入自己的营销网络拓展市场的大企业，对积极参加国内外展会或办展的企业，要给予政策上的扶持，资金上的奖励。

5. *要抓住重点拓市场。*鼓励企业抢占国内市场。要抓住扩大内需的有利时机，发挥行业协会、龙头企业在拓市场中的带动作用，鼓励同行业、跨行业企业之间进行联合，形成销售战略联盟和营销团队，利用在外永嘉商会和永嘉人已有的市场网络实现产品销售直接对接，“抱团”开辟新市场。总结我县泵阀、教玩具等重点出口行业和企业拓展国际市场的经验，引导企业充分运用境外产品博览会、展销会等各类展示平台，积极拓展国际市场。县财政要加大资金补助力度，鼓励企业重点开拓俄罗斯、中东、南美和东南亚国家与我县产品相适应的市场；鼓励有条件的企业收购国外品牌和技术，开展与国际品牌的战略合作，联合拓展国外市场；鼓励企业开创虚拟市场。总结推广奥康网络商城的运营模式和经验，推动鞋服、泵阀、教玩具等传统优势行业发展虚拟经营，大力发展电子商务，创新销售平台，降低交易成本。

6. *全面形成拓市场的合力。*拓展国内外市场，促进我县经济平稳较快发展，不仅是对永嘉企业家的考验，也是对全县各级干部的考验。要把帮助企业拓市场作为应尽的义务和职责，加强组织引导，积极搭建平台，与企业联动拓展市场。县政府要建立拓市场保增长工作协调机构，研究解决拓市场中的具体问题。相关乡镇部门也要明确职责分工，建立相应工作班子，切实加强对这项工作的领导。

三、加快推进产业转型升级

7. 通过自主创新和技术改造优化产业结构。加快实施特色优势产业科技提升计划和技改升级工程,努力用高新技术和先进适用技术推动现有产业和产品的升级换代。要加快建立行业创新服务平台,县科技局要重点扶持省级泵阀科技创新服务平台建设,县质监局要尽快建成省级泵阀质量检测中心。要重点在电子信息、生物医药、新材料等领域,鼓励企业开发一批高新技术产品,全力支持企业申报高新技术企业。县经贸局要抓紧完善县技术改造专项资金补助办法,对企业纯设备技改、零地技改、高新技术企业技改、拟上市企业技改和公共服务平台建设等各类项目要全面加大扶持力度。县人事劳动社会保障局要完善人才引进和培养方面的政策措施,鼓励企业抓住时机引进和储备一批紧缺型、复合型人才,全面提升企业的自主创新能力。

8. 鼓励企业加快整合重组。要抓住当前推动企业重组的最佳时机,落实扶优扶强措施,促进优势资源向优势产业和优势企业集中,整合提升产业链,扶持一批重点骨干企业,促使有实力、有潜力和有前景的企业整合重组。要认真对接市经贸委制订的泵阀、服装、鞋业、合成革、新兴产业等10个行业的转型升级行动方案,并抓好实施。要抓住机会,引导企业练好内功,挖掘潜力,做好技术改造、管理创新、经营创新、品牌建设等方面工作,不断提升企业抗风险能力。要进一步抓好重点领域的节能减排工作,鼓励“腾笼换鸟”,优化产业结构,加快淘汰一批落后的生产产能。

9. 加快发展现代服务业。要全面抓好工业企业二三产分离,发展服务业工作。县财政、地税、统计、国税、工商等部门要重点围绕行业及企业的安装、运输、劳务和工业企业内部的技术咨询、技术服务、技术研发、售后服务等方面的分离内容,尽快调查确定一批企业实施分离试点,鼓励企业大力发展生产型服务业。要加快探索市场退出机制,加快企业发展适应性调整,县发改、经贸、国土资源、规划建设等相关部门要抓紧研究制订促进中心城区企业“退二进三”的相关政策,努力推动我县现代服务业和先进制造业互动发展。

四、全力抓好经济维稳工作

10. 加强整顿和规范市场经济秩序。坚持“堵疏结合”、“打扶并举”、“宽严相济”和“标本兼治”的工作原则,坚持集中整治与规范管理、打假治劣与扶优扶强、严格监管与引导自律相结合,深入开展整治工作。县科技局要加强知识产权保护工作,健全专利侵权查处相关工作机制,全面遏制重复性、群体性专利侵权行为;县工商部门要切实开展无证无照专项整治工作,全力打击商标侵权假冒案件,切实做好商标权益保护工作;县地税、国税部门要严格发票管理,会同公安部门打击利用发票骗抵税款、虚开增值税专用发票、骗取出口退税等违法活动,规范企业的经营行为,促使企业依法经营,规避贸易摩擦;县质监部门要继续牵头做好重点产品和“十小行业”质量专项整治,对已通过质量专项整治或已开展名牌培育质量提升工程的阀门、皮鞋行业,确保不出现质量水平回落。

11. 强化企业经营风险防范和处置工作。要加强金融支撑,各金融机构要强化与企业发展同舟共济的意识,优化银行信贷投向,加大企业信贷力度,正确看待困难企业,全力帮助一时资金困难的企业渡过难关,确保完成年初确定的新增贷款任务指标,并力争取得突破;要强化金融监管,县金融机构和公安部门要加强对担保机构、类担保机构和重点信贷企业的信贷和担保资金使用情况进行监控分析,采取有效措施防止信贷资金外流,及时掌握企业经营风险苗头,有效防范金融风险,要突出应急处置,根据《永嘉县金融突发事件应急预案》的要求,切实做好企业金融风险的防范和处置工作。

12. 高度重视欠薪防范和追偿援助工作。各相关乡镇和部门要按照省政府“早部署、早防范、早督查、早解决"的要求和“确保在春节前按时足额领取工资,确保不发生新的拖欠、确保不发生因欠薪而引发重大群体性事件”的目标,全面做好全县工业企业停工停产风险排查和企业职工工资支付情况专项排查工作,对招用职工较多的企业、租赁场地的经营企业和中小型劳动密集型企业,特别是当前已处于停产或半停产以及可能发生欠薪逃逸的企业要重点监控。县劳动部门要会同县经贸、公安、工会等相关部门,抓紧出台《永嘉县因企业主欠薪逃逸引发的劳资纠纷突发事件应急处置预案》,全面规范欠薪追偿援助工作机制,着力维护劳动关系和谐稳定。

13. 切实做好企业安全生产工作。全县上下要认真分析当前的安全生产形势,深刻吸取鹿城“12·3”火灾事故教训,全面深入开展“网格式”的安全生产大检查,对所有检查出的事故隐患要进行逐一登记,建立安全生产事故隐患库,实行信息化动态管理。部门之间要加强配合,形成合力,全力整治各类安全生产事故隐患,全面落实各项安全生产工作措施,确保人民群众生命财产安全。

五、切实优化政府服务环境

14. 规范涉企检查、收费和处罚行为。严格落实《企业收费缴费登记卡》制度,明确涉及企业的收费项目和收费标准,相应制订政策性收费减免的具体办法和标准。要严格落实县委、县政府关于规范企业检查的各项规定,温馨提示、提倡文明执法,做到查前有计划,查后有台账。要加强部门对企业各类检查的管理,防止检查行为的随意性、突击性。要杜绝纯粹以罚款为主要目的的处罚行为,坚决制止以罚代管,对于情况轻微的违法违规行为,可视情节酌情给予从轻处罚。各涉工部门要规范建立涉企收费、检查、处罚专门台帐,由县监察局会同相关部门定期开展检查落实,对存在违规的部门,视情况在一定范围内给予通报。

15. 全面贯彻落实扶工政策措施。有关部门要结合各自职能,跟踪上级政策调整,加强政策宣传引导,优化政策执行流程,扩展政策普惠层面,研究制订相关政策的具体执行和操作办法,由县经贸部门汇总编印《各级扶工政策文件汇编》。县财政等相关部门对已经确定和企业有关的扶持资金要早安排、早落实、早兑现，对可能增加企业经营成本的政策措施，要暂缓出台，减轻企业政策性负担；县经贸、科技部门要帮助企业理清思路，鼓励申报各类项目，帮助企业最大程度争取资金支持；各部门还可针对我县的实际，研究提出县政府及各部门在职权范围内关于企业税费减免或缓交等企业减负方面的政策办法。

16. 建立健全服务企业长效机制。各部门都要通过企业服务再深化活动，找准自身工作的不足和服务的薄弱环节，把改进服务与审批改革、“流程再造”、破解难题、规范执法等结合起来，建立为企业服务的长效机制。要全面建立工业项目县、乡镇、部门分级管理制度，积极完善项目管理模式，抓住当前项目建设的黄金季节，抢工期，抢进度，推动一批项目建设、投产。在工业项目批后监管方面，县国土资源、规划建设等相关部门要规范行业管理，加强现场动态监管，着力杜绝以批代管、批而不管等行为，努力探索和完善相应的工作机制；县发改局、审管办要认真总结工业项目现场大审批、联合大验收方面的工作经验，加快探索部门之间高度协调、紧密配合、服务高效的工作机制和相关办法。

中共永嘉县委
永嘉县人民政府
二〇〇八年十二月二十四日

中共嘉兴市秀洲区委员会
关于加快推进经济转型发展的决定

（中国共产党嘉兴市秀洲区第七届委员会第四次全体会议2008年8月15日通过）

秀洲委〔2008〕21号

为贯彻落实党的十七大精神和科学发展观，深入实施省委“两创”总战略，推动秀洲经济又好又快发展。现结合我区实际，就加快推进经济转型发展作出如下决定。

一、充分认识加快推进经济转型发展的重大意义

1. 加快推进经济转型发展是秀洲实现科学发展、和谐发展、赶超发展的首要任务。加快推进经济转型发展，是贯彻落实科学发展观和省委“两创”总战略的必然要求，是解决当前发展面临的各种矛盾和问题、应对未来各种压力和挑战、保持经济又好又快发展的根本途径。

——加快推进经济转型发展，是我区发展阶段变化的必然要求。经过改革开放30年的快速发展，秀洲已到了人均GDP从5000美元向8000至10000美元迈进的关键时期。经济发展理论和各国发展实证都表明，处在这一时期的产业结构、投资结构、消费结构、进出口结构等都必然发生深刻变化，向着更高层次转型。

——加快推进经济转型发展，是破解资源环境制约的现实需要。秀洲自然资源匮乏，生态环境容量有限，在今后发展中，土地、能源等资源供给约束、环境容量约束和要素成本约束将日益加剧，原有的粗放型发展模式已难以为继。而破解的唯一办法就是尽快实现发展转型，减少经济增长对资源环境的依赖。

——加快推进经济转型发展，是实现赶超发展的根本途径。我区经济已连续多年保持较快发展。但随着国内外市场环境的变化和竞争的升级，我区原有的体制机制先发优势正在弱化，传统主导产业的低成本竞争优势正在消失，曾经支撑经济快速增长的因素许多已发生变化。这些情况表明，要实现赶超发展，必须加快推进经济转型发展，注入新动力，再创新优势。

当前，加快推进经济转型发展面临着难得的良机。科学发展观的提出和党的十七大的召开，以及省委“两创”总战略的深入实施，为我区推进经济转型发展提供了良好的外部环境。近年来我区科学发展、和谐发展、赶超发展的实践探索及成果，为经济转型发展提供了有益的经验和坚实的物质基础。发展环境深刻变化形成的倒逼机制，统一了全区上下转型发展的思想认识，并使我区在调整产业结构、发展现代服务业方面走在全市前列。这也使我们更加清醒地看到，当前，正是我区承接战略项目和技术、人才等高端要素资源转移，加快产业升级，实现转型发展最有利的时机。对此，要切实增强机遇意识和紧迫感，主动转型，率先转型，努力在新一轮产业转移和区域竞争中抢得先机、走在前列。

二、加快推进经济转型发展的指导思想、总体要求和主要目标

2. 加快推进经济转型发展的指导思想：坚持以十七大精神为指导，全面贯彻落实科学发展观，进一步转变发展理念、创新发展模式，大力实施经济工作“双业并举，转型提升”主战略，以提高自主创新能力为核心，以促进产业优化升级和产业组织创新为主线，以节约能源资源和保护环境为前提，以优化投资结构、提高经济发展的质量和效益为重点，促进经济发展方式从数量型到质量型、从粗放型到集约型的根本性转变，促进经济社会科学发展、和谐发展、赶超发展。

3. 加快推进经济转型发展的总体要求：解放思想，勇于创新，率先转型，实现赶超。着重在以下六方面解放思

想,加快转型。

——必须树立量质兼顾、质量优先的理念,从片面追求量的扩张和发展速度的观念中解放出来,更加注重发展的质量和效益,促进经济增长由主要依靠量的外延扩张向主要依靠质的提升转变,通过质的提升带动量的新扩张。

——必须树立创新是第一动力、人才是第一资源的理念,从"重物轻人"的观念中解放出来,更加注重科技和人才投入,促进经济增长由资源依赖型、投资拉动型向人才支撑型、创新驱动型转变,以科技创新支撑和引领未来发展。

——必须树立以创业促创新、以创新带创业的理念,从传统重管理轻服务的体制机制束缚中解放出来,更加注重营造全民创业、自主创新的良好氛围,促进政府经济职能由管理型向服务型转变,全面营造良好的创业环境,激发全社会创新活力。

——必须树立集约发展、长远发展的理念,从比较注重即期投入和短期效益的误区中解放出来,更加注重战略投资和长期效益,促进项目投入由注重投资规模向注重投资绩效转变,通过提升投资绩效实现经济的持续平稳较快增长。

——必须树立战略思维、超前发展的理念,从秀洲只能当配角小打小闹的观念中解放出来,更加积极努力地引入战略项目、优质资源和高端要素,促进产业优化升级由被动适应向超前谋划转变,加快建立具有动态比较优势的现代产业体系。

——必须树立有进有退、破旧立新的理念,从对传统主导产业过于依赖的局面中解放出来,更加注重淘汰落后产能、优化资源配置,促进产业结构调整由主要靠增量带动向增量带动与存量优化并举转变,实现落后产业有序退出、传统产业改造提升、新兴产业培育壮大的有机统一。

4. 加快推进经济转型发展的主要目标。总体目标是:实现经济"好字优先、又好又快"的发展。所谓"好",就是产业结构明显优化,自主创新能力和国际竞争力显著增强,基本形成节约资源能源和保护生态环境的产业结构、增长方式和消费模式,实现速度和结构、质量、效益相统一,经济发展与人口、资源、环境相协调。所谓"快",就是要在优化结构、提高效益、降低消耗、保护环境的基础上,实现人均生产总值、财政收入、城乡居民收入等主要经济指标增速保持在全市、全省、长三角平均水平之上,实现赶超发展。

主要目标是:到2011年,转变经济发展方式取得重大进展,在自主创新、结构调整、节能环保等方面取得显著进步,综合实力、国际竞争力和可持续发展能力明显增强,经济增长质量和效益明显提高。到2020年,人才和创新成为经济发展的主要动力,高新技术产业和现代服务业成为主导产业,实现经济发展方式的根本性转变。

——自主创新能力显著增强。到2011年,基本建立比较完善的区域创新体系,全社会科技投入、科技活动人员数、发展专利授权量、新产品销售收入、高新技术产业产值实现翻番,创新型企业、创新型人才、创新型成果加快集聚,科技综合实力、区域创新能力显著提升,力争进入全省前列。

——产业结构更趋合理。以信息技术和现代科技改造提升传统产业取得明显成效,高新技术产业和现代服务业比重较快提高,都市型农业发展水平较快提高,基本形成技术先进、特色鲜明、结构合理、活力充足的产业竞争优势。到2011年,高新技术产业增加值占规模以上工业增加值比重达到20%以上,服务业增加值占GDP比重达到40%以上。

——集约发展水平明显提高。节能减排扎实推进,节约资源和保护环境取得重大进展,资源利用效率大幅提高,循环经济形成较大规模,生态环境质量显著改善,经济运行质量明显提高。到2011年,亩均工业增加值年均增长12%以上,万元GDP能耗和万元工业增加值能耗年均分别下降4.4%和6%;COD和SO_2排放总量年均分别下降3%。

三、加强创新体系建设,增强自主创新能力

5. 建设创新平台。利用优越的区位条件和嘉兴建设浙江科技副中心的难得机遇,加大政府科技投入,构建多层次、全方位的科技创新平台。大力引进具有较强科技资源整合能力的战略合作者,加快推进北京科技园长三角创新园、上海交大(嘉兴)科技园、上海科技京城嘉兴高新技术产业园等创新平台建设,努力建成长三角重要的科技孵化城、创新成果转化基地和高新技术产业化基地。围绕秀洲区产业特色、行业需求,充分利用嘉兴及周边地区科技资源,建设和提升丝织、毛衫、小家电等区域(行业)科技创新服务平台及物流、纺织等信息公共服务平台,探索建立科技资源共享机制,为企业提供较为完善的信息咨询、技术开发、产品设计、成果转化、检验检测、技术培训等技术服务,促进中小企业的技术创新,推动传统产业的升级和新兴产业的发展。

6. 引育创新主体。强化企业创新主体地位,完善和落实科技创新扶持政策,引导企业进一步加大科技投入,支持创新要素向企业集聚,提高规模企业研发能力,培育一批创新型企业。依托北京科技园长三角创新园等创新平台,吸引一批中小型科技企业和大型企业的区域总部、研发中心。发挥秀洲独特的区位优势和城市综合环境优势,大力引进应用型科研院所。完善人才引进、培养使用、评价激励等一系列政策,完善引人、育人、留人平台,建设开放式的人才服务平台,形成有利于人才集聚和作用发挥的良好环境。围绕先进制造业和现代服务业发展,实施"163"创业创新人才引进和培养工程,力争到2011年,引进和培养100名创业创新带头人、6000名创新型人才、30000名技能型人才。

7. 优化创新环境。联动推进知识产权、标准化和品牌战略。以知识产权创造、应用和保护为主导,以品牌为依托,加强专利、标准和品牌的相互融入,推进传统产业提升和高新技术产业发展,品牌销售占规上工业的35%以上。努力营造良好的政策环境,加大政府科技创新投入,设立政府性风险投资基金和创业投资引导基金,完善创业风险投资机制，引导各类社会资金加大投入，促进科技成果产业化。改善中小企业融资环境，创新民间资金融通组织，设立小额贷款公司等金融机构，加大对科技型企业、项目融资的扶持力度，积极推动企业利用国内外资本市场上市直接融资。支持企业与科研机构多形式建立利益共享、风险共担的产学研资战略联盟，推进技术要素资本化。建立多层面的科技创新考核体系，进一步加大对科技创新的考核激励力度。大力倡导创新精神，培育创新文化，增强企业家和全社会的创新意识，营造创新创业的良好氛围和环境。

四、加快产业优化升级，构建具有动态比较优势的现代产业体系

8. 优先发展现代服务业。以发展生产性、知识性服务业为重点，大力培育现代物流、现代商贸、现代商务等现代服务业，打造嘉兴现代商贸新商圈、现代物流新基地、现代商务新领地。以秀洲新区嘉北二期为核心区，加快建设以科技服务、信息服务、设计创意和总部经济为重点的生产性服务业集聚区，培育新型服务业态，带动全区软件和设计创意、科技教育等知识性服务业和中介机构发展。加快嘉兴现代物流园开发建设，争取成为浙北乃至长三角重要的生产资料和商业配送基地、区域物流集聚区。改造提升嘉兴毛衫城、嘉兴·中国南方纺织城等专业市场，积极拓展市场功能，培育新兴网络市场。扶持一批面向产业集群的技术研发、工艺设计、标准推广、质量检测、专利服务、人才培训、融资担保、品牌管理、营销策划等服务组织，推动制造业转型升级与服务业联动发展。健全服务业发展推进机制，加强统筹规划、政策扶持和重大问题协调，形成分工明确、合力推进的工作格局。从要素保障、财政扶持等方面加大对服务业重点行业、重点项目的支持，加快引进和培育服务业高端人才和优势企业，引导和支持制造企业服务外包，促进企业生产性服务社会化、专业化。

9. 大力发展先进制造业。坚持以信息化带动工业化，着力壮大新兴产业，改造提升传统产业，增强产业发展后劲。完善和落实产业规划，按照“集群、集约、组团”发展的原则，大力推动高新技术产业跨越式发展，重点引进培育装备制造、电子信息、新能源新材料产业。着力引进和培育具有核心技术和国际竞争力的高新技术企业，打造集聚效应突出的高新技术产业基地。加快运用高新技术和先进适用技术改造传统产业，推进纺织纤维、品牌服装、新型面料、毛衫针织、特色家电等传统产业的集聚、提升，纺织纤维、品牌服装和新型面料占纺织业的70%以上；推动产业高端化和产业链延伸，加快设备更新，纺织业国际国内先进设备拥有量达50%以上，小家电业自动化生产能力明显提高。加快推进产业组织创新，引导产业组织方式从水平分工向垂直分工转型，形成有利于产业延伸和协同合作的产业集群，增强产业竞争力。加快企业组织结构创新，引导企业建立现代企业制度，形成有利于企业管理和创新的现代化企业管理方式。

10. 提升发展生态高效农业。创新农业经营体制，加快推进多种形式的适度规模经营，积极培养有文化、懂技术、会经营的新型农民，大力培育专业大户、家庭农庄、农业企业等现代农业生产经营主体，支持农业龙头企业和农民专业合作社发展。加快推进农业结构战略性调整，在保护粮食综合生产能力、稳定粮食生产的前提下，做精做特水果蔬菜、花卉苗木、畜牧水产等农业主导产业，发展种子种苗、农业生物技术等新兴产业。加强农业基础建设，全面改善农业生产条件。加大科技兴农力度，加强农业标准化和品牌建设，构建现代农业服务体系。大力发展休闲观光等都市型农业，积极推广设施农业、精准农业、有机农业等新型业态，加快发展农产品精深加工和现代流通业，拓展农业多种功能，拉长农业产业链，切实提高农业比较效益，促进一、二、三次产业的融合发展。

五、加强能源资源节约和生态环境保护，实现可持续发展

11. 加强能源资源节约。综合运用经济、技术、法律、行政和教育等手段，建立健全有利于节能减排的长效机制，确保实现节能减排目标。以节约使用资源和提高资源利用效率为核心，落实严格的资源保护制度，大力推广利用资源节约技术和资源替代技术，发展清洁、环保、节能的新能源产业，推进再生资源利用，全面推进清洁生产、发展循环经济，大力倡导节能减排，加快形成有利于资源节约和生态环境的生产方式和消费模式。加强节能节水节材工作，对高能耗重点行业实施能耗限额标准制度，强化节能监察考核，提高节能降耗水平。

12. 切实保护生态环境。扎实推进“811”环境保护新三年行动。大力推进污染减排，加强纺织、印染、热电等重点行业污染防治，加大环境监察和执法力度，着力解决水污染严重的问题。加强农村面源污染治理，高度重视农业资源的节约集约使用和循环利用，提高城镇和农村生活污水收集处理率。加快“生态秀洲”建设，大力实施绿化造林、河道整治，推进生态修复保护和生态创建，实现生态环境的逐年好转、明显改善。

13. 提高土地集约利用水平。把节约集约利用土地，提高单位面积土地的投资强度和产出效益作为转型发展的重要环节。优化土地利用总体规划。完善节约集约用地问责制度，加强建设项目履约管理，加大对闲置、低效土地的盘活处置力度，努力盘活存量空闲土地。建立健全以“亩产论英雄”的约束评判和激励机制，切实提高项目准入门槛，强化投资绩效管理，加大淘汰劣势企业、落后产能力度，推动存量盘活，腾笼换鸟，退低进高。

六、统筹区镇协调发展，提升发展平台

14. 提升秀洲新区城市竞争力。进一步完善秀洲新区城市规划，强化城市功能，创新发展机制，优化产业结构，提升城市环境。高起点推进商务核心区和国际生态商务区的规划建设，加快创新型人才和创新型产业导入，促进创新产业、高技术产业和商务办公产业集聚，着力打造嘉兴科技创新、现代商务的核心区，新经济形态、新生活形态相融合的宜居创业新城，成为引领秀洲经济发展转型的核心区。

15. 加快推进新市镇建设。按照“城乡一体、区镇联动”的发展思路，积极推进现代新市镇建设，将新市镇建设成为所在地经济、文化、服务中心区，产业创新的集聚区、百姓创业的集中区、统筹城乡发展的示范区、中心城市的新社区。完善新市镇规划体系，推进区域空间布局、重大基础设施、村镇建设和各项专业规划以及控制性详规的全面覆盖和衔接配套，促进镇、村建设用地的有效合理利用。整合村庄资源，发展规划村，减少自然村，加快推进农户适度集中居住。加快产业集聚提升，建立与新市镇功能相适应、主导产业鲜明、三次产业融合发展的新型产业体系。高水平推进新市镇的基础设施建设和农业农村基础设施建设，全面提升交通、水利、信息化、文教、卫生等方面的建设水平，不断增强市镇综合服务功能。大力推进强镇扩权，深化镇财政体制改革，适度加强镇政府的收益、调控权，完善配套改革，实现产业有效集聚、人口有效集中、能级水平有效提高，为全区经济转型和城乡一体化建设奠定坚实基础。

七、深化改革开放，增强发展活力

16. *建立健全促进转型发展的体制机制*。充分发挥市场在资源配置中的基础性作用与政府的引导作用，完善利益导向和约束机制，使转变经济发展方式内化为企业的自觉行为。完善落实促进企业创业创新的政策措施，引导和鼓励企业加强制度创新、组织创新、技术创新、管理创新和文化创新。加快资源、技术、劳动力等要素市场的建设和培育，加快建设社会信用服务体系，加强民间中介、协会等组织建设，营造“公平开放、竞争有序”的市场环境。加强监管制度建设，加大知识产权保护力度，完善企业能耗、物耗、污染物排放以及安全、质量、技术等市场准入标准，健全环评、能评等制度，推行产品认证和标识制度。大力推进城乡土地使用制度改革、社会保障制度改革、农村金融体制改革、村镇建设管理体制改革等综合配套改革试点。加快转变政府职能，全面推进依法行政。健全科学民主决策机制，完善重大事项集体决策、专家咨询、社会公示与听证等制度；提高政府行政效能，深化行政审批制度改革；完善行政监督制度，加强行政监察、审计监督，推进政府信息公开，加快建立更加开放、更具活力、更为高效的体制机制新环境。

17. *不断提高对内对外开放水平*。坚持民资、外资、国资并举，深化接轨大上海工作，大力引进对秀洲产业升级具有重大意义的战略性项目和引领性项目，着力引进先进技术、管理经验和高素质人才，吸引国内外企业来秀洲设立区域总部、分支机构、技术中心、后台服务组织等，发展总部经济。积极鼓励有实力的企业“走出去”、“引进来”，与国外企业嫁接合作，开展国际化经营。充分利用国际国内两个市场、两种资源，加快转变外贸发展方式，坚持以质量取胜和市场多元化，进一步调整优化出口结构，加强企业自主出口品牌建设，提高出口产品附加值。进一步优化进口结构，加大先进技术装备进口力度。

八、加强领导，为加快推进经济转型发展提供有力保障

18. *充分发挥党组织的保障作用*。各级党组织要进一步解放思想，以科学发展观统领各项工作，切实转变发展理念，把促进经济转型发展的要求贯彻落实到各项工作中去。切实加强领导班子和干部队伍建设，把落实科学发展观作为配班子、选干部、用人才的重要标准，把各级领导班子建设成为善于推进转型发展的领导核心。进一步加强领导干部教育培训，提高广大干部落实科学发展观、促进经济转型发展的认识和能力。加强对推进经济转型发展工作的组织协调，加快形成区镇联动、政企互动、部门协调的良好局面。

19. *建立健全推进转型发展的考核评价体系*。完善体现科学发展观和正确政绩观要求的干部考核评价体系。把推进经济转型发展的目标和要求转化为可考核的客观指标，科学设计评价指标，在注重经济增长的同时，更加注重反映经济运行质量和效益的指标，反映体现创新能力、综合竞争力和可持续发展能力的指标，反映民生和社会发展的指标。加强政府绩效管理，强化考核结果运用，建立健全责任追究制度，把考核评价结果作为领导班子调整和领导干部选拔、奖惩、培训的重要依据。

20. *积极营造合力推动经济转型发展的浓厚氛围*。深入开展“树新形象、创新业绩”、“创业创新服务年”等主题实践活动，组织党员干部深入基层调查研究，认真总结基层转变发展方式的创新实践，及时解决转型发展中遇到的矛盾和问题，保护和调动广大群众创业创新、转型发展的积极性与创造性。要通过各种媒体、各种形式，广泛宣传转型发展的理念和创业创新的先进典型，使推动经济转型发展的任务和要求深入人心，成为广大干部群众的自觉行动。要注意保护干部解放思想、改革创新的积极性，为在经济转型发展中想干事、能干事、干成事的干部提供坚强后盾，营造宽容、宽松、宽厚的社会氛围，激发各级各部门加快转型发展、实现赶超发展的热情，促进全区经济又好又快发展。

中共平湖市委　平湖市人民政府
关于激励创业创新的若干政策意见

平委〔2008〕3 号

各镇、街道，平湖经济开发区（钟埭街道），市级机关各部门，市属各单位：

为全面推进创业富民创新强市“十大工程”，切实转变经济、城市和社会发展方式，加快建设富裕和谐的现代化强市，现就激励创业创新提出如下政策意见。

一、加强创业创新公共服务体系建设

1. 强化农业公共服务体系建设。安排专项资金用于农资信用体系“五统一”和名优农产品集中展示、交易平台建设。

支持专业合作组织和行业协会建设。对首次被评为省级示范性专业合作组织的，给予 3 万元奖励；对带动作用强、促进农民增收效果明显的全市性行业协会给予适当补助。

对种养业的种子种苗工程、高新种养技术示范推广和新型农业设施开发等项目，经立项批准，按实际投资额给予 10%、最高 20 万元的补助；列入国家级、省级原（良）种场的可按上级规定给予一定配套补助。

上述补助和奖励经费，在当年度农业发展资金中列支。

2. 支持工业公共服务体系建设。安排专项资金用于公共平台、区域品牌、行业协会及中小企业信用担保等公共服务体系建设。

（1）加强工业发展平台建设，对镇、街道工业功能区基础设施建设等补助，具体按照《平湖市人民政府关于加快推进镇、街道工业功能区建设的若干意见》（平政发〔2007〕110 号）执行。

（2）对获得省级以上区域品牌的，给予主要创建单位 10 万元奖励。

（3）鼓励创办服务先进制造业产业集群和中小企业发展的行业协会。对新组建的全市性行业协会补助 2 万元，全省性行业协会补助 3 万元，跨省市区域性行业协会补助 5 万元，辐射范围较大的全国性行业协会补助 10 万元；对新列入全国企业社会责任管理体系 CSC9000T 试点产业的组织（协会），给予 50 万元以下的财政补助。每年对行业协会进行考核评比，对发挥作用好的行业协会给予表彰奖励。

（4）鼓励中小企业信用担保体系建设。加大财政支持力度，凡民资贷款担保公司为中小企业提供银行贷款担保的，市财政给予首个完整会计年度年平均贷款担保额 2%、最高 100 万元的补助，同时其每年对地方财政贡献（具体参照应缴营业税、所得税确定）的 80% 由市财政给予补助；加大金融支持力度，引导市内各金融机构按照“利益共享、风险共担”的原则，与担保机构建立合作关系，强化对具有发展潜力和偿债能力、由担保机构推举并提供担保的优质小企业贷款的支持力度，进一步简化审贷程序，提高审贷效率；加大征信支持力度，全力支持担保机构开展对被担保人信用信息的征集工作。

上述补助和奖励经费，在当年度工业发展资金中列支。

3. 鼓励服务业专业市场建设。

（1）对投资额在 200 万元（镇、街道 150 万元）以上的新建标准化农贸市场，验收合格后，市区新建农贸市场，市财政给予投资额 10%、最高 50 万元补助；镇、街道新建农贸市场，市财政给予投资额 6%、最高 50 万元补助。市政府确定的农贸市场改造项目，工程结束经验收合格后，按审计核定的实际投资额，市区范围内的农贸市场，市财政按给予实际投资额 40%、最高 100 万元的补助；镇、街道农贸市场，市财政按实际投资额的 20%、最高 50 万元给予补助。

（2）对投资新建 10000 平方米以上的小商品交易市场，市场建成后 5 年内只租不售的，市场举办者租金收入对地方财政的贡献（具体参照应缴营业税、应缴企业所得税确定），满 5 年后给予全额补助。

（3）扶持大型专业市场建设。对投资 1 亿元以上的新建专业市场，在项目竣工并经有关部门验收合格和确认后，给予 100 万元的补助，并在投入使用后 5 年内给予房屋、摊位出租收入对地方财政贡献前 3 年 100%、后 2 年 50% 的补助；对投资额在 1000 万元以上原有专业市场改造项目，给予实际投资额 2%、最高 30 万元的补助；对镇、街道投资额在 1000 万元以上的其他专业市场，给予实际投资额 3%、最高 50 万元的补助。

（4）积极争创省星级文明规范市场，对新获得省三、四、五星级文明规范市场的，分别给予 3 万元、5 万元、10 万元的补助。

上述补助和奖励经费，在当年度服务业发展资金中列支。

4. 支持各类科技创新载体和服务平台建设。

（1）重点支持国内外著名高校、科研机构来我市设立创新载体以及为中小企业技术开发、成果转化等提供基础条件和公共服务、支撑区域特色经济发展的科技创新平台建设。凡服务平台、创新载体在平湖注册的,给予合作对方注册资本20%、最高50万元的奖励。

(2)鼓励企业创建研发中心或技术中心。经国家、省、嘉兴市认定评估的,分别给予40万元、20万元、5万元的补助。

(3)鼓励各类主体创办为特色产业服务的行业科技创新服务机构,对列入省和市级建设计划并通过评估(认定)的区域(行业)科技创新服务中心、行业技术中心、科技孵化器分别给予30万元和15万元的补助;对行业科技创新服务中心根据需要,添置行业共性关键技术、设备的,通过上报计划、组织评估等程序后,科技部门在安排科技项目经费时予以重点支持。

上述补助和奖励经费,属科技部门归口管理的在当年度科技发展资金中列支,属经贸部门归口管理的在当年度工业发展资金中列支。

二、积极发展都市型现代农业

5. 鼓励土地经营权流转。安排专项资金用于支持和鼓励土地经营权流转工作,具体按照《平湖市人民政府关于进一步推进农村土地承包经营权流转的实施意见》(平政发〔2007〕64号)执行。

6. 扶持品牌农业建设。对通过省级无公害农产品基地认证的,给予3万元奖励;对通过绿色食品、地理标志和无公害农产品认证的,分别给予3万元、3万元和2万元奖励;对首次获得省部级农博会金奖、省级以上名牌农产品的给予2万元奖励,嘉兴市级农展会金奖的给予1万元奖励。

7. 鼓励发展农业特色产业。

(1)对市级认定扶持发展的农业特色产业,视其规模和设施水平给予每亩200—1500元的补助,具体办法另行制定。

(2)鼓励投资开发种养业特色园区和休闲观光农业。经立项批准的市级种养业特色园区,视其规模和设施水平给予5万元以下的补助;对面积在200亩以上或投资额在500万元以上、设施较为完善的休闲观光农业园区,给予每亩500元或投资额5%、最高50万元的补助;被新认定为省级休闲观光农业园区或农家乐特色点的给予5万元奖励,认定为省级农家乐特色村的给予20万元奖励,认定为嘉兴市级休闲观光农业园区或农家乐特色点的给予2万元奖励。

8. 支持新型农业设施建设。经立项批准建设的10亩以上智能化设施种养业、50亩以上其他设施种养业,经营期3年以上的,给予设施投资额8%、最高50万元的补助,其中验收当年、满3年后各补助50%。

9. 鼓励发展农业龙头企业。对投资建设以本地农产品为主要原料的加工、储运、保鲜项目,总投资在100万元以上的,给予新增生产性基建投资额5%和设备投资额15%、最高50万元的补助;对新认定的国家级、省级农业龙头企业分别给予30万元、5万元奖励,并以企业被认定上年对地方财政的贡献为基数,3年内环比增长10%以上部分由市财政给予100%补助。在市级农业园区投资建设投资额100万元以上的农产品加工项目可享受工业功能区土地税费优惠政策。

10. 支持农产品推介活动。参加市统一组织的嘉兴市级以上展示展销会,给予参展单位展位费等一定补助。

上述补助和奖励经费,在当年度农业发展资金中列支。

三、优先发展先进制造业

11. 扶持发展装备制造业。设立专项资金,对列入省装备制造业14大重点领域产业和产品项目(浙委〔2007〕76号),给予技术创新投入(用于技术开发、技术转让、购买专利和软件、关键技术装备等投入)8%和设备投资额3%、最高50万元的补助。

12. 大力鼓励中小企业发展。经市认定的行业龙头企业、金平湖创业再创业之星企业,以企业评定上年对地方财政的贡献为基数,3年内环比增长15%以上部分的80%补助给企业;对评定为省成长型中小企业、最具成长性中型企业、最具成长潜力中小企业的,按照上级规定给予一定的配套补助。对初创型中小企业租用标准厂房给予一定的租金补助,具体办法另行制定。

13. 鼓励企业做大做强。对大企业、大集团给予一定政策支持,具体办法另行制定。

14. 支持企业转变增长方式,增强企业竞争力。

(1)优先扶持重点技改项目。对列入国家重点技改项目的,给予项目设备投资额5%、最高200万元的补助;对列入省重点或争取省留土地指标的技改项目,给予项目设备投资额4%、最高150万元的补助。

(2)鼓励企业争创名牌。对新获得中国名牌产品(驰名商标)、省、嘉兴市名牌产品(著名商标)的企业,分别给予100万元、12万元、2万元补助,其中经司法认定的中国驰名商标补助减半;对新获得平湖市名牌产品(著名商标)的企业,给予1万元补助;对新认定为国家免检产品的,给予15万元补助。

获得中国名牌产品(驰名商标)、省名牌产品(著名商标)的企业,以其评定上年对地方财政的贡献为基数,享受环比增长10%以上部分国家级5年内、省级3年内100%的补助,其中经司法认定的中国驰名商标补助减半。

以上两项,对同一品牌先后获得相同级别名牌产品、驰(著)名商标的,只补助一次。

对获得省级知名商号的企业,给予5万元补助。

对市外中国名牌产品或驰名商标企业,在平湖投资建厂的,其对地方财政的贡献3年内给予80%的财政补助。

(3)鼓励企业、行业协会等单位主导或参与制订国家标准、行业标准,凡其主导、参与制订的产品标准被认定为国家标准的,给予主导单位20万元、参与单位3万元的奖励;被认定为全国行业标准的,给予主导单位15万元、参与单位2万元的奖励。

(4)积极推进股改上市。企业在国内主板或中小企业板首次公开发行股票上市后,分别给予企业和企业经营者100万元、30万元奖励,并以其上市上年度对地方财政贡献为基数,增长部分3年内按每年不超过200万元补助;

企业在国内创业板和境外证券市场上市的分别给予企业和企业经营者50万元、15万元的奖励，并以其上市上年度对地方财政贡献为基数，增长部分3年内按每年不超过100万元补助；由创业板或境外证券市场转到主板上市的按晋档升级给予补助。

企业通过到境外注册公司并在境外证券市场上市，且其募集资金投资平湖的，每投资1000万元给予5万元奖励，最高不超过100万元。

对企业实现买"壳"上市，将上市公司注册地迁至平湖并在平湖纳税的，以实现买"壳"上年对地方财政的贡献为基数，3年内环比增长10%以上部分的100%补助给企业。

市外上市企业将公司总部迁至平湖并在平湖纳税的，其对地方财政贡献前3年100%、后2年50%补助给企业。

(5)鼓励企业节约集约利用土地。对企业组织实施的挖潜节地、集约用地项目和挖潜节地优秀项目给予适当补助，具体按照《平湖市人民政府关于深入开展挖潜节地和集约用地工作促进经济社会更好更快发展的实施意见》(平政发〔2008〕19号)执行。

15. 积极推进节能降耗、污染减排，大力发展循环经济。安排500万元节能降耗专项资金、500万元污染减排专项资金，用于扶持节能降耗、污染减排和工业循环经济发展。

(1)凡企业按照《清洁生产促进法》实施清洁生产，并由资质单位制订方案，实施后经嘉兴市级以上组织专家验收合格，根据项目规模给予3万元以下的补助；在此基础上，经省认定为绿色企业的，再给予5万元奖励。

(2)凡企业实现生产"减量化、再利用、资源化"，并取得良好经济效益和社会效益的循环经济项目，经市有关部门评估确认后，给予设备投资额8%、最高20万元的补助。

(3)加快淘汰高污染企业，鼓励企业削减污染物排放量，为新项目建设腾出排污指标。对造纸、印染(含水洗)、电镀、制革、化工等行业因政策性因素整体关停的企业，给予企业固定资产净额20%、最高30万元的补助。

(4)鼓励企业应用节能、节水新技术，对应用国家节能(节水)产品导向目录内设备、经济效益明显的节能(节水)项目，给予设备投资额8%、最高20万元的补助。

(5)鼓励开发区、各功能区块开展循环经济试点工作，经嘉兴市级验收合格的给予10万元奖励，经省级验收合格的给予20万元奖励。

上述补助和奖励经费，在当年度工业发展资金和污染减排专项资金中列支。

(6)由经贸部门立项备案的新建或技改生产新型墙体材料项目，产品符合国家新型墙体材料目录，并通过省级新墙材企业(产品)认证，单线生产能力达到非粘土砖年产量3000万标砖以上、建筑砌块年产量6万立方米以上的(其他非粘土新型墙体材料等以同数量计算)，给予项目设备投资额5%的补助。

(7)列入本市新墙材建筑试点的工程项目，采用非粘土类新型墙体材料，建筑面积在5000平方米以上，新墙材应用比例95%以上，每个试点工程给予5万元补助。

(8)对研制、开发非粘土类新型墙体材料的项目，获得省级以上新产品鉴定证书的，给予5万元补助。

上述补助经费，在墙改专项资金中列支。

四、提升开放型经济发展水平

16. 鼓励外商投资企业和市外内资企业在不新增用地指标的情况下增资扩股。外商投资企业增加注册资本100万美元(市外内资1000万元)以上，经营期10年以上，其增资部分对地方财政的贡献(按注册资本增加额占总注册资本的比重计算)3年内给予40%的补助。

17. 鼓励开展招商引资。设立外资项目引资奖(包括外商资本和市外内资)，按引进资金额的1—5‰的标准奖励引荐的单位或个人。

本条上述补助经费，按预算级次由两级财政各自承担。

工业功能区块每实际到位100万美元(外商以设备投资的按50%计算、市外内资按当年年末汇率折算，上市募集资金按公开发行上市新增资本金计算)，给予镇(街道)8万元补助，专项用于基础设施配套建设。

18. 鼓励企业拓展市场。对参加我市组织或经备案同意的出国参展会，给予每个标准展位费用50%、最高分别为2.5万元、1.5万元的补助。

对参加我市组织的除广交会、华交会以外的国内重要商展会，给予每个标准展位费用50%、最高1万元的补助。

对由市组织、行业协会实施，以平湖自有品牌参加的各类境内外"常年展"，三年内给予每年摊位费用50%、最高10万元的补助。

19. 支持培育出口名牌。对获得商务部"中国出口名牌商品"称号的，给予每个名牌奖励20万元；对获得"浙江省出口名牌商品"称号的，给予每个名牌奖励10万元；对获得"嘉兴市出口名牌商品"称号的，给予每个名牌奖励2万元。

20. 鼓励企业参加出口信用保险和参与反倾销活动。凡企业投保出口信用保险，其保费支出依据有效凭证可享受30%、最高20万元的财政补助；对积极参加反倾销应诉活动的企业，给予其应诉费用20%、最高20万元的补助。

上述补助和奖励经费，除列举外，属外经贸部门归口管理的在当年度外经贸发展资金中列支，属其他部门管理的在相应的专项资金中列支。

五、优先发展现代服务业

21. 扶持发展现代物流业。对投资额在500万元及以上的新建第三方物流项目和信息平台，给予实际投资额3%、最高50万元的补助。

年物流营业收入首次达到1亿元、1.5亿元、2亿元的物流企业，分别给予企业对地方财政贡献比上年增长部分100%，最高10万元、15万元、20万元的奖励。

对新评定为3A、4A、5A级的物流企业，分别给予3万元、5万元、10万元的奖励。

22. 支持旅游业发展。对投资额在500万元及以上的新建旅游设施项目和200万元及以上的新辟景点项目，给予实际投资额3%、最高50万元的补助。

对投资额在5000万元以上、按三星级或以上标准新建宾馆项目和投资额在600万元以上、按三星级或以上标准改扩建项目，经认定达到相应星级后，给予实际投资额2%、最高80万元(新建五星级宾馆为120万元)的补助。

对旅游景区被新评定为国家3A、4A、5A级的当年，分别给予5万元、20万元、50万元的奖励；对被新评定为省级“绿色饭店”称号的，给予5万元的奖励。

对参加省级以上组织的以重点推介我市旅游资源、项目和产品的企业，每个标准展位给予60%、最高1万元的补助。

23. 加大对商贸流通企业的扶持力度。商贸流通龙头企业新建投资额在1000万元以上或改建投资额在300万元以上的以连锁、特许、品牌经营为特征的特色流通网点建设项目，给予实际投资额3%、最高30万元的补助。

凡外商或市外内资企业投资额在3000—5000万元、5000万元以上，经营期在10年以上，经营面积2万平方米以上的新建大型商场、购物中心，给予实际投资额2%的补助，最高分别不超过60万元和100万元。

对年批发销售收入8000万元、实缴税收100万元以上，或年零售收入3000万元、实缴税收80万元以上，经市政府首次认定的商贸流通龙头企业(动态管理)，以其评定上年对地方财政的贡献为基数，给予环比增长10%以上部分3年内100%的补助。

24. 支持连锁企业发展。凡在本市范围内新办连锁分店10个以上、且每个分店年销售收入达到100万元以上，经有关部门认定后，自开办起3年内给予企业对地方财政的贡献100%的补助。

鼓励建立商品配送中心。对新建的、以本市商贸业为主要配送对象、仓储面积在10000平方米以上、商品种类不少于10000种的配送中心，给予实际投资额5%、最高50万元的补助。

25. 支持楼宇经济和总部经济发展。凡在市区兴办投资额1500万元以上、面积10000平方米以上的高标准商务楼宇，给予投资额2%、最高50万元的补助；项目建成后，每引进市外的注册资金分别达500万元、1000万元、2000万元以上的楼宇经济、总部经济企业，给予楼宇产权单位每户1万元、3万元、5万元的奖励。

对市外企业在本市设立总部或地区总部，且注册资本在1亿元以上的，自开办起3年内给予企业对地方财政贡献的100%补助。

26. 支持农村和社区服务业发展。安排专项资金支持创新发展“新仓经验”工作。

经验收合格的新建农村和社区综合服务社，给予每家2万元奖励；经验收考核合格的放心示范店，给予每户1000元的奖励；对首次被评为“十佳”放心店的给予每户2000元的奖励。

民营资本投资额在50万元以上且以养老、幼托、助残、康复医疗设施等为主的社区服务项目，给予实际投资额5%、最高20万元的补助。

民营资本投资额在1000万元以上的文教卫体重点新建项目、投资额在500万元以上的文教卫体扩建改建项目，按实际投资额的3%、最高30万元补助。

居民住宅小区被评为国家、省示范小区的，分别给予物业管理公司5万元、3万元的奖励。

27. 鼓励发展服务型企业。对新办各类科技中介、外贸出口中介，人才、劳动力、产权交易要素市场等服务型企业，从成立之年起3年内，其对地方财政贡献(具体参照所缴营业税、应缴所得税确定)的50%，由市财政给予补助。

28. 鼓励建筑业企业创优、升级。具体办法另行制定。

上述补助和奖励经费，在当年度服务业发展资金中列支。

六、大力推进科技进步和自主创新

29. 鼓励中介机构和企业引进科技成果产业化。对引进科技成果作价投入合作的产业化项目，给予其技术成果作价15%的补助；对以直接购买技术成果的产业化项目，给予其购入价20%的补助。上述补助最高不超过20万元，凡属中介机构引进的项目，40%补助给中介机构，在项目实施的次年经评估后兑现。

30. 鼓励民营资本进行科技风险投资和科技人员以技术入股创办高新技术企业。

(1)凡民营资本参与投资市认定的科技风险投资项目，给予实到注册资本15%、最高50万元的奖励；新办企业注册起3年内对地方财政贡献的100%由市财政补助给企业。

(2)凡具有高级技术职称或硕士以上学历的科技人员以技术入股方式创办高新技术企业，经投资各方约定，市有关部门认定，技术要素入股比例最高可达注册资本的35%，科技人员红利所得对地方财政贡献部分前2年100%、第3年50%补助给相关科技人员。

31. 支持高新技术企业发展。被认定为国家级、省级高新技术企业(包括省级农业科技企业、农业高科技园区)的，分别给予20万元、10万元奖励，并以企业被认定上年对地方财政的贡献为基数，环比增长10%以上部分的100%分别在5年内、4年内补助给企业；被认定为省级科技型中小企业的，以企业被认定上年对地方财政的贡献为基数，环比增长10%以上部分的100%3年内补助给企业。

32. 支持实施各类科技项目。

(1)对列入国家火炬计划、星火计划的项目，通过验收后分别给予10万元、8万元奖励；对列入省火炬计划、星火计划的项目，通过验收后分别给予5万元、4万元奖励。

(2)对列入国家级重点新产品计划，给予10万元奖励；经认定为省级高新技术产品的，给予3万元的奖励。

(3)对列入国家、省各类科技项目且尚未享受本级激励政策的，可按上级要求或项目合同，给予一定的配套补助。

（4）对列入市级重大、重点科技项目的，组织实施时分别给予最高10万元、5万元的补助，验收通过后再给予相同金额的补助；列入市一般科技项目的，给予5万元以下的补助。

33. 鼓励发明创造。支持企业、单位和个人开发专利产品，安排专利专项资金予以资助，具体按《平湖市专利专项资金管理办法》执行。

34. 鼓励企业加大技术开发力度。具体按照《平湖市落实企业技术开发费税前扣除政策的实施办法》（平科技〔2007〕13号）执行。

35. 支持企业加大对安全生产的科技创新和技术改造投入。对首次通过国家级和省级验收的机械制造、船舶制造、危险化学品生产等行业安全生产标准化企业分别给予8万元和3万元奖励。

上述补助和奖励经费，属科技部门归口管理的在当年度科技发展资金中列支，属经贸、安监部门归口管理的在当年度工业发展资金中列支。

36. 推进信息化建设。支持全市性的信息化公共服务平台建设，经市立项（下同）、建设完成并经有关部门验收后，给予投资额30%、最高20万元的补助；凡属于电子政务、农业农村信息化、工业园区（行业）信息化、社会公共领域信息化、城市建设和管理信息化、社区信息化等应用工程，项目完成并经有关部门验收后，给予每个项目软件投资额50%、最高15万元的补助。

支持企业信息化建设。凡属于“CAM、CRM、ERP”示范性项目，建设完成并经有关部门验收后，给予每个项目软件投资额50%、最高15万元补助；对获得国家、省信息化示范企业称号的，分别给予20万元、10万元补助。

鼓励发展信息技术（高技术）产业化项目。对本市企业申报列入省级以上信息技术产业化项目且尚未享受本级政策补助的，可按上级规定给予一定的配套补助。

上述补助和奖励经费，在当年度信息化专项资金中列支。

七、附则

37. 激励创业创新的专项资金实行“总额控制、切块管理、权职统一、绩效挂钩、突出重点、兼顾面上、综合平衡、集中兑付”办法。总额控制就是市财政年初根据可用财力安排各块资金的使用计划数；切块管理、综合平衡就是当年受理的依据本意见补助标准计算的各块补助资金总额在计划数以内时根据政策按实兑现，超过计划数时在块内按相应比例进行综合平衡；权职统一、绩效挂钩就是每块资金由相关条线具体负责掌握，每年对资金使用绩效进行评价并作出相应调整；突出重点、兼顾面上就是在兼顾受益面的同时，集中财力办大事，强化对公益性、公共性项目的政策倾斜；集中兑付是指当年的各种补助按性质分块统一时间集中兑付，确保在补助总额超过计划数时实施综合平衡。

38. 各专项资金管理委员会（包括农业发展资金管理委员会、科技发展资金管理委员会、信息化发展资金管理委员会、工业发展资金管理委员会、外经贸发展资金管理委员会、服务业发展资金管理委员会），分别由分管副市长担任主任，市府办分管副主任、牵头部门和财政部门主要负责人担任副主任，相关部门和行业协会为成员单位，下设办公室（设在牵头部门）。各专项资金管理委员会负责调控资金支持的方向和重点，不断完善资金使用、管理的办法并组织实施。

39. 建立激励和约束双重机制。激励政策的享受建立在企业严格遵守国家产业政策和法律法规、切实履行社会责任、认真落实约束性指标的基础上，凡违反税务、环保、国土资源管理、安全生产、劳动保障等法律法规及政策规定，或未完成节能降耗、污染减排指标的企业，不能享受所属年度优惠政策。

40. 本政策意见所称企业对地方财政贡献除列举外仅指企业所得税地方留成部分，按企业所属财政预算级次，由本级和镇（街道）财政分别承担支出，镇、街道确因经济发展不平衡等因素，可用财力低于上年的，可自行设定财政补助标准；所称投资额除列举外均不包括土地购置费用。

41. 企业享受各项财政补助实行最高限额，除明确注明限额外，同一企业在一个年度内享受的各类财政补助最高限额为100万元（不含与对地方贡献相关的补助，下同）；单个企业的补助总额（个别条款除外）原则上不得突破该企业当年度对地方财政的贡献总额。

同一事项符合本政策意见多项条款的，不得重复享受，但可按最优惠的条款执行；同一项目尚未享受本级优惠政策的，可按上级要求给予一定的配套补助；除列举外，同一项目进档升级，属定额补助的给予两档之间的差额补助，按年限补助的，按更高年限减已享受年限补助。

42. 外商投资企业、市外内资投资企业实际投资额、经营期不满批准和规定年限的，除按税法规定补缴已免征、减征的企业所得税外，应退还已享受的财政补助，因不可抗力导致企业关停的除外。

43. 为规范核算，企业收到的财政补助计入“补贴收入”科目核算，执行《小企业会计制度》的企业计入“营业外收入”科目核算。各级财政按企业逐个建立优惠政策兑现的档案和清册，详细登记企业享受优惠政策的依据、期限、标准和实际享受金额等内容。审计部门将政策兑现列入审计范围。

44. 符合上述政策享受条件的企业应在每个会计年度终了后3个月内向有关部门提出申请并提供相关资料，有关部门在审定时应征得企业所在镇、街道同意。

45. 本政策意见出台后，除本政策意见列举外，市委、市政府以前出台的优惠政策与本政策意见不一致的，以本政策意见为准。但新老政策对应的项目未到享受期限的，所剩时间按本政策意见规定的标准执行；以前年度已对特定企业作出的专项承诺继续有效，按国家允许的财政补助方式兑现。引进对地方经济社会发展带动性强、影响大的重大项目，经相关部门审核并报市政府同意，可实行“一企一策”。凡享受“一企一策”优惠政策的企业，不再享受本意见中的其他优惠政策。本政策意见除列举外,享受对象为本地内资企业,凡享受外资(含市外内资)优惠政策的企业,不再享受本政策意见中其他优惠政策。今后上级如有新的规定,按新规定办理。

46. 本政策意见由财政局会同发改局、经贸局、服务业发展局、科技局、农经局、外经贸局等职能部门负责解释并组织实施,自 2008 年 1 月 1 日起执行。

中共平湖市委

平湖市人民政府

二〇〇八年二月十六日

桐乡市人民政府
关于印发《桐乡市加快新能源产业发展实施意见》的通知

桐政发〔2008〕68 号

各镇人民政府、街道办事处,市政府各部门,市直各单位:

《桐乡市加快新能源产业发展实施意见》已经市十四届政府第 21 次常务会议讨论通过,现印发给你们,请认真贯彻执行。

桐乡市人民政府

二〇〇八年九月二十四日

桐乡市加快新能源产业发展实施意见

新能源产业是指常规能源之外有待不断开发、推广利用的可再生能源,如依托太阳能、风能、地热能、海洋能、现代生物质能等新型能源开发利用而发展起来的能源产业。大力发展新能源产业,对推进我市产业结构优化升级,加快新型工业化进程,实现经济又好又快发展具有十分重要的意义。为促进我市新能源产业的发展壮大,提升产业竞争力,特制订本实施意见。

一、指导思想和发展目标

1. 指导思想

深入贯彻落实科学发展观,按照市委"创业富民、创新强市"战略,把加快发展新能源产业作为推动结构调整、产业升级、打造先进制造业基地的重要举措,依托现有产业优势,强化招商引资、项目投入、产业链培育,注重科技进步、自主创新,着力培育市场主体,做大做强新能源产业,努力实现经济又好又快发展。

2. 发展目标

通过扶持培育发展,我市新能源产业在工业经济中的比重大幅提高,成为全市新兴支柱产业,新能源产业链得到延伸壮大,大企业和行业龙头企业的辐射带动作用明显增强,形成较为合理的企业梯队。到 2012 年,新能源产业力争实现产值 200 亿元,培育发展超 50 亿元企业 2 家,超 30 亿元企业 2 家,超 10 亿元企业 3 家。到 2020 年,新能源产业力争实现产值 1000 亿元,培育发展超 100 亿元企业不少于 2 家。

二、基本原则和产业布局

1. 基本原则

——坚持市场导向与政策激励相结合。发挥市场的资源配置作用,促进优势企业资源集聚。通过政策的引导,鼓励企业向规模化、集约化和产业链高端发展。

——坚持近期开发与长远发展相结合。大力发展当前适宜应用的太阳能开发利用项目,积极开拓未来发展空间大、具备一定市场前景的其他新能源项目。

——坚持引进吸收与自主创新相结合。大力引进国内外新能源产业的重点、关键技术设备和行业共性技术,鼓励企业加大自主研发,掌握核心技术,提升产业竞争力。

——坚持主体培育与平台建设相结合。着力培育一批具有较强技术规模和行业带动力的骨干企业。加快科技平台建设和产业园区平台建设,打造区域特色新能源产业集群。

2. 产业布局

构筑"一区多园"的新能源产业发展平台,拓展产业发展空间。根据产业发展实际和具体区位特点,建设以市经济开发区为重点,若干镇级特色工业功能区相配套的新能源产业基地。在经济开发区规划建设 1 平方公里左右的新能源产业园,通过科学规划、滚动开发,使之成为新能源产业招商选资、项目建设、技术引进、人才开发的主战场。其他有条件的镇(街道)工业功能区要探索建立若干配套的新能源产业集中区,发展壮大我市新能源产业集群。

三、重点领域和发展方向

重点发展太阳能、风电、生物质能及LED照明、氢能等新能源产业，在特定行业领域和产业链关键环节实现新突破，形成具有行业影响力和竞争力的重点产业群。

1. 太阳能领域

太阳能的开发利用包括太阳能光伏发电和太阳能热利用。

太阳能光伏。要进一步完善多晶硅等原材料供应的战略布局，加强太阳能光伏应用技术研发，大力发展太阳能电池组件生产、光伏系统制造等产业链中的高端环节。密切关注国内外光伏产业新材料、新技术的发展，鼓励支持企业大力发展市场前景看好的多晶硅薄膜电池、非晶硅薄膜电池等技术产品。

太阳能热利用。要抓住太阳能热水器使用范围扩大所带来的市场机遇，积极鼓励和支持太阳能热利用企业的发展壮大，抢占太阳能热水器的巨大市场。

2. 风电领域

重点发展大中型风电机组和风光互补、风柴互补、风光柴互补发电系统等项目，进一步提高风力发电装备的制造能力和技术水平，降低风力发电成本，提高市场竞争能力。

3. 生物质能领域

重点发展生物柴油、燃料乙醇、沼气发电等具有市场开发潜力的产业板块。加强生物质能开发利用的技术创新，积极利用非粮生物质生产燃料乙醇、利用城市废弃油脂和木本油料作物生产生物柴油，鼓励企业积极参与国家和行业相关技术标准和使用规范的制定。在加快推进产业发展的同时，做好资源综合利用、废气废水废渣回收等工作，使产业发展与环境保护相协调。

4. LED照明领域

大力发展壮大LED产业，着力培植一个以LED照明产品生产为龙头的集LED封装、开头电源、PCB板生产、电阻电容生产、各类电子元器件生产及相关配套产业的完整产业链。积极发展太阳能LED路灯、草坪灯、庭院灯等太阳能LED应用产品，打造太阳能光伏产业高地，努力形成产业特色和优势。

5. 其他新能源产业领域

积极推进氢能、地热能、农村户用沼气等其他新能源和可再生能源的开发利用，加强技术研发和技术积累，加快产业化发展进程。大力加强在制氢技术、储氢材料和氢能利用等方面开创性的工作，研究开发并拥有一批氢能领域的自主知识产权，全力占据未来氢能产业发展中的有利地位。

四、扶持政策

通过加大对新能源产业在要素支持、人才引进、平台建设和税费优惠等方面的政策扶持力度，着力培植一批具有产业优势、规模效应和品牌形象的龙头骨干企业，发展壮大新能源产业，提升优化我市产业结构。

1. 培育扶持壮大一批新能源骨干企业

(1)新能源产业列入我市新兴产业重点扶持发展领域，新能源企业符合《中共桐乡市委桐乡市人民政府关于推进全市经济提升转型创新发展的若干政策意见》(桐委〔2008〕1号)扶持政策相关条款的，按该政策从优执行。若遇政策调整，按调整后的政策从优执行。

(2)创办新能源企业，注册资本3000万元人民币或外资500万美元以上，从获利年度起，第一至第二年按企业对地方财政贡献的80%进行奖励，第三至第五年按企业对地方财政贡献的60%进行奖励。

(3)现有新能源企业(含投资新能源产业的其他行业的企业)技改扩能，新能源项目投资3000万元人民币以上的，从形成生产能力年度起，新增对地方财政贡献的部分，按前款创办新能源企业的奖励标准执行。

(4)实行目标管理，新能源企业应制订发展目标规划，相关职能部门对新能源企业实行目标考核，对财政贡献大、增长快，生产经营目标业绩完成好的新能源企业给予财政奖励。

(5)鼓励以专利技术等知识产权作价出资，其最高出资额可放宽至占注册资本总额的70%。符合法律规定最低限额的，允许分期出资。

(6)新能源产业公共科技服务平台、企业研发中心建设，在享受桐委〔2008〕1号文件第33条政策时，在原奖励标准基础上提高50%。若遇政策调整，按调整后的政策提高50%执行。

(7)对投资规模大、技术含量高、产出效益好的重大新能源项目实行"一项一策"。

2. 落实税费优惠政策

(1)投资于新能源企业的创业投资企业，符合条件的，实行投资收益税收减免或按投资额的70%抵扣应纳税所得额等税收优惠政策。

(2)新能源企业所有缴市以上规费，由市各有关部门帮助争取按最低标准收取；本市所有行政事业性规费能免则免，不能免收的减半征收或按最低标准收取，本市各类中介服务性收费一律按最低标准收取。

(3)国家、省已有明文规定的相关税收优惠政策，有关部门要积极主动帮助企业认真落实。

3. 提供土地等要素支持

(1)新能源项目用地需求，市国土部门在农用地转用年度计划和工业用地年度出让计划上要给予重点倾斜和优先安排，适度预留市级机动农用地转用指标，保证新能源项目农用地转用的需要，新能源项目农用地转用时所需的指标按市留机动与开发区域6:4匹配；对企业的项目用地采取招标拍卖挂牌方式出让，起拍价可执行市工业用地出让最低限价标准。

(2)新能源项目涉及主要污染物排污权购买的，要优先安排，优先交易，属我市产业政策导向目录中鼓励引进类新能源项目，在排污权交易时，按市场成交价的50%给予优惠。

4. 大力推广新能源产品

(1)建立新能源产品应用示范基地，帮助本市企业宣传推广新产品，推荐新能源产品区域品牌。

（2）政府采购中鼓励采用本市新能源企业的产品，市域内所有城镇建设和改造工程项目在经专家认定综合性价比合理的前提下，优先选用。

（3）规划建设、交通等部门要在公共设施、道路、住宅小区等建设工程项目中积极鼓励推广使用本市新能源企业的产品。

（4）经市新能源产业领导小组办公室审定的新能源产品应用示范工程，凡应用本市新能源产品的，由市财政给予不超过增加成本部分50%的补助。

5. 鼓励引进高级技术管理人才

（1）企业引进的高级技术管理人才在引进、交流、奖励、住房补贴、配偶子女就学就业等方面，按现有政策从优执行。其中，引进人才奖励标准具体为：硕士学位人员每人每月300元，副高级职称人员每人每月500元，博士学位人员、正高级职称人员每人每月800元，奖励期限为5年；住房补贴标准具体为：硕士学位人员每人每年6000元，副高级职称人员每人每年10000元，博士学位人员、正高级职称人员每人每年16000元，补贴期限为5年。

（2）鼓励高等院校、科研机构和科技人员带新能源高新技术成果或项目来我市投资兴办高新技术企业，对进入科技孵化器的高新技术项目，每项给予最高20万元的一次性创业资助资金；对出国留学人员来我市投资兴办新能源高新技术企业的，按有关文件规定可确认为外商投资企业，并享受外资企业优惠政策。

五、保障措施

1. 加强组织领导，落实工作措施

市政府成立市新能源产业发展领导小组，由周民副市长任组长，市政府办、政研室、发改局、经贸局、科技局、财政局（地税局）、人事局、国土资源局、规划建设局、外经贸局、环保局等部门主要负责人为成员。领导小组负责明确目标任务、确定扶持项目、协调重大问题及落实政策措施。领导小组下设办公室，办公室设在市经贸局，由市经贸局局长兼任办公室主任，具体负责项目的跟踪、服务、协调、管理等相关日常工作，动态掌握项目进度，研究解决相关问题，及时提出建议措施。市各职能管理部门，根据各自职责实施对新能源产业项目的核准（备案）、监管和服务。镇、街道、开发区负责新能源产业项目的引进、初评申报、征地拆迁、项目建设协调、项目进度督查等工作。

2. 推进项目建设，增强发展后劲

新能源项目实行部门平行式审批（核准、备案），本市审批权限范围内的有关审批事项，优先加速办理，需要向上申报的，确保在第一时间上报，需进入绿色通道的，要按规定给予支持配合。相关部门要进一步简化手续，帮助企业解决项目建设中遇到的各种问题，并加强对项目建设的跟踪服务、监督管理和组织协调，确保项目加快建设、尽早投产。市新能源产业发展领导小组定期召开新能源项目建设情况例会，及时协调项目建设中遇到的困难和问题，定期通报项目推进情况。

3. 强化融资服务，加大资金投入

拓宽投融资渠道，加强金融机构与企业的对接工作，引导金融、投资和担保机构对新能源产业项目降低门槛，优先提供贷款支持。加大为新能源产业发展提供贷款担保和风险投资。积极支持新能源企业利用法人资本、民间资金、国外资金为主体的多元化融资渠道，广泛吸纳风险投资机构、创业投资资本和能源产业基金及其它专项资金等进入新能源企业。加强企业上市工作的引导和协调，鼓励有条件的新能源企业通过资本经营、债券融资、上市融资等多种方式实现跨越式发展。

4. 加强平台建设，夯实发展基础

市财政加大投入力度，用于新能源产业公共技术平台的搭建、项目投资奖励、新产品开发的引导、应用示范工程、高级技术管理人才的奖励或补助等。加强科技平台建设，设立中国科学院电工研究所桐乡新能源研发中心，争取实现新能源产业发展的核心、重点技术的突破，注重技术产品的转化应用和产业化运营。完善新能源产业园区的基础设施建设，鼓励新能源企业集聚发展。加快新能源产业园区现代服务业的配套推进，加速培育新能源产业集群。建立新能源产业信息服务平台，增强对新能源产业信息咨询服务，跟踪国内外新兴技术和产业发展动向，为我市发展新能源技术及产业提供服务。

5. 坚持招商选资，提升产业层次

抓住国内外产业转移的契机，积极创造条件，大力引进和发展符合《国家外商投资产业指导目录》和《桐乡市工业产业结构调整指导目录》鼓励引进类的新能源产业项目。要根据我市新能源产业发展的现状，加强对欧、美、日和国内重点企业的招商，有重点、有针对性地引进一批光伏、风电、生物质能、氢燃料电池、锂电池、LED产业及控制系统和配套产业的项目，落实专门人员，开展产业招商和“补链式”专业招商，壮大产业规模，提高产业集聚度，引导产业集群化发展。在引进项目的同时，鼓励企业以项目带技术和人才，积极支持企业在我市设立研发中心。鼓励优势企业走出去，实现跨国经营，开拓国际市场，在境外设立研发、营销和服务机构。

6. 优化政府服务，营造发展环境

各镇、街道和有关部门要切实做到以服务求发展，以服务塑环境。市发改、经贸、财政、科技、外经贸等部门要积极帮助新能源企业完善项目条件，向国家和省争取科技成果转化、技术改造、中小企业技术创新、节能及发展循环经济、产业集聚区创新服务、科技型中小企业创新引导资金等专项资金。税务部门要优先办理新能源产业企业年度出口免、抵、退税手续，金融部门优先办理企业的出口退税额度质押银行贷款，在账户管理、外汇管理、贷款卡发放等方面加大服务力度。政府相关部门要在品牌建设、进出口贸易、科技人才、劳动用工、企业上市、基础设施配套建设等环节加强协调服务。

六、附则

1. 相关职能部门要根据各自职责，制定本意见的实施细则；

2. 本意见由市新能源产业领导小组办公室负责解释；

3. 本意见自发布之日起实施。

嘉善县人民政府
关于促进太阳能光伏产业发展的若干政策意见(试行)

善政发〔2008〕82号

各镇人民政府,县府各部门、直属各单位:

为加快我县太阳能光伏产业的发展,推进产业结构优化升级,提升产业竞争力,根据国家、省有关政策规定和嘉善的实际,特制订如下政策意见。

一、设立太阳能光伏产业发展专项资金

1. 县政府设立扶持太阳能光伏产业发展专项资金(以下简称专项资金)。专项资金主要用于太阳能光伏产业公共技术平台的搭建、企业技术改造、新产品开发的引导、应用示范工程、高级技术管理人才等奖励或补助。

二、鼓励光伏产业做大做强

2. 在嘉善光伏产业园(包括县经济开发区、镇工业功能区)创办的光伏企业(以下简称企业),注册资本外资500万美元或内资3000万元人民币以上的,从获利年度起,第一至第二年按企业对地方财政贡献的75%进行奖励,第三至第五年按企业对地方财政贡献的50%进行奖励。

3. 对符合《关于进一步促进工业经济又好又快发展的若干政策意见》(善政发〔2008〕2号)及《关于加快推进科技进步的若干政策意见》(善政发〔2008〕4号)奖励政策的企业,按原政策执行。

4. 鼓励企业以专利技术等知识产权作价出资,其最高出资额可放宽至占注册资本总额的70%。符合法律规定最低限额的,允许分期出资。

三、全面落实税费优惠政策

5. 企业当年开发新技术、新产品、新工艺发生的研究开发费用,未形成无形资产计入当期损益的,在按规定据实扣除的基础上,允许按研究开发费用的50%加计扣除;形成无形资产的,允许按无形资产成本的150%摊销。

6. 企业购置并实际使用于环境保护、节能节水、安全生产等专用设备的,该专用设备投资额的10%可以从企业当年的应纳税额中抵免;当年不足抵免的,可以在以后5个纳税年度结转抵免。

7. 企业的固定资产由于技术进步等原因,确需加速折旧的,可以缩短折旧年限或者采取加速折旧的方法。

8. 凡经认定属于国家需要重点扶持的高新技术企业,减按15%税率征收企业所得税。

四、鼓励引进高级技术管理人才

9. 企业引进的高级技术管理人才工作满一年后,由政府给予三年补贴。具体补贴标准为:博士学位的,每人每月1000元;正高职称的,每人每月800元;硕士学位或副高职称的,每人每月600元。

10. 从企业投产的年度起五年内,政府对高级技术管理人才实行贡献奖。奖励标准为:将高级技术管理人才个人对地方财政贡献的50%作为奖励,其中贡献特别重大的,将其个人对地方财政贡献的80%作为奖励。

11. 企业引进的高级技术管理人才工作满一年后,由县政府给予五年住房补贴。具体补贴标准为:博士学位或正高职称的每人每年1万元;硕士学位或副高职称的每人每年5000元。

12. 对销售产值达到100亿元以上的企业,允许企业建造人才公寓,并给予一定的政策优惠(具体政策另行制定)。

13. 获得国家承认的国内外硕士及以上学位或具有中级以上专业技术职务任职资格的,带光伏产业高新技术成果或项目来我县创业的技术人才,经综合评估,可获10万元以下的一次性创业资助资金。

五、加强服务与协调

14. 县发改、经贸、财政、科技、外经贸等部门要积极帮助企业完善项目条件,向国家和省争取高新技术产业化项目、科技成果转化及技术改造、中小企业技术创新、节能及发展循环经济、产业集聚区创新服务、科技型中小企业创新引导等专项资金。

15. 本县的金融机构要在帐户管理、外汇管理、贷款卡发放等方面加大服务力度;在资金配套授信及贷款利率、结算费用等方面予以一定优惠。

16. 对企业的项目用地需求,县国土部门在农用地转用年度计划和工业用地年度出让计划上要给予重点倾斜和优先安排;投资达到一定规模的,积极向省争取重点项目用地计划。

17. 政府各有关部门和单位要从项目审批备案、项目用地、环评、项目申报、进出口、科技人才、劳动用工、企业上市、基础设施配套建设等环节加强协调服务。

六、其他

18. 在全县建立若干个太阳能光伏产品应用示范基地,帮助企业制订行业、产品标准和规范,宣传推广新产品,力争在行业中取得领先地位。

19. 政府采购中鼓励单位采用太阳能光伏产品,县域内所有城镇建设和改造工程项目在经专家认定综合性价比合理的前提下,优先选用。

20. 经光伏产业发展工作领导小组审定的太阳能光

伏产品应用示范工程，给予专项资金补助，补助金额不超过增加成本部分的 30%。

21. 本政策意见由县光伏产业发展工作领导小组办公室负责解释。

22. 本政策意见自发布之日起执行。

二〇〇八年六月十日

中共湖州市委　湖州市人民政府
关于深入推进创业富民创新强市的若干意见

（2008 年 1 月 24 日）

湖委〔2008〕2 号

为认真贯彻落实党的十七大和省第十二次党代会精神，实现市第六次党代会提出的奋斗目标，根据《中共浙江省委关于认真贯彻党的十七大精神扎实推进创业富民创新强省的决定》（浙委[2007]139 号），结合湖州实际，提出如下意见：

一、高举伟大旗帜，深入推进创业富民、创新强市

（一）总体要求。创业富民、创新强市，是贯彻落实党的十七大精神的实际行动，是实施增强“三力”、奋力崛起发展战略，加快建设现代化生态型滨湖大城市的必由之路。全市上下要高举中国特色社会主义伟大旗帜，以邓小平理论、“三个代表”重要思想为指导，深入贯彻落实科学发展观，紧紧围绕建设现代化生态型滨湖大城市的目标，切实把创业创新落实到经济、政治、文化、社会和党的建设各个方面，贯穿于改革开放和现代化建设的全过程，大力培育创业创新主体，积极弘扬创业创新文化，不断健全创业创新机制，加快完善创业创新政策，着力营造创业创新环境，深入推进全民创业、全面创新，奋力在杭湖宁发展带中间崛起。

二、充分发挥群众首创精神，着力形成全民创业、全面创新的生动局面

（二）继续推进解放思想。深化“解放思想、激发活力、创业富民、创新强市”大讨论大实践活动，推动全市上下特别是各级领导、机关干部和企业家思想大解放、观念大转变，进一步形成百姓创家业、企业创大业、干部创事业的浓厚氛围，放手让一切劳动、知识、技术、管理和资本的活力竞相迸发，让一切创造社会财富的源泉充分涌流。

（三）鼓励全民创业创新。着力搭建项目、基地、金融等平台，积极引导广大群众和各类组织创业创新，特别要大力扶持城镇下岗失业人员、被征地农民、复员转业军人和大中专毕业生自主创业。鼓励机关干部到经济建设主战场创业创新。

（四）支持企业创业创新。实施培大育强工程、“千家成长万家培育”工程和现代家庭工业行动计划，着力培育创新能力强的大企业，大力发展成长性好的中小企业，积极扶持特色块状经济。到 2011 年，培育超 100 亿元的企业 1 家以上，超 50 亿元的企业 10 家以上。

（五）加快推进自主创新。建立健全以企业为主体、市场为导向、产学研结合的科技创新体系。加快建设南太湖科技创新中心、县（区）科技孵化器及区域性行业性公共创新平台，新建一批省和国家重点实验室，建立 10 家企业博士后科研工作站，培育 30 家省级以上企业研发、技术中心。加强品牌建设，创建全国知识产权试点城市，到 2011 年，全市中国名牌产品和中国驰名商标总数超过 60 个，新增国字号产业基地 4 个；专利申请量、授权量年均增长 20%，每万人专利授权量超过 8 件。加大科技投入力度，到 2011 年，全社会研发投入占生产总值的比重达到 1.5%以上；市和县（区）财政科技投入占同级财政总支出的比例分别达到 4.5%和 3.5%。探索建立企业科技创新风险补偿机制和政府主导的创业风险投资基金。

（六）加强人才队伍建设。以高层次人才和高技能人才为重点，统筹抓好各类人才队伍建设。实施南太湖精英计划，积极培养和引进高科技人才，注重引进“带项目、带资金、带团队”的国内外创业创新领军人才。到 2011 年，全市人才总量达到 28 万人以上，人才密度达到 1000 人以上；培育引进 50 名左右的领军人才，建设 50 个左右的优秀创新团队；培养 100 名左右的高级技师。

三、牢牢抓住转变经济发展方式这一创业富民、创新强市的主要任务，努力实现又好又快发展

（七）优化产业结构。深入实施“二三三”工业结构调整，到 2011 年，金属材料、机电制造、现代轻工三大特色优势产业占比每年上升 1 个百分点。实施高新技术产业四大培育计划，大力发展高新技术产业。到 2011 年，全市新培育 300 家科技型初创企业、100 家科技型小巨人企业、20 家国内领先的高新技术产业领航企业、3 个高新技术特色优势产业和 5 个高新技术优势产业集群，省级以上高新技术企业累计达到 200 家，生物医药、环保节能、电子信息三大高新技术产业占比上升到 8%。加快发展现代服务业，积极打造长三角休闲旅游中心、区域交通中心和区域物流中心。到 2011 年，力争服务业增加值占比达到 40%。加快培育农业八大主导产业，积极发展特色优势、生态绿色、出口加工和休闲观光农业，培育一批农业特色强镇（乡）。

（八）统筹城乡发展。按照“一带两组团四轴线”的城市空间布局，编制完善市、县域总体规划、村庄布局规划，推进中心城市、县城、中心镇、中心村梯次发展。实施中心城市建设行动纲要，不断提升城市功能。深化市校合作，全面推进“1381行动计划”，加快建设新农村实验示范区。深入实施“百千”工程，加快建设农村基础设施“八大网络”和公共服务“五大体系”。加大对经济薄弱乡镇和村的扶持力度，加快低收入农户奔小康步伐。

（九）加快开发区和工业园区建设。进一步完善规划、提升功能，推进开发区和工业园区集约发展、率先发展。到2011年，开发区和工业园区规模以上工业总产值占全市的40%，出口总额和实际利用外资占全市的80%。整合提升乡镇工业功能区，促进布局合理、企业集群、产业集聚。

（十）加强生态文明建设。加快生态市建设步伐，广泛开展生态县区、生态乡镇创建工作。加强生态环境保护，打好重点区域整治、重点行业和企业污染治理、区域限批、太湖蓝藻防治、农村环境整治、矿山生态恢复等攻坚战。大力开展绿化造林，加大森林、湿地保护力度。狠抓节能减排，加快形成政府主导、企业主体、全社会共同推进的工作格局。大力发展循环经济，坚决控制新上高能耗和污染项目，坚决淘汰落后生产能力。确保到2011年万元生产总值综合能耗下降20%以上，化学需氧量和二氧化硫排放量均下降15%以上。

四、深化改革开放，为创业富民、创新强市提供强大动力

（十一）加快企业制度创新。鼓励有条件的企业深化产权制度改革，建立健全现代企业制度。引导民营企业加强技术创新、制度创新、管理创新和企业文化创新。加快企业上市，开展资本经营。到2011年，新增境内外上市企业15家以上。

（十二）改革要素配置机制。完善反映市场供求关系、资源稀缺程度、环境损害成本的生产要素和资源价格形成机制，完善工业用地招拍挂办法，实行阶梯式计量水价，探索排污权有偿转让。推进金融创新，争取外地股份制商业银行来湖设立分支机构，积极引进信托、租赁等非银行金融机构，引导民间金融健康有序发展。

（十三）创新行政管理体制。推进行政审批“两集中、两到位”改革，实施“123”行政服务创新计划。健全行政服务平台，完善效能监测体系。改革公共财政管理，深化投资体制改革。加快公用事业单位、垄断行业管理体制改革，理顺政府部门与行业协会、中介机构的关系。完善市区管理体制，健全中心镇培育机制。

（十四）深化农村综合改革。健全土地流转机制，探索农村土地股份合作制。深化农村集体资产股份制改革。推进供销、信用、专业合作社“三位一体”的农村新型合作组织建设。探索农村宅基地使用权流转。探索农村经营承包权证抵押工作，健全农业融资担保体系建设，推进各项政策性涉农保险工作。

（十五）加大对外开放力度。主动接轨上海、服务世博会，全方位加强与长三角各城市的合作。提高招商选资水平，积极引进“大好高”项目。力争五年累计实到外资突破45亿美元（老口径）、市外内资341亿元以上，投资超千万美元项目500个以上。转变外贸发展方式，促进加工贸易转型升级，大力培育品牌，发展服务贸易。建立健全国际贸易摩擦预警和应对工作机制。鼓励进口国内短缺资源、关键技术和先进装备，支持有条件的企业“走出去”。到2011年，外贸进出口突破85亿美元，高新技术和机电产品出口比重超过30%，新增省级以上出口名牌15只。

五、积极构建和谐社会，为创业富民、创新强市营造良好环境

（十六）重视改善民生。健全为民办实事长效机制，加大投入力度，每年实施一批为民办实事项目。大力推进城乡统筹就业，积极帮扶困难人员就业。到2011年，新增城镇就业岗位18万个，城镇登记失业率控制在4.5%以内。深入实施《劳动合同法》，加强劳动用工管理，着力构建和谐劳动关系。构建覆盖城乡、与经济社会发展水平相适应的新型社会保障体系，健全以最低生活保障为基础的新型社会救助体系。加快慈善事业发展，完善社会福利体系。加大旧城改造力度，加快经济适用房和廉租房建设，扩大公积金制度向非公有制企业覆盖面，健全农村困难群众危房改造长效机制。

（十七）加快发展社会事业。坚持教育优先，加快教育强市建设。继续推进教育公平，重视保障困难家庭、进城务工人员子女接受义务教育。巩固和提升基本普及十五年教育的水平，大力发展职业技术教育、成人教育和社区教育，提升地方高等教育水平，积极推进城乡教育均衡发展。到2011年，基本实现教育现代化；湖州师院争取建成地方综合性大学，湖州职院创建国家示范性职业院校，县区、乡镇建有社区学院、学校。建立健全覆盖城乡的公共卫生服务、医疗服务、医疗保障、药品供应保障等体系。加快全民健身服务体系建设，到2011年，70%的城市社区和50%的农村新社区拥有体育俱乐部（文体站），人群主要健康指标达到全省先进水平。加快推进有线电视数字化。

（十八）加强社会管理。健全党委领导、政府负责、社会协同、公众参与的社会管理格局。推进“法治湖州”建设，健全基层社会管理体制，加强基层民主建设。全面推进依法行政，加快建设法治政府和服务型政府。深化司法机制改革，规范司法行为，加大司法救助力度，维护社会公平正义。加强法制宣传教育，提高全民法律素质。建立健全社会信用体系，大力整顿和规范市场秩序。深化“平安湖州”建设，健全矛盾纠纷排查化解和大信访等维稳机制，强化社会治安综合治理，健全防控体系，加强流动人口服务管理，严厉打击各类违法犯罪活动，不断提高群众的安全感和满意度。完善应急机制，创新安全生产管理，强化食品药品质量安全监管，有效遏制重大安全事故。

六、加强文化大市建设，为创业富民、创新强市提供精神支撑

（十九）弘扬创业创新精神。坚持以社会主义核心价值体系引领社会思潮，用中国特色社会主义共同理想凝聚力量，巩固全市人民团结奋斗、奋力崛起的共同思想基础。大力弘扬“开放、务实、创新、和谐”的新时期湖州人文精神，大力倡导“崇尚创新、鼓励创造、支持探索、宽容失败”的创新风尚，使创业创新成为人民群众的共同追求。

（二十）推进文化传承与创新。进一步发掘湖州深厚的历史文化，积极创建国家历史文化名城。建设传统特色文化保护区，挖掘、整理和扶持具有地域特色的民族民间艺术项目。大力推进文艺创新，打造一批精品力作。构建公共文化服务体系，实施农村文化建设工程，建设“15分钟文化活动圈”，大力推进企业、社区、校园和广场文化建设。到2011年，争取3个县成为全国文化先进县，80%以上乡镇达到省级“东海文化明珠”工程标准。深化文化体制改革，培育文化骨干企业，打造文化品牌，加快文化产业和文化事业发展。

（二十一）培育文明风尚与和谐文化。大力弘扬爱国主义、集体主义、社会主义思想，树立以“八荣八耻”为主要内容的社会主义荣辱观，开展社会公德、职业道德、家庭美德、个人品德教育，加强青少年思想道德建设。积极开展文明城市创建活动，进一步深化群众性精神文明与和谐创建活动，不断提高城乡文明程度。

七、以改革创新精神加强党的建设，为创业富民、创新强市提供坚强保证

（二十二）加强思想政治建设。认真学习马克思列宁主义、毛泽东思想、邓小平理论和“三个代表”重要思想，坚定理想信念；深入开展党的十七大精神主题教育活动和学习实践科学发展观活动，用中国特色社会主义理论体系武装党员干部、指导创业创新、推动科学发展，不断深化中国特色社会主义在湖州的实践。

（二十三）加强领导班子和干部队伍建设。继续抓好干部培训工作，开展“创业创新好班子”争创活动，提高各级领导干部领导科学发展的能力。深化干部人事制度改革，注重在创业创新实践中考察、识别、选用干部，形成有利于推动创业创新的用人导向。

（二十四）加强基层党组织和党员队伍建设。抓好村级组织换届选举工作，提高村级班子领导创业创新的能力。健全完善先进性教育长效机制，扎实开展“双带双创”活动，深化党员人才工程，充分发挥基层党组织和党员在推进创业创新中的战斗堡垒和先锋模范作用。组织群众团体广泛开展劳动竞赛、青年创业、巾帼建功等活动，发动广大群众积极投身创业创新实践。

（二十五）加强作风建设。进一步建立健全长效机制，扎实推进机关作风建设，不断提高机关效能和服务质量。各级各部门要从各自的职责出发，明确目标，制定政策，分解任务，落实责任，强化督查，狠抓落实，扎实推进创业创新活动开展。加强调查研究，及时解决基层和群众在创业创新中遇到的困难和问题。进一步加强党风廉政建设和反腐倡廉建设，以优良的党风政风带民风，为创业创新营造良好的社会风气。

湖州市人民政府
关于全面推进创业促就业“845”工程的实施意见

湖政发〔2008〕35号

为认真贯彻落实党的十七大、《中华人民共和国就业促进法》和《国务院关于做好促进就业工作的通知》（国发〔2008〕5号）精神，按照市委、市政府提出的创业富民、创新强市的要求，以服务创新促进自主创业，以自主创业促进充分就业，鼓励广大失业人员自主创业、自谋职业，使更多的劳动者成为创业者。从2008年至2011年，组织实施创业促就业“845”工程（即全市筹集800万元创业引导资金，收集500个创业项目、培育50个创业实训孵化基地、建立500万元的小额贷款担保基金、培训5000名创办微型企业和小企业的“准老板”）。现提出如下实施意见。

一、明确目标体系，全面实施创业促就业“845”工程

（一）建立创业引导资金。创业引导资金是政府在年度就业资金预算内安排的专项经费，用以引导、鼓励和扶持失业人员自主创业。主要用于引进和开发创业项目、建立创业实训孵化基地、大中专毕业生创业培训、创业咨询评审等创业推动工作。全市4年内筹集创业引导资金不少于800万元，其中市本级4年内安排创业引导资金不少于400万元，各县4年内安排创业引导资金不少于150万元。

（二）设立创业项目信息库。丰富的创业项目信息库能为失业人员自主创业提供广泛的选择空间，以利于创业者寻找到适合自身特点的创业项目。全市4年内收集不少于500个创业项目，促进项目与投资人的有机结合。

（三）培育创业实训孵化基地。创业实训孵化基地是为创业者创业初期提供的孵化平台，有利于降低创业成本，减少创业风险，提高创业成功率。全市在4年内培育不少于50个创业实训孵化基地。

（四）扩大创业贷款担保资金。实施创业贷款、财政贴息担保制度，为创业者提供必要的创业资金支撑，是政府鼓励自主创业的重要举措。全市在原有的基础上，进一步扩大小额贷款担保资金量，到2011年，建立不少于500万元的小额贷款担保资金，其中，市区建立不少于200万元的小额担保贷款资金，各县分别建立不少于100万元的小额贷款担保资金。

（五）开展创业技能培训。创业技能培训是劳动者掌握创业技能、提高创业能力和创业成功率的重要手段，通过市、县区联动，全市4年内完成5000名创办微型企业和小企业的“准老板”培训任务。

二、完善政策体系，大力扶持创业促就业“845”工程

（六）支持发展个体工商户。注册个体工商户是比较适合初始创业者的经营方式，要鼓励有创业意向的失业人员选择注册登记为个体工商户。工商、税务、财政、劳动保障、城管等部门要根据各自工作职责，充分发挥优惠政策的作用，大力支持发展个体工商户。利用住宅开展经营活动的，应符合国家有关法律法规和政策规定。

（七）放宽“小企业”准入门槛。对初创的小企业，要按照行业特点降低公司注册资本限额，最低注册资本为人民币3万元，注册资本3万元以上的，可按规定分期到位，首次出资不得低于注册资本的20%，其余部分自公司成立之日起两年内缴足；实行名称登记注册即时办理制度；减少注册登记审查环节，放宽市场主体登记材料要求。

（八）加大信贷支持力度。对登记失业人员从事个体经营（国家限制的行业除外），自筹资金不足的，给予最高不超过10万元的小额贷款及贴息，贷款期限一般不超过2年，到期确需延长的，可以申请展期一次。登记失业人员创办企业新增加就业岗位，招用失业人员达到企业在职职工总数30%以上，并与其签订1年以上期限劳动合同，缴纳社会保险费的，可给予最高不超过100万元的贷款额度。

（九）实行一次性创业补贴。登记失业人员自主创业未享受贷款优惠政策的，给予每人2000元的一次性创业补贴费。一次性创业补贴主要用于租赁经营场所或到农村租赁承包荒山、荒滩、土地从事农业开发等。

（十）建立信用社区、创业培训与小额担保贷款联动机制。对符合条件的各类创业人员在户籍所在地的信用社区内从事创业活动，经基层相关部门进行资产评估后，申请小额贷款的，可以免除反担保手续；对取得“创业培训合格证书”、创业项目经县、区以上创业指导专家论证通过，申请小额贷款的，可以免除反担保手续。

（十一）免收行政事业性费用。对登记失业人员组织起来创办“三托”（托老、托幼、托病）、“三服”（家政服务、配送服务、保健服务）和“三管”（物业管理、车辆管理、公共管理）等服务型企业，免收管理类、登记类和证照类的各项行政事业性收费。

（十二）实行大中专毕业生创业培训补贴。登记失业的大中专毕业生参加创业培训的，给予不超过1000元的一次性创业培训补贴。

三、健全服务体系，全程服务创业促就业“845”工程

（十三）实施“八位一体”的创业帮扶机制。围绕政策咨询、创业培训、专家评析、项目推介、创业孵化、融资服务、开业指导和后续服务八个方面的内容，形成“八位一体”的帮扶机制。重点通过建立和完善“一站式”、“一条龙”服务制度，劳动保障、工商、财政、税务、银行等部门定期现场办公，各司其职；街道、社区上门服务和跟踪服务等，帮助自主创业人员用足优惠政策，规避经营风险，改善经营状况，提高创业成功率和稳定创业率。

（十四）建立创业项目经理人制度。创业项目经理人的主要职责是：对确需帮助创业的失业人员，制定创业前景评估、创业方案设计等，切实做好全过程、个性化的创业服务；在街道、社区领导下，宣传创业及有关方面的法律、法规、政策，调查服务对象的就业与创业情况，提出创业项目建议，并协助办理营业执照、申请小额贷款等手续。创业项目经理人实行聘任制，由社区推荐对象，经街道批准，由社区聘任，同时接受上级劳动保障部门培训，配发统一的资格证书。创业项目经理人经费由各级政府给予适当补助。

（十五）打造创业实训孵化基地。创业实训孵化基地要建立政府扶持、市场运作、社会资本广泛参与的运行机制。各地要与大专院校、科研机构紧密结合，有重点地建设服务功能强、发展前景良好的创业实训孵化基地。要依托现有的经济开发区、工业功能区，充分利用闲置厂房、场地、校舍楼宇等设施，经过改造形成各具特色的创业实训孵化基地，为创业者提供生产经营场地。创业实训孵化基地达到标准经验收合格后，4年内免收行政性费用，并给予一定的经费补助。

（十六）积极引进、开发和推介创业项目。各地要通过市场机制，向外引进和开发一批创业项目，不断充实创业项目信息库。要经常举办创业项目展洽会，完善创业项目开发、征集、论证、展示和推介机制，为自主创业者推荐符合地方经济特色、投资少、见效快、发展前景好的创业项目。要探索建立创业项目开发奖励机制，面向全社会开展各类创业项目公开征集、评比活动，对创业成功和带动就业的项目策划者给予资金奖励。奖励办法另行制订。

（十七）加强创业技能培训。要围绕创业培训目标，制定创业技能培训规划和具体工作计划，合理分解目标任务。要不断调整充实培训师资队伍，扩大创业培训师资选拔的范围，将具备条件、并愿意从事创业技能培训的人员吸收到师资队伍中，改善师资队伍素质结构。要扩大创业技能培训的对象范围，将创业技能培训向大中专学生、复员专业退伍军人等各类登记失业队伍延伸。要积极推广SYB模式，按照统一的SYB培训技术标准，统一使用指定教材，建立健全管理制度，严格组织教学，确保创业技能培训的质量。同时可结合实际，自主开发和选用具有地方特色的教辅资料，采用案例剖析、企业家现身说法以及创业实训等方式，增强培训的针对性和实用性。

（十八）完善专家咨询、评审制度。要建立由劳动保障、工商、税务、财政、科技、金融、营销、法律、心理等专家组成的市、县、区“创业咨询评审专家志愿团”，对创业人员开展专场咨询、“门诊式”咨询等，通过个性化服务，帮助他们评析、修改和实现创业计划，帮助解决开业登记、贷款、招工广告及业务经营等方面的具体问题，并对市、区、街道

的项目推介进行评审把关。

(十九)开展“创业促就业”宣传月活动。确定每年5月份为全市“创业促就业宣传月”,通过举办不同规模的创业者论坛、创业成果展示、创业项目推介、创业图片展览、创业先进表彰会、创业政策下基层等一系列宣传活动,加强政策舆论引导,集中推介创业项目,巩固创业促就业成果,广泛宣传创业典型,激发和引导自主创业。

四、建立责任体系,扎实推进创业促就业“845”工程

(二十)强化政府责任。各级政府要把促进创业带动就业作为新时期就业工作的一项重要任务,进一步强化政府责任,完善扶持政策,营造良好的创业环境。各级统筹城乡就业工作领导小组要加强调查研究,及时协调解决工作推进过程中遇到的矛盾和问题。各级政府公共就业服务机构要增加创业指导职能,建立工作网络,落实专门人员,切实承担起创业促就业的组织实施工作。各乡镇、街道要把创业促就业工程作为民生工程的重要内容,依托辖区内的各类资源,调动各方面积极性,把创业促就业各项工作落到实处。

(二十一)落实部门职责。各有关部门要恪尽职守,互相配合,形成合力,积极发挥职能作用。各级劳动保障部门要做好业务牵头和统筹协调工作;各级财政部门要按政策规定保障资金到位;各级工商、税务部门要按规定提供办照服务、税务登记和落实优惠政策;人民银行、有关商业银行和担保公司等要落实小额担保贷款的相关工作;各级经贸部门要根据产业结构布局,提供创业方面的有关信息;各级工、青、妇等群众团体要积极参与创业典型的培育工作;宣传部门及各新闻媒体要加大宣传力度,大力宣传我市失业人员开展创业促就业取得新成绩、新经验,从而在全社会形成崇尚创业、和谐创业的良好氛围,推进我市创业促就业工作的健康发展。

(二十二)加强督查考核。要建立健全创业促就业的目标责任制和考核指标体系,将创业促就业“845”工程目标任务层层分解到各县区、乡镇和部门,作为政府年度目标考核的重要内容之一。加大对创业促就业工程的督查力度,对各级政府和职能部门进行定期督查。建立健全通报奖惩制度,定期通报工作进展情况,对先进单位、先进个人及时进行表彰奖励,以推动创业促就业“845”工程的深入实施。

湖州市人民政府
二〇〇八年七月三日

绍兴市人民政府关于绍兴市区二环线内工业企业提升转型搬迁工作的实施意见

绍政发〔2008〕33号

越城区人民政府,市政府各部门:

为全面贯彻落实科学发展观,优化绍兴市区产业规划布局,促进发展方式转变,提高中心城市品位,现就绍兴市区二环线内工业企业提升、转型和搬迁工作提出如下实施意见:

一、指导思想

坚持新型城市化发展道路,按照推进市区集约发展、创新发展、统筹发展,优化市区产业布局,促进市区工业升级,提升市区经济竞争力的总体要求,积极实施市区二环线内工业企业提升、转型、搬迁工作,支持和鼓励都市型工业继续做大做强,支持和鼓励企业利用现有厂房发展现代服务业,支持和鼓励搬迁企业到袍江新区易地建设。

二、实施原则

坚持“统一规划与分期分批实施相结合、结构调整与改造提升相结合、应搬则搬与早搬快搬相结合、责任明确与部门分块包干相结合”的原则,上下一心、形成合力,确保市区二环线内工业企业提升转型搬迁工作顺利实施。

三、实施范围和对象

对市区二环线〈北至104国道北复线、东至二环东路(越东路)、南至二环南路(越南路)、西至绍大线〉以内,凡根据国家、省、市产业政策必须禁止、淘汰和调整升级,或因环保、安全等问题影响人居环境,或因城市规划调整需要改变用地性质的工业企业,有计划地实施提升转型搬迁工作。

四、实施时间

对上述工业企业,从2008年开始,五年内基本完成转型、搬迁、关闭和“退二优二”工作(具体企业名单另行公告)。

五、企业搬迁

对列入搬迁计划的工业企业,实行货币补偿,国有土地上的企业房屋补偿标准按《绍兴市区房屋拆迁管理实施办法》(市政府令第85号)执行,集体土地上的企业房屋补偿标准按市有关集体土地房屋拆迁政策执行。企业原址腾退的土地由市土地储备中心统一收储。

(一)权属认定

为保证市区二环线内工业企业提升转型搬迁工作顺利实施,由规划、国土、建设及相关企业主管部门的工作人员组成专门工作小组,负责权属认定工作。

1. 国有土地上企业房屋的权属认定,以该房屋所有权证或其他合法房产凭证记载的权属主体和建筑面积为依据；对因历史原因当事人未领取房屋所有权证、土地使用权证的，由相关企业提供资料，规划、国土、建设等部门按各自职责，相互配合，负责进行房屋权属、土地权属的认定工作。

2. 国有土地上企业房屋用途的认定，原则上以房屋所有权证、土地使用权证或其他合法凭证记载的登记用途为依据；未明确用途的，由产权登记部门依照职权或者根据房屋所有人的申请，以规划、国土等部门核发的合法有效文件为依据进行审核确认；房屋所有权证用途与土地使用权证用途不一致时，除原企业自建住宅可按房屋用途补偿外，其余均按土地用途予以补偿。

3. 集体土地上企业房屋权属由国土、规划、越城区政府及相关企业主管部门按各自职责，相互配合进行认定。

（二）搬迁补偿

1. 搬迁国有土地上的企业房屋可在该房屋评估补偿价（不含附属物、装修）的基础上，增加10%对其进行补贴，带征土地按实返还带征费用。

搬迁集体土地上的企业房屋按重置价结合成新评估的基础上增加160%进行货币补偿，涉及土地征收的按土地征收补偿标准执行。

2. 搬迁企业房屋的附属物、生产辅助设施（不含机器设备、管网），结合原值、折旧、使用年限等因素进行调查评估后给予一次性补偿。

3. 搬迁范围内未经有关部门批准的违法建筑以及超过批准期限的临时建筑，应按规定期限自行拆除，不予补偿；拆除未超过批准期限的临时建筑，视情给予一定的经济补偿。

4. 因搬迁造成企业停产引起的经济损失以及搬迁、安装、过渡等补助费用，按认定的建筑面积给予一次性适当补助。搬迁安装费按每平方米60元补助；因搬迁造成的误工、停产损失的，按每平方米40元补助；因设备、物品等需临时周转的，按每平方米40元补助；在规定的搬迁截止时间前搬迁完毕并达到房屋拆迁要求的，给予每平方米40元的奖励。

5. 为鼓励企业尽早实施搬迁，对搬迁企业的机器设备和管网的补偿改为搬迁奖励。搬迁企业在规定时间内签订搬迁补偿协议并按时完成搬迁的，印染、化工和化纤抽丝企业按搬迁合同补偿价（由本条第1—4点组成，剔除国有土地上的房屋货币化补偿系数）的15%、其它企业按10%奖励。如未按规定时间签约或停止一切设备运行的，则取消奖励。虽按规定时间签约并停止一切设备运行，但搬迁时间有拖延的，每延迟一个月奖励总额扣减15%，直至扣完为止。

（三）易地建设

1. 搬迁企业到袍江新区易地建设且建设项目符合国家和省、市产业导向和规划要求的，市国土局负责解决用地指标，袍江新区管委会负责落实建设用地。对投资额在500万元（不包括土地款）以下的和原属租赁厂房生产经营的搬迁企业，原则上进标准厂房或闲置厂房，不单独供地。易地建设涉及的有关行政事业性收费经批准可免予征收。

2. 易地建设企业其建设项目经工业主管部门确认为鼓励类项目且不超过原合法用地面积的，可按规定程序协议出让，出让价格按出让时的市场评估价执行；新上改造项目属于产业提升类项目的，予以享受市重点工业项目的有关优惠政策。

3. 为鼓励节约、集约用地，搬迁企业到袍江新区易地建设且项目用地面积少于搬迁企业原合法用地面积的，减少用地面积部分由袍江新区按每亩5万元的标准进行奖励；对在搬迁签约三年内完成搬迁、建设、投产且其上缴税收超过搬迁签约前三年平均值的减少用地企业，减少用地面积部分由袍江新区再按每亩5万元的标准增加奖励。

4. 搬迁企业原所占用的水、电、气使用指标和排污指标，由供水、供电、供气和环保部门将原指标转移至市区内的新址，不再收取费用；超过原指标部分，由相关部门予以优惠收费。搬迁企业所需污水排放指标小于原有污水排放指标的，减少部分由市环保局核销，按800元/吨回收，并由财政部门按1200元/吨进行减排奖励（享受优惠政策获取的污水排放指标，指标由政府无偿收回，但予以享受减排奖励）。

（四）资金支付

搬迁补偿资金由市财政局负责落实。市土地储备中心、市财政局、相关企业主管部门与列入搬迁计划的企业签订搬迁补偿协议。协议签订后10个工作日内，由市财政局支付企业搬迁补偿资金总额（不包括搬迁奖励和减少用地奖励）的50%；对到袍江新区易地建设的搬迁企业，其新建厂房全部结顶后，市财政局再支付30%；搬迁企业完成搬迁，经验收确认（验收工作由市区二环线内工业企业提升转型搬迁工作领导小组办公室牵头，市财政、国土、建设及相关企业主管部门参加），并办理原厂房及附属物移交后，凭无抵押关系的土地证、房产证、契税证等证件，再由市财政局付清余款以及相应的奖励。

六、企业转型

在符合城市规划要求的前提下，鼓励企业就地转型发展现代服务业。对转型发展现代服务业的企业，经市发展改革委认定，规划、环保、消防等部门审批同意，执行下列政策：

（一）对转型企业原合法用地，企业提出申请，可依法补交出让金后改变用途为商服出让用地（不含已征用、未建的闲置工业用地）；也可按土地租赁的方式与国土部门签订租赁合同，缴纳商服用地土地使用权租金。利用现有厂房整体或部分就地发展现代物流、投资服务、信息咨询、工业设计、技术服务、检测检验、仓储运输等生产性服务业的，可保持用地性质不变。

（二）土地用地性质变更按以下规定办理：1. 原企业用地属国有出让土地的，按新土地使用条件下的土地使用权市场评估价格扣除原土地使用条件下剩余年限土地使用权市场评估价格，补交土地出让金后改变为商服出让用地；2. 原企业用地属国有划拨土地的，按新土地使用条件下的出让土地使用权市场评估价格扣除原土地使用条件下划拨土地使用权权益价格，补交土地出让金后改变为商服出让用地。如企业法人主体不变，要求以更名后的名称办理土地出让手续的，必须符合股权结构不变的条件，股权结构由工商部门认定。

（三）为鼓励转型企业发展现代服务业，对依法补交土地出让金后改变为商服用地的转型企业，其合法建筑和正常使用的机器设备按评估价一次性予以补偿：其中合法建筑按重置价结合成新进行评估，正常使用的机器设备结合原值、折旧、使用年限等因素进行评估。补偿总额不超过该转型企业所补交土地出让金的60%。

（四）转型企业新上现代服务业项目，企业利润形成地方财政收入部分，3年内财政给予全额补助。

七、“退二优二”

对位于绍兴经济开发区、原亭山工业园区等成片工业区块内的生产工艺落后、污染较重的企业，由企业提出申请，经相关部门确认后实施“退二优二”。实施“退二优二”的企业其改造、转产后的工业项目须为符合城市发展要求的都市型工业。对“退二优二”企业执行下列政策：

（一）对在2008年12月31日前签订“退二优二”协议、在2009年6月30日前关停现有生产装置的企业，按该企业2007年度经会计师事务所审核的生产设备账面净值的60%进行奖励；对在2009年12月31日前签订“退二优二”协议、在2010年6月30日前关停现有生产装置的企业，按该企业2008年度经会计师事务所审核的生产设备账面净值的30%进行奖励。

（二）实施“退二优二”的企业，其新上项目属于产业提升类项目或投资额在1亿元以上的，享受市重点工业项目的有关优惠政策。

八、其它

（一）本意见的适用主体为房屋产权所有人，关闭企业按搬迁企业的相关政策执行。

（二）自本意见发文之日起，凡列入搬迁、关闭和“退二优二”计划的企业，在原址的新建、改建、扩建项目一律停止审批、建设，并停止办理工商注册变更、房地产转让、房屋租赁、土地和房屋用途变更、户籍迁移等手续。

（三）实施过程中涉及到的电力、通讯、广电、给水、排水、燃气等各类管线，由相关部门在规定时间内自行迁移。

（四）袍江新区管委会应及时规划安排符合产业要求的工业用地和相应数量的标准厂房，并制定和落实相关优惠政策，鼓励和吸引企业入区落户。

（五）加强领导，明确职责。为推进市区二环线内工业企业提升转型搬迁工作，建立市领导联系协调、责任部门分块包干、有关部门协同配合的工作机制，市领导按职责分工负责所分管联系部门单位的实施工作的指导、协调。市区二环线内工业企业提升转型搬迁工作领导小组办公室负责政策调研、规划统筹和业务指导；越城区政府、绍兴经济开发区、镜湖新区管委会、市工贸国资公司、二轻集团、黄酒集团、震元集团等分别负责所辖企业的基本情况核实，组织实施企业转型、搬迁、关闭、“退二优二”工作，并与市政府签订工作责任书，完成情况单独实行考核奖励并纳入机关岗位目标责任制考核；市发展改革委负责企业转型的牵头和指导、协调；市经贸委负责企业搬迁的牵头和指导、协调；市财政局负责企业资产评估报告的审核，补偿资金的调度、拨付；市规划局负责对实施转型、搬迁、关闭和“退二优二”企业提出规划意见，依照职能审核房屋功能及用途；市环保局对企业转型、搬迁、关闭和“退二优二”的全过程实施环保监管，防止因管理松懈而引发污染事故，并负责绍兴市政工程公司后方基地和绍兴市华欣预拌混凝土有限公司的搬迁实施工作；市国土局负责土地收储，落实搬迁企业易地建设的用地指标，做好权属认定和土地处置工作；市信访局负责做好信访接待工作；市建设局负责做好房屋权属认定和拆迁指导工作；市级新闻媒体应全力配合，积极营造二环线内工业企业提升转型搬迁工作良好的舆论的能为力氛围；公安、工商、国税、地税、安监、质监、消防、劳动保障、国资、城管执法、交通、便民中心、人行、银监、电力、广电、水务、邮政、电信等部门应按各自职责配合做好市区二环线内工业企业提升转型搬迁工作。

（六）本意见自发文之日起施行。绍政发〔2007〕56号文件中涉及企业搬迁补偿的相关条款与本意见不一致的，以本意见为准。

绍兴市人民政府
二〇〇八年四月十六日

诸暨市人民政府关于加快总部经济和“回归经济”发展的若干意见

诸政发〔2008〕52号

各镇乡人民政府，各街道办事处，市政府各部门，市属各企事业单位，市级规模企业、“苗子”企业：

为全面推进创业创新，进一步加快总部经济发展，激励在外诸商回乡投资创业。经研究，特提出如下意见：

一、指导思想

以科学发展观为指导，大力营造适合总部经济和“回归经济”发展的良好环境，吸引和培育符合我市产业发展导向的企业总部集聚，优化产业结构，促进城市经济转型发展，进一步激励诸商回归发展作贡献，全面提升我市经济发展质量和综合竞争力。

二、基本原则

坚持总部经济和城市发展相结合；坚持总部经济与产业导向相结合；坚持培育总部和引进总部相结合；坚持总部经济和楼宇经济相结合；坚持总部经济和诸商回归相结合。

三、基本思路

发展总部经济要以本地区优势产业为基础，以形成总部集聚和产业集聚发展为目标，以“一个中心，六大组群”为重点进行总体功能布局，积极引进发展软件、信息、集成电子为代表的高技术产业，扶持发展与高新技术相结合的先进制造业，加快发展以科创研发、企业管理、现代物流、服务外包为代表的生产性服务业，积极培育以金融、法律、鉴证、咨询、中介、现代商贸、电子商务、文化创意为代表的现代服务业，鼓励建筑企业做大做强，通过若干年努力，从中培养一批具有较强竞争力的总部企业。

四、扶持对象

(一)从市外引进，在我市注册登记的具有独立法人资格、汇总缴纳企业所得税，且符合下列条件之一的总部企业(含独立核算、独立纳税的大企业大集团区域性总部、职能型总部、分支机构)，经认定可以享受本意见规定的各项扶持政策：

1. 国家和中央部委的大企业(集团)；

2. 世界500强、全国500强、民营企业500强的企业；

3. 金融机构和上市公司；

4. 有一定规模和档次的软件、信息、集成电子为代表的高技术企业和科创研发总部、创投公司、金融财务公司；

5. 注册资金不低于5000万元人民币、总资产不低于1亿元人民币、年销售额不低于3亿元人民币(其中房地产企业注册资金在2亿元以上)的企业。

(二)符合诸暨产业发展导向，经认定的“回归”诸商企业和培育总部。培育总部一般指市内规模企业且有市外两个以上分支机构或投资企业在总部汇总缴纳税收，并在规划总部区域投资2亿元以上建造总部大楼的企业。

五、扶持政策

1. 对市外引进的总部企业，自开业之日起3年内，按其地方财政贡献额的50%给予奖励(其中房地产企业总部按20%给予奖励)。

对市外引进的软件、信息、集成电子等高技术企业总部和科创研发总部、创投公司、金融财务公司等总部自获利年度起5年按其实缴企业所得税地方留成部分，给予前3年全奖，后2年减半奖励；其它财政贡献部分，自开业之日起3年内，按50%奖励。

2. 对市内认定的培育总部企业，自认定之日起3年内，以该企业上年地方财政贡献额为基数，按其增长超过全市平均增幅以上部分的20%给予扶持。

3. 在享受上述第1、2条政策期满后，按我市相关企业扶持政策执行。

4. 对总部经济规划区内建造总部大楼、写字楼的总部企业，如期缴纳出让金，按约建造并通过综合验收的给予按建设用地规模以每亩50万元的标准给予建设进度奖励；在项目报批(备案)和建设过程中，按市级重点项目减、缓、免缴市级有关行政事业性规费。

5. 对总部经济规划区内租赁、购买办公楼的新办总部企业给予财政扶持。其中对购买办公房的，一次性购买价在1000万元以上的，经认定按实际支付购房款给予1.5%的补助；对租赁方式的，凡租期在5年以上，使用面积在200平方米以上，其补助方式参照诸政发〔2008〕2号文件规定执行。

6. 对市外引进的总部企业，在5年内兼并、收购、重组市内企业，办理被兼并、收购企业的土地、房屋权证过户等手续，免收其有关行政事业性收费(除工本费、上缴上级部分外)。

7. 对市外引进的总部企业，报经地税部门批准，可在开业之日起2年内免征房产税、城镇土地使用税和水利建设专项资金，第三年减半征收。对市内认定的培育总部企业，如按规定纳税确有困难的，报经地税部门批准，可酌情减免房产税和水利建设专项资金。

8. 总部企业投资实施的科技创新、产业发展项目，符合有关规定的，优先推荐申报国家、省市有关项目；在同等条件下优先列为我市科技创新、产业发展重点项目，可按规定享受我市工业经济和服务业等方面的财政扶持资金和科技三项经费。

9. 对市外引进的总部企业(含市外境内企业回诸投资创业)直接投资我市鼓励类产业项目，当年实到市外境内资金3000万元以上的项目，经验资确认，给予项目业主实到资金1‰奖励；凡列入省重点引进项目、省重点建设项目和省重点技改项目的，优先解决用地指标。

10. 加大对引进总部企业的信贷支持(含市外境内企业回诸投资创业)，对符合信贷条件的企业，金融机构优先安排授信，贷款利率适当优惠；外汇指定银行优先考虑提供汇率避险金融产品和汇率风险管理服务。

11. 对总部企业负责人、正式聘用并办理劳动合同手续的高层次人才在出国(境)、户口迁移、职称评审、教育培训、家属就业、子女入学等方面给予照顾；符合我市人才引进规定的，市政府优先给予生活津贴、住房补贴、安家费等方面补助，具体办法参照市委〔2007〕50号文件规定执行。

12. 对我市企业、个人在外投资设立的企业(简称市外境内企业)回诸投资创业进行财政奖励。

(1)对市外境内企业依法回诸缴纳营业税、所得税的，根据其地方所得部分给予20%的奖励(其中个人所得税部分按30%给予奖励)。

(2)市外境内企业回诸投资我市鼓励类产业项目，实到市外境内资金2000万元以上，且实际经营期在10年以上的，视对地方财政贡献大小给予一定的奖励，第一、二年给予20%的奖励，第三至第五年给予10%的奖励。

13. 对市外引进总部企业和回诸投资企业涉及工商登记注册、报批(备案)和建设时，有关部门要简化程序，提高效率，为企业提供优质服务；对引进总投资在3000万元以上的市级重点技改项目，在报批（备案）和建设过程中减、缓、免缴市级有关行政事业性规费。

六、服务保障

（一）建立由市政府主要领导任组长，市级有关部门负责人参加的市发展总部经济和“回归经济”领导小组，负责总部经济布局规划、政策制定、资格认定等重大问题的协调工作。领导小组下设办公室，具体负责总部经济发展的日常协调工作，研究解决总部经济发展中遇到的困难和问题。

（二）建立市领导与总部企业沟通机制，相关部门加强对总部经济发展问题的分析研究，定期召开情况通报会，引导总部企业健康发展。

（三）为总部企业融资做好协调和服务工作。在鼓励各金融机构加大对总部企业的信贷支持力度的基础上，积极引导总部企业通过资产重组、合资合作、发行债券、引进创业基金等方式拓宽融资渠道。

（四）对企业迁移过程中涉及的具体问题实行一事一议的办法，给予重点扶持。

七、其它

（一）享受本意见的企业扶持额度以企业对地方财政贡献的额度为上限；对企业同一事项涉及多项优惠的，按最优惠一项执行。

（二）本意见自发布之日起施行

诸暨市人民政府

二〇〇八年九月二十八日

上虞市人民政府
关于吸引领军型人才创业和扶持引领型高新技术项目发展的若干政策意见

虞政发〔2008〕8号

各乡镇人民政府、街道办事处，市直各部门和单位：

为进一步吸引领军型人才在虞创业，培育引领型高新技术产业，加快我市工业创新步伐，推动经济发展方式转变，促进产业结构战略性调整，特提出如下政策意见。

一、政策扶持范围

1. 本意见所称引领型高新技术项目，是指符合国家《当前优先发展的高技术产业化重点领域指南》，对我市产业结构优化提升、整合带动具有巨大引领和推动作用并能形成较大经济规模的，具备超强核心竞争力的高新技术项目（以下简称高新项目）。

2. 所称领军型人才，是指具有硕士及以上学位或副高及以上专业技术职称、在所从事领域有一定影响、带高新项目在虞创业的人员。

3. 高新项目由有关企业申请，市政府科技顾问及有关专家咨询，市政府主要领导和分管领导、市直有关部门主要领导组成的“市引领型高新技术产业培育工作领导小组”认定，在本市范围内公示后确定。

二、财政金融政策

4. 实行领军型人才创业扶持，领军型人才在虞创办的企业注册一个月内可申报创业扶持资金，每个项目资助30—100万元，分三年实施，后两年的资助视项目发展情况确定。

5. 三年内每年对所租用的300平方米以内的研发场所租金实行财政全额补助，每年最高补助10万元；购买时，一次性补助10万元，免收交易手续费、产权登记费，契税地方留成部分实行先征后全额奖励。

6. 创办起一年内给予研发设备投入额30%的补助，最高补助30万元。

7. 自企业注册之日起五年内，对地方财政贡献部分实行前三年全额、后两年减半奖励。

8. 对生产高新项目配套及延伸产品的企业，自该产品投产之日起三年内按该产品对地方财政贡献部分的50%实行奖励。

9. 领军型人才创办的发展高新项目的企业所需流动资金根据信贷原则优先安排、重点支持，并按风险定价机制给予利率优惠。市财政给予为期1—2年50%的贷款贴息，单项资助额度最高20万元。

10. 鼓励本市创业投资机构投资高新项目，经认定后，自该创业投资机构投资行为发生之日起三年内，年度对高新项目累计投资超过其对外投资总额50%的，按投资机构每年对地方财政贡献部分的50%给予奖励。上市后执行有关企业上市扶持政策。

11. 鼓励担保机构为高新项目贷款担保，按担保日均余额的0.5%予以奖励。

三、配套服务政策

12. 创办发展高新项目的企业时，以技术成果入股投资的，经评估，其技术成果最高可按注册资本的70%作价入股。

13. 高新项目发展所需土地予以优先解决。

14. 对高新项目的审批程序、前期收费按虞政发〔2007〕56号文件规定执行。

15. 根据发展高新项目的企业要求，由政府负责基础设施“九通一平”配套到厂房。

16. 对高新项目优先列为市级重点项目；市级有关部门予以优先申报市、绍兴市、省、国家有关项目计划。

四、人才激励政策

17. 对领军型人才及其创业团队实行安家补助。租房的，对博士后（正高）、博士（副高）、硕士每年分别给予3万、2万、1万的租金补助；购房的，对博士后（正高）、博士（副高）、硕士分别给予50万、40万、30万的购房补助，购房补助分5年到位。

18. 自企业注册之日起，3年内对领军型人才及其创业团队个人收入所得税地方留成部分实行先征后全额奖励。

19. 积极创造条件，鼓励领军型人才及其创业团队对我市经济社会发展建言献策。

20. 安排领军型人才免费参加公务员序列的体检。

五、其他

21. 本政策安排专项资金300万元，以后视情增加。除本政策外，高新项目仍可享受其他工业经济优惠政策，领军型人才仍可享受其他人才政策，重复的就高执行；发生重大安全、环保事件及偷、欠税费（基金）以及完不成节能降耗目标任务的，停止执行当年度优惠政策。

22. 本政策由市引领型高新技术产业培育工作领导小组组织实施，其办公室设在市经贸局。由办公室负责解释并制订有关实施细则。

23. 本政策自2008年1月1日起施行。

上虞市人民政府

二〇〇八年二月二十五日

中共金华市委　金华市人民政府
关于加快浙中商业购物中心建设的若干意见

（2008年12月23日）

市委〔2008〕44号

为深入推进“创业富民、创新强市”实践活动，加快经济转型升级，进一步增强金华市区商业集聚辐射能力，现就加快浙中商业购物中心建设提出如下意见。

一、浙中商业购物中心建设的指导思想

以科学发展观为指导，充分发挥金华区位交通、商务环境等综合优势，按照“生态宜居、休闲购物、品质金华”理念，以“优化环境、集聚品牌、塑造形象”为手段，合理配置城市商业资源，强化商业零售功能建设，加快建设浙中商业购物中心，促进区域经济又好又快发展。

二、浙中商业购物中心建设的总体目标

通过五年的努力，把金华市区建设成为商业布局合理、街区特色鲜明，业态结构优化、商品品牌时尚，配套设施完备、商业氛围浓厚，辐射四省九地市、影响国内外、充满生机活力的浙中商业购物中心。

三、浙中商业购物中心建设的政策措施

（一）优化商业购物环境。

市财政每年安排2000万元专项资金，用于商业街区基础设施建设、商圈改造提升重点项目。

1. 按照“地面精细化、立面艺术化、业态特色化、管理专业化”原则，每年有计划地推出一批重点商业街区改造提升项目，有选择地抓好重点商业街区街容、街貌综合整治，培育、建设1—2条商业特色街或步行街。

2. 加密浙江中西部周边地区直达快客班车，建立旅游点与购物点直通车，开辟多条辐射周边地区城乡一日往返购物公交专线，方便消费者到金华购物。

3. 加快商业街区道路建设，增设地下休闲通道和立体人行过街设施，科学调整设置重点商业街区公交站点和公交线路，加大停车泊位建设，加强行人和非机动车辆管理，提高街区通行能力。

（二）集聚知名商业品牌。

从市本级服务业发展引导资金中每年安排1000万元专项资金，用于引进知名商业企业和商品品牌、培育国家级和省级商业服务品牌等的扶持奖励。

1. 鼓励商业百货零售企业引进国内外高端、时尚的著名品牌，培育一批国内外知名品牌专柜、专卖店和专业街。首次新引进国际顶尖品牌的，每个奖励50万元；首次新引进国际一线品牌的，每个奖励10万元；引进国内外知名品牌200个以上，且年销售额达到1.5亿元以上的企业，按地方财政贡献同比增长超过上年10%以上部分的40%给予奖励。

2. 积极引导国内外知名商业企业到金华市区兴建大型购物中心、大卖场，开设直营连锁网点、专业店、专卖店，给予投资贴息补助，对租赁经营企业给予补贴。

3. 鼓励本地商业企业创建自有品牌，鼓励发展金华本地老字号品牌，对获得各种品牌荣誉的商业企业给予3—50万元的奖励。

4. 鼓励传统商业企业加快信息技术改造，积极发展网上商城，努力培育网上消费市场，按实际投资额给予贴息资助。

5. 引进成长性好、地方财政贡献大的国内外知名商业企业(含总部经济企业),除享受相关税收优惠政策外,其实施的重点商业投资项目,可采取“一事一议”或“一企一策”方式解决具体扶持问题。

(三)塑造城市商业形象。

从市本级服务业发展引导资金中每年安排500万元专项资金,用于塑造城市商业形象。

1. 有效整合金华城市特色资源,提炼城市商业宣传主题,加强高端媒体长效广告宣传,鼓励各种媒体宣传推广金华商业服务信息,提升浙中商业购物中心辐射影响力。

2. 积极吸引国家、省级部门或行业协会到金华市区举办各种形式的展会、商业论坛等活动,鼓励结合经贸、旅游、文化、体育等举办不同主题的购物节活动,鼓励企业开展各种富有地方文化特色的商业促销活动。

3. 加强商业项目包装和招商引资工作,努力培育商业特色街和步行街,被评为省级和国家级的著名商业街、特色街、步行街的,给予街区管理组织奖励。

4. 加强商业街区监管,落实街区管理组织,建立商家诚信经商评级和惩戒制度,规范企业促销行为,整顿规范商业街区,提升商业购物服务水平。

四、浙中商业购物中心建设的组织领导

(一)加强组织领导。建立由市政府分管领导任组长,分管副秘书长、商贸部门主要负责人任副组长,相关部门和单位负责人为成员的浙中商业购物中心建设工作领导小组,负责商业购物中心建设的指导、协调和组织工作,领导小组下设办公室(设在市贸易粮食局)。商业购物中心建设年度项目安排与扶持、奖励资金使用,由领导小组办公室提出计划和预算,经领导小组集体审定后执行。建立市区大型商业网点建设会商、听证等制度,组织专家学者建立相应的研究咨询机构,参与商业购物中心建设中重大事项的决策。

(二)加强督查考核。建设浙中商业购物中心工作任务列入市委、市政府重点工作,纳入相关部门年度工作考核内容。各有关部门要根据浙中商业购物中心建设总体要求,细化方案,落实责任,加大力度,共同推进浙中商业购物中心建设。

附:浙中商业购物中心建设任务分解(略)

中共义乌市委关于建设国际商贸名城的决定

(2008年7月22日中共义乌市委十二届四次全会审议通过)

市委发〔2008〕8号

为全面贯彻十七大精神,深入落实科学发展观,扎实推进省委“创业富民、创新强省”总战略,巩固深化“解放思想、创业创新”大讨论活动成果,市委十二届四次全会认真讨论了建设国际商贸名城的有关问题,并作出如下决定。

一、建设国际商贸名城是义乌实现新一轮跨越发展的必然选择

1. 建设国际商贸名城是义乌经济社会发展的内在要求。上世纪90年代以来,义乌城市定位先后经历几次调整,都有力推动了经济社会快速发展。当前,国际国内发展形势发生深刻变化,义乌正处于转型提升的关键时期,必须以新的目标定位进一步激发广大干部群众的创业创新热情,引领新一轮跨越发展。国际商贸名城这一目标定位,是在全市广大干部群众充分讨论的基础上形成的,体现了集体智慧;是国际性商贸城市的进一步深化与提升,体现了传承与创新;是贯彻省委“两创”总战略的结果,体现了义乌坚持科学发展、构建和谐社会的内在要求。

2. 建设国际商贸名城面临良好机遇。经济全球化纵深推进,我国对外开放进一步扩大,国际消费市场对中国商品的认同度不断提高。国内制造业方兴未艾,人民生活消费需求不断提高,长三角经济一体化步伐加快。省委、省政府高度重视义乌发展,把义乌列为扩大经济社会管理许可权试点之后,又把义乌作为统筹城乡综合配套改革试点。这些都为义乌新一轮跨越发展提供了良好的机遇和条件。

3. 建设国际商贸名城具备良好的现实基础。经过改革开放30年的发展,义乌经济综合实力不断增强,社会发展日趋和谐,城乡一体化快速推进,生态环境逐步改善,人民生活水平明显提高。尤其是通过“解放思想、创业创新”大讨论活动,全市广大干部群众的思想认识高度统一,创业创新热情高涨,贯彻落实科学发展观的主动性和自觉性进一步增强,为建设国际商贸名城提供了强大的精神动力和思想基础。

二、国际商贸名城的基本内涵核心构架和实施步骤

4. 国际商贸名城的基本内涵。国际商贸名城,“国际”是方向,“商贸”是核心,“名城”是品质。其基本内涵是:面向国际国内两个市场,聚合国际国内两种资源,以小商品为特色,进出口贸易与内贸并重,以国际小商品贸易中心、国际小商品创造中心、国际小商品会展中心、区域物流高地、区域金融高地,即“三中心两高地”为核心构架,政治、经济、社会、文化、生态协调发展,综合实力雄厚、城市功能完善、社会秩序和谐、管理体系高效、文化底蕴深厚、生态环境优美、人民生活富裕，在全球具有较高知名度、美誉度的商贸城市。

5. 国际商贸名城的核心构架。

国际小商品贸易中心：以形成全球最具影响力的小商品集散中心、信息中心、定价中心为典型标志。国内外供应商、进出口商、批发商、大型零售商云集义乌，“买全球货、卖全球货”，成为中国小商品走向世界、世界小商品进入中国的重要平台。

国际小商品创造中心：以义乌成为全球小商品研发设计中心、知识产权交易中心为典型标志。大批专门从事小商品设计、研发的企业或个人工作室集聚义乌，以小商品为载体的创意产业兴旺发达，知识产权保护体系规范完善。小商品制造业的综合实力、自主创新能力和国际竞争力不断增强，名特优新产品比例大幅提高，实现“小商品，义乌创”。

国际小商品会展中心：以义博会引领全球小商品发展潮流为典型标志。会展设施先进完备，会展服务成熟完善，国内外知名会展机构大量汇集，展会的商品交易、信息发布、产品创新、价格形成等功能充分体现，经常性举办国际国内高层次会议，拥有一批国际性品牌展会。

区域物流高地：以建成完善的“义乌港”为典型标志。具有完善的公、铁、空立体综合交通运输网路，具备功能完善的物流信息和服务平台，培育和引进一批具有国际竞争力的现代物流企业，建成大通关体系，“义乌港”成为在全国、全球具有重要影响的小商品集散枢纽。

区域金融高地：以建成义乌金融聚集区为典型标志。国内外银行分支机构林立，证券、保险、信托等机构大量进驻。国际结算便捷，咨询、评估、理财、投资等中间业务迅猛发展。金融市场体系完善，金融生态良好，成为区域投融资高地、金融服务高地和金融创新高地。

6. 国际商贸名城的实施步骤。建设国际商贸名城，大体分二步走：

第一步，到2011年，城市国际化程度明显提高，人均GDP从2007年的7778美元提高到12000美元，第三产业增加值占地区生产总值比重从2007年的51.08%提高到55%以上，金融产业增加值占GDP比重从2007年的5.48%提高到6%，年举办国际性展会10个以上，基本建成大通关体系，物流业增加值占GDP比重从2007年的4.45%提高到5%。

第二步，到2020年，人均GDP达到20000美元以上，第三产业增加值占GDP比重达到65%以上；名特优新产品比重提高到30%以上；形成政治、经济、社会、文化、生态协调发展，综合实力雄厚、城市功能完善、社会秩序和谐、管理体系高效、文化底蕴深厚、生态环境优美、人民生活富裕，在全球具有较高知名度、美誉度的商贸城市。

三、全面推进国际商贸名城建设

7. 强化功能，加快建设国际小商品贸易中心。修编完善义乌市场发展规划，加强“市场板块”规划和实施。推进市场功能创新，加强授信、结算、信用三大平台建设。发展壮大进口、转口贸易和国际贸易服务，加大对国内外知名制造商、品牌代理商、进出口贸易商的引进力度，鼓励个体经营户向公司化方向发展。加快发展电子商务，积极培育与有形市场相匹配的无形市场。加快建立适合市场实际的区域性知识产权保护机制和质量管理机制。牢牢把握政府对商城集团股份有限公司的控制权。优化市场管理和服务，着力培育现代商业文明，积极营造和谐的宜商环境。

8. 推进创新，加快建设国际小商品创造中心。加快两个省级经济开发区和各工业功能区的扩容、整合、提升，拓宽制造业发展空间。创新招商引资方式，有选择地引进一批带动产业结构调整提升的大项目。重点培育扶持高科技成长型企业和创新示范点企业，带动企业由制造向创造转变。引道企业通过联合、兼并、合作等形式，促进各种生产要素高效组合。加快推进企业上市，力争形成有较强影响力的“义乌板块”。加快对推动结构升级具有重大作用的共性技术、关键技术和配套技术的研发。深入实施品牌战略、标准化战略和知识产权战略，发展一批有能力生产“精品”、“名品”、“新品”的企业。吸引和培育一批从事小商品研发、创意设计的个人工作室，建设义乌创意产业园。全面落实节能降耗减排各项举措，发展循环经济，推进清洁生产。

9. 拓展提升，加快建设国际小商品会展中心。完善会展配套设施建设，加快会展信息网路平台建设，不断提升会展承载能力和服务水平。做强义博会品牌，探索分行业设展和境外设展，扩大义博会国际影响力。有重点、有计划地培育几个具有竞争力的专业会展。加强与国内外知名展会代理机构的合作，鼓励其在义乌开办分支机构和举办会展。加强与国家级、省级行业协会的沟通，争取更多的专业展会落户义乌。吸引各类大、中型会议在义乌召开，实现会与展的协调发展。

10. 壮大规模，全力打造区域物流高地。完善物流产业规划，加快推进物流场站建设，尽快形成货畅其流、高效快捷的物流场站体系。加快口岸建设，积极争取设立义乌海关，无缝对接宁波、上海、杭州等海空港，逐步形成功能完善的“义乌港”物流枢纽。大力引进国内外知名物流企业进驻义乌，引道义乌联托运企业向专业化、资讯化、集约化、集团化方向发展，培育发展第三方物流等新型物流业态，提高物流企业竞争能力。加强物流业资讯化建设，提高物流业智慧化、集约化发展水平。

11. 集聚发展，全力打造区域金融高地。加快中央商务区建设，吸引内外资银行、证券、保险以及中介服务等机构集聚发展，形成金融业聚集区。做强做大地方性商业银行，构筑跨区域金融服务平台。大力发展国际结算业务，积极发展金融衍生产品以及理财、投资、经纪等高端金融服务，培育扶持一批高水准的投资公司，形成吸引外地资金流入的洼地效应。积极向上争取许可权，提高银监、人行等监管机构的监管和服务水平。规范民间借贷市场，促进民间金融的健康发展。创建金融生态示范市和金融运行安全区，提高金融机构的赢利能力和抗风险能力。

12. 注重培育，加快消费性服务业发展。做强做大购物旅游，培育发展会展旅游、休闲旅游、文化旅游，努力打造成为国内外知名旅游目的地。培育高端商业资源，积极引进国内外知名商业企业进驻，努力形成多层次、多功能的商业业态结构。积极推进商业零售、社区医药、社区保健、家政等消费性服务业的多业态、多形式发展，培育一批连锁化、规范化的社区服务企业。鼓励和引导各类社会中介服务组织集聚发展，形成一批社会中介服务集聚区。

13. 提升品质，全力打造国际宜居城市。调整优化市域空间布局，修编完善城市发展规划，不断完善城市基础设施，提高城市综合承载力和建设品位。创新城中村、镇中村、老小区改造方式，逐步在全市形成各具内涵特色的城镇组团。不断加强城市交通、绿化等市政工程建设，进一步完善城市公共服务设施。加快建设外国人服务中心，为外商在义乌工作、生活、就医、就学等提供便利。加快建立智慧化城市信息共享交换平台，建立与国际接轨的城市管理服务体系。创新村庄改造模式，广泛开展示范村和特色示范村创建活动。巩固国家环保模范城市和国家生态市创建成果，加快创建省级和国家级森林城市，不断优化城乡环境。

14. 改善民生，提升全体社会成员的生活品质。完善城乡就业和创业服务体系，着力帮助就业困难人员实现就业。继续加大对教育、卫生、体育等社会事业投入，使义乌居民享受到优质、高效、公平的社会公共服务。建立健全覆盖城乡的社会保障体系，全面实施低收入农户奔小康工程，探索建立适合外来建设者特点的养老保险和医疗保险办法。深入开展“平安义乌”创建工作，健全公共安全预警和应急救援机制，建立完善维护稳定、安全生产、食品药品品质安全监管等长效机制。

15. 突破瓶颈，加快建设义乌人才高地。创新引才方法，鼓励和引导各类主体与科研院所、大专院校建立虚拟研究院、博士后工作站、社会实践基地等载体，柔性引进科技研发力量。加大人才培养力度，重点培养一批行业、领域技术领军人物。拓宽党政干部培训渠道，有组织、有计划地引导干部走出去，到上级部门、国内著名院校或境外培训学校学习深造。建立人才创业基金和风险投资基金，鼓励有创意、有专利、有发明、有项目的人才在义乌创业发展。

16. 深化改革，再创体制机制新优势。全力推进统筹城乡综合配套改革。消除户籍二元化，促进农村人口合理有序流动；率先建立“利益共同体”的体制机制，促进土地使用权流转；开展“以承包地换保障，以宅基地换住房”改革试点，建立农村集体建设用地流转机制；推进强镇扩权，赋予中心镇部分县级经济社会管理许可权，增强中心镇综合发展的能力。稳步推进要素配置市场化改革，全面实施国有资产管理体制改革，稳步推进投融资体制改革。加快建立高效的行政管理体系，建设服务型政府，推进阳光政务。

17. 加强合作，推进全方位开放。整合外事资源，以更宽的视野，在更大范围、更广领域、更高层次参与国际国内竞争与合作，积极参与和承接国际产业分工，提高经济、社会、文化等各领域的国际化水准。积极推进区域交流，扩大合作领域，努力实现义乌与各地优势互补、资源共享、互利互赢的协作发展局面。

18. 繁荣文化，增强城市软实力。进一步弘扬义乌精神，发挥义乌精神在创业创新中的文化支撑作用。深化学习型城市创建，构建市民终身学习教育体系。加强多元化、多层次的国际国内文化交流活动，发展多元融合、兼收并蓄的城市文化。大力建设公共文化体育服务体系，构建全覆盖的文化体育设施网路，满足群众文化生活需求。重视物质文化遗产和非物质文化遗产的发掘、抢救和保护工作。大力建设文化产业发展体系，提升文化产业竞争力。进一步繁荣文化市场，培育壮大文博会。

四、加强对国际商贸名城建设的领导

建设国际商贸名城是一项宏伟的系统工程。要充分发挥党的核心领导作用，以创新精神推进新时期党建工作，为国际商贸名城建设提供坚强有力的组织保障。要切实加强干部队伍建设，深化干部人事制度改革，把落实科学发展观作为选人用人的重要标准，提高干部队伍落实科学发展观的能力和水平。要进一步强化基层组织建设，提高基层组织的凝聚力、战斗力，确保各项政策和措施落实到位。要广泛宣传发动，在全市上下形成齐心协力建设国际商贸名城的良好舆论氛围，引导广大干部群众积极投身国际商贸名城建设的宏伟实践。各地、各单位都要结合各自职能和工作实际，紧紧围绕建设国际商贸名城的总体目标，细化分解目标任务，制定落实各项政策措施。

市委号召，全市各级党政组织和广大党员干部群众，要高举中国特色社会主义伟大旗帜，全面贯彻落实科学发展观，扎实推进省委“两创”总战略，解放思想、创业创新、锐意进取，为建设国际商贸名城而努力奋斗！

中共义乌市委

二〇〇八年八月十二日

中共东阳市委办公室　东阳市人民政府办公室关于印发东阳市六大主导产业发展升级和六个块状经济培育发展三年计划的通知

市委办〔2008〕125号

各镇乡党委、政府，各街道党工委、办事处，市机关各部门、各单位：

东阳市六大主导产业发展升级和六个块状经济培育发展三年计划已经市委、市政府研究同意，现印发给你们，请结合实际，认真贯彻落实。

中共东阳市委办公室
东阳市人民政府办公室
二〇〇八年十月二十四日

东阳市六大主导产业发展升级和六个块状经济培育发展三年计划纲要

科学合理地制定主导产业发展升级和块状经济培育发展计划，是加快东阳工业经济发展的一项基础性工作，对带动产业集聚发展、优化县域经济结构、实现资源有效配置等具有重要意义。结合我市工业基础和产业发展实际，特制定我市六大主导产业发展升级和六个块状经济培育发展三年计划纲要（以下简称“六六”计划）。

一、指导思想和战略定位

1. 指导思想

坚持以科学发展观为统领，按照市委十届三次全会提出的“一年打基础、两年有起色、三年见成效”的工作方针，紧紧围绕“创业创新促发展、攻坚克难求突破、崇尚实干抓落实”的工作主题，深入实施“兴工强市”、“一主多元”发展战略，积极推进产业升级和结构调整，进一步做大做强主导产业和块状经济，推动县域经济发展。

2. 战略定位

根据上述指导思想，我市“六六”计划的战略定位为：立足浙中城市群，充分利用东阳的产业基础和优势，紧密依托周边的市场及产业集群，深入实施“兴工强市”、“一主多元”发展战略，实现产业规模和经济质量的双飞跃，打造浙中城市群的重要增长极和重要区域先进制造业基地。

二、基本原则和发展预期目标

1. 基本原则

制定“六六”计划纲要必须坚持以下基本原则：

——政府引导原则。发挥政府引导作用，围绕国家、省产业政策，制定主导产业和块状经济发展重点，从投资、税收、人才等方面实施政策导向，引导和组织企业有序生产及技术开发。

——市场配置原则。遵循主导产业和块状经济形成、发展、升级规律，发挥市场对资源配置的基础性作用，推动关联企业联合、兼并和重组，促进产业链的形成，带动主导产业和块状经济发展。

——发挥优势原则。围绕区位、资源、产业优势，因地制宜确定发展重点和方向，调整优化产业布局，发展区域特色产业，大力培植主导产业和块状经济、主导产品、骨干企业和区域品牌，形成区域竞争优势。

——集聚发展原则。加强布局规划，完善基础设施建设，引导企业向经济开发区、横店电子产业园区和镇乡工业功能区集中，中小企业、家庭工业向农村创业基地集聚，不断提高主导产业和块状经济的集聚度。

——优化环境原则。强化服务意识，改进服务方式，创新服务手段，加强对主导产业与块状经济培育提升的规划、指导和支持，改善外部发展环境，形成专业化分工协作，品牌、技术、信息资源共享。

2. 发展预期目标

——主导产业和块状经济综合实力明显壮大。到2010年，主导产业和块状经济规模以上工业总产值突破320亿元，占全市规模以上企业总产值的86%以上。其中，六大主导产业工业总产值突破285亿元，年均增长19.0%以上，培育销售收入50亿元以上主导产业3个，工业主要经济效益指标高于全市平均水平；六个块状经济工业总产值35亿元，年均增长20.0%以上，培育销售收入10亿元以上块状经济2个。

——产业结构和区域布局明显优化。进一步推动主导产业和块状经济结构调整，优化区域布局，主导产业和块状经济集聚辐射功能明显增强，建成若干个重要的特色制造中心和产业基地。经济开发区、镇乡工业功能区的发展平台作用进一步增强。

——产业升级与区域创新体系建设明显加快。加快产业升级步伐，实施市级以上重点技术改造和技术创新项目年均38个以上，工业性投资年均38亿元以上。建立较完善的企业技术创新体系，重点骨干企业的工艺技术装备基本达到国内先进水平。争取到2010年，新增一批市级以上高新技术企业，一批国家和省级品牌称号，一批国家和省级商标。

三、产业布局和发展架构

1. 产业区域布局

结合各地自然资源条件、产业发展基础等条件，科学定位产业布局，因地制宜发展特色优势产业，避免重复建设和区域产业同质化。

——构建"三区"平台。中心城区以发展第三产业或以发展无污染、低能耗、精细化的都市型工业企业为主；开发区整体定位为我市工业经济的集聚区、商贸新市的龙头区、城市建设的新城区，其中白云商贸园区重点发展商贸业，江北高新产业园区以发展高新技术产业为主，城北工业新区以工业为主；横店电子产业园区有序发展磁性电子、机械制造和医药化工业，确保工业与影视旅游业协调发展。

——打造二大产业带。以中心镇为依托，加快发展镇域特色经济，为县域经济发展提供强大支撑。一是以怀万线、37省道为纽带，以巍山、歌山为重点，整合城东、六石、虎鹿、佐村等区域打造北乡工业带；二是以画南下线为纽带，以南马为重点，整合南市、画水、千祥、马宅等区域打造南乡工业带。

2. 产业发展架构

坚持"兴工强市"、"一主多元"战略，按照"优一产、强二产、活三产"的思路，形成以工业为龙头，一、二、三产业协调互动发展的新格局。

——六大主导产业和六个块状经济，重点发展磁性电子、医药化工、机械制造、纺织服装、工艺美术、食品（火腿）加工等六大主导产业，培育千祥、南市的皮具箱包，虎鹿、巍山的缝配，巍山的金银丝，画水、南市的塑料塑胶，南马、千祥的草（竹）席加工和画水的中国结等六个块状经济。

——建筑建材业，充分发挥"建筑之乡"优势，扶持建筑企业做大做强，带动建筑建材等与建筑相关产业的发展。

——商贸业，大力推进"商贸新市"建设，做好世贸城培育期的稳定和提升工作，扎实推进白云商贸园区专业市场群建设，实现市场与产业共同发展。

——影视文化业，充分发挥横店影视产业实验区的独特优势，加大招商引资力度，拉长影视产业链，为产业发展提供要素支撑。

——旅游业，以创建全省旅游经济强市为抓手，加快构筑"南中北联动、文化旅游融合、商贸旅游共同繁荣"的大旅游格局，形成旅游与产业互动发展。

——高效生态农业，加快推进农业产业化，做大做强香榧、中药材、茶叶、席草、青枣、果蔬食品、两头乌等特色优势产业，拓宽工业发展空间。

四、工作重点

1. 加强平台建设

深化和完善经济开发区管理体制改革，激活开发区活力，完善基础设施，加快推动产业集聚发展，强化经济开发区产业支撑。进一步理顺中心镇工业功能区管理机制，盘活土地、资金等要素，着力抓好横店电子产业园区和军工小区、南马机械工业功能区、六怀工业功能区等工业功能区建设，完善园区的产业设施、公共服务设施，提高园区综合服务能力，促进主导产业和块状经济企业向工业园区集中。适时扩大扩权强镇实施范围，增强镇乡发展经济主体意识。

2. 强化项目支撑

按照"做大做强一批、引进快上一批、优化升级一批、培育发展一批"的思路，着力启动项目建设，加大有效工业性投入。从主导产业和块状经济中，每年优先筛选实施一批投资规模大、技术水平高、带动作用强、市场前景好的重点技术改造项目，扶持一批重点项目，扶持一批科技创新项目、重大科技项目、合力攻关和产业化项目，以项目建设聚集、调动、盘活各种资源和要素。创新招商方式方法，大力开展产业招商、以商引商，招商引资重点向六大主导产业和六个块状经济倾斜，提高招商引资实效。

3. 抓大扶中育小

积极实施大企业、大集团培育战略，推动各类生产要素向优势产业和企业集中，在主导产业和块状经济中重点选择扶持一批具有核心竞争力的龙头企业，带动提高主导产业和块状经济的集中度。充分发挥龙头企业作用，延伸产品产业链，鼓励和扶持中小企业主动参与大企业的配套产品生产，提高产业协作发展能力，带动配套产业和企业发展，培育发展一批专业化生产、社会化协作的中小企业群体；同时，要激发群众创业热情，推动开展全民创业，带动家庭工业和来料加工业发展，进一步完善主导产业和块状经济产业链，培育壮大地方特色经济。

4. 完善创新体系

制定完善自主创新政策和措施，形成以企业为主体多层次的科技经费投入格局，引导社会资金投入向主导产业和块状经济倾斜。加强主导产业和块状经济的公共创新服务平台建设，建立市科技创业中心和磁性材料区域创新平台，提高行业技术研发能力和创新发展水平。鼓励和支持企业建设研发中心，与高等院校、科研机构进行项目合作，联合共建研发机构和试验基地，推动产学研合作。推动企业从家族式管理向建立现代企业制度转变，提高经营管理、防范和化解经营风险能力和水平，积极鼓励企业上市，扶持做大做强。

5. 突出品牌建设

加强品牌宣传，增强企业创牌意识，引导企业创建品牌、经营品牌、提升品牌、保护品牌，实现从无牌、贴牌到有牌生产的转变，走品牌发展之路。深入推进"名牌培育、质量提升"工程，结合全市品牌建设计划，提出主导产业和块状经济品牌创建目标，分步落实品牌创建任务。全力打造特色区域品牌、行业品牌，实现行业统一品牌和区域品牌共享，提升主导产业和块状经济品牌竞争力。鼓励行业重点企业，积极参与制定技术标准，争创省级以上著名商标、驰名商标、名牌产品、免检产品，提升产品影响力和竞争力。

6. 推动产业转型

以产品结构调整为主线，推动产业转型升级，提升主导产业和块状经济产品层次，实现从生产中间体产品为主逐步向终端产品转变。注重引进带动型、辐射能力强的企业和产品，通过技术引进和嫁接改造，推动传统主导产业和块状经济的改造升级。推动磁性电子、医药化工、机械制造、缝配等产业开发终端产品，提高自主创新能力；推动纺织服装、金银丝、塑料塑胶、皮具箱包等产业升级，提升产业层次；推动工艺美术、食品（火腿）加工、草（竹）席加工、中国结等实施产品创新，做大产业规模。

五、保障措施

实施“六六”计划是事关我市工业经济发展的全局性工作，必须进一步完善支持和服务体系，形成全市合力扶持之势，营造更好的社会环境和保障条件。

1. 组织体系保障

进一步完善组织领导体系，成立主导产业发展和块状经济培育领导小组及办公室，协调解决培育发展中的重大问题。把主导产业发展和块状经济培育列为考核内容之一，加大考核工作力度，建立健全目标责任制，将任务分解到人、目标明确到人、责任落实到人，真正做到一级抓一级、层层抓落实、件件有实效。建立健全领导联系项目制度，加强考核，确保重点技改项目和新开工项目顺利实施。各级领导干部要带头深入企业察实情、鼓士气，关心企业生产建设情况，破解企业发展难题，帮助调整发展理念和思路，提高抗市场风险能力和水平。

2. 政策激励保障

加强对上级政策和法规的分类研究，加强产业发展与上级政策的配套衔接，积极争取上级项目支持。在深入调研的基础上，有效整合现有政策资源，出台新的“六六”计划培育政策和激励体系，突出公共技术平台、品牌、技术创新等重点，增强政策的针对性、导向性和实效性。提高政策的可操作性，进一步加强政策宣传，简化审批程序，做到执行政策一视同仁，制定的政策及时兑现，奖励资金全过程公开，形成公开、公正、统一的政策环境。同时，要对现有的经济政策及时进行梳理，逐步进行完善和提高，增强政策的科学性和有效性。

3. 要素支撑保障

土地、电力、金融等各种要素资源向重点产业和企业倾斜，重点保障六大主导产业和六个块状经济企业和项目的发展需要。大力开展闲置土地清理整顿、土地和宅基地整理，鼓励建设标准厂房，积极破解用地瓶颈。加强金融生态环境建设，打造社会诚信体系，改善政银、银企关系，为企业打造更强的融资平台，破解金融瓶颈。加强劳动力素质培训，加强劳务对接服务，破解劳动力瓶颈。鼓励企业开发新产品、加大技改投入、引进关键技术，挖掘节能潜力。同时，吸引“东阳人”同乡创业，吸引外部要素流入，重点引进带动力强的企业和项目，带动本地经济和产业发展。

4. 行业服务保障

建立和完善市委企业工委、企业家协会、行业协会等组织架构体系，构建市委、市政府统一领导，企业工委牵头，镇乡街道和部门各司其职，企业家协会、各行业协会等全面参与的企业经营管理人才建设机制。建立企业家之间的交流合作机制，更好地发挥各类中介组织的作用，加强行业自律管理，减少价格恶性竞争，为中小企业发展营造更好的环境。认真实施“企业家素质提升工程”，健全企业经营管理人才分层分类培训机制，每年资助选派部分优秀企业经营管理人才到高等院校、专门机构进行培训学习，增强企业家队伍的社会责任意识，提升企业家队伍的创新创业能力和经营管理水平。

5. 发展环境保障

按照抓党风带政风促民风的总体思路，着力营造“只要你投资，手续我来办”的良好发展环境。进一步规范和公开机关部门执行政策、处理事务过程，规范自由裁量权，严格按制度办事。大力推行行政服务中心“两集中、两到位”工作，建立“一条龙审批”、“一站式服务”和“一门式管理”的行政审批运作模式，促进政务公开、阳光操作。同时，调整和完善会计核算中心、招投标中心的监管和运作工作，优化办事程序，提高办事效率。严厉打击村霸、地霸、砂霸等影响投资环境的黑恶势力，为企业营造和谐稳定的环境。抓好万人百企评机关、涉企科室评议和群众满意站所评议等三项评议活动，办好“行风热线”节目，狠抓反面典型，加强对权力运行的监督。

中共衢州市委 关于深化工业立市战略推进工业经济新飞跃的决定

衢委发〔2008〕27 号

各县（市、区）委，市级机关各单位党组织：

中共衢州市委五届八次全体（扩大）会议于 2008 年 7 月 14 日在衢州召开。会议深入贯彻党的十七大精神和省委“创业富民、创新强省”总战略，以科学发展观为统领，研究部署新形势下加快我市工业发展的总体思路、目标任务和工作举措，经全体委员审议通过，就深化工业立市战略，推进工业经济新飞跃作出如下决定。

一、深化工业立市战略，推进工业经济新飞跃的总体要求和目标任务

1. 重大意义。工业立市是实现衢州跨越式发展、培育全省新的经济增长点的重大战略，是跻身全国百强城市、全面建设小康社会的重要举措，也是创业创新、富民强市的根本要求。经过多年的努力，衢州总体上从工业化初期跨入了工业化中期的门槛，工业经济呈现出良好的发展态势，已成为经济社会的主要支柱，在带动经济发展、增加财政收入、扩大就业、推进城市化、统筹城乡发展等方面起到了不可替代的主导作用。当前，经济发展的要素低成本时代已经走向终结，高成本时代已经来临，转变发展方式的倒逼机制不断强化，区域竞争和分化效应加剧。随着宏观经济环境、市场竞争格局、产业发展模式的深刻变化，我市工业发展已进入转型提升的新阶段，产业高端化竞争对产业转型升级提出了新的、更高的要求。我们肩负着推进衢州跨越式发展的重大责任，一定要充分认识深化工业立市战略的重要意义，以强烈的紧迫感和危机感，抢抓机遇，克难攻坚，奋力推进衢州工业经济实现新飞跃。

2. 总体要求。深入贯彻落实科学发展观，以创业创新、富民强市为主线，以产业高端化为方向，推进集聚发展、集群发展、集约发展、创新发展，不断增强工业经济综合实力、市场竞争力和可持续发展能力，走出一条科技含量高、经济效益好、资源消耗低、环境污染少，经济与生态环境紧密结合、互动共赢的新型工业化路子，推动衢州工业实现高起点、跨越式发展。

3. 目标任务。加快构建以高端化、集群化、生态化为特征的新型产业体系。到2012年：

——工业总量迅速壮大。工业性投资年均增长20%以上，全市工业总产值突破2500亿元。在2007年的基础上，实现工业总量"今年超千亿、三年翻一番、五年增两倍"的目标。

——产业结构明显优化。努力推进主导产业高端化、特色产业规模化、传统产业高新化，力争氟硅产业、装备制造业、区域特色产业集群销售收入分别突破500亿元，为打造未来三大千亿产业板块夯实基础。

——企业结构更加完善。力争培育2家年销售收入200亿元企业，3家50亿元企业，30家10亿元企业，200家亿元企业，2000家规模以上企业，新培育10家上市企业，努力形成以百亿企业为支撑、亿元以上企业为主体、规模以上企业为基础的企业梯次结构。

——自主创新能力显著提高。规模以上企业技术开发经费支出比2007年增加1倍，省级以上研发中心达到40家，高新技术产业产值翻一番，新培育中国名牌和中国驰名商标产品5个。

——集约发展水平不断提高。园区规模以上企业单位土地面积实现产值和税收比2007年提高1倍，节能减排工作完成省政府下达的目标任务，单位工业增加值综合能耗下降率好于全省平均水平。

二、以产业集群发展为方向，推进产业转型升级

4. 深化产业集群规划。从市域产业发展全局出发，进一步明确产业重点，优化产业布局，制定产业发展目标。市本级重点做好氟硅产业、装备制造业和特色产业集群规划研究，进一步明确"三大产业板块"的发展方向、发展目标、发展步骤和政策举措。各县(市、区)依据总体规划，结合实际，做好各自的规划，力争3—5年内都能形成百亿级产业集群。

5. 着力培育重点产业。做大做强氟硅产业，实施"氟硅联动、两硅联动"，推动氟硅产业纵向延伸和横向拓展，向下游高科技、高附加值的新材料、新光源、新能源方向发展，努力打造"中国氟硅之都"。重点突破装备制造业，以现有龙头企业为核心，引进、发展基础性项目，加快矿山工程装备、金属制品深加工、高压输配电、汽车配件等产业升级，积极引导核电、地铁、航空航天等零部件制造业发展，努力打造全国有特色的装备制造基地。着力提升区域特色产业，大力发展、提升高档特种纸、绿色食品、精细化工、竹木制品、新型建材等产业，培育一批特色鲜明的百亿产业集群。大力推进机械、化工、建材等传统产业改造提升，促使一批有特色、有潜力的传统产业加快向高端发展。

6. 大力培育龙头企业。及时协调解决龙头企业发展中的重要问题，促进龙头企业深化发展目标，完善现代企业制度，不断做大做强。集中优势资源向龙头企业倾斜，并在后备发展空间和政府可调控资源上实行"两优先"。每年确定若干领军企业和优势企业进行重点扶持，对产业关联度高、发展潜力较大的成长型企业也要加大扶持力度。继续实行企业上台阶、企业贡献、科技创新、品牌建设、企业上市等奖励政策，最大限度调动企业积极性。引导推动企业开展资本运作。广泛宣传企业家的创业精神、创业历程及对社会的贡献，努力形成尊敬、理解、支持企业家创业的社会氛围，不断提高企业家的政治、社会地位。

7. 积极扶持中小企业发展。加大对中小企业的信贷支持，加强政银、银企对接合作，探索建立中小企业信贷绿色通道，重点支持成长型、配套型、科技型及农业龙头型中小企业。支持发展典当、担保、租赁等行业，探索股权投资、基金投资、设立政策性风险投资公司等，不断拓宽中小企业融资渠道。加强中小企业发展载体建设，推进省级开发区中小企业创业园、孵化器和乡镇工业功能区建设，为中小企业发展提供平台。鼓励全民创业，动员在外创业有成人员回乡创业，引导大企业配套生产就地向中小企业和家庭工业扩展。大力发展农产品加工业和农村来料加工，引导鼓励农民群众创业致富。

8. 加快发展现代服务业。以建设"三中心一枢纽"为载体，在产业集群特征明显的工业园区和专业化、规模化生产优势突出的地区，扶持建设一批主要原材料和主要工农业产品的专业物流配送中心。大力培育发展职业教育、劳务中介、文化创意、信息咨询、电子商务、会展业等新兴服务业，着力引进一批大型先进服务项目，引进一批现代生产性服务业人才，进一步提高现代服务业对产业升级的支撑力。

三、以构建新型产业空间体系为导向，加快工业平台建设

9. *强力拓展发展空间*。进一步完善园区空间布局，市区按照经济开发区跨乌引干渠向南、高新园区向西南、沈家经济开发区跨上山溪向东推进、柯城工业园远期向华墅方向发展的总体布局，完善空间布局规划，并注重与土地利用总体规划、城镇规划、生态规划的紧密衔接。各县(市)也要进一步规划工业空间拓展方向，优化布局。加快拓展园区空间，扎实推进园区征地，不断拓展市经济开发区、高新园区和金属制品园区的发展空间。同时加快推进重点乡镇工业功能区的空间拓展和产业定位，形成特色板块。完善园区功能配套，注重园区生产、生活等服务设施和网点建设，加强园区与城市道路、高速路网的衔接，完善外部配套，提升园区的整体功能。

10. *大力推进要素集聚*。加强土地、资金、劳动力等核心要素的保障，用地指标向园区倾斜，优先保证工业用地；建设资金上向园区倾斜，整合国有资源，做大融资平台；加快劳动力、人才市场和四省边际职教中心建设，引进、培训紧缺工种，努力解决用工难问题。加强生产要素运行监测，创新协调机制，完善供需预案和储备机制，提高保障水平。推进部门资源向园区集聚，围绕园区生产生活配套服务、产业环境、科技人才等“三大需求”，制订完善部门为园区办实事方案，并建立督查考核机制，确保按期落实。

11. *着力创新体制机制*。按照“市区一体、授权到位、管理高效”的要求，加大园区体制机制改革创新力度，最大限度地向省级开发区下放管理权限；探索建立市区一体、协调顺畅的市本级园区管理机制；适时推进省级开发区所属街道管理体制调整；探索园区间未开发土地的有效置换；在机构编制、干部配备使用等方面对园区予以倾斜；以提高办事效率为着力点，完善园区服务体系，政府各职能部门都要向园区放权到底，授权到位，派驻机构要纳入园区统一管理，统一考核。

四、以招商引资和项目推进为抓手，增强工业发展后劲

12. *加大招商引资力度*。突出专业化产业招商，围绕打造三大千亿产业板块，排出一批相关产业链条，排出一批国内外龙头企业、知名公司、科研机构、可产业化的科技成果，建立高素质、专业化的招商队伍，设立若干个专业招商局，主动出击，着力引进对主导产业有显著带动作用的大项目、好项目，引进符合产业导向的配套型、成长型、科技型中小项目，引进延伸性中试项目。立足杭宁温，深化绍台金，对接苏沪粤，拓展境海外，推进重点区域招商。充分利用山海协作平台，深化资源产业合作，加强驻杭州、宁波资源与产业办事处建设，充分发挥招商实体作用。注重以商引商、中介招商、全民招商。参照国际国内惯例，制定中介机构和社会招商奖励政策。完善部门招商政策办法，加大考核力度。

13. *建立高效的项目推进机制*。坚持和完善项目决策咨询机制，严格执行工业用地招拍挂和竣工复核验收制度，推行招商项目“五步工作法”，把好产业政策、空间布局、投资强度、环评、安评、能评和业主素质等关口，最大限度简化项目审批落地程序。开展项目攻坚战，加快推进一批重大基础设施和重大产业项目建设。

五、以科技创新为动力，提升工业发展整体水平

14. *强化创新平台建设*。推进信息化与工业化的融合，积极为企业提供信息技术服务，鼓励和支持以信息技术改造传统产业、提升产品档次、开发新产品，加强企业管理。加快推进企业创新平台建设，鼓励企业建立研发中心、工程技术中心、博士后工作站等创新平台，加大对龙头企业研发机构的政策支持力度。围绕主导产业集群，加快区域创新平台建设。加强产业基地建设，积极组织申报国家级产业基地。创新风险投资机制，积极探索建立政府性风险投资基金，扶持技术创新、技术改造、高新技术企业发展。积极培育科技市场，支持培育科技中介、社会化知识产权中介服务等机构，对技术转让、技术服务等给予政策优惠，促进科研成果的转化应用。

15. *强化政产学研合作*。推进“校企合作”，积极促进企业与高校院所开展多层次、全方位的技术合作。深化“市校合作”，继续推进与中科院、浙大、浙工大、杭师大、衢州学院(筹)的全面长期合作。加强科工会、产业论坛、巨化国家氟材料中心、中俄科技园等平台建设。探索建立科技信息情报中心，跟踪了解国内外重大科技成果。整合专业人才资源，筹建主导产业专家委员会，定期举办产业论坛和专家峰会。

16. *强化人才支撑*。探索实施“四个一百工程”，加快引进海内外领军型高端人才，花重金引进带技术、带项目、带资金、带团队的高端人才来衢州，从事高新技术研发及成果转化。实施“百名衢商培训工程”，着力培育一批高级经营管理人才。加快培育职业技术人才，引导职校向本地企业输送技工，力争五年内培养7万名“技术蓝领”，两年内全市各职校毕业生本地就业率达60%以上。积极举办主导产业人才专场招聘活动，挖掘和引进一批产业发展急需人才。

六、以可持续发展为根本，推进工业集约发展

17. *全力推进节能减排*。全面落实节能降耗目标责任制，严格执行节能减排“十一五”规划和省“811”新三年行动计划，完善重点耗能企业监管和重大新建项目能评制度。设立节能专项资金，推动企业节能技改。加强环境污染整治，完善排污收费制度，突出重点区域、重点行业、重点企业的污染综合治理。落实企业清洁生产鼓励政策，支持清洁生产的研究、示范、培训和重点技改。

18. *大力发展循环经济*。深入实施省循环经济“911”行动计划和市循环经济“5518”工程，从区域、园区、企业三个层面，推行“减量化、再利用、资源化”。积极发展企业内部循环经济，培育工业园区和产业集群的循环产业链，推进循环经济试点示范。

19. *强力推进节约集约用地*。建立健全节约用地考核评价体系，严把项目入口关，提高项目投入产出率。加大闲置土地清理处置力度，把节约用地水平与土地出让价格、企业优惠政策相挂钩，确保2012年省级园区投资强度、经济密度均提高1倍以上。

七、深化工业立市战略，推进工业经济新飞跃的保障措施

20. 强化工业经济的领导体制机制。健全合力扶工的工作机制，坚持党委总揽全局，探索完善领导决策机制、执行机制、监督机制、协调配合机制和政策机制，形成分工负责、通力协作、合力扶工的良好局面，立足四套班子的职能和成员特点，探索建立市领导联系挂钩工业平台建设、主导产业发展、区域招商引资、重点项目推进、投资环境建设等制度，合力推进工业发展重点问题和突出矛盾的解决。创新方法，加大合力扶工力度，党委常委会、政府常务会议要经常研究工业发展的重大问题、重大政策、重大项目和主导产业、龙头企业发展战略；党委、政府每年召开一次工业经济专题会议；市委理论学习中心组每年组织一至两次以工业为主题的研讨会；市委财经领导小组定期研究解决工业经济发展的重要问题。完善合力扶工的考核激励措施，探索建立市四套班子领导联系挂钩工业经济工作的情况信息反馈、定期督查通报、年终考核和工作条件保障等制度。调整完善对各县（市、区）、开发区和部门的年度综合考核办法，加大工业经济的权重。进一步完善政府工业经济考核办法，更加突出产业转型提升和重点企业、产业发展实绩的考核。

21. 完善工业服务体系。深化行政审批制度改革，推行“两集中两到位”改革，一个行政部门的多项行政许可职能，集中归并到一个内设机构，成建制进驻行政服务中心。推行“审批手续齐全，超时默许；召开审批会议，缺席默认”。推进许可、非行政许可清理，年底公布一批非行政许可事项。加快电子监察系统建设。完善政策扶持体系，围绕降低商务成本，力求形成政策“洼地”效应。注重政策重点和差异性，逐步改变“普惠制”，使有限的政策资源向支柱产业、龙头企业倾斜，最大限度发挥政策效应。加大发展环境治理力度，强化经济主体对干部作风和发展环境的监督，推行企业“评环境、评部门、评干部、评窗口”活动，并把“四评”结果作为对部门和机关干部工作考核和干部调整的直接依据，探索建立中层干部交流机制，推行部门特别是涉企服务部门、岗位中层干部跨部门竞聘、定期交流。坚决查处“吃拿卡要”等违纪违法行为，市属机关干部被企业投诉并查实，要视情节给予直接责任人相应处理，并追究单位领导责任。

22. 形成抓落实的促进机制。全面开展以“深化主战略，服务主战场”为主题的大讨论活动，迅速掀起新一轮思想大解放、工业大发展的热潮。通过解放思想，把广大干部的思想凝聚到谋大局、创大业上来，把广大群众的积极性引导到创业创新、富民强市的实践中去，形成人人关心工业、个个投身创业的浓厚氛围。形成“凭发展论英雄，凭速度排座次，凭实绩用干部”的导向，防止和切实解决干多干少一个样、干好干坏差不多的现象。深入开展“树新形象、创新业绩”主题实践活动，认真为企业、园区和项目建设解决突出问题。建立“三服务”长效机制，建立严密、高效、权威的督查机制，把推进工业经济新飞跃的每一项目标任务和工作部署落实到部门、单位和责任人，确保各项决策部署都落到实处。

中共衢州市委
二〇〇八年八月一日

中共衢州市委　衢州市人民政府
关于引进海内外领军型创业人才的意见

衢委发〔2008〕30号

各县（市、区）委、人民政府，市级机关各单位：

为深入实施人才强市战略，扎实推进“创业创新、富民强市”，促进自主创新和科技创新，进一步推进工业经济新飞跃，实现衢州经济社会又好又快发展，市委、市政府决定大力引进海内外领军型创业人才。现提出如下意见：

一、主要目标

按照大力推进产业自主创新能力体系建设的要求，着力推进“主导产业高端化、特色产业规模化、传统产业高新化”，提升区域优势主导产业竞争力，积极引进一批海内外领军型创业人才和创新团队，争取孵化一批高成长性科技型企业，壮大一批高新技术企业，打造一批快速发展和竞争优势明显的高新技术产品，促进重大科技成果在衢的产业化，力争通过5年努力，形成一批具有较强自主创新能力的产业集群。

二、对象条件

本意见所指的引进对象是：具有在海内外大型企业或知名高校、科研机构关键岗位从事研发和管理工作（学士学位在海外工作5年以上，硕士学位在海外或国内工作3年以上，博士学位在海外或国内工作1年以上）经历，在氟硅新型材料、装备制造业、生物医药、电子信息等产业中，带项目、带技术、带资金（自带资金100万元人民币以上）来衢州创办科技型企业的创业领军人才及其创新团队。

并要求符合下列条件中的一个条件：

（一）拥有在国内外某一学科或技术领域的高新科研成果，并具有自主知识产权和广阔的市场开发前景；

（二）拥有在国际领先或能够填补国内空白项目的核心技术，并具有自主知识产权和市场潜力，可进行产业化生产；

（三）拥有可形成衢州市新的具有良好发展前景产业的重大项目；

（四）能引领衢州市优先发展产业和重点产业的快速发展。

三、引进程序

（一）信息发布。通过衢州市政务网、衢州市人才网、衢州党建网或其他国内外新闻媒体发布招聘公告。

（二）材料申报。应聘者在规定时间内来衢报名或通过衢州市人才网站报名，并填报《衢州市海内外领军型创业人才报名表》、《衢州市海内外领军型创业人才创业计划书》，同时提供相关证明材料。

（三）资格认定。由市引进海内外领军型创业人才工作领导小组办公室（以下简称"市引创办"）组织市有关部门对申报应聘者进行资格认定，并确定提交技术评审项目。

（四）技术评审。由"市引创办"邀请科技部认定的具有国际水平的国内相关专家，对项目进行技术评审，并对项目作出重点推荐、优先推荐、一般推荐、不予推荐结论。

（五）综合评审。由"市引创办"邀请风险投资、财务、管理专家、企业家和相关领导，对技术评审后确定推荐的项目进行综合评审，并对项目作出 A、B、C 分类推荐结论，分类标准为三年内新创年销售能够分别达到 1 亿、5000 万、1000 万元人民币。

（六）项目洽谈。经评审确定推荐的项目，由"市引创办"联系开发区、高新园区等创业载体与应聘者进行双向选择、洽谈。根据双方的洽谈意见确定报批项目落户。

（七）项目签约。洽谈达成意向的项目，经市引进海内外领军型创业人才工作领导小组审批同意，由开发区、高新园区等创业载体与应聘者签订落户协议，明确双方的权利、义务，"市引创办"予以鉴证。

（八）兑现政策。已签订落户协议的项目，实际落户一个月后，予以兑现相关扶持政策，"市引创办"负责督促。

四、扶持政策

对上述按照公开、公平、公正、择优的原则，通过评审、洽谈、签约，引进并落户衢州的项目给予享受以下扶持政策：

（一）对 A 类、B 类、C 类项目的海内外领军型创业人才或团队分别给予 300 万、200 万、100 万元人民币的创业启动资金奖励。

（二）对落户衢州创业的海内外领军型创业人才或团队，给予提供不少于 100 平方米建筑面积的创业场所和 100 平方米建筑面积的住房一套，三年内免费使用。

（三）对注册落地企业，给予享受开发区入园企业的相关优惠政策。

（四）引进并落户衢州的 A、B、C 类项目，实施产业化生产后，年地方税收首次超过 100 万元人民币的，给予其领军型人才或团队 100 万元人民币的一次性奖励。

（五）以技术成果入股投资的，经评估，根据投资方的约定，其技术成果可按注册资本不低于 30%、最高不超过 70% 作价入股。

（六）对高新技术项目产业化生产的，经论证、审批，根据其项目的投资需求，在创业风险投资、资金担保等方面，给予配套支持。

（七）对引进并落户衢州的 A、B、C 类项目，市级科技计划予以立项，并优先推荐申报国家、省各类科技计划项目。

（八）对引进落户衢州创业的人才同时给予享受衢委发〔2006〕37 号文件规定的子女入学、家属安置、职称评定、社会保险等方面的优惠政策。

五、工作机构和有关事项

（一）为切实加强组织领导，决定成立衢州市引进海内外领军型创业人才工作领导小组，由市领导任组长，以市委组织部、市委宣传部、市人劳局、市财政局、市发改委、市经委、市科技局、市开发区、市高新园区、市西区管委会等部门主要负责人为成员。领导小组下设办公室，与市委人才办公室合署办公，负责日常的组织、协调、指导、督查等工作。要求各相关部门积极配合，努力形成抓好引进海内外领军型人才的工作合力。

（二）对引进并落户市本级的 A、B、C 类项目所需的创业启动奖励资金由市财政列支；引进并落户市辖两区的，所需的创业启动奖励资金由市、区各承担 50%；引进并落户县（市）的，所需的创业启动奖励资金由县（市）承担。不少于 100 平方米建筑面积的创业场所和 100 平方米建筑面积的住房一套，由与应聘者签约的创业载体负责落实和提供。年地方税收首次超 100 万元后的一次性奖励资金，由纳税地财政列支。

（三）本意见自发布之日起施行，由"市引创办"负责解释。

中共衢州市委
衢州市人民政府
二〇〇八年八月十五日

中共舟山市委
关于开展“解放思想、创业创新”大讨论活动的若干意见

（2008 年 4 月 8 日）

舟委〔2008〕4 号

为认真学习贯彻党的十七大、十七届二中全会、全国“两会”精神和省委“两创”总战略，深化市委“两创一促”总要求，进一步推进我市“四海”建设，市委决定，今年 4 月至 6 月，在全市党员干部群众中开展“解放思想、创业创新”大讨论活动。现提出如下意见：

一、开展“解放思想、创业创新”大讨论活动的重要性和紧迫性

解放思想是发展中国特色社会主义的一大法宝，创业创新是一个民族进步的不竭动力。在新的形势下，解放思想就是要着力转变不适应不符合科学发展观的思想观念，以思想的进一步解放推进各项事业的大发展；创业创新就是要全面推进个人、企业和其他各类组织的创业再创业，全面推进制度创新、科技创新、社会管理创新、党建工作创新和其他各方面的创新，形成全民创业和全面创新的生动局面。解放思想是前提、是基础，创业创新是手段、是方法，最终要体现在科学发展这一根本目的上。

开展“解放思想、创业创新”大讨论活动，是我市贯彻落实党的十七大、十七届二中全会、全国“两会”精神的必然要求；是贯彻落实省委“两创”总战略，深化、拓展“树新形象、创新业绩”主题实践活动的具体行动；是打开发展空间、开辟发展新境，实现舟山科学发展、创新发展、率先发展的当务之急，是深化去年迎接大桥经济时代大讨论活动、对接大桥经济发展的迫切需要。市第五届党代会提出今后五年我市要建设海洋经济强市、海洋文化名城、海岛花园城市、海岛和谐社会，要实现市委提出的今后五年的奋斗目标和任务，关键在于解放思想，转变观念；根本在于改革创新，科学发展。

当前，我市面临的机遇前所未有，挑战也前所未有，不进则退，小进也是退。应当看到通过历届市领导班子带领全市人民团结奋进，这几年来，我市经济、社会取得了跨越式发展。但当我们站在舟山发展新的起点上，站在面向世界、面向现代化、面向未来的战略高度上，把舟山放在全省、全国乃至全球发展的大背景来审视，把舟山放到打造成中国一流港口旅游城市的大目标来定位，不能不具有前所未有的使命感和紧迫感。当前舟山的发展，与上级要求比，与人民群众的期望比，与先进发达地区比，还有不少差距；与面积相同、地理条件相近的新加坡比，差距更大。一些干部在观念理念上、在改革创新上、在科学发展上，还存在这样、那样的不足和问题，不能适应新形势、新任务的要求，急需通过解放思想，创业创新，抢抓新机遇，推出新举措，实现新突破。

思想解放程度，决定一个城市的发展程度；创业创新程度，决定一个城市的发展高度。全市各级党组织一定要站在全局和时代的高度，切实增强解放思想、创业创新的自觉性和坚定性，大力开展“解放思想、创业创新”大讨论活动，以思想的大解放、创业的大行动、创新的大举措，推动舟山的新一轮大发展。

二、开展“解放思想、创业创新”大讨论活动的指导思想、原则和主要内容

开展“解放思想、创业创新”大讨论活动的指导思想是：全面贯彻党的十七大、十七届二中全会和全国“两会”精神，以邓小平理论和“三个代表”重要思想为指导，深入贯彻落实科学发展观，按照省委“两创”总战略和省委赵洪祝书记参加省人代会舟山代表团讨论时的重要讲话精神要求，以继续解放思想为先导，以努力走出一条具有海岛特色的创业创新、科学发展路子为主线，以党政机关和科级以上干部为重点，以学习讨论、调查研究为主要形式，着力查找影响我市科学发展、创新发展、率先发展的思想观念、精神状态、工作作风、领导水平等方面存在的突出问题，着力探索促进我市改革创新、科学发展的新思路、新途径、新举措，在继续解放思想上迈出新步伐，在坚持改革创新上实现新突破，在推动科学发展上取得新进展。

开展“解放思想、创业创新”大讨论活动要坚持以下原则：

一要紧扣主题、把握导向。始终在科学发展观指导下进行，坚定不移地突出解放思想、创业创新主题，破除不合时宜的理念、观念和意识的束缚，激发全社会全民创业、全面创新的活力。

二要明确任务，突出重点。从舟山实际出发，从各地、各单位的具体情况出发，抓住重点，带动全面，分类指导，区别对待，对领导干部、一般干部和普通群众要各有侧重，增强活动的针对性。

三要确保质量，务求实效。要找到思想观念上存在的问题和差距，找到制约本地本单位创业创新的问题和根源，更重要的是要找到科学发展、创新发展、率先发展的新思路、新办法、新途径。检验这次活动成效的标准要看实践效果，看人民群众的满意度，看是否促进创业创新、科学发展。

四要统筹协调，合理安排。要把大讨论活动与开展党的十七大精神主题宣教活动有机地结合起来，与将要开展

的深入学习科学发展观活动有机地结合起来，与省委深化、拓展“树新形象、创新业绩”主题实践活动结合起来，有力推进我市改革、发展、稳定的各项工作，使活动富有成效。

大讨论活动重点要围绕以下几个方面开展：

（一）在继续解放思想上迈出新步伐。各地、各单位要始终坚持以解放思想为先导，紧跟形势发展的要求和时代前进的步伐，深刻查找不想解放思想、不敢解放思想、不会解放思想等突出的思想根源问题，在解放思想中统一思想、凝聚力量。着重做到“六破六立”：一要破除小富即安观念，树立危机忧患意识。要科学、全面分析舟山经济社会发展现状，准确把握舟山正处于经济发展的初级阶段、转型发展阶段的定位，既要肯定成绩，更要正视存在的问题。不但要纵向比，更要横向比，切实增强居安思危的忧患意识，始终保持清醒的头脑。二要破除因循守旧观念，树立开拓创新意识。要冲破阻碍创业创新、科学发展的一切条条框框和陈规陋习，坚持“三先三大胆”：先干不争论、先试不议论、先做不评论；大胆试行政策法规没有明令禁止的创举，大胆学习引用外地各种成功做法，大胆突破一切不利于创业创新、科学发展的条条框框。三要破除画地为牢观念，树立开放合作意识。要跳出舟山看舟山，在经济全球化和中国市场日益成熟的大背景下，以更大的“容量”、“气量”和“度量”扩大对外开放与合作，在更高的平台上参与竞争。在开放合作中不但要做到精明，更要做到开明、追求高明。四要破除片面发展观念，树立统筹兼顾意识。要进一步增强深入贯彻落实科学发展观的自觉性，不但要看经济总量、增长速度，还要看质量、看效益、看人民群众是否得益、看社会是否和谐，始终坚持以人为本，统筹兼顾，切实做到统筹城乡发展、区域发展、经济社会发展、人与自然和谐发展。五要破除狭隘利益观念，树立顾全大局意识。要正确处理全局利益和局部利益、长远利益和眼前利益的关系，树立全市一盘棋思想，找到全局和局部利益之间的最佳结合点，着力推动全局工作。六要破除无所作为观念，树立实干进取意识。要树立强烈的事业心、责任感，始终保持蓬勃向上的朝气、开拓进取的锐气、不畏艰险的勇气、争创一流的志气，顽强拼搏，奋发有为，干出成效，干出水平，为党和人民建功立业。要通过以上“六破六立”，大力营造具有海岛特色的“勇立潮头、海纳百川、同舟共济、求真务实”的舟山城市核心价值观。

（二）在坚持改革创新上实现新突破。各地、各单位要抓住纪念改革开放30周年的契机，认真总结改革开放三十年的成功经验，全面查找在改革创新方面存在的不足和问题，把坚持改革创新作为继续解放思想的检验标准，作为推动科学发展的动力源泉，坚定改革创新的信心和决心，务必在一些重点领域和关键环节取得突破，构建充满活力、富有效率、更加开放、有利于科学发展的体制机制，为经济社会发展提供强有力的保障。着重做到“六创六建”。一要提高海洋科技自主创新能力，建设创新型城市。把提高自主创新能力、建设创新型城市作为我市发展战略的核心，作为转变海洋经济发展方式的中心环节，以建设省海洋开发研究院为重点，切实增强海洋科技研究能力。二要创新人才工程，建设以高层次人才和高技能人才为重点的人才队伍。抓紧培养和引进海洋经济发展急需的各类高层次人才和高技能劳动力，研究出台集聚各类海洋经济人才的具体办法，着力建设好院士工作站、高层次专家人才库和市人才公寓。三要创新企业体制机制，建立完善现代企业制度。促进国有、集体、个私、外资等各种所有制经济共同发展，深化国有企业股份制改革，通过加快上市，健全现代企业制度。调动创业创新主体的积极性，鼓励、支持、引导非公有制经济发展，完善和落实促进民营经济发展的政策举措，促进民营经济大发展。四要创新政府管理，构建高效的行政体系。深化行政管理体制改革，强化社会管理和公共服务，建设服务型政府、法治型政府。进一步完善市、县（区）、乡（镇）政府工作运行模式和运行机制，做好金塘、六横两岛管理体制改革，建立金塘、六横两岛管理委员会。加强公共财政管理改革，加快事业单位改革、医疗卫生改革、文化体制改革。五要创新开放合作新途径，构建对外开放新格局。坚持“走出去、请进来”战略，创新利用外资方式，抓紧出台新的招商引资办法，不断提高招商引资水平，为外来投资者创造良好的投资环境。千方百计向上争取各类开放政策，做好重点区域、重大项目口岸开放工作，加强大通关能力建设。创新区域合作方式，北接上海、南连宁波、西通杭州，不断深化、拓展“山海协作”。六要以改革创新精神，全面加强党的建设。加强理论武装工作，培养和提高领导干部理论思维和战略思维能力。加强以“一把手”为重点的领导班子建设，造就奋发有为、干事创业、勤政为民、廉洁自律、开拓创新的干部队伍。加强基层党组织建设，加强制度建设，加强反腐倡廉建设，切实改进作风，求真务实，真抓实干，做出新业绩。要通过以上“六创六建”，放手让一切劳动、知识、技术、管理和资本的活力竞相迸发，使一切创造社会财富的源泉充分涌流，不断激发全社会的创造活力，切实尊重和保障人民群众创业创新的权益，提高人民群众创业创新层次和水平。

（三）在推动科学发展上取得新进展。各地、各单位要把大讨论活动的成果体现到推动科学发展上，全面查找在科学发展方面存在的各种不足和问题，进一步转变发展理念、完善发展思路、创新发展举措，着重做到“六推六快”：一要在推进优化升级、加快海洋经济六大基地建设方面有新进展。突出重点，分类指导，高起点规划、高标准推进、高强度扶持六大基地建设。二要在推进以港兴市、加快港航开发、建设核心港区方面有新进展。坚持多元化投资、市场化运作，全力突破集装箱项目，想方设法做大做强港务集团，培育发展航运业。三要在推进涉港、涉海现代服务业发展、加快新城经济功能培育方面有新进展。要高起点、高质量地加强规划工作，在新城布局建设集涉外、金融、保险、商务、信息、代理、中介等服务于一体的港航综合商务区，强化新城教育、医疗卫生、交通、商业设施等配套功能，加快集聚新城人气，打造“总部经济”和“楼宇经济”。四要在推进产业布局、加快重点发展带、重点区域建设上有新进展。大力推进本岛北部新港工业区开发建设，加快金塘、六横、朱家尖、衢山等岛屿开发建设，下大力气实施经济强镇培育工程。五要在推进要素保障、加快大桥经济发展方面有新进展。全力推进连岛工程建设，把大桥效应延伸辐射到全市。加强土地、电力、水资源等要素保障工作，努力优化经济发展环境。六要在推进协调发展、加快构建海岛和谐社会方面有新进展。加快具有海岛特色的城市化建设，全面推进新渔农村建设。着力保障和改善民生，加大教育、文化、卫生、就业、社保等方面的工作力度。创建国家卫生城市、全国文明城市，提高市民文明素质。不断深化“平安舟山”、“法治舟山”建设。加强资源节约和环境保护，大力开展节能减排降耗工作。要通过以上“六推六快”，聚焦和抓住制约我市科学发展的重点、难点问题，攻坚克难，破解突出矛盾，促进我市经济社会又好又快发展。

三、开展“解放思想、创业创新”大讨论活动的方法、步骤

这次大讨论活动，分三个阶段进行。三个阶段的内容要环环紧扣，融会贯通，把解放思想、创业创新贯穿于活动的全过程，务求取得实实在在的效果。具体步骤如下：

（一）学习发动阶段（4月份）。主要任务是抓好组织发动，加强学习和宣传，营造解放思想、创业创新的强大舆论声势和良好社会氛围，为整个活动奠定思想基础。各地、各单位要按照市委的统一部署，结合自身实际，制定活动方案，成立相应领导机构，广泛动员和宣传，在全市掀起解放思想、创业创新大讨论活动热潮。

（二）讨论查找阶段（5月份）。主要任务是开展调查研究和讨论交流，以科学态度着力查找在思想观念、改革创新、科学发展等方面存在的突出问题。各地、各单位要认真查找差距和不足，围绕解决存在的主要问题开展集中大讨论，进行分析梳理，并为下阶段提出整改意见做好准备。

（三）整改落实阶段（6月份）。主要任务是集中提出并落实解放思想、改革创新、科学发展的政策、措施、办法、手段，推动我市今年经济社会又好又快发展。各地、各单位针对讨论查找阶段查找出的问题与差距，提出具体的对策、措施、办法、手段。

四、开展“解放思想、创业创新”大讨论活动的组织领导

各地、各单位要把大讨论活动作为今年一项重大工作，精心组织，周密安排，抓好落实。

（一）切实抓好组织领导。市委成立大讨论活动领导小组和办公室，负责活动的组织领导和协调。各地、各单位由主要负责同志负总责，并明确分管领导具体抓。

（二）领导率先带头参加。市、县（区）几套班子和领导干部要争做解放思想的模范、争做创业创新的模范，以身作则，把自己摆进去，带头参加大讨论活动。县（区）委和市属部门“一把手”要重点抓好科以上干部的大讨论活动。各地、各部门党组织要一级抓一级，一级带一级，层层抓落实。

（三）不断强化舆论引导。宣传部门要制定详尽的宣传方案，对每个阶段的新闻宣传认真谋划，开设专栏、专题，拿出重要版面和时间，利用各种宣传手段，集中力量对大讨论活动进行全方位宣传报道，不断掀起宣传高潮，形成强大声势，营造浓厚氛围，在全市上下形成解放思想、创业创新、科学发展的生动局面。

（四）全面加强检查指导。各地、各单位党组织要切实加强对大讨论活动的指导和检查，及时掌握进展情况，督促各项工作的落实。市委将适时派出督查组对各县（区）和市属各单位的活动开展情况进行督查。各级督查组要认真履行职责，加大督查力度，检查了解活动开展情况，及时发现问题，督促解决问题，防止形式主义和走过场。

各县（区）委和市属各部门、各单位党委（党组）要把开展大讨论活动情况及时向市委作出书面报告。

中共舟山市委
二〇〇八年四月八日

中共舟山市委
关于深入学习实践科学发展观
加快海洋经济发展推动经济转型升级的决定

（2008年10月27日市委五届四次全体会议通过）

舟委〔2008〕16号

为全面贯彻落实党的十七大、十七届三中全会精神和省委“两创”总战略，深入实践科学发展观，加快海洋经济发展，推动经济转型升级，特作如下决定。

一、加快海洋经济发展、推动经济转型升级的总体要求、主要目标

（1）重大意义。加快海洋经济发展、推动经济转型升级，是我市贯彻落实科学发展观和省委“创业富民、创新强省”总战略的必然要求，是推进科学发展、率先发展、创新发展，在我省打造“港航强省”、建设“海上浙江”中发挥排头兵作用的迫切需要，是事关舟山经济社会发展全局紧迫而重大的战略任务。改革开放三十年来，特别是近几年来我市经济社会持续快速发展，为加快海洋经济发展、推动经济转型升级提供了坚实的物质基础和有益经验。但是我市经济总量过小、长期积累的素质性和结构性矛盾突出、科技创新能力薄弱的问题尚未根本解决，产业层次低、竞争力弱、人才短缺的格局没有根本改变。必须清醒看到，我市正处在经济社会发展的关键时期，国际国内发展环境正在发生一系列带有转折性、阶段性特征的新变化，当前和今后一个时期面临各种压力和挑战。为此，我们必须切实增强加快发展海洋经济、推动经济转型升级的紧迫感、责任感，按照科学发展观的要求，牢牢把握发展机遇，以更大的气魄、更宽的视野、更高的标准、更新的思路、更有力的措施，不断增强海洋经济综合实力，积极探索具有舟山特色的科学发展之路。

(2)总体要求。以邓小平理论和“三个代表”重要思想为指导，深入贯彻落实科学发展观，坚定不移地实施省委“两创”总战略和市委“两创一促”总要求，围绕“四海”建设目标，大力推进海洋经济二、三、一产业协同发展，坚持重点产业加快发展、重点区域率先发展；坚持依靠科技进步、自主创新；坚持改善民生、促进社会和谐，推动经济社会又好又快发展。

(3)基本原则。在加快海洋经济发展、推动经济转型升级的具体工作中，要着力把握以下几个方面：一是扩大规模与提高内涵相结合。始终坚持发展是第一要务不动摇，抓住机遇，应对挑战，不失时机地加快科学发展、率先发展、创新发展，既要扩大经济规模，又要着力从外延增长向内涵增长转变，提高经济的质量和效益，把“好”与“快”统一到推动转型升级当中去。二是协同发展与突出重点相结合。科学把握现代产业发展趋势，坚持二、三、一产业协同发展，进一步深化和提升“以港兴市”、“工业强市”、“服务富市”，同时要突出重点产业加快发展，主攻临港工业和现代服务业，推动产业结构高级化进程。三是产业导向和集聚布局相结合。发挥规划的导向和布局作用，有重点、分层次推进优势、传统和新兴产业发展，提高产业准入门槛，严控低水平重复建设。优化生产力布局，形成产业集群发展、资源集约配置的格局，打造各具特色的产业集聚区，促进重点区域率先发展。四是投资驱动与创新驱动相结合。要把加快海洋经济、推动经济转型升级的动力从以单一的投资驱动为主努力转到投资驱动与创新驱动双重驱动为主上来，既保持投资强度，狠抓项目推进和招商选资，又花大力气推进海洋科技创新和体制机制创新、管理创新，增强发展活力。五是政府主导与企业主体相结合。既要充分发挥政府主导作用，优化配置公共资源，加大政策引导和支持力度；又要充分发挥企业的主体作用，引导企业自觉走转型升级之路，按照市场需求调整优化发展战略和生产经营策略，优化产品结构，增强市场应变能力和竞争力。六是转型升级与改善民生相结合。统筹转型升级与改善民生工作，在发展经济的基础上，更加注重解决民生问题，真正做到发展为了群众、发展依靠群众、发展成果由群众共享。

(4)主要目标。近中期具体目标，要与“十一五”规划和市五次党代会确定的目标保持一致，中长远的战略目标要与三大战略定位相一致：

——形成中国重要的国际性海上开放门户。“以港兴市”战略得到全面实施，深水港资源得到深度开发，金塘集装箱泊位群基本建成，大宗货物的加工贸易增值功能有效突破，舟山港域全方位、宽领域开放，现代航运物流产业比较发达，成为东北亚重要的集装箱中转港和长江流域大宗货物枢纽港，港、城一体化格局形成，港口对全市经济的拉动作用大幅提升。

——形成国内一流的现代化海洋产业基地。形成较为完备的海洋服务业、海洋工业、海洋渔业等现代海洋产业组织和分工体系，形成船舶修造、船舶配件、海洋工程、水产精深加工、海洋生物、海洋制药、港口物流、航运、海洋旅游等特色产业群，区域分工和产业布局趋于合理，重点区域和经济强镇作为海洋经济转型升级的主战场作用显著增强，培育出一批具有超大规模、高端技术、领航优势的龙头骨干企业，海洋经济的综合实力、国际竞争力和可持续发展能力在全国处于前列。

——形成全国独特的群岛型港口宜居城市。城市一体化、中心化、个性化、生态化发展进程加快，初步形成分工合理、功能完备、适应群岛型地理特征的现代化城市体系。新城初步建成全市的经济中心和现代化中心城区，定海、普陀老城得到个性化的发展，新渔农村建设融入城市发展整体，城乡基础设施和公共服务初步达到一体化，节约资源和保护环境取得重大进展，海洋资源利用效率大幅提高，节能减排任务顺利完成，建成全国最佳宜居城市之一。

二、优化产业结构，构建现代海洋产业体系

(5)加快发展现代服务业。加快发展具有海洋特色、体现舟山优势的现代服务业，打造省内一流的海洋服务业基地。大力推进港口物流业，坚持集装箱和大宗货物物流并举，提升我市港口发展层次和能级，加快金塘集装箱码头项目建设，高起点规划建设金塘物流园区，继续巩固和发挥大宗货物水水中转优势，抓好一批重大散货码头项目建设，花大力气提升大宗货物港口物流的附加经济价值，打造大宗货物交易加工基地和集散中心，积极探索矿砂、石油、煤炭、化工品在本地进行贸易的方式，着力增加地方税收。依托港口优势，以国际物流为重点，以提高服务水平、降低物流成本、提升物流增值链为核心，大力推进现代物流业发展，将舟山建设成为以水水中转和陆岛联运为特色的综合物流基地。做大做强航运业，充分发挥舟山港口优势，把港口项目建设与航运发展有机结合，以港养航、以港促航，扶持培育航运龙头企业，鼓励国资等本地企业以入股形式参与港口项目建设，取得国内二程运输份额，突破国际一程运输空白，实现由国内航运向全球航运的跨越。争取我市货主码头的附属配套航运企业和远洋船队注册舟山，切实提高舟山在港口发展中的利益分配。积极发展港航配套服务业，在新城建设港航综合商务区，加快船舶融资、航运交易、海事会展、海事法律、航运咨询等业务发展，使舟山港航产业链内容更完整、服务更完善、效益更明显。深入发展海洋旅游业，以佛教和海洋文化为特色，以发展休闲度假旅游为核心，以旅游金三角区块为主线，以精品项目为支撑，提升我市海洋旅游品位。要充分利用普陀山品牌效应，在朱家尖打造海洋休闲度假核心区块、旅游集散中心。大力培育文化、体育产业，发展具有舟山特色的文化与旅游融合互动的演艺影视业、文化创意业、艺术品制造业，发展以海洋文化为题材的时尚创意、动漫、网络游戏等数字产业。积极承办国际国内滨海体育赛事，建设体育休闲公园。着力发展信息、科技服务业，建设舟山市软件与创意产业园区，发展以电子商务平台、物流平台等为切入点的网络增值服务业，发展与优势产业相衔接的港口物流、数字造船、航运服务、旅游营销等应用软件、嵌入式软件和网络服务业。努力发展特色商务会展业，力争成为长三角重要的船舶、海事、旅游、渔业会展中心。积极发展金融业，规划和发展新城金融集聚区，加大金融机构引进力度，积极培育地方法人金融机构，加快推进企业上市步伐。大力发展总部经济、楼宇经济，积极促进房地产业健康稳定发展。改造提升传统商贸业，运用信息技术和现代经营方式建设全国一流的水产交易市场，培育壮大以水产、船舶配件、油品、粮食、煤炭、钢材、旅游商品为主要品种的临港贸易业，发展精品购物和特色商业街区。

(6)大力推动临港工业优化升级。走新型工业化道路，建设具有舟山特色的先进临港工业基地。做大、做强、做精船舶工业，打造结构优化、组织高效、技术先进、布局合理的国际上有重要影响的船舶工业基地。加快推进一批具有国内外先进水平的船舶修造和海洋工程项目，建成一批百亿级的船舶企业集团。积极应对全球船市变化，严格限制低水平重复建设，防止在低端造船市场上的过度竞争。着力拉长船舶工业产业链，加快发展核心零部件、低速柴油机等一批高科技配套产品，做大做强船配工业园区，提高本地配套率。推动水产品加工业转型升级，引导水产企业不断开发有竞争力的精深加工产品，着力研发海洋生物、医药产品，鼓励企业之间开展各种形式的联合，加快水产加工业整合提升，培育一批龙头企业、特色企业。积极稳妥发展临港石化产业，注重规划，科学选址，着力引进国内外高端的知名石化大企业。积极发展大进大出的港口加工业，发挥港口物流的低成本优势，打造大宗货物加工基地。培育再生能源、海水淡化、重型装备制造等临港新兴工业。

(7)积极发展现代渔农业。按照发展高产、优质、高效、生态、安全现代渔农业的要求，加快转变渔农业发展方式，以市场需求为导向、科技创新为手段、质量效益为目标，构建现代渔农业产业体系，增强渔农业抗风险能力、国际竞争能力、可持续发展能力。大力推动渔业结构战略性调整，实施现代渔业“十百千万”工程，打造一支现代化捕捞船队，提高渔业生产率，促进健康养殖业，扶持和壮大远洋渔业。大力发展高效、节水、生态农业，提高农产品质量安全水平。扶持发展休闲渔农业，培育一批海岛特色浓郁、品位档次较高的“渔农家乐”基地。加快构建以公共服务机构为依托、合作经济组织为基础、龙头企业为骨干、其他社会力量为补充，公益性服务和经营性服务相结合、专项服务和综合服务相协调的新型渔农业社会化服务体系，加强渔农业基础设施建设，因地制宜推进渔农民转产转业，加大对渔农民技能培训力度，引导渔农民大力发展二、三产业，促进增收致富。

三、优化需求结构，形成投资消费出口协调拉动的新格局

(8)发挥投资对转型升级的促进作用。坚持大投入、大产出、大发展，实施重大项目建设行动计划，抓紧排出一批事关经济社会发展全局的重大项目，积极予以组织推动。千方百计加快在建、在批项目的推进力度，积极做好向上报批、拆迁安置、要素配套等各项工作，强化项目前期工作。全力推进招商选资，强化以商招商和产业链招商力度，主动对接国内外大公司、大集团，以现代服务业和临港工业为主，大力引进对产业升级具有重大带动作用的大项目，吸引已引进骨干企业的后续性投入和扩张，在舟山布局高端产业。优化投资结构，充分利用规划、土地要素配置、技术和环境标准等手段，引导和推动社会资金投向现代海洋产业、重大基础设施和社会民生项目，重点支持符合产业升级、节能环保和改善民生要求的投资项目，严格控制资源消耗大、污染重、效益低以及低水平重复建设项目。

(9)重视强化消费拉动。顺应市场变化和消费结构变化，鼓励企业积极调整产品市场结构，千方百计开拓国内市场。特别要大力开拓水产品消费国内市场，积极搭建相关服务平台，鼓励水产企业在国内大中型城市设立专卖店、连锁店等形式的销售网络，用高质量的产品来开拓和占领国内市场。要大力开拓旅游消费市场，加强与上海世博会的各项旅游对接工作，扩大舟山旅游的品牌影响力，赢得更多的国内外旅游市场份额。稳定消费预期，增强消费能力，占领、扩大本地各类消费市场。

(10)转变外贸增长方式。进一步优化进出口商品结构，提高船舶等出口产品的档次和附加值，转变出口模式，靠品牌、技术、知识产权提高市场占有率。积极争取更多的邮轮挂靠舟山港域，发展国际邮轮产业。积极开拓港澳台地区贸易，利用两岸直航契机，加大对台湾市场的开拓，大力发展对台经贸合作。

四、优化空间布局结构，推动重点区域率先发展

(11)推进城市的集约化进程。以新城为核心和龙头，实现本岛城市各组团的合理分工，构建群岛型的城市网络体系。加快新城经济功能培育，发展以港航服务业为主的楼宇经济、总部经济，推进港航综合商务区、海天广场、滨海商务配套服务带三大功能区块建设，吸引大型企业集团总部或地区分部入驻，建成现代服务业中心和全市经济中心。引导定海和沈家门城区依托产业基础和历史文化，形成特色，增强功能。进一步优化主要大岛城镇产业和生活空间布局。加快推进城乡规划、基础设施建设、公共服务等一体化进程，促进公共资源在城乡之间均衡配置、生产要素在城乡之间自由流动，推动城乡经济社会发展融合，打造高品位特色之城。

(12)加快重点产业区域发展。按照海洋经济基地化建设的要求，引导企业向产业带集中，向园区集聚，引导关联企业集聚发展，促进要素有效保障、资源集约利用。把本岛北部工业园区建设成临港先进制造业和海洋高新技术产业的集聚区；进一步深化金塘、六横管理体制改革，完善市级经济管理权限和相关政策配套，把金塘、六横分别建设成为集装箱物流基地和临港产业基地；深度发挥普陀山的龙头辐射效应，加快朱家尖整体开发，打造一流的海洋旅游目的地体系；以培育特色块状经济为重点，加大对衢山、洋山等乡镇的支持力度，扶持经济强镇加快发展，带动周边渔农村发展。

(13)实施新一轮基础设施"登陆连岛"工程。积极构筑对接大桥经济的大空间、大平台、大格局，加强要素综合配置，推进交通、水、电的新一轮"登陆连岛"工程，为转型升级提供支撑。加快连岛大桥建设进度，抓好大桥接线公路和各项配套工作，加快对接大桥的综合交通网络建设，确保大桥明年顺利全线通车。积极推进六横——穿山疏港公路、舟山北向疏港公路、朱家尖大桥复线工程等项目前期和建设进度。抓紧做好大陆引水二期工程各项工作，推进岱山至舟山本岛、大陆至金塘和六横引水项目前期和建设进度，在一批经济强镇和缺水海岛布局建设海水淡化项目。加快推进220KV大陆联网工程、舟山发电厂二期扩建工程、六横煤电一体化项目，积极稳妥发展风力发电。

五、坚持改革创新，增强经济转型升级的动力和活力

(14)增强海洋科技自主创新能力。进一步抓好省海洋开发研究院建设，申报部省共建海洋科技创新服务平台。强化与中国海洋大学、浙江大学、中科院海洋研究所等名院大校的合作，积极发挥浙江海洋学院的科研力量，集聚省内外海洋科技资源，推进重点科研院所及大型企业在舟山建立研发中心、孵化器、中试基地、产业化基地。在北部新港工业区规划建设市本级高科技创业园区，着力培育各类科技型企业，加快发展海洋高新技术产业群。落实各项科技创新政策，鼓励以企业为主体开展科技创新活动，充分发挥骨干企业在自主创新上的引领者作用。强化人才是第一资源理念，制订完善人才规划，创新人才工作政策。抓紧培养和引进海洋经济发展急需的各类高层次人才，实施大规模的实用技术人才培养工程。高度重视知识分子工作，增加人才工作投入，优化人才工作环境，充分调动各类人才的创业创新积极性。

(15)积极推进体制、机制创新。贯彻落实党的十七届三中全会精神，加大渔农村改革创新力度，积极创新渔农业经营体制，提高渔农业组织化程度。稳定和完善农村基本经营制度，健全严格规范的农村土地管理制度，以多种形式流转土地承包经营权。继续深化国有和国有控股企业改革和战略性调整，引导企业加快建立现代企业制度。完善落实促进非公有制经济发展的政策举措，支持民营经济大发展、大提高。推进资源要素配置市场化改革，建立健全反映市场供求关系、资源稀缺程度和环境损害成本的生产要素和资源价格形成机制。要创新行政管理体制机制，着力转变职能、理顺关系、优化结构、提高效能，形成权责一致、分工合理、决策科学、执行顺畅、监督有力的行政管理体制。要健全政府职责体系，完善公共服务体系，推行电子政务，强化社会管理和公共服务。加快推进政企分开、政资分开、政事分开，规范行政行为，简政放权，减少和规范行政审批，减少政府对微观经济运行的干预。

(16)不断提升对内对外开放水平。以促进海上开放门户建设为目标，积极争取和加快建立适应舟山海洋经济发展要求的涉外经济管理体制和运行机制，推进金塘、六横两岛开放和重大项目所在地的口岸开放工作，争取适合舟山港域特点的口岸监管模式，加强大通关能力建设。加强与上海、宁波、杭州等重点城市和东南沿海、长江沿线城市的紧密型合作，拓展经济腹地，实现优势互补，错位发展。

六、建设资源节约型和环境友好型社会，提高城市宜居程度

(17)强化环境保护和生态建设。抓好重点区域、重点行业和重点企业的节能减排工作，全面完成节能减排各项任务。加强绿色生态舟山建设，提高森林覆盖率和城市绿化覆盖率，强化海洋生态环境保护，建立全社会资源节约体系。提高土地、岸线节约集约利用水平。做好土地利用总体规划修编，推进滩涂围垦、盐田废转和建设用地复垦，盘活存量建设用地。按照"浅水浅用、深水深用、良港优用"原则，科学开发利用和保护岸线资源。

(18)提高城市宜居程度。坚持以人为本，努力提高社会文明度、公共安全度，提升宜居城市宜业、安居的品质。要加强意识形态工作，弘扬舟山城市核心价值观，创建全国文明城市和国家卫生城市。要做好保障民生工作，加快全民创业致富，健全社会保障体系，加快发展教育和卫生医疗事业。要深化"平安舟山"、"法治舟山"建设，全面推行"网格化管理、组团式服务"，建立维护社会稳定的长效机制。

七、加强对加快海洋经济发展，推动经济转型升级的组织领导

(19)充分发挥各级党委、政府的领导保障作用。各级党委要把解放思想贯穿于加快海洋经济发展、推动经济转型升级的各个方面，牢固树立全市一盘棋思想，破除狭隘的局部观念，增强发展空间、思路的全局性、协调性，要坚持把落实科学发展观的理念、能力和实绩作为选人用人的重要标准，大力加强以思想政治建设为核心、以"创业创新，敢于负责、敢于碰硬、敢破难题、敢担风险"为主要内容的领导班子建设，把各级领导班子建设成为善于推进经济转型升级的领导核心。要加强组织协调，建立健全目标责任制度、协调和督查考核制度，确保转型升级各项目标任务落到实处。要充分发挥各级政府的职能作用，全面推行依法行政，进一步转变政府职能，营造以企业为中心的发展环境、以项目为中心的投资环境以及以提高人的素质为中心的创业创新环境，努力营造公平、公正、透明、竞争的市场秩序。要支持人大及其常委会依法履行职能，发挥政协参政议政、建言献策等作用,凝聚各方力量推动转型升级。要充分发挥人民团体和协会的作用,引导鼓励广大科技工作者和社会各行各界人士,围绕推动经济转型升级开展各具特色的创业创新活动。

(20)充分发挥政策的激励、扶持作用。要完善财政政策,最大限度地发挥财政资金的杠杆作用,扶持港口物流、航运、涉港涉航服务业、旅游、文化创意等现代服务业发展。要完善落实税收扶持政策,最大限度地用好有关的税收优惠政策。制定实施有利于高层次人才集聚的政策。完善落实价格引导政策,加快建立能够反映污染治理成本的排污价格和收费机制。

(21)充分发挥企业的主体作用。运用市场"倒逼"机制,促进企业主动走依靠科技进步、管理创新、节能减排的转型升级之路。大力扶持"旗舰型"企业,启动实施"旗舰型"企业"苗子工程",培育一批在海洋经济各行业中起领航作用的龙头骨干企业。重视企业家队伍建设,关心支持企业家,完善激励机制,培养和造就一支开明开放、敢闯敢冒、守法守信、创业创新的企业家队伍。

(22)充分发挥宣传舆论的引导作用。各级宣传部门要组织广播电视、报刊杂志、互联网等新闻媒体,广泛宣传加快海洋经济发展、推动经济转型升级工作的重要性,把广大干部群众的思想统一到市委的决策部署上来;广泛宣传科学发展的先进理念、新知识,大力倡导节约能源资源和保护环境的增长方式和消费模式;广泛宣传各地、各部门加快海洋经济发展、推动经济转型升级的成功做法和先进典型,形成正面舆论声势。要不断拓展转型升级宣传舆论工作的思路,创新宣传舆论的方式。要通过强有力的舆论引导,使深入学习实践科学发展观,加快海洋经济发展、推动经济转型升级的要求深入人心,成为广大干部群众的自觉行动,为加快海洋经济发展、推动经济转型升级营造良好的舆论环境,奠定坚实的思想基础,提供强大的精神动力。

各地、各部门要根据本《决定》,抓紧研究制定落实《决定》的实施办法和政策意见。

中共舟山市委

舟山市定海区人民政府关于进一步加快海运业发展的若干意见

定政发〔2008〕17号

各乡镇人民政府、街道办事处,区政府各单位:

为进一步加快我区海运业持续、健康发展,做大做强我区海运业,促进我区经济又好又快发展,特提出如下意见:

一、海运业发展的总体目标

到2012年全区海运业规模确保达到120万载重吨,力争达到180万载重吨。培育自有运力20万载重吨以上企业1家,10万载重吨以上企业2家,5万载重吨以上企业5家,3万载重吨以上企业15家,初步形成一批具有较强竞争能力、较高技术和管理水平、较大规模的海运、物流企业。积极建立适应海洋经济发展的管理服务政策,提高海运业竞争能力,促使海运业向规模化、专业化、现代化发展,做大做强定海区的海运业。

二、促进海运业发展的政策措施

(一)实施财政、税收扶持政策

设立区扶持海运业发展专项资金。从2008年起,区政府每年安排专项资金用于扶持海运业发展。

1. 实施海运业对地方财政贡献的奖励政策

(1)实体型海运(含工程船、拖船)企业。对落户我区的实体型海运企业,其当年对地方财政贡献额:超过10万元(不含)在150万元(含)以内的,超过部分给予45%的资金奖励;超过150万元在250万元(含)以内的,超过部分给予55%的资金奖励;超过250万元的,超过部分给予65%的资金奖励。

(2)单船(含工程船、拖船)和服务型海运企业。注册在我区的500载重吨以上(含)的单船和服务型海运企业,其当年对地方财政贡献额:超过3万元(不含)在50万元(含)以内的,超过部分给予50%的资金奖励;超过50万元在100万元(含)以内的,超过部分给予60%的资金奖励;超过100万元的,超过部分给予70%的资金奖励。

奖励资金的20%统筹用于充实海运企业转贷基金,并按充实额的10倍给予转贷,但单个企业的统筹额上限为100万,单条船的统筹额上限为20万,达到上限时不再统筹。若企业(船只)在我区落户时间不足5年的统筹资金只享受分红不返还本金;落户时间超过5年的,统筹资金既可享受分红也可返还本金。

2. 实施鼓励海运船舶更新、扩大运力的扶持政策

鼓励海运业做大做强,对购建新船并注册我区的,在投入使用一年后的政策兑现期,根据载重吨位给予一次性奖励补助。

(1)实体型海运企业

新增0.5万(含)—2万载重吨普通货船,0.25万(含)—1万载重吨油船,0.15万(含)—0.35万载重吨化学品、液化气船,350TEV(含)—1000TEV的集装箱船,按

企业当年净增载重吨给予每载重吨15元的一次性奖励。

新增2万(含)载重吨以上普通货船,1万(含)载重吨以上油船,0.35万(含)以上载重吨化学品、液化气船,1000TEV(含)以上的集装箱船,5000马力以上的拖船,按企业当年净增载重吨给予每载重吨(拖船每马力)20元的一次性奖励。

通过融资租赁方式,新增1万(含)载重吨以上普通货船,0.5万(含)载重吨以上特种船舶,给予融资额0.5%的贴息,贴息资金在船舶投入使用一年后,分两次在两个政策兑现期内各兑现50%。

(2)单船。新增0.8万(含)—1.5万载重吨普通货船,0.4万(含)—0.8万载重吨油船,0.15万(含)—0.25万载重吨化学品、液化气船,400TEV(含)—800TEV集装箱船,给予每载重吨10元的一次性奖励。

新增1.5万(含)载重吨以上普通货船,0.8万(含)载重吨以上油船,0.25万载重吨以上化学品、液化气船,800TEV(含)以上集装箱船,8000马力以上的拖船,给予每载重吨(拖船每马力)15元的一次性奖励。

3. 实施规费优惠政策

对新引进并在定海区注册的海运企业,自有运力总规模在0.5万(含)—1万载重吨的,在实际营运次年起3年内规费每年按10个月计算,超过部分财政予以全额奖励;自有运力总规模在1万载重吨(含)以上或特种运输船舶自有运力总规模达到0.5万载重吨以上,按《浙江省海运企业净增运力水路运输管理费用专项补助管理暂行办法》实行规费优惠。

4. 实施税收优惠政策

(1)海运企业发放的合理工资,允许按实计入成本在缴纳企业所得税前扣除。

(2)海运企业如遇严重自然灾害,纳税有困难的,经税务机关批准,企业当年所得税可视情况给予减征或免征。

(3)对海运企业的运输船舶可实行加速折旧的办法,具体办法按税务机关相关规定执行。

5. 实施鼓励海运企业培育、引进职务船员和吸纳农渔民转业船员政策

(1)实体型海运企业培养、引进持丙类及以上船长、大副、二副、三副及轮机长、大管轮、二管轮、三管轮等证书的高级职务船员,与企业签订三年以上劳动合同,分别给予企业每人2000元、船员每人1000元的一次性培训费补助。

(2)实体型海运企业或单船,安置已参加各类船员培训并取得相应资格证书的定海区农渔民,雇用关系在1年以上,并为其缴纳社保费用的,分别给予企业2000元/人及农渔民转业船员300—800元/人的一次性培训费补贴。

6. 实施其他财政扶持政策

(1)对积极吸引单船挂靠、对挂靠单船进行规范管理、为挂靠单船提供相应服务的服务型海运企业,其年地方财政贡献额在30万元(含)以上的,给予每年2万元的管理服务费补助。

(2)鼓励海运企业与生产企业、营销企业的合资合作,促进生产企业、营销企业的运输业务从本企业分离后向专业化的海陆运企业转移;鼓励海运企业与陆运企业、仓储企业的联合重组,促进海运企业由单纯的承运企业向物流经营企业发展。海运企业实施上述合作重组的,一次性奖励5万元。海运企业由单纯的承运企业向物流经营企业发展的,区政府积极创造条件为其提供物流业发展用地。

(3)鼓励单船转变为实体型海运企业。对由单船转变为实体型海运企业的,转变当年即可给予享受实体型海运企业的所有扶持政策,实体型海运企业与单船的政策差额,在企业营运一年后的政策兑现期内给予兑现。

(4)鼓励海运企业节能降耗,对能耗水平明显低于同行业平均水平的海运企业,经企业申报相关部门认定后,给予2万元的奖励。

(二)实施金融、保险扶持政策

1. 政府积极引导金融部门加大对海运企业的支持力度。引导金融部门为我区海运企业提供有效的、低成本的融资渠道。各商业银行要针对海运企业资金周转的特点,调整信贷结构,专门安排扶持海运企业发展专项贷款额度,在信贷政策、利息优惠上给予支持。具备条件的保险公司以适当形式,为银行的海运企业贷款业务提供一定程度的保证,并在保监会规定的标准保费的基础上,统一给予30%的费率折扣优惠,同时提供各类保险业务咨询、服务。

2. 区政府扶持海运协会建立海运企业转贷基金和海运业专业担保机构,为落户我区的海运企业提供转贷资金,重点为年纳税额100万元以上的海运企业提供贷款担保。

(三)实施重点海运企业培育政策

为支持海运企业做大做强,区政府每年一次对重点培育海运企业进行认定。重点培育企业实施动态管理,当其不符合认定条件时,从次年起不再享受重点培育企业的特殊优惠政策。

重点培育海运企业认定条件为:企业运力规模为干散货船注册运力3万(含)载重吨以上(特种货物运输船可按1∶2折算为散货船载重吨位),且年营业收入在5000万元以上,财务核算规范。

重点培育海运企业除享受有关海运业的各项优惠政策外,还可享受以下扶持政策:

1. 实施重点培育海运企业区领导直接联系制度。对被认定为重点培育海运企业的,明确一名区领导为联系人,实行区领导直接联系制度。同时明确区海陆运管理办公室为重点培育海运企业的直接联系部门,组织医疗机构为重点培育海运企业主要经营者提供医疗服务,定期组织体检,建立健康档案。在定海区职能范围内为重点培育海运企业主要经营者子女就学等方面提供便利。指导各乡镇(街道)做好重点培育海运企业的党组织管理、先进推荐等工作,并为重点培育海运企业投资者提供适当的参政议政渠道。

2. 实施重点培育海运企业特殊扶持政策。为鼓励重点海运企业快速扩张,提升档次,区政府在企业兼并、上市、融资、担保等方面提供政策支持。对重点海运企业当年地方财政贡献额超过350万元的,超过部分给予80%

的财政奖励。

3. 区政府创造条件优先为其提供优惠的企业办公用房。

三、营造海运企业发展的良好环境

（一）区政府单独成立海陆运管理办公室（挂在区交通局），作为我区海、陆货物运输企业的业务主管部门，做好海运企业的服务和管理工作。

（二）政府支持海运协会积极发挥行业管理、组织协调、公共服务等方面的职能。鼓励协会在信息化平台建设、人才培训、政策咨询、船员中介、金融保险等领域为海运企业提供社会化服务。

（三）每年组织一期海运企业培训班，邀请法律、港务、海事、税务、证券、保险等相关专家授课，不断提升我区海运企业经营管理层的综合素质。

（四）建立海运业发展联席会议制度，区政府每年不定期召开发改、财政、税务、交通、海事、港航、人事劳动与社会保障、金融、保险等部门及有关乡镇参加的海运业发展联席会议，集中协调解决海运企业发展过程中出现的税务征管、融资、行业管理、公共服务、招商引资等各方面的问题，为企业发展营造良好的环境。

（五）设立招商引资奖励专项资金。对引进2万载重吨以上实体型海运企业的实际引进人，在企业落户一年后，按1元/载重吨给予一次性的招商引资奖励（不包括机关事业单位工作人员）。

（六）各乡镇（街道）、交通、港务、航管、海事及区属有关职能部门，在各自的职责内，为海运企业办证、审批设置绿色通道，降低和减少各种收费，提高服务质量和工作效率，为海运企业发展创造条件。

（七）乡镇（街道）、部门支持海运企业发展工作，列入区委区府对乡镇（街道）、部门的考核内容。

四、附则

（一）本意见适用范围：注册在定海且税收归属定海区财政的海运企业、船舶。

（二）本意见所指的对地方财政贡献额包括：营业税、城建税、企业所得税（单船为缴纳的个人所得税）地方留成部分。

（三）对有特殊需要的重点培育海运企业，经区政府同意后，可以实行“一企一策”。

（四）本意见自2008年1月1日起实施，一年兑现一次，落户不足一年的不予兑现。

（五）本意见与以往政策不一致的，以本意见为准。若遇上级政策调整，本政策作相应调整。

（六）本意见由区财政局、区海陆运管理办公室负责解释。

定海区人民政府

二〇〇八年五月十二日

中共舟山市普陀区委　舟山市普陀区人民政府
关于加快服务业发展的若干意见

（2008年5月4日）

普委〔2008〕8号

为进一步贯彻落实《国务院关于加快发展服务业的若干意见》（国发〔2007〕7号）和《中共浙江省委、浙江省人民政府关于加快服务业发展的若干意见》（浙委〔2005〕18号）文件精神，全面加快我区服务业发展，推进服务业现代化建设，特提出如下意见：

一、充分认识加快服务业发展的重要性和紧迫性

改革开放以来，我区服务业取得了长足发展。但是，服务业的总体发展水平与新形势新任务的要求仍有较大差距。加快服务业发展是优化产业结构、提升产业层次的客观要求，既有利于进一步提升我区工业化和城市化水平，又有利于缓解资源要素和生态环境制约，实现经济增长方式的根本性转变。同时，加快服务业发展，又是增加就业岗位、缓解就业压力的重要途径；是改善人民生活、提高生活质量、促进人的全面发展的迫切需要；是贯彻落实科学发展观、确保我区经济社会更好更快发展的重要举措。当前，我区经济社会发展已进入新阶段，为加快服务业发展提供了新的动力和空间，要紧紧抓住这一重要战略机遇期，以更加积极的姿态，更加务实的措施，加快我区服务业发展。

二、加快服务业发展的指导思想和总体目标

（一）加快服务业发展的指导思想是：以科学发展观和解放思想、创业创新精神为指导，以扩大总量、优化结构、提升档次、拓宽领域、统筹发展为主线，以制度创新、科技创新和管理创新为动力，以市场化、产业化、社会化为导向，通过规划引导、政策扶持、技术创新、人才支撑、产业集聚、开放带动，加快发展现代服务业，改造提升传统服务业，全面提高服务业发展水平，努力构建“高增值、强辐射、广就业”的服务业发展体系，从而为推进普陀经济社会更好更快发展服务。

（二）加快服务业发展的总体目标是：到2011年，全区服务业增加值占GDP的比重达到45%以上，对地方财政的贡献率达到65%左右，从业人员占全社会从业人员的比重达到50%左右，现代服务业占整个服务业的比重达到50%以上，努力确保我区服务业总量和总体水平始终处于全市领先地位。

三、加快服务业发展的重点领域

（一）做大做强商贸流通业。运用网络信息技术和现代经营理念、现代流通方式，改造、提升传统商贸流通业。优化水产品、家私、建材、装饰等专业商品市场布局并提升其整体档次，不断增强市场辐射能力。鼓励企业以资本运作、管理技术或品牌效应为纽带，以直营连锁、自由连锁、特许加盟等方式，推进连锁经营。进一步完善以沈家门老城区为中心，以东港、勾山为次中心的普陀城区的"一心两翼"的城市商业格局。以社区服务、渔农村服务为重点，着力完善渔农村流通网络，并继续实施"千镇连锁超市、万村放心店"工程。不断加快六横、虾峙、蚂蚁岛和小干、马峙、鲁家峙等工业区域配套服务业建设。中央商务区、核心商业区、特色商业街区建设及改造要在错位经营、强化特色上下功夫，进一步调整经营结构，提升品位档次，完善功能配套。鼓励发展商贸会展业，推动商贸会展、会议设施等建设。到2011年底，全区社会消费品零售总额达到75亿元以上，努力把我区打造成全市重要的商贸流通业中心。

（二）加速发展现代物流业。以舟山国际水产城物流基地和泰莱水产品物流项目为突破口，构建水产品信息平台，完善现代物流手段，实现水产品受托、通关、配载、配送、查询、管理的全程信息化服务，营造一个产品辐射国际、国内市场，全国一流的水产品交易和集散地。依托普陀区位和港口优势，高起点建设物流基础设施和信息应用系统，继续支持海运业、集装箱货运业发展，加强物流通道建设。加快六横煤炭中转、凉潭岛铁矿砂中转、金润石化储运中转等项目建设，发展第三方物流，引进先进物流组织、技术和管理经验，壮大一批具有较强竞争力的物流产业群，使普陀成为长三角地区重要的原油、成品油、煤炭、化工、国际集装箱、大宗散货中转基地。到2011年底，全区海运业规模达到100万载重吨以上，集装箱货运车辆达到1000辆以上，厢式货运车辆总吨位达到4000吨以上，使全区的现代物流业发展水平得到显著提高，产业结构实现进一步优化。

（三）做精做特休闲旅游业。以打造"现代海洋休闲度假旅游基地"为目标，合理规划、有效整合、积极开发全区旅游资源。充分发挥我区特有区位环境、海岛生态和渔村风情等特色资源，抓好大众海钓游、海鲜美食游、海洋文化游、群岛海上游、度假会展游、渔农家乐游、佛教文化游七大主题特色游，建成沈家门渔港休闲旅游带、朱家尖海滨度假旅游区、桃花岛旅游度假区、鲁家峙旅游休闲服务区四大旅游功能区，形成东极、登步、白沙三个旅游辐射基地。依托沈家门"海鲜夜排档"，有效提升"中国海鲜之都"品牌优势。不断加强旅游基础设施建设，全力引进具有先进管理体系的四星级以上品牌酒店和经济型连锁宾馆企业，大力发展游艇经济，进一步完善旅游集散中心、区域性旅游交通枢纽站、旅游咨询服务中心、散客服务中心、旅游商品购物中心等建设，切实加快旅游标准化、国际化、精品化进程，着力打造普陀旅游发展新格局。到2011年底，创建5个"旅游强镇"、10个"旅游强村"、2个全国工农业旅游示范点，4A级景区2家、新增高星级酒店8家、全国百强旅行社2家、国际旅行社1家，全区年接待国内外游客突破1000万人次，实现旅游总收入80亿元以上，跻身全省旅游经济强区行列。

（四）扶持发展科教、文化服务业。加快区域性科技创新体系建设，发展研发服务、技术检测、技术交易和知识产权服务，推进科技创新和高新技术产业化。构建和完善多元办学、多形式培养人才的现代教育体系，提高教育水平，促进教育公平。加大公共培训平台建设力度，围绕"千万农村劳动力素质培训工程"和"暖人心、促发展"工程，大力开展渔农民转移和素质培训工作。优化文化产业布局和资源配置，加快普陀大剧院建设，合力打造一台海洋文化大戏，重点发展文化旅游业、文艺演出业、大众传媒业、工艺美术业、教育培训业、文化娱乐业等产业群。鼓励社会力量投资文化产业，创办文化企业，培育文化市场，形成政府投入与社会投入相结合的多渠道、多元化的文化投入机制。科学保护、合理利用历史文化遗产和民间民俗艺术，培育特色传统文化基地。积极扶持动漫产业、创意产业等新兴文化产业发展和周边衍生产品的开发。到2011年底，科教、文化服务业发展要迈上新的水平，并成为我区重要的支柱产业，具有一定国内外知名度的"海洋文化名城"地位基本确立。

（五）发展壮大信息服务业。加快高速、宽带、大容量的信息通信系统工程建设，积极推进政府、企业、社会公众信息资源的开发和利用，达到社会信息资源的充分利用和有效共享。面向社会构建多层次、宽领域、全方位的信息服务平台，全面提高信息服务的质量和水平。积极稳妥地加快电信服务、计算机应用服务、广播电视在线（传输）服务和信息咨询服务等新兴行业的发展，推进城市信息化进程，建设"数字普陀"。到2011年底，基本形成门类比较齐全的社会化、产业化、网络化、国际化的现代信息服务体系，并成为普陀经济发展新的重要增长点。

（六）大力发展金融服务业。大力引进股份制金融机构，积极争取设立地方性商业银行、金融控股公司、信用担保公司、保险公司等，建立完善的现代金融产业。规范担保、典当、调剂等行业在普陀经营和发展，鼓励区内金融保险机构开展服务产品的开发与推广。促进金融机构与服务业的交流合作，鼓励金融机构采取多种形式加大对服务业的信贷投入，构筑完善的服务业投融资体系。完善中小企业信用担保机制，支持中小企业融资担保和再担保机构的发展，畅通融资渠道。到2011年底，全区金融机构人民币各项存贷款年均增长15%以上，存款达到170亿元以上，贷款达到160亿元以上；用于服务业的贷款总额达到70亿元以上，占全区贷款总额的50%以上。

（七）稳步发展房地产业。优化房地产发展结构，科学规划、合理安排、有序建设高中低档商品房、经济适用房和廉租房。积极推进房地产开发和物业管理的分业经营，健全物业管理体制，提高物业管理水平，加快住宅产业现代化进程。大力推行节能型、环保型房地产项目建设，增加住宅开发的科技含量。积极引进国内外著名的房地产咨询、设计、物业管理公司，培育本地房地产企业，争创房地产优秀品牌。大力支持各类功能性商务商业地产项目开发，加快推进沈家门城区、东港片区、鲁家峙新区、浦西开发区等地写字楼、商务楼建设，吸引周边城市的企业总部落户和本地重点规模企业入驻，为服务业集聚发展拓展空间，推动"楼宇经济"、"总部经济"发展。到2011年底，努力形成"供需基本平衡、结构基本合理、标准基本稳定"的房地产发展格局，切实增强"海山普陀"的品牌优势。

（八）培育提升中介服务业。推进脱钩改制工作，加快各类中介机构与挂靠的政府部门相脱钩。大力引进国内外著名的会计、法律、咨询、评估、经纪代理、技术服务等中介服务企业，以先进的服务理念、手段和技术，提升我区中介服务业的整体水平。规范中介服务企业的执业行为，加强行业管理和信用建设，健全风险防范机制，提高企业竞争能力和服务质量。到2011年底，基本形成种类齐全、分布合理、运作规范的与我区经济社会发展水平相适应的诚信度高的中介服务体系。

（九）繁荣发展城乡社区服务业。积极探索符合城乡一体化发展要求的社区服务管理体系，运用市场机制创办养老、托幼、文化、健身、医疗、物业管理等各种便民服务业。以满足社区居民生活需求为目标，鼓励发展面向老年人、儿童、残疾人等特殊群体的专业化服务，面向社区居民的家政服务，面向社区单位的社会化服务，面向社会贫困户和优抚对象的福利服务。鼓励社会各界举办社区服务实体，倡导走"以服务养服务"、"以实业养事业"的良性发展道路。到2011年底，全区基本建立起新型的社会福利、社会保障和服务门类齐全的社区服务网络，基本实现困有所帮、难有所助、需有所应的城乡社区服务新局面。

四、加快服务业发展的保障措施

（一）加强组织领导。根据发展需要，及时调整区服务业发展领导小组，着力加强对各项工作的统筹协调，加快形成合力推动机制。建立由各乡镇（街道）、区属有关部门参加的服务业发展协调例会制度，每季度召开一次例会，加强对全区服务业发展的跟踪、监测和调研，及时协调解决发展过程中的难点、热点问题。各乡镇（街道）要明确有专门领导、专门部门、专职人员抓服务业工作，切实形成服务业发展区、乡镇（街道）上下联动，职能部门互相配合的工作新格局。

（二）重视规划指导。以城市发展总体规划、土地利用规划和"十一五"规划为依据，抓紧编制完善包括服务业总体发展规划、重点产业规划、重点区域规划在内的服务业发展规划体系，切实发挥规划在合理产业布局、集约利用资源、指导重要特色服务业区块发展和形成服务业组合优势中的作用，促进服务业实现合理空间布局，提升资源利用效率，提高系统运作质量。

（三）放宽市场准入。建立公开透明、管理规范的市场准入制度，打破行业垄断，允许各类资本进入法律未禁入的服务行业和领域，提高市场化程度。服务业同一行业的不同所有制企业在投融资、税收、土地使用和对外贸易等方面享受同等待遇。鼓励外资和非公有制经济，以灵活多样的形式在更广泛的领域参与我区服务业的发展。

（四）加快开放步伐。坚持"引强选优"原则，提高招商引资水平，积极引进境内外知名服务机构、大型公司落户我区，逐步形成具有综合竞争力的产业集群。对服务业招商引资有突出贡献的人员，可实行与工业招商引资同样的奖励政策。积极鼓励本地企业通过直接投资、品牌输出、企业购并等形式向外扩展，在更大空间配置资源，在更广范围组织营售，提高服务业发展的区域竞争力。

（五）加大政策扶持。整合、用好现有扶持服务业发展的各项优惠政策和资金，可以通过财政奖励、以奖代补、贷款担保等方式，突出抓好重点项目的引进、传统服务业的改造提升、新兴业态的推广运用、服务业功能区块的建设、各类紧缺人才的引进和培养等重点工作。有关职能部门要根据我区服务业重点领域和新兴行业的发展情况，定期公布上年度服务业资金补助情况，鼓励引导全社会投资发展服务业。

（六）实施品牌战略。开展服务业示范企业认定，对认定的不同级别的名牌企业，按照经营规模和贡献大小实行政策扶持及财政奖励。大力支持企业开展自主品牌建设，鼓励企业注册和使用自主商标。加大打击假冒商标、品牌的非法行为，切实维护知名品牌产品的合法权益。鼓励流通企业与生产企业合作，实现服务品牌带动产品品牌推广、产品品牌带动服务品牌提升的良性互动发展。积极引进国内外服务业知名品牌企业，实行资本合作、品牌授权合作、加盟连锁等经营模式。高度重视城市形象品牌创建，精心策划和运作标志性建筑、城市雕塑、文化旅游会展品牌等。扶持发展营业场所环境优美，霓虹灯、橱窗设计等富有特色的商业店铺。

（七）培育骨干企业。鼓励服务业企业突破所有制，行业和区域界限，通过合资、联合、并购等方式，实现资本扩张和资本重组，并倡导连锁经营和集团化、规模化发展，积极培植出一批规模大、实力强、科技含量高的服务业骨干企业和龙头企业。对重点服务业企业进行重点扶持，通过召开全区服务业大会，对服务业各领域评选出的先进企业进行表彰奖励。

（八）构筑人才高地。建立健全服务业人才信息库和人才服务机构，加快引进和培养现代物流、文化旅游、金融保险、信息技术、国际贸易、中介服务等方面的紧缺人才。切实解决好各类人才的住房、社会保障、子女入学、职称评聘等问题。充分发挥现有高等专业院校、中等职业技术学校及各类社会培训机构的作用，通过进修培训、职业培训和岗位技能培训等形式，发展各个层次、各种类型的服务专业教育。

（九）优化发展环境。充分发挥新闻媒体及其他宣传舆论阵地的作用，通过大力宣传服务业发展的重要意义、重大成果和先进典型，动员全社会共同关心和支持服务业的发展，形成发展服务业的良好氛围。加强诚信教育，建设信用监管、道德自律、舆论监督、企业参与的信用体系，形成“诚信为本、操守为重”的良好社会风尚。加强机关效能建设，进一步简化审批，优化服务，切实做到文明、规范、公平、公正执法。

（十）完善统计考核体系。制定出台能真实反映全区服务业发展特点及水平的统计指标体系和服务业统计制度，完善行业运行状况的监测系统、抽查方式和统计网络，增强服务业统计信息的发布内容和频率，为指导服务业发展提供准确依据。建立健全服务业发展目标管理考核体系，对取得突出成绩的单位和个人进行表彰奖励，大力推动全区服务业发展。

中共台州市委
关于实施“三个台州”战略 推进全民创业、全面创新的决定

（中国共产党台州市第三届代表大会第五次会议审议通过）

台市委〔2008〕3号

为深入贯彻落实党的十七大和省第十二次党代会精神，全面调动全市人民的创业激情，充分激发全社会的创新活力，掀起新一轮创业创新热潮，推进我市经济社会科学发展、和谐发展、率先发展，实现新的跨越，现就实施“三个台州”战略，推进全民创业、全面创新作出如下决定。

一、坚定不移地推进全民创业、全面创新

1. 推进全民创业、全面创新是台州实现新跨越的必由之路。党的十七大提出，坚定不移地推进改革开放，提高自主创新能力，建设创新型国家，实施扩大就业的发展战略，促进以创业带动就业，奏响了创业创新的主旋律，体现了发展的需要、民族的希望、人民的期盼。省第十二次党代会提出要坚定不移地走“创业富民、创新强省”之路，建设全民创业型社会、全面创新型省份，这是实践的总结、时代的要求、历史的必然。改革开放以来，勤劳智慧的台州人民发扬艰苦创业精神，走出了一条有台州特色的发展之路，创造了令人瞩目的“台州现象”，台州的发展史就是一部波澜壮阔的艰苦创业史和开拓创新史，创业创新是台州人民共同的实践总结和宝贵的精神财富。近年来，市委市政府高度重视创业创新之路的新探索和新实践，先后作出了工业立市、软实力建设、推进一体化、构建和谐台州、加快中心城市发展、推进生态市建设等一系列战略部署，提出了打造“长三角地区先进制造业基地、东南沿海现代化港口大城市和中国民营经济创新示范区”三张名片，极大地激发了全市人民创业创新的激情和活力。最近市委提出实施“三个台州”的重大战略，即：按照节约发展、集约发展、创新发展、统筹发展、可持续发展的原则，着力加快转变经济发展方式，努力构建有利于台州又好又快发展的动力机制，最大限度地提高区域生产要素的配置和产出效率，以最少的资源环境代价获取最大的经济社会效益，加快推进台州经济社会的转型升级，努力培育“内生台州”；充分发挥我市丰富的海洋资源优势，积极拓展新的发展空间，调整优化生产力布局，大力发展海洋经济，建设海洋经济强市，推动台州从内陆时代迈向陆海联动时代，努力打造台州新的重要增长板块，大力建设“海上台州”；树立跳出台州发展台州的理念，坚持大开放、大合作，走出去、引进来，在内外互动中获得更充足的资源要素和市场平台支撑，推动台州在更广领域和更高层次参与全球与区域经济的竞争与合作，积极开发“市外台州”。实施“三个台州”战略，这是市委深入贯彻落实十七大精神作出的重大战略部署，是对市三次党代会以来战略谋局的进一步深化和提升，是新一轮创业创新的主攻方向和奋斗目标。当前，我们正处于全面提升工业化、信息化、城市化、市场化、国际化水平的关键时期，这既是一个矛盾凸显期，更是一个重要的战略机遇期，我们面临着要素供给不足、环境承载力不强、体制机制弱化、区域竞争加剧等一系列新情况、新问题、新矛盾，要解决这些困难和问题，实现台州新的跨越，必须坚定不移地把实施“三个台州”战略，推进全民创业、全面创新作为科学发展观的内在要求，作为贯彻党的十七大和省第十二次党代会精神的根本任务，作为台州新跨越的内在动力和核心战略加以推进。

2. 推进全民创业、全面创新的总体要求。坚持以邓小平理论和“三个代表”重要思想为指导，深入贯彻落实科学发展观，实施“三个台州”战略，弘扬创业创新精神，培育创业创新主体，健全创业创新机制，完善创业创新政策，优化创业创新环境，激发创业创新热情，放手让一切劳动、知识、技术、管理、资本的活力竞相迸发，使一切创造社会财富的源泉充分涌流。全民创业，就是要推动城乡居民各尽其能、各得其所，形成“人人想干事、人人有事干、人人干成事”，“百姓创家业、干部创事业、能人创大业”的生动局面。全面创新，就是要不断解放思想，全面推进经济、政治、文化、社会和党的建设的各个方面的创新，增强发展活力和优势。全民创业是富民之本、成事之基，全面创新是发展之道、强市之源。创业是创新的前提，更是创新的强大动力；创新是创业的发展，更是创业的升华。要坚持把创业

和创新有机地结合起来，在创业中创新，在创新中创业，不断提升创业创新层次和水平。

3. *推进全民创业、全面创新的主要目标。*围绕打造“三张名片”，实施“三个台州”战略，建设全民创业全面创新型城市，努力把台州打造成为长三角地区创新活力最足、创业环境最佳、民富程度最高、社会和谐最好的城市之一。到2010年，培育一批大企业大集团，力争销售超10亿元的企业30家，超50亿元的企业10家，超100亿元的企业5家；培育2000万—1亿元的成长型中小企业1000家，超亿元的企业600家；力争每年新培育上规模企业500家；新增20家上市企业，200家上市后备企业，100亿元融资总额；每千人企业和个体工商户年均增长3%；新增就业岗位年均增长6%，农业就业占社会就业比重下降到20%以下，城乡居民经营性收入在可支配收入中的贡献率达到20%以上。全市拥有中国驰名商标（行政认定）15个，中国名牌产品30个；专利授权量累计4000件，省级以上高新技术企业265家，规模以上工业企业建立研发机构的比重超过50%，高新技术产业增加值占工业增加值的比重达到25%，技术进步贡献率超过50%；第三产业比重达45%；万元GDP综合能耗年均下降4.5%，主要污染物化学需氧量和二氧化硫排放量分别比2005年下降15%和15.1%以上；经济外向度达50%；城市化率达到60%以上。到2015年，全市生产总值是2007年的三倍，到2020年全市人均生产总值翻两番以上，发展质量明显提高，社会事业明显进步，人民生活明显改善，区域形象明显提升。

二、推进全民创业的主要任务

4. *培育创业主体，形成全民创业格局。*引导和激励企业二次创业、三次创业，发动能人引领创业，进一步做大做强规模企业；进一步加大中小企业的培育扶持力度，发展一批具有集群优势的“专精特新”中小企业；鼓励归国留学人员、高层次人才和科技人员创办民营科技企业和科技中介服务组织；进一步转变就业观念，倡导大中专毕业生开展“创业型就业”，鼓励城镇失业人员自主创业，引导农村富余劳动力和退役军人进城、进企务工创业；继续实施“零就业家庭”援助专项行动，创造条件帮助就业；鼓励外来务工人员创业，融入台州，成为新台州人；鼓励农民结合新农村建设，发展品牌农业、都市型农业、生态农业、观光农业，创办“农家乐”，就地就业。

5. *搭建创业平台，优化创业服务。*搭建创业项目平台，加强全民创业项目的搜集、筛选和规划，定期发布创业指导项目，为城乡居民寻找创业项目、就业岗位提供服务；搭建创业资金平台，加大全民创业的金融支持力度，举办银企洽谈会和为中小企业服务的金融产品展示会，积极推广“微小企业贷款”业务，拓宽中小企业、微型企业和个体工商户的融资渠道；搭建创业基地平台，推进各级孵化器、工业标准厂房、大学生创业园等小企业创业基地建设，树立一批示范性创业基地；积极搭建欠发达地区的发展平台，努力解决因区域功能和生态环境保护限制地区的发展问题；建设一批农村现代家庭工业集聚区，提升家庭工业发展水平；积极实施“灵活创业场所计划”，降低创业成本；支持工业厂房改造为广告、美术、设计、时尚、动漫等产业的创业场所，积极培育创意产业集群；坚持以人为本，推动城市人性化与科学化管理，通过开辟特色街区、早市夜市、跳蚤市场等形式，解决创业困难的中低阶层、弱势群体的就业生计等问题。

6. *强化创业教育培训，提升创业能力。*加强科普工作和科普基地建设，弘扬科学精神，宣传科学思想，普及科学知识，推广科学方法；加大投入，办好地方性高校，切实增强地方高校服务当地经济社会发展的能力；大力发展职业技术教育和成人教育，实行职业资格证书制度，着力培养技能型人才，特别是高技能人才；继续实施“百万农村劳动力素质培训工程”，到2010年使每个农户至少有1人接受1—2门实用技术或职业技能培训；开展对创业人员进行项目选择、资金筹措、风险控制、经营管理、市场营销等在内的创业培训，探索“创业培训、政府埋单”机制，鼓励社会各方面力量参与创业培训。

7. *完善创业政策，激发创业活力。*进一步拓宽创业领域，坚持“非禁即入、有需则让”原则，除法律法规明确禁止外，其他领域都要鼓励和支持民间资本无障碍进入，对政府已经投入的可由民间投资的项目，宜退则退；进一步放宽创业注册登记限制、经营场所限制、注册资本限制，简化程序，开辟绿色通道；依法鼓励设立各类创业投资基金，进一步加大创业活动的财政支持力度，市、县（市、区）两级每年从财政收入中提取一定比例设立“创业风险投资基金”和“创业计划专项资金”，采取无偿资助、创业投资和住房补贴等方式，支持大中专院校毕业生、青年科技管理人才和海外归来人才创业；有条件的县（市、区）由政府设立专项资金，对各类主体创业期间的登记类、管理类和证照类的各项行政事业性收费予以全额补助，并对创业贷款予以适当贴息；进一步落实好各项税收优惠政策，扶持下岗失业人员和残疾人就业，鼓励个人从事技术开发、技术转让和与之相关的技术咨询、技术服务。

8. *切实改善民生，共享创业成果。*坚持以人为本，始终把实现好、维护好、发展好最广大人民的根本利益作为全民创业的出发点和落脚点，努力使全体人民学有所教、劳有所得、病有所医、老有所养、住有所居，使发展成果惠及全体人民。坚持教育公益性质和优先发展原则，进一步加大教育投入，促进公共教育资源均衡配置；建立城乡平等的就业制度，支持自主创业、自谋职业，促进以创业带动就业，使更多劳动者成为创业者；深化收入分配制度改革，着力提高劳动者收入，创造条件让更多群众拥有财产性收入，增加财产使用权出让、财产经营、财产增值收益和投资金融产品包括储蓄、债券、保险和股票等的收益，促进收入多元化；建立支付工资保证金制度，确保工资按时足额到位；加大农村扶贫力度，实施“低收入农户奔小康工程”，努力提高低收入农民的收入；加强社会保障体系建设，巩固和扩大养老保险覆盖面，全面实施被征地农民养老保障制度，加强失业、工伤和生育保险扩面工作，探索建立新型农村养老保险制度；整体推进医疗保险制度改革，完善新型农村合作医疗制度、城镇职工基本医疗保险制度和城镇居民基本医疗保险制度；完善城乡居民最低生活保障制度，健全社会救助体系，做好优抚安置工作，健全农村“五保”和城镇“三无”对象集中供养制度，高度关注残疾人的托养工作；完善住房保障体系，加快廉租住房建设，改进和规范经济适用房制度，加快解决城市低收入家庭住房困难。

三、推进全面创新的主要任务

9．推进发展路径创新，促进经济社会转型。把转变发展方式作为全面创新的重要战略任务来抓。推进产业联动发展。坚持工业立市，走新型工业化道路，突出抓好汽车业、装备制造业等大产业，积极争取大石化等大项目，大力发展具有先导作用的电子信息、生物医药、新材料、新能源等高新技术产业，依托港口和沿海腹地，大力发展船舶制造、海洋生物医药、电力能源等临港型产业，依托汽车及零部件出口基地、中国缝制设备制造基地等平台，积极延伸产业链，增强产业配套能力，打造先进制造业基地。积极发展现代港口物流业和水运业，促进传统物流企业转型，提高海洋综合运输能力。抓好现代物流、仓储、工业设计等生产型服务业，突出发展金融业，打造“长三角”区域金融次中心，做大做强商贸流通业、会展业、旅游业，稳步发展房地产业，重视发展科技服务业、信息咨询业、社区服务业，创新发展楼宇经济、创意产业等都市型经济。实施农业特色产业“三强”工程，深化农产品加工，积极培育农业龙头企业，大力发展农民专业合作社，提高农业规模化、产业化、标准化和组织化程度，建设现代农业。加快渔业结构调整，发展远洋捕捞、海水养殖、水产品深加工和休闲渔业，建设现代渔港经济区。积极发展滨海旅游业。发展壮大在外台州人经济。鼓励企业“走出去”，开展对外投资和跨国经营。以在外台州人为纽带，以技术、管理、品牌等关键性资源为核心，通过资本经营、虚拟经营、品牌经营，打造市外产业发展基地，在全国乃至全球的资源配置和产业分工中占据有利位置。建立健全有利于在外台州人服务家乡、报效桑梓的政策服务环境，创建“回归创业园”，落实“回归工程”签约项目，积极发展总部经济。着力推进新型城市化和新农村建设。加快台州市域总体规划、主体功能区规划编制，优化空间开发时序和城镇空间布局，努力构建以中心城市为龙头、县域城市为骨干、中心镇和卫星镇为支撑的梯度城镇体系，加快形成台州城市群；加快发展中心城市，着力提升城市功能，推进城市有机更新，注重城市设计，彰显城市特色，加强城市管理，提升城市品位；建立以工促农、以城带乡的长效机制，以推进城镇化带动农村繁荣，深入实施“百村示范、千村整治”工程，全面改善农村人居环境、基础设施和公共服务，努力把一批条件较好的中心村、示范村率先建设成为文明和谐的农村新社区。大力推进节能减排和生态文明建设。以生态市建设为总抓手，大力发展循环经济，依法坚决淘汰高耗能设备，全面推广节能技术和装备，大力发展清洁能源和可再生能源，严格控制新上污染项目；发挥组合式城市的生态优势，优先规划建设生态基础设施；坚持保护与治理并重，保护生态公益林、饮用水源和城市绿心，实施城市生态环境修复工程，加大对医化行业的污染整治力度，抓好污水、垃圾处理，改善生态环境。加强区域经济合作。抓住长三角一体化上升为国家战略的机遇，积极推进北上发展，紧联北京，接轨上海，握手宁波，深度参与“长三角”，充分吸收利用上海信息、技术、人才、资本、市场等优势，促进资源共享，推动与长三角合作交流向全方位、宽领域、深层次发展；积极参与“山海协作”工程，努力实施“南北协作”工程。大力推进“四资联动”。加大招商引资力度，坚持引进外资与优化结构、选商引资、招才引智相结合，提高利用外资的质量和水平；积极争取国家资本投入交通、能源、电力、通讯等基础设施和重化工业领域；利用好资本市场，引导一批上规模民营企业通过境内、境外和买壳等多渠道上市；进一步激发民间资本活力，积极鼓励投资创业。

10．推进科技创新，完善区域科技创新体系。坚持把自主创新作为全面创新的核心战略。强化企业创新主体。鼓励企业不断加大科技投入，坚持原始创新、集成创新和引进消化吸收再创新紧密结合，努力解决制约经济社会发展的重大科技问题，在更高起点上实现自主创新；分梯次培育科技型企业，特别要发挥大企业在技术创新活动中的引领作用，激发科技型中小企业的科技创新活力。搭建科技创新平台。鼓励更多科技型企业建立研发机构，积极引进大院名校联合共建创新载体，建设浙江大学台州研究院、台州（上海）科技园和中国科学院台州应用技术研发与产业化中心；鼓励企业与高校、科研机构合作开展产业共性关键技术攻关，形成产学研联合体，加快科研成果的转化；支持我市科技中介服务机构开展企业信息化、咨询、监理、设计等技术支撑服务，推进科技企业孵化器、生产力促进中心和网上技术市场等创新服务平台建设。加大知识产权保护和品牌建设。加快产品质量检测中心、实验室建设，加大对重大发明专利和重点行业标准制订的支持力度，大力扶持我市主导产业和新兴产业的优势技术转化为行业、国家和国际标准；规范企业间技术人员的有序流动，加强专利代理人队伍和代理机构建设，严厉打击知识产权侵权行为，切实保护企业知识产权权利人的合法利益；积极实施“名牌战略”，推进品牌大市建设，鼓励企业争创国家和省、市名牌，鼓励有条件企业通过引进战略投资者加速本地品牌的兼并或联合，打响国际品牌。

11．推进主体创新，提高创新能力。坚持把人才队伍建设作为全面创新的关键环节，开创人才辈出、人尽其才的新局面。构筑人才高地。充分发挥企业、高校、社会团体等在人才培养中的基础性作用，支持和鼓励他们贴近台州主导产业实际，加大创新人才培养力度，不断完善专业技术人才、经营管理人才和高技能人才培养体系；加大高层次人才和紧缺急需人才的引进力度，创新引才思路，改进引才方式，不断拓宽引才渠道；完善人才服务体系，帮助解决人才住房、社保、子女入学等问题，不断改善人才的创业、生活环境。全面提升企业家素质。实施素质提升工程，完善新台商培训体系，加强中国台州企业家远程教育网建设，继续做好与大院名校联办本地 MBA 教育，增强企业家战略管理能力、经营决策能力、市场运作能力和开拓创新能力；充分发挥中国民营经济发展论坛主办地优势，搭建新台商交流平台；教育引导新台商增强企业社会责任意识，引导企业家思源、思报、思进，自觉担当经济责任、法律责任、公益责任、伦理责任，做到依法经营、照章纳税、诚实守信、保护环境、扶贫济困、奉献社会；高度重视新生代企业家和企业接班人的培养，保证企业持续长盛发展。提高全民素质。建设职前与职后教育相互衔接、学校教育与社会培训互为贯通的学习型社会；大力加强专业技术人才队伍建设，做好“211人才”的选拔、管理和服务工作；加大企业职工职业技能培训，打造一支适应我市先进制造业发展需要的高技能人才队伍；积极实施“农村实用人才开发工程”，着力培养有文化、懂技术、会经营的新型农民；大力开展青少年科技创新大赛等活动，广泛开展群众性的创新活动；深入开展领导干部和公务员科学素质行动，提高干部队伍整体素质。

12. *推进体制机制创新，激发发展活力*。深化行政管理体制改革。推进政府管理方式创新，着力转变职能、理顺关系、优化结构、提高效能，完善公共服务体系，建设服务型政府。进一步深化行政审批制度改革，减少和规范行政审批事项，清理非行政许可审批项目，创新行政审批方式，推进行政审批“两集中两到位”，探索建立高效规范的网上审批系统，提高行政审批效率；深化事业单位改革，加快生产经营类、中介服务类事业单位转企改制步伐；推进政府与行业协会、市场中介组织分开，加快完成脱钩改制任务；积极推进乡镇管理体制改革，理顺条块职责关系。加快公共财政体制改革，优化财政支出结构，保证新增财政资金满足社会公共需求，推进财政绩效评价，提高公共资金配置效益。深化要素配置市场化改革。推进水、电等资源要素价格改革，建立阶梯式水价和差别电价调节机制，开展排污权、水权交易试点；全面实施工业用地招拍挂制度，探索建立集体建设用地使用权流转机制，积极争取城镇建设用地增加与农村建设用地减少相挂钩试点，充分利用土地闲置费征收政策，推进现有土地资源的科学合理和集约利用；鼓励民间资本参与金融机构的重组与改造，积极开展社区金融机构、村镇银行和小额信贷组织试点。进一步深化产权制度改革。加快民营企业的股份制改造，完善企业法人治理结构，逐步引进职业经理人，实现经营权和所有权的有效分离，建立现代企业制度；继续深化国有企业改革，不断增强国有企业的活力和竞争力；稳步推进农村社区股份合作制改革，探索村级集体资源性资产和经营性资产新的组织管理模式，确保集体资产保值增值和农民公平享受集体资产收益。

13. *推进发展硬环境创新，增强发展后劲*。加快重大基础设施建设。把交通建设作为重点来抓，尽快争取沿海高速公路早日动工，加快台缙高速、诸永高速、甬台温铁路建设，加快金台铁路前期工作，改造黄岩机场，积极创造条件建设台州新机场；以海门港、大麦屿港和健跳港的开发开放为重点，加快台州港六大港区建设，抓紧做好头门港和龙门港前期工作，优化岸线使用，建设港航强市；突出水、电等重大基础项目，加快核电、风电、抽水蓄能等电力能源项目建设，加快实施输变电工程、北水南调工程、城市天然气工程和城市污水、垃圾处理工程。加快沿海产业带建设。坚持高起点规划、高标准建设、高强度投入，把沿海产业带建设成为台州未来现代制造业的升级区、吸引外资的集聚区、体制创新的先导区和台州滨海的新城区，开创台州沿海发展新时代。整合提升开发区（园区）。调整完善开发区（园区）规划，加快开发区（园区）基础设施建设，完善配套功能，增强集聚能力，提高企业入园率、开工率和投产率，努力把开发区（园区）建成资金、人才、技术、管理和创业创新的集聚区。

14. *推进文化创新，增强发展活力*。大力弘扬以创业创新为核心的台州精神。总结提炼台州人山的硬气、水的灵气、海的大气、人的和气“四气”精神特质，在继承弘扬“敢冒险、有硬气、不张扬、善创造”的台州人文精神的同时，深入挖掘台州“和合文化”等优秀传统文化成果，归纳台州人民在改革开放和现代化建设中体现出来的时代精神，与时俱进，注入新的时代内涵，完善和提升台州精神，使其更好地成为激励台州人民前进的强大精神动力。繁荣文化事业和文化产业。积极发展新闻出版、广播影视、文学艺术事业，繁荣发展哲学社会科学；推广“百分之一文化计划”，加大城乡文化投入，加快城乡文化设施建设，突出抓好农村文化设施建设，完善城乡公共文化服务体系；积极培育文化市场，大力发展以文化创意为龙头，以现代传媒、影视艺术、健身娱乐、文化会展、大众演艺为基础的文化产业，挖掘和开发工业文化、旅游文化、雕塑文化等七大系列具有台州特色的文化产品，努力形成一批实力雄厚、竞争力强的文化企业和有影响力的文化品牌。广泛开展群众性文化活动。积极举办或承办重大文化节会，大力发展社区文化、广场文化、企业文化、校园文化、乡村文化，丰富城乡群众的文化生活；创新文化下乡活动方式，实现从“送文化”到“种文化”的转变；大力开展群众性精神文明创建活动，推进文明城市、文明行业、文明乡镇、文明和谐社区建设，争创全国文明城市、国家卫生城市，共建和谐文化，共育文明风尚。

15. *推进社会管理创新，促进社会和谐稳定*。提升社会管理水平。创新社会管理体制，整合社会管理资源，健全社会管理网络，形成党委领导、政府负责、社会协同、公众参与的新型社会管理格局；加强城乡社区建设，完善新型社区管理和服务体制，强化社区的医疗、卫生、文化、科普、体育、健身等服务功能和治安管理功能；充分发挥各类社会组织的作用，落实行业协会等社会团体的相关职能，鼓励各种社会力量参与社会管理；加快建立流动人口服务与管理机构，创新发展“服务、管理、教育、维权”四位一体的工作模式；扎实开展社会信用体系建设，积极推动企业、个人诚信系统建设和应用，促进社会诚实守信。切实维护社会稳定。统筹协调各种利益关系，健全不同阶层和群体之间科学合理的利益协调机制，建立县级重大矛盾纠纷调解中心，落实领导维稳责任制和领导包案责任制，努力把各类矛盾纠纷化解在基层；加强群众信访工作，建立健全多样化的利益诉求表达机制；完善打、防、控一体的社会治安管理体系，加强社会治安综合治理，改革和加强城乡社区警务工作，依法防范和打击违法犯罪活动；创新和健全完善群体性事件应急处置机制、突发事件预警应急机制，提高应对突发事件和防范风险的能力；完善安全生产责任制，加强安全生产综合监管，坚决遏制重特大安全事故；强化产品质量特别是食品药品质量安全工作，增强科学防台减灾能力，确保群众生命财产安全。

16. 推进党建工作创新，引领全面创新。以党的执政能力建设和先进性建设为主线，以改革创新精神全面推进党的建设。深化党代会常任制工作。进一步完善以党代表任期制、党代会年会制、党委会负责制为重点内容的常任制制度体系，健全常任制工作运行保障机制，努力为党内民主建设提供借鉴；完善党内民主选举制度，试行代表辞职制度，完善代表团活动制度，充分发挥代表团的作用；建立党代表联系和评议制度，发挥党代表的桥梁纽带作用；进一步发挥全委会、常委会的集体领导作用，推行讨论决定重大问题和任用重要干部票决制；健全党员民主权利保障机制，推进党务公开，完善党内情况通报制度、情况反映制度、重大决策征求意见制度。创新基层党组织建设和民主政治建设。切实推进乡镇党委规范化建设，开展乡镇街道党委班子直接选举试点；着力健全“抓乡促村”的工作机制，建立健全驻村联户制度，着力推广完善农村工作专职指导员制度、干部工作业绩纪实考核办法和为民办事全程代理制等制度；落实党建工作责任制，深化“三级联创”和“先锋工程”建设，全面推进农村、城市社区和机关、学校、新经济组织、新社会组织等基层党组织建设，优化组织设置，扩大组织覆盖，创新活动方式，不断提升基层党建工作水平。探索基层依法民主选举，扎实开展村级组织换届工作；推进村党组织领导的充满活力的村民自治运行机制建设，健全创新“民主恳谈”、“五步法”等行之有效的机制。创新非公企业党建工作。坚持以“提升工程”建设为载体，深化“三拓展三服务三保障”活动，通过编组共建、委派党建工作指导员等形式，着力推进非公企业党的组织覆盖和工作覆盖；加强非公企业党务工作者队伍建设，推行非公企业党建工作网格化管理，组织开展各类主题实践活动，充分发挥企业党组织和党员的作用。继续深入推进干部人事制度改革。规范干部选拔任用启动和初始提名，建立干部选拔任用全程纪实制度，加大培养选拔优秀年轻干部力度，完善体现科学发展观和正确政绩观要求的干部考核评价体系，全面实施“领导干部能力提升工程”，提高领导干部的能力和水平。大力推进反腐工作体制、制度创新。扎实推进惩防体系建设，更加注重治本、预防与制度建设，拓展从源头上防治腐败工作领域；加强廉政文化建设，形成拒腐防变教育长效机制、反腐倡廉制度体系、权力运行监控机制。完善对重点部门纪检监察机构派驻制度，建立巡查制度；建立健全行政问责制、一把手负责制和党风廉政建设责任追究制。

四、强化保障，把推动“全民创业、全面创新”的工作任务落到实处

17. 营造氛围，强化思想保障。广泛弘扬敢闯敢冒的拼搏精神、敢啃硬骨头的吃苦精神、敢于超越的开拓精神、敢于挑担子的负责精神，大力倡导“敢为人先、勇于竞争、鼓励成功、宽容失败”的创业创新风尚，进一步营造尊重劳动、尊重知识、尊重人才、尊重创造的社会氛围，使敢创业、善创新成为人民群众的共同追求。破除小富即安、小进即满的骄傲思想，树立再创大业、再创辉煌的雄心壮志；破除谨小慎微、缩手缩脚的怕事思想，树立敢创敢干、开拓创新的胆魄勇气；破除妄自菲薄、消极无为的悲观思想，树立积极有为、坚定清醒的信心决心。电视、报纸、网络等各种媒体要开辟专栏，多角度、多侧面地反映实施“三个台州”战略、创业创新的新动态、新举措、新业绩。树立先进典型，评选先进人物，开展巡回报告，推动全市上下学习先进、争创一流。

18. 转变作风，强化服务保障。深入推进作风建设，优化政府服务。力戒形式主义，务求实际成效。建立作风建设长效机制，走进群众，走进企业，化解矛盾，破解难题。加强公共服务，按照“精简、规范、高效”的原则，提高办事效率和服务质量。切实做到部门职责内该办的事速办“快通”，工作运转不畅需要协调时及时“沟通”，在基层和群众面临困难和矛盾时积极“疏通”，对有利于台州经济社会发展的事要从实际出发大胆“变通”。

19. 深化改革，强化政策保障。深入研究制定实施“三个台州”战略，推进创业创新的政策，加强经济政策、科技政策、文化政策、人才政策、社会发展政策的相互协调，形成政策体系。注重财政引导作用，强化市、县(市、区)两级政府对创业创新的公共财政投入，确保其增长幅度高于经常性支出增长幅度，促使全社会创新投入占 GDP 的比重不断提高。强化金融体系支撑，健全风险投资引入、运作、退出机制，加快发展区域产权交易市场，发展完善中小型企业信用担保体系。

20. 加强领导，强化组织保障。健全党委统一领导、政府统筹落实、部门各负其责、社会各界大力支持、人民群众广泛参与的创业创新活动领导体制和工作机制。各级党委要总揽全局，加强对创业创新工作的领导，做到对上负责和对下负责的统一；各级人大要依法履行职责，对重大决策实施进行监督检查并积极参与发展实践，以此推动各项工作的落实；各级政府要做到高效有为，增强执行力，全力抓好各项任务的落实与推进；政协和民主党派要积极做好调研，当好参谋，出好主意，建言献策，做好监督。要把实施“三个台州”战略，推进创业创新纳入县(市、区)“两个社会”考核和各部门岗位目标责任制考核。各部门要找准定位，明确任务，开展同业对标。全市广大党员干部要带头创业创新，广大工人、团员青年、妇女、科技人才、企业家、个体经营户及各行各业的广大劳动者要以饱满的热情、昂扬的斗志投身到创业创新中去，在实施“三个台州”战略，推进全民创业、全面创新中建功立业。

中共台州市路桥区委 台州市路桥区人民政府
关于加快工业经济创新发展的若干意见

（2008 年 10 月 7 日）

路区委发〔2008〕44 号

为认真贯彻落实科学发展观和省市工业创新大会精神，促进创业创新，加快推进工业经济发展方式转变，特制定本意见。

一、大力发展规模企业

1. 积极扶持总部企业。本意见所称总部企业指在我区注册设立的具有独立法人资格的制造业企业（含建筑企业，下同），该企业在我区入库税金总额 500 万元以上，在区外投资或授权管理的非独立法人企业 1 家以上。对于在区外投资或授权管理的企业，以母公司名义向路桥区缴纳所得税，经区财政、税务部门核定，按其所得税当年新增区得部分的 20%，奖励该总部企业，每家企业奖励最高不超过 30 万元。

2. 积极扶持龙头骨干企业。对当年度区内纳税销售收入 2 亿元以上且区内入库税金超过 800 万元的企业（已享受第 1 条奖励的总部企业，在计算本条入库税金总额时，应剔除其在路桥区以外投资或授权管理的企业的入库税金），当年实际入库所得税比上年度增幅 15%以上的区得部分，按 30%奖励该企业，每家企业奖励最高不超过 50 万元。从中评选出若干家路桥区年度明星企业、优秀企业和先进企业，同时将企业法定代表人评为路桥区年度明星企业家、优秀企业家和先进企业家。鼓励企业重组并购，非公司制企业改制变更为公司制企业或有限责任公司改制变更为股份有限公司的，可将其非货币性资产评估增值转增企业注册资本，属于个人股东的评估增值部分暂不征收个人所得税；原工业企业土地、房产、车船等资产（含无形资产）的过户，免收过户手续费。

3. 积极实施企业成长战略。在当年度区内纳税销售收入在 1000 万—2 亿元、区内入库税金占销售收入 5%以上或当年入库税金比上年度增幅 25%以上的企业中，评选出若干家“路桥区成长型企业”，予以通报表彰。对当年度入库税金比上年度增幅达 50%以上的“路桥区成长型企业”，按当年入库税金新增区得部分的 20%奖励该企业，每家企业奖励最高不超过 10 万元；对当年入库税金比上年度增幅 100%以上的“路桥区成长型企业”，按当年入库税金新增区得部分的 30%奖励该企业，每家企业奖励最高不超过 20 万元。

4. 积极推动小企业上规模。对本年度纳税销售收入首次超过 500 万元、入库税金占销售收入 5%以上的企业，予以通报表彰，其中入库税收排名前 10 位的每家奖励 2 万元。

二、提升自主创新能力

5. 大力发展高新技术企业。对新认定为国家级高新技术企业、省级高新技术企业和省级科技型中小企业（制造业信息化示范企业、专利试点示范企业、管理创新示范企业）的，分别奖励 20 万元、10 万元和 5 万元；对通过验收并新认定的省级技术创新项目、应对技术性贸易壁垒项目、技术攻关项目给予 10 万元补助。对列入“863”计划、科技型中小企业创新基金、专利技术转化及高新技术产业化等省级以上的重大项目并在我区组织生产的，按获得资金的 20%给予配套，同一项目最高不超过 30 万元。对列入国家级“火炬”计划、“星火”计划的重大项目并在我区组织生产的，奖励 10 万元。引进高新技术项目经产业化后的企业，给予技术交易额的 30%奖励，最高不超过 10 万元。

6. 加快科技创新平台建设。对新认定为国家级、省级研发中心（技术中心、重点实验室）的企业，分别给予 50 万元、10 万元科研经费资助。对新认定为国家级、省级产品质量检测中心（区域科技创新服务中心、中小企业共性技术服务中心），经有关部门考核确认并保持正常运作的，分别给予 30 万元、10 万元的科研经费资助，同一企业涉及上述多项认定不重复资助。鼓励国家工程中心、国家重点实验室在我区设立分支机构，对其研发的高新技术项目、高新技术成果转化项目、高新技术产品，区科技经费优先立项支持。鼓励企业引进“大院名校”共建创新载体，对经省级认定的创新载体，奖励 20 万元。对经市级以上认定的创新载体所开展的科技项目，优先给予立项支持。大力推进科技孵化基地（器）建设，设立科技型风险投资基金，具体使用方法由区政府进行专题研究。

7. 鼓励开发新产品。对列入国家级重点新产品试制（试产）计划的每项奖励 2 万元，对经鉴定的省级新产品每项奖励 1 万元。对当年上国家公告并在我区批量生产的汽车新车型，每款奖励 10 万元（不含拓展车型）。通过省级以上鉴定的汽车摩托车零部件新产品，首次年销售收入达到 800 万元以上的，给予 10 万元的一次性奖励；首次年销售收入达到 2000 万元以上的，给予 20 万元的一次性奖励。

8. 积极实施专利战略。鼓励企业和科研人员开发专利，获国际发明授权专利、实用新型专利的，分别补助 10 万元、2 万元，每件国际专利补助仅限 1 次；国家发明授权专利补助 2 万元。鼓励发明专利的应用和产业化。经认定在全国首家生产的发明专利产品，自销售之日起两年内，按该产品应缴增值税区得部分 30%给予扶持。

9. 推进企业信息化应用。加大对信息化应用系统的扶持力度，企业外购的达到固定资产标准和构成无形资产的软件，其资产折旧或摊销年限可缩短为二年。被认定为年度企业信息化应用示范项目，项目总投资金额在50万元以上的，给予当年实际完成应用软件投资额5%的扶持资金，每个示范项目扶持资金总额不超过20万元，且不超过企业注册资本金。

10. 扶持科技中介服务机构发展。对年服务收入20万元以上的科技中介服务机构，经科技部门认定，择优按其对外科技服务收入的一定比例予以奖励。

三、加大投入促进升级

11. 鼓励企业加强技术改造。对当年列入国家级、省级、市级、区级的重点技术改造项目和外商投资项目，且先进设备投入在200万元以上的（成长型企业设备投入在100万元以上），按技术设备投入的2—5%比例进行补助；新办工业企业的先进设备投入在200万元以上的，待投产一年后进行补助；列入“零增地”技改项目的土建投资部分按50%视作设备投资额；每家企业补助最高不超过150万元。对当年达到国防科工委出台的《船舶生产企业生产条件基本要求》并验收合格的企业，每家补助3万元，在原有等级基础上申报高一级别的企业并验收合格的，每家补助2万元。

12. 鼓励企业实施“零土地”技改。按照《路桥区人民政府关于鼓励工业企业节约集约利用土地的若干意见》（路政发〔2008〕6号）文件执行。

13. 鼓励吸引区外资金投资。对引进有利于我区产业结构调整和产业升级，投资额在2亿元以上，产业链长、亩产税收高、带动作用明显、资源消耗低、环境污染少的制造业项目，可采用一事一议、一企一策的办法，给予专项优惠。

四、积极实施开放战略

14. 支持企业积极应对国际贸易壁垒。企业应对反倾销、反补贴等贸易壁垒发生的相关费用，按总数的50%予以补助；企业为维护自身的出口品牌和知识产权而进行的维权行动并胜诉的，按所发生的法律咨询费、诉讼费等相关费用，给予50%的补助；每家企业补助最高不超过10万元。鼓励企业购置应对ROHS等境外技术指令的检测设备，并按采购设备总额的10%给予补助，每家企业最高不超过10万元。鼓励企业投保出口信用险，按投保费的20%给予补助，每家企业补助最高不超过10万元。

15. 支持企业加强对外合作和国际市场开拓。经外经贸部门批准，企业在境外设立研发机构的补助2万元，设立生产性公司（企业）或举办境外加工贸易项目的补助5万元。支持企业参加由区统一组织或举办的境外展（博）览会，每一国际标准展位（室内9平方米，室外光地12平方米）摊位费补助50%，每家企业补助最高不超过5万元。参加路桥区出口产品境外展示中心的企业，奖励5万元。

16. 鼓励企业创建外贸出口品牌。在境外注册商标并在注册地有出口实绩的奖励1万元，每家企业每年该项奖励不超过5万元。对当年新获得中国出口名牌产品、浙江省出口名牌产品的，分别奖励20万元、5万元。在出口企业中按自营出口额多少评选出若干家“路桥区年度出口优秀企业”，并通报表彰。鼓励企业引进先进设备，对引进列入海关免税目录的国外先进设备且用汇在50万美元以上的（外商投资企业除外），按进口额的4%给予补助，每家企业最高补助不超过100万元。

民营企业与世界500强企业合资合作在我区注册成立新的公司制企业或单个引进项目当年实际利用外资在1000万美元以上的，涉及特殊问题采取“一事一议”的办法予以解决。

五、节能降耗保护环境

17. 切实做好节能降耗。按照《路桥区人民政府关于节能降耗专项资金管理暂行办法》（路政发〔2008〕44号）执行。

18. 鼓励企业做好环境保护。对新列入国家级、省级环保示范先进企业和省级绿色企业的，分别奖励30万元、10万元和5万元。对固废拆解、印染、电镀、化工、造纸等行业企业以及被列入市、区工业企业废水达标整治计划的企业通过整治，做到稳定达标排放，当年无任何环保违法违规行为，环保实际投资额30万元以上的，按5%进行补助，每家企业补助最高不超过30万元。

六、促进企业机制创新

19. 鼓励企业上市。按照《路桥区人民政府关于扶持企业上市的实施意见》（路政发〔2008〕33号）执行。

20. 鼓励管理创新。推广精益生产管理模式，安排30万元专项经费，用于企业家精益生产管理分层次的专题培训，建模拟生产线，创建政府、企业与管理专业机构的交流平台等。

21. 积极实施标准化战略。鼓励企业参与国际标准、国家标准、行业标准和地方标准的制订工作。对作为国际标准研制项目主要起草单位的，每完成1个项目奖励100万元。对作为国家标准研制项目主要起草单位的，每完成1个项目奖励20万元；对作为行业标准研制项目主要起草单位的，每完成1个项目奖励10万元；对作为地方标准（农业标准除外）研制项目主要起草单位的，每完成1个项目奖励5万元；每家企业最高奖励50万元。对新获得“中国标准创新贡献奖”的企业奖励20万元；对新获得国家级（AAAA级）、省级（AAA级）标准化良好行为企业证书的，分别奖励10万元、5万元。对新获得国家级、省AAA级“重合同、守信用”企业的分别奖10万元和2万元。

22. 积极实施名牌战略。对当年新获得驰名商标（行政认定）产品的企业，奖励30万元。对新获得省级专业商标品牌基地或省级区域名牌产品称号的，奖励20万元。对新获得国家级质量奖、省级质量奖的分别奖励10万元、5万元。对新获得驰名商标（司法认定）、浙江省名牌产品、浙江省著名商标的企业，奖励10万元。对新获得浙江省知名商号的企业，奖励5万元。

七、促进资源集约利用

23. 鼓励建设中小企业创业创新基地。鼓励镇街道帮助村集体经济组织实施长规划短安排，利用村留地和空闲建设用地建设多层标准厂房作为中小企业创业基地。对基地面积15亩以上且建筑面积1万平方米以上的，每建1个基地奖励镇街道5万元。

24. 强化亩产效益管理。工业用地出让与企业亩产效益相挂钩，对亩产效益达不到规定要求的项目，在产业审查时不允许参加工业用地公开出让，确保将有限的土地资源安排给效益好的企业。

25. 开展“亩产论英雄”竞赛活动。在销售收入500万元以上的企业之间开展“亩产论英雄”活动。每年在媒体上公布亩贡献率全区排名前20名的工业企业。对进入前20名，且土地亩均税费贡献额20万元以上、当年入库税额200万元以上的企业，奖励10万元。

八、优化经济发展环境

26. 鼓励企业建立博士后科研工作站。对企业新建立的国家级、省级博士后科研工作站分别给予一次性20万元、10万元专项补助，对博士后选题立项给予适当补助。鼓励留学生到我区创业。对于创业留学生申报的科技项目给予优先立项。

27. 加强企业人才队伍建设。继续实施“122”人才培育工程，继续开展“路桥区专业技术拔尖人才”评选活动。加强中高级技工和熟练工人培养引进工作，鼓励广大职工积极参加技能大比武活动，开展评选“路桥区突出贡献技师”和“路桥区技术能手”活动，每两年评选一次，每次评选名额各10名，荣誉称号获得后两年内每人每年分别享受区政府津贴3000元、2000元，子女就学不受户籍限制，并妥善解决他们的落户安居等问题。

28. 进一步提高行政审批效率。深化审批制度改革，进一步削减非行政许可审批项目，减少审批环节。实行“绿色通道”、一次性告知、限时办结、联审联办、超时问责、全程代理、投诉监督等制度，提高办事效率。凡被企业投诉的单位必须在规定时限内作出处理并予以说明，凡被投诉三次以上，经查实属服务问题的，要严肃处理当事人，并追究领导责任。

九、附则

29. 本意见适用范围及相关规定。区财政每年安排专项资金用于扶持工业经济的发展。同一企业同一年度同一事项(产品)涉及多项多级奖励的，按奖励额最高的一项执行；同一企业同一事项(产品)涉及不同年度多级升位的，给予补差奖励；同一事项(产品)已由上级进行奖励，上级奖励额度大于本区的，不再重复奖励，上级奖励额度小于本区的，按本区标准补足差额。符合区技改贴息政策的进口、环保、节能节水等设备和信息化软件，就高享受，不重复补助。同时，企业享受优惠、补助及奖励总额不得超过该企业当年度上缴税金区得部分的50%。产业导向目录中限制类、禁止类的项目，不得享受优惠政策。涉及偷税、侵权、假冒等违法违规行为受到有关部门查处的，未完成区政府确定的节能减排目标任务、发生重大安全、环保事故的，未完成社保扩面的企业，原则上不得享受优惠政策和各项奖励。企业迁出本区的，在历年生产经营活动中有关免(缓)缴的规费、基本建设的优惠部分，予以收回。

30. 规范奖励、扶持资金兑现程序。本政策奖励、扶持资金的兑现，按照企业或个人诚实申报，第1、2、3、4、7、9、11、12、17、20条内容由区工业经济局受理，会同有关部门联合初审。第5、6、8、10条内容由区科技局受理，会同有关部门联合初审。第13、14、25条内容由区发改局、区工业经济局受理，会同有关部门联合初审。第15、16条内容由区外经贸局受理，会同有关部门联合初审。第18条内容由区环保分局受理，会同有关部门联合初审。第19条内容由区上市办受理，会同有关部门联合初审。第21、22条内容由区质技监分局和工商分局受理，会同有关部门联合初审。第23、24条内容由区国土资源分局牵头受理，会同有关部门联合初审。第25条内容由区工业经济局和区国土资源分局受理。第26、27条内容由区人劳社保局、区委人才办、区工业经济局、区科技局受理，会同有关部门联合初审。第28条内容由区政府办事中心和区效能办牵头受理。涉及由财政资金奖励、资助和补助的项目，区财政局均需派员参加审核。各责任受理单位汇总初审意见，报区政府分管领导审核，凡涉及年度表彰奖励的事项，由区委常委(扩大)会议审定后发文兑现，凡涉及资金补助的事项，由区长办公会议审定后发文兑现。

31. 本意见由区委区政府研究室会同有关部门解释，以前区委区政府出台的有关工业经济扶持、奖励政策一并废止。

32. 本意见自2008年1月1日起试行。

临海市人民政府
关于印发临海市科技创业创新风险引导基金
管理办法(试行)的通知

临政发〔2008〕54号

临海经济开发区、东部区块、临海港区管委会，各镇人民政府、街道办事处，市政府直属各单位：

《临海市科技企业创业创新风险引导基金管理办法(试行)》已经市政府同意，现印发给你们，请认真贯彻执行。

临海市人民政府

二〇〇八年十一月十一日

临海市科技创业创新风险引导基金管理办法(试行)

为贯彻创业富民,创新强市战略,进一步完善临海市创业创新体系建设,引导全社会对创业创新的投入,根据《创业投资机构管理暂行办法》(国家发改委等十部委令〔2005〕第39号)和《科技型中小企业创业投资引导基金管理暂行办法》(财政部、科技部财企〔2007〕128号)等文件精神,制定本办法。

一、概念界定

(一)临海市科技企业创业创新风险引导基金(以下简称引导基金)是由市政府专门设立,旨在通过扶持自主拥有高新技术项目创业者的创业以及商业性创业投资机构在临海的发展,引导社会资金主要进入对初创企业进行投资的创业投资领域,且不以营利为目的的政策性基金。

(二)本办法所称的创业投资机构,是指具有融资和投资功能,主要从事创业投资活动的公司制企业或有限合伙制企业。

(三)本办法所称初创企业,是指在临海市注册设立,主要从事高新技术产品研究、开发、生产和服务,成立期限在3年以内的非上市公司,且应当同时具备下列条件:

1. 具有企业法人资格;

2. 职工人数在300人以下,具有大专以上学历的科技人员占职工总数的比例在30%以上,直接从事研究开发的科技人员占职工总数的比例在10%以上;

3. 年销售额在3000万元人民币以下,净资产在2000万元人民币以下,原则上每年用于高新技术研究开发的经费占销售额的5%以上。

二、基本原则和引导方式

(一)引导基金按照“项目选择市场化、资金使用公共化、提供服务专业化”的原则运作。其出资原则是参股不控股,通过股权结构的科学设计,保证创业投资机构和创业企业决策及经营的独立性和商业化运作。

(二)引导基金主要采用扶持参股和跟进投资两种方式,原则上对同一创业企业或项目不重复支持。

(三)引导基金的使用和管理必须遵守有关法律、行政法规和财务会计制度的规定,符合临海市经济与社会发展规划以及产业发展政策。

三、支持对象

(一)引导基金重点投向临海市域内电子信息、生物医药、新能源、新材料、环保节能、知识型服务业、现代农业等高新技术产业领域。

(二)引导基金支持创业投资机构在临海投资,并引导创业投资机构投资初创企业。

(三)引导基金支持大学生、大学教师、科研人员等高级人才自主拥有并将进行产业化的科技项目在临海创业。

四、基金来源

(一)市财政安排专项资金。

(二)引导基金的投资分红和退出收益。

五、基金的管理

(一)设立引导基金管理委员会(以下简称管委会),由市政府牵头,市发展和改革局、财政局、工业经济局、科技局、农业局、法制办、监察局、审计局等部门的负责人组成,主要负责有关引导基金重大事项的决策和协调,包括合作方选择、管理制度、运行方式、绩效评估和奖惩等。管委会下设办公室(设在市科技局),办公室成员由市财政局、工业经济局、科技局派员组成,办公室日常事务由市科技局派员负责。

(二)临海市技术创新促进中心(以下简称促进中心)是引导基金的投资管理机构,负责引导基金的日常管理与投资运作事务,并由其代表引导基金行使民事权力、承担民事义务与责任。同时履行下列职责:

1. 作为引导基金的出资主体;

2. 按照引导基金投资项目评审规程,组织专家对引导基金扶持参股和跟进投资项目及创业投资机构进行评审;

3. 管理引导基金投资形成的股权,并负责实施其退出工作;

4. 监督检查引导基金所支持项目的实施情况,定期向管委会办公室报告监督检查情况,并对监督检查结果提出处理建议。

(三)为保证引导基金安全运行,市财政设立引导基金专户,具体负责资金保管、拨付、结算等日常工作,对引导基金投资区域、投资比例进行动态监管。

(四)引导基金导入后,原则上坚持每年分红一次,分红时间确定在次年的3月底前完成。

(五)引导基金不得用于金融性融资、股票、期货、房地产、赞助、捐赠等支出。

六、扶持参股

(一)扶持参股是指引导基金向自主拥有高新技术项目在临海市新办的(包括未注册和已注册三年内)有限责任公司制企业进行股权投资,并在约定的期限内退出。

(二)引导基金参股合作对象须满足以下条件:

1. 创业者年满18周岁,一般应具有大学本科以上学历;

2. 创业者自主拥有将进行产业化的科技项目;

3. 创业者需熟悉本项目产品的研究和开发,有较强的经营管理能力,无不良信用和违法纪录;

4. 创业者需自有总项目资金的70%以上,并能提供相关证明;

5. 能按照国家企业财务、会计制度规定,建立健全内部财务管理制度和会计核算办法。

符合上述条件的创业者发起新设立的初创企业时,可以申请引导基金的扶持参股。

(三)促进中心设立独立的评审委员会,对引导基金扶持参股方案进行评审。经评审委员会评审和新闻媒体公示通过的扶持参股项目,报经管委会办公室审核后,报管

委会主任审定批准实施。(详细业务流程见附件)

(四)引导基金参股初创企业采用有限责任公司制的组织形式。参股比例最高不超过初创企业实收资本的35%,且不能成为第一大股东。

参股单个初创企业的资金规模一般为30～100万元人民币,引导基金参股期限一般不超过3年。

(五)引导基金不参与参股的初创企业的日常经营和管理,但拥有监督权。促进中心可以组织社会中介机构对初创企业进行年度专项审计。

(六)初创企业的其他股东自引导基金导入后3年内购买引导基金在初创企业中的股权的,其转让价格按不低于引导基金原始投资额确定;超过3年的,转让价格按不低于引导基金原始投资额与转让时中国人民银行公布的同期贷款基准利率计算的收益之和确定。

初创企业其他股东之外的投资者购买引导基金在参股初创企业的股权,以公开方式进行转让。

(七)参股初创企业发生清算时,按照法律程序清偿债权人的债权后,根据事先约定,股东共有的剩余财产优先清偿引导基金。

七、跟进投资

(一)跟进投资是指引导基金跟随创业投资机构共同投资创业投资机构选定投资的创业企业。

(二)被跟进的创业投资机构须按照《创业投资机构管理暂行办法》的有关规定进行备案,并以现金方式对创业企业进行投资。

(三)被跟进投资企业必须在临海市注册设立,且限于初创企业。

(四)创业投资机构在选定投资项目后,促进中心对以下内容进行审查,提出跟进投资的比例和金额:

1. 被跟进投资企业法人营业执照;

2. 被跟进投资企业章程;

3. 上年度被跟进投资企业的会计报表和审计报告(新设立的企业除外);

4. 被跟进投资企业的资产评估报告(新设立的企业除外);

5. 创业投资机构已批准投资的决策文件;

6. 创业投资机构编制的《投资建议书》或《可行性研究报告》;

7. 创业投资机构与被跟进投资企业或其股东签订的《投资意向书》;

8. 其他。

(五)对于符合条件的跟进投资企业,促进中心在确认创业投资机构已全额出资后,按双方协议要求办理跟进投资的出资手续,同时报管委会办公室备案。(详细业务流程见附件)

(六)引导基金按创业投资机构实际投资额30%以下的比例跟进投资,出资方式为现金出资,投资价格与被跟进创业投资机构的投资价格相同。每个项目原则上不超过200万元人民币。

(七)引导基金对单个被跟进投资企业原则上只进行一次跟进投资。

(八)引导基金跟进投资形成的股权经办公室集体讨论,可委托共同投资的创业投资机构管理。

采用股权托管的,应当由促进中心与共同投资的创业投资机构签订《股权托管协议》,明确双方的权利、责任、义务、股权退出的条件或时间等。

(九)引导基金采用跟进投资方式形成的股权一般在3年内退出。共同投资的创业投资机构不得先于引导基金退出其在被投资企业的股权。

(十)被跟进投资企业其他股东购买引导基金跟进投资形成的股权,其转让价格按不低于引导基金原始投资额与转让时中国人民银行公布的同期贷款基准利率计算的收益之和确定。同等条件下创业投资机构有优先受让权。

被跟进投资企业其他股东之外的其他投资者购买引导基金跟进投资形成的股权,以公开方式进行转让。

(十一)跟进投资企业发生清算时,按照法律程序清偿债权人的债权后,根据事先约定,股东共有的剩余财产优先清偿引导基金。

八、基金的监管

(一)促进中心应定期向管委会和相关部门报告运作情况。

(二)管委会和相关部门应加强对引导基金的监管与指导,并按照公共性原则,对引导基金运作的政策目标、政策效果及其资产情况进行评估。

(三)促进中心应于每季度末向管委会办公室和财政等相关部门报送引导基金使用情况。

九、本办法由市科技局会同市财政局负责解释。

十、本办法自印发之日起实施。

附件:临海市科技创业创新引导基金业务流程(略)

中共三门县委　三门县人民政府
关于鼓励工业经济发展的若干意见

（2008 年 7 月 23 日）

三县委〔2008〕1 号

为进一步激发全民创业创新积极性，鼓励兴办和做大做强工业企业，促进全县工业经济总量快速扩张和产业不断提升，实现工业经济又好又快发展，根据新的形势要求和国家、省、市有关文件精神，结合我县实际，特制定本意见。

一、扶优扶强，培育规模经济

1. 实行重点企业贡献奖。按照年实缴税金对全县工业企业进行排名，前 5 位为县突出贡献企业，6—20 位为县重点工业企业。其法人代表，由县政府分别授予功勋企业家、明星企业家称号。

年实缴税金在 300 万元以上（含本数，下同）、500 万元以下的，奖励法人代表 3 万元；500 万元以上、1000 万元以下的，奖 5 万元；1000 万元以上、3000 万元以下的，奖 10 万元；3000 万元以上、5000 万元以下的，奖 15 万元；5000 万元以上的，奖 20 万元。以上企业当年实缴税金应超过上年。

二、加大扶持力度，大力推进中小企业快速发展

2. 根据《浙江省小企业贷款风险补偿试行办法》规定，县财政安排配套资金，建立小企业贷款风险补偿资金，鼓励金融机构加大对小企业的信贷支持力度，切实缓解小企业融资困难。

3. 鼓励担保公司为工业小企业提供融资担保。凡担保公司为我县工业小企业担保月均余额 3000 万元以上、5000 万元以下的，给予 5 万元奖励；5000 万元以上、1 亿元以下的，按月均担保余额的 0.2% 给予奖励；超过 1 亿元的，超出部分按 0.4% 给予奖励。奖励全额用于补充担保公司的风险基金。

4. 加大对中小企业扶持力度。将县企业经济担保责任有限公司注册资金由 3000 万元增加到 5000 万元，用于扩大担保风险金，进一步提高担保额度，提升担保能力。

充分发挥中小企业扶持资金作用，对个私工业企业借款给予一定比例的倾斜。其资金使用管理办法另行制定。

5. 对新设立的注册资本 50 万元以下的微小企业，经经贸、工商、财政等部门认定，从第 2 年起企业实缴所得税超过上一年部分，其县得部分全额补助给企业，用于企业扩大再生产，补助时间为 3 年。

6. 鼓励成长型小企业规模化经营。对首次年销售收入 500 万元以上的企业（以进入统计部门直报网络为准），一次性奖励 1 万元。

7. 鼓励村级集体、法人按照有关规划建设标准厂房，用于出租兴办个私工业企业，经有关部门立项批准的，建成后按实际建筑面积每平方奖励 20 元。

三、加大工业投入，增强发展后劲

8. 鼓励企业改善装备水平。对列入县级以上技术改造项目、设备直接投资总额在 100 万元以上的企业，在项目按期完成投产后，经有关部门认定，按照当年县财政技改贴息总额和企业技改投资总额的比例进行奖励。财政补贴资金管理办法另行制定。

9. 鼓励发展装备制造业。对列入省级技术改造“双千工程”项目奖励 5 万元。

10. 鼓励企业自主创新。对获得国家级、省级装备制造业重点领域首台（套）产品界定的，分别奖励 20 万元、10 万元。

四、发展高新技术产业，提高企业技术创新能力

11. 鼓励发展高新技术产业。被认定为国家、省高新技术企业的，分别奖励 30 万元、20 万元；被认定为省科技型中小企业的，奖励 5 万元；工业企业列入国家级高新技术产业化项目、国家工业专项补助项目和省级高新技术产业化项目的，分别奖励 10 万元、5 万元；获国家级、省级高新技术产品、信息服务业项目或列入技术创新项目计划的，分别奖励 5 万元、3 万元；列为国家级、省级应对技术性贸易壁垒技术攻关项目并经验收合格的，分别奖励 10 万元、5 万元。

12. 鼓励企业建立技术中心或研发中心并有效运行。对列入国家级、省级、市级企业技术中心或研发中心的企业，分别奖励 50 万元、10 万元、2 万元；被认定为省级区域创新服务中心或经省级有关机构认定为引进大院名校共建创新载体的，分别奖励 10 万元、3 万元。企业建立博士后流动站的，奖励 10 万元。

13. 奖励科技成果。经过国家级、省级、市级登记（评审、鉴定、认定）的科技成果，本年度同一企业两项以内（含两项）的，分别奖励 5 万元、3 万元、2 万元，两项以上的每项分别按 2.5 万元、1.5 万元、1 万元奖励。

五、积极实施知识产权战略

14. 加强企业质量保证体系建设。对首次获得国家级、省级质量管理奖的企业，分别奖励 20 万元、10 万元。对国家标准起草单位奖励 20 万元；对行业或者浙江省地方标准起草单位奖励 10 万元。

15. 推进企业品牌建设。对新获得中国驰名商标、中国名牌产品的企业，分别奖励 30 万元；新获得国家免检产品的企业，奖励 10 万元；新获得省著名商标、名牌产品、知名商号的，分别奖励 5 万元。

16. 发挥"国"字号产业基地应有的作用。在产业集聚明显、优势突出的行业开展"国"字号产业基地创建工作，对获得"国"字号产业基地金名片的组织单位（非行政单位），奖励10万元。

六、建立现代企业制度，推进制度创新

17. 企业为上市而改制设立股份有限公司的，历年享受各级政府优惠政策所产生的扶持及奖励资金，经省级有关部门批准后，按现行企业会计制度处理。

18. 企业在改制设立股份有限公司时，按规定量化到个人的资产和固定资产评估增值以及原企业历年积累的资本公积，其归属个人部分，缓征个人所得税，待股权转让时再按规定征收。

19. 与券商正式签订辅导合约进入上市辅导期的股份有限公司，因上市需要可用未分配利润扩充资本金，其个人所得税按规定征收，经批准后县得部分以项目扶持形式给予全额奖励。

20. 企业在上市过程中，因政策调整增加利润而增加的企业所得税按规定征收，经批准后县得部分以项目扶持形式给予奖励。

21. 企业为上市而改制设立股份有限公司的，其土地、房产、车船等资产的变更，按非交易性过户处理；企业在上市过程中，需要分离或重组的资产，在股权转让、资产购并时不变更最终所有者的，可按非交易性过户处理；因历史原因，部分权证不全但无争议的房产、土地，准予依法补齐权证后列入资产。

22. 首次公开发行股票的上市股份有限公司（含实现买"壳"上市且上市公司注册地迁至本县的），奖励50万元。

七、发展外向型经济，扩大外贸出口

23. 引导和鼓励机电产品、高新技术产品、农产品以及加工贸易产品出口。对上述产品出口额超过上年实绩的，每增加1美元奖励人民币3分。以上数据以海关统计为准。

24. 鼓励企业开拓国际市场。企业参加经县政府认可、由县外经贸局组织实施的各类境外交易会、博览会，每个摊位补助人民币2万元。

参加由县外经贸局组织实施或认可的广交会（自购摊位）、华交会等国内大型出口商品交易会，每个摊位补助1万元。

为鼓励我县出口企业开拓新兴市场，防范经营风险，引导出口企业投保出口信用保险，其保费支出可享受30%的补助。

企业通过国际通用的产品认证，按检验检测费的50%给予补助，但补助额不得超过1万元；同一企业多个产品通过认证的，补助额最高为5万元。

25. 引导和鼓励企业创立出口品牌，增强知识产权保护意识。凡获得商务部、省外经贸厅重点支持和发展的名牌出口产品的，每个品牌分别奖励10万元、5万元；凡在产品进口国（地区）每注册1个商标并有出口实绩的，补助1万元；利用某种协定一次性在多个国家注册商标并有出口实绩的，按注册费的50%给予补助，但最高补助不超过3万元；凡在产品进口国（地区）每申请1项专利（专有技术、原产地标记）并有出口实绩的，补助1万元；出口企业参加反倾销、反补贴应诉发生的相关支出，给予50%补助，但最高不超过10万元。

26. 支持境外投资项目。外经贸企业凡经国家授权部门批准，到境外设立具有一定规模的商品专业市场、生产加工企业、贸易机构，开展工程承包、资源开发等项目，每个项目补助开办费1万元，其中经商务部批准设立的境外加工贸易项目，每个项目补助2万元。

八、加快推进工业循环经济发展

27. 鼓励企业推行清洁生产。对完成清洁生产审核并经验收合格的企业，若其在节能、节水、减排工作取得明显成效的，按照项目实际投资额的10%给予奖励，但单项补助不超过10万元。

大力推进生态型工业建设。对通过清洁生产审核和ISO14000环保认证的工业企业，分别一次性奖励2万元；对当年被认定为省、市绿色企业的，分别奖励5万元、1万元；对获得国家环境友好型企业称号的，一次性奖励10万元；对列为国家级、省级、市级清洁生产试点并通过审核验收的企业，分别奖励10万元、5万元、3万元。

九、建设产业发展平台

28. 积极推进行业协会建设。对新组建的工业性行业协会，经县民政、经贸部门审定，每家一次性补助5万元。

29. 鼓励企业集约、节约用地。鼓励引导企业实行"零地技改"，对现有生产性厂房经有关部门批准进行"翻建加层"或新建生产性厂房，容积率达到规定条件且其增加建筑面积达到300平方以上的，不再收取配套费。

十、附则

30. 本意见所指税收入库是指企业当年县内入库税金，不包括退税、往年欠交税收、稽查入库税收和海关关税。企业享受优惠、贴息及奖励总额不得超过该企业当年度上缴税金的县得部分。企业发生重特大安全生产事故或重大环保污染事故的，实行一票否决，本意见涉及的奖励和优惠政策，一律不得享受。

31. 本意见实行最高限额原则。对企业同一事项所涉及多项优惠的，按最高优惠的一项执行。

32. 本意见中企业所获得的奖励、补助资金必须用于技改或扩大再生产，并纳入相关的财务科目，否则予以收回。企业迁出本县的，其在历年生产经营活动中因享受优惠政策而获得的有关奖励、补助部分，予以收回。

33. 各项政策每年度兑现一次。考核工作由县委办、县府办牵头，会同县经贸局、外经贸局等部门，对企业和个人上报的书面依据进行审查，并报县委、县政府审批兑现。

34. 本意见第23至26条由县外经贸局和县财政局共同解释，其它由县经贸局负责解释。

35. 本意见从2008年1月1日起施行。若以前出台的政策与本意见不一致的，按本意见执行。考虑政策的连续性和政府承诺的权威性，对本意见实施前注册登记企业的奖励政策，仍然按照三政发〔2005〕4号文件执行。

中共仙居县委 仙居县人民政府
关于进一步加快旅游业发展的若干意见

（2008 年 11 月 6 日）

仙县委发〔2008〕75 号

为加快旅游经济发展，尽快把旅游业培育成为我县国民经济的重要支柱产业，根据国务院、省委省政府、市委市政府加快旅游业发展的有关精神以及《浙江省人民政府关于进一步加快发展服务业的实施意见》（浙政发〔2008〕55号）和《中共仙居县委关于加快建设长三角地区重要旅游休闲胜地的决定》（仙县委发〔2007〕45 号）精神，提出如下意见：

一、理清思路，明确目标，大力发展旅游经济

1. 以全景区旅游建设为抓手，整合旅游资源，挖掘旅游文化，开发多元化、个性化的旅游休闲产品，打造“仙居—仙人居住的地方”知名品牌，把仙居建设成为长三角地区重要的旅游休闲胜地，力争年接待游客平均增长18％，旅游总收入相当于同期全县 GDP 的 15％。仙居风景名胜区创建国家 AAAAA 级旅游区，仙居县创建浙江省旅游经济强县。

二、统筹规划，有序开发，优化旅游产业结构

2. 修编完善《仙居县旅游发展总体规划》，编制《仙居国家级风景名胜区总体规划》和《仙居县旅游资源保护规划》，并列入我县国民经济和社会发展规划体系。县域城市发展、新农村建设、产业布局、交通设施、文化提升和生态建设等各类规划要充分体现旅游业的发展需要。各乡镇、街道和旅游区（点）的旅游专项规划的修编要符合全县旅游发展总体规划和旅游资源保护规划的要求，不符合要求的旅游项目一律不得开发。重点文保单位、文化宗教场所、农林业景观带（园）、城市公园、城市雕塑、旅游休闲街区、森林公园等各类涉旅项目和景区外围村庄建设，要与全县旅游发展总体规划和旅游资源保护规划相衔接，上述项目建设方案须县旅游局参与论证和会审。

三、政府主导，政策推动，加强旅游产业扶持

3. 加大政府投入力度。县财政每年安排旅游专项资金不少于 500 万元，绩效考核通过后按一定比例逐年递增；景区门票收入上缴政府部分、风景名胜资源有偿使用费纳入县财政专户管理，用于全县风景旅游事业发展。

4. 加大其他产业与旅游业的互动力度。根据全景区旅游建设的要求，相关部门在谋划推动其他产业发展时，要充分结合旅游业发展要求，按照各自职能，制定切实可行的工作方案，促进工业、农业、文化宗教等产业与旅游业的协作和互动，提高相关产品的价值和效益，延伸旅游产业链，扩大旅游产业面。

5. 大力实施人才兴旅工程。制定出台培养、引进和用好旅游人才的相关政策；依托各类职业学校和高等院校，大力培养不同层次的旅游从业人员；积极创造条件，吸引更多优秀人才进入旅游企业，对表现突出、成绩显著的旅游企业从业人员给予一定的荣誉和奖励；聘请省内外知名专家学者，成立仙居县加快旅游业发展专家顾问组，定期组织活动，为我县旅游业发展献计献策。

6. 完善旅游配套设施功能，加快神仙居旅游度假区和仙居新区建设，加快旅游交通、通讯等基础设施和游客集散中心、旅游咨询服务中心、“旅游绿色通道”等服务体系建设，加快培育旅游商品市场、购物中心和特色街区，提升城市品位与旅游服务水平。

7. 加大对景区（点）、宾馆（饭店）、旅行社、旅游购物等旅游企业扶优、扶强力度。

（1）旅游企业享受工业企业的有关优惠政策；旅游企业用水、用电、用气价格实现与一般工业同价；旅游企业从事国家规定的符合条件的环境保护、节能节水项目所得可按有关规定享受所得税优惠政策；旅游企业广告促销费税前列支比例按规定的上限执行；旅游企业当年入库税收超50 万元的，县政府予以通报表彰。

（2）旅游景区（点）：被评为 AAA、AAAA、AAAAA 旅游景区的，分别给予一次性奖励 5 万元、10 万元、50 万元。获省级、国家级称号的风景区，分别给予一次性奖励 5 万元、10 万元。被评为全国工农业旅游示范点的，给予一次性奖励 10 万元。被评为省旅游强镇的，给予一次性奖励5 万元；被评为省特色旅游村的，给予一次性奖励 3 万元。农家乐等乡村旅游的优惠政策参照县委、县政府相关文件执行。

（3）宾馆（饭店）：被评为三星级、四星级、五星级饭店的，分别给予一次性奖励 5 万元、10 万元、50 万元。星级饭店引进国际知名品牌管理公司且经营满一年的，给予一次性奖励 10 万元；引进国内知名品牌管理公司且经营满一年的，给予一次性奖励 5 万元。

（4）旅行社：支持旅行社采购公务活动，国家机关、事业单位和社会团体的公务活动，可委托旅行社安排交通、住宿、餐饮、会务等相关活动。对年接待县外来仙过夜游客达到一定数量的旅行社和获得国家、省、市荣誉称号的旅行社给予相应的奖励。

（5）推行旅游服务质量等级认证制度。按自愿申报的原则，对涉旅的购物、餐饮、住宿等服务场所推行服务质量等级认证制度，达到相关标准的，发放认证标志，并按认证的不同等级给予一定的扶持奖励。

8. 加大旅游项目招商引资力度。旅游项目招商引资参照县委、县政府有关招商引资政策执行。凡是法律法规没有禁止进入的旅游业领域，各类资本均可进入；新投资3000万元以上的景区项目和6000万元以上的酒店、度假村项目，所涉及的县得行政事业性收费参照工业园区入园企业项目收费标准执行；除法律、行政法规和依法设立的行政许可另有规定外，一般性的旅游服务业注册资本降低到3万元，旅游服务企业设立连锁经营门店可持总部的连锁经营相关文件和登记材料，直接到县工商行政管理部门办理登记手续；对引进的国内外著名旅游企业，在自建、购买或租赁办公用房上给予支持，对新引进的企业集团总部，经地税部门批准，可给予三年内免征房产税、城镇土地使用税和水利建设专项资金；鼓励非公有制企业参与国有旅游企业的改革、改组和改造。对发展全县旅游经济具有明显带动作用的重大招商引资项目，实行一事一议、一项一策，加大扶持和奖励力度。

9. 支持旅游项目用地。把旅游建设用地纳入各级土地利用总体规划，对符合全县旅游发展总体规划的旅游项目，优先列入建设计划，优先安排用地指标。

四、加强宣传，务实营销，积极拓展旅游客源市场

10. 按照立足浙江省、主攻长三角的市场定位，依托各级主流媒体和各类节庆活动，积极策划、包装、宣传推介仙居旅游，大规模、多层次、全方位地开展旅游宣传促销活动，大力巩固和不断拓展国内旅游市场，逐步形成仙居旅游的知名品牌。

11. 建立政企联手、部门联合、上下联动的促销机制，把旅游形象作为城市名片着力推介，大力推进旅游信息化建设，利用与周边地区旅游资源"主题贯通"或"优势互补"的特点，着力加强旅游区域合作，积极融入长三角地区旅游业的一体化发展。

五、加强领导，合力兴旅，切实改善旅游发展环境

12. 加强旅游业发展的组织领导和综合协调，建立仙居县旅游业发展领导小组，加强对全县旅游业发展的组织领导、统筹规划、政策制定和问题协调。

13. 完善旅游业工作考核评价制度。按照旅游业发展的规划、计划和年度目标任务，对全县旅游业发展领导小组成员单位实施目标责任制考核，考核结果纳入县委、县政府对乡镇（街道）、部门的综合考核。

14. 加强行业建设，提升行业管理水平。推进旅游行业协会发展，强化旅游质量监督管理，提高行业标准化管理水平；建立旅游诚信体系，规范旅行社、宾馆、景区（点）经营行为，畅通游客投诉渠道，净化旅游市场秩序。

15. 狠抓旅游安全生产工作，营造安全有序的旅游环境。对存在重大安全隐患不整改或整改不力的、对发生安全生产责任事故造成人员死亡或重大影响和损失的企业，当年所有奖项一票否决。

六、其他事项

16. 本意见规定的奖励扶持政策，由企业申报，县旅游局会同有关部门共同审核，报县政府审批后兑现，同一项目按"就高不就低、不重复享受"原则确定。

17. 本意见由县旅游局负责解释，自发文之日起开始实施。在此之前县委、县政府出台的相关政策意见与本意见不一致的，以本意见为准。

附：县级有关部门深化落实本意见工作清单（略）

丽水市莲都区人民政府关于印发金融机构支持地方经济发展的奖励办法的通知

莲政发〔2008〕24号

各乡镇人民政府，各街道办事处，区直各单位，有关金融机构：

《金融机构支持地方经济发展的奖励办法》已经区政府第18次常务会议通过，现予印发，请认真贯彻实施。

丽水市莲都区人民政府

二〇〇八年九月一日

金融机构支持地方经济发展的奖励办法

为进一步建立健全金融机构支持地方经济发展的激励机制，充分发挥金融在资源配置中的核心作用，鼓励各金融机构加大对我区中小企业的支持力度，特制定本奖励办法。

一、奖励对象

市人民银行、工商银行莲都支行、建设银行莲城支行、农业银行莲都支行、中国银行大洋支行、莲都农村合作银行、浙江泰隆商业银行丽水分行、浙江稠州商业银行丽水分行等商业银行。

二、计分项目和标准

采用百分制计分，计分项目为贷款总量、新增贷款和承兑汇票签发三项。

（一）区属企业流动资金、项目建设贷款，分值为35分。

以企业流动资金、项目建设月均贷款余额（含直贷）最高的银行为满分35分，并以此为准计算出每万元贷款的分值，各银行按各自月均贷款余额计分。

（二）区属企业月均新增贷款，分值为45分。

以月均新增贷款最高的银行为满分45分，并以此为准计算出每万元新增贷款的分值，各银行以各自实际月均新增贷款数计分。

（三）承兑汇票签发，分值为20分。

以开出承兑汇票（发生额）最高的银行为满分20分，并以此为准计算出每万元承兑汇票的分值，各银行按各自开出的承兑汇票发生额计分。

鉴于莲都农村合作银行没有开设承兑汇票业务，总得分按前二项指标得分情况计算，公式为：（1—2项指标得分）/（1—2项指标的分值）×100。

三、奖励方法

以各银行总得分，从高到低进行评奖，设一等奖、二等奖、三等奖各一名，鼓励奖若干名，总得分不足50分的不予评奖；奖金分别为一等奖20万元、二等奖10万元、三等奖5万元、鼓励奖3万元。市人民银行按各商业银行奖金的平均数给予奖励。

四、组织实施

奖励组织工作由区政府办公室会同区经贸局、区财政局组织实施。

五、执行时间

本办法自2008年1月1日开始执行。

中共缙云县委　缙云县人民政府
关于进一步加快旅游产业发展的若干意见

县委〔2008〕15号

为充分发挥我县旅游资源优势，加快旅游产业经济发展，根据《国务院关于进一步加快旅游业发展的通知》（国发〔2001〕9号）和省委、省政府《关于建设旅游经济强省的若干意见》（浙委〔2004〕23号）等有关文件精神，结合我县实际，提出如下意见：

一、理清思路，明确目标，大力发展旅游产业经济

1. 以仙都景区为龙头，致力招商引资，推进项目建设，努力构建“一心四版块”的景区均衡发展格局，把缙云建设成以观光、休闲、度假、养生、科考为主的浙中南旅游休闲养生度假基地。到“十一五”期末，全县实现年接待游客260万人次，年旅游收入15亿元，占全县GDP比重达15%以上，仙都景区创建国家AAAAA级旅游区，创建全省旅游经济强县。

二、科学规划，整合资源，优化旅游产业空间布局

2. 坚持“大规划、大景区、大发展”战略，整合旅游资源，优化旅游产品结构，按照“一心四版块”的旅游空间布局，科学编制《缙云县旅游发展规划》，抓好大洋、黄龙、括苍、河阳等重点旅游景区（点）详细规划编制工作。交通、文化、农林、水利等相关产业规划，要充分兼顾旅游产业经济的发展需要。风景名胜区、重点文保单位、文化宗教场所、城市公共绿地、森林公园、地质公园等各类涉旅项目建设，要与旅游发展规划相衔接，县旅游管理部门应参与上述项目建设方案的论证和会审。

3. 坚持“严格保护、合理开发、永续利用”原则，妥善处理好开发、保护与发展的关系。严禁在景区内开山、采石、开矿和采砂；严格保护风景旅游区内的景物、水体、林草植被、野生动物和各项设施；切实加大对景区环境质量的监测力度，完善好溪流域仙都段的综合整治方案，并尽快组织实施。以千年古镇、石城风情为主题，进一步完善城市功能，提升城市品位。扶持旅游集散中心发展，培育旅游商品市场，开辟旅游特色街区，不断增加旅游购物、旅游娱乐占旅游收入的比重。

三、政府主导，政策推动，加大旅游产业扶持力度

4. 县财政每年安排旅游发展专项资金1500万元，用于全县旅游规划编制、旅游总体形象宣传、旅游客源市场拓展、旅游行业管理、旅游人才培训、旅游招商引资、旅游商品开发、旅游信息化建设、旅游公共设施建设维护以及旅游项目、旅游企业发展等方面的政策性奖励或补助。

5. 对符合我县旅游发展规划的旅游建设项目，优先列入建设计划，优先安排用地指标；农家乐和观光农业等项目建设，依法使用的土地给予优惠政策（优惠政策另行制定）。

6. 积极鼓励各种民间资本参与旅游景区（点）开发，重点引进能提升“产品品质、产业层次”的实力型企业参与旅游景区（点）的开发和建设。非政府性资金投资旅游项目：固定资产投资在1000—2000万元（含1000万元）的，按实际投资额的1.5%一次性补助；固定资产投资在2000—3000万元（含2000万元）的部分，按实际投资额的2%一次性补助；固定资产投资超过3000万元的部分，按实际投资额的3%一次性补助；投资1亿元以上的旅游项目，实行一事一议政策。上述补助可按年度分批兑现或待项目竣工验收后一次性兑现。项目建设期间所有直接留县部分的规费一律减半收取。

7. 大力扶持旅游企业和景区（点）、宾馆（饭店）上等级、上规模。非政府性资金投资旅游项目：被国家旅游局评定机构或授权组织评定为国家“AAA”、“AAAA”、“AAAAA”级的旅游景区，分别一次性给予100万元、260万元、500万元的奖励，被评定升级为国家“AAAA”、“AAAAA”级的旅游景区，分别一次性给予100万元、260万元的奖励；被批准为国家级旅游度假区、省级旅游度假区的，分别一次性给予260万元、150万元的奖励；被评定为全国工农业旅游示范点的，一次性给予100万元的奖励；被评定为省旅游强镇、省特色旅游村的，分别一次性给予20万元和30万元的奖励。上述奖励资金用于旅游基础设施建设和创建工作经费支出。

8. 被国家旅游局评定机构或授权组织当年评定为二星、三星、四星、五星级的旅游饭店，分别一次性给予5万元、20万元、80万元、150万元的奖励；被评定升级为三星、四星、五星级的旅游饭店，分别一次性给予10万元、30万元、50万元的奖励。星级饭店获得省级以上（含省级）年度“优秀饭店”或“绿色饭店”荣誉称号的，奖励3万元，获市级“优秀饭店”荣誉称号的，奖励1万元；星级饭店引进国际品牌前十名的饭店集团进行管理的给予一次性奖励10万元。二星级以上（含二星）旅游饭店，实行居民生活用水价格；对受电电压等级在1—10千伏及以上的旅游宾馆饭店，按浙价电〔2003〕49号文件实行非工业用电价格。

9. 被评为全国百强、全省五十强和丽水市十佳旅行社的，分别一次性给予10万元、5万元、1万元的奖励。我县旅行社年引进县外来缙住宿游客达到3000人·天的，奖励2万元，每增加1000人·天，奖励0.5万元。对获得全国优秀导游员称号或取得高级导游以上导游任职资格的旅行社专职导游，奖励所属旅行社0.5万元、个人0.5万元；获得省级优秀导游员称号或外语导游任职资格的旅行社专职导游，奖励所属旅行社0.3万元、个人0.3万元。经政府确定的公务活动，可采取公开招标采购方式委托旅游企业代理。

10. 大力扶持、引导和鼓励农民开办“农家乐”，成立“农家乐”合作社。县财政每年从县旅游发展专项资金中安排100万元，用于符合规划并形成一定规模“农家乐”特色村的基础设施建设补助。

11. 进一步强化企业在节能减排、环境保护、依法纳税、社会保险、生产安全、产品质量、慈善事业等方面的责任意识。对发生较大安全生产事故、重大旅游投诉、未完成年度节能降耗和污染减排责任目标以及有偷漏税行为的企业，取消享受奖励政策的资格。符合申请条件的企业，年初可向县风景旅游管理局、县财政局提出申请和目标计划，如实填写《缙云县旅游业奖励申请表》。企业应设立奖励台帐相关资料，并按月如实向县风景旅游管理局和县财政局提供相关指标报表，经县风景旅游管理局和县财政局审核确认并报政府批准后实施奖励。

四、加强宣传，务实营销，积极拓展旅游客源市场

12. 县财政每年从县旅游发展专项资金中安排300万元专项资金用于旅游宣传营销，鼓励旅游景区、旅游企业强化营销意识，实行旅游整体营销。旅游企业广告促销费税前列支比例可按规定上限按实列支。

13. 认真开展旅游项目招商引资工作，把“旅游项目招商引资、景区景点建设”作为今后一个时期发展旅游经济的重点和核心工作抓实抓好。县风景旅游管理部门要专门安排工作人员和工作经费，健全机制，扩大宣传，主动对接，诚心沟通，把县内外有实力的民营企业、有活力的民间资本引入旅游产业发展领域，推动景区（点）建设，提升旅游产业层次，均衡旅游发展格局。

14. 充分利用黄帝文化、影视文化、石头文化、民俗文化和宗教文化，科学设计载体，精心组织旅游主题口号策划提炼，认真开展旅游主体形象策划设计，尤其要充分借助“名人名片”效应，提高我县旅游景区（点）的知名度和美誉度。外宣、外事、文化及各新闻单位要对主题口号和旅游主体形象进行广泛宣传，共同向外推出缙云旅游主体形象。

五、统筹协调，合力兴旅，切实改善旅游发展环境

15. 加强组织领导，成立由县主要领导牵头的缙云县旅游发展工作领导小组，研究和协调解决旅游业发展的重点难点问题；聘请专家学者组成县旅游发展专家咨询委员会，定期召开会议，充分听取意见和建议；各乡镇、部门要密切配合，齐抓共管，合力兴旅，重点旅游乡镇应成立旅游发展工作领导小组。要高度重视旅游经济发展工作，把发展旅游经济列入重要议事日程，切实加大对旅游工作的支持力度。加强旅游质量监管与执法机制建设，提高旅游执法人员素质和执法水平，健全旅游投诉制度，保障旅游者合法权益。

16. 加快以旅游交通为重点的旅游基础设施建设，进入旅游景区（点）公路纳入县、乡公路改造规划，全面改善景区（点）的可进入性，用足用活现有的交通建设扶持政策；规范道路指示标志和旅游中英文交通指示牌；实行旅游畅通工程，外地旅游车或自驾旅游车队的一般性交通违章，以教育为主，发生轻微交通事故的，应依法从快从简处理，减少游客滞留时间。

17. 重视城市规划建设，完善城市功能配套，提升城市品质品位，服务旅游产业发展。开展市容和环境卫生整治，彻底改变城区“脏乱差”现象；加强旅游公厕建设和管理；全面更新城区主要街道、广场、车站的公共信息图形符号；公安、工商、卫生、文化、环保、城管、消防等部门要明确管理权限，杜绝多头检查，积极配合县风景旅游管理部门加强对旅游市场的监督管理，严禁向旅游企业乱收费、乱摊派、乱罚款，努力创造安定、祥和的旅游发展环境。

18. 本意见自发文之日起实施，缙政发〔1998〕11号文件同时废止，本县关于旅游发展的政策与本意见有不一致的，按本意见执行。

中共缙云县委

缙云县人民政府

二〇〇八年三月十五日

中共遂昌县委
关于实践创业创新　谋求跨越发展
建设“长三角”休闲旅游名城的决定

（2008年6月30日中国共产党遂昌县第十三届委员会第六次全体会议通过）

遂委〔2008〕22号

为贯彻落实党的十七大、省第十二次党代会、省委十二届二次和三次全会、市委二届八次全会、市纪委二届四次全会、县委十三届五次全会精神，全面提升县域综合实力和竞争力，中国共产党遂昌县第十三届委员会第六次全体会议讨论了以建设生态文明为新的起点，实践创业创新、谋求跨越发展，建设“长三角”休闲旅游名城的重大问题，并作出如下决定。

一、建设“长三角”休闲旅游名城的重大意义、基本内涵、总体要求

1. 建设“长三角”休闲旅游名城的重大意义。近几年来，县委团结和带领全县各级党组织和广大干部群众艰苦创业、奋力拼搏，全县经济社会发展水平不断提升。作为经济欠发达的遂昌县，迈入了人均GDP2000美元的门槛，实现跨越发展的条件进一步成熟，基础进一步巩固。我们面临的机遇前所未有，挑战也前所未有。站在新的起点上谋划遂昌的发展，必须从遂昌所处的发展背景、发展阶段出发，准确把握发展规律和发展趋势，从全省乃至“长三角”的发展大局和区域分工中科学定位战略目标。遂昌地处钱、瓯两源，是全省“生态屏障”的重要组成部分，拥有良好的生态资源、历史文化资源和温泉、遂昌金矿等特色资源，休闲旅游资源得天独厚，以及业已形成的良好发展态势，这正是谋划未来的后发优势、比较优势所在。在建设生态文明的历史阶段寻求跨越发展，就必须加快把后发优势、比较优势转化为经济优势，主动参与到全省乃至“长三角”发展大局的区域功能分工当中，把建设“长三角”休闲旅游名城作为遂昌发展总的战略目标，坚持以建设休闲旅游名城的理念来推进新型工业化、新型城市化，带动新农村建设和休闲旅游产业发展。县委作出这一决定，是全面贯彻科学发展观，落实省委“创业富民、创新强省”总战略和市委“加快创业创新、建设生态文明、推进丽水新跨越”总体部署的具体行动，是对“工业强县、项目带动”战略的进一步深化，是着眼于差异化与融入协调发展相结合的战略选择。县委作出这一决定，对于进一步统一全县干部群众的思想，激发全县干部群众创业创新的激情，提升遂昌县总体实力和竞争力，加快以改善民生为重点的社会建设，塑造独具特色的城市形象，都具有重要的意义。

2. 建设“长三角”休闲旅游名城的基本内涵。作为当前和今后一个时期遂昌经济社会发展总的战略目标，建设“长三角”休闲旅游名城，不只是限于城市建设或发展休闲旅游业，而是涵盖了经济、文化和社会各方面的，统筹推进城乡协调发展的广义上的名城建设。这就要求我们把全县作为一个大景区来谋划，不仅要实现经济又好又快发展，促进文化大发展大繁荣，而且还要实现社会和谐稳定，人民安居乐业。对建设“长三角”休闲旅游名城的内涵认识越深刻，把握越准确，贯彻落实县委决策的行动才能越自觉、越坚定。全县各级党组织和广大干部群众都要悉心学习，认真领会，完整理解，紧密结合遂昌实际，以求真务实的态度和良好的精神状态，贯彻落实好建设“长三角”休闲旅游名城的各项任务。

3. 建设“长三角”休闲旅游名城的总体要求。高举中国特色社会主义伟大旗帜，以邓小平理论和“三个代表”重要思想为指导，全面贯彻落实科学发展观与构建社会主义和谐社会的要求，深入贯彻落实党的十七大精神，按照省委“创业富民、创新强省”总战略和市委“加快创业创新、建设生态文明、推进丽水新跨越”的总体部署，团结和动员全县各级党组织和广大干部群众，紧紧围绕以建设生态文明为新的起点，实践创业创新、谋求跨越发展，建设“长三角”休闲旅游名城的战略目标，以“大气包容、追求卓越、精品精致、善作善成”的工作理念，坚定不移地推进以新型工业化为主导的产业化进程，加快推进新型城市化，不失时机地推进新农村建设，加快社会事业发展，全面改善民生，统筹城乡基础设施建设，提升县域综合实力和竞争力，使全面建设小康社会的成果在更宽领域、更大范围、更深层次上惠及全县人民。通过建设“长三角”休闲旅游名城，实现遂昌经济新跨越。力争到2010年，全县生产总值达到60亿元以上，人均生产总值达到27000元以上；到2012年，生产总值达到80亿元以上，人均生产总值达到34000元以上。

二、着眼于规划引领，加快形成建设“长三角”休闲旅游名城的规划体系

4. 围绕战略目标，完善城乡规划体系。规划是协调发展的最有效的调控手段之一。要紧紧围绕建设“长三角”休闲旅游名城的战略目标，强化总体规划的统领作用，增强规划的前瞻性、引领性和约束性，逐步建立层次分明、功能清晰、相互配套的规划体系。进一步完善国民经济和社会发展五年规划等中长期规划，注重综合性、战略性、空间性相结合。在修编县域总体规划的基础上，进一步完善优化土地利用总体规划、县域城镇体系发展规划（城乡一体化规划）、乡镇规划和村庄布局等规划，并按发展的领域、部门或要素划分，制订项目设施类、社会事业发展类、资源利用与环境保护类、重点扶持产业类等各类从属性规划，使建设“长三角”休闲旅游名城的各项任务目标在规划中得以充分体现。进一步创新规划理念，改进规划编制方法，广泛集中领导、专家和群众的智慧，在更大范围内促进生产要素的合理配置。

5. 加强规划衔接、实施管理和评估，提高规划的实效性。要加强规划衔接，逐步形成发展改革部门、建设规划部门、国土资源部门等各部门之间规划的衔接协调机制，使规划更具科学性、指导性和可操作性。把规划实施管理纳入领导目标责任体系，各乡镇各部门主要领导要亲自抓、负总责，自觉遵守和积极维护经依法批准的规划。加强规划实施过程中的管理，指导、协调和处理好规划实施过程中的各类问题和矛盾。要正确对待远期与近期、全局与局部、重点项目与一般项目、永久建筑与临时建筑的关系，善于把规划的宏伟目标阶段化、具体化，把发展思路转化为明晰的工作任务和工作目标。组织开展对规划实施中期和完成期评估工作，及时查找规划实施中存在的问题和原因，对不适应环境和形势发展变化的规划内容或工作举措进行及时调整修订，有针对性地采取新的政策措施，改进工作方法，不断完善规划内容和举措，确保各项规划目标的顺利实现。

三、着眼于产业富民，统筹推进三次产业协调发展

6. 以建设生态工业为导向，在注重结构调整、转变增长方式的基础上，着力扩大经济总量。坚定不移地走新型工业化道路，把提质扩量作为工业经济发展的首要任务来抓，进一步优化投资结构，加大工业项目的选商引资力度，形成一批拥有自主知识产权和知名品牌、国际竞争力较强的优势企业，培育出若干分工合理、配套完备的企业群，推动工业经济又好又快发展，力争到2010年，全县工业总产值达到140亿元以上，比2007年翻一番，到2012年达到200亿元以上。鼓励优势企业做大做强，延伸产业链，培育产业集群，重点加快以建筑五金业为主的金属制品业、特种纸业、生物医药业、新型电源电池业、竹炭业为主的竹木加工业等行业发展。着眼于迅速做大做强，明确阶段性目标，采取有针对性的措施破解资金、用地等要素制约，积极扶持成长性好的中小企业发展壮大。继续把选商引资作为培育特色制造业、加快经济发展的“一号工程”，加快二都街、金岸、上江工业区块和源口凯恩高新技术产业集聚区开发，启动洋浩、毛田工业区块开发，适时推进北界、大柘、石练等工业区块开发，深入做好龙板山和大小马埠区块开发研究与规划。鼓励和支持企业自主创新，掌握具有自主知识产权的核心技术，开发高新技术产品，大力推进高新技术产业发展；鼓励和支持企业加大技改投入，积极运用高新技术和先进适用技术，提升传统优势产业规模、效益和技术水平。抓住节能减排和淘汰落后产能的“倒逼型”机遇，推进产业结构调整，推动产业从粗加工向精加工、低附加值向高附加值、低科技含量向高科技含量、高污染向低污染转变。

7. 大力发展高效生态农业。以提高农民的组织化为切入点，着眼于提高农业产业化经营水平和农民组织化程度，通过扶持和培育规模大、带动面广、竞争力强的农业龙头企业和专业合作社来推进生态农业布局的区域化和规模化。以促进农民增收为着眼点，充分发挥优良的生态环境优势，突出我县农产品“生态、绿色、有机”的品牌打造。积极推广绿色农产品生产技术，加大绿色农产品基地建设和农产品“申绿”力度，加强对农产品质量的联合检查和监督。鼓励农产品创品牌，着力宣传推介龙谷丽人茶、山地生态蔬菜、遂昌菊米、遂昌烤薯等特色农产品。以推进科技合作与创新为着力点，进一步加大科技合作力度，促进我县农业企业与高校、科研院所的产学研联合，成为科技成果转化基地。继续花大力气引进新品种、新技术、新工艺，开发名特优新农产品，努力提高农业的科技含量和经营效益。进一步鼓励科技创新，为广大科技人员创造良好的技术创新环境。力争到2010年，实现农业总产值10亿元以上，农民人均纯收入达5900元以上；到2012年，实现农业总产值11亿元以上，农民人均纯收入达6500元以上。

8. 加快发展休闲旅游业。这既是最大限度发挥遂昌的比较优势，也是着眼长远的战略选择。近期要突出抓好遂昌金矿国家矿山公园、南尖岩、神龙谷、飞石岭创AAAA景区建设，积极推进白马山、含晖洞等旅游景区开发。高度重视湖山区块产业培育和旅游开发，以湖光山色的自然景观为依托，以温泉、休闲、运动、观光等为特色，将休闲度假、特色体育运动、峡谷观光、生态农业等有机融合在一起，高起点、高标准谋划好湖山旅游整体规划，加大招商引资力度，适时启动项目建设，努力把湖山区块建设成为休闲度假天堂。促进产业互动发展，重点做好竹炭博物馆、竹炭工业园的工业旅游和茶博园、龙谷名茶市场的农业产业与旅游互动项目。进一步打响“中国旅游文化示范地、中国最佳生态旅游县、中国十大特色休闲基地”品牌，全面提升休闲旅游业发展水平。力争到2010年，实现旅游总收入达15亿元，旅游接待量达300万人次；到2012年，实现旅游总收入达20亿元，旅游接待量达400万人次，争取创建4个国家AAAA级旅游景区。加快宾馆饭店项目建设，重点扶持高星级宾馆饭店项目，到2010年，全县旅游接待床位达到10000张，到2012年，全县旅游接待床位达到15000张，争取建成五星级标准的宾馆饭店1家，四星级2家，三星级3家。以“黄金之旅、休闲遂昌”为特色形象，以“长三角”地区和周边大中城市为重点区域，组织开展好旅游节庆活动，有计划、有步骤、多层次、全方位地开展旅游宣传推介工作。重视旅游商品研发，推出一批具有地方特色和文化内涵的旅游商品，重点发展金、银等贵金属工艺旅游纪念品，黑陶、竹炭工艺品和竹炭保健品、鸟笼、竹编工艺产品和木制玩具等旅游产品。加快县城大型旅游购物中心和城镇旅游购物点建设，延伸旅游产业链，争取成为省旅游经济强县。

9. 积极推进农家乐乡村休闲旅游业发展。编制实施农家乐乡村休闲旅游规划，以示范村、整治村建设为基础，以合作社为纽带，充分挖掘和整合我县丰富的旅游资源和要素，坚持整合、提升、建设并重，以长濂、三井等农家乐为龙头，合理布局农家乐休闲旅游区域规模，形成点、线、面协调、各具特色、多元发展的格局，全面打响遂昌农家乐休闲旅游品牌，更好地发挥旅游富民功能。按照“寓规范于发展之中，寓管理于服务之中”的要求，加强对经营户培训指导，规范经营行为，提高乡村休闲旅游服务水平。以体验农耕文明为特色，丰富游客观光、休闲、度假内容，促进旅游产业的多元化发展。到 2010 年，乡村农家乐休闲旅游就餐位达 5000 个，接待床位 2500 张，全县至少创建 10 个省级乡村旅游示范点，创建 10 户五星级、50 户四星级、100 户三星级农家乐经营户；到 2012 年，乡村农家乐休闲旅游就餐位达 6000 个，接待床位 3000 张。

四、着眼于特色立县，全面提升差异化发展水平和县域综合竞争力

10. *打造特色中心城市*。要按照建设"长三角"休闲旅游名城的要求，坚定不移地推进城市化步伐。坚持在规划中统一思想，实施县城优先发展战略，把县城作为"长三角"休闲旅游名城建设的中心与重点区域，科学修编城市总体规划和城市设计，把拉开城市框架与完善城市功能有机结合起来，充分利用依山滨水的特质，充分体现"一山两水"的城市个性，突显"显山、露水、透绿、现蓝"的山水休闲旅游城市特色，力求在人口和地域规模上把城市做大，在综合实力上把城市做强，在服务功能上把城市做优，在居住环境上把城市做美，在综合环境上把城市做特。坚持在建设中打造精品城市，不断强化县城的旅游集散组织功能、接待服务功能、旅游购物和休闲娱乐功能。加强县城与旅游景区(点)的交通联系和设施建设，进一步加快城市出入口、沿河地带、主要道路沿线、广场的绿化和景观建设，全面融入以汤显祖文化为主线的明代文化的元素特质，形成具有浓郁地方特色和文化内涵的城市风貌。加快县城现代休闲设施建设，逐步引导集中建设特色明显的休闲娱乐街区、美食广场、主题公园，加强文化、体育设施建设，增强县城旅游服务功能，提高综合接待能力。完善旅游信息、导向服务功能，使县城成为休闲旅游的服务中心。坚持在管理中培育活力城市，进一步完善配套管理机制和制度，加快城市交通、供水、供电等基础设施建设，加强城市公共管理，全面提升城市精细化管理水平。

11. *发展特色文化产业*。坚持文化为民、文化靠民、文化惠民，做好传统文化的挖掘、保护与弘扬，进一步繁荣群众文化，着力培育文化产业，不断创作和生产文化产品，打响遂昌特色文化品牌，着力建设社会主义核心价值体系、公共文化服务体系和文化产业发展体系，全面提升文化软实力和竞争力，将遂昌建成浙江乃至全国的旅游文化名县。要全力打造汤显祖文化品牌，继续实施并进一步提升完善《汤显祖文化发展规划》，依托汤显祖世界文化名人、《牡丹亭》世界文化名著和昆曲世界文化遗产，以汤显祖文化研究中心建设为载体，把汤显祖文化做深做透。要进一步挖掘、保护、传承与开发利用好川文化、红色文化、畲乡文化及遂昌昆曲十番、石练台阁、遂昌车龙、遂昌茶灯戏等民间传统文化，继续开展文物普查和非物质文化遗产项目申报工作。进一步巩固和发展基层文化网络，继续发展广场文化、社区文化、企业文化、校园文化和乡村文化，组织开展丰富多彩的群众性活动和文化下乡活动，繁荣群众文化生活，丰富群众精神需求。加快培育文化产业，深化好川文博区、三墩文化产业园区、长濂生态旅游文化园区规划研究，积极创造条件适时启动开发建设。促进文化与经济特别是与旅游产业相融合，加快把文化力转化为经济力，以平昌广场、汤显祖纪念馆、古乐坊和旅游景区等为依托，鼓励组建专业、半专业化文化演出队伍，开展经常性旅游文化演出，提高传统特色文化舞台化、市场化程度。激活人才培养与交流机制，加强民间文化艺术人才的发掘和保护，开展特色艺人评定，努力建设一支研究、策划、管理文化事业与文化产业的人才队伍，为提升我县文化竞争力提供智力保障。

12. *建设独具魅力的生态文明*。坚持以生态文明理念为指导，以生态县建设为主抓手，以建设生态林业为切入点，切实加强生态环境保护，全面实施林木资源限制采伐工作，大力推广沼气、太阳能等绿色能源，采取综合措施保护良好生态环境，从单一的木材利用向非木质林业转变，充分发挥森林资源综合效益。力争 2009 年、确保 2010 年，全县有 80%以上乡镇达到省级生态乡镇的要求，完成省级生态县的创建任务；力争到 2013 年，完成国家级生态县的创建任务。深入实施"811"环境整治工程，加强污染治理与环境整治，到"十一五"期末，城市污水处理率达 50%以上，集中污水处理厂废水达标率达 85%以上，县城生活垃圾处理设施达到无害化标准，工业固废综合利用率达到 92%以上，工业危险废物安全处置率和医疗废物集中处置率分别达到 93%和 90%以上，村级生态墓建设覆盖率达 90%以上，"二沿五区"坟墓治理率达 85%以上，乡镇政府所在地和 30%左右的行政村要建成生活污水处理设施，农村生活垃圾收集处理的行政村覆盖面达到 85%以上。

13. *营造特色鲜明的社会环境*。以实施基本公共服务均等化行动计划为主抓手，健全党委领导、政府负责、社会协同、公众参与的社会管理体系，加快以改善民生为重点的社会建设，进一步营造"大气包容、平安和谐"的社会环境。加快教育事业发展，加大教育投入，改善办学条件，推进学校标准化建设，提高教育信息化水平；大力推进教师队伍建设，全面实施素质教育，着力提高教育质量；加快学校布局调整，优化教育资源配置，做大城区教育资源总量；推进各类教育协调发展，做实做强职业教育和成人教育，强力推进学前教育；致力教育和谐发展，实施好困难学生资助工程和爱心营养餐工程，不断提高义务教育阶段保障水平，实现外来务工人员子女平等接受义务教育。统筹城乡医疗卫生资源配置，加强与上海、杭州等地大型医院合作，加快"名院、名科、名医"建设，切实提高优质医疗卫生服务的均等化水平，全面提高医疗卫生服务质量和水平。加强重点旅游景区卫生配套建设，建立健全游客医疗救助绿色通道，鼓励开发休闲养生保健康复项目，切实提高医疗救护康复保障能力，全面提高城乡居民健康水平和游客健康保障水平。加强食品药品安全监管，切实保障人民群众饮食和用药安全。稳定低生育水平，提高出生人口素质，统筹解决人口问题。积极营造平安社会环境，全面落实工作责任制，建立健全有效的社会治安综合治理体系和矛盾纠纷排查化解机制，进一步深化基层平安建设，为建设"平安遂昌"夯实基础。

五、着眼于项目带动，改善休闲旅游名城建设的基础设施条件

14. 加快完善交通网络。科学规划，精心包装项目，争取最大支持。积极争取遂昌至江山公路（遂昌段）项目和衢丽铁路（遂昌段）项目，实施51省道上江至三墩桥公路改建工程、遂昌县木焦线王村口至老虎跳公路改建工程、峡口门至湖山至金竹公路改建工程，积极做好50省道小马埠至庄山段公路改建工程、51省道三墩桥至安口坝头段公路改建工程和通景公路以及遂昌至石练公路升级改造等项目的规划和建设，全力打造遂昌旅游一小时交通圈。

15. 全面推进新农村建设。深入实施"社会主义新农村建设七项行动计划"，提升我县新农村建设水平。加大农村集镇建设力度，完善集镇功能，增强集镇特色，促进以工促农、以城带乡，加快人口内聚外迁，推进农村经济社会全面发展。继续实施"康庄工程"、"十村示范、百村整治工程"、"千万农民安全饮用水工程"、"城乡污水处理工程"以及"城乡垃圾处理设施建设工程"等，促进城乡基础设施和公共服务体系共建共享，不断改善农民生产生活条件，美化乡村面貌，强化全县乡村处处是景的特色形象。

16. 完善文化旅游设施。加快遂昌县文化中心的规划工作，加快各乡镇、村文化站（室）建设，加快遂昌博物馆、档案馆前期工作。以汤显祖诗、文记载为依据，修建一批汤显祖文化遗迹，抓紧建设汤显祖主题公园。加快竹炭博物馆项目建设，积极筹划文化产业园。建设遂昌昆曲十番古乐坊。以特色文化为支撑，加强王村口红色建筑群、塘岭头县委旧址、大柘泉湖寺等红色遗迹的保护与管理，做好好川遗址公园、独山古村寨、苏村和黄沙腰古建筑群、长濂民俗区等古文明遗址、古建筑群的修缮、管理、开发工作，促进文化传承与休闲旅游业发展良性互动。

17. 加快完善配套基础设施。全面启动110KV古院输变电工程、110KV大桥输变电工程、110KV洋浩输变电工程、110KV桃源输变电工程、110KV焦滩变增容扩建工程和110KV石练变二期扩建工程的规划和实施，为城乡居民生活生产和休闲旅游产业发展提供安全稳定的电力保障。启动城乡供排水规划和实施，保障人民群众和游客饮用水安全。加快推进城乡通信设施布局规划和建设，实现城乡及景区（点）的信号全覆盖，为休闲旅游业发展提供有力的通信网络支撑。

六、着眼于跨越发展，切实把建设"长三角"休闲旅游名城的各项任务落到实处

18. 大力推进科学发展观和"两创"总战略在我县的实践。谋求跨越发展，是基于对国际国内发展形势的正确分析和遂昌现实发展状况的正确把握的基础上提出的，是立足遂昌实际落实科学发展观的有效形式，是全面实践"两创"总战略的重大举措。我们实现跨越发展，关键是要坚持以科学发展观为统领，不仅要追求速度与效益并重，当前与长远兼顾，经济和社会、生态环境统筹协调，而且在目标定位、路径选择、重点举措上都要有跨越的导向和理念。我们要谋求跨越发展，按部就班肯定不行，亦步亦趋也不行。落实到建设"长三角"休闲旅游名城的具体实践中，就是要从解放思想入手，大胆创新、奋发有为，坚持"从比较中找差距、从口碑中找动力"，实践创业创新，推进跨越发展。

19. 最大限度激发创业激情。近几年，我县的发展取得了很大成就，但总体上仍处于一个攻坚克难、爬坡追赶的发展阶段，经济欠发达仍是我们最大的县情，加快发展是当前我们最大的任务。面对百舸争流、不进则退的局面，激烈的竞争迫使我们谋求跨越发展，宝贵的机遇激励我们跨越发展，遂昌要跨越发展已成为全县广大干部群众的迫切愿望，我们别无选择。我们要坚持以人为本，充分尊重人民群众的首创精神，充分调动广大干部群众的创业积极性，把创业创新作为跨越发展的主要驱动力，营造良好的经济社会发展环境，努力使有限的资源要素发挥最大的效益，最大限度激发创业激情，推动全民创业、全面创新的深入开展。

20. 扎实提升领导干部思想作风建设和执政能力。跨越发展不只是一个理论问题，更是一个实践问题。要实现跨越发展，必须要有过硬的作风和到位的操作能力作为保障。良好的作风是领导班子和党员干部竖起的一面旗帜、一根标杆。县委要发挥好领导核心作用，切实加强组织领导。全县党员干部都要自觉投入到"树新形象、创新业绩"主题实践活动中来，以思想政治建设和执政能力建设为重点，把真心为民、真抓实干作为自己的座右铭，按照职能分工，明确工作责任，做到各尽所能、各司其职，形成推进工作的强大合力。要坚持领导靠前指挥，落实牵头负责制，按照"只争朝夕、雷厉风行"和"重在落实、贵在到位"的要求，坚持把寻找管用办法作为创业创新的关键环节，寻找解决问题的对策、措施，找准工作的着力点和突破口，切实提高工作的针对性和实效性。要坚持以结果论英雄，切实提高操作到位的能力，确保各项工作都能落到实处。要坚持典型推动，做到奖惩分明，形成鼓励干事、鞭策懒散、处理捣蛋的良好氛围。

21. 全面建设"长三角"休闲旅游名城。随着全省综合实力的不断提升，统筹城乡和区域发展的能力不断增强，省委省政府支持欠发达地区加快发展的力度不断加大。在新一轮发展中，我们必须紧紧围绕实践创业创新、谋求跨越发展，建设"长三角"休闲旅游名城的战略目标，抢抓机遇、顺势而为、乘势而上，以更足的干劲、更好的作风、更实的举措，敢于自我加压，善于创造性地开展工作，全面发挥遂昌的比较优势和后发优势，在自我积累、自我提高中切实增强内生性发展能力和县域统筹能力，努力实现自我发展和借力发展相协调、差异化发展和融入发展相协调，把创业创新、跨越发展的成果体现在县域综合实力和竞争力的提升上，体现在民生的改善和社会的和谐上，体现到"长三角"休闲旅游建设上，努力为全面建设惠及全省人民的小康社会作出更大的贡献。

中共遂昌县委
二〇〇八年七月二十日

全面改善民生篇

中共浙江省委　浙江省人民政府
关于加强青少年体育增强青少年体质的实施意见

（2008 年 1 月 18 日）

浙委〔2008〕11 号

为认真贯彻落实《中共中央国务院关于加强青少年体育增强青少年体质的意见》（中发〔2007〕7 号）精神，进一步加强我省青少年体育工作，增强青少年体质、促进青少年健康成长，现提出以下实施意见。

一、切实增强做好青少年体育工作的紧迫感和责任感

1. 广大青少年身心健康、体魄强健、意志坚强、充满活力，是一个民族旺盛生命力的体现，是社会文明进步的标志，是国家综合实力的重要方面。改革开放以来，我省青少年体育事业蓬勃发展，学校体育工作成绩显著，青少年健康素质不断提高。但是，必须清醒地看到，由于受追求高升学率的影响，社会和学校存在重智育、轻体育的倾向，学生课业负担过重，休息和锻炼时间严重不足；同时，一些学校体育设施和条件相对不足，学生体育课和体育活动受到制约。近年体质健康监测表明，我省青少年体能指标下降、视力不良率偏高、超重和肥胖现象增多的问题十分突出，部分农村青少年营养状况亟待改善。这些问题如不切实加以解决，将严重影响青少年的健康成长，影响我省全民健康素质的提高。各级党委、政府和各级各类学校必须从国家民族未来的战略高度，进一步增强做好学校体育工作的紧迫感和责任感，全面贯彻党的教育方针，高度重视青少年体育工作，把青少年体育特别是学校体育摆在更加突出的位置，不断提升青少年的健康素质。

2. 当前和今后一个时期，我省加强青少年体育工作的总体要求是：认真落实“健康第一”的指导思想，把增强学生体质作为学校教育的基本目标之一，健全完善学校体育工作机制，充分保证学校体育课和学生体育活动，广泛开展青少年体育活动和竞赛，切实加强体育卫生设施和师资队伍建设，全面完善学校、社区、家庭相结合的青少年体育网络，着力培养青少年良好的体育锻炼习惯。通过 5 年左右的时间，使我省青少年普遍达到国家体质健康的基本要求，耐力、力量、速度等体能素质明显提高，营养不良、肥胖、近视的发生率明显下降，体质得到全面增强。

二、充分保证青少年体育活动和休息时间

3. 开齐开足体育课和体育活动课。把体育课作为学校体育工作的中心环节来抓，在保质保量上好体育课的同时，确保学生每天至少 1 小时的体育活动时间。义务教育阶段小学 1－2 年级每周必须安排 4 节体育课，小学 3－6 年级和初中每周必须安排 3 节体育课，高中段学校每周必须安排 2 节体育课；没有体育课的当天，学校必须在下午课后组织学生进行一课时集体体育锻炼。全面实行大课间体育活动制度，每天上午统一安排 25－30 分钟的大课间体育活动，认真组织学生做好广播体操、开展集体体育活动。寄宿制学校要坚持每天出早操，开展晨间体育锻炼。高等院校应按国家规定实施体育课时计划，并根据学生锻炼需要，增加体育选修课，把体育课程覆盖到学生全部修业年限，确保每个学生每周至少参加三次课外体育锻炼。各级各类学校应将体育课、班级体育活动、大课间活动和眼保健操列入日常教学计划和课表,任何学校不得以任何理由和方式,削减、挤占体育课和体育活动时间。

4. 全面实施《国家学生体质健康标准》。各级各类学校要按规定,组织学生进行体质健康测试,为每一个学生建立健康档案。到2010年,全省所有学校都要达到《国家学生体质健康标准》各项要求。学生体质健康测试结果要作为中小学生成长记录或素质报告书和高校学生档案的重要内容,并作为学生升学、毕业的重要依据。

5. 规范和完善学生作息制度。遵循青少年生长发育和人体生理活动规律,确保青少年休息睡眠时间。保证小学生每天睡眠时间10小时,初中生9小时,高中生8小时。学校的作息时间表,应向学生及家长公布,接受社会监督。各市、县(市、区)教育行政部门还应根据当地实际,提出中小学学期、假期安排的指导意见。

6. 做好学生军训和国防教育活动。各高等学校和高中阶段学校要严格执行国家关于学生军训的有关规定,进一步规范和完善学生军训制度,开足上好军事理论教学和军事技能训练课目,丰富军训内容,增强军训实效;义务教育阶段要积极开展"少年军校"等活动,进行国防知识教育,通过国防教育实践活动,增强体质、磨练意志、养成品格。

三、广泛开展群众性青少年体育活动

7. 大力开展"学生阳光体育运动"。各地要结合实际研究制定区域性阳光体育运动计划,学校要根据学生的年龄、性别和体质状况,探索适宜的体育教学与活动形式,指导学生开展有计划、有目的、有规律的体育锻炼,努力改善学生的体质状况,提高运动能力,达到体质健康标准。对达到《国家学生体质健康标准》合格等级的学生颁发"阳光体育证章";优秀等级的颁发"阳光体育奖章",以增强学生参加体育锻炼的荣誉感和自觉性。

8. 积极创建"中小学生课外文体活动工程"示范区。各地各学校要组织学生在课外活动中广泛开展"体育艺术2+1项目"等活动,注重发展学生的体育活动兴趣和特长,使每位学生在义务教育阶段至少能掌握两项日常锻炼的体育技能,养成锻炼身体的良好习惯,提高综合素养。

9. 举办多层次、多形式的学生体育运动会。各级各类学校每年都要举行春、秋季运动会,因地制宜、各具特色、经常性地开展以班级为单位的学生体育活动和竞赛,做到人人有体育项目、班班有体育活动、校校有体育特色。以扩大体育运动的覆盖面为目标,组织开展学生阳光体育运动大联赛,定期组织综合性或专项学生体育运动会,在班级、年级、学校比赛的基础上进行县(市、区)、市级和省级比赛。结合全民健身运动,积极开展各类竞技性和群众性体育活动。

四、完善学校、社区、家庭相结合的青少年体育网络

10. 加强家庭和社区的青少年体育活动。要在全社会中倡导"健康第一"的理念,注重从小培养青少年文明健康的生活方式,提倡家长和孩子共同参加体育锻炼。加强青少年体育俱乐部建设,积极开展丰富多彩的社区体育活动。各地青少年活动中心、少年宫、妇女儿童活动中心、工人文化宫和其他活动场地要按公益性要求,积极为青少年参与校外体育活动创造条件。

11. 积极推进"教体结合",融体育于学校教育工作之中。建立健全各级"体教结合"领导机构和日常协调管理机制,积极开展教体结合试点,以点带面,稳步推进。教育、体育等有关部门和组织要在教学管理、经费投入、条件保障、训练指导和竞赛组织等方面为学校体育运动、项目训练和体育运动队建设等提供指导和服务。挖掘地方体育资源和传统项目优势,聘请当地优秀体育运动员和体育工作者到学校担任兼职体育教练,加快特色体育项目的普及和推广,提高学校体育运动水平。

12. 加强体育特色学校、体育后备人才学校和高水平运动队建设。注重学校体育基础教育建设,不断提高学校体育竞技水平。鼓励有条件的中小学选择若干体育项目,组建课外兴趣小组和校级运动队,组织有特长和兴趣的学生开展经常性系统训练,形成学校体育传统和特色。注重体育后备人才培养,促进形成体育人才的共育机制。以基层和农村学校为重点,到2010年,在全省建设好500所省级体育特色学校和50所体育后备人才学校。各地要有针对性地制定相关政策,鼓励有条件的学校招收一定比例的体育特长生,培养更多更好的体育后备人才。鼓励高校根据自身办学条件和特色,积极试办国家级和省级一线运动队,以高水平运动队为目标,不断提高运动竞技水平,努力构建"小学——中学——大学"一条龙体育人才培养体系。

五、大力加强学校卫生工作

13. 注重学校健康教育。制定浙江省中小学健康教育指导纲要,保证必要的健康教育时间,指导各级各类学校针对不同年龄段的学生开展疾病预防、科学营养、卫生安全、禁毒控烟等青少年健康教育主题活动,促使学生养成良好的个人卫生习惯。根据新时期青少年青春期特征和成长过程中的心理特点,有针对性地加强心理健康教育,建立健全青少年心理健康教育、指导和服务网络。建立和完善学生不良心理干预机制,对存在心理疾患的学生要安排专门的教师进行辅导和帮助。

14. 提高学校卫生防病和突发公共卫生事件应急处置能力。各地要把大中小学生列入城乡居民基本医疗保障的重点覆盖人群。各级疾病预防控制机构和相关卫生医疗机构要明确专人负责指导和协助学校的卫生工作,按照国家有关规定为行政区域内学校提供预防保健等公共卫生服务,定期对学校的食品卫生、饮用水、传染病防治等开展卫生监督、监测,依法进行免疫预防接种,所需费用纳入公共卫生经费支付范围。中小学要依据《学校卫生工作条例》的规定,设立卫生室,配备校医或专(兼)职保健教师,在卫生部门指导下开展学校卫生工作。各级教育行政部门要会同卫生行政部门建立巡查制度,加强行政区域内的学校卫生管理。加强学校卫生的预防和应急机制建设,做到制度健全,责任明确,管理到位,努力使学生的传染病、常见病等发(患)病率逐年下降。

15. 广泛开展"预防近视、珍爱光明"宣传教育活动,努力提高学生视力健康。中小学要高度重视学生视力健康问题，通过加强教育和管理，切实解决学生视力下降问题。中小学教师和家长都要关注学生的用眼状况，坚持每天上下午组织学生做眼保健操，及时纠正不正确的阅读、写字姿势，控制近距离用眼和上网时间。进一步改善各级各类学校的办学条件，确保照明、课桌椅达到基本标准，改善学生用眼卫生条件。

六、健全有利于青少年体质健康的工作机制

16. 改进学生评价机制。坚持和完善体育科目测试制度，把学生体质健康水平作为毕业、升学的重要条件。中小学要将体育科目测试成绩作为学生综合素质评价的重要指标；组织实施初中毕业生升学体育与健康科目考试工作，体育考试成绩按一定比例计入中考成绩总分，并逐步提高分量，进一步推行体育课程列入高中毕业学业考试，把学生体质健康水平作为高校录取新生的重要条件之一。

17. 建立学生健康监测机制。建立《国家学生体质健康标准》体质健康测试向社会公告制度，实行各市、县教育行政部门定期公布中小学校学生体质健康测试结果，省教育厅定期公布各市和高等学校实施《国家学生体质健康标准》的情况和测试结果。建立新生入学体质健康测试制度，高等学校、高级中学和初级中学要组织新生进行体质健康测试。省、市教育行政部门要加强对学生体质健康状况的分析研究，及时提出改进建议。建立完善学生体检制度，使青少年学生每年都能进行一次健康检查。

18. 强化督导和考核机制。各级政府要认真贯彻执行义务教育法和学校体育卫生工作法律法规，并加强督促检查。各级教育部门要将学校体育工作作为教育评估、督导的重要内容，定期进行检查督导。进一步完善教育强县(镇)、体育强县(镇)、示范性等级重点学校及先进单位的评估指标体系和评估办法，把学生体质健康状况和学校体育工作水平作为关键性指标纳入评估体系。不能保证体育课时和学生体育活动时间，学生体质健康水平持续下降的地区和学校，取消参评教育、体育强县(镇)、示范性等级重点学校和先进单位资格。

19. 落实安全保障机制。各级政府和学校要高度重视学校体育活动中安全教育和防范工作，完善学校体育设施、体育课程和活动的各项管理制度，明确安全责任，切实加强管理。强化教师安全知识和技能培训，加强学生安全意识教育，加强医务监督，严防体育伤害事件的发生。各级各类学校都要制定校园意外伤害事件的应急预案，建立教育、体育、卫生、公安、交通、保险等部门和单位配合的协作机制。各地要积极开展中小学生意外伤害保险，为学校妥善处理学生意外伤害事件解除后顾之忧。

七、进一步完善青少年体育健康工作的政策保障措施

20. 加强学校体育卫生教师队伍建设。各类中小学校要按照国家课程改革要求和学校体育课程占总课时10%的比例要求，根据体育课程内涵扩大、工作量增加的实际，逐步配足配强专职体育教师。体育教师教学和指导的体育课、课余体育训练、体育竞赛等均应计算工作量，其工作量的计算与计酬应与其他基础学科教师同等对待。加大对学校体育教学业务骨干和体育学科带头人培养力度，鼓励优秀运动员、专业运动教练经过培训后从事学生运动训练和课外活动指导，建立双师型体育教师队伍。根据学校卫生健康教育和卫生防疫需要，配齐学校卫生健康教育教师和卫技人员，对长期从事学校健康教育的教师，可根据有关规定评聘教师职务。

21. 改善学校体育卫生设施。各级政府要认真落实《公共文化体育设施条例》，统筹协调、因地制宜，加强学校体育设施特别是体育场地建设。把“农民体育健身工程”与农村中小学体育设施建设结合起来，改善农村学校体育条件。充分利用体育彩票公益金，援建更多的青少年户外体育活动营地和公共体育场馆设施。制定《中小学体育场馆设施、器材配备目录》对尚未达到省定标准的学校，各级政府及有关主管部门应做好相应规划，限期予以解决。学校应结合实际，因地制宜，积极开发并统筹使用场馆器材，提高使用效率。公共体育场馆和运动设施应免费或优惠向周边学校和学生开放，学校体育场馆在课余和节假日应向学生开放。

22. 做好体育卫生经费保障工作。各级政府要加大投入，中小学的公用经费中要安排学校体育卫生活动的支出，保证经常性体育、卫生健康教育活动的开展。学校体育卫生设施维修改造支出，在中小学校舍维修改造专项资金中统筹安排。学生健康体检费用纳入义务教育经费保障机制，其他学生的健康体检费用由省有关部门另行制定办法解决。

八、切实加强对青少年体育健康工作的领导

23. 各级党委和政府要把加强青少年体育工作摆上重要议事日程，纳入经济社会发展规划。在党委和政府的统一领导下，建立教育、体育、卫生部门和共青团组织等共同参加的联席会议制度，统筹协调解决青少年体育工作中的重要问题。学校校长是学校体育工作和学生体质健康的第一责任人，要切实加强组织领导。2008年起组织实施“浙江省学生体质健康工程”，具体办法由省有关部门另行制定。

24. 加强舆论宣传，为青少年健康成长营造良好氛围。通过多种形式，广泛传播健康理念和健康科学的生活方式，普及体育健康知识。新闻媒体要加强对学生阳光体育运动等群众性学生体育活动的宣传报道，积极引导和推动青少年体育活动的蓬勃开展。以迎接奥运会为契机，开展丰富多彩的“迎奥运、讲文明、树新风”活动，让广大青少年以实际行动与奥运同行，充分展示新时期青少年健康向上的精神风貌。大力弘扬体育文化，培育体育精神，形成大家都来关心、支持青少年健康成长的良好氛围。

中共浙江省委
关于全面改善民生促进社会和谐的决定

（2008年4月15日中国共产党浙江省第十二届委员会第三次全体会议通过）

浙委〔2008〕38号

为贯彻落实党的十七大精神，实现省第十二次党代会提出的奋斗目标，深入实施“创业富民、创新强省”总战略，中国共产党浙江省第十二届委员会第三次全体会议讨论了全面改善民生、促进社会主义和谐社会建设的重大问题，并作出如下决定。

一、全面改善民生的总体要求和基本原则

1．全面改善民生的重大意义。全面改善民生是深入贯彻落实科学发展观的内在要求，是构建社会主义和谐社会的关键环节，也是全面建设小康社会的题中之义。近几年来，省委、省政府牢固树立以人为本的发展理念，坚持把解决民生问题摆在突出位置，全省民生状况得到明显改善。但必须看到，对照中央的要求和人民群众的期望，我省民生领域许多工作有待进一步加强，全面改善民生任务还十分艰巨。党的十七大从坚定不移地走中国特色社会主义道路、深入贯彻落实科学发展观的高度，对加快推进以改善民生为重点的社会建设作出了部署。我们一定要深刻领会十七大精神，充分认识全面改善民生的重大意义，扎实推进全面改善民生的各项工作，促进社会和谐稳定。

2．当前和今后一个时期全面改善民生的总体要求。高举中国特色社会主义伟大旗帜，以邓小平理论和“三个代表”重要思想为指导，全面贯彻落实科学发展观，按照构建社会主义和谐社会的要求，深入贯彻党的十七大和省第十二次党代会精神，紧紧围绕“创业富民、创新强省”总战略，以实现好、维护好、发展好最广大人民利益为出发点和落脚点，以解决人民群众最关心、最直接、最现实的利益问题为突破口，以完善为民办实事长效机制为保障，以实施“基本公共服务均等化”、“低收入群众增收”、“公民权益依法保障”等行动计划为主要抓手，确保全省人民学有所教、劳有所得、病有所医、老有所养、住有所居，不断丰富城乡居民物质生活和精神文化生活，使全面建设小康社会的成果惠及全省人民。

3．全面改善民生工作的基本原则。

——以人为本，重在民生。坚持把改善和保障民生作为经济社会发展的目的，摆在各项工作的优先位置，切实保障人民政治、经济、文化、社会权益。

——突出重点，统筹兼顾。紧紧抓住人民群众最关心、最直接、最现实的利益问题，着重解决群众反映突出的民生问题，统筹协调好各方面群众的利益关系。

——尽力而为，量力而行。整合财力物力，分清轻重缓急，推动公共资源向以民生为重点的社会发展领域倾斜，实现改善民生的力度和经济社会发展水平相适应。

——科学发展，共建共享。坚持以经济建设为中心不动摇，充分调动社会各方面的积极性、主动性和创造性，推动经济社会切实转入科学发展轨道，努力实现又好又快发展，使经济发展成果更多体现到改善民生上，实现全体人民共建共享改革发展成果。

二、优先发展教育

4．坚持把教育放在优先发展的战略位置。进一步更新教育观念，加大教育投入，深化教育改革，改进人才培养模式，大力实施素质教育，全面提高教育现代化水平，努力实现教育公平。到2012年，现代国民教育体系更加完善，全省人民受教育程度和创新人才培养水平明显提高，教育综合实力进一步提升。

5．促进基础教育均衡协调发展。积极推进义务教育均衡发展，促进城乡教育共同体建设，不断提高办学水平和教育质量。加快农村学校标准化建设，因地制宜地推进农村小规模学校的“并转改”，着力解决农村和欠发达地区教育基础薄弱问题，保证所有学龄儿童都能接受较高质量的九年义务教育。高质量普及高中段教育，积极发挥优质高中的示范辐射作用，加强学生创新能力培养，不断提高高中段教育质量。加大对高中段教育的财政投入力度，确保普通高中与职业高中教育协调发展。加强学前教育，努力提高学前教育办学水平。

6．提高高等教育质量和大众化水平。优化高等教育结构，强化高校办学特色，加强学科和专业建设，提高人才培养水平和科研创新能力。进一步推进各类高等教育之间的衔接和沟通，形成布局合理、定位准确、结构优化、发展协调的高等教育体系。

7．大力发展职业教育和成人教育。继续实施职业教育行动计划，加强专业和课程建设，强化实践环节教育，推进“双证制”，加快应用型、技能型人才培养。逐步扩大城乡劳动者接受职业教育的覆盖面，办好面向农村的中等职业学校，提高农村人口受教育年限。大力发展成人教育、社区教育、现代远程教育和职业培训，构建终身教育体系和学习型社会。

8．完善教育保障机制。提高义务教育阶段学校日常公用经费标准，提高农村中小学爱心营养餐标准。认真落实对高校、中等职业学校家庭困难学生的各项资助政策。完善残疾学生助学政策，关注特殊教育，加强特殊教育学校建设。多渠道解决进城务工人员子女入学问题，免除符

合条件的进城务工人员子女义务教育借读费。认真规范教育收费，严肃查处教育乱收费行为。加强教师队伍特别是农村教师队伍建设，不断提高师范教育质量，全面实施教师培训“领雁工程”，进一步完善和落实教师特别是农村教师的待遇政策。

三、积极扩大就业和促进创业

9. 坚持扩大就业和促进创业并举。贯彻落实《就业促进法》，继续实施积极的就业政策，促进创业带动就业，鼓励自谋职业和自主创业，落实创业贷款、财政贴息担保制度，使更多劳动者成为创业者，努力使社会就业更加充分。

10. 完善市场调节、政府推动、城乡统筹、自主择业的就业机制。强化政府促进就业职能，完善城乡统一的劳动就业政策，加强城乡统一的人力资源市场建设，统筹城镇就业和农村富余劳动力转移就业，形成城乡劳动者公平就业制度。

11. 加强就业和创业培训。健全面向全体劳动者的职业技能培训制度，重点针对当前新成长劳动力特别是大中专毕业生、农村转移劳动力特别是被征地农民、失业人员特别是就业困难人员的特点，加强职业技能培训，提高劳动者的就业能力和创业能力。

12. 加大对困难群体的就业援助。大力开发就业岗位，完善面向困难群众的就业援助制度，积极开展创建充分就业社区活动，实行“政府买岗”、开发公益岗位、对安排困难人员就业的用人单位实行岗位补贴和社会保险补贴等办法，着力帮助就业困难人员特别是城镇“零就业家庭”、农村低保家庭实现就业，扶持残疾人就业和创业。

13. 做好高校毕业生就业工作。进一步加大高校毕业生就业工作力度，切实帮助高校毕业生更新就业观念，拓展就业渠道，提高就业能力。认真落实毕业生见习培训等扶持毕业生到基层就业的制度，深入实施“一村（社区）一名大学生计划”，做好选聘大学生到村任职工作，鼓励高校毕业生到基层工作，完善面向基层就业的激励措施。大力推进创业教育，提高大学生创业能力，实施小额免担保贷款、税费减免等优惠政策，鼓励高校毕业生自主创业，促进高校毕业生充分就业。

14. 完善就业和创业服务体系。加强公共就业和创业服务，按照“中心城区有市场、主要乡镇有网点、街道社区有窗口”的目标，加快公共就业和创业服务机构网络建设，加强对下岗失业人员再就业、城镇新增劳动力就业、农村富余劳动力转移就业以及高校毕业生、退役军人就业和创业的指导与服务。

15. 构建和谐劳动关系。认真贯彻落实《劳动合同法》，大力推进各类企业与劳动者依法签订劳动合同，积极推行企业工资集体协商，维护劳动关系和谐稳定。健全职代会制度，推进和谐企业建设。确保农民工工资及时足额发放，切实维护农民工合法权益。进一步规范企业行为，开展劳动保障专项整治活动，加强劳动执法监督，切实维护劳动者合法权益。

四、增加城乡居民收入

16. 促进城乡居民收入普遍增长。完善收入分配政策，不断提高初次分配中劳动报酬比重，创造条件让更多群众拥有财产性收入，着力提高城乡居民尤其是低收入群众收入水平。到2012年，国民收入结构进一步优化，居民收入在国民收入分配中的比重稳步提高，中等收入者群体进一步扩大，基本消除绝对贫困现象。

17. 促进农民增收减负。全面落实各项支农惠农政策，大力发展现代农业，提高农业专业化水平，加快发展农村二三产业，繁荣农村经济，促进农村富余劳动力转移就业，实现农民持续增收。高度重视发展村级集体经济。坚持和完善涉农税收、价格和收费公示制、涉农负担案件责任追究制，确保农民负担继续减轻不反弹。

18. 建立健全职工工资正常增长机制和支付保障机制。完善最低工资制度，健全最低工资标准正常调整机制。完善工资指导线、劳动力市场工资指导价位和行业人工成本信息指导制度，加强劳动定额和工时等劳动标准管理，推动落实艰苦岗位津贴制度，使职工工资增长与企业效益增长相协调。依法建立健全同工同酬的工资制度，重点解决好农民工工资福利待遇偏低问题。

19. 进一步理顺和规范收入分配关系。进一步规范整顿收入分配秩序，加强对垄断行业企业工资监管，加快推进事业单位收入分配制度改革。通过扩大转移支付、强化税收调节、创造公平机会等措施，保护群众合法收入，调节过高收入，取缔非法收入，逐步扭转收入分配差距扩大趋势，防止两极分化，使全体社会成员共同致富。

20. 实施“低收入群众增收行动计划”。加强就业援助工作，完善社会救助制度，加大财政转移支付力度，健全城镇低收入居民收入增长的长效机制。全面实施“低收入农户奔小康工程”，以提高低收入农户致富能力和收入水平为中心，以低收入农户集中村为重点，建立“一户一策一干部”的帮扶机制，深入开展低收入农户生产经营帮扶、下山异地脱贫和劳动力转移就业服务。切实加强对少数民族地区的帮扶力度，着力改善少数民族群众的生产生活条件。进一步加大政策扶持、区域协作、结对帮扶和社会参与力度，不断提高农村扶贫开发水平。

五、完善社会保障体系

21. 加快社会保障体系建设。着眼于率先建立覆盖城乡居民的社会保障体系，重点完善基本养老、基本医疗和最低生活保障制度，加强职工工伤、生育、失业保险工作，建立健全城乡住房保障体系，形成以社会保险、社会救助、社会福利为基础，以慈善事业、商业保险为补充，与经济社会发展相适应的社会保障管理体制和运行机制。制定和完善有关社会保障制度之间的衔接转续办法，实现社会保险省级统筹。到2012年，覆盖城乡居民的社会保障体系基本建立，人人享有基本生活保障。

22. 建立健全覆盖城乡的养老保障体系。进一步扩大职工基本养老保险覆盖面，逐步做实个人账户，健全基本养老金调整机制，积极发展企业年金。加快实施事业单位基本养老保险制度改革，稳步探索城乡居民养老保障制度。积极探索符合我省实际的农村养老保障制度，不断完善被征地农民基本生活保障制度。扩大实施农村计划生育家庭奖励制度范围，提高奖励扶助标准。

23. 建立健全覆盖城乡居民的医疗保障体系。完善职工基本医疗保险制度，不断扩大覆盖面，提高保障水平。全面建立城镇居民基本医疗保险制度，逐步实现全覆盖。进一步完善新型农村合作医疗制度，建立长效筹资机制，不断提高参保率和保障水平。继续实行两年一次的农村居民免费体检，不断加大对困难群众的大病救助力度。制定和完善残疾人康复救助办法，加强残疾人医疗康复和残疾预防工作，保障残疾人享有基本医疗卫生服务。

24. 积极稳妥解决农民工社会保障问题。积极探索适合农民工特点的养老保险和医疗保险办法，依法将农民工纳入企业职工基本养老保险和医疗保险。实施农民工"平安计划"，依法将所有与用人单位有劳动关系的农民工全部纳入工伤保险。研究制定农民工社保关系跨地区转续的有效办法。

25. 完善新型社会救助体系。将符合条件的城乡贫困人口全部纳入最低生活保障，完善应保尽保、应补尽补和应退尽退机制。健全低保金标准动态调整和价格补贴机制。完善分层分类社会救助办法，逐步提高农村五保与城镇"三无"对象集中供养以及教育与住房等救助水平，加强流浪乞讨人员和无人监管的精神病患者的救助工作。建立临时社会救助制度，对低保边缘困难群众和其他因突发性灾害或重大疾病造成生活暂时困难的群众，实施临时社会救助。

26. 大力发展社会福利事业。以发展老年福利为重点，完善居家养老服务体系，增强社区照顾功能，健全社会化服务机制。切实保障公办福利机构满足"五保三无"对象、困难老人供养和重度残疾人集中托养所需，鼓励支持社会力量兴办养老服务机构。实施"残疾人共享小康工程"，切实保障贫困残疾人的基本生活、基本居住、基本康复和贫困重度残疾人的基本照料。加快发展老龄事业、儿童福利事业和慈善事业，推动社会福利事业逐步从救助型、补缺型向适度普惠型转变。

27. 建立多层次住房保障体系。全面实施廉租住房制度，规范发展经济适用住房，着力解决城市低收入家庭住房困难。进一步扩大城镇中低价位、中小套型普通商品住房供应，通过限价商品住房、经济租赁住房等各种方式，切实帮助中等收入家庭解决住房困难问题。积极培育和规范住房租赁市场。多渠道解决农民工等其他住房困难群体的居住问题，有条件的可建设农民工公寓或集体宿舍进行出租。进一步健全农村政策性住房保险制度，逐步扩大农村困难群众住房救助覆盖面，稳步推进农村危旧房改造，切实加强农房规划建设管理，不断提高农房建设水平和防灾能力。进一步解决传统"连家渔船"渔民上岸定居问题。

六、提高城乡居民健康水平

28、. 建立健全基本医疗卫生制度。着眼于提高全民健康水平，建立覆盖城乡居民的公共卫生服务、医疗服务、医疗保障和药品供应保障体系，完善重大疾病防控体系，构建全民健康服务体系。到2012年，卫生服务的公平性明显提高，人人享有基本医疗卫生服务和基本体育健身服务，全省人群主要健康指标进一步提高。

29. 加强公共卫生体系建设。建立健全覆盖城乡的突发公共卫生事件应急、疾病预防控制、医疗救治、妇幼保健、卫生监督执法、公共卫生预警监测和信息报告体系，形成政府主导、部门合作、社会参与、结构合理、功能完善、机制健全、运行有效的公共卫生体系。加强人口计生工作，提高出生人口素质，建立完善覆盖全省的计划生育公共服务体系。

30. 加强医疗服务体系建设。统筹城乡医疗卫生资源配置，加快农村三级卫生服务网络和城市社区卫生服务体系建设，着力完善县、乡、村三级农村医疗卫生服务网络，完善大中型医院与城乡社区卫生服务机构对口帮扶和双向转诊制度，切实提高优质医疗卫生服务资源的覆盖率和利用率。加强农村、社区医护队伍建设。加快"名院、名医、名科"建设，提升特色专科医疗水平，满足群众多层次、多样化的医疗服务需求。建立有效的医疗纠纷调处机制，维护医患合法权益。

31. 建立医疗和药品供应保障体系。深化医药卫生体制改革，创新和完善公立医院运行机制。严格药品出厂价格初审和监测制度，减少药品流通中间环节，努力降低药价。探索完善医药购销体制，规范医疗服务行为，严格医疗机构收费管理，有效调控医疗费用。

32. 大力发展体育事业。加快群众体育组织网络、多层次健身设施、特色体育项目、社会体育骨干队伍和信息咨询网络建设，建立完善全民健身服务体系。继续加大社区、中心村居健身设施投入，积极推动学校、机关、企事业单位体育设施向社会开放。深入实施全民健身和小康健身工程，不断提高群众健康素质。

七、加强公共文化建设

33. 完善城乡公共文化服务体系。牢固树立文化为民、文化靠民、文化惠民的理念，大力发展社会主义先进文化，建设社会主义核心价值体系，进一步弘扬浙江精神。深化文化大省建设，大力推进文化创新，建立覆盖城乡的公共文化服务体系，切实保障和发展人民群众的文化权益。到2012年，文化综合实力显著增强，公共文化服务体系更加健全，人民基本文化权益得到更好保障，城乡文化生活更加丰富多彩，社会文明程度不断提升，人民群众的精神风貌更加昂扬向上。

34. 大力发展公益文化事业。加大公益性文化事业投入力度，优化布局结构，创新运行机制。深化公益文化事业单位改革，大力发展文化产业，繁荣社会主义文化市场，不断增强活力，进一步提高公共文化服务能力，最大限度地发挥社会效益。重视物质文化遗产和非物质文化遗产的发掘、抢救和保护工作。做好博物馆、纪念馆、爱国主义教育示范基地向社会免费开放工作。积极鼓励社会力量参与举办公益文化事业。

35. 加强精神文化产品创作和生产。大力繁荣和发展哲学社会科学、文学艺术、新闻出版、广播影视等文化事业，深入实施文化研究和文化精品工程，繁荣文艺创作，鼓励创作和提供群众喜闻乐见、健康向上、形式多样的文化产品和服务，不断满足人民群众多样化、多层次的精神文化需求。

36. *加快城乡公共文化和信息基础设施建设*。在继续推进重大标志性文化设施建设的同时，着力完善基层文化设施网络，优先安排关系人民群众切身利益的文化项目。充分运用农村党员远程教育系统、“浙江农民信箱”等信息化工具，切实抓好“彩虹工程”、广播电视“村村通”工程、低收入群众文化保障工程、文化信息资源共享工程、乡镇综合文化站和基层文化阵地建设工程、农村电影放映工程、农家书屋建设工程。加大文化资源整合力度，实现城乡文化基础设施共建共享，提高公共文化资源利用率和受益面。

37. *广泛开展群众性文化活动*。坚持“三贴近”方针，紧密结合时代特点和人民群众对文化发展的新期待，积极创新载体，创新内容和形式，着力丰富农村、偏远地区、进城务工人员的精神文化生活。继续实施送戏、送电影、送书下乡活动，通过“种文化”和文艺骨干培训、农民文艺汇演等方式，提高农村文化自我发展能力。加强农村文艺队伍建设，大力扶持民营剧团发展。积极组织社区文化活动，倡导开展全民读书活动，争创学习型社会。加大科学知识普及力度，提高全民科学素质。继续深入开展社会公德、职业道德、家庭美德和个人品德教育，进一步发挥道德模范的榜样作用，广泛开展群众性精神文明创建活动，积极培育文明和谐的道德风尚，着力建设和谐文化。

八、优化人居环境

38. *加强污染治理与环境保护*。全面推进生态省建设，着眼于进一步优化人居环境，建立健全以政府为主导、企业为主体、全社会共同推进的污染治理与环境保护工作机制。到2012年，全省生态环境质量和环境保护能力继续居全国领先水平。

39. *全面实施“811”环境保护新三年行动计划*。切实抓好主要污染物减排工作，重点推进水污染治理和工业污染防治，深入开展城镇环境综合整治，全面实施农村环境“五整治、一提高”工程，积极推进近岸海域污染防治，做好土壤、矿山、河道等生态修复保护工作，持续开展生态创建活动，通过三年努力，确保实现“十一五”主要污染物减排目标，基本解决各地存在的突出环境问题，进一步改善城乡居民生产生活环境。

40. *加快城乡一体的基础设施建设*。加强城乡公路、电力、供水、邮政、信息、电信、广电等基础设施建设和养护。加强城乡污水、垃圾处理项目建设和运营，提高污水、垃圾集中收集率和无害化处理率。加强城乡河道整治，提高防洪排涝能力。促进公交优先发展，推进城乡公交一体化，解决人民群众特别是农村群众“出行难”问题。进一步推进村庄整治建设，力争到2012年，全省绝大部分村庄的环境得到基本整治。加快农民饮用水工程建设，全面解决全省农村人口饮水安全和饮水困难问题。加强海岛渔村基础设施建设，解决海岛居民水、电、交通等问题。以“强塘固房”为重点，进一步加强防灾减灾基础设施和避灾场所建设，提高抵御自然灾害的能力。

41. *完善环境保护政策*。建立健全有利于环境保护的价格、税收、贸易、土地、金融和政府采购等政策体系。完善环境税收政策，探索建立排污权交易制度，进一步建立完善生态环境补偿机制，建立健全污染损害和生态破坏责任赔偿制度，加强生态公益林建设。加大环保执法力度，严格执行各项环境监管制度，依法查处违法排污和破坏生态环境行为。

九、切实维护社会和谐稳定

42. *健全社会管理体系*。深化“平安浙江”建设，健全党委领导、政府负责、社会协同、公众参与的社会管理体系，加强城乡社区建设，推进以基本服务均等化为核心的社区公共服务体系建设，加强对社会组织和“虚拟社会”的管理，改善对流动人口的服务和管理。切实加强社会工作人才队伍建设，提高专业化社会服务水平。推进“法治浙江”建设，深化普法教育，依法建立公民权益保障体系，切实维护人民群众的政治、经济、文化和社会权益。到2012年，社会管理体系更加健全，社会治安状况更加良好，城乡居民安居乐业的局面更加巩固。

43. *妥善处理人民内部矛盾*。完善基层群众自治制度，建立健全党委、政府主导的维护群众权益机制，积极推广“民主恳谈会”、“民主听证会”、“民情沟通日”等制度，进一步健全为民办实事长效机制，积极引导群众合理表达利益诉求。创新发展“枫桥经验”，深入推进城乡社区警务建设，建立社会稳定风险评估机制，完善矛盾排查化解长效机制。全面落实信访工作的各项制度，加强人民调解、行政调解和司法调解工作，建立健全群体性事件预防和处置机制，全面落实责任制和责任追究制，有效预防并及时化解人民内部矛盾。

44. *加强公共安全*。完善公共安全应急管理体制，有效应对自然灾害、事故灾难以及公共卫生、社会安全、金融安全、环境安全事件。健全安全生产监管体制，加强安全生产宣传教育培训，推进安全生产设施建设，加强道路交通、消防、危险化学品和矿山等安全管理，减少安全生产事故，遏制重特大安全事故。强化以食品药品为重点的产品质量安全监管，建立完善食品药品监管责任体系，推进食品药品安全示范县建设。加强社会诚信建设，切实规范市场经济秩序，坚决打击制假售劣行为，进一步改善消费安全环境。建立和完善重要物资和生活必需品储备制度，加强对事关群众日常生活的商品价格监管，保障基本生活品供给，努力保持物价稳定。

45. *加强司法保护*。依法打击在食品药品安全、劳动安全、生态资源、社会保障、征地拆迁、医疗卫生、教育、就业等领域侵害群众利益的各种刑事犯罪，加强对涉及劳动争议、保险纠纷、人身损害赔偿等民事行政案件的审判和法律监督。建立健全行政执法与刑事司法紧密衔接机制，建立涉及民生案件的便捷审查办理机制。加大司法执行力度，完善执行协调配合机制。积极实施司法救助和法律援助。注意发现和研究涉及民生案件背后的深层次问题，强化从源头上预防的各项工作。

46. 加强社会治安综合治理。扎实抓好以公安派出所、司法所、人民法庭为重点的基层基础规范化建设，充分发挥民兵在维护社会稳定中的作用，不断深化基层平安创建系列活动，继续推进综治网络向村居、社区、企业延伸。到2010年，全省所有乡镇（街道）综治工作中心达到规范化标准，村居、社区综治工作室达到全覆盖，学校、企业等综治组织覆盖面进一步扩大。按照服务大局、联网运作、资源共享的要求，有效整合基层技防资源，大力推进以治安动态视频监控系统建设为重点的科技防范工作。依法严厉打击各种刑事犯罪活动，坚决扫除社会丑恶现象，坚决制止非法宗教活动，增强人民群众的安全感。严密防范、严厉打击境内外敌对势力的颠覆破坏活动，全力维护社会政治稳定。

十、加强党的领导，为全面改善民生提供有力保障

47. 加强组织领导。各级党委、政府要进一步统一思想，把解决民生问题摆在更加突出的位置，加快建设服务型政府，在经济发展的基础上，不断扩大公共服务，逐步形成覆盖城乡、惠及全省人民的基本公共服务体系。每年制定民生工作的年度实施意见，明确改善民生工作的重点任务和工作举措。建立健全目标责任制，加强督促检查和考核，把解决民生问题的实绩作为考核评价领导班子和领导干部的重要内容，着力抓好民生问题的督办落实。继续开展基层党组织"先锋工程"创建活动，全面推进基层党建工作，充分发挥基层党组织推动发展、服务群众、凝聚人心、促进和谐的作用。加强工会、共青团、妇联等群团组织建设，发挥其在改善民生、促进社会和谐中的积极作用。进一步加大宣传力度，积极创建民生频道和民生专栏，通过各种媒体及时报道典型、总结经验、集思广益，形成全社会关注民生问题、支持和参与解决民生问题的浓厚氛围。

48. 健全财力保障。按照建立健全公共财政体系的要求，进一步调整和优化财政支出结构，加大民生领域的财政投入。确保新增财力三分之二以上用于解决民生问题，重点向低收入人群倾斜、向农村和农民倾斜、向欠发达地区和海岛山区倾斜。进一步提高财政资金使用效率，完善财政性资金绩效评价制度，整合专项资金，发挥财政资金的规模效益。建立多元化民生领域建设投融资和运营机制，鼓励单位、个人以及社会各界共同投入解决民生问题。

49. 创新体制机制。建立以民主促民生工作机制，健全公共民生问题决策机制，积极组织和引导群众表达诉求，全面系统收集民意，充分发挥广大群众和社会组织在参与决策、评估落实等方面的积极作用。加强管理体制创新，推进政府职能转变，加大部门管理资源整合力度，促进部门之间在解决民生问题上的协商沟通，形成合力，防止各自为政，政出多门。加快制定或修订有关征地管理、房屋拆迁、劳动就业、医疗卫生、社会保障、环境保护、住房保障、社区建设等热点难点问题的法规制度，推进依法行政，完善依法解决民生问题的长效机制。

50. 转变作风、狠抓落实。加强干部教育培训，教育引导各级领导班子和领导干部树立科学发展观和正确政绩观，不断提高处理和解决民生问题的能力。各级领导干部要把全面改善民生与切实转变工作作风紧密结合起来，坚持为民、务实、清廉，坚决纠正损害群众利益的不正之风，切实增进对人民群众的感情，在联系群众中服务群众，在服务群众中改进作风。进一步强化政府服务意识，推进办事公开，简化办事程序，实施政务便民服务，提高办事效率。大力弘扬求真务实作风，坚决反对形式主义、官僚主义，积极鼓励领导干部下基层开展蹲点调研，走进矛盾、破解难题，真正把全面改善民生的各项工作任务落到实处。

各地各部门要根据本《决定》，研究制定专项政策意见。

中共浙江省委　浙江省人民政府关于印发《浙江省推动文化大发展大繁荣纲要（2008—2012）》的通知

浙委〔2008〕71号

各市、县（市、区）党委和人民政府，省直属各单位：

《浙江省推动文化大发展大繁荣纲要（2008—2012）》已经省委、省政府同意，现印发给你们，请结合实际，认真贯彻执行。

中共浙江省委

浙江省人民政府

二〇〇八年七月三日

浙江省推动文化大发展大繁荣纲要(2008—2012)

为深入贯彻党的十七大和省第十二次党代会精神,兴起文化大省建设新高潮,推动我省社会主义文化大发展大繁荣,根据《国家“十一五”时期文化发展规划纲要》,结合浙江实际,特制定本纲要。

一、总体要求、发展目标和基本原则

(一)总体要求。

今后五年我省推动文化大发展大繁荣的总体要求是,高举中国特色社会主义伟大旗帜,以邓小平理论和“三个代表”重要思想为指导,深入贯彻落实科学发展观,按照省第十二次党代会的部署,深入实施“创业富民、创新强省”总战略,适应全面建设小康社会的新要求,遵循社会主义文化发展规律,继续解放思想,推进文化创新,建设和谐文化,在加快建设教育强省、科技强省、卫生强省、体育强省的同时,深化文明素质工程、文化精品工程、文化研究工程、文化保护工程、文化产业促进工程、文化阵地工程、文化传播工程、文化人才工程等“八项工程”,建设社会主义核心价值体系、公共文化服务体系、文化产业发展体系等“三大体系”,不断满足人民群众日益增长的精神文化需求,不断提高人民群众的思想道德素质、科学文化素质和健康素质,不断增强我省的文化综合实力和竞争力,为全面建设惠及全省人民的小康社会提供强有力的文化支撑。

(二)发展目标。

经过五年的努力,基本实现省第十二次党代会以及省十一届人大一次会议提出的关于文化建设的目标任务,使文化发展水平与浙江经济社会发展水平相适应,努力在建设社会主义核心价值体系、加强公共文化服务、加快文化产业发展等方面走在前列。文化为经济建设、政治建设和社会建设提供更加有力的支撑,对浙江综合实力和竞争力的提升作用更加突出;文化惠民能力显著增强,适应人民群众需要的文化产品和服务更加丰富,群众性文化体育活动蓬勃开展,人民群众的基本文化权益得到更好保障;文化产业实力和竞争力显著增强,文化及相关产业增加值的年均增长速度明显高于同期经济增长速度,在国内生产总值中的比重明显增加,文化产品和服务出口明显扩大;文化创新能力显著增强,文化体制改革试点任务全面完成,有利于出精品、出人才、出效益的文化发展环境逐步形成。

——社会主义核心价值体系深入人心。人民群众团结奋斗的共同思想基础不断巩固,中国特色社会主义理想信念更加坚定,和谐文化建设扎实推进,文明和谐的社会舆论环境和道德风尚进一步得到弘扬,人民群众创业创新的精神风貌更加昂扬,公民文明素质和社会文明程度明显提升。

——公共文化服务体系进一步完善。率先建成覆盖全社会的、较为完善的公共文化服务体系,城乡、区域文化协调发展,公益性文化单位的公共文化服务水平显著提高,基本公共文化服务均等化逐步实现,人民群众看电视、听广播、读书看报、进行公共文化鉴赏、参加大众文化体育活动等基本文化权益得到保障,社会文化生活更加丰富。

——文化产业发展体系基本建立。文化产业结构得到优化,发展水平和层次明显提升,国有文化资本的控制力和影响力显著提升,民营文化企业健康发展,新兴文化业态快速壮大,以公有制为主体、多种所有制共同发展的文化产业格局基本形成。现代文化市场体系逐步确立,涌现出一批具有较强综合实力和创新能力的文化企业、一批具有自主知识产权和核心竞争力的文化品牌、一批具有集聚效应和产业特色的文化产业区块、一批文化产业的战略投资者。

(三)基本原则。

——坚持先进文化的前进方向。以社会主义核心价值体系为根本,充分体现社会主义核心价值体系的基本内容,始终坚持正确的政治方向。坚持为人民服务、为社会主义服务的方向和百花齐放、百家争鸣的方针,坚持贴近实际、贴近生活、贴近群众,大力发展先进文化,支持健康有益文化,努力改造落后文化,坚决抵制腐朽文化。

——坚持以人为本。着眼于满足人民群众不断增长的精神文化需求,着力保障和实现人民群众的基本文化权益,不断提高公共文化服务能力,大力丰富社会文化生活,使广大人民群众共享文化发展成果。注重发挥文化的教育引导功能,努力提高人民群众的文明素质,促进人的全面发展和社会全面进步。

——坚持把社会效益放在首位。高度重视文化的意识形态属性,同时又充分考虑文化的产业属性,一手抓公益性文化事业发展,一手抓经营性文化产业发展,始终坚持把社会效益放在首位,努力实现社会效益和经济效益的最佳结合。

——坚持弘扬中华文化。加强优秀传统文化教育,注重浙江传统文化的挖掘和保护,弘扬浙江精神,体现传统文化的区域性特色和时代性;加强对外文化交流,推动文化产品和服务出口,不断增强中华文化的国际影响力。

——坚持推进文化创新。解放和发展文化生产力,始终把文化创新作为文化发展的基点和动力,充分调动广大文化工作者的积极性,激发全社会的文化创造活力,推进文化与经济、科技的融合发展,不断推出文化创新成果,进一步提高浙江文化软实力和竞争力。

——坚持整体推进与重点突破相结合。着眼长远,立足当前,从浙江经济社会发展全局出发,针对文化建设的薄弱环节,既注重统一部署、整体推进,又注重突出重点、突破难点、形成亮点,力争在重点工作、关键环节上取得实质性进展,带动浙江文化的全面繁荣。

二、推进社会主义核心价值体系建设

(四)加强理论武装工作。

加强领导干部的理论学习。坚持以县处级以上领导干部为重点，以党委（党组）理论学习中心组学习为龙头，以党校培训教育为主要阵地，深入学习马克思主义中国化最新成果，学习现代经济、科技、社会管理和法律等知识。扎实开展深入学习实践科学发展观活动。充分发挥“浙江论坛”等各类报告会、读书会的作用，建立和完善学习制度，切实增强干部理论学习的针对性和实效性。注重理论与实践的结合，努力把理论学习的成效转化为推动科学发展的思路、决策和能力。

开展面向全社会的理论宣传。充分发挥各级党委专（兼）职讲师团、干部理论教育和形势教育宣讲团等作用，广泛开展理论和形势政策宣讲活动，探索媒体理论宣传的有效形式，组织编写通俗理论读物，办好“社科普及周”和“人文大讲堂”，推动学习型社会建设。积极创新高校思想政治理论课教学和研究工作，抓好青年学生特别是大学生的思想政治工作，开展校园文化建设活动，坚持省领导联系高校制度和到高校作形势政策报告制度，扎实推进中国特色社会主义理论体系进教材、进课堂、进头脑。

推进重大理论和现实问题研究。深入实施马克思主义理论研究和建设工程，结合浙江实际，努力形成一系列基础理论研究成果，推进“浙江省马克思主义理论研究和建设工程精品文库”建设。以重大现实问题研究为主攻方向，深入开展“中国特色社会主义在浙江的实践”系列研究，研究和回答我省经济、政治、文化、社会建设和党的建设面临的一系列重大问题，研究和回答干部群众普遍关心的热点问题。

（五）繁荣发展哲学社会科学。

建立健全科学高效的管理体制。深化哲学社会科学管理体制改革，建立健全党委统一领导、各部门分工负责的宏观管理体制。深化哲学社会科学管理机制创新，坚持以项目为纽带，以首席专家为龙头，加大对人才和精品的激励力度，建立健全富有活力的运行机制。积极引导和规范各类民间社科研究机构和团体的发展。加大对哲学社会科学事业的支持力度。

加强优势学科和重点研究基地建设。扶持高等院校和科研院所的人文社会科学学科建设，大力推进学科体系、学术观点、科研方法创新，着力培育具有浙江特色的优势学科，形成传统优势学科、新兴学科、交叉学科共同发展，在一些领域处于全国领先地位的学科体系。建立一批省级重点研究基地，重点扶持一批具有重大创新意义、对弘扬和传承民族文化有重大作用、对经济社会发展有重要影响的研究项目。进一步推进文化研究工程，完善运作机制，强化督促检查，加强与大院名校的合作，形成一批有较高学术价值和社会效益的研究成果。

（六）弘扬以爱国主义为核心的民族精神和以改革创新为核心的时代精神。

加强爱国主义教育。以重大纪念日、民族传统节日、重要节庆活动、重大事件等为契机，开展丰富多彩的爱国主义宣传教育活动，重点围绕改革开放30周年、北京奥运会、建国60周年、建党90周年、辛亥革命100周年等组织开展重大宣传教育活动。按照《关于进一步加强和改进全省爱国主义教育基地工作的意见》的要求，切实加强爱国主义教育基地建设和管理。认真落实爱国主义教育基地对未成年人免费开放的政策，充分发挥基地的教育功能。继续实施浙江省红色旅游发展规划，全面开展浙江省革命胜迹普查、保护和利用工作，充分发挥革命纪念地和历史文化遗址、博物馆、纪念馆等的重要作用。

大力弘扬浙江精神。坚持用以创业创新为核心的浙江精神凝聚力量、激发活力、鼓舞斗志，大力弘扬浙江人民善于创业、勇于创新的精神品格和文化传统，努力在全社会形成鼓励创业创新、宽容失败挫折的社会氛围。深化对浙江精神的研究，适应时代发展要求，与时俱进地丰富和发展浙江精神。进一步探索典型宣传的新形式、新载体，大力宣传优秀党员、道德模范、劳动模范、英雄人物、优秀浙商代表、先进职业技工和民间创意名人群体等体现浙江精神的时代人物，深入开展“浙江骄傲”、“风云浙商”等重大典型宣传活动。

（七）加强思想道德建设。

广泛开展公民道德实践活动。大力倡导社会主义荣辱观，广泛开展社会公德、职业道德、家庭美德、个人品德教育，切实加强公民诚信、社会责任、科学精神教育，促进形成知荣辱、讲正气、促和谐的社会风尚。针对影响社会文明的突出问题，重点组织开展“迎奥运、讲文明、树新风”和文明出行、文明旅游、节约资源等主题实践活动，大力推进“信用浙江”建设，开展“爱心浙江”系列活动，组织社会志愿者服务活动。深入开展道德模范评选活动，建立健全长效机制。修订完善市民公约、社区公约、村规民约、职业规范、学生守则等行为准则。深入开展廉政文化建设，在全社会弘扬以廉为荣、以贪为耻的良好风尚。

切实加强未成年人思想道德建设。建立健全以学校为龙头、家庭为基础、社区为平台的未成年人思想道德建设网络。全面推进未成年人思想道德建设“精品工程”、“阵地工程”、“净化工程”、“绿网工程”、“帮扶工程”等五大工程，实施实事项目。建立督查与奖惩相结合的长效机制，健全和完善未成年人思想道德建设测评体系。加强未成年人文化产品的生产创作和传播推介，推进少儿频道在全省落地。关注农村和特殊未成年人群体，切实保障孤残儿童、农村“留守”儿童、外来务工人员子女、城市困难家庭未成年人的权益。深入实施农村“春泥计划”行动。

（八）深化群众性精神文明创建。

深化文明城市创建活动。加强对做好全国文明城市创建工作的指导。建立完善文明城市复评机制，争取在2010年前，全省所有县以上城市（县城）基本实现文明城市（县城）目标，创建一批示范文明城市。深入开展文明社区创建活动，每年重点扶持欠发达地区50个文明社区的创建。启动并推进文明县（市）创建工作。

加强农村精神文明建设。深入实施“千村示范、万村整治”工程，以推进农村垃圾集中处置、污水集中排放为重点，努力改善农村人居环境。以乡风文明建设为主要内容，大力开展乡风评议活动，繁荣农村社区文化。修订完善文明村镇创建标准体系，切实提高文明村镇创建水平。

加强对农民的形势政策、思想道德、民主法制、生态环境保护和防灾减灾知识宣传教育，加大对农民职业技能培训力度。深化“双万结对共建文明”活动。

推进文明行业、文明单位、文明风景旅游区等基层创建活动。修订完善文明行业、文明单位标准体系，提升省级文明行业、文明单位创建水平。落实《浙江省文明风景旅游区测评体系》，推进文明风景旅游区创建活动。

三、推进公共文化服务

（九）增强公共文化产品的生产供给能力。

加强面向基层、面向群众的精神文化产品的创作生产。充分发挥公益性文化单位在公共文化服务中的骨干作用，面向基层、面向群众，着力提高公共文化产品的生产能力和服务水平。支持和鼓励文化企业生产质优价廉、健康适用的公共文化产品，参与公共文化服务。积极组织创作群众喜闻乐见的文艺作品，重点扶持新农村建设题材、儿童题材优秀作品创作，推出一批服务“三农”和未成年人思想道德建设的重点出版物，办好广播电视对农节目栏目。

创新公共文化服务方式。积极探索适应社会主义市场经济要求、有效保障群众基本文化权益的公共文化服务方式。通过政府采购、项目补贴等方式，提高重要公共文化产品、重大公共文化服务项目和公益性文化活动的服务效益。大力推进“文化低保”工程，加大向基层特别是低收入和特殊群体提供免费文化服务的力度，扩大重点党报党刊免费配送农村的范围。发挥浙江民营经济优势，积极引导社会力量以兴办文化俱乐部、赞助活动、免费提供设施等多种形式参与公共文化服务。支持民办公益性文化机构的发展，鼓励民间开办博物馆、图书馆等，促进公共文化服务方式的多元化、社会化。

大力开展公益性文化活动。广泛动员社会力量，利用各种有效形式，组织开展丰富多彩的公益性文化活动。举办浙江文化艺术节。精心组织各类民间艺术、表演艺术、造型艺术、竞赛竞技活动，大力开展企业文化、农民文化、校园文化、社区文化、广场文化等系列活动，积极倡导全民阅读活动。统筹城乡文化资源，进一步扶持发展一批示范性公共文化服务项目，继续开展各种形式的文化科技卫生下基层活动，建立健全长效机制。深入推进“千镇万村种文化”活动。

（十）完善公共文化服务网络。

加强公共文化基础设施建设。按照科学规划、适度超前的要求，集中力量改建和新建一批特色鲜明、功能完备的重要文化体育设施，逐步形成与经济社会发展相适应、能够满足人民群众多元需求的大型文化体育设施体系。以县级以上城市公共文化设施为骨干，以乡（镇）和社区基层文化设施为基础，统筹规划，合理布局，加强图书馆、博物馆、文化馆、美术馆、电台、电视台、广播电视发射转播台（站）、互联网公共信息服务点等公共文化基础设施建设，形成覆盖城乡、结构合理、功能健全、实用高效的公共文化设施网络。加快推进广播电视“村村通”、文化信息资源共享、农村电影放映、农家书屋建设等重点农村公共文化服务工程。组建集图书阅读、宣传教育、文艺演出、科技推广、科普培训、体育和青少年校外活动等于一体的乡镇综合文化站，并坚持公益性事业单位性质，配备专职人员管理，认真履行社会服务、指导基层、协助管理农村文化市场的职能。从实际出发，利用新建、改建、扩建等方法，加强工人文化宫、社区文化中心、村文化活动室等基层文化阵地建设。

充分发挥现有文化设施的作用。着力提高各类公共文化设施的使用效率，为城乡居民提供优质高效的公共文化服务。发挥县级文化馆、图书馆在提供服务、组织活动、培训骨干等方面的综合效应，辐射和带动群众性文化活动的开展。推动县级图书馆逐步实行分馆制，促进县、乡图书文献资源共享。推动博物馆、美术馆、纪念馆、爱国主义教育基地等免费或优惠向社会开放。坚持政府投资的博物馆、美术馆、纪念馆、文化馆、图书馆等的公益性质，不得改变其文化设施用途。加强基层文化设施的规范化管理，加大内容供给，提高服务水平，满足群众就近便捷享受公共文化服务。

（十一）加强文化遗产保护和利用。

加强历史文物的保护和利用。深入实施文化保护工程，全面推进文物保护利用示范项目、陈列展览精品项目、文物科技保护项目进程，进一步完善不可移动文物保护体系，实现考古与大遗址保护工作新突破。构建省、市、县三级博物馆网络，支持和引导非国有博物馆建设，鼓励建设行业博物馆、私人博物馆和具有鲜明特色的中小博物馆，提高馆藏文物保护和展示水平。坚持统筹规划、有效保护、抢救第一、合理利用、科学管理的原则，进一步加强历史文化名城（街区、村镇）保护工作。稳步推进世界文化遗产申报工作。

加强非物质文化遗产的保护和传承。深入进行资源普查和挖掘整理，积极开展成果编纂，健全代表作名录，加强保护工作专业队伍和传承人队伍建设，构建非物质文化遗产的保护体系。加强传承基地建设，逐步建设一批非物质文化遗产生态保护区、民族传统节日标志地和非物质文化遗产馆，推进非物质文化遗产的“活态”传承。开展各种宣传展示活动，拓展对外交流渠道，积极发展工艺美术品生产，大力发展民俗文化演艺业和旅游业，推进非物质文化遗产合理有效的开发利用。

四、推进新闻媒体建设

（十二）提高舆论引导能力。

牢牢把握正确舆论导向。坚持团结稳定鼓劲、正面宣传为主，推动新闻宣传工作创新，不断增强新闻宣传的吸引力和感染力。以党报党刊、电台电视台为主体，整合都市类媒体、网络媒体等多种宣传资源，努力形成主流舆论强势。发挥媒体的信息服务和文化服务功能，积极研究运用互联网、手机等新的信息和文化服务手段。推进新闻发布和新闻发言人制度建设，强化突发事件新闻处置机制建设，加强社会热点的舆论引导，做好舆论监督。完善网上舆论引导机制，牢牢掌握网上舆论引导主动权。适应当代信息传播形势和媒体竞争需要，努力构建科学有效的舆论引导机制。

加强新闻宣传管理机制建设。坚持党对新闻媒体的领导，不断提高舆论引导能力。加强新闻阅评、出版物审读和视听评议工作，深化实施“报纸质量综合评估办法”、“广播电视播出机构质量综合评估办法”、“报刊广播电视播出机构违纪违规扣点警示制度”，加强广播电视安全播出工作。加强行业管理，发挥新闻工作者协会及其他行业协会作用，强化社会监督和行业自律。进一步完善“浙江新闻奖”、“浙江飘萍奖”、“浙江树人出版奖”、“浙江广播电视奖”的评选办法。

（十三）加快媒体基础建设。

提升主流媒体整体竞争力。继续推进集团化建设，做大做强全省现有报业、广电、出版集团，努力形成多媒体经营、跨地区发展的大型集团。着力打造一批党报党刊和都市类报纸品牌，不断提高主报主刊的核心竞争力。强化广播电视新闻节目的龙头和主干地位，着力推进频道专业化、栏目精品化、节目大众化，打造若干在全国有一定影响的强势频道。培育2—3家在全国有较大影响的出版社，进一步完善精品出版和畅销书生产营销机制，形成一批在全国具有比较优势的出版门类和出版品牌。抓好重点新闻网站建设，推进网络媒体品牌化发展。调整期刊业结构，整合资源，塑造品牌，做大规模，建设浙江期刊方阵。

健全各类新闻出版传播网络。发展书报刊发行网络，积极引入电子商务等现代经营方式，建立健全自办、邮发、社会渠道等多种发行方式结合的多元渠道营销网络。以有线电视为主体，发展以有线、无线、卫星、微波相结合的广播电视综合传输覆盖网。实现有线广播电视共缆传输，以“华数”为主体，构建全省统一的数字电视发展平台。加大发行网络建设力度，运用现代信息技术改造出版物业务流程和经营模式，促进大型书城、特色书店、便民店等业态的合理布局，推进城市住宅小区和农村出版物发行网点建设。

提高数字化水平。推进新闻核心业务数字化，提高新闻采编人员数字化装备水平和应用技能。积极发展数字高清晰度电视，发展数字出版，大力推广数字报刊技术，建设数字出版综合业务平台。推进新闻媒体管理数字化，提高各类信息管理系统的集成度和利用效率。促进传统媒体和新媒体的融合发展，开拓数字报纸、视频点播、手机报纸、电子图书、车载电视等新型传播载体和业务。

（十四）加强网络媒体建设。

做大做强重点新闻网站。继续推进以浙江在线新闻网站为龙头，以杭州网、中国宁波网、温州新闻网为骨干，省、市、县三级网络媒体优势互补的全省网络新闻传播体系建设。浙江在线新闻网站要进一步深化体制改革，建设品牌栏目，发展业务联盟，增强运用新技术新业务能力。杭州网、中国宁波网、温州新闻网等市级网络媒体要进一步增强可持续发展能力，努力提高影响力和竞争力。

加强网络文化产品和服务供给。网络媒体要大力提高原创能力，加强网络文化产品创作生产。各级政府网站要加大权威政务信息发布力度，成为推进政务公开、便民服务的重要网上平台。文化、新闻出版、广播电视等有关部门要积极配合实施国家重点网络文化工程项目，促进文化产品的数字化、网络化传播，形成一批具有浙江特色的网络文化品牌。培育用好校园网站、教育网站和青少年网站。加强产业发展规划，推动民族网络影视产业、网络出版产业、网络娱乐产业发展。鼓励国有和民营战略投资者从事网络文化创作生产。

加强网络文化管理。进一步完善网络文化管理体制机制，健全网络文化信息服务市场准入制度，严格实行网站年检制度，制定实施浙江省网络文化信息管理办法。加强网络文明建设，倡导文明办网、文明上网，组织开展全省文明办网示范单位评选活动。加强行业自律，积极发挥互联网协会的作用，推动组建网络文化协会，制订和实施行业自律规范，逐步倡导网络实名制。充分发挥社会监督作用，加强网络违法和不良信息举报工作。进一步加强对新兴传播载体的规范管理，切实保护知识产权。

五、推进文化产业发展

（十五）发展重点文化产业。

影视业。尊重影视产业发展的客观规律，坚持市场导向，加强题材规划，关注重大历史和现实题材，重点抓好电影、电视剧、纪录片、动画片、网络视频的创作生产，做大做强国有影视机构，提升民营影视机构创作生产水平，培养优秀影视创作团队，支持影视基地建设，努力使我省影视走在全国前列。

出版发行业。实施出版精品工程，加快产业调整和升级步伐，提升出版整体水平，努力把浙江建设成为全国重要的出版中心之一。适度控制印刷企业发展总量，大力发展特色印刷、数码印刷，重点打造杭州、宁波、苍南、义乌四大印刷产业区块。培育浙江省新华书店集团有限公司等发行龙头企业，大力发展连锁经营和物流配送、出版物电子商务、会员制发行、直邮发行等现代新型分销形式，促进出版物发行向现代流通业态转变。

文化艺术服务业。着力建设以杭州、宁波、温州为重点的全省演出市场网络体系。扶持若干重点国有文艺院团，发展民营表演团体，努力造就一批能推向全国、走向世界的演出团体。鼓励应用高新科技，引进、开发新的娱乐形式，提高娱乐产业的整体层次和文化品位。引导互联网上网服务营业场所向规模化、连锁化、专业化、品牌化方向发展，加强网上监管，建设功能齐全、内容健康的数字文化家园。

旅游文化服务业。发挥浙江旅游资源优势，努力建设红色旅游经典景区，做优做特民俗文化、水乡古镇、生态文化、海洋文化、畲族风情等文化旅游区块，打响“诗画江南、山水浙江”的浙江旅游文化品牌。注重开发浙江历史名城名镇、名人故居、名山名园等文化旅游资源，打造一批精品旅游线路，加大文化旅游品牌在海内外的推介力度。

会展业。构筑以杭州、宁波、温州、湖州、嘉兴、绍兴、台州以及义乌等城市为主干的会展业群体，加快浙江会展业专业化、市场化、国际化进程，努力打造全国重要的会展中心。加快建设一批高档次、多功能的现代化会展场馆。重点组织好杭州“西湖博览会”、宁波“浙江投资贸易洽谈会”、义乌“中国国际小商品博览会”等大型展会。

动漫业。制订全省动漫产业发展中长期规划，出台相关扶持政策，提高浙江动漫、网络游戏产品质量，打响浙江动漫品牌。以杭州为龙头，集聚全省各种要素，探索动漫产业集约化、现代化的发展模式，把浙江建成集教学、研发、制作、生产、销售于一体的动漫产业强省。抓好杭州高新区国家动画产业基地和浙江大学、中国美术学院、浙江传媒学院等动漫教学研究基地建设。加大动漫衍生产品和网络游戏开发力度。

设计艺术和艺术品经营业。巩固和发展杭州、宁波等城市设计艺术业基础，加大对环境艺术、广告装潢、服装设计、工业设计等文化创意产业的扶持和引导力度，加快产业集聚和升级，不断提高创新能力，努力成为浙江文化产业的优势门类。大力发展浙江传统艺术、民间艺术和工艺美术，加快形成富有浙江特色和竞争优势的艺术产品系列。支持中国美术学院、西泠印社等推行名师、名品战略，扩大浙派美术在国内外的影响力。培育和繁荣艺术品市场，建设在全国有影响力的现代艺术品拍卖中心。

文体用品制造业。大力发展工艺美术品、办公文化用品、木制玩具、体育休闲用品等文体用品制造业，不断提高产业技术含量和产品附加值。重点培育一批文体用品制造基地，形成若干知名品牌和龙头企业，增强在国内外市场的竞争力。

（十六）培育文化产业主体。

加快发展文化企业。加快推进国有文化企业的公司制和股份制改造，完善法人治理结构。推动国有文化资本向市场前景好、综合实力强、社会效益高的领域集中，发挥国有文化资本的控制力、影响力和带动力。合理规划产业布局，提高文化产业规模化、集约化、专业化水平，重点培育建设一批文化产业园区和基地。运用市场机制，以资本为纽带实行联合、重组，重点发展一批具有较强实力和竞争力的大型文化企业集团。大力发展民营文化企业，重点培育一批民营龙头文化企业，发展各类“专、精、特、新”民营文化企业。在国家政策许可范围内，鼓励民营企业逐步扩大文化投资领域，参与文化体制改革与文化产业发展。

实施重大文化产业项目带动战略。积极实施文化产业促进工程，落实《浙江省文化建设“四个一批”规划》。确定一批重大文化产业项目，整合文化资源，形成发展优势，带动文化产业发展。发挥《浙江省文化产业项目投资指南》作用，建好全省文化产业项目数据库，推介重点文化产业项目。加大重点项目扶持力度，注重培育科技、文化含量高的产业项目。大力推动杭州、宁波、温州等城市发展文化创意产业，培育文化创意园区，支持杭州打造成为全国文化创意产业中心之一，发挥文化创意产业对转变经济发展方式的带动作用。实施品牌战略，打造文化精品，培育知名文化品牌。积极引导和推动文化与传统产业的融合，大力发展产业文化、企业文化、品牌文化，提升浙江经济发展的文化内涵。继续评选文化产业示范基地。

（十七）健全现代文化市场体系。

加强文化产品和要素市场建设。营造公平竞争的市场环境，建设统一、开放、竞争、有序的文化市场。充分发挥浙江市场大省的优势，引入竞争机制，减少流通环节，促进文化资源和要素自由流动，发展书报刊、电子音像、演出娱乐、影视剧等文化产品市场，发展资本、产权、人才、信息、技术等文化生产要素市场。改革传统流通方式，大力发展出版物连锁经营、物流配送、电子商务和电影院线、演出联盟等现代文化流通产业。积极培育中国国际动漫节、中国义乌文化产品交易博览会等重大文化节会活动。

充分发挥文化市场中介机构和行业组织作用。充分发挥现有文化群众团体和行业协会的作用。加快发展适应市场经济的新型文化行业组织，促进行业自律和自我服务。大力发展文化产业咨询、经纪、代理、评估、鉴定、推介、拍卖等中介组织，推行知识产权代理、市场调查、法律咨询等专业化、社会化服务，规范中介行为，完善文化市场运行机制。

（十八）推动文化“走出去”。

广泛开展对外文化交流。深化“连线浙江”、“走向世界·浙江文化展”等对外文化交流品牌活动。以我省在国外的友好省州为平台，加大对北美、欧洲、大洋洲等西方发达国家的宣传力度，密切与亚洲周边国家、港澳台地区的文化交流，开拓与南美、西亚、非洲重点国家的文化交流。进一步巩固和拓展海外宣传窗口，继续扶持浙江电视台国际频道，加强浙江在线新闻网站外语频道建设，推动省级主要新闻单位加强与外国主流媒体的交流合作。拓展对外文化交流领域和渠道，努力形成政府推动、企业主导、社会参与、市场运作相结合的对外文化交流格局。

促进文化产品和服务出口。挖掘和整合我省丰富的文化资源，加大对戏剧、音乐、舞蹈、动漫、民间工艺、学术研究、版权贸易等领域项目和产品的研发力度，培育一批具有浙江特色的对外文化精品项目，参与国际文化市场竞争，扩大出口交易。加强与周边省市的文化交流合作，积极参与长三角文化产业带建设。推动我省出版业积极参与“中国图书推广计划”，加强与境外出版机构的合作，扩大浙版出版物出口和版权输出。培育一批出版、发行、影视、演艺等领域的外向型骨干文化企业和企业集团，培育一批对外文化中介机构，发展一批文化营销企业，积极开展国际市场调研、咨询和营销业务。

六、推进文化创新

（十九）推动文化内容形式创新。

加强文化精品的创作生产。深入实施文化精品工程，精心组织主题创作活动，打造一批体现优秀历史文化、反映时代精神、具有一流水准的文化精品力作。深入推进浙江现实题材和历史题材文艺作品的创作生产，积极组织表现社会主义核心价值体系的文艺作品的创作生产，精心组织改革开放30周年、北京奥运会、建国60周年、建党90周年、辛亥革命100周年等重大纪念活动文艺作品的创作生产，切实抓好“五个一工程”等国家级重大奖项参展参赛作品的创作生产，着力推进浙江省重大历史和现实题材美术创作工程，努力形成一批文学、戏剧、影视、动漫、音乐、美术等各个门类的文艺精品。建立健全精品创作生产的组织化和市场化机制，加大精品创作的扶持和激励力度，充分调动作家艺术家的积极性和创造性。

提高文化内容创作生产能力。着力增强国有文化单位的创作活力，提高民营文化企业的创作能力。鼓励和引导文艺工作者深入生活、深入实践，形成一批优秀创作团队。发挥浙江民营经济优势，支持和鼓励中小型文化内容服务企业的发展。发挥市场在配置文化资源中的基础性作用，逐步形成一批以提供文化数字信息、影视、演艺、文化资讯等内容为主，具有较强实力的内容提供商。鼓励发展文化科技、影视制作、音乐制作、时尚设计、艺术创作、工艺美术、广告创意、动漫游戏等文化类创意企业，发挥文化创意在内容创新中的作用。加强文化理论研究，强化文艺评论，促进文化内容创作生产的繁荣。

(二十)推动文化体制机制创新。

推进公益性和经营性文化单位改革。深化文化事业单位内部改革，推进人事、收入分配和社会保障制度改革，改进服务方式，提高服务水平。推动已转制文化企业继续深化改革，完善法人治理结构，建立现代企业制度。推动有条件的转制企业加快产权制度改革，实行投资主体多元化，打造和引进文化领域的战略投资者，扶持若干主业突出、核心竞争力强的文化公司上市。

深化国有文化集团改革。改革领导体制，理顺内部关系，建立完善党委领导与法人治理相结合的组织结构。进一步深化集团运行机制改革，全面推行聘用制度和岗位管理制度，充分调动从业人员的积极性。在做大做强主业的基础上，充分发挥特色优势，努力在跨地区覆盖、多媒体兼营、跨行业拓展上取得新的突破，促进国有文化集团跨越式发展。

完善文化管理体制。适应文化发展形势要求，逐步建立党委领导、政府管理、行业自律、企事业单位依法运营的文化管理体制。进一步完善文化市场综合执法改革，深化市、县文化广电新闻出版行政管理部门机构改革，推进政企分开、政资分开、政事分开、政府与市场中介组织分开，强化政策调节、市场监管、社会管理和公共服务职能。

(二十一)推动文化传播手段创新。

改造提升传统文化产业。充分利用先进技术和现代生产方式，改造传统的文化生产和传播模式，推动信息产业与文化产业的融合，推动高新技术在报刊、出版、印刷、广播影视、舞台演艺等传统产业的运用，加快文化产业的转型升级。全面推进广播影视制作、传输、发射、播映、存储、交换以及广播影视和演艺后产品开发等领域的数字化，推动数字出版、印刷以及现代物流技术的研发和应用。积极拓展新型文化产品和服务，提升文化产业整体技术水平和竞争实力。

创新文化业态。大力发展新兴高新技术文化产业，运用数字出版、数字广播影视、网络传输等现代技术，积极发展电子书、数字电视、手机报刊、网络出版物等新兴文化业态。鼓励创作和研发具有自主知识产权的网络文化产品和增值业务。鼓励公民以知识产权出资，依法创办中小创新型文化企业。支持社会力量建立风险投资和担保公司，为中小创新型文化企业发展提供服务。

七、推进文化人才队伍建设

(二十二)提高文化队伍的综合素质。

适应新的形势和要求，切实加强宣传文化队伍建设，努力培养一支政治可靠、业务精通、作风过硬、纪律严明的高素质队伍。加强宣传文化系统领导班子建设，着力增强政治意识、大局意识和责任意识，加强教育培训，优化班子结构，重视抓好优秀年轻干部的培养选拔，提高领导干部驾驭新形势下思想文化领域复杂局面的能力。加强宣传文化干部队伍建设，深化“三项学习教育活动”，鼓励广大干部深入实际、深入群众、深入生活，加强专业能力培养，提高做好新形势下文化工作的能力。重视基层宣传文化工作者队伍建设，加强对乡镇宣传干部、基层文化队伍特别是农村文化队伍的教育培训。

(二十三)加强“五个一批”人才建设。

加强文化领域领军人物和各类高层次专门人才的培养和引进，推进理论、新闻、出版、文艺和文化经营管理等“五个一批”人才工程建设，努力造就一批在国内外具有重要影响的文化人才。建立健全宣传文化系统专业技术人才培养选拔管理机制，落实《浙江省宣传文化系统“五个一批”人才培养管理办法》，规范“五个一批”人才推荐选拔标准和程序，每两年在全省选拔一批“五个一批”优秀人才，制定实施个性化人才培养方案，实施人才培养资助项目，并对其实行动态管理。

(二十四)完善人才队伍建设机制。

建立健全人才培养选拔机制，创新培养方式，通过高校联合办学、定向培养、在职进修培训、实践锻炼等多种途径，培养高层次文化人才。完善以业绩为依据，由品德、知识、能力等要素构成的人才评价选拔机制，健全人才使用、流动机制，采取签约、项目合作、技术入股等多种方式，鼓励以岗位聘任、项目聘任等多种方式集聚文化人才。加大激励力度，表彰奖励在文学艺术、人文社科、新闻出版、广播影视等领域作出突出贡献的文化工作者。建立人才联系、宣传工作机制，大力宣传文化领域领军人物、优秀专业技术人才、经营管理人才及其成果。

(二十五)推动文化志愿者队伍建设。

充分发挥工会、共青团、妇联、文联、作协等人民团体的组织引导作用，广泛开展文化志愿者活动，在“高校毕业生到农村服务计划”和“浙江大学生志愿服务欠发达地区计划”中增加文化服务内容，鼓励离退休文艺工作者、艺术院校学生和其他热心公益事业的各界人士为社区、农村和企业提供志愿文化服务。构建省、市、县、乡四级文化志愿服务网络体系，组建浙江省文化志愿者服务总团。加强对文化志愿服务者的培训，着力提高文化志愿服务水平，对优秀的文化志愿服务者予以表彰和奖励。

八、推进文化发展环境建设

(二十六)加强对文化工作的领导。

切实加强党对文化工作的领导，牢牢掌握和认真履行党对重大事项的决策权，对资产配置的控制权，对宣传业务的审核权，对主要领导干部的任免权。各级党委、政府要把文化建设纳入经济社会发展总体规划，摆上重要议事日程。建立文化建设工作责任制，把文化建设作为评价地区发展水平、衡量发展质量和领导干部考核的重要内容，纳入党委、政府目标考核体系之中。研究制定全省文化建设目标考核测评体系，建立公共文化服务体系建设和考评标准，完善文化产业统计指标体系，强化督促检查。党委宣传部门要充分发挥协调指导作用。文化行政部门要加快转变职能，抓好政策调节、市场监管、社会管理和公共服务。政府相关部门要积极支持、密切配合。工青妇等群团组织和群众性文化团体要积极组织开展丰富多彩的群众文化活动。鼓励和动员全社会力量参与文化建设，形成共同推进文化建设的新格局。

（二十七）强化文化领域管理。

加强对文化发展的方向、总量、结构和质量的宏观调控，推进文化管理工作的科学化、制度化、规范化。坚持理论工作例会制度，建立健全思想理论领域情况反馈机制，完善理论宣传阅评制度，认真落实民办社科研究机构、民间论坛、民营文化服务机构和涉外合作等管理规定。巩固和完善文化市场综合执法改革成果，加强综合执法队伍建设，切实加强文化市场监管。进一步加强“扫黄打非”工作，净化文化市场，保护知识产权。建立文化市场准入和退出机制，严格市场主体资质审查，促进形成依法经营、违法必究、公平交易、诚实守信的市场秩序。

（二十八）完善文化发展政策法规。

加大文化建设投入。进一步加大公共财政对文化事业的投入力度，建立稳定的投入增长机制。各级财政要加大对文化建设的投入，其中省级财政投入的增幅应不低于本级财政经常性收入的增幅，宣传文化事业发展基金和文化事业建设费年度预算应逐年增加。建立完善对公共文化事业财政投入的绩效评估机制，推行公共文化活动项目的立项、申报、评估以及公开招标和政府采购制度，优化投入结构，提高投入效率。进一步加大财政投入向基层、农村特别是欠发达地区的倾斜力度，促进城乡和区域文化统筹协调发展。

完善文化建设政策保障。认真落实国家和我省现有的文化发展政策，进一步完善相关配套政策。深化文化体制改革，建立完善国有资产处置、人员分流安置、社会保障、劳动分配等政策。围绕文化产业发展，完善文化市场准入、财政支持、税收优惠、工商管理、投融资、人才建设等方面政策措施，鼓励个人、企业、外资、社会团体进入国家政策未禁止的文化领域。进一步落实民营文化企业在工商登记、项目审批、土地征用、规费减免、财政扶持、投融资以及从业人员职称评定等方面与国有文化企业的同等待遇。完善国有文化资产管理政策，推动国有资产的合理配置和有效使用，实现国有资产的保值增值。制定出台我省鼓励文化产品和服务出口的政策措施。完善文化发展宏观调控政策，充分运用财政、税收、价格、信贷等经济杠杆，大力扶持文化事业和文化产业发展。

加强文化立法工作。加快地方性文化立法进程，建立和完善文化政策法规体系，把文化建设纳入法制化轨道。深入实施和适时修订浙江省文化市场管理条例、非物质文化遗产保护条例、文物保护管理条例、广告管理条例等现行地方性法规，抓紧研究制定促进公共文化服务、文化产业发展、知识产权保护以及广播电视、印刷业和音像制品管理等地方性法规或政府规章。切实加强文化领域依法行政和执法监督。深入开展文化法制宣传教育，增强全社会文化法制观念，为文化大发展大繁荣提供良好社会环境。

附：文化建设重点工程及项目专栏（2008—2012）（略）

浙江省人民政府
关于实施残疾人共享小康工程的意见

浙政发〔2008〕29号

根据《中共中央国务院关于促进残疾人事业发展的意见》（中发〔2008〕7号）和《中共浙江省委关于全面改善民生促进社会和谐的决定》（浙委〔2008〕38号）精神，为切实改善残疾人生活条件和发展环境，加快建立残疾人事业发展的长效机制，使广大残疾人更好更全面地共享改革和发展的成果，经研究，决定实施残疾人共享小康工程。现就实施这一工程提出如下意见：

一、总体要求和工作目标

（一）实施残疾人共享小康工程的总体要求。认真贯彻落实科学发展观，按照“平等、参与、共享”的要求，把残疾人事业发展摆到更加重要的位置，着力完善政策体系，着力健全长效机制，着力提高面向残疾人的基本公共服务能力，着力解决广大残疾人最关心、最直接、最现实的利益问题，加快构建满足残疾人基本需求、保障残疾人基本生活、维护残疾人基本权益、有效促进残疾人发展的社会保障体系，积极促进残疾人就业和创业，努力缩小残疾人生活水平与社会平均水平的差距，使广大残疾人在积极参与小康社会建设的同时，共享全面小康社会建设的成果。

（二）实施残疾人共享小康工程的工作目标。以保障残疾人基本生活和基本康复为重点，实施残疾人基本生活保障工程、残疾人康复工程和重度残疾人托(安)养工程，努力使广大残疾人残有所助、学有所教、劳有所得、病有所医、老有所养、住有所居，共享小康生活。到2012年，残疾人基本生活得到切实保障，有适应指征贫困残疾人的助明、助听、助行等康复需求得到基本满足，力争符合条件的重度残疾人基本纳入集中托养、日间照料或居家安养。

二、基本内容和实施要求

(一)实施残疾人基本生活保障工程。加大对重度残疾人的生活保障力度。从2008年起，对低保家庭中的持证重度残疾人，单独施行最低生活保障，全额享受最低生活保障金。对家庭人均年收入在低保标准100—150%(不含100%)的持证重度残疾人参照所在地的低保标准，全额发放低保补助金。这项工作，由民政部门会同残联共同组织实施，保障金由民政部门统一发放。

(二)实施残疾人康复工程。对家庭人均年收入在低保标准150%以内、有适应指征并有康复需求的残疾人，由政府出资，实施助明、助听、助行康复行动。即为符合条件的白内障患者实施复明手术，为符合条件的低视力残疾人验配助视器；为符合条件的听障残疾人验配助听器；为符合条件的下肢缺失残疾人安装假肢。

(三)实施重度残疾人托(安)养工程。为减轻重度残疾人家庭负担，对生活不能自理、残疾等级为一级的残疾人逐步实施集中托养、日间照料和居家安养。鼓励居家安养或实行日间照料，其他确需集中托养的重度残疾人按规定纳入集中托养。集中托养的对象一般为日常饮食起居需要专人护理的重度残疾人，在自愿的前提下，由福利院、敬老院或专门的残疾人托养机构以及其他社会福利机构实行托养；日间照料的对象一般为夜间其家庭可以照料而日间需要他人照料的重度残疾人，由工疗站或其他社会福利机构照料其日间基本生活。对其他符合托(安)养条件的残疾人，如因特殊原因或受条件所限无法实行集中托养或日间照料的，纳入居家安养，给予一定的资金补助。照料护理残疾人居家安养的岗位，可作为社区公益性就业岗位管理，具体补贴标准由各县(市、区)确定。

实施重度残疾人托(安)养工程，要充分依托现有的福利院、敬老院、工疗站等福利机构。有条件的地方，可以新建专门的残疾人托养照料机构。各地要制定政策措施，积极鼓励社会力量参与兴办多种形式的残疾人托养照料机构，并切实加强规范管理。

三、经费标准和资金保障

各级政府要落实残疾人共享小康工程所需的保障资金和工作经费，并纳入当地财政预算。根据不同地区的财政状况和工作绩效，省财政给予必要的资金补助。具体经费标准以满足残疾人基本生活、基本康复和托(安)养基本需要为原则确定：

(一)为符合条件的重度残疾人单独施行最低生活保障而增加的低保资金支出，省财政按现行低保资金补助办法相应增加对县(市、区)的补助。

(二)为符合条件的白内障患者实施复明手术所需费用，按农村五保和城镇"三无"老人白内障免费复明手术的标准确定，其中省财政每例补助2000元。

(三)为符合条件的低视力残疾人验配助视器，按每人500元标准确定；为符合条件的听障残疾人验配助听器，按每台2000元标准确定；为符合条件的下肢缺失残疾人安装假肢，按平均每条10000元标准确定。其中省财政对经济欠发达地区(包括海岛县)、一般地区和经济强县(市、区)分别补助60%、40%和20%。

(四)对纳入集中托养的重度残疾人，要保障其基本生活和基本康复、医疗、护理等需求，保障标准总体上不低于当地农村五保和城镇"三无"对象的集中供养保障水平，并根据残疾人的特殊需要，增加必要的护理保障。纳入日间照料的，应提供用餐和基本生活照料服务。纳入居家安养的，给予其家庭不低于日间照料所需经费的补助费。

集中托养、日间照料的费用标准和居家安养的护理补助费标准，由省残联会同有关部门公布指导线，并明确相应的服务标准。具体标准由各市、县(市、区)政府根据当地实际情况确定。

重度残疾人纳入集中托养所需的费用，对人均年收入在低保标准150%以内的家庭，由财政全额承担(残疾人本人的低保金计入其内)；其他家庭的，由其家庭负担50%，财政补助50%。纳入日间照料所需的费用，对人均年收入在低保标准150%以内的家庭，由财政全额承担；其他家庭的，由其家庭负担50%，财政补助50%。纳入居家安养的，对人均年收入在低保标准150%以内的家庭，给予全额护理补助费；其他家庭的，给予50%的护理补助费。其中省财政对经济欠发达地区(包括海岛县)、一般地区和经济强县(市、区)分别补助60%、40%和20%。

符合条件的重度残疾人纳入集中托养、日间照料和居家安养后，原有的其他保障待遇继续享受。有条件的地区，可从实际出发，加大保障力度，扩大残疾人基本生活保障、康复和托(安)养实施的范围，提高补助的标准。

四、组织实施和评估考核

实施残疾人共享小康工程，是全面改善民生、建设惠及全省人民小康社会的重要内容，是今后一个时期我省残疾人工作的重点任务。这项工作事关广大残疾人切身利益，涉及面广，政策性强，必须加强领导，精心组织实施。

(一)切实加强组织领导。各级政府和有关部门要把残疾人共享小康工程纳入国民经济和社会发展中长期规划及其年度计划，纳入"基本公共服务均等化行动计划"，纳入政府为民办实事的重要内容，切实加强组织领导，整合各方面的资源，动员各方面的力量，确保这项工作顺利开展。各级残疾人工作委员会要切实加强日常工作的组织协调。各级残联、财政、民政、劳动保障、卫生、农办、统计等部门要各负其责，密切配合，共同推进这一工程的实施。各级新闻宣传部门和各类新闻媒体要广泛宣传实施残疾人共享小康工程的重大意义，在全社会积极营造扶残助残的浓厚氛围。

(二)精心制定实施方案。实施残疾人共享小康工程，涉及残疾人残疾类别、残疾等级和收入状况等诸多因素。各地各有关部门要深入开展调查研究，充分运用残疾人二次抽样调查的成果，切实掌握贫困残疾人和重度残疾人的基本情况。在此基础上，精心制定本地残疾人共享小康工程的实施方案，并逐年制定年度工作计划。

（三）确保政策实施公开公正公平。各地各有关部门要认真对照残疾人共享小康工程的各项标准和条件，严格规范审核审批程序，切实加强动态管理。对申请相应救助保障的残疾人，应在一定范围内进行公示。对因家庭收入提高或通过康复使残疾等级发生变化的保障对象，应及时退出相应的救助保障或调整救助保障标准。

（四）强化绩效评估和资金管理。要进一步加强基础管理工作，特别是要充分运用信息化手段，建立残疾人共享小康工程的基础数据库，实现信息共享和动态管理。要切实加强资金使用管理，确保专款专用，努力提高资金使用绩效。要建立有效的评估考核机制，及时掌握各地各有关部门的工作进展情况，促进各项政策和措施的全面落实。

（五）积极开展创建活动。各地要积极开展“扶残助残爱心城市”创建活动，以此带动和促进残疾人共享小康工程的有效实施。在创建活动中，要按照城乡统筹、全面共享的要求，着力完善残疾人康复医疗、教育培训、就业创业、扶贫脱贫、文化体育、社会保障、平等参与、权益保障等各项政策措施，切实加强残疾人福利机构和设施建设，全面提升残疾人事业发展的整体水平。力争到2012年，全省60%的市、县（市、区）达到“扶残助残爱心城市”创建标准。

省残联要会同省财政、民政、劳动保障、卫生等有关部门抓紧制定具体实施办法。

二〇〇八年四月二十三日

浙江省人民政府
关于建立健全覆盖城乡居民的养老保障制度的意见

浙政发〔2008〕36号

养老保障是社会保障的重要组成部分，事关人民群众幸福安康。为贯彻落实党的十七大和省第十二次党代会、省十一届人大一次会议精神，根据《中共浙江省委关于全面改善民生促进社会和谐的决定》，现就建立健全覆盖城乡居民的养老保障制度提出如下意见。

一、明确养老保障制度建设的总体要求

（一）养老保障制度建设的指导思想。高举中国特色社会主义伟大旗帜，以邓小平理论和“三个代表”重要思想为指导，深入贯彻落实科学发展观，围绕全面建设惠及全省人民的小康社会，着眼于率先建立覆盖城乡居民的社会保障体系，按照“广覆盖、保基本、多层次、可持续”的方针，推进企业、机关、事业单位基本养老保险制度改革，探索城乡居民养老保障制度，不断扩大保障覆盖面，逐步提高保障水平，确保全体人民老有所养，努力促进社会和谐。

（二）养老保障制度建设的基本原则。一是坚持覆盖城乡、惠及全民，逐步实现人人享有基本养老保障，让全省人民共享改革发展的成果；二是坚持区别情况、分层推进，针对城乡发展的现实差距和不同群体的需求差异，分别建立相适宜的职工和居民养老保障制度；三是坚持合理筹资、量力而行，遵循个人、单位缴费与政府投入相结合，使保障水平与经济发展水平及各方面的承受能力相适应；四是坚持分级负责、属地管理，探索符合省情的养老保险省级统筹制度，因地制宜创新政策措施，确保制度持续健康运行。

二、加快完善企业职工基本养老保险制度

（三）进一步扩大企业职工基本养老保险覆盖面。按照《劳动合同法》、《浙江省职工基本养老保险条例》等规定，大力推进职工基本养老保险扩面工作。全省企业、民办非企业单位、个体经济组织和与其形成劳动关系的职工，国家机关、事业单位、社会团体和与其形成劳动关系的未纳入编制管理的职工应当依法参加职工基本养老保险。无雇工的城镇个体工商户、非全日制从业人员可以自主参加职工基本养老保险。当前，要以私营企业、个体经济组织和与其形成劳动关系的人员参保为重点，努力扩大基本养老保险覆盖面。通过推行按企业工资总额缴费的社会保险“五费合征”办法，依法强化扩面征缴力度，确保单位用工与参保缴费相对应。

（四）逐步缩小不同地区缴费比例差距。在夯实基本养老保险缴费基数、确保制度可持续运行的前提下，经过周密测算和综合平衡，费率偏高的统筹地区报经省劳动保障、财政部门批准后，可适当降低单位缴费比例。正常费率偏低的统筹地区也可适当提高单位缴费比例。完善“低门槛准入、低标准享受”的养老保险政策，并适时推进与正常制度并轨。

（五）逐步做实基本养老保险个人账户。做实个人账户要实行“老”、“中”、“新”分开。以2007年1月1日为基准时间，此前已退休的人员，退休前已有账户不做实；已经参保但未退休的人员，此前没有做实的个人账户不再做实，之后缴费逐步做实；此后参保的人员，个人账户从参保缴费开始逐步做实。做实个人账户的起步比例为3%，今后逐步提高。做实个人账户的具体管理办法另行制定。

（六）制定适合农民工特点的养老保险办法。本统筹地区户籍农民工继续按现行规定参加职工基本养老保险。

对劳动关系不够稳定的非本统筹地区户籍农民工，要研究制定有利于提高参保积极性和养老保险关系转续的办法。具体办法另行制定。

（七）解决城镇集体企业部分未参保职工的基本养老保障问题。对破产、关闭的原城镇集体企业未参保在册职工，要做好养老保障的政策衔接工作。其中，对大集体企业职工，以当地实行固定职工个人缴纳基本养老保险费的初始年份为基点，此前工作且按国家和省规定可以计算连续工龄的时间，视同缴费年限；基点年份至企业破产、歇业年份的基本养老保险费需要补缴，补缴标准和资金来源由各地根据实际确定。对已达法定退休年龄的人员，缴费年限（含视同缴费年限）符合按月领取基本养老金年限的，按现行办法计发基本养老金。对仍处于劳动年龄段的未参保人员，在给予视同缴费、补缴等政策衔接的同时，实行再就业援助，在未就业前鼓励其以个体劳动者的身份继续参保，到达法定退休年龄后按制度规定计发基本养老金。对破产、关闭的其他城镇集体企业已达法定退休年龄的未参保城镇职工，各地要采取有效措施，保障其基本生活。

三、推进事业单位养老保险制度改革

（八）实行社会统筹与个人账户相结合的基本养老保险制度。在事业单位分类改革的同时，除参照公务员法管理的事业单位外，其他事业单位纳入事业单位养老保险制度改革范围。基本养老保险费由单位和个人共同负担，单位缴纳基本养老保险费的比例，一般不超过单位工资总额的20%。个人缴纳基本养老保险费的比例为本人缴费工资的8%，由单位代扣，个人缴费全部计入基本养老保险个人账户。

（九）改革基本养老金计发办法。以实施事业单位基本养老保险制度改革为界，改革前已退休的人员，继续按照国家和省规定的原待遇标准发放基本养老金，参加国家和省统一的基本养老金调整；改革后参加工作的人员，退休后按职工基本养老保险制度规定享受养老保险待遇；改革前参加工作、改革后退休的人员，按照合理衔接、平稳过渡的原则，在发给基础养老金和个人账户养老金的基础上，再发给过渡性养老金。具体办法另行制定。

事业单位基本养老保险基金单独建账，与企业职工基本养老保险基金分别管理使用。具备条件时，可与企业职工基本养老保险基金统一管理使用。

（十）建立职业年金制度。为建立多层次的养老保险体系，提高事业单位工作人员退休后的生活水平，事业单位在参加基本养老保险的基础上，应建立工作人员职业年金制度。具体办法由省劳动保障厅会同省人事厅、省财政厅制定。

四、探索建立城乡居民养老保障制度

（十一）多途径探索城乡居民养老保障实现形式。城乡居民最低生活保障、城镇“三无”和农村“五保”对象集中供养、精减职工生活困难补助、农村计划生育奖励扶助等是具有养老保障功能的有效制度，要在实践中不断完善。各地也可以对未享受基本养老保障待遇的高龄老年人，按月给予一定的生活补助。

（十二）完善被征地农民基本生活保障制度。推进征地制度改革，在现行区片综合价的基础上，应将被征地农民的有关社会保障费用纳入征地补偿范围。提高基本生活保障资金的政府出资比例，对劳动年龄段以上的被征地农民，其基本生活保障水平原则上要高于当地城镇居民最低生活保障标准。

（十三）稳步推进农村社会养老保险制度建设。有条件的地方可开展试点，探索建立以农民缴费为主、政府补贴为辅、村集体经济组织给予补助，有一定社会统筹性质的养老保险制度。试点工作坚持低水平起步，充分尊重农民群众意愿，合理确定筹资水平和保障标准，在不断积累经验的基础上积极稳妥地推行。

（十四）探索解决城镇老年居民养老保险问题。各地可从实际出发，建立城镇老年居民养老保险制度。凡劳动年龄段以上、未享受基本养老保险待遇的城镇居民都可自愿参加。城镇老年居民养老保险以个人缴费为主，政府给予适当补助。有条件的地方可探索建立城乡一体的居民养老保险制度。

五、加强养老保障制度建设的组织领导

（十五）切实把养老保障制度建设摆在重要位置。各级政府要全面承担属地管理职责，把建立覆盖城乡居民的养老保障制度纳入国民经济和社会发展中长期规划和年度计划，制定明确的工作目标、任务和措施。劳动保障、人事、民政、财政、地税、国土资源等部门要各司其职，注重协调，形成合力。各地应根据养老保险制度改革的实际需要，适当充实社会保险机构工作人员和经费，健全以街道（社区）、乡镇为主的社会保障工作网络平台。社会保险经办机构要进一步加强能力建设，完善管理制度，规范业务流程，不断提高工作效率和服务质量。加强社会保险信息网络建设，建立统一、高效的社会保险信息管理平台，实现部门间相关信息互联互通和信息数据共享，提高养老保障管理服务水平。

（十六）进一步规范养老保障政策。在全省范围内逐步统一基本养老保险缴费基数、缴费比例和待遇计发标准，继续完善基本养老保险基金省级调剂机制。在明确省、市、县各级政府责任的前提下，探索建立省级基金预算制度。加强企业、事业单位等基本养老保险和城镇居民养老保险、农村居民养老保障等制度之间的衔接，根据城乡居民劳动就业和户籍等关系的变化，及时做好调整参保工作，其调整后缴费年限的计算以及缴费标准和保障待遇的衔接政策，由统筹地区根据实际制定。

（十七）确保养老保险基金安全运行。健全用人单位、个人缴费和政府投入相结合的多元筹资机制，强化各项养老保险基金征缴，积极拓展其他筹资渠道。依法加强养老保障基金监督管理，建立多层次风险保障体系。养老保障资金都要纳入财政专户，严格实行收支两条线，专款专用，严禁截留、挤占和挪用。建立健全行政监督、专门监督、社会监督、内部控制相结合的监督体系，对征缴、发放、管理和运营各环节实行全过程监控，确保基金保值增值和健康运行。

二〇〇八年五月十三日

浙江省人民政府
关于印发公民权益依法保障行动计划的通知

浙政发〔2008〕47 号

各市、县(市、区)人民政府,省政府直属各单位:

现将《公民权益依法保障行动计划》印发给你们,请结合实际认真贯彻实施。

全面小康六大行动计划是贯彻落实党的十七大和省第十二次党代会精神、深入实施“创业富民、创新强省”总战略、全面建设惠及全省人民小康社会的重大举措,是各级政府履行职责、推动我省经济又好又快发展和社会和谐稳定的重要工作抓手。各地、各部门一定要高度重视,建立健全组织领导和工作协调机制、目标分解和责任落实机制、进度报告和监督检查机制,确保全面小康六大行动计划的各项目标任务顺利完成。

二〇〇八年七月二十四日

公民权益依法保障行动计划

(2008—2012)

保障公民合法权益,是深入贯彻科学发展观、加快构建社会主义和谐社会的必然要求,是全面建设小康社会的重要目标内容,是各级政府切实履行宪法职责、全面推进依法行政的根本任务。根据省十一届人大一次会议审议通过的《政府工作报告》,特制定本行动计划。

一、指导思想和基本原则

(一)指导思想。深入贯彻党的十七大和省第十二次党代会精神,坚持以科学发展观为统领,围绕“创业富民、创新强省”总战略和建设人民满意政府目标,立足于国情、省情和经济社会发展实际,着力解决人民群众最基本、最直接、最现实的利益问题,全面推进政府各项工作法治化,使人民群众的政治、经济、文化、社会权益得到尊重和保障。

(二)基本原则。

——坚持以人为本。始终把依法保障公民权益贯穿于政府各项工作,着重保障民生权益,努力与经济社会发展水平相适应,切实维护社会公平正义。

——坚持依法行政。全面履行法定职能,严格遵守法定程序,不得越权、滥权、不作为,坚决纠正执法扰民,做到平等保护、权责一致、监督有力,切实保障公民的实体权利和程序权利。

——坚持公众参与。注重听取公众意见和建议,切实履行政府信息公开义务,大力推行行政听证制度,不断拓宽公众参与行政决策、执行和监督渠道,自觉接受社会监督。

——坚持统筹兼顾。积极推进行政管理改革创新,坚持着眼长远与立足当前、全面推进与突出重点、普遍保护与特殊保护相结合,妥善协调和处理各方面的利益关系。

二、工作目标

经过五年努力,建设法治政府的工作任务和要求得到落实,土地征收、房屋拆迁、社会保障、食品药品、安全生产、环境保护、劳动就业、教育事业等领域的突出问题得到有效解决,公民权益保护和实现程度得到明显提高。到2012年,实现以下五个方面主要工作目标:

(一)公民人身财产权益保障主要工作目标。

——食品监督抽查合格率保持在90%以上,药品抽检合格率达到95%以上,农产品残留物检测合格率达到95%以上;

——生产安全事故起数、事故伤亡人数、事故直接经济损失三项指标保持零增长,力争逐年有所下降;

——刑事发案总数得到有效控制,破案率力争逐年提高,社会治安状况更加良好;

——完成各项污染减排和环境整治任务,全省生态环境质量和环境保护能力继续居全国领先水平;

——公共安全应急体系和机制更加完善,防灾减灾能力明显提升;

——社会安全感满意度保持在95%左右。

(二)公民社会权益保障主要工作目标。

——覆盖城乡居民的基本养老保险、基本医疗保险、最低生活保障制度基本建立,多层次住房保障体系更加完善;

——城乡就业困难人员普遍得到就业援助,劳动合同制度得到全面推行,工资拖欠、就业歧视等现象得到有效遏制;

——高标准普及十五年教育,适龄公民受教育权得到全面保障;

——城乡公共文化服务体系比较健全,公民基本文化权益得到有效保障。

（三）公民经济生活权益保障主要工作目标。

——消费者权益保护水平居全国前列，消费争议处理率达到96%以上；

——制定列入听证目录的重要商品、公用事业和公益性服务价格，全面实行听证；

——编制或者修改城乡规划公告率、公开征求意见率均达到100%，听证率达到50%以上。

（四）公民知情权、表达权、参与权和监督权保障主要工作目标。

——依法应当主动公开的政府信息实现全面公开；

——法定行政事项和重大行政决策听证全面实施；

——行政投诉处理率达到98%以上；

——信访事项办结率达到98%以上。

（五）公民救济权益保障主要工作目标。

——不动产权属争议、劳动争议案件、医疗事故赔偿纠纷、交通事故赔偿案件的行政调处率达到90%以上；

——行政复议"案结事了"率保持在90%以上；

——行政复议生效决定、行政诉讼生效判决和裁定执行率达到98%以上；

——法律援助案件数量每年递增10%以上。

三、工作任务

（一）依法保障公民人身财产权益。

1. 加强食品药品安全管理。完善食品、药品和农产品质量安全管理制度，加快制定和修订食品、药品和农产品质量安全标准及技术规范。探索建立食品药品安全指数测算、评估和发布制度。严格实施食品、药品生产许可制度，强化食品药品质量安全日常监督，重点加强食品质量监督抽查和药品安全评价性抽检工作。实施食品药品生产企业分类监管制度，实行不合格食品药品强制召回制度，严厉查处药品、保健食品虚假广告。探索建立药品不良反应损害救济制度。强化农产品质量安全源头管理，建立初级农产品质量安全监测制度、药物及有毒有害物质残留抽检制度，重点监测和抽检蔬菜、畜禽、水产品等主要农产品生产基地、农产品批发市场、农贸市场和超市。严格执行食品卫生许可制度，全面实施餐饮业卫生监督量化分级管理制度，重点加强对农村地区和学校食堂、小餐馆等重点餐饮服务单位的日常监管，2008年起，餐饮服务单位卫生监督实现全覆盖。全面实施以食品药品为重点的"十小"行业质量安全整治与规范。深入实施农村食品药品放心工程，全面推进食品安全"三网"建设、食品安全示范县（乡镇）建设、行政村药品供应网点建设和农村药品"两网一规范"示范县建设。

2. 加强安全生产监管。完善安全生产管理制度，重点规范烟花爆竹、危险化学品、消防等安全管理活动，加快制定和修订安全质量标准和技术规范。加强重大危险源监管，健全重大事故隐患预防、控制和应急处置机制，到2012年全面完成省、市、县以及企业重大危险源监控网络建设。全面开展安全管理标准化活动，重点落实中小企业安全生产主体责任，依法整顿或者关闭不符合安全生产条件的企业，限期淘汰技术落后、安全保障条件差的工艺和设备。深入实施事故多发领域安全治理，重点加强对矿山、危险化学品、道路交通、建筑、烟花爆竹、渔船水上交通及捕捞作业安全和人员密集场所消防安全的监管。完善以矿山、危险化学品和重特大事故应急救援为重点的安全生产应急体系，建设重特大事故应急救援信息平台。开展公民安全生产教育活动，重点加强对安全生产监管重点行业从业人员的安全技能培训。

3. 加强社会治安综合治理。健全社会治安防控体系，落实综合治理目标责任制，深入实施城乡社区警务战略，扎实推进基层平安创建活动，完善矛盾纠纷排查化解机制。规范流动人口服务和管理，探索和推行流动人口居住证制度，加强城镇房屋租赁治安管理工作。强化管理和监督，严厉查处黄赌毒等违法活动。落实预防青少年违法犯罪措施，重点开展社区青少年事务管理，深化失足青少年"导航工程"，加强禁毒宣传教育、网吧管理、校园周边环境整治等工作。加强监狱劳改工作，深入实施社区矫正和归正人员安置帮教工作。组织开展社区戒毒和康复工作。落实公共复杂场所、特种行业、重点单位、重要设施的安全防范措施，强化危险物品管理，加强监督检查。实施"两抢一盗"等重点违法犯罪专项整治，有效降低发案数，切实提高破案率。

4. 加强环境保护管理。完善和落实环境影响评价、生态环境功能区规划管理、核辐射环境监管、排污许可、生态环境补偿等制度，严格执行环境安全、生态保护、节能减排等方面的强制性标准和约束性指标。加强饮用水源安全管理，重点落实水源保护区制度。加强建设项目环保管理，重点落实环境影响评价审批制度、环境监理制度、试生产管理制度和"三同时"验收制度。加强固体废物污染防治，推进工业废弃物资源化利用，落实危险废物和医疗废物无害化集中处置制度。加强养殖业污染防治，依法实行畜禽养殖禁养区和限养区制度、新建规模化养殖场排污申报和许可证制度，强化水产养殖管理，严控水库、湖泊网箱养殖规模。全面推进农村环境整治。完善重点环境问题限期整治和督办制度，着力解决一些地区突出存在的环境污染问题。

5. 加强征收拆迁和农村土地承包管理。严格执行《中华人民共和国物权法》，完善和落实土地、房屋、山林等不动产登记制度，重点做好农村不动产登记发证工作。严格规范土地征收审批程序，全面推行听证制度，完善土地征收补偿制度，健全争议协调裁决机制，实行年度抽查及情况报告、公示制度，切实执行闲置土地收回制度。严格违法用地处理和手续补正制度，强化违法用地责任追究机制。完善房屋拆迁许可程序，严格控制拆迁范围和规模，完善拆迁补偿安置机制，规范强制拆迁行为。严格执行行政区划管理制度，规范撤村建居行为。加强土地承包经营管理，推进土地承包经营权证管理信息化，完善土地承包纠纷仲裁调处机制。

6. 加强防灾与应急管理。认真组织实施《中华人民共和国突发事件应对法》，加快健全突发事件应急管理体制，建立重大突发事件风险评估体系，完善应急预案体系、应急物资储备保障体系和应急通信保障体系，建立危险源、危险区域的调查登记、风险评估、检查监控制度。落实突发事件监测、预警和信息系统制度，重点加强对洪涝台等自然灾害和重大疫情的预警、监测和信息公开工作。建立健全救灾减灾机制，全面推广农业保险，探索建立林业保险制度。加强"强塘固房"工作，落实措施，提高防灾能力。完善疾病预防控制和医疗救治体系，重点做好非典、艾滋病、禽流感等重大疫病的防治工作。加强信息安全保障，重点保障基础信息网络和重要信息系统安全运行。

（二）依法保障公民社会权益。

7. 加强社会保障工作。完善和落实城镇职工基本养老保险、基本医疗保险、失业保险、工伤保险和生育保险制度，健全城镇居民基本医疗保险制度。全面落实最低生活保障制度，健全低保标准动态调整机制。加强农村五保与城镇"三无"对象供养、流浪乞讨人员及孤残儿童救助工作。探索建立低保边缘困难群众和其他因突发性灾害或重大疾病造成生活暂时困难群众的临时社会救助制度。探索建立农村养老保障制度，健全被征地农民基本生活保障制度，完善和落实新型农村合作医疗制度，建立健全城乡困难群众医疗救助制度。健全和落实城镇廉租住房、经济适用住房保障制度，规范住房保障审批行为，重点解决住房供应不足、轮候时限过长等问题。进一步完善和推进政策性农村住房保险制度，加强农村危旧房改造工作，着力解决农村困难群众住房救助和安全保障问题。加强对房地产市场的调控和监管，依法严厉查处闲置囤积土地、房源和炒地炒房行为。积极探索建立适合农民工特点的社会保障制度，研究制定农民工社保关系跨地区转续的办法，进一步落实农民工工伤保险制度。

8. 加强就业服务和劳动管理。认真组织实施《中华人民共和国劳动合同法》、《中华人民共和国就业促进法》和《中华人民共和国劳动争议调解仲裁法》，适时制定实施办法。完善和落实就业援助制度，重点加强对城乡就业困难人员的就业援助工作。培育和规范人力资源市场，重点加强对职业介绍、职业培训等活动的监督管理。推行企业工资集体协商制度。完善最低工资制度，健全最低工资标准调整机制，强化工资支付管理。加强劳动保障监察，重点查处企业拖欠工资、不依法与劳动者签订劳动合同、不依法缴纳社会保险费用、就业歧视等违法行为。

9. 促进和规范教育事业。全面落实义务教育制度，健全教育督导、教育评估制度，进一步做好高标准普及十五年教育工作。大力发展职业教育，促进和规范民办教育、成人教育、特殊教育和专业技术人员继续教育。完善教育事业发展规划，加强教师队伍建设和管理，落实扶持农村地区、欠发达地区教育发展制度。规范教育收费行为，全面推行教育收费公示制度、通报制度，有效预防和纠正各类教育乱收费行为。完善和落实农民工子女、残疾人、低收入家庭子女教育扶助制度。

10. 加强公共文化服务和管理。完善城乡公共文化服务体系，全面实施文化建设"八项工程"和新农村文化建设"十项工程"，重点加强基层公共文化体育设施的建设、利用、服务和管理。大力发展公益文化事业，加强文物和非物质文化遗产保护，全面实施博物馆、纪念馆、爱国主义教育示范基地免费开放制度。规范文化市场发展，重点加强对演出娱乐、出版物、网吧、卫星电视地面接收设施等的监督管理。加强网络文化建设和管理，制止和查处传播各类色情、暴力、封建迷信等违法活动。加强广播电视设施建设和保护，规范广播电视服务行为。

11. 加强特殊群体权益保障。完善未成年人保护制度，深入实施"青少年维权工程"，落实家庭、学校、政府和社会的保护责任。健全残疾人权益保障制度，切实保障残疾人基本生活、基本医疗康复、基本居住条件和基本生活照料，加强残疾人教育培训、劳动就业和无障碍设施建设。落实妇女权益保障制度，重点加强反就业歧视、反家庭暴力、劳动保护、畅通权益维护救助渠道等工作。健全老年人权益保障制度，加快发展老龄事业。

（三）依法保障公民经济生活权益。

12. 加强消费者权益保护。认真组织实施消费者权益保护、反不正当竞争、反垄断等法律、法规和规章，重点查处滥收费用、霸王条款、拒绝交易、制假售假、虚假宣传、违法广告、欺骗性有奖销售、商业贿赂、强制交易等违法行为。积极推进消费维权监督网建设，完善消费者投诉执法体系，做好消费者权益保护工作，2008年起，消费者举报投诉办结率每年保持在96%以上。

13. 加强价格调控和监管。全面实施价格监测预警制度，修订完善应对市场价格异常上涨预案，完善和落实低收入困难群众、家庭经济困难学生价格补贴制度。全面推行重要商品、公用事业、公益性服务价格听证制度和公示制度，建立健全政府定价成本核算和公开制度，重点解决医疗卫生、公路交通、水电煤等行业和服务领域的价格违法问题。建立覆盖城乡的价格监督网络，畅通价格投诉举报渠道，强化市场价格监管，重点查处串通涨价、囤积居奇、哄抬物价等违法行为。

14. 加强行政性收费管理。完善行政性收费管理制度，规范行政性收费制定行为，逐步推行行政性收费听证制度，全面实施行政性收费公示制度。加强行政性收费监督检查，取消不合理收费项目，调整不合理收费标准。

15. 加强规划管理。加快推进规划体制改革，完善规划体系，加强规划编制工作，全面推行"阳光规划"，完善和落实公告制度、公开征求意见制度、听证制度、专家论证制度和合法性审查制度。严格规范规划修编和调整行为，加强各类规划之间的衔接，强化规划执行和监督管理制度。认真组织实施《中华人民共和国城乡规划法》，抓紧制定实施办法。

16. 规范行政审批和投资管理。继续清理和规范行政审批项目，推行行政机关内部行政许可职能整合制度，探索行政审批全程代理制度，落实行政许可监督检查制度。推动行政服务中心规范化建设，加强行政审批服务网络建设，全面推行"一站式"审批。深化投资体制改革，加强和改善投资管理，引导和规范投资行为，重点落实企业投资决策权和规范政府投资预算管理。全面清理对企业的各项政府性奖励政策，规范经济领域的政府奖励行为。

（四）依法保障公民知情权、参与权、表达权和监督权。

17. 加强政府信息公开工作。全面实施《中华人民共和国政府信息公开条例》，编制政府信息公开指南、政府信息公开目录，抓紧制定实施办法。2009年起，依法应当主动公开的政府信息全部实现网上公开，省、市、县三级政府全面设置政府公报，建立免费赠阅制度。在国家档案馆、公共图书馆普遍设置政府信息查阅场所。落实依申请公开政府信息制度、政府信息公开年度报告和向社会公布制度。

18. 完善行政决策程序。建立健全公众参与行政决策机制，全面落实重大行政决策公开听取意见制度，逐步实行意见采纳情况反馈制度。在规划编制、企业改制、征收拆迁等重点领域，推行决策听证制度，规范听证程序，逐步扩大听证范围。完善和落实行政决策合法性审查制度，健全专家论证制度。

19. 加强行政投诉处理和信访工作。整合行政投诉资源，畅通行政投诉渠道。健全行政投诉处理制度，建立行政投诉限期处理、情况反馈和备案以及评议考核制度，落实行政投诉处理责任。落实信访工作职责，加强信访督察督办工作，在试点的基础上，推开"网上信访"工作。

20. 保障和规范村民自治。指导、支持和帮助村民依法开展自治管理，组织指导村民委员会选举，督促村民自治组织完善村务民主决策、民主管理和民主监督机制。加强村民委员会成员和村民代表培训工作。探索对村民自治执行国家法律法规情况的监督制度，试行村规民约备案制度，逐步形成村民自治活动的纠错机制。建立健全村民权益纠纷的行政调处机制，保障村民在土地承包经营、宅基地分配、集体经济组织内部收入分配等方面的合法权益。

（五）依法保障公民救济权益。

21. 健全利益协调机制。认真组织实施劳动争议调解仲裁制度和土地、山林、海域等权属争议调解制度，加强交通事故、医疗事故、生产安全事故等损害赔偿调解工作。实施"人民调解质量工程"活动，完善人民调解工作机制，到2010年，城乡社区和职工人数200人以上的企业、大型集贸市场全面建立人民调解委员会，调解成功率达到95%以上。

22. 加强和改进行政复议。全面落实行政复议法定职能，严格执行行政复议听证制度、重大案件备案制度、定期报告制度、监督制度，健全评议考核机制。试行行政复议简易程序，健全行政复议和解、调解机制。加强行政复议信息系统等基础性工作。建立健全行政复议与信访、行政监察、行政审判的工作沟通机制。加强行政复议队伍建设，实施行政复议人员资格管理制度。

23. 落实行政应诉职责。积极推行行政首长出庭应诉制度，建立行政诉讼生效判决和裁定执行监督及责任追究制度，健全司法建议处理反馈机制。支持人民法院审判和执行工作。

24. 完善行政赔偿和补偿制度。严格执行《中华人民共和国国家赔偿法》等有关法律、法规，修订完善《浙江省行政赔偿程序规定》，建立行政赔偿听证、协商与和解制度。完善行政补偿制度，重点规范和落实土地征收、房屋拆迁、生态保护等涉及的行政补偿机制。

25. 加强法律援助。认真实施法律援助制度，逐步扩大法律援助覆盖面，做好低收入群众和农民工法律援助工作。加强法律援助专职队伍建设，完善法律援助工作机制和措施，重点加强与法院、仲裁机构、鉴定机构和相关部门的工作协调，提高法律援助质量和效率。到2010年，力争全省法律援助案件年度办理总量突破3万件。

四、保障措施

（一）提高制度质量。

1. 科学安排政府立法和规范性文件制定工作。突出重点，统筹兼顾，抓紧制定和完善与公民权益保障直接相关的地方性法规议案、规章和规范性文件。

2. 改进并完善立法工作方式和机制，扩大公众参与立法程度。落实立法公开征求意见和听证制度，凡是与人民群众切身利益密切相关的政府立法，立法草案必须通过政府网站或者在省级主要报纸等大众媒体上登载的方式向社会公开征求意见。实行立法工作者、专业工作者和专家学者相结合，建立专家咨询论证制度，实行政府立法项目成本效益分析制度。实施政府立法、规范性文件执行情况评估制度，按照立、改、废相结合的原则，定期清理政府规章和规范性文件。

（二）完善财政保障。

3. 健全公共财政制度，优化财政支出结构，推行财政预算公开，不断加大对社会保障、劳动就业、教育、住房保障、医疗卫生等的资金投入。健全财政转移支付机制，重点加大对欠发达地区、偏远山区和海岛的转移支付力度。规范财政资金使用行为，加强财政、审计等专门监督，提高财政资金使用效益。

4. 落实行政执法经费，保障行政执法职能有效行使。清理和规范行政事业性收费、罚没收入等各类政府非税收入，严格执行财政专户管理和"收支两条线"制度，防止和纠正乱收费、乱罚款等违法行为。

（三）健全互动机制。

5. 加强公民意识教育，有效开展普法、法制宣传和法律服务活动，增强全社会尊重法律、遵守法律的观念和意识，引导公民依法维护自身权益。尊重和保障公民自由行使选举权和被选举权，依法查处破坏、妨害选举的违法行为。

6. 重视社会组织建设和管理，支持工会、共青团、妇联等人民团体和各类依法成立的行业协会、中介组织，依照法律和各自章程开展工作，参与维护公民合法权益。重视和支持新闻舆论等社会监督。

7. 建立和实施社会评价制度，由牵头部门会同统计部门组织或者委托社会中介机构定期对行动计划实施情况进行社会满意度测评，为改进实施工作提供重要依据。

（四）加强组织领导。

8. 各级政府要加强对公民权益依法保障行动计划实施工作的指导、协调和督促。强化乡镇（街道）和村（居）委会等基层基础建设，充分发挥基层组织在依法保障公民权益中的重要作用。各有关部门要依照各自职责，按年度分解、细化工作目标和任务，加强协同配合，采取有力措施，确保行动计划落到实处。

9. 建立行动计划实施年度报告制度。各市政府、省级有关部门于次年1月底前向省政府报告本地区、本部门实施行动计划年度情况。

附件：1. 2008年实施公民权益依法保障行动计划工作重点及责任分解(略)

2. 实施公民权益依法保障行动计划(2008—2012)省政府立法调研项目库(共110件)(略)

浙江省人民政府
关于印发低收入群众增收行动计划的通知

浙政发〔2008〕48号

各市、县(市、区)人民政府，省政府直属各单位：

现将《低收入群众增收行动计划》印发给你们，请结合实际认真贯彻实施。

全面实施“低收入群众增收行动计划”是贯彻落实党的十七大和省第十二次党代会精神、深入实施“创业富民、创新强省”总战略、全面建设惠及全省人民小康社会的重大举措，是各级政府履行职责、推动我省经济社会又好又快发展和社会和谐稳定的重要工作抓手。各地、各部门一定要高度重视，建立健全组织领导和工作协调机制，确保低收入群众增收行动计划各项目标任务顺利完成。

二〇〇八年七月三十日

低收入群众增收行动计划

(2008—2012年)

为了加快建设惠及全省人民的小康社会，切实提高低收入群众收入和生活水平，根据省第十二次党代会、省十一届人大一次会议精神，决定实施“低收入群众增收行动计划”。

一、实施“低收入群众增收行动计划”的总体要求

(一)指导思想。以科学发展观为指导，按照党的十七大、省第十二次党代会、省十一届人大一次会议的部署和实施“创业富民、创新强省”总战略的要求，围绕全面建设惠及全省人民小康社会的目标，以提高低收入群众致富能力和收入水平为中心，把统筹城乡发展与统筹区域发展有机结合起来，建立健全以工促农、以城带乡、区域联动的长效机制和县为责任主体、上下联动、分工协作的工作机制，加强组织领导和政策引导，推进区域协作和结对帮扶，发展特色产业，促进劳动就业，完善社会救助，加快低收入群众增收致富奔小康步伐。

(二)目标任务。“低收入群众增收行动计划”由在农村实施“低收入农户奔小康工程”、在城镇实施“城镇低收入家庭增收工程”组成，主要对象分别是2007年家庭人均纯收入低于2500元的农户和2007年家庭人均可支配收入低于当地城镇最低生活保障标准2倍的城镇家庭。经济发达地区可从实际出发，自行确定低收入家庭的界定标准。

1.实施“低收入农户奔小康工程”的基本目标：到2012年，力争使低收入农户(“低保”农户除外)70%以上家庭人均纯收入超过4000元；有劳动力的低收入农户至少有1人实现非农就业或从事产业化经营的特色农业；符合最低生活保障条件的低收入农户全面纳入最低生活保障，所有县(市、区)农村最低生活保障标准提高到2500元以上，基本消除绝对贫困现象；教育救助全面覆盖低收入农户，医疗救助全面覆盖家庭人均收入低于当地农村“低保”标准1.5倍的低收入农户，住房救助全面覆盖低收入农户中的困难群众，低收入农户的人均教育、医疗消费支出占生活消费支出的比重基本达到当地农村居民平均水平。

2.实施“城镇低收入家庭增收工程”的基本目标：到2012年，力争使城镇低收入家庭(“低保”家庭除外)70%以上家庭人均可支配收入超过2007年当地城镇“低保”标准的4倍；有劳动能力和就业意愿的“零就业”家庭至少有1人实现就业；教育救助全面覆盖城镇低收入家庭，医疗救助全面覆盖家庭人均可支配收入低于当地城镇“低保”标准1.5倍的城镇低收入家庭，城镇低收入家庭的人均教育、医疗消费支出占生活消费支出的比重基本达到当地城镇居民平均水平。

(三)基本原则。

一是坚持自主发展、户户行动原则。动员低收入群众发扬自力更生、艰苦奋斗精神，充分发挥主体作用和主观能动性，大力发展生产，积极就业创业，依靠自身努力提高收入和生活水平。

二是坚持分类指导、分户决策原则。根据低收入群众实际，分户确定产业发展、就业促进、下山搬迁和“五保”救助、“低保”救助、专项救助（教育、医疗、住房、灾害等救助）措施，提高帮扶的针对性、有效性。

三是坚持城乡互促、区域联动原则。继续推进工业化、城市化进程，加快公共基础设施和公共服务向农村有序延伸。扩大区域协作，促进欠发达地区与发达地区之间劳动力和资本的对流，形成区域间优势互补、共同发展的格局。

四是坚持政府主导、社会帮扶原则。充分发挥政府的主导作用，广泛动员党政机关、事业单位、各类企业、慈善组织、社会团体、爱心人士以多种形式帮扶低收入群众，全面形成先富带后富、共同奔小康的良好氛围。

二、实施“低收入群众增收行动计划”的主要内容和措施

（一）实施“低收入农户奔小康工程”的主要内容和措施。实施“低收入农户奔小康工程”，主要开展产业开发帮扶行动、培训就业帮扶行动、下山搬迁帮扶行动、基础设施建设行动、社会救助覆盖行动、区域协作促进行动、金融服务支持行动、社会援助关爱行动等八大行动。

1. 实施“产业开发帮扶行动”，拓宽低收入农户增收渠道。以“低收入农户集中村”为重点，挖掘资源和产业优势，大力扶持低收入农户发展特色种养业、来料加工业、家庭工业、“农家乐”休闲旅游业，着力发展村级集体经济，拓宽低收入农户的增收渠道。到2012年，欠发达地区特色农业生产规模明显扩大、技术水平显著提升、经营主体迅速成长，基本形成“一乡一业”、“一村一品”的专业化生产和产业化经营格局；争取50%的“低收入农户集中村”和70%的下山搬迁小区发展成为来料加工点，从事来料加工的劳动力达到100万人，收入达到40亿元，人均收入达到4000元以上；力争30%以上的下山搬迁小区发展家庭工业；有条件的欠发达乡镇和“低收入农户集中村”的“农家乐”休闲旅游业得到发展，从业农户户均年营业收入达到2万元以上；“低收入农户集中村”50%以上有集体经济收入，20%以上集体经济年可支配收入在10万元以上。

2. 实施“培训就业帮扶行动”，促进低收入农户劳动力转移就业。以实现稳定就业和发展现代农业为导向，加强对低收入农户劳动力的技能培训、就业服务和就业援助，促进低收入农户劳动力外出务工经商和外出农民返乡创业。到2012年，低收入农户劳动力普遍接受一次以上技能培训，初高中毕业后未继续升学的低收入农户子女普遍接受6个月至1年的免费职业技能培训，有劳动力的低收入农户至少有1人实现稳定就业或从事产业化经营的特色农业，有创业意愿和能力的农民基本涉足创业，带动更多的低收入农户就业。

3. 实施“下山搬迁帮扶行动”，改善低收入农户生存发展环境。以缓解区域性贫困和改善低收入农户生存发展环境为导向，以高山远山区、地质灾害危险区、重点水库库区为重点，以县城、中心镇和工业功能区（周边）为主要入迁地，完善下山搬迁五年规划，推进节地型搬迁小区建设，盘活迁出地土地资源，加强资源整合和配套服务，提高公共服务和公共设施的共享程度，促进人口布局优化和生态环境保护。2012年前，每年搬迁5万人以上，地质灾害危险区的农户基本完成搬迁。

4. 实施“基础设施建设行动”，改善低收入农户生产生活条件。扩大城市对农村的辐射带动作用，加快推进农村公路、千万农民饮用水工程、村庄整治和农村信息化建设，促进城乡间、区域间公共资源的均等配置，改善低收入农户生产生活条件。到2012年，具备建路条件的行政村公路通村率和通村公路硬化率达到100%，行政村客运通达率达到94%，城乡客运一体化率达到55%；基本普及安全卫生饮用水，欠发达地区安全卫生饮用水人口覆盖率达到95%；2万个左右行政村得到整治，每个村建成一个无害化卫生公厕；85%以上的农村家庭接入有线电视，90%以上的村开通有线广播，电话手机实现全覆盖，80%以上“低收入农户集中村”通上宽带。

5. 实施“社会救助覆盖行动”，提高低收入农户保障水平。按照基本公共服务均等化的要求，完善社会救助制度，提高救助水平，扩大最低生活保障、教育救助、医疗救助的覆盖面，加大农村“五保”对象集中供养、住房救助、灾害救助的力度，提高农村医疗服务水平，探索建立农村养老保险制度，降低低收入农户因学因病因灾返贫致贫的几率。到2012年，所有县（市、区）农村最低生活保障标准达到2500元以上，救助水平明显提高；农村和欠发达地区教学资源配置水平显著提高，低收入农户子女普遍接受免缴学费的职业高中教育；欠发达地区基本建成农村医疗卫生服务体系，低收入农户全面参加新型农村合作医疗；农村住房救助全面覆盖到低收入农户中的困难群众；农村“五保”对象集中供养成果得到巩固；新型农村养老保险和农村老年居民养老保障制度基本建立。

6. 实施“区域协作促进行动”，拓宽低收入农户发展空间。按照“互补互利”的原则，深入实施“山海协作工程”，进一步扩大发达地区和欠发达地区的经济联姻和技术、教育、卫生、人才、就业等多方面协作，促进资本与劳动力的对流和产业转移、劳务对接、异地开发。

7. 实施“金融服务支持行动”，促进低收入农户创业发展。建立健全公共财政支持下的金融服务供给机制，全面实行扶贫小额信贷制度，积极开展组建村级资金互助组织试点，大力推进农村信用担保体系建设，为欠发达地区和低收入农户发展特色农业、来料加工业、家庭工业、休闲旅游业等项目提供小额贴息贷款，确保欠发达地区农村信贷增长不低于全省平均水平。到2012年，省扶持范围内全面建立扶贫小额信贷制度，每个县（市、区）至少有5个村建立村级资金互助组织，低收入农户发展生产和开展创业的资金需求基本得到满足。逐步扩大政策性农业保险的覆盖面和品种，完善农房保险办法，努力解除低收入农户生产生活的后顾之忧。

8. 实施“社会援助关爱行动”，扩大对低收入农户的结对帮扶。充分发挥我省民营企业众多、民营经济发达的优势，通过广泛宣传和党政部门的示范带动，进一步激发企业和公民的社会责任感，建立省市县单位、发达县镇以及企业结对帮扶“低收入农户集中村”和县乡干部结对帮扶低收入农户的新机制，大力倡导社会慈善救助，全面实施“低收入农户青少年关爱行动”，进一步形成政府主导、全社会参与的扶贫格局。到2012年，争取每年为“低收入农户集中村”提供结对帮扶资金1亿元，村企结对资金5000万元，社会各界和各类基金投入扶贫事业5000万元。

（二）实施“城镇低收入家庭增收工程”的主要内容和措施。实施“城镇低收入家庭增收工程”，主要开展就业创业扶持行动、社会保障扩面行动、社会慈善关爱行动等三大行动。

1. 实施“就业创业扶持行动”，促进城镇低收入群众就业再就业。切实加强对低收入群众的就业创业技能培训和就业援助，大力创建“充分就业社区”，加快发展第三产业和社区服务业，积极支持城镇低收入家庭创业，不断提高职工最低工资标准，努力促进城镇低收入群众充分就业和稳定就业，努力消除“零就业”家庭。到2012年，帮助25万名城镇就业困难人员实现就业；全省80％以上的社区建成“充分就业社区”。

2. 实施“社会保障扩面行动”，保障城镇低收入家庭的基本生活。进一步完善最低生活保障、教育救助、医疗救助、住房救助制度和运行机制，逐步将各项社会救助覆盖到城镇低收入家庭，保障城镇低收入家庭的基本生活。到2012年，城镇低收入家庭子女普遍接受免缴学费的职业高中教育；城镇居民人人享有基本医疗保障；基本实现住房困难的城镇低收入家庭廉租住房“应保尽保”，基本满足住房困难的城镇低收入家庭购买或租赁经济适用住房。

3. 实施“社会慈善关爱行动”，扩大对城镇低收入家庭的社会援助。大力引导企业承担社会责任，不断促进社会捐助工作规范化，拓展慈善救助领域，开展对口援助、结对帮扶，推广“慈善超市”模式，充分发挥社会慈善的救助作用。发展志愿服务，城镇社区志愿者占城镇人口的8％。

三、加强对实施“低收入群众增收行动计划”的组织领导

（一）充分发挥政府的主导作用。“低收入群众增收行动计划”由县（市、区）政府为责任主体，负责抓好具体实施工作。省里主要抓好总体部署、组织协调、指导服务、检查督促、评估考核，并重点对26个欠发达县（市、区）和台州市黄岩区、金华市婺城区、兰溪市的2000个“低收入农户集中村”进行扶持。各地要抓紧制定实施方案，明确工作目标和配套政策，加大财政投入，健全管理和考核机制。为落实责任，省政府将与各市政府签订“实施低收入群众增收行动计划责任书”，再由市落实到县（市、区）、到基层。各级政府主要领导和分管领导要深入基层调研，加强指导、督促与检查，及时研究解决存在的问题。

（二）强化部门职能扶贫。各级各有关部门要根据自身职能，制定、落实扶持低收入群众增收的具体措施，整合资源和力量，形成部门全面参与、分工协作、合力帮扶的“大扶贫”格局。充分发挥农资综合直补、粮食生产补贴、水库移民生活补助、计划生育奖励扶助、减免林业“两金”、生态公益林补偿等政策的增收效应。欠发达地区要努力增加财政投入，完善对欠发达乡镇的财政包干制度，加大对集体经济薄弱村的扶持力度，确保乡镇政府和村级组织正常运行。逐步提高对欠发达县公共支出的补助标准，研究制定对欠发达乡镇实行专项财政补助的政策，完善村级运行和村干部报酬补助制度，逐步提高补助标准，使集体经济收入万元以下行政村的运行经费和干部报酬普遍得到保障。

（三）进一步完善扶贫管理。全面建立低收入农户档案和城镇低收入家庭档案，加快建设城乡扶贫信息管理系统。全面建立“一户一策一干部”的帮扶机制，落实帮扶人员，做到分类指导、分户决策、帮扶到户、责任到人。加强对扶贫项目实际执行、政策落实、资金使用和工作进展等情况的监督检查，提高扶贫资金使用效率。加强扶贫动态监测体系建设，做实扶贫统计监测工作，为扶贫工作提供准确、可靠的决策依据。加强对扶贫工作的绩效评估，坚决杜绝形式主义、弄虚作假行为，切实把帮扶措施落到实处。

（四）加强扶贫工作体系和队伍建设。充分发挥扶贫工作部门的作用，健全工作机构，完善工作体系，确保工作力量，改善工作条件。有“低收入农户集中村”的乡镇要明确专职扶贫干部。城镇街道、社区要充分发挥社会救助服务中心（所）、社会救助站（室）的作用。加强对扶贫系统干部、欠发达乡镇领导干部和“低收入农户集中村”主要干部的培训，提高其扶贫工作能力。

（五）建立健全考核激励制度。把“低收入群众增收行动计划”列入对各级年度工作目标责任制的考核内容，省里每年对各市县的实施成效进行评估，在届末对五年目标任务的完成情况进行考核，对工作努力、成效显著的市县进行表彰。加强对结对帮扶工作的考核，各级政府部门的帮扶工作列入同级政府年度工作目标考核，国有企业、事业单位的帮扶工作分别由国资委和主管部门列入年度工作目标考核。市、县（市、区）每年对“一户一策一干部”的执行情况进行评估，表彰一批先进帮扶单位和干部，激励基层干部安心、扎实工作，为增进群众利益多作贡献。

附件：浙江省“低收入群众增收行动计划”实施项目（略）

浙江省人民政府
关于印发基本公共服务均等化行动计划的通知

浙政发〔2008〕51 号

各市、县(市、区)人民政府,省政府直属各单位:

现将《基本公共服务均等化行动计划》印发给你们,请结合实际认真贯彻实施。

基本公共服务均等化行动计划是全面小康六大行动计划之一,是贯彻落实党的十七大和省第十二次党代会精神、深入实施“创业富民、创新强省”总战略、全面建设惠及全省人民小康社会的重大举措,是各级政府履行职责、推动我省经济又好又快发展和促进社会和谐稳定的重要抓手。各地、各部门一定要高度重视,建立健全组织领导和工作协调机制、目标分解和责任落实机制、进度报告和监督检查机制,确保行动计划的各项目标任务顺利完成。

二〇〇八年八月七日

基本公共服务均等化行动计划

(2008—2012)

基本公共服务均等化,是政府为保障公民基本生存权和发展权,按照“基本、平等、普遍、均衡”的要求,与经济社会发展水平相适应,为全体公民提供基本公共物品和社会服务。为加快推进我省基本公共服务均等化,特制定如下行动计划。

一、指导思想和基本原则

(一)指导思想。认真贯彻党的十七大和省第十二次党代会、省十一届人大一次会议精神,深入贯彻落实科学发展观,按照“创业富民、创新强省”总战略的要求,以扩大基本公共服务覆盖面、提高基本公共服务均等化程度为目标,着力解决人民群众最关心、最直接、最现实的利益问题,着力改善欠发达地区和广大农村的生产生活条件,着力保障社会弱势群体、困难群体的生存和发展,加快构建配置合理、功能完善、便捷高效的基本公共服务供给体系,努力实现基本公共服务覆盖城乡、区域均衡、全民共享,促进社会公平正义和人的全面发展。

(二)基本原则。

——突出重点、循序渐进。全面实现基本公共服务均等化是一个中长期目标。近期要重点满足人民群众要求最迫切的社会保障、基础教育、公共卫生、公共文化、公用设施等基本公共服务需求。随着经济社会发展,逐步提高基本公共服务水平。

——公平合理、基本均衡。坚持底线公平、机会均等,切实保障公民的基本权利,保障公民享有最基本的公共服务,保障公民平等的发展机会,着力缩小城乡之间、区域之间、群体之间的基本公共服务差距。

——量力而行、积极有为。坚持从实际出发,根据经济社会发展水平和公共财政承受能力,制定实施合理的基本公共服务均等化标准。着力优化配置公共资源,优先保障基本公共服务需求,努力提高基本公共服务的供给效率和水平。

——政府主导、社会参与。基本公共服务的供给主体和责任主体是政府。在强化政府公共服务供给的同时,充分发挥市场和社会的作用,鼓励引导各方面力量参与基本公共服务供给,形成政府主导、市场和社会充分参与的基本公共服务供给机制。

二、总体目标

扩大城乡就业、社会保险、社会救助、社会福利覆盖范围,促进城乡教育、医疗卫生、文化等事业均衡发展,加快城市公共交通、供水供电、邮政通信、污水垃圾处理等公用设施向农村延伸,通过五年的努力,建立健全多层次、全覆盖的社会保障体系,配置公平、发展均衡的社会事业体系,布局合理、城乡共享的公用设施体系,着力缩小城乡之间、区域之间、群体之间的基本公共服务差距,努力使全省人民学有所教、劳有所得、病有所医、老有所养、住有所居。

到 2012 年,努力实现以下三个方面 14 项基本目标:

(一)建立健全全覆盖、保基本、多层次、可持续的社会保障体系,切实保障人民群众的基本生活。

1. 健全就业公共服务体系,实现城乡劳动者平等就业。健全公共就业服务机构面向所有劳动者的免费服务制度和面向所有困难群体的就业援助制度,实现农村富余劳动力无障碍转移就业;确保城镇零就业家庭出现一户、帮扶一户、解决一户,农村低保家庭有劳动能力和就业愿望的人员基本实现就业;城镇登记失业率控制在 4.0%以内。

2. 深化完善社会保险体系,实现职工社会保险基本全覆盖。城镇职工基本养老、基本医疗、失业、工伤、生育保险参保人数分别达到 1500 万人、1200 万人、800 万人、1300 万人、600 万人。建立适合农民工特点的养老保险办法，积极探索多种形式的城乡居民养老保障办法。完善城乡居民“3+1”（城镇职工基本医疗保险、城镇居民基本医疗保险、新型农村合作医疗和城乡医疗救助）医疗保障制度，实现医疗保障全覆盖。

3. 多渠道解决城乡低收入家庭住房困难，实现住有所居。基本实现城镇低保标准2倍以下的城市低收入住房困难家庭廉租住房应保尽保，基本完成城市旧住宅区改造，基本满足城市低收入住房困难家庭购买或租赁经济适用住房，基本完成农村困难群众的危旧房改造，多渠道改善农民工等其他住房困难群体的居住条件。

4. 积极实施分层分类救助制度，实现社会救助制度化。城乡最低生活保障应保尽保，完善最低生活保障标准的动态增长机制和物价补贴机制；实现专项救助、临时救助应助尽助。

5. 加快构建新型社会福利体系，实现社会福利适度普惠。每个市、县（市、区）建有社会养老服务指导中心，80%以上的街道（乡镇）建立养老服务中心，城市社区和农村中心村普遍建立居家养老服务网点，城镇基本实行居家养老服务，机构养老服务人数达到老年人总数的3%以上；基本建立覆盖全省孤儿、未成年残疾人和流浪未成年人，集抚养、康复医疗、教育和救助于一体的未成年人福利服务体系；残疾人基本生活、基本康复和基本照料得到有效保障，逐步将重度残疾人纳入托（安）养服务。

（二）建立完善配置公平、发展均衡的社会事业体系，满足人民群众教育、医疗卫生、文化等基本公共需求。

6. 城乡教育公平程度不断提高。普及15年教育，等级幼儿园覆盖面达到85%以上，义务教育完成率每年不低于98%，85%以上的中小学达到建设标准，75%的中等职业学校达到省等级标准，不断完善学生资助政策；义务教育生均公用经费适当向农村倾斜；实现经济困难家庭子女平等接受义务教育，符合条件的进城务工人员子女实现就地入学。

7. 覆盖城乡的公共卫生体系和基本医疗服务体系不断健全。每个县（市、区）都建有符合国家、省标准的疾病预防控制中心和卫生监督机构；每个街道（乡镇）建有社区卫生服务中心，每个城市社区和农村中心村建有社区卫生服务站，城乡社区每千人拥有责任医生0.75名，城乡居民社区卫生服务机构门诊量占全部门诊量的比例达到45%以上；基本建立城乡居民健康档案，完善城乡社区公共卫生项目管理，常住流动人口纳入社区公共卫生服务，以县（市、区）为单位，公共卫生项目服务达标率达90%以上；完善县（市、区）、乡（镇）、村三级药品监管网络，实现药品连锁供应或直接配送；所有中心村建有连锁配送便利店，切实保障农村食品安全。

8. 城乡公共文化服务网络更趋完备。全面实现“县县建有文化馆、图书馆，乡乡建有综合文化站，85%以上的行政村建有文化活动场所”的目标；加大“万场演出进农村、百万图书送农村、万场电影下农村”（以下简称“三万工程”）实施力度；有线广播农户覆盖率达到80%，行政村有线电视网络联网率达95%以上，20户以上自然村达50%以上，农村广播电视的综合人口覆盖率提高到98%以上。

9. 全民健身服务体系进一步完善。城市社区和农村普遍建有健身路径，创建小康体育村15000个；城乡公共体育场馆设施逐步实现免费开放，社会单位体育场馆设施逐步实现对外开放，人均体育场地面积达到1.6平方米，体育人口达到45%，国民体质合格率达到88%。

10. 城乡计生服务均衡发展。切实保障城乡居民实行计划生育的基本权益，保障全体育龄群众生殖健康，计划生育家庭优扶待遇落实到位；70%的县级计生指导站、150个左右的乡镇中心服务站完成标准化建设；常住流动人口纳入基本的计划生育和生殖健康服务。

（三）加快形成布局合理、城乡共享的公用设施体系，城乡生产生活条件进一步改善。

11. 推进城乡公共交通一体化。行政村客运通村率达到94%，城乡客运一体化率达到55%。

12. 基本实现城乡供水供电一体化。解决500万农村人口饮水安全问题，改善提高270万人饮水质量，切实保障农村饮水安全；乡镇自来水普及率达95%以上，行政村达90%；农村电网建设进一步加强，建成新农村电气化县33个、乡330个、村5500个。

13. 实现城乡邮政通信一体化。每个行政村建有一个村邮站，城市和乡镇政府驻地村每户建有一个信报箱；20户以上自然村通电话能力达到100%；建立健全农村信息化综合服务平台，对10万农民开展信息技术培训，基本实现行政村“村村能上网”。

14. 基本实现城乡污水和垃圾处理一体化。80%以上的建制镇建成污水处理设施，80%左右的行政村开展农村生活污水处理；城乡卫生厕所普及率达到90%以上；城市生活垃圾无害化处理率达90%以上，农村生活垃圾集中收集行政村覆盖率达到95%以上，无害化处理率达到40%以上。

三、实施十大工程

（一）就业促进工程（责任单位：省劳动保障厅、省农办、省总工会）。

实施积极就业政策，多渠道增加就业岗位，努力实现城乡劳动力充分、平等就业。加强就业观念教育，改善创业环境，建立健全政策扶持、创业服务、创业培训“三位一体”的工作机制，促进创业带动就业。加强城乡统一规范的人力资源市场建设，加强公共就业服务机构网络建设，实现“中心城区有市场、主要乡镇有网点、街道社区有窗口”，建立省市县三级联动的就业服务信息网络。健全面向全体劳动者的职业教育培训制度，加强农村富余劳动力转移就业培训，落实被征地农民免费培训政策，对农村劳动力、外省来浙务工人员技能培训实行补贴。完善面向所有困难群众的就业援助制度，解决零就业家庭就业，支持大中专毕业生、农村富余劳动力特别是被征地农民、残疾人、农村低保对象就业。加快构建和谐的劳动关系，健全欠薪应急周转金制度，实施劳动仲裁不收费政策。

（二）社会保障工程（责任单位：省劳动保障厅、省民政厅、省教育厅、省卫生厅、省司法厅）。

加快社会保险全覆盖。全面推进“五费合征”，基本实现企业职工基本养老、基本医疗、失业、工伤、生育保险全覆盖。解决城镇集体企业部分未参保职工的基本养老保障问题，推进事业单位养老保险制度改革，探索建立城镇居民和农村养老保障制度，完善被征地农民基本生活保障制度。完善城镇居民基本医疗保险制度，参保率达到85%以上，并为参保居民免费安排两年一次的健康体检。完善新型农村合作医疗制度，参保率巩固在90%以上，建立稳定可靠、合理增长的筹资机制，为参保农民免费安排两年一次的健康体检。

完善社会救助体系。健全城乡居民最低生活保障标准与城镇职工最低工资标准联动调整机制，城镇居民最低生活保障标准达到城镇职工最低工资标准的40%，农村居民最低生活保障标准达到城镇居民最低生活保障标准的60%。加强最低生活保障动态管理，逐步提高最低救助额，以县(市、区)为单位人均救助额不低于当地城乡最低生活保障标准的50%。完善被征地农民基本生活保障制度，新增被征地农民实现“即征即保”。完善分层分类社会救助制度，对部分精简退职人员实行生活困难补助，加强临时救助，提高养老、教育、医疗、住房、法律援助等专项救助城乡统筹水平，医疗救助财政预算安排标准从人均6元提高到人均10元，低收入群体支出的医疗费用由医疗保险和医疗救助负担的比例不低于50%。完善灾害救助，抓好防灾减灾网络建设，形成长效机制，改扩建避灾工程9500个。

(三)教育公平工程(责任单位：省教育厅、省农办、省残联)。

大力推进义务教育均衡发展。全面落实以县为主的义务教育经费保障机制，2009年全面化解义务教育学校债务，逐步提高义务教育日常公用经费生均标准。继续实施中小学家庭经济困难学生资助工程，加大对家庭经济困难学生的资助力度。大力发展农村中小学远程教育，推进中小学标准化建设，继续实施中小学维修改造。

切实加强学前教育。每个乡镇都要建好中心幼儿园。加强幼儿教师队伍建设，幼儿教师持证上岗率达80%，生师比不超过15∶1。加大对农村地区和经济欠发达地区学前教育的支持力度。

鼓励发展中等职业教育。继续实施职业教育“六项行动计划”，进一步完善以“奖助学金、助学贷款、勤工俭学、特困补助、学费减免”等为内容的中等职业教育资助体系。开展预备劳动力培训，完成13万名左右未能升学的农村初、高中毕业生职业技能培训。实施城乡居民“双证制”教育，每年完成8—10万人的培训任务。

全面普及高标准的高中教育。确保高中段教育在校学生辍学率每年控制在1.5%以内。大力加强农村普通高中建设，提高办学水平。

发展特殊教育。按照“盲教育以省办为主、聋教育以市办为主、弱智教育以县办为主”的要求，统一规划、合理布局，加强特殊学校建设。完善残疾学生和残疾人家庭子女助学政策，提高残疾儿童少年入学率。

重视农村教师队伍建设。提高农村教育岗位津贴，改善农村教师待遇。实施农村中小学教师“领雁工程”，开展“百人千场”送教下乡活动，为农村中小学培育优秀教师。

(四)全民健康工程(责任单位：省卫生厅、省食品药品监管局、省质量技监局、省人口计生委)。

着力提升公共卫生服务能力。加强城乡基层疾病防控网络建设，抓好重大疾病防治，加大对艾滋病、结核病、血吸虫病等疾病患者的免费治疗力度。强化县级卫生监督机构“一达标三配套”(卫生监督机构基本达到卫生部《卫生监督机构建设指导意见》的标准，房屋建筑、交通工具、仪器与取证工具“三配套”)建设，县级卫生监督机构的人员配备率达到1名/万服务人口，全面完成规范化的基层卫生监督派出机构设置。

加强城乡社区卫生基础设施建设。新增医疗卫生资源主要用于发展城乡社区卫生事业，每个乡镇(街道)至少办好1所规范化社区卫生服务中心，每个中心按照居民出行20分钟可到达的要求或以中心村(居民区)为基础下设若干社区卫生服务站。启动实施健康面对面行动，加快建立居民数字健康档案。普及中医药服务，所有城乡社区服务中心和95%以上服务站能提供中医药服务，加快推进中医药名院、名科、名医进社区、进农村、进家庭。

加强基层卫生队伍建设。实施基本卫技人员素质提升工程，完成23600名全科医生、4800名社区护士、4800名医学检验人员、4800名医学影像技术人员、2400名心电技术人员和16000名乡村医生的全科医学知识和技能培训。完善卫生人才政策，鼓励高素质人才到基层服务。

加强基层计生服务。全面推进县级计生指导站和乡镇中心服务站的标准化建设。继续实施农村部分计划生育家庭奖励扶助制度，建立独生子女伤残死亡家庭特别扶助制度。加强优生优育服务，做好宣传教育、提高人口素质等一级预防工作。从2008年起，实行免费婚检、免费孕前优生检测。建立完善流动人口计划生育管理服务体系。

加强食品药品安全建设。加快完善农村药品监督网和供应网络，健全药品不良反应监测体系，建设90个县级不良反应监测机构，药品监督抽验覆盖面达到85%以上。强化食品、餐饮卫生监管，建立“浙江省食品质量安全百姓查询信息系统”，建立健全食品安全信息通报、风险预警和控制体系。加强对无公害农产品、绿色食品和有机食品的产地认证和质量监控。

(五)文体普及工程(责任单位：省文化厅、省体育局、省教育厅、团省委、省广电局、省残联)。

加快文化基础设施建设。全省所有县(市、区)文化馆和图书馆面积均达1500平方米以上，乡镇综合文化站面积达500平方米以上，每年补助1000个村文化活动室建设。加强青少年校外活动场所建设，全面推进国有博物馆等公益性文化场馆向全民免费开放。

加大文化下乡“三万工程”实施力度。继续实施“三万工程”，实施“文化低保工程”、“广电低保工程”，加大对欠发达地区、贫困山区、革命老区和特殊群体文化的扶持力度。实施“农村文化活动繁荣工程”，扶持农民自办文化，组织农民文艺骨干培训，努力丰富广大农民的精神文化生活。

实施“文化信息资源共享工程”。充分利用有线广播电视网络，依托农村党员干部现代远程教育、数字电视和中小学远程教育等网络系统，建成基本覆盖城乡的数字文化服务体系，实现县、乡、村三级基层文化服务网络全覆盖。

加快发展全民健身和群众体育。建设省级全民健身活动中心(基地)5—10个。加强农村基层体育设施建设，推进小康体育村建设，5年建设村级体育俱乐部1000个。推进公共体育设施向全民开放，不断提高体育人口数量。积极实施学生阳光体育工程，建设省级青少年体育俱乐部500个。积极培育体育社团组织，广泛开展群众性体育健身活动。加强国民体质监测站建设，新建省级国民体质监测与健身指导中心30个，镇(乡)国民体质监测站500个。新建省级残疾人体育训练中心1个。

(六)社会福利工程(责任单位：省民政厅、省残联、省劳动保障厅、省卫生厅)。

发展老年人福利事业。巩固农村五保和城镇“三无”人员集中供养工作成果。鼓励引导社会力量兴办养老福利设施，综合社会福利机构床位数年均增长10%，各类养老服务机构床位数达到25万张。落实优待老年人各项规定，全面推进居家养老服务体系建设，力争5年建成102个省、市、县(市、区)社会养老服务指导中心、1500个乡镇(街道)养老服务中心、18000个城乡社区居家养老服务网点。

加强未成年人、流浪人员、精神病人等福利机构建设。确保11个设区市都建有1所综合性儿童福利机构、流浪儿童救助保护中心和精神病人康复医院，每个县、市和有条件的区都建有1所救助管理站。

深入实施残疾人共享小康工程。完善残疾人扶助政策体系和康复服务体系，着力解决残疾人康复、教育、劳动就业、社会保障等问题，城镇非从业残疾人参加城镇居民基本医疗保险比例达90%以上，农村残疾人参加新型农村合作医疗比例达95%以上。重点实施残疾人基本生活保障工程、残疾人康复工程和重度残疾人托(安)养工程，努力缩小残疾人生活水平与社会平均水平的差距。

积极发展慈善事业。推进各县(市、区)全面建立慈善机构，加快乡镇(街道)、社区建立慈善工作服务站点，进一步健全覆盖城乡的慈善工作网络。

(七)社区服务工程(责任单位：省民政厅、省劳动保障厅、省经贸委、省信息产业厅、省残联、省金融办)。

加强城乡社区建设。建设210个街道社区服务中心、1628个城市社区服务站，实现每个街道有1个服务中心，每个社区有1个服务站。建设1203个乡镇社区服务中心，新建、改建、扩建农村社区服务中心15000个，确保开展农村社区建设的村都有1个社区服务中心。50%以上的小城镇和农村实行社区化管理服务。

大力发展社区服务。加强养老、医疗、劳动保障和社会救助等社区服务机构建设，开展社区养老、救助、助残等服务，积极创建充分就业社区。培育发展社区志愿者协会、社区民间养老组织等公益性民间组织，开展社区非营利性服务。提升社区服务信息化水平，完善社区公共服务信息网络。

继续推进“千镇连锁超市”和“万村放心店”建设。以镇(乡)和村(社区)为主要载体，新增开设连锁便利店的行政村5000个，健全农村流通服务体系。

加快农村信息化建设。加强“浙江农民信箱”等农村科技信息网络建设，健全农村科技服务体系。强化农村信息化综合服务平台建设，整合开发各类涉农信息资源，解决农村信息“最后一公里”问题。

加强农村金融服务体系建设。优化乡镇和农村社区的金融服务网点设置，创新适合农村特点的金融产品，为农业、农村和农民提供良好的金融服务。

(八)惠民安居工程(责任单位：省建设厅、省发改委、省民政厅、省国土资源厅、省农办)。

完善城镇住房保障制度。扩大廉租住房覆盖面和受益面，健全廉租住房保障动态管理机制，新建廉租住房50万平方米。完善经济适用房制度，建设经济适用房1200万平方米，基本满足城镇居民人均可支配收入60%以下低收入住房困难家庭购买或租赁经济适用房的需求。

实施“强塘固房”工程，改善农村住房条件。基本完成沿海易受台风灾害影响地区、地质灾害易发地区危旧房和农村困难家庭危旧房加固改造，基本消除既有危旧房的结构安全隐患；基本完成地质灾害严重隐患区域农户搬迁或工程治理；基本完成农村避灾安置场所建设；基本建立与群众需要和发展水平相适应的农房救助体系，到2010年完成农村低保标准120%以下困难家庭危旧房改造，到2012年力争完成农村低保标准150%以下困难家庭危旧房改造；基本建立政策性农村住房保险、避灾转移安置和灾后重建扶助“三位一体”的农房防灾减灾保障体系；基本建立比较完善的农房规划建设管理体系。

(九)公用设施工程(责任单位：省交通厅、省建设厅、省水利厅、省农办、省广电局、省通信管理局、省信息产业厅、省卫生厅、省电力公司)。

加快城市公共交通向农村延伸。推进以农村公路建设为重点的农村交通设施建设，建设农村通村公路10000公里，建立新型农村公路管理养护体制和运行机制。推进城乡公交一体化，新建300个农村乡镇客运站、12000个港湾式停靠站。

加快城市供水供电等设施向农村延伸。实施“千万农民饮用水”等工程，改善提高农村居民饮水质量。加快城乡供水一体化建设，到2012年新增城市供水覆盖农村人口400万。加快35千伏及以下农网建设与改造，确保电力“受得进、供得出”。

加快城市广电和通信网络向农村延伸。加快农村广播电视基础设施建设，全面实施广播电视“村村通”、有线广播“村村响”和广播电视节目无线覆盖工程。继续推进通信网络基础设施向农村延伸，加快实施自然村通电话工程，大力推进行政村“村村能上网”工程。

加快污水处理等设施向农村延伸。结合实施“千村示范、万村整治”工程，扎实推进农村污水、垃圾处理等基础设施建设。到2012年，全省80%以上的建制镇建成污水处理设施，完成8500个村庄生活垃圾资源化、无害化示范工程建设。实施“农村改厕行动”，每个村至少建1个无害化卫生厕所，着力提高农户无害化卫生厕所普及率。

（十）民工关爱工程（责任单位：省劳动保障厅、省教育厅、省建设厅、省总工会）。

加强农民工权益保障。完善和落实保障农民工权益的各项政策，推进农村劳动力无障碍就业、城乡企业无差别用工。建立健全农民工工资支付保障制度，建立解决农民工欠薪问题的责任制度。严格执行劳动合同法，提高企业劳动合同签订率。

着力解决农民工社会保障问题。扩大农民工社会保险覆盖面，建立适合农民工特点的养老保险办法，加快解决农民工参保的流动性障碍问题。

加强和改善农民工子女教育。把符合条件的农民工子女纳入义务教育经费保障范围，免除借读费等费用，确保他们享有当地户籍居民子女同等受教育机会。积极鼓励和接纳农民工子女接受中等职业教育。

多渠道改善农民工居住条件。推动企业依法建立住房公积金制度，逐步将农民工纳入覆盖范围。落实相关政策，推进农民工公寓建设，着力改善外来务工人员居住条件。

四、完善保障措施

（一）明确工作责任。进一步明确工作职责，分解落实工作任务，逐年制订年度工作计划，形成一级抓一级、层层抓落实的工作机制。省级有关部门着重抓好政策制定、公共财政制度完善、督查考核和相关指导服务工作，并根据本行动计划，制定实施本部门的五年实施方案和年度工作计划。各市、县（市、区）政府是行动计划的实施主体和责任主体，要切实做好任务和项目的具体落实工作。

（二）深化体制改革。深化行政管理体制改革，增强政府履行社会管理和公共服务的能力。创新公共服务供给机制，积极推行政府购买公共服务等方式，引导企业和社会力量参与基本公共服务供给。深化事业单位改革，加大监督管理和公益类事业单位的公共预算投入，强化绩效监管。深化教育、卫生、文化等社会体制改革，促进城乡社会事业发展。深化统筹城乡的体制改革，加快建立以工促农、以城带乡的长效机制。深入实施“山海协作”等工程，加快建立区域协调互动发展机制。

（三）强化财政保障。围绕推进基本公共服务均等化，健全公共财政体制。深化预算制度改革，进一步强化“收入一个笼子、预算一个盘子、支出一个口子”的预算管理制度，着力优化财政支出结构，完善预算支出标准体系，扩大民生领域覆盖范围，确保各级财政新增财力三分之二以上用于社会事业和民生改善。加快形成统一、规范、透明的财政转移支付制度，提高一般性转移支付规模和比例，加大对欠发达地区的转移支付力度。完善各级政府的事权财权划分，形成合理的分级保障机制。深化公共财政体制改革，努力增强基层政府提供公共服务的财政能力。着力健全资源有偿使用制度，加大生态环境补偿力度。完善财政资金绩效评价制度，进一步提高财政资金使用效率。

（四）加强政策引导。加快完善基本公共服务政策体系。编制并发布实施基本公共服务均等化相关规划，确立基本公共服务的范围、标准以及与之相适应的一系列制度安排。制定和完善促进基本公共服务均等化的就业、社保、教育、卫生等一系列配套政策，强化政策之间的协调整合。制定和完善基本公共服务领域的地方性法规、规章，强化基本公共服务均等化的法治保障。

（五）加强考核监督。强化组织领导，建立工作协调和责任落实机制。建立健全基本公共服务均等化的考核评估体系及相应的激励约束机制，强化对各级政府和政府各部门的公共服务行政问责。根据公共资源的投入产出情况，研究制定基本公共服务均等化评价指标体系，做好绩效评估工作。有计划地开展督查评估，将基本公共服务均等化行动计划的实施情况纳入政府部门年度目标责任制考核，纳入市县政府领导班子和领导干部政绩考评体系。

附件：1. “基本公共服务均等化行动计划”十大工程实施项目计划（2008—2012）（略）

2. “基本公共服务均等化行动计划”2008年主要工作任务（略）

浙江省人民政府
关于做好就业工作促进社会和谐的实施意见

浙政发〔2008〕59号

为认真贯彻落实党的十七大和省第十二次党代会精神，进一步做好就业工作，促进社会和谐，根据《中华人民共和国就业促进法》、《国务院关于做好促进就业工作的通知》（国发〔2008〕5号）、《中共浙江省委关于全面改善民生促进社会和谐的决定》（浙委〔2008〕38号）精神，结合我省实际，现提出如下实施意见，请各级政府各有关部门认真贯彻执行。

一、强化政府责任，确立就业工作优先地位

（一）进一步统一思想认识，强化政府促进就业责任。就业是民生之本。实施扩大就业的发展战略，促进以创业带动就业，是贯彻落实科学发展观、深入实施“创业富民、创新强省”总战略的重要方面，是加快推进以改善民生为重点的社会建设、构建和谐社会、全面建设小康社会的必然要求。各级政府各有关部门要按照就业促进法、劳动合同法等法律法规规定和党中央、国务院的一系列决策部署，进一步统一思想，提高认识，认真履行政府促进就业、扩大就业的重要职责，通过发展经济和调整产业结构、规范人力资源市场、完善就业服务、加强职业教育和培训、提供就业援助等措施，创造就业条件，拓宽就业渠道，保持就业局势稳定，促进经济发展与扩大就业相协调。

（二）统筹协调就业政策，促进社会就业更加充分。各级政府要把扩大就业作为经济社会发展的重要目标，纳入国民经济和社会发展规划，并制定促进就业的中长期和年度工作计划，统筹协调各项政策措施，努力实现社会就业更加充分的目标。要进一步优化产业结构，鼓励发展劳动密集型产业，大力发展服务业，扶持发展中小企业，充分发挥民营企业在吸纳劳动力就业方面的积极作用，多渠道、多方式增加就业岗位。要积极制订实施有利于促进就业的产业政策，鼓励支持优先发展就业容量大、就业质量高的产业。

（三）优化创业环境，促进创业带动就业。以创业带动就业是新时期扩大就业的主攻方向。各地要进一步完善支持自主创业、自谋职业的政策体系，建立健全政策扶持、创业培训、创业服务三位一体的工作机制，重点把鼓励创业促进就业的小额担保贷款、职业培训补贴、职业技能鉴定补贴、贷款贴息补贴等各项优惠扶持政策扩大到城乡所有创业人员，对吸纳困难人员就业的企业，按规定给予社会保险补贴。要进一步整合面向不同群体的创业就业政策资源，简化程序，规范操作，提高效率，从市场准入、企业设立、投融资等各方面对创业主体予以支持，大力营造鼓励自主创业的社会环境，鼓励和引导有创业愿望的劳动者成为创业者，不断创造更多的就业岗位，实现创业富民、就业惠民。

（四）积极做好高校毕业生就业工作，促进新增劳动力充分就业。进一步加强对高校毕业生的公共就业服务，承担公共就业服务的各类就业服务机构、人才交流服务机构、高校毕业生就业指导服务机构应积极为高校毕业生搭建公益性就业服务平台，提供免费的政策咨询、职业指导、求职推荐、人才招聘、人事劳动保障代理等多种服务。支持和鼓励企业建立高校毕业生就业见习基地，广泛开展技能培训和就业见习，提高高校毕业生实践能力和就业能力，引导高校毕业生面向基层就业和创业，积极吸纳高校毕业生在城乡社区管理服务等新兴社会工作岗位就业。各级公务员主管部门要按照公开、平等、择优的原则，加大高校毕业生录用公务员力度，基层公安、司法、工商、税务、质量技监等执法部门录用公务员，应向高校毕业生倾斜，以优化基层干部队伍年龄结构，提高干部队伍素质。大力推进创业教育，提高大学生创业能力，实施小额免担保贷款、税费减免等优惠政策，鼓励高校毕业生自主创业，促进高校毕业生充分就业。与此同时，进一步拓宽就业渠道，统筹做好城镇新增劳动力就业、农村富余劳动力转移就业、失业人员再就业以及退役军人就业和创业工作，努力使有就业愿望的劳动者实现就业再就业。

（五）改进和加强失业调控，确保就业局势稳定。各级政府在安排政府投资和确定重大建设项目时，应充分考虑就业贡献率，优先支持就业吸纳能力强的项目建设和行业发展，充分发挥政府投资和重大建设项目带动就业的作用，积极增加就业岗位。建立健全失业预警制度，对因国际国内形势发生重大变化而可能出现的较大规模的失业情况，要及时主动实施失业预防、调节和控制，保持就业局势稳定。进一步健全和完善失业保险制度，依法确保失业人员的基本生活。

（六）健全就业工作目标责任制度，确保各项工作落到实处。各级政府各有关部门要把城镇新增就业人数、控制失业率、落实就业政策、强化就业服务、加大就业资金投入和帮助困难群体就业作为就业工作的主要目标任务，逐级分解落实到基层政府和有关单位，建立健全目标责任考核体系。县级以上政府要对有关部门和下一级政府进行考核和监督，并将考核结果作为衡量政府政绩的重要指标。各级政府和有关部门对在促进就业工作中作出显著成绩的单位和个人，依法给予表彰和奖励。

二、实施积极就业政策，进一步完善政策支持体系

（七）妥善处理现行政策与法律规定的衔接问题。在总结现行政策实施和操作实践经验的基础上，按照就业促进法、劳动合同法和国务院有关文件精神，结合我省实际，进一步完善和规范相关政策，明确政策支持对象和内容，完善操作办法，切实解决政策实施过程中出现的难点问题，促进各项政策规范化、长效化，提高政策实施效果。

（八）继续实施各项优惠扶持政策。《浙江省人民政府关于进一步做好就业再就业工作的实施意见》（浙政发〔2006〕16号）、《浙江省人民政府关于进一步完善就业政策促进困难人员就业再就业的通知》（浙政发〔2007〕21号）规定的各项优惠政策继续有效，审批截止日期为2008年底，扶持期限最长不超过3年。2009年以后，各类就业援助对象的税收优惠政策，按国家有关规定执行。登记失业人员和残疾人从事个体经营的，按规定免收属于管理类、登记类和证照类的各项行政事业性收费，扶持期限最长不超过3年。

（九）完善小额担保贷款政策。各地可根据实际情况适当提高小额担保贷款额度，扩大贷款范围。经办银行可将小额担保贷款利率在人民银行公布的贷款基准利率的基础上上浮3个百分点，省级财政给予适当贴息补助。通过信用社区建设等办法，降低反担保门槛或取消反担保。进一步加大对符合条件的劳动密集型小企业的贷款贴息支持力度，鼓励利用小额贷款担保基金为劳动密集型小企业提供贷款担保服务。具体实施办法由人行杭州中心支行会同省财政厅、省劳动保障厅另行制定。

（十）健全促进就业的资金保障机制。各级政府要按照建立和完善公共财政体制的要求，实行有利于促进就业的财政政策，继续加大资金投入，不断改善就业环境。要根据本地区就业状况和就业工作目标，每年在财政预算中安排就业专项资金用于促进就业工作。省级财政安排的促进就业资金，除保证省本级就业工作经费所需外，主要通过专项转移支付对市县给予适当补助。就业专项资金实行统筹安排，专款专用。要切实加强对资金拨付的审核、审批和支付管理，建立健全资金运行全过程的内控制度。要结合就业再就业工作实绩，进行资金使用动态绩效评估，并将评估结果与次年的资金安排相挂钩，以强化激励及约束机制。具体资金管理办法由省财政厅会同省劳动保障厅另行制定。

三、加强就业服务和管理，强化职业技能培训

（十一）完善就业服务体系。各地要依据就业促进法有关规定，培育和完善统一开放、竞争有序的人力资源市场，为求职者和用人单位提供高效便捷的服务。县级以上政府要加强人力资源市场信息网络及相关设施建设，建立健全人力资源市场信息服务体系，完善市场信息发布制度。加强对职业中介机构的管理，提高服务质量。对成功介绍登记失业人员就业的各类职业中介机构，按规定给予职业介绍补贴。

（十二）强化公共就业服务。按照基本公共服务均等化行动计划的要求，加快推进人力资源市场建设。县级以上政府要建立健全公共就业服务体系，明确公共就业服务机构的服务职责和范围，合理确定各级公共就业服务机构的人员编制，加强公共就业服务能力建设，将公共就业服务经费纳入同级财政预算，保障其向劳动者提供免费的就业服务。要按照“中心城区有市场、主要乡镇有网点、街道社区有窗口”的目标，制定实施全省公共就业服务机构服务场所建设规划，通过3年的努力，在全省全面建立资源共享、城乡统一的人力资源市场体系。公共就业服务场所建设统一纳入城乡规划，在用地、资金等方面予以优先保障。

（十三）建立健全就业登记和失业登记制度。在保证现行再就业优惠证持证人员享有优惠政策不变的基础上，从2009年1月1日起，在全省范围内实行统一的就业失业登记证（以下简称登记证）。各地公共就业服务机构负责为劳动者免费办理、发放登记证，做好相应的登记、统计工作，并注明可享受的相应扶持政策。登记失业人员凭登记证在省内享受公共就业服务和就业扶持政策，对就业困难人员在登记证上予以注明。在法定劳动年龄内，有劳动能力、有就业要求、处于无业状态的城镇常住人员，可到公共就业服务机构进行失业登记。其中，没有就业经历的城镇户籍人员，在户籍所在地登记；农村进城务工人员和其他非本地户籍人员在常住地稳定就业满6个月的，失业后可以在常住地登记。就业登记、失业登记的具体程序和登记证的样式，由省劳动保障厅另行制定。各级劳动保障部门要切实加强对登记证发放和使用的管理。

（十四）强化职业技能培训。鼓励支持各类职业院校、职业技能培训机构和用人单位依法开展就业前培训、在职培训、再就业培训和创业培训，特别是要进一步加大创业培训力度。鼓励劳动者参加各种形式的培训，对失业人员和进城务工农村劳动者参加职业技能培训的，按规定给予培训补贴；对其中通过初次职业技能鉴定，取得职业资格证书的，给予一次性职业技能鉴定补贴。对职工参加紧缺职业（工种）提高技能层次培训的，各地政府应给予适当的补贴。完善劳动预备制度，对有就业要求和培训愿望的初高中毕业生实行3个月以上、12个月以内的预备制培训，使其取得相应的职业资格或者掌握一定的职业技能。各地要根据培训、鉴定的实际需求，合理确定补贴标准，不断完善培训补贴与培训质量、促进就业效果挂钩机制，提高劳动者参加培训和各类职业教育培训机构提供培训的积极性。

四、完善就业援助制度，切实解决城镇零就业家庭和农村低保人员的就业问题

（十五）加大对困难人员的就业帮扶力度。要结合实施低收入群众增收行动计划，进一步拓展就业援助对象范围，在继续做好“4050”、城镇零就业家庭、城乡低保户等就业困难人员就业援助工作的基础上，将就业困难人员对象范围扩大到长期失业人员、低保边缘户人员、需赡养患有重大疾病直系亲属的人员和农村复转军人及被征地农民中的就业困难人员。对各类企业招用就业困难人员、签订劳动合同并缴纳社会保险费的，在相应期限内给予基本养老保险、基本医疗保险和失业保险补贴；各地政府投资开发的公益性岗位，要优先安排符合岗位要求的就业困难人员，并视其缴纳社会保险费的情况，在相应期限内给予基本养老保险、基本医疗保险、失业保险补贴以及适当的岗位补贴；对就业困难人员灵活就业后申报就业并缴纳社会保险费的，给予一定数额的社会保险补贴。社会保险补贴和岗位补贴期限，除对距法定退休年龄不足5年的人员可延长至退休外，其他人员最长不超过3年。各地应当制定专门的就业援助计划，对就业援助对象实施优先扶持和重点帮助，逐步实现对辖区内就业困难人员的就业托底安置。

（十六）大力开发社区公益性就业岗位。充分发挥街道（乡镇）、社区公共就业服务机构和辖区内共建单位的作用，通过兴办服务实体、创建再就业基地、提供空岗信息等多种方式，实现就业困难人员就业再就业。在大力开发“三保”（保洁、保绿、保安）等社区公益性岗位的基础上，进一步开发“三托”（托老、托幼、托护）、“三服”（家政服务、配送服务、保健服务）和“三管”（物业管理、车辆管理、公共管理）等岗位，就近就地安置就业困难人员。

（十七）切实加强对城镇零就业家庭的就业援助。各地要依托街道、社区公共就业服务机构进一步完善零就业家庭申报认定制度，规范审核认定程序，建立专门台账，及时接受零就业家庭的就业援助申请。深化充分就业社区创建活动和就业项目经理人制度等就业服务新模式，为就业对象提供个性化服务。建立动态管理、动态援助的长效工作机制，做到零就业家庭出现一户、发现一户、帮扶一户、消除一户，确保城市有就业需求的家庭至少有一人就业。

（十八）加大农村低保家庭劳动力就业扶持力度。针对农村低保家庭劳动力的就业特点，结合新农村建设和当地实际，通过多渠道开发公益性就业岗位、鼓励企业优先招用和扶持农产品加工、来料加工以及种养殖基地发展等措施，更多地吸纳农村低保家庭劳动力就业。认真贯彻落实省政府关于扶持农村低保家庭劳动力就业的各项政策措施，通过提供培训和岗位补贴、加强就业服务等措施，加大对农村低保家庭劳动力就业扶持力度。

（十九）进一步做好被征地农村劳动力就业工作。加大扶持力度，确保省政府各项政策落到实处，促进被征地农村劳动力就业。被征地农民的有关就业促进费用，从国有土地使用权出让收入中解决。

五、加强组织领导，切实做好就业促进法贯彻实施工作

（二十）建立健全促进就业工作协调机制。各级政府要进一步加强对促进就业工作的组织领导，建立健全促进就业工作协调机制，充分发挥就业工作联席会议制度的作用，强化统一领导、分工协作的工作机制，统筹做好本地区促进就业工作。联席会议各成员单位要按照各自职责分工，切实履行职能，加强协调配合，及时交流情况、解决问题，共同做好就业再就业工作。

（二十一）切实加强宣传培训和督促检查。各地要充分利用各种新闻媒体，深入做好就业宣传工作，大力宣传国家促进就业的法律法规和政策，宣传党委、政府关于促进就业的决策部署，宣传劳动者转变就业观念、自主创业、自谋职业和用人单位承担社会责任、促进就业再就业的先进典型。要进一步加强促进就业的法律知识培训，不断提高各级政府和政府工作人员依法促进就业的能力和水平。要切实加强对就业促进法实施和相关政策落实情况的督促检查，采取有效措施，确保各项法规政策落实到位。

（二十二）促进失业保险、社会救助与促进就业的有机结合。进一步发挥失业保险制度促进就业、稳定就业的功能，依法扩大失业保险覆盖范围。有条件的地区可在认真分析失业保险基金收支、结余状况，统筹考虑地方财政就业再就业资金安排的前提下，根据全省统一部署和政策规定，结合本地实际，进行适当扩大失业保险享受对象和支出范围的试点。省劳动保障厅要会同有关部门就此制订相应的政策意见。进一步完善失业保险和社会救助制度，形成促进就业的政策导向和激励约束机制。

（二十三）各地要结合实际，抓紧研究制定贯彻本实施意见的具体办法，确保促进就业各项政策落到实处。

二〇〇八年十月六日

浙江省人民政府
关于进一步加强和改进进城务工人员子女教育工作的意见

浙政发〔2008〕69号

为切实贯彻《中共浙江省委关于全面改善民生促进社会和谐的决定》，进一步加强和改进我省进城务工人员子女教育工作，促进教育科学和谐发展，现就加强和改进进城务工人员子女接受义务教育和中等职业教育工作，提出如下意见。

一、进一步提高认识，切实增强对做好进城务工人员子女教育工作的责任感

（一）解决好进城务工人员子女教育问题是实现教育公平的基本要求，是推进城市化建设的迫切需要，是构建和谐社会的重要内容。各级政府和各有关部门要进一步提高认识，增强做好进城务工人员子女教育工作的责任感和使命感。要以积极的态度，统一领导，统筹规划，加大投入，落实责任，统筹解决好进城务工人员子女的教育问题。

（二）在我省流入地接受义务教育须符合以下条件：进城务工人员子女户籍所在地无监护条件，其父母或其他法定监护人已持有我省流入地（县级）普通人员居住证，或具有领取普通人员居住证条件（取得暂住证或临时居住证1年以上，有相对固定住所和稳定职业，按规定缴满基本养老保险年限，领取暂住证或临时居住证后无行政拘留以上处罚、违法生育等记录），并能提供与居住证申领条件相关的证明材料需在流入地就学的进城务工人员直系子女。

二、进一步采取措施，切实保障进城务工人员子女平等接受教育的权利

（三）科学规划进城务工人员子女入学工作。按照“以流入地政府为主、以公办学校为主”的原则，将解决进城务工人员子女入学等工作全面纳入当地经济社会发展规划。各级政府要充分考虑当地人口增减、城市发展、产业升级和今后进城务工人员流动趋势等，科学预测今后一段时期进城务工人员子女入学人数，以常住人口作为主要依据，编制中小学校布局和建设规划，合理配置教育资源，满足符合条件的进城务工人员子女入学的基本需要。

（四）切实安排好进城务工人员子女入学。流入地政府要按照“就近入学、统筹安排”的要求，做好符合条件的进城务工人员子女就学工作。进城务工人员子女统一到居住地就近学校报名，在就近学校学额有空余的情况下予以安排入学；就近学校没有空余学额的，由当地教育行政部门结合校网布局和生源的实际情况，统筹安排到其他学校就学。所有公办中小学都有接纳符合条件的进城务工人员子女入学的责任和义务，在学额有空余的情况下，任何学校都不得拒收符合条件的进城务工人员子女入学。

公办学校要充分挖掘潜力，尽可能多地接受进城务工人员子女就学。凡在居住地就近学校学习或经当地教育行政部门统筹安排进入其他学校就学的符合条件的义务教育阶段进城务工人员子女，与当地学生一样享受省统一规定的免费政策；符合条件的家庭经济困难学生应纳入政府资助范围。鼓励机关团体、企事业单位和公民个人捐款捐物，资助家庭经济困难的进城务工人员子女就学。

三、进一步健全制度，形成保障进城务工人员子女平等接受教育的长效机制

（五）进一步健全义务教育证书制度。根据《浙江省义务教育阶段学生学籍管理办法（试行）》的规定，《义务教育登记卡》是省内学生流动、转学的必备材料。各地要按照1990年12月省教委颁发的《浙江省义务教育证书制度（试行）》的规定，做好进城务工人员子女“义务教育登记卡”登记管理工作。凡本省户籍的一年级新生（简称“新一”）均由户籍所在地学校建卡，户籍所在地县级教育行政部门审核盖章。在户籍所在地未入过学的进城务工人员子女由户籍所在地县级教育行政部门建卡。学生在省内流动的，登记卡由流入地就读学校保管并做好每年登记工作，做到卡随人走。要及时做好浙江省中小学和幼儿园学生电子学籍系统的登记、变动等信息记录工作。

（六）鼓励和吸引进城务工人员子女特别是外省来浙务工人员子女就读中等职业学校（含职业高中和技校）。凡具有初中毕业以上学历或同等学历的，不受户籍限制，均可报读我省中等职业学校。各地要认真做好外省来浙务工人员子女的学习需求调查，将有意接受中等职业教育的进城务工人员子女统一纳入当地中职招生计划。在校学习期间，外省来浙务工人员子女按照国家、省有关文件规定，享受国家助学金和政府奖学金。

（七）建立进城务工人员适龄子女的调查和登记制度。各级公安部门要重视、加强进城务工人员子女的登记工作，并将相关数据通报同级教育行政部门。各级教育行政部门要根据进城务工人员子女的实际情况及时制订方案，确保进城务工人员子女按时入学。省教育厅要将进城务工人员子女接受教育情况纳入教育事业统计年报，并不断完善。各级教育行政部门要开展统计分析，及时掌握省外分省、省内分市县（市、区）的进城务工人员子女区域分布变动情况，切实加强对进城务工人员子女的动态管理。

四、进一步落实政策，加大对进城务工人员子女教育的支持力度

（八）加大对进城务工人员子女教育的投入。省设立进城务工人员子女教育专项资金，支持接纳进城务工人员子女就学较多的地区改善学校办学条件，提高教育质量。各级政府要将进城务工人员子女教育经费纳入财政预算统筹考虑，按照中小学布局与建设规划落实学校建设资金和建设用地，确保学校建设进度，满足进城务工人员子女入学的需要。要按学校实际在校生数（包括进城务工人员子女学生）和拨款定额安排公用经费，确保学校正常运转，同步落实符合条件的经济困难进城务工人员子女的各项资助经费。人事编制部门要根据进城务工人员子女流入情况，合理核定学校的教职工编制数，确保学校教学工作的正常开展。

（九）积极鼓励社会各界以多种形式依法举办非营利性的，符合基本办学要求的进城务工人员子女学校。在以公办学校为主的基础上，积极鼓励社会力量利用非财政性资金举办民办进城务工人员子女学校。要加大对符合基本办学条件的民办进城务工人员子女学校的扶持力度，各地要在经费、设备和师资等方面给予支持。对管理规范、质量较高的民办进城务工人员子女学校应予以奖励。

（十）加强进城务工人员子女学校师资队伍建设。各级教育行政部门要加强进城务工人员子女学校教师的管理，严格进城务工人员子女学校校长和教师准入资格，把好教师入口关。要加强对进城务工人员子女学校教师的培养与培训，使他们在师资培训、教研活动、职称评定、评优评先等方面与当地公办教师享有同等待遇。建立公办学校教师到民办进城务工人员子女学校任职或支教制度。各级政府要切实关心民办进城务工人员子女学校教师，确保教师的基本生活条件。

五、进一步加强管理，逐步形成促进进城务工人员子女健康成长的良好环境

（十一）加强对进城务工人员子女的教育和管理。对进城务工人员子女学籍实行动态化管理，进城务工人员子女在评优评先、入队入团、课外活动等方面，与当地学生一视同仁。要有针对性地采取教学帮扶措施，主动关心帮助进城务工人员子女克服各种心理和学习障碍，使他们融入集体、健康成长。学校要通过举办家长学校等形式，加强与家长的沟通，不断提高家庭教育水平。

（十二）加强对民办进城务工人员子女学校的管理和指导。要将进城务工人员子女学校纳入规范化统一管理，严格民办进城务工人员子女学校的准入条件，规范审批，改进管理，确保进城务工人员子女有一个健康、安全、完备的教育环境和条件。要通过政策扶持、教学帮扶等途径，督促指导进城务工人员子女学校不断提高教育教学质量。

（十三）加快改善民办进城务工人员子女学校办学条件。对达不到基本办学标准的学校，各地要及时妥善予以处置。对未经当地教育行政部门批准、非法举办的进城务工人员子女学校，由各级政府牵头，协调公安、教育、安全监管、卫生等有关部门予以取缔。要强化对进城务工人员子女学校的安全监管，经常性地进行检查指导，重点排查校舍、食品卫生和学生接送车等方面可能存在的安全隐患，逐一落实整改措施，确保师生平安。

《浙江省人民政府办公厅关于进一步做好流动儿童少年义务教育工作的意见》（浙政办发〔2004〕109号）同时废止。

二〇〇八年十一月二日

浙江省人民政府关于调整用人单位基本养老保险费缴费比例有关工作的通知

浙政发〔2008〕70 号

各市、县(市、区)人民政府,省政府直属各单位:

近些年来,全省各地积极推行基本养老保险费、基本医疗保险费、失业保险费、工伤保险费、生育保险费统一征收(以下简称五费合征),社会保险覆盖面持续扩大,社会保险费收入持续增长,基金支付能力稳步提高,社会保险工作取得明显成效。但是,也存在名义缴费比例虚高、企业负担不均衡、征管机制不够健全等问题,亟需进一步调整、规范和完善。为优化企业发展环境,均衡用人单位社会保险负担,保障职工社会保险权益,根据《浙江省职工基本养老保险条例》等有关法规和文件规定,现就调整用人单位基本养老保险费缴费比例等有关工作通知如下:

一、分类推进调整用人单位基本养老保险费缴费比例

从 2008 年起,逐步将全省用人单位基本养老保险费缴费比例统一到 12—16%区间内,城镇个体工商户和城镇灵活就业人员的缴费比例仍统一按 20%执行。同时,积极推进"低门槛准入、低标准享受"养老保险办法(以下简称"双低"办法)与统一制度的并轨。统筹地区用人单位基本养老保险费缴费比例调整后,"双低"办法缴费比例与统一制度缴费比例相接近的,要积极创造条件适时实行并轨;"双低"办法缴费比例与统一制度缴费比例仍有较大差距的,允许在一定时期内继续执行"双低"办法,待条件成熟时再并轨。

坚持分类指导,梯度推进各地用人单位基本养老保险费缴费比例调整工作。按照有关规定做实个人账户后,基本养老保险基金支付能力在 24(含)个月以上的统筹地区,可逐步下调缴费比例,最低不低于 12%;基金支付能力在 12(含)—23 个月之间的,可将缴费比例调整到 12—16%之间;基金支付能力不强的统筹地区,要采取综合性措施,在确保基金支付能力不低于 6 个月的前提下,逐步将缴费比例调整到 16%;基金支付困难的统筹地区,要结合当地实际制定具体工作方案,进一步强化社会保险费征缴,多方筹措社会保险资金,积极创造条件,逐步降低缴费比例。

各地要通过扩大基本养老保险覆盖面,依法加强养老保险费征管,落实社会保障资金多渠道筹措机制,加大对养老保险基金的支持力度,积极为降低缴费比例创造条件,确保缴费比例在近期内实现有效降低,努力缩小各统筹地区间用人单位基本养老保险费缴费比例的差距。要进一步夯实缴费基数,提高基金征缴率,严格退休审批,规范统筹项目,稳步提高基金抗风险能力。

实行用人单位基本养老保险费缴费比例调整报批制度。具备条件降低缴费比例的统筹地区,要充分考虑当地基本养老保险费征缴收入水平、基金支付能力等因素,在确保企业职工基本养老保险制度可持续发展的前提下,合理测算当地用人单位基本养老保险费缴费比例,提出缴费比例调整方案。缴费比例调整方案,由统筹地区政府报经省劳动保障厅、省财政厅批准同意后实施。提交的缴费比例调整方案,要具体分析当地基本养老保险费征收和基金支付能力情况,提供缴费比例调整的具体测算情况和组织实施的相关工作措施。未经批准,各地一律不得擅自调整缴费比例。

二、进一步完善社会保险费五费合征制度

按照 2008 年底前所有统筹地区全面实施五费合征、2009 年底前所有企业全部纳入社会保险参保范围的要求,各级劳动保障部门及社会保险经办机构和地税部门要进一步完善社会保险登记、缴费登记工作。除法律法规规定要求实行分别参保的社会保险险种外,用人单位要一次性办理社会保险登记和五项社会保险费的缴费登记。同一缴费单位各险种登记的单位名称、社保编码等基本信息要一致。社会保险经办机构和地税部门要定期核对参保缴费单位的信息数据。

夯实社会保险费缴费基数,规范用人单位参保缴费行为。企业单位应以全部职工工资总额为单位社会保险费缴费基数。在计算用人单位缴费基数时,要以统计部门规定的工资总额口径作为单位缴费基数的征收依据。

加强社会保险信息化建设。加快建设统一的社会保险管理服务信息平台和参保单位网上业务系统,确保劳动保障、财政、地税等部门及经办机构之间的数据即时交换与共享,确保参保单位社会保险登记、缴费登记、信息变更、缴费申报、信息查询等业务实现上网操作。同时,省级有关部门要加快系统内社会保险省市县业务操作联网进程,尽快形成能即时上传下达的信息交换与共享系统网络。各级劳动保障、财政、地税等部门要协同配合,切实加大资金投入,加大工作力度,加快构建统一高效、互联互通的社会保险管理服务信息平台,努力提高社会保险管理服务水平。

三、进一步建立健全社会保险资金多渠道筹资机制

各地要进一步落实《浙江省人民政府关于建立社会保障资金多渠道筹措机制的意见》(浙政发〔2004〕36 号)精神,按照建立完善公共财政体制的要求,调整财政支出结构,加大社会保障投入力度。各级财政年度新增财力的2/3要用于解决民生问题,重点用于社会保障支出。要进一步落实多渠道筹资机制,从国有资产收益、国有土地有偿使用收入等渠道按规定比例提取用于充实社会保障资金,建立以养老保险为重点的社会保险风险准备金制度。进一步完善养老保险省级调剂制度,扩大省级调剂金使用范围,加大调剂力度,具体办法由省劳动保障厅、省财政厅另行制定。

四、切实加强组织领导,确保顺利实施

做好调整用人单位基本养老保险费缴费比例等相关工作,是营造企业公平竞争环境、维护劳动者合法权益的重要举措,是促进经济转型升级、保持经济平稳持续健康发展的客观要求,是全面改善民生、促进社会和谐的重要条件。各级政府和各有关部门要从贯彻落实科学发展观、深入实施"创业富民、创新强省"总战略的高度出发,充分认识做好这些工作的重要意义,切实加强组织领导,加强工作协调,确保平稳有序实施。要着眼于建立可持续发展的社会保障体系,认真贯彻落实《浙江省职工基本养老保险条例》等有关法规文件,进一步完善相关制度和政策。要着眼于保障企业和职工的合法权益,进一步建立健全规范高效的社会保险费征管和服务机制。省劳动保障、财政、地税等部门要密切配合,进一步加强调查研究和工作指导,及时完善各项政策措施,推动各地积极有序地开展调整用人单位基本养老保险费缴费比例等相关工作。

二〇〇八年十一月十二日

浙江省人民政府
关于加快推进养老服务体系建设的意见

浙政发〔2008〕72号

为进一步完善社会养老服务体系,健全社会化养老服务机制,大力发展老年社会福利事业,根据《中共浙江省委关于全面改善民生促进社会和谐的决定》(浙委〔2008〕38号)精神,现就加快推进我省养老服务体系建设提出如下意见:

一、充分认识加快推进养老服务体系建设的重要意义

我省是全国最先进入人口老龄化社会的省份之一。据统计,到2007年底,全省60岁及以上老年人口达700万,占总人口的15%;预计到2040年前后,全省老年人口将达到峰值1460万,约占总人口的32%。随着人口老龄化的快速发展,老年人生活照料、医疗健康、精神文化等需求日益凸显,养老服务问题日趋严峻。加快推进养老服务体系建设,是贯彻落实科学发展观、深入实施"创业富民、创新强省"总战略的重要方面,是应对人口老龄化、全面建设惠及全省人民的小康社会的客观要求,是加快推进以改善民生为重点的社会建设、促进社会和谐稳定的重要内容。加快推进养老服务体系建设,也有利于调整经济结构,促进相关产业发展,增加社会就业岗位,提高人民群众生活水平和质量。各地各部门要从深入贯彻党的十七大和省第十二次党代会精神、全面落实科学发展观、构建社会主义和谐社会的高度,深刻认识加快推进养老服务体系建设的重要意义,采取切实有力措施,推动我省养老服务事业加快发展。

二、加快推进养老服务体系建设的指导思想和总体目标

(一)指导思想。坚持以邓小平理论和"三个代表"重要思想为指导,深入贯彻落实科学发展观,按照政府主导、政策扶持,社会参与、市场推动的原则,进一步提升全省养老福利、服务水平,加快推进养老服务社会化,逐步建立健全与人口老龄化进程相适应、与经济社会发展相协调,以居家养老为基础、社区服务为依托、机构养老为补充,服务方式多元化、投资主体多样化、居家养老普及化、服务队伍专业化,覆盖城乡的养老服务体系。

(二)总体目标。以发展老年福利事业为重点,全面推进社区居家养老服务,增强社区照料功能,加强机构养老基础设施建设,健全社会化服务机制。到2012年,实现城乡社区居家养老服务基本覆盖,机构养老服务床位数保持年均增长10%以上,享受机构养老服务人数达到老年人口总数的3%以上。

三、加快推进养老服务体系建设的主要任务

(一)以建设城乡社区"星光老年之家"为抓手,完善居家养老服务体系。结合城乡社区建设,进一步加强城乡居家养老服务网点建设,完善居家养老服务配套措施,增强生活照料、医疗护理等功能,提高为老服务水平。到2012年,全省城市社区普遍建立"星光老年之家",农村社区建立"星光老年之家"15000个;城乡"星光老年之家"具备生活服务、文化活动、老年教育等基本养老服务功能。

(二)改善、提升乡镇(街道)敬老院基础设施和服务功能,实现敬老院向区域性社会养老服务中心转型。拓展服务对象,通过改、扩建和建立入院评审制度等方式,在确保农村五保和城镇"三无"人员集中供养的基础上,重点向最低生活保障老人、生活困难老人、高龄老人以及重度残疾老人等特殊困难老人提供养老和护理服务。扩大服务范围，依托乡镇(街道)敬老院向居家老人提供日间托养、短期寄养、配送餐等服务，开放老年文体活动场所。完善服务功能，建立和完善集供养、寄养、社区照料和居家养老服务组织管理等功能于一体的综合性养老服务体系。到2012年，全省80%以上乡镇(街道)建立综合性养老服务中心。

(三)加大扶持力度，大力推进民办养老服务机构发展。通过建设资金补贴、公建民营、税费优惠、政府购买服务等优惠扶持措施，促进非营利性民办养老服务机构的发展。到2012年，全省非营利性民办养老服务机构床位数占全部床位数的比重力争达到50%。积极扶持鼓励社会兴办养老服务企业，培育多种服务方式和不同收费水平的服务行业供给主体，满足不同层次、不同类型的养老服务需求。

(四)建立健全市、县(市、区)社会养老服务指导中心，强化行业管理和指导。依托现有公办养老服务机构或构建相应的养老服务平台，建立具有组织、指导、服务、培训等功能的社会养老服务指导中心，强化对养老服务机构和居家养老服务的行业管理和指导。到2012年，每个市、县(市、区)建有社会养老服务指导中心，并按照社会化示范要求，建立健全低收入老人、高龄老人、重度残疾老人等特殊困难老人入院评审制度和行业自律守则、行业管理制度等制度规范，提高行业管理服务水平。

四、加大养老服务体系建设政策扶持力度

(一)大力支持居家养老服务体系建设。加大城乡居家养老服务网点的补助力度。新建具备生活服务、文体活动、老年教育等功能的城市社区“星光老年之家”，省财政给予每个不少于2万元补助；农村社区“星光老年之家”给予每个不少于1万元补助。市、县(市、区)应按照省财政补助情况给予相应配套补助。县(市、区)、乡镇(街道)财政和村集体经济应根据实际情况，给予“星光老年之家”必要的运行经费保障。市、县(市、区)设立的社会养老服务指导中心和乡镇(街道)建立的养老服务中心，由省财政给予适当补助。

鼓励社会力量参与居家养老服务。各级政府要积极采取政府购买服务、给予资金补助、提供服务场所等优惠扶持政策，引导和鼓励社会中介组织、家政服务企业等参与居家养老服务，为广大老年人提供周到便捷的服务。积极鼓励“4050”、城镇零就业家庭、城乡低保户、长期失业人员、低保边缘户人员、需赡养患有重大疾病直系亲属的人员和农村复转军人及被征地农民中的就业困难人员到养老服务机构就业再就业。县级以上民政、劳动保障部门应对上述就业困难人员参与养老服务开展必要的培训，培训费用补贴按规定渠道列支。

(二)加快发展民办养老服务机构。加大对民办养老服务机构的财政补助力度。用房自建的非营利性民办养老服务机构，床位数达到50张(含)以上、取得《社会养老服务机构设置批准书》和《民办非企业单位》证书并投入使用后，由省财政按照核定的床位数给予每个床位3000元补助。租用用房且租期5年(含)以上的非营利性民办养老服务机构，床位数达到50张(含)以上，由省财政按照核定的床位数分5年给予每个床位每年500元补助。床位数在50张以内和已建成投入使用的非营利性民办养老服务机构，是否给予补助及具体补助办法、标准，由所在县(市、区)政府确定。

认真落实对养老服务机构优惠扶持政策。各地要按照全国老龄工作委员会办公室等10部委《关于全面推进居家养老服务工作的意见》(全国老龄办发〔2008〕4号)、《浙江省人民政府办公厅关于促进养老服务业发展的通知》(浙政办发〔2006〕84号)等文件精神，认真落实国家和省有关老年服务机构税费扶持政策，对养老类的养老服务机构提供的养老服务免征营业税；对非营利性养老服务机构免征企业所得税和自用房产、土地、车船使用税。下达给各地的年度新增建设用地计划，符合规划的，要优先安排养老服务机构建设用地，非营利性社会福利设施建设用地实行划拨供地，养老服务机构建设用地可通过公开出让方式供地。

民办养老服务机构接收安置农村五保和城镇“三无”人员的，各地应按规定标准将其生活、医疗费等补助转入民办养老服务机构，用于支付其生活、医疗、照料服务等所需费用，不足部分，由当地政府给予适当补助。接收需要生活照料的最低生活保障老人、生活困难老人、高龄老人和重度残疾老人等特殊困难老人的非营利性民办养老服务机构，当地政府可根据实际给予适当补助。具体补助范围和补助标准由市、县(市、区)政府确定。

支持民办养老机构开展社会化医疗卫生服务。民办养老服务机构所办医疗机构已取得执业许可证并符合定点医疗机构资格条件的，按有关规定申请并经批准后，可纳入城镇职工基本医疗保险定点范围。

(三)完善公办养老服务机构运营机制。进一步加强对公办养老服务机构的运营管理。凡以财政和福利彩票公益金投资为主体建设的养老服务机构必须用于养老服务，严禁改作宾馆、饭店、写字楼和其他商业用房。在满足当地老年人入住机构养老的同时，对闲置、空余和暂时住不满的养老服务机构和床位，允许短期(最长2年)出租，出租经营项目必须是为老年人服务的社会福利和社会公益事业项目，租金收入上缴财政，实行收支两条线管理。

完善公办养老服务机构收费制度。向社会自费寄养老人服务的收费标准，由价格主管部门根据设施条件、服务项目和标准，通过成本核算后确定收费标准。

五、切实加强对养老服务体系建设的组织领导

各级政府和各有关部门要切实加强组织领导，将养老服务体系建设摆上重要议事日程，纳入当地国民经济和社会发展规划，纳入基本公共服务均等化行动计划，进一步完善各项养老福利政策，切实加强政策扶持力度，推进养老服务体系建设加快发展。要进一步加强规划引导，根据当地老年人口发展速度和养老服务需求状况，认真组织制定养老服务业规划，精心制定养老服务机构建设规划，严格按照规划和建设标准组织实施。要进一步加强部门协作，整合各类社会资源，支持和鼓励社会力量积极参与养老服务，合力推进养老服务体系建设加快发展。

各级民政部门是机构养老的行业主管部门。要进一步加强和规范机构养老行业管理，继续把好非营利性养老服务机构组建的条件，主动加强对社会养老服务机构的监督管理，并通过老年福利服务相关行业协会，加强全行业规范与业务指导。要建立健全社会化养老服务评估、评审制度，对养老服务机构的财政专项资金的落实和使用、养老服务机构和服务组织的服务技能和服务质量、入住公办社会福利(养老)机构对象的资格审核以及政府补助的对象等方面开展评估、评审。省级民政部门负责组织、指导养老服务机构服务规范、居家养老服务导则等行业管理制度规范和评估、评审实施办法的制定。

要切实加强专业人才队伍建设。省民政厅要会同省人事厅、省劳动保障厅组织制定养老服务专业社会工作者职业水平评价、养老服务技术工人职业资格鉴定等政策制度，进一步提高养老服务队伍的专业技能水平。要切实加强养老服务专业队伍人员培训，逐步提高养老服务工作人员工资福利待遇，进一步提高养老服务队伍人员素质，确保人员队伍稳定。要积极倡导、发展志愿者服务队伍，建立义工服务时间储备制，积极探索“义工银行”等自助互助服务途径。

要加快养老服务信息化建设。按照建设“数字浙江”的总体规划和要求，加快老年福利服务信息化建设。建立健全省、市、县(市、区)各级机构养老服务信息管理系统，并纳入政府职能部门数据库管理，即时向社会提供养老服务需求和资源供应信息。建立完善居家养老信息服务网络，依托社区服务信息平台，在社区普遍建立为老服务热线、居家呼叫系统等便捷有效的求助和服务信息沟通渠道。

二〇〇八年十一月十四日

浙江省人民政府
关于进一步促进中医药事业发展的意见

浙政发〔2008〕73号

中医药是中华民族优秀传统文化瑰宝，是中国特色医疗卫生事业的重要组成部分。自2000年全省中医药工作会议以来，各地认真贯彻中医药工作方针政策，中医药事业发展取得了显著成绩，为保障人民健康、促进经济社会发展起到了重要作用。但从总体看，中医药工作还比较薄弱，在医疗卫生和经济社会发展中的作用尚未得到充分发挥。为满足人民群众日益增长的中医药服务需求，全面推进卫生强省建设和中药现代化进程，现就促进全省中医药事业发展提出如下意见。

一、指导思想、基本原则和主要目标

(一)指导思想。以邓小平理论和“三个代表”重要思想为指导，深入贯彻落实科学发展观，紧紧围绕“创业富民、创新强省”总战略，把发展中医药作为深化医疗卫生体制改革，有效解决群众医疗保健问题，实现“人人享有基本医疗卫生服务”目标的重要举措，作为推动医药产业发展的重要手段，以继承创新为主线，以发挥中医药特色优势为重点，着力于体制机制改革，推进中医药事业快速健康发展。

(二)基本原则。

坚持以人为本，注重中医药服务的公平性和可及性，最大限度地满足城乡居民对中医药服务的需求。

坚持政府主导，强化政府责任；鼓励社会参与，多渠道、多形式发展中医药事业。

坚持继承创新，遵循中医药自身特点和发展规律，充分挖掘中医药科学内涵，加强自主创新，努力实现中医药现代化。

坚持中西医并重，促进中西医结合，充分发挥中医药在公共卫生、重大疾病防治、农村卫生和城乡社区卫生服务中的作用。

坚持中医中药结合，提升中医中药在临床、科研和生产实践中的整体性，促进中医中药相互配合，协调发展。

(三)主要目标。通过五年的努力，健全覆盖城乡、均衡发展、功能完善、中医药特色鲜明、与群众需求基本适应的中医药服务体系，中医药服务领域不断拓展，服务水平明显提高，服务机构建设更加完善，中医药在应对突发公共卫生事件和防治重大疾病中的作用更加显著；建立中医药科技创新体系，中医药继承与创新能力持续增强，对外交流水平不断提升，现代化进程和学术进步加快；巩固中医药人才培养体系，中医药人才队伍逐步壮大，素质普遍提高，形成一支名中医药专家队伍和基层中医药骨干队伍；中医药文化进一步繁荣；中医药产业结构不断优化，产业规模和产值居全国前列。到2020年，形成紧密结合的中医药医、产、学、研体系，全面增强中医药自主创新能力，争取把我省建设成为在全国有较大影响的中医(中西医结合)疾病防治中心、中医药高新技术与中药新药研究开发基地、中医药人才培养和对外合作交流重要平台，实现“中医药强省”的目标。

二、加强中医药服务体系和能力建设

(四)按照科学规划、合理布局的要求,配置好中医医疗资源,形成以省、市级中医医院为龙头,县级中医医院为骨干,综合医院中医科为重要力量,社区卫生服务中心(乡镇卫生院)和社区卫生服务站(村卫生室)的中医诊疗服务网点为基础,融合预防、治疗、康复、保健为一体的中医药服务体系。鼓励开展中医药保健康复、老年护理、临终关怀等服务。支持非公有资本进入中医药服务领域,促进民营中医药服务机构的健康发展。

(五)以中医名院建设为重点,带动中医医院整体发展。实施中医名院建设项目,在全省重点建设好35所特色优势明显、管理规范的中医名院。政府举办的各级中医医院是提供中医药服务的主体,应切实加强对中医医院发展的政策引导和扶持。县级及以上政府应重点举办好一所中医医院,不得随意变更、撤销或改变其性质。中医医院的规模、服务功能应达到国家和省规定的基本要求,并与当地经济社会发展和群众的需求相适应。

(六)以中医名科建设为依托,提升中医药学术水平和服务能力。实施中医名科建设项目。以发挥中医药特色优势、丰富中医药诊疗技术、提高中医药临床疗效为目的,加强中医药重点学科、重点专科建设,形成专业覆盖齐全、层次分布合理、服务优势明显、规模效益较好、创新能力较强的中医药重点学科和重点专科群体,争取有30个中医药重点学科和重点专科在全国同领域居领先地位。加大对市县级中医药专科、专病建设项目的支持;加强综合医院示范中医科建设。

(七)保持和发挥中医药特色优势。各级中医医院应突出中医药服务特色,发挥中医药在疾病防治中的疗效、价格等优势,不断提高应用中医药防治疾病的能力。开展中医优势病种诊疗规范研究,到"十一五"末,在全省推广应用100个疗效确切、技术规范的中医单病种诊疗规范,促进中医药临床特色优势标准化建设。加强中医特色制剂的研究开发。

加强中医药应对突发公共卫生事件能力建设,积极应用中医药防治重大传染病;加强中医医院急救能力建设,将中医医院纳入120急救网络。重视开展亚健康的中医药临床诊治和保健服务,促进中医药健康产业发展。

(八)积极开展中西医结合工作。鼓励中西医人员相互学习,促进学科交叉和相互融合。中医医院要提高综合服务能力和对急危重症的救治能力,以更好地适应现代医疗服务需求;综合医院要发挥技术人才优势,将中医药工作纳入医院发展目标,按规定建设好中医药业务科室。发挥中西医结合学科优势,抓住重大及疑难疾病防治的关键问题,开展中西医结合研究和探索,促进中西医结合学术发展。加强中西医结合人才培养和中西医结合基地建设。

三、推进城乡社区中医药工作

(九)加强城乡社区中医药服务能力建设,推进中医药服务进农村、进社区、进家庭。各级政府和卫生行政部门应将中医药服务纳入社区卫生发展规划,健全城乡社区中医药基本服务体系。社区卫生服务中心(乡镇卫生院)应按要求设置中医科、中药房,配备中医药专业技术人员、基本中医药诊疗器具和必备中药,能够提供中医药基本医疗和公共卫生服务,有条件的应加强中医特色专科建设;社区卫生服务站(村卫生室)要有能运用中西医提供服务的专业技术人员。鼓励支持乡村中医药技术人员利用当地中草药资源,按有关规定自种、自采、自用中草药。

抓好一批中医药特色社区卫生服务重点区和农村中医工作重点市、县的创建活动,重点建设好200个中医药特色社区卫生服务中心(乡镇卫生院),全面提高城乡社区中医药服务工作整体水平。

(十)提高城乡社区中医药队伍素质。加强中医类别全科医师队伍建设,每个社区卫生服务中心应配备一定比例的中医类执业医师。积极开展社区卫生从业人员中医药基本知识和技能培训,全科医师和乡村医生的中医药知识培训率达到100%。加大对城乡社区中医药人才的培养力度,开展乡村医生中医专业大专学历教育,鼓励城乡社区中医药人员申报中医类别全科医师高级专业技术资格。

(十一)加强城乡社区中医药适宜技术的推广。把中医药适宜技术的运用贯穿到医疗、预防、康复、保健的全过程,丰富中医药服务内容。遴选并推广100项成熟的中医药适宜技术,90%的社区卫生服务中心和60%的社区卫生服务站能掌握并应用5种以上中医药适宜技术防治常见病、多发病。

(十二)发挥中医药在新型农村合作医疗中的作用。引导基层医疗机构为广大群众提供质优价廉的中医药服务,鼓励参加新型农村合作医疗的农民运用中医药防治疾病。扩大中医药诊疗项目及适宜技术在新型农村合作医疗中的补偿范围,参加新型农村合作医疗的农民在定点医疗机构使用中药和中医诊疗技术治疗疾病,报销比例应高于其他诊疗项目。

四、提高中医药自主创新能力

(十三)加强中医药科技创新体系建设。优化资源,整合力量,构建多学科有机协作,服务于中医药现代化和国际化发展的科技创新体系。充分调动和激发各类中医药科技创新主体的积极性和创造性。重视扩大省名中医研究院、省中医药研究院、浙江中医药大学以及具有较强中医药创新能力的中医医疗机构等在科技创新体系中的作用和影响,积极发挥高等院校和科研院所的科技创新优势,鼓励中药企业、民营科研机构等社会力量开展中医药科学研究,努力提高我省中医药知识创新和技术创新水平。

(十四)加快中医药科技平台建设。加强国家级中医临床研究基地建设,以浙江省中医院为主体,整合中医药科技创新资源,集聚全国相关领域的科研力量,重点提高中医药原创性研究能力,把国家级中医临床研究基地建设成为引领全省、辐射全国的中医药科技创新平台。提高中医临床和基础研究能力,重点建设好10个具有稳定中医药研究方向的重点研究室,30个设备先进、技术领先的中医药重点实验室。

(十五)开展中医药防治疾病研究。围绕中医药领域关键问题和共性技术,实施中医药重点研究专项,加强中医、中西医结合临床与基础、中药新药、中医非药物疗法、中药资源保护和可持续利用等领域的研究;积极开展恶性肿瘤、心脑血管疾病、糖尿病、肝病等重大疾病的中医药防治研究,力争在若干常见病、多发病、疑难病诊治规律的研究中取得一批有影响的成果。通过技术创新和多学科融合,丰富和发展中医药理论,建立符合中医药特点的技术方法和标准规范体系,推进中医药理论和实践的规范化、通用化和现代化。加大中医药科技成果转化力度,切实做好中医药知识产权保护。认真做好民间中医独特诊疗技术和单方、验方的筛选、评价、开发工作。

五、强化中医药人才队伍建设

(十六)进一步优化中医药人才培养层次结构、专业结构。加强和改进中医药高等教育。浙江中医药大学要坚持以中医药专业为主体,突出办学特色,通过创新办学模式,优化学科和专业设置,建设一批高水平的中医药重点学科、专业和课程,强化临床实习基地建设等途径,致力于培养中医基本理论扎实、临床实践能力较强的中医药后继人才,成为我省中医药人才培养、理论研究、科技创新、医疗服务的重要基地,并跻身全国一流高等中医药院校行列。加强其他高等院校中医药专业建设和中医药职业教育。

(十七)把高层次中医药人才培养放在更加突出的位置,重视实用型人才培养。有计划、有重点地培养一批中医药重点学科、重点专科、重点实验室、研究室的学术带头人,构筑中医药人才高地,形成一支中医功底扎实、现代医学知识丰富、专业技术精湛的中医药团队,引领中医药学术的发展。通过继续教育、专业培训、适宜技术推广等方式,加快培养城乡基层中医药专科、专病技术骨干,农村、社区中医技术人员等中医药实用型人才,提高基层中医药队伍的整体素质。

(十八)选拔培育新一代名中医,完善新型中医师承教育。以临床能力、学术传承和社会影响为重点,建立省级名中医、中青年名中医和基层名中医评选、考核和管理制度,省级名中医药专家达到150人,中青年名中医和基层名中医达到300人。各市、县也应开展当地名中医评选工作。切实抓好名老中医药专家学术思想的整理总结、继承发扬,为名中医药专家创造良好的工作条件,鼓励开设名中医药专家研究室、工作室。依托省名中医研究院,整合全省名中医药专家资源,充分发挥名老中医药专家在临床实践、科学研究和著书育人等方面的作用。积极组织推荐、认定传统医药代表性传承人。

开展名医带徒工作,省级名中医应带教2名以上中青年骨干,每年选拔一批优秀学术传承人才进入名中医工作室进行研修。根据卫生部有关法规,积极开展高中起点传统医学师承人员的培养工作,探索师承人员与成人教育相结合的培养模式;认真组织开展传统医学确有专长人员考核确认工作。

(十九)建立健全中医药终身教育体系,不断完善中医药继续教育制度和方法。根据不同对象,有针对性地采取岗位培训、脱产进修等多种形式,开展中医药从业人员的全员培训,加快中医药队伍的知识更新。依托中医药院校和中医医院等,建设好一批省级中医药继续教育基地,争取国家级中医药继续教育基地项目3—5个。全面实施中医住院医师规范化培训,逐步建立临床中医药人才培养导师制,对青年中医药人才进行有规划的专业培养。

六、加快中药产业发展

(二十)加强中药产业创新,促进产业升级。进一步完善中药产业创新体系,加快中药现代化科技创新平台、中药企业技术中心、中药工程技术研发中心、重点实验室等建设,促进产学研结合。集中力量开展联合攻关,争取在重大关键共性技术、重大制药工艺和装备技术、新药开发等方面取得突破。研制一批具有高技术水平和显著市场前景的中药新品种;实施一批名优中药产品的二次开发。

(二十一)做大做强中药工业。通过产权制度改革和企业兼并、联合等多种形式做大中药企业。实施一批具有先进水平的生产工艺和装备技术改造项目;加快企业品牌建设,打造浙江中药整体品牌形象,培育3—5个在国内外具有知名度的大品牌;积极开展中药国际药品注册、认证及跨国经营的企业综合试点,推进中药国际化;培育5家重点骨干企业,从技术创新、工业制造、品牌建设、市场营销等方面进行提升,力争发展成为全国有影响的中药企业。

(二十二)规范和发展中药材种植产业。以公司加基地加农户的模式,大力发展中药材种植业,提升中药材种植水平和中药材质量。重点实施"浙八味"等道地药材,厚朴、杜仲等大宗药材和铁皮石斛、灵芝等珍稀药材的规范化、规模化种植;开展中药材的种质资源保护、良种选育、农药残留和重金属污染控制、质量控制以及标准化研究。

(二十三)推进中药流通改革。促进中药材、中药饮片生产经营的规模化、规范化和集约化,加快饮片集中配送中心示范基地建设,并在有条件的地方推广。整合优化现有中药供应链,积极推进中药物流社会化、专业化、标准化和信息化;优化中药物流布局,完善中药物流管理制度,构建规范、高效、安全的中药物流体系,降低中药物流成本,切实保障城乡居民用药安全。

七、促进中医药文化传播和国际交流

(二十四)充分挖掘传统中医药文化资源,收集整理现存的中医药文献及资料,总结梳理浙江中医流派学术特色,加强胡庆余堂中药博物馆、丹溪陵园等中医药文物、古迹的保护利用和传统中医药文化基地建设。积极组织传统医药项目申报列入各级非物质文化遗产名录,推进传统中医药的保护和继承。加强畲族医药的研究、开发和利用。

重视中医药机构文化建设,大力弘扬中医药行业优秀传统职业道德。各级中医医院要成为体现和弘扬中医药文化的重要阵地,在办院理念、医院管理、队伍建设、诊疗活动、建筑风格等方面体现中医药文化特征和内涵。

(二十五)加强中医药科学普及与文化传播。广泛开展中医药科学知识的宣传、推广活动,建立面向社会、面向青少年的中医药科学文化普及教育机制,通过制播科普录像、开展科普讲座、赠送科普读物,促进中医药进农村、进社区、进家庭,普及中医药知识。积极运用现代传播手段,做好中医药文化宣传和舆论引导工作,努力营造全社会关心、支持中医药发展的良好氛围。

加强中医药学术团体建设，办好中医药学术刊物，积极开展高水平的学术活动，扩大浙江中医药学术影响力。

（二十六）积极开展多形式、多渠道的中医药国际交流与合作。加强中医药对外培训基地建设，大力开展国际中医药教学培训；探索在境外开设中医药医疗、教学机构的途径，推进中医药更广泛地走向世界；积极吸引国外先进技术和资金，共同进行中医药研究开发，鼓励优势中药品种开展国际化临床试验，并争取进入国际主流医药市场，提高我省中医药的国际地位；支持中药企业培育出口产品，开拓国际市场。

八、加强对中医药工作的领导和扶持

（二十七）各级政府要全面贯彻落实党和国家的中医药工作方针政策，按照《中华人民共和国中医药条例》和《浙江省发展中医条例》的规定，切实履行好保护、扶持、发展中医药事业的职责。要把中医药工作列入政府工作的议事日程，把中医药发展纳入国民经济与社会发展整体规划、区域卫生规划和公共卫生体系建设规划。要建立政府牵头、有关部门协调配合的工作机制。为加强对全省中医药事业发展的组织领导和统筹协调，省政府成立由分管副省长任组长，发展改革、经贸、教育、科技、财政、人事、劳动保障、农业、林业、文化、卫生、工商、质量技监、食品药品监管、法制、中医等部门负责人参加的中医药工作协调小组。各地也要建立相应的组织，及时研究解决中医药工作中的重大问题。

（二十八）健全中医药服务价格机制，加大对中医药特色服务的补偿。根据中医药服务的特点，建立科学的中医药服务价格形成机制，适时调整和增设中医特色诊疗项目，合理制定针灸、推拿、中医正骨等传统项目的服务价格，体现中医药技术劳务价值；增设中医特需医疗服务项目，放开中医特需医疗服务价格。在基本医疗保障体系建设中，研究完善引导参保人员合理利用中医药服务的政策，将符合条件的中药和中医服务项目纳入基本医疗保险基金支付范围，逐步提高中医药报销比例，向中医药特色和优势服务项目倾斜，引导城乡居民选择安全有效、费用适宜的中医药服务。

各级财政对公立中医医院应予以支持，并建立有利于发挥中医药特色优势，鼓励公立中医医院提供优质中医药服务的财政补偿机制和激励机制，促进中医医院的健康发展。

（二十九）增加对中医药事业的投入。按照建立完善公共财政体制的要求，各级政府要切实加大对中医药事业的财政支持力度，确保对中医药的投入增长比例不低于对卫生投入的增长比例，中医事业费占卫生事业费的比例达到10%以上。各级财政要合理安排中医专项经费。财政投入主要用于中医药重点项目建设和中医药特色优势能力建设，对列入省重大项目建设行动计划、基本公共服务均等化行动计划中的中医药项目所需经费，财政应予以优先支持。各级财政应保证国家级、省级中医药建设项目配套资金的落实。省财政根据财力可能加大对经济欠发达地区中医药发展的扶持力度。

继续实施浙江省中药现代化重大科技专项，鼓励和支持中药技术创新和推广应用。对企业开发中药新药过程中所发生的研究开发费用，可按税法有关规定在计算企业所得税应纳税所得额时加计扣除；充分利用"浙江省中药现代化专项资金"，支持重点中药企业的重点技术创新项目和中药材种植项目。

（三十）按照中医药自身发展规律和特点管理中医药。在中医药专业技术资格评审、科研立项、成果奖励、医疗事故鉴定等方面继续实行同行评议。制定师承教育和确有专长人员标准及相关政策，丰富中医药人才培养的方式和途径。鼓励中医医疗机构将经临床证明安全有效的传统经方、验方开发成中药新药或中药制剂。

健全中医药管理机构，切实加强行业监管和指导。省级卫生行政部门要充实中医药管理力量，各市、县（市、区）要明确承担中医管理职能的相关机构和人员。各级卫生（中医药）行政部门要强化管理职能，严格中医医疗机构、人员和技术准入，严厉打击非法中医药诊疗活动，严肃查处虚假中医药广告，规范中医药服务秩序和服务行为，维护、促进中医药事业的健康发展。

二〇〇八年十一月十八日

浙江省人民政府
关于进一步加快学前教育发展全面提升学前教育质量的意见

浙政发〔2008〕81号

近年来，我省学前教育事业取得了长足发展，形成了以公办幼儿园为骨干和示范，社会力量办园为主体，多种所有制幼儿园共同发展的格局，实现了基本普及学前三年教育的目标，对提高基础教育整体水平，促进经济社会发展发挥了重要作用。但是，我省学前教育总体发展还不平衡，特别是农村和欠发达地区幼儿园办园条件较差，教养质量较低，学前教育是整个基础教育体系中较为薄弱的环节。为了进一步加快我省学前教育改革与发展，全面提升学前教育质量，特提出如下意见。

一、统一思想认识，明确学前教育改革发展的目标任务

（一）学前教育是我国国民教育体系的重要组成部分，是国家教育制度的起始阶段。0—6岁是人一生中大脑发育最快的时期，是教育投资效率最高的阶段，良好的学前教育对人的后继学习和终身发展具有重要意义。随着经济社会的快速发展和人民生活水平的不断提高，让孩子接受良好的学前教育日益成为广大人民群众的迫切要求。各级政府、各有关部门要进一步提高认识，统一思想，把加快发展学前教育，全面提高教育质量，作为高标准普及15年基础教育、建设教育强省的基础性工作，作为实践科学发展观、构建和谐社会和改善民生的重要举措和紧迫任务，切实抓紧抓好。

（二）根据《浙江省教育强省建设和"十一五"教育发展规划纲要》和省政府印发的《基本公共服务均等化行动计划》，我省学前教育改革发展的目标是：在巩固普及学前三年教育的基础上，全面扩大优质学前教育资源，全面提升学前教育保教质量。到2012年，各乡镇都有一所规范的中心幼儿园，85%以上的中心村有幼儿园（班）；幼儿园办园条件和质量全面改善，三级及以上等级幼儿园招生的覆盖面达到85%以上；幼儿园师资队伍素质全面提高，幼儿园教师持证上岗率达到80%以上；学龄前儿童的家长和看护人普遍受到科学的早期教育知识指导。至2020年，高标准高质量普及学前三年教育，所有幼儿园均达到办园标准，使适龄儿童都能接受良好的学前教育。

（三）坚持分类指导、分区规划。全省各地学前教育发展的基础差异很大，各市、县（市、区）要按照"因地制宜、积极进取、量力而行、科学规范"的原则，确定本地区学前教育发展目标。重点是加强对农村学前教育的扶持力度，建立完善以乡镇中心幼儿园为骨干的农村学前教育管理指导网络，提高村级幼儿园的办园水平，保障农村儿童能接受较好质量的学前教育。依据城市总体规划和县市域总体规划，加强对城市配套幼儿园的规划和建设力度，大力整治城乡结合部幼儿园杂乱差的现象，不断扩大优质教育资源。学前教育基础较好的地区，要通过改革创新、规范管理，促进城乡学前教育的均衡发展，全面提高办学水平，为全省学前教育的发展提供经验、作出贡献。

二、强化政府责任，进一步完善学前教育管理体制和发展机制

（四）学前教育实行地方负责、分级管理和有关部门分工合作的管理体制。各级政府要加强对学前教育工作的领导和组织，及时研究解决学前教育发展中的重大问题。各市政府统筹制定本辖区学前教育的发展规划，出台并组织实施相关政策。县级政府负责实施本行政区域学前教育的规划、布局调整，统筹管理和扶持城乡各类学前教育机构。乡镇政府承担发展农村幼儿教育的责任，负责举办乡镇中心幼儿园。教育行政部门主管学前教育，其他各有关部门按照职责做好相关工作。

（五）坚持政府履职、多元办园、成本分担的学前教育发展和运行机制。各级政府要切实履行发展幼儿教育的职责，搞好统筹规划，增加财政投入，加强对各类幼儿园的监管。坚持多元办园，鼓励和支持社会力量依法举办幼儿园，坚持"公建民办"、"民办公助"等办园体制改革。继续办好公办幼儿园，新增加的公共教育资源主要向农村倾斜。坚持并完善学前教育成本由办园主体、幼儿家长、政府合理分担的机制，政府对收费不足以维持运转的规范幼儿园进行适当补助，对新创建的等级幼儿园进行适当的奖励，逐步建立起对困难群众子女入园的资助体系。

三、实行统筹规划，完善城乡学前教育办园体系

（六）乡镇政府要切实办好乡镇中心幼儿园，积极筹措办园经费，努力改善办园条件。县（市、区）政府要高度重视所辖乡镇中心幼儿园的建设，为乡镇中心幼儿园安排一定比例的公办幼儿教师事业编制；对举办中心幼儿园有困难的乡镇，要给予必要的帮助。乡镇中心幼儿园是农村学前教育管理网络中的重要节点，要充分发挥乡镇中心幼儿园对全乡镇幼儿园的管理指导和示范辐射作用。积极推广依托乡镇中心幼儿园对村办幼儿园（班）实施教育教学统筹管理的模式。

（七）因地制宜办好村幼儿园（班）。村幼儿园（班）原则上以村集体举办为主，各中心村应结合新农村建设办好规范的幼儿园（班）。各行政村可根据实际需要，单独或联合举办规范幼儿园（班）。鼓励乡镇中心幼儿园在行政村独立或联合举办分园或教学点。中小学校布局调整中被撤并的校舍，应优先用于改建幼儿园。在人口居住分散的山区、海岛，乡镇中心幼儿园应安排教师，采取巡回辅导站、幼儿活动站、游戏小组、家庭辅导站等灵活多样的形式，让幼儿接受一定程度的学前教育。

（八）各地在旧城改造、新区建设和实施农居工程时，要根据建设部《城市居住区规划设计规范（修订版）》的要求，规划建设好与居住人口相适应的公建配套幼儿园，并做到与其他建筑设施同步设计、同步建造、同步验收、同步交付使用。在出让商品房土地和安排经济适用房及农居房土地时，应根据学前教育设施布点规划，以教育用地划拨或作为土地竞拍的前置条件安排好幼儿园的用地。建设规划部门在组织托幼园舍设计方案审查时邀请辖区县级教育行政部门参加。公建配套幼儿园和公建配套中小学一样，是国家对教育事业的政策性投资，属公共教育资源，由属地县级教育行政部门负责办理幼儿园产权登记手续，不得改变性质和用途。

（九）加强对幼儿教育资源的统筹管理。继续鼓励和扶持民办幼儿园的发展，社会力量举办的幼儿园，在申办审批、分等定级、教师培训、专业技术资格评价、表彰奖励等方面与公办幼儿园具有同等地位。各级教育部门要加强对社会力量举办幼儿园保教工作的管理、指导和服务。要加大公办幼儿园骨干示范的辐射作用，鼓励公办幼儿园通过承办新园、托管薄弱园、举办分园等多种形式扩大优质教育资源，开展多形式的结对帮扶活动，帮助薄弱幼儿园提高办园水平。

四、加强规范管理，提高幼儿园保育教育质量

（十）实行幼儿园办园准入和等级管理制度。举办幼儿园必须经县级教育行政部门审批，取得办园许可证，并根据办园性质分别由当地编制机构或民政部门登记注册。省教育主管部门负责制定、完善幼儿园等级评定办法和标准，实行统一的幼儿园等级评定制度。准办幼儿园应在规定期限内达到最低等级标准，并积极向高一等级努力。

（十一）按照《幼儿园工作规程》和《幼儿园教育指导纲要（试行）》，积极推进幼儿园教育改革，全面实施素质教育。各类幼儿园都要遵循儿童身心发展的规律和特点，合理安排幼儿一日活动，防止“应试教育”的消极因素向学前教育渗透，防止将小学的教学内容向幼儿园前移。加强对幼儿园教育实验和科研的管理和指导，建立科学的学前教育质量评价体系，不断提高学前教育质量。

（十二）高度重视幼儿园的安全工作。各地要加强幼儿园园舍安全检查和教学活动中师生安全的预防。根据幼儿特点和确保安全需要，各类幼儿园招生要坚持就近方便入园的原则。幼儿园食品的采购、运送、储存、制作等环节必须严格执行《食品卫生法》的有关规定。各级卫生部门和教育部门要共同做好幼儿的防疫和保健工作。幼儿园要根据接收儿童的数量按规定设置专兼职卫生保健人员，建立晨检记录、因病缺勤病因追查与登记、传染病疫情报告等制度。

（十三）建立幼儿园教师资格准入和注册登记管理制度。县级教育行政部门应对幼儿园教师给予注册登记，并实行幼儿园自主聘任、合同管理。通过建立健全管理制度，依法保障幼儿园教师在继续教育、职称评审、工资福利、社会保障、评优评先等方面的合法权益。对未取得教师资格证或上岗证的教师，要限期取得任职资格，或逐步解聘。

（十四）进一步完善幼儿园教师培养培训体系。充分发挥高等师范院校在幼儿园教师培养方面的主渠道作用，鼓励初高中毕业生报考学前教育专业。要把幼儿园教师的培训纳入当地中小学继续教育规划，落实培训经费，开展多形式培训，不断提升幼儿园教师整体素质。

五、落实扶持政策，促进学前教育事业健康发展

（十五）加大财政投入，建立健全公共财政体制下的学前教育投入机制。省财政安排学前教育专项资金，主要用于欠发达地区乡镇中心幼儿园建设的以奖代补、民办或农村幼儿园升等奖励、低收费规范幼儿园（班）经费补助、幼儿园教师培训等。各市、县（市、区）政府都要设立学前教育专项经费，重点支持农村地区学前教育事业的发展。专项经费纳入地方财政预算，并根据当地经济社会发展逐步增加。要加强对公办幼儿园办学经费的监管，提高经费使用效益。

（十六）规范、健全幼儿园收费管理制度。公办幼儿园实行政府定价管理，各级价格和财政主管部门要按照规定权限，根据幼儿园的生均教育成本和收费等级，充分考虑群众的承受能力，合理制定收费标准。利用国有资产由社会力量举办的幼儿园，实行政府指导价管理。民办幼儿园根据教育成本自行提出收费标准，报同级价格主管部门备案后执行。同一城市城镇或县（市、区）域农村、同一性质、同一等级的幼儿园，实行统一的收费标准。幼儿园不得以开办实验班、特色班和兴趣班等名义另外收取费用，不得收取与幼儿入园挂钩的赞助费。

（十七）切实保障幼儿园教师队伍待遇。劳动人事部门要会同教育、财政部门研究制定幼儿园教师编制和待遇等政策。各地应为公办幼儿园配备适当数量的事业编制教师，提高各类幼儿园教师的待遇，建立对符合条件的高校毕业生和在岗幼儿园教师按公开招聘办法进入事业编制的政策导向机制，吸引优秀的毕业生从事学前教育事业。幼儿园必须依法为其教师办理各类社会保险。

（十八）各有关部门要分工协作，相互配合，共同促进学前教育的健康发展。政府教育督导部门要把学前教育作为教育督导的重要内容，采取多种方式，加强对各地学前教育工作的督导检查。督导评估的有关情况要及时公示，接受社会和家长的监督。公共事业部门要落实相关优惠政策和倾斜措施，保证幼儿园的水、电、气、房租等费用按中小学的标准收缴。公安、教育、建设、规划、卫生、文化、安全监管等部门要联合行动，加强对幼儿园周边环境的综合治理，努力为幼儿创造良好的成长环境。新闻单位要坚持正确的舆论导向，引导全社会关心支持学前教育的改革和发展，营造有助于提升学前教育质量和水平的社会环境。

二〇〇八年十二月二十二日

浙江省人民政府
关于进一步建立健全困难群众基本生活价格补贴机制的通知

浙政发〔2008〕86号

各市、县（市、区）人民政府，省政府直属各单位：

我省自2004年实行困难群众基本生活消费品价格上涨动态补贴机制以来，在切实保障困难群众基本生活中发挥了积极的作用。与此同时，在实施过程中也出现补贴发放时间滞后、补贴水平偏低等问题。为进一步建立健全困难群众基本生活价格补贴机制，现就有关事项通知如下：

一、进一步明确补贴对象范围。困难群众基本生活价格补贴的对象为：城乡最低生活保障对象及其他生活困难对象。其他生活困难对象包括城乡最低生活保障边缘对象以及因下岗失业、患重大疾病、受灾害影响等造成生活特别困难的人员，其具体对象范围由各市、县（市、区）政府确定。

二、改革价格指数编制。为进一步贴近困难群众实际生活状况，将原按年编制“低收入群体居民消费价格指数”改为按季编制“低收入居民基本生活费用价格指数”(以下简称价格指数)，并将其作为实施困难群众基本生活价格补贴机制的依据。价格指数编制由国家统计局浙江调查总队会同省统计局、省物价局负责，自2009年起正式向社会发布。

三、完善补贴发放办法。建立困难群众基本生活价格补贴与价格指数联动机制，在每年价格上涨较快的季度，按季对困难群众实行一次性基本生活价格补贴。

原则上，当季度价格同比涨幅超过3%时，即按涨幅的4.5倍乘以当地城乡月最低生活保障标准，发给城乡最低生活保障对象基本生活价格补贴。具体计算公式为：

季度补贴金额=季度价格同比涨幅×4.5×月最低生活保障标准

在实际操作中，城乡最低生活保障对象的基本生活价格补贴发放金额原则上不低于每人每季30元。

其他生活困难对象基本生活价格补贴原则上按不低于城乡最低生活保障对象基本生活价格补贴的50%发给，具体标准由各市、县(市、区)政府确定。

困难群众基本生活价格补贴发放时间为价格指数公布后的1个月内。

四、困难群众基本生活价格补贴所需资金，纳入同级政府财政预算。省级财政对欠发达地区给予适当补助。

五、各市、县(市、区)政府应按照本通知要求，进一步建立健全当地困难群众基本生活价格补贴具体实施办法，确保工作顺利实施。

《浙江省人民政府关于对困难群众实行基本生活消费品价格上涨动态补贴的意见》(浙政发〔2004〕52号)同时废止。

二〇〇八年十二月三十一日

中共浙江省委办公厅　浙江省人民政府办公厅
关于保障民安促进社会和谐稳定的意见

(2008年5月13日)

浙委办〔2008〕40号

为认真贯彻落实党的十七大和省第十二次党代会精神，深入实施“创业富民、创新强省”总战略，根据《中共浙江省委关于全面改善民生促进社会和谐的决定》和《浙江省社会治安综合治理条例》的规定，现就保障民安、促进社会和谐稳定提出如下意见。

一、总体要求和基本原则

1. 总体要求。高举中国特色社会主义伟大旗帜，以邓小平理论和“三个代表”重要思想为指导，深入贯彻落实科学发展观，紧紧围绕“创业富民、创新强省”总战略，以维护人民利益为根本，以严格公正执法为核心，以化解社会矛盾为主线，以创新发展“枫桥经验”为抓手，全力维护社会和谐稳定，促进社会公平正义，扎实推进平安建设各项工作，努力把我省建设成为全国最平安的省份之一，为加快建设惠及全省人民的小康社会提供有力保障。

2. 基本原则。坚持围绕中心、服务大局，正确处理改革发展稳定的关系；坚持党委领导、政府负责、社会协同、公众参与，形成各方齐抓共建的合力；坚持以人为本、服务群众，使人民群众共创共享平安成果；坚持统筹兼顾、标本兼治，着力解决影响社会和谐稳定的突出问题；坚持立足基层、夯实基础，筑牢维护和谐稳定的第一道防线；坚持解放思想、开拓创新，不断推进思路、举措、机制和载体创新，努力提高平安建设实效。

二、着力解决影响社会稳定的突出问题，保障人民群众生命财产安全

3. 依法打击各类刑事犯罪活动。坚持“严打”方针不动摇，不断完善经常性“严打”工作机制，加大对治安混乱地区和突出治安问题的整治力度，严厉打击以黑恶势力为重点的有组织犯罪，以命案为重点的严重暴力犯罪，以抢劫、抢夺和入室盗窃为重点的多发性侵财犯罪，切实维护良好的治安秩序，增强人民群众的安全感。加大对各类经济犯罪特别是非法吸收公众存款、集资诈骗、传销等涉众型经济犯罪的打击力度，切实维护市场经济秩序。深入推进反腐败斗争，依法查办群众反映强烈、案件多发行业和领域的职务犯罪案件，严厉打击贪污贿赂、渎职、挪用公款等职务犯罪。

4. 认真贯彻宽严相济的刑事司法政策。既要依法严厉打击严重刑事犯罪，增强打击的威慑力，又要着眼于促进社会和谐，重视依法从宽、依法从轻的一面，做到该宽则宽，当严则严，宽严相济，罚当其罪。规范、完善轻微刑事案件的和解制度，引导当事人尽可能以和解方式结案。重视刑事附带民事案件中民事部分的调解。对教育改造过程中主观恶性小、确有悔改表现的，及时依法减刑、假释，有效促进罪犯回归社会。认真总结社区矫正试点工作经验，强化工作保障，加快推进社区矫正工作。

5. 建立完善社会治安动态防控体系。坚持专群结合、动静结合、人技物结合，完善社区群防、街面巡逻、重点部位监控和卡点堵截网络建设，大力发展多形式、多层次的群众性治安防范队伍。按照服务大局、联网运作、资源共享的要求，有效整合基层技防资源，力争2008年底前全省经济发达地区城区，2010年底前全省中心城镇、重点集镇、主要街区、繁华地段、公共场所和交通路口重点部位以及治安混乱地区全面建立治安动态视频监控系统。鼓励和引导企事业单位加强视频监控、自动报警等技防设施建设。各级财政都要按照规划，视财力可能，把治安动态视频监控系统建设经费列入预算。

6. *有效预防和化解社会矛盾*。创新发展"枫桥经验"，着力构建以人民调解为基础，人民调解、行政调解和司法调解相互衔接、相互补充的工作体系。建立健全重大决策、重点工程项目稳定风险评估机制，从源头上预防化解矛盾。健全矛盾纠纷预测预报、信息报送、督查指导、领导包案、责任查究等制度，采取定期排查、随机排查和专项排查等方式，认真落实省级每半年、市级每季度、县级以下每月集中开展一次排查的要求，及时掌握苗头，落实化解责任，认真加以调处。进一步完善预防处置群体性事件工作机制，推广重大群体性事件隐患"专案经营"机制，提高预警、控制和处置能力。

三、坚持严格公正文明执法，维护和促进社会公平正义

7. *进一步加强执法规范化建设*。坚持以规范促公正，大力加强执法责任体系、执法质量考评体系和执法监督体系建设，大力推进执法办案信息化，建立比较完善的执法规范化体系。坚持以整改促公正，继续抓住容易发生徇私枉法、权钱交易、侵犯当事人权利的岗位和环节，深入整改突出问题。坚持以监督促公正，注重加强对执法全过程的动态监督，进一步完善执法公开制度，完善行政执法与刑事执法相衔接机制，切实加强对执法过程的法律监督、社会监督、舆论监督和群众监督。

8. *着力解决"打官司难"、"执行难"、"维权难"等问题*。加快立案接待大厅规范化建设，健全便民机制，优化司法服务，切实保障当事人依法行使诉讼权利。进一步创新和谐审判机制，通过规范自由裁量权行使、强化对合议庭的管理和监督、正确适用证据规则、实行判后答疑释理等，进一步提高办案质量。建立健全执行威慑、执行惩戒、执行协作等工作机制和网络，综合治理"执行难"问题。进一步完善司法救助制度，拓宽救助范围，扩大救助对象，增加救助资金，力求涉案困难群众及时得到救助。加强司法鉴定管理，提供优质司法鉴定服务。加强法律援助工作，规范律师收费。进一步加强涉法涉诉信访工作，落实包案化解责任，综合运用各种手段，做好息诉罢访工作。

9. *深入开展法制宣传教育*。广泛开展多种形式的法制宣传教育活动，大力宣传和弘扬法治精神，扎实推进法制宣传教育进机关、进乡村、进社区、进学校、进企业、进单位，努力在全社会营造学法守法用法的氛围。加强基层和行业依法治理，深入开展"民主法治村(社区)"创建活动，不断提高基层依法自治水平。加大社会治安综合治理及平安建设宣传力度，不断创新平安建设宣传载体，努力提高人民群众维护社会治安、参与平安创建的积极性和主动性。

四、加强和改进社会管理，提高公共服务水平

10. *加强对流动人口等重点人群的服务管理*。按照公平对待、搞好服务、合理引导、完善管理的要求，积极探索建立流动人口服务管理专门组织，加强组织协调，强化部门协作，实行综合管理。积极推进居住证制度改革，优化流动人口居住、子女教育、社会保障、医疗卫生等公共服务，切实维护流动人口合法权益。加强闲散青少年、流浪儿童以及服刑在教人员的未成年子女、农村留守儿童等人员的教育、管理、服务和救助等工作。进一步做好归正人员安置帮教工作，加强对监外执行罪犯的管理。深入开展"无毒社区"创建活动，按照规定建立美沙酮药物维持治疗点和永久性禁毒宣传教育基地。

11. *加强对网络安全和社会组织的管理*。强化公安、国家安全、宣传文化、网络监管、信息产业等职能部门的协作配合，加强以互联网为重点的信息系统安全管理，强化安全技术措施，加大网上巡查力度。深入开展"文明办网、文明上网"活动，净化网络环境，努力营造文明健康、积极向上的网络文化氛围。坚持培育扶助与引导管理相结合，把各种社会组织纳入有序管理之中，特别要加强对新经济组织、新社会组织以及境外在浙社会组织、境外在浙非政府组织的管理。

12. *加强安全生产监督管理*。认真落实安全生产责任制和事故责任追究制，强化企业主体责任和政府监管责任，加强基层基础工作，完善安全生产监管体系。深入宣传贯彻"安全第一、预防为主、综合治理"的方针，广泛开展安全生产隐患排查治理，加强应急救援和事故防范工作。继续深入开展道路交通、消防、危险化学品、渔业捕捞及海上运输、建筑施工和特种设备等重点行业、领域的安全专项整治，强化安全监管和行政执法，确保安全生产事故总数、死亡人数和直接经济损失三项指标继续保持零增长，并力争有所下降。

13. *建立健全公共安全应急管理机制*。落实各类应急预案的宣传、演练和相关预防措施，切实提高应对自然灾害、事故灾难、公共卫生事件和环境安全等突发公共事件的能力。积极推进农村小作坊、小餐馆等"十小"行业质量安全整治和食品药品放心工程建设，加强食品、药品、餐饮卫生监管，确保人民群众饮食、用药安全，全面提升食品药品安全总体水平。加强环境治理保护工作，加快建设资源节约型、环境友好型社会。加强对重大节庆活动的安全管理。积极推进"数字城管"，运用现代化信息手段提高城市日常管理和应急管理水平。

五、严格实行领导责任制，把维护社会和谐稳定各项措施落到实处

14. *切实加强对维护稳定工作的组织领导*。各级党委、政府要牢固树立发展是政绩、稳定也是政绩的观念，把促进改革发展与保持社会稳定有机结合起来，从指导思想、工作部署、物质投入等各个方面，落实改革发展稳定协调推进的要求。进一步健全党委定期分析社会稳定形势制度，及时研究解决工作中的重大问题。重视维护稳定工作专门机构建设，建立科学有效的领导体制和工作机制，形成维护稳定工作的合力。

15. *严格落实维护社会稳定工作责任制*。认真落实社会治安综合治理责任制、安全生产责任制和信访责任制，切实把维护社会稳定的责任落实到各级各单位的主要负责人，列入年度工作目标考核。进一步发挥平安考核的导向作用，加大平安考核奖惩力度，注重考核结果的应用。切实增强法人的平安创建意识，落实法人的平安创建责任，通过签订责任状、加强日常检查指导等途径，一级抓一级，层层抓落实。

16. *继续推进平安基层基础规范化建设*。以乡镇(街道)综治工作中心为平台，有效整合基层综治、信访、司法行政、调解、警务、流动人口服务管理、安全生产以及反邪教工作等社会管理组织资源，并将综治工作网络向村居、社区、学校、企业等基层单位延伸，努力做到组织建设网络化、机制建设系统化、硬件建设标准化、领导保障制度化和经费保障多元化。2008年底前，所有街道和中心镇的综治工作中心，以及属于省里要求建立的行政村、城市社区和规模企业综治工作室，都要达到规范化建设的标准；2010年底前，全省所有乡镇(街道)综治工作中心要达到规范化标准，村居、社区综治工作室要达到全覆盖，学校、企业等综治组织覆盖面进一步扩大。按照省里提出的建设标准和要求，县(市、区)、乡镇(街道)两级财政每年要安排计划，落实综治工作中心建设经费。

17. *切实加强基层政法综治组织建设*。大力加强基层综治委(办)建设，配齐配强领导干部，配强专职综治干部，使其能够切实履行好牵头协调、组织指导、督促检查等职能。各级政法部门要以“两所一庭”建设为重点，从人员力量、组织网络、工作规范、条件保障、考核导向等方面进行统筹规划，不断深化公安机关“三基”工程建设、“三位一体”的检察基础建设、争创“模范五好法庭”活动、基层司法所规范化建设和国家安全人民防线建设，不断提高基层政法综治组织的活力和战斗力。

18. *加大对民安工作的经费保障力度*。切实把平安建设、综合治理和维稳工作所需经费列入当地财政年度预算，并随着当地经济的发展和财力的增长而逐步增加，为平安建设提供物质保障。省财政每年安排一定的经费，加大对欠发达地区民安工作的财政转移支付力度。同时，要按照“谁受益、谁出资”的原则，通过受益单位出资、社会捐助、村级集体经济资助等多种途经，多渠道落实群防群治经费保障。

中共浙江省委办公厅　浙江省人民政府办公厅
关于2008年度改善民生促进社会和谐的实施意见

(2008年5月23日)

浙委办〔2008〕44号

关注民生、保障民生、改善民生，解决好群众最关心、最直接、最现实的利益问题，让全体人民共享改革发展成果，是贯彻落实科学发展观的具体体现，是构建社会主义和谐社会的基本要求，是实施“创业富民、创新强省”总战略的重要内容。根据《中共浙江省委关于全面改善民生促进社会和谐的决定》(浙委〔2008〕38号)精神，现提出我省2008年度改善民生促进社会和谐工作的实施意见。

一、努力扩大城乡就业

1. *继续实施积极的就业政策*。按照《中华人民共和国就业促进法》的要求，建立健全就业登记和失业登记制度，进一步完善促进创业政策，积极开辟公益性岗位，足额安排就业专项资金，完善目标考核制度。全年实现城镇新增就业65万人，引导和帮助25万名城镇失业人员实现再就业，其中就业困难人员再就业6万人。全省城镇登记失业率控制在4%以内。

2. *完善就业援助制度*。在继续做好“4050”、城镇零就业家庭、城乡低保户等就业困难人员就业援助工作的基础上，将就业困难人员对象范围扩大到长期失业人员、低保边缘户人员、需赡养患有重大疾病直系亲属的人员、农村复转军人和被征地农民中的就业困难人员。继续开展创建充分就业社区活动，在巩固成果的基础上，建立长效机制，确保城镇零就业家庭“出现一户、帮扶一户、解决一户”。对农村低保户人员普遍开展“送政策、送技能、送岗位”为内容的就业援助工作，使农村低保家庭有劳动能力和就业愿望的劳动力50%以上实现就业。

3. *加强就业技能培训*。抓好下岗失业人员的再就业培训和创业培训，以培训促进就业，以创业带动就业。继续落实企业职工技能素质提升计划，提升在岗职工技能和素质。深入实施“千万农村劳动力培训工程”，抓好农民专业技能证书和学历证书培训，积极培育农村创业型人才，提高农民就业创业能力。积极开展跨区域的订单式异地培训，全省农民转移就业培训获证率达到80%，获证后转移就业率达到70%。

4. *加强公共就业服务*。按照“中心城区有市场、主要乡镇有网点、街道社区有窗口”的目标，制定实施全省公共就业服务机构服务场所建设规划，通过3年努力，在全省全面建立城乡统一的人力资源市场。

5. 切实维护劳动者合法权益。进一步建立健全最低工资标准和职工工资正常增长机制,加快推进工资集体协商,使职工工资增长与企业效益增长相协调。认真贯彻实施《中华人民共和国劳动合同法》,推进各类企业与劳动者普遍依法签订劳动合同,维护劳动关系和谐稳定。加强按比例分散安排残疾人就业和集中安置残疾人就业单位的劳动监察,维护劳动者合法权益。对部分行业实施工资支付保证金制度,健全工资支付应急周转金制度,进一步完善解决企业拖欠工资问题的长效机制。

二、进一步完善社会保障体系

6. 扩大企业职工基本养老保险覆盖面。继续抓好基本养老保险扩面工作,全年新增参保人数60万人。根据国家统一部署,改革事业单位养老保险制度。

7. 加快推进城镇职工基本医疗保险制度改革。鼓励城镇个体劳动者和灵活就业人员依照相关政策参保,鼓励企业按现行规定将农民工纳入参保范围,全省新增城镇职工基本医疗保险参保人数60万人。

8. 加快建立城镇居民基本医疗保险制度。实现城镇居民基本医疗保险制度全覆盖,参保率达到60%,人均筹资水平提前两年达到国务院提出的工作目标。

9. 提高医疗救助水平。加大医疗救助资金投入,在确保原有救助对象的基础上,从2008年起,将年收入在低保标准150%以内的家庭纳入救助范围。全面推行门诊救助和住院定额救助,门诊救助和住院定额救助要与当地职工基本医疗保险、新型农村合作医疗和城镇居民基本医疗保险制度相衔接。

10. 全面实施工伤保险制度。贯彻执行农民工先行参加工伤保险等政策,加快推进建筑业等行业从业人员参加工伤保险,新增工伤保险参保人数200万人,实现全省工伤保险基本全覆盖。增加政府和企业职业病监管、防治经费投入,加强职业病防护,保障劳动者健康。

11. 加强城乡居民住房保障。城镇新增廉租住房受益家庭1万户以上,对经济欠发达地区,省财政给予适当补助;新开工经济适用房300万平方米以上;积极推行农房设计和农房建设第三方监管,完成农村困难群众危旧房改造1.6万户,解决1000户连家渔船渔民上岸定居问题,省财政给予一定补助。

12. 加强被征地农民基本生活保障。确保被征地农民基本生活保障的政府出资部分及时足额到位,使被征地农民的基本生活保障水平与当地城市居民最低生活保障标准相衔接。新增被征地农民实现即征即保。

13. 稳步开展农村养老保障制度试点。鼓励有条件的地区探索以农民缴费为主、政府补贴为辅、村集体经济组织给予补助,有一定统筹性质的农村社会养老保障制度,保障水平与当地农村经济社会发展水平相适应。

14. 完善最低生活保障制度。按照应保尽保、应补尽补的要求,进一步完善覆盖城乡的最低生活保障制度。健全低保标准动态调整和物价补贴机制,及时调整2008年度城乡低保标准,相应提高低保对象的实际救助金额。

15. 建立临时社会救助制度。对低保边缘困难群众和其他因突发性灾害、事故造成生活暂时困难的群众,各地要因地制宜地制订临时社会救助办法,合理划定救助范围,明确救助对象,安排好临时救助所需资金。切实加强灾民救助工作,确保灾民基本生活。着力做好生活无着的流浪乞讨人员救助工作,进一步加强对流浪未成年人的救助和保护,抓紧建设设区市流浪未成年人救助保护机构和设施。

16. 提高农村老党员、老游击队员、老交通员的生活保障水平。从2008年起,省财政对农村老党员、老游击队员、老交通员安排一定的医疗费补助,解决其就医难问题。

17. 全面落实供养政策。农村五保和城镇"三无"对象实现应保尽保、按标施保,集中供养率稳定在80%以上。

18. 发展城乡养老服务和儿童福利事业。建立和完善城市社区、居家养老服务网络,鼓励县(市、区)设立示范型城市社区居家养老服务中心。全面实施"农村老年福利服务星光计划",新建农村社区"星光老年之家"3000家以上。积极发展民办养老服务机构,对民办养老服务机构给予适当补助,加快推进养老服务社会化。加大对儿童福利机构的投入,加快实施"儿童福利机构蓝天计划",完成60%的设区市儿童福利机构新(改、扩)建任务。

19. 实施残疾人共享小康工程。积极帮扶残疾人康复,年内为贫困听力残疾人免费验配助听器21300台;为13200例贫困白内障患者免费施行复明手术;为2000名贫困低视力者免费验配助视器;为贫困下肢缺失者免费安装下肢假肢2000条。着力保障残疾人基本生活,对符合最低生活保障条件的城乡贫困持证成年重度残疾人给予单独列户施保,全额享受低保救助金,并落实2000名重度残疾人的托养任务。

20. 完善计划生育奖励扶助政策。农村现有一个子女和无子女的计划生育家庭,夫妇双方每人每年按不低于600元的标准享受奖励扶助金。根据国家人口计生委、财政部《关于印发全国独生子女伤残死亡家庭扶助制度试点方案的通知》精神,制定出台我省的实施办法,年内全面实施计划生育家庭特别扶助制度。

三、加大义务教育保障力度

21. 全面实施义务教育教科书免费制度。从2008年春季入学时开始,对全省城乡义务教育阶段学校中小学生,包括符合就读条件的外来人员子女,免费提供列入《浙江省中小学教学用书目录》的国家课程教科书、地方课程教科书。

22. 提高义务教育阶段学校日常公用经费标准。在2007年的基础上,进一步提高全省义务教育阶段中小学生日常公用经费标准。

23. 提高农村中小学爱心营养餐标准。从2008年秋季入学开始,适当提高"爱心营养餐"标准。加强对中小学食堂服务的管理,坚持学校食堂服务公益性原则,使财政的补助真正用于学生。

24. 免除义务教育阶段学校外来民工子女借读费。从2008年秋季入学起,免除符合入学条件的外来民工子女义务教育借读费。

25. *加强农村师资队伍建设*。坚持因地制宜、分类实施、按需施教、学用结合的原则，采取多种形式开展农村教师培训，不断提高教师素质。

26. *加强农村小规模学校建设*。从2008年开始，力争用2年时间，完成全省555所6个班规模以下农村小学（教学点）调整改造任务，促进城乡教育均衡发展。

四、改善医疗卫生服务

27. *加强公共卫生服务*。落实公共卫生任务，建立城乡社区公共卫生项目管理制度，公共卫生项目任务落实率达到85%。增加公共卫生投入，城市、农村分别安排城乡社区公共卫生服务经费。健全社区卫生服务网络，90%以上的县（市、区）完成城乡社区卫生服务规划，年内力争城乡社区卫生服务中心设置数达到规划设置数的90%，社区卫生服务站设置数达到规划设置数的60%。新建乡镇国民体质监测站100个。

28. *巩固完善新型农村合作医疗制度*。全省新型农村合作医疗参合率稳定在90%以上，所有县（市、区）人均筹资标准达到100元以上。开展第二轮全省参合农民健康体检，适当提高健康体检经费标准，增加乙型病毒性肝炎等相关检查项目，确保参检率在45%以上。

29. *加强妇女健康保障*。深入实施“母婴健康工程”，进一步降低孕产妇和新生儿的死亡率。扎实推进“妇女健康促进工程”，以县为单位，对全省80%以上已婚育龄妇女进行两年一次的免费常见妇科疾病检查。

30. *提高出生人口素质*。加强计划生育技术服务网络体系建设，积极实施出生缺陷一级干预工程，全面实施免费婚检和免费孕前优生检测，做好优生宣传、咨询、指导和服务，育龄群众优生知识普及率80%以上，对存在出生缺陷高发风险的再生育夫妇全程服务率90%以上。

五、加强农村公共文化服务

31. *加大送文化下乡活动力度*。继续实施送戏、送电影、送书下乡活动，全省全年实现送1.5万场戏、12万场电影、100万册书到农村。

32. *加强农民种文化培育工作*。通过文艺骨干培训、农民文艺汇演等方式，提高农村文化自我发展能力。年内组织培训农村基层文艺骨干10000名，其中省文化部门统一组织培训600名，各县（市、区）组织培训100名。组织开展100场县级农村文化展示汇演和1000场乡镇级农村文化展示汇演活动。

33. *加快农村基层文化体育设施建设*。重点扶持建设100个欠发达地区乡镇综合文化站，扶持1000个行政村配置文化活动器材，建成3000个小康体育村，进一步改善农村文化体育活动条件。

34. *继续实施有线电视“村村通”工程*。年内完成6个乡镇、500多个行政村的有线联网任务，基本完成新一轮有线电视“村村通”工程任务。

35. *启动实施农村有线广播“村村响”工程*。在“十一五”时期，基本实现全省行政村建有广播室，有线广播农户收听覆盖率达到80%。年内完成总建设任务的40%。

36. *启动实施广播电视“文化低保”工程*。在财政补助的基础上，通过减免网络入网费、基本收视维护费以及发动社会捐赠电视机等措施，解决农村低保户等贫困群众无法收看电视的问题。年内在武义、龙游、青田三县开展试点工作。

37. *加强广播电视对农宣传服务功能*。发挥省电视台公共·新农村频道对农宣传服务的龙头示范作用，市级广播和电视自办对农栏目每周两档以上，县级广播和电视自办对农栏目每周三档以上，努力提高栏目质量和服务水平。

六、改善城乡居民生产生活条件

38. *切实减轻农民负担*。全面落实各项支农惠农政策，健全村民“一事一议”筹资筹劳制度，坚持和完善涉农税收、价格、收费公示制和涉农负担案件责任追究制，确保农民负担继续减轻不反弹。从2008年起，暂缓征收育林基金和更新改造资金，提高省级以上重点生态公益林森林生态效益补偿标准。

39. *加大扶贫开发力度*。提高下山搬迁补助标准，完成欠发达地区低收入农户下山搬迁5万人次以上。扶持欠发达地区低收入农户发展特色农业和来料加工业。加快实施“百乡千村兴林富民”示范工程，完成竹林道路建设2000公里。

40. *加强农村基础设施建设*。加强基本农田、标准农田（鱼塘）管护，启动“千万亩标准农田质量提升”工程，继续实施“百万亩标准鱼塘建设”工程，提高综合生产能力。继续实施“千万农民饮用水”和城乡供水一体化工程，解决288万农村人口饮水安全问题，其中新增城镇集中供水覆盖农村人口130万人。完成100个建制镇的污水处理设施建设。提高农村公路建设标准，改建通村公路3500公里。继续实施“万里清水河道”和“千库保安”工程，完成2000公里河道和1000公里农村河沟疏浚整治，杭嘉湖河道清淤2000公里，完成200座病险水库除险加固任务。加快海岛码头、海上主要交通设施和标准渔港建设。

41. *优化农村生活环境*。继续实施“千村示范、万村整治”工程，深入推进农村环境“五整治一提高”工程，完成3000个村庄环境整治任务，提升1000个已整治村的生活污水处理水平，完成500个村庄生活垃圾资源化、减量化、无害化收集处理设施建设。农村生活垃圾收集处理的行政村覆盖面提高10个百分点；开展农村生活污水治理的农户增加79.5万户，农户覆盖率提高7.5个百分点；新增卫生厕所的农户46.55万户，农户覆盖率提高4.4个百分点；新建或改建村内主干道硬化里程5250公里以上；发展户用沼气池1.5万户，完成300个省级示范村生活污水处理示范工程。

42. *加强农村面源污染治理*。推进畜禽规模养殖场排泄物治理，完成生猪年存栏300头、牛30头（太湖流域杭嘉湖地区，其中杭州、嘉兴生猪200头、牛20头，湖州生猪100头、牛10头）以上的畜禽养殖场治理，新建25个畜禽粪便收集处理中心。开展测土配方施肥行动，建立示范区150万亩，推广面积1800万亩，肥料利用率提高3—5%。

43. 扩大政策性农业保险试点。年内将政策性农业保险试点范围从32个县(市、区)扩大到86个县(市、区),试点品种增加油菜、奶牛等品种,提高水稻、生猪保险费率和财政保费补助比例。

44. 深化食品放心工程。完善城乡现代流通网络,继续实施"千镇连锁超市、万村放心店"工程,将"放心店"建设进一步向社区、校区、景区、厂区延伸。加强食品质量安全监测,实施食品类监测15000批次以上。整合食品生产加工领域和流通领域食品质量安全检验检测资源,统筹实现"县县配备食品安全巡查检验车"。做好农产品质量认证和检测工作,全省主要食用农产品抽检合格率在95%以上。加快生猪屠宰管理向乡镇延伸,全省生猪定点屠宰率达96%。在餐饮业全面实施监督量化分级管理制度。

45. 加强药品安全监管。完善药品不良反应检测体系建设,在11个设区市配备药品快检车,药品监督抽检覆盖面达到50%以上,50个县(市、区)达到药品"两网一规范"示范县创建标准。

46. 整顿和规范市场经济秩序。巩固全省产品质量和食品安全专项整治工作成果。以农村为重点,全面启动食品加工小作坊、小餐饮店等"十小"行业质量安全整治行动,通过帮扶一批、改造一批、关停一批,使乡镇以上范围的"十小"行业生产经营行为符合规范要求。严厉打击制假售假、非法传销、商业欺诈、盗版侵权、虚假广告等违法行为,进一步改善消费安全环境。

47. 加强安全生产监管。落实安全生产责任制和事故责任追究制,推进"安全生产隐患排查治理年"活动,深入开展交通、消防、渔船捕捞、危险化学品、建筑施工、人员密集场所等重点行业、领域的安全整治,年底前全省基本消除"三合一"场所火灾隐患,确保全省安全生产事故起数、死亡人数和直接经济损失三项指标继续保持零增长,并力争有所下降。

48. 推进城乡社区建设。深入开展城市和谐社区创建,建设一批街道社区服务中心,完善社区服务功能,改善社区工作条件。积极推进农村社区建设,在有条件的行政村建立农村社区服务中心,促进社会救助、社会福利、文化教育、综治警务、计生卫生等公共服务向农村社区覆盖。

49. 加强社会治安综合治理。依法打击各类刑事犯罪活动,增强人民群众的安全感。建立和完善社会治安动态防控体系,年底前在全省经济发达地区城区全部建立治安动态视频监控系统。加强人民调解工作,完善矛盾纠纷调处工作机制,有效预防和化解社会矛盾和纠纷。

50. 加强对流动人口的服务和管理。积极探索户籍制度改革,进一步推进居住证制度改革试点工作。优化流动人口居住、子女教育、社会保障、医疗卫生等公共服务,维护流动人口合法权益。构建全省统一的综合信息平台,努力提高流动人口基础信息管理和应用水平。

51. 健全公共安全应急管理机制。完善各类突发事件应急预案,落实各类应急预案的宣传、演练和相关预防措施,切实提高应对自然灾害、事故灾害、公共卫生事件和环境安全等公共突发事件的能力。

各地各部门要结合实际,抓紧制定具体实施办法,进一步明确责任,确保完成任务。

中共浙江省委办公厅　浙江省人民政府办公厅
关于全面实施"强塘固房"工程的意见

(2008年10月21日)

浙委办〔2008〕98号

为巩固水利基础设施建设和农村住房安全工作成果,全面提升我省防灾减灾综合能力,确保人民群众生命财产安全,经省委、省政府同意,现就全面实施"强塘固房"工程有关事项提出如下意见:

一、充分认识实施"强塘固房"工程的重要意义

近年来,省委、省政府认真贯彻落实科学发展观,高度重视水利基础设施建设和农村住房安全工作,先后实施了千里标准海塘、城市防洪、千库保安、农村困难群众住房救助、下山脱贫、地质灾害避险搬迁、灾后重建等一系列"民心工程",全省防洪、御潮、排涝等工程建设取得了很大成绩,农房防灾减灾能力稳步提高。但是由于近年来全球气候变暖趋势加快,极端气候现象频发,台风、小流域山洪等自然灾害严重威胁着人民群众生命财产安全,防灾减灾任务依然十分严峻。省委、省政府着眼于当前防灾减灾新形势,作出了实施"强塘固房"工程的重要战略决策。这是一项防灾减灾抗灾、保障我省经济社会又好又快发展的重要基础工程,是一项推动社会主义新农村建设、扩大农村投资和消费需求的实事工程,是一项坚持执政为民、保障人民群众切身利益和生命财产安全的民生工程。各级、各有关部门要充分认识全面实施"强塘固房"工程的重要性和紧迫性,按照省委、省政府的决策部署,扎扎实实把各项工作落到实处。

二、实施"强塘固房"工程的总体目标和基本原则

(一)总体目标

以保障人民群众生命财产安全、促进全省经济社会又好又快发展为核心,率先建成布局合理、标准适宜、体系完备、功能完善、管理规范、保障有力的防灾减灾工程体系，海塘、江塘（堤）、水库、山塘等水利工程防护能力达到国家标准，城市防洪工程全线闭合，城市排涝全面达标。制订和完善农村住房标准，加强住房建设指导，提高抗御台风、暴雨和地震等自然灾害能力；以改造农村现有危旧房为重点，着力加强农村困难群众住房救助，加强新建农房规划建设管理，加强农房防灾救灾体系建设，全面提升我省农房综合抗灾减灾能力和建设水平，为实现广大农民群众“住有所居、安居乐业、有灾无虞”打下坚实基础。

（二）基本原则

1. 以人为本，保障民生。把保障人民群众生命财产安全和促进经济社会发展的重大项目作为“强塘固房”工程的首要任务，切实加强领导，全面落实责任，确保完成各项目标任务。

2. 政府主导，多方参与。各级政府是“强塘”工程的责任主体，要编制实施规划，落实保障措施，及时完成任务。“固房”工程要坚持政府主导、农民主体，政府通过健全管理体制、完善政策措施、加大财力支持、优化各项服务，充分调动广大农户提高农房抗灾能力、改善住房条件的积极性。同时，充分利用市场机制，动员全社会力量，多渠道筹集建设资金参与“强塘固房”工程建设。

3. 统筹安排，有序推进。坚持尊重规律、科学治水，在建设项目安排上要因地制宜，区分轻重缓急，按照先除险、后加固、再达标的原则，积极而为、量力而行，扎实推进“强塘”工程。坚持立足当前、着眼长远，一手抓既有危旧房改造和各项避灾措施的落实，一手抓农房规划建设的长效管理，有序组织农民群众进行危旧房改造和新房建设。

4. 建管并重，长效管理。在加强“强塘固房”工程建设管理的同时，进一步理顺工程管理体制，明确管理职能，落实管护经费，建立健全工程管理的长效机制。加强村镇规划建设管理工作，完善农房建设法规规章和标准规范，健全农房建设管理网络和技术服务体系，加快建立灾前、灾中、灾后全过程农房防灾减灾保障体系。

三、今后五年“强塘固房”工程的主要任务

（一）“强塘”部分的主要任务

1. 加快病险水库除险加固工程建设。五年完成982座病险水库的除险加固任务，大幅度提高我省水库安全度，实现在全国率先基本完成病险水库除险加固目标。

2. 实施海塘配套加固工程。加固沉降量大、变形严重的海塘321公里，加高加固非标准海塘和标准较低的海塘215公里，配套加固隐患严重的病险水闸346座，进一步提高海塘防台御潮能力。

3. 加快江塘（堤）加固工程建设。加固保护人口在千人以上的小流域堤防773公里，主要提高小流域两岸乡镇、村庄人口密集区和成片农田的防洪能力；加固保护面积万亩以上或人口万人以上的干堤309公里，进一步提高主要河流的防洪减灾能力。

4. 开展病险山塘排查和整治工作。年底前全面完成病险山塘排查工作，并建立长效监管、排查责任制度。以屋顶病险山塘除险加固为重点，对确定的病险山塘及时进行整治。建立健全屋顶病险山塘巡查制度，落实安全管理责任，切实保障人民群众安全。

5. 加强水利工程维护和应急能力建设。全面理顺水利工程管理体制，落实好事业性质水管单位定编定岗、水利工程公益性岗位管理人员基本支出和公益性工程维修养护经费，建立健全工程管理长效机制。进一步深化细化应急预案，完善防汛防台抗旱责任机制、联动机制和公众防灾机制，提高防灾减灾应急处置能力。

（二）“固房”部分的主要任务

1. 基本完成重点区域、重点对象危旧房改造。根据农村危旧房调查成果，重点对沿海易受台风灾害影响地区、地震重点监视防御区、地质灾害易发区的危旧房以及农村困难家庭危旧房进行改造加固或搬迁，基本消除危旧房结构安全隐患。

2. 基本完成地质灾害危险区域内农户的搬迁及灾害点的工程治理。因地制宜，通过开展动态监测、应急避险、勘查治理、整体搬迁等防治工程，切实保障受地质灾害威胁农户的农房安全。

3. 基本完成农村避灾安置场所建设。根据防灾减灾需要，修订完善防灾应急预案，建成县、乡、村三级避灾安置设施网络，确保灾害来临时人员及时有序转移和妥善安置。

4. 基本建立与群众需要和发展水平相适应的农房救助体系。以农村困难群体中的无房户、住房困难户和灾后倒房困难户为主要救助对象，通过新建、改建、修缮、置换等多种方式，保障其基本居住条件。到2010年完成农村低保标准120%以下困难家庭的危旧房改造，到2012年完成农村低保标准150%以下困难家庭的危旧房改造。鼓励有条件的地区扩大救助面。

5. 基本建立比较完善的农房规划建设管理体系。加快法规规章和标准规范体系建设，理顺农房建设管理体制，加强农房规划建设管理队伍建设，使新建农房基本实现“选址科学、结构合理、施工规范、选材可靠、体现乡土特色”的建设要求。

6. 基本建立“三位一体”的农房防灾减灾保障体系。不断完善政策性农村住房保险、避灾转移安置和灾后重建扶助政策，实现灾前、灾中、灾后全过程防控和帮扶，切实提高农民群众防灾减灾意识和能力。

四、“强塘固房”工程的保障措施

“强塘固房”工程涉及面广，工作难度大。各地要加强管理，落实责任，增加投入，整合力量，积极制订落实各项措施，确保这项工程的顺利实施。

（一）建立工作责任体系。按照纵向到底的要求，分清各级事权，层层落实省、市、县、乡和村级组织实施“强塘固房”工程责任，逐一明确每处水库、山塘、海塘、堤防等水利设施业主单位的管理责任。按照横向到边的要求，明确各级相关部门实施“强塘固房”工程职责。市、县（市、区）政府要承担主要的责任和任务，建立一把手亲自抓、分管领导具体抓、职能部门合力抓的工作机制。省政府把“强塘固房”工程列入各级政府和省有关部门年度工作目标责任制的考核内容，并实行严格问责制度。

（二）加大资金投入。省级财政要进一步加大对“强塘”工程的扶持力度，对符合条件的农村困难群众危旧房改造，继续按照规定的标准给予补助，并对欠发达地区、海岛地区适当倾斜。各级政府要切实加大投入，水库、海塘、江塘加固等工程县级以上的投入比例不低于70%（含中央及省级投入）；县（市、区）农村困难群众危旧房改造配套补助资金不得低于省级补助标准；把村庄规划编制、农房建筑施工图设计、农村建筑工匠技能培训等经费纳入同级财政预算；对沿海易受台风影响地区、地震重点监视防御区和地质灾害易发区其他农户的危旧房改造，要研究建立相关的激励机制。鼓励和支持其他社会资金投入“强塘固房”工程建设。

（三）加强建设管理和监督检查。各地要根据省里统一部署，因地制宜，统筹编制本地区“强塘固房”工程实施方案，并与主体功能区规划、县市域总体规划及村镇规划、土地利用总体规划等相衔接。加快项目前期工作，集中力量，合理调配勘测设计和咨询评估技术力量，确保前期工作高标准、高质量。加强项目建设管理，严格执行项目法人、招标投标、建设监理、合同管理等制度，确保工程质量和安全。研究制订“强塘固房”工程监督检查和验收考核办法，规范资金管理，强化过程监督和竣工验收，确保工程安全、优质、廉洁、高效。

各市、县（市、区）规划建设行政主管部门应明确相关机构承担农房规划、设计、施工监管等职责。乡（镇）人民政府要根据实际需要，配备人员力量，做好农房建设质量安全监督工作。全面推行农房设计，由建设部门组织编制农房建筑设计施工图集，无偿提供并指导建房户使用。加强对农房建设从业人员的管理，逐步建立适合农房建设实际的资质资格管理体系，全面开展农村建筑工匠上岗培训工作，提高服务水平和施工技能。积极探索农房建设监管体制，各地可根据实际，统一委托有资质的中介机构对农房建设进行监管。建立农房竣工验收制度。切实加强建材市场管理，防止劣质建材流向农村。

（四）强化协调和落实。实施“强塘固房”工程是一项事关全局和长远的战略任务，工程项目多、任务重。各级政府要以高度的责任感，切实把这项工程作为当前一项重要工作抓紧抓好。发展改革、农办、民政、财政、国土资源、建设、水利、环保等有关部门要密切配合，加强协作，把各项工作任务落到实处。“强塘”工程中的重要项目应列为省重点工程。“固房”工程中符合土地利用总体规划和城乡规划的危旧房改造及相关建设，在项目用地等方面要优先保障。在项目建设过程中，各有关部门要简化审批手续，提高服务质量，为“强塘固房”工程建设顺利进行创造良好条件。

浙江省人民政府办公厅转发省财政厅 省教育厅关于化解义务教育债务意见的通知

浙政办发〔2008〕10号

各市、县（市、区）人民政府，省政府直属各单位：

省财政厅、省教育厅《关于化解义务教育债务的意见》已经省政府同意，现转发给你们，请结合实际，认真贯彻执行。

二〇〇八年二月二十八日

关于化解义务教育债务的意见

省财政厅　省教育厅

（二〇〇八年十二月二十九日）

根据《国务院办公厅转发国务院农村综合改革工作小组关于开展清理化解农村义务教育“普九”债务试点工作意见的通知》（国办发〔2007〕70号）和全国清理化解农村义务教育“普九”债务试点工作电视电话会议的有关精神，结合我省实际情况，现就全省化解义务教育债务并建立制止新债的有效机制，提出如下意见：

一、充分认识化解义务教育债务的意义

清理化解义务教育债务工作，是贯彻落实科学发展观、促进城乡统筹协调发展的重要举措，是全面落实义务教育经费保障机制改革政策、实行免费义务教育的重要保障，是维护中小学正常教学秩序、推动义务教育健康发展的重要条件，是消除农民负担反弹隐患、促进社会和谐稳定的重要途径。当前，农村综合改革逐步推进，各地综合实力不断提高，财政收入稳定增加，为化解义务教育债务

提供了良好的体制平台、制度环境和财力保障。

二、化解义务教育债务的目标

化解义务教育债务的目标是：到2009年底，全省全面完成义务教育阶段公办学校因修建校舍和购置设备形成债务的化解任务，同时建立起制止发生新债的有效机制。鼓励有条件的市、县（市、区）提前完成任务。

三、化解义务教育债务的基本原则

1. 以县为主。按照义务教育管理体制，义务教育债务化解工作责任主体为市、县（市）政府，其化解工作由市、县（市）政府负责具体实施，并按时完成任务。

设区市人民政府除做好本级义务教育债务化解工作外，要切实承担起管理职责，明确市与区级政府化解义务教育债务责任，组织清理核实债务底数，汇总上报债务情况和化债计划，制定具体的鼓励区级政府化解义务教育债务的激励政策，并督促其按时完成化债任务。

2. 多方筹资。各市、县（市）政府要负责多渠道足额筹集偿债资金。化解义务教育债务的资金来源主要有：一是统筹安排地方一般预算收入、上级财力性转移支付资金，以及省财政安排的化解义务教育债务奖补资金；二是教育费附加和地方教育附加及其他基金中安排一定比例资金用于偿债；三是整合地方现有教育专项资金；四是教育闲置资产处置收益；五是通过统筹有关非税收入途径筹集的化解义务教育债务资金；六是社会组织和个人自愿捐赠的资金。

3. 控制新债。各市、县（市）政府要进一步强化政府投入责任，深化义务教育经费保障机制改革，将义务教育全面纳入公共财政保障范围，本着"量力而行、经济实用"的原则，从制度上保证义务教育学校办学中的所有合理资金，全部由政府预算安排。要严格控制学校建设规模和档次。今后凡新上项目，必须首先落实资金来源，并报同级政府审批后列入部门预算。

四、化解义务教育债务的工作要求

1. 认真清理核实，锁定债务底数。各地要对包括义务教育在内的基础教育债务进行全面清理、核实、锁定。县级审计部门要对学校填报的债务情况认真审查核实，审查面必须达到100%。在全面审计基础上形成汇总报表资料，由政府主要领导审签并加盖市、县（市）政府印章后于2008年4月底前报省财政厅、省教育厅。债务清理中要做到"四个清楚"，即债务来源清楚、债务用途清楚、债权债务主体清楚以及债务余额清楚。

2. 制定化债计划，明确偿债责任。各市、县（市）政府要结合本地实际，制定化解义务教育债务的实施方案，拟定分年度偿债计划，明确化债资金来源和工作进度。各市、县（市）化债方案及分年度偿债计划于2008年5月10日前报省财政厅和省教育厅审批。

3. 积极组织实施，确保如期完成。各地要严格按照化债方案、分年度偿债计划执行，对不能按计划完成年度偿债任务的市、县（市），将视情在全省范围内通报，除扣减当年度省财政化债奖励性补助资金外，原则上省财政不再安排次年度建设类、设备购置类教育专项资金。

五、采取有效措施，确保义务教育债务化解工作顺利实施

1. 建立健全债务监控体系。在确认各地上报债务的基础上，建立义务教育债务偿还管理系统。各地要建立债务台账，逐笔登记债务信息，实时反映债务清偿与变动情况，对化债工作实行动态管理。

2. 建立奖补机制，推进化债工作。为切实做好化解义务教育负债工作，鼓励和调动各地化解义务教育负债的积极性，省财政建立化解义务教育债务以奖代补资金，对各地给予适当奖励性补助。为体现公平，省财政安排化债以奖代补资金不与各地义务教育债务余额挂钩，而是根据各市、县（市）财力状况、学生人数、校舍面积等情况，按因素法分配奖励性补助额。省化解义务教育债务以奖代补资金根据各地偿债进度同比例安排，分年到位。未能按计划完成化债任务的，扣减省补助经费。省奖励性补助全额用于化解义务教育债务，已全面完成义务教育债务化解任务的市、县（市），奖补资金可用于义务教育学校建设或归还其他基础教育债务。各市、县（市）政府也要建立相应的奖励机制，推进义务教育债务化解工作。

3. 建立预算约束机制。为保证化债方案真实可行，确保化债资金足额到位、及时拨付，各地要将化债方案中承诺的化债资金列入年度预算，其中：各级政府用地方财力和教育费附加、地方教育附加、基金以及乡镇政府安排的资金要编入年度政府预算。

4. 实行偿债资金国库集中支付制度。偿债资金原则上全部实行国库集中支付制度，即对银行贷款、单位借款、个人借款和工程欠款等债务，由同级财政直接支付到债权人的银行账户中，不得经过任何中间环节。其中，预算安排的资金由国库直接支付到债权人的银行账户；从其他渠道筹集的义务教育偿债资金，先划入当地财政部门设立的偿债还贷准备金户，并实行分账核算，专款专用，专项管理，支付时直接划入债权人的银行账户。

5. 加强组织领导。化解义务教育债务工作政策性强，与广大债权人的利益密切相关，处理不当，容易引发社会矛盾，影响社会稳定。为确保顺利完成化债工作，各级政府及有关部门要开展深入细致的调查研究，加强指导和协调，平稳推进义务教育债务化解工作。对违反化债政策的行为要及时加以纠正，对有关责任人要视情作出严肃处理。

浙江省人民政府办公厅
关于进一步加强爱国卫生工作的意见

浙政办发〔2008〕27 号

为认真贯彻党的十七大精神，深入落实科学发展观，进一步改善生产生活环境，提高人民群众的健康素质，经省政府同意，现就加强我省爱国卫生工作提出以下意见：

一、充分认识爱国卫生工作的重要性和必要性

爱国卫生工作是党的群众路线运用于卫生工作的伟大创举，通过弘扬爱国主义和集体主义精神，培养互助共济的美德，激发了广大群众自力更生改变生产生活面貌的热情。长期以来，我省积极开展爱国卫生运动，在环境卫生整治、改水改厕、病媒生物防制、卫生创建、健康教育、疾病防治等方面取得了显著的成绩，为改变城乡卫生面貌、保障人民群众身体健康、促进经济发展和社会进步作出了很大贡献。

但是，现阶段我省爱国卫生工作还存在一些薄弱环节：人民群众的卫生保健意识还不够强，一些疾病仍然威胁着百姓的健康，农村爱国卫生工作有待加强，改水改厕工程进展不平衡，少数地方对爱国卫生工作重视程度不够等。加强爱国卫生工作，改善生产生活环境，提高人民健康水平和生活质量，是落实科学发展观、关注民生的重要内容。因此，各地、各部门要以对人民高度负责的态度，进一步提高对爱国卫生工作重要性的认识，切实抓好新时期爱国卫生工作。

二、明确爱国卫生工作的指导思想和目标任务

（一）指导思想。坚持以邓小平理论和“三个代表”重要思想为指导，深入贯彻落实科学发展观，坚持“政府组织、地方负责、部门协调、群众动手、科学治理、社会监督”的爱国卫生工作方针，以保障人民群众健康为出发点，以健康教育为基础，以环境整治为突破口，以改水改厕为重点，以卫生防病和提高健康素质为目的，全面开展城乡爱国卫生运动。

（二）目标任务。今后一段时期我省爱国卫生工作的目标是：提高城乡卫生创建水平，巩固和发展卫生创建成果，开展健康城市建设活动。按照社会主义新农村建设和实施“农民健康工程”的要求，推进农村改水改厕工作，加快农村环境卫生综合整治步伐。落实病媒生物综合防制措施，广泛开展城乡“除四害”工作，预防控制相关传染病。全面推进“健康生活方式行动”和“亿万农民健康促进行动”，开展城乡居民健康教育和健康促进工作。开展群众性卫生监督。争取到 2010 年，新创建国家卫生城市和县城各 6 个、国家卫生镇 10 个，全省城市均达到省级卫生城市标准，新创建省级卫生县城 6 个、省级卫生镇 30 个，创建一批省级卫生村，继续开展卫生先进单位创建工作。农村饮用安全自来水普及率达到 85%，农村卫生户厕普及率达到 85%，行政村建有卫生公厕，粪便无害化处理率达到 60%。城乡居民健康知识知晓率达到 80%。

三、以改水改厕为重点，加强农村环境卫生整治

加快农村改水步伐，加快农村安全饮用水工程建设，严格保护饮用水水源，综合防治水污染。加快实施区域供水，以城带乡扩大农村受益范围。加快建设农村分片集中式、分散式供水工程，因地制宜解决农村饮用水安全问题。建立农村安全饮用水工程卫生学评价制度，在工程可行性研究、初步设计和竣工验收时必须进行卫生学评价。建立农村水质卫生监测体系，完善监测网络，对集中供水工程要加强水源、出厂水和管网末梢水的水质检验和监测，对分散供水点要分区域定期进行水质监测。加大对学校、介水传染病和地方病流行地区、污染严重地区、灾后地区的水质卫生监测力度。

加快农村改厕步伐，把农村改厕与农村污水处理、面源污染治理、外环境整治结合起来，统一规划，整体推进。按照各地实际，在粪便无害化处理的基础上，推广三格式化粪池、沼气池、粪便污水集中处理等技术，消灭露天粪缸。农村新建住房必须同步配套建造粪便和生活污水无害化处理设施，老住宅要加快户厕和生活污水处理改造。在地处交通要道和企业集中、流动人口集聚的村要建造卫生公厕。对已建成的卫生公厕要完善管理制度，充分发挥作用，切实减少肠道传染病和寄生虫病的发生。

按照社会主义新农村建设总体目标的要求，以“千村示范、万村整治”工程为龙头，加强农村环境卫生综合整治，改变农村脏、乱、差现象，建立健全农村环境卫生长效保洁机制。各地要积极组织群众平整村路，构筑、疏通沟渠，清除住宅、庭院、道路的垃圾和“白色”污染，严格治理乱倒、乱堆生活垃圾等问题。加强垃圾房、果壳箱、垃圾中转站等村镇环境卫生基础设施建设，完善清扫保洁制度。因地制宜，大力推行农村生活垃圾乡镇区域性集中处理和“户分类、村收集、乡转运、县处理”的城乡一体化处理方式，做好垃圾收集运输处理。垃圾填埋场要按标准建设，有条件的地方要推广垃圾焚烧发电等环保处理方式，防止垃圾处理二次污染。

四、以健康教育为基础，提高群众自我保健意识

充分利用大众媒体，大力开展全民健康教育。广播、电视、报刊等媒体要通过开设专栏和专题节目等形式，加大健康教育宣传力度。机关、学校、企事业单位和公共场所要设立健康教育宣传栏。通过“全民健康生活方式行动”，普及卫生知识，提高城乡居民的健康知识知晓率，增强自我保健意识，培育文明风尚，引导城乡居民改变不卫生陋习，养成文明健康的生产生活方式，提高健康素质和健康水平。

通过“亿万农民健康促进行动”、“健康教育学校”、社区卫生服务和从业人员培训，不断加强农村居民、青少年、妇女、老年人以及食品企业、公共场所、职业危害企业从业人员等重点人群的健康教育与健康促进工作。要针对城乡居民体检中发现的健康问题，提供健康指导和咨询服务。重点加强预防传染病、地方病、职业病、慢性非传染性疾病、中毒和伤害的健康教育。

五、以卫生防病为核心，加强重点疾病防控

要把爱国卫生工作同疾病防治工作结合起来，充分发挥爱国卫生组织的优势，广泛发动群众，根据各地卫生防病工作的重点，组织开展爱国卫生专项活动。

持续开展病媒生物防制工作，把“四害”密度控制在最低限度。出血热、登革热、疟疾、霍乱、伤寒、鼠疫等疾病历史疫区或发生疫情的地区，要切实加强相关病媒生物防制工作。血吸虫病、狂犬病历史疫区和多发地区，要做好传染源的控制工作，切断传播途径，加强人畜共患传染病预防与控制。

要加强重点场所、重点人群、重点疾病的监测，落实防控措施，减少艾滋病、结核病、病毒性肝炎等传染病，碘缺乏病和地氟病等地方病，高血压、糖尿病、心脑血管疾病、肿瘤等慢性非传染性疾病以及精神病、伤害、中毒的发生和流行。加强传染病和突发公共卫生事件的应急处置，做好救灾防病工作。

六、以卫生创建为载体，改善生产生活环境

深入开展国家和省级卫生城市(县城)创建活动，促进卫生强市、强县建设，为卫生强省建设打下坚实基础。要实事求是，分类指导，坚持标准，整体推进，做到成熟一个命名一个。积极开展健康城市建设试点工作，建立健康城市指标体系和评价体系，不断提高卫生创建水平。统筹规划，循序渐进，全面推进卫生镇、村创建工作，切实改善农村生产生活环境。

加强单位卫生管理。健全单位卫生管理制度，完善卫生基础设施，改善生产工作环境。开展职工健康教育，消除职业危害因素，防范和控制传染病、职业病和突发公共卫生事件，保护职工健康权益。

七、以进城务工人员为重点，加强流动人口卫生管理

流动人口卫生管理是新时期爱国卫生工作的新内容和新任务。流动人口输出地和输入地都要加强进城务工人员及其子女的卫生防病工作，做好免疫规划、妇幼保健、传染病防治工作，特别是要加强艾滋病、肠道传染病、地方病、职业病等重点疾病的健康教育工作，帮助其提高自我保健意识，养成文明卫生的生活习惯。对流动人口集聚的城中村、城乡结合部、中心镇、劳动密集型企业等重点地区和单位，要从当地实际出发，切实加强环境卫生治理、病媒生物防制和疾病预防控制工作，改善生产生活条件，解决职业危害控制、饮食饮水安全和卫生设施配置中存在的问题。

八、切实加强对爱国卫生工作的领导

加强爱国卫生工作是政府履行公共服务职能的重要内容。各级政府要切实加强对爱国卫生工作的领导，将爱国卫生工作纳入当地经济社会发展规划，制定爱国卫生中长期规划和年度工作计划，确定年度工作目标和工作重点，加强督导检查。

加强爱国卫生组织机构建设。各级爱国卫生运动委员会(以下简称爱卫会)是同级政府的议事协调机构，负责统一领导、统筹协调爱国卫生工作。各地要建立健全协调机制，明确有关部门职责，每年召开工作会议，研究重大问题，部署工作任务。要明确部门和人员承担爱卫会办事机构的日常工作。进一步完善基层爱国卫生网络，机关、企事业单位、行政村和社区要建立爱国卫生组织，积极开展爱国卫生工作。

提高爱国卫生队伍素质，创新爱国卫生工作方法。各地要加强爱国卫生队伍建设，充实具有专业知识和管理能力的人员，加快人才培养，提高工作能力和管理水平。各级爱卫会办事机构要加强自身能力建设，充分运用现代管理手段和先进科学技术，创新工作方法，加强培训指导，推动爱国卫生工作深入开展。

加大爱国卫生经费投入。各级政府要将爱国卫生工作纳入公共卫生体系建设内容，完善经费保障机制，合理安排预算，重点支持城乡环境卫生综合整治、水质监测管理、农村改水改厕和垃圾粪便污水处理、病媒生物防制、健康教育等工作。

加强爱国卫生法制建设，把爱国卫生工作纳入法制化、规范化、科学化管理轨道。要加快我省爱国卫生立法工作，制订爱国卫生工作法规和各项管理办法。各级爱卫会要依法履行职责，通过建立委员会会议制度、成员单位联络员制度、工作报告制度、重大事项协调制度、督查制度和社会监督制度等，加强成员单位之间的信息交流与资源共享，形成合力，共同完成新时期爱国卫生工作任务，为提高人民群众健康水平、促进经济社会协调发展作出新的贡献。

二〇〇八年四月十一日

浙江省人民政府办公厅转发省食品安全委员会办公室关于加强食用农产品入市管理工作若干意见的通知

浙政办发〔2008〕35 号

各市、县(市、区)人民政府,省政府直属各单位:

省食品安全委员会办公室牵头制订的《关于加强食用农产品入市管理工作的若干意见》已经省政府同意,现转发给你们,请认真贯彻实施。

二〇〇八年四月三十日

关于加强食用农产品市管理工作的若干意见

省食品安全委员会办公室

二〇〇八年三月十四日

为进一步加强对食用农产品的监督管理,提高食用农产品质量安全水平,保障人民群众身体健康和生命安全,根据《中华人民共和国农产品质量安全法》、《国务院关于加强食品等产品安全监督管理的特别规定》(国务院令第503 号)、《浙江省食用农产品安全管理办法》(省政府令第163 号)等的有关规定,现就我省食用农产品入市管理工作提出如下意见。

一、实施范围

(一)本意见所称食用农产品是指《浙江省食用农产品安全管理办法》所规定的食用农产品。食用农产品入市管理制度,指凡在本省生产加工和进入本省销售食用农产品,由生产加工者提供相关供货凭证,经营者索取相关进货销售凭证的制度。

(二)实行食用农产品入市管理的范围为本省行政区域内食用农产品生产加工企业、种养殖基地,以及从事经营的商场、超市、批发市场、农贸市场和餐饮业、集体食堂,重点是县级及以上政府所在地城市的商场、超市、批发市场。

二、职责分工

(三)各级政府负责本行政区域内食用农产品入市管理工作。政府有关部门按照省编委《关于进一步明确食品安全监管部门职责分工有关问题的通知》(浙编〔2005〕3号)要求,在各自的职责范围内负责食用农产品的监管工作,其中食品药品监管部门负责食用农产品入市管理工作的综合监督、组织协调,依法组织查处重大事故;农业、渔业、林业等部门负责初级农产品生产环节的监督管理;质量技监部门负责以农产品为原料的食品加工企业采购食用农产品的监督管理;经贸部门负责畜禽屠宰环节的监督管理;工商部门负责食用农产品流通环节的监督管理;卫生部门负责餐饮业和集体食堂采购食用农产品的监督管理;财政、公安及其他相关部门按照法律法规的规定履行监督管理职责,协助做好食用农产品入市管理的相关工作。

(四)生产企业、基地及超市、商场、市场等食用农产品生产经营主体,按照《国务院关于加强食品等产品安全监督管理的特别规定》,对食用农产品质量安全承担第一责任人职责。

三、供证供票制度

(五)凡进入食品生产企业、超市、商场、市场和餐饮业、集体食堂的食用农产品均实行供证供票制度。供货方必须提供能够证明其身份和产品质量的相关材料,并出具有效销售凭据。

(六)包装食用农产品入市的,必须符合法律法规规定的包装和标识要求,供货方应提供企业营业执照并出具产品质量合格证明等材料。

(七)散装初加工食用农产品入市的,其质量必须符合国家、行业、地方标准和法律法规要求,供货方应提供产地收购证明和身份证明,同时实行抽检制度。

(八)鲜活类食用农产品入市的,其质量必须符合国家、行业、地方标准和法律法规要求,同时实行抽检制度。蔬菜、果品、水产品等农产品,供货方应提供农产品产地或收购地证明,并出具有效供货凭证。畜禽及其产品,供货方应提供其主体证明文件(营业执照或收购证明)和有效供货凭证;畜禽产品应具有检疫标志,依法需要实施检疫的应提供检疫合格证明。

(九)对取得无公害农产品、绿色食品、有机食品认证和浙江省初级水产品质量安全信得过等称号的食用农产品,在其上述证书有效期限内,实行入市免检。

(十)对从国外和港澳台地区进口的食用农产品,供货方应提供口岸检验检疫机构签发的《入境货物检验检疫证明》或卫生证书等相关证明文件。

(十一)本意见所称的产地证明,是指证明食用农产品产地来源的有效凭证。以下材料之一可作为产地证明：(1)县级以上农业、渔业、林业部门，乡(镇)级以上政府或街道办事处、村委会、农民专业合作组织出具的产地证明；(2)有效期内的无公害农产品产地证书复印件或浙江省森林食品基地证书复印件；(3)农业生产企业出具的产地证明；(4)农产品产地编码；(5)其他能够表明产品的产地或生产者，并可实现质量安全责任追溯的证明。

食用农产品质量应符合国家、地方或行业规定的质量安全标准。以下材料之一可作为质量证明：(1)具有法定资质的检测机构出具的检验报告；(2)生产经营者按照规定办法进行检测后的合格证明；(3)有效期内的无公害农产品、绿色食品、有机食品认证证书或浙江省初级水产品质量安全信得过产品证书复印件。

四、索证索票制度

(十二)对入市销售的食用农产品实行索证索票制度。经营者必须索取能够证明供货方身份和产品质量的相关证明材料。

(十三)包装食用农产品入市的，经营者在首次进货时应审验供货方的经营资格，并索取其有效的营业执照、产品质量检验报告、检疫证明、进货发票或进货凭证等证件材料，验明产品包装上标注的品名、产地、生产者、生产日期等标识。上述证明材料至少每年复核一次。

农贸市场经营蔬菜、果品、水产品等鲜活类食用农产品，来自批发市场的，仅需索取供货凭证。其他食用农产品按第(七)条、第(八)条要求索取有关证明材料。

(十四)自产自销食用农产品入市的，市场举办者应划定专门区域并明示，同时对经营者身份证明进行登记备案，对经销的食用农产品实行抽检制度。

(十五)餐饮业、集体食堂和食品生产加工企业采购食用农产品时，应按照第(十一)条要求索取供货方的产地证明和质量证明。

(十六)食用农产品批发商对所经营产品，必须建立详细的进货台账，如实记录产品名称、规格、数量、供货方及联系方式、进货时间等。同时还应当建立销货台账，如实记录所售产品的品种、名称、销售去向、数量等，并出具有效销售凭据。索取的相关证明材料与台账不得分离，以粘贴或一户一档的形式进行保管备查。

(十七)对经检测不合格的食用农产品，要立即下柜，就地进行无害化处理或集中销毁，并依法追究相关责任人责任。

五、组织领导

(十八)各级政府要加强对食用农产品入市管理工作的组织领导，结合本地实际，制定具体实施方案。各级财政部门要将农产品质量安全监管、信息化建设及快速定性检测点建设等项目经费纳入财政预算，确保食用农产品入市管理工作顺利开展。

(十九)各有关部门要按照“谁主管、谁负责”的原则，各司其职，各负其责，加强协调沟通，形成监管合力。要通过行业自律和信用体系建设，强化企业第一责任人意识，努力构建政府、部门、企业三位一体的责任体系。

(二十)商场、超市和市场举办者应加大食用农产品质量检测设备投入，加快检测机构和信息系统建设，强化质量责任和自检自律意识，确保产品质量安全。要加强内部管理，明确产品质量安全管理责任，实行不合格产品退市制度。发现销售不符合法定要求产品或其他违法行为的，应及时停止销售并向有关部门报告。

浙江省人民政府办公厅转发省人口计生委省财政厅关于计划生育家庭特别扶助制度实施意见的通知

浙政办发〔2008〕47号

各市、县(市、区)人民政府，省政府直属各单位：

省人口计生委、省财政厅《关于计划生育家庭特别扶助制度的实施意见》已经省政府同意，现转发给你们，请认真贯彻执行。

二〇〇八年七月十日

关于计划生育家庭特别扶助制度的实施意见

省人口计生委　省财政厅

二〇〇八年六月三日

为贯彻落实《中华人民共和国人口与计划生育法》和《中共中央国务院关于全面加强人口和计划生育工作统筹解决人口问题的决定》(中发〔2006〕22号)，进一步加强人口和计划生育工作，稳定低生育水平，统筹解决人口问题，根据《国家人口计生委财政部关于印发全国独生子女伤残死亡家庭特别扶助制度试点方案的通知》(国人口发〔2007〕78号)精神,结合我省实际,现就在全省实行计划生育家庭特别扶助制度(以下称特别扶助制度)提出如下意见。

一、实行特别扶助制度的重要意义

人口问题始终是制约我国全面协调可持续发展的重大问题,是影响经济社会发展的关键因素。20世纪70年代以来,我省的人口和计划生育工作取得了显著成效,有效地遏制了人口的过快增长,实现了人口再生产类型的历史性转变,为我省经济发展、社会进步和人民生活水平提高作出了突出贡献。新时期的人口问题更加复杂,要采取更切实有效的措施,努力解决人口和计划生育工作面临的新情况、新问题,为全面落实科学发展观,构建社会主义和谐社会创造良好的人口环境。

独生子女伤残死亡家庭是我国实行计划生育政策以来形成的特殊群体,是社会广泛关注的特殊计划生育家庭。建立和实施特别扶助制度,是完善和发展人口和计划生育政策,全面落实"三个代表"重要思想和科学发展观,促进社会主义和谐社会建设的具体实践。实施这项制度,有利于缓解特殊计划生育家庭的实际困难,使他们精神上获得慰藉,生活上得到帮助;有利于促进人口和计划生育工作向依法管理和利益导向转变,更好地体现我国人口和计划生育工作以人为本的政策理念,进一步激发广大人民群众自觉实行计划生育的积极性;有利于完善社会保障制度,通过率先解决独生子女伤残死亡家庭的特殊困难,逐步扩大社会保障覆盖面,更好地体现社会公平。因此,要充分认识建立和实施特别扶助制度的重要意义,把这件事关广大群众家庭幸福和社会和谐的大事落到实处。

二、特别扶助制度的主要内容

特别扶助制度是为了完善人口和计划生育利益导向政策体系,解决独生子女伤残死亡家庭的特殊困难,更有效地落实人口和计划生育基本国策,针对独生子女家庭所做的一项基本制度安排。

(一)扶助对象。特别扶助制度扶助的对象是:我省城镇和农村独生子女死亡或伤、病残后未再生育或收养子女家庭的夫妻。扶助对象应同时符合以下条件:

1. 1933年1月1日以后出生。

2. 女方年满49周岁。

3. 只生育一个子女或合法收养一个子女。

4. 现无存活子女或独生子女被依法鉴定为残疾(伤病残达到三级以上)。

扶助对象确认条件的具体政策解释由省人口计生委另行制定。

(二)扶助标准。独生子女死亡后未再生育或合法收养子女的夫妻,由政府给予每人每月不低于150元的扶助金,直至亡故为止;独生子女伤、病残后未再生育或收养子女的夫妻,由政府给予每人每月不低于120元的扶助金,直至亡故或子女康复为止。

各市、县(市、区)可根据当地实际,适当提高扶助金标准。对于符合条件而以前未享受的,以2008年为起点发放。在开展城乡居民最低生活保障制度核算申请人家庭收入时,扶助金不计入其家庭收入;取得扶助金的"五保户",不影响其原有待遇。

(三)经费来源。扶助经费由省和市、县(市、区)财政共同负担,各级财政要列入财政预算予以保证。省财政主要根据各地(不含宁波)财力情况,具体确定省、县分担比例和金额;超过省定最低发放标准以上部分的扶助金由各地财政自行负担。宁波市与其所辖各县(市、区)的资金分担比例由宁波市自行确定,报省人口计生委、省财政厅备案。

三、特别扶助制度的基本原则

实施计划生育家庭特别扶助制度要遵循以下原则:

(一)统一政策,严格控制。省人口计生委依据上述条件和国家人口计生委的有关政策解释,结合本地相关法规、规章和政策,制定扶助对象确认的具体政策,确保政策的一致性。

(二)公开透明,公平公正。通过张榜公布、逐级审核、群众举报、社会监督等措施,确保政策执行的公平性。

(三)直接扶助,到户到人。依托现有渠道直接发放扶助金,严禁任何单位或个人截留挪用、虚报冒领扶助金等违规行为。

(四)健全机制,逐步完善。制订配套政策和措施,建立健全特别扶助制度的管理、服务和监督机制。

(五)政府主导,社会参与。把实施特别扶助制度与计划生育公益金制度以及开展"幸福工程"、"生育关怀"等活动结合起来,形成扶贫济困的良好社会风尚。

四、特别扶助制度的工作要求

(一)加强组织领导。特别扶助制度主要以县(市、区)为主体组织实施,要与农村部分计划生育家庭奖励扶助制度实施工作结合起来。各级政府要切实加强领导,确保特别扶助制度落到实处。有关部门要各司其职,建立经常性沟通协调机制,切实加强对制度实施的领导和协调,及时研究解决实施工作中的重大问题。

(二)明确部门职责。人口计生部门负责扶助对象的确认、政策解释、数据汇总、建立相关数据库和信息监控等工作。财政部门负责扶助资金的预算决算,建立扶助资金财政专户,并进行严格的监督管理,确保专项资金及时足额到位。委托发放机构负责将扶助金及时足额发放到户到人。要建立对象确认、资金管理、资金发放和社会监督四个环节相互衔接、相互制约的制度运行机制。

公安、卫生部门和残联要配合做好对扶助对象确认过程中的相关工作。劳动和社会保障、民政部门要配合做好特别扶助制度和社会基本养老保险政策、城乡居民最低生活保障等政策的衔接。宣传部门要加大社会宣传力度,增加政策执行的透明度和社会影响力。监察、审计等部门要定期对扶助对象确认、资金配套、资金发放、制度运行等情况进行监督审查。

(三)加强监督检查。要将实施工作纳入人口和计划生育工作考核评估的重要内容。省财政、人口计生部门要组织力量对扶助金的发放和管理情况定期进行绩效考评,各地也要建立相应的检查监督和定期评估制度。要建立村务公开和群众举报制度，利用多种形式对特别扶助制度执行情况进行社会监督和舆论监督。对实施过程中出现重大问题、造成社会影响的，要追究有关领导及相关部门的责任。对发现有虚报、冒领、克扣、贪污、挪用、挤占扶助资金等行为的单位和个人，要严肃查处，触犯刑律的依法追究刑事责任。

（四）做好制度衔接。继续落实已出台的各项人口和计划生育奖励优惠政策，逐步形成完善的人口和计划生育利益导向政策体系。要把实施特别扶助制度与计划生育公益金制度、“少生快富”工程、“关爱女孩”行动、计划生育“三结合”、“生育关怀”、“幸福工程”等项工作紧密结合，充分发挥各项政策的综合效应。

要认真做好特别扶助制度与农村部分计划生育家庭奖励扶助制度以及各地已经出台的相关制度的衔接。对于目前已享受农村部分计划生育家庭奖励扶助制度的独生子女伤残或死亡对象，按照本意见规定相应调整扶助标准；对于符合特别扶助制度基本条件的农村对象，年龄达到60周岁以后，仍继续执行本制度规定，不重复执行农村计划生育家庭奖励扶助制度；对于独生子女伤残或死亡而女方尚未达到49周岁的家庭，应结合计划生育公益金制度，通过多种形式给予帮助。符合再生育条件的，人口计生部门要积极开展生殖健康咨询和指导，及时帮助有再生育意愿的家庭实现再生育。

要充分发挥政府部门和非政府组织的作用，在民政、社会保障、教育、卫生、扶贫、助残等方面向这些家庭倾斜，帮助他们解决生产、生活和养老等方面的困难和问题。

各地和有关部门要根据本实施意见制定切实可行的实施细则和相关配套管理办法，及时总结经验，不断完善相关政策、程序和配套措施。

浙江省人民政府办公厅转发省老龄工作委员会2008—2010年为老年人办实事意见的通知

浙政办发〔2008〕54号

各市、县（市、区）人民政府，省政府直属各单位：

省老龄工作委员会关于《2008—2010年为老年人办实事的意见》已经省政府同意，现转发给你们，请结合实际认真贯彻落实。

二〇〇八年八月二十五日

2008—2010年为老年人办实事的意见

省老龄工作委员会

（二〇〇八年七月三日）

2001年以来，各地、各有关部门切实加强老龄工作，连续7年为老年人办了近30件好事实事，得到了广大老年人和社会群众的拥护与好评。为进一步促进我省老龄事业又好又快发展，切实保障社会弱势群体和困难群体的利益，努力实现基本公共服务均等化，促进社会和谐发展，经省老龄工作委员会第七次全体会议研究议定，2008—2010年继续为老年人办8件实事。为确保各项实事的有效落实，现就责任部门和工作要求提出如下意见：

一、办实事项目和责任部门

（一）建立健全覆盖城乡居民的养老保障制度，加大困难老人社会救助力度。进一步完善企业职工基本养老保险制度，到2010年，全省企业职工基本养老保险参保人数达到1300万人以上，确保退休人员基本养老金按时足额发放；健全被征地农民基本生活保障制度，实现“应保尽保、即征即保”；探索建立城镇老年居民养老保险制度，稳步推进农村社会养老保险制度。将符合条件的城乡老年人全部纳入最低生活保障，每人每月最低救助额不少于50元。建立临时社会救助制度，对低保和低保边缘困难老年人以及其他因突发性灾害、事故造成生活暂时困难的老年人，给予临时救助。

责任部门：省劳动保障厅、省民政厅。

（二）逐步提高老年人的生活待遇标准。每年提高企业退休人员基本养老金水平；适当提高精减退职职工、计划外长期临时工等人群的老年生活待遇；妥善解决破产、关闭的原城镇集体企业未参保人员的基本养老保障问题。逐步提高百岁老人养老补贴标准，到2010年，从目前的每人每月200元提高到300元。鼓励各地对未享受基本养老保障待遇的高龄老年人，按月给予一定的生活补助。

责任部门：省劳动保障厅、省民政厅。

（三）建立健全城乡居民医疗保险和医疗救助制度。到2010年，全省城镇职工参加基本医疗保险人数达到1050万人。逐步提高新型农村合作医疗政府补助比例，2008年省财政对全省经济欠发达地区、一般地区、发达地区按每人每年40元、20元、12元的标准补助；各县（市、区）筹资标准应达到人均100元以上；调整补偿方案，到2010年，全省新型农村合作医疗参保老年人住院费用补偿率达到40%，门诊补偿率达到20%左右。加快建立城镇居民基本医疗保险制度，实现城镇老年居民基本医疗保险制度全覆盖，参保率达到70%以上。对参加基本医疗保险的企业退休人员和参加城镇居民基本医疗保险的老年居民，每2年开展1次健康体检；参加新型农村合作医疗的老年农民每2年1次健康体检率达到60%以上。将所有困难老人纳入医疗救助范围，适时调整医疗救助封顶线；给予农村“三老”人员（老党员、老游击队员、老交通员）每年人均500元医疗补助。

责任部门：省劳动保障厅、省民政厅、省卫生厅、省财政厅。

（四）加强城乡为老卫生服务设施建设。到2010年，所有市级以上精神病院开设老年病房。加强城乡社区卫生服务基础设施建设，每个乡镇（街道）至少办好1所政府举办的社区卫生服务中心（乡镇卫生院），按照居民出行20分钟左右的要求或以中心村（社区）为基础下设若干社区卫生服务站，方便老年人就近、就便就医。城乡社区卫生服务中心为符合条件的老年人设立家庭病床，提供上门服务。根据老年人服务需求，提供相应的中医药服务。为60岁以上老年人建立健康档案，开展针对性的健康管理。

责任部门：省卫生厅。

（五）初步建立居家养老服务体系。到2010年，全省建成省、市、县（市、区）社会养老服务中心102个；街道（乡镇）居家养老服务站1100个；城乡居家养老服务网点（星光老年之家）10000个。80%以上的城镇居民和60%以上的农村居民基本实现居家养老服务。

责任部门：省民政厅。

（六）加快养老服务机构基础设施建设。确保全省各类养老服务机构床位年均增长10%，力争到2010年，总床位达到20万张。新建、改（扩）建针对农村五保和城镇“三无”人员敬老院500所以上，新增床位3万张以上。

责任部门：省民政厅。

（七）加强基层老年文化体育活动设施建设。继续扶持欠发达地区老年活动设施建设，3年内资助经济欠发达地区9个县（市、区）和211个乡镇建造老年活动中心。对全省低保户老年人家庭实行有线电视入网费（初装费）和视听维护费减免政策，到2010年，基本落实到位。三年内争取创建体育强县（市、区）12—15个、体育强镇（乡）300个，建设小康体育村9000个，为基层老年人参与体育锻炼提供更多的健身场所；积极鼓励乡镇、街道的国民体质测试站与卫生院和社区卫生服务中心合作，新建镇（乡）国民体质监测站180个，指导老年人科学健身。

责任部门：省老龄办、省广电局、省体育局。

（八）积极开展法律为老服务。支持和鼓励律师、基层法律工作者积极为老年人提供法律服务，建立和完善公证法律服务便民措施，对老弱病残等老人建立上门服务和电话预约服务制度，加大为老年人办理法律援助案件的力度，在各市、县（市、区）的法律援助机构设立老年人法律援助专用服务通道，进一步为孤寡老人、残疾老人和生活困难老人优先提供法律援助和服务。

责任部门：省司法厅。

二、工作要求

为老年人办实事，是贯彻落实党的十七大和省第十二次党代会精神，全面改善民生、促进社会和谐的重要内容。各级政府要继续加强对老龄工作的领导和协调，督促有关部门落实好为老年人办实事项目。省级各有关单位要按照各自职责分工，进一步明确相关责任部门和责任人，确保办实事工作顺利进行。各地、各有关部门要把为老年人办实事纳入目标管理考评体系，建立考评激励机制，实行制度化、规范化管理。省老龄办要加强与省级有关单位的联系协调，定期开展督促检查，确保各项实事如期完成。

浙江省人民政府办公厅
关于开展成人双证制教育培训工作的通知

浙政办发〔2008〕72号

各市、县（市、区）人民政府，省政府直属各单位：

改革开放以来，我省各级各类教育得到了迅速发展，国民受教育机会不断增加，教育程度不断提高。但由于受历史原因及人口流动等多种因素影响，我省城乡居民特别是农村人口平均受教育年限依然偏低，与我省经济社会发展和全面建设小康社会不相适应。为扩大城乡劳动者接受职业教育和成人教育的覆盖面，促进我省全面建设小康社会目标的顺利实现，根据《中共浙江省委关于全面改善民生促进社会和谐的决定》(浙委〔2008〕38号)和省人大十一届一次会议政府工作报告精神,省政府决定,在全省范围内组织开展成人"双证制"教育培训工作。现就有关事项通知如下:

一、统一思想,提高认识,明确工作目标

成人"双证制"教育培训是一种把文化科学教育与职业技能培训有机结合的成人教育培训形式。我省成人"双证制"教育培训工作以本省籍成年居民为主要对象,以农村劳动力为工作重点,以取得国家职业资格证书和成人初中或成人职业高中毕业证书为目标,通过建立成年居民"学分银行",鼓励和吸引广大成年居民参加多样化的教育培训,努力使成年居民在掌握一技之长、基本适应就业创业技能需要的同时,进一步提高文化水平和学历层次。成人"双证制"教育培训不适用于中小学在校学生和初中应届毕业生。

开展成人"双证制"教育培训工作是我省农民素质培训、企业职工岗位技能培训、农民工培训、城镇就业和再就业培训等各类技能培训的深化与完善,是加快延长城乡人口平均受教育年限、促进全面建设小康社会目标顺利实现的一项重要举措。各级政府及有关部门要从贯彻落实省委"创业富民、创新强省"总战略和关注社会民生的高度,统一思想认识,加强组织领导,采取有力措施,积极予以实施。全省各地都应组织开展成人"双证制"教育培训工作,争取全省每年有10万名左右的城乡成年居民通过"双证制"教育培训,提高一个学历层次。

二、成人"双证制"教育培训工作的基本内容

成人"双证制"教育培训工作包括技能培训与文化课学习、文化考核、学分管理、学历认定等基本内容:

(一)技能培训与文化课学习。成人"双证制"教育培训由技能培训和文化课学习两部分组成。技能培训包括各地正在开展的农村劳动力素质培训、企业职工岗位技能培训、农民工培训、城镇就业和再就业培训、企业经营管理人员培训和农村预备劳动力培训,以及其他各类社会培训。文化课学习包括语文、数学、科学、公民道德与法律基础4门必修课程,采用面授与自学相结合的方式进行,具体课程内容和学习要求等由省教育厅另行规定。

(二)文化考核。城乡成年居民参加成人"双证制"教育培训,完成文化必修课学习后,应及时参加文化考核。考核工作由教育行政部门组织实施。

(三)学分管理。成人"双证制"教育培训采用学分制管理办法。由教育部门负责为2004年以后参加各类技能培训和文化课学习的本地常住成年居民设立"学分银行",建立培训档案,登记培训信息和考核成绩,并按照一定方法将参加技能培训和文化课面授的课时、技能鉴定等级、文化考核成绩等统一折算为学分,以全面反映城乡成年居民的教育培训情况。

(四)学历认定。城乡成年居民参加成人"双证制"教育培训,文化考核合格、"学分银行"累计学分达到规定要求的,经审核,由教育行政部门颁发成人初中或成人职业高中毕业证书,国家承认其成人教育学历。

三、坚持技能培训与文化课学习相结合

为降低教育培训成本,提高组织工作效率,成人"双证制"教育培训工作坚持技能培训与文化课学习相结合,文化课学习应尽可能与各地政府部门组织开展的各类技能培训结合进行。从2008年起,凡由各地政府部门组织开展的各类技能培训,都应按照成人"双证制"教育培训的工作要求,增加文化课辅导环节,将其列为重要培训内容,培训结束时应及时组织学员参加文化考核和学历认定。同时,各地教育部门设立的成人学校或文化课学习辅导教学点,应面向已参加过技能培训的城乡成年居民开展文化课学习辅导。

四、实行政府统一领导、部门分工负责的管理体制

成人"双证制"教育培训工作由各级政府统一领导,各有关部门分工负责、密切配合,共同做好组织实施工作。各类技能培训及文化课学习辅导工作,仍按《浙江省人民政府关于大力推进职业教育改革与发展的意见》(浙政发〔2006〕41号)精神,由各有关部门分工负责,牵头组织实施。文化课课程标准的制订、教材开发、文化考核以及"学分银行"管理、学历认定、文凭颁发等工作,由各级教育行政部门负责。

各地、各部门在组织开展有关技能培训工作时,应根据成人"双证制"教育培训的要求,适当延长培训时间,增加文化课学习内容,提供文化课教材,开展文化课面授,并要求培训基地组织学员参加当地教育部门组织的文化考核和学历认定。为了切实做好"学分银行"登记及学历认定工作,培训基地应及时向培训学员常住地的"学分银行"管理部门提供技能培训和文化课学习的有关信息及相关证明材料。城乡成年居民也可直接向常住地"学分银行"管理部门提供相关信息。

五、加强领导,保障经费

开展成人"双证制"教育培训工作,所需经费由市、县政府承担,列入市、县财政年度预算。为切实保障在各类技能培训中增加文化课学习以及学历认定等工作内容,各地政府应根据实际需要,在原有基础上增加培训经费,主要用于配送文化课教材、开展文化课学习辅导以及组织参加文化考核等工作;同时,应安排用于"学分银行"管理、学历认定、文凭颁发等工作的相应经费。

各地、各部门要切实加强对成人"双证制"教育培训工作的组织领导和工作协调,积极落实文化课面授、文化考核和学历认定等工作,坚持技能培训与文化课学习并重,切实加强培训管理,努力提高培训质量。省里建立由省政府办公厅牵头,教育、农办、财政、农业、劳动、经贸、建设、统计、科协等部门参加的联席会议制度,定期研究、总结和部署成人"双证制"教育培训工作。各级地方政府也应建立相应工作机制,加强统筹协调,不断推进和完善。

各地、各部门可根据本通知精神,制订具体实施细则和管理办法。各地在实施过程中的有关情况和意见建议,请及时上报省有关部门。

二〇〇八年十月二十七日

浙江省劳动和社会保障厅
关于进一步做好城镇居民基本医疗保险试点工作的通知

（浙劳社医〔2008〕36 号）

各市、县(市、区)劳动(人事劳动)保障局：

为贯彻落实国务院和省政府城镇居民基本医疗保险扩大试点工作电视电话会议精神，加快推进我省城镇居民基本医疗保险制度建设，根据国务院和省政府领导要求，结合我省实际，现就进一步做好城镇居民基本医疗保险试点工作通知如下：

一、进一步认真学习，提高对建立城镇居民基本医疗保险制度重要性的认识

建立面向城镇全体居民的基本医疗保险制度，是解决城镇居民特别是困难群体看病就医问题的重大举措，是坚持以人为本、落实科学发展观和构建社会主义和谐的必然要求，是实现人人享有基本医疗保障目标和完善社会保障体系的重要步骤。国务院召开城镇居民基本医疗保险扩大试点工作电视电话会议，充分表明党中央、国务院对加快推进城镇居民基本医疗保险试点工作的高度重视。各地劳动保障部门一定要认真学习党中央、国务院文件，深刻领会国务院和省政府领导重要讲话精神，进一步提高对建立城镇居民基本医疗保险制度重要性的认识，树立紧迫感，增强责任感，抓住有利时机，切实把这项工作作为一件大事抓紧抓实抓好。

二、进一步明确试点工作目标任务，加快试点工作步伐

今年是我省城镇居民基本医疗保险制度建设的关键一年。按照省政府部署，全省城镇居民基本医疗保险试点工作的目标任务是，5 月份所有统筹地区都要出台政策并做好相关准备，6 月份开始参保登记，7 月 1 日前全面运行；全省新增城镇居民参保人数 150 万人，确保参保率达到 60%，力争 70%。各地要按照这一部署，进一步明确本统筹地区试点工作的目标任务，排出试点计划，完善试点方案，制定试点工作步骤，加快试点工作步伐，确保省政府下达的试点工作目标任务的完成。

三、进一步采取有效措施，扩大城镇居民基本医疗保险覆盖面

各地要按照国务院和省政府要求，采取有效措施，努力将城镇职工基本医疗保险覆盖范围以外的所有城镇居民纳入参保范围，扩大覆盖面。省政府已明确，今年省级财政对城镇居民基本医疗保险的补贴标准增加 50%，即按地区类别为每人每年 60 元、30 元、18 元。要积极争取财政部门的支持，加大财政对城镇居民基本医疗保障的资金投入，增强制度吸引力；要密切与教育部门的合作，争取各类教育机构的配合与支持，推动中、小学生等未成年人参加城镇居民基本医疗保障，促进参保率的提高；要主动配合卫生部门，积极协助做好纳入新农合制度的城镇居民参保工作。

四、进一步从实际出发，合理确定保障模式

要根据不同的地域和人群特点，合理确定保障模式。根据省政府要求，规模较大、城镇居民人数较多的城市，应建立城镇居民基本医疗保险制度，并可根据成年人和未成年人的特点，可分两个基金运作；中小城市和一般县，城镇居民基本医疗保险制度可独立建制，但成年人和未成年人医疗保险基金可一起运作；规模较小、城镇居民人数少的地区，可采取“统筹城乡、分类保障”的模式，实行城乡合作医疗制度或城乡居民医疗保险制度，但城镇居民缴费标准和待遇水平应与新农合有所区别；已经建立城乡合作医疗制度，实行一体化运行的地区，要进一步完善政策，稳步提高城镇居民的医疗保障水平。

五、进一步加强城镇居民基本医疗保险基础工作，提高服务管理水平

做好各项城镇居民基本医疗保险基础工作，是保证制度平稳运行的基础。各地劳动保障部门要高度重视，进一步加强基础管理，强化服务措施。要科学设置参保、缴费、就医、支付等各项流程，方便群众参保登记、保费缴纳，提高服务管理效率。

要认真做好城镇居民参保统计工作。各地劳动保障部门和经办机构要按照我厅去年下发的关于建立城镇居民基本医疗保险月报制度的要求，高度重视月报工作，落实专人负责，认真填写《浙江省城镇居民基本医疗保障制度试点工作情况月报表》(附后)，及时、完整、准确地上报本统筹地区城镇居民基本医疗保险的各项统计数据(包括参加由卫生部门管理的新农合数据、城乡合作医疗数据等)。报送时间为：各县(市、区)于次月 10 日前报送市；各市汇总后将月报表及电子版于 15 日前报送省厅医疗保险处(电子邮箱：fh@zjlss.gov.cn)。对逾期不报的地区，将按省政府要求给予通报。

附件：浙江省城镇居民基本医疗保障制度试点工作情况月报表(略)

二〇〇八年三月二十六日

浙江省食品药品监督管理局
浙江省工商行政管理局
关于对违法广告保健食品采取暂停销售措施的通知

浙食药监保〔2008〕11号

各市食品药品监督管理局、工商行政管理局：

为深入推进全省保健食品广告专项整治，加大对违法广告保健食品处理力度，根据《浙江省广告管理条例》的有关规定，省食品药品监督管理局对"康之诺牌畅爽冲剂"等五个产品采取暂停销售措施，并已向社会进行了公告。为组织实施好违法广告保健食品暂停销售工作，现就有关事项通知如下：

一、各市食品药品监督管理局接到本通知后，应立即组织各县(市、区)食品药品监督管理部门对本辖区内保健食品市场进行检查，如发现继续销售上述五个保健食品的，应迅速移送当地工商行政管理部门处理，并报省食品药品监督管理局保健品化妆品协调监督处。

二、各市工商行政管理局接通知后立即组织县(市、区)工商行政管理部门开展对暂停销售的保健食品加强监督检查，一经发现有继续销售的情况，应依照《浙江省反不正当竞争条例》的规定采取就地查封、扣押等措施，并按该条例第三十一条予以处罚。

三、各市食品药品监督管理局、工商行政管理局要加强对上述暂停销售保健食品广告的监测工作，一经发现有违法发布广告情况，由各市食品药品监督管理局上报省食品药品监督管理局保健品化妆品协调监督处。

四、在省食品药品监督管理局做出解除违法广告保健食品暂停销售的决定后，各市食品药品监督管理局在15个工作日内将暂停销售保健食品的检查、处理情况汇总后上报省食品监督管理局保健品化妆品协调监督处(附件2)。

附件：1. 违法广告保健食品暂停销售品种情况表(略)

2. 暂停销售保健食品检查处理情况汇总表(略)

浙江省食品药品监督管理局
浙江省工商行政管理局
二〇〇八年七月十二日

浙江省教育厅　浙江省财政厅
关于实施新一轮"浙江省职业教育六项行动计划(2008—2010)"的通知

浙教计〔2008〕137号

各市、县(市、区)教育局、财政局：

2006年全省职业教育工作会议以来，我省各地认真贯彻落实《浙江省人民政府关于大力推进职业教育改革与发展的意见》，坚持职业教育"以服务为宗旨、以就业为导向"的办学指导思想，以实施"浙江省职业教育六项行动计划"为抓手，紧紧围绕"进口畅、出口旺、技能强、用得上"等关键环节，加大财政投入力度，深化教育教学改革，增强职业教育吸引力，提升职业教育基础能力和服务水平，职业教育改革与发展取得了重大进展。为深入贯彻全省职业教育工作会议精神，继续保持我省职业教育良好发展势头，进一步推进职业教育改革与发展，加快培养高素质技能型人才，更好地服务省委"创业富民、创新强省"总战略，促进我省经济社会的快速健康发展，省政府决定从今年起启动实施新一轮"浙江省职业教育六项行动计划(2008—2010)"。经省政府同意，现就实施新一轮"浙江省职业教育六项行动计划"的有关事项通知如下：

一、新一轮"职业教育六项行动计划"的主要内容

新一轮"职业教育六项行动计划"，将以加快示范专业和实训基地建设、培养更多高水平"双师型"教师、支持欠发达地区骨干职业学校建设为重点，对上一轮"职业教育六项行动计划"的部分内容作适当调整，以进一步加快改善职业教育办学条件，提升职业教育发展内涵。

(一)职业院校助学奖学行动计划

全面实施国家助学金政策，继续对中等职业学校学生实行分类资助：低保家庭子女、福利机构监护对象、革命烈士子女、五保供养对象以及残疾学生，在校期间按照免学费、代管费并享受爱心营养餐的标准给予资助；农村居民年人均收入1500元以下、城镇居民年人均可支配收入3000元以下的低收入家庭子女，在校期间按照免学费并享受爱心营养餐的标准给予资助。上述两类困难学生的资助面保持在10%左右。对其他学生，一、二年级资助国家助学金，标准为每生每年1500元，第三年实行学生工学结合、顶岗实习，不再享受国家助学金。

对省内普通大中专院校、电大、农广校等就读农业种养技术类专业的本省户籍学生继续实行免收学费政策。公办大中专院校按实际学费全额免除；民办大中专院校按同类公办院校学费标准予以减免。中等职业学校农业种养技术类专业一、二年级学生同时享受每人每年1500元的国家助学金。

继续实施中等职业教育政府奖学金政策，标准为每人每年1000元，受奖学生数控制在在校生总数的5%。

（二）中等职业学校实训基地建设行动计划

2008－2010年，全省每年新建设28个省级中等职业教育实训基地，其中先进制造业实训基地20个、现代服务业和现代农业实训基地8个；在国家级和省级实训基地中，每年遴选建设5个综合性公共实训基地。

（三）中等职业学校师资队伍建设行动计划

加强专业骨干教师培训，每年组织2000名中职专业骨干教师参加省级高技能“双师型”教师培训和专业教学能力培训，组织50名专业骨干教师出国进修，进一步加快高技能“双师型”教师培养，提高教师专业教学水平。每年支持50名左右的中青年骨干教师攻读职教在职硕士学位。

实行紧缺专业特聘兼职教师资助政策，支持一批发展势头良好、社会声誉较好、专业师资紧缺的中等职业学校从社会上聘请在职或退休的专业技术人员、高技能人才兼职任教，以补充专业课教师和实习指导教师的不足。省财政安排资金，每年对300－500名特聘兼职教师给予资助。

继续开展专业负责人和校长培训，每年组织200名左右的中职专业负责人、实训基地负责人以及重点职业学校、示范性乡镇成校校长进行培训，提高其专业建设和学校管理水平。

开展师生专业技能比武，与组织参加全国职业院校技能大赛相衔接，每年选取若干专业或项目，举办全省职业学校专业课教师和学生技能大赛，激励师生积极参加技能训练，提高技能水平。

深化中等职业教育课程教材改革，争取到2010年前再制订出12个专业的《教学指导方案与课程标准》，并完成部分教材的编写和使用。

（四）县级骨干职业学校建设行动计划

加大中等职业学校专业建设力度，2008－2010年，每年重点建设40个省级示范专业，优先扶持一批特色鲜明、对地方块状经济发展具有明显推动作用的工程技术类专业和传统工艺类专业，并适当向欠发达地区骨干职业学校倾斜。

以2008－2010年为一建设周期，继续扶持欠发达地区骨干职业学校建设。对一类、二类地区县一所骨干职业学校的专业建设给予重点扶持，使其尽快达到省示范专业要求，主要资助在上一轮建设周期中未得到扶持的骨干职业学校或已得到扶持学校的其他类骨干专业。对个别一类、二类地区骨干职业学校的实训场所建设项目给予适当的经费补助。

（五）职业教育校企合作行动计划

继续组建一批由教育部门、劳动保障部门、行业、企业、学校共同参加的职业教育专业指导委员会和由行业、企业参与的职业学校专业教学指导委员会。进一步加强校外实习基地和职工教育培训基地建设，推进校企合作，积极为职业院校学生校外实习和专业课教师实践锻炼提供场所，同时为企业开展职工教育培训和技能型人才培养提供服务。省有关部门将继续对校企合作工作先进单位给予表彰奖励，每年评选10个“省优秀职业教育校外实习基地”和10个“省优秀职工教育培训基地”。

（六）提升劳动力素质行动计划

继续实施农村劳动力技能培训计划、农村预备劳动力培训计划、企业职工就业能力培训计划和企业经营管理人员素质提升计划。农村劳动力技能培训计划、企业职工就业能力培训计划、企业经营管理人员素质提升计划继续分别由省农办、省劳动保障厅、省经贸委牵头负责，农村预备劳动力培训由省教育厅牵头实施。2008－2010年，每年组织对3万名左右未能继续升学的农村应届初中毕业生、普通高中毕(结)业生进行6个月到1年的职业技能培训，使其掌握一技之长，并取得初级以上职业资格证书。省有关部门继续对工作出色、成绩突出的培训基地给予表彰，每年评选、奖励10个“省优秀农村预备劳动力培训基地”。

二、新一轮“职业教育六项行动计划”的实施办法

（一）“职业院校助学奖学行动计划”按照《浙江省人民政府关于建立健全普通本科高校高等职业学校和中等职业学校家庭经济困难学生资助政策体系的通知》(浙政发〔2007〕48号)、《浙江省职业院校助学奖学行动计划实施办法》(见浙教计〔2006〕150号附件1)和省教育厅、省财政厅《关于实施中等职业学校家庭经济困难学生爱心营养餐工程的通知》(浙教计〔2007〕62号)有关规定执行。

（二）“中等职业学校实训基地建设行动计划”仍按《浙江省中等职业学校实训基地建设行动计划实施办法》(见浙教计〔2006〕150号附件2)和省教育厅、省财政厅《关于印发〈浙江省中等职业学校实训基地申报和评审办法〉的通知》(浙教职成〔2006〕225号)有关要求实施。

（三）“中等职业学校教师队伍建设行动计划”中，高技能“双师型”教师培训、专业负责人和重点职业学校校长培训、中职课程教材改革以及举办专业课教师技能大赛、支持攻读职教在职硕士学位等工作，仍按《浙江省中等职业学校师资队伍建设行动计划实施办法》(见浙教计〔2006〕150号附件3)有关规定执行。骨干教师专业教学能力培训参照省级高技能“双师型”教师培训进行，省财政每人补助 2000 元;示范性乡镇成校校长培训参照重点职业学校校长培训进行,省财政每人补助 3000 元;举办全省职业学校学生专业技能大赛,以及组织参加全国技能大赛,参照全省职业学校专业课教师技能大赛,省财政给予每项比赛 5 万元的补助。职业学校专业骨干教师出国进修由省教育厅组织,省财政给予经费补助,补助标准为每人 1 万元。紧缺专业特聘兼职教师每人资助 1 万元,资助办法参照教育部、财政部《中等职业学校紧缺专业特聘兼职教师资助项目实施办法》(见教职成厅〔2007〕6 号附件 2)有关要求实施。

(四)"县级骨干职业学校建设行动计划"中,省级示范专业的申报、评审以及欠发达地区骨干职业学校专业建设补助项目的申报、立项等工作,仍按《浙江省县级骨干职业学校建设行动计划实施办法》(见浙教计〔2006〕150 号附件 4)有关规定执行。申报实训场所建设补助项目,须经学校主管教育行政部门和同级财政部门审核同意,由市统一汇总后于每年 8 月 31 日前报省教育厅和省财政厅。省教育厅、省财政厅将根据建设项目的内容、规模及当地财政状况确定补助额度,下达补助经费。每个项目的补助额不高于 50 万元。申报专业建设和实训场所建设补助项目原则上不得安排在同一年度。

(五)"职业教育校企合作行动计划"中,"省优秀职业教育校外实习基地"每个奖励 10 万元,"省优秀职工教育培训基地"每个奖励 5 万元,具体评选范围、评选条件及评选程序等仍按《浙江省职业教育校企合作行动计划实施办法》(见浙教计〔2006〕150 号附件 5)有关规定执行。

(六)"提升劳动力素质行动计划"中,农村劳动力技能培训计划、企业职工就业能力培训计划、企业经营管理人员素质提升计划的具体实施办法由牵头部门会同省财政厅另行制定;农村预备劳动力培训工作的组织实施、经费筹措以及省财政专项资金补助办法等仍按《浙江省提升劳动力素质行动计划(农村预备劳动力培训)实施办法》(见浙教计〔2006〕150 号附件 6)有关要求实施;"省优秀农村预备劳动力培训基地"每个奖励 5 万元,评选范围、评选条件及评选程序等参照《浙江省教育厅办公室关于评选 2006 年度浙江省优秀农村预备劳动力培训基地的通知》(浙教办职成〔2006〕158 号)有关规定执行。

三、新一轮"职业教育六项行动计划"的实施要求

(一)发展职业教育的主要责任在地方政府。各地要充分认识大力发展职业教育的战略重要性和实施新一轮"职业教育六项行动计划"的重要意义,抓住发展机遇,走内涵发展之路,进一步提高职业教育水平,积极为我省经济社会发展培养更多的高素质技能型人才。

(二)各地要进一步完善职业教育经费保障机制,在政府为主投入的基础上多渠道筹措经费,保证发展职业教育和实施"职业教育六项行动计划"的需要,及时、足额落实财政资金,确保各项行动计划的顺利实施。要加强职业教育专项资金的管理,努力提高资金使用效益。

(三)各地要对各级政府已出台政策的落实情况和上一轮"职业教育六项行动计划"的实施情况进行一次全面认真总结,抓紧整改落实,充分发挥上一轮"职业教育六项行动计划"的作用和效益。省有关部门将组织对各地上一轮"职业教育六项行动计划"的实施情况进行绩效评估和资金审计,对未按规定标准、进度实施的地区将予通报,情节严重的将取消其在新一轮"职业教育六项行动计划"有关项目的申报资格。

(四)各地要根据本地职业教育发展规划和实施新一轮"职业教育六项行动计划"的要求,结合本地实际,制订分年度实施计划,并抓紧组织实施,落实相关项目的申报、确认和评审工作。各市要加强组织协调,统筹安排本地职业教育发展规划,指导所辖县(市、区)集中力量做好项目申报工作。

(五)各地要加强对新一轮"职业教育六项行动计划"实施情况的督查,确保实施进度,及时总结推进,并认真抓好信息统计工作,全面及时地掌握实施进度和效益情况。实施进展情况及实施过程中遇到的问题应及时向省有关部门报告。省有关部门也将组织力量进行全面普查和重点抽查,对虚报冒领省补助资金、不严格按省定政策贯彻执行、不按计划进度实施和不足额落实地方自筹资金的县(市、区),一经发现,将取消其申报下一年度省补助资金的资格,并视情节对责任人采取其他相应的处理措施。

浙江省教育厅
浙江省财政厅
二〇〇八年六月十二日

中共杭州市委　杭州市人民政府
关于开展新一轮解放思想大行动，共建共享与世界名城相媲美的生活品质之城的决定

（2008 年 7 月 25 日中国共产党杭州市第十届委员会第四次全体会议通过）

市委〔2008〕17 号

为全面贯彻落实党的十七大和省第十二次党代会、市第十次党代会精神，继续解放思想，坚持改革开放，推动科学发展，促进社会和谐，特就开展新一轮解放思想大行动，共建共享与世界名城相媲美的"生活品质之城"，作出如下决定。

一、开展新一轮解放思想大行动的总体思路

解放思想是发展中国特色社会主义的一大法宝，是我们适应新形势、应对新挑战、认识新事物、完成新任务的根本思想武器。改革开放 30 年的实践充分证明，只有思想解放到位，发展才能进位；只有思想解放领先，发展才能率先；谁能做到思想先解放、真解放、快解放，谁就能最先把握发展的主动，最先赢得发展的资源，最先实现发展的突破。实践永无止境，解放思想永无止境。在新世纪新阶段，杭州要贯彻落实科学发展观，实现新一轮跨越式大发展，必须继续牢牢把握解放思想这把"金钥匙"，开启解放思想这个"总阀门"。

1. 认清开展新一轮解放思想大行动的意义。改革开放以来特别是迈入新世纪以来，杭州经济社会发展和各方面建设取得了令人瞩目的成就，许多工作走在了全国全省前列，但我们也要清醒地看到不足。尤其是当前杭州正面临着践行科学发展观的重大使命，面临着"全球化、新经济、互联网"的挑战、面临着"高油价、高粮价、高成本"的挑战、迎接全市人均生产总值 2 万美元时代的挑战，与科学发展观的要求和国内外先进城市相比，杭州发展中还有着不少"短板"。落实科学发展的新理念，破解发展面临的新问题，顺应人民群众的新期待，都要求我们必须继续以解放思想为先导，进一步破除思想的保守性、理念的陈旧性、思维的局限性，以理念创新推动思路创新，以思路创新推动举措创新，推动杭州经济社会全面转入科学发展轨道，实现更高层次上的加快发展、率先发展、和谐发展、跨越发展。

2. 把握新一轮解放思想大行动的主题。新一轮解放思想大行动的主题是：解放思想、敢为人先、反骄破满、跨越发展。

——解放思想，就是要以科学发展观为指导，回答好"为谁发展、要什么样的发展、怎样实现又好又快发展"这一重大课题，把我们的思想和行动从不符合科学发展理念、不符合时代发展要求的习惯思维和主观偏见中解放出来，不为既有经验所束缚，不为传统模式所制约，不为常规眼光所局限，不为既得利益所羁绊，以思想大解放引领发展观念新转变、发展模式新突破、发展能力新提升、发展阶段新跨越。

——敢为人先，就是要敢闯、敢试、敢冒，敢于“摸着石头过河”，敢走别人没有走过的路，敢干别人没有干过的事，勇于探索，善于创新，在激烈的城市竞争中抢占先机、赢得主动。

——反骄破满，就是要坚决防止和克服“小富即安、小进则满”的小农意识，坚决防止和克服沾沾自喜、夜郎自大的思想倾向，居安思危、永不自满，树立更高的发展追求，确立更高的目标定位。

——跨越发展，就是要确立跨越式发展目标，找准比较优势、打造竞争优势、构筑产业优势，加快杭州产业转型升级，实现提升发展工业经济、提升发展服务经济、提升发展文创经济“三级跳”，力争跳过重化工业发展阶段，率先形成高层次“三二一”产业结构，率先迈入以高新技术产业为支撑、以现代服务业为主导的后工业化时代，为今后十年乃至数十年杭州又好又快发展奠定扎实的战略基础。

3. *明确新一轮解放思想大行动的重点*。新一轮解放思想大行动的重点是：完善城市定位、调整发展指标、拉高学习标杆、充实发展战略、推进转型升级、创新体制机制、深化“破七难”、推进大项目，推动杭州经济、政治、文化、社会统筹协调发展。

——完善城市定位。以世界眼光、战略思维，找准杭州城市的“全国坐标”、“世界坐标”，共建共享中国特色、时代特点、杭州特征，覆盖城乡、全民共享，与世界名城相媲美的“生活品质之城”。

——调整发展指标。到 2015 年，全市人均生产总值突破 2 万美元大关，推动杭州率先迈入发达城市行列；服务业增加值占全市生产总值的比重超过 50%，推动杭州率先迈入后工业化时代。

——拉高学习标杆。围绕“十学十坚持”，处理好“坚持”与“借鉴”的关系，既彰显杭州的特色，走好自己的路，又学习借鉴国内外先进城市的发展理念、思路和举措，登高望远、未雨绸缪，学人之长、补己之短，力求少走弯路，实现后来居上。

——充实发展战略。着眼于贯彻落实科学发展观和省委“创业富民、创新强省”总战略，着眼于杭州发展的新阶段，着眼于建设与世界名城相媲美的“生活品质之城”，实施“城市国际化”、“工业兴市”、“服务业优先”、“软实力提升”、“环境立市”、“民主民生”六大战略。

——推进转型升级。回答好在全市人均生产总值超过 2 万美元甚至 4 万美元之后，杭州必须形成一个什么样的产业体系这一问题。加快调整产业结构、提升产业层次、转变发展方式，通过五至十年的努力，建立既与世界接轨又有杭州特色的现代产业体系。

——创新体制机制。坚持重点突破与系统创新相结合、破解难点与创造优势相结合、试点先行与全面推广相结合，加快重要领域和关键环节改革步伐，率先建立充满活力的创业创新体制、改善民生的社会管理体制、科学高效的行政管理体制，强化科学发展的制度保障。

——深化“破七难”。把解决当前人民群众关注的物价上涨、垄断行业服务等热点难点问题充实到“破七难”中，形成“7＋X”新框架，出台“破七难”新举措，确保杭州在保障和改善民生上继续走在全国全省前列，让人民群众学有所教、劳有所得、病有所医、老有所养、住有所居。

——推进大项目。抓好市和区、县(市)两级各类三年行动计划确定的重大项目，制定实施新一轮“十大工程”三年行动计划，再上一批新项目、大项目，包括省农业高科技示范园区、杭州萧山汽车园区、杭州萧山石化园区、地铁二期、铁路“三线一枢纽”、第二绕城公路、“三纵五横”城市快速路网、钱江通道及接线、九堡大桥及接线、之江大桥及接线、机场高速路改建、临金高速、沿江景观大道、运河二通道、杭州湾出海码头、城市慢行交通系统、大公共交通系统、钱塘江引水工程、闲林水库、三堡排涝、南宋皇城遗址综合保护、天然气利用、杭氧扩建、浙江新安迈图有机硅有限公司年产 30 万吨有机硅单体、浙江富春江水电设备有限公司大型潮汐发电机组制造等重大项目。

二、推进转型升级，构建现代产业体系

建立现代产业体系是产业转型升级的重要目标，是实现杭州经济又好又快发展的必然要求。要坚持以转型升级为手段，做大做强做优产业，加快建立制造与创造相互促进，制造业与服务业相互配套，工业化与信息化相互融合，科技、文化、人才互为支撑，以创新性、知识性、开放性、融合性、集聚性、可持续为主要特征的“3＋1”(一、二、三次产业＋文化创意产业)现代产业体系。

4. *科学划分产业门类，明确产业发展战略导向和战略重点*。制定《杭州市 2008—2015 年现代产业体系分类及发展导向》，按照“一级产业、二级产业、三级产业、四级产业”四个层级对杭州产业门类进行分类，明确产业发展的导向和重点。杭州第一产业发展的战略重点是都市农业，包括生态农业、观光农业、设施农业等现代农业。要坚持以现代科学技术改造传统农业，以现代物质装备提升农业生产力水平，加快推进农业产业结构战略调整，着力发展优势特色产业，积极推动农业与农村工业、农村服务业相融合，建立现代农业体系，实现农业现代化，建设社会主义新农村。第二产业发展的战略重点是传统优势工业、新型重化工业、高新技术产业。第三产业发展的战略重点是大旅游产业、文化创意产业、金融业、商贸与物流业、信息服务与软件业、中介服务业、房地产业、社区服务业等八大门类现代服务业。文化创意产业重点发展信息服务业、动漫游戏业、设计服务业、现代传媒业、艺术品业、教育培训业、文化休闲旅游业、文化会展业等八大行业。

5. *加快转变发展方式，推进产业转型升级*。按照调整产业结构、提升产业层次、转变发展方式的思路，坚持先进制造业与现代服务业“两轮驱动”，加快发展现代服务业特别是文化创意产业，形成高层次“三二一”产业结构；确立产业高端化、特色化战略导向，淘汰低端产业，提升中端产业，发展高端产业，培育特色产业，推动杭州一、二、三产向高端化、特色化方向发展，抢占产业发展的制高点；加快杭州产业发展从外延式、粗放型发展为主向集约化、生态型发展为主，从投资拉动、资源消耗为主向创新驱动、人才支撑为主转变。

6. 坚持自主创新，增强核心竞争力。紧紧扭住自主创新这一中心环节，加快建设创新型城市，着力培育创新主体，充分发挥企业的主力军作用、科研院所的引领者作用、高等院校的生力军作用；着力整合创新资源，完善以企业为主体、市场为导向、产学研相结合的技术创新体系和商业模式创新体系，引导和支持创新要素向企业集中，促进科技成果转化为现实生产力；着力培育创新载体，加快推进开发区（园区）和工业功能区、国家级基地和试点、科技孵化器、科技中介服务机构和公共服务平台等创新载体建设；着力突破关键技术，积极推进原始创新，重点突破集成创新，全面提升引进消化吸收再创新。坚持从扶持企业向扶持产业发展转变、从扶持具体项目向扶持产业平台建设转变、从要素投入型向政策激励型转变，完善产业技术创新体系。

7. 打造“和谐创业”模式，兴起新一轮创业热潮。促进生活与创业、文化价值与经济运行、个人创业与整体发展、政府与民间、对外开放与内生创新的和谐，大力培育集知识与资本、“知”本家与“资”本家于一身的新型企业家，实施高校毕业生和留学回国人员创业三年行动计划，推动全民创业特别是知识分子、文化人和大学生创业，让杭州涌现出更多的知识型企业、知识型企业家，使知识分子、文化人和大学生创业成为“和谐创业”的主体，把杭州打造成名副其实的“创业天堂”。丰富杭商文化，提升杭商素质，传播杭商形象，打响杭商品牌，发展“杭州经济”和“杭州人经济”。以与浙江大学合作共建“和谐杭州示范区”为抓手，搭建“和谐创业”的空间平台，把“和谐杭州示范区”打造成“和谐创业”示范区，同时积极支持中国美术学院办好文化创意园，加快杭师大建设省内乃至国内一流综合性大学步伐，促进杭州产业转型升级。

三、实施“城市国际化”战略，走科学城市化道路

“城市国际化”战略，是城市化与国际化的叠加融合，是对“城市化”、“旅游西进”和“开放带动”战略的整合提升。实施“城市国际化”战略，就是要坚持“一化”带“四化”，以城市化带动工业化、信息化、市场化、国际化；坚持“一化”提升“四化”，以国际化提升城市化、工业化、信息化、市场化。

8. 做好“城”的文章，高起点推进城市化。按照“城市群、都市经济圈”、“城市”、“新城”、“城市综合体”四个层面，分类做好“城”的文章。一是做好“城市群、都市经济圈”文章。按照“规划共绘、交通共联、市场共构、产业共兴、品牌共推、环境共建、社会共享”的总体思路，构建杭州都市经济圈，接轨大上海、融入长三角、打造增长极、提高首位度，打造长三角中心城市。二是做好“城市”文章。要构筑以市区为中心、县城为基础、中心镇为节点、高速公路和“黄金水道”为骨架的市域网络化大都市，打造市域 1 小时半交通圈、旅游圈、经济圈，以东带西、以城带乡、以工促农，促进八城区与五县（市）集合式、捆绑式发展。要突出抓规划、抓项目、抓服务，做到“规划一张图”、“布局一盘棋”、“设施一体化”、“服务一条龙”、“市民一卡通”。三是做好“新城”文章。按照“竞争力强、规模大、服务优、环境美、建筑高”的总要求，加快“三副六组团”建设，在市区沿钱塘江规划建设湘湖新城、之江新城、滨江新城、钱江新城、城东新城、钱江世纪城、空港新城、下沙新城、江东新城、临江新城“十大新城”，在余杭区和五县（市）沿江沿路规划建设余杭临平新城、余杭南湖新城、余杭塘栖新城、桐庐凤川—江南新城、淳安坪山新城、建德洋安新城、富阳东洲新城、富阳创新创意产业新城、临安青山湖科创新城、临安锦南新城“十大新城”。要按照“城市有机更新”模式，坚持以民为本、保护第一、生态优先、文化为要、系统综合、品质至上、集约节约、可持续发展理念，坚持“整治、保护、改造、建设、开发、管理”六位一体，把 20 座“新城”打造成“紧凑型城市”发展模式的“样板”。四是做好“城市综合体”文章。按照新建一批、整合一批、提升一批的思路，坚持高起点规划、高标准建设、高强度投入、高效能管理“四高”方针，规划建设一批多功能的旅游城、商贸城、商务城、金融城、奥体城、博览城、枢纽城、大学城。重点建设湖滨南山路特色街区二期、杭州创新创业新天地、地铁九堡东站综合体、西溪国际旅游综合体、杭州运河商务区综合体、地铁滨康站综合体、奥体博览城、“大美丽洲”良渚文化旅游综合体、市民中心综合体、地铁下沙东站上盖物业综合体、桐庐县城滨江商住综合体、千岛湖进贤湾国际旅游综合体、富阳东洲岛城市“大阳台”综合体、临安太湖源国际生态文化村等 100 个城市综合体（详见附件）。制定出台市委、市政府关于加快建设 20 座“新城”、100 个城市综合体的《实施意见》，明确建设管理体制和相关政策措施，积极有序地推进开发建设。

9. 确立国际化战略导向，全面提升城市国际化水平。要以国际化视野审视城市发展，以旅游国际化为突破口，着力推进政府管理、社会服务、经济贸易、城市设施、科教文化、生活居住、市民观念的国际化，全面提升杭州的国际化程度。构建国际化的体制框架，按照国际规则和国际惯例，转变政府职能，创新行政管理体制，建设公共服务型政府，向社会提供国际化的公共服务和制度供给。构建国际化的现代产业体系，形成国际化的市场体系，建设国际化的创新载体，抢抓新一轮国际产业调整和转移的机遇，把更高层次的“引进来”和更大步伐的“走出去”结合起来，扩大对外开放，推进科学招商，吸引更多高端国际生产要素为我所用，同时积极引导企业强化全球经营理念，形成全球经营的思维模式、生产模式和管理模式，利用全球资源参与全球竞争，实现由跨国经营向全球公司、从参与国际低端竞争向参加国际高端竞争的战略转变。构建国际化的城市基础设施，特别是要以萧山国际机场二期和东站综合交通枢纽建设为契机，形成“水、陆、空”相结合的现代化、国际化立体交通体系。构建国际化的社会和人文环境，提高市民文明素质，大力引进和培育国际化人才，加快推进教育、医疗卫生、社区管理的国际化，为国外人士在杭提供国际化的生活创业环境。提高城市营销策划的国际化水平，加大力度，创新方法，提高杭州的国际知名度、美誉度和竞争力。

四、实施“工业兴市”战略，建设长三角先进制造业

中心

按照“工业要发展、质量要提升”的总体要求，坚持“工业兴市”、“一高一领先”目标不动摇，强势推进国家级、省级开发区和工业功能区建设，加大企业搬迁、招商引资、技改投入力度，同时把结构调整、产业升级、增长方式转变摆在更加突出的位置，以信息化带动工业化，以工业化促进信息化，提高工业科技含量和发展质量，走新型工业化道路，打造长三角先进制造业中心。

10. 坚持“三位一体”，调整优化结构。坚持提升发展传统优势工业、适度发展新型重化工业、大力发展高新技术产业“三位一体”方针，积极运用高新技术、先进适用技术特别是信息技术改造提升纺织、服装、丝绸、食品、饮料、印刷、造纸等传统优势工业。适度发展装备制造、交通运输设备制造、特色精细化工、新能源、海洋产业等高技术含量、高附加值、高投资密度，低污染、低消耗“三高二低”新型重化工业，积极发展整车制造、石油化工等战略产业。以信息产业、新型医药和新材料、环保产业为重点，推动高新技术产业从两个国家级开发区“点”的发展向13个区县(市)“面”的拓展转变，提高高新技术产业占全市工业的比重。

11. 坚持集聚发展，调整产业布局。调整优化产业空间布局，加快主城区“退二进三”和“腾笼换鸟”步伐，引导低端产业和低端环节向外转移。把企业搬迁转移与加快技术改造、调整产品结构有机结合起来，促进产业升级转型。加强国家级、省级开发区建设，实施杭州经济开发区、杭州高新开发区、江东工业园区、临江工业园区、钱江经济开发区、余杭经济开发区等开发区(工业园区)“三年行动计划”。整合提升工业功能区，更好地发挥产业集聚功能。

12. 坚持放手放开，建设“民营经济强市”。围绕建设“浙江民营经济第一强市”，制定实施《杭州打造民营经济强市三年行动计划》，放心、放手、放胆、放开发展民营经济，引导民营企业推进体制、技术、管理、文化创新，打造创新型企业；引导民营企业走“以民引外、民外合璧”的发展路子，实施股权招商，以股权换资金、换技术、换品牌、换管理、换人才、换市场，推进“二次创业”。

13. 坚持扶优扶强，推动企业做大做强。制定实施《加快培育发展具有国际竞争力大企业集团五年行动计划》，培育一批大企业、大集团。制定实施《杭州市成长型中小工业企业五年培育计划》(“瞪羚计划”)，扶持培育具有较强自主创新能力和发展潜力的成长型中小企业。落实《杭州市创业投资引导基金管理办法(试行)》，引导更多成长性中小企业与创业投资基金对接。积极发展产业基金，助推企业做大做强。

五、实施“服务业优先”战略，建设长三角现代服务业中心

把现代服务业特别是文化创意产业放在优先发展的战略位置，打造长三角现代服务业中心，实现从“杭州制造”向“杭州创造”、“杭州服务”、“杭州创意”的历史性跨越。

14. 加快发展现代服务业，培育现代服务业产业集群。坚持传统服务业与新兴服务业、消费性服务业与生产性服务业“两轮驱动”，加快发展大旅游产业、文化创意产业、金融服务业、商贸与物流业、信息服务与软件业、中介服务业、房地产业、社区服务业等八大门类现代服务业。制定和实施现代服务业功能区发展规划，打造现代服务业集聚发展、提升发展的平台，培育现代服务业产业集群。要以“旅游西进”和“旅游国际化”战略为抓手，坚持国内游、入境游“两轮驱动”和观光游、会展游、休闲游“三位一体”，办好西博会、休博会，培育“十大特色潜力行业”，建设国际旅游综合体，打造“东方休闲之都”和“国际旅游休闲中心”。坚持省市联动、市区联动，完善“一区两带”金融功能区，引导金融机构集聚，打造长三角南翼金融中心。积极争取设立杭州产权交易所，构建区域产权交易大平台。加快商业特色街区、核心商圈、中央商务区、商贸综合体和物流园区建设，特别要以实施萧山国际机场二期为契机，坚持“路、带、港、城”四位一体，大力发展“空港经济”，打造长三角综合交通物流中心。建立“部、省、市”联动机制，加快发展软件、服务外包特别是软件服务外包产业，打响“天堂软件”品牌，打造中国服务外包基地城市和中国金融服务外包交付中心。加大国内外著名中介机构引进力度，大力发展知识密集型、高素质、专业化中介机构，引导一般性中介机构向“专、精、特、新”方向发展，提升发展中介服务业。加强宏观调控，保持房价稳定，大力支持杭州房地产企业走规模化、品质化、品牌化、国际化发展之路，推动房地产业持续健康发展。加快构建以社会福利、社会保障、便民利民服务为主要内容的新型社区服务网络，大力发展家政、餐饮、幼托、养老、保健、维修等社区服务业。积极吸引国内外大企业来杭设立各类总部，形成一批商务、总部、研发、创意、软件、外包楼宇，加快发展“楼宇经济”和“总部经济”。

15. 重点发展文化创意产业，打造全国文化创意产业中心。确立文化创意产业的战略产业地位，充分利用我市得天独厚的文化资源和环境、人才优势，重点培育信息服务业、动漫游戏业、设计服务业、现代传媒业、艺术品业、教育培训业、文化休闲旅游业、文化会展业等八大门类文化创意产业。信息服务业要以互联网信息服务、有线广播电视传输服务、无线广播电视传输服务和卫星传输服务等为重点，做大做强电子商务、搜索引擎、即时通讯、网络游戏等产业，大力发展“互联网经济”特别是电子商务，把杭州打造成中国“互联网经济强市”和“电子商务之都”。动漫游戏业要以动漫制作、网络游戏制作等数字娱乐产业为重点，办好中国国际动漫节，打造“动漫之都”品牌。设计服务业要以工业设计、建筑设计、环境规划设计、园艺设计、城市色彩设计等为重点，打造“设计杭州”品牌。现代传媒业要重点发展广播电视业和新闻出版业，特别是要以华数数字电视公司为龙头，推进“四网融合、天地合一”，打造国内领先、世界一流的“数字杭州”特别是“无线数字杭州”和中国数字电视产业基地。要以书法、绘画、金石篆刻等为重点，依托西泠印社、中国美术学院等名社名院，大力发展艺术品业；以职业技能培训和艺术类培训为重点，大力发展教育培训业；以文化演艺、疗养保健、运动休闲等特色潜力行业为重点，大力发展文化休闲旅游业；以丝绸女装、动漫游戏、工艺美术、金石书画等文化会展活动为重点，打响中国国际丝绸博览会暨中国国际女装展览会、中国国际动漫节、中国工艺美术大师作品暨国际艺术精品博览会等会展品牌，大力发展文化会展业。加快建设西湖创意园、之江文化创意园、西湖数字娱乐产业园、运河天地文化创意园、杭州创新创业新天地、创意良渚基地、西溪创意产业园、湘湖文化创意产业园、下沙大学科技园、滨江卡通城等“十大文化创意产业园区”，力争到2015年形成产业规模巨大、产业特色鲜明、创新能力强大、文化品位较高、创业环境一流、专业人才聚集、知名品牌众多、产权保护严密、公共服务完善的文化创意产业群，把杭州打造成以文化、创业、环境高度融合为特色的“国内领先、世界一流”全国文化创意产业中心。

六、实施“软实力提升”战略，发挥文化支撑引领作用

围绕文化名城建设目标，加强社会主义核心价值体系建设，推进社会主义精神文明建设，加快文化创意产业发展，完善公共文化服务体系，创新文化理念、文化体制、文化内容、文化形式、文化业态，以先进文化增强城市凝聚力、激发社会创造力、满足人民群众精神文化需求、提升城市文明程度和市民文明素质，以文化创意产业竞争力提升城市经济竞争力。

16. *加强社会主义核心价值体系建设*。把社会主义核心价值体系融入国民教育和精神文明建设全过程，转化为人民群众的自觉追求。弘扬中华优秀传统文化，扎实推进以“爱国、守法、诚信、知礼”为主题的现代公民教育活动、以“知荣辱、讲正气、促和谐”为主题的道德实践活动，加强社会公德、职业道德、家庭美德、个人品德建设。弘扬“精致和谐、大气开放”的杭州城市人文精神和“敢为人先、敢冒风险、敢争一流、宽容失败”的杭州创新创业文化，强化发展的精神内核和内在动力。发展哲学社会科学，推进思想理论文化创新，发挥哲学社会科学在促进科学发展、构建和谐社会、共建共享“生活品质之城”中的引领支撑作用。以创建全国文明城市为龙头，深入开展群众性精神文明创建活动，开展“迎奥运、讲文明、树新风”活动，发展和谐文化，弘扬社会正气，培育文明风尚。树立全民终身学习理念，建设学习型社会，提高全社会科学文化素养和道德修养。

17. *加强公共文化服务体系建设*。实施《杭州市公共文化服务体系建设规划》和《杭州市文化设施专项规划》，加强社区和乡村文化设施建设，推进文化资源共享，加快构建覆盖城乡的公共文化服务体系，保障群众基本文化权益。推进文化服务机制、公益性文化活动和公共文化服务方式创新，鼓励社会力量参与公益性文化建设，狠抓文化惠民工程，深入开展社会文化展演和群众性文化体育活动。整合对外宣传资源，打造宣传推广平台，扩大对外文化交流合作。

18. *加强文化精品和文化名家培育*。实施文化精品战略，狠抓重大出版工程、重大研究工程、文艺精品创作，积极谋划和创作一批体现时代精神、群众喜闻乐见的主旋律作品，着力打造一批具有杭州特色、杭州风格，在全省、全国乃至国际上有影响力的文艺产品、文化品牌和国家级群众文化精品。制定实施“青年文学艺术家发现计划”，着力解决好文化发展“有人、有钱、有章、有房、有载体、有品牌”等问题，通过发展、培养和引进一大批国内一流、世界知名的文艺家特别是青年文艺家，打造青年文艺家人才的“高地”和“文化人的天堂”。以院团迁建为载体，以体制创新为动力，推动市属文艺院团上规模、上水平、出成果、出人才，实现跨越式大发展。开展文艺突出贡献奖评选等活动，培育更多文化名家，吸引更多文化名人，在全社会营造重视文化、尊重文化、热爱文化的良好氛围和鼓励、宽容文化创新的社会环境。

19. *加强历史文化名城保护*。牢固确立保护历史文化遗产是最大政绩、保护历史文化遗产就是保护生产力、保护与发展“鱼”与“熊掌”可以兼得、保护历史文化遗产人人有责的理念，坚持“保护第一、应保尽保”，加强对历史文化街区、历史地段、历史建筑、文保单位、文保点、老房子、“老字号”和各类“工业遗产”、“商业遗产”、“校园遗产”的保护利用，推进杭州西湖·龙井茶园、京杭大运河、良渚遗址的申报世界遗产工作，加强非物质文化遗产保护。

20. *加强杭州城市研究*。整合研究力量，提升杭州研究院，加强对杭州历史和文化、城市品牌、城市人文精神、城市发展战略、“五大生活品质”等重大问题的研究，努力取得一批具有全局性、前瞻性、特色性的研究成果。

七、实施“环境立市”战略，建设一流环境

坚持把“环境立市”作为杭州发展的核心战略，把改善生态环境、提升城市功能、维护良好社会治安秩序放在更加突出的位置，努力营造一流的硬件环境、体制环境、法治环境、政策环境、政务环境、人文环境、人居环境、生态环境，以一流环境吸引一流人才，以一流人才创办一流企业。

21. *加强城市功能提升，增强高端要素集聚能力*。发挥新一轮城市总体规划的引领作用，科学有序地优化城市结构框架，拓展发展空间，完善开发功能，根据产业基础、资源禀赋、环境承载能力等因素，科学界定不同地区的主体功能定位、主导产业类型；构建现代化基础设施体系，为城市空间拓展、布局优化、功能重构提供保障。推进城乡信息技术和互联网应用，推动政务、产业、商务、生活数字化和网络化。加强信息技术普及教育，提高市民信息素质。

22. *加强生态保护和环境治理，推进生态市建设*。围绕“改善生态环境、发展生态经济、培育生态文化、建设生态文明”要求，落实生态建设和环境保护目标责任制，深入实施“1250”生态建设工程，优化生态功能区布局，加快重要生态功能保护区建设，抓好生态市（县）、生态乡镇（街道）创建工作。以实施新一轮省“811”行动计划为抓手，加强环境污染整治，重点抓好水、大气、土壤污染防治，加强新安江、富春江、钱塘江水环境治理，继续抓好西湖综合保护、西溪湿地综合保护、运河（杭州段）综合整治与保护开发工程、市区河道综合整治与保护开发工程。严格实施环保规划，加强城乡生活污水、生活垃圾等环保基础设施建设，推进截污纳管工程，完善环保基础设施体系。创建国家森林城市，推进城市林区林带和园林景观建设，整体提升城市环境绿化、净化、美化和艺术化水平。坚持以点带面、以线带片，以"城中村"改造、杭千和杭徽高速公路沿线综合整治、"百村示范、千村整治"三大整治改造工程为抓手，推进社会主义新农村建设，改善农村人居环境和生产生活条件。

23. *加强节能减排工作，推进资源节约和环境友好*。严格执行国家和省规定的节能减排约束性指标，打好节能减排攻坚战。积极倡导绿色生产生活方式，打造低碳产业、低碳城市、低碳生活，建设"清洁、亲水、清净、绿色、无视觉污染"的生态型宜居城市。实施循环经济"770工程"、工业循环经济"2632"示范工程，发展循环型工业、农业和服务业，推进节能、节水、节地、节材和资源综合循环利用，加强工业、建筑、交通、生活节能和重点用能单位节能，推行"清洁生产"，建立节约型经济发展模式、政府运作模式和社会消费模式。严格实行污染物排放总量前置审核制度，建立健全节能减排长效机制，实行节能减排责任追究制和问责制。对偷排漏排污染企业坚决整改直至关停。完善节能减排统计、监测与考核办法，把节能减排指标完成情况纳入各地经济社会发展综合评价体系。构建公共财政转移支付和企业投资的生态补偿机制，完善建立排污权有偿使用和排污总量控制制度，开展排污权交易改革试点。

24. *加强社会治安综合治理，建设"平安杭州"*。健全完善领导干部接待群众、联系群众制度，落实信访和"12345"工作责任制，发挥处理信访突出问题及群体性事件联席会议和各专项工作小组作用，构建大调解工作格局，积极预防、妥善处理人民内部矛盾和群体性事件。严格落实维护稳定责任制和责任追究制，健全打防控疏体系，加强社会治安综合治理，加强和改进对出租房和流动人口的服务管理，有力防范、依法打击境内外敌对势力的渗透破坏活动，严厉打击各种违法犯罪活动，打造中国最具安全感的城市，维护良好社会治安秩序，提高市民安全感。创新治安管理与城市管理、市场管理、行业管理等有机结合、互相促进的新模式，标本兼治解决社会治安问题。坚持党管武装，加强国防教育，加强国防后备力量建设，推进"双拥"共建，促进军地融合。

八、实施"民主民生"战略，提升社会和谐水平

充分发扬民主，不断改善民生，并积极探索建立党政、市民、媒体"三位一体"的以民主促民生工作机制，做到"发展为了人民、发展依靠人民、发展成果由人民共享、发展成效让人民检验"，促进"四大建设"统筹协调发展。

25. *推进社会主义民主政治建设，保证人民当家作主*。坚持党的领导、人民当家作主、依法治国有机统一，不断推进社会民主政治制度化、规范化、程序化。坚持和完善"一个核心、三个党组"的领导体制，不断提高科学执政、民主执政、依法执政水平。坚持和完善人民代表大会制度，支持人大及其常委会依法履行职能，保障人大代表依法行使职权，提高议事能力、立法质量和监督力度。坚持和完善中国共产党领导的多党合作和政治协商制度，支持人民政协履行职能，提高参政议政实效。发展和壮大最广泛的爱国统一战线，加强同民主党派合作共事，保障少数民族合法权益，发挥宗教界人士和信教群众在促进经济社会发展中的积极作用，鼓励新的社会阶层人士投身中国特色社会主义建设。认真贯彻党的对台、侨务和外事政策，支持工会、共青团、妇联等人民团体按照法律和各自章程开展工作。

26. *完善以民主促民生工作机制，提高决策民主化科学化程度*。坚持问情于民、问需于民、问计于民，保障人民的知情权、参与权、选择权、监督权，建立健全党政、市民、媒体"三位一体"的以民主促民生工作机制。推进决策科学化、民主化，健全重大事项集体决策、专家论证、技术咨询、社会公示与听证、决策评估等制度，建立决策反馈纠偏和决策责任追究机制。加强党内民主建设，积极推进党务公开，健全完善党代表任期制，充分发挥党代表的作用。坚持和完善基层群众自治制度，规范和完善政务公开、厂务公开、村务公开。从各个层次、各个领域扩大公民有序政治参与，引导群众理性表达诉求，完善重要信息披露和重大事项听证、民意反馈、社会评议、信访接待、投诉申诉等制度。充分发挥新闻媒体的重要作用，利用媒体的公信力和公信度，引导人民群众自我管理、自我服务、自我教育、自我监督，通过发扬民主来解决涉及人民群众的利益调整问题。

27. *深化收入分配制度改革，实施城乡居民收入倍增计划*。全面建立与经济发展及物价增长相适应的最低工资标准调整机制，健全完善城镇和农村低收入家庭收入稳定增长的机制，确保低收入家庭收入增幅高于全市平均水平，推进低收入群众奔小康。推进企业职工工资集体协商制度，完善企业工资正常增长机制和支付保障机制，建立科学合理的国有企业职工薪酬制度，逐步提高企业退休人员收入福利水平。构建创业服务平台，以创业带动就业。落实涉农补贴到户政策，强化农业服务体系建设，促进农业增产农民增收。建立健全机关事业单位人员工资正常增长机制，合理调节地区间机关事业单位工作人员收入差距。增加城乡居民财产性和转移性收入。制定实施城乡居民收入"五年倍增"计划，力争到2012年城乡居民总收入比2007年翻一番。

28. *深化"破七难"，提高民生保障水平和民生改善质量*。顺应人民群众的新期盼、新要求，抓住热点，覆盖盲点，着力解决人民群众最关心、最直接、最现实的利益问题。近期，重点抓好10项工作：一是落实"三个确保"。围绕确保我市居民消费物价指数(CPI)涨幅低于全国全省平均水平、确保困难家庭收入增幅赶上CPI增幅、确保城乡居民实际收入逐年有所提高三大目标，突出抓供给、抓补贴、抓监管、抓帮扶，全面落实市委、市政府出台的一系列稳定物价政策措施，研究出台"两个联动"机制，把物价上涨给群众生活带来的负面影响降到最低限度，不让一户家庭因生活困难而过不下去，进一步破解"困难群众生活就业难”。二是推进“两个调整”。把让老百姓“看得了病、看得起病、看得好病”作为破解“看病难”的重要内容，推进市区医院布局和专业设置“两个调整”，加快建设滨江医院、下沙医院、之江医院、妇女医院、儿童医院、市十医院等6家非营利性国有控股股份制市属医院。同时，强化农村社区医疗卫生体系建设，提高公共卫生服务均衡化。三是拓展名校集团化办学。创新名校集团化办学的实现途径，扩大名校集团化办学覆盖面，推动名校集团化办学向学龄前教育、职业教育、成人教育、农村教育拓展，打造优质教育均衡化、普及化、平民化的“杭州模式”，进一步破解“上学难”特别是“上好学难”，让更多的人接受更好的教育，不让杭州的孩子输在人生起跑线上。四是完善住房保障体系。围绕建设具有杭州特色的住房保障体系，坚持“租、售、改”三位一体，以落实“两个房等人”和解决“两个夹心层”的住房问题为重点，进一步破解“住房难”。特别是要创新经济租赁房建设管理模式，加快经济租赁房建设步伐。五是推进“公交优先”。坚持地铁、公共汽车、出租汽车、“水上巴士”、“水上的士”、“免费单车”六位一体，实施大公共交通建设工程，完善公交低票价制度，推进公交一体化，建设慢行交通系统，增辟“水上巴士”、“水上的士”线路，拓展“免费单车”系统，探索建设私家车、自行车与公交车换乘系统，加快建设地铁一期工程和快速公交2号线、3号线，让人民群众“行得快捷、停得方便”，进一步破解“行路难”。六是完善“停车新政”。坚持服从多数、关注少数，坚持行人和非机动车路权优先，进一步完善“停车新政”，破解“停车难”。七是实行投资项目审批代办制。按照“自愿委托、无偿代办、全程服务、高效合法、上下联动、配套改革”原则，对重大投资项目实行全程代办，打造杭州公共服务品牌，通过“好办事来办好事”，进一步破解“办事难”。八是抓好“三项活动”。抓好创建“全国文明城市”、打造“国内最清洁城市”和建设“健康城市”三项活动，提高城市“四化”管理水平，及时解决人民群众反映强烈的环保热点问题，落实清洁保洁长效管理措施，彰显“清洁、亲水、绿色、清静、无视觉污染”的城市特色，进一步破解“清洁卫生难”，保障人民身体健康。九是提高垄断行业服务质量。加强协调，强化监督，促进通信、供电、供水、供气等垄断行业提高服务质量和服务水平。十是保障食品安全。加强安全农产品生产基地和食品生产加工企业建设，完善食品安全检验检测体系、信用信息体系和法规体系，健全食品安全信息通报制度和公开发布制度，加强食品流通领域、消费领域的监管，保障安全农产品的消费和流通。

29. *加强社会管理创新，提高社会管理水平。*强化政府社会管理和公共服务职能，健全党委领导、政府负责、社会协同、公众参与的社会管理格局，建立政府行政功能和社会自治功能互补、政府管理力量和社会调节力量互动的社会管理网络。建立社会管理信息共建共享机制，加强社会人、社会组织、网络虚拟社会等重点领域的管理。加强安全教育和安全生产管理。健全和完善应急机制，提高开放条件下抗御重大自然灾害和应对公共突发事件的能力。

30. *推进“法治杭州”建设，提高全社会法治程度。*牢固树立社会主义法治理念，深入实施“三五”依法治市和“五五”普法教育规划。坚持科学立法、民主立法，在加快经济立法的同时，更加注重以改善民生为重点的社会领域立法。健全地方政府规章和规范性文件备案审查制度，建立法规实施效果跟踪检查制度。加快建设法治政府，深入推进依法行政，强化行政执法评议考核和责任追究。完善司法工作机制，树立和维护司法权威，规范司法行为，支持审判机关、检察机关依法独立行使职权。按照严格、公正、文明执法的要求，加强政法队伍和行政执法队伍建设。加大法律服务、法律援助和司法救济工作力度。

九、加快体制机制创新，强化科学发展的制度保障

坚持解放思想、敢闯敢试，以更大的决心、更强的手腕、更有针对性的举措，以杭州被列为浙江省综合配套改革试点为契机，加快重要领域和关键环节改革步伐，力争率先建立充满活力的创业创新体制、改善民生的社会管理体制、科学高效的行政管理体制，进一步强化科学发展的体制保障。

31. *建立充满活力的创业创新体制。*积极推进要素市场化配置改革、农村集体建设用地使用制度改革、基础设施建设用地有偿使用和农村承包土地使用权流转制度改革，建立有利于集约节约用地的评价考核机制，促进各类要素资源的优化配置。争取浦东新区跨国公司外汇资金管理方式改革试点九项政策在杭延伸，争取开展非上市企业股权转让代办系统（OTC）试点，争取设立综合保税区，开展“区港联动、一港多区”试点。培育复合创业主体，整合资源，统筹社会效益与经济效益，促进文化与经济和谐，构建新型社会创业平台和运作机制。健全鼓励引导“和谐创业”特别是知识分子、文化人、大学生创业的体制，设立政府创业投资引导基金和以私募形式为主的产业投资基金，加强大学生创业实训，强化知识产权服务与保护，支持企业提高自主创新能力。消除束缚民营经济发展的体制障碍，放心、放胆、放手、放开发展民营经济。

32. *建立改善民生的社会管理体制。*健全完善解决民生问题的投入、决策、反馈、评估和监督考核机制，确保新增财力三分之二以上用于改善民生，形成破解“七难问题”的长效机制。健全完善覆盖城乡、分类享受、制度贯通的基本医疗和基本养老保障制度，完善大社保管理体制机制和新型社会救助体系。探索建立经济适用住房“先租后售、租售并举”制度和“政府主导、公司运作”的经济租赁房建设管理体制，建立具有杭州特色的住房保障体系。探索建立推进优质教育均衡化、平民化、普及化特别是向农村和欠发达地区覆盖的体制，开展高等职业技术学校三明治式教学模式改革试点和外资举办各类教育试点。推进城乡社区卫生机构一体化、标准化、信息化建设，开展社区首诊和双向转诊制度改革试点，深化医疗卫生服务体制改革。以文化发展理念创新带动文化体制、文化内容、文化形式、文化业态创新。开展农民工以土地指标“换户籍、换住房、换社保”改革试点，探索建立农民工市民化机制。

33. *建立科学高效的行政管理体制。*结合新一轮政府机构改革，健全完善行政审批、资源配置、公共服务、效能监察"四位一体"的综合性政府服务平台，推行投资项目审批代办制，建设公共服务型政府。建立严格问责制度，把服务对象的满意度作为领导干部任用奖惩的重要依据，作为市直单位综合考评的重要尺度。加快社会组织建设，充分发挥民间社团组织在反映群众诉求、开展行业自律、承接社会服务、促进社会和谐方面的作用。总结推广杭州高新开发区(滨江)、钱江新城等建设管理体制创新的成功经验，创新"一主三副六组团"特别是20座"新城"建设管理体制，赋予"新城"国家级或准国家级开发区管理权限，做到"办事不出新城，资金自求平衡"。

十、加强领导班子和干部队伍建设，强化新一轮解放思想大行动的组织保障

推动新一轮解放思想大行动，关键在班子，关键在干部。要结合大行动，认真贯彻中央召开的领导班子思想政治建设座谈会精神，深化"树创"活动，加强领导班子和干部队伍建设，为大行动、大发展提供坚强组织保证。

34. *引导各级领导班子和广大干部保持良好精神状态*。各级领导班子和广大干部要牢固树立忧患意识、机遇意识、发展意识，始终保持蓬勃向上的朝气、开拓进取的锐气、不畏艰险的勇气、争创一流的志气，始终保持想干大事、敢干大事、干成大事的良好精神状态。各级领导干部要做到思想先解放、真解放、快解放，自觉投入到新一轮跨越式大发展热潮中去，在加强领导、群众参与、搞好结合、注重实效、营造氛围上见行动。要把大行动的着力点放在推动杭州新一轮跨越式大发展上，放在共建共享与世界名城相媲美的"生活品质之城"上，放在提高人民群众生活品质上。

35. *搭建激励干事、鼓励创业的良好平台*。杭州的发展需要政治坚定、清正廉洁、品德高尚、情趣健康的优秀干部，需要敢于大胆负责、敢于直面矛盾、敢于破解难题的优秀干部。要树立正确鲜明的干部导向，把政治上靠得住、工作上有本事、作风上过得硬、人民群众信得过的干部选拔上来，把勇于开拓创新、敢于克难攻坚、善于打开局面的干部选拔上来，在杭州新一轮跨越式大发展中最大限度地发挥各级干部的积极性、主动性、创造性。要把是否具有开拓创新能力作为衡量各级领导班子自身能力素质的重要标准，把是否取得开拓创新成效作为评价工作业绩的基本要素，不断解放思想、开拓创新、干事创业，为党和人民建立新功。

36. *加强年轻干部培养锻炼*。共建共享与世界名城相媲美的"生活品质之城"，是一项长期的战略任务，必须切实加强对年轻干部的培养锻炼，造就一支"再干一个二十年"的高素质干部队伍。坚持科学培养干部，以科学发展观为统领，遵循干部成长规律，把教育培训和实践锻炼有机结合起来，通过教育培训提高干部的思想政治素质和文化知识水平，通过实践锻炼提高干部的实际工作能力特别是开拓创新能力，解决干部"本领恐慌"问题。要认真总结推广我市选拔中青年干部到重点工程挂职锻炼、担任农村工作指导员、担任投资项目审批代办员的经验，鼓励和选派更多年轻干部到基层、到生产一线、到艰苦地方去经受锻炼、增长才干，培养他们甘于吃苦、敢于负责、善于解难的精神，提高他们应对复杂局面、处理实际问题、做群众工作的本领。

各地各部门要根据本决定精神，制定有关行动计划、实施意见和配套措施。

附件：100个拟规划建设的城市综合体(略)

中共杭州市下城区委办公室
关于进一步深化全区流动人口服务管理工作的实施意见

区委办〔2008〕15号

各街道党工委、办事处，区级机关各单位：

为进一步深化流动人口服务和管理，保护公民的合法权益，维护良好的社会治安秩序，促进本地区人口与经济、社会、环境的协调发展，按照全省建设"平安浙江"电视电话会议和全省社会治安综合治理工作会议的部署，结合下城实际，现就进一步深化全区流动人口服务管理工作提出如下实施意见。

一、指导思想

坚持以邓小平理论、"三个代表"重要思想为指导，以科学发展观为统揽，根据省、市有关文件精神，紧紧围绕区第八次党代会提出的坚持"两全"战略，构建"四个中心"，打造"五型下城"，推进"南精北快"，努力把下城建设成为全国一流的现代化和谐城区和"生活品质之城"示范区的奋斗目标，坚持"公平对待、合理引导、完善管理、搞好服务"的原则，树立以人为本的流动人口服务管理理念，积极探索流动人口服务管理的有效途径，切实保障流动人口的合法权益，创新服务管理机制，强化服务管理措施，促进流动人口在各个方面更好地融入本地建设和生活，为建设"平安下城"、构建和谐社会作出积极贡献。

二、目标任务

在区委、区政府的统一领导下，按照"条块结合，以块为主"的属地管理原则，充分发挥各部门齐抓共管的职能作用，服务、教育、管理、维权工作明显加强，工作机制进一步健全，流动人口服务管理工作更加规范、系统和科学，为争创“生活品质之城”示范区营造良好的社会治安环境。

三、工作措施

（一）完善流动人口服务管理组织体系

为加强对流动人口服务管理工作的指导、协调、检查、考核，全区建立流动人口服务管理工作领导小组，区委分管副书记任组长，区委办、区府办、政法委（综治办）、组织、宣传、公安、劳动、教育、卫生、计生、民政、文广新、工商、财政、税务、司法、城管、安监、建设、工、青、妇等部门以及街道分管领导为成员。领导小组下设办公室，负责全区流动人口服务管理协调工作，办公室设在区综治办，招聘2名专职工作人员，待遇参照户口协管员，经费由区财政保障。具体工作机构待省、市明确后再做进一步调整落实。

各街道成立流动人口服务管理领导小组，下设办公室，设在街道综治工作中心内，配办公室主任1名（由街道综治办专职副主任兼任），配备专职工作人员1名。

社区由综治工作站负责流动人口日常服务管理工作，配专兼职工作人员1—2名，有条件的成立流动人口临时党、团支部和流动人口工会组织，实行自我管理。

所有用工单位和房屋出租方必须坚持“谁用工、谁负责”，“谁出租、谁负责”的原则，在上级流动人口服务管理办公室的统一领导下，积极协助主管部门做好流动人口的服务管理工作。

流动人口管理及流动人口协管员队伍的管理由区公安分局负责，各有关职能部门负责相关业务指导，各职能部门要加强协调，真正形成流动人口服务管理的合力。

（二）提升流动人口社会管理水平

1. 强化人口信息采集。要加强对现居住地流动人口的登记办证、基本情况采集、统计等工作，把流动人口中16周岁以下儿童纳入人口登记和管理系统，全面、动态、准确地掌握流动人口的基本情况。采取有效措施方便流动人口办理暂住证，将暂住证申请受理工作延伸至社区、规模企业。建立健全全区流动人口信息库，整合现有公安、人事、劳动保障和人口计生等部门及街道的人口信息资源，形成集居住、就业、治安、计划生育、疾病预防控制等管理功能于一体的流动人口综合信息平台，实行“一口采集，多口使用”、“一方采集，多方使用”的信息采集合作与共享机制。加强信息的动态维护，为开展流动人口综合信息预报，深化流动人口综合调控提供基础性资料，减少管理盲区。

2. 完善“以房管人”措施。继续推行和深化出租房宾馆式管理工作，完善“出租房等级管理星级评定办法”等办法规定，突出以房管人，注重源头管理，按照“谁出租谁负责”的原则，全面推行出租房租赁合同登记、治安、计生等综合管理责任制度。社区要通过与房东签订治安责任状、治安协议书的形式，明确责任。流动人口协管员要定期上门对流动人口登记办证情况进行检查核对，及时掌握动态信息，一旦发现暂住人口、出租房变动，即向派出所反馈，做到“人来登记，人走注销”。

3. 落实用工单位责任制。坚持“谁经营谁负责”、“谁用工谁负责”，制订出台用工单位招用外来务工人员治安管理、计划生育制度，把流动人口服务管理工作作为企业创建安全合格单位的重要内容，通过签订治安管理、计划生育责任书等形式，督促各用工单位建立健全外来务工人员管理制度，加强宣传教育，落实管理责任，及时为外来务工人员办理暂住登记，申领《暂住证》。

4. 完善管理防范体系。大力推进社会治安防控体系建设，着力营造严打高压态势，切实整治群众反映强烈的治安突出问题，真正落实管控各项措施，有效防范和打击违法犯罪活动。加强对出租房屋、施工场地、集贸市场、文化娱乐场所等流动人口落脚点和活动场所的管理控制，落实长效管理措施，对由流动人口引发治安问题而形成的重点地区开展专项整治，依法严厉打击混迹其中的违法犯罪分子，维护社会治安稳定。

5. 加强流动人口自我服务管理。选择在流动人口集聚的社区，积极探索流动人口自我管理模式，因地制宜建立社区领导和工作指导下的流动人口自律自助组织，实行流动人口自我教育、自我管理、自我服务。加强流动人口党、团、工、青、妇等组织建设，积极探索流动人口党团组织在流动人口管理中的作用。聘请流动人口比较集中的来源地公安民警，协助开展流动人口管理工作，提高管理效能。进一步深化以江苏灌南县流动人口党支部为代表的流动人口党组织在流动人口自我管理、服务、教育、维权等方面的作用，不断探索“以外管外”的服务管理模式。

（三）加强对流动人口的公共服务

1. 强化流动人口就业服务。建立就业信息发布平台，定期向社会发布下城区劳动力供求变动情况，公布不同职业、不同等级的工作岗位要求和工资标准，加强劳务信息的及时传播和管理。构建以区劳动力市场为枢纽，各类民办职业中介和劳务输入企业为主体，街道劳动保障站为基础的就业服务网络，免费提供职业指导、职业介绍和政策咨询服务。积极与流动人口来源地政府进行对接，建立长期劳务基地，逐步实现流动人口有序流动。建立完善就业培训体系，鼓励流动人口参加职业技能培训，强化用人单位对外来务工人员的岗位培训责任。

2. 切实做好流动人口子女接受义务教育。要将流动人口同住子女义务教育纳入教育事业发展规划，统筹安排，加快形成以公办学校为主、社会力量所办学校共同接纳流动儿童少年的多元化办学格局。加强对承担流动人口子女义务教育民办学校的管理和监督，定期对学校办学情况进行检查、指导，规范办学行为，努力提高办学水平和教育质量。积极探索流动人口子女义务教育民办学校办学机制，加大扶持力度，逐步缓解流动人口子女入学等问题。

3. 加强流动人口疾病预防控制和适龄儿童免疫工作。完善公共卫生服务体系，建立流动人口公共卫生服务网络，将流动人口预防保健工作纳入城乡社区卫生服务范围。加强流动人口疾病预防控制，落实重大传染病的属地管理措施，开展对流动人口传染病监测服务和监督管理，加大对经济困难的重点传染病病人的救济政策力度。加大对《传染病防治法》等法律法规和传染病相关知识的宣传教育力度，在流动人口聚居地开展有针对性的健康教育，有效预防重大传染病发生。落实流动人口子女适龄儿童免疫工作，做好外来儿童预防接种和居住三个月以上外来儿童建卡（建证）工作，并享受和当地儿童同等的免疫预防待遇。

4. 进一步搞好流动人口计划生育管理和服务。将流动人口的计划生育管理服务纳入社区等基层组织的经常性工作，用人单位要依法履行流动人口计划生育相关管理服务责任。免费向流动人口提供计划生育宣传教育、国家规定的基本项目的技术服务和生殖健康服务，继续落实外来育龄妇女看病就医的有关优惠政策。强化综合治理，堵塞流动人口计划生育管理中的漏洞，有效控制流动人口违法生育。

5. 加强对流动人口的教育培训。积极引导流动人口参加各种形式的文化素质教育培训，不断提高流动人口的文化程度。组织开展普法宣传活动，加强对流动人口的法制教育，增强流动人口遵纪守法的法制意识。推动社区、企业文化建设，开展健康、文明的社区、企业文化活动，丰富流动人口的文化生活，逐步提高流动人口的文明程度。开展职业道德和社会公德教育，引导他们爱岗敬业、诚实守信，遵守职业行为准则和社会公共道德，培养科学文明健康的生活方式。

（四）健全维护流动人口权益的保障机制

1. 保障流动人口依法享有的民主政治权利。扩大流动人口政治参与，探索建立流动人口参与选举制度，推荐优秀外来务工人员通过法定程序担任党代表、人大代表和政协委员。建立优秀外来务工人员奋发向上的激励机制，积极开展优秀外来务工人员评选表彰和宣传活动，增强流动人口归属感、认同感。招用流动人口的用人单位，要依法保障流动人口参加工会的权利，职工代表大会中要有一定比例的流动人口代表，保障流动人口行使对本单位民主管理和民主监督的权利，在讨论涉及流动人口切身利益问题时，所在单位工会组织要依法履行职责，确保流动人口的知情权。

2. 加大维护流动人口合法权益的执法力度。要强化劳动保障监察执法，加强劳动保障监察队伍建设，完善日常巡视检查制度和责任制度，强化对外来务工人员流动性大的企业的监管，依法严厉查处用人单位损害流动人口权益的违法行为，并通过媒体予以曝光。健全流动人口维权举报投诉制度，认真受理并及时调查处理流动人口举报投诉。积极探索和推广维护流动人口合法权益的有效方法和手段，充分发挥工会等组织对维护流动人口合法权益的监督作用。加强和改进劳动争议调解、仲裁工作，建立健全基层调解组织，简化流动人口的申诉程序，加快案件审理。对涉及劳动报酬和工伤待遇的要优先审理，并视情免收、减收或缓收案件仲裁费用。积极探索遏制拖欠外来务工人员工资报酬的有效机制，对有拖欠、克扣外来务工人员工资报酬等不良记录的企业，列入重点监控企业名单，在市场准入、招投标资格和新开工项目许可等方面进行制约。

3. 加强对流动人口的法律援助和生活救助。健全法律援助网络，形成以区法律援助中心为重点，各法律援助工作站（点）为补充的法律援助工作网络。充分利用法律援助志愿者资源，调动社会力量参与法律援助工作。加强对法律援助工作的财政投入，为流动人口获得法律援助提供必要的经费支持。进一步落实和完善便民措施，方便流动人口寻求法律援助。加大流动人口法律援助案件办理的力度，对流动人口申请法律援助，要简化程序，快速办理。要把解决拖欠流动人口工资、交通事故、工伤事故赔偿等作为重点援助事项，积极给予办理。开展对特殊困难人群的救助工作，加强对生活无着落流浪乞讨人员的生活救助和医疗救助，提高救助保障水平。

4. 强化工会、共青团、妇联等组织在维护流动人口权益中的作用。工会要以劳动合同、劳动工资、社会保险、劳动条件和职业安全卫生为重点，督促用人单位依法履行义务、维护流动人口合法权益。充分发挥工会劳动保护监督检查的作用，完善群众性劳动保护监督检查制度，加强对安全生产的群众监督。充分发挥共青团、妇联组织在流动人口维权工作中的作用。各级共青团和妇联组织要结合各自特点，畅通青年流动人口和女性流动人口维权渠道，成为维护流动人口合法权益的重要力量。

四、加强和改进对流动人口服务管理工作的领导

（一）统一认识，切实加强领导。流动人口服务管理工作事关我区经济社会发展全局，对我区建设“平安下城”、构建和谐社会具有十分重要的意义。各街道、各部门要把流动人口的服务管理工作摆到重要位置，将流动人口服务管理纳入本地区、本部门工作中通盘筹划，制定明确的工作目标、任务和措施，切实落实职责，层层签订责任状。要积极探索流动人口综合管理服务的新方法、新途径，不断提高服务管理的整体效能。

（二）加强保障，确保工作正常开展。要按照有人办事、有钱办事的原则，加大对流动人口管理中人、财、物的保障力度。在流动人口协管员的配备上，以2008年底全区登记在册的流动人口为基数（08年后以动态登记数为基数），严格按照省、市要求的500:1的比例配备。原则上，由市区两级财政保障的215名协管员要配足；协管员队伍的管理、培训、服务等经费由区财政给予保障。其余缺额人员，根据各街道社区的流动人口实际登记数，按500:1的比例，配齐缺额专管员，经费由街道保障。

（三）加强宣传，营造良好氛围。弘扬“开放、包容、平等”理念，营造关爱流动人口的社会氛围，开展形式多样的帮扶活动和社会共建活动，加强情感沟通，增进互谅互信，实现流动人口与本地居民的和谐相处。要坚持正面引导，加大宣传教育力度，大力宣传流动人口在发展下城、建设下城、服务下城中的积极贡献和重大作用，增强流动人口归属感。加强对投资者、经营者和管理者的法制宣传教育，开展《劳动法》等相关法律法规学习，促进企业守法经营，保障员工的合法权益。

（四）严格考核，实行工作责任制。各街道、各部门行政主要领导是本地区、本部门流动人口服务管理工作的第一责任人，流动人口服务管理工作成效与第一责任人的政绩挂钩。制定区流动人口综合管理工作目标考核制度，纳入区政府工作目标考核管理体系，对工作突出的单位和个人给予奖励。同时，要逐步实行责任倒查、责任追究等制度，落实责任区民警、协管员的职责，以推进流动人口综合管理工作扎实开展。

附件：流动人口服务管理相关职能部门主要工作职责（略）

中共下城区委办公室
下城区人民政府办公室
二〇〇八年八月十三日

中共宁波市委
关于贯彻省委全面改善民生促进社会和谐决定的实施意见

（2008年5月6日中国共产党宁波市第十一届委员会第四次全体会议通过）

甬党〔2008〕4号

为贯彻落实党的十七大精神，实现市第十一次党代会提出的奋斗目标，中国共产党宁波市第十一届委员会第四次全体会议认真学习贯彻省委十二届三次全会精神，结合宁波实际，就全面改善民生、促进社会和谐进行研究部署，并提出如下意见。

一、全面改善民生的总体要求和目标、原则

1. 充分认识改善民生的重要意义。全面改善民生，解决好人民群众最关心、最直接、最现实的利益问题，让最广大人民群众过上幸福安康生活，是党执政为民的本质要求，是贯彻落实科学发展观，构建社会主义和谐社会的内在需要。近年来，全市各级党委、政府牢固树立以人为本、执政为民的理念，始终坚持把解决民生问题摆在突出位置，建立健全为民办实事的工作机制，组织开展“解难创优”、“走进矛盾破解难题”等活动，制定出台一系列改善民生的政策措施，经过各级各方面的共同努力，群众生活质量稳步提升，公共服务能力不断增强，社会保障实现制度全覆盖，民生改善取得明显成效，社会和谐基础更加稳固。但是必须看到，我市民生改善工作与上级的要求和群众的期望仍有不少差距，全面改善民生的任务还十分艰巨。全市各级一定要认真贯彻落实党的十七大精神和省委部署，充分认识全面改善民生的重要意义，进一步增强责任感使命感，开拓创新，扎实工作，坚决实现好维护好发展好人民群众的根本利益，让人民群众共享改革发展成果。

2. 当前和今后一个时期改善民生的总体要求是：高举中国特色社会主义伟大旗帜，以邓小平理论和“三个代表”重要思想为指导，全面落实科学发展观，深入贯彻党的十七大、省市党代会精神，按照深入推进“六大联动”、努力实现“六大提升”和“创业富民、创新强市”的战略要求，紧紧围绕人民群众最关心、最直接、最现实的利益问题，以保障群众基本生活、维护公民合法权益、促进基本公共服务均等、提升人民生活品质为着力点，深入实施“富民”、“育民”、“惠民”、“便民”、“健民”、“安民”六大民生改善工程，进一步完善为民办实事的长效机制，确保“学有所教、劳有所得、病有所医、老有所养、住有所居”，不断丰富城乡居民物质生活和精神文化生活，加快建设更高水平、惠及全市人民的小康社会。

3. 今后五年改善民生的工作目标

——人民生活更加宽裕。以创业带动就业的格局基本形成，城乡就业更加充分，居民收入持续增长，收入结构不断优化，分配差距逐步缩小，中等收入者比重明显提高，绝对贫困现象基本消除，人民生活品质不断提升，到2012年，城镇登记失业率每年控制在4%以内，城镇居民人均可支配收入达到32000元，农民人均纯收入达到15000元。

——市民素质全面提升。文明城市创建不断深化拓展，文化大市建设取得显著成效，学习型社会和终身教育体系基本形成，基本医疗卫生服务体系更加完善，全民健身活动广泛开展，人民群众的思想道德素质、科学文化素质和健康素质不断提高，到2012年，实现高标准普及15年基础教育，平均预期寿命达到77岁以上。

——保障体系日益完善。覆盖城乡居民的基本社会保障体系全面建立，保障制度互通衔接，保障水平稳步提高，新型社会救助体系基本形成，社会福利事业全面发展，人人享有基本生活保障和公共福利。

——公共服务不断健全。城乡一体的基础设施网络基本形成，交通出行、供水供气等条件显著改善，到2012年，城乡居民饮用水水质普遍达标；基本公共服务体系更加完善，均等化水平明显提高；社区服务、社会化服务、政务服务更加人性化，群众生活更加便利。

——人居环境明显优化。多层次住房保障体系不断完善，符合条件的群众住房困难问题得到明显缓解；生态市建设扎实推进，城乡生态环境质量不断改善，到2012

年，全市生活垃圾无害化处理率达到90%以上，城镇生活污水集中处理率达到80%以上，农村生活污水处理覆盖率达到60%以上；全市森林覆盖率达50.5%，年空气质量优良天数保持在315天以上，市区人均公绿面积达到12平方米，建成全国最佳人居环境城市。

——社会管理和谐有序。平安宁波、法治宁波建设成效明显，民主政治和社会法治水平不断提高；公共安全体系日趋完善，重大突发性公共事件预防和处置能力不断增强；社会矛盾调处机制健全，社会治安综合治理进一步加强，人民群众安全感满意率达到90%以上。

4. *改善民生必须坚持的基本原则*

——坚持发展为先、民生为本。正确处理经济发展与民生改善的关系，坚持把经济发展作为民生改善的根本前提，着力推动经济又好又快发展，不断强化民生改善的物质基础；把改善民生作为经济发展的根本目的，不断提高发展成果的共享程度，实现经济发展与民生改善的互动共进。

——坚持突出重点、统筹兼顾。紧紧抓住人民群众最关心、最直接、最现实的利益问题，着力解决群众反映突出的民生问题，着力保障困难群众的基本生活，着力改进民生领域的薄弱环节。同时，着眼全局和长远，加强统筹规划，兼顾各方利益，做到远近结合，推动民生事业全面协调可持续发展。

——坚持尽力而为、量力而行。整合各方面资源，积极创造条件，主动有为工作，推动民生全面改善。同时，从经济社会发展的现实基础和条件出发，区别轻重缓急，坚持循序渐进，稳步提高民生水平，实现改善民生的力度与财力可承受程度相统一。

——坚持公平公正、均衡普惠。遵循民生的公共属性，着眼群众的普遍受惠，建立健全民生政策体系和法规制度，切实保障人民群众的合法权益，不断推进基本公共服务均等化，加强民生政策的统筹协调，不断缩小城乡、区域、群体之间的民生发展差距。

——坚持改革创新、务求实效。正确处理加大投入力度与提高工作水平的关系，更加注重通过体制机制和工作方法等创新，促进民生资源的合理配置和有效利用，走出一条符合民生规律、具有宁波特色的民生改善路子，不断提高改善民生的实际效果。

——坚持政府主导、社会共建。充分发挥政府在改善民生中的主导作用，完善公共财政体制，不断增强政府公共产品的供给能力。同时，坚持共建共享，积极引导各类市场主体、社会组织和广大人民群众共同推进民生改善，形成改善民生的强大合力。

二、实施“富民”工程

5. *推动全民创业*。大力弘扬新时期创业精神，切实强化全民创业意识，激发全民创业再创业的动力和活力。健全面向全社会的创业教育培训制度，提高全民创业素质，鼓励农民群众、企业职工、科技人员、大中专毕业生、退役军人和城镇失业人员等各类群体灵活多样地创业，不断扩大创业主体队伍。加强各类孵化器、创业园区、设计与创意街区等创业基地建设，加大创业配套服务设施建设力度，充分发挥重点开发区、重大建设项目、重要功能区块、大型骨干企业在全民创业中的辐射带动作用，为城乡群众和各类企业的创业创造更多机会和更好条件。进一步完善创业贷款、风险投资、信用担保等扶持政策，加大财税、金融、技术、信息等方面的支持力度，逐步建立集创业项目推介、政策咨询、培训指导、跟踪扶持等于一体的自主创业“一站式”服务机构，使更多的群众实现创业增收。全面推进政策性农业保险，切实降低农业生产经营风险。全面实施工业创业创新倍增计划，高度重视解决企业特别是中小企业运行中的实际困难，切实加强指导帮扶，进一步优化企业发展环境，增强企业创业发展的信心。

6. *积极扩大就业*。全面落实《就业促进法》，实施积极的就业政策，强化政府促进就业职能，完善城乡统筹的劳动力就业政策，加强城乡一体的人力资源市场培育和建设，逐步建立市场主导、政府推动、城乡统筹的就业机制。加强在岗技能培训、再就业培训、新增劳动力培训和农民转移就业培训，建立终身职业培训体系。按照“中心城区有市场、乡镇街道有站所、村和社区有窗口”的要求，完善公共就业服务网络。以“4050”人员、残疾人、城镇“零就业家庭”、城乡低保家庭为重点，积极开展创建充分就业社区活动，采取政府购买岗位、开发公益性岗位、对安排困难人员就业的用人单位实行岗位补贴和社会保险补贴等办法，健全长效就业帮困机制，确保动态消除城镇“零就业家庭”。积极开展创建“稳定就业企业”活动，充分发挥企业在扩大就业中的主体作用。认真落实国家鼓励高校毕业生创业就业的优惠政策和毕业生见习培训等扶持高校毕业生到基层、到企业就业的制度，切实帮助高校毕业生更新就业观念，深入实施“一村(社区)一大学生”计划，促进高校毕业生充分就业。

7. *拓展增收渠道*。完善旧城、旧村拆迁安置办法，推进农村住房制度改革，培育和规范物业租赁市场，让更多的群众拥有物业出租收入。扶持发展村级集体经济和多种形式的富民合作组织，加快村级集体经济股份合作制改革，增加农民集体收益分配和股份分红收入。推进土地承包经营权流转，积极探索土地股份合作制改革等有效形式，增加农民土地权益收入。引导群众理性投资，加强金融、证券、房地产等投资性市场监管，创造条件让群众拥有更多财产性收入。

8. *缩小收入分配差距*。进一步完善收入分配政策，建立健全职工工资正常增长机制，严格执行最低工资制度，完善工资指导线、劳动力市场工资指导价位、行业人工成本信息指导等制度，提高劳动报酬在初次分配中的比重。整顿规范收入分配秩序，加强对垄断行业企业工资监管，加快推进事业单位收入分配制度改革，通过扩大转移支付、强化税收调节、创造机会公平等措施，逐步扭转收入分配差距扩大趋势。加大对城镇低收入群众的帮扶力度，不断健全促进城镇低收入群众增收的长效机制。全面实施“低收入农户奔小康工程”，建立“一户一策一干部”帮扶机制，提高低收入农户的致富能力和收入水平。以16个欠发达镇乡和3个片区为重点，加大财政转移支付、区域协作、政策扶持和结对帮扶力度，推动欠发达地区加快发展。

9. 保障群众利益。认真贯彻落实《劳动合同法》，加强劳动执法和监督，积极实施工资集体协商要约行动，进一步完善欠薪预防保障制度，积极开展创建和谐企业活动，发展和谐劳动关系，保障劳动者和企业的合法权益。进一步完善征地拆迁政策，切实保障群众的土地权利和财产权利。加强粮油、蔬菜、生猪等生活必需品的生产供应基地建设，完善落实重要商品储备制度和市场价格异常上涨应急预案，加强价格检查和监管，坚决打击囤积居奇、哄抬价格、合谋涨价等行为，保障市场平稳有序，切实维护消费者权益。

三、实施“育民”工程

10. 推进教育均衡和素质教育。加快城乡中小学校标准化建设和学校布局的调整优化，推进城乡教育共同体建设，积极促进教育优质资源在城乡、地区和校际之间的均衡配置。进一步完善义务教育免费制度，免除符合条件的城乡义务教育段学生的课本费和作业本费，免除符合条件的外来务工人员子女义务教育借读费。继续开展各种形式的帮困助学活动，进一步扩大公办学校接纳外来务工人员子女入学的比例，提高外来务工人员子女学校的管理和办学水平。完善残疾学生助学政策，关注特殊教育，加强特殊教育学校建设。深化中小学课程、招生考试和质量评价制度改革，减轻中小学生课业负担，创造学校、家庭、社会共同参与，德智体美相互渗透的育人环境，促进学生全面成长。全面实施“农村中小学百千万师训工程”，加强教师队伍特别是农村教师队伍建设，完善和落实教师待遇制度，提高教师素质，激发教师活力。

11. 完善终身教育体系。重视和加强学前教育，优化幼儿园规划布局，确保每个镇乡(街道)有一所标准化的中心幼儿园，确保新建小区按规划配套建设幼儿园，不断改善学前教育办学条件。从市财政性教育经费中每年安排1000万元专项经费，用于扶持经济欠发达地区农村幼儿园建设、骨干教师免费培训和幼儿园教师培养体系建设等。加快构建服务型职业教育体系，鼓励社会资本投入发展职业教育，引导企业与职校开展各种形式的培训合作，加快培养符合产业转型升级要求的创新型人才和技能型人才。推进服务型高等教育体系建设，进一步优化结构、强化特色，加强与地方经济社会联系紧密的学科和专业建设，提高人才培养水平和科研创新能力，增强高校服务地方经济社会发展的能力。大力发展各种形式的成人教育、老年教育、社区教育、现代远程教育和职业培训，建立覆盖全社会的终身学习服务体系，满足人们多层次、多样化的学习需求。

12. 提高全民文明素质和科学素质。大力建设社会主义核心价值体系，坚持不懈地用中国特色社会主义理论体系武装党员、教育群众，进一步坚定中国特色社会主义的理想信念，大力弘扬以爱国主义为核心的民族精神、以改革创新为核心的时代精神和“诚信、务实、开放、创新”的宁波精神，积极实践社会主义荣辱观，深化社会公德、职业道德、家庭美德和个人品德教育，不断提高全社会的思想道德素质。深入推进普法教育工作，不断提高公民法律意识。大力推进以创建文明城市、文明镇村、文明行业为重点的群众性精神文明创建活动，深入实施文明素质工程，广泛开展“我与文明同行”、“我身边的文明之星”等系列活动，大力宣扬道德模范，弘扬文明新风，巩固和扩大文明城市创建成果，不断提升公民文明素质和社会文明程度。全面贯彻“全民科学素质行动计划纲要”，加大科学知识普及力度，提高全民科学素质。

13. 健全公共文化服务体系。坚持以社会主义先进文化为导向，深化文化大市建设，大力推进文化创新，加快构建和完善覆盖全社会的公共文化服务体系，更好地体现公共文化服务的公益性、均等性、基本性和便利性，切实保障和发展人民群众的文化权益。加大公共文化设施建设力度，加快博物馆、书城、东部新城文化广场等一批城市功能性文化设施建设，完善县级重大文化设施体系，加强基层公共文化设施配置，着力构建社区文化活动圈，到2012年，镇乡综合文化站覆盖率达到100%。大力发展公益文化事业，深化公益文化事业单位改革，鼓励社会力量参与兴办公益性文化事业，进一步提高公共文化服务能力，最大限度地发挥社会效益。做好博物馆、纪念馆、爱国主义教育示范基地向社会免费开放工作，完善公共图书馆“一卡通”和流动图书馆制度，深化“万场电影千场戏进农村”活动，不断扩大公共文化服务范围。加大优秀文化产品的创作生产力度，推出一批群众喜闻乐见的文化产品和服务。大力发展文化产业，培育一批文化骨干企业和文化产业密集区，提高文化产品和文化服务的供给能力，促进文化市场繁荣，满足人民群众日益增长的多方面、多层次精神文化需求。运用高新技术创新文化生产和传播方式，促进网络等新型媒体健康发展。重视物质文化遗产和优秀民间艺术、民间工艺和民俗文化等非物质文化遗产的发掘、抢救、保护和利用工作。广泛开展群众性文化活动，加强基层文化队伍培育，继续推进“一镇一特”、“一村一品”等特色文化建设，不断丰富群众文化生活。

四、实施“惠民”工程

14. 提高社会保障水平。进一步完善多层次、广覆盖的城乡社会保障体系，以完善养老、医疗保障制度为重点，逐步建立社会保险相互衔接、合理互通的渠道。加大各类社会保险制度的推进实施力度，依法扩大社会保险的覆盖范围。根据经济社会发展水平，适时提高参保人员的保障水平。注重发挥商业保险和形式多样的社会互助保障的补充作用，引导保险企业广泛参与各类社会保障，鼓励社会团体广泛开展互助互济保障活动。加强各类社会保险费的征缴和基金的安全管理，完善基金运行机制，提高基金的抗风险能力。

15. 完善社会救助体系。理顺社会救助管理体制，完善分层分类救助制度，建立救助管理信息平台，整合救助资源力量，确保救助公平有效。加强城乡低保动态管理和规范化建设，健全低保标准动态调整和低保对象价格补贴制度，逐步提高救助标准，缩小城乡救助差距，切实做到应保尽保、应补尽补、应退尽退。提高农村“五保”和城镇“三无”人员集中供养水平，进一步完善临时社会救助机制，加强流浪乞讨人员和无人监管的精神病患者的救助工作，确保低保边缘或因突发性因素造成生活困难的群众在危难之中及时得到救助。

16. 发展社会福利事业。加强福利机构建设，鼓励支持社会力量参与养老服务事业，大力推广城乡居家养老模式，建立机构养老与居家养老相结合的社会化养老服务体系，努力实现全社会老有所养。倡导有序开展各类慈善活动，完善慈善政策，创新捐助形式，推进慈善事业健康发展。实施“残疾人共享小康工程”，加强无障碍公共设施、残疾人康复及集中托养机构等建设，积极开展各类助残活动，切实保障贫困残疾人的基本生活、基本居住、基本康复和贫困重度残疾人的基本照料。进一步完善面向大众的各类优惠福利政策，推动社会福利事业逐步从救助型、补缺型向适度普惠型转变，提高全民福利水平。

17. 加大住房保障力度。实施廉租住房制度，规范发展经济适用住房，优化规划布局，加强质量监管，完善配套服务，改善保障性住房条件，多途径增加保障性房源供给，逐步扩大享受范围，切实缓解城镇低收入家庭的住房困难问题。进一步扩大城镇中低价位、中小套型普通商品房供应，为中等收入家庭解决住房问题创造条件。继续大力推进非成套房、背街小巷、低洼积水地段、城中村改造和新一轮老小区整治，5 年内基本完成中心城区城中村改造任务。稳步推进农村集中居住区建设，加大旧村改造整治力度，实施农村政策性住房保险制度，增加农村困难群众危旧房改造投入，提高农村住房保障水平。

五、实施“便民”工程

18. 构建城乡一体的基础设施网络。深入推进城乡供水一体化，加大供水设施建设改造力度，加强饮用水源保护，扩大联网供水范围，全面解决农村人口饮水困难和饮水安全问题，进一步提高城乡供水保证率和供水水质。加大城乡交通基础设施建设力度，加快城际、区际快速通道建设，建成甬台温铁路，力争建成杭甬客运专线、象山港大桥；继续推进城区交通骨架网络建设，全面建成“五路四桥”和绕城高速，全力推进轨道交通一号线建设；加快农村公路网络化进程，加强农村公路养护管理，5 年内新建农村网络公路 800 公里。优先发展城乡公共交通，有序增加客运车辆投放，多渠道改善停车条件，提高交通综合管理水平，提高市民出行公交分担率，着力解决“出行难”问题。继续推进供电、供气、通讯、网络等设施建设，重点解决山区海岛居民水、电、交通等问题，不断提升城乡基础设施建设水平。

19. 构建功能配套的社区服务网络。加强社区规划，优化社区布局，合理配置社区资源，完善社区设施配套。以满足社区居民日常生活需求为重点，不断丰富社区服务内容，拓展社区服务功能，在满足共性服务需求的基础上探索新的个性化服务项目，满足居民群众的多元化需求。积极创新社区服务方式，采取政府购买服务等有效形式，充分发挥社会组织在提供社区服务等方面的积极作用。加强社区各类服务组织建设，理顺社区居委会、业主委员会和物业服务机构之间的关系，明确服务职责，形成服务合力，促进物业管理市场化、规范化。加大政策扶持力度，积极探索老小区物业管理办法，多途径解决老小区物业服务难问题。借鉴城市社区服务管理理念，加快推进农村社区化管理和服务。

20. 构建便民利民的社会化服务体系。推进商贸综合集聚区、特色商业街区规划建设，抓好菜市场、超市的改造建设和布局优化，积极实施“社区商业”、“农村流通网”、“放心早餐”等工程，为城乡居民购物消费提供便利的服务。加快构建都市核心休闲旅游圈，扎实推进东钱湖旅游度假区、四明山旅游度假基地、慈城古县城、象山港区域休闲旅游、石浦港休闲旅游等重要旅游功能区建设，完善旅游服务功能，更好地满足人们的休闲旅游需求。引导发展家政服务、电子商务、法律援助、信息咨询等服务产业，充分发挥现代服务业在服务城乡居民生活中的重要作用。推广“81890”服务模式，整合各类服务资源，积极构建社会化服务平台。加快推进“市民卡工程”，为群众日常生活提供便利。健全社会志愿服务网络，深入开展以相互关爱、服务社会为主题的城乡社会志愿服务活动。加强金融、电力、通讯等与群众日常生活密切相关的服务性行业的行风建设，优化服务环境，提高服务质量和效率。

21. 构建优质高效的政务服务体系。加快转变政府职能，更加注重社会管理和公共服务，维护社会公正和社会秩序，促进基本公共服务均等化。健全政府职责体系，强化政府服务意识，全面推进行政审批职能归并改革，深化“一站式”行政服务中心建设，完善三级行政服务网络，提高行政审批服务效率。加强政务网站建设，完善听证和新闻发布会等制度，健全政府与公众沟通机制，积极推进政务公开。加强机关效能建设，健全部门间协调配合机制，坚决纠正损害群众利益的不正之风，努力形成廉洁高效的机关作风。

六、实施“健民”工程

22. 建立完善公共卫生体系。完善覆盖城乡的卫生应急、疾病预防控制、卫生监督、应急医疗救治、妇幼保健体系，突出抓好突发公共卫生事件应急处置、重大疫情预警监测、重点传染病防治、重要时期和重点人群食品卫生监管、重大活动卫生保障等工作，形成政府主导、部门合作、社会参与、结构合理、功能完善、机制健全、运行有效的公共卫生体系。加强人口计生工作，进一步健全计划生育公共服务体系，倡导婚前体检，提高出生人口素质。

23. 加强医疗服务体系建设。统筹城乡医疗卫生资源配置，加快农村三级卫生服务网络和城市社区卫生服务体系建设。加强以全科医生为重点的农村、社区医护队伍建设，完善大中型医院与城乡社区卫生服务机构对口帮扶和双向转诊制度，推行医疗专家到基层坐诊的有效做法，提升基层医疗服务水平。推进第一医院原地扩建暨国际医疗保健中心建设，第二医院、妇儿医院扩建，中医院迁建，新民医院新建等一批重大医疗设施建设项目，规范扶持发展民办医院和便民诊所。创新优化医疗服务流程，切实方便群众就医。强化医疗服务质量管理，加快"名院、名科、名医"建设，扶持发展中医药事业，提升特色专科医疗水平，满足群众多层次、多样化的医疗服务需求。高度关注心理健康问题，加强精神慰藉、心理疏导和治疗服务，促进社会心理和谐。建立有效的医疗纠纷调处机制，维护医患合法权益。到 2012 年，全市卫生机构床位数达到 30000 张以上，每千人口医生护士数达到 5 人以上，建成"卫生强市"。

24. *切实减轻群众医疗负担*。深化医药卫生体制改革，逐步推行使用廉价药物制度，继续开展医药购销领域商业贿赂整治活动，努力降低药价。全面推行符合条件的医疗检查结果互认制度，加强医德医风建设，规范医疗服务行为，合理控制医疗费用。确立各级财政对公立医疗机构的投入补偿机制，保障医院正常运转。完善城镇居民医疗保障制度，实行门诊受惠和免费体检。稳步提高新型农村合作医疗保障水平，建立健全各级财政投入动态增长机制，到 2012 年，全市新型农村合作医疗年人均筹资额达到上年农民人均纯收入的 2%以上。

25. *开展全民健身运动*。加快构建面向群众的多元化体育服务体系，组织实施"市民健身工程"、"农村小康体育工程"和"学生健康促进行动计划"，积极推动学校、机关、企事业单位体育设施向社会开放，广泛开展适合不同人群、丰富多彩的群众性体育活动，建立健全市、县(市)区、镇乡(街道)三级体质监测网络，到 2012 年，城乡社区(村)全民健身路径基本实现全覆盖，全市经常参加体育锻炼的体育人口达到 50%以上，全市国民体质监测合格率在 85%以上。

七、实施"安民"工程

26. *加强生态环境建设治理*。推进生态市建设，深化"蓝天、碧水、绿色、洁静"四大工程，加快生态隔离带建设，加强自然保护区、生态公益林和沿海、沿河、沿路防护林建设，提高城乡绿化覆盖率。扎实做好节能减排降耗工作，开展环境污染综合整治，突出解决重点区域、重点行业环境污染问题，控制农村面源污染，改善城乡河道环境质量，有效治理餐饮业油烟污染和社区噪声污染。加强城乡污水、垃圾处理项目建设和运行，完善收集处理机制，提高污水、垃圾无害化处理率。加大环境执法力度，严把建设项目环保准入关，加强环境质量监测和重点污染项目监控，严肃查处违法排污和破坏生态环境行为。完善价格、税收、土地、金融等政策体系，探索建立排污权交易和污染损害、生态破坏责任赔偿制度，加大生态补偿力度，形成有利于环境保护的良好机制。

27. *推进公共安全体系建设*。完善突发事件应急预防机制，健全统一领导、综合协调、分类管理、分级负责、属地为主的应急管理体系。健全安全生产监管体系，加强对重点行业、重点区域、重点部位的隐患排查和整治，广泛开展"安康杯"竞赛活动，减少安全生产事故，遏制重特大安全事故。建立完善食品药品质量安全监管责任体系，突出解决影响食品药品安全的重点问题，构建长效监管机制，加强监管能力建设，确保食品药品质量安全。强化防灾减灾领导责任制，加强城乡防灾减灾设施和队伍建设，开展群众性防灾减灾宣传教育，提高预防和应对重大灾害的能力。

28. *健全社会管理体系*。深化"平安宁波"、"法治宁波"建设，健全党委领导、政府负责、社会协同、公众参与的社会管理体系。加强民主政治建设，扩大公民有序政治参与，积极发展基层民主，健全基层党组织领导的、充满活力的基层群众自治机制，切实保障人民群众的知情权、参与权、表达权、监督权。完善社会矛盾排查和社会稳定形势分析制度，健全社会矛盾纠纷情报信息共享平台和群体性事件预测预警机制。健全完善社情民意收集和社会稳定风险评估制度，推广"民主恳谈会"、"民主听证会"、"民情沟通日"等模式，促进科学决策，减少矛盾源头。完善信访、调解、综治三位一体的矛盾纠纷调处机制，健全人民调解、行政调解、仲裁调解和司法调解相衔接的大调解格局。加快以社会管理动态视频监控系统为重点的技防工程建设，努力形成全方位、多层次、高效能的现代治安防控体系。依法严厉打击各种刑事犯罪活动，继续深化打黑除恶专项斗争，坚决扫除社会丑恶现象，严密防范、严厉打击境内外敌对势力的颠覆破坏活动。依法加强宗教事务管理，坚决制止和查处非法宗教活动，切实维护宗教界合法权益，积极引导宗教与社会主义社会相适应。深化基层系列平安创建活动，落实社会治安综合治理各项措施，推进综治工作网络向村居、社区、企业延伸，全市所有镇乡(街道)综治工作中心达到规范化标准，村居、社区综治警务室达到全覆盖，学校、企业等综治组织覆盖面进一步扩大，形成联系紧密、合力推进的平安建设工作机制。

29. *提升外来人口服务管理水平*。按照引导融合、提升素质、优化服务、完善管理的要求，建立健全县(市)区、镇乡(街道)和村居、社区属地服务管理外来人口目标责任制，整合外来人口服务管理力量，完善服务管理机制。着眼于外来务工人员发展能力的提升，全面实施外来务工人员技能培训计划，5 年内完成 35 万在岗外来务工人员技能提升培训。稳步推进农民工公寓或集体宿舍建设，健全出租房屋服务管理长效机制，有效治理出租房屋消防、安全、卫生和治安隐患，切实改善外来人口居住条件。研究制定优秀外来务工人员积分制落户办法，鼓励优秀外来务工人员落户，进一步激发外来务工人员创业创新活力。大力推进"和谐促进会"等社会融合组织建设，力争实现融合组织全覆盖。按照整合资源、共建共享的思路，建立立足基层、服务应用、共享高效的外来人口服务管理信息平台。

八、加强领导，强化改善民生的保障措施

30. *强化组织领导保障*。各级党委、政府要高度重视改善民生工作，把全面改善民生摆在更加突出的位置，加强统筹规划和组织协调，把握民生改善的总体方向和工作节奏，协调解决民生改善的重大问题。各级领导干部要加强学习，提高处理和解决民生问题的能力，敢于走进矛盾，善于破解难题，以求真务实的作风推动民生改善。建立健全目标责任制和工作承诺制，层层分解落实改善民生的各项目标任务,把改善民生的实绩纳入对各级领导班子和领导干部考核的重要内容,探索建立民生统计指标的监测机制,建立完善考核评估体系,加强考核督查,确保各项政策和工作落到实处。支持人大、政协依法履行职能,充分发挥人大在改善民生方面的地方立法、法律监督和工作监督等作用,充分发挥政协在改善民生方面的政治协商、民主监督、参政议政作用。积极构建城乡统筹的基层党建新格局,充分发挥基层党组织的战斗堡垒作用和广大党员的先锋模范作用,推动民生改善工作在基层的落实。加强工会、共青团、妇联等群团组织建设,充分发挥各类组织在推动改善民生中的重要作用。

31. 强化政策投入保障。各级政府要优先保障民生项目建设,保障资金、土地等要素资源供给,尽早发挥项目的社会效益。进一步调整和优化财政支出结构,加大民生领域的财政投入,确保新增财力的三分之二以上用于解决民生问题,重点向低收入人群倾斜、向农村和农民倾斜、向欠发达地区倾斜、向改善民生的关键领域倾斜。拓展民生领域建设投融资渠道,鼓励和支持社会各界增加民生投入,共同改善民生。创新公共服务供给方式,有序推进非政务性服务外包,加大对民生领域资金使用和项目建设的监管力度,强化绩效评估,努力提高民生投入的实际效果。

32. 强化体制机制保障。建立健全改善民生的民主决策机制,全面系统收集民意,组织引导群众和各类社会组织积极参与重大民生问题决策,推进决策实施,监督决策落实,使民生决策真正符合民意、真正惠及民众。建立健全民生资源共享机制,打破行政区域界限,加大市内统筹力度,加强对外合作交流,提高民生资源配置效率。加快制定或修订征地拆迁、劳动就业、社会保障等相关政策和办法,实现要素投入和工作推进的制度化。充分发挥纪检、监察部门的保障监督作用,加大行政执法和司法力度,打击损害群众利益的各类违法违纪行为,依法保护人民群众的合法权益,完善依法改善民生的长效机制。

33. 强化人才科技保障。加强社会工作人才队伍建设,当前特别要加强涉及民生服务的各类紧缺人才和领军型高级人才队伍建设,建立健全以培养、使用、激励为主要内容的政策措施,加快造就一支结构合理、素质优良、数量充足的社会工作人才队伍。运用现代信息技术,逐步建立民生管理服务基础信息平台和民生档案资源体系。加快民生领域的科技创新和先进适用技术的推广应用,不断提高民生服务水平。

34. 强化环境氛围保障。加大改善民生工作的宣传力度,精心组织重大主题宣传活动,开辟并办好各类媒体的民生栏目,切实增强舆论宣传在推动民生改善中的引导力和影响力。加大对各类典型事迹和先进经验的宣传力度,及时推广有效改善民生的好做法,引导各地各单位紧密结合实际开展工作。积极开展评先评优活动,对改善民生工作积极、效果明显的机关、企事业单位和各类社会组织,以及表现突出的先进个人进行表彰奖励,积极营造全面改善民生促进社会和谐的良好氛围。

中共宁波市江东区委
关于全面改善民生促进社会和谐的实施意见

(2008年7月18日中国共产党宁波市江东区第七届委员会第五次全体会议通过)

甬东党〔2008〕9号

为贯彻党的十七大精神,落实省委十二届三次全会和市委十一届四次全会的部署,全面提升现代化新中心城区发展水平,中国共产党宁波市江东区第七届委员会第五次全体会议就全面改善民生、促进社会和谐,提出如下实施意见。

一、全面改善民生的重大意义、总体要求和基本原则

(一)全面改善民生的重大意义。全面改善民生是深入贯彻落实科学发展观的内在要求,是构建社会主义和谐社会的关键环节,是全面建设小康社会的题中之义,也是打造"三大中心"、促进和谐发展、全面提升现代化新中心城区发展水平的迫切需要。近年来,区委、区政府牢固树立以人为本、执政为民的理念,始终坚持把改善民生摆在突出位置,出台了一系列惠民举措,全面实施"三心"工程、"解难创优"工程和实事工程,深入推进"三改一化",首创了爱心编织站、"四点钟学校"等一批有影响力的民生品牌,市民生活水平稳步提升,社会保障和公共服务体系健全,社会和谐基础巩固,民生改善取得新成效。但对照中央和省、市委的要求以及全区人民的期望,我区民生领域许多工作还有待进一步加强,全面改善民生的任务还十分艰巨。全区各级各部门一定要认真贯彻落实党的十七大精神和省、市委部署,进一步增强责任感使命感,扎实推进全面改善民生各项工作,使改革发展成果最大限度地惠及全区人民。

(二)当前和今后一个时期全面改善民生的总体要求。高举中国特色社会主义伟大旗帜,全面落实科学发展观,深入贯彻中央和省、市委的决策部署,紧紧围绕打造"三大中心”、促进和谐发展，以实现“六大全面提升”为目标，以实施“八大行动”为抓手，遵循规律、务求创新、争创特色、注重实效，加快走出一条具有江东特色的民生改善路子，确保全区居民“学有所教、劳有所得、病有所医、老有所养、住有所居”，努力把江东建设成为与核心区定位相匹配，与现代化新中心城区相适应，市民满意度高幸福感强的文明之区、和谐之区和首善之区。

（三）全面改善民生必须坚持的基本原则

——坚持率先发展、民生为本。牢牢把握发展第一要务，毫不动摇地坚持以经济建设为中心，切实把发展作为民生改善的根本前提，把民生改善作为发展的根本目的，解放思想、抢抓机遇、真抓实干，努力在率先发展中改善民生，在民生改善与社会和谐中推动持续发展。

——坚持科学统筹、突出重点。遵循民生发展的客观规律，紧紧抓住人民群众最关心、最直接、最现实的利益问题，尽力而为，量力而行，既要积极进取、主动有为，又要立足现有基础，把改善民生的力度与公共财力的可承受程度有机统一起来，统筹规划，先急后缓，循序渐进，有力有序有效地推进各项工作。

——坚持发扬民主、共建共享。正确处理政府主导与群众主体的关系，建立健全民生问题民主决策机制和社会参与机制，问情于民、问需于民、问计于民，认真落实群众的知情权、参与权、表达权、监督权，充分调动社会各方面的积极性，切实做到在共建中共享、在共享中共建，努力形成民主促民生的格局，不断增强改善民生的合力。

——坚持改革创新、务求实效。把改革创新精神贯穿到改善民生的各个环节，全面推进社会领域体制机制创新和工作方法创新，着力促进民生资源的合理配置和有效利用，进一步完善为民办实事的长效机制，努力为全面改善民生提供强大动力和体制保障，确保改善民生各项工作取得实效，实现持续发展。

二、今后五年全面改善民生的工作目标

——人民生活品质全面提升。以新一轮创业带就业的格局形成，城镇登记失业率控制在4%以内；包括股份经济合作社股东、中低收入群体在内的居民收入不断增长，收入结构进一步优化，财产性收入逐步增加，城镇居民人均可支配收入达到3.4万元以上；市民精神文化生活更加丰富，幸福感普遍提高，平均期望寿命达到79岁以上。

——市民文明素质全面提升。文明创建向深度和广度拓展，文化新区建设取得新成效，学习型城区和终身教育体系进一步形成，社会公德、职业道德、家庭美德得到大力弘扬，全体市民的思想道德素质和科学文化素质明显提高，普遍形成科学健康的生活方式和消费方式，普遍形成与现代化新中心城区相适应的文明意识和文明习惯。

——社会保障水平全面提升。覆盖全体居民的基本社会保障体系全面建立，城镇居民医疗保险参保率达到85%以上，养老保险实现应保尽保，各类保障水平稳步提高；政府救助、社会捐助、居民互助为一体的新型社会救助体系基本形成；以区社会福利中心为龙头、街道福利机构为骨干的福利服务网络全面建成。

——公共服务能力全面提升。服务型政府建设扎实推进，公共应急体系更加完善，政务服务更加优质高效，承诺件实际办理时间实现再提速；教育、卫生等基本公共服务体系更加完善，均等化水平明显提高；社区服务更加人性化，各类社会组织逐步健全，市民多元化需求得到较好满足；社会化服务更加便捷，生活、医疗、文体、警务等便民服务圈进一步完善。

——人居环境质量全面提升。多层次的住房保障体系基本形成，分别建成安置房、经济适用房、经济租赁住房85万、30万、1万平方米；新完成15个“城中村”改造，全面完成新一轮老小区整治，强化和完善物业服务与管理，背街小巷改善工程基本实现全覆盖；市政设施日益完善，城市管理向精细化推进；生态环境明显改善，人均公绿面积达13.5平方米，绿化覆盖率达38%。

——社会和谐程度全面提升。社会管理体制不断健全，基层民主法治水平全面提高，新老市民进一步融合，社会矛盾调处机制和公共安全体系日趋完善，重大突发性公共事件预防和处置能力不断增强，刑事案件发案数得到有效遏制，人民群众安全感满意率达到90%以上，90%以上的社区创建成为市现代化和谐社区，力争成为省和谐社区建设工作先进区。

三、今后五年全面改善民生的主要任务

（一）实施创业就业促进行动。实施“五大计划”，全面推进创业富民、就业惠民，充分激发全民创业的动力和活力。

1. 企业新创业计划。按照都市经济又好又快发展的要求，大力鼓励和引导各类企业创业创新，着力促进经济结构升级转型。围绕打造“三大中心”和发展“六大服务经济”，大力引进大型服务机构，促进高端服务业发展。每年选择10—20个示范创业企业（项目），采取多种措施进行扶持。进一步完善总部经济扶持政策，建成区企业总部大楼，集聚一批集团型、区域型、职能型企业总部。加大扶优扶强力度，加强对骨干企业的支持和上市指导服务，完成股份制改造20家以上，新增上市公司3—5家。加大扶持力度，推动一批中小企业上规模上水平。以工业设计街区建设为契机，大力引进和培育发展动漫创意产业。积极发展基金融资，吸引证券投资基金、保险投资基金、创业风险投资基金参与重大创业项目建设，大力引进和培育创业投资公司。充分发挥中国专利技术（宁波）展示交易中心的作用，加快专利技术与资本市场的对接，促进创业创新成果的市场化、产业化。

2. 困难群体就业帮扶计划。完善以人力资源市场为重点的公共就业服务机构，加强街道、社区社会保障与救助服务站（室）建设。创新“ABCD”分级就业服务模式，拓展“爱心编织”的服务内容和范围，加强对低保家庭、双失业家庭、“4050”人员等就业困难群体的个性化服务，加快开发公益性岗位，对安排困难人员就业的用人单位实行岗位补贴和社会保险补贴，确保就业困难人员实现充分就业。到2012年，每年新增就业岗位7000个，完成职业技能培训4000人，其中在岗外来务工人员职业技能培训

2000人,全区社区都要实现充分就业。

3. 新市民再创业计划。加强对股份经济合作社股东的宣传引导,大力营造鼓励创业、支持创业、投身创业的浓厚氛围。加强对股东的创业培训,增强创业意识,提高创业能力,使更多的人成为创业者,每年培训300人次以上。建立创业项目库和专家指导团,提供创业项目推介、政策咨询等服务。设立创业投资扶持基金,加大政策扶持力度,进一步降低创业风险,提高创业成功率。积极创造条件,帮助外来务工人员在江东创业。

4. 高素质人才创业计划。深入实施"人才强区"战略,发挥毗邻高教园区的优势,依托东部新城和重大功能区块开发建设,积极推进校地、校企合作,完善政策、优化服务、创造环境,吸引全国各地的优秀人才特别是创新型、紧缺型人才到江东创业发展,积极构筑区域性人才高地,使江东成为高素质人才创业创新的乐园。加强科技创新专项基金管理,大力鼓励高层次管理人才和专业技术人才创业,努力培育一批创新团队和优秀创新领军人物。实施"大学生展翅计划",启动大学生创业创新孵化园建设,到2012年,建成大学生社会实习实践基地20个。建立健全大学生信息数据库,完善入学、在校、就业阶段的跟踪联系和帮扶机制。大力发展企业用工俱乐部等平台,促进大学生充分就业。

5. 劳动关系和谐企业创建计划。贯彻实施《劳动合同法》,指导和帮助用工单位建立健全劳动用工制度,规范劳动用工行为,加强重点行业劳动合同制度实施工作,提高用工单位劳动合同签订率,切实维护劳动者的合法权益。建立完善劳动关系预警机制,深入实施企业劳动关系"红、黄、绿"分类监管办法,健全劳动争议调解组织和制度,依法调解处理劳动争议。建立健全和谐企业指标体系,积极推进和谐企业创建工作。力争到2012年,全区不少于80%的规模以上企业创建成为劳动关系和谐企业。

(二)实施教育优先发展行动。坚持优先发展教育战略,全面提高教育发展水平,努力为居民群众提供平等接受良好教育的机会和条件,办好人民满意的教育。

1. 着力推进优质教育资源均衡化。优化教育布局,加强宁波市新城第一实验学校等新建学校建设,积极推进优质教育资源在校际之间的均衡配置,充分发挥名校的示范带动作用,推动共同发展学区建设,让更多的孩子享受到优质教育。加强教师队伍建设,努力培养一支省市内有影响力的名师名校长队伍,力争到2012年,新增区学科骨干以上名教师50多名。不断提高教师待遇,推行星级教师评选制度,促进优质师资跨校"柔性流动"。认真贯彻义务教育免费政策,免除符合条件的义务教育段学生的学杂费、课本费,积极妥善解决外来务工人员子女入学问题。

2. 着力推进素质教育品牌化。建立特长教师、特长生的评估和奖励制度,设立特色学校建设专项资金,强化学校的特色评估,形成一批特色鲜明的学校品牌。积极探索学校主导、家长和社区积极参与的新型德育协作体制,形成全社会育人合力。实施"课堂教学改进计划",鼓励有条件的学校推进双语化、小班化教育,加强与浙江大学等高校的合作,提高教育科研水平。切实减轻学生课业负担,积极培育"轻负高质"的教学典型。加强教育教学质量评价体系研究,建立规范化、科学化、制度化的义务教育教学质量监测评估体系和教学指导体系。实施学生身心健康促进工程,深化体育艺术"2+1"计划,巩固省课外文体活动示范区成果,推进"学生护眼工程",努力增强学生身体素质和艺术素养。

3. 着力推进全民教育终身化。积极发展早期教育,完善"2213"早教网络体系,确保0—2岁婴幼儿及其看护人受教育率达到85%以上。高标准普及学前三年教育,建好新建小区配套幼儿园,提高集团化幼儿园办学层次,提升整体办园水平。继续办好社区教育节,丰富社区教育内涵,深入开展学习型组织创建,努力争创全国社区教育示范区。更加重视老年教育,科学整合资源,改善办学条件,加快老年大学和老年电大建设。实施"新市民素质提升工程",切实加强被征地人员、外来务工人员等群体的成人教育培训。

(三)实施社会保障提升行动。围绕提升保障水平和扩大受益范围,推动社会保障从制度全覆盖向人群全覆盖转变,率先形成以社会保险、社会救助、社会福利为基础,以慈善事业、商业保险等为补充的社会保障体系。

1. 提升社会保障水平。依法推进社保扩面,切实提高城镇职工养老、医疗、失业、工伤、生育保险的参保率,逐步提高被征地人员、老年居民养老保障水平。完善城镇居民基本医疗保障体系,切实解决城镇居民中无医疗保障的老年人、非从业人员和未成年人的医疗保障问题,实现城镇居民基本医疗保险全覆盖。认真落实外来务工人员综合保险暂行办法,切实提高其社会保障水平。到2012年,医疗保险和养老保险参保人数每年分别净增10000人,实现城镇居民人人享有基本医疗保险和基本养老保险。

2. 提升新型社会救助水平。整合救助资源,规范社会救助信息平台,完善分层分类社会救助制度,健全低收入家庭结对帮困机制。严格执行最低生活保障制度,规范临时救助制度,完善医疗救助制度,加大对孤儿、孤老、重度残疾人等困难群体的救助力度,探索大病致贫家庭的救助办法。完善居家养残模式,推广"阳光驿站"残疾人康复托养中心建设经验,实施残疾人共享小康工程,到2012年,符合条件的重度残疾人全部纳入集中托养、日间照料或居家安养。完善优抚保障机制,支持社会慈善、社会捐赠、群众互助等社会扶助活动。深入开展"爱心无界、共享文明"活动和爱心帮扶行动,提升"爱心超市"等民生品牌的影响力。

3. 提升特色养老服务水平。积极创建国家级养老服务示范区和省老龄工作先进区,努力提升为老服务水平。加快区社会福利中心和街道福利机构建设,到2012年,每个街道建成具有50张床位以上的福利机构,全区福利机构床位数超过1000张。积极鼓励社会力量创办养老服务机构,建立需求主导、家院互融、社会参与的养老服务社会化新模式。深化居家养老服务等级评定,细化服务项目和内容,提高服务质量,促进居家养老服务标准化、规范化、制度化。到2012年,“三无”对象全部实现集中供养,企业退休职工全部实现社会化管理。

(四)实施便民服务拓展行动。以满足群众基本生产生活需求为着力点,全力打造“三大服务平台”,为居民提供方便、快捷、优质、高效的服务。

1. 打造廉洁高效的政务服务平台。巩固行政审批职能归并改革成果,加快建设网上行政服务中心及电子监察系统,深化“一站式”行政服务中心建设,建立健全批管分离体制和高效顺畅的审批机制。建成区社会事务服务中心,充分发挥服务作用。坚持行政许可条件、审批过程和办理结果“三公开”,加强阳光政务建设,认真落实政府信息公开条例,做到职能公开、政策公开、决策公开。积极组织开展“政务开放日”活动和“阳光热线”活动,进一步增强政府公信力。开辟服务企业绿色通道,推进部门共同办理、跟踪办理、限时办理,完善现场办公制度,不断提高为企业服务水平。每年组织开展机关干部服务社区、服务企业、服务项目活动,切实为基层解决实际困难。

2. 打造方便快捷的社区服务平台。实施以“便利服务进社区、便民服务进家庭”为主题的“双进”工程,大力开展对老年人、青少年、困难人员、失业人员、外来务工人员的特色化服务。大力培育社区各类自我服务组织,重点培育一批组织健全、自律规范、作用突出的示范型社会组织。积极创新社区服务方式,通过奖励、补贴或政府购买服务等形式,鼓励社会组织积极承接部分公共服务,开展非营利性、公益性、互助性服务。培育发展各类公益性志愿者组织,深入开展志愿服务活动。深化“数字社区”建设,建好社区网站,形成江东社区网站群。

3. 打造功能完善的社会化服务平台。推进社区便民服务网点建设,设立一批营业时间在16小时以上的社区服务网点和项目。优化社区商业布局,推进镇安、常青藤、中山等社区创建市级示范商业社区,提升演武天地等特色街建设水平。加快服务行业标准化建设,鼓励连锁化、品牌化经营,大力发展购物消费、商品配送、餐饮娱乐、家政等生活性服务业,积极引进法律、信息咨询等中介服务业,构建门类齐全、结构合理、功能强大的社会化服务体系。整合各类服务资源,创新服务模式,打响87680000“一号通”便民服务品牌,提高社会服务信息化水平。

(五)实施市民健康增进行动。以完善公共卫生服务和社区卫生服务为重点,深入实施“四大工程”,积极创建“省卫生强区”,切实提高基本医疗卫生服务的公平性、可及性和应急性,着力解决“看病难、看病贵”问题。

1、社区卫生提升工程。巩固和扩大社区卫生服务站标准化建设成果,加快社区卫生服务中心标准化建设步伐。到2012年,建成7个标准化社区卫生服务中心、40个标准化社区卫生服务站,形成服务网络化、责任网格化、管理一体化的新型社区卫生服务体系。大力开展“百名名医进社区、小病医疗进社区、中医药服务进社区、慢病综合防治进社区、健康教育进社区”等活动,实施“家家拥有家庭医生行动计划”。逐步实施岗位培训“培养一批”、新毕业大学生“录用一批”、退休人员“聘用一批”、大医院专家“支援一批”等“四个一批”人才工程,切实提高社区卫生服务的针对性、有效性,使居民对社区卫生服务的满意度保持在90%以上。

2. 公共卫生强化工程。健全卫生应急控制体系,完善区、街道、社区三级疫情监测、预警信息报告网络,提高突发公共卫生事件的监测预警能力,网上疫情直报合格率达到98%以上。健全疾病预防控制体系,加强重点传染病的预防控制。健全应急医疗救治体系,建立和完善应急医疗救治网络。健全妇幼保健体系,建立以居住地为主的外来务工人员妇幼保健管理模式,深化“母婴健康工程”,实施“妇女健康促进工程”。健全人口和计划生育公共服务体系,积极拓展“彩虹人生”服务品牌,实施出生缺陷干预工程,稳定低生育水平,提高出生人口素质。健全卫生监督执法体系,建立和完善政府主导、部门协调、社会监督和生产经营单位自律的卫生监督管理机制。

3. 特色医疗精品工程。实施“名医、名科、名院”战略,优化功能定位、培育服务特色,把第六医院建设成为一个“专科精尖、综合宽实、管理高效”、以创伤外科为特色的现代化三级乙等综合性医院,巩固提高江东眼科医院集临床医疗、科研教学于一体的三级眼科专科医院创建成果。加强手外科研究所建设,争取建成眼科、骨科、肛肠科研究所,实现特色专科新发展。力争到2012年,手外科、骨科处于省内领先水平,眼科、肛肠科处于市内领先水平。

4. 全民健身普及工程。深入实施《全民健身计划纲要》,办好一年一届的学校体育节、两年一届的机关运动会、三年一届的老年运动会及幼儿运动会和四年一届的区体育运动会。加强社区健身设施建设,制定出台《江东区全民健身路径管理办法》,推进各类体育场馆资源整合与开放。加强全民健身组织和队伍建设,形成体育俱乐部、晨晚练健身点和体育社团活动结合、覆盖面广的群众体育组织网络。到2012年,社区全民健身路径实现全覆盖,全区经常参加体育锻炼的体育人口达到60%以上。

(六)实施和谐文化培育行动。牢固树立文化为民、文化惠民的理念,掀起人文兴区新高潮,全面展现中心城区的美好形象,让市民有更多的归属感、成就感、幸福感。

1. 大力培育新江东精神。立足现代化新中心城区的定位和要求,以先进事迹和先进人物为重点素材,注重与弘扬民族精神、时代精神和宁波精神相结合,深入开展新江东精神讨论实践活动,努力形成争先创优、务实创新、开放包容、合力兴区的良好氛围,进一步凝聚人心、凝聚智慧,切实把广大干部群众的思想和行动统一到打造“三大中心”、促进和谐发展的实践上来。注重从历史文化中传承人文精神,认真抓好《江东记忆》、《百年江东》等历史文化丛书编撰工作,加强物质文化遗产和“龙凤绣袍制作”等非物质文化遗产发掘、申报和保护工作。

2. 大力弘扬文明新风尚。加快建设社会主义核心价值体系,坚持用中国特色社会主义理论体系武装党员、教育群众,积极实践社会主义荣辱观,深化社会公德、职业道德、家庭美德和个人品德教育,培育推广“八心九情进万家”等公民道德建设典型。深入推进群众性精神文明创建活动，大力实施文明素质工程，广泛开展“文明礼仪进学校、进社区、进机关、进企业、进楼宇”等活动，切实提升广大市民的文明素质和城区文明程度，巩固和扩大文明城市创建成果。加强未成年人思想道德建设，进一步打造“四点钟学校”品牌，推进标准化、规范化建设。全面贯彻“全民科学素质行动计划纲要”，加大科学知识普及深度和广度，提高全民科学素质。

3. 大力完善公共文化服务体系。以满足不同层次文化消费需求为目标，推动文化内容形式、体制机制和传播手段创新，提升公共文化产品和服务供给能力。加强文化基础设施建设，积极配合宁波书城、宁波文化广场等市级重大文化设施建设。推进“两馆一站”达标建设，确保区文化馆通过国家二级馆复评验收，区图书馆达到国家三级馆标准，至少3个以上街道文化站达标。完善公共图书馆“一卡通”制度，拓展公共图书服务范围。多形式、多途径开发民生档案资源，方便群众查阅民生档案信息。办好社区文化艺术节，深入开展“百场文化进社区”、“百姓艺术课堂”等文化普及活动，扎实推进“一社一品”主题文化创建活动，继续培育划船社区、常青藤社区等一批主题文化建设示范社区，积极发展民俗文化、邻里文化等特色文化。重视企业文化建设，打造企业文化品牌。加强文化人才队伍建设，重视知名文艺人才的柔性引进。加大优秀文化产品的创作生产力度，推出一批群众喜闻乐见的文化产品和服务。

4. 大力发展文化产业。把发展文化产业作为转变经济发展方式和推进产业机构优化升级的重要抓手，努力打造新的经济增长点。建立健全文化产业的扶持政策，鼓励社会资本参与文化产业发展，积极引进和培育一批具有较强竞争力的文化产业主体，提升文化产业占服务业的比重。加快特色文化街区建设，逐步形成重点突出、布局合理、功能独特的文化创意、文化演艺、娱乐休闲街区。加强文化市场的服务与监管，重视对互联网等新型传媒的管理，促进文化市场健康繁荣发展。

(七)实施人居环境优化行动。紧紧抓住“中提升”战略机遇，按照高起点、高标准、高效能的要求，深入实施“四大工程”，全面打造清新舒适、宜居宜业的环境。

1. 安居工程。加快推进安置房建设，切实加强对福明家园、新城社区、碧水和城等安置社区的管理和服务，形成示范带动效应，进一步促进大拆迁、大改造、大提升。加快经济适用房和经济租赁住房建设，实现符合廉租房政策的家庭应保尽保，切实改善低收入家庭住房条件。加快戎家、宁丰、惊驾、戚隘桥、宁东等“城中村”改造步伐，到2012年，基本完成“城中村”改造。按照普通达标、功能提升和特色示范的不同要求，深入实施背街小巷改善工程，力争5年内完成改善项目50条。加快推进新一轮老小区综合整治，不断改善老小区面貌。

2. 基础设施工程。深入实施大项目带动战略，尽快完善重点区块、重点项目的相关配套功能。坚持市政基础设施与重点区块、重点项目同步设计、同步建设、同步竣工，主动服务东部新城核心区主干道路以及水电气、通讯、雨污处理等基础设施建设，加快世纪东方广场、长丰滨江休闲居住区江东片区、上东国际等周边配套设施建设。加快以打通瓶颈、优化环境、完善配套为重点的老城区路网建设，全力配合轨道交通和庆丰桥、外滩大桥及其连接线建设等重大基础设施建设，进一步完善城市路网框架。

3. 管理升级工程。以创群众满意的城管和“洁化、绿化、美化、序化”为目标，全力推进精品城区建设。加快构建“大城管”格局，完善“数字城管”信息系统，全面落实“分块包干、责任承包”的网格化责任体系，逐步实现区域全覆盖、全过程控制，提高城市综合管理水平。实施“百千万参与工程”，引导广大市民积极参与城市管理。深入推进环境卫生“八大整治”，建立健全城市长效管理机制。着力缓解“停车难”问题，新建一批公共停车场，同时充分挖掘潜力，通过错时停车、资源整合、闲置利用等手段提高车位利用率。创新准物业管理模式，充分发挥业主委员会的作用，加强对物业企业的行业管理，不断提升社区管理和服务水平。

4. 生态工程。围绕推进“蓝天、碧水、绿色、洁静”四大工程建设，深入实施“生态建区”战略。倡导生态文明理念，加强环境保护教育。强化节能减排降耗工作，万元生产总值综合能耗每年下降4.4%。加强环境污染综合整治，探索建立排污权交易制度，突出解决重点区域、重点行业环境污染问题，二氧化硫排放量每年下降5.3%。以“一年有变化、三年大变化、五年根本性变化”为目标，扎实开展内河保洁、截污、活水、美化工程，切实改善内河水质。加快道路绿化升级改造。完善垃圾、污水收集处理机制，生活污水处理率、垃圾无害化处理率达到100%。鼓励发展循环经济，扶持发展资源节约型产业，打造20家以上清洁生产示范企业。

(八)实施社会管理强化行动。围绕促进社会和谐稳定，以完善“四大机制”为重点，深化“平安江东”、“法治江东”建设，强化基层基础，确保群众安居乐业和民主权益。

1. 完善基层民主自治机制。以建设“五型社区”为目标，加快推进和谐社区建设，努力实现自我管理、自我教育、自我服务和自我监督。充分发挥社区成员代表大会、共建理事会、社区居委会等自治组织的重要作用，保证基层群众依法实行民主选举、民主决策、民主管理和民主监督，以民主制度保障“三问四权”在基层的落实。加强和改进对各类社会组织的监督管理，引导其健康有序发展。大力推进“新老居民共建促进会”等社会融合组织建设，促进新老居民和谐共处。加强基层单位(行业)工会组织建设，建立符合劳资双方需要和促进劳资关系和谐的民主管理形式，保障职工充分行使民主权利。深化股份经济合作社体制机制改革，增强发展活力。

2. 完善矛盾纠纷排查化解机制。完善基层矛盾调解机制，健全基层人民调解组织网络体系，构建人民调解、行政调解和司法调解有机结合的大调解工作体系，各类矛盾纠纷调解率、调解成功率均达到省市规定要求。完善社会矛盾排查和社会稳定形势分析制度，健全社会矛盾纠纷情报信息共享平台和群体性事件预测预警机制。健全完善社情民意收集制度，推广"民情沟通日"等制度，促进科学决策，减少矛盾源头。加强人民信访工作，健全重大信访领导包案制，加快信访信息化建设，畅通信访渠道，重点解决好大开发、大建设、大调整、大提升、大转型过程中事关群众切身利益的问题。立足于早排查、早调处、早化解，努力把矛盾消除在一线、化解在萌芽状态。

3. 完善社会治安打防控一体化机制。依法严厉打击各种严重刑事犯罪活动，继续深化打黑除恶专项斗争。加大对"两抢一盗"等案件的打防工作力度，积极开展专项打击。建立健全横向到边、纵向到底的治安防控体系，建设并完善街面防控网、社区防控网、视频监控网、行业自治网，加强社区维稳信息员、综治指导员、外口协管员、治安防控员、纠纷调解员建设，不断巩固群防群治网络。深化基层创安系列活动，深入推进"综治进民企"、"综治进物业"等工作，全力实施以社区民警专职化为主要内容的社区警务室建设。

4. 完善公共安全防范应急机制。完善突发事件应急预防机制，健全统一领导、综合协调、分类管理、分级负责、属地为主的应急管理体系。健全安全生产监管体系，加强对重点行业、重点领域、重点部位的隐患排查和整治，减少生产安全事故，杜绝重特大安全事故。建立完善食品药品质量安全监管责任体系，突出解决影响食品药品安全的重点问题，构建长效监管机制，确保食品药品质量安全。强化防灾减灾领导责任制，加强防灾减灾设施和队伍建设，开展群众性防灾减灾宣传教育，提高预防和应对重大灾害的能力。

四、全面改善民生的保障措施

(一)强化组织领导保障。区委、区政府成立全面改善民生工作领导小组，统筹协调民生改善各项工作。各街道、部门要把解决民生问题摆在更加突出的位置，提高处理和解决民生问题的能力。建立健全目标责任制和工作承诺制，层层分解落实，把改善民生的实绩纳入对各级领导班子和领导干部考核的重要内容。探索建立民生统计指标的监测机制，建立完善考核评估体系，加强考核督查，确保各项政策和工作落到实处。支持人大、政协履行职能，充分发挥人大在改善民生方面的法律监督、工作监督等作用，充分发挥政协在改善民生中的政治协商、民主监督、参政议政作用。加强基层党组织和工会、共青团、妇联等群团组织建设，充分发挥其在改善民生中的重要作用。

(二)强化政策投入保障。分类制订改善民生的政策意见，扎实推进民生改善各项工作。优先安排民生项目建设，保障要素资源供给，尽早发挥项目的社会效益。进一步调整和优化财政支出结构，加大民生领域的财政投入，确保新增财力的2/3以上用于解决民生问题，重点向困难群众和弱势群体倾斜、向实事工程和解难创优项目倾斜、向创新创业倾斜、向改善民生的关键领域倾斜。充分调动社会各界改善民生的积极性、主动性和创造性，不断拓宽民生领域投融资渠道。加大对民生领域资金使用和项目建设的监管力度，实行年度审计，强化绩效评估，努力提高民生投入的实际效果。

(三)强化体制机制保障。建立健全民生项目民主决策机制，积极引导群众和各类社会组织积极参与重大民生问题决策，推进决策实施，监督决策落实，使民生决策真正符合民意、真正惠及群众。建立健全民生资源共享机制，加大区内统筹力度，加强对外合作交流，提高民生资源配置效率。充分发挥纪检、监察部门的监督作用，严肃查处损害群众利益的各类违法违纪行为，依法保护人民群众的合法权益。研究制订民生项目评估指标体系，确保民生项目高效优质。

(四)强化人才科技保障。按照科学设岗、按需设岗、以岗配人的要求，围绕青少年服务、老年人服务、社会救助服务、残障康复服务、社区矫正服务、婚姻家庭服务、新市民服务等领域设置社区社会工作岗位，加快建设一支社会工作者人才队伍。加强对现有社区工作者的培训，努力使其成为具有社会工作职业证书和水平的社会工作人才。加快民生领域的科技创新，运用和推广现代信息技术，打造信息化服务平台，不断提高民生服务水平。

(五)强化宣传氛围保障。加大改善民生工作的宣传力度，精心组织重大主题宣传活动，充分发挥《今日江东》等宣传阵地作用，切实增强舆论宣传在推动民生改善中的引导力和影响力。注重典型事迹和先进经验宣传，及时推广有效改善民生的好做法，对改善民生工作积极、效果明显的机关、企事业单位和各类社会组织，以及表现突出的先进个人进行表彰奖励，积极营造全面改善民生的良好氛围。

中共宁波市鄞州区委
关于实施幸福民生40条的决定

(2008年6月24日中国共产党宁波市鄞州区第十二届委员会第四次全体会议通过)

甬鄞党〔2008〕23号

全面改善民生，是深入落实科学发展观的内在要求，是构建社会主义和谐社会的关键环节。党的十七大对加快推进以改善民生为重点的社会建设作出了战略部署，省委十二届三次全会、市委十一届四次全会相继就改善民生工作作出重大决策。为深入贯彻党的十七大和省委、市委重要会议精神，推进落实区第十二次党代会提出的“三大行动纲领”，让全区人民更加充分地共享改革发展成果，区委十二届四次全会就实施“幸福民生40条”作出如下决定。

一、积极促进创业和扩大就业

1.完善自主创业政策扶持体系。降低创业准入门槛，允许“一次注册、分期出资”，允许以实物、知识产权、土地使用权等非货币方式出资，允许股权出资、出质。采取“直接免收、财政补助、政府代缴”方式免收本区内的内外资企业和个体工商户开业注册登记费、个体工商户管理费、集贸市场管理费、税务登记费和票证票据工本费等费用。每年落实5000万元信贷额度专项用于被征地人员、大中专毕业生和农民创业的小额贷款，完善农民和中小企业融资担保机制。设立创业风险投资引导基金，大力扶持科技型中小企业发展。探索建立以个私财产险、企业经营者责任险等为主要内容的自主创业政策性保险制度。每年新增市场主体3000家。

2.加强中小企业孵化、培育基地建设。增加区科技孵化中心孵化面积，扩大孵化规模，支持工业园区、商务地产企业和有条件的镇乡(街道)建设企业孵化器，积极引进有实力单位共建科技孵化基地。在新城区规划建造20万平方米商务楼宇，专门用于培育发展新城区“退二进三”中小企业。鼓励工业园区、镇乡(街道)、村级组织和其他社会力量建造标准厂房，每年新增各类标准厂房80万平方米，重点面向全区中小企业出租。

3.推进“充分就业村(社区)”创建工作。以帮扶“零就业家庭”、未就业大学生、被征地人员就业和提升行政村(社区)劳动力就业质量为重点，通过开发公益岗位，提供社保补贴、岗位补贴、用工补贴等措施，全面推进“充分就业村(社区)”创建工作，每年新增就业岗位1.5万个、转移农民1万人，城镇登记失业率控制在3.5%以内，三年内全区80%以上行政村和全部社区达到“充分就业村(社区)”标准。

4.全面实施“低收入农户奔小康”工程。坚持扶贫重心下移、扶贫对象到户，把2007年家庭人均纯收入3000元以下低收入农户纳入帮扶范围，通过实施增收帮扶、迁址移民、医疗救助、子女就学援助、培训与转移就业、“一户一策一结对”等举措，全方位促进低收入农户奔小康，到2011年，全区有80%的低收入农户家庭人均纯收入提高到5000元以上。

二、建设城乡共享型社会保障体系

5.逐步建立城乡统筹的新型养老保障体系。扩大城镇职工基本养老保险覆盖面，逐步做实个人账户，健全养老金调整机制。提高城乡居民基本养老保险参保率，将未纳入养老保险的群体逐步纳入养老保障体系。完善被征地人员养老保障制度，建立养老金正常增长机制。积极探索有关养老保障制度之间的衔接转续办法，推进各层次养老保障制度的有机整合，力促养老保障从制度全覆盖向群体全覆盖转变。

6.基本建立城乡一体的新型医疗保障体系。完善城镇职工基本医疗保险制度。推进新型农村合作医疗保险和城镇居民基本医疗保险接轨，将门诊医保纳入城镇居民医疗保险范围，通过适当提高农民筹资水平，把农村大病医疗保险补偿率提高到与城镇居民医疗保险同等水平。健全未成年人医疗保障制度。探索建立不同医疗保险险种之间互联互通的转换通道。

7.加快建立城乡互动的新型社会救助体系。完善最低生活保障金标准动态调整机制，实现城乡最低生活保障制度接轨。健全临时社会救助制度，加大对因病、因灾致贫群众救助力度，对低保户等城乡低收入群体因物价上涨而生活困难的，实施临时物价补贴。建设区社会救助中心，提高农村“五保”老人和城镇“三无”人员供养质量。实施生育关怀工程，推进基本生育费用免费化。实施免费入葬生态公墓和低收入群体免费火化政策。

8.积极实施“残疾人共享小康”工程。保障残疾人基本生活，健全残疾人生活补助金正常增长机制，建立区残疾人康复中心、残疾人托管中心，开展助听助行助视专项活动，落实残疾人就医就学、供水供电和公共场馆门票减免等方面优惠政策，加大残疾人就业帮扶力度，到2011年，全区有一定劳动能力和就业愿望的残疾人就业率达到94%以上、脱贫率达到80%以上。

9.全面推进农村“星光老年之家”建设。充分整合资源，新建改建村级老年活动中心，强化生活照料服务功能，完善老年文化娱乐设施，确保村村建有标准化的“星光老年之家”。建成区社会福利中心，鼓励社会力量创办养老机构，所有社区都建立社区综合服务中心，到2011年，全区农村“星光老年之家”和社区居家养老服务实现全覆盖。

三、提高城乡居民综合素质

10.实行中小学十二年免费教育。新建迁建五乡中学等一批中小学校，深化义务教育书学费全免和职业教育免学费政策举措，实施免学费高中段教育，全面实现中小学十二年免费教育。坚持学前教育公益性，每个镇乡(街道)都建有1—2所标准化公办中心级幼儿园，到2011年，全区学前三年儿童净入园率达到99%以上，等级幼儿园招生覆盖面达到90%以上，初中毕业生升学率达到99%以上，高等教育毛入学率达到56%，全区居民平均受教育年限达到11年，新增劳动力平均受教育年限达到13年。

11.建立“十五分钟医疗圈”。扩建鄞州第二医院，完成区疾控中心、卫生监督大楼整体搬迁，新建迁建集士港等11家卫生院(社区卫生服务中心)，实施东吴、横街、龙观等卫生院标准化改造，行政村普遍建好标准化卫生室(卫生服务站)。实施卫生队伍素质提升工程，每年引进一批大中专毕业生充实城乡卫生医疗机构，实行“两免两减半”和药品合理限价政策。到2011年，全区居民每千人拥有医院床位5张、医卫人员6名，平均预期寿命达到77岁。

12.建立“十五分钟文化圈”。建成区体育中心二期、综合活动中心和宁波(鄞州)博物馆及一批专题博物馆，四年内新创建省、市级村落文化宫100家，实施“公共文化明珠镇”创建工程，每个镇乡（街道）都建有室内多功能活动馆或体育主题公园，每个行政村拥有一个晨（晚）练点，每个自然村拥有一条健身路径，全区经常参加群众性文化体育活动的人口超过50％。深化“和美家园”、“和谐企业”、“文明镇村”等创建活动，着力提升城乡居民文明素质，创建成为省示范文明城区。

四、改善城乡居民居住条件

13. 全面推进危房修缮、住房救助和老旧住宅小区综合改造。提高城乡低保家庭、城镇低收入家庭危房修缮补助标准和住房租赁补贴标准，加大对无房户、住房困难户和因灾倒房户住房救助力度，完善农村政策性住房保险制度。加强老旧住宅小区房屋维修养护，完善地下管网、屋顶水箱、环卫绿化等配套设施。到2011年，基本完成全区危房修缮和老旧住宅小区改造，基本解决城乡低收入家庭住房困难。

14. 不断扩大中低价位、中小套型普通商品住房供给。加大新城区中小套型商品住房供应力度，加快城镇中低价位、中小套型普通商品住房建设，主要面向城乡中低收入家庭供给。采取切实有效措施积极解决城乡大龄青年住房问题。探索建立符合鄞州实际的经济适用房、廉租房建设新路子，土地出让金净收益的一定比例及住房公积金增值部分专项用于经济适用房和廉租房建设，建成11万平方米人才安居房。

15. 深入实施旧村改造新村建设。按照“布局优化、道路硬化、村庄绿化、路灯亮化、卫生净化、河道洁化”要求，加快旧村改造步伐，每个镇乡（街道）选择2个以上行政村进行试点，到2011年，力争完成100个旧村改造任务。进一步加大新村建设力度，提高原拆原造户、拆旧购新户、一次性迁建户等对象的新村补助标准，对通过土地整理建设新村、提高容积率建造新村的行政村进一步提高补助标准，并全额补助到村，每年新建新村住宅100万平方米、拆除农村旧房50万平方米。同时积极推进农村新社区建设，不断提高城乡社区服务管理水平。

五、加快新一轮道路交通建设

16. 加快全区骨干路网建设。全面推进鄞州大道东西延伸段、新城区至横溪公路、龙观至溪口公路、34省道石碶段、329国道东外环至逸夫中学、通途路西延伸段、联丰路二期、沿海中线二期、明州大道二期、同三高速南连接线等道路和甬台温高速育王互通立交建设。配合做好杭甬铁路复线、甬台温铁路、城市轻轨、“五路四桥”、绕城高速东段和连接线、象山港大桥连接线、机场平滑道等省市重点工程建设，初步建成“七横十二纵”公路交通网络骨架，基本形成以新城区为中心的半小时交通圈和对外快速干线通道。

17. 加快新城区城市道路建设。全面加快新城区连接江东、海曙区的沧海路、福明路、解放南路延伸段和下应大道、钱湖南路、金峨路、广德湖路、它山堰路、百梁南路、堇山路延伸段等道路建设，打通新城区内“断头路”，推进新城区80平方公里路网规划与建设，到2011年，形成“六横六纵”市政道路网络。

18. 加快农村康庄道路建设。每年安排5000万元资金，高标准建设农村联网公路，每年新建改建农村公路60公里以上，三年内新建改建农村公路280公里，实现农村等级公路网络化。

19. 大力发展公共交通。新建区综合公交枢纽场站，加强各类公交配套设施和候车亭建设，开通新城区内以及新城区与老市区公交双环线，开设新城区至各旅游景区旅游专线，增加各镇乡至新城区公交线路和山区公交线路，增设新城区和各镇乡公交卡充值网点，加大公交车投放密度，加快公交车辆更新，理顺公交管理体制。同时规划建设新城区公共停车场，鼓励社会资本以多种形式参与建设、经营公共停车场。

六、深化放心工程建设

20. 加快规范化菜市场和社区商业服务网点建设。加快城乡菜市场建设，新城区今年建设菜市场2家，四年新建菜市场5家，农村今年完成20家菜市场改造，四年内完成全区100家规模以上农村菜市场改造。同时加快发展现代城镇社区连锁店、社区示范店、社区商业中心、专业化特色商业街和农村规范化农家店、放心店，形成城乡商业服务网络化格局。

21. 保障公众食品和药品安全。开展食品安全示范区、示范镇乡（街道）和食品药品安全“四无社区”、“四无村”创建活动，深化农村药品“两网一规范”建设，建立统一的食品安全信息发布和检验检测平台，食品抽检总体合格率达到95％以上，农村卫生室（卫生服务站）药品配送覆盖面达到100％，医疗机构药品管理规范化达标率达到95％以上，公众食品和药品安全得到更好保障。

22. 维护主要农产品供给和价格稳定。全面落实支农惠农强农政策，建成中心粮库，粮食储备规模提高到3.85万吨。加快规模化菜篮子基地建设，鼓励本地企业到外地建立蔬菜、肉类等供应基地。扩大政策性农业保险范围，增加参保对象、保险品种和保费补贴，到2011年，农业保险品种扩大到20种，农业保险财政专项补贴达到2000万元。建立市场价格预警机制，适时实施临时物价干预，维护物价稳定。

23. 强化对制售假冒伪劣商品和无证无照经营行为的整治。疏堵结合，以疏为主，强化属地管理，加大对无证无照经营行为的专项整治力度，依法打击制售假冒伪劣商品行为，到2011年，食品、饮料、家电、玩具等商品制假售假行为得到有效遏制，新城区和镇乡（街道）建成区无证无照食杂店整治率达到100％，每个镇乡（街道）基本建成一条“亮证亮照经营示范街”。

七、加强生态环境保护

24. 建设污水收集处理系统。全面实施排污专项规划，2008年完成石碶街道建成区污水管网建设和其他镇乡（街道）污水管网专项规划，启动鄞南、鄞西、滨海污水处理厂建设，2009年启动全区污水管网建设，同时对难以纳入城镇污水集中处理系统的132个山区、半山区和水库上游村，实施污水生态化处理，到2011年，基本完成全区污水收集处理系统建设，新城区污水集中处理率达到

100%，全区污水集中处理率达到80%。

25. 深入推进区域供水工程和新一轮河道疏浚整治。深化区域供水工程建设，加快供水管网建设，实施镇域自来水管网改造，调整鄞东片及云龙镇供水源，改善群众生活用水水质。全面推进河道清淤疏浚工作，对镇乡（街道）建成区、新农村示范创建村、重要地段内的河流实行河道砌石，全面改建行洪桥孔过小的桥梁，实施主要河道两岸绿化，三年内完成河道疏浚整治。

26. 加快垃圾粪便无害化处理系统建设。深化“户集、村收、镇运、区处理”的垃圾收集处理模式，新城区及镇乡（街道）建成区生活垃圾无害化处理率达到100%，农村生活垃圾无害化处理率达到80%以上。加大标准化公厕新建改建力度，推广生态式公厕建设，建设区域粪便处理中心，建立粪便回收、处理、利用网络体系。推广环卫保洁市场化运作方式，建立环境整治长效机制。

27. 加强再生资源回收利用体系建设。新建改建镇乡（街道）再生资源回收示范站19家、社区再生资源回收网点80个，规范管理有证回收网点，清理无证回收网点，对流动收购人员实行挂靠式管理，加强从业人员培训教育，明显提高全区再生资源回收利用率。

28. 全面开展铸造业整治。采取依法推进和政策鼓励相结合办法，促使规模较大企业加大技术、工艺改造力度，达到国家规定的环保、卫生标准，推进规模较小企业转产转业、梯度转移，消除铸造污染源，防控重点片区产生新的铸造污染源，依法关闭长期不能稳定达标的铸造企业，尽快完成铸造业整治改造升级任务。同时扎实推进电镀、印染、食品、热电等行业的技术改造和清洁生产审核工作，强化畜禽养殖环境整治，健全生态补偿机制。

八、维护社会和谐稳定

29. 夯实平安基层基础工作。加强基层综治组织规范化建设，2008年各镇乡（街道）基本建成“规范化综治工作中心”，村、社区和职工人数200人以上企业全面建成“规范化综治工作室（站）”，每个村（社区）普遍建有标准化警务室，并力争三年内有70%的“综治工作中心”和30%的“综治工作室（站）”达到示范化标准。健全基层人民调解组织网络，强化人民调解与行政调解、司法调解的联动机制，加强基层信访制度和信访力量建设，力争90%以上的不稳定因素化解在基层和萌芽状态。

30. 推进打防控一体化建设。加强重点行业、重要地段、公共复杂场所的治安安全管理，加大对涉黑、抢劫等恶性案件和多发性案件的打击力度，力争七类恶性案件破案率达到95%以上。加大对扒窃、盗窃电瓶车、农用设施、小偷小摸等与群众利益密切相关小案件的打防工作力度，经常开展专项打击。加强治安动态视频监控系统建设，强化和规范专职巡防（保安）队伍建设，增强人民群众安全感。

31. 强化安全生产监管。加强安全生产隐患排查，开展安全生产专项整治，重点加强对道路交通、消防、危险化学品、矿山、建筑施工等行业和“三合一”场所的整治，落实生产经营单位安全生产主体责任和各级政府部门安全监管主体责任，保持安全生产事故次数、死亡人数和直接经济损失“零增长”。

32. 加强防灾抗灾应急处置。健全突发公共事件应急机制，加强应急知识宣传教育培训和应急预案演练，完善应急处置、救援和事后恢复重建等工作机制，规划建设70个避灾救灾中心，力争各镇乡（街道）都建有一定数量的避灾救灾中心。

九、加强“新鄞州人”服务管理

33. 实施外来务工人员综合保险制度。贯彻《宁波市外来务工人员社会保险暂行办法》，优先解决工伤保险和大病医疗保险问题，逐步探索解决养老保险问题，积极推行外来务工人员社会保险由用人单位缴费、个人不缴费的综合保险参保模式，努力提高外来务工人员社会保险参保率。

34. 改善外来务工人员居住条件。发挥出租房屋在改善外来务工人员居住条件中的主渠道作用，采用多种模式强化出租房屋社区式服务和管理，探索新形势下城乡出租屋租赁登记管理新办法。鼓励有条件工业园区和外来务工人员较多的村兴建一定规模的外来务工人员集中居住区。

35. 保障外来务工人员合法权益。改善外来务工人员子女学校办学条件，免收符合条件在公办学校就读的外来务工人员子女义务教育借读费。认真落实《劳动合同法》，实现各类企业与外来务工人员普遍签定劳动合同，健全外来务工人员“法律援助、欠薪预警、困难救助”三大机制。

十、提升政务服务水平

36. 推进政府行政服务免费化。在坚持科学发展观、群众普惠共享和依法合规原则前提下，按照“行政性收费基本全免、事业性收费选择性减免、经营性收费清理规范”的要求，2008年7月1日起，采取“直接免收、财政补助、政府代缴”方式免收166项行政事业性收费，同时强化后续服务保障，着力打造“服务最佳、效率最高、收费最少、环境最优”的服务型政府。

37. 推行便民服务“一卡通”。利用现代信息技术，逐步整合社保卡、医保卡、公交卡等卡，推进智能卡多领域应用，实现日常生活“一卡通”。

38. 建立“81890”公众服务热线。整合各类热线，由城及乡循序渐进，建立集社会服务、信息咨询、家政服务、效能投诉等于一体的公众服务热线。

39. 实施“数字城管”建设。整合和共享规划、公安、城管等部门信息资源，建成新城区地理信息系统和城市管理监督指挥中心，加强城管综合执法，推行网格化管理。

40. 新建市民中心。全面升级改造区行政服务中心，新建市民中心，建成网上行政审批服务平台，全部镇乡（街道）设立行政服务站，全区90%以上行政许可项目进入中心或分中心办理，实际办结时间比承诺办结时间提速30%以上。同时新城区房产交易、水、电、气、电信等公共服务类项目统一纳入中心办理。

中共余姚市委
关于加快建设现代和谐宜居城市的决定

（2008年4月21日市委十三届四次全体会议通过）

余党〔2008〕8号

为深入贯彻党的十七大精神，全面落实科学发展观，加快推进市第十三次党代会提出的“五大跨越”，认真实施统筹余慈地区发展战略，不断改善城市人居环境，着力提升城市形象品位，现就加快建设现代和谐宜居城市，作出如下决定。

一、深刻认识加快建设现代和谐宜居城市的现实背景和重要意义

1. 加快建设现代和谐宜居城市面临的现实背景。近年来，全市各级坚持以科学发展观统领全局，认真实施统筹城乡发展战略，完善市域空间布局，加强城市规划管理，强化城市产业支撑，提升城市生活品质，城市综合实力和竞争力不断提高，城市发展取得了显著成绩。当前，城市发展进入了一个崭新的发展阶段，从经济社会发展的阶段性特征看，城市发展进入了一个加速推进期；从工业化、信息化、城镇化、市场化、国际化协调发展的要求看，城市发展正处于重要转型期；从长三角一体化进程加快的背景看，城市发展正处于激烈竞争期；从余慈地区统筹发展的趋势看，城市发展正处于黄金机遇期；从人民群众日益增长的多元化需求看，城市发展正处于全面深化期。联系我市实际，我市城市发展中个性特色还不够明显，城市经济还不够发达，建设管理机制还不够顺畅，城市发展与经济强县市地位不相适应，与人民群众日益增长的物质文化需求不相适应，与工业化快速推进的客观现实和发展趋势也不相适应。这些在当前推进现代和谐宜居城市建设中面临的机遇、挑战和存在的问题，必须引起我们的高度重视和清醒认识。

2. 加快建设现代和谐宜居城市是新时期提升我市城市发展水平的重要战略举措。加快建设现代和谐宜居城市，是深入贯彻落实党的十七大精神，扎实推进统筹余慈地区发展战略，全面实现市第十三次党代会确定的“五大跨越”战略重点的关键之举。只有加快推进现代和谐宜居城市建设，才能更好地落实科学发展观，优化要素资源配置，缓解资源环境压力，促进产业结构升级，切实提高我市城市经济的发展水平；只有加快推进现代和谐宜居城市建设，才能更好地实施统筹余慈地区发展战略，拓展城市发展空间，凸显城市特色个性，完善城市综合功能，切实提高我市在长三角城市连绵区中的竞争力；只有加快推进现代和谐宜居城市建设，才能更好地走新型城市化道路，有效突破城乡二元发展的体制机制障碍，改善城乡人居环境，倡导社会文明风尚，切实提高我市城乡居民的生活质量。全市上下必须站在全局和战略的高度，充分认识加快建设现代和谐宜居城市的重要意义，进一步统一思想认识，牢牢把握当前有利时机，创新城市发展模式，努力促进城市又好又快发展。

二、进一步明确加快建设现代和谐宜居城市的总体要求、目标任务和基本原则

3. 加快建设现代和谐宜居城市的总体要求和目标。加快建设现代和谐宜居城市，必须高举中国特色社会主义伟大旗帜，坚持以邓小平理论和“三个代表”重要思想为指导，深入贯彻落实科学发展观，走经济高效、资源节约、环境友好、社会和谐、城乡互促共进的新型城市化道路，切实转变经济发展方式，加快发展城市经济，进一步拓展城市发展空间，不断提升城市功能，着力创新城市发展机制，努力营造和谐稳定环境，把余姚建设成为一座山水风光与城市景观交相辉映、历史文化与现代文明相得益彰的魅力之城。

今后一段时期，要紧紧围绕建设宁波都市区北部中心城市的要求，以强化中心城区宜居城市的规划、建设、管理为重点，调整和完善城市规划体系，基本形成“北工、中城、南闲”的市域发展格局。力争到2011年，中心城市建成区面积达到43平方公里，城市人均公共绿地达到12平方米，城市绿化覆盖率达到40%，城市化总体水平达到57%，人均地区生产总值超过10000美元，城镇居民人均可支配收入和农民人均纯收入年均增长8%，基尼系数控制在0.3—0.4，年均人口自然增长率控制在1‰以内，万元地区生产总值能耗下降20%以上，化学需氧量排放年均下降3%以上，二氧化硫排放年均下降4.5%以上，城市生活污水处理率达到80%以上，创建成为“国家卫生城市”、“国家园林城市”、“国家环境保护模范城市”，基本实现城市经济发达、生态环境良好、基础设施完善、社会文明和谐、市民安居乐业的目标，努力把余姚建设成为宁波都市区北部中心的重要组成部分。

4. 加快建设现代和谐宜居城市的基本原则。加快建设现代和谐宜居城市，必须坚持以下原则：

——坚持以人为本的原则。注重人的个性需求，把以人为本的理念贯穿于城市发展的各个环节，始终把群众最关心、最迫切的事情，作为城市工作的出发点和落脚点，加快实施民生工程，切实改善群众的生产生活环境，着力打造生活品质之城，不断提高市民的生活品质和幸福指数。

——坚持规划先导的原则。强化城市规划的指导作用，认真贯彻落实《城乡规划法》，高起点、高标准修编各类规划，加快构筑以市域总体规划、城市总体规划、土地利用总体规划以及各类专项规划、分区规划为主要内容，覆盖全市、层级清晰、目标明确、管理有序的城乡规划体系，真正做到以科学规划来引领现代和谐宜居城市建设。

——坚持统筹发展的原则。围绕统筹城乡和余慈地区发展的规划布局，坚持以城带乡，联动推进中心城区、中心镇、特色小城镇、中心村建设，进一步扶持南部山区老区发展，促进城市基础设施向农村延伸，城市公共服务体系向农村覆盖，城市文明风尚向农村辐射；着力突破行政区划界限，加快统筹余慈发展中的重点区块和重大项目建设，不断提高区域协调发展水平。

——坚持彰显特色的原则。依托余姚丰厚的人文底蕴，立足山水相间的独特城市风貌和骨架，注重城市个性规划设计，加强山水资源和历史文化的保护和开发，在城市规划建设管理中注入更多的文化元素，促进城市山水资源优势的互动和融合，努力彰显独特的城市个性和风貌。

——坚持机制创新的原则。牢固树立创新发展的理念，以新一轮的思想解放来推动各项工作的开展，为现代和谐宜居城市建设提供新的动力。不断探索统筹城乡协调发展的体制机制，促进城乡经济社会一体化发展；健全完善资源要素保障机制，优化配置城乡资源要素，促进资源集约利用；不断深化城市建设管理机制改革和城市公用事业改革，探索实施城市建设与管理相分离、执法与管理相分离的模式，着力提升城市建设管理水平。

三、强化城市产业支撑，全面提升城市经济富裕度

5. *大力推进商贸服务业发展*。大力推进传统商贸服务业的改造提升，加快中心城区产业"退二进三"步伐，调整完善中心城区商业布局，加快商业中心区、城区商圈和特色商业街区建设，实施一批重大商贸项目，积极引进国际知名品牌，积极发展高端服务业，努力提高中心城区商业发展水平。抓住余慈统筹发展机遇，抓好以朗霞、低塘为核心的商贸副中心建设。依托交通区位优势，积极发展创意咨询、电子商务、服务外包等新型服务业态，加快建设一批高档次、高品质的商务楼群，大力发展楼宇经济、总部经济，着力培育城市经济新的增长点。加快农村商贸服务业发展，大力推动商业网点向农村延伸，力争实现除偏远山区外连锁超市、农资便利店村村全覆盖，中心村每村都有一家管理规范、设施齐备、清洁卫生的菜市场，不断满足城乡居民多元化的消费需求。

6. *大力推进生产性服务业发展*。坚持把发展生产性服务业摆上更加突出的位置，着力抓好塑料城中央商务区、中塑物流基地等项目建设，大力推进塑料城、模具城、裘皮城、有色金属材料城等专业市场发展，把新建北路两侧区域打造成生产性服务业集聚区。坚持把发展研发、设计等产业作为生产性服务业的重要内容，鼓励和引导企业加大科技研发投入，大力引进和培养一线创新人才，不断完善创新服务平台的功能，鼓励发展与优势产业配套的专业服务和创意产业。坚持以塑料模具、家用电器等产业为依托，进一步打响塑博会、小家电博览会等展会品牌，引进国外知名大企业特别是世界500强企业参展，大力培养、引进物流会展专业人才，积极应用现代信息技术，做大展会规模，提高展会档次，切实提高展会的专业化、组织化、国际化水平。

7. *大力推进旅游休闲业发展*。进一步巩固中国优秀旅游城市创建成果，加快推进旅游业规划完善、区域合作、资源整合和市场拓展，加大对旅游基础设施建设的投入，着力抓好旅游重大项目建设，切实增强旅游服务功能。积极创新旅游活动载体，加强旅游对外促销和宣传，办好余姚杨梅节、中国裘皮服装节、四明山旅游节等节庆活动，不断扩大余姚旅游的影响力，积极融入长三角"两小时旅游文化圈"。充分利用独特的山水资源、良好的生态环境和深厚的文化底蕴，大力发展农家乐休闲旅游、红色旅游、文化旅游、生态旅游等特色旅游，培育建设一批"农家乐"旅游特色村和休闲观光农业基地，开发推出一批具有本土特色的旅游纪念品和商品，努力打响"河姆古渡"、"名人故里"、"姚江文化"、"四明山水"等旅游品牌。

8. *大力推进先进制造业发展*。围绕打造先进特色制造业基地目标，以两个省级开发区为重点，加快滨海产业园、模具城二期、远东工业城二期等重点区块的开发建设，推动优势项目、优势企业、优势产业向园区集聚。推进信息化与工业化融合，加快塑料模具、家用电器、机械五金、纺织化纤等传统产业的改造升级步伐，推动块状特色经济向以高技术、高附加值为特征的现代产业集群转变，促进高新技术产业的快速发展。扎实推进企业上市工作，拓展资本经营，实现投资多元化。深入实施发明专利、商标品牌和技术标准战略，全面实施"名牌培育质量提升工程"，以专利、品牌、标准来引领产业经济的快速发展。加快转变外贸增长方式，优化出口市场结构和产品结构，积极开展招商选资，限制高能耗、技术含量低的外资项目，全面提升开放型经济发展水平。

9. *大力推进现代农业发展*。在稳定粮食正常生产能力的基础上，进一步抓好加工型蔬菜、红枫、杨梅等十大特色主导产业基地建设，加快构建农业"块状经济"发展格局。积极推进以市农产品加工业示范园区为龙头的农业现代加工体系建设，做大做强农业龙头企业，切实增强农业龙头企业的科学管理、产业带动、科技创新和市场拓展能力，提升农业龙头企业的发展质量和发展水平，着力提高农产品加工率和商品化率。以实施品牌战略为抓手，从环境、技术、管理等环节入手，加强对农产品生产加工全过程的监管，为市民提供优质、安全、丰富的农产品供给。

四、注重塑造个性特色，全面提升城市环境优美度

10. *着力打造"清洁余姚"*。围绕创建"国家卫生城市"目标，切实加大城市管理力度，积极推行"数字城管"工作，进一步探索城市社会化、物业化管理模式，逐步实现城市管理由突击整治向长效管理转变，由静态管理向动态管理转变，促进城市管理现代化、科学化、智能化。认真落实卫生保洁责任制，全面清理和消除卫生死角，加强城区交通管理，深入开展对跨门营业、马路市场、乱搭乱建、占道洗车等专项整治，加快市域集污管网和污水处理设施建设，完善公厕、垃圾桶等环卫设施，积极推进生活垃圾分类收集和分类处置，努力营造整洁、有序、优美的人居环境。加大村庄环境整治力度，对乱搭乱建和违法用地开展专项整治，深入开展农村庭院整治工作，积极创建“和谐宜居家园”。巩固农村垃圾集中收集处理成果，进一步加强生活污水处理排放、垃圾无害化处理、畜禽养殖场污染治理、化肥农药污染控制和水环境治理等工作，切实改善农村人居环境。

11. 着力打造“绿色余姚”。围绕创建“国家园林城市”目标，坚持以科学规划为先导，完善绿化工作体制，加大日常经费投入和养护管理力度，加强姚江、最良江、候青江、中江、东江“五江十岸”休闲绿化景观带建设，抓好城市核心商业区、城区四大出入口、各大休闲公园等重要地段和住宅老小区、城郊结合部等薄弱区的绿化工作，认真实施城乡道路绿化工程，大力推进绿化村、园林式村庄建设，努力扩大城市绿化总量。积极拓展绿化空间，大力发展屋顶绿化、阳台绿化、墙体绿化、庭院绿化、河道两侧绿化等特色绿化小品，并注重绿化的艺术性，营造和谐美观的绿化效果。组织开展各类群众性义务植树、义务认绿活动，加大对各类毁绿损绿行为的执法力度，努力形成全社会爱绿、植绿、护绿的良好氛围。

12. 着力打造“生态余姚”。围绕创建“国家环境保护模范城市”和“国家生态市”目标，严格执行《余姚市生态功能区规划》，全面加强城市生态环境保护，进一步改善城市生态系统。按照保护优先、开发有序的原则，加强对水系、湿地等生态敏感区、风景名胜资源、森林资源及野生动物的保护，逐步建立完善生态补偿机制，加大对生态涵养区和饮用水源的保护力度，扎实推进生态镇和生态村创建工作，促进生态环境持续改善。鼓励企业推进清洁生产，严格落实主要污染物排放总量控制和削减计划，积极探索排污权有偿使用和交易试点工作。进一步加大城市环保执法力度，加快城区污染企业搬迁步伐，抓好城市空气质量监测和污染物治理，全面开展城市噪声综合整治。积极推行节俭生态的绿色生活和消费方式，自觉抵制不利于生态保护的行为习惯，努力在全社会形成良好的生态文明新风尚。

13. 着力打造“山水余姚”。坚持把推进城市建设与彰显城市的山水特色紧密结合起来，加强对自然山水的规划、保护、管理和有序开发，依托城区龙、凤、龟、蛇四山和丰山、黄山、胜归山等自然山体，结合周边区块进行因地制宜改造，使之成为城市的休闲公园和景观山体。切实加强对姚江、候青江、最良江、中江、东江等两岸的规划、保护和开发，建立河道保洁、水质保护、排污截污工作责任制，推进城市水景小品建设，真正形成山、水、城融为一体的独特城市风貌。

五、切实改善公共服务，全面提升城市生活便宜度

14. 加快推进基础设施建设。围绕打造“现代余姚”目标，不断完善城市软硬件设施，提高城市基础设施的综合配套水平，着力提升城市综合承载能力，切实增强城市的现代气息。认真落实推进重大项目建设制度，进一步加大重大项目建设力度，加快启动建设交通枢纽中心、体育休闲中心、文化艺术中心、科创中心、市民休闲行政服务中心等城市重大功能设施建设，不断完善城市综合服务功能。加快推进中心城区三大交通圈建设，积极实施南河沿路、中山中路、北环路西延伸段新建等工程项目，加快城区主要道路景观改造和化纤厂周边及火车站周边区块、西北环线南侧区块、凤山周边区块、四明西路商业街区块、子陵路区块、世南小学南面区块等重点区块改造，扎实推进“城中村”整治，切实改善城市整体形象。加快推进事关民生的重点基础设施项目建设，通过打通断头路、修建公共停车场、发展城市公交等措施，逐步改善城区交通条件。抓紧启动城东水厂和垃圾处理（发电）厂建设，有计划地推进城区低洼地段和背街小巷改造，抓好老小区整治，提升住宅小区物业管理水平，切实改善居民生活环境。

15. 健全完善便民服务体系。积极依托现代信息技术，切实加强公共服务体系建设，进一步营造宜居宜业环境，着力打造“宜居余姚”。大力推进社区建设，健全社区管理和服务体制，充分发挥社区在办理公共事务、组织居民活动和提供便民服务等方面的作用，不断完善基层服务和管理网络。着力优化社区服务格局，加快以“1890”为核心的社区便民服务网建设，实现市、镇两级社区服务中心联网。建立健全政务信息发布制度，提高政府决策和权力运作的透明度，实现政务公开。深化行政审批制度改革，进一步减少和规范行政审批事项，完善市、镇两级行政服务机构功能，深入推进公共产品和服务供给社会化，提高行政服务工作的质量和效率，不断提升政府服务水平。

16. 促进公共服务向农村延伸。着眼于构建组合有序、功能互补的城镇体系，着力抓好泗门镇、梁弄镇、马渚镇的规划建设，认真落实各项扶持政策，不断加大培育力度，充分发挥中心镇在优化人口和生产力布局中的作用。进一步明确其他建制镇的功能定位和空间布局，不断完善基础设施和社会公共服务功能，切实增强建制镇的集聚辐射能力。按照公共服务城乡均衡共享的原则，结合社会主义新农村建设，着力推进以现代流通、卫生医疗、就业培训、文化健身、综治民防、社会保障、公共交通、环境卫生为内容的“八网进村”公共服务网络建设，加快提高农村公共服务水平，构筑城乡统筹联动发展的良好格局。

六、不断拓宽发展空间，全面提升城市资源承载度

17. 积极实施统筹余慈发展战略。认真贯彻落实《统筹余慈地区发展规划纲要》和《余慈地区城镇空间布局规划》，加强规划衔接，统筹协调经济和社会发展规划纲要、城市总体规划与土地利用总体规划，调整优化朗霞、低塘等重点区域内的功能和要素布局，加快推进城东新区、余姚工业园区及滨海产业园的开发建设，进一步拉大城市框架。加快杭甬高铁站场、杭州湾大桥余慈连接线、329国道余慈复线、杭甬高速公路至沿海北线余姚连接线、梁周线北延工程等项目建设，促进基础设施的有效对接。组织实施市中医院迁建和市中等职业技术学校、姚北水厂等重点项目，促进人口、产业及公共配套设施的有效集聚，努力把城市北部区域打造成为都市型产业基地、余慈地区综合公共服务中心和交通枢纽中心。

18. *不断完善资源要素保障机制。*统筹兼顾用地空间、耕地占补平衡和建设用地安排之间的关系，大力推进土地开发，加大土地开发整理的政策激励力度，通过低山缓坡开发、围涂造地、外购指标、争取统筹指标、盘活存量土地等措施，确保耕地占补平衡，保障建设用地需求。加强土地指标的管理和使用，优先保证对经济发展、城市建设利害攸关和对民生保障关系重大项目的土地供应。完善"退二进三"、安置房建设等政策，确保拆迁的顺利进行。深化投融资体制改革，搭建有效的投融资平台，建立健全"政府引导、社会参与、市场运作"的投融资模式，采取独资、合资、合作、股份制等多种形式，鼓励外资和国内资本投资市政公用事业，加快城市基础设施建设步伐。积极推进水利、电力等重大资源项目建设，保障城市供水、供电安全。大力培养和引进城市工作人才，建立科学的人才评估和激励机制，为宜居城市建设提供有力的人才支撑。

19. *加快推进资源集约节约利用。*制定完善节能减排综合性工作方案、"十一五"节能规划、节能减排目标责任制考核办法等政策意见，健全节能减排管理网络和机构，加快节能减排技术的应用推广，加强重点用能企业监管和污染防治，抓好节能技改和节能重点工程建设。坚持把节约土地作为城市规划的基本原则，依法严格审批城市建设用地，积极盘活闲置存量土地，着力提高土地节约和集约利用水平。坚持把建设先进制造业基地和发展循环经济紧密结合起来，扶持和培育资源节约型、环境友好型产业，进一步扩大循环经济试点，加快循环经济示范企业和示范园区建设，鼓励企业加快应用有利于节能减排的新工艺、新技术和新设备，走节能、降耗、减排的环保型经济发展新路子。积极实施农业节水、水资源循环利用等工程，扎实开展节水型城市创建活动。全面推广新型墙体等新建材，大力提倡简约实用的建筑装修。

七、积极促进和谐发展，全面提升城市社会文明度

20. *不断丰富城市文化内涵。*围绕打造"人文余姚"目标，坚持弘扬优秀传统历史文化与培育发展现代城市文化并重，正确处理好城市建设与古城保护的关系，加强对史前文化遗产、历史建筑等的保护和开发利用，充分挖掘河姆渡文化、姚江文化和红色革命文化内涵，加快推进县东街、武胜门等历史街区的保护和建设，抓好余姚博物馆扩建、名人馆新建等工程，并加快建成一批体现余姚文化个性的城市雕塑，努力塑造鲜明独特的城市文化风格。坚持把弘扬"崇文崇德、开明开放、创新创优"的新时期余姚精神与现代和谐宜居城市建设紧密结合起来，大力宣传、深入解读新时期余姚精神，进一步增强市民对城市的认知感和自豪感。广泛深入地开展以统战文化为重要内容的社会主义和谐文化建设，不断树立和谐理念，弘扬和谐精神。坚持把加快发展基层文化事业作为丰富城市文化内涵的基础工作来抓，认真实施"文化燎原"工程，加快乡镇综合文化服务中心、村落文化宫、自然村文化活动点、文化中心户等文化阵地建设，着力提升村落文化、社区文化、企业文化、校园文化的建设水平。

21. *不断提升城市文明水平。*巩固省示范文明城市创建成果，广泛深入开展群众性精神文明创建活动，建立健全文明城市创建工作长效机制，切实把社会主义核心价值体系融入市民教育和精神文明建设全过程，不断提高创建水平。深入实施市民文明素质提升工程，大力弘扬以"八荣八耻"为主要内容的社会主义荣辱观，制定市民公共文明行为教育规划，创新教育载体，运用多种教育方式，着力提升市民的综合素质。深入推进"法治余姚"建设，切实提高领导干部和执法人员的法治意识和依法行政能力，健全与群众利益密切相关的重大事项社会公示制度和听证制度，加强法律监督、行政监督、社会监督，推进行政执法的规范化、法治化，充分发挥法治在提升城市文明程度中的重要作用。

22. *不断完善民生保障体系。*坚持把教育摆在优先发展的战略地位，加大教育投入，深化教育改革，逐步缩小城乡、区域教育发展差距，促进公共教育优质均衡协调发展。积极发挥公共就业服务机构作用，强化就业培训，加强就业援助，帮助困难群众实现就业再就业，努力实现充分就业目标。全面贯彻实施《劳动合同法》，认真落实工资集体协商制度，切实维护劳资双方特别是外来务工人员的合法权益。健全完善城镇老年居民养老保障、农民养老保障、被征地农民养老保障、城乡最低生活保障、低收入家庭住房保障等社会保障制度，不断扩大社会保障覆盖面，重视发展残疾人事业，逐步提高社会保障水平。合理配置城乡医疗卫生资源，积极推进社区卫生服务标准化建设，完善城镇职工基本医疗保险、城镇居民基本医疗保险、新型农村合作医疗、贫困群众医疗救助等制度，使广大群众看得起病、看得好病。积极引导健康的生活方式，广泛开展全民健身运动，努力建设"健康城市"。

八、着力强化安全保障，全面提升城市公共安全度

23. *加强社会治安管理。*不断深化"平安余姚"建设，正确处理新形势下的人民内部矛盾，认真解决人民群众最关心、最直接、最现实的利益问题。完善教育疏导机制、信息预警机制、矛盾纠纷排查调处机制和重大项目维稳信访风险评估机制，依法规范信访秩序，努力把矛盾和纠纷化解在基层。坚持打防结合、预防为主，专群结合、依靠群众，落实社会治安综合治理各项措施，扎实推进打防控一体的治安防控体系建设，依法严厉打击以"两抢一盗"、"黄赌毒"及黑恶势力为重点的违法犯罪活动，提高打击整治的针对性和实效性，确保人民群众的生命财产安全。

24. *构筑公共安全体系。*按照政府主导、社会参与的原则，进一步完善社会冲突、公共食品安全、药品安全、卫生安全、自然灾害和生态安全等日常管理体系，加快建立公共安全应急机制。加快建设安全预警信息系统，建立健全应急预案，形成反应灵敏、运转高效的预警、联动、沟通和现场指挥相衔接的应急机制，提高应对各种突发公共事件和风险的本领。严格落实安全生产责任制，加强重大工程项目和重点区域的安全管理，在化工、供水、电力、通信、交通运输等安全事故易发行业实行即时监控管理，努力减少安全事故隐患。加强事关国计民生的重大战略物资的储备保障，确保重大战略物资供应。

25. 创新社会管理机制。建立健全基层社会管理体系，不断完善基层社会管理和服务，加强社会舆情汇集和分析，积极发挥城乡基层自治组织协调利益、化解矛盾、排忧解难的作用。加强社会组织建设，建立政府与各类社会组织分工协作的社会管理机制，充分发挥社会组织在提供服务、反映诉求、规范行为的作用，依法加强对社团、行业协会和社会中介组织等社会组织的规范管理，促进各类社会组织健康发展。完善外来务工人员服务管理体制，切实加强对外来务工人员的服务和管理，做好重点人群的帮教工作，建立科学有效的利益协调机制和权益保障机制，全面履行政府的社会管理职能。

九、健全完善工作机制，为和谐宜居城市建设提供坚实保证

26. 切实加强和谐宜居城市建设工作的领导。注重统筹协调，切实加强组织领导，建立市现代和谐宜居城市建设工作领导小组，通过定期听取现代和谐宜居城市建设工作推进情况的汇报，研究解决重点疑难问题，切实加强对现代和谐宜居城市建设的组织、协调、指导、检查和监督。按照"统筹安排、分级负责"的原则，建立奖惩分明的责任落实机制，把现代和谐宜居城市建设的各项工作纳入单位工作目标考核体系，层层明确职责和任务，把责任落实到岗、到人，努力形成横向到边、纵向到底、任务包干、责任到人的良性互动机制。坚持把责任制与政绩考核、干部使用紧密结合起来，对任务完成快、工作能力强的干部，加大干部提拔使用力度，及时提拔到重要岗位上来；对一些工作不力、责任意识淡薄的干部，切实加大调整力度，真正形成能者上、平者让、庸者下的干部激励使用机制。坚持把推进和谐宜居城市建设作为培养干部队伍的一个重要渠道，选派年富力强、实践经验丰富的干部充实到建设第一线，为推进城市发展注入新生力量。

27. 不断深化城市建设管理体制改革。进一步解放思想，坚持改革创新不停步，积极破解现代和谐宜居城市建设中的各种难题，着力解决影响和制约现代和谐宜居城市建设的突出问题。健全现行城市管理体制，深入推进城管综合执法和相对集中处罚权工作，切实解决多头管理、职责不清、效率低下等问题，建立执法公正、权责分明、行为规范、监督有力的城市管理机制。充分发挥动迁办、代建中心的作用，按照"谁主管、谁负责"的原则，探索建立包片拆迁、包案办理等机制，切实解决城市建设中存在的拆迁难、工程项目管理分散、建设成本高等问题。积极探索户籍制度、就业保障、医疗教育等城乡配套改革，理顺社区公共事务管理体制，加快"城中村"的撤村建居步伐，为加快破除城乡二元结构奠定扎实基础。积极稳妥地推进公用事业改革，不断完善城市供水、供电、燃气等行业的管理体制，建立公开透明的市政公用事业运行机制和公平合理的价格形成机制，培育一批专业化、市场化的服务机构，逐步推进公共服务市场化运作，努力提高公共服务质量。认真实施公交优先发展战略，调整完善城市公交、农村客运和出租汽车的运行体制，形成政府投入与市场运作相结合的公交运行机制，不断提高公共交通服务水平。

28. 努力营造合力推进的工作氛围。切实加强宣传教育，充分利用各种宣传渠道和宣传载体，广泛宣传现代和谐宜居城市建设的重大意义，宣传宜居城市建设中涌现出来的先进典型和感人事迹，努力形成正确的舆论导向。充分发挥人大、政协的职能作用，通过工作评议、组织视察、开展调研等途径，积极发挥建言献策和监督作用。积极依靠广大基层党组织以及工会、共青团、妇联等群团组织的力量，充分发挥广大共产党员的先锋模范作用，组建和发动志愿者队伍，引导和动员广大市民积极配合、广泛参与到和谐宜居城市建设中来，努力形成全民参与、全社会支持的良好氛围和合力推进的工作格局。

乐清市人民政府
关于进一步完善就业政策促进困难人员
就业再就业的通知

乐政发〔2008〕37 号

各乡镇人民政府，市政府直属各单位：

为进一步加强我市就业再就业工作，切实帮扶城乡就业困难人员特别是城镇"零就业家庭"和农村低保户劳动力实现就业再就业，根据《浙江省人民政府关于进一步完善就业政策促进困难人员就业再就业的通知》（浙政发〔2007〕21 号）和《温州市人民政府关于进一步完善就业政策促进困难人员就业再就业的通知》（温政发〔2007〕64 号）等有关文件精神，现就有关工作通知如下：

一、开展创建充分就业社区（居委会）活动，基本消除城镇"零就业家庭"

（一）创建目标。"充分就业社区（居委会）"是指社区（居委会）中法定年龄内有劳动能力和就业愿望的人员总体就业率达到 96%以上，登记失业人员和持《再就业优惠证》人员基本实现就业再就业，基本消除"零就业家庭"；各项再就业扶持政策得到全面落实，就业困难人员得到有效援助，就业渠道畅通，自主创业环境进一步改善；失业人员基本生活得到保障，有劳动能力和就业愿望的劳动者参加积极的就业准备活动。通过开展创建充分就业社区（居委会）活动，全市至2008年年底前力争有10%以上的社区（居委会），2009年年底前有15%以上的社区（居委会），2010年年底前有30%以上的社区（居委会）达到“充分就业社区（居委会）”标准。

未达到“充分就业社区（居委会）”标准的社区（居委会）也应将“零就业家庭”作为重点帮扶对象，基本消除城镇“零就业家庭”。“零就业家庭”是指城镇居民家庭成员中，在法定劳动年龄内（在校学生、现役军人、办理提前退休人员等除外）有劳动能力、有就业愿望的人员均处于失业状态，且无经营性、投资性收入的家庭。

（二）工作任务。

1. 全面贯彻落实就业再就业扶持政策。做好《再就业优惠证》发放工作，既要严格把关，又要方便申领，做到应发尽发；充分利用新闻媒体、宣传栏（窗）、发放资料等宣传形式，开展就业再就业政策宣传和咨询，切实帮助就业困难人员解决在享受就业再就业扶持政策过程中遇到的困难，确保相关优惠政策落实到位。

2. 积极开展就业再就业援助。组织和引导社会各界对就业困难人员开展就业再就业援助，是就业困难人员摆脱贫困行之有效的途径。劳动和社会保障部门、各乡镇及各级就业服务机构要全面掌握就业困难人员特别是“零就业家庭”的基本信息，采用各种方式提供就业指导和援助。要积极开发公益性就业岗位和创建再就业援助基地，安排就业困难人员就业或实现灵活就业。

3. 积极做好就业困难人员再就业培训。各乡镇、各级就业服务机构要积极收集就业困难人员的就业培训意向信息，及时有针对性地组织各类专业技能免费培训，尽最大可能提高就业困难人员的就业技能。

（三）工作重点。帮助“零就业家庭”成员就业是创建充分就业社区（居委会）活动的重点。

1. 做好“零就业家庭”的申报认定工作。按照现行的《再就业优惠证》申领发放程序，认定“零就业家庭”，对其中的失业人员免费发放《再就业优惠证》（在证件上注明“零就业家庭”字样）。

2. 持《再就业优惠证》的“零就业家庭”失业人员和招收“零就业家庭”失业人员的单位，可享受市人民政府规定的与城镇就业困难人员同样的社保补贴、岗位补贴、免费职业介绍、免费职业培训、小额担保贷款贴息、行政事业性收费减免等就业援助政策。

3. 建立跟踪服务制度。落实专人，开展“一对一”的帮扶活动，努力做到“零就业家庭”出现一户、发现一户，帮扶一户、消除一户。

二、实施重点帮扶，促进农村低保家庭劳动力就业

（一）摸清底数，实施帮扶。帮扶的重点对象是农村低保家庭中的劳动年龄段内有一定劳动能力和就业愿望的人员。各乡镇及劳动和社会保障、民政等部门要开展深入细致的调查，摸清农村低保家庭劳动力数量、劳动能力、就业愿望等基本情况，并结合实际制定行之有效的就业援助计划，有针对性地开展就业服务。农村低保家庭中属劳动年龄段内有一定劳动能力和就业愿望的人员可持低保证、户口簿、身份证及复印件到户籍所在地乡镇劳动保障和社会救助组织提出申请，经审查核准后上报市就业管理处核发《农村低保人员就业援助证》。

（二）拓宽渠道，开发岗位。针对农村低保人员文化程度低、就业能力弱等实际困难，要千方百计拓宽就业门路，积极开发合适就业岗位，就地就近安排就业。各乡镇要根据各自的新农村建设和城镇化进程的实际，积极开发适合农村社区（村）公益性岗位；鼓励和引导各类单位的勤杂岗位和各类企业优先招用农村低保人员。同时通过扶持农业加工、来料加工以及种养殖业基地发展，更多地吸纳农村低保人员就业。

各乡镇要根据各自农村低保人员的不同情况和就业愿望，开展分类指导，创新培训形式，强化操作训练，努力使其掌握就业所需的基本技能。

（三）落实政策，促进就业。凡持有《农村低保人员就业援助证》的人员和招收这类人员的单位，可享受市政府规定的社保补贴、岗位补贴、免费职业介绍、免费职业培训、小额担保贷款贴息、行政事业性收费减免等与城镇就业困难人员同样的就业援助政策（税收减免政策除外）。

对年龄偏大、文化基础较低的农村低保人员，通过聘请具有一定技术或实践经验的人员，采取“以师带徒”等形式进行培训，可与集中统一培训一样，参照有关政策给予一次性培训补贴。公益性岗位和勤杂岗位补贴标准按乐政发〔2006〕43号文件规定执行。

鼓励农村低保人员通过就业增加收入，改善生活状况。对实现就业的农村低保人员，一年内原享受的低保救助金标准不变，一年后重新核定。

（四）明确职责，完善服务。加快推进乡镇、村（居）劳动保障和社会救助服务平台建设，是做好相关工作的重要保证。要严格按照《关于进一步做好下岗失业人员再就业工作的实施意见》（温委发〔2003〕109号）规定，做到机构、人员、经费、场地、制度和工作“六到位”，逐步建立起覆盖城乡的劳动保障和社会救助工作服务平台。尚未建立基层服务平台的，应抓紧建立，其工作经费列入市财政年度预算。要加强对农村低保人员和其他就业困难人员的动态管理，有针对性地做好宣传咨询、信息传递、经费发放等工作，切实把就业服务工作做到村、做到户、做到人。

三、强化领导责任，完善考核监督机制

（一）提高认识，加强协调。城镇“零就业家庭”和农村低保户劳动力的就业问题，是关系民生的一件大事。各乡镇、有关部门要严格按照《乐清市人民政府关于进一步做好就业再就业工作的实施意见》（乐政发〔2006〕43号）有关要求，将上述两类人员纳入享受就业再就业优惠政策的范围。要进一步提高认识，将开展创建充分就业社区（居委会）活动和促进农村低保户劳动力转移就业作为为民办实事的重点工作来抓，纳入就业工作总体规划，摆在更加突出的位置。为加强对这项工作的领导，市就业工作联席会议成员单位要明确分工，落实责任，各司其职，通力协作，调动各方面的积极性和主动性，确保工作取得实效；各乡镇要尽快成立相应工作机构，落实专人负责，为顺利开展这项工作提供强有力的组织保证。

（二）加大投入，落实资金。根据促进困难人员尤其是农村低保户劳动力转移就业工作需要，市财政要积极调整财政支出结构，加大资金投入，确保相关资金的落实到位。

（三）搞好评估，树立典型。通过开展创建充分就业社区（居委会）活动和促进农村低保户劳动力转移就业工作，树立一批先进典型。创建充分就业社区（居委会）活动实行年度考核评估，采取社区（居委会）申报、辖区劳动保障和社会救助组织推荐、市劳动和社会保障部门审核并抽查验收的方式进行。对评审合格的社区（居委会），授予“充分就业社区（居委会）”称号，并给予一定的奖励；对创建工作先进单位和先进个人按照有关规定给予表彰。

（四）加强宣传，营造氛围。各新闻媒体要广泛深入宣传开展创建充分就业社区（居委会）活动和促进农村低保户劳动力转移就业的重要意义，宣传党和国家方针政策，引导全社会都来关心和参与，营造良好的舆论氛围，推动工作深入开展。

本通知自发文之日起开始执行，政策审批的截止时间为2008年年底。各项扶持政策自开始享受之日起，最长期限为3年。

乐清市人民政府

二○○八年三月二十七日

中共苍南县委
关于全面改善民生促进社会和谐的实施意见

（2008年7月31日中国共产党苍南县第七届委员会第五次全体会议通过）

苍委〔2008〕2号

为了贯彻落实党的十七大和省委十二届三次全会精神，深入实施“两创”总战略，扎实推进苍南“后发崛起、全面跨越”，中国共产党苍南县第七届委员会第五次全体会议结合苍南实际，就全面改善民生促进社会和谐进行研究部署，并提出如下实施意见：

一、全面改善民生的总体要求和基本原则

1. 全面改善民生的重大意义。全面改善民生，解决好人民群众最关心、最直接、最现实的利益问题，是立党为公、执政为民的本质所在，是深入贯彻科学发展观的必然要求，是构建社会主义和谐社会的关键环节，是全面建设小康社会的根本任务。近年来，全县各级党委、政府牢固树立以人为本的发展理念，始终坚持把解决民生问题摆在突出位置，建立健全为民办实事的工作机制，努力构建和谐社会，群众生活质量稳步提升，公共服务能力不断增强，民生状况得到明显改善。但是必须看到，我县民生工作与上级的要求和群众的期望仍有不少差距，全面改善民生的任务还十分艰巨。全县上下一定要认真贯彻落实党的十七大精神和省、市委部署，充分认识全面改善民生的重要意义，进一步增强责任感、使命感，开拓创新，扎实工作，坚决实现好维护好发展好最广大人民群众的根本利益，让人民群众共享改革发展成果。

2. 当前和今后一个时期改善民生的总体要求。高举中国特色社会主义伟大旗帜，以邓小平理论和“三个代表”重要思想为指导，全面贯彻落实科学发展观，按照构建社会主义和谐社会的要求，深入贯彻党的十七大、省第十二次党代会和省委十二届三次全会精神，大力实施“两创”总战略和“全面小康六大行动计划”，紧紧围绕苍南“后发崛起、全面跨越”战略目标，以实现好维护好发展好最广大人民群众的根本利益为出发点和落脚点，以解决人民群众最关心、最直接、最现实的利益问题为突破口，以完善为民办实事长效机制为保障，以保障群众基本生活、维护公民合法权益、促进基本公共服务均等、提升人民生活品质为着力点，深入实施“富民”、“育民”、“惠民”、“便民”、“健民”、“安民”六大民生改善工程，确保学有所教、劳有所得、病有所医、老有所养、住有所居，不断丰富城乡居民物质生活和精神文化生活，全面建设惠及全县人民的小康社会。

3. 全面改善民生工作的基本原则。

——坚持发展为先、民生为本。正确处理经济发展与民生改善的关系，坚持把经济发展作为民生改善的根本前提，着力推动经济又好又快发展，不断强化民生改善的物质基础；把改善民生作为经济发展的根本目的，不断提高发展成果的共享程度，实现经济发展与民生改善的互动共进。

——坚持突出重点、统筹兼顾。紧紧抓住人民群众最关心、最直接、最现实的利益问题，着力解决群众反映突出的民生问题，着力保障困难群众的基本生活，着力改进民生领域的薄弱环节。同时，着眼全局和长远，加强统筹规划，兼顾各方利益，推动民生事业全面协调可持续发展。

——坚持尽力而为、量力而行。整合各方面资源，积极创造条件，主动有为工作，推动民生全面改善。同时，从经济社会发展的现实基础和条件出发，区别轻重缓急，坚持循序渐进，稳步提高民生水平，实现改善民生的力度与财力可承受程度相统一。

——坚持公平公正、均衡普惠。遵循民生的公共属性，着眼群众的普遍受惠，建立健全民生政策体系和法规制度，切实保障人民群众的合法权益，不断推进基本公共服务均等化，加强民生政策的统筹协调，不断缩小城乡、区域、不同群体之间的民生发展差距。

——坚持改革创新、务求实效。正确处理加大投入力度与提高工作水平的关系，更加注重通过体制机制和工作方法等创新，促进民生资源的合理配置和有效利用，走出一条符合民生规律、具有苍南特色的民生改善路子，不断提高改善民生的实际效果。

——坚持政府主导、社会共建。充分发挥政府在改善民生中的主导作用，完善公共财政体制，不断增强政府公共产品的供给能力。同时，坚持共建共享，积极引导各类市场主体、社会组织和广大人民群众共同推进民生改善，形成改善民生的强大合力。

二、实施“富民”工程

4. 推动全民创业。大力弘扬新时期创业精神，切实强化全民创业意识，激发全民创业再创业的动力和活力。健全面向全社会的创业教育培训制度，提高全民创业素质，动员和支持农民群众、企业职工、科技人员、大中专毕业生、退役军人和城镇失业人员等各类群体灵活多样地创业，宜工则工、宜农则农，宜商则商，不断扩大创业主体队伍。加强创业基地建设，充分发挥工业园区、重大建设项目、重要功能区块、大中型企业在全民创业中的辐射带动作用，为城乡群众和各类企业的创业创造更多机会和更好条件。进一步完善创业贷款、风险投资、信用担保等扶持政策，加大财税、金融、技术、信息等方面的支持力度，逐步建立集创业项目推介、政策咨询、培训指导、跟踪扶持等于一体的自主创业服务网络，使更多的群众实现创业增收。深入实施“企业服务年”活动，高度重视解决企业特别是中小企业运行中的实际困难，切实加强指导帮扶，进一步优化企业发展环境，增强企业创业发展的信心。

5. 积极扩大就业。全面落实《就业促进法》，强化政府促进就业职能，加强城乡一体的人力资源市场培育和建设，逐步建立市场主导、政府推动、城乡统筹的就业机制。重点针对当前新成长劳动力特别是大中专毕业生、农村转移劳动力特别是被征地农民、失业人员特别是就业困难人员的特点，加强职业技能培训，提高劳动者的就业能力，努力推动农民培训工作贴近新农村建设和新型工业化需要，进一步拓展培训范围，加大政策扶持力度，健全配套服务设施，强化培训与就业的对接，至2012年，力争使我县的农村劳动力转移就业人数达到8万人。按照“乡镇有站所、村居有窗口”的要求，完善公共就业服务网络。到2012年，新增城镇就业岗位3.5万人，城镇登记失业率控制在4%以内。

6. 加大就业援助力度。以城镇“零就业家庭”、城乡低保家庭、被征地农民、残疾人等为重点，全面落实扶持政策，采取政府购买岗位、开发公益性岗位、对安排困难人员就业的用人单位实行岗位补贴和社会保险补贴等办法，健全就业长效帮困机制。探索建立“零就业家庭”动态管理、动态消零的机制，开展一对一帮扶活动，确保城镇“零就业家庭”出现一户、帮扶一户、消除一户。进一步加大高校毕业生就业工作力度，认真落实国家鼓励高校毕业生创业就业的优惠政策，切实帮助更新就业观念，拓展就业渠道，深入实施“一村一名大学生”计划，促进高校毕业生充分就业。

7. 建立和谐劳动关系。认真贯彻落实《劳动合同法》，大力推进各类企业与劳动者依法签订劳动合同，积极推行工资集体协商，维护劳动关系和谐稳定。健全职代会制度，推进和谐企业建设。确保农民工工资及时足额发放，切实维护农民工合法权益。进一步规范企业行为，开展劳动保障专项整治活动，加强劳动执法监督，切实维护劳动者合法权益。

8. 拓展城乡居民增收渠道。扶持发展村级集体经济和多种形式的富民合作组织，探索村级集体经济股份合作制改革，增加农民集体收益分配和股份分红收入。不断培育和规范物业租赁市场，让更多的群众拥有物业出租收入。积极推进土地承包经营权流转，探索土地股份合作制改革等有效形式，增加农民土地权益收入。引导群众理性投资，加强金融、证券、房地产等投资性市场监管，创造条件让群众拥有更多财产性收入。到2012年，国民收入结构进一步优化，全县城镇居民人均可支配收入和农村居民人均纯收入分别达到24597元和9711元。

9. 缩小收入分配差距。进一步完善收入分配政策，建立健全职工工资正常增长机制和支付保障机制，严格执行最低工资制度，完善工资指导线、劳动力市场工资指导价位、行业人工成本信息指导等制度，提高劳动报酬在初次分配中的比重。依法建立健全同工同酬的工资制度，重点解决好农民工工资福利待遇偏低问题。坚持和完善涉农税收、价格和收费公示制、涉农负担案件责任追究制，确保农民负担继续减轻不反弹。整顿规范收入分配秩序，加强对垄断行业企业工资监管，加快推进事业单位收入分配制度改革。通过扩大转移支付、强化税收调节、创造机会公平等措施，保护群众合法收入，调节过高收入，取缔非法收入，逐步扭转收入分配差距扩大趋势，防止两极分化，使全体社会成员共同致富。

10. 大力实施“低收入群众增收行动计划”。进一步加大富民攻坚力度，不断完善“1+14”帮扶政策，整合各方资源，落实领导挂钩、部门结对、企业帮扶、干部互派、慈善捐助等制度和办法，促进欠发达乡镇特别是山区、少数民族地区跨越发展。加强就业援助工作，完善社会救助制度，加大财政转移支付力度，健全城镇低收入居民收入增长的长效机制。全面实施“低收入农户奔小康工程”，以提高低收入农户致富能力和收入水平为中心，以低收入农户集中村为重点，建立“一户一策一干部”帮扶机制。大力实施“低收入农户创业增收”行动、“欠发达乡村产业开发”行动、“低收入农户创业能力培训”行动、“欠发达地区环境改善”行动、“社会救助和保障”行动、“低收入农户社会帮扶”行动等六大行动。到2012年，25个欠发达乡镇平均农村居民人均纯收入超过8200元。农村居民人均纯收入1500元—2500元的低收入农户70%以上人均收入超过

4000元，低收入农户集中村全面消除。其中农村居民人均纯收入每年增长幅度高于全国平均水平。

11. *进一步加快农业产业化步伐。*以专业化、规模化、产业化为抓手，大力培育现代生产经营主体。加快实施农业“走出去”战略，努力提高我县农业龙头企业国际贸易能力和农产品国际市场竞争力，全力打造“和谐农业”、“避灾农业”、“特色农业”、“生态农业”、“休闲农业”、“品牌农业”、“数字农业”等七大农业，不断拓展农业产业化经营水平。到2012年，争取新增省级农业龙头企业2家，市百龙企业2家，县级龙头企业实行“保量提质”工程，在稳定全县100家县级农业龙头企业数量的同时，使企业的经济实力和市场竞争力得到有效提升。

三、实施“育民”工程

12. *坚持把教育放在优先发展的战略位置。*加快教育强县建设，全面实施教育“393”计划，进一步更新教育观念，切实依法提高教育投入，深化教育改革，改进人才培养模式，大力实施素质教育，全面提高教育现代化水平，努力实现教育公平。到2012年，逐步解决我县教育规模、结构、质量等方面存在的问题，高标准高质量普及十五年教育，现代国民教育体系更加完善，教育综合实力进一步提升。

13. *促进基础教育均衡优质发展。*积极促进优质教育资源在城乡和校际之间的均衡配置，着力解决农村和欠发达乡镇教育基础薄弱问题，推进城乡教育共同体建设，不断提高办学水平和教育质量，保证所有学龄儿童都能接受较高质量的九年义务教育。县政府每年安排1500万元用于义务教育标准化学校建设和薄弱学校改造，到2012年，义务教育标准化学校比例达到85%以上，创建市级以上教育强乡镇比例达到80%。深化中小学课程、招生考试和质量评价制度改革，减轻中小学生课业负担。创造学校、家庭和社会共同参与，德智体美相互渗透的育人环境，促进学生全面成长。加强学前教育，努力提高学前教育普及率和办学水平。到2012年，学前三年入园率达98%以上，乡镇中心幼儿园建园率达94%以上，每个建制镇至少要办好一所中心幼儿园。

14. *高质量普及高中段教育。*加快高中结构和布局调整，积极发挥优质高中的示范辐射作用，加强学生创新能力培养，不断提高高中段教学质量。大力支持山区高中学校建设和发展，完善高中贫困学生助学机制。到2012年，使初中毕业生升入高中段学校的比例达到98%以上，高中段优质教育资源达到80%以上。抓好普通高中与职业高中教育协调发展，努力使普职比达到1:1。严肃普通高中和职业高中招生，合理确定重点高中招生分数线，减少招收捐资择校生现象，使生源资源均享。

15. *大力发展职业教育和成人教育。*加快构建服务型职业教育体系，深化办学体制改革，合理调整校网布局，鼓励支持校企合作办学，加快培养符合产业转型升级要求的创新型人才和技能型人才，做大做强一批实训基地、示范专业和重点职业学校。到2012年，创建省一级重点职业学校1所，省二级重点职业学校2所，实训基地、示范专业9个。大力发展成人教育、社区教育、现代远程教育和职业培训，构建终身教育体系和创建学习型社会。2008年完成浙江电大苍南分校新校区建设，2012年前创建浙江电大苍南学院。

16. *完善教育保障机制。*积极化解教育债务，探索学校后勤事业实行企业化管理、市场化运作，提高绩效，减少管理费用成本，减轻教育负债。提高基础教育学校日常公用经费标准，提高农村中小学爱心营养餐标准。鼓励和引导社会资本参与办学，依法保障民办学校合法权益，积极推进民校办名校。进一步加强对民校的教育管理和财务审计，促使民校健康发展。进一步健全助学政策体系，加大教育救助力度，重点向欠发达乡镇倾斜。完善残疾学生、特困生助学政策，关注特殊教育，加强特殊教育学校建设。按照同城同待遇的要求，多渠道解决来苍务工人员子女的教育问题。进一步规范教育收费，严肃查处教育乱收费行为。加强教师队伍特别是农村教师队伍建设，全面实施教师培训“领雁工程”，探索建立城乡教师和校长的双向交流机制和轮岗制度。进一步完善和落实教师特别是农村教师的待遇政策，留住名优教师，稳定教师队伍。

17. *提高全民文明素质和科学素质。*大力建设社会主义核心价值体系，坚持不懈地用中国特色社会主义理论体系武装党员干部、教育人民群众，进一步弘扬以爱国主义为核心的民族精神、以改革创新为核心的时代精神和“敢为人先，特别能创业”的苍南人精神，积极实践社会主义荣辱观，加强未成年人思想道德建设，不断提高全社会的思想道德水平。倡导开展全民读书活动，争创学习型社会。深入推进普法教育工作，不断提高公民法律意识。深入开展省级文明县城创建工作，广泛开展以文明镇村、文明行业、文明家庭为重点的群众性精神文明创建活动，大力弘扬文明新风，不断提升公民文明素质和社会文明程度。全面贯彻《全民科学素质行动计划纲要》，加大科学知识普及力度，提高全民科学素质。

18. *完善城乡公共文化服务体系。*牢固树立文化为民、文化靠民、文化惠民的理念，坚持以社会主义先进文化为导向，深化“文化苍南”建设，大力推进文化创新，加快构建和完善覆盖城乡的公共文化服务体系，更好地体现公益性、均等性、基本性和便利性，切实保障和发展人民群众的文化权益。抓住省市补助政策机遇，加大财政投入，加快县文化中心、县体育中心、县广电中心、县老年活动中心四大重点文体工程建设，通过2—4年时间的努力，按照国家一级馆标准相继建成县文化馆、县图书馆、县博物馆等文化设施。大力实施农村文化设施建设工程，切实抓好“农村宗祠改建文化中心”、“彩虹工程”、广播电视“村村通”、网络“村村通”、低收入群众文化保障、文化信息资源共享、“农家书屋”建设等工程。到2010年，全面实现20户以上自然村广播电视“村村通”；到2012年，实现乡镇综合文化站覆盖率达到100%，建成村居文化活动场所、“农家书屋”各300个，形成比较完整的基层文化阵地网络。

19. *大力发展公共文化事业。*深化公益文化事业单位改革，鼓励社会力量参与兴办公益性文化事业，进一步提高公共文化服务能力，最大限度地发挥社会效益。做好纪念馆、爱国主义教育基地向社会免费开放工作，完善公共图书馆“一卡通”和流动图书馆制度，深化每年“百场戏、千场电影、万册图书”下基层活动，大力推进集镇文化、村落文化、企业文化、校园文化和广场文化建设，不断扩大公共文化服务范围。重视物质文化遗产和优秀民间艺术、民间工艺和民俗文化等非物质文化遗产的发掘、抢救、保护和利用工作。加强优秀精神文化产品创作和生产，深入实施文化研究和文化精品工程，繁荣文艺创作，推出一批群众喜闻乐见的文化产品和服务。坚持“三贴近”原则，广泛开展群众性文化活动，通过“种文化”和文艺骨干培训、农民文艺汇演、社区文艺汇演等方式，提高农村文化自我发展能力，深入推进“一镇一特”、“一村一品”等特色文化建设，不断丰富群众文化生活。

四、实施“惠民”工程

20. *加快城乡社保体系建设。*进一步完善多层次、广覆盖的城乡社会保障体系，重点完善基本养老、基本医疗、最低生活保障制度，加强企业职工工伤、生育、失业保险工作，建立健全城乡住房保障体系，形成以社会保险、社会救助、社会福利为基础，以慈善事业、商业保险为补充，与经济社会发展相适应的管理体制和运行机制。制定和完善有关社会保障制度之间的衔接转续办法。到2012年，全县城镇职工养老、医疗、失业、生育保险参保人数分别达到12.5万人、9万人、5.5万人、4.5万人，工伤保险实现全覆盖，被征地农民应保尽保；城乡居民合作医疗保险参保率达90%以上，人均筹资水平逐年提高；残疾人就业安置率和托(安)养率分别达到92%和80%。

21. *建立健全覆盖城乡的养老保障体系。*进一步扩大职工基本养老保险覆盖面，逐步做实个人账户，健全基本养老金调整机制，积极发展企业年金。加快实施事业单位基本养老保险制度改革，稳步探索城乡居民养老保障制度。积极探索建立符合我县实际的城镇未就业人员养老保险制度和农村基本养老保险制度，不断完善被征地农民基本生活保障制度。扩大实施农村计划生育家庭奖励制度范围，提高奖励扶助标准。

22. *建立健全覆盖城乡居民的医疗保障体系。*完善职工基本医疗保险制度，不断扩大覆盖面，提高保障水平。全面实施城乡居民合作医疗保险制度，逐步实现全覆盖。进一步完善新型农村合作医疗制度，建立长效筹资机制，不断提高参保率和保障水平。继续实行两年一次的城乡居民免费体检，不断加大对困难群众的大病救助力度，在大医院设立应急救治基金。制定和完善残疾人康复救助办法，加强残疾人医疗康复和残疾预防工作，保障残疾人享有基本医疗卫生服务。

23. *积极稳妥解决农民工社会保障问题。*探索适合农民工特点的养老保险制度，积极推进农民工参加双低标准的职工基本养老保险制度；探索建立农民工医疗保险办法，对农民工集中的企业，按照“低费率、保大病、保当期”的原则，建立大病医疗保险。实施农民工“平安计划”，依法将所有与用人单位有劳动关系的农民工全部纳入工伤保险，实施工伤保险全覆盖。

24. *完善新型社会救助体系。*理顺社会救助管理体制，完善分层分类救助制度，建立救助管理信息平台，整合救助资源力量，确保救助公平有效。加强城乡低保动态管理和规范化建设，健全低保标准动态调整和低保对象价格补贴制度，逐步提高救助标准，缩小城乡救助差距，切实做到应保尽保、应补尽补、应退尽退。提高农村“五保”和城镇“三无”人员集中供养水平，进一步完善临时社会救助机制，加强流浪乞讨人员和无人监管的精神病患者的救助工作，确保低保边缘或因突发性因素造成生活困难的群众在危难之中及时得到救助。

25. *大力发展社会福利事业。*以发展老年福利为重点，大力推广城乡居家养老模式，增强社区照顾功能，鼓励支持社会力量参与养老服务事业，加快建设老年公寓等设施，建立机构养老与居家养老相结合的社会化养老服务体系，努力实现全社会老有所养。倡导有序开展各类慈善活动，完善慈善政策，创新捐助形式，推进慈善事业健康发展。实施“残疾人共享小康工程”，积极开展各类助残活动，切实保障贫困残疾人的基本生活、基本居住、基本康复和贫困重度残疾人的基本照料。加快发展老龄事业、儿童福利事业、残疾人事业和慈善事业，推动社会福利事业逐步从救助型、补缺型向适度普惠型转变，提高全民福利水平。

26. *加大住房保障力度。*把解决住房问题放在重要位置，认真实施住房建设规划，调整优化城镇住房供应结构，加快建立适应全体居民的多层次住房保障体系。加快建立非公有制企业住房公积金制度，切实维护非公有制企业职工合法权益，到2010年住房公积金制度在非公有制企业职工的覆盖面达到60%以上。进一步建立健全廉租房制度，扩大保障范围，完善保障方式，同步提高廉租住房补贴标准，尽可能增加实物配租比例。在2008、2009、2010年底前分别解决人均收入为当地低保家庭收入140%、170%、200%以下困难家庭的住房问题；到2012年，实现廉租住房补贴标准基本能满足保障对象的实际租房需求。加大经济适用住房建设力度，优化规划布局，加强质量监管，完善配套服务，逐步扩大享受范围，切实缓解城镇低收入家庭的住房困难问题。到2012年，完成建设经济适用房1500套，共10.5万平方米。进一步扩大城镇中低价位、中小套型普通商品房供应，推行“两限”商品房建设模式，为中等收入家庭解决住房问题创造条件。积极培育和规范住房租赁市场。

27. *有效解决农民建房难问题。*加快土地利用总体规划和村庄建设规划的两规衔接，保障村民建房规划落地。优先安排土地指标，保证农民建房的合理需求。稳步推进农村集中居住区建设，加大旧村改造整治力度，实施农村政策性住房保险制度，提高农村住房保障水平。逐步扩大农村困难群众住房救助覆盖面，按照“政府补一块、集体助一块、个人出一块”方式筹措资金，鼓励群众互帮互助，3年内基本解决农村五保户、低保无房户、低保住房困难户、因灾倒房户、危房不能居住等农村困难群众的住房困难。严格执行农村一户一宅政策，加大对违法建房的查处力度。多渠道改善农民工居住条件，在符合城市总体规划和土地规划的前提下，鼓励企业利用自有土地修建职工宿舍，督促和引导用工单位向农民工提供符合基本卫生和安全条件的居住场所；鼓励当地集体经济组织利用农村集体闲置土地，投资建设向农民工出租的“农民工宿舍”。

五、实施“便民”工程

28. 加快形成县域综合交通体系。加大城乡交通基础设施建设力度，切实改善公路路面，综合考虑周边大区域与县域内的经济与交通发展趋势，完善县域主干道“两高三级五横三连”棋盘式布局，加快建设港口群、铁路站场，打造港口、公路、铁路等完善配套、四通八达的立体化现代交通网络体系。加快农村公路网络化进程，大力实施农村联网公路工程，完善农村公路安保设施，加强农村公路养护管理，5年内新建农村联网公路100公里。

29. 加快实现城乡公共交通全覆盖。优先发展公共交通，加大农村客运站场建设和农村客运线路投放力度，推行城乡短途客运公交化模式，逐步实行城乡公共交通的统一规划、建设、经营、管理，促进公交城乡一体化。多渠道改善停车条件，增加停车泊位提高交通综合管理水平，提高城镇居民出行公交分担率。到2012年，争取全县新建五级客运场站19个，新建农村港湾式停靠站200个，新投放39条农村客运班线，保证起讫点乡镇所属的具备通车条件的行政村每天开行班车不少于4个班次，在全县城乡道路网路内建立起以重点城镇为枢纽的快速、安全、便利的短途客运体系，基本实现城乡公交全覆盖，有效解决“出行难”问题。在县城要增加公共停车泊位2000个，解决“停车难”问题。

30. 加快实现城乡安全饮用水全覆盖。深入推进城乡供水一体亿，紧紧抓住政策契机，加大配套力度，全面实施城乡饮用水全覆盖工程，加大供水设施建设改造力度，加强饮用水源保护，扩大联网供水范围，全面解决农村人口饮水困难和饮水安全问题，进一步提高城乡供水保证率和供水水质。2008年，启动建设珊溪水利枢纽平苍引水工程，建设完成县城引水工程；2009年，基本完成对山区、半山区人口居住相对集中村的饮水解困任务；2010年，集中对居住相对分散的村和在建工程进行扫尾工作，四年内全面解决全县现有42万饮用水不安全人口，让全县人民都能喝上放心水；2012年，完成珊溪水利枢纽平苍引水工程一期，实现年供水量达3000万吨。

31. 构建便民利民的社会化服务体系。推进商贸综合集聚区、特色商业街区规划建设，抓好菜市场、超市的改造建设和布局优化，积极实施“千镇连锁超市、万村放心店”、“农村流通网”、“放心早餐”等工程，为城乡群众购物消费提供便利的服务。加快城镇公园、公共绿地等建设，完善便民服务功能，更好地满足人们的日常休闲需求。引导发展家政服务、电子商务、法律援助、信息咨询等服务产业，充分发挥现代服务业在服务城乡居民生活中的重要作用。健全社会志愿服务网络，深入开展以相互关爱、服务社会为主题的城乡社会志愿服务活动。加强金融、电力、通讯等与群众日常生活密切相关的服务性行业的行风建设，优化服务环境，提高服务质量和效率。

32. 构建优质高效的政务服务体系。加快转变政府职能，更加注重社会管理和公共服务，维护社会公正和社会秩序，促进基本公共服务均等化。健全政府职责体系，强化政府服务意识，加强县行政审批服务中心建设，深化行政审批职能归并改革，落实项目联审会、联合踏勘等并联审批方式，提高行政审批服务效率，有效解决群众“办事难”问题。在规范县行政审批服务中心的基础上，今年要在龙港镇建立县行政审批分中心。利用一两年时间，在全县36个乡镇分别建立乡镇便民服务中心，形成便民服务网络。加强政务网站、电子监察系统和网上审批系统建设，健全政府与公众沟通机制，积极推进政务公开。加强机关效能建设，健全部门间协调配合机制，坚决纠正损害群众利益的不正之风，努力形成廉洁高效的机关作风。

六、实施“健民”工程

33. 建立健全基本医疗卫生制度。着眼于提高全民健康水平，建立覆盖城乡居民的公共卫生服务、医疗服务、医疗保障和药品供应保障体系，完善重大疾病防控体系，构建全民健康服务体系。进一步加大卫生事业投入力度，逐步提高卫生事业经费占财政支出比重，优化卫生投入方向和结构，重点支持公共卫生、农村卫生和社区卫生。到2012年，医疗卫生经费占财政支出比重不低于5%，城乡社区卫生机构覆盖率达到80%，全县每千人拥有床位数0.8张、医生数1.66人、护士数0.8人，卫生服务的公平性明显增强，全县人群主要健康指标进一步提高。

34. 加强公共卫生服务体系建设。完善覆盖城乡的卫生应急、疾病预防控削、卫生监督、妇幼保健体系，成立“120”指挥中心，加快建设“120”急救中心体系，突出抓好突发公共卫生事件应急处置、重大疫情预警监测、重点传染病防治、重要时期和重点人群食品卫生监管、重大活动卫生保障等工作，形成政府主导、部门合作、社会参与、结构合理、功能完善、机制健全、运行有效的公共卫生体系。

35. 加强医疗服务体系建设。统筹城乡医疗卫生资源配置，大力推进乡镇卫生院、村卫生室规范化建设，着力完善县、乡、村三级农村医疗卫生服务网络，切实提高优质医疗卫生服务资源的覆盖率和利用率，到2012年，全县社区卫生服务中心、站全部达到规范化建设标准。加强以全科医生为重点的农村、社区医护队伍建设，完善大中型医院与城乡社区卫生服务机构对口帮扶和双向转诊制度，推行医疗专家到基层坐诊的有效做法，提升基层医疗服务水平。强化综合医院、专科医院及中医院的改造提升工作，着重抓好县人民医院、县中医院、县第二、第三人民医院等骨干医院的全面建设，规范扶持发展民办医院和便民诊所，积极鼓励创建高档次的民营医院。创新优化医疗服务流程，切实方便群众就医。强化医疗服务质量管理，加快“名院、名科、名医”建设，提升特色专科医疗水平，满足群众多层次、多样化的医疗服务需求。建立有效的医疗纠纷调处机制，维护医患合法权益。严厉打击无证行医，保障民众健康安全。

36. *切实减轻群众医疗负担*。深化医药卫生体制改革，完善医疗和药品供应保障体系，逐步推行使用廉价药物制度，继续开展医药购销领域商业贿赂整治活动，努力降低药价。积极推行符合条件的医疗检查结果互认制度，加强医德医风建设，规范医疗服务行为，严格医疗机构收费管理，有效调控医疗费用。确立县财政对公立医疗机构的投入补偿机制，保障医院正常运转。完善城乡居民医疗保障制度，有效解决群众“看病贵、看病难”问题。

37. *开展全民健身运动*。积极推进体育强县、强镇（乡）和小康体育村建设，加大对公益性、基础性和群众性体育设施的投入，5年内建成县体育馆、县游泳馆及体育健身休闲中心、龙港体育馆等一批重点体育设施。加快构建面向群众的多元化体育服务体系，深入实施全民健身和小康健身工程，完善体育协会、体育指导站、国民体质监测中心等群众性体育组织网络，积极推动学校、机关、企事业单位体育设施向社会开放，广泛开展适合不同人群、丰富多彩的群众性体育活动，增强城乡居民健康体质。到2012年，城乡社区（村居）全民健身路径覆盖率达到80%以上，全县经常参加体育锻炼的体育人口达到45%以上，全县国民体质监测合格率在85%以上。

38. *完善计划生育服务体系建设*。全面开展以技术服务为重点的优质服务，着力推进县计生指导站标准化建设进程，统筹规划乡镇计生服务中心站和合格站的标准化建设。2008年前完成龙港镇、望里镇、桥墩镇计生服务中心站和巴曹镇，矾山镇、赤溪镇计生服务合格站的标准化建设。加强计生服务机构的规范管理，制定完善规章制度，优化技术服务流程。提高管理和技术服务整体水平。探索建立融计卫合作、宣传教育、科学管理和技术服务于一体的计划生育技术服务新机制，依法保障育龄群众获得技术服务的权益，指导引导群众落实长效节育措施。积极开展出生缺陷一级干预工程，逐步开展免费婚检和免费孕前优生检测工作，促进生殖健康，提高出生人口素质。

七、实施“安民”工程

39. *切实稳定粮食生产*。把稳定粮食生产作为一项重要的政治任务来抓，进一步落实早稻生产普惠制补贴、收储粮源补助、水稻全程机械化推广补助、水稻高产示范方以奖代补、订单粮食价外补贴和奖励等惠农政策；注重新品种的应用和推广，有效提高单产水平；对水稻种植大户全面实行农业政策性保险，切实降低粮农生产风险；严格责任落实、注重一线督查、强化流转创新、加强涉农服务，努力使未来几年我县的粮食播种面积稳定在49万亩，总产量稳定在17万吨。

40. *加强生态环境建设治理*。全面推进生态县建设，着眼于进一步优化人居环境，建立健全以政府为主导、企业为主体、全社会共同推进的污染治理与环境保护工作机制。全面实施“811”环境保护新三年行动，扎实做好节能减排降耗工作，开展环境污染综合整治，突出解决重点区域、重点行业环境污染问题，积极推进近岸海域污染防治，全面实施“两类百村”整治和农村环境“五整治、一提高”工程，控制农村面源污染。加快以中心镇为重点的城镇污水处理设施建设，加快建成江南片区污水处理厂，完善城镇污水收集管网。建立健全“材居收集、乡镇中转、县集中处置”运行机制，提高城乡垃圾集中收集率和无害化处理率。突出水环境治理，以“集污、清淤”为重点，全面推进江南平原河网综合整治，把平原河网建设成为“水清、岸绿、流畅、景美”的生态之河、人文之河、宜居之河。全面推行网络化管理，标本兼治、建管并重，强化河道保护，在5年内有效消除平原水域黑臭现象。通过3年努力，确保实现“十一五”主要污染物减排目标；到2012年，基本解决各地存在的突出环境问题，进一步改善城乡居民生产生活环境，全县生态环境质量和环境保护能力居全市领先水平。

41. *完善环境保护政策*。全面实施生态环境功能区规划，严格分区环境准入制度，坚决从源头上抑制高耗能、高污染产业的盲目扩张。建立健全有利于环境保护的价格、税收、贸易、土地、金融和政府采购等政策体系，探索建立排污权交易和污染损害、生态破坏责任赔偿制度，加大生态环境补偿力度，建立生态补偿机制，设立专项生态补偿基金，加大对生态经济区的财政支持力度，加强生态公益林和沿海、沿河、沿路防护林建设。进一步规范和完善水源地保护办法，加强水源地保护。深化青山“白化”治理工作，推进生态公墓建设，规范公墓收费。加大环境执法力度，加强环境质量监测和重点污染项目监控，严厉打击取缔褪色业、废塑料洗涤业及“十五小”企业，严肃查处违法排污和破坏生态环境行为。

42. *全面加强防灾减灾体系建设*。针对苍南地理位置特殊，台风、洪涝等自然灾害频发的情况，总结抗灾成功经验，加大投入力度，以“强塘固房”为重点，进一步加强防灾减灾基础设施和避灾场所建设，着力提高抵御自然灾害的能力，最大限度减少灾害损失。进一步强化全县抗灾救灾指挥体系，不断完善抗灾减灾工作预案，提高抗灾预警和决策能力，重视应急通讯系统建设，确保应急设施、设备，救灾物品、器械等物资储备的落实，加强城乡防灾减灾队伍建设，适时组织演练。强化渔业船泊安全救助系统信息建设，完善渔业防台预案，按照渔船避风梯次进港、人员离船梯次转移、养殖人员梯次撤离等要求，做到组织严密、责任明确、措施到位、工作有效、科学防灾、减少损失。

43. *大力建设防灾减灾基础设施*。研究制定全县避灾场所建设中长期规划，加大财政投入力度，结合村办公楼、学校、宗祠、老人活动中心等建设，扎实推进避灾场所建设。到2012年，全县所有自然村至少有1个以上通过安全鉴定的避灾点，沿海12个乡镇全部建成高等级防灾标准的避灾中心。加快建设以桥墩水库、吴家园水库、夏桥水闸、朱家站水闸等“两库两闸”为核心的防洪保安工程，确保2012年前完成全县所有小（二）型以上水库的除险加固任务，有效提升水利基础设施的兴利避害功能。大力开展地质灾害防治工作，加快推进“万户避险移民安置工程”，进一步健全和完善县、乡镇、村三级地质灾害防治管理体系和监测预报网络，切实治理稳定性差、危险性大的地质灾害（隐患）点。抓住有利政策机遇，全力推进标准渔港建设，加快建设肥艚中心渔港、霞关一级渔港二期工程等6大标准渔港和龙港、渔寮渔业港区，在4年内实现全县所有渔船就近安全避风，基本结束汛期“逃港逃洋”历史。

44. *着力提高基层防灾减灾能力*。深入开展全县城乡住房普查工作，全面摸清全县住房质量状况，按照“先急后缓、改旧强新”要求，强化农房救助、对口帮扶、集体互助等措施，做好低等级房屋改建、修缮、加固工作，特别是对农村困难家庭危旧房改造给予重点资助，确保3年内基本完成改造加固任务；注重新建房屋的规范引导，按照“强基础、打立柱、筑圈梁、砌实墙、现浇板”的要求，加强从业人员技能培训，强化工程实时监管，通过住房质量验收、备案、终身责任制等综合手段，严格落实新建房屋的质量标准；到2012年，实现全县住房质量有明显提高，防灾等级有明显提升。加大宣传教育力度，不断增强群众防灾避灾意识，进一步普及防灾减灾知识。加快推进渔船船东互保工作，不断增强渔业抗风险能力。深入开展政策性农业保险工作，鼓励和引导农民和农业企业自愿参保，逐步扩大保险品种和参保范围，切实增强农业防灾抗灾能力，有效防止多年致富、一灾致贫现象。

45. *健全社会管理体系*。深化“平安苍南”、“法治苍南”建设，健全党委领导、政府负责、社会协同、公众参与的社会管理体系。加强民主政治建设，扩大公民有序政治参与，积极发展基层民主，健全基层党组织领导的、充满活力的基层群众自治机制，切实保障人民群众的知情权、参与权、表达权、监督权。创新发展“枫桥经验”，深入推进“五站式”民情服务模式，全面落实信访工作的各项制度，健全社会矛盾排查和社会稳定形势分析制度，加强人民调解、行政调解和司法调解工作，建立健全群体性事件预防和处置长效机制，确保“小事不出村居，大事不出乡镇，疑难事项不出县”，有效排查化解基层矛盾纠纷。到2012年，社会管理体系更加健全，社会治安状况更加良好，城乡居民安居乐业的局面更加巩固。

46. *加强司法保护*。依法打击在食品药品安全、劳动安全、生态资源、社会保障、征地拆迁、医疗卫生、教育、就业等领域侵害群众利益的各种刑事犯罪，加强对涉及劳动争议、婚姻家庭纠纷、医疗纠纷、人身损害赔偿等民事行政案件的审判和法律监督。建立健全行政执法与刑事司法衔接机制，建立涉及民生案件的便捷审查办理机制。加大司法执行力度，完善执行协调配合机制。积极实施司法救助和法律援助。注意发现和研究涉及民生案件背后的深层次问题，强化从源头上预防各项工作。

47. *加强社会治安综合治理*。扎实抓好以公安派出所、司法所、人民法庭为重点的基层基础规范化建设，充分发挥民兵在维护社会稳定中的作用，不断深化基层平安创建系列活动，继续推进综治网络向村居、社区、企业延伸。到2010年，全县所有乡镇综治工作中心达到规范化标准，村居、社区综治工作室达到全覆盖，学校、企业等综治组织覆盖面进一步扩大。建立健全服务管理外来人口目标责任制，充分整合力量，完善服务管理机制，不断提升外来人口服务管理水平。按照服务大局、联网运作、资源共享的要求，有效整合基层技防资源，大力推进以治安动态视频监控系统建设为重点的科技防范工作。严厉打击以“两抢一盗”为重点的各种刑事犯罪活动，坚决打击黄赌毒和非法融资等严重危害社会的行为，坚决扫除社会丑恶现象。依法加强宗教事务管理，坚决制止和查处非法宗教活动，切实维护宗教界合法权益。深化“反邪教”斗争，严密防范、严厉打击境内外敌对势力的颠覆破坏活动，全力维护社会政治稳定。

48. *推进公共安全体系建设*。完善突发事件应急预防机制，健全统一领导、综合协调、分类管理、分级负责、属地为主的应急管理体系。健全安全生产监管体系，加强道路交通、消防、危险化学品等安全管理，强化重点行业、重点区域、重点部位的隐患排查和整治，减少安全生产事故，遏制重特大安全事故。建立完善食品药品质量安全监管责任体系，突出解决影响食品药品安全的重点问题，构建长效监管机制，加强监管能力建设，确保食品药品质量安全。加强社会诚信建设，切实规范市场经济秩序，坚决打击制假售劣行为，开展消费维权进农村、进社区、进企业、进商场、进市场活动，进一步改善消费安全环境。建立和完善重要物资和生活必需品储备制度，加强对事关群众日常生活的商品价格监管，保障基本生活品供给，努力保持物价稳定。

八、切实加强对全面改善民生工作的领导

49. *加强组织领导*。各级党委、政府要进一步统一思想，把解决民生问题摆在更加突出的位置，建立健全组织领导体系，构建“党委统一领导、政府强力推动、部门全力组织、社会积极参与”的民生工作大格局。要加快建设服务型政府，在经济发展的基础上，不断扩大公共服务，逐步形成覆盖城乡、惠及全县人民的基本公共服务体系。每年制定民生工作的年度实旋意见，明确改善民生工作的重点任务和工作举措。建立健全目标责任制，加强督促检查和考核，把解决民生问题的实绩作为考核评价领导班子和领导干部的重要内容，着力抓好民生问题的督办落实。充分发挥人大在改善民生方面的工作监督、法律监督等作用，充分发挥政协在改善民生方面的政治协商、民主监督、参政议政作用，支持民主党派、工商联和无党派人士履行职能，在改善民生工作中发挥积极作用。继续开展基层党组织“先锋工程”创建活动，全面推进基层党建工作，落实基层组织人员报酬和工作经费，充分发挥基层党组织推动发展、服务群众、凝聚人心、促进和谐的作用。加强工会、共青团、妇联等群团组织建设，发挥其在改善民生、促进社会和谐中的积极作用。

50. *健全财力保障*。各级政府要优先保障民生项目建设，保障资金、土地等要素资源供给，尽早发挥项目的社会效益。按照建立健全公共财政体系的要求，进一步调整和优化财政支出结构，加大民生领域的财政投入，确保新增财力的三分之二以上用于解决民生问题，重点向低收入人群倾斜，向农村和农民倾斜，向欠发达乡镇倾斜，向改善民生的关键领域倾斜。进一步提高资金使用效率，完善财政性资金绩效评价制度，整合专项资金，发挥财政资金的规模效益。拓展民生领域建设投融资渠道,鼓励和支持社会各界增加民生投入,共同改善民生。有序推进非政务性服务外包,加大对民生领域资金使用和项目建设的监管力度,强化绩效评估,努力提高民生投入的实际效果。

51. 创新体制机制。建立以民主促民生工作机制,健全公共民生问题决策机制,积极组织和引导群众表达诉求,全面系统收集民意,充分发挥广大群众和社会组织在参与决策、评估落实等方面的积极作用。加强管理体制创新,推进政府职能转变,加大部门管理资源整合力度,促进部门之间在解决民生问题上的协商沟通,形成合力,防止各自为政,政出多门。加快制定或修订征地拆迁、劳动就业、社会保障等相关政策和办法,实现要素投入和工作推进的制度化。充分发挥纪检、监察部门的保障监督作用,加大行政执法和司法力度,打击损害群众利益的各类违法违纪行为,依法保护人民群众的合法权益,完善依法改善民生的长效机制。

52. 营造良好氛围。加大改善民生工作的宣传力度,精心组织主题宣传活动,开辟并办好各类媒体的民生栏目,切实增强舆论宣传在推动民生改善中的引导力和影响力。加大对各类典型事迹和先进经验的宣传力度,及时推广有效改善民生的好做法,引导各地各单位紧密结合实际开展工作。积极开展评先评优活动,对改善民生工作积极、效果明显的机关、企事业单位和各类社会组织,以及表现突出的先进个人进行表彰奖励,积极营造全面改善民生促进社会和谐的良好氛围。

53. 狠抓工作落实。加强干部教育培训,教育引导各级领导班子和领导干部树立科学发展观,不断提高处理和解决民生问题的能力。各级领导干部要把全面改善民生与切实转变作风紧密结合起来,坚持为民、务实、清廉,坚决纠正损害群众利益的不正之风,切实增进对人民群众的感情。大力弘扬求真务实作风,坚决反对形式主义、官僚主义,积极鼓励领导干部下基层开展蹲点调研,走进矛盾、破解难题,切实为民办实事、办好事,真正把全面改善民生的各项工作任务落到实处。

中共苍南县委

二〇〇八年八月十一日

中共湖州市委　湖州市人民政府
关于加强农村公共文化服务体系建设的意见

(2008年4月17日)

湖委发〔2008〕28号

为进一步推动农村文化繁荣发展,根据省委、省政府关于农村文化建设的要求,结合湖州实际,现就加强我市农村公共文化服务体系建设提出如下意见:

一、总体目标

至2010年底,基本建成适应社会主义市场经济体制、结构合理、服务优质、覆盖农村的公共文化服务体系,各项主要发展指标均在全省中等偏上。

——全市60%的县(区)达到全国文化先进县(区)标准;80%的县(区)达到省级文化先进县(区)标准;80%以上乡镇达到省级"东海文化明珠"工程标准,100%乡镇建立乡镇综合文化站。

——文体活动场所覆盖全市所有行政村。力争50个村、20个社区达到省级文化示范村(社区)标准,培育200个市级文化示范村、30个市级文化示范社区,创建29个省级文化示范村、12个省级文化示范社区。

——加强群众文体骨干培训,培养农村文化建设带头人800名,培育农村文艺体育团队100个、社会体育指导员2000名及一批农村文化经纪人。每个乡镇(街道)有2支以上业余文体团队。

——送文艺演出、电影、图书下农村、进社区;每个乡镇(街道)每年至少演出4场,每村每月至少放映电影1场,每年市级文化示范村图书流通站(点)的图书流通2次以上。

二、主要任务

至2010年底前,完成实施农村公共文化服务体系建设十大工程的各项任务。

(一)农村文化设施建设工程。围绕县(区)有"两馆"(文化馆、图书馆)、乡(镇)有一站(文化站)、村有一室(文化室)的目标,加快文化设施阵地建设。

1. 吴兴区按不低于国家一级馆(县级)的标准,完成文化馆建设,南浔区按不低于国家一级馆(县级)的标准,完成文化馆、图书馆建设;各县文化馆、图书馆在国家一级馆标准基础上有较快的发展和提高。

2. 每个乡镇都建立综合文化站,并有经常性开展群众活动的多功能、综合性文化场所。其中,中心集镇文化站文化活动场所面积不少于1500平方米,一般乡镇不少于1000平方米,经济相对薄弱且集镇人口在1000人以下的乡镇不少于500平方米。乡镇公益性文化阵地建设使用国有行政划拨土地。

3. 村村建立文体活动室。结合新农村小康示范村建设,20%的行政村建好融读书读报、文艺表演、电视播放和体育健身等室内活动为一体的文化活动室,面积不小于

200平方米，图书藏书量不少于1500册，年订报刊杂志10种以上；40%的行政村建好可开展文体活动的文化活动室，面积不小于100平方米，图书藏书量不少于800册，年订报刊杂志5种以上；40%的村建有可供图书阅览并有一定数量的书籍和报刊杂志的固定文化活动场所。新农村建设小康示范村都要建立有专人负责管理的阅报栏。村级公益文化阵地建设使用集体建设用地。

（二）农村文化示范户创建工程。培育农村文化示范户800户。乡镇、行政村要选择拥有彩电、书橱、图书等必需的硬件，文化素质较高、能经常开展活动的家庭为文化示范户，并对其给予一定的经济补助，使之成为公益性文化传播场所。

（三）广播电视“村村通”工程。全市实现农村广播电视有线、无线综合覆盖率两个100%。建立完善运行发展长效机制，确保全市农村广播电视“村村通”、长期通。

（四）送戏送书工程。市、县（区）文化行政主管部门要围绕打造“欢乐湖州”文化活动品牌，积极开展以“欢乐湖州——文化服务基层行”为主题的“送文化”活动，以“文化大篷车”和文艺小分队的形式，下乡进村开展经常性文艺演出活动。开展图书配送活动，市、县级图书馆设立图书配送中心，乡镇设立图书配送分中心，通过分中心向村级流通点配送图书，实现城乡图书信息资源的流通和共享。

（五）农村文化活动繁荣工程。坚持“送文化”和“种文化”相结合，积极开展“欢乐湖州——文明和谐‘种文化’”活动，坚持市、县区、乡镇三级联动，以县区为主，充分发挥农民主体作用，通过文艺培训、文化扶贫和政策扶持等途径，引导农民自办文化。积极鼓励农民参与各类文艺汇演和文艺活动。

（六）文化信息资源共享工程。加强全市图书馆自动化、网络化建设，建成由市、县图书馆为重点的文化信息资源共享平台和市、县两级地方特色文化信息数据库，提高市、县两级支中心服务和管理水平。

（七）农村电影“2131”工程。建立覆盖全市的农村数字电影发行放映网络，确保每村每月放映一场电影。

（八）农村文化遗产保护工程。今年全市完成非物质文化遗产普查工作，建立非物质文化遗产档案资料数据库。结合传统民间节日和非物质文化遗产保护，开发具有民族传统和地域特色的民间工艺、民间表演、民俗活动、民俗旅游项目等。

（九）农村文化队伍素质提升工程。每个乡镇有专职文化干部，其中常驻人口5万人以上的乡镇有干部3－5名；常驻人口5万人以下的乡镇有干部2－3名。每个行政村要有一名兼（专）职文化管理员，要积极选拔有网络技术专长和组织才能的年轻人、农村中小学（退休）文体教师兼任（担任）村级文化管理员（社会体育指导员）。

（十）农民体育健身工程。把体育设施建设纳入新农村建设规划，在新建小区时，按人均1.2平方米的标准规划、布局和建设体育场用地。农村小康体育村建设实现全覆盖，每个乡镇群众体育组织不少于5个，社会体育指导员达到每万人10名。乡镇每年组织开展的体育活动不少于6次，每2－3年举办一次综合性运动会。

三、保障措施

（一）加强领导。各级党委、政府要建立农村公共文化服务体系建设领导小组和相应的目标责任制，把加强农村公共文化服务体系建设纳入经济社会发展规划、财政预算、新农村建设和领导干部考评体系，列入创建文化先进县（区）、乡镇和创建文明城市、文明村镇等相关评价体系。建立健全基层文化单位的评价机制，将服务农村、服务农民情况作为考核工作的重要内容。

（二）加大投入。建立农村文化建设投入的增长机制，对属于纯公益性文化事业单位的乡镇综合文化站，要配备文化专职干部，足额保障人员的工资、福利待遇和公用经费。县（区）财政按人均每年2元的标准把文化活动经费列入预算；各乡镇按不低于人均每年2元的标准把文化活动经费列入乡镇财政预算；经济薄弱乡镇，乡镇文化经费由县（区）财政统筹。从今年起，市政府设立农村文化建设专项资金，主要用于农村公共文化服务体系建设。各县（区）应设立相应的专项资金，专项资金要随经济增长相应提高。鼓励社会力量参与农村公共文化设施建设，企事业单位、社会团体、个人参与文化设施建设的，经税务主管部门批准后，给予一定的税收优惠。

（三）规范管理。根据中办、国办《关于进一步加强农村文化建设的意见》（中办发[2005]27号）要求，乡镇综合文化站是集图书阅读、广播影视、宣传教育、科技推广、科普培训、体育和青少年校外活动等于一体的综合性公共文化机构，要进一步加强服务功能，创新运作机制，提高为农民群众服务的能力。乡镇综合文化站业务由县（区）文化部门指导、考核，日常工作由乡镇管理。

（四）整合资源。各级党委、政府要统筹规划和合理利用文化、教育、科技、体育、卫生以及工、青、妇等不同行业和部门的文化资源，通过鼓励学校、企业等单位内部的文体设施免费向农民有序开放。

中共绍兴市委　绍兴市人民政府 关于印发《绍兴市实施“文化惠民”行动纲要(2008－2012年)》的通知

绍市委发〔2008〕82号

各县(市、区)委、人民政府,市级各部门:

现将《绍兴市实施“文化惠民”行动纲要(2008—2012年)》印发给你们,请认真贯彻执行。

中共绍兴市委

绍兴市人民政府

二○○八年十月十四日

绍兴市实施“文化惠民”行动纲要(2008—2012年)

为深入贯彻中央、省委关于文化建设的一系列部署和要求,进一步落实市委、市政府《关于加强文化建设推进文化大发展大繁荣的实施意见》(绍市委发〔2008〕74号)和《绍兴市“十一五”文化强市建设规划》(绍市委办发〔2006〕76号)提出的目标任务,使更多的文化发展成果惠及于民,推动文化大发展大繁荣,特制定本《行动纲要》。

一、总体要求和基本原则

实施“文化惠民”行动纲要的总体要求是,高度重视文化民生工作,着力让人民群众的文化权利得到更好保障、文化需求得到更好满足、文化创新热情得到更好激发、文化创业实践得到更好推进,人人参与文化、人人发展文化、人人享受文化,在文化惠及全民的过程中全面推进绍兴文化的大发展大繁荣。

实施“文化惠民”行动纲要的基本原则是:

——健全文化共建机制。各地各有关部门要把实施“文化惠民”工程作为文化强市建设的重要内容和落脚点来抓,纳入经济社会发展规划,纳入财政预算,作为评价地区发展水平、领导干部工作实绩和创建文明单位、文化先进县(市、区)的重要内容。要进一步完善支持公共文化服务和文化产业发展的相关经济政策,吸引和鼓励社会力量投资兴办文化实体、建设公共文化设施、提供文化服务,形成以政府投入为主、社会力量积极参与,稳定长效的“文化惠民”投入机制。

——加快文化共享步伐。要着眼文化发展的均衡化,坚持城乡、区域文化协调发展,把设施建设的重心放在基层和农村,充分利用现有设施,统筹规划,不断提高基层文化设施覆盖率。要着眼文化服务的均衡化,充分发挥公益性文化单位的骨干作用,大力支持文化企业生产质优价廉、安全适用的公共文化产品,继续深入开展各类公益性文化活动,着力提升各类文化产品的供给能力。要着眼文化享受的均衡化,采用免费开放、免费送票、减免票价等办法,让低收入群体、外来建设者等人群也能享受到精品文化的发展成果。

——落实文化共创行动。要积极创新“文化惠民”的组织方式,致力为人民群众提供就近、便捷,能自己参与和创造的文化活动场所,进一步改变“政府办、群众看”的单一格局,积极扶持农民群众自发建立的文化组织和活动形式,使人民群众成为文化艺术活动的主体。要积极创新“文化惠民”的服务方式,对重要公共文化产品、重大公共文化服务项目和重大公益性文化活动,通过政府采购、项目补贴等办法积极引导社会力量参与。要积极创新“文化惠民”的活动内容,充分利用现代科技给文化建设带来的新机遇,努力使干部群众在“文化共建”中各尽其能,在“文化共享”中各得其利,在“文化共创”中各得其所,强化先进文化的发展导向,形成文化需求更加旺盛、文化市场更加活跃、文化环境更加优良的好氛围。

二、主要内容

文化惠民要以“方便、经常”为原则,以引导广大群众参与文化、创新文化和享受文化为目标,重点实施“十大惠民行动”。

(一)社会主义核心价值体系共建行动

1. 加强社会主义核心价值体系建设。积极培育文明风尚,通过开展主题教育、道德实践、媒体宣传,实施文明素质工程等形式,大力倡导社会主义荣辱观,进一步培育和提升绍兴地域人文精神,丰富、创新和拓展新时期“胆剑精神”,使新时期“胆剑精神”进一步成为绍兴城市发展的精神品质和精神动力。

2. 提高广大市民文明素质。以创建全国文明城市为目标,广泛深入开展“争做文明绍兴人、争创全国文明城”活动,加强文明素质、文明礼仪的引导和培养。不断深化

“践行公共礼仪”、“文明出行，方便你我”、“共献爱心，共建和谐”等系列活动，引导和培养市民遵守社会公德，维护公共秩序，养成文明习惯，树立绍兴人现代文明新形象。

3. 深化群众性精神文明创建活动。广泛开展以诚实守信为根本的文明行业创建活动。结合新农村建设，重点抓好“双千结对、共建文明”等活动，建设一批文明镇、文明村、文明户，倡导乡风文明，净化优化农村社会环境，提高农村文明程度和农民文化素质。

4. 推进未成年人思想道德建设。坚持“感恩、诚信、责任”的教育主题，扎实推进未成年人思想道德建设。继续深化名人精神教育系列活动，弘扬绍兴名人文化，引导未成年人励志成才。抓好“未成年人爱心基金”的救助补助工作，到2012年，基本建立由政府引导、社会主导、个人参与，补助及时、救助有力的未成年人爱心基金。

（二）重点文化建设项目推进行动

5. 统筹安排文化实事工程。市和各县（市、区）每年政府工作报告的实事项目中必须安排一项以上重点文化项目，把重点文化项目建设作为实事工程、民生工程切实推进，做到有领导、有部署、有督查、有成果，进一步建设功能完备、运行有效的公共文化服务体系。

6. 切实推进重点文化设施建设。2008年至2012年，市本级积极推进迎恩门环境改造工程、越王城、鲁迅故里二期、市综合科技馆、绍兴美术馆、绍兴日报报业大楼（文化策划创意基地）、绍兴市文化中心、市奥林匹克体育中心等重点工程建设。要创造条件，适时启动市、县（市、区）两级党史馆和党史网站建设，进一步提升绍兴历史文化的影响力。

7. 创新重点文化设施的管理和运作。在建设重大文化设施的同时，运用多种手段、多种资本投入形式，切实加强对绍兴大剧院、鲁迅电影城、黄酒博物馆、绍兴越国文化博物馆以及各县（市）图书馆、文化馆、博物馆、档案馆等已建重大文化设施的管理和运作，提升公益性博物馆、图书馆免费开放的服务水平，使之更好地成为群众感受现代文化、享受精神生活的重要阵地。

（三）基层文化设施建设扶持行动

8. 推进乡镇（街道）文化设施建设。到2012年，力争全市所有乡镇（街道）建有综合文化站，根据当地实际条件，可分为800平方米及以上、1000平方米及以上、1500平方米及以上3个档次，其中中心镇的在1500平方米以上；活动中心设置图书阅览、科普活动、综合教育培训、文化信息资源共享等活动室，其中图书室面积不少于80平方米，信息资源共享室配置电脑不少于3台；室外文化体育活动场所达150平方米以上。

9. 推进村（社区）文化设施建设。到2012年，全市80%（其中新昌县、越城区为70%）以上的村（社区）建有文化活动中心，根据当地实际条件，可分为80平方米及以上、150平方米及以上、500平方米及以上3个档次。活动室内设1个农家书园（社区阅览室）、1个多功能教育培训室、1个老年活动室、1个文化信息资源共享工程基层网；室外设80平方米以上的活动场地（兼有篮球场等文体活动功能）和1个宣传文化科普长廊。

10. 推进广播电视“村村通”、“村村响”工程和“彩虹行动”。在2007年全市行政村有线电视“村村通”的基础上，争取2008年完成全市20户以上自然村有线电视“村村通”，继续推广有线电视数字化改造。进一步实施全市有线广播“村村响”工程，力争3年内完成全市行政村有线广播全覆盖。扎实实施“彩虹行动”，2008年内基本解决全市农村低保家庭没有电视机的问题，并建立长效工作机制，实行动态管理。

11. 推进全民健身体育设施建设。完善并实施《绍兴市体育设施规划》，三年内完成水上体育公园、水上运动训练中心等市区重点工程建设，加快上虞游泳馆、诸暨体育馆、新昌游泳馆和嵊州射箭馆建设进程。完成市区“5分钟体育健身圈”二期工程，推进“新农村小康体育工程”，到2012年，全市70%以上行政村拥有符合“新农村小康体育工程”标准的体育健身设施，创建一批体育强镇和新农村小康体育村。

（四）基层文化活动补助行动

12. 建立和健全各级文化发展专项资金使用管理制度。健全和落实《文化发展专项资金管理办法》，采取贴息、补助、奖励等方式，支持宣传文化企事业单位和相关组织、团体的重大活动（项目）开发、优秀作品创作等文化惠民行动。

13. 实施基层文化活动备案制。重大文化活动向各级宣传、文广部门备案，各级文化专项资金每年对各类文化活动进行经费补助，尤其要加大面向基层农村、社区的各类文化活动和农村文艺骨干培训活动的补助力度。对市级部门（单位）实施并在全市范围内有重大影响的基层文化活动，列入市级文化专项资金支持范围。

14. 鼓励县（市、区）各类文化惠民行动。各县（市、区）开展的重大文化惠民活动，由当地宣传文化部门申报，每年年终经市委宣传部审核，授予荣誉称号并给予适当的奖励性补助。

（五）公共文化服务温暖行动

15. 开展文化下基层活动。继续深入开展“文化大巴”进农村、进社区、进企业、进学校、进工地、进广场“六进”活动，每年市本级“文化大巴”下乡演出不少于100场，每个县（市）不少于80场，继续拓展绍兴县“鉴湖文化广场”、嵊州市“百姓周末”、新昌县“阳光文化山里行”等文化活动品牌。积极发挥各专业剧团优势，以“剧团专场演出”、“文艺小分队”等灵活多样的形式，每年送戏下农村进社区的公益性演出不少于500场次，丰富基层群众的文化生活，并适当开辟商业性演出市场，增强活力。

16. 开展“名家·新人与您面对面”个人专场活动。进一步创新活动载体，借助各专业剧团、艺术学校、群艺馆、文化馆等单位的名家新人，开展名家新人个人专场下乡演出，发挥其小而精的特点，使更多的群众在家门口就能享受较高水平的文化生活，每年演出不少于100场。

17. 开展各群体的文化建设。继续抓好“学习型城市建设”，举办好每年一届的“全民读书月”活动，大力鼓励和支持以产业工人为重点的各类读书活动。加强企业文化建设，实施“绍兴市企业文化建设繁荣工程”，积极营造创业创新的企业文化建设氛围，打造企业核心价值观。切实加强廉政文化建设，营造廉洁奉公的政务环境。加强校园文化建设，运用“红领巾嘉年华”、“励志工程”等载体，进一步深化“名人精神教育”。加强家庭文化建设，培育和谐文明家庭。筹划、举办好“档案馆开放日”活动，积极推进档案文化的社会共享。不断深化邻里节、体育节、大学生电影节等系列活动。

18. 开展“公益服务送温暖”活动。不断整合利用各公益性文化单位资源，并充分调动经营性文化单位积极性，开展各项公益文化活动。市群艺馆、图书馆要进一步打造“戏迷夜晚”、“公益讲座”、“图书流动站”等公益品牌，做到每周有“戏迷之夜”，每月有“讲座一日”，每年新开辟机关、企业、社区等“图书流动站”20个以上；市影业公司、演出公司、浙江绍剧团等要推出“公益电影”、“公益演出”、“周末剧场”等具有一定数量和质量的惠民行动。各县(市)文化馆、图书馆、电影公司等文化单位都要积极开展各项公益文化活动，更好地保障人民群众的基本文化权益。总结推广绍兴县“文化慈善超市”的经验做法，更好地满足困难群体的精神文化生活。

19. 开展“数字电影到农村”活动。按照绍兴市“十一五”期间农村电影“2131工程”放映目标的具体分解指标，积极推进农村数字电影放映工作，每年放映数字电影20000场以上。积极拓展片源渠道，加强与电影院线合作，让更多农村群众享受电影带来的乐趣，寓教于乐。

(六)基层“种文化”行动

20. 抓好农村题材文艺作品创作展示。鼓励农村文艺骨干以群众喜闻乐见的形式、通俗易懂的语言开展文艺创作。开展“创业创新在基层、文艺服务连万家”系列活动，以市、县(市、区)文联及各协会为工作主体，着重抓好文学、美术、书法、戏剧、音乐、舞蹈、摄影、曲艺等各种艺术门类的创作，力争5年内创作完成书法、摄影、美术、民间文艺等各类作品集100余部，创排舞蹈、音乐、莲花落、小品等有一定影响的节目200余个，促进文化在乡驻村。抓好“新农村之歌”、全市镇乡文艺会演等“种文化”活动载体，开展“种文化”成果展示。大力开展“文化特色村”创建活动，形成一大批富有特色、富有活力的文化、体育和科普特色镇、村。

21. 弘扬优秀传统民俗文化。充分利用传统民俗节日和重要节庆日，创新“种文化”方式，调动农民群众参与文化活动的积极性、主动性、创造性。要以清明、端午、中秋、春节等传统节日为契机，开展特色化、民俗化、群众化的群众文化体育表演、展示与竞技活动，发掘农村文化的“草木才子”，培育一大批“种文化”的组织者和参与者。结合非物质文化遗产保护工作，进一步挖掘农村民俗文化、民间艺术，组织开展系列主题活动，并与有优秀传统、有群众基础的民间文艺活动有机结合，努力形成各具特色的镇域文化、村落文化。

22. 抓好外来建设者文化服务专项支持。在外来建设者集中的乡镇(街道)、村(社区)和企业，扶持建立外来建设者文艺表演团队，建立联谊活动制度，总结推广“文化绿卡”制度，设立“民工艺术角”等，满足他们参与、表演的愿望和要求。加强对外来建设者文化服务扶持，市本级探索设立外来建设者文化服务专项资金，按照人均2至3元进行专项配套拨款，并逐步推广。加大对外来建设者文化消费、文化享受的优惠和倾斜力度，举办“外来建设者电影周”、“五湖四海读者联谊会”、“乡情乡音一起唱”等活动。

(七)文化产业发展激励行动

23. 进一步加快发展优势文化产业。落实和完善文化产业发展相关政策，加大对文化产业特别是文化创意产业发展的扶持和激励。重点扶持和发展文化旅游业、现代传媒业、影视和演艺娱乐业、书画艺术和艺术培训业、体育健身和会展博览业、文体产品制造业、民间工艺品业、网络信息和设计服务业等，积极引导社会资本、资源投向这些行业。

24. 进一步培育文化产业骨干企业。做大做强绍兴市文化旅游集团公司、浙江绍兴报业传媒集团有限公司、绍兴市广电广告发展有限公司、绍兴广电信息网络有限公司、绍兴影业公司、绍兴市演出有限公司、游泳健身中心、泽恩网络文化产业公司、浙江绍兴数奥城科技发展有限公司等一批骨干企业，力争5年内在全市形成具有创意特色和规模效应的文化产业发展群体。

25. 进一步加强文化产业集聚区建设。以文化产业集聚区为主要载体，发挥集聚、孵化和推动作用。以政策扶持、示范带动等为手段，将各类集聚区加速打造成为区域性文化产业新平台。

26. 推动并完成一批重点文化产业项目建设。到2012年，推动并完成兰亭保护整治工程、绍兴市水上体育公园、绍兴县乔波滑雪馆、诸暨市铭仕广场电影大世界、嵊州文化创意产业园等一批重点文化产业项目的建设。

(八)文化精品创作展示行动

27. 落实《绍兴市2007－2010年文化精品创作生产规划》。重点完成《感动中国的绍兴名人》、《创业创新三十年》、《越文化通论》、《绍兴辞典》等专著的创作；深化创排绍剧《秋瑾》和越剧《一钱太守》等戏剧，使之成为传统剧目新品牌。到2012年，争取20件以上作品在全省乃至全国获奖，并取得良好的社会效益和经济效益，在全市基本形成多出精品、多出人才、多出效益的精品创作生产格局和工作机制。

28. 大力推动重大题材精品创作。要以贯彻落实党的十七大精神为主线，切实围绕我市“两创”总战略，以改革开放30周年、建国60周年和绍兴建城2500年等重大题材为切入口，集中创作一批解读古越历史文化，反映绍兴各项成就，体现时代性、思想性和艺术性的文化作品，并使这些作品走向市场、走向群众、走向基层，实现两个效益最大化。

29. 进一步推进文化精品普及展示。加大对文化精品的宣传和推介力度，创新工作载体，充分运用集中展演、展览、评比、媒体推介等多种形式进行文化精品的展示，利用广场演出、文化下乡、社区文化角等使文化精品深入农村、社区、校园、企业等，让群众"零距离"感受精品文化，享受文化精品带来的审美愉悦，提高文化鉴赏水平。总结推广绍兴文理学院面向全社会举办"风则江人文大讲堂"等做法，推动"学在民间"。

（九）传媒惠民提升行动

30. 切实加强新闻惠民服务。树立"新闻惠民"的理念，拓展提升绍兴日报社"乡村穿行？三农服务团"、"晚报论坛"、"消费 110"，绍兴广播电视总台"兄妹帮你忙"、"行风热线"、"莲花剧场"等品牌，总结一批"媒体搭台、新闻惠民"的工作经验，开设更多着眼基层和农村、提供信息咨询服务的新闻惠民栏目。到 2012 年，形成 10 个以上有广泛影响力的惠民品牌栏目。

31. 切实推进广告惠民和发行惠民。为城乡群众的创业创新项目开设服务便捷、收费低廉、各方互动的广告专栏。要为生活困难群众减免市县报刊订阅费用，建设"党报村（社区）"、"晚报村（社区）"、"县市报村（社区）"等各类报纸村，力争到 2012 年市县报刊拥有量达到平均每 10 人 1 份。

32. 切实做好媒体热点疏导工作。充分发挥媒体优势，进一步提升舆论引导社会热点、化解矛盾的能力，继续探索并实践媒体接待民生信访的工作模式，使媒体更加贴近实际、贴近生活、贴近群众，彰显媒体服务民生、服务和谐社会建设的责任。

33. 切实加强网络媒体建设。要办好绍兴日报多媒体数字报，打造"绍兴网"等主流网站品牌，扩大网络传播影响力。加强网络评论员队伍建设，促进网络文明建设，推进文明办网、文明上网，营造良好的网络环境。积极运用网络和手机信息平台，加强文明意识、科学知识和卫生健康等方面的传播引导能力。

（十）基层文化人才培养行动

34. 全面加强群众性文化管理队伍建设。乡镇（街道）文化站要配齐用好管理人员，确保每个文化站的实际工作人员达 3 名以上；文化站专职干部大专以上学历占 60%以上，45 岁以下占 80%以上。积极发挥行业组织、学术团体、文艺协会等机构的作用，以定向培训、短期轮训等多种方式，每年举行多班次文化业务培训。建立健全文化站干部岗位培训和学历后继续教育制度，市县两级文化部门联动，一年内对文化站长轮训一遍，两年内对文化干部全员轮训一遍。

35. 切实加强群众性文化队伍建设。在城市社区和乡镇、农村广泛培养、建立各类群众性文化骨干队伍。加强对民间文艺团队的培养和建设工作，每个乡镇（街道）的业余文体队伍在 3 支以上，人员 100 名以上。各村（社区）建立 1 支以上、人员 10 名以上的业余文体骨干队伍，开展经常性的活动。

36. 建立健全文化人才培训和开发机制。要修订和落实相关政策意见，健全与文化事业和文化产业发展相适应的人才选拔机制，完善"五个一批"文化人才培养制度，坚持和完善民间工艺人才职称评审工作制度。积极发挥市县两级文化服务机构业务指导、培训和带头作用。扎实推行文化单位从业人员聘用制、从业资格制、竞争上岗制，逐步推行岗位培训和学历后继续教育制度，不断提高文化干部素质，3 年内使全市县级文化馆、图书馆在编人员大专以上学历占比达 70%以上，县级剧团演职员大专以上学历占比达 40%以上。

三、保障措施

37. 建立稳定的财政投入机制。要积极创造条件，为文化大发展大繁荣提供必要支撑，确保财政每年对文化的投入增幅不低于同级财政经常性支出的增长幅度。同时，积极鼓励社会力量参与文化建设。

38. 加大政府对公共文化设施建设投入力度。要抓紧规划建设一批与大城市格局相适应的标志性文化设施。充分利用市区腾空厂房和相关设施，加大新建或改扩建文化设施的力度，进一步优化市区文化场所布局。各县（市）要进一步加大投入，全面完成图书馆、文化馆、博物馆等标志性文化设施建设，创建成为文化先进县（市）。

39. 提高绍兴市文化发展专项资金额度。自 2009 年起，绍兴市文化发展专项资金总额提高到每年 1500 万元，并根据实际需要逐年递增，主要用于市区基础公共文化设施建设、文化惠民行动、文化精品创作、文化人才培养和文化产业发展等方面的补助、奖励和贴息。

40. 积极鼓励对宣传文化（体育）事业的捐赠。企业通过公益性社会团体或县级以上人民政府及其部门发生的公益性宣传文化事业捐赠支出，在年度利润总额 12%以内的部分，准予在计算应纳税所得额时扣除。个人通过国家批准成立的非营利性的公益组织或国家机关对宣传文化事业进行捐赠，在缴纳个人所得税时，捐赠额未超过纳税人申报的应纳税所得额 30%的部分，可从其应纳税所得额中扣除。捐赠收入实行"收支两条线"管理，全额缴入财政专户，免交政府统筹金。

41. 建立文化指导员制度和文化志愿者队伍。从 2008 年下半年起，市本级先行从宣传文化系统选派有业务专长和组织才能的文化人才到有关中心镇（街道）、文化特色村（社区）担任文化指导员，条件成熟后，在全市推行。积极发挥相关部门和单位优势，组建绍兴市文化志愿者服务总站。壮大文化义工队伍，深入开展文化惠民志愿行动。

附件：市区文化惠民主要实事专栏（略）

绍兴市人民政府关于印发
绍兴市城乡居民社会养老保险办法(试行)的通知

绍政发〔2008〕22 号

各县(市、区)人民政府,市政府各部门:

现将《绍兴市城乡居民社会养老保险办法(试行)》印发给你们,请结合实际,认真贯彻执行。

绍兴市人民政府

二〇〇八年二月二十九日

绍兴市城乡居民社会养老保险办法(试行)

第一章 总则

第一条 为建立覆盖城乡居民的社会养老保障体系,保障人民基本生活,统筹城乡发展,根据国家、省的有关规定,结合绍兴市实际,制定本办法。

第二条 同时符合下列条件的本市城乡居民可以参加统筹地城乡居民社会养老保险:

(一)不属于《浙江省职工基本养老保险条例》规定的参保对象或不符合其它各类社会养老保障条件(农村养老保险除外);

(二)具有统筹地户籍且户籍年限满 5 年(属政府统一安置迁入或因区域调整划入的人员不受户籍年限限制,下同);

(三)年龄在 16 至 60 周岁(不含在校学生)。

第三条 城乡居民社会养老保险实行权利与义务相统一,以个人缴费为主,集体补助和财政补贴相结合的原则。

第四条 城乡居民缴费水平与居民的承受能力相适应,集体补助、财政补贴水平与统筹地经济发展水平相适应。

第五条 城乡居民社会养老保险实行全市统一制度,分级管理,以市区、县(市)为统筹范围。

第六条 城乡居民社会养老保险制度与企业职工基本养老保险制度、原农村社会养老保险制度相互进行衔接。

第二章 养老保险资金筹集

第七条 缴费基数为统筹地统计部门公布的上上年度农村居民人均纯收入、城镇居民人均可支配收入两档。农村户籍参保人员以农村居民人均纯收入为基数,非农户籍参保人员可任选其中一档。

个人缴费费率原则上为 8%(今后随经济发展和城乡居民收入的提高,个人缴费比例可适当提高)。有条件的社区(村)集体经济组织对个人缴费部分可予适当补助。

统筹地财政原则上按城乡居民参保缴费时缴费基数的 5%给予补贴,其中 4%可用于建立参保人员补贴账户,其余部分用于建立城乡居民社会养老保险统筹资金。

鼓励社会各界对城乡居民社会养老保险资金给予赞助。

各县(市)的个人缴费费率、财政补贴比例可根据当地经济发展状况在 2 个百分点内适当调整。

第八条 个人缴费标准和财政补贴标准每年由统筹地劳动保障部门会同财政部门确定,报同级政府同意后公布。

第九条 对持有《独生子女父母光荣证》并按本办法规定参保的,凭人口计生部门证明,给予一定的奖励补贴,记入参保人员补贴账户,所需资金由财政部门拨付。

上述奖励额度由各统筹地人口计生部门会同财政部门商定,报同级政府批准。

上述人员今后若违反国家计划生育政策或发现其不符合申领《独生子女父母光荣证》条件的,其奖励额度的本息从补贴账户中予以扣除,扣除的资金充入城乡居民社会养老保险统筹资金。

第十条 城乡居民社会养老保险业务由乡镇(街道)组织,以社区(村)为单位集中办理。

第十一条 城乡居民社会养老保险费采取按年缴费方式,缴费期由各统筹地确定,市区的缴费期与城镇居民医疗保险缴费期相同。因特殊原因在当年缴费期内未缴费的,允许在次年缴费期内按补缴年度标准补缴,财政仍按上一年标准给予补贴。

第三章 账户建立和管理

第十二条 城乡居民社会养老保险资金由个人账户资金、补贴账户资金、统筹资金组成。

社保机构应按参保人员的公民身份号码为其建立城乡居民社会养老保险个人账户和补贴账户,核发《城乡居民社会养老保险手册》。

个人账户由个人缴费和集体补助及利息组成。补贴账户由财政补贴划入和利息组成。

个人账户和补贴账户按同期银行居民储蓄存款利率计息。

第十三条 参保人员中断缴费或一次性补缴后，不得退保。中断缴费的，其个人账户和补贴账户予以保留，不间断计息；以后继续缴费的，中断缴费前后两账户储存额、缴费年限累积计算。

参保人员被判刑的，服刑期间停止缴纳养老保险费，其个人账户和补贴账户由社保机构予以保留并不间断计息。刑满释放回原籍继续缴费的，服刑前后的个人账户和补贴账户储存额、缴费年限累积计算。

第十四条 参保人员异地(跨统筹地)户籍迁移，其个人账户储存额可转移至迁入地社保机构；不能转移的，一次性退还本人，同时终止其城乡居民社会养老保险关系。

第十五条 统筹资金来源为政府补贴划入补贴账户后的剩余部分及产生的利息和其它按规定可划入的资金及产生的利息。

第四章 养老保险待遇

第十六条 参保人员年满60周岁且缴费年限满15年的，可按规定办理养老金领取手续，从核准享受的次月起按月领取养老金，直至死亡。

第十七条 符合领取养老金条件的参保人员，养老金月标准为：个人账户与补贴账户储存额之和除以156。

第十八条 参保人员年满60周岁，缴费年限仍不足15年的，个人可按当期缴费基数一次性补缴满15年，财政按照本办法实施当年的补贴标准给予补贴，并按第七条规定建立个人账户和补贴账户，比照第十七条规定享受养老待遇。不补缴的，退还个人账户储存额，并终止养老保险关系。

第十九条 参保人员养老金先在个人账户和补贴账户中按比例支付，不足支付的，从养老保险统筹资金中继续支付，直至本人死亡。统筹资金不足的，由财政筹措资金解决。

第二十条 参保人员(含缴费人员和待遇享受人员)死亡后，其直系亲属或有关人员应在30日内到社保机构办理养老保险关系注销手续，其养老保险个人账户储存额一次性支付给法定继承人或指定受益人。

第五章 养老保险工作管理

第二十一条 县(市、区)政府应加强对城乡居民社会养老保险工作的领导，把城乡居民社会养老保险事业纳入国民经济与社会发展规划，并负责组织实施，加强工作考核；多渠道筹集城乡居民社会养老保险资金，确保养老金的按时足额发放。

第二十二条 劳动保障行政部门负责对城乡居民社会养老保险的统筹规划、政策制定、统一管理、综合协调。

社保机构负责城乡居民社会养老保险的业务工作；指导、管理乡镇(街道)劳动保障所开展城乡居民社会养老保险有关业务。

第二十三条 财政部门负责城乡居民养老保险财政补贴资金的筹措和工作经费的落实，并纳入财政预算。

第二十四条 人口计生部门负责做好参保对象中独生子女父母奖励补贴的确认工作。

第二十五条 公安部门负责做好城乡居民户籍迁入年限和跨统筹地迁出人员确定等工作。

第二十六条 各乡镇(街道)负责城乡居民社会养老保险的宣传发动及具体的业务经办工作。

第二十七条 城乡居民社会养老金实行社会化发放。社保机构应建立健全领取养老待遇资格认证制度，对虚领、冒领养老金的，追缴有关当事人的非法所得；构成犯罪的，移送司法机关依法追究刑事责任。

第六章 养老保险资金管理

第二十八条 城乡居民社会养老保险资金参照社会保险基金管理办法进行管理，纳入社会保障基金财政专户，实行收支两条线管理，专款专用，任何部门、单位和个人都不得转借、挪用、平调或侵占，也不得用于平衡财政预算。

城乡居民社会养老保险费不得减免。

第二十九条 社保机构编制城乡居民社会养老保险资金年度收支预算草案，经劳动保障行政部门和财政部门审核，报同级政府批准后执行。

第三十条 劳动保障、财政、审计等部门应定期对城乡居民社会养老保险资金的筹集、使用和管理情况进行监督和管理。

第七章 与相关养老保险制度衔接

第三十一条 在各类企业就业的，企业和个人必须按规定参加企业职工基本养老保险。

本办法参保人员参加企业职工基本养老保险后，其个人账户和补贴账户予以保留，并不间断计息；本人要求退还个人账户储存额的，也可一次性退还本人，同时终止城乡居民养老保险关系。

第三十二条 已按本办法参保的人员，符合参加被征地农民养老保障条件的，停止按本办法参保，其个人账户和补贴账户予以保留，个人账户和补贴账户不间断计息，但不享受本办法规定的待遇；本人要求退还个人账户储存额的，也可一次性退还本人，同时终止城乡居民养老保险关系。

第三十三条 城乡居民养老保险关系仍保留的人员，达到享受企业职工基本养老保险待遇时，企业职工基本养老保险缴费年限不满15年的，其缴纳的城乡居民养老保险费允许折算为企业职工基本养老保险缴费年限；本人不要求折算或不符合折算条件的，应将个人账户储存额一次性退还本人，同时终止城乡居民养老保险关系。具体折算办法由统筹地劳动保障部门会同财政部门制定。

第三十四条 本办法实施后，原农村养老保险参保缴费不再受理。原参加农村养老保险制度的人员可退还原缴费储存额，也可将缴费储存额按参加城乡居民社会养老保险当年确定的个人缴费标准折算为城乡居民社会养老保险缴费年限，折算后的缴费年限财政补贴部分按本办法实施当年标准给予补贴。不愿转换及不愿退还缴费储存额的，仍按原办法规定计发和享受养老待遇，但不得参加本办法规定的城乡居民养老保险。

第八章 附则

第三十五条 年满60周岁及以上、户籍迁入年限连续满5年及以上、无社会养老保障(农村养老保险除外)的城乡居民，可按下列办法一次性参保缴费并享受待遇：

(一)缴费年限为本人实际年龄计算至75周岁，不足5年或75周岁以上的人员按5年计算。

(二)参保人员的缴费标准和财政补贴标准按第七条规定确定。按实建立个人账户和补贴账户。

(三)待遇按个人月缴费标准和财政月补贴账户标准之和确定。养老金支付、个人账户处理按第十九条、第二十条规定执行。

按上述办法参保的人员，须在各统筹地规定时间内办理一次性缴费手续，逾期不再受理。

按上述办法参保的人员，不再享受城乡老年居民生活补贴。

第三十六条 本办法由市劳动保障行政部门负责解释。

第三十七条 本办法自发布之日起试行。各县(市)可按照本办法规定制定城乡居民社会养老保险实施办法，报市政府批准后实施。

中共嵊州市委 嵊州市人民政府
关于推动文化大发展大繁荣的实施意见

(2008—2012)

嵊市委〔2008〕17号

各乡镇、街道，市级机关各部门：

为深入贯彻党的十七大精神，兴起越乡文化名市建设新高潮，推动社会主义文化大发展大繁荣，根据国家、省和绍兴市制定的关于推动文化发展的规划纲要，结合我市实际，特制定如下实施意见。

一、总体要求、发展目标和基本原则

(一)总体要求

今后五年我市推动文化大发展大繁荣的总体要求是，全面贯彻党的十七大精神，以邓小平理论和“三个代表”重要思想为指导，深入贯彻落实科学发展观，全面实施“创业实干、创新发展”战略，适应全面建设小康社会的新要求，遵循社会主义文化发展规律，继续解放思想，推进文化创新，建设和谐文化，深化文明素质提升工程、城乡文化统筹工程、历史文化保护工程、人才精品培育工程、文化产业促进工程、先进文化传播工程等越乡文化名市建设“六大工程”，着力建设社会主义核心价值体系、公共文化服务体系、文化产业发展体系“三大体系”，打响越乡特色文化品牌，不断满足人民群众日益增长的精神文化需求，不断提高人民群众的思想道德素质、科学文化素质和健康素质，不断增强我市的文化综合实力和竞争力，为全面建设惠及全市人民的小康社会提供强有力的文化支撑。

(二)发展目标

经过五年的努力，使文化发展水平与嵊州经济社会发展水平相适应，努力在建设社会主义核心价值体系、加强公共文化服务、加快文化产业发展等方面走在前列。文化对经济、政治、社会建设的支撑作用更加有力；人民群众的基本文化权益得到更好保障，社会文化生活更加丰富多彩；文化产业实力和竞争力显著增强，在全市生产总值中的比重不断增加；文化发展的环境进一步优化。

(三)基本原则

——坚持先进文化的前进方向。以社会主义核心价值体系为根本，充分体现社会主义核心价值体系的基本内容，始终坚持正确的政治方向。坚持为人民服务、为社会主义服务的方向和百花齐放、百家争鸣的方针，坚持贴近实际、贴近生活、贴近群众，大力发展先进文化，支持健康有益文化，努力改造落后文化，坚决抵制腐朽文化。

——坚持以人为本。着眼于满足人民群众不断增长的精神文化需求，着力保障和实现人民群众的基本文化权益，不断提高公共文化服务能力，大力丰富社会文化生活，使广大人民群众共享文化发展成果。注重发挥文化的教育引导功能，努力提高人民群众的文明素质，促进人的全面发展和社会全面进步。

——坚持把社会效益放在首位。高度重视文化的意识形态属性，同时充分考虑文化的产业属性，一手抓事业繁荣，一手抓产业发展，始终坚持把社会效益放在首位，努力实现社会效益和经济效益的最佳结合。

——坚持弘扬传统文化做优特色文化。加强嵊州优秀传统文化的挖掘保护和传承普及，体现传统文化的民族性、地域性和时代性，努力构筑人民群众的共有精神家园。充分利用特色文化资源，进一步打响嵊州特色文化品牌。吸收和借鉴各地优秀文化成果，加强对外文化交流，不断增强嵊州文化的对外影响力。

——坚持推进文化创新。始终把文化创新作为文化发展的基点和动力，充分调动广大文化工作者的积极性，激发全社会的文化创造活力，推动文化内容形式创新、体制机制创新和传播手段创新，推进文化与经济、科技的融合发展，不断推出文化创新成果，切实增强文化软实力和竞争力。

——坚持整体推进与重点突破相结合。着眼长远，立足当前，从嵊州经济社会发展全局出发，针对文化建设的薄弱环节，既注重统一部署、整体推进，又注重突出重点、突破难点、形成亮点，力争在重点工作、关键环节上取得实质性进展，带动嵊州文化的全面繁荣。

二、重点任务

围绕文化建设“三大体系”，注重发挥越乡特色文化优势，重点抓好以下几方面工作：

（一）扎实推进社会主义核心价值体系建设

1. 进一步加强理论武装工作

深化干部理论学习。坚持以机关干部特别是党员领导干部为重点，以党委理论学习中心组学习为龙头，深入学习马克思主义中国化的最新成果，学习现代经济、科技、文化、社会管理和法律等知识。充分发挥“市委专家讲座中心”和“创业创新论坛”等平台作用，健全学习制度，完善述学、评学、考学机制，注重理论与实践的结合，切实增强干部理论学习的针对性和实效性，不断提高党员干部创业创新的能力。

加强基层党员干部教育。充分发挥基层党校的主阵地作用，分类指导、抓好结合，深入开展思想政治理论、个人品行操守、创业素质等教育活动，着力提高基层党员干部的素质能力，树新形象，创新业绩，发挥先锋模范作用，把十七大精神和市委“创业实干、创新发展”的要求贯彻落实到基层。

开展科学理论普及宣传。面向广大干部群众，深入持久地开展中国特色社会主义理论体系普及宣传活动。充分发挥领导干部的带头作用和各级形势政策宣讲团的服务作用，深入浅出地开展宣传宣讲；积极探索媒体理论宣传的有效形式，办好“社科普及周”和“市民（农民、职工）论坛”；拓展宣传教育阵地，推进农家书社、企业党校等阵地建设，充分利用群众喜闻乐见的文艺形式，扎实推进中国特色社会主义理论体系进农村、进企业、进社区、进学校。

深入开展调查研究。健全领导干部带头调研制度，充分发挥广大理论工作者的作用，紧密结合实际，以解决重大现实问题为主攻方向，深入开展“中国特色社会主义在嵊州的实践”研讨活动，努力用科学理论来解疑释惑、统一思想、凝聚力量、指导实践、推动工作。

2. 进一步弘扬以爱国主义为核心的民族精神和以改革创新为核心的时代精神

加强爱国主义教育。以重大纪念日、民族传统节日、重要节庆活动、重大事件等为契机，开展丰富多彩的爱国主义宣传教育活动，重点围绕改革开放30周年、北京奥运会、建国60周年、建党90周年、辛亥革命100周年等组织开展重大宣传教育活动。不断加强和改进爱国主义教育基地的建设和管理，逐步实行爱国主义教育基地对全社会免费开放；充分发挥革命纪念地、历史文化遗址、风景名胜、博物馆、纪念馆的重要作用，共同推进爱国主义教育。

高扬创业创新精神。坚持以创业创新的时代精神来凝聚力量、激发活力、鼓舞斗志，大力弘扬优秀的文化传统，努力在全社会形成鼓励创业创新、宽容失败挫折的社会氛围。大力弘扬创业创新精神，使之成为建设嵊州的强大精神动力。广泛开展“诵读咏剡诗文弘扬优良传统”主题活动，进一步激发群众热爱家乡、创业创新的热情。积极探索典型宣传的新形式、新载体，大力宣传优秀党员、道德楷模、英雄人物、优秀嵊商代表、先进职业技工和民间创业者群体等体现嵊州精神的时代人物，组织开展“道德楷模”、“文明典范”、“感动嵊州”、“嵊州骄傲”等重大典型宣传活动。

3. 进一步加强思想道德建设

广泛开展公民道德实践活动。深入实施“文明共育共享工程”，广泛开展公民道德实践活动，以和谐文化引导、规范广大市民的日常行为，使核心价值体系的要求成为人们的基本准则。大力开展以职业道德和个人品德建设为重点的“四德建设”，大力推行文明规范，广泛开展“志愿星期六”、“周末公益日”等系列志愿服务活动，共聚道德力量，以道德的力量推动形成全社会的文明道德风尚，推进核心价值体系建设。继续开展道德楷模评选活动，通过在市内主流媒体开设专题专栏等形式，大力弘扬社会正气，探索建立长效机制。开展“文明相伴”系列主题活动，着力培育市民的城市意识与规则意识，实现市民素质与城市文明的同步提升，不断优化人文环境。进一步修订完善市民公约、社区公约、村规民约、职业规范、学生守则等行为准则。深入开展廉政文化建设，在全社会弘扬以廉为荣、以贪为耻的良好风尚。

不断深化未成年人思想道德建设。以优化未成年人成长环境为重点，有效整合资源，动员和凝聚社会各方力量，进一步完善学校、家庭、社区“三结合”教育网络。扎实推进未成年人思想道德建设“六大工程”，即阵地工程、培育工程、基础工程、帮护工程、净化工程与创作工程，认真实施《当前未成年人思想道德建设重点工作》，精心设计并切实抓好未成年人思想道德建设年度“十件实事”，进一步加强与改进未成年人思想道德建设。关注农村和特殊未成年人群体，切实保障孤残儿童、农村留守儿童、外来务工人员子女、城市困难家庭未成年人的权益。实施农村“春泥计划”行动。

4. 进一步深化群众性精神文明创建活动

积极争创省级示范文明城市。在巩固省级文明城市的基础上，争取在2010年创建成为省级示范文明城市。深入开展文明社区创建活动，加强社区共建，力争文明社区的全覆盖，着力提升社区公共服务水平，夯实文明城市基础。

加强农村精神文明建设。以“培育新农民、繁荣新文化、树立新风尚、共享新生活”为目标，深入开展“文明家园”创建活动，进一步加强农村精神文明建设。乡镇注重抓突破，村级注重抓示范，规划到2012年，努力创建全国文明镇1个，省级文明镇（街道）5个，绍兴市级文明镇（街道）9个；努力新创建全国级、省级和绍兴市级文明村（社区）分别为3个、13个、18个。加大农民的教育培训力度，加强对农民的形势政策、思想道德、民主法制和知识技能教育。深化"双百结对共建文明"活动，努力巩固规模、拓展领域、提升水平、扩大成果。

推进文明单位、文明行业等基层创建活动。修订完善文明单位、文明行业标准体系，提升各级文明单位、文明行业创建水平。推进文明风景旅游区创建活动。

（二）着力构建公共文化服务体系

1. 进一步丰富精神文化产品

努力提高精神文化产品的适用性。充分发挥公益性文化单位在公共文化服务中的骨干作用，面向基层、面向群众，着力提高生产能力和服务水平，积极提供适应人民群众需要的公共文化产品和服务。繁荣群众文艺创作，发挥嵊州民间文艺丰富多彩的优势，引导和鼓励文艺工作者创作更多富有地方特色和生活气息的小戏、小品、歌舞等，丰富精神文化产品供给；设立文学艺术创作奖励基金，重点扶持乡村题材和儿童题材的创作，培育乡村文学艺术创作队伍，推出一批服务"三农"和未成年人思想道德建设的优秀作品。办好广播电视对农节目栏目。

大力开展公益性文化活动。广泛动员社会力量，利用各种有效形式，组织开展丰富多彩的公益性文化活动。以"百姓周末"为载体进一步办好市区广场文化活动，以"戏迷角"为主体打造市区"文化夜市"，以"民工舞台"为平台进一步丰富外来建设者文化活动。以校园围棋教育等为抓手，进一步促进群众围棋的普及。进一步加强企业文化建设。充分利用"天乐流动影院·百姓越剧舞台"、"流动少年宫"、"流动图书馆"等载体，推进送戏剧、送文艺、送图书、送电影、送信息"文化五下乡"活动不断深入，为基层群众提供更多更优秀的精神食粮。以"农民艺术节"为主要抓手繁荣集镇和乡村文化活动。加强"种""送"结合，深入开展"种文化"活动。适时策划组织文化活动评比、竞赛、展示等，进一步激发群众的参与热情，探索文化活动的长效机制。

创新公共文化服务方式。积极探索适应社会主义市场经济要求、有效保障群众基本文化权益的公共文化服务方式。通过政府采购、项目补贴等方式，提高重要公共文化产品、重大公共文化服务项目和公益性文化活动的服务效益。加大向基层特别是低收入和特殊群体提供免费文化服务的力度，扩大重点党报党刊免费配送农村的范围。支持民办公益性文化机构的发展，鼓励民间开办博物馆、图书馆等，促进公共文化服务方式的多元化、社会化。

2. 进一步完善公共文化设施

加强公共文化基础设施建设。规划建造嵊州博物馆。易地新建嵊州越剧艺校。建成国家一级文化馆、图书馆，进一步加强文化馆综合服务功能和图书馆数字化建设。坚持"修缮一批、改造一批、建造一批"的原则，加强农村基层文化阵地建设。到2010年底，全市所有乡镇（街道）建有综合性多功能的文化活动中心，村和社区基本建有文化活动室和"农家书社"。大力推进广播电视"村村通"工程，到2010年底，全市20户以上自然村广播电视通响率达到100%。加强文化信息资源共享服务网络建设，到2010年基本实现城乡全覆盖。积极争创省级"东海明珠"和相关文化示范工程，典型引路，普及提高。

充分发挥现有文化设施的作用。着力提高各类公共文化设施的使用效率，为城乡居民提供优质高效的公共文化服务。发挥文化馆、图书馆、文化站、文化中心等公益性文化单位在提供服务、组织活动、培训骨干等方面的综合效应，辐射和带动群众性文化活动的开展。各类公共文化设施要进一步明确服务标准，创新服务方式，为城乡居民提供优质高效、普遍均等的公共文化服务。博物馆、纪念馆、爱国主义教育基地等要尽可能做到免费或优惠向社会开放。推进公共文化设施服务公示制度，在窗口接待、场所引导、资料提供以及内容讲解等方面，创造良好的服务环境，增强吸引力。

（三）致力加强越乡特色文化的建设

1. 进一步推动越剧事业繁荣发展

实施越剧人才集聚工程。不断优化越剧人才培养环境，加大对越剧人才培养和引进的政策扶持力度，通过几年的努力，培养和引进1—2名"梅花奖"或"白玉兰奖"演员和国家一级演员，若干名越剧名家或优秀的越剧新人，集聚一批优秀人才。

实施越剧精品培育工程。坚持出人出戏出精品，不断加大对越剧精品剧目的培育力度，争取在三年内创作出1—2出有全国影响的特色精品剧目，有更多的节目在省级以上赛事中获奖。

实施越剧教育建设工程。以越剧艺校易地新建为契机，对全市的越剧文化资源进行相应的整合，建成全国一流的越剧教育专业基地。建办"全国梅花奖（越剧）演员实验基地"，推动越剧工作者接受再教育，提高越剧从业人员的综合素质。

实施越剧演唱普及工程。在原来广泛开展越剧大家唱、越剧进课堂的基础上，通过建设更多的越剧角、在广播电台和电视台开设越剧专栏节目、举办"百姓越坛明星"擂台赛等途径和形式，推动群众越剧的进一步普及。

实施越剧之乡推介工程。以办好中国民间越剧节为龙头，不断提升越剧文化品牌，扩大越剧的影响力。筹拍10集人物传记片《舞台姐妹》，编印《越剧志》、《越剧研究》等书刊，办好越剧网站，进一步宣传和推介越剧与越剧之乡。

2. 进一步加强文化遗产保护和利用

建立健全文化遗产保护机制。全面完成全国第三次文物普查。进一步加强马寅初故居、崇仁村建筑群等国家、省、市文保单位和文保点的文物管理和保护工作，做好古建筑修缮与文化活动阵地的结合文章，打响嵊州文物之邦品牌。加强小黄山遗址的保护和利用，并积极申报省、国家级文保单位。加强对越剧发源地、纪念地和越剧艺术家旧居的整修和保护，建成"没有围墙的越剧博物馆"。深化非物质文化遗产保护工作，完成非物质文化遗产普查工作，争取有新的项目列入国家级非物质文化遗产保护名录。以艺术村、越剧艺校等为示范，加强各类传统文化传承基地的培育与建设，加强各类非物质文化遗产传承人的培养和保护，推进非物质文化遗产的"活态"传承。以出版大型系列丛书《人文嵊州》和深入开展"非物质文化遗产进校园"为载体，推动优秀非物质文化遗产的普及。

（四）大力推进新闻媒体建设

1. 进一步提高舆论引导能力

巩固和发展健康向上、丰富生动的主流舆论。坚持团结稳定鼓劲、正面宣传为主，推动新闻宣传工作创新，不断增强新闻宣传的吸引力和感染力。着力做强做大正面宣传，整合各种宣传资源，努力形成主流舆论强势。推进新闻发布会和新闻发言人制度建设，强化突发事件新闻处置机制建设，加强社会热点的舆论引导，做好舆论监督。完善网上舆论引导机制，牢牢掌握网上舆论引导主动权。适应当代信息传播形势和媒体竞争需要，努力构建科学有效的舆论引导机制。加快新闻媒体数字化建设步伐。拓展《今日嵊州》彩色版面；增加广播电视的专题类节目。

加强新闻宣传管理机制建设。坚持正确的舆论导向，牢牢掌握党对新闻媒体的领导权。加强对新闻的宏观管理，强化新闻阅评、出版物审读和视听评议工作，加强广播电视安全播出工作。加强行业管理，发挥新闻工作者协会及其他行业协会作用，强化社会监督和行业自律。进一步完善新闻激励机制，完善各类新闻奖评选办法。

开展新闻媒体文化惠民行动。发挥媒体的信息服务和文化服务功能，继续办好《越乡》、《追寻剡溪》等文化类的专题和专栏，进一步增强对文化建设的关注度，挖掘和宣传嵊州的特色文化，不断提高广大群众的文化鉴赏水平和文化意识，营造更加良好的文化惠民社会氛围；另一方面要在栏目设置、广告、发行等方面体现惠民意识，彰显媒体的社会责任。加强对运用互联网、手机等新兴媒体的信息和文化服务功能的研究和开发。

2. 进一步加强网络媒体建设

做强做大市级新闻网站。加强嵊州新闻网建设，努力把它打造成具有一定影响力的知名网站，进一步提高嵊州的影响力和竞争力。充分发挥"乡镇看台"作用，健全市、乡镇（街道）两级网络新闻传播体系建设。

加强网络文化产品和服务供给。引导和鼓励网络媒体重视提高原创能力，加强网络文化产品创作生产。政府网站要加大权威政务信息发布力度，成为推进政务公开、便民服务的重要网上平台；乡镇、街道要建成自己独立的网站，进一步完善政务信息发布体系。鼓励国有和民营战略投资者从事网络文化创作生产。

加强网络文化管理。深入贯彻实施市《关于进一步加强互联网管理工作的实施意见》，切实加强对商业网站的规范管理，进一步完善网络文化管理体制机制，努力构建和谐的网络舆论环境。加强行业自律，推动组建互联网行业协会，制订和实施行业自律规范，逐步倡导网络实名制。充分发挥社会监督的作用，加强网络违法和不良信息举报工作。进一步加强对新兴传播载体的规范管理，保护知识产权。

（五）全力推进文化产业发展

1. 进一步做强做大特色文化产业

演艺业。充分利用嵊州民营剧团产业的品牌，进一步加大对民营剧团的扶持、服务、管理力度，在演员培训、演员职称评定、新办剧团奖励、年度评比奖励、星级剧团评创、优秀剧团推介等方面创造更好的条件，拉长产业链，努力打造越剧之乡越剧产业集群品牌。以越剧演艺为龙头，带动全市民间吹打乐等特色民间演艺走上产业化发展的道路，做强做大整个演艺产业。

民间工艺产业。在艺术村整合和推动全市民间演艺产业发展的基础上，进一步加大对根雕、仿古家具、竹编、泥塑等民间工艺产业资源的整合力度，做好艺术村提档升级的文章，打造以根雕为龙头的嵊州民间工艺产业品牌。加大对戏剧服装等特色民间工艺产业的扶持力度，打造嵊州民间工艺产业的集群品牌。

文化旅游业。以深厚的历史文化积淀为基础，以越剧等特色文化资源为要素，加强文化与旅游的结合，大力发展文化经济。

2. 积极筹建"文化创意产业园"

深刻把握当前创意经济引领文化产业发展的基本趋势，把创意产业作为我市今后文化产业的发展方向，积极筹建"文化创意产业园"，合理规划产业布局，对现有的民间演艺、民间工艺等特色文化产业进行整合，并大力培育网络产业，整合传媒产业，带动其他相关产业，提高文化产业规模化、集约化、专业化水平。改造提升传统文化产业，推动信息产业与文化产业的融合。积极发展专、精、特、新中小文化企业，开发独特文化资源，使嵊州的文化产业在"创意"的引领下实现二次创业与提升，进而推动全市文化产业的不断发展与繁荣。

（六）继续加强精品创作和人才培育

1. 进一步加强各类文化精品的创作生产和普及

深入实施文化精品工程，精心组织主题创作活动，打造一批体现优秀历史文化、反映时代精神、具有一流水准的文化精品力作。科学制订文化精品创作生产规划，进一步加强对全市文化精品创作的规划指导和管理，建立健全精品创作生产的组织化和市场化机制，加大精品创作的扶持和激励力度，充分调动作家艺术家的积极性和创造性。鼓励和引导文艺工作者深入生活、深入实践，形成一批优秀创作团队。进一步推进文化精品的普及展示，让更多的文化精品走近普通群众，走近民众生活，提高全社会的文化鉴赏水平，满足广大群众多层次多样化的精神文化需求。

2. 进一步加强文化人才队伍建设

提高文化队伍的综合素质。适应新的形势和要求，切实加强宣传文化队伍建设，努力培养一支政治可靠、业务精通、作风过硬、纪律严明的高素质队伍。加强宣传文化系统领导班子建设，着力增强政治意识、大局意识和责任意识，加强教育培训，优化班子结构，重视抓好优秀年轻干部的培养选拔，提高领导干部驾驭新形势下思想文化领域复杂局面的能力。加强宣传文化干部队伍建设，深化"三项学习教育活动"，鼓励广大干部深入实际、深入群众、深入生活，加强专业能力培养，提高做好新形势下文化工作的能力。重视基层宣传文化工作者队伍建设，加强对乡镇宣传干部、基层文化队伍特别是农村文化队伍的教育培训。

完善人才队伍建设机制。建立健全人才培养选拔机制，创新培养方式，通过高校联合办学、定向培养、在职进修培训、实践锻炼等多种途径，培养高层次文化人才。接轨省、市“五个一批”人才建设，实施动态管理，造就一批文化名人。积极实施人才培养梯度计划，加强后备人才的培训，努力形成后继有人、新人不断涌现的局面。继续实施文化骨干队伍“六千”计划，即培养和发展千名戏曲骨干、千名吹打乐骨干、千名书画骨干、千名民间工艺骨干、千名文学骨干和千名音乐舞蹈骨干，进一步发挥文化骨干对丰富发展越乡文化的推动作用。建立人才联系、宣传工作机制，大力宣传文化领域领军人物、优秀专业技术人才、经营管理人才及其成果。

注重特色文化人才的培养。着眼于进一步发挥我市文化的特色和优势，注重对各类民间工艺人才的培养和扶持。为国家级大师建造专门的创作研究室甚至作品陈列室，为各级大师参加学习培训提供相应的经费补助，并从传承技艺、舆论宣传等各方面为他们创造良好的发展环境，鼓励更多的民间艺人成为艺术大师，推动我市民间工艺的不断繁荣。进一步拓展艺术村功能，使之同时成为一个民间工艺人才的集聚和培养基地。

推动文化志愿者队伍建设。充分发挥工会、共青团、妇联、文联、作协等人民团体的组织引导作用，广泛开展文化志愿者活动，鼓励离退休文艺工作者、艺术院校学生和其他热心公益事业的各界人士为社区、农村和企业提供志愿文化服务。构建市、乡、村三级文化志愿服务网络体系，组建嵊州市文化志愿者服务总团。加强对文化志愿服务者的培训，着力提高文化志愿服务水平，对优秀的文化志愿服务者予以表彰和奖励。

(七)全面加强对文化领域的管理

加强对文化发展的方向、总量、结构和质量的宏观调控，推进文化管理工作的科学化、制度化、规范化。坚持理论工作例会制度，建立健全思想理论领域情况反馈机制，完善理论宣传阅评制度，认真落实民间论坛、民营文化服务机构和涉外合作等管理规定。巩固和完善文化市场综合执法改革成果，建立健全文化市场应急机制、文化场所和文化活动的安全监管机制等，加强综合执法队伍建设，切实加强文化市场监管。确保文物管理安全。进一步加强“扫黄打非”工作，净化文化市场，保护知识产权。建立和完善文化市场准入和退出机制，严格市场主体资质审查，促进形成依法经营、违法必究、公平交易、诚实守信的市场秩序。

三、保障措施

(一)加强领导

切实加强党对文化工作的领导，牢牢掌握和认真履行党对重大事项的决策权，对资产配置的控制权，对宣传业务的审核权，对主要领导干部的任免权。党委、政府要把文化建设纳入经济社会发展总体规划，摆上重要议事日程。建立文化建设工作责任制，把文化建设作为评价地区发展水平、衡量发展质量和领导干部考核的重要内容，纳入党委、政府目标考核体系之中。研究制定全市文化建设目标考核测评体系，建立公共文化服务体系建设和考评标准，完善文化产业统计指标体系，强化督促检查。市越乡文化名市建设领导小组加强对文化工作的领导和统筹。市委宣传部门要充分发挥协调指导作用。文化行政部门要加快转变职能，抓好政策调节、市场监管、社会管理和公共服务。政府相关部门要积极支持、密切配合。工青妇等群团组织和群众性文化团体要积极组织开展丰富多彩的群众文化活动。鼓励和动员全社会力量参与文化建设，形成共同推进文化建设的新格局。

(二)完善政策

加大文化建设投入。进一步加大公共财政对文化事业的投入力度，建立稳定的投入增长机制。各级财政要加大对文化建设的投入，其中市级财政投入的增幅应不低于本级财政经常性收入的增幅，宣传文化事业发展基金和文化事业建设费年度预算应逐年增加。建立完善对公共文化事业财政投入的绩效评估机制，推行公共文化活动项目的立项、申报、评估以及公开招标和政府采购制度，优化投入结构，提高投入效率。进一步加大财政投入向基层农村的倾斜力度，促进城乡和区域文化统筹协调发展。

完善文化建设政策保障。认真落实国家、省、绍兴市和我市现有的文化发展政策，进一步完善相关配套政策。深化文化体制改革，建立完善国有资产处置、人员分流安置、社会保障、劳动分配等政策。围绕文化产业发展，完善文化市场准入、财政支持、税收优惠、工商管理、投融资、人才建设等方面政策措施，鼓励个人、企业、外资、社会团体进入国家政策未禁止的文化领域。进一步落实民营文化企业在工商登记、项目审批、土地征用、规费减免、财政扶持、投融资以及从业人员职称评定等方面与国有文化企业的同等待遇。完善国有文化资产管理政策，推动国有资产的合理配置和有效使用，实现国有资产的保值增值。完善文化发展宏观调控政策，充分运用财政、税收、价格、信贷等经济杠杆，大力扶持文化事业和文化产业发展。

(三)深化改革

推进公益性和经营性文化单位改革。进一步加快公益性文化事业单位改革步伐，深化公益性文化事业单位人事制度改革，全面推行人员聘用制。建立健全符合公益性文化事业单位特点，人员能进能出，职务和待遇能高能低，充满生机和活力的人事管理新机制。逐步推动经营性国有文化事业单位转企改制，根据上级总体安排，按照试点先行、稳步推进的原则，积极稳妥地推动经营性国有文化事业单位转企改制。

完善文化管理体制。适应文化发展形势要求，逐步建立党委领导、政府管理、行业自律、企事业单位依法运营的文化管理体制。进一步完善文化市场综合执法改革，文化广电新闻出版行政管理部门机构改革，推进政企分开、政资分开、政事分开、政府与市场中介组织分开，强化政策调节、市场监管、社会管理和公共服务职能。

附：文化建设及重点工程项目专栏(略)

中共嵊州市委
嵊州市人民政府
二〇〇八年八月五日

中共金华市委　金华市人民政府关于推进和谐社区建设的意见

（2008年8月21日）

市委〔2008〕29号

为深入贯彻落实党的十七大精神，切实做好新形势下社区建设工作，促进社会主义和谐社会建设，根据《中共浙江省委浙江省人民政府关于推进和谐社区建设的意见》（浙委〔2007〕64号）精神，结合我市实际，现就推进和谐社区建设提出如下意见。

一、建设和谐社区的重要意义

社区是社会的细胞，社区和谐是社会和谐的基础。推进和谐社区建设，是发展基层民主、巩固党的执政基础的重要举措，是加强社会管理、维护社会稳定的客观需要，是完善社区服务、提高群众生活品质的内在要求，是事关经济社会发展、构建和谐社会的重要内容。

近年来，随着经济社会发展，我市社区建设工作取得了长足进步：社区体制和运行机制改革稳步推进，社区基础设施明显改善，社区组织建设显著加强，社区服务功能不断增强。但是，社区建设工作中还存在发展不够平衡、体制机制不够完善、管理服务不够到位等问题，社区建设整体水平有待进一步提高。各地各部门要从构建社会主义和谐社会的战略高度，充分认识建设和谐社区的重要意义，切实增强工作责任感、使命感和紧迫感，加强领导，积极探索，创造特色，着力推进我市社区建设工作再上新台阶，为构建和谐社会奠定坚实基础。

二、建设和谐社区的指导思想、基本原则和总体目标

（一）指导思想

建设和谐社区的指导思想：坚持以邓小平理论和“三个代表”重要思想为指导，全面贯彻落实科学发展观，按照构建社会主义和谐社会的部署和要求，以社区党建工作为核心，以居民自治为导向，以社区服务为重点，以社区文化为载体，以社区稳定为基础，以社区居民满意为标准，积极探索创新基层社会管理和公共服务的体制机制，使社区在提高居民生活水平和生活质量上发挥服务作用，在密切党群、干群关系上发挥桥梁作用，在创造安居乐业良好环境上发挥促进作用。

（二）基本原则

建设和谐社区的基本原则：以人为本、党政主导、居民主体、共驻共建、整体推进、注重实效。

（三）总体目标

建设和谐社区的总体目标：居民自治、管理有序、服务完善、治安良好、环境优美、文明祥和。

围绕上述目标任务，按照梯次推进、以点带面、辐射延伸、巩固提高的工作思路，大力开展和谐社区创建活动，争取到2010年底，全市城市社区基本实现和谐社区创建目标。

三、建设和谐社区的工作重点

（一）加强社区党建工作，发挥党组织的领导核心作用

1. 构建社区党建工作新格局。进一步深化完善街道社区党建成员代表会议制度和社区党员代表会议制度，充分发挥街道党委（党工委）、社区党组织在辖区内社会性、群众性、公益性工作中的主导作用，构建条块结合、资源共享、优势互补、共驻共建的社区党建工作新格局。

2. 扩大党的工作在社区的覆盖面。建立健全社区党组织，确保实现“一社区一支部（总支、党委）”。不断加大在社区新经济组织、新社会组织中建立党组织的工作力度，积极推进具备条件的楼道创建党支部，做到哪里有群众哪里就有党的工作，哪里有党员哪里就有党的组织。

3. 加强社区党组织的自身建设。通过公开选拔、竞争上岗等方式，选好配强社区党组织领导班子。按照“有一定面积的党组织活动场所、有党员干部的远程教育站点、有规范的室内布置、有规范的活动制度、有规范的活动记录”等“五个有”的要求，扎实开展社区党组织活动场所规范化建设活动。深化在职党员单位、社区联动管理制度，充分发挥在职党员在社区建设中的表率作用。

4. 提升社区党建工作整体水平。在保持社区工作特色的基础上，不断推进社区党建工作的观念创新、机制创新和方式方法创新。积极探索功能型党组织建设，按照党员特长、兴趣爱好等划分党支部或党小组。按照“有活动场所、有远程教育站点、有服务热线电话、有专职工作人员、有党务公开栏、有接待窗口或服务台”等“六个有”的要求，建立街道党员服务中心，并逐步向有条件的社区延伸。建立党员服务站点，为社区党员特别是退休人员、下岗失业人员、外来人员中的党员提供更高效的管理和服务。

5. 扎实开展城市社区党建工作示范创建活动。按照“领导班子好、党员队伍好、工作机制好、工作业绩好、群众反映好”等“五个好”的社区党建工作目标，扎实开展“城市党建工作示范社区”和“城市党建工作示范点”创建活动，通过逐级建点，努力形成城市社区党建工作示范群。

（二）完善社区居民自治，加强居民自治制度建设

1. 健全社区居民自治的组织体系。建立健全社区居民（代表）会议、社区居民委员会和社区公益性民间组织。优化社区居民代表会议结构，社区居民代表从居民、驻社区单位、社区党组织及各类自治组织和民间组织中按一定比例推选产生，共同研究决定社区治理的重大事项。加强社区居民委员会组织建设，努力提高社区自治能力。社区

居民委员会要履行好指导、协调、服务、监督职能，进一步加强对社区民间组织、志愿者组织、业主组织、物业管理组织和其他社区组织的综合管理，建立完善社区居民委员会统一协调，社区内各类群众组织自主开展活动的工作机制。

2. 健全社区居民自治的制度体系。不断完善社区民主选举、民主决策、民主管理和民主监督制度，扩大居民有序的政治参与。指导制定社区居民自治规范、社区居民代表会议议事规则和决策程序，推进民主选举和民主决策的制度化、规范化、程序化。建立健全民主议事协商制度，广泛建立民情恳谈会、事务协调会、工作听证会等制度，推动社区居民参与民主自治的制度化。完善社区居务公开制度，各县(市、区)政府要结合实际，对社区居务公开的形式、时间、内容、程序等进行统一规范，保证居民群众的知情权、参与权和监督权。建立完善民主评议制度，每年定期组织居民对社区居民委员会的绩效、街道(乡镇)为社区提供公共服务情况等进行评议，评议和考核结果在社区公开。

3. 大力培育发展社区民间组织。积极培育发展公益性、服务性的社会团体和民办非企业单位，鼓励居民群众积极参与社区民间组织，在各类组织中开展丰富多彩的社会活动和互助活动，满足社区居民多方面的物质需求和精神需求。

(三)加强和改进社区服务，提高居民生活质量

1. 完善社区公共服务体系。以政府投入为主，多渠道筹措资金，加快街道(乡镇)社区服务中心和社区服务场所建设，完善社区基础设施，增强社区服务管理能力。社区居民委员会要充分发挥自身优势，为居民提供社会保障、社会救助、社区卫生、社区安全、社区教育、社区文化等公共服务。积极探索政府向社会组织购买服务，扩大公共服务的供给，提高服务质量。力争到2010年，全市每个街道基本拥有一个综合性的社区服务中心，每万名城镇居民拥有四个社区服务站(点)。

2. 建立社区自我服务体系。以相互关爱、服务居民为主题，建立健全社区志愿服务组织和激励机制，推行社区志愿者注册登记制度，壮大社区志愿者队伍，力争到2008年底，注册志愿者人数占建成区常住人口总数的8%以上。创新志愿服务形式，提高服务水平。适应老龄化社会要求，开展社区居家养老服务，建设托老所或老年人俱乐部，让老年人老有所助、老有所帮、老有所乐、安度晚年。

3. 发展经营性社区服务。加强规划，优化布局，扶持发展市场化的社区便民利民服务和物业管理服务。鼓励和引导驻社区单位的服务设施通过优惠的方式向社区居民开放。

4. 提高社区服务信息化水平。大力推进社区信息化建设，加强对社区服务信息平台的整合、升级，构建社区服务信息网络，着力做强"96345"社区服务中心。整合民政、劳动保障、公安、城管、卫生、人口计生等部门在社区的信息资源以及各类服务热线，逐步形成"资源共享、协同服务、便民利民、安全可控"的社区服务信息化发展格局。力争到2010年70%以上的城市社区具备一定的现代信息技术服务手段，满足社区居民多样化的服务需求。

5. 开展社区共驻共建活动。驻社区单位应大力支持社区居民委员会工作，鼓励和引导本单位职工积极参与社区建设。社区内的机关、团体、企事业单位应充分利用单位内部设施资源，参与社区共建活动，并积极创造条件对社区开放，实现资源共享。

(四)维护社区稳定，促进社会安定和谐

1. 深入开展"平安社区"创建活动。建立健全社区综治警务室，积极构筑以社区民警为主导，社区治保组织和物业保安为依托，社区居民积极参与的群防群治防控网络。注重公共安全服务设施的规划和整合，加大社区电子监控、红外线报警等设施建设力度，构筑人防、物防、技防相结合的社区安全防范机制和防控网络，提升社区安全防范能力。

2. 完善矛盾调处工作机制，加强普法教育。以"小事不出社区，大事不出街道"为目标，畅通社情民意反映渠道，强化以情报信息为主导的预警机制，及时了解居民群众的所思、所盼、所求和生产生活中遇到的困难。积极开展社区矛盾纠纷调解工作，使社区内部矛盾得到及时、正确的处理。加强对重点人群的教育、服务和管理，推进社区矫正、禁黄、禁赌、禁毒和禁止非法传销等工作。深入开展普法宣传和法制教育，引导居民以理性合法的形式表达利益诉求，关心青少年思想道德教育，积极开展"未成年人零犯罪社区"和"民主法治社区"创建活动。

3. 加强流动人口服务和管理。按照"公平对待、合理引导、完善管理、搞好服务"的原则，为流动人口的生活与就业创造良好的环境和条件，保障流动人口的合法权利，促进流动人口同当地居民和睦相处。

(五)繁荣社区文化，促进社会文明进步

1. 推进社区文明创建活动。以倡导文明新风、满足文化需求、普及科学精神、融洽人际关系为目标，扎实推进文明社区、文明楼院创建工作。倡导终身学习的理念，广泛开展"社区图书室援建和社区读书"活动。整合教育资源，挖掘资源潜力，积极发展各类社区学校，开展形式多样的社区学习教育活动，提高居民文化素质和自我治理能力。

2. 丰富社区文化活动内涵。充分利用社区文化站(室)、社区学校、社区活动室、社区广场的文化体育活动设施，积极开展丰富多彩、健康有益的文化、体育、科普、教育、娱乐等活动。建立社区居委会群众业余文化、体育活动辅导员队伍。倡导科学文明健康的生活方式，努力培育各具特色的社区文化、社区精神，努力增强社区居民对社区的归属感和认同感。

(六)改善人居环境，促进人与自然和谐发展

1. 加强社区环境综合整治。完善社区环境保护管理制度，进一步做好垃圾处理、噪声污染治理和节水、节电等工作，着力整治社区乱建房、乱停车、乱发乱贴小广告等行为，维护社区环境整洁有序。

2. 开展社区环保宣传教育和爱国卫生运动。积极引导居民树立绿色消费理念，动员和组织居民参加义务植树、种草、护绿、义务打扫环境卫生等劳动，共同建设绿色、健康、文明的生态型社区。

四、建设和谐社区的保障措施

(一)健全工作体制。各县(市、区)要建立健全党委和政府统一领导、民政部门牵头协调、有关部门共同参与的社区工作领导体制和工作机制,加强对和谐社区建设工作的规划指导、综合协调和督促检查。理顺党政职能部门与社区组织的关系,适应新形势要求,改进对社区居民委员会的工作指导。重视解决社区居民委员会负担过重的问题,党政职能部门及社会团体不得将应由自身承担的行政性工作摊派给社区组织。确需社区居民委员会协助完成的行政工作和群团工作任务,须经同级社区工作(建设)协调(领导)小组办公室批准,并实行"权随责走,费随事转",明确社区居民委员会相应的工作权限和工作经费。

(二)加强社区建设规划。加强社区建设的总体规划,把社区建设纳入国民经济和社会发展规划,实现社区建设与经济社会同步发展。加强社区建设的布局规划,把社区建设纳入城市总体规划。按照有利于居民自治、便利群众生活的原则,科学设置社区,合理确定规模,城市社区原则上按照3000户左右的规模设置。围绕社会主义新农村建设,巩固"百村示范、千村整治"成果,从城镇、中心集镇和城乡一体化进程较快的农村起步,推进农村新社区建设,促进基础设施向农村社区延伸、公共服务向农村社区覆盖、现代文明向农村社区辐射。积极开展城乡社区结对共建活动,城市社区要积极组织送法、送文化下乡和志愿者下乡服务等活动,丰富农村社区居民的精神文化生活;农村社区要开展进城学管理、学技术、学市场等活动,通过城乡社区的结对联谊,促进城乡社会的和谐发展。

(三)加强社区组织阵地建设。重视社区工作服务用房建设。新建社区和旧城区改建社区,原则上每个社区工作服务用房总面积按不少于350平方米配置;规模在2000户以上的社区,要按照每百户不低于20平方米的标准配置。市、县两级建设、规划、国土资源等部门要加强对项目规划、用地、建设和竣工验收等环节的监督,所在街道办事处应参与工程验收,确保社区工作服务用房与小区建设(旧城改造)同步规划、同步设计、同步检查验收、同步投入使用。对工作服务用房没有达到350平方米的社区,要制订措施,分期分批予以解决。2008年要确保全市75%以上的社区工作服务用房不低于350平方米,力争到2010年,全市社区工作服务用房面积基本达到350平方米以上。

(四)加强社区工作者队伍建设。规范社区工作者岗位选人用人机制。完善社区党组织和社区居民委员会选举办法和操作规程,积极推进社区党组织"两推一选"和社区居民委员会直接选举,提倡社区党组织书记和居民委员会主任"一肩挑",社区专职党组织成员和居民委员会成员"交叉任职"。每个社区的专职社区工作者应不少于5人,规模在2000户以上的社区按每400户配备1人,分工负责社区党务、社会保障、治安调解、妇女儿童保护、文体卫生等工作;暂住人口较多的应按暂住人口每2000人增配1人。被选任或招聘为社区专职工作者的人员,应按《劳动法》的有关规定签订劳动合同。切实解决好社区工作者的工资福利待遇和各项社会保险待遇,确保其年收入不低于当地上一年的职工平均工资(含规模以上私营单位)水平,并参照企业有关标准享受养老、失业、工伤、生育、医疗(大病统筹)五项社会保险待遇和住房公积金。加强对社区工作者的教育培训,鼓励社区工作者参加在职学历教育。积极引导和鼓励高校毕业生到社区工作。注重培养选拔社区工作者中的优秀人才进街道(乡镇)领导班子。

(五)加大公共财政对社区建设的投入。各级党委、政府要从实际出发,因地制宜,加大对社区建设经费的投入,确保逐年增加。市区范围内的社区工作经费2008年要达到每百户6000元的标准(市、区财政各承担50%,下同),2010年力争达到每百户8000元的标准。各县(市)要参照市区标准,2008年按照每百户不低于6000元的标准下拨社区工作经费,并切实保障社区工作经费逐年稳步增长。外来暂住人口比例较高的社区,应核拨相应的工作经费。

(六)加强督促检查和典型示范。各级党委、政府要加强对社区建设的分类指导和督促检查,狠抓工作落实,并注重总结宣传和谐社区建设中的典型经验,推动全市和谐社区建设不断取得新成效。

中共武义县委　武义县人民政府
关于印发《武义县文化研究工程实施意见》(试行)的通知

县委〔2008〕22号

各乡镇、街道,县直属各单位:

《武义县文化研究工程实施意见》已经县委、县政府同意,现印发给你们,请结合实际,认真贯彻执行。

中共武义县委

武义县人民政府

二〇〇八年四月二十九日

武义县文化研究工程实施意见(试行)

为进一步搜集、挖掘、整理武义的文化资源，加强对我县文化资源的保护、开发和利用，提升我县文化建设水平，促进我县文化资源优势向县域经济发展优势转化，为我县经济社会和谐发展服务，制定本方案。

一、指导思想

坚持以邓小平理论和“三个代表”重要思想为指导，深入贯彻落实科学发展观，坚持先进文化的前进方向，以武义改革开放与现代化建设中的重大理论、现实课题和历史文化为研究重点，广泛发动社会各界力量，以历史、现实、未来相统一的高度，梳理文明的传承脉络，挖掘丰富的文化底蕴，总结武义人民的生动实践，丰富与时俱进的武义人文精神，探索武义未来的发展，推出一批史料翔实，评价准确，在研究武义和宣传武义方面有较高学术水准、较大社会影响的系列研究成果，为加快实施“三大工作主题，四大发展战略”提供强大的精神动力和文化支撑，推进我县文化大发展大繁荣。

二、基本原则和工作目标

坚持马克思主义在研究工程中的指导地位，围绕发展这个主题，充分发挥县内外文化研究爱好者的积极性和有关部门的研究资源优势，充分利用省内外专家学者的智力资源，对武义文化进行有计划、有步骤、全面系统地解读和研究，形成一批具有影响力的研究成果。研究成果将以《武义文化丛书——××系列》形式，统一装帧设计，并择优汇编成套。已经出版的相关研究成果经过修改完善，可再版纳入工程系列，已经启动尚未全部完成的项目成果也尽可能选择精品纳入工程系列。研究工程的成果还可表现为各类多媒体产品和文化艺术、理论学术、新闻宣传类精品力作。工程从2008年开始启动，计划通过若干年的努力，推出一批有较高学术水准较高社会影响力的作品，促进我县文化大发展大繁荣。

三、基本内容

1. 武义发展成就。主要是深入研究总结我县改革开放30年来取得的巨大成就，科学解读县委县政府在推进科学发展进程中所做出的重大决策以及武义人民成功走出的创新发展新路。

2. 武义名人文化。对在武义历史上产生重大影响的武义籍名人生平、思想、业绩等进行系统研究，撰写出版名人传记，编辑出版名人作品文集等。

3. 武义旅游文化。以武义丰富独特的旅游资源为主要研究内容，撰写出版关于我县特色旅游文化的系列丛书。

4. 武义村落文化。以武义独特的村落文化为主要研究内容，撰写出版探寻、解读深邃的武义村落文化的系列丛书。

5. 武义风物文化。以我县丰富的物产资源、独特精致的饮食文化为主要内容，撰写出版系列丛书。

6. 武义历史遗产文化。以我县历史文化遗存(可分为非物质文化遗产和文物两大类)为主要研究内容，撰写出版系列丛书。

7. 武义革命文化。以我县历史上风起云涌的革命历史事件和彪炳千秋革命志士为主要研究内容，撰写出版系列丛书。

8. 武义历史文献。收集整理出版武义经济、政治、文化、社会等方面的重要史料文献，如反映社会、文化、人物、地理、水利、宗教的地方志。

9. 武义当代文化整理。整理出版我县文学、美术、书法、诗歌、篆刻、摄影等文集。

以上研究目录经广泛征求有关方面意见后在武义新闻网上以专页形式刊登，供申报参考。

四、运作方式

(一)正式出版发行类成果

1. 组织申报。任何有研究能力的单位、个人都可向文化研究工程办公室提出申请。每年申报一次，4月底前完成。申报时需提供详细的申报材料。

2. 审查立项。专家评审团按照一定程序对申报材料进行认真的资格审查和项目评估审查，确定拟立项意见，并从中择优拟定年度重点研究课题，经指导委员会审定后向社会公布。立项时，办公室与项目研究牵头人签订项目研究协议书，正式确定合作关系。

3. 成果鉴定和经费拨付。项目研究牵头人应在规定期限内将研究成果(出版前样稿，其它各类多媒体产品表现为光碟)提交办公室，经专家评审团审读、指导委员会认定后方可付印。被确定为重点研究课题的，成果审读通过后视成果情况给予一定的工作经费补助，按要求完成成果交付册数后再给予奖励。对招投标确定的项目按协议规定执行。对已立项但未列入重点研究课题的，在按要求完成成果交付册数后给予一定的经费奖励。对事先未申报或未立项的课题不予补助，但对出版发行的文艺类个人作品专辑或获得市级以上文化精品奖的，酌情给予补助。

4. 奖励。办公室将定期举行优秀研究成果评奖，重点研究课题将优先列入潘漠华文艺奖评奖对象参与评奖，并优先推荐上报省、市参与文化精品评奖。对在工程实施中作出重大贡献的单位和个人，予以适当奖励。

(二)单件获奖作品

为鼓励多出精品，工程办公室对在金华市、浙江省、全国社科联、专业协会独立举办的大赛(市赛、省赛、国赛)中获奖的各类理论学术、文化艺术、新闻宣传类作品给予奖励。被入选为中央、省委宣传部“五个一工程”奖的给予相应奖励。

获奖作者(单位)应及时向工程办公室提交奖励申请。申请工作每年一次，4月底前结束。申请时需提供表彰文件和获奖证书(原件、复印件各一份)、获奖作品复印件一份，经专家评审团审核，指导委员会认可后拨付奖金。

五、组织领导和经费保障

1. 建立组织，加强领导。文化研究工程是我县文化大县建设的重要载体之一，是总结武义人民的生动实践，提升武义文化“软实力”的系统工程，县委决定成立由县委书记任主任，县委副书记、常委宣传部长和分管副县长以及人大、政协分管领导担任副主任，有关部门为成员单位的武义县文化研究工程指导委员会，下设办公室（设县委宣传部），办公室主任由宣传部长兼任。

2. 整合资源，形成合力。武义文化研究工程涉及多领域、多学科，学术性、专业性强，要注重利用县内外专家学者、有关部门的智力资源，充分发挥他们的研究优势，合力推进工程实施。聘请县内外有关专家学者组成专家库，按课题内容从专家库中抽取一定数量的专家学者组成专家评审团，负责研究课题的审查立项、成果评估鉴定工作，确保工程高质量完成。

3. 科学规划，落实经费。武义文化研究工程工作量大，历时长，工程办公室要根据目标科学规划，做到年年有项目，年年有成果。各级党委、政府要高度重视，给予重点支持。县财政每年要安排100万元资金，重点保证我县文化研究工程重点项目的扶持和优秀成果的奖励，各研究单位也要安排相应的配套经费，确保我县文化研究工程顺利实施。

中共江山市委　江山市人民政府
关于进一步夯实基层基础　促进和谐江山建设的若干意见（试行）

市委发〔2008〕1号

为深入贯彻党的十七大、省第十二次党代会、衢州市委五届六次全会和市委十二届五次全会精神，进一步促进各级领导干部重心下移，加强基层组织建设，健全基层工作网络，完善各项工作机制，提升社会建设和社会管理水平，从根本上推动科学发展、和谐发展，经市委、市政府研究，现就进一步夯实基层基础、促进和谐江山建设提出如下意见：

一、充分认识夯实基层基础、促进和谐江山建设的重要意义

1. 近年来，我市在加快经济发展的同时，高度重视加强基层基础工作，维护社会稳定，初步奠定了建设和谐江山的扎实基础。在新的发展时期，进一步夯实基层基础、促进社会建设和社会管理，是贯彻落实党的十七大精神的战略所需，是解决我市现阶段发展问题的现实所求，是当前社会和谐稳定的形势所迫，是广大群众改善民生、提高福祉的民心所向。我们要通过促进干部重心下移，加强基层基础工作，加快推进社会建设，健全社会管理体制，维护社会安定和谐，把党的十七大精神落到实处；着力解决我市在特定发展阶段遇到的突出矛盾和问题，改变被动应付局面，为推动又好又快发展创造更好环境，提供更强保障；把维稳工作作为发展的第一前提、履职的第一责任、考核的第一要求，切实维护社会和谐稳定；高度关注群众需求，发展社会事业，着力改善民生，充分激发一切社会主体的创业创新热情，努力形成社会和谐人人有责、和谐社会人人共享的生动局面。

二、夯实基层基础、促进和谐江山建设的总体目标要求

2. 夯实基层基础、促进和谐江山建设的总体要求是：坚持以“三个代表”重要思想和科学发展观为指导，深入贯彻落实党的十七大、省十二次党代会、衢州市委五届六次全会和市委十二届五次全会精神，以落实乡镇化解矛盾纠纷、维护安全和谐、保障民生事业、强化基层组织、推动增收发展等基本职能回归为重点，完善工作机制，促进乡镇机关干部更好地重心下移、服务基层、致富百姓；以规划调优村级规模、选优配强村两委班子、完善配套组织及三支队伍、落实工作职责及考核办法、发展村集体经济、健全民主管理制度等内容为重点，完善村级组织各项保障机制；以深化落实好“一中心、二员、三室”建设为重点，完善乡、村两级更为有效的维稳配套机制，为扎实推进“三大战略”、实现“三大目标”提供有力保障。

3. 夯实基层基础、促进和谐江山建设的主要目标是：从2007年下半年开始，以2008年为重点，通过一个时期的扎实努力，全面建立起一套完整的基层工作网络和长效工作机制，逐步提升基层基础工作的机制化、规范化、专业化水平，基本实现“群众日常办事不出乡（村），矛盾纠纷调解不出乡（村），上访问题解决不出乡（村）”，促进全市经济更加发展，保持又好又快发展态势，经济增长速度、效益和质量高于全省平均水平和周边地区；政治更加稳定，基层组织战斗力不断增强，村（社区）自治水平不断提高，杜绝影响恶劣的赴省进京异常信访、恶性信访事件、重大政治事件、群体性事件和重大安全生产事件；社会更加和谐，民事纠纷在基层能得到及时调处，刑事发案率增幅控制在10%以内，社会治安状况良好，群众安全感满意率排在全省前列；人民生活更加安康，城乡居民收入较快增长，民生保障事业不断改善，人居环境继续优化，生态建设为全省多作贡献。到2020年，努力把我市建成全省社会和谐程度较高的先进县（市）。

三、促进干部重心下移，提升乡镇基本职能

4. 强化基本职能，科学设置机构岗位。围绕化解矛盾纠纷、维护安全和谐、保障民生事业、强化基层组织、推动增收发展等乡镇（街道）基本职能，按需设岗，人尽其才。在原有规定设置“四办两中心”的大框架内，按照实事求是和因地制宜的原则，结合乡镇（街道）不同的区位特点、工作重点和发展方向，赋予乡镇(街道)创新工作机制和用人机制的自主权，由乡镇(街道)自主科学规范设置办公室、中心、农村工作片等工作岗位，到一定时期时市里再作统一规范。在科学设置机构岗位的基础上，加强乡镇(街道)干部的正常交流，根据乡镇(街道)岗位人员的余缺情况，由乡镇(街道)提出意见，报组织人事部门按有关程序作适当调整。

5. 关注民生事业，提高保障救助水平。强化乡镇(街道)的民生服务职责，落实责任措施，扎实推进民生工程建设。积极落实城乡就学工程，配合实施好《全市教育布局调整专项规划》，支持做好本乡镇(街道)范围内的教育项目建设。积极落实医疗保障工程，加快建设乡镇(街道)的社区公共卫生服务中心，健全突发公共卫生事件信息报告、预警预测、应急处置等体系，完善城乡医疗"五项保障制度"，做好新型农村合作医疗、城镇居民合作医疗等的参保动员缴费等工作。积极落实城乡就业再就业工程，认真做好农村劳动力培训转移就业工作，确保完成劳动力培训任务和转移就业任务。积极落实社保扩面工程，负责做好本乡镇企业退休人员社会化管理工作和被征地人员基本生活保障(补助)工作。继续落实好城乡社会救助工程，负责抓好低保提标扩面工作，加强低保对象动态管理，按时足额发放低保经费；做好农村困难群众住房救助工作；确保五保老人集中供养良性、长效运转。扎实抓好人口与计生工作，认真落实人口和计划生育目标管理责任制考核。此外，积极负责抓好为民办实事、生态环境建设、城乡文明创建等民生事业，让群众得到更多更好的实惠。

6. 加强激励导向，推进竞争上岗双向选择。规范中层干部竞争上岗制度。乡镇(街道)机关的内设机构、事业单位主要负责人原则上由领导班子成员兼任，乡镇(街道)中层干部的任用，原则上实行竞争上岗。乡镇(街道)各办公室、中心、农村工作片等内设机构的副职，可由一般干部竞争上岗担任，激发干部干事激情，其他一般工作人员可采取双向选择的办法确定岗位。鼓励和引导干部选择到基层基础工作中复杂艰难的岗位上工作。允许乡镇(街道)机关、事业单位工作人员工作安排时混岗使用，混岗人员原有身份保持不变。推行乡镇干部双向选择驻村制度，由乡镇干部、各村党支部和村委会双向选择，乡镇党委结合实际工作需要确定驻村安排。

7. 推行分片包村，促进干部深入基层。重点推行五项制度：一是乡镇(街道)干部分片包村(社区)"五五"制度，即认真落实"五个一"：一张联心卡、一部民心电话、一批民意信箱、一支民情联络员、一个督查办公室；细致填写"五张单"：农户民情单、矛盾调处单、工作进展单、团队分析单和发展建议单，规定每周 2 天以上驻村调研、办公，进一步密切干群之间的血肉联系。二是乡、村干部民情沟通日制度，全市统一每月 15 日，由各乡镇(街道)联(驻)村干部、农村工作指导员，会同村两委干部，集中开展民情沟通日活动，召集村里的党代表、人大代表、政协委员、村民代表、产业大户、离退休干部、贫困户、老上访户等民情恳谈会或个别恳谈会，收集民情民意，进行集中办公，开展便民服务，研究解决热点难点问题，并建好民情分析台帐资料。三是定期蹲点调研制度，乡镇(街道)领导班子成员要根据本乡镇(街道)实际，每人至少联系一个村、一个产业(企业)和一些群众关注的热点问题，每年集中不少于一个星期时间，开展"串家门、访民情、谋发展、促和谐"为主要内容的蹲点调研活动。四是镇村干部联合办公制度，结合民情沟通，每月确定 2 天以上为乡(镇)、村干部联合办公日，各级农村工作指导员、联(驻)村干部、村两委成员无特殊情况当日都必须到村集中现场办公。五是分片包村干部工作考核管理制度，对分片包村干部实行岗位责任制考核，工作成效与其奖金、补贴、晋职、晋级等相结合。具体要求做到"四要熟、五必到、六应访"。四要熟：即驻村干部要非常熟悉村两委干部、党员、村民代表、村民小组长等四类对象，对全村 50%以上的农户要基本熟悉；五必到：即乡镇安排重要工作必到、村召开重要会议必到、村发生重大突发事件必到、村举行重要活动必到、村干部要求解决重要疑难问题必到；六应访：老干部应访、老党员应访、困难户应访、上访户应访、种养大户应访、个私企业主应访。通过一系列制度的实施，努力达到"日常办事不出村、矛盾纠纷调解不出村、上访问题解决不出村"。

8. 实行"双争先"考核，加强干部考察评价。一是建立经济发展工作和基层基础工作并重的"双争先"考核机制，健全完善乡镇(街道)工作争先考核办法，对基层基础工作，主要考核维稳工作、乡村基础管理工作、民生事业工作等，具体由市委另行发文。二是建立乡镇(街道)干部工作业绩动态考核机制，制定合理规范的日常管理考核制度，按照日常行为规范和岗位职责落实情况进行考评，每月考核得分在镇公开栏上公示。三是健全完善乡镇(街道)干部岗位目标考核责任制，根据每位干部的工作分工和具体岗位职责，由乡镇党委、政府对干部的本职工作、重点分解工作、驻(联)村工作的年度目标承诺，按照日常纪实、定期核查、年终综评的方式实行考核，对绩效考核优秀的干部给予表彰和奖励；同时还可组织村两委干部、村民代表、村民小组长、所联系农户、企业等对象对驻村干部进行绩效评议，对测评不满意率较高的干部可实行待岗。四是建立干部全程考察评价机制，健全完善乡镇(街道)干部动态交流机制。

9. 完善服务机制，提升服务群众水平。深化完善"二中心、一代理"便民服务网络机制，以便民服务中心、综治工作中心建设和推行干部代理服务制度为重点，搭建便民服务平台。进一步深化便民服务中心建设。通过健全和完善岗位责任制、服务承诺制、限时办结制、干部去向告知制、责任追究制等制度，提升服务水平，提升机关效能。便民服务中心要实行"集中办理五要求，阳光作业六公开"，即一般事项直接办理，特殊事项承诺办理，控制事项明确答复，重大事项联合办理，上报事项负责办理；公开服务内容、办理程序、申请条件、申报材料、办理时限和收费标准。进一步深化综治工作中心建设。通过推进乡镇(街道)综治工作中心规范化建设，整合人员力量，切实发挥作用，真正成为社情民意收集中心、矛盾纠纷调处中心、和谐稳定服务中心。进一步深入推行干部代理服务制度。由驻村干部受理解决群众提出的要求及委托事项，对群众提出的事实清楚、符合政策、易于操作且属于职责范围内的事项，必须马上办理解决，能代办的要主动帮助代办，3天内要有明确答复，一般事项在一个工作周内办结，复杂事项一个月内办结，逾期必须向群众做出解释。需到市里办理或审批的事项，由乡镇干部按照岗位分工和职责要求，积极提供代理服务，统一时间集中代办。

10. 促进上下联动，充分理顺条块关系。按照"能放则放、重心下移"的原则，尽可能下放部门管理权限，授予乡镇政府一定的行政管理权和执法权，做到管人与管事相结合。在乡镇工作的人员，日常管理、工作考核、业绩评定原则上以乡镇政府为主，同时赋予乡镇党委对干部提拔任用和工作人员调任的建议权。要进一步加强探索改革，在干部管理、考核、任用等方面理顺关系，在审批、服务方面提高效率。加强部门与乡镇的联系，建立健全重大工作事项相互通报制度和乡镇与部门协调会议制度。建立乡镇基层对部门的工作测评评价机制，将部门对乡镇工作的配合支持与服务情况，列入部门年度工作考核内容，切实加强对部门派驻基层机构的协调和监督。

11. 落实关爱措施，激励干部安心基层。政治上真心爱护。重视加强乡镇班子和干部队伍建设，在市管干部的选拔任用上，看重乡镇干部，注重从基层干部中选拔优秀分子；定期开展表彰优秀乡镇干部、优秀乡镇政权组织活动；公务员招考向乡镇倾斜，不断充实基层干部新生力量。生活上细心关照。实施乡镇机关"六小工程"建设，市财政每年安排100万元专项经费，支持乡镇建设好小食堂、小会议室、小活动室、小健身场、小浴室、小绿园等，为基层干部提供工作生活便利。人文上真情关怀。完善党内关爱的长效机制，建立完善市领导定期走访优秀乡镇干部制度，"双联一增进"制度即机关部门和乡镇支部联建、党员联心、增进感情制度，退职干部关爱制度等，对长期在乡镇工作、业绩突出的退下来的乡镇领导，给予合理照顾安排。

12. 积极克难攻坚，努力破解各项难题。推行重点工作全员包干，疑难问题"领导包案、干部挂联"工作法。建立重点工作全员包干制度，由每位班子成员挂联一项乡镇重点工作或重点项目，其他干部采取双项选择的方式参与，负责制定工作方案，推进工作实施，进一步分解任务，落实责任。推行"领导包案、干部挂联"制度，在破解征地拆迁、群众信访等棘手难点问题时，由班子成员包案负责、一般干部直接挂联解决问题，进一步推动干部重心下移，沉下基层做工作。建立"上下联动"难题破解机制。针对乡镇、街道在破解难题中有些限于职能和权限问题，整合市、部门(乡镇)、村三级资源，就工作中的具体问题加强上下左右的沟通协同，明确相应部门作为协同破难的责任单位，形成"上下互动、整体联动"的破难工作格局。建立"走进矛盾、破解难题"专项行动的长效机制。完善乡镇领导干部下基层调研、破解难题责任制等相关制度，确保专项行动成果长效化。要把重大难题和重大项目落实情况作为乡镇领导干部的工作实绩纳入干部年度考核内容，增强干部迎难而上、破解难题的主动性、创造性、实效性。

13. 加强教育培训，不断提升干部能力素质。实施"千名操作型干部"工程，提高干部服务群众的能力。建立乡镇干部分类轮训机制。认真组织开展乡镇干部培训需求调查，在此基础上，制定《乡镇干部教育培训五年规划》，按照5年一轮回的要求，分类分批组织开展乡镇干部培训。健全乡镇干部教育培训激励约束机制。建立乡镇干部免费短训、轮训制度和乡镇干部个人学习档案，其学习培训表现、考试结果作为干部考察、考核的依据。建立乡镇干部"上派、下派、外派"交流锻炼机制。加强乡镇、市机关、不同岗位之间的轮岗锻炼；继续选派乡镇领导到发达地区挂职培训；选派优秀年轻干部到"强镇"进行业务交流锻炼，或到对口上级部门、发达地区进行跟班培训锻炼；选派优秀后备干部到信访局等特殊环境和关键岗位进行实践锻炼；选派乡镇机关干部到个别经济落后、基层组织薄弱、遗留问题较多的穷村、难村、乱村任职。建立实际工作能力提升机制。将农村群众关注的热点问题的相关常用法规、政策、制度汇编成册，组织学习和考试，进一步提高服务工作的针对性和有效性。推行典型案例教育，通过对典型案例的破解分析，开拓解决实际问题的思路，提升乡镇干部解决问题、化解矛盾、推进工作的能力。

四、加强村级组织建设，提升基层自治能力

14. 扩大基层民主，健全村干部选拔任用机制。以选优配强村两委主职为重点，以村级换届为契机，认真抓好基层组织建设工作。充分发扬民主，探索创新民主选举模式。坚持完善村党支部"三荐一选"和村委会"自荐海选"制度，进一步畅通自荐途径，拓宽选人用人渠道；大力推行村党支部候选人户代表测评制度，鼓励有条件的村扩大到所有选民参加测评，确保村党支部班子有广泛的群众基础；积极推行村党支部"直选"办法，不断扩大党内民主。切实加强领导，坚持完善任职资格审查制度。继续严格设定村两委干部任职标准，提交村党员大会或村民代表大会讨论通过，以合法程序载入选举办法，并由乡镇(街道)和市相关部门联合审查，严格把好任职资格审查关；坚持完善竞职演说与审查制度，对自荐者的演说内容要进行审查，引导有序竞争；积极探索选举纪律审查制度，全面推行选前候选人集体谈话和选纪承诺制度，严肃选举工作纪律。严格依法办事，确保换届工作平稳有序。规范村委会选举委托投票公示制，推行村委选举集中投票制，普遍实行秘密写票制，确保选民在不受干扰的情况下独立行使选举权。同时，坚持每年一次公开选拔村级后备干部制度，及时将农村各类优秀人才吸引到村干部队伍中来。

15. 不断优化结构，增强村干部队伍整体素质。从严控制村两委班子职数。按照精干高效原则，各村两委干部总数一般控制在5至7人，规模较大的村经批准可适当增加；大力提倡村两委成员交叉兼职，提倡村党支部书记和村委会主任"一肩挑"，力争全市村两委交叉兼职比例达到20%以上；扎实推进村两委干部与村级各员的交叉兼职，村级各员原则上由村两委成员兼任。不断优化村两委班子结构。确保每个村两委班子中都有1名妇女干部，力争每个村都有1名35岁以下的年轻干部。注重提高村两委班子整体素质，力争使全市具有高中以上学历的主职干部达到50%以上，班子成员中有致富带富能力的达到60%以上。不断强化村党支部的领导核心地位。鼓励村党支部成员积极参加竞选村委委员，通过民主选举渠道，依法兼任村委委员；注重提名由村两委干部和村党员兼任村民代表，通过法定程序选举产生；大力提倡农村党员兼任村民小组长，引导更多党员参与竞选村民小组长职务；高度重视从优秀的非党村委委员、村民代表、村民小组长中培养发展党员工作，努力提高村委会、村民代表和村民小组长中党员的比例。不断加强村干部培训教育。换届完成后，继续组织全市村主职干部进行集中轮训。抓好农村干部学历教育，鼓励村干部参加高等教育自学考试，推荐农村优秀干部参加大专班学习，不断提高党员干部推进新农村建设的能力水平。

16. 规范设置管理，加强三支队伍建设。大力推进村民代表队伍建设。制订任职条件，规范推选办法，村民代表的推选工作，以村民小组为单位，由村党支部提名推荐人选，以无记名投票为主要方式，通过户代表选举产生；建立健全村民代表联系村民、推优入党、帮助教育和诫勉谈话等制度，不断提高村民代表队伍的整体素质，充分发挥村民代表职能作用。大力推进村民小组长队伍建设。明确村委会与村民小组之间领导与被领导的关系，不断推进村民自治进程；积极推进村民小组长定期改选工作，在已经当选的村民代表中，由村党支部提名村民小组长人选，通过户主代表大会或上门投票等方式，正式选举产生村民小组长；建立村民代表和村民小组长任职培训制度，由乡镇(街道)组织每季不少于一次的学习，每年不少于一次的全员培训；全面推行"组帐村代理"工作；建立村民小组重大事项报告制度，凡村民小组的工程建设、投资项目、大额度资金使用等情况，都要及时向村党支部和村委会报告。大力推进村级各员队伍建设。依法规范设置村级各员，市级机关部门需将行政职能延伸到乡到村设立村级各员，必须报市委组织部核准；积极推进村干部与各员交叉兼职，村党支部书记原则上兼任经济合作社长、村民(代表)会议主持人，村委会主任兼任治调主任，其他各员凡职能相近的一律兼职，如妇代会主任兼任计生联系员，村报账员兼任民政联络员，调解员兼任信访员，农技员兼任兽医员，食品药品安全员兼任公共卫生员，团支部书记和其他相对年轻的村级各员兼职，等等，具体以乡镇(街道)为单位进行统一规范；规范村级各员的待遇支付和教育管理，坚持费随事转原则，相关部门要及时落实村级各员的工作经费，由各村统盘安排工作分工和误工发放。各部门要加强对归口各员的教育管理，适时组织培训，提高业务水平，确保作用发挥。

17. 规范设施建设，打造村级组织新风貌。统筹规划，深入实施村级组织活动场所升级改造工程。市财政每年安排100万元专项资金，通过3年努力，使全市所有村的村级办公条件和面貌得到明显改善。因陋就简，注重实用，全面推进村级组织活动场所规范化建设。全市各村的活动场所原则上要达到"六统一四化"要求，即统一墙体外观颜色，统一悬挂国旗，统一设置党务村务公开栏、政策宣传栏和科普教育栏，统一上墙内容，统一文件台帐归档，统一各办公室内部日常工作制度；活动场所周边环境达到洁化、硬化、绿化、美化要求，逐步实现外观形象规范化、内部运行规范化。打造精品，积极开展村级组织活动场所示范点创建活动。结合"十村示范百村整治工程"和"先锋工程"建设，在全市重点培育一批不同层次标准要求的规范化建设示范村。不断提升村级活动场所规范化建设及运行水平，全面推行村干部轮流值班制度和集中办公制度，加强活动场所的日常管理维护，实现活动场所的正常开放使用，确保综合作用有效发挥，真正把村级活动场所建设成为干部之家、党员之家、村民之家。

18. 壮大集体经济，谋划农村发展新思路。加快推进村级规模调整。完善政策、加大力度，积极稳妥地科学规划与推进村规模调整工作，优化配置资源和基础设施、社会事业布局。村规模调整到位后，要因村制宜，突出农(居)民增收计划、村庄建设规划、改善生产生活条件、优化农村环境等重点，及时制订科学合理的新农村建设总体规划和年度工作目标，扎实推进实施。大力发展村级集体经济。加强对发展村级集体经济的分类和个性化指导，发挥城郊、园区、镇区、山区等不同类型的优势特色，以充分盘活原有集体山场、林地、山塘水库、荒滩等资源为重点，进一步拓宽资本经营、资源经营、服务经营的集体经济发展路子。适时制订出台村级发展集体经济扶持奖励政策，实行村干部效益工资制度，设立村级集体经济发展奖励基金，整合各部门支农资金，支持、激励村级集体经济发展壮大。积极支持党员干部创业。不断深化"万名党员创业致富工程"，市、乡镇(街道)两级继续安排资金，专项用于农村党员干部实用技术和市场经济知识培训，农业、科技等职能部门要多渠道组织农村党员干部培训，努力使50周岁以下的农村党员干部都能掌握1—2门适用致富技术，不断健全农村优秀党员信用贷款制度，着力增强基层党员干部的"双带"能力。

19. 突出制度保障，完善村级运行新机制。突出重点，大力加强两委协调运行机制建设。全面开展村级和谐干事型班子创建活动，探索村两委联席会议、集体领导分工负责、重大财务联章联签、村务公开民主管理等制度，规范村党支部与村委会的工作，形成顺畅协调的村两委工作体系。抓住关键，大力加强农村民主决策机制建设。不断完善村民代表会议制度和村民代表会议主持人制度，村民代表会议一般每季度召开例会1次，由村委会向村民代表会议定期报告工作，完善村民代表会议纪录和档案；坚持完善规范重大村务公决制度，凡涉及全体村民切身利益的重大事项，必须按照提出议题、拟定方案、审核方案、公示方案、作出决议等"五步"工作法，提请村民代表会议进行公决；建立村务民主提议、村民约谈等制度，加强村干部与村民之间的沟通交流。突破难点，大力加强农村民主管理监督机制建设。坚持完善村务公开制度，接受村民监督；不断完善村级财务开支、重大事项公决、村级"一事一议"

等制度，使村级管理逐步走上规范化、制度化轨道；普遍设立村务监督委员会和村民理财委员会等机构，成员由村民代表会议在村民代表中选举产生，行使好村务、财务监督等职责；加大乡镇对村级财务审计监督力度，实行村干部届中或届末经济责任审计制度，深化村帐乡代理制度和村级工程项目公开招投标制度，规范村务运行和村干部行为；引导各村立足实际，加强村民自治章程、村规民约等村民自治制度建设。转变职能，大力加强村级便民利民服务机制建设。深入实施"民情沟通日"制度，畅通干群沟通渠道，结合民情沟通，全面推行村干部定期集中办公制度，实行村级全程代理便民服务制度，不断健全"三级联动、服务三农"工作机制，着力解决农村基层反应强烈的问题。

20. 完善考评机制，激励村级班子再创新业绩。坚持完善农村基层干部发展目标承诺制，在年初或届初，以大会上公开承诺为主要形式，由村干部分别向群众公开作出以民生和谐与创业致富为重点的发展目标承诺，同时将《公开承诺书》以书面形式在村务公开栏张榜公布，接受各方监督。坚持完善农村干部年度及届末综合考核制度，由乡镇(街道)制订考核细则，年底统一进行村干部岗位目标管理考核，考核结果与报酬奖惩相挂钩，对连续两年不称职的村干部，按有关程序依法进行免职或罢免。探索建立不合格村干部处置制度，实行村干部诫勉教育、责令辞职、依法罢免、经济待遇制约等办法，切实加大对不合格村干部处置力度，警示和鞭策广大村干部积极主动做好工作。坚持完善群众满意度民主测评制度，在年末和届末全面开展村干部述职活动及满意度测评工作，对群众满意率偏低的村干部，按有关规定进行严肃处置。坚持完善评优奖先制度，定期组织开展"两优一先"评选活动，大力开展以评选"集体经济发展创业功勋"、"党员创业示范基地"和"党员创业标兵"等为主要内容的评比表彰活动，并广泛宣传，营造氛围，掀起创业富民热潮。

21. 注重关爱激励，增强村级组织运行保障。坚持完善对集体经济薄弱村运行经费补助制度，村规模调整后，补助标准逐步增长，确保村级组织正常运转。坚持每年对部分集体经济薄弱、无能力兑现误工报酬村的主职干部给予最低报酬保障补助，并适时扩大范围，提高标准，建立正常增资机制，保障主职干部报酬待遇按时足额发放。坚持推行村干部报酬乡镇统筹统发制度，实行分类补助的办法，由乡镇、村按不同比例统筹承担，由乡镇政府统一发放，有条件的乡镇可将报酬统筹范围扩大到村两委干部，有效解决村干部报酬落实难问题。不断完善退位村主职干部养老保障补助制度，加强退位村主职干部现实表现测评考核，对连续两年群众满意率低于50%的，减发或取消养补助资金。各乡镇也应根据本地实际，采取不同的补助办法，支持鼓励村干部参加养老保险，推进村干部生活保障体系的逐步完善，解除后顾之忧，激发干事热情。

五、不断完善网络机制，提升稳定和谐局面

22. 加强网络建设，夯实基层综治基础。务实推进"一中心、二员、三室"的建设，确保运行实效。切实加强综治工作中心规范化建设。乡镇(街道)综治工作中心主任由一名事业心责任心强、协调能力强、解决矛盾纠纷办法多的班子成员担任，副主任由一名综合素质较高的同志担任，其他人员由乡镇(街道)综治办专职干部、公安民警、公安员、司法助理员、信访员、综治特派员等组成。社会治安情况复杂以及人口在3万人以上的乡镇(街道)至少配备3名以上专职人员，一般乡镇至少配备2名专职人员。乡镇(街道)综治中心要配备专门的办公用房和必要的办公设施，健全各项制度，保证中心规范、有序、高效运行。全面推进村(社区)、企业综治室(站)建设。明确企业单位综治工作室主任由法人代表或党组织分管领导兼任，村(社区)综治工作室(站)主任由村主任担任；综治工作室(站)成员农村、社区由警务区民警、治保调解干部、维稳联络员、信息员、外来人口协管员、专职保安队员、妇女主任、民兵连长、团支部书记等组成，企业由保卫、人事、安全生产、办公室等部门的负责人组成，并配备1至2名专(兼)职工作人员。村(社区)综治室要完善议事制度和例会制度，规范各种文书文本，健全台帐资料和档案，推进规范化建设。进一步加强基层群防群治组织建设。充分发挥农村巡逻队、联防队、消防队、森林防火队、城管中队等在维护稳定工作中的作用，深入推行"百店巡防、千企联防、万户共防"的工作机制，有条件的乡镇(街道)可组建专职保安联防和流动人口协管员队伍，继续开展"万名党员进社区"巡防活动，不断健全群防群治组织体系。

23. 加强队伍建设，提升专业化水平。切实改善队伍结构。年龄上要"老、中、青"结合，解决好基层综治队伍青黄不接问题；既要把心态健康、工作积极、做群众工作能力强、有丰富实践经验的退职领导吸收进来，也要注重培养年轻干部，新进干部原则上要在综治岗位上经过一定时间的锻炼。切实提升专业水平。政法委、公安局、司法局、信访局、安监局等相关部门要加强对基层综治员、公安员、司法助理员、信访员、安全员的业务指导，提高综治干部矛盾纠纷调处和维稳的专业化水平。切实强化督查考核。建立基层综治队伍的工作评价体系，每年由乡镇(街道)对综治工作人员进行综合考核，政法委、公安局、司法局、信访局、安监局等相关部门对乡镇(街道)的综治员、公安员、司法助理员、信访员、安全员等进行一年一次业务业绩考核评比，综治中心和综治室内部也要进行正常的检查考核。切实强化保障激励。认真落实乡镇(街道)综治中心的综治干部的特岗补贴以及村级调解员、信访员、安全员等的基本待遇报酬。实行矛盾纠纷化解"以奖代补"政策，对乡镇(街道)、村(社区)综治干部调解成功，有调查和调解，书面调解协议、各种调解文书制作规范，相关证据材料齐全，案卷装订有序，调解协议履行完毕的民间矛盾纠纷，经确认符合条件的，可给予一定的奖励。市财政每年安排奖励资金20万元，由司法局制订具体的实施细则进行操作。

24. 立足关口前移，完善源头预防机制。要提高涉稳工作决策水平。各级党委、政府在进行决策和出台改革措施时，对涉及人民群众切身利益的政策，要反复调查论证，提高科学决策、民主决策、依法决策水平，防止引发矛盾纠纷。认真落实重大项目稳定风险评估机制，对所有重大项目，从稳定、信访、环保、安全生产等方面进行细致分析，制定周密预案，从源头上预防和减少因项目推进引发的不稳定因素。要坚持依法行政。在制订规范性文件时必须有法律依据，法制部门要严格把关：在执法环节上，严格按照法定权限履行职责、行使权利，防止和克服重实体轻程序的观念，杜绝行政不作为、乱作为现象的发生。加强基层民主建设，规范"村规民约"，从源头上减少信访和矛盾的发生。要关爱弱势群体。建立健全对农村贫困党员、贫困学子、困难群众的救助制度，根据群众困难程度建立台帐，开展党员结对互助活动，加强对弱势群体的帮助。要畅通诉求渠道。搭建群众诉求表达和沟通反馈平台，降低信访门槛，加强接访力量；依托乡镇（街道）综治工作中心，整合重点涉访资源，集中处理信访问题，为群众反映问题、寻求援助、提供建议开通便捷通道；改进接访方式，变群众上访为干部下访与民情沟通，及时了解和处理群众反映的问题，引导群众以理性、合法的形式表达利益诉求。

25. 畅通信息渠道，完善预警反馈沟通机制。建立维稳信息员制度。充分利用公安特情信息、专职联防巡逻、电子视频监控等手段，完善防控网络体系，加强维稳信息掌控。充分吸纳社会各个层面的特殊人群为信息员，建立信息灵通、运行高效的乡镇（街道）、村（社区）、企业等条块结合、层级合理的信息员队伍。推广村民小组长承担义务信息员办法，及时掌握群众思想动态。建立信息反馈及报告制度。落实责任，实行逐级负责制，村民小组向村（社区）报告，村向乡镇（街道）综治工作中心报告。严格报告、通报制度，实行小事每周报，大事随时报，无事零报告，坚决杜绝迟报、漏报、隐瞒不报现象。对牵涉党政领导较多精力、社会舆论关注的热点矛盾纠纷，可能导致突发性事件或激化为刑事案件的重大纠纷，涉及人员较多、容易引发群体性上访事件的重大纠纷，严重干扰正常生产、交通秩序、生活秩序的疑难矛盾纠纷，可能危害国家和公共安全的纠纷线索或苗头，等等，必须在第一时间上报。建立信息上下沟通制度。出乡出镇信访问题，基层组织要主动向上级信访等部门作好及时沟通，将基本情况、调查过程、处理意见等反馈给相关单位，市信访局也要主动与相关乡镇取得联系，将领导批示及时告知。通过完整的、系统的、高效的信息反馈沟通机制，确保群众反映的问题和基层单位反映的信息能及时得到妥善处理。

26. 着眼抓早抓小，完善排查分析机制。继续坚持矛盾纠纷排查工作制度，坚持"抓早、抓小、抓苗头"，集中力量开展不稳定因素的排查化解工作。坚持社会稳定形势分析例会制度，市委、市政府每季度召开一次，乡镇（街道）、有关部门每月召开一次，对群众思想、心态、情绪进行研究、分析、预测，把握规律性，掌握苗头性，并提前采取对策，争取工作主动。坚持乡镇、村分级月排查制度，采取定时、定人、定点、定责的办法，做到村不漏组，组不漏户，户不漏人，使工作胸中有数、有的放矢。坚持集中排查制度，在重大节假日、重大活动日、重要会议召开期间以及一些特殊敏感时期，开展"拉网式"专项排查，抓住影响社会稳定的重点问题、敏感问题进行突击排查、专项整治，对事关本地大局稳定以及突发性的重大矛盾纠纷实行重点排查，对重点对象、流动人口加强排查和管理。

27. 着力化解矛盾，完善基层调处机制。建立信访、矛盾纠纷首先处置制。强化乡、村两级对信访问题的源头化解，提高矛盾纠纷的初发化解率。乡镇（街道）非综治中心的干部，凡是涉及到本职工作范围和所驻村的矛盾纠纷，只要综治工作中心调解和接访工作需要，必须立即参与调解和信访接待，不得推诿扯皮。完善社会联动调解机制。依托乡镇综治中心，整合各方力量，着力构建党政统一领导、综治机构牵头协调、职能部门各司其职、全社会共同参与，人民调解、行政调解和司法调解有机结合，多种调解手段相互衔接配合的大调解工作体系，综合运用教育、协商、疏导等办法和法律、经济、行政等手段，把矛盾纠纷化解在基层，解决在萌芽状态。建立"四包"调处责任制。即市领导包联系区片和乡镇（街道），乡镇（街道）干部包片包村（社区），村（社区）干部包组，基层党员及骨干包户，及时调处化解各类矛盾纠纷。建立重大疑难矛盾纠纷专项工作组。各乡镇组建由党政主要领导负总责、综治工作中心主任牵头、中心成员和相关经验丰富的干部组成的专项工作小组，负责化解范围广、难度大、涉及人数多的矛盾纠纷。

28. 落实有效措施，完善应急处置机制。对因为各种原因造成调处化解无效、确实无法解决的问题，要做好平息稳控工作，努力减少负面影响。要不厌其烦加以真情感化。对矛盾纠纷的有关当事人指定专人负责，定期走访慰问，及时掌握思想动态；结合相关政策法规规定，做好解释说服工作，继续全力化解；关心他们的生活，帮助他们解难题、送温暖，积极真情感化。要旗帜鲜明给予批评教育。对一些无理访、反复访、越级访等信访户，要尽量稳定其情绪，一旦出现串访、缠访、闹访等违法上访行为，要及时进行批评教育，依法予以制止、纠正和处置。要依法加强稳控劝返工作。对一些群体性事件的组织策划者和一些违法信访老户，要落实有效措施，有力依法处置，细致稳控。不断完善群体性事件应急预案，强化演练，一旦发生群体性、突发性事件，立即启动预案，果断处置，迅速平息事态，力争不反弹、不越级，把影响控制在最小范围，把损失减少到最低限度。

29. 加强宣传教育，创造稳定和谐环境。深入开展"五五"普法工作，编发《送法下乡》和《法进社区》专刊、开展"走千家"普法等活动，对群众进行有针对性、阶段性的法制宣传教育。广泛开展"以案说法"、"法律信箱"、"法制天地"、"警情播报"等法制宣传栏目，积极传播法治精神，宣传法律知识。建立"基层流动法庭"制度，每个乡镇（街道）每年安排两到三个案件，不定期到乡下进行巡回公开开庭，扩大影响面和教育面。深入推进平安乡镇（街道）、平安村（社区）、平安企业、平安校园、平安路段等基层系列创建活动，把基层平安创建与全治安防控网络结合起来，与推进治安防范专业化、社会化结合起来，与宣传发动、凝聚和激励广大群众参与综治、平安建设结合起来，全面促进社会治安综合治理和平安建设各项措施在基层的落实。大力弘扬见义勇为等良好风尚，积极开展"好婆媳"、"孝子”等中华传统道德模范评比，倡导合法健康的宗教信仰，提升群众的综合素质，促进民风的根本好转，减少矛盾纠纷的产生。

六、切实加强基层基础工作的组织领导，着力营造促进和谐江山建设的氛围合力

30. 加强组织领导，确保责任落实到位。建立市基层基础工作领导小组。市委主要领导任组长，市委、市政府有关分管领导任副组长，相关职能部门为成员单位，切实加强对全市基层基础工作的领导。健全基层基础工作责任体系。各乡镇(街道)、部门的党政一把手是基层基础工作第一责任人，必须把基层基础工作摆上重要日程，经常听取基层组织建设、政法、综治、信访、安全生产等专题汇报，致力研究和解决突出问题，加强各项工作督促检查；各有关分管领导为主要责任人，必须负责抓好组织机构建设、人员教育管理、任务部署和措施落实等，加强对分管的基层基础工作的研究指导，提高专业化领导水平，经常深入一线解决具体问题，确保各项工作落实到位；班子成员为共同责任人，负责各自职责范围内的基层基础工作落实，坚持重大事件领导到场处置，坚持上级挂牌督办案件领导包案。建立基层基础工作专项经费。每年安排100万元，统筹用于全市基层基础工作。建立基层基础工作责任制。把综治、信访、基层组织建设等工作目标和任务进行科学划分，定出量化指标，层层分解落实，纳入各级领导班子和领导干部的年度目标责任制，以责任书的形式予以确定，与经济发展工作一起部署、一起督查、一起考核、一起奖惩。

31. 加强督查考核，确保措施落实到位。完善考核奖惩机制，全面实行基层基础和经济发展工作“双争先”考核，把基层基础工作的成效作为检验领导班子和领导干部执政能力和执政水平的重要标准，列为干部考核评价的重要内容，作为晋职晋级和实施奖惩的重要依据。建立乡镇(街道)党(工)委书记基层基础工作年度述职制度，由乡镇(街道)党委书记向市委报告履行基层基础工作责任制情况，促进各项工作落实。继续开展“六十佳”优秀基层干部等评优评先活动，激励基层干部工作积极性。乡镇(街道)也要加大对干部和村级的考核力度，打破条块分割，将基层基础工作责任落实到每个干部。市委组织部、市维稳办、信访局、安监局等各有关职能部门要深入基层加强督查指导，做到明查制度化、暗访经常化。对基层基础工作的典型经验要认真总结，及时推广，对发现的问题应及时予以通报，限时整改。建立健全责任追究机制，对工作不扎实、措施不到位，发生重大不良影响的乡镇(街道)、部门、单位，以及相关主管人员和直接责任人要实行责任追究，进行通报批评、一票否决和党纪政纪处分。

32. 加强协调沟通，确保氛围合力到位。整合各方力量，加强相关部门的协调配合，建立党政联动、多方联动工作机制，形成抓好基层基础工作的整体合力。市委组织部、政法委、信访局、安监局等部门要发挥牵头抓总作用，各相关部门密切配合，各司其职，进一步完善上下联动、部门联手、齐抓共管、整体推进的工作机制。坚持完善市级领导联系点、机关部门联系村、企业结对帮扶等制度，各级领导干部要经常深入各自联系点，加强工作指导，落实必要扶持措施，帮助理清发展思路，指导帮助后进支部强化班子建设，协助抓好固本强基工程，想方设法为基层办实事、办好事。市机关各部门也要重心下移，倾斜基层，全力做好职能管辖范围内的基层基础工作，同时积极发挥职能作用，支持乡镇(街道)、村(社区)开展工作，为夯实基层基础、促进和谐江山建设作出积极贡献。

33. 加强分解落实，确保意见实施到位。市委督查室、市政府督查室要抓紧分解落实责任，及时制定具体实施细则或操作版本，推动工作落实。各乡镇(街道)和市机关部门要切实强化责任意识，认真对照贯彻落实本意见，并根据意见要求，尽快制定相应的分解落实配套意见，报市委、市政府审定后发布实施。市委组织部、市维稳办、信访局、安监局等各有关职能部门要加强对农村基层基础工作的组织协调和督促检查，加强调查研究，总结推广典型，查找薄弱环节，落实工作责任，使基层基础工作的各项措施真正落到实处。全市各级各部门要务实推进落实，积极开拓创新，继续总结、探索基层基础工作实践的好做法、好经验，加以提炼、提升，不断完善基层基础工作机制，努力开创社会建设和社会管理的新局面。

二〇〇八年一月一日

中共常山县委　常山县人民政府
关于争创全省特色文化先进县的实施意见

常委〔2008〕6号

各乡(镇)党委、人民政府，县级机关各单位：

为更好地贯彻落实中央和省市关于加快文化事业发展和加强农村文化建设的要求，丰富人民群众的精神文化生活，保障人民群众基本文化权益，进一步提升我县文化软实力，充分发挥文化对县域经济社会发展的支撑作用，现就我县争创全省特色文化先进县提出如下意见：

一、争创全省特色文化先进县的指导思想、奋斗目标和基本原则

争创全省特色文化先进县，是全面贯彻落实科学发展观的必然选择，是构建和谐社会的精神基础，是促进县域经济社会发展的智力支撑,是满足人民群众精神文化生活的迫切需要。

(一)指导思想

坚持以邓小平理论和"三个代表"重要思想为指导,以科学发展观为统领,认真贯彻落实党的十七大精神,坚持社会主义先进文化前进方向,按照全面建设小康社会、努构建和谐社会的总体要求,以建设全省特色文化先进县为目标,以"中国柚都石城"品牌建设为核心,着眼发展,凸现特色,着力构建更为完备的公共文化服务体系,丰富群众的精神文化生活,提高群众的综合文化素质和社会的文明程度,促进文化事业大发展大繁荣。

(二)奋斗目标

稳步实施《常山县"十一五"特色文化发展规划》、《常山县城市特色文化规划》和《常山县农村文化建设规划(2007—2010年)》,"中国柚都石城"品牌知名度、影响面更广,特色文化在县域经济社会发展中的软实力支撑作用得到充分发挥,文化阵地覆盖面进一步扩大,文化队伍建设、公共文化服务能力、文化资源保护利用率不断加强,文化活动质量和文化产业发展水平明显提高,相关指标达到省级文化先进县评选标准。建成县档案馆、图书馆、文物库房综合楼;全县50%以上的乡镇文化站面积达到500平方米以上;省级"东海明珠"乡镇文化站达到1000平方米以上;全县85%的城镇社区和行政村建成能正常开展活动的群众文化活动场所;建成特色文化示范村1—3个,特色文化基地3—5个。

(三)基本原则

特色性原则。立足我县实际,以"中国柚都石城"品牌建设为核心,体现县域文化特色;以农村文化建设为基础,体现地域文化特色;以文化设施、文化队伍、文化活动为重点,体现文化工作的行业特色。

公共服务原则。坚持为人民服务、为社会主义服务的方向,从维护广大群众基本文化权益和满足群众文化需求出发,充分体现以人为本、执政为民的本质,积极构建布局合理、设施完善、功能齐备、服务方便的公共文化服务体系。

统筹协调原则。充分认识文化建设在落实科学发展观、促进社会和谐中的重要作用。着眼长远,立足当前,从常山经济社会发展的全局出发,整合资源,科学规划,以城带乡,统筹安排,分步实施,全面推进。

普及提高原则。坚持把普及放在第一位,提供优质的公共文化产品与服务,丰富群众文化生活;在普及的过程中通过不断创新和积累,提高文化服务、文化产品、文化队伍的层次,逐步形成具有常山特色的文化品牌。

继承创新原则。加强文化遗产保护,弘扬传统优秀文化,开展优秀文化传统教育。在时代的新起点上推动文化内容形式、体制机制、传播手段创新,创作更多反映改革发展成果和现实生活、群众喜闻乐见的优秀精神文化产品。

文化与产业互动原则。充分挖掘文化资源,大力发展文化产业。充分发挥产业支撑作用,推进文化事业发展壮大。以文化促进产业,以产业带动文化,实现文化与产业互动、与经济共融。

二、争创全省特色文化先进县的工作重点

到2010年实现全省特色文化先进县的创建目标,是今后一个时期文化工作的中心任务,是全面提升全县文化工作水平的核心载体。要集中精力,全力以赴推进全省特色文化先进县的创建。

(一)以"中国柚都石城"品牌为核心,提升城市文化水平

"中国柚都石城"是常山新时期文化形象的战略品牌,打造"中国柚都石城"品牌是特色文化县建设的核心内容。要以实施《常山县城市特色文化规划》为重要抓手,凝聚全县力量,创新工作方法,全力打造"中国柚都石城"品牌。

1. 加强建设,继续加快柚石文化物化步伐。要抓好设施建设,强化特色文化的物化功能,努力塑造鲜明直观的"中国柚都石城"外在形象,使"中国柚都石城"更具特色和魅力。

(1)标志性建筑。在县城东、西、北等三个主要入城口,建设以常山胡柚、"金钉子"和轴承为标志性的大型雕塑设施;建设中国常山胡柚博览馆,续建奇石展览馆;规划建设民俗博物馆等,与塔山公园、文峰广场等建筑载体融合呼应,展现"中国柚都石城"文化特色。

(2)景观建设。在城区范围内规划建设花石盆景艺术一条街和石文化主题公园;续建常山港为轴线的南北岸柚、石风景文化带和金钉子科考旅游区等;建好320国道与048省道交接区柚石景观带、杭金衢高速公路柚石景观带;规划建设柚石主题景观园等,展示"中国柚都石城"文化魅力。

(3)城市街区建设。把"中国柚都石城"特色文化理念融入城市建设中。以文峰路、定阳路和天马路为重点,加强特色文化街道建设;以创建和谐社区、和谐家庭等为主题,加强特色文化小区建设,点面结合,通过街面建筑、小区廊亭、景石、绿化植物等载体,加强特色文化在建筑风格、建筑色彩上的表现,彰显"中国柚都石城"文化风貌。

(4)青石功能区建设。加快十里青石花石艺术长廊建设进度,续建好青石花石"一场一馆一街";打造胡柚"祖宗树"和400亩直生胡柚旅游观光带,凸现"中国柚都石城"文化特点。

2. 创新思路,不断丰富"中国柚都石城"文化品牌。整合资源,创新方式,大力推介"中国柚都石城"的文化品牌。在县域交界、高速公路出口区等设立大型广告牌,直观展示常山的特色和形象;收集整理柚石文化资料,汇编各类宣传册、画册、文学季刊和影像资料,充分展现"中国柚都石城"特色文化内涵;精心策划、组织、参与各类特色文化交流活动,努力扩大"中国柚都石城"知名度和美誉度。

(二)以强化基础为重点,繁荣农村文化事业

按照浙江省文化先进县评选标准,以农村文化建设为重点,切实加强公共文化基础设施建设,大力开展群众文化活动,进一步发展繁荣我县农村文化事业。

1. 加强公共文化基础设施建设。

(1)普及文化基础设施建设。按照国家"十一五"期间完成县有两馆(文化馆、图书馆)、乡有一站(文化站)、村有

一室(文化室)的要求,建设与我县经济社会发展相适应的文化活动场所和文化设施。加快县档案馆、图书馆、文物库房综合楼建设,实现县图书馆、文化馆建筑面积达到2500平方米以上。改善影剧院设备条件。创造条件建设综合性文化中心。省级“东海明珠”乡镇文化站建有1000平方米以上综合性文化设施,其中图书馆(室)面积不少于100平方米。通过新建、改扩建和资源整合等方式,全县50%以上乡镇建成建筑面积不低于500平方米的多功能、综合性文化站;整合农村文化资源,充分利用现有村级组织活动场所和改建旧礼堂、旧宗祠等闲置房舍,建成集图书阅览、文体活动、教育培训等功能于一体的村级文化活动室,鼓励有条件的农户利用闲置房屋参与村级文化活动室建设,使全县85%的行政村建成能正常开展活动的文化活动场所(其中不低于1/3的行政村拥有100平方米以上的文化活动室,1/4以上的行政村文化活动室配置基本的文化活动器材)。

(2)推进广播电视“进村入户”。稳步推进广播电视数字化、网络化,全面实现“村村通、村村响”工程;实现20户以上自然村100%联网、有线电视入户率达75%;基本实现各行政村建有广播室,有线调频广播农户收听覆盖率达到80%以上。

(3)开展文化信息服务。县公共图书馆的服务指标、馆藏标准、年购新书数量、自动化建设和特色文献数据库、网络化建设达到省先进水平。乡镇(街道)文化站图书馆(室)普及率达到80%以上。省中心镇和省级“东海明珠”乡镇文化站藏书量不少于1万册,年购新书不少于1000册。稳步推进文化信息资源共享工程建设,结合县图书馆自动化、网络化建设,建成县文化信息资源共享平台。依托农村党员干部远程教育、数字电视和中小学远程教育等网络,逐步建成符合我县实际的基本覆盖城乡的数字文化服务体系。到2010年实现县建有分中心,乡镇建有基层中心,全县行政村、社区建有基层服务点的目标。

2. 开展各种形式的群众文化活动。

(1)县乡村三位一体“办文化”。大力开展主题鲜明、形式多样、内容丰富、群众参与面广的文艺活动。精心筹划一年一度的柚石文化主题活动,不断丰富内涵,培育品牌。认真组织“三山”艺术节、农民文艺会演、社区艺术节等群众性文体活动。各乡镇(办事处)每年组织一次以上以农民群众为主体、具有较大影响力和地域特色的文化展示汇演活动;各级特色文化村每年自行组织或联合开展一场以上特色文艺演出活动。到2010年,每年乡镇、村自办或联合组织的各类文艺活动不少于200场次。

(2)利用两车一队“送文化”。全面开展“千场电影下农村进社区”、“百场演出下基层”和“万册图书进农家”等活动。积极推进数字化电影放映,实行数字、胶片放映双轨制,每年送电影下乡1000场(次)以上,到2010年,辖区内每行政村每年放映电影12场以上。每年组织“文化大篷车”等演出队到基层巡回演出不少于90场(次),所到乡镇(村)要编排2—3个本地特色节目参与演出。推进农村经营性图书连锁发行网点和“农家书屋”工程建设。利用“图书流动车”送书下乡,在每个乡镇和1/3的行政村建立图书流通站(点)。利用“两车一队”积极开展涉农法规、涉农政策、民情沟通、交通安全、计划生育、科技宣传等活动。

(3)实施扎根工程“种文化”。实施文化扎根工程,通过培训骨干、建设队伍、文艺辅导、帮扶结对等“种文化”形式,培育乡土文艺人才,推进基层群众开展自编自演、自娱自乐、富有特色的各类健康文化活动。组织文化专业干部和文艺骨干,辅导和帮助各行各业组建业余文化社团、文艺队伍,创作一批体现时代风貌和地域特色、具有一定艺术水平的大众文化产品。依托各类文化人才,加工一批艺术精品,力争有1—2个以上群众性文艺作品获省级以上较好奖项。建立“县、乡、村三级农民群众自主创作的文艺作品储备库”。

(4)推进特色创新“兴文化”。注重文化创新,实施特色文化品牌战略,把“抓特色、求创新”贯穿于文艺创作、文化活动、队伍建设、典型培育等各个环节。积极培育发展特色文化乡镇(村)和文化示范户;逐步培育建立一批民间音乐、舞蹈、书画等特色创作基地;继续开展“一乡一节、一村一品”和“文化串乡、文艺驻村”等特色文化活动;主动培育培训一批农村民间工艺、民间艺术等特色民间乡土文艺人才。以市场运作的方式,鼓励社会力量、民间资本等组织文化社团,开展文化活动,开发文化产业。

3. 培育发展文化示范典型。

(1)培育“文化示范户”。积极树立文化典型,以点带面,开展集思想教育、干群沟通、农技交流、信息传播和文化娱乐于一体的文化示范户创建和表彰奖励活动。至2010年,争创省级文化示范户40个,县级文化示范户60个。

(2)打造文化示范基地。要强化品牌意识,精心打造一批特色鲜明、主题突出的文化基地,充分发挥其示范和带动作用。每年创建省级文化示范村(社区)1个,市级特色文化村(社区)3个,县级特色文化村(社区)10个以上。到2010年,建成在省、市具有较大影响的特色文化示范村1—3个,书法、美术、摄影、民间艺术保护和文艺创作等特色文化基地3—5个。

(3)组织开展“三十佳”评选活动。结合常山文化建设实际,适时开展“十佳文艺骨干”、“十佳文艺创作者”和“十佳业余文保员”等三项评选活动,发掘更多文艺骨干人才,培育壮大文艺队伍,进一步激发广大群众投身文化建设的热情。

(三)以创业创新为导向,大力发展和谐文化

和谐文化是全体人民团结进步的重要精神支撑。要大力推进和谐文化建设,致力倡导和谐理念,培育和谐精神,增强创业意识,激发创新热情,促进社会各项事业的全面发展。

1. 大力弘扬新时期常山精神,着力构建社会主义核心价值体系。着眼于建设社会主义核心价值体系,以“诚信、和谐、创新、奋进”的新时期常山精神引导人、塑造人,使之成为凝聚人心、激励斗志的精神力量。深入开展以“八荣八耻”为主要内容的社会主义荣辱观教育活动,进一步加强社会公德、职业道德、家庭美德、个人品德教育,尤

其要把未成年人思想道德建设放在重要位置，在全社会形成知荣辱、讲正气、促和谐的文明风尚。

2. 大力培育创业创新文化，全面推进常山经济社会又好又快发展。开展创业创新大讨论、创业创新主题教育、十大创业先锋评比等各类活动，大力宣传创业创新的先进人物、典型事迹，积极营造良好的创业创新氛围，增强创业创新意识，培育创业创新文化，激发创业创新热情，为常山县经济社会发展提供不竭的精神动力。

3. 深入开展和谐创建活动，努力推进基层文化建设。广泛深入开展各种和谐创建活动，发展基层文化，促进和谐社区、和谐校园、和谐企业、和谐机关、和谐家庭等建设。继续开展节日文化活动、专题文化活动、社区艺术节等各类社区群众文化活动，努力丰富社区文化。不断优化校园环境，开展丰富多彩校园文化活动，大力推进健康向上的校园文化建设。重点开展企业管理文化和制度文化建设，组织多种形式的职工文化活动，加强企业文化建设。广泛发动群众参与，创新群众自娱自乐的活动方式，丰富和发展广场文化。挖掘和宣传我县历史上的廉吏事迹，培育“廉吏之乡”品牌，打造廉政教育基地，不断加强廉政文化建设。

（四）以普查申报为契机，加强文化遗产保护

要以第三次全国文物普查和全省非物质文化遗产普查工作为契机，开展普查评估，加强分类指导，完善保护体系，建立保护基地，制定保护措施，切实加强历史文化遗产的挖掘、抢救、保护和利用。

1. 加强非物质文化遗产挖掘和保护。深入开展我县非物质文化遗产普查和评估，对山茶油榨制技艺、贡面制作技艺、西砚雕刻等非物质文化遗产进行挖掘、抢救、保护、传承，积极申报国家、省、市级非物质文化遗产名录项目，着重挖掘钢叉舞、洗马舞等县域特色艺术内涵，加强传承与利用。进一步加快“非遗”生态保护区、“非遗”传承基地、“非遗”传承人、传统节日基地等的保护和开发。到2010年，建立第二、三批县级“非遗”名录，争取新列入国家级“非遗”名录1个，省级“非遗”名录2个，市级“非遗”名录6个。

2. 加强文物保护单位保护。建立县、乡、村三级文物保护网络，巩固业余文保员队伍。加强对招贤镇樊氏大宗祠、球川镇三十六天井和天马镇里择祠等3处省级文保单位的保护维修。做好全县20处县级文保单位的保护和维修工作。到2010年，公布第三批县级文保单位3—5个，新增省级文物保护单位1—2个。广泛征集流散文物，充实县文物库房。积极做好第三次全国文物普查工作。

3. 加强历史文化名镇（村）保护。大力开展历史文化名乡镇（村）和古建筑的调查，挖掘内涵，收集资料，积极申报历史文化名乡镇（村）和民间艺术之乡，到2010年，力争申报省级历史文化名乡镇（村）和民间艺术之乡各1个。

（五）以柚石产业为主导，发展壮大文化产业

要结合实际，合理布局，加强调控，强化执法，规范和繁荣文化市场。要立足资源优势，开拓市场，发展柚石文化和乡村休闲旅游文化产业。

1. 规范和繁荣文化市场。一方面，坚持“一手抓繁荣，一手抓规范”的原则，充分发挥政府的调控能力，合理布局，加强管理，规范秩序，强化新闻出版、互联网服务、文化娱乐、广播电视等文化市场执法检查，加大对文化市场执法监督和宣传力度。另一方面，积极鼓励广大群众自办文化，兴办书社、剧团、个体放映队等，以市场运作方式，开展形式多样的文化经营活动，并从事特色文化产品开发和文化服务，不断繁荣文化娱乐市场、图书市场、音像市场和文化用品经营市场，促进文化产业持续快速发展。

2. 大力发展柚石文化产业。认真调研，明确柚石产业发展方向；组织力量，编制柚石产业规划，确定今后柚石产业的工作重点；因地制宜，强化配套，尽快制定柚石产业发展扶持政策；通过引导现有企业，引进龙头企业，加快产品开发，提高产品附加值，做大做强柚石文化产业。

3. 发展乡村休闲旅游文化产业。发挥生态、区位优势，加强区域旅游合作，加大市场开拓力度，着力打造“四省边际旅游中转集散地”。突出休闲、度假主题，按计划、分批次积极推进常山国家地质公园、三衢国家森林公园、芙蓉湖、“农家乐”等旅游开发，大力发展生态游、休闲游、科普游，做精胡柚采摘游，重点打造“同弓乡太公山胡柚基地—大宝山胡柚基地—何家乡黄岗山”、“阁底江家畈千亩胡柚出口基地—青石镇400亩直生胡柚林—胡柚祖宗树—青石花石市场”两条胡柚采摘游路线。加快开发特色旅游产品，使旅游业成为新的经济增长点。

三、争创全省特色文化先进县的队伍建设

文化队伍是文化建设的基础，是组织开展群众文化活动的主力军，是文化事业长盛不衰的力量保证。要不断充实和壮大文化工作队伍，加大培养力度，努力建设专兼结合的高素质的文化工作队伍。

（一）加强县乡两级文化干部队伍建设。建立健全激励机制，鼓励文化工作者学习钻研业务，不断提高文化队伍的整体综合素质。通过公开招考、引进和选配等形式，充实配强县、乡两级文化干部队伍。面向社会选聘文艺骨干和经营、管理、策划人才，制定政策，以柔性方式引进使用人才和智力。

（二）逐步建立基层业余文化管理员队伍。挑选一批退休干部、教师和责任心强、热心群众文化工作的业余文艺骨干担任农村、企业、社区业余文化管理员，从事基层文化场所、设施的管理维护和文化活动的组织协调工作。到2010年，全县1/3的行政村配备村业余文化管理员。

（三）加快培育基层业余文艺队伍。尽快组建一批县、乡两级特色文艺团体。选拔一批志愿者担任基层业余文化指导员，指导基层单位开展业余文艺队伍建设与文化活动，培养各类文体爱好者。到2010年，全县建立“县、乡、村三级文艺骨干人才库”，成立3个以上面向农村的县级业余艺术团，15个乡镇农民业余艺术团，180支农村业余文艺队伍。

（四）积极开展文化队伍培训。健全培训机制，创新培训方式，制定每年度培训计划，组织举办文化队伍培训班，有计划对全县文化干部或文艺骨干进行系统培训。到

2010年，县文化部门每年组织培训业余文艺骨干100名和村业余文化管理员30名，1/3的村业余文化管理员接受过培训。

四、争创全省特色文化先进县的保障措施

（一）加强组织领导。各乡镇、部门要紧紧围绕创建全省特色文化先进县的奋斗目标，把文化建设纳入重要议事日程，形成真抓实干、齐抓共管的局面。各乡镇和相关部门要建立组织领导机构，完善领导机制和工作机制，理清工作思路，改进工作方法，强化对工作的督促和考核，确保各项工作落到实处。

（二）强化规划指导。要认真实施《常山县"十一五"特色文化发展规划》、《常山县城市特色文化规划》和《常山县农村文化建设规划(2007—2010年)》，每年排出实施项目和工作重点，有计划有步骤地实施规划；各项文化工作要与规划对接，强化规划的指导作用；按质保量完成规划确定的工作目标和任务，维护规划的严肃性。

（三）完善保障机制。深化文化体制改革，建立健全竞争、激励、约束机制和岗位目标责任制，提高公共文化服务水平。建立和落实乡镇、部门开展文化工作的评价体系，充分调动各方面开展文化工作的积极性。建立健全"政府主导、社会参与"的"种文化"工作机制，重点突出文化建设投入机制、资源整合机制和农村文化活动繁荣机制。不断加大公共财政对文化事业的投入力度，在特色文化县建设资金中增设农村文化专项，同时对乡镇一级用于文化建设的资金要作出相应的规定。鼓励社会力量和民间资本积极参与文化建设，努力拓宽文化建设资金渠道。

（四）宣传典型经验。突出重点，强化力量，继续加大"中国柚都石城"宣传推介力度，提升"中国柚都石城"特色文化品牌的知名度。总结经验，树立典型，大力宣传全县文化建设工作中涌现出的典型事迹、先进人物，营造全社会支持文化工作、推动文化建设的良好氛围。同时要加大对外宣传力度，大力宣传我县特色文化县的建设工作。

（五）加大督查力度。各乡镇、部门要按照县委、县政府的要求，明确目标，健全制度，落实责任，强化实效。县委办公室、县政府办公室要加强对各乡镇、部门开展文化建设情况的督查通报，确保完成争创全省特色文化先进县的目标任务。

中共常山县委
常山县人民政府
二〇〇八年一月二十三日

中共嵊泗县委
关于印发《全县机关干部"进家庭、知民情、暖人心、促和谐"活动实施方案》的通知

嵊委〔2008〕14号

各乡镇党委，县属各单位党委(党组)：

经县委研究决定，在全县范围内开展机关干部"进家庭、知民情、暖人心、促和谐"活动，现将方案印发给你们，望抓好贯彻落实。

中共嵊泗县委
二〇〇八年七月十四日

全县机关干部"进家庭、知民情、暖人心、促和谐"活动实施方案

为切实加强全县机关干部作风建设，进一步密切干群关系，全面推动我县经济社会又好又快发展，县委决定，在全县范围内开展机关干部"进家庭、知民情、暖人心、促和谐"活动。具体方案如下：

一、指导思想和意义

开展机关干部"进家庭、知民情、暖人心、促和谐"活动，有利于切实转变机关作风，增强广大干部的服务意识，树立亲民、爱民的良好形象；有利于践行立党为公、执政为民的根本宗旨，维护好、实现好、发展好人民群众的根本利益；有利于进一步理清工作思路，突出工作重点，抓好工作落实；有利于顺利实现县第十一次党代会提出的战略目标，加快推进"东海明珠·中国第一岛城"建设。

开展这次活动，务必坚持以"三个代表"重要思想和科学发展观为指导，以关爱群众为出发点，深入基层，深入群众，全面细致地了解掌握人民群众的所急、所思、所需和所盼，真心实意为群众排忧解难，推进和谐嵊泗建设。

二、主要目标和工作任务

按照每年所确定的主题，各级干部要率先垂范、踊跃参与，力促干部宗旨观念明显增强，工作作风显著改善，群众工作经验不断增强，干群关系进一步密切，当前突出矛盾得到有效化解，纠纷和信访大幅度下降，群众得到更多实惠。

1. 了解社情民意。了解掌握中央、省、市、县各项政策的贯彻落实情况，基层群众对各级党委、政府及有关部门的工作满意度、意见和建议；摸清渔农村道路、饮水和卫生等基础设施状况；了解掌握渔农民、社区居民参加医疗、养老保险及文体活动等方面的情况；了解掌握城乡居民的生活状况，尤其是低保户和生活困难家庭的情况。

2. 宣讲政策和法律知识。深入浅出地宣传党的十七大精神，宣讲社会主义新渔农村、新社区建设的目标和任务，尤其要向挂点联系户宣讲好党的基本路线和方针、政策，宣讲我县发展的重大战略措施，培育群众的法律意识，引导群众在法律和政策范围内正确行使个人权利。

3. 维护和促进社会稳定。通过走访家庭，摸清党员干部作用发挥情况，村民、居民代表大会运行情况，政务、村(社区)务、党务公开情况，有无损害群众利益等容易引发信访的苗头问题；摸清基层社会中存在的热点、难点问题，可能诱发群众集体上访等不稳定因素，积极寻找解决途径，妥善化解各类矛盾，做好社会稳定工作，促进社会和谐。

三、实施方法

活动从2008年8月开始正式启动，参加对象为全县各乡镇和部门的全体机关干部。

1. 机关干部进家庭应把握的总体要求：全县机关干部必须与渔农村(社区)和城市社区的家庭户挂点联系；挂点联系方式原则上由各乡镇、部门自行确定；挂点联系对象由县"进家庭、知民情、暖人心、促和谐"活动领导小组在原有的机关结对和文明结对的基础上产生(见附件)。

2. 机关干部进家庭挂点联系的五类重点对象：

(1)渔农村普通渔农户；

(2)特困党员、特困群众、下岗困难职工家庭和残疾人家庭；

(3)个体户和私营企业主家庭；

(4)信访户家庭；

(5)城镇普通居民家庭。

3. 机关干部进家庭的方式：

全县2000余机关干部(含省市属在嵊单位)都要参与活动，根据上述五类重点挂点联系对象，按照先难后易、逐步推进的原则，今年入户走访家庭为每人2户，即到年底要完成对4000多户家庭的走访；以后每年每名机关干部确定3户家庭作为挂点联系对象。力争通过3至5年努力，对全县五类重点对象家庭走访到位，做到不留空白，达到双向全覆盖，确保每户存在的问题和真实意愿能得到如实反映。

机关干部进家庭前，由各乡镇、部门统一函告被访家庭，征求欲访家庭意见，如果同意，应在10天内进行第一次走访；如不同意，可作适当调整，但必须摸清具体缘由。进入所访家庭后，首先要做好自我介绍和来访的主要目的，并告知联系方式。机关干部原则上每季度要与所访户进行一次面对面的沟通与交流；在与所访户建立良好的互信平台后，可通过电话进行经常性的沟通，及时了解所访户的情况，并注意做好相应的工作。

4. 机关干部进家庭应坚持的五项制度：

(1)走访交流制度。各乡镇、部门每季度要安排1天时间为"访谈日"，督促机关干部通过走访、恳谈、帮扶等多种形式，全方位走进家庭，亲近群众，与挂点联系户"面对面"交流，进行"心与心"沟通，耐心细致地做好帮扶工作和思想、政策解释工作。

(2)情况报告制度：机关干部要将走访情况进行认真梳理，分类归纳，形成内容详实、情况准确、分析透彻、措施具体的意见和建议，认真填写《走访纪事》，并及时送本单位党委(党组)。各乡镇和各部门要形成综合报告，连同机关干部的走访报告于每季度报县领导小组办公室。

(3)反馈协调制度：对"访谈日"中发现和提出的问题，由各乡镇和部门进行反馈和协调落实，对一时解决不了或不具备条件解决的，要向县领导小组报告并说明原因，由县委、县政府统一协调解决。

(4)督查指导制度。领导小组将不定时地对全县机关干部进家庭活动情况开展督查，及时发布通报信息，对涉及的难点和棘手问题及时研究和指导。

(5)总结讲评制度。每年对机关干部进家庭情况进行讲评，表彰和宣扬"进家庭"活动好的单位和个人；适时召开交流会，总结推广先进经验和先进事迹。

四、组织领导

各乡镇、各部门要充分认识开展这次活动的重要意义，切实加强领导，精心组织实施，确保活动达到预期目的。

1. 成立工作机构。成立由县委书记任组长，相关部门为成员单位的"进家庭、知民情、暖人心、促和谐"活动领导小组，领导小组下设办公室，负责整个活动的组织协调和检查指导工作，办公室设在县委办，各乡镇、各部门也要成立相应的组织机构并制定具体的实施方案及时报县领导小组办公室。

2. 落实工作责任。本次活动采取县处级领导包乡镇，乡镇、部门党政"一把手"包片，乡镇和部门机关干部共同包村(社区)的方式，做到每村(社区)必进、5类重点户必访。实行乡镇部门负总责制，各乡镇、部门除重点负责所包片村(社区)的信息收集、整理和上报工作外，还要结合本部门、单位的职能和业务工作，深入开展"送政策、送法律、送科技、送医疗、送文化、送信息"等活动。

3. 加强检查指导。县"进家庭、知民情、暖人心、促和谐"活动领导小组办公室要成立指导督查组，定期不定期地进行巡回检查和督促落实，督促指导各乡镇和部门认真做好每个阶段、每个环节的工作，对活动中遇到的问题要及时协调解决，确保活动各项任务圆满完成。

4. 搞好舆论宣传。县委宣传部要切实搞好活动的宣传报道工作。各乡镇和部门要大力宣传活动的目的、意义、方法和要求，做到家喻户晓、人人皆知。要广泛宣传活动的先进典型和好做法、好经验，营造良好的舆论氛围，推进活动健康开展。

五、活动要求

1. 要搞好教育动员。本活动涉及的范围广、任务重，各乡镇和部门要集中时间，切实搞好动员发动。县委将在8月初召开乡镇、部门领导干部会议，正式启动机关干部“进家庭、知民情、暖人心、促和谐”活动。

2. 要不留空白。要坚持每村(社区)必进、5类重点户必访。被列入联系对象的家庭在一年内至少一次得到机关干部面对面的联系，每名机关干部在一年内至少一次要与联系对象联系。

3. 要实事求是。要坚持做到宣传政策原原本本，了解汇总情况真实、准确、详细，不能敷衍了事、弄虚作假、只求大概。对在走访中发现和群众提出的问题，要量力而行，能够解决的，积极协调解决；一时解决不了的，要向群众讲清原因；对敷衍了事，弄虚作假，欺上瞒下的，要严肃处理。

4. 要严肃纪律。各乡镇和部门要教育本单位机关干部不得以任何形式增加基层及群众负担，同时要严守政治纪律、组织纪律，不得做任何有损于组织和干部个人形象的事。

5. 要统筹兼顾。各乡镇和部门要正确处理开展本活动与做好本乡镇、本部门当前工作的关系，统筹安排，相互促进。要通过开展活动，进一步理清工作思路，改进工作措施，推动各项工作，切实做到“两不误、两促进”。

附：嵊泗县机关干部“进家庭、知民情、暖人心、促和谐”活动对应联系点分配表(略)

中共青田县委
关于加快青田石文化发展的决定

(2008年7月31日中国共产党青田县第十二届委员会第七次全体会议通过)

青委〔2008〕48号

为深入贯彻落实省委工作会议和县第十二次党代会精神，进一步弘扬与提升青田石文化，切实推进“文化青田”建设，现结合我县实际，对加快青田石文化发展作出如下决定。

一、进一步认清青田石文化发展面临的形势

1. *加快青田石文化发展具有重要的现实意义*。党的十七大指出要大力发展文化产业，加快文化产业基地和区域性特色文化产业群建设，省委要求兴起文化大省建设新高潮，市委强调加快推进绿谷文化建设，为我们加快青田石文化发展，着力提升青田整体形象带来了难得的历史机遇。县第十二次党代会提出了建设“三大青田”的重要任务，加快青田石文化发展是贯彻落实县党代会精神，积极培育“文化青田”的重要举措。加快青田石文化发展，也是进一步发挥我县特色文化优势，大力弘扬“三乡文化”，不断增强青田文化软实力的现实需要，必将有力推动全县文化事业大发展大繁荣。

2. *加快青田石文化发展面临新的挑战*。新时期新阶段对青田石文化发展提出了新的更高的要求。我们必须清醒看到青田石文化发展存在的问题：缺乏科学系统的青田石文化发展规划；行业发展与资源保护的矛盾没有得到有效的调处；青田石文化的层次亟待提高，高素质人才缺乏；青田石文化与旅游等产业的协调联动性不强，制约了行业间的互补共赢发展。

二、明确青田石文化发展的总体要求和总体目标

3. *加快青田石文化发展的总体要求*。以邓小平理论和“三个代表”重要思想为指导，全面贯彻落实党的十七大精神，按照县第十二次党代会的要求，以科学发展观为统领，坚持社会主义先进文化的前进方向，坚持政府扶持引导与市场推动发展相结合，坚持开发与保护相结合，坚持传承与创新相结合，逐步壮大青田石文化产业，加快提升青田石文化层次，着力推进“文化青田”建设。

4. *加快青田石文化发展的总体目标*。以“弘扬青田石文化，打造中国石文化之都”为战略目标，把青田建设成为中国名石“展示中心、研究中心和交易中心”。立足长远发展，打造产业链条，用市场经济效应引领青田石文化产业：提升青田石雕品位，加快推进青田石文化发展；吸引全国石资源的集聚，用雕刻基地的模式壮大青田石文化产业；实现资源与效益的整合，市场与产品的互动，文化与经济的融合，不断促进青田石文化特色产业集群化发展，打造“中国石文化之都”。

三、加快青田石文化发展的主要措施

5. *提升青田石雕文化品位*。充分发挥青田石雕技艺特色，促进青田石雕产品创新。扶持和推动优秀石雕产品的创作、生产、传播，提高青田石雕品位和档次。

6. *加强青田石资源开发保护*。坚持开发和保护并举，走可持续发展之路。研究制定青田石资源开采保护管理办法，加强对青田石资源的监管保护。严格控制名贵青田石的开采，加大对普通青田石的开发利用。加强矿山管理，对青田石资源重点产区进行区域划定和管理。鼓励矿山企业以整合组建集团公司的模式，实现青田石资源的统一管理。

7. *建设石文化产业集群*。按照适当集中、形成规模、体现特色的要求，推动青田石文化产业集群式发展，培育民营龙头石文化企业。加强企业间的分工合作，形成原材料供应、生产、销售、技术开发等环节紧密协作发展的良好格局。

8. *加大青田石文化宣传力度*。通过举办“研讨会、巡回展、展拍会、艺术节”等多种形式和系列专题活动，大力弘扬青田石文化。鼓励创作以青田石文化为主题的影视作品，出版一批反映青田石文化的最新研究成果的书籍。鼓励企业到全国开设以青田石为品牌的石雕连锁店。

9. *提升青田石文化内涵*。建立青田石文化专业研究机构，聘请专业的馆员和研究员，整理青田石雕镂雕技艺的理论，发掘整理青田石文化历史。加强对大师、名艺人等雕刻技艺的整理和总结，整合和提升青田石文化内涵。开展学术交流和理论研讨，打造中国篆刻艺术创作基地，促进“印石之祖”文化的复兴。充分发挥青田石雕博物馆的展示、交流和科研平台作用，做好青田石雕各个时期的代表性作品征集工作，保持青田石文化发展历史的延续性。

10. *建设青田石文化专业市场*。加大基础设施建设力度，建设中国原石市场，吸引各地名石集聚，把青田建设成为中国名石交易集散地。充分发挥工商部门和行业管理的职能，规范市场秩序，加强质量维权，打造诚信市场。依托“青田石雕原产地证明商标”和“中国驰名商标”，不断深化青田石文化品牌建设。

11. *大力培养专业人才*。建立“政府引导、行业指导、单位自主、个人自愿”的人才引进、培养和使用机制，使人才队伍总量稳步增长，结构得到较好改善，质量得到明显提高。鼓励大中专工艺美术院校毕业生从事石雕行业，积极引进外地高技能的石雕创作人才。注重就地培养人才，重视发挥工艺美术大师传承技艺的带头作用，充分发挥“师带徒”培养后继艺人的主渠道作用，研究建设“青田石雕艺术学校”。创新人才奖励机制，营造尊重人才、吸引人才、发挥人才作用的良好舆论环境、竞争环境和社会氛围。

12. *发展青田石文化旅游*。开辟青田石文化旅游精品线路，充分挖掘青田石文化产业的旅游附加值，发展集观光、购物、休闲为一体的青田石文化旅游产业。

四、为加快青田石文化发展提供有力保障

13. *加强组织领导*。自觉把加快青田石文化发展作为各级党委、政府的重要工作，进一步统一思想，提高认识，切实加大对青田石文化发展力度。充分发挥石雕行业办的职能作用，加强对青田石文化产业的管理服务。财政、文化等各相关部门要积极履行职能，加强对青田石文化发展的具体指导和支持。

14. *制定发展规划*。结合全县经济社会发展总体规划，进一步制定青田石文化发展的长、中、短期规划。相关部门要相应制定加快青田石文化发展的专项规划，突出发展重点，明确阶段目标。

15. *完善扶持政策*。加大公共财政对青田石文化的投入，建立“青田石文化产业保护发展专项资金”，县财政每年安排专项资金预算不少于500万元，用于作品征集、人才培养、石文化研究等工作。引导社会力量积极参与青田石文化发展，为加快青田石文化发展提供多元化资金保障。

中共青田县委

二〇〇八年八月十一日

中共景宁畲族自治县委　景宁畲族自治县人民政府关于印发《“全国畲族文化发展基地”建设纲要（2008—2012）》的通知

景委〔2008〕37号

各乡镇、管理区，县直机关各单位：

《“全国畲族文化发展基地”建设纲要（2008—2012）》已经县委、县政府研究同意，现印发给你们，请遵照执行。

中共景宁畲族自治县委

景宁畲族自治县人民政府

二〇〇八年十月二十三日

“全国畲族文化发展基地”建设纲要（2008—2012）

为认真贯彻落实中共浙江省委、浙江省人民政府《关于扶持景宁畲族自治县加快发展的若干意见》（浙委〔2008〕53号）文件精神，深入实施“一三四八”发展战略，推动畲乡文化事业繁荣和文化产业发展，促进“全国十强、基本小康、文化基地”三大目标的实现，特制定《全国畲族文化发展基地建设纲要（2008—2012）》。

一、总体要求

高举中国特色社会主义伟大旗帜，以邓小平理论和“三个代表”重要思想为指导，遵循科学发展观的要求，深入实施“文化畲乡”战略，立足大文化、大畲族的文化内涵定位，构建多层面、体系化的文化传承框架，突出精品型、产业化的文化建设主线，发展创新型、实用化的文化研发支撑，深化畲乡人文基础工程、畲族文化氛围工程、畲族文化保护研究工程、畲族文化精品工程、畲族文化产业引擎工程、畲族文化交流传播工程、畲族文化人才工程等“七大工程”，将景宁打造成为全国主要的畲族文化保护、研发、交流、展示中心，努力在民族文化传承、发展上走在全国民族自治县前列。

二、发展目标

经过五年的努力，初步形成与全国唯一的畲族自治县经济社会发展需求相适应的文化发展格局，培育具有时代特征、民族特色、畲乡特点的人文精神，构筑基本配套的公共文化服务体系，建立运行有序的文化市场体系，营造有利于出精品、出人才、出效益的文化发展环境。重点建设和完成六大主要指标任务：

——辐射全国的畲族文化品牌。“畲族、畲乡、畲县”品牌全面打响，中国畲乡“三月三”、中国民族经济高峰论坛等重大文化宣传活动影响力得到提升，畲族文化发展基地效应开始显现。

——特色浓郁的畲族文化氛围。建成一批特色鲜明的文化设施、文化广场、人文景观，县城建设个性化和畲族化特征明显，民族特色性文化习俗得到普及和推广，特色文化氛围日益浓厚。

——初具规模的畲族文化产业。生态风情旅游业、畲族服饰业、演艺业、文化传播业等重点文化产业效益显著，文化产业产值占全县GDP的比例不断提高。全县城乡居民消费中的文化消费比重和文化对经济建设的贡献率大幅提高。

——体系完善的畲族文化保护机制。畲族文化资源得到有效保护和传承，建成一批畲族特色浓郁的文化展示区、博物馆和展览厅，畲族原生态文化保护区作用明显，各级非物质文化遗产得到有效整理，民族文化整体实力得到提高。

——富有实效的畲族文化研发体系。畲族文化保护、研发和推广机制不断完善，文化人才培养、引进、选拔和激励机制不断健全，创新型、实用型的文化研发支撑体系基本形成。

——主导全国的畲族文化交流传播平台。广播电视网络平台建设初见成效，广播电视事业服务功能和产业能力日益增强，建成系列知名度高、影响力大的畲族文化交流平台，畲族文化对外交流及影响力明显提高。

三、基本原则

1. 坚持继承借鉴和改革创新并重。继承弘扬优秀传统民族文化，挖掘研发畲族文化资源，大力弘扬畲乡精神，着力彰显县域文化的特色性和时代性。广泛吸收和借鉴外来优秀文化成果，把握先进文化的前进方向，注重文化创新，大胆改革，强化交流，不断增强畲族文化的辐射力和影响力。

2. 坚持社会效益和经济效益并举。高度重视文化的意识形态属性，同时又充分考虑文化的产业属性，一手抓公益性文化事业发展，一手抓经营性文化产业发展，始终坚持把社会效益放在首位，努力实现社会效益和经济效益的最佳结合。

3. 坚持基础夯实和精品打造并进。立足于自身的文化底蕴，面向发展要求，夯实文化建设的基层基础、工作基础和物质基础，挖掘培育弘扬畲乡文化品牌。发挥独特的文化资源优势，通过文艺创作、节庆活动和展赛等平台展示文化的个性和内涵，着力打造形成文化精品品牌，提升畲乡景宁知名度和美誉度。

4. 坚持整体推进和重点突破并驱。着眼长远，立足当前，从景宁经济社会发展的全局出发，科学规划，统筹安排，分步实施，全面推进。以发展科技教育为基础，以发展文化产业为突破口，做到整体推进和重点突破并驾齐驱，为景宁文化大发展大繁荣提供有力保障。

四、工作重点

（一）畲乡人文基础工程

畲族人文精神的研究提炼与弘扬。认真总结畲乡经济社会发展的实践经验，挖掘提炼具有时代特征、民族特色、畲乡特点的畲乡人文精神，大力弘扬以勤劳、诚信、感恩等为核心文化价值观的畲族优秀精神品格。坚持用畲乡人文精神凝聚力量、激发活力、鼓舞斗志，进一步激发畲乡人民的智慧、活力和创造精神，营造感恩图强、勇于创新、和谐发展的创业氛围。深化对畲族人文精神的研究和提升，多角度、多形式进行宣传弘扬。

畲乡文明素质建设。以文明卫生县城创建为契机，大力实施文明素质工程，加强礼仪教育，深化法制宣传，拓展信用建设，努力推动畲乡公民文明素质的不断提高，构建与畲乡经济发展相适应的文明素质体系。广泛开展公民道德、社会责任、科学精神、廉政文化主题教育活动，倡导核心价值观，建设和谐文化，弘扬社会新风，促进良好道德风尚形成。

（二）畲族文化氛围工程

加强“畲族、畲乡、畲县”系列品牌建设。在弘扬大畲族文化品牌的前提下，做亮做强地域文化品牌。分层分级整合现有品牌，加强品牌内涵提炼及品牌形象、品牌标识、品牌口号设计，集中力量打响“中国畲乡”主品牌，同时积极抓好生态景宁、廊桥之乡、水电之乡、香菇之乡、惠明茶、畲族风情旅游、生态旅游等系列品牌的宣传工作。

加强“三个一批”硬氛围建设。建设一批畲族原生态生活村，以“环赤木山畲族原生态生活区”为中心，在重点畲族村推行原生态生活模式，向游客展示原汁原味的畲族生活风貌。建设一批畲族标志性建筑，进行畲族建筑风格定型研究，在县城、旅游景点及相关重要地方建设系列标志性畲族建筑，通过畲族城雕、壁画等多种手段加强畲族标志性文化元素的展示。建设一批畲族风情景区及民俗表演点，多角度、多层次展示畲族人文生态景观。交通干线及景区沿线公路逐步实施畲族文化景观工程建设，形成特色鲜明的“畲族风情走廊”。

实施“五个一”软氛围工程。设计并在全民普及具有畲族标志性特征的一首歌、一段舞蹈、一套服饰、一句问候语、一个礼仪动作。通过畲乡报、电视台、网络等传播平台，利用集训、带训、课堂教学等多种方式，从畲族领导干部层面、窗口服务单位层面、中小学校层面等入手在全县进行宣传推广，逐步形成全民普及展示“五个一”的局面。

（三）畲族文化保护研究工程

以畲族博物馆为载体，加强“文物型”畲族文化保护。广泛收集全国各地畲族文物、文献资料，形成在全国最具影响力的畲族文献资料展示和查勘中心。同时，构建县、乡两级畲族文化保护网络，完善畲族文物、畲族生态文化的保护体系建设。

以“敕木山畲族原生态文化保护区”为载体，加强具有独立文化生态的“原生型”畲族文化保护。重点建设以周湖、东弄、赤木山为核心的畲族原生态文化保护区示范点，并以点扩面，辐射老城区、古镇、古村、畲族村寨等，全面推进畲族原生态文化保护工作。

以系列文化传承基地为载体，加强“亮点型”畲族文化保护。县域内以两个“国遗”和七个“省遗”为重点，保护好畲族民间传统文化的优秀项目、绝技、大师和名作。积极申报国遗、省遗、市遗项目，整理公布县遗项目，建立公布一批县遗以上重点项目传承基地，构建基地建设、申报公布、项目传承的完善体系。

加强畲族文化整合引领。对全国畲族文化元素进行系统全面的收集归纳整理，对畲族文化的亮点精华和薄弱环节进行科学分析，扩大畲族文化的承载涵盖面。精心梳理畲族文化的发展方向、发展重点、发展途径，明确发展要求，全面构建畲族文化研发完整体系，引领畲族文化发展。

加强文化基础性、标志性和应用性研究。在巩固基础性研究成果的基础上，重点加强标志性和应有性研究。充分发挥畲族文化研究会、畲族文化研究中心等文化研究机构的作用，重点发挥社会化力量的作用，通过课题制等模式，广泛集聚社会研究人员围绕畲族文化研究重点，开展积极有效的研究工作。

（四）畲乡文化精品工程

建设“一镇一区一心一园”等“四个一”硬件项目。对城区进行民族化整治改造，加强标志性街道、小区、主题园区建设，重点建设以鹤溪镇大众街为核心的体现畲乡文化底蕴的历史文化名镇。建设“环敕赤木山畲族原生态文化保护区”，打造全国畲族原生态文化保护区样板。建设具有畲族特色的畲族文化标志性建筑——中国畲族博物馆，形成在全国最具影响力的畲族文献资料展示和查勘中心。建设集畲族文化创意、畲族文化推广、畲族文化展销为一体畲族文化创意产业园，形成系列化、多层面的畲族文化发展和展示平台。

加强一个节、一个团（一台戏）、一批展、一套丛书等“四个一”精品建设。在认真总结以往大型畲族文化活动的基础上，精心打造每年一届集经贸洽谈、招商引资、文体娱乐、旅游观光为一体的“中国·畲乡三月三”精品。大力扶持畲族民间艺术团建设，积极开拓省内外演出市场，亮好畲族对外文化交流金名片，提升畲族文化知名度。鼓励畲族文化精品创作，创编汇集优秀理论文章、畲族民歌、畲族舞蹈等各类文化精品的畲乡文化丛书。创作编排一台大型畲族茶主题风情歌舞。办好一批文物、畲族艺术、畲族文化产品系列展。

（五）畲族文化产业引擎工程

以畲族风情旅游业为主导，以畲族文化旅游、演艺、会展、工艺服饰加工和畲族文化创意、推广为重点，积极发展畲族文化旅游景区、农家乐、工艺加工及其它各类文化企业，形成系列化的产业群带。

建立畲族文化创意产业园，为文化产业发展提供基础平台引擎。确定相应地域，加强基础设施建设和政策配套，形成集文化开发、文化展示及文化旅游服务为一体的文化产业园区。集中引进一批具有产品、市场、技术及资金实力的县内外企业，重点发展畲族文化创意、工艺设计、会展与演艺策划、广告宣传、产品包装及文化旅游服务企业，加强畲族工艺加工、畲医畲药及茶叶、食用菌加工包装等传统产业建设；大力发展多体制形式、多产品类型、多经营模式的文化产业，形成全国最具影响力的畲族文化产业区。

加强畲族文化研发，为文化产业发展提供技术引擎，打造文化核心竞争力。积极推动畲族文化普及、交流和研究开发，集中力量进行畲族文化元素、艺术特征、建筑风格、风物习俗等重点课题的研究，以推进理论成果向实用技术转化为核心，加强文化创意、设计、推广工作，以创新的理念实现畲族文化从资源型向产业型的转变。

（六）畲族文化交流传播工程

以“展示畲乡形象，弘扬畲族文化，推进文化交流”为目的，集中精力，创建三项具有全国影响力的文化交流传播平台。

媒体宣传平台。以创办中国畲族网，打造具有浓厚畲族特色的广播电视台为手段，建设畲族题材广播电视节目播出平台及网络宣传平台。网站、报社及电视台充分发挥媒体快速、及时、互动、大容量、大范围的特点，坚持正确的宣传方向，提供可操作性的互动交流平台，实现栏目精品化、内容特色化、展示交流常态化。

节事展示平台。以举办中国畲乡风情节、中国畲乡“三月三”、畲族文物博览会、畲族商品展销会等形式，集聚畲族文化精髓，宣传展示特色文化，以节促宣，搭建系列有深度、有影响、有实效的文化、经济交流平台。

论坛交流平台。以举办中国·景宁民族经济社会发展高峰论坛和畲族文化发展论坛的形式，邀请全国民族自治县和民族地区的领导、专家及有关人士到景宁开展高规格、高层次的文化研讨和考察访问，全面提升畲乡文化层次，开阔畲族文化建设视野，促进全国各民族文化的交流和提升。

（七）畲族文化人才工程

加强学校和社会教育宣传。办好畲族文化传承学校，在中小学校鼓励“畲汉”双语教学，开设民间文学、民间手工、民俗表演等为主要内容的畲族文化课程，普及畲族文化知识。加强社会教育宣传，通过举办讲座、培训班等多种形式加强对畲族文化干部、艺术表演人才及文化公益性单位、研究机构人才的宣传教育，鼓励进修学习。

实施文化传承人培养工程。建立畲族文化培训中心，完善传承人传学带徒制度，文化传承人补助奖励制度。建立促使文化人才脱颖而出的机制，重点培养和包装一批有影响力和知名度的大师级传承人才、专家型研发人才和懂文化、会经营的复合型管理人才。

建立文化智库，实行内外结合的文化智力管理体系。加强县内文化人才的培育，引入外地高层次人才，特别要集聚一批研发型、表演型、管理型人才，提高实用技术开发和运用能力。

提供文化人才优质的工作环境和工作机制。提高吸引人才、留住人才、用活人才的能力。建立完善人才培训教育、高级人才培养、高层次人才引进、专业技术人员突出贡献奖励机制。完善创新型人才分配机制，鼓励专业技术人员通过成果转化获取相应报酬。对特殊专业岗位上的优秀拔尖人才，经批准可实行高薪聘用，形成良好的文化人才工作环境。

五、工作措施

（一）加强组织领导。建立由党委统一领导、政府管理负责，人大、政协督促推动，党委宣传部门协调指导，行政主管部门具体实施，各部门齐抓共管、各负其责，全社会积极参与的领导体制和工作机制。成立“全国畲族文化基地”建设协调领导小组（畲族文化发展委员会），设立专门办公室具体负责规划、指导、督查工作。全县各级党委、政府和领导干部要进一步统一思想，提高认识，自觉把加快全国畲族文化发展基地建设摆上重要位置，努力提高领导和驾驭文化工作的能力和水平。要因地制宜，分类指导，把加快建设全国畲族文化发展基地的目标任务分解落实到位，列入任期目标考核。要研究建立全国畲族文化发展基地建设评价指标体系，建立文化产业统计制度，加强对畲族文化发展的考核与评价。要进一步加大宣传力度，发挥新闻媒体优势，引导全社会形成广泛共识，为加快全国畲族文化发展基地建设营造浓厚氛围。

（二）制订文化发展规划。聘请高层次专家制订《全国畲族文化发展基地建设规划》，并根据景宁实际和上级要求分列出阶段性工作任务方案。规划制订坚持立足长远与五年初显成效的要求相结合，并将其纳入“十一五”计划和经济社会发展长远规划。基地发展规划要既符合实际，又具有前瞻性；既有全面计划安排，又要突出重点和特色，使全国畲族文化发展基地建设有步骤有侧重的开展。

（三）完善配套措施

加强政策引导，优化畲族文化产业发展环境。认真落实国家、省、市及我县现有的文化发展政策，进一步完善相关文化事业发展配套扶持政策。围绕和谐发展，建立完善国有资产处置、人员分流安置、社会保障、劳动分配等政策。围绕产业发展，落实民营文化企业在工商登记、项目审批、土地征用、规费减免、财政扶持、投融资以及从业人员职称评定等方面与国有文化企业的同等待遇。围绕跨越发展，完善畲族文化发展宏观调控政策，充分运用财政、税收、价格、信贷等经济杠杆，加快文化事业和畲族文化基地的发展。

推进文化体制改革，激发文化建设活力。完善文化管理体制，理顺政府和文化企事业单位关系，实行政企分开、政事分开、管办分离，充分发挥市场在资源配置中的基础性作用，促使各种文化资源和文化要素的合理流动。调整文化单位布局结构，打破部门和区域界限，促进人才和资源的合理流动与共享。调整市场准入门槛，鼓励个人、企业、社会团体参与畲族文化产业开发和畲族文化创意研发。积极发展文化中介组织，完善文化经纪人制度，强化行业自律机制，规范文化经营行为，促进畲族文化事业全面繁荣。

加强文化投入，保证文化事业跨越发展。加大公共财政对畲族文化建设的投入力度，改革投入方式，明确投入重点，提高投入效益。积极发挥民族地区的优势，争取上级部门的资金支持和补助。建立和完善多主体、多形式文化发展投入机制，拓宽文化投入渠道，要特别重视民营资本的主体作用，通过经济化的运行手段促进县内外民营企业投资发展畲族文化产业和文化事业，促进文化工作全面提升。

（四）强化宏观管理

加强和改善党的领导，保证文化基地建设的正确方向。始终掌握党对畲族文化建设重大事项的决策权，对民族宣传工作的审核权，对国有文化资产配置的控制权。积极应对网络和数字化发展带来的新挑战，加强对互联网等新兴文化阵地的管理，坚持用先进文化和正确的民族文化观占领思想文化阵地。

加强文化市场监管，维护文化市场秩序。宣传、文化、工商、公安等部门按照“一手抓繁荣、一手抓管理”的要求，各司其职，团结协作，坚持经常性执法管理和集中打击行动相结合，依法加强对文化市场的监督管理，保证文化市场健康繁荣发展，保证畲族文化产业规范有序推进。实行文化市场准入制度，维护文化产业领域的合法经营，保护知识产权，鼓励公平交易、平等竞争，为建设全国畲族文化发展基地营造良好基础。

加强统筹协调，推进文化事业全面发展。综合运用法律、经济、行政等手段，切实加强对文化、教育、科技、卫生、体育等社会事业的宏观管理和协调，推进社会事业健康有序发展。开展平安景宁、法制畲乡、文明县城、卫生县城创建活动，促进畲乡精神文明和人文素质的提高。全面加强乡村文化、社区文化、企业文化、校园文化、团队文化建设，加强畲族文化中心、广播电视“村村通”、畲族文化一条街、乡镇文化中心等重点项目、重点设施及文化示范村、示范户的建设，构建完善的公共文化服务网络，推进全国畲族文化基地的全面发展。

统筹城乡发展篇

中共浙江省委　浙江省人民政府
关于认真实施“创业富民、创新强省”总战略
加快推进社会主义新农村建设的若干意见

（2008 年 3 月 12 日）

浙委〔2008〕25 号

根据党的十七大和省第十二次党代会精神，2008 年我省农业和农村工作的指导思想是：高举中国特色社会主义伟大旗帜，以邓小平理论和“三个代表”重要思想为指导，深入贯彻落实科学发展观，全面实施“创业富民、创新强省”总战略，以推进城乡经济社会一体化发展为主线，进一步加大统筹城乡产业发展、统筹城乡创业就业、统筹城乡基础设施建设、统筹城乡社会事业发展和改善民生、统筹城乡综合配套改革的力度，着力推动欠发达地区加快发展和低收入农户奔小康，努力促进农业增产增效、农民增收致富、农村全面进步，推动我省社会主义新农村建设跃上新台阶。

一、创新农业发展方式，提升高效生态农业发展水平

1. 确保粮食安全和“菜篮子”产品供给。按照稳定粮食种植面积，提高单产和总产量的要求，层层落实粮食工作市、县行政首长负责制，减少耕地季节性抛荒，制止全年抛荒。组织开展粮食优质高产竞赛活动，大力推广优质高产的良种良法。省里对早稻种植户实行普惠制补贴。各级要提高种粮大户直接补贴、良种补贴等标准，完善农机具购置和作业补贴政策，落实粮农农资综合直补和油菜种植补贴等政策。加大对粮食生产服务组织的扶持力度。全面实行水稻、油菜生产政策性保险。落实化肥、农药分级储备制度。继续实行稻谷最低收购价政策，提高“订单粮食”价外补贴标准，继续实行粮食预购定金政策。加强粮食物流体系建设，落实地方粮油储备等措施。强化“菜篮子”市长负责制，落实生猪、奶牛生产等扶持政策，加强生猪、蔬菜、禽蛋奶、水产品等规模化生产基地建设，完善猪肉应急供应保障制度。

2. 优化农业产业结构。大力培育发展农业十大主导产业和新兴产业，科学编制农业功能区规划，扎实推进农业特色产业强县强镇强村建设。调整优化种养业区域布局，实行人畜、村畜分离，大力发展农林牧结合的规模化生态畜牧业。整合财政支农专项资金，加快建设一批区域化布局、产业化经营、标准化生产的特色农业基地，配套推进农产品加工功能区和农产品物流基地建设。

3. 积极培育农业经营主体。大力扶持规模经营的专业大户、农民专业合作社和农业龙头企业发展壮大。各地要积极建立现代农业创业资金，金融机构要积极开办创业贷款，引导、支持和鼓励农业大中专毕业生、农村能人参与现代农业创业。实行浙江籍学生免费就读省内大中专院校、电大、农广校等种养专业政策。探索高等学校农林水专业学生毕业后到农村基层从事农林水专业工作达到一定年限后，由政府代偿国家助学贷款等政策。鼓励农民专

业合作社投资建设农产品加工流通项目，并享受专业合作社有关优惠政策。继续引导工商企业投资高效生态农业。鼓励农业龙头企业推进科技创新，健全利益联结机制，发展跨区域经营，培育知名品牌，提高带动和竞争能力。企业从事种植业、养殖业、远洋捕捞和农林产品初加工业，可按规定免征减征企业所得税。落实畜禽饲养地、设施农业用地视作农业用地的政策和农产品批发市场用地按工业用地对待的政策。

4. *推进农业科技创新*。加快实施现代农业科技创新工程和农村科技推广工程。开展新农村建设科技示范县、示范乡镇、示范村试点。推进农业科技创新平台建设，深入实施种子种苗工程，组织开展农产品精深加工和系列开发、多功能农机装备与设施、现代农业节水节能节地等技术攻关，发展农业高新技术产业。大力推进农作制度改革和生产模式创新，重点推广设施农业、循环农业、精准农业、休闲农业、有机农业等高效生态模式。整合各级农技推广力量，建立健全省、市、县农技推广中心及分中心，全面推行乡镇责任农技员制度，充分发挥各级首席推广专家、责任农技员、农技指导员和科技特派员等的作用；鼓励高等院校、科研机构与各地联合兴办区域性农业科技研发推广中心和科技示范园区，努力构建农科教、产学研一体化的新型农技创新与推广体系。大力发展各类社会化农技服务组织。农业科技企业从事技术转让、培训、咨询、服务、开发业务所得的收入免征水利建设专项资金，农业技术推广项目免征企业所得税。各级都要加大对农业科技的投入，省里对农技推广相关资金进行整合，结合责任农技员制度的实施，实行推广项目到户到田(场)、责任到人的项目化管理。

5. *加快农业标准化生产*。大力推行农业产前产中产后全过程标准化，进一步加强农产品质量控制。加快农业标准制定，完善农业标准体系。普及农业标准化知识，积极推进农业标准化生产示范园区建设，推广清洁、安全和节约的新型农作制度。改善农产品产地环境。切实加强农产品质量检验检测服务体系建设。建立健全农产品市场准入、质量可追溯制度和农业投入品管理制度。进一步抓好无公害农产品、绿色食品、有机食品认证工作。

6. *推进农业服务创新*。充分发挥"农民信箱"等信息化工具的作用，加强农产品产供销信息服务。大力培育农机、植保、农产品购销运等专业合作社和服务大户，提高农业生产和营销的组织化水平。支持和引导专业合作社的联合、组建农民专业合作社联合社。加快推进专业合作、供销合作、信用合作"三位一体"的农村新型合作服务体系试点。大力培育农产品现代流通体系，加快构建跨区域的农产品流通骨干网络，改造提升农贸市场，加大对农产品、农资等配送中心、连锁门店建设的扶持力度。农资连锁经营龙头企业视同农业龙头企业，享受有关优惠政策。进一步完善农产品运输"绿色通道"制度。

二、加强农业基础设施建设，改善农业生产条件

7. *实施"千万亩标准农田质量提升工程"*。按照确保300亿斤粮食生产能力和1500万亩标准农田数量的要求，严格落实耕地保护责任制，开展标准农田及地力状况调查。启动"千万亩标准农田质量提升工程"，各级都要加大对土地开发整理、农业综合开发和标准农田配套建设的扶持力度，继续实施"沃土工程"，通过提升土壤有机质、农艺修复、农收结合等措施，增强农田地力。大力开展测土配方施肥，扶持有机肥生产和推广应用。

8. *开展高效生态农业现代科技示范园建设*。积极发展设施农业。结合农业主导产业的发展，引进消化吸收国内外先进设施、技术和标准，建设若干个高效生态农业现代科技示范园，发挥其在标准化生产、节水节地、中低产田改造利用、科技成果转化推广等方面的示范效应。各级财政要安排相应的高效生态农业现代科技示范园建设资金。

9. *启动实施"强塘固房工程"*。加大对水库、江塘、海塘等重点水利基础设施建设和农村危房改造的投入力度。按照三年内基本完成病险水库除险加固任务的要求，加快实施"千库保安工程"。抓好山塘整治，大规模开展农田水利基础设施建设。加快"百亿水资源保障工程"等骨干水利工程建设。深入实施"千万亩十亿方节水工程"，加大灌区节水改造力度，大力推广微喷灌等先进技术。抓好山区小流域综合治理和地质灾害防治，引导受益群众参与水利建设和管理，健全水利基础设施维护管理长效机制。根据农房防灾能力普查和地质灾害隐患点普查成果，组织指导农村危房户开展房屋改造，加快建设农村避灾场所，探索引入市场机制强化农房建设管理和技术服务，不断提高农房的抗灾防灾能力。

10. *加快标准鱼塘和标准渔港建设*。抓好鱼塘改造，结合实用技术推广提高养殖水平。按照标准渔港建设规划，加快重点渔港防波堤、护岸、码头等公益性基础设施建设，对前期工作准备充分、自筹资金落实的渔港项目，省里优先立项扶持。全面实施海洋渔业船舶安全救助信息系统建设。积极组织开展渔船节能降耗工作。

11. *大力实施农业机械化促进工程*。加快推进粮油生产全程机械化，积极推广应用经济作物、养殖业和农产品贮藏加工机械。加快引进、试验和示范推广主导产业关键环节机械装备。贯彻落实农业机械化税费优惠政策，对农机作业服务项目免征企业所得税，对从事田间作业的拖拉机免征养路费，落实农机跨区作业免费通行政策。

12. *加强林业生态建设*。加强生态公益林建设管理，继续提高省补偿标准。深入开展公益林示范县创建活动。进一步完善对钱塘江源头等主要河流源头地区生态补偿的省财政转移支付政策。加快沿海沿湖防护林体系建设，重点抓好沿海岸基干林带、平原农区和城镇防护林网建设。开展"关注森林"活动，推动森林城市和森林城镇建设。继续实施"百万亩阔叶林发展工程"和"万里生物防火林带工程"建设。深入实施"兴林富民示范工程"，加快低产低效竹林改造和珍稀干鲜果、珍贵用材林发展，发展油茶产业，提升种苗、花卉产业。从2008年起，对林业生产经营者全额返还集体林育林基金和更新改造资金，具体办法由省财政厅、省林业厅另行制定。

三、支持鼓励农民创业，促进农村经济繁荣

13. 深入实施中心镇培育工程。充分发挥中心镇在带动新农村建设中的重要作用,按照县(市)域总体规划和城镇功能定位,完善中心镇规划布局,促进农村产业和人口向中心镇集聚,把有条件的中心镇建设成为现代化小城市。按照节约集约利用土地原则,开展农村居民宅基地复垦置换城镇住宅试点,促进农民在中心镇安居创业。按照城镇社区的要求对城中村、城郊村进行整治。完善和落实强镇扩权政策,选择若干中心镇开展乡镇行政综合执法改革试点。研究制定中心镇基础设施配置标准,加快中心镇道路、供水、污水和垃圾处理等基础设施建设,改善中心镇的投资环境和人居条件,健全中心镇服务功能,促进供水、环卫、公交、卫生、文化等公共服务延伸到村。

14. 提升乡镇企业和特色块状经济发展水平。鼓励乡镇企业推进技术创新、产品创牌,提升块状经济发展水平。企业与家庭工业户签订加工合同,经相关部门认定,支付的加工费计入企业生产成本。优化乡镇工业功能区的规划布局,加强基础设施建设,增强产业承载功能。进一步健全区域性专业批发市场功能,加强区域性科技研发中心建设,发挥行业协会的作用,提高中小企业的整体竞争力。积极发展"一村一业"、"一村一品"的特色村域经济。

15. 加快发展来料加工业。把发展来料加工业作为农民就业和创业的重要途径,大力培育和扶持来料加工经纪人、专业村、重点企业,带动农户增收致富。来料加工经纪人的培训统一纳入各地农村劳动力培训工程。启动实施"百万妇女来料加工推进计划",动员广大妇女积极参与和发展来料加工业。各级都要安排资金,专门用于扶持发展来料加工业。省财政重点支持欠发达地区发展来料加工业。

16. 大力发展农家乐休闲旅游业和农村社区服务业。加大对农民发展农家乐休闲旅游业的扶持力度,加强对农家乐休闲旅游业的人员培训、规范管理,发展中介服务组织,开展农家乐经营户服务质量星级评定,不断提升农家乐休闲旅游业发展水平。积极发展商贸、保洁、保安、保健、养老、幼教等农村社区服务业。鼓励金融机构加大对农民发展农家乐休闲旅游业和社区服务业的信贷支持力度。

17. 加强农民就业创业能力建设。深入实施"千万农村劳动力素质培训工程",把农民技能培训与职业教育、成人教育结合起来,使受训农民获得专业技能证书和学历证书。提高省财政对农民技能培训的补助标准,支持培训就业指导服务体系建设。实施"百万农村实用人才培养计划",重点培训种养能手、科技带头人、农村经纪人和专业合作组织领办人等,把一批有技术和经营特长的农村能人培育成为新的创业者。充分发挥职业学校、电大、农函大、农广校等在提升农民群众科技文化水平和文明素质中的作用。实施农村计划生育特殊家庭扶助制度。

四、深入实施"千村示范、万村整治"工程,进一步改善农村环境

18. 全面推进村庄整治。以村内道路建设、饮水安全、垃圾集中处理、生活污水治理和卫生改厕项目为重点,全面推进村庄整治,抓好农村环境"五整治一提高工程",切实改善村庄环境。省有关部门要提出整治标准和要求,并与各市、县(市、区)签订项目实施责任书,确保完成年度村庄整治任务。各级都要增加对村庄整治建设的投入。强化农房规划建设管理,加强农房建设技术服务。

19. 加强农村基础设施建设。统筹城乡基础设施建设,年内解决288万农村人口的饮水安全问题,新增城镇集中供水覆盖农村人口130万人,力争在两年内基本解决农民饮水安全问题;完成清水河道等建设2000公里;改建通行政村公路路基路面3500公里,提高农村客运通达率,建立城乡统一的客运管理体制。抓好畜禽养殖场污染治理,加快绿化造林、农村信息化等建设。继续推进新农村电气化建设,全面改造村级电网,提高农村供电可靠性和供电质量。探索农村基础设施管理养护的长效机制,确保安全、有效运行。探索建立"统一领导、分级管理,以县为主、乡村尽责"的农村公路养护体制,落实各级农村公路养护资金。

20. 加快农村新社区建设。按照县市域总体规划、村庄布局规划与土地利用总体规划相衔接的要求,做好土地利用总体规划修编工作,加快中心村建设和城中村、城郊村、空心村改造,积极推进村庄整理和宅基地置换,鼓励建设多层公寓,引导农民向中心村集聚。适当提高对宅基地和村庄整理新增耕地指标的奖励资金标准。宅基地和村庄整理新增的非农建设用地指标,优先用于中心村建设。着力整合农村社区各类服务资源,建立农村社区公共服务中心,把一批中心村建设成为经济繁荣、服务完善、管理有序、文明祥和的农村新社区。

五、着力提高农村公共服务水平,不断改善民生

21. 推进城乡教育均衡化。完善农村中小学空间布局,加快城市优质教育资源向农村配置,推进农村学前教育和高中段教育的高标准普及。提高义务教育阶段中小学校生均公用经费标准,免除城乡义务教育阶段学生课本费、作业本费和符合借读条件的农民工子女义务教育借读费。加强农村中小学校教师队伍建设,逐步提高教师待遇。继续加大对农村尤其是欠发达地区办学的支持力度,改善农村办学条件,探索优秀教师留农村机制。落实第二轮教育对口支援,完善城镇优秀教师支援农村教育的制度。

22. 健全农村公共卫生服务体系。加快发展农村医疗卫生事业,促进城市医疗卫生资源向农村流动,健全城乡全覆盖的公共卫生服务体系。深入实施"农民健康工程",增加农民免费体检项目,提高体检经费补助标准。将乡镇中心卫生院和村卫生室分别改建成为乡镇卫生服务中心和村卫生服务站,实行乡镇中心对村站的一体化管理,省里对欠发达地区的乡镇中心和村站建设给予适当补助。加强农村卫生技术队伍建设,强化面向农村需要的全科医学教育,定向为农村培养医疗卫生人才。建立城乡医院对口支援、高中级卫生技术人员定期到农村服务的制度。建立农村责任医生制度。加强农村计划生育服务体系建设，稳定低生育水平。

23. 健全农村社会保障体系。完善农村新型合作医疗制度，提高农村新型合作医疗筹资标准。全面实行参加农村新型合作医疗的人员门诊费用报销制度，适当提高住院医疗费用报销比例。加快推进职工养老、医疗等社会保险向农民工覆盖。探索开展个人缴纳、集体补助、政府补贴的规范化新型农村养老保险试点。完善被征地农民基本生活保障制度。进一步完善农村低保制度，确保应保尽保和应退尽退。被征地农民的土地全部被征收的，其基本生活保障水平应当与当地城市居民最低生活保障标准相适应。完善医疗救助制度。完善农村五保对象集中供养制度。加强农村"星光老年之家"建设，大力发展慈善事业。实施"农村住房解困工程"。实施"残疾人共享小康工程"，在就业帮扶、康复、基本生活保障等方面对残疾人采取优惠扶持政策。

24. 维护进城务工农民合法权益。大力推进城乡统筹就业，加强对农民工的服务和管理，积极推进居住证制度改革试点。严格执行最低工资保障制度，健全农民工工资正常增长和支付保障机制。鼓励有条件的地方和企业通过多种形式提供符合农民工特点的低租金住房，改善农民工居住条件。坚持以公办学校为主接收农民工子女就学。农民工输出地要为"留守儿童"创造良好的学习、寄宿和监护条件。

25. 繁荣农村文化体育事业。全面实施农村文化建设十项工程，加强乡镇综合文化站和村文化室建设，深入开展"送文化"下乡，扶持农民自办文化活动。广泛开展"千镇万村种文化"活动，加大农村优秀文化遗产保护力度，提升农村文化队伍素质，推进文化示范村建设。加快推进新一轮广播电视村村通工程。抓好广播电视对农节目的制作和播出。大力支持农村文化产业发展，引导和鼓励社会力量投入农村文化建设。广泛开展农民小康健身活动。

六、全面实施"低收入农户奔小康工程"，提高扶贫开发水平

26. 落实低收入农户的帮扶责任。在全面开展低收入农户调查的基础上，按照"扶贫重心下移到村、扶贫对象明确到户"的要求，建立"一户一策"的帮扶机制，以市、县(市、区)、乡(镇)为责任主体，进一步落实各级各部门的扶贫工作责任制。省财政加大对欠发达地区实施"低收入农户奔小康工程"的扶持力度，省、市、县(市、区)有关部门对低收入农户集中村发展特色产业要明确任务、包干扶持。

27. 推进下山脱贫。以高山远山区域、地质灾害隐患重点区域、重点水库库区为重点，加快推进下山脱贫，改善低收入农户生存发展环境。省里重点扶持的下山脱贫搬迁补助标准统一调整为5600元。各地要安排专项资金，落实搬迁小区建设用地指标。交通、水利、电力、通信、广电等有关部门要对搬迁小区的基础设施建设给予重点支持。抓好搬迁农户原宅基地的还耕还林，鼓励搬迁农户承包的土地、山林等资源以使用权租赁、转包、入股等形式进行流转。

28. 开展小额信贷扶贫。建立扶贫小额信贷制度，由金融机构为低收入农户发展特色产业和下山脱贫提供小额信贷，省、市、县(市、区)各级财政给予相应支持。开展建立贫困村村级发展互助资金试点。

29. 动员社会力量参与帮扶工作。继续实行省直单位、经济强县、经济强镇与欠发达乡镇结对帮扶的制度，帮扶举措要落实到村到户。各地要组织机关、事业单位和干部、职工分别与低收入农户集中村和低收入农户开展结对帮扶。广泛动员企业开展"村企结对"。进一步加大"山海协作"工作力度，促进资本与劳动力的双向对流。

七、增加"三农"投入，健全以工促农以城带乡长效机制

30. 加大公共财政投入力度。不断提高公共财政用于农村的总量和比重。今年各级财政支农投入的增量要明显高于上年，固定资产投资用于农村的增量要明显高于上年，政府土地出让收入用于农村建设的增量要明显高于上年，耕地占用税新增收入主要用于"三农"，重点加强农田水利、农业综合开发和农村基础设施建设。各地预算安排的城市维护建设支出要确定部分资金用于乡村规划、基础设施建设和维护。推进支农资金的有效整合，提高使用效益。引导社会力量支持新农村建设，企事业单位通过公益性社会团体或县级以上人民政府及其部门向新农村建设中符合税法规定的公益性项目捐赠建设资金，在不超过其年度利润总额12%的部分，可以税前扣除。

31. 加大金额服务"三农"的力度。采取多种措施支持农村合作金融机构发展，充分发挥其在农村信贷资金供给中的主力军作用。农业发展银行要积极拓展支农业务范围，国家开发银行要积极参与新农村建设，邮政储蓄银行要通过多种方式扩大涉农业务范围，各商业银行要有效增加支农信贷投入。积极培育小额信贷组织，鼓励发展信用贷款和联保贷款，逐步发展农村金融互助组织。通过批发或转贷等方式，解决部分农村合作金融机构资金来源不足问题。建立健全农村信用担保体系，大力推进农村贷款担保方式创新，扩大有效抵押品范围，增加农村信贷资金供给。继续推行小企业贷款风险补偿制度，尽快建立农业贷款风险补偿制度。建立健全社会信用评定体系，广泛开展信用乡镇、信用村、信用户评定。积极开展林权抵押贷款试点。在全省全面推开政策性农业保险，适当增加保险品种，提高财政补贴标准。继续实行政策性农村住房保险制度和渔船保险制度。继续支持农村互保组织发展。

32. 坚持和完善农村基本经营制度。稳定土地承包关系，加强土地承包规范管理。按照"依法、自愿、有偿"的原则，健全土地承包经营权流转市场，发展和规范土地流转中介服务组织，大力鼓励多种形式的土地适度规模经营。全面推进集体林权制度改革，稳步推进国有农林场改革。

33. 深化农村土地征收制度改革。进一步完善土地征收补偿安置机制，提高征地补偿标准，切实保障农民土地权益。探索和规范农村集体非农建设用地使用权流转办法。

34. 开展统筹城乡发展综合配套改革试点。在嘉兴市和义乌市开展统筹城乡发展综合配套改革试点，推进城乡发展规划、产业布局、基础设施、公共服务、劳动就业、社会管理等方面的一体化，为加快消除城乡二元结构、缩小城乡差距等探索路子、提供经验。深化农村综合改革，加快转变乡镇政府职能，抓紧清理乡村债务，重点推进农村义务教育历史债务化解工作。建立完善农民负担监督管理长效机制，确保农民负担继续减轻不反弹。

八、加强农村民主政治建设，提高农村社会管理水平

35. *加强农村基层组织建设*。继续深化农村党的建设"三级联创"活动，不断推进"先锋工程"建设。着力做好村级组织换届工作，努力建设一支高素质的社会主义新农村建设带头人队伍。加强以村党组织为核心的村级组织配套建设，健全基层党组织领导的充满活力的基层群众自治机制，保障农民群众的知情权、参与权、表达权、监督权。继续从优秀村干部中考录乡镇公务员。大力推进农村党员干部现代远程教育工作，切实抓好建制村站点全覆盖建设。全面开展农村基层干部新一轮大规模培训活动，提高农村基层干部整体素质。全面开展"百厅千局万企联村"活动，建立健全城乡党的基层组织互帮互助机制。完善农村工作指导员制度，建立乡镇专职驻村指导员队伍。建立农村基层党建工作经费保障机制，健全并落实村干部误工报酬和村级组织运转经费保障制度。

36. *发展壮大村级集体经济*。积极探索壮大村级集体经济新路子，落实集体非农建设留用地政策，大力发展物业经济。继续推进农村社区股份合作制改革。加强村级集体资产管理和财务监督管理。加大对集体经济薄弱村的帮扶力度，增加薄弱村村干部误工报酬，激励农村基层干部为民服务、创业富民。

37. *加强农村社会治安综合治理*。加强基层平安建设，广泛深入地开展农村普法教育，增强农民的法制观念，提高农民维护合法权益和依法履行义务的自觉性。强化农村交通安全管理。切实加强农村消防、森林防火、海上渔业安全等工作。加强农村警务工作，扎实推进农村社会治安综合治理，确保农村社会和谐稳定。

九、加强党对新农村建设的领导，提高统筹城乡兴"三农"的能力

38. *毫不松懈地抓好农业农村工作*。深刻认识"三农"工作面临的新形势新任务，切实把解决好"三农"问题作为全省工作的重中之重，不断强化对农业和农村工作的领导。进一步加强农村工作综合部门建设，充分发挥综合协调、指导服务的职能。进一步明确各级部门的服务农村职能，充分发挥工青妇等群团组织的作用，合力推进新农村建设。

39. *不断加强工作作风建设*。各级党委、政府及其领导干部要牢记和发扬"两个务必"的优良传统，巩固和发展"作风建设年"活动成果，切实增强为"三农"服务的自觉性和责任感，进一步转变工作作风，在支农扶农中树新形象、创新业绩。完善考核制度，加强对新农村建设的督查考核，确保各项政策措施落到实处。

40. *营造全社会参与支持新农村建设的氛围*。各行各业要发挥各自优势，积极参与支持新农村建设。各级党委、政府及有关部门要采取政策支持、舆论宣传、荣誉激励等形式，引导社会各方对新农村建设结对帮扶、捐资捐助和智力支持。各级党委宣传部门和新闻单位要以开展党的十七大精神主题宣传教育活动为契机，大力宣传在新农村建设中创业创新的先进典型和模范人物，努力营造全社会支持新农村建设的浓厚氛围。

中共浙江省委　浙江省人民政府
关于扶持景宁畲族自治县加快发展的若干意见

（2008 年 5 月 16 日）

浙委〔2008〕53 号

景宁是我省唯一的少数民族自治县，也是全国唯一的畲族自治县。省委、省政府一直高度重视景宁畲族自治县（以下简称景宁）的发展，特别是党的十六大以来，省委、省政府按照科学发展观的要求，切实加大对景宁的政策扶持力度，景宁经济社会呈现出良好发展态势。但是，由于历史和自然等原因，景宁的发展基础还十分薄弱，发展水平还比较低。加快推进景宁经济社会发展，对于我省全面建设惠及全省人民的小康社会具有重要意义。根据中央有关文件和省第十二次党代会精神，现就扶持景宁加快发展提出如下意见。

一、总体要求和主要目标

1. *总体要求*。今后五年，扶持景宁加快发展，必须高举中国特色社会主义伟大旗帜，以邓小平理论和"三个代表"重要思想为指导，深入贯彻落实科学发展观，加快构建社会主义和谐社会，围绕经济、政治、文化、社会建设"四位一体"的总体战略部署，着眼于改善基础设施、加强公共服务、发展特色产业、保护生态环境和提高城乡居民生活水平，进一步拓宽扶持领域，加大扶持力度，创新扶持方式，积极推进景宁经济社会全面协调可持续发展。

2. *主要目标*。到 2012 年，使景宁经济综合实力进入全国 120 个民族自治县前 10 位，接近全省基本实现全面小康社会的目标，并成为全国畲族文化发展基地。

二、支持加强基础设施建设

3. *交通基础设施建设*。优先安排有关基础设施建设项目，重点支持云景高速公路开工建设。帮助做好庆景青公路等项目的建设和前期工作。支持景宁县乡公路改造和建设,加大资金补助力度。加快滩坑库区渡航船及配套码头建设,逐步解决库区群众出行难问题。

4. 能源基础设施建设。加快220KV(鹤溪)景宁输变电工程建设,支持景宁做好土地征用和政策处理工作。加快景宁电网建设与改造,在安排农村电网改造与建设资金和农村电网养护费上给予重点倾斜。

5. 水利基础设施建设。省级有关部门在安排万里清水河道、千万农民饮用水、城乡一体化供水、节水灌溉、生态流域建设、水土保持、重要堤防、千库保安、小流域治理等工程项目时,要对景宁予以倾斜。

6. 加快城乡建设。省有关部门要积极指导景宁开展县域总体规划编制、城市总体规划修编和城市建设控制性详细规划编制。支持景宁乡镇行政区划作适度调整,加快中心镇和中心村建设,加大对景宁城市基础设施建设的立项支持和资金补助力度,并在土地指标分配上给予适当倾斜。在城乡规划和建设中,注意体现畲族特色。加快推进高山远山地区、地质灾害危险区下山脱贫,积极鼓励跨市、县域搬迁。进一步加强山区突发性地质灾害防治工作。落实大中型水库移民后期扶持政策,加快编制滩坑等水库库区和移民安置区经济社会发展及基础设施建设规划,并优先组织实施,重点给予扶持。省"千村示范、万村整治"工程、"低收入农户奔小康工程"专项资金要对景宁予以倾斜。

三、支持发展特色产业

7. 大力发展特色农业。支持景宁建设一批具有区域特色优势、农牧结合、循环利用的现代高效生态农业示范基地和无公害(绿色)农产品基地,以及特色畜禽标准化生态养殖基地,促进当地特色主导产业做大做强,提高农业资源开发利用和农产品加工增值能力。降低规模标准,扶持培育若干家省级农业龙头企业,享受比欠发达地区更优惠的政策。

8. 加快发展旅游业。加快编制景宁旅游总体规划和大漈、大均封金山、望东垟高山湿地景区及滩坑库区景区等重点景区景点的专项规划,以及一批旅游特色村庄的建设(保护)规划。省建设厅和省旅游局要加强工作指导,并从省旅游发展专项、风景名胜专项和村镇规划补助专项经费中统筹考虑相应经费补助,用于景区保护和建设。支持景宁加快景区设施及通往景区的道路建设,充分利用畲乡秀美的自然风光和独特的民族文化与民族风情,加快开发特色旅游项目和产品,鼓励发展农家乐和休闲观光农业。

9. 积极发展生态工业和服务业。按照全省产业布局规划,支持景宁因地制宜发展特色生态工业。省建设先进制造业基地和其他相关专项资金要适当向景宁倾斜,用于支持景宁发展低能耗、无污染或低污染工业项目。落实国家的相关税收政策,对景宁的民族贸易和传统手工业品生产,在金融和财政政策上给予倾斜。浙洽会、消博会、义博会等涉外投资贸易洽谈会,要为景宁在提供展示场地等方面给予优惠。支持景宁大力发展服务业,省服务业引导资金和其他相关专项资金要适当优先支持景宁发展服务业,帮助景宁改善农村商贸服务基础设施。

四、支持加快发展社会事业

10. 加快发展教育事业。进一步提高省民族教育专项资金总量和用于景宁的比例。加大对景宁教育基础设施建设的支持力度,重点支持景宁优化中小学教育布局,加快改建新建民族中学、民族小学等学校。积极帮助景宁发展职业教育,继续实施职业教育行动计划,争取五年内景宁初中升高中的比例达到全省平均水平,各级各类教育质量明显提高,使景宁教育普及工作与省内其他地区基本同步。支持景宁加快农村劳动力转移和培训。

11. 加大科技、人才扶持力度。通过派遣科技特派员,实施科技富民强省、农业科技成果转化、新农村建设科技示范村(试点)等科技专项,进一步扶持景宁科技进步和经济发展。浙江大学、省农科院与景宁进行对口科技扶持,每年分别在景宁实施两项以上科技项目。在安排省人才强省战略专项资金时,要加大对景宁人才培养和引进的支持力度。省内高校和各级党校要把景宁干部的培训纳入计划,争取用1—2年时间,对景宁科级以上领导干部轮训一遍。有计划地组织省直单位、发达地区与景宁进行干部双向挂职锻炼;每年从录用到省级单位的应届优秀大学毕业生中选拔一部分到景宁挂职;每年安排一批景宁的教师、医生、工程技术人员到省有关单位学习进修;每年从省内大专院校、科研院所、卫生医疗机构和优质中小学选派一批优秀教师、骨干医生、工程人员和科研人员到景宁工作。

12. 积极发展文化卫生事业和文化产业。省财政加大对景宁畲族文化事业和文化产业发展的扶持力度,重点支持建设畲族文化发展和研究中心,特别是在安排省新农村文化建设十项工程项目资金时,对景宁给予适当倾斜。大力扶持景宁实施广播电视村村通工程。加大资金和项目扶持力度,支持景宁公共卫生和乡镇卫生院基础设施建设,加快公共卫生体系建设。

13. 加快公共就业服务和社会保障体系建设。支持景宁实施积极就业政策,帮助困难人员就业,加快人力资源市场、基层就业服务场所、信息网络等公共就业服务体系建设。支持景宁加快建立健全养老、失业、医疗、工伤、生育、农村困难群众住房救助体系和新型社会救助体系,扶持发展社会福利事业,重点支持景宁加强社会保险扩面征缴工作,提高基金支付能力。支持景宁全面推进被征地农民基本生活保障制度,加快建立完善新型农村合作医疗制度、城镇居民基本医疗保险制度和城乡最低生活保障制度。

五、加大财政支持力度

14. 进一步加大财政转移支付力度。2008年至2012年,省财政在保持年度专项补助的同时,每年再安排5000万元专项资金,重点支持景宁加快基础设施建设、教育文化事业发展、生态环境保护等项目建设。在前期工作到位的条件下,优先考虑将景宁"十一五"规划内的项目列为省重点工程。对省重点建设项目,适当增加省投资比例,降低或免予地方配套,并在土地安排方面给予倾斜。逐步增加省少数民族发展资金,用于景宁的比例不低于总量的14%。

15. 进一步拓宽资金扶持渠道。支持景宁土地开发整理项目建设，加大对景宁土地整理资金补助力度。景宁征收的排污费等规费收入，除上缴中央部分外，其余部分留归景宁，专项用于景宁环境污染防治。

16. 加大生态保护支持力度。切实加强景宁环境保护能力建设，重点支持景宁加强对瓯江、飞云江源头的生态保护，加快城乡污水和生活垃圾处理设施建设。对景宁的生态公益林保护工程逐步增加省级补助。景宁的省级自然保护区享受环境保护专项资金补助，其人员经费、日常公用经费等由省财政补助70%。支持景宁在保护生态环境的条件下，合理开发小水电。

六、加强组织领导

17. 建立健全工作机制。省委、省政府每年听取一次景宁的工作汇报，研究解决景宁发展中的重大问题。省委、省政府领导要深入景宁，及时了解民族工作中出现的新情况、新问题，加强工作指导。确定一名省政府领导联系景宁，负责重大事项的协调。

18. 依法行使自治管理权限。全面贯彻《民族区域自治法》，认真实施《浙江省景宁畲族自治县自治条例》，支持景宁依法充分行使自治权。深化行政管理体制改革，根据景宁经济社会发展需要，扩大景宁部分经济社会管理权限。

19. 健全结对帮扶工作机制。强化宁波市对景宁的结对帮扶机制，充分发挥鄞景开发区对景宁的帮扶作用。积极创造条件，促使景宁开发区享受省级扶贫开发区的扶持政策。加大温岭市对景宁的对口帮扶力度，重点做好产业对接。在新一轮结对帮扶中，建立省发改委、省财政厅与景宁的结对帮扶挂钩联系制度，并互派干部挂职。省直有关部门要积极支持景宁发展，帮助景宁争取国家的政策支持，包括项目专项资金和政策性贷款等。省民宗委要进一步加大对景宁经济社会发展的工作指导。

20. 重视和关心景宁干部的成长。进一步选好配强景宁党委、政府领导班子，加强景宁干部的选拔、交流和使用，尤其要重视培养少数民族干部，适当放宽少数民族人员报考公务员的条件。

21. 加强舆论宣传。省内新闻媒体要大力宣传党和国家的民族政策和省委扶持民族地区加快发展的政策措施，总结宣传推进景宁加快发展的做法和经验。景宁广大干部群众要继续保持知难而进、奋发有为的精神状态，进一步发挥自身比较优势，转变发展观念，创新发展模式，努力促进景宁经济社会更好更快发展。

中共浙江省委　浙江省人民政府
关于推进农村社区建设的意见

浙委〔2008〕106号

为深入贯彻党的十七大和十七届三中全会精神，加快统筹城乡发展，提高农村社会管理和公共服务水平，推动社会主义新农村建设，现就推进我省农村社区建设提出如下意见。

一、深化对农村社区建设重要意义的认识

近年来，我省农村经济社会发展取得了长足进步，农民收入不断增加，农村面貌显著改善。但是应当看到，城乡二元结构造成的深层次矛盾仍然十分突出，农村地区公共财政覆盖范围偏小，农村社会事业和公共服务水平较低，农村社会管理还不能适应新形势新任务要求，需要采取有效措施认真加以解决。农村社区是由一定的地域人群、按照相近的生产和生活方式、实行共同的社会管理与服务所构成的农村基层社会生活共同体。通过集聚社区力量，整合社区资源，强化社区功能，完善社区服务，推进社区建设，有利于公共资源向农村基层延伸和集约利用，实现城乡基本公共服务均等化，使广大农民平等参与现代化进程，共享改革发展成果；有利于进一步扩大基层群众自治范围，增强社会自治功能，激发和调动农民群众的积极性、主动性和创造性，使农村经济社会发展充满活力；有利于加快发展农村公共事业，繁荣农村文化，促进农村社会全面进步。这对于全面推进社会主义新农村建设、构建社会主义和谐社会具有重要意义。各级党委、政府必须从全局和战略的高度，充分认识农村社区建设的重要意义，切实增强责任感、使命感和紧迫感，按照省委、省政府的总体部署和要求，积极推进农村社区建设，确保各项工作取得实效。

二、明确农村社区建设的指导思想、基本原则和总体目标

（一）指导思想。高举中国特色社会主义伟大旗帜，坚持以邓小平理论和“三个代表”重要思想为指导，深入贯彻落实科学发展观，按照社会主义新农村建设“生产发展、生活宽裕、乡风文明、村容整洁、管理民主”的总体要求，以满足农村社区群众日益增长的物质和精神文化需求、提高农民综合素质、促进农民全面发展为目标任务，在农村社区党组织的领导下，坚持服务农民、依靠农民，整合资源要素，完善体制机制，着力推进以改善民生为重点的农村社会建设，以发展农村基层民主为目标的基层群众自治制度建设，以推进城乡基本公共服务均等化为导向的农村公共服务体系建设，以形成和谐的社会生活共同体为取向的乡村文明建设，推动农村经济社会又好又快发展。

（二）基本原则。

1. 以人为本、服务群众。始终把服务农村居民、改善民生作为社区建设的着力点,以解决农村居民最关心、最直接、最现实的利益问题为出发点和落脚点,努力增进村民生活幸福,促进人的全面发展。

2. 党委领导、政府推动。始终坚持党的领导,坚持党在农村的基本政策;政府要履行好组织协调、规划引导、政策支持、物质保障等职能,完善公共财政投入机制和部门分工协作机制,扎实推进农村社区建设。

3. 群众主体、共建共享。充分发挥农村群众的主体作用和首创精神,努力扩大有序的政治参与,充分调动农村社区党组织、自治组织、集体经济组织、驻村单位、民间组织、外来人员等各方面的积极性,整合农村社区人才、资金、物质、技术等资源,形成推进农村社区建设的合力。

4. 因地制宜、循序渐进。根据不同的发展基础、地域条件和乡风民情,因地制宜推进农村社区建设。从城市郊区村、集镇村、中心村到一般行政村,从城乡一体化程度高的地区到城乡差距大的地区,循序渐进,重点突破,逐步完善,不断提高农村社区建设水平。

(三)总体目标。

1. 群众自治。农村社区党组织领导的农村居民自治机制完善,民主选举、民主决策、民主管理、民主监督制度有效实行,全体居民、各类组织参与社区治理的渠道畅通,形成有效的利益协调机制、诉求表达机制、矛盾调处机制和权益保障机制。

2. 管理有序。农村社区党组织、村民自治组织、村集体经济组织充分履行职责,社区建设理事(议事)会等社区治理组织架构有效运作,政府、社会组织、农村居民共同参与,实现政府行政功能和社会自治功能互补、互联、互动。

3. 设施配套。水、电、路、广电、通讯、垃圾污水处理等基础设施和医疗卫生、综治警务、文化体育、社区教育、科普活动等服务设施齐备,形成具有一定功能和规模的社区管理服务中心,农村居民生产生活和参与社区公共事务的条件较为便利。

4. 服务完善。政府基本公共服务、社区居民自我服务、市场有偿服务协调发展,服务机制比较健全、功能不断增强、体系比较完善,能较好地满足农村社区居民日益增长的物质文化生活需求。

5. 生态和谐。生态环保理念深入人心,农村居民形成合理的消费意识、良好的卫生习惯、健康的生活方式;社区能源利用合理,粪便、垃圾、污水得到无害化处理,饮用水安全,环境整洁,绿化充足,农村社区可持续发展。

6. 文明祥和。社区学习氛围浓厚,文化生活丰富,文化特色鲜明,社会治安良好,群众安居乐业,家庭和睦幸福,人际关系和谐。

三、注重农村社区建设的统筹规划

(一)合理确定农村社区布局规划。根据自然文化资源、经济社会发展水平、居民生活习惯等不同情况,按照统筹城乡发展、聚居人口适度、服务半径合理、资源配置有效、功能相对齐全等原则,以县(市、区)为单位,组织编制农村社区布局规划。原则上,村人口规模在1000人以上的,在现行的村民委员会范围内,按"一村一社区"形式组织社区建设;规模较小的村、人口居住密度较高或生产生活方式相近的地方,可以按"几村一社区"形式组织社区建设;村规模较大但自然村较分散、人口较多的,可以按"一村几社区"形式组织社区建设。社区布局规划既要满足农村社区化管理服务的新要求,又要与县市域总体规划、土地利用总体规划、村庄布局规划和生态环境功能区规划等有机衔接。

(二)科学编制农村社区建设规划。以农村社区党组织、村民自治组织或社区治理组织为主体编制具体社区建设规划,统筹规划社区的基础设施、公共服务设施和公共事业发展。农村社区建设规划要与乡规划、村庄规划相衔接,促进村庄内部生活、生产、生态等功能的合理分区和资源的有效利用。县、乡两级政府要加强组织协调和工作指导。

四、加强农村社区基础设施和公共服务设施建设

(一)进一步提升基础设施建设水平。深入实施"千村示范、万村整治"工程,加强路、水、电、农田水利、垃圾和污水收集处理、生态墓地等基础设施建设,加强广电网、电信网、互联网等网络设施建设,改善农民群众生产生活条件。加大村庄建设与整治力度,大力开展村庄绿化、亮化、洁化、美化,引导连锁超市、农资供应、金融、邮政等服务业在农村社区设点,吸引农户住宅向社区中心集聚。

(二)加快推进公共服务设施建设。重点推进农村社区服务中心建设,依托村级办公服务场所,整合利用农村闲置的礼堂、校舍、仓库、民房等资源,实施必要的改建、扩建或新建,逐步形成以综合性社区服务中心为主体、室内外专项设施相配套的农村社区服务设施体系,争取用5年左右的时间,在全省建立起集管理、服务、教育、活动等功能为一体的1200个乡镇社区服务中心、15000个村级社区服务中心。每个乡镇(街道)至少办好一所社区卫生服务中心(乡镇卫生院),每个中心按照居民出行20分钟可到达的要求或每个中心村都有一个站的要求,下设社区卫生服务站(村卫生室),并实行一体化管理。社区服务设施的布局和建设规模,应根据经济条件、人口规模和乡风民俗等因素,因地制宜,合理确定,总的建筑面积一般不少于350平方米。

五、完善农村社区民主治理机制

(一)加强农村社区党的建设。探索建立以农村社区党组织领导为核心、村民自治为基础、农村居民广泛参与、各类社区组织互动合作的农村社区民主治理机制。按照全面推进农村党的建设和农村社区建设要求,加强农村社区党建工作,针对"几村一社区"、"一村几社区"的情况,积极稳妥地调整农村社区基层党组织设置。在此基础上,进一步理顺社区内各组织之间的关系,明确职责分工,发挥整体功能,不断推进社区群众自治制度化、规范化和程序化。

(二)完善农村社区群众自治机制。加强农村社区的组织建设和制度建设,建立社区共建理事会、和谐促进会等新型社区治理组织,培育农村服务性、公益性、互助性社会组织,畅通驻村单位和离退休回村居住人员、外来务工经商人员等参与社区建设的渠道,实现村民自治与社区治理有机统一。加强农村社区民间组织建设,大力发展各类专业协会、合作社等农村经济合作组织,为农民提供生产经营服务,促进农民增收。大力发展志愿者、帮扶互助、文体教育、环境保护等公益性社会组织,健全共青团组织、妇女组织、残疾人协会、计划生育协会、红十字会等群众组织,充分发挥其提供服务、反映诉求、规范行为的作用。

六、构建农村社区服务体系

(一)加强农村社区基本公共服务。加强农业生产服务,健全农技推广、动植物疫病防控、农产品质量监管等服务机构,发展农民专业合作经济组织,为农民提供产前、产中、产后系列服务。加强卫生计生服务,加快建立以社区卫生服务中心(乡镇卫生院)和站(村卫生室)为主体的社区卫生服务网络,健全完善新型农村合作医疗制度,为农村居民提供安全价廉的医疗、预防、保健、康复、健康教育和计划生育指导等服务。加强文化体育服务,建设社区读书、阅报、健身、文艺活动场所,开展丰富多彩的文体活动,促进全民健身运动。加强社会救助服务,确保最低生活保障应保尽保,健全农村五保对象集中供养、医疗救助、住房救助、法律援助等专项救助制度,完善分层分类救助制度,强化救灾应急机制。加强老年福利服务,统筹城乡老年人优待政策,逐步建立覆盖农村所有老年居民、标准有别的生活补助制度,积极推进养老服务社会化,推进居家养老服务对农村社区的全覆盖。加强社区教育服务,加快建立社区教育中心(社区学校),为村民提供科学技术、理论知识、生产技能和社会公德等方面的学习培训,促进形成学习型社会。加强法律服务,开展法制教育和法律进乡村活动,探索建立一村(社区)一法律顾问制度,健全人民调解机构,满足农村群众对法律的需求。加强转移就业服务,积极开展形式多样的农村职业教育、就业咨询、预备劳动力技能培训、就业岗位信息发布等服务,实现城乡统筹就业。加强社会治安服务,大力推进农村社区警务室和治安防控体系建设,深化人民调解和社区矫正工作,化解社会矛盾,维护社区正常秩序和公共安全。

(二)健全农村社区社会服务体系。在扩大公共服务供给的同时,探索建立公益性服务和经营性服务相结合、专项服务和综合服务相协调的新型农村社区社会化服务体系。加强规划引导和政策扶持,按照方便、实惠、安全、生态的原则,加快发展农村社区经营性服务,满足居民生产生活、消费娱乐等需求。鼓励和支持各类社会组织、企业和个人投入农村社区服务业。支持基层供销社创办村级综合服务社,提供超市、家政、中介、维修、配送、保洁等各类便民利民服务。培育发展农村社区志愿互助服务,鼓励和支持共青团组织、妇女组织、民兵组织、调解委员会、计生协会、老年人协会、残疾人协会、科普协会以及各种专业经济技术组织、公益性社会组织,发挥各自优势,积极参与社会救助、优抚助残、卫生保洁、环境监督、纠纷调解、普法宣传、法律援助、社区戒毒、文娱活动等志愿服务。

(三)加快推进农村社区信息化建设。加大农村社区信息化投入,加快广电、电信和宽带网络"三网融合",加强农村信息技术培训,积极开展农村社区数字化文化信息服务。整合"农民信箱"、农技110、移动农信通等资源,建立健全农村社区党员干部现代远程教育、市场供求信息、疫情预报、环境监控等信息系统,实现信息资源共享。统筹城乡社区服务运作模式,推进城市社区服务热线向农村延伸覆盖。

七、繁荣发展农村社区文化

(一)完善农村社区公共文化服务体系。加强农村社区文化设施建设,加快推进多功能、综合性社区文化活动室和乡镇(中心村)文化站建设。培育发展农村各种文体组织,大力支持农民自办文化,广泛开展"千镇万村种文化"活动。统筹城乡文化资源,深入开展文化下乡活动,实施"万场演出进农村"、"百万图书送农村"、"万场电影下农村"等"三万工程",丰富农村精神文化生活。坚持以社会主义核心价值观为引领,加强农村社区思想道德和科学文化素质教育。以农业生产技术培训、富余劳动力转移就业培训、公民文明素质培训、村干部和社区工作者教育培训为重点,大力开展农村社区技能培训。广泛开展文明村镇、文明集市、文明家庭等群众性精神文明创建活动,倡导农民崇尚科学、尊老爱幼、邻里和睦、勤劳致富、扶贫济困的社会风尚。深入开展移风易俗活动,破除农村各种陋习和不文明行为,不断提高农村社区文明程度。

(二)培育各具特色的农村社区文化。结合农村社区区域文化特色,注重保护农村社区文化的多样性。充分挖掘农村社区自然文化资源,通过举办农村传统节庆、民间艺术、文体竞赛等活动,发展培育各具特色的农村社区文化。加强规划和设计引导,增强农村住宅和公用设施建设的区域特色和文化内涵,加强对农村物质、非物质文化遗产的保护。

八、建立农村社区建设的保障机制

(一)加强组织领导,健全工作机制。各级党委、政府要切实加强对农村社区建设工作的组织领导,形成党委领导、政府负责、民政牵头、部门配合、农民主体、社会参与的领导体制与工作机制。将农村社区建设纳入社会主义新农村建设总体规划,一同部署、一起考核、一体推进,切实加强对农村社区建设的规划指导、综合协调和督促检查。明确城乡社区建设领导小组各成员单位职责,各有关部门要各司其职,密切协作,统筹推进。将农村社区建设成效列入各级领导班子和领导干部实绩分析的内容之一,建立党委政府目标考核、群众评价和社会评议相结合的农村社区建设绩效评估机制。

(二)加大资金投入,提供物质保障。各级财政要按照建设服务型政府、完善公共财政体系的要求,以推进基本公共服务均等化为目标,结合"全面小康六大行动计划",为农村社区基础设施和公共服务设施建设、社区服务开展提供必要的资金支持。整合农村社区建设公共财政投入,切实提高财政资金使用绩效。大力发展农村集体经济,为农村社区公益性事业、福利性支出等提供资金支持。积极采用补助、贴息、奖励、风险补偿、物资援助、收费减免、购买服务等激励措施,落实国家有关"三农"税收优惠政策,鼓励社会力量参与,推动农村社区建设投资主体多元化和筹资渠道多样化。各有关部门要安排一定数量的福利彩票公益金、体育彩票公益金，用于农村社区福利设施和文化体育场所建设。

（三）加强队伍建设，强化人才支撑。深入贯彻党的十七大和十七届三中全会精神，进一步改进完善村级组织的选举制度和方式，大力选拔政治素质好、能创业致富、有奉献精神、公道正派、廉洁自律的农村优秀人才进入村级组织班子，使之成为农村社区建设的组织者、管理者、服务者。坚持本土培养和对外选聘相结合，加强农村社区工作者队伍建设，逐步推进农村社区工作者的专业化、职业化。鼓励和支持乡镇机关、事业单位工作人员到农村社区挂职锻炼、蹲点服务，积极选聘高校毕业生到农村工作，争取到2010年每个农村社区至少有一名大学生，条件好的农村社区可适当增加选聘名额。将农村社区工作者纳入社会工作人才队伍建设，以提高专业服务能力、社会协调能力、处理复杂问题能力为重点，积极组织开展专业培训。建立完善民主评议、考核奖惩、培养选拔等机制，落实薪酬待遇，有效激发农村社区工作者的积极性、主动性和创造性。结合农村深入学习实践科学发展观活动，进一步加强对乡镇干部、农村社区干部的教育培训，努力提高农村社区建设工作水平。

（四）强化宣传引导，营造良好环境。结合深入学习党的十七届三中全会精神，大力宣传农村社区建设的重要意义、主要内容和政策措施，努力营造良好的社会舆论氛围。贴近农民需求，贴近农村生活，贴近农村生产实践，积极开展适合农村社区需要的生产经营技能和科学文化、民主法治等方面的宣传教育，努力培养和提高他们的主体意识、参与意识，激发他们投身社区建设的积极性、主动性和创造性，切实增强农村居民对社区的认同感、归属感，努力打造和谐农村社区。

二〇〇八年十二月五日

浙江省人民政府
关于在全省开展政策性农业保险的通知

浙政发〔2008〕22号

各市、县（市、区）人民政府，省政府直属各单位：

2006年以来，我省启动并逐步扩大政策性农业保险试点，在农业抗灾救灾和恢复生产中发挥了重要作用，受到了农民群众的欢迎。为了进一步扩大政策性农业保险试点成果，促进现代农业建设，保障农民群众创业致富，现就在全省开展政策性农业保险的有关事项通知如下：

一、开展政策性农业保险的总体要求

坚持以科学发展观为指导，按照“创业富民、创新强省”总战略的要求，紧紧围绕农业增效、农民增收的目标，以保护灾后恢复生产能力为出发点，充分考虑财政承受能力、保险企业可持续经营能力和农户参保意愿，以保大灾、保大户、保主要品种为重点，坚持政府推动、农户自愿、市场运作的原则，采取“共保经营”为主、“互保合作”等形式为辅的运行方式，积极稳妥地推进政策性农业保险，为发展现代农业提供有力保障。

二、政策性农业保险经营方式与范围

对国家和省确定的政策性农业保险品种由浙江省政策性农业保险共保体（以下简称共保体）统一经营，共保经营范围扩大到全省有农业生产的所有县（市、区）。受共保体委托，首席承保的商业保险公司承担具体业务经营。共保体经营范围为农险、以险养险、涉农险三类，实行“单独建账、独立核算、盈利共享、风险共担”。对国家和省定政策性农业保险品种参保实行保费财政补贴，原则上多保多补，不保不补。共保体章程和农险条款、费率的制定（变更、修改）须按程序报批，商省政策性农业保险试点工作协调小组确定。继续支持农业互助合作保险，进一步完善渔业互助合作保险。

共保经营和省定的互助合作保险试点时间截止到2008年12月31日。

三、共保经营的主要内容

（一）保险品种。保险品种分为必保品种和选保品种两类，其中能繁母猪、奶牛、油菜、水稻为必保品种。同时，根据当地农业产业发展和抗风险需要，由各地从大棚蔬菜、露地西瓜、柑橘、林木、生猪、鸡、鸭、鹅、淡水鱼中选择不超过6个品种开展保险。

（二）参保对象和方式。能繁母猪、奶牛、油菜的参保对象为符合条件的所有农户；水稻、大棚蔬菜、露地西瓜、柑橘、林木、生猪、鸡、鸭、鹅、淡水鱼的参保对象为符合条件的农业龙头企业、种养大户和农民专业合作社，鼓励农业龙头企业为自建基地或与农户紧密联结的生产基地实行统一投保，鼓励农民专业合作社为社员统一投保，鼓励特色农产品生产基地以村为单位联户投保。县（市、区）承保面原则上要求达到符合参保条件对象的50％以上。

（三）保障程度。以保障承保对象物化成本为主，保险金额为承保对象物化成本的50％左右。保险责任以保大灾为主，主要包括热带风暴级以上热带气旋（具体责任见条款）、暴雨、洪水、冻害、常见病虫害、大规模疫病等主要灾害。具体保险责任和参保条件另行制定。

（四）保费补贴。省与县（市、区）财政安排专项资金，对参加政策性农业保险的农户给予保费补贴。其中，水稻保费补贴为75％；大棚蔬菜、露地西瓜、柑橘、林木、生猪、鸡、鸭、鹅、淡水鱼等9个品种的保费补贴为45％；能繁母猪保费补贴为80%;奶牛、油菜的保费补贴按国家政策执行。水稻、大棚蔬菜、露地西瓜、柑橘、林木、生猪、鸡、鸭、鹅、淡水鱼保费的财政补贴部分,由省财政与欠发达地区按“六四”比例分担,与其他地区按“四六”比例分担。能繁母猪保险财政补贴按《浙江省人民政府办公厅关于全面开展政策性能繁母猪保险工作的通知》(浙政办发明电〔2007〕111号)执行。有条件的地方可增加对参保农户的保费补贴。各级财政与共保体以“按实补贴、一年一结”的形式结算。财政安排的保费补贴、超赔补贴和购买再保险等资金应纳入年度财政预算,并以县为单位设立核算账户,省和县(市、区)财政对补贴资金实行专户管理、专账核算,每年预算安排的结余部分,应及时转入专户,用于以后年度的“以丰补歉”。

(五)风险分担。全省农业保险赔款在当年农业保险保费2倍(含)以内的,由共保体承担全部赔付责任;赔款在当年农业保险保费2—3倍(含3倍)的部分,由共保体与政府按1∶1比例承担;赔款在当年农业保险保费3—5倍(含5倍)的部分,再由共保体与政府按1∶2比例承担。政府承担的超赔责任由省与县(市、区)财政分担,分担比例按照财政保费补贴比例执行。各县(市、区)在年农业保险赔款总额超过当年农业保险保费5倍的情况下,实行先预摊、再年度结算,其中,政府承担的预摊超赔责任,由省与县(市、区)政府按“二八”比例执行。在保险年度末统计全省全年总赔款后,再按全省范围内5倍封顶的要求,实行封顶系数(全省农业总保费×5/全省总赔款,下同)转换后统一结算。

(六)理赔支付。政策性农业保险实行全省范围内农业保险风险责任在当年全省保费5倍以内的封顶方案。在定损后,共保体分两次向农户支付保险赔款,先由共保体向农户预付核定赔款的50%,再在保险年度末统计全省全年总赔款后,进行个案清算。全省全年总赔款在保费5倍之内的,则按核定的赔款扣除预付赔款后全额支付;若全年总赔款超过全省农业保险保费5倍的,则个案清算赔款额为:核定赔款额×封顶系数-预付赔款额。

四、切实加强对政策性农业保险工作的领导

(一)精心组织、扎实开展工作。各市、县(市、区)要把政策性农业保险作为一项民心工程、实事工程来抓,列入社会主义新农村建设考核内容,切实加强领导,精心组织部署,广泛宣传政策性农业保险的具体内容,强化农民群众的保险意识。要根据本通知精神,抓紧选好参保品种,核准农户基数,制定实施方案,落实财政补贴、以险养险等政策措施,尽快开展政策性农业保险工作。各级发展改革、财政、农业、林业、渔业、民政、气象等相关部门要认真履行职责,加强协作配合,确保政策性农业保险试点扩面工作顺利进行。

(二)加大政策支持引导力度。各地要加大对政策性农业保险的支持力度,重点组织农业龙头企业、种养大户和农民专业合作社参保,积极引导农户自愿参保。财政补助以农户自愿交费参保为基础,农户不参保,财政不补助。各市、县(市、区)要把农户是否参加政策性农业保险作为享受有关农业扶持政策的重要前提条件,对参保农户在财政扶持等方面优先考虑。要积极落实以险养险配套政策,县及县以下财政拨款机关事业单位的商业车辆险、综合财产险等,由共保体承保。各县(市、区)要从促进农业保险可持续发展角度,采取有效措施支持共保体相关业务的拓展和落实,积极支持共保体发展其他涉农保险业务。

(三)提高经营管理水平。各级政府要建立政策性农业保险风险预警和运行监管机制,加强巨灾防范意识,建立大灾应急预案,筹建巨灾超赔准备金。要积极创造有利条件,向国内外再保险市场购买再保险。共保体要进一步优化服务,提高经营管理水平,降低运行成本。互助合作保险组织要进一步规范管理,努力扩大保险覆盖面,切实抓好防灾防疫工作,着力控制农业灾害风险。

(四)加强政策性农业保险队伍建设。建立健全市级政策性农业保险试点工作机构,特别是新扩面的县(市、区),要抓紧建立由政府分管领导担任组长的政策性农业保险试点工作协调小组,加强协调和指导。各市、县(市、区)要充分发挥农产品行业协会、农民专业合作社、农业龙头企业的作用,紧紧依靠乡镇干部和农技员等基层队伍,建立健全专家理赔定损队伍,将服务网络延伸到行政村。

宁波市参照本通知执行。

二〇〇八年三月五日

浙江省人民政府
关于金融服务“三农”发展的意见

浙政发〔2008〕31号

为了深入贯彻党的十七大精神,落实省委“创业富民、创新强省”总战略,深入实施统筹城乡发展方略,缓解农村金融服务供给不足的矛盾,支持农民和农村经济组织发展生产、自主创新,促进农业增产、农民增收、农村发展。现就金融服务“三农”发展的有关工作,提出如下意见:

一、进一步增强金融服务“三农”发展重要性的认识

(一)充分认识金融服务“三农”发展的重要意义。党的十七大明确指出,解决好农业、农村、农民问题,事关全面建设小康社会大局,必须始终作为全党工作的重中之重。加强金融对“三农”发展的服务,是贯彻党的十七大关于新农村建设精神的重要抓手，是各级地方政府、金融管理部门和金融机构的工作重点，是构建社会主义和谐社会的重要组成部分。加强金融对“三农”发展的支持，有利于推动农民创业创新；有利于加快现代农业和农村二三产业发展；有利于促进城乡经济社会协调发展；有利于加强和改善公共财政对“三农”的支持；有利于金融机构拓展新的发展空间和增强可持续发展能力。

（二）金融服务“三农”发展的总体要求。培育竞争适度、开放有序、多元化、多层次的农村金融市场体系，形成金融对“三农”服务供给的稳定增长机制，构建“覆盖全面、功能完善、分工合理、服务高效、监管有力”的农村金融服务体系。各级政府、部门要制定金融服务“三农”发展的实施细则；各涉农金融机构要积极支持“三农”发展，建立健全金融服务“三农”发展的工作机制和组织保障，把支持“三农”的工作列入年度评价体系，其他各金融机构也要发挥各自经营优势，积极支持“三农”发展，在全省形成金融业共同服务“三农”发展的合力。

二、积极拓展金融服务“三农”发展的方式和途径

（三）实施农户小额信用贷款制度。进一步推广信用户、信用村、信用乡镇建设，逐步完善信用联络员制度，不断加深对农户日常经营管理、信用情况的了解。由信贷员和村信贷公议授信小组对农户进行信用评定，再根据农户经济状况和信用程度确定贷款期限和额度，小额信用贷款额可由各地灵活掌握。贷款发放采取“一次核定、随用随贷、余额控制、周转使用”的管理办法。建立扶贫小额信贷制度，帮助低收入农户发展生产、自主创业、增加收入。

（四）大力推广农户、个体工商户、微小企业联保贷款。由居住在本区范围内没有直系亲属关系的微小企业、个体工商户、农户等有借款需求的借款人自愿组成联保小组，银行按“多户联保、按需贷款、到期还款、强化管理、控制风险、共同发展”的原则，对联保小组成员提供贷款。

（五）稳妥推行“四包一挂钩”农户贷款。实行信贷人员在辖区范围内农户存贷款的“四包一挂钩”制度，信贷人员全面负责，包农贷资金组织、包农贷发放、包农贷管理、包农贷本息按期收回；贷款中产生的风险和损失由经办的信贷人员承担相应的赔偿责任，重大自然灾害等非人为自然因素造成的损失例外。信贷人员办理业务要严格执行规范化操作制度，建立健全台账和信贷档案管理制度。

（六）加大对财政支农项目的信贷支持力度。对享有财政资金补助奖励的支农项目，由支农金融机构根据条件和项目需要配以农业专项贷款。鼓励金融机构依据当地或项目开发的投资规模、偿还能力、信用程度、自有资金比例确定配套信贷资金。农口部门和财政部门在安排涉农资金补助奖励时，可将相关项目推荐给支农金融机构。

（七）积极稳妥开展村镇银行等新型农村金融机构试点。按照可持续发展和市场需求原则，积极、稳健地开展村镇银行等新型农村金融机构试点，引进银行资本、产业资本和民间资本等各类资本，到农村地区发起设立村镇银行、贷款公司等新型农村金融机构，弥补当地农村金融服务不足。

（八）依靠资本市场壮大农业产业化经营。积极引导创业投资企业投向农业龙头企业，切实提高农业龙头企业的自主创新能力；支持农业龙头企业规范改制，鼓励创新型农业龙头企业上市融资，通过资本市场筹集发展所需资金。农业类上市公司要充分利用资金、品牌、技术、管理等优势，带动农村经济发展。鼓励省内上市公司通过并购、资产重组等方式进入农业领域，积极培育新的经济增长点。引导农业大户和农业龙头企业认识和利用期货市场的价格发现、套期保值等功能，规避市场价格风险，实现农产品期货更好地服务于“三农”的功能和作用。

（九）进一步扩大农业农村保险。政策性农业保险试点扩大到所有农业县（市、区）范围，扩大农产品试点品种，完善林木保险条款；调整水稻和生猪的保险费率；提高政府财政保费补助比例等措施，提高农业抗风险能力。继续巩固和深化政策性农村住房保险成果，提高农户参保比例。鼓励和支持保险机构积极开展其他涉农保险业务，进一步发挥政策性农业保险和商业保险在金融服务“三农”中的重要作用。

（十）切实改善农村地区支付结算环境。扩大现代化支付系统在农村地区的覆盖面，畅通农村地区支付清算渠道。着力改善农村地区银行卡受理市场环境，推进银行卡在农村地区的应用。推进银行汇票、银行本票、支票等非现金支付工具在农村地区的应用，改变农村地区支付工具相对单一的局面。创新并推广应用网上银行等新型支付工具，弥补农村地区支付结算服务网点的不足。

三、努力解决金融服务“三农”发展的抵押担保问题

（十一）鼓励发展支农信贷担保组织。按照“政府支持、部门协助、市场运作”的模式，采用农业龙头企业、行业协会、专业合作社为主体，由政府职能部门牵头，各级财政部门根据当地财力安排一定的补贴资金用于农业担保机构扩大资本实力和增强抗风险能力，鼓励金融机构与农业担保机构开展多种形式的合作，合理确定贷款放大倍数。

（十二）积极探索农房抵押贷款试点。根据农民住房特点和银行抵押贷款的条件，在城乡结合部的农村地区进行试点。农户经所在村委会确定后，在当地指定的相关部门登记，向农村合作金融机构提出贷款申请，农村合作金融机构等根据有关规定，自主确定贷款。各地要在试点的基础上总结经验，完善办法，逐步推广。

（十三）探索农村集体非农建设用地流转与抵押办法。根据国务院《关于严格执行有关农村集体建设用地法律和政策的通知》（国办发〔2007〕71号），符合土地利用总体规划并依法取得的农民集体所有建设用地使用权，可以进行流转。选择部分县（市），探索开展农民集体所有建设用地使用权或经依法流转取得的农民集体所有建设用地使用权抵押贷款试点工作。

（十四）积极推进林权抵押贷款工作。积极稳妥开展以森林资源资产抵押为核心的金融服务创新，完善贷款管理办法和操作规程，通过发放农民林业专业合作社贷款、农户联保贷款和小额贷款，提高林农直接贷款比例。对森林资源资产抵押贷款以及用于森林生产、森林资源保护、

竹木经营加工、森林休闲等林业产业贷款给予一定的利率优惠。

四、进一步形成金融服务“三农”发展的合力

（十五）充分发挥农村合作金融机构服务“三农”发展的主力军作用。全省农村合作金融机构系统要充分利用“点多面广”的优势，坚持“小额、流动、分散”的方针，大力发展农户、个体工商户、农村合作经济组织和农村小企业贷款。积极拓展农户小额信用贷款和联保贷款等新型贷款方式，加大对“三农”的信贷支持力度。省农信联社要将各县市行社支持“三农”的贷款规模和增量纳入考核体系，确保对“三农”信贷投入的稳定增长。

（十六）政策性银行和邮政储蓄机构要拓宽信贷支农功能。鼓励政策性银行积极发挥我省农村金融的资金导向作用。鼓励国家开发银行运用开发性金融产品，支持农村基础设施、担保体系建设、农业产业化、农业资源开发等领域的发展。鼓励农业发展银行在继续做好粮棉油收购资金供应和管理的同时，加大对农村基础设施建设、农业综合开发、农业产业化、农村扶贫、农业科技转化项目等方面的支持力度。鼓励邮政储蓄发挥网点渠道优势，扩大小额贷款试点范围，推动小额贷款扩面增量工作，鼓励邮政储蓄机构与涉农金融机构探索办理资金批发业务的途径，全方位引导邮政储蓄资金更多地返还农村。

（十七）各类商业银行要加大对“三农”的支持力度。鼓励各商业银行加大对“三农”的信贷支持力度。鼓励农业银行充分发挥好连接城乡的传统优势，推进贷款审批权限适度下放的信贷管理创新，提高“三农”新增贷款在绩效考核中的权重。完善服务组织架构和优化网点布局，开发贴近“三农”的金融产品，在资源分配上向县域和“三农”倾斜，加大对农村城镇化、农业龙头企业、扶贫龙头企业、农村商贸物流体系建设、农村中小企业、农民创业等各领域的信贷支持力度。鼓励其他商业银行、城市商业银行到欠发达地区设立机构网点，向县域和农村延伸服务网络。各类商业银行要扩大对农村基层机构的信贷授权，改进和完善绩效考核办法。

（十八）发挥社会资金的支农能力。各级农口部门及下属相关单位要积极创造条件，逐步扩大在支农金融机构开设账户、存放支农扶农资金。鼓励部分政府部门、乡镇将资金存入稳健经营的服务“三农”的金融机构，支持支农金融机构扩大资金来源，增强信贷支农能力。

（十九）建立农业贷款风险补偿制度。省级财政预算每年安排一定的农业贷款风险补偿资金。市、县可根据当地财力安排一定的财政资金对农业贷款进行风险补偿，按照“专款专用、结余留成、滚动使用、超支不补”的原则，专门用于各类金融机构、农信担保机构服务“三农”贷款和担保的风险补偿。

（二十）完善农村信用体系建设。继续开展农村中小企业信用档案征集，着手组织农户信用档案征集和农户信用评价试点，以推进信用户、信用村、信用乡镇创建工作为载体，共同构建乡镇政府、村委会、农村信用社、农户四位一体的农村信用服务体系。对信用农户实行贷款优先、简化手续、额度放宽、利率优惠；对有意逃废金融债务的企业和个人实行通报、停贷等联手制裁措施直至追究其法律责任。

（二十一）因地制宜制定促进金融服务“三农”的引导政策。各级政府及有关部门要结合县域经济实际，根据我省农业产业布局的差异性和新农村建设需要，可以制定相关的引导扶持政策，扶持涉农担保机构，对长期诚信经营的农业大户适当贴息。省金融办、省财政厅、金融管理部门和涉农部门要做好协调和指导工作。

（二十二）加强金融服务“三农”发展的组织领导。金融服务“三农”发展，涉及面广、政策性强。各级政府要加强对金融服务“三农”发展的组织领导和政策协调，省金融办会同省农办、省发改委、省财政厅、金融管理机构和相关涉农部门制定具体操作办法，界定服务“三农”的重点范围，及时做好全省金融服务“三农”发展的组织协调和业务创新指导工作，及时跟踪指导意见的落实情况。

二〇〇八年四月二十八日

中共浙江省委办公厅　浙江省人民政府办公厅
关于深入实施“千村示范、万村整治”工程的意见

（2008 年 3 月 3 日）

浙委办〔2008〕18 号

自 2003 年我省实施“千村示范、万村整治”工程以来，各级党委、政府高度重视、精心组织，广大农民群众积极参与，社会各方大力支持，全省农村环境整治工作取得了显著成效，有力地促进了农村经济社会发展，带动了区域协调发展。为适应新形势新任务要求，全面推进农村环境整治，加快社会主义新农村建设，经省委、省政府同意，现就深入实施“千村示范、万村整治”工程提出如下意见：

一、总体要求

以邓小平理论和“三个代表”重要思想为指导，以科学发展观为统领，深入贯彻落实党的十七大和省第十二次党代会精神，按照“生产发展、生活宽裕、乡风文明、村容整洁、管理民主”的社会主义新农村建设要求，坚持“统筹发展、富民美村、固本强基”，在全省范围内深入开展以改善农村人居环境为重点的村庄整治建设，到 2012 年，力争使

全省绝大部分村庄环境得到较好整治，农村基础设施得到显著改善，城乡之间在人居环境、基础设施、公共服务、社会事业等方面的差距明显缩小，农村面貌焕然一新，农村经济持续发展，农村社会全面进步，推动我省社会主义新农村建设继续走在全国前列。

二、基本原则

（一）坚持农民主体。尊重农民意愿，充分发挥农民群众的主体作用，着力解决好农民群众最关心、最直接、最现实的利益问题，促进完善村民自治制度。

（二）坚持规划引领。深入贯彻科学发展观，把科学编制规划作为村庄整治建设的前提，切实把好规划实施的事前审核关、事中监督关、事后验收关，确保农村科学发展。

（三）坚持注重特色。根据山区、平原、水乡、海岛、城郊实际，因地制宜，突出特色，注重体现乡村风情，注意保护农村优秀传统文化。

（四）坚持建管并重。在治理"脏乱差"环境的同时，按照数量质量并重、硬件软件建设同步、实施社区化管理的要求，加强卫生保洁日常管理和公共设施有效管护的长效机制建设，切实做到人员、经费、职责、制度四落实。

（五）坚持量力而行。充分考虑村级集体经济和农民的承受能力，注重实用、实效，珍惜民力、财力，量力而行，分步实施，有效控制村庄整治建设的村集体负债。

三、主要任务

对照村庄规划，重点整治村庄建筑乱搭乱建、杂物乱堆乱放、垃圾乱丢乱倒、污水乱泼乱排，突出改路、改水、改厕、垃圾处理、污水治理等重点，做到路平灯明、水清塘净、村洁景美。同时，充分发挥示范村的示范带动作用，不断提升基础较好中心村的整治和建设水平，努力把农村建设成为"规划科学、环境整洁，设施配套、服务健全，安居乐业、生活舒适，邻里和睦、管理民主"的新社区。重点抓好以下几方面的工作：

（一）提升农村道路交通建设水平。根据村庄建设规划、村民经济社会活动需要及乡村特点，因地制宜建设村内道路、硬化村主干道。全省每年建设、硬化村内主干道5250公里以上。继续加强通行政村道路建设，着手构建农村联网公路，打通断头路。建立健全城乡统一的客运管理体制，进一步提高农村客运通达率。

（二）切实解决农民安全饮水问题。深入实施"千万农民饮用水"工程，采取农村自建饮水工程和城市水厂管网延伸等办法，经过两年左右的努力，让全省农民喝上安全清洁的饮用水，力争在全国率先基本解决农民饮用水安全问题。

（三）推行农村垃圾集中收集处理。全面清除陈年垃圾。按照科学方法，根据村庄建设规划以及自然村落布局和人口分布情况，合理设置垃圾收集、分拣或转运等设施，因地制宜采取焚烧、填埋、沤肥等方式，对垃圾进行无害化处理。丘陵山区、海岛渔区以及远离城镇的平原村庄按"就地分拣、综合利用、无害化处理"的要求，城镇郊区的村庄按城乡一体化的要求，对垃圾进行收集处理。普遍建立村庄环境卫生"门前三包、分区包干、定责定薪、联合考核"的长效保洁机制。全省农村生活垃圾收集处理的行政村覆盖面每年提高10个百分点以上。

（四）开展农村卫生改厕。全面消除农村露天粪坑。各行政村要根据农户居住特别是无卫生厕所农居分布情况，建立无害化卫生公厕。指导帮助农户建造能有效处理粪便的卫生厕所，积极探索农村改厕与庭院生活污水处理相结合的模式，保护农村水体和环境卫生。全省每年新增改厕农户46万户以上。通过卫生改厕的村，村内农户卫生厕所覆盖率要达到80%以上（其中肠道传染病、血吸虫病流行区要达到90%以上）。

（五）开展农村生活污水治理。与城市和区域污水处理厂临近的村庄，按城乡或区域生活污水治理一体化的要求，建设截污管网；经济发达、布局相对集中的村庄，鼓励建设村域统一的生活污水治理设施；布局分散、经济欠发达的村庄，通过分户式、联户式的办法治理生活污水。全省每年新增参加生活污水治理的农户79万户以上。开展农村生活污水治理的村，受益农户数要达到村总户数的50%以上。生活污水治理后排放要求要达到国家有关标准。加快农业面源污染和畜禽规模养殖场排泄物治理步伐，积极推进人畜、人禽居住养殖分离。

（六）治理农村河道池塘水沟。深入实施"万里清水河道"工程，全面整治农村河道池塘水沟，恢复河道基本功能。总结推广河道池塘水沟生态整治技术，建立长效保洁管理机制，保护水体自我净化能力。

（七）提高农村住房抗灾避灾能力。按照实施"强塘固房工程"要求，充分运用农房抗灾能力普查成果，组织指导农村危房改造，加快建设农村避灾场所。加强对农民建房的规划引导和技术指导，提高建房水平。

（八）推进农村信息化、电气化建设。加强农民信箱村级联络点建设，提高服务效率。深入实施广播电视"村村通"工程，大力开展有线广播"村村响"和村广播室建设。加快农村通信基础设施建设，实现"村村通宽带"和未通电话的20户以上自然村通有线电话。适应群众生产生活需要，提升农村电网建设水平。本着必要、实用、节约的原则，在农户居住比较集中、规模较大的村点安装路灯，方便村民出行。

（九）提高村庄绿化水平。大力开展村庄道路、水体沿岸和庭院绿化。通过拆旧建绿、见缝插绿等措施，扩大村庄绿地面积，提高绿化档次，建设一批绿化示范村和特色村。有条件的地方，要把发展经济林果、庭院经济与村庄绿化结合起来，做到一村一品、一村一景、富民美村。

（十）建设农村新社区。加快中心村建设和城中村、城郊村、空心村改造步伐，引导农民建房和居住向中心村集聚。着力整合农村社区各类服务资源，建立农村社区公共服务中心，完善农村社区服务设施，做到中心村有村务活动室、卫生室、警务室、文化室、广播室、农民信箱和党员远程教育服务站、体育健身场所和放心店等，建立健全农村公共服务体系。

四、保障政策

（一）进一步加大财政投入力度。各级财政要发挥公共财政的主导作用，努力增加投入。认真落实从土地出让金中划出较大比例资金支持“千村示范、万村整治”工程建设等政策。省里将进一步提高村庄整治的补助标准，重点支持村道硬化、垃圾处理、卫生改厕、污水治理等项目，并进一步向欠发达地区倾斜。

（二）落实村庄整治建设的用地政策。大力推进农村宅基地整理和村庄整理，认真落实宅基地、村庄整理新增耕地指标适当提高奖励资金标准和村庄整理新增非农建设用地指标优先用于新农村建设等政策。强化规划引导和政策激励，探索通过村庄整理、拆旧建新、土地复垦等途径，推动自然村落整合与农户集中居住，提高土地和基础设施利用效率。各地要确保当年可用新增建设用地指标总量的10%以上用于新农村建设、下山脱贫小区建设和地质灾害避险搬迁等项目。

（三）鼓励社会力量参与村庄整治建设。按照发挥优势、量力而行、各有侧重的要求，深入开展结对助建新农村活动。积极鼓励和支持企事业单位、社会团体、个人等社会力量参与村庄整治建设，落实捐赠新农村建设资金可按规定比例税前抵扣的政策。有条件的乡村集体经济组织要增加对村庄整治项目的投入，鼓励农户多投工投劳参加新农村建设。

（四）进一步加强对村庄整治建设的服务。做好“千村示范、万村整治”工程与农村基础设施建设、社会事业发展等工作的规划衔接和资金整合。各级建设、环保、水利、交通、农业、林业、国土资源、文化、卫生等有关部门要结合各自职责，进一步加强对村庄整治建设规划编制、道路建设、垃圾处理、污水治理、村庄绿化、河道清理、卫生改厕等方面的技术指导。各级各部门要简化审批手续、降低规费收取标准、优化服务质量，凡涉及“千村示范、万村整治”工程建设需要收费的项目，原则上要能免则免，能减则减。

五、组织领导

各级党委、政府要从推进新农村建设和构建和谐社会的高度，深化对实施“千村示范、万村整治”工程重要意义的认识，切实增强责任感和紧迫感，加强组织领导。乡（镇）党委、政府要把更多精力放在这项工作上，精心组织，周密部署，认真实施。切实加强以党支部为核心的村级组织建设，进一步发挥村级组织在实施“千村示范、万村整治”工程中的作用。各级“千村示范、万村整治”工程协调小组成员单位要认真履行职责，加强组织协调，推动落实各项政策措施。有关部门要加强对工程建设的检查指导，强化对工程建设资金的绩效考核和审计监督，确保工程建设质量，促进新农村建设又好又快发展。

中共浙江省委办公厅　浙江省人民政府办公厅
关于在全省农村开展“千镇万村种文化”活动的意见

（2008年3月24日）

浙委办〔2008〕23号

在农村开展“种文化”活动，充分发挥广大农民群众在农村文化建设中的主体作用，丰富农民群众的精神文化生活，保障农民群众的基本文化权益，提升农民群众的文明素质，是新时期我省加快建设公共文化服务体系、加强农村社会主义精神文明建设的一项重要举措。经省委、省政府同意，现就在全省农村开展“千镇万村种文化”活动提出如下意见。

一、指导思想

开展“千镇万村种文化”活动，要以邓小平理论和“三个代表”重要思想为指导，以科学发展观为统领，深入贯彻落实党的十七大精神，紧紧围绕省委“创业富民、创新强省”总战略，坚持社会主义先进文化的前进方向，坚持以社会主义核心价值体系为根本，坚持以改革创新精神推进文化建设，紧密结合我省农村实际，着力发挥农民群众参与文化建设的积极性和创造性，着力增强农村文化的吸引力和内生力，着力形成加强农村文化建设的整体合力和长效机制，不断满足农民群众的精神文化需求，提升农民群众的文明素质，形成积极健康和谐的农村社会风尚，促进广大农民群众为加快建设社会主义新农村、共同创造美好生活而奋斗。

二、活动目标

力争通过5年的努力，形成一批组织有力、活动经常、设施齐全、特色鲜明的“种文化”活动先进乡（镇）、村，传承一批积淀深厚、内涵丰富、形式独特、群众喜爱的优秀传统乡土文化，培养一批源于民间、扎根农村、各具特色、各有专长的农村文体队伍和文化能人，使农村文体活动成为农民群众健康生活的重要内容，使农村文化阵地成为农民群众娱乐活动的主要场所，使农村文化生活成为农民群众素质提升的有效载体，努力在繁荣发展农村文化中加快建设乡风文明的社会主义新农村。

三、主要任务

1. 丰富农民群众文化生活。广泛开展各类适合农民群众参与、为农民群众喜闻乐见的农村基层文体活动。扩大农村文体活动覆盖面，为农民开展经常性文体活动搭建平台；注重提高农民群众参与农村文化建设的主动性、积极性，使他们真正成为农村文化建设的主体；关注欠发达地区农民群众文化生活，为他们参与各项文化活动创造必要条件。

2. 弘扬与传承优秀民俗文化。逐步建立民族民间文化传承基地、传统节日标志地和文化生态保护区，积极组织开展特色鲜明的传统文化活动。挖掘区域文化历史底蕴，梳理传统民间文化发展脉络，加强对优秀民俗文化传承人的培育，着力构建民间艺术资源保护体系，对濒临消失的传统民族民间艺术进行抢救性保护，对具有民族传统和地域特色的民间艺术和民俗表演项目进行合理开发。

3. 创作与传播大众文化产品。适应农民群众对文化生活的新需求，切实推进大众文化产品的创作生产和传播服务，为各类农村自办文化提供内容支撑。加强面向农村的现代文化娱乐产品的创作生产，提供一批内容健康、样式丰富、传播便捷的文化产品。加强面向农村的教育服务类文化产品的创作生产，把科学理论、政策方针、道德规范以及与农民群众生产生活密切相关的科学技术、卫生保健、经营管理等内容和知识融入文化产品之中，让农民群众在享受文化生活中接受思想教育和信息服务。

4. 培养农村文体队伍。重视培养乡(镇)、村文体工作者、民间业余文体队伍、民间文体爱好者，发挥他们在农村“种文化”活动中的骨干作用。根据农民群众的不同兴趣、爱好和需求，建立、培养和扶持各类农民业余特色文体团队和农村文化能人。通过基层文体骨干队伍的组织、传授、引导、带动，不断提升农民群众对文体活动的参与、鉴赏和创造能力。大力支持和扶持农民自办文化和自主开展文体活动，使农民自编自演、自娱自乐、自主参与的文体活动真正成为农民群众求知、求美、求乐、求健康的主要途径。

5. 培育科学健康的生活方式和文明和谐的社会风尚。注重培育新型农民，突出“种文化”活动的思想内涵，发挥文化感染人、引导人、教育人的功能，让农民群众在参与文化活动的过程中，潜移默化地接受教育、提升素质。结合实施农村文明素质工程、千万农村劳动力素质培训工程、科普惠农工程、体育健身计划、文明礼仪教育和农村乡风评议等载体，切实加强农民群众文化素质、文明修养和职业技能的教育和培养，提高农民群众的思想道德素质、科学文化素质和健康素质。

四、实施途径

1. 利用有效载体，丰富“种文化”活动内容。利用春节、元宵、清明、端午、重阳、中秋、国庆等传统、重大节日和各地农村的文化节、集市、庙会等特色节庆日，广泛开展花灯、龙舟、舞狮、舞龙等民间艺术和民俗表演活动，开展文艺演出、体育竞赛、科普宣传等特色文化活动，开展古镇游、生态游、农家乐等旅游文化活动，不断丰富农村文化活动载体，活跃农民群众文化生活。适时举办“浙江省农民文化节”等“千镇万村种文化”成果展示活动，推动各地“种文化”活动深入开展。

2. 加强培训辅导，培育“种文化”活动主体。围绕启发农民群众文化自觉、提高农民群众文化素养、激发农民群众参与文化建设的热情，大力开展各类文化培训辅导活动，不断提升农民群众组织和参与文化活动的能力。充分发挥县、乡(镇)基层文化馆(站)和基层体育、科普组织的服务指导作用，发挥农村文化示范户、科技示范户的示范引导作用，发挥回乡离退休干部、老教师和农村文体骨干、民间文化能人的传帮带作用，探索农村文化讲师团、农村文化指导员等文化下乡的新形式，组织农民群众参加各类辅导班、讲坛、讲座等文化培训活动，组建各类农民文体俱乐部、读书社、书画社、运动队等农村业余文体社团、队伍，培养各类能编会演、善于组织、热心传授、群众喜爱的乡土艺术家、文化能手和农村文化经纪人。

3. 开展结对共建，拓宽“种文化”活动渠道。按照政府主导、社会支持、农民主体的要求，整合各种资源，调动各方力量，开展多种形式的农村文化结对共建。发挥文联、社联、科协、体协等社团组织以及企事业单位、民间团体等社会力量的作用，运用文化信息、人才队伍、资金技术等方面的资源优势，把“送文化”与“种文化”有机结合起来，大力支持和参与农村“种文化”活动。把“种文化”作为各类城乡共建、文明创建、文化信息资源共享等活动的重要内容，拓宽“种文化”活动渠道，为农村文化的繁荣发展注入生机和活力。

4. 加强宣传推广，扩大“种文化”活动影响。发挥各级新闻单位的舆论引导作用，运用各类媒体，广泛开展宣传报道，反映农民群众的文化愿望，激发农民群众的参与热情，宣传农民群众“种文化”的生动实践，推广农民群众“种文化”的经验成果，树立“种文化”活动的先进典型，努力在全社会营造支持和参与“种文化”活动的良好氛围，不断扩大“种文化”活动的社会影响力。

五、工作要求

1. 加强领导，精心组织。各地各部门要充分认识“千镇万村种文化”活动的重要意义，把这项工作作为建设公共文化服务体系、提升农民文明素质、推进社会主义新农村建设的重要举措，摆上重要位置，切实加强领导，认真抓好落实，努力形成各级党委宣传部门牵头协调、各有关部门共同参与、全社会大力支持、农民群众发挥主体作用的“种文化”活动良好格局。建立全省农村“种文化”活动部门联席会议，由省委宣传部、省文明办牵头，省文化厅、省农办、省体育局、省新闻出版局、省广电局、省文联、省社联、省科协、团省委、省妇联、浙江日报报业集团、浙江广电集团等部门和单位共同参与，协调指导全省开展“千镇万村种文化”活动。省级各有关部门要发挥各自职能作用，制定工作计划，落实工作措施和工作责任，确保活动深入有效开展。各市、县(市、区)党委宣传部门要切实发挥牵头协调作用，根据实际组建相应活动组织，建立健全各项工作制度，发挥乡(镇)、村基层组织作用，扎实推进“种文化”活动。

2. 广泛发动，积极引导。始终把农民群众作为农村文化建设的主体，注重激发和保护广大农民群众开展文化活动、参与文化建设、享受文化生活的热情和愿望，广泛发动和组织广大农民群众参与到“千镇万村种文化”活动中来。加强宣传和引导，聚合和放大“种文化”活动的积极效应，增强农村群众参与“种文化”活动的积极性和主动性，使广大农民群众成为“种文化”活动的真正参与者和最大受益者。

3．结合实际，统筹安排。紧密结合各地农村实际，因地制宜地开展“千镇万村种文化”活动。当前，开展“千镇万村种文化”活动要与各地党委、政府贯彻落实党的十七大精神、推进新农村建设的中心工作、开展新农村建设主题活动结合起来，与各地保护和弘扬优秀传统文化的具体举措结合起来，与各部门在农村文化建设中的工作载体结合起来，充分调动和发挥各级各部门的积极性和主动性，整合各地各部门的工作资源，统筹安排，齐抓共管，形成工作合力。

4．加大扶持，健全机制。各地要加大公共财政对农村文化建设的投入力度，保障“种文化”活动的深入开展。各部门对欠发达地区农村“种文化”活动要有政策倾斜，为“种文化”活动创造良好条件。对活动中涌现出来的先进典型要进行表彰和奖励，不断把“千镇万村种文化”活动引向深入。

中共浙江省委办公厅　浙江省人民政府办公厅
关于加强农村实用人才队伍建设和农村人力资源开发的实施意见

（2008 年 4 月 28 日）

浙委办〔2008〕37 号

为深入贯彻落实党的十七大和省第十二次党代会精神，按照“创业富民、创新强省”总战略的要求，努力培养建设一支宏大的农村实用人才队伍，扎实推进我省社会主义新农村建设，根据《中共中央办公厅、国务院办公厅关于加强农村实用人才队伍建设和农村人力资源开发的意见》（中办发〔2007〕24 号）精神，结合我省实际，现就进一步加强农村实用人才队伍建设和农村人力资源开发提出如下实施意见：

一、加强农村实用人才队伍建设和农村人力资源开发的目标任务和基本要求

（一）目标任务。

当前和今后一个时期，我省农村实用人才队伍建设和农村人力资源开发的总体目标是：根据我省新农村建设的总体要求和农村经济社会发展的实际需要，着眼于扩大规模、提高素质、优化结构，不断完善培养、服务、评价、激励等机制，以提高科技素质、职业技能和经营能力为重点，着力建设并稳定一支宏大的适应新农村建设需要的实用人才队伍；着眼于培养造就有文化、懂技术、会经营的新型农民，加大对农村基础教育、职业教育和农村劳动力就业技能培训的投入，整合教育培训资源，拓宽教育培训渠道，提高教育培训水平，基本建立起与农村经济社会发展相适应的农村人力资源开发体系，不断促进农村人力资源的合理配置和使用。争取到“十一五”末，我省农村实用人才总量大幅度增加，素质明显提高，结构更趋合理，农村人力资源整体实力不断增强，农村人才工作格局不断完善，社会各方面力量支持参与农村人才工作的氛围基本形成。

具体任务是：(1)着力培养一批适应高效生态农业发展需要的新型农民和生产能手。到 2010 年，全省生产能手（包括种植、养殖、捕捞和农产品加工等方面能手）达到 30 万人。(2)着力培养一批家庭工业创办者、“农家乐”经营户、小企业经营者、农业龙头企业领办者、农村经纪人、专业合作社创办领办者、行业协会带头人等各类农村经营能人。到 2010 年，农村各类经营能人达到 40 万人。(3)着力培养一批适应我省制造业、加工业、建筑业、服务业发展需要的能工巧匠。到 2010 年，全省农村能工巧匠达到 30 万人。(4)着力培养一大批适应新农村建设要求的乡村教师、乡村医疗卫生人员、乡村科技服务人员、乡村文化工作人员等乡村专业技术人员。到 2010 年，全省乡村专业技术人员达到 15 万人。

（二）基本要求。

坚持党管人才原则。认真贯彻中央和省委、省政府关于农村人才工作的决策部署，切实把党管人才原则落实到各项工作中去，牢牢把握农村实用人才队伍建设和农村人力资源开发的正确方向。

坚持政府主导，发挥农民主体作用。加强党委、政府的宏观管理和指导，充分尊重人才成长规律和市场经济规律，通过完善政策措施、创新体制机制、优化服务保障、营造良好环境等，充分调动广大农民建设社会主义新农村和推动农村人才工作的主动性和积极性，发挥广大农民在农村实用人才队伍建设和农村人力资源开发中的主体作用。

坚持突出重点，整体推进。以农村实用人才队伍建设为重点，大力加强农村实用人才带头人培养，着力培养一大批长于经营、精于管理、勇于创业、能够带领群众致富的农村实用人才带头人，充分发挥他们的示范带头作用，全面推进农村人力资源开发，不断增强农村人力资源的整体实力。

坚持因地制宜，分类指导。从我省农村地域多样性、区域性经济特征比较明显和经济社会发展差异性较大的实际出发，科学把握各类农村实用人才队伍的不同特点和成长规律，充分尊重群众的意愿，加强分类指导，增强工作的针对性和有效性。根据各地的实际情况推进工作，不搞一刀切；充分尊重农民群众的意愿，不搞强迫命令；量力而行，注重实效，不搞形式主义。

坚持以工促农、以城带乡，统筹发展。根据推动城乡协调发展、形成城乡经济社会发展一体化格局的要求，突破城乡二元结构，消除制度性障碍，统筹城乡、整合资源，加大公共财政对农村人才队伍建设和农村人力资源开发的投入，加大公共服务对农村人才工作的保障，加大对欠发达地区农村人才工作的支持，建立"以工促农、以城带乡"的长效机制，统筹推进城乡人才工作。

二、切实抓好农村实用人才队伍建设和农村人力资源开发各项工作的落实

（三）丰富形式、创新载体，培养造就大批农村实用人才。紧紧围绕农村经济社会发展的实际需要，组织实施各类农村实用人才培训工程，综合运用教育培训和实践锻炼等方式，着力培养一大批适应社会主义新农村建设要求、涵盖各个领域的农村实用人才。重点抓好农村实用人才带头人素质提升计划的实施，着力培养致富带头人、科技带头人、经营带头人等农村实用人才。不断加大工作力度，加快培养农村科技、教育、卫生、文化等方面的农村实用人才。坚持统筹规划、协调推进，加强各类培训项目的整合和衔接，建立健全县、乡、村三级农村教育培训网络，充分发挥各类学校和农村党员干部现代远程教育系统等教育培训资源在农村实用人才培养中的主渠道作用。坚持实践育才，注重在生产实践中培养农村实用人才，切实发挥各类经济组织、农村产业化龙头企业，以及国有企业和非公有制企业在培养农村实用人才方面的作用。

（四）政策支持、完善服务，充分发挥农村实用人才在新农村建设中的作用。加大指导和扶持力度，在土地流转、技术支持、项目立项、资金投入、金融支持等方面实行倾斜政策，依法维护农村实用人才的知识产权和合法权益，支持农村实用人才创业创新。加强农村实用人才公共服务体系建设，着力推进农村人力资源市场建设，开展农村人才人事代理等公共服务，积极培育农村人才服务中介组织，加大对农村人才市场的调控力度，促进人才有序流动。建立健全面向农村实用人才的信息服务平台和网络，增强信息服务功能，强化生产技术指导和技术咨询服务，为农村实用人才发挥作用提供良好的技术、信息服务和支持。

（五）完善评价、增强激励，强化农村实用人才的示范带头作用。按照农村实用人才的成长规律和特点，制定以知识、技能、业绩、贡献为主要内容的农村实用人才认定标准，建立健全农村实用人才认定和评价制度。充分利用"农民信箱"等平台，分层建立农村实用人才信息库，落实重点对象的联系、管理和服务措施。适应现代农业和农村经济的发展需要，不断扩大职业资格证书制度在农村的覆盖面，鼓励和支持农村实用人才参加国家专业技术资格评价。建立健全农村实用人才表彰奖励体系，加大对农村实用人才的表彰激励力度。

（六）加强教育、提升素质，整体推进农村人力资源开发。建立健全农村义务教育经费保障机制，逐步将农村义务教育全面纳入公共财政保障范围。改善农村义务教育的办学条件，促进城乡义务教育均衡发展，提高农村义务教育质量。着力调整农村教育结构，加大投入力度，大力发展农村职业教育。深入实施千万农村劳动力素质培训工程，扎实推进农村劳动力转移培训，改进培训方法，提高培训质量。巩固和发展农村先进性教育活动成果，进一步健全农村党员干部的经常性教育培训机制，大力提高农村党员和基层干部队伍素质。以促进人的全面发展为目标，加快农民知识化进程，积极开展民主法制教育、思想道德教育、科技文化教育和各种形式的创建活动，全面提高农民的科技、文化和人文素质。

（七）统筹城乡、整合资源，切实为新农村建设提供强大的人才保证和智力支持。适应农业现代化的发展需求，大力加强涉农高等学校和科研院所建设，加强农业基础研究和高新技术研究，加快新型基层农技服务和推广体系建设。引导和鼓励高校毕业生到农村工作或提供服务。鼓励各类人才到农村服务与创业，加强对城市教育、卫生、文化人才支持新农村建设的政策引导，强化和落实科技人才在农村服务、创业的激励和保障措施，深入实施欠发达地区人才开发"希望之光"计划，做好对欠发达地区人才开发帮扶工作。

三、进一步加强对农村实用人才队伍建设和农村人力资源开发工作的组织领导

（八）建立健全农村人才工作组织领导体系。建立健全党委统一领导，组织部门牵头抓总，人事、农业部门具体负责，有关部门共同参与的工作机制，努力形成社会各方面力量培养农村实用人才、开发农村人力资源的工作格局。省里建立由省委组织部、省人事厅、省农办以及省委宣传部、省发改委、省经贸委、省教育厅、省科技厅、省财政厅、省劳动保障厅、省农业厅、省林业厅、省文化厅、省卫生厅、省海洋与渔业局、省供销社、团省委、省妇联、省科协、省扶贫办等部门共同配合参与的工作机制，加强对全省农村人才工作的组织协调。各地要加强对农村人才工作的组织领导，完善工作机制。要结合实际，分级制定农村人才中长期规划。加强督促检查和评估考核，把农村人才工作成效列入市、县党政领导人才工作目标责任制考核内容，落实县、乡、村三级党组织抓农村人才工作的责任，把工作成效列为县、乡党政领导班子政绩考核内容之一。

（九）充分发挥农村基层党组织在农村人才工作中的重要作用。把农村实用人才队伍建设和农村人力资源开发，作为农村"先锋工程"建设和"三级联创"活动及党员人才工程的重要内容，使农村实用人才队伍建设和农村人力资源开发工作成为农村党的建设的一项经常性工作。各地要结合实际，根据任务分解，落实农村基层党组织的人才工作职责。农村基层党组织要整合、运用好各种资源，发挥各类组织的作用，形成工作的整体合力，扎实推进农村人才工作。建立健全城乡党的基层组织互帮互助机制。积极支持政治素质好、有突出贡献的农村实用人才代表进入地方基层的人大、政协参政议政。

（十）加大投入，加强宣传，积极营造农村人才工作的良好环境。建立农村实用人才队伍建设和农村人力资源开发的公共财政投入机制和社会分担机制，加大对农村实用人才培养培训的投入力度，鼓励和支持企业、个人、社会等各方面力量加大对农村人才工作的投入。及时总结推广各地农村人才工作的好做法好经验，通过报刊、广播、电视、网络等媒体，大力宣传优秀农村实用人才典型，在全社会努力营造关心爱护支持农村实用人才的良好氛围，引导和鼓励城乡各方面人才面向“三农”，服务农村、扎根农村，为建设社会主义新农村作出积极贡献。

附：农村人才工作任务分解落实方案（略）

中共浙江省委办公厅　浙江省人民政府办公厅 关于切实做好“低收入农户奔小康工程”结对帮扶工作的通知

浙委办〔2008〕79 号

各市、县（市、区）党委和人民政府，省直属各单位：

为深入贯彻党的十七大和省第十二次党代会精神，按照省委、省政府关于实施“全面小康六大行动计划”的工作部署，全面推进“低收入农户奔小康工程”，经省委、省政府同意，现就做好“低收入农户奔小康工程”结对帮扶工作通知如下：

一、结对帮扶工作的重要意义

开展针对农村扶贫开发的结对帮扶活动，有利于促进城乡互动和区域协作，有利于整合优势资源、形成扶贫合力，有利于促进机关干部深入基层、转变工作作风，有利于形成全社会关心重视扶贫工作的良好氛围，从而有效地推动欠发达地区经济社会发展。过去五年，我省实施“欠发达乡镇奔小康工程”结对帮扶工作的实践也证明，结对帮扶工作是加快农村扶贫开发的重要举措。各级各部门和结对帮扶单位要深刻认识结对帮扶工作的重要意义，切实增强责任感和使命感，扎扎实实做好“低收入农户奔小康工程”结对帮扶工作，努力为全面建设惠及全省人民的小康社会作出积极贡献。

二、结对帮扶工作的范围对象

“低收入农户奔小康工程”结对帮扶工作的对象是 26 个欠发达县和台州市黄岩区、金华市婺城区以及兰溪市等 3 个县（市、区）部分乡镇的 5200 个“低收入农户集中村”，其中，省级结对帮扶 2000 个村，所在市、县重点结对帮扶 3200 个村。

省级结对帮扶由省级机关、事业单位（科研机构、高等院校、医院）、国有企业、发达地区强县强镇、大型民营企业等 291 个单位组成 29 个省级帮扶团组，分别结对帮扶上述 29 个县（市、区）中的 2000 个“低收入农户集中村”，帮扶团组组长单位由省直有关部门和杭州、宁波市政府担任。

其余 3200 个“低收入农户集中村”所在市、县也应参照省级结对帮扶的做法，抓紧确定结对方案，确保每一个“低收入农户集中村”都有一个单位结对帮扶。

三、结对帮扶工作的目标任务

结对帮扶工作目标。协助当地县、乡党委、政府，通过各方努力，在 2012 年如期完成“低收入农户奔小康工程”各项任务，使结对村生产生活条件有较大改善，低收入农户稳定增收，70％以上的低收入农户（“低保”户除外）家庭人均年收入超过 4000 元。

结对帮扶工作任务。配合当地县、乡党委、政府，组织动员基层组织和广大农民群众，自力更生，艰苦奋斗，创业致富。在当地全面落实“一户一策一干部”扶贫工作机制的基础上，每个省、市级帮扶单位明确对口联系一个乡镇，与乡镇干部一起深入到低收入农户集中村，提倡联系低收入农户。各结对帮扶单位帮助低收入农户集中村的任务：一是理清发展思路，制定发展规划；二是发展特色产业，重点发展能够带动低收入农户增收的项目；三是帮助开展农民技能培训，促进低收入农户提高生产水平和就业创业能力；四是改善生产生活基础设施，重点解决制约生产发展的基础设施；五是帮助发展村级集体经济，落实村级集体经济发展项目和举措；六是指导村级民主管理和法治建设。

四、结对帮扶工作的相关要求

调查摸底。各地要全面调查“低收入农户集中村”的基本情况、发展规划和帮扶需求，并建档立卡。加快建立省市县联网的结对帮扶信息动态管理系统，以便及时反映结对帮扶单位的帮扶活动、帮扶举措和帮扶成效，更好地开展对结对帮扶工作的动态监测和绩效评估。

协调配合。“低收入农户集中村”所在的 29 个县（市、区）党委、政府是扶贫工作的责任主体，要明确日常工作部门和人员，具体负责低收入农户增收工作。要主动与省、市级帮扶单位联系，落实具体帮扶措施。省、市级帮扶团组组长单位要做好组织协调、督查指导工作，按照本团组各成员单位的职能优势，抓紧与当地政府商定本团组成员单位与“低收入农户集中村”的结对方案。有关发达市、县要明确一位领导，负责协助省级帮扶团组组长单位组织和督促本地强县强镇做好结对帮扶工作，并落实一个部门承担具体工作。

广泛动员。充分发挥工会、共青团、妇联、工商联等组织的优势，积极动员各类社会力量参与结对帮扶活动。要动员民营企业与“低收入农户集中村”建立“村企结对”关系，开展多种形式的结对帮扶活动。各级共青团组织要牵头实施好“低收入农户青少年关爱行动”，为低收入农户青少年提供“助困、助学、助医、助业”慈善救助。各级新闻媒体要开展多种形式的宣传活动，营造做好结对帮扶工作的良好氛围。

五、结对帮扶工作的组织领导

各级党委、政府要高度重视结对帮扶工作，主要领导要亲自过问。结对帮扶单位要坚持主要领导负总责，明确分管领导、责任部门和联络人员，根据结对村的发展规划和帮扶需求，制订本单位结对帮扶的五年规划和年度计划，明确帮扶目标和任务，确定帮扶项目和措施。结对帮扶单位的领导每年到结对村开展帮扶工作不少于2次，具体承担帮扶工作的部门和人员每年到结对村蹲点工作不少于7天。发达地区的强县强镇要把结对帮扶工作与“山海协作工程”有机结合起来，充分发挥自身的综合优势，在产业开发和转移、人员培训和就业、干部互派挂职和学习锻炼等方面开展更加广泛、更有实效的帮扶和协作，努力形成互惠互利的帮扶机制。各级农村工作指导员和科技特派员的派出单位要把对“低收入农户集中村”和低收入农户的帮扶作为工作重点，开展更有针对性的工作指导和技术服务。

加强对结对帮扶工作的考核。各级党政机关、事业单位的结对帮扶工作列入同级党委、政府或主管部门的年度工作目标责任制考核，国有企业的结对帮扶工作列入同级国资委的年度工作目标责任制考核。

附：省级结对帮扶团组安排方案（略）

中共浙江省委办公厅
浙江省人民政府办公厅
二〇〇八年八月八日

浙江省人民政府办公厅关于加快构建新型农技推广组织网络进一步加大农技推广力度的通知

浙政办发〔2008〕16号

各市、县（市、区）人民政府，省政府直属各单位：

2005年以来，各地认真贯彻省政府的决策部署，积极推进基层农技推广体系改革和农技推广责任制度试点，有力地促进了农技推广工作。为了巩固和扩大农技推广体系建设成果，进一步发挥农技推广机构（包括科研院校）以及农技人员的作用，促进农业科技成果转化应用和先进适用技术推广，经省政府同意，现就加快构建新型农技推广组织网络、进一步加大农技推广力度作如下通知：

一、总体要求

坚持以科学发展观为指导，按照发展现代农业和“创业富民、创新强省”总战略的要求，以增强农技推广能力为核心，通过机制创新，优化整合现有农技推广、科研、教学等单位的科技推广资源，集聚农、科、教、企等各方力量，尽快建立起以公益性农技推广机构为骨干、科研教育机构和社会化农技服务组织为补充、乡镇责任农技员为基础、与农业生产经营主体紧密结合的新型农技推广组织网络，建立起责任制度健全、推广服务到位的农技推广管理机制，促进农技推广有序、有效开展，努力满足农民群众和农业龙头企业、农民专业合作社等农业主体日益增长的科技需求。

二、构建县以上新型农技推广组织网络

（一）构建省级新型农业技术推广组织。

1. 设立浙江省农业技术推广中心。整合农林渔推广、科研、教学等单位的农技推广资源，建立浙江省农业技术推广中心（以下简称省农技推广中心，为议事协调机构，不占编）。省农技推广中心主任由省农业厅厅长担任，副主任由省农业厅、省林业厅、省海洋与渔业局、省水利厅、省科技厅等部门分管领导担任。省农技推广中心办公室设在省农业厅。

2. 设立浙江省农业技术推广分中心（以下简称省农技推广分中心，为议事协调机构，不占编）。省农技推广中心由种植业、畜牧业、渔业、林业、农业机械、水利等6个分中心组成。分中心主任由省农技推广中心的相关副主任兼任。

3. 设立专家组。省农技推广各分中心相应下设粮油、海洋捕捞、蔬菜、茶叶、果品、畜牧、水产养殖、竹木、花卉苗木、蚕桑、食用菌、中药材和农机、水利专家组，其他产业根据需要设立。专家组由首席专家和若干名专家组成。首席专家由具有较高技术权威、责任心和组织协调能力较强的专家担任；专家组成员由推广、科研、教学单位的专家组成。

（二）构建市级新型农业技术推广组织。参照省级设置，具体由各设区市政府研究确定。

（三）构建县级新型农业技术推广组织。在认真贯彻实施《浙江省人民政府办公厅关于全面落实农技推广工作责任加快构建新型农技推广体系的通知》（浙政办发〔2006〕130号）基础上，设立县级农业技术推广中心、分中心（以下简称县农技推广中心、分中心，为议事协调机构，不占编），并根据当地农业主导产业发展需要，分设若干个技术指导组，建立健全首席农技推广专家及农技指导员队伍。

三、明确县以上新型农技推广组织职责

（一）省农技推广中心。统筹全省农技推广资源，研究制定全省农技推广中长期规划和农技人员培训规划；组织、协调、指导省农技推广分中心和市、县级农技推广中心开展农技推广活动；加强农技推广队伍建设；落实农技推广责任，组织开展农技推广年度考核、绩效评价等。

（二）省农技推广分中心。负责本领域的农技推广工作。拟订本领域农技推广中长期规划，提出重大农业科研项目建议意见、年度推广目标计划、推广经费预算及使用等建议；确定本领域的主导品种、主推技术；落实农技推广任务，组织开展推广项目考核与绩效评价；具体负责本领域技术人员的知识更新培训；组织、协调专家组工作；向科研单位反馈科技需求信息等。

（三）省级专家组。具体负责本产业的技术指导工作。提出农技推广中长期规划及年度计划、主导品种、主推技术等建议意见；执行本产业年度农技推广计划；指导实施单位开展农技推广活动；及时向省农技推广分中心提供生产中的科技需求信息；指导市、县（市、区）技术专家工作等。

（四）设区市农技推广中心、分中心。其职责参照省级确定。

（五）县农技推广中心、分中心。组织开展本县（市、区）农技推广工作；落实省、市级农技推广中心下达的推广任务，组织实施省级农技推广项目；组织开展农技人员知识更新培训；推荐、推广本县（市、区）的主导品种和主推技术；及时反馈科技需求信息；指导乡（镇）、村开展农技推广工作等。

四、组织实施省级农技推广项目

2008年起，省里将对省级农口部门相关农技推广资金进行整合后，设立省级农技推广项目（以下简称项目）。项目实行基层申报、公平竞争、择优支持、绩效激励、公开监督，重点支持基层责任农技员围绕现代农业发展实际，以促进农业增产增效、农民持续增收为目标，开展新品种、新技术、新机具、新设施特别是生产上急需的“短、平、快”先进适用技术的引进、示范及推广活动。

（一）项目立项指南制订。省农技推广各分中心根据省农技推广中心确定的农技推广中长期规划，提出年度农技推广重点、主导品种和主推技术，经省农技推广中心协调后，由省级农口主管部门会同省财政厅下达项目立项指南。

（二）项目申报。项目原则上由已完成农技推广体系改革、建立农技推广责任制度的乡镇（含区域及流域性，下同）农技推广机构联合责任农技员、生产主体（主要是农业规模生产大户、农民专业合作社、科技示范户等，下同），通过“浙江农民信箱”网上申报和纸质文件申报相结合的方式，向县级农口行政主管部门（或农技推广中心）申报。申报的项目必须明确具体田块、农户，并能在1—2年内完成。项目一年申报2次。

（三）项目立项。根据省里下达的立项指南，由县级农口、财政部门对申报的项目进行筛选后，将拟立项的项目简况汇总表报省农技推广分中心。省农技推广中心、分中心、专家组对申报项目进行审核后，对符合立项指南的，由省相关农口行政主管部门会同省财政厅批准立项并下达项目经费。

（四）项目实施。项目实行主持人负责制。项目承担单位应为项目主持人提供必要的条件。建立完善分级负责的项目管理制度，明确和规范项目资金使用范围、程序，确保项目按计划、高质量完成。

（五）项目绩效评价。项目完成后，采取农民评价、专家考评、现场抽查、网上公示相结合的方式，由县农技推广分中心组织开展绩效考评。考评结果与项目立项相挂钩，并及时报省农技推广中心、分中心。省里对项目实施情况进行抽查。

省级农技推广项目及资金管理办法另行制定。各地要参照省里的做法，整合资金，增加投入。

五、加强对农技推广工作的领导

构建新型农技推广组织网络、加大农技推广力度，是提高农业科技水平、发展现代农业的现实需要，是贯彻“创业富民、创新强省”总战略的积极实践。各级政府和有关部门要高度重视这项工作，切实加强组织领导，采取积极有效措施，鼓励科研院校、农业企业的技术人员和农村实用技术人才积极参与农技推广工作，鼓励有理论水平、有实践技能的骨干农技人员到农技推广一线中去，充实农技推广力量，增强农技推广活力。省农技推广中心要研究制定具体管理办法，建立健全工作制度，加强对新型农技推广组织和人员的培育、指导、管理，对成绩突出的技术专家，可作为省农业科技成果转化推广奖候选对象。广大农技人员要适应新形势，加强学习，增强业务能力，为我省发展高效生态的现代农业贡献力量。

附件：浙江省新型农技推广组织网络示意图（略）

二〇〇八年二月二十九日

浙江省人民政府办公厅
关于进一步加强乡镇综合文化站建设的意见

浙政办发〔2008〕66号

为全面贯彻落实《中共中央办公厅国务院办公厅关于进一步加强农村文化建设的意见》（中办发〔2005〕27号）、《中共中央办公厅国务院办公厅关于加强公共文化服务体系建设的若干意见》（中办发〔2007〕21号）和《浙江省推动文化大发展大繁荣纲要(2008—2012)》,经省政府同意,现就进一步加强我省乡镇综合文化站建设提出如下意见。

一、充分认识加强乡镇综合文化站建设的重要意义

乡镇综合文化站是党和政府开展农村文化工作的基本阵地,是公共文化服务体系的重要组成部分,是保障广大农民群众基本文化权益的重要基础。加强乡镇综合文化站建设对于改善农村公共文化服务条件、提高农村公共文化服务水平,推进社会主义新农村建设,具有十分重要的意义。近年来,我省高度重视农村文化工作,出台一系列政策措施,推进了乡镇综合文化站建设,有效改善了农村文化面貌。但总体来看,乡镇综合文化站建设还存在着队伍比较薄弱、经费投入不足、工作机制不活、综合服务能力不强等问题。到2007年底,在全省挂牌有建制的1483个乡镇综合文化站中,还有511个无站舍,这与我省"十一五"时期实现"乡有一站"的目标还有很大差距。各地、各有关部门必须充分认识加强乡镇综合文化站建设的重要性和紧迫性,把它摆到农村文化建设中的突出位置,坚持以政府主导、社会参与为原则,以改革创新、激发活力为手段,以加强建设、改进服务为重点,进一步做好乡镇综合文化站建设工作,着力构建农村公共文化服务体系,为保障农民群众基本文化权益,加快文化大省建设,促进农村经济社会又好又快发展奠定坚实的基础。

二、进一步明确乡镇综合文化站的性质和职能

乡镇综合文化站是政府举办的提供公共文化服务、指导基层文化工作和协助管理农村文化市场的公益性事业单位,是集书报刊阅读、宣传教育、文艺娱乐、科普培训、信息服务、体育健身等各类文化活动于一体,服务于当地农村群众的综合性公共文化机构。

乡镇综合文化站的具体职能有:对广大群众进行时政宣传和政策法制教育;组织开展丰富多彩的文体娱乐活动,组织和指导电影、电视、录相放映活动;利用全国文化信息资源共享工程举办各类文化艺术培训班、科普讲座、农技知识讲座等,辅导和培养文艺骨干;开办图书报刊室,组织群众开展读书读报活动;搜集、整理民族民间文化艺术遗产,促进乡村特色文化的发展;指导和辅导村文化室、俱乐部和农民文化户开展各种业务活动;做好当地的文物宣传保护工作;受上级文化主管部门委托协助管理当地文化市场。

三、加强乡镇综合文化站建设的主要任务和具体要求

按照《全国"十一五"乡镇综合文化站建设规划》的要求,结合浙江实际,到2010年,确保全省实现乡乡(镇、街道)建有符合标准的多功能、综合性文化站。健全乡镇综合文化站的设施网络,改善基础设备条件,改革管理体制和运行机制,建立具有较高专业素质的工作队伍,确立政府投入机制,提高乡镇综合文化站的公共文化服务能力和水平。努力建成一批设施先进、功能齐全、机制灵活、保障有力、服务优良的示范性综合文化站,充分发挥其在统筹城乡文化发展、构建公共文化服务体系中的重要作用。

(一)加强乡镇综合文化站设施建设和管理,夯实农村公共文化服务基础。

1. 合理规划建设。坚持按照我省乡镇综合文化站建设分类标准,结合各地经济社会发展水平和群众文化活动需要,合理确定乡镇综合文化站建筑面积。欠发达地区、中等发达地区乡镇综合文化站建筑面积分别不低于500平方米、1000平方米,中心集镇文化站建筑面积不低于发达地区的省级东海文化明珠相应硬件标准(1500平方米),切实解决部分乡镇综合文化站无站舍问题。乡镇综合文化站设施建设应当符合有关城乡规划,布局合理。对文化站项目,可以划拨方式提供土地使用权,并减免各种建设配套费用。

2. 强化综合功能。乡镇综合文化站一般应具备多功能活动厅、书报刊阅览室、信息资源共享服务室、教育培训室、文艺排练厅、综合展示厅、管理用房,以及室外活动场地、宣传栏、黑板报等配套设施,配备必要的活动器材和设备。有条件的乡镇综合文化站可建设影剧院、体育馆和市县公共图书馆乡镇分馆。鼓励建设一批具有地域特色和时代特征的乡镇综合文化站。

3. 加强设施管理。制订乡镇综合文化站设施相关管理制度,强化管理措施,提高运行效率,充分发挥文化阵地的作用。乡镇综合文化站及其设施、设备要坚持公益性质,不得企业化或变相企业化,不得以拍卖、租赁等形式改变其用途。

(二)加强乡镇综合文化站人才队伍建设,提升农村公共文化服务能力。

1. 保证专职人员。健全乡镇综合文化站机构设置,对已与其他机构整合的,应保留乡镇综合文化站名称。根据乡镇人口规模和文化建设实际需要确定乡镇综合文化站编制,配备专职人员管理。完善乡镇综合文化站工作人员养老、失业、医疗保险等社会保障机制,确保应有的工资福利待遇。

2. 规范人员聘用。完善乡镇综合文化站人员录用工作,新进人员必须严格按照《浙江省事业单位公开招聘人员暂行办法》面向社会实行公开招聘,吸收政治思想好,文化水平高的大中专毕业生到文化站工作。

3. 加强岗位培训。建立和完善岗位规范,完善现有人才队伍的培养机制。深入实施浙江省农村文化队伍素质提升工程,对乡镇综合文化站专职人员实行全员培训。

(三)推进乡镇综合文化站体制机制创新,增强农村公共文化服务活力。

1. 完善管理体制。乡镇政府要进一步强化对文化站设施、人员、经费的管理责任,县级文化行政部门要加强对乡镇综合文化站的业务指导。深化乡镇综合文化站内部劳动、人事、分配等方面的改革,建立健全竞争、激励、约束机制和岗位目标责任制。建立健全各项服务制度和管理制度,形成长效工作机制。

2. 探索多渠道的公共文化服务机制。打破部门和所有制界限,建立以公有制为主导、多种所有制形式共同发展的乡镇公共文化服务网络。按照"政府主导、社会参与、市场运作、增强活力"的思路,吸引社会各方面力量,参与和支持乡镇综合文化站建设和运行,拓展文化站的服务功能和发展空间。

3. 创新群众文化活动载体。按照“业余自愿、健康有益、便捷长效”的原则,依托传统节日、重大节庆和民族民间文化资源,创新文化活动理念,加强农村题材的文艺作品创作,精心策划群众喜闻乐见、互动性强的文化活动载体,让广大群众“唱主角”,从“送文化”向“种文化”转变,增强基层文化的“造血功能”,不断满足农村群众的精神文化需求。

四、加强乡镇综合文化站建设的保障措施

(一)加强组织领导。各级政府要把乡镇综合文化站建设作为当前文化建设的一项重要任务,纳入重要议事日程和乡镇建设总体规划,加强领导,统筹协调,切实把这项工作抓紧抓好。县级文化行政部门和发展改革部门要密切配合,切实承担起牵头实施乡镇综合文化站建设的职责。其他有关部门都要按照各自职能,互相协作、形成合力,共同做好乡镇综合文化站建设工作。

(二)加大投入力度。各级政府特别是县乡两级政府要充分发挥主导作用,把乡镇综合文化站经费纳入财政年度预算,切实解决乡镇综合文化站建设资金和运行经费。省财政将对各地特别是经济欠发达地区乡镇综合文化站建设给予补助或以奖代补。各市、县(市、区)也要建立相应的专项资金,用于乡镇综合文化站建设。要创新政府投入方式,适当引入竞争机制,通过项目招标等形式,变直接拨款为项目购买,切实提高资金投入的效益。

(三)加强监督考核。建立完善考核机制,科学设置考核指标。县级政府要制订乡镇文化工作考评办法,并将乡镇综合文化站建设纳入乡镇综合考核,纳入对各乡镇主要领导的任期目标责任与年度考核,切实加大对乡镇综合文化站建设的监督、检查和考核力度。对成绩突出的乡镇综合文化站及其工作人员要予以表彰,努力在全社会形成关心支持乡镇综合文化站建设的良好氛围。

二〇〇八年十月六日

浙江省人民政府办公厅
关于切实加强村经济合作社组织建设的若干意见

浙政办发〔2008〕68号

为切实加强村经济合作社组织建设,促进农村经济发展和社会和谐稳定,根据《浙江省村经济合作社组织条例》(以下简称《条例》)的有关规定,经省政府同意,现就切实加强村经济合作社组织建设提出如下若干意见:

一、充分认识加强村经济合作社组织建设的重要意义

村经济合作社是在农村双层经营体制下集体所有、合作经营、民主管理、服务社员的社区性农村集体经济组织,依法代表全体社员行使集体财产所有权。加强村经济合作社组织建设,有利于稳定和完善农村基本经营制度,巩固以公有制为主体、多种所有制经济共同发展的基本经济制度;有利于保障村经济合作社及其社员合法权益,解决广大社员群众最关心、最直接、最现实的利益问题,促进农村社会和谐;有利于适应市场经济要求,发展农村集体经济,夯实新农村建设物质基础;有利于建立健全农村党组织领导的基层群众自治机制,加强农村基层组织建设,促进基层民主建设。各地、各有关部门要充分认识加强村经济合作社组织建设的重要意义,采取切实有效措施,加强村经济合作社组织建设。

二、全面开展村经济合作社换届选举工作

(一)抓紧制定村经济合作社换届选举实施意见和选举办法。尚未开展村经济合作社换届选举的地方,要按照《条例》有关规定,以选好配强新一届村经济合作社班子为重点,以建立健全社员(代表)大会、社管会、社监会为核心的村经济合作社治理机制为目标,由县级政府制定村经济合作社换届选举实施意见和选举办法,乡镇(街道)要做好村经济合作社换届选举的指导和服务工作,力争在今年基本完成换届选举工作。

(二)加强对换届选举工作的指导。坚持政府组织、部门指导,严格按照《条例》有关规定,规范社员选举委员会产生、社员登记、社员代表推选、候选人推选、正式选举等工作,确保换届选举体现社员意志,把德才兼备、社员公认的人员选进社管会、社监会。社管会成员可以与其他村级组织领导成员交叉任职,但不得与社监会成员交叉任职。及时总结推广已完成换届选举的成功经验。对选情复杂的地方,要组织力量进村入社,加强指导和服务。及时发现和处置普遍性、苗头性问题。对通过不正当手段当选的,要依法宣布选举无效;对干扰、妨碍换届选举的,要依法予以打击,确保换届选举合法有序进行。

三、及时颁发《浙江省村经济合作社证明书》

各地要按照《浙江省村经济合作社证明书管理办法》的规定,及时组织农业行政主管部门做好村经济合作社的清产核资等工作,力争在2009年6月底前向所有符合条件的对象颁发《浙江省村经济合作社证明书》(以下简称《证明书》)。县级农业行政主管部门要建立发证台账,将村经济合作社申请材料上的有关数据登记在册,实行数据库管理。

四、加强对村经济合作社经营管理的指导

(一)建立健全规章制度。各地要指导督促村经济合作社根据《条例》和《浙江省村经济合作社示范章程(试行)》规定,编制好社员名册,制定完善章程,建立健全村经济合作社财务公开、民主理财、财务预决算、现金和银行存款、资金审批领用、票据、工程项目招投标、债权债务、财产清查以及内部事务等管理制度。深化完善村级会计委托代理制和电算化,进一步提升乡镇会计委托代理机构电算化设施装备水平,加快建设县、乡、村三级农村财务计算机监管网络,扎实推进村级财务管理规范化建设。

(二)强化农村集体经济审计监督。要根据《浙江省农村集体经济审计办法》的规定,完善农村集体经济"三年一轮审"制度,加强对农村集体经济的审计监督,特别是对有社员信访或基层有要求的地方要实行重点审计。

(三)增强村级集体经济发展活力。积极探索村级集体经济有效实现形式,努力增加集体经济收入。积极稳妥推进城中村、城郊村等的社区股份合作制改革,力争在"十一五"末基本完成改制工作。同时鼓励其他类型村探索股份合作制等产权制度改革。

五、切实加强对村经济合作社组织建设的领导

各级政府要切实加强对村经济合作社组织建设的领导,特别是对村经济合作社的换届选举工作,要统筹安排,统一部署,落实工作责任和人员力量,精心组织实施。各级农业部门要切实履行主管部门的职责,加强业务指导,认真做好村经济合作社换届选举、《证明书》颁发、村级财务规范化管理、农村社区股份合作制改革和发展村级集体经济等管理服务工作。各级农办、财政、监察、公安、民政、审计、工商、质量技监等有关部门要认真履行职责,进一步强化服务意识,合力推进村经济合作社组织建设。

二〇〇八年十月二十日

浙江省农业和农村工作办公室
浙江省财政厅　浙江省建设厅　浙江省农业厅
浙江省卫生厅　浙江省交通厅　浙江省环境保护局
关于印发《2008年度"千村示范万村整治"工程项目建设实施方案》的通知

浙农办〔2008〕10号

各市、县(市、区)农办(整治办)、财政局、建委(建设局、市政园林局、规划局、城管局)、农业局、卫生局、交通局、环境保护局:

根据吕省长在省十一届人大一次会议上所作的《政府工作报告》和在2008年全省经济工作会议上的讲话精神以及批示要求,省农办、省财政厅、省建设厅、省农业厅、省卫生厅、省交通厅、省环境保护局等有关部门研究制定了《2008年度"千村示范万村整治"工程项目建设实施方案》。方案已经省政府协调同意,现印发给你们,请认真贯彻执行。

附:2008年度"千村示范万村整治"工程项目建设实施方案

浙江省农业和农村工作办公室
浙江省财政厅
浙江省建设厅
浙江省农业厅
浙江省卫生厅
浙江省交通厅
浙江省环境保护局
二〇〇八年二月二十六日

附:

2008年度"千村示范万村整治"工程项目建设实施方案

一、村庄整治建设目标

根据省委、省政府在衢州召开的"千村示范万村整治"工作现场会上提出的"至2012年,力争使全省绝大部分村庄的环境得到整治"要求,以及"千村示范万村整治"工程五年建设规划,2008年完成3500个(其中宁波500个)待整治村的建设任务,提升1000个(不含宁波)已整治村的生活污水治理水平。

整治建设从农民群众最关心、最直接、最现实的利益问题入手，全面开展以改善农村人居环境为重点的村庄整治建设，省里重点扶持“村道硬化”、“垃圾处理”、“卫生改厕”、“污水治理”等四个方面的项目。要求通过这些项目的实施，2008年，农村生活垃圾收集处理的行政村覆盖面提高10个百分点；开展农村生活污水治理的农户增加79.5万户，农户覆盖率提高7.5个百分点；新增卫生厕所的农户46.55万户，农户覆盖率提高4.4个百分点新建或新改建村内主干道硬化里程5250公里以上。

二、开展整治建设村庄的确定

2008年列入新一轮村庄整治建设的村3000个（不含宁波），其中35个一类县1539个村、20个二类县806个村、其它三类县655个村。在上一轮已整治的村中，选择1000个（不含宁波）没有开展生活污水治理的村实施生活污水治理。省农办根据各地村庄整治建设的实际情况，研究确定《2008年度全省待整治村建设初步建议表》、《2008年度全省已整治村生活污水治理初步建议表》，各县（市、区）按照生态源头地区、主要流域、水源保护区等环境敏感地区以及肠道传染病、血吸虫病等疾病流行地区优先；鼓励整乡整镇连片推进；村级班子战斗力强和村民积极性高等条件，根据量力而行的原则以及财政配套能力，可以提出增加或减少整治村建设数量的要求，并排出具体村庄名单报省农办。省农办对具体村庄名单汇总后，分别征求财政、建设、农业、卫生、交通、环保等部门意见，最终确定全省2008年度待整治村建设计划和已整治村生活污水治理计划。

三、整治建设项目的标准

实施新一轮村庄整治建设的村，要求同时达到以下标准：

（一）村内主干道硬化

根据村庄建设规划、农村住宅布局、村民经济社会活动需要以及乡村特点，因村、因路制宜地开展村内道路建设，村主干道要硬化。村内主干道宽度一般为3.5米，路面类型可以是水泥、沥青、块石等，厚度：水泥路面一般为16厘米以上，沥青混凝土路面一般为3厘米左右。每村至少新建或新改建1.5公里村内主干道。

（二）农村垃圾收集处理

全面清除陈年垃圾，村庄垃圾收集处理要覆盖到全体村民。按照村庄建设规划、自然村落布局和村庄人口分布设置垃圾收集设施、分拣设施或转运设施等。丘陵山区、海岛渔区的村庄以及远离城镇的平原村庄，按照“就地分拣、综合利用、无害化处理”的要求开展农村垃圾收集处理，城镇郊区的村庄，按照城乡一体化的要求开展农村垃圾收集处理。普遍建立村庄环境卫生“门前三包、分区包干、定责定薪、联合考核”的长效保洁机制。

要求每村按每10—15户配置1个垃圾箱；垃圾集中房按照村庄建设规划、村庄人口分布和自然村落布局合理配置，一般一个自然村配1座；一般每村配置三轮车、手推车等垃圾清运工具2—3辆。卫生保洁员人数视村域大小、人口多少等具体情况确定，做到人员、制度、职责、经费四落实。

（三）农村卫生改厕

农村卫生户厕要覆盖全村80%以上的农户（其中肠道传染病、血吸虫病流行区和1000个提升村要达到90%以上）。同时，按农户居住特别是无卫生厕所农户和外来人口居住分布情况，每个村至少建1个无害化卫生公厕。要充分考虑粪便污水、生活污水纳入集中式污水处理收集系统的接口问题。各地可根据当地经济条件和地形地貌，提倡农村改厕与庭院生活污水处理相结合的模式，以保护农村水体和环境卫生。

农村卫生户厕建设按照国家《农村户厕卫生标准》（GB19379—2003）执行。一般户厕主要采用三格式化粪池进行建设与改造。畜禽养殖户、“农家乐”经营户，提倡沼气池方式改厕。农村卫生公厕应按三类或三类以上公厕标准建造，建设标准参照国家《城市公共厕所卫生标准》（GB/T17217—1998）和《城市公共厕所设计标准》（CJJ14—2005）执行，排放达到《粪便无害化卫生标准》（GB7959—87）。

（四）农村生活污水治理

因村制宜地开展农村生活污水治理。与城市和区域污水处理厂临近的村庄，按照城乡或区域生活污水处理一体化的要求，建设截污管网。经济发达、布局相对集中的村庄，鼓励建设村域统一的生活污水处理设施。布局分散、经济欠发达的村庄，通过分户式、联户式的办法治理生活污水。不管采用何种方式治理农村生活污水，受益农户覆盖面要达到村总户数的50%以上（其中1000个提升村要达到60%以上），户数少于340户的村，受益农户至少要在170户以上（其中1000个提升村要达到200户以上）。

1. 纳管处理。结合全省城镇污水处理设施建设规划和已建及近期拟建城镇污水处理设施的实际情况，统筹敷设城镇周边村庄污水处理管网，将村庄生活污水纳入县（镇）污水处理设施统一处理。

2. 集中处理。因村制宜地选择厌氧生物处理技术、兼氧过滤处理技术、微动力处理技术和人工湿地处理技术等。敷设收集管网，建设村内统一的污水处理设施。单个污水处理设施受益农户在50户以上。

3. 分散处理。按是否有畜禽养殖废水处理要求，分为利用型和净化型两类。利用型：有畜禽养殖的户，以“一池三改”为基本建设单元，按每户池容8－10立方米标准建设沼气池，产生沼气用于农民生活用能，沼液、沼渣用作有机肥。净化型：一般采用无动力、地埋式厌氧系统处理生活污水，按户均用水量0.4－0.5立方米/日，工艺总停留时间3天计算，生活污水处理池建设规模为1.2－1.5立方米/户。

根据生活污水处理后排放、使用去向，分别执行相应的处理标准。纳管处理后，出水要达到《城镇污水处理厂污染物排放标准》（GB18918－2002）一级B以上标准。用于农业灌溉的，要达到《农田灌溉水质标准》（GB5084－2005）；排入水体的，要达到《污水综合排放标准》（GB8978－1996）二级以上标准；用于河道景观用水的，要达到《城市污水再生利用景观环境用水水质》（GB/T18921－

2002)。

四、以奖代补资金的安排

省财政对新一轮村庄整治建设项目实行以奖代补,由省财政会同省农办、建设、农业、卫生、环保、交通等有关部门制定资金管理办法。

考虑到各地经济发展水平和财力上的差距,省里对一、二、三类县的村庄整治建设项目实行有差别的以奖代补标准。

对列入待整治村建设年度计划行政村(3000个村)的村庄整治建设项目,省里一般对一类县每村补助14万元;对二类县每村补助11万元;对三类县每村补助7万元。

对列入已整治村生活污水治理年度计划行政村(1000个)的生活污水治理项目,省里一般对一、二、三类县每村的以奖代补按6万元、5万元、4万元的标准执行。

一类县分别是:淳安县、洞头县、平阳县、苍南县、永嘉县、文成县、泰顺县、磐安县、武义县、柯城区、衢江区、江山市、常山县、开化县、龙游县、天台县、仙居县、三门县、莲都区、缙云县、松阳县、龙泉市、青田县、云和县、遂昌县、景宁县、庆元县、定海区、普陀区、岱山县、嵊泗县、安吉县、金东区、婺城区、兰溪市等35个县(市、区);

二类县分别是:建德市、桐庐县、临安市、浦江县、临海市、长兴县、嵊州市、富阳市、海宁市、桐乡市、平湖市、嘉善县、海盐县、德清县、上虞市、新昌县、诸暨市、永康市、东阳市、玉环县等20个县(市);

其他为三类县(不含宁波)。

省里根据各地列入全省2008年度待整治村建设计划和已整治村生活污水治理计划的村庄数量及考核情况将以奖代补资金分配到各市、县(市、区)。村庄整治建设项目启动建设时,省先安排40%的以奖代补资金,待考核验收合格后,再安排其余的以奖代补资金。考核验收不合格的,不再拨付60%的剩余补助资金,并扣减下一年度的补助资金。

省里将以奖代补资金按上述标准分配到各市、县(市、区)以后,各地要将资金具体落实到有关村的“垃圾处理、卫生改厕、道路硬化、污水处理”等四个村庄整治建设项目。以奖代补资金具体分配方案和项目建设方案要报省农办、省财政厅备案。

除省补资金以外,各市、县(市、区)必须加大投入力度,落实好村庄整治项目建设资金。在省、市、县(市、区)财政增加补助的同时,有条件的乡村集体经济组织要积极增加对村庄整治建设项目的投入,并鼓励农户投工投劳,努力提高建设标准,扩大受益面。

宁波市村庄整治建设专项资金的补助办法可以参照执行。

五、组织管理体制

村庄整治建设的责任主体、组织实施主体为各县(市、区)人民政府,建设主体为行政村。省里与市、县(市)签订村庄整治建设责任书。有关部门负责村庄整治建设的指导、服务和监督。交通等部门负责指导村内道路项目实施;建设部门负责指导村内垃圾处理项目实施;建设、农业、卫生、环保等部门负责指导卫生改厕、生活污水治理项目实施。由省农办牵头,会同财政、建设、农业、卫生、环保、交通等有关部门制定村庄整治建设的考核验收办法,在各市考核验收的基础上,组织考核验收工作。

附件

1.2008年度全省待整治村建设初步建议表(略)

2.2008年度全省已整治村生活污水治理初步建议表(略)

浙江省广播电视局关于印发《浙江省广播电视对农节目服务工程建设目标规划(2008—2010)》的通知

浙广局发〔2008〕180号

浙江广播电视集团,各市、县(市、区)文化广电新闻出版局、广播电视台(集团),华数数字电视公司、浙江网络电视联盟:

《浙江省广播电视对农节目服务工程建设目标规划(2008—2010)》已经省广播电视对农节目服务工程建设联席会议第一次全体成员单位会议讨论通过,现印发给你们,请遵照执行。

浙江省广播电视局

二〇〇八年十月二十二日

浙江省广播电视对农节目服务工程建设目标规划(2008—2010)

为贯彻落实党的十七届三中全会《关于推进农村改革发展若干重大问题的决定》和省委省政府《关于认真实施“创业富民、创新强省”总战略,加快推进社会主义新农村建设的若干意见》(浙委〔2008〕25号)、《关于印发(浙江省推动文化大发展大繁荣纲要》的通知》(浙委〔2008〕71号)等重要部署要求,促进我省各级广播电视更好地服务于新时期农村改革发展和社会主义新农村建设,决定从2008年开始启动全省广播电视对农节目服务工程建设。其三年目标规划、工作重点与保障措施具体如下:

一、目标规划

基本目标:围绕我省贯彻落实中央关于农村改革发展和新农村建设"生产发展、生活宽裕、乡风文明、村容整洁、管理民主"的总体要求,通过2008至2010年三年努力,推进广播电视节目内容结构的城乡合理配置,推动各级广播电视加大对农新闻宣传报道力度,增加对农专题栏目数量,提高对农宣传服务水平,形成以省台为龙头、县台为主阵地、市台为纽带,省、市、县三级联动;以专门的对农频道与栏目为主体,新闻报道、信息咨询、科学普及、地方特色文化等各类节目协同配合;以"三农"为服务对象,广播电视与各部门协作联动,社会各界积极参与,结构合理、内容丰富、最大程度上满足农村改革发展和农民多层次、多样化信息需求的对农节目服务新体系。

基本要求:浙江电视台新闻综合频道和浙江电台综合频道要充分发挥全省新闻主频道的优势,为我省贯彻落实十七届三中全会精神,推进农村改革发展、促进城乡经济社会一体化发展提供强有力的舆论支持。浙江电视台公共·新农村频道作为我省唯一以服务"三农"为宗旨的电视专业频道,要求在自办节目中以面向"三农"为主的新闻和专题栏目2008年达40%以上、2009年达50%以上,2010年达到60%以上,成为全省广播电视对农宣传服务的"龙头"平台。浙江电台综合频道的《海楠说农村》栏目要扩版改造提升办成符合省级台定位优势、内容更丰富的对农广播"龙头"平台。浙江电视台经济生活频道要为我省推进农村改革发展和新农村建设提供通俗易懂的政策信息服务;其他频道也要从各自的专业定位出发,做好相关的宣传配合与节目服务等工作。县级台作为广播电视直接面向"三农"的基层播出机构,要以服务"三农"为主要目标办好当地的新闻节目,并每天在黄金时间分别安排播出广播和电视的对农专题栏目。要求2008年每周自办面向"三农"为主的广播和电视专题栏目分别达一档以上,2009年达到两档以上,2010年达到三档以上,成为对农宣传服务的主阵地。

市级台要充分利用其所在市对所辖区、县在经济文化等方面的辐射力和示范性,加大对农新闻宣传报道力度,并在2008年每周自办面向"三农"和"涉农"的广播和电视专题栏目分别达一档以上,2009年达到两档以上,2010年达到三档以上,成为广播电视沟通城乡、服务城乡一体化的主桥梁。

二、工作重点

1. *打造省级主平台,加大对农宣传服务引导力。*浙江电视台公共·新农村频道要充分发挥省级媒体人、财、物等方面的资源优势,按照频道专业定位,继续加大力度实施品牌化战略,培育一批广受农民群众欢迎的品牌栏目、品牌活动、品牌主持人;要主动加强与政府有关部门、社会各方面以及市县台的联系合作,力求办成全省广播电视对农政策指导、科技宣传、法律咨询、信息服务、文明指导和展示"三农"新貌等方面的权威性"龙头"平台。浙江电台综合频道对现有的对农专题栏目进行扩充和改造提升,力求到2010年办成基本满足全省对农共性需求的大版块节目。

2. *夯实县级主阵地,突出对农节目服务针对性。*县级广播电视台在转好上级台节目、办好本地新闻节目的基础上,根据当地基层农民群众的实际需求、党委政府及各部门推动新农村建设的需要,加强与党委政府各部门的合作,积极创造条件按规定数量要求开办对农栏目,拓展节目的内容范围,创新节目的表现形式,增强节目的指导性、针对性和实用性,不断提高节目质量,办出一大批对农服务品牌节目。

3. *搭建市级主桥梁,力求对农节目服务城乡兼顾。*市级台要充分利用市对县在经济文化等方面的辐射力和示范性,在开展对农节目服务方面找准定位,充分发挥以市带县、以城带乡功能和推动城乡一体化作用,力求把握农村与城市新居民并重,兼顾城乡受众的共同需求,同时,加强与所辖县级台的协作交流,提供更为城乡受众喜闻乐见的节目。

三、保障措施

广播电视对农节目服务工程建设是贯彻落实中央十七届三中全会、省委省政府关于加快推进社会主义新农村建设和推动文化大发展大繁荣有关文件精神的积极举措,是当前和今后一个时期广播电视的重点工作。为保障这项工程建设顺利进展,形成促进我省广播电视对农节目繁荣发展的长效机制,采取以下主要措施:

1. *强化组织保障。*在省委宣传部的指导下,建立由省广播电视局和省农办共同召集,省财政厅、省农业厅、省林业厅、省水利厅、省海洋与渔业局、省劳动和社会保障厅、省民政厅、省卫生厅、省教育厅、省司法厅、省科技厅、省环保局、浙江广播电视集团等15家成员单位参加的广播电视对农节目服务工程联席会议制度,加强各成员单位的交流合作,整合资源,发挥优势,更好地为农民和基层群众提供政策宣传和服务指导,扎实推进广播电视对农节目服务工程三年目标规划的实施,推动科学发展在广播电视对农宣传服务领域的新探索、新实践。

2. *加大扶持力度。*广播电视对农节目属于公益性节目,要实现三年规划目标,不仅需要各台自身逐年加大投入,也需要政府逐年加大扶持力度。2008年,省财政已经安排落实专项扶持经费,省广电局专门制定了考核扶持办法。根据三年规划,2009、2010年,各级对农栏目还需继续增加数量,提升质量。因此,省及各地在落实2008年扶持经费的基础上,要根据对农节目服务工程建设的进度和资金使用绩效,逐年加大专项经费的扶持力度。

3. *加强行政推动。*一是根据新农村建设考核指标和三年规划阶段性目标,定期召开会议进行部署,同时组织开展节目视听评议及时总结推广先进经验;二是制定对农节目服务工程建设考核办法,每年组织对农节目评估考核，奖励优秀节目，扶持欠发达地区台，督促存在问题的播出机构及时整改，同时将对农节目服务工程建设的目标考核与广播电视播出机构综合评估、先进台（站）评选挂钩；三是在各广播电视台自办对农栏目的基础上，依托联席会议成员单位的资源优势和社会力量，适时组织提供一批通用性节目，并策划实施全省性的广播电视对农宣传服务系列活动；四是继续大力推进全省各级广播电视播出机构改进作风，深入新农村建设第一线，调查了解新农村建设实情，及时掌握农民及其他相关受众的信息需求，不断提高节目服务的针对性、有效性、适用性。省广电局及各市、县广播电视行政管理等相关部门也要深入农村召开民主恳谈会，了解农民对广播电视的真实需求，及时把意见建议反馈有关播出机构等单位，合力改进广电对农节目服务工作；五是建立专家库，组建由管理部门和专家共同组成的小分队，不定期到县级广播电视台开展自办对农服务栏目的现场点评等指导服务活动，帮助拓宽对农宣传服务内容广度，提升对农节目服务水平。

4. 丰富节目源供应。充分利用联席会议成员单位、省电视节目交流中心等资源和节目供应渠道，组织交流、创意制作和购买创编一批通用性节目提供给市、县台播出；充分利用浙江电视台公共·新农村频道、浙江网视联盟、华数数字电视节目等平台，促进各地优秀对农节目的交流与播出。

5. 强化队伍建设。一是采取有效措施，督促各级播出机构在内部考核上向对农节目采编人员倾斜，推动优秀人才向对农节目采编岗位配置；二是从2008年起，对全省所有对农节目采编播人员进行专业知识轮训，组织一线采编人员相互交流介绍经验；三是结合小分队下基层送服务活动，对一线采编人员进行现场指导、培训。

浙江省卫生厅　浙江省财政厅　浙江省民政厅
关于进一步做好新型农村合作医疗工作的意见

浙卫发〔2008〕172号

各市、县（市、区）卫生局、财政局、民政局：

为认真贯彻落实2008年全国新型农村合作医疗工作会议精神，进一步完善我省新型农村合作医疗制度，逐步提高新型农村合作医疗的保障水平，让农民更多地享受新型农村合作医疗带来的益处，按照“提高筹资水平、完善制度建设、增强保障能力”的工作要求，经省政府同意，提出以下意见，请各地认真执行。

一、稳步提高筹资水平，建立稳定可靠合理增长的筹资机制

2008年起，国务院决定扩大中央财政的补助范围，将农业人口在50%以下的市辖区和计划单列市全部纳入补助范围，并提高补助标准。省政府决定，从2008年起，全省所有县（市、区）新型农村合作医疗（以下简称新农合）人均筹资水平必须达到100元以上，省财政对全省（不含宁波地区）经济欠发达、中等、发达地区的参合农民的补助标准分别提高到40、20、12元。尚未达到人均筹资100元的县（市、区），2008年必须达到人均筹资100元以上。已经达到人均筹资100元的县（市、区），2008年也要根据省财政和中央财政增加的补助额度，结合当地社会经济发展情况，进一步提高筹资水平，其中经济发达地区的筹资标准应明显高于全省平均水平。各地要建立合理稳定的筹资结构，在加大财政补助力度的同时，充分利用财政补助资金大幅度增加的有利条件和几年来新农合实施的实际效果，积极引导农民适当增加个人缴费额度，农民个人缴费占总筹资的比例原则上不低于40%。

要坚持新农合的基本原则，凡属于农业户口的，在自愿的前提下，不论是成年人还是在校学生，都必须以家庭为单位“整户参加”新农合。尚未出台长效的新农合筹资机制政策的地区，要抓紧研究制定与农民收入增加和当地社会经济发展同步的，稳定可靠、合理增长的新农合筹资机制。

二、加强统筹管理力度，建立相对统一、规范科学的补偿模式

各市要加强对所辖县（市、区）的统筹协调，加大指导、管理力度，在方案设计的几个关键环节和参数上，如药品目录、报销项目和范围，住院补偿的起付线、封顶线、补偿比例和补偿分段的设置，不同医疗机构补偿比例的差距，特殊病种的范围和报销政策，门诊报销范围和比例，费用控制管理办法，外出务工人员结报办法等，逐步向统一相关政策、统一筹资机制、统一筹资标准、统一补偿方案、统一结报方式、统一管理形式等方面发展，逐步提高统筹层次、保障水平和抗风险能力，提高医疗保障的公平性。各市可先在市辖区范围内试行，逐步扩大。争取在总结各地现行方案的基础上，以筹资水平为主要分界线，结合当地经济社会发展情况、医疗服务提供情况等因素，在全省范围内逐步确立3—5种规范、科学的补偿模式。

三、完善补偿方案，提高保障水平

完善“住院统筹为主、兼顾门诊统筹”的保障模式。在大病住院统筹的基础上，完善小病门诊统筹补偿办法，全面实行社区卫生服务中心（乡镇卫生院）门诊费用报销制度，积极推行社区卫生服务站门诊费用报销，并采取计算机联网管理，实行实时结报。

调整补偿方案。原则上住院补偿的分段设置为3段，适当降低高额费用段的补偿比例，分段报销比例先递增后递减。补偿政策要明显向基层医疗机构倾斜，引导农民在统筹地区内就医；向中小学生倾斜，明显提高中小学生大病住院补偿水平。所有县（市、区）新农合住院补偿比例要达到住院实际费用的30%以上，门诊补偿比例在门诊费用的15—30%之间，年度基金结余率控制在10%左右。对由于筹资政策调整等原因导致基金结余过多的县（市、区），可采取年末二次补偿的方式。

适当扩大补偿范围。将适宜的中医药服务项目纳入新农合报销范围，中药、中医诊疗项目的补偿比例原则上应高于西药、西医诊疗项目20%以上。对参加新农合的农民患肺结核病的，在国家已有"免费"政策的基础上，其余因肺结核病辅助治疗发生的费用，纳入新农合特殊病种门诊报销范围。对参加新农合的有妊娠合并症、并发症等高危因素的孕产妇，其住院分娩发生的费用纳入新农合住院补偿范围，并适当提高补偿比例，鼓励高危孕产妇住院分娩。凡参合对象属于确诊为苯丙酮尿症的10岁以内的患儿，根据医生处方在指定地点购买无苯丙氨酸奶粉的费用纳入新农合特殊病种大额门诊报销项目支付范围。

四、切实加强费用管理

加强对各级各类定点医疗机构的监管，积极推行"费用总量控制、次均住院费用限额、次均门诊费用限额、平均处方限额、处方药量控制"等费用控制措施。探索费用支付方法的改革，逐步实行"总额预付、按人头付费、病种付费"等支付方式。县及县以下定点医疗机构参合农民的门诊、住院次均费用增长幅度应低于当地农民年人均纯收入的增长幅度。目录外的自费医药费用占总医药费用的比例不得超过15%，确因疾病需要使用自费药品、进行自费检查的，要事先征得患者或其家属同意后方可使用。要完善定点医疗机构的准入、退出机制，把医疗费用上涨幅度、医疗服务质量以及新农合制度执行情况等纳入对定点医疗机构的考核范围，考核结果要与定点资格和费用拨付挂钩。要制定省、市级医疗机构定点管理办法，加强对省、市级定点医疗机构的费用监管和考核。

五、加强经办机构能力建设

各地要根据工作实际，切实加强管理机构队伍建设，按要求配足工作人员，保证专职财会人员配备到位，形成相对稳定、较高素质的管理队伍，确保各项工作按照中央和省委、省政府的要求规范有序进行。要进一步加大新农合信息化建设力度，提高新农合信息化管理水平，结合社区卫生服务机构的信息系统建设，将计算机网络延伸到社区卫生服务中心和站，实现门诊费用计算机联网实时自动结报，方便群众报销。

六、积极发挥社区卫生服务机构对新农合的促进作用

普通门诊报销限于乡镇、街道社区卫生服务机构，住院报销比例要随着医疗机构级别的提高而降低，合理发挥导向作用。逐步建立完善农村社区卫生服务机构与县级以上医疗机构之间的双向转诊制度，试行农村"社区首诊制"，积极引导参合农民"小病在乡镇社区，大病到县城医院，重病难病进城市大医院"。同时，要加强对社区卫生服务机构、特别是社区卫生服务站的监管和督查，防止"冒名顶替"、"移花接木"等情况发生。

七、加强与医疗救助制度的衔接

各地要积极做好新型农村合作医疗与医疗救助制度的衔接。一是全额资助符合条件的困难群众参加新农合。二是通过医疗救助的资助，解决低保对象等困难群众新农合起补线以下部分医疗费用的支付困难。三是提高困难群众医疗费用中新农合补偿后个人承担部分低段的救助比例。四是整合资源，充分运用新农合完善的信息平台，实行新农合、医疗救助"一站式"即时结算服务，医疗救助承担部分由医疗服务机构先行垫付，医疗救助专项资金定期与其结算。通过新农合和医疗救助制度的有效衔接，解决农村困难群众垫付不起医疗费的问题，提高他们对新农合的利用率，提高医疗救助时效，较好地保障农村困难群众的基本医疗权利。

八、加强对新农合基金的监管

严格执行《新型农村合作医疗基金财务制度》和《新型农村合作医疗基金会计制度》。加强财务人员业务培训，严禁聘用不具有会计从业资格证书的人员从事新农合财务工作。强化基金专户存储、专款专用，收支两条线管理，不得以任何理由挪用、挤占。推行新农合基金县（市、区）级统一核算，需要设立乡镇（街道）结报点的，实行报账制度，核定备用金定额，定期结报。完善稽核制度，核定机构库存现金限额，定期编报会计报表。加强内部控制，健全会计和出纳日报表的库存现金与银行存款的核对制度。由出纳人员以外的人员编制银行存款余额调节表，支票印鉴章分开保管。基金预算年度与会计年度必须一致，确保基金运行安全、高效。要切实加强对新农合基金的监管和各项工作的督查，杜绝违规、违纪、违法情况的发生。

浙江省卫生厅
浙江省财政厅
浙江省民政厅
二○○八年六月十七日

中共萧山区委 萧山区人民政府
关于全面推进城市有机更新 加快城市化进程的若干意见

（2008 年 10 月 21 日）

萧委〔2008〕26 号

为深入贯彻落实市委十届四次和区委十三届四次全会精神，大力实施以城市化带动工业化、信息化、市场化和国际化的战略，促进经济转型升级，着力构建生活品质之区，现就全面推进城市有机更新、加快城市化进程提出如下意见。

一、全面推进城市有机更新的基本思路

1. 充分认识全面推进城市有机更新的重要性紧迫性。改革开放以来，萧山经济社会持续快速发展，城市化进程加快推进，城市发展水平不断提高。但总体上，我区城市化相对滞后于工业化，城市建设相对滞后于经济建设，城市化对经济社会发展的带动力有待进一步增强。特别是中心城区受“城中村”、“交通两难”等城市问题的挑战越来越突出。当前和今后一个时期，杭州正从“西湖时代”迈入“钱塘江时代”，萧山作为“沿江开发、跨江发展”的核心区域，“一副三组团”、五大新城和地铁等重大基础设施加快建设，迫切需要创新城市发展理念，转变城市发展模式，高标准、高起点提升城市规划、建设、经营和管理水平。

城市有机更新是我区走科学城市化道路的具体实践，是以整体的观念、有机的理念，对城市软硬件进行改造、建设，综合解决城市发展问题，保持城市活力，延续城市印记，实现城市的可持续发展。因此，全面推进城市有机更新是一项事关落实科学发展观、构建和谐社会、建设“生活品质之区”的全局性重要任务，是一项促进经济转型升级、增强我区综合实力的“发展工程”，破解城市发展难题、造福百姓的“民心工程”，改善城市环境、建设生态文明的“生态工程”。全区各级各部门要切实提高认识，扎实做好各项工作。

2. 指导思想。以邓小平理论和“三个代表”重要思想为指导，深入贯彻党的十七大精神，全面落实科学发展观，坚持走科学城市化道路，按照“畅通萧山、功能萧山、清洁萧山、绿色萧山”的总体要求，以共建共享“生活品质之区”为目标，以加快构建综合交通体系为载体，以创新体制机制为动力，加快推进城市形态、街道建筑、自然人文景观、城市道路、城市河道、城市产业和城市管理的有机更新，着力增强城市的要素集聚功能和综合竞争力，促进我区经济社会又好又快发展。

3. 工作目标。

阶段目标：到 2011 年，中心城区建成面积 70 平方公里以上，三大组团建成面积 40 平方公里以上，五大新城框架初成，全区城市化率达到 75％以上，服务业增加值占生产总值比重争取达到 36％。

远景目标：按照“沿江开发、跨江发展”的战略部署，加快形成以江南副城（萧山中心城区）为中心、三大组团为依托、五大新城为骨干、一般建制镇为基础、城市综合交通体系为纽带、城市综合体为亮点，布局合理、功能完善、环境优美、管理有序、协调发展的现代化大城区。

4. 总体要求。

——坚持以人为本。把以人为本作为推进城市有机更新的出发点和落脚点，以民生工程为第一工程，以基础设施为主要载体，为广大人民群众创造更加方便、舒适、优美、安全的工作和生活环境，不断提高市民的生活水平和生活质量。

——坚持“一化带四化”。以城市化带动工业化、信息化、市场化、国际化，以国际化提升城市化、工业化、信息化、市场化，着力提升城市经济、城市文化、生态人居等功能，全面提高城市化水平，促进城乡区域协调发展。

——坚持规划引领。坚持规划优先、规划先行，创新规划理念，整合规划资源，提高规划水平，确保规划的超前性、科学性、综合性、权威性，体现城市发展的整体性与延续性，实现中心城区、三大组团、五大新城、一般镇的和谐统一，城市规划、建设、管理的有机结合。

——坚持品质至上。按照高起点规划、高强度投入、高标准建设、高效能管理的方针，强化“细节决定成败”的理念，突出萧山特色，注重城市品质，提升城市品位，提高市民素质和城市文明程度，努力做到建设的现代化、管理的现代化和人的现代化“三位一体”。

——坚持改革创新。按照“政府主导、企业主体、市场运作”的思路，创新投融资体制机制，深化城市建设管理体制改革，切实解决城市建设“钱从哪里来”、“地从哪里来”、“人往哪里去”等问题。按照“一调两宽两严”和建设“紧凑型城市”的要求，推进土地资源和建设资金的集约节约利用。

——坚持保护与开发并重。正确处理好保护与发展、继承与创新、传统与现代的关系，按照先保护后开发的原则，始终把提升城市文化内涵、保护生态环境放在突出的位置，推进综合整治与保护开发，走出一条延续城市文脉发展、人与自然和谐共处的可持续发展道路。

二、全面推进城市有机更新的工作重点

(一)实施区域空间优化行动，推进城市形态有机更新

5. 优化城市结构布局。按照杭州市域网络化大都市的总体规划和“沿江开发、跨江发展”战略部署，进一步优化城市空间布局，明确功能定位，加快构筑以江南副城(萧山中心城区)为中心、三大组团为依托、五大新城为骨干、一般建制镇为基础，网络化、组团式、生态型的城市发展新格局。

中心城区要以发展服务业、高新技术产业为重点，强化科技创新和管理服务功能。要利用地铁1号、2号线、杭州铁路南站和城市快速路网等重大基础设施建设契机，调整优化产业、公共设施、居住配套等空间布局，完善公共设施体系和网络，增加城市绿地、文化设施，提升城市核心区域建设品位。

三大组团要以基础设施和环境建设为先导，加快由小城镇向小城市发展转变。要突出中心镇的主体地位，加快组团中心镇重大基础设施建设，全面提升中心镇的经济实力、公共服务、人居环境，增强辐射力和带动力。一般镇要积极承接组团、新城的功能辐射，进一步完善集镇基础设施，注重培育产业特色，发掘培育历史文化特色和功能特色，打造发展亮点。

五大新城要以“竞争力强、规模大、服务优、环境美、建筑高”为目标，以实施三年行动计划为载体，进一步完善规划布局和功能定位，加快由“建区”向“造城”转变，把江东新城、临江新城建设成为花园式生态型工业新城；把钱江世纪城建设成为集金融、商贸、科研、体育、会展、居住为一体的高科技、多功能、生态化的中央商务区；把空港新城建设成为服务华东、辐射全国、面向全球的“长三角”南翼空港经济中心、杭州大都会空港产业集聚区和国际化、生态化、现代化新型航空城；把湘湖新城建设成为以旅游为主，集休闲、度假、居住、商贸、研发为一体的国际化休闲旅游新城。

6. 高起点修编城市规划。按照城市区域的功能定位和产业布局，科学修编完善城镇规划体系，统筹江南副城(萧山中心城区)、三大组团、五大新城及一般镇、中心村规划。要加快近期建设规划、控制性详规和修建性规划编制，抓紧修编完善各类专项规划，大力推进萧山区综合交通系统规划、萧山区城区快速路系统规划、杭州市萧山空港新城概念规划、杭州市萧山城区近期建设规划、萧山城区水系综合整治与保护开发规划等10大规划的修编。

7. 创新城市规划编制、实施和监督体制。完善规划编制和修改程序，建立健全科学、公正、公开、公平的城市规划体制和工作制度，实行规划公示制和专家评审制。研究建立萧山区城市规划咨询管理委员会，发挥其对城市规划的技术协调和监督保障作用。加强三大组团规划所建设，研究建立五大新城规划管理新机制。完善区域规划协调机制，加强与杭州主城区的规划融合，推进与滨江区等周边区域的规划协调。健全依法监督管理机制和行政责任追究机制，增强城市规划的严肃性和权威性。

(二)实施城市道路畅通行动，推进综合交通体系升级

8. 加快提升城市道路功能。坚持“主攻南北、贯通干线、延展东西、完善路网”的城市道路建设方针，以综合交通体系规划为依据，加快构筑以快速路、主干道、次干道、支路为框架的层次分明、畅通易达的城市道路系统。大力实施城区路网优化工程，今后3—5年新建和贯通一批城市南北交通干道，基本实现缓解南北交通拥堵目标；推进东西向道路延伸完善，疏通交通节点，协调推进与滨江区路网的沟通，提高城区道路通行能力；同步建设停车场等静态交通设施，缓解“停车难”。

9. 加快完善综合交通网络。坚持“城乡联动、区域协调、南北呼应、水陆并举”的交通基础设施建设方针，以重大交通工程建设为龙头，努力构筑水、陆、空一体化的大交通格局，实现对外交通高速化、区内公路快速化、农村道路网络化、城乡公交一体化和水上运输高等级化。以萧山国际机场二期和空港新城开发建设为契机，高起点规划、高标准推进机场路改造工程，加强空港与区内路网、交通枢纽的有机衔接。大力实施交通干线贯通工程，今后3—5年建设一批连接城区、组团与新城的干线交通工程。加快推进镇级公路改造(延伸)、联村联网工程和镇界桥梁改造，进一步完善和提升农村公路网络。积极做好推进省、市重点交通工程建设的配合协调工作。加强杭州湾出海码头及航围线航道、江东线航道的各项技术前期工作，大力推进水运能力建设。

10. 加快推进地铁建设。按照“保一、争二、优网”的近期地铁发展目标，加快地铁一期工程建设进度，配合做好二期工程各项准备工作。优化地铁规划和设计，研究优化区内地铁线路的布局结构，强化地铁站点和建筑造型设计，打造体现萧山历史人文特色的“地铁文化”。坚持规划引导与市场开发相结合，积极发展地铁物业，严格执行地铁站点周边物业开发控制规划，加强地铁沿线、地铁站点及周边500米范围内土地的集约优化利用，推动地铁沿线房地产、商贸业的高品质发展。加大地下空间规划和建设力度，充分开发地铁地下空间、地铁广告等多种经营业务。加快完善区域性交通组织疏导方案，加强公安交警、建设等部门的协作配合，推进地铁替代道路建设，强化交通组织，尽可能减轻地铁施工对城市道路交通和环境的影响。

11. 加快提高公交服务水平。坚持公交优先发展战略，以公交一体化为契机，紧紧围绕“五网合一、功能分级、一体化运作”的总体思路，修编完善城市公交规划，加快以城区客运中心为主的公交站场设施建设，构建以轨道交通为核心、主骨架线网为主体、基本网为依托、小区巴士线网为辅助、基本换乘一体化的多层次现代化城市公共交通体系，努力为人民群众提供安全、便捷、及时、舒适的公共交通服务。

(三)实施生态环境修复行动，推进城市自然人文景观有机更新

12. 推进城市河道整治和更新。全面树立“以河带整治、带保护、带开发、带管理、带改造、带建设，加快城市更新”的生态治理观，以“截污、护岸、疏浚、引水、绿化、管理、拆违、文化”为重点，通过3—5年努力，完成北塘河等35条城区河道的整治，达到“流畅、水清、岸绿、景美、宜居、繁荣”的整治目标，力争到2010年城市河道水质达到地表水环境质量Ⅴ类标准。

13. 推进城市自然生态保护和整治。全面加强城市生态环境建设，加快钱塘江沿江生态景观带、湘湖旅游度假区等重点区域的自然景观建设，大力推进北干山、西山、长山等山体的综合保护和复绿建绿工作，切实加强湘湖水域和城区河道的综合保护与整治，严格控制周边建筑物高度和密度，努力做好“显山露水”文章。加强城市绿化和植被保护，深化主要公路两侧综合整治与生态带建设，完善城区公园布点，加快公园、绿地建设，大力实施水景、西山和北干山景观改造、长山树木园等城市美化工程，提高城市绿化覆盖率。

14. 推进城市文化繁荣发展。大力弘扬跨湖桥文化、萧山精神等萧山地域人文精神，培育营造城市文化氛围，增加城市建设和城市活动的文化内涵，增强城市的凝聚力和向心力。围绕文化名区建设目标，深化文化体制改革，加快文化产业发展，健全公共文化服务体系，深化群众性文明创建活动，加强城市文明建设，进一步提高广大市民的文明素质。重视文物古迹和传统文化的保护、建设和利用，保护历史文化名镇，注重历史文化建筑的保护恢复和光大，加强祇园寺、跨湖桥遗址、越王城遗址等历史文化遗产的保护与利用，整合各类博物馆、纪念馆和历史名人旧踪遗迹等文化资源，使历史文化资源在城市有机更新中得到延续传承。

(四)实施城市品位提升行动，推进街道建筑有机更新

15. 加快城市综合体建设。坚持以“错位发展、明确定位、提升品质”为要求，按照新建一批、整合一批、提升一批的思路，强化“四高”方针，加快杭州奥体博览中心综合体等城市综合体的开发建设，努力建设形成一批有特殊服务功能、多种功能配套的高效率建筑群。

16. 加快城中村改造。按照“统一规划、分步实施，因地制宜、有序推进，政府主导、市场运作”的方针和“改造、整治、控制”的思路，有组织、有计划、有步骤地推进城中村改造，加快撤村建居步伐，力争用10年左右时间，基本完成城厢、北干、新塘、蜀山四个街道改造范围内的城中村改造任务，努力把城中村区域改造成为经济繁荣、生活富裕、环境优美、城乡协调、社会文明、管理科学的现代化新型城市社区。

17. 加快城市商业街区改造。以地铁线网为主脉，以市心路两侧为重点，完善城区商业网点规划，整合优化商业设施布局，提升商业品质，建设一批具有大都市品质的特色商业街区。切实推进畈里张社区地块拆迁改造，加快城区商业步行街的开发建设；大力实施祇园寺周边地块综合整治改造，推进特色商业文化街区建设；加快钱江饭店区块改造，完善市心广场的商业功能，着力打造精品商业街区。深入推进各居住小区配套商场、超市等生活服务设施建设，促进社区服务业发展。

18. 加快城市建筑景观和设施改造。以“洁化、绿化、亮化、序化”和“人性化、人文化”为要求，大力实施城区东、西入城口综合改造和萧山电影院等地块的综合整治改造，着力塑造环境优美、文化深厚、开放包容的现代化城市形象。以实施居住小区连片改造为重点，大力推进城区危旧房屋改善和背街小巷改造，加快推进城区道路架空线“上改下”工程和城市亮灯工程，全面推进建筑立面和广告招牌的整治更新。要切实加强城市环境卫生、供水、供电、供气、供热、防灾等设施的规划建设，不断提高城市的综合公用服务和供给保障水平。

(五)实施城市经济转型升级行动，推进产业有机更新

19. 加大中心城区“退二进三”力度。制订绕城公路内工业企业“退二进三”和“退低进高”的总体规划和实施计划，进一步完善激励企业加快转型升级和搬迁的政策措施，加快老厂房和街道工业功能区的改造，鼓励和引导企业向工业园区集聚。要综合运用经济、法律和行政措施，有效推进与城市规划、产业规划不相符，环境影响大、高能耗低效益企业的搬迁，促进城市功能提升和产业结构优化。

20. 大力发展城市经济。深入实施加快服务业发展三年行动计划，着力推进旅游“1010”工程，加快湘湖大二期开发建设，全面实施商贸"双十"工程，提升"四大百亿"市场，提高金融保险、信息中介、电子商务等生产性服务业发展水平。大力推进服务业业态创新，构建钱江世纪城、空港新城、湘湖文化创意产业园等现代服务业集聚平台，重点培育发展总部经济、文化创意产业、空港经济、服务外包等产业。深入实施高新技术产业发展三年行动计划，加快国际创业中心和"五大基地"建设，加快高新技术产业发展步伐，积极提升传统优势产业发展水平，发展生态型、环保型都市工业。大力发展都市型现代农业。

21. 积极促进房地产业和建筑业健康发展。加强房地产业发展规划，优化商品房供应结构，加强保障性住房建设，推进经济适用房和拆迁安置房建设。加强土地有序供应与开发管理，鼓励"购房入户"，加大金融对房地产业的支持力度，提高房地产业发展水平，促进房地产业持续健康发展。鼓励建筑业做大做强，积极拓展国内外建筑市场，培育扶持一批建筑业龙头企业。

（六）实施城管拓展行动，推进城市管理有机更新

22. 创新城市管理体制。完善"两级政府、三级管理"的城市管理体系，形成"政府统一领导、职能部门全面负责、镇街具体实施、社区居民共同参与"的城市管理格局。创新城市管理统筹协调机制，健全政府公共信息平台，建立和落实区城管例会制度，加强部门的统筹协调，促进综合治理，提高管理效能，形成齐抓共管的"大城管"工作格局。进一步加强城市应急体系建设，着力构建"功能完善、反应快速、运作规范、协调统一"的应急管理处置机制。完善城市管理目标考核、奖惩激励制度，不断提高城市管理效率，实现长效管理。

23. 创新城市管理手段。围绕城市管理现代化要求，进一步创新城管理念，修编城市管理规划，加强和优化城市管理机构的工作职能、工作机制，建立完善城市管理长效机制，努力实现"民本、从严、依法、标化、长效、精细、品质"管理。加快启动数字城市管理系统项目建设，应用万米（社区）单元网格划分和城市部件、事件管理信息系统，建设城市管理的信息中心、应急指挥中心、监督中心、服务中心和协调中心，构建城市管理数据库，推进资源整合、信息共享和管理流程再造，实现城市管理对象数字化、标准化。按照"管养分离、管干分离"的原则，加大城市管理市场化运作力度，推行"职能外包，花钱买服务、花钱养事"的新机制，全面提高城市管理的社会化、专业化、产业化水平。

24. 加大拆违控违力度。坚持教育、制度、监督"三位一体"，坚持防违、控违、拆违并举，全面构建以综合预防为立足点、以强制拆除为坚强后盾的长效管理机制。建立专门的拆违控违管理机构，负责全区拆违控违的组织、协调、考核工作；进一步明确各镇街和区级相关部门的职责，对拆违工作任务按职能职责予以具体分解落实；开展调查摸底工作，对法人、集体、个人的违建进行实地调查、扣清底数。加强制度建设，形成一整套健全有效的拆违运行机制；加大宣传力度，使拆违控违成为全区上下的统一共识；加快城中村改造步伐，积极探索外来务工人员集中点居住模式，通过廉租房建设等多种形式，减少对违法建设的客观需求。

25. 加快失管房纳管进度。按照"提升环境、综合整治"的要求和"属地管理、因地制宜"的原则，以实施社会化管理为方向，以推进物业管理为重点，加强城区失管房的综合整治，有组织、有计划地把城区失管房纳入城市管理和社区管理。各街道、相关职能部门要加强协作，制订年度整治计划，分轻重缓急，逐步改善城区失管房的道路、排污、绿化、环卫等市政基础设施和供水、供电、供气等公共设施，将城区失管房纳入各街道的社区管理范围，全面提升城市人居环境。

三、全面推进城市有机更新的保障措施

26. 加强组织领导。建立区城市有机更新领导小组，由区政府主要领导任组长，分管领导任副组长，相关区级部门和镇街为成员单位。各镇街要建立健全相应组织机构，形成区、镇街、村（社区）三级"统一领导、分工负责、组织协调"工作体系，及时解决各种矛盾和问题。进一步推进五大新城、三大组团的体制机制创新，全面落实和深化"办事不出园区、资金自求平衡"的管理体制和运作机制。各级各部门要围绕全面推进城市有机更新、加快城市化进程，积极开拓创新，全力做好城市有机更新的各项服务工作。

27. 加快城市建设投融资改革。践行科学经营城市的理念，以经营好理念、规划、设计、品牌等城市"无形资产"来经营好土地等城市"有形资产"，切实做到以城市有机更新"做优环境"，以"做优环境"带动城市资源开发和经营，确保城市增值。要创新城市建设投融资体制，研究组建城市建设投资公司，积极筹建萧山地铁公司，引导民资、外资投向城市建设重点发展项目和领域，扩大有偿出让、债券融资等直接融资方式。要整合城市土地等有形资源和城市规划、城市品牌、人文环境等无形资源，切实提高经营城市水平。

28. 加大政策支持力度。统筹用地指标配置机制，加大城市有机更新项目用地指标的倾斜力度，优先保障对我区城市建设有重大影响的基础设施项目。要加强土地资源的集约节约利用，有效盘活现有存量土地资产，提高土地利用效益。完善征地拆迁相关政策，研究建立统一协调推进土地整理、收储和整体拆迁等工作机制，切实加大城市有机更新建设项目的征迁安置力度。要完善项目管理、项目招投标等制度，区发改、国土、规划、建设、财政、招投标管理等部门要进一步创新办事服务机制，将城市有机更新建设项目纳入审批"绿色通道"，实行服务承诺制和限时办结制。

29. 强化考核激励。研究制定推进城市有机更新工作的考核激励制度，把推进城市有机更新工作纳入对区级有关部门、镇街的年度工作目标考核内容，促进街道工作重点转到城市建设、城市经济、公共服务、社会保障等方面，为加快城市化进程提供制度保障。要进一步落实镇街的征迁责任，通过层层签订征迁责任书、建立和完善对拆迁责任主体的考核奖惩制度、加大奖惩力度，加快征迁进度，确保城市有机更新的顺利推进。

30. 营造良好氛围。坚持科学决策、民主决策，坚持走群众路线，在实施城市有机更新的重大工程规划建设中，进一步落实人民群众的知情权、参与权、选择权和监督权，真正做到“城市建设为人民、城市建设靠人民、城市建设成果由人民共享、城市建设成效让人民检验”，把城市有机更新工程建成“民心工程、满意工程”。各新闻媒体要坚持正确舆论导向，切实加大宣传力度，营造全社会关心、支持、参与城市有机更新的良好氛围。

区级有关部门要根据本《意见》，结合本部门工作职责，研究制定相关的行动方案和工作计划，并切实抓好实施。

中共江北区委
关于统筹城乡发展全面改善民生的实施意见

（2008年8月25日）

北区委〔2008〕10号

为贯彻落实党的十七大精神，实现区第七次党代会提出的奋斗目标，中国共产党江北区第七届委员会第四次全体会议认真学习贯彻省委十二届三次全会和市委十一届四次全会精神，结合江北实际，就统筹城乡发展，全面改善民生进行研究部署，并提出如下意见。

一、统筹城乡发展，全面改善民生的总体要求和目标、原则

1. 统筹城乡发展，全面改善民生的重要意义。统筹城乡发展，全面改善民生是贯彻落实科学发展观、全面建设小康社会的必然选择，是维护群众利益、建设和谐社会的客观需要，是坚持以人为本、提高党的执政能力的根本要求。近年来，全区各级党委、政府牢固树立以人为本的发展理念，坚持把统筹城乡发展，全面改善民生摆在突出位置，各项工作取得明显成效。但必须看到我区民生改善工作与上级要求和群众期望还有不少差距，全面改善民生的任务还十分艰巨。全区各级要认真贯彻落实十七大精神和省委、市委部署，充分认识统筹城乡发展，全面改善民生的重大意义，牢牢把握立党为公、执政为民的本质要求，把统筹城乡发展，全面改善民生作为当前和今后一个时期的重要战略任务，扎实推进统筹城乡发展，全面改善民生的各项工作，促进社会和谐稳定。

2. 当前和今后一个时期统筹城乡发展，全面改善民生的总体要求是：深入贯彻党的十七大和省、市、区党代会精神，按照省委“转型突破”、“创业创新”和市委“六大联动、六大提升”的战略部署，紧紧围绕“打造都市经济强区，构建生态文化大区”的目标，以加快统筹城乡发展和全面改善民生，逐步实现城乡一体、共建共享为工作主线，进一步建立健全产业支撑、社会服务、社会保障、社会管理、公共安全等五大体系，深入实施优化群众居住条件、创业就业环境、教育资源配置、卫生健康服务、精神文化氛围等五项工作，加快建设更高水平、惠及全区人民的小康社会，努力把江北打造成为宁波大都市的北部新城、服务大港口的港城商埠、滨水生态型的宜居之地、开放有活力的文化大区、和谐有爱心的慈孝之乡。

3. 今后五年统筹城乡，全面改善民生的工作目标

——人民生活更加宽裕。以创业带动就业的格局基本形成，城乡就业更加充分，居民收入持续增长，城乡收入差距不断缩小，中等收入者比重明显提高，低保家庭实现应保尽保。城镇登记失业率每年控制在4%以内，到2012年，城镇居民人均可支配收入达到30000元以上，农民人均纯收入达到15000元以上。

——居住条件不断改善。不断完善多层次城乡住房保障体系，群众住房困难问题得到明显缓解；加快城市基础设施建设向农村延伸，城乡生态环境不断改善；拓展居民绿色休闲空间，城乡居民居住环境进一步优化。到2012年，全区城市生活污水集中处理率达到80%以上，有80%的村纳入到农村生活污水处理大管网范围之内；建成生态公益林5万亩，全区人均公绿面积达到12.6平方米，使江北成为宁波市的宜居之地。

——公共服务不断健全。努力构建城乡一体的基础设施网络，交通出行、供水供气等条件显著改善；基本公共服务体系更加完善，均等化水平明显提高；社区服务、社会化服务、政务服务更加人性化，群众生活更加便利。

——保障体系日益完善。实现城乡居民的基本社会保障全覆盖，保障水平稳步提高，新型社会救助体系基本形成，社会福利事业全面发展，人人享有基本生活保障和公共福利。

——城乡文明全面提升。群众文化生活日益丰富，城乡居民共享共用的公共文化服务体系不断完善；文化惠民工程深入开展，教育卫生资源不断优化，人民群众思想道德素质、科学文化素质不断提高，城乡居民体质不断增强，平均预期寿命达到77岁以上。

——社会关系和谐有序。平安江北、法治江北建设成效明显，民主政治和社会法治水平不断提高，公共安全体系日趋完善，重大突发性公共事件预防和处置能力不断增强；社会矛盾调处机制健全，社会治安综合治理进一步加

强，人民群众安全感不断提高。

4. 统筹城乡发展，全面改善民生工作的基本原则

——发展为先、民生为本。正确处理经济发展与民生改善的关系，坚持把经济发展作为民生改善的根本前提，着力推动经济又好又快发展，不断强化民生改善的物质基础；把改善民生作为经济发展的根本目的，不断提高发展成果的共享程度，实现经济发展与民生改善的互动共进。

——突出重点、统筹兼顾。紧紧抓住人民群众最关心、最直接、最现实的利益问题，着力解决群众反映突出的民生问题，着力保障困难群众的基本生活，着力改进民生领域的薄弱环节。着眼全局和长远，加强统筹规划，兼顾各方利益，做到远近结合，推动民生事业全面协调可持续发展。

——尽力而为、量力而行。整合各方面资源，积极创造条件，主动有为工作，推动民生全面改善。同时，从经济社会发展的现实基础和条件出发，区别轻重缓急，坚持循序渐进，稳步提高民生水平，实现改善民生的力度与财力可承受程度相统一。

——公平公正、均衡普惠。遵循民生的公共属性，着眼群众的普遍受惠，建立健全民生政策体系和法规制度，切实保障人民群众的合法权益，不断推进基本公共服务均等化，加强民生政策的统筹协调，不断缩小城乡、群体之间的民生发展差距。

——改革创新、务求实效。正确处理加大投入力度与提高工作水平的关系，更加注重通过体制机制和工作方法等创新，促进民生资源的合理配置和有效利用，走出一条符合民生规律、具有江北特色的民生改善路子，不断提高改善民生的实际效果。

——政府主导、社会共建。充分发挥政府在改善民生中的主导作用，完善公共财政体制，不断增强政府公共产品的供给能力。坚持共建共享，积极引导各类市场主体、社会组织和广大人民群众共同推进民生改善，形成改善民生的强大合力。

二、建立健全产业支撑体系

5. 完善产业布局。进一步明确区域功能定位，编制符合江北实际、体现江北特色的整体规划。按产业互补联动、资源优化配置、优势充分发挥的原则，进一步加快城乡产业结构调整，优化城乡产业布局。立足于资源优势和区域经济发展态势，完善以滨水服务业带、都市型先进制造业集聚带和生态文化旅游带为重点的产业布局规划。

6. 优化产业结构。积极调整农业产业布局和品种结构，建设一批农业产业发展基地。加大土地经营权流转力度，继续做大做强优质水果、名特茶、都市蔬菜等特色产业，推进农业产业化，着力发展生态农业、休闲观光农业等新型农业。推进工业结构调整，发展优势特色产业，培育提升区域特色经济，打造先进制造业集聚区，形成有色金属精加工、装备制造、特种车辆及汽车配件、仪器仪表等特色制造业基地。加快发展现代服务业，建立服务业主体地位。努力形成宁波市的航运物流、商务商贸、餐饮休闲、汽车销售和创意文化等服务业集群。

7. 推动科技创新。实施项目带动，加快发展高新技术产业和先进制造业。以企业为主体，加快科技创新体系建设。加大科技成果应用和产业化力度，培育经济增长点。推进以信息化改造传统企业步伐，建设“数字江北”，提高全社会信息化水平。进一步加大财政投入力度，加强对企业技术改造、高新产业发展、规模效益型和优势成长型企业及外向型经济发展等方面的政策扶持。

三、建立健全社会服务体系

8. 构建社会化服务平台。加强社区规划，推进商贸综合集聚区、特色商业街区规划建设，引进知名大卖场，抓好菜市场、超市的改造建设和布局优化。完成一批农村菜市场改造，加强连锁超市、放心店、农家店建设和管理。加快行政中心、商业中心等建设。扎实推进慈城古县城等重要旅游功能区建设，完善旅游服务功能。

9. 拓展社区服务功能。采取政府购买服务等有效形式，充分发挥社会组织在提供社区服务等方面的积极作用。加强对物业管理的指导与服务。积极探索老小区物业管理方式，多途径解决老小区物业服务难问题。积极推进撤村建社区工作。借鉴城市社区服务管理理念，加快推进农村社区化管理和服务。

10. 创新服务方式。充分发挥现代服务业在服务城乡居民生活中的重要作用，引导发展家政服务、电子商务、法律援助、信息咨询等服务产业，支持电子交易平台建设，健全社会志愿服务网络。加强金融、电力、通讯等与群众日常生活密切相关的服务性行业的行风建设。

四、建立健全社会保障体系

11. 提高社会保障覆盖面。加大各类社会保险制度的推进实施力度，不断扩大覆盖面，适时提高参保人员的保障水平。稳步提高新型农村合作医疗保障水平，建立稳定可靠的增长筹资机制，年筹资标准在农村居民人均纯收入4.5%的基础上按0.8%逐年递增。对参加农村养老保险人员实行政府补贴机制，在小病受惠基础上，提高困难对象门诊救助额度。注重发挥商业保险和形式多样的社会互助保障的补充作用，逐步实现城乡居民医疗保障水平同等化。

12. 完善社会救助网络。健全社会救助管理信息平台，整合救助资源。加强城乡低保动态管理和规范化建设，健全低保标准动态调整和低保对象价格补贴制度，逐步提高救助标准，逐步实现城乡低保一体化。提高农村“五保”和城镇“三无”人员集中供养水平。对生活暂时困难家庭在生活、医疗、子女就学等方面给予应急性救助，实现救助对象全覆盖。完善大病救助制度，适当加大对因病致贫户的扶持力度。

13. 发展社会福利事业。加强福利机构建设，积极做好区级敬老院和区老年活动中心的统筹建设工作。鼓励支持社会力量参与养老服务事业，大力推广城乡居家养老模式。在全区44个社区和更多行政村开展居家养老服务。积极开展各类助残活动，推进残疾人事业全面发展。进一步完善面向大众的各类优惠福利政策。倡导有序开展各类慈善活动，推进慈善事业健康发展。

五、建立健全社会管理体系

14. *加快政府职能转变*。全面深化行政审批制度改革，完善行政服务网络。健全政府与公众沟通机制，积极推进政务公开。推进电子行政审批和监察系统的全面应用，加强机关效能建设，健全部门间协调配合机制。坚决纠正损害群众利益的不正之风，努力形成廉洁高效的机关作风。

15. *完善城乡管理*。健全党委领导、政府负责、社会协同、公众参与的社会管理体系。完善社会矛盾排查和社会稳定形势分析制度，健全社会矛盾纠纷情报信息共享平台和群体性事件预测预警机制。完善社情民意收集和社会稳定风险评估制度。完善信访、调解、综治三位一体的矛盾纠纷调处机制。在全区范围内实行数字化城市管理新模式。着力缓解城区"停车难"，促进新建设施高标准配建停车位，加强公共停车场建设。

16. *推进民主管理规范化*。加强民主政治建设，推进决策的科学化、民主化，扩大公民有序政治参与。加强基层民主政治建设，深入推进村(居)民自治，完善政务公开、村务公开，切实保障人民群众的知情权、参与权、表达权、监督权。

六、建立健全公共安全体系

17. *深化平安江北建设*。加快以社会管理动态视频监控系统为重点的技防工程建设。依法严厉打击各种刑事犯罪活动。依法加强宗教事务管理。深化基层系列平安创建活动，推进综治工作网络向村居、社区、企业延伸。

18. *强化公共安全管理*。完善突发事件应急预防机制。健全生产安全、交通安全、消防安全监管体系。建立完善食品药品质量安全监管责任体系，确保食品药品安全。强化防灾减灾领导责任制。

19. *加强外来人口服务管理*。建立健全属地服务管理外来人口目标责任制。稳步推进外来务工人员公寓或集体宿舍建设，健全出租房屋服务管理长效机制。鼓励优秀外来务工人员落户。建立健全外来人口服务管理信息平台。实行优秀外来务工人员大病救助、生活补助以及自然灾害等补助。加强对外来人口集聚区的服务管理。

七、优化群众居住条件

20. *完善住房保障*。继续大力推进非成套房、背街小巷、低洼积水地段、城中村改造和新一轮老小区整治。2008年要完成4个老小区整治工作。加快落实有关空间规划。加大街道(镇)一级的统筹协调和区一级的政策扶持力度，积极推进农村集中居住区建设，每年各街道(镇)要新建或扩建1—2个集中居住点。加大旧村改造整治力度。大力推进农村困难群众危房修缮工作。规范经济适用住房和安置房建设，多途径增加保障性房源供给。强化廉租住房保障。扩大廉租住房享受对象、享受面积和房租补贴额度。完善旧城、旧村拆迁安置办法，推进农村住房制度改革。

21. *加快重大基础设施建设*。加大供水设施建设改造力度，进一步提高城乡供水水质。加大对农村基础设施的财政投入，大力推进城乡交通基础设施建设，完成大庆南路北延、机场路北延等一批重大交通项目。继续推进城区交通骨架网络建设，完善通村公路建设。优先发展城乡公共交通，着力解决"出行难"问题。加大全区城乡排污网络与污水处理站建设，继续推进供电、供气、通讯、网络等设施建设，不断提升城乡基础设施建设水平。

22. *加强生态环境建设*。推进生态区建设，深化"蓝天、碧水、绿色、洁静"四大工程，加强河道治理维护，加强生态公益林和沿河、沿路防护林建设，提高城乡绿化覆盖率。严格限制高能耗、高污染、低效益项目的进入，开展全区污染源普查，确保主要污染物排放量明显下降。促进各街道(镇)治污管网和有条件村的截污整治工作。积极推进餐厨垃圾集中处理，在村庄、社区、企业等实行生活垃圾分类试点，逐步实现城乡垃圾全面分类收集处理。切实推进"百村示范、千村整治"工作，认真开展新一轮农村环境整治工作。加大整治违法建筑的工作力度。全面开展市级小康村创建活动。

八、优化创业就业环境

23. *推动全民创业*。激发全民创业再创业的动力和活力，解决创业过程中收费减免、融资扶助、要素配置、社会保障等方面问题。加强各类孵化器、创业园区、设计与创意街区等创业基地建设。进一步完善创业贷款、风险投资、信用担保等扶持政策。设立政府创业风险投资引导基金，推动初创期中小企业发展。进一步完善对科技人员、大中专毕业生、失业人员、困难家庭自主创业的扶持政策，出台引导高素质人才从事现代农业的鼓励政策。扶持发展村级集体经济和多种形式的富民合作组织，加快村级集体经济股份合作制改革，确保村级集体资产保值增值。

24. *积极扩大就业*。加强城乡一体的人力资源市场培育和建设，逐步建立市场主导、政府推动、城乡统筹的就业机制。加强在岗技能培训、再就业培训、新增劳动力培训和农民转移就业培训，建立终身职业培训体系。完善公共就业服务网络。积极开展创建充分就业社区活动，努力实现动态消除城镇"零就业家庭"。大力推进农村低收入户奔小康工程。完善农村劳动力就业扶持政策，充分发挥农村公益性岗位、财政补助、创业专项贷款贴息、企业用工补贴等就业扶持政策效应，减少农村"纯农业低收入户"。加强基层劳动保障服务站(室)建设，不断提高农村劳动力流转和失业登记管理服务水平。

25. *构建和谐劳动关系*。积极贯彻实施《劳动合同法》和《劳动争议调解仲裁法》，全面开展"和谐企业"活动，大力推进各类企业与劳动者依法签订劳动合同，加强劳动保障监察网格化建设，组建街道(镇)劳动保障监察中队，建立健全街道(镇)劳动关系三方协调机构和企业劳动争议调解组织，保障企业和劳动者合法权益。

九、优化教育资源配置

26. *推进教育均衡化*。加快城乡中小学校标准化建设和学校布局的调整优化，积极促进教育优质资源在城乡和校际之间的均衡配置。要抓好城庄地块、洪塘地块等新建区块配套中小学校的建设。积极培育和扩大初中优质教育资源，努力提高中学办学水平。加强教师队伍特别是农村教师队伍建设，完善和落实教师待遇制度，提高教师素质，激发教师活力。

27. *大力发展学前教育成人教育*。重视和加强学前教育，优化幼儿园规划布局。大力发展各种形式的成人教育、老年教育、社区教育、现代远程教育和职业培训，构筑相对完善的终身教育体系。

28. *加强教育帮困和保障工作*。认真落实对高校、中等职业学校家庭困难学生的各项资助政策。完善残疾学生助学政策。加大对外来务工人员子女就学的投入。认真规范教育收费，严肃查处教育乱收费行为。

十、优化卫生健康服务

29. *加强公共卫生体系建设*。推进江北人民医院、江北公共卫生服务中心等一批重大公共卫生基础设施建设项目。完善覆盖城乡的公共卫生事件应急指挥、疾病预防控制、卫生监督、妇幼保健体系，提高群众健康服务水平。进一步健全计划生育公共服务体系。

30. *强化城乡社区卫生服务*。进一步完善城乡三级社区卫生服务体系规划，努力实现每一个街道(镇)都有一个政府举办的社区卫生服务中心。探索社区卫生服务收支两条线及政府购买卫生服务的改革。逐步建立和完善政府补偿机制。加大卫生人才的引进和培养力度，逐步提高卫生人员待遇和卫生人才队伍素质。提升服务内涵，不断提高社区卫生服务水平，努力实现“小病不出村(社区)”的目标。加快社区卫生数字化建设。强化医疗服务质量管理。建立有效的医疗纠纷调处机制，维护医患合法权益。加强心理健康疏导，在中小学生、外来务工人员中开展心理疏导服务。

31. *开展全民健身活动*。加快构建面向群众的多元化体育服务体系，组织实施各类健身工程。积极推动学校、机关、企事业单位体育设施向社会开放。让群众在“三边——家边、村边、路边”都能参与健身。广泛开展适合不同人群、丰富多彩的群众性体育活动。

十一、优化精神文化氛围

32. *大力建设社会主义核心价值体系*。弘扬以爱国主义为核心的民族精神和以改革创新为核心的时代精神，坚持用社会主义荣辱观引领社会风尚，真正把社会主义核心价值体系贯穿于文化建设的各个方面。坚持解放思想，更新理念，以新一轮的思想大解放推动经济社会的新一轮大发展。逐步提炼和形成新江北人文精神，展示江北人文魅力，凝聚力量，树立信心，鼓舞斗志。积极发掘培育先进典型，弘扬新风正气，抵制歪风邪气。大力推进群众性文明创建活动，深入实施文明素质工程，提高全民文明素质。

33. *大力建设公共文化服务体系*。着力构筑公共文化设施网络，制定实施《江北区文化设施布局规划》。完善文化基础设施条件，争取早日建成区文化中心，切实抓好街道(镇)综合文化站等公共文化服务工程，2010年前，基本实现每个村和社区拥有一家区级标准文化宫(室)。做大做强中国慈孝文化之乡品牌，以中国慈孝文化节为龙头，打响江北慈孝文化、外滩商埠文化、民间乡土文化，努力打造节庆文化、群众文化、特色文化品牌，进一步繁荣社区文化、广场文化、校园文化，丰富群众文化生活。深入实施文化精品工程，大力推进文化艺术生产。创新公共文化服务方式，实现城乡文化产品和文化服务的共建共享。加快有线电视数字化转换，2年内基本完成全区有线电视数字化转换和改造。

34. *大力建设文化产业发展体系*。优化文化产业布局和结构，着力发展千年古县城文化旅游，百年老外滩文化商业休闲，大剧院、北岸财富中心的文化演艺、创意传媒、艺术品交易等文化产业功能，努力培育文化艺术业、文化演出业、文化娱乐业、网络信息业、广电传媒业和艺术培训等文化产业。积极筹备建设以广电传媒业为核心的集商住、休闲、旅游为一体的文化设施，大力发展文化产业，培育新的经济增长点。完善各项政策机制，营造文化产业发展的良好环境。

十二、加强领导，强化改善民生的保障措施

35. *加强组织领导*。建立健全领导责任机制。实行区政府主要领导负总责，分管领导直接抓，部门分工负责，上下联动、齐抓共管的工作推进机制。建立健全目标监督考核机制。建立工作目标责任分解制度，将各项民生指标按年度分解细化，层层落实，做到任务到岗到人、责任到岗到人。推动民生改善工作在基层的落实。加强工会、共青团、妇联等群团组织建设，加强志愿者队伍建设，充分发挥各类组织在推动改善民生中的重要作用。统筹城乡党建工作，夯实基层组织建设，着力发挥党员在改善民生方面的主体作用。

36. *健全保障机制*。加大民生领域的财政投入。拓展民生领域建设投融资渠道，鼓励和支持社会各界增加民生投入，共同改善民生。建立健全群众参政议政机制，提高政府工作透明度。加强对民生工作的宣传，完善政府新闻发布制度，建立有效的投诉处理和督察通报机制。加快制定或修订有关热点难点问题的制度，推进依法行政，完善依法解决民生问题的长效机制。

37. *切实转变作风*。加强干部教育培训，教育引导各级领导班子和领导干部树立科学发展观和正确政绩观，切实增进对人民群众的感情。进一步强化政府服务意识，实施政务便民服务，提高办事效率。大力弘扬求真务实作风，坚决反对形式主义、官僚主义。

中共宁海县委办公室　宁海县人民政府办公室 关于开展创建“充分转移就业村”工作的实施意见

（2008年9月22日）

宁党办〔2008〕55号

为深入贯彻县十二次党代会精神，根据县委加强民生工作的意见，进一步深化城乡统筹就业，构建和谐社会，扎实推进社会主义新农村建设，经县委、县政府同意，现就我县开展创建“充分转移就业村”工作提出如下实施意见：

一、指导思想

以“三个代表”重要思想和科学发展观为指导，认真贯彻党的十七大精神和《就业促进法》，围绕建设社会主义新农村和全面推进城乡统筹就业的基本要求，按照“培训农民、提高农民、转移农民、富裕农民”的思路，通过以创建“充分转移就业村”工作为载体，全面推动我县农村劳动力充分转移就业工作取得新进展，并建立起促进农村劳动力充分转移就业工作的长效机制，为进一步推进我县城乡统筹发展，建设和谐社会奠定扎实基础。

二、创建标准和工作目标

（一）“充分转移就业村”标准：行政村内法定劳动年龄段内，有劳动能力的农村劳动力转移就业率达80%以上，总体就业率达96%以上，农村“零转移就业家庭”基本消除，有就业愿望的农村低保家庭劳动力基本实现就业，农村新增劳动力当年转移就业85%以上，农村富余劳动力实现充分转移就业。

（二）工作目标：到2008年底，全县30%以上行政村达到“充分转移就业村”标准；到2009年底，全县60%以上行政村达到“充分转移就业村”标准；到2010年底，全县80%以上行政村达到“充分转移就业村”标准。

三、创建内容

（一）管理机构村村全。健全行政村劳动保障管理服务室建设，做到机构、人员、经费、场地、制度、工作“六到位”，每个劳动保障管理服务室要有专门的办公场地，明确1～2名劳动保障协理员，由县财政给予一定额度的工作补贴，按要求配备必要的办公设备，实现就业服务信息联网，建立健全规范的服务标准、工作流程和工作制度。

（二）资源状况村村清。全面掌握行政村劳动力资源状况和就业状况，做到“失业状况清、技术特长清、培训需求清、择业意向清、家庭收入清、就业结果清”，并及时将这些基础信息输入电脑，做到台帐齐全，数据详全，并进行实时网上动态管理。

（三）就业服务村村实。积极开展村就业服务工作：1、积极为各类劳动者提供职业指导、职业介绍服务；2、要确保村级就业服务网点至少每周一天对外开放；3、对“零转移就业家庭”、农村新增劳动力、农村低保家庭劳动力三类特定对象，要采取多种灵活的、个性化的帮扶形式进行重点就业帮扶；4、要积极有效帮助本村劳动力参加就业实用技能培训，做好培训的宣传、信息提供、报名等服务工作。

（四）就地转移村村有。各镇乡（街道）要物色合适人员，通过经纪人专业培训，使一批农民掌握基本的营销、管理等知识，成为农村经纪人。农村经纪人要以创办来料加工点为主，组织当地农村劳动力就近转移就业。鼓励分片设立来料加工点，发挥加工点的幅射作用，带动附近的农村劳动力来积极参与加工业务，实现村村都有农村劳动力就近就地转移就业的目标。

（五）就业渠道村村通。坚持多渠道开发就业岗位，形成多样化就业的新局面：要有选择有重点开展帮扶创业活动，通过创业促进就业；要开展特色就业，根据各镇乡（街道）特色产业，结合我县旅游业发展可考虑工艺品纺织、特色农产品规模化加工销售等，促进部分人实现就业；要挖掘、开发、整合保洁、保绿、保安和公共设施养护等公益岗位，优先安排农村低保户劳动力、农村“零转移就业家庭”劳动力就业；要强化就业援助，建立镇乡（街道）、村干部“结对帮扶”制度，对农村低保户劳动力、“农村零转移就业家庭”劳动力等重点就业困难群体实行“一对一”重点帮扶，帮助实现转移就业。

四、创建验收

“充分转移就业村”的创建验收程序为：年初制订创建目标、年底申报、全年考核评分、年度认定命名。每年初由县劳动保障局按创建“充分转移就业村”的总体规划确定当年创建目标。每年11月初，各行政村对当年创建工作进行自查自评，根据《宁海县创建“充分转移就业村”工作考核评分标准》（另行制定）进行打分，自评分在90分以上的，向镇乡（街道）提出认定申报，并提供有关材料；镇乡（街道）接到申报材料进行初审后，报县劳动保障局，县劳动保障局按照创建标准和要求，及时组织人员，采取到村座谈、上门调查、电话抽查等方式进行全面考核、验收。验收合格后，在辖区内予以公示，对公示无异议的，由县农村劳动力素质培训和转移就业领导小组予以认定，县政府发文命名为“充分转移就业村”，行政村每满二年按以上程序重新申报验收认定。验收合格的继续保持，不合格的，待重新创建合格后再予以命名；对镇乡（街道）所辖全部行政村年度内均实现“充分转移就业村”要求的，由县政府授予“充分转移就业镇乡（街道）”称号。

五、政策扶持

（一）加强投入，全县就业服务信息网络与其它原有农经等信息网络整合，统一维护使用。

（二）各行政村要明确劳动保障协理员，原则上由村务工作者兼任，确需另行配备的，须经规范的选人用人程序和报批手续。县财政每年每人安排一定额度的工作补贴经费，按各村工作开展情况进行补助。

（三）对农村"零转移就业家庭"和低保家庭劳动力及初次就业的新增劳动力从事个体经营、自主创业的，享受就业再就业政策中的小额创业贷款优惠政策，创办农村劳动力转移就业加工点的经纪人，也可参照享受。

（四）对组织农民实现就近就地转移就业成绩突出、贡献较大的农村来料加工点经纪人给予奖励，每年评选10名优秀经纪人，在全县农村工作会议上进行表彰，并给予一定的奖励。创办的来料加工点，吸纳当地农村劳动力从事来料加工，实现就近就地转移就业的，由财政安排经费，给予加工点一次性奖励。

（五）对为农村劳动力就近就地转移就业服务，建造来料加工点标准厂房的行政村进行奖励。

（六）对农村"零转移就业家庭"和低保家庭劳动力进行职业技能培训，参照就业再就业政策中的培训优惠政策实行补助，最高补助额为2000元。该项经费统一纳入全县农村劳动力培训费用。

（七）鼓励企业吸纳农村劳动力，从2008年起，我县企业当年新招收农村"零转移就业家庭"劳动力、农村低保家庭劳动力二类特定对象，重点帮扶实现就业，并签订3年以上劳动合同，按规定参加社会保险，并经劳动部门录用备案的，每招收1人给予400元奖励。

六、强化组织领导，确保工作取得实效

（一）加强领导，明确职责。在全县范围内开展的"充分转移就业村"创建工作，是实施新农村建设、构建和谐社会、推进城乡一体化进程的重要举措。县农村劳动力素质培训和转移就业领导小组统筹领导农村劳动力充分转移就业工作。各有关部门和各镇乡（街道）要各司其职，认真开展农村劳动力充分转移就业工作。县农办要做好牵头协调工作，确定创建"充分转移就业村"工作整体方案、工作计划和工作步骤，及时总结成功做法和典型经验，对有关部门和各镇乡（街道）工作进行检查督促；县劳动保障局负责对农村"零转移就业家庭"劳动力、农村新增劳动力、农村低保家庭劳动力三类特定对象进行调查摸底，开展职业技能培训，做好人力资源市场建设的指导、村级劳动保障协理员的培训以及有关优惠政策享受的认定工作；县财政局要落实创建充分转移就业村工作的有关补助、奖励资金，检查督促资金的使用，提高资金的使用效率；各镇乡（街道）作为创建"充分转移就业村"工作的主体，要高度重视该项工作，作为推进城乡统筹就业工作，加强新农村建设，促进农民增收的重点工作来抓，要明确专人负责，按照工作和进度要求，确保本镇乡（街道）三年内实现创建"充分转移就业村"工作的目标。

（二）加强宣传，营造氛围。要广泛深入宣传开展创建"充分转移就业村"工作的重要意义，树立一批在创建"充分转移就业村"工作中涌现的先进典型，引导全社会关心支持这项工作，营造良好的舆论氛围，推动这项工作深入开展。

附件："充分转移就业村"界定标准

附件：

"充分转移就业村"界定标准

一、充分转移就业：从事传统农业、依靠责任田生产，自给自足的农村劳动力转移到从事第二、第三产业和农业产业化、规模化生产，使他们的收入达到农村劳动力充分就业标准。

二、农村"零转移就业家庭"：一户农村家庭中，有一名及以上在法定劳动年龄段内，有劳动能力和转移就业愿望的劳动力，而未能实现充分就业的家庭。

三、农村劳动力充分就业：在法定劳动年龄段内，每周从事40小时及以上工作时间，有合法收入的社会劳动，劳动报酬达到和超过当地农村最低生活保障标准180％的，为充分就业。

确定就业与否的两个主要依据是劳动时间和劳动报酬，对于劳动时间在1小时及以上、40小时以下，而劳动报酬达到或超过当地农村最低生活保障标准180％的，界定为充分就业。

四、农村劳动力不充分就业：在法定劳动年龄段内，从事有合法收入的社会劳动，但每周劳动时间在1小时及以上、40小时以下，劳动报酬达到或高于当地农村最低生活保障标准100％，低于180％，本人有从事更多有报酬劳动愿望的，为不充分就业。

五、农村劳动力失业：在法定劳动年龄段内，有劳动能力，要求就业而未就业的，即为失业。

其中：虽然从事一定社会劳动，但劳动时间少于每周1小时或者劳动时间在每周1小时及以上、40小时以下，劳动报酬低于当地农村最低生活保障标准的，视同失业。

瑞安市人民政府
关于印发瑞安市低收入农户创业银行
贷款及贴息暂行办法的通知

瑞政发〔2008〕56号

各街道办事处，各镇、乡人民政府，市政府直属各单位：

《瑞安市低收入农户创业银行贷款及贴息暂行办法》已经2008年3月26日市政府第26次常务会议审议通过，现予印发。

瑞安市人民政府

二〇〇八年三月二十七日

瑞安市低收入农户创业银行贷款及贴息暂行办法

为全面落实"创业富民、创新强省"总战略，深化农村合作"三位一体"建设，着力扶持低收入农户脱贫致富奔小康，着力增强低收入农户创业增收能力，着力提高低收入农户生产生活水平，根据市委、市政府的总体部署及相关政策，特设立低收入农户"创业银行"，开办"情暖万家、创业致富"贷款。为确保该贷款发放工作顺利开展，特制定本办法。

第一章 贷款条件

第一条 贷款对象和条件。凡年龄在65周岁以下、具备一定劳动能力的本市低收入农户家庭成员，且同时具备以下基本条件：

（一）身体健康、具有完全民事行为能力；

（二）符合国家政策规定的生产经营活动，从事创业就业的项目；

（三）诚实信用，借款人无不良信用记录（既无不良贷款，也无不良担保），品行端正，遵纪守法；

（四）有按期还本付息的能力；

（五）2007年家庭人均纯收入在3500元以下，在市扶贫办提供低收入农户家庭名单之列及返贫农户；

（六）符合经办银行的其他贷款条件。

第二条 贷款用途。用于能够带动家庭增加收入的种植业、养殖业、来料加工业等生产经营投入。

第三条 贷款额度。对每个低收入农户发放创业贷款金额原则上控制在2万元以内，具体视借款人创业投入资金情况而定，但最高不超过5万元；采取"一次核定、随用随发、余额控制、周转使用"的形式发放。

第四条 贷款期限。低收入农户创业贷款期限根据生产经营周期确定，一般不超过1年，最长不超过2年。贷款归还后，在符合条件的前提下，可以继续申请、周转使用。

第五条 贷款利率。低收入农户创业贷款的利率按人民银行公布的同档次贷款基准利率执行，具体还款方式和结息方式由借贷双方商定。

第六条 贷款办理机构。瑞安农村合作银行（含各分支机构）作为瑞安市办理低收入农户创业贷款的指定贷款经办银行。

第二章 贷款程序

第七条 自愿申请。凡符合低收入农户创业贷款条件的农户，可自愿向户籍所在地农村合作银行网点申请贷款，并由村委会或专业合作社提供其创业项目等相关资料。

第八条 贷款调查。贷款经办银行应当在收到贷款申请5个工作日内进行调查，乡镇驻村干部配合。

第九条 贷款方式。创业贷款2万元以内的，原则上采用信用贷款；创业贷款2万元以上的，应提供联保或担保。

第十条 贷款审核。经办银行自收到符合条件的相关资料之日起5个工作日内给予贷款申请人正式答复。同意贷款的，按有关贷款管理规定办理放贷手续，并报当地政府备案，监督使用创业贷款。经办银行不得以贷款指标不足为由拒绝发放创业贷款。对不符合贷款条件而不能提供贷款的，应向贷款申请人说明理由。

第十一条 贷款流程。经办银行按普通贷款程序办理贷款发放、收回等手续。

第三章 贷款贴息

第十二条 贷款贴息。对符合条件的低收入农户的创业贷款,按期还贷的给予100%的贴息,贴息资金从低收入农户创业基金(即低收入农户致富奔小康发展基金,下同)中列支。逾期还贷的不予贴息。

第十三条 贴息资金拨付。贴息实行"即付即贴"的办法。借款人按约定还贷方式向经办银行支付本金后所结算的利息,经办银行从低收入农户创业基金中扣划。经办银行须每季度将还贷利息清单报市扶贫办、财政局审核。

第四章 创业基金

第十四条 创业基金。低收入农户创业基金由市扶贫资金安排,专项用于低收入农户创业贷款贴息、风险管理等,专户基金储存于经办银行,封闭运行。市扶贫资金可根据创业贷款发放额按年度调整基金规模。

第五章 风险管理

第十五条 贷款催收与管理。对于出现的逾期贷款,经办银行督促借款人、担保人及时归还,并及时将借款人、担保人不良信用录入个人征信系统,作为今后能否为其提供金融服务、申请贷款的依据。

第十六条 贷款违约责任。低收入农户创业贷款到期后,经办银行催收未归还的,或通过相关法律程序强制收回贷款本息,并取消贷款贴息和借款人今后创业贷款资格。

第十七条 贷款管理与考核。低收入农户创业贷款不良率较高时,经办银行应停止发放新的贷款,待贷款不良率降低后,可恢复受理贷款申请。

第十八条 贷款风险管理长效机制。探索建立贷款风险管理长效机制,通过签订《还款承诺书》明确对多次催缴贷款不还的借款人进行公告等形式,督促借款人及时还款,确保低收入农户创业贷款业务稳定有序开展。

第六章 各方职责

第十九条 市扶贫办职责:负责低收入农户创业贷款申请人的指导培训及资格审查工作,指导符合条件人员办理贷款;协助银行向未按期还款的借款人催收贷款;宣传低收入农户创业贷款业务,引导低收入农户正确理解政策;定期分析低收入农户创业贷款运作情况,健全低收入农户创业贷款损失补偿机制,及时安排创业基金和足额拨付贷款贴息,加强对创业基金和贷款贴息的监督检查。

第二十条 经办银行职责:负责低收入农户创业贷款的发放、回收工作;调查贷款申请人情况,核定其贷款额度和期限;合理简化贷款手续,对低收入农户创业贷款单独设立台账,接受有关部门的监督检查;对借款人未能按期还款的,及时向借款人催收贷款和依法收贷;当贷款不良率较高时,应停止发放新的贷款,并及时告知市扶贫办,待降低贷款不良率后,再恢复受理贷款申请。

第七章 附则

第二十一条 本办法由市扶贫办、瑞安农村信用合作银行根据各自职责负责解释。

第二十二条 本办法自2008年4月1日起开始实施。

中共嘉兴市委 嘉兴市人民政府
关于改革户籍管理制度进一步推进
城乡一体化的若干意见(试行)

嘉委〔2008〕21号

各县(市、区)委、县(市、区)人民政府,市级机关各部门,市直属各单位:

推进户籍管理制度改革,是统筹城乡综合配套改革、加快推进城乡一体化的重要内容。根据市委、市政府《关于印发〈嘉兴市打造城乡一体化先行地行动纲领〉的通知》(嘉委〔2008〕1号)的要求,结合我市实际,现就改革户籍管理制度、进一步推进城乡一体化提出如下意见。

一、户籍管理制度改革的意义、指导思想和原则

1.户籍管理制度改革的意义。随着我市经济社会的快速发展,改革户籍管理制度、建立城乡一体的新型户籍管理制度势在必行、意义重大。推进户籍管理制度改革有利于农村人口向城镇集聚,加快现代化网络型大城市建设,加快城市化进程,推动城乡协调发展;有利于打破城乡户籍制度壁垒,推进城乡公共服务均等化,保障公民的合法权益;有利于转变政府职能,完善社会管理和公共服务,促进社会转型。各地、各部门、各单位要从战略和全局的高度,充分认识户籍管理制度改革的重要意义,积极稳妥推进户籍制度改革,确保改革平稳有序。

2. 指导思想。坚持以人为本,深入贯彻落实科学发展观,以统筹城乡综合配套改革试点为契机,以打造城乡一体化先行地为总体目标,以建立城乡统一的新型户籍管理制度和城乡一体的社会保障体系为重点,加强政策配套衔接,加快形成以城带乡、城乡互动的发展新机制和发展新格局。

3. 基本原则。

——以人为本。把维护人民群众的根本利益作为改革的出发点和落脚点,尊重群众意愿,保障公民合法权益,共享改革发展成果,提高全市人民生活质量和水平。

——完善配套。加快推进劳动就业、社会保障、土地承包、计划生育等相关政策的配套衔接,将目前对城乡实行各种不同政策的划分依据,由原来的按农业户口、非农业户口划分,统一到以居民有、无承包土地来划分(以下简称有地居民、无地居民),建立起新的管理体制和运行机制。

——鼓励集聚。遵循经济社会发展的客观规律,抓住统筹城乡综合配套改革试点机遇,鼓励有条件转移的农民向城镇集中,加快城市化进程。

——稳步推进。统筹考虑改革的力度、全市居民的认可度和经济社会发展的可承受程度,制定严密的实施方案,有条不紊地推进户籍管理制度改革,确保社会和谐稳定。

二、建立按居住地登记户口的新型户籍管理制度

4. 实行城乡统一的户口登记制度。在全市取消农业户口、非农业户口性质划分,实行城乡统一的户口登记制度,按照公民经常居住地登记户口的原则,将公民户口统一登记为“居民户口”。

5. 建立城乡统一的户口迁移制度。实行以具有合法固定住所、稳定职业或生活来源为基本条件的户口迁移准入制,凡符合上述基本条件的申请人,准予其户口迁移至经常居住地落户。

6. 实行按居住地划分的人口统计制度。调整农业和非农业人口统计口径,实行按居住地划分统计城镇人口和农村人口,并逐步实现按公民职业区分统计农业人口和非农业人口,以如实反映公民的居住、职业状况和城市化水平。

7. 进一步简化户口办理程序。实行户口迁移网上办理。县(市、区)先行开展户口迁移网上办理,积极创造条件适时在全市推广。进一步下放户口审批权限。除公民姓名、出生日期、民族等项目变更、更正和城镇居民迁往农村以及其他疑难户口迁移由县(市、区)公安局审批外,公民的其他户口项目变更、更正和户口迁移由公安派出所直接办理。

三、加强户籍管理制度改革的相关政策衔接

8. 稳定农村土地承包政策。户籍管理制度改革后,凡有承包土地的家庭及其出生的子女(含1998年二轮土地承包后出生的人员),其土地承包权按原农业户口居民政策办理。

9. 保持计划生育政策的连续性。保持计划生育政策、奖励政策和法律责任的连续性。户籍管理制度改革前为农业户口的,继续适用《浙江省人口与计划生育条例》规定的农村居民生育政策和奖励政策(行政事业单位人员除外);对不符合法定条件生育的,其社会抚养费征收以统计部门公布的农村居民人均纯收入为计征标准。其他对象的生育政策和社会抚养费征收标准按现行《浙江省人口与计划生育条例》中城镇居民的相关规定执行。

10. 鼓励农村居民向城镇集聚。积极探索农村居民转为城镇居民的有效途径,鼓励有地居民以土地承包经营权置换被征地居民养老保险、以宅基地置换城镇住房,推进土地承包经营权成片流转和农户向城镇集聚,拓展城乡发展空间,提升集约发展水平(具体实施办法另行发布)。有地居民土地被全部征用或通过土地置换转为无地居民后,其相应的养老保险、医疗保险、退伍士兵优抚安置、最低生活保障等,按照改革前城镇居民有关政策执行。

11. 明确农村集体资产产权归属。原村集体经济组织成员,户籍管理制度改革后,不改变其原集体经济组织成员身份和集体经济组织明确的权利、义务。

12. 完善城乡一体的社会保险体系。按照有关法律法规,本市企业职工(含有地居民)均须参加多层次的各项社会保险(养老保险、医疗保险、失业保险、工伤保险和生育保险)。有地居民的职工养老保险可按现行“双低”标准执行。

13. 实行城乡统一的就业服务政策。坚持实行城乡统一的就业政策和就业服务,加强职业指导、职业介绍和职业培训工作,加快就业服务平台和就业信息网络向镇、村延伸,完善覆盖城乡的公共就业服务体系。

四、户籍管理制度改革的保障措施

14. 加强组织领导。各级各有关部门要高度重视户籍管理制度改革的重要性,加强领导、密切配合,确保户籍管理制度改革的稳步推进。为加强对该工作的组织领导,市委、市政府成立市户籍管理制度改革工作领导小组,负责研究制定具体实施方案和综合协调工作。领导小组下设办公室,办公室设在市政府发展研究中心。各县(市、区)也要根据实际需要,成立相应的组织机构,具体负责户籍管理制度改革各项工作的落实。

15. 部门各负其责。各级公安机关要按照有关要求,做好户口登记、管理、迁移等具体组织实施工作。农业行政主管部门负责农村土地流转变更登记、业务指导、监管等工作。劳动和社会保障部门负责城乡居民养老保险、医疗保险、失业保险及就业培训等方面工作。计生、民政、教育、卫生等各有关部门要依据各自职能,制定相关配套政策或实施办法。

16. 健全社保信息。进一步健全城乡居民各项社会保障、土地承包等相关信息的管理,统一纳入“市民卡”信息系统,加快建立以社保信息为主要内容的社会信息管理系统，以便于政府和各有关部门开展相关的服务工作。

17. 营造良好氛围。加强舆论引导，加大宣传力度。各级政府、有关部门和新闻媒体要采取多种形式，广泛宣传户籍管理制度改革的意义、目的、内容等，积极争取广大干部群众的支持、参与和配合，为户籍管理制度改革创造良好的社会环境。

本意见未涉及的原以户籍为参照的有关政策规定，按原规定执行。

本意见自2008年10月1日起执行。

本意见由市户籍管理制度改革工作领导小组办公室负责解释。

中共嘉兴市委
嘉兴市人民政府
二〇〇八年五月四日

中共嘉兴市委　嘉兴市人民政府
关于开展统筹城乡综合配套改革试点的实施意见

嘉委〔2008〕36号

各县(市、区)委、县(市、区)人民政府，市级机关各部门，市直属各单位：

根据省委《关于认真实施"创业富民、创新强省"总战略加快推进社会主义新农村建设的若干意见》(浙委〔2008〕25号)和《嘉兴市打造城乡一体化先行地行动纲领》(嘉委〔2008〕1号)等文件精神，现就我市开展统筹城乡综合配套改革试点工作提出以下实施意见。

一、充分认识开展统筹城乡综合配套改革试点工作的重要意义

开展统筹城乡综合配套改革试点是贯彻党的十七大精神和落实科学发展观的需要。党的十七大指出，要"统筹城乡发展，推进社会主义新农村建设"、"加强农业基础地位，走中国特色农业现代化道路，建立以工促农、以城带乡长效机制，形成城乡经济社会发展一体化新格局"。统筹城乡发展是科学发展观的重要内容和体现，是践行科学发展观的基本要求。开展统筹城乡综合配套改革，有利于消除体制机制障碍，建立健全统筹城乡发展的制度体系，发挥制度对科学发展的基础、引导和保障作用，推动科学发展观在我市的全面落实。

开展统筹城乡综合配套改革试点是贯彻落实省委"两创"总战略、加快推进富民强市的需要。省第十二次党代会提出要坚定不移地走"创业富民、创新强省"之路，市第六次党代会提出要加快推进富民强市。当前，我市已进入工业化、城市化加速推进的新阶段，城乡结构在整个经济社会结构变革中的地位越来越突出。开展统筹城乡综合配套改革，有利于全面贯彻落实省委"两创"总战略，推动城乡资源优化配置、要素自由流动、经济互促共进、社会和谐共融，促进经济社会全面、协调和可持续发展，加快推进富民强市。

开展统筹城乡综合配套改革试点是从根本上解决"三农"问题、加快推进城乡一体化的需要。经过这几年的探索和积累，我市统筹城乡发展工作总体上已经具备向更高层次迈进的条件和基础，但城乡分割的二元体制尚未根本消除，农业是弱质产业、农村是落后社区、农民是弱势群体的状况没有根本性改变，城乡居民平等发展、共享成果的制度政策仍不完善，并且先期遇到了一些其它地区尚未碰到或不够突出的体制机制障碍。开展统筹城乡综合配套改革，有利于从根本上解决"三农"问题，全面提升农村整体发展水平，更高层次上推进城乡一体化，建设统筹城乡发展先行区，为全省乃至全国作出探索和示范。

因此，各地、各部门、各单位必须认清形势，把握规律，充分认识开展统筹城乡综合配套改革试点工作的重要意义，进一步解放思想，大胆探索，开拓创新，着力打破城乡二元结构，加快推进现代新农村建设和城乡一体化再上新台阶。

二、指导思想和总体目标

(一)指导思想

全面贯彻党的十七大精神，高举中国特色社会主义伟大旗帜，以邓小平理论和"三个代表"重要思想为指导，深入贯彻科学发展观，全面落实省委"两创"总战略，积极实施打造城乡一体化先行地行动纲领，围绕破除城乡二元体制，以有效解决"三农"问题为切入点，强化规划引领和体制创新、政府推动和市场运作、自主探索和政策支持，大力推进新型工业化、新型城市化和农业农村现代化，切实增强工业反哺农业、城市支持农村的能力，充分发挥农业、农村对工业和城市发展的促进作用，率先形成城乡体制基本接轨、城乡产业相互融合、城乡社会协调发展、城乡差距显著缩小、资源节约和环境友好的城乡经济社会发展一体化新格局。

(二)总体目标

经过五年的改革发展，初步改变城乡经济社会二元结构，明显缩小城乡差距，率先建立较为科学合理的城乡规划体系、基本配套完善的基础设施体系、互动融合的产业发展体系、城乡相对平等充分的就业促进体系、全面覆盖的社会保障制度体系、比较公平均衡的社会事业发展体系、城乡统筹的资源节约和生态保护体系，着力把嘉兴建设成为体制机制较活、统筹水平较高、带动作用较强的统筹城乡发展先行区，基本形成经济更加发达、文化更加繁荣、生态更加良好、人民生活更加富裕的现代化网络型大城市基本框架。

三、主要内容和工作措施

按照先行先试、率先突破的要求，重点推进以优化土地使用制度为核心的“十改联动”。

（一）优化土地使用制度，建立城乡土地节约集约利用和优化配置机制

1. 开展节约集约用地试点。制定开展节约集约用地（“两分两换”试点，即宅基地与承包地分开、搬迁与土地流转分开，以宅基地置换城镇房产、以土地承包经营权置换社会保障）试点的若干意见，启动试点工作，努力争取城镇建设用地增加与农村建设用地减少相挂钩试点。建立农村土地承包经营权流转市场，推进农业规模集约经营和农民居住向城镇社区集聚，促进集约集聚发展，拓展城乡经济社会发展空间。

2. 探索建立土地非农升值收益城乡共享机制。完善被征地农民就业和社会保障制度，探索农村土地在非农建设中以入股形式共同参与开发，实现失地农民即征即保，应保尽保。

3. 完善土地利用总体规划。在保持基本农田、标准农田、耕地保有量省下达控制指标不变的前提下，按照省统一部署，修编土地利用总体规划，全面完成市、县、镇三级土地利用规划的编制，做好土地利用总体规划与各级城乡规划的衔接。通过土地利用总体规划修编，推动农村建设用地向城镇集中，统筹安排城乡土地资源。

4. 开发土地增值潜能。探索土地承包经营权流转机制，大力推进农村土地股份合作制，体现土地作为资产和资本的价值，促进农民增收。加快推进“生活用房和生产用房相分离”的农村新居住区建设，为农民自主创业和农村二三产业发展提供平台，改善农村生产生活环境。

（二）深化统筹城乡就业改革，健全城乡劳动者平等充分就业的政策体系和服务体系

5. 完善城乡一体的促进就业政策体系。按照劳动者自主择业、市场调节就业、政府促进就业、创业带动就业的要求，完善以就业培训、就业援助和就业扶持等为主的促进就业政策，加大就业专项资金投入，形成促进城乡劳动者平等充分就业的长效机制。

6. 全面开展充分就业社区（村）创建工作。实施分类就业援助，落实促进就业政策措施，健全对城乡失业人员的动态管理、动态援助机制，重点解决城镇零就业家庭、农村低保家庭等就业困难人员和放弃土地承包经营权农户的就业问题。到2012年，全市70%的社区、50%的村创建成为充分就业社区和充分就业村。

7. 积极推进创业促就业工作。强化职业教育和培训，完善培训补贴政策与促进就业创业效果挂钩机制，加强农村劳动力培训基地、公共实训中心和基地建设，鼓励各类职业培训机构开展面向城乡劳动者的多层次、多形式的职业教育和培训，提高城乡劳动者的就业创业能力。全面开展SIYB（创办和改善你的企业）创业培训，完善创业促就业培训服务体系，使更多的劳动者成为创业者。

8. 建立完善城乡公共就业创业服务体系。建立健全城乡劳动力就业和失业登记制度，加强失业调控和预警机制建设，建立市、县（市、区）、中心镇三级联动的人力资源市场体系和以村（社区）为基础的就业信息服务网络，充实公共就业服务机构力量，提高服务质量和效率。

（三）深化社会保障制度改革，建立全面覆盖城乡居民的社会保障体系

9. 全面落实统筹城乡社会养老保险制度。完善企业职工基本社会养老保险制度，全力扩大城乡居民社会养老保险覆盖面，探索覆盖有地居民和新居民的社会保险参保办法，鼓励有地居民以土地承包经营权置换社会保障。落实城乡居民社会养老保险养老金调整机制，逐步提高保障水平，力争三年内基本实现参保对象全覆盖。

10. 完善覆盖城乡居民的医疗保障体系。将职工基本医疗保险之外的城乡居民全部纳入城乡居民基本医疗保险范围，并在2010年前实现两个医疗保险制度的并轨，实现城乡居民医疗保险的全覆盖。建立长效筹资机制，提高医疗保障水平，尽早实现区域医疗保险费用实时结报。

11. 逐步建立和完善城乡一体的失业保险制度。将被征地农民和有非农就业愿望、有劳动能力且在就业年龄段的农村转移劳动力纳入失业保险范围，探索建立面向城乡失业人员的失业保险制度，逐步实现失业保险制度的全覆盖。

12. 完善社会救助和社会福利制度。健全分层分类救助办法，加大助医、助学等帮扶力度，完善低保标准动态调整和价格补贴机制，切实保障低收入居民生活。加快构建新型社会福利体系，积极推进居家养老服务，不断提高老龄、儿童、残疾人、慈善等事业发展水平。加强多层次住房保障体系建设，完善廉租房和经济适用房制度，改善居民住房条件。

13. 健全社会保障管理体制和运行机制。巩固“三级管理、四级网络”的管理服务体系，配强基层社会保障服务力量，提升社会保障服务能力。建立统一的公共事务信息系统，完善城乡居民劳动就业、社会保障、土地承包等相关信息的管理，提高公共服务水平。到2012年，确保人人享有基本生活保障，基本实现“全民社保”目标。

（四）实施户籍制度改革，建立城乡统一的新型户籍管理制度

14. 建立按居住地登记户口的新型户籍管理制度。在全市取消农业户口、非农业户口性质划分，实行城乡统一的户口登记制度，按照公民经常居住地登记户口的原则，将公民户口统一登记为“居民户口”。实行以具有合法固定住所、稳定职业或生活来源为基本条件的户口迁移准入制，凡符合条件的申请人，准予其户口迁移至经常居住地落户。

15. 加强政策配套衔接。将目前对城乡实行不同政策的划分依据，由原来的按农业户口、非农业户口划分，统一为以居民有、无土地承包经营权来划分。深入研究原来依附在户籍制度上的各项配套政策，加快推进劳动就业、社会保障、土地承包、计划生育等相关政策与户籍制度改革的配套衔接，建立起新的管理体制和运行机制。

16. 鼓励农村居民向城镇集聚。积极探索农村居民转为城镇居民的有效途径。有地居民土地被全部征收或全部放弃土地承包经营权后，和无地居民一样享受相应的各项社会保障和公共服务等政策。

（五）实施居住证制度改革，创新新居民服务管理体制

17. 深化新居民服务管理体制改革。完善居住证制度，探索建立与经济社会发展水平相协调、与产业结构调整力度相匹配、与环境资源承载能力和公共财政供给能力相适应的居住证制度政策，统筹兼顾新老居民利益，推动新老居民和谐融合。

18. 重视新居民子女教育。以提高新居民子女入学率和教育质量为目标，切实保障符合条件的新居民子女平等接受义务教育。

19. 改善新居民居住条件。按照政府引导、企业主体、社会参与的原则，多渠道改善新居民的居住条件。鼓励企业建造员工宿舍和社会力量投资兴建新居民公寓，充分利用开展节约集约用地试点中建设的农民安置房资源，引导新居民向公寓集中居住。设立政府按揭担保基金，加大新居民购房扶持力度，鼓励新居民购房安居。

（六）实施涉农工作管理体制改革，建立统筹城乡“三农”管理服务体制和机制

20. 改革“三农”管理体制。按照党的十七大精神的要求，创新党委、政府管理“三农”工作体制，探索农口大部门管理体制，建立市委农业和农村工作委员会，负责统筹、协调和综合指导全市“三农”工作。按照城乡一体、统一管理的原则，实现部门管理职能城乡全覆盖。

21. 深化农业服务体制改革。创新发展“新仓经验”，以支持、引导和加快各类农民专业合作社建设为主体，加强基层供销社建设，扩大和深化农民专业合作、供销合作、信用合作的“三位一体”改革试点，加快筹建县（市、区）、镇新型农村合作经济组织联合会，健全和完善现代农业社会化服务体系，加快现代农业发展。

22. 创新农业经营和发展方式。加大土地流转，推进农业规模化经营，引导农民由家庭经营向规模经营转变。培育现代农业生产经营主体，积极引导工商资本、社会资本投资现代农业。充分发挥农业在生态保护、休闲观光、文化传承等方面的多功能性。

（七）实施村镇建设管理体制改革，推进新市镇和新农村建设

23. 培育发展现代新市镇。创新城镇建设模式，按照“权力下放、超收分成、规费全留、干部配强”的原则，健全工作机制，加大扶持力度，重点发展工业或工贸产业集群，加强市镇工业功能区建设，把市镇建设成为经济发达、功能完善、特色明显、环境优美、文化繁荣、生活富裕的小城市，成为统筹城乡发展的重要载体和联结纽带。开展新市镇行政执法管理体制改革。

24. 加快新市镇配套居民区建设。按照人口向新市镇集聚的要求，根据各市镇面积、人口规模等情况，因地制宜编制1＋X的布局规划（即人口主要向新市镇镇区集中居住为主，视情况保留少数几个具有相当规模的新市镇配套居住区）。加强规划管理，区分规划建设区、撤并控制区和整理过渡区，重点引导向规划建设区集聚，改善农村居住环境。

25. 加强农村新社区建设与管理。创新管理体制机制，完善村务公开等民主管理制度，提高村民自治水平。健全面向农村群众生产生活的社区服务体系，加快建设全面小康农村新社区。

26. 加强基层组织建设。进一步加强以党组织为核心的农村各类基层组织建设，改进和完善村干部选拔方式，积极推行党内无候选人直选、村委会“自荐海选”。加强农村基层干部队伍和党员队伍建设，构建城乡党的基层组织互帮互助机制、城乡一体党员动态管理机制，建立健全区域性党建组织网络体系，切实发挥基层党组织在农村经济社会发展中的组织保证作用。

27. 发展壮大村级集体经济。各级财政要安排专项资金，加大村级经济项目建设扶持力度，增强村级“造血”功能，控制化解村级债务。建立财政奖补激励机制，支持开展“一事一议”筹资筹劳工作，减轻村级财务负担。开展村企结对、部门联村、村村对接等形式的结对帮扶，加快经济薄弱村的转化。鼓励开展土地开发和村庄整治。大力推进农村集体资产产权制度改革。

（八）深化农村金融体制改革，建立完善统筹城乡和服务“三农”的金融体系

28. 深化农村金融体制改革。在充分发挥现有金融机构主体功能的前提下，引入竞争机制，努力构建多元化的新型农村金融组织体系。促进农业发展银行业务范围的调整，发挥农业银行支持农业和农村经济发展的骨干作用，努力争取各金融单位扩大县以下机构涉农贷款审批权，降低信贷门槛。深化完善农村合作金融产权制度改革，完善农村合作金融法人治理结构和经营机制，发挥农村信用社在服务“三农”发展中的主力军作用。拓宽邮政储蓄银行支农范围。引导、规范农村地区的民间金融活动，鼓励规模较大、管理规范、符合条件的民间借贷组织改制成新型农村金融机构，积极探索组建村镇银行，加快推进小额贷款公司试点，进一步扩大农村融资渠道。

29. 强化金融服务创新。鼓励政策性银行依托地方商业银行等中小金融机构，进行信贷产品结构调整和金融产品创新。支持金融机构开展融资租赁、公司理财和帐户托管等业务。探索开展农村住房产权和土地承包经营权抵押贷款试点，进一步完善和推广农户小额信用贷款。建立和完善以政府财政投入为引导、企业投入为主体、金融投入为支撑、社会投入为补充的风险创业投入机制。

30. 完善风险保障及担保机制。加快建立多层次政策保险体系，扩大政策性农业保险试点覆盖面和保险品

种，探索成立专职的政策性农业保险公司，全面实施政策性农村住房保险，推广政策性农民自主创业保险，逐步构建农民自主创业和提升产业层次的信贷服务与风险化解机制。加强农贷担保体系建设，鼓励民营企业设立商业性或互助性信用担保机构；成立农业贷款担保基金，对支农贷款进行担保，解决农业贷款风险补偿和农民贷款抵押担保难问题；鼓励开展农民专业合作社的互保、互助。

31. 创新基础设施投融资机制。放宽民间资本进入城乡基础设施、公用事业领域的各种限制，引导不同经济成份和各类投资主体参与城乡一体化建设，努力形成政府推动、多元投资、市场运作的资本经营机制。制定完善基础设施分类管理政策，建立城乡一体的基础设施规划建设和运行管理长效机制。

（九）推进公共服务均等化体制改革，建立城乡资源共享机制和管理服务机制

32. 加快转变政府职能。推进政企分开、政资分开、政事分开、政府与市场中介组织分开，规范行政行为，减少政府对微观经济运行的干预。健全政府职责体系，强化社会管理和公共服务职能。创新审批服务方式，全面推行便民的一个窗口或一站式审批服务，建立市域一体的网上审批制度和全程代理的审批服务机制。探索街道强化公共服务与社会管理职能，健全农村公共服务体系，提高基层服务效能。

33. 深化教育体制改革。完善“以县为主”的义务教育管理体制，探索“管、办、评”联动机制，推进学校标准化建设，完善农村教师岗位津贴制度，促进城乡基础教育均衡协调发展。完善统筹市域中等职业学校专业设置和招生制度，打造职教高地。

34. 深化文化体制改革。争取用三年时间基本构建城乡一体的公共文化服务体系框架，形成富有活力的文化管理体制和文化产品生产经营机制。实施农村文化信息资源共享工程，推进市、县（市）图书馆乡镇分馆建设，完成新一轮广播电视“村村通”。鼓励社会力量参与兴办公益性文化事业，繁荣活跃城乡文化，提升文明素质。

35. 深化医疗卫生体制改革。完善城乡公共卫生体系、医疗服务体系和医疗保障体系。加快城乡社区卫生服务规范化建设，完善农村卫生队伍的进退机制，建立健全城市医院支援农村卫生工作机制，逐步形成“大病进医院、小病进社区”分级医疗、双向转诊的医疗服务格局。实施青少年阳光体育工程，培育发展体育产业，提高群众健康素质。

36. 深化环保机制改革。健全环评和环保准入机制，探索培育专业化、社会化的环境保护监管机构。全面实施污染物排放总量控制制度，探索开展工业和农业、城市和农村相结合的排污权交易改革试点，推进排污权交易全覆盖。切实加大农村环境保护力度。建立高污染行业和企业淘汰机制，实施知识产权保护、资源环境保护和劳动者权益保护“三保”工程倒逼机制，促进产业转型升级。

（十）实施规划管理体制改革，建立市域一体的规划体系

37. 改革城乡规划管理体制。健全城乡规划委员会制度，加大统筹城乡规划的力度。建立集中统一的市域规划管理体制，健全市域内规划选址分级管理制度和城乡规划备案制度，对市域重点协调地区、重大基础设施和跨区域建设工程进行统一规划和管理，形成市域统筹规划布局重大基础设施、重大产业、公用事业和社会发展项目的城乡建设新格局，提高资源配置的效率和设施的共享度。

38. 建立全市域一体的规划体系。围绕构建以市区为中心、五县（市）城区和滨海新区为副中心、40个左右市镇为节点的现代化网络型大城市框架，加快建立由市域总体规划——县（市）域总体规划——城市总体规划——新市镇总体规划——控制性详细规划和村庄规划组成的覆盖城乡的规划体系。打破行政区划界限，明确分区功能定位，优化公共设施布局，构筑城乡联动发展、整体推进的空间发展形态。分区域确定产业结构、人口布局、建设用地标准、投入产出强度、环境保护要求，全面推行控制性详细规划编制的单元化管理，细化城乡建设用地布局，加快对基础设施与公共服务设施专项规划的编制。做好市域总体规划与土地利用总体规划的衔接。

四、加强对实施统筹城乡综合配套改革试点工作的领导

统筹城乡综合配套改革，事关全局、事关长远，意义重大、任重道远，必须切实加强领导，统筹协调，合力推进。

加强领导，构建工作体系。建立由市委、市政府主要领导牵头，分管领导具体负责的统筹城乡综合配套改革试点领导小组和专门的工作机构，负责总揽改革试点工作，建立高效完备的工作体系，有序推进各项改革。同时，各县（市、区）、镇（街道）也要相应成立统筹城乡综合配套改革领导小组及其办公室，确保综改试点工作顺利实施、稳步推进。

明确责任，健全工作机制。各县（市、区）和市级各部门、各单位要各负其责，根据各自实际和工作职责制定具体的配套改革政策或方案，明确目标任务和措施。加强工作考核，将改革成效作为对各地、各部门、各单位工作考核的主要内容。

整合资源，加大政策扶持。落实支持新农村建设的各项政策措施，建立完善公共财政支农投入机制，按照中央“三个高于”的要求，增加对新农村建设的投入，整合财政资金，集中财力办大事，强化财政资金的绩效考评，提高资金的使用效率。有关部门要根据试点情况，不断探索完善各项配套政策。同时，发挥市场在资源配置中的基础作用，以项目开发为载体，引进战略投资者，引导国有资本和各类工商资本参与城乡统筹的各项建设。

强化宣传，营造创新环境。加大宣传力度，努力营造全市上下思创新、谋改革的浓厚氛围。鼓励创新思维，大胆改革试验，保护和调动各方面改革积极性，营造宽松的改革发展环境。

中共嘉兴市委

嘉兴市人民政府

二〇〇八年八月二日

中共南湖区委　南湖区人民政府
关于进一步加大统筹城乡发展力度
加快推进城乡一体化促进现代新农村建设的若干意见

南委〔2008〕1号

各镇、街道党委(党工委)、政府(办事处),区级机关各部门:

统筹城乡经济社会发展,推进城乡一体化,建设现代新农村,是贯彻党的十七大精神,落实科学发展观的生动实践,是实现全面小康社会的重大举措,是构建和谐社会的基本保障。按照中央、省、市统筹城乡发展的战略部署和总体要求,结合我区实际,提出如下意见。

一、指导思想

以邓小平理论和“三个代表”重要思想为指导,以十七大精神为指针,贯彻落实科学发展观,着眼于打破城乡二元经济社会结构,加大统筹力度,加快体制机制创新,加强统筹服务型政府建设,加速富民强区步伐,力争到2011年,初步建立起新型城乡管理体制和统筹城乡发展的运行机制,基本形成经济、政治、文化、社会“四位一体”城乡统筹协调发展的新格局。

二、目标任务

要集中全区的智慧和力量,突出“四个创新”,推进“四个集中”,实现“四个先行”的战略目标。就是要把我区打造成为统筹城乡科学发展的先行区,统筹城乡全面小康的先行区,统筹城乡社会和谐的先行区,统筹城乡机制创新的先行区。

具体任务是,通过统筹发展、创新发展、集聚发展,实现农民增收、农业升级、农居集中、农村和谐“四个”目标。

——*农民增收*。通过增加土地流转收益、拓展农村劳动力就业领域、推进农民自主创业、促进集体资产经营增值以及减少农民、实现转移就业等多种渠道增加农民收入,使城乡居民收入差距进一步缩小。到2011年,农村居民人均纯收入达到1.5万元,年均增长10%以上,农村居民生活更加殷实,形成全面小康的农民生活新格局。

——*农业升级*。以促进土地规模经营为抓手,大力引入各类资本和工商企业进入农业资源开发、新农村建设领域,从根本上带动农业产业提升,促进资源集约利用和三次产业联动发展,构筑起以骨干企业为龙头、合作经济组织为纽带、生产基地为依托的若干条农业产业链,形成生态高效的产业发展新格局。

——*农居集中*。坚持因地制宜、分类指导,按规划、分层次、有步骤地推进农村基础设施和社区建设,引导农民住宅建设和居住向中心镇、城镇社区集中,努力把传统村落改造建设成为布局合理、环境整洁、服务健全、文化丰富、管理民主、生活舒适的新社区。到2011年,新社区集聚人口争取达到5万人以上,形成整洁优美的农村面貌新格局。

——*农村和谐*。强化公共服务,全面提高农村社会事业发展水平和农村社会保障水平。农村劳动力实现比较充分的就业,社会保险实现城乡全覆盖,城乡教育、医疗、社会保障实现基本均衡,城乡居民生活条件实现基本同质化。“四民主、两公开”的民主管理制度全面落实,农村基层组织保障有力,社会总体保持稳定和谐,形成民主和谐的社会管理新格局。

三、工作重点

以推进土地向规模经营集中来促进农业集约化、公司化经营,发展现代农业和休闲观光农业;以推进居住向社区集中来加速农民变市民的进程,提高农民居住环境和生活质量;以推进工业向园区集中来发挥集聚效应,做大经济规模和经济总量;以推进要素向城镇集中来促进中心镇建设,提高城镇的吸纳力和承载力。

1. 推进土地向规模经营集中

推进土地向规模经营集中,是发展现代农业的基础和前提,是推进农业公司化经营,提高土地产出率的客观要求。要按照“自愿、依法、有偿”的原则,积极引导,加大力度,创新机制,规范管理,调节和平衡村集体、业主(受让方)和农户三方利益,通过转包、转让、出租、互换、委托、股份合作等多种方式将农民的承包责任田有序流转到村集体经济组织、农业龙头企业或经营大户,实现土地的集约化、经营的公司化、产出的最大化。到2011年,争取有30%、10万亩耕地实行集中规模经营。

2. 推进居住向社区集中

推进居住向社区集中,有利于集约节约利用土地,改善农村居住环境,完善公共服务配套。要从我区农村的实际出发,参照城市社区的标准,加快编制完善农村新社区布点规划。在此基础上,尽快启动实施农村新社区示范点建设。要通过政策扶持、行政推动、规划引导、试点示范,按照城镇社区、中心社区、基层社区的建设要求和标准,有序推进农民居住向新社区集中。

同时,要按照基本均质化的要求配套发展农村公共服务。把推进公共服务向农村延伸作为统筹城乡发展的重要内容和政府全面履行职能的具体体现,加快建立健全农村公共服务体系,促进农民生活质量和农村文明程度的提升。中心社区原则上都要配套建设以“一二三四五”为主要内容的公共服务设施。基层社区也要根据需要配备必要的公共服务设施，以方便群众生产生活。

3. 推进工业向园区集中

推进工业向园区集中，实现产业的集群发展，既有利于降低企业商务成本，形成块状特色的区域集群优势，又有利于壮大园区规模，提高管理和服务的效能，保护生态环境。加快推进工业向园区集中，要把好“三个关”，一是把好源头关。今后新上项目、新办企业一律进入规划的工业园区(工业功能区)内。二是把好集中关。工业功能区外的现有企业要根据规划要求，有计划地逐步实施搬迁入园。三是把好集约关。要多建多层厂房，提高容积率和土地利用率。到2011年，工业的集中度要达到95%以上。

4. 推进要素向城镇集中

推进资本、技术、劳动力等各种要素向城镇集中，有利于壮大城镇规模，发挥要素的集成效应，增强城镇的吸纳力和承载力。从2008年开始，五个镇都要按照新型城镇化的要求，按照中心镇的标准进行打造。根据“布局合理，规模适度，规划科学，体现特色，协调发展”的原则，重新审视原有城镇总体规划，按照全区统筹、各具特色的要求，明确各自定位，实行错位发展。要加大区镇综合改革力度，赋予镇级更大的财权、事权，加大城镇开发、建设、管理力度，把中心镇建设成为具有较强辐射能力的区域性经济、文化中心，成为大嘉兴网络型城市的重要节点，成为统筹城乡发展，推进城乡一体化的重要载体。

四、注重创新

统筹城乡发展的中心任务是消除城乡二元经济社会结构以及由此形成的二元体制。因此，必须突出抓好体制机制创新和工作创新。

1. 创新农村经营管理制度

一是创新农村土地流转管理机制和风险防范机制。镇、村二级都要建立土地流转服务中心，提供土地流转供需信息，负责对外招商和对受让业主的资质审查，为受让业主和农户提供法律和政策咨询服务，组织土地流转合同的签订和指导监督合同的履行等。二是创新农村集体建设用地流转开发机制和农村房屋所有权管理制度。探索农村集体建设用地流转办法，实行农村集体建设用地减少与城镇建设用地增加挂钩制度。开展农村房屋所有权发证登记和流转制度。凡符合农村新社区布点规划、合法建造且拥有宅基地使用证的农民住房由区统一发放房产证。三是创新农村集体经济发展机制。探索发展以土地承包经营权入股为主的土地股份合作社等股份合作经济组织，为农民离土离乡创造条件。鼓励农村集体经济组织以土地入股的方式参与农业的集约化、规模化经营和农家乐等项目的开发建设。

2. 创新农村治理方式

一是推进农村集体资产股份化。探索以村为单位将集体资产股份量化到人、集体土地股权到人。农村集体资产股份化和集体土地股权化后，由村经济合作社统一管理。二是推进农村集体资本经营公司化。要确立经营村庄的理念，对村经济合作社进行股份化改造，明确其法人地位。并按照现代企业制度的要求经营、管理村级集体资产，形成产权明晰、责任明确、经营高效、管理民主，充满生机和活力的新型集体经济发展机制。三是推进农村公共服务社会化。组建社区综合服务中心，承担辖区公共服务管理职能。村委会主要抓好村级行政事务工作。

3. 创新城乡一体的管理服务机制

一是建立城乡统一的规划体系。按照统筹城乡的理念和一体发展的要求，进一步加强经济社会发展规划、城乡建设规划与土地利用总体规划的有机衔接，进一步形成城乡一体的产业布局、基础设施、公共服务等框架体系。二是完善城乡统一的劳动力市场。为城乡居民提供平等、公平的就业、创业机会，实现充分就业，促进全民创业。三是健全城乡统一的社会保障体系。全面实施农村社会养老保险，进一步提高新型合作医疗保障水平。四是建立城乡统一的公共服务保障机制。按照基本均等化的要求，统一配置城乡公共服务设施和服务，使城乡居民共享改革发展的成果，促进人的全面发展。

4. 创新统筹城乡发展的工作推进机制

一是建立统筹服务管理体制。按照统筹城乡发展的理念和要求，重新梳理、调整部门职能，理顺关系，明确事权，整合力量，落实责任，为统筹城乡发展提供系统、高效的政府服务。二是优化城乡资源配置机制。统筹城乡发展是一个重大的资源调整优化配置的过程。要从大统筹的战略要求出发，发挥政府可控的人财物资源的基础性引导作用，牵引各类生产要素、社会资本的跟进效应，实现各类要素的自由流动和资源的优化配置。三是形成城乡互动合作机制。通过产业布局、项目倾斜、财政引导等途径和手段推进以城带乡、以工促农长效机制的真正落实，形成上下联动、城乡互动的发展格局。

五、强化保障

统筹城乡发展，是解决“三农”难题的根本途径。对农村是一场重大的社会变革，同时对政府的工作也提出更高的要求。因此，必须切实加强对统筹城乡发展工作的组织领导，以勇于突破的胆略，以开拓创新的举措，努力实现统筹城乡发展取得新的成效。

1. 加强领导，落实责任。切实发挥党委、政府在统筹城乡发展、推进城乡一体化和建设现代新农村工作中的主导作用，把统筹城乡发展的进展和成效列入党政领导政绩考核的重要内容。为有效推进这项工作，区委、区政府决定组建区统筹城乡工作委员会，具体负责统筹城乡发展和现代新农村建设。各级各部门要坚持党政“一把手”亲自抓，集中精力，重心下移，做到每个阶段都有实施方案和具体目标，各项工作都有具体的责任人和时间表，确保每项工作都能按照预定计划顺利实施，取得实效。

2. 集聚投入，梯次推进。创新财政资金投入机制，按照“规划统一、用途不变、各负其责”的原则，打破行业界线和部门分割，优化财政涉农资金投入方向和投入结构，确保公共财政投入到统筹城乡发展和新农村建设的重点区域、重点工程、重点项目。一是地域集聚。以先行镇、试点村为载体,实行整体规划,重点扶持。二是项目集聚。在不改变项目资金使用性质、实施内容和标准的前提下,整合项目,政策联动,形成部门协同、社会互动的良好局面。三是产业集聚。进一步整合农业产业化、农业科技推广等专项资金,倾斜支持重点培育现代农业发展的主导产业。同时,各级各部门要积极向上争取政策、项目和资金支持。

3. 全面规划,试点先行。进一步完善统筹城乡发展总体规划和新农村建设规划,并做好与土地利用总体规划的有机衔接。完善中心镇规划和基础设施、公共服务等专项规划。区委、区政府决定,在继续抓好余新镇创建市级现代新农村建设示范镇的同时,从 2008 年开始,在七星镇、凤桥镇全面启动以土地流转为重点和基础的现代农业发展和休闲农村建设。在新丰镇、余新镇、大桥镇全面启动以村庄集聚为重点的农村新社区建设。各镇都要牢固树立实践第一的观念,可先确定 1—2 个村先行试点。各部门都要树立服务第一的观念,积极营造放开手脚、大胆创新的宽松环境,大力弘扬敢闯、敢试的精神,勇于探索,大胆实践,努力在重点领域和关键环节取得突破,为全区面上全面推进提供经验和示范。

4. 健全机制,强化保障。一是完善考核机制。进一步完善统筹城乡发展工作考核办法,将之作为各镇、区级机关各部门年度目标责任制考核和干部年度评比考核的重要内容。二是健全农民参与机制。新农村建设的主体是农民,能否正确处理好农民参与和受益的关系,充分发挥广大农民群众的积极性和主体作用,是工作成败的关键所在。因此,必须进一步健全农民参与机制,通过让农民参与规划、参与决策、参与筹资、参与建设、参与管理,使农民成为决策主体、建设主体和受益主体,从而使新农村建设成为农民的自觉行动。三是建立社会参与机制。继续大力倡导村企结对等活动,制定出台相关政策措施,采取财政贴息、项目补助、税费减免等手段,引导鼓励社会各界以多种方式参与新农村建设,努力形成政府主导、农民主体、部门协作、社会参与的工作机制。

中共嘉兴市南湖区委
嘉兴市南湖区人民政府
二〇〇八年一月二十八日

中共安吉县委　安吉县人民政府
关于 2008 年建设“中国美丽乡村”的实施意见

安委〔2008〕7 号

近年来,我县通过大力实施统筹城乡发展战略,新农村建设成效显著。农村经济迅速发展,农民收入持续高速增长,农村基础设施日趋完善,生态人居环境显著改善,社会保障体系逐步健全,农民的思想和生活方式发生了重大转变。当前,我县新农村建设已进入一个新的发展阶段,走出一条具有安吉特色的新农村建设之路,是我县全面提升新农村建设水平的必然选择。为此,县委、县政府决定,在全县开展建设“中国美丽乡村”行动。为做好 2008 年建设“中国美丽乡村”工作,根据《安吉县建设“中国美丽乡村”行动纲要》的总体部署,特提出如下实施意见。

一、建设目标

08 年重点完成开发区—皈山—孝丰—报福—章村的示范带建设,启动递铺—山川—天荒坪—上墅示范带和环灵峰山休闲产业示范带建设,建成“中国美丽乡村”精品村 10 个、重点村 20 个、特色村 10 个(以下简称精品村、重点村、特色村),初步打响安吉“中国美丽乡村”品牌。

二、建设重点

“中国美丽乡村”建设坚持以村为基础,以县城中心镇、重点镇带动、联动、幅射为纽带,推动城乡一体化建设。

坚持以村为基础就是按照分类分级的原则,突出环境优美和产业发展两大重点建设内容,实施环境提升工程,注重乡土文化的继承和弘扬,按照不同的地理风貌和人文景观,建设山水村、田园村、文化村、古村落村等。根据集群化、规模化、品牌化、特色化的要求,实施产业提升工程,因地制宜发展现代农业、特色工业和休闲产业,突出产业发展在“中国美丽乡村”建设中的支撑作用。实施服务提升工程,建设规范化的农村新社区和无缝化的社会保障机制。实施素质提升工程,培育现代化的新农民。坚持以县城中心镇、重点镇带动、联动、幅射为纽带,就是按照县域总体规划和功能定位,做强做大中心镇和重点镇,力争将中心镇建设成为现代化的小城市,促进农村产业和人口向中心镇集聚,在更高的平台上创业创新。健全中心镇、重点镇的服务功能,促进供水、环卫、公交、卫生、教育、文化体育等公共服务延伸到村。

三、建设标准

根据“中国美丽乡村”建设内容和工作重点,围绕“村村优美、家家创业、处处和谐、人人幸福”等四个方面,制定“中国美丽乡村”创建内容及标准(详见附件 1)。对纳入“中国美丽乡村”年度创建计划的实行百分制考核,考核评定在 90 分以上的为精品村,85 分以上至 90 分的为重点村,80 分以上至 85 分的为特色村。90 分以上村超过 10 个时,按分数高低确定前十名作为精品村,重点村以此类推。全面完成“中国美丽乡村”建设的乡镇为中国美丽乡镇。

四、申报、审核、评选程序

乡镇(开发区)、村根据县确定的指令性推进计划(详见附件2),在3月15日前向县新农村示范区建设工作领导小组办公室(以下简称县新农办)申报本年度的创建工作计划。对照考核标准,乡镇(开发区)计划建设的其它村,3月10日前向县新农办申报,县新农办会同有关部门对提出申报的乡镇、村进行初审,提出初审意见,报县新农村示范区建设工作领导小组确定创建对象。次年1月15日前由县新农办会同有关部门,对确定的创建对象开展考核验收,考核结果报县新农村示范区建设工作领导小组评选审定,并予授牌表彰。

五、政策措施

(一)突出项目建设重点。

“中国美丽乡村”建设要把项目落实、项目建设放到突出位置,以项目推动“中国美丽乡村”建设,以项目调动农民群众和社会各界参与的积极性,以项目检验各级组织和干部的工作成效。各级各部门要与国家林业局、国家环保总局、浙江大学的合作共建,与湖州市推进的“1381”行动计划,与其他名校名院的科技合作、军地合作、部门合作共建,与在农村开展的其他各类建设工程有机结合,精心包装一批建设项目,主动做好项目衔接,积极争取上级立项支持。并以项目招商引资,吸引各类工商资本投入“中国美丽乡村”建设。要清理整合支农政策和项目,使各类财政支农政策向“中国美丽乡村”建设的乡村倾斜,各类建设项目优先安排实施“中国美丽乡村”建设的乡村。县里将采取“5+X”的办法清理整合,即由县农办、发改委、财政局、规划与建设局和审计局等五部门牵头,会同项目实施的主管部门,对各项支农项目申报、立项、实施、考核验收、资金拨付进行全面审核把关。各项支农项目由实施的主管部门编制项目计划书,县农办汇总后会同其它四部门进行审核,县新农村示范区建设工作领导小组审定,项目主管部门负责实施,验收合格后拨付项目资金。

(二)加大财政扶持力度。

在县级财政已有的支农政策和资金保持不变的基础上,对经考核验收达到“中国美丽乡村”建设标准的乡镇、村根据人口规模大小实行以奖代补。以奖代补标准:乡镇人口规模在2万人以下的奖300万元,4万人以上的奖500万元,2万至4万人的按人口数折算奖励。精品村、重点村、特色村按人口规模2000人为标准分别奖200、100、50万元,按人口数折算最高分别奖300、150、75万元,最低分别奖150、75、37.5万元。在全面小康建设示范村、新农村实验示范镇村中已以奖代补的,扣除已补资金的60%后奖励。

实行精品村跟踪复评制度。精品村授牌后,每年度进行一次复评,复评合格的给予10万元奖励,二次复评不合格的取消精品村称号。

(三)鼓励村级集体经济发展。

通过健全资产运行机制,促进村集体资产保值增值,积极探索发展壮大集体经济的新途径。按照“多予,少取,放活”的原则,确保村级集体经济持续快速增长。落实好农村集体土地被征用后的留用地政策,大力推行“征地留用”由村集体统一规划、统一开发,村组折股分红的经营模式。对发展家庭工业、乡村旅游等农村经济取得明显成效的村,财政给予专项奖励。各乡镇、部门对村级实施工程项目获取的补助资金要全额下拨,不得截留和移用。

(四)建立健全投融资机制。

千方百计拓宽建设“中国美丽乡村”的投融资渠道,研究制定运用财政资金吸引各种资本投向“中国美丽乡村”建设的有关激励政策,充分调动社会各界参与的热情。继续广泛开展“百家企业联百村”、“村企心连心、共建新农村”活动。大力组织和引导农村先富起来的群体支持参与“中国美丽乡村”建设。积极倡导自力更生、艰苦奋斗精神,鼓励和引导农民群众自助自愿投工投劳投资,建设自己的美好家园。金融机构要安排一定额度的专项信贷扶助资金,用于支持“中国美丽乡村”建设。

(五)营造浓厚宣传氛围。

切实加大舆论宣传动员力度,召开全县推进建设“中国美丽乡村”万人动员大会,适时举办全国农民住房设计大奖赛和唱响“中国美丽乡村”大型综合活动,广泛开展“美丽家庭”创评活动。宣传舆论部门和各类新闻媒体要广泛宣传“中国美丽乡村”建设和工作中涌现出来的先进典型、先进经验,努力营造建设“中国美丽乡村”的浓厚氛围。

六、切实加强组织领导

各级各部门要树立大局意识,把实施“中国美丽乡村”建设放到重中之重的工作位置,坚持主要领导亲自抓,形成党委领导、政府主导、农民主体、部门协作、社会参与的工作机制。健全领导体系,建设“中国美丽乡村”工作由县新农村示范区建设工作领导小组统一领导,县新农办负责日常具体工作。领导小组下设四大工程组,环境提升工程组由徐国晟副县长牵头,责任部门规划与建设局;产业提升工程组由叶海珍副县长牵头,责任部门县农办;服务提升工程组由金凯副县长牵头,责任部门劳动和社会保障局;素质提升工程组由县委常委、宣传部长俞栋牵头,责任部门宣传部。领导小组成员单位要切实负起责任,各司其职,各负其责,加强协作,形成合力。实施县级领导、县级部门与“中国美丽乡村”创建村结对帮扶制度,全面落实百名干部驻村帮扶的各项制度,进一步完善驻村帮扶干部派出机构与派驻村的挂钩帮扶制度。

各乡镇、县级各部门要结合自身实际制订具体的实施意见和每年度的工作计划,特别要明确实施建设“中国美丽乡村”的有效工作载体,建立相应的工作机构和力量,努力将建设“中国美丽乡村”的各项任务真正落实到实处。

加强工作考核,把建设“中国美丽乡村”工作的成效作为考核各级领导班子、领导干部工作实绩的重要依据和工作能力、工作水平的重要内容。建立健全工作督查制度,开展定期与不定期的督查,制定出台建设工作考核办法,使各项建设工作目标具体化和责任化。县建立200万元专项考核奖励基金,对在实施“中国美丽乡村”建设工作中做出显著成绩的先进单位和先进个人进行奖励表彰。

附件：1.“中国美丽乡村”创建内容及标准（试行）
2.2008年“中国美丽乡村”建设分乡（镇）村指令性推进计划（略）

中共安吉县委
安吉县人民政府
二〇〇八年二月二十八日

附1

“中国美丽乡村”创建内容及标准（试行）

类别	序号	指标内容	单位	指标值	权重	责任部门
村村优美45分	1	生态公益林保护率	%	100	3	林业局
	2	经济林生态修复率	%	≥90	2	林业局、水利局
	3	生态公墓及坟墓治理	%	100	3	民政局
	4	河道、沟渠、水塘整治率	%	≥80	3	水利局、城管局
	5	农田全年弃耕	—	有/无	2	农业局
	6	村庄建设规划及规划执行率	%	100	5	建设局
	7	中心村公共服务设施	—	农村新社区标准	3	民政局
	8	村庄道路硬化率	%	≥90	4	交通局、建设局
	9	村庄绿化	—	市级以上绿化示范村	2	林业局
	10	生产、生活垃圾处理率	%	100	4	城管局
	11	生产、生活污水处理率	%	≥75	4	环保局
	12	安全饮用水普及率	%	100	2	水利局
	13	“美丽家庭”创评达标比重	%	≥80	b	宣传部
	14	长效管理机制及效果	—	健全有效	3	城管局、文明办
家家创业25分	15	农村经济总收入增长率	%	≥10	3	农业局、统计局
	16	农民人均纯收入	万元	≥1.3	4	农业局、统计局
	17	人均集体可支配收入	元	≥300	2	农业局
	18	特色产业比重	%	≥75	4	农办
	19	农业新技术应用率	%	≥95	3	农业局
	20	农民技术技能培训	—	一户一人	3	农办
	21	农村劳动力培训转移率	%	≥70	3	农办
	22	非农从业人员比重	%	≥85	3	统计局
家家创业25分	23	先锋工程创建	—	达标	2	组织部
	24	文明村创建	—	市级以上文明村	2	宣传部
	25	平安村创建	—	达标	2	综治委
	26	民主法治村创建	—	四星级	2	司法局
	27	农村消防	—	达标	2	消防中队
	28	文化体育示范村创建	—	是/否	2	文广新局、体育局
	29	村务、财务公开满意度	%	≥98	3	组织部、纪委、农业局、民政局、档案局

类别	序号	指标内容	单位	指标值	权重	责任部门
人人幸福15分	30	低收入人口比重	%	≤10	2	农办、统计局
	31	基本达到小康水平人口比重	%	≥85	3	农办、统计局
	32	高中段教育毛入学率	%	≥95	2	教育局
	33	新型农村合作医疗参加率	%	≥96	2	卫生局
	34	农民养老保险覆盖率	%	≥95	2	劳保局
	35	农村危房改造率	%	100	2	民政局、城建局、国土局
	36	农村卫生服务达标率	%	≥87	2	卫生局

中共绍兴县委办公室　绍兴县人民政府办公室
关于加快建设农村新社区推进城乡一体化的实施意见

县委办〔2008〕22号

加快农村新社区建设，是深入贯彻党的十七大精神，全面落实科学发展观的重要举措，是推进城乡一体化、构建和谐社会的重要途径，也是转变发展方式、实现“保强创优、走在前列”的重要抓手。为加快推进我县农村新社区建设，经县委、县政府研究，特提出如下意见：

一、指导思想

以党的十七大精神为指导，全面落实科学发展观，按照“坚持经济中心，推进率先发展”的总体要求，全面推进新县城、新型城镇和农村新社区协调发展，着力建设土地集约利用、产业集聚发展、农民集中居住和管理服务城镇化的农村新社区，努力在统筹城乡发展上走在前列。

二、工作目标

农村新社区是指以中心村为依托，由若干行政村组成的，具有一定人口规模和较为齐全的公共设施的基本单位，它是城镇建设的延伸点，是镇域城乡一体化的落脚点。建设农村新社区，主要是推进“三集一化”，即：

1. 土地集约利用。科学编制规划，合理布局社区生产、生活用地，积极开展农民宅基地整理，坚决整治违章建筑，致力盘活村庄现有存量及闲置土地，大力建设农民公寓。

2. 产业集聚发展。大力推进土地使用权流转，使农田向大户集中，实现农田规模化经营；建设家庭工业集聚点，推进工业集聚发展，拓展村级物业经营，增强村级经济实力。

3. 农民集中居住。按照交通不便的村庄向交通便利的村庄集中，规模小的村庄向规模大的村庄集中，集镇附近的村庄向镇区集中的原则，通过撤并居住分散的自然村，推进人口向城镇、中心村集中。

4. 管理服务城镇化。加快建立社区综合服务中心，不断完善社区基础设施，着力建设商业金融、医疗卫生、文化教育、休闲娱乐等公共服务设施，完善农村社会保障与社会救助体系，引入城市生产、生活市场化服务体系，不断提升社区管理服务水平。

农村新社区建设，坚持总体谋划，分步实施。2008年重点是搞好镇（街道）域社区布局总体规划，并由各镇（街道）选择几个村级班子战斗力强、集体经济实力强、区域带动力强、土地集约利用成效明显的社区进行试点，探索农村新社区建设的方法和经验。在此基础上，以点带面，分期分批地加以推进。

三、布局规模和类型

1. 布局规模。按照县域城乡空间结构布局，全县除县城规划区外，设置新社区100个左右。具体依据各镇（街道）的总体规划，本着高起点、高标准、高要求和适度超前的原则，结合经济发展、历史文化和自然环境等因素，合理确定社区的区域位置和分布个数，社区的人口规模一般控制在3000—7000人，户数1000—2000户；社区区域半径原则上控制在2—5公里。

2. 建设类型。一是城镇社区。即由镇区及镇区周边村（镇中村）组成，依托集镇的集聚功能，通过辐射带动建设新社区。二是农村社区。即根据地域分布、空间布局，由城镇规划区外的若干村组成，通过拆迁改造、自然村撤并和村庄整治等建设新社区。

四、工作重点

1. 以科学规划为龙头，引领农村新社区建设

按照“一主三副二片100个新社区”的县域城乡建设规划布局，以“新型城镇就是小城市、农村新社区就是小城镇小集镇”的理念，科学编制镇（街道）社区布点总体规划和建设规划，注重与经济社会发展、土地利用、生态环境保护等规划相结合，生产、生活、生态相结合，体现特色、加强协调，注重规划的前瞻性，确保规划的科学合理性和可操作性；强化规划执行，做到资源要素按规划配置，设施建设

按规划实施,确保规划的权威性、严肃性;加强规划控制,在新社区范围内科学合理划分“建设区、保留区、拆迁区”,适度超前确定节约集约用地的农村住宅建设模式,严格保护土地资源,大力提高土地利用率。

2. 以拆迁改造为抓手,推进农村人口集中居住

在充分调研、搞好规划的基础上,加大拆迁改造力度,特别是搞好空心村和违章建筑的整治,有序推进自然村撤并,大力促进农民向城镇和农村新社区集中。加快推进多层或小高层农民公寓和外来人口公寓建设,完善路、水、电、排污等基础设施,切实改善社区生产、生活环境。

3. 以产业集聚为重点,促进农村经济加快发展

按照集中共建共享、节约集约用地的原则,积极推进家庭工业聚集点的建设,大力发展现代家庭工业,促进农民增收致富;加快村级物业用房的建设,增强村级经济实力;加大土地使用权流转力度,积极推行土地股份合作制,推动农业规模化、集约化、产业化、现代化,促进城郊型农业的发展;积极创造条件,发展现代服务业,增加农民就业渠道,繁荣农村经济。

4. 以设施配套为载体,提升农村新社区服务功能

健全服务功能,配套完善公共服务设施,重点做到四个配套:社区医疗配套,每个新社区都有一个医疗服务站;社区教育配套,按照县教育网点布局办好小学,配套建设好社区幼儿园;社区商业配套,每个新社区都有一个农贸市场和相应数量的配送连锁放心店,有条件的新社区搞好金融网点的配套;社区文化配套,每个新社区都有一个文化体育活动中心,配备相应的阅览室、体育活动场所。建设综合服务中心,完善优化社区服务组织,建立健全社区服务体系,不断提升社区服务水平。

5. 以体制创新为动力,探索完善新社区管理机制

围绕资金来源、建设用地、社区管理等实际问题,转变政府职能,创新体制机制。积极探索农村新社区的管理机构设置和服务功能拓展,在不打破行政村体制的基础上探索增设党总支的形式来承担社区的管理工作。妥善处理社区与村之间的关系,充分发挥社区和社区内各村的积极性,形成合力共建机制。在新农村建设指导员基础上,探索建立农村新社区建设指导组制度,合力加强对新社区建设的指导服务。探索建立新社区建设多元投资机制、农民土地使用权流转等机制。深化村务公开民主管理示范创建活动,积极推行村务公开民主管理信息查询系统,着力提升村务公开民主管理水平。通过体制机制创新,逐步建立与农村新社区相适应的管理体制和运行机制。

五、保障措施

1. 加强领导,明确责任。农村新社区建设任务重、责任大、要求高,既是一项长期任务,也是当前重点工作,必须着眼长远,立足当前,持之以恒,扎实推进。为加强领导,县成立农村新社区建设领导小组,下设办公室,设在县农办内,具体抓好农村新社区建设的组织、指导、协调和督查工作。同时,县委向各镇(街道)下派农村新社区建设指导组。各镇(街道)要切实将农村新社区建设列入重要议事日程,采取有力措施,狠抓工作落实,确保新社区建设的扎实有效推进。县机关各部门要把本职工作与农村新社区建设紧密结合起来,进一步改进工作作风,提高办事效率,积极主动参与农村新社区建设,努力形成全县上下合力共建农村新社区的大合唱。

2. 加大投入,完善政策。适应加快推进农村新社区建设的需要,调整完善现有的新农村建设政策,并根据财力增长情况,切实加大农村新社区建设的财政支持力度,重点用于社区经济发展、建设规划编制、旧村拆迁改造、公共事业建设和基础设施配套等补助和奖励。各镇(街道)也要制订相应的配套政策,引导和推进农村新社区建设。积极鼓励工商企业通过投资建设、捐资帮扶、担任经济顾问等形式,参与农村新社区建设。注重发挥农民群众在新社区建设中的主体作用,充分调动农民群众投身新社区建设的积极性,形成农村新社区建设的长效机制。

3. 强化督查,严格考核。坚持把农村新社区建设作为统筹城乡发展的重要内容来抓,建立县领导联系督查制度,强化县机关部门和镇(街道)、开发区岗位责任制考核,进一步健全责任体系,形成一级抓一级、层层抓落实的工作机制。同时,组织开展优秀农村新社区评选工作,以更好地激发建设农村新社区的积极性,确保农村新社区建设各项任务落到实处。

中共绍兴县委办公室
绍兴县人民政府办公室
二○○八年三月二十日

中共金华市委　金华市人民政府
关于进一步深化村干部创业承诺机制建设的若干意见

(2008 年 8 月 21 日)

市委〔2008〕28 号

为认真贯彻落实中央和省委关于全面改善民生的决策部署,切实加强农村基层组织和党员干部队伍建设,全面推进“创业富民、创新强市”总战略在农村的深入实施,经研究,决定就进一步深化村干部创业承诺机制建设提出

如下意见。

一、村干部创业承诺机制建设的内涵和要求

1. 村干部创业承诺机制建设的内涵。所谓村干部创业承诺机制，是指村级组织换届期间，村两委班子和村干部在完成上级各项任务的前提下，根据党员、群众的普遍要求，提出公益性实事项目和工作目标方案，向乡镇党委、政府和村民群众作出公开承诺，自觉接受监督的一种创业机制。创业承诺包括任期创业承诺和年度创业承诺。各地要在总结经验的基础上，不断丰富和发展村干部创业承诺机制建设的内涵，积极推行以先定事、后选人、再践诺为主要内容的村干部创业机制。通过选前定事，着力把选人和干事结合起来；通过围绕创业目标选人，着力选好"两带两创"型村级领导班子；通过全方位督诺，着力推动创业目标的有效落实；通过完善配套措施，着力推动干部群众共同创业。

2. 村干部创业承诺机制建设的总体要求。深化村干部创业承诺机制建设，必须坚持以改善民生、富民惠民为目标，科学合理设置村干部创业承诺事项；必须坚持以加强基层组织建设为核心，选好配强"两带两创"型村级领导班子；必须坚持以全方位监督考核为保障，全面促进村干部创业承诺事项有效落实；必须坚持以整合资源、多向互动为重点，着力延伸和拓展村干部创业承诺工作的实施效果。通过努力，促使广大村干部积极投身"创业富民、创新强村"实践活动，为推进我市农村经济社会又好又快发展多作贡献。

二、围绕"富民强村"目标，科学设置村干部创业目标

3. 规范设置创业内容。要结合各村实际，围绕党员群众普遍关心的热点、难点问题，以及急需办理的事情，科学规范设置村干部创业承诺事项。各村任期创业承诺事项原则上不少于3项，年度创业承诺事项至少1项。上级党委、政府确定的重点工程，涉及到村的，必须列为村级创业内容。由于宏观政策变化等客观因素，导致承诺事项无法落实的，经村两委研究，全体党员、村民代表讨论通过，报乡镇党委、政府同意后，可调整任期创业承诺目标和年度创业承诺目标。调整后应及时进行公开。

4. 规范定事程序。要建立健全村两委议事规则、村民代表工作规则等制度，严格五个定事环节：一是调查摸底。通过走访调查、民主恳谈，发放征求意见书等形式，对村情民意进行广泛排查摸底，理清发展思路，明确发展方向。二是村两委提议。村两委班子在调查摸底的基础上，针对本村经济社会发展实际，本着"量力而行、尽力而为"的原则，研究提出村级班子任期创业目标。三是党员群众讨论。由村两委牵头，在联村指导员的指导下，组织本村党员干部、村民代表、人大代表、政协委员开展大讨论，对创业事项方案进行修改完善。四是乡镇党委、政府审查。乡镇党委、政府对各村上报的创业事项逐村逐项进行审查。对不切实际、无法落实的事项，予以退回重拟。五是党员大会和村民代表会议审议通过。乡镇党委、政府审查后，提交党员大会和村民代表会议讨论审议通过，确定任期创业承诺目标和年度创业承诺目标。创业承诺目标确定后，统一在村务、党务公开栏进行公示；有条件的地方，可通过新闻媒体进行集中公示。

三、按照选人与干事相结合的要求，选优配强村级领导班子

5. 规范推荐测评。要围绕创业事项，扎实开展村干部推荐测评工作。村级组织换届选举前，要组织本村党员、村民代表、人大代表和政协委员，结合创业承诺目标，综合分析合适人选，并采取适当形式进行公推，公推结果作为审查支部委员初步候选人和村委会"自荐海选"自荐报名人员的重要依据。乡镇党委、政府要对照村干部任职条件，对各村推荐的初步人选和自荐报名人员进行审查把关。

6. 规范竞职承诺。在正式选举投票前，各村应组织候选人或参选人员，围绕创业承诺目标，结合个人实际，就创业、责任、廉政、参选纪律等内容作公开竞职演说或书面承诺，提出任职设想、目标和措施。条件成熟的村，可组织竞选人与党员群众进行现场问答。新一届村级班子选举产生后，要及时对创业承诺事项进行细化和分解，明确年度创业承诺目标、责任人、工作措施和完成时限，与乡镇党委、政府签定《任期创业承诺责任书》和《年度创业承诺责任书》，并在党务、村务公开栏中进行公示，接受上级党委政府和党员群众的监督。《年度创业承诺责任书》一年一签。

四、加大督查考评力度，确保村干部创业承诺事项有效落实

7. 实行"双述双评"制度。一是村述民评。各村要召开党员、村民代表会议，对创业承诺落实情况进行民主评议，测评情况和群众意见要及时反馈、及时整改，并报乡镇党委存档。村述民评会原则上一年一次，有条件的可半年组织一次。二是村述乡评。在村述民评的基础上，由乡镇党委政府召开村党支部书记、村委会主任会议，组织对各村创业承诺完成情况进行公开述职，然后由乡镇干部、各村主要干部、党代表、人大代表、政协委员进行民主测评。三是综合评定。结合村述民评、村述乡评情况，乡镇党委、政府组织考核组深入各村进行实地考察，对村两委班子和村干部落实创业承诺情况，分别按照"满意、基本满意、不够满意"和"优秀、称职、不够称职"三个等次进行综合评定。

8. 强化考评结果的运用。要把"双述双评"综合评定结果作为村干部年终岗位目标责任制考核的重要依据。对综合评定结果为"满意"的村级班子和"优秀"的村干部，进行通报表扬，并给予适当的物质奖励。对综合评定结果为"不够满意"的村级班子和"不够称职"的村干部，责令限期整改，并给予通报批评、诫勉处理，取消年度评比先进的资格；对连续两年综合评定结果为"不够满意"的村级班子主职干部和"不够称职"的村干部，实行辞职制度，在组织劝辞后仍拒不辞职的，依法依规予以免职或启动法定罢免程序，并不得提名为下一届村党组织委员、人大代表、政协委员人选。

9. 认真实施农村党员先进性量化考核制度。把党员先进性量化考核与村干部创业承诺结合起来，充分发挥党员在履行义务、带领群众创业致富等方面作用，全面提升农村党员服务创业、推动发展的能力和水平。

五、加强组织领导，建立健全村干部创业承诺激励保障机制

10. 落实领导责任制。实施村干部创业承诺制，责任在县（市、区），关键在乡镇，落实在农村。各县（市、区）党委、政府和金华开发区党工委、管委会要切实负起领导责任，认真做好研究部署、督促检查、考核管理、经费保障等工作。各级组织、民政部门要牵头督查指导，抓好面上的组织实施和推进落实工作。乡镇党委、政府要负起直接责任人的职责，结合本地实际，研究制订具体考核办法，抓好制度的具体实施规范工作。联（驻）村指导员要在乡镇党委、政府的领导下，负担起具体指导、督查创业承诺目标制定落实的责任。农村党支部书记要担负起具体责任人的职责，确保创业承诺到人、到岗。落实领导责任制的情况要作为考核县、乡两级党政领导班子和领导干部工作实绩的重要内容和选拔任用的重要依据。

11. 建立领导干部联系点制度。结合新农村建设联系点制度，每名县级党政领导干部都要联系一个乡镇、指导一个村的创业承诺工作，定期到联系点检查指导；乡镇领导班子成员每人要联系一个创业承诺重点村，及时帮助解决创业项目落实过程中的问题，力争把联系点办成示范点。建立市、县两级机关部门联系村制度，部门主要领导要定期下村检查指导村级创业承诺落实工作。

12. 建立健全财政支持机制。各县（市、区）要建立财政支持专项资金，用于村干部创业承诺考核奖励、集体经济薄弱村主职干部岗位补贴、村级组织运转经费补助、村干部养老保险等。其中，村干部创业承诺考核的奖励资金，由县（市、区）根据行政村规模、集体经济收入情况研究确定。财政支持专项资金要纳入年度预算，并根据财力逐步增加，特别要加大对贫困村、集体经济薄弱村的创业资金扶持力度。

各县（市、区）和金华开发区要根据本意见，结合实际，研究具体措施，认真贯彻落实。

中共金华市金东区委　金华市金东区人民政府
关于实施“整区整治”工程加快推进新农村建设的意见

（2008 年 5 月 12 日）

金区委〔2008〕13 号

为深入贯彻落实党的十七大和省第十二次党代会精神，加快推进新农村建设步伐，实现市委要求在 2009 年底前我区所有行政村全部整治一遍的工作目标，结合我区实际，特制定本意见。

一、重要意义

建设社会主义新农村是我党十六届五中全会以来的重大战略。党的十七大再次强调，统筹城乡发展，推进社会主义新农村建设，解决好农业、农村、农民问题，事关全面小康社会大局。省第十二次党代会也提出我省要在新农村建设中继续走在全国前列。为认真贯彻执行党中央和省委的战略决策，我区将村庄整治作为新农村建设的一项基础工程、龙头工程，扎扎实实抓了五年，取得了丰硕的成果。“整区整治”工程建设是区委、区政府贯彻落实党的十七大和省委第十二次党代会精神，全面建设小康社会、构建和谐金东所做出的重要决策；是落实市委要求，使我区村庄整治工作继续走在全市先进行列的必然选择；是全区广大农村群众的迫切愿望和强烈要求。

二、目标任务和基本要求

1. 工作目标：到 2009 年底前用 2 年时间，完成全区所有行政村的村庄整治工作。2008 年至少启动 150 个，完成 100 个以上。2009 年要完成剩余村的整治，同时要做好查漏补缺，进一步做好农村基础设施与公益服务网络建设，进一步提升整区整治的工作水平。

2. 工作重点：以突出整体规模效益为目标，着重抓好全区路网、林网、水网，垃圾和生活污水处理体系建设，解决村庄建筑乱搭乱建、杂物乱堆乱放、垃圾乱丢乱倒、污水乱泼乱排等问题，做到路平灯明、水清塘净、村洁景美。

3. 工作举措：一是坚持科学规划。抓好村庄建设规划、村庄整治规划、整体建设规划，使全区的资源配置得到优化，既突出整体效应，又体现个体特色。二是坚持统一管理。明确业务指导部门，加强统一管理，实现质量管理、工程进度、配套服务、成本控制“四到位”。三是坚持巩固提高。完善政策制度，做到整治一个、巩固一个、提高一个，创建更多的全面小康农村新社区。四是坚持量力而行，注重实效。

4. 工作要求：“穿衣戴帽”、拆除“三房”，实现“五化”、协调发展，建立健全农村生活垃圾和生活污水处理体系、营造农村文化氛围。

一是“穿衣戴帽”、拆除“三房”。鼓励农户对外墙进行粉刷，着重抓好高速公路、铁路、03 省道、金义南线等主要道路沿线村的外墙粉刷，力争使沿线村的外墙粉刷率达 90%以上，且色彩基本协调一致，90%以上的“半拉子”工程实施整治、装修。危房及违章建筑拆除率达 95%以上，拆除不符合规划、影响交通的建筑物和乱搭乱建的构筑物。

二是实现“五化”。即卫生洁化：全面清除陈年垃圾，村庄垃圾收集处理要覆盖到全体村民，合理设置垃圾收集设施和转运设施，建立健全“村收镇运区处理”三级垃圾处理网络，全面建立村庄环境卫生“门前三包、分区包干、定责定薪、联合考核”的卫生长效管理机制。农户卫生厕所要覆盖全村80%以上的农户，(列入省已整治村生活污水治理提升的村要达到90%以上)，同时，按农户居住特别是无卫生厕所农户和外来人口居住分布情况，每个村至少建1个无害化卫生公厕。消除露天粪坑，保护农村的水体和环境卫生。道路硬化：根据村庄建设规划、农村住宅分布，村民经济社会活动需要及乡村特点，因村、因路制宜地开展村内道路建设，村主干道要硬化，支路硬化率90%以上。路灯亮化：村内主要交通要道和公共场所实现亮化。村庄绿化：村口和主干道两侧、房前屋后、河湖塘岸等进行绿化，并把绿化作为一项重点工作来抓，引入社区绿化理念，大力开展“水果进村、富民美村”和“植一片树、成一片林、遮一片荫”行动，在树种的选择上要求多样化、乡土化、特色化，在具体配置上要求高低错落有致、形态变化多样、色彩缤纷、花果飘香，营造富有农村特色的绿化模式，进一步彰显金东绿化特色。村庄建成区的绿化覆盖率20%以上，添置健身器材建设休闲绿地。水体净化：自来水入户率80%以上，饮用水达标，村内主要河沟池塘进行清淤，实施以清淤净化水体、池畔沟旁绿化为主要内容的生态式治理，有较完善给、排水设施。

三是农村生活污水治理。生活污水集中处理管道等设施建设到位，污水收集干管系统必须在整治中同步安排建设，污水处理系统分步建成运行，使生产和生活污水基本达标排放。因村制宜地开展农村生活污水治理，做到分类指导，金东新城区、金东经济开发区污水处理厂临近的村庄，按照城乡、区域生活污水处理一体化的要求，纳入污水厂一并处理。经济允许、布局相对集中的村庄，建设村域统一的污水处理设施，布局分散、经济欠发达的村庄，通过分户式、联户式的办法进行治理。确保受益农户覆盖面达村总户数的50%以上(列入省已整治村生活污水治理提升的村要达到60%以上)。

四是营造农村文化氛围。充分挖掘村史、名人文化，加强对文物及有保护价值的古建筑等的保护和修缮，展现村庄深厚文化底蕴，大力弘扬民俗文化、传统文化，鼓励发展现代健身文化、廉政文化，倡导乡风文明，达到“一村一特色，一村一文化”的目标。

三、工作要求

1. 加强领导，强化考核，为实施“整区整治”工程建设强化行政推力。建立“整区整治”工作领导小组，由区委区政府主要领导任组长，各镇乡(街道)也要建立相应领导小组。整合配强“整区整治”工程建设具体工作力量，改善工作条件。把“整区整治”工程建设列入岗位目标考核，提高考核比重，签订“整区整治”目标管理责任书，实行一票否决，以加大考核力度。明确区领导每人联系一个镇乡一个整治村，要确保通过整治验收；各机关部门要联系一个整治村，确保通过整治验收。部门考核要与联系镇乡(街道)考核相挂钩，同奖同罚。镇乡(街道)要落实硬指标任务，对完成“整区整治”目标管理任务的镇乡(街道)、办事处主要领导、分管领导实行奖励，两年内不能全面完成的实行一票否决，继续对完成整治村主要干部实行奖励。“整区整治”工作列入区委区政府季度工作汇报会必汇报内容，区委区政府督查室加大对“整区整治”工作的督查，实行季度督查通报制度。

2. 统一思想，加大宣传，为实施“整区整治”工程建设营造工作氛围。要把“整区整治”工程作为我区新农村建设十大工程的重点工程来宣传发动，召开“整区整治”工程建设动员大会来部署落实，切实把实施好“整区整治”工程作为“创业富民、创新强区”活动的重要内容来抓实抓好。要与当前开展的“深化拓展‘树新形象、创新业绩’主题实践活动”相结合，大力实施“百名干部联系帮扶整治村”活动，区级领导、机关各部门各单位主要领导都要联系1个今年启动的整治村，落实领导干部包村责任制，帮助解决村庄整治中的实际困难和问题。要与当前的村组织换届工作相结合，凡是没有开展整治的村，都必须将开展村庄整治列入创业承诺。要广泛宣传村庄整治中涌现的先进典型村庄和先进个人，树立榜样，鞭策后进。要进一步营造社会广泛参与，合力共建新农村的良好氛围，提高部门、社会力量合力推进“整区整治”工程建设的积极性和主动性。

3. 拓宽渠道，多方筹资，为实施“整区整治”工程建设提供资金支持。实施村庄整治，关键在于资金落实，要继续坚持政府主导、农民主体、社会参与、部门协调的方针，拓宽各种资金渠道，积极筹措建设资金。区财政要积极筹措资金，增加预算安排，各部门的项目配套资金要向整治村倾斜，各部门都要为联系村支持一定资金。镇乡(街道)也要适当增加村庄整治配套资金，严格按照区里的要求进行配套。同时积极通过项目包装等形式向省、市争取更多的资金支持；鼓励村级多方自筹，村民筹资筹劳；积极引导鼓励社会资金参与村庄整治，进一步发动开展村企结对，文明单位结对，发动个人为村庄整治捐资捐物。

4. 规范操作，加强管理，为实施“整区整治”工程建设强化监管力度。要切实加强工程建设的管理与监督，规范操作程序，做到公开、公平、公正，严把质量关、验收关和资金结算关，真正把好事办好，实事办妥。各镇乡(街道)村庄整治办、招标办要加强对村庄整治工程建设监督管理，切实抓好工程的招投标和监督管理工作，施工过程中村级要落实专人对工程进行质量监督，确保工程质量。要充分发挥区村级财务公开监管网络系统的监管作用，切实加强对整治村财务的审计监督管理，进一步完善整治村的政务财务公开制度。区农办、纪委、财政、审计、农林等部门要加强对工程的监督检查，每年要抽查一批整治村进行工程建设专项审计，发现的问题要及时予以纠正，对性质严重并造成恶劣影响的要追究分管领导和主要人员责任，依法进行处理，并对工程建设以奖代补资金实行暂缓补助或不予补助。

中共兰溪市委　兰溪市人民政府
关于实施“低收入农户奔小康工程”的意见

兰委〔2008〕21 号

各镇乡党委、街道党工委，镇乡人民政府、街道办事处，市机关各部门：

为全面实施“低收入群众增收行动计划”，进一步贯彻落实省第十二次党代会精神，根据《浙江省人民政府关于印发低收入群众增收行动计划的通知》(浙政发〔2008〕48号)精神，加快我市欠发达地区经济社会发展，全面推进低收入农户创业增收，现就我市实施“低收入农户奔小康工程”提出如下意见。

一、实施“低收入农户奔小康工程”的目标要求

(一)指导思想。以党的十七大精神为指导，深入贯彻落实科学发展观，按照“创业富民、创新强市”总体要求，围绕全面建设惠及全市人民小康社会的目标，以提高低收入农户致富能力和收入水平为中心，把统筹城乡发展与统筹区域发展有机结合起来，健全以工促农、以城带乡和区域联动的长效机制，加强组织领导、政府扶持、区域协作、结对帮扶和社会援助的力度，改善欠发达地区和低收入农户的生产生活条件，增加人力投资，开发特色产业，促进劳动就业，推进下山搬迁，加强社会救助，加快低收入农户增收致富奔小康步伐。

(二)确定帮扶对象。“低收入农户奔小康工程”的主要对象是2007年家庭人均纯收入低于2500元的农户(包括具有创业增收能力的低保户)。市政府重点扶持169个低收入农户集中村的低收入农户，各乡镇、街道负责帮扶非低收入农户集中村的低收入农户。根据低收入农户调查，全市2007年家庭人均纯收入低于2500元的农户共有38064户、90717人(其中：人均纯收入在1501元—2500元的农户有30548户、68173人；低于1500元的农户有7516户、22544人)低收入农户帮扶对象实行动态管理，按照择贫和择能扶持的原则，每年年底作适当调整，并核发证书，凭证享受政策。扶持对象确定程序为：先由村级初定公示后报镇乡(街道)，再由镇乡(街道)审查确定，报市扶贫领导小组办公室备案。

(三)目标任务。①到2012年，全市70%以上的低收入农户(“低保”农户除外)家庭人均收入超过4000元；②符合最低生活保障条件的低收入农户全面纳入最低生活保障，农村最低生活保障标准提高到2500元以上，基本消除绝对贫困现象；③教育救助全面覆盖低收入农户，医疗救助全面覆盖家庭人均收入低于当地农村“低保”标准1.5倍的低收入农户，住房救助全面覆盖低收入农户中的困难群众，低收入农户子女普遍接受免缴学费的职业高中教育，低收入农户的人均教育、医疗消费支出占生活消费支出的比重基本达到当地农村居民平均水平；④有劳动力的低收入农户至少有1人实现非农就业或从事产业化经营的特色农业；⑤基本完成高山远山、地质灾害区农户搬迁；⑥低收入农户的生产生活条件进一步改善，特色农业基地的基础设施明显改善；⑦集体经济收入万元以下行政村的运行经费和干部报酬普遍得到保障。

(四)基本原则。

一是坚持自主发展、户户行动。各镇乡(街道)党(工)委、政府(办事处)和广大干部群众要进一步发扬自力更生、艰苦奋斗精神，全面实施“低收入农户奔小康工程”。坚持扶贫与扶志相结合，进一步激发低收入农民群众的积极性，动员和引导他们在政府有力扶持和社会热情帮助下，全面行动起来，自主发展生产、就业创业，确保所有的低收入农户都能依靠自身的艰苦努力和顽强拼搏，不断提高收入和生活水平。

二是坚持因户制宜、分类指导。在摸清底数、建档立卡基础上，针对“重点帮扶户”、“社会救助户”、“子女赡养户”三种类型的低收入群众，建立健全“一户一策一干部”的帮扶机制，逐户确定帮扶措施和帮扶人员，确保各项帮扶措施到户到人。以“低收入农户集中村”为平台，从当地资源状况和环境条件出发，从整体上培育和提升特色产业、引导和促进下山搬迁，做到户为基础、点面结合、整体推进。

三是坚持城乡互促、区域联动。进一步推进工业化城镇化进程，不断增强中心镇对劳动就业的吸纳能力、农村人口的集聚能力和乡村区域的带动能力，加快基础设施和公共服务向农村有序延伸，为低收入群众就业创业提供良好条件。进一步扩大区域协作，促进欠发达地区与发达地区之间劳动力和资本的对流，不断扩大发达地区对欠发达地区经济发展和低收入群众就业增收的带动作用，形成区域之间优势互补、共同进步的发展格局。

四是坚持政府主导、社会帮扶。充分发挥政府在实施“低收入农户奔小康工程”中的组织、规划、投入的主导作用，不断加大对欠发达乡镇低收入群众的扶持力度和公共资源配置力度。广泛动员党政机关、事业单位、工商企业、慈善组织、社会团体、爱心人士以多种形式帮扶低收入群众，不断壮大对欠发达乡镇、低收入农户集中区域和低收入群众结对帮扶、社会援助的力量，推动欠发达地区的基础设施建设、社会事业发展和低收入群众增收，全面形成先富带后富、共同奔小康的良好氛围。

二、实施"低收入农户奔小康工程"的主要内容

(一)积极发展特色种养业。根据我市生态农业区域布局规划和发展特色产业强镇强村要求,重点发展投资少、见效快、覆盖广、效益高的种养殖业。

(二)积极扩大培训转移就业。通过转移就业服务站牵线搭桥,帮助低收入农民到企业就业;发挥在外商会、党支部的带动作用,帮助低收入农民外出创业;鼓励低收入农户积极发展个私经济,实现自主创业;积极创造提供保安、保洁等公益性岗位,解决低收入农民就业。

(三)大力发展来料加工业。通过来料加工配送服务站平台,组织常年在家的低收入农民开展来料加工,实现就地就业、就地增收。

(四)鼓励耕地林地流转。引导低收入农户的耕地、林地向种养殖大户等农业生产经营主体流转,从中获取租费;鼓励其在经营主体的生产经营管理中实现劳动就业,促进增收。或转包其他农户的耕地、林地,扩大经营规模,增加规模效益。

(五)推进下山搬迁。坚持政策引导和市场化运作相结合,推进边远山区、地质灾害重点村、整体搬迁村、生态保护区、重要林区、重要水源保护区范围的住户下山脱贫,采取集中安置和分散安置相结合的办法,促进农民转产、转业、转观念,实现增收致富。

(六)发展农家乐。鼓励和扶持低收入农户结合村庄整治发展农家乐休闲旅游,简化农家乐审批手续。

(七)社会救助。加大社会救助力度,完善社会救助制度,不断扩大最低生活保障、教育救助、医疗救助覆盖范围,逐步提高救助水平,使他们生活有靠、老有所养、病有所医、幼有所学。

三、实施"低收入农户奔小康工程"的主要政策

(一)扶持发展生态种养业。

1. 发展高效生态种植业。根据我市产业发展规划,促进发展"一村一品"的特色种植业,按照低收入农户创业发展需求,因户选择帮扶措施。①户新增经营特色农林业1至5亩的,每亩补助100元;②对原承包经营竹、桑、茶、果等经济林进行低产林改造,每亩补助200元;③户承包耕地种粮10亩以上的,每亩补助50元。

2. 发展生态养殖业。①户新发展散养鸡和群鸭50羽以上200羽以下的,每羽补助2元;②新养羊2只以上20只以下,每只补助50元;③新养兔10只以上100只以下,每只补助10元;④池塘新养淡水鱼1—5亩的,每亩补助300元。

3. 技术服务。低收入农户发展种养殖业,农业部门要免费提供技术培训和指导。低收入农户加入产业帮扶组织的,政策性农业保险的保费由政府买单;对通基地机耕路、基地作业道、农田水利、地力培育等农业基础设施建设,根据项目和财力,给予一定补助。

4. 扶持资金补助申报程序。根据低收入农户集中村产业发展规划,由低收入农户和联户干部提出申请,村里统一公示,乡镇(街道)汇总审核,报市扶贫办审批同意后组织实施;由市扶贫办会同财政局考核验收后兑现补助政策。

(二)扶持农民转移就业。

1. 开展技能培训。①对企业根据用工需要招收低收入农户劳动力开展技能培训安排就业务工并签订用工合同的,按实际培训数奖励企业每人200元,并给予学员每人每天20元生活补助,最高每人不超过200元;②市内培训机构开展低收入农户劳动力参加的相关专业技能培训(包括"农家乐"、来料加工等专项操作技能培训),获得劳动部门颁发的职业资格证书或结业证书,除按有关规定补助培训费用外,另给予学员每人每天20元生活补助,最高每人不超过200元;③积极推荐青年农民报考浙江林学院等院校接受免费高等农业教育,为欠发达地区特别是"低收入农户集中村"培养现代农业创业人才、农村实用人才和基层组织后备人才。

2. 服务转移就业。①企业招收低收入农户劳动力5人以上,并与其签订一年以上劳动合同的,按实际就业数奖励企业每人500元;②推荐介绍低收入农户劳动力外出创业的服务机构或中介组织,取得营业执照的,经审核,按每本(户)300元给予奖励。

3. 安排公益性岗位。乡镇(街道)新增的环卫保洁、绿化养护、车辆管理、物业管理、公共管理等公益性岗位优先安排低收入农户劳动力就业,奖励安置单位每个岗位1000元。农村新增的环卫保洁等公益性岗位必须优先安排低收入农户劳动力就业,确保低收入农户有一定的生活来源。对低收入农户劳动力转移就业搞得好的村集体,每年评出5个村,年底市政府给予每个1万元的奖励。

(三)扶持自主创业。

1. 凡列入低收入农户扶持的农户,因发展农业生产缺乏资金的,经审核给予每户原则上不超过1万元贴息小额贷款,期限不超过一年。其中产业帮扶组织在低收入农户集中村发展种养殖业生产基地,低收入农户所需的贷款,由产业帮扶组织负责申贷。

2. 凡列入低收入农户扶持的农户从事商业、服务业等个体经营,取得营业经营执照,开展经营活动半年以上的,一次性补助1000元。

3. 鼓励发展来料加工业。推动来料加工业务向欠发达地区的"低收入农户集中村"和下山脱贫小区扩散,促进难以外出就业的农民就地就业增收。实行经纪人免费培训,对新创办的来料加工企业(点),给予购置加工设备、培训加工户的补贴,减半收取审批规费,减免各种管理费;对经纪人来料加工业务扩散到路途较远的"低收入农户集中村",根据其路途距离给予补助;对各地在义乌等地设立来料加工服务机构,给予一定的补助。

(四)帮扶组织的奖励

1. 接收低收入农户从事来料加工业的来料加工配送服务站或经纪人负责送料上门、产品回收、组织操作技能培训,使每户年增收3000元以上的,按每户50元奖励给服务站或经纪人,最高奖励不超过1万元。鼓励企业、一级经纪人在低收入农户集中村培育经纪人,每培育一名新经纪人奖励500元。

2. 农业经营主体租用低收入农户土地、林地并招收低收入农户从事生产经营管理，年用工作时间超过150天以上的，每招收1名奖励农业经营主体500元。

3. 合作组织。①农业专业合作社吸纳低收入农户并有80%以上低收入农户人均增收500元以上的，带动30至50户的奖8千元，带动51至80户的奖1万元，带动81至100户的奖1.5万元，带动100户以上的奖2万元。②产业帮扶龙头企业开展帮扶吸纳低收入农户并有80%以上低收入农户人均增收500元以上的，带动50至100户的奖1万元，100户以上的奖2万元。同时鼓励开展跨乡镇（街道）帮扶，达到上述标准的，按上述奖励标准的1.5倍奖励。

4. 帮扶经营主体对低收入农户发展订单农业的，可享受下列优惠：免费提供鸡苗、鸭苗，并开展养殖技术辅导、防疫服务的，每羽补助3元；垫付良种种苗款或其他农业投入品项目，经市扶贫领导小组办公室认可，按其垫付额度，市信用社给予专项贷款，市专项创业基金给予贴息，贴息期限一年；收购低收入农户农产品，统一组织销售，带动低收入农户发展种养殖业，使低收入农户年增收2000元以上的，按每户50元予以奖励，最高奖励不超过1万元。

（五）下山搬迁。

1. 范围。省重点扶持范围内6个乡镇的偏远山区自然村、地质灾害隐患区和重要水源林区保护范围的山村。

2. 政策。按照政策引导和市场化运作，科学规划和分步实施，集中安置和分散安置相结合的原则，在确保一户一宅的基础上，鼓励和引导农户向中心镇、中心村集聚。对下山脱贫的农户，给予搬迁人口人均5600元的补助。各镇乡要对选择小户型住宅和多层住宅的农户适当提高补助标准。积极探索特困群众原宅基地拆抵置换新公寓房、农村危房改造补助转用到下山搬迁补助等途径。通过努力整合各种资源，在横溪、马涧、黄店设立下山脱贫小区，香溪姚郎、坑边，柏社山门、白鸠、岗岭下、毛山突，梅江白沙等行政村设立移民安置点，促进农民转产、转业、转观念，实现增收致富。加强迁出地土地盘活整理。

（六）发展“农家乐”乡村旅游业。

制定完善低收入农户集中村“农家乐”休闲旅游业发展规划，鼓励有条件的低收入农户集中村依托当地山水资源，发展“农家乐”休闲旅游业。市“农家乐”领导小组各成员单位要为“农家乐”休闲旅游从业人员提供免费业务培训，并给予生活补助。新创办“农家乐”休闲旅游村（点），经审定合格后可享受市级农业龙头企业待遇。省重点扶持范围以外的低收入农户集中村，可参照享受省扶贫小额信贷政策，市财政给予贴息补助。

（七）完善社会救助体系。

1. 扩大最低生活保障覆盖面。将人均收入1500元以下的农户全面纳入最低生活保障，切实做到“应保尽保”。逐年提高最低生活保障标准，力争到2012年，农村最低生活保障标准每人每年达到2500元。进一步提高农村医疗服务和医疗保障水平。最低生活保障对象参加城乡居民医疗保险个人出资部分由政府支付，逐步将政府支付的范围扩大到低收入农户，将医疗救助的对象扩大到低收入农户。

2. 大力发展信贷扶贫。建立低收入农户创业基金，推行低收入农户创业贷款制度。对符合贷款条件的低收入农户，在发展种植业、养殖业、家庭工业、来料加工业、农家乐、下山搬迁建房等方面，尽量简化手续，视情况给予2—5万元以内的贷款。

3. 大力倡导社会援助。建立“三联帮扶”制度，即部门、企业联村，干部（职工）联户制度。除了省级单位结对联系帮扶的“低收入农户集中村”，市级领导和市机关部门结对所联系乡镇的“低收入农户集中村”，市级骨干企业、农业龙头企业、农业专业合作社、来料加工企业及重点加工组织结对帮扶一批“低收入农户集中村”，市机关部门、事业单位干部职工与联系乡镇的低收入农户结对，乡镇干部职工与本乡镇低收入农户结对。积极鼓励社会力量参与扶贫开发。各结对单位要有针对性地落实帮扶措施，建立扶贫档案，确保结对帮扶工作取得实效。

四、加强对实施“低收入农户奔小康工程”的组织领导

（一）强化组织领导。各镇乡（街道）、市机关部门要把全面实施“低收入农户奔小康工程”作为推进社会主义新农村建设、全面建设小康社会的重要工作来抓，列入重要议事日程，切实加强组织领导。市里成立市“低收入农户奔小康工程”领导小组，领导小组下设办公室，办公室设在市扶贫办。市编委办要核定扶贫办5名行政编制。各镇乡（街道）也要成立相应的组织机构，党政“一把手”要亲自抓、负总责，并落实专人负责，黄店、香溪、马涧、梅江、柏社、横溪6个乡镇要配备一名扶贫专职干部具体抓，并享受中层干部待遇。根据“一户一策一干部”的要求，实行市级领导、机关部门干部、全额拨款事业单位干部（学校除外）、镇乡（街道）全体干部、村“两委”主要负责人与低收入农户结对帮扶制度。对已列入169个“低收入农户集中村”的书记、主任继续实行村干部报酬补助制度。所有结对人员要帮助低收入农户理清发展思路，制定增收方案，解决增收难题，落实增收措施，帮助实现增收目标。

（二）强化工作职责。进一步明确市“低收入农户奔小康工程”领导小组各成员单位工作职责，加强协调沟通，形成工作合力。领导小组办公室主要负责“低收入农户奔小康工程”的工作指导、综合协调、督查考核等工作。农办、财政局、民政局、水务局、农业局、林业局、经贸局、人劳局、国土局、建设局、交通局、卫生局、供销社、信用联社等部门主要负责职能帮扶、结对帮扶、产业发展帮扶、转移就业培训帮扶等工作。团市委、市妇联、市工商联、市残联要发挥自身优势，积极组织开展有针对性的帮扶工作。各镇乡（街道）具体负责“低收入农户奔小康工程”的组织实施，要摸清本辖区范围内低收入农户的基本情况、落实帮扶对象、确定工作目标、研究帮扶对策，制定切实可行的工作方案；要根据当地实际，引导建立好来料加工配送服务站、转移就业服务站、农业科技服务站和产业帮扶合作社等帮扶平台；要加大对“低收入农户奔小康工程”的宣传力度，做好发动工作。

（三）强化政策扶持。为鼓励和引导各类帮扶主体积极参与低收入农户创业增收工作，根据工作需要，市政府将制定“低收入农户奔小康工程”有关配套扶持政策；每年组织对低收入农户和各类帮扶组织的创业增收工作进行考核，成效突出的予以重点扶持奖励；每年组织开展一次产业帮扶合作社和龙头企业的评定，被命名的产业帮扶合作社和龙头企业在政府性有关扶持项目的立项上优先安排，有关优惠政策优先享受，帮扶成绩突出的给予表彰。各镇乡（街道）要根据市政府的扶持政策，制定符合本地区实际的帮扶政策。

（四）强化资金保障。全市设立每年不少于500万元低收入农户创业增收专项基金，市信用联社安排1000万元低收入农户创业增收专项贷款额度。创业基金主要用于低收入农户和帮扶组织创业增收的资金补助、贷款贴息和奖励。创业专项贴息贷款由市信用联社设立，主要用于低收入农户创业创新资金贷款，贴息由市政府负责。创业基金和创业专项贴息贷款专款专用，专项核算，实行市级报帐制，严格按照《兰溪市低收入农户“创业创新”贷款管理办法》执行，从严管理，防止弄虚作假。

（五）强化考核督查。将“低收入农户奔小康工程”列入市对镇乡（街道）年度综合考核。市扶贫办为“低收入农户奔小康工程”各项目实施情况的考核验收单位。市委市政府督查办、市财政局、市农办要强化督查，对组织申报、初审公示、考核验收、政策兑现全程跟踪督查，及时掌握工作进展情况，确保政策执行到位、措施落实到位，促进“低收入农户奔小康工程”顺利实施。

五、本意见自发布之日起施行。

中共兰溪市委
兰溪市人民政府
二〇〇八年十二月一日

中共磐安县委　磐安县人民政府
关于建立“四位一体”新型农业服务体系的意见

县委〔2008〕36号

各乡镇党委、政府，县机关各部门，金磐开发区，大盘山管理局，新城区，磐安工业园区：

为顺应现代农业发展新趋势，进一步整合农业生产、供销、信贷、科技信息服务资源，促进农业增效、农民增收、农村发展，根据《中共中央国务院关于积极发展现代农业扎实推进社会主义新农村建设的若干意见》（中发〔2007〕1号）精神，现就“四位一体”新型农业服务体系建设提出如下意见：

一、指导思想

以邓小平理论和“三个代表”重要思想为指导，以科学发展观统领全局，认真贯彻党的十七大精神，根据“生产发展、生活宽裕、乡风文明、村容整洁、管理民主”的新农村建设方针，全面推进农民专业合作、供销合作、信用合作、科技信息合作“四位一体”的农村新型服务体系建设，促进农村生产经营体制的改革创新，努力形成产业发展新格局，加快促进农业增效、农民增收，推动农村经济社会又好又快发展。

二、总体要求、目标和原则

建立新型农业服务体系的总体要求：遵循“农民主体、为农服务”的基本方向，积极探索建立农民专业合作社、供销合作社、农村信用合作社、农业科技信息服务单位紧密协作、互相融合、共同发展，集农业生产、供销、信贷、科技信息服务“四位一体”的新型农业服务体系。

建立新型农业服务体系的目标：加快发展一批以利益为纽带、以服务为核心、产供销一体化的农民专业合作社；扩大供销合作社的生活消费品、农资连锁经营和农产品购销服务网络覆盖面；拓展信用等级评定范围、抵押物范围，抓好联户担保贷款和农信担保公司建设，扩大农村信贷规模；整合农村科技力量，完善科技信息网络。到2010年，全县农民入社率达到30%以上，供销连锁经营覆盖面达60%以上，信用村范围达50%以上，农业科技信息服务实现全覆盖。

建立新型农业服务体系的原则：坚持便民惠民原则，从农民最急需的服务入手，从农民最想做的事做起，开展“零距离”的为农服务；坚持市场取向原则，充分尊重经济主体的意愿，不搞行政指令，严格按照市场规律办事；坚持“四位一体”原则，加快政府职能转变，整合涉农部门服务功能，提供集成式、一条龙、高效率的综合配套服务。

三、工作重点

（一）发展和提升农民专业合作社。坚持发展与提升并重，结合农业产业结构调整要求，依靠主导产业和优势产品，以农民为主体，按照“产权清晰、机制灵活、运行规范、管理民主、带动明显”的要求，把农民专业合作社建设成为市场新主体。

鼓励多种形式发展农民专业合作社。鼓励农村种养、运销大户发挥其运销、技术等优势，牵头领办合作社；鼓励供销合作组织和基层农技推广组织发挥其科技、信息、流通和服务体系等优势，牵头领办合作社：鼓励农村基层组织发挥其基层组织优势，牵头领办合作社。通过合作经济组织，提高农民组织化程度，实现农业增效、农民增收。

提升和规范专业合作社。按照“生产标准化、经营品牌化、管理规范化、社员知识化、产品安全化”的要求，贯彻执行《中华人民共和国农民专业合作社法》和《浙江省农民专业合作社条例》，规范合作社的运行方式和经营机制，完善合作社的产权组织制度、民主管理制度、财务管理制度、利益分配制度等一系列内部管理制度，提升合作社的服务功能，增强合作社的市场竞争力和对社员的带动能力。

(二)创新供销合作服务。不断适应农村发展变化的新形势，充分发挥供销社经营网络、设施、资金、人才等优势，大力开展农村社会化服务，积极领办并服务于农民专业合作社，提高农民进入市场的组织化程度，促进农村经济发展。

加快经营网络的发展。供销社要创新服务方式，广泛开展联合和合作经营，承担起建设农村现代经营网络的主导作用。继续实施“乡镇连锁超市”工程，积极发展村级便利店，为农民群众提供物美价廉、安全可靠的日用消费品；完善农资连锁网络，扩展与专业合作社的对接面，通过统一采购、连锁经营降低农业生产成本。加强农产品经纪人队伍建设，建立农民与市场间稳定的产销关系；带动专业合作社扩大生产规模，提高生产水平。参与“千万农村劳动力素质培训工程”，开展农产品经纪人培训与职业技能鉴定，提高农民素质和技能。

加快服务功能的提升。以县供销社为主出资200万元，组建县农信担保公司，完善法人治理结构，由出资者以及专家共同组成董事会、监事会，保证其为农服务的方向。县财政给予农信担保公司注册资本50%的5年贴息，年贴息率10%。县财政每年按月平均担保额度所支付利息的20%补助担保公司，用于人力不可抗拒的代偿风险及保费的减免补助。通过农信担保发放的贷款，在注册资本限额内，信用社按基准利率发放；超过注册资本限额部分，信用联社按基准利率上浮20%的标准发放贷款，以提高农信担保能力。

推进基层供销合作社改革重组。坚持合作制的基本原则，建立赢利为民、让利于民、返利富民的机制，依托“四位一体”的推进，实施基层供销社的全面开放重组，通过产权联结与服务延伸，对接农民专业合作社，与农民结成利益共同体。同时广泛吸纳各类合作经济组织、农业龙头企业、农产品经纪人、种养大户等组织与个人加盟，改组建立中心合作社(联社)，让农民社员成为主体，真正实现社员民主管理。

探索创办村级综合服务社。参与农村新社区建设，把基层社和综合服务社建设成为综合性、多功能的为农服务载体。

(三)创新农村金融服务。充分发挥农村信用社在新型农业服务体系建设中的支撑保障作用，不断创新服务手段，建立完善农村信贷授信、抵押和担保机制，加大对“三农”的金融支持力度，提高支农服务效率，努力满足现代农业发展对金融的需求。

深化信用工程创建。扩大信用评定范围，将信用评定范围由原来的一般农户扩展至一般农户、种养大户和农业龙头企业三个层面；提高贷款授信额度，将信用农户最高授信额度提高到5万元，种、养、加、销大户和农业龙头企业最高授信额度分别提高到50万元和500万元。在稳步推进信用农户、信用村创建的基础上，延伸信用创建领域，积极探索创建信用村、信用社区、信用专业市场、信用特色农副产品加工小区，推进农村社会信用体系建设向纵深发展。

大力推行联保贷款。扩大联保贷款范围，将联保对象从农户之间扩展至农户、农民专业合作社、农业龙头企业等经济主体之间，积极引导和鼓励农村经济主体在自愿的基础上加强经济合作，组建多形式的联保小组，通过联保增强融资能力。

探索完善贷款抵押担保机制。认真总结开展林权抵押贷款试点经验，研究完善操作管理办法，逐步扩大试点范围；在有条件的地方试行农村土地使用权(经营承包权)抵押贷款，中心镇农民住宅产权取得登记证的可以抵押贷款。

实行贷款利率优惠政策。对20亩以上的种粮大户贷款实行基准利率；对从事食用菌、中药材、蔬菜、茶叶、蚕桑、畜禽、经济特产林等农特产生产经营的大户，贷款利率上浮幅度不超过25%。

(四)提升农业科技信息服务。各级涉农部门要进一步转变职能，创新机制，着力提升综合服务能力，为现代农业发展提供科技支撑。

强化农业信息服务平台建设。完善农技110服务体系，把农村党员干部现代远程教育接收终端建设、农民信箱村联络点建设结合起来，解决信息传递进村入户难问题。整合信息咨询平台，充分发挥农技110现场咨询热线、网上咨询在线、专家手机连线和农技咨询114号码百事通的作用，及时解答农民问题。畅通信息渠道，充分利用农技110网站、“磐安农业信息网”、“磐安农产品网”、农民信箱、手机短信系统、《希望的田野》电视栏目等工具，及时发布针对性强、实用性好的信息。认真实施“万名农民素质工程”，搞好农业技术培训、农民技能培训、网上远程培训和农业专业学历教育。

加快科技人才资源整合。农业科技力量要向基层一线倾斜，要调整和优化乡镇农技人员配置，乡镇农技人员原则上不驻村，确保把主要精力投入到为农户、专业合作社提供优质、高效的服务上去。鼓励农技人员兼职开展技术承包、技术入股，并保障其技术承包所得、技术入股分红等收益；鼓励农技人员领办、创办农业科技服务组织；鼓励大中专院校毕业生、优秀农村青年投身现代农业建设。加强与省内外高校院所的合作，充分发挥农技队伍的科技转化“二传手”作用，加速科技成果转化，提升我县农业科技水平。

建立农技推广责任制度。各乡镇要根据实际情况，合理设置首席农技推广专家岗位、农技指导员岗位、责任农技员岗位，细化岗位职责。通过公开竞争上岗的方式产生首席农技推广专家。以“农民信箱”为平台，推行农技推广人员网络日记制度，进一步强化农技推广人员的责任意识，提高工作实效。建立乡镇责任农技员联系卡，并将责任农技员的基本情况和联系方式通过“农民信箱”等渠道公布。

完善农技人员考核机制。积极探索业务主管部门、乡镇政府(所在单位)、服务对象三方共同考核一线农技人员的考评新机制，将工作量和工作实绩作为主要考核指标，将服务对象的评价作为重要考核内容。农技人员的奖金福利、职称评聘、晋升晋级、继续教育等与考核结果挂钩，对连续2年考核不称职的予以解聘。

四、加强领导和扶持

“四位一体”的新型农业服务体系是一项为农服务的创新工作，涉及面广，工作难度大，必须加强组织领导、加大政策扶持、加强协调配合、及时总结提高。

(一)加强组织领导。各乡镇各部门要着眼于发展现代农业、促进农民增收、推进社会主义新农村建设，充分认识建立新型农业服务体系的重要性和必要性，把新型农业服务体系建设纳入党委、政府工作的重要议事日程，切实转变政府职能，改进和提高为农服务水平。为加强对全县“四位一体”农村服务体系建设工作领导，县政府专门成立领导小组，由县政府分管领导任组长，县府办、县财政局、县农办、县工商局、县林业局、县科技局、县农业局、县供销社、县信用联社等部门主要领导为成员。领导小组下设办公室，由县供销社分管领导担任办公室主任。

(二)加大政策扶持。制订发展专业合作社的专项扶持政策，县财政每年安排一定的资金，通过专业合作社用于扶持我县特色农业产业。积极为农村合作经济组织发展提供多方面的政策扶持，共同推进农村合作层次的提升。设立合作社登记的便捷通道，免收登记注册的相关规费；合作社农业综合开发项目，基础设施建设项目优先立项，用地计划指标优先安排，落实畜禽饲养地、设施农业用地视作农业用地的政策。鼓励农村合作经济组织申报国家、省、县级科技计划项目，并给予经费支持。实施新技术培训与推广，协助农村合作经济组织开展对外合作交流。县财政每年安排农民素质培训专项经费优先用于合作社社员培训。农民专业合作社享受农业龙头企业的贴息、交通“绿色通道”等优惠政策。对在新型农业服务体系建设中成绩突出的农民专业合作社、农业科技服务组织等，给予表彰和奖励。

(三)加强协调配合。各有关部门要各司其职，加大扶持力度，降低服务门槛，合力做好服务工作，做到急事急办、特事特办、难事易办，提供“一站式”服务，为新型农业服务体系建设提供宽松的发展环境。

(四)及时总结提高。“四位一体”新型农业服务体系建设还处于起步阶段，各有关部门要不断探索农业服务体系建设的新机制、新模式，及时研究解决工作中出现的各种新情况，新问题，不断总结提高，使新型农业服务体系健康发展。

中共磐安县委
磐安县人民政府
二〇〇八年五月二十日

中共开化县委　开化县人民政府 关于大力推进创业创新进一步促进 农业农村发展农民增收的若干意见

县委〔2008〕9号

为深入贯彻落实十七大和中央、省市农村工作会议精神，促进创业创新、富民强县，按照形成城乡经济社会发展一体化新格局的要求，扎实推进富有开化特色的新农村建设，经县委、县政府研究，就做好今年及今后一个时期的农业农村工作提出如下意见：

一、加快城乡统筹发展，进一步明确新农村建设新目标

1.2008年及今后一个时期“三农”工作总体要求：坚持以党的十七大精神为指导，以科学发展观为统领，全面贯彻中央和省市农村工作会议精神，认真落实县委十二届六次全会和县“两会”提出的目标任务，紧紧围绕“创业创新、富民强县”这一主线，坚持促进农民持续增收这一核心，注重统筹协调，着力提升农业产业化水平和农民组织化程度，努力提高农民创业创新能力和低收入农户增收水平，不断促进农村人居环境改善和民生事业发展，加快全面建设小康、构建和谐新农村步伐。今年实现农民人均纯收入增长10%以上，力争到2010年基本实现全面小康社会目标。

二、转变农业增长方式，推进高效生态的特色农业新发展

2.稳定粮食生产能力，强化“菜篮子”工程建设。继续落实好良种补贴、综合直补等各项扶持粮食发展政策。大力推广优质高产良种良法，扩大单季稻超高产栽培示范面积，推广超级稻9万亩。安排救灾种子储备专项经费10万元，完善粮食作物救灾种子储备制度，确保灾后生产自救需要。发展山地蔬菜1.6万亩，巩固提升发展城郊蔬菜基地500亩，高标准建设一批蔬菜示范基地，提高蔬菜自给率。在规划范围内新建标准钢架大棚(面积在180m²以上)，配套安装微滴灌的，每平方米补助10元；山地蔬菜示范基地，在规划范围内连片30亩以上，修建标准蓄水池，以及县重点蔬菜基地新添置电子(太阳能)杀虫灯，按实际投入一次性补助30%。优先安排实施蔬菜基地水利等基础设施项目，蔬菜基地农田水利工程建设项目以奖代补奖励标准提高到30—35%。

3. *加快发展主导产业，提高纯农增收水平。*以"扩大规模，优化结构，优化质量，提升品牌，提升质效，提升竞争力"为重点，强力推行开化龙顶省级地方标准，提升产品质量。着力促进茶叶系列开发，提高鲜叶综合利用水平。积极申报开化龙顶茶国家级非物质文化遗产和"开化龙顶"证明商标，建立新型商标运作体系，深化品牌管理和品牌宣传。今年新发展名优茶(含改造)0.3万亩，完成QS认证5家。新发展茶叶基地、茶厂优化改造以奖代补政策按县委〔2007〕1号文件执行。安排专项资金，用于茶叶企业QS认证以奖代补。以提质增量为目标，进一步优化食用菌产业结构，推行食用菌标准化生产，食用菌栽培总量超1.6亿袋。推广改造以煤为燃料的新型节能食用菌灭菌炉(灶)500台以上，试行食用菌统一灭菌。8月30日前完成新型节能食用菌灭菌炉(灶)改造的，县财政每只以奖代补1000元。继续执行食用菌生产小区建设扶持政策，进一步推进县内食用菌集约化基地建设。大力实施"富民兴林"工程，把竹资源培育和竹木制品加工作为壮大林业产业新的增长点。完成"杉改竹"和新种毛竹0.7万亩、毛竹扩鞭1万亩，杉木强化抚育和大径材培育5万亩。

4. *改造提升传统产业，进一步挖掘农业增收潜力。*继续实施"蚕桑西进"工程，进一步强化浙西优质蚕茧基地建设，新增蚕桑基地0.3万亩。县财政安排专项资金，用于继续落实蚕桑基地以奖代补政策和标准化蚕室建设补助，推进规范化饲养，提高养蚕效益。落实好能繁母猪补贴制度、能繁母猪保险制度和财政补贴等扶持政策，推广健康养殖，推进规模生态养殖小区建设，引导规模场向周边农户扩散养殖，力争生猪全年饲养量达到28万头，土鸡200万羽。按照因地制宜、发挥优势的思路，鼓励发展山茶油、石蛙、小水果、中药材、豆腐干等农产品，以"一村一品"为基础推进优势产业带建设。继续抓好百亩清水鱼特色水产基地建设。

5. *继续深入实施品牌战略。*县财政继续对首次通过国家绿色食品、有机食品、国家无公害农产品、省级无公害农产品基地、省森林食品基地以及浙江省著名商标、浙江名牌、国家原产地域保护或原产地理标志、国家免检产品、中国驰名商标、中国名牌认定的，按有关规定落实以奖代补政策。大力推行农业标准化生产，加强农产品质量检验检测体系建设。继续落实推进农业标准化建设政策，完善主导农产品质量标准体系。积极开展农业招商，鼓励引进外来项目、资金、技术、管理和人才，对引进5000万元以上的农产品加工项目，采取"一事一议"办法落实有关政策。

三、深化"四位一体"新型农业服务体系建设，提高农民组织化程度

6. *规范提升农民专业合作组织，培育壮大市场主体。*以利益为纽带、服务为核心，坚持市场取向、便民惠民原则，大力发展农民专业合作社，力争农民入社率提高3个百分点。到2010年，培育提升带动农户能力强、引领主导产业发展的省市级规范性专业合作社120家。县财政每年安排140万元资金，专项用于带动合作社发展、促进农户增收能力强的农业龙头企业技改贴息补助，以及示范性专业合作社项目补助、贷款贴息，增强链接带动农户能力。通过原材料集中采购、建设新型购销平台等，为合作社社员带来实实在在的收益。继续实施"强龙工程"，集中培育一批产业关联度高、技术含量高、具有较强竞争力的农产品加工龙头企业。

7. *大力推进农业流通网络建设，促进农产品销售。*整顿规范农资市场，推进农资"三网"建设。加快农副产品购销平台建设，改造提升开化龙顶名茶市场，培育茶青等农副产品特色市场。大力支持优质农产品"走出去"，对参加政府组织的各类会展推介促销活动的农业龙头企业、专业合作社，按政策给予摊位费补助。农业龙头企业、专业合作社在县外新设立开化龙顶茶、食用菌专卖店、进超市，年销售开化农产品在100万元以上的，每家一次性奖励2万元。推广"销售公司＋基地＋农户"农产品销售模式，不断提升农产品营销队伍实力。认真落实农产品运输"绿色通道"政策，加快农产品流通。

8. *改善对"三农"的金融服务，积极拓展农村投融资渠道。*深入开展"金融保险服务送农村"活动，鼓励金融机构采取多种措施支持农村发展。进一步加大信用评价体系建设，广泛开展信用乡镇、信用村、信用户、信用专业合作社(农业龙头企业)评定，创新提质增量，扩大小额农贷。建立健全农村信用担保体系，以扶持开化县农信担保公司运作为重点，大力推进农村贷款担保方式创新，发展联保贷款，为龙头企业、专业合作社、种养大户提供有效的融资服务。认真落实农村住房保险等政策性保险制度，稳步开展粮食、油菜等"3＋1＋X"农业主导产业保险，提高农业抗风险能力。

9. *强化科技、信息公共服务平台建设，提高工作效能。*深化农技推广体系改革，实施首席农技推广专家制度，50%以上的乡镇建立责任农技推广制度，促进基层农技稳定和高效运作。深化与大专院校的科技合作，把科研院所的创新成果及早运用到农民的创业富民中来。继续完善农技110服务体系，实现村级终端、上网电脑、信息员和信息发布"四个百分之百"。充分发挥"农民信箱"和农技110作用，推进电视、电脑、电话"三电合一"，强化农产品供销信息服务。加快农机化进程，开展茶叶机采试点示范，推广油菜机割、水稻机插，发展农机、植保社会化服务。鼓励农技人员参与农民专业合作社建设，农技人员领办、创办专业合作社和农业科技服务组织的，身份、待遇三年内视同在岗人员。

四、实施“低收入农户奔小康”工程，实现发展成果的全面惠泽

10. *落实低收入农户帮扶措施，提升低收入农户自我发展能力。*按照“扶贫重心下移到村、扶贫对象明确到户”的要求，制订实施“低收入农户奔小康”工程五年规划和年度实施计划。实施创业增收工程，鼓励低收入农户发展高效生态农业、来料加工项目和向二三产业创业，通过多种经营增加收入。围绕转移就业、自主创业、农业实用技术三大重点，加强对有就业能力低收入农民、零就业家庭、“4050”人员、有劳动能力的残疾人的培训，促进转产转业。全年培训低收入群体10000人，培训后转移就业2200人。

11. *形成全社会帮扶合力，促进低收入农户发展增收。*抓紧建立“一户一策一干部”帮扶机制，明确每一低收入农户的帮扶主体，确定具体帮扶项目，落实具体帮扶措施。开展万名机关事业单位干部与万户低收入农户结对帮扶活动，落实机关单位与低收入农户集中村结对帮扶制度，实行县级骨干企业挂联帮扶低收入村制度，积极引导工商企业和其它经济组织与贫困村、低收入户结对，鼓励经济条件较好的城郊村、社区与经济条件较差的山区村结对帮扶，动员社会力量和公益组织对低收入农户进行援助。认真落实强农惠农政策，加大扶持力度，确保低收入农户收入较快增收。积极沟通对接，争取上级更多的帮扶支持。每年对帮扶低收入村(户)工作突出的部门、单位、企业和个人给予表彰。

12. *实施下山脱贫工程，实现异地增收致富。*以地质灾害重点村和整体搬迁村(高山、远山，交通不便)为重点，坚持与小城镇和中心村建设相结合，引导下山人口有序集聚。推进东城脱贫小区建设。全年新续建低收入集中村高山远山农民下山脱贫小区(点)12个，提高下山搬迁农户补助标准，实现搬迁下山600户2000人。

五、加强农业基础设施建设，不断改善农业生产条件

13. *加大农田水利基本建设力度，提高农业抗御自然风险能力。*按照建管并举的思路，进一步完善农田水利建设规划，切实提高农田水利抗灾、减灾能力。县财政继续每年安排200万元专项资金，用于改善以农田小型水利设施建设为主的农业生产条件。高度重视水库保安工作，县财政每年安排420万元专项资金，用于千库保安和除险加固工程建设。加快推进农业综合开发、水土保持、千万亩十亿方节水灌溉、河道整治、小流域综合治理等工程项目建设。推进小型农田水利工程产权制度改革，积极探索农村水利自主管理体系建设，提高服务管理水平。

14. *加强农业生态建设，积极弘扬生态文明。*进一步落实和完善生态公益林建设、管护长效机制，县财政安排专项资金，用于生态公益林配套补助。大力开展植树造林，完成迹地更新造林2.4万亩。深入推进村庄风景林建设，实施“彩化”工程，改造林相，建成省市级绿化示范村7个，森林生态示范村5个。结合实施《浙江钱江源百里生态景观带总体规划》，全年退耕还林700亩。强化林政资源管理，重视森林消防安全。加大农业面源污染治理力度，大力推广测土配方施肥和生态防治技术，减少农业面源污染。完成15个全国环境优美乡镇的创建任务，确保创建国家级生态县各项工作如期完成；大力推进生态村等创建活动，着力构建资源节约、环境友好型社会，努力在建设生态文明方面走在前列。

15. *强化耕地保护，提高耕地质量。*进一步落实土地管理和耕地保护目标责任制，切实保护基本农田。深入实施土地整理工程，积极开展国家投资土地整理项目，整理土地2.6万亩，当年完成工程量50%。积极推进土地资源开发，造田造地1000亩。认真落实农村建设用地复垦政策，完成复垦面积500亩，增强新农村自我发展能力。继续实施沃土工程，通过提高土壤有机质、农艺修复、农牧结合等措施，提高耕地质量。

六、深入推进创业创新，进一步繁荣农村经济

16. *优化环境，进一步浓厚主体创业创新氛围。*深入开展“十七大”精神宣讲主题实践活动，认真落实县委《关于扎实推进创业创新富民强县的决定》，坚持以人为本，尊重群众首创精神，倡导创业创新的风尚。制订完善扶持农民创业政策，努力降低创业门槛，为农民创业提供强有力的政策支持。切实落实保护农民工合法权益的各项政策，妥善解决外出务工和进城人员的教育、医疗、住房等问题，解决创业农民的后顾之忧。

17. *强化素质培训，努力提高农民转移就业和创业能力。*紧紧围绕贴近企业、贴近市场、贴近农民意愿“三贴近”的要求，坚持就业为本、培训为先、特色为优，继续深入推进农民素质培训，做到投入不减，工作力度不减。重点加强新型农民技能、后备劳动力培训和农业专业技能培训，突出抓好农村困难群体和下岗失业人员实用技能培训。确保培训获证率在70%以上，获证农民的转移就业率在80%以上。对参加农民职业技能培训获得证书且有创业项目的，其贷款额度在3万元内，经主管部门审核同意，县财政给予3年的贴息补助。

18. *深入实施中心镇(村)培育工程，增强产业、人口集聚功能。*强化中心镇(村)基础设施建设，完善公共服务配套功能，大力发展二三产业，努力增加就业岗位，吸引人口集聚。规划建设一批乡镇特色工业功能区，加快高速公路互通口经济建设，着力打造特色产业强乡镇，为农民创业提供平台。进一步完善村庄规划，强化规划实施，科学布局农村建房，防止乱搭乱建。认真落实经济强镇政策，支持华埠镇又好又快发展。

19. *大力发展非农产业，积极拓展农民增收新途径。*把非农产业发展作为农民创业创新的新天地。以来料加工业为重点，大力培育和扶持来料加工经纪人、专业村，逐渐引导农民发展家庭工业，培育扶持一批家庭工业示范村(户)。县财政安排专项资金，用于扶持来料加工和家庭工业发展。设立专项资金，扶持“农家乐”、森林旅游发展，完善规范农家乐协会运作，制定农家乐发展五年规划，着重引导发展“城郊型”、“景点型”农家乐，突出山水生态优势、特色文化内涵。新增一批省市级农家乐特色村、特色点。

七、大力推进村庄整治，着力改善农村人居条件

20. 深入实施“十百”工程，努力提升农村环境整治水平。以205国道、17省道沿线村庄为重点，推进整乡整片村庄整治。新创建省级全面小康建设农村新社区3个，市级全面小康建设示范村5个，整治村40个，提升20个整治村的村庄环境整治水平，完成10个村的生活污水治理。县财政统筹安排落实省县1∶1的村庄整治、生活污水治理配套资金。继续实施县领导联系示范村制度，加强资源整合，提升创建水平。县财政将继续安排专项资金用于启动示范村、农家乐创建工作。

21. 强化农村污染治理，积极推动农村节能减排。继续落实农村垃圾集中处理环卫设施以奖代补政策，今年实现农村垃圾集中处理全覆盖。县财政每年统筹安排220万元，用于保障垃圾处理正常运转的以奖代补。继续执行沼气池建设鼓励政策，完成农村能源沼气国债项目1896只沼气池建设任务。加快“三沼”利用示范和猪—沼—作物等农业生态循环模式推广。加快太阳能、水锤泵等可再生能源商业化产品推广力度。确保“农村环境五整治一提高”工程实施范围覆盖35%以上的行政村。

22. 加快城市基础设施向农村延伸，不断改善农民生产生活环境。继续落实千万农民饮用水工程“受益人口每人不低于100元”的以奖代补政策，进一步加大财政投入力度，加快农民饮用水步伐，今年解决5.5万人的饮水安全问题。完善物流配送体系，推进农资连锁经营门店建设，巩固深化“千镇连锁超市、万村放心店”工程。完善农村公路网络，推进通村公路、村内道路以及重点林区、旅游景点道路建设，继续实施康庄工程，完成农村公路路基38.3公里、路面42.3公里。抓好农村公路建设与养护。大力发展城乡公交，提高农村客运通达率。继续推进农村电网、有线电视、宽带“三网”建设步伐，实施中央台广播电视无线覆盖工程，完善农村公共信息服务体系。

23. 完善农村服务功能，促进农村社区化发展。把社区建设作为推动农村向更高层次发展的重要举措，推动农村社区服务中心、休闲活动、村务公开信息栏等场所建设，全年建成并投入使用“星光老年之家”130个，推进农村社区卫生服务室建设。不断完善农村社区功能，丰富农村社区服务内容，整体推进农村基础设施、公共服务和社会事业的发展，提高社会救助、社会福利、治安调解、文化体育、卫生计生等公共服务水平。积极探索公共服务和经营性服务相结合的农村社区服务新路子，努力使一批中心村和示范村成为规划科学、环境整洁、设施配套、服务健全、管理民主的农村新社区。

八、加快农村社会事业发展，推动民生改善新进步

24. 加大投入力度，推进农村教育卫生事业发展。坚持优先发展教育。加大农村教育“四项工程”实施力度，基本完成教育布局调整，扎实推进义务教育学校标准化建设，积极发展职业教育和成人教育，高质量普及15年基础教育。深入实施农民健康工程，巩固完善驻村医生制。大幅增加财政投入，不断完善大病住院补偿办法，全面开展农村居民普通门诊补偿，提高农民享受标准，建立农村居民基本医疗保障制度，参合率达到在90%以上。

25. 深化农村新型救助体系建设，提高民生保障能力。进一步优化财政支出结构，加大对民生保障的投入。巩固完善最低生活保障制度，加大农村五保投入。探索开展农村养老保险试点工作，广泛推进农村养老服务体系建设。加快推进农村危旧房改造。深入开展助残、慈善助学等多种形式的扶贫帮困活动，切实保护和关心低收入阶层、困难群众的利益。启动实施大中型水库移民后期扶持项目规划，稳妥推进水库移民解困工作，强化移民项目与促进生产发展、低收入农户奔小康工程整合力度，提高资金使用效益，带动面上“三农”工作开展。开展救助信息平台建设，提高救助管理水平。

26. 加强文化阵地建设，弘扬农村特色文化。挖掘特色文化内涵，保护历史文化遗产。发展茶文化、生态文化，提高文化软实力，提升开化名茶等农产品、服务产品知名度和竞争力，促进文化和经济良性互动。认真开展农村第三次文物普查和非物质文化遗产普查。扎实推进乡镇综合文化站、农民书屋等综合文化阵地建设。实施“文化低保”政策，落实好低保家庭免交有线电视初装费等优惠政策，保障低收入和特殊群体的基本文化权益。深化“农民欢乐周”、“农家乐大篷车”活动，推进体育强乡镇创建，不断丰富群众文化体育生活。实施“千名农村文艺骨干”培训工程，创建一批特色文化示范村、示范社区和省级文化示范户。全面启动农村广播“村村响”工程，开通“三农直通车”电视节目，组建农村电影放映队，送文化科技进农村。

27. 积极培育文明乡风，促进农村社会和谐稳定。继续推进“留守儿童俱乐部”建设，为农村留守儿童创造良好成长环境。深入开展“双向结对、共建文明”活动，扎实推进文明村建设，广泛开展文明家庭等各种农村群众性精神文明创建活动，弘扬农村文明新风尚。全面推行村规民约，不断提高村民自我管理、自我教育、自我服务水平，营造遵守社会公德、和睦和谐的氛围，弘扬社会正气，抵制歪风邪气，推进移风易俗，倡导乡风文明。

28. 强化国策意识，加强人口和计划生育工作。以稳定低生育水平为目标，始终坚持计划生育基本国策和稳定现行生育政策不动摇，始终坚持党政一把手亲自抓、负总责不动摇，始终坚持稳定计生工作机构、队伍不动摇，始终坚持创新工作体制、机制、手段和方法不动摇。不断完善“依法管理、村民自治、优质服务、政策推动、综合治理”新机制，认真落实各项奖扶政策，强化流动人口计生服务管理、社会抚养费征收、长效节育措施落实。继续实行计划生育任务较重乡镇重点管理制度和乡镇部门联动挂钩机制。

九、全面深化农村改革，增强农村发展活力

29. 深化农村生产要素市场化流转改革。深入推进林权改革，全面建立林业产权流转平台，通过市场化手段促进森林、林木、林地使用权流转，并建立与林地产权流转相配套的抵押贷款机制。按照互惠互利、自愿、有偿、依法的原则，有序推进耕地经营权流转，加快推进土地规模经营。坚持有偿使用和市场竞争机制，加大水资源、矿山、砂石等各类资源的市场化开发力度,积极探索农村宅基地有偿选位和置换机制,积极发展村集体经济。

30. 探索农村社会综合治理新机制,推进农村社会长效管理。积极探索农村垃圾集中处理的监督、管理、考核新机制,着力促进垃圾集中处理由重建设向重管理的转变,确保农村垃圾集中处理运行到位。进一步加大对农村基础设施维护管理工作,积极探索康庄道路、饮用水工程、沼气、河道、水利设施等建后管护机制,落实管护费用,保障正常运行。加强农村社会治安综合治理工作,进一步规范村级综治室建设,深入开展农村普法教育,增强农民的法制观念,大力打造"平安乡镇"、"平安村居"。

十、强化组织领导,确保新农村建设各项任务落到实处

31. 坚持不懈,加强工作组织领导。强化"始终坚持把解决好'三农'问题作为全党工作的重中之重"的认识,不断完善"三农"工作领导机制,把加快新农村建设摆在更加突出的位置,纳入到党委、政府全局工作中,坚持党政一把手亲自抓,分管领导具体抓,各部门齐心协力抓,做到统筹安排,周密部署。进一步加强农村工作综合部门建设,充分发挥综合协调、政策调研、指导服务和督查考核等职能。各部门要各负其责,增强统筹城乡兴"三农"意识,主动参与新农村建设,形成全社会支持农业、关爱农民、服务农村的强大合力。

32. 统筹协调,加大有效资金投入。认真落实三个"明显高于"的要求,按照适合实际、着眼长远的原则,逐步增加公共财政对"三农"的投入,并形成机制。继续加强县领导联系乡镇、重点项目、重点村、"联席会办"制度的落实。农办、发改、财政等综合部门要切实承担起综合协调职能,加大政策、项目、资金、规划等资源整合力度,把有限的资源集中起来,用到新农村建设的最需要的地方去,最大限度地提高资金等资源使用效益。同时,进一步发挥政策导向作用,积极引导各类社会资本和社会各方力量参与新农村建设,千方百计增加对"三农"投入,形成新农村建设的整体合力。

33. 夯实基础,加快基层组织建设。各乡镇党委要切实重视和加强对农村党组织的领导,发挥好农村党组织在新农村建设中的作用。要切实做好今年村级组织换届选举工作,在集中党员群众意志和智慧的基础上,选出素质优良、结构合理、群众公认的新一届村两委班子,努力建设一支高素质的新农村建设带头人队伍。继续深入开展"三级联创"活动,推进"先锋工程"建设。因地制宜,采取切实有效的措施,探索发展壮大农村集体经济的新路子,为进一步提升农村基层组织建设水平提供保障。深化民主法制村建设,不断强化村务公开特别是村级财务公开,规范村级事务管理,进一步扩大和发展基层民主,完善村民自治。认真落实好村级组织运转和经济薄弱村干部经费补助,进一步提高村级组织运转的保障水平。大力推进农村党员干部远程教育和培训工作,切实提高农村基层干部整体素质。完善农村工作指导员和科技特派员制度,推动农村工作重心下移。

中共开化县委
开化县人民政府
二〇〇八年三月一日

中共龙游县委　龙游县人民政府
关于加快推进中心镇培育的若干意见

县委〔2008〕25号

各乡(镇)党委、政府,街道党工委、办事处,县机关各部门:

中心镇是统筹城乡发展、建设社会主义新农村和走新型城市化道路的重要节点,是发展县域经济的重要载体,是就近转移农村人口的重要平台。按照"创业创新、富民强县"的总体要求,为进一步把中心镇率先建设成为"规划科学、经济发达、文化繁荣、环境优美、服务健全、管理民主、社会和谐、生活富裕"的农村新社区,根据《浙江省人民政府关于加快推进中心镇培育工程的若干意见》(浙政发〔2007〕13号)及衢州市委、市政府《关于进一步加快经济强镇发展的意见》等文件精神,在试点的基础上,结合我县实际,现就加快推进我县中心镇培育提出如下意见:

一、指导思想和工作目标

(一)指导思想。以科学发展观为指导,以统筹城乡协调发展、推进社会主义新农村建设为目标,按照因地制宜、突出重点、梯次发展的原则,通过政府行政推动、完善规划体系、加大政策扶持、创新体制机制、突出市场运作、强化产业支撑、加快人口集聚等措施,提高中心镇发展水平,发挥中心镇集聚和辐射功能,促进农民分工分业,使之成为县域经济发展的重要增长极,推动我县经济社会又好又快发展。

(二)工作目标。按照我县"一心三极"的城镇发展格局,将詹家、小南海两镇作为县城组团,湖镇、溪口两镇作为重点中心镇,模环乡作为未来中心镇进行培育。力争到2012年,湖镇、溪口两个中心镇的特色更明显、经济更发达、功能更齐全、环境更优美、人民生活更富裕、集聚集约水平更高、辐射带动能力更强,使之成为产业的集聚区、人口的集中区、体制机制的创新区、社会主义新农村建设的示范区。湖镇、溪口两镇的主要目标是：

——城镇规模进一步扩大，基础设施不断完善。建成区人口集聚率年均增长1.5个百分点以上，主要公共服务设施基本配套健全。

——产业结构进一步优化，经济实力不断增强。主要经济指标增幅高于全县平均水平30%以上，工业经济在三次产业中占比达到70%左右，形成1个竞争力强的主导产业，培育1至2个优势产业集群。

——特色市场进一步繁荣，集散功能不断提升。围绕本地特色产业，大力发展现代物流业，采用多元化的投资方式，培育1至2家农产品专业市场和商贸流通市场。努力打造各具特色的商贸中心、旅游购物服务中心和较强辐射功能的物流中心。

——社会事业进一步发展，文明程度明显提高。教育、文化、卫生、体育等设施基本配套，劳动就业和社会保障制度基本建立，社会事业管理体系健全，乡风文明，社会和谐。

——新农村建设进一步推进，农村面貌明显改观。农业产业化经营水平进一步提升，主导农产品竞争力强，“一镇一品”的格局基本形成，农民人均年纯收入增幅高于全县平均水平2—3个百分点以上，村庄整治进一步深化，村庄面貌有较大改观。

詹家镇、小南海镇、模环乡三个镇(乡)在集镇规模、产业培育、社会事业和新农村建设等方面也要取得重大进展。

二、主要任务

(一)加强规划编制和管理。坚持规划先行，湖镇、溪口、模环等中心镇(乡)要根据各自经济社会、人口资源环境条件，按照统筹城乡发展和建设社会主义新农村的总体要求，加快编制镇(乡)域或片区体系规划。同时适时修编土地利用总体规划，促进“多规融合”。按照建设中心村、迁移高山村、缩减自然村的思路，提出搬迁村的目录和时间表，进一步完善规划控制村的建房管理办法。加强中心镇(乡)的规划管理，坚持用科学的、超前的规划严格规范中心镇(乡)的建设行为。建立健全规划编制、修订和重大建设项目的公众参与制度，强化规划实施的检查、纠正和责任追究制度。

(二)加快特色产业培育和集聚。把促进特色产业培育和集聚作为推进中心镇培育的核心要求。按照“一业特强，多业发展”的原则，明确中心镇的功能定位，培育各具特色的工业强镇、商贸重镇、旅游名镇。大力弘扬“劳动立身、创业光荣”的创业文化，不断改善投资环境，按照“四放”(放心、放手、放胆、放开)和“四不限”(不限比例、速度、方式、规模)的原则，制订政策，释放民间张力，鼓励农民自主创业，积极引导农民由外出务工向本地自主创业转变，促进家庭工业快速发展。按照集聚、集约发展的要求，支持和鼓励中心镇建设产业功能区，引导中心镇区域范围内和周边乡镇的企业向产业功能区集聚，使之成为民众创业的产业平台和区域创新发展的增长极，严格限制农村中新的工业零星布点，促进产业集群化发展。按照政府引导、市场运作的方式，创新产业功能区的开发和管理体制。中心镇要建立机构和管理制度，充实人员，负责产业功能区建设和管理的日常工作，并在工业功能区建设技术创新、科技孵化、行政服务、培训教育等公共服务平台，为入驻企业和从业人员提供全方位服务。高度重视发展现代农业，大力培育新型农业生产经营主体和主导产业，推进农业产业化。支持中心镇(乡)积极营造服务业发展的氛围和环境，以工业化、城镇化和新农村建设为基础，通过房地产开发、培育专业市场，发展农家乐休闲旅游业和现代物流业等，全面提升中心镇(乡)的现代服务业发展水平。

(三)加快社会事业发展。把加快社会事业发展作为推进中心镇培育的重点内容。各有关部门在编制涉及社会事业发展规划和实施社会事业项目时要优先考虑在中心镇(乡)布局，加大对中心镇(乡)社会事业的投入。建设和完善“一校(高标准的初级中学)、二院(中心卫生院、中心敬老院)、三中心(文体活动中心、科技推广中心、农民教育培训中心)”等设施，有效解决中心镇(乡)社会事业资源短缺等问题。加快建立和完善中心镇社会养老保险、新型合作医疗和社会救助制度，发挥中心镇(乡)的农村公共服务平台作用。

(四)加快基础设施建设。把加快基础设施建设作为推进中心镇培育的基本保障。按照统一规划、适度超前、统筹兼顾、确保重点的要求，建设与中心镇经济社会发展相适应的基础设施，提倡和鼓励中心镇与周边乡镇共建共享。建设和完善“一路(高标准的进镇道路)、二厂(自来水厂、污水处理厂)、三网(自来水供应网、垃圾收集转运网、通村公交网)”等设施，加快基础设施向中心村延伸。

(五)大力推进新农村建设。加快发展现代农业，积极拓展农业功能，着力发展绿色生态农业、农家乐休闲旅游业，引导各类工商资本发展农业龙头企业。按照“依法、自愿、有偿”的原则，推进土地流转，促进土地向大户集中，发展规模效益农业。着力改善农民生产生活条件，全面推进村庄整治、垃圾集中收集处理、农村沼气利用、农民饮用水等新农村重点工程建设。充分运用行政村规模调整的成果，规划建设下山脱贫小区或农民集聚点，大力推进下山脱贫与退宅还耕工作，鼓励农民“内聚外迁”，加快人口集聚和中心村培育。

三、扶持政策和改革措施

(一)实行财政政策倾斜。

1. 按照属地管理的原则，湖镇、溪口镇域范围内，原属省和县部门归口管理和统计的企业，从2008年起企业的各项经济指标由所在中心镇统计，但仍由省及县部门归口管理。从2008年起，湖镇镇、溪口镇以2006年财政收入实绩为基数，一定五年不变，超基数县级所得部分全部留给中心镇，专项用于中心镇的基础设施建设和各项社会事业的发展。小南海、詹家和模环三个镇(乡)仍执行面上的财政包干政策。

2. 从2008年起，湖镇、溪口镇域内各项规费收入的县级所得部分，原则上全额转移支付给中心镇，用于公共事业建设，并在相关行政主管部门的监督下使用，不得挪作他用。具体的规费内容由县财政局会同县物价局界定。

（二）加大对中心镇的投入。

1. 整合各类专项资金叠加支持中心镇建设。县级有关部门要整合各类专项资金，合力支持中心镇培育，努力增强其集聚和辐射能力。湖镇、溪口、模环、小南海、詹家等镇（乡）凡符合条件的产业发展、社会事业和基础设施建设项目，优先列入县政府的重点工程。支持中心镇争取国债建设项目。县信用联社、农业发展银行等金融机构要创新信贷品种、拓宽服务领域，健全服务网络、采取多种扶持措施，加大对中心镇产业功能区内中小企业优惠性、政策性贷款，满足企业票据结算等日常业务往来需求。县信用联社、邮政储蓄银行和农业银行等金融机构在中心镇（乡）吸收的储蓄存款原则上应回贷到中心镇（乡）。

2. 建立中心镇培育发展专项资金。县财政每年安排1000万元的专项资金，用于中心镇产业功能区和集镇基础设施建设以及中心镇（乡）规划编制经费的补助或相应的贷款贴息，实行项目管理，连续安排五年。资金补助或贷款贴息办法由县中心镇培育领导小组办公室会同县财政局另行制定。

3. 湖镇、溪口、模环、小南海、詹家等镇（乡）编制镇（乡）域或片区体系规划、镇乡建设总体规划以及测绘费用从中心镇培育发展专项资金中按实补助50%。

4. 支持中心镇（乡）做好项目前期工作。县财政每年安排200万元的项目前期经费，支持中心镇（乡）做好省、市、县的技术改造和创新、结构调整、农业产业化、市场建设等项目的前期工作。补助办法由县中心镇培育领导小组办公室会同县财政局另行制定。

（三）加大用地支持力度。

1. 优先保证中心镇的建设用地。农用地转用指标，要在全县平衡，重点向中心镇倾斜，在中心镇规划的基础上保证其建设用地。对于落户在中心镇的大型建设项目、工业项目和农民集聚点建设项目等，要优先安排建设用地指标。土地利用总体规划修编后，湖镇镇、溪口镇的耕地保护指标率要低于其他非中心镇，在耕地占补上实行全县平衡，为中心镇发展在规划上留足空间。

2. 立足存量，内涵挖潜，促进中心镇建设集约用地。严格执行“一户一宅”政策，鼓励中心镇（乡）开展村庄整理，在实施退宅还耕前，优先按一定比例配发周转指标。中心镇（乡）通过宅基地整理、土地整理及建设用地复垦等所获建设用地指标，优先用于中心镇（乡）非农建设项目。与此同时，每年安排中心镇一定数量的经营性土地指标用于出让。

3. 积极包装项目。项目和经济主管部门要上门服务，主动帮助中心镇（乡）挖掘项目，做好包装，参加省里组织的“山海协作”活动，争取更多的签约项目和省级用地指标。

（四）扩大中心镇经济社会管理权限。

1. 按照权责统一，合法、便民的原则，促进县级管理资源下移到中心镇（乡），为农村居民及企业提供便捷周到的审批和服务，提高办事效率。各有关部门要在法律规定的范围内通过委托、授权等形式赋予中心镇（乡）在村镇建设、土地管理、投资项目等方面的审批权和城镇管理等方面的执法权。针对委托执法事项加强人员培训和经费支持，确保高效、规范的审批和执法。上报省、市有关部门的审批事项县主管部门“见章盖章”，履行上报手续，提高审批效率。

2. 深化中心镇（乡）干部人事制度改革。按照贯彻落实科学发展观和加强党的执政能力建设的要求，加强中心镇（乡）领导班子建设。中心镇（乡）根据工作职责和工作需要，在核定的编制内，不强求上下对口、组织形式一致。除国家规定实行垂直管理的部门外，其他县级以上驻镇（乡）机构和人员，实行条块结合，以块为主的管理体制。垂直管理的驻镇（乡）派出机构接受镇（乡）党委、政府的监督，主要领导的任免须书面征求镇（乡）党委意见。组织人事部门要积极创造条件，采取职能部门下派干部挂职锻炼等方式为中心镇（乡）引进规划、建设、工业、经贸等方面紧缺人才。

3. 按照权责统一的原则，中心镇（乡）对经扩权和委托、授权由镇（乡）办理的审批、执法事项，要严格依法办事，自觉履行法定职责，并承担相应的经济和法律责任。

（五）深化投资体制改革。

坚持谁投资、谁经营、谁受益的原则，支持中心镇加大投资体制改革力度，允许中心镇依法组建集镇建设投资公司，拓宽融资渠道，吸引各类资本以多种方式参与中心镇基础设施、社会事业和产业功能区建设。积极推行市政、绿化养护和环卫作业等公开招投标。积极培育自然人、企业法人或社团法人发起的小额贷款组织、担保机构，加强对中小企业和农民创业的融资服务。

（六）加快推进户籍制度改革。

实施新居民居住证制度，凡在中心镇（乡）建成区内拥有合法固定住所，有稳定职业或生活来源的本地农民、外来人员及其共同居住生活的直系亲属，根据本人意愿均可办理城镇居民户口。要采取规划引导、建设民工公寓和下山脱贫小区等措施，有序引导人口向中心镇（乡）规划点集中居住。

1. 农民在变为中心镇居民身份后，允许其继续在一定的时期内保留作为农民身份时的计划生育权利。

2. 农民转变为中心镇居民后，在一定的时期内保留其在农村的原有土地的承包权，允许其进行土地使用权入股、流转。

3. 中心镇要制定相应的政策，鼓励和引导在本镇的企业吸收本镇农民就业。

4. 鼓励社会人员到中心镇集聚和创业就业，对在湖镇、溪口、模环集镇范围新开办的个体工商户（包括新建市场），其工商管理费实行“一免二减半”政策，即第一年全免，第二、第三年减半收取。

5. 对于在中心镇镇中心区居住和就业但还没有将农村户口转为居民户口的农民，在子女上学等方面，享受与集镇居民同等待遇，以此吸引农民进入中心镇镇中心区居住与就业。

(七)加快中心镇集体非农建设用地使用制度改革。

进一步探索集体建设用地流转方式，保障集体建设用地依法、合理、规范流转。允许农村集体经济组织用转让(土地使用权作价出资、入股、联营、兼并、置换等)、出租、抵押等形式依法流转农村集体建设用地。允许湖镇镇、溪口镇及模环乡开展农民住宅产权登记试点，积极探索农民房产权抵押办法；采取异地置换方式，积极鼓励山区农民迁移到中心镇落户就业。探索建立中心村农民宅基地有偿收储机制，对金融机构发放贷款实施的农户空关房、宅基地收储项目由县财政贴补一年贷款基准利息。

(八)加快建立统筹城乡的就业和社会保障制度。

要以万名农民素质工程为载体，建立健全农村劳动力转移就业培训制度，促进农村富余劳动力向中心镇非农产业转移。建立机构、人员、经费、场地、制度和工作"六到位"的中心镇劳动保障工作平台。加快中心镇人力资源有形市场和就业服务信息网络建设，加快中心镇社会保障制度建设，规范和完善基本生活制度，有条件的中心镇要积极探索建立面向农业劳动者的农村养老保险制度，全面普及新型农村合作医疗，深化完善新型农村社会救助体系，不断完善最低生活保障标准，建立与经济发展水平相一致的联动增长机制，逐步实现农村基本社会保障全覆盖。

四、加强组织领导

(一)加强中心镇培育的领导。县委、县政府建立中心镇培育领导小组，下设办公室(设在县农办)，负责对中心镇培育工作的综合协调、指导服务和督查考核。

(二)加强中心镇的考核。从2008年起，县委、县政府对乡镇考核时，对中心镇突出地区生产总值、工业增加值、工业投入、财政总收入、农民年人均纯收入等主要经济社会发展指标的考核。考核指标的确定，原则上不得低于全县上述指标当年平均增长率的130%，县中心镇培育领导小组办公室要会同统计等有关部门加强对中心镇(乡)统计报表的核查。

(三)县中心镇培育领导小组负责对本意见的政策落实情况进行监督检查，对不兑现政策措施的县机关部门予以通报批评，并限期改正，确保中心镇的各项政策落实到位。

本意见于2008年1月1日起实施，由县中心镇培育领导小组负责解释。

中共龙游县委
龙游县人民政府
二〇〇八年六月五日

中共黄岩区委　黄岩区人民政府
关于加快黄岩蜜橘(名果)产业发展扶持政策的意见

(2008年6月25日)

黄区委发〔2008〕30号

为保护和利用好黄岩蜜橘(名果)这一独特资源，切实提升黄岩蜜橘(名果)的知名度和美誉度，继续发挥黄岩蜜橘(名果)在推进黄岩经济和社会发展中的积极作用，现就进一步加快黄岩蜜橘(名果)产业发展制订如下意见。

一、发展目标

1. 编制好黄岩蜜橘(名果)产业发展规划。大力发展本地早蜜橘和早熟温州蜜柑等优良品种。通过五年努力，建成优质柑橘生产基地3万亩、核心精品园5000亩，柑橘品质达到《地理标志产品黄岩蜜橘》优质果标准。

二、扶持柑橘基地建设

2. 鼓励新发展柑橘良种。新种植本地早蜜橘、早熟温州蜜柑等柑橘良种，基地连片面积在15亩以上的，每亩一次性补助200元；鼓励选用柑橘无病毒容器苗木，每亩再加苗木补贴300元。

3. 实施柑橘高接换种。基地集中成片高接换种面积达15亩以上，并能实行统一管理、达到考核标准的，给予三年的政策补助，补助标准为第一年每亩1000元，第二年每亩500元，第三年每亩300元。

4. 建设柑橘精品园。以村集体组织、合作社、专业大户或农业龙头企业等为建设主体，按照"设施现代化、品种良种化、管理标准化、经营产业化、品质优质化、效益最大化"的基本要求，基地面积成片在100亩以上，品种为本地早蜜橘或早熟温州蜜柑，重点开展园区道路、排灌等基础设施建设和生产技术改进，项目建成验收合格后，按照当年基础设施实际投资额的60—70%予以补助，最高不得高于60万元。

5. 鼓励创新经营机制和土地使用权流转。对单位或个人开展果园托管、反租倒包协议五年以上并公证的，达到柑橘良种集中连片15亩以上，管理规范，档案齐全，且生产标准化，品质优良，给予每亩一次性补助200元。

三、扶持市场开拓与品牌建设

6. 强化黄岩蜜橘(名果)品牌宣传推介。充分利用现代宣传手段，通过媒体、广告、互联网进行大力宣传；组织举办黄岩蜜橘(名果)推介会、参加省组织的农业博览会，进一步扩大黄岩蜜橘(名果)的知名度。

7. 建立以黄岩蜜橘证明商标为核心品牌的名牌工程

体系。鼓励黄岩蜜橘生产经营单位围绕黄岩蜜橘证明商标、地理标志产品，积极开展黄岩蜜橘创建中国名牌农产品或全国驰名商标活动，培育和发展黄岩蜜橘系列品牌。每年安排一定资金用于证明商标和地理标志产品的管理。

对在黄岩蜜橘品牌系列中培育出省、市级名牌产品或著名商标的，按照《关于加快产业集群发展的若干政策意见》(黄政发〔2006〕65号)给予奖励。对获得浙江省农业博览会金奖的奖励1万元。

8. 鼓励黄岩蜜橘(名果)标准化认证。被新认定为浙江省无公害农产品基地的，每个奖励1万元；被新认定为绿色食品或有机食品的，每个奖励2万元；首次通过出口基地认证的，每个奖励2万元。

9. 鼓励黄岩蜜橘营销主体有组织地开拓销售市场。对在省会城市新进入大型连锁超市销售本地早蜜橘，且当年营销量达到10万公斤以上的，给予5万元的奖励；对销售量首次突破30万公斤、100万公斤的再分别给予2万元、5万元的奖励。同时，对营销黄岩蜜橘的企业或大户，由区政府每年进行评选表彰和奖励。

10. 鼓励经营黄岩蜜橘的合作社或配送中心增加投入。对当年购置果品分级包装等先进设备，给予投入额30%的补助。

四、扶持柑橘科技示范推广

11. 推广柑橘标准化生产技术。

(1)推广大枝修剪、生草栽培、地膜覆盖、完熟采收、分级贮藏等标准化技术，并安排一定资金用于技术示范。

(2)推广设施栽培技术。对新建立柑橘钢架大棚等设施，面积集中在2亩以上的，按当年实际总投入的50%进行补助。

(3)推广测土配方施肥。扶持开展测土配方施肥技术推广，安排一定资金，主要用于取样分析、有机肥料采购补贴和示范园建设。

(4)推广柑橘病虫害绿色防控技术。结合精品橘园建设，示范推广生物防治、频振式杀虫灯、高效低毒农药等绿色防控技术，安排一定资金，主要用于绿色防控示范、物资采购补贴、技术培训和宣传等。

12. 建立完善黄岩蜜橘(名果)科技推广、应用体系。完善区、乡、村三级推广网络，大力开展科技咨询、柑橘(名果)标准化生产技术讲座培训，实行果农专业资格证书制度。加强对农村经纪人、专业大户、合作社骨干和营销者的现代柑橘(名果)生产经营知识技能培训。

13. 鼓励引进和使用新技术。加大优良品种的引选和新技术的试验、示范和培训，给予一定的资金补助。

五、加强组织领导

14. 加强组织领导。建立区柑橘(名果)产业发展领导小组，负责实施黄岩蜜橘(名果)产业的发展，及时协调、解决水果产业特别是黄岩蜜橘发展中出现的问题，确保扶持政策落实到位。各乡镇街道也要切实加强对蜜橘(名果)产业发展的领导，实行行政一把手负总责，制定好本乡镇街道蜜橘(名果)产业发展实施方案。

15. 充分发挥公共财政的主导作用。设立黄岩蜜橘产业发展专项资金(以下简称“专项资金”)，由区财政每年预算安排500万元，专项用于黄岩蜜橘(名果)等产业的发展，同时接受社会各界捐赠，专项资金管理办法由区林特局会同区财政局另行制定。各乡镇街道也要相应安排一定的资金用于当地蜜橘(名果)产业发展。

16. 构建项目申报机制。各职能部门要通力合作，在向国家、省、市申报农业产业项目时，确保柑橘、杨梅项目优先上报。

17. 加强项目管理。区林特局要进一步建立健全项目管理制度，制订具体实施细则，对项目实行申报、立项、跟踪、验收一条龙服务。各乡镇街道要制订相应的管理办法。项目实施单位要按具体实施标准积极实施。

六、附则

18. 本意见自2008年1月1日起施行。

19. 对同一事项在区内涉及多项补助或奖励的，按从高的原则不重复享受。

20. 以前政策与本意见不一致的，按本意见执行。

21. 本意见由区柑橘(名果)产业发展领导小组办公室负责解释。

中共丽水市委　丽水市人民政府
关于加快农民异地转移促进农民增收的若干意见

(2008年3月27日)

丽委〔2008〕1号

2008年和今后一个时期，我市社会主义新农村建设的总体要求是：深入贯彻落实党的十七大、省第十二次党代会和市委二届八次全会精神，以科学发展观为统领，坚定不移实施“两创”总战略，紧紧围绕加快创业创新、建设生态文明、推进丽水新跨越和全面建设惠及全市人民的小康社会的战略目标，坚持统筹城乡发展，着力推动农业增效、农民增收特别是低收入农户增收，着力加快农民转移就业，着力提高农村社会保障水平，扎实推进全市社会主义新农村建设。

农民增收是新农村建设的首要目标和任务，也是解决农村发展问题的核心。丽水农村发展的实践证明，加快农民异地转移，加快内聚外迁步伐，是促进山区农民持续增收的重要途径，是建设生态文明的重要举措，也是深入推进社会主义新农村建设、全面建设小康社会的必由之路。市委、市政府决定，在今后5年实施十万农民异地转移工程，以此推动全市跨越发展，建设生态文明，努力与全省同步基本实现全面小康。

2008年，全市力争实现农民增收六大目标：农民异地转移2万人，其中整村搬迁人数占60%以上；农民转移就业5万人，帮助解决农民就业岗位1.5万个，其中异地转移农民占60%以上；1500元以下低收入农户人均纯收入超过1500元或纳入最低生活保障；2500元以下低收入农户中20%以上人均纯收入超过2500元；欠发达乡镇农民人均纯收入达到全国农民人均纯收入水平；农民人均纯收入增幅高于全国或全省水平。

到2012年，力争全市2500元以下低收入农户人均纯收入全部达到2500元以上或达到当年最低生活保障水平；80%以上的农民人均纯收入达到当年全国农民人均纯收入水平；农民异地转移10万人以上；农民转移就业25万人以上。

一、编制实施农民异地转移规划。组织编制《丽水市农民异地转移规划(2008—2012年)》，加强对农民异地转移工作的宏观指导。各县(市、区)要制定当地农民异地转移规划和年度实施计划。农民异地转移规划要与土地利用总体规划、县(市)域规划、中心镇总体规划、村庄布局规划等规划配套衔接。以彻底摆脱贫困、彻底恢复生态、彻底远离危险为目的，以高山远山地区、库区和地质灾害隐患区为重点，组织实施"千村生态移民工程"、"库区困难群众异地脱贫工程"、"百村千户避险安居工程"。开展农民异地转移，要坚持"政府主导、农民自愿，科学规划、梯度转移，政策引导、部门协作，突出重点、务求实效"的原则；坚持以整村搬迁、集中安置为主；坚持与推进城镇建设、工业园区建设、基础设施配套和公共服务体系建设相结合。

二、确保农民异地转移安置用地。要按照"移得出、安得下、能致富"的要求，安排好农民异地转移安置用地。坚持"依城镇建区、依村设点"的原则，优先考虑在人口比较集中、有一定产业支撑的城区和中心镇建设安置小区，也可就近选择一些集聚能力较强的中心村设立部分安置点。各县(市、区)要在城区或中心镇范围内安排一定规模的农民异地转移安置用地，建设相对集中连片的安置小区。安置小区的建设用地指标要优先予以保障，建设工程项目要列入县(市、区)重点工程，争取列入省、市重点工程。地质灾害紧急避险安置用地，允许先使用、后补批。要切实保护耕地，充分利用非农建设用地，鼓励开发利用低丘缓坡山地和农村闲置地。坚持从实际出发，想方设法解决好分散安置农民的宅基地。

三、创新农民异地安置方式。因地制宜，创新农民异地安置的方式方法，努力降低异地转移农民的安置成本。坚持集中安置为主、分散安置为辅，梯度转移农民。依据各地异地转移规划，允许农民根据规划要求和自身的经济条件，自愿选择安置地。可以选择在城镇安置，也可以选择在乡村安置；可以选择在县内安置，也可以选择跨县域安置。对低收入农户，可以建设小户型安置公寓进行安置。对农村低保户，可以通过建设廉租房和购买农村闲置房进行直接安置。对异地转移能力较强的农户，鼓励通过进城购置商品房自行安置。积极探索建设农民安置公寓、联建公寓式套房等多种安置形式，以节约建设用地。打破行政区划限制，鼓励实施跨县域整村搬迁，搬迁项目由迁入地有关部门根据省、市有关规定和扶贫资金管理办法负责管理和实施，市财政补助资金下达给迁入地。

四、鼓励和引导农民实施整村搬迁。各县(市、区)要有计划地开展整村搬迁工作。要研究制定推进整村搬迁的鼓励和扶持政策，特别要重视10户以下小规模自然村的搬迁撤并工作。对整村搬迁的农户，市、县(市、区)财政要和省财政补助予以配套，确保给予每人不少于1万元的补助。加强整村搬迁村庄的宅基地整理复垦工作，开展"空心村"整治，盘活农村建设用地存量，拓展建设用地空间。高度重视调动村民参与农村宅基地整理工作的主动性和积极性，较大幅度地提高农村宅基地整理复垦的补助、奖励标准。通过整理复垦新增的农村建设用地指标，优先用于新农村建设特别是农民异地转移安置。坚持"一户一宅"政策。农民异地转移安置后，原居住地住房按拆旧建新原则予以拆除，其宅基地收归村集体所有。宅基地整理复垦后，应及时还耕还林，或流转承包开发，所得收益原则上作为村集体经济。

五、支持农民转移就业自主创业。深入实施百万农民素质培训工程。全年完成农村劳动力培训10万人，其中农村劳动力转移就业技能培训5万人。以新型农民现代农业专业技能和农民转移就业技能培训为重点，加强培训基地建设，创新培训方式，注重品牌建设，提高培训质量。着力增强农民参与现代农业创业的能力，促进农村劳动力向二三产业转移。努力降低考证成本，对异地转移农民和低收入农户进行免费培训，并提高培训经费补助标准。加强农民转移就业指导，重点围绕异地转移农民、农村零转移就业家庭、低收入农户开展就业帮扶、就业援助，力争每个家庭至少有一个劳动力实现转移就业。鼓励发展家庭作坊、手工艺生产，扶持农民自主创业。2008年，市财政安排70万元用于市级农民异地培训专项配套补助和转移就业创业之星评选。积极培育"一村一业"、"一村一品"的特色村域经济。积极开发政府公益性岗位，用以安置农民特别是低收入农户转移就业。金融机构对异地转移农民的小额信贷要适当放宽条件，予以政策倾斜和利率优惠。鼓励金融机构开展创业小额贷款、林权抵押贷款、信用担保贷款和农民住房建设专项贷款等多种信贷业务，为农民异地转移、自主创业提供支持。

六、推进农业产业化。加快转变农业发展方式，鼓励农民大力发展种植业、养殖业、加工业和农家乐休闲旅游业。深入实施新农村新农业惠民工程。紧紧围绕九大特色优势产业，着力培育一批特色优势产业强村强镇、一批带动能力强的农业龙头企业、一批上规模的现代农业示范基地。切实加强以农民专业合作社为基础、供销合作社为依托、农村信用合作社为后盾的“三位一体”服务体系建设，扩大工作试点，推进农信担保组织建设。改善农产品产地环境，加快农业标准化生产，提高农产品生态品质，推进森林食品和无公害农产品、绿色食品、有机食品认证工作。2008年，市财政新增安排100万元专项资金用于扶持农业产业化。加快农产品交易市场和农产品加工功能区建设，启动市本级农业生态科技园项目的规划、立项及政策处理等前期工作。大力发展农村来料加工业和农家乐休闲旅游业。加快培育来料加工特色区、专业村、加工企业，实现来料加工年加工费收入3.8亿元。加强农家乐的规范管理，重视培育农家乐（林家乐、渔家乐）精品项目。各级财政要进一步加大对来料加工业和农家乐休闲旅游业的扶持力度。市财政安排250万元来料加工和农家乐休闲旅游专项资金，重点支持来料加工经纪人在农民转移安居地、低收入农户集中区拓展来料加工业，支持异地转移农民兴办农家乐，促进农民就地就业发展。

七、开展低收入农户奔小康工程。把低收入农户的界定标准从年人均纯收入1500元提高到2500元。在开展低收入农户调查基础上，做好建档立卡工作，全面制定低收入农户奔小康工程规划。以低收入农户增收为核心，提出产业增收、转移就业增收、保障增收等具体政策措施意见。以县（市、区）、乡镇为责任主体，进一步落实扶贫工作责任制。坚持因地制宜，分类指导，重点帮扶，加强保障。进一步完善领导联系、部门结对、企业参与的帮扶机制，加大产业项目扶持力度，拓宽帮扶资金筹措渠道。深化“一户一策一干部”制度，开展“一村一计一部门”活动。积极推行小额信贷扶贫制度，开展村级发展互助资金试点。

八、加快中心镇培育和建设。贯彻落实《关于加快中心镇培育工作的实施意见》（丽政发〔2007〕94号），充分发挥中心镇的人口集聚、产业带动作用。近期重点培育18个规划科学、规模适当、功能齐全、经济繁荣、环境优美、文明和谐、特色明显、具有较强辐射能力的中心镇，为农民异地转移创造空间，提供良好平台。加快完善中心镇的功能布局，加强基础设施建设，强化产业支撑，增加劳动就业岗位。鼓励和引导山区农民向中心镇转移集聚。加快推进体制改革，扩大中心镇的经济社会管理权限。坚持以中心镇发展带动中心村建设，着力培育一批经济较繁荣、设施较完善、特色较鲜明、服务较配套的中心村，促进农民梯度转移。

九、完善农村公共服务体系建设。按照城乡基本公共服务均等化的要求，加快农村公共服务事业发展。以中心镇、中心村和农民异地转移安置小区为重点，完善农村公共服务体系。深入实施“百村示范、千村整治”工程。2008年，全市建设农村新社区10个，新农村示范村18个，整治村400个。市财政安排村庄整治专项资金800万元。深入实施新农村公路建设、城乡公交一体化、农民饮用水、山塘水库加固、兴林富民、新农村电气化、千镇连锁万村放心店等系列工程，增强农村公共服务功能。深入推进城乡教育均衡化，加快城市优质教育资源向农村配置。把爱国卫生运动重点放到农村，深入实施“农民健康工程”。推进新农村新家庭计划，稳定农村低生育水平。推进农村公共文化服务，繁荣农村文化。深入实施广播电视“村村通”工程，举办乡村文化艺术节，广泛开展文化下乡和农民小康健身活动。深入开展丽水文化名村建设活动，市财政安排100万元专项资金用于第二届丽水文化名村评选。

十、推进农村生产要素流转。坚持和完善农村基本经营制度，重视发展壮大村级集体经济。深化农村产权制度改革，支持异地转移农民和劳动力转移农民按照依法自愿有偿的原则，以委托转包、承包权入股等形式进行耕地流转和森林资源流转。支持农业龙头企业、种养经营大户按照产业化规模经营的要求，有偿集中、连片开发转移农民所承包的耕地、山地、林地，发展高效生态农业。大力鼓励和引导民营资本参与农村生产要素流转、开发和经营。创新土地流转模式，探索村集体土地、林地等集体资产按量化到户原则进行股份制改造试点，转移农户按所持股份享受收益和其他合法权益。积极发展土地等生产要素流转中介服务组织。全面推进集体林权制度改革，推进森林资源配置市场化。

十一、提高农民社会保障水平。完善农村最低生活保障制度，开展提标扩面工作。进一步健全最低生活保障标准的城乡同比例增长机制。2008年，每人每月补差不低于75元。进一步扩大农村最低生活保障覆盖面。符合农村最低生活保障条件的低收入农户必须及时纳入农村最低生活保障范围，真正实现应保尽保。2008年，全市农村低保人数比上年扩面50%以上。完善被征地农民基本生活保障制度。巩固农村“五保”对象集中供养成果。积极探索农村养老保险制度。进一步完善新型农村合作医疗制度，新型农村合作医疗人均筹资标准提高到100元以上，提高参合农民受益水平。加强农村医疗救助制度建设。加强农村残疾人的福利保障。

十二、维护转移农民的合法权益。异地转移农民依法享有原土地承包经营权、自留山及山林承包经营权、村级集体资产的分配收益权等合法权利。积极探索异地转移农民实行居住地管理的有效办法。公安、教育、建设、卫生、计生、劳动、民政、保险等部门要及时为异地转移农民办理各种手续。异地转移农民在教育、就业、医疗、社会保障等方面，享受当地居民同等待遇，并承担相应义务。切实加强农村基层民主政治建设，加强基层组织建设，推进程序化、契约化管理，确保农民拥有农村事务知情权、参与权、表达权和监督权。

十三、加大公共财政投入。要不断提高公共财政用于农村的总量和比重，加大对农民异地转移的投入。2008—2012年，市财政安排1亿元以上的农民异地转移专项资金。2008年安排3000万元，对市本级、县（市）实施整村搬迁的农民分别按人均3000元和1000元的标准予以补助；对实现农民增收六大目标的县（市、区）予以100万元项目经费；对完成农民增收六大目标工作突出的县（市、区)予以工作经费补助和奖励。各县(市、区)要安排农民异地转移专项资金,资金总量和增量要明显高于上年,资金补助水平要高于市财政补助水平。拓宽资金渠道,推广城区外农村集体非农建设用地收归国有后,通过市场化出让取得的出让金主要用于新农村建设的做法。重视财政性资金的统筹使用和有效整合,提高资金效益。充分发挥财政资金的引导作用,带动信贷资金和其他社会资金投入。

十四、加强部门资源整合。各地各部门要合力支持资源整合,进一步加大对农民异地转移的资金扶持、政策倾斜和工作配合。国土、林业、建设、电力、交通、水利、电信、广电、卫生等部门要提出具体意见、措施和办法,对农民异地转移安置小区建设所涉及的基础设施给予重点支持。农民异地转移安置小区(点)建设涉及的市、县(市、区)政府管辖范围内的规费,一律给予减免或返还。对社会中介机构的收费依法加强监督,严格规范管理。对近期已列入整村搬迁计划的村庄,原则上不再安排各类公共基础设施项目建设。

十五、进一步加强组织领导。各级党委、政府要进一步深刻认识解决好"三农"问题是全党工作的重中之重,牢牢把握新农村建设工作主动权。把推进农民异地转移作为加强创业创新的重要举措,作为优化人口产业布局、促进农民持续增收和建设社会主义新农村的重要载体。制定落实好强农惠农政策,在工作安排、财力分配、干部配备等方面予以重点倾斜。进一步重视农办、扶贫办机构建设,充实工作力量,加强对农民异地转移和农民增收工作的全过程指导和服务。深入开展"六个双百"活动,努力营造全社会参与支持新农村建设、推进农民异地转移、促进农民持续增收的浓厚氛围。切实加大督查力度,建立健全考核制度,完善农村统计监测,确保各项政策措施和目标任务落到实处。市委、市政府将对各县(市、区)农民增收六大目标完成情况进行全面考核。

中共龙泉市委　龙泉市人民政府
关于加快生态移民步伐　扎实推进新农村建设的若干意见

龙委〔2008〕5 号

今后一个时期,我市社会主义新农村建设的总体要求是:认真贯彻落实科学发展观,坚持以"生态创业"为主题,以结构调整为主线,以林富农为战略,深入实施生态移民工程,不断推进农业增效、农民增收特别是低收入农户增收,扎实推进社会主义新农村建设,逐步走出一条"创业富民、创新强农、创优美村"的新路子。2008 年,全市力争实现生态移民和农民增收六大工作目标:实现生态移民1 091户4 361人,其中整村搬迁人数占 60%以上;农民转移就业6 500人,帮助解决农民就业岗位1 950个,其中异地转移农民占 60%;2 500元以下低收入农户中 20%以上人均纯收入超过2 500元;1 500元以下低收入农户人均纯收入超过1 500元或纳入最低生活保障;欠发达乡镇农民人均纯收入达到全国农民人均纯收入水平;全市农民人均纯收入增幅高于全国或全省水平。

一、编制实施生态移民总体规划。组织编制《龙泉市五年 2 万生态移民总体规划(2008—2012 年)及 2008 年计划》,加强对农民生态转移搬迁工作的规划引领和宏观指导。各乡镇(街道)要根据全市生态移民总体规划及2008 年计划,制定当地农民生态转移规划和年度实施计划。在编制规划时,要做到与市域总体规划、中心镇规划、中心村总体规划、村庄布局规划、土地利用总体规划相衔接,以彻底摆脱贫困、恢复生态、脱离危险为目的,以高山远山地区、库区和地质灾害隐患区为重点,坚持"立足当前、着眼长远,政府引导、群众自愿,政策扶持、市场运作,梯度转移、分步实施,突出重点、整体推进"的原则,坚持以整村搬迁、集中安置为主,坚持与推进工业园区建设、中心镇建设、基础设施配套和公共服务体系建设相结合。

二、加快城区农民公寓建设。根据统筹城乡发展的要求,按照"依城建寓、依镇建区、分片设区,因村设点"的思路和集约使用土地资源的原则,积极推进城乡一体化,促进以城带乡、城乡互动。城区农民公寓是生态移民工程的主战场,要全面加快南大洋农民公寓建设进度,一期工程年底前实现全面竣工;加快张家村农民公寓建设,确保"6.25"灾民能如期搬迁入住;要按照占地规模不少于 200亩的要求,完成城区新的生态移民安置小区选址工作,尽快着手前期规划、土地征用及政策处理工作,力争年底前开工建设。

三、推进紧水滩库区困难群众异地脱贫工程建设。继续抓好紧水滩库区困难群众异地脱贫工程在建项目实施,7 月底前完成农民主体工程建房任务,年底前完成小区配套基础设施建设,使库区困难群众早日搬入新居。在坚持积极引导和扶持库区困难群众异地脱贫的同时,进一步加大库区扶持力度,健全和完善库区扶持办法,通过异地脱贫与就地开发相结合、整体搬迁与集聚发展相结合、完善基础设施与扶持生产相结合、促进转产转业和增收致富相结合,拓宽库区异地困难群众增收渠道,拓展库区困难群众发展空间。鼓励异地安置困难群众向二、三产业转移。帮助库区群众发展高效生态农业，推进库区耕地、林地集约经营，全面加快库区农民脱贫致富步伐。

四、创新农民生态安置方式。坚持集中安置为主，分散安置为辅，梯度转移农民的思路，创新生态移民安置方式方法，努力节省生态移民的安置成本。运用市场运作方式建设农民公寓，大力推广农民联建公寓式套房做法，努力实现“农民节本、政府节地、小区提质”的多赢效果。各类农民公寓、生态移民小区要建设占一定数量的小面积公寓房和小植低层住房，用于安置生态移民中的低收入人群，对于特困群众的下山出库，采取建廉租房、过渡房等办法予以妥善安置。

五、鼓励实施整体搬迁。各乡镇(街道)要有计划地开展整村搬迁和小规模自然村搬迁工作，市财政将进一步提高整村搬迁农户的补助标准，对经规划批准整体搬迁的高山远山、重点库区、地质灾害点农户，按照丽委〔2008〕1号文件的标准足额补助给农户(包括市国土部门对农户旧宅拆除按建筑占地面积补助50元/m^2)。经市扶贫办确认的1500元以下低收入农户实施整体搬迁的，经有关部门验收合格后，在享受整体搬迁补助的基础上，按1000元/人的标准给予搬迁困难专项补助。加强整村搬迁村庄的宅基地整理复垦工作，开展“空心村”整治，盘活农村建设用地存量，拓展建设用地空间。按照“一户一宅”要求，有计划、有步骤、有限期地推进下山脱贫整体搬迁和农户旧宅拆除工作。各乡镇(街道)要进一步加快生态移民重点区行政村和自然村的调整和归并进度。

六、落实主要配套措施。根据集约使用土地资源原则，按照全市生态移民总体规划及2008年计划，安排生态移民搬迁安置用地。继续推进张村、安仁小区三期建设，选择在八都、兰巨等人口比较集中、有产业支撑的中心(乡)镇建设若干安置小区，选择季边等靠近城区或乡镇(街道)中心村建设部分安置点。市国土部门对农民公寓和安置小区(点)建设用地指标优先予以保障；地质灾害紧急避险安置用地，允许先使用、后补批；积极帮助分散安置农民落实好宅基地。市交通部门要做好康庄工程与整体搬迁村结合工作，为整体搬迁小区基础设施建设提供资金支持和帮助，尽快将2006年上报第一批项目资金落实到位，积极做好第二批项目申报。市电力、水利、建设等相关部门要落实好小区(点)用水、用电、通讯和排水(污)等设施配套相关工作。

七、完善后续管理机制。加强户籍管理工作，在规模小区建立党组织和社区居委会。对于迁入农民公寓、脱贫小区(点)的生态移民，户籍可纳入相应的辖区管理。市人劳社保、教育、卫生、计生等部门在生态移民劳动力培训、子女就学、就医等方面给予当地居民(农民)同等待遇。市工商、税务、保险等部门在生态移民过渡期内对新办企业给予优惠或减免规费服务，市民政部门要积极指导好规模小区的社区建设和管理工作。鼓励和引导生态移民原居住地的耕地、山林等生产资料流转承包经营，适度推进规模经营。

八、实施生态产业提升工程。围绕“生态建设年”活动，突出生态创业，稳定粮食生产，推进“以林富农”，加快形成农业产业块状发展格局。一是实施两个提升计划。以15万亩省级现代毛竹示范园区和示范基地建设为重点，2008年建成毛竹示范乡镇3个、毛竹示范村18个、毛竹专业村10个、毛竹高效经营示范点300个，新建竹林机耕路200公里，新建蓄水池200立方米，实现竹产业提升。按照建设中国食用菌集散中心、中国黑木耳菌种生产中心、浙江夏菇基地、“中华灵芝第一乡”的目标，2008年建成食用菌标准化生产基地15个，食用菌机械化生产加工示范基地1个，开发食用菌新品种2个，发展食用菌精深加工项目2个，实现食用菌产业提升。二是实施两个翻番计划。继续围绕“绿茶、乌龙茶并举”发展战略，以两翼地区为重点，2008年建成特色茶基地5000亩，比2007年翻一番，茶叶基地总面积达3万亩。充分发挥“生态、绿色、无公害”这一优势，全力推进两翼地区的商品蔬菜生产，建成基地1.5万亩，比2007年翻一番。2008年建成无公害高山商品蔬菜标准化基地5个，示范村2个，蔬菜机械化生产加工示范基地1个。三是培育两个新兴产业。围绕“畜牧业进山、养殖业上山”的发展战略，推行“猪-沼-果”、“猪-沼-茶”、“猪-沼-竹”等生态养殖模式，扶持中小规模标准化生态规模养殖场10个。大力发展农家乐休闲旅游业和来料加工，2008年创建省级农家乐特色村1个、丽水市级特色村2个，培育三星级农家乐经营户4户、二星级经营户10户；发展来料加工专业村8个，经纪人20名。

九、实施低收入农户奔小康工程。根据省委、省政府新一轮扶贫工作要求，在加快欠发达乡镇农民增收步伐的同时，把低收入农户的界定标准从年人均纯收入1500元提高到2500元，认真开展低收入农户调查工作，并做好建档立卡工作。制定低收入农户奔小康工程总体规划(2008—2012年)及2008年计划，并按照“扶贫重心下移到村、扶贫对象明确到户”的要求，制定出全市新一轮低收入农户奔小康工程扶持政策，将人均纯收入低于2500元的农户列为帮扶对象，在生态移民、培训转移、小额信贷、社会保障、结对帮扶等方面给予更多扶持和帮助；对230个低收入农户集中村在产业发展、培训转移、生态移民、基础设施建设等方面进行重点扶持和帮助。深入实施百村千户万人帮扶工程，继续实行“一村一计一部门”制度，实施“10＋5”重点帮扶行动，开展“一户一策一干部”帮扶活动。积极改进和拓展农村金融服务，全面推行扶贫小额信贷制度，认真做好5个贫困村村级发展互助资金试点工作。

继续坚持“六个一批”思路，即大力发展高效生态农业和农村二、三产业，富裕一批低收入农户；深入实施生态移民工程，迁移一批低收入农户；加强劳动力转移培训，输出一批低收入农户；贯彻落实大中型水库移民直补政策，提高一批低收入农户；继续完善农村低保制度和社会救助体系，保障一批低收入农户；通过结对帮扶活动，扶助一批低收入农户，做好低收入农户增收工作。按照“五个一”的要求，即帮助其选择一个发展项目，制定一份增收计划，提供一项生产信息技术服务，解决一个困难和问题，捐赠一定数额帮扶资金和物品，做好结对帮扶工作。

十、积极推进农民转产转业。深入实施十万农民素质培训工程，积极推行劳动力“培训教育券”制度，大力开展“订单式”培训和“订单式”输出，积极打造“龙泉技工”品牌，着力增强农民转产转业能力。有针对性的免费培训生态转移和低收入农民。积极鼓励工商企业吸纳生态转移和低收入农民就业。加快非农产业发展，着力推进城镇郊区和凤阳山毗邻区域“农家乐”休闲旅游业发展，积极开展农家乐等级评定活动。大力扶持来料加工业，推进来料加工向欠发达乡镇、生态移民安置小区（点）、低收入农户相对集中的地区发展，采取担保、抵押、联保、贴息等多种形式，解决来料加工企业和经纪人的贷款难问题。市农办、农业、林业、旅游、妇联等部门对欠发达乡镇、帮扶村和低收入农户发展非农产业，要予以优先编报和安排项目。对低收入农户自主创办个体工商户，创业经营一年以上并参加社会保险的，经工商、劳动保障等部门确认，享受与城镇集体企业下岗失业人员再就业同等的优惠政策。

十一、加快中心镇和中心村建设。按照市域总体规划和城镇功能定位，认真制定《关于加快中心镇培育工作的实施意见》，促进农村人口和产业向中心镇集聚。继续突出安仁、八都、小梅、查田等中心镇位置，整合各方资源，加快完善功能布局，加强基础设施建设，强化产业支撑，全面加快工业、农业、文化、教育、卫生等各项事业发展，将其建成现代化的小城镇。将中心村作为新农村建设和村庄整治重点，全面加强农村道路、自来水、路灯、电视等基础设施建设，促使农村人口向中心村集聚。坚持中心镇发展带动中心村建设，着力培育一批经济繁荣、设施完善、特色鲜明、服务配套的中心村，促进农民梯度转移。

十二、开展村庄环境整治。开展绿色大行动，启动创建“国家森林城市”，实施“三沿三山”地区绿化美化工程。开展“创建大行动”，建设一批示范性新农村。开展“清洁大行动”，大力整治农村环境卫生，有效治理农村面源污染。深入实施“十村示范、百村整治”工程。以中心村和已创建的省、市示范村为重点，搞好农村新社区建设。以“三沿一区”为重点，按照“五整治一提高”和“三清四改五有”的要求，积极开展村内道路硬化、垃圾收集集中处理、污水治理、河沟治理、卫生改厕、路灯建设、村庄绿化等工作，全面改善农村人居环境。建立部门合作、社会参与共建新农村机制，把康庄公路、农民饮用水、土地整理、农业综合开发、危房改造、有线电视“村村通”等项目与村庄整治结合起来，提高村庄整治实效。2008 年创建省级农村新社区 1 个、丽水市新农村示范村 3 个，省、市环境整治村 45 个，污水处理村 11 个；建设 1 个全国环境优美乡镇，4 个以上省级、丽水市级生态乡镇，10 个丽水市级生态村和 20 个龙泉市级生态村；建设省级绿化示范村 1 个，丽水市级绿化示范村 45 个。

十三、加强农村基础设施建设。加快农村交通网络建设，以中心镇、中心村为重点，推进城市基础设施向农村延伸，加快城乡一体化步伐。2008 年启动建设 53 省道龙泉至八都段一期改善工程；完成安仁至市区路面改善 13.3 公里；加快龙松公路龙泉段一期工程建设；继续实施康庄工程，完成工程项目 50 个，路基 218 公里、路面 116 公里。切实解决 248 个村 8 万农民饮用水安全问题，完成瑞洋一级水库加固和清水河道整治 20 公里，堤防加固 1.88 公里；完成土地开发 3500 亩；新开通广播电视节目 126 个村；完成新农村电气化建设 9 个村。涉农部门安排基础设施建设项目和配套项目，要通过结对帮扶和整合资源等办法向低收入农户集中村倾斜。

十四、完善农村公共服务体系建设。按照城乡基本公共服务均等化的要求，坚持“以人为本、社会公平、分类供给、有限政府”原则，创新推进农村公共服务体系建设。创新公共服务的提供方式，全力构建“6＋1”型（6 个中心 1 个办公室）农村服务体系，即构建产业发展中心，按照一村一品的发展思路，扶持壮大产业基地，带动农户发展；构建农村社区活动中心，以建立文化室等方式，引导村民参加健康文明的休闲娱乐活动；构建社区卫生服务中心，以乡镇卫生院为依托，定期对农民进行健康体检，建立健全农民健康档案；构建矛盾调处中心，以村调解室为基础，吸收村里的“五老”（即老干部、老党员、老军人、老代表、老模范），加强村级调解能力建设，着力做到小事不出村、大事不出乡（镇）；构建商品零售中心，实施“千镇连锁超市万村放心店”等工程，加强对食品、农资产品的监管，积极打造“农家超市”；构建信息网络中心，完善通讯网络建设，发挥农民信箱、农技 110 等功能，为群众提供各类技术信息、市场信息、致富信息；完善便民服务办公室，强化驻村指导员协助村“两委”履行农村公共服务职责，为新农村建设和农民提供优质服务。

十五、提高农民社会保障水平。深入实施“农民健康工程”，巩固完善新型农村合作医疗制度，将参合筹资标准提高到 100 元以上；建立健全医疗救助体系建设，逐步将医疗救助对象扩大到低收入农户。完善最低生活保障制度，开展提标扩面工作，人均纯收入低于 1500 元的低收入农户纳入最低生活保障，2008 年农村低保人数比上年扩面 50%以上，且每人每月补差不低于 75 元。全面推进社会保障“五费”合征和扩面工作，做好政策性农村住房保险工作。完善敬老院建设，继续做好农村五保对象集中供养工作。用好用足移民扶持政策，继续做好移民后扶工作。积极开展防灾救灾宣传和培训，提高农民防灾救灾和恢复生产能力，切实解决受灾群众生产和生活问题。

十六、加大公共财政投入。按照中央和省委、省政府关于财政支农资金安排“三个明显高于”，“三个调整”的要求，健全并完善各项行之有效的支农惠农政策，不断提高公共财政用于农村的总量和比重。2008—2012 年，市财政将安排 1.5 亿元以上的支农资金，用于培育生态产业和实施生态移民、农村环境整治、扶贫开发、劳动力培训等。2008 年，市财政安排生态产业培育、生态移民、村庄整治、扶贫开发、垃圾处理、农家乐、村坊道路建设、村干部误工报酬等专项资金 3000 万元以上。在财政投入中要安排一定比例资金直接用于扶持欠发达乡镇、低收入农户集中村以及低收入农户发展项目。拓宽资金筹集渠道，推广城区外农村集体非农建设用地收归国有后，通过市场化出让取得出让金，主要用于新农村建设的做法。切实提高金融服务“三农”能力，加大政策性信贷扶持力度，积极推进林权抵押贷款，引导农村信用社增加信贷投入。

十七、加强部门资源整合。坚持“渠道不变、用途不乱、优势互补、各记其功、形成合力”的原则，根据农业农村发展重点领域、重点扶持导向目录，切实加大支农资金整合力度，对支农资金进行统筹安排，集中用于重点地区、重点项目、重点产业，提高支农资金、扶贫资金使用效益。将森林资源流转、土地开发，建设用地复垦、康庄工程、小流域治理等项目与生态移民有机结合，建立资金共享机制，多渠道筹措安置小区建设资金。交通、水利、电力、通讯、广电等部门要对生态移民安置小区的基础设施建设给予重点支持，小区建设涉及的规费，属市政府行政性收费范围内的，一律给予减免或返还。对社会中介机构的收费要依法加强监督，严格规范管理。对列入整村搬迁计划的村庄，原则上不再安排各类公共基础设施项目建设。

十八、进一步加强组织领导。市委、市政府将定期研究新农村建设和农村扶贫开发工作，市新农村建设领导小组和扶贫开发领导小组每年至少召开两次专题会议，研究、部署、督促新农村建设和扶贫开发工作。深化市乡村三级联动“办实事、创新业”实践活动，突出农民创家业，能人创企业，干部创事业。深化领导干部蹲点调研、领导下访、重点项目领导领衔等制度建设。各乡镇(街道)要始终坚持把解决好“三农”问题作为工作的重中之重，做到主要领导亲自抓，分管领导具体抓，要配备专职干部从事新农村建设和扶贫工作。制定落实好各项强农惠农政策，在工作安排、财力分配、干部配备等方面予以重点倾斜，加强生态移民和农民增收工作的全过程指导和服务，努力营造全社会参与支持新农村建设、推进农民生态转移、促进农民持续增收的浓厚氛围。切实加大督查力度，建立健全考核制度，完善农村统计监测，确保各项政策措施和目标任务落到实处。市委、市政府将对各乡镇(街道)生态移民和农民增收六大目标完成情况进行全面考核，实行一票否决，具体考核奖惩办法另行制定。

中共龙泉市委
龙泉市人民政府
二〇〇八年四月二十九日

中共松阳县委　松阳县人民政府
关于加快农民异地转移促进农民增收的若干意见

松委〔2008〕10号

2008年和今后一个时期，我县社会主义新农村建设的总体要求是：深入贯彻落实党的十七大、省第十二次党代会、市第二次党代会和县第八次党代会精神，以科学发展观为统领，坚持统筹城乡发展，着力推动农业增效、农民增收特别是低收入农户增收，着力加快农民转移就业，着力提高农村社会保障水平，以全面建设惠及全县人民的小康社会为目标，创业富农、创新强农，扎实推进全县社会主义新农村建设。

按照上述要求，2008年全县力争实现农民增收六大目标：农民异地转移2500人，其中整村搬迁人数占60%以上；农民转移就业6750人，帮助解决农民就业岗位2025个，其中异地转移农民占60%以上；1500元以下低收入农户人均纯收入超过1500元或纳入最低生活保障；2500元以下低收入农户中20%以上人均纯收入超过2500元；欠发达乡镇农民人均纯收入达到全国农民人均纯收入水平；农民人均纯收入增幅高于全国或全省水平。

到2012年，力争全县2500元以下低收入农户人均纯收入全部达到2500元以上或达到当年最低生活保障水平；80%以上的农民人均纯收入达到当年全国农民人均纯收入水平；实现万名农民异地转移；农民转移就业达2.5万人以上。

一、组织实施农民异地转移工程。以彻底摆脱贫困、彻底恢复生态、彻底远离危险为目的，以高山远山地区、重点库区和地质灾害隐患区为重点，在编制好《松阳县农民异地转移规划(2008—2012年)》基础上，组织实施“生态移民工程”、“避险安居工程”，加强对农民异地转移工作的宏观指导。坚持“政府主导、农民自愿，科学规划、梯度转移，政策引导、部门协作，突出重点、务求实效”的原则；坚持与推进城镇建设、工业园区建设、基础设施配套和公共服务体系建设相结合，稳步推进农民异地转移。要按照“移得出、安得下、能致富”的要求，确保农民异地转移安置用地。坚持“依城依镇建区、依村设点”的原则，优先考虑在人口比较集中、有一定产业支撑的城区和中心镇建设安置小区，也可就近就便选择一些集聚能力较强的中心村设立部分安置点。安置小区的建设用地指标要优先予以保障，地质灾害紧急避险安置用地，允许先使用、后补批。要切实保护耕地，充分利用非农建设用地，鼓励开发利用低丘缓坡山地和农村闲置地。坚持从实际出发，想方设法解决好安置农民的宅基地。

二、创新农民异地安置方式。采取多形式、多渠道梯度转移农民。允许农民根据规划要求和自身的经济条件，自愿选择安置地。可以选择在城镇安置，也可以选择在乡村安置；可以选择在县内安置，也可以选择跨县域安置。对低收入农户，可以建设小户型公寓进行安置。对整村搬迁的农户，鼓励通过建设廉租房和购买农村闲置房进行直接安置。对异地转移能力较强的农户，鼓励通过进城购置商品房自行安置。积极探索建设多层农民安置公寓、联建公寓式套房等多种安置形式，以节约建设用地。打破行政区划限制，鼓励实施跨乡镇整村搬迁。

三、鼓励和引导农民实施整村搬迁。各乡镇要有计划地开展整村搬迁工作。因村制宜制定推进整村搬迁的鼓励和扶持政策，特别要重视10户以下小规模自然村的搬迁撤并工作。对低收入农户集中村整村搬迁的农户，在整合省、市补助资金的基础上，结合宅基地复垦，县财政予以配套，确保给予每人不少于1万元的补助，于老房退宅还耕验收之后兑付，具体资金补助方案另行制定。加强整村搬迁村庄的宅基地整理复垦工作，开展“空心村”整治，盘活农村建设用地存量，拓展建设用地空间。高度重视调动村民参与农村宅基地整理复垦工作的主动性和积极性，大幅度提高农村宅基地整理复垦的补助、奖励标准。通过整理复垦新增的农村建设用地指标，优先用于新农村建设特别是农民异地转移安置。坚持“一户一宅”政策，异地转移农民的原居住地住房必须先拆后建，其宅基地收归村集体所有。组织实施农村宅基地整理复垦，应予原房屋产权人合理补偿。宅基地复垦后，应及时复垦为农用地，或流转承包开发，所得收益原则上归村集体所有。

四、支持农民转移就业自主创业。深入实施十万农民素质培训工程。2008年全年完成农村劳动力素质培训10280人，其中农村劳动力转移就业技能培训5000人、新型农民现代农业专业技能培训3000人。以新型农民现代农业专业技能和农民转移就业技能培训为重点，加强培训基地建设，创新培训方式，注重品牌建设，提高培训质量。着力增强农民参与现代农业创业的能力，促进农村劳动力向二三产业转移。努力降低考证成本，对异地转移农民和低收入农户进行免费培训，并提高培训经费补助标准。加强农民转移就业指导，重点围绕异地转移农民、农村零转移就业家庭、低收入农户开展就业帮扶、就业援助，力争每个家庭至少有一个劳动力实现转移就业。鼓励发展家庭作坊、个体私营经济和中小企业等，扶持农民自主创业。2008年，县财政安排专项经费用于农民异地培训配套补助，积极培育“一村一业”、“一村一品”的特色村域经济。积极开发政府公益性岗位，用以安置农民特别是低收入农户转移就业。金融机构对异地转移农民的小额信贷要适当放宽条件，予以政策倾斜和利率优惠。鼓励金融机构开展创业小额贷款、林权抵押贷款、信用担保贷款和农民住房建设专项贷款等多种信贷业务，为农民异地转移、自主创业提供支持。

五、推进农业产业化。加快转变农业发展方式，鼓励农民大力发展种植业、养殖业、加工业和农家乐休闲旅游业。实施优势产业培育工程，全力打造“浙江生态绿茶第一县”和“中国绿茶集散地”品牌，紧紧围绕茶叶、食用菌、干水果、畜禽、笋竹等五大特色优势产业，着力培育一批特色优势产业强村强镇、一批带动能力强的农业龙头企业、一批上规模的现代农业示范基地。切实加强以农民专业合作社为基础、供销合作社为依托、农村信用合作社为后盾的“三位一体”服务体系建设，推进农信担保组织建设。改善农产品产地环境，加快农业标准化生产，提高农产品生态品质，推进森林食品和无公害农产品、绿色食品、有机食品认证工作。2008年，县财政在原有扶持政策基础上，进一步加大对农业产业化的扶持力度。大力培育茶叶加工龙头企业，尽快启动茶叶加工园区建设项目。加快发展农村来料加工业和农家乐休闲旅游业。大力培育来料加工特色区，专业村，加工企业，实现来料加工年加工费收入1700万元。加强农家乐的规范管理，重视培育农家乐精品项目。进一步加大对来料加工业和农家乐休闲旅游业的扶持力度。县财政安排专项经费，重点支持来料加工经纪人在农民转移安居地、低收入农户集中区拓展来料加工业，支持异地转移农民兴办农家乐，促进农民就地就业发展。

六、开展低收入农户奔小康工程。把低收入农户的界定标准从年人均纯收入1500元提高到2500元。在开展低收入农户调查，做好建档立卡工作的基础上，全面制定低收入农户奔小康工程规划。以低收入农户增收为核心，提出产业增收、转移就业增收、保障增收等具体政策措施意见。以乡镇为责任主体，进一步落实扶贫工作责任制。坚持因地制宜，分类指导，重点帮扶，加强保障。进一步完善领导联系、部门结对、企业参与的帮扶机制，加大产业项目扶持力度，拓宽帮扶资金筹措渠道。深化“一户一策一干部”制度，开展“一村一计一部门”活动。积极推行小额信贷扶贫制度，开展村级发展互助资金试点。

七、完善农村公共服务体系建设。按照城乡基本公共服务均等化的要求，加快农村公共服务事业发展。以中心镇、中心村和农民异地转移安置小区为重点，完善农村公共服务体系。深入实施村庄整治工程。2008年，全县建设农村新社区1个，新农村示范村1个，整治村40个。县财政在原有村庄整治预算安排基础上，视财力情况追加投入。切实加大旧村改造力度，先试点然后面上推开。深入实施新农村公路建设、城乡公交一体化、农民饮用水、山塘水库加固、兴林富民、新农村电气化、千镇连锁万村放心店等系列工程，增强农村公共服务功能。加快中心镇、中心村培育和建设，促进农民梯度转移。对农民异地转移后的原居住地，要合理规划，重视古村落、古树、古建筑和历史文化古迹的保护和开发。深入推进城乡教育均衡化，加快城市优质教育资源向农村配置。把爱国卫生运动重点放到农村，深入实施“农民健康工程”。推进新农村新家庭计划，稳定农村低生育水平。推进农村公共文化服务，繁荣农村文化。深入实施广播电视“村村通”工程，广泛开展文化下乡和农民小康健身活动。积极组织参加丽水文化名村建设和评选活动。

八、推进农村生产要素流转。坚持和完善农村基本经营制度，重视发展壮大村级集体经济。深化农村产权制度改革，支持异地转移农民和劳动力转移农民按照“依法、自愿、有偿”的原则，以委托承包、承包权入股等形式进行耕地流转和森林资源流转。支持农业龙头企业、种养经营大户按照产业化规模经营的要求，有偿集中、连片开发转移农民所承包的耕地、山地、林地，发展高效生态农业。大力鼓励和引导民营资本参与农村生产要素流转、开发和经营。创新土地流转模式，探索村集体土地、林地等集体资产按量化到户原则进行股份制改造试点，转移农户按所持股份享受收益和其他合法权益。积极发展土地等生产要素流转中介服务组织。全面推进集体林权制度改革，推进森林资源配置市场化。

九、提高农民社会保障水平。完善农村最低生活保障制度，开展提标扩面工作。进一步健全最低生活保障标准的城乡同比例增长机制。2008年，每人每月补差不低于75元。进一步扩大农村最低生活保障覆盖面。符合农村最低生活保障条件的低收入农户必须及时纳入最低生活保障范围，真正实现应保尽保。2008年，全县农村低保人数比上年扩面50%以上。完善被征地农民基本生活保障制度。巩固农村五保对象集中供养成果。积极探索农村养老保险制度。进一步完善新型农村合作医疗制度，新型农村合作医疗人均筹资标准提高到100元以上，提高参合农民受益水平。加强农村医疗救助制度建设。加强农村残疾人的福利保障。

十、维护转移农民的合法权益。异地转移农民依法享有原土地承包经营权、自留山及山林承包经营权、村级集体资产的分配收益权等合法权利。积极探索异地转移农民实行居住地管理的有效办法。公安、教育、建设、卫生、计生、劳动、民政、保险等部门要及时为异地转移农民办理各种手续。异地转移农民在教育、就业、医疗、社会保障等方面，享受当地居民同等待遇，并承担相应义务。切实加强农村基层民主政治建设，加强基层组织建设，推进程序化、契约化管理，确保农民拥有农村事务知情权、参与权、表达权和监督权。

十一、加大公共财政投入和资源整合。要不断提高公共财政用于农村的总量和比重，加大对农民异地转移的投入，确保资金总量和增量明显高于上年。重视财政性资金的统筹使用和有效整合，提高资金效益。充分发挥财政资金的引导作用，带动信贷资金和其他社会资金投入。加强部门资源整合。各乡镇、部门要进一步加大对农民异地转移的资金扶持、政策倾斜和工作配合。国土、林业、建设、电力、交通、水利、电信、广电、卫生等部门要提出具体意见、措施和办法，对农民异地转移安置小区建设所涉及的基础设施给予重点支持。农民异地转移安置小区(点)建设涉及的县政府管辖范围内的规费，一律给予减免。对社会中介机构的收费依法加强监督，严格规范管理。对近期已列入整村搬迁计划的村庄，原则上不再安排各类公共基础设施项目建设。

十二、进一步加强组织领导。各乡镇党委、政府要始终坚持把解决好“三农”问题作为全党工作的重中之重，牢牢把握新农村建设工作主动权。把推进农民异地转移作为加强创业创新的重要举措，作为优化人口产业布局、促进农民持续增收和建设社会主义新农村的重要载体。制定落实好强农惠农政策，在工作安排、财力分配、干部配备等方面予以重点倾斜。深入开展“六个双百”活动，努力营造全社会参与支持新农村建设、推进农民异地转移、促进农民持续增收的浓厚氛围。切实加大督查力度，建立健全考核制度，完善农村统计监测，确保各项政策措施和目标任务落到实处。县委、县政府将对各乡镇农民增收六大目标完成情况进行全面考核，对完成农民增收六大目标工作突出的乡镇予以工作经费补助和奖励。

中共松阳县委

松阳县人民政府

二〇〇八年六月九日

建设生态文明篇

浙江省人民政府
关于切实推进节约集约利用土地的若干意见

浙政发〔2008〕3号

为贯彻党的十七大精神和省第十二次党代会提出的“创业富民、创新强省”战略，落实《国务院关于促进节约集约用地的通知》（国发〔2008〕3号）精神，促进我省经济社会又好又快发展，现就切实推进节约集约利用土地提出如下意见：

一、节约集约利用土地的重要意义和总体要求

（一）节约集约用地是落实科学发展观的本质要求。近年来，各地认真贯彻国家关于加强土地调控、严格土地管理的各项决策部署，积极推进节约集约利用土地工作，取得了明显成效，既有力地保护了耕地，也有效地保障了发展对土地的合理需求。但是，一些地方闲置浪费、低效利用土地等现象还不同程度存在，变相低价出让土地、违法违规用地行为仍时有发生，土地粗放利用问题尚未得到根本解决。节约集约利用土地是贯彻落实科学发展观的本质要求，是解决我省土地供求矛盾的重要举措，是调整经济结构、转变经济发展方式的重要抓手，是建设资源节约型和环境友好型社会的重要内容。因此，各级政府、各部门要从战略和全局的高度，充分认识节约集约利用土地的重要意义，采取更加有力的措施，切实推进节约集约利用土地工作，为全省经济社会又好又快发展作出贡献。

（二）节约集约利用土地的总体要求。节约集约利用土地要牢固树立保护保障的理念、节约集约的理念和维权维稳的理念，着力形成规划引导机制、市场调节机制和依法管理机制，努力走出一条符合浙江实际、科学高效的土地利用新路子。

二、加强土地利用总体规划和年度计划管理，严格控制新增建设用地总量

（三）加强土地利用总体规划管理。按照“守住耕地红线，节约集约用地”的要求，体现主体功能区规划编制的原则，做好新一轮土地利用总体规划的编制工作，确保上级下达的耕地保有量和基本农田面积不减少，建设用地总规模不突破，耕地占补平衡措施落实。城乡规划、产业发展规划要与土地利用总体规划在用地规模、空间布局、开发时序上相互衔接。通过编制和实施新一轮土地利用总体规划，进一步优化土地利用空间和布局结构，引导工业向开发区（园区）集中、人口向城镇集中、住宅向社区集中，充分发挥土地利用的集聚效应。严格土地利用总体规划的实施管理，擅自违反土地利用总体规划改变基本农田位置的，要追究有关人员的行政责任。

（四）完善土地利用年度计划管理。将新增建设用地控制指标（包括占用农用地、未利用地）纳入土地利用年度计划，实际用地超过计划的，扣减下一年度相应的计划指标。改进年度土地利用计划分配方法，完善年度计划指标分配与土地节约集约利用水平评价结果相挂钩的政策，提高土地节约集约利用水平在年度计划指标分配中的权重。

（五）认真落实土地管理和耕地保护目标责任制。严格执行“政府主要负责人应对本行政区域内耕地保有量和基本农田保护面积、土地利用总体规划和年度计划执行情况负总责”的规定。省政府于每年第一季度对各市政府上一年度的土地管理和耕地保护目标责任制执行情况进行考核，对考核优秀单位给予表彰；对考核不合格的通报批评，并追究政府有关领导的责任。

三、加强城市建设用地管理，提高城市土地利用效率

（六）优化城市用地结构。严格控制城市盲目扩张，城市建设用地规模不得突破土地利用总体规划确定的用地规模。根据城市功能分区和产业结构调整的要求，编制和实施城市总体规划、控制性详细规划和土地供应计划，降低传统产业用地规模，提高高新技术产业及现代服务业用地比例，提高廉租房、经济适用住房用地在住宅用地中的比例，合理配置行政、商服、居住、体育、文化等设施用地，综合发挥社会资源集聚和共享效应。适度提高城市宜建区的土地开发强度，对建筑高度、容积率没有特别限制的区域，在符合城乡规划的前提下，适度提高建筑高度和建筑容积率，鼓励建设项目向空中发展。

（七）合理开发利用城市地下空间。在符合人防、消防等部门要求的前提下，积极探索城市地下空间的综合开发利用，开展地下空间产权界定、使用权出让、综合管理等方面的试点。规划部门要会同人防等部门制定城市地下空间开发利用专项规划；国土资源、建设、规划等部门要加强城市地下空间开发利用的政策研究，抓紧制定相关政策意见和操作办法。

（八）加快推进“城中村”改造。按照城乡规划、土地利用总体规划和年度计划的要求，根据“统一规划、适当集中、合理布局、综合开发、配套建设”的原则，以相对集中的组团形式加强“城中村”改造，鼓励城市规划区内集中建造多层、高层公寓，切实提高城郊结合区域土地利用效率。

四、加强基础设施建设用地管理，推进基础设施建设节约集约用地

（九）科学编制基础设施建设规划，优化建设项目用地方案。编制交通、能源、水利等基础设施建设规划，要充分考虑和整合现有及关联基础设施的空间布局，综合服务容量和能力，合理安排新建项目规模，努力提高整体效益。对基础设施建设项目的选址和用地规模，结合技术指标、经济指标和用地指标，充分论证，优化设计方案，并原则执行各类工程项目建设用地定额下限标准，尽量少占耕地尤其是基本农田和标准农田。

（十）严格控制重点基础设施建设项目用地规模。加强重点基础设施建设项目用地预审，其用地总规模原则上不得超过项目用地预审时确定的用地规模。实事求是确定重点基础设施建设项目配套用地和安置用地，严禁弄虚作假、捆绑搭车征占土地。

（十一）基础设施建设用地实行有偿使用。根据国家统一部署，从2008年7月1日起，交通、能源、水利等基础设施和城市基础设施用地实行有偿使用。

五、加强工业用地管理，提高工业用地的投入产出率

（十二）严格执行国家产业政策。严格执行国家《限制用地项目目录》、《禁止用地项目目录》，严禁向淘汰类工业项目供地，从严控制限制类工业项目供地。鼓励企业运用先进设备和高新技术改造传统产业，调整和优化产业结构，提高土地节约集约利用水平。

（十三）对工业项目用地控制指标实行动态管理。严格执行《浙江省工业建设项目用地控制指标》，并根据区域经济发展状况及土地节约集约利用目标，对工业项目用地投资强度的区域修正系数、具体建设项目的容积率控制指标等一般每三年调整一次，不断提高工业用地的投入产出率。

（十四）鼓励建设多层标准厂房。各地要合理编制标准厂房建设规划，并在用地和资金等方面给予支持。对行业无特殊要求的新建工业项目，一般应建造3层以上多层厂房，不得建造单层厂房。在符合土地利用总体规划和城乡规划的前提下，鼓励农村集体经济组织利用村级安置留地和空闲建设用地建设多层标准厂房。在符合有关法规和规划的前提下，积极引导社会资金和各类开发企业投资建设标准厂房。

（十五）积极盘活存量建设用地。要在做好现有建设用地普查评价的基础上，加强闲置土地、转而未供土地的清理处置，努力提高供地率和用地效率，各市、县（市、区）前三个年度的土地供应率应分别达到90%、80%和50%，各市政府要在每年3月底前向省政府报告闲置土地、转而未供土地的清理处置情况。对闲置土地，依法可以征收土地闲置费的，一律按出让或划拨土地价款的20%征收；依法可以无偿收回的，坚决无偿收回。对闲置房地产用地要征缴增值地价。探索建设项目用地退出机制，对尚未达到闲置收回条件的土地，可采取改变用途、等价置换、安排临时使用、纳入政府储备、协商收回并给予合理补偿等多种途径处置利用。大力开展企业挖潜节地活动，引导企业通过压缩超标的绿地面积和辅助设施用地，扩大生产性用房。鼓励工业生产型企业通过厂房加层、老厂改造、内部整理等途径提高土地利用率。对符合规划、不改变土地用途，在企业原有建设用地上加层改造、提高建筑容积率的，不再增收土地价款，并减免城市建设配套费。对新增工业用地，厂房建筑面积高于容积率控制指标部分，不再增收土地价款。工业生产型企业允许整体转让土地和厂房。实行建设用地“净地”出让，出让前处理好土地产权、补偿安置等经济法律关系，完成必要的通水、通电、通路、土地平整等前期开发，防止土地闲置浪费。要合理确定建设用地出让的宗地规模，缩短开发周期。对未按建设用地出让合同约定缴清全部土地价款的，不得发放土地使用证书，也不得按土地价款缴纳比例分割发放土地使用证书。

（十六）大力推进工业用地市场化配置。各地要认真落实国家和省关于工业用地招标拍卖挂牌出让的各项规定，严禁用地者与农村集体经济组织或者个人签订协议圈占土地，通过补办用地手续规避招标拍卖挂牌出让。要加强工业用地招标拍卖挂牌出让的组织领导和协调工作。工业用地实行“净地”出让，出让底价不得低于国家和省规定的工业用地出让最低价标准，严禁以财政补贴、返还、减免或变相减免土地出让金等形式低价出让土地。

（十七）引导开发区整合利用现有建设用地。严格执行开发区由国务院和省政府审批的制度。开发区管委会管辖范围不得突破国家已审核公告的四至范围，并不得行使农用地转用、土地征收征用、供地审批和规划管理权。加强开发区土地节约集约利用评估工作，凡土地利用评估达到要求并通过国家审核公告的开发区，确需扩区的，可以申请整合依法依规设立的开发区，或者利用符合规划的现有建设用地扩区。

六、加强农村建设用地管理，挖掘农村建设用地潜力

（十八）科学编制农村集镇、村庄规划。根据土地利用总体规划、县市域总体规划，结合社会主义新农村建设，加快编制农村集镇、村庄规划，合理确定集镇和村庄的数量、布局、范围和用地规模，做到节约集约利用土地。按照尊重农民意愿、保障农民合法权益、改善农民生产生活条件的原则，加快中心镇、中心村建设，并结合下山脱贫、地质灾害搬迁避险安置，逐步撤并零散自然村。集镇、村庄建设要充分利用村内原有宅基地、空闲地以及低丘缓坡中的非耕地。严格执行农村一户一宅政策，控制农民超用地标准建房，逐步清理历史遗留的一户多宅问题。

（十九）积极推进农村建设用地整理。加大村庄整治扶持力度，继续鼓励开展农村闲置宅基地、空闲地和废弃工矿用地复垦整理，不断提高复垦整理的质量。对复垦整理的净增耕地，经省国土资源厅核准，可以调剂使用相应面积的建设用地。以县域为单位，村庄整治后的建设用地总面积不得大于原有建设用地总面积，超出面积的，项目不予验收，并核减下一年度的用地指标。

（二十）探索建立农村空闲宅基地退出机制。对在城镇有稳定职业和住所的进城务工农民自愿腾退宅基地或符合宅基地申请条件购买空闲住宅的，市、县（市、区）政府应根据具体情况给予相应补贴或纳入当地城镇职工基本养老体系，所需资金经批准可从土地出让收入中安排。

七、合理开发利用低丘缓坡和滩涂资源，努力减少耕地占用

（二十一）合理开发利用低丘缓坡。按照“宜农则农、宜林则林、宜建则建、宜居则居”的原则，在保护生态的前提下，加快制定综合开发利用低丘缓坡的专项规划，科学开发和合理利用低丘缓坡，拓展土地利用空间。结合新农村建设，创造条件鼓励开展平原地区农居点向低丘缓坡迁移的试点，将平原地区农居点的宅基地复垦为耕地。

（二十二）加大滩涂围垦造地力度。加强滩涂围垦规划，严格按规划用途实施开发。多渠道筹集滩涂围垦资金，加大滩涂围垦的投入，提高省统筹补充耕地指标围垦项目的省级补助标准。

八、强化建设用地批后监管，严格土地执法监察

（二十三）加强建设项目用地动态监管。进一步完善工业项目土地出让合同条款，明确项目开工与竣工期限，控制性详细规划确定的规划条件、投资总额、投资强度、绿地率以及履约保证金和违约责任等内容。逐步建立建设项目用地开发利用全过程的跟踪检查制度，实施以土地使用合同或划拨决定书履行情况为主要内容的项目用地复核验收制度，对未达到合同规定条款的，追究土地使用者的违约责任。省国土资源部门要会同省发展改革、经贸、建设、环保、工商、审计等部门研究制订建设项目用地复核验收办法，报省政府批准后实施。

（二十四）健全土地出让全程信息公开制度。各地要按照依法公开、真实公正、注重实效、保密例外的原则，建立并完善推进土地出让信息公开的规范与制度，实现土地出让计划、出让过程、出让结果、利用状况以及土地出让收入的全过程信息公开，切实改变行政相对人在信息掌握上的不对称地位，为社会监督提供顺畅的信息渠道。

（二十五）严肃惩处土地违法违规行为。严格执行国家土地管理法律、法规和政策，加强土地执法检查，依法查处土地违法违规行为。对非法批地、未批先用、少批多用、擅自改变土地用途、违规减免返还土地出让收入、低价出让国有土地使用权等严重土地违法违规行为，依法严肃查处并公开曝光，涉嫌犯罪的，移送司法机关依法处理。要将企业违法用地、闲置土地等信息纳入有关部门信用信息基础数据库。金融机构对房地产项目超过土地出让合同约定的动工开发日期满一年，完成土地开发面积不足1/3或投资不足1/4的企业，应审慎贷款和核准融资，从严控制展期贷款或滚动授信。对违法用地项目不得提供贷款和上市融资，违规提供贷款和核准融资的，追究相关人员的责任。对土地违法违规行为大量发生、违法用地面积大的地区，省政府将责令限期整改，整改期间暂停该地区农用地转用和土地征收，并追究该地区政府负责人的领导责任。

九、加强组织领导与部门配合

（二十六）切实加强领导。各级政府要转变用地观念，把节约集约用地摆在更加突出的位置，加强组织领导，切实抓出成效。要层层落实责任制，完善考核奖惩制度，把节约集约用地考核纳入市、县经济社会发展综合评价体系，作为市、县政府领导干部政绩综合考核评价的重要内容。

（二十七）加强部门协调配合。各级政府要建立由国土资源、发展改革、经贸、外经贸、规划建设、环境保护、财政、农业、林业、水利、监察、审计等部门组成的协调机构，统筹推进节约集约用地工作。各有关部门要各司其职、互相配合，制定和实施有利于促进节约集约用地的政策措施，把节约集约用地落到实处。

（二十八）加强节约集约用地的宣传引导。各级政府及有关部门要加强土地管理法律、法规、政策和国土资源工作的宣传力度，不断提高全社会特别是各级领导干部的土地忧患意识和依法用地、节约集约用地意识。要认真总结和推广节约集约用地的先进典型，并给予表彰奖励，为扎实推进节约集约用地营造良好的社会氛围。

二〇〇八年一月十日

浙江省人民政府关于印发“811”环境保护新三年行动实施方案的通知

浙政发〔2008〕7号

各市、县(市、区)人民政府,省政府直属各单位:

《“811”环境保护新三年行动实施方案》已经省政府常务会议审议通过,现印发给你们,请结合本地本部门实际,认真贯彻实施。

二〇〇八年一月三十一日

“811”环境保护新三年行动实施方案

通过全省上下共同努力,“811”环境污染整治行动(2004—2007)“两个基本、两个率先”的目标已经基本实现,为全面推进生态省建设奠定了较好的基础。党的十七大鲜明地提出建设生态文明,为今后一个时期的环境保护指明了方向。省第十二次党代会、省委十二届二次全会和省十一届人大一次会议对我省的生态建设和环境保护作出了新的部署。为加快推进生态省建设,创造更加优美的生态环境,省政府决定,继续开展“811”环境保护新三年行动(2008—2010)。为此,特制定本实施方案。

一、总体要求、总体目标和指导方针

总体要求:认真贯彻党的十七大和省第十二次党代会、省委十二届二次全会、省十一届人大一次会议精神,坚持以科学发展观为统领,按照“创业富民、创新强省”总战略的要求,以建设生态文明、建设生态省为龙头,以污染减排和环境整治为重点,着力转变经济发展方式,加快推进环保工作体制创新、政策创新、管理创新、科技创新、产业创新和文化创新,加快形成有利于生态环境保护的产业结构、增长方式和消费模式,全面加强城乡生态环境保护,促进生态环境质量持续改善,努力建设资源节约型、环境友好型社会,切实维护人民群众环境权益,为实现经济社会又好又快发展、全面建设惠及全省人民的小康社会提供强有力的环境支撑。

总体目标:通过今后三年的努力,确保完成“十一五”环境保护规划确定的各项目标任务,基本解决各地突出存在的环境污染问题,继续保持环境保护能力建设全国领先、生态环境质量全国领先。

指导方针:一是坚持以人为本、讲求实效;二是坚持协调共赢、优化发展;三是坚持统筹城乡、突出重点;四是坚持治旧控新、监建并举;五是坚持强化法治、综合治理;六是坚持依靠科技、创新机制;七是坚持政府主导、社会参与。

二、八个方面的工作目标

到2010年,实现以下八个方面20项工作目标:

(一)污染减排工作目标:

——化学需氧量排放总量比2005年下降15.1%以上,其中太湖流域下降15.3%以上;

——二氧化硫排放总量比2005年下降15%以上。

(二)工业污染防治工作目标:

——重点工业污染源实现稳定达标排放,“飞行监测”达标率达80%以上;

——基本完成省级以上开发区(工业园区)生态化改造。

(三)城乡污水、垃圾及其他固体废弃物处置工作目标:

——设区城市污水处理率达到70%以上,其中杭州、宁波、湖州、嘉兴市区达到80%以上。县(市)城市污水处理率达到50%以上,其中太湖流域达到80%以上,钱塘江流域达到60%以上;

——县以上城市生活垃圾无害化处理率达到85%以上,农村生活垃圾集中收集率达到72%以上;

——工业固体废弃物综合利用率达到93%以上,危险废物、医疗废物和污水处理厂污泥基本实现无害化处置。

(四)农业面源和土壤污染防治工作目标:

——完成年存栏猪100头以上、存栏牛10头以上畜禽养殖场(户)排泄物治理,规模化畜禽养殖场排泄物综合利用率达到95%以上;

——测土配方施肥面积达到2000万亩,农药减量控害增效示范面积达到1000万亩,高效低毒低残留农药推广使用面达70%以上,肥料、农药利用率分别提高5%;

——提升1000万亩标准农田总体地力,建立100个农田土壤污染修复示范区,示范区内农田土壤重污染区污染程度降低5—10%,中、轻污染区污染程度降低5%左右。

(五)环境监管能力建设工作目标:

——环境统计重点调查企业中占90%以上污染负荷的企业全面安装在线监测监控装置，并与环保部门联网，污染源在线监测系统的上传数据准确率达90%以上；

——环境监测机构、执法监察机构达到国家标准化建设要求；

——环境污染突发事故应急处置能力明显提高，环境安全得到有效保障。

（六）生态保护和修复工作目标：

——森林覆盖率达60%以上，县以上城市建成区绿化覆盖率达35%以上；

——新增治理水土流失面积2400平方公里，“万里清水河道”建设累计完成20000公里。废弃矿山生态治理率达90%以上。每年完成200公里公路绿色通道工程和20万平方米国省道边坡复绿。“青山白化”治理率达90%以上。

（七）环境质量目标：

——地表水环境功能区水质达标率达到62%以上。地表水市县交界断面水质达标率达到60%以上，其中钱塘江流域达到70%以上。县级以上集中式饮用水水源地水质达标率达到85%以上；

——3/4以上的省控城市空气质量达到二级标准，其中设区城市空气质量达到二级标准天数均大于292天/年；

——区域环境噪声小于55分贝的县以上城市比例大于70%；

——废旧放射源安全收贮率达到100%，确保辐射环境安全。

（八）生态环境质量综合指数：

——1/3左右的县（市）达到省级生态县（市）标准，全省生态环境状况指数继续位居全国前列。

三、八个方面的工作任务

（一）确保完成主要污染物减排任务。

1. 健全污染减排统计、监测、考核三大体系。全面完成第一次污染源普查任务。进一步加强污染减排统计、监测、核查、预警、考核和公告等制度建设，督促企业建立污染物增量、减量、变量等“三量”台账。

2. 调整优化产业结构促进减排。鼓励采用清洁生产技术，加快推进印染、造纸、化工、制革等行业产业结构优化升级，加快淘汰落后生产能力。确保完成“十一五”期间关停327.8万千瓦小火电机组任务，热电行业力争淘汰中压及以下机组，加快拆除链条炉、抛煤炉和已实施集中供热区域内的分散小锅炉。实行建设项目行政许可与减排绩效挂钩制度，在建设项目环境准入把关中严格落实污染物排放总量控制要求。

3. 加快治污工程建设落实减排。加快推进环境统计重点调查企业污染治理、城镇污水处理工程和电力（含热电）、钢铁、建材等行业脱硫工程建设（2010年前省属电厂需完成脱硫改造或关停的125MW以上机组名单见附件3）。

4. 严格监督管理确保减排。加强工业污染源和城镇污水处理厂日常监督检查，加快污染源在线监测监控设施安装与联网工作，建立健全在线监测监控设施运行管理制度，提高污染治理设施运行率和污染物排放达标率。

（二）继续重点推进水污染防治。

1. 切实保障饮用水源安全。合理划定和调整饮用水水源保护区，坚决取缔水源保护区内的直接排污口，严防养殖业污染水源，严禁有毒有害物质进入饮用水水源保护区，切实加强饮用水源地有机污染物监测和防治。健全饮用水源安全预警机制，完善饮用水源污染事故应急预案。县以上城市要按照城市供水突发事故应急预案的要求，加快建设饮用水第二水源或备用水源。2008年、2009年、2010年，合格规范饮用水源保护区创建比例分别达到85%、95%和100%。

2. 继续深入推进重点流域水污染防治。全面实施钱塘江、曹娥江、甬江、椒江、瓯江、飞云江、鳌江等流域水污染防治“十一五”规划，组织实施一批污染治理和生态修复工程。加强水系源头生态环境保护，钱塘江、瓯江水系衢州、丽水境内水质和飞云江干流水质满足水环境功能要求。

3. 加快推进平原河网水污染防治。加快实施《浙江省太湖流域水环境综合治理方案》和《浙江省太湖流域水污染防治“十一五”规划》，确保完成国家下达的太湖流域“十一五”治理任务，确保我省入湖断面水质稳步改善。编制实施姚慈平原河网、绍虞平原河网、台州平原河网、温瑞平原河网水污染防治规划。力争到2010年，这些平原河网水体化学需氧量、氨氮、总磷等污染物浓度比2007年降低10%以上。

（三）继续加大工业污染防治力度。

1. 继续着力解决各地突出存在的环境污染问题。进一步巩固深化省级环保重点监管区整治成果，着力促进产业结构优化升级，使之成为环境保护和产业提升的示范区。继续排查流域性、区域性、行业性的突出环境问题，并实行重点监管、挂牌督办、限期整治、动态管理。附件1所列11个问题作为第一批省级督办的重点环境问题。各市、县（市、区）政府要认真排查本地区存在的突出环境问题，建立健全重点环境问题限期整治和督办制度。各地确定的重点督办的环境问题，以设区市为单位，于2008年2月底之前报省环保局备案。

2. 继续加快推进重点行业、重点企业污染治理。着力深化印染、造纸、化工、医药、制革、电镀、食品酿造和电力（热电）等重点行业污染防治。突出加强全省环境统计重点调查企业中占90%以上污染负荷企业的环境监管，全面建成必需的治污设施，配套必需的设备，建立规范的环境管理制度。全面实行排污许可证制度，严禁排污单位无证或超标、超总量排污。对污染物排放不能稳定达标的单位，实施限期治理，不能限期完成治理任务的，依法予以停业、关闭。对超总量排污的单位，依法实施限产、停产。

3. 加强开发区（工业园区）环境监管。理顺开发区（工业园区）环境管理体制，杜绝建设项目未批先建、批建不一、批小建大等环境违法行为。加快推进开发区（工业园区)的环境基础设施建设,建立健全区域集中处置和排污单位自行处置相结合、与生产规模相适应的各类污染物处理系统。

4. 大力推行清洁生产,加快发展循环经济。全面完成国控、省控以上重点污染企业和重点耗能企业、重点耗水企业的清洁生产审核,对超标、超总量排污或排放有毒有害物质的企业,实行强制性清洁生产审核。全面实施循环经济"991行动计划"、工业循环经济"4121示范工程",加快在重点行业、产业园区、城市和农村培育一批循环经济示范工程。加快推进开发区(工业园区)生态化改造。加强资源节约与综合利用,积极推进物能循环利用。

5. 严格建设项目环境准入。依据主体功能区规划和生态环境功能区规划,落实各项产业政策,落实生态环境保护的强制性要求和节能减排的约束性要求,严把建设项目环境准入关。强化建设项目环保审批、环境监理、试生产全过程管理,严把建设项目"三同时"验收关。

6. 加强放射源监管。及时安全收贮废旧放射源和放射性废物。采取有效措施,加快推进放射性废物安全处置,实现铀矿采冶业废水达标排放和废渣安全处置。

7. 加强消耗臭氧层物质的环境监管。开展消耗臭氧层物质生产企业和消耗企业基本情况调查,加强执法检查,确保实现消耗臭氧层物质的可持续淘汰。

(四)继续深入开展城镇环境综合整治。

1. 加快城镇污水处理工程建设。继续完善县以上城市污水处理设施,加快推进配套管网建设,尽快提高城市污水截污纳管集中处置率。2010年前,全面完成污水处理厂脱氮除磷改造和在线监测监控装置建设。新建污水处理厂必须同步配套脱氮除磷设施。2010年前,全面建成我省太湖流域城镇污水处理设施,基本完成其他地区中心镇和钱塘江流域建制镇的污水处理设施建设,积极鼓励重点工业镇和其他乡镇建设集中污水处理设施(具体任务见附件2)。

2. 切实加强污水处理厂运行监管。城镇污水处理厂新投入运行1年内,年实际污水处理量要确保达到设计能力的60%以上;投入运行3年以上的,要确保达到设计能力的75%以上。现有污水处理厂不能稳定达标排放的,一律进行限期治理。逾期仍未实现达标排放的,对其规划管网覆盖范围内的建设项目实行区域限批。

3. 提高城镇生活垃圾无害化处理水平。继续建设改造一批城镇生活垃圾处理设施。到2010年,县以上城市生活垃圾处理设施全面达到无害化处理标准。对达不到无害化处理标准的,须在2010年前完成无害化改造或封场。加强城镇生活垃圾分类收集体系建设,推进垃圾处置资源化。到2010年,设区城市建成区生活垃圾资源化利用率达到50%。

4. 构建较为完善的固体废弃物处置体系。编制实施固体废弃物污染防治规划,基本形成覆盖城乡、综合性和专业性处置有机结合的固体废弃物处置体系。大力推进工业固体废弃物资源化利用。危险废物和医疗废物基本实现无害化处置,历史遗留的危险废物得到妥善处置。加快推进污水处理厂污泥无害化处置。

5. 加强城市大气和噪声污染防治。抓紧制定实施机动车尾气污染防治规划。到2010年,建成县以上城市机动车尾气监测体系。严格执行机动车尾气排放标准,在机动车制造、销售、上牌、年检、维修、淘汰等各个环节,采取切实有效的监管和防治措施。继续巩固和扩大"烟尘控制区"、"噪声达标区"和"禁燃区",重点防治交通噪声、娱乐业噪声、餐饮业油烟和燃煤小型锅炉污染。

(五)全面推进农业农村环境污染防治。

1. 继续深化养殖业污染防治。严格执行畜禽养殖禁养区、限养区制度,控制散养密集区饲养量。积极推进畜牧业布局调整,加快畜牧生产方式转变,大力推广农牧结合、循环利用的生态养殖模式。实行规模化养殖场排污申报登记制度和排污许可证制度,新建规模化畜禽养殖场严格执行环境影响评价和"三同时"制度。加快推进现有规模化畜禽养殖场污染治理。新建150个畜牧生态养殖小区。在畜禽散养密集区新建畜禽粪便收集处理中心75个。

加快推进水产养殖污染防治,推广生态健康水产养殖模式。组织开展水产养殖污染调查,依据水体承载能力,修编水产养殖规划,科学确定水产养殖方式,严格控制水库、湖泊网箱养殖规模。继续开展水产"千场无公害、万户信得过"活动,推进百万亩生态渔场(塘)建设工程,建设20万亩高效生态水产养殖基地和10个健康养殖示范区。加强水产养殖污染监管,禁止在一级饮用水水源保护区内从事网箱、围栏养殖,禁止向库区及其支流水体投放化肥和动物性饲料。

2. 加快推进农村生活污水处理。与城镇污水处理厂临近的乡镇和行政村,要加快推进截污纳管,实现城乡生活污水一体化处理;不具备截污纳管条件的乡镇和行政村,要因地制宜,采取建设独立生活污水处理设施、生物技术处置和沼气工程等多种方式,有效处理农村生活污水。加快实施"百万农户生活污水净化沼气工程",到2010年,完成1050个示范村建设任务,开展生活污水处理的行政村比例力争达到1/3左右。

3. 全面推进农村生活垃圾处置。按照平原农村"户三包、村收集、镇中转、县处置"、偏远山区和海岛农村"就地分拣、综合利用、无害化处置"的要求,积极推进农村生活垃圾处理。建立健全村庄环境卫生长效管理制度,加快实现生活垃圾日产日清。

4. 大力开展化肥农药污染防治。积极推行测土配方施肥和减量增效技术,引导农民科学施肥,减少农田化肥氮磷流失。鼓励开发使用有机肥等新型高效肥料。积极引导和鼓励农民使用生物农药或高效、低毒、低残留农药,推广病虫草害综合防治、生物防治和精准施药等技术。积极推进秸秆综合利用。到2010年,秸秆综合利用率达85%以上。

5. 积极推进河沟池塘污染整治。疏浚淤积严重的河沟池塘,建立农村河沟池塘长效保洁管理制度,努力恢复河沟池塘自然功能,提高水体自净能力。严禁随意填埋或改变河沟池塘用途。到2010年,完成5000公里农村河沟疏浚整治,河沟池塘水面面积不低于现有水平。

6. 着力提高村庄绿化水平。深入开展绿化示范村创建活动,积极推进村庄道路、水体沿岸和庭院绿化,加强农田林网建设与改造,加快实现村庄和村居周边环境绿化美化。到2010年,创建1200个绿化示范村,村庄周围宜林荒山和迹地更新绿化率达95%以上,以乔木树种为主的农田林网控制率达90%以上。

(六)积极推进近岸海域污染防治。

1. 严格控制排海污染总量。严格执行近岸海域环境功能区划。因建设项目确需调整区划的,必须从严把关,符合相关条件。探索建立重点海域排污总量控制制度,加强陆域污染源入海控制。全面清理入海排污口,严格执行持证排污制度,确保达标排放。新建入海排污口必须依法办理行政许可手续。

2. 大力推行海洋生态养殖模式。统一规划近岸海域和滩涂利用,合理布局水产养殖。加强海洋保护区、渔业资源增殖区建设,严禁在自然产卵区和重要渔业水域布局污染项目。象山港、三门湾、乐清湾等半封闭海域,要严格控制养殖规模,加快推行生态养殖模式。

3. 严格涉海工程环境监管。完善港口、码头、船舶排放油类、化学品、垃圾及生活污水的接收和处理设施,加强造船业、拆船业的环境监管。强化涉海工程环境影响评价和"三同时"制度,对有可能造成海域生态环境破坏的项目实施环境影响后评估。科学控制海岸和海上作业风险,有效防止溢油、泄漏等污染事故发生。

4. 加强海洋生态环境监测和赤潮灾害预警能力建设。建立重点入海污染源、重点港湾和生态脆弱区监测体系,实施重大涉海工程生态环境影响跟踪监测。完善赤潮监测系统,建立赤潮灾害应急响应机制。建立跨区域、跨部门的海上环境应急体系,提高海上环境事故快速反应和处置能力。

(七)加快推进土壤、矿山、河道等生态修复保护。

1. 切实加强土壤污染防治。完成土壤污染状况调查,建立土壤污染调查建档、监测和修复制度。制订土壤污染防治技术指南,开展土壤生态修复综合试点。加强对农田特别是基本农田的生态保护,强化农田土壤重点污染区的治理和修复,建设100个"沃土工程"示范区,建立50万亩以上冬绿肥示范基地。土地整理、复垦和滩涂围垦要科学规划,符合生态环保的要求。到2010年,确保全省土地退化指数小于15。

2. 进一步加强矿山生态环境保护。落实矿业产业政策,加快调整矿业结构和布局,减少矿山数量,促进规模化开采。完善矿山自然生态环境备用金制度和"以奖代补"制度,推进绿色矿山创建工程,最大限度减轻矿山开发对生态环境的污染与破坏。加快推进废弃矿山生态环境治理与修复,特别是露天开采矿山的边坡整治和复垦、复绿及景观修复。到2010年,创建绿色矿山150座以上。

3. 继续推进"万里清水河道"建设。继续对主要骨干河道、平原河网开展清淤、疏浚、清障、保洁、生态护岸等综合治理。科学调度水资源,修复改善河道自然生态。

4. 加快推进东部平原承压地下水禁限采和封井工作。地下水禁限采地区要加快地表水厂和管网设施建设,积极推进城乡统筹的区域一体化供水。加强执法检查,建立健全管理制度,依法及时查处违法开挖新井的行为。2010年底前,除按规定保留必要的战备井、回灌井和监测井外,全面封堵现有的承压地下水井。

5. 积极开展交通干线生态保护与修复。加强交通工程水土保持和弃土方治理。采取生态修复措施,推进绿色通道建设。到2010年,力争形成带、网、片、点相结合,层次多样、结构合理、功能完备的绿色交通长廊。继续开展"青山白化"专项治理,全面推行生态葬法。

6. 加快生态林建设。全面推进生态公益林、生态保护林、生态经济林和沿海防护林建设,加强湿地保护,促进城镇、平原绿化和水系生态环境建设。进一步提高重点公益林林分质量。到2010年,基本建成3000万亩重点生态公益林,阔叶林和针阔混交林的比重达到50%以上,新建改造农田林网3000公里,新建改造沿海防护林45万亩。

(八)持续深入开展生态创建。

1. 广泛开展社会化绿色系列创建活动。按照建设环境友好型社会的要求,继续开展绿色企业、绿色社区、绿色学校、绿色医院、绿色饭店、绿色家庭等绿色系列创建活动,开展保护母亲河系列活动,建立多层次的环境保护公众参与平台,不断扩大公众参与面。积极探索社会化的生态创建机制,充分发挥环保民间组织、志愿者队伍在促进生态文明建设中的积极作用。

2. 深入开展区域性生态创建活动。积极倡导开展环保模范城市、卫生城市、园林城市、森林城市、节水型城市等创建活动,努力营造优美的城市人居环境。积极推进生态村、生态乡镇、生态市县创建活动。坚持高标准、严要求,注重生态创建实效,严把生态创建考核验收关。到2010年,力争创建500个左右省级生态乡镇,1/3左右的城市达到省级环保模范城市要求,1/3左右的县(市)达到省级生态县(市)标准。

四、落实十一项保障措施

(一)加快转变经济发展方式,从源头上解决环境问题。加快推动产业结构优化升级,积极发展资源消耗低、环境污染小、经济效益高的高新技术产业和现代服务业,加快运用现代技术改造提升传统制造业和服务业,努力形成有利于资源节约和环境保护的产业体系。全面实施《浙江省"十一五"发展循环经济建设节约型社会总体规划》,以节能、节水、节地、节材和资源综合利用为重点,深入实施"991行动计划",加快推进循环经济百个重点项目建设,逐步完善循环经济法规政策和标准,大力推进循环经济试点省建设,争创全国循环经济发展示范区。定期更新高耗能、高污染工艺、技术、设备和产品的淘汰目录,严格执行落后生产能力限期淘汰制度。制定实施印染、造纸、化工、医药、制革、电镀、食品酿造和电力(热电)等重点污染行业地方准入标准,严格控制单位产品排污量,推动企业调整产品结构。

（二）全面实施生态环境功能区规划，严格执行分区环境准入政策。落实主体功能区规划要求，全面实施生态环境功能区规划，实行差别化的区域开发和环境管理政策，严把建设项目环境准入关。规划确定的禁止准入区，要依法实施强制性保护；限制准入区，要坚持保护优先，严格限制工业开发和城镇建设规模，禁止新上高污染工业项目，适度发展先进制造业，鼓励发展生态农业和现代服务业；重点准入区，要在严格落实生态环境功能区规划要求、确保完成污染减排任务的前提下，优化布局，有序推进产业发展和城镇建设；优化准入区，要依据环境容量，调整优化城乡布局和产业结构，确保环境功能达标。依法开展规划环评，抓紧制定实施《浙江省各类规划环境影响评价管理办法》。

（三）继续强化环境法治，严格环境执法监管。坚持依法监管环境、依法保护生态、依法治理污染，加快推进环保地方性法规和行政规章建设，不断完善环境保护地方法规规章体系。继续加大环保执法力度，更多地采取“飞行监测”等突击性的执法方式。严格落实环境保护行政执法责任制，完善部门联合执法和重点环保案件移送督办机制，通过挂牌督办、事后督察、责任追究等措施，加大环境执法监察力度。自觉接受人大及其常委会的法律监督、工作监督和政协的民主监督。充分发挥新闻媒体等社会监督的作用，继续实行环境污染有奖举报制度，鼓励社会各界依法有序监督生态环保工作。

（四）继续完善环保基础设施，切实加强运行监管。按照城乡统筹的要求，规划各类环保基础设施建设，完善城乡生活污水、生活垃圾、工业废水、工业危险废物、医疗废物、污泥等集中处理设施。完善污水收集管网建设，加强污水处理厂运营监管，确保污水收集率、处理率、达标率达到要求。健全固体废弃物环境监管体系，加快建设分类收集系统。2010年前，县以上城市全面建成固体废弃物收集中心，配套设立社区固体废弃物回收点。加快推进城乡环保基础设施建设和运行的一体化、标准化，继续完善城乡生活垃圾集中收集处置体系，城镇周边农村和有条件的农村地区要积极实施区域一体化污水处理，其他固体废弃物处置也要加快实现城乡一体化处置。深化环保基础设施建设和运营体制改革，鼓励社会资本特别是专业性公司参与环保基础设施建设和运营，积极推行项目代建制和特许经营制度。

（五）加快建设现代化的环境监测监控体系，提升环境监管水平。继续加强各级环境监控中心的技术和装备建设，完善省市县三级联网、全天候实时监控的现代化环境监管网络。强化环境自动监测监控系统的运行维护，充分发挥自动监测监控数据在环境执法、环境统计、总量核算和环境科研等方面的作用。完善海洋环境监测体系，提高海洋环境监测预报能力。加大农村环境监测力度，重点加强土壤、主要农产品基地的环境质量监测。增加对县级以上主要饮用水源地水质和空气中特殊污染因子的自动监测。扩大污染源在线监测监控面，到2010年，再增加1500家工业企业纳入监测监控范围。新扩建项目的污染源在线监测监控设施作为环保“三同时”的重要内容。

（六）提高环境应急处置能力，切实保障环境安全。建设省环境应急和指挥中心，完善环境应急指挥体系，建立环境安全预警预测系统、突发环境事件应急专家决策系统和环境污染应急处置及信息传输系统。以保护饮用水源为重点，建立固定污染源排查机制，强化化学品运输等流动源的污染事故防范和应急措施。加强环境应急装备建设，不断强化应急技术储备。加强特殊污染因子、饮用水源有机污染物的分析监测装备建设，提高分析监测能力。在特殊敏感地区，建立以特殊污染因子自动监控为重点的预警系统。建成华东区域二恶英监测中心和全省放射性废物库。完善核应急指挥系统和辐射污染应急监测系统，提高核与辐射事故应急响应水平和处置能力。

（七）加强环保科技平台建设，切实强化环保科技支撑。加大环保科技投入，充分发挥高等院校、科研机构、企业和行业协会等各方面力量在环保科研中的作用，深化产学研合作，加快推进环保科技创新，着力提高污染治理与防治技术及其产业化水平。积极争取国家水专项项目，集中力量开展水污染防治等重大关键技术的攻关，力争达到国内领先水平。加快实施污染防治与生态修复工程，重点推广电镀印染废水回用、污泥处置、水煤浆锅炉、养殖业排泄物处置等方面的先进适用技术。大力培养引进环保科技人才，不断提高环保科研人员和技术成果推广队伍的整体素质。

（八）加快发展环保产业，提升环境保护专业化水平。坚持以改革的思路，充分运用市场化手段，制定出台扶持政策，鼓励支持社会力量和社会资金以各种方式参与生态建设和环境保护，以资源综合利用、环保设备制造业、环保科技咨询、环保“第三方治理”为重点，加快形成一批具有自主知识产权和品牌、核心技术能力强、特色优势明显、市场占有率高的环保产业优势企业和企业集团。紧紧依靠科技创新，加快实现在线监测监控等环保设备的国产化、产业化。完善污染治理设施运营市场的相关政策，积极推行污染设施专业化运营。加快培育环保咨询业市场，在建设项目决策和污染治理工程实施中推行咨询报告制度。

（九）健全完善环保经济政策，引导鼓励社会各方面积极参与环境保护和生态建设。建立健全有利于生态环境保护的价格、税收、信贷、贸易和土地等经济政策，加快完善企业环保信用等级评价、上市企业环境信息公开、生态补偿、排污权交易、电力（热电）行业脱硫成本补偿等制度。把环保信用纳入到企业信用信息发布查询系统，作为企业资信评价的重要依据。严格信贷环保要求，坚决遏制高耗能高污染行业扩张。积极探索排污权交易机制，开展森林碳汇试点工作，优化环境资源配置。加快建立能够反映污染治理成本的排污价格和收费机制，全面实施城镇污水处理和生活垃圾处理收费政策，实施固体废物和危险废物处置经营服务性收费，逐步提高工业企业排污收费标准。对超标排污单位，在依法实施行政处罚的同时，严格执行加倍收费。综合运用各项政策措施，积极支持环境污染整治企业治理、改造、搬迁、转产或关闭。实施促进循环经济发展的财政及投资政策，进一步完善鼓励环保型产品开发、有机肥推广、清洁能源和可再生能源利用、废弃物综合利用的优惠政策。健全完善生态补偿机制，统筹区域协调发展。

（十）积极培育发展生态文化，不断增强全社会生态文明意识。大力弘扬生态文明基本理念，切实加强环境保护基本国策教育，广泛普及生态环保基本知识。建设一批生态环境教育示范基地，深入开展环保知识进机关、进企业、进社区（农村）、进学校、进家庭的“五进”活动。各级党校、行政学院、干部学校要将环境保护政策纳入干部教育培训的内容，引导各级领导干部确立正确政绩观，自觉履行生态建设和环境保护的职责。深入开展资源节约与环境保护全民行动，大力倡导绿色、文明、健康的生活方式，进一步形成崇尚自然、节约资源、减少污染、保护环境的良好风气，营造环境保护人人有责的浓厚氛围。加大环境信息公开力度，完善环境信访举报受理查处制度，切实保障人民群众对生态环境保护的知情权、参与权和监督权。

（十一）创新生态环保工作体制机制，强化目标责任考核。要把加强环境保护作为促进科学发展的重要抓手，把生态环保工作目标完成情况作为检验经济社会发展成效的重要标准。各级政府对实施本行政区域“811”环境保护新三年行动负总责，政府主要领导是第一责任人。坚持一级抓一级，层层抓落实，进一步形成以政府为主导、企业为主体、全社会共同推进的生态环保工作格局，进一步健全环保部门统一监管、有关部门分工负责的工作推进机制。认真落实工作责任制，完善考核机制，继续把“811”环境保护新三年行动的实施情况纳入各级领导班子和领导干部综合考核评价体系，纳入生态省建设目标责任考核体系，实行问责制和“一票否决”制，并与省级财政转移支付和专项资金安排相挂钩。各级财政对生态环境保护投入的增长幅度要高于经济增长速度，重点支持环境保护公共设施建设、基础能力建设。切实加强对生态环境保护工作的行政监察。

附件：1. 第一批省级督办的 11 个重点环境问题（略）
2. 2008—2010 年全省镇级污水处理设施建设任务（略）
3. 2010 年前省属电厂需完成脱硫改造或关停的 125MW 以上机组名单（略）

浙江省人民政府关于印发
浙江省限制类进口废物环境保护管理办法的通知

浙政发〔2008〕17 号

各市、县（市、区）人民政府，省政府直属各单位：

现将《浙江省限制类进口废物环境保护管理办法》印发给你们，请结合实际，认真贯彻执行。

二〇〇八年二月二十一日

浙江省限制类进口废物环境保护管理办法

第一条　为进一步加强限制类进口废物环境管理，防止拆解和利用过程中的环境污染，根据《浙江省固体废物污染环境防治条例》第十一条第三款的规定，制定本办法。

第二条　本办法所称限制类进口废物，是指列入国家《限制进口类可用作原料的固体废物目录》的进口固体废物。

第三条　本办法适用于本省行政区域内限制类进口废物的进口、拆解和利用活动的监督管理。

第四条　省环境保护行政主管部门对全省限制类进口废物污染环境防治工作实施统一监督管理。省固体废物监督管理中心负责限制类进口废物污染环境防治的具体工作。

县级以上环境保护行政主管部门对本辖区内进口固体废物污染环境防治工作实施监督管理，对有关企业进行现场检查。

各级对外贸易主管部门、发展和改革部门、经济贸易部门、海关、检验检疫部门在各自职责范围内对固体废物进口及经营活动实施监督管理。

第五条　任何单位或者个人有权向环境保护行政主管部门、经济贸易部门、对外贸易主管部门、海关、检验检疫部门和司法机关，检举违反限制类进口废物进口监管程序和拆解利用造成污染的行为。

第六条　进口列入限制类进口废物的，必须符合进口可用作原料的固体废物环境保护控制标准，并按照国家有关规定取得固体废物进口许可证。

第七条 禁止固体废物转口贸易。

限制类进口废物实行以利用企业“就近口岸”报关进口管理。海关对限制类进口废物不予转关。

第八条 限制类进口废物一般由限制类进口废物加工利用企业所在地的进口公司代理进口申请，从严控制选择异地(非所在地设区市内)进口公司代理的进口申请。

限制类进口废物确需异地代理进口的，应当由代理公司所在地设区市环境保护行政主管部门进行核查，出具该代理公司上年度经营情况的意见。

第九条 从事限制类进口固体废物拆解、利用活动的企业(以下简称进口固体废物利用企业)，应当向所在地设区市环境保护行政主管部门备案。

第十条 鼓励进口固体废物利用企业对固体废物在设定的进口废物“圈区管理”园区内进行加工利用。

建设进口固体废物“圈区管理”园区，应符合环境保护法律法规的规定和国家标准的要求。

第十一条 对废五金电器、废电线电缆、废电机等环境风险较大的进口固体废物利用企业，根据国家有关规定实行定点管理。未列入国家定点企业范围之内的企业，不得申请废五金电器、废电线电缆、废电机等进口废物的进口加工利用。

第十二条 废五金电器、废电线电缆、废电机等限制类进口废物年度进口量的分配核定遵循以下要求：

(一)根据定点企业的场地、设备、人员状况确定最大拆解能力，结合近年来实际拆解利用情况合理核定年度进口量。

(二)定点企业的进口指标与年度考核结果挂钩。

(三)向园区内定点企业倾斜，鼓励和引导企业向园区集聚。

第十三条 进口的固体废物必须由固体废物进口许可证载明的利用企业作为原料利用。禁止擅自变更固体废物进口许可证载明的利用企业，禁止买卖、转让、出租、出借进口固体废物。

第十四条 需进行拆解加工利用的限制类进口废物必须拆解到符合进口废物拆解程度控制标准。

海关商品编号为7404.0000.10的以回收铜为主的废电机等(包括废电机、电线、电缆、五金电器)、7204.4900.20的以回收钢铁为主的废五金电器、7602.0000.10的以回收铝为主的废电线等(包括废电线、电缆、五金电器)的拆解和利用过程中拆解程度的控制标准如下：

(1)废电机类：铜、铝、铁、轴承分离(大电机还要将转轴与矽钢片分离)。

(2)变压器类：铜、铝、矽钢片、铁壳、废弃物分离(木、纸、瓷瓶)。

(3)废电器类：各配件分离、各配件中拆解分离有色金属及可利用的开关、轴承、风扇等物品。

(4)机械类：提取各种含有色金属机件进行拆解分类。

(5)废电线电缆：铜、铝与塑胶塑料分离。

(6)水箱类：铁与铜、铝散热片分离。

(7)其他：各类有色金属、黑色金属、可利用金属和不可利用废弃物拆解分离。

进口废塑料加工利用活动须符合《废塑料回收与再生利用污染控制技术规范(试行)》(HJ/T364－2007)的要求。

第十五条 进口固体废物利用企业应当以无害化方式对进口的固体废物进行充分的加工利用。

进口固体废物利用企业应当对本企业不能最终再利用的残余废物进行无害化处置，防止进口固体废物污染环境；不能自行处置的，应当委托具有无害化利用或处置能力的单位进行综合利用或无害化处置。

第十六条 从事拆解、利用进口固体废物活动的企业应当建立经营记录制度，如实记载每批进口固体废物的来源、种类、重量或者数量、去向，收集(接收)、拆解、利用、贮存、处置的时间，运输者的名称和地址，未完全利用或者处置的进口固体废物的种类、重量或者数量、去向等的情况，并应当自首次实际进口固体废物之日起，定期向所在地设区市环境保护行政主管部门报告利用状况。经营记录簿及相关单据、影像资料等应当至少保存五年。

进口固体废物的代理进口单位、代理报关机构、代理运输者等其他经营单位，应当记录所代理的进口固体废物的来源、种类、重量或数量、去向等情况，并接受有关部门的监督检查。记录资料及相关单据、影像资料等应当至少保存三年。

第十七条 从事拆解、利用进口固体废物活动的企业应当对污染物排放进行日常定期监测，无监测能力的可委托当地有资质的单位进行定期监测；监测报告应当至少保存五年。

第十八条 县级以上环境保护行政主管部门、对外贸易主管部门、发展和改革部门、经济贸易部门、海关、检验检疫部门和其他固体废物污染环境防治工作的监督管理部门，应当依据各自的职责对管辖范围内与进口固体废物污染环境防治有关的单位进行现场检查及定期监测，对不符合管理要求或不达标排放的企业要督促进行限期治理。被检查的企业应当如实反映情况，提供必要的材料。检查机关应当为被检查的企业保守技术秘密和业务秘密。

第十九条 进口固体废物监督管理人员玩忽职守、徇私舞弊或者滥用职权，依法给予行政处分；构成犯罪的，依法追究刑事责任。

第二十条 本办法自公布之日起实施。

浙江省人民政府批转节能减排统计监测及考核实施方案和办法的通知

浙政发〔2008〕42号

各市、县(市、区)人民政府,省政府直属各单位:

根据《国务院批转节能减排统计监测及考核实施方案和办法的通知》(国发〔2007〕36号),省统计局、省经贸委、省发改委制定了《浙江省单位GDP能耗统计指标体系实施方案》、《浙江省单位GDP能耗监测体系实施方案》,省经贸委、省统计局制定了《浙江省单位GDP能耗考核体系实施方案》,省环保局制定了《浙江省主要污染物总量减排监测实施办法》、《浙江省主要污染物总量减排统计实施办法》、《浙江省主要污染物总量减排考核实施办法》和《浙江省主要污染物总量减排管理办法》。省政府同意上述三个方案和四个办法,现转发给你们,请结合本地区、本部门实际,认真贯彻执行。

二〇〇八年六月二十六日

浙江省单位GDP能耗统计指标体系实施方案

省统计局　省经贸委　省发改委

一、总体思路和工作要求

(一)总体思路。以核准核实地区能源消费总量为目标,从能源供应统计和消费统计两个方面建立健全能源统计调查制度,重点加强能源消费统计制度建设。以普查为基础,根据我省各行业的能耗特点,建立健全以规模以上(限额以上)企业(单位)全面调查、规模以下(限额以下)企业(单位)抽样调查、重点能耗企业(单位)重点调查以及科学推算等各种调查方法相结合的能源统计调查体系。

(二)工作要求。根据国家要求,结合我省实际,逐步建立和完善能源统计制度,健全统计调查体系。各市、县(市、区)要建立适合本地能源统计核算和节能降耗工作需要的地方能源统计制度和调查体系,各有关部门、协会、能源产品生产经营企业要按统计制度的要求,加强能源统计业务建设,充分利用现代化信息技术,加快建立安全、灵活、高效的能源数据采集、传输、加工、存储和使用等一体化的能源统计信息系统,从仪器仪表配置、商品检验、原始记录和统计台账等基础工作入手,全面加强能源利用的计量、记录和统计,依法履行统计义务,如实提供统计资料。

二、建立健全能源生产统计

(一)按国家要求逐步完善现有规模以上工业企业能源产品产量统计制度,增加能源核算所需要能源产品的中小类统计目录。

(二)建立6000千瓦以下电力生产企业电力产量统计制度。

调查内容:发电量。

调查范围:6000千瓦以下的电力生产企业。

调查频率:年报,2007年年报正式实施。

调查方式:省电力公司组织调查。

三、建立健全能源流通统计

以能源地区间流入与流出统计为重点,建立健全能源流通统计。

(一)煤炭。采用中国煤炭运销协会的全面调查资料,重点摸清省际间煤炭流入与流出量。

(二)原油。根据现有海关统计和工业企业能源统计报表,加强原油流入与流出量统计。具体方法是:

原油净流出量(正数)或净流入量(负数)=进口量-工业企业原油购进量

工业企业原油购进量从工业企业季度能源消费统计报表取得,进口量、出口量数据从海关进出口统计取得。

(三)成品油。通过建立"批发与零售企业能源商品购进、销售与库存"统计制度,完善成品油流入与流出量统计。

1. 在经国家有关部门批准的经营成品油批发业务的企业范围内,建立成品油购进、销售、库存统计制度。

调查内容:成品油购进量(包括购自省外)、销售量(包括售于省外、售于批发零售企业)、库存量。

调查范围:经国家有关部门批准的经营成品油批发业务的全部企业。

调查频率:季报,2007年年报正式实施。

调查方式:省统计局组织全面调查。

2. 在经国家有关部门批准的成品油零售企业范围内,建立成品油销售、库存统计调查制度。

调查内容:成品油销售量、库存量。

调查范围:经国家有关部门批准的成品油零售企业。

调查频率:季报,2007年年报正式实施。

调查方式:省统计局组织全面调查。

(四)天然气。根据省天然气开发有限公司管理机构提供的有关资料,逐步完善对天然气流入与流出量的统计。

(五)电力。电力的地区间输配数量,由省电力公司提供。

（六）其他能源品种。洗煤、焦炭、其他焦化产品、液化石油气、炼厂干气、其他石油制品、液化天然气等产品的流入与流出调查，利用海关进出口资料和工业企业能源消费统计报表中的有关指标计算取得。具体核算方法：

其他能源品种本地净流出量（正数）或净流入量（负数）＝本地生产量＋进口量－出口量－工业企业购进量

四、建立健全能源消费统计

通过建立健全能源消费统计，反映能源消费结构，为市、县（市、区）进行能源核算提供基本数据支持。近期重点加强各级能源消费数据核算基础，建立分地区能源消费核算制度和评估制度。

（一）完善现有规模以上工业企业能源购进、消费、库存、加工转换统计调查制度，增加可再生能源、低热值燃料、工业废料等调查目录，增加余热余能回收利用统计指标。

（二）建立规模以下工业企业和个体工业能源消费统计制度。

调查内容：煤炭、焦炭、天然气、汽油、柴油、液化石油气、电力等消费量。

调查范围：规模以下工业企业和个体工业。

调查频率：季报，2007年年报正式实施。

调查方式：国家统计局浙江调查总队组织抽样调查。

（三）建立农林牧渔业生产单位能源消费调查制度。

调查内容：煤炭、汽油、柴油、燃料油、电力等消费量。

调查范围：从事农林牧渔生产经营活动的法人单位。

调查频率：年报，2007年年报正式实施。

调查方式：浙江省地方统计调查局组织重点调查。

（四）建立建筑业能源消费统计制度。

调查内容：年度为煤炭、煤气、汽油、柴油、燃料油、电力等消费量，季度为汽油、柴油消费量。

调查范围：资质以上建筑企业。

调查频率：季报，2007年年报正式实施。

调查方式：省统计局组织全面调查。

（五）建立健全第三产业能源消费统计调查制度。第三产业涉及范围广泛，单位数量众多，需要针对不同行业、不同经营类型企业的能源消费特点，采取不同的调查方法，进行统计调查。耗能较大的住宿业、餐饮业分规模建立全面调查或抽样调查统计制度；交通运输行业按照不同运输方式建立相应的调查制度。第三产业的其他行业能源消费，电力约占90％左右，由省电力公司通过健全社会用电量统计，提供能耗核算所需的资料。

1. 住宿业。分星级和星级以外两部分进行调查。对星级住宿企业实行全面调查，全面建立煤炭、煤气、天然气、液化石油气、电力等能源消费量统计调查制度。对星级以外住宿企业实行抽样调查，取得样本企业单位营业额和能源消费量数据，按照星级以外住宿业营业额资料推算其全部能源消费量。

调查内容：煤炭、煤气、天然气、液化石油气、电力消费量。

调查范围：星级住宿企业，星级以外住宿企业。

调查频率：季报，2007年年报正式实施。

调查方式：省统计局在星级住宿企业组织全面调查，在星级以外企业组织抽样调查。

2. 餐饮业。分限额以上和限额以下两部分进行调查。对限额以上餐饮企业（从业人员40人以上，年营业额200万元以上）实行全面调查，全面建立煤炭、煤气、天然气、液化石油气、电力等能源消费量统计调查制度。对限额以下餐饮企业实行抽样调查，取得样本企业单位营业额和能源消费量数据，按照限额以下餐饮业营业额资料推算其全部能源消费量。

调查内容：煤炭、煤气、天然气、液化石油气、电力消费量。

调查范围：限额以上企业，限额以下企业。

调查频率：季报，2007年年报正式实施。

调查方式：省统计局在限额以上企业组织全面调查，在限额以下企业组织抽样调查。

3. 交通运输业。按照不同运输方式建立能源消费统计调查制度。

（1）铁路、航空、管道运输业。

采用铁路、航空、石油管道运输部门的全面调查资料，取得煤炭、煤气、汽油、煤油、柴油、燃料油、天然气、液化石油气和电力等的消费量。

（2）公路、水上运输和港口。

公路、水上运输和港口是指从事公路（包括城市公交）、水上营业性运输和港口装卸业务的企业（包括个体专业运输户），不包括社会车辆和私人家庭车辆的交通运输活动。运输企业管理分散、流动性强，需要对不同性质的运输企业采取不同的调查方式。在从事营业性公路、水上运输的重点企业和港口范围内，建立统一、规范的能源消费统计调查制度，并在工作规范化以后逐步将调查范围扩大到全部专业运输企业。对从事公路、水上运输的个体专业运输户实施典型调查，按照单车（单船）年均收入耗油量或单位客货周转量耗油量、交通运输管理部门登记的车（船）数量，推算其能源消费总量。

调查内容：汽油、柴油、燃料油消费量等。

调查频率：年报，2007年年报正式实施。

调查方式：省统计局组织对重点专业运输企业和港口全面调查，对从事公路、水上运输的个体专业运输户典型调查。

（六）建立健全居民生活用能统计制度。

1. 城镇居民生活用能。

调查内容：煤炭、汽油、柴油、城市煤气、天然气、液化石油气、电力消费量。

调查范围：与现有城镇住户调查范围相同。

调查频率：季报，2007年年报正式实施。

调查方式：国家统计局浙江调查总队组织抽样调查。

2. 农村居民生活用能。

调查内容：煤炭、汽油、柴油、天然气、液化石油气、电力消费量等。

调查范围：与现有农村住户调查范围相同。

调查频率：季报，2007年年报正式实施。

调查方式：国家统计局浙江调查总队组织抽样调查。

（七）建立健全主要建筑物能耗统计制度。针对饭店、宾馆、商厦、写字楼、机关、学校、医院等单位的大型建筑物，由省建设厅会同省统计局研究建立相应的统计制度。

（八）建立健全能源利用效率统计制度。进一步扩大和补充单位产品能耗、单位业务量能耗统计的范围和内容。在年耗能1万吨标准煤以上的工业企业建立25种重点耗能产品、108项单位产品能耗统计调查制度的基础上，逐步将范围扩大到规模以上工业企业，并逐步增加耗能产品的统计品种。

（九）积极探索和研究建立新能源统计制度。重点做好生物质能、太阳能、水能和风能利用情况的统计制度研究。

有关能源统计制度、调查表、核算方案等，由省统计局、国家统计局浙江调查总队和浙江省地方统计调查局另行印发。

浙江省单位GDP能耗监测体系实施方案

省统计局　省经贸委　省发改委

一、总体思路和工作要求

（一）总体思路。在建立健全能耗统计指标体系的基础上，通过对各项能耗指标的数据质量实施全面监测，评估各地、各重点企业能耗数据质量，客观、公正、科学地评价节能降耗工作进展，全面、真实地反映省、市、县（市、区）以及重点耗能企业的节能降耗进展情况和取得的成效。

（二）工作要求。在加强能耗各项指标统计的同时，对能耗指标的数据质量进行监测，确保各项能耗指标的真实、准确。深入研究能耗指标与有关经济指标的关系，科学设置监测指标体系。制订科学、统一的能耗指标与GDP核算方案，从核算基础、核算方法、工作机制等方面对单位GDP能耗及其他监测指标的核算进行严格规范，不断完善主要监测指标核算的体制和机制。制定严格的数据质量评估办法，切实保障数据质量。节能降耗指标及其数据质量分别由上一级统计部门认定并实施监测。年耗能5000吨以上重点耗能企业主要由省统计局和省经贸委负责监测，各市、县（市、区）政府也要对本地区重点耗能企业进行监测。从2008年起，各市、县（市、区）统计局按省、市统一要求建立季度、年度能源消费总量和单位GDP能耗核算制度，进一步完善能反映各地特点的能耗数据质量评估办法。

二、监测的主要内容

（一）对全省及各市、县（市、区）节能降耗进展情况的监测。

监测指标：单位GDP能耗、单位工业增加值能耗、单位GDP电耗、单位工业增加值电耗及上述指标降低率；单位产品能耗，重点耗能产品产量及其增长速度；主要耗能行业产值及其增长速度等。

（二）对主要耗能行业节能降耗进展情况的监测。

主要耗能行业包括：钢铁、有色、建材、石油、化工、化纤、电力、造纸、纺织等。

监测指标：单位增加值能耗，单位产品能耗。

（三）对重点耗能企业的监测。

重点耗能企业：省级为年耗能5000吨标准煤以上的企业，各市、县（市、区）根据当地情况自行确定。

监测指标：单位产品能耗，能源加工转换效率，节能降耗投资等。

（四）对资源循环利用状况和“十一五”期间十大重点节能工程建设情况的监测。

监测指标：资源循环利用指标，十大重点节能工程的节能量。

三、监测的主要方式

（一）按年度编写全省能源利用状况白皮书并召开新闻发布会，向社会公布全年能源利用状况。

（二）按季度发布全省及各市、县（市、区）节能降耗情况公报。

（三）建立重点耗能企业能源消耗状况内部通报制度，按月向省政府及相关部门通报重点耗能企业节能降耗情况。

（四）组织开展对各市、县（市、区）能源统计工作的督查和对重点企业能耗统计数据质量的稽查。

（五）按季度召开省级有关部门联席会议，交流和通报各部门节能降耗有关情况。

（六）按季度召开全省统计系统内能源数据质量联审评估会议，对节能降耗主要指标进行评估监测。

（七）各市、县（市、区）也要相应开展节能降耗情况监测。

四、对单位GDP能耗及其降低率数据质量的监测

GDP和主要能耗数据实行下管一级。每季度全省统一组织核算、评估各市GDP数据和主要能耗数据。各市统计局按省统计局有关文件精神，统一组织核算、评估所辖各县（市、区）GDP数据和主要能耗数据。各地数据使用前必须经上级统计局核准，未经核准一律不得对外使用，以确保省、市、县三级数据的基本衔接和横向可比。

（一）对GDP数据质量的监测。

第一组：地区GDP总量的逆向指标，用于检验GDP总量是否正常。

1. 地区财政收入占GDP的比重。

2. 地区各项税收占第二和第三产业增加值之和的比重。

3. 地区城乡居民储蓄存款增加额占GDP的比重。

第二组：与地区GDP增长速度相关的指标，用于检验现价GDP增长速度是否正常。

1. 地区各项税收增长速度。

2. 地区各项贷款增长速度。

3. 地区城镇居民家庭人均可支配收入增长速度。

4. 地区农村居民家庭人均纯收入增长速度。

第三组:与地区第三产业增加值相关的指标,用于检验第三产业增加值是否正常。

1. 地区第三产业税收占全部税收的比重。

2. 地区第三产业税收收入增长速度。

(二)对能源消费总量数据质量的监测。

1. 电力消费占终端能源消费的比重,用以监测终端能源消费量是否正常。

2. 规模以上工业能源消费占地区能源消费总量的比重,用以监测地区能源消费总量是否正常。

3. 三次产业、各行业能源消费的比重,用以监测地区各产业、行业能源消费总量是否正常。

4. 火力发电、供热、煤炭洗选、煤制品加工、炼油、炼焦、制气等加工转换效率,用以监测涉及计算各种能源消费量的相关系数是否正常。

5. 对各产业、行业能源消费增长速度与工业增加值增长速度进行比较,结合节能技术运用情况,用以监测各产业、行业能源消费与行业增长是否相衔接。

6. 主要产品产量、单位产品能耗,用以监测重点耗能产品能源消费情况。

7. 单位GDP能耗、单位GDP电耗、单位工业增加值能耗、单位工业增加值电耗及上述指标降低率,用以监测节能降耗主要指标之间是否相互衔接。

有关数据评估办法、核算制度等,由省统计局另行印发。

浙江省单位GDP能耗考核体系实施方案

省经贸委　省统计局

根据《国务院批转节能减排统计监测及考核实施方案和办法的通知》(国发〔2007〕36号)、《国务院关于加强节能工作的决定》(国发〔2006〕28号)和《浙江省人民政府关于印发节能减排综合性工作实施方案的通知》(浙政发〔2007〕63号)精神,为建立健全我省节能目标责任评价、考核和奖惩制度,强化政府和企业责任,确保实现"十一五"节能目标,特制订如下单位GDP能耗考核实施方案:

一、考核对象、内容和方法

(一)考核对象。

1. 各市政府。

2. 列入国家"千家企业"的我省17家重点用能企业(以下简称17家重点企业),以及年综合耗能18万吨标准煤以上并签定"十一五"节能目标责任书的28家重点用能企业(以下简称28家重点企业,两项合称45家重点用能企业)。

(二)考核内容。主要包括节能目标完成情况和落实节能措施情况。

1. 节能目标完成情况。

(1)各市政府的年度节能目标值以各市与省政府签定的年度节能目标责任书中确定的目标为准,以省统计局核定的各市能耗指标为考核依据。

(2)2007年度45家重点用能企业的年度节能目标值以各企业与当地政府签定的年度节能目标责任书中确定的节能量为考核依据;未与当地政府签定年度节能目标的企业,以企业根据"十一五"节能目标责任书制定的年度节能目标为考核依据。从2008年起,45家重点用能企业每年初与当地政府签定年度节能目标,五年累计节能目标不得低于"十一五"节能目标责任书中规定的节能量。

2. 落实节能措施情况(见附件)。

(三)考核方法。采用量化办法,相应设置节能目标完成指标和节能措施落实指标,满分为100分(超额完成指标的可适当加分,最高加10分)。节能目标完成指标为定量考核指标,以省统计局和省节能减排工作领导小组节能降耗办公室(以下简称省节能办)核定的数据为考核依据,对计算目标完成率进行评分,满分为40分,超额完成指标的适当加分,上年度未完成的节能目标,须分摊到以后年度。节能措施落实指标为定性考核指标,是对各市、各重点企业落实节能措施情况进行评分,满分为60分。

(四)考核结果。分为超额完成(95分及以上)、完成(80—94分)、基本完成(60—79分)、未完成(59分及以下)四个等级。未完成节能目标的,均为未完成等级。具体考核计分方法见附件。

二、考核程序

(一)每年3月底前,各市政府将上年度本地区节能工作进展和节能目标完成情况自查报告报省政府,同时抄送省节能办。由省节能办组织评价考核工作组,对各市政府节能工作及节能目标完成情况进行抽查和评价考核。根据评价考核工作组的评价和调查报告,由省节能办完成对各市政府的综合评价考核报告,于每年6月底前报经省政府审定后,向社会公告。

(二)45家重点用能企业的节能目标责任评价考核由省经贸委和各市节能主管部门分别组织实施,其中17家重点企业由省经贸委负责组织实施,各企业所在地市级节能主管部门配合;28家重点企业按属地原则由所在地市级节能主管部门负责组织实施。企业应于每年1月底前,向所在地市级节能主管部门提交上年度节能目标完成情况和节能工作进展情况自查报告,其中17家重点企业直接报省经贸委及所在地市级节能主管部门,同时抄报国家发展改革委。

(三)省经贸委和有关市节能主管部门组织以社会各界专家为主的评价考核组,分别对17家重点企业和所属28家重点企业的节能工作及节能目标完成情况进行抽查和评估核查。根据评价考核组的评价和调查报告,由有关市节能主管部门于每年3月20日前将28家重点企业的综合评价考核报告报送当地市政府和省经贸委，省经贸委于每年3月底前将28家重点企业的综合评价考核结果审核汇总，并报经省政府审定后，向社会公告。

三、奖惩措施

（一）对各市政府节能目标责任评价考核结果，由省节能办报经省政府审定后，抄送省委组织部，作为市政府领导干部考核评价的重要依据，实行问责制和"一票否决"制。

（二）对考核等级为完成和超额完成的市政府，予以通报表扬。对考核等级为未完成等级的市政府，予以通报批评，领导干部不得参加年度评奖、授予荣誉称号等，省有关部门暂停该地区新建高耗能项目的核准和审批。

（三）考核等级为未完成的市政府，应在评价考核结果公告一个月内，向省政府作出书面报告，提出限期整改工作措施，并抄送省经贸委。整改不到位的，由省监察厅依据有关规定追究该市有关责任人员的责任。

（四）对评价考核结果为超额完成和完成等级的企业，由省节能办予以通报表扬，并结合全省节能表彰活动进行表彰奖励；对该企业的节能项目予以适当支持。

（五）对评价考核结果为未完成等级的企业，予以通报批评，该企业当年不得参与年度评奖、授予荣誉称号等活动，对其新建投资项目和新增工业用地从严控制，并不得享受次年度政府各项优惠政策的申报资格。

考核结果为未完成等级的企业，应在评价考核公告一个月内提出整改措施报省节能办和所在市政府，限期整改。

（六）对国有独资及国有控股企业的考核结果，由省国资委作为对企业负责人业绩考核的重要依据，实行"一票否决"，并依照有关经营业绩考核管理办法对相关企业负责人实施相应的奖励和处罚。

（七）对在节能考核工作中瞒报、谎报情况的地区和企业，予以通报批评；对直接责任人员依法追究责任。

附件：1. 各市政府节能目标责任评价考核计分表（略）

2. 45家重点用能企业节能目标责任评价考核计分表（略）

浙江省主要污染物总量减排监测实施办法

省环保局

第一条　为了准确核定污染源化学需氧量和二氧化硫的排放量，规范主要污染物总量控制减排监测，按照《国务院批转节能减排统计监测及考核实施方案和办法的通知》（国发〔2007〕36号）、《浙江省人民政府关于进一步加强污染减排工作的通知》（浙政发〔2007〕34号）、《浙江省人民政府关于印发节能减排综合性工作实施方案的通知》（浙政发〔2007〕63号）的有关规定，制定本办法。

第二条　主要污染物总量减排监测是对污染源排放的主要污染物总量进行核定，并为国家及我省确定的主要污染物总量减排工作提供数据的监测活动。污染源化学需氧量和二氧化硫排放量的监测技术采用污染源自动监测技术和污染源监督性监测（包括手工监测和实验室比对监测）技术相结合的方式。

第三条　污染源监督性监测工作原则上由县级以上环境保护行政主管部门负责。

国控及省控重点污染源监督性监测工作由设区市环境保护行政主管部门负责。省环境保护行政主管部门负责装机容量30万千瓦及以上火电厂的污染源监督性监测工作。国控及省控重点污染源监督性监测数据共享使用，不重复监测。

第四条　国控及省控重点污染源名单按国家及省环境保护行政主管部门每年公布的名单为准。

国控重点污染源指国家环境保护行政主管部门监控并公布的占全国主要污染物工业排放负荷65%的工业污染源和城市污水处理厂。

省控重点污染源指省环境保护行政主管部门监控并公布的占全省主要污染物工业排放负荷65%的工业污染源和集中式污水处理厂。

第五条　以污染源监督性监测数据为基础，统一采集、核定、统计污染源排污数据，根据污染物排放浓度和流量核算污染物排放量。

排污单位应当保证污染防治设施正常运行，对污染物排放状况和污染防治设施运行情况进行定期监测，建立污染源监测档案。排污单位应在每月5日前向当地环境保护行政主管部门上报上月排放的化学需氧量和二氧化硫数量，并提供有关资料。

对于安装自动监测设备的污染源，以自动监测数据为依据上报化学需氧量和二氧化硫的排放量。

对于未安装自动监测设备的污染源，由排污单位提供具备资质的环境监测机构出具的化学需氧量和二氧化硫监测数据，以此上报化学需氧量和二氧化硫排放量。

对于无法安装自动监测设备和不具备监测条件的污染源，化学需氧量和二氧化硫的排放量按环境统计方法计算，并向当地环境保护行政主管部门上报。

当地环境保护行政主管部门对排污单位每月上报的化学需氧量和二氧化硫排放量进行核定，并将核定结果告知排污单位。

第六条　污染源自动监测设备的建设由排污单位负责，验收由当地环境保护行政主管部门负责，日常运行由排污单位委托有资质的运营单位负责。

重点污染源自动监测设备必须与省市县环境保护行政主管部门直接联网并实时传输数据，其中国控重点污染源自动监测设备必须直接传输上报国家环境保护行政主管部门。

第七条 各级环境保护行政主管部门应按照属地管理要求，负责辖区内污染源自动监测设备的实验室比对监测，其中总装机容量 30 万千瓦以上火电厂的自动监测系统的实验室比对监测由省环境监测中心负责。

第八条 实验室比对监测与自动监测设备同步现场采样，国控重点污染源和省控废水重点污染源自动监测设备实验室比对监测为每季度一次，省控废气重点污染源和其它污染源为每半年一次。

第九条 对未安装自动监测设备或自动监测设备未按要求联网的污染源，各级环境监测机构应定期对其进行手工监测，依此数据进行核定。

国控重点污染源和省控废水重点污染源监测频次不少于每季度一次，省控废气重点污染源监测频次不少于每半年一次，其它污染源监测频次由当地坏境保护行政主管部门自行确定。

第十条 设区市环境保护行政主管部门负责本辖区内的污染源监督性监测数据的质量管理工作。承担化学需氧量和二氧化硫排放量核定的环境保护行政主管部门具体负责污染源监督性监测数据的质量和排放量的准确性与可靠性。

实验室比对监测结果表明同步的自动监测数据质量达不到规定时，则从本次实验室比对监测时间上推至上次实验室比对监测之间的时段按自动监测系统数据缺失处理。数据缺失时段的排放量按照有关技术规范的规定核算。

地方实验室比对监测结果与上级环境保护行政主管部门的检查、抽查监测结果不一致时，由上级环境保护行政主管部门确认自动监测数据的有效性。

省环境保护行政主管部门定期和不定期组织对污染源监督性监测的统一质量控制考核，并适时组织交叉检查。

第十一条 各级环境监测机构采用的监测方法必须符合国家标准或环保行业标准，并按照国家和地方技术规范要求实行质量保证和质量控制。

第十二条 各级环境保护行政主管部门要建立完整的污染源基础信息档案，建立污染源监督性监测信息库。污染源监督性监测数据按季度逐级报送上级环境保护行政主管部门，用于监测质量管理和统计等相关工作。

第十三条 各级政府要切实保障环境监测机构的工作条件，在人员配置和培训、设备购买和更新、工作和实验用房供给、工作经费保障等方面制定切实可行的计划并予以落实，特别要切实保障直接为污染减排统计、监测和考核服务的污染源监督性监测工作经费，补助国控和省控重点污染源自动监控系统的建设和运行经费，将其纳入各级政府的财政预算。

第十四条 本办法由省环境保护行政主管部门负责解释。

第十五条 本办法自公布之日起实施。

浙江省主要污染物总量减排统计实施办法

省环保局

第一条 为做好“十一五”主要污染物排放量的统计和核定工作，根据《国务院批转节能减排统计监测及考核实施方案和办法的通知》(国发〔2007〕36 号)、《环境统计管理办法》(国家环境保护总局第 37 号令)、《浙江省人民政府关于进一步加强污染减排工作的通知》(浙政发〔2007〕34 号)、《浙江省人民政府关于印发节能减排综合性工作实施方案的通知》(浙政发〔2007〕63 号)的有关规定，制定本实施办法。

第二条 本办法所称主要污染物排放量，是指《国民经济和社会发展第十一个五年规划纲要》确定的实施排放总量控制的两项污染物即化学需氧量和二氧化硫的排放量。环境统计污染物排放量包括工业源和生活源污染物排放量，化学需氧量和二氧化硫排放量的考核是基于工业源和生活源排放量的总和。

第三条 主要污染物排放量统计制度包括年报、半年报和季报。

年报主要统计全年主要污染物排放及治理情况。调查对象为列入上年环境统计数据库重点调查单位及本年度新增重点调查单位。重点调查单位和非重点调查单位主要污染物排放量依据本办法第六、七条规定进行统计。为增强数据的时效性，各设区市环境保护行政主管部门应于当年 12 月 31 日前上报年报快报数据。快报数据应按照本办法要求进行核算，核算结果与核算技术报告、核算主要参数以及相关支撑材料一并上报省环境保护行政主管部门。省环境保护行政主管部门根据国家下发的主要污染物排放量核算方法对各地数据进行初步审核，并将初步核算结果通报各地。各地根据实际情况，对年报数据进行汇总和审核，于次年 2 月底前将年报数据库和年度统计技术报告一并上报省环境保护行政主管部门。省环境保护行政主管部门依据《环境统计数据审核办法》，结合国家初步核算结果，对各地上报的年报数据进行复核。

半年报主要统计主要污染物排放及治理情况，调查范围、对象和方法同年报，报告期为 1—6 月。各地于当年 7 月 20 日前上报数据库和统计技术报告。

季报主要统计上季度主要污染物排放及治理情况，为总量减排统计和宏观经济运行分析提供环境数据支持，调查范围为国控、省控重点污染源排放量，其它做整体估算。报告期为 1 个季度，每季度终了后 10 日内上报数据库和统计技术报告(第二季度季报可由半年报替代)。

第四条 统计调查按照属地原则，由各县(市、区)环境保护行政主管部门负责完成。工业源污染物排放量根据重点调查单位发表调查和非重点调查单位比率估算；生活源污染物排放量根据非农人口数(或城镇常住人口数,以2005年环境统计口径为准)、燃料煤消耗量等社会统计数据测算。工业源和生活源污染物排放量数据逐级审核汇总后上报。

第五条　本办法所称重点调查单位,是指主要污染物排放量占本地区(以县级为基本单位)排污总量(指该地区排污申报登记中全部工业企业排放量)85%以上的工业企业单位。重点调查单位的筛选工作应在排污申报登记数据变化的基础上逐年进行。

重点调查单位统计范围每年动态调整1次,剔除关停企业,纳入新增企业,凡造成事实排污超过1个月以上的企业均应纳入统计范围。筛选出的重点调查单位及其排放量应与上年对照比较,分析增减单位及其排放量变化情况,并作适当调整,保证重点调查数据能够反映本地排污情况的总体趋势。

第六条　重点调查单位污染物排放量可采用监测数据法、物料衡算法、排放系数法进行统计。

监测数据法:重点调查单位原则上都应采用监测数据法计算排污量(省、市级环境监测机构的监测数据应及时反馈县级环境保护行政主管部门),对当年关停企业按其当年实际排污天数计算排污量。凡安装自动在线监测设备(须由市级以上环境监测机构按照质量控制要求标定)并和省环境保护行政主管部门联网的单位,采用实时监测数据的汇总数作为排污量数据。未安装在线监测设备的,采用实测法计算全年排放量时,至少需要4次监测数据。

物料衡算法:主要适用于电力、热力的生产和供应业的二氧化硫排放量的测算。测算公式为:燃料燃烧SO_2排放量=燃料煤消费量×含硫率×0.8×2×(1－脱硫率)

排放系数法:主要适用于化学原料及化学品制造、造纸、金属冶炼、纺织等行业排污量的估算。

以上三种方法优先使用监测数据法计算排放量。若无监测数据或者监测频次不足,可根据上述适用范围,电力、热力的生产和供应业选用物料衡算法,钢铁、化工、造纸、建材、有色金属、纺织等行业选用排放系数法。监测数据法计算所得的排放量数据必须与物料衡算法或者排放系数法计算所得的排放量数据相互对照验证,对两种方法得出的排放量差距较大的,需分析原因。对无法解释的,按照"取大数"的原则确定污染物的排放量。

第七条　非重点调查单位污染物排放量统计方法。将非重点调查单位的排污总量作为估算的对比基数,采取"比率估算"的方法,即按重点调查单位排污总量变化的趋势(指与上年相比,排污量增加或减少的比例),等比或将比率略作调整,估算出非重点调查单位的污染物排放量。

第八条　生活源污染物排放量统计方法。生活源化学需氧量排放量计算公式为:

生活源化学需氧量排放量=城镇常住人口数×城镇生活化学需氧量产生系数－城镇污水处理厂去除的生活化学需氧量

其中,城镇生活化学需氧量产生系数应与上一年度的产生系数保持一致。

生活及其它二氧化硫排放量计算公式为:

生活及其它二氧化硫排放量=生活及其它煤炭消费量×含硫率×0.8×2

第九条　环境统计数据质量控制主要由《环境统计管理办法》、《环境统计技术规定》、《全国环境统计审核办法》等系列文件组成。在数据上报前,各地应结合本地区经济发展趋势和环境污染状况,对数据进行审核,并建立环境统计重点调查工业企业和污水处理厂一厂一档材料。

各级环境保护行政主管部门对本级环境统计数据负责,上级环境保护行政主管部门对下级环境保护行政主管部门上报的统计数据进行审核,下级环境保护行政主管部门应当按照上级环境保护行政主管部门审核结果认真复核重点调查单位报表填报数据。

第十条　为了更加全面、客观地反映各地抓整治促减排取得的实际效果,各地在上报年度统计数据库和统计技术报告的同时,结合"三量"台账,将未纳入环境统计重点调查工业企业(简称统计口径外工业企业)主要污染物排放状况信息一并报送。统计口径外工业企业主要污染物排放状况信息包括该企业当年和上一年主要污染物排放量、废水(废气)排放量、年均监测数据、所采取整治措施和治理设施投运时间等内容。各地要结合日常监督管理工作,做好统计口径外工业企业各类基础材料归档工作。

第十一条　按照附件规定的排放强度法和国家环保总局《主要污染物总量减排核算细则(试行)》(环发〔2007〕183号)对主要污染物减排数据进行核算。

第十二条　省环境保护行政主管部门对各地年报快报进行核算时,各地应提供主要污染物减排技术核算报告、核算主要参数和主要支撑材料。

主要污染物减排技术核算报告包括增量、削减量、削减率核算结果,并附削减项目清单以及具体整治措施的说明。

核算主要参数为当年GDP增长率,非农(城镇)人口数和增长率,火电和非电用煤量及增长率等。

COD削减核算主要支撑材料:

污水处理厂。当年和上一年投运的污水处理厂COD削减的,需提供建设部门关于具体投运日期、设计处理能力、实际处理水量的证明,以及环境监测机构关于污水处理厂进出水浓度的年度监测报告和在线监测数据等;现有污水处理厂COD削减的,需分别提供建设部门出具的当年和上一年实际污水处理量的证明,环境监测机构当年和上一年进出水浓度监测报告以及在线监测数据,增加污水处理量的,必须提供增加污水处理量的有效证明(如污水处理厂进水计量泵的流量记录台账或在线记录,新建管网、泵站的验收材料等依据),出水浓度降低幅度较大的,需提供污水处理厂治理(整改)验收证明或其他相关证明。

工业企业。统计范围内企业削减COD的,需说明企业具体的治理措施、投运日期和提供相关的治理(整改)验收材料,年度处理水量、进出水浓度监测报告以及在线监测数据等;因企业或生产线关停并转导致排污量下降的,需提供当地政府或有关部门的关停并转证明材料。

SO_2 削减核算主要支撑材料：

火电企业。需提供机组（锅炉）的投运日期、装机容量、治理措施、脱硫设施通过调试日期、煤炭消耗量、含硫率、实际脱硫率、二氧化硫排放量以及削减量。循环流化床的脱硫设施需与省环境保护行政主管部门联网并附在线监测数据。

非电力企业。纳入当年环境统计数据库内的非电力企业经治理削减二氧化硫的，需提供企业具体的治理措施、治理设施投运日期、煤炭消耗量、燃煤的含硫率、脱硫率及二氧化硫实际削减量、在线监测数据等，并附环保部门的验收报告和监测报告。因企业或燃煤设施关停导致排污量下降的，需提供当地政府或有关部门的证明材料。

第十三条　核算结果的校正。

在排放强度法中使用GDP核算各地COD排放量时，用监测与监察系数对计算结果进行校正；在排放强度法中使用耗煤量核算各地 SO_2 排放量时，用监察系数对 SO_2 排放量计算结果进行校正。校正方法和校正系数采用国家环境保护行政主管部门确定的方法和系数（见附件）。

环境监测与监察系数由省环境保护行政主管部门参照国家环境监察机构确定的方法进行核定。

第十四条　年报数据的复核。上级环境保护行政主管部门根据国家核算方法和全国环境统计审核技术要求，对年报数据的准确性和完整性进行复核。

复核方式。采用监测数据、物料衡算、排放系数、逻辑校验等方法，并结合现场复核、数据质量抽查，核实年报数据。

复核内容。列入统计数据库重点调查企业，需逐家比对废水量、化学需氧量排放量、煤炭消耗量、二氧化硫排放量，并对下级环境保护行政主管部门提供的排放量变化原因进行审查。重点调查企业有变更的，对变更情况进行核实。

第十五条　本办法由省环境保护行政主管部门负责解释。

第十六条　本办法自公布之日起实施。

附件：减排数据的核算与校正（略）

浙江省主要污染物总量减排考核实施办法

省环保局

第一条　为贯彻落实科学发展观，加强污染防治的监督管理，控制主要污染物排放，确保完成浙江省“十一五”主要污染物总量减排目标，根据《国务院批转节能减排统计监测及考核实施方案和办法的通知》（国发〔2007〕36号）、《浙江省人民政府关于“十一五”期间全省主要污染物排放总量控制计划的批复》（浙政函〔2006〕139号，以下简称《计划》）、《浙江省人民政府关于进一步加强污染减排工作的通知》（浙政发〔2007〕34号）和《浙江省人民政府关于印发节能减排综合性工作实施方案的通知》（浙政发〔2007〕63号）的有关规定，并依据《“十一五”主要污染物总量削减目标责任书》（以下简称《目标责任书》），制定本办法。

第二条　本办法适用于各设区市、县（市、区）政府“十一五”期间主要污染物总量减排完成情况的考核。

本办法所称主要污染物，是指国家《国民经济和社会发展第十一个五年规划纲要》确定的实施排放总量控制的两项污染物，即化学需氧量和二氧化硫。

第三条　各设区市、县（市、区）政府是“十一五”主要污染物总量减排的责任主体，对辖区主要污染物总量减排工作负总责。

第四条　各设区市政府要把主要污染物排放总量减排计划分解落实到各县（市、区）政府和主要排污单位。

各级政府要把主要污染物排放总量控制指标纳入本地区经济社会发展“十一五”规划和年度计划，加强组织领导，落实项目和资金，严格监督管理，确保实现主要污染物减排目标。

第五条　各设区市政府应当按照省政府批复下达《计划》和《目标责任书》的要求，结合辖区内环境保护规划，制定年度主要污染物总量削减计划，确定年度削减目标，落实各项减排措施并批准实施。必要时应及时编制并落实减排应急预案。

主要污染物年度削减计划应于当年1月底前报省节能减排工作领导小组污染减排办公室（以下简称省减排办）和省环境保护行政主管部门。

第六条　下一级政府分配的主要污染物排放总量指标之和不得突破上一级政府下达的区域总量控制指标，也不得突破国家和省确定的水污染物重点流域等专项规划下达的流域总量控制指标。

省部属电厂的二氧化硫总量指标由省政府统一下达并组织实施削减计划，同时纳入所在地二氧化硫的统计范围，但不得替代本地区二氧化硫的削减指标。

第七条　各设区市政府应成立主要污染物总量减排工作机构，建立主要污染物总量减排指标体系、监测体系和考核体系，及时调度和动态管理本地区主要污染物排放量数据、主要减排措施进展情况以及环境质量变化情况，建立主要污染物排放总量台账。

第八条　主要污染物总量减排考核内容：

（一）主要污染物总量减排工作开展情况。包括：组织机构、政策制定、计划编制和分解、措施落实、项目资金安排、检查考核等。

（二）主要污染物总量减排目标完成情况。依据国家环境保护行政主管部门“十一五”主要污染物总量减排考核办法、核算细则、统计办法和监测办法的相关规定予以核定。

（三）辖区环境质量变化和污染源达标排放情况。环境质量变化情况依据《目标责任书》的要求核定；污染源达标排放情况依据在线监测数据或环境监测机构提供的污染源"飞行"监测等监督性监测报告进行评定。

（四）主要污染物总量减排指标体系、监测体系和考核体系的建设和运行情况。依据各地对三大体系建设、运行情况出台的正式文件和有关抽查复核情况进行评定。

（五）各项主要污染物总量减排措施落实情况。包括：工程治理、结构调整和监督管理等减排措施的实施情况。依据各地有关正式文件、工作方案、统计数据、相关证明材料和现场检查进行评定。

（六）主要污染物总量减排工作档案建立情况。档案建立以污染源"三量"台账为基础，按照系统性、完整性、准确性和有效性进行评定。

第九条　各设区市政府应对半年度、年度主要污染物总量减排工作、计划执行、减排措施进展、三大体系建设运行进展以及对辖区各县（市、区）检查考核等情况进行自查和总结，于当年 7 月 10 日和次年 1 月 10 日前将半年度和年度主要污染物总量减排情况的自查报告报省减排办。

各设区市政府于每年 2 月底前将上一年度本辖区主要污染物总量减排情况报告省政府，并抄送省减排办和省环境保护行政主管部门。

第十条　各设区市政府应组织发展改革、环保、建设、经贸、统计等部门，按季度对本辖区主要污染物总量减排形势进行分析，于期末后 10 日内报省减排办和省环境保护行政主管部门。

第十一条　主要污染物总量减排考核分半年度核查和年度考核，省减排办组织相关部门进行检查考核。

省减排办于当年 7 月底前对各设区市政府主要污染物总量减排半年工作进行核查，并经省政府同意后，向各地通报核查结果。

年度考核纳入生态省建设年度目标责任考核体系，由省减排办于次年 1 月对各设区市政府上一年度主要污染物总量减排情况进行考核，并于次年 5 月底前将全省考核结果向省政府报告，经省政府审定后，向社会公告。

第十二条　主要污染物总量减排考核采用书面核查、现场检查、重点抽查和数据核算相结合的方式进行。主要污染物总量减排指标、监测和考核体系建设运行情况较差，或减排工程措施未落实，或未实现年度主要污染物总量减排计划目标的设区市认定为未通过年度考核。

未通过年度主要污染物总量减排考核的设区市政府，应当在考核结果公布后 1 个月内向省政府作出书面报告，提出限期整改工作措施，并抄送省减排办和省环境保护行政主管部门。

第十三条　考核结果在报经省政府审定后，交由干部主管部门，作为对各设区市政府领导班子和领导干部综合考核评价的重要依据，实行问责制和"一票否决"制。

对未通过年度考核的，由省环境保护行政主管部门暂停该地区所有新增主要污染物排放的建设项目环评审批以及项目核准或批准，暂停省级环保专项资金的使用，撤消省里授予该地区的环境保护或环境治理方面的荣誉称号，领导干部不得参加年度评奖、授予荣誉称号等。对已命名的环保模范城市、生态市（县、区）未通过考核的，暂缓通过复查；对正在创建的环保模范城市、生态市（县、区）未通过考核的，给予否决。

对未通过且整改不到位或因工作不力造成重大社会影响的，由干部任免机关或监察部门按照《环境保护违法违纪行为处分暂行规定》追究该地区有关责任人员的责任。

第十四条　对在主要污染物总量减排工作中有下列行为之一的，实行以县（市、区）为单位的建设项目区域限批，并暂停或减少省级环保专项资金补助。

（一）区域主要污染物排放总量超过分配总量的；

（二）未按规定开展总量减排监测、统计、考核工作，报送总量减排计划、季度减排形势分析报告、半年和年度自查报告的；

（三）未完成总量削减任务的；

（四）环保基础设施建设滞后，污染整治效果不明显的；

（五）环境质量比上年度呈明显下降的；

（六）辖区发生群体性污染纠纷事件，污染事故频发的。

第十五条　各设区市政府需报经省环境保护行政主管部门会同省发改、经贸、建设、统计等部门审核确认，并报省政府同意后，方可向社会公布年度主要污染物排放总量和减排数据。

第十六条　省能源集团二氧化硫总量减排的考核参照本办法执行。

第十七条　在主要污染物总量减排考核工作中发现有弄虚作假等违法违纪行为，应依法依纪严肃查处，并追究相关责任人员的责任。

第十八条　本办法由省环境保护行政主管部门负责解释。

第十九条　本办法自发布之日起实施。

浙江省主要污染物总量减排管理办法

省环保局

第一条　为贯彻落实科学发展观，全面推进污染防治工作，控制新老污染源的污染物排放，确保"十一五"期间全省主要污染物排放总量削减目标的实现，根据《国务院批转节能减排统计监测及考核实施方案和办法的通知》（国发〔2007〕36 号）、《浙江省人民政府关于"十一五"期间全省主要污染物排放总量控制计划的批复》（浙政函

〔2006〕139号)、《浙江省人民政府关于进一步加强污染减排工作的通知》(浙政发〔2007〕34号)和《浙江省人民政府关于印发节能减排综合性工作实施方案的通知》(浙政发〔2007〕63号)的有关规定,制定本办法。

第二条 本办法适用于本省行政区域内主要污染物总量减排的管理。

本办法所称主要污染物,是指国家《国民经济和社会发展第十一个五年规划纲要》确定的实施排放总量控制的两项污染物,即化学需氧量和二氧化硫。

第三条 本办法所称的主要污染物总量减排管理,是指通过实施区域老污染源排污总量削减计划和建设项目污染物新增量替代方案,将主要污染物的排放总量控制在国家和省规定的限值和削减比例范围内,以改善区域环境质量。

第四条 各级政府必须通过对重点区域、流域、行业和企业主要污染物排放总量的削减,完成国家和省政府下达的主要污染物总量控制目标,促进产业结构、布局的优化,改善环境质量,为经济社会持续稳定发展提供环境保障。

第五条 各设区市政府要对当地主要污染物削减目标任务进行分解,落实到所辖各县(市、区)和重点排污单位。各级环境保护行政主管部门负责主要污染物总量减排的管理。

第六条 各级环境保护行政主管部门应按以下原则对主要污染物总量减排进行管理。

(一)按照"治旧控新、监建并举"的工作方针,突出重点区域、重点行业的污染整治削减排污总量,集中精力抓好环保重点监管区、重点污染行业的整治。

(二)依托重点工程削减总量。加快城镇污水处理厂及其配套管网的建设,加强污水处理厂进出水浓度的监管,提高污水的处理率和达标率;加快燃煤电厂和热电厂脱硫设施的建设和改造,加强监管,控制煤炭含硫率,提高脱硫设施的运行率和达标率。

(三)依托结构调整腾出总量。以主体功能区规划和生态环境功能区规划为依据,严格执行国家和省有关产业结构调整指导目录、限制和淘汰制造业生产能力目录,坚决淘汰落后生产能力。

(四)依托严格监管控制总量。通过建立污染源"三量"台账、污染源动态管理信息系统、在线监测和"飞行监测"等手段,加强对污染源的管理。在重点行业、重点企业实行清洁生产审核,从源头减少污染物的产生量。

(五)依托"五整治一提高工程"削减总量。通过推进畜禽粪便污染整治、生活污水污染整治、垃圾固废污染整治、化肥农药污染整治、河沟池塘污染整治和提高农村绿化水平,削减农业农村面源污染,改善农村生态环境。

第七条 各级环境保护行政主管部门应当对超标排污(包括超标纳管)或超总量排污单位责令限期治理。限期治理期间,排污单位应当采取限产、停产或者其他措施,使污染物排放符合限期治理规定的排放要求,并不得建设增加污染物排放总量的项目。逾期未完成治理任务的,依法予以停业、关闭。

第八条 各级环境保护行政主管部门应将总量控制纳入建设项目的环保审批条件,建立建设项目污染物排放总量的申请和核定制度。

第九条 建设项目需新增污染物排放量的,必须削减一定比例的同类污染物排放量。其替代比例为:环境功能区达标较好地区可按新增量与减排量1∶1比例削减;其他地区新增量与减排量不得低于1∶1.2。化工、医药、制革、印染、造纸等重污染行业削减比例不得低于1∶1.5。替代实行污染因子一致性管理,一般区域暂时考核COD、SO_2两项指标,钱塘江流域增加氨氮指标。

第十条 替代削减的污染物排放量必须来自合法企业。关停非依法设立企业所削减的排污量,不得作为建设项目替代削减量。

钱塘江流域已经试行排污总量控制方案的7个县(市、区),仍按原方案实行。

第十一条 建设项目所需污染物排放总量指标可由县级以上政府调配,跨地区调配污染物排放总量的,须经共同的上级环境保护行政主管部门同意。

第十二条 建设项目环评审批(包括所在地环境保护行政主管部门出具的意见)必须将污染物排放总量来源落实到企业单位,并予以确认。建设项目新增污染物排放量可以从一个或者多个企业(单位)获得。

建设项目需新增污染物排放量的,应在环境影响评价文件总量控制专章中增加替代削减方案内容。

第十三条 污水处理厂的环评审批必须符合当地污染物总量控制和环境容量要求。

进入污水处理厂的企业必须严格实行纳管达标制度,纳管超标企业必须对污水进行预处理,达到进管标准后纳管。

污水处理厂提供纳管企业的容量证明,需经当地环境保护行政主管部门核准后,作为总量平衡方案。污水进集中污水处理厂的排污单位,其污水允许纳管量根据集中污水处理厂的允许排污量确定。

第十四条 建设项目环评审批必须符合主体功能区规划和生态环境功能区规划的要求,并与污染减排挂钩。对没有环境容量,达不到环境功能区规划要求的地区,暂停新增污染物总量的建设项目环境影响评价文件审批;对没有完成年度减排任务以及超过总量指标的地区,暂停该区域新增同类主要污染物排放的建设项目环境影响评价文件的审批,直至完成总量减排任务。

第十五条 建设项目环保审批必须以总量替代削减方案落实为前提。改扩建项目的环保审批必须以老项目的"三同时"验收合格通过为前提。

在建设项目环保"三同时"管理中,需对原有总量替代削减方案落实情况进行检查。建设项目试生产以前,需要削减的老污染源必须落实到位。对替代削减方案未能实施完成或擅自改变的,环境保护行政主管部门要提出限期整改意见,并在替代削减方案完成后予以验收。

第十六条 各级环境保护行政主管部门要建立建设

项目环评审批和“三同时”管理信息系统，建立污染源新增量、削减量和环境统计排放量台账，按要求将建设项目审批（包括总量削减方案）和“三同时”验收的有关信息（包括排污总量增减、替代削减的污染源情况等）及时输入建设项目环评审批和“三同时”信息管理系统。在次月5日前将月报表报省环境保护行政主管部门。

第十七条　各级环境保护行政主管部门应当依法推行排污许可证制度，将主要污染物最大允许排放总量分解到排污单位。禁止无证或违反排污许可证的规定进行排污。

发放的排污许可证应当明确排污单位的现状排污总量、允许排污总量、允许排放浓度和污染物削减时间要求。

第十八条　总量减排实施方案确定的单位，必须按照国家有关规定设置规范的排污口，并安装在线监测设施，与省市县三级环境保护行政主管部门联网。

第十九条　各级环境保护行政主管部门应加强对污染源污染排放的监督管理。对瞒报、谎报减排情况，越权、违规审批，隐瞒或提供虚假信息的，按照有关规定严肃处理，并追究相关责任人员责任。

第二十条　本办法由省环境保护行政主管部门负责解释。

第二十一条　本办法自发布之日起实施。

浙江省人民政府关于印发资源节约与环境保护行动计划的通知

浙政发〔2008〕52号

各市、县（市、区）人民政府，省政府直属各单位：

现将《资源节约与环境保护行动计划》印发给你们，请结合实际，认真贯彻实施。

全面小康六大行动计划是贯彻落实党的十七大和省第十二次党代会精神、深入实施“创业富民、创新强省”总战略、全面建设惠及全省人民小康社会的重大举措，是各级政府履行职责、推动我省经济又好又快发展和社会和谐稳定的重要工作抓手。各地、各部门一定要高度重视，建立健全组织领导和工作协调机制、目标分解和责任落实机制、进度报告和监督检查机制，确保全面小康六大行动计划的各项目标任务顺利完成。

二〇〇八年八月八日

资源节约与环境保护行动计划

（2008—2012）

节约资源、保护环境是我国的基本国策。按照省政府“全面小康六大行动计划”总体战略部署，为加快推进资源节约型和环境友好型社会建设，进一步推进全省经济社会又好又快发展，根据国家和省有关方针政策，特制定本行动计划。

一、总体要求和目标

（一）总体要求。以邓小平理论和“三个代表”重要思想为指导，认真贯彻党的十七大和省第十二次党代会精神，坚持以科学发展观为统领，全面实施“创业富民、创新强省”总战略，以节能降耗、环保减排和节约集约用地为抓手，资源节约、环境保护和推进产业结构调整相结合，政府为主导、企业为主体、全社会共同参与相结合，经济手段、法律手段和必要的行政手段相结合，五年总体行动计划与逐年分解落实相结合，强化资源环境保护，促进经济发展方式转变，保障经济可持续发展，为全面建设惠及全省人民的小康社会提供有力支撑。

（二）总体目标。通过五年努力，基本确立与社会主义市场经济体制相适应的资源节约和环境保护长效机制，加快形成有利于节约能源资源和环境保护的产业结构、增长方式和消费模式，确保节能降耗、环境保护和土地节约集约利用水平继续居于全国领先地位，使我省经济社会可持续发展能力明显增强。

——节能降耗取得新突破。确保完成“十一五”节能降耗目标任务，到2010年万元GDP能耗达到0.72吨标准煤以下，完成“十一五”期间单位能耗降低20%的约束性指标任务，节约标准煤2500万吨以上；到2012年单位GDP能耗继续保持全国领先水平，主要耗能产品单位能耗居全国领先水平，五年综合节能3300万吨标准煤以上。

——节约集约用地取得新突破。确保国家下达的耕地保有量、基本农田以及省政府确定的1500万亩标准农田面积不减少，质量不降低；保障新增建设用地130万亩，盘活存量建设用地和转而未供土地50万亩；土地资源利用效率和综合利用水平继续居全国领先水平，到2012年单位GDP、固定资产投资增长的新增建设用地消耗量分别与2007年末相比减少20%、15%，土地利用强度提高15%。

——环境保护取得新突破。确保完成“十一五”主要污染物化学需氧量、二氧化硫排放总量分别下降15.1%和15%的污染减排目标任务，全面完成“811”环境保护新三年行动的各项工作任务。到2012年，主要污染物减排工作继续保持全国领先；生态环境状况指数继续位居全国前列；全省地表水和空气环境质量在保持基本稳定的基础上进一步改善，县级以上集中式饮用水源地水质达标率达到86%以上，80%以上的省控城市空气质量达到二级标准。

二、主要任务

着力解决发展过程中付出资源环境代价过大、能源资源对发展的“瓶颈”制约以及用地矛盾突出等问题，实施“节能降耗十大工程”、“节约集约用地六大工程”和“环境保护八大工程”，全面推进节约型社会建设，促进经济与环境相协调，实现我省经济社会可持续发展。

(一)实施节能降耗十大工程，即千家重点企业节能推进工程、落后产能淘汰推进工程、传统优势产业改造推进工程、装备制造业振兴推进工程、技术创新推进工程、建筑节能推进工程、交通运输节能推进工程、商业及民用节能推进工程、公共机构节能推进工程、资源综合利用推进工程，从能源消耗较大的工业、建筑、交通、商贸、公共建筑等领域入手，全面推进全省节能降耗工作的有序高效开展。

(二)实施节约集约用地六大工程，即城镇建设节地工程、工业建设节地工程、住宅建设节地工程、基础设施建设节地工程、农村建设节地工程、土地开发整理工程，从土地节约集约利用潜力较大的工业、基础设施建设、土地整理等领域入手，整体推进全省土地节约集约工作的有序高效开展。

(三)实施环境保护八大工程，即污染减排工程、水污染防治工程、工业污染防治工程、城镇环境综合整治工程、农业农村污染防治工程、近岸海域污染防治工程、生态修复保护工程、生态创建工程，从污染减排、环境整治、生态建设等领域入手，全面推进全省环境保护工作的三个历史性转变。

三、保障措施

以建立长效推进体系为重点，建立健全以组织领导、责任分解、法规约束、政策推进、科技支撑和考核监督六个方面为主要内容的“资源节约与环境保护行动计划”保障体系，为行动计划有效实施提供行政、经济、技术和法律支持。

(一)加强组织领导。充分发挥政府主导作用，加强对资源节约和环境保护工作的组织领导。强化统筹协调，逐年下达工作计划，定期沟通工作情况，及时协调解决重大问题，形成强有力的工作组织领导机制。各地、各部门要增强工作的紧迫感、责任感和使命感，按照条块结合、协同推进的要求，结合本地区、本部门实际，采取切实有效措施，认真落实资源节约与环境保护行动计划。

(二)落实责任分解。将资源节约、土地节约集约利用与环境保护的目标任务，分解到各市和有关部门，并将指标完成情况纳入各地经济社会综合评价体系，纳入各级政府和各有关部门的目标责任制考核，作为政府领导干部综合考核评价的重要内容。严格实行行政问责制和一票否决制。各市政府每年向省政府报告目标责任的履行情况，县级以上政府要向本级人民代表大会或常务委员会报告目标完成情况，自觉接受监督。

(三)健全法规制度。加快推进资源节约和环境保护地方性法规、行政规章体系建设。建立健全能耗、水耗和污染排放标准体系，建立土地集约利用评价和考核标准，加大标准实施力度。对违反资源节约、节约集约用地以及环保法律法规的单位公开曝光，依法查处，对重点案件实行挂牌督办、限期整改。加大行政执法监察的力度，建立浪费资源、污染环境和违法用地的责任追究制度，对行政不作为、执法不力、徇私枉法、权钱交易等行为，依法追究有关政府、主管部门和执法机构负责人的责任。

(四)完善政策保障。建立健全有利于资源节约和环境保护的经济政策体系。加大财政投入力度，通过贴息、补助、奖励等方式，引导企业和社会资金对节能技术、环境保护研发和技术改造的投入。符合国家资源节约与环境保护政策的项目和产品，依法享受减免增值税、所得税等优惠政策。积极引导金融机构加大对资源节约和环境保护的信贷支持。将企业的资源消耗、污染排放信息纳入企业征信系统，作为审贷的重要依据。充分发挥市场配置资源的基础性作用，完善能源资源价格政策。加大差别电价实施力度，逐步提高淘汰类、限制类企业的电价标准。建立健全分类定价、阶梯式水价和超额累进加价制度。加快建立反映土地资源稀缺程度的价格机制、管理机制和利益约束机制。加快建立能够反映污染治理成本的排污价格和收费机制。进一步完善政府采购制度，政府采购活动向资源消耗低和污染排放少的行业和企业倾斜，优先采购节能、节水和环保标志产品。

(五)加大科技支撑。加快自主创新步伐，加快发展高新技术产业，加快传统产业改造提升，全面提升产业技术层次。提高各级财政科技经费用于资源节约、环境保护科技投入的比重，加强资源开发、保护与综合利用技术创新，加强环境保护与综合治理技术创新，加强海洋资源开发利用与海洋环境保护技术创新。大力实施可再生能源利用技术和高效节能技术、固体废物综合处置、水污染防治及水资源综合利用、绿色化工技术等重大科技专项，着力探索适应浙江实际的产业生态链组织技术，着力探索重点产业的清洁生产技术模式，着力创新重点产业废水减排、污水处理与区域水环境污染治理技术，着力创新废气减排和废气污染物处理技术，着力创新农村面源污染控制与治理技术、区域与流域环境综合整治技术等。

(六)强化考核监督。建立科学、完整、统一的资源节约、土地节约集约利用和环境保护的统计、监察、考核体系，逐年考核。对耗能单位进行调查摸底。建立健全能耗统计指标体系和调查体系。完善年耗能5000吨标准煤以上重点用能企业能源信息上报系统。完善地区单位GDP

能耗指标核算。全面完成第一次污染源普查任务。建立健全主要污染物排放统计和监察制度。严格执行主要污染物排放总量定期公告制度，建立并完善污染物排放数据网上直报系统和减排措施调度制度。开展存量建设用地普查。建立健全建设用地评价监测制度，制定不同区域、不同行业节约集约用地监测技术规范和评价标准，完善建设用地集约利用评价考核办法，定期开展评价考核。广泛深入开展宣传教育，提高全民节约意识和节约能力，完善公众参与监督的制度和程序，逐步建立促进资源节约和环境保护的社会机制。

附件：1. 浙江省节能降耗实施方案
2. 浙江省“365”节约集约用地实施方案
3. 浙江省环境保护实施方案

附件 1

浙江省节能降耗实施方案

为了深入推进我省节能降耗工作，根据国家及省有关法律法规和政策意见的要求，按照省政府“资源节约与环境保护行动计划”的统一部署，特制定本实施方案。

一、节能降耗主要目标

确保完成国家下达给我省的“十一五”节能降耗约束性指标任务，建立与社会主义市场经济体制相适应的节能管理体制，不断巩固和强化节能降耗长效工作机制，使全省能源资源利用效率继续居全国领先水平。

(一)综合目标。到 2010 年万元 GDP 能耗达到 0.72 吨标准煤以下，完成“十一五”期间单位能耗降低 20%的约束性指标任务，节约标准煤 2500 万吨；到 2012 年单位 GDP 能耗继续保持全国领先水平，主要耗能产品单位能耗居全国领先水平，五年综合节能 3300 万吨标准煤以上。

(二)结构调整目标。到 2012 年，第三产业增加值占地区生产总值比重稳步上升，高新技术产业产值 1.5 万亿元，装备制造业占工业增加值的比重达到 32%。传统产业技术水平达到国际 20 世纪 90 年代末水平，高耗能产业落后产能基本淘汰。

(三)管理推进目标。2012 年前，制定和完善一批节能降耗法规和规章，出台一批产业指导意见；制定 12 项左右节能降耗强制性地方标准；推广实施 500 余项重大节能降耗新技术、新工艺、新产品；完成 2000 余家工业、建筑、交通、商贸、旅游、卫生等领域重点耗能企事业单位的能源监察或审计。

二、节能降耗“十大工程”

营造良好的节能工作氛围，合力推进节能降耗工作，组织实施节能降耗十大工程，重点做好节能“加减乘除”法。“加”就是通过加快发展装备制造业等低能耗高附加值产业，降低单位产值能耗，实现节能的加法效应；“减”就是通过控制减少新上高耗能项目，推进节能技术改造和加强节能管理，减少能源消耗，实现能耗的减量化；“乘”就是积极发展高新技术，提升传统产业技术含量，大幅提高能源利用效率，实现技术进步节能的“乘”数效应；“除”就是建立落后产能退出机制，加快淘汰一批高能耗、高污染生产工艺和装备，降低能源消耗，实现落后产能淘汰的“去除”效应。

(一)千家重点企业节能推进工程。

目标：到 2012 年，千家重点企业万元工业增加值能耗与 2007 年相比下降 20%，节约标准煤 1580 万吨，年均节约标准煤 316 万吨。

实施途径：签订年度节能责任书，加强定额考核，实施相应奖惩制度；加大财政扶持力度推动节能技术改造，每年安排一定引导资金对 100 余项重大节能技术改造项目给予扶持。

电力企业。优化电力机组结构，提高高参数、大容量环保机组的比例，加大差别发电量计划实施力度，推进节能发电调度；在煤粉锅炉中推广微油或等离子点火以及气化小油枪稳燃等节能技术，发电标准煤耗降低 15g/kWh，节约标准煤 460 万吨。

热电企业。推进中压及以下低参数热电机组改造，鼓励抽凝机组改造为背压机组；建立地方电厂管理信息系统，实时在线监测热电比和热效率，严格实行“以热定电”的产业政策，全省热电企业平均热效率提高 10%，节约标准煤 220 万吨。

造纸企业。造纸机采用新型脱水器材、宽区压榨、全封闭式气罩、热泵等技术，优化产品结构，单位增加值能耗下降 20%，节约标准煤 90 万吨。

钢铁企业。发展高附加值、高技术含量优特钢产品，加大余热、余压、余汽综合利用，节约标准煤 100 万吨。

平板玻璃企业。推广富氧、全氧燃烧技术和废气余热利用发电技术，单位增加值能耗下降 20%，节约标准煤 10 万吨。

水泥企业。提升窑外分解生产技术，新型干法水泥窑全面实施余热发电，推广采用大型辊式磨等高效节能粉磨配辊压机等联合粉磨生产工艺，节约标准煤 110 万吨。

印染企业。推广“J 型缸”改汽流缸、冷扎堆、生物酶退浆技术、高效节能型助剂，采用智能化高效短流程前处理机、高效节能的拉幅定型机，推广印染废水余热回收技术，单位增加值能耗下降 20%，节约标准煤 100 万吨。

其他企业。除上述高耗能企业外，其他各行业重点耗能企业通过节能技术改造，提升产品附加值等措施，单位能耗平均下降 15%，节约标准煤 490 万吨。

该项工程由省经贸委牵头实施，省发改委、省财政厅、省国资委、省环保局、省统计局、省质量技监局、省电力公司、省能源集团等配合。

（二）落后产能淘汰推进工程。

目标：到2012年，通过淘汰小火电、小水泥、小冶炼、小造纸等落后产能，节约标准煤140万吨。

实施途径：贯彻实施国家《促进产业结构调整指导目录》，出台《浙江省制造业发展导向目录》，完善落后产能退出机制，针对不同行业的落后产能实际情况，加强考核，实施相应奖惩制度。

电力行业。进一步完善价格调控手段，控制小火电机组的市场生存环境，以市场机制加快淘汰，淘汰75万千瓦落后发电机组，节约标准煤30万吨。

冶金行业。依法关闭严重污染环境的小冶炼企业（含再生利用企业）及其他环保不达标的冶炼炉窑，节约标准煤10万吨。

水泥行业。严把生产许可证审查关，逐步淘汰直径2.2米及以下磨机，淘汰落后水泥粉磨能力3000万吨，节约标准煤10万吨。

氮肥行业。采用电价补偿等政策，压缩氮肥生产规模，压缩合成氨规模15—20万吨，节约标准煤20—30万吨。

造纸行业。严格执行国家产业政策，逐步淘汰窄幅宽、低车速的高消耗、低水平造纸机，淘汰落后产能43万吨，节约标准煤10万吨。

工业锅炉。淘汰集中供热区内1000余座工业锅炉，同时改造低效工业锅炉，节约标准煤60万吨。

该项工程由省经贸委牵头实施，省发改委、省国资委、省财政厅、省环保局、省统计局、省工商局、省质量技监局、省电力公司、省能源集团等配合。

（三）传统优势产业改造推进工程。

目标：到2012年，传统产业产品高端化、附加值增量化，传统产业竞争力进一步提升，单位工业增加值能耗下降15%，节约标准煤310万吨。

实施途径：实施“双千工程”，推动企业技术改造与创新，加快传统优势产业品牌建设，提升产品增加值，实现我省传统优势产业提升。

纺织化纤。突破制约行业发展的纤维差别化和印染后整理等技术瓶颈，加快发展新型功能性差别化纤维、高档纺织面料及丝绸产品、高档家用及产业用纺织品，进一步提高产品附加值，降低单位增加值能耗。

石化行业。推广原料利用率高的绿色化工合成工艺，选用新型催化剂和催化技术及节能高效的合成反应器；推广高效的加热技术；推广新型分离和混合技术、新型的分离、混合、干燥技术和设备，调整优化结构，降低单位增加值能耗。

服装产业。以现有优势品牌服装和产业基地为重点，进一步提高装备水平，增强公共技术创新平台支持力度，创新设计，精细加工，提高品质，优化系列，进一步提高产品附加值，降低单位增加值能耗。

家电、照明产业。采用先进生产技术，增加品种、延长寿命，保持和发展我省节能灯、荧光灯产销优势，大力培育发展半导体照明材料，进一步提高产品附加值，降低单位增加值能耗。

新型建材产业。大力发展玻璃纤维深加工产业，积极拓展玻璃纤维使用领域。重点发展高档管材类化学建材、金属—塑料复合型管材、新型建筑防水材料、新型轻质保温材料和装饰用材，进一步提高产品附加值，降低单位增加值能耗。

塑料制品产业。进一步提升塑料薄膜、高档日用塑料制品优势地位，大力发展工业及建筑配套用塑料管件及制品，拓展塑料在工程领域的应用，进一步提高产品附加值，降低单位增加值能耗。

皮革产业。重点开发和生产高档产业用革、服装用革、新型皮革化工材料和高质量皮革五金件等产品，实现皮革产品中高档化、清洁化，进一步提高产品附加值，降低单位增加值能耗。

绿色食品及深加工。推动食品绿色化、安全化、精细化、系列化发展，进一步提高产品附加值，降低单位增加值能耗。

海洋捕捞业。重点抓好老旧柴油机的更新改造、柴油机节油器的推广使用、船型化设计与优化机桨匹配、玻璃钢渔船的推广、渔船柴油主机的废气余热利用（即余热制冷）、作业方式调整等六个方面的工作。

该项工程由省经贸委牵头实施，省发改委、省财政厅、省科技厅、省环保局、省统计局和省海洋与渔业局等部门配合。

（四）装备制造业振兴推进工程。

目标：到2012年，装备制造业工业增加值增长速度高于全部工业增加值平均增长速度3个百分点以上，年均增长15%以上，优势行业的规模和水平位居全国前列，节约标准煤350万吨。

实施途径：制定装备制造业产业发展指导目录，各级财政设立装备制造业专项资金，扶持装备制造业重点领域首台（套）产品的研发和产业化，围绕区域经济和主导产业，积极发展量大面广和市场急需的专用生产设备。重点发展以下行业：

通（专）用装备制造业。加快发展大型空分成套设备、深冷成套设备、工业汽轮机、大中型化工成套设备、大型新型干法水泥生产设备、铜加工生产设备、大型水轮发电机组、大型余热锅炉、大型火力发电机组等关键、成套设备及其部件；大力发展数控机床、高档数控车床关键核心部件及其控制系统以及高端机电产品和机电基础件。加快发展高性能轻工机械，环保技术及设备，高效节能、新能源关键设备，工程机械及特种用途装备和纺织机械。

交通运输设备制造业。加快发展经济型轿车和中高档客车，新型发动机、自动变速箱、制动器总成及系统、离合器、传动系统、汽车电子产品等汽车关键零部件，海洋运输船、外海捕捞和高性能渔船、先进多功能化学品船、集装箱船、高速渡船、冷藏船等专用船舶，以及船用齿轮箱、机舱自动化装置、船用通讯导航设备等船舶配套产品。

电器装备及器材制造业。发展高压和超高压、环保、低耗、高性能电力变压器及输变电成套设备,数字化、智能化高低压成套开关设备、智能化断路器等高低压电器,发展变频调速系统和交直流伺服系统等机电一体化产品。

电子及通信设备制造业。发展集成电路和半导体设备、新型显示器件专用设备、新型电子元器件关键设备、超净设备,加大数字电视、新一代通信产品等专用测试仪器的开发,提升表面贴装和无铅工艺整机装联设备的产业化能力。

仪器仪表及文化办公用装备制造业。发展电力、冶金、石化、医药、建材等行业重大装备自动化控制成套系统技术和装置,发展现代光学仪器、高性能传感器、科学测试测量仪器、环境保护监测仪器,以及新型医疗器械仪器、精密医学影像设备和高档诊断治疗设备。

该项工程由省经贸委牵头实施,省发改委、省科技厅、省财政厅、省国资委、省统计局、省质量技监局等部门配合。

(五)技术创新推进工程。

目标:到2012年,高新技术产业产值1.5万亿元,年均增长23%,相对节约标准煤130万吨。

实施途径:从技术创新入手,推动我省产业结构调整,围绕优势传统产业与装备制造业等优势产业,发挥技术创新"乘数"效应。重点推进以下几方面的工作:

技术赶超计划。以工艺节能为起点,产品关键共性技术为突破口,加快实施"958"行业龙头骨干企业技术赶超计划,大力发展高新技术产业,以现代生物产业、新材料产业、新能源产业、现代装备制造业等为重点,加快推进重大项目建设。抓好水能、风能和生物能等领域成熟技术的产业化进程。

关键共性技术攻关推广应用。重点实施兆瓦级大功率风力发电装备、太阳电池多晶硅等技术开发。重点抓好电机、水泵、风机、节能灯、中央空调、燃油锅炉等6类产品节能达标。重点扶持节能新产品新技术应用先进企业,形成良好的推广机制。

节能技术创新体系建设。建立8—10家行业节能技术中心和节能技术转移中心,深化节能创新型企业试点示范工作,加快培育一批具有核心技术、特色优势明显的节能服务企业。

节能标准体系建设。加快实施标准化战略,加强对节能标准体系的研究,围绕我省电力、钢铁、建材等重点耗能行业,采用国内外先进标准,制定50项重点产品能耗标准。

该项工程由省经贸委牵头实施,省科技厅、省发改委、省财政厅、省统计局、省质量技监局等部门配合。

(六)建筑节能推进工程。

目标:到2012年,全省新建民用建筑实施节能65%的设计标准(可再生能源在建筑中应用比例不低于5%),全面建立政府机关办公楼和1万平方米以上大型公共建筑用能监管系统,可再生能源在建筑中普遍应用,其中太阳能热水系统与建筑一体化设计超过1亿平方米,节约标准煤350万吨。

实施途径:根据不同建筑的实际情况,全面推进建筑节能。

新建建筑节能。提高建筑节能设计标准,结合新农村建设,积极引导农村新建住宅采用节能新技术,拓展居住建筑节能标准的执行范围,新建民用节能建筑1.5亿平方米,节约标准煤150万吨。

既有建筑节能。健全建筑节能改造标准,推广网络化建筑能耗分项计量监测系统,高耗能公共建筑50%以上实施节能改造,节约标准煤100万吨。

推广应用可再生能源。新建12层以下的建筑,全部实施与建筑物统一的太阳能供热技术,小区广场照明灯等推广采用太阳能供电,太阳能应用实施面积1亿平方米。在有条件的地区积极、稳妥地推广水源、地源热泵技术,实施面积300万平方米,节约标准煤100万吨。

该项工程由省建设厅牵头实施,省经贸委、省发改委、省教育厅、省财政厅、省文化厅、省卫生厅、省国资委、省统计局、省旅游局、省机关事务局等部门配合。

(七)交通运输节能推进工程。

目标:到2012年,营运客货车辆运输单位能耗较2007年降低5%,内河运输船舶千吨公里油耗降低8%,沿海运输船舶千吨公里油耗降低10%,节约标准煤250万吨。

实施途径:根据交通运输业涉及的主要节能环节与领域,重点推进以下几个方面的工作:

陆上交通节能。强化年检年审,按期淘汰落后车辆;实施大吨位厢式货车补助政策,全省货运车辆箱式化、重型化、专业化增加50%;建立城乡衔接枢纽工程,城乡客运一体化率达到60%,每年完成城际班线整合50条,优先发展环保车辆和全承载式客运车辆,降低营运货车运输单位能耗5%,节约标准煤220万吨。

水上运输节能。发挥海洋及内河资源优势,实施水路运输结构调整补助政策,促进水路运输结构调整,淘汰落后船型和推进船型标准化,节约标准煤30万吨。

新技术节能。每年安排一批交通节能环保类科技研究和推广项目,鼓励使用模拟器教学,配置驾培模拟器超过1000台;公路养护积极利用废旧沥青再生等四新技术,在高速公路管理中落实对不停车收费、二义性路径识别、计重收费等系统的应用。

物流平台与标准建设。建设全省物流公共信息平台,研究制定并实施《运输类企业业务协同交换标准》和《小件快运业务协同交换标准》,加强物流信息化、综合性交通物流基地建设和交通物流龙头企业培育,提高物流效率。

该项工程由省交通厅、省公安厅牵头实施,省经贸委、省发改委、省财政厅、省统计局和省海洋与渔业局等部门配合。

(八)商业及民用节能推进工程。

目标:到2012年,实现全省商业领域重点耗能单位能耗降低20%,节约标准煤30万吨。

实施途径:根据商业领域涉及的各耗能环节与单位,重点推进以下几个方面的工作:

加强能耗定额管理。对年耗能1000吨标准煤(年耗电300万千瓦时)以上的商场、宾馆、银行等重点耗能单位实行定额和限额管理,对主要耗能单位进行能源监察和审计,制定不同行业用能定额、能耗限额等强制性标准,对超额单位,执行阶梯能源价格或强制节能改造。

推进商业建筑节能。推广使用变频空调、节能型冷藏设备、自动控制扶梯等节能设备和技术,节能灯具使用率达100%(特殊用途除外)。对现有建筑进行保温、隔热及采暖、通风、空调系统等方面的能效系统设施改造。

倡导节能型消费。引导零售企业采购和销售节能产品,促进企业生产节能产品、使用节能材料、采用节能生产工艺和流程;增加民用节能电器及节能灯普及率,城市居民小区照明节能灯普及率达到90%;确保全省商品零售场所有偿向消费者提供塑料购物袋,引导消费者减少使用塑料购物袋,有偿率达到100%。

该项工程由省经贸委、省民政厅、省旅游局、省妇联分别牵头实施,省财政厅、省统计局等部门配合。

(九)公共机构节能推进工程。

目标:到2012年,教育系统、卫生系统、机关及事业系统、文化系统、体育系统等公共机构单位能耗降低20%,其中全省年耗电300万千瓦时以上的政府机关、学校、医院等公共机构节约标准煤20万吨。

实施途径:公共机构应当厉行节约、杜绝浪费,带头使用节能产品、设备,提高能源利用效率,重点推进以下几个方面的工作:

编制规划。机关事务管理部门会同有关机构制定和组织实施本级公共机构节能规划,并监督实施。针对不同功能公共建筑制定并实施相应的节能规划。

加强能耗定额和限额管理。制定公共机构能耗限额标准,对主要耗能机构实行定额管理,财政部门根据该定额制定能源消耗支出标准。制定年度节能目标和实施方案,加强用能系统管理,强化能源消费计量和监测管理。

政府机构率先垂范。政府机构应作为节能降耗示范点,强制、优先采购纳入国家节能产品政府采购名录的产品,同时应制定节能产品政府采购评审标准和方法,以体现强制、优先采购的政策导向。

应用节能产品。采用节能产品如高效节能空调器、电脑、节能灯等节能电器,节能灯覆盖率100%(特殊用途除外)。发展公共建筑可再生能源利用系统。

该项工程由省机关事务局牵头实施,省经贸委、省发改委、省教育厅、省财政厅、省文化厅、省卫生厅、省国资委、省统计局等部门配合。

(十)资源综合利用推进工程。

目标:到2012年,全省工业固体废弃物综合利用率达到94%以上,万元工业增加值取水量降低至60吨以下,节约标准煤160万吨。

实施途径:完善资源综合利用法规政策体系,建立综合利用示范项目,健全清洁生产审核及项目补助制度。重点推进以下几个方面的工作:

提高原材料利用率。大力发展新型墙体材料,新型墙体材料产量占墙体材料65%以上,万块标砖能耗下降20%,节约标准煤50万吨;推广应用散装水泥,水泥散装率72%以上,新增1800万吨,节约标准煤40万吨;加快发展预拌混凝土,预拌混凝土供应量达到1亿立方米,新增3900万立方米,节约标准煤20万吨;增加预拌干粉砂浆1000万吨,节约标准煤20万吨;实现木材节约代用,木材(原木)综合利用率80%以上,年均节省木材150—200万立方米。

该项工作由省经贸委牵头实施,省财政厅、省农业厅、省林业厅、省统计局、省供销社等部门配合。

推进废弃资源再利用。以保持和稳步提高粉煤灰、煤渣等传统工业废弃物综合利用为重点,拓展资源综合利用品种,引导资源综合利用向纵深发展,逐步提高生活垃圾、废旧电器电子产品、废旧木材、污泥等废弃物的利用率。加强以废弃电器电子产品回收处理为重点的再生资源回收利用体系建设。推进我省废弃电器电子产品回收处理试点等工作。组织实施垃圾发电项目16个,节约标准煤30万吨。

该项工作由省经贸委牵头实施,省财政厅、省环保局、省统计局、省供销社等部门配合。

提高水资源利用率。推进工业、城市、农业节水示范工程,严格执行用水定额管理。规模以上企业用水重复利用率达72%,中水回用与再生水利用率15%以上;改造城镇公共水厂供水管网,城市供水管网漏失率小于14%,应用城市居住小区再生水利用和建筑中水处理回用技术;实施“千万亩十亿方”节水工程,推进重点灌区改造和节水灌溉技术推广,农业灌溉水利用系数达到0.58以上。

该项工作由省水利厅牵头实施,省经贸委、省财政厅、省建设厅、省农业厅、省环保局、省统计局等部门配合。

全面推进清洁生产。全面完成重点耗能、耗水企业和国控、省控以上重点污染企业的清洁生产审核,完成2500家企业的清洁生产审核,鼓励和支持企业开展持续审核。

该项工作由省经贸委牵头实施,省环保局、省财政厅、省统计局等部门配合。

三、节能降耗主要措施

从源头入手,以建立长效机制为重点,综合运用行政、经济和法律等手段,推动“十大节能工程”有效实施。

(一)强化节能监察考核。按照部门监督、地方考核,分政府、部门和节能主体三个层次建立横到边、纵到底的节能降耗指标责任体系,将指标完成情况纳入各地经济社会综合评价体系,作为政府领导干部综合考核评价的主要内容,实行问责制和一票否决制。各市政府每年向省政府报告目标责任履行情况;县级以上政府向本级人民代表大会或常务委员会报告目标完成情况,自觉接受监督。省、市、县(市、区)政府进一步加强能源监察机构的监察能力和条件建设,加大对各用能单位节能监察工作。对节能工作任务落实不到位,未完成任务的地区实施“区域限批”和“行业限批”。开展能源计量示范企业评选活动,进一步完善重点耗能企业能源消耗计量管理和统计监测制度,省级对年耗能5000吨标准煤以上企业实行能源监测月报制度，各市、县（市、区）根据当地重点用能企业的现状，实行月报监测制度。

（二）完善节能法律法规体系。加快完善全省节能法规体系，抓紧完成《浙江省贯彻实施〈中华人民共和国节约能源法〉办法》、《浙江省资源综合利用条例》、《浙江省建筑节能管理条例》、《浙江省废弃电器电子产品回收处理管理办法》、《浙江省沼气开发利用促进办法》等法规规章的起草制订工作。加快制定《浙江省小汽车超排量收取高能耗费实施意见》以及电力、冶金、石化、建材、纺织、印染、造纸、建筑、交通等行业节能降耗指导意见等政策性管理规章或政策文件。

（三）制定实施能耗限额标准。经贸、质量技监等部门要加快制定完善重点耗能行业和产品能耗限额标准、节能产品地方标准或企业标准、节能设计规范、耗能设备运行标准等。对高耗能行业和产品制定或修订一批强制性节能地方标准，逐步形成节能地方标准体系。禁止生产、进口、销售、使用国家明令禁止、淘汰或不符合强制性能效标准的用能产品、设备和工艺。

（四）严格新上项目节能审查制度。严格执行《节约能源法》和《浙江省节能减排综合性工作实施方案》中有关建设项目节能管理的规定，制定实施《浙江省固定资产投资项目节能审查管理办法》。新建工业项目单位增加值能耗一般不得高于全省和当地单位增加值能耗平均水平。对年耗能3000吨标准煤（或年用电300万千瓦时）以上的项目，投资主管部门在审批、核准、备案时，要纳入并联审批，充分征求节能主管部门的意见，未进行节能审查或未通过节能审查的项目一律不得审批、核准，不得开工、验收。对擅自批准项目建设的要依法追究直接责任人责任。各地、各部门在招商引资中，要将项目能耗水平作为重要审核条件，严格把关。

（五）加大节能监督监察力度。组织开展节能专项检查，重点检查各市和有关单位落实国家和省节能政策情况、工作进展情况和年度目标任务完成情况。对检查中发现的违反节能法律、法规、政策的单位公开曝光、依法严肃查处，严格追究责任。实施淘汰落后产能挂牌督办制度。各级监察机关要加强对节能工作的监督检查，重点查处落实节能降耗政策组织领导不力、违反国家节能法律法规的重大、典型案件。

（六）发挥财税政策引导作用。完善落实支持节能降耗的财税政策。各级政府要进一步加大财政资金支持力度，引导和促进企业节能技术创新和改造。根据财政部、国家发改委《节能技术改造财政奖励资金管理暂行办法》等文件精神，结合浙江实际制定实施我省节能扶持政策和办法，进一步完善落后产能退出补偿机制，促进落后产能的淘汰，落实新企业所得税法对于环境保护、节能节水项目的所得税减免规定和研发费用的加计扣除，以及环境保护、节能节水专用设备的投资抵免和资源综合利用等税收优惠政策。探索建立各市间节能指标有偿转让制度。

（七）增强金融信贷调节功能。加大金融对节能降耗的支持力度，引导金融机构加大对服务业、高新技术产业、资源节约和综合利用技改项目的信贷支持，控制对高耗能、高污染行业和淘汰类、限制类企业的信贷投入，建立信贷支持节能降耗技术创新和节能技术改造的长效机制。各级经贸部门与金融部门应加强合作联动，建立节能降耗的信息通报机制和联系会议制度，定期沟通产业政策和企业节能相关信息，逐步将企业违法用能信息以及节能减排先进奖励等信息纳入省企业信用发布查询系统和人民银行企业征信系统。

（八）充分发挥价格杠杆调节作用。贯彻执行国家能源相关价格政策，鼓励可再生能源发电以及利用余热、余压、煤矸石发电。积极推进电价改革，建立发供电成本约束机制，研究扩大峰谷分时电价实施范围。组织实施《浙江省执行差别电价政策企业认定办法》，取消不利于节能的电价优惠政策，对淘汰类、限制类企业实施差别电价，在现有基础上，逐步提高淘汰类、限制类企业电价标准。制定出台全省能耗超限额加价政策，超过限额标准的耗能实施累进加价。

（九）加快节能中介服务机构及人才队伍建设。制定出台加快节能服务体系建设的指导意见，加强节能监测和技术服务能力建设，促进各类节能技术服务机构转换机制、创新模式、拓宽领域、提高服务能力。加快建立包括节能服务的投资担保机构，引导金融机构信贷优先支持合同能源管理等项目。制定节能人才培养规划，各级政府安排一定的资金用于节能人才队伍建设，通过补助、奖励等方式，引导行业协会、用能单位、专业培训机构、中介机构等加大培养力度，全面推进节能人才“5310工程”。

（十）着力营造全民节能降耗氛围。贯彻落实《节能减排全民行动实施方案》精神，开展好节能减排全民行动系列活动。宣传部门督促主要新闻媒体在重要版面、重要时段进行报道，宣传节能降耗取得的阶段性成效和先进典型，揭露和曝光浪费能源资源的反面典型；各级教育部门要将节能知识纳入相关课程教育计划，从基础开始培养全民节能意识；各级科协要围绕节能开展系列科普活动，组织节能学术交流等活动；各级工会、共青团和社区等组织要把节能宣传列入各自开展社会活动的重要内容，将节能社会活动作为长期支持的必备主题，形成常态化。

附件：浙江省节能降耗实施方案工作目标责任分解（2008—2012年）（略）

附件 2

浙江省“365”节约集约用地实施方案

按照省政府“资源节约与环境保护行动计划”的统一部署，结合《国务院关于促进节约集约用地的通知》(国发〔2008〕3号)、《浙江省人民政府关于切实推进节约集约利用土地的若干意见》(浙政发〔2008〕3号)文件要求，特制定本实施方案。

一、节约集约用地三大目标

经过今后五年的努力，全面实现节约集约用地三大战略目标：

(一)保护耕地更加严格规范。严格按照“守住耕地红线，节约集约用地”的要求，强化耕地保护和节约集约用地目标责任制，落实最严格的耕地保护制度，推进有利于生态文明建设的土地整理复垦开发，控制建设占用耕地。全省继续实现耕地占补平衡。确保国家下达的耕地保有量、基本农田以及省政府确定的1500万亩标准农田面积不减少，用途不改变，质量不降低。

(二)保障发展更加持续有力。切实保障全省经济社会发展对土地资源的合理需求，科学安排新增建设用地计划，积极盘活存量建设用地，不断提高土地资源保障发展的实际能力，全面促进我省经济结构的调整和优化，积极推动我省科学发展、和谐发展、可持续发展。五年内保障新增建设用地130万亩，盘活存量建设用地和转而未供土地50万亩。

(三)节约集约更加扎实有效。加快构建节约集约用地的长效机制，通过节约集约用地政策和制度的全面实施，努力推动经济发展方式从简单扩展、粗放利用和要素依赖型向资源节约、效率提高和创新推动型转变。土地资源利用效率和综合利用水平继续居于全国领先水平。与2007年末相比，单位GDP与固定资产投资增长的新增建设用地消耗量分别减少20%、15%，土地利用强度提高15%。

二、节约集约用地“六大工程”

从城镇建设、工业建设，农村建设、基础设施建设、住宅建设和土地开发整理六个主要领域，整体推进节约集约用地工程。

(一)城镇建设节地工程。

1. 分类指标。进一步提升城镇建设用地的整体利用效益，到2012年，城镇人均建设用地控制在110平方米以内，盘活存量建设用地10万亩以上，消化农用地转而未供土地40万亩以上。

2. 主要任务。

(1)开展城镇建设节地示范。加快制定节地型城市指标体系，在环杭州湾地区、温台沿海地区和浙中城市群地区等城镇密集地区选择3个20万人口以上城市及5个20万人口以下的小城市，开展“节地型城市发展模式”试点。

(2)推进存量挖潜活动。开展建设用地普查评价工作，查清闲置低效土地的规模分布、类型原因等情况，分类制定本地区盘活调整利用计划，明确盘活调整利用时限和要求。组织开展“存量挖潜推进月”活动，依法处置闲置土地，有效激活低效利用土地。

(3)合理开发利用城镇地下空间。开展城镇地下空间资源调查，建立城镇地下空间信息数据库，编制地下空间专项规划和地下空间开发利用管理实施方案。组织10个城市开展地下空间开发利用示范试点工作，制定地下建设用地使用权界定、有偿使用等相关政策。

(4)推进“城中村”改造。编制“城中村”改造专项规划和分步实施计划，组织开展50个“城中村”改造示范试点，出台“城中村”改造相关配套政策，以点带面完成新一轮“城中村”改造工作。通过“城中村”改造，人均占有建设用地减少30%。

(二)工业建设节地工程。

1. 分类指标。坚决控制高耗能、高排放和产能过剩行业用地，逐步提高工业用地的投入产出强度和土地利用强度。工业建设项目平均投资强度提升至150万元/亩以上，容积率提高至1.00以上，绿地率下降至20%。进一步提高现有开发区(园区)规划范围内的集约用地程度，开发区(园区)工业建设项目平均投资强度提升至280万元/亩以上，容积率提高至1.20以上，绿地率一般不超过18%。新建并投入使用标准厂房3000万平方米以上，相当于节约土地面积2万亩。

2. 主要任务。

(1)开展企业节地挖潜活动。深入开展企业节地挖潜行动，组织实施一批企业节地挖潜示范工程建设。积极引导企业通过压缩超标的绿地面积和辅助设施用地，扩大生产性用房。鼓励工业生产型企业通过厂房加层、老厂改造、内部整理等途径提高土地利用率。

(2)推进多层标准厂房建设。科学编制各地的标准厂房总体规划和年度实施计划，积极推进省级中小企业创业基地建设，着力抓好50个省级标准厂房示范区建设，年均建成并投入使用标准厂房600万平方米以上，全省通过标准厂房建设年均节约用地4000亩以上。

(3)推进开发区(园区)节地行动。实施116个开发区(园区)土地节约集约利用潜力评价，组织开展开发区(园

※ “365”节约集约用地是对我省切实推进节约集约用地，努力实现节约集约用地三大战略目标，着力推进节约集约用地六大重点工程，全面强化节约集约用地五大主要抓手的概括；也寓意“节约集约用地，严格保护耕地”作为国土资源管理的一项重要工作，应该一年365日天天有行动。

区)节地示范工程建设,整合利用现有开发区(园区)建设用地,进一步提高开发区(园区)工业建设项目控制指标水平。

(三)住宅建设节地工程。

1. 分类指标。严格控制低密度大套型住宅用地投放,提高保障性房地产用地比重,中低价位、中小套型等紧凑型住房(含廉租房、经济适用房)用地供应量不低于城镇住宅用地供应总量的70%,新增城镇住宅用地容积率达到1.50左右,绿化率一般不高于30%。

2. 主要任务。

(1)实施住房保障落实情况专项检查。建立健全房地产市场运行指标体系,落实年度房地产项目用地供应计划,完善房地产用地市场监测预警制度,定期开展房地产用地出让合同专项检查活动,严格执行住宅面积和土地供应“两个70%”的有关规定。

(2)推进住宅建设节地示范。深入开展国家康居示范工程建设,加强住宅建设有关节地标准与规范的编制,大力发展节能省地型住宅,率先在环杭州湾地区、温台沿海地区选择20个示范点开展节能省地型住宅小区试点工作。

(3)开展旧住宅区综合整治改造。结合保障性住房建设,完成区域旧住宅区整治规划编制,落实旧住宅区年度整治计划和改造实施方案,充分利用旧住宅区存量住宅使用效能,组织实施旧住宅区综合整治节地示范工程。

(四)基础设施建设节地工程。

1. 分类指标。进一步加强基础设施用地的资源整合,交通、水利、电力能源等新增建设用地规模控制在国家下达的年度计划指标范围内,全面落实基础设施用地有偿使用。

2. 主要任务。

(1)推进基础设施建设节地示范。合理编制交通、能源、水利和城市公用设施等基础设施专项规划,完成相关基础设施设计技术规范和用地标准的修编或修订。选择20个不同类型的工程项目,组织实施基础设施建设节地示范工程,开展方案选址、设计优化、定额控制、施工建设的集成创新综合示范。

(2)开展存量基础设施改造利用。加强对工艺落后、占地较大、影响环境的现有基础设施全面改造,深入挖掘现有基础设施用地潜力。开展废弃交通道路、水利设施和市政公用设施等的综合整治和开发利用。

(五)农村建设节地工程。

1. 分类指标。进一步缩小农村建设用地规模,新建农村居民点人均建设用地控制在80平方米以内。

2. 主要任务。

(1)实施新农村建设节地示范。完成中心镇、中心村建设规划编制任务,制定中心镇和中心村建设标准,合理确定集镇和村庄的数量、布局、范围和用地规模,确定200个新农村建设节地试点,组织开展新农村建设节地示范工程建设。

(2)开展农村宅基地专项清理行动。推进中心镇、中心村开展数字地籍调查,基本完成农村宅基地确权登记发证任务,组织开展农村宅基地专项清理行动,建立健全农村宅基地管理新机制。

(六)土地开发整理工程。

1. 分类指标。推进各项土地后备资源的开发利用。通过低丘缓坡开发利用与土地整理垦造耕地50万亩,利用低丘缓坡新增建设用地25万亩;滩涂围垦造地40万亩,其中垦造耕地10万亩;建设用地复垦耕地15万亩以上。土地开发整理复垦补充耕地合计75万亩。

2. 主要任务。

(1)推进低丘缓坡开发利用。科学制定低丘缓坡综合开发利用专项规划和年度实施计划,重点推进湖州、金华、衢州、丽水地区低丘缓坡资源的开发利用。

(2)开展滩涂围垦造地。切实加强区域滩涂围垦专项规划和年度实施计划编制,重点推进钱塘江两岸杭州湾地区和浙东南沿海地区滩涂围垦工程。

(3)实施农村建设用地整理。深入实施“千村示范、万村整治”工程,切实加强农村宅基地整理示范村建设,全面推进农村闲置宅基地、空闲地治理工作;进一步开展废弃砖瓦窑场整治工作,推进“百矿示范,千矿整治”矿山复垦工程,切实加大废弃工矿用地复垦整理力度。

三、节约集约用地“五大抓手”

以组织保障、供应调控、市场配置、政策法规、监测考核为主要内容,全面构筑我省促进节约集约用地的支撑体系。

(一)节约集约用地的组织保障体系。

1. 强化组织领导,建立行动问责制度。把节约集约用地考核纳入市、县(市、区)经济社会发展综合评价体系,作为市、县(市、区)政府领导干部政绩综合考核评价的重要内容。建立节约集约用地问责制度,落实责任主体,明确考核目标,定期进行考核评价。各级政府要切实转变用地观念,加强组织领导,研究出台节约集约用地目标责任制考核的具体办法,确保节约集约用地各项工作落到实处、取得实效。

2. 强化部门协调,健全共同责任机制。各级政府要建立由国土资源、发展改革、经贸、外经贸、规划、建设、环境保护、财政、农办、农业、林业、水利、监察、审计等部门组成的协调机构,形成节约集约用地共同责任机制,齐抓共管,统筹推进节约集约用地工作。各有关部门要各司其职、互相配合,加快制定有利于促进节约集约用地的政策措施,营造良好的舆论环境,共同推进节约集约用地工作。

(二)节约集约用地的供应调控体系。

1. 加强土地利用总体规划管理。做好新一轮土地利用总体规划和县市域总体规划的编制工作,加强县市域总体规划、主体功能区规划、土地利用总体规划等规划之间在用地规模、空间布局、开发时序上的相互衔接。加强土地利用总体规划等的实施管理,充分发挥规划引导作用,促进土地资源有序开发、节约集约利用。

2. 完善土地利用年度计划管理。进一步完善年度土地利用计划分配方法,按照“有保有压、区别对待”的原则,统筹科学合理安排各行业用地计划,形成合理的用地结构,不断提高土地节约集约利用水平。

3. 强化土地收购储备调控作用。建立土地收储资金保障机制,加大闲置、空闲与低效利用土地的收储力度,积极盘活存量建设用地,合理确定土地储备规模。适时有序开展土地投放,确保土地与房地产市场的平稳运行。

(三)节约集约用地的市场配置体系。

1. 完善土地价格形成机制。重点通过价格杠杆调节各类用地需求,建立反映资源稀缺程度和供求关系的价格形成机制,有效抑制因价格扭曲而造成的资源浪费。

2. 规范土地市场交易行为。加强土地有形市场建设,规范土地交易许可管制,完善土地产权交易市场规则,切实保护国有土地使用权交易双方的合法权益。

3. 提高建设用地供应市场化配置水平。细化划拨使用对象,严格界定公益性用地和经营性用地,完善工业用地招标拍卖挂牌出让制度,制定基础设施用地出让最低限价,推行交通、能源、水利等基础设施和城市基础设施用地有偿使用。

4. 深化有利于市场配置的行政审批制度改革。进一步深化行政审批制度改革,梳理、调整有碍于土地资源市场配置的行政审批事项和程序,根本改变"重审批轻监管"的管理模式,建立土地出让行为的事前、事中和事后监督机制,从管理体制与模式上预防闲置土地现象的发生。

(四)节约集约用地的政策法规体系。

1. 完善建设项目用地定额标准体系。结合区域经济发展状况和土地节约集约利用目标,分阶段对工业、基础设施、社会事业等各类建设项目用地控制指标体系实行动态更新,其中对工业项目用地投资强度的区域修正系数、具体建设项目的容积率控制指标等主要指标每三年调整一次。

2. 研究制定节约集约用地激励政策。实行区域节约集约利用水平评价与年度计划分配、开发区(园区)扩区升级相挂钩制度,从2008年起,节约集约用地水平在新增建设用地计划指标分配上的权重每年提高5%;开发区(园区)集约利用评价达到国家要求并确需扩区或升级的,给予优先考虑和安排。研究制定鼓励存量建设用地利用、城镇地下空间开发利用、农村"立改套"等政策,积极探索农村空闲宅基地退出机制。

3. 完善闲置土地处置办法。研究制定统一的闲置土地认定标准,包括闲置起算时点、闲置有效计算时段、已投资数额或已开发建设面积确认、因司法裁决而转移的未开发利用土地的闲置情形认定等标准,修改完善闲置土地收回程序。制定闲置土地征缴增值地价标准,建立闲置土地处置情况定期报告制度。

4. 强化建设用地批后监管。进一步完善工业项目土地出让合同条款,建立建设项目用地开发利用全过程的跟踪检查制度,出台建设项目用地复核验收办法,全面实施以土地使用合同或划拨决定书履行情况为主要内容的项目用地复核验收工作。

5. 加强土地执法监察。依法查处土地违法违规行为,对非法批地、未批先用、少批多用、擅自改变土地用途、违规减免返还土地出让收入、低价出让国有土地使用权等严重土地违法违规行为,依法依规严肃查处并公开曝光,涉嫌犯罪的,移送司法机关依法处理。监察部门每年要会同国土资源部门组织开展专项土地执法检查。

(五)节约集约用地的监测考核体系。

1. 开展存量建设用地普查。在第二次土地调查基础上,组织开展建设用地节约集约利用现状和潜力普查评价,编制城镇存量建设用地普查技术规程,科学测算现有城镇建设用地集约利用的理论潜力和现实潜力,建立存量建设用地数据库。

2. 加快城镇地价动态监测网络体系建设。全面更新城镇基准地价体系,实现基准地价成果资源共享,建立覆盖全省各市、县(市、区)的城镇地价动态监测网络,建立土地市场定期分析和预警机制,定期向社会公布城市地价指数。

3. 加强土地供应动态监测系统建设。进一步完善土地利用全程信息资源数据库,建立土地闲置的预测、预警和快速处置机制,以及国土资源部门与财政部门、金融机构批后监管信息的共享联动机制,完善土地出让信息公开的规范与制度。

4. 建立健全节约集约用地评价监测体制。组建省级节约集约用地评价监测中心,建立节约集约用地评价监测制度,制定节约集约用地成效评估办法,以及不同区域、不同行业的节约集约用地监测技术规范和评价标准,定期开展全省建设用地集约利用评价考核。

附件:浙江省"365"节约集约用地实施方案(2008—2012年)总体任务和2008年分解任务一览表(略)

附件3

浙江省环境保护实施方案

为加快推进生态省建设,创造更加优美的生态环境,按照省政府"资源节约与环境保护行动计划"的统一部署,特制定本实施方案。

一、环境保护主要目标

到2012年,实现以下八个方面18项工作目标:

(一)污染减排工作目标。

——确保完成"十一五"主要污染物化学需氧量、二氧化硫排放总量分别下降15.1%和15%的污染减排目标任务,到2012年,主要污染物减排工作继续保持全国领先。

(二)工业污染防治工作目标。

——重点工业污染源实现稳定达标排放,“飞行监测”达标率达82%以上;

——全面完成省级以上开发区(工业园区)生态化改造。

(三)城乡污水、垃圾及其他固体废弃物处置工作目标。

——设区城市污水处理率达到82%,其中杭州、宁波、湖州、嘉兴、绍兴市区达到85%。县(市)城市污水处理率达到68%,其中太湖流域县(市)达到82%,钱塘江流域县(市)达到72%;

——设区城市生活垃圾无害化处理率达到95%以上,县以上城市达到90%以上,农村生活垃圾集中收集行政村覆盖率达到95%以上;

——工业固体废弃物综合利用率达到94%以上,危险废物、医疗废物和污水处理厂污泥基本实现无害化处置。

(四)农业面源和土壤污染防治工作目标。

——全面完成年存栏猪100头以上、存栏牛10头以上畜禽养殖场(户)排泄物治理,规模化畜禽养殖场排泄物综合利用率达到95%以上;

——测土配方施肥面积达到2500万亩,农药减量控害增效示范面积达到1000万亩,高效低毒低残留农药推广使用面达70%以上,肥料、农药利用率分别提高5%;

——提升1500万亩标准农田总体地力,建立100个农田土壤污染修复示范区,示范区内农田土壤重污染区污染程度降低5—10%,中、轻污染区污染程度降低5%左右。

(五)环境监管能力建设工作目标。

——环境统计重点调查企业中占90%以上污染负荷的企业全面安装在线监测监控装置,并与环保部门联网,污染源在线监测系统的上传数据准确率达90%以上;

——环境监测机构、执法监察机构达到国家标准化建设要求;环境污染突发事故应急处置能力明显提高,环境安全得到有效保障。

(六)生态保护和修复工作目标。

——森林覆盖率稳定在60%以上,县以上城市建成区绿化覆盖率达35%以上;

——新增治理水土流失面积3300平方公里,“万里清水河道”建设累计完成24000公里。废弃矿山生态治理率达95%以上。70%的国道和部分重要省道的裸露边坡实施复绿。“三沿五区”坟墓治理率达85%以上。

(七)环境质量目标。

——地表水环境功能区水质达标率达到62%以上。地表水市县交界断面水质达标率达到60%以上,其中钱塘江流域达到70%以上。县级以上集中式饮用水水源地水质达标率达到86%以上;

——80%以上的省控城市空气质量达到二级标准,其中设区城市空气质量达到二级标准天数均大于292天/年;

——区域环境噪声小于55分贝的县以上城市比例大于70%;

——废旧放射源安全收贮率达到100%,确保辐射环境安全。

(八)生态环境质量综合指数。

——35%以上的县(市)达到省级生态县(市)标准,全省生态环境状况指数继续位居全国前列。

二、环境保护“八大工程”

(一)污染减排工程。

1. 健全污染减排统计、监测、考核三大体系。全面完成第一次污染源普查任务。进一步加强污染减排统计、监测、核查、预警、考核和公告等制度建设,督促企业建立完善污染物增量、减量、变量等“三量”台账。

2. 调整优化产业结构促进减排。鼓励采用清洁生产技术,加快推进印染、造纸、化工、医药、制革、电力(热电)等行业产业结构优化升级,加快淘汰落后生产能力。确保完成“十一五”期间关停327.8万千瓦小火电机组任务,热电行业力争淘汰中压及以下机组,加快拆除链条炉、抛煤炉和已实施集中供热区域内的分散小锅炉。实行建设项目行政许可与减排绩效挂钩制度,在建设项目环境准入把关中严格落实污染物排放总量控制要求。

3. 加快治污工程建设落实减排。加快推进环境统计重点调查企业污染治理、城镇污水处理工程和电力(含热电)、钢铁、建材等行业脱硫工程建设。全面完成省属(含省属)以上电厂和所有125MW以上机组的脱硫改造或关停任务。

4. 严格监督管理确保减排。加强工业污染源和城镇污水处理厂日常监督检查,加快污染源在线监测监控设施安装与联网工作,建立健全在线监测监控设施运行管理制度,提高污染治理设施运行率和污染物排放达标率。

(二)水污染防治工程。

1. 切实保障饮用水源安全。合理划定和调整饮用水水源保护区,坚决取缔水源保护区内的直接排污口,严防工业、农业、生活等各类污染源污染水源,严禁有毒有害物质进入饮用水水源保护区,切实加强饮用水源地有机污染物监测和防治。健全饮用水源安全预警机制,完善饮用水源污染事故应急预案。积极推进城乡统筹的区域一体化供水,县以上城市要按照城市供水突发事故应急预案的要求,加快建设饮用水第二水源或备用水源。到2010年,合格规范饮用水源保护区创建比例达到100%。

2. 继续深入推进重点流域水污染防治。组织实施一批污染治理和生态修复工程,完成钱塘江、曹娥江、甬江、椒江、瓯江、飞云江、鳌江等流域水污染防治“十一五”规划各项工作任务,编制实施各重点流域水污染防治“十二五”规划。加强水系源头生态环境保护,钱塘江、瓯江水系衢州、丽水境内水质和飞云江干流水质满足水环境功能要求。

3. 加快推进平原河网水污染防治。加快实施《浙江省太湖流域水环境综合治理方案》和《浙江省太湖流域水污染防治“十一五”规划》,确保完成国家下达的太湖流域各项治理任务,确保我省入湖断面水质继续保持良好。编制实施姚慈平原河网、绍虞平原河网、台州平原河网、温瑞平原河网水污染防治规划。力争到2012年，这些平原河网水体氨氮、总磷等污染物浓度比2007年降低15%以上。

（三）工业污染防治工程。

1. 继续着力解决各地突出存在的环境污染问题。进一步巩固深化原省级环保重点监管区整治成果，着力促进产业结构优化升级，使之成为环境保护和产业提升的示范区。继续排查流域性、区域性、行业性的突出环境问题，并实行重点监管、挂牌督办、限期整治、动态管理。附件2所列11个问题作为第一批省级督办的重点环境问题。同时，各市、县（市、区）政府要认真排查本地区其他突出环境问题，建立健全重点环境问题限期整治和督办制度。对整治不力、成效不明显的，继续列为省级督办的重点环境问题。确保到2012年，各地突出存在的环境污染问题基本得到解决。

2. 继续加快推进重点行业、重点企业污染治理。着力深化印染、造纸、化工、医药、制革、电镀、食品酿造和电力（热电）等重点行业污染防治。燃煤火电机组积极开展脱硝试点性试验研究，2008—2012年间所有新建60万千瓦以上等级的大型机组同步安装脱硝装置。加强全省环境统计重点调查企业的环境监管，全面建成必需的治污设施，配套必需的设备，建立规范的环境管理制度。依法推行排污许可证制度，严禁排污单位无证或超标、超总量排污。对污染物排放不能稳定达标的单位，实施限期治理，不能限期完成治理任务的，依法予以停业、关闭。对超总量排污的单位，依法实施限产、停产。

3. 加强开发区（工业园区）环境监管。理顺开发区（工业园区）环境管理体制，杜绝建设项目未批先建、批建不一、批小建大等环境违法行为。加快推进开发区（工业园区）的环境基础设施建设，建立健全区域集中处置和排污单位自行处置相结合、与生产规模相适应的各类污染物处理系统。

4. 大力鼓励清洁生产，加快发展循环经济。全面完成国控、省控以上重点污染企业和重点耗能企业、重点耗水企业的清洁生产审核，对超标、超总量排污或排放有毒有害物质的企业，实行强制性清洁生产审核。全面实施循环经济“991行动计划”、工业循环经济“4121示范工程”，加快在重点行业、产业园区、城市和农村培育一批循环经济示范工程。加快推进开发区（工业园区）生态化改造。

5. 严格建设项目环境准入。依据主体功能区规划和生态环境功能区规划，落实各项产业政策，落实生态环境保护的强制性要求和节能减排的约束性要求，严把建设项目环境准入关。强化建设项目环保审批、环境监理、试生产全过程管理，严把建设项目“三同时”验收关。

6. 加强放射源监管。及时安全收贮废旧放射源和放射性废物。采取有效措施，加快推进放射性废物安全处置，实现铀矿采冶业废水达标排放和废渣安全处置。

7. 加强消耗臭氧层物质的环境监管。开展消耗臭氧层物质生产企业和消耗企业基本情况调查，加强执法检查，确保实现消耗臭氧层物质的可持续淘汰。

（四）城镇环境综合整治工程。

1. 加快城镇污水处理工程及再生利用工程建设。继续完善县以上城市污水处理设施，加快推进配套管网建设，尽快提高城市污水截污纳管集中处置率。2010年前，全面完成污水处理厂脱氮除磷改造和在线监测监控装置建设。新建污水处理厂必须同步配套脱氮除磷设施；全面建成我省太湖流域城镇污水处理设施，基本完成其他地区中心镇和钱塘江流域建制镇的污水处理设施建设，积极鼓励重点工业镇和其他乡镇建设集中污水处理设施。到2012年，全省80%以上建制镇建成污水处理设施。积极推进污水处理及再生利用工程，有条件的地区要以集中式污水处理厂为中心，建设区域性中水回用系统示范工程，推行分质供水。鼓励城市大型公共建筑、居住小区内建设区域性中水回用系统。

2. 切实加强污水处理厂运行监管。城镇污水处理厂新投入运行1年内，年实际污水处理量要确保达到设计能力的60%以上；投入运行3年以上的，要确保达到设计能力的75%以上。现有污水处理厂不能稳定达标排放的，一律进行限期治理。逾期仍未实现达标排放的，对其规划管网覆盖范围内的建设项目实行区域限批。

3. 提高城镇生活垃圾无害化处理水平。继续建设改造一批城镇生活垃圾处理设施。到2010年，县以上城市生活垃圾处理设施全面达到无害化处理标准。对达不到无害化处理标准的，必须在2010年前完成无害化改造或封场。加强城镇生活垃圾分类收集体系建设，推进垃圾处置资源化。到2012年，设区城市建成区生活垃圾资源化利用率达到51%。

4. 构建较为完善的固体废弃物处置体系。编制实施固体废弃物污染防治规划，基本形成覆盖城乡、综合性和专业性处置有机结合的固体废弃物处置体系。大力推进工业固体废弃物资源化利用。危险废物和医疗废物基本实现无害化处置，历史遗留的危险废物得到妥善处置。污水处理厂污泥基本实现无害化处置。

5. 加强城市大气和噪声污染防治。抓紧制定实施机动车尾气污染防治规划，建成县以上城市机动车尾气监测体系。严格执行机动车尾气排放标准，在机动车制造、销售、上牌、年检、维修、淘汰等各个环节，采取切实有效的监管和防治措施。继续巩固和扩大“烟尘控制区”、“噪声达标区”和“禁燃区”，重点防治交通噪声、娱乐业噪声、餐饮业油烟和燃煤小型锅炉污染。

（五）农业农村环境污染防治工程。

1. 继续深化养殖业污染防治。严格执行畜禽养殖禁养区、限养区制度，控制散养密集区饲养量。积极推进畜牧业布局调整，加快畜牧生产方式转变，大力推广农牧结合、循环利用的生态养殖模式。实行规模化养殖场排污申报登记制度和排污许可证制度，新建规模化畜禽养殖场严格执行环境影响评价和“三同时”制度。加快推进现有规模化畜禽养殖场污染治理。新建150个畜牧生态养殖小区。在畜禽散养密集区新建畜禽粪便收集处理中心75个。开展以家禽为主的其他畜禽排泄物治理试点，到2012年，基本完成存栏家禽3万羽以上的养殖场排泄物治理。

加快推进水产养殖污染防治,推广生态健康水产养殖模式。组织实施《浙江省水产养殖规划》,开展水产"千场无公害、万户信得过"活动,推进"百万亩生态型水产养殖塘标准化建设工程"。到2012年,创建100万亩高效生态水产养殖基地,1000家通过国家、省无公害认定(认证)的渔业基地(产品),10000户初级水产品质量信得过单位。

2. 加快推进农村生活污水处理。与城镇污水处理厂临近的乡镇和行政村,要加快推进截污纳管,实现城乡生活污水一体化处理;不具备截污纳管条件的乡镇和行政村,要因地制宜,采取建设独立生活污水处理设施、生物技术处置和沼气工程等多种方式,有效处理农村生活污水。加快实施"百万农户生活污水净化沼气工程",到2010年,完成1050个行政村生活污水净化沼气项目建设任务,开展生活污水处理的行政村比例力争达到50%左右;到2012年,开展生活污水处理的行政村比例力争达到80%左右。

3. 全面推进农村生活垃圾处置。按照平原农村"户三包、村收集、镇中转、县处置"、偏远山区和海岛农村"就地分拣、综合利用、无害化处置"的要求,积极推进农村生活垃圾处理,逐步淘汰不符合环保技术标准的农村垃圾焚烧炉。建立健全村庄环境卫生长效管理制度,加快实现生活垃圾日产日清。

4. 大力开展化肥农药污染防治。积极推行测土配方施肥和减量增效技术,引导农民科学施肥,减少农田化肥氮磷流失。鼓励开发使用有机肥等新型高效肥料。积极引导和鼓励农民使用生物农药或高效、低毒、低残留农药,推广病虫草害综合防治、生物防治和精准施药等技术。积极推进秸秆综合利用,到2012年,秸秆综合利用率达85%以上。

5. 积极推进河沟池塘污染整治。疏浚淤积严重的河沟池塘,建立农村河沟池塘长效保洁管理制度,努力恢复河沟池塘自然功能,提高水体自净能力。严禁随意填埋或改变河沟池塘用途。2008—2012年,新增完成5000公里农村河沟疏浚整治,确保河沟池塘水面面积不低于现有水平。

6. 着力提高村庄绿化水平。深入开展绿化示范村创建活动,积极推进村庄道路、水体沿岸和庭院绿化,加强农田林网建设与改造,加快实现村庄和村居周边环境绿化美化。到2012年,创建2000个绿化示范村,村庄绿化率达到20%以上。

(六)近岸海域污染防治工程。

1. 探索建立重点海域排污总量控制制度。严格执行海洋功能区划和近岸海域环境功能区划。因建设项目确需调整区划的,必须从严把关,符合相关条件。全面清理入海排污口,加强陆域污染源入海控制。新建入海排污口必须依法办理行政许可手续。严格执行持证排污制度,确保达标排放。

2. 大力推行海洋生态养殖模式。组织实施《浙江省水产养殖规划》,合理布局水产养殖。加强海洋保护区、渔业资源增殖区建设,严禁在自然产卵区和重要渔业水域布局污染项目。象山港、三门湾、乐清湾等半封闭海域,合理控制养殖规模,加快推行生态养殖模式。

3. 严格涉海工程环境监管。完善港口、码头、船舶排放油类、化学品、垃圾及生活污水的接收和处理设施,加强造船业、拆船业的环境监管。强化涉海工程环境影响评价和"三同时"制度,对有可能造成海域生态环境破坏的项目实施环境影响后评估。科学控制海岸和海上作业风险,有效防止溢油、泄漏等污染事故发生。

4. 加强海洋生态环境监测和赤潮灾害预警能力建设。建立重点入海污染源、重点港湾和生态脆弱区监测体系,加强海湾水动力数值模型研究,系统分析围填海的脆弱区和敏感区,科学划定禁围区。同时,实施重大涉海工程环境影响跟踪工程。完善赤潮监测系统,建立赤潮灾害应急响应机制。建立跨区域、跨部门的海上环境应急体系,提高海上环境事故快速反应和处置能力。

(七)生态修复保护工程。

1. 切实加强土壤污染防治。完成土壤污染状况调查,建立土壤污染调查建档、监测和修复制度。制定土壤污染防治技术指南,开展土壤生态修复综合试点。加强对农田特别是基本农田的生态保护,强化农田土壤重点污染区的治理和修复,建设100个"沃土工程"示范区,建立50万亩以上冬绿肥示范基地。土地整理、复垦和滩涂围垦要科学规划,符合生态环保的要求。到2012年,确保全省土地退化指数小于15。

2. 进一步加强矿山生态环境保护。落实矿业产业政策,加快调整矿业结构和布局,减少矿山数量,促进规模化开采。完善矿山自然生态环境备用金制度和"以奖代补"制度,推进绿色矿山创建工程,最大限度减轻矿山开发对生态环境的污染与破坏。加快推进废弃矿山生态环境治理与修复,特别是露天开采矿山的边坡整治和复垦、复绿及景观修复。到2012年,创建绿色矿山200座。

3. 继续推进"万里清水河道"建设。继续对主要骨干河道、平原河网开展清淤、疏浚、清障、保洁、生态护岸等综合治理。科学调度水资源,修复改善河道生态。

4. 加快推进东部平原承压地下水禁限采和封井工作。地下水禁限采地区要加快地表水厂和管网设施建设,积极推进城乡统筹的区域一体化供水。加强执法检查,建立健全管理制度,依法及时查处违法开挖新井的行为。2010年底前,除按规定保留必要的战备井、回灌井、监测井以及管网未及地区的生活用水外,全面封堵现有的承压地下水井。

5. 积极开展交通干线生态保护与修复。加强交通工程水土保持和弃土方治理。采取生态修复措施,推进绿色通道建设。每年完成200公里公路绿色通道工程,2008年至2010年完成20万平方米国省道边坡复绿。到2012年,形成带、网、片、点相结合,层次多样、结构合理、功能完备的绿色交通长廊。加快"三沿五区"坟墓治理,累计完成50万穴坟墓治理。加强道路运输业环境保护,到2012年,道路运输行业废机油、废电池、废轮胎、废配件、废包装物回收率达100%。

6. 加快生态林建设。全面推进生态公益林和沿海防护林建设,促进城镇、平原和水系生态环境建设。加快推进阔叶林发展工程,着力提高重点公益林林分质量。鼓励发展生物质能源,重点在温州市发展林业生物柴油能源基地。到2012年,全省新建和改造沿海防护林100万亩,沿海基干林带基本合拢;新建和改造农田林网4000公里;实施针叶林阔叶化改造面积100万亩,新建生物防火林带4000公里;全面建成3000万亩重点生态公益林。重点生态公益林区的一、二类林比重达到55%以上。大力推行生态葬法,到2012年,全省公墓(墓地)绿化率比2007年提高5%,生态葬法行政村覆盖率比2007年提高5%。

7. 加强湿地保护和修复。着力发挥湿地在降解污染、净化水质、蓄洪防旱、调节气候和维护生物多样性等方面的重要生态功能。组织实施《浙江省湿地保护规划》,建立我省湿地保护协调与管理体系。到2012年,规划续建或升格省级以上湿地自然保护区10个,新建省级湿地自然保护区3个、湿地自然保护小区23处,新建湿地公园示范工程10个,全省湿地面积萎缩和功能退化的趋势初步得到遏制。

(八)生态创建工程。

1. 广泛开展社会化绿色系列创建活动。按照建设环境友好型社会的要求,继续开展绿色企业、绿色社区、绿色学校、绿色医院、绿色饭店、绿色家庭等绿色系列创建活动,开展保护母亲河系列活动,建立多层次的环境保护公众参与平台,不断扩大公众参与面。积极探索社会化的生态创建机制,充分发挥环保民间组织、志愿者队伍在促进生态文明建设中的积极作用。

2. 深入开展区域性生态创建活动。积极倡导开展环保模范城市、卫生城市、园林城市、森林城市、节水型城市等创建活动,努力营造优美的城市人居环境。积极推进生态村、生态乡镇、生态市县创建活动。坚持高标准、严要求,注重生态创建实效,严把生态创建考核验收关。到2012年,力争累计创建600个以上省级生态乡镇,40%以上的城市达到省级以上环保模范城市要求,35%以上的县(市、区)达到省级生态县(市)建设标准,创建50个以上森林城市(城镇)。

三、环境保护主要保障措施

(一)加快转变经济发展方式,从源头上解决环境问题。加快推动产业结构优化升级,积极发展资源消耗低、环境污染小、经济效益高的高新技术产业和现代服务业,加快运用现代技术改造提升传统制造业和服务业,努力形成有利于资源节约和环境保护的产业体系。全面实施《浙江省"十一五"发展循环经济建设节约型社会总体规划》,以节能、节水、节地、节材和资源综合利用为重点,深入实施"991行动计划",加快推进循环经济百个重点项目建设,逐步完善循环经济法规政策和标准,大力推进循环经济试点省建设,争创全国循环经济发展示范区。定期更新高耗能、高污染工艺、技术、设备和产品的淘汰目录,严格执行落后生产能力限期淘汰制度。制定实施印染、造纸、化工、医药、制革、电镀、食品酿造和电力(热电)等重点污染行业地方准入标准,严格控制单位产品排污量,推动企业调整产品结构。

(二)全面实施生态环境功能区规划,严格执行分区环境准入政策。落实主体功能区规划要求,全面实施生态环境功能区规划,实行差别化的区域开发和环境管理政策,严把建设项目环境准入关。规划确定的禁止准入区,要依法实施强制性保护;限制准入区,要坚持保护优先,严格限制工业开发和城镇建设规模,禁止新上高污染工业项目,适度发展先进制造业,鼓励发展生态农业和现代服务业;重点准入区,要在严格落实生态环境功能区规划要求、确保完成污染减排任务的前提下,优化布局,有序推进产业发展和城镇建设;优化准入区,要依据环境容量,调整优化城乡布局和产业结构,确保环境功能达标。依法开展规划环评,抓紧制定实施《浙江省各类规划环境影响评价管理办法》。

(三)继续强化环境法治,严格环境执法监管。坚持依法监管环境、依法保护生态、依法治理污染,加快推进环保地方性法规和行政规章建设,不断完善环境保护地方法规规章体系。进一步研究提高排污许可证实施的力度和法律地位的办法和途径。继续加大环保执法力度,更多地采取"飞行监测"等突击性的执法方式。严格落实环境保护行政执法责任制,完善部门联合执法和重点环保案件移送督办机制,通过挂牌督办、事后督察、责任追究等措施,加大环境执法监察力度。自觉接受人大及其常委会的法律监督、工作监督和政协的民主监督。充分发挥新闻媒体等社会监督的作用,继续实行环境污染有奖举报制度,鼓励社会各界依法有序监督生态环保工作。

(四)继续完善环保基础设施,切实加强运行监管。按照城乡统筹的要求,规划各类环保基础设施建设,完善城乡生活污水、生活垃圾、工业废水、工业危险废物、医疗废物、污泥等集中处理设施。研究出台《浙江省污水处理设施管理办法》,完善污水收集管网建设,建立健全污水厂进出水监测体系和监管网络系统,确保污水收集率、处理率、达标率达到要求。健全固体废弃物环境监管体系,加快建设分类收集系统。2010年前,县以上城市全面建成固体废弃物收集中心,配套设立社区固体废弃物回收点。加快推进城乡环保基础设施建设和运行的一体化、标准化,继续完善城乡生活垃圾集中收集处置体系,城镇周边农村和有条件的农村地区要积极实施区域一体化污水处理,其他固体废弃物处置也要加快实现城乡一体化处置。深化环保基础设施建设和运营体制改革,鼓励社会资本特别是专业性公司参与环保基础设施建设和运营,积极推行项目代建制和特许经营制度。

(五)加快建设现代化的环境监测监控体系,提升环境监管水平。继续加强各级环境监控中心的技术和装备建设,完善省市县三级联网、全天候实时监控的现代化环境监管网络。强化环境自动监测监控系统的运行维护,充分发挥自动监测监控数据在环境执法、环境统计、总量核算和环境科研等方面的作用。完善海洋环境监测体系,提高海洋环境监测预报能力。加大农村环境监测力度,重点加强土壤、主要农产品基地的环境质量监测。增加对县级以上主要饮用水源地水质和空气中特殊污染因子的自动监测。扩大污染源在线监测监控面，到 2012 年，再增加 1500 家工业企业纳入监测监控范围。新扩建项目的污染源在线监测监控设施作为环保“三同时”的重要内容。

（六）提高环境应急处置能力，切实保障环境安全。建设省环境应急和指挥中心，完善环境应急指挥体系，建立环境安全预警预测系统、突发环境事件应急专家决策系统和环境污染应急处置及信息传输系统。以保护饮用水源为重点，建立固定污染源排查机制，强化化学品运输等流动源的污染事故防范和应急措施。加强环境应急装备建设，不断强化应急技术储备。加强特殊污染因子、饮用水源有机污染物的分析监测装备建设，提高分析监测能力。在特殊敏感地区，建立以特殊污染因子自动监控为重点的预警系统。建成华东区域二恶英监测中心和全省放射性废物库。完善核应急指挥系统和辐射污染应急监测系统，提高核与辐射事故应急响应水平和处置能力。

（七）加强环保科技平台建设，切实强化环保科技支撑。加大环保科技投入，充分发挥高等院校、科研机构、企业和行业协会等各方面力量在环保科研中的作用，深化产学研合作，加快推进环保科技创新，着力提高污染治理与防治技术及其产业化水平。积极争取国家水专项项目，集中力量开展水污染防治等重大关键技术的攻关，力争达到国内领先水平。加快实施污染防治与生态修复工程，重点推广电镀印染废水回用、污泥处置、水煤浆锅炉、养殖业排泄物处置等方面的先进适用技术。大力培养引进环保科技人才，不断提高环保科研人员和技术成果推广队伍的整体素质。

（八）加快发展环保产业，提升环境保护专业化水平。坚持以改革的思路，充分运用市场化手段，制定出台扶持政策，鼓励支持社会力量和社会资金以各种方式参与生态建设和环境保护，以资源综合利用、环保设备制造业、环保科技咨询、环保“第三方治理”为重点，加快形成一批具有自主知识产权和品牌、核心技术能力强、特色优势明显、市场占有率高的环保产业优势企业和企业集团。力争到 2008 年底，全省已建成的城镇污水处理厂普遍推行第三方管理。紧紧依靠科技创新，加快实现在线监测监控等环保设备的国产化、产业化。完善污染治理设施运营市场的相关政策，积极推行污染设施专业化运营。加快培育环保咨询业市场，在建设项目决策和污染治理工程实施中推行咨询报告制度。

（九）健全完善环保经济政策，引导鼓励社会各方面积极参与环境保护和生态建设。建立健全有利于生态环境保护的价格、税收、信贷、贸易和土地等经济政策，加快完善企业环保信用等级评价、上市企业环境信息公开、生态补偿、排污权交易、电力（热电）行业脱硫成本补偿等制度。把环保信用纳入到企业信用信息发布查询系统，作为企业资信评价的重要依据。严格执行绿色信贷、绿色财税、绿色证券、绿色保险等一系列环境经济政策，坚决遏制高耗能高污染行业扩张。积极探索排污权交易机制，开展森林碳汇试点工作，优化环境资源配置。加快建立能够反映污染治理成本的排污价格和收费机制，全面实施城镇污水处理和生活垃圾处理收费政策，实施固体废物和危险废物处置经营服务性收费，逐步提高工业企业排污收费标准。对超标排污单位，在依法实施行政处罚的同时，严格执行加倍收费。综合运用各项政策措施，积极支持环境污染整治企业治理、改造、搬迁、转产或关闭。实施促进循环经济发展的财政及投资政策，进一步完善鼓励环保型产品开发、有机肥推广、清洁能源和可再生能源利用、废弃物综合利用的优惠政策。健全完善生态补偿机制，统筹区域协调发展。

（十）积极培育发展生态文化，不断增强全社会生态文明意识。大力弘扬生态文明基本理念，切实加强环境保护基本国策教育，广泛普及生态环保基本知识。建设一批生态环境教育示范基地，深入开展环保知识进机关、进企业、进社区（农村）、进学校、进家庭的“五进”活动。各级行政学院、干部学校要将环境保护政策纳入干部教育培训的内容，引导各级领导干部树立正确政绩观，自觉履行生态建设和环境保护的职责。深入开展资源节约与环境保护全民行动，大力倡导绿色、文明、健康的生活方式，进一步形成崇尚自然、节约资源、减少污染、保护环境的良好风气，营造环境保护人人有责的浓厚氛围。加大环境信息公开力度，完善环境信访举报受理查处制度，切实保障人民群众对生态环境保护的知情权、参与权和监督权。

（十一）创新生态环保工作体制机制，强化目标责任考核。要把加强环境保护作为促进科学发展的重要抓手，把生态环保工作目标完成情况作为检验经济社会发展成效的重要标准。各级政府对行政区域内的本实施方案实施情况负总责，政府主要领导是第一责任人。坚持一级抓一级，层层抓落实，进一步形成以政府为主导、企业为主体、全社会共同推进的生态环保工作格局。进一步健全环保部门统一监管、有关部门分工负责的工作推进机制，省级各有关部门要按照附件 1 中的职责分工，制定相应的年度计划，进一步把相关工作任务具体分解落实到各地市。认真落实工作责任制，完善考核机制，把本实施方案的实施情况纳入各级领导班子和领导干部综合考核评价体系，纳入生态省建设目标责任考核体系，实行问责制和“一票否决”制，并与省级财政转移支付和专项资金安排相挂钩。加快推进各项生态环保工作的制度化、规范化、长效化，使各项政策更加公开、公平、公正。全面实施省对主要水系源头所在市、县（市、区）的生态环保财力转移支付制度，研究出台城乡污水处理设施、垃圾处理设施等环境基础设施和规模化畜禽养殖场治理、重点公益林建设等重点生态环保工程的财政补助政策。各级财政对生态环境保护投入的增长幅度要高于经济增长速度，重点支持环境保护公共设施建设、基础能力建设。切实加强对生态环境保护工作的行政监察。

附件：1. 浙江省环境保护实施方案（2008—2012 年）工作重点及责任分解表（略）

2. 第一批省级督办的 11 个重点环境问题（略）

浙江省人民政府
关于进一步加强太湖流域水环境综合治理工作的意见

浙政发〔2008〕68 号

为贯彻落实科学发展观,有效改善太湖流域水环境质量,切实保障人民群众的环境权益,促进经济社会全面协调可持续发展,现就进一步加强太湖流域水环境综合治理工作,提出如下意见:

一、充分认识我省太湖流域水环境综合治理面临的严峻形势

去年 5 月太湖蓝藻大规模暴发后,国务院两次在无锡召开座谈会,对太湖水环境综合治理工作作出了一系列部署。今年 4 月,国务院常务会议审议通过了《太湖流域水环境综合治理总体方案》(以下简称《总体方案》)。省委、省政府高度重视我省太湖流域水环境综合治理,多次召开会议进行研究,坚决贯彻国务院的决策部署,并把这项工作作为"811"环境保护新三年行动的重中之重来抓,一手抓综合治理,一手抓应急防范,持续加大工作力度。今年 5 月,省政府专门召开太湖流域水环境综合治理和蓝藻应对应急工作会议,具体部署太湖流域水环境综合治理和今年的蓝藻应对应急工作,进一步明确了任务,落实了责任。通过省市县各级各有关部门的共同努力,这项工作取得了明显的阶段性成效,饮用水安全得到较好保障,流域水环境质量总体保持稳定,城乡污水处理、垃圾处置设施建设加快推进,污染减排任务完成较好,水环境综合治理的监测监控和执法能力有所加强。

但是,必须清醒看到,太湖水环境形势依然十分严峻。近年来,太湖全湖营养盐浓度长期在较高水平波动,南太湖每年的蓝藻水华暴发期有所提前,持续时间拉长,面积和程度加大,而且呈现常态化趋势。特别是湖州地区近岸水域及环湖河流,由于受风向、太湖环流、太湖水位抬高造成顶托倒灌等影响,蓝藻水华暴发的严重性和饮用水安全风险进一步加大。河网水体水质水情也不容乐观,工业结构调整、农业面源污染控制进展还不够快,污染物排放总量、氨氮、总磷、总氮等指标仍然居高不下。这些情况表明,我省太湖流域水环境治理和监管任务都还十分艰巨。

环太湖地区是长江三角洲经济最发达的区域之一。治理好太湖水环境,既是贯彻落实科学发展观,实现又好又快发展、社会和谐稳定、生态良性循环的根本要求,也是保障民生、保持社会和谐稳定的重大任务。各级政府各有关部门必须进一步增强紧迫感、责任感,把太湖流域水环境综合治理作为一项长期的重要任务来抓,把做好太湖蓝藻应对应急、保障饮用水安全作为本地本部门的紧要大事来抓,加强领导,全面部署,科学实施,确保完成国务院和省委、省政府提出的太湖治理各项目标和任务。

二、总体要求和治理目标

总体要求:我省太湖流域水环境综合治理要以科学发展观为指导,按照建设生态文明、建设环境友好型社会的要求,坚持统筹规划、远近结合、标本兼治、因地制宜、科学治理,进一步加快城乡引供水设施建设,建立和完善蓝藻和突发水污染应急体系,保障城乡饮用水安全;进一步加快产业结构调整步伐,加强工业、农业面源、船舶污染治理,严格控制水污染物排放总量;进一步加快城乡污水、垃圾处理设施建设,实施河网综合治理和生态修复工程,促进区域水环境质量持续改善,努力实现经济社会和环境协调发展。

总体治理目标:到 2012 年,流域水环境质量总体有较大改善,主要饮用水水源地水质有所改善,城乡居民饮用水安全得到有效保障;化学需氧量、氨氮、总氮和总磷超允许排放量部分削减 50%(2005 年为基准年),入湖断面水质保持三类;有效防治蓝藻水华。到 2020 年,流域污染物排放量达到《总体方案》总量控制目标要求;入太湖河流水质稳定保持三类,平原河网水质以四类为主,全面消除劣五类,努力形成流域生态良性循环、人与自然和谐相处的发展环境。

杭嘉湖地区各市、县(市、区)政府和省级有关部门要根据《总体方案》和《浙江省太湖流域水环境综合治理实施方案》(以下简称《实施方案》),结合本地本部门实际,制订具体实施计划,细化分解任务,确保各项工作落到实处。

三、突出工作重点,实现"五个确保"

一是确保城乡饮用水安全。进一步加强太湖水环境监测监控和预测预警,通过卫星遥感、辅助人工采样和气象观测等,共同构建严密的监测网络。完善我省入湖和跨界的主要河道及断面的水量水质自动监测站布局,所有污水处理厂、重点排污企业建成在线监测装置,并与省、市、县环保部门联网。加快建设流域水环境信息共享平台。太湖蓝藻暴发期间,要加密监测频次,增加监测指标,加强分析预测,及时发布预警信息,及时启动相应应急预案。落实"控、清、拦、捞、冲"等蓝藻应对措施,有效削减水源地取水口蓝藻,积极探索跨区域的蓝藻联合打捞机制。加快区域供水设施建设,提高自来水深度处理和区域联合供水能力,全面建立"源水互备、供水互通、送水互济"的饮用水保障体系。强化应急响应机制和应急处置能力,一旦发生蓝藻大规模暴发和突发水污染影响饮用水安全的事件,及时、有序、有效实施应急和处置。

*二是确保完成污染减排任务。*加强污染减排，必须多管齐下、联动推进。加大产业结构优化调整力度，以主体功能区规划、生态环境功能区规划为依据，提高环境准入门槛，禁止审批排放含氮含磷污染物的建设项目，新增其他污染物排放量的建设项目，其新增量与减排量的替代比例不得低于 1∶1.2，其中化工、医药、制革、印染、造纸等重点水污染行业替代比例不得低于 1∶1.5，坚决淘汰落后生产能力。加快推进城镇污水处理、农业农村面源污染治理、工业污水深度处理和中水回用等工程建设，大力开展河道清淤和生态修复，有效削减水体内源污染。加强执法监管，坚决查处各种违法排污行为，对超标排污企业严格实施限期治理，治理后仍不能实现达标排放的，坚决予以关停。

*三是确保建制镇以上污水处理设施全面建成。*2008 年底前，我省太湖流域 74 个尚未建成污水处理设施的建制镇要全面完成污水处理设施建设。与此同时，加快推进现有污水处理厂的脱氮除磷改造。到 2010 年，杭嘉湖地区县以上城市污水处理率达到 80%以上，新建、改建、扩建的污水处理厂同步配套脱氮除磷设施。加快推进农村生活污水处理，具备截污纳管条件的，要加快实行集中处理，不具备截污纳管条件的，要按照就地消化、循环生态的要求，因地制宜采取多种方式进行治理。到 2010 年底，太湖流域 60%以上的行政村开展生活污水处理。

*四是确保农业面源污染得到有效控制。*加快推进农业产业结构调整，大力发展生态农业和农业循环经济。大力整治畜禽养殖污染，严格执行规模化畜禽养殖场环境影响评价和排污许可证制度，控制养殖总量，优化养殖布局。到 2010 年，杭嘉湖地区全面完成存栏猪 100 头以上规模养殖场治理，其中湖州、嘉兴两市要在 2008 年底前完成这项任务。严格实施《浙江省水产养殖规划》，杭嘉湖地区外荡水域不再新增核发水产养殖证。开展水产养殖污染调查，对规模化水产养殖场进行专项整治，整治后达不到环保标准的，要坚决关闭。大力发展健康生态养殖模式，结合实施国家和省污染治理示范项目，对排放尾水进行生物净化处理，达到水产养殖废水排放要求。加快实施化肥农药减量增效控污工程，到 2010 年，测土配方施肥、农药减量增效控污实施面积达到 70%以上，力争化肥、农药使用总量分别下降 6%和 20%，化肥和农药利用率分别提高 5 个、10 个百分点。

*五是确保入湖断面水质总体上不低于三类水标准。*湖州市地处太湖上游，要切实采取措施，努力改善入湖水质。要进一步加大综合治理力度，使夹浦断面及早达到三类水质标准，其他 5 个入湖断面要稳定保持在三类水质，力争有所改善。杭州市境内省控断面要及早消灭劣五类。嘉兴市出境水要优于入境水，境内优于五类水质的省控断面比例 2012 年前要达到 50%以上，促进整个河网水质稳步改善。

四、落实项目，加大投入

加强重大项目组织实施和深化细化工作。深入开展太湖流域水环境综合治理，必须加快实施苕溪清水入湖、太湖环流太嘉河（引太入河）、京杭运河（浙江段）及河道综合整治等“三大清水环境工程”。对列入《总体方案》和《实施方案》的重大项目，要进一步纳入“全面小康六大行动计划”、“三个千亿工程”和省重点建设计划。按照远近结合、标本兼治、区分轻重缓急的原则，组织制订重大项目年度推进计划。近期拟实施的项目，要加快推进各项前期工作。

加强联动配合，形成实施合力。列入省重点建设计划的项目，各有关部门和地方要密切配合，相互支持。加强与国家有关部门的衔接，积极争取我省具有流域性功能的重大项目得到国家更大的支持。强化跨地区项目实施的区域联动，特别是在推进“三大清水环境工程”中，加强省有关部门和杭嘉湖地区的协调和互动，为工程及早开工上马创造条件。进一步落实项目资金，适当增加各级财政在太湖水环境综合治理方面的投入，加强各类专项资金的整合配套。进一步推进环保城建投融资体制机制创新，积极引导社会力量和资金参与太湖水环境综合治理。

强化科技支撑。依托“国家水体污染控制与治理科技重大专项”、“浙江省水污染防治与水资源综合利用重大科技专项”等计划实施，进一步加大太湖水环境综合治理关键技术和共性技术的研发推广和投入力度。重点推进城镇污水处理厂脱氮除磷改造和污泥处理、高效低耗具脱氮除磷功能的村镇生活污水处理、高浓度氮磷工业废水处理、水环境生态修复、水资源循环利用等技术研发、综合集成和示范应用，为湖泊河网地区水污染综合治理提供技术支撑。

五、深化改革，创新制度

全面实行排污许可证制度。明确排污单位的允许排污总量、需要削减的排污量和削减时限要求。严禁排污单位无证或超总量排污。加强污染源动态管理。对已核发排污许可证的排污单位和所有建设项目，要就其建设项目新增排污总量（增量）、污染整治削减排污总量（减量）、超标排放或偷排漏排的排污总量（变量）等“三量”建立一厂一档管理台账。所有“三量”数据纳入污染源动态管理信息系统，实行动态管理。

切实加强对重点排污单位的执法监管。各级环保部门要通过开展“飞行监测”等手段，加强对污染源的监测监督。对规定期限内仍不能实现达标排放的要坚决关闭。对未按规定建设和运行污染减排设施的企业和单位，公开通报，限期整改。

严格建设项目环境准入制度。严格执行国家产业政策和省政府有关规定，禁止新建排放氮、磷污染物的工业项目。新增其他污染物排放量的建设项目，必须按规定比例与削减量相挂钩。替代污染源没有完成削减指标或污染防治设施未同步运行的建设项目，不得投入生产。

健全完善各项环保经济政策。建立健全有利于水环境综合治理的价格、税收、信贷、贸易和土地等经济政策，加快完善企业环保信用等级评价、上市企业环境信息公开、生态补偿、排污权交易等制度。严格信贷环保要求，坚决遏制高耗能高污染行业扩张。进一步完善鼓励环保型产品开发、有机肥推广、清洁能源和可再生能源利用、废弃物综合利用的优惠政策。健全完善生态补偿机制，统筹流域和区域协调发展。积极探索实践排污权有偿使用和交易机制，加强排污绩效核算与考核，通过市场手段，调动企业治污积极性，促进污染减排，提高环境容量资源配置效率，促进产业结构优化升级。这项改革创新，太湖流域杭嘉湖地区要先行一步，为其他流域和地区提供借鉴经验。

六、加强领导，落实责任

进一步加强组织领导和工作协调。在省太湖流域水环境综合治理领导小组及其办公室的统一组织协调下，省级各有关部门和杭嘉湖地区各级政府要各负其责，密切配合，共同推进各项工作。市县政府是太湖水环境综合治理和蓝藻应对应急工作的责任主体和实施主体。要建立一把手负总责、分管领导具体负责、有关部门直接负责的组织领导体制、工作协调机制和责任分担机制。杭嘉湖三市政府要进一步完善应对蓝藻和水污染突发事件、确保饮用水安全的应急预案，抓紧报省政府备案。应对蓝藻、保障饮用水安全事关重大、任务艰巨，在明确职责分工的基础上，要实行严格的问责制，各市、县（市、区）政府主要负责人是第一责任人。要进一步明确有关部门职责。发展改革部门主要负责应急预案的编制和实施工作的综合协调；环保部门主要负责水环境和蓝藻监测预警，加强水污染防治的统一监管，加强饮用水源地环境监管；建设部门主要负责城镇饮用水安全保障，加强取水、制水、供水全过程监管控制，落实各项应急措施；水利部门主要负责水情监测和区域水资源统一调度，负责农村饮用水安全保障和应急工作。因工作不力造成饮用水危机的，要严肃追究有关地区、有关部门及其负责人的行政责任，并在生态省建设考核中实行一票否决。

要重视做好舆论引导和宣传工作。进一步加强太湖水质和应急工作信息的统一管理。要着力宣传各级党委、政府采取的工作措施及取得的阶段性成效，客观报道太湖水污染防治的艰巨性、长期性和复杂性，增强全社会的环境忧患意识、责任意识和参与意识，引导社会各方面积极支持和参与太湖水环境综合治理。

二○○八年十月二十八日

浙江省人民政府办公厅关于印发浙江省生态环保财力转移支付试行办法的通知

浙政办发〔2008〕12号

各市、县（市、区）人民政府，省政府直属各单位：

《浙江省生态环保财力转移支付试行办法》已经省政府同意，现印发给你们，请结合实际，认真贯彻执行。

二○○八年二月二十八日

浙江省生态环保财力转移支付试行办法

为全面深入贯彻落实科学发展观，加大生态建设和环境保护力度，推进污染减排工作，促进生态环保和经济社会的协调发展，根据《浙江省人民政府关于进一步完善生态补偿机制的若干意见》（浙政发〔2005〕44号）的要求，制定本办法。

一、财力转移支付基本原则

按照"谁保护，谁得益"、"谁改善，谁得益"、"谁贡献大，谁多得益"以及"总量控制、有奖有罚"的原则，在完善原钱塘江源头地区专项补助试点办法的基础上，全面实施省对主要水系源头所在市、县（市）的生态环保财力转移支付。

二、财力转移支付对象和资金性质

省财力转移支付对象，为我省境内八大水系干流和流域面积100平方公里以上的一级支流源头和流域面积较大的市、县（市），并以省对市县财政体制结算单位为计算、考核和分配转移支付资金的对象（具体名单见附件）。

省生态环保财力转移支付资金，由市、县（市）政府统筹安排，包括用于当地环境保护等方面的支出。

原有省级财政生态环保有关专项资金，仍按现行政策、办法执行。

三、财力转移支付分配方法

（一）指标设置。按照生态功能保护、环境（水、气）质量改善等两大类因素设置相关指标：

1. 生态功能保护类两项指标：省级以上生态公益林面积，大中型水库面积；

2. 环境质量改善类两项指标：主要流域水环境质量，

大气环境质量。

（二）权重分配。

1. 生态功能保护类50%，其中：省级以上公益林面积30%，大中型水库面积20%；

2. 环境质量改善类50%，其中：主要流域水环境质量30%，大气环境质量20%。

（三）考核系数和计算方法。

1. 生态功能保护类。

（1）省级以上生态公益林面积：根据省林业厅确认的各市县考核年度省级以上公益林面积占全省面积的比例计算。

（2）大中型水库面积：根据省水利厅确认的大中型水库折算面积占全省面积的比例计算，但每个市、县（市）可得数额最多不超过该项分配总额的20%。

2. 环境质量改善类。对主要流域出境水质和大气环境分别设立警戒指标，即水环境的警戒指标为水环境功能区标准，大气环境的警戒指标为API值低于100的天数占全年天数的比例不低于85%，质量高于警戒指标的，每提高一个级别给予一定的补助奖励，低于警戒指标的，每降低一个级别给予一定的扣补处罚。

（1）主要流域水环境质量。根据省环保局监测确认的各市、县（市）主要流域交界断面出境水质和省水利厅确认的多年平均地表水径流量，分别不同情况计算并考核。

①凡市、县（市）主要流域各交界断面出境水质全部达到警戒指标以上的，给予100万元的奖励资金补助。同时，对出境水质达到三类水标准的设定系数为0.6；达到二类水标准的，设定系数为0.8；达到一类水标准的，设定系数为1。有多条河流、多个交界断面的，按其对应标准的系数加权平均。补助资金按照各市、县（市）系数与其多年平均地表水径流量的乘积占全省的比例进行分配。

②根据各市、县（市）交界断面出境水质考核年度较上年度的变化情况，实行水质提高或降低的奖罚机制，即：再对四类水、五类水和劣五类水分别设定系数为0.4.0.2和0.1，并按上述方法分别计算出各市、县（市）考核年度和上年度的总系数并进行比较，凡考核年度较上年每提高1个百分点，给予10万元的奖励补助；反之，每降低1个百分点，则扣罚10万元补助，以此类推。

（2）大气环境质量。根据省环保局监测确认的各市、县（市）空气污染指数（API值）计算并考核。

①凡API值小于100的天数占全年天数的比例（设为X值）达到警戒指标标准（85%）及以上的市、县（市），将配置一定数额的奖励资金补助。当X值等于100%时，设定系数为1，每降低2个百分点，计算应补助的系数递减0.1，以此类推。

②根据各市、县（市）大气环境质量考核年度较上年度的变化情况，实行大气质量提高或下降的奖罚机制，即：当X值较上年每提高1个百分点，奖励1万元；反之，X值较上年每降低1个百分点，扣罚1万元，以此类推。

四、财力转移支付资金的兑现与下达

按上述方法计算并汇总后得出的各市、县（市）生态环保转移支付资金，再结合其财力状况，对各市、县（市）实行分档兑现补助额，设置不同的兑现补助系数：即24个欠发达市县和金华市、兰溪市、安吉县，设定兑现补助系数为1；杭州市、温州市、台州市等3个发达市和瑞安市、乐清市、绍兴县等3个经济强县，设定兑现补助系数为0.3；其余的12个县（市）设定兑现补助系数为0.7。

为做好与有关办法的衔接，对原纳入《钱塘江源头地区生态环境保护省级财政专项补助暂行办法》（浙政办函〔2006〕31号）试点的10个县（市）设立1年的过渡期，在过渡期内，按新方法计算所得的当年转移支付补助额，与2006年度已得专项补助额相比，补助数额减少的县（市），省财政将给予一次性补足。过渡期结束后，统一执行新办法。

生态环保财力转移支付的资金总量一年一定，列入当年省级财政预算。

考核年度终了后，由省级有关主管部门核定各市、县（市）的相关数据，并于每年2月15日前送达省财政厅。省财政厅根据本办法和省级主管部门核定的数据进行测算，拟定具体的资金分配方案，报省政府批准后一次性下达。

五、监督管理

各市县政府对省生态环保财力转移支付资金，应当分轻重缓急，统筹安排使用。各级财政部门要加强生态环保转移支付补助资金使用的监督和管理，切实提高资金使用效益。

六、附则

本办法由省财政厅负责会同省级有关主管部门解释。

本办法自发文之日起执行，原《钱塘江源头地区生态环境保护省级财政专项补助暂行办法》（浙政办函〔2006〕31号）及《钱塘江源头地区生态环境保护省级财政专项补助办法实施细则》（浙财建字〔2006〕260号）同时停止执行。

附件：全省主要水系源头市、县（市）名单（略）

浙江省人民政府办公厅关于加强新增建设用地利用工作的通知

浙政办发〔2008〕17 号

各市、县(市、区)人民政府,省政府直属各单位:

近年来,我省按照土地管理法律法规和宏观调控政策要求,认真做好新增建设用地计划管理,新增建设用地计划执行情况总体良好,有效地保障了全省经济社会持续快速发展。但是,在实际工作中各地也不同程度地存在着对计划执行不够重视、"项目等土地指标"、"土地指标等项目"等问题,需要采取有效措施切实加以解决。省国土资源厅已向各地下达 2008 年新增建设用地分配计划指标,为进一步加强新增建设用地计划管理,更好地推动新增建设用地的及时合理利用,经省政府同意,现就有关事项通知如下:

一、扎实推进节约集约利用土地

建立、健全新增建设用地指标分配与节约集约用地水平相挂钩的机制,将节约集约用地考核结果作为省分配安排新增建设用地年度计划的重要依据,鼓励推进节约集约利用土地。从今年起,节约集约用地水平在新增建设用地计划指标分配上的权重每年提高 5%,对节约集约用地水平高的地区,在用地指标分配上给予倾斜,对节约集约用地水平低的地区,相应减少用地指标。各地要认真按照《浙江省人民政府关于切实推进节约集约利用土地的若干意见》(浙政发〔2008〕3 号)精神,加强组织领导,采取有效措施,抓好贯彻落实,不断提高本地区土地使用效率和产出水平。

二、认真做好新增建设用地计划的落实工作

省下达给各地的新增建设用地指标,主要用于城镇村及工矿建设和省以下交通、能源和水利等基础设施建设,重点保障城镇重大基础设施、对地方经济有支撑作用的重大工业项目和民生项目,以及新农村建设的实际需要。新增建设用地指标下达后,各地要抓紧实施,科学、合理、及时安排,及早落实到具体建设项目并依法依程序报批用地,依法做好征地、安置等一系列工作,确保新增建设用地计划有序推进、顺利实施。6 月底前省下达给各地的新增建设用地计划指标未使用到 60%以上的地方,原则上不得使用其他指标。省国土资源厅在第三季度开展新增建设用地年度计划执行情况的中期评估,根据评估结果,适时调增或者减少下达给有关地区的新增建设用地指标。各地到 10 月底尚未使用的新增建设用地指标,由省酌情统一调整安排使用。省国土资源厅在每年第一季度开展对各地上一年度新增建设用地计划执行情况的考核工作,对超计划批地、用地报批迟缓、粗放用地或者农用地转用后供地率低的,相应扣减新增建设用地指标。

三、认真做好省预留重大基础设施项目用地指标使用工作

省预留的新增建设用地计划指标用于省重大基础设施项目(交通、能源、水利项目)和抢险救灾应急用地。省预留的重大基础设施项目指标由省统筹安排,用于保障已经具备用地报批条件的省重大基础设施项目,具体由省国土资源厅按照"总量控制,符合条件即可申请使用,先上报先使用"的原则安排。已具备用地报批条件但当年不能安排用地指标的重大基础设施项目,优先列为下一年度预安排项目。省预留的抢险救灾应急用地指标用于抢险救灾用地和急需项目用地,由省国土资源厅根据省级有关部门核实的受灾情况核拨相应的抢险救灾安置用地指标。抢险救灾安置用地急需使用土地的,可以先行使用,但必须在灾情结束后 6 个月内申请补办建设用地审批手续。

省政府建立和完善省重大项目建设用地协调推进机制,协调解决重大项目建设用地有关事宜;国土资源部门建立省重大项目用地情况通报制度,推进省重大项目用地报批。各地和有关部门要加强省重大项目建设协调和推进工作,克服"重指标争取、轻政策处理;重本级项目、轻省重大项目"的倾向,积极推动重大建设项目用地指标落实和报批工作,确保具备报批条件的重大建设项目用地指标早安排、早使用。要妥善处理有关标准农田易位、耕地占补平衡、林地占用、被征地农民基本生活保障、环境影响评价等问题,确保依法依规用地。重大建设项目耕地占补平衡由项目所在地负责落实,要确保补充的耕地数量不减少、质量不降低。对应由市、县(市、区)解决用地指标的省重点项目,各地要优先保障;对无特殊情况不安排用地指标的,省国土资源厅在次年相应核减该地区用地指标。

四、加强对新增建设用地计划执行工作的组织领导

各地要高度重视新增建设用地计划执行工作,认真贯彻落实《国务院关于加强土地调控有关问题的通知》(国发〔2006〕31 号)和《土地利用年度计划管理办法》(国土资源部第 37 号令)的规定,加强组织领导和统筹协调。要把建设用地计划执行工作作为推动本地区经济结构转型升级和发展方式转变的重要抓手,按照"严控总量、优化结构、区别对待、有保有压"的原则,区分轻重缓急,统筹科学合理安排各行业新增建设用地,优化配置新增建设用地,确保新增建设用地年度计划顺利实施,确保年度用地指标及时落实到位、用足用好。省国土资源厅要进一步加强新增建设用地计划执行的动态管理，加强对各地新增建设用地指标分解安排的监督、指导和调控，合理把握新增建设用地的审批节奏，有序推进新增建设用地计划执行工作。省发改委、省经贸委、省建设厅、省农业厅、省林业厅、省劳动保障厅、省环保局等有关部门要积极发挥职能作用，加强协调配合和工作指导，提高服务质量和水平，共同推进新增建设用地计划执行和指标使用工作，促进我省土地资源持续利用和经济社会全面协调持续发展。

二〇〇八年三月十五日

浙江省人民政府办公厅关于建立政府优先强制采购节能环保和自主创新产品制度的通知

浙政办发〔2008〕29号

各市、县（市、区）人民政府，省政府直属各单位：

根据《国务院关于实施〈国家中长期科学和技术发展规划纲要（2006—2020年）〉若干配套政策的通知》（国发〔2006〕6号）、《国务院办公厅关于建立政府强制采购节能产品制度的通知》（国办发〔2007〕51号）精神，结合我省实际，经省政府同意，现就建立政府优先强制采购节能环保和自主创新产品制度通知如下：

一、充分认识建立政府优先强制采购节能环保和自主创新产品制度的重要意义

近年来，各地各部门在政府采购活动中，积极采购、使用节能环保和自主创新产品，大大降低了能耗水平，支持了企业自主创新，对在全社会形成节能环保和自主创新风尚起到了良好的引导作用。同时也要看到，由于认识不够到位，措施不够配套，工作力度不够等原因，在一些地区和部门，政府机构采购节能环保和自主创新产品的比例还比较低，政府机构人均能耗、单位建筑能耗还比较高，节能环保潜力较大，支持自主创新力度亟待加强。建立政府优先强制采购节能环保和自主创新产品制度，是贯彻落实《中华人民共和国政府采购法》以及国务院加强节能减排、支持自主创新工作的有力措施，也是贯彻落实“创业富民、创新强省”总战略的具体措施，不仅有利于降低政府机构能耗水平，节约财政资金，而且有利于促进全社会做好节能减排、自主创新工作。各地区、各部门和有关单位要充分认识政府优先强制采购节能环保和自主创新产品的重要意义，增强执行制度的自觉性，采取措施大力推动政府采购节能环保和自主创新产品工作。

二、建立政府优先强制采购节能环保和自主创新产品制度

（一）建立优先强制采购制度。各政府采购单位要在技术、服务等指标均满足采购需求的前提下，按照国务院办公厅和财政部、国家发改委等部门制定的《节能产品政府采购实施意见》、《环境标志产品政府采购实施意见》、《无线局域网产品政府采购实施意见》、《关于实施促进自主创新政府采购政策的若干意见》等有关规定，优先采购列入国家《政府采购清单（或目录）》的节能环保、自主创新和无线局域网产品，或虽未列入国家目录清单，但有利于推动我省循环经济发展和企业创新的再生产品、采用国际标准和国外先进标准等产品。同时，对部分节能环保效果突出、技术性能稳定和供应商数量充足的空调机、计算机、打印机、复印机等办公设备、照明产品和用水器具等，在优先采购的基础上实施强制采购。

（二）建立政府首购制度。凡列入国家《政府采购自主创新产品目录》的首购产品，或未列入国家《政府采购自主创新产品目录》但属于国内企业或科研机构生产或开发的试制品和首次投向市场的自主创新产品，符合国民经济发展要求和先进技术发展方向，具有较大市场潜力、需要重点扶持的产品，按规定认定后报同级财政部门批准，可实行政府首购。实行政府首购制度后，各政府采购单位或其委托的采购代理机构要按照单一来源等政府采购方式和相应的政府采购程序，或由政府出资按规定首先向提供自主创新产品的企业或科研机构购买产品，并对采购、使用情况进行实时跟踪、绩效评价。

（三）建立政府订购制度。由政府出资或立项需要研究开发的重大创新产品、技术和软科学研究课题，经同级财政部门批准，可实行政府订购制度。政府部门（或项目单位）要通过招标或竞争性谈判方式，按照“竞争择优”原则，公开向社会确定生产企业或研发机构，签订《政府订购合同》，并建立相应的考核验收和研究开发成果推广机制，促进技术成果应用转化。

（四）建立进口产品政府采购管理制度。各政府采购单位要在国内确实无法采购或无法以合理的商业条件采购本国产品必须进口的，应在采购活动开始前按规定报设区的市和省政府授权的扩权县（市）以上的财政部门核准。除国家鼓励进口的产品外，各政府采购单位在申报时应提供专家论证意见和发展改革、经贸、科技等行业主管部门的审查意见。涉及国家安全或秘密的采购项目，原则上应采购拥有国内自主知识产权的技术和产品，或我国企业生产制造的产品。采购进口产品时，要坚持有利于企业自主创新或消化吸收核心技术的原则，优先购买向我国转让技术和采取其他补偿贸易措施的产品。由政府投资的重大建设工程项目，以及使用财政性资金采购的重大装备和产品的项目，有关部门在初步设计和审批投资概算时，要求项目单位承诺采购自主创新产品，其中国产设备或产品采购比例一般不得低于项目设备产品总投资的60%，提供的同类设备或产品的生产制造商不得少于3家，否则，投资管理部门不予批准工程可行性研究报告，财政部门不予支付资金。

（五）确立符合实际的办公设备配置标准。适当延长一般办公设备的报废更新年限。及时淘汰低能效或高能耗的办公设备，并不得采购同类产品。加强党政机关和事业单位的公务用车编制和标准管理，鼓励采购小排量和拥有国内自主知识产权的公务用车，限制采购排气量在2.0升以上的小轿车和排气量在3.0升以上的商务车，原则上不得采购排气量在3.5升以上的越野车。积极推广“一车一卡定点加油采购”制度，实时公开各单位机动车辆的实际单位油耗，鼓励和支持各政府采购单位开展节油降耗工作。

（六）出台扶持中小企业发展的政策。采购预算在公开招标数额标准以下的项目，原则上限于中小企业供应商参加；公开招标数额标准以上的项目，在同等条件下，应当将中标成交资格优先授予中小企业供应商，或在采购响应文件中明确或承诺将部分合同分包给中小企业实施的供应商；采购预算较大的单一产品或服务项目，可以拆分成若干个标项进行采购，为中小企业参与竞争创造有利条件。

三、落实政府优先强制采购节能环保和自主创新产品制度的保障措施

（一）加强政府采购预算管理。凡计划采购节能环保和自主创新产品的，各政府采购单位应当在申请、编制部门预算及政府采购预算时予以说明，有条件的可同时编制节能环保和自主创新产品政府采购预算。在项目支出确定的情况下，财政部门应当在政府采购预算中优先安排节能环保和自主创新产品的采购资金，并充分考虑价格调整因素，为采购节能环保和自主创新产品提供资金保障。

（二）科学确定供应商资格条件和产品技术需求。各政府采购单位及其采购代理机构在编制采购文件时，要注重对供应商在税收、社会保险费缴纳和劳动者权益保障等方面的资格要求，增强供应商的社会责任意识。在设置企业规模和注册资金等条件时，应当与项目的规模相匹配。同时，要支持有发展前景、信誉良好的中小企业。要合理设置有利于采购节能环保和自主创新产品的技术需求，使更多从事节能环保和自主创新研发、应用的科研机构、企业参与到政府采购活动中来，扩大节能环保和自主创新产品的市场份额，促使更多的采购单位使用节能环保和自主创新产品。

（三）科学制定评分标准和优惠幅度。政府采购单位或其委托的采购代理机构在设置评分标准时，要增加节能环保、自主创新等评分因素，并通过单设“政策性因素”项目，结合同类产品的技术含量、质量性能和市场成熟度等情况，给予列入国家《政府采购清单（或目录）》的节能环保、自主创新和无线局域网等产品一定幅度的价格扣除或技术加分；由多个产品或技术集成的项目，要结合该类产品报价占项目总价的比例，给予相应的扣除或加分。

（四）加强政府采购合同管理。中标成交后，政府采购单位应于30日内与生产、经营节能环保和自主创新产品的供应商签订政府采购合同。财政部门要加强采购文件、采购结果和采购合同的备案审查，逾期或无故不签订合同的，各政府采购单位应承担法律责任。政府采购合同一经签订，应按合同约定及时支付采购资金。合同金额较小的项目，采购单位可在交货完成或项目竣工后，按照合同约定，一次性付清货款；合同金额较大的项目，政府采购单位可适当提高节能环保和自主创新产品采购资金的预付比例。

（五）降低采购交易成本。对采购重大技术创新产品、项目和大额节能环保产品或项目的，应当委托集中采购机构实施采购。凡生产、经营节能环保和自主创新和无线局域网等产品并参与政府采购活动的供应商，各政府采购单位或委托的采购代理机构应免收其采购文件工本费；委托社会中介代理机构采购的，其采购代理费应减半收取。

（六）认真做好我省节能环保、自主创新产品认证和申报、列入推荐国家政府采购清单等工作。各地、各部门要大力宣传政府采购的政策功能，积极发挥政府采购在节能环保和自主创新产品研发、生产、销售和使用中的导向作用。有关行业主管部门要鼓励和支持科研机构、企业将符合国家有关标准的产品申报“节能产品”、“环境标志产品”、“自主创新产品”和“无线局域网产品”等国家认证。省财政厅要积极向财政部推荐已通过省级认证的产品和成效明显的首购产品，并争取列入国家《政府采购清单（或目录）》，在此基础上，切实加强对我省有关从事政府采购业务的科研机构、企业的业务培训，不断提高其在政府采购活动中的竞争能力。

四、确保政府优先强制采购节能环保和自主创新产品制度有效实施

（一）加强宣传沟通。各级财政部门要加强对优先强制采购节能环保和自主创新产品工作的宣传，在全社会倡导崇尚节约、依法采购、科学消费的理念。要在政府采购指定媒体上及时公布列入国家《政府采购清单（或目录）》的节能环保和自主创新产品，扩大其在政府采购领域的影响。要加强与采购单位的沟通，在项目立项、需求确定等阶段明确采购节能环保和自主创新产品，使优先强制采购节能环保和自主创新产品制度得到有效实施。

（二）加强部门协作配合。各级政府要加强对政府采购工作的领导，优化服务，提高效率，充分利用政府采购政策，主动协调和研究解决在政府采购政策实施中的问题。财政、发展改革、经贸、科技和环保等部门要按照职责分工，明确责任和任务，加强协作配合，及时通报国家宏观调控有关政策、目标，保证政府优先强制采购节能环保和自主创新产品制度的落实。

（三）加强质量检查和工作考核评价。质检部门要加强对政府优先、强制采购节能环保和自主创新产品生产企业的质量检查，建立健全质量保证体系，使生产、销售的产品符合国家和我省有关质量标准。认证机构要加强对产品质量的跟踪调查,对不符合认证要求的,要暂停企业生产直至撤销认证证书,并及时通报财政等相关部门。财政部门要抓紧建立统一、规范的分析考核机制,加强对各地执行情况的评估和比较。

(四)加大惩治腐败和对违规采购行为处罚的力度。财政、审计、监察等部门要完善政府采购规章制度,重点治理商业贿赂等突出问题,从制度上、源头上预防违法违纪行为的发生。要加强对政府采购制度的监督检查,督促政府采购单位或其委托的政府采购代理机构自觉执行政府采购有关法律法规和政策规定。不执行有关法律法规和政策规定的,应责令其改正;拒不改正的,应核销其采购预算,不得拨付采购资金,并给予通报批评,直至追究有关责任人员的责任。属于政府采购代理机构责任的,要依法追究相关单位和责任人员的责任,直至取消代理资格。

二〇〇八年四月十五日

浙江省人民政府办公厅转发省质量技监局等部门关于推进锅炉等高耗能特种设备节能减排工作意见的通知

浙政办发〔2008〕48 号

各市、县(市、区)人民政府,省政府直属各单位:

省质量技监局等部门《关于推进锅炉等高耗能特种设备节能减排工作的意见》已经省政府同意,现转发给你们,请结合实际,认真贯彻执行。

二〇〇八年七月十四日

关于推进锅炉等高耗能特种设备节能减排工作的意见

省质量技监局　省经贸委　省发改委　省环保局
省财政厅　省地税局　省国土资源厅　省物价局

为深入贯彻落实科学发展观,全面实施"创业富民、创新强省"总战略,积极推进"全面小康六大行动计划",努力建设资源节约型和环境友好型社会,确保我省经济社会又好又快发展,切实完成我省"十一五"节能减排目标任务,现就推进锅炉等高耗能特种设备节能减排工作提出以下意见。

一、健全制度、严格把关,强化源头环节的节能监管和政策导向

(一)建立特种设备设计制造源头把关制度。各级质量技监部门及相关机构在锅炉等特种设备设计、制造、安装监管过程中应当把能效指标作为监管内容之一,对已列入国家和省淘汰目录的特种设备应责成相关企业停止制造和安装。特种设备设计(含系统设计)、制造单位应积极开发研制高效节能的特种设备,特种设备使用单位应当选用高效节能的特种设备,并充分利用装置或系统的余热余压,提高能源利用效率。锅炉设计文件鉴定机构在审核锅炉安全技术指标时,应当同时审核锅炉的结构型式、能耗指标、额定出力等与节能有关的性能指标;对不符合节能指标和安全技术指标的,不予通过设计文件鉴定,相关企业不得制造、安装和使用。锅炉和换热容器制造企业生产的新产品应当按照国家有关规定送国家或省质量技监部门认可的能效测试机构测试,符合相关技术规范或标准要求方可批量制造。型式试验机构在对电梯和起重机械新产品进行型式试验时,应当对其能效进行测试,符合相关技术规范或标准要求方可出具合格报告准予制造。省外企业生产及国外进口的特种设备,无法提供有效能效测试或型式试验报告的,应当在设备投入使用的三个月内予以补做;测试结果不符合我国相关强制性规范、标准的,应当予以整改,未整改或者整改后仍不符合要求的,当地政府或相关部门应当依法责令其停止使用。

(二)建立健全特种设备节能减排标准体系。各级政府及有关部门要积极宣传贯彻有关特种设备节能减排的国家标准,对不符合国家强制性标准的特种设备,要责令相关企业限期整改到位。省质量技监部门要会同经贸部门,结合本省实际,组织制定有关锅炉、电梯节能减排方面的地方标准,各地质量技监部门要督促特种设备设计、制造、安装、使用单位严格执行国家标准、地方标准。要按照治旧限新、逐步淘汰的原则,尽快出台简易升降机地方标准,并用 3—5 年时间使我省建筑物井道内新装运货特种设备基本采用相对节能、安全的电梯。

(三)建立新增高耗能特种设备节能审查制度。全省新建、扩建、改建工程项目中有新增锅炉等高耗能特种设备的,由经贸部门会同质量技监部门对特种设备先行进行节能审查。除特殊工艺要求外,在集中供热范围内不得新增锅炉项目，质量技监、环保等部门不得办理相关许可手续。

（四）建立节能型特种设备导向目录发布制度。省质量技监部门要会同经贸部门适时发布节能型特种设备导向目录，积极引导使用单位选用节能型特种设备。有关行业主管部门要鼓励省内特种设备生产企业申报“节能产品”的国家认证，省级财政部门要积极向财政部推荐已通过省级认证的产品，并争取列入国家《政府采购清单》。各地在政府采购特种设备时，应当优先采购列入《政府采购清单》的特种设备。

二、加强规划、加大步伐，强力推进集中供热和在用设备节能改造

（一）积极推进区域性集中供热。各级政府要加强区域性综合规划，对于产业集聚、用户集中、符合联片供热条件的，要积极创造条件实施集中供热。有关部门在政策引导和行政审批工作中应加强配合，大力推进集中供热工程建设。在对新建、扩建开发区（工业园区）、工业功能区的规划审批中，有关部门要根据产业用热情况，确定是否把集中供热设施作为一项公共配套基础设施列入建设内容。对现有开发区（工业园区）、工业功能区内用锅炉相对较多、具备集中供热条件的，园区管理部门应制订锅炉集中供热的具体规划和推进工作方案，并在2012年前完成集中供热改造。对于新建锅炉房等集中供热设施的，在充分利用存量土地和地下空间的前提下，各县（市、区）国土资源管理部门应尽量满足其对用地的合理需求，投资主管部门应予以支持。要完善城市供热价格形成机制，集中供热的价格原则上实施政府定价或政府指导价，有条件的地区热价可由供求双方协商确定。供热企业应当保证稳定供热，不得随意或故意停减产而影响用热单位的生产生活；如确因客观原因需要停产的，须报经原批准机关批准。

（二）加大在用设备的节能改造和依法取缔力度。各级政府应当制订在用锅炉等特种设备节能改造计划，安排必要的工作经费，确保在2012年前基本完成本地区高耗能工业锅炉节能改造任务并全面推进其他特种设备的节能改造工作。要着力推进节能潜力较大的有机热载体锅炉和排烟温度高于280℃锅炉的改造工作，积极鼓励钢铁、石化、印染、水泥、玻璃等高耗能行业采用余热锅炉等余热回收利用装置，大力推广循环流化床燃烧、水煤浆燃烧、分层燃烧、热管传热、变频启动、冷凝水低温回收和能量反馈与变频等技术在节能改造工程中的应用，提高燃烧效率，增强传热效果，减少污染排放。要重点开展额定蒸发量1—35吨/时、采用层状燃烧方式且从未经过能效测试的锅炉和2000年前投入使用的换热容器、电梯、起重机械等特种设备的能效测试工作，能效测试工作由经贸部门会同质量技监部门组织实施，由国家或省质量技监部门认可的能效测试机构承担测试；能效指标测试结果不符合有关标准规定的，使用单位应积极采取措施予以整改。当地政府及相关职能部门要建立投诉、举报及奖励制度，依法查处和取缔制造、安装、使用能效测试结果不符合有关标准规定且逾期不整改或整改后仍不到位和列入国家明令淘汰目录的特种设备的行为。

三、落实责任、加强监管，充分发挥使用单位节能减排的主体作用

（一）推动使用单位建立健全节能减排的管理制度。使用单位是特种设备节能减排的责任主体，在建立健全各项安全生产规章制度的同时，应当建立健全特种设备经济运行管理制度、锅炉水质管理制度、能源计量管理制度等各项日常管理制度，做好在用锅炉等高耗能特种设备的日常运行能效监控记录、节能技术改造记录，并确保测量调控装置及有关附属仪器仪表配备率和完好率达到100%。各级经贸、质量技监、环保等部门要督促企业加强日常管理，严格执行有关节能减排管理规定，完善设备操作规程，促进锅炉等高耗能特种设备安全经济运行。

（二）重视和加强锅炉介质处理和回收利用工作。锅炉使用单位应当采取有效的介质处理方法，科学排污，防止或减缓锅炉结垢，并强化日常管理和维护保养工作，及时清除水垢、泥渣；额定蒸发量4吨/时以上的蒸汽锅炉一般应装设蒸汽冷凝水回收利用装置，以达到节能、节水、减排的目的。特种设备检验机构要加强对锅炉介质抽样监测和水处理效果的检验工作，督促锅炉介质不符合国家标准和锅炉结水垢厚度平均超过1.5mm的企业采取整改措施，及时清除水垢。各级质量技监部门要进一步加强在用锅炉的介质监管力度，强化介质监测和化学清洗监管工作，提高锅炉水处理有效性和锅炉运行的经济性。

（三）强化对管理和作业人员的节能技能培训和考核。锅炉等高耗能特种设备使用单位应当对管理和作业人员进行节能知识与技能培训，提高管理和作业人员经济运行的管理与操作水平。各级质量技监部门和有关培训机构在锅炉、换热压力容器、电梯、起重机械作业人员的培训内容和考核中应增加节能降耗内容，提高节能知识和技术的普及率。

（四）重视和加强特种设备使用单位的能源计量工作。特种设备使用单位要重视和加强能源计量工作，并按照国家和省有关规定开展能源计量管理工作，配备和使用经依法检定合格的能源计量器具，做好能源计量数据的采集、分析工作，确保能源统计数据能追溯至有效的计量检测记录，保证能源统计数据的真实、可靠、完整。计量技术机构要加大在线计量检测新技术、新方法的研发力度，帮助企业解决能源计量检测方面的实际问题。各级质量技监部门要依法开展能源计量执法监督检查，促进企业节能减排工作。

（五）积极帮助特种设备使用单位提高节能水平。各级质量技监、经贸等部门要支持锅炉等特种设备的设计、制造、检验、使用等单位和科研院校开展特种设备节能设计、改造、改进等新技术的咨询服务，帮助相关使用单位掌握设备用能状况、提出节能措施与改造方案、建立节能减排的工作制度与机制，提高节能技术和管理水平。

四、落实政策、积极扶持，大力发展特种设备节能减排项目和技术

（一）实施对特种设备节能环保项目的税收优惠。企业从事符合规定条件的环境保护、节能节水项目，自项目取得第一笔生产经营收入所属纳税年度起，第一年至第三年免征企业所得税，第四年至第六年减半征收企业所得税；企业购置并实际使用《环境保护专用设备企业所得税优惠目录》、《节能节水专用设备企业所得税优惠目录》和《安全生产专用设备企业所得税优惠目录》规定的环境保护、节能节水、安全生产等专用设备的，该专用设备投资额的10%可以从企业当年的应纳税额中抵免，当年不足抵免的，可以在以后5个纳税年度结转抵免。

（二）加大对集中供热企业的财政扶持力度。对锅炉集中供热企业的新建扩建、技术改造、技术创新等项目，财政相关专项资金应当给予适当补助；环保部门应当将环境污染治理资金适当补助现役锅炉集中供热项目的污染治理。

（三）实施对拆除自备锅炉单位的财政补贴。经改造实行集中供热后，凡在有效供热范围内的单位，除有特殊工艺要求外，应当拆除自备锅炉。对于在限期内拆除自备锅炉的单位，当地政府应当根据财力可能，给予拆除单位适当的财政补贴。

（四）加大对节能减排技术改造项目的扶持力度。财政相关专项资金应当对特种设备节能减排技术改造项目给予适当补助。积极支持和引导金融机构对节能减排技术改造项目实行信贷支持，优先提供低息贷款。

（五）支持和鼓励节能减排技术的研发和推广。对于特种设备节能的新技术、新工艺、新产品、新材料开发等项目，财政相关专项资金应当给予适当补助，支持和鼓励企业、高校、科研单位等开发特种设备节能减排新技术。经市级以上鉴定具有良好节能效果并符合相关安全要求的特种设备，有关部门应积极予以推广应用，加快产业化进程。

五、加强领导、广泛宣传，形成特种设备节能减排工作的整体合力

（一）加强领导，共同推进特种设备节能减排工作。各级政府要加强领导，出台相关政策，建立特种设备节能减排协调机制，保障特种设备节能减排工作经费。各级质量技监、经贸、发展改革、环保等部门要坚持“企业主体、行政推动、技术支持、政策激励”的指导原则，深入基层调查研究，综合运用各部门监管资源，协调解决工作中出现的新情况、新问题，共同推进高耗能特种设备的节能减排工作。

（二）加强宣传，提高全社会特种设备节能减排意识。新闻单位要采取多种形式宣传锅炉等高耗能特种设备节能减排的方针政策、安全技术规范、标准和先进经验。各相关部门要加强资源环境警示教育，及时编发锅炉节能降耗技术问答等普及节能降耗知识，宣传引导企业采用先进技术改造传统工艺、能耗设备。要树立一批特种设备节能减排先进典型，加大宣传力度，推广先进经验，努力形成“政府推动、部门联动、典型带动、企业主动”的良好局面。

浙江省人民政府办公厅
关于进一步规范完善环境影响评价审批制度的若干意见

浙政办发〔2008〕59号

为认真贯彻落实“创业富民、创新强省”总战略，积极推进全面小康六大行动计划，促进和优化经济发展，根据有关法律法规和政策规定，经省政府同意，现就进一步规范完善环境影响评价（以下简称环评）审批制度提出如下意见：

一、规范完善环评审批制度的总体要求

（一）充分认识规范完善环评审批制度的重要意义。规范完善环评审批制度，是贯彻落实科学发展观、从源头上防止环境污染、加强环境保护的必然要求，是加强和改善宏观调控、深化行政审批制度和投资体制改革、优化经济发展环境的必然要求。各级政府和有关部门必须充分认识规范完善环评审批制度的重要性，进一步加强领导，明确权责，规范程序，提高效率，严格依法依规，切实做好环评审批管理工作。

（二）规范完善环评审批制度的指导思想。坚持以科学发展观为统领，认真贯彻执行行政许可法、环境影响评价法和《建设项目环境保护管理条例》（国令第253号）、《浙江省建设项目环境保护管理办法》（省政府令第166号），坚持依法依规审批，严格建设项目环境准入，加强环评、技术评估、监理和环评审批机构队伍建设，着力提高环评审批管理服务水平，促进环境保护和经济社会协调发展。

（三）规范完善环评审批制度的基本原则。

——依法依规原则。严格依照法律法规和政策规定进行建设项目环评审批，禁止越权审批、违规审批。

——公开公平原则。坚持公众参与，及时向社会公布环评审批事项、内容、条件、程序和时限，以及办理的进展情况和结果，接受社会监督。

——高效便民原则。规范统一环评审批要求，不断规范和优化环评编制、技术评估、监理和环评审批工作流程，建立完善相关制度，精简审批环节，提高审批效率。

——权责一致原则。对因环评、评估、审批或监理不当导致环境污染事故和相关群体性纠纷的，按照“谁编制、谁评估、谁审批、谁监理，谁负责”的要求，依法依规对环评机构、技术评估机构、行政审批部门和监理机构及其相关责任人进行责任追究。

二、规范环评审批要求

（一）坚持建设项目审批的总体要求。各级政府和有关部门在建设项目审批中，要严格依据主体功能区规划、城乡规划、土地利用总体规划、海洋功能区划、生态环境功能区规划等各类规划，认真落实产业政策、清洁生产、节能减排等有关规定和要求，共同把好建设项目准入关，为建设项目环评专项审批创造更好的环境和条件。

（二）制订重污染行业环境准入政策。省级环境保护行政主管部门要会同有关部门按照国家有关行业准入的要求，根据我省产业结构调整优化升级和环境功能达标的需要，抓紧制订出台我省重污染行业环境准入政策，提高重污染、高能耗项目环境准入门槛，落实生态环保和节能减排的强制性、约束性要求。

（三）落实污染物排放总量控制和减排要求。环评审批要认真落实国家和省制定的污染物排放总量控制计划和减排要求，按照“同区域削减替代”、“增产减污”的原则，通过削减污染物排放总量腾出环境容量，既保障必需的建设项目，又确保实现污染减排计划。对重污染行业和太湖流域、钱塘江流域等重点流域，要执行从严的同区域削减替代政策。

（四）加强规划环评管理。对经济技术开发区、高新技术产业开发区，以及工业园区、工业功能区等工业项目集聚区域的开发建设规划，和依法由省和设区市政府及有关部门负责审批的专项规划，要依法开展规划环评。已完成环评的规划中的具体建设项目和已完成环评的整体建设项目中的单个建设项目，其环评内容可适当简化。

（五）完善公众参与机制。除法律法规规定需要保密的外，各类建设项目的环评和环评审批，必须公开有关信息，征求公众意见。要进一步规范公众参与的形式、程序、内容和要求，保证公众参与的客观性、公正性、代表性、有效性和公众的满意度。省级环境保护行政主管部门要制定社会公众依法有序参与环评和环评审批的具体规定和办法。

三、优化环评审批管理

（一）明确环评审批权限。各级政府和环境保护行政主管部门必须严格实行建设项目环评审批分类分级管理。对于国家明确由省以下环境保护行政主管部门审批的，除国家规定必须由省级环境保护行政主管部门审批以及国家和省严格限制的、对生态环境敏感的、属重污染行业的、选址或环境影响跨设区市行政区域的建设项目外，原则上由市、县（市、区）环境保护行政主管部门审批。省级环境保护行政主管部门要进一步提出分级审批的实施方案，报省政府批准后实施。根据各地污染物总量减排指标完成情况、环境功能达标情况和环境质量改善情况等，经省政府批准，省级环境保护行政主管部门可以调整相关地区和相关行业的环评审批权限。根据国家环境保护行政主管部门的规定，省级环境保护行政主管部门可结合实际，采取相应的区域限批、行业限批和企业限批措施。

（二）简化环评审批程序。自2008年10月1日起，省级以下环境保护行政主管部门负责环评审批的建设项目，取消环评大纲的编制和报批。建设项目环评文件在报环境保护行政主管部门审批前，需行业主管部门预审或相关部门审核的，环境保护行政主管部门应当会同各相关部门共同召开环评文件专家审查会组织审查，切实简化程序，提高审批效率。各相关部门原则上不再单独召开环评文件汇报会、审查会或组织专家审查等。各级环境保护行政主管部门要健全环评审批工作联系单制度，积极做好建设项目环评前期服务工作，提前介入，主动指导，及时提供咨询服务，并以工作联系单的形式将有关信息和要求及时告知项目业主单位和相关部门，避免决策失误和盲目投资。

（三）缩短环评审批时限。原则上，在环评委托单位及时全面提供真实资料的前提下，环评机构编制环境影响报告书在90个工作日内完成，编制环境影响报告表在30个工作日内完成。负责审批的环境保护行政主管部门在受理建设项目环评文件及相关资料后，应在法律规定的时间内，进一步缩短审批时限。原则上，环境保护行政主管部门受理环境影响报告书、环境影响报告表、环境影响登记表后，应分别在20个工作日内、10个工作日内、3个工作日内作出审批决定。特殊项目的环评审批按法定时间要求执行。省级环境保护行政主管部门应就此进一步作出明确规定。

（四）完善环评审批公开制度。各级环境保护行政主管部门要积极推行政务公开，以互联网、审批大厅、行政服务中心等为载体，公开环评审批事项的依据、内容、条件，以及办理程序、时限和结果，对建设项目环评审批实行“一次性告知”、“一站式服务”、“一条龙审批”的窗口式标准化管理。要加快环评审批电子政务建设，积极运用信息化手段提高审批效率。

四、加强环评审批和服务机构队伍建设

（一）加强环评审批和技术评估机构队伍建设。各级环境保护行政主管部门要选派政治素质好、专业技术精、工作能力强、熟悉产业政策的人员充实到建设项目环评审批岗位和技术评估岗位。各设区市环境保护行政主管部门要加快建立环评技术评估机构，着力提高技术评估人员素质，充分履行环评文件技术审查等非行政职能。加强环评审批和技术评估人员作风建设和廉政建设，规范行政审批和技术评估行为，督促技术评估机构严格按照有关规定合理收取评估费用。有条件的地区，要积极推行环评技术评估政府购买服务的方式。要建立健全环评委托单位全过程监督环评、技术评估和环评审批的相关制度。

（二）加强环评机构队伍管理。各级环境保护行政主管部门要加大对环评机构的指导、监管和考核力度，加强行业自律，规范环评机构从业行为，严格执行相关收费标准，不断提高环评文件编制质量。要严格执行《国家发展和改革委员会、国家环境保护总局关于降低畜牧业生产建设项目环评咨询收费加强环评管理促进畜牧业发展的通知》（发改价格〔2008〕8号）的规定，对所有畜禽养殖、屠宰环节的建设项目，督促环评和技术评估机构实行减半收取环评咨询费。要积极开放环评市场，促进公平竞争，积极探索并加快推行环评文件编制招投标制度，促进环评市场有序健康发展。要强化对环评机构和从业人员的责任追究，对环评服务质量差、乱收费，因环评文件严重失真失实导致建设项目严重污染环境的，环境保护行政主管等部门应视情节轻重，采取公开曝光、通报批评、限期整改、建议国家环境保护行政主管部门吊销资质等措施，对有关单位和责任人进行处罚；构成犯罪的，依法追究刑事责任。

（三）加强工程环境监理机构建设。各地要按照《浙江省建设项目环境保护管理办法》（省政府令第166号）的规定，对可能造成重大环境影响的建设项目，实施工程环境监理。通过强化工程环境监理，督促建设单位依法落实各项污染防治和生态保护措施。要积极培育和发展工程环境监理机构，加强工程环境监理队伍建设。开展建设项目工程环境监理的单位必须具备相应的资质条件。省级环境保护行政主管部门要会同有关部门，就工程环境监理实施范围和监理机构的资质条件作出具体规定。

二〇〇八年九月十六日

浙江省人民政府办公厅
关于进一步加强水电资源开发管理工作的通知

浙政办发〔2008〕79号

各市、县（市、区）人民政府，省政府直属各单位：

为了进一步加强水电资源的合理开发利用，规范水电建设程序，实现开发与保护相结合，统筹兼顾各方利益，促进水电事业健康、稳定和可持续发展，经省政府同意，现就有关事项通知如下：

一、切实加强对水电资源开发规划的管理

水电资源开发必须符合流域水电资源开发规划。对尚未开展流域水电资源开发规划编制的地区，应尽快科学编制开发规划，并与城市总体规划、土地利用总体规划和林业、环保、旅游等相关规划衔接，明确重点开发、限制开发和禁止开发区域。对编制时间较早、与当地经济社会发展规划不相适应的水电资源开发规划，应及时组织修编。流域水电资源开发规划的编制（修编）、审批，要严格按照国家和省有关规定执行。

凡尚未编制完成水电资源开发规划的或不符合流域水电资源开发规划的项目，不得进行开发建设；对当地群众生产生活或对生态环境有严重影响的项目，应按规定予以撤销或者调整开发方式；对违反流域水电资源开发规划擅自审批和建设的项目，要责令其立即停工，并依法追究相关责任人的责任。

二、全面落实水电资源开发有偿使用制度和补偿机制

水电资源是水资源的重要组成部分，属国家所有。要坚持公开、公平、公正的原则，采取公开招标等方式，全面落实水电资源有偿使用制度，切实规范水电资源开发权的出让行为。未经有偿使用取得的水电资源，不得开发利用。水电资源开发使用权出让前，应对当地生态环境保护、移民安置、土地和山林补偿、生活生产用水设施补偿等进行论证。

要进一步推进和完善水电资源开发资源补偿、经济补偿和生态补偿等机制。对适合开发的水电项目，要按照国家和省有关规定，制订具体的政策处理标准和补偿办法，严格落实对库区及受影响地区群众的安置和补偿，按时足额支付各项补偿费用，切实保障群众合法利益。对补偿不到位或未按要求完成政策处理工作的水电资源开发项目，有关部门不得审批同意，电力部门不得准予其并网生产运行。

三、切实落实环境影响评价制度

各地要根据《中华人民共和国环境影响评价法》和《建设项目环境保护管理条例》等有关规定，建立健全水电资源开发规划环境影响评价和水电资源开发项目环境影响评价制度。水电资源开发项目要按规定编制环境影响评价报告文件，并在报送项目可行性研究报告前完成环境影响评价文件报批手续。拟开发的水电项目，须按规定进行水资源论证和办理取水许可等相关手续。未进行环境影响评价的开发规划，规划审批机关不予审批。未列入规划的水电资源开发项目，以及未开展环境影响评价的规划中的水电资源开发项目，环保部门不予审批环境影响评价文件，投资主管部门不予审批或核准。经论证对水环境、上下游生产生活用水、河道生态用水、水土保持等有严重影响的水电资源开发项目，相关主管部门不予审批取水许可申请等有关手续。对跨流域引水易造成河道断流的水电资源开发项目，必须在可行性研究阶段进行重点论证，对论证认为无法通过工程或非工程措施避免河道断流的，应予以否定。

四、严格执行水电资源开发项目建设程序

水电资源开发项目的核准（审批）权限应按照《国务院关于投资体制改革的决定》（国发〔2004〕20号）和《浙江省人民政府办公厅转发省发改委关于浙江省企业投资项目核准和备案暂行办法的通知》（浙政办发〔2005〕73号）执行。各地和各有关部门要规范审核（审批）程序，特别是对涉及移民和生态环境保护等问题的水电资源开发项目，必须严格把关。严禁任何部门、地区擅自简化报批程序或越权核准(审批)。对违反程序和核准(审批)权限的,一经查实,项目立即予以停工,并依法追究有关责任人的责任。

对依法批准的水电资源开发项目,要全面落实水电建设工程项目法人责任制、招标投标制、工程建设监理制和项目合同管理制,严格执行水电建设工程项目安全设施"三同时"审查验收的有关规定和大坝蓄水安全鉴定及机电设备检测、水土保持专项验收、环境保护专项验收、阶段验收及竣工验收等制度;任何单位和个人不得擅自变更项目地址(坝址、厂址)、装机规模和库容等主要内容。对未按设计方案施工或擅自修改设计方案等违规项目,应立即停工,并重新进行相关程序的报批。相关部门要切实履行水电资源开发项目的建设监管职能,对项目建设方案的落实、施工质量等情况进行跟踪监管。

五、切实加强对水电资源开发工作的领导

水电资源是清洁可再生资源,水电产业在我省欠发达地区经济社会发展中有着重要作用。各级政府和有关部门要充分认识规范水电资源开发管理对促进水电产业健康、稳定、可持续发展的重要意义,要以科学发展观为指导,进一步统一思想,切实加强领导,全面规范水电资源管理,努力实现水电资源开发社会效益、经济效益、生态效益的有机统一;要严格执行水电资源开发有关规定,对在水电资源开发规划编制、项目审批、环境保护等方面存在严重失职或违法行为的,要依法追究责任。

切实加强水电安全生产工作,水电安全生产管理按照属地管理原则,实行行政首长负责制和生产安全事故一票否决制。各地要认真贯彻水电生产"安全第一、预防为主、综合治理"的方针,切实履行好水电安全生产管理职能,进一步完善和落实安全生产责任制,明确责任主体,签订水电安全生产责任书。要加强水电建设项目安全生产监督管理,严格把好水电建设项目开工前安全生产开工条件的审批关,编制好在建项目的度汛方案和已投入运行水库的汛期限制水位监督管理。要制订和完善水电安全生产应急抢险预案,定期组织预案演练,定期组织开展安全生产检查。进一步完善水电安全生产责任追究和事故报告制度,水电工程发生生产安全事故的,应依法追究有关责任单位和责任人的责任。

二〇〇八年十一月十七日

浙江省人民政府办公厅
关于进一步做好低丘缓坡综合开发利用工作的通知

浙政办发〔2008〕84号

各市、县(市、区)人民政府,省政府直属各单位:

自《浙江省人民政府关于推进低丘缓坡综合开发利用工作的通知》(浙政发〔2006〕20号)下发以来,各地特别是金华、衢州、丽水等地结合本地区实际,认真抓好贯彻落实,低丘缓坡综合开发利用工作取得了明显成效,为经济社会发展提供了有力支撑。但是,在实践中也存在着认识不到位、政策理解不一致、操作程序不明确、相关规划之间缺乏衔接等问题,一定程度上影响了低丘缓坡综合开发利用工作的深入推进。当前,我省正在贯彻落实国家关于扩大内需、促进经济增长的政策措施,积极推进经济发展方式转变,开展低丘缓坡综合开发利用工作更加紧迫。因此,为进一步做好低丘缓坡综合开发利用工作,经省政府同意,现就有关事项通知如下:

一、进一步明确开发利用原则

(一)坚持依法依规开发利用。低丘缓坡综合开发利用,要遵守土地、林业、农业、环境保护等方面的法律法规;征占用林地涉及农民经济补偿的,要做到公开、公平、公正、合法、合理,依法维护农民的合法权益。

(二)坚持有序有度开发利用。要根据经济社会发展的实际需要,结合产业带建设、耕地保护和城乡规划等相关规划的实施,统筹安排低丘缓坡开发利用地块和时序,尽力而为、量力而行,避免一哄而上、无序开发。

(三)坚持科学合理开发利用。要根据低丘缓坡的自然属性和区位条件,合理确定开发用途,做到"宜林则林、宜农则农、宜建则建";节约集约利用低丘缓坡资源,科学安排建设项目,防止低水平重复建设,同时保护好耕地和生态环境。

二、进一步做好规划编制及其衔接工作

各地在修编新一轮土地利用总体规划过程中,要充分考虑并体现本地区低丘缓坡综合开发利用的实际需要。县级政府要组织发展改革、国土资源、建设、林业、环保等部门,在摸清资源现状的基础上,编制县级低丘缓坡综合开发利用规划,明确开发利用思路、目标和时空布局,并与土地利用总体规划、城镇规划、林业保护利用规划、生态环境功能区规划等相关规划做好衔接。对城镇周边、土地贫瘠的区块,应规划为建设用地,以拓展发展空间、缓解建设用地紧张的矛盾;对土层厚、有水源的地块(坡度在25度以上的林地,省级以上重点生态公益林,自然保护区和自然保护小区,省级以上森林公园,有古树名木和珍贵树种分布的林地,以及生长茂盛成片的林地除外),可规划为耕地开垦区，以增加耕地资源、解决耕地占补平衡问题；对林分质量较好的成片林地，应尽可能保持现状，以增强生态功能、改善生态环境。县级低丘缓坡综合开发利用规划报市级政府审批后组织实施，报省、市发展改革、林业和国土资源等部门备案。

省发改委牵头，省国土资源、建设、林业、环保等部门和有关市、县（市、区）政府参与，组织编制全省低丘缓坡重点区块（包括建设用地区块和耕地开垦区块）规划，明确功能定位、开发利用布局范围及时序和配套基础设施建设要求。全省低丘缓坡重点区块规划经省政府批准后实施。规划为建设用地的重点区块所在县（市、区），还需单独编制开发利用实施规划，并加强与周边地区的沟通衔接，以提高规划的科学性、整体性和协调性。对规划确定的重点区块，各级政府和发展改革、国土资源、建设、林业等部门，要共同努力，统筹解决相应县（市、区）域总体规划、土地利用总体规划的衔接、调整、修编问题。

三、进一步明确并细化鼓励政策

（一）加大土地指标支持力度。根据各地低丘缓坡综合开发利用情况给予专项安排；在安排年度非耕地计划指标和林地征占用指标时，对低丘缓坡重点地区给予适当倾斜。省委托造地新增奖励建设用地计划指标提高到10%。

（二）按低限收取森林植被补造费用。城市及城市规划区内林地被征占用时，森林植被补造费用不加倍收取，即用材林林地、经济林林地、薪炭林林地、苗圃地，每平方米收取6元；未成林造林地，每平方米收取4元；防护林和特种用途林林地，每平方米收取8元；国家重点防护林和特种用途林地，每平方米收取10元；疏林地、灌木林地，每平方米收取3元；宜林地、采伐迹地、火烧迹地，每平方米收取2元。

（三）多途径实现林地占补平衡。收取的森林植被补造费用使用安排上与承担补造林任务挂钩。充分利用荒山、荒坡、荒地、荒滩等未利用地造林，加强退耕还林和城镇、“四旁”绿化工作，积极营造沿海防护林、农田林网，改造低产林提高林分质量，努力实现全省林地占补平衡。

（四）加大资金投入。省级造地改田资金中的“土地开发项目”、“省级委托造地项目”专项资金，对低丘缓坡重点区块予以政策补助倾斜，促进这类区块加快开发利用。

四、进一步规范林地确认和转用程序

（一）林地确认。对历史上既确认为林地，又确认为耕地，县级以上政府依法颁发过林权证的，按林地认定；没有发过林权证的，按全国第二次土地调查认定地类。

（二）林地转用。对利用低丘缓坡林地进行建设用地开发的，按森林法律法规的规定程序审核审批。对涉及已颁发林权证的林地进行开垦的，开发项目实施前应由开发单位按省林业厅、省国土资源厅、省农业厅《关于贯彻落实〈浙江省人民政府关于推进低丘缓坡综合开发利用工作的通知〉的意见》（浙林资〔2006〕74号）和省林业厅《关于低丘缓坡综合开发涉及利用林地有关审核问题的通知》（浙林资〔2006〕98号）规定办理报批手续。

二〇〇八年十二月一日

浙江省经济贸易委员会
关于进一步加强工业节能降耗工作的意见

浙经贸资源〔2008〕677号

各市经贸委（经委）：

按照工业和信息化部《落实国务院〈2008年节能减排工作安排〉进一步加强工业和通信业节能减排工作的意见》（下简称《意见》）精神，结合《浙江省节能降耗实施方案》，现就进一步加强我省工业节能降耗工作提出如下意见：

一、进一步提高对工业节能降耗工作重要性和紧迫性的认识

工业是我省最主要的能源消耗和污染排放行业，工业能源消费量约占全省能源消费总量的69%，主要污染物化学需氧量、二氧化硫排放量分别占全省排放总量的47%和97%，而工业增加值占GDP的比重仅为48.5%。2007年，全省万元工业增加值能耗比2005年下降14.7%，高于同期万元国内生产总值能耗下降幅度6.9个百分点，按照单位增加值能耗计算，“十一五”前两年工业节能约1100万吨标准煤，工业节能取得积极进展，为全社会节能作出了主要贡献。

目前，我省正处于工业化、城镇化加快发展阶段，工业结构重型化趋势明显，高耗能行业和部分高耗能产品增速仍然较快，结构性矛盾和问题仍很突出。做好工业特别是“两高”（高耗能、高排放）行业的节能降耗工作，关系到“十一五”节能总体目标的实现。全省各级经贸部门必须增强对工业节能降耗工作重要性和紧迫性的认识，加快经济结构调整和发展方式转变，进一步加强工业节能降耗工作，提高能源利用效率，减少环境污染排放，力争做到增产不增能、增效不增污，真正立足于节约资源、保护环境谋划发展，为完成我省“十一五”节能目标，促进国民经济又好又快发展做出贡献。

二、工业节能降耗的主要工作任务

按照《意见》精神，结合我省实际，工业领域下一步要突出抓好以下八方面工作。

（一）加快工业结构调整步伐，坚决淘汰落后生产能力

1. 严格执行新开工项目节能管理规定。对全省固定资产投资项目实行节能评估和审查，严格控制“两高”行业固定资产投资项目建设。新建工业项目单位增加值能耗一般不得高于全省和当地单位增加值能耗平均水平。根据工业项目投资管理权限，按照“同级审批，同级审查”的原则，对项目进行节能评估和审查。未进行节能审查或未通过节能审查的项目一律不得审批、核准，不得开工、验收。对擅自批准项目建设的要依法追究直接责任人责任。

2. 加快推进传统产业改造提升。通过实施省工业投资重点项目计划，着重推动我省具有比较优势的纺织化纤、石化、服装、家电、照明电器、新型建材、塑料制品、皮革、造纸等行业的企业技术改造与创新成果产业化，加快传统优势产业品牌建设，提升产品附加值，实现传统优势产业提升。到2012年，传统产业产品高端化、附加值增量化，传统产业竞争力进一步提升，单位工业增加值能耗比2008年下降15%以上。

3. 贯彻实施国家《产业结构调整指导目录》，定期修订《浙江省先进制造业发展导向目录》，加快推进装备制造业发展。各级财政设立装备制造业专项资金，扶持装备制造业重点领域首台（套）产品的研发和产业化，围绕区域经济和主导产业，积极发展量大面广和市场急需的专用生产设备，重点发展通（专）用装备制造业、交通运输设备制造业、电器装备及器材制造业、电子及通信设备制造业、仪器仪表及文化办公用装备制造业。到2012年，装备制造业工业增加值增长速度高于全部工业增加值平均增长速度3个百分点以上，年均增长15%以上，优势行业的规模和水平位居全国前列。

4. 积极实施落后产能淘汰计划。结合《浙江省节能降耗实施方案》要求，到2012年，分步实施电力、冶金、水泥、氮肥、造纸等行业淘汰落后产能计划。

电力行业。进一步完善价格调控手段，控制小火电机组的市场生存环境，以市场机制加快淘汰，淘汰75万千瓦落后发电机组。

冶金行业。依法关闭严重污染环境的小冶炼企业（含再生利用企业）及其它环保不达标的冶炼炉窑。

水泥行业。严把生产许可证审查关，逐步淘汰直径2.4米及以下磨机，淘汰落后水泥粉磨能力3000万吨。

氮肥行业。采用电价补偿等政策，压缩氮肥生产规模，压缩合成氨规模15—20万吨。

造纸行业。严格执行国家产业政策，逐步淘汰窄幅宽、低车速的高消耗、低水平造纸机，淘汰落后产能43万吨。

工业锅炉。淘汰集中供热区内1000余座工业锅炉，同时改造低效工业锅炉。

（二）强化重点用能企业目标责任考核，开展工业园区节能考核试点

1. 要加强对重点用能企业节能目标考核。各级工业节能主管部门要结合实际，确定本区域重点用能企业，并把节能目标按年度分解、落实到重点行业、重点企业，完善重点企业评价考核标准和考核办法，落实目标责任制，严格考核并实施相应的奖惩制度。

2. 研究建立浙江省工业园区节能考核指标体系。从2009年开始，将省级以上工业园区、经济技术开发区、高新技术开发区和循环经济试点园区节能工作列为园区考核内容。

（三）加强节油节电工作，重点推进汽车、工业窑炉、电机、家电等产品的节能降耗

1. 落实促进节油节电的政策措施。根据我省的实际情况，进一步扩大差别电价实施范围，制定出台《浙江省差别电价实施办法》、《浙江省能耗超限额加价管理办法》等政策。对耗油严重超标的车辆、渔船装备、拖拉机，以及低效电机及拖动设备等，实行报废更新制度。

2. 加大节电节油技术研发和推广力度。做好《浙江省节电技术、产品推广导向目录》的制订发布工作。利用财政专项资金每年扶持200余项节油节电示范项目。支持重点耗油耗电行业开展节能改造，大力推广锅炉（窑炉）节油技术，电机系统节电技术，应用变频改造、余热发电、微油燃烧器等先进节油节电技术；加快推广高效节能空调，加强现有空调系统的改造；支持节能型照明产品生产企业加快技术改造，淘汰低效照明产品生产，在全社会大力推广使用高效照明产品。

（四）加强服务指导，促进企业节能降耗技术创新

1. 实施技术赶超计划。以工艺节能为起点，产品关键共性技术为突破口，加快实施“958”行业龙头骨干企业技术赶超计划，每年组织并实施100项左右技术赶超计划项目。以现代生物产业、新材料产业、新能源产业、现代装备制造业等为重点，加快推进重大项目建设。

2. 组织实施关键共性技术攻关和推广应用。重点实施兆瓦级大功率风力发电装备、太阳电池多晶硅等技术开发。按照欧盟EUP指令要求，重点抓好电机、水泵、风机、照明设施、中央空调、燃油锅炉等6类产品节能达标。扶持节能新产品新技术应用先进企业，形成良好的推广机制。

3. 加强重点耗能行业和领域的信息技术推广应用工作，推动工业化与信息化融合，加快信息技术在传统工业领域的应用。大力实施“倍增计划”，抓好信息技术应用试点和示范工作。

4. 加强节能技术创新体系建设。至2012年，建立8—10家行业节能技术中心，深化节能创新型企业试点示范工作，加快培育一批具有核心技术、特色优势明显的节能服务企业。

5. 大力推广合同能源管理、能源需求侧管理和节能自愿协议等节能新机制，支持面向传统产业节能降耗的电子信息企业开展节能服务。切实加强对量大面广的中小企业节能降耗工作的指导和监督，探索建立能耗高、污染重、档次低的落后中小企业市场退出机制。

（五）着力推进工业循环经济发展

1. 深入抓好工业循环经济“4121”示范工程，推进重点行业、重点企业、工业园区（块状经济）和部分城市的试点示范工作。重点总结推广以产业为依托，实行“三废”集中治理和资源循环使用的经验；推广以工业园区（块状经济）为依托，培育打造资源循环利用产业链的经验；以企业为依托，推进清洁生产，减少废弃物排放的经验。

2. 加快建立以企业为主体、以市场为导向、产学研结合的技术创新体系，增强企业自主创新能力，为工业循环经济发展提供技术支撑。大力开发和推广清洁生产技术、资源节约和替代技术、资源综合利用技术、环境污染治理技术、以及降低再利用成本的技术等，支撑工业循环经济发展。

3. 积极推动国内外交流与合作，加强对企业开展工业循环经济培训工作。充分发挥中介服务机构、行业协会、社会团体在发展工业循环经济中的技术指导和服务作用，促进工业循环经济发展。

（六）依法推动行业节能降耗，实施有利于节能降耗的经济政策

1. 加快制修订《浙江省贯彻实施〈中华人民共和国节约能源法〉办法》、《浙江省资源综合利用条例》、《浙江省废弃电器电子产品回收处理管理办法》等法规规章。制定出台电力、冶金、石化、建材、印染、造纸等行业节能降耗指导意见等政策性管理规章或政策文件。

2. 建立并完善行业节能降耗标准体系。在 2007 年已经制定 19 项重点用能行业能耗限额标准的基础上，“十一五”后三年计划再组织制订工业与信息化领域 23 项产品用能限额标准及计算方法，其中 2008 年组织制订 12 项。

3. 协调落实支持节能降耗的财税政策。会同相关部门制定实施浙江省节能扶持政策和办法，进一步加大各级财政资金支持力度，引导和促进企业节能技术创新和改造。落实新企业所得税法对于环境保护、节能节水项目的所得税减免规定和研发费用的加计扣除，以及环境保护、节能节水专用设备的投资抵免和资源综合利用等税收优惠政策。

4. 增强金融信贷调节功能。积极协调相关部门落实《关于改进和加强信贷支持节能减排工作的指导意见》，加大金融对节能降耗的支持力度，引导金融机构加大对新技术产业、资源节约和综合利用技改项目的信贷支持，控制对高耗能、高污染行业和淘汰类、限制类企业的信贷投入，建立信贷支持节能降耗技术创新和节能技术改造的长效机制。各级经贸部门与金融部门要加强合作联动，建立起节能降耗的信息通报机制和联系会议制度，定期沟通产业政策和企业节能相关信息，逐步将企业违法用能信息以及节能降耗先进奖励等信息纳入省企业信用发布查询系统和人民银行企业征信系统。

（七）加强行业节能监管，加大节能降耗监督检查力度

1. 对各级经贸部门落实《浙江省节能减排综合性工作方案》和节能工作进展情况开展督促检查。加大对重点行业、重点企业节能降耗经常性监督检查力度，严肃查处违反国家有关法律法规的案件。2008 年要完成对全省约 850 家重点用能企业能源监察和监测。

2. 加快建立行业节能降耗监管体系。市县两级要加快建立健全节能监察队伍，年用能 100 万吨标煤以上重点县（市、区）必须建立节能监察机构。各级监察机构要落实人员、资金和必备的装备，拥有相应的能力开展节能监察、监测工作。

（八）组织开展“节能降耗全民行动”。配合有关部门开展好“节能降耗全民行动”，推动工业领域机关、企事业单位节能降耗行动。各级机关要高度重视节能降耗工作，带头厉行节约，开展每周少开一天车、严格控制室内空调温度、减少电梯使用、减少使用一次性用品等活动，在建设节能环保型机关中发挥表率作用，自觉接受社会和群众的监督。各级机构要结合本部门的实际情况，制定切实可行的机关节能降耗工作实施方案，明确目标、工作重点和实施步骤，从职工个人、单位管理和履行政府职能等不同层面提出明确要求，使节能降耗在工作、生活的各个方面得到充分体现。

三、加强节能降耗工作的组织领导

全省各级经贸部门要从战略和全局高度，认真学习贯彻《意见》精神，切实抓好节能降耗工作，加强组织领导，落实目标责任制，明确职责分工，做到责任到位、措施到位、投入到位、监管到位，通过制定并实施相应规划和政策措施，推动行业节能降耗各项工作向纵深发展，为全面完成我省“十一五”节能目标，推动工业节能降耗工作再上新台阶做出应有的贡献。

二〇〇八年十一月二十五日

浙江省农业厅
关于加快推进农牧结合建设生态畜牧业的意见

浙农专发〔2008〕66 号

各市、县(市、区)农业局:

为深入贯彻落实《浙江省人民政府关于大力发展现代畜牧业的若干意见》和省政府生态畜牧业工作会议精神,有效保障畜产品市场供给,有力促进农业节能减排增效,积极服务于生态省和社会主义新农村建设,现就全省加快推进农牧结合、发展生态循环型畜牧业,提出如下意见。

一、充分认识推进农牧结合、建设生态畜牧业的重要性和紧迫性

按照种植业和周边环境的承载量,科学规划畜牧业的布局和规模,大力推进农牧结合,发展生态循环型畜牧业,能够有效突破畜牧业的用地瓶颈,拓展畜牧业发展空间;能够显著提升畜禽排泄物的资源化利用,减少化肥使用量和流失量,促进农业面源污染治理和节能减排;能够明显改善土壤结构,推进"千万亩标准农田质量提升工程",保障粮食生产能力;能够加快推进有机农业发展,促进农产品提质和农业增效、农民增收。各级农业部门要进一步统一思想,从保障米袋子安全、菜篮子供应和建设社会主义新农村的高度,充分认清推进农牧结合、发展生态循环型畜牧业的重要意义,切实加强领导,加快推进工作。

二、科学确定推进农牧结合建设生态畜牧业的工作目标

全省推进农牧结合建设生态畜牧业的总体思路,以科学发展观为指导,按照实施"创业富民、创新强省"总战略的要求,以增加农民收入、满足居民消费需求为中心,遵循生态经济学原理,结合新农村建设、节能减排等工作,深入实施畜牧业"西进东扩"发展战略,优化畜牧业区域布局与产业结构,依靠科技进步,创新结合模式,加快转变畜牧业发展方式,着力构建农牧结合、资源循环、养殖健康、节约高效的现代生态畜牧业生产体系,全面提升农业综合生产能力和畜产品供给能力,促进畜牧业与种植业、农村生态建设协调发展。

到 2010 年,全省力争新建生态养殖示范场(小区)200 个,带动市县建立 1000 个生态养殖场(小区),95%以上规模养殖场实现农牧结合、排泄物资源化利用和污染零排放,散养户养殖污染得到有效治理利用,农村生态环境明显改善;畜产品综合生产能力显著提升,肉类产量达到 180 万吨以上,禽蛋产量 60 万吨以上,奶类产量 25 万吨以上,猪肉等主要食用畜产品自给率达到 80%以上;畜牧业产值占农业总产值的比重达到 23%以上,牧业收入占农民人均纯收入中的比重逐步提高。各地要根据结合实际,科学确定目标,狠抓工作落实。

三、采取切实措施扎实推进农牧结合生态循环型畜牧业发展

各级农业部门要按照"规划先行、因地制宜、依靠科技、行业联动"原则,采取切实有效措施,扎实推进生态畜牧业发展。

1. 科学规划,拓展畜牧业发展空间。各地要结合浙江省"十一五"现代农业发展规划和特色优势农产品区域布局规划,深入实施畜牧业"西进东扩"发展战略,进一步优化畜牧业产业布局。对畜禽饲养密度高、周边农作物消纳能力有限的杭嘉湖平原地区,要重点在提高科技水平和兴加工、创品牌、拓物流上下功夫,提升畜牧产业档次;对畜禽饲养密度不高、畜产品自给率低的宁波、温州、台州、丽水等地区,要积极探索不同畜种和不同规模条件下农牧结合的各种模式,推进适度规模生态养殖和畜牧小区建设,稳步提高畜产品自给率;绍兴、金华和衢州等地,要充分利用山区丘陵资源丰富的优势,不断拓展畜牧业发展空间,加快推进产业化经营。各地要按照畜禽排泄量和外部消纳量相配套的原则,积极联合国土部门,加快推进畜牧业用地规划,科学规划种养业的布局和规模,实现畜牧业和种植业、渔业、农村能源等产业的有机结合和资源循环利用。

2. 因地制宜,积极推广各种生态畜牧业发展模式。各地要根据当地的地理特征、种养方式,坚持适度规模,尽量降低成本,因地制宜积极探索建立农牧结合生态循环型畜牧业发展的模式。要优先推广就地结合、就地利用的桐庐万强农庄"零排放"模式,实现养殖排泄物全部资源化利用;对于畜禽粪便超过周边承载量的中大型规模养殖场和专业生产区,要尽量在异地配套相应承载利用能力的种植业基地,着力培育畜禽肥水、沼液综合利用的中介服务组织,推动畜禽排泄物的异地资源化利用;对于平原、丘陵地带的中小规模散养密集地区,要推广和完善嘉兴南湖竹林模式,采取分散与集中处理相结合的办法,畜禽粪便收集后发酵处理,养殖户一户或联户建立沼气池,沼液、沼渣收集后作肥料还田;要加快推广临安双干模式,积极引导散养密集区异地兴建生态小区或规模场,实现人畜分离,改善村庄环境;对于资金、技术实力比较雄厚的大型养殖场,要积极提倡配套一定面积的综合性农、林、渔业生产区域,实现整个区域内资源循环、生态平衡。

3. 依靠科技,提升农业资源循环利用水平。推进农牧结合,发展生态牧业牵涉到畜牧业、种植业、能源、环境保护等多个行业,各级农业部门及其畜牧、农作、经作、土肥、能源等各专业系统要组织力量，密切配合，加强科技创新，逐步建立不同作物、不同农时的农牧结合的科学制度与规范。要根据农作物在不同农时对肥料的需求及土壤地力情况，研究科学使用化肥和有机肥的方法，努力做到既推进农牧结合，又节约肥料资源，既改善土壤地力，又保护生态环境。要研究更加科学有效的畜禽粪便工程处理技术、环保节约型饲料技术、有机肥与化肥复配技术，科学评估农牧结合对经济效益、生态环境影响等，为推进农牧结合、建设生态牧业、促进农业循环经济发展加强科技支撑。

四、创新推进农牧结合建设生态畜牧业的工作机制

1. 加强示范推进。要结合高效生态农业示范园区建设、沃土工程、测土配方、畜禽养殖场排泄物治理和农村能源建设工程等项目，扩大农牧结合、生态畜牧业发展的试点范围，采取“政府引导、项目带动、业主为主、市场运作”方式加快试点和实践。各县（市、区）要结合当地实际，结合近几年实施的相关项目，总结推出 2 个以上农牧结合的示范基地或示范点，示范推进农牧结合和生态畜牧业的健康、有序发展。

2. 优化政策导向。要按照省政府生态畜牧业工作会议要求，加强调查研究，尽快制定贯彻落实省政府关于推进全省生态畜牧业工作会议精神具体意见及推进农牧结合、建设生态畜牧业的规划和实施方案，并积极争取当地政府出台扶持农牧结合、发展生态畜牧业的政策措施，加大推进力度。要重点培育农牧结合型的新型主体，对实施农牧结合的专业服务公司、合作组织和种养企业（场户）加大扶持力度，对发展生态畜牧业所需的管网设施、沼液肥水贮存池、槽罐运输专用车等加强财政补助，有条件的地区要积极争取当地相关部门出台商品有机肥推广应用补贴政策，鼓励种植基地（大户）、专业合作社和农户使用商品有机肥。凡国家和省投入资金扶持发展的高效生态农业、建设生态规模养殖场（小区）、实施低产田改造和沃土工程项目、测土配方施肥项目、茶园改造等项目和各类无公害基地（产品）认定等环节，都要把农牧结合、发展生态畜牧业作为重要内容，充分发挥好政策的引导作用，促进各类项目提升综合效益。

3. 强化协作保障。各级农业部门要切实加强领导，成立工作班子。明确牵头单位、责任单位和责任人，制定详细的工作方案、工作制度和工作措施，加强动态考核和督促检查。省厅推进农牧结合、发展生态畜牧业的牵头单位为省畜牧兽医局，农作、经作、土肥、能源等行业管理部门共同参与、紧密配合，齐抓共管，合力推进。要强化宣传引导，运用农民信箱推介各地典型，交流经验；充分发挥电视、广播、报刊杂志等各种媒体的宣传导向作用，努力营造推进农牧结合、建设生态畜牧业的良好氛围。

各地确定推荐的农牧结合典型和相应工作措施及贯彻落实省政府会议精神的具体工作方案，请一并于 7 月 20 日前上报省厅并抄送省畜牧兽医局。

浙江省农业厅

二〇〇八年六月二十三日

中共洞头县委　洞头县人民政府
关于创建国家级生态县的实施意见

洞委发〔2008〕35号

各乡镇党委、人民政府，县直属各单位：

为贯彻落实党的十七大精神，树立科学发展观，全面建设生态文明，努力构建和谐社会，扎实推进可持续发展战略。根据“打造生态洞头，建设海上花园”的创建目标，县委、县政府决定从2008年至2010年，利用三年时间创建国家级生态县。现结合我县实际，提出如下实施意见：

一、创建国家级生态县的指导思想和基本原则

指导思想：以“三个代表”重要思想和科学发展观为指导，以生态文明为目标，以实施生态建设“369”创建行动计划为重点，大力发展生态经济、打造生态环境、培育生态文化，加快实现“海上花园”目标，努力把洞头建设成为一个经济发达、社会文明、环境优美的现代化港口旅游城市。

基本原则：

生态优先原则。全面实施可持续发展，建设良好的生态环境，把环境保护和生态建设摆在优先发展地位。

分步实施原则。对照创建指标，坚持分步实施，分段落实，至2010年达到国家级生态县标准。

突出重点原则。加快环保基础设施建设，加快生态细胞工程和绿色系列创建，加大裸露山体的修复力度，加大产业结构的调整力度。

创新特色原则。发挥地域特点，挖掘生态亮点，形成海岛特色，实现一乡一品、一村一式的生态建设和发展模式。

统筹调控原则。加大投入力度，强化环境监管，动员公众参与，发挥政府科学配置各种社会资源的调控功能。

二、创建国家级生态县的战略任务

创建国家级生态县的战略任务，就是着力实施生态建设的“369”创建行动计划，即利用三年时间创建国家级生态县，实施六项重点工程，建立九项生态保障机制。

（一）三年时间创建

通过3年的时间开展“811”环境保护新三年行动、环保基础设施建设和国家级生态县创建，2008年为基础年，2009年为巩固年，2010年为冲刺年，最终达到国家级生态县标准。具体创建时间安排：

调查筹备期（2008年1月—4月）。对照国家级生态县建设指标，进行逐项核对，认真疏理。联系国家、省、市生态办，了解申报条件和申报程序，汇报创建情况。启动编制《生态文明发展规划》，召开生态县建设领导小组会议，出台《创建国家级生态县的实施方案》。

宣传发动期（2008年4月—12月）。召开国家级生态县建设千人动员大会，制定国家级生态县创建宣教方案，以“六五世界环境日”、“迎奥运”为载体，开展生态五进基层活动，在社区、农村、学校、机关、企业中开展形式多样的国家级生态县创建宣传，开展环保系列主题宣传活动，树立全民环保意识，形成创建高潮。

生态建设期(2008年6月—2009年6月)。建立生态基础设施建设项目库,排列生态工程建设进度。明确建设重点,突出山体修复、垃圾处置、污水处理、绿化美化和节能减排等生态工程建设,逐步完善我县的环保基础设施建设。

创建申报期(2009年7月—10月)。分解国家级生态县创建指标,将有关指标落实到各责任单位、责任人。督促国家级生态县创建各项硬件指标的落实,完成各项重点工程建设。开展创建资料档案的汇总,并上报申报验收有关材料。

验收达标期(2009年11月—2010年12月)。加强创建工作力度,进行查漏补缺。2009年开始做好省环保部门的审核和预验收,迎接环境保护部的考核验收,2010年继续申报验收,全面创成国家级生态县。

(二)六项重点工程

1. 节能减排工程。健全污染物减排统计、检测、考核三大机制,确保在"十一五"期间完成主要污染物COD下降15.1%,SO2下降15%的减排指标,督促开展工程减排、企业减排、区域减排。加大环保基础设施建设,寮顶垃圾填埋场垃圾无害化处理达100%,城南污水处理厂确保正常运行率达70%,完成东屏片的截污纳管工程,建成杨文污水处理厂,完成鱼粉、羊栖菜企业的污水治理。开展电镀企业的整合搬迁,进行集中监管。完成中油沥青、金源化工、诚意药业的污染治理。加大长坑水库、龙潭坑水库和枫树坑水库及其它饮用水源地库区水土保持,开展农村污水集中点建设,50%的行政村建成农村污水处理点。

2. 生态经济工程。建成具有海岛特色的生态经济产业,调整和优化产业结构,积极发展生态工业和清洁生产,形成具有洞头特色的生态经济发展格局。全面加强杨文、南塘和科技工业基地的生态环境建设,引导产业集聚,加快温州状元港区、大小门石化基地、灵霓浅滩区域产业发展,逐步建立循环经济体系。提升养殖业、水产品加工等传统产业,通过技术创新、质量创优,提高水产品的精深加工和资源综合利用能力。通过选商引资,大力发展水产品精深加工、新型材料、海洋医药、电子信息和环保产业。发展生态旅游,着力构筑并完善生态旅游框架,做大做强旅游产业,发展生态探险游、渔家乐游、生态乡村游等生态旅游特色项目,形成吃、住、行、游、购、娱相互配套的产业体系,加快旅游商品的开发,打响生态旅游品牌,全面提升旅游产业。

3. 生态修复工程。全面开展山体修复,建立生态修复联席会议制度,完善矿山生态环境备用金使用制度,严格按照矿产资源规划要求进行布点开采,严格执行环评、水土保持方案。编制全县山体修复规划,做好地质灾害防治工作,治理城镇周边、旅游景区、文物保护单位和交通主干线两侧的山体环境。加大露天开采矿山边坡整治、复绿、景观修复和山体保护执法力度,完成五岛沿线、灵霓海堤口的山体修复,建设海岛绿色通道,完成乡镇康庄工程的山体修复,加强对房地产建设山体的开挖管理,严格执行建设项目的三同时验收。

4. 生态细胞工程。加快生态细胞工程建设步伐,积极开展生态乡(镇)、生态村的创建,继续深化绿色系列创建活动。建成5个全国环境优美乡镇,26个市级以上的生态村,51个县级生态村,建成70个有特色、有亮点、有示范作用的生态细胞工程,确保现场的考核检查点建设。建成一批绿色学校、绿色社区、绿色家庭等。重点做好北岙、东屏两个镇的生态建设,做好中心村、重点村生活垃圾集中处理、生活污水处理。对农村建设的布局、色调、立面、结构等提出明确标准和要求,努力建成功能完善、环境优良、具有区域特色的生态乡镇。大力推进生态公益林、生态保护林、生态经济林等建设,加大绿化美化力度,继续实施林相改造工程,确保森林覆盖率达到45%。

5. 海洋保护工程。严格控制排海污染总量,综合开发海洋资源,大力发展海洋养殖业,积极调整捕捞作业。开展海洋流动污染源的控制,建成温州(洞头)中心渔港、东沙渔港、鹿西渔港的废油收集点,建立海洋渔业环境和水资源水质监测网,为生态渔农业发展提供技术支撑。加快建设竹屿生态养殖示范区、大门蓝色示范工程。重点开发深水网箱、紫菜、羊栖菜养殖新技术,研究科技兴海技术攻关项目。扶持海洋生物精深加工业,将海洋药物和海洋保健食品的开发成果尽快推向市场,形成产业规模。开展鸟岛自然保护区、生态功能保护区和生物多样性保护区建设。

6. 生态文化工程。

树立全民的生态文明意识,普及生态科学知识和生态教育,把生态文化建设作为社会主义精神文明建设的重要组成部分。加强全民生态环境教育,培养公众善待生命、善待自然的伦理观。培育校园生态文化,从小培养学生的生态环境意识。在全社会逐步形成崇尚自然与保护环境、循环利用与减量排放、厉行节约与反对浪费的行为规范,树立绿色生产、理性消费的生态观,营造全社会关心、支持生态县建设的生态文化氛围。

(三)九项保障机制

1. 生态奖励机制:继续实行《洞头生态县建设奖励办法》,对创成的生态乡(镇)、生态村、绿色社区、绿色学校、绿色企业等生态细胞工程采取以奖代补的形式对创建单位和相关人员进行奖励。

2. 生态补偿机制:继续实行《洞头县集中式饮用水源的补偿办法》,在长坑、龙潭坑、枫树坑的一二级保护区内实行生态补偿,进一步扩大补偿面,增加鹿西乡南山库区一二级补偿范围。同时,建立清洁生产、环保产业、新技术开发等方面的补偿机制。

3. 生态补助机制:继续实行农村污水集中治理点的补助措施,市级生态村、中心村必须进行污水集中处理,50%的行政村要建设污水集中处理点,50%以上的农户要纳入处理系统,补助标准为50%,同时,要加大新(渔)农村建设各项补助资金的统筹使用力度,可适当向此项目倾斜,以进一步提高资金使用绩效。处理方式采取土壤渗透化、阿克曼技术、生态湿地等先进技术。

4. 绿色考核机制:对乡镇部门"一把手"实行环境保

护目标管理责任制考核机制，把生态建设和节能减排等环境保护工作纳入年终目标考核，对企业评创、部门评先、选商引资等按国家、省市等相关规定实行“一票否决”。

5. 山体修复基金：设立“洞头县生态修复基金”，将山体修复(基)金列入县重点建设项目财政预算，县生态办具体负责每年的山体修复项目安排，对县域内的无主裸露山体、废弃矿山进行修复。

6. 节能减排机制：制定节能减排优惠政策，对全县完成节能减排任务的单位、企业、乡镇和部门实行奖励，对自觉实施区域减排工程、企业减排工程和建设集中式减排工程建设的相关部门单位，给予优惠和补助。

7. 海洋保洁机制：建立海洋漂浮物清理和保洁制度，对港口、海岸、海洋的漂浮物、垃圾、废弃物、废油进行清理，对停泊渔港的船只进行有偿处置废弃物。

8. 生态督导机制：建立县委办、县人大财经工委、县府办、县政协环境专委、县监察局、县生态办等六个层面生态督导网络，实行生态督导制度，确保生态县建设的各项任务的落实。

9. 公众参与机制：建立公众参与生态建设的制度，发挥公众参与生态建设的积极性，向公众公开环境信息，开展公众环境监督机制，在媒体设立环境曝光台，形成全社会参与生态建设的氛围。

三、创建国家级生态县的工作要求

1. 加强领导。生态县建设是一项跨部门、跨行业，涉及经济、社会、环境、文化等各个领域的系统工程。要切实加强组织领导，建立生态文明建设领导小组，负责国家级生态县建设工作的统一领导和综合协调。各乡镇、各部门也要成立相应的领导机构，各司其职，密切配合，精心组织实施。

2. 提高认识。各级干部群众要充分认识国家级生态县创建的重要意义，提高创建的认识，把思想统一到县委、县政府的重大决策上来，要围绕县委、县政府创建国家级生态县的工作安排，开展全方位的宣传、组织、创建工作，形成创建合力，扎扎实实地完成创建任务，努力创成国家级生态县。

3. 狠抓进度。抓紧调研编制《生态文明发展规划》，认真实施《环境保护“十一五”规划》和《生态环境功能区规划》，扎实完成国家级生态县建设的阶段性工作任务。各乡镇、各部门要切实推进国家级生态县创建工作进度，确保在2010年达到国家级生态县标准。

4. 深入宣传。开展多形式、多层次的生态环境知识普及教育，要提高各级领导干部、企业法人、生态环境管理部门干部的环保理念，积极开展群众性生态科普教育活动，使环保意识深入人心。要发挥广播、电视和报刊等新闻媒体的舆论宣传监督作用，在县广播电视台、县新闻网设立专门栏目，通过广泛宣传教育，调动广大人民群众的积极性，形成全社会支持生态建设的舆论氛围。

中共洞头县委
洞头县人民政府
二〇〇八年五月六日

浦江县人民政府
关于加强节能降耗工作的实施意见

浦政发〔2008〕36号

各乡镇人民政府，街道办事处，县政府各部门：

为深入贯彻落实党的十七大精神，牢固树立科学发展理念，积极推进循环经济发展，促进经济发展方式转变和资源节约型、环境友好型社会建设，根据上级有关文件精神，现就加强我县节能降耗工作提出如下实施意见：

一、进一步明确节能降耗工作目标和重点

1. 主要目标：到2010年，全县万元GDP综合能耗在2005年基础上下降20%；能源利用效率达到40%；主要产品生产单位能耗总体达到或接近20世纪90年代中后期国际先进水平。建立起比较完善的节能降耗标准体系、政策支撑体系、监督管理体系和技术服务体系。

2. 工作重点：不断推进工业节能，以工业节能推动全社会节能。重点是钢铁、造纸、印染、化纤、建材、电力、冶金、化工、医药等行业。企业以年综合能耗超过1000吨标准煤、年耗水超过5万吨、年耗电超过200万千瓦时、拥有2吨及以上燃煤锅炉或工业循环经济试点企业和浦江开发区(工业功能分区)入园企业为重点。

二、进一步强化节能降耗工作措施

3. 严格控制新增高能耗项目。建立固定资产投资项目节能评估审查制度，对年综合能耗超过1000吨标准煤或年耗电200万千瓦时以上的新建或技改项目，按照全县2010年单位工业增加值综合能耗水平进行控制，并报县节能办审核和预批准。

4. 加快淘汰落后生产能力。对不符合国家产业政策和《金华市先进制造业基地产业导向目标》的生产工艺、技术和装备，要坚决予以淘汰。严厉打击“新五小”“十五小”企业，遏止浪费能源、污染环境现象发生。充分利用差别电价政策逐步淘汰现有高能耗企业的落后设备。加快热电联产项目的技术改造，在集中供热半径8千米(以蒸汽为介质)区域内不准新上锅炉，现有的生产、生活锅炉力争在2010年底前拆除。

5. 大力推广应用节能新技术。重点推广低温纯余热发电、高压变频、锅炉节能、能量系统优化、热电联产、资源综合利用、清洁生产、绿色照明、中水回用、电力需求侧管理等技术，认真宣传和贯彻国家和省强制性行业和产品能耗标准，开展能耗达标活动，不断提高能源管理水平，降低高耗能行业和企业的能耗水平。对本地生产的节能产品，予以优先采购和应用推广。

6. 积极推进工业循环经济。浦江开发区和各工业功能分区要按照循环经济理念，积极开展生态化改造。抓好工业循环经济试点工作，不断完善工业循环经济指标体系，力争通过三年努力，培育一批节约资源、保护环境的先进企业。加快推进资源能源综合利用工作。积极发展推广、使用新型墙体材料和散装水泥，严格征收新型墙体材料专项基金和散装水泥专项资金。

7. 加大清洁生产审核力度。对高耗能、高耗水、高排放企业，实施限期清洁生产阶段性审核制度。其中年综合能耗1000吨标准煤以上或年耗电200万千瓦时以上企业、年取水量5万立方米以上企业和县控重点污染企业要在2010年底前完成清洁生产阶段性审核。其中电镀、造纸、印染等行业所有企业要在2009年底前完成清洁生产阶段性审核。

8. 依法开展能源利用状况监察。年综合能耗3000吨标准煤以上企业要在2010年前进行能源利用状况监察，并逐步扩展到年综合能耗1000吨标准煤以上企业。年耗电200万千瓦时以上企业要在2010年前进行电平衡测试，年取水量5万立方米以上企业要在2010年前进行水平衡测试。

9. 进一步加强和规范能源统计工作。各乡镇、街道、浦江开发区和相关部门要高度重视辖区内能源利用统计工作，建立科学完善的能源利用状况统计体系，加强能源统计队伍建设，保障能源统计的工作经费。年综合能耗1000吨标准煤以上企业要配备专人负责能源统计工作，规模以上工业企业要加快推行能源综合台帐制度。

10. 全面推进全社会节能。大力实施政府节能工程，积极推进建筑节能、交通运输节能、空调照明节能和可再生能源开发利用，倡导生活节能，着力宣传和营造节能文化。

三、进一步加大政策支持力度

11. 建立节能降耗专项资金。专项资金主要用于重大节能项目、节能技术推广应用、节能产品研发补助、节能技改项目贴息、清洁生产审核、绿色企业创建、循环经济试点，节能工作先进单位和个人表彰、节能宣传与服务等支出。

12. 鼓励企业实施节能降耗项目。对工业企业列入国家、省节能、节水、清洁生产、资源综合利用等项目计划并获得国家、省财政资金补助的项目，按国家、省实际补助额的50%给予配套奖励。同一项目分别获得国家、省财政资金补助的，按就高原则给予一次配套奖励。对实施节能降耗项目且节能减耗设备投入5万元以上的工业企业，经备案与相关认证，按设备投资额的8%给予资助。以上各项奖励与先进装备资助资金不重复享受。

13. 鼓励企业采用节能新工艺、新技术、新设备。对工业企业采用先进技术改造主要耗能工艺和设备项目，研发应用节能、节水、节材新技术、新工艺、新设备的项目和已经通过清洁生产审核阶段性验收企业持续实施中、高费的项目，其投资总额超过5万元以上的，按投资总额的8%给予资助。对大型公共建筑（大型商场、宾馆、饭店等）实施空调系统、照明系统和供热系统节能改造的项目，设备投资总额达到50万元（含50万元）以上的，按设备投资总额的5%予以资助。新型墙体材料生产企业，通过省级验收的，一次性奖励5万元；列入省级新型墙体材料生产示范企业的，一次性奖励10万元。

14. 鼓励企业开展清洁生产审核工作。工业企业实施清洁生产项目并首次通过省级及以上有关部门验收的，一次性奖励5万元；对获得国家“环境友好型”和浙江省“绿色企业”称号的工业企业，分别一次性给予20万元和10万元奖励；对列入国家级、省级、市级循环经济试点或示范的工业企业，经有关部门验收，分别一次性奖励20万元、10万元、1万元。

15. 鼓励企业降低综合能耗。年综合能耗1000吨标煤以上的重点用能企业，能源基础管理扎实、统计资料齐全的，其万元工业产值综合能耗在同比下降4%的基础上，每降低1个百分点，奖励5000元。对有国家或省能耗限额标准的行业，重点用能企业要开展能耗达标活动。达到国家或省能耗限额标准的，经有关部门验收，一次性奖励10万元。

16. 表彰节能先进单位和个人。对在节能降耗工作中做出突出成绩的企业和能管员给予表彰奖励，每年评选节能降耗先进企业、优秀节能工作者。

四、进一步完善节能降耗工作考核办法

17. 建立健全节能降耗工作机制，加大考核力度。建立节能降耗工作联席会议制度，由县经贸局牵头，县发改局、环保局、供电局等部门参加，定期或不定期对节能降耗情况进行分析研究和部署。节能降耗工作考核办法由浦江县节能减排领导小组节能办公室负责制订完善并进行考核。

18. 加强对各乡镇街道、开发区和有关部门的考核。节能降耗工作实行属地管理，县政府每年下达节能降耗工作任务，并列入乡镇、部门目标责任制考核，作为领导干部综合考核评价的重要内容，实行问责制和一票否决制。

19. 加强对重点用能单位的考核。年综合能耗1000吨标准煤以上单位列为县重点用能单位，县重点用能单位由县经贸局与统计局每年发布一次。对年综合能耗1000—3000吨标准煤以上单位每年与各乡镇、街道和开发区签订节能降耗目标责任书，年综合能耗3000吨标准煤以上单位与县节能办签订节能降耗目标责任书。对未完成节能工作目标的企业，取消当年度财政扶持政策和评选先进的资格，暂停审批、核准和备案新建或技改项目（节能减排项目除外）。对“十一五”期间未完成节能工作目标或超过省强制性能耗标准的企业，在媒体上予以公开曝光，并依法予以经济处罚。

20. 切实做好有序用电和电力需求侧管理工作。在用电高峰期，按有序用电要求对高能耗行业实行拉限电的同时，对年耗电量超过100万千瓦时且亩均税收较低的企业实行错峰、避峰和拉限电。

五、进一步明确工作责任和强化宣传

21. 建立健全政府节能降耗工作责任制。各乡镇、街道和浦江开发区对辖区内的节能降耗工作负总责，单位负责人为第一责任人，建立节能降耗工作领导小组，配备节能管理人员。

22. 加强宣传，提高全民节能意识。制订节能降耗宣传方案，宣传有关法律法规、政策措施和工作成效，宣传先进典型，揭露和曝光浪费资源能源、污染环境的反面典型，大力弘扬节约光荣、浪费可耻的社会风尚；在新闻媒体开展节能降耗系列报道，刊播节能降耗公益性广告，广泛宣传节能降耗的重要性和紧迫性，切实增强全社会的节能意识，倡导节约型的生活消费方式。

六、本意见自印发之日起施行。

二〇〇八年八月二十二日

中共衢州市柯城区委　衢州市柯城区人民政府关于大力推进生态区建设的实施意见

区委发〔2008〕12号

各乡镇、街道，区直各部门(单位)：

为进一步推进生态区建设，确保2009年达到省级生态县标准，2012年达到国家级生态县标准，根据市委、市政府《关于加快推进生态市建设的意见》(衢委发〔2003〕29号)和《柯城区生态建设规划纲要》文件精神，大力发展生态经济，营造生态人居，培育生态文化，实现生态现代化，坚持走经济更加繁荣，山川更加秀美、社会更加和谐的可持续发展之路，现就生态区建设提出如下意见：

一、生态区建设的指导思想

坚持以“三个代表”重要思想为指导，坚持以建设生态柯城为目标，以统筹城乡经济社会协调发展为主线，进一步推进城乡一体化步伐，以科技创新为动力，坚持生态立区战略，大力发展生态经济，营造生态环境，培育生态文化，不断提高柯城的综合竞争力，全力打造生态柯城、和谐柯城。

二、生态区建设的总体目标

充分发挥柯城的生态环境优势，大力培育和发展生态产业，形成以生态农业为基础，以生态工业为核心，以生态旅游为关联的特色生态产业格局。坚持规划龙头地位，进一步修编完善以集镇总体规划、重大专项规划等为主要内容的综合规划体系，按照“全面推进、普遍惠及、着力提升”的要求，加快推进连片村庄整治，在巩固提升石梁至七里生态经济产业带的同时，继续推进花园至石室生态景观产业带建设，启动万田至九华生态文化特色经济带建设，力争通过两至三年的努力，基本建成环境优美、产业发展、特色鲜明的产业带。通过五年的不懈努力，使农村面源污染得到有效控制，居民人居环境得到明显提高。进一步推广倡导绿色GDP的生态工业项目，能源消耗得到有效控制，环境污染治理技术开发运用得到提高，技术进步与环境保护贡献率得到提升，使柯城经济社会发展与资源环境承载力相适应，生态环境质量与基本实现现代化相适应。把柯城建设成为经济更加繁荣，山川更加秀美，社会更加文明的可持续发展地区。

近期目标(2008—2009)

——到2009年底我区生态环境质量得到进一步改善，经济持续增长，社会环境协调发展，初步建立起与提前实现现代化要求相适应的，符合可持续发展基本要求的生态环境体系，达到省级生态县标准。具体目标：

1. 全区80%的乡镇达到省级及以上生态乡镇考核标准。

2. 通过优化产业结构调整相关政策和措施，妥善处理区域经济发展与生态环境保护间的关系。

3. 全区环保基础设施完备，建成城市集中污水处理厂，排水户所排水质符合《污水排入城市下水道水质标准》(CJ3082—1999)，污水处理厂出厂水达标排放，污泥处理无害化处置；建成城市生活垃圾处理设施，达到无害化要求；妥善处置一般工业固体废物、医疗废物和危险废物。

4. 以“十村示范、百村整治”工程为龙头，加快推进农村环境“五整治一提高”工程，使村容村貌和农村生态环境得到显著改善。

5. 连续两年完成省、市、县重点监管区年度计划整治任务。

6. 两年内无重大环境污染和生态破坏事件，无因环境污染或生态破坏引发的群体性事件。

远期目标(2010—2012)

——到2012年把柯城建设成为具有比较发达的生态经济、优美的生态环境、繁荣的生态文化、人与自然和谐相处、生态环境质量一流的经济强区、生态文化大区、生态人居名区，达到国家级生态县标准。具体目标：

1. 制订《生态区建设规划》，并通过区人大审议、颁布实施。国家有关环境保护法律、法规、制度及地方颁布的各项环保规定、制度得到有效的贯彻执行。

2. 建立独立的环保机构。环境保护工作纳入乡镇、街道党(工)委、政府领导班子实绩考核内容，并建立相应的考核机制。

3. 完成上级政府下达的节能减排任务。三年内无较大环境事件，群众反映的各类环境问题得到有效解决。外来入侵物种对生态环境未造成明显影响。

4. 生态环境质量评价指数在全省名列前茅。

5. 全区80%的乡镇达到全国环境优美乡镇考核标准并获命名。

三、生态区建设的主要任务

(一)大力发展生态农业。

加大农村环境综合治理力度，控制面源污染，促进农村集镇有序科学规划和建设。继续抓好"十村示范、百村整治"工程，深入推进垃圾集中处理、污水净化治理、畜禽污染整治、河道清理、沼气综合利用、万名农民饮用水等工作。加强畜禽管理，严格执行禁限养区划分规定，所有新建畜禽项目必须符合规划、国土、环保等相关部门要求，防止产生新的污染源。一是充分利用柯城的生态环境优势和产业基础，建设一批有特色、有规模、有标准、有品牌的绿色农产品基地。重点抓好无公害柑橘生产基地、花卉苗木观光园、鲟鱼养殖基地、万亩笋竹两用基地和七里高山蔬菜基地等农业示范基地建设。加大农业龙头企业的培育力度，加大招商引资力度，积极引导农业龙头企业创办生态农业园区及农业观光园区，延伸和拓展生态农业产业链，加快推进农业产业化进程。二是推进农业标准化建设，围绕农业支柱产业和优势农产品制订和完善农产品生产质量标准，积极实施农产品的品牌战略，鼓励支持经营者争创出省级和国家级名牌。三是加快推进无公害农产品、绿色农产品、有机食品的认证工作，不断提高我区农产品的市场竞争力，使生态农业的经济效益有较大幅度的增长。

(二)加快发展生态工业。

坚持量质并举的方针，通过产业结构调整和升级，培育和发展前景广阔的优势产业。通过技术引进和技术创新改造传统产业，严格控制污染项目，推进依法环评，加大污染监控力度，全面完成年度污染减排任务。大力发展有利于生态环境建设的绿色产业、提高能源的资源使用效率，减少废物排放。在经济发展中坚持扩大总量和提升品位相结合，在加快规模扩张中不断优化结构，提高低能耗、低排放产业在三次产业中的比重；大力发展技术、知识、资金等密集型产业，努力调"轻"工业内部结构；以培育产业集群为核心，全力延伸和拓展生态工业产业链，促进循环经济发展。积极推进清洁生产和ISO14000环境体系认证，提高企业环境管理水平，到2012年全区通过ISO14000环境体系认证的企业达到15家。

(三)积极发展生态旅游业。

大力发展以农家乐为龙头的生态休闲旅游业，根据合理开发、永续利用的要求，正确处理生态环境建设与旅游开发的关系，充分发挥柯城人文自然优势，着力构筑并完善以孔子、围棋、古城、水体、名山、生态、石林相融合的，富有特色、参与度高、观赏性强的生态文化旅游胜地。鼓励发展绿色农家乐等一系列生态型旅游产业，重点抓好七里农家乐、石梁柑橘采摘游、九华山等生态旅游项目开发建设，打造以生态观光、休闲度假为主题的生态旅游环境。

(四)努力改善生态环境。

1. 加大环境污染的综合防治力度。坚持生态建设与环境保护并重的方针，着力解决重点区域和重点领域的生态环境问题，加大节能减排力度，促进自然环境的进一步改善。严格执行有关污染防治的法律法规，突出抓好烟尘污染防治，推广使用清洁能源，积极实施治理措施，搬迁或关闭处于主要风景区和饮用水源保护区的重污染企业。重点抓好化工、电镀等行业的污染治理，加大城镇工业污水处理的运行监控力度，切实做好农村生活垃圾的无害化集中处理。

2. 加大水利基础设施建设。以城市防洪为中心、农业水利设施配套建设为重点，积极筹措水利建设资金，加强对整个河流水系的统筹规划，结合景观河道，景观防洪堤建设，分期分批地开展"百里河道、百库保安"工程建设，维护良好的通江水道。通过水资源整合，提高水利对社会经济发展的保障能力。

3. 加强饮用水源保护工作。继续抓好乌溪江石室堰饮用水源、石梁溪、庙源溪的保护，加快"千万农民饮用水"工程建设，减轻水源污染隐患，改善水保护条件，恢复水生态系统的自然净化能力，努力改善人民群众的饮用水质量，确保人民群众喝上放心水，同时大力推广清水养殖项目，减少因水产养殖造成的水体污染。

4. 加强林业生态体系建设。使全区森林覆盖率稳定在70%以上，建成省级重点以上生态公益林130410亩和5000亩绿化造林。加大主要交通干线和集镇、村庄、城南防护林带建设，提高我区的绿化水平，营造良好的绿色生态环境。

5. 全力打造生态家园。充分利用柯城优良的生态环境质量和悠久的历史文化，把改善居住环境质量和生态环境建设有机结合起来。重点抓好绿色社区创建、社区"四化"建设成果的巩固和深化，大力开展户外环境和户外设置物整治，提倡庭院绿化，建筑物垂直绿化，进一步净化、美化社区的生态环境。注重人居环境建设，高标准建设一批自然与人文相辉映的园林式生态住宅小区，不断提高我区的城镇建设品位。

6. 加大生态创建力度。努力创建生态乡(镇)、生态村，积极推进城乡一体化战略进程。大力开展生态乡(镇)、生态村建设，深入实施"十村示范、百村整治"工程。重点抓好航埠镇、石梁镇、石室乡的集镇建设。继续加大农村生活污水、生活垃圾无害化处理等基础设施建设，加强改水、改厕、旧村改造和农村环境综合治理力度。因地制宜地解决农村的能源问题，推广和使用沼气、太阳能等清洁绿色能源，保护农村生态环境。积极推进和不断深化生态示范乡（镇）、生态示范村建设，到2009年完成3个全国环境优美乡镇、3个省级生态乡镇、1个国家级生态村和24个市级生态村、5个省级绿色学校、10个省级绿色社区的创建。到2012年完成5个全国环境优美乡镇、3个省级生态乡镇、3个国家级生态村、50个市级生态村、1个国家级绿色学校、10个省级绿色学校和15个省级绿色社区的创建。

四、生态区建设的保障措施

（一）加大生态区建设政策的扶持力度。

1. 建立区、乡两级生态区建设专项资金。区财政部门在编制财政预算时应安排生态区、乡建设的专项经费。2008年到2012年区政府每年安排一定的生态区建设专项资金（建设专项资金超过当年地方财政支出的0.3%）用于生态区建设的奖励、补助、规划、宣传、调研等工作。

2. 进一步完善生态公益林建设补偿政策。对省级重点以上生态公益林内的封山育林、退耕还林及人工补植造林更新、低产林改造进行补助。列入国家和省重点生态公益林建设的每亩每年补助15元（含区财政配套补助1元/每亩·每年）。

（二）加大生态区建设的宣传力度。

1. 开展多形式、多层次的生态区建设舆论宣传和科普教育，各级各类学校要把生态教育作为学校素质教育的一项重要内容，通过开展形式多样的生态教育，普遍提高学生的生态意识。进一步加强和深化对各级领导、企业法人的生态环境知识和可持续发展知识的培训、不断强化各级领导和企业法人驾驭生态区建设的能力，为生态区建设提供强大的智力支持，促进我区经济社会的健康协调发展。

2. 注重培养生态建设工作队伍及专业技术人才和管理人才。乡镇、街均应配备相应的人员，加大生态培训力度，提高干部、群众生态知识水平。

3. 建立开放的公众参与平台。制作生态区建设网页，将生态区建设的政策、意见和工作动态及时向公众传递。开设生态区建设论坛，广泛听取社会公众的意见和建设。

（三）健全工作监督机制。

1. 建立公示和举报制度。对向国家和省推荐无公害农产品、绿色农产品、有机食品和中国环境标志产品的单位，拟命名的区级以上生态乡（镇），生态村，绿色企业（社区、学校），原则上应先行公示，听取社会各界的意见。建立公众对破坏生态环境行为的举报制度，举报情况经核实，并经有关部门作出行政处罚的，可视情况对举报人给予100元以上1000元以下的奖励。

2. 建立生态区建设目标责任书执行情况的季报反馈制度。由区政府督查室会同区生态办，按季度收集各乡（镇）街和区直属各部门的生态区建设目标责任书执行情况，按照生态区建设进度和评价指标对生态区建设进行动态评估。科学地分析和评价生态区建设的成效和阶段性成果，针对薄弱环节提出整改意见，并及时向领导小组汇报，为整体推进生态区建设，提供决策依据。

（四）健全生态区建设和生态环境保护的考核制度。

1. 建立领导干部生态区建设和生态环境保护的实绩考核制度，积极探索并推行绿色GDP的核算方法。对各级领导干部的工作考核，既要注重经济发展中的实绩，也要考核其在生态建设与生态环境保护中的成绩。对在经济发展和生态环境建设保护中作出显著成绩的干部，要予以表彰奖励。对生态环境问题突出，群众反映强烈的地方，要责令当地及时解决，在问题未解决之前，主要领导不得调任和提拔，问题久拖不决，造成严重后果的，经核实后按干部管理权限予以降职或免职。

2. 强化生态区建设的考核。区政府每年与各乡（镇）街、区直有关部门签订生态环保目标责任书，年底进行检查考核，考核结果予以通报。

3. 加强对生态示范乡（镇）、生态示范村的考核。对获区级生态乡（镇）的奖励5000元，获区级生态村的奖励3000元，获区级绿色学校、区级绿色社区的奖励2000元；获市级生态乡（镇）的奖励10000元，获市级生态村的奖励5000元，获市级绿色学校、市级绿色社区的分别奖励3000元；获省级生态乡镇的奖励30000元，获省级生态村的奖励10000元，获省级绿色学校、省级绿色社区的分别奖励5000元；获全国环境优美乡（镇）的奖励50000元，获国家级生态村奖励20000元、国家级绿色学校、国家级绿色社区的分别奖励20000元。

4. 设立生态区建设特别奖，对在生态区建设工作中有突出贡献的单位和个人，进行嘉奖、记功。

5. 对通过清洁生产审计和ISO14000环境管理体系认证的企业，区政府分别给予10000元和3000元的一次性奖励。

6. 对通过国家有机食品认证的给予10000元奖励，对通过国家绿色食品给予5000元奖励。

各乡（镇）、街道办事处和区直属部门要根据本《意见》制订具体的实施办法，认真组织实施、抓好落实。本《意见》由柯城区生态区建设领导小组办公室负责解释，自2008年1月1日起实施。

中共衢州市柯城区委
衢州市柯城区人民政府
二〇〇八年六月十九日

中共丽水市委
关于印发《丽水市生态文明建设纲要(2008—2020)》的通知

丽委〔2008〕13号

各县(市、区)委,市直属各单位党委(党组):

《丽水市生态文明建设纲要(2008—2020)》已经市委二届九次全会通过,现印发给你们,请认真贯彻执行。

中共丽水市委

二〇〇八年八月二十九日

《丽水市生态文明建设纲要(2008—2020)》

(2008年7月30日中国共产党丽水市第二届委员会第九次全体会议通过)

生态兴则文明兴,生态文明的兴起是不可逆转的科学发展的潮流。党的十七大首次明确提出建设生态文明的战略要求,并与物质文明、政治文明、精神文明共同构成我们国家社会文明进步的重要目标。这是我们党在对现代化建设规律和人类文明发展趋势深刻把握的基础上作出的战略决策,是中国特色社会主义理论体系的一大创新和执政兴国理念的新发展,为我们探索和实践生产发展、生活富裕、生态良好有机统一的文明发展道路进一步指明了方向。

生态文明是建立在先进生产力基础上的文明形态,是人类对传统文明形态特别是工业文明进行深刻反思的成果,是人类文明形态和文明发展理念、道路和模式的重大进步。对于丽水这样一个以生态优势为最大优势、以加快发展为最大任务的欠发达地区来说,建设生态文明是实现经济社会发展历史性跨越、全面建设惠及全市人民的小康社会的根本途径。当前,丽水的发展面临着既要补第一次现代化的"课",又要赶第二次现代化的"趟"这个双重挑战;面临着既要培育成全省新的经济增长点,又要建设成全省生态屏障这个双重任务。发展的新阶段、新形势,要求丽水的发展必须举生态旗、打生态牌、走生态路。基于此,2008年2月,中共丽水市委在二届市纪委四次全会上提出了建设生态文明、推进跨越发展、惠及全市人民的战略目标,以及建设生态文明的总目标、总任务、总要求。

为深入贯彻落实党的十七大精神、科学发展观和省委提出的"两创"总战略,深入实施"三市并举"发展战略,把生态文明建设落到实处,特编制《丽水市生态文明建设纲要》(以下简称《纲要》)。《纲要》作为我市生态文明建设的纲领性文件,对指导和推动全市经济社会又好又快发展具有战略性、全局性、基础性作用,是制定和实施丽水区域发展各项规划的重要依据。

《纲要》基准年为2007年,规划期限为2008—2020年。

一、生态文明建设的宏观背景、重要意义和现实基础

进入二十一世纪,人类社会发展正处于全球化、信息化和生态化的深刻变革中,可持续发展已成为全球的共同行动。从人类文明发展的历程看,先后经历了原始文明、农业文明和工业文明,目前处在从工业文明向生态文明过渡阶段。就丽水而言,专门就建设生态文明作出战略部署,是全面建设惠及全市人民的小康社会的必然选择,是"三市并举"发展战略为之奋斗的又一新目标,是振兴丽水的优势所在、潜力所在、希望所在。

(一)建设生态文明是培育和发挥区域竞争优势的必然要求。

战略目标的深化、发展路径的新探索必须符合贯彻落实科学发展观和构建社会主义和谐社会的要求,这是政治立场、大局意识、科学精神在加快发展问题上的充分体现。作为处理人与自然关系所达到的新的文明高度,丽水建设生态文明与贯彻落实科学发展观在本质上是一致的,都是以可持续发展为基本原则,通过建设资源节约型、环境友好型社会,在正确处理生态环境保护与经济发展关系的基础上实现节约发展、清洁发展、安全发展;与构建社会主义和谐社会在根本目的上是一致的,都是要促进人与自然、人与人、人与社会和谐共生、良性循环、全面发展、持续繁荣,在全面建设惠及全市人民的小康社会的进程中提高人民群众的生活水平和生活质量。

随着区域发展既竞争、又合作的新格局逐步形成,特别是长三角一体化进程加快推进,对培育和发挥丽水的竞争优势提出了新要求。建设生态文明,有利于把丽水潜在的生态优势转化为区域竞争优势。

一是从区域功能定位看,综合省第十二次党代会报告和《浙江省国民经济和社会发展第十一个五年规划纲要》、《浙江生态省建设规划纲要》、《金衢丽地区生产力布局与

产业带发展规划》以及省委、省政府对丽水工作的一系列指示，丽水等欠发达地区的发展是我省全面建设小康社会的重点和难点，也是我省发展的潜力所在；丽水所在的金衢丽地区总体定位为经济走廊、生态屏障，通过努力，要建设成为浙江省新的区域经济增长点、最大的人与自然和谐发展区；丽水在全省"三带三圈一群两区"的空间布局总体框架中，既处于金衢丽高速公路沿线产业带，又处于"绿色屏障"区。因此，要实现丽水经济持续快速协调健康发展，必须进一步促使生态建设与经济发展相协调，以优化人口和生产力布局促进经济社会发展与人口、资源、环境相协调。

二是从特定发展阶段看，从2003年底到2007年底，丽水的人均GDP仅用四年时间就实现了从1000美元到2000美元的历史性跨越，正步入工业化、城市化、信息化、市场化快速推进时期；同时，依据国际经验，当人均GDP达到2000美元以后，人们对高品质生态环境的需求快速增长，生态环境优势将逐步显现，成为推进区域快速发展的重要依托。从丽水实际出发，对发展路径进行新探索，必须以资源节约型、环境友好型的发展模式为目标取向，把建设生态文明作为破解发展和保护、速度和效益、规模和质量等多难问题和转变经济发展方式的必然选择。

三是从提升综合竞争力的现实需要看，丽水的品牌在生态、形象在生态、潜力在生态、希望也在生态。尤其是着眼于进一步接轨以上海为龙头的长三角经济圈，必须进一步树立高品质生态环境就是稀缺要素和重要生产力的理念，以提高丽水发展的"生态含金量"增强对新型生产要素的吸引力、集聚力，加快把丽水建设成长三角地区重要的绿色农产品基地、特色制造业基地和独具魅力的生态文化休闲度假旅游目的地，建设成长三角城市群的功能型城市、个性化城市，真正使生态优势成为丽水发展的比较优势和后发优势。

（二）丽水的生态优势和建设生态文明的初步实践、现实基础。

生态优势是丽水最大的优势。丽水是浙西南山地生态区的主要组成部分，是浙闽六大水系干支流的源头地区，特殊的自然条件构建了特色鲜明的区域自然生态系统。尤其是从生态禀赋看，森林、水、矿产、野生动植物等资源总量均居全省首位，生态旅游资源别具一格。其中，森林覆盖率、林木绿化率分别达到77.6%、80%，林木蓄积量占全省的22.8%；多年平均年水资源总量184.59亿立方米，人均7376立方米，为全省人均水资源量的3.6倍，可供开发的水力资源电量约占全省的40%；已发现矿种57种，矿产资源潜在经济价值达500亿元以上；野生植物资源为已知高等植物3546种，其中列入国家重点保护的野生植物有35种，野生动物资源总数约占全省三分之二，列入国家重点保护野生动物有61种；旅游资源单体超过2000个，其中优良单体有353个。

为了把生态优势从资源优势转化为经济、产业、环境、人文优势，把生态资源转化为生态资本、生态生产力，丽水在2000年撤地设市以后，逐步完善并实施了生态立市、工业强市、绿色兴市的"三市并举"发展战略。通过"三市并举"发展战略的生动实践，丽水已建成浙江省首个国家级生态示范区，并扎实推进生态市建设，为建设生态文明夯实了基础。具体表现为以下三个方面：

——以生态效益型经济初具规模为基础，区域综合实力大幅提升。着力推进新型工业化、新型城市化和社会主义新农村建设，生态环保型工业的建设模式得到推广，高效生态农业成为农村经济重要增长点，以旅游业为龙头的第三产业发展迅猛；以"两网络、两平台"为代表的基础设施建设实现重大突破，中心城市的集聚和辐射带动作用不断增强，特别是对外高速交通网络的建成大大缩短了丽水与长三角其它城市的空间距离和经济距离，为加快发展创造了有利条件。近五年来，经济社会发展主要指标翻番和产业结构优化同步推进，从2002年到2007年，全市生产总值由185.1亿元增加到433.9亿元，年均增长14.5%，人均生产总值达到2253美元；三次产业比重从2002年的20.30∶40.30∶39.40调整到2007年的11.6∶46.5∶41.9，工业在国民经济中的主导地位基本确立。根据《中国城市竞争力报告》，2007年度丽水的城市综合竞争力在全国200个地级以上城市中列第117位，其中增长指数排名第76位、效益指数排名第55位、质量指数排名第41位。

——以生态建设力度不断加大为基础，生态环境质量全国全省领先。九县（市、区）的生态环境质量全部进入全国前50位，其中有4个县进入全国前10位，庆元县为全国第1位。生态环境状态指数（EI）达到99.4，为全省最高。通过强化城乡环境基础设施建设和环境治理，积极推行循环经济、清洁生产，2007年全市化学需氧量、二氧化硫削减率分别达到4.6%和3.7%，单位GDP能耗下降4.12%，单位GDP电耗下降0.51%，全部工业单位增加值电耗下降6.73%。随着生态移民工程的实施，共有11.5万农民走出大山，减轻了水系源头地区的环境压力。全市保护地面积达到30%以上，生态公益林面积占全省四分之一。根据省发展规划研究院的研究报告，我市森林和湿地生态系统每年能提供1800多亿元的生态服务价值。

——以生态文明理念深入人心为基础，为全面建设生态文明凝聚了广泛的社会共识。随着"三市并举"发展战略的深入实施和生态市建设"八个一批生态重点工程"的全面推进，"生态优势是丽水最大优势"已成为全市人民的共识。通过启动创建国家环保模范城市和建设资源节约型、环境友好型社会，生态文明理念在社会各个领域得到有效贯彻，社会公众的生态参与意识普遍增强。党委、政府推动经济建设与生态建设协调发展的理念、思路、举措已被社会公众所理解，政府行为与公众行动相呼应，为建设生态文明夯实了社会基础。

在看到有利条件的同时，应该清醒地分析生态文明建设的制约因素，主要有：生态文明建设刚刚起步，经济总量偏小和整体素质薄弱的制约并存，统筹发展与保护难度较大；工业化的道路还很长，结构调整和转变经济发展方式的任务还很重，在发展对资源环境的刚性需求不断增长的同时，节能减排的压力较大；城市化水平较低，中心城市的建设力度和中心镇的培育力度有待加大，内聚外迁的进度有待加快，基础设施的共享程度有待提高；农村环保设施滞后，面源污染范围广，治理成本高；生产力布局、人口布局还不能完全适应生态功能区定位，亟需进一步优化，等等。对此，必须正视现实、抢抓机遇、破难而进，突出生态优势的保护、转化和提升，切实推进生态文明建设。

二、生态文明建设的指导思想、基本原则和目标任务

(一)指导思想。

丽水生态文明建设的指导思想是：坚持以科学发展观为统领，以“两创”精神为推动，紧紧围绕与全省同步基本实现全面小康、基本实现现代化的发展规划，解放思想，与时俱进，开拓创新，深入实施“三市并举”发展战略，充分发挥丽水的区域特色和生态优势，发展生态经济，优化生态环境，弘扬生态文化，促进经济效益、社会效益和生态效益的有机统一，促进全市人民的生活品质不断提高，全面实现建设生态文明、推进跨越发展、惠及全市人民的战略目标。

在生态文明建设中，要落实“三大任务”，做好“四篇文章”，推进“五大工程”，努力实现“五个在丽水”，使丽水成为全国生态文明建设的先行区和示范区。

——落实“三大任务”，就是要发展生态经济，优化生态环境，弘扬生态文化，努力把丽水建设成长三角地区重要的绿色农产品基地、特色制造业基地和独具魅力的生态文化休闲度假旅游目的地。

——做好“四篇文章”，就是要扎实做好“保护”、“恢复”、“优化”、“建设”的文章，以经济生态化、生态经济化为取向，加快新型工业化、城市化和城乡生态化步伐。

——推进“五大工程”，就是要推进生态产业工程、生态集聚工程、生态设施工程、生态涵养工程、生态文化工程，通过生态建设项目化，在保持投资适度稳定增长、优化投资结构的同时，切实改善发展环境。

——实现“五个在丽水”，就是要实现居住在丽水、饮食在丽水、休闲在丽水、旅游在丽水、创业在丽水，不断提高丽水的知名度、美誉度和开放度。

(二)基本原则。

1. 坚持经济建设和生态建设的有机统一。以经济建设为中心，尊重经济社会发展规律和自然规律、生态规律，努力以最小的资源环境代价谋求经济社会最大限度的发展，以最小的社会、经济成本保护资源和环境，坚持在科学发展中促进科学保护、在保护生态中实现新的发展。加快经济转型升级，坚持走科技含量高、经济效益好、资源消耗低、环境污染少、人力资源优势得到充分发挥的新型工业化道路，促进生态与经济良性互动。

2. 坚持创新发展、借力发展和可持续发展的有机统一。在跨越式发展的动力问题上，首先要坚持创新发展，在不断创新发展模式的同时，强化与生态文明建设相适应的科技创新、文化创新、体制机制创新。同时，要通过充分发挥生态优势，在更大范围、更广领域、更高层次上借力发展，在全方位开放中促进内生性、内源式发展；要注重经济社会发展与人口、资源、环境相协调，不断增强可持续发展能力。

3. 坚持优化生态环境和经济社会发展环境全面优化的有机统一。面对日趋激烈的区域竞争，环境已成为决定一个地方经济发展后劲和发展活力的关键因素。要在更高水平上为经济社会发展提供有力的环境支撑，必须突出生态环境保护，进一步打响生态环境品牌。同时，要统筹硬环境、软环境建设，尤其要下大力气优化政策环境、服务环境、法治环境和诚信环境。

4. 坚持统筹规划、整体推进和分类指导、重点突破的有机统一。按照全面建设惠及全市人民的小康社会以及城乡统筹、区域统筹的要求，对接全面小康六大行动计划，在统一规划的前提下分类指导、分步实施，对重点区域、重点领域进行有效突破，循序渐进地全面推进生态文明建设。着眼于优化人口、生产力布局，依据生态功能分区，提出相应的建设重点和工作要求，提高针对性和有效性。

5. 坚持政府引导与市场主导、公众参与的有机统一。生态文明建设涵盖生产生活方式、文化价值观、社会结构等方方面面，必须充分发挥政府的组织、推动、引导作用。同时，要充分运用市场机制，发挥企业和社会组织的积极性与创造性；要广泛开展可持续发展理念和生态文化教育，营造全社会共建共享的良好氛围，不断开创丽水生态文明建设新局面。

(三)目标任务。

1. 总体目标。到2020年，生态环境质量继续保持全国全省领先，形成节约能源资源和保护生态环境的产业结构、增长方式、消费模式以及集约、高效、持续、健康的社会—经济—自然复合生态系统，实现经济社会发展与人口、资源、环境的良性循环，不断增强经济实力，使生态文明观念在全社会牢固树立，使丽水市成为全国生态文明建设先行区和示范区。

2. 阶段性目标任务。与我市全面建设小康社会、基本实现现代化的战略步骤相衔接，推进丽水的生态文明建设必须立足当前、着眼长远，以“三步走”的形式力争几年上一个台阶：

第一阶段：2008—2012年。加快新型工业化、新型城市化和社会主义新农村建设，到2012年底，确保经济社会发展主要指标达到全面小康的基本要求。统筹推进“六城联创”，力争2012年底之前“六城联创”目标全面实现，其中2009年力争实现中国优秀旅游城市创建目标，2010年确保实现省级环保模范城市、园林城市、森林城市创建目标，2011年力争实现国家园林城市、国家卫生城市创建目标，2012年力争实现国家环保模范城市、国家森林城市和全国文明先进城市创建目标。统筹推进省级生态县创建，2012年底之前9个县(市、区)要全面达标。

具体包括以下三个方面目标：

——生态与经济进一步协调发展，经济发展方式明显生态化。力争到2012年，全市实现农业总产值100亿元以上，产值千万元以上龙头企业达到250家，休闲观光农业区(点)达到220个,农业“三品”(绿色食品、有机食品和无公害农产品)认证基地比重达35%以上,生态效益型农业基本确立;工业总产值超过1800亿元,全社会研究与开发投入占GDP比重保持在1%以上,新产品产值率达到10%,高新技术产业增加值占工业增加值比重达到10%,工业结构生态化初见成效;打响“山水古文明、丽水好风光”的旅游品牌,生态旅游总收入突破100亿元,旅游总人数突破2000万人次,建成18个国家级4A级以上旅游景区或省级以上旅游度假区。

——生态环境进一步优化。农村垃圾集中收集处理率达到85%,提高污水处理行政村覆盖率;城市污水处理率和生活垃圾无害化率分别达到75%和100%;景区环境达标率达到100%,2/3的旅游区(点)要通过国家质量等级评定;城市绿地覆盖率达到36%,省级绿化村达到80个,村级绿化率达到30%以上,全市森林覆盖率稳定在77.6%以上,林木绿化率稳定在80%以上,森林活木蓄积量达5000万立方以上,公益林力求突破1000万亩,省级以上重点保护野生动植物和有保护价值的典型生态系统得到有效保护。

——生态文化进一步繁荣。生态文明观念牢固树立,环境保护宣传教育普及率达到90%以上;民族民间文化得到科学保护、合理开发和有效利用;文化基础设施不断完善,基本公共服务均等化初步实现。

第二阶段:2013—2017年。全面推进生态文明建设,2017年底之前,总体达到2012年全省实现全面小康的经济社会发展水平,各县(市、区)全面实现国家级生态县创建目标,全市达到生态市建设要求。基本实现人口、资源、环境与经济社会协调发展,单位生产总值能耗、主要污染物排放总量进一步削减,生态环境质量继续保持全国先进水平,形成以生态产业为主体的高效生态经济体系,成为全国领先的生态经济强市。全社会基本公共服务均等化程度明显提高,城乡居民生活显著改善,城镇居民人均可支配收入超过30000元,农村居民人均纯收入超过11000元。

第三阶段:2018—2020年。与基本实现现代化同步,基本实现物质文明、政治文明、精神文明与生态文明全面进步,实现人与自然、人与人、人与社会的和谐共生,展现富强、民主、文明、和谐的丽水新风貌。

三、发展生态经济

生态文明的核心是必须坚持生产发展、生活富裕、生态良好的有机统一,如果没有经济发展这个物质基础,可持续发展就丧失了动力。同时,经济发展必须以发展生态经济为导向,加快转型升级。

(一)发展生态农业,打造长三角地区绿色农产品基地。

坚持农业资源综合开发利用和生态环境保护相统一,积极探索适合区域自然条件和经济发展要求的生态农业模式,大力发展效益型农业,推进农业产业化,力争使我市成为长三角地区重要的绿色农产品基地。

继续推进优势农产品区域布局,建设一批区域化布局、标准化生产、规范化管理的高效生态农产品基地,进一步优化农业产业结构,推进农业优势主导产业升级,全面提升农业产业的质量和效益。根据丽水农业资源分布和区域优势,以“六带”——茶叶产业带、食用菌产业带、笋竹产业带、水产养殖产业带、中药材产业带、花卉苗木产业带,“三圈”——水干果产业圈、蔬菜产业圈、畜禽产业圈为基础,加快建立优势生态农产品布局体系,因地制宜发展休闲观光农业。

积极培育农业龙头企业和农民专业合作社,通过龙头带动提升农业产业化经营水平。以食用农产品的保鲜、贮藏、加工、营销为重点,围绕农业主导产业,突出“扶优扶强”原则,提升农业产业化经营水平,增强对广大农民的带动功能。加强农产品营销,扶持和鼓励农业企业到大中城市设立丽水农产品专卖店、直销店、连锁店,扶持农产品进超市,提高我市农产品的市场知名度和竞争力。着力建设长三角地区生态“菜篮子”,到2012年,丽水农产品占浙江供沪农产品的比重要力争达到25%左右。

全面加强农业标准化生产,着力打响无公害、绿色、有机农产品“丽水制造”的品牌。强化农业标准化生产和特色农产品原产地保护,加快构建完善的农产品质量标准体系和检验检测体系,扶持培育一批有区域特色的农产品名牌和驰名(著名)商标。以科研院校为依托,以农产品科技园为载体,加快循环农业的发展,加快新品种新技术的研究和推广,加快农业龙头企业制度创新、技术创新和产品创新步伐,提高丽水优势特色农产品的市场优势和生态优势。开展农业标准化生产技术培训,鼓励企业发展绿色无公害农产品,加强质量安全监管,不断提高我市农产品质量安全水平。深入实施农药化肥减量控害增效工程,开展畜禽养殖场的同步治理工作,减少农业面源污染。

推进以林富民、以林促工、以林兴旅、以林美居、以林减排,加快构建发达的生态林业产业体系。依托丽水丰富的生态植物种质资源优势,深入推进“兴林富民”示范工程,以经济社会发展对林产品多样化需求为导向,大力发展木业、竹业、森林食品、森林旅游、中药材、种苗花卉等林业六大产业。抓好林业产业市场主体培育,积极推动森林食品(产品)及基地认定。深化林权制度改革,创新林业经营方式,促进林业资源优化配置和林业产业结构调整。

加强农业综合生产能力建设,强化基本农田保护,建立稳定的农业投入增长机制,健全社会化服务体系,确保农业可持续发展。

(二)发展生态工业,打造长三角地区特色制造业基地。

用循环经济理念指导区域产业转型升级,突出走新型工业化道路,合理布局生产力,建立起以先进适用技术和高新技术为支撑,具有较强科技创新和国内外市场竞争能力的生态环保型、技术创新型、规模效益型工业体系,打造长三角地区特色制造业基地。

优化工业布局,促进工业集聚、集约、集群式发展。以建设特色制造业基地为导向,按照“统一规划、产业集聚、资源共享、整体优化”的原则,结合土地利用规划和城镇建设总体规划，高标准建设、整合、提升各类开发区和工业园区，形成以丽水经济开发区为主要依托，9个县(市、区)的特色专业园区为骨干的新型工业布局，同时切实增强园区综合服务功能，提升集聚发展能力。继续大力推动低丘缓坡开发，努力缓解工业用地瓶颈制约。进一步加大外向型经济的推进力度，形成良好的工作促进机制，实现外资利用新突破，构建区域合作和对外贸易新格局。

全力抓好产业结构调整和工业技改投入，尤其要抓好重大工业项目建设，培育一批具有较强自主创新能力的现代企业。积极应用先进制造技术、现代信息技术、生物技术、农副产品深加工技术、资源综合利用与能源节约技术、环保技术等，改造提升一批传统产业。继续优化产业结构，鼓励企业进行技术改造和新产品开发，培育自主品牌，提高核心竞争力。积极培育上市企业。大力发展高新技术产业和生态环保型产业，形成工业发展的后续新兴产业。

抓好产业服务和创新体系建设，充分利用高新技术和先进适用技术，改造提升丽水传统产业。加快培育软件开发、科技咨询、融资担保等生产性服务业，围绕企业在研发、设计、质保和管理方面的应用和集成创新，组织实施一批企业信息化项目，不断提高信息化水平。着力完善创新政策体系，推动企业创新平台、行业创新平台和产学研联合体建设。突出抓好制造业创新人才的培养和引进，充分发挥国内外丽水籍人才资源优势，弥补企业存量人才资源的短缺。

大力发展工业循环经济。全面推行固定资产投资项目节能评估和审查制度，推广应用节能降耗、污染治理的新技术、新产品和新工艺，加快淘汰落后产能和装备，加强对重点用能单位节能监管，进一步提高能源利用水平。积极引导企业开展ISO14000环境管理体系、环境标志产品和其它绿色认证，全面推行清洁生产，加快开发区生态化改造，继续推动丽水经济开发区合成革产业集群循环经济示范项目建设，探索建立循环经济产业链。力争到2012年，完成10个省级开发区(工业园区)的生态化改造，全市实施清洁生产的企业达到或超过100家，规模企业通过ISO14000认证的比例达到或者超过10%。大力推进资源综合利用工作，加强再生资源回收利用体系建设，拓展资源综合利用的新途径、新领域。

(三)发展以生态旅游业为龙头的现代服务业，打造长三角地区生态文化休闲度假旅游目的地。

大力发展生态旅游业，打响“山水古文明，丽水好风光”的旅游品牌，创建中国优秀旅游城市，促进我市旅游业由第三产业的先导产业向国民经济支柱产业的转变，使丽水成为长三角地区独具魅力的生态文化休闲度假旅游目的地。

积极整合旅游资源和要素，优化生态旅游发展格局。充分发挥丽水得天独厚的生态环境、风景旅游和历史人文资源优势，积极构建以大景区为核心的旅游市场体系，形成各具特色的旅游功能区。针对滩坑库区等重点区域，加强旅游规划和开发。同时，以大景区开发带动“农家乐”旅游和红色旅游的发展。市区要通过加快古堰画乡、名人南明、风情东西、南明湖、白云山森林公园等旅游景区以及特色街区、华侨饭店等接待设施和项目开发建设，强化旅游要素功能，提高中心城市的旅游集散能力，建设浙西南旅游中心。各县(市)要继续加快重点旅游项目的开发建设，突出地域文化特色，把旅游景区打造成为最具影响力和吸引力的产品，形成一批在省内外、国内外具有较强吸引力的旅游精品景区、线路，实现融山水风光和历史文化为一体的生态旅游发展格局。

大力完善旅游配套服务，积极开发国内外旅游市场。注重旅游产品开发的品牌导向、文化导向和功能导向，拓展旅游领域，加强区域合作，做好旅游形象整体宣传促销，形成以省内市场为基础客源市场，以长三角地区为重点客源市场，以华侨为主的欧洲市场和港澳台、日韩以及东南亚入境客源市场的旅游市场营销网络。配套完善旅游发展的“食、住、行、游、购、娱”六要素，积极开发丽水特色餐饮服务业，完善丽水对外、对内交通路网，完善重点景区(景点)的道路、标识系统和供水、供电、通讯、厕所、垃圾、污水处理等设施；加快旅游道路沿线绿化和景观园林建设；加快建成与发展休闲度假旅游、会展旅游和乡村旅游相适应的接待设施和文化、娱乐、休闲设施。提高旅游接待设施的档次和接待能力，进一步加强高素质导游队伍的建设，改善旅游服务质量和旅游景区生态环境质量。

以旅游业为龙头，大力推动商贸、物流、金融、房地产、信息科技等现代服务业的发展，逐步形成设施配套、功能完备、结构合理的现代服务体系，把丽水建设成浙西南商贸中心城市。坚持改造提升传统服务业与发展新型流通业态并举，大力发展生产性服务业，积极发展电子商务、连锁经营、第三方物流等现代流通业态，加快丽水水阁物流园区以及缙云、庆元、龙泉、松阳等地的物流中心项目建设。深度开发、努力培育形成具有丽水特色的会展经济，市区重点办好“中国·丽水国际生态经济博览会”、“中国·丽水国际摄影文化节”。改善金融生态环境，健全金融组织和服务体系，大力推进金融创新。以改善民生为目标，推进社区服务业发展，规范中介服务业发展，促进房地产业平稳健康发展。

四、优化生态环境

良好的生态环境是生存之基、发展之本，要统筹做好“保护”、“恢复”、“优化”、“建设”的文章，为生态自然环境和生态人居环境持续优化提供可靠保障。

(一)优化空间布局，加快内聚外迁，促进区域经济社会发展与人口、资源、环境相协调。

坚持以主体功能区规划为指导，落实好生态环境功能区规划和《金衢丽地区生产力布局与产业带发展规划》，合理地指导资源开发和产业布局，推进生态保护工作。从丽水特殊的地形地貌看，高山地区区域基础设施缺乏，经济发展相对滞后，而且往往是重要生态功能区或地质灾害易发区，要以农民异地转移工程作为主要抓手，通过人口转移，减轻生态压力，缓解人与自然关系紧张的状况；丘陵地带既要承担生态功能，又要合理发展经济，要加快推进农业结构战略性调整，提高农业产业化水平，因地制宜发展特色产业；瓯江沿线区域及缙云、莲都、松阳等三大盆地是丽水发展基础最好、空间条件最优、城镇分布最密集、交通区位最优越的地区，是推进丽水新型工业化与新型城市化的重点区域，要充分发挥高速公路及主要交通干线的贯穿连接作用，进一步促进人口和生产要素的集聚，推进区域统筹协调发展。

按照“内聚外迁”和“小县大城”的战略要求，通过加快中心城市和县域中小城市、中心镇建设，在全市构筑“一心三带多点”的生产力空间布局。“一心”即建设丽水中心城市；“三带”即以金丽温、龙丽、丽龙庆三条高速公路为重点，有计划地布局建设产业发展带；“多点”即通过实施“小县大城”战略和“组团布局”，在全市培育形成若干个10万人口以上的小城市和3—5万人口的重点镇，到2020年要建成20个左右现代化中心镇。

根据区域经济社会发展特征和生态环境要素、生态环境敏感性、生态服务功能空间分异规律，以县为单位实行生态功能区小区化，实行差别化的区域开发和环境管理政策。禁止准入区包括承担生物多样性保护重要功能的各级自然区、饮用水源保护区、风景名胜区核心区，要依法实施强制性保护。限制准入区主要包括农林业发展和保护类、水源涵养和水土保护类、自然景观和历史遗迹保护类功能小区，要坚持保护优先，严格限制工业开发和城镇建设规模，禁止新上高污染工业项目，适度发展先进制造业，鼓励发展生态农业和现代服务业。重点准入区主要由小范围连片的环境容量相对充足、资源较为丰富、发展潜力较大区块组成，主要分布于缙丽青、遂松、云景和龙庆城镇开发带，沿金丽温、龙丽、丽龙庆高速两侧展开，要在引导产业集聚发展、严格控制污染物排放总量的前提下，承接产业转移和部分的人口转移，使之逐步成为支撑全市经济发展和人口集聚的重要区域。优化准入区主要集中在开发建设活动对生态环境影响较深、产业结构布局有待优化的各县城建成区和工业聚集区，要实行优化开发，依据环境容量调整优化城乡布局和产业结构，确保环境功能达标。

落实《丽水市十万农民异地转移规划(2008—2012)》，大力推进农民异地转移和劳动力转移。坚持统筹城乡发展，以高山远山地区、重点库区和地质灾害隐患点为重点，大力推进整村搬迁和小规模自然村撤并，大力推进低收入农户集中村脱贫致富奔小康，以异地转移推进生态恢复、生态保护，扎实推进社会主义新农村建设。结合有关生产力布局、产业布局、中心镇培育等规划，有序推进异地转移，实行“依托城区、城乡互动”，即以丽水市区和其余县(市)城区为重点安置区，推动农民异地转移和集聚，把推进城镇化和建设新农村结合起来；实行“依托强镇、多点带动”，即以除城区外的中心镇为转移安置的次中心，把农民异地转移与加快中心镇培育结合起来；实行“依托产业、三线联动”，即以金丽温、龙丽、丽龙庆三条高速公路沿线产业带为重要安置带，把农民异地转移与产业发展结合起来。与此同时，要用足用好土地整理、退宅还耕还林等政策，鼓励以租赁、转包、入股等形式流转开发迁出地的土地、山林等资源；要探索和建立异地转移农民的后续管理机制，促进搬迁群众的和谐融入；要深入实施“百万农民素质培训工程”，提高异地转移农民的自身素质和就业竞争力，在支持和发展来料加工等产业的同时，鼓励和引导更多的农村青年“走出去”、“输出去”、“考出去”创业，实现年转移就业2万人以上。

(二)强化生态环境综合治理，着力增强生态服务功能。

着眼于从总体上控制污染和保护生态环境，促进产业合理布局，从源头上解决区域性、结构性和行业性的污染问题。根据环境资源承载能力，制定和实施符合丽水实际的产业准入制度，加快发展方式转变。积极推进产业结构调整，努力构建低消耗、少排放、能循环、可持续的产业体系。力争到2012年，工业废水排放达标率达到100%，主要污染物COD排放总量和二氧化硫排放总量实现控制目标。

以生态修复为手段，增强生态涵养能力。以瓯江源头区建设为龙头，采取生态修复措施，防治水土流失，增强水源涵养。其中，对大中型水库、重要水源保护区、中高海拔区、风景名胜区和自然保护区的外围地带，加大生态修复力度，力争25度以上坡耕地全部退耕还林还草，封山育林；对东北部中低山区和北部低山丘陵区，通过改造坡耕地，结合山、水、田、路的综合治理，增加植被覆盖度；加强矿山、取石场等资源开发区、地质灾害毁弃和塌陷地、大型工程项目建设区等的生态修复。力争到2012年，全市水土流失面积占总面积的比例下降到9%。

依托全省“811”环境保护新三年行动这个载体，加快环境基础设施建设，强化城市污水处理配套管网和中心镇污水处理项目建设，积极推进市本级及部分县工业园区集中联片供热和燃煤锅炉脱硫工程，最大限度地削减污染物排放量。加大城市水污染治理和固体(危险)废弃物处理力度，提高城市生活污水、生活垃圾和医疗垃圾的集中处理率和无害化率。全面实行排污许可证制度，积极探索政府调控下的排污权交易制度改革。

加大农村环境综合整治力度。大力开展农村生态示范创建工作，深入推进农村环境“五整治一提高”，推进城乡环卫一体化。积极推进农村畜禽养殖区与生活居住区分区，推广生态畜禽养殖模式。搞好乡镇工业小区规划及建设，引导工业企业向工业小区集中，防止厂群混居。因地制宜推广农村生活污水处理技术，提高农村生活污水处理率和资源化利用率。实施环卫进村，推行村庄垃圾集中处置，鼓励开展垃圾资源化利用。科学使用化肥农药，提倡农田灌溉水循环利用，发展生态效益农业。

(三)健全生态安全管理机制，切实维护生态环境安全。

完善生态环境动态监测网络。应用遥感、地理信息系统、卫星定位系统等先进技术，建设包括森林、水土保持、洪水、地质环境等内容的生态环境动态监测网络，建设生态环境数据库，实现信息资源共享和监测资料综合集成，提高防灾减灾跟踪水平。完善灾害预报预警系统和快速反应系统，避免和减少生态灾害造成的损失。

建立健全资源有偿使用机制和补偿机制，加快形成资源环境价格约束机制和配置机制，做到地不乱占、树不乱砍、矿不乱采、水不乱截，实现青山常绿、碧水长流、生态永存。严格执行基本农田保护政策，提升耕地质量，加大土地整理力度，优化配置土地资源。加大自然保护区建设力度，搞好生物资源调查，开展濒危动植物抢救性保护，做好外来入侵物种监管，防止入侵物种造成的生态破坏，确保省级以上重点保护野生动植物和有保护价值的典型生态系统得到有效保护。

加强林业生态体系的建设和发展，保护好"浙南林海"。保护森林，提高森林质量，强化森林生态功能，积极构建以森林为主体的绿色屏障。大力推进以人工造林、封山育林为主要内容的生态公益林建设，抓好生物多样性保护和森林公园的管理。合理规划，抓好森林生态系统自然保护区建设。

严格执行矿山开采的生态环境影响评价和地质灾害评估制度，实施《瓯江干流水生态系统保护与修复实施方案》和《丽水市湿地保护与利用规划》，启动湿地保护和瓯江干流生态系统保护工程建设，加大对湿地资源的保护和管理力度，严禁湿地的侵占和不合理利用。加大取水许可制度实施力度，改进水资源利用方式，满足经济社会发展对水资源的需求。

（四）坚持基础设施建设先行，以基础设施的网络化、一体化和现代化促进城乡人居环境生态化。

着力推进基础设施网络化、一体化和现代化，加快基础设施从初步缓解到基本适应、适度超前的转变，为城乡人居环境生态化创造条件。围绕"大交通"，积极推进金温铁路扩能提速改造和衢丽铁路建设；力争"十一五"期末县县通高速，加快实施丽水一级公路网络工程、千里国道省道干线网络工程以及康庄道路工程建设；以构筑出海大通道为目标，加快开发瓯江航运；着眼长远，积极谋划丽水机场建设。围绕"大电力"，加强电源和电网建设，推进丽水电网合理布局，形成以500KV为依托、220KV为送电主网架的电力网，以110KV为配电网架的供电网。围绕"大水利"，以确保水安全、改善水环境为目标，加快建设高标准水利工程体系和水生态环境保护体系。围绕"大森林"，统筹建设生态公益林、景观林、防护林，推进城区周边山体绿化和瓯江干流、高速公路沿线山地森林植被改造。围绕"大景区"，在扎实推进景区景点建设的同时，加快旅游基础设施特别是通景区公路建设，实现旅游交通"县县相通"、"景景相联"。围绕"大城网"，综合推进城市道路网和城市环保、公交、地下管网、燃气等设施配套，积极推进城市地下空间开发利用；继续推进以通信网建设为基础的固定电话网络、传输网络、数据网络和移动通信网络建设，扎实推进数字城管，加强治安视频监控系统建设。

以"六城联创"为突破口，扎实推进生态文明城市建设，不断改善城市面貌和人居环境。按照完善中心城市"一江双城"城市总体框架和基础设施现代化、城市形象特色化、社会秩序文明化的要求，积极推进旧城、内河和道路"三大改造"。深入研究山区城市发展与山地生态系统的关系，以山地规划的理念深化城市规划。着力提高城市规划和设计水平，在城市建设的各个环节精益求精，多建精品、多造亮点，努力形成既有鲜明丽水特色、又有强烈现代气息的城市形象。建设布局合理、生态良好、景观优美、适应现代化城市发展需要的城市绿化系统，加强古树名木、历史文物、风景名胜区保护。鼓励发展节地、节水、节能、无污染的建筑物，积极探索各种生态型居住方式。开展绿色社区创建活动，积极推广融传统园林特色和现代化技术于一体的智能化生态示范小区。以撤城关镇建办事处为推动，进一步理顺县城规划、建设和管理体制，同时稳妥推进乡镇行政区划调整。深化市域城镇体系规划，强化和完善城镇功能，加快中心镇的培育，着力塑造富有特色的生态城镇。

按照城乡一体化的要求，推动城市基础设施向农村延伸、城市公共服务向农村覆盖、城市现代文明向农村辐射。把新一轮村庄整治建设工程作为龙头工程，结合村庄布局调整，扎实推进中心村建设和生态农居建设。协调推进统筹城乡发展的各项配套工程，促使乡村康庄道路、万里清水河道、千万农民饮用水、万塘除险、千库保安、万户农民沼气、农民健康等工程建设取得更大成效，不断改善农村生产、生活、生态环境。开展生态文明村创建活动，既要着力改善农村人居环境，又要促进农村的田园风光、乡土气息和现代文明融为一体，整体推进农村新社区建设。

五、弘扬生态文化

建设生态文明不仅要体现在发达的生态经济、良好的生态环境上，更要大力弘扬生态文化，不断增强文化软实力。

（一）树立生态文明观念，强化公众的生态保护意识。

开展国民生态教育。引导公众树立人与自然和谐发展的思维方式和价值导向，强化公众的环境价值观、道德观、伦理观。培育、建设企业生态文化，增强企业家的社会责任感，促进企业生产方式转变。积极培育社会生态文化，加快创建绿色政府、绿色学校、绿色社区、绿色医院、绿色饭店等各种绿色实体。把生态环保教育作为学生素质教育的一项重要内容，努力培养具有生态环保意识的一代新人。将生态环保知识列入党政干部教育培训计划，提高党政干部的生态文化素质。坚持计划生育基本国策，稳定低生育水平，提高健康水平和人口素质。

以培育绿色消费模式为目标，引导和规范生产消费行为。引导和鼓励企业开发生态产品，合理营销、适度包装；引导和鼓励公众使用资源节约型产品，推行垃圾分类回收，全面治理"白色污染"。开辟低成本无污染的食品运输"绿色通道"，建设"放心市场"和"放心店"；健全农林水产品和食品安全、卫生、病害的监控体系，从生产、流通、消费、监管等环节推进"食品放心工程"。加强生态公益广告宣传，倡导科学、健康、环保的消费观念和消费模式。

健全公众参与机制，充分调动广大群众参与生态文明建设的积极性，充分发挥每个家庭、每个公民在节约资源和保护环境方面的积极作用。完善社会监督和信息公开机制，适时公布环境信息。

(二)深化绿谷文化和民间艺术之乡建设，逐步构建独具魅力的区域文化风格。

围绕丰富和发展山水古文明，不断深化绿谷文化建设和民间艺术之乡建设。对瓯江流域文化以及摄影文化、巴比松油画文化、石雕文化、剑瓷文化、黄帝文化、好川文化、廊桥文化、畲族文化(含畲医药文化)、华侨文化、香菇文化等丽水特有的文化元素，要加强研究和整合、开发、利用，促使文化资源优势优化重组，构建丽水的特色文化。与此同时，着力抓好特色文化品牌建设，以特色节庆活动为载体拉长文化链、提升文化力。

加强历史文化遗产的挖掘、保护和利用。全面贯彻“保护为主、抢救第一、合理利用、加强管理”的文物保护方针，加快编制国家级、省级文保单位，历史文化名城、历史文化保护区和地域性文化遗存保护规划。挖掘和发展名人文化，突出对历史名人思想、业绩、生平的研究，使之成为重要的文化元素。加强民族民间艺术生态保护，重点保护和发展景宁畲族原生态文化保护区、青田龙现村中国首个全球重要农业文化遗产项目保护区、遂昌好川古文化生态保护区、松阳高腔和庆元二都戏保护区、龙泉青瓷艺术保护区、青田石雕艺术保护区等。积极组织申报国家级和省级非物质文化遗产项目，在加强资源普查的基础上，力争列入国家非物质文化遗产代表作名录的项目有新的突破。

发展文化产业，促进文化与经济融合。深化文化体制改革，进一步解放和发展文化生产力，优化文化产业结构，促使民营文化企业健康发展，新兴文化业态快速壮大。构建现代文化市场体系，培育一批具有较强综合实力和创新能力的文化企业、一批具有自主知识产权和核心竞争力的文化品牌、一批具有集聚效应和产业特色的文化产业区块、一批文化产业的战略投资者。继续推进木制玩具、古堰画乡、青瓷宝剑、石雕等文化产业示范基地建设，支持发展文化创意产业。积极引导和推动文化与传统产业的融合，大力发展产业文化、企业文化、品牌文化，提升丽水经济发展的文化内涵。推动文化“走出去”，积极促进文化交流、合作和贸易。

研究开发红色文化。组织开展党史胜迹普查，切实加强对重要党史胜迹特别是濒危胜迹的保护，并有计划、有重点地加以开发利用，使其成为爱国主义教育基地和红色旅游景点，努力建设党史工作强市。

(三)坚持文化为民、文化惠民，不断满足人民群众日益增长的精神文化需求。

加强生态文明建设的人才培养。在高标准、高质量普及十五年教育基础上，大力发展高等教育，提升丽水学院、丽水职业技术学院的办学水平；积极发展职业教育和成人教育，扎实推进技能培训、社区教育、百万农民素质培训工程、百万职工双证制教育培训，培养丽水发展急需的各类人才；根据生态文明建设需要，通过各种途径、各种形式，加大人才引进力度。

以促进基本公共服务均等化为导向，努力缩小与省内发达地区的基本公共服务差距。继续强化教育基础设施建设，优化教育资源配置；以人人享有基本医疗卫生服务为目标，大力加强农村卫生、公共卫生、社区卫生，大力提升医疗卫生设施水平；加快建立覆盖城乡居民的社会保障体系，保障人民基本生活。按照合理布局、优化结构、突出重点的原则，强化丽水中心城市的文化集聚和辐射功能，着重抓好一批区域性、群众性文化基础设施的建设。以具备省运会承办能力为目标，统筹市区和各县(市)运动场馆的规划与建设。统筹城乡社会公共文化阵地建设，抓好农村广播电视村村通、文化信息资源共享等农村重大公共文化服务工程的实施，以农村“文化名村”创建促进农村文化事业全面发展，加快培育一批文化示范社区、文化示范村和文化示范户，保障人民群众的基本文化权益。

六、近五年的工作举措和保障措施

2008—2012 年，是丽水生态文明建设的第一阶段。为使生态文明建设开好局、起好步，在今后五年中，必须重在建设、重在推进、重在实效，并采取切实有效的保障措施。

(一)积极推进五大生态建设工程。

五大生态建设工程是确保生态文明建设顺利推进的重要载体，均为在提高区域可持续发展能力中起关键作用的工程项目。总计 244 个项目，总投资约为 1577 亿元，近五年投资 1182 亿元。必须推进项目政策创新、项目服务创新、项目前期创新、项目机制创新，使其能够早日竣工、早日见效。

生态产业工程，目的是为了充分发挥区域生态优势，建设具有丽水特色的生态经济和循环经济体系，形成节约能源资源和保护生态环境的产业结构和经济发展方式。工程主要包括生态农业、生态工业和以生态旅游业为龙头的现代服务业三大类，内容涉及高效生态农业基地建设、山海协作与特色产业提升、重点开发区基础设施及功能平台建设、低丘缓坡综合开发、开发园区生态化改造、风景区建设、市场改造提升以及物流网络构建等，其中市本级近五年的建设重点之一是要建设好瓯陆风情园、民族工业园、农业科技园。共计 23 个项目，总投资约 332 亿元，近五年计划投资约 309 亿元。

生态集聚工程，目的是使人口分布密度、经济密度和自然生态系统的承载能力有机结合，实现协调发展。工程主要包括高山远山、重点库区、地质灾害隐患点农民异地转移和农民培训工作。共计 11 个项目，均为近五年投资，计划投资约 57 亿元。

生态设施工程，目的是强化环境基础设施支撑，打造生态人居环境，建设资源节约型和环境友好型社会。工程主要包括能源网、交通网、水利网、信息网、环境整治和生态安全体系等。共计 138 个项目，总投资约 1033 亿元，近五年计划投资约 676 亿元。

生态涵养工程，目的是协调自然生态系统构成要素间的关系，增强生态涵养和生态服务能力。工程主要包括生态修复、资源可持续利用和生态林建设等。共计 11 个项目，总投资约48亿元，近五年计划投资约42亿元。

生态文化工程，主要着眼于提高全民生态文明素养，培育先进文明的生活方式和消费模式。工程主要包括绿色实体创建、民族民间文化保护、公共服务和社会事业基础设施建设等三大类。共计61个项目，总投资约107亿元，近五年计划投资约99亿元。

（二）统筹“五个在丽水”建设。

建设“五个在丽水”，最终是为了打造魅力丽水、活力丽水，这是促使生态优势转化为竞争优势的必经之路。在这个过程中，要以精品精致的理念注重培育特色，谋求在特色上取胜，有计划地推出一批生态花苑、绿色餐饮、休闲山庄、旅游景点、“创业之星”。

居住在丽水，主要依托城市功能、素质和品位的提升，把丽水建设成独具魅力、最适宜人居的宜居城市。近期，重点要推进中心城市旧城、道路、内河“三大改造”，优化城市市政公用设施布局，并完善城乡基础设施网络体系，拓展城镇发展空间；要突出城市山、水、林特色，强化环境综合治理，构建傍山滨水景观体系，建设人与自然和谐共处的生态型住宅小区；要按照“林之洋、花之海”的理念推进城市绿化美化，加强“花园社区”建设；要健全住房保障体系，加快建设一批经济适用房、拆迁安置房和农民公寓，着力解决城市中低收入家庭的住房困难，确保市民安居乐业。

饮食在丽水，主要依托丽水丰富的绿色农产品，融合浙西南山区特有的饮食民俗、饮食文化，着力打造集绿色、民俗、文化为一体和色、香、味、型、养俱佳的丽水美食品牌，让人们在丽水吃出放心、吃出美味、吃出文化。近期，重点要策划、包装、开发并推出丽水菜系，通过丽水特色的名菜、名点、名小吃系列评比或风味美食节等形式，打响“处州菜”品牌；要大力挖掘和开发农家乐乡土特色餐饮，鼓励推陈出新；要以创建中国优秀旅游城市为契机，建设特色饮食街区和特色饮食点；要充分利用丽水的天然资源，建设天然保健饮品和食品生产基地。

休闲在丽水，主要依托“天然氧吧”的生态优势，以休闲养生为主线，加大休闲资源的整合开发力度，使人在感受丽水、亲近自然中放松心情、陶冶情操。近期，重点要通过倡导休闲理念、开发休闲设施来培育休闲功能，并继续推进“艺术之乡、浪漫之都、休闲胜地”城市特色定位的有形化；要注重地域文化与消费时尚的结合，创新休闲模式，突出个性化休闲服务，并加快休闲度假龙头产品的建设。

旅游在丽水，主要依托特色鲜明的山水、生态、文化旅游资源，打响“山水古文明、丽水好风光”的旅游品牌。近期重点要加快旅游景区景点建设、通景区公路建设，打造强势旅游区点，构建精品旅游线路，营造出让游客感到有地方玩、玩得开心、玩得安心的旅游环境；要不断提升丽水旅游的市场知名度，实现旅游业态向生态游、休闲游、会展游“三位一体”转型，加快实现丽水从全省旅游资源优势区向全省旅游产业优势区的转变。

创业在丽水，主要依托多渠道、多形式培育创业主体，激发和保护创业热情，使丽水成为想创业者敢创业、会创业者能创业、善创业者创成业的一方热土。近期，重点要通过“创业之星”评选等形式，推出一批“走出去”创业、“引进来”创业和立足于本地创业的典型，对创业有成的带头人要予以表彰，营造浓厚的创业氛围；要构建创业服务平台，鼓励农民、下岗失业人员自主创业、民营企业扩张创业、个体业主二次创业、外出经商务工人员返乡创业；要完善创业的多元化投入机制，并通过风险投资、创业援助等扶持政策，支持科技型中小企业和新兴领域创新创业。

（三）保障措施。

1. 强化组织领导和科学决策。在中共丽水市委、丽水市人民政府的统一领导下，对生态文明建设的重大事项进行统一部署、综合决策，协调部门、地区之间的行动。落实严格的责任制和考核制度，实行党政一把手亲自抓、负总责，建立部门职责明确、分工协作的工作机制，把生态文明建设工作实绩作为干部综合考核的重要内容。建立生态文明建设决策咨询、听证制度，推进环境与发展综合决策，在作出发展和建设的重大决策时优先考虑生态环境的承载能力，切实开展政策环评、规划环评等战略性环评，对重大建设项目严把环评关，对可能产生破坏性环境影响的重大决策和重大建设项目实行环保一票否决。加强相关规划的协调、衔接，使生态文明建设的理念贯穿于区域发展各项规划。

2. 强化改革创新和制度保障。着力转变不适应不符合科学发展观和建设生态文明的思想观念，通过深化要素配置市场化、行政管理体制、投融资体制、集体林权等领域的改革，完善与国家生态环境政策相一致，与丽水现阶段经济社会发展水平相符合，涵盖产业、财政、税收、金融、土地、人口、环境等方面，有利于加快丽水生态文明建设的综合政策体系。要使鼓励发展的政策和鼓励节能减排的政策有机融合，重点要制定或完善符合丽水生态产业发展定位的产业导向政策；向低丘缓坡、改造提升、区划调整、规划修编等四个方面要空间，促进集约用地、节约用地的土地利用政策；引导、鼓励下山脱贫的异地转移政策；破解要素制约的政策；差别化管理的环境政策，特别是旨在防止和遏制破坏性经营的刚性约束政策、有利于快速恢复生态植被的资源补偿性政策，等等。同时，要发挥价格杠杆作用，建立企业节约能源资源、保护环境的激励机制和降低消耗、减少污染排放的约束机制。

3. 强化科技支撑和投入支持。围绕生态文明建设及其特色优势产业发展的要求，制订和实施自主创新能力提升行动计划。坚持走开放型科技发展道路，加强科技合作攻关与引进应用。加快区域科技创新服务中心、科技企业孵化器、企业研发中心、技术市场和科学中介组织建设，强化企业技术创新主体地位，充分发挥院校所和科技人才的作用，构建市场导向、产学研结合、借力发展的区域科技创新体系。努力营造浓厚的科技创新氛围，加大全社会特别是企业主体的科技投入力度，积极组织开展生态文明建设前瞻性问题的研究与攻关，大力开展科技成果应用与转化，加强知识产权创造、应用和保护，强化自主品牌和标准化建设，提高生态经济的科技含量、市场核心竞争力。建立稳定增长的财政投入机制，把环保投入作为公共财政支出的重点。建立和完善多元化融资渠道，积极探索市场化多元投入的路子，善于用足、用好、用活政策。对于政府性投资项目，应集中财力，加大投入，确保重点。同时，充分利用华侨优势，坚持以侨引侨、以侨引外，广泛争取华侨和外商来丽水投资兴业或设立各种形式的生态文明建设基金。

4. 强化生态法治和全民参与。把生态环境保护纳入法治化轨道，依法实施生态环境管理，严格执行环保法律法规和有关的政策、标准、技术体系，严肃查处各种环境违法行为和生态破坏现象。切实解决群众反映强烈的环境问题，决不允许危害群众利益的环境违法者逍遥法外。深化机关效能建设，推进政府职能转变，进一步强化政府责任，切实做到推动经济发展和依法保护环境两手都要硬。促使生态文明观念在全社会牢固树立，强化生态文明建设人人有责的社会意识。完善社会监督管理体制，维护群众的知情权、参与权和监督权。建立健全公众参与机制，加强基层社会单元的生态环保工作，为各种社会力量参与生态文明建设搭建平台。广泛开展生态文明和环保科普宣传教育，弘扬生态文化，倡导生态文明，营造全社会关心、支持、参与生态文明建设的良好氛围。

附：《丽水市生态文明建设纲要》近期项目推进表（略）

中共庆元县委
关于扎实推进生态文明建设巩固“中国生态环境第一县”建设成果促进经济社会又好又快发展的决定

（2008 年 9 月 28 日中国共产党庆元县第十二届委员会第六次全体会议通过）

庆委〔2008〕30 号

为认真贯彻党的十七大精神，全面落实科学发展观，深入实施省委“两创”总战略和市委生态文明建设战略部署，全面巩固“中国生态环境第一县”建设成果，把我县生态文明建设推向一个新的高度，推进生态文明与物质文明、政治文明、精神文明同步协调发展，全力构建浙南闽北边际区域中心，现就推进生态文明建设作出如下决定。

一、深刻认识推进生态文明建设的重要意义

1. *生态文明建设是贯彻党的十七大决策部署的必然要求。*党的十七大首次明确提出建设生态文明的战略要求，并与物质文明、政治文明、精神文明共同构成我国社会文明进步的重要目标。这是我们党在对现代化建设规律和人类文明发展趋势深刻把握的基础上作出的战略决策，是中国特色社会主义理论体系的一大创新和执政兴国理念的新发展，是全面建设小康社会的必然选择，也是建设和谐社会理念在生态与经济发展方面的升华，是生态建设的新目标。党的十七大为我县深入实施“三三战略”，建设生态文明，构建区域中心，探索和实践生产发展、生活富裕、生态优良的文明发展道路指明了方向，注入了强大的精神动力。

2. *生态文明建设是全面贯彻落实科学发展观的应有之义。*生态文明是建立在先进生产力基础上的文明形态，是人类对传统文明形态特别是工业文明进行深刻反思的成果，是人类文明形态和文明发展理念、道路和模式的重大进步。建设生态文明，是全面建设小康社会的新目标，是贯彻落实科学发展观的新要求。生态兴则文明兴，生态文明的兴起是不可逆转的科学发展的潮流。对于庆元这样一个以生态优势为最大优势、以加快发展为最大任务的欠发达县来说，建设生态文明与贯彻落实科学发展观和构建社会主义和谐社会本质上是一致的。都是以可持续发展为基本原则，通过建设资源节约型、环境友好型社会，在正确处理生态环境保护与经济发展关系的基础上实现节约发展、清洁发展、安全发展。都是要促进人与自然、人与人、人与社会和谐共生、良性循环、全面发展、持续繁荣，在全面建设惠及全县人民的小康社会的进程中提高人民群众的生活水平和生活质量。

3. *生态文明建设是提升区域综合竞争力，推进经济社会又好又快发展的现实需要。*区域发展既竞争又合作的新格局逐步形成，对我县的竞争优势提出了新要求。建设生态文明，有利于把我县潜在的生态优势转化为区域竞争优势。作为欠发达县份，我县既是浙江全面建设小康社会的重点和难点地区，面临“赶越”和“补课”的双重任务。同时，我县也是浙江发展的潜力点之一，优质的生态，丰富的资源，良好的环境，将成为浙江新的经济增长点的后发优势。人们对高品质生态环境的需求快速增长，生态环境优势将逐步显现，成为推进区域快速发展的重要依托。这就要求我们把建设生态文明作为破解发展和保护、速度和效益、规模和质量等问题以及转变经济发展方式的必然选择。因此，要实现我县经济持续快速协调健康发展，必须进一步促使生态建设与经济发展相协调，经济社会发展与人口、资源、环境相协调。庆元的发展品牌在生态、形象在生态、潜力在生态、希望也在生态。必须牢固树立高品质生态环境就是稀缺要素和重要生产力的理念，提高庆元的“生态含金量”，增强对新型生产要素的吸引力、集聚力，加快把庆元建设成“长三角”和“海西”重要的绿色农产品基地和独具魅力的生态文化旅游休闲胜地，彰显“中国生态环境第一县”的效应，进一步提升区域综合竞争力。

二、推进生态文明建设的指导思想、基本原则和目标任务

4. 推进生态文明建设的指导思想。高举中国特色社会主义伟大旗帜，认真贯彻党的十七大精神，坚持以科学发展观为统领，以省委“两创”总战略为指导，全面落实《丽水市生态文明建设纲要》，紧紧围绕与全市同步基本实现全面小康、基本实现现代化的发展规划，深入实施“三三战略”，充分发挥庆元的区域特色和生态优势，解放思想，与时俱进，开拓创新，发展生态经济，优化生态环境，弘扬生态文化，促进经济效益、社会效益和生态效益的有机统一，全面巩固“中国生态环境第一县”建设成果，全力构建浙南闽北边际区域中心，推进经济社会又好又快发展，促进全县人民的生活品质不断提高，全面实现县第十二次党代会提出的奋斗目标。

5. 推进生态文明建设的基本原则。一是坚持经济建设和生态建设的有机统一。以经济建设为中心，尊重经济社会发展规律和自然规律、生态规律，努力以最小的资源环境代价谋求经济社会的最大发展，以最小的社会、经济成本保护资源和环境，坚持在科学发展中促进科学保护、在保护生态中实现新的发展。加快经济转型升级，坚持走科技含量高、经济效益好、资源消耗低、环境污染少、人力资源优势得到充分发挥的新型工业化道路，促进生态与经济良性互动。二是坚持创新发展、借力发展和可持续发展的有机统一。跨越发展的动力是创新，要不断强化与生态文明建设相适应的科技创新、文化创新和体制机制创新。充分发挥我县的生态优势，在更大范围、更广领域、更高层次上借力发展，在全方位开放中形成内生性、内源式发展动力。注重经济社会发展与人口、资源、环境相协调，不断增强可持续发展能力。三是坚持优化生态环境与经济社会发展环境全面优化的有机统一。必须突出生态环境保护，进一步打响“中国生态环境第一县”品牌。必须突出政策环境、服务环境、法治环境和诚信环境的全面优化，在更高水平上为经济社会发展提供有力的环境支撑。四是坚持统筹规划、整体推进和分类指导、重点突破的有机统一。按照全面建设惠及全县人民的小康社会以及城乡统筹、区域统筹的要求，着眼于优化人口、生产力布局，依据生态功能分区，提出相应的建设重点和工作要求，重点突破，分类指导，分步实施，循序渐进，提高针对性和有效性。五是坚持政府引导与市场主导、公众参与的有机统一。生态文明建设涵盖生产生活方式、文化价值观、社会结构等方方面面，必须充分发挥政府的组织、推动、引导作用。要充分运用市场机制，发挥企业和社会组织的积极性与创造性。要广泛开展可持续发展理念和生态文化教育，营造全社会共建共享的良好氛围，不断开创庆元生态文明建设新局面。

6. 推进生态文明建设的目标任务。通过五到十年的努力，“中国生态环境第一县”品牌地位更加牢固，品牌影响力更加深远，生态环境质量继续保持全国领先地位，形成节约资源能源和保护生态环境的产业结构、增长方式、消费模式以及集约、高效、持续、健康的社会——经济——自然复合生态系统，实现经济社会发展与人口、资源、环境的良性循环，经济实力不断增强，生态文明观念深入人心，全面建成全国生态文明建设先行区和示范区，物质文明、政治文明、精神文明与生态文明全面进步。

到2012年，初步形成以优势自然环境为依托，以生态环保型产业为主体的生态经济形态。在全面完成县第十二次党代会和2008年创建省级生态县各项目标任务的基础上，力争实现全国卫生、文明县城和国家级生态县创建目标，全县有80%的乡镇基本达到全国环境优美乡镇的建设要求，浙南闽北边际区域中心建设取得阶段性成果。到2017年，在全面实现国家级生态县创建目标的基础上，基本实现人口、资源、环境与经济社会协调发展，单位生产总值能耗、主要污染物排放总量进一步削减，生态环境质量继续保持全国领先水平，形成以生态产业为主体的高效生态经济体系。到2020年，与现代化同步，基本实现物质文明、政治文明、精神文明与生态文明全面进步，实现人与自然、人与人、人与社会的和谐共生，展现富强、民主、文明、和谐的庆元新风貌。

三、以“中国生态环境第一县”战略品牌引领生态环境建设

7. 坚持“生态立县”战略，功能分区推进生态县建设。坚持以科学发展观为统领，立足欠发达的最大县情，坚持“生态立县”战略不动摇，充分利用庆元最大的生态优势，以生态的理念发展经济，以经济的理念保护生态，着力把生态资源转化为生态资本，把生态优势转化为经济优势，坚定不移地走生产发展、生活富裕、生态优良的文明发展新路，全面推进生态县建设。根据资源禀赋、环境容量、生态状况等要素，按照“整体规划、功能分区，中心集聚、轴线扩张，据点开发、以点带面”的思路，认真制定生态功能区规划，重点发展西部低海拔地区，科学开发东部高海拔地区。明确不同区域的功能定位和发展方向，将区域经济规划和环境保护有机统一起来，分别进行优化开发、重点开发、限制开发和禁止开发，逐步形成中心城市发展区、西北城镇发展区、西南工业边贸区、百山祖生态旅游发展区和东部生态建设区五大区域。着力推进产业结构调整，优化产业空间布局，形成各具特色的发展格局。东部高海拔地区是庆元生态保护和建设的重点区域，是浙江省乃至华东地区生态屏障的核心部分，要加快生态保护的规划与实施，适时调整行政区划，积极推进人口内聚外迁，重点发展高效生态农业和生态休闲旅游业。西部低海拔地区是人口与经济集聚发展区域，要增强要素供给和功能保障，加快人口和要素集聚，形成“一城、一区、二镇”的空间布局结构。

8. 强化生态建设抓手力度，永葆青山绿水和资源永续利用。要以战略的眼光、前瞻的思维、创新的思路和举措，加快推进创业菇乡、活力庆元、宜居菇城、天然氧吧这一具有现代生态文明特征的浙南闽北边际区域中心建设。一是要继续深入实施生态农业、生态工业、生态林业、生态城市、生态旅游、生态环保每年10个重点项目的生态建设"610"工程。二是要进一步深入实施生态保护五大举措。开展清洁母亲河行动和生态河道建设，加强水流域综合治理和水资源保护，把一江清水送出庆元；加强对沿溪、沿路、沿景地区的绿化，推进生态交通建设，形成百里旅游景观绿色长廊；大力培育与发展生态公益林、用材林、笋竹两用林和景观林，开展田间地头和房前屋后绿化，推进生态林业产业化进程；积极实施生态移民工程，减轻农村居民生产、生活对自然资源和生态环境的压力；依托生态优势，在发展中实现保护，在保护中加快发展，大力发展生态经济。三是要转变经济发展方式，调整产业结构，大力发展和引进非资源型产业，强化企业创新能力，促进传统产业优化升级，促进节能减排和清洁生产。

9. *强化生态环境综合整治，着力增强生态服务功能。*着眼于从总体上控制污染和保护生态环境，促进产业合理布局，从源头上解决区域性、结构性和行业性的污染问题。根据环境资源承载能力，制定和实施符合庆元实际的产业准入制度，加快发展方式转变，推进产业结构调整，努力构建低消耗、少排放、能循环、可持续的产业体系。力争到2012年，工业废水排放达标率达到100%，主要污染物COD排放总量和二氧化硫排放总量实现控制目标。以"三江源保护工程"为龙头，采取封山育林、退耕还林还草等生态修复措施，增加植被覆盖，防治水土流失，增强水源涵养。依托全省"811"环境保护新三年行动这个载体，强化县城污水处理配套管网和中心镇污水处理项目等环境基础设施建设，力争在"十一五"末建成日处理污水能力达15000吨的县城污水处理厂，实施雨污分流。积极实施燃煤锅炉脱硫工程，最大限度地削减污染物排放量。加大城乡水污染治理和固体废弃物处理力度，推行排污许可证制度，提高城市生活污水、生活垃圾和医疗垃圾的集中处理率和无害化率。加大农村环境综合整治力度，大力开展农村生态示范创建工作，深入推进农村环境"五整治一提高"，协调推进城乡环卫一体化。

10. *优化空间布局和人口集聚，促进人口资源环境协调发展。*坚持规划共绘、设施共建、产业共兴、资源共享、文化共融、环境共护的原则，全面优化生态城乡空间布局。以"小县大城"理念为指导，以生态环境功能区规划为引领，规范规划编制程序，加强主体功能区规划、县域总体规划、城市总体规划、土地利用总体规划和各类涉及空间布局的专项规划的相互衔接和协调，从更高层面、更宽视野来考虑城乡架构、产业分布和功能配套，优化城乡生产力和人口布局。立足于区域特点、产业特色、文化特征，按照空间布局合理化、土地利用集约化的要求，加快重点镇、中心村建设，稳妥推进小型村合并，大力推进下山脱贫农民新村建设、地质灾害避险小区建设、自然村缩减、空心村拆除，切实保护特色村、生态村和文化村，促进人口内聚外迁，与资源、环境协调发展。

11. *健全生态安全管理机制，切实保障生态环境安全。*建立和完善森林、水土保持、洪水、地质环境等生态环境动态监测网络，建设生态环境数据库，实现信息资源共享和监测资料综合集成，提高防灾减灾跟踪水平。完善灾害预报预警系统和快速反应机制，避免和减少生态灾害造成的损失。严格执行基本农田保护政策，优化配置土地资源。加强林业生态体系建设和发展，防止入侵物种造成的生态破坏，严防动植物疫情和病虫灾害，加强森林公园管理和森林生态系统建设。严格执行矿山开采的生态环境影响评价和地质灾害评估制度，加大取水许可制度实施力度，改进水资源利用方式，满足经济社会发展对水资源的需求。

12. *全面推进生态城市建设，促进城乡人居环境生态化。*按照"集约发展、和谐发展、可持续发展"的理念，着力提高城市空间的经济效益、社会效益和生态效益，建设生态环境优美、文化特色鲜明、生活品质优良、城在景中、景在城中的山水城市。坚持便捷通达、古朴典雅、精品精致、山水相依原则，加快推进出境通道、城市街道和景区道路建设，为城市、产业两大平台发展创造便捷畅达环境；加快推进旧城改造、城市园林、城市景观建设，完善城市功能，推进基础设施网络化、一体化和现代化进程，进一步提升集聚能力，使县城成为浙南闽北边际区域中心战略的主战场。以人为本理顺城市管理体制，推进"数字城管"建设，积极创建国家级卫生、文明县城。按照大景区理念和旅游接待中心的要求，在城市建设和管理中彰显"中国生态环境第一县"、"中国廊桥之乡"和"中国香菇城"的特色，着力提升城市品位，为城乡人居环境生态化创造条件。

按照城乡一体化的要求，推动城市基础设施向农村延伸、城市公共服务向农村覆盖、城市现代文明向农村辐射。以新一轮村庄整治建设工程为龙头，结合村庄布局调整，扎实推进重点镇、中心村建设和生态农居建设。协调推进统筹城乡发展的各项配套工程，促使乡村康庄道路、万里清水河道、千万农民饮用水、千库保安、户用沼气、农民健康等工程建设取得更大成效，不断改善农村生产、生活、生态环境。充分融合田园风光、自然景观和现代文明气息，积极开展生态文明乡镇、生态文明村创建活动，着力改善农村人居环境，扎实推进新农村建设。

四、以生态产业化理念发展经济，扎实推进产业生态化进程

13. *大力发展生态工业，着力培育区域特色产业。*用循环经济理念指导区域产业转型升级，突出走新型工业化道路。合理布局生产力，建立起以先进适用技术和高新技术为支撑，具有较强科技创新和国内外市场竞争能力的生态环保型、技术创新型、规模效益型工业体系。按照"统一规划、专业集聚、资源共享、整体优化"的原则，结合土地利用规划和县域建设总体规划，着力打造"四镇一区"工业走廊。切实增强园区综合服务功能，提升集聚发展能力，形成有竞争力的产业集群。大力推进低丘缓坡开发，努力突破工业用地瓶颈。进一步加大外向型经济推进力度，实现外资利用新突破，构建区域合作和对外贸易新格局。大力发展毛竹等资源再生周期短、生态修复快、资源利用率高、环境压力小的生态产业，推进产业结构调整。加大工业技改投入，积极鼓励企业应用现代信息、环境保护等先进技术，进行技术改造和新产品开发。深入实施品牌战略、标准化战略和知识产权战略，培育自主品牌，提高核心竞争力，提升产业层次，培育一批具有较强自主创新能力的现代企业。大力发展高新技术产业和生态环保产业，形成工业发展的后续新兴产业。鼓励企业围绕主导产品，强化上游的设计和下游的品牌营销，推进产业对接和配套协作，促进块状经济向创新型产业集群转变。大力发展循环经济，推广应用节能降耗、污染治理的新技术、新产品和新工艺，加快淘汰落后产能和装备，积极落实节能减排政策措施，严格控制污染物排放，推进清洁生产，提高资源综合集约利用水平。

14. 大力发展生态农业，着力打造绿色农产品基地。坚持农业资源综合开发利用和生态环境保护相统一，积极探索适合区域自然条件和经济发展要求的生态农业模式，大力发展效益型农业，推进农业产业化，力争使我县成为“长三角”和“海西”重要的绿色农产品基地。充分发挥东部高海拔地区的生态环境优势，深入推进食用菌、毛竹、茶叶、水干果、高山蔬菜、生态养殖等特色种养业的基地化、规模化、标准化、品牌化、市场化生产，推进农业优势主导产业升级，提升农业产业的质量和效益。加强质量安全监管，减少农业面源污染，健全产品质量标准和检测体系，打响无公害、绿色、有机农产品“庆元制造”品牌。加快建立优势生态农产品布局体系，因地制宜发展休闲观光农业。积极培育农业龙头企业和农民专业合作社，加快农产品加工基地建设，培育一批发展潜力大、带动力强、市场化程度高的农业龙头企业，大力发展专业大户、农民专业合作社和农产品行业协会等农村中介组织，拓展农产品交易市场，以工业化的理念推进贸工农、产供销、农科教一体化经营，提升农业产业化经营水平。扶持和鼓励农业企业到大中城市设立农产品专卖店、直销店、连锁店，扶持农产品进超市，提高我县农产品的市场知名度和竞争力，着力建设长三角地区生态“菜篮子”。

15. 大力发展生态林业，着力推进兴林富民工程。按照林业分类经营的要求，以建立比较完备的林业生态体系和比较发达的产业体系为目标，以实现森林资源持续增长、生态功能逐步增强为根本出发点，以营造生态公益林为中心，以建设“三江源”绿色屏障为重点，强化森林资源保护，积极发展效益林业，推进林业产业化进程。推进以林富民、以林促工、以林兴旅、以林美居、以林减排，深入实施“兴林富民”示范工程。依托庆元丰富的生态植物种质资源优势，以经济社会发展对林产品多样化需求为导向，强化自然保护区建设，大力发展木业、竹业、森林食品、森林旅游、中药材、种苗花卉等林业产业。封管育多措并举，使育林、养林、赏林、用林协调推进，有机循环，进一步提升林业的景观价值和生态效益。抓好林业产业市场主体培育，积极推动森林食品(产品)及基地认定。深化林权制度改革，创新林业经营方式，推进林业资源优化配置和林业产业结构调整，促进林农增收。

16. 大力发展生态旅游业，着力构建现代服务区域中心。牢固树立“大景区”理念和“卖生态”理念，充分发挥我县得天独厚的生态环境、自然景观和历史人文资源优势，积极整合旅游资源和要素，构建以大景区为核心的旅游市场体系，形成独具特色的旅游功能区。以生态观光、文化访踪、休闲度假为主题，全力打造“东部高原、三朝文化、神奇菇乡、梦幻廊桥”四大品牌。以大景区理念科学规划和深度开发百山祖、巾子峰、大济村、双苗尖等特色景点。加强非物质文化遗产保护和旅游因素挖掘，加快景区道路建设和绿化，丰富“菇城一日游”的文化内涵。完善基础设施和吃住行、娱游购等配套服务体系，深入实施星级酒店等大景区、大配套、大服务项目建设，努力形成“特色鲜明、精品一流”的旅游产品和特色街区，大力发展“农家乐”休闲旅游，加强旅游行业规范化管理，提升从业人员素质和服务水平，实现资源优势——产品优势——产业优势——经济优势的转变，努力打造华东区域性生态文化旅游休闲胜地。大力发展金融、创意、信息、咨询、物流、电子商务等现代服务业，不断提高现代服务业的比重和发展水平，努力打造现代服务区域中心。

五、大力弘扬菇乡生态文化，切实增强区域竞争软实力

17. 树立生态文明理念，强化公众的生态保护意识。开展国民生态教育，引导公众树立人与自然和谐发展的思维方式和价值导向，强化公众的环境价值观、道德观、伦理观。积极培育企业生态文化，增强企业家的社会责任感，促进企业生产方式转变。积极培育社会生态文化，加快创建绿色政府、绿色学校、绿色社区、绿色医院、绿色饭店等各种绿色实体。把生态环保教育作为学生素质教育的一项重要内容，努力培养具有生态环保意识的一代新人。将生态环保知识列入党政干部教育培训计划，提高党政干部的生态文明素质。健全产品食品安全卫生监控体系，倡导科学、健康、环保的消费观念和消费模式，引导和规范生产消费行为，鼓励企业开发生态产品。健全公众参与机制，充分调动广大群众参与生态文明建设的积极性。完善社会监督和信息公开机制，适时公布环境信息。坚持计划生育基本国策，稳定低生育水平，提高人口素质和健康水平。

18. 挖掘菇乡文化内涵，构建独具魅力的文化风格。围绕庆元山水特色，高起点推动生态文化的创新、发展和繁荣，增强文化软实力。立足庆元改革发展的生动实践，丰富内容和形式，创作文化精品，扎实推进菇乡生态文化建设，积极探索文化、生态、旅游相互促进的文化产业发展路子。大力挖掘、整理和研究香菇文化、廊桥文化、红色文化、筷子文化、刀剑文化的生态元素，加强文物档案和木拱廊桥建筑技艺、二都戏、香菇砍花法、庆元方言等文化遗产的保护与传承，丰富“中国生态环境第一县”的内涵，增强文化特色，丰富文化底蕴。广泛开展文化创建和展示活动，着力丰富城乡居民的精神文化生活，以生态文化软实力促进区域竞争力的发展。注重农村文化阵地建设，完善公共文化设施和服务体系。深化文化体制机制创新，大力扶持生态公益性文化事业发展，鼓励社会力量发展文化事业和文化产业。大力开展生态文化宣传，推动文化“走出去”，努力构建全县人民创新创业的精神家园。

19. *完善公共服务体系，满足群众的精神文化需求。*以促进基本公共服务均等化为导向，努力缩小与省内发达地区的基本公共服务差距。继续强化教育基础设施建设，优化教育资源配置，加强生态文明建设的人才培养。以人人享有基本医疗卫生服务为目标，大力发展农村卫生、公共卫生、社区卫生事业，大力提升医疗卫生设施水平。加快建立覆盖城乡居民的社会保障体系，保障人民基本生活。按照合理布局、优化结构、突出重点的原则，强化县城和中心镇的文化集聚和辐射功能，着重抓好文化基础设施建设。统筹城乡社会公共文化阵地建设，抓好农村广播电视村村通、体育健身运动、文化信息资源共享等农村重大公共文化服务工程的实施，以农村“文化名村”创建促进农村文化事业全面发展，加快培育一批文化示范村(社区)和文化示范户，保障人民群众的基本文化权益。

六、加强组织领导，为生态文明建设提供坚强保障

20. *加强组织领导。强化组织领导和科学决策。*在县委、县政府的统一领导下，对生态文明建设的重大事项进行统一部署、综合决策。落实严格的责任制和考核制度，实行党政一把手亲自抓、负总责，建立部门职责明确、分工协作的工作机制，把生态文明建设工作实绩作为干部综合考核的重要内容。建立生态文明建设决策咨询、听证制度，优先考虑生态环境的承载能力，推进环境与发展综合决策，切实开展政策环评、规划环评等战略性评估，严把建设项目环评关，对可能产生破坏性环境影响的重大决策和重大建设项目实行环保一票否决。加强相关规划的协调、衔接，使生态文明建设的理念贯穿于区域发展各项规划。

21. *强化制度保障。*深化要素配置市场化、行政管理体制、投融资体制、集体林权等领域的改革，完善与国家生态环境政策相一致，与庆元现阶段经济社会发展水平相符合，涵盖产业、财政、税收、金融、土地、人口、环境等方面，有利于加快庆元生态文明建设的综合政策体系。制定和完善有利于生态产业发展的土地利用、农民异地转移、破解要素制约、资源补偿等导向政策。坚持“谁开发谁保护、谁受益谁补偿”的原则，充分发挥政府调控、市场调节职能和目标管理责任制考核的杠杆作用，因地制宜建立法制化、规范化的生态补偿机制，制定和完善财政生态考核绩效评价制度，切实推动我县生态文明建设步入良性循环轨道。发挥价格杠杆作用，建立企业节约能源资源、保护环境的激励机制和降低消耗、减少污染排放的约束机制。围绕生态文明建设及其特色优势产业发展的要求，强化科技支撑和投入支持，构建市场导向、产学研结合、借力发展的区域科技创新体系。建立稳定增长的财政投入机制和多元化融资渠道，组织开展生态文明建设前瞻性问题的研究与攻关，大力开展科技成果应用与转化，提高生态经济的科技含量和市场核心竞争力。

22. *强化法治规范。*把生态环境保护纳入法治化轨道，依法实施生态环境管理，严格执行环保法律法规和有关的政策、标准、技术体系，严肃查处各种环境违法行为和生态破坏现象，切实解决群众反映强烈的环境问题。深化机关效能建设，推进政府职能转变，进一步强化政府责任，切实做到推动经济发展和依法保护环境两手都要硬。完善社会监督管理体制，维护群众的知情权、参与权和监督权。

23. *强化氛围营造。*围绕生态文明建设的目标任务，组织新闻媒体大力宣传我县生态文明建设的重要意义，以及工作推进中的重大举措、辉煌成果和先进典型，适时披露不适应不符合科学发展观和生态文明建设的思想观念和落后行为，使各级干部牢固树立生态文明观念，广大群众提高生态文明素养。建立健全公众参与机制，加强基层社会单元的生态环保工作，为各种社会力量参与生态文明建设搭建平台。广泛开展生态文明和环保科普宣传教育，弘扬生态文化，倡导生态文明，营造全社会关心、支持、参与生态文明建设的良好氛围。

中共庆元县委
二〇〇八年十月七日

深化改革开放篇

中共浙江省委关于认真贯彻党的十七届三中全会精神加快推进农村改革发展的实施意见

浙委〔2008〕105号

为贯彻落实党的十七届三中全会精神和《中共中央关于推进农村改革发展若干重大问题的决定》，结合我省实际，就深入推进农村改革发展、加快形成城乡经济社会发展一体化新格局，提出如下意见。

一、新形势下推进农村改革发展的重大意义

（一）*农村改革发展30年取得的巨大成就和宝贵经验。*党的十一届三中全会以来，历届省委、省政府坚持以邓小平理论、“三个代表”重要思想为指导，深入贯彻落实科学发展观，解放思想、实事求是、与时俱进，带领全省干部群众不断推进农村改革发展，全省农村发生了翻天覆地的巨大变化。废除人民公社体制，推行以家庭承包经营为基础、统分结合的双层经营体制，放开农产品市场，发展农业产业化经营，提高农民组织化程度，取消农业税，基本形成了符合国情省情和生产力发展水平的农业经营体制，推动了农业综合生产能力的不断增强和农产品供给的日益丰富；放手发展乡镇企业和个体私营经济，积极兴办专业批发市场，大力推进小城镇建设，发展壮大县域经济，形成了“百万能人创业带动千万农民就业”的格局，走出了一条以农民为主体、工农互促共进、城乡联动发展的农村工业化、城镇化道路，推动了全省经济社会发展和现代化建设；统筹城乡区域发展，大力推进基本公共服务均等化、村庄整治建设和农村扶贫开发，着力提高农民生活质量和全面发展水平，初步形成了农民群众共享改革发展成果的格局，推动了社会主义新农村建设走在全国前列。之所以能取得这样的成就，最根本的经验是我们始终坚持把解决好“三农”问题放在重中之重的战略位置，始终坚持社会主义市场经济的改革方向，始终坚持保障农民物质利益和民主权利的基本导向，始终坚持“多予少取放活”的基本方针，充分尊重和激发农民群众的首创精神和创业创新积极性，充分发挥工业化、城市化、市场化对“三农”的带动作用，坚定不移地走农民群众共建共享的工业化、城市化、农业现代化协调推进的发展之路。

（二）*全面建设惠及全省人民小康社会和加快推进社会主义现代化必须加快推进农村改革发展。*当前，我省已全面进入以工促农、以城带乡的发展阶段，进入加快改造传统农业、走中国特色农业现代化道路的关键时刻，进入着力破除城乡二元结构、形成城乡经济社会发展一体化新格局的重要时期。我们要紧紧抓住和用好这一战略机遇期，顺利实现全面建设惠及全省人民小康社会的奋斗目标，加快推进社会主义现代化，就要更加自觉地把加快推进农村改革发展作为继续解放思想、坚持改革开放、推动科学发展、促进社会和谐的基础和重点。推进新时期的农村改革发展，既有众多有利条件，也有不少严峻挑战，特别是城乡二元结构造成的深层次矛盾日趋突出。农业生产主体、经营体制、服务体系、技术装备、基础设施和资本投入不适应现代农业发展的矛盾日益突出，转变农业发展方

式任务急迫;农村二三产业素质性、结构性矛盾加速凸显,推进农村经济转型升级任务繁重;城乡公共资源配置不均衡、生产要素流动和人口布局不合理的问题依然突出,构建城乡经济社会发展一体化体制机制要求紧迫;区域发展差距扩大和农民持续增收难度加大的问题依然突出,推进欠发达地区加快发展和促进低收入农户加快增收的任务艰巨;农村社会利益格局深刻变化,加强农村民主法制建设、基层组织建设、社会管理的任务繁多。我们要牢牢把握时代潮流、国情省情和我省发展的阶段性特征,从全面建设惠及全省人民小康社会和加快推进社会主义现代化的全局出发,深入实施"创业富民、创新强省"总战略,抓住时机,乘势而上,加快推进农村改革发展,努力开辟现代农业发展的广阔道路,奋力开创社会主义新农村建设的崭新局面,在形成城乡经济社会发展一体化新格局上继续走在前列。

二、推进农村改革发展的指导思想、目标任务和基本原则

(三)指导思想。推进农村改革发展,要全面贯彻党的十七大和十七届三中全会精神,高举中国特色社会主义伟大旗帜,以邓小平理论和"三个代表"重要思想为指导,深入贯彻落实科学发展观,全面实施"创业富民、创新强省"总战略,把统筹城乡发展作为基本方略,把建设社会主义新农村作为战略任务,把加快发展高效生态的现代农业作为基本方向,把加快形成城乡经济社会发展一体化新格局作为根本要求,以增加农民收入、保障农民权益为核心,建立健全以工促农、以城带乡的长效机制,激励农民创业创新,转变农业发展方式,壮大县域经济实力,完善农村公共服务,加快农村社区建设,扩大农村基层民主,健全农村社会管理,加强农村生态文明建设,推动农村经济社会又好又快发展。

(四)目标任务。根据全面建设惠及全省人民小康社会的奋斗目标和建设"生产发展、生活宽裕、乡风文明、村容整洁、管理民主"的社会主义新农村的要求,到2012年,我省农村改革发展的基本目标任务是:农村经济体制更加健全,城乡经济社会发展一体化体制机制初步建立;农业发展方式明显转变,高效生态农业发展水平显著提高;农村产业结构明显优化,县域经济实力更加壮大;城乡公共服务均等化水平明显提高,农村人人享有良好的教育机会和医疗服务,农村文化进一步繁荣,农民整体素质进一步提升,农村劳动力就业更加充分,农村养老保险制度基本建立,农村基础设施更加完善;农村社区建设取得明显进展,农村人居条件和农民生活质量有较大改善;农村居民人均纯收入达到11000元以上,城乡居民收入差距扩大的趋势得到有效遏制,70%以上的低收入农户("低保"农户除外)家庭人均收入超过4000元,消费水平明显提升;农村基层组织建设切实加强,农民民主权利有效保障,农村社会管理更加完善;农村生态环境明显改善,可持续发展能力不断增强。到2020年,全省农村居民人均纯收入超过20000元,城乡经济社会发展一体化新格局基本形成,成为农业现代化发展快、农民生活质量好、新农村建设水平高、城乡发展差距小的省份。

(五)基本原则。实现上述目标任务,要遵循以下基本原则:

——解放思想,改革创新。必须不断解放和发展农村社会生产力,始终把改革创新作为农村发展的根本动力。坚持把解放思想贯穿于"三农"工作的各个方面,尊重农民首创精神,支持农民创业创新,不断推进农村改革和制度创新,对事关"三农"发展全局的重点领域和关键环节率先进行改革试验,加快破除城乡二元结构,使农村经济社会发展充满活力。

——以人为本,保障权益。必须切实保障农民权益,始终把实现好、维护好、发展好广大农民根本利益作为农村一切工作的出发点和落脚点。坚持以人为本,尊重农民意愿,着力解决农民最关心最直接最现实的利益问题,全面保障农民政治、经济、文化、社会权益,不断提升农民综合素质和发展能力,充分发挥农民的主体作用,使广大农民平等参与现代化进程、共享改革发展成果。

——以农为重,强农富民。必须巩固和加强农业基础地位,始终把发展现代农业、解决"三农"问题作为全面建设惠及全省人民小康社会和加快推进社会主义现代化的战略任务。坚持把"三农"放在经济社会发展重中之重的位置,加大支持保护力度,强化农业基础地位,实施科教兴农战略,加快现代农业建设,提升县域经济水平,推动农村全面进步,促进农民持续增收。

——城乡统筹,区域联动。必须统筹城乡经济社会发展,始终把着力构建新型工农、城乡关系作为加快推进现代化的重大战略。坚持统筹工业化、信息化、城市化、农业现代化建设和统筹区域发展,建立健全以工促农、以城带乡长效机制和区域联动发展机制,调整国民收入分配格局,加大对欠发达地区扶持力度和区域协作力度,推进城乡融合发展和区域协调发展。

——求真务实,固本强基。必须坚持党管农村工作,始终把加强和改善党对农村工作的领导作为推进农村改革发展的政治保证。坚持党在农村的基本政策,坚持用科学发展观武装党员干部头脑,完善党管农村工作体制机制,加强干部作风、基层组织、基层政权和党员队伍建设,保持党同农民群众的血肉联系,巩固党在农村的执政基础,形成推进农村改革发展的强大合力。

三、推进农村土地使用制度创新,保障农民土地权益

(六)稳定和完善农村基本经营制度。毫不动摇地坚持以家庭承包经营为基础、统分结合的双层经营体制,赋予农民更加充分而有保障的土地承包经营权,现有土地承包关系要保持稳定并长久不变。完善土地承包经营权权能,依法保障农民对承包土地的占有、使用、收益等权利。推进农业经营体制机制创新,家庭经营要向采用先进科技和生产手段的方向转变,增加技术、资本等生产要素投入,着力提高集约化水平;统一经营要向发展农户联合与合作,形成多元化、多层次、多形式经营服务体系的方向转变,发展集体经济、增强集体组织服务功能,培育农民新型合作组织,发展各种农业服务组织,鼓励农业龙头企业与农民建立紧密型的利益联结机制,着力提高组织化程度。

深化集体林权制度改革，依法将集体林地承包经营权和林木所有权落实到农户，保障农民的经营权、处置权、收益权。推进国有农林渔场体制改革，增强发展活力。

（七）促进土地承包经营权加快流转。按照依法自愿有偿原则，引导和鼓励农户采取转包、出租、互换、转让、股份合作等形式流转土地承包经营权。加强对土地承包经营权流转的管理和服务，建立健全土地承包经营权流转市场，组建土地承包经营权流转管理服务组织，建立流转档案，规范流转行为，完善流转的中介服务机制、价格形成机制和纠纷调处机制。土地承包经营权流转，不得改变土地集体所有性质，不得改变土地用途，不得损害农民土地承包权益。改善土地承包经营权流转的外部环境，推动农村劳动力稳定转移就业，加快建立农村养老保险制度，对长期流出全部土地承包经营权的农户给予优惠政策；对流入土地承包经营权规模较大的各类农业经营主体，在金融服务、技术推广、用地用电用水和农业综合开发、农业基地建设、农业产业化经营、农业基础设施建设等项目安排上给予优先支持。加快林地、林木流转制度建设，鼓励农民在不改变林地用途的前提下，流转林地承包经营权和林木所有权，促进林业规模化、标准化、集约化经营。加强林权管理服务工作，构建森林资源资产评估管理和林地、林木流转服务平台。对不破坏耕作层的农业生产、畜禽饲养、设施农业、休闲观光农业等配套用地应视作农业用地。

（八）积极开展农村宅基地和村庄整理与复垦。完善农村宅基地制度，严格农村宅基地管理，搞好农村宅基地确权、登记和颁证工作，依法保障农户宅基地的用益物权。鼓励农民、农村集体经济组织和社会力量开展农村宅基地和村庄整理，农村宅基地和村庄整理所节约的土地，首先要复垦为耕地，调剂为建设用地的必须符合土地利用总体规划、纳入年度建设用地计划，并优先满足集体经济项目、村庄整治、农村道路、下山搬迁小区、小岛迁移安置小区、地质灾害搬迁避让、“连家船”渔民上岸定居点等农村集体建设的用地。积极稳妥地开展农户宅基地置换和流转的试点，鼓励农民在政府主导下以宅基地置换城镇住房，使在城镇稳定就业且有社会保障的农民能够落户城镇、转变为城镇居民。有条件的地方要积极探索农村宅基地有偿使用制度。

（九）规范集体建设用地使用管理。在土地利用规划确定的城镇建设用地范围外，经批准占用农村集体土地建设非公益性项目，允许农民依法通过多种方式参与开发经营并保障农民合法权益。逐步建立城乡统一的建设用地市场，对依法取得的农村集体经营性建设用地，必须通过统一有形的土地市场、以公开规范的方式转让土地使用权，在符合规划的前提下与国有土地享有平等权益。逐步稳妥地探索集体建设用地使用权的流转。

（十）深化征地制度改革。严格按照公益性和经营性建设用地的区分，逐步缩小征地范围，采取农民和农村集体经济组织参与征地协商办法，健全区片综合价形成机制，依法征收农村集体土地要按照同地同价原则及时足额给农村集体经济组织和农民合理补偿，并切实解决好被征地农民的就业、住房、社会保障。妥善解决好被征养殖水域（滩涂）渔民的补偿问题。

四、推进农业发展方式创新，提升现代农业发展水平

（十一）加快培育现代农业生产经营主体。积极引导农户、农业经营组织、工商企业、大中专毕业生等通过土地承包经营权流转，发展成为适度规模经营的专业大户、家庭农场、农业企业。按照服务农民、进退自由、权利平等、管理民主的要求，支持农民专业合作社发展壮大和提高规范管理水平，使之成为引领农民参与国内外市场竞争的现代农业经营组织。继续培育一批生产规模大、带动范围广、竞争能力强的农业龙头企业，提升农业市场竞争能力。完善本省籍学生免费就读省内大中专院校、电大、农广校等农业种养类专业的政策，加快培养现代农业创业和经营人才。加大财政对培育现代农业生产经营主体的扶持，从土地流转、技能培训、技术进步、良种推广、农机购置、基础设施、金融服务等各方面支持农户、大中专毕业生等从事现代农业创业。

（十二）高度重视粮食生产和安全。全面落实粮食安全工作市、县（市、区）行政首长负责制，切实抓好粮食生产、流通和储备，建立健全供给稳定、储备充足、调控有力、运转高效的粮食安全保障体系。加强基本农田和标准农田建设与管护，坚决制止粮田抛荒，确保1500万亩标准农田数量、质量和300亿斤粮食生产能力。推进粮食功能区建设，加大扶持力度，形成一批设施完善、技术先进、稳产高产的粮食生产区块。标准农田因建设占用后，要及时补充并确保质量。培育种粮大户、粮食专业合作社和农机植保服务组织，推进粮食规模经营和全程机械化。完善粮油生产直接补贴政策、与农业生产资料价格上涨挂钩的农资综合补贴动态调整机制，逐年增加对农民的种粮补贴，并重点加大对种粮大户的补助力度，确保粮食生产稳定。稳步提高粮食最低收购价，完善粮食价格形成机制，充分发挥市场价格对粮农增收的促进作用。加强与主产区粮食产销合作，加快区域性粮食物流中心建设，培育大型粮食物流企业，支持各类经营主体多渠道组织粮源。落实粮食储备任务，加强粮食储备管理，建立粮食应急供应体系，增强粮食宏观调控能力。

（十三）加快农业结构优化升级。充分发挥区域比较优势，深入推进农业结构战略性调整，优化农业区域布局，壮大农业主导产业，建设一批特色农业产业带和块状经济，加快特色农业强县强镇强村建设。支持发展集约化、设施化的种植业，优化种植业品种和布局。支持发展规模化、生态化的畜禽饲养，加强品种改良和疫病防控。推进“山上浙江”建设，加大扶持力度，改造提升特色林业，调整优化林种结构，完善林区基础设施，促进山区经济发展和繁荣。支持发展高效生态的水产养殖，稳定发展远洋渔业，积极发展休闲观赏渔业。支持发展绿色食品、有机食品，加大农产品注册商标和地理标志保护力度。推进农作制度创新，结合农业综合开发，加快推广农牧结合、农渔结合、林牧结合的立体种养和粮经结合、水旱轮作等农作方式，加大优质高产、节本增收、生态安全技术的集成与推广

力度，提高土地综合利用水平和农业综合生产能力。

（十四）提升农产品加工流通业发展水平。推进农产品加工业结构升级，支持农产品加工企业开展产品研发和技术改造，提高农产品精深加工水平，壮大龙头企业，培育知名品牌，完善支持农产品加工业发展的税收、用地、金融等政策。建立畅通高效的农产品流通网络，推进农村流通现代化，加强农产品市场体系建设，完善农产品批发市场和促销会展平台的设施和功能，推进农产品仓储保鲜、冷链运输、检验检测、信息服务等流通配套设施建设，发展农产品连锁经营、物流配送和电子商务等新型流通业态，发展一批大中型农产品流通龙头企业，培育农产品购销组织和经纪人队伍，支持供销合作社发展农村现代流通业，落实好农产品批发市场和“千镇连锁超市万村便利店工程”龙头企业配送中心、鲜活农产品配送中心用地享受工业企业的政策，减免农产品运销环节收费。对鲜活农产品长期实行绿色通道政策。实施农业“引进来”和“走出去”战略，引导国内外工商资本投资发展现代农业，鼓励农业龙头企业、农民专业合作社和农业经营能人到省外国外建立农产品生产基地，促进农业要素在更大范围上实现优化配置和省内农业产业转型升级。加强海峡两岸农业交流与合作。发展农产品进出口贸易，培育跨国经营的农业企业，提高应对贸易壁垒的技术水平，加强农产品境外展销服务，扩大特色优势农产品出口。

（十五）健全现代农业服务体系。大力推进组织多元、覆盖全程、综合配套、便捷高效的现代农业服务体系建设。建立健全以公共服务机构为依托、合作经济组织为基础、农业龙头企业为骨干、其他社会力量为补充的多元化农业服务组织体系，努力为各类农业经营主体提供公益性与经营性相结合、专业性与综合性相协调的农业生产经营服务。全面推进公益性农业技术推广体系建设，力争在三年内落实好农业技术推广、动植物疫病防控、农产品质量监管等公共服务机构和事务。完善农村信息综合服务体系，深入实施“百万农民信箱工程”，推进信息进村入户。积极组建县级农民专业合作社联合社，促进农民专业合作社提高经营和服务人员素质、规范运作水平和配套服务能力，努力打造专业服务的领军团队。进一步探索农民专业合作、供销合作和信用合作“三位一体”的服务联合体建设，促进优势互补和力量整合，增强专业服务能力和综合服务功能，发展信息、技术、机械、农资配送、产品营销、资金结算等服务。鼓励农民专业合作社吸纳高等院校毕业生就业，县级政府可提供社会保障等补助。加强行业协会建设，改善对各类农业企业的管理和服务。完善农产品质量标准体系，全面推进农业标准化生产，严格产地环境、投入品使用、生产过程、产品质量全程监控，切实落实农产品生产、收购、储运、加工、销售各环节的质量安全监管责任。完善农产品质量检验检测体系，健全农产品产地准出和市场准入制度、农产品质量可追溯制度，杜绝不合格产品进入市场，强化农产品进出口检验检疫和监管。

（十六）强化农业科技支撑。大力推进农业科技自主创新，加强原始创新、集成创新和引进消化吸收再创新，加大利用信息技术改造提升传统农业力度，不断推进农业技术集成化、劳动过程机械化、生产经营信息化。加大农业科技投入，加快实施农业科技创新行动计划，深入实施重大农业科技专项，加强农业技术研发和集成，支持农业基础性、前沿性学科研究，支持生物技术、种子种苗、丰产栽培、农业节水、疫病防控、防灾减灾、生态安全等领域科技创新，支持设施栽培、健康养殖、精深加工、储运保鲜等装备设施研发，支持信息采集、精准作业、气象预测预报、灾害预警等技术开发，力争在关键领域和核心技术上实现重大突破，全面增强科技对现代农业发展的支撑。充分发挥高等院校、科研机构在农业科技创新和推广中的引导作用，加快建设农科教、产学研一体化的新型农业科技创新和推广体系。加强对公益性农业科研机构和涉农高等院校的支持，依托重大农业科研项目、重点学科、科研基地，加强农业科技创新团队和创新平台建设，培育农业科技高层次人才和领军人才。引进国外先进的农业科技和管理经验，利用友好城市资源培训农业科技人才。支持高等院校、科研机构与市县政府开展农业科技研发和推广的合作，联合农业龙头企业、农民专业合作社、专业大户等组建区域性农业科技研发推广中心和科技示范园区，加快农业科技成果转化和推广。健全省、市、县农业技术推广中心及分中心，全面推行责任农技员制度，充分发挥首席推广专家、农技指导员和科技特派员的作用。支持各类经营性农技推广组织发展。加大规划统筹、项目整合力度，集中建设一批高标准、设施化的现代农业示范基地和国外先进技术引进实验区。

（十七）加强农业基础设施建设。深入实施“千万亩标准农田质量提升工程”，加快中低产田改造，提高高产优质农田比重。加强水利基础设施建设，推进重点江河治理，全面完成病险水库、江塘海塘除险加固任务，开展山塘综合整治，加快改造一批农村小水电、大中型排泵站、水闸等重点水利工程，提高农田排灌和防洪防台能力。加强小型农田水利等基础设施建设管理，推进水利设施产权制度和管理体制改革，确保长效运行。加大农业综合开发力度，抓好山区小流域综合治理和地质灾害防治。加快标准鱼塘、标准渔港等渔业基础设施建设。加强农业气象、电网等设施建设。

（十八）促进农业可持续发展。加强农业自然资源保护，形成有利于保护耕地、水域、森林、湿地、滩涂等资源的激励机制。坚持最严格的耕地保护制度，落实标准农田耕地保护行政首长责任和严格责任追究。实行最严格的节约用地制度。建立基本农田补偿机制，确保国家下达给我省的基本农田总量不减少、用途不改变、质量有提高。建立土地开发整理复垦补充耕地项目，所补耕地必须确保达到占用耕地相当的质量标准，市、县间委托造地的结余资金要用于农田基础设施建设和地力培育。加强水资源保护，扎实推进“百亿水资源保障工程”，深入实施“千万亩十亿方节水工程”，加强农村水土保持工作。加强生态环境保护和修复。多渠道筹集生态效益补偿资金，健全生态环境补偿制度，逐步提高生态公益林补偿标准。加强生态公益林、沿海防护林和平原绿化建设。加强自然保护区建设，保护珍稀物种、种质资源和生物多样性，加强外来物种引进检疫监控。优化海洋渔业捕捞结构，加强渔业资源养护，加大增殖放流力度。加快推进农业和农村节能减排，加强农业面源污染治理，开展土壤污染防治。深入实施测土配方施肥行动和农药减量增效控害工程，重点支持发展设施农业、循环农业、精准农业、有机农业等资源节约、环境友好的新型农业业态。加强农村防灾减灾能力建设，建立健全气象灾害监测预警系统，强化灾害性天气、地质灾害等预报，做好农村消防、森林防火、海上渔业安全工作，完善农业救灾储备制度，提高灾害处置能力和农村安全生产水平。

五、推进农民就业创业方式创新，拓宽农民增收致富门路

（十九）拓展农民就业创业领域。积极顺应转变经济发展方式、推进经济转型升级的要求，大力鼓励农民“二次创业”，着力形成全民创业和先创业带后创业、创业促就业的格局。推进块状经济转型升级，加强乡镇工业功能区建设，全面提升特色产业集群化发展水平。因地制宜发展现代家庭工业，结合村庄整治，规划建设一批符合土地利用规划、村庄规划的农民创业小区、标准厂房。大力发展生产性服务业和社区服务业，引导城市服务产业加快向农村延伸，使农村服务业成为农民创业就业的重要门路。积极发展农家乐休闲旅游业，着力拓展服务内容、突出乡土特色，充分发挥其在发展特色农业、增加农民收入、提升农民素质、传承乡村文化和建设生态环境方面的带动作用。大力鼓励农民“走出去”创业。大力支持大中专毕业生、务工返乡人员、农村党员、青年农民、复员军人和农村妇女等开展创业。

（二十）转变农民就业创业培训方式。深入实施“千万农村劳动力素质培训工程”和“百万农村实用人才培养计划”，着力培育现代创业就业人才。实施农村成人“双证制”教育，大力开展先进实用技能和公民素质培训教育，全面提升农民整体素质。继续加强对被征地农民、转移就业农民、转产转业渔民的技能培训，突出抓好农村中小企业、农业龙头企业、农民专业合作社经营人员、农村实用人才的培训，努力提高他们带动农民创业就业的能力。建立经常性、开放式的培训机制，加强培训实训基地建设，探索网络远程培训等多样化培训方式，努力提升农民培训的实用性、针对性和时效性。

（二十一）营造农民就业创业良好环境。深入推进城乡劳动力统筹就业，健全城乡统一的人力资源市场和公共就业服务体系。保障农民工合法权益，建立健全农民工工资集体协商制度、正常增长机制和支付保障机制，逐步实现农民工劳动报酬、子女就学、公共卫生等与城镇居民享有同等待遇，加大劳动监察执法力度，加强对农民工劳动安全保障。扩大农民工工伤、医疗、养老等保险的覆盖面，实行农民工养老保险省内无障碍转移。多渠道改善农民工居住条件，推进农民工公寓建设。积极推进户籍制度改革，放宽中小城市落户条件，使在城镇稳定就业和居住的农民有序转变为城镇居民。建立健全农村要素市场，加强对农民创业的信息、土地、金融、技术等服务，落实好停征个体工商户管理费和集贸市场管理费政策。

六、推进农村金融体制创新，增强农村金融服务能力

（二十二）构建完善的农村金融服务体系。充分发挥在浙银行分支机构和农村信用合作社服务“三农”的作用，放宽农村金融准入政策，加快建立商业性金融、合作性金融、政策性金融相结合，主体多元、功能健全、服务完善、运行安全和适度竞争的现代农村金融服务体系。坚持农业银行为农服务方向，稳定和发展农村服务网络，切实增加对农业龙头企业、农民专业合作社、农村中小企业的信贷供给。拓展农业发展银行支农领域，加大政策性金融对农业开发、农村基础设施建设、村镇建设、宅基地整理复垦等的中长期信贷支持。扩大邮政储蓄银行涉农业务范围。县域内银行业金融机构新吸收存款，主要用于当地发放贷款。深化农村信用合作社改革，改善法人治理结构，保持县（市）社法人地位稳定，扩大信贷资金来源，延伸金融服务领域，拓展金融服务范围，增强为农服务功能，充分发挥其服务“三农”的主力军作用。鼓励发展村镇银行、贷款公司、农村资金互助社等新型农村金融机构，并允许其从金融机构融入资金，规范发展小额贷款公司。允许有条件的农民专业合作社开展信用合作。引导和规范民间借贷健康发展。完善政策性农业保险和政策性农房保险制度，健全渔业等特色互助合作保险办法。

（二十三）强化财税对金融服务“三农”的引导。加大对农村金融的政策支持力度，综合运用财税杠杆，定向实行税收减免和费用补贴，引导更多的信贷资金和社会资金投向农村。积极开展公共财政支持下的农民创业小额贷款、农村扶贫小额信贷，建立和完善风险补偿制度，激励农村金融机构增加对“三农”和中小企业贷款。鼓励农村金融机构加大对财政支农项目的信贷支持力度，特别是对重点农业项目要根据条件和项目需要给予重点支持。

（二十四）完善农村信贷担保机制。加快农村信用体系建设，建立健全政府扶持、多方参与、市场运作的农村信贷担保机制。扩大农村有效担保物范围，积极稳妥地探索确权登记后的农民住房和依法取得的农村集体经营性建设用地使用权进行抵押融资的有效途径，允许农产品收益权、企业存货、农业固定资产和应收账款等财产抵押和权利质押。健全林权抵押贷款制度，积极推进林权抵押贷款。鼓励和支持多渠道筹集担保资金，多元化参与组建农信担保公司。

（二十五）稳妥推进农村金融产品创新。鼓励农村金融机构大力发展农村小额信贷和适合“三农”特点的各种微型金融服务，并在贷款额度、期限、利率、程序等方面更好地满足农民需要。对符合条件的种养大户、农村企业，要通过联保联贷等方式提供资金支持。全面推行联保贷款和农村信用合作社小额支农贷款卡、贷记卡业务。积极引导私募基金、风险投资基金作为战略投资者进入农业领域，引导农产品生产经营企业和有较大规模的农民专业合作社利用农产品期货市场进行套期保值，规避风险。

七、推进农村社区建设方式创新，改善农村人居环境

（二十六）统筹城乡规划建设。实施新型城市化和新农村建设双轮驱动战略，充分发挥大中城市和中心镇对农村的辐射带动作用，引导农民居住向城镇集聚，优化城乡生产力和人口布局。完善城乡规划体系，深入推进城市总体规划和县市域总体规划编制和实施工作，加强与主体功能区规划、土地利用规划的衔接与协调，科学编制和完善城乡建设规划、农村社区布局和建设规划、生态环境功能区规划，合理安排市县域城镇建设、农田保护、产业聚集、村庄分布、基础设施、生态涵养等空间布局，促进大中小城市和小城镇协调发展。深入实施中心镇培育工程，合理调整乡镇行政区划，强化产业支撑，完善基础设施，健全服务功能，扩大人口规模，引导农民通过宅基地流转到城镇落户，引导有条件的中心镇向小城市方向发展。采取合并小型村、缩减自然村、拆除空心村、搬迁高山村、保护文化村、改造城中村的办法，推进中心村建设，率先把一批中心村建设成为全面小康的农村新社区。

（二十七）积极推进农村新社区建设。加大农村社区服务设施建设力度，完善农村社区服务功能，力争到2012年全省乡镇、中心村普遍建立社区服务中心。加快发展社区教育、社区卫生、社区文化、社区体育、社区福利、社区救助、社区养老、社区法律、社区保洁、社区档案等公共服务，深入实施“千镇连锁超市万村便利店工程”，增强社区服务功能。健全公共财政、集体经济组织、民营企业和社会力量对农村社区建设的多元投入机制，采用补助、贴息、奖励、物资援助、收费减免、购买服务等激励措施，引导社会资本投资兴办农村社区服务业。加强农村社区工作者队伍建设，发挥基层群团组织、社区志愿者、社区民间组织、驻村单位、外来务工人员等在社区管理服务中的作用。

（二十八）大力推进村庄整治和农村基础设施建设。深入实施“千村示范万村整治工程”，力争到2012年绝大部分村庄环境得到较好整治，加快实现城乡人居环境和基础设施建设一体化。大力推进以道路硬化、垃圾处理、污水治理、卫生改厕、村庄绿化为重点的村庄整治建设，统筹推进通村及联网公路、河道池塘水沟整治、农村住房抗灾避灾、农村信息化和电气化等基础设施建设。加快农村饮水安全工程建设，在全国率先解决农村饮水安全问题。落实建设用地计划指标不少于10%用于村庄整治、下山搬迁等新农村建设项目的政策。采取政府主导、市场运作的方式，推进供水供电、污水治理、垃圾处理、信息通讯等建设。加快发展农村客运，积极推进城乡公交一体化。重视道路交通安全工作，抓紧完善农村公路安保设施。建立农村公路养护、村庄环境维护的长效机制，加大对经济薄弱村扶持力度。加大“强塘固房工程”实施力度，到2012年基本完成农村最低生活保障家庭农房救助任务，基本建立农房救助体系、农房规划建设管理体系和农房防灾减灾保障体系。

八、推进农村公共服务供给体制创新，促进农村社会全面进步

（二十九）加快发展农村社会事业。把农村教育放在优先发展的战略位置，加快推进农村中小学标准化建设，高标准普及15年基础教育。完善义务教育免费政策和经费保障机制，逐步提高农村义务教育阶段中小学校生均公用经费标准。进一步提高农村教师待遇，建立健全农村中小学教师定期进修制度和财政资助政策。发展远程教育，促进教师合理流动。多形式开展城市教师下乡支教，推动优质教育资源进一步向农村配置。健全县域职业教育培训网络，加快发展农村中等职业教育并逐步实行免费，从2009年起对家庭人均收入4000元以下的农户子女就读中等职业学校实行免除学杂费政策。深入实施“农民健康工程”，建立财政对农村卫生投入的长效增长机制，加快县乡村三级公共卫生和基本医疗服务体系建设，推进乡镇社区卫生服务中心和站的标准化建设，实行社区卫生服务中心对站的一体化管理。加强农村卫生人才队伍建设，定向免费培养培训农村卫生人才，提高农村卫生技术人员待遇，完善城乡医院对口支援、高中级卫生技术人员定期到农村服务的制度，鼓励大中专医学毕业生到农村工作。扩大农村免费公共卫生服务和免费免疫范围，加大地方病、传染病及人畜共患病的防治力度。推进城乡计划生育服务均衡发展，保障农村育龄群众生殖健康，促进优生优育。推进广播电视村村通、村村响、中央农村广播电视节目无线覆盖、“广电低保工程”、广播电视对农节目服务工程、文化信息资源共享、乡镇综合文化站和村文化室建设，建立稳定的农村文化投入保障机制，完善农村公共文化服务体系。扶持农村题材文化产品创作生产，开展“千镇万村种文化”活动，保护和弘扬农村优秀传统文化。开展“农村文明素质工程”建设，深入推进文明村镇创建活动，加强农村科普教育，倡导农民崇尚科学、诚信守法、抵制迷信、移风易俗，提高农民思想道德素质，养成健康文明生活方式。加强农村基层体育设施建设，开展适合农民群众健身和娱乐需要的、有利于农民身心健康的体育活动。

（三十）加快完善农村社会保障体系。按照广覆盖、保基本、多层次、可持续的要求，加快健全农村社会保障体系。采取个人缴费、集体补助、政府补贴相结合的办法，加快建立新型农村社会养老保险制度，有条件的地方对超过劳动年龄、未参加养老保险的老年农民给予一定的养老补助。完善被征地农民基本生活保障制度，切实做到被征地农民基本生活保障先保后征，妥善解决历史遗留的被征地农民基本生活保障问题。完善农村最低生活保障制度，加大省级财政补助力度，取消乡镇一级的保障资金配套，确保应保尽保，不断提高保障标准和补助水平。完善新型农村合作医疗制度，建立与农民收入增长和当地经济社会发展同步的筹资增长机制，稳步提高筹资标准和财政补助标准，不断提高保障水平。加强农村药品配送和监管。发展农村中医药事业。加大对农村困难群众的教育、医疗、住房等救助力度和农村受灾群众救助力度，稳定农村“五保”对象集中供养水平。发展以扶老、助残、救孤、济困、赈灾为重点的社会福利和慈善事业。加强老龄组织建设，发展农村老龄服务，重点完善为高龄和失能老人提供居家服务的网络。加强农村残疾预防和残疾人康复工作，促进农村残疾人事业发展。

（三十一）全面实施“低收入农户奔小康工程”。以提高低收入群众致富能力和收入水平为中心，把统筹城乡发展与统筹区域发展有机结合起来，建立健全以工促农、以城带乡、区域联动的长效机制和县为责任主体、上下联动、分工协作的工作机制。不断加大对低收入农户集中村和低收入农户的扶持力度。继续推进下山搬迁和小岛迁移，到2012年，每年完成搬迁下山5万人以上，地质灾害危险区的农户基本完成搬迁。大力扶持低收入农户发展特色种养业，加大对农林渔业基地生产作业道建设的补助力度。积极发展来料加工业和农家乐休闲旅游业，拓宽低收入农户增收门路。完善政府主导、社会参与的大扶贫格局，加大对低收入农户集中村的结对帮扶力度。加大对重点欠发达县、边远小岛地区和少数民族地区的扶持力度，推进全面小康行动计划制定与实施。

九、推进农村社会管理体制创新，加强农村基层基础建设

（三十二）推进县级和中心镇的扩权改革。完善省管县的财政体制。深入推进扩权强县改革，按照依法下放、能放则放的要求，扩大县级经济社会管理权限，促进县域经济发展壮大，增强县级政府在统筹城乡发展、推进新农村建设中的主导能力。转变政府职能，推进服务型政府建设。继续推进农村综合改革，深化乡镇机构改革，增强乡镇政府社会管理和公共服务职能。实行县级对乡镇的差别化管理体制，分类确定乡镇政府的职责定位，并相应划分县级与乡镇之间的财权、事权、人权、物权，完善县级对乡镇财政管理体制。继续推进中心镇扩权改革，赋予中心镇部分县级经济社会管理权限，增强中心镇对农村的辐射带动能力。积极推进人口规模小、财政收入少的欠发达乡镇精简机构、压缩人员，并实行“乡财县管”。

（三十三）加强农村基层组织和党员干部队伍建设。深化农村党的建设“三级联创”活动，不断推进“先锋工程”建设。切实加强乡镇领导班子和干部队伍建设，完善乡镇党委的领导体制和工作机制，充分发挥乡镇党委在农村工作中的领导核心作用。抓好以村党组织为核心的村级组织配套建设，领导和支持村委会、集体经济组织、工会、共青团、妇代会、民兵等组织开展工作。创新农村党的基层组织设置形式，推广在农民专业合作社、专业协会和产业链上建立党组织的做法。建设一支守信念、讲奉献、有本领、重品行的农村基层干部队伍，注重从农村致富能手、退伍军人、外出务工返乡农民中选拔村干部，继续选聘高校毕业生到农村社区工作，优化基层干部队伍结构。完善农村工作指导员制度，建立健全乡镇专职指导员制度。加大从优秀村干部中考录乡镇公务员和选任乡镇领导干部力度，探索村党组织书记跨村任职。加强农村党员队伍建设，全面实施新一轮农村党员干部培训，扎实推进农村党员干部现代远程教育，开展党员设岗定责、依岗承诺、创先争优等活动，加大在优秀青年农民中发展党员力度。加强农村党风廉政建设，推进农村惩治和预防腐败体系建设，深入开展反腐倡廉教育，全面推进政务公开、村务公开、党务公开。建立农村基层组织建设、村干部报酬和养老保险、党员干部培训资金保障机制，对集体经济薄弱村通过财政转移支付和党费补助等途径给予解决。健全农村集体资金、资产、资源管理制度，严肃查处涉农违纪违法案件。

（三十四）发展壮大村级集体经济。加快村经济合作社股份合作制改革，鼓励村经济合作社以土地、资产、资金、知识产权等参股领办农民专业合作社，支持村经济合作社兴办为产业发展配套的各种项目，并通过物业出租、委托经营、承包租赁等形式，广辟村级集体经济增收渠道。支持村集体加强资源开发，鼓励村集体与农业大户、农民专业合作社、农业企业联合申报农业开发和农业基础设施项目；鼓励通过资源流转、土地开发整理复垦和对外招商等途径，增加村集体收入。落实好征收农民集体土地村级发展留用地政策，规范留用地使用的管理，探索留用地在县域范围内跨区域使用的办法，鼓励利用留用地发展村集体物业经济。大力扶持经济薄弱村异地发展集体物业经济。加强村级集体资产和财务监管，积极化解村级债务，保障集体资产保值增值。各级各有关部门都要为村集体经济发展创造条件，在规划、财政、信贷、税费等方面切实加大对村级集体经济发展的扶持力度。

（三十五）加强农村民主法制建设。坚持党的领导、人民当家作主、依法治国有机统一，发展农村基层民主，加强基层政权建设，保障农民享有更多更切实的民主权利。完善与农民政治参与积极性不断提高相适应的乡镇治理机制，实行政务公开。探索集约化基层电子政务，强化村务管理和公共服务。逐步实行城乡按相同人口比例选举人大代表，扩大农民在县乡人大代表中的比例，密切人大代表与农民的联系。深化“民主法制村”建设，健全村党组织领导的充满活力的村民自治机制，扩大村民自治范围，健全村民自治程序，深入开展民主选举、民主决策、民主管理、民主监督的实践，推广民主恳谈、民情沟通、民主听证等民意表达方式，推进村民自治制度化、规范化、程序化。深入开展农村普法教育，提高农民法律意识，加强农村法律援助制度建设，积极探索建立“乡村法律顾问”制度，引导农民依法维护自身权益。扎实推进农村社会治安综合治理和基层平安建设。加强综治工作中心、综治工作室（站）规范化建设和基层“两所一庭”建设，推进农村社区警务建设，建立农村治安动态视频监控系统，实行群防群治，推进社区矫正、归正人员安置帮教，加大禁黄、禁赌、禁毒等工作力度，加强对重点人员的教育、服务、管理。做好农村信访工作，加强人民调解，及时排查化解矛盾纠纷。加强农村职务犯罪预防。建立健全农村应急管理体制，提高危机处理能力。继续做好农民负担监督管理工作，完善村民“一事一议”筹资筹劳办法。加强农村流动人口服务和管理，推进综合信息平台建设。发挥流入地基层党、团组织的作用，在流动人口集中区域建立党组织和工青妇组织，探索建立农村流动人口政府管理与农民工自我约束、自我管理、自我服务相结合的有效机制。

十、推进“三农”工作保障体制机制创新，加强和改善党对农村改革发展的领导

（三十六）完善党领导“三农”工作的体制机制。坚持党管农村工作的原则，强化党委统一领导、党政齐抓共管、农村工作综合部门组织协调、有关部门各负其责的农村工作领导体制和工作机制。各级党委、政府要坚持把农村工作摆上重要议事日程，在政策制定、工作部署、财力投放、干部配备上切实体现全党工作重中之重的战略思想，加强对农村改革发展理论和实践问题的调查研究，坚持因地制宜、分类指导，创造性地开展工作。党委和政府主要领导要亲自抓农村工作，市、县（市、区）党委要有负责同志分管农村工作，县（市、区）党委要把工作重心和主要精力放在农村工作上，乡镇党委、政府要全力以赴抓好农村工作。切实加强各级党委农村工作综合部门建设，充分发挥其组织协调作用。建立职能明确、权责一致、运转协调的农业行政管理体制。完善体现科学发展观和正确政绩观要求的干部政绩考核评价体系，把粮食安全、农民增收、耕地保护、环境治理、和谐稳定作为新农村建设的重要指标，把新农村建设成效作为考核各级领导班子绩效的重要内容。各级领导干部要经常深入基层，密切联系群众，切实转变作风，明实情、讲实话、办实事、求实效，着力破解农村改革发展中的各种难题。

（三十七）加大对“三农”的投入力度。健全对“三农”的投入保障制度，调整财政支出、固定资产投资、信贷投放结构，保证各级财政对农业投入的增长幅度高于经常性收入的增长幅度，大幅度增加政府对农村基础设施建设和社会事业发展的投入，大幅度提高政府土地出让收益、耕地占用税新增收入用于农业和农村的比例，大幅度增加对欠发达地区和边远海岛地区农村公益性建设项目的投入。各级都要建立对“三农”投入监督检查机制，并逐步纳入法制化轨道。加强财政支农资金的整合，完善资金使用监督和绩效评估机制，预防违法违规行为发生。

（三十八）动员各方力量合力推进新农村建设。省、市、县各部门要按照统筹城乡发展的要求，切实承担起与自身职能相适应的农村改革发展的职责，增强责任感和使命感，加快转变职能，加快工作和服务范围向农村延伸和拓展。要通过政策引导、行政推动，广泛动员工商企业、大专院校、科研院所、民间组织、华人华侨、爱心人士等社会力量更主动更直接更全面更有效地参与新农村建设。深入实施“山海协作工程”，加大区域协作力度，扩大区域协作范围，全面推进发达地区与欠发达地区的经济技术、教科文卫和干部培养等各方面的交流与合作，促进区域协调发展。进一步改善政策环境，激励社会力量发挥自身优势，参与新农村建设。

（三十九）推进统筹城乡综合配套改革试验。围绕破除城乡二元结构、建立促进城乡经济社会发展一体化制度目标，选择涉及农村改革发展的重点领域和关键环节进行改革试验。嘉兴、义乌作为统筹城乡综合配套改革的省级试验区，要尽快在土地使用、农村金融、社会保障、户籍管理等涉及城乡关系重大调整的制度改革上取得突破，为全省统筹城乡综合配套改革提供经验和示范。省级有关部门要大力支持各地的改革试验，切实加强对各地改革试验的指导服务，努力优化农村发展的外部环境。

（四十）营造农村改革发展的良好氛围。认真开展深入学习实践科学发展观活动和党的十七届三中全会精神学习教育活动，引导广大干部群众自觉投身到新时期农村改革发展中来。加大新闻舆论宣传力度，加强对过去30年来农村改革发展取得的巨大成就、宝贵经验和新时期农村改革发展中涌现出来的好做法、好经验的宣传，充分发挥先进典型和模范人物的引导和示范作用，以更大的力度、在更大范围内形成推进农村改革发展的强大声势。

浙江省人民政府
关于推动企业积极履行社会责任的若干意见

浙政发〔2008〕19号

为认真贯彻落实党的十七大和省第十二次党代会精神，促进我省经济社会又好又快发展与和谐社会建设，现就推动企业积极履行社会责任提出如下意见：

一、推动企业积极履行社会责任的重要意义和总体要求

（一）重要意义。企业是市场体系和社会系统的重要构成单位。企业在自身发展的同时，自觉履行经济、法律、道德、慈善等社会责任，已逐步成为企业树立现代经营理念和社会进步的重要标志。推动企业积极履行社会责任，是顺应世界经济社会发展潮流，塑造企业良好形象，提高企业国际竞争力的有效途径；是全面落实科学发展观，完善企业外部约束机制，促进发展方式转变的重要手段；是统筹经济社会发展，推进社会主义和谐社会建设的重要内容；是实施“创业富民、创新强省”总战略，全面建设惠及全省人民小康社会的必然要求。当前，我省正处于工业化、信息化、城镇化、市场化、国际化深入发展的重要时期，要实现经济社会的全面协调可持续发展，必须进一步增强企业的社会责任。

（二）总体要求。以邓小平理论和“三个代表”重要思想为指导，深入贯彻落实科学发展观，积极实施“创业富民、创新强省”总战略，充分发挥企业履行社会责任的主体

作用，探索建立促进企业履行社会责任的体制机制。更新观念，加强引导，突出重点，逐步推进，增强广大企业的社会责任意识和履行社会责任的自觉性，不断推进企业社会责任建设，促进企业与社会共同发展，努力实现经济繁荣和社会全面进步。

（三）基本原则。

政府引导、企业主体。转变政府职能，提高政府依法行政能力，引导企业积极履行对员工、消费者、客户、社会、政府等利益相关者的社会责任，同时防止以履行社会责任为名增加企业不合理负担。充分发挥企业经营者和员工的积极性和主动性，将履行社会责任作为企业价值实现的重要内容。

分类指导、循序渐进。根据企业所处行业和规模，分类指导，提出相应的要求和推进意见；推动和督促企业履行法律义务等基本社会责任，鼓励和引导企业积极履行其他方面的社会责任。

突出重点、示范带动。根据本地和企业的实际，明确相应的工作重点；宣传先进典型，通过示范带动和舆论引导，不断推进企业社会责任建设。

社会参与、协同推进。充分发挥各类中介组织，特别是行业协会的作用，鼓励和引导社会各界积极参与，努力形成全社会共同推进企业社会责任建设的合力。

二、推动企业积极履行社会责任的重点内容

（四）引导企业更加注重守法诚信经营。广泛宣传国家法律法规和政策，使企业经营者和员工更多地了解和掌握政策法规，做到遵纪守法，照章纳税，保障利益相关者的合法权益。深入开展"信用浙江"建设，建立健全信用体系，加强信用监管，实施失信惩戒，开展诚信宣传。引导企业加强内部信用管理，遵守商业道德，公平交易，诚信经营。

（五）引导企业更加注重保障员工权益。引导和督促企业严格规范和执行劳动合同、工资工时、作息休假等规定，依法参加社会保险；建立健全企业民主管理制度，有效保障职工民主决策、民主管理、民主监督的权利；加强员工技能培训，帮助员工成长和进步；强化安全生产，改善工作环境，加强劳动保护，做好职业病防治工作，确保生产安全和职工职业健康，构建和谐企业。

（六）引导企业更加注重为消费者提供优质的产品和服务。支持企业根据市场需求加大技术创新、技术改造力度，提高工艺和装备水平，不断开发高质量、高附加值的适销对路新产品；积极采用国际标准或国外先进标准，完善质量安全保证体系，确保产品质量和安全。严禁生产销售假冒伪劣产品。引导企业重视市场营销网络建设，为消费者提供良好的售前售后服务。

（七）引导企业更加注重节约资源和保护环境。引导和督促企业在开展生产经营和实施建设项目时，充分评估能源资源和环境承载能力。支持企业节约和合理利用资源，积极开展节能、节材、节水、节地等活动，大力发展废水、废气、固体废弃物以及余热、余压的综合处理和循环利用。督促企业依法做好污染减排工作，自觉做到达标排放。鼓励企业实施清洁生产。

（八）引导企业更加注重社会公益和慈善事业。鼓励企业创造更多就业岗位，吸纳下岗失业、农村失地以及残障等人员就业；开展与欠发达地区、偏远落后乡村的帮扶活动；力所能及地帮助公益设施建设、参与社区公益活动、给予慈善捐助。支持企业建立各种形式的慈善冠名基金，扶贫济困，回馈社会。

三、推动企业积极履行社会责任的主要措施

（九）加强对推动企业积极履行社会责任工作的组织领导。各级政府要将推进企业积极履行社会责任工作列入议事日程，切实加强领导，深入调查研究，结合本地实际，明确目标任务，研究解决推进企业社会责任建设中的重大问题。为推进这项工作的开展，省成立由省经贸委为召集单位、省有关部门参加的省企业社会责任建设联席会议制度。各有关部门要根据企业社会责任建设工作的要求，加强协调，密切配合，合力推动企业社会责任建设工作。

（十）研究开展企业社会责任建设试点。在高新技术产业、装备制造业、传统优势产业、现代服务业等行业，选择一批不同规模的企业作为省开展企业社会责任建设试点单位。省经贸委会同省有关部门研究制定试点方案。各地也可选择一批企业开展试点。要总结试点经验，不断规范完善，逐步加以推广。

（十一）加强企业履行社会责任的激励和约束。依据国家法律法规和政策，参照国际惯例，结合我省实际，做好涉及企业履行社会责任有关规章和规范性文件制修订的相关工作，营造有利于企业履行社会责任的制度环境。支持和引导社会资源向积极履行社会责任的企业倾斜。金融单位要对积极履行社会责任的企业予以优先支持，财政等部门在安排有关项目财政补助资金时给予重点支持，其他有关部门也要将企业履行社会责任状况作为依法审批办理相关业务的重要依据。积极推荐在履行社会责任方面作出突出贡献的优秀企业经营者参加劳模等社会荣誉的评选。严肃查处损害员工、消费者、社会公共利益以及扰乱市场经济秩序的违法行为，加大对缺乏信用、污染环境、破坏生态、浪费资源、危害安全等行为的惩处力度。

（十二）充分发挥行业协会等组织的作用。发挥行业协会、商会等组织在推进企业履行社会责任方面的作用，行业协会、商会要加强对企业的服务和引导，采取制定行业内会员企业的社会责任公约、发布倡议书等形式，加强行业自律。积极开展企业文化建设，引导企业经营管理者和员工提高对企业履行社会责任重要意义的认识，树立"履行社会责任光荣，推卸社会责任可耻"的价值观，自觉履行好应尽的社会责任。

（十三）营造有利于企业社会责任建设的氛围。各地、各有关部门要加强对企业履行社会责任的舆论引导，充分发挥报纸、广播、电视、网络等媒体的作用，宣传企业履行社会责任的重要意义和先进典型，刊登、播放相关公益广告。鼓励企业、社区、社会团体开展企业社会责任宣传教育，增强公众的参与意识，形成有利于企业社会责任建设的氛围。

二〇〇八年二月二十八日

浙江省人民政府
关于试行国有资本经营预算的意见

浙政发〔2008〕25号

建立国有资本经营预算制度，对增强政府宏观调控能力，完善国有企业收入分配制度，推进国有经济布局结构调整，具有重要意义。根据《国务院关于试行国有资本经营预算的意见》(国发〔2007〕26号)精神，结合我省实际，现就试行国有资本经营预算提出如下意见：

一、试行国有资本经营预算的指导思想和原则

(一)试行国有资本经营预算，要以邓小平理论和"三个代表"重要思想为指导，认真贯彻落实科学发展观，通过对国有资本收益的合理分配及使用，完善国有企业收入分配制度，推进国有资本的合理配置，推动国有企业的改革和发展，不断增强国有经济综合实力，促进我省经济又好又快发展。

(二)试行国有资本经营预算，应坚持以下原则：

一是统筹兼顾、适度集中。统筹兼顾国有企业自身积累、自身发展和国有经济结构调整及国民经济宏观调控的需要，适度集中国有资本收益，合理确定预算收支规模。

二是保证重点、兼顾一般。国有资本经营预算支出安排要以国家和省政府确定的产业发展和结构调整投入为重点，兼顾一般项目支出。

三是相对独立、相互衔接。既保持国有资本经营预算的完整性和相对独立性，又保持与政府公共预算的相互衔接。

四是分级编制、分步实施。国有资本经营预算实行分级管理、分级编制，根据条件分步实施。

五是统一上交、量入为出。国有资本收益实行统一上交财政，以收入总量确定支出规模，不留赤字。

二、国有资本经营预算的收支范围

(三)国有资本经营预算收入是指各级政府及其部门、机构履行出资人职责的企业(即一级企业，下同)上交的国有资本收益，主要包括：

1. 利润收入，即国有独资企业按规定应上交国家的税后利润。

2. 国有股股利、股息收入，即国有控股、参股企业国有股权(股份)获得的股利、股息收入。

3. 国有产权转让收入，即转让国有产权、股权(股份)获得的收入。

4. 清算收入，即国有独资企业清算收入，以及国有控股、参股企业国有股权(股份)分享的公司清算收入(扣除清算费用)。

5. 其他国有资本收益收入。

(四)国有资本经营预算支出主要包括：

1. 资本性支出，包括向新设企业注入国有资本金、现有国有企业增加资本投入、收购其他企业股权(股份)等支出。

2. 费用性支出，包括用于补偿国有企业改革成本、分离办社会、消化历史挂账、解决历史包袱、加强国有企业监管等费用支出。

3. 研发性支出，包括补助国有企业自主创新、产品研发、节能减排等科技活动支出。

4. 其他支出，包括用于补充社保基金等支出。

三、国有资本经营预算的编制和审批

(五)国有资本经营预算单独编制，预算支出按照当年预算收入规模以收定支，统筹安排，不列赤字。

(六)各级财政部门为国有资本经营预算的主管部门。各级国有资产监管机构以及其他有国有企业监管职能的部门和单位，为国有资本经营预算单位(以下简称预算单位)。

(七)试行期间，各级财政部门负责布置国有资本经营预算编制工作，商国有资产监管机构、发展改革等部门后编制国有资本经营预算草案，报经本级政府批准后下达各预算单位；各预算单位在规定时间内下达所监管(或所属)企业，并抄送同级财政部门备案。

(八)各级财政部门应按规定向上级财政部门报送本地区国有资本经营预算报表。

四、国有资本经营预算的执行

(九)国有资本经营预算收入由财政部门负责收取，国有资产监管机构及其他有国有企业监管职能的部门和单位负责监交。企业按规定应上交的国有资本收益，应及时、足额直接上交同级财政。

(十)各级国有资本收益收取办法，由财政部门会同国有资产监管机构等有关部门制定，报本级政府批准后施行。

(十一)国有资本经营预算资金支出，由预算单位所监管(或所属)的企业在经批准的预算范围内提出申请，经预算单位审核后，报财政部门核拨。财政部门按照财政国库管理制度的有关规定，直接拨付使用单位。使用单位应当按照规定用途使用、管理预算资金，并依法接受有关部门的监督。

(十二)国有资本经营预算在执行中如需调整，须按规定程序报批。年度预算确定后，企业改变财务隶属关系引起预算级次和关系变化的，应同时办理预算划转。

(十三)各级财政部门应按规定编制本地区国有资本经营预算收支月报和年度决算报表报送上级财政部门，报告国有资本经营预算执行情况。

（十四）年度终了后，各级财政部门应编制国有资本经营决算草案报本级政府批准。

五、国有资本经营预算的职责分工

（十五）财政部门的主要职责是：负责制（修）订本地区国有资本经营预算的各项管理制度、预算编制办法；负责本级国有资本经营预算收支核算；编制本地区及本级国有资本经营预算草案、国有资本经营预算收支月报，报告国有资本经营预算执行情况；汇总编报本地区国有资本经营决算；会同有关部门制定本级企业国有资本收益收取办法；收取本级企业国有资本收益。省财政厅负责审核和汇总编制全省国有资本经营预、决算草案。

（十六）各预算单位的主要职责是：负责研究制定本单位国有经济布局和结构调整的政策措施，参与制定国有资本经营预算有关管理制度；根据预算编制要求，提出本单位国有资本经营预算建议草案；组织和监督本单位国有资本经营预算的执行；根据决算编制要求，提出本单位国有资本经营决算草案；负责所监管（或所属）企业上交国有资本收益的监交工作；按规定接受有关部门的监督检查。

（十七）各预算单位所监管（或所属）企业的主要职责是：根据预算编制要求，提出本企业年度国有资本经营预算建议书；根据批准的预算按规定使用预算资金，并定期向预算单位报送预算执行情况；编报本企业国有资本经营预算收支月报和年度决算草案；及时上交国有资本收益；按规定接受有关部门的监督检查。

六、试行国有资本经营预算的组织实施

（十八）省本级国有资本经营预算从2008年1月1日起试行。各地国有资本经营预算的试行时间、步骤，由各市、县（市）政府决定。

（十九）建立国有资本经营预算制度，是进一步加强国有资产管理、加快完善社会主义市场经济体制的一项重大举措，各地各有关部门要统一思想，加强领导，精心组织，积极稳妥地推进这项工作。省财政厅要会同省国资委抓紧制定有关具体配套制度和实施办法，各预算单位和有关企业要严格执行国有资本经营预算的各项制度和办法。各有关部门、单位和企业要加强沟通，协调配合，确保试行工作顺利进行。

二〇〇八年四月一日

浙江省人民政府
关于浙江金融业深化改革加快发展的若干意见

浙政发〔2008〕34号

为贯彻落实党的十七大精神和国家有关金融工作的方针政策，围绕省委、省政府提出的“创业富民、创新强省”总战略，现就进一步加快我省金融业改革与发展，提出如下意见：

一、加快我省金融业改革发展的重要意义

（一）进一步认识金融业在经济发展中的支撑作用。金融是现代经济的核心，在经济社会发展中发挥着保障资金需求、优化资源配置、调节经济运行、分散经济社会风险等功能，对我省经济社会又好又快发展具有重要的支撑和推动作用。当前，我省正处于工业化中后期阶段，金融业将步入快速发展时期，传统制造业转型升级、存量资产整合重组、新兴产业投融资、城乡人民创业发展和消费模式转变等，都对加快我省金融业发展提出了更新更高的要求，加快金融业发展对我省具有重要的战略意义。

（二）进一步提升金融业发展的战略地位。从我省经济社会发展的现实需要出发，把加快发展金融业作为我省实施“创业富民、创新强省”总战略的重要组成部分，作为我省提高全社会资源要素配置效率、转变经济发展方式、推动全民创业发展、增加城乡居民财产性收入的重要支撑平台，摆在优先发展的战略位置。通过不断深化改革，转变发展观念，鼓励金融创新，逐步实现金融业从规模和总量的扩张向服务功能提升和结构优化转变，从单纯资金要素保障功能向综合的金融服务转变，使金融业成为现代服务业的重要产业。

二、今后五年金融业发展的总体要求和主要目标

（三）加快金融业发展的总体要求。以邓小平理论和“三个代表”重要思想为指导，贯彻落实党的十七大精神和科学发展观，按照实施“创业富民、创新强省”总战略要求，围绕“保障、创新、防范”三大重点，着力健全金融组织与服务体系，着力提升金融机构的核心竞争力和抗风险能力，着力优化金融生态环境，着力维护金融稳定安全，增强金融业对经济的支撑力和渗透力，提高金融要素集聚水平，打造浙江金融业的特色优势，努力把我省建设成金融改革的先行区、金融发展的繁荣区、金融生态的优质区、金融运行的安全区。

（四）今后五年金融业发展的主要目标。到2012年末，全省金融业增加值占GDP和第三产业的比重有较大提高；存贷款年均增量和信贷资产质量继续保持全国领先水平；直接融资比重有较大提高，新增上市公司家数翻一番，继续位居各省市前列，债券融资规模以及占直接融资的比重明显提高;保险深度和保险密度达到全国平均水平以上,保险业的经济补偿、社会管理和资金融通三大功能显著提高;金融要素集聚能力显著提升,杭州、宁波区域金融中心建设初见成效,并成为上海国际金融中心的有机组成部分;地方金融机构实力显著增强,多种所有制和多种经营形式、结构合理、功能完善、高效安全的具有浙江特色的地方金融体系初步形成。

(五)确保资金要素供给。积极贯彻国家宏观调控政策,多措并举,确保我省经济又好又快发展的资金需求。积极争取各大银行总行在信贷规模、结构和投放节奏等方面加大对我省的支持力度;重点培育地方金融机构对当地经济的投入力度;强化省重点建设项目与资金联动机制;加快优质企业在多层次资本市场的融资步伐;积极拓宽保险资金在我省运用的领域;全力支持和配合银行、证券、保险等金融机构在我省进行金融创新试点。

三、加快银行业金融机构改革发展步伐

(六)充分发挥在浙银行分支机构的作用。支持各大中型商业银行分支机构深化金融改革和创新,推进新体制、新机制的有效运行,积极为其提供产业规划布局等方面的信息,促进银企合作,保持信贷适度增长,为我省初创型、成长型中小企业和“三农”发展提供更好的金融服务。引导国有商业银行分支机构改善和加强县域金融服务,增强服务手段和功能;鼓励全国性大中型银行在系统内争取政策,加大对我省符合国家产业政策的企业信贷投放力度。鼓励股份制商业银行分支机构稳步向县域延伸服务,在欠发达地区和金融竞争不充分的区域设立分支机构。积极吸引优秀外资银行来浙开设分支机构。

(七)做优做强地方法人商业银行。引导和督促地方法人商业银行完善公司治理,提高内控与风险管理能力。支持浙商银行、杭州市商业银行和宁波银行做大做强,实现跨省域发展,借助资本市场,壮大资本实力,转变发展模式,提高核心竞争力。鼓励具备条件的城市商业银行在省内跨区域或向县域延伸发展,提高本省的金融服务覆盖面。支持以民营为特色的商业银行做专做精,发挥机制优势,立足服务本地经济、服务中小企业、服务“三农”。支持其他城市商业银行做优做新,通过引进战略投资,优化股权结构或者联合重组、整合资源,实现规模发展。

(八)继续深化农村合作金融机构改革发展。坚持服务“三农”方向,以县级行社为主体做大做强,以改革促发展。坚持因地制宜,分类指导原则,对城市化程度较高、农贷比重较低、资产规模较大、经营实力较强、管理服务较规范的农村合作金融机构试行股份制改造;一般的县级行社通过优化股本结构,完善股份合作制,健全法人治理,加强内部管理,提高综合竞争力和服务“三农”的能力;少数基础较薄弱的县级行社通过地方政府扶持、强弱联合、加快组织形式改革和加强内部管理,不断增强经营活力和服务“三农”的能力。在继续保持县级法人地位不变的前提下,积极探索省农信联社发展模式,进一步提高管理水平,拓宽服务领域,强化差别化管理,充分调动县级行社的积极性和创造性。及时总结推广村镇银行试点工作经验,跟踪国家政策取向,稳妥推进各类新型农村金融组织的发展,积极构建我省社会主义新农村建设的金融服务体系。

四、努力拓展上市等直接融资途径

(九)大力推动符合条件的优质企业上市融资。抓住国家大力发展资本市场的良机,各级政府要把企业上市工作作为提升骨干企业素质,带动区域经济发展的重要载体,积极培育上市后备资源。优先推动高新技术产业、装备制造业、金融、现代物流、文化、教育、旅游以及海洋经济领域的企业上市融资,促进我省经济结构调整和产业升级。鼓励省属国有企业上市融资。借鉴省内外已有成功经验,充分发挥上市公司资本运作平台作用,推动国有经济战略重组。继续开拓境外资本市场,推动民营企业赴境外上市融资。推动和支持优质H股上市公司发行A股,支持企业借助境外资本市场,通过收购、兼并等方式,实施“走出去”发展战略。鼓励优质上市公司通过多种方式扩大再融资规模,提高对外投资控股能力。鼓励优质企业买壳或收购控股上市公司。支持各地对已丧失融资功能的上市公司进行整合重组,提高上市公司质量,使上市公司成为我省经济持续快速发展的重要支撑。

(十)鼓励符合条件的企业进行债券融资。以债券发行管理体制改革为契机,努力扩大企业债发行规模。推动重点基础设施、技术改造项目等发行企业债。鼓励上市公司发行公司债。积极探索中小企业集合发行债券。鼓励符合条件的企业发行短期融资券。积极探索资产证券化试点。鼓励金融机构积极创造条件申请发行次级债等资本性债务工具和金融债。

(十一)积极发展证券期货信托等金融组织。积极支持财通证券、浙商证券增资扩股,立足服务地方经济,走专业化、特色化发展道路,争取上市融资,形成资本补充机制。顺应期货业发展趋势,推动期货公司的金融期货准备工作,优化股东结构,增强资本实力,进一步发挥期货公司利用农产品期货服务“三农”的作用,促进浙江期货市场与现货市场的融合和发展。积极争取信托业务牌照,发挥信托机构的功能优势,支持信托公司规范开展创新型信托业务。积极支持金融租赁公司进一步加快发展,通过金融租赁业务支持省内企业发展,特别是支持中小企业的技术改造和创新。积极支持和引导业绩优良、管理规范、符合国家产业政策的大型集团公司成立财务公司。鼓励我省企业投资入股省内外的非银行金融机构。优先为省内非银行金融法人机构提供业务及发展机会,尽快将其培育成实力较强、治理完善、内控健全、资质齐备的地方金融机构,增强其服务我省经济社会发展的能力。

(十二)大力发展基金投资类组织。推动我省地方金融机构为主发起设立或投资控股证券投资基金管理公司。争取设立产业投资基金,主要对涉及全省的重大基础设施建设和产业转型升级项目进行引导性、战略性投资。吸引国内外知名基金类、投资类公司落户我省。设立省级创业投资引导基金,鼓励民营资本为主体的创业(风险)投资基金、成长型企业股权投资基金的发展,使各类基金组织成为我省充裕的民间资金转化为产业资本的重要载体。对创业投资企业采取股权投资方式投资于未上市中小高新技术企业2年以上的，可按其投资额的70%在股权持有满2年的当年抵扣该创业投资企业的应纳税所得额；当年不足抵扣的，可在以后纳税年度结转抵扣。

（十三）健全地方产权交易市场。充分发挥产权交易市场在促进产业资本有序流动、多渠道吸引民间资本、有效配置社会资源方面的作用，引导全省各地产权交易机构通过联合、合作、兼并、托管等方式进行整合，逐步形成以省产权交易所为中心，各地交易所联动的全省产权交易统一市场。积极探索非上市股份公司股权转让和进入场外市场的途径，争取在我省开展股权流转试点。支持高新技术开发区内股份公司进入股份转让报价系统进行融资和股份转让。争取建设规范化的区域性柜台交易市场，使之成为我省地方资本市场，尤其是中小型企业投融资市场的重要平台。

五、充分发挥保险功能

（十四）积极培育保险机构。支持浙商保险、信泰人寿加快发展，不断完善公司治理水平，加快实现上市融资，提高为经济社会提供风险管理服务的能力和水平。引导各类优质资本投资设立总部在我省的保险公司。鼓励责任险、养老险、健康险和汽车险等中外特色保险公司来我省设立分支机构。通过重组和并购等市场化方式，培育一批品牌信誉好、专业技术强、管理水平高的龙头保险专业公司。

（十五）积极发展服务地方社会经济的特色保险业务。积极发展区域性特色保险产品，是我省保险业创新的主导方向。鼓励开发符合中小企业发展需要的保险产品，积极发展"三农"保险，探索政府补贴与商业运作相结合的具有浙江特色的保险发展模式；着力拓展责任保险，重点在公众场所、食品安全、旅游行业、高危行业以及环境保护等方面取得突破。加快养老健康保险，重点开发补充型保险产品，参与和推动社会养老和医疗保障体制改革。积极支持保险公司在浙江进行保险资金运用扩权的试点，引导保险资金以设立产业基金、投资入股等方式支持我省重点基础设施项目和重大产业项目，参与我省地方金融机构改革。

六、有效防范化解金融风险

（十六）发挥各类金融机构防范金融风险的主体作用。支持各金融机构多渠道充实资本金，完善法人治理结构，提高内控管理水平，有效防范各类经营风险。进一步加强全省银行、证券、保险行业协会的建设，引导金融机构加强行业自律、合规经营。加强对地方金融机构资产与财务的动态监测，积极探索建立风险防范和处置机制。积极争取存款保险试点。

（十七）完善风险预警机制和应急处理机制。正确认识金融监管和金融发展的辩证关系，建立健全监管协调机制，重点关注系统性、交叉性风险。加强政府部门与中央驻浙金融监管机构的联系，建立重大事项通报及金融风险预警通报制度，实现金融产业发展信息共享。进一步完善金融突发事件应急预案，落实风险处置责任。

（十八）规范引导民间融资行为。切实改善投资环境，增强政策的透明度，明确民间融资和非法金融业务的界限，满足民间资金投资多元化需求，鼓励并引导民间资金有序进入符合国家产业政策的行业，为发展地方经济作贡献。加强对民间融资的监督和管理，及时分析和监测民间融资情况，防止不法分子以民间融资名义开展非法金融活动，促进民间融资健康发展。

七、优化金融生态环境

（十九）加强组织领导。完善各级政府金融工作组织体系，明确承担金融工作的相关机构。加强省金融办与中央驻浙金融监管机构的沟通与合作，建立信息及工作动态互通、合作、交流机制。各级政府要切实帮助解决金融机构发展中面临的困难和问题，采取有效政策措施，提供相应的便利和高效率的服务。

（二十）加大政策扶持力度。设立浙江省金融业发展专项资金，专项用于对"三农"、小企业提供金融服务的支持等。条件成熟时，探索组建金融控股平台，推动地方金融业的改革发展，提升浙江金融业整体竞争力。

（二十一）加强社会信用体系建设。切实落实国务院关于社会信用体系建设的指导意见，按照建设"信用浙江"要求，以信贷征信体系建设为切入点，加快建立金融业统一征信平台，大力推进和完善行业信用建设，促进信用信息共享，扩大信息入库面和使用范围。进一步完善企业和个人信用评价制度，强化失信惩戒机制。遵循国际通行的基本金融监管规则，逐步对金融机构实行强制信息披露制度，强化市场制约机制。适应金融改革发展需要，规范发展会计、审计、法律、资产评估、资信评级、投资理财等中介机构。

（二十二）维护金融市场良好的竞争秩序。加大金融业宣传力度，普及金融知识，加强投资者教育，培育信用文化，采取多种措施改善区域金融发展环境。依法打击金融犯罪活动，大力打击逃废金融债务行为、骗保骗赔行为，加强金融债权司法保护。依法取缔非法集资、地下钱庄、地下保单、非法外汇、非法发行股票及证券交易等非法金融机构和非法金融活动。坚决打击金融欺诈、高利贷等非法活动。加强典当、担保、寄售（寄卖）、非融资租赁信用评级等相关行业的发展规划。注重行业发展环境创造，强化行业运行动态监管，落实相关职能部门的监管责任，推动行业整合和规范发展。健全担保体系，完善风险补偿与分散功能，增强担保行业抗风险能力。维护好市场竞争秩序，构筑健康、规范、有序的金融发展环境。

（二十三）加强对外交流合作与创新。积极支持和引导地方金融机构开展对外交流与合作，引进先进的经营理念、管理技术和创新经验。鼓励金融机构在服务品种、风险控制、降低营运成本、提高服务效率等方面进行创新，尤其是金融支持中小企业、服务"三农"的业务创新。

（二十四）建设金融机构集聚区。以长三角金融一体化为契机，以杭州、宁波为核心区块，推进区域金融中心建设，吸引境内外银行、证券、保险等金融机构及其后援服务机构集聚，尤其是国内外知名的，实力雄厚的基金类、投资类专业机构，把杭州培育成为长三角地区一个重要的资产管理中心，增强金融的集聚和辐射功能。省内金融较发达的其他市，可以加强规划，建设有特色的专业化金融街区。对省内新设立或新引进的金融机构总部，经省有关部门确认，报经地税部门批准，可给予三年内免征房产税、城镇土地使用税和水利建设专项资金的照顾。

（二十五）强化人才支撑。强化人力资源是金融业第一资源的理念，吸引各类高素质金融人才聚集浙江。对急需的金融机构中高级管理人员，各级政府要在工作和生活条件，包括配偶、子女的就业、入学等方面提供政策支持。对金融机构为引进急需高级管理人才而支付的一次性住房补贴、安家费等费用，可据实在计算企业所得税前扣除。要加快建设中高级金融管理人才的培训平台，加强与省内外高校和专业培训机构合作，强化金融教育培训，采取多种形式提高金融管理干部、金融机构经营者和从业人员的素质。

二○○八年五月六日

浙江省人民政府
关于做好耕地占用税征管工作的通知

浙政发〔2008〕38号

各市、县（市、区）人民政府，省政府直属各单位：

根据新修订的《中华人民共和国耕地占用税暂行条例》（国务院令第511号，以下简称《暂行条例》）及其实施细则的有关精神，结合我省实际，现将我省贯彻落实《暂行条例》、进一步加强耕地占用税征管工作有关事项通知如下：

一、明确税额标准

根据我省人均耕地和经济社会发展情况，对各市、县（市）耕地占用税税额标准核定如下：

（一）杭州市、宁波市、温州市、湖州市、嘉兴市、绍兴市、舟山市、台州市等市本级和义乌市，每平方米为50元。

（二）金华市、衢州市、丽水市等市本级和富阳市、临安市、余姚市、慈溪市、乐清市、瑞安市、嘉善县、平湖市、海宁市、桐乡市、绍兴县、诸暨市、上虞市、东阳市、温岭市、玉环县，每平方米为45元。

（三）桐庐县、淳安县、建德市、奉化市、宁海县、象山县、永嘉县、洞头县、平阳县、苍南县、德清县、长兴县、安吉县、海盐县、嵊州市、新昌县、兰溪市、永康市、浦江县、武义县、龙游市、江山市、常山县、岱山县、嵊泗县、临海市、天台县、仙居县、三门县、龙泉市、青田县、缙云县、遂昌县，每平方米为35元。

（四）文成县、泰顺县、磐安县、开化县、云和县、庆元县、松阳县、景宁县，每平方米为25元。

占用基本农田的，其适用税额在前款规定的税额标准基础上再提高50％。

占用林地、牧草地、农田水利用地、盐田、养殖水面以及渔业水域滩涂等其他农用地建房或者从事非农业建设的，其适用税额按照当地占用耕地的税额标准执行。

二、明确征管机关

我省耕地占用税由各级财政部门负责征管。

三、明确减免税有关规定

耕地占用税的减免税应严格按照国家有关规定执行。对于农村烈士家属、残疾军人、鳏寡孤独以及革命老根据地、少数民族聚居区和边远贫困山区生活困难的农村居民，在规定用地标准以内新建住宅缴纳耕地占用税确有困难的，经所在地乡（镇）政府审核，报经县级政府批准后，征管机关给予办理免征耕地占用税手续。

四、切实加强组织领导

我省人多地少，耕地资源十分紧缺，保护耕地、合理利用土地是当务之急。各级政府要充分认识耕地占用税征管工作的重要性，加强对耕地占用税征管工作的组织领导和统筹协调，采取有效措施，切实解决本地区耕地占用税征管工作中的突出矛盾和问题。财政、国土资源等有关部门要结合自身职责，加大对《暂行条例》的宣传力度，严格按照政策要求做好耕地占用税征管工作。

五、加强部门协调配合

财政、国土资源等相关部门要加强协调配合，建立信息共享机制，完善工作联系制度，确保工作有条不紊地开展。财政部门要及时向国土资源部门通报耕地占用税征管政策；国土资源部门要及时向财政部门通报农用地转用和单独选址项目情况。纳税人办理纳税事宜后，耕地占用税征管机关要及时向纳税人开具耕地占用税完税凭证或免税凭证。纳税人未出具耕地占用税完税凭证或免税凭证的，国土资源部门不得发放该宗土地的建设用地批准书。

凡2008年1月1日起占用耕地的，按《暂行条例》和本通知规定执行。涉及耕地占用税有关政策以及征管工作中遇到的具体问题由省财政厅负责解释。

1987年8月5日省政府《批转省财政厅〈关于开征耕地占用税的报告〉的通知》（浙政〔1987〕45号）同时废止。

二○○八年五月三十日

浙江省人民政府
关于调整耕地开垦费征收标准等有关问题的通知

浙政发〔2008〕39 号

各市、县(市、区)人民政府,省政府直属各单位:

为进一步加大保护耕地的支持力度,保证垦造耕地的质量,现就调整耕地开垦费征收标准等问题通知如下:

一、收费标准

非农业建设经批准占用耕地的,杭州市上城区、下城区、江干区、拱墅区、西湖区、滨江区,宁波市海曙区、江东区、江北区、镇海区、北仑区,温州市鹿城区、龙湾区、瓯海区每平方米 36 元;湖州市吴兴区、南浔区,嘉兴市南湖区、秀洲区,绍兴市越城区,舟山市定海区、普陀区,台州市椒江区、黄岩区、路桥区每平方米 32 元;杭州市萧山区、余杭区,富阳市,宁波市鄞州区,余姚市,慈溪市,乐清市,瑞安市,苍南县,桐乡市,平湖市,海宁市,绍兴县,诸暨市,上虞市,金华市婺城区、金东区,东阳市,义乌市,永康市,衢州市柯城区、衢江区,临海市,温岭市,玉环县,丽水市莲都区每平方米 28 元;其他县(市)每平方米 20 元。

非农业建设经批准占用园地的,视同占用耕地缴纳耕地开垦费。

占用基本农田的,在上述标准基础上每平方米再加 15 元。

二、省补充耕地

凡委托省补充耕地的建设用地项目,耕地开垦费按每平方米 45 元的标准全额缴省。

三、其他

耕地开垦费收取应按规定到同级价格主管部门办理收费许可证,并使用省级财政部门统一印(监)制的"浙江省政府非税收入一般缴款书"。省、市、县(市、区)各级耕地开垦费收入,都要及时全额划入同级财政专户,实行收支两条线管理,专项结算。

农民依法利用农村集体土地新建、翻建自用住房,不再缴纳补充耕地的任何费用,补充耕地任务及所需资金由所在地市、县(市、区)政府落实。

本通知自发布之日起执行。浙政发〔2000〕292 号文件与本通知规定不符的,以本通知为准。

二○○八年六月十一日

浙江省人民政府
关于贯彻成品油价格和税费改革的实施意见

浙政发〔2008〕83 号

为确保成品油价格和税费改革顺利实施,根据《国务院关于实施成品油价格和税费改革的通知》(国发〔2008〕37 号)精神,结合我省实际,特制定以下实施意见。

一、充分认识实施成品油价格和税费改革的重大意义

成品油价格和税费改革是党中央、国务院利用近期国际市场油价持续回落的有利时机做出的重大决策。实施成品油价格和税费改革,是贯彻落实科学发展观的具体要求,对完善社会主义市场经济体制,促进经济社会平稳较快发展具有重要意义。成品油价格和税费改革的实施,必将有利于规范政府收费行为,公平社会负担;有利于促进节能减排和结构调整;有利于依法筹措交通基础设施维护和建设资金,促进交通事业稳定健康发展。

浙江是资源小省,特别是油品资源完全依靠省外、国外供应,成品油价格和税费改革对我省经济和社会发展必将产生重大影响。国务院 12 月 18 日宣布下调成品油价格,同时决定自 2009 年 1 月 1 日起实施成品油税费改革。为此,各级政府、各有关部门要统一思想,充分认识改革的必要性和紧迫性,切实把思想和行动统一到中央的决策部署上来,按照中央对成品油价格和税费改革的总体要求,紧密结合我省实际,切实做好成品油价格和税费改革的各项工作,确保改革的顺利实施。

二、全面把握成品油价格和税费改革的主要内容

推进成品油税费改革。一是取消公路养路费、航道养护费、公路运输管理费、公路客货运附加费、水路运输管理费、水运客货运附加费等六项收费。二是逐步有序取消政府还贷二级公路收费。三是汽油消费税单位税额每升提高0.8元，柴油每升提高0.7元，其他成品油单位税额相应提高。加上现行单位税额，提高后的汽油、石脑油、溶剂油、润滑油消费税单位税额为每升1元，柴油、燃料油、航空煤油为每升0.8元。四是成品油消费税属于中央税，由国家税务局统一征收(进口环节继续委托海关代征)。纳税人为在我国境内生产、委托加工和进口成品油的单位和个人。纳税环节在生产环节(包括委托加工和进口环节)。计征方式实行从量定额计征，价内征收。今后将结合完善消费税制度，积极创造条件，适时将消费税征收环节后移到批发环节，并改为价外征收。五是新增成品油消费税连同由此相应增加的增值税、城市维护建设税和教育费附加具有专项用途，不作为经常性财政收入，不计入现有与支出挂钩项目的测算基数，除由中央本级安排的替代航道养护费等支出外，其余全部由中央财政通过规范的财政转移支付方式分配给地方。改革后形成的交通资金属性不变、资金用途不变、地方预算程序不变、地方事权不变。

完善成品油价格形成机制。一是国内成品油出厂价格以国际市场原油价格为基础，加国内平均加工成本、税金和适当利润确定。当国际市场原油一段时间内平均价格变化超过一定水平时，相应调整国内成品油价格。二是汽、柴油价格继续实行政府定价和政府指导价。汽、柴油零售实行最高零售价格，最高零售价格由出厂价格和流通环节差价构成，适当缩小出厂到零售之间流通环节差价；汽、柴油批发实行最高批发价格；对符合资质的民营批发企业汽、柴油供应价格，合理核定其批发价格与零售价格价差；上述差价由国家发展改革委根据实际情况适时调整。三是在国际市场原油价格持续上涨或剧烈波动时，继续对汽、柴油价格进行适当调控，以减轻其对国内市场的影响。四是航空煤油等其他成品油价格继续按现行办法管理。液化气改为实行最高出厂价格管理。五是国家发展改革委根据上述完善后的成品油价格形成机制，另行制定石油价格管理办法。

三、认真做好成品油价格和税费改革的实施工作

各地、各有关部门要按照中央和省委、省政府关于成品油价格和税费改革的总体部署，精心组织，周密部署，认真做好有关工作，确保改革方案平稳实施。

(一)实行成品油全省统一最高零售价格管理。成品油价格和税费改革方案实施后，我省成品油零售价格由分三个价区作价调整为一个价区、实行全省统一最高零售价格作价管理。标准品最高零售价格由国家发展改革委制定，非标准品最高零售价格由省物价局根据国家规定的品质比率制定。

(二)修订完善相关行业价格联动机制。新的成品油价格形成机制运行后，要进一步完善我省出租车和道路客运现有的油运价格联动机制，根据油价变动情况，价格主管部门要会同有关部门及时调整运价或燃油附加。

(三)认真落实对部分困难群体和公益性行业补贴的机制。全面掌握成品油价格和税费改革对我省种粮农民、林业、渔业(含远洋渔业)、城市公交、农村道路客运(含岛际和农村水路客运)的影响，财政部补贴办法出台后，各有关部门要结合实际，及时制定出台补贴办法，确定补贴方式，明确发放渠道，保证国家安排的补贴资金不折不扣地迅速落实到位。出租车在运价调整前，因油价上涨增加的成本，继续由财政给予临时补贴。综合考虑成品油、液化气等调价和市场物价变动因素，各市、县(市、区)政府要继续做好城乡低保对象等低收入困难群体的基本生活保障工作。

(四)逐步有序取消政府还贷二级公路收费。国家逐步有序取消政府还贷二级公路收费实施方案和补助政策出台后，省交通等部门要尽快研究提出我省逐步有序取消的具体实施办法，报省政府批准，并以省政府名义及时向社会公布撤销的政府还贷二级公路收费站点位置和名称，接受社会监督。在尚未正式实施前，政府还贷二级公路车辆通行费收费政策继续执行，各级政府要做好宣传解释工作。

(五)加快建立普通公路发展和港航建设的投融资机制。成品油税费改革前，以养路费为主的交通规费是我省交通建设投融资的重要平台。各有关部门要以这次改革为契机，整合现有资源，抓紧研究建立普通公路和港航建设投融资体制，促进公路和港航事业健康可持续发展。

(六)制定出台相关资金分配使用的管理办法。财政、交通等部门要认真做好改革前后资金安排、预算衔接和交通建设融资工作，抓紧制定出台改革后相关资金使用管理办法，明确资金分配原则，切实做好与2009年收支预算的对接。近期特别要抓紧做好2009年1月1日起的资金预拨等工作，确保人员经费、养护经费和相关建设资金及时到位。

(七)统筹安置交通收费征稽人员。妥善做好改革涉及人员的安置工作，是成品油税费改革顺利推进的重要保证。安置交通收费征稽人员，由市、县(市、区)政府负总责，要按照转岗不下岗、待安置期间级别不变、合规合理的待遇不变的总体要求，统筹协调，实行多渠道安置，确保改革稳妥有序推进。各地要严格把关，及时锁定改革涉及的征稽收费人员数量，防止突击进人。要通过交通运输行业内部转岗、税务部门接收以及市、县(市、区)政府统筹协调多种渠道安置等措施，做好公路养路费征稽人员的安置工作。国家人员安置工作指导意见出台后，省交通、人事(编制)、财政、国税等部门要抓紧制定出台我省人员安置工作实施方案，指导各地积极稳妥地做好人员安置工作。

四、切实加强成品油价格和税费改革的组织领导

成品油价格和税费改革涉及各方利益的调整，关系到成品油供应保障，关系到交通运输业的发展，关系到广大人民群众的生活，要求高，难度大，情况复杂。为此，各级政府、各有关部门要高度重视，切实加强组织领导，确保改革扎实有序推进。

(一)成立组织，加强领导。省政府已成立由省长任组长，发展改革、物价、财政、交通、税务、人事(编制)、农业、海洋与渔业、林业、建设、民政等相关部门参加的成品油价格和税费改革领导小组，负责相关政策的制定，协调解决改革中的重大问题，指导各地扎实推进改革。各市、县(市、区)政府要抓紧成立由政府主要负责人牵头的改革领导小组，及时分析掌握本地区改革实施情况，制定相关政策，切实加强对改革的领导。

(二)明确任务，落实责任。各市、县(市、区)政府要切实担负起人员安置和维护稳定的工作责任，把人员安置工作摆上突出位置，提前筹划，周全安排，妥善安置，保证队伍稳定。各地要按照国务院在2009年1月1日零时全部取消公路养路费等六项收费的规定，加强检查，确保取消收费政策落到实处。对已经提前预收的要及时清退，对2008年12月31日以前欠缴漏缴公路养路费等收费的，应明确责任，及时追缴到位。绝不允许任何地方、部门、单位和个人，以任何理由、任何名义继续收取或变相收取明令取消的各项收费。违反规定的，要严肃查处，并追究相关责任人的责任。

(三)搞好宣传，确保稳定。成品油价格和税费改革力度大，政策性强，涉及面广，社会关注度高。各级政府、各有关部门要通过广播、电视、报纸、网络等多种媒体，广泛宣传成品油价格和税费改革的前提、背景、目的、内容、时间。通过广泛宣传、舆论引导，争取社会各界的理解和支持，为改革创造良好的舆论环境。各级政府、各有关部门要密切关注市场情况和社会动态，及时掌握成品油价格和税费改革过程中可能出现的新情况、新问题，提前做好应对预案，并妥善处理，切实维护社会稳定。

各地区、各有关部门贯彻落实情况，要及时向省政府报告。

二〇〇八年十二月二十五日

中共浙江省委办公厅　浙江省人民政府办公厅
关于全面推进职工工资集体协商工作的意见

浙委办〔2008〕67号

各市、县(市、区)党委和人民政府，省直属各单位：

为深入贯彻党的十七大和省第十二次党代会精神，深化职工收入分配制度改革，建立职工工资正常增长机制，促进社会和谐稳定，经省委、省政府同意，现就我省全面推进职工工资集体协商工作提出以下意见：

一、全面推进职工工资集体协商工作的重要意义

实行职工工资集体协商，是深化收入分配制度改革的重要手段，是建立职工工资民主共决机制的基本形式，是发展和谐劳动关系的必然要求。近些年来，我省重视规范和协调劳动关系，积极开展和谐劳动关系企业创建活动，尤其是温岭等地推行行业性、区域性工资集体协商工作，取得了明显成效，积累了一定经验。但要清醒看到，我省民营经济比重大，中小企业量大面广，区域块状经济形成规模，外来务工人员相对集中，协调劳动关系任务日趋繁重，推进职工工资集体协商意义重大。各级党委、政府要从贯彻落实科学发展观、构建社会主义和谐社会的高度，充分认识实行工资集体协商的重要性和紧迫性，全面推进职工工资集体协商工作，保障劳动关系双方合法权益，构建和谐劳动关系，促进我省经济社会又好又快发展。

二、全面推进职工工资集体协商工作的总体要求、基本原则和工作目标

(一)总体要求。深入贯彻党的十七大和省第十二次党代会精神，以科学发展观为指导，按照发展社会主义市场经济、构建社会主义和谐社会的要求，以建立健全职工工资民主共决机制和工资正常增长机制为目标，坚持党政主导、三方协同、工会推动、劳资互动的工作格局，坚持依法办事，坚持分类指导，深化企业收入分配制度改革，完善企业民主管理制度，培育集体协商主体，大力推进职工工资集体协商工作，努力发展企业和行业、区域的和谐劳动关系。

(二)基本原则。坚持党的领导，各级政府和协调劳动关系三方以及广大企业要在当地党委领导下开展工作，企业和行业协会的党组织要充分发挥政治核心作用，确保这项工作沿着正确的方向发展。坚持共享共赢，着眼于实现企业与职工的共同利益，处理好效率与公平、按劳分配与按其他生产要素分配的关系，实现企业发展、职工受益的目的。坚持依法协商，严格遵循《中华人民共和国劳动法》、《中华人民共和国工会法》和《中华人民共和国劳动合同法》等有关法律法规，协商双方的主体资格、协商内容、协商程序和协商办法必须依法进行，注重规范。坚持和谐稳定，始终把维护社会和谐稳定、维护企业正常生产经营秩序摆在首位，通过集体协商，达成协商主体双方都能接受的利益平衡点，实现企业和谐稳定持续发展。

(三)工作目标。2010年底前，全省开展职工工资集体协商的企业覆盖面达到70%以上，其中国有集体企业覆盖面力争达到100%；已建工会的企业，2009年底前要全面推行工资集体协商制度；未建工会的企业，要积极开展区域性、行业性工资集体协商；积极推动所有具备条件的企业依法开展工资集体协商。

三、着力推进职工工资集体协商制度化、规范化、

程序化

（一）健全职工参与制度。职工是工资集体协商的一方主体，组织动员广大职工积极参与是工资集体协商取得实效的前提。各级党委、政府和有关部门要广泛宣传《劳动法》、《工会法》和《劳动合同法》等法律法规和有关政策，引导广大职工增强法制意识、维权意识和协商主体意识。进一步完善企业职工代表大会制度，提高职工代表的整体素质和代表意识，支持广大职工特别是职工代表参与企业民主管理，参与工资集体协商。有条件的地方，要积极探索建立区域性、行业性职代会制度。全面推进厂务公开，切实保障广大职工和职工代表的知情权、参与权、表达权和监督权。

（二）健全协商要约制度。工会代表职工向企业方发出协商要约，是开展工资集体协商的第一步，是工资集体协商的一项规范性程序和制度性安排。工会组织要积极主动地代表职工行使要约权，依法通过必要的民主程序，充分听取广大职工的意见和建议，努力提高要约质量。各级地方工会和劳动保障部门要积极支持基层工会开展“要约行动”。对不响应要约的企业，上级工会和劳动保障部门要及时协调解决。

（三）健全职代会审议制度。按照《浙江省集体合同条例》的有关规定，集体协商后的职工工资集体协议草案，经职工大会或职工代表大会审议通过后，报当地劳动保障部门审核。协议履行后，要及时向职工大会或职工代表大会报告履行情况。企业在协议期内不得随意降低职工工资标准，确因市场风险或突发情况不能履行协议时，应及时将调整方案提交职工大会或职工代表大会审议，或经重新协商一致后确定。

（四）健全履约监督制度。健全工资集体协议履行的内外部监督制度，努力提高集体协议的履约率和职工满意度。企业职工代表大会要把签约与监督履约作为主要职责和法定程序，有计划地组织协商双方代表检查督促职工工资集体协议的履行。充分发挥人大及其常委会的法律监督和工作监督、政协的民主监督、劳动保障部门的行政监督和工会劳动保障法律监督的作用，为企业工资集体协议履约提供保证。

四、积极推进区域性、行业性职工工资集体协商

各地要把推进区域性、行业性职工工资集体协商作为当前和今后一个时期的工作重点，加快建立行业性的企业代表组织和行业工会组织，因地制宜搭建职工工资集体协商的工作平台。要把职工工资分配制度、工资增长幅度、劳动定额、计件单价等，作为区域性、行业性工资集体协商的重点内容，积极开展集体协商，全面建立以职工工资集体协商为主要形式的企业工资民主共决机制，促进企业依法规范工资分配行为，提高广大职工对企业民主管理的参与度，营造公平竞争、和谐发展的良好氛围。

五、注重完善劳动关系三方协调机制

进一步完善省、市、县级劳动关系三方协调机制，积极推进乡镇（街道）以及工业园区劳动关系三方协调机制建设。力争到2010年，全省乡镇（街道）普遍建立劳动关系三方协调机制。进一步规范三方协调机制的运作，不断增强三方协调机制的广泛性和代表性。

各级劳动保障部门要积极主动会同工会和企业方面代表，建立健全劳动关系三方协调机制，共同研究解决有关劳动关系的重大问题。制定完善相应的规定和办法，指导督促集体协商双方代表本着合法、合理、公平、公正的原则开展平等协商。有针对性地加强对职工平均工资、企业人工成本、居民消费价格指数等指标的研究分析，完善最低工资标准、企业和行业工资指导线、劳动力市场指导价位和企业工资支付保障金等制度，加强劳动定额管理，为推进工资集体协商提供依据。严把工资集体协议审核关，促进企业工资集体协商健康发展。

各级工会组织要进一步加强基层工会建设，加强指导建立行业工会或区域性工会联合会，为工会组织代表职工一方与企业代表开展工资集体协商创造条件。进一步加强对工会人员的法律法规知识和政策业务培训，提高他们的协商能力。积极指导和支持企业工会行使要约权，不断提高集体协商的质量。要切实加强对工资集体协议履行情况的监督检查，依法维护基层工会人员和职工协商代表的权益。

各级企业联合会（企业家协会）要进一步加强自身建设，建立健全组织机构和工作网络，充分发挥企业代表组织的作用。对适合开展区域性和行业性工资集体协商的，要积极指导建立行业或区域性企业联合会，代表企业与工会进行工资集体协商；对已签订职工工资集体协议的企业，要引导督促企业认真履行，切实维护企业和职工双方的合法权益。

六、进一步加强职工工资集体协商工作的组织领导

各级党委、政府要高度重视这项工作，精心制订实施方案，切实加强组织领导，加大工作力度，并把它纳入党委、政府的相关工作考核中去。加快推进相关立法工作，为全面推进职工工资集体协商提供法制保障。

各级和谐劳动关系创建活动领导小组及其办公室要切实加强组织协调，充分发挥各级劳动保障、经贸（中小企业）、民政、国资、工商等部门和工会、工商联、企业联合会（企业家协会）等单位的职能作用，相互配合，合力推进。各级新闻舆论部门要大力宣传推进职工工资集体协商、构建和谐劳动关系的重大意义、先进典型和好的做法，推动企业职工工资集体协商工作深入发展。

中共浙江省委办公厅

浙江省人民政府办公厅

二〇〇八年七月十日

中共浙江省委办公厅　浙江省人民政府办公厅关于进一步加强社区矫正试点工作的通知

浙委办〔2008〕100 号

各市、县(市、区)党委和人民政府,省直属各单位:

为深入贯彻落实党的十七大和省第十二次党代会精神,进一步深化司法体制改革,充分发挥社区矫正在维护社会稳定、构建和谐社会中的基础性作用,经省委、省政府领导同志同意,现就进一步加强社区矫正试点工作通知如下:

一、充分认识开展社区矫正试点工作的重要意义

社区矫正是我国司法体制改革的一项重要内容,是构建中国特色刑罚执行制度的创新实践。积极开展社区矫正试点工作,对于贯彻落实宽严相济的刑事司法政策,完善刑罚执行方式,促进社区矫正对象顺利融入社会具有十分重要的意义。我省自 2004 年开展社区矫正试点工作以来,在各级党委、政府的高度重视和关心支持下,不断完善工作机制,改进工作方法,加强队伍建设,全省社区矫正试点工作取得了阶段性成效,在教育、感化、挽救社会服刑人员和维护社会稳定、促进社会和谐等方面发挥了积极作用,已成为社会治安综合治理系统工程的重要组成部分。今年,我省将在全省范围基本铺开社区矫正试点工作,社区矫正对象将达到 29000 名左右,任务十分繁重。各级党委、政府及有关部门一定要从维护社会长治久安和巩固党的执政地位的战略高度,切实增强责任感和使命感,按照中央和省委、省政府的总体部署和要求,加强领导,精心组织,落实措施,推动社区矫正试点工作向纵深发展。

二、进一步明确工作职责,完善社区矫正工作运行机制

社区矫正试点工作涉及法院、检察院、公安和司法行政等多个部门,法律性、政策性强,各有关部门要各司其职,密切配合,完善机制,形成工作合力。

各级人民法院要依法充分适用非监禁刑罚和非监禁刑罚执行措施,对适用社区矫正的罪犯,应结合有关部门的调查评估报告,及时依法作出判决、裁定,并积极做好法律文书衔接等工作,探索建立和落实庭前调查、庭中衔接、庭后回访制度,进一步加强审判工作与社区矫正的衔接。

人民检察院要加强对社区矫正试点工作的法律监督,依照刑法、刑事诉讼法、监狱法等有关法律法规,加强对社区矫正交付执行、执行变更、执行终止等工作环节和对社区矫正对象监管措施的监督,依法维护社区矫正对象的合法权益。

司法行政机关要切实履行好主管职责,牵头组织有关单位和基层组织积极开展社区矫正试点工作,并进一步健全和完善管理制度和工作机制,加强对社区矫正对象的监督管理和教育改造,确保试点工作规范运行。司法所具体承担社区矫正的日常管理工作。监狱管理机关要依法准确适用暂予监外执行措施,对符合假释条件的人员及时报请人民法院裁定。

公安机关要积极配合司法行政机关加强对社区矫正对象的监督和管理,对拒不接受社区矫正或违反社区矫正规定的矫正对象,要会同司法行政机关根据具体情况依法采取必要措施。对法院裁定撤销缓刑、假释或暂予监外执行条件消失需要收监(所)执行的,要及时将罪犯送交监狱、看守所执行。

三、不断创新工作方法,努力提高社区矫正工作成效

目前正在试点的 49 个县(市、区)要把工作重点放在深化、巩固和提高上;今年开展试点的地区要认真学习借鉴先期试点地区的经验,制定试点方案,建立健全组织体系和运行机制。各地、各有关部门要在前几年试点工作的基础上,进一步总结经验,创新思路,改进方法,不断推进社区矫正工作规范化、制度化建设。

按照社区矫正试点工作规范流程的要求,建立健全"党委政府统一领导、司法行政机关牵头组织、有关部门密切配合、基层组织和社会群众广泛参与"的试点工作机制。建立完善社区矫正对象动态分析、排查核查、考核奖惩和教育矫正等工作制度,以个案矫正为突破口,以未成年、流动性大、有再犯罪倾向等矫正对象为重点,切实做好对重大节日、重要活动、重点时期社区矫正对象的管控工作。强化社区矫正应急管理,积极推进社区矫正工作信息化平台建设,建立健全社区矫正监管安全体系,逐步建立起省内跨市、县(市、区)的社区矫正对象异地委托监管工作机制,严防矫正对象脱管漏管。

积极探索有效矫正手段,注重心理矫正、个案矫正等工作,进一步加强与矫正对象的心理沟通,既注意调动和保护社区矫正对象的积极性,又严厉惩处矫正过程中出现的违法违规行为,不断提高矫正工作质量。强化对矫正对象的日常监管和教育,注意实行分级管理、分类教育、分级处理,积极开展社区矫正文化建设,组织形式多样的公益劳动、法制教育和技能培训,把思想行为矫正与解决实际问题有机结合起来,不断深化和巩固矫正成果。

四、加强组织领导,确保试点工作稳步推进

进一步加强社区矫正组织机构建设,建立健全省、市、县(市、区)三级社区矫正工作委员会及其办公室和乡镇(街道)试点工作领导小组,认真履行指导、协调职能,及时研究解决试点工作中的困难和问题。加强各级社区矫正工作委员会办公室建设,明确专门工作机构,配备相应的人员力量,落实社区矫正日常管理、指导职责。认真贯彻落实省委办公厅、省政府办公厅《关于进一步加强基层司法所建设的意见》(浙委办〔2007〕79 号)精神,切实加强乡镇(街道)司法所建设,调整充实基层司法所工作力量,配备在编人员从事矫正对象的监督考察、教育矫正和奖惩考核等主要环节的执法工作。加强司法行政社区矫正队伍建设,充分发挥乡镇(街道)综治中心工作平台的综合协调功能,广泛动员和组织社会力量参与试点工作,积极推进社区矫正工作者和社会志愿者队伍建设,完善基层社区矫正工作网络,夯实社区矫正的社会基础。

将社区矫正工作经费列入各级财政年度预算,落实《浙江省社区矫正经费使用管理暂行办法》,加强对社区矫正专项经费的管理、检查和监督,确保专款专用。认真做好社区矫正后勤保障工作,着力解决好开展社区矫正试点工作必备的基础设施和装备问题。

各地、各有关部门要进一步加大试点工作宣传力度,积极营造良好的舆论氛围和社会环境,为搞好试点工作创造有利条件。及时总结和推广社区矫正工作中的成功做法和经验,充分发挥典型示范和带动作用,推动试点工作的深入开展。

中共浙江省委办公厅
浙江省人民政府办公厅
二〇〇八年十月二十七日

中共浙江省委办公厅　浙江省人民政府办公厅
关于扩大县(市)部分经济社会管理权限的通知

浙委办〔2008〕116 号

各市、县(市、区)党委和人民政府,省直属各单位:

为增强县级政府对区域经济社会发展的统筹协调、自主决策和公共服务能力,提升县域经济发展水平,依照有关法律法规,经省委、省政府同意,现就进一步扩大县(市)部分经济社会管理权限事项通知如下:

下放义乌市经济社会管理权限 618 项,其中,继续保留原有扩权事项 524 项,新增事项 94 项。下放其他县(市,包括杭州市萧山区、余杭区)经济社会管理权限 443 项。

扩大县(市)部分经济社会管理权限工作政策性强、涉及面广。省直各有关单位和各市、县(市)党委、政府要高度重视,密切配合,尽快衔接落实扩权事项,确保在 2009 年 4 月底前完成这项工作。省直各有关单位和各市政府要切实加强对扩权工作的指导,在管理权限下放的同时,同步建立职责明确、有责可查的责任机制。各县(市)党委、政府及相关部门要研究制定相应的配套政策和管理制度,确保扩权事项的审批环节减少、办事效率提高、群众办事方便,确保责任主体落实,确保扩权工作规范有序。

宁波市所辖县(市)、鄞州区扩权的范围和内容,由宁波市委、市政府按本通知精神制定具体实施办法。

附件:1. 扩大义乌市经济社会管理权限事项目录
2. 扩大其他县(市)经济社会管理权限事项目录

中共浙江省委办公厅
浙江省人民政府办公厅
二〇〇八年十二月二十八日

附件 1

扩大义乌市经济社会管理权限事项目录

序号	放权部门	放权事项名称
1	省发改委	重点工程项目申报和管理
2	省发改委	各类专项资金申报和管理
3	省发改委	鼓励类限额以下外资项目、国内投资基建项目和国外贷款项目进口设备免税确认

序号	放权部门	放权事项名称
4	省发改委	粮食、棉花等农产品进口关税配额申报
5	省发改委	地方企业发行债券初审
6	省发改委▲	创业投资企业备案
7	省发改委▲	5万KW以下的陆上风电项目申报
8	省发改委▲	沼气发电项目申报
9	省发改委▲	太阳能发电项目申报
10	省发改委▲	农村饮用水安全工程可行性研究报告审批
11	省物价局	城市住宅小区内供排水、电力、管道燃气等配套设施建设收费
12	省物价局	地方公用电厂上网电价
13	省物价局	营运线路起止点跨县(市)、跨市或跨省的公路客运票价核准
14	省物价局	麻醉药品与一类精神药品销售价格
15	省物价局	省授权设区市管理的部分医疗服务价格
16	省物价局	政府举办的高中收费
17	省物价局	城市房屋鉴定收费
18	省物价局	公路运输管理费定额征收标准
19	省物价局	发布一般(Ⅳ)县级价格异常上涨预警
20	省物价局▲	城市易地绿化补偿(赔偿)费
21	省经贸委▲	新型墙材产品初步认定
22	省经贸委	拍卖企业设立审核
23	省经贸委	煤炭经营资格审核
24	省经贸委	石油成品油零售设施的市场建设项目及其经营资格的审核
25	省经贸委	应由省级投资主管部门核准的企业技术改造投资项目(含电力)的审核
26	省经贸委	应由省级投资主管部门核准的外商投资技术改造投资项目的审核
27	省经贸委	应由国家投资主管部门核准的企业技术改造投资项目(含电力)的申报
28	省经贸委	应由国家投资主管部门核准的外商投资技术改造投资项目的申报
29	省经贸委	资源综合利用认定的审核
30	省经贸委	供电营业区初审
31	省经贸委	报废汽车回收(拆解)企业资格初审
32	省经贸委	内资企业引进国家重点鼓励发展类进口设备项目初审
33	省经贸委	典当企业及分支机构设立申报
34	省经贸委	农药生产企业核准及农药产品批准书申报
35	省经贸委	重要工业品自动进口许可申报
36	省经贸委	新建、扩建或者改建用于生产第二类、第三类监控化学品和第四类监控化学品中含磷、硫、氟的特定有机化学品的设施申报
37	省经贸委	农药企业延续核准申报
38	省经贸委	抗流感药品生产能力储备企业资格申报

序号	放权部门	放权事项名称
39	省经贸委	小化肥电价补贴申报
40	省经贸委	煤炭经营企业布局和总量控制规划编制
41	省经贸委	编制石油成品油仓储、零售企业行业发展规划送审
42	省经贸委	成品油批发、仓储企业年审申报
43	省经贸委	绿色企业审核验收申报
44	省经贸委	节能、工业节水、环保项目申报
45	省经贸委	清洁生产奖励资金申报
46	省经贸委	企业法律顾问注册备案审核
47	省经贸委	省中小型企业扶持发展基金申报
48	省经贸委	省技术中心认定和专项资金申报
49	省经贸委	省企业信息化项目申报
50	省经贸委	省企业信息化示范试点企业申报
51	省经贸委	省级工业新产品项目备案申报
52	省经贸委	省重点技术创新项目和专项资金申报
53	省经贸委	省技术性贸易壁垒技术攻关项目和专项资金申报
54	省经贸委	中药专项资金申报
55	省经贸委	成品油零售企业(加油站)竣工验收及年审
56	省经贸委	清洁生产企业审核验收
57	省经贸委	工程专业高级专业技术资格申报
58	省经贸委	二手车鉴定评估机构设立初审
59	省经贸委	肉品品质检验人员资格初审
60	省安全监管局	安全生产培训机构资质受理
61	省安全监管局	危险化学品经营许可(甲种)受理
62	省安全监管局	危险化学品生产、储存企业设立受理
63	省安全监管局	危险化学品安全生产许可受理
64	省安全监管局	烟花爆竹经营(批发)许可受理
65	省安全监管局	非煤矿山、矿山采掘施工企业安全生产许可受理
66	省教育厅	高中毕业证书验印
67	省教育厅	普通话水平测试组织
68	省教育厅	电大初级职称评审
69	省教育厅	民办学校(高中)审批
70	省教育厅	高中教师继续教育培训及学分管理
71	省教育厅	普通高中收费标准制定
72	省教育厅	远程教育设点
73	省教育厅	省示范性幼儿园、小学、初中、成人技校评估认定
74	省教育厅	中等职业学校省示范专业评审

序号	放权部门	放权事项名称
75	省教育厅	省教育强县评估复查
76	省教育厅	省“两基”年审
77	省教育厅	职业学校省级实训基地推荐
78	省教育厅	省优秀校外实习基地、省优秀职工教育培训基地推荐
79	省教育厅	省教育强镇评定
80	省教育厅	省等级重点中学评估、年审
81	省教育厅	电大收费(教育系统)
82	省教育厅	普高、职高会考费
83	省教育厅	普通高校、成人高校、高中阶段学校招生考试费
84	省教育厅	基础教育课程教材选用
85	省教育厅	剑桥少儿英语培训机构审批
86	省教育厅	自学考试、计算机等级考试、公共英语等级考试、剑桥少儿英语、中小学信息技术等级考试、自学考试毕业生审定费等收费
87	省教育厅▲	中考组织
88	省教育厅▲	幼儿园收费标准制定
89	省科技厅	省级以上各类科技计划立项(包括省重大科技专项和优先主题、省面上科研、省火炬计划、省星火计划、省科技型中小企业技术创新资金、省农业科技成果转化资金、省新产品计划、省自然科学基金、省科技成果推广计划、国家科技成果推广计划、国家科技支撑、国家科技型中小企业技术创新基金立项等)
90	省科技厅	省级以上高新技术企业、科技企业孵化器认定
91	省科技厅	省高新技术产业园区、高新技术特色产业基地审批
92	省科技厅	省农业科技企业孵化器认定、孵化器建设资金扶持项目申报推荐
93	省科技厅	省级民营科研机构认定申报推荐
94	省科技厅	省级以上一般科技计划项目验收
95	省科技厅	省科学技术奖申报推荐
96	省科技厅	引进大院名校联合共建科技创新载体、省科技合作项目申报推荐
97	省科技厅	省级行业专业和区域创新平台(行业研究开发中心)建设
98	省科技厅	省级区域科技创新服务中心设立
99	省科技厅	专利工作试点示范(省级区域知识产权创建与示范除外)、省专利专项资金申请
100	省科技厅	县(市)行政区域内专利管理与保护
101	省科技厅	初、中级职称评审,高级职称的推荐
102	省科技厅	党政领导科技进步目标责任制考核
103	省科技厅	全国科技进步先进县(市)考核
104	省科技厅	全省科技系统先进集体、先进个人评选
105	省科技厅	科技统计年报
106	省公安厅	国内安全保卫部门的二级重点人的审核上报,三、四级重点人的审批、控制

序号	放权部门	放权事项名称
107	省公安厅	禁毒信息管理系统涉毒刑事案件、吸毒人员信息的市(地)级审核
108	省公安厅	警车配备审批
109	省公安厅	被装配备审批
110	省公安厅	将罪犯押回重审审核权
111	省公安厅	第二代居民身份证收费
112	省公安厅▲	居民户口簿、户口准迁证、户口迁移证工本费
113	省公安厅▲	机动车档案管理
114	省公安厅▲	驾驶证档案管理
115	省公安厅▲	购买《户口簿》
116	省民政厅	社会福利企业新办、变更
117	省民政厅	公墓年检
118	省民政厅	公墓建设
119	省民政厅	退出现役的残疾军人评残(包括新评、补评、调整等)
120	省司法厅	基层法律服务工作者执业核准登记
121	省司法厅	基层法律服务工作者执业证年度注册
122	省司法厅	公证员申请执业初审
123	省司法厅	公证机构设立初审
124	省司法厅	司法鉴定机构设立登记初审
125	省司法厅	司法鉴定人员执业登记初审
126	省司法厅	对司法鉴定机构和鉴定人员违法违纪行为调查、处罚建议和日常检查监督
127	省财政厅	农业税收票证领用缴销
128	省财政厅	中华会计函授站县级分校的设立
129	省财政厅	浙江省财政票据结报核销表
130	省财政厅	事业单位国有资产产权登记
131	省财政厅	购领法院诉讼费专用票据(预收、结算、退费、执行)
132	省财政厅	购领林业育林基金、更新改造资金专用票据
133	省财政厅	购领散装水泥专项资金票据(预收、结算)
134	省财政厅	购领森林资源保护费专用票据
135	省财政厅	购领征占用林地收费专用票据
136	省财政厅	国有资产流失案件的立案和查处
137	省财政厅	购领土地出让金专用票据
138	省财政厅	事业单位国有资产管理
139	省财政厅	行政单位国有资产管理
140	省财政厅	国有资产评估项目统计报告
141	省财政厅▲	申报各类省级扶持企业发展专项资金及其他省补资金(如中小企业专项扶持资金、企业信息化专项资金、省先进制造业基地财政专项资金等)

序号	放权部门	放权事项名称
142	省财政厅▲	向省财政厅及相关部门申请专项资金补助(贴息)
143	省财政厅▲	国有资产管理工作的指导和监督
144	省财政厅▲	向省财政厅、建设厅申请镇污水处理设施建设专项资金
145	省财政厅▲	向省财政厅、经贸委申请技术性贸易壁垒技术攻关专项资金
146	省财政厅▲	向省财政厅、安全监管局申请中深孔爆破专项资金
147	省财政厅▲	向省发改委、财政厅申请循环经济发展专项资金
148	省财政厅▲	向省经贸委、财政厅申请老汽车报废更新补贴
149	省财政厅▲	集中采购目录、采购限额标准及公开招标数额标准的确定
150	省财政厅▲	公开招标以外采购方式的审批
151	省财政厅▲	废标后的采购方式变更
152	省财政厅▲	股份有限公司国有股权管理
153	省财政厅▲	高级会计师评审
154	省人事厅	省“新世纪151人才工程”培养人员选拔推荐
155	省人事厅	省有突出贡献中青年专家选拔推荐
156	省人事厅	国外智力引进项目申报
157	省人事厅	出国(境)培训项目申报
158	省人事厅	留学人员择优资助申报
159	省人事厅	博士后科研工作站申报及考核
160	省人事厅	专业技术人员执业资格考核认定申报
161	省人事厅	全国专业技术资格考试以及执业(职业)资格考试报名条件审核
162	省人事厅	公务员学历教育和MPA学位教育报名条件审核
163	省人事厅	公务员需求计划申报
164	省人事厅	公务员非领导职务设置方案申报
165	省人事厅	营级以下军转干部安置计划及档案接转
166	省人事厅	中级专业技术资格评审和高级专业技术资格推荐
167	省人事厅	建立中级专业技术资格评审委员会的审批
168	省人事厅	晋升中级专业技术资格破格条件的制定(由国家或省统一制定评价条件的系列除外)
169	省人事厅	中学高级教师的评审
170	省人事厅	全国统一组织的统计、会计、经济、卫生专业技术资格考试合格人员资格证书,评审、考试取得初、中级专业技术资格人员资格证书的用印
171	省人事厅	全国职称外语等级考试成绩通知书,全国和省计算机应用能力考试(考核)以及省外语水平等级考核合格证书用印
172	省劳动保障厅	外国人在县级城市就业许可
173	省劳动保障厅	技师职业技能鉴定和资格证书核发
174	省劳动保障厅	管辖争议(劳动监察)
175	省劳动保障厅	直接调查处理案件(劳动监察案件)

序号	放权部门	放权事项名称
176	省劳动保障厅	境外就业职业介绍机构资格认定
177	省劳动保障厅	农村社会养老保险调剂金的使用许可
178	省国土资源厅	矿产资源开发利用总体规划的编制和审核报批
179	省国土资源厅	国土、地勘中级专业技术资格的评审和高级专业技术资格推荐
180	省国土资源厅	5公顷以上收回国有土地使用权的审核报批
181	省国土资源厅	5公顷以上具体建设项目用地审核报批
182	省建设厅	市政、供热、供气等公用行业企业资质受理、审核、证书变更
183	省建设厅	市政、公用行业施工企业安全生产许可证审核、证书变更、年检
184	省建设厅	市政施工单位的主要负责人、项目负责人、专职安全生产管理人员安全任职资格初审、证书变更
185	省建设厅	市政项目经理受理、审核、证书变更、年检
186	省建设厅	浙江省优秀市政行业企业经理推荐申报
187	省建设厅	浙江省市政行业诚信企业推荐申报
188	省建设厅	浙江省“市政金奖”工程推荐申报
189	省建设厅	市政、园林等公用行业的三级企业资质备案
190	省建设厅	《安全生产许可证》日常监管
191	省建设厅	市政、园林工程质量监督检查及处罚
192	省建设厅	市政、园林工程施工安全监督检查及处罚
193	省建设厅	施工企业三类人员证书监管及处罚
194	省建设厅	市政、园林等市政公用行业企业资质监管及处罚
195	省建设厅	市政公用行业生产运行工程建设重大事故调查
196	省建设厅	市政、园林工程建设重大事故报告
197	省建设厅	市政公用特许经营企业持续提供产品与服务的监管
198	省建设厅	市政公用事业特许经营活动监督管理
199	省建设厅	市政公用事业产品和服务价格监管
200	省建设厅	城市燃气安全监督检查及处罚
201	省建设厅	城市燃气工程质量监督检查及处罚
202	省建设厅	城市燃气燃烧器具销售、安装、维修监督管理
203	省建设厅	燃气重大安全事故报告、调查
204	省建设厅	燃气市场监管
205	省建设厅	建设工程设计单位资质受理、变更
206	省建设厅	建设工程勘察单位资质受理、变更
207	省建设厅	施工图审查机构资格受理、变更
208	省建设厅	建筑师执业资格注册受理、变更
209	省建设厅	勘察设计工程师执业资格注册、变更
210	省建设厅	超限高层建筑工程抗震设防

序号	放权部门	放权事项名称
211	省建设厅	采用无国家标准的新技术、新工艺、新材料
212	省建设厅	勘察设计行业(包括企业资质、施工图审查机构、勘察设计市场等)监管、处罚
213	省建设厅	浙江省勘察设计优秀 QC 小组申报
214	省建设厅	建筑业企业资质、证书变更
215	省建设厅	监理企业资质、证书变更
216	省建设厅	工程建设项目招标代理机构资格、证书变更
217	省建设厅	建筑施工企业安全生产许可证、证书变更
218	省建设厅	工程造价咨询单位资质、证书变更
219	省建设厅	建设工程质量检测机构资质、证书变更
220	省建设厅	国家注册监理工程师(浙江省监理工程师职业能力登记)证书变更
221	省建设厅	一、二级注册建造师执业资格注册、证书变更
222	省建设厅	建筑施工单位的主要负责人、项目负责人、专职安全生产管理人员安全任职资格、证书变更
223	省建设厅	中国工程建设企业免试职业经理人申报
224	省建设厅	浙江省先进企业推荐申报
225	省建设厅	浙江省优秀建筑业企业经理推荐申报
226	省建设厅	浙江省优秀建筑业诚信企业推荐申报
227	省建设厅	浙江省工程建设优秀 QC 小组申报
228	省建设厅	浙江省文明标化工地推荐申报
229	省建设厅	三级建筑业企业资质备案
230	省建设厅	工程定额编制管理费等建筑业规费执收
231	省建设厅	造价员等各类建筑业岗位人员培训和考试
232	省建设厅	建设工程质量监督检查及处罚
233	省建设厅	建设工程施工安全监督检查及处罚
234	省建设厅	施工企业三类人员证书监督及处罚
235	省建设厅	建筑业企业资质监管及处罚
236	省建设厅	工程造价咨询单位监管及处罚
237	省建设厅	工程监理单位监管及处罚
238	省建设厅	建筑工程质量检测活动监管及处罚
239	省建设厅	工程建设安全事故调查
240	省建设厅	建设工程招投标监管
241	省建设厅	工程建设安全事故报告
242	省建设厅	建筑市场监管
243	省建设厅	房地产开发企业二级资质初审
244	省建设厅	房地产估价机构二、三级及暂定级资质初审
245	省建设厅	在县(市)设立房地产估价分支机构备案前审核

序号	放权部门	放权事项名称
246	省建设厅	物业管理企业从业人员上岗证书培训和继续教育
247	省建设厅	房地产开发企业资质监管
248	省建设厅	物业管理企业资质监管
249	省建设厅	房地产估价机构资质监管
250	省建设厅	建筑业现场管理岗位专业知识培训与考试的具体组织实施
251	省建设厅	《浙江省建设专业管理岗位资格证书》的相关管理工作
252	省建设厅	建设行业特有工种技能培训与鉴定工作的管理
253	省建设厅	建工专业中级职称评审及高级职称推荐
254	省建设厅	住房公积金缴存比例拟订
255	省建设厅	全国优秀工程勘察设计评选项目申报
256	省建设厅	浙江省优秀标准设计项目推荐申报
257	省建设厅	浙江省优秀装饰设计项目推荐申报
258	省建设厅	浙江省勘察设计行业诚信单位推荐申报
259	省建设厅	浙江省建设工程钱江杯奖(优秀勘察设计)推荐申报
260	省建设厅	全国优秀施工企业推荐申报
261	省建设厅	全国优秀施工企业家推荐申报
262	省建设厅	浙江省“钱江杯”优质工程推荐申报
263	省交通厅	公路养护工程中修管理
264	省交通厅	集装箱运输企业设立
265	省交通厅	施工图设计文件审批
266	省交通厅	试验检测机构、监理单位、试验检测工程师、试验检测员、造价人员和施工企业质检员资质管理
267	省交通厅	公路养护企业资质管理
268	省交通厅	公路建设项目施工许可
269	省交通厅	公路养护工程大修管理
270	省交通厅	公路安全保障工程管理
271	省信息产业厅▲	软件产品登记
272	省信息产业厅▲	软件企业认定
273	省水利厅	建设项目占用水域审批
274	省水利厅	省水库保安专项资金申报
275	省水利厅	省千万农民饮用水工程项目计划、专项资金申报
276	省水利厅	各种收费票据申领
277	省水利厅	水文站网建设与管理
278	省水利厅	水资源费上缴
279	省水利厅	采砂管理费上缴
280	省水利厅	水土保持设施补偿费上缴

序号	放权部门	放权事项名称
281	省水利厅	占用水源、水域补偿费
282	省水利厅	水域保护规划审核
283	省水利厅	水利基本建设资金申领
284	省农业厅	绿色食品认证
285	省农业厅	植检签证点设立审批
286	省农业厅	农机成人教育学校报批
287	省农业厅	行政许可监督检查
288	省农业厅	植物检疫费
289	省农业厅	农机监理费
290	省农业厅	中拖驾驶员考试费
291	省农业厅	中拖驾驶员会员费
292	省农业厅	中型拖拉机检测费
293	省农业厅	拖拉机驾驶员驾驶证、拖拉机行驶证、拖拉机号牌工本费
294	省农业厅	省级农业龙头企业申报
295	省农业厅	农民专业合作社扶持资金申报
296	省农业厅	省农技推广项目申报
297	省农业厅	农业企业、农村合作经济组织、农村能源和农业产业(含畜牧、农机)示范、推广等各类扶持项目的立项审核
298	省农业厅	省级以上评优奖励
299	省农业厅	兽药生产企业监管
300	省农业厅	违反兽药产品批准文号管理报告
301	省农业厅	兽药残留检测结果上报
302	省农业厅	联合收割机跨区收获作业证发放备案
303	省农业厅	农业行政执法证件管理
304	省农业厅	植物检疫员证审批
305	省农业厅	饲料生产企业设立许可
306	省农业厅	征用、补充标准农田质量审核
307	省农业厅	无公害农产品产地认定和产品认证
308	省农业厅	农产品质量抽查检测结果的复检
309	省农业厅	农业专项资金管理
310	省农业厅	植物检疫票据
311	省农业厅	拖拉机检审票据
312	省农业厅	动物检疫票据
313	省农业厅	专业技术职务评审费(农业系统)
314	省农业厅	中级农业技术职称(工程师、农艺师等)评定和高级职称的推荐
315	省农业厅	基本农田征用、补充质量审查意见备案

序号	放权部门	放权事项名称
316	省林业厅	古树名木迁移申报
317	省林业厅	征占用林地许可申报
318	省外经贸厅▲	外商投资的产品出口企业和先进技术企业的确认、考核
319	省文化厅	音像制品批发经营单位设立、变更
320	省卫生厅	疫苗采购及预防接种异常的监测、处理
321	省卫生厅	血液调度
322	省卫生厅	大型医用设备的购置审核
323	省卫生厅	医疗卫生技术项目准入审核
324	省卫生厅	执业医师资格考试、发证，护士执业资格考试、发证
325	省卫生厅	省卫生系统先进的创建、评比、评选和表彰
326	省卫生厅	医疗广告审核(查)
327	省卫生厅	消毒产品卫生许可初审
328	省国资委	产权交易机构从事国有产权转让资格审批
329	省地税局	稽查下查一级
330	省地税局	税务案件质量评比
331	省地税局	税务检查证管理
332	省地税局	税收计划建议书上报及调整
333	省地税局	纳税信用等级评定
334	省地税局	税收经费审计
335	省地税局	大案要案上报
336	省地税局	欠税公告
337	省地税局	金融企业和交通运输等企业经营保险兼业代理业务审批
338	省地税局	调取当年账簿、计账凭证、报表和其他有关资料
339	省地税局	稽查考核
340	省地税局	欠缴税款核销
341	省地税局	延期交纳税款审核审批
342	省地税局	行政许可法法律责任
343	省地税局	税收情报交换
344	省地税局	税务师相关管理
345	省地税局▲	税收票证销毁(印花税票等特种票证除外)
346	省地税局▲	税收票款核销
347	省环保局	对省级生态镇(乡)建设核准出具意见
348	省环保局	对全国环境优美乡镇推荐资格审查出具意见
349	省环保局	对需要实施强制性清洁生产企业的名单确定出具意见
350	省环保局	对国家、省环境保护行政主管部门审批的建设项目环境影响评价文件出具意见

序号	放权部门	放权事项名称
351	省环保局	对省环保局审批的销售和使用Ⅱ类、Ⅲ类放射源，使用Ⅱ类射线装置建设项目环境影响评价文件出具意见
352	省环保局	对固体废物、危险废物跨省转移许可出具意见
353	省环保局	对危险废物经营许可证核发出具意见
354	省环保局	对进口废物审核出具意见
355	省环保局	对省级绿色学校、社区创建活动出具意见
356	省广电局	单位设置境外卫星电视广播地面接收设施的审核
357	省广电局	广播电视节目制作经营单位的设立审核
358	省体育局▲	省级体育强乡镇、城市体育先进街道、体育小康村的评估认定
359	省统计局	统计违法案件查处
360	省工商局	外国企业常驻代表机构登记
361	省工商局	广告经营许可证颁发
362	省工商局▲	外商投资企业开业注册(变更、注销)登记费
363	省工商局▲	浙江省知名商号复审、申报
364	省工商局▲	浙江省消费者信得过单位申报
365	省工商局▲	“浙江省工商企业信用AAA级守合同重信用单位”申报
366	省工商局▲	“浙江省工商企业信用AA级守合同重信用单位”委托认定(撤销)权
367	省工商局▲	省局登记企业日常监督管理(登记事项监管、企业年检、行政处罚除外)
368	省质量技监局	工业产品生产许可证企业的监督检查
369	省质量技监局	制造、修理计量器具许可证年审
370	省质量技监局	行政处罚案件层级监督审核
371	省质量技监局	行政规范性文件备案审查制度
372	省质量技监局	办案期限延长报批
373	省质量技监局	地方农业标准规范发布
374	省质量技监局	防伪技术产品使用备案
375	省质量技监局	产品质量争议调解
376	省质量技监局	产品监督检查后处理
377	省质量技监局	气瓶充装单位年度监督检查
378	省质量技监局	食品生产加工企业许可证年审
379	省质量技监局	浙江省中小企业计量检测保证规范确认
380	省质量技监局	质量措施项目资金申请
381	省质量技监局	定检计划
382	省质量技监局	国家抽检不合格产品的后处理
383	省质量技监局	中国名牌产品申报
384	省质量技监局	浙江名牌产品申报
385	省食品药品监管局	药品经营(批发)许可

序号	放权部门	放权事项名称
386	省食品药品监管局	药品经营许可证(批发)变更登记(变更经营范围、地址除外)
387	省食品药品监管局	药品经营企业 GSP 认证(零售企业)
388	省食品药品监管局	开办第二、三类医疗器械生产企业许可(含变更)
389	省食品药品监管局	开办第二、三类医疗器械经营企业许可(含变更)
390	省食品药品监管局	开办药品生产企业许可(含药品、中药饮品、辅料、氧、空心胶囊生产许可)
391	省食品药品监管局	《药品生产许可证》申请变更登记
392	省食品药品监管局	执业药师注册
393	省食品药品监管局▲	医药行业特有工种技能培训与认定工作的管理
394	省旅游局	国内旅行社的设立申报
395	省旅游局	国际旅行社的设立申报
396	省旅游局	旅行社质量保证金监管
397	省旅游局	旅行社年检
398	省旅游局	导游证年审
399	省旅游局	旅游饭店星级的评定、复核、复评和访查
400	省旅游局	绿色饭店的评定
401	省旅游局	旅游餐馆星级的评定与复核
402	省旅游局	中国优秀旅游城市申报、复核
403	省旅游局	旅游行业培训
404	省旅游局	2A 级旅游景区质量等级评定
405	省旅游局	乡村旅游点星级的初评、推荐
406	省旅游局	乡村旅游点服务质量等级初评、推荐
407	省旅游局	省级农家乐特色村、特色点的初评、申报
408	省旅游局	农家乐经营户服务质量星级评定
409	省旅游局	对旅游行业内省级以上先进称号的评定推荐
410	省旅游局	旅游安全监管
411	省人防办	人防工程建设设计许可
412	省人防办	人防易地建设费
413	省人防办	自建人民防空工程审批
414	省新闻出版局	部分图书型、企业报型内部资料性出版物准印证核发
415	省新闻出版局	设立包装装潢印刷品印刷企业或者申请从事包装装潢印刷品印刷经营活动的审批
416	省新闻出版局	包装装潢印刷品印刷企业变更名称、法定代表人或者负责人、住所或者经营场所等主要登记事项,或者终止经营活动的备案
417	省新闻出版局	出版物印刷企业跨省接受委托印刷图书、期刊的印刷委托书事前备案
418	省新闻出版局	印刷企业接受委托印刷境外包装装潢印刷品事前备案
419	省新闻出版局	非法出版物(不含违禁出版物)鉴定
420	省新闻出版局	设立出版物批发企业或者其他单位申请从事出版物批发业务的审核

序号	放权部门	放权事项名称
421	省档案局	B类省级重点建设项目竣工档案专项验收以及县级重点建设项目竣工档案专项验收
422	省档案局	建立档案专业中级职务评审委员会
423	省档案局	机关、团体、企事业单位档案工作目标管理省级认定、复评
424	省国税局	核销死欠
425	省国税局	征管质量检查考核
426	省国税局	改变预交税款比例申报
427	省国税局	车辆购置税的免(减)税申报
428	省气象局	施放气球资质认定
429	浙江银监局	政策性银行、国有商业银行支行筹建、开业的初审
430	浙江银监局	股份制商业银行支行开业的初审
431	浙江银监局	银行业金融机构设立自助银行的初审
432	浙江银监局	银行业金融机构分支机构名称变更的初审
433	浙江银监局	银行业金融机构分支机构营业场所变更初审
434	浙江银监局	银行业金融机构分支机构升格初审
435	浙江银监局	银行业金融机构分支机构临时停业初审
436	浙江银监局	银行业金融机构分支机构终止初审
437	浙江银监局	国有商业银行、政策性银行支行高级管理人员的任职资格初审
438	浙江银监局	股份制商业银行同城支行高级管理人员的任职资格初审
439	浙江银监局	城市商业银行分支机构高级管理人员的任职资格初审
440	浙江银监局	银行业金融机构开办外汇业务和增加外汇业务品种初审
441	浙江银监局	提出对县(市)行政区域内有关银行业金融机构进行现场检查的立项建议
442	浙江银监局	根据履行监管职责的需要约见县(市)行政区域内有关银行业金融机构的董事和高级管理人员谈话
443	浙江银监局	下发监管意见书
444	浙江银监局	对监管中发现的辖区内有关银行业金融机构违法违规行为提出行政处罚建议
445	浙江银监局	城市商业银行董事、高级管理人员的任职资格初审
446	市发改委	外商投资项目核准
447	市发改委▲	由市级部门核准的企业投资项目(城建部分)
448	市发改委▲	由市级部门核准的农林水利企业投资项目
449	市发改委▲	300吨(含)以下内河码头项目审批
450	市发改委▲	不跨县域的、由市级审批的、县级政府投资的农林水利项目
451	市物价局▲	县(市)自来水成本和污水处理营运成本监审
452	市物价局▲	殡仪普通服务项目的收费标准
453	市物价局▲	殡仪特需服务的具体项目确定
454	市公安局	狱侦特情物建、外借;物建境外普通社会成员、犯罪组织一般成员刑事特情的审批
455	市公安局	撤销机动车登记和驾驶证许可

序号	放权部门	放权事项名称
456	市公安局	机动车注册登记
457	市公安局	机动车变更登记
458	市公安局	机动车转移登记
459	市公安局	机动车抵押登记
460	市公安局	机动车注销登记
461	市公安局	核发检验合格标志(包括补领、换领,核发检验合格标志的委托书)
462	市公安局	机动车驾驶证换证、补证、注销业务,提交身体条件证明
463	市公安局	记分达12分的清分业务
464	市公安局	补、换领机动车牌证
465	市公安局	核发临时行驶车号牌
466	市公安局▲	设立保安培训机构审核
467	市公安局▲	机动车驾驶证申领、考试、发证(包括初次申领、增驾申领、委托驾驶证发放)
468	市公安局▲	新招收保安学员的培训和资格证发放
469	市公安局▲	驾驶证管理系统的维护管理(包括数据库管理与维护、操作人员权限管理)
470	市公安局▲	机动车登记系统的维护管理(包括数据库管理与维护、操作人员权限管理、机动车技术参数维护)
471	市公安局▲	机动车信息管理系统
472	市公安局▲	驾驶人信息管理系统
473	市公安局▲	机动车违法系统(非现场违法)
474	市公安局▲	交通违法信息系统
475	市公安局▲	机动车检测系统
476	市公安局▲	外省驾驶人技能测试
477	市公安局▲	汽车驾驶证所属辖区变更权限
478	市公安局▲	金融机构营业场所和金库安全防范设施建设许可
479	市公安局▲	机动车驾驶员考试费(汽车、摩托车、驾驶员考试费及补考)
480	市公安局▲	拍卖号牌
481	市公安局▲	县(市)级机动车安全技术检测行驶
482	市公安局▲	自行车销售登记编号确定
483	市公安局▲	对人力三轮车、燃油助力车、摩托车总量控制
484	市公安局▲	准驾证(驾驶警用车辆)
485	市司法局▲	涉外法律援助案件的受理
486	市司法局▲	律师协会的设立
487	市司法局▲	律师助理证的申领、注册
488	市民政局	乡村骨灰存放处、乡村公益性墓地建设规划编制
489	市劳动保障局	失业保险金的统筹
490	市劳动保障局	劳动能力鉴定

序号	放权部门	放权事项名称
491	市劳动保障局	失业保险金标准的制定
492	市劳动保障局	医疗保险重大政策调整核准
493	市劳动保障局	高级工及其以下职业资格鉴定及职业资格证书核发
494	市劳动保障局	职业技能鉴定机构设立
495	市劳动保障局	技师(二级)职业技能培训民办学校审批
496	市国土资源局	2—5公顷具体建设项目用地和收回国有土地使用权审批
497	市国土资源局	2公顷以上临时用地审批,其中5公顷以上报省备案
498	市交通局	危险货物运输车辆年审
499	市交通局	危险货运经营许可(包括非经营性危险货运)
500	市交通局	机动车维修质量检验经营许可
501	市交通局	客运经营许可
502	市交通局	货运驾驶员从业执业资格考试
503	市交通局	危险货物驾驶人员、装卸管理人员、押运人员上岗资格认定
504	市交通局	客运标志牌印制
505	市交通局▲	公路用地林木砍伐许可(除高速公路外)
506	市交通局▲	禁令标志的增设或变更(除高速公路外)
507	市交通局▲	公路用地内非公路标志牌设置许可(除高速公路外)
508	市交通局▲	出租车驾驶员客运资格证
509	市交通局▲	车辆养路费报停延长到6个月
510	市交通局▲	养路费滞纳金减免
511	市交通局▲	县道改建工程
512	市交通局▲	公路建设项目交付使用许可
513	市外经贸局	设立中国国际贸易促进委员会县级市支会
514	市水利局	浙江省初级水产品质量信得过称号申报
515	市水利局	小(一)型水库降等
516	市水利局	水工程建设项目符合流域综合规划审批
517	市水利局	市审批的水库、水闸控制运行计划(中大型及跨县行政区域的除外)
518	市水利局	中型水库大坝的安全鉴定
519	市水利局	水文水资源资料的使用审定
520	市水利局	无公害水产品养殖产地认证
521	市水利局	水利工程质量监督管理
522	市水利局	市审批水利基建项目建议书、可研、初设(跨县行政区域的除外)
523	市水利局	中型水库与水闸运行计划
524	市水利局	涉河项目(市级河段)审批
525	市水利局	防洪规划保留区土地核定
526	市水利局	渔业船舶登记

序号	放权部门	放权事项名称
527	市水利局	渔业船员考试发证
528	市水利局	渔业船舶检验
529	市水利局	护堤护岸林木采伐审核
530	市水利局	占用农业灌溉水源、灌溉工程设施审批
531	市水利局	市级河段河道采砂许可
532	市水利局	水利工程建设施工图设计文件审批
533	市水利局	农村集体经济组织修建水库审批(10万方以下山塘)
534	市水利局	由市立项的开发建设项目水土保持方案(跨县行政区域的除外)
535	市水利局	排污口的设置或扩大(跨县行政区域的除外,也不包括由省钱塘江管理局审核的排污口)
536	市水利局	市立项的开发建设项目水土保持验收
537	市水利局	水工程管理范围内建房审批
538	市水利局	水利工程开工审批
539	市水利局	占用水工程管理和保护范围审批
540	市水利局▲	水利工程质量监督员资格核准
541	市水利局▲	水工程建设防洪规划同意书审批(跨县行政区域的除外)
542	市水利局▲	市审批的取水许可(跨县行政区域或跨流域的除外)
543	市水利局▲	市审批的建设项目水资源论证报告书审批
544	市水利局▲	建设项目水资源论证报告书审批(跨县行政区域的除外)
545	市水利局▲	具有重要经济价值的渔业资源亲体、苗种的收购、调运
546	市农业局	兼职植物检疫员聘任批准
547	市农业局	对未经培训的农业机械驾驶、操作、修理等人员和农民农机技术人员给予考核、发证的责令改正
548	市农业局▲	种畜禽生产经营许可
549	市林业局	森检员报批
550	市林业局	吸收录用人民警察(包括社会招录,接收军转干部,转任、调任)的考核、政审的复核
551	市林业局	人民警察证的申领、换发、补发的审核
552	市林业局	警衔报批的审核
553	市林业局	林业技术职称评定
554	市林业局	重特大森林火灾的组织指挥扑救
555	市文广新局	浙江省东海文化明珠、文化示范村、文化示范社区申报
556	市文广新局	文博初级职称评定
557	市文广新局	省文化厅及有关部门主办的省级以上群文、艺术类项目比赛组织报名
558	市文广新局	浙江省民间艺术之乡申报命名
559	市卫生局	艾滋病筛查中心实验室建立和管理
560	市卫生局	麻醉药品、第一类精神药品购用印签卡
561	市卫生局	继续医学教育管理

序号	放权部门	放权事项名称
562	市卫生局	各类医疗卫生协会、学会的管理
563	市卫生局	全科医生岗位培训、乡村医生培训、社区护士岗位培训
564	市卫生局	突发公共事件的医疗救治
565	市卫生局	地方病、慢性病、寄生虫病和传染病的防控
566	市卫生局	乡村医生考核和管理
567	市卫生局	科技工作管理,科研课题的申报,科技成果评审
568	市卫生局	系统内各类建设项目计划申报和管理
569	市卫生局	食品量化分级 B 级单位审批
570	市卫生局	化妆品卫生行政处罚(5000 元以上)
571	市卫生局	化妆品监管
572	市卫生局	医疗质量监督管理,医疗安全管理
573	市卫生局	化妆品卫生许可
574	市卫生局	涉水产品卫生许可审批
575	市卫生局	各类疾病监测点工作和专项防控
576	市卫生局	农村合作医疗监督与管理
577	市卫生局	医疗机构设置审批
578	市卫生局	合格、规范接种门诊;乡镇卫生院妇幼保健、儿童保健规范化门诊的创建和管理
579	市卫生局	母婴保健专项技术服务人员资格认定
580	市卫生局	医疗废弃物监督、管理
581	市卫生局	消毒产品卫生监管
582	市卫生局	二乙及以下医疗机构等级评审
583	市卫生局	婚检机构及人员的许可
584	市人口计生委	特殊情况的生育审批
585	市人口计生委	《计划生育技术服务机构执业许可证》的审批和校验
586	市人口计生委	计划生育技术服务人员《合格证》的审批、校验和管理
587	市地税局▲	残疾、烈属、孤老人员和因严重自然灾害造成损失,减征个人所得税超过 5 千元
588	市地税局▲	资源综合利用企业资格认定
589	市环保局	编制、实施空气质量功能区划分方案
590	市环保局	危险废物处置收费标准制定
591	市环保局	地方环境质量标准和污染物排放标准制定
592	市环保局	废弃危险化学品转移的批准
593	市环保局	尾矿利用的批准
594	市环保局	省级自然保护区、风景名胜区、文物保护单位区域内的旅游开发和资源保护设施等项目环评审批
595	市环保局▲	酿造、电镀、冶金建设项目环境影响评价审批
596	市体育局	二级社会体育指导员批准授予

序号	放权部门	放权事项名称
597	市体育局	二级运动员审批
598	市体育局	二级裁判员审批
599	市工商局	烟草广告管理审批
600	市工商局	县级人民政府举办的展销会登记
601	市工商局	设立拍卖企业
602	市工商局	外资企业及分支机构(办事机构)登记(设立、变更、注销)
603	市工商局	外商投资企业监督管理
604	市工商局	外商投资企业年检
605	市工商局▲	市局登记企业监督管理
606	市工商局▲	国家公务员的奖励、记三等功
607	市工商局▲	一星级市场认定
608	市工商局▲	对公用企业或其他具有独占地位经营者不正当竞争行为的处罚
609	市质量技监局	质量技术监督行政案件中较大影响案件的行政处罚
610	市质量技监局	质量技术监督行政案件中一般涉外案件的行政处罚
611	市质量技监局	设立特种设备检验监测机构
612	市质量技监局	跨区域质量技术监督行政案件管辖权
613	市质量技监局▲	特种设备重大违法行为的行政处罚
614	市质量技监局▲	锅炉、压力容器、电梯、起重机械等特种设备的作业人员及其管理人员的资格认可
615	市质量技监局▲	采用国际标准产品标志备案
616	市质量技监局▲	特种设备使用登记(含二手设备)
617	市外侨办	因公出国(境)任务审核、审批
618	市外侨办	邀请外国人来华签证通知审批

注:加注"▲"的事项为新增扩权事项。

附件 2

扩大其他县(市)经济社会管理权限事项目录

序号	放权部门	放权事项名称
1	省发改委	重点工程项目申报和管理
2	省发改委	各类专项资金申报和管理
3	省发改委	鼓励类限额以下外资项目、国内投资基建项目和国外贷款项目进口设备免税确认
4	省发改委	粮食、棉花等农产品进口关税配额申报
5	省发改委	地方企业发行债券初审
6	省发改委	创业投资企业备案
7	省发改委	5 万 KW 以下的陆上风电项目申报
8	省发改委	沼气发电项目申报

序号	放权部门	放权事项名称
9	省发改委	太阳能发电项目申报
10	省发改委	农村饮用水安全工程可行性研究报告审批
11	省物价局	城市房屋鉴定收费
12	省物价局	公路运输管理费定额征收标准
13	省物价局	发布一般(Ⅳ)县级价格异常上涨预警
14	省物价局	城市易地绿化补偿(赔偿)费
15	省经贸委	新型墙材产品初步认定
16	省经贸委	石油成品油零售设施的市场建设项目及其经营资格的审核
17	省经贸委	应由省级投资主管部门核准的企业技术改造投资项目(含电力)的审核
18	省经贸委	应由省级投资主管部门核准的外商投资技术改造投资项目的审核
19	省经贸委	应由国家投资主管部门核准的企业技术改造投资项目(含电力)的申报
20	省经贸委	应由国家投资主管部门核准的外商投资技术改造投资项目的申报
21	省经贸委	供电营业区初审
22	省经贸委	报废汽车回收(拆解)企业资格初审
23	省经贸委	内资企业引进国家重点鼓励发展类进口设备项目初审
24	省经贸委	典当企业及分支机构设立申报
25	省经贸委	农药生产企业核准及农药产品批准书申报
26	省经贸委	重要工业品自动进口许可申报
27	省经贸委	新建、扩建或者改建用于生产第二类、第三类监控化学品和第四类监控化学品中含磷、硫、氟的特定有机化学品的设施申报
28	省经贸委	农药企业延续核准申报
29	省经贸委	抗流感药品生产能力储备企业资格申报
30	省经贸委	小化肥电价补贴申报
31	省经贸委	煤炭经营企业布局和总量控制规划编制
32	省经贸委	编制石油成品油仓储、零售企业行业发展规划送审
33	省经贸委	成品油批发、仓储企业年审申报
34	省经贸委	绿色企业审核验收申报
35	省经贸委	节能、工业节水、环保项目申报
36	省经贸委	清洁生产奖励资金申报
37	省经贸委	企业法律顾问注册备案审核
38	省经贸委	省中小型企业扶持发展基金申报
39	省经贸委	省技术中心认定和专项资金申报
40	省经贸委	省企业信息化项目申报
41	省经贸委	省企业信息化示范试点企业申报
42	省经贸委	省级工业新产品项目备案申报
43	省经贸委	省重点技术创新项目和专项资金申报

序号	放权部门	放权事项名称
44	省经贸委	省技术性贸易壁垒技术攻关项目和专项资金申报
45	省经贸委	中药专项资金申报
46	省经贸委	成品油零售企业(加油站)竣工验收及年审
47	省经贸委	清洁生产企业审核验收
48	省经贸委	二手车鉴定评估机构设立初审
49	省经贸委	肉品品质检验人员资格初审
50	省教育厅	普通话水平测试组织
51	省教育厅	电大初级职称评审
52	省教育厅	民办学校(高中)审批
53	省教育厅	高中教师继续教育培训及学分管理
54	省教育厅	普通高中收费标准制定
55	省教育厅	远程教育设点
56	省教育厅	省示范性幼儿园、小学、初中、成人技校评估认定
57	省教育厅	省“两基”年审
58	省教育厅	电大收费(教育系统)
59	省教育厅	普通高校、成人高校、高中阶段学校招生考试费
60	省教育厅	剑桥少儿英语培训机构审批
61	省教育厅	自学考试、计算机等级考试、公共英语等级考试、剑桥少儿英语、中小学信息技术等级考试、自学考试毕业生审定费等收费
62	省教育厅	中考组织
63	省教育厅	幼儿园收费标准制定
64	省科技厅	省级以上各类科技计划立项(包括省重大科技专项和优先主题、省面上科研、省火炬计划、省星火计划、省科技型中小企业技术创新资金、省农业科技成果转化资金、省新产品计划、省自然科学基金、省科技成果推广计划、国家科技成果推广计划、国家科技支撑、国家科技型中小企业技术创新基金立项等)
65	省科技厅	省级以上高新技术企业、科技企业孵化器认定
66	省科技厅	省高新技术产业园区、高新技术特色产业基地审批
67	省科技厅	省农业科技企业孵化器认定、孵化器建设资金扶持项目申报推荐
68	省科技厅	省级民营科研机构认定申报推荐
69	省科技厅	省级以上一般科技计划项目验收
70	省科技厅	省科学技术奖申报推荐
71	省科技厅	引进大院名校联合共建科技创新载体、省科技合作项目申报推荐
72	省科技厅	省级区域科技创新服务中心设立
73	省科技厅	专利工作试点示范(省级区域知识产权创建与示范除外)、省专利专项资金申请
74	省科技厅	县(市)行政区域内专利管理与保护
75	省科技厅	初、中级职称评审,高级职称的推荐

序号	放权部门	放权事项名称
76	省公安厅	将罪犯押回重审审核权
77	省公安厅	第二代居民身份证收费
78	省公安厅	居民户口簿、户口准迁证、户口迁移证工本费
79	省公安厅	机动车档案管理
80	省公安厅	驾驶证档案管理
81	省公安厅	购买《户口簿》
82	省民政厅	公墓年检
83	省司法厅	公证员申请执业初审
84	省司法厅	公证机构设立初审
85	省财政厅	中华会计函授站县级分校的设立
86	省财政厅	浙江省财政票据结报核销表
87	省财政厅	事业单位国有资产产权登记
88	省财政厅	购领法院诉讼费专用票据(预收、结算、退费、执行)
89	省财政厅	购领林业育林基金、更新改造资金专用票据
90	省财政厅	购领散装水泥专项资金票据(预收、结算)
91	省财政厅	购领森林资源保护费专用票据
92	省财政厅	购领征占用林地收费专用票据
93	省财政厅	国有资产流失案件的立案和查处
94	省财政厅	购领土地出让金专用票据
95	省财政厅	事业单位国有资产管理
96	省财政厅	行政单位国有资产管理
97	省财政厅	国有资产评估项目统计报告
98	省财政厅	申报各类省级扶持企业发展专项资金及其他省补资金(如中小企业专项扶持资金、企业信息化专项资金、省先进制造业基地财政专项资金等)
99	省财政厅	向省财政厅及相关部门申请专项资金补助(贴息)
100	省财政厅	国有资产管理工作的指导和监督
101	省财政厅	向省财政厅、建设厅申请镇污水处理设施建设专项资金
102	省财政厅	向省财政厅、经贸委申请技术性贸易壁垒技术攻关专项资金
103	省财政厅	向省财政厅、安全监管局申请中深孔爆破专项资金
104	省财政厅	向省发改委、财政厅申请循环经济发展专项资金
105	省财政厅	向省经贸委、财政厅申请老汽车报废更新补贴
106	省财政厅	集中采购目录、采购限额标准及公开招标数额标准的确定
107	省财政厅	公开招标以外采购方式的审批
108	省财政厅	废标后的采购方式变更
109	省财政厅	股份有限公司国有股权管理
110	省财政厅	高级会计师评审

序号	放权部门	放权事项名称
111	省人事厅	国外智力引进项目申报
112	省人事厅	出国(境)培训项目申报
113	省人事厅	留学人员择优资助申报
114	省人事厅	博士后科研工作站申报及考核
115	省人事厅	公务员学历教育和MPA学位教育报名条件审核
116	省人事厅	营级以下军转干部安置计划及档案接转
117	省劳动保障厅	技师职业技能鉴定和资格证书核发
118	省劳动保障厅	管辖争议(劳动监察)
119	省劳动保障厅	直接调查处理案件(劳动监察案件)
120	省劳动保障厅	境外就业职业介绍机构资格认定
121	省劳动保障厅	农村社会养老保险调剂金的使用许可
122	省国土资源厅	矿产资源开发利用总体规划的编制和审核报批
123	省建设厅	市政、供热、供气等公用行业企业资质受理、审核、证书变更
124	省建设厅	市政、公用行业施工企业安全生产许可证审核、证书变更、年检
125	省建设厅	市政施工单位的主要负责人、项目负责人、专职安全生产管理人员安全任职资格初审、证书变更
126	省建设厅	市政项目经理受理、审核、证书变更、年检
127	省建设厅	浙江省优秀市政行业企业经理推荐申报
128	省建设厅	浙江省市政行业诚信企业推荐申报
129	省建设厅	浙江省"市政金奖"工程推荐申报
130	省建设厅	市政、园林等公用行业的三级企业资质备案
131	省建设厅	《安全生产许可证》日常监管
132	省建设厅	市政、园林工程质量监督检查及处罚
133	省建设厅	市政、园林工程施工安全监督检查及处罚
134	省建设厅	施工企业三类人员证书监管及处罚
135	省建设厅	市政、园林等市政公用行业企业资质监管及处罚
136	省建设厅	市政公用行业生产运行工程建设重大事故调查
137	省建设厅	市政、园林工程建设重大事故报告
138	省建设厅	市政公用特许经营企业持续提供产品与服务的监管
139	省建设厅	市政公用事业特许经营活动监督管理
140	省建设厅	市政公用事业产品和服务价格监管
141	省建设厅	城市燃气安全监督检查及处罚
142	省建设厅	城市燃气工程质量监督检查及处罚
143	省建设厅	城市燃气燃烧器具销售、安装、维修监督管理
144	省建设厅	燃气重大安全事故报告、调查
145	省建设厅	燃气市场监管

序号	放权部门	放权事项名称
146	省建设厅	建设工程设计单位资质受理、变更
147	省建设厅	建设工程勘察单位资质受理、变更
148	省建设厅	建筑师执业资格注册受理、变更
149	省建设厅	勘察设计工程师执业资格注册、变更
150	省建设厅	采用无国家标准的新技术、新工艺、新材料
151	省建设厅	勘察设计行业(包括企业资质、施工图审查机构、勘察设计市场等)监管、处罚
152	省建设厅	浙江省勘察设计优秀 QC 小组申报
153	省建设厅	中国工程建设企业免试职业经理人申报
154	省建设厅	浙江省先进企业推荐申报
155	省建设厅	浙江省优秀建筑业企业经理推荐申报
156	省建设厅	浙江省优秀建筑业诚信企业推荐申报
157	省建设厅	浙江省工程建设优秀 QC 小组申报
158	省建设厅	浙江省文明标化工地推荐申报
159	省建设厅	三级建筑业企业资质备案
160	省建设厅	工程定额编制管理费等建筑业规费执收
161	省建设厅	造价员等各类建筑业岗位人员培训和考试
162	省建设厅	建设工程质量监督检查及处罚
163	省建设厅	建设工程施工安全监督检查及处罚
164	省建设厅	施工企业三类人员证书监督及处罚
165	省建设厅	建筑业企业资质监管及处罚
166	省建设厅	工程造价咨询单位监管及处罚
167	省建设厅	工程监理单位监管及处罚
168	省建设厅	建筑工程质量检测活动监管及处罚
169	省建设厅	工程建设安全事故调查
170	省建设厅	建设工程招投标监管
171	省建设厅	工程建设安全事故报告
172	省建设厅	建筑市场监管
173	省建设厅	房地产开发企业二级资质初审
174	省建设厅	房地产估价机构二、三级及暂定级资质初审
175	省建设厅	在县(市)设立房地产估价分支机构备案前审核
176	省建设厅	物业管理企业从业人员上岗证书培训和继续教育
177	省建设厅	房地产开发企业资质监管
178	省建设厅	物业管理企业资质监管
179	省建设厅	房地产估价机构资质监管
180	省建设厅	建筑业现场管理岗位专业知识培训与考试的具体组织实施
181	省建设厅	《浙江省建设专业管理岗位资格证书》的相关管理工作

序号	放权部门	放权事项名称
182	省建设厅	建工专业中级职称评审及高级职称推荐
183	省建设厅	全国优秀工程勘察设计评选项目申报
184	省建设厅	浙江省优秀标准设计项目推荐申报
185	省建设厅	浙江省优秀装饰设计项目推荐申报
186	省建设厅	浙江省勘察设计行业诚信单位推荐申报
187	省建设厅	浙江省建设工程钱江杯奖(优秀勘察设计)推荐申报
188	省建设厅	全国优秀施工企业推荐申报
189	省建设厅	全国优秀施工企业家推荐申报
190	省建设厅	浙江省“钱江杯”优质工程推荐申报
191	省信息产业厅	软件产品登记
192	省信息产业厅	软件企业认定
193	省交通厅	集装箱运输企业设立
194	省交通厅	施工图设计文件审批
195	省交通厅	公路建设项目施工许可
196	省交通厅	公路安全保障工程管理
197	省水利厅	建设项目占用水域审批
198	省水利厅	省水库保安专项资金申报
199	省水利厅	省千万农民饮用水工程项目计划、专项资金申报
200	省水利厅	各种收费票据申领
201	省水利厅	采砂管理费上缴
202	省水利厅	水域保护规划审核
203	省水利厅	水利基本建设资金申领
204	省农业厅	植检签证点设立审批
205	省农业厅	农机成人教育学校报批
206	省农业厅	中拖驾驶员考试费
207	省农业厅	中拖驾驶员会员费
208	省农业厅	中型拖拉机检测费
209	省农业厅	拖拉机驾驶员驾驶证、拖拉机行驶证、拖拉机号牌工本费
210	省农业厅	省级农业龙头企业申报
211	省农业厅	农民专业合作社扶持资金申报
212	省农业厅	省农技推广项目申报
213	省农业厅	农业企业、农村合作经济组织、农村能源和农业产业(含畜牧、农机)示范、推广等各类扶持项目的立项审核
214	省农业厅	违反兽药产品批准文号管理报告
215	省农业厅	联合收割机跨区收获作业证发放备案
216	省农业厅	植物检疫员证审批

序号	放权部门	放权事项名称
217	省农业厅	农业专项资金管理
218	省农业厅	植物检疫票据
219	省农业厅	拖拉机检审票据
220	省农业厅	动物检疫票据
221	省农业厅	专业技术职务评审费(农业系统)
222	省农业厅	中级农业技术职称(工程师、农艺师等)评定和高级职称的推荐
223	省林业厅	古树名木迁移申报
224	省林业厅	征占用林地许可申报
225	省外经贸厅	外商投资的产品出口企业和先进技术企业的确认、考核
226	省文化厅	音像制品批发经营单位设立、变更
227	省卫生厅	医疗卫生技术项目准入审核
228	省卫生厅	省卫生系统先进的创建、评比、评选和表彰
229	省卫生厅	医疗广告审核(查)
230	省卫生厅	消毒产品卫生许可初审
231	省国资委	产权交易机构从事国有产权转让资格审批
232	省地税局	税务案件质量评比
233	省地税局	税收计划建议书上报及调整
234	省地税局	纳税信用等级评定
235	省地税局	大案要案上报
236	省地税局	金融企业和交通运输等企业经营保险兼业代理业务审批
237	省地税局	稽查考核
238	省地税局	欠缴税款核销
239	省地税局	税收情报交换
240	省地税局	税收票证销毁(印花税票等特种票证除外)
241	省地税局	税收票款核销
242	省环保局	对国家、省环境保护行政主管部门审批的建设项目环境影响评价文件出具意见
243	省环保局	对固体废物、危险废物跨省转移许可出具意见
244	省环保局	对省级绿色学校、社区创建活动出具意见
245	省统计局	统计违法案件查处
246	省广电局	广播电视节目制作经营单位的设立审核
247	省体育局	省级体育强乡镇、城市体育先进街道、体育小康村的评估认定
248	省工商局	外商投资企业开业注册(变更、注销)登记费
249	省工商局	浙江省知名商号复审、申报
250	省工商局	浙江省消费者信得过单位申报
251	省工商局	“浙江省工商企业信用AAA级守合同重信用单位”申报
252	省工商局	“浙江省工商企业信用AA级守合同重信用单位”委托认定(撤销)权

序号	放权部门	放权事项名称
253	省工商局	省局登记企业日常监督管理(登记事项监管、企业年检、行政处罚除外)
254	省质量技监局	工业产品生产许可证企业的监督检查
255	省质量技监局	制造、修理计量器具许可证年审
256	省质量技监局	地方农业标准规范发布
257	省质量技监局	防伪技术产品使用备案
258	省质量技监局	产品质量争议调解
259	省质量技监局	产品监督检查后处理
260	省质量技监局	气瓶充装单位年度监督检查
261	省质量技监局	食品生产加工企业许可证年审
262	省质量技监局	浙江省中小企业计量检测保证规范确认
263	省质量技监局	定检计划
264	省质量技监局	国家抽检不合格产品的后处理
265	省质量技监局	中国名牌产品申报
266	省质量技监局	浙江名牌产品申报
267	省食品药品监管局	药品经营许可证(批发)变更登记(变更经营范围、地址除外)
268	省食品药品监管局	药品经营企业 GSP 认证(零售企业)
269	省食品药品监管局	开办第二、三类医疗器械经营企业许可(含变更)
270	省食品药品监管局	执业药师注册
271	省食品药品监管局	医药行业特有工种技能培训与认定工作的管理
272	省旅游局	旅行社年检
273	省旅游局	导游证年审
274	省旅游局	旅游饭店星级的评定、复核、复评和访查
275	省旅游局	旅游餐馆星级的评定与复核
276	省旅游局	中国优秀旅游城市申报、复核
277	省旅游局	旅游行业培训
278	省旅游局	2A 级旅游景区质量等级评定
279	省旅游局	乡村旅游点星级的初评、推荐
280	省旅游局	乡村旅游点服务质量等级初评、推荐
281	省旅游局	省级农家乐特色村、特色点的初评、申报
282	省旅游局	农家乐经营户服务质量星级评定
283	省旅游局	对旅游行业内省级以上先进称号的评定推荐
284	省旅游局	旅游安全监管
285	省新闻出版局	设立包装装潢印刷品印刷企业或者申请从事包装装潢印刷品印刷经营活动的审批
286	省新闻出版局	包装装潢印刷品印刷企业变更名称、法定代表人或者负责人、住所或者经营场所等主要登记事项,或者终止经营活动的备案
287	省新闻出版局	出版物印刷企业跨省接受委托印刷图书、期刊的印刷委托书事前备案

序号	放权部门	放权事项名称
288	省新闻出版局	印刷企业接受委托印刷境外包装装潢印刷品事前备案
289	省新闻出版局	非法出版物(不含违禁出版物)鉴定
290	省新闻出版局	设立出版物批发企业或者其他单位申请从事出版物批发业务的审核
291	省档案局	B类省级重点建设项目竣工档案专项验收以及县级重点建设项目竣工档案专项验收
292	省档案局	建立档案专业中级职务评审委员会
293	省档案局	机关、团体、企事业单位档案工作目标管理省级认定、复评
294	省国税局	征管质量检查考核
295	浙江银监局	政策性银行、国有商业银行支行筹建、开业的初审
296	浙江银监局	股份制商业银行支行开业的初审
297	浙江银监局	银行业金融机构设立自助银行的初审
298	浙江银监局	银行业金融机构分支机构名称变更的初审
299	浙江银监局	银行业金融机构分支机构营业场所变更初审
300	浙江银监局	银行业金融机构分支机构升格初审
301	浙江银监局	银行业金融机构分支机构临时停业初审
302	浙江银监局	银行业金融机构分支机构终止初审
303	浙江银监局	国有商业银行、政策性银行支行高级管理人员的任职资格初审
304	浙江银监局	股份制商业银行同城支行高级管理人员的任职资格初审
305	浙江银监局	城市商业银行分支机构高级管理人员的任职资格初审
306	浙江银监局	银行业金融机构开办外汇业务和增加外汇业务品种初审
307	浙江银监局	提出对县(市)行政区域内有关银行业金融机构进行现场检查的立项建议
308	浙江银监局	根据履行监管职责的需要约见县(市)行政区域内有关银行业金融机构的董事和高级管理人员谈话
309	浙江银监局	下发监管意见书
310	浙江银监局	对监管中发现的辖区内有关银行业金融机构违法违规行为提出行政处罚建议
311	浙江银监局	城市商业银行董事、高级管理人员的任职资格初审
312	市发改委	外商投资项目核准
313	市发改委	由市级部门核准的企业投资项目(城建部分)
314	市发改委	由市级部门核准的农林水利企业投资项目
315	市发改委	300吨(含)以下内河码头项目审批
316	市发改委	不跨县域的、由市级审批的、县级政府投资的农林水利项目
317	市物价局	县(市)自来水成本和污水处理营运成本监审
318	市物价局	殡仪普通服务项目的收费标准
319	市物价局	殡仪特需服务的具体项目确定
320	市公安局	撤销机动车登记和驾驶证许可
321	市公安局	机动车注册登记
322	市公安局	机动车变更登记

序号	放权部门	放权事项名称
323	市公安局	机动车转移登记
324	市公安局	机动车抵押登记
325	市公安局	机动车注销登记
326	市公安局	核发检验合格标志(包括补领、换领,核发检验合格标志的委托书)
327	市公安局	机动车驾驶证换证、补证、注销业务,提交身体条件证明
328	市公安局	记分达12分的清分业务
329	市公安局	补、换领机动车牌证
330	市公安局	核发临时行驶车号牌
331	市公安局	设立保安培训机构审核
332	市公安局	机动车驾驶证申领、考试、发证(包括初次申领、增驾申领、委托驾驶证发放)
333	市公安局	新招收保安学员的培训和资格证发放
334	市公安局	驾驶证管理系统的维护管理(包括数据库管理与维护、操作人员权限管理)
335	市公安局	机动车登记系统的维护管理(包括数据库管理与维护、操作人员权限管理、机动车技术参数维护)
336	市公安局	机动车信息管理系统
337	市公安局	驾驶人信息管理系统
338	市公安局	机动车违法系统(非现场违法)
339	市公安局	交通违法信息系统
340	市公安局	机动车检测系统
341	市公安局	外省驾驶人技能测试
342	市公安局	汽车驾驶证所属辖区变更权限
343	市公安局	金融机构营业场所和金库安全防范设施建设许可
344	市公安局	机动车驾驶员考试费(汽车、摩托车、驾驶员考试费及补考)
345	市公安局	拍卖号牌
346	市公安局	县(市)级机动车安全技术检测行驶
347	市公安局	自行车销售登记编号确定
348	市公安局	对人力三轮车、燃油助力车、摩托车总量控制
349	市公安局	准驾证(驾驶警用车辆)
350	市司法局	涉外法律援助案件的受理
351	市司法局	律师协会的设立
352	市司法局	律师助理证的申领、注册
353	市民政局	乡村骨灰存放处、乡村公益性墓地建设规划编制
354	市劳动保障局	失业保险金的统筹
355	市劳动保障局	劳动能力鉴定
356	市劳动保障局	失业保险金标准的制定
357	市劳动保障局	医疗保险重大政策调整核准

序号	放权部门	放权事项名称
358	市劳动保障局	高级工及其以下职业资格鉴定及职业资格证书核发
359	市劳动保障局	职业技能鉴定机构设立
360	市劳动保障局	技师(二级)职业技能培训民办学校审批
361	市国土资源局	2—5 公顷具体建设项目用地和收回国有土地使用权审批
362	市国土资源局	2 公顷以上临时用地审批,其中 5 公顷以上报省备案
363	市交通局	危险货物运输车辆年审
364	市交通局	危险货运经营许可(包括非经营性危险货运)
365	市交通局	公路用地林木砍伐许可(除高速公路外)
366	市交通局	禁令标志的增设或变更(除高速公路外)
367	市交通局	公路用地内非公路标志牌设置许可(除高速公路外)
368	市交通局	出租车驾驶员客运资格证
369	市交通局	车辆养路费报停延长到 6 个月
370	市交通局	养路费滞纳金减免
371	市交通局	县道改建工程
372	市交通局	公路建设项目交付使用许可
373	市水利局	浙江省初级水产品质量信得过称号申报
374	市水利局	小(一)型水库降等
375	市水利局	市审批的水库、水闸控制运行计划(中大型及跨县行政区域的除外)
376	市水利局	无公害水产品养殖产地认证
377	市水利局	水利工程质量监督管理
378	市水利局	市审批水利基建项目建议书、可研、初设(跨县行政区域的除外)
379	市水利局	渔业船舶登记
380	市水利局	渔业船员考试发证
381	市水利局	渔业船舶检验
382	市水利局	护堤护岸林木采伐审核
383	市水利局	占用农业灌溉水源、灌溉工程设施审批
384	市水利局	市级河段河道采砂许可
385	市水利局	水利工程建设施工图设计文件审批
386	市水利局	农村集体经济组织修建水库审批(10 万方以下山塘)
387	市水利局	由市立项的开发建设项目水土保持方案(跨县行政区域的除外)
388	市水利局	排污口的设置或扩大(跨县行政区域的除外,也不包括由省钱塘江管理局审核的排污口)
389	市水利局	水工程管理范围内建房审批
390	市水利局	水利工程开工审批
391	市水利局	水利工程质量监督员资格核准
392	市水利局	水工程建设防洪规划同意书审批(跨县行政区域的除外)
393	市水利局	市审批的取水许可(跨县行政区域或跨流域的除外)

序号	放权部门	放权事项名称
394	市水利局	市审批的建设项目水资源论证报告书审批
395	市水利局	建设项目水资源论证报告书审批(跨县行政区域的除外)
396	市水利局	具有重要经济价值的渔业资源亲体、苗种的收购、调运
397	市农业局	兼职植物检疫员聘任批准
398	市农业局	种畜禽生产经营许可
399	市林业局	森检员报批
400	市林业局	林业技术职称评定
401	市林业局	重特大森林火灾的组织指挥扑救
402	市外经贸局	设立中国国际贸易促进委员会县级市支会
403	市文化局	浙江省东海文化明珠、文化示范村、文化示范社区申报
404	市文化局	文博初级职称评定
405	市文化局	省文化厅及有关部门主办的省级以上群文、艺术类项目比赛组织报名
406	市卫生局	继续医学教育管理
407	市卫生局	各类医疗卫生协会、学会的管理
408	市卫生局	全科医生岗位培训、乡村医生培训、社区护士岗位培训
409	市卫生局	突发公共事件的医疗救治
410	市卫生局	乡村医生考核和管理
411	市卫生局	科技工作管理,科研课题的申报,科技成果评审
412	市卫生局	系统内各类建设项目计划申报和管理
413	市卫生局	食品量化分级 B 级单位审批
414	市卫生局	化妆品卫生行政处罚(5000 元以上)
415	市卫生局	化妆品监管
416	市卫生局	医疗质量监督管理,医疗安全管理
417	市卫生局	各类疾病监测点工作和专项防控
418	市卫生局	农村合作医疗监督与管理
419	市卫生局	医疗机构设置审批
420	市卫生局	合格、规范接种门诊;乡镇卫生院妇幼保健、儿童保健规范化门诊的创建和管理
421	市卫生局	母婴保健专项技术服务人员资格认定
422	市卫生局	医疗废弃物监督、管理
423	市人口计生委	特殊情况的生育审批
424	市人口计生委	《计划生育技术服务机构执业许可证》的审批和校验
425	市人口计生委	计划生育技术服务人员《合格证》的审批、校验和管理
426	市地税局	残疾、烈属、孤老人员和因严重自然灾害造成损失,减征个人所得税超过 5 千元
427	市地税局	资源综合利用企业资格认定
428	市环保局	省级自然保护区、风景名胜区、文物保护单位区域内的旅游开发和资源保护设施等项目环评审批

序号	放权部门	放权事项名称
429	市环保局	酿造、电镀、冶金建设项目环境影响评价审批
430	市工商局	设立拍卖企业
431	市工商局	市局登记企业监督管理
432	市工商局	国家公务员的奖励、记三等功
433	市工商局	一星级市场认定
434	市工商局	对公用企业或其他具有独占地位经营者不正当竞争行为的处罚
435	市体育局	二级社会体育指导员批准授予
436	市体育局	二级运动员审批
437	市体育局	二级裁判员审批
438	市质量技监局	质量技术监督行政案件中较大影响案件的行政处罚
439	市质量技监局	质量技术监督行政案件中一般涉外案件的行政处罚
440	市质量技监局	特种设备重大违法行为的行政处罚
441	市质量技监局	锅炉、压力容器、电梯、起重机械等特种设备的作业人员及其管理人员的资格认可
442	市质量技监局	采用国际标准产品标志备案
443	市质量技监局	特种设备使用登记(含二手设备)

浙江省人民政府办公厅
关于印发2008年浙江省深化改革实施意见的通知

浙政办发〔2008〕34号

各市、县(市、区)人民政府,省政府直属各单位:

《2008年浙江省深化体制改革实施意见》已经省政府同意,现印发给你们,请结合实际,认真贯彻实施。

二〇〇八年四月三十日

2008年浙江省深化改革实施意见

2008年是全面贯彻落实党的十七大精神的第一年,是改革开放30周年。根据党的十七大、省第十二次党代会精神,以及中央经济工作会议、全省经济工作会议的总体部署,现就2008年深化体制改革提出如下意见:

一、指导思想和基本原则

(一)指导思想。

坚持以邓小平理论和"三个代表"重要思想为指导,全面贯彻落实党的十七大和省第十二次党代会精神,认真总结我省改革开放30年来的巨大成就和成功经验,紧紧围绕科学发展观和完善社会主义市场经济体制的总体要求,全面构建科学发展、社会和谐的体制机制,加快建立三大综合配套改革试点区,协调推进经济、社会、农村和政府四方面的改革,实现重点领域和关键环节改革新突破,为全面实施"创业富民、创新强省"总战略、加快建设惠及全省人民的小康社会提供强有力的体制保障。

(二)基本原则。

——必须毫不动摇地坚持改革方向。围绕进一步完善社会主义市场经济体制,坚持市场取向的改革,切实解决发展中面临的深层次矛盾和问题。

——必须坚持以人为本的改革理念。积极推进关注民生的改革,把维护人民群众的切身利益放在更加突出的位置,让全省人民共享改革发展成果。

——必须提高改革决策的科学性、增强改革措施的协调性。完善改革决策机制，创新改革推进举措，加强改革协调配套，通过推进综合配套改革试点，以点带面，更好地推进面上改革。

——必须正确处理改革发展稳定的关系。切实把改革的力度、发展的速度和社会的可承受程度统一起来，确保各项改革平稳推进。

二、认真总结30年改革开放的巨大成就和成功经验

认真总结30年来我省改革开放的巨大成就和成功经验，深入分析我省改革开放面临的新情况、新特点，研究提出新时期、新阶段推进改革的总体思路和政策举措，制定出台进一步深化改革开放的意见。

各地、各部门要进一步解放思想、更新观念，深化对改革的认识，达成改革新共识、研究改革新举措、形成改革新合力，全面提高开放水平，着力构建充满活力、富有效率、更加开放、有利于全面贯彻落实科学发展观和“两创”总战略的体制机制。

三、协调推进四方面改革

（一）围绕“两创”总战略，深化经济体制改革。

1. 积极推进创新驱动的体制改革。健全创新激励机制，完善技术要素参与股权和收益分配的政策文件。加快中小企业规范化股份制改造，培育更多创业板上市的中小企业。鼓励发展创业投资引导基金，加大对种子期、发育期企业的支持培育。制定有利于中小企业加快自主创新的政策意见，探索政府支持和民间投入相结合的公共、区域和行业创新服务平台建设。完善知识产权保护体系。制定全国循环经济试点省建设方案并报国家批准实施。

2. 不断深化要素配置市场化改革。完善并严格落实工业和经营性用地招拍挂出让制度，积极盘活存量建设用地，探索建立闲置土地退出机制，逐步完善有利于节约集约用地的激励机制。加快推进居民生活用水阶梯式水价制度改革和非居民用水超定额计划加价收费制度；改革污水处理收费的价格机制，进一步推行按污水污染程度分档收取污水处理费的办法，积极开展排污总量控制和排污权交易制度改革试点。探索建立节能减排的激励和约束机制，继续在高耗能行业实行差别电价，加快淘汰落后产能；全面推行居民用电峰谷电价政策；按照国家销售电价改革的统一部署，加快推进工商业用电同价改革。培育发展产权交易市场，深化农村合作金融机构改革，积极开展村镇银行试点，加快中小企业信用担保体系建设，探索开展产业投资基金试点。

3. 进一步营造民营经济发展的体制环境。引导民营企业加快制度创新，着力推进现代企业制度和现代产权制度建设，形成多元化产权结构。继续深化民营经济公平市场准入机制改革，拓宽民营经济发展空间。强化诚信机制建设，加强企业信用监管，整合优化信用资源，创建有利于民营企业发展的信用环境。积极推进行业协会和中介机构改革与发展，探索建立中介服务公共信息平台。

4. 继续深化国有企业改革。围绕增强国有企业控制力、竞争力，继续加大国有企业战略性调整和国有资产优化重组的改革力度。建立国有资本经营预算制度，试行国有资本收益收取办法，完善经营业绩考核办法，改革国有企业工资总额管理办法。完善相关政策，妥善解决部分国有、集体企业的历史遗留问题。

（二）围绕基本公共服务均等化，加快社会领域改革。

5. 深化就业和收入分配制度改革。深入贯彻《劳动合同法》、《就业促进法》和《劳动争议仲裁法》，加快劳动关系三方协调机制建设，积极构建和谐劳动关系。加强收入分配制度改革的研究，进一步完善最低工资和工资支付保证金制度，继续推进企业工资集体协商制度和劳动力市场工资指导价制度建设。

6. 加快推进城乡公平教育的体制改革。全面实施义务教育阶段免费教科书制度，对免费教科书实行政府采购。逐步建立化解义务教育债务的体制机制。年轻教师申报高级专业技术资格时必须具有到农村任教的经历，建立农村中小学教师岗位激励政策，进一步提高农村教师待遇。规范完善城乡教师编制管理制度。启动实施新一轮农村教师培训工程，提高农村教师素质。

7. 积极推进医疗卫生体制改革。根据国家医药卫生体制改革总体方案，研究制定我省医药卫生体制改革实施方案，加快构建、完善人人享有的基本医疗卫生服务体系。推进医疗卫生资源配置机制改革，建立健全促进医疗卫生资源向城乡社区、公共卫生倾斜的配置机制。提高新型农村合作医疗的保障能力，探索研究科学高效的运作机制。深化公立医疗机构管理体制和运行机制改革，建立政府投入保障机制，完善城乡医疗机构分工合作机制。探索建立“四统一”的药品网上采购制度。

8. 加快建立覆盖城乡的社会保障体系。进一步加大企业职工养老保险推进力度，加快参保人员养老保险关系转移、衔接的政策研究，继续开展城镇居民养老保障制度改革试点，探索建立农村农民养老保障制度，规范完善失地农民基本生活保障制度。推进城镇居民基本医疗保险制度建设，实现医疗保障制度全社会覆盖。加快建立和完善以廉租住房制度、经济适用住房制度和住房公积金制度为主要内容的城镇住房保障体系。加快构建新型社会福利体系，大力推进最低生活保障、教育、医疗等分层分类的社会救助制度。

（三）围绕统筹城乡发展，深化农村体制改革。

9. 创新现代农业生产经营体制。创新农民培训的投入机制和管理体制，大力培育具有创业创新能力的新型农民。加快研究制定促进新型农民创新创业、土地承包权流转的激励政策，推进以培育核心农户为重点的农业适度规模化经营。创新农民专业合作社的组织形式以及运作方式，提高农户的组织化、专业化程度。

10. 完善支农惠农的投入机制。加大支农资金整合力度，探索建立政府主导、财政部门牵头、主管部门参与，规划、项目、资金“三位一体”的体制机制。探索创新农业补贴资金的发放、管理方式。加快扶贫制度改革，探索建立由农村信用社等金融组织参与的市场化扶贫机制。探索农村房屋产权登记管理办法，建立比较完善的农村住房产权管理体制，积极探索农村住房合法流转、抵押融资的体制。全面开展政策性农业保险试点，探索扩大林业保险试点，继续推进政策性农村住房保险。

11. 深化农村基础设施、环境整治的管理体制改革。探索建立农村康庄工程、水库等基础设施的养护管理体制。完善以改水、改厕和垃圾处理为重点的农村环境综合整治机制，建立健全运行机制和投入保障机制。加快农村社区建设步伐，加强农村社区服务中心建设，逐步完善政府公共服务、居民自我服务、市场有偿服务相衔接的农村社区服务体系。

12. 加快中心镇的培育发展。进一步扩大中心镇试点范围，加强中心镇规划建设，完善中心镇扶持政策，建立省、市、县三级共同扶持体系；改革中心镇管理体制，进一步完善中心镇财政体制，创新中心镇发展模式，探索开展中心镇行政管理体制创新试点，使中心镇真正成为转移农民、致富农民、统筹城乡发展的战略节点。

（四）围绕转变政府职能，加快行政管理体制改革。

13. 理顺行政管理体制。根据中央深化行政管理体制改革的意见，适时推进大部门体制改革，理顺交叉重复职能，健全部门协调配合机制，探索垂直管理部门与地方政府规范管理的体制机制，不断提高行政效能。深化审批制度改革，加快与国务院第四批取消和调整行政审批项目的清理和对接，全面推进非行政许可审批项目省、市、县三级联动清理工作，扩大行政审批职能的整合与集中改革试点。加快推进政府投资项目管理和代建制以及企业投资项目管理等立法工作。

14. 深化扩大县级政府管理权限的体制改革。继续深化义乌市扩权改革试点，探索扁平化行政管理新模式。按照"积极下放、权责一致、提高效能、依法行政"的原则，积极推进扩大县级政府管理权限的改革，进一步提高县级政府社会管理和公共服务能力。

15. 加快构建公共财政体制。围绕推进基本公共服务均等化和主体功能区建设，深化财政体制改革，探索建立与主体功能区建设相衔接的财政转移支付制度。健全部门预算、国库集中支付、财政支出绩效评价和政府采购等制度，强化政府债务管理。完善体制机制，进一步优化财政支出结构，确保新增财力三分之二以上用于民生。

16. 稳步推进事业单位分类改革。按照"政事分开、管办分离"的原则，加快培育教育、医疗等非赢利性社会管理团体，在教育、卫生等领域探索建立"管、办、评"分离的新型管理模式，并选择有条件的地方开展试点。积极稳妥推进事业单位分类改革。根据国家统一部署，研究制定事业单位岗位设置管理和事业单位绩效工资分配的指导意见，深化事业单位人事、分配制度改革，完善事业单位养老保险制度。

四、加快建立三大省级综合配套改革试点区

按照"继续走在前列"的要求，探索在杭州设立综合配套改革试点区，在嘉兴、义乌设立统筹城乡综合配套改革试点区，在温州、台州设立民营经济创新发展综合配套改革试点区，赋予先行先试权，加大改革创新力度。

——设立综合配套改革试点区。重点是围绕温家宝总理在长三角地区发展座谈会上提出的"在条件具备时可以把浦东综合配套改革试点的一些成熟经验在长三角地区加以推广"的要求，积极争取浦东改革经验的延伸。通过深化体制改革，加快制度创新，扩大对外开放，率先建立科学高效的行政管理体制、充满活力的创业创新体制、改善民生的社会管理体制，将杭州建设成为创新创业充满活力、体制机制接轨浦东的综合配套改革先行区。

——设立统筹城乡发展综合配套改革试点区。重点是探索开展"土地承包权换保障、宅基地换住房"改革试点。围绕打破城乡二元体制，通过规划引领和体制创新、政府推动和市场运作、自主探索和政策支持，率先建立城乡公平的政策制度，加快形成有利于城乡统筹发展的规划布局、基础设施、产业发展、社会事业、生态环境和行政管理新机制，将嘉兴、义乌建设成为带动作用强、统筹水平高、体制机制活的统筹城乡发展先行区。

——设立民营经济创新发展综合配套改革试点区。重点是围绕贯彻落实非公经济"国 36 条"、"省 32 条"、沿海产业带和城市群发展战略，破解发展中的体制机制障碍，实现民营经济创新发展。通过推进企业制度创新和发展模式转型、放宽市场准入和优化发展环境，率先形成公平竞争的市场准入机制、自主创新的政策体系、规范完善的要素市场体系和现代产权制度，将温州、台州建设成为创业活力更足、创新能力更强、创业环境更优的民营经济创新发展示范区。

五、加强领导，再创体制机制新优势

（一）加强领导，落实责任。改革是全局性的工作，要进一步完善统筹协调推进改革的工作机制，形成上下之间、部门之间的协作配合机制，健全改革工作的督查考核机制，不断提高改革决策的科学性，增强改革措施的协调性。各级政府要加强对改革工作的领导，把改革摆上政府重要工作日程，排出事关全局的重大改革事项，主要领导亲自抓，努力实现改革新突破。各地、各部门要以改革开放 30 年为契机，认真部署，精心组织，搞好总结宣传，进一步增强改革的紧迫性和自觉性，扎扎实实推进改革。

（二）统一思想，抓好试点。抓好三大省级综合配套改革试点是 2008 年改革的重要工作，各地、各部门要统一思想，充分认识设立三大省级综合配套改革试点区对我省加快改革、探索创新的重要意义。省发改委要做好组织协调工作，各部门要从大局出发，齐心协力支持改革试点。试点地区政府是改革的责任主体，要解放思想、实事求是、大胆创新，制定改革方案，提出改革重点，积极开展试点，确保综合配套改革试点试出经验、试出成效。

浙江省人民政府办公厅
关于促进全省外贸稳定健康发展的意见

浙政办发〔2008〕45号

为认真贯彻落实科学发展观，深入实施“创业富民、创新强省”总战略，加快优化我省外贸结构，确保稳定健康发展，经省政府同意，特提出如下意见。

一、充分认识外贸稳定健康发展的重要意义。当前，随着国际经济形势变化，我省外贸出口面临的国内外市场不确定因素增加，外贸企业受人民币升值、原材料和劳动力成本上涨、资金成本提高以及出口退税率调整等因素影响，生产成本大幅提高，传统产业利润明显下降，国际竞争力减弱。剔除人民币汇率变化和出口提价因素，我省外贸出口实际增长水平回落较大。保持外贸稳定健康发展，是实现全省经济社会又好又快发展的重要条件。各地、各部门要切实增强紧迫感、危机感和使命感，加快优化外贸结构，努力实现全省外贸的持续健康发展。

二、加大财政对外经贸发展的扶持力度。从2008年1月1日起，省级财政安排一定资金，支持各地对外贸易发展，调整外经贸结构，确保全省外贸出口稳定增长。

三、加快出口商品结构调整。积极推动外贸企业实施“科技兴贸”战略，重点支持高新技术和机电产品研发项目。努力提升出口农产品质量和档次，鼓励农产品出口企业建立质量可追溯体系和开展境外宣传推广。

四、加强出口品牌建设。加强出口品牌培育和宣传工作，支持外贸企业争创国家级和省级出口品牌。鼓励外贸企业设立境外自主品牌专营店、研发或售后服务机构，重点支持企业以并购等方式获取国际知名品牌。

五、鼓励企业开拓国际市场。深入实施“走出去”战略，鼓励企业开展各类国际标准认证和境外商标注册，支持企业参加境外展(博)览会和境内重点区域性国际展(博)览会，推动企业开展境外经贸合作园区建设、境外设立营销网点或生产加工企业、境外工程承包、资源开发和劳务合作，着力打造自主国际会展平台。

六、支持欠发达地区开放型经济发展。认真贯彻落实省委、省政府《关于推进欠发达地区加快发展的若干意见》(浙委〔2005〕22号)，加大支持欠发达地区调整外经贸结构、转变发展方式的力度，推动区域经济协调发展。

七、防范出口收汇风险。积极推动企业为开拓新兴市场、巩固欧美等传统市场和实施“走出去”战略投保出口信用保险，降低其经营及投资风险。

八、健全“两反一保”工作机制。加强对企业、行业组织应对反倾销、反补贴、保障措施和贸易壁垒等工作的服务和指导。加强公平贸易培训工作，加快完善对外贸易预警体系。

九、大力发展国际服务贸易。支持服务外包业务发展，推动服务外包企业和培训机构开展业务人才培训；支持服务外包企业购置新设备和进行国际通行的资质认证。支持文化艺术、出版影视等企业参加境外国际展(博)览会，鼓励自主知识产权的文化艺术、影视动漫产品出口。

十、加快出口退税进度。在全省范围内开展申报出口退税免予提供纸质收汇核销单试点。加快退税单证审核审批进度。进一步整合征退税衔接工作内容和流程，简化有关手续，加快审核进度。

十一、加大金融支持力度。各类商业银行要加大对外贸出口企业的支持力度，加大外汇贷款投放力度，继续开展出口退税账户托管贷款等金融产品业务。积极拓展外贸企业贸易融资渠道，扩大出口押汇、出口保付代理业务、出口商业发票融资。

十二、调整外汇管理手续。简化进口货到付汇项下付汇手续，提高进口付汇效率。开展异地付汇集中备案改革，简化企业付汇手续。积极采用科技手段全面推进出口收汇核销无纸化进程。开展大型外贸企业集团公司内部外汇资金统一运用试点，提高资金利用效率。

十三、打造通关优质环境。着力在完善电子口岸，加强大通关协作，创新监管模式，推进通关整体流程改革上下功夫，努力推进口岸通关提速增效。进一步深化、推广“5+2”天和24小时预约通关工作制、绿色通道、“提前申报、落地验放”、“多点报检报关，口岸放行”以及电子申报系统等监管模式。

十四、切实加强对外贸工作的领导。各地、各部门要充分认识当前外贸工作面临的严峻形势，切实加强对外贸工作的领导和政策协调，抓好各项政策的落实。各涉外部门要加强协调，进一步增强服务意识，提高服务质量，积极研究制定出台相关措施。各级政府要认真研究本地区外贸发展情况，按照“保稳定，调结构”的要求，制定配套政策措施，确保全省外贸稳定健康发展。

二〇〇八年六月二十七日

浙江省人民政府办公厅
关于开展小额贷款公司试点工作的实施意见

浙政办发〔2008〕46号

为进一步落实全省金融工作会议精神，增加小企业和“三农”贷款的供给，根据中国银监会、中国人民银行《关于小额贷款公司试点的指导意见》(银监发〔2008〕23号)要求，经省政府同意，现就我省开展小额贷款公司试点工作，提出如下实施意见：

一、指导思想和基本原则

(一)指导思想。以省委“创业富民、创新强省”总战略为指导，积极稳妥开展小额贷款公司试点工作，进一步改善农村地区金融服务，有效配置金融资源，规范和引导民间融资，推进社会主义新农村建设，为改善民生、促进就业、构建和谐社会提供多层次的金融要素支持。

(二)基本原则。根据法律法规和有关政策，按照试点先行、有序推进的原则，在各县域进行试点，并在取得经验基础上逐步扩大小额贷款公司的范围；按照严格监管、规范运作的原则，从严控制准入标准，制定明确的操作程序，确保参照金融企业制度规范运作；按照明确职责、防范风险原则，各级政府、监管部门和试点企业要明确分工，各司其职，做好风险管理、防范和处置工作；按照“小额、分散”的贷款原则，确保试点企业严格经营范围，坚持小额贷款的经营取向，切实为小企业和“三农”服务。

二、明确职责，加强试点工作的组织领导

(一)在省政府领导下，积极稳妥地开展试点工作。省金融办是全省小额贷款公司试点工作的省级牵头协调部门，会同省工商局、浙江银监局和人行杭州中心支行建立联席会议，其主要职能：一是共同制订试点工作实施意见及相关的管理办法；二是对市、县(市、区)试点申报方案进行审核；三是沟通信息，指导县(市、区)政府及相关部门做好监督管理和风险处置工作。

(二)各市政府及市级有关部门负责本地小额贷款公司的政策宣传和协调指导工作，统筹安排小额贷款公司的布局，转报县级政府有关试点方案，监测分析防范本地小额贷款公司的风险。

(三)明确县级政府的权责。试点县(市、区)政府组织开展小额贷款公司的试点工作，确定试点对象，审定小额贷款公司组建方案，做好小额贷款公司申报材料初审工作，承担小额贷款公司监督管理和风险处置责任，并组织工商、公安、银监、人行等职能部门跟踪监管资金流向，严厉打击非法集资、非法吸收公众存款、高利贷等金融违法活动。各地小额贷款公司的日常监管职能由县级工商部门承担。

三、试点工作部署

按照省政府的统一部署，各县(市、区)政府要认真选择试点对象，有条件、分步骤地推进试点工作。对试点的小额贷款公司，要制定明确的金融风险防范措施，落实相应的处置责任，银监、人行、工商部门要稳妥配合各级政府积极有序地推进试点工作，防止一哄而上、擅自设立小额贷款公司。

开展小额贷款公司试点的具体方案是：原则上在每个县(市、区)设立1家小额贷款公司；列入省级综合配套改革试点的杭州市、温州市、嘉兴市、台州市可增加5家试点名额，义乌市可增加1家试点名额。在一个市内，若有县(市、区)没有提出试点申请的，其试点名额可在同一市域范围内调剂。

试点工作时间安排：

第一阶段(2008年7月)：制定并出台《浙江省小额贷款公司暂行管理办法》；召开全省会议，进行试点工作部署。

第二阶段(2008年7月至8月)：试点县(市、区)政府负责小额贷款公司的筹建组织工作，确定参加组建小额贷款公司的股东对象，试点申报材料由试点县(市、区)政府上报。

第三阶段(2008年9月至10月)：小额贷款公司经审核、依法注册登记后，正式开展小额贷款业务。

第四阶段(2009年1月以后)：在总结试点经验的基础上，进一步完善小额贷款公司的各项制度，根据实际情况和县级政府的要求，在风险可控的前提下，逐步加大在全省的推广力度。

四、制定严格的准入制度，确保试点公司规范运作

(一)明确小额贷款公司的准入门槛。小额贷款公司主发起人要从管理规范、信用优良、实力雄厚的当地民营骨干企业中选择，要求净资产不低于5000万元(欠发达县域不低于2000万元)、资产负债率不高于70%、连续三年赢利且利润总额在1500万元(欠发达县域600万元)以上。在县级政府的组织指导下，由主发起人为主协商选择其他股东，其他股东应在诚信记录、经营管理上符合相应的资格，主发起人持股不超过20%，其他单个股东和关联股东持股不超过10%。根据浙江实际情况，提高小额贷款公司注册资本，设立为有限责任公司的，不得低于5000万元(欠发达县域不低于2000万元)；设立为股份有限公司的，不得低于8000万元(欠发达县域不低于3000万元)。试点期间，注册资本的上限为2亿元(欠发达县域为

1亿元)。对于切实服务小企业和"三农"、规范经营的小额贷款公司,1年后允许增资扩股。要优化股权结构,合理设置大、中、小股东的持股比例,既要防止小额贷款公司被少数大股东控制,又要防止股权过于分散,造成无主要股东负责或内部人控制;鼓励引入熟悉金融业务、管理运行规范的企业入股。

(二)选择合适的高管人员,确保小额贷款公司的稳健经营。小额贷款公司要完善法人治理结构,强化内控机制,建立健全贷款管理制度,明确贷款流程和操作规范。对第一批试点公司的高管人员任职资格适当从严,要求熟悉金融业务、有金融从业经历并具备较强的金融合规经营意识,确保第一批试点成功。

(三)科学设置各项监管指标,严格各项规章制度。小额贷款公司不得进行任何形式的内外部集资和吸收公众存款,从银行业金融机构获得融入资金的余额,不得超过资本净额的50%。坚持按照"小额、分散"的原则发放贷款,小额贷款公司的70%资金应发放给贷款余额不超过50万元的小额借款人,其余30%资金的单户贷款余额不得超过资本金的5%。小额贷款公司不得向其股东发放贷款。

五、实行严格监管措施,严防小额贷款公司风险

省级有关部门要指导和督促各级政府加强对小额贷款公司的监管,建立小额贷款公司动态监测系统,及时识别、预警和防范风险,指导市、县(市、区)政府处置和防范风险。

市、县(市、区)政府要建立风险防范机制,督促有关部门建立管理制度,落实监管责任。工商部门做好准入把关、加强日常巡查和信用监管,强化年度检查,确保合规经营;银监部门对非法或变相非法吸收公众存款及非法集资的行为,要及时认定;人行分支机构要加强对小额贷款公司资金流向的动态监测,强化对贷款利率的监督检查,及时认定和查处高利贷违法行为。

小额贷款公司在经营过程中,若有非法集资、变相吸收公众存款等严重违法违规行为,由县级政府负责组织有关职能部门及时查处,吊销营业执照,追究公司主要负责人的法律责任,并报省有关部门取消其小额贷款试点资格。

六、小额贷款公司的扶持政策

(一)加强对小额贷款公司的政策扶持。各级政府要加强对小额贷款公司的政策扶持,研究适合本地的具体扶持政策,明确小额贷款公司纳入全省小企业贷款和"三农"贷款风险补偿范围。

(二)引导小额贷款公司规范发展。省金融办会同工商、银监和人行部门,每年对小额贷款公司进行分类评价。对依法合规经营、没有不良信用记录的小额贷款公司,向银监部门推荐按有关规定改制为村镇银行。各地在试点期间擅自设立的小额贷款公司不得推荐改制为村镇银行。

开展小额贷款公司试点工作,政策性强、涉及面广,各级政府要切实做好试点工作的组织实施,确保试点工作顺利进行。

二〇〇八年七月二日

浙江省人民政府金融工作领导小组
浙江省工商行政管理局
中国银行业监督管理委员会浙江监管局
中国人民银行杭州中心支行
关于印发《浙江省小额贷款公司试点暂行管理办法》的通知

浙金融办〔2008〕21号

各市、县(市、区)人民政府:

为贯彻实施中国银监会、中国人民银行《关于小额贷款公司试点的指导意见》和浙江省人民政府办公室厅《关于开展小额贷款公司试点工作的实施意见》的精神,经省政府同意,现将《浙江省小额贷款公司试点暂行管理办法》印发给你们,请遵照执行。

浙江省人民政府金融工作领导小组办公室
浙江省工商行政管理局
中国银行业监督管理委员会浙江监管局
中国人民银行杭州中心支行
二〇〇八年七月十四日

浙江省小额贷款公司试点暂行管理办法

第一章 总则

第一条 为了缓解小企业和小额农业贷款难问题，维护小额贷款公司的合法权益，确保小额贷款公司可持续发展，根据《中华人民共和国公司法》和《关于小额贷款公司试点的指导意见》(银监发〔2008〕23号)的精神，特制定本暂行管理办法。

第二条 本办法所称小额贷款公司，是指在浙江省内依法设立的，不吸收公众存款，经营小额贷款业务的有限责任公司或股份有限公司。小额贷款公司应执行国家金融方针和政策，在法律、法规规定的范围内开展业务，自主经营，自负盈亏，自我约束，自担风险，其合法的经营活动受法律保护，不受任何单位和个人的干涉。

第三条 小额贷款公司是企业法人，有独立的法人财产，享有法人财产权，以全部财产对其债务承担民事责任。小额贷款公司股东依法享有资产收益、参与重大决策和选择管理者等权利，以其认缴的出资额或认购的股份为限对公司承担责任。

第四条 浙江省人民政府金融工作领导小组办公室(以下简称省金融办)牵头负责全省小额贷款公司试点工作的组织、协调、规范和推进工作，会同省工商局、浙江银监局和人款待 杭州中心支行建立联席会议。

第五条 县级政府负责小额贷款公司试点的具体实施工作，确定试点对象，审定小额贷款公司组建方案，做好小额贷款公司申报材料的初审工作，承担小额贷款公司监督管理和风险处置责任。在试点期间，县域小额贷款公司试点的数量严格按照省政府的统一部署执行。

县级政府是小额贷款公司风险防范处置的第一责任人，依法组织工商、公安、银监、人行等职能部门跟踪资金流向，严厉打击非法集资、非法吸收公众存款、高利贷等金融违法活动。各地小额贷款公司的日常监管职能由县级工商部门承担。

第二章 机构的设立

第六条 小额贷款公司的名称由行政区划、字号、行业、组织形式依次组成，其中行政区划指县级行政区划的名称或地名，组织形式为有限责任公司或股份有限公司。

第七条 设立小额贷款公司应当具备的下列条件：

(一)有符合规定的章程；

(二)小额贷款公司的股东需符合法定人数规定。有限责任公司应有50个以下股东出资设立；股份有限公司应有2至200名发起人；

(三)小额贷款公司组织形式是有限责任公司的，其注册资本不得低于5000万元(欠发达县域2000万元)；组织形式是股份有限公司的，其注册资本不得低于8000万元(欠发达县域3000万元)；试点期间，小额贷款公司注册资本上限不超过2亿元(欠发达县域1亿元)；

(四)有符合任职资格条件的董事和高级管理人员；

(五)有具备相应专业知识和从业经验的工作人员；

(六)有必要的内部组织机构和管理制度；

(七)有符合要求的营业场所、安全防范措施和与业务有关的其他设施。

第八条 申请小额贷款公司董事和高级管理人员任职资格，拟任人除应符合《公司法》规定的条件外，还应符合下列条件：

(一)小额贷款公司董事应具备与其履行职责相适应的金融知识，具备大专以上(含大专)学历，从事相关经济工作3年以上；

(二)小额贷款公司的董事长和经理应具备从事银行业工作2年以上，或者从事相关经济工作5年以上，具备大专以上(含大专)学历。

第九条 小额贷款公司可经营的业务有：

(一)办理各项小额贷款；

(二)办理小企业发展、管理、财务等咨询业务；

(三)其他经批准的业务。

第十条 县级人民政府负责本县域内小额贷款公司的试点工作。设立小额贷款公司应当向县级人民政府提出申请。申请人列入试点对象后，在县级政府相关部门指导下，拟订小额贷款公司申请材料，主要包括以下内容：

(一)设立小额公司申请书。内容至少包括：当地经济金融发展情况和小额贷款需求分析，主发起人企业经营发展情况介绍，拟任董事长、经理简历；

(二)出资人承诺书。出资人应承诺自觉遵守国家、省有关小额贷款公司的相关规定，遵守公司章程，参与管理并承担风险，不从事非法金融活动，保证入股资金来源合法，不得以借贷资金入股，不得以他人委托资金入股；

(三)出资人协议书。股东之间关于出资设立小额贷款公司的协议；

(四)小额贷款公司基本情况。内容包括机构名称、住所、业务范围、注册资本等方面的情况。小额贷款公司股东名册，内容包括法人股东的名称、法定代表人姓名、注册地址、出资额、股份比例等；自然人股东的姓名、住所、身份证号码、出资额、股份比例等。并附经过工商年检营业执照复印件，自然人股东的简历和身份证复印件；

(五)出资人除自然人以外经审计的上一年度财务会计报告；

(六)章程草案(应将本管理办法中合规经营和风险防范的相关内容写入章程)；

(七)法定验资机构出具的验资报告(可以在省联席会议审核前提供)；

（八）律师中介机构出具小额贷款公司出资人关联情况的法律意见书；

（九）拟任职董事、高级管理人员的任职资格申请书；

（十）住所使用证明，营业场所所有权或使用权的证明材料。

第十一条　县级人民政府对小额贷款公司申请材料应进行认真初审把关，并拟定小额贷款公司试点申报方案，内容包括：

（一）县级人民政府小额贷款试点申请书；

（二）县级人民政府对小额贷款公司风险承担防范与处置责任的承诺书；

（三）小额贷款公司的申请材料（即第十条要求的材料）。

第十二条　小额贷款公司试点方案由所在县（市、区）人民政府报市金融办（上市办或相关部门），由市金融办转报省金融办审核；经济强县（市）和参照执行的区，试点方案由县（市、区）级人民政府直接上报省金融办审核，并在市金融办备案。

第十三条　符合条件的小额贷款公司凭省金融办同意设立小额贷款公司审核文件，依法向工商行政管理部门办理登记手续并领取营业执照。此外，小额贷款公司在领取营业执照后，还应在五个工作日内向当地公安机关、中国银行业监督管理委员会派出机构和中国人民银行分支机构报送相关资料。

第三章　股东资格和股权设置

第十四条　企业法人、自然人、其他经济组织可以向小额贷款公司投资入股。

第十五条　小额贷款公司主发起人原则上应当是管理规范、信用优良、实力雄厚的当地民营骨干企业，净资产5000万元（欠发达县域2000万元）以上且资产负债率不高于70%、近三年连续赢利且三年净利润累计总额在1500万元（欠发达县域600万元）以上。在当地政府的组织指导下，主发起人为主协商确定小额贷款公司的其他股东。除上述条件外，主发起人和其他企业法人股东应符合以下条件：

（一）在工商行政管理部门登记注册，具有法人资格；

（二）企业法人代表应无犯罪记录；

（三）企业应无不良信用记录；

（四）财务状况良好，入股前两年度连续盈利；

（五）有较强的经营管理能力和资金实力。

第十六条　自然人投资入股小额贷款公司的，应符合以下条件：

（一）有完全民事行为能力；

（二）应无犯罪记录和不良信用记录；

（三）有较强的抗风险能力和资金实力；

（四）具备一定的经济金融知识。

第十七条　小额贷款公司主发起人的持股比例不超过20%，其余单个自然人、企业法人、其他经济组织及其关联方持股比例不得超过小额贷款公司注册资本总额的10%；单个自然人、企业法人、其他社会组织持股比例不得低于小额贷款公司注册资本总额的5‰。

第十八条　小额贷款公司的注册资本全部为实收货币资本，由出资人一次足额缴纳。真正服务小企业和“三农”的、合规经营的小额贷款公司，设立1年后可增资扩股，增资扩股方案经当地政府同意后报省金融办审核。

第十九条　小额贷款公司的股份可依法转让。但主发起人持有的股份自小额贷款公司成立之日起3年内不得转让，其他股东2年内不得转让。小额贷款公司董事、高级管理人员持有的股份，在任职期间内不得转让。

第二十条　小额贷款公司原有股东之间股份转让，主发起人发生变化的、股份转让比例超过5%的，经当地政府同意后报省金融办审核。

第四章　合规经营

第二十一条　小额贷款公司的主要资金来源为股东缴纳的资本金、捐赠资金，以及来自不超过两个银行业金融机构的融入资金。不得向内部或外部集资、吸收或变相吸收公众存款。小额贷款公司从银行业金融机构获得融入资金的余额，不得超过资本净额的50%。

银行业金融机构向小额贷款公司融入资金时，应该认真审查是否符合上款规定，违反上款规定的，不得给予融资。

第二十二条　小额贷款公司在坚持为农民、农业和农村经济发展服务的原则下自主选择贷款对象。鼓励小额贷款公司面向农户和微型企业提供信贷服务，着力扩大客户数量和服务覆盖面。

第二十三条　小额贷款公司发放贷款，应坚持“小额、分散”的原则。贷款发放和回收主要通过转账或银行卡等结算渠道，减少现金交易。小额贷款公司70%的资金应用于同一借款人贷款余额不超过50万元的小额借款人，其余30%资金的单户贷款余额不得超过资本金的5%。

第二十四条　小额贷款公司应按照《公司法》要求建立健全公司治理结构，制定稳健有效的议事规则、决策程序和内审制度，提高公司治理的有效性。

第二十五条　小额贷款公司应建立健全贷款管理制度，明确贷款流程和操作规范，小额贷款公司不得向股东发放贷款。小额贷款公司不得跨区域经营业务。

第二十六条　小额贷款公司应加强内部控制，按照国家有关规定建立健全企业财务会计制度，真实记录和全面反映其业务活动和财务活动。

第二十七条　小额贷款公司贷款利率上限放开，但不得超过司法部门规定的上限，下限为人民银行公布的贷款基准利率的0.9倍。

第二十八条　小额贷款公司应建立信息披露制度，按要求向公司股东、相关部门、向其提供融资的银行业金融机构、有关捐赠机构披露经中介机构审计的财务报表和年度业务经营情况、融资情况、重大事项等信息，省金融办有权要求公司以适当方式，适时向社会披露其中部分内容或全部内容。

第二十九条　中国人民银行分支机构对小额贷款公司的利率、资金流向进行跟踪监测，并将小额贷款公司纳入信贷征信系统。省金融办建立小额贷款公司信息动态监测系统，进行必要的统计分析。

小额贷款公司应定期向人民银行分支机构信贷征信系统和省金融办信息动态监测系统提供借款人、贷款金额、贷款担保和贷款偿还等业务信息。小额贷款公司还应向省金融办信息动态监测系统提供融资情况、高管人员、股权变动质押等情况。

第五章　监督管理和风险防范

第三十条　省级有关部门要指导和督促各级政府加强对小额贷款公司的监管，建立小额贷款公司动态监测系统，及时识别、预警和防范风险，指导市、县（市、区）政府处置和防范风险。

市、县（市、区）政府要建立风险防范机制，督促有关部门建立管理制度，落实监管责任。工商部门做好准入把关、加强日常巡查和信用监管，强化年度检查，督促企业合规经营。建立处置非法集资联席会议制度，及时认定非法或变相非法吸收公众存款及非法集资的行为，加强对小额贷款公司资金流向的动态监测，强化对贷款利率的监督检查，及时认定和查处高利贷违法行为。

第三十一条　小额贷款公司应建立审慎规范的资产分类制度和拨备制度，准确进行资产分类，充分计提呆账准备金，确保资产损失准备充足率始终保持在100%以上，全面覆盖风险。

第三十二条　小额贷款公司应向注册地中国人民银行分支机构申领贷款卡。向小额贷款公司提供融资的银行业金融机构，应将融资信息及时报送小额贷款公司所在县级政府监管部门、中国人民银行分支机构和中国银行业监督管理委员会派出机构，并应跟踪监督小额贷款公司融资的使用情况。

第三十三条　小额贷款公司在经营过程中，若有非法集资、变相吸收公众存款等严重违法违规行为，由县级政府负责查处，并由有关部门取消其小额贷款试点资格，吊销营业执照，并追究公司主要负责人的法律责任。

第三十四条　小额贷款公司法人资格的终止包括解散和破产两种情况。小额贷款公司可因下列原因解散：

（一）公司章程规定的解散事由出现；

（二）股东大会决议解散；

（三）因公司合并或者分立需要解散；

（四）依法被吊销营业执照、责令关闭或者被撤销；

（五）人民法院依法宣布公司解散。

小额贷款公司解散，依照《中华人民共和国公司法》、《中华人民共和国公司登记管理条例》进行清算。清算结束后，向公司登记机关申请办理注销登记。

小额贷款公司被依法宣告破产的，依照有关企业破产的法律实施破产清算。

第三十五条　省金融办会同省工商局、浙江银监局和人行杭州中心支行等部门，每年对小额贷款公司进行分类评价。对依法合规经营、没有不良信用记录的小额贷款公司，向银监部门推荐按有关规定改制为村镇银行。各地在试点期间擅自设立的小额贷款公司不得推荐改制为村镇银行。

第三十六条　小额贷款公司违反本办法规定，各级金融、工商、银监、人行等职能部门，根据各自职能，有权采取警告、公示、风险提示、约见小额贷款公司董事或高级管理人员谈话、质询、责令停办业务、取消高级管理人员从业资格等措施，督促其整改。

第三十七条　对存在风险隐患和违规经营小额贷款公司，经督促整改后拒不改正的，可以委托指定的外部审计机构进行独立审计，审计结果作为取消试点资格的依据。

第三十八条　省金融办会同省工商局、浙江银监局、人民银行杭州中心支行，对小额贷款公司开展业务创新、合规经营、风险防范等方面的培训工作。

第六章　附则

第三十九条　本管理办法自批准之日起施行。

浙江省财政厅
关于加强财政支出绩效评价结果应用的意见

浙财预字〔2008〕12号

各市、县（市、区）财政局（宁波不发），省级各单位：

为提高部门预算编制质量，充分发挥财政支出绩效评价工作的作用，有效应用绩效评价结果，根据省政府办公厅《关于认真做好财政支出绩效评价工作的通知》（浙政办发〔2005〕91号）和有关绩效评价工作制度规定，现提出如下意见：

一、绩效评价结果应用的重要性

绩效评价结果应用既是开展绩效评价工作的基本前提，又是加强财政支出管理，增强资金绩效理念，合理配置公共资源，优化财政支出结构，强化资金管理水平，提高资金使用效益的重要手段。各地、各部门要高度重视绩效评价结果应用工作，积极探索和建立一套与部门预算相结合、多渠道应用评价结果的有效机制，提高绩效意识和财政资金使用效益。

二、建立与部门预算相结合的应用机制

财政部门要加强内部协调与配合，建立与部门预算相结合的应用机制，采取项目预期绩效目标申报制度，强化评价结果在部门预算编制中的应用，实现绩效评价与部门预算的有机结合，促进财政资金的合理分配与有效使用。

（一）项目预期绩效目标申报制度。项目预期绩效目标是设置绩效评价指标、标准和衡量项目支出绩效的重要依据。财政部门在布置年度部门预算时，应明确项目预期绩效目标的具体申报要求；各部门在申报项目预算时，要按照规定对所报项目进行充分论证，并编报科学、合理的项目预期绩效目标。财政部门要加强对部门项目预期绩效目标的审核，合理安排项目所需资金，逐步建立和健全项目预期绩效目标申报制度，提高财政资金安排与使用的有效性。

（二）强化评价结果在部门预算安排中的应用。财政部门要结合评价结果，对被评价项目的绩效情况、完成程度和存在的问题与建议加以综合分析，建立评价结果在部门预算安排中的激励与约束机制，逐步发挥绩效评价工作的应有作用。

1. 评价结果优秀并绩效突出的：对于实施过程评价的项目，财政部门要在安排该项目后续资金时给予优先保障；对于完成结果评价的项目，财政部门要在安排该部门其他项目资金时给予综合考虑。

2. 评价结果为不合格的：对于实施过程评价的项目，财政部门要及时提出整改意见，整改期间暂停已安排资金的拨款或支付，未按要求落实整改的，要会同有关部门向同级人民政府提出暂停该项目实施的建议，由同级人民政府确定该项目是否继续实施；对于完成结果评价的项目，在安排该部门新增项目资金时，应从紧考虑，并加强项目前期论证和综合分析，以确保项目资金使用的安全有效。

三、建立评价结果反馈与整改机制

评价结果反馈与整改是绩效评价工作的重要内容和组成部分。评价组织机构要在评价工作结束后 1 个月内，以正式文件或反馈书（附件 1）的形式，将评价项目绩效情况、存在的问题及相关建议反馈给被评价单位，并督促其落实整改，以增强绩效评价工作的约束力。被评价单位要针对项目实施中存在的问题和建议进行认真整改，并按照整改报告书（附件 2）的要求，在收到反馈文件或反馈书之日起 2 个月内将落实整改情况反馈评价组织机构。

四、建立评价信息报告制度

（一）内部共享。财政部门要将年度安排的项目支出和评价报告（项目绩效情况），实行内部共享机制，即年度安排的项目支出是确定评价项目（对象）的主要依据，而评价报告（项目绩效情况）又是安排以后年度部门预算的重要依据。因此，实行内部共享是促进评价结果应用的基本前提，也是合理安排项目支出，优化财政支出结构，提高资金使用效率的有效保障。

（二）报告制度。财政部门要将年度评价的重点项目绩效、存在的问题等有关情况，以及绩效评价工作的开展情况向同级人民政府报告，也可向同级人大报告。

（三）通报制度。为督促各部门和项目单位如期完成绩效自评工作，对部门和项目单位绩效自评完成进度、完成质量以及组织开展等情况，可在一定范围内予以通报，促使其自觉地、保质保量地完成项目的绩效自评工作。

（四）公开制度。对社会关注度高、影响力大的民生项目支出绩效情况，在上报同级人民政府批准后，可通过新闻媒介等形式向社会公开，接受社会公众的监督。

附件：1. 浙江省财政支出绩效评价结果反馈书（略）
2. 浙江省财政支出绩效评价结果整改报告书（略）

浙江省财政厅
二〇〇八年七月二十五日

浙江省公安厅
关于印发《浙江省常住户口登记管理规定（试行）》的通知

浙公通字〔2008〕82 号

各市、县（市、区）公安局：

为规范我省常住户口登记管理工作，保障公民合法权益，维护社会秩序，促进社会和谐，方便群众办事，根据国家有关户籍管理法律法规和政策的规定，省厅制定了《浙江省常住户口登记管理规定（试行）》，现印发给你们，请认真贯彻执行。

本规定自 2008 年 7 月 1 日起施行。以前本厅有关规定与本通知不一致的,以本通知为准。

执行中遇到的问题,请及时报告省厅。

附件:主要法律法规和政策文件目录

浙江省公安厅

二〇〇八年五月十五日

浙江省常住户口登记管理规定(试行)

目录

第一章　总　则

第一条　为保障公民合法权益,维护社会秩序,促进社会和谐,方便群众办事,根据有关法律、法规等规定,制定本规定。

第二条　本省行政区域内公民常住户口的登记管理,适用本规定。公民居民身份证的申领和发放,依照有关规定进行管理。

第三条　公民应当依照本规定在经常居住的合法固定住所地登记常住户口。一个公民只能在一个地方登记常住户口。

第四条　公民的户口迁移,遵循经常居住地登记户口、人户一致和整户迁移的原则,实行条件准入制。

第五条　户口登记管理工作,由各级公安机关主管,具体管理职能由各级公安机关户口管理部门承担。具有户口登记管理职能的公安派出所和由公安机关设置的户证办理中心、办证中心等机构,具体承办本辖区的户口登记管理工作。

第六条　承办具体户口登记管理工作,由取得户口管理岗位任职资格的在编、在职民警负责。户口协勤人员可以协助从事户口登记事项受理、人口信息录入、户口档案整理等辅助性工作。

第七条　县级以上公安机关和公安派出所(包括具体承办户口登记管理工作的户证办理中心、办证中心等,下同)应当按照核定的收费标准收取有关证件工本费,收费标准应当向社会公开。

第二章　立户分户登记

第八条　户口登记以户为单位。共同居住生活在同一住址、同一成套合法固定住所内的常住人口,立为一户。单身居住的,可以单立为一户。

一般住家户以家庭为单位立户。非住宅用房和违法建造的房屋,不予立户。

第九条　家庭户户主一般由户内常住人口中合法固定住所的所有人或者使用人担任。集体户户主由所在单位指定。未成年人一般不能担任户主。

家庭户户主负责保管本户的居民户口簿,申报与户有关的户口登记,督促户内其他成员申报户口登记。

第十条　符合立户条件的,可以由户主持下列证明材料之一,向合法固定住所所在地的公安派出所申报立户登记:

(一)房屋权属证明;

(二)公有房屋租赁使用证明;

(三)国土资源、建设(房地产)等行政主管部门出具的有关房屋所有权或者使用权的相应凭证;

(四)其他能够证明房屋所有权或者使用权属于申请人的证明。

第十一条　房屋所有权、使用权发生转移,新入住户要求户口迁入而原住户拒不迁出的,新入住户可以按本规定第十条之规定申报立户登记。

第十二条　户内因发生婚姻、分家等变化需要分户,且房屋所有权、使用权已经分割的,可以凭能够证明房屋所有权、使用权已经分割的证明材料申报分户登记。房屋所有权、使用权未分割的,不予分户。

第十三条　符合下列条件的机关、团体、企业、事业单位,经公安派出所核准,可以设立单位集体户:

(一)集体宿舍房屋产权为本单位所有;

(二)有居住在本单位集体宿舍且相互之间无家庭成员关系的职工;

(三)居住集体宿舍人员数量较多(一般不少于 10 人),确有设立单位集体户必要;

(四)有专人负责协助管理集体户口。

非本单位职工不得挂靠单位集体户。一个单位一般只设立一个单位集体户。

第十四条　符合下列条件的全日制普通高等学校和普通中等学校(以下简称大中专院校),经县级以上公安机关户口管理部门核准,可以设立学生集体户:

(一)具有相应的学历教育招生资格;

(二)具有招收外地生源学生资格;

(三)有专人负责协助管理集体户口。

第十五条　根据需要,经公安派出所核准,可以以乡(镇、街道)或者社区、村(居)委会为单位设立社区集体户,统一挂靠符合当地落户条件但在本地无合法固定住所且无处挂靠户口公民的户口。

第三章 出生登记

第十六条 婴儿(包括超计划生育、非婚生育的婴儿)出生后一个月以内,由婴儿的监护人或者户主持出生医学证明向婴儿父亲或者母亲常住户口所在地的公安派出所申报出生登记。

第十七条 户口登记的姓名,应当使用规范汉字,符合公序良俗,可以随父姓或者随母姓。

第十八条 户口登记的民族,应当依据父亲或者母亲的民族成份确定,所登记的民族应当是国家正式认定的民族族称。

第十九条 大中专院校的已婚学生夫妻双方户口均属学生集体户口的,在学期间所生子女的户口应当在该子女的祖父母或者外祖父母常住户口所在地的公安派出所申报出生登记。待夫妻一方或者双方毕业并办理户口迁移手续后,再办理该子女投靠父母的落户手续。

大中专院校的已婚学生夫妻一方户口属学生集体户口,其配偶为非学生集体户口的,在学期间所生子女的户口应当在其配偶常住户口所在地的公安派出所申报出生登记。

第二十条 夫妻一方为现役军人、一方为地方居民的,所生子女应当在地方居民一方常住户口所在地的公安派出所申报出生登记。夫妻双方均为现役军人的,所生子女可以在父亲或者母亲部队所在地的公安派出所申报出生登记,也可以在祖父母或外祖父母常住户口所在地的公安派出所申报出生登记。

第二十一条 出国人员在国外所生具有中国国籍、未满5周岁的子女,凭子女的出生证明、子女和父母回国使用的护照或旅行证、父母的结婚证明等(前述证明的文字为非中文的,还应当提交翻译件),向父亲或者母亲常住户口所在地的公安派出所申报出生登记。所生子女已取得住在国长期(永久)居留权,或者已在住在国连续合法居留满5年的,还应当提交该子女的华侨回国定居证和批准定居通知书。

第二十二条 公民个人收养的婴儿未办理出生登记的,由收养人持民政部门出具的收养登记证向收养人常住户口所在地的公安派出所申报出生登记。

社会福利机构抚养的查找不到生父母的弃婴、儿童,由该机构负责人持婴儿、儿童基本情况证明以及收养社会福利机构资格证明,向该机构所在地公安派出所申报出生登记。

第二十三条 婴儿出生时已经死亡的,不进行出生登记。婴儿出生后,在申报出生登记前死亡的,应当同时申报出生和死亡登记。

第四章 死亡登记

第二十四条 公民自然死亡的,应当在一个月以内,由户主、亲属或者社区、村(居)委会持死亡公民的死亡证明、居民户口簿和居民身份证,向死亡公民户口所在地的公安派出所申报死亡登记,注销户口。

死亡证明是指:公民死于医疗单位的,凭《死亡医学证明书》;公民正常死亡但无法取得医院出具的死亡证明的,凭社区、村(居)委会或者基层卫生医疗机构出具的证明;公民非正常死亡或者卫生部门不能确定是否属于正常死亡者,凭公安司法部门出具的死亡证明;死亡公民已经火化的,凭殡葬部门出具的火化证明。

第二十五条 公民被宣告死亡的,由利害关系人持人民法院死亡宣告判决书和相关证件向公安派出所办理注销户口手续。

被宣告死亡的公民重新出现或者确知其没有死亡的,本人或者利害关系人可以持人民法院撤销宣告判决书申报恢复户口。

第二十六条 公民死亡,申报义务人未按规定申报死亡登记的,利害关系人、发现人或者社区、村(居)委会可以向公安派出所报告。公安派出所经调查核实后,应当告知申报义务人按规定申报死亡登记。经告知后,申报义务人仍不按规定申报死亡登记的,公安派出所可以凭调查取得的材料,注销死亡公民的户口。

第二十七条 公民在暂住地死亡的,暂住地公安机关应当根据死亡公民暂住地的出租人、旅店管理人或者其他人员的申报,将死亡公民的姓名和死亡的地点、时间、原因等及时通知死亡公民常住地公安机关,由死亡公民常住地公安派出所办理死亡登记,注销户口。无法查明死亡公民常住地的,暂住地公安机关应当将已经查明的事项和死亡情况登记备查。

第二十八条 公民在迁移过程中死亡的,由迁入地公安派出所办理迁入和死亡登记。

第二十九条 办理死亡登记时,应当登记死亡公民的有关情况,在本人居民户口簿、常住人口登记表等簿册和人口信息管理系统中注销户口,并缴销居民身份证;单身独户的,还应当缴销居民户口簿。

第五章 迁移登记

第三十条 公民离开户口登记的常住地到另一常住地实际长期居住的,应当由迁移人或者户主及时向公安派出所申报迁移登记。

第三十一条 公民申报迁移登记时,应当提交与迁移事由相关的证明材料,并按规定申领户口准迁证、户口迁移证等户口迁移证件。

第三十二条 户口准迁证、户口迁移证等户口迁移证件超过有效日期、登记的迁往地址与迁入地不一致或者遗失的,应当凭有关证明材料向原签发机关申请换发、补发或者重新申领。

第三十三条　按规定允许户口挂靠亲友的户口迁移，被挂靠户的户主为落户担保人，承担通知、督促挂靠人按规定申报户口登记的责任。

第三十四条　公民申报市内迁移户口的，应当符合立户登记的规定，直接到迁入地公安派出所办理迁移手续。

本规定所称“市内迁移”，是指设区市市辖区或者县（市、区）范围内的户口迁移。

第三十五条　有下列情形之一的公民，应当将户口迁往本人的合法固定住所处；本人无合法固定住所的，可以迁往同意被投靠、有家庭户口的亲友处；本人无合法固定住所且无处投靠的，应当迁往所在社区、村（居）委会或者乡（镇、街道）的社区集体户：

（一）因房屋产权转移、离婚等原因，失去现户口登记住址所在地房屋所有权或者使用权的；

（二）因征地、房屋拆迁等原因，失去现户口登记住址所在地房屋所有权或者使用权的；

（三）户口登记在单位集体户，现单位不存在、本人离开单位或者本人带有家庭成员的；

（四）其他按规定应当将户口迁出现户口登记住址的情形。

申报义务人不按本条规定迁移户口的，经县级公安机关核准，公安派出所可以凭调查取得的材料，将有关公民的户口迁往本人的合法固定住所处或者本人所属社区、村（居）委会或者乡（镇、街道）的社区集体户。

第三十六条　户内成员因法律关系发生变化，一方申报户口迁移登记，另一方不愿拿出居民户口簿，经公安派出所调解、说服教育仍不理的，可以凭相关法律文书办理户口迁移手续。

第三十七条　公民因亲属投靠、工作调动、人才引进、购房落户、投资纳税落户等原因申报市外迁入的，应当符合国家或者本省的落户规定。

本规定所称“市外迁入”，是指跨设区市市辖区或者跨县（市、区）的户口迁入。

第三十八条　考取大中专院校的新生，入学时可以凭新生录取证明自愿选择将户口迁往学校。学校开学后，迁出地公安机关不再办理新生的户口迁出手续。

被军事院校录取的新生，属现役军人的，凭新生录取证明注销户口；不属现役军人的，按前款规定办理。

被宗教院校录取的新生，一般不予办理户口迁出手续。

第三十九条　大中专院校申报新生迁入登记时，应当向学校所在地公安派出所出具盖有招生主管部门录取专用章的录取新生名册和落户新生的户口迁移证。

入学时已将户口迁入学校学生集体户的，在学期间不办理户口迁出手续，国家或者本省另有规定的除外。

第四十条　大中专院校新生入学时已将户口从原籍迁出，但未在户口迁移证有效日期内申报迁入学校学生集体户的，应当持户口迁移证向原迁出地公安派出所申请恢复户口。

第四十一条　普通高等学校学生（含研究生及以上学历学生，下同）在学期间被批准转学，要求将户口迁往省内其他地区的，凭省级高教主管部门的批准文件办理户口迁移手续；要求将户口迁往省外的，凭转出地和转入地省级高教主管部门的批准文件办理户口迁移手续。

普通高等学校学生在学期间因故退学或者肄业的，凭学校批准文件或者相关证明办理户口迁移手续。

第四十二条　普通中等学校学生在学期间因故转学、退学或者肄业的，凭市级中专主管部门或者学校的批准文件办理户口迁移手续。

第四十三条　毕业当年12月31日前已落实就业岗位的普通高等学校毕业生，应当凭毕业证书、就业报到证、用人单位录（聘）用证明、户口迁移证等材料，向就业地公安派出所直接申报迁入登记。

第四十四条　毕业当年12月31日前未落实就业岗位的普通高等学校毕业生，应当凭毕业证书、户口迁移证等材料，向入学前户口所在地或者现家庭所在地公安派出所申报迁入登记。

第四十五条　毕业次年1月1日后，持户口迁移证未按规定申报迁入登记的普通高校毕业生，应当凭毕业证书、户口迁移证等材料，向入学前户口所在地或者现家庭所在地公安派出所申报迁入登记；其中已落实就业岗位的，可以再凭就业所在地公安机关签发的户口准迁证办理户口迁移手续。

第四十六条　取得我省高等教育自学考试毕业证书或者国家学历文凭毕业证书的本省籍非在职高等教育学历考试毕业生，可以凭毕业证书、就业报到证、用人单位录（聘）用证明、户口迁移证等材料，向就业地公安派出所申报迁入登记。

第四十七条　普通中等学校毕业生毕业时，符合就业地落户条件的，应当将户口迁往就业地；未落实就业岗位或者不符合就业地落户条件的，应当将户口迁回入学前户口所在地或者现家庭所在地。

第六章　变更更正登记

第四十八条　公民户口登记事项发生变化的，应当及时向公安派出所申报变更登记，并提交与申报变更事由相关的证明材料；公民发现户口登记事项有差错的，应当及时向公安派出所申报更正登记，并提交与申报更正事由相关的证明材料。

对公民申报变更更正登记的申请，公安机关应当进行核查；情况属实的，予以变更更正。

第四十九条　有下列情形之一的，可以申请变更户主：

（一）原户主死亡、被宣告死亡或者被宣告失踪的；

（二）原户主户口迁出的；

（三）房屋所有权或者使用权发生转移，现房屋所有权人或者使用人认为需要变更的；

（四）其他特殊原因应当变更户主的。

集体户申请变更户主的，应当由单位向公安派出所提出。

第五十条　出生日期不得更改。户口登记的出生日期与实际出生日期确实不一致,公民本人或者监护人向户口所在地的公安派出所申报更正出生日期登记的,应当提交合法、确凿充分的证明材料。公安派出所应当及时进行调查核实,经县级公安机关审批后,予以办理出生日期更正登记。

组织、人事部门管理的干部本人要求确定或者更改出生日期的,公安派出所一律不予受理。

第五十一条　公民申请变更姓名的,应当提供变更理由和相关证明材料,经户口所在地公安派出所调查核实,县级公安机关审批后,给予更改。

未成年人变更姓名的,应当经父母双方或者监护人协商一致;10周岁以上未成年人变更姓名的,还应当征得其本人的同意。

第五十二条　有下列情形之一的,可以由公民本人或者监护人申请变更姓氏:

(一)因血亲关系在父姓和母姓之间变更的;

(二)因收养关系变更姓氏的;

(三)因父母离婚或者再婚未成年子女变更姓氏的;

(四)公安机关认定确需变更姓氏的其他特殊情形。

第五十三条　有下列情形之一的,可以由公民本人或者监护人申请变更名字:

(一)姓名或者姓名的谐音违背公序良俗的;

(二)姓名或者姓名的谐音易造成性别混淆、他人误解或者伤及本人感情的;

(三)名字中含有冷僻字的;

(四)公安机关认定确需变更名字的其他特殊情形。

第五十四条　有下列情形之一的,暂缓办理姓名变更登记:

(一)正在服刑或者被劳动教养、采取刑事强制措施的;

(二)更正出生日期未满三年的。

第五十五条　公民实施变性手术后,应当由公民本人或者监护人凭县级以上医院为其成功实施手术的证明,向户口所在地公安派出所申报变更性别登记;经公安派出所调查核实,县级公安机关核准后,给予变更性别。

第五十六条　有下列情形之一的,公民应当向户口所在地公安派出所申报更正公民身份号码登记;经公安派出所调查核实,县级公安机关核准后,给予更正公民身份号码:

(一)公民身份号码属重号、错号的;

(二)更正出生日期的;

(三)更改性别的。

公安机关发现公民身份号码属重号、错号的,应当告知公民本人申报更正登记;经告知后,公民本人仍不按规定申报更正登记的,公安机关可以凭调查取得的材料,更正其公民身份号码,并书面告知公民本人。

第五十七条　公民申请变更民族登记的,应当提交县级以上人民政府民族工作主管部门批准变更民族成份的证明,经户口所在地公安派出所调查核实,县级公安机关核准后,给予更改。年满20周岁的公民要求变更民族成份的,公安机关依照国家有关规定不予受理。

第五十八条　公民的籍贯、出生地、文化程度、婚姻状况、兵役状况、服务处所和职业等户口登记项目发生变化或者出现差错的,可以由本人或者户主,凭相关证明材料向户口所在地派出所申请变更更正登记。

第七章　注销、恢复与其他登记

第五十九条　被批准服现役的应征公民在入伍前,应当由本人或者家属持应征公民入伍通知书,向公安派出所申报注销户口。被批准服现役的应征公民未按规定申报注销户口的,公安派出所可以凭人民武装部门出具的应征公民入伍人员名单,直接注销其户口。

第六十条　军人退伍、复员、转业的,凭县级以上安置办公室或者兵役机关开具的介绍信,向安置地公安派出所申报户口登记;被部队开除军籍或者除名的,凭部队有关文件向原户口注销地或者现家庭所在地公安派出所申报户口登记。

第六十一条　经批准前往香港、澳门定居的,凭公民因私出境定居注销户口通知单注销户口,缴销居民身份证。已在境外定居但未按规定申报注销户口的,经县级以上公安机关出入境管理部门确认,户口所在地公安派出所应当注销其户口。

第六十二条　经批准前往台湾定居的,按国家有关规定办理。

第六十三条　已加入外国国籍或者在国外定居的,应当由本人或者亲属持护照等合法有效身份证件,向户口所在地公安派出所申报注销户口。已加入外国国籍或者确属华侨身份但未按规定申报注销户口的,经县级以上公安机关出入境管理部门确认,户口所在地公安派出所应当注销其户口。

第六十四条　获准回内地定居的港澳居民,应当由本人持批准定居通知书和港澳居民定居证,向定居地公安派出所申报户口登记。

第六十五条　获准定居大陆的台湾居民,应当在批准定居通知书规定的时限内,由本人持批准定居通知书和台湾居民定居证,向定居地公安派出所申报户口登记。

第六十六条　获准回国定居的华侨,应当在批准定居通知书规定的时限内,由本人持批准定居通知书和华侨回国定居证及其回国使用的护照等合法有效身份证件,向定居地公安派出所申报户口登记。

第六十七条　出国、出境公民除在国外、境外定居外,不注销户口。之前因私短期出国(出境)被注销户口、现回国(入境)要求恢复户口的,可以由本人凭回国(入境)使用的护照等合法有效身份证件,向出国前户口所在地公安派出所申报恢复户口,但具有华侨身份的除外。

第六十八条　被逮捕、判刑或者劳动教养的公民,不注销户口。之前因逮捕、判刑或劳动教养已被注销户口的,在刑满释放、解除劳动教养或者假释后,应当持劳改、劳教单位开具的证明在原户口注销地公安派出所申报恢复户口;在原户口注销地已不具备落户条件、要求异地恢复户口的,应当报落户地县级以上公安机关审批。

第六十九条　被监外执行要求恢复户口的,可以由本人凭人民法院的判决、裁定或者监狱管理机关对罪犯批准保外就医的决定等向原户口注销地公安派出所申报,经县级公安机关审批后,办理恢复户口登记。

第七十条　公民下落不明的,失踪公民的家属、单位、社区、村(居)委会应当向其户口所在地公安派出所申报失踪登记。当失踪公民被寻回或者查明其下落时,应当及时向公安派出所申报寻回登记。公民失踪超过一年仍查无下落的,经公安派出所调查核实,报县级公安机关核准后,可以按有关规定注销其户口。当失踪公民被寻回或者查明其下落时,应当及时恢复其户口。

公民被宣告失踪的,由利害关系人持人民法院失踪宣告判决书向公安派出所申报注销户口登记。被宣告失踪的公民重新出现的,本人或利害关系人可以持人民法院撤销宣告判决书申报恢复户口登记。

第七十一条　未落常住户口的公民,应当由本人或者监护人凭有关常住户口未落原因的证明材料,向现居住地公安派出所申请补登户口。经调查核实,报县级公安机关审批后,给予补登户口。

第七十二条　公民有两个以上常住户口的,公安机关应当按规定及时注销其非法登记的户口。

第七十三条　县级以上政府部门因依法履行职权,申请在一定时限一定区域内暂停办理有关户口登记事项的,经同级公安机关核准,公安派出所应当在县级以上公安机关核准的时限和区域内,暂停办理立户分户登记和除夫妻投靠、未成年子女投靠父母、大中专院校毕业生回原籍落户、退伍复转军人回原籍落户、归正人员回原籍落户以外的迁入登记。

第八章　户口证件签发

第七十四条　居民户口簿是证明公民身份状况和家庭成员间相互关系的法定证件,是国家以户为单位管理常住人口和进行户口调查、核对的主要依据,其登记内容与常住人口登记表登记内容一致。

第七十五条　公民按规定申报立户登记后,公安派出所应当签发居民户口簿。变更户主或者户主户口迁出的,应当收回原居民户口簿,签发新的居民户口簿。

第七十六条　公民遗失居民户口簿的,应当及时到公安派出所申报证件遗失和补发。

新的居民户口簿补发后,原居民户口簿自然作废;遗失的居民户口簿重新找到的,应当上缴公安派出所。

第七十七条　公民从事有关活动,需要证明身份的,应当按规定使用居民身份证、居民户口簿,公安机关不出具户籍证明。

第九章　户口档案管理与信息查询

第七十八条　户口档案应当按规定立卷、归档,妥善保管、规范使用。

第七十九条　公民可以凭本人居民身份证或者居民户口簿,向户口所在地公安派出所查询本人和户内成员的户口登记信息。

第八十条　因办案需要要求查询涉案公民户口登记信息的,司法机关可以凭本人工作证、介绍信(调查函)向户口所在地公安派出所或者公安机关户口管理部门申请查询。

第八十一条　因承办法律事务需要要求查询有关公民户口登记信息的,律师可以凭律师执业证和律师事务所证明,向户口所在地公安派出所或者公安机关户口管理部门申请查询。

第八十二条　因履行职责确需查询公民户口登记信息的,经被申请机关核准,政府有关部门可以凭单位介绍信、查询人的工作证向户口所在地公安派出所或者公安机关户口管理部门查询。

第八十三条　为避免重大利益损失、寻亲访友等特殊情形确需查询公民户口登记信息的,经被申请机关核准,有关单位或者个人可以向户口所在地公安派出所或者公安机关户口管理部门查询。

第八十四条　公民户口登记信息涉及公民隐私,申请查询的单位和个人负有保密义务,对查询获取的信息只能在规定的范围内使用,不得泄露。

第十章　办理程序与法律责任

第八十五条　公民申报户口登记时,应当携带申报人居民身份证、居民户口簿等身份证件,按规定如实申报相关户口登记事项。委托他人代为办理的,应当按规定进行委托。

无民事行为能力或者限制民事行为能力的公民,应当由其监护人代为申报户口登记。

第八十六条　公民申报户口登记事项后,公安派出所应当依据户口管理有关规定,调查核实有关证明材料。对符合条件、证明材料齐全,且按规定可以当场办理的,应当当场予以办理。对符合条件、证明材料齐全,但按规定需调查核实、上报审批(核准)的,应当按规定进行调查核实、上报审批(核准)。对不符合条件或者证明材料不全的,应当告知申请人处理意见或者应当补充的证明材料。

第八十七条　办理需要报经县级以上公安机关审批(核准)的户口登记事项,各环节的工作应当在以下时限内完成:

(一)公安派出所应当在受理申请之日起的15个工作日内完成调查核实工作,并将有关材料上报县级公安机关。

(二)县级公安机关接到上报材料后,经审查,对有权作出审批(核准)决定的户口申报事项,应当在接到公安派出所的上报材料15个工作日内作出批准或者不批准的决定,并将审批(核准)结果返回公安派出所,或者按规定签署审核意见并将有关材料上报市级公安机关;市级公安机关应当在15个工作日内作出批准或者不批准的决定。

(三)公安派出所在接到上级公安机关的审批(核准)决定的2个工作日内,将审批(核准)结果通知申请人。

第八十八条 公民采用隐瞒事实真相、编造虚假事实、提供虚假证明材料等手段,违法、违规办理户口登记事项并查证属实的,由公安派出所或者公安机关撤销相应的户口登记;构成违反治安管理行为的,依法予以处罚;构成犯罪的,依法追究其刑事责任。

第八十九条 公安机关及其工作人员在办理公民申报户口登记时有下列行为之一的,上级公安机关应当予以纠正,并根据情节轻重,给予责任人相应处分:

(一)对符合规定的申请不予办理的;

(二)对不符合规定的申请违反规定给予办理的;

(三)工作疏忽大意造成差错且导致不良后果的;

(四)无正当理由不在规定期限内办结的;

(五)超标准收取费用的;

(六)其他应当给予处分的情形。

第九十条 公民对公安机关作出的户口管理具体行政行为不服的,可以依法申请行政复议或者提起行政诉讼。

附件

浙江省公安厅关于印发《浙江省常住户口登记管理规定(试行)》的通知主要法律法规和政策文件目录(略)

浙江省物价局
关于降低部分涉企服务收费标准的通知

浙价服〔2008〕352号

各市、县(市、区)物价局,省级有关部门:

为减轻企业和社会负担,保持我省经济平稳较快发展,经省政府同意,现就降低部分涉企服务收费标准问题通知如下:

一、工商管理部门所属的企业登记代理服务机构代办企业法人开业登记、非公司企业法人开业登记、营业单位开业登记、注销登记、变更登记、企业年检登记、境外企业在华设立常驻代表机构登记服务,其收费按省物价局《关于规范企业登记代理服务机构服务收费有关问题的通知》(浙价服〔2003〕401号)规定的基准收费标准的70%收取;取消企业登记资料查询费。

二、劳动就业服务机构提供涉及企业的档案保管服务收费、劳动保障事务代理服务,其收费按省物价局《关于进一步完善就业服务收费管理有关问题的通知》(浙价服〔2007〕231号)规定的基准收费标准的70%收取。

三、会计师事务所为重组、改制、清算企业提供年度会计报表审计和企业注册资本验资服务,其收费按省物价局《关于调整和规范会计师事务所服务收费的通知》(浙价服〔2005〕345号)规定的基准收费标准的70%收取。

四、资产评估机构提供涉及企业重组、改制、清算、抵押的评估服务,其收费按省物价局《关于调整资产评估收费标准的通知》(浙价服〔2005〕6号)规定的基准费率的70%收取。

五、税务代理服务机构为企业代理涉税登记、申请核实纳税资格、代理纳税申报服务,其收费按省物价局《关于规范税务代理服务收费标准的通知》(浙价服〔2004〕159号)规定的基准收费标准的70%收取。

六、房地产交易机构对企业重组、改制、清算过程中办理房产交易手续的,免收房产交易手续费;涉及企业的其他房产交易服务,其收费按省物价局《关于调整房产交易手续费标准的补充通知》(浙价服〔2002〕135号)规定的收费标准的70%收取。

七、环境影响咨询服务机构为企业提供环境影响咨询服务,其收费按原国家计委、国家环境保护总局《关于规范环境影响咨询收费有关问题的通知》(计价格〔2002〕125号)规定的基准收费标准的70%收取。

八、环境监测机构为企业提供的专业技术服务,其收费按省物价局《关于调整环境监测专业服务收费标准的通知》(浙价费〔2000〕147号)规定的基准收费标准的70%收取。

九、对目前未列入政府定价的涉企服务收费,企业反映强烈的,实行政府定价或采取临时价格干预措施。

上述降低服务收费措施自2008年11月25日起执行,暂行一年。

各地政府及各有关部门要督促有关单位认真落实上述减负措施。价格主管部门要加强对上述措施落实情况的监督检查,对违反规定的应依法严肃查处,确保落实到位。

浙江省物价局

二〇〇八年十一月十七日

浙江省人事厅关于印发《浙江省引进国外智力示范单位和成果示范推广基地管理暂行办法》的通知

浙人发〔2008〕169 号

各市、县(市、区)人事局(人事劳动社会保障局),省直有关单位:

为加强对我省引进国外智力示范单位和成果示范推广基地的管理,充分发挥它们在引进国外智力及引智成果转化过程中的示范和推广作用,根据国家外国专家局《国家引进国外智力成果示范推广基地及国家引进国外智力示范单位管理办法》(外专发〔2008〕23 号)精神,结合我省实际,研究制定了《浙江省引进国外智力示范单位和成果示范推广基地管理暂行办法》,现印发给你们,请结合实际,认真遵照执行。

二〇〇八年十月十四日

浙江省引进国外智力示范单位和成果示范推广基地管理暂行办法

第一章 总 则

第一条 为加强对我省引进国外智力示范单位和成果示范推广基地的管理,充分发挥其在引进国外智力成果转化过程中的示范和推广作用,根据国家外国专家局印发的《国家引进国外智力成果示范推广基地和国家引进国外智力示范单位管理办法》(外专发〔2008〕23 号)精神,结合我省实际,制定本办法。

第二条 本办法所称引进国外智力成果(以下简称“引智成果”),是指通过开展引进国外智力工作(以下简称“引智工作”),引进、消化、吸收和创新所形成的新产品、新技术、新工艺及先进的管理方法等。

第三条 引进国外智力示范单位,是指开展引智工作成效显著,取得重大经济效益或社会效益,并自愿积极开展宣传、示范引智工作,被浙江省人事厅命名为“浙江省引进国外智力示范单位”(以下简称“示范单位”)的单位。

引进国外智力成果示范推广基地,是指通过开展引智工作取得成果,并在成果示范推广工作方面做出显著成绩,被浙江省人事厅命名为“浙江省引进国外智力成果示范推广基地”(以下简称“引智基地”)的单位。

第四条 建立示范单位和引智基地是引进国外智力的一项重要工作。要通过建立示范单位和引智基地,形成引智成果示范推广体系,加快引智成果的推广,促进生产力的发展,实现引智工作为我省经济和社会发展服务,为全面建设小康社会服务的宗旨。

第二章 组织机构

第五条 省人事厅根据全省引智工作总体规划,负责制定示范单位和引智基地的发展规划和相关政策。

第六条 省外国专家局具体负责全省示范单位和引智基地的申报、推荐和管理工作。

第七条 各市、义乌市人事局(人事劳动社会保障局)和省直有关单位引智主管部门(以下统称“引智归口部门”)负责组织本地区、本部门示范单位和引智基地的申报、推荐和管理工作。

第三章 申报和评审

第八条 申报示范单位和引智基地的单位,应符合以下条件:

(一)是浙江省区域内依法设立的企业和事业单位法人;

(二)有较高水平的技术和管理人员队伍,具备较强的引进、消化、吸收、再创新能力和示范推广能力;

(三)引智成果在同行业或同学科具有先进性、典型性和可推广性,并符合有关法律法规的规定,对周边地区或相关领域有较强的示范和带动作用;

(四)推广的引智成果,须技术上成熟、品种质量可靠稳定、易于产生规模效益,有两年以上的示范推广期和一定的推广业绩。

第九条 各引智归口部门负责受理本地区、本部门示范单位和引智基地的申报,调查核实申报单位情况,各引智归口部门每年推荐的申报单位一般不超过 2 家,并予以排序,于每年 10 月底之前向省外国专家局报送以下材料:

(一)推荐申报单位的公函;

(二)推荐申报单位的名单;

(三)申报单位的申报材料:

1.《浙江省引进国外智力示范单位暨成果示范推广基

地申报表》(附件1)和电子文档;

2. 介绍申报单位基本情况、引智工作开展情况、引智成果情况,以及引智成果示范、推广等情况的PPT格式文档,幻灯片张数要求在15幅至30幅之间;

3. 其它说明材料(市级以上获奖证书、专利证书和市级以上项目立项批件等)。

第十条　示范单位和引智基地的评审分初审、实地考察、组织评审和省人事厅审定四个阶段。

(一)根据本暂行办法第八、九条的规定,由省外国专家局对申报单位的资格和申报材料进行初审。

(二)对符合条件的申报单位进行实地考察,核实申报材料的内容以及有关数据。

(三)组织省级行业主管部门和专家对申报单位进行评审,根据评审意见,综合地区和行业平衡,由省外国专家局提出意见,报省人事厅审定。

(四)经省人事厅审定后,发布命名浙江省示范单位和引智基地名单,授予示范单位或引智基地称号,由省外国专家局颁发相关证书和标识。

第十一条　被命名的示范单位和引智基地的有效期为5年,期满后自行终止。

已命名的示范单位和引智基地在命名有效期内业绩显著,其引智成果仍有较好示范推广前景的,可在命名有效期满的第5年,按本办法规定,重新申报。

第四章　责任和义务

第十二条　省外国专家局履行以下责任与义务:

(一)支持示范单位和引智基地以"浙江省引进国外智力示范单位"或"浙江省引进国外智力成果示范推广基地"的名称对引智成果产品或技术进行宣传。

(二)优先支持示范单位和引智基地申报的引进国外智力项目、引智成果示范推广项目和出国(境)培训项目;

(三)优先支持示范单位和引智基地参加国家级示范单位或引智基地的申报以及有关成果评奖活动。

(四)积极为示范单位和引智基地提供国外引智信息和渠道。

(五)鼓励支持示范单位和引智基地开展与引智成果示范推广相关的培训、交流、推介、展览等活动。

第十三条　引智归口部门应为示范单位和引智基地的发展提供良好服务,并积极争取地方政府和有关部门在政策、资金等方面的支持。

第十四条　示范单位或引智基地应履行的责任与义务:

(一)引智成果推广工作必须严格遵守国家及省有关法律法规。

(二)积极发挥引智成果示范推广作用,认真实施引智成果推广计划,按时按阶段完成推广目标;通过培训、技术转让、技术服务与咨询等方式促进成果的推广。

(三)积极推广已取得的引智成果或工作经验。

(四)接受省人事厅、省外国专家局和相关引智归口部门对示范单位或引智基地建设、管理及成果推广工作的指导、监督和检查。

第五章　年审

第十五条　各引智归口部门负责组织本地区、本部门的示范单位或引智基地年度总结工作。各示范单位或引智基地应在每年11月底前,向引智归口部门报送本年度《浙江省引进国外智力示范单位暨成果示范推广基地年审表》(附件2)和电子文档。

各引智归口部门对示范单位或引智基地进行年度审查,并于每年12月底前将年审意见或说明材料报送省外国专家局。省外国专家局对上报的材料进行审核并提出年审意见,报省人事厅批复。

第十六条　示范单位和引智基地有下列情况之一的,撤销其命名:

(一)通过提供虚假材料或其它不正当手段,骗取示范单位或引智基地命名的;

(二)违反有关法律法规,在引智成果示范、推广工作中进行虚假宣传、商业炒作等或有重大失误的;

(三)不参加年审的;

(四)年审不合格,经整改后,次年年审仍不合格的;

(五)存在其它不适宜继续作为示范单位或引智基地问题的。

第六章　附则

第十七条　各市、义乌市人事局(人事劳动社会保障局)可根据当地实际制定相应的示范单位和引智基地管理办法。

第十八条　本办法由省外国专家局负责解释。

第十九条　本办法自公布之日起实施。

附件:1.《浙江省引进国外智力示范单位暨成果示范推广基地申报表》

2.《浙江省引进国外智力示范单位暨成果示范推广基地年审表》

中共杭州市委　杭州市人民政府
关于培育和发展社会复合主体的若干意见

（2008年12月20日）

市委〔2008〕23号

为深入贯彻科学发展观，构建和谐社会，进一步推进我市社会性项目建设和社会事业发展，推动知识创业和特色行业发展，形成新型社会创业平台和机制，现就培育和发展我市社会复合主体提出如下意见。

一、充分认识培育和发展社会复合主体的重要意义

社会复合主体是指以推进社会性项目建设、知识创业、事业发展为目的，社会效益与经营运作相统一，由党政界、知识界、行业界、媒体界等不同身份的人员共同参与、主动关联而形成的多层架构、网状联结、功能融合、优势互补的社会新型创业主体。社会复合主体主要包括行业联盟组织、项目推进组织和市校联盟组织，具有架构多层复合、成分多元参与，功能特色互补、职能衔接融合，人员专兼结合、角色身份多样，事业项目带动、机制灵活规范，社会公益主导、持续经营运作五大特征。培育和发展社会复合主体，是社会运行和社会组织结构的重大创新，是经济运行方式和社会创业机制的重大创新，是政府职能转变和社会治理方式的重大创新，也是民主决策和民主参与机制的重大创新，对杭州共建共享与世界名城相媲美的“生活品质之城”具有重要意义。

1. 培育和发展社会复合主体有利于推进社会创新与和谐，促进和谐社会建设。社会复合主体通过社会不同群体、不同层次的共同参与来兼顾各方关系，平衡各方利益，形成各方沟通协调的新管道；通过信息、情感的交流，削减社会隔阂，达成社会共识，形成了各方理解与配合的新平台；通过主动关联、互为支撑，激发参与各方的创造活力，形成发挥人的特长才能的新机制。培育和发展社会复合主体，有利于营造宽松、开放的创业环境，使各参与主体有最大限度的创造空间，激发各类主体的主动性，促进创新发展；有利于营造情感交流的氛围，实现不同主体的主动关联，互补协作，彼此沟通，互相理解，促进社会和谐。

2. 培育和发展社会复合主体有利于发扬社会民主，完善社会监督。社会复合主体通过具体的创业活动和事业发展把参与各方联系在一起，使各个方面以主人翁的姿态介入其中，在创业中协商，以协商推进创业，把创业发展与协商民主有机地统一起来，创造了一种新型的协商民主方式。培育和发展社会复合主体，有利于把社会不同群体的外在制约转化为内在关联，把社会不同方面的被动介入转化为主动参与、自觉互动，把外部管理、外部监督转化成内部引导、内部制约，推进民主协商，以民主促民生，以民主促创业，实现民主内容真实性与形式多样性的统一，民主与效率的统一、民主与发展的统一。

3. 培育和发展社会复合主体有利于转变政府职能，创造新的社会运行模式。经济社会发展中的很多项目，不宜由党政机关直接运作，但又需要党政的引导、调控和服务。党委、政府通过社会复合主体参与相关事业发展和项目建设，实现党政机关的延伸服务、创新服务，直接发挥党政的引导作用，使公平与效率、社会效益与经济效益的平衡得到切实维护，也使社会各主体在沟通合作中走向成熟。培育和发展社会复合主体，有利于形成新型的公共治理机制，实现政府从“全能政府”向“有限政府”、从管理型政府向服务型政府的转变。

4. 培育和发展社会复合主体有利于文化与经济的融合，引领产业向高端发展。社会复合主体在组织架构上多层复合，在主体上多元参与，在运行机制上开放融合，为知识型、文化型创业提供了现实平台，使经济与文化、创业与生活得到有机结合，尤其是文化人、知识分子介入社会复合主体，为引领产业向高端发展创造了有利条件。培育和发展社会复合主体，有利于以知识、科技、艺术等元素来提升经济发展档次，以此带动知识融入经济、文化融入产业，推动经济发展方式转变，加快产业转型升级，实现从“杭州制造”向“杭州创造”、“杭州服务”、“杭州创意”的历史性跨越。

5. 培育和发展社会复合主体有利于实现人的价值，最大限度发挥人力资源作用。在社会复合主体中，社会各界人士以不同的方式兼职，使得他们既立足岗位职能又延伸岗位职能成为可能，为他们参与社会、发挥自身价值提供了载体。同时，社会复合主体的社会事业导向，也增强了职责、身份在社会上的认同感。培育和发展社会复合主体，有利于从人自身的特色、专长和个性出发，为人的专长延伸、特色扩展提供新的平台和创业空间，促进人的全面发展。

6. 培育和发展社会复合主体有利于整合社会资源，提高项目运作绩效。社会复合主体通过把各种相关主体整合在同一组织框架内，提供了一个各主体之间经常性沟通交流、协商的平台。培育和发展社会复合主体，通过信息和情感的交流，促进相互理解，增强相互信任，有利于把外部协调变为内部协调，把结果协调变为过程协调，营造各相关主体互相支持、彼此协作、整合资源、优势互补的良好环境，既降低各类主体的协调成本和运作成本，又提高各方参与的积极性和创造性。

二、培育和发展社会复合主体的总体思路

7. 培育和发展社会复合主体的指导思想。以邓小平理论和“三个代表”重要思想为指导，全面贯彻落实科学发展观，进一步解放思想，以社会性项目建设、知识创业、事业发展、特色行业提升为立足点，实行党政界、知识界、行业界、媒体界“四界联动”，形成具有中国特色的新型社会创业平台和机制，推进和谐创业，共建共享与世界名城相媲美的“生活品质之城”。

8. 培育和发展社会复合主体的基本原则。

——坚持复合共建与专业分工相结合。培育社会复合主体，必须正确处理“分”与“合”的关系。一方面，社会复合主体的各个组成部分，包括不同部门、研究机构、社团组织以及个人等，都要以专业化为导向，把本职工作、本专业做精，其每一部分都必须要有明确的职能界定，边界清晰，分工明确；另一方面，要围绕共同目标，通过具体项目，促进不同主体之间的有机互动，形成整体合力。专业特色、职业才能，只有在与相关方的互动、渗透中，才能更好地拓展领域、显现优势、实现价值；而合作共建，也只有依靠共同事业的不同专业方充分发挥特色专长，才能做到优势互补、资源整合，实现有机整体的发展。

——坚持党政引导与职能转变相结合。培育社会复合主体，必须坚持政事分开、政企分开原则，正确处理“管理”与“服务”的关系。一方面，以打造服务型政府、创新型政府为导向，通过培育社会复合主体，搭建互动合作平台，使党政的引导、协调和服务职能得到延伸，实现在协调中引导，在服务中管理，寓管理于服务之中；另一方面，让知识界、行业界、媒体界通过社会复合主体这一平台，在彼此关联互动中，逐步承担研究咨询、评价评估、调查分析、发布引导、宣传推广、展示展览等功能，并把社会责任、社会公益、文化品位等融汇在这些功能和职能中，使得党政机关既能把大量社会职能转移到复合主体，又能精简压缩行政审批职能。

——坚持社会事业与经营创业相结合。培育社会复合主体，必须以社会事业为导向，坚持社会效益为主、公益性为主，强化事业推进、行业发展、企业发展中的诚信关系和社会责任，提升社会项目、事业和行业发展中的文化品位和知识内涵。同时，又必须引入适当的竞争机制，参与经营创造，开发利用各类资源，实现自我“造血”功能，以此来支撑社会文化事业的持续发展，进而实现对社会事业的反哺。要力求把促进公共事业、宏观发展和社会效益的目标融于组织的经营运作之中，做到以社会效益为引导来提升经济效益，以经济效益为支撑来推广社会效益，从而实现公平与效率、社会效益与经济效益的有机统一。

——坚持价值认同与创业发展相结合。培育社会复合主体，必须注重创业的价值支撑，以价值为纽带促进不同主体之间的有机复合。无论是重大社会性项目建设，还是文化知识行业发展，都有特定的价值内涵和价值导向。正是参与各方情感共鸣、文化认同、价值实现的激励，形成了行业发展的动力和事业、行业、项目持续发展的源泉，也形成了以价值实现、荣誉追求为内生要求的约束。而要使社会、文化价值能够在现实生活中体现出来，必须体现在行业发展、项目推进的现实创造中，从而使特色行业、文化事业、知识产业的发展成为特色文化、特色价值的体现，通过价值来提升特色行业、文化事业、知识产业的档次和品位。

——坚持项目带动与事业发展相结合。培育和发展社会复合主体，必须以项目联系各方、组合各方，整合资源。项目既是组合各方、资源整合的载体，也是资源整合的目标所在。一方面，以项目带机构，通过项目的持续运营，逐渐形成相应的机构来配套和支撑，赋予机构特定职责完成特定项目，形成集研究、策划、咨询、设计、宣传、推广、活动、制作等于一体的项目链、事业链，推进事业进一步发展；另一方面，立足事业发展，依托社会复合主体承担项目，形成新的特色产业、特色行业，构建新的组织形态，为调动更多力量、整合更多资源，进行大项目运作，提供更为坚实、雄厚的支撑，提供更大的整合空间。

——坚持以人为本与组织效能相结合。培育和发展社会复合主体，既要发挥个人特色，尊重个人选择，尽可能地根据个体特点、才能、爱好来选择岗位、开创工作，又要按照组织岗位职能要求，从创业项目、组织运作和作用发挥的需要来选择、安排人员；既要为创业主体搭建感情沟通、相互合作的平台，又要将情感交流、合作关系建立在事业、行业发展之中，形成创业合作中的情感关系；既要发挥个人创业的主动性，不断激发创造活力，又要建立健全体制、机制，优化组织结构，形成规范秩序，增强组织执行力，使各主体既履行明确的职能规范，又能创造性地开展工作。

三、加强社会复合主体的培育

9. 明确社会复合主体的功能定位。从探索创立中国特色社会主义创业主体、社会主体的高度，根据社会复合主体的类型和所从事的工作内容，进一步理清和明确社会复合主体的功能定位。以重大社会性项目、文化事业、行业发展为主的紧密型社会复合主体，确认为“以公益为导向、经济自我运行、资金自求平衡”的，可以组建事业联盟或事业集团，符合事业单位法人条件的，在事业单位法人登记部门进行登记。松散型的行业联盟组织，其架构中的不同层次，可以分开登记，但提倡统一命名。

10. 引导创业组织向社会复合主体转轨。对于为推动重大社会性项目建设、文化知识行业和事业发展而设立的社会创业组织，凡是以公益性为主、经济自我运作的，无论是基于政府服务职能延伸或院校研究职能延伸而设立的，还是民间创业而成立的，都应引导其向社会复合主体转轨。党委、政府设立的相关指导组织，如有关行业发展的领导小组或协调机构，除相关党政部门参加外，应吸收行业代表人士和相关专家参加；各类行业组织如商会、协会等，可通过设立顾问组、理事会、专家组、评价委员会等组织，吸收相关专家学者、媒体界人士、党政机关人员参加，形成党政界、知识界、行业界、媒体界等联动参与的局面，增强组织的社会责任和公益导向，丰富组织的文化内涵和知识因素，强化组织的创业动力和运作能力。

11. 注重在特色行业中发展社会复合主体。市各相关行业主管部门要积极引导，搭建平台，支持和推动行业组织形成社会复合主体。可参照丝绸与女装行业联盟、茶行业联盟的办法，建立由党政界、知识界、行业界、媒体界参与的领导小组或委员会，作为资源整合的平台，并成立由知识界、行业界、媒体界相关人员参与的社会行业组织来负责具体运作；也可参照“博物馆＋研究院＋研究会＋丛书＋专业”的“五位一体”的研究模式或杭州丝绸·女装品牌推广中心的办法，设立复合型主体，搭建平台，吸引社会各界参与。

12. 鼓励社会复合主体联合协作。社会复合主体要树立开放协作的理念推进运作，以项目为载体，以事业为纽带，加强与其他相关社会组织的联系，在相互支撑中实现各方优势互补，提高社会复合主体的资源整合力和社会公信度。社会复合主体要加强与知识界、行业界联系合作，进一步增强自身的知识和文化支撑，贴近行业企业的发展实际，成为推动我市知识创业、高端创业的重要力量。在社会复合主体内建立联合党组织，增强社会复合主体的凝聚力，并通过党组织、党员活动的横向联合，带动社会复合主体的联合协作。

四、完善社会复合主体的运作机制

13. 推动社会各方服务职能的延伸关联。树立服务为本的理念，延伸社会各方的服务职能，逐步以服务职能的延伸来彼此联结，实现党政界、知识界、行业界、媒体界等互为支持和联动。在继续压缩、精简行政审批职能的同时，党政机关应从岗位特色出发，运用自身掌握的资讯信息、专业知识等，主动地创新服务、延伸服务，为社会复合主体提供引导、协调和咨询服务，寓管理于服务中，创新社会治理模式。鼓励专家学者利用自身知识优势、文化优势，为创业发展提供价值导向、文化内涵和知识支撑。充分发挥行业协会的咨询服务、评价发布、协调沟通等作用，充分发挥行业代表性企业的经营运行、经营管理的智慧和优势，为社会复合主体的可持续发展提供经营运作支撑。媒体界围绕创业发展、和谐发展，将引导服务职能与社会监督职能相结合，为各方沟通尤其是市民与党政界、知识界、行业界的沟通搭建平台。

14. 创新规范运作机制。在创新中规范社会复合主体运作机制。在主体运作上，形成既层次分明，又彼此联动、互为支撑的运作机制，使主体架构中不同界别发挥不同的作用。党政界为主导的领导(协调)小组、委员会等主要发挥引导、统筹、协调等功能；知识界为主体的专家委员会、专家组等主要发挥研究、咨询、策划、创意等功能；行业界为主体的中心、协会、经营组织主要发挥实施、建设、展示、展览、制作等功能；媒体界为主导的宣传机构主要承担宣传、推广、沟通等功能。要将不同主体的功能进行有效的串联整合，形成统分结合、优势互补、互为支撑的功能链、项目链。建立党政机关与社会复合主体联系制度，加强党政各部门与自身职能相关的社会复合主体的联系和沟通，为社会复合主体的培育和发展提供指导和服务，并形成不同方面互相联系沟通的机制、互相支持合作的机制、互相制约监督的机制。

15. 建立民主参与机制。搭建社会复合主体这一民主参与的有效平台，使知识界、行业界、媒体界等社会各界积极参与重大社会性项目建设、事业发展和知识创业、特色行业提升中，并使各方的参与经常化、制度化，进一步发挥各主体的积极性、主动性、创造性，把协商民主渗透到创业过程之中。在所有社会性、公益性重大项目中都应建立专家委员会或专家组，强化行业发展和项目推进的人文内涵和知识支撑，充分发挥专家学者在社会复合主体中价值引导、知识服务、成果评价等方面的作用。畅通沟通交流渠道，充分发挥媒体在反映民意、表达诉求、沟通各方中的重要作用，通过信息公开、互动讨论等方式，建立社会复合主体相关方表达利益诉求的畅通渠道，在彼此沟通中增进理解、形成共识、相互支持。

16. 建立社会复合主体持续运行机制。支持社会复合主体中的社团、非企业单位、事业单位组建股份制企业，鼓励社团、非企业单位、事业单位及其人员参股,并吸引社会人员参股入股,鼓励把资金投向社会性项目、引入创业,增强社会复合主体的持续运行能力。在所有权上,参照民办非企业单位,参加股份制企业的社团、事业单位及个人的所有权一般不能用于分红,应用于创业发展;在分配上,建立股权激励机制,但股份不能任意退出、兑现;在资金运作上,允许社会复合主体进行资金积累,用于项目建设和事业发展,用于社团、非企业单位、事业单位本身的可持续发展。

17. 推进项目的社会化运作。树立开放意识,借助社会复合主体整合资源,运作项目,实现"花钱养人"向"花钱办事"转变。加大政府购买服务力度,完善政府购买服务的运作机制,积极让社会复合主体承担既有公益性又有经营性的项目,并根据其提供服务的数量和质量,按照标准进行评估验收。鼓励企业服务职能外包,倡导企业把研究、调查、诊断、宣传、展览、设计等社会性、文化性职能,委托社会复合主体承担,提高社会生产的专业化程度。

五、加强社会复合主体的人才队伍建设

18. 建立柔性的人员管理制度。根据社会复合主体人员专兼结合的特点,对人员进行柔性管理,实行双重制度,除设置专职人员外,鼓励党政机关人员开展延伸服务,倡导机关人员到社会复合主体挂职,鼓励非行政审批部门退二线的老同志到社会复合主体中兼职;吸收行业代表人士作为各类领导小组、指导委员会、协调小组成员,支持行业代表人士在行业协会、研究会等各类社团组织中兼职;鼓励院校专家、媒体界人士到各类社会复合主体兼职,最大限度地发挥人力资源作用。

19. 建立激励人才的荣誉机制。在社会评价的基础上,探索建立一套适合社会复合主体,既具有特色性又具有递进性、可比性、参照性的荣誉体系,以吸引复合型人才尤其是文化经济复合人才加盟社会复合主体,提高社会复合主体从业人员的归属感、工作的成就感。参照机关级别或事业单位等级规格,研究确定符合社会复合主体特点的机构规格体系。建立反映社会复合主体从业人员贡献档次、技能等级的专业性职称晋升体系,使社会复合主体的专职人员具有专业职称晋升空间。社会复合主体的兼职人员尤其是兼职的专家学者,可在相关的委员会中担任职务,也可设立荣誉称号。推动高等院校、科研院所将专业人员为社会提供知识服务作为专业技术职务评定的重要依据。

20. 创新吸引人才的编制类别。对于经评价认定为社会效应显著、社会信誉度高、有发展前景的社会复合主体,可根据工作需要,设立事业单位并给予一定的事业编制;对行业联盟组织中的专职从业人员,参照北京等地的做法,设立社团编制,解决社会复合主体常设机构中专职工作人员的编制问题,吸引复合型人才投身社会复合主体。社团编制所需经费,实行自收自支,由社会复合主体自筹解决。社团编制的专职工作人员的工资和保险福利待遇,参照国家对事业单位的有关规定执行。由市委办公厅、市委政研室牵头起草关于在社会复合主体中设立社团编制的政策意见。

六、完善社会复合主体培育和发展的保障措施

21. 加强创新理念的研究和宣传。要把培育和发展社会复合主体提高到走中国特色社会主义道路的高度来认识,提高到落实科学发展观、构建社会主义和谐社会的高度来认识,提高到探索中国特色的社会创业组织和社会管理运行机制的高度来认识,提高到共建共享与世界名城相媲美的"生活品质之城"的高度来认识,进一步加强社会复合主体创新理念的研究和宣传。联合国内外一流研究机构、高校,深化培育和发展社会复合主体的理论研究,从理论上阐明社会复合主体这一中国特色社会组织结构的先进性、可行性、实践性,强化理论支撑。市属新闻媒体要加强对社会复合主体典型案例的宣传报道,组织社会各界参与社会复合主体这一创新理念的研讨交流,使研讨交流的过程,成为全市上下进一步提高认识、统一思想、形成共识的过程。

22. 完善税收和资金扶持政策。研究、制定、落实符合社会复合主体发展的税收支持政策,体现公共政策的支持。对社会复合主体中的社团、民办非企业单位、自收自支事业单位,因其具有非营利性质,应享受相应的税收减免政策,弥补社会复合主体自我"造血"功能的不足,增强其持续运作能力。对企业和个人向社会复合主体的捐赠,参照用于公益性、救济性和慈善公益组织的捐赠办法,享受同等的税收优惠政策。设立社会复合主体专项扶持资金,用于社会复合主体研究、推广和重点推进工作。与特定项目相结合,鼓励民间资本捐资,建立公开透明的资金使用、管理、监督体系,让捐资者参与管理,并对捐资者授予社会荣誉称号等进行激励。

23. 构建社会相关方评价机制。为引导社会复合主体健康发展,构建社会相关方参与的评价体系。在评价主体上,由专家学者、党政机关人员、行业界人士及相关方共同组成评价组,研究制定具有针对性和可操作性的社会复合主体评价标准。在评价内容上,既要评价复合主体的社会效益、公益导向、人文价值等,又要评价其经济效益、运作机制、项目绩效等。在评价对象上,既要开展对社会复合主体的评价,又要开展对机关延伸服务的评价。在评价机制上,坚持公开公正,评价结果在相关范围内公示。根据评价结果,对工作卓有成效的社会复合主体给予必要的激励和政策支持,使评价的过程成为社会复合主体品牌塑造的过程,成为对社会复合主体引导和提升的过程。

24. 建立健全激励机制。参与社会复合主体并作出贡献的专家学者应获得合理回报,并给予表彰和奖励,可授予荣誉称号,以体现知识的价值。对参与重大社会性项目建设、提升特色行业等作出贡献的行业代表人士给予表彰,并对他们牵头申报的课题、论坛、会展等特色行业重大项目给予支持。完善对党政机关人员参与社会复合主体的激励机制,将党政部门的创新延伸服务与市直单位综合考评挂钩,对在社会复合主体中的挂职人员,在社会评价的基础上,采取对参与项目和工作进行奖励的办法,调动挂职人员的积极性、主动性和创造性。

25. 开展社会复合主体培育和发展重点推进工作。在全面推进社会复合主体建设的基础上，在丝绸与女装、茶、婴童、工艺美术、美食、健康等行业，以及运河综合保护、大良渚遗址综合保护、城市品牌建设等领域，选择一批社会复合主体开展重点推进工作，以点带面，推进我市社会复合主体发展。重点推进的相关社会复合主体享受政策扶持，如设立事业单位并给予一定的事业编制、确定参照性机构规格、享受税收优惠等。

26. 建立领导协调机构。建立杭州市社会复合主体工作推进委员会，由市委、市政府主要领导担任主任、第一副主任，市有关部门主要负责人和有关专家为成员，加强对社会复合主体培育和发展工作的指导、规划、协调和服务，研究决定社会复合主体建设工作中的重大事项。委员会下设办公室，办公室设在市委办公厅（市委政研室、市发展研究中心），具体负责社会复合主体培育和发展工作的统筹策划、组织推进、协调服务等。

杭州高新技术产业开发区管理委员会办公室
滨江区人民政府办公室
关于印发区鼓励服务外包产业发展实施意见(试行)的通知

区办〔2008〕74 号

各街道办事处，区级机关各部门、各直属单位：

《杭州高新开发区（滨江）鼓励服务外包产业发展实施意见（试行）》已经区管委会、政府同意，现印发给你们，请切实贯彻执行。

杭州高新开发区（滨江）管委会、政府办公室
二〇〇八年十月六日

杭州高新开发区(滨江)鼓励服务外包产业发展实施意见(试行)

为进一步加大服务外包产业扶持力度，鼓励企业承接国际离岸外包业务，支持企业做大做强，打造具有国际竞争力的服务外包产业集群，加快中国服务外包基地城市外包示范区建设，特制定本意见。

第一条 本意见支持对象是指财政级次在杭州高新区（滨江），经区服务外包产业发展领导小组认定的具有国际离岸业务承接能力的服务外包企业和具有服务外包人才培训从业资格的服务外包培训机构。

第二条 新设立的服务外包企业，自认定年度起对区贡献前三年 100%、后两年 50%用于支持该企业发展；非新设立的服务外包企业自认定年度起前三年 50%、后两年 25%用于支持该企业发展。

第三条 新设服务外包企业及培训机构，经审核，给予三年 50%房租补贴。新引进世界 50 强、国内 25 强服务外包企业，经审核，最高给予三年全额房租补贴。

第四条 经认定的服务外包企业，每新录用 1 名大学生（含大专）以上学历员工从事服务外包工作并签订 1 年以上《劳动合同》的，给予企业每人不超过 4500 元的定额培训支持。

第五条 经认定的服务外包培训机构，其培训的从事服务外包业务人才（大专以上学历），通过服务外包专业知识和技能培训考核，并与高新区（滨江）服务外包企业签订 1 年以上《劳动合同》的，给予培训机构每人不超过培训费用 60%、最高不超过 4500 元的定额培训支持。

第六条 鼓励引进服务外包人才。对服务外包企业、培训机构中年收入在 12 万元以上（含 12 万元）的技术和管理骨干，其工资薪金及劳务所得形成的区地方财力部分和来源于其所在企业的股权、期权、知识产权成果所得形成的区地方财力 50%部分给予奖励，每年每人奖励总额累计不超过 20 万元人民币。

第七条 鼓励企业开展 CMM、CMMI、PCMM 认证。新通过三级认证的，给予企业一次性 10 万元奖励；通过四级认证的，给予企业一次性 30 万元奖励；通过五级认证的，给予企业一次性 100 万元奖励。

第八条 鼓励建设服务外包公共技术平台。经批准设立并为区内服务外包企业服务的国家、省级重大公共技术服务平台，经认定，可按国家或省级资助总额 50%的比例给予资助。服务外包企业使用区软件及服务外包公共技术平台的，给予两年平台使用费 50%资助。

第九条 被商务部新认定的国家重点服务外包企业，给予一次性 20 万元奖励。首次获得国家、省级重点支持出口品牌的服务外包企业，分别给予一次性 15 万元、10 万元奖励。

第十条 鼓励发起设立服务外包产业技术联盟，联盟

正式运作后，给予一次性20万元开办经费补贴。产业联盟整体参加国际性展会，给予实际发生费用50%补贴，每年最高不超过100万元。

附　　则

1. 申报程序。符合申报条件的项目单位向区服务外包产业发展领导小组办公室（以下简称办公室）提供相关申请材料，经办公室审查并提出初审意见，报区服务外包产业发展领导小组研究同意后由财政部门拨付。

2. 申请单位须按要求向办公室报送季度和年度统计数据，培训机构须每年向办公室报送下一年度培训计划及当年培训统计数据。

3. 上述资助和奖励项目与其他政策资助或奖励重复的，按"从优、从高、不重复"的原则进行资助和奖励。

4. 企业迁出杭州高新区（滨江）或注销的，须进行财政、税务清算，所享受的奖励（资助）须全额退还区财政。

5. 本意见自发布之日起实施，由区服务外包产业发展领导小组负责解释。

附件：1. 服务外包培训机构资金补助申请表（略）

2. 年度服务外包培训机构培训人员汇总表（略）

中共杭州市余杭区委　杭州市余杭区人民政府关于推行投资项目审批代办制的实施意见

（2008年7月21日）

区委〔2008〕63号

加快行政管理体制改革、建设服务型政府，是党的十七大作出的重大决策。多年来，我区通过开展工作目标责任制考核、深化效能建设、改革行政审批制度、建立三级联动便民服务体系等一系列举措，提高了服务水平，改善了投资环境。但是，目前在投资项目审批中仍存在审批环节过多、审批周期较长、办事效率不高等情况，延缓了项目的审批速度，影响了我区经济发展环境的进一步优化。为此，根据市委、市政府的统一安排，结合我区实际，区委、区政府决定，在投资项目审批集中办理的基础上，建立投资项目审批代办制。现就推行投资项目审批代办制工作提出如下实施意见：

一、指导思想

以科学发展观为统领，围绕合力打造最适宜居住的"品质之城、美丽之洲"的奋斗目标，大力实施环境立区战略，为投资者提供优质、高效、便利的投资项目审批代办服务，提高项目审批效率，进一步破解"办事难"，实现"好办事、办好事"，进一步优化经济发展环境，用一流的环境吸引一流的企业，促进余杭经济社会又好又快发展。

二、基本原则

1. 自愿委托。凡在余杭区域内、符合代办条件的投资项目，投资者均可提出委托申请，委托政府设立的专门代办机构，代办相关审批事项。

2. 无偿代办。政府设立的专门代办机构接受投资者委托的代办项目，除按法律、法规明确规定必须由投资者交纳的费用外，一律实行免费代办服务。

3. 全程服务。代办机构承接代办项目后，明确专人（代办小组）对代办的事项实行全程服务。

4. 高效合法。代办机构为投资者提供优质高效的服务。代办行为必须依照法律法规的规定，不得损害公共利益和投资者的合法权益。

5. 上下联动。依托三级联动便民服务体系，在区和镇乡（街道）建立分工协作、上下互动、全面覆盖的代办网络。

三、代办范围

余杭区区域范围内、符合产业导向的固定资产投资项目（不含经营性房地产开发项目），投资者均可委托代办。重点代办外资、区外民资项目，中央、省直、市直单位投资项目，以及各级政府确定的重点项目（不含实施政府投资项目代建制的项目）。

四、代办内容

1. 投资项目行政审批事项，包括从项目立项到项目竣工验收直至投产全过程的行政审批事项。

2. 公共服务事项，包括供电、供水、供气、排水、通讯、网络等公共服务事项的全部手续。

以上代办事项可根据投资者的要求进行全程代办或部分代办，也可以依照代办制确立的基本原则和实际情况，延伸和扩大代办服务的具体事项。涉及中介技术服务机构的非审批事项，由投资者自主选择技术服务机构，代办机构提供协助、指导；具备代办条件的，也可受理代办。

五、组织机构

1. 建立代办机构。

推行代办服务，应依托三级联动便民服务体系，在区行政服务中心设立"余杭区投资项目审批代办服务中心"，为专门代办机构；各镇乡（街道）要进一步完善便民代理服务中心的代办服务功能，建立和健全全区代办服务体系。

区投资项目审批代办服务中心的主要职责：一是负责

本区范围内项目的代办；二是负责区本级及涉及市级审批事项的代办；三是负责对代办员队伍进行业务培训，对镇乡（街道）代办人员提供业务指导。对涉及省级及以上审批权限的事项，由区各行政审批职能部门，按照对口原则，确定专业科室及专门人员进行协办。

镇乡（街道）要按《关于进一步加强和规范镇乡、街道便民服务代理中心建设的通知》（余政办〔2007〕65号）精神及本实施意见要求，进一步明确镇乡（街道）便民代理服务中心职责。

余杭经济开发区、杭州农副产品物流中心、余杭创新基地等单位要相应建立代办机构和队伍。

2. 组建代办队伍。

代办队伍以专职人员为基础，以挂职干部为主体组建。区投资项目审批代办服务中心根据工作需要，按照“精简、效能”的原则，配备必要的专职代办工作人员；同时，由区委组织部在各镇乡（街道）、区级机关各部门抽调一批政治素质好、业务能力强、有培养发展潜力、年龄较轻的机关中层干部，到区代办服务中心挂职锻炼，担任代办员。此外，可根据工作需要，聘请部分有实践经验的老同志担任顾问。

六、保障措施

1. 成立“杭州市余杭区推进投资项目审批代办制工作领导小组”。领导小组负责推进全区投资项目审批代办制工作，研究解决代办工作中的重大问题。领导小组下设办公室，负责领导小组的日常工作，了解掌握全区代办制工作推进情况，收集编报有关信息，对代办制工作推进过程中遇到的问题提出对策建议，及时报领导小组协调解决。

2. 健全审批协调机制。要建立投资项目审批办理联席会议制度，及时协调解决项目办理中遇到的一些具体问题。区级联席会议由区行政服务中心召集，有关审批部门参加。如联席会议不能解决的，可由区行政服务中心提交区政府协调解决。

3. 完善审批服务体系。各级、各部门要进一步贯彻落实第四次行政审批制度改革，优化、简化办事流程，大力推广网上预审，推进综合性政府服务平台建设；加快推进投资项目审批过程中的行政许可与非行政许可事项集中进入行政服务中心办理，并充分授权到位；同时，以引进与规范中介服务为重点，分批、分类引进涉及投资项目审批的公共服务部门和技术中介机构，形成规范、高效的审批服务机制，为代办制的推行创造有利条件。

4. 建立监督考核机制。一要将代办服务及项目审批工作纳入综合考评年度目标考核，并强化日常管理。二要对代办项目进行全程监督，强化代办员的勤廉意识，依纪依法查处代办服务工作中出现的违纪违法行为。三要加强对挂职锻炼干部的管理。对工作成绩突出的单位和个人要予以表彰奖励，并将挂职锻炼情况作为今后干部选拔使用的重要依据；对工作不负责任影响项目正常办理的单位和个人实行责任追究。

5. 规范社会中介服务。在发挥政府代办服务机构引领、示范作用的同时，要积极培育和规范社会中介服务市场，规范代办行为，加强代办人员的业务培训，实行持证上岗。

6. 经费保障。区投资项目审批代办服务中心经费由区财政全额拨付，镇乡（街道）要根据实际在合理的范围内足额安排，以保证代办工作顺利实行。

七、工作要求

1. 统一思想、提高认识。建立投资项目审批代办制，是我区根据市委、市政府的统一部署，进一步优化发展环境、推动大项目带动的又一重大举措，是大力实施环境立区战略和破解“办事难”的重要抓手。各级各部门要充分认识推行代办制的积极意义，统一思想，增强推行代办制工作的自觉性，抓紧抓好各项工作的落实，务求取得实效。同时，要进一步解放思想，鼓励改革创新，深入学习调研，及时研究解决代办制实施过程中发现的新情况、新问题，大力推进行政审批制度改革，进一步改善投资环境，加快建设服务型政府。

2. 加强领导、大力推进。一要落实领导责任。实行一把手负责制，大力推行代办制工作。二要抓好分工落实。各部门要在区推进领导小组统一领导下，协调步伐，合力推进：区效能考评办要认真履行领导小组办公室职责，做好面上推进的具体工作，并将代办工作纳入综合考评目标管理；区编委办要抓紧研究落实代办机构的设置和人员编制；区委组织部要研究落实后备干部挂职锻炼计划，并出台相应的管理办法；区行政服务中心要按照代办服务的要求，做好机构组建、人员培训、实施细则制定等工作，同时积极推进投资项目审批服务；区纪委（监察局）要做好项目审批和代办服务的效能监察；其他各相关部门也要根据各自职能，协同做好相关工作。三要坚持上下联动。各镇乡（街道）要按照区委、区政府的统一部署，结合实际，积极推进代办制工作，实现上下联动，从而尽快建立起覆盖全区的代办制服务体系。

3. 总结经验、不断完善。建立、推行代办制是一项创新性、探索性工作，需要在实践中不断完善、提高。为此，推进领导小组要及时掌握面上情况，及时发现问题、解决问题，及时总结经验。各地、各部门推行代办制的进展情况、经验做法和工作中遇到的新情况、新问题，请及时报送区推进投资项目审批代办制工作领导小组办公室。

中共桐庐县委　桐庐县人民政府
关于进一步深化集体林权制度改革的若干意见

县委〔2008〕47 号

各乡镇党委、人民政府，街道党工委、办事处，县级机关、企事业各单位：

根据《关于全面推进集体林权制度改革的意见》（中发〔2008〕10 号）和《关于进一步深化集体林权制度改革的若干意见》（浙委〔2007〕146 号）精神，为进一步深化改革，推进林木、林地规范流转，盘活森林资源，促进农民增收，结合我县实际，现提出如下意见：

一、重要意义

2006 年我县全面完成延长山林承包期各项工作目标，在此基础上，开展集体林权制度改革，有利于巩固、深化山林延包工作，丰富和完善农村家庭承包经营制度；有利于在明晰林权归属的基础上，进一步鼓励林木所有权、使用权和林地经营权、使用权的合理流转；有利于深入实施“兴林富民、绿色养老”战略，大力发展林业产业经济，推动农村经济发展和社会全面进步。

二、总体目标

1. 在巩固和稳定延长山林承包期工作成果的基础上，进一步明晰集体林木所有权和林地使用权，放活经营权，最大限度地调动广大林农以及社会各方面造林育林护林的积极性，发展林业生产力。

2. 以建设、培育森林生态系统，实现林业产业可持续发展为宗旨，深入贯彻“严格保护、积极发展、科学经营”的方针，促使林业增效、林农增收，最终达到林业结构优化、森林资源质量提高和总量增长的目标。

3. 通过深化林权制度改革和林权抵押贷款，盘活森林资产存量，促使森林资源转化为林业资产，从而吸纳社会资本参与林业建设。

三、基本原则

1. 坚持增量与增效并重原则。促进森林资源总量增长、质量提高和农民收入增加，提高森林的经济效益、生态效益和社会效益。

2. 坚持权利平等原则。集体山林属集体内部成员共同所有，每个村民均平等享有承包经营集体山林的权利，凡有承包经营集体山林要求的村民，应在同等条件下优先予以保证。凡将集体山林采取招标、拍卖等方式进行转让经营的，需经村民会议或村民代表大会通过，所得收入的分配应由村民代表大会讨论确定。

3. 坚持因地制宜原则。根据当地森林资源状况和经济发展水平，因地制宜，充分尊重林农意愿，允许经营形式多样化，不搞“一刀切”。林权制度改革可采取“产权到户（联户）、自主经营”、“林地租赁、承包经营”、“有偿转让、自主经营”、“股份合作、规模经营”等形式，提倡联户经营、股份合作经营和创建非公有制林场或企业原材料林基地。

4. 坚持政策连续稳定原则。保持林业政策的稳定性和连续性，对已明确林木所有权、经营权和林地使用权的，均应当予以维护。

5. 坚持公开、公平、公正原则。改革方案必须广泛听取村民的意见，尊重大多数群众的意愿，做到程序、方法、内容、结果四公开，落实好村民的知情权和参与权。

6. 坚持利益兼顾原则。在坚持把收益大部分分配给林农的同时，要兼顾村集体利益，保障林权所有者的合法收入，通过森林资源的增加，保证国家获得更多的生态效益、社会效益和经济效益。

四、改革内容

（一）稳定和完善林业生产责任制

1. 稳定山林承包政策。坚持农村家庭承包经营制度不动摇，保持林业生产责任制的长期稳定，依法保障林农的合法权益，使林农多得实惠。对已经划定的自留山要保持长期不变，收益归个人所有；对已承包到户的责任山，要稳定承包关系，严格按照承包合同兑现收益；对集体统管山，要明确经营主体，规范经营方式，收益要惠及全体村民。

2. 完善经营机制。要在明晰产权的基础上，以山林产品、资金、技术为纽带，积极引导发展林业专业合作社，探索建立新型林业经营组织。对自留山、责任山，鼓励林农联户经营、委托经营和转包经营，推进适度规模经营；集体统管山，按照“管理民主、经营科学、分配合理”的要求，由村集体经济组织民主决定经营管理方式，其经营收益纳入村级财务统一管理，并按规定公开收支情况。

（二）推进集体林权依法、有序、规范流转

1. 在不改变林地所有权和用途的前提下，按照“依法、自愿、有偿”的原则，引导集体林权有序流转。对依法取得的林权，可以通过协商等方式，延长流转期限，或依法继承、转让。

2. 集体林权流转当事人应凭合法有效的林权证和其他相关材料，签订书面流转合同。林木所有权和林地使用权可以单独流转，也可以一并流转。流转期限应控制在 1 至 2 个林木轮伐期。

3. 集体统一经营的山林林权流转，其流转方式、基价、收入以及收入使用、分配等须提前向村民公示，经本集体经济组织三分之二以上成员或者三分之二以上村民代表同意后方可流转，如权属到生产组（或自然村）的，还需经本生产组（或自然村）三分之二以上户主（或村民代表）同意。集体林权流转采用转包（出租、转让）的，应当通过公开招标和拍卖的方式确定。流转收益主要用于集体经济组织成员的分配、发展林业及其他公益事业，任何组织或个人都不得擅自截留、扣缴。

4. 对未取得林权证但已流转的林权，只要权属清晰，其林权流转申请和林权登记申请可以一并提出，经依法审查合格并予以公示后，按规定程序办理林权登记或变更手续。

（三）强化集体林权管理

1. 建立权证管理中心。认真做好林权登记、变更、权证发放、流转交易、评估监管、抵押登记等工作。加快林权数字化管理系统建设，及时更新林权证管理数据库，并把林权管理资料与生态公益林补偿、林地征占用、造林补助及林木采伐申请、流转、抵押等相结合，加强林权档案管理。

2. 妥善调处林权纠纷。按照“属地管理、分级负责、归口调处”的原则，建立考核激励机制，加大山林纠纷调处力度。充分发挥乡村调解机构和民间调解组织的作用，形成上下联动、齐抓共管的长效调处机制，促进林区社会和谐稳定。

3. 完善林木采伐管理制度。完善林木采伐管理行政许可、作业设计、监督、管理责任机制，加大森林采伐限额管理力度。对农村居民在房前屋后等非规划林地种植的个人所有的零星林木，不再纳入森林采伐限额管理。

（四）鼓励开展林权抵押贷款

1. 开展森林资源林权证抵押贷款。完善林业信贷担保方式，健全林权抵押贷款制度。盘活商品林、毛竹等森林资源，拓展信贷支农渠道，增强森林资源转化为资产的能力。县人民银行、县银监办要引导金融机构创新贷款模式，出台政策意见，加强林权抵押贷款业务指导。各相关金融机构对林权抵押贷款要给予一定的利率优惠，并结合生产周期合理确定贷款期限。

2. 努力降低贷款风险。积极组建林权抵押贷款担保机构和森林资源资产收储中心，出台相应的贷款贴息、信贷风险补偿等政策机制；抵押林木剩余流转年限须在10年以上，在抵押贷款期间，未经抵押权人同意，不得发放林木采伐许可证，不予办理林权变更手续；抵押权人通过司法程序取得的抵押林权，可以单列安排采伐指标；对符合林业发展导向的抵押贷款项目，参照政策性农业保险制度，鼓励开展森林林木保险服务。

五、工作要求

1. 加强领导。县委、县政府成立深化集体林权制度改革领导小组（具体详见附件），具体负责全县深化集体林权制度改革工作的指导、督查和推进。各乡镇（街道）是深化集体林权制度改革的责任主体，要组建相应工作机构，落实责任到人，确保各项工作有序开展。

2. 密切配合。各相关部门要各司其职，密切配合，通力协作，积极参与，主动支持，为深化集体林权制度改革营造良好的工作环境。县财政局要保障深化集体林权制度改革所必要的工作经费；县林业局要调剂相应工作力量，做好林权证管理、森林资源收储等相关工作，并会同相关部门制订出台具体的实施办法，开展好业务指导。

3. 宣传推动。深化集体林权制度改革涉及群众切身利益，各乡镇（街道）、有关部门及新闻单位及要切实开展舆论宣传，讲清此次改革的意义、重点和作用，积极引导广大群众主动参与，加大林权制度改革推进力度。

中共桐庐县委
桐庐县人民政府
二○○八年九月四日

中共北仑区委　北仑区人民政府
宁波开发区管委会　梅山保税港区管委会
关于扩大投资服务企业促进经济平稳较快增长的实施意见

（2008年11月27日）

仑委〔2008〕7号

为积极应对国际金融危机不断加深和国内经济增速放缓的挑战，进一步扩大投资，更好地支持和服务企业发展，促进全区经济平稳较快增长，按照中央和省、市关于进一步扩大内需促进经济平稳较快增长的总体部署，结合我区经济社会发展实际，特制定如下实施意见。

一、积极争取国家专项资金，抓紧开展项目报批

紧紧抓住国家年内新增1000亿元中央投资和明后两年安排1.18万亿元中央投资的重大机遇，以最快速度抓紧上报一批重点项目，争取我区有更多项目纳入国家计划和省、市重点项目计划。一是今明两年推出基础设施、保障民生、节能减排、产业发展、科技进步、水利建设等21个国家支持的重点项目上报，积极争取国家专项补助资金支持。二是抓紧上报梅山大桥连接线、梅山七姓涂围涂、峙南围涂二期、白洋线改建、光明散杂货码头、吉利汽车技改、海天精工数控机床、海天科技注塑机、海伦乐器技改等41个项目,力争列入明年省重点项目计划。三是积极推进台塑二期、梅东通道、白纸板四期、柴桥—春晓公路、垃圾焚烧热电联产等12个项目近期上报审批,力争LNG接收站、恒富集团海洋工程、穿山中宅煤炭码头、梅山首期集装箱码头、大海造船、华腾造船、穿山疏港高速等7个项目明年完成审批工作。

二、努力加快一批重大项目新开工

抓紧推进一批已基本具备开工条件重点项目的开工筹备工作,力争在今年年内和明年一季度集中开工建设30个重大项目,总投资130亿元,尽快形成实物工作量。今年12月底前,宁波港五期集装箱10#、11#码头、江南公路改造、通途路拓宽、小港污水处理厂改建等14个项目确保按计划开工。明年一季度前,绕城高速新周互通连接线工程、江南污水处理厂、白洋线改造、世贸房产、海天电机、东方电缆等16个项目确保按计划开工。

三、全力以赴推进重点工程建设

2009年全区计划安排重点建设项目65项,总投资800亿元,年度完成投资超过100亿元,带动明年全区固定资产投资完成250亿元以上。一是确保宁波港四期集装箱码头、北仑山多用途码头、集装箱货运第二通道、北仑电厂三期扩建、吉利汽车FC—2/3技改、开发区热电改扩建、普洛斯物流、春晓污水再生水一期、港鑫东方燃供仓储、宁波大工业供水北仑段、北仑电厂灰渣场等11个项目全面建成投产;二是加快推进宁波钢铁、白纸板三期第二阶段扩建、大千高档面料、海天数控机床及全电动注塑机、东方电缆、球冠电缆、光明散杂货码头、通途路拓宽、江南公路改造、梅山大道、梅山七姓涂围涂、峙南二期围涂、太河商务中心等24个续建项目的建设进度。三是加快促进北仑人民医院、LNG接收站、北仑电厂一期码头改建、锦江国际大酒店、嘉乐仓储、中外运物流、科元塑胶二期等30个项目尽快开工建设。

四、进一步加大招商引资力度

继续强化招商引资对区域经济发展的带动作用,2009年要确保完成实际利用外资6亿美元、实际利用内资50亿元的目标,保持我区在省市招商引资的领先地位。外资方面,一是积极促进世贸房产、普洛斯物流、盛道科技等一批落户项目开工建设,促进台塑、利华羊毛等增资扩股项目的资金到位。二是积极拓展招商思路,创新招商方法,广泛搜集大项目信息,抢抓大项目资源,加大优势重点项目引进力度。加强对在谈重点项目的跟踪服务,努力引进一批振奋人心的功能性重大项目,确保完成全年实际到位外资任务。内资方面,一是加快引进一批重大内资项目,努力促进吉利罗佑发动机、兰亭高科、太阳能电池、欢越数字科技、海鑫钢铁贸易、萍钢贸易增资等10个在谈项目尽快落户,力争2009年完成总投资28亿元;二是积极推进光明散杂货码头、韵升涡轮、北仑电厂三期扩建、LNG接收站及中提升商务楼宇等7个落户和在建项目加快资金到位进度,明年力争完成总投资22亿元。

五、积极实施优势企业“122”培植计划

加大优势企业的培育力度,深入实施优势企业“122”培植计划。对优势企业加强个性化服务,在企业发展规划、资源配置、公共服务平台建设、财政税收政策等方面实行有针对性的扶持政策措施。努力优化资源配置,通过超前谋划、超前储备、超前报批,优先保证优势企业发展的土地及水、电等要素需求。支持鼓励优势企业进行兼并重组,积极推进有条件的企业整体上市和核心业务资产上市,积极支持企业加强自主创新,提高新产品开发能力,增强市场竞争力。通过3—4年的努力,争取到2012年,全区培育宁波钢铁、台塑集团、宝新不锈钢、逸盛石化、海天集团、申洲集团、亚洲浆纸、吉利汽车、北仑电厂、LNG天然气公司等10家产值超百亿元的龙头企业,金光食品、球冠集团、东方集团、三星重工、拓普集团、华光不锈钢、新桥化工、贝发集团、正大粮油、永祥铸造等20家产值超十亿元的骨干企业和200家产值超亿元的种子企业,使全区规模以上工业总产值在2007年基础上增加1.5—2倍,达到2500—3000亿元,工业增加值达到420亿元,加快形成一批规模大、实力强、具有较强核心竞争力的优势企业,全面提升我区工业经济总体规模。

六、大力培植生产性服务业

一是充分依托梅山保税港区的功能政策优势,统筹北仑东南部的港口和岸线资源,加快建设以保税港区为核心,以国际集装箱中转、国际采购、转口贸易等业务为主体的港口服务业集聚区。二是加快宁波北仑现代国际物流园区规划建设进度,确保普洛斯物流项目明年建成运营,中外运物流、嘉乐仓储等项目上半年开工,积极推进峙南液体化工物流园区、郧隘铁路集装箱物流园区等重点物流功能区块规划建设。三是大力推进区域性资源配置中心建设,全力做好以钢铁交易为主体的蓝海项目前期工作,力争上半年实现开工,确保三年之内全面建成,同步做好煤炭、矿石、原油、金属、标准化工产品等重要资源的交易或交割平台的前期工作。四是推进工业企业分离发展服务业,积极引导和鼓励吉利汽车、申洲公司、宁波钢铁等骨干龙头企业剥离主营业务之外的物流、后勤等业务,提升物流的专业化、社会化服务水平,推动建设具有自身经营特色的第三方物流公司。抓紧促进一批临港大企业进行内部服务业务剥离试点,为全区企业起到示范和带动作用。五是以数字科技园和科技创业园区两大基地为重点,加快推进我区服务外包产业发展,着力引进软件服务、动漫创意等企业20家左右。

七、努力缓解企业面临的资金紧张压力

一是加强金融机构对企业的支持力度。充分发挥金融在地方经济发展中的核心作用,大力争取保险机构和政策性银行对我区资金支持,努力缓解我区企业融资紧张压力,从新增企业贷款额、担保贷款、银行贷款审批速度和金融服务等四个方面,加强对区内银行业金融机构支持企业发展进行专项考核,并先安排150万元专项资金进行奖励。二是设立小额贷款公司并充分发挥其作用,解决部分中小企业小额贷款难问题。三是今明两年由区财政预算安排5000万元,设立企业贷款风险补偿资金,专项用于对金融机构和专业信用担保机构扩大对企业贷款和担保的风险补偿，帮助金融机构和专业信用担保机构降低贷款和担保风险，增强金融机构支持企业融资的信心。四是安排财政资金8000万元用于落实产业扶持政策，对列入我区产业发展目录的重点产业进一步加大扶持力度。

八、落实企业减负措施，进一步减轻企业负担

一是降低企业基本养老保险缴费费率，并按要求做好规定时间内的五大社会保险费（包括外来务工社会保险费）的停征工作。二是在今年7月份取消150项行政性收费项目的基础上，再取消一批收费项目。三是明年继续实行地方财政对部分出口商品补贴政策，保持出口稳定增长。四是认真落实企业增值税转型改革，进一步减轻企业负担。五是区财政安排5000万元企业帮困扶持资金，专项补助符合区域产业发展方向、成长性较好、具有一定竞争力并对地方财政有一定贡献、暂时出现经营困难的企业缴纳城镇土地使用税和水利基金，降低企业负担，解决企业困难。

九、切实改进企业服务，帮助解决企业发展突出问题

一是进一步优化行政审批服务。全区各行政审批职能部门，要进一步解放思想，转变作风，进一步简化企业审批事项的环节，缩短审批时限，提高审批效率。二是继续深化“服务进企业、维稳促发展”活动。坚持区级领导干部联系重点企业制度，深入企业调研帮扶，把握当前企业发展中最直接的困难和最迫切的要求，研究出台针对性的政策措施，帮助企业解决各种实际困难，提振企业发展信心，推动企业走出困境。三是突出对重点企业的服务。对优势骨干企业和发展潜力大、发展愿望迫切的中小企业，积极推行贴身的个性化服务，采取“一企一策”、“一事一议”方式，通过建立重点企业发展促进工作领导小组、召开不同层面的企业发展促进工作专题协调会和现场办公会等多种形式，有针对性地提出具体举措，迅速执行落实到位，促进企业做优做强。四是主动提供劳动和就业服务，引导建立和谐的劳动关系，为企业员工创造更加便利的生活环境，为企业发展营造更加宽松的社会环境。五是开通“86871871”企业服务热线，24小时为全区企业提供服务，及时做好政策解读和企业反映问题的收集与协调服务。

十、加强新闻舆论引导，营造支持企业发展氛围

一是加强新闻宣传和舆论引导，客观报道当前的经济形势，充分宣传我区经济社会发展取得的成就以及保持经济长期发展的优势和有利条件，广泛宣传促进经济平稳较快发展和改善民生的各项政策措施，主动引导社会预期，增强公众信心，把广大干部群众的思想认识统一到中央的判断和决策上来。二是经济部门和宣传部门要加强对中央、省市总体部署和区委区政府各项政策措施的宣传解读，帮助企业和群众更好地理解政策，用足、用透、用活政策，增强银行投放信心、企业发展信心、群众消费信心。三是加大推进重点工程建设的宣传力度。积极宣传加快重大项目推进和征地拆迁对区域经济社会长远发展的重要性，重点宣传在推进重大项目报批、加快重大项目开工建设进度、加大征地拆迁力度和破解重大项目建设难题等方面的突出经验和先进典型。四是新闻媒体要多渠道宣传企业应对发展困难、加快转型提升的成功经验，宣传表彰保稳定、促增长的先进典型和优秀企业家，积极营造全社会关心企业、爱护企业家和共渡难关、共谋发展的良好氛围。

应对当前经济困难，促进我区经济平稳较快发展，关键在于抓好中央、省、市和区相关决策部署的贯彻落实。各街道、乡镇和各部门要按照“出手要快、出拳要重、措施要准、工作要实”和“分秒必争，一天也不能耽误”的要求，进一步增强工作紧迫感、责任感和使命感，坚定信心，迅速行动，认真组织，扎实做好各项工作。

*一要统一思想，坚定信心。*要充分认识保持经济平稳较快发展的极端重要性，切实把思想统一到中央对国内外经济形势的分析判断上来，统一到中央和省市的决策部署要求上来，从区域实际出发，创造性地把中央和省市扩大内需的各项战略举措与区委、区政府出台的一系列工作措施紧密结合起来，与“标本兼治，保稳促调”的方针紧密结合起来，与加快转变经济发展方式紧密结合起来，将扩大投资作为重中之重，将项目推进作为首要任务，将帮扶企业作为当务之急，把促进经济平稳较快发展作为检验我们深入学习贯彻科学发展观成效的重要标准。要建立相应工作机制，利用一切有利条件，调动一切积极因素，坚定信心，变压力为动力，化挑战为机遇，全力以赴做好当前经济工作。

*二要明确责任，合力攻坚。*要强化目标责任制，各司其职，各负其责，加强协调，形成合力，确保各项决策部署和政策措施落到实处。要坚持全区上下一盘棋，抢时间、争速度，加强领导，协同配合，合力攻坚，创造性地开展工作。实行“一把手”负责制，充分发挥各自的积极作用，共同应对当前困难和挑战。牵头部门要切实负起责任，做到主动对接，加强组织协调，相关部门要积极配合，确保各项政策措施尽快启动和顺利实施。要加强项目前期工作，加大向上报批力度，加快项目建设节奏。

*三要突出重点，加强监管。*要加强投资结构调整，提高投资质量和效益。要严格执行投资项目有关标准，加强土地资源集约节约利用，加强工程监理，保证工程质量。要切实管好用好政府资金，加强监管，把有限的资金用在刀刃上，防止铺张浪费。要鼓励、引导民间资本参与民生工程、基础设施和生态环境建设，积极调动社会资金投入到政府鼓励的项目和符合国家产业政策的领域。

*四要转变作风，狠抓落实。*要深刻领会中央“快、重、准、实”的工作要求，增强工作主动性，强化服务意识，以时不我待的精神，只争朝夕的干劲，分秒必争的作风，抓紧落实各项举措，加快工作进度，全速推进各项工作。要进一步深入基层调查研究，认真分析和正确把握当前所面临的困难和机遇，加强“政企银联动”，切实为企业排忧解难。要转变工作方式，正确处理当前与长远、程序与效率的关系，分清缓急，简化程序，特事特办。要明确推进时序，强化工作考核，用奖惩分明的严厉措施把区委、区政府的决策部署不折不扣地落到实处，促进经济平稳较快发展。

中共镇海区委 镇海区人民政府
关于推进公共资源市场化配置的实施意见

镇区委〔2008〕2号

为深入贯彻落实全市推进政府公共资源市场化配置工作会议精神，建立健全统一、开放、竞争、有序的现代市场体系，根据市委、市政府《关于推进公共资源市场化配置的意见》(甬党〔2007〕17号文件)精神，结合镇海区公共资源现状，现就推进我区公共资源市场化配置工作提出如下意见。

一、推进公共资源市场化配置的指导思想、总体要求和工作原则

(一)指导思想。按照构建社会主义和谐社会的总体要求和我区经济社会发展的总体目标，以法律法规为依据，以市场化导向的体制机制创新为动力，以解决公共资源配置领域中的突出问题为重点，最大限度地发挥市场在公共资源配置中的基础性作用，逐步建立适应社会主义市场经济体制要求的公共资源市场化配置体系。

(二)总体要求。逐步取消政府对“竞争性、有限性、垄断性”的公共资源指令性配置方式，凡是符合公共资源优化配置的要求，群众比较关注，易于滋生违纪违规问题的公共资源配置项目，都应逐步纳入市场化配置的轨道；凡是进行市场化配置的公共资源，都应依法采取招标、拍卖、挂牌等市场化公平竞争的方式进入政府统一的公共资源交易平台规范运作；凡是公共资源出让的相关信息，都应及时、准时地向社会公开发布，接受社会监督；公开招标、拍卖、挂牌应作为主要配置方式；对邀请招标、竞争性谈判、协议出让等配置方式要严格把关，从严审核。

(三)工作原则。按照“统筹谋划、突出重点、分步实施、整体推进”的工作原则，对已进场交易的，要完善制度，进一步深化拓展；对具备市场化配置进场条件的，要集中力量加以推进，在短期内见成效；对难度大、牵涉面较广的工作，做到边探索、边实践、边推进。实行公共资源市场化配置的要做到统一进场交易，统一发布信息，统一交易规则，统一监管和受理投诉，统一收费，统一建设、管理和使用专家库。公共资源市场化配置所得的收益应实行“收支两条线”管理。法律法规另有规定的，从其规定。

二、推进公共资源市场化配置的管理体制、工作职责和工作重点

(一)管理体制。公共资源市场化配置实行“一委、一办、一中心”的管理体制，即“镇海区公共资源交易工作管理委员会”(简称“区公共资源交管委”)，是公共资源市场化配置工作的领导机构；“镇海区公共资源交易工作管理委员会办公室”(简称“区公共资源交管办”)，代表本级政府对公共资源市场化配置工作履行指导、协调、监督、管理和考核职能；区招投标中心更名为“区公共资源交易中心”，是我区进行各类公共资源交易活动的集中统一平台。

(二)工作职责。

区公共资源交易工作管理委员会办公室主要职责：

1. 根据有关法律法规、规章和政策负责起草或制定有关公共资源市场化配置工作的相关制度和实施意见，对有关部门起草的相关管理办法和制度提出修改意见，并依法进行公布；

2. 会同有关部门对进驻公共资源交易平台的各行政监督部门、交易事务办理服务机构履行职能情况进行综合监督、管理、考核，督促检查公共资源交易平台管理制度的贯彻执行情况；

3. 负责牵头召集有关部门协调解决公共资源交易平台建设与运行过程中遇到的具体问题，协调处理各类交易活动产生的争议和纠纷；

4. 会同有关部门对区各镇、街道、园区公共资源交易平台进行指导、考核；

5. 牵头建立并管理各类评标专家库；

6. 负责对进驻公共资源交易平台的部门工作人员的日常考勤、考核；

7. 承办区政府交办的其他事项。

区公共资源交易中心主要职责：

1. 依法对进入的交易双方和中介组织进行管理；

2. 办理进场交易登记、投标报名等相关事务；

3. 办理统一发布建设工程项目、政府采购、土地公开出让、采矿权出让、国有资产产权交易等各类招标信息；

4. 受理政府采购人采购计划，组织采购活动，并依法进行供应商资格登记；

5. 办理收标、开标、评标、定标、签约等相关事务，为交易活动提供场所服务，按规定收取交易服务费；

6. 办理各类评标专家库使用、维护等事务；

7. 办理竞标交易活动情况证明、统计、分析等事务，为交易各方提供信息、咨询服务。

各行政主管部门在公共资源市场化配置中，主要履行以下职责：

1. 根据有关法律、法规、规章和政策，拟定本行业有关交易事项执法监督细则和执法监督责任追究制度；

2. 依法行使本行业相关交易活动中的监督职能，区财政局、区建设与交通局、区农业局、区国土分局等相关科室工作人员进驻交易中心；

3. 依法受理招标、投标人和其他利害关系人的投诉，并依法对违法违规行为进行查处；

4. 负责聘用本行业评标专家，对所聘用的本行业评标专家进行监督、管理、培训，并对专家库的建设和使用进行指导和监督；

5. 依法受理招投标情况书面报告和合同备案。

（三）工作重点。公共资源是指属于社会公有公用的生产（生活）资源，既有有形资源，也有无形资源。主要包括公共性资源、自然性资源、资产性资源和行政性资源。在现阶段，主要是继续推进和规范工程建设项目交易、国有土地使用权出让、政府采购、国有产权交易等四大公共资源交易。下一阶段应重点推进以下公共资源市场化配置：

1. 国家有限自然资源的商业性开发经营项目和土地开发整理项目，包括矿藏、森林、海域、水流等有限自然资源的开发利用；

2. 依附于市政公用事业及设施的经营性项目，包括供水、供气、供热、公交、污水或垃圾处理等行业的特许经营权、公用设施冠名权、户外广告设置权、城市公交线路、道路客运线路和出租汽车营运权等；

3. 非经营性的市政公共设施的维护管理项目，包括园林绿化、城市道路的日常养护、公共场所保洁、大型公共设施的物业管理等；

4. 文化、体育、教育、卫生、会展等行业的特许经营或专营性项目，包括文体（会展）活动冠名权、特许性经营场所经营权、公办学校教学用品（校服）和后勤服务采购、公立医疗机构药品（医疗器械）采购等；

5. 党政机关、国有企事业单位的非生产性资产转为经营性资产，包括公房、公车等的租售及定点维修单位的选择等；

6. 利用赋予的职权或履行公务所形成的公共资源，包括罚没公物及其它公物的处置，政府投资项目代建单位和国家资助科研课题项目承包单位的选择，拍卖、招标代理、审计等中介服务单位的选择等。

三、加强公共资源市场化配置的组织领导和监督管理

（一）加强领导，完善工作机制。要建立政府负总责，纪委抓协调，部门齐参与的领导体制和工作机制，确保这项工作深入有序地推进。各镇、街道、区级有关部门要切实把这项工作摆上重要议事日程，精心组织，主动推进，勇于创新，务求实效。各有关行政（监管）部门建立一把手负总责，分管领导具体抓的领导责任制，明确相关科室和责任人承担日常工作，落实具体工作责任，并制定实施市场化配置的具体工作方案。

（二）加强督促检查，强化制约机制。区行政监察机关是推进政府公共资源市场化配置工作建设的督促协调部门，负责制定相关监督制度，督促有关部门认真贯彻落实区委、区政府关于推进公共资源市场化配置工作的实施意见，并对全区竞标交易相关行政监督部门及其工作人员的职能履行情况实施监督检查。检查重点是：是否有应实行而没有实行市场化配置的项目，实施的程序是否合法合规，交易过程是否公开公平公正，收益处置是否符合财政制度要求，以及配置效果是否得到群众认可等，及时纠正和查处监察对象在交易活动中的不正之风和违纪违法行为。

（三）健全监管体系，提高监管水平。各镇、街道、园区及有关行政主管（监督）部门要制定和完善各类公共资源市场化配置的监管实施细则，依法加强对公共资源市场化配置工作各个环节的指导和监督，把制度建设贯彻于整个过程，形成用制度规范行政行为和配置行为，按制度办事，靠制度管人的机制。要完善联席会议制度和现场协调机制，及时研究处理和协调解决公共资源市场化配置过程中出现的有关问题。要结合工作实际逐步完善各类公共资源交易的操作程序，规范市场主体交易行为，防止新的违纪违规行为发生。要重视行业管理机构和社会中介组织的作用，使其依法承接政府所转移的职能，强化行业监管和行业自律。要以电子政务监管系统为载体，大力运用计算机及信息网络等现代化科技手段，增强监管工作的准确性、及时性和有效性，不断提高监管的规范化、信息化和科技化水平。要充分发挥人大权力监督、政协民主监督和新闻媒体舆论监督的作用，建立和完善行风监督员制度，对各有关部门（单位）推进和规范公共资源市场化配置情况开展社会监督，建立全方位、多层次的监督制约机制。

附件：镇海区推进公共资源市场化配置的实施步骤和时间安排表（略）

中共镇海区委

镇海区人民政府

二〇〇八年一月七日

中共温州市委 温州市人民政府
关于促进民营企业“走出去”的意见

温委发〔2008〕77 号

各县(市、区)委、人民政府,市直属各单位:

为深入贯彻落实党的十七大精神和省委“创业富民、创新强省”总战略,全面提升我市对外开放水平,结合我市开放型经济实际,现就促进民营企业“走出去”提出如下意见:

一、提高认识,明确“走出去”的重要意义

在经济全球化的大背景下,如何拓展城市发展空间、推动产业优化升级、缓解资源瓶颈制约、提高自主创新能力、增强企业竞争力,是当前温州经济发展过程中必须解决的重大问题。加快实施“走出去”战略,对于温州调整产业结构、拓展温州发展空间、提升开放型经济层次和水平、增强温州国际竞争力,具有重大而深远的意义。因此,我们必须坚持以科学发展观为指导,从实际出发,发挥温州产业优势,注重把实施“走出去”战略与转变经济发展方式相结合,与经济结构战略性调整相结合,与“引进来”相结合,与外贸出口转型升级相结合,与我市正在实施的一系列重大战略举措相结合。坚持统筹规划、突出重点,坚持发挥优势、合作共赢,坚持企业为主、效益优先,坚持完善机制、加强监管,大力推进我市民营企业“走出去”,促进我市经济全面、协调、可持续发展。

二、突出重点,加快“走出去”步伐

1. *大力实施跨国公司培育工程*。国际竞争的主体是跨国公司。要根据我市优势产业及其国际化程度,认真制定打造本土跨国公司的发展规划和支持办法,选择处于行业龙头的企业和优质企业重点予以扶持,协助其取得国家和省层面的“走出去”支持与保护,着力打造具有全球视野、立足全球市场、资源全球配置的本土跨国公司,并将这项工作列入我市下一个国民经济和社会发展五年规划予以培育。同时,要发挥“走出去”先进企业和重点培育的本土跨国经营企业的示范带动作用,促进更多企业实施全球化战略,在国际竞争与合作中成长壮大,形成我市企业“走出去”的梯队效应。

2. *进一步拓展“走出去”途径*。要坚持政府引导、企业为主的原则,充分发挥我市产业优势和企业自身优势,引导一批具有一定规模实力、品牌优势和市场基础的大企业,以及名牌产品企业、高新技术企业率先“走出去”,积极利用和创新各种方法,不断拓展“走出去”的途径。一是搭建海外创业平台。稳步推进俄罗斯康吉、越南龙江、美国通领等境外经济贸易合作区建设,以园区建设带动我市优势饱和产业有序、集群、梯队转移,为我市民营企业搭建海外创业平台。支持和鼓励制造类企业到境外设立生产基地、开展境外加工贸易,实现原产地多元化,以应对贸易壁垒,提高产品国际竞争力。二是构建海外销售网络。进一步发挥我市海外商品城众多的独特优势,继续扩大全球布点,完善布局结构,提升功能层次,推动商品城从价格优势产品输出向品牌优势产品输出转变,将其打造成温州品牌产品在海外的展示、销售中心。支持企业到海外重点市场设立销售子公司、产品分拨中心和售后服务体系,支持有实力的企业收购兼并带有销售渠道和品牌的境外企业,加快我市名牌产品和驰名商标产品开拓国际市场的步伐。三是创建境外研发中心。支持企业到发达国家设立研发中心、产品设计中心,并购拥有先进技术的企业、实验室和研发机构等,研究开发出具有自主知识产权的产品。以中奥科技园为抓手,为温州民营企业搭建“科贸创新”的海外平台。四是鼓励境外资源开发。以非洲、美洲、中东、澳洲、太平洋岛国以及我国周边国家为重点,支持和鼓励有条件的企业到境外开发利用能源、矿产、森林等资源,保障我市经济社会发展对各类资源的需求,扩大进口。支持和鼓励企业到境外开展农业种植、养殖、远洋渔业资源合作开发、农产品深加工等活动。五是发展国际服务贸易。支持和鼓励符合条件的企业申报对外承包劳务合作经营权,扩大我市外经获权企业母体队伍,积极拓展海外承包工程市场,以独资、合资、合作、总包、分包、BOT 等方式承接对外承包工程、境外房地产开发,并带动外派劳务项目发展。六是推动企业境外上市。支持和鼓励各类符合条件的企业到香港、美国、韩国、新加坡、英国、德国等境外主要资本市场上市,扩大我市企业海外上市总量和规模。

3. *进一步创新“走出去”工作机制*。要坚持以人为本,创新工作机制和方法手段,充分发挥我市民营企业敢于“走出去”的特性,积极引导民营企业进一步建立和完善现代产权制度、现代企业制度、国际化管理制度和内部管理体制,建立与国际惯例相符的经营机制和分配制度,增强企业拓展国际市场、参与国际竞争的能力。充分发挥温州民间资本充裕的有利条件,引导其共同出资成立国际性投资公司,以温州资本对接国际资本,在国际市场寻找商机,重点关注与我国新建交的国家、新开放的国家、已签订自贸区协议的国家和地区、欧盟新成员国、中东以及我国台湾地区等新兴市场。鼓励民营企业家以跨国并购、合资合作、重组联合、参股和股权置换、新设研发中心等方式,大胆获取国外先进的资金、技术、人才,整合其研发、管理、品牌、渠道等各种战略性资源,从而快速提升企业自主创新能力和核心竞争力，加快推进“走出去”步伐。

三、加大扶持，形成“走出去”合力

1. 加强规划指导。各地各部门要认真贯彻落实国家和省制定出台的各项“走出去”扶持政策，切实加强对“走出去”战略的宏观规划指导。要根据国家对实施“走出去”战略的总体部署、境外投资产业政策、国别产业导向目录和我市国民经济发展规划，制定我市“走出去”产业规划、指导政策和专项行动计划，明确重点领域和地区，做好国别投资环境的评估，指导企业规避风险，提高“走出去”的成功率。各地要深入研究分析本地区优势行业和企业，做好民营企业“走出去”的规划指导。

2. 加大财政支持力度。按照我市“走出去”战略的总体部署，建立市级“走出去”战略专项资金，并保持每年适度增长。对于各类境外的经贸合作区、商品城、研发中心、资源开发、加工贸易、收购兼并、工程承包、连锁专卖店、商标品牌注册、温州品牌产品展示中心和海外参展等项目，对于组织对外经贸合作交流洽谈、海外市场拓展和城市整体宣传，以及“走出去”公共服务平台建设、相关风险规避和应急措施等促进和保障我市企业“走出去”的各项工作，要提供必要的财力支持。

3. 提供良好的金融支持和保险服务。要用足用好国家的各项鼓励政策和相关扶持措施，积极争取中国进出口银行、国家开发银行等政策性金融机构对我市海外经营企业的信贷支持。各商业银行要积极创新融资产品、简化信贷审批手续，进一步加大对我市“走出去”企业的信贷力度。要用好进出口银行和商业银行的出口信贷资金，在授信额度范围内，项目经核准，可通过境内母公司提供担保，为境外项目提供融资支持。鼓励境外投资企业参保中国出口信用保险公司海外投资保险和出口信用保险，防范征收、战争、汇兑限制以及政府违约等政治风险。同时，充分发挥政府对出口信用保险费用的政策效用，引导企业用好出口信用保险。鼓励企业到国际资本市场发行债券和股票。

4. 加强“走出去”人才的引进和培养。依托有条件的高校或中外培训机构设立“走出去”人才培训中心，通过与企业联合办学、委托办学、专业培训以及海外培训等多种方式，不断为“走出去”企业输送各类人才。外经贸主管部门、行业协会、中介机构要积极对各类企业和有关政府相关人员进行培训，使其尽快熟悉“走出去”有关政策和国际投资、贸易规则，更好地为企业“走出去”服务。积极引进国外智力，广泛吸纳熟悉国外情况、学有所成的外国留学人员，为我市境外投资企业服务。组织“走出去”专项国际人才交流，充分利用现有经贸合作区、境外商品城等平台，建立海外“走出去”人才培训基地，对组织海外培训的单位和参加培训的学员提供出国(境)便利。

5. 加大知识产权保护力度。加强知识产权权利信息、法律规则信息、技术性贸易壁垒信息等的分析利用，防范“走出去”中的知识产权风险。建立特定国家或地区知识产权法制变动情况应对、突发事件处理、涉外维权援助等机制。鼓励企业针对重点目标市场和重点投资地区加强商标、专利、标准等知识产权保护的部署，增强自我保护能力，并通过建立知识产权联盟，提高整体保护能力。

6. 发挥海外温商的重要作用。海外温商的经济活动是温州民企“走出去”的触媒、渠道和重要组成部分。要进一步发挥海外温州商人在我市企业“走出去”中的积极作用，以发展“总部经济”为契机，鼓励海外温州人将总部设在温州。建立政府、民企、海外商会三者的互动联系机制，市外经贸局要建立与海外温州商会联系与交流的制度，拓宽渠道，促进海外温商经济与温州经济有机融合。要在温州海外招商选资联络处的基础上，增挂“海外投资联络处”牌子，并适度扩大区域范围和工作网络。

四、加强服务，营造“走出去”的良好环境

1. 建立市实施“走出去”战略联席会议制度。建立由市发改委、市经贸委、市农办、市科技局、市公安局、市财政局、市人事局、市建设局、市外经贸局、市海洋与渔业局、市外办、市金融办、市国家安全局、市工商局、市质监局、市外汇管理局、温州海关、市检验检疫局等部门组成的联席会议制度，主要职能是及时掌握分析全市民营企业“走出去”工作进展情况，根据形势发展，提出工作措施和政策建议，协调解决企业“走出去”过程中遇到的困难和问题，督促各部门积极落实省市相关政策，为企业走出去创造条件。市开放办为联席会议的日常办事机构。

2. 构建“走出去”服务体系。构筑政府海外投资服务网络，在温州企业境外投资重点国家和地区设立服务机构，选派(聘)优秀人员赴其开展工作，引导企业组建行业商(协)会，加强自律，遵守当地法律，维护投资权益，和谐融入当地社会；联系我国驻当地大使馆经商处，沟通信息，掌握动态，为“走出去”企业提供一线服务。建立我市企业在全球投资的项目分布数据库、建立国别投资环境信息库、境外合作项目库、国际承包工程招投标资料库、国际知名展览名录库、涉外知识产权维权法律援助库，为企业“走出去”提供公共基础信息服务。发挥各类中介机构的作用，建立“走出去”专家数据库，按国别、专业建立专家指导委员会，发挥其专长，为企业“走出去”提供咨询、指导。联系和吸纳海外温州商人、海外温州商会和相关律师、会计等中介机构，在海外以民间组织身份开展投资促进活动。

3. 提高为企业“走出去”服务效能。明确境外投资项目和开办企业的核准范围和程序，提高透明度，实现审批便利化。简化人员出国(境)任务审批手续，适用因公出国(境)渠道的企业人员，可享受“一次审批，年内多次有效”的优惠政策，即企业初次上报批准后，年内再次出访的，可直接向市外办办理有关手续。企业可自行决定外派高级管理人员办理工作所在地的长期居留证、配偶和未成年子女随行的申请。紧急商务人员出国(境)，可按照现行法律规定，开通“绿色通道”。外汇管理部门要为境外投资企业在境内外融资、跨境资金流动等方面提供完善的配套服务。海关、检验检疫部门要为“走出去”企业提供通关便利。境外中方投资额500万美元以上的项目，向其主要投资者发放“直通卡”，为其子女就学、直系亲属就医等方面提供便利。

4. 建立“走出去”风险防范机制。引导企业加强境外投资前期风险分析和论证，提高决策的科学性，通过参加联合年检和综合绩效评价工作，有效防范境外投资风险。加强安全、法律、风俗习惯等方面的教育，树立和谐共赢理念和社会责任意识，规范"走出去"经营秩序，避免恶性竞争和损害东道国公共利益的行为，为当地经济社会发展作贡献。加强境外投资管理制度的建设，健全对境外投资企业的监管，凡不按国家规定申报境外投资国内审批手续的企业或连续两年不向国内相关部门报送有关报表和经营情况、不服从管理的境外企业，不得享受国家、省、市有关方面的优惠政策。鼓励企业积极参加境外中资企业商会，加强与我国驻当地大使馆经商处的联系，重视与所在国律师行的合作，保护合法投资权益。市外经贸局和各县(市、区)外经贸主管部门要建立境外纠纷与突发事件处置应急机制，切实提高政府部门和对外投资企业境外纠纷处置能力，在遇到战争、自然灾害、罢工、恐怖事件等突发事件时，保护我市境外人员生命、财产安全。

5. 加大"走出去"工作考核力度。逐步完善我市"走出去"工作考核评价体系，将"走出去"各项业务指标纳入全市开放型经济工作目标，统一考核。要着力在考核机制、激励机制等方面加大落实力度，充分激发各级干部的事业心和责任感，对于在工作中推诿、敷衍扯皮的单位和个人，要进行通报批评。同时，要认真总结各地各部门好的经验和做法，不断完善提高，努力完善为企业"走出去"服务的长效机制。

中共温州市委

温州市人民政府

二〇〇八年九月八日

温州市人民政府
关于加快温州金融业改革发展的意见

温政发〔2008〕70 号

为全面贯彻落实党的十七大精神，进一步推动温州经济社会又好又快发展，促进"创业富民、创新强市"战略的实施，根据省政府《关于浙江金融业深化改革加快发展的若干意见》(浙政发〔2008〕34 号)精神，现就进一步加快我市金融业改革发展提出如下意见。

一、充分认识加快金融业改革发展的重要意义

(一)充分认识金融业在经济社会发展中的重要支撑作用。金融是现代经济的核心，具有保障资金需求、优化资源配置、调节经济运行、分散经济社会风险等功能，对我市经济社会发展具有重要的支撑和推动作用。温州 30 年金融改革和发展的实践证明，金融与地方经济发展相互依存、共同促进。当前，我市正处于民营经济发展的繁荣期、产业升级的转型期、结构调整的关键期、自主创新的增强期，这对金融业的改革和发展提出了更新、更高的要求，加快金融业发展对我市具有重要的战略意义。

(二)进一步提升金融业发展的战略地位。要把加快金融业改革发展作为我市实施"创业富民、创新强市"战略的重要组成部分，摆在优先发展的战略位置。通过不断深化金融机构改革、强化自主创新能力、优化金融发展环境，逐步实现金融体系运行从规模和总量的扩张向服务功能提升和结构优化的转变，从单纯资金要素保障功能向综合金融服务功能转变，使金融业成为现代服务业的重要产业。

二、进一步明确金融业改革发展的总体要求和目标

(三)今后四年金融业改革发展的总体要求。以中国特色社会主义理论体系为指导，深入实施"创业富民、创新强市"战略，按照国家、省有关金融工作的方针，以改革、创新、发展为动力，努力实现我市金融业的五大突破：一是在推进区域金融辐射功能方面有所突破，打造功能较强、产业链较全的金融服务区域；二是在大力发展区域性资本市场方面有所突破，实现与货币市场协调共同发展；三是在加快金融对外开放步伐上有所突破，改变外资金融机构在温州的"短腿"状况；四是在促进金融服务产品自主创新方面有所突破，正确处理好金融较强的垂直整体性改革和地方自主创新性改革推动力的关系；五是在引导和利用社会民间资金方面有所突破，积极探索建立多层次的金融机构体系。

(四)今后四年金融业发展的主要目标。到 2011 年，金融业增加值达 200 亿元，年均增长 15%左右，占全市 GDP 的比重为 7%左右；银行存款余额达 5600 亿元，贷款余额达 4500 亿元以上；不断优化银行信贷结构，保持银行业良好的资产质量，保持金融业优良的生态环境；全市保费收入年均增长 17%，保险业务年收入达 90 亿元，切实发挥保险业的经济补偿、资金融通和社会服务功能；提高企业直接融资比重，力争到 2011 年，全市上市公司达 30 家以上，融资规模达 100 亿元，拟上市企业达 50 家以上，逐步形成中小企业上市公司中的"温州板块"。

三、加快银行业金融机构改革发展步伐

(五)充分发挥在温银行业金融机构支持地方经济的作用。发挥各大型银行机构的网络服务优势，扩大县域金融服务功能，增加服务手段，提高辐射能力。引导和支持在温各股份制商业银行分支机构到县城及以下集镇和其他经济欠发达地区增设机构，增加经济欠发达地区的信贷投入。加强金融机构与金融服务性机构的合作。推动银行业金融机构从全面竞争向差异化竞争与合作相结合过渡，发挥各自特点和优势，下放权限，简化程序，发展各种创新业务，达到双赢目的。

（六）推动温州银行进一步做强做大。充分发挥温州银行本土优势，努力实现温州银行由地方性银行向区域性银行跨越、由传统型银行向创新型银行跨越。完善温州银行公司治理结构，进一步提升经营管理水平；支持在温州以外地区设立分行；支持温州银行加快上市步伐，建立资本持续补偿机制，将温州银行打造成为较强核心竞争力、中等规模、精品型、个性化的股份制商业银行。

（七）加快涉农金融机构的发展步伐。改进农业政策性金融服务，拓宽业务范围，创新发展模式，加快有效发展，找准政策性金融与农业、农村经济发展以及农民收入增加的结合点和着力点。积极拓展商业性贷款业务，更好地支持社会主义新农村建设。推进农村合作金融机构改革试点工作，进一步明晰产权，完善法人治理结构，强化约束机制，逐步发展为面向“三农”、服务新农村建设的股份制银行。加快邮政储蓄银行在温州的发展步伐，完善经营机制，提高经营水平，建立起符合市场经济规则和金融企业内部风险控制要求的管理体制和运行机制，改变只吸储不放贷的局面。防止各涉农金融机构不正常撤并，以及资金过度向中心城市和经济发达地区集聚的倾向。积极争取在温州设立村镇银行。通过多渠道、多形式提高资金回流农村的比例，切实促进我市经济全面协调发展。

（八）加大金融业对外开放力度。积极吸引境内外金融机构来我市落户，支持和鼓励金融机构跨区域发展。争取国际金融组织的贷款支持，加大引进资金力度，使其更好地服务民营企业。引导民间资金嫁接金融资本，支持境外资本参与地方金融企业改造。深化地方金融机构产权多元化改革，研究设立和恢复设立具有总部经济性质的各类非银行金融机构。

（九）稳步推进新型贷款组织发展。根据国家政策导向，在防范风险的前提下，推进小额贷款公司、村镇银行等新型贷款组织在我市的试点和发展，发挥其在金融体系中拾遗补缺的作用，逐步形成不同类型、不同规模、互补性较强的金融组织体系和多层次、差异化的金融服务体系，更好地为经济社会发展提供金融服务保障。

四、拓展银行业服务产品，扩大自主创新能力

（十）支持银行业金融机构深化改革和创新，进一步加强银企、银项合作，努力保持信贷适度增长，解决企业融资难等问题。鼓励银行机构稳步增加信贷投入，力争每年新增贷款500亿元以上。引导银行机构将有限的资金投入到符合国家产业政策的项目和企业，加大对创新型、科技型、成长型中小企业的贷款支持力度。保持下岗工人再就业贷款、青年创业贷款、高校学生助学贷款业务；积极推行股权质押贷款业务，探索尝试专有技术、商标权、专利权等无形资产的质押贷款业务。推动委托贷款、货币市场短期融资券和集合信托基金业务的发展。支持商业银行发展中小企业贷款，加大发放保证贷款和信用贷款力度。

（十一）各涉农银行业金融机构要坚持把支持服务“三农”作为自身经营的重中之重，防止经营同质化。落实“农业贷款风险补偿资金”，引导各涉农金融机构深化县域金融服务，支持农业龙头企业、种植养殖大户、农民专业合作社等调整结构，促进农业产业化经营。发挥各涉农金融机构自身优势，深化“小额、分散、流动”信贷策略，推广农户小额信用贷款和农户联保贷款，帮助农民创业致富。探索推广农房抵押贷款；探索财政、银行的联动机制，增加农村低收入农民贷款。

（十二）完善利率定价机制，引导商业银行合理定价，减轻中小企业融资成本。加快推进商业银行利率市场化步伐，积极引导商业银行完善利率定价机制，落实小企业贷款风险补偿办法，切实帮助企业解决融资难问题；引导农村合作金融机构细分贷款对象，在政策允许范围内适当下调优质客户贷款利率；引导各银行业金融机构正确处理自身经营成本和企业融资成本的关系，正确处理经济效益和社会效益的关系。完善民间利率监测制度，及时掌握利率动态。

（十三）鼓励各银行业金融机构大力发展适合温州经济特点的中间业务。运用好自助银行、信用借记卡、对外保函等现代金融产品；发展票据融资、代收费、结算、资产托管、代理保险、第三方存管等金融业务；大力发展财富管理业务，加快构建理财中心、财富管理中心等高端客户服务体系，为高端客户提供投资咨询服务及其他有关增值服务；积极开拓国际金融业务。

（十四）提升外汇管理与服务水平。进一步简化外汇业务流程，提高效率，推动贸易与投资便利化。鼓励各银行业金融机构加大外汇融资力度，优先支持国家鼓励的能源、资源、大型成套设备和先进技术进口等业务。创新贸易融资和境外投资融资方式，大力开展打包贷款、出口押汇、福费廷、出口商业发票融资等新兴业务，加快企业“走出去”步伐。帮助涉外主体提高规避汇率风险的意识与能力，提升金融机构对温州外向型经济的服务水平。

五、努力拓展直接融资渠道，积极发展区域性资本市场

（十五）适度增加在温证券金融机构数量，大力推动符合条件的优质企业上市融资。支持全国性证券机构到温州设立营业部，鼓励其逐步延伸到各县。以“证券强市”为目标，按照“培育一批、改制一批、上市一批”的总体思路，积极培育优质上市后备资源，鼓励有条件的企业进行股份制改造，推动企业多渠道上市。实现“境内”与“境外”上市两条腿走路，形成“首发”与“买壳”上市两轮驱动的工作新格局。支持各证券保荐机构、会计师事务所、律师事务所和引进的资信评级公司到温州开展正常的业务活动。鼓励和扶持温州本地中介机构与全国性会计、律师等中介机构合作，服务中小企业上市融资。

（十六）大力培育地方资本市场，鼓励符合条件的企业进行债券融资，支持非上市企业股权融资。推动符合国家产业政策、信誉良好、实力较强的民营企业依照国家有关规定发行企业债券。充分利用债券市场扩大规模的有利时机，探索中小企业发行集合债券的可能性。引入境内外著名投行机构、私募基金管理公司，利用在外温州人资本等到我市注册，组建私募股权投资基金。设立政府引导产业投资基金，引导境外 PE 和投行，投资沿海产业带建设和民营企业股权。积极开拓期货、信托、租赁市场。

(十七)逐步发展地方产权交易市场。方便产权转让双方交易行为，争取国家有关部门支持，开展民营企业股权托管工作和有条件的柜台交易。推进我市现有的产权机构与省产权交易机构接轨，进行相关业务的对接，以争取构建更大范围、更高层次的产权交易平台。

六、发挥保险服务社会功能，有序发展区域性保险市场

(十八)鼓励各类内外资优质保险公司在我市设立分支机构。增强保险业服务水平，拓宽保险业与银行业、证券期货业的合作领域，提升合作层次。探索以民营企业为主体，组建温州区域性的保险公司。培育为温州经济社会发展需求提供专业服务、管理水平高的专业性保险中介机构。进一步加强保险机构的监管和自律力度，加强对保险企业的检查评估，督促其强化内控制度建设。加强信息披露，强化群众监督，促进保险公司改善服务质量。强化依法经营和诚信服务意识，切实解决销售误导和理赔难等问题，提升保险业社会形象，促进保险公司健康发展。建立保险资金运用机制，引入保险资金参与温州重点项目和重大基础设施建设。

(十九)积极稳妥地推进政策性农业保险工作，为发展现代农业提供有力保障。紧紧围绕农业增效、农民增收的目标，以保护灾后恢复生产能力为出发点，以保大灾、保大户、保主要品种为重点，坚持政府推动、农户自愿、市场运作原则，采取“共保经营”为主、“互保合作”等形式为辅的运行方式，完善财政对“三农”保险的补助机制，逐步提高险种保费补贴比例，积极落实以险养险配套政策，支持保险机构开展特色农业和涉农、涉渔保险业务，完善农业巨灾风险转移分担机制，有效降低经营风险，提高农业灾后恢复生产能力。

(二十)探索建立巨灾保险体系，将特殊岗位人身意外伤害和公众集聚场所意外灾害纳入保险重点发展业务范围。大力发展责任保险，在宾馆、饭店和娱乐场所等公众集聚场所推广公众责任保险业务。推动保险业积极参与社会保障体系建设，加快发展商业养老和医疗保险。加大诚信规范、合规经营和服务社会、造福人民的行业文化建设。

七、防范和化解金融风险，维护社会稳定、促进经济健康发展

(二十一)发挥各类金融机构防范金融风险的主体作用，提高内控管理水平，有效防范各类经营风险。各金融监管和协助监管机构要加强管理和监督，积极探索建立风险防范和处置机制。各金融机构要抓好内部管理，从控制内外部风险入手，建立银企、银政、银银联手防风险、抗风险机制。地方性金融机构要多渠道充实资本金，严格资产负债比例管理，积极争取存款保险试点。进一步发挥各行业协会的作用，引导金融机构和各融资性中介机构加强行业自律、合规经营。

(二十二)完善风险预警机制和应急处理机制。正确认识金融监管和金融发展、金融服务之间的相互促进关系，建立健全监管协调机制，重点防范系统性、交叉性风险。加强政府部门与中央驻温金融监管机构的联系，建立重大事项通报及金融风险预警通报制度，定期开展金融运行动态分析，实现金融产业发展信息共享。进一步完善金融突发公共事件应急预案，落实风险处置责任。

(二十三)按照“属地管理”的原则，规范和引导民间融资行为。各县(市、区)政府对当地民间融资管理负总责，做好组织协调和风险防范等工作。加强舆论宣传和教育，打击非法融资和非法融资性广告，引导民间资金合理流向，把民间资本真正引导到服务“三农”和支持小企业发展等地方经济建设上来。扩大直接融资比重，开启民间资金的多种投资渠道。规范信用担保机构和典当商行等中介机构经营行为，防范风险，维护社会安定。

八、强化地方政府组织领导作用，营造温州优良金融生态环境

(二十四)加强组织领导，建设温州区域性的金融集聚区。各级政府要高度重视金融工作，切实把金融工作摆上重要议事日程，加强组织领导，进一步完善金融形势分析制度，定期研究、解决问题，及时掌握金融业的真实运行情况。有条件的县(市、区)政府可以建立金融协调工作机构，或者指定专门机构，加强对金融工作的综合协调和服务。继续完善金融生态环境，积极稳妥推进地方金融改革试点工作。加大支持力度，力争到 2011 年在温州滨江商务区初步形成金融机构集聚区，提高金融辐射能力。

(二十五)坚决取缔非法金融机构和非法金融业务活动，维护金融市场良好的竞争秩序。严厉打击利用直销、秘密串联或利用合同形式进行以赢利为目的的非法集资活动。加大宣传教育力度，普及金融知识，加强金融债权司法保护，依法打击逃废金融债务行为、骗保骗赔行为。规范企业融资行为，规范民间个人借贷行为。加强票据业务的管理，注重行业发展环境创造，强化行业运行动态监管。健全担保体系，完善风险补偿与分散功能，增强担保行业抗风险能力。

(二十六)加快信用体系标准化建设，构建统一、高效、规范的金融信用平台。整合信用信息资源，完善金融信用信息交换机制。建立信用监督和失信惩戒制度，完善以道德为支撑、产权为基础、法律为保障，由企业、个人和其他组织共同参与的社会信用体系。开展市场化的资信评级，维护金融债权，严惩失信行为，营造诚信环境，提升具有公认度和国际竞争力的信用价值评定体系。

(二十七)强化人力资源是金融业第一资源的理念，创新人才工作机制。建立引进急需的金融高层次人才机制，对急需的金融机构中高级管理人员，各级政府要在工资待遇、户口、配偶和子女就业、子女入学等方面提供政策支持。金融高层次人才来温长期定居的，按照《温州市引进高层次人才的若干规定》(市政府令第 43 号)执行。加强与省内外高校和专业培训机构合作，强化金融教育培训。

加强对外交流合作与创新，支持和引导地方金融机构开展对外交流与合作。鼓励金融机构利用高素质金融人才在服务品种、风险控制、降低营运成本等方面进行创新，尤其是金融支持中小企业、服务“三农”的业务创新。

（二十八）完善市级银行业机构年度业绩考评奖励制度，研究保险业金融机构单项业绩奖励制度。充分利用考评奖励体系，引导金融机构加大对地方经济建设的支持力度。按年度适时调整对银行业金融机构的业绩考评奖励项目，使考评体系更具针对性和可操作性。研究制定保险金融机构考评奖励办法，重点对政策性农业保险、人群集聚场所公共责任保险和引入保险资金嫁接温州重点项目和重点基础设施建设、抗灾抗台等方面进行专项奖励。

（二十九）以服务社会为切入点，推进高新技术创新，促进金融发展，不断提升金融服务文化。实施技术创新战略，鼓励金融机构加大对工作站、数据库、网络、高级计算机和先进软件的投入，以技术创新促进业务创新，发展网上银行，借助国际互联网，向客户提供跨地域、无边界的网络化金融服务。更新服务理念，变被动服务到主动服务，推动金融服务理念深入人心。发展新型营销服务，推行适应温州实际的有形公共服务平台和无形网点服务体系。增加服务网点，优化服务环境，健全服务体系。

二〇〇八年九月八日

平阳县人民政府
关于印发平阳县行政审批绿色通道实施办法的通知

平政发〔2008〕143 号

各乡（镇）人民政府，县政府直属各单位：

《平阳县行政审批“绿色通道”实施办法》已经县人民政府研究同意，现印发给你们，请认真组织实施。

二〇〇八年九月八日

平阳县行政审批“绿色通道”实施办法

第一条 为改善我县投资环境，为在平投资者、创业者提供更为快捷、便利的服务，更好地鼓励、吸引县内外能人在平投资创业，根据国家有关法律、法规和《平阳县行政审批服务中心审批事项管理暂行办法》（平政发〔2002〕2号）的规定，特制订本实施办法。

第二条 符合我县产业政策导向、区域规划布局要求，并达到环保标准的县级重点企业、县外来平投资企业、投资5000万元以上的新办企业、企业当年申报的重点技改项目等均可进入“绿色通道”。具体由项目业主向县审管办提出申请，县审管办及时会同有关部门确定。

第三条 “绿色通道”审批项目的主受理部门负责该项目的全程跟踪、服务、协调，其他有关部门应予积极配合。不能确定主受理部门或有交叉的，由县审管办指定。县审管办和主受理部门窗口应根据项目业主的要求，落实专人负责帮助指导。县审管办负责“绿色通道”审批的督办。

第四条 各部门在办理“绿色通道”审批项目时要遵循优先办理、特事特办、主动服务和专人负责的原则。承诺时间原则上按现行承诺期限提速30%实施；联办项目按《平阳县基本建设项目联合审批规程》或《平阳县重点技术改造项目联合审批规程》办理。

服务对象申办的审批事项中（除经营项目涉及安全生产外）需基层站、所、分局签具意见的，一律取消，直接上报县行政审批服务中心的对应窗口受理，审批后送基层站、所、分局备案。

第五条 部门受理“绿色通道”审批项目后，要快速启动办理程序，优先办理，对可以立即答复或办理的事项应当场答复、办理。需进行联合踏勘、验收、召开联审会议的，应予优先安排，主办单位应与相关的责任单位联系、协调，提前做好准备。

第六条 部门受理“绿色通道”审批项目后，要主动指导、帮助申请人准备申报资料，主动告知审批过程中的有关情况、问题，办结后应尽快主动通知申请人，并告知下一环节的审批部门和审批程序。

第七条 各部门要指定精通业务、责任心强的工作人员专门负责“绿色通道”审批项目在本部门内的审批、协调、与申请人的联系及上下审批环节相关部门的衔接和协调。

第八条 “绿色通道”审批项目基本条件具备，申报材料主件齐全，其他条件和材料有所欠缺，但不影响审批的，应先予受理，实行边审批边补办，但在下达批文、发给证照前必须补齐、改好，达到规定要求。

第九条 对申请人提供的申报材料，只要符合法定内容、条件、形式，且不需要现场勘验即可下达批文、发给证照的审批事项，实行“一审一核”或“一审办结制”，即在县行政审批服务中心或部门办事大厅窗口作为即办件办理。对此类事项各部门要充分授权审批人员，并明确审批责任。

第十条 “绿色通道”审批主要是在审批程序、办事效率等方面为申请人提供更快、更好的服务，但审批事项所涉及的基本条件及各类标准应严格执行，不得随意变更。遇有特殊情况需对程序做较大调整的，由县审管办和有关部门协调确定。

第十一条 “绿色通道”审批设立行政审批代理员（代理员暂定为县审管办代理窗口人员），实行全程服务，为项目提供更为快捷、便利的服务。

第十二条 为拓宽县审管办与企业的沟通渠道，被列入服务对象的企业要确定一名经办人作为联络员，随时将企业近期涉及基建、技改等重大审批事项预先向县审管办通报，以便县审管办提前介入，统筹安排，协调各方，加快审批速度。

第十三条 中介服务机构在为“绿色通道”审批项目提供与审批有关的评审、评估、审计等各类服务时，也应遵照本办法规定执行。

第十四条 本实施办法由县审管办负责解释。

第十五条 本实施办法自发文之日起施行。

海盐县人民政府办公室
印发关于加快推进农村土地承包经营权流转的意见的通知

盐政办发〔2008〕82 号

各镇人民政府，县政府各部门、直属各单位：

《关于加快推进农村土地承包经营权流转的意见》已经县政府同意，现印发给你们，请认真贯彻执行。

二〇〇八年七月七日

关于加快推进农村土地承包经营权流转的意见

为进一步加强农村土地承包管理，优化农村土地资源配置，推进农业产业化和规模经营，加快现代农业发展和社会主义新农村建设，促进农业增效、农民增收和农村发展，维护农村社会稳定，现就加快推进我县农村土地承包经营权流转提出如下意见。

一、充分认识加快推进农村土地承包经营权流转的重要性

加快推进农村土地承包经营权流转，是农村经济发展和现代农业发展的客观要求，也是顺应农村劳动力大量向非农产业转移、各类市场主体积极投资效益农业的趋势、提高农业产业化经营水平的必然选择。它有利于促进土地、资金、技术等生产要素的重新组合和优化配置，实现农业产业化、集约化经营；有利于加快农业产业结构调整，促进农业区域特色产业发展，提高农业的规模效益；有利于新技术、新品种的引进、推广，提升我县农业的科技含量和管理水平；有利于促进政府职能转变，增强各镇政府和村级组织在发展效益农业中的引导、协调、服务功能；有利于农村居民村庄布点规划的实施，加快推进社会主义新农村建设。

近年来，在各镇和有关部门的共同努力下，我县农村土地承包经营权流转工作取得了较好的成效。但与我县农业产业化发展、“十一五”规划的实施、现代农业发展和社会主义新农村建设的要求还不相适应，土地承包经营权流转推进不快，流转行为不够规范，土地流转纠纷较多，土地流转难度较大。因此，各镇和有关部门要对土地承包经营权流转中出现的新情况、新问题引起足够的重视，进一步统一思想，提高认识，积极引导，规范管理，加大扶持，大力推进农村土地承包经营权流转，加快发展规模经营，推进全县的新农村建设。

二、加快推进农村土地承包经营权流转的指导思想和基本原则

加快推进农村土地承包经营权流转的指导思想是：以党的十七大精神为指针，以稳定农村土地承包关系为基础，以提高土地利用率、投入产出率、农产品优质率、农业产业化经营水平和促进农业增效、农民增收、农村发展为目标，进一步规范土地承包经营权流转行为，促进土地承包经营权流转，提升土地规模经营水平，全面推进我县现代农业发展和社会主义新农村建设。

加快推进农村土地承包经营权流转应把握以下基本原则：

一要坚持农村土地家庭承包经营制度原则，稳定土地承包关系。推进农村土地承包经营权流转，不得改变农村土地家庭承包经营制度，承包方将部分或者全部土地承包经营权通过转包、租赁或入股等形式进行流转时，原土地承包关系不变。

二要坚持“依法、自愿、有偿”的原则，维护农民主体地位。推进农村土地承包经营权流转必须严格按照《农村土地承包法》和《农村土地承包经营权流转管理办法》的规定进行。流转双方必须协商一致，任何组织和个人不得强迫或者阻碍承包方进行土地承包经营权流转，不得改变土地所有权的性质和土地的农业用途，流转的期限不得超过承包期的剩余期限，受让方必须有农业经营能力，流转费由当事人双方协商确定，土地承包经营权流转的收益归承包方所有。

三要坚持有利于资源优化配置的原则，鼓励农民土地流转。推进农村土地承包经营权流转，应立足于土地资源的合理配置，要积极鼓励农民将土地向农业龙头企业、农民专业合作社、种田能手、规模经营大户等流转，用于高效农业、特色农业、集约化农业生产，实现土地与其他生产要素的优化组合，提高土地利用率、投入产出率，推进现代农业建设，促进农业增效、农民增收。

四要坚持因地制宜、分类指导的原则，引导农民有序流转。推进土地承包经营权流转必须与当地农村生产力发展水平和区域特色相适应，因地制宜，分类指导，有序推进，不搞一刀切。

三、加快推进农村土地承包经营权流转的扶持政策

（一）补助政策。土地流转资金补助按盐政办发〔2008〕65号《关于进一步加快发展现代农业的若干政策意见》执行。即：鼓励组建土地股份合作社，对入股土地面积200亩以上的，给予一次性奖励1至2万元；支持各镇（区）组织建一家土地流转中介组织（中心），经工商部门注册登记，运作规范，当年合计组织土地流转规模在500亩以上，流转期5年以上的，给予一次性奖励1至2万元；对当年新增连片流转面积50亩以上，流转期限在5年以上，主要用于引进开发现代农业项目或发展特色种养业的，一次性给予流出农户（含土地入股）每亩100元奖励，村级组织每亩100元工作经费。

（二）实行信贷支持和用地倾斜。县农村信用联社等金融机构要加强对农业规模经营主体的信贷支持。县和镇（区）农业贷款担保机构要积极为规模经营主体提供贷款担保服务。对规模经营主体符合有关规定，不破坏耕作层的设施农业用地和农业生产配套用房的用地可以视作农业生产用地。

（三）加大对农业基础设施建设投入力度。各地要进一步加大土地整理、标准农田和特色农业产业基地建设的工作力度，增加对农业基础设施的投入，并把土地整理、标准农田、特色农业产业基地建设、农业综合开发项目与土地流转紧密结合起来，对已形成规模经营的项目，有关部门要优先立项。

（四）加大对农村劳动力技能培训的力度。要进一步加大对农村劳动力非农技能的培训力度，提高农村劳动力非农就业能力，拓宽就业门路，加快农村劳动力的转业转岗，为农村土地承包经营权流转创造条件。

四、加快推进农村土地承包经营权流转的管理措施

（一）建立健全管理制度。各村经济合作社社管会负责对加快推进农村土地承包经营权流转工作的领导和管理，落实一名专职管理员，建立农村土地家庭承包经营台账和农村土地承包经营权流转台账，将承包方土地流转情况及时进行登记，并定期上报镇（区）农村经营管理部门。各镇（区）农村经营管理职能部门要配备专（兼）职管理员，加强对土地流转工作的指导服务和管理。

（二）加快培育土地流转中介机构。各镇（区）要引导、支持社会力量创办土地流转服务的中介组织。2008年，各镇（区）都要组建1家土地流转中介服务组织，提供土地流转信息，开展土地流转储备等服务。同时，要积极引导农民组建农村土地股份专业合作社，在稳定农村土地承包关系的基础上，进一步优化农村劳动力资源和土地资源配置，实现承包者、经营者和社会效益的最大化。

（三）加强土地流转的规范管理。一要统一使用格式合同文本。各镇（区）农村经营管理部门负责提供由县统一制定的土地承包经营权流转格式合同文本，并对土地流转合同签订加强指导和管理，避免因手续不规范而引发纠纷。二要做好土地承包经营权变更的管理。对转让、互换、退包等涉及土地承包经营权变化的土地承包经营权流转，镇（区）农村经营管理部门应当及时指导并办理土地承包经营权证的变更登记手续；对受让方要求核发土地承包经营权证的，各镇（区）农村经营管理部门要严格按照浙政办发〔1998〕39号《关于浙江省农村集体土地承包权证发放管理的实施意见》进行审核，对符合条件的，要及时办理，对不符合条件的要予以说明。三要加强档案管理。镇（区）、村两级要建立完整的土地承包经营权流转档案，做到记录清楚、查找方便、保存安全、管理科学。

（四）建立土地承包经营权流转工作考核机制。由县农经局、财政局组成考核组，对镇（区）、村农村土地承包经营权流转登记台账等进行检查验收，考核后兑现当年度土地承包经营权流转扶持政策。

五、切实加强对加快推进农村土地承包经营权流转工作的领导

各镇（区）要把加快推进农村土地承包经营权流转作为建设现代农业的一项重要任务和加快社会主义新农村建设的重要措施，认真研究部署，采取有效措施，为农村土地承包经营权流转创造良好的外部条件和政策环境。要建立以镇（区）主要负责人为组长的加快推进农村土地承包经营权流转管理工作领导小组，切实加强对这项工作的领导。要进一步加强农村经营管理队伍建设，加强对农村土地承包经营权流转工作的指导。要制定并落实加强农村土地承包经营权流转管理的激励机制，强化考核，对成效明显的村予以表彰。县有关部门要按照各自职责，对农村土地承包经营权流转工作提供积极有效的指导和服务。

新昌县人民政府
关于加强农村土地流转规范化管理的实施意见(试行)

新政发〔2008〕55号

各镇乡人民政府、街道办事处,县府有关部门:

为贯彻落实党的十七届三中全会精神,鼓励和推动农村土地流转,规范流转行为,发展现代农业,提高农业经营规模化、组织化程度。根据《中华人民共和国农村土地承包法》、《浙江省实施〈中华人民共和国农村土地承包法〉办法》、《浙江省森林林木和林地流转管理办法(试行)》等有关法律、法规和文件,现就加强我县农村土地流转规范化管理工作,提出如下实施意见:

一、指导思想

以党的十七届三中全会精神为指针,全面落实科学发展观,以稳定农村土地承包关系为基础,以有效配置土地资源、促进农业又好又快发展为目标,建立"政府引导、市场调节、农民自愿、依法有偿"的土地流转机制,提升土地规模经营水平和现代农业发展水平,促进经济、社会、生态效益全面提高,加快现代农业发展,推进社会主义新农村建设,构建城乡统筹发展的和谐社会。

二、基本原则

1. 坚持土地承包关系稳定并长久不变的原则。

2. 坚持"依法、自愿、有偿"的原则。

3. 坚持效益优先、因地制宜的原则。

4. 坚持有序流转、规模经营的原则。

5. 坚持保障和维护流转双方权益的原则。

三、当事人及其权利义务

(一)农村土地承包经营权流转的主体是家庭承包或其它方式承包的承包方。其权利义务是:

1. 承包方依法自主决定承包土地是否流转,以及流转的对象和方式;

2. 流转价款归承包方所有;

3. 承包方可以出具土地流转委托书,自愿委托村级发包方或中介组织流转其承包土地;

4. 承包方须引导和监督受让方按国家产业政策从事农业生产经营;

5. 承包方有义务理顺承包关系和配合做好农业技术辅导等社会化服务工作。

(二)流转受让方是具有农业经营能力的承包农户或其他按有关法律及规定允许从事农业生产经营的组织和个人。其权利义务是:

1. 受让方可以根据市场需求合理调整农业产业结构,自主经营;

2. 可以享受因生产经营引起的政治荣誉和相关的经济待遇;

3. 在土地流转期间,因投入而提高生产能力的,遇上级或原发包方统一规划用地需要,承包方依法收回承包土地时应服从,受让方有权获得相应的补偿(补偿标准可以在土地流转合同中约定或双方通过协商解决);

4. 受让方要按国家产业政策保持土地农业用途和土地复耕能力。

四、服务组织及其职责

县成立新昌县农村土地流转服务中心,并在县经济服务中心设立窗口,负责全县农村土地流转工作的政策咨询,指导服务,权证变更登记、补发换发,评估抵押登记,信息收集和发布等工作,森林资产由县林权评估中心评估,具体实施办法由林业局根据浙江省林业厅浙林策〔2006〕1号文件制订我县具体实施办法。各镇乡(街道)负责做好本地农村土地流转工作的指导、服务、信息收集及上报等工作(包括供求信息、流转进度、合同协议、工作经验和存在问题等)。村级发包方或中介服务组织在接受承包方委托的基础上,帮助做好委托流转的代理服务等工作。同时,分级做好流转资料归档工作。

五、流转范围及方式

(一)流转范围。农村土地流转所称农村土地,是指农民集体所有和国家所有依法由集体或农民经营的耕地、林地、水域、"四荒地",以及其它依法用于农业的土地。流转土地必须符合县域土地利用总体规划。

(二)流转方式。对集体统一经营的土地使用权流转,要按照"公开、公平、公正"原则,采用招标、拍卖、公开协商等方式发包、租赁、转让等形式流转。对农民家庭承包经营土地流转,承包方依法取得的农村土地承包经营权可以采取转包、出租、互换、转让或者其他符合有关法律和国家政策规定的方式流转。其中,以转让方式流转的,需经发包方同意,当事人应当变更承包关系。

1. 转包:承包方自愿将自己承包期内承包的土地,以一定期限全部或部分流转给本集体经济组织内部的其他业主从事农业生产经营。

2. 出租:承包方自愿将自己承包期内承包的土地,以一定期限全部或部分出租给本集体经济组织以外的业主从事农业生产经营。

3. 互换:因土地集中连片规模经营等需要,在同一集体经济组织内部的承包户之间,自愿将土地承包经营权进行互换。

4. 其他:探索农村土地流转新模式。鼓励和支持承包方将土地承包经营权采用入股等其他方式流转,承包方可以自愿联合,用土地承包经营权入股形式,设立农民专业合作社等企业,发展农业合作生产。

六、流转程序

1. 对村集体所有的统一经营土地,必须经村两委集体讨论形成方案,提交村民代表大会三分之二以上通过形成决议,按相应审批管理权限进行。对村民小组集体所有的土地流转方案需经三分之二以上户长签字同意。

2. 承包方与受让方就流转方式、期限和具体条件等自愿进行平等协商,达成流转意向,流转期限最长为50年,对"四荒地"的流转年限最长可允许70年。对农户承包经营,流转期限不超过二轮土地承包期限的,农户可以自行决定,依法流转;超过二轮土地承包期限的流转方案,必须经村民代表大会讨论通过。

3. 采用转包、出租、互换或者其他方式流转的,当事人双方向发包方备案;

4. 以转让方式流转的,事先向发包方提出申请;

5. 涉及委托流转的,取得所有农户委托流转的委托书;

6. 发包方、承包方和受让方达成一致的,签订流转合同;承包方将土地交由他人代耕不超过一年的,可以不签订书面流转合同。

7. 流转双方有意向对流转合同进行鉴证或公证的,由镇乡(街道)农业土地承包合同部门鉴证或公证处公证。

8. 村级及时将土地流转信息及新签订的合同等资料归档,并报镇乡(街道)农村土地承包管理部门;

9. 镇乡(街道)农村土地承包管理部门将有关规范性流转书面材料及时归档,并将有关工作动态报县农村土地流转服务中心备案。

七、流转合同

加强土地流转管理,土地流转必须在协商一致的基础上签订书面合同。流转合同一式四份,流转双方各执一份,发包方和镇乡(街道)农村土地承包管理部门各备案一份。流转合同使用全县统一的文本格式。流转价格确定提倡以实物折价,对流转期限较长的,在流转款的支付方式原则上要求采取分期交款方式(一般以一届村委会任期为宜),不提倡一次性交清流转费用的操作行为,以降低土地流转中的风险。

八、工作要求

1. *加强组织领导*。农村土地流转工作政策性强、涉及面广、情况复杂,事关广大农民的切身利益。开展土地流转工作,各级必须统一思想认识,切实加强领导。县里成立农村土地流转工作协调小组,各镇乡(街道)也要相应建立农村土地流转工作协调机构,完善土地流转工作机制,落实人员,明确责任,确保土地流转工作有序推进。

2. *加强流转服务*。搞好农村土地确权、登记、颁证工作。完善土地承包经营权权能,依法保障农民对承包土地的占有、使用、收益等权利。加强土地承包经营权流转管理和服务,按照依法自愿有偿原则,允许农民以转包、出租、互换、转让、股份合作等形式流转土地承包经营权,发展多种形式的适度规模经营。有条件的地方可以发展专业大户、家庭农场、农民专业合作社等规模经营主体。土地承包经营权流转,不得改变土地集体所有性质,不得改变土地用途,不得损害农民土地承包权益。

3. *及时化解矛盾*。各镇乡(街道)、村要建立矛盾纠纷调解机构,健全调解机制,积极调处因土地流转而发生的各种矛盾纠纷。因土地承包和土地流转发生矛盾和纠纷的,按属地管理原则予以解决。对各村反映的土地流转信访问题,各镇乡(街道)要高度重视,深入调查,认真细致地做好信访接待和调处工作,做到调处过程有记录,调处结果有回复和上报。

4. *强化工作考核*。土地流转和规模经营是发展现代农业的前提和基础。要积极引导,热情服务,做好工作,制定配套的优惠政策,鼓励农民离土经营创业。积极开展技能培训,扩大有组织劳务输出。大力发展农村二、三产业,增加就业岗位,为土地流转创造条件。同时,要加强农村土地流转工作的考核,考核内容以平时工作实绩和年底流转土地面积实绩存量为主,考核结果列入县委、县府对各镇乡(街道)农业农村工作目标责任制综合考核内容。

二〇〇八年十一月二十四日

中共衢州市委　衢州市人民政府
关于进一步深化集体林权制度改革的实施意见

衢委发〔2008〕15号

各县(市、区)委、人民政府,市级机关各单位:

为了进一步巩固我市第二轮山林延包成果,加快森林林木所有权、林地承包经营权(以下简称集体林权)等林业生产要素依法有序流转,盘活森林资源资产,有效配置生产要素,促进林业增效、林农增收和生态文明建设,根据浙委〔2007〕146号文件精神,现提出实施意见如下。

一、充分认识深化集体林权改革的重要意义

实行集体林权制度改革,就是要在保持林地集体所有制不变的前提下，把林地的经营权交给农民，使农民具有经营的主体地位，而且享有对林木的所有权、处置权和收益权。这项改革旨在建立适应社会社会主义市场经济要求，既能够兴林，又能够富民的林业经营体制。集体林权制度改革是农村土地经营制度重大创新和发展，同土地家庭承包经营制度具有同等重要的意义，是延长山林承包期工作的延续和深化，是优化森林资源配置的有效手段，是加快推进生态建设和保护的重大措施。深化集体林权制度改革，对明晰林权归属、加强森林资源保护、实现林业科学发展、增加林农收入，维护林区社会和谐稳定，都具有十分重要意义。各级党委、政府要从落实科学发展观、建设生态文明和构建社会主义和谐社会高度，充分认识集体林权制度改革的重要意义，按照“创业创新、富民强市”和建设小康社会的总体要求，积极推进这项改革，确保取得实效。

二、进一步稳定和完善林业生产责任制

山林承包责任制是党在农村一项长期的基本政策，要严格按照《中华人民共和国物权法》、《中华人民共和国农村土地承包法》和《中华人民共和国森林法》等法律法规，坚持长期稳定，依法保障林农的合法权益，使林民得实惠。我市第二轮山林延包工作已于2004年在全省率先基本完成，要坚持延包50年的政策不动摇，让林农吃下了“定心丸”，对已经划定的自留山，要保持林权长期不变，收益归个人所有；对已承包到户的责任山，要稳定承包关系，严格按照承包合同兑现收益；对集体统管山，要明确经营主体，规范经营方式，收益要惠及全体村民。各地要对第二轮山林延包工作进行一次回头看，工作没有到位任务没有完成的要尽快补课。

三、积极推进林业生产要素市场化流转

（一）推进林业生产要素依法、有序、规范流转。在产权明晰、不改变林地所有权和用途的前提下，按照“依法、自愿、有偿、规范”的原则，积极推进林业生产要素市场化流转。对依法取得的林权，可以依法继承、转让，也可以依法作价入股或者作为合资合作造林、经营林木的出资或合作条件。鼓励林业生产要素生产性流转，杜绝因林业生产要素流转致使森林资源遭受破坏的案件发生。

（二）规范林业生产要素市场化流转程序。林业生产要素市场化流转的范围、形式和程序。

1. 流转范围

农村集体统管山、农民承包责任山、自留山的森林、林木和林地使用权（除法律、政策规定不能流转之外）等林业生产要素，在明确权属的基础上，均可实行流转。属于集体所有的宜林荒山、荒地也可实行流转。

2. 流转形式

各种社会主体都可以通过承包、租赁、拍卖、招标、转让以及法律法规允许的其他方式参与林业生产要素市场化流转。森林、林木和林地的使用权可依法继承、抵押、担保、入股和作为合资、合作的出资或条件，经合法程序流转并经林业主管部门依法办理流转手续的森林、林木和林地的使用权可以实行再次流转。林业生产要素流转应采取公开拍卖、招标的形式进行，以充分体现公开、公平、公正。

3. 流转程序

集体所有的森林、林木和林地使用权流转须由产权单位向所在地县级林业主管部门提出申请，须提供村民大会或村民代表会议同意流转和乡政府批准的证明；属于个人所有的森林、林木和林地使用权流转由权利人向所在地乡镇政府提出申请。上述权利人提出申请时须提供流转申请表、个人身份证、法人或者其他组织的资格证明、法定代表人或负责人证明、法定代表人或委托人的个人身份证明和载明委托事项、委托权限的委托书、申请流转的森林、林木和林地的权属证明文件，到县、乡林权交易管理中心进行登记，由林权交易管理中心统一发布信息，经过资产评估后，再进行公开交易，成交后，由县级林权交易管理中心按有关法律法规政策规定办理登记、验证、注销原证、换发新证等手续。农民承包山、自留山可自行协商确定交易方式，经村民委员会确认后，须到县林权交易管理中心办理登记、建档和换发证手续。流转根据规模可分级进行，一般规模的在县级交易平台进行，数量少的可在乡镇交易平台进行。

（三）优化流转服务。建立平台，进一步加强林业要素交易服务市场建设，抓好林业生产要素流转信息发布和咨询、林权登记管理、森林资源资产评估、林权流转交易等方面的工作，为林农和业主提供一站式综合服务。一是要建立健全林业生产要素市场化流转过程中的产权登记管理办法。二是要扎实做好林业生产要素市场化流转过程中的资产评估工作。现阶段林业资产评估可由县（市、区）具有丙级以上（含丙级）资质的森林资源调查规划设计单位承担；评估人员须在各县（市、区）具有林业工程师资格，并经市林业局组织培训考试合格的人员中产生。条件成熟后，逐步组建规范的林业资产评估机构。三是要建立林业生产要素市场化流转的交易服务机构，配备必要的工作人员，切实承担产权登记、流转受理、信息发布、组织流转等服务管理工作。有条件的林业重点乡镇可根据需要设立林权交易管理分中心。

四、强化集体林权管理

（一）加强流转管理。凡森林、林木、林地使用权等林业生产要素的流转，自2008年1月1日起一律依法实行规范化、常态化管理，必须到县（市、区）林权交易管理中心办理审核、登记、建档、换发林权证等手续。在此之前已经自行协商流转的，可逐步实行规范完善，在补齐必须的相关证明材料后，再到林权交易管理中心办理登记、建档、换发林权证等手续。

（二）加强林权证管理。按照统一、规范、科学、公开的要求，认真做好林权登记、变更、权证发放、流转交易、评估监管、抵押登记等工作。加强林权档案管理，加快林权数字化管理系统建设，及时更新林权证管理数据库，并把林权管理资料与生态公益林补偿、林地征占用、造林补助以及林木采伐申请、流转、抵押等林事管理工作结合起来，不断提高管理效率。

（三）完善商品林采伐管理制度。进一步完善森林采伐限额管理制度，合理分配采伐指标，实行采伐公示制度。工业原料林和非林地上营造的人工商品林，其主伐年龄由林木所有者自主确定；速生丰产林的主伐年龄、采伐方式和采伐强度由县（市、区）林业行政主管部门确定。对成熟的人工用材林，在采伐限额内优先审批；对定向培育面积在3000亩以上的工业原料林和其他人工商品林按照浙委〔2007〕146号文件规定实行采伐限额单列，对定向培育面积在500亩以上的工业原料林和其他人工商品林，各县（市、区）要优先安排采伐指标。对农村居民在房前屋后等非规划林地种植的个人所有的零星林木，不纳入森林采伐限额管理。

（四）妥善处理林权纠纷。要按照属地管理、分级负责、依法调处的原则，制定和完善山林权属纠纷调处预案，充分发挥乡村调解机构和民间调解组织的作用，形成上下联动、齐抓共管的长效调处机制，促进林区社会和谐稳定。

（五）加强林业执法工作。林业行政主管部门要整合现有林业行政执法队伍，落实执法责任，规范执法程序，推进综合执法。加强对森林资源的监管，严肃查处乱砍滥伐林木、乱占滥用林地等违法行为。

五、努力增加林业投入

（一）增加财政投入。多渠道筹集资金，加大林业基础设施建设投入，除省财政投入外，市、县（市、区）二级财政都应加大对林业基础设施建设的投入，争取每年修建林区道路500公里以上，使林区作业条件明显得到改善。绿化造林、生态公益林管护、森林资源管护、森林防火、林业有害生物防治、林木良种推广、山林纠纷调处以及生物多样性、野生动植物资源保护等必需经费，要列入本级财政预算。

（二）积极开展林权抵押贷款业务。加快开展林权抵押贷款步伐，拓展信贷渠道，盘活森林资源资产，增强森林资源转化为资产的能力。人行、银监部门要加强对林权抵押贷款的业务指导，尽快出台相应的指导意见。林业部门要充分发挥行业管理职能，切实健全和完善森林资源资产确权、评估、登记、流转和林木采伐等环节的管理。金融机构特别是农村信用联社，要尽快出台林权抵押贷款管理办法和操作规程，创新贷款模式，为林农、林业专业合作社和林业企业提供便捷、高效多元化信贷服务。对林权抵押贷款以及用于营林生产、森林资源保护、木竹经营加工、森林休闲等林业产业贷款给予一定的利率优惠，并尽量根据生产周期合理确定贷款期限。在林权抵押贷款起步阶段，各级财政要安排专项资金，用于林业小额贷款贴息，引导金融机构支持林业发展。林业部门对林权抵押贷款，要做好林权证合法性和真实性的确认以及林权抵押登记。在抵押贷款期间，未经抵押权人同意，不得发放林木采伐许可证，不予办理林权变更手续。

（三）努力降低贷款风险。各级林业、发展改革、财政、金融等部门要认真研究出台与林权抵押贷款相配套的林业保险、贷款贴息、信贷风险补偿机制建设等扶持政策，降低金融风险和融资成本。各县（市、区）要积极探索创新，研究制定政策性林业保险政策，鼓励保险公司提供森林林木保险服务。稳妥发展林业担保机构，鼓励林业担保机构为林权抵押贷款提供担保。有条件的地方要加快成立森林资源资产收储中心，进一步降低林业信贷风险。抵押权人通过司法程序取得的抵押林权，林业部门应优先安排采伐指标。

六、切实加强对深化集体林权制度改革工作的组织领导

深化集体林权制度改革关系到千家万户的切身利益，关系到社会稳定和农村经济发展，各级党委、政府要把集体林权制度改革作为一件大事来抓，切实加强组织领导，精心组织，统一筹划。党政主要领导要负总责，分管负责人要具体抓，并建立健全责任考核、监督检查等工作机制。各地要成立深化集体林权制度改革领导小组，加强工作指导。林业部门要切实发挥好职能作用，认真做好各项基础工作。农办、财政、国土资源、司法、监察、公安、人事劳动、信访、金融、保险等有关部门要积极参与并认真履行职责，密切配合，合力推进深化集体林权制度改革工作，新闻宣传部门要做好改革政策、信息和典型事例的宣传，形成良好的舆论导向和社会氛围，为促进现代林业发展和社会主义新农村建设贡献力量。

中共衢州市委
衢州市人民政府
二〇〇八年五月二十七日

中共衢江区委　衢江区人民政府
关于深化林权制度改革的意见

区委发〔2008〕2号

各乡镇（街道）、区级各单位：

为深入贯彻落实中共中央、国务院《关于加快林业发展的决定》，巩固林业“三定”、二轮延包等林业改革成果，进一步激发山区农民发展林业的积极性，优化林业资源配置，促进适度规模经营，解放和发展林业生产力，维护生态安全，促进林业增效、林农增收，推动我区社会主义新农村建设，根据有关法律法规和政策，结合衢江实际，现就深化林权制度改革，提出如下意见。

一、充分认识深化林权制度改革的重大意义

1. 林权制度改革，为我区林业发展注入了强大动力。改革开放以来，我区通过林业"三定"、二轮延包等一系列林权制度改革，为加快林业发展注入了强大动力。在林业"三定"中，全区共划定自留山 8.68 万亩、承包山 148.26 万亩，占集体所有制林业用地面积的 82.75%。从调整土地政策入手，把林地的使用权交给农民，极大地调动了山区群众发展林业生产的积极性。全区生态林业建设稳步推进，特色林业基地建设方兴未艾，林业产业快速发展。特别是竹产业，已成为全区农业四大支柱产业之一。实践证明，实行以家庭承包经营为基础、统分结合的双层经营制度，是改革开放以来我国农村所进行的最重大的改革，是农村经济社会发展最强大的动力。

2. 充分认识深化林权制度改革的必要性和紧迫性。通过林业"三定"、二轮延包，林业产权虽已清晰，林农积极性得到充分发挥，但经营水平低、经营规模小、经营区块散、经营投入少等问题仍较突出，严重制约林业的持续快速发展。进一步加快林业发展，迫切需要制度、体制上的创新，建立完善规范有序的林权流转机制，大力提高林业经营组织化水平和林业规模经营效益。要按照"依法、规范、搞活"的原则，积极盘活林业资源要素，在产权清晰的基础上，以经济利益为纽带，以林农自愿为原则，鼓励广大林农通过联户经营、委托经营、合作经营和转包经营等方式，明确责任和利益，促进要素合理规范流动，实现适度规模经营。对统管山，要由集体经济组织成员民主决定有效的管理经营形式，鼓励转换经营机制，实行股份合作，均股均利到人到户，做到民主管理，科学经营，分配合理。建立健全林权抵押贷款担保、互助合作担保机制，增强林农生产经营能力，增加林业投入，促进林业发展。

二、准确把握林权制度改革的指导思想、基本原则和主要目标

3. 深化林权制度改革的指导思想是以邓小平理论和"三个代表"重要思想为指导，全面落实科学发展观，坚持农村土地基本经营制度，确立农民的经营主体地位，明晰林地使用权和林木所有权，放活经营权，保障收益权，大力推进综合配套改革，充分调动广大农民和社会各界参与林业建设的积极性，进一步解放和发展林业生产力，为建设社会主义新农村和确保生态安全作出贡献。

4. 深化林权制度改革的基本原则。

(1)坚持长期稳定党在农村的基本政策不动摇。深化林权制度改革是农村家庭承包经营制度的丰富和完善。在深化改革过程中，必须充分保护农民群众的林地承包经营权，把尊重农民意愿、维护农民合法权益放在首位。

(2)坚持农民得实惠、生态受保护原则。在林权改革过程中，要十分注重农民是否得到实惠、林业是否得到发展，生态是否得到保护，决不能损害农民利益、阻碍生产发展、破坏生态资源。这是深化林权制度改革必须坚守的底线。

(3)坚持"依法、自愿、有偿"原则。在推进林权流转过程中，必须坚持走群众路线，坚持依法办事，坚持因地制宜，不搞强迫命令，不搞"一刀切"。

(4)坚持公开、公平、公正的原则。实行改革内容、程序、方法、结果"四公开"，依法保护农民群众对改革的知情权、参与权、决策权和监督权。

5. 深化林权制度改革的主要目标是通过三到五年的改革，逐步建立起"产权归属清晰、经营主体到位、责权划分明确、利益保障严格、流转程序规范、服务监管有效"的现代林业产权制度，完善以集体经济组织内部家庭承包经营为基础、多种形式并存、责权利相统一的集体林地经营管理体制，发挥市场在农村林业资源配置中的基础作用，逐步建立健全覆盖林业的公共财政制度和林权抵押贷款担保制度，实现森林增长、林业增效、农民增收、生态文明、社会和谐的目标。

三、规范林权流转程序，积极培育林业要素市场

6. 鼓励林地使用权和林木所有权的合理流转。在明确权属的基础上，鼓励林地使用权和林木所有权的合理流转，优化林业资源配置，促进适度规模经营。各种社会主体都可通过承包、租赁、转让等形式参与流转。依法流转取得的林木所有权或林地使用权，可以依法继承、抵押、担保、入股，也可以按有关法律法规规定再次流转。

7. 加强林地使用权和林木所有权流转的监管。区林业部门、各乡镇(街道)要切实加强林权流转的监督管理。按照"依法、公开、自愿、有偿"原则，确保林权流转规范、有序开展。

林权流转双方当事人应按区林业部门提供的标准文本签订书面流转协议，特殊事项可通过特别约定方式附加条款。农村农户个人所有的林木和林地使用权流转，应当分别报当地乡镇人民政府、村民委员会备案。已经实现林权流转，但手续不够完备的，都应当进行相应的完善。

凡流转范围内有国家、省、县(市、区)级公益林的，都需要进行森林资源资产评估。其中涉及国家重点公益林的，根据有关规定，评估报告应当报国务院林业主管部门核准。涉及省及省以下重点公益林的，按照管理权限，分别报省、市、区林业主管部门备案。

林地权属存在争议的，在争议解决之前，任何一方都不得将有争议的林地使用权流转给第三方。

8. 个人所有的承包山、自留山，以及依法流转承包的山林，由经营者自主决定林地使用权和林木所有权是否流转。任何组织和个人不得强迫或者阻碍流转。

9. 集体统管山的林地使用权和林木所有权的流转，必须遵循下列规定：

(1)经过该集体经济组织成员三分之二以上多数同意，并报乡镇人民政府批准；

(2)进行森林资源资产评估；

(3)依法采用公开招标、拍卖的方式，在区、乡镇林权交易机构中，按照有关法律法规规定的程序公开进行。

10. 积极培育林业要素市场。区政府在区行政服务中心建立林权交易中心，山区乡镇也要设立相应的林权交易服务机构，认真做好林权流转的各项服务工作。

根据有关规定，森林资源资产评估由具有符合规定资质的森林资源调查规划设计单位承担。

进一步加强林业要素交易服务市场建设，包括森林资源信息发布、咨询、林权登记管理、林木资产评估、林权流转交易、林权抵押贷款等等，为广大林农和业主提供一站式市场综合服务。

四、稳步推进林权抵押贷款，扩大林业融投资渠道

11. 建立健全符合林业发展需要的农村金融体系。积极推进农村金融体制改革，形成有效的支持林业发展的金融合力，满足林业发展的多样化金融需求。引导各类金融机构增加林业信贷投放，开展林权抵押贷款业务。引导农户发展资金互助组织，大力培育由自然人、企业法人、社团法人发起的小额贷款组织或贷款担保组织。

12. 充分发挥农村信用社支农主力军作用。区信用社要不断创新支农服务方式，增强支农服务功能。进一步扩展小额信用贷款对象，简化贷款手续，采取更加简便快捷的融资方式，降低融资成本。完善林权抵押贷款办法，扩大贷款规模，拓宽林业信贷空间。结合信用村建设，加大农户联保和小额贷款力度，支持农民发展林业生产。

13. 区林业部门要为金融部门开展林权抵押贷款业务做好服务。其主要职责是对林权证合法性和真实性的确认。在抵押贷款期间未经抵押权人同意，不得发放林木采伐许可证、不予办理林权变更手续。对贷款到期后无力还贷，且经招标拍卖仍无法变现的抵押林木，符合采伐条件的，区林业部门要合理安排采伐指标，盘活信贷资产。

14. 积极探索森林资源资产保险，降低林权抵押贷款风险。按照“低保费、低保额、保成本”的原则，大力开展森林保险业务。

五、创新森林资源管理机制，促进林业又好又快发展

15. 完善林地承包合同，确定承发包双方林地林木管护、荒山造林和迹地更新、防火防盗防病虫害等责任，将保护管理森林资源的责任切实明确到人到户。加强指导，鼓励农民制订乡规民约，引导农民组建自我实施、自我约束、自我监督的森林资源保护体系。

16. 鼓励农民自愿成立森林防火、防止乱砍滥伐、防治病虫害组织，建立森林灾害联防和应急反应机制。引导林业经营者组建种苗、花卉、笋竹、林产品加工、营销等专业协会。积极培育和规范各种新型林业经济组织。乡镇林业工作站要充分发挥政策宣传、资源管理、林政执法、生产组织、科技推广等职能作用，健全以乡镇林业站为中心，与农民各类合作组织相连接的农村林业社会化服务网络。

17. 加强农村林业发展的基础设施建设，改善农民生产条件。要将农村林业基础设施建设纳入新农村建设规划，进一步加大投入，逐步予以改善。

六、转变林业管理方式，强化林业科技支撑

18. 区林业部门要建立适应新形势的林业管理机制，转变行政职能，创新管理方式，把工作重心转移到林业行政执法、市场监管和公共服务上来，创建公开透明的管理体系，构建公正公平的执法体系，构筑高效便捷的林业行政服务体系。

19. 进一步强化林业科技支撑。进一步加强与有关林业科研机构、大专院校的联系，做好做足“借力发展”文章，并以区林业科技推广中心、林业工作站、林学会为主体，开展多种形式的科技咨询和实用技术推广，满足农民科技兴林的愿望。积极引导农户实行科学经营，促进森林可持续经营。组织林业技术专业培训，指导技术协会、专业合作社等群众性组织和农民技术人员的林业技术推广活动，支持和引导林业经营者学科学、用科学，充分发挥科技在兴林富民中的重要作用。

七、加强领导，确保林权制度改革顺利进行

20. 加强领导。各乡镇（街道）必须充分认识林权制度改革的重要性、紧迫性和艰巨性，并把它摆上经济社会发展的重要位置。区建立林权制度改革领导小组，统一组织、协调深化林权制度改革工作。

21. 加强林权管理。要尽快建立区林权登记管理机构，认真承担起日常林权登记、变更、流转交易、评估监管、抵押登记、纠纷调处等管理职责。建立健全林权档案管理制度，向社会提供林权信息查询服务。区林业部门要把林权管理与公益林补偿、林木采伐申请、流转、抵押等林事活动管理紧密地结合起来，实现基础管理资料联网共享。要加强林权数字化管理系统建设，建立林权证管理数据库，使林权管理更加统一、规范、科学、公开。按照属地管理、分级负责、依法调处的原则，制定和完善林权纠纷调处预案，充分发挥乡镇调解委员会和民间调解组织的作用，形成上下联动、齐抓共管的长效调处机制，促进林区和谐稳定。

22. 强化宣传。组织动员群众积极参加林权制度改革，是保证改革健康发展的关键。要高度重视宣传发动，坚持舆论先行，坚持走群众路线，充分发挥电视、报刊、广播、网络等媒体的作用，通过各种形式广泛宣传改革的目的、意义、做法以及有关法律、法规、政策，统一思想，提高认识，消除干部群众的疑虑，使广大农民和干部职工了解改革、支持改革、参与改革。及时总结宣传各地的好经验、好做法，用典型引导改革健康发展。

中共衢州市衢江区委
衢州市衢江区人民政府
二〇〇八年一月四日

中共台州市委办公室　台州市人民政府办公室关于印发《台州市民营经济创新发展综合配套改革试点总体方案》的通知

台市委办〔2008〕119号

各县、市、区党委和政府，市委各部门，市级国家机关各部门，在台省部属各部门，市属各企事业单位，各人民团体：

根据《浙江省人民政府关于省级综合配套改革试点总体方案的批复》(浙政函〔2008〕102号)，现将《台州市民营经济创新发展综合配套改革试点总体方案》(以下简称《方案》)印发给你们，请结合实际，认真贯彻执行。

推进民营经济创新发展综合配套改革试点，是深入贯彻落实科学发展观，落实省委"两创"总战略的重要举措，是市委、市政府创建中国民营经济创新示范区，实施"三个台州"战略部署的必要之举。根据省委、省政府的部署，改革试点工作暂定五年，即从2008年到2012年。具体分三阶段推进：第一阶段(2008—2009年)为重点突破阶段；第二阶段(2010—2011年)为全面推进阶段；第三阶段(2012年)为完善提高阶段。通过民营经济创新发展综合配套改革试点，着重破解发展中的体制机制障碍，实现民营经济创新发展。通过推进企业制度创新和发展模式转型，放宽市场准入和优化发展环境，率先形成公平竞争的市场准入机制、自主创新的政策体系、规范完善的要素市场体系和现代产权制度，使台州成为创业活力更足、创新能力更强、创业环境更优的民营经济创新发展示范区。

各地各部门要按照《方案》要求，统一思想，加强领导，勇于创新，认真做好各个阶段的组织实施工作，特别是推进重点突破阶段改革项目(详见附件)的实施，争取上级有关部门的支持，推进我市经济社会又好又快发展。

中共台州市委办公室
台州市人民政府办公室
二〇〇八年十月三十一日

台州市民营经济创新发展综合配套改革试点总体方案

为进一步优化民营经济发展环境，激励民营经济创新发展，强化体制机制保障，结合台州经济社会发展实际，特制定2008—2012年民营经济创新发展综合配套改革试点总体方案。

一、指导思想

高举中国特色社会主义伟大旗帜，以邓小平理论和"三个代表"重要思想为指导，以科学发展观为统领，深入贯彻省委"创业富民、创新强省"总战略，以加快培育"三个台州"为目标，进一步解放思想，坚持重点突破与整体推进相结合，坚持先行先试与加快创新相结合，着力推进体制转型和制度创新，加快转变经济发展方式，充分激发民营经济创新发展的动力和活力，增强民营经济对台州经济社会发展的主导作用，把台州建设成为长三角地区创新活力足、创业环境佳、民富程度高、社会和谐好的城市之一。

二、总体目标

通过5年的改革试点，加快完善社会主义市场经济体制，着力消除束缚民营经济创新发展的体制性和政策性障碍，拓展民营经济发展空间，力争把台州建设成为浙江乃至全国民营经济创新发展的先行区、资源要素优化配置的样板区、公共服务和发展环境整体优良的示范区。

——民营经济创新能力显著提升。以企业为主体、市场为导向的自主创新体制架构基本建立，科技创新公共研发平台和服务体系加快推进，引导和激励民营经济创新发展的政策措施不断完善，实现R&D(研究与开发)投入达到GDP的2.5%。

——民营经济创新发展的要素保障更加有力。促进民营经济创新发展的土地保障机制更加完善，服务民营经济创新发展的现代金融体系更加完备，支撑民营经济创新发展的人才培养、引进激励机制更加健全。

——民营经济创新发展环境不断优化。公平市场准入机制基本建立，发展领域不断拓宽，促进民营经济创新发展的公共基础设施更加完善，政府服务和社会信用环境进一步优化。

三、主要内容

以沿海产业带加快发展为契机，着力推进民营经济创新发展，坚持政府推动与市场运作相结合，自主探索与政策支持相结合，着力在创新激励机制、公平市场准入、现代要素市场、政府公共服务体制4方面实行配套改革试点，力争取得改革成效。

(一)构筑自主创新的体制机制,激发民营企业活力

1. 加快建立创新公共平台。加快建立科技投入占地方财政支出比重稳定增长的机制。着力打造“政府引导、民资参与、市场运作”的共性技术服务平台、以生产力促进中心为主体的技术推广应用平台、以科技中介为主体的信息咨询服务平台。建立健全促进民营经济创新的支撑体系和共享机制,加快建设国家电机及机械零部件监督检验检测中心、国家汽车及零部件出口基地、中国化学原料药生产基地,探索建立共建共享的新机制。

2. 着力推进企业技术创新。探索建立有利于民营企业自主创新的激励机制,全面实施企业研发投入按150%应纳税所得抵扣的政策及其它扶持政策。促进企业加大研发投入力度,加强高标准技术中心、工程实验室建设,构建先进的技术创新体系。加快建立政府强制采购自主创新产品的制度,建立民营企业技术创新考核奖励机制。积极引进国内外大企业、大集团在台州设立研发总部,依托浙江大学等高校和中国科学院等科研院所,建立多种模式的产学研合作创新组织。

3. 创新人才激励机制。探索建立经营者和科技人员自主创新的激励分配制度,对高层次人才实行协议工资、项目工资等新分配制度。试行高级人才股权激励制度和双聘制度。建立以职业能力为基础、以工作业绩为重点的高技能人才评价体系。着力构建政府引导、行业合作和企业自主培养相结合的技能培训机制。探索建立国家级博士后科研工作站研究人员出站后在台州创新创业的激励机制。

4. 大力实施名牌名品战略。建立健全企业争创名牌的激励机制,完善争创中国驰名商标和国家名牌产品、成功注册境外商标的扶持政策。建立名牌名品的保护机制,健全企业为主、行业协作、政府支持的名牌名品保护网络体系。探索建立名牌授权、委托使用的新机制,依托重点特色行业,着力构建品牌为龙头、技术为核心、产业链为纽带的产业集群发展机制。制定出台《台州市知识产权保护实施纲要的意见》,争创全国知识产权保护示范城市,在专利申请和保护、软件开发和应用、行业和国家标准制定等重点领域、关键环节实现新突破。

5. 积极推进企业制度创新。探索民营企业产权多元化改革,着力推进民营企业公司化。健全民营企业法人治理结构,深化所有权和经营权分离改革,加快建立职业经理人制度。引导民营企业向现代经营模式转变,加快建立规模化、网络化、国际化经营新机制。探索建立有利于民营企业上市的扶持机制,培育一批具有自主创新能力的优势上市公司。

(二)建立公平市场准入机制,拓宽民营经济发展空间

6. 探索建立公平市场准入的体制机制。探索前置审批限制、注册资本限制、经营范围核准限制、投资者出资方式和企业集团登记条件“五放宽”改革试点。进一步打破行业垄断,开展特许经营权转让改革试点,完善市场竞争机制。鼓励民营企业通过合资合作、项目融资、BOT(建设—经营—转让)、BT(建设—移交)等方式,参与基础设施、市政公用事业的投资、建设与管理。

7. 探索建立以工促农的长效机制。支持民营资本参与农业规模化经营和产业化发展,提高设施农业和农产品加工业发展水平。鼓励支持民营资本领办或参与组建农民专业合作社,开展生产合作、供销合作、信用合作协同联动的改革试点,加快农业产加销一体化进程。探索建立村企联合机制,支持民营资本参与新农村建设。

(三)完善要素配置机制,破解民营经济发展瓶颈

8. 探索建立工业用地出让年限分阶段实施、出让金分批缴付的制度。围绕沿海产业带建设,以开发区(园区)为重点,开展工业用地出让年限分阶段实施、出让金分批缴付的改革试点,降低投入成本,探索建立有利于实现土地集约高效利用、确保重要项目用地的新机制。探索开展围涂海域使用证与土地使用证转换的改革试点。

9. 建立健全有利于盘活存量土地的机制。探索建立淘汰落后生产能力的制度,在城市规划区内实施“退二进三”、“腾笼换鸟”和农村新社区改造计划,优化土地利用结构。开展城镇建设用地增加与农村建设用地减少挂钩试点,开展农村集体建设用地流转改革试点。

10. 加快发展地方金融。制定培育地方金融机构的支持政策,支持台州市商业银行、浙江泰隆商业银行、浙江民泰商业银行做大做强、做精做专,实行跨区域经营和争取上市。扩大村镇银行试点,开展设立小额贷款公司及资金互助社改革试点,积极推进农村合作银行股份制改造。开展设立创业引导基金、产业风险投资公司和民营企业集团设立财务公司试点。规范完善信用担保体系。

11. 创新金融服务产品。探索开展融资租赁、公司理财和帐户托管等新业务。开展无形资产质押、农民住宅产权和土地承包权质押贷款改革试点。开展农户创业小额信用贷款、联保贷款试点。探索开展与国际规则一致的小企业循环额度贷款、出口打包或押汇贷款试点。探索开展企业股权出让和拓宽风险投资退出渠道改革试点,开展民营企业股权质押改革试点。

12. 积极推进环境资源化和资源有偿化改革。按照国家农村环境保护试点市的要求,加快建立排污总量控制制度,开展排污权交易改革试点,探索开展农业农村排污总量减少与工业发展排污总量增加相挂钩改革试点。探索建立市域生态补偿机制。实行阶梯式水价和差别电价调节机制,完善企业节能减排的评价考核机制。

(四)加快转变政府职能,优化民营经济发展环境

13. 积极推进方便企业办事的审批制度改革。进一步推进审批职能整合改革试点,完善审批服务中心功能。建立审批事项一次性告知和网上并联审批制度,实行限时办结制,提升审批服务效能。建立网上实时监察系统,强化对审批监督,提升优质高效服务水平。开展审批事项代理服务改革试点。

14. 探索开展相对集中的行政执法体制改革试点。规范涉企“收费、检查、评比、培训”行为,开展相对集中行政执法体制改革试点,解决多头执法、重复执法问题,减轻

企业负担。建设好市经济发展环境投诉监督中心。

15. 探索优化信用环境体制改革。整合各类信用资源，开展政府投资项目招投标、政府采购等领域率先应用信用记录的改革试点，加快政府，企业、社会信用体系建设，健全社会信用制度。开展企业履行社会责任改革试点，探索建立民营企业社会责任标准体系、信息公开制度和奖励制度。

16. 积极开展工资集体协商制度改革。全面推进政府、企业家协会、工会三方参与的工资集体协商制度，完善主要行业工资指导线公开机制，开展工资集体协商制度与集体合同制度联动的改革试点，建立健全企业工资民主共决机制和职工工资正常增长机制。

17. 推进行业协会(商会)改革与发展。推进政事分开改革，充分发挥行业协会、中介组织参与公共事务管理的作用。开展行业协会(商会)承接政府职能转移和政府购买行业协会(商会)服务的改革试点。建立健全行业协会(商会)应对国际贸易摩擦的机制。继续发展台州异地商会，发挥商会桥梁作用。

18. 完善基础设施保障机制。坚持基础设施先行，加大政府投入力度和深化政府投融资体制改革，结合沿海产业带规划，加快建设一批高速公路、港口、电源电网、淡水供应等基础设施，改善民营经济投资环境。

四、保障措施

(一)建立工作机制

建立由台州市委、市政府主要领导任组长的民营经济创新发展综合配套改革试点领导小组，下设办公室，办公室设在市发改委，完善推进改革试点的领导和组织机制，加强对重大事项的综合协调工作。领导小组定期召集专题工作会议，掌握进度、协调政策，加强工作指导和督查。综合配套改革试点的任务列入各级各部门年度目标责任制考核的内容。加强市与省里的沟通联系机制，请省发改委协调省级相关部门先行先试的改革政策措施，帮助台州向国家有关部门争取重大改革试点政策。

(二)制定实施意见

台州市民营经济综合配套改革试点分三阶段实施。第一阶段(2008—2009年)为重点突破阶段；第二阶段(2010—2011年)为全面推进阶段；第三阶段(2012年)为完善提高阶段。台州市将制定各阶段实施意见，出台相关配套政策，提出请省、国家有关部门协调解决的问题和意见，认真组织实施综合配套改革。

(三)改革工作项目化

根据各个阶段改革发展的实际，分别启动一批促进民营经济创新发展的重点领域和关键环节的改革项目，坚持定性与定量相结合，由市级相关部门和各县、市、区组织实施。积极营造改革试点氛围，加强试点工作交流，充分发挥各方谋划改革、支持改革、参与改革的积极性。

附：台州市民营经济创新发展综合配套改革试点2008—2009年实施项目(略)

加强党的建设篇

中共浙江省委
关于建立健全作风建设长效机制的意见

（2008 年 1 月 10 日）

浙委〔2008〕2 号

作风建设是党的建设的重要组成部分。优良的党风是凝聚党心民心的巨大力量。加强作风建设是全面落实科学发展观，发展中国特色社会主义的迫切需要；是加强党的执政能力建设和先进性建设的必然要求；是推进我省“创业富民、创新强省”总战略，全面建设惠及全省人民的小康社会的重要保证。全省各级党组织要充分认识加强作风建设的重要性和紧迫性，在推进党的思想建设、组织建设、制度建设、反腐倡廉建设的同时，加强以保持党同人民群众血肉联系为重点的作风建设，努力把我省作风建设提高到一个新水平。为进一步巩固和扩大全省“作风建设年”活动成果，推动我省作风建设深入开展，现就建立健全作风建设长效机制提出以下意见。

一、建立健全学习和宣传教育机制

1. *建立和完善定期学习制度。*坚持和完善党委（党组）理论学习中心组学习制度、支部学习制度和单位（部门）业务学习制度。通过开展读书活动、举办学习论坛、开展专题讨论交流等形式，组织党员干部特别是领导干部深入学习领会邓小平理论、“三个代表”重要思想和党的十七大精神，全面贯彻落实科学发展观，着力用马克思主义中国化最新成果武装头脑、指导实践。认真学习现代经济、科技、法律和社会管理知识，加快知识更新，优化知识结构。

2. *开展作风建设专题教育活动。*各级党委（党组）理论学习中心组每年至少安排一次作风建设专题学习。各级各部门单位的党委（党组）每年至少组织一次作风建设专题教育活动。各级党政主要负责人每年要作一次以作风建设为主要内容的党课报告。

3. *开展多种形式的作风建设宣传活动。*充分发挥党风廉政宣传教育联席会议的作用，及时研究部署作风建设宣传工作。纪检监察、组织人事、宣传思想等部门在部署年度宣传工作时，要突出宣传作风建设方面的内容，形成多层次、多形式的宣传格局。

4. *发挥先进典型的导向和示范作用。*注意发现和树立党员干部加强作风建设的先进典型，大力宣传他们的优良作风、高尚品德和先进事迹，充分发挥先进典型的示范表率作用，在全社会兴起学先进、比先进、赶先进的热潮。

5. *建立健全党员干部作风教育培训制度。*把加强作风建设的相关内容纳入各级党校、行政学院（校）及其他干部培训机构的教学计划和教育内容。新任领导干部的任职培训、在职期间的岗位培训和新录用公务员的初任培训都要突出作风建设方面的内容，努力增强作风教育的针对性和实效性。

二、建立健全联系和服务群众长效机制

6. *健全为民办实事制度。*坚持执政为民理念，以保障和改善民生为重点，进一步健全为民办实事制度和机制。各地各单位要按照省委、省政府《关于建立健全为民办实事长效机制的若干意见》(浙委发〔2004〕71号)的要求,从人民群众最关心、最直接、最现实的利益问题入手,每年推出一批为民办实事项目,并保证落实到位。

7. 完善群众诉求表达机制。整合各类投诉中心、投诉电话、门户网站和电子信箱,实行一门受理,畅通群众诉求渠道。按照"归口管理、分级负责、高效运作"的原则,形成集中、分流、落实、反馈的工作机制,确保"有诉必理,有理必果"。进一步完善决策的民主程序,对与群众利益密切相关的重大事项,实行公示、听证等制度,广泛听取群众意见,增强决策透明度和公众参与度。

8. 健全便民服务机制。建立快捷有效的服务平台,开展集中式、"点对点"式便民服务,完善县(市、区)、乡镇(街道)、村(社区)三级便民服务网络。

9. 坚持领导干部蹲点调研制度。各级领导干部要经常深入基层开展调查研究,并把经常性调研和相对集中时间的蹲点调研结合起来,每年深入基层单位调研的时间不少于2个月,相对集中的蹲点调研时间不少于1个星期。通过蹲点调研,全面了解基层真实情况,广泛听取群众意见和建议,帮助解决群众生产生活中的困难,增进与人民群众的感情。

10. 积极破解难题。继续采取领导领衔破解难题、专项行动破解难题、挂牌督办破解难题、现场办公破解难题等行之有效的方式,集中时间和精力,着力解决事关民生和发展的难题。

11. 进一步健全结对帮扶制度。完善机关单位与基层单位结对帮扶、党员联系服务群众、领导干部结对困难家庭等制度,切实为基层和群众解决实际困难和问题。帮扶工作要注重实效,每年至少办成一件帮扶实事。

三、建立健全机关效能提升机制

12. 强化对公务消费的管理。严格规范公务接待,简化公务礼仪。禁止工作日或公务活动中餐饮酒,推行自助餐或快餐、便餐。进一步加强对公车的编制管理、标准管理、日常管理,堵塞公车管理中的各种漏洞。加强公费出国管理,严格控制出国人数和次数。

13. 加强节约型机关建设。倡导厉行节约、勤俭办事的良好风尚。严格执行中央、国务院有关控制楼堂馆所建设和评比达标表彰活动的各项规定,合理配置和科学使用机关办公设施,努力降低各种费用开支。加强机关建筑物、办公系统节能改造,积极采购使用节能用品。制定和实施节电、节水、节油、降耗等节约制度,切实降低行政成本。

14. 不断深化机关效能建设。进一步精减行政审批事项,完善行政审批方式,规范行政审批行为,深化行政审批制度改革,在县(市、区)大力推进政府部门审批事项的整合与集中,强化行政服务中心功能,形成上下联动、部门协作、运转规范、高效透明的行政审批服务体系。深化政务公开,打造"阳光政府"新形象,根据《中华人民共和国政府信息公开条例》,出台规范政府信息公开实施细则,完善公用事业单位办事公开制度。进一步精减文件会议,健全网上公文交换信息系统和网上办事大厅等新型办事平台。加强对行政行为的内部监督,建立健全电子政务实时监察系统,完善对行政行为的社会监督体系,开展经常性监督检查。

四、建立健全作风建设预警机制

15. 探索建立科学的作风评价体系。研究制定科学合理的作风建设评价办法,充分发挥廉情指数、效能指数等在分析评价作风状况中的作用。加强对作风建设有关信息的综合分析,逐步建立作风建设科学评价体系。

16. 建立和完善网络舆情监测制度。加强对新闻网站、网络论坛、网络博客的日常监测,有效收集、整理和分析有关作风建设领域的信息,了解和掌握社情民意,形成作风建设舆情的汇集和分析机制。

17. 加强信访和投诉平台的建设。认真受理对干部作风问题的来信来访,充分发挥信访部门和各投诉中心在信息收集中的作用,及时掌握干部作风中的突出问题,研究制定相关对策措施。

五、建立健全作风建设监督评议和奖惩激励机制

18. 开展作风建设专项监督活动。各级纪检监察机关要加强对作风建设的监督检查,及时发现和解决作风建设方面存在的突出问题。充分发挥人大代表、政协委员、特邀监察员、效能与行风监督员在推动作风建设中的作用。定期组织明查暗访活动,查找作风建设中的薄弱环节,并督促采取有效措施,切实加以整改。

19. 建立完善作风评议制度。各地各单位每年都要主动听取服务对象、基层群众对作风建设的意见和建议,自觉接受群众监督。县(市、区)、乡镇(街道)要积极开展群众评议机关活动,每年都要确定一部分与群众生产生活密切相关的部门和单位作为评议对象,开展民主评议。在基层站所继续开展行风评议和创建群众满意站所活动。群众评议及整改的结果要在新闻媒体上公开。

20. 建立健全作风建设考核制度。把作风建设情况纳入党风廉政建设责任制考核范围,并将考核结果作为对部门目标责任制考核和领导干部政绩考核的重要内容。对重视作风建设且成效明显的地方、单位和个人,要给予表彰;工作不抓紧、作风状况差、群众意见多的单位,不得评为年度工作先进,并视情追究单位有关领导的责任。对违反作风建设规定的行为,要依纪依法严肃处理。

六、建立健全作风建设组织领导机制

21. 切实加强对作风建设的领导。建立健全党委统一领导,党政齐抓共管,纪委组织协调,部门各负其责,机关单位和党政干部积极参与,社会各界共同监督的领导体制和工作机制。各地各单位都要建立作风建设领导小组,负责对作风建设的组织领导、工作部署和监督检查。将作风建设纳入党建总体规划,与其他工作一起部署、一起落实、一起考核。

22. 建立作风建设责任人述职制度。党委(党组)书记是作风建设的第一责任人,对本地本单位的作风建设负总责,每年要结合年度述职,形成书面材料,向上级党委和纪检机关、组织部门报告抓作风建设的情况。领导班子的其他成员要切实履行一岗双责,在抓好分管范围业务工作

的同时，抓好作风建设，每年要把工作情况向党委（党组）作出报告。

23. 强化职能机关的协调联动工作。纪检、组织、宣传等职能机关在作风建设中担负着重要职责，要各司其职、协作配合。各级纪检监察机关要主动协助党委抓好作风建设的组织协调工作，定期进行作风建设的分析评估，及时提出加强和改进作风建设的工作建议，加强日常的监督检查和工作指导，总结推荐先进典型，严肃查处违纪违规问题。组织部门要把领导干部作风状况列入考察内容，以正确的用人导向促进作风建设。宣传部门要把作风建设作为宣传的重点，组织新闻舆论媒体积极宣传作风建设的成果和涌现出来的先进典型，为作风建设的深入开展营造良好的舆论氛围。其他有关部门要发挥职能作用，搞好协调配合，形成作风建设的强大合力。

24. 领导干部要做作风建设的表率。各级党委（党组）都要建立健全加强自身作风建设的制度规定。领导班子成员要带头树立社会主义荣辱观和正确的政绩观，带头践行八个方面的良好作风，自觉接受群众监督，讲党性、重品行、作表率，做到为民、务实、清廉，以自身的良好作风带动本地本单位的作风建设。

中共浙江省委
关于认真学习贯彻十七届中央纪委二次全会精神的通知

浙委〔2008〕14 号

各市、县（市、区）党委，省直属各单位党委（党组）：

2008 年 1 月 14 日至 16 日，十七届中央纪委召开第二次全体会议，中共中央总书记胡锦涛发表了重要讲话，中央政治局常委、中央纪委书记贺国强作了工作报告（中办通报〔2008〕第 1 期）。为深入学习贯彻会议精神，全面推进党风廉政建设和反腐败斗争，现通知如下。

一、深刻领会胡锦涛同志重要讲话的精神实质

十七届中央纪委二次全会是在全党全国深入学习贯彻党的十七大精神、全面推进中国特色社会主义伟大事业的形势下召开的一次重要会议。胡锦涛同志的重要讲话，高举中国特色社会主义伟大旗帜，以邓小平理论和“三个代表”重要思想为指导，深入贯彻落实科学发展观，从党和国家事业发展全局和战略的高度，深刻阐述了新形势下加强反腐倡廉建设的重要性和紧迫性，精辟分析了当前党风廉政建设和反腐败斗争面临的形势，明确了当前和今后一个时期加强反腐倡廉建设的指导思想、基本要求、工作原则和主要任务，要求全党把反腐倡廉建设作为一项重大政治任务切实抓紧抓好，这充分表明了我们党坚决惩治和有效预防腐败的决心和能力。胡锦涛同志强调，反腐倡廉建设要注意把握和体现改革创新、惩防并举、统筹推进、重在建设的基本要求，坚持加强思想道德建设与加强制度建设、严肃查办大案要案与切实解决损害群众切身利益的问题、廉政建设与勤政建设、加强对干部的监督与发挥干部主观能动性相结合，把反腐倡廉建设放在更加突出的位置，更加坚决地惩治腐败，更加有效地预防腐败。胡锦涛同志的重要讲话，高屋建瓴，主题鲜明，论述精辟，充分体现了解放思想与实事求是的高度统一，总结过去与开创未来的高度统一，理论创新与实践创新的高度统一，进一步丰富和发展了党的建设和反腐倡廉理论，是加强反腐倡廉建设的纲领性文献。胡锦涛同志的重要讲话精神，对于深入开展党风廉政建设和反腐败斗争，全面推进党的建设新的伟大工程，不断开创中国特色社会主义事业新局面，具有十分重要的意义。全省各级党组织要认真学习、深刻领会胡锦涛同志重要讲话的精神实质，切实把党员干部的思想和行动统一到讲话精神上来。

二、结合实际，深入推进反腐倡廉建设

学习贯彻十七届中央纪委二次全会精神，必须紧密联系我省实际，始终坚持反腐倡廉战略方针，牢牢把握改革创新、惩防并举、统筹推进、重在建设的基本要求，坚持反腐倡廉常抓不懈，坚持拒腐防变警钟长鸣，把反腐倡廉建设贯穿于社会主义经济建设、政治建设、文化建设、社会建设各个领域，体现在党的思想建设、组织建设、作风建设、制度建设各个方面，切实提高反腐倡廉建设成效，为我省顺利实施“创业富民、创新强省”总战略提供强有力的保证。当前要着重把握好以下几个方面：

（一）着力完善具有浙江特色的惩治和预防腐败体系。深入贯彻中央《建立健全教育、制度、监督并重的惩治和预防腐败体系实施纲要》和即将出台的《建立健全惩治和预防腐败体系 2008—2012 年工作规划》，全面落实今后五年惩治和预防腐败体系建设的各项任务，不断完善具有浙江特色的惩治和预防腐败体系。在省里出台 2008—2012 年惩治和预防腐败体系建设实施办法后，各级党组织要抓紧制定并认真实施今后五年惩防体系建设的具体细则。

（二）注重解决损害群众利益的突出问题。始终坚持把维护群众利益放在第一位，以保障和改善民生为重点，坚决纠正损害群众利益的不正之风，重点解决生态环境保护、食品药品质量、安全生产、征地拆迁等方面群众反映强烈的问题，促进社会和谐，维护公平正义。要全面加强以保持党同人民群众血肉联系为重点的作风建设，坚持正确的用人导向，鼓励广大干部深入基层、深入群众，敢于直面困难、正视矛盾，主动到条件艰苦、环境复杂、矛盾集中的地方去，认真解决领导干部在廉政勤政方面存在的突出问题，进一步巩固"作风建设年"活动成果，弘扬新风正气，抵制歪风邪气。

（三）进一步拓展从源头上防治腐败工作领域。在更加坚决地惩治腐败的同时，更加有效地预防腐败。针对腐败案件易发多发的领域和环节，强化权力制约和监督，深化改革和创新体制，不断拓展从源头上防治腐败工作领域，努力形成拒腐防变教育长效机制、反腐倡廉制度体系、权力运行监控机制，着力提高预防腐败的能力和水平。深入推进行政管理体制、干部人事制度、财政管理制度改革，特别是要从制度上更好地发挥市场在资源配置中的基础性作用，继续深化统一招投标平台建设。

（四）认真落实党风廉政建设责任制。实行和完善体现科学发展观和正确政绩观要求的干部考核评价体系，把反腐倡廉建设状况列入对领导班子和领导干部的考核评价范围。定期检查党风廉政建设责任制的落实情况，对2008年的重点任务适时开展督促检查，确保落实到位。各级党委要把反腐倡廉建设放在更加突出的位置，认真落实党风廉政建设责任制，主要领导干部要切实履行第一责任人的职责，领导班子其他成员要抓好职责范围内的反腐倡廉工作。党员领导干部要模范遵守社会公德、职业道德、家庭美德，加强个人品德修养，自觉弘扬八个方面的良好作风，带头执行领导干部廉洁从政的各项规定，自觉做秉公用权、廉洁勤政的表率。

三、加强组织领导，确保取得实效

学习贯彻十七届中央纪委二次全会精神，是当前一项重要政治任务。各级党委要深化认识、统一思想，加强领导、务求实效。

（一）精心组织安排。通过理论学习中心组、专题报告会等多种形式，组织党员干部深入学习、全面领会胡锦涛同志重要讲话精神，把思想和行动统一到讲话精神上来。各级领导干部要带头学习，充分发挥表率作用，同时要加强对本单位学习的督促和指导。纪检、宣传等单位要加强协调和指导，形成合力，把学习、宣传活动引向深入。

（二）紧密联系实际。学习贯彻十七届中央纪委二次全会精神，要与贯彻落实党的十七大和省第十二次党代会精神结合起来，与推进"创业富民、创新强省"总战略结合起来，与学习贯彻赵洪祝同志在十二届省纪委二次全会上的讲话精神结合起来，与本地本单位实际结合起来；要突出重点，区分层次，创新形式，丰富内容，增强学习贯彻的针对性和实效性，努力使党员干部认识上有新提高、实践上有新收获。

（三）注重典型引路。各级党组织要结合今年作风建设各项工作，注重发现和树立先进典型，大力宣传他们的先进事迹，引导广大党员干部向先进学习，真正做到为民、务实、清廉。同时，要运用反面案例开展警示教育，引导和提醒广大党员干部自重、自省、自警、自励，筑牢拒腐防变的思想道德防线。

中共浙江省委

二〇〇八年一月三十一日

中共浙江省委关于印发《浙江省建立健全惩治和预防腐败体系2008—2012年实施办法》的通知

浙委〔2008〕55号

各市、县（市、区）党委，省直属各单位党委（党组）：

为深入贯彻落实中央《建立健全惩治和预防腐败体系2008—2012年工作规划》（中发〔2008〕9号，以下简称《工作规划》），进一步推进我省反腐倡廉建设，现将《浙江省建立健全惩治和预防腐败体系2008—2012年实施办法》（以下简称《实施办法》）印发给你们，请认真贯彻执行。

加强以完善惩治和预防腐败体系建设为重点的反腐倡廉建设，是我们党深刻总结反腐倡廉实践经验、准确把握我国现阶段反腐倡廉形势得出的科学结论，是从提高党的执政能力、保持和发展党的先进性全局的高度作出的重大决策，是发展中国特色社会主义、推进党的建设新的伟大工程的必然要求，对于实现党的十七大确定的各项任务、夺取全面建设小康社会新胜利，具有十分重要的意义。

《实施办法》是按照中央《工作规划》的部署和要求，结合我省实际制定的，对今后5年全省推进惩治和预防腐败体系建设具有重要指导作用。各级党委和政府要从政治和全局的高度，深刻认识贯彻落实《实施办法》的重要意义，把它作为今后一个时期全面落实党的十七大和省第十二次党代会精神，深入推进反腐倡廉建设的一项重要政治任务，列入重要议事日程，深入学习、广泛宣传、抓好落实。要加强领导、明确责任、健全机制、强化督查，努力完成《实施办法》提出的各项工作任务。

各地各部门对贯彻执行《实施办法》的意见和建议，请及时报告省委。

中共浙江省委
二〇〇八年五月十八日

浙江省建立健全惩治和预防腐败体系2008—2012年实施办法

为全面贯彻党的十七大和省第十二次党代会精神，认真落实中央《建立健全惩治和预防腐败体系2008—2012年工作规划》和《浙江省惩治和预防腐败体系实施意见》，进一步推进我省惩防体系建设，特制定本实施办法。

一、总体要求

（一）指导思想

高举中国特色社会主义伟大旗帜，以邓小平理论和“三个代表”重要思想为指导，深入贯彻落实科学发展观，促进社会主义和谐社会建设，坚持党要管党、从严治党，坚持标本兼治、综合治理、惩防并举、注重预防的方针，把反腐倡廉建设放在更加突出的位置。把惩治与预防、教育与监督、深化改革与完善法律制度有机结合起来，在坚决惩治腐败的同时，更加注重治本，更加注重预防，更加注重制度建设，做到惩治和预防两手抓、两手都要硬，为扎实推进“创业富民、创新强省”总战略、全面建设惠及全省人民的小康社会提供强有力保证。

（二）工作原则

——坚持围绕中心、服务大局。围绕省委“创业富民、创新强省”总战略，把推动科学发展、促进社会和谐作为惩防体系建设的出发点，站在全局的高度来谋划和落实体系建设工作，做到既发挥服务和促进作用，又推动反腐倡廉各项工作的落实。

——坚持惩防并举、注重预防。以建设性的思路、举措和方法推进反腐倡廉建设。正确把握治标与治本、惩治与预防的关系，既要严肃查处违纪违法案件，坚决惩治腐败，又要着力减少腐败现象滋生蔓延的土壤和条件，有效预防腐败。

——坚持深化改革、创新制度。以改革创新的精神抓好反腐倡廉建设，不断深化体制机制制度改革，使预防腐败与各项改革思路相合、措施相配，同步推进、协调发展。

——坚持突出重点、统筹推进。紧紧抓住腐败现象易发多发的重点领域和关键环节，以规范和制约权力为核心，以领导干部为重点，加强教育，完善制度，强化监督，改进作风，深化改革，严厉惩处，全面推进惩治和预防腐败体系建设。

——坚持立足实际、注重实效。紧密结合实际，全面完善整体构建、行业构建、专项构建、联合构建和科技促建的惩防体系“4＋1”构建方式。进一步完善党政机关、国有企事业单位和农村基层“三位一体”的布局，不断取得惩防体系建设的新成效。

（三）工作目标

在目前初步建立惩防体系基本框架的基础上，再经过五年的努力，建立健全拒腐防变教育长效机制、反腐倡廉制度体系和权力运行监控机制，消极腐败现象进一步得到遏制，人民群众的满意度不断提高，具有浙江特色的惩治和预防腐败体系基本建立。

二、加强宣传教育，形成拒腐防变教育长效机制

（一）认真开展党风党纪教育活动

把反腐倡廉教育纳入全省宣传教育总体部署，融入全省学习实践科学发展观活动之中，纳入社会主义核心价值体系建设范畴。根据党中央和中央纪委的部署，在全省党员中开展党风党纪专题教育，教育和引导各级领导干部自觉遵守党的政治纪律、组织纪律、经济工作纪律和群众工作纪律。把廉政勤政和艰苦奋斗教育与社会公德、职业道德、家庭美德、个人品德教育和法制教育结合起来，教育广大党员坚持党性原则，模范遵守党纪国法，继承优良传统，践行社会主义荣辱观，增强宗旨意识、忧患意识和反腐倡廉意识。

（二）深化领导干部反腐倡廉教育

强化理想信念和廉洁从政教育。大力推进中国特色社会主义理论体系的学习贯彻，教育和引导各级领导干部深刻领会科学发展观的科学内涵、精神实质和根本要求，坚定共产主义远大理想和中国特色社会主义共同理想。制定《加强对领导干部反腐倡廉教育的意见》，以树立马克思主义世界观、人生观、价值观和正确的权力观、地位观、利益观为根本要求，以艰苦奋斗、廉洁奉公为主题，以立党为公、执政为民为目标，开展理想信念和从政道德教育。创新示范教育、警示教育、岗位廉政教育和主题教育形式，建设和完善一批法纪教育基地，增强教育的针对性和实效性。

完善党委（党组）理论学习中心组学习制度，定期安排反腐倡廉理论学习。把《新时期领导干部反腐倡廉教程》等教材纳入各级党校、行政学院及其他干部培训机构的教学内容。加强领导干部在职期间的岗位培训，开设廉政教育课程。完善新任领导干部党风廉政教育培训制度。健全领导干部讲党课制度，各级党政主要负责人每年要讲一次廉政党课。

（三）完善反腐倡廉宣传教育工作机制

纪检监察、组织人事、宣传思想、新闻出版、广播电视等机关和部门要把反腐倡廉宣传教育纳入年度工作计划，作出部署，充分发挥各类宣传教育机构的作用，形成宣传合力。健全联席会议制度，完善反腐倡廉宣传教育工作

格局。

加大反腐倡廉宣传教育力度，深入宣传党的反腐倡廉理论、方针政策、成果经验，宣传勤廉兼优的先进典型。党报党刊、电台电视台和重点新闻网站、政府网站要通过设立专栏或专题等形式，积极开展反腐倡廉形势宣传，营造良好的舆论氛围。健全新闻发布会制度，适时通报反腐倡廉工作情况，加强对热点问题的引导。探索建立反腐倡廉网上舆论引导协调、总结评估机制，提高网上舆论应对能力。

(四)深入推进廉政文化建设

进一步落实《关于加强廉政文化建设的意见》，把廉政文化建设纳入公共文化服务体系建设。建设一批省级廉政文化教育基地，落实和推进"廉政文化建设精品工程"。广泛开展丰富多彩的廉政文化创建活动，深入推进廉政文化进机关、学校、企业、家庭、社区和农村，积极开展"六进"活动示范点创建工作。以"为民、务实、清廉"为主题，扎实开展廉政文化进机关活动。落实《关于在大中小学全面开展廉洁教育的意见》，把廉洁教育纳入省通用地方课程《人、自然、社会》，深化青少年廉洁教育工作，丰富青少年思想道德实践活动。结合企业文化建设，深入开展依法经营、廉洁从业教育。围绕创建"廉洁家庭"，倡导文明风尚和清廉家风。结合建设"和谐社区"，开展社区廉洁文化创建活动。充分利用农村党员干部现代远程教育，结合农村传统文化活动，加强农村廉政文化建设。

三、注重制度建设，完善反腐倡廉制度体系

(一)健全反腐倡廉法规制度

加强对反腐倡廉法制建设的领导。及时把一些比较成熟的制度、规定上升为规范公务人员从政行为的法规规章，充分发挥法制在惩治和预防腐败中的保障作用。通过制定地方性法规规章，规范行政许可、行政收费、行政处罚、行政强制方面的行为。制定《浙江省政府非税收入管理条例》、《浙江省企业投资项目管理办法》、《浙江省政府采购法实施细则》、《浙江省综合评标专家管理办法》、《政府投资预算管理办法》等，修订《浙江省行政服务中心管理办法》，研究制定和完善规范行政决策、行政执法等行为的程序规则。

(二)加强党内民主和党内监督制度建设

健全党内民主制度。坚持民主集中制，加强领导班子议事、情况沟通以及监督检查民主集中制执行情况等方面的制度建设。完善党的代表大会制度，实行党的代表大会代表任期制，稳步推进县(市、区)党代会常任制，探索制定党代会常任制试行办法。积极推行党内询问和质询制度。做好党委委员、纪委委员提出罢免或撤换要求处理的试点工作，进一步发挥党委委员、纪委委员作用。建立健全常委会向全委会，全委会向代表大会报告工作、接受监督的制度和党的代表大会代表提案制度、代表提议的处理和回复机制。探索建立同级党代会代表、全委会对常委会工作进行评议监督制度。制定党务公开工作意见，健全党内情况通报、情况反映制度。增强党组织工作透明度。

(三)完善决策机制

完善重大决策的规则和程序，促进决策科学化、民主化。规范集体领导和分工负责制度，坚持重大决策、重要干部任免、重大项目安排、大额度资金使用的集体研究制度，规范集体票决的程序和运行机制。对涉及经济社会发展全局的重大事项，要广泛征询意见，充分协商和协调；对专业性、技术性较强的重大事项，要进行专家论证、技术咨询、决策评估；建立社情民意反映制度，健全与群众利益密切相关的重大事项社会公示制度和社会听证制度，扩大人民群众的参与度，努力形成公众参与、专家论证和党委(党组)政府决定相结合的决策机制。建立决策失误责任追究制度，健全纠错改正机制。

(四)建立健全党员干部廉洁从政行为规范

认真贯彻《廉政准则》，落实党员领导干部报告个人有关事项制度。继续治理领导干部违反规定收送现金、有价证券、支付凭证和收受干股，违反规定插手市场交易活动，以及在住房上以权谋私等问题。进一步完善党政领导干部廉洁从政行为规范，建立完善国有企事业单位领导人员廉洁从业行为规范。严格执行领导干部配偶、子女个人从业的规定。规范领导干部兼职以及离职和退休后从业行为。

(五)完善违纪违法行为惩处制度

根据《中国共产党纪律处分条例》和《行政机关公务员处分条例》，建立相关配套的制度。研究制定党员领导干部问责、行政过错责任追究办法和对损害群众利益行为的责任追究办法。加强对纪检监察机关、司法机关、行政执法机关执纪执法行为的监督管理。

(六)探索建立廉政廉情评价办法

探索建立廉政评价办法，充分运用干部考察考核、巡视工作、经济责任审计、责任制考核、民主评议、信访举报、纠风工作、案件查处、党风廉政建设问卷调查等方面的信息和结果，把定性评价与定量评价有机结合起来，科学评价党员干部廉政情况，并作为干部任用和奖惩的重要依据。探索廉情预警机制，不断提高反腐倡廉工作的科学性、前瞻性和有效性。

(七)完善反腐倡廉工作领导体制和工作机制

进一步落实党风廉政建设责任制。完善反腐败组织协调工作机制，落实由纪委书记担任同级反腐败协调小组组长的规定。积极发挥协调小组、联席会议等机制的作用，加强对反腐败重大事项、重大案件的指导、协调和督办。加强基层纪检组织建设，扩大基层纪检组织覆盖面，推进基层纪检工作规范化建设。

四、强化监督制约，促使权力规范运行

(一)加强对领导机关、领导干部特别是各级领导班子主要负责人的监督

加强对遵守党的政治纪律的监督。维护党的章程和其他党内法规，维护中央权威和党的集中统一，始终同以胡锦涛同志为总书记的党中央保持高度一致，确保党的路线方针政策贯彻执行，确保党的十七大精神的全面贯彻落实。

加强对科学发展观贯彻落实情况的监督。围绕加强

和改善宏观调控、转变经济发展方式、增强自主创新能力、提高质量和效益、建设社会主义新农村等重大政策和改革措施进行监督检查,防止和纠正违背科学发展观的行为。

加强对民主集中制执行情况的监督。严格执行全委会和党委常委会议事规则、决策程序等制度。认真开展对全局性问题、重要干部推荐任免和奖惩等方面贯彻执行民主集中制情况的监督检查,反对和防止个人专断。

加强巡视工作。贯彻落实《中国共产党巡视工作条例》,重点加强对市、县(市、区)的巡视,继续加强省级单位的巡视,加强对国有重要骨干企业、高等院校和省重点工程项目的巡视。围绕省委中心工作,开展交叉巡视和专项巡视。建立健全巡视成果运用机制。

加强纪检监察派驻(出)机构统一管理。制定纪检监察机关派驻(出)机构工作有关规定,完善管理体制和工作机制,发挥派驻(出)纪检监察机构监督职能作用,切实加强对驻在部门领导班子及其成员的监督。

(二)发挥各监督主体的作用

加强和改进党内监督。严格执行党章,认真贯彻《党内监督条例》,继续抓好《浙江省党内监督十项制度实施办法(试行)》的贯彻落实。切实改进民主生活会的方式方法,增强党内政治生活的原则性,积极开展批评和自我批评,加强领导班子成员之间相互监督。坚持领导干部参加双重组织生活会制度,接受党员群众的监督。加强上级党委和纪委对下级党委及其成员的监督,健全上级党委对下级党委常委的经常性考察和定期考核机制。加强常委会内部监督。加强同级纪委对常委会成员的监督。完善领导干部任前廉政谈话、诫勉谈话、纪委负责人同下级党政主要负责人谈话、述职述廉、函询等制度,建立和完善立项督查制度。各级纪检监察机关及其工作人员要自觉接受党组织、党员和人民群众的监督。

支持和保证人大监督。认真落实《监督法》、《中共浙江省委关于进一步加强人大工作的意见》,研究制定实施《监督法》的有关法规,支持各级人大对"一府两院"执行法律法规和行使职权活动的监督。通过听取审议专项工作报告、加强规范性文件备案审查、开展专项调查、询问和质询,促进行政权、审判权、检察权正确行使。严格审查和批准决算,审议预算的执行情况。建立对行政执法部门的执法评议制度。重视人大代表由本级人大常委会统一安排的视察工作,认真办理人大代表议案和建议。

支持和保证政协民主监督。把政治协商纳入决策程序,支持政协运用会议、专题调研、委员视察、提案等形式,对国家宪法和法律法规的实施、重大方针政策的贯彻执行、国家机关工作人员履行职责和廉政情况等开展监督。完善民主协商程序和通报制度;强化对政协提案办理结果的督查。开展政协委员与执纪执法部门联合检查活动,对群众反映强烈的热点、难点问题进行检查、评议,督促问题的解决。发挥民主党派和无党派人士的监督作用,认真听取他们的批评和建议,自觉接受监督。

支持和保证政府专门机关监督。加强政府法制监督,认真落实《全面推进依法行政实施纲要》,强化行政复议监督,不断规范行政权力和行政程序,加强对自由裁量权运行的监督和制约。健全行政执法责任制、评议考核制和过错责任追究制,研究起草行政执法过错责任的追究办法。充分发挥行政监察的职能作用,积极开展廉政监察、执法监察、效能监察。加强对国家行政机关及其工作人员的监督,规范行政权力,改善行政管理,提高行政效能,保证政令畅通。强化财政收支审计监督,逐步推行效益审计;加强对国有企业、重点专项资金和重大投资项目的审计监督;建立政府投资后评价制度和投资责任追究制度;深化市县(市、区)长、党政部门领导干部和国有企业领导人员经济责任审计。推行审计结果公告和移送制度,加强审计成果运用,对审计出来的问题,依法追究相关责任人的责任。

支持和保证司法监督。支持和保证司法机关依法独立行使审判权、检察权。支持审判机关依法受理、审理和执行行政诉讼案件,支持检察机关依法查办和预防职务犯罪。开展对立案侦查、审判和执行活动的监督,查办贪污贿赂、渎职侵权等职务犯罪,推进预防职务犯罪工作。认真落实《浙江省预防职务犯罪条例》,建立预防职务犯罪信息库。

支持和保证群众监督。认真实施政府信息公开条例,推进政府上网工程。深化政务、厂务、村务公开和公用事业单位办事公开,进一步规范公开的形式、内容和程序,增强公开的针对性和实效性。依法保障人民群众行使监督权,加强信访工作,健全信访举报工作机制,畅通诉求表达渠道,探索建立群众评议党政机关制度,进一步完善特邀监察员、效能与行风监督员等制度。发挥工会等群团组织的监督作用。

加强和改进舆论监督。认真贯彻落实中央有关加强和改进舆论监督工作的意见,重视和支持新闻媒体正确开展舆论监督。各级领导干部要正确对待舆论监督,增强接受舆论监督的自觉性,听取人民群众的意见和呼声,推动和改进工作。新闻媒体要坚持科学监督、依法监督和建设性监督,遵守职业道德,把握正确导向,注重社会效果。

健全监督机制。建立健全决策权、执行权、监督权既相互制约又相互协调的权力结构,形成结构合理、配置科学、程序严密、制约有效的权力运行机制。建立健全强化监督的机制,研究解决重点难点问题,把各监督主体结合起来,切实增强监督合力。

五、深化作风建设,密切党和人民群众的血肉联系

(一)改进党政机关和领导干部作风

以"抓作风建设,促创业创新"为主题,进一步加强领导干部思想作风、学风、工作作风、领导作风和生活作风建设,继承党的光荣传统,牢记"两个务必",弘扬"八个方面"的良好风气,发扬艰苦奋斗精神,大兴求真务实之风,讲党性、重品行、作表率,讲实话、察实情、办实事、求实效。扎实开展"创新业绩、树新形象"主题实践活动,切实解决领导干部在作风建设方面存在的突出问题,以优良的党风促政风带民风,着力营造"党风正、政风清、民风和"的社会环境。

加强党政机关作风建设,坚决制止奢侈浪费现象。要提高机关工作效率,改进服务质量,简化会议文件,规范行政行为。要认真执行办公用房建设标准和装修、设备配备标准。规范公务接待，加强公务用车管理。自觉遵守中央《关于进一步加强因公出国（境）管理的规定》，加强因私出国（境）的管理。

建立作风建设长效机制。认真落实省委、省政府《关于建立健全作风建设长效机制的意见》，把作风建设纳入党的建设总体规划，形成党委统一领导、党政齐抓共管、纪委组织协调、部门各负其责、机关单位和党政干部积极参与、社会各界共同监督的作风建设领导体制和工作机制。

（二）改进国有企业和高等院校领导人员作风

深入开展政治素质好、经营业绩好、团结协作好、作风形象好的“四好”领导班子创建活动。采取切实措施，纠正一些国有企业领导人员在公务活动中奢侈浪费、违规公款消费、独断专行、任人唯亲以及对职工困难漠不关心等群众反映强烈的不良风气，形成守法行事、勤廉办事、民主议事、节俭从事的良好风尚。围绕国有企业领导人员廉洁从业情况，开展自查自纠和监督检查，对突出问题进行专项清理。切实改进高等院校领导人员作风，提高民主决策和校务公开制度化、规范化水平。

（三）改进农村基层干部作风

继续贯彻落实中央和省委关于加强农村基层党风廉政建设的意见，坚持乡镇机关、基层站所和村级组织三位一体，以“农村基层党风廉政建设示范村”创建活动和基层站所民主评议为抓手，整体推进农村基层党风廉政建设，建立健全长效机制。

加强制度建设，完善工作规范。研究制定党风廉政建设责任制向村级延伸的具体规定和责任追究的具体办法；加强监督检查，认真落实《浙江省农村基层党员和干部廉洁自律若干规定（试行）》；健全民主管理制度，坚持乡镇党员代表大会或党员大会制度，完善以村民会议、村民代表会议为主要形式的村级民主决策制度，规范村民委员会、村民会议（村民代表会议）议事规则等，推行民主协商、民主恳谈、民主听证等民主议事方式，形成“以制度治村，按程序办事”的村级民主管理模式，全面推行村干部述职述廉、村民质询和民主评议等制度。健全乡镇（街道）、基层站所领导班子议事规则和决策程序，完善岗位责任制、个人有关事项报告、任前谈话、廉政谈话、信访谈话等制度，完善日常管理制度和工作机制。

创新村级民主监督机制，认真落实《关于建立健全村级民主监督组织，加强村级民主监督试点工作的意见》，逐步完善以村级党组织为领导核心，村民会议和村民代表会议为决策机构，村民委员会为管理执行机构，村务监督委员会充分发挥监督作用的村民自治机制。

强化财务管理，认真执行《浙江省村级财务管理规范化建设意见》，加强对村级财务经常性的监督检查，加强乡镇和基层站所公务接待管理。规范乡镇（街道）、建制村、基层站所小型工程招投标行为。

（四）纠正损害群众利益的不正之风

深入开展专项治理。围绕人民群众最关心、最直接、最现实的利益问题，每年确定工作重点，开展执法监察和专项治理。进一步深入开展治理教育乱收费工作，加大纠正医药购销和医疗服务中的不正之风。做好减轻农民负担、企业负担工作，巩固治理公路“三乱”成果。深入开展专项执法监察，重点解决物价、生态环境保护、食品药品质量、安全生产、征地拆迁等方面群众反映强烈的问题。加强对环境污染防治措施落实情况的监督检查，对不认真履行环保职责、严重损害群众环境权益的地方和单位，追究有关人员特别是领导干部的责任。健全食品药品安全监管制度，严肃处理重大质量安全事件。开展对安全生产法律法规执行情况的监督检查，进一步加大责任事故调查处理力度，坚决查处事故背后的失职渎职行为和腐败问题。严肃查处征收征用土地和矿产资源开发中的违纪违法行为。

加大纠风工作力度。强化对社保基金、住房公积金和扶贫救灾专项资金的监管。认真治理公共服务行业搞价格欺诈和乱收费等问题。严格控制和规范评比达标、表彰和节庆活动。围绕农村义务教育经费保障、城乡居民最低生活保障、新型社会救助体系、新型农村合作医疗等重大民生问题加强监督检查。规范涉及农民负担的行政事业性收费管理，治理涉农乱收费。坚决纠正和查处截留挪用、克扣政府支农惠农等损害农民利益的行为。查处侵害农民和进城务工人员利益问题。

健全防治不正之风的长效机制。深入开展服务发展、服务民生、服务基层、让群众满意的“三服务一满意”主题活动。重视基层站所和窗口单位的行风建设，进一步落实行风建设责任制，坚持“管行业必须管行风”，深入开展基层站行风评议暨创建“群众满意基层站所（办事窗口）”活动，着力解决一些基层站所存在的门难进、脸难看、事难办和刁难群众、不作为、乱作为等问题。深入开展“政风行风建设十大新事”评选活动，进一步完善民主评议政风行风等制度，办好“政风行风热线”，畅通群众投诉渠道，督促有关部门及时解决群众的合理诉求。

（五）深化效能建设

开展效能建设和效能监察，加强效能政府建设。加强对行政执行的监督，严肃查处不认真、不及时履行职责和拒不履行职责等行为。以创建示范行政服务中心为载体，继续推进行政服务中心的规范化、标准化建设，进一步完善省、市、县（市、区）三级服务体系。加强机关效能监察投诉中心建设，健全效能投诉网络，建立效能投诉回访制度，提高效能投诉件办理效率和质量，切实解决机关效能中存在的突出问题。充分发挥效能与行风监督员的作用，有计划地组织开展明查暗访。加大对节能减排和国有企业效能监察的力度，制定我省加强节能减排工作的具体措施。加快全省电子实时监察系统建设，完成省市县三级电子监察网络，形成三级联动的格局。运用科技手段，对权力运行的各个环节进行实时监控。规范效能建设与效能监察的管理体制和运行机制，制定《浙江省行政效能监察工作暂行办法》，修订完善《浙江省机关效能责任追究办法》。

六、推进改革创新，进一步完善反腐倡廉体制机制

（一）深化干部人事制度改革

完善干部选拔任用制度。规范干部任用提名制度。

完善公开选拔、竞争上岗、差额选举等办法，增强民主推荐、民主测评的科学性和真实性。逐步扩大基层党组织领导班子直接选举的范围。推行党委决定重要干部无记名投票表决，逐步推广差额推荐、差额考察、差额表决的做法，建立健全科学的干部选拔任用和管理监督机制。切实解决选人用人中的突出问题和不正之风，提高选人用人公信度。建立和完善干部选拔任用责任追究制度。

完善干部考核评价体系。认真落实《浙江省市、县(市、区)党政领导班子和领导干部综合考核评价实施办法(试行)》，强化群众的参与和监督，实行平时考核和定期考核相结合，将廉政情况作为考核的一项基本评价指标，健全考核结果反馈和向同级纪委通报制度。

完善干部管理制度。建立健全党政领导干部职务任期、回避交流制度，对县级以上地方党政领导班子、行政执法机关、司法机关和管理人财物部门的主要负责人，实行定期交流。建立健全干部正常退出机制，完善党政领导干部辞职制。健全干部双重管理体制。认真执行公务员法、法官法、检察官法。

(二)推进行政管理和社会体制改革

深化行政审批制度改革。进一步削减行政许可项目，加强对行政许可的规范和监督。完善网上审批系统，推行市、县(市、区)级政府部门审批事项的整合和集中改革。继续清理和规范非行政许可审批项目。建立重大项目审批会审制度。健全行政审批项目动态管理机制，纠正和查处违反《行政许可法》的行为。

推动服务、责任政府的建设。完善行政管理决策机制，健全对涉及经济社会发展全局的重大事项决策的协商和协调机制及公示、听证制度，实行专家论证、技术咨询、决策评估制度。深化行政执法责任制，加快建立以行政首长为重点对象的行政问责制度，推进行政执法体制改革，建立健全行政执法监督工作机制。

深化社会体制改革，扩大公共服务，完善社会管理。推进教育、卫生事业改革和发展，加强住房改革和建设，健全社会保障体系，努力使全体人民学有所教、劳有所得、病有所医、老有所养、住有所居。

(三)深化财政体制改革

深化预算管理体制改革。认真落实《浙江省省级预算审查监督条例》，在省、市、县三级全面推进国库集中支付，有效监控预算资金运行。规范各级政府及其所属部门举债和偿还政府性债务的行为，防范和化解政府性债务风险。完善部门预算、财政支出绩效评价体系、收支两条线等管理体制改革，逐步完善政府非税收入政策管理体系，加大政府非税收入征管执行力度，保证财政资金使用的规范性、安全性和有效性。

加强公共财政支出管理，积极推进财政监督运行体制，建立健全转移支付制度和专项资金分配和使用管理机制。完善“村财乡代理”制度，加强乡镇(街道)会计服务委托代理机构建设，完善农村财务管理计算机网络监管体系。加强基层站所财务管理，严格执行“收支两条线”管理规定和各项财务制度。

规范收入分配秩序，严格执行公务员工资制度。规范国有事业单位收入分配行为。推进党政领导干部及国有企事业单位领导人员职务消费改革。建立健全行政事业单位国有资产监管制度。

(四)推进投资和金融体制改革

深化投资体制改革。加强投资领域法规制度建设。进一步规范政府投资行为，完善政府投资项目决策机制，推广重大项目专家评议和咨询制度，建立健全政府重大投资项目公示制和责任追究制。加强对投资中介服务机构的监管，防止政府投资中的腐败行为。在全省积极推行非经营性政府投资项目代建制，健全完善企业投资核准制、备案制。

深化农村金融体制改革，稳步推进新型农村金融机构的改革试点工作。加强和改进金融监管，健全金融机构内部控制和风险防范机制。健全账户管理系统，依法落实金融账户实名制。加强非现金支付工具体系建设。完善防范和查处信息虚假披露和市场操纵等行为的制度。

(五)稳步推进司法体制和工作机制改革

完善司法权力运行监督机制。进一步完善对司法机关执法监督的具体办法。完善检察机关对审判工作的法律监督。加强对司法机关各级领导干部特别是主要领导干部审判权、执行权、检察权、人财物管理使用及其他关键岗位的监督。健全司法人员违法责任追究和领导干部失职责任追究等制度，维护司法廉洁公正。健全司法公开制度，依法推进审务公开、检务公开和警务公开和狱(所)务公开。深化监狱体制改革，完善羁押工作制度。进一步完善人民监督员制度试点工作，加强对检察机关查办职务犯罪工作的监督，促进公正、规范执法和诉讼民主。

优化司法职权配置。改革和完善审判与执行、检察分权制约的工作机制，确保司法权行使过程中的有效制衡。加强检察机关对侦查活动的监督和指导。完善减刑、假释、暂予监外执行、保外就医的条件和裁定程序。进一步建立和完善公正、权威、高效的司法鉴定工作机制，确保司法公正。

健全执法管理制度。严格执行法律统一适用制度，规范自由裁量权行使。进一步健全和落实案件管辖、流程管理、回避、办案期限、案件讨论、质量评查、内务管理等制度。探索进一步完善审判、检察经费保障机制，保障审判机关、检察机关依法独立公正地行使审判权、检察权。

(六)加强对国有资产监管和推进国有企业改革

深化国有资产监管体制改革。建立健全国有资本经营预算、国有资产收益上缴、企业经营业绩考核和企业重大决策失误追究等制度。完善国有企业领导人员任中和离任审计制度。建立健全国有金融资产、非经营性国有资产和自然资源资产等监管体制。加强对企业投资设立的全资、控股等重要子企业尤其是国(境)外国有资产监管，健全风险防范管理体系。研究制定国有资产经营责任、企业国有资产监督管理和境外企业国有资产监管等办法。

深化国有企业改革。推进国有大型企业股份制改革。深化垄断行业改革。按照现代企业制度要求，完善企业法人治理结构和激励约束机制，形成决策、监督和经营管理之间的制衡机制。规范国有企业党委会、董事会、经理层、监事会议事规则。完善国有企业领导人员选拔任用、财务管理、薪酬管理等制度，严格规范领导人员经营管理行为。建立国有产权代表报告制度。

（七）推进现代市场体系建设及相关改革

拓宽公共资源交易的范围，改革公共服务、公共产品的供给和配置制度，健全县（市、区）、乡镇公共资源交易市场，组建省公共资源交易中心。完善工程建设项目招投标制度。健全招标投标法配套法规制度。实施严格的招标公告发布、投标、评标定标以及评标专家管理制度和惩戒办法。健全工程招标投标行政监督机制。推动全省统一的招投标信息系统建设和综合性评标专家库建设，完善市场监控体系，实现市场监管职能部门之间的信息互联互通和共享。研究制定公共资源集中交易场所管理办法。

规范土地征收和使用权出让制度。推进征地制度改革，规范征地程序，完善浙江省征地补偿和安置的有关规定。全面落实经营性土地和工业用地使用权招标拍卖挂牌出让制度，积极推行经营性基础设施用地有偿使用。

加强对企业国有产权交易的监督。建立和完善企业国有产权管理制度和上市公司国有股权监管体系，促进国有产权的竞价交易。建立公开、公平、公正的企业国有产权转让机制，重点建设和推广应用信息监测系统，实现对全省企业国有产权转让的动态监管。

深化政府采购制度改革。扩大政府采购的范围和规模，推动公共工程和公共服务实行政府采购。严格实行“管采分离”，强化政府采购监管措施。健全供应商库、专家库、商品信息（价格）库。探索建立统一的电子化政府采购系统。

加强对行业协会、中介机构的引导规范和监督管理工作。防止和纠正一些行业协会和市场中介组织在经济活动和社会服务中的违规违法问题。规范会计师事务所、律师事务所和资产评估师事务所的从业行为。强化对中介机构的日常监管，规范中介机构执业行为。完善社会组织自律机制，制定全省行业协会和中介机构规范发展的政策措施。

健全社会信用体系。认真贯彻《浙江省“十一五”社会信用体系建设规划》，建立健全政府、企业、个人信用的征信体系。加强政府信用建设，探索建立政府机关和公务员的信用制度，建立社会信用体系政府工作目标责任制。构建企业信用服务和评价体系，整合有关部门和行业的信用信息资源，推进全省企业信用信息系统的应用，形成共享机制。建立和完善个人信用信息数据库。建立失信惩戒制度和不良行为记录、查询制度，完善市场准入和退出机制。研究制定信用服务机构管理办法。

加强对民营企业反腐倡廉工作的领导。以促进企业诚信守法、廉洁经营为重点，探索民营企业反腐倡廉的有效途径和工作载体。建立健全党组织统一领导、企业主理解支持、职工群众积极参与的工作机制，在有条件的民营企业，探索建立纪检组织，促进和保障民营企业健康快速发展。

七、坚决惩治腐败，始终保持惩治工作的良好势头

（一）坚决查处违纪违法案件

以查处发生在领导机关和领导干部中滥用职权、贪污贿赂、腐化堕落、失职渎职的案件为重点，着力查办官商勾结、权钱交易和严重侵害群众利益的案件。严肃查处违反政治纪律的案件；严肃查处利用人事权、司法权、行政执法权、行政审批权索贿受贿、徇私舞弊的案件；严肃查处规避招标、虚假招投标及违法转包分包的案件，非法批地、低价出让土地、违规开发房地产或擅自变更规划获取利益的案件，金融领域违规授信、内幕交易、挪用保险资金、违规发放核销贷款的案件和资产处置的案件，在企业重组改制和股权变更中隐匿、私分、侵占、转移、贱卖国有资产的案件；严肃查处领导干部和执法人员为黄赌毒等社会丑恶现象和黑恶势力充当“保护伞”的案件。严肃查处贿赂案件，既要惩处受贿行为，又要惩处行贿行为。保持查办案件工作力度，依法严惩腐败分子，决不姑息。

（二）深入治理商业贿赂

继续推进专项治理工作，综合运用司法、行政、纪律等手段，严肃查处发生在工程建设、土地出让、产权交易、医药购销、政府采购、资源开发和经销以及银行信贷、证券期货、商业保险等方面的商业贿赂案件。利用经济处罚、降低或撤销资质、吊销证照等多种手段，严厉惩治商业贿赂行为。建立和完善行贿犯罪档案查询系统、不良行为记录和“黑名单”制度。完善市场竞争行为和惩治商业贿赂的制度规范，建立健全我省防治商业贿赂的长效机制。

（三）提升惩治工作水平

按照规定权限和程序使用办案措施，严格执纪、公正执法、安全文明办案，做到事实清楚、证据确凿、定性准确、处理恰当、手续完备、程序合法，形成比较完善的办案程序规范体系。加强对办案全过程的管理和监督，保障举报人和被调查人的合法权益，切实保障违纪党员、行政监察对象的申诉权利。健全举报人和证人保护制度。对诬告陷害的要严肃查处。为受到错告、诬告的同志澄清是非。充分发挥人民群众在惩治腐败中的积极作用，切实畅通举报渠道，鼓励和支持实名举报，努力提高实名举报及时调查和结果反馈率。

改进办案方式和手段。加强新形势下办案工作规律研究，提高反腐败工作的科技含量。建设纪检监察信息管理系统，完善重要案件线索统一管理。建立健全案件监督管理机构。正确把握政策和策略，综合运用法律、纪律、行政和经济处罚、组织处理等方式和手段，增强办案的综合效应。

健全查办案件的协调机制。加强纪检、审判、检察、公安、监察、审计等执纪执法机关的协作配合，建立行政复议政府法制监督与行政监察的协调沟通机制，制定协作办案的程序和办法。建立案件证据相互移送等制度，进一步推进案件协调工作的制度化和程序化。加强追逃、追赃和防外逃工作。

（四）重视和发挥查办案件在治本方面的作用

研究违纪违法案件的特点、规律，提出防治对策措施。对典型案件，要实行“一案两报告”制度，提出案件调查报告和案件剖析报告。以查促教，发挥查办案件的警示教育作用；以查促管，强化对党员干部的监督管理；以查促建，找准体制机制制度方面存在的薄弱环节，进一步完善制度。

八、切实加强对惩治和预防腐败体系建设的领导

（一）加强领导

各级党委是反腐倡廉建设的责任主体，担负着全面领导惩治和预防腐败体系的政治责任。要切实加强领导，把贯彻落实《实施办法》作为一项政治任务，列入党委和政府重要议事日程。要建立以党委主要负责人为组长的构建惩防体系领导小组，坚持党委会定期听取构建惩防体系工作汇报制度，研究解决重大问题。

（二）明确责任

各级党委政府要严格执行党风廉政建设责任制。党政主要领导要当好第一责任人，领导班子其他成员要根据分工抓好分管范围内的工作。各级纪委要充分履行党章赋予的职责，加强组织协调和监督检查，协助党委抓好《实施办法》各项任务的分解和落实。省级机关各部门要充分发挥示范带头作用，认真抓好本部门所承担的任务。

（三）健全机制

完善科学的责任考核评价标准，把贯彻落实《实施办法》情况纳入党风廉政建设责任制和各级领导班子、领导干部考察考核之中，作为工作实绩评定和干部奖惩的重要内容，严格责任考核，强化责任追究。对重点领域实施“归口防治”，形成各部门齐抓共管，各领域协调行动，各种手段综合运用，全方位、多方面贯彻落实《实施办法》的工作格局。要加强调查研究，探索建立惩治和预防腐败体系绩效测评工作机制，不断提高工作水平，务求取得明显成效。

（四）强化督查

各市和省级牵头单位每年要对《实施办法》落实情况进行专项检查，把检查工作贯穿于贯彻落实《实施办法》的全过程，通过督促自查、重点抽查、专项检查等形式，推动工作落实。定期分析《实施办法》落实过程中的新情况和新问题，积极研究对策措施，并提交工作报告。各级纪委要会同有关部门，加强督促检查，进行分类指导，确保实施办法确定的各项任务落到实处。

各地各部门要结合实际，制定贯彻落实本办法的工作细则，狠抓任务落实，务求取得实效。

中共浙江省委
关于开展竞争性选拔干部工作的通知

浙委〔2008〕80号

各市、县（市、区）党委，省直属各单位党委（党组）：

为认真贯彻党的十七大精神，深化干部人事制度改革，扩大选人视野，建立来自基层一线的党政干部培养链，优化领导班子和干部队伍结构，省委决定开展竞争性选拔干部工作。现就有关事项通知如下：

一、选拔的目标职位

1. 省级机关副厅级领导干部职位20个

省委办公厅副主任、省人大常委会研究室副主任、省直属机关工作委员会副书记、省委省政府农业和农村工作领导小组办公室副主任、省高级人民法院副院长、省人民检察院检察委员会副厅级专职委员、省发展和改革委员会副主任、省经济贸易委员会副主任、省教育厅副厅长、省财政厅副厅长、省建设厅副厅长、省水利厅副厅长、省林业厅副厅长、省对外贸易经济合作厅副厅长、省文化厅副厅长、省环境保护局副局长、省粮食局副局长、省政府外事办公室（省政府港澳事务办公室）副主任、省科学技术协会副主席、省社会科学界联合会副主席各1名。

其中：省委、省政府农业和农村工作领导小组办公室副主任和省环境保护局副局长职位，定向现任县（市、区）党政正职选拔；省教育厅副厅长和省科学技术协会副主席职位，定向非中共党员干部选拔；省直属机关工作委员会副书记和省人民检察院检察委员会副厅级专职委员职位，定向女干部选拔；省对外贸易经济合作厅副厅长、省政府外事办公室（省政府港澳事务办公室）副主任职位，还面向北京市、上海市、江苏省、广东省选拔。

2. 本科高校副职领导干部职位10个

浙江师范大学副校长、宁波大学副校长、浙江理工大学副校长、杭州电子科技大学副校长、浙江工商大学副校长、中国计量学院副院长、浙江中医药大学副校长、浙江财经学院副院长、嘉兴学院副院长、浙江传媒学院副院长各1名，面向省内外选拔（省外面向全国“211工程”高校）。

其中：杭州电子科技大学副校长和浙江财经学院副院长职位，定向非中共党员干部选拔。

3. 省属企业副职领导人员职位8个

省物产集团公司副总经理、省建设投资集团有限公司副总经理、省商业集团公司副总经理、省旅游集团有限责任公司副总经理、省铁路投资集团有限公司副总经理、杭州萧山国际机场有限公司总会计师、省二轻集团公司副总经理、财通证券经纪有限责任公司副总经理各1名。

其中:财通证券经纪有限责任公司副总经理职位,面向省内外选拔。

4. 省级机关处级领导及主任科员以下公务员职位的竞争性选拔工作,由省委组织部、省人事厅组织实施。

二、报考资格条件

报考人员必须具备《干部任用条例》规定的基本条件,具有中华人民共和国国籍(有国外长期或永久居留权的不能报考),身体健康。

1. 省级机关副厅级领导干部职位:(1)现任党政机关正县(处)级领导职务;省部属和市(厅)属事业单位相当于正处级领导职务;省部属企业中层正职,设区市市属企业正职。担任以上职务的报考者须任职满3年(任职时间计算到2008年8月31日,下同)。所任职务高于上述职务,符合学历、年龄等要求的也可报考。个别职位资格条件作特殊设定。(2)大学本科以上学历(在境外获得的学历或学位须经国家教育部学历学位认证中心认证,下同),年龄在50周岁以下(1958年9月1日后出生)。(3)近3年年度考核均为称职(合格)以上等次。

定向县(市、区)党政正职选拔的职位,要求现任书记任满2年,县(市、区)长任满3年,或书记与县(市、区)长任职时间之和超过3年。定向非中共党员干部选拔的职位,现任副县(市、区)长,且任职时间4年以上,符合学历、年龄等要求的也可报考。

2. 本科高校副职领导干部职位:(1)省内报考人员,现任党政机关正县(处)级领导职务;国家举办的本科高等学校中层正职、高等专科学校或高等职业学校相当于正处级领导职务(不含国有民办学校,下同);省部属科研院所和其他事业单位相当于正处级领导职务。担任以上职务的报考者须任职满1年。曾任国家举办的本科高等学校中层正职、高等专科学校或高等职业学校相当于正处级领导职务满1年的,也可以报考。省外面向全国"211工程"高校,须任中层副职领导职务4年以上。所任职务高于上述职务,符合学历、年龄和专业技术职务等要求的可以报考。(2)全日制普通高校大学本科以上学历,具有正高级专业技术职务,年龄在50周岁以下。

年龄在40周岁以下(1968年9月1日以后出生)、具有研究生学历和副高级以上专业技术职务,担任相当于副处级领导职务4年以上的也可报考。定向非中共党员干部选拔的职位,现任国家举办的本科高等学校中层副职,且任职时间4年以上,符合学历、年龄和专业技术职务等要求的也可报考。

3. 省属企业副职领导人员职位:(1)现任省部属企业中层正职,设区市市属企业正职,党政机关正县(处)级领导职务,省部属和市(厅)属事业单位相当于正处级领导职务,其他大型企业正副职。担任以上职务的报考者须任职满3年。所任职务高于上述职务,符合学历、年龄等要求的可以报考。个别职位资格条件作特殊设定。(2)大学本科以上学历,年龄在50周岁以下。

4. 有下列情况之一者不受理报考:①受过刑事处罚的;②处于党纪、政纪处分所规定的提任使用限制期内的;③涉嫌违纪违法正在接受有关的专门机关审查尚未作出结论的;④其他不宜报考的。

三、基本程序

1. 宣传发动。召开省竞争性选拔干部工作会议,在有关全国性媒体、省内主要媒体上发布公告。

2. 推荐报名。推荐报名采取组织推荐与个人自荐相结合,报考人员通过网络报名。每位报考人员只能报考一个职位。

3. 资格审查。组织推荐的由推荐的各省直单位党委(党组)、各市委组织部负责初审。个人自荐人员由省竞争性选拔干部工作办公室初审。

报考人员对提交材料的真实性负责,凡弄虚作假者,一经查实,即取消考试资格和任用资格。

经资格审查,符合报考条件的人数少于10人的职位不开考,报考人员可以改报其他职位。

4. 笔试。笔试主要测试报考者运用理论、知识和方法分析解决实际问题的能力。

5. 面试。根据笔试成绩,按照8∶1的比例从高分到低分确定面试人选。面试前对入围人员进行资格复审。面试注重对应试者领导能力素质、个性特征和职位适应程度等方面的考察了解。

6. 组织考察。根据笔试成绩占30%、面试成绩占70%的比例合成考试综合成绩,按照3∶1的比例从高分到低分确定考察人选。按照目标职位组成考察组,对考察人选进行全面考察。

7. 讨论决定。根据考试综合成绩和考察情况决定任用人选。对任用人员实行一年的试用期,期满进行全面考核,合格的正式任职;不合格的免去试任职务,一般按试任前职务层次安排。企业报考人员须在任用前辞去企业原有职务;试用期满经考核合格正式任用后,持有的企业股份按有关规定处理。

8. 公布结果。通过新闻媒体等途径向社会公布选拔结果。

四、组织领导

竞争性选拔干部工作在省委统一领导下进行。省委成立竞争性选拔干部工作办公室(设在省委组织部),负责本次竞争性选拔干部工作的具体实施。

各地、各部门党委(党组)要高度重视竞争性选拔干部工作,认真做好宣传发动,鼓励符合条件的干部踊跃报考。

竞争性选拔的具体工作,由省委组织部另行部署。所需经费由省财政核拨。

中共浙江省委
二〇〇八年九月二日

中共浙江省委关于印发《中国共产党浙江省地方各级代表大会代表任期制实施办法(试行)》的通知

浙委〔2008〕81号

各市、县(市、区)党委,省直属各单位党委(党组):

现将《中国共产党浙江省地方各级代表大会代表任期制实施办法(试行)》印发给你们,请结合实际,认真贯彻执行。

实行党代表大会代表任期制,是党的十七大作出的重大决策。各地各单位要从坚持和完善党代表大会制度,推进党内民主,发挥代表作用,提高党的执政能力,保持党的先进性的高度,充分认识全面实行党代表大会代表任期制的重要意义,进一步增强政治责任感和历史使命感。要把这项工作作为当前加强党的建设的重要任务来抓,切实加强组织领导,认真抓好落实。要加强调查研究,积极探索,大胆实践,不断深化对党代表大会代表任期制工作的认识,以改革创新的精神研究新情况、解决新问题,使这项工作更加体现时代性、把握规律性、富有创造性,为我省实施"创业富民、创新强省"总战略和全面建设惠及全省人民的小康社会提供坚强的组织保障。

各地各单位在实施中遇到的重要问题,要及时报告上级党委。

中共浙江省委

二〇〇八年九月六日

中国共产党浙江省地方各级代表大会代表任期制实施办法(试行)

第一章 总则

第一条 为发挥党代表大会代表作用,坚持和完善党代表大会制度,推进党内民主建设,提高党的执政能力,保持党的先进性,根据《中国共产党章程》、《中国共产党全国代表大会和地方各级代表大会代表任期制暂行条例》及党内有关规定,结合本省实际,制定本办法。

第二条 本办法适用于省、市、县(市、区)党代表大会代表。

第三条 党代表大会代表按照党内选举的有关规定选举产生。完善代表选举制度,改进代表候选人提名和介绍方式,优化代表组成结构,适当增加工作和生产一线代表名额,严格代表资格审查,确保代表的先进性。

第四条 实行党代表大会代表任期制。党代表大会代表每届任期与同级党代表大会当届届期相同。如下一届党代表大会提前或者延期举行,其代表任期相应地改变。代表在党代表大会召开和闭会期间,享有代表资格,行使代表权利,履行代表职责,发挥代表作用。

第二章 党代表大会代表的权利与职责

第五条 党代表大会代表要认真学习宣传贯彻党的理论和路线方针政策,认真学习宣传贯彻党代表大会精神,模范遵守党的章程、党内各项规定和国家法律法规,维护党的团结和统一,密切联系党员和群众,在生产、工作、学习和社会生活中发挥表率作用,认真行使职权,自觉接受党员和群众的监督,不得利用代表身份谋求任何私利和特权。

第六条 党代表大会代表有下列权利与职责:

(一)在同级党代表大会召开期间参与听取和审查党的委员会、纪律检查委员会的报告;

(二)在同级党代表大会召开期间参与讨论和决定有关重大问题;

(三)在同级党代表大会上行使表决权、选举权,有被选举权;

(四)了解同级党的委员会、纪律检查委员会以及所在选举单位党组织贯彻执行党的决议、决定的情况;

(五)向同级党代表大会或者同级党的委员会就经济建设、政治建设、文化建设、社会建设和党的建设的重大问题提出意见和建议;

(六)对同级党的委员会、纪律检查委员会及其成员进行监督;

(七)参加同级党代表大会或者同级党的委员会组织的活动;

(八)受同级党代表大会或者同级党的委员会的委托,完成有关工作。

第三章 党代表大会代表开展工作的主要制度

第七条 党代表大会代表履行代表职责,主要是参加同级党代表大会和同级党的委员会组织的活动。各级党代表大会和党的委员会应当建立健全相应的工作制度，确保代表正常参加活动，有效开展工作。

第八条　代表提案制度。党代表大会召开期间，党代表大会代表十人以上联名可以就经济社会发展和党的建设中的重大问题，向大会提出属于同级党代表大会职权范围内的提案。提案应当有案由、案据和方案。

代表提案应当在党代表大会规定时间内送交大会秘书处。经大会秘书处审核受理的提案，同级党的委员会应当召开专门会议进行部署，责成有关部门、单位党组织研究办理并负责答复。承办单位在接到交办的代表提案后的六个月内，将办理结果书面答复代表，并报同级党代表大会代表联络工作机构；个别情况复杂，六个月内确实不能办理完毕、需要延期的，应当履行报批程序并向代表作出解释。

提案办理情况可在下一次党代表大会上报告，也可以在一定范围内通报。

提出提案的代表可以要求撤回提案。对经审核不作为提案受理的，视情可作为代表来信处理，由大会秘书处书面告知代表。

第九条　代表提议制度。党代表大会闭会期间，党代表大会代表可以由个人或者以联名的方式，采用书面形式向同级党的委员会提出属于同级党代表大会和党的委员会职权范围内的提议。提议应当一事一议，内容明确具体。

代表提议由同级党代表大会代表联络工作机构受理。经审核受理的提议，代表联络工作机构应当及时转交有关部门、单位党组织研究办理、答复。承办单位在接到转交的代表提议后的三个月内，将办理结果书面答复代表，并报同级党代表大会代表联络工作机构；个别情况复杂的，经代表联络工作机构同意，可以延长至六个月内答复。

对经审核不作为提议受理的，由代表联络工作机构书面告知代表。

第十条　代表调研视察制度。党代表大会代表受同级党代表大会和党的委员会的委托，可以通过听取汇报、召开座谈会、个别访谈、调阅有关资料等方式，在本地区对涉及同级党代表大会和党的委员会职权范围内的有关重大决策、重要事项进行调研视察，提出书面意见和建议。

党代表大会代表在一届任期内至少应当参与一项同级党代表大会和党的委员会安排的调研视察活动。

第十一条　代表联系党员群众制度。党代表大会代表应当与基层党员和群众加强联系，宣传党的理论、路线、方针、政策和党代表大会精神，了解党的决议、决定在执行过程中遇到的问题，反映基层单位党员和群众的意见和建议。代表联系基层党员和群众可采取接收书信、调研走访、民主恳谈、代表接待日、电话联络、网上交流等方式进行，也可以相对固定地联系若干名基层党员和群众。

党代表大会代表所在党组织、所在选举单位的党员，可以通过一定方式，向代表反映情况并了解代表开展工作的情况。

第十二条　代表列席党内重要会议制度。党代表大会代表应邀可以列席同级党的委员会全体会议、纪律检查委员会全体会议和党内有关重要会议，参与讨论，发表意见。

党代表大会代表在任期内应邀列席会议不少于一次。

第十三条　代表参加干部民主推荐、民意调查和民主评议制度。党的委员会应当根据工作需要，安排同级党代表大会代表参加对本地区重要干部的民主推荐、民意调查和对同级党的委员会、纪律检查委员会领导班子及其成员的民主评议，参加对同级党的委员会常务委员会工作的评议。

第十四条　重要情况向代表通报制度。党的委员会对本地区经济社会发展和党的建设的重大问题，党的决议、决定贯彻落实情况，以及党的委员会及其常务委员会作出的重要决策等党内重要情况，除必须保密的以外，应当通过召开会议、制发文件、编发简报等形式，向同级党代表大会代表通报。

第十五条　重要事项征求代表意见制度。党的各级代表大会召开前，党的委员会应当通过召开征求意见座谈会、印发书面征求意见函等方式，征求同级本届党代表大会代表和同级下一届党代表大会代表对党的委员会、纪律检查委员会报告稿的意见。

党的委员会召开全体会议前，应当通过适当方式就会议有关事项征求同级党代表大会有关代表的意见。

党的委员会领导班子召开民主生活会或者对有关重大问题进行决策前，应当征求同级党代表大会有关代表的意见。

第十六条　委员联系代表制度。党的委员会委员、纪律检查委员会委员应当采取适当方式与同级党代表大会代表加强联系，听取代表对党的委员会、纪律检查委员会的意见和建议，帮助代表解决履行职责中遇到的困难和问题。

党的委员会领导班子成员到基层检查工作和调查研究，应当注意听取党代表大会代表的意见。

委员联系代表工作由同级党的委员会统一安排。每位代表都要有同级党的委员会委员或纪律检查委员会委员联系。

第十七条　代表学习培训制度。党的委员会应当有计划地组织同级党代表大会代表参加学习培训，增强其代表意识，提高其履行代表职责的能力。任期内代表参加学习培训不少于一次。

第四章　党代表大会代表履行职责的保障

第十八条　党代表大会代表参加同级党代表大会、党的委员会安排的活动，代表所在单位应当给予时间保障，提供相应的便利条件。代表按正常出勤享受所在单位的工资、奖金和其他待遇。

无固定工资收入的代表按照同级党的委员会安排开展工作，根据实际情况由同级党的委员会负责给予适当补贴。

第十九条　党的委员会应当根据党代表大会代表履

行职责、开展工作的需要，提出党代表大会代表工作年度经费预算，由同级财政审核拨付，实行专项管理，专款专用。

第二十条　党的委员会应当建立党代表大会代表联络工作机构，负责代表联络服务工作，统一使用“代表联络工作办公室”名称，其职能由同级党委组织部门承担。主要职责是：负责同级党代表大会代表开展工作的服务；负责同级党代表大会代表提议审核和提案、提议办理的督促检查；负责同级党代表大会闭会期间代表参加党的委员会安排的活动的有关工作；承办同级党代表大会闭会期间代表资格管理的具体工作；负责本地区党代表大会代表任期制具体工作制度的研究起草；指导下一级做好代表任期制的相关工作；做好同级党的委员会交办的其他事项。各级党的委员会应当落实好代表联络工作办公室的工作力量，配备必要人员。

第二十一条　为便于党代表大会代表开展工作，党代表大会应当为同级代表制发代表证。代表证的样式由省党代表大会代表联络工作办公室统一设计，各级党代表大会代表联络工作办公室负责制发。代表履行职责时应当佩戴代表证。

第二十二条　各级党组织必须尊重和保障党代表大会代表的权利。

对有义务协助代表开展工作而拒绝履行义务的党组织和党员，同级党的委员会应当予以批评教育，责令改正。

对妨碍代表开展工作或者对代表开展工作进行打击报复的，按照有关规定追究相关责任人的责任。

第五章　党代表大会代表资格的终止、停止和代表补选

第二十三条　党代表大会代表在任期内，有下列情形之一的，其代表资格终止：

（一）受留党察看以上处分的；

（二）因出国（境）定居等原因被停止党籍，或者丧失中华人民共和国国籍的；

（三）辞去代表职务被接受的。

第二十四条　党代表大会代表因组织关系迁出或者工作需要等原因调离同级党代表大会所属范围的，停止执行代表职务。

第二十五条　因其他原因需要终止代表资格或者停止执行党代表大会代表职务的，按照本章上述规定处理。

第二十六条　党代表大会代表资格的终止或者停止执行代表职务的，由所在选举单位或者基层党组织提出，由同级党的代表大会选举产生的党的委员会决定；终止代表资格的，应当报上级党的委员会备案。

第二十七条　党代表大会代表资格终止、停止执行代表职务的，由同级党代表大会代表联络工作办公室书面通知代表本人、代表所在选举单位或者基层党组织。

第二十八条　因党代表大会代表资格终止而出缺的，由同级党的委员会视情决定是否进行补选。

在同级党代表大会届期最后一年内出现前款情况的，一般不进行补选。

第二十九条　党代表大会代表补选按有关规定进行。补选后的党代表大会代表总数不得突破本届代表名额。

第六章　附　　则

第三十条　党的基层代表大会代表参照本办法有关规定执行。

第三十一条　本办法由中共浙江省委组织部负责解释。

第三十二条　本办法自发布之日起试行。

中共浙江省委
关于开展深入学习实践科学发展观活动的实施意见

（2008 年 9 月 26 日）

浙委〔2008〕86 号

根据中央的统一部署和要求，省委决定，从 2008 年 9 月开始，用一年半左右的时间，在全省党员中开展深入学习实践科学发展观活动（以下简称“学习实践活动”）。现提出如下实施意见：

一、开展学习实践活动的重要意义

科学发展观，是对党的三代中央领导集体关于发展的重要思想的继承和发展，是马克思主义关于发展的世界观和方法论的集中体现，是同马克思列宁主义、毛泽东思想、邓小平理论和“三个代表”重要思想既一脉相承又与时俱进的科学理论，是我国经济社会发展的重要指导方针，是发展中国特色社会主义必须坚持和贯彻的重大战略思想。党的十七大决定在全党开展深入学习实践科学发展观活动，是用中国特色社会主义理论体系武装全党的重大举措，是推动经济社会又好又快发展的迫切需要，是提高党的执政能力、保持和发展党的先进性的必然要求。

党的十六大以来，我省各级党组织和广大党员干部团结带领广大人民，认真贯彻落实科学发展观，按照坚持科学发展、促进社会和谐、全面建设小康社会的要求，锐意进

取，埋头苦干，扎实工作，为推动经济社会又好又快发展作出了重要贡献。省第十二次党代会后，全省上下认真贯彻党的十七大精神，实施“创业富民、创新强省”总战略，努力把经济社会转到科学发展的轨道上来，各项工作取得了新进步，科学发展观在浙江的实践，越来越显示出强大的真理力量，越来越得到全省人民和党员干部的拥护和支持。

当前，我省经济社会发展进入了人均国民生产总值从5000美元到8000至10000美元的新阶段，正处于全面提升工业化、信息化、城市化、市场化、国际化水平的关键时期，机遇前所未有，挑战前所未有，机遇大于挑战。解决当前发展的各种矛盾和问题、应对各种风险和挑战、保持又好又快发展，唯一出路是按照科学发展观的要求，转变经济发展方式，加快经济转型升级，推进全面协调可持续发展。面对新阶段的新要求，要清醒地看到，一些党员干部贯彻落实科学发展观的自觉性还不够高、坚定性还不够强；一些党员干部对科学发展观的科学内涵、精神实质、根本要求理解还不够深；一些党员干部的思想、作风和能力素质与科学发展观的要求还不适应；一些影响和制约科学发展的问题还比较突出，保障科学发展的体制机制还不够健全。这些问题如不及时解决，我们就无法应对空前激烈的严峻挑战，就会丧失前所未有的发展机遇，就难以完成全面建设惠及全省人民的小康社会、继续走在前列的奋斗目标。各级党组织和广大党员干部一定要深刻认识开展学习实践科学发展观活动的重要性和必要性，积极投身到学习实践活动中来，牢固树立科学发展意识，提高科学发展能力，不断推进改革创新，努力关注民生，切实在科学发展道路上迈出更大的步伐，把我省改革开放和社会主义现代化事业奋力推向前进。

二、开展学习实践活动的指导思想和目标要求

开展学习实践活动的指导思想是，全面贯彻党的十七大精神，高举中国特色社会主义伟大旗帜，以邓小平理论和“三个代表”重要思想为指导，以“加快转变经济发展方式，推进经济转型升级，再创浙江科学发展新优势”为实践载体，以县以上领导班子和党员领导干部为重点，以党员干部受教育、科学发展上水平、人民群众得实惠为总要求，认真学习实践科学发展观，切实增强贯彻落实科学发展观的自觉性和坚定性，着力转变不适应、不符合科学发展要求的思想观念，着力解决影响和制约科学发展的突出问题以及党员干部党性党风党纪方面群众反映强烈的突出问题，着力构建有利于科学发展的体制机制，提高领导科学发展、促进社会和谐的能力，使党的工作和党的建设更加符合科学发展观的要求，把全社会的发展积极性进一步引导到科学发展上来，为全面落实省第十二次党代会和省委十二届一、二、三、四次全会精神，深入实施“创业富民、创新强省”总战略，转变经济发展方式、加快经济转型升级，全面改善民生、促进社会和谐，建设惠及全省人民的小康社会提供坚强保证。

通过学习实践活动，努力达到如下目标要求：

1. 提高思想认识，凝聚转型共识。充分认识进入发展新阶段的浙江，不失时机地转变经济发展方式，加快经济转型升级，是深入贯彻落实科学发展观，大力实施“创业富民、创新强省”总战略，全面建设惠及全省人民小康社会的根本举措，是借鉴发达国家和新兴工业化国家的成功经验，应对国际国内经济形势变化，赢得区域竞争优势的必然选择。自觉把思想认识统一到科学发展观的要求上来，进一步增强科学发展、率先发展的责任意识，转型发展、转型升级的机遇意识，奋力开拓、锐意进取的创新意识，在要不要科学发展、能不能科学发展、怎么样科学发展等重大问题上形成共识，实现思想新的解放和新的统一。

2. 解决突出问题，增强发展活力。牢固树立发展是第一要务、以人为本、全面协调可持续、统筹兼顾的发展理念，切实转变不适应、不符合科学发展要求的思想观念，形成科学发展的新思路；着力破解我省经济社会发展长期积累的素质性、结构性、资源环境性矛盾，全面改善民生，促进社会和谐进步，努力开创转变经济发展方式、加快经济转型升级的新局面；认真解决党员干部党性党风党纪方面群众反映强烈的突出问题，进一步加强各级领导班子思想政治建设，推动广大党员特别是党员领导干部讲党性、重品行、作表率，坚持执政为民，密切党群干群关系，巩固和发展“树新形象、创新业绩”主题实践活动成果，进一步树立党员干部的新形象。

3. 创新体制机制，再创特色优势。围绕转变经济发展方式，加快经济转型升级，认真研究解决影响和制约我省科学发展的体制机制问题，把解决问题与建立长效机制紧密结合起来。着眼转型发展的目标要求，建立健全自主创新能力提升机制、产业结构调整优化机制、资源节约和环境保护机制、城乡区域统筹协调发展机制；着眼转型发展的激励保障，建立健全经济转型升级的推进机制、科学民主的决策机制、体现科学发展观和正确政绩观要求的干部综合考核评价机制；同时，着眼完善工作机制，进一步落实省委建设“文化大省”、“平安浙江”、“法治浙江”、全面改善民生等一系列决策部署，再创浙江科学发展新优势。领导机关着重建立健全推动科学发展的各项政策规定和体制机制，切实转变职能；基层单位着重建立健全体现科学发展要求的规章制度，创造科学发展良好环境。

4. 推进科学发展，继续走在前列。坚持把务求实效作为开展学习实践活动的出发点和落脚点，努力把科学发展观的要求转化为推进科学发展的坚强意志、谋划科学发展的正确思路、领导科学发展的实际能力、促进科学发展的政策措施、增强党性修养提高思想觉悟的自觉行动，在新的起点上，按照中央对浙江提出的“在树立和落实科学发展观、构建社会主义和谐社会、加强党的先进性建设方面走在前列”的要求，以学习实践活动为强大动力，坚持不懈地推进中国特色社会主义在浙江的生动实践，转变经济发展方式，加快经济转型升级，坚持改革发展稳定相统一，物质文明、精神文明、政治文明、生态文明建设相协调，切实加强执政能力和党的先进性建设，努力在实现又好又快发展上继续走在全国前列。

三、开展学习实践活动的主要原则

1. 坚持解放思想。深刻认识解放思想是推动事业发展的不竭动力，坚持用科学发展观指导解放思想、用解放思想推动科学发展，努力用新观念研究新情况，用新办法解决新问题，用新举措开创新局面，以思想大解放和观念大转变推进经济社会大发展，使思想和行动更加符合党的思想路线，更加符合经济社会发展规律、自然规律和党的执政规律，使各项工作和党的建设更加符合科学发展观的要求。

2. 突出实践特色。始终坚持知行辩证统一，以“加快转变经济发展方式，推进经济转型升级，再创浙江科学发展新优势”实践载体为总抓手，总结借鉴“树新形象、创新业绩”主题实践活动的经验，运用行之有效的方法，把学习实践活动与加强领导班子思想政治建设、推动本地区本部门本单位正在做的工作紧密结合起来，推进“创业富民、创新强省”总战略的深入实施，通过学习推动实践，在推进实践中深化学习。

3. 贯彻群众路线。充分发扬民主，吸收群众参与，求智于民、问计于民、取德于民、取信于民，把相信群众、依靠群众、服务群众贯穿学习实践活动全过程。广泛征求群众意见，真诚接受群众监督，努力解决影响和制约科学发展的突出问题及党员干部党性党风党纪方面群众反映强烈的突出问题，把群众满意作为评价活动成效的重要依据。

4. 正面教育为主。注重激发广大党员干部自我教育、自我改进、自我完善、自我提高的内在动力，自觉查找在贯彻落实科学发展观方面存在的突出问题，深刻分析产生问题的原因，总结经验、剖析教训，认真开展批评与自我批评，进一步明确努力方向。查找和剖析问题既要严格要求，又不搞人人过关，注意保护党员、干部的发展积极性。

四、开展学习实践活动的总体安排

根据中央部署，我省学习实践活动分三批进行，每批时间半年左右。

第一批：从 2008 年 9 月开始，到 2009 年 2 月基本完成。包括省党政机关，省人大、政协机关，人民法院、人民检察院和人民团体机关；省直属事业单位；组织关系在省里的驻浙部属机关事业单位。

第二批：从 2009 年 3 月开始，到 2009 年 8 月基本完成。包括市、县(市、区)党政机关；市、县(市、区)人大、政协机关，人民法院、人民检察院和人民团体机关；省、市直属企业；市、县(市、区)直属事业单位；各类高等院校、中等专业学校。

第三批：从 2009 年 9 月开始，到 2010 年 2 月基本完成。包括乡(镇)、街道；村、社区；中小学校；未参加前两批活动的企业、社会团体、社会中介组织等。

第一批活动开展时，省里选择几个第二批的单位进行试点。第二批活动开展时，各市、县(市、区)选择第三批的部分单位进行试点。

省以下垂直管理的单位，原则上按照党组织的领导关系开展学习实践活动。对新经济、新社会组织和正在改制的国有企业的党员以及流动党员等，可在坚持学习实践活动总的要求前提下，区别对待，灵活安排。流动党员一般在流入地党组织参加学习实践活动，流出地党组织协助。要保证学习实践活动覆盖到所有的基层党组织，确保每个党员干部都参加活动。对那些开展学习实践活动确有困难的基层党组织，要切实帮助他们解决困难，为他们开展好学习实践活动创造必要条件。

五、开展学习实践活动的基本步骤

开展学习实践活动之前，要做好充分准备工作。认真学习贯彻中央和省委的有关精神，进行广泛的宣传和思想发动，提高广大党员干部参加学习实践活动的积极性主动性；深入调查研究，听取意见建议，摸清对象底数，梳理主要问题；结合本地本部门本单位实际，紧扣“加快转变经济发展方式，推进经济转型升级，再创浙江科学发展新优势”，进一步明确具体的活动载体，制定切实可行的实施方案；在充分准备的基础上，召开动员大会，党组织主要负责同志作动员报告，对学习实践活动进行动员部署，确保广大党员干部自觉参与到学习实践活动中来。

学习实践活动分三个阶段进行：

1. 学习调研阶段。这一阶段重点抓好学习培训，深入调研，围绕科学发展进行解放思想讨论三个环节。组织全体党员特别是党员领导干部认真学习《毛泽东邓小平江泽民论科学发展》和《科学发展观重要论述摘编》；学习中央领导同志关于学习实践科学发展观的重要讲话和中央有关文件精神；学习省第十二次党代会和省委十二届一、二、三、四次全会精神及省委省政府贯彻落实科学发展观作出的一系列重要决定。县以上党员领导干部还要认真学习《深入学习实践科学发展观活动领导干部学习文件选编》。采取党委(党组)理论学习中心组、专题研讨、专家辅导、典型宣讲等形式，组织广大党员干部进行集中学习。党员主要领导干部要带头作学习报告。组织领导干部开展专题调研，各级领导班子要结合建立健全贯彻落实科学发展观的机制体制，确定重点调研课题，每个班子成员要结合各自分工，开展调查研究，进行案例分析，梳理主要问题，形成调研报告。开展以转变观念、转型发展为主要内容的解放思想大讨论，以思想解放引领观念转变，以思想解放推进实践创新。

2. 分析检查阶段。这一阶段重点抓好召开领导班子专题民主生活会，形成领导班子分析检查报告，组织群众评议三个环节。做好专题民主生活会前征求意见的工作，普遍运用民主恳谈的方式征求意见，找准影响和制约科学发展的突出问题，影响社会和谐稳定的突出问题，党性党风党纪方面群众反映强烈的突出问题；在专题民主生活会的基础上，深刻剖析形成问题的主客观原因特别是主观原因，理清发展思路，形成领导班子贯彻落实科学发展观情况的分析检查报告。分析检查报告要在一定范围内公布，组织党员群众进行评议，在此基础上进一步修订完善分析检查报告。领导班子成员都要撰写参加专题民主生活会发言材料，参加双重组织生活；所有党员都要参加以学习实践科学发展观为主题的支部组织生活会，针对贯彻落实科学发展观中存在的问题开展批评与自我批评。

3. 整改落实阶段。这一阶段重点抓好制定整改落实方案，集中解决突出问题，完善体制机制三个环节。各地各部门各单位领导班子要针对征求意见、专题调研、民主评议、分析检查中反映和查找出的问题，认真制定整改落实方案，实行整改工作责任制，明确整改工作责任主体，明确整改时限，明确整改要求；在一定范围内实行整改方案和整改情况公示制，自觉接受群众监督，组织基层党组织和党员干部群众，对整改方案开展建言献策，提出合理化建议。整改工作要贯穿学习实践活动的始终，集中解决几个影响和制约科学发展的突出问题，切实办好几件群众迫切希望解决的实事。领导机关从活动一开始就要注意做好建立健全贯彻落实科学发展观体制机制的工作，在统一认识、深入调研、分析检查的基础上，及时制定和完善促进科学发展的政策措施。基层党组织也要完善保障和促进科学发展的规章制度。

学习实践活动基本结束后，要做好活动的总结工作。在此基础上，采取适当方式向党员群众通报，对学习实践活动进行满意度测评，测评结果在一定范围内公布。要把贯彻中央和省委部署要求、解决突出问题、群众是否满意作为评价学习实践活动成效的重要内容。根据测评结果，进一步完善整改措施，巩固和扩大学习实践活动成果。

第一批活动开展后，参加第二批活动的单位，要着手开展准备工作；第二批活动开展后，参加第三批活动的单位，要着手开展准备工作。

六、开展学习实践活动要解决的重点问题

开展学习实践活动，要坚持边学边改，把解决突出问题放在重要位置，让人民群众从一开始就感受到学习实践活动带来的新气象。

按照第一要义是发展的要求，着力解决发展思路不清、发展信心不足、发展方式落后、发展质量不高、发展后劲不足等问题。

按照核心是以人为本的要求，着力解决执政为民意识淡薄，不能深入了解群众愿望、顺应群众要求，对民生问题特别是困难群众的疾苦关注不够，对群众合法权益维护不够，对社会和谐稳定重视不够等问题。

按照全面协调可持续的基本要求，着力解决片面发展、盲目发展、只顾眼前发展等问题，尤其要解决单纯追求速度，不重视调整经济结构，不重视质量和效益，不重视节能减排，甚至以牺牲环境、破坏资源为代价换取一时经济增长，不重视经济、政治、文化、社会的协调发展等问题。

按照根本方法是统筹兼顾的要求，着力解决全局意识不强，缺乏战略思维，不能妥善处理中央和地方、局部利益和整体利益、个人利益和集体利益、当前利益和长远利益的关系，有令不行、有禁不止、政令不畅通问题，尤其要解决不能正确认识和妥善处理城乡发展、区域发展、经济社会发展、人与自然和谐发展的关系，不能正确统筹国内国际两个大局等问题。

按照贯彻落实科学发展观必须加强和改进党的建设的要求，着力解决党性不强、党风不正、执行党纪不严的问题，在世界观、人生观、价值观、权力观、地位观、利益观方面存在的问题，尤其是党员意识不强，理想信念动摇，宗旨意识淡薄，党员领导干部政绩观不正确、作风漂浮以及形式主义、官僚主义严重等问题。

查找和解决突出问题，要围绕贯彻落实科学发展观的主题，坚持从实际出发，明确哪些问题已具备条件，在学习实践活动期间可以解决；哪些问题难度较大，需要较长时间才能解决。解决问题要突出重点，坚持什么问题突出就着力解决什么问题，多为人民群众办看得见、摸得着、促进科学发展的实事。

七、加强学习实践活动的组织领导

开展学习实践活动，是全省各级党组织和广大党员政治生活中的一件大事。各地各部门各单位要高度重视，切实把学习实践活动摆上重要议事日程，做到统筹安排、周密部署，精心组织、狠抓落实，坚持进度服从质量，确保活动取得实效。

1. 落实领导责任。省委成立学习实践活动领导小组，领导小组下设办公室，负责对学习实践活动的具体指导和日常工作。各地各部门各单位也要成立相应的领导机构和工作机构，抽调政治素质好、业务能力强的同志参加具体工作，并保证必要的工作经费。党委（党组）主要负责同志要切实履行第一责任人的职责，担任学习实践活动领导小组组长。党员领导干部要充分发挥带头作用，按照职责和分工做好工作。要坚持一级抓一级、一级带一级、层层抓落实。各有关部门要相互支持，密切配合，形成工作合力。党员领导干部要根据不同批次学习实践活动的特点，结合各自分工，建立联系点，并努力把联系点办成示范点。

2. 加强检查指导。按照中央的部署和要求，在开展第一批学习实践活动时，省委学习实践活动领导小组向省直各单位和试点单位派出指导检查组，对学习实践活动进行督促检查和具体指导；在第二批和第三批开展时，省委学习实践活动领导小组向各市和省直高校、企业等单位派出指导检查组；市县两级和有关单位向下属单位派出指导检查组，做好了解情况、反映情况，总结经验、发现问题，加强指导、提出建议，督促检查、保证质量等工作。

3. 注重工作创新。既要严格按中央确定的方法步骤认真地抓好学习实践活动，又要紧密联系本地本单位的实际，勇于创新，大胆实践，积极探索符合各地各单位实际、形式多样、行之有效的活动方式和载体，不断丰富活动的内容，增强活动的效果，使学习实践活动充分体现时代特征、实践特色、浙江特点。

4. 实行分类指导。在坚持学习实践活动总体要求的同时，针对领导机关、企事业单位和农村、街道社区的不同特点，党员领导干部、普通党员等不同层面，紧密结合部门和行业实际，分别提出学习实践活动的具体要求，设计特色鲜明、切实可行的活动载体，分层次开展学习实践活动，增强针对性和实效性。要从实际出发，组织好离退休干部（职工）中的党员和流动党员参加学习实践活动。

5. 坚持统筹兼顾。统筹学习实践活动各个批次、各个阶段和各个环节的工作，做到有机衔接、前后呼应。协调各个相关地方、行业、部门、企业、单位的活动安排，加强上下互动、左右联动。整合各方资源和力量，形成开展学习实践活动的合力。注意讲成本、重实效，防止文山会海，杜绝形式主义。坚持“两手抓”，做到学习实践活动和各项工作“两不误、两促进”。

6. 营造浓厚氛围。紧扣学习实践活动各个阶段的重点环节，充分运用报刊、广播、电视、网络等媒体，发挥各自特色和优势，认真做好新闻宣传和舆论引导工作。党委宣传部门要牵头协调主要新闻单位，精心制定宣传报道方案，统一开辟专题专栏，加强媒体协作联动，全面充分及时地报道和反映各地、各部门、各单位开展学习实践活动的好做法、好经验、好典型，形成强大的舆论声势。充分发挥各类基层宣传文化阵地的作用，以理论宣讲、文艺演出、展览展映展播等各种生动活泼的形式，营造开展学习实践活动的浓厚氛围。

学习实践活动结束后，各市委、省直属各单位党委（党组）要向省委报送总结报告。

中共浙江省委办公厅　浙江省人民政府办公厅
关于建立健全村级民主监督组织加强村级民主监督试点工作的意见

（2008 年 3 月 9 日）

浙委办〔2008〕19 号

为深入贯彻党的十七大和省第十二次党代会精神，进一步加强村级民主监督工作，完善村务公开和民主管理制度，促进我省农村党风廉政建设和村民自治，现就建立健全村级民主监督组织，加强村级民主监督试点工作提出如下意见。

一、指导思想

以邓小平理论和“三个代表”重要思想为指导，深入贯彻落实科学发展观，按照构建社会主义和谐社会、建设社会主义新农村的要求，坚持党的领导、人民当家作主、依法治国的有机统一，不断创新和完善村级民主监督的组织形式和工作机制，健全基层党组织领导的充满活力的基层群众自治机制，保障人民群众享有更多更切实的民主权利。

二、工作目标

1. 有效整合各种监督形式，逐步在全省行政村建立健全村级民主监督组织，健全完善以村党组织为领导核心，村民会议和村民代表会议为决策机构，村民委员会为管理执行机构，村级民主监督组织充分发挥监督作用的村民自治机制。

2. 初步形成对村干部权力行使的监督制约机制，实现惩治和预防腐败体系的构建向村级组织延伸，促进农村基层党风廉政建设各项制度的落实。

3. 进一步完善村级民主管理制度，切实维护农民群众的知情权、参与权、表达权和监督权等合法权益，促进农村社会和谐稳定。

三、基本原则

村级民主监督工作必须在党的领导下，依法有序地推进，在工作中着重把握以下原则：

1. 围绕中心，服务大局。坚持从全面建设小康社会的大局出发，以社会主义新农村建设为中心，以落实党的农村政策为着眼点，以切实保障农民群众根本利益为落脚点，着力提高村级组织民主决策和民主管理水平，推动农村经济社会又好又快发展。

2. 坚持党的领导，依法依规监督。充分发挥村党组织的领导核心作用，调动村民参与民主监督的积极性，建立党组织领导下的由村民广泛参与、依法监督、职责明确、程序完备、充满活力的村级民主监督机制。

3. 改革创新，求真务实。积极探索村级民主政治建设的内在规律，总结完善村级民主监督组织的运作机制，促进监督工作从村务公开、财务管理向村干部民主决策、履职情况延伸，不断完善村级民主管理制度。

4. 因地制宜，分类指导。坚持一切从实际出发，根据不同行政村的经济状况、社会结构、人口分布、风俗习惯等情况，合理确定村级民主监督组织的人员数量、工作职能和运作方式，不搞“一刀切”。

四、具体做法

1. 建立村级民主监督组织。在行政村设立村务监督委员会，下设主任 1 名、成员 2 至 4 名。村务监督委员会由村民会议或村民代表会议选举产生，一般与村民委员会换届同期进行，任期与村民委员会相同。村务监督委员会可根据实际需要，下设村务公开、财务监督等小组，全面履行监督职责。

村务监督委员会主任一般由村党组织成员兼任。实行村民代表会议制度的村，成员从村民代表中选举产生。村务监督委员会成员应当具备思想政治素质好，政策法律意识强，坚持原则、公道正派，群众信任、熟悉村情等条件。村集体经济组织监督机构的负责人一般应列为候选对象。成员采取回避制度，村党组织、村民委员会、村集体经济组织的成员及其配偶、直系亲属及近姻亲不得担任监督委员会委员，村文书、村报账员不得兼任村级民主监督组织成员及其下设机构的人员。

2. 明确村级民主监督组织的职责。村务监督委员会独立行使监督权，对村民会议或村民代表会议负责并报告工作。主要职责是:(1)在村党组织领导下,配合支持村党组织和村民委员会正确履行职责,引导村民支持村党组织、村民委员会的工作,协助做好村民的思想政治工作;(2)积极履行监督职责,有权列席涉及群众利益的重大决策、重大开支的村务会议,对村级各项收支、集体土地征用征收、工程项目招投标等村务公开内容和村民代表会议决定执行情况等进行监督,并定期和不定期向村民代表会议报告工作情况;(3)认真受理村民的意见建议,及时向村党组织和村民委员会反映村民对村务管理的意见和建议;(4)对应当依法由村民代表会议进行讨论决定的有关事项,而村民委员会不组织召集或擅自作出决定的,应及时向乡镇(街道)党委、政府反映,并督促村民委员会及时召开村民代表会议,讨论表决;(5)本村五分之一有选举权的村民联名要求罢免村民委员会成员,村民委员会未在法定时间内启动罢免程序的,经乡镇(街道)党委、政府同意,可主持召开村民会议投票表决;(6)模范遵守村规民约,充分发挥表率作用。

3. 建立村级民主监督组织自身制约机制。村务监督委员会应依法依规正确履行职责,不直接参与具体村务的决策和管理,每半年向村民会议或村民代表会议报告一次工作。每年由村民代表会议对其成员进行年度信任度测评,信任票不到应到会村民代表人数一半的,责令其辞职,由村民会议或村民代表会议按相关程序选举新的成员。

4. 落实村级民主监督组织保障措施。村党组织要支持村级民主监督组织正确履行职责。村级民主监督组织在无法履行合法、有效的监督时,可以向乡镇(街道)党委或县(市、区)有关职能部门反映情况,乡镇(街道)党委和有关部门应及时予以妥善处理和答复。有条件的地方可建立农村案件查办联席会议制度,对村级民主监督组织反映的村干部违规违法问题及时进行调查处理。建立村级民主监督组织成员培训制度,不断提高监督人员的业务水平,保证依法依规开展监督。村级民主监督组织成员不脱离生产,根据村集体经济条件,可以给予适当误工补贴,但不得增加村民额外负担。

五、工作要求

1. 试点先行,稳步推进。各市要按照"试点先行,总结完善,稳步推进"的思路,先选择1个县(市、区)作为重点,每个县(市、区)选择若干不同类型的行政村作为试点,特别是要把矛盾比较突出、干群关系比较紧张的行政村列入试点范围,然后在认真总结经验的基础上,逐步扩大工作面,确保稳妥有序地推进。工作起步比较早的地方,要进一步深化完善,不断取得新成效。

2. 加强领导,务求实效。各级党委、政府,尤其是县(市、区)和乡镇(街道)两级要充分发挥主导作用,加强组织领导,把建立健全村级民主监督组织工作摆上重要议事日程,及时研究解决工作中出现的新情况、新问题,推动村级民主监督试点工作顺利开展。各级纪检监察机关要会同组织、民政等部门加强工作指导和协调,不断把村级民主监督工作引向深入。

各地可结合实际,研究制定具体实施办法。

中共浙江省委办公厅关于以加强领导班子思想政治建设为重点深化拓展"树新形象、创新业绩"主题实践活动的意见

(2008年3月25日)

浙委办〔2008〕24号

根据2008年省委常委会工作要点和省委党建工作领导小组工作要点,现就以加强领导班子和领导干部思想政治建设为重点,进一步深化和拓展"树新形象、创新业绩"主题实践活动提出如下意见。

一、深化拓展主题实践活动的目标要求

认真贯彻党的十七大精神,全面落实省第十二次党代会和省委十二届二次全会部署,切实推动科学发展观在浙江的实践,坚持讲党性、重品行、作表率,围绕把领导班子和领导干部建设成为创业创新的组织者、推动者和实践者,不断加强各级领导班子和领导干部思想政治建设,努力在以下方面取得新成效。

1. 领导科学发展、推进创业创新的意识有新增强。把思想和行动统一到中央和省委的决策部署上来,深入贯彻落实科学发展观,牢固树立正确政绩观,不断增强机遇意识、责任意识和大局观念,切实提高创业创新的自觉性和坚定性,使领导干部成为科学发展、改革创新的表率。

2. 领导科学发展、推进创业创新的能力有新提高。切实把执政能力建设贯穿始终,积极引导领导干部在推进发展中增长才干,在服务群众中提高水平,在破解难题中提升素质,努力把领导班子建设成为领导科学发展、推动创业创新的坚强核心。

3. 领导科学发展、推进创业创新的方法有新改进。改进执政方式和领导方法,努力提高科学执政、民主执政、依法执政的水平。坚持群众路线,尊重人民群众的主体地位,充分发挥基层和群众的首创精神,在定政策、作决策等环节,更加注重群众的有序参与。

4. 领导科学发展、推进创业创新的形象有新提升。增强政治上的坚定性,品行上的纯洁性,行动上的先进性,

坚持解放思想、与时俱进。在工作中敢于负责、敢于碰硬，勇挑重担、求真务实，坚决克服形式主义、官僚主义，党群干群关系进一步密切，群众满意度不断提升。

5. 领导科学发展、推进创业创新的工作有新成效。进一步理清创业创新的思路，有效破解一些制约创业创新的重点难点热点问题，不断健全科学发展的体制机制，认真落实创业创新的各项任务，努力开创工作新局面。

二、深化拓展主题实践活动的重点工作

深化拓展主题实践活动，按照开展“服务创业、再增感情，推动创新、再破难题”专项行动组织，充分体现实践性的要求。参加对象从市、县党政领导班子和领导干部拓展到省级机关部门领导班子和领导干部。市、县可根据实际，延伸到机关部门以及乡镇（街道）党政领导班子和领导干部。专项行动继续采取组合式设计、滚动式推进，实行省、市、县三级联动和机关部门互动。全省统一开展五项集中活动。

1. 开展创业创新专题调研。主要任务是：摸清制约创业创新的主要问题，摸清基层和群众对上级机关服务创业创新的主要期盼，摸清基层和群众对推动创业创新的政策要求，研究提出服务基层、推进创业创新的办法举措。省级机关部门主要领导干部和市、县党政领导干部，以蹲点为主要形式，集中一个星期左右时间开展调研，其他领导干部根据实际灵活开展调研。调研要带着问题下去，形成思路上来，并以调研内容确定调研地点。调研工作坚持轻车简从，不层层陪同，做到深入基层、解剖麻雀，贴近群众、关注民生，查找问题、研究对策。提倡领导干部结合调研撰写“创业创新建议书”。

2. 开展创业创新结对联系。主要任务是：大力培育创业创新先进典型，因地制宜帮助指导结对联系点开展工作，以创新提升创业、以创业促进创新，努力把结对联系点建成科学发展的示范点、创业创新的实践点。机关部门以单位为主结对，市、县党政领导干部以个人为主结对。注重联系各地方各行业的示范单位和重点工程（重点项目），并与原先的扶贫帮困和即将开展的“百厅千局万企联万村”等工作有机结合。

3. 开展创业创新送服务。主要任务是：面向创业创新主体，开展政策、科技、信息、项目、资金、人才等方面服务。送服务活动要坚持点面结合，力求让更多的基层单位和群众得到服务，尤其注重开展决策咨询、项目论证、可行性研究，帮助解决实际问题。市、县和有条件的机关部门（单位），都要组建“咨询组”、“服务团”，由领导干部带队，不定期开展下基层送服务。省级机关部门送服务活动可单个部门组织，也可以几个部门联合组织，市、县由党委统一安排，并注意与原有的下基层送服务活动相结合。

4. 开展创业创新民主恳谈和民主听证。主要任务是：围绕推进决策的科学化和民主化，对创业创新拟出台的重要政策和改革举措，特别是涉及民生、民富、民安方面的政策举措，广泛征求基层和群众的意见建议。各地各部门党委（党组）要按照省委、省政府的重点工作安排，结合实际，排出1至3个民主恳谈和民主听证的内容，在全省开展百场民主恳谈和民主听证。要务求实效，不搞形式主义，尤其组织好主要领导参加的民主恳谈和民主听证。

5. 开展创业创新破难攻坚。主要任务是：破解制约创业创新的关键问题、影响社会稳定的突出问题、事关民生的重大问题和加强基层组织建设的难点问题。实行破难工作领导责任制，各地各部门主要领导干部都要对破难工作负总责。实行破难工作领衔制，每位领导干部都要领办一个以上破难项目，包案负责。实行破难工作联审联办制，对涉及面广、事关全局的难题，领导干部要主动与相关部门沟通协调，协同破解，需要上下联动和省级机关部门互动的，合力破解。尤其要针对今年信访稳定工作的形势和任务，开展赴京重复上访集中处理和依法处理非正常上访工作，切实化解疑难信访事项和不稳定因素。在破解难题的基础上，注重推进体制机制创新，优化创业创新环境。各地各部门都要制定出台一批创业创新政策措施，并对现有政策规定进行清理。提倡领导干部撰写“创业创新破难纪实”。

三、深化拓展主题实践活动的组织领导

对深化拓展主题实践活动，各地各部门必须高度重视、精心组织、狠抓落实，真正把这项活动抓紧抓好抓出成效。

1. 落实领导责任。主题实践活动，在省委的领导下，由省委组织部牵头负责，省委宣传部、省直机关工委、省委教育工委、省信访局、省法制办等部门共同参与组织。各地各部门要落实领导责任，党委（党组）书记要切实履行第一责任人职责，率先垂范、身体力行，立足自身、重抓本级，认真抓好本地本部门主题实践活动。

2. 把握时间要求。主题实践活动的时间大致安排为：3月下旬，省委召开电视电话会议进行动员部署；4－5月中旬，开展领导干部创业创新专题调研，启动创业创新结对联系和送服务活动；5月下旬开始，开展创业创新民主恳谈和民主听证、破难攻坚等活动；年底，开展主题实践活动满意度测评。

3. 坚持统筹安排。各地各部门要结合自身实际，认真制定切实可行的具体实施方案。注重与“高举旗帜、科学发展、创业创新”为主题的十七大精神宣传教育活动，与作风建设和当前正在开展的各项工作紧密结合，并为下一步开展“深入学习实践科学发展观”活动做好前期准备。

4. 鼓励实践创新。各地各部门都要从实际出发，围绕主题实践活动的目标要求，精心设计载体，丰富活动内涵，创新活动形式，确保主题实践活动取得实实在在的成效。

5. 加强宣传引导。运用广播、电视、报刊、网络等媒体，开辟专栏，广泛开展深化拓展主题实践活动的新闻宣传，及时反映各地各部门的好做法、好经验和优秀党员干部的先进事迹。认真总结经验，充分发挥先进典型的导向作用，形成主题实践活动的良好氛围。

中共浙江省委办公厅关于印发《中共浙江省委人才工作领导小组 2008 年工作要点》的通知

浙委办〔2008〕25 号

各市、县(市、区)党委,省直属各单位党委(党组):

《中共浙江省委人才工作领导小组 2008 年工作要点》已经省委领导同志同意,现印发给你们,请结合实际,认真贯彻落实。

中共浙江省委办公厅

二○○八年三月二十六日

中共浙江省委人才工作领导小组 2008 年工作要点

省委人才工作领导小组 2008 年工作的总体要求是:认真贯彻党的十七大和省第十二次党代会精神,以邓小平理论和"三个代表"重要思想为指导,深入贯彻落实科学发展观,紧紧围绕"创业富民、创新强省"总战略,加快实施人才强省战略,坚持党管人才原则,不断创新人才工作体制机制,以高层次人才和高技能人才为重点,突出抓好企业创新型人才和农村实用人才开发,统筹推进各类人才队伍建设,努力造就宏大的创业创新人才队伍,开创人才辈出、人尽其才新局面,为全面建设惠及全省人民的小康社会提供有力的人才保证和智力支持。

一、完善人才工作新格局,进一步加强人才工作宏观指导

1. 着力营造重才爱才的良好环境。贯彻尊重劳动、尊重知识、尊重人才、尊重创造的方针,制定 2008 年人才工作宣传要点,大力宣传党的十七大、省第十二次党代会和省委十二届二次全会关于人才工作的部署要求,开展"两创"人才典型宣传活动,积极宣传各类人才的创业创新事迹,总结推广人才工作先进典型,建立企事业单位人才工作示范点。

牵头单位:省委宣传部、省委组织部

配合单位:各成员单位

2. 制定人才工作的战略规划。按照实施"两创"总战略的要求,着眼于加强"两创"人才队伍建设,开展《浙江省"十一五"人才发展规划》中期评估,研究制定全省人才队伍建设中长期规划(2008—2020 年),并分解落实责任分工。

牵头单位:省委组织部、省人事厅

配合单位:各成员单位

3. 做好第二次全省人才工作会议的筹备工作。筹备召开第二次全省人才工作会议,全面总结五年来的人才工作,确定今后一个时期人才工作的目标任务。

牵头单位:省委组织部、省人事厅、省委办公厅、省政府办公厅

配合单位:各成员单位

4. 进一步健全党管人才工作运行机制。认真落实省委办公厅、省政府办公厅《关于建立健全人才工作运行机制,进一步完善人才工作新格局的若干意见》(浙委办〔2006〕93 号),做好省委人才工作领导小组成员调整工作,落实省委人才工作领导小组联席会议以及人才工作重大事项通报、督促检查等工作制度,深化县级组织部门联系点制度,增强人才工作合力。

牵头单位:省委组织部、省人事厅、省委办公厅、省政府办公厅

配合单位:各成员单位

5. 加强人才工作基础建设。开展人才资源调查统计工作。建立健全省高级专家信息库、企业经营管理人才信息库,加强高技能人才、优秀农村实用人才信息库建设。

责任单位:省委组织部、省人事厅、省经贸委、省劳动保障厅、省农办、省统计局、省国资委

二、加大培养和引进力度,大力加强高层次创新人才队伍建设

6. 大力推进企业创新型人才开发。以提高企业科技研发人才自主创新能力和科技成果转化能力为重点,研究培养和集聚企业创新型人才的具体措施,健全企业人才开发政策体系,推进企业创新型人才队伍开发。

牵头单位:省委组织部、省人事厅

配合单位:省发改委、省经贸委、省科技厅、省教育厅、省财政厅、省劳动保障厅、省国资委、省科协

7. 加强创新团队建设。制定出台加强创新团队建设的政策意见,紧密结合经济社会发展重大项目、重点工程和重点学科建设,加快建设一批创新人才集聚、创新机制灵活、持续创新能力强、创新绩效明显,具有国内领先水平

的省级创新团队，制定落实创新团队资助办法。

牵头单位：省委组织部、省人事厅、省科技厅、省教育厅、省委宣传部

配合单位：省发改委、省经贸委、省财政厅、省劳动保障厅、省文化厅、省卫生厅、省国资委、省科协、省社联

8. 推进创新型领军人才培养工作。深入实施浙江省特级专家制度、“新世纪151人才工程”、“百千万科技创新人才工程”、“钱江高级人才（特聘教授）引进计划”、高校“中青年学科带头人培养计划”、“卫生高层次创新人才培养工程”等高层次人才重点培养项目。开展第二批浙江省特级专家评选。做好“新世纪151人才工程”新一轮重点资助对象和第一、二层次培养人员选拔、享受国务院特殊津贴专家的推荐选拔工作。完善选拔培养机制，加强对各领域创新型领军人才和一线中青年创新人才的培养。举办青年专家政治理论培训班。实施全面提升高等教育办学质量和水平行动计划。

牵头单位：省委组织部、省人事厅、省科技厅、省教育厅

配合单位：省委宣传部、省经贸委、省财政厅、省文化厅、省卫生厅、省科协、省社联

9. 积极引进高层次创新人才。采取团队引进、核心人才带动引进、项目引进、共建创新载体引进等方式，大力引进紧缺急需人才、高层次人才和科技创业人才。继续在北京、上海等地举办大型人才招聘洽谈活动，引进国内优秀人才。大力推进人才国际化战略，加强国际人才交流合作，积极吸引留学和海外高层次人才来我省工作和服务。认真实施择优资助海外留学人才来浙创业“钱江人才计划”。

牵头单位：省人事厅

配合单位：省委组织部、省委统战部、省发改委、省经贸委、省教育厅、省科技厅、省财政厅、省国资委、团省委、省科协、省社联、省侨联

10. 加快构筑人才创新平台。加快建设“六个一批”科技创新载体，构筑三类重大公共创新平台，积极引进国内外大院名校共建创新载体，鼓励和支持企业建立技术中心等研究开发机构。加强省“重中之重”学科和人文社科重点研究基地建设，鼓励高校以多种方式与市、县和企业合作，联合建立研究中心或创新基地。加强博士后科研流动站和工作站建设。

牵头单位：省科技厅、省教育厅、省人事厅、省委宣传部

配合单位：省发改委、省经贸委、省中小企业局、省财政厅、省国资委、省社联

11. 加强高层次人才联系服务工作。加强两院院士、中央和省直接联系专家等高层次人才的联系服务工作，充分发挥他们的作用。组织开展两院院士、省特级专家及各类优秀人才的考察休假等活动。

牵头单位：省委组织部、省人事厅

配合单位：各成员单位

三、以人才资源能力建设为核心，整体推进各类人才队伍建设

12. 加强党政人才培训工作。认真组织党的十七大精神学习培训，用中国特色社会主义理论体系武装党员干部。抓好《干部教育条例》和“十一五”干部教育培训规划的落实，实施干部教育培训“名师工程”，大力推进新一轮大规模培训干部工作。继续实施浙江省公务员培训“十一五”规划，加强公务员队伍能力建设。切实加强后备干部的培养、选拔和管理，坚持做好培养选拔女干部、少数民族干部、党外干部工作。

牵头单位：省委组织部、省人事厅

配合单位：省委统战部、省民宗委、团省委、省妇联、省委党校、省社会主义学院

13. 加强企业经营管理人才培养。认真实施2006—2010年浙江省企业经营管理人员培训规划、省属企业“十一五”人才队伍建设和教育培训规划，深入推进“企业经营管理人员素质提升计划”，创新培训管理体制和运行机制，完善培训网络，加强省级培训基地建设。抓好高层次企业经营管理骨干研修班、国外进修班等示范培训项目，加强对企业家和中高层企业经营管理人才的培养，完成“5511培训工程”。

牵头单位：省经贸委、省委组织部、省人事厅、省国资委

配合单位：省中小企业局、省工商局、省工商联

14. 积极推进专业技术人才继续教育。认真实施浙江省专业技术人员继续教育“十一五”规划。根据专业技术人才知识更新“653工程”的要求，发挥各行业主管部门的优势和作用，切实加强现代农业、现代制造、现代能源、信息技术、现代管理等领域专业技术人员的新知识、新理论、新技术、新方法培训。全面开展专业技术人员公需科目培训，举办省级专业技术人员高级研修班。

责任单位：省人事厅、省农业厅、省林业厅、省水利厅、省经贸委、省信息产业厅、省公安厅

15. 进一步加强高技能人才工作。认真贯彻落实省委办公厅、省政府办公厅《关于进一步加强高技能人才工作的实施意见》（浙委办〔2007〕96号），抓好高技能人才工作督查。深入实施职工技能素质工程和职业教育六项行动计划，加快建立现代企业职工培训制度和高技能人才校企合作培养制度，推进高技能人才培养基地和公共实训基地建设。进一步加强职业资格证书制度建设工作，在全省高校中大力开展职业技能鉴定工作，在职业院校中全面推行“双证制”。广泛开展职工“技能大比武，岗位大练兵”，积极推进高技能人才技术交流活动。落实高技能人才培养和技术创新活动的资助措施，进一步引导和鼓励企业落实高技能人才培训、使用、激励等制度。

牵头单位：省劳动保障厅

配合单位：省委组织部、省经贸委、省中小企业局、省教育厅、省科技厅、省财政厅、省人事厅、省总工会、团省委、省妇联

16. 加强宣传文化系统人才队伍建设。进一步加大宣传文化“五个一批”人才工程实施力度，完成第三批“五个一批”人才评选工作。加大宣传文化专业人才培训力度。完善文化人才培养、评价、流动和激励机制，依托宣传文化重点工作、重大课题项目培养人才。加强优秀文化人

才的管理和联系。重视发挥行业组织、学术团体在人才培养中的作用。

牵头单位:省委宣传部

配合单位:省委组织部、省人事厅、省文化厅、省社联、省文联、省作协、省记协、省社科院、浙江日报报业集团、浙江广电集团、浙江出版集团、浙江在线新闻网站

17. 加强社会工作人才队伍建设。深入开展社会工作人才专题调研,研究提出社会工作人才培养、评价、使用、激励等政策措施。建立健全社会工作人才管理体制,推动社会工作者队伍进城乡社区。研究制定社会工作人才培养规划,大力推进社会工作专业教育,积极开展社会工作专业培训,加快高等院校社会工作人才培养体系建设。

牵头单位:省民政厅、省人事厅、省委组织部、省教育厅、省劳动保障厅

配合单位:省司法厅、省卫生厅、省总工会、团省委、省妇联

四、围绕社会主义新农村建设,大力加强农村实用人才队伍建设和农村人力资源开发

18. 研究制定农村实用人才和农村人力资源开发的政策意见。认真贯彻中央办公厅、国务院办公厅《关于加强农村实用人才队伍建设和农村人力资源开发的意见》(中办发〔2007〕24 号),研究出台我省贯彻落实的实施意见,分解落实工作任务。

牵头单位:省委组织部、省人事厅、省农办

配合单位:各成员单位

19. 加强农村实用人才队伍建设。深入实施"千万农村劳动力素质培训工程"、百万农村实用人才培养计划和农村实用人才带头人素质提升计划等,大规模开展农村适用技术、职业技能和创业培训,培养造就大批适应新农村建设要求的生产能手、经营能人、能工巧匠和各类乡村专业技术人员。加大指导和扶持力度,支持农村实用人才创业兴业。深入开展村企结对、科技服务结对等活动,完善科技特派员、农村工作指导员等制度。

牵头单位:省农办、省人事厅

配合单位:省委组织部、省发改委、省教育厅、省科技厅、省财政厅、省劳动保障厅、省建设厅、省农业厅、省林业厅、省文化厅、省卫生厅、省海洋与渔业局、团省委、省妇联、省科协、省供销合作联合社

20. 扎实推进高校毕业生到农村和社区工作。研究制定选聘高校毕业生到村任职的具体工作方案,扎实做好2008 年选聘工作。加强对"一村(社区)一名大学生计划"的指导和督查。积极推选在农村工作的优秀高校毕业生通过法定程序进入村两委班子。研究制定面向到村(社区)工作的高校毕业生招考公务员的政策措施。加大高校毕业生就业指导、服务力度,加强高校毕业生见习基地建设。

牵头单位:省委组织部、省人事厅、省教育厅

配合单位:省委宣传部、省农办、省科技厅、省公安厅、省民政厅、省财政厅、省劳动保障厅、省农业厅、省林业厅、省卫生厅、团省委

五、统筹抓好人才资源开发,推进人才工作协调发展

21. 深化拓展欠发达地区人才开发"希望之光"计划。继续实施人才培养、人才支持、智力服务、人才开发资助工程,进一步整合资源,创新举措,增强实效。深入开展欠发达地区干部交流挂职锻炼工作,加大对欠发达地区支医、支教工作力度,组织省直单位和发达地区高层次、高技能人才到欠发达地区开展人才智力服务活动。举办欠发达地区科技乡镇长、企业经营管理人才、高技能人才、农村基层干部、农村实用人才等培训班。建立专家联系服务基地机制,举办省"151 人才"创新成果推介会。做好欠发达地区人才开发专项资金的使用和管理工作。

牵头单位:省委组织部、省人事厅

配合单位:省农办、省经贸委、省教育厅、省科技厅、省财政厅、省劳动保障厅、省卫生厅、团省委、省科协、省社联

22. 进一步加强非公有制经济组织人才开发工作。完善和落实非公有制经济组织人才开发的服务和保障措施。积极探索非公有制经济组织人才工作与党建工作有机结合的途径,深入实施"党员人才工程",推广先进典型经验。选送民营企业骨干人才到党校、高等院校培训。支持和帮助非公有制经济组织培养引进急需人才,建立研发机构和博士后工作站,开展人才智力交流合作。

牵头单位:省委组织部、省人事厅

配合单位:省委统战部、省经贸委、省中小企业局、省劳动保障厅、省国资委、省工商局、省科协、省社联、省工商联

23. 积极开展区域人才资源开发交流与合作。进一步推进长三角人才开发一体化,加强与东三省、中西部地区的人才智力合作。引导和支持各级各类用人单位与国内外著名高校、科研院所广泛开展人才资源开发合作。

责任单位:省人事厅

六、加快推进人才工作体制机制创新,激发各类人才创业创新活力

24. 进一步形成促进优秀人才脱颖而出的机制。不断深化干部人事制度改革,努力提高选人用人公信度。抓好干部人事制度改革整体规划和已有制度的落实,完善体现科学发展观和正确政绩观要求的干部综合考核评价体系。深入实施公务员法,推进配套制度建设。加大采用竞争性办法选拔干部的力度,坚持和完善从优秀村干部中考录乡镇公务员制度,积极探索从基层选拔优秀干部充实各级党政领导机关的方法和途径。深化完善事业单位分类改革,切实做好事业单位岗位设置管理工作,全面推行事业单位人员聘用制。加强职称制度改革政策研究,进一步规范专业技术人才专业资格评价和职务聘任工作。探索建立职业经理人资质评价制度,推进企业经营管理人才评价工作。

牵头单位:省委组织部、省人事厅、省经贸委、省国资委

配合单位:各成员单位

25. 健全有利于人才创业创新的激励保障机制。深化事业单位收入分配制度改革,引导和鼓励企业探索知

识、技术、管理、资本等生产要素按贡献参与分配的有效形式和办法。加大社会保障体系建设力度。健全知识产权保护体系。完善优秀人才奖励制度,认真做好首席技师和钱江技能大奖、浙江省优秀留学回国人才的评选工作。

牵头单位:省人事厅、省劳动保障厅、省科技厅、省经贸委、省国资委、省委组织部、省财政厅

配合单位:各成员单位

26. 推进市场配置人才资源。进一步加强人才市场、劳动力市场建设,规范市场管理,增强服务功能,依法保障人才权益,鼓励和指导各类市场中介组织积极有序开展中介业务,促进人才合理流动和优化配置。

责任单位:省人事厅、省劳动保障厅

中共浙江省委办公厅
关于加强和改进县(市、区)机关党建工作的意见

(2008 年 7 月 8 日)

浙委办〔2008〕63 号

为深入贯彻党的十七大和省第十二次党代会精神,切实加强县(市、区)机关党建工作,充分发挥机关党组织的战斗堡垒作用和党员的先锋模范作用,根据中央有关文件精神,结合我省实际,现就加强和改进县(市、区)机关党建工作提出如下意见。

一、县(市、区)机关党建工作的重要意义和总体要求

1. 县一级政权组织在我国政治体系中处于承上启下的地位,是我国经济发展、社会安定和政权稳固的重要基础。加强和改进县(市、区)机关党建工作,是加强党的先进性建设、永葆党的先进性的必然要求,是加强党的执政能力建设、提高党的执政能力的重要环节,是促进科学发展、构建和谐社会的有力保证。近些年来,我省各级党委认真贯彻中央关于党的建设的一系列重要指示精神,紧紧围绕全省工作大局,紧密结合各地实际,着力推进县(市、区)机关党的建设,取得了明显成效。但也要清醒地看到,目前县(市、区)机关党建工作发展还不够平衡,一些地方的党组织履行对党员的教育、管理、监督和服务等职能还不够到位,机关党建的成效与新形势新任务要求还有较大差距。各级党委和党员领导干部一定要从政治和全局的高度,充分认识县(市、区)机关党建工作的重要意义,切实增强加强和改进县(市、区)机关党建工作的使命感和责任感。

2. 当前和今后一个时期,县(市、区)机关党建工作的总体要求是:全面贯彻党的十七大精神,高举中国特色社会主义伟大旗帜,以邓小平理论和"三个代表"重要思想为指导,深入贯彻落实科学发展观,以党的执政能力建设和先进性建设为主线,以为民、务实、清廉为要求,坚持围绕中心、服务大局,坚持党要管党、从严治党,抓根本,强基础,求创新,全面加强思想、组织、作风、制度和反腐倡廉建设,不断提高县(市、区)机关党建工作水平,为推进"创业富民、创新强省"各项工作提供坚强有力的思想组织保证。

二、县(市、区)机关党建工作的主要任务

3. 深化理论武装。始终把思想建设放在党的建设的首位,组织机关党员干部深入学习中国特色社会主义理论体系,进一步加强理想信念、国情省情、形势政策和思想道德教育,大力弘扬中华优秀传统文化和浙江精神,不断增强对中国特色社会主义的信念和信心。注重推进机关理论学习的经常化和制度化,做到机关党员每年参加所在党组织集体教育活动时间累计不少于 12 天。进一步完善领导干部理论学习督促考核机制,充分发挥理论学习中心组在机关理论学习中的示范作用。大力弘扬理论联系实际的学风,坚持把理论学习与贯彻落实中央和省市县党委决策部署结合起来,与本部门本单位业务工作结合起来,与党员干部的思想实际结合起来,切实做到学以致用、学有所获、学有所成。

4. 服务发展大局。深入开展学习实践科学发展观活动,不断提高机关党员干部贯彻落实科学发展观的自觉性和坚定性。注重围绕"两创"总战略,紧密结合各地各部门实际,切实做到以机关党建工作推动机关业务工作,确保机关党的工作与业务工作同轨并向、相互促进、共同发展。注重围绕"八型机关"(学习型、创新型、效能型、服务型、法治型、节约型、文明型、廉洁型)创建活动和形式多样的主题实践活动,积极推进和谐机关建设,推动机关工作不断取得新成效。充分发挥机关党组织的政治优势和组织优势,深入细致地做好机关党员干部的思想政治工作,充分调动和发挥他们的积极性、主动性和创造性。

5. 优化组织设置。进一步理顺县级机关党组织的隶属关系,县(市、区)级党的机关、人大机关、行政机关、政协机关、审判机关、检察机关以及人民团体机关,无论设立党组还是党委,其机关及直属单位的党组织都应由同级机关工委统一领导;业务工作实行垂直管理的基层机关单位,党的组织关系原则上属地管理,党的工作接受所在地机关工委领导。完善党支部工作目标管理,坚持落实"三会一课"、民主评议党员等制度,严格执行党员参加组织生活登记和党员领导干部参加双重组织生活公示制度。健全支

部书记岗位培训制度，充分发挥支部委员会的整体作用。认真落实党员权利保障条例，推进党务公开，尊重党员主体地位，不断提高党内民主建设的质量和水平。认真履行机关党组织的监督职能，不断拓宽监督渠道，完善监督手段，督促党员干部自觉遵守党的纪律。建立完善党内激励、关怀、帮扶机制，注重人文关怀和心理疏导，进一步增强机关党组织的凝聚力和向心力。全面开展创建机关党建工作先进单位等活动，充分发挥先进典型的表率作用。按照党建带工建、团建和妇建的方针，进一步加强对机关工会、共青团、妇委会的组织领导，支持群团组织发挥优势、履行职能，不断提高党建带群团组织建设的水平。

6. 改进机关作风。从县(市、区)机关与基层联系比较密切的实际出发，认真总结“转变作风年”、“调查研究年”的成功经验，全面开展“服务创业、再增感情、推动创新、再破难题”活动，积极做好机关党组织与农村、社区、企业党组织结对共建，机关党员与困难群众结对帮扶等工作，不断拓宽联系群众渠道，广泛了解民情民意，帮助群众解决实际困难。坚持和完善机关效能建设的有效做法，进一步强化机关服务意识，建立健全机关效能提升机制，不断提高机关办事效率和服务水平。广泛推行党员责任区、党员先锋岗、“一员双岗”和党员承诺制，继续开展民主评议机关作风、评选满意不满意单位等活动，健全机关作风建设监督和奖惩机制，引导党员干部弘扬求真务实精神，立足本职岗位，争创一流业绩。

7. 鼓励改革创新。积极开展机关党建工作创新活动，大力营造尊重创造、鼓励探索、支持创新、宽容失败的环境和氛围，激发机关党建工作的生机活力。加强机关文化建设，以加强思想道德教育、规范文明礼仪、活跃文体生活为着力点，努力营造团结和谐、积极向上的良好氛围。坚持因时因地制宜，创新组织活动方式，通过开展“微型党课”、“政治生日”等丰富多彩的活动，调动党员参与热情，提高组织活动效果。拓宽机关党建工作领域，建立乡镇机关党建工作重点联系制度，加强对乡镇机关党建工作的指导。

8. 注重制度建设。巩固和发展保持共产党员先进性教育活动成果，按照“细化、量化、科学化”的要求，制定和完善以党建工作责任制、党员学习教育、管理监督、联系基层服务群众、激发党员内在动力等制度为主要内容的机关党建工作长效机制。切实抓好机关党建各项规章制度的贯彻落实，加强对中央和省委保持共产党员先进性长效机制和有关机关党建工作文件贯彻情况的督促检查，及时总结推广成功经验，着力抓好存在突出问题的整改。

9. 推进反腐倡廉。坚持标本兼治、综合治理、惩防并举、注重预防的方针，扎实推进惩治和预防腐败体系的建设和实施。积极开展机关廉政文化建设，加强廉洁从政教育，建立健全拒腐防变教育长效机制，不断增强机关党员干部拒腐防变的意识和能力，切实做到“为民、务实、清廉”。做好信访举报工作，严肃查处严重违纪案件，切实纠正不正之风，以党风廉政建设的实际成效取信于民。

三、县(市、区)机关党建工作的组织领导

10. 全面落实县(市、区)机关党建工作责任制。按照中央有关文件要求，进一步建立健全党委(党组)负总责、党委(党组)书记带头抓、分管领导具体抓，机关党委抓落实，一级抓一级、一级带一级的党建工作格局。县(市、区)委主要负责同志作为本地党的建设第一责任人，要把机关党建工作列入县(市、区)委重要议事日程，县(市、区)委常委会每年至少一次、分管领导每年至少两次听取机关工委的工作汇报，研究解决机关党建工作中的重大问题。县(市、区)部门主要负责同志作为本部门党的建设第一责任人，要积极主动抓机关党建工作，做到党建工作与业务工作一起研究部署、一起推动落实。县(市、区)党委和部门党组(党委)领导班子成员要结合各自分工，抓好职责范围内的基层党建工作。各市和县(市、区)要把机关党建工作情况作为县(市、区)委和部门领导班子年度绩效考核内容，与其他工作一并考核。

11. 充分发挥县(市、区)机关工委的作用。县(市、区)机关工委作为县(市、区)委派出机构，要按照“讲党性、重品行、作表率”的要求，进一步加强自身建设，提高履行职责能力，改进履行职责方式，充分发挥参谋助手作用，不断提高机关党建工作水平。配合同级纪委和组织部门共同抓好部门党组(党委)民主生活会的管理工作。积极牵头组织或参与部门年度目标责任制考核，认真抓好机关作风和绩效考评等工作。县(市、区)委要重视和支持机关工委工作，安排工委负责同志参加县(市、区)委和政府的有关重要会议、重大活动，使其及时了解全局情况，充分发挥职能作用。

12. 加大县(市、区)机关党建工作的保障力度。各县(市、区)要选好配强机关工委领导班子和专职党务干部，关心机关党务干部的成长进步。为加强协调沟通，机关工委实行委员制，可由县(市、区)委有关职能部门负责同志担任兼职委员，专职委员原则上应多于兼职委员。机关党员教育经费列入县(市、区)年度财政预算。机关基层党组织收缴的党费，要有一定的比例留存县(市、区)机关工委，用于开展机关党的工作。积极创造条件，切实解决机关工委办公场所、公务用车等方面的困难。

13. 加强对县(市、区)机关党建工作的指导。省、市机关工委要切实履行指导县(市、区)机关党建工作的职责，进一步加强与县(市、区)委和机关工委的联系，共同推进县(市、区)机关党建工作。建立完善省、市、县机关党建工作联动机制，通过建立落实工委书记联席会议制度和县(市、区)机关党建工作重点联系制度、举办工委书记培训班、召开工作交流会、评选创新成果、组织开展理论研讨等方式，加强对县(市、区)机关工委的业务指导。县(市、区)机关工委要主动向上级机关工委汇报工作情况，提出工作建议，做到上下联动、求实奋进，努力开创县(市、区)机关党建工作新局面。

各市、县(市、区)委要联系实际，研究制定贯彻落实本意见的具体措施。

中共浙江省委办公厅印发《关于在干部教育培训中进一步加强学风建设的实施意见》的通知

浙委办〔2008〕108 号

各市、县(市、区)党委,省直属各单位党委(党组):

现将《关于在干部教育培训中进一步加强学风建设的实施意见》印发给你们,请结合实际,认真贯彻落实。

中共浙江省委办公厅

二〇〇八年十二月五日

关于在干部教育培训中进一步加强学风建设的实施意见

为贯彻落实中共中央组织部《关于在干部教育培训中进一步加强学风建设的若干意见》精神,大力弘扬马克思主义优良学风,结合我省干部教育培训工作实际,制定本实施意见。

一、统一思想认识,把学风建设作为干部教育培训的根本措施来抓

1. 加强学风建设是马克思主义政党的鲜明特征,是执政党党风建设的重要内容,也是干部教育培训工作取得成效的重要保障。各级党委和有关部门、干部教育培训机构在推进大规模培训干部工作中,要始终把加强学风建设作为一项根本措施来抓,努力在我省干部队伍中形成优良的学风。

2. 干部教育培训学风建设的总体要求是:认真学习贯彻党的十七大和全国干部教育培训工作会议精神,牢固树立为科学发展和干部健康成长服务的观点,坚持理论联系实际,发扬艰苦奋斗精神,从严治校、从严治学,大力推进学习型组织建设,努力造就高素质的学习型干部队伍。

二、明确培训目的,全面落实干部教育培训服务科学发展和干部健康成长要求

3. 牢固树立围绕中心、服务大局意识,紧密结合党的理论创新成果,把中央和省委重要决策部署作为重要内容,列入培训计划,体现于各类培训班次之中。

4. 按照干部成长和履职需要,坚持"干什么学什么、缺什么补什么"原则,围绕提高干部推进科学发展的能力开展培训,反对为培训而培训的任务观点,反对学用脱节、不重实效的形式主义。

5. 建立和完善调查研究制度,在制定干部教育培训政策制度、年度培训计划、开展重要专题培训、实施重要培训项目前必须开展调研,在重要项目实施后必须跟踪调研,不断提高干部教育培训服务经济社会发展和干部队伍建设的水平。

6. 严格培训项目审核审批,对培训目的不明确、服务中心工作效果不明显、缺少培训针对性和实效性的培训项目,做到不立项、不审批。

三、深化教学改革,把理论联系实际贯穿于教学全过程

7. 抓住干部实践科学发展观中的现实问题,推行研究式培训。省、市、县主体班次要把研究式教学作为基本教学方式,研究式教学时间不少于总学时的三分之一。把专题研究类班次列入各级培训的基本班次。每年应围绕党委政府中心工作举办一定数量的专题研讨班。

8. 注重把学风教育与党性教育结合起来,紧密联系干部思想实际,加强忠于党和人民的教育、尽职尽责干工作的教育、道德情操的教育、拒腐防变的教育。各级党校要在主体班次中设置党性教育专题,创新党性教育的教学方法,重视开发党性教育课程。

9. 加强培训成果开发,注重引导学员把学习研究成果应用于实际工作。各类主体班次、专题研究类培训、境外培训班次,每名学员都要联系实际工作撰写研究报告。有关部门和培训机构要认真整理学员的学习研究成果,并将其作为党委政府及有关部门决策的重要参考。

四、端正教学态度,建设作风过硬的师资队伍

10. 教师要自觉加强政治理论修养和师德修养,牢记"研究无禁区"、"讲坛有纪律",以德施教、为人师表,不发表与中国特色社会主义理论体系和党的路线方针政策相违背的言论。

11. 教师要深入实际、深入学员,严谨治学、认真备课;不上无准备之课,不使用内容陈旧的讲稿。

12. 干部教育培训机构要积极采取进修培训、外出考察、上挂下派、课题调研、教学方法研究等形式,不断提高教师把握大局、联系实际、开展研究式教学的能力。

五、坚持从严治学,推进高素质学习型干部队伍建设

13. 干部要牢固树立终身学习理念,自觉增强学习意识,培养学习习惯,克服学习上的浮躁作风和功利主义,认真学习党的理论创新成果,学习党的路线方针政策和法律法规，学习业务知识和科学文化知识，不断提高思想理论素养和科学文化知识素养。

14. 干部要改进学习方法，坚持理论联系实际，带着问题学习，勤于思考，不断提高运用所学理论研究分析和解决现实问题的能力，把学习成果应用于工作实践中，体现于内在素质提高上。

15. 干部要严格遵守培训纪律，自觉执行《干部教育条例》，服从组织调训，认真完成培训任务。干部在校培训期间不准带工作人员陪读，不准请人代写学习笔记或论文，不准抄袭他人学习研究成果，不准用公款宴请，不准参加用公款支付的各类娱乐活动。

六、坚持从严治校，建设校风优良、管理规范、质量保障的培训机构

16. 干部教育培训机构要端正办学方向，坚持质量兴校，严谨办学，努力开发精品课程，培养培训名师，打造品牌班次；反对粗放型的办学方式。

17. 干部教育培训机构要建立健全教师教学质量测评、教学事故追究、教学跟班和学员学籍管理、学习考试考核、考勤与请销假等制度，实行规范管理，建设良好校风。各级主体班次要严格党支部组织生活，组织部门和党校要实行跟班管理。

18. 干部教育培训机构要大力倡导艰苦奋斗、勤俭办学之风，防止和杜绝铺张浪费、搞豪华设施。各类干部培训班次不准租用高级宾馆、度假村，不准向学员发放高档纪念品；反对讲排场、比阔气。

19. 干部教育培训机构不得采取不正当手段招揽生源；不得借干部教育培训之名，组织境内外公费旅游或者进行与培训要求不相符的活动；不得违反有关规定收取干部教育培训费用；不得违反国家有关规定擅自印发学历或学位证书、资格证书和培训证书。干部教育培训专门机构不得从事与干部教育培训工作不相称的商业经营活动，保持良好的校园学习环境。

七、加强培训考核，明确干部教育培训学风建设的职责

20. 建立学风建设责任制。各级党委要加强对干部教育培训学风建设的领导和监督，认真研究解决学风建设中的突出问题。各级组织部门要把学风建设作为加强干部教育培训宏观管理的重要内容，切实履行主管职责。各类承担干部教育培训项目的机构要建立干部培训项目学风管理责任制，并将责任落实到人。

21. 把学风建设情况作为培训机构质量评估、教师教学质量测评、学员学习考核的重要内容，认真做好相应的考核工作。充分运用考核结果，将其作为培训机构承担培训项目、教师职称评聘和教学奖惩、干部岗位任用的重要依据。

22. 严格执行《干部教育条例》，严肃干部教育培训纪律，对违反有关规定的培训机构，要责令整改，并追究相应部门和直接责任人员的责任；对违反规定的教师，要批评教育，情节严重的要取消教师资格；对违反规定的干部，视情节轻重进行谈话诫勉、取消学习成绩、责令退学、通报所在单位，直至纪律处分。

各级组织部门和干部教育培训机构要结合实际，研究提出具体配套措施，切实抓好学风建设，确保干部教育培训工作健康有序开展。

中共浙江省委办公厅印发《关于2008—2012年浙江省大规模培训干部工作的实施意见》的通知

浙委办〔2008〕109号

各市、县（市、区）党委，省直属各单位党委（党组）：

现将《关于2008—2012年浙江省大规模培训干部工作的实施意见》印发给你们，请结合实际，认真贯彻落实。

中共浙江省委办公厅

二〇〇八年十二月三日

关于2008—2012年浙江省大规模培训干部工作的实施意见

为深入贯彻党的十七大精神，建设高素质干部队伍，根据中央和省委的部署要求，结合我省实际，现就2008—2012年开展新一轮大规模培训干部工作提出以下实施意见。

一、适应我省全面实施“创业富民、创新强省”总战略的需要，进一步发挥干部教育培训工作的战略性、基础性作用

干部教育培训工作是党的建设的一项重要任务，是保证经济社会和其他各项事业顺利发展的一项基础性工作。党的十七大提出,要"继续大规模培训干部、大幅度提高干部素质",这是我们党站在时代和战略的高度,以改革创新的精神,全面推进党的建设新的伟大工程的重大战略举措。今后五年,是我省全面提升工业化、城市化、市场化、信息化、国际化水平的重要机遇期,也是全面建设惠及全省人民的小康社会的关键时期。扎实推进"创业富民、创新强省"总战略,实现我省经济社会又好又快发展,必须进一步加强干部教育培训工作,加快培养造就一支高素质干部队伍,全面提高各级领导班子和干部队伍领导科学发展的能力;必须把干部教育培训工作放到改革开放和现代化建设的新形势下,放到党的建设的总要求中,放到干部教育培训事业的新起点上来认识,全面提高干部培训工作的整体水平,切实用中国特色社会主义理论体系武装头脑、指导实践、推动工作,更好地为加强党的执政能力建设和先进性建设服务,更好地为全面建设小康社会、加快推进社会主义现代化服务。

二、以科学发展观为统领,明确新一轮大规模培训干部工作的指导思想和目标任务

1. 指导思想

认真学习贯彻党的十七大精神,高举中国特色社会主义伟大旗帜,坚持以邓小平理论和"三个代表"重要思想为指导,深入贯彻落实科学发展观,按照"联系实际创新路、加强培训求实效"的要求,以坚定理想信念、增强执政本领、提高领导科学发展能力为重点,贯彻实施《干部教育培训工作条例(试行)》和《2006—2010 年浙江省干部教育培训规划》,围绕全面推进"两创"总战略,积极推进干部教育培训改革创新,不断提高干部教育培训质量和效益,更好地为科学发展服务、为干部健康成长服务。

2. 主要目标

坚持用中国特色社会主义理论体系教育培训干部,深入开展学习实践科学发展观活动,使广大党员干部受教育、科学发展上水平、人民群众得实惠;坚持理论教育、知识教育和党性教育相统一,切实加强各级各类干部的教育培训,广大干部的思想政治素质、科学文化素质、业务素质和健康素质大幅度提高;大力推进制度改革,积极完善工作机制,干部教育培训工作的科学化、制度化、规范化水平不断提升;加强马克思主义学风建设,在干部队伍中形成勤奋好学、学以致用、勇于创新、讲求实效的良好学风。每位县处级以上领导干部 5 年内累计参加培训时间达 3 个月(550 学时)以上,其他干部每年参加培训时间不少于 12 天(100 学时),实现干部教育培训全覆盖。

3. 重点任务

——党政主要领导干部培训。按照建设高素质领导班子和干部队伍的要求,切实加强对县处级以上党政主要领导干部的培训,把新任"一把手"的培训放在优先位置,着力开阔他们领导各项事业科学发展的视野、思路和胸襟。省委每年举办一期省直单位、市(县)党政主要负责人专题研讨班,每年安排 300 名左右省管干部参加省委党校的脱产培训,选送 150 名左右县处级以上领导干部,40 名左右市、县(市、区)党政主要负责人参加中央和国家培训机构的脱产培训。进一步加强和改进党委(党组)中心组学习。

——后备干部培训。根据后备干部的培养目标,突出理论武装、党性修养、实践能力等重点,制定后备干部培训计划,确保后备干部至少参加一次党校中青班或其他中长期培训班学习。省委组织部每年安排 100 名左右省管后备干部参加脱产培训。每年选送一批县处级以上优秀年轻干部到知名高等院校参加专题培训,鼓励和支持有发展潜力的中青年干部在职攻读硕士以上学位。

——创业创新急需人才培训。根据全民创业、全面创新的需要,切实抓好各类急需干部人才的培训。省直有关单位 5 年培训创业创新紧缺人才 1000 名左右。加快培养一批具有国际先进、国内领先水平的领军人才和创新团队。省委组织部每年办好专家理论研修班。省直有关单位每年举办各类专业技术人员高级研修班 30 期。

——基层干部培训。加强农村基层干部执行政策、推动发展、服务群众、依法办事等方面培训,提高建设社会主义新农村的能力;加强城市基层干部做群众工作、完善社会管理、开展社区服务、发展社区事业等方面培训,提高促进社区事业协调发展的能力。省委组织部会同有关单位,抓好乡镇(街道)、村级主要负责人的示范培训,各市、县抓好基层干部的普遍培训,使基层干部在任期内都接受一次理论和业务培训。今年起,乡镇(街道)党委书记纳入省委党校的常规培训。

——企业家核心竞争力培训。加强企业领导人员把握机遇、战略规划、统筹兼顾、企业党建等方面培训,提升企业家持续创新和再创业能力。每年办好大企业大集团高级研修班等示范班次,发挥全省企业经营管理人员培训基地的辐射作用。以大中型骨干企业和成长型、创新型企业领导人才为重点对象,5 年安排工商管理知识培训 1.5 万人、国际合作培训 500 人。积极发挥企业培训主体作用,引导企业开展自主培训。

——领导干部境外培训。适应我省推进"两创"总战略的需要,围绕我省经济社会发展的重点、热点问题,在严格控制规模和数量的基础上,有计划有针对性地选派境外培训,学习借鉴国(境)外先进经验。

在扎实开展上述重点培训工程的基础上,各地各部门要按照分级分类、全员培训的原则,抓好其他干部的教育培训。要注重加强对女干部、少数民族干部、党外干部的培训,确保完成新一轮大规模培训任务。

三、围绕落实科学发展观的实践需求,进一步创新干部教育培训内容

1. 以中国特色社会主义理论体系特别是科学发展观为中心内容的重点培训。坚持用中国特色社会主义理论体系武装干部,深入进行邓小平理论和"三个代表"重要思想的教育培训,突出抓好科学发展观的教育培训,着力提高领导和推动科学发展的本领。结合中国特色社会主义在浙江的生动实践,运用实践成果、发展经验、典型案例教育培训干部,使广大干部成为共产主义远大理想和中国特色社会主义共同理想的坚定信仰者、科学发展观的忠实执行者、社会主义荣辱观的自觉实践者、社会和谐的积极促进者。

2. 进一步解放思想与再创发展新优势专题培训。紧密联系时代发展大势和经济政治形势,紧密联系改革开放30年来我省经济社会发展取得的经验和成就,紧密联系干部队伍的思想实际,广泛开展解放思想、实事求是、与时俱进的教育培训。结合深化经济体制改革、再创体制机制新优势,扩大开放领域、构筑开放新格局等主题,教育广大干部坚持锐意改革、勇于创新,反对骄傲自满、固步自封。

3. 转变政府职能与服务型政府建设专题培训。围绕深化行政管理体制改革、加快建设服务型政府等目标,开展健全政府职责体系、健全公共财政体系、强化社会管理、改进公共服务、公共危机管理、依法行政等专题研讨,进一步创新政府工作理念,提升公共服务能力。

4. 提高自主创新能力与转变经济发展方式专题培训。围绕我省转变经济发展方式、加快建设创新型省份等目标,开展经济转型升级、先进制造业、现代服务业、产业融合、科技管理体制改革、开放型经济等专题培训,进一步开阔科学发展思路,提高科学发展水平。

5. 城乡一体化与社会主义新农村建设专题培训。围绕推动产业新发展、建设新社区、培育新农民、树立新风尚、构建新体制,开展发展高效生态农业、农业产业化经营、农村社会化服务体系、基础设施建设和环境整治、中心镇和中心村建设等专题培训,努力使我省社会主义新农村建设走在全国前列。

6. 城市建设与管理专题培训。围绕新型城市化发展目标,开展城乡协调发展、区域发展战略、主体功能区建设、推动欠发达地区发展、城乡规划与管理等方面内容的教育培训,不断提升城市建设与管理水平。

7. 环境资源建设与保护专题培训。加强有关资源节约和环境保护的政策法规培训,注重节能减排、全面推进生态省建设与生态文明建设、人口安全、防震减灾等知识培训,为我省深化节约能源、大力发展循环经济、不断提高资源综合利用水平服务。

8. 全面改善民生、促进社会和谐专题培训。深入开展优先发展教育、扩大就业和促进就业、完善社会保障体系、提高城乡居民健康水平、加强公共文化建设、维护社会和谐稳定等专题的学习研讨,推动"基本公共服务均等化"、"低收入群众增收"、"公民权益依法保障"等计划深入实施。

9. 建设文化大省与竞争软实力专题培训。围绕兴起文化大省建设新高潮的主要任务,开展文化建设"八项工程"、社会主义核心价值体系、公共文化服务、文化产业发展等内容的教育培训,努力提升我省文化发展水平,切实增强文化软实力。

10. 以改革创新精神推进党的建设专题培训。围绕加强党的执政能力建设和先进性建设,紧密联系经济社会发展大局,开展理想信念、党的优良传统和作风、基层党组织建设、发展党内民主、反腐倡廉等教育,引导广大干部自觉"讲党性、重品行、作表率",不断提高党建工作水平。

在开展上述十类专题培训的同时,根据我省经济社会发展需要,适时增加调整培训专题,进一步丰富干部培训内容体系,提高干部教育培训的针对性和实效性。

四、充分利用各类培训资源,探索建立开放竞争的干部教育培训格局

1. 充分发挥党校、行政学院主渠道作用。认真贯彻《中国共产党党校工作条例》,坚持"党校姓党、从严治校"原则,突出党校办学特色,进一步挖掘培训潜力,完善教学布局,集中精力办好各级党校各类主体培训班次。党校、行政学院要加强对干部成长和教育培训规律的研究,积极与各类教育培训机构合作交流,逐步建构"分类别、分层次"的教学体系,提升教学水平,切实发挥在大规模培训干部中的示范引领作用。加强市、县党校、行政学院(校)基础建设,改善办学条件。省财政每年安排500万元,重点扶持欠发达地区和基础薄弱的县级党校。

2. 大力推进党校教育培训资源整合。采取组建市级党校分校、设立教学点与集中办学等形式,推动市、区委党校同城整合。按照相邻区域就近合作的原则,鼓励县级党校发挥各自优势,推进联合办学。办学条件良好、教学力量雄厚的县级党校,要切实发挥区域内的辐射和引领作用,带动周边区域县级党校建设。进一步发挥县级党校的作用,对办学条件较差的县级部门培训机构原则上进行撤并,将其干部培训任务逐步纳入党校培训,建立一批以县级党校为主体的综合性干部培训机构。

3. 积极利用高等院校和社会培训机构的教育资源。各地各部门要加强与高等院校、科研院所、咨询研究机构和各类社会培训机构的联系,采用建立培训基地、开展联合办学、委托培训任务等方式,开展干部教育培训工作。在国家级干部教育培训机构和知名高校中,确定一批中长期培训基地,建立省、校培训协作机制。高等院校及社会培训机构应着眼干部实际本领的提高,转换培训模式,有针对性地开展干部培训工作。

4. 探索开发新型教育培训资源。积极开发网络资源,推广在线学习、网络培训等新模式。建设浙江干部在线教育培训网,5年内11个市和部分县(市、区)建立干部网上学习平台。以浙江论坛、领导干部人文科技系列讲座为依托,加强省管领导干部的在职理论学习与知识更新。各地各部门要把有规模和影响的讲座、论坛纳入干部教育培训计划,通过举办多种形式的报告会,拓展干部在职学习渠道,扩大教育培训覆盖面。

五、着眼于提高干部教育培训的针对性、实用性和有效性,大力推进培训要素的优化配置

1. 推进现场教学基地建设。积极推动我省科学发展的丰富实践资源转化为生动的干部教育培训资源。围绕经济社会发展的重大现实问题,开发一批主题突出、特色鲜明,涵盖经济、政治、文化、社会和党的建设以及法律、科技等领域的现场教学基地。坚持数量充足、结构合理、优胜劣汰、滚动发展原则,及时调整充实现场教学基地。打破地区和部门界限,逐步实现现场教学基地共享。研究制定现场教学基地教学标准体系与基本规范，组织开展现场教学规律研讨活动。5年内在全省形成一批教学规范、层次较高、深受欢迎的品牌基地。

2. 推进名师工程建设。进一步落实专职教师知识更新机制，通过脱产学习、挂职锻炼、专题调研、课题研究、业务交流等方式，保证专职教师每年参加脱产培训的时间累计不少于1个月。加强兼职教师队伍建设，建立和落实党政主要领导干部到党校、行政学院和干部学院讲课或作报告制度。进一步优化全省干部教育培训师资库，通过实行师资联聘、动态管理等办法，逐步实现师资共享。按照业务精通、素质优良、专兼结合原则，培养和造就一支干部教育培训名师队伍。

3. 推进精品课程建设。以政治理论培训、政策法规培训、业务知识培训、文化素养培训和技能训练为基本框架，以科学发展观在浙江的实践为重要内容，实施干部教育培训精品课程开发计划。干部教育培训主管部门、党校、行政学院、高等院校要发挥各自优势，集中力量，合力攻坚，开发一批主题突出、特色鲜明、效果显著、能满足不同培训需求的精品课程。引入竞争机制，对重点课程采取招投标办法，择优确定承担课程开发的机构与人员。对经学员评选、专家评审的精品课程给予奖励。

4. 推进具有浙江特色的干部培训教材建设。按照总体设计、分步推进的要求，编写《学习实践科学发展观案例》、《"两创"总战略干部学习培训读本》、《省情教育系列读本》、《干部科技人文素养读本》和部门业务教材。加强对干部教育教材编写、出版、发行、使用的管理和监督。5年内选用和编写一批符合需要、各具特色的干部培训教材。

六、全面推进干部教育培训制度创新

1. 深化干部教育培训的学制改革。根据形势任务变化和干部需求，科学设置培训班次。把专题研讨班纳入党校、行政学院基本班次，扩大专题研讨类班次比例。按照宜长则长、宜短则短原则，改革培训学制，多安排"短、频(频率)、快"的培训。综合运用讲授式、案例式、研究式、体验式、模拟式等教学方法，进一步增强教学吸引力和感染力。

2. 逐步推行干部教育培训项目管理制度。借鉴项目管理方法，以直接委托或招投标方式，确定承办培训机构。承担培训任务的机构，按照需求调研、编制项目计划书、落实师资教材经费、加强过程管理等程序，实施培训任务。培训主管部门应及时监控项目实施，加强考核评估，严格项目验收。5年内，党校、行政学院的各类主体班次及其他中长期培训班，应全面实行项目管理制度，并逐步扩大到各类培训班次。

3. 推行干部自主选学制度。在坚持和完善组织调训的同时，逐步扩大干部选择培训机构、培训内容、培训时间的权利。干部培训机构要在需求调研基础上，精心设计班次和课程。干部教育培训管理部门应定期向社会公布有关培训信息。鼓励干部经批准参加社会化培训。省委党校主体班次要率先推行自主选学，扩大参训学员选择权。在省直机关处级干部中开展自主选学试点。各地各部门要积极探索和完善自主选学制度。

4. 实行干部培训学分制管理。根据干部管理权限开展学分累计、审核、分析，及时提出整改意见和措施。省管领导干部培训实行学分制管理。各地各部门根据实际情况，在各级领导干部中逐步推行学分制。

5. 建立干部教育培训机构评估制度。按照评建结合、以评促建原则，围绕办学方针、培训质量、师资队伍、组织管理、基础设施、经费保障等方面，制定科学规范、简便易行的评估办法和评估指标体系，有组织有计划地开展评估工作，5年内完成对市、县级党校、行政学院(校)的评估工作。

6. 建立和落实学习培训考核激励制度。建立健全分级与分类、定量与定性相结合的干部教育培训考核制度，把干部教育培训考核结果作为评优表彰和干部选拔任用的重要依据。研究和制定加强干部学风建设的具体意见。研究制定省管干部学习培训量化考核办法，重点考核参加教育培训情况、学习态度和运用理论指导实践的情况。贯彻落实《干部任用条例》和《干部教育条例》，严格执行领导干部提任前和任期内参加培训的有关规定。对任前没有达到教育培训要求的干部，必须在提任后1年内完成培训。

七、切实加强组织领导，确保新一轮大规模培训干部工作任务的落实

1. 加强领导，统筹规划。各地各部门要切实把新一轮大规模培训干部工作摆上重要位置，统筹安排，整体部署。各级党委要加强领导和指导，及时研究部署干部教育培训工作的重大问题。健全干部教育培训工作领导小组制度，切实发挥应有的作用。党委组织部门要履行牵头抓总职责，发挥整体规划、宏观指导、协调服务、督促检查、制度规范的作用。各有关部门按照职责分工，认真抓好相关工作。要进一步加强领导干部境外培训工作的指导和管理，控制总量，注重质量，严格境外培训审批，加强境外培训过程监管，确保领导干部境外培训工作的健康有序开展。加强干部教育培训工作的理论研究，深入研究工作中的重点难点问题。认真落实《干部教育条例》规定，把干部教育培训经费列入各级政府年度财政预算，随着财政收入增长逐步提高，保证大规模培训干部工作的需要。

2. 加强管理，改进服务。根据党政干部、企业经营管理人员、专业技术人员的特点，制定加强宏观管理的政策意见，指导不同类别和区域的教育培训工作，推进这项工作协调发展。进一步健全党政领导干部参加专题培训的计划申报审批制度，规范培训秩序，统筹学员选调，避免多头培训、重复培训。加强和规范社会化培训的管理。举办领导干部参加的社会化培训班，须经当地党委组织部同意。干部本人参加社会化培训，要按干部管理权限申请批准。干部教育培训主管部门要在政策指导、沟通协调、信息服务上下功夫，在服务中加强管理，在管理中改进服务。要及时总结好经验好做法，抓好典型示范和引导，指导干部教育培训工作。

3. 加强督查，狠抓落实。认真贯彻落实《干部教育条例》和"十一五"干部教育培训规划。各级干部教育培训主管部门要根据新一轮大规模培训干部工作的目标要求，确定工作计划，实行目标管理，统筹安排好干部教育培训任务。实行工作督查制度，在一定范围内通报工作进展情况，及时发现和解决干部培训中存在的普遍性、倾向性问题，切实把新一轮大规模培训干部任务落到实处。

中共浙江省纪律检查委员会 浙江省监察厅 浙江省人民政府纠风办 关于全省纠风系统落实"两创"总战略 认真开展"三服务一满意"主题活动的实施意见

浙纪发〔2008〕11号

为深入贯彻党的十七大、中央纪委第十七届二次全会和省第十二次党代会、省纪委十二届二次全会精神，全面落实科学发展观，巩固示范和先进基层站所评创活动成果，为省委"创业富民、创新强省"总战略的实施提供强有力的保障，根据浙政办发〔2008〕19号文件精神，省纪委、省监察厅、省政府纠风办决定在全省纠风系统开展"三服务一满意"(服务发展、服务民生、服务基层，让人民满意)主题活动。现提出以下实施意见：

一、指导思想和目标

开展"三服务一满意"活动要以邓小平理论和"三个代表"重要思想为指导，深入贯彻党的十七大精神，全面落实科学发展观，坚持立党为公、执政为民，围绕中心、服务大局，以人为本、关注民生，标本兼治、纠建并举的方针，服务发展、服务民生、服务基层，弘扬求真务实的作风，牢固确立"人民利益高于一切"的工作理念，把群众满意作为活动的根本目的，切实解决人民群众最关心、最直接、最现实的问题，不断提高纠风工作的水平，建设廉洁高效的纠风工作团队，为"创业富民、创新强省"营造风清气正的环境，为推进科学发展、促进社会和谐提供有力保证。

二、活动的对象

开展"三服务一满意"活动的对象是各级纠风组织、各有关部门。

三、活动的内容和要求

围绕"服务发展、服务民生、服务基层，让人民满意"的主题，贯彻落实全国纠风工作会议精神，推动纠风工作各项任务的落实。加强"两项督查"，切实落实中央宏观调控措施和惠民政策；深化"三项治理"，着力解决涉农负担、教育收费、医疗卫生方面损害群众利益的突出问题；强化"四项资金监管"，有效维护社保基金、住房公积金和扶贫资金、救灾资金的安全；推动"两项建设"，促进政风和行风建设有新的明显改进。

1. 统筹谋划，积极服务发展大局。坚持不懈地纠正损害群众利益的不正之风，体现立党为公、执政为民的本质要求，以硬措施改善软环境，促进全省经济又好又快地发展。

一要认真学习党的十七大和省第十二次党代会精神，充分认识纠风工作是全面落实科学发展观、构建社会主义和谐社会的内在要求，是促进部门廉洁高效、行业公平正义的有效措施。

二要始终立足全党工作大局，紧紧围绕当地党委、政府的中心工作，把握工作重点和要求，结合实际，大胆探索，不断开拓工作新途径，创造新经验。

三要增强纠风工作的自觉性和主动性，积极参与当地经济社会发展建设，为"创业富民、创新强省"营造良好的政务环境、市场环境、创业环境、服务环境。

2. 以民为本，紧紧抓住纠风工作主线。树立以人为本、执政为民的理念，把群众反映最强烈、最迫切需要解决的问题作为纠风工作的重点。

一是实实在在为群众办实事、解难题。真正把老百姓关心的热点、难点问题和群众最现实的利益问题解决好，让老百姓真真切切得到实惠和方便。

二是广泛动员群众参加纠风工作全过程。纠风工作涉及各行各业，与人民群众的切身利益息息相关，部门和行业的政风行风老百姓感受最深，要密切联系群众，动员群众积极参与到纠风工作中，集中民智，体察民情。

三是把纠风工作的评判权交给群众。真诚倾听群众呼声，真实反映群众愿望，真诚关心群众疾苦，把群众满意不满意、答应不答应、拥护不拥护、赞成不赞成作为衡量纠风工作成效的标准，努力使纠风工作符合人民群众的要求和期望。

3. 精心部署，切实把握纠风工作的重点环节。围绕中心、服务大局，做到主动服务、靠前服务、有效服务、优质服务，切实维护党和政府的执行力、公信力，坚决纠正有令不行、有禁不止的行为，为社会全面协调可持续发展提供有力保障。

一是加大调查研究的力度。改进工作作风，深入实际开展调查研究，积极探索解决问题的新途径和新方法，不断创新工作思路和工作方式，为党和政府决策服务。

二是加大舆论宣传的力度。对工作中的好做法、好典型，要加大宣传力度，继承发扬、巩固提高。这是反映党和政府反腐倡廉工作成效的一种有效手段，也是让群众知情，接受群众监督的一种有效手段。

三是加大监督检查的力度。充分运用法律赋予行政监察机关的职权，加强监督检查，并对发现的问题区别不同情况，作出实事求是的处理。能够立即纠正的，立即纠正；不能立即纠正的，限期整改，并进行跟踪检查，督促整改到位。

四是加大案件查处的力度。查处不正之风案件是各级纠风办的基本职责，也是纠风工作取得实效、取信于民的重要保证。各级纠风组织和有关部门要充分发挥信访主渠道作用，对群众反映的问题，要快速反应，认真受理，尽快办结。要通过查办案件，真正让人民群众得到实惠，让制度和监督更加规范。

五是加大制度建设的力度。对已有的制度，要不断完善，从深化改革入手，努力突破一些涉及纠风工作的机制和体制性障碍；对于新的情况、新的问题，要通过新的尝试，寻求特点和规律，建立长效的机制，以制度来规范工作。

六是加大队伍建设的力度。加强学习，勤于学习，善于学习，勇于实践；加强自律，从严要求，从严管理，规范言行；创新思路、创新载体、创新方法，提升服务群众的能力和水平。

各级纠风组织和有关部门要按照以上基本内容，结合我省今年纠风工作的部署，广泛开展各具特色的主题活动。省纪委、省监察厅、省纠风办将在全省开展“政风行风建设十大新事”评选活动，以树立典型，推广政风行风建设经验，推动我省纠风工作再上新台阶。

四、活动的实施步骤

开展“三服务一满意”主题活动，要按照综观全局、标本兼治、抓住重点、统筹推进、整合载体、务求实效的思路，分三个阶段实施：

1. 准备阶段(4 月)

各级纠风组织和有关部门要按照《关于开展“三服务一满意”主题活动的实施意见》的要求，结合本地实际，制定具体的活动实施方案，并逐级上报。要创新思路，围绕“服务发展、服务民生、服务基层，让人民满意”开展形式多样的主题活动，提高活动的针对性和有效性。

2. 实施阶段(5—12 月)

按照已经制定的活动方案，细化责任，把工作目标任务分解到部门、落实到人，明确完成标准和完成时限，把活动的每一环节做精、做细、做实。

3. 总结阶段(12 月)

把开展主题活动与建立健全新形势下纠风工作的长效机制结合起来，建章立制、总结提高。要突出活动的特色和成效，对活动中的好经验好做法，及时进行总结和推广；对活动主题不突出、成效不明显的，要分析原因并提出改进措施。各地、各部门要及时将活动情况和经验做法以简报形式报省纠风办，以便指导全局。

五、几点要求

1. 深化认识，加强领导。开展“三服务一满意”主题活动，既是积极贯彻中央提出的“深入贯彻落实科学发展观”，“加快推进以改善民生为重点的社会建设”和省第十二次党代会提出的“坚定不移地走‘创业富民、创新强省’之路”等要求的具体措施，也是实践“三个代表”重要思想、维护人民群众利益的一项重要工作。为此，各级纠风组织和有关部门必须站在政治和全局的高度深化认识，统筹安排，精心部署。

2. 注重协调，落实责任。主题活动的开展涉及众多部门和行业，单靠某一部门难以有效推进工作，因此既要落实责任，又要协调配合。各级纠风组织要着重做好组织、协调、沟通工作，全面掌握活动进展情况，善于发现工作中存在的问题，督促有关部门认真研究解决，充分发挥好组织、协调、牵头的作用。

3. 强化督查，务求实效。监督检查是开展好主题活动，做好纠风工作的关键环节。各级纠风办要把加强督促检查作为推动工作的重要手段，深入基层和实地，对各项任务的部署和落实情况开展经常性的监督检查，防止活动流于形式，以实实在在的效果，取信于民，让人民满意。

中共浙江省纪律检查委员会
浙江省监察厅
浙江省人民政府纠风办
二〇〇八年四月七十日

中共浙江省纪律检查委员会　中共浙江省委组织部关于印发《关于深入整治用人上不正之风进一步提高选人用人公信度的实施意见》的通知

浙组〔2008〕42 号

各市、县(市、区)纪委、党委组织部,省直各单位党委(党组):

现将《关于深入整治用人上不正之风进一步提高选人用人公信度的实施意见》印发给你们,请结合本地本部门实际,认真抓好贯彻落实。

中共浙江省纪律检查委员会
中共浙江省委组织部
二〇〇八年八月十四日

关于深入整治用人上不正之风进一步提高选人用人公信度的实施意见

为贯彻落实中央纪委、中央组织部《关于深入整治用人上不正之风进一步提高选人用人公信度的意见》(中组发〔2008〕12 号),进一步提高选人用人的公信度,现就整治用人上不正之风工作提出如下意见。

一、指导思想

全面贯彻党的十七大精神,以邓小平理论和"三个代表"重要思想为指导,深入贯彻落实科学发展观,坚持党管干部原则,坚持民主、公开、竞争、择优,围绕提高选人用人公信度,严格执行干部选拔任用工作法规,进一步规范干部选拔任用工作,严厉整治用人上不正之风,努力造就一支高素质的干部队伍,为我省深入实施"创业富民、创新强省"总战略、全面建设惠及全省人民的小康社会提供坚强的组织保证。

二、总体目标

坚持预防、监督、查处并举,把严格监督、严肃纪律贯穿于干部选拔任用工作的始终,逐步建立完善干部选拔任用和监督制度体系,经过 3—5 年的努力,使选人用人的环境更好,风气更正,不正之风得到有效遏制,实现群众对干部选拔任用工作的满意度明显提高、对整治用人上不正之风的满意度明显提高。

三、主要措施

(一)严格执行干部选拔任用工作法规

1. 加强对干部选拔任用工作法规的学习教育培训。结合新一轮大规模培训干部工作,把干部选拔任用工作政策法规作为党校、行政院校领导干部主体班次的重要内容。党委(党组)和组织人事部门负责同志与干部进行任职谈话时,要对学习贯彻党的干部工作法规和执行组织人事纪律提出要求。加强组织人事干部的干部选拔任用工作法规知识培训,不断提高组织人事干部的政策业务水平。拓宽教育渠道,创新教育载体,充分发挥新闻媒体和网络的作用,注重运用查处的违规用人问题的典型案例,加强对干部选拔任用工作政策法规教育。

2. 不折不扣地执行干部选拔任用工作的各项规定。《干部任用条例》和有关法规,是选拔任用干部必须遵循的基本规章,也是防止和纠正用人上不正之风的有力武器。防止用人上的不正之风,必须首先保证干部选拔任用工作的各项规定得到认真贯彻落实。在干部选拔任用工作中,必须坚持标准,防止降格以求;必须严格程序,防止减少、变通、颠倒程序甚至不要程序。各级党委(党组)及其组织人事部门都要认真履行职责,严格把关。坚持做到对本级管理的干部的任用,不符合规定的不上会;对上级管理的干部的任用,不符合规定的不上报;对下级报来的干部的任用,不符合规定的不审批。严格执行党政领导干部选拔任用工作有关事项报告制度,凡是机构变动或主要领导成员调动前需要提拔调整干部的,对拟任人选争议较大、需要破格或越级提拔的,超过任职年龄需继续留任的,领导干部的配偶、子女在领导干部所在单位(系统)提拔的,在作出任用决定前,应当书面向上一级组织人事部门报告或征求意见。

3. 加强对干部选拔任用工作法规执行情况的检查。按照《党政领导干部选拔任用工作监督检查办法(试行)》的要求,坚持不懈地对《干部任用条例》和有关法规执行情况进行检查。认真总结这些年来开展检查的经验,创新检查方式,不断提高检查工作的质量。省委组织部定期对市、省直单位和高等院校的干部选拔任用工作情况进行集中检查。各级纪检监察机关要按照有关规定,加强对干部选拔任用工作的监督检查。坚持干部选拔任用工作自查制度,党委(党组)每年要对干部选拔任用工作进行一次自查,并将自查情况报上一级党委(党组)及其组织人事部门。要充分发挥巡视在加强干部选拔任用监督工作中的作用,对巡视组提出的工作意见和建议要认真研究,对反映的问题督促有关单位认真整改。

(二)坚决查处用人上的违规违纪行为

1. 进一步严明用人纪律。一是对行贿买官、受贿卖官的,按照组织程序,一律先予免职,再依据党纪政纪和有关法律法规追究责任。二是对在民主推荐和选举中搞拉票、贿选等非组织活动的,一经查实严肃处理,已列入考察对象的排除出考察人选,已列为候选人的取消候选人资格,已经提拔的责令辞职或者免职、降职。三是对跑官要官的,不仅不能提拔,而且要严肃批评教育,情节严重的,给予组织处理或纪律处分。四是对封官许愿或者为跑官要官的人说情、打招呼,以及泄漏酝酿、讨论干部任免情况的,要严肃批评教育,是组织人事干部的,要调离组织人事部门,造成严重不良后果的,要依据党纪政纪和有关法律法规追究责任。五是对违反规定选拔任用干部、突击提拔调整干部的,作出的干部任免决定一律无效,并按规定对有关责任人进行处理。六是领导干部受到撤销党内职务或行政职务以上处分且在提拔任职前已有明显违纪违法行为的,要对其选拔任用的过程进行调查,确实存在违反规定选拔任用干部问题的,追究有关责任人的责任。七是对因用人方面的问题受到责令辞职、免职、降职等组织处理的,两年内不得提拔。

2. 进一步发挥群众监督作用。各级纪检监察机关和组织人事部门要认真受理反映选人用人问题的举报。按照便利、安全、高效的要求,加强和改进组织系统信访和"12380"电话及网络举报工作,规范实名举报查核结果反馈办法,强化信访举报对干部选拔任用工作的监督作用。坚持组织部门工作监督员制度,不定期听取监督员开展工作情况报告,研究落实反映干部工作的问题及提出的建议、意见。建立干部选拔任用工作群众满意度调查制度,通过多种途径深入了解人民群众对干部选拔任用工作的反映和评价。委托统计部门每年在全省范围内开展组织工作满意度民意调查,并把结果作为评价干部选拔任用工作的重要参考。

3. 注重发挥舆论监督作用。各级纪检监察机关和组织人事部门要重视和支持对干部选拔任用工作的舆论监督,建立和完善舆情快速应对机制,对涉及选人用人问题的舆情,要积极应对,消除负面影响;对新闻媒体提出的有关批评、建议,要认真研究解决。加强对干部选拔任用工作政策法规的宣传,适时向新闻媒体通报干部选拔任用工作情况,以及有效防止和纠正用人上不正之风的成效,正确引导社会舆论,使人民群众了解我们党选人用人的政策规定和整治用人上不正之风的坚决态度,积极支持和参与干部选拔任用监督工作。

4. 进一步加大查处的力度。对违规违纪用人问题,必须坚决纠正,严肃查处。坚持和完善严重违规用人问题立项督查制度,对反映的跑官要官、买官卖官、封官许愿、拉票贿选、突击提拔干部等问题,根据情况进行立项督查。凡是省委组织部列为立项督查的问题,有关市委组织部要直接组织调查核实,并按规定时间报告查核结果。经查反映问题属实的,纠正措施和对有关人员的处理意见,正式决定前要与省委组织部沟通,处理结果要向省纪委、省委组织部报告。

(三)进一步建立健全防止用人上不正之风的制度机制

1. 完善干部选拔任用机制。坚持民主、公开、竞争、择优的原则,扎实推进选人用人公信度综合改革,进一步形成干部选拔任用科学机制。建立促进科学发展的党政领导班子和领导干部考核评价机制,进一步完善市、县(市、区)党政领导班子和领导干部综合考核评价实施办法,制定出台党政工作部门领导班子和领导干部综合考核评价实施办法,探索建立国有企业、高校领导班子和领导人员综合考核评价办法。完善党委全委会成员推荐提名重要干部制度,进一步明确干部任用提名的主体、程序和责任,不断规范干部任用提名工作。坚持定期民主推荐干部制度,适当扩大参与民主推荐、民主测评的范围,探索建立民意调查经常性工作机制,增强民主推荐、民主测评和民意调查工作的科学性、真实性。全面推行党委常委会任用干部票决制和全委会讨论决定重要干部票决制,在坚持干部选拔任用差额推荐、差额考察的基础上,试行差额票决。研究制定县(市、区)委书记用人行为规范,全面推行科学规范和有效监督县(市、区)委书记用人行为工作。加大推进竞争性选拔干部的工作力度,推进公开选拔、竞争上岗、公推直选等竞争性选拔方式的正常化、制度化。探索建立干部初始提名情况和推荐、测评结果在领导班子内部公开制度。

2. 完善干部选拔任用监督机制。坚持和完善地方党委常委会向全委会报告干部选拔任用工作情况制度。地方党委常委会向全委会报告工作时,要专题报告年度干部选拔任用工作情况,并在全委会委员中对干部选拔任用工作进行民主评议,评议结果报上级党委组织部门;同时,探索开展全委会委员对本级党委一年内提拔的下一级党政主要领导干部进行民主测评的工作。实行市、县(市、区)委书记选人用人行为离任检查制度,不断增强执行干部选拔任用工作政策法规的自觉性。建立完善组织人事部门干部选拔工作内部监督制度,突出职能处室的监督作用,积极探索加强干部选拔任用工作全过程监督的有效措施和办法。坚持干部监督工作联席会议制度,及时交流信息、沟通情况、研究工作。

3. 建立健全干部选拔任用工作责任追究制度。按照权责一致的原则,建立干部选拔任用工作责任制,明确干部选拔任用工作各个环节的责任主体、责任内容和追究方式。实行干部选拔任用工作记实制度,建立干部选拔任用工作记实档案,如实记录拟任人选的推荐提名、考察、讨论决定等情况,为实施责任追究提供依据。

四、组织领导

(一)强化领导,明确责任。各级党委(党组)、纪检监察机关和组织人事部门要把深入整治用人上不正之风工作摆上更加突出的位置，建立和落实深入整治用人上不正之风工作责任制，主要领导要切实负起责任。组织人事部门要把深入整治用人上不正之风工作作为组织工作让人民满意的重中之重来抓，要明确内部各有关工作机构在整治工作中的职责和任务。对用人上不正之风严重，干部群众反映强烈以及对用人上的违规违纪行为查处不力的，要追究主要领导和有关领导的责任。

（二）深入发动，精心组织。各地各部门要结合实际，认真研究制定本地区本部门整治用人上不正之风工作的规划和措施。要围绕加强教育、深入检查、严肃查处、完善机制、创新制度，精心谋划阶段性的工作目标和任务。要加强深入整治用人上不正之风工作的协调，及时了解整治工作进展情况，研究提出指导意见。建立整治工作情况报告制度，定期报告整治工作的进展情况，重要情况随时报告。

（三）加强督查，推进落实。各级组织人事部门要加强对各地各部门整治用人上不正之风工作情况的督促指导，及时总结推广整治工作中的好经验好做法、抓好典型示范带动作用。同时对群众满意度偏低、在选人用人上存在不正之风的地区和部门，要进行重点督查，及时指出存在的问题，督促纠正，搞好整改。

（四）密切协作，形成合力。组织部内部各有关处（科）要密切配合，共同完成好整治工作各项任务。各级纪检监察机关要认真履行职责，严肃查处违反组织人事纪律的案件。组织人事部门和纪检监察机关要加强合作，及时沟通有关情况，形成整治用人上不正之风工作的合力，确保整治工作取得实效。

附件：2008年深入整治用人上不正之风工作安排（略）

中共浙江省委宣传部　浙江省作风建设领导小组办公室关于在全省党员干部中开展“重品行、讲操守、增本领、提效率、转作风”专题教育活动的实施意见

浙宣〔2008〕29号

各市、县（市、区）党委宣传部、作风建设领导小组，省直属各单位：

为深入学习贯彻党的十七大和胡锦涛总书记在第十七届中央纪委二次全会上的重要讲话精神，巩固和扩大“作风建设年”活动成果，全面推进我省党员干部作风建设，根据省委今年作风建设工作部署和省纪委十二届二次全会的要求，结合正在开展的以“高举旗帜、科学发展、创业创新”为主题的十七大精神宣传教育活动，现就在全省党员干部中组织开展“重品行、讲操守、增本领、提效率、转作风”专题教育活动，提出如下实施意见。

一、指导思想

高举中国特色社会主义伟大旗帜，以邓小平理论和“三个代表”重要思想为指导，深入学习贯彻党的十七大精神，全面贯彻落实科学发展观，围绕胡锦涛总书记提出的“讲党性、重品行、作表率”的要求，进一步加强党员干部的思想作风、学风、工作作风、领导作风和生活作风建设，切实做到为民、务实、清廉，为实施“创业富民、创新强省”总战略，全面建设惠及全省人民的小康社会提供强大的精神动力和思想保证。

二、教育目的

通过专题教育活动，引导广大党员干部更加坚定高举中国特色社会主义伟大旗帜、走中国特色社会主义道路的自觉性；使广大党员干部坚持科学发展观，着力把握发展规律、创新发展理念、转变发展方式、破解发展难题、提高发展质量和效益，实现经济社会又好又快发展，在创业创新实践中真正转变作风；使广大党员干部牢固树立公仆意识，进一步增强服务观念，提高服务水平，改进服务质量，着力解决好人民群众最关心、最直接、最现实的利益问题；使广大党员干部增强廉洁自律意识，规范从政行为，切实增强服务“两创”总战略的自觉性和坚定性，树立为民、务实、清廉的良好形象；使广大党员干部加强党性修养，培养健康向上的生活情趣，保持高尚的精神追求，不断提高拒腐防变和抵御风险的能力。

三、时间、对象

专题教育活动时间：3月至9月。

专题教育活动对象：全省党员、干部，重点是各级党员领导干部。

四、方法步骤

1．思想发动。各地各单位要对教育活动进行思想发动，明确专题教育活动的指导思想、目的和要求，增强广大党员、干部参加教育活动的自觉性和主动性。

2．集中学习。一是作为各级党委（党组）理论学习中心组的重要内容组织专题学习。学习党的十七大精神、胡锦涛总书记在第十七届中央纪委二次全会上的重要讲话精神、《贯彻落实科学发展观读本》、《新时期领导干部反腐倡廉读本》、《中国共产党章程》和党纪条规，学习中央、省委、省纪委有关反腐倡廉和作风建设的文件，进一步深化对反腐倡廉和作风建设重要性的认识。二是开展学习周

恩来精神风范活动。组织学习由省纪委、绍兴市委、市纪委组织编写的《周恩来精神风范》一书，观看《周恩来勤政廉政风范报告会》录像，组织收看电视文献专题片《周恩来的故事》，学习其他老一辈无产阶级革命家的勤政廉政风范。三是开展示范教育。组织全省"勤廉兼优先进事迹巡回报告团"赴各地作巡回报告。四是开展警示教育。组织党员干部学习《党纪处分条例实案解读》，观看《警钟》等反腐倡廉电教片，到省、市法纪教育基地接受警示教育。

3. 征求意见。通过发放征求意见函、召开座谈会、设立意见箱、网上征询等多种形式，广泛征求群众对党员干部思想作风、品德操守等方面的意见和建议。开展自查和互查活动，认真梳理党员干部在工作作风、领导作风、能力素质等方面存在的问题。

4. 对照检查。对照中央和省委有关作风建设、廉洁自律的规定和征集到的群众意见建议，进行自我剖析。重点检查与新形势新任务不符合，与"两创"总战略要求不适应的作风问题。领导干部还要从权力观、地位观、利益观方面进行剖析，切实找准问题，深刻分析原因。

5. 专题讨论。结合全省党的十七大精神主题宣传教育活动，广泛开展"我为创业创新作贡献"大讨论。要紧紧围绕省委"两创"总战略，紧密联系党员干部思想实际，对照检查中暴露出来的作风方面存在的问题和不足，组织开展专题讨论。通过专题讨论，进一步提高认识，明确责任，转变作风，以良好的精神状态投身创业创新实践。

6. 建章立制。进一步建立健全本地区、本单位党员思想教育、组织生活、监督管理、廉洁自律等方面的规章制度。要围绕落实"两创"总战略，清理本地本单位有关经济社会发展的规范性文件，凡与"两创"总战略要求不适应、不符合的，要结合工作实际，进行修订、完善或废止。同时，注重把一些好的经验和做法上升为长效机制和新的规章制度，努力优化创业创新的制度环境。

7. 整改提高。针对专题教育活动中暴露出的突出问题，制定整改方案，明确整改重点，确定整改时限，提出整改措施，落实整改责任。整改措施和整改情况，要在一定范围内公布。

五、工作要求

1. 加强领导，统一认识。开展"重品行、讲操守、增本领、提效率、转作风"专题教育活动，是深入学习贯彻党的十七大、十七届中央纪委二次全会和省第十二次党代会精神的有力抓手，是我省继"作风建设年"活动后加强领导干部作风教育的又一重要举措，也是推进社会主义核心价值体系建设的有效载体。各地各单位要统一思想，提高认识，克服厌倦思想和畏难情绪，切实加强领导。要制定具体实施办法，周密安排，精心组织。要建立领导责任制，主要领导要亲自抓，以身作则，做出表率。

2. 区分对象，增强效果。要按照省里统一部署，突出党员领导干部这个重点，有计划、有步骤、逐级逐项地组织落实。要针对不同对象，设计不同载体，组织形式多样、内容丰富的学习教育。对集中教育中提出的整改意见和措施，要认真对待，立说立行，狠抓落实。省、市要对集中教育情况组织督查。

3. 注重结合，营造氛围。要把这次专题教育活动与学习贯彻党的十七精神和全省党的十七大精神主题宣传教育活动相结合，与学习实践科学发展观主题教育相结合，与本地本部门组织的专题教育相结合，拓宽教育面，提高覆盖率，增强教育的针对性和实效性。要加大宣传力度，营造浓厚氛围。

中共浙江省委宣传部
浙江省作风建设领导小组办公室
二〇〇八年四月十四日

中共拱墅区委 关于在全区各级领导班子和领导干部中开展“推动创新、再破难题”专项行动的通知

拱委〔2008〕5 号

各镇、街道党(工)委,区直属各单位党委(党组):

为全面贯彻落实区委五届四次全会精神,扎实推进建设秀美拱墅三年行动计划,破解经济社会发展中的难题,现就在全区各级领导班子和领导干部中开展“推动创新、再破难题”专项行动通知如下:

一、主要目的

巩固深化“树新形象、创新业绩”主题实践活动、“走进矛盾、破解难题”专项行动成果,弘扬敢于碰硬、敢于负责的精神,倡导少说多干、实干高效的作风,动员和引导全区各级领导班子和领导干部克难攻坚,再创新业,再破难题,不断推进我区经济社会又好又快发展,为全面建设“三个拱墅”创造更加良好的环境。

二、主要内容及安排

“推动创新、再破难题”专项行动由区级党政领导班子成员领衔,在各镇、街道党政领导班子成员和区直属各单位领导班子成员中全面开展。区级党政领导班子成员,镇、街道党政领导班子成员和区直属各单位领导班子成员要结合区委五届四次全会确定的经济社会发展奋斗目标、建设秀美拱墅三年行动计划,认真梳理、着力破解影响经济发展、城市建设、民生保障、基层组织建设等方面的突出问题。

这次专项行动贯穿全年,主要分为排查梳理、集中破解、巩固深化三个阶段:

1. 排查梳理阶段(1 月底前)。按照区委五届四次全会和建设秀美拱墅三年行动计划的部署,深入调研,掌握实情,梳理出难度最大、经过努力能够破解的难题。区级党政领导班子成员的难题由区委办、区政府办梳理。各镇、街道党政领导班子成员和区直属各单位领导班子成员的难题由各单位梳理。

2. 集中破解阶段(2 月至 10 月底)。坚持开拓创新,全面推进,以高度负责的态度,按照“四定”的要求,认真抓好难题的破解。一是定责任,明确破解难题的责任人和责任单位,严格落实责任。二是定目标,明确破解难题的具体目标和计划安排。三是定期限,明确破解难题的时间期限。四是定措施,积极创新工作方式方法,制定切合实际、行之有效的措施,扎实推进破解难题。

3. 巩固深化阶段(11 月至 12 月中旬)。要以难题是否真正破解、对建设“三个拱墅”是否起到较大推动作用、广大群众是否满意为标准,认真检查难题破解情况。对于破解不到位的难题,深入分析原因,找准症结所在,采取更加积极有效的措施,投入加倍的努力,切实抓好落实,确保难题破解到位。

三、措施要求

“推动创新、再破难题”专项行动,是贯彻落实区委五届四次全会精神,扎实推进建设秀美拱墅三年行动计划的有力举措,务必要高度重视,精心谋划,周密实施,抓出成效。

1. 加强组织领导。要按照“领导带头、上下联动、合力攻坚、注重实效”的要求，加强领导，精心组织，抓实抓好。区委将定期听取难题破解情况汇报，及时研究破解难题过程中出现的问题，提出针对性的措施，推进难题的尽快破解。区委组织部要加强对各单位专项行动面上情况的了解和督查，每月汇总一次、每季度通报一次专项行动进展情况。

2. 讲究工作方法。要紧紧围绕中心工作开展专项行动，把专项行动作为推进各项工作的重要抓手，以各项工作的实效来检验专项行动的成效。要注意凝聚破解难题的合力，积极争取上级领导和有关部门的支持，发动广大党员干部和群众踊跃参与，形成合力破难的强劲合力。对于久拖不决的、牵涉面广的、事关全局和长远发展的难题，可以组建专项工作小组，合力攻坚。

3. 营造浓厚氛围。要紧扣活动主题，突出宣传重点，精心策划宣传方案，务求宣传实效。区委组织部要设立“推动创新、再破难题”专项行动简报，《今日拱墅》要开辟“推动创新、再破难题”专项行动专栏，重点宣传破解难题的先进典型事例和好做法、好经验，展示领导班子和领导干部的良好作风形象，赢得群众理解，争取各方支持，为专项行动的深入推进、各类难题的有效破解营造浓厚的氛围。

附件：1. 2008 年拱墅区区级党政领导班子成员“推动创新、再破难题”专项行动责任分解表（略）

2. 各镇、街道党政领导班子成员和区直属各单位领导班子成员“推动创新、再破难题”专项行动项目汇总表（略）

中共杭州市拱墅区委员会

二〇〇八年一月三十日

中共富阳市委 富阳市人民政府
关于印发《富阳市大监督管理机制实施办法（试行）》的通知

富委〔2008〕50 号

各乡镇党委、政府，各街道党工委、办事处，市级机关各单位：

《富阳市大监督管理机制实施办法（试行）》已经市委、市政府研究同意，现印发给你们，请参照执行。

中共富阳市委

富阳市人民政府

二〇〇八年八月二十一日

富阳市大监督管理机制实施办法（试行）

为进一步形成党内监督与党外监督整体合力，提高监督能力和水平，依据《中国共产党章程》、《中国共产党党内监督条例（试行）》，市委、市政府决定建立监督管理委员会，实行大监督管理机制。为规范相关工作，特制定本实施办法。

一、指导思想

富阳市监督管理委员会是总揽统筹全市党内监督、人大监督、政府专门机关监督、司法监督、政协民主监督、社会监督各项工作的议事统筹机构，体现监督工作的体制机制创新。实行大监督管理机制的指导思想是：以“三个代表”重要思想和党的十七大精神为指导，贯彻落实科学发展观，建立健全决策权、执行权、监督权既相互制约又相互协调的权力结构和运行机制。整合监督资源，立足党内监督，构建党内监督、人大监督、政府专门机关监督、政协民主监督、司法监督和包括舆论监督在内的社会监督一盘棋的大监管格局，实现事前监督、事中监督、事后监督相结合的全过程、立体式监督网络，形成监督合力。提升监督效果，充分发挥各监督主体的作用，加强对人和事的监管，加强对贯彻落实市委、市政府重大决策部署、民主集中制、人财物管理使用、党员领导干部特别是主要领导干部的监督检查，以监管有效促决策科学、执行有力，保证领导干部正确履行职责，防止权力滥用，保证人民赋予的权力始终用来为人民谋利益，为我市构建惩治和预防腐败体系，实施“四个一”战略体系，推进“富裕阳光之城”建设提供坚强保障。

二、组织领导

监督管理委员会主任由市委书记担任，市委副书记、市长及人大、政协主要领导任第一副主任，纪委书记任常务副主任，组织部长、政府常务副市长、宣传部长及法检两长任副主任。监督管理委员会下设办公室，设在市纪委，由纪委书记兼任办公室主任，市纪委、市委组织部、市委市政府督查室主要负责人担任副主任，市有关职能部门为监督管理委员会成员单位。办公室的主要工作职责是：负责做好监督管理委员会有关工作重点确定、工作方案拟定、阶段性工作总结、各类会议筹备、各成员单位的协调联络及工作信息的收集、梳理和汇总等有关日常性工作，围绕市委、市政府决策部署牵头组织相关部门开展联合督查、专项督查，针对工作中存在的新情况、新问题深入开展课题调研，探索创新加强重点对象、重点领域、重点环节有效监督的新方法、新载体，负责管委会主要领导布置的其他有关工作等。

三、基本原则

（一）总揽统筹原则。由监督管理委员会统筹监督力量，依据有关法律法规，根据各成员单位工作职责，制定年度工作计划，明确年度工作目标、工作任务、工作重点、工作措施。对有关监督工作的重大事项和涉及全局性的问题报请市委常委会决策。

（二）阳光公开原则。进一步深化党务公开、政务公开，开展“权力清单、流程再造”、“阳光公示”、“阳光听证”活动，积极推进权力行使决策公开、过程公开、结果公开，让权力在阳光下运行，扩大人民群众的知情权、参与权、监督权。

（三）联合监督原则。在监督管理委员会的统筹领导下，各成员单位根据各自职责，确定本单位监督工作重点，制定计划，落实措施，完成市委部署的各项任务。对涉及市委、市政府重大决定、重大工程建设项目、重大政府资金使用管理等的监督，必要时由委员会办公室牵头组织相关职能部门组成联合督查组，开展联合督查，提高监督效果。

（四）信息共享原则。建立健全监督管理委员会及成员单位协调运作机制，畅通信息渠道，及时通报各成员单位监督检查工作情况，做到信息共享，成果共享。

（五）改革创新原则。围绕贯彻落实科学发展观、市委市政府重大战略决策，围绕全市党员领导干部队伍建设中出现的新情况、新问题，按照教育、制度、监督并重的惩治和预防腐败体系构建的要求，以重大工程项目建设、重大政府资金使用管理、行政权力运行规范、党员干部廉洁自律为重点，加强调查研究，开展课题调研，积极探索有效监管的新方式、新方法、新载体，建立健全权力运行事前防范、事中监控、事后问责的风险防范体系，积极探索科技监管方式，构建电子监察系统，提高大监管的科技水平。

四、主要任务

监督管理委员会承担以下主要任务：

（一）加强对科学发展观的监督检查。认真推进行政管理体制等各项改革，着力解决影响制约科学发展的深层次矛盾和问题，纠正和查处违背科学发展观的错误行为，推进和保障经济社会又好又快发展；

（二）加强对市委、市政府重大战略决策部署的监督检查，推进和保障市委“四个一”战略体系和“富裕阳光之城”建设；

（三）加强对《党员领导干部民主生活会制度》、《领导干部述职述廉制度》、《谈话和诫勉制度》、《巡视工作制度》等党内监督“10＋1”制度贯彻落实情况的监督检查；

（四）充分发挥社会各界积极性，整合各方监督力量，立足党内监督，支持和保证人大监督、政府专门机关监督、政协民主监督、司法监督、群众监督和舆论监督；

（五）加强对领导干部特别是主要领导干部、人财物管理使用、关键岗位的监督检查，保证国家机关按照法定权限和程序行使权力、履行职责，确保权力正确行使，防止权力滥用；

（六）查找不足，总结经验，积极开展调查研究，探索全市加强监督工作的新课题、新思路和新形式，促进各项研究成果的综合运用；

（七）加强对基层工作的指导，监督检查各项党内监督制度的落实；

（八）通报监督过程中发现的重大问题和干部队伍中苗头性、倾向性的问题，研究解决的办法和处理意见，努力使监督结果进入市委选人用人决策程序、党纪政纪和法纪惩处程序、干部教育程序。

五、工作重点

在监督管理委员会的统筹协调下，充分发挥各成员单位的作用，围绕重点对象、重点领域、重点环节，创新方式方法，加大巡访监督、效能监督、内控监督、市场监督、社会监督力度，提升监督的效果和水平。

（一）加强重点对象的监督。以党政机关领导班子主要负责人为重点对象，加强对遵守党的政治纪律的监督，加强对科学发展观贯彻落实情况的监督，加强对民主集中制执行情况的监督。建立健全“三重一大”决策的规则和程序，建立健全决策失误责任追究制度，明确决策失误后所应承担的责任和追究办法。

（二）加强重点领域的监督。以工程项目建设为重点领域，以联合督查、专项督查、效能监察、审计监督、行政机关监督、人大监督、政协民主监督等为主要手段，以项目审批立项、招投标、工程变更、资金使用管理等为重点环节，构建严密的工程项目监管体系，控制工程建设规模和资金规模，确保工程进度、质量安全和廉洁规范。

（三）加强重点环节的监督。以行政权力行使为重点环节，推进“权力清单、流程再造”，围绕行政审批、许可、执法、处罚及政府资金使用管理和人、财、物管理等重要岗位、重点环节，理出权力清单，优化流程设置，编制《行政职权目录》和《行政职权流程图》，建立和完善重点领域和关键环节风险防范机制，落实事前防范、事中监控、事后问责的措施，积极推进电子监察平台建设，加大科技监管力度，确保权力的规范运行。

（四）开展巡访监督。每年确定部分机关单位、乡镇（街道）、政府重大工程项目建设，以进驻巡访方式，重点围绕权力运行、中心工作推进、人财物管理、政府资金使用、班子民主集中制建设、党员干部廉洁自律等环节，认真查找工作中存在的突出问题，提出解决问题的意见和建议。

（五）深化效能监督。深入开展机关效能建设，巩固和深化作风纪律建设。以效能革命实施意见、效能考评办法、效能问责办法为抓手，完善目标责任体系、考核奖惩体系、效能问责体系，治散促勤，治阻促通，治庸促优，治乱促廉，治虚促实，激发干部干事的热情，创业的激情，打造“优质、高效、节约、廉洁”四型机关。

（六）加强内控监督。各乡镇、街道、市级机关各单位要根据监督管理委员会的要求，围绕行政权力、人、财、物管理等重点岗位、重点环节，以教育、制度、监督为重点，积极构建教育防范机制、制度制约机制、监督问责机制，加大机关内控制度建设，以制度管人，形成干事导向、创业导向、业绩导向，推进“富裕阳光之城”、和谐新富阳建设。

（七）创新市场监督。以政府重大投资项目为重点，以加快项目进度、优化工程质量、控制建设规模、节约政府投资和确保工程廉洁为主要目标，围绕项目决策、立项审批、招投标、工程建设、工程变更、绩效评估等重要环节，进一步完善市场参与机制，推行重大工程项目专家论证制度、社会公示制度和听证制度，听取专家、群众建议和接受社会监督，促进决策科学；推行重大投资项目企业代建、代管，以经济手段奖快罚慢、奖优罚劣，促项目进度、安全质量，控建设规模和投资规模。进一步加强市场监管力度，完善公共资源交易市场建设，完善工程建设项目招投标制度，实施严格的招标公告发布、投标、评标定标以及评标专家管理制度和惩戒办法，推进招投标信息系统建设和综合性评标专家库建设，完善市场监控体系，实现市场监管职能部门之间的信息互联互通和共享。进一步完善信誉市场建设。切实加强对审计、设计、招投标、评估测绘、工程代理监理等各类市场中介机构、行业协会的教育、引导和管理，规范行规行约，行业自律，积极推广使用中介市场信用评级和信用评估报告，对失信市场主体实行高额经济处罚、降低或撤销资质、吊销证照，并将不良行为单位和个人纳入诚信档案，通过信用信息公布形成社会性惩戒，增加失信成本。通过市场参与、市场监管、市场信用体系建设，形成政府重大投资项目政府决策、企业运作、部门和社会共同参与监督的格局。

（八）拓展社会监督。完善政府门户网站建设，推进政府信息公开平台。积极推进阳光公示，对重大政策及事关群众切身利益的事项及时公布信息，扩大社会群众知情权。积极推进阳光听证，对关乎发展、关乎民生的事项及时公开听证，扩大群众的参与权。畅通信访投诉渠道，发挥新闻媒体的舆论监督作用，扩大社会群众的监督权。

六、机制制度

1. 会议制度。市监督管理委员会每年召开两次全体会议；定期召开专题协调会议。会议由委员会主任或副主任召集和主持。各委员有重大问题需全体会议研究决定，可向委员会办公室主任提出会议要求，经委员会主任批准可随时召开会议。

2. 责任制度。委员会实行工作责任制，委员会主任、副主任对委员会的工作全面负责，各成员单位分管领导对全体会议所决定的工作和任务负责。

3. 协调制度。各成员单位要根据共同的目标和需要，随时沟通信息，相互通报情况，加强交流与合作，积极探索委员会运行的新形式和新方法。

4. 督办制度。委员会办公室要对全体会议决定的工作和任务的执行情况加强监督检查，及时了解掌握工作中面临的新情况、新问题，并以书面形式定期向委员会主任报告，为委员会决策提供依据，促进各项任务的落实。

5. 预警机制。及时总结梳理、归纳分析各成员单位监督检查过程中发现的苗头性、倾向性问题，并研究提出解决问题的意见和建议，发挥预警作用，增强监督工作的前瞻性，为市委决策提供依据。

6. 考评机制。对各乡镇街道、市级机关完成落实监督管理委员会提出的整改意见情况开展绩效评估，评估情况纳入市级目标考核内容，与乡镇、街道和市级机关年度考核挂钩，作为市委对干部培养、选拔、使用的依据。

七、各成员单位职责

（一）市纪委

1. 协助市委组织协调党内监督工作，组织开展对党内监督工作的督促检查，通盘谋划全市党内监督工作的战略任务和整体部署；

2. 严格履行《中国共产党党内监督条例（试行）》和《中国共产党纪律处分条例》规定的各项职责；

3. 积极推进和保证领导干部重要情况报告、述职述廉、民主生活会、巡访、谈话和诫勉、纪检监察干部委派等党内监督制度的改革；

4. 完善信访制度和程序，加大对属实举报人的鼓励和保护；

5. 加强对以党政班子主要负责人为重点对象的监督，建立健全决策失误责任追究制度。开展巡访监督，深化效能监督；

6. 履行监督管理委员会办公室工作职责，牵头促进和保障监督管理委员会的有序运作。

（二）市委组织部

1. 认真落实《党政领导干部选拔任用工作条例》和《党政领导干部选拔任用工作监督检查办法（试行）》，以查处“跑官要官”、“买官卖官”和杜绝干部“带病上岗”、“带病提职”问题为工作重点，严厉惩治用人上的不正之风和腐败现象；

2. 完善和规范领导干部重大事项报告、领导干部管理等制度，加大检查核实的力度，增强制度执行的有效性和公开性；

3. 加强对班子民主集中制建设的监督，建立健全“三重一大”决策的规则和程序，规范“一把手”权力，防止权力滥用；

4. 完善干部考核评价体系，将廉政情况作为考核的评价指标，健全考核结果反馈和向同级纪委通报制度，加强与市纪委在领导干部考核工作中的沟通与协作；

5. 推进党务公开，改进民主生活会方式，落实党员在党内监督中的责任和权利。

6. 认真完成监督管理委员会布置的工作任务。

（三）市委办

1. 组织考核。将监督管理委员会确定的年度工作任务纳入对乡镇（街道）、部门的年度考核体系之中，并组织考核；

2. 监督检查。运用工作日报制和日常督查制相结合方式，以报表制、例会制、督查制等方式，加大对市委、市政府中心工作及专项工作的过程督查力度，抓过程促结果；

3. 认真完成监督管理委员会布置的工作任务。

（四）市人大办

1. 贯彻实施《监督法》，加强对人大常委会任免人员的监督，认真办理人大代表议案和建议，积极探索监督手段的有效实施方法；

2. 围绕市委、市政府决策部署和人民群众利益相关的热点、难点问题，以促进政府依法行政为重点，有针对性地开展监督检查，推进行政管理体制改革，推进服务政府、责任政府、法制政府建设；

3. 认真完成监督管理委员会布置的工作任务。

（五）市政府办

1. 深化行政体制改革。严格执行《行政许可法》的规定，深化财政体制改革、投资体制改革、金融体制改革、审批制度改革，促进政府管理创新，提升政府绩效；

2. 依托政府信息化，结合“一站式”服务平台和网络化建设，推进电子监察平台建设。完善政府网站建设，加大政务公开力度，积极推行重大决策公示、听证等制度，扩大社会群众参与政务的知情权、参与权、监督权；

3. 加强工程建设重点领域的监督。建立健全重大工程项目建设的监督管理机制。组织协调有关职能部门、专家学者、社会民众针对重大工程的施工建设、质量安全、资金使用管理、廉政建设等加强督查，对政府投资的所有项目实行效能监察全覆盖；

4. 推进行政执法责任制落实。开展“权力清单、流程再造”工作，围绕权力的制约、资金的监控、从政行为规范等重点领域和关键环节，编制《行政职权目录》和《行政职权流程图》，节点控制、风险防范，规范行政权力行使，推进依法行政，加强权力运行重点环节的监督，推进政府绩效管理和以行政首长为重点对象的行政问责制，打造“阳光权力”；

5. 加强市场监管。进一步完善市场参与机制、市场监管体系、市场信用体系建设；

6. 认真完成监督管理委员会布置的工作。

（六）市政协办

1. 发挥优势，有针对性开展党内监督调研，为监督管理委员会和市委加强党内监督提供决策依据；

2. 贯彻落实《中共中央关于加强人民政协工作的意见》（中发〔2006〕5号）文件精神，充分发挥参与政协的各党派团体和各界人士作用，通过开展视察调研、督办政协提案、实施民主评议、反映社情民意、选派政协委员担任民主监督员等方式，积极、广泛、有效开展民主监督；

3. 认真完成监督管理委员会布置的工作任务。

（七）市委宣传部

1. 发挥市政务外网的渠道作用，与市纪委一起共同建立网上举报站，积极开展对机关干部的网上评议工作，加强与其他监督部门的有关信息交流；

2. 巩固大宣教工作格局，探索舆论监督与党内监督相互促进的工作机制，建立健全反腐倡廉舆论监督联席会议制度，对市委、市政府重大决策执行不力、不作为、慢作为、乱作为等问题及时公开曝光，贯彻落实《关于进一步加强和改进舆论监督工作的意见》，把握正确导向，注重社会效果，引导和保障新闻媒体、网络媒体舆论监督；

3. 认真完成监督管理委员会布置的工作任务。

（八）市检察院

1. 完善“预防职务犯罪”体系，为构建和谐社会提供司法保障；

2. 强化对刑事诉讼、民事和行政诉讼的法律监督，纠正人民群众反映强烈的执法不严、司法不公等突出问题，监督司法机关、行政执法机关准确地实施和适用法律，不断提高司法的公信力和人民群众对法律的信任度；

3. 贯彻落实社会主义法制理念和宽严相济的刑事司法政策，有力打击和震慑犯罪，依法妥善协调好各方面的利益关系，实现法律效果与社会效果的统一。

4. 认真完成监督管理委员会布置的工作任务。

（九）市人事局（市编委办）

1. 贯彻《公务员法》、《行政机关公务员处分条例》，以行政权力运行规范为重点，强化公务员任免、奖励、惩戒、处分等落实情况监督，杜绝用人上的不正之风；

2. 围绕市委、市政府中心工作，加强市级机关年度目标任务完成情况督查，增强目标考核的针对性、实效性，确保各项中心任务的顺利完成；

3. 贯彻《机构编制监督工作暂行规定》，强化职能履行监督，着力解决职能交叉、权责不清、推诿扯皮问题。

4. 认真完成监督管理委员会布置的工作任务。

（十）市财政局

1. 加强政府资金、专项基金的监管，严格预算管理，严格专款专用，提高资金效益。

2. 加强对政府投融资公司、政府资产、资源运营单位的监管和考评；

3. 认真完成监督管理委员会布置的工作任务。

（十一）市审计局

1. 加强对重点部门、重点项目、重点资金的审计监督，逐步推行依法公告审计结果；

2. 加强对党政正职的经济责任审计，协助相关单位查处公职人员违法违纪行为；

3. 对审计中查证的较严重的违纪违法问题，提出对直接责任人的处理建议，需移交纪检、监察、公安、检察机关处理的要依法及时办理移交手续；

4. 认真完成监督管理委员会布置的工作任务。

（十二）市发政局

1. 加强对投资项目监管，重点加强对政府投资项目、重点项目的监管，规范工程变更程序，严格按规定控制建设规模和投资；

2. 认真完成监督管理委员会布置的工作任务。

中共温州市鹿城区委
批转《政协温州市鹿城区委员会关于统一选派政协委员担任部门民主监督员的意见》的通知

鹿委发〔2008〕44号

各街道党工委、乡镇党委，区直各单位党委(党组)：

《政协温州市鹿城区委员会关于统一选派政协委员担任部门民主监督员的意见》已经区委常委会通过，现批转给你们。

民主监督是人民政协的一项基本职能，是广大政协委员履行职责的主要形式。选派政协委员担任部门民主监督员，对加强我区部门行风建设、推动各项工作的顺利开展，具有十分积极的作用。各有关单位要按照文件要求，认真贯彻落实。

中共温州市鹿城区委员会

二〇〇八年八月六日

政协温州市鹿城区委员会
关于统一选派政协委员担任部门民主监督员的意见

(2008年7月21日区政协七届七次常委会议通过)

为进一步加强人民政协民主监督工作，推进民主监督工作的规范化、制度化、程序化建设，根据《政协章程》有关规定，经区委研究同意，决定统一选派政协委员担任我区有关部门(单位)和市驻区机构的民主监督员。具体实施意见如下：

一、指导思想和意义

以邓小平理论和"三个代表"重要思想为指导，认真贯彻落实党的十七大和《中共中央关于加强人民政协的意见》精神，进一步加大政协民主监督力度，提高民主监督工作的组织化程度，不断完善民主监督方式，拓宽民主监督渠道，切实提高民主监督工作的质量和水平。

二、民主监督员的资格和条件

民主监督员是在所属的团体和界别中具有一定的影响和声望，政治素质高，参政议政能力强，热心民主监督工作，由区政协统一选派到区直属各部门(单位)、市驻区机构履行民主监督职能的本届政协委员。民主监督员属兼职，不脱离原工作单位，原则上不重复担任不同单位的监督员。民主监督员的任期一般与政协届期一致。

三、民主监督员的派送程序

民主监督员人选的确定，应充分征求派驻单位、所在单位、界别的意见。是党外人士的，应征求区委统战部门的意见。民主监督员建议名单经协商后，由区政协办公室和提案委提请区政协主席会议审定并予以公布。

四、民主监督员的工作职责和要求

(一)监督派驻单位贯彻落实党的方针政策、国家法律法规及区委、区政府制定的重要方针、政策、决定的有关情况；监督派驻单位履行职能、完成任务、优化发展环境的情况；监督派驻单位作风建设、廉政勤政、优质服务的情况；总结派驻单位工作经验，反映工作中的困难、问题和要求，提出意见和建议；监督区政协建议案、提案办理落实情况。民主监督员不直接处理、决定问题，不干预派驻单位的日常工作，但可以以适当方式向所派驻单位提出批评意见和建议。

(二)民主监督员要认真了解和熟悉所派驻单位的工作职责和运行程序等基本情况，及时掌握派驻单位制定的有关政策规定和工作动态。民主监督员要保持与所派驻单位的密切联系和沟通，积极参加派驻单位组织的各种工作会议和活动，积极开展视察调研，广泛搜集社情民意，真正达到发现问题、解决问题、促进工作的目的。

(三)民主监督员向派驻单位提出的民主监督意见，要以口头或书面的形式送达派驻单位，并进行相应的跟踪督办。书面形式的民主监督意见，在送达派驻单位的同时，要报送区政协办公室备案。民主监督员对于重大及敏感事项提出的建议和批评，应事先通报区政协办公室，必要时由区政协主席会议或政协常委会组织督办。

(四)两人以上政协委员共同担任部门单位民主监督员的，要设立民主监督小组，统一开展专题调研、专项评议等民主监督工作。民主监督小组每年年初要制订切实可行的年度工作计划，明确民主监督工作的重点，原则上每季度组织一次集体活动，每季度形成一条有价值的民主监督意见。

（五）民主监督员要遵纪守法、廉洁奉公，严守派驻单位的工作纪律，认真履行政协委员的工作职责。每年年底各民主监督小组要就年度民主监督情况向政协常委会汇报，并将《民主监督员活动记录本》报区政协办公室存档。

五、派驻单位的工作职责和要求

派驻单位范围是：区直属各部门（单位）、市驻区机构，以区司法机关和政府部门为重点。

（一）派驻单位要从加强党的执政能力建设和推进民主政治建设的高度，充分认识统一选派民主监督员的重要意义，把配合、支持统一选派民主监督员工作作为提高执政能力、提高工作效能及加强作风建设的重要内容，认真听取批评和建议、主动接受民主监督。

（二）派驻单位要根据本单位的实际情况，制订相关工作制度，明确一名领导班子成员负责配合民主监督员开展工作，确定一名工作人员负责民主监督员在本单位的学习、会议和联系等日常工作。及时向民主监督员提供本单位的基本情况及相关的政策规定、文件资料，及时通报本单位的最新工作动态和年度工作目标进展等方面情况，为民主监督员知情参政提供便利和必要保证。

（三）派驻单位要主动加强与民主监督员的沟通联系，主动邀请民主监督员参加本单位组织的各种会议和有关活动，积极支持民主监督员就派驻单位履行职能、完成任务、优化发展环境等情况所开展的调查研究，积极配合民主监督员就党风廉政、行风建设所开展的督查评议活动，为民主监督员的视察调研等工作创造良好条件。

（四）派驻单位要建立健全民主监督意见的办理和反馈工作制度，对提出的意见建议，要认真研究落实，并及时向民主监督员反馈办理结果，并报区政协办公室备案。对配合支持民主监督工作所开展的各项活动，要做好记录，建立台帐，如实填写《派驻单位民主监督工作记录本》，每年年底及时报区政协办公室存档。

六、组织领导和管理

（一）统一选派政协委员担任民主监督员工作由区政协党组会议领导，区政协主席会议研究具体方案，政协办公室和提案委员会负责日常工作，区委统战部联络科、党派科协助配合。

（二）区政协办公室和提案委员会要及时组织民主监督员和派驻单位进行工作交流，每半年召开一次民主监督工作动态通报会，并做好日常的检查和年终考核工作。对于表现和成绩较为突出的民主监督小组、民主监督员和派驻部门，在每年的区政协全会上予以表彰奖励。

（三）民主监督员在工作期间，因工作和其他原因不能正常参加民主监督活动的，或不认真负责履行职责，严重妨碍、干扰派驻单位正常工作的，将及时予以调整。

本意见自文件下发之日起施行，由区政协办公室负责解释。

中共文成县委
关于在全县推行农村基层党组织书记“两级双向述职评议”制度的实施意见

文委发〔2008〕09号

各乡镇党委：

为进一步加强和改进党的基层组织建设，提高党的执政能力，巩固党的执政地位，增强基层党组织书记抓党建工作的责任感和使命感。县委决定，在全县推行农村基层党组织书记履行管党职责“两级双向述职评议”制度，具体实施意见如下：

一、指导思想

以邓小平理论、“三个代表”重要思想为指导，认真贯彻落实党的十七大精神和科学发展观，全面落实党建工作责任制，提高农村基层党组织的凝聚力和战斗力，增强基层党组织书记履行管党“第一责任人”职责，提升基层党组织党建工作水平，为建设社会主义新农村提供坚强的组织保证，推动全县农村整体工作再上新台阶。

二、实施步骤

（一）乡镇党委书记“双向述职评议”工作的实施

1. 述职对象：各乡镇党委书记。

2. 述职形式和时间：分两个层次进行。一是乡镇党委书记向县委常委会述职。每年两次，分别安排在年中和年末进行。二是乡镇党委书记向乡镇党代表和各条战线代表述职，每年一次，安排在年末进行。

3. 述职程序：一是乡镇党委书记向县委常委会述职。年末，县委召开乡镇党委书记述职评议大会，每年安排11个乡镇党委书记进行现场述职，其他进行书面述职，与会人员根据述职情况进行讨论，开展民主评议，提出努力方向。年中述职评议工作，采取书面述职的形式进行。二是乡镇党委书记向乡镇党代表和各条战线代表述职。述职评议工作由片工委书记主持，乡镇党委负责召集。参加评议的人员为：各级党代表、乡镇中层以上干部（人数较少的乡镇可以扩大到全体干部）、村两委主要干部、老干部代表。乡镇党委书记现场述职后，与会人员根据述职情况进行民主评议，并提出努力方向。

4. 述职内容：一是乡镇党委书记贯彻落实党的路线、方针、政策情况。二是对基层党建工作重视情况。履行“第一责任人”职责，投入时间和精力情况，研究确定本乡镇党建工作思路、工作重点和具体措施情况。三是党建工作责任制落实情况。党建责任细化分解情况，乡镇组织委员和组工干部发挥职能作用情况。四是基层组织建设情况。农村党支部班子的配备、教育、管理情况，特别是支部书记配备情况；农村后备干部培养，解决农村干部后继乏人问题情况；整顿和转化后进村情况；非公有制企业党组织组建和发挥作用情况。五是农村党员队伍建设情况。制定和落实党员发展工作规划和计划情况，党员队伍教育管理情况，落实农村党员党内关怀服务机制情况。六是基层组织工作创新情况。结合实际，探索实践党建新经验、新做法情况。坚持抓点带面，党委书记直接联系的1—2个党建示范村的培养、建设情况。七是党委自身建设情况。加强学习情况，抓班子带队伍情况，民主集中制执行及重大问题集体议事决策情况，个人分工负责制落实情况，党风廉政建设责任制落实情况，以及其他需要做好的工作。

（二）村党支部书记“双向述职评议”工作的实施

1、述职对象：各村党支部书记或主持工作的党支部副书记。

2. 述职形式和时间：分两个层次进行。一是村党支部书记向乡镇党委述职。每年安排两次，分别安排在年中和年末进行。二是村党支部书记向村全体党员和各条战线代表述职。每年一次，安排在年末进行。

3. 述职方式：一是村党支部书记向乡镇党委述职。年末，乡镇召开村党支部书记向乡镇党委述职评议大会，参加会议人员范围：乡镇党政班子成员、乡镇中层干部（人数较少的乡镇可以扩大到全体干部）、村两委主要干部、老干部代表。具体述职方式可参照乡镇党委书记向县委常委会述职的办法，也可自行制定述职评议方式。述职后，与会人员根据各村党支部书记述职情况进行民主评议，然后由乡镇党委书记根据测评情况和提出的意见、建议，对各村党支部书记的述职情况进行逐一点评，明确今后的努力方向。年中述职评议工作，由各乡镇党委自行研究确定述职评议方式。二是村党支部书记向村全体党员和各条战线代表述职。述职评议工作由联片领导主持，村党支部书记负责召集。参加范围一般为：全体党员、村两委成员、村民代表、老干部代表。述职后，与会人员对村党支部书记述职情况进行民主评议，并提出努力方向。

4. 述职内容：重点是村党支部班子自身建设、党员队伍建设、党风廉政建设、村务公开、文明村创建、社会稳定、计划生育、帮民增收致富、解决热点难点以及办实事等村社会经济发展方面工作的完成情况；实事求是的总结和查找工作中的不足，同时提出和制订下阶段的工作目标、工作思路和措施。

三、述职评议结果的运用

县委组织部负责乡镇党委书记述职评议结果汇总整理工作。各乡镇党委履行管党职责中存在的问题和述职评议结果，县委组织部将采取一定的形式反馈给各乡镇党委书记。述职评议工作结束后，根据述职评议结果和年终基层党建目标管理责任制考核情况，形成书面意见，报县委审定后，作为乡镇党委书记工作实绩评定的重要内容之一，以及作为党委书记及班子相关工作人员选拔任用、培养教育、奖励惩戒、评优评先的重要依据。在述职评议中不称职票数达到20%以上的，对述职人员进行谈话；不称职票数达到25%以上、未被确定为不称职的，实行一年期限诫勉；不称职票超过30%以上，经组织考核认定为不称职的，予以调离或降职使用。

乡镇党委负责村党支部书记述职评议结果汇总整理工作。述职评议结束后，根据与会人员的不同类型和不同的测评对象分别进行汇总，并将评议结果以书面形式报告县委组织部。对述职评议中暴露出的问题，要制定改进措施，限期整改。对村党支部书记测评不称职票达到30%以上，乡镇党委结合考核情况，给予谈话诫勉或调整，并停发党支部书记全年误工补贴，上报县委组织部备案。同时，各乡镇党委每年要根据测评结果和考核情况评选出若干名优秀党支部和优秀党支部书记，予以通报表彰，给予适当的物质奖励。

四、组织领导

1. 统一思想，加强领导。为切实加强对两级双向述职评议制度实施的领导，县委成立“两级双向述职评议”工作领导小组，领导小组下设办公室，负责该项工作的实施、组织、协调和指导。各乡镇党委要成立相应的组织机构，抽调精干力量，切实做好乡、村两级“双向述职评议”工作。

2. 精心组织，注重实效。县委组织部要切实履行牵头抓总的职责，加大与各乡镇党委的沟通，做好会前准备和会后延续工作。各乡镇党委要根据县委年初下发的基层党建目标管理责任制的要求，按照“领导班子负总责，主要领导亲自抓，班子成员分工负责合力抓”的原则，针对本乡镇实际，研究制订具体的实施方案、日程安排，确保两级双向述职评议制度的实施取得成效。

3. 扩大宣传，强化督查。宣传部门和新闻媒体要紧扣主题，加大宣传力度，进行重点报导、深度报导。各乡镇党委对于述职评议中出现的新鲜经验和做法，要及时总结上报县委组织部，向全县交流推广。同时，采取定期与不定期、明查与暗访相结合的方式，对各乡镇述职制度实施情况进行督查，切实防止和克服形式主义、走过场等现象，努力推动新时期基层党建工作创新发展。

附：文成县乡镇党委书记（村党支部书记）履行管党职责评议表（略）

中共文成县委

二〇〇八年一月二十六日

中共泰顺县委办公室　泰顺县人民政府办公室
关于进一步规范村务监督委员会工作的意见

泰委办〔2008〕27 号

为深入贯彻党的十七大和省第十二次党代会精神，进一步加强村级民主监督工作，完善村务公开和民主管理制度，促进我县农村党风廉政建设和村民自治，根据《中共浙江省委办公厅浙江省人民政府办公厅关于建立健全村级民主监督组织加强村级民主监督试点工作的意见》（浙委办〔2008〕19 号）精神，经县委、县政府同意，现就进一步规范我县村务监督委员会工作提出如下意见：

一、指导思想

以邓小平理论和“三个代表”重要思想为指导，深入贯彻落实科学发展观，按照构建社会主义和谐社会、建设社会主义新农村的要求，坚持党的领导、人民当家作主、依法治国的有机统一，不断创新和完善村级民主监督的组织形式和工作机制，健全基层党组织领导的充满活力的基层群众自治机制，保障人民群众享有更多更切实的民主权利。

二、工作目标

1. 有效整合各种监督形式，逐步在全县行政村建立健全村级民主监督组织，健全完善以村党组织为领导核心，村民会议和村民代表会议为决策机构，村民委员会为管理执行机构，村务监督委员会充分发挥监督作用的村民自治机制。

2. 逐步形成对村干部权力行使的监督制约机制，实现惩治和预防腐败体系的构建向村级组织延伸，促进农村基层党风廉政建设各项制度的落实。

3. 进一步完善村级民主管理制度，切实维护农民群众的知情权、参与权、表达权和监督权等合法权益，促进农村社会和谐稳定。

三、基本原则

村务监督委员会工作必须坚持党的领导，在工作中要着重把握以下原则：

1. 围绕中心，服务大局。坚持从全面建设小康社会的大局出发，以社会主义新农村建设为中心，以落实党的农村政策为着眼点，以切实保障农民群众根本利益为落脚点，着力提高村级组织民主决策和民主管理水平，推动农村经济社会又好又快发展。

2. 坚持党的领导，依法依规监督。充分发挥村党组织的领导核心作用，调动村民参与民主监督的积极性，建立党组织领导下的由村民广泛参与、依法监督、职责明确、程序完备、充满活力的村务监督委员会机制。

3. 改革创新，求真务实。积极探索村级民主政治建设的内在规律，总结完善村务监督委员会的运作机制，促进监督工作从村务公开、财务管理向村干部民主决策、履职情况延伸，不断完善村级民主管理制度。

4. 因地制宜，分类指导。坚持一切从实际出发，根据不同行政村的经济状况、社会结构、人口分布、风俗习惯等情况，合理确定村务监督委员会的人员数量、工作职能和运作方式，不搞“一刀切”。

四、具体做法

1. 产生办法。村务监督委员会由村民会议或村民代表会议选举产生，选举工作由村党组织主持。村务监督委员会实行任期制，任期与村民委员会相同，换届与村民委员会同期进行。村务监督委员会设主任 1 名、成员 2 至 4 名，成员从村民代表中选举产生。村务监督委员会主任可以由村党组织成员兼任。村务监督委员会成员应当具备思想政治素质好、政策法律意识强、坚持原则、公道正派、群众信任、熟悉村情等条件。成员采取回避制度，村党组织、村民委员会、村集体经济组织的成员、村文书、村报账员及其配偶、直系亲属、近姻亲不得担任村务监督委员会委员。

2. 明确职责。村务监督委员会独立行使监督权，对村民会议或村民代表会议负责并报告工作。主要职责：在村党组织领导下，配合支持村党组织和村民委员会正确履行职责，引导村民支持村党组织、村民委员会的工作，协助做好村民的思想政治工作；列席涉及群众利益的重要村务会议；对村财务公开清单和报账前的凭证进行审核；建议村委会就有关问题召开村民代表会议；对不按村务管理制度规定做出的决定或决策提出废止建议，村委会必须就具体事项提交村民代表会议表决决定；参与乡镇党委对村干部的年终述职考评；对村级建设工程、物资采购、集体资产出租出让实行全程监督，使招投标公开、公正、透明；根据多数村民的意见，对不称职村委会成员依法提出罢免建议；遵守村规民约，充分发挥表率作用。

3. 建立制约机制。村务监督委员会应依法依规正确履行职责，不直接参与具体村务的决策和管理，每半年向村民会议或村民代表会议报告一次工作。每年由村民代表会议对其成员进行年度信任度测评，信任票不到应到会村民代表人数一半的，终止职务，按规定程序选举新的成员。

4. 落实保障措施。村党组织要支持村级民主监督组织正确履行职责。建立村务监督委员会成员培训制度，不断提高监督人员的业务水平，保证依法依规开展监督。村务监督委员会成员不脱离生产，根据村集体经济条件，给予适当误工报酬补助，但不得增加村民额外负担。

五、工作要求

1. 扎实稳步推进换届选举工作。各乡镇要在选好村党组织、村民委员会的基础上，及时做好村务监督委员会的选举成立工作。

2. 切实加强领导。各乡镇和县有关部门要加强调研，及时研究工作中出现的新情况、新问题，推动村务监督委员会工作顺利开展。县纪检、组织、民政、农业等部门要加强工作指导和协调，不断把村务监督委员会工作引向深入。

中共泰顺县委办公室

泰顺县人民政府办公室

二〇〇八年六月十八日

中共德清县委
关于实施“党带群团一体共建”工程的意见

（2008 年 1 月 31 日）

德委发〔2008〕8 号

为了深入贯彻落实党的十七大提出的“以党的基层组织建设带动其他各类基层组织建设”的精神要求，切实加强和改进党对群团组织的领导，全面发挥党的基层组织在社会基层组织中的战斗堡垒作用和党的群团组织在联系广大群众中的桥梁纽带作用，经县委研究，决定在全县范围内实施“党带群团一体共建”工程。现提出如下意见：

一、总体思路

基本内涵：在县委统一领导下，坚持以“大党建、大群建”理念为指导，以各级党组织为核心，以各群众团体为依托，以共建互促为手段，以“党群组织一体化共建、创业创新一体化共推、和谐社会一体化共创”为重点，通过资源有效整合、干部交叉任职、工作互为支撑，充分发挥党群组织的政治优势、组织优势和群众优势，着力构建“党带群团动、党强群团活”的工作格局。

指导思想：以党的十七大精神为指导，深入贯彻落实科学发展观，紧扣加快“富裕德清、和谐德清”建设目标和推进“创业富民、创新强县”重大部署，坚持围绕中心、服务大局，发挥优势、夯实基础，改革创新党群共建内容、形式和方式方法，深入探索党群组织一体化长效管理机制，全力打造党群组织体系优化、目标同向、资源共享、活动联办、事业并进的工作态势。

总体要求：注重适应性与导向性、系统性与协调性、先进性与可行性、简明性与整体性“四个结合”，坚持统一部署、统筹兼顾，分类指导、分头推进，各展所长、各显其能，突出三个“一体化”重点，准确把握功能定位，强化创新激励引导，注重优势资源互补，围绕强化基层基础、服务创业创新、促进社会和谐，切实推动党群组织凝聚强大合力、发挥内在优势、彰显价值作用。

二、基本原则

1. 坚持党的领导原则。加强和改进党对群团组织的领导，在县委统一领导下，由县各党群部门负责“党带群团一体共建”工程的部署、督查、指导和考核，基层各级党群组织负责具体实施，形成一级抓一级、一级带一级的工作局面。

2. 坚持因势利导原则。根据各群团组织工作推进的实际，审时度势、把握规律，互动互促、联动推进，不断创新党群组织发挥作用和加强自身建设的有效途径，切实增强工作的针对性和实效性。

3. 坚持统分结合原则。注意发挥群团组织各自积极性、主动性和创造性，坚持带建不“代建”，帮建不“包建”，群团工作既要与党的建设有机结合，优势互补、资源共享，充分体现一体化优势；又要依照各自组织章程，健全相应组织，履行各自职能，发挥自身作用，加强自身建设，体现组织活力。

4. 坚持促进发展原则。充分发挥党群组织联系各界群众的优势和作用，实现党群工作有效服务经济建设、有效服务社会发展、有效服务人民群众。

三、主要措施

1. 党群组织一体化共建。建立目标同向、措施同订、资源同享、队伍同建、检查同步、考核同抓的“六同”机制。加强组织覆盖，按照“先搭台、后充实、再完善，逐步规范”的思路，坚持边组建、边巩固、边发挥作用，对已建基层党组织的单位，配套建立健全群团组织，在群团组织先行进入的单位，依托群团组织优势扩大党的影响，加快党群组织组建步伐；加强组织建设，运用“创业创新先锋工程”创建、百村竞赛和百企联创等载体，开展争先创优活动，不断推进党群组织的规范化建设；加强干部培养，鼓励“多向进入、交叉兼职、一兼多职”，选好配强基层党群组织领导班子，深入实施党员人才工程，强化骨干队伍的教育培养，加大推优入党力度；加强阵地建设，按照“实际、实用、实效”和“多位一体、一室多用、共同建设、共同使用”的原则，建设“党群之家”。加强工作融合，把群团工作纳入党建工作的总体规划，共同制定目标任务，共同部署工作推进，加强定期交流沟通，确保工作成效。加强载体创新，借鉴各党群组织的活动特点和优势，积极探索创新活动载体，做到精简、集中、科学、高效。

2. 创业创新一体化共推。着力整合资源，党群互动，运用共建平台推动、共育人才推动、共享信息推动、共设载体推动的"四推"模式，促使党群工作与百姓创家业、企业创大业、干部创事业有机结合起来，充分发挥党群组织在服务创业创新中的作用。围绕促进经济发展，针对制约发展的突出矛盾和问题，开展"双带双创"、"党员创新示范岗"、"党员责任区"、"青年文明号"、"巾帼文明示范岗"等争创活动，带动广大群众开展技术比武、劳动竞赛活动，大力推进工作创新、制度创新、科技创新、文化创新、管理创新和其他各方面创新，切实提高创业创新水平。围绕服务社会创业创新，开展"村企结对"、"村会协作"、"科普惠农行动"、"青年志愿者"、"帮困助残进家庭"等活动，深入实施"双千万结对帮扶"工程、残疾人安居工程和助学、助行、助医工程，服务农村、社区、企业和特殊群体创业创新，掀起新一轮做强工业、做精农业、做大三产的热潮。围绕自主创业，实施巾帼致富工程，建立"创业指导师"制度，开展"农村党员创业中心户"、星火带头人、青年岗位能手等争创活动，举办创业创新论坛，进一步激发广大群众的创业热情，着力营造全民创业良好氛围。

3. 和谐社会一体化共创。通过党群组织带头组织开展"和谐机关"、"和谐村"、"活力和谐企业"、"和谐社区"、"和谐家庭"的"五创"活动，切实把社会各界的智慧和力量凝聚到"和谐德清"建设上来。推进社会民主法治，充分发扬社会主义民主，严格执行国家法律法规和各项政策规定，提高机关效能，加强反腐倡廉建设，广泛调动各方面积极因素。推进社会公平正义，妥善协调各方面利益关系，带动劳动关系和谐企业等创建活动，正确处理人民内部矛盾和其他社会矛盾，切实维护和实现社会公平和正义。推进社会诚信友爱，倡导全社会互帮互助、诚实守信，倡导健康向上、文明科学的生活方式，促进邻里关系和谐融洽、家庭成员和睦相处。推进社会充满活力，尊重一切有利于社会进步的创造愿望，建设活力和谐企业，支持创造活动，发挥创造才能。推进社会安定有序，健全社会组织机制，完善社会管理，加强安全生产，推进"平安德清"建设，促进社会秩序良好、群众安居乐业、社会安定团结。推进人与自然和谐相处，促进生产发展、生活富裕、生态良好。

四、工作要求

1. 加强组织领导。县基层组织建设联席会议负责"党带群团一体共建"工程的组织实施，下设"党带群团一体共建"工程协调办公室，由县委组织部负责具体牵头，县委办、县纪委、县委宣传部、县直机关党工委、县农办、县总工会、团县委、县妇联、县科协、县工商联、县残联和县城市社区建设领导小组办公室等部门和单位共同参与。要把推进"党带群团一体共建"工程列入重要议事日程，定期研究部署，明确阶段重点，落实工作责任。要建立联系点制度，深入基层进行指导，及时发现和解决新情况、新问题。

2. 落实工作措施。要围绕三个"一体化"的任务要求，结合各自实际，进一步创新工作载体，细化工作内容，明确工作措施，规范创建标准，狠抓措施落实。要坚持突出重点、分类指导，以点带面、示范引领，精心培育一批具有时代意义和行业特点的"党带群团一体共建"示范点。要强化宣传引导，通过树立典型、宣传典型、运用典型，不断扩大覆盖面，提高影响力，做到学有榜样、干有标杆、建有基础。

3. 强化工作保障。要深入基层一线，加强调查研究，切实转变作风，真正做到工作内容根据群众意愿来确定，工作开展动员群众来参与，工作成效依靠群众来评价。要关心爱护党群组织工作者，精心营造良好工作环境，支持他们大胆开展工作。要多渠道筹措解决党群组织工作经费，积极为党群组织开展活动创造条件，确保"党带群团一体共建"工程顺利推进。

4. 严格督查考核。要坚持同步规划、同步实施、同步推进、同步考核，注重定期督查，建立工作例会制度、情况通报制度，把各级党组织和群团组织推进"党带群团一体共建"工程纳入党委、群团组织领导班子的考核内容。各党群部门负责基层党群组织"党带群团一体共建"工程的督查考核，对于发现存在的问题，采取有力措施，认真研究加以解决。县委将根据年度考核情况进行奖惩。

中共长兴县委　长兴县人民政府
关于试行派驻纪检监察组织和派出党风
廉政建设巡视组的实施意见

（2008 年 3 月 23 日）

长委〔2008〕12 号

按照中央、省市有关规定，为贯彻县委县政府《关于进一步加强预防腐败工作的实施意见》(长委〔2007〕30 号)，经研究，决定对部门试行派驻纪检监察组织和派出党风廉政建设巡视组(以下简称派驻和巡视组)，现对派驻和巡视工作提出如下意见：

一、指导思想和总体目标

（一）指导思想

认真贯彻落实党的十七大精神，按照“改革创新、惩防并举、统筹推进、重在建设”的要求，积极探索对部门派驻纪检监察组织，稳妥推进党风廉政建设巡视工作，强化对部门党政领导班子的监督，加强对党风廉政建设情况的监督检查，改革方式，创新机制，推进党风廉政建设和反腐败工作，为我县经济社会又好又快发展提供政治和纪律保证。

（二）总体要求

1. 派驻纪检监察组织实行统一管理，将部门纪委（纪检组）由县纪委监察局和部门双重领导转变为县纪委监察局直接领导，改原来各个部门内设纪检监察组织为统一派驻纪检监察组织，切实加强对驻在部门党政领导主要负责人及其班子成员的监督。

2. 派出党风廉政建设巡视组，主要是代表县预防腐败联席会议加强对县管部门和垂直管理部门及其所辖单位的党政领导主要负责人及其班子成员的监督。

二、派驻和巡视组织机构及人员

派驻和巡视工作在县委的统一领导下，由县纪委监察局和县预防腐败联系会议负责组织实施。

（一）派驻机构及人员：向6个单位派驻纪检监察组织，由县纪委监察局统一管理。单位设党委的（县经济技术开发区、县交通局、县建设局、县教育局）派驻纪工委监察分局，单位设党组的（县财政局、县水利局）派驻纪检监察组。设纪工委书记兼监察分局局长或纪检组长兼监察组长各1名，职级为副科级，人员编制划归县纪委监察局，办公驻在派驻部门。各驻在部门设3—5名纪工委委员（纪检组成员），其中1名专职。

被派驻的单位不再另设纪委（纪检组），原纪委委员（纪检组成员）根据工作需要转任派驻纪工委委员（纪检组成员）。

（二）派出巡视组及人员：对县委党群部门、县政府所属部门和上级垂直管理部门各派出一个巡视组，由县纪委和县委组织部抽调有关同志组成，设巡视组组长1名，组员2—3名。人员编制在原单位。

三、工作关系和工作职责

（一）工作关系：

1. 派驻纪检监察组织开展监督检查工作直接向县纪委监察局请示报告，受县纪委监察局直接领导，有关情况由县纪委监察局向县预防腐败联席会议报告；派出党风廉政建设巡视组开展巡视工作直接向县预防腐败联席会议请示报告，受县预防腐败联席会议直接领导。

2. 驻在部门党政领导班子对本部门及所属系统的党风廉政建设和反腐败工作负全面领导责任，应主动加强与派驻和巡视组织的联系，接受派驻和巡视组织的监督指导。

3. 派驻纪工委书记（纪检组长）担任驻在部门党委班子成员，但不参与驻在部门的行政业务分工。派驻监察分局局长（监察组长）参加驻在部门行政领导班子会议。巡视组组长可以列席被巡视单位的有关会议。

（二）工作职责：

1. 派驻纪检监察组织的主要职责：

（1）监督检查所在部门贯彻执行党的路线方针政策和决议，遵守和执行国家法律法规、党内法规和上级党委政府决定、命令的情况；

（2）监督检查所在部门党政领导班子及其成员维护党的政治纪律、贯彻执行民主集中制、选拔任用干部、贯彻落实党风廉政建设责任制和廉政勤政的情况；

（3）协助所在部门领导班子组织协调党风廉政建设和反腐败工作；

（4）受理对所在部门及其管理的党组织、党员、被监察对象的控告、检举及县纪委监察局信访转办件；受理党员、被监察对不服党纪政纪处分、纪检监察决定等的申诉；

（5）经批准，初步核查反映所在部门党政领导班子及其成员违反党纪政纪的问题。初步核实后，应当及时向县纪委监察局报送初步核实情况报告及有关证据材料。需要立案调查的，由县纪委监察局按规定程序办理，纪工委监察分局（纪检监察组）可参与调查；

（6）立案调查所在部门管理的党员和被监察对象违反党纪政纪的案件；

（7）按干部处理权限，决定、审批所在部门管理的党员违反党纪的处理、处分，其审理、处分程序按有关规定办理。向县监察局或所在部门建议对所在部门管理的被监察对象违反政纪的处理、处分；

（8）负责对所在部门管理的中层干部提拔任用人选党风廉政“一票否决制”的执行，参与县纪委对所在部门中拟提拔为县管干部的人选党风廉政“一票否决制”的执行；

（9）协助所在部门贯彻执行党风廉政建设责任制，参与县纪委对所在部门党风廉政建设责任制执行情况的监督检查和考核；

（10）配合所在部门进行党风党纪教育，维护党员的合法权利。

（11）履行党内法规、国家法律法规规定的其他职责和县纪委监察局交办的其他任务。

2. 党风廉政建设巡视组的主要职责：

（1）对被巡视单位遵守党的政治纪律，贯彻执行党的路线方针政策的情况进行监督检查。重点是贯彻落实县委县政府各项决定、规定、制度，保证政令畅通的情况；

（2）对被巡视单位贯彻落实党风廉政建设责任制和廉政勤政的情况进行监督检查。重点是了解领导班子及其成员履行反腐倡廉职责和单位党风廉政建设情况；

（3）对被巡视单位贯彻执行民主集中制的情况进行监督检查。重点是了解领导班子及其成员特别是党政主要负责人执行民主集中制各项制度的情况，开展批评与自我批评的情况，坚持“集体领导、民主集中、个别酝酿、会议决定”原则的情况；

（4）对被巡视单位选拔任用干部的情况进行监督检查。重点是领导班子贯彻落实《党政领导干部选拔任用工作条例》的情况；

（5）县预防腐败联席会议交办的其他巡视工作。

四、干部管理和后勤保障

（一）干部管理

1. 县纪委监察局将派驻组织主要领导纳入县纪委监察局总编制，其编制由县机构编制部门从被派驻部门编制中划入。

2. 派驻组织的县管干部，其任免、考核、交流和管理按县委有关规定执行。

3. 派驻纪工委书记、监察分局局长和纪检、监察组长人选，由县纪委商县委组织部提名并考察，按县管干部任免程序报批。

4. 派驻纪工委书记、监察分局局长和纪检、监察组长由县纪委监察局负责日常管理。派驻单位纪工委书记、监察分局局长和纪检、监察组长向县纪委监察局述职述廉，其履行岗位职责情况和勤政廉政情况由县纪委监察局在年度内报县委组织部备案。派驻组织的其他干部其任免、考核、交流、奖惩等按干部管理权限实施。

5. 派驻纪工委书记、监察分局局长和纪检、监察组长的教育、培训由县纪委监察局和驻在部门共同负责。派驻纪工委书记、监察分局局长和纪检、监察组长应参加驻在部门相关业务培训和外出学习考察活动。

6. 派驻纪工委书记、监察分局局长和纪检、监察组长在同一单位工作时间满五年的，原则上应有计划地进行交流，交流工作由县纪委监察局商县委组织部提出方案，按有关规定实施。

7. 派驻纪工委书记、监察分局局长和纪检、监察组长，其党组织关系由驻在单位负责管理。派驻纪检监察组织主要负责人退居二线，由县纪委监察局商县委组织部提出方案，按组织程序办理。

8. 巡视组组长的选拔、考核、调整由县预防腐败联席会议协调实施。

（二）后勤保障

1. 派驻纪工委书记、监察分局局长和纪检、监察组长，其工资、工资外津贴、补贴及生活福利、住房、医疗等福利，享受县纪委监察局机关同职级干部待遇，所需费用列入县纪委监察局部门预算。

2. 派驻组织工作经费列入驻在部门预算，办公用房、办公设备、公务用车等均由驻在部门负责。

3. 巡视组人员编制不作变动，工资关系、党（团）组织关系不变。巡视工作经费作为县预防腐败联席会议专项经费，列入县纪委监察局部门预算。

五、组织领导和有关要求

1. 统一思想、提高认识。派驻纪检监察组织和派出党风廉政建设巡视组是贯彻党的十七大精神、拓展源头预防腐败工作领域的积极探索，是我县加强党风廉政建设、促进创业创新实践的全新举措。派驻和巡视工作政策性强，涉及面广，各部门要高度统一思想，提高认识，切实加强领导，精心实施。

2. 加强协调、积极探索。县预防腐败联席会议要切实牵头协调派驻和巡视工作的实施。县纪委监察局要加强与县委组织部、县人事局、县财政局、县编委办的协调沟通，扎实做好派驻纪检监察组织的统一管理工作。县纪委监察局机关有关职能室要适应统一管理新体制、新任务的要求，改进工作方法，健全业务工作制度，加强对派驻组织的联系和业务指导。县预防腐败联席会议各协调机构要加强对巡视组织的协调和指导，大胆探索有效的巡视方式，创新监督办法。

3. 突出重点、注重实效。各派驻和巡视组织要围绕部门工作重点，正确履行职责，对重大决策、涉及人财物等重大问题以及关键环节进行监督检查。驻在部门党政领导班子及其成员要支持派驻和巡视组织履行职责、开展工作，并自觉主动地接受监督。要坚持促工作、求实效、重建设的原则，坚持抓、完善抓、抓出成效。

中共金华市婺城区委
关于以加强领导班子思想政治建设为重点
深化拓展“树新形象、创新业绩”主题实践活动的实施意见

（2008年4月14日）

婺区委〔2008〕11号

根据《浙江省委办公厅关于以加强领导班子思想政治建设为重点，深化拓展“树新形象、创新业绩”主题实践活动的意见》精神和市委的统一部署要求，结合我区实际，现就我区进一步深化拓展“树新形象、创新业绩”主题实践活动提出如下实施意见。

一、深化拓展主题实践活动的目标要求

认真贯彻党的十七大精神，全面落实区第五次党代会和区五届五次全委会议精神，切实推动科学发展观在婺城区的实践，坚持讲党性、重品行、作表率，围绕把领导班子和领导干部建设成为创业创新的组织者、推动者和实践者，不断加强全区各级领导班子和领导干部思想政治建设，努力实现领导科学发展、推进创业创新的意识有新增强，能力有新提高，方法有新改进，形象有新提升，工作有新成效，为构建和谐婺城、做强中心城市核心区提供坚强的思想和组织保证。

二、深化拓展主题实践活动的参加对象

1. 区党政领导班子和领导干部；

2. 园区领导班子和领导干部；

3. 区机关部门领导班子和领导干部；

4. 乡镇(街道)党政领导班子知领导干部。

三、深化拓展主题实践活动的主要内容及时间安排

深化拓展主题实践活动，按照开展“服务创业、再增感情，推动创新、再破难题”专项行动组织，充分体现实践性的要求。坚持“调研在一线进行，服务向一线倾斜，难题在一线破解，实绩在一线创造，形象在一线树立”的思路，继续采取组合式设计、滚动式推进，实行区、乡(镇)联动和机关部门互动，确保活动取得实效。全区统一开展五项集中活动：

(一)开展创业创新专题调研(4月)

1. 专题调研的重点。围绕“工业发展提升年”和“城乡建设推进年”活动的实施，以“提升工业化、加快城市化、推进农村现代化、统筹城乡发展，促进社会和谐”为重点，摸清制约我区创业创新的主要问题，群众对推动创业创新的政策要求，开展“五个大反思”活动，即思考哪些思想需要解放，哪些改革需要推进，哪些难题需要破解，哪些举措需要落实，哪些政策需要完善，研究提出服务基层、推进创业创新的办法举措。

2. 专题调研的分工。区党政班子领导根据职责分工重点调研涉及全局性的、具有共性的、直接制约全区发展的瓶颈性问题，围绕加快新农村和小城镇建设，加快土地流转问题、制约工业发展的瓶颈问题、如何更有效发挥“两代表一委员”作用、工业产业转型和信息产业培育、基层组织建设等直接影响全区经济社会发展的关键问题，在个人申报的调研课题基础上，由区委根据党政领导分工进行统筹安排。园区领导班子重点调研制约园区企业开工率、竣工投产率、社会贡献率不高的问题，探索解决园区企业投资密度不高、效益不好、社会贡献率不明显的渠道和措施。区机关部门和乡镇街道党政“一把手”调研重点侧重于本部门或本乡镇(街道)改革发展中的突出问题，尤其是开展“工业发展提升年”和“城乡建设推进年”活动中的难点问题、基层组织建设中的关键问题，调研课题在自报的基础上经主题实践领导小组审核后确定。区机关和乡镇(街道)其他领导干部结合分工侧重以群众反映的热点、难点问题、信访问题为调研重点，调研课题报经领导班子“一把手”审核后确定。

3. 专题调研的工作要求。区党政班子领导和机关部门、乡镇(街道)“一把手”专题凋研以蹲点为主要形式，集中一个星期左右时间开展调研。其他领导干部根据实际灵活开展调研，但调研时间累计必须在一个星期以上。调研要带着问题下去，形成思路上来，要围绕调研内容确定调研地点。调研工作坚持轻车简从，做到深入基层、贴近群众、关注民生，查找问题、研究对策。参加专题调研的领导干部必须结合调研撰写调研报告，提出解决问题的对策和建议(创新创业建议书)，在5月15日前报区主题实践活动办公室。

(二)开展创业创新结对联系(4—10月)

主要任务是：大力培育创业创新先进典型，因地制宜帮助指导结对联系点开展工作，以创新提升创业、以创业促进创新，努力把结对联系点建成科学发展的示范点、创业创新的实践点。

1. 结对联心，培育指导发展的示范点(4—6月)。区党政领导在继续开展联系“九个一”活动的基础上，以个人为主重点与乡镇(村)或企业结对。结对乡镇(村)或企业必须具有一定的典型性，结对领导要结合蹲点调研所掌握的情况研究对策措施，通过“解剖麻雀”，帮助指导联系乡镇(村)或企业树立“创优率先”意识，破解难题，争取在促进创新创业发展方面有所突破，在推进“工业发展提升年”和“城乡建设推进年”活动中能起到示范作用，努力使结对乡镇或企业成为指导和推进全区工作的示范点。园区领导以个人为主侧重与联系的重点工程或重点项目结对。切实掌握重点工程或重点项目面临的实际困难，采取跟踪服务，跟踪指导的办法，及时帮助解决实际困难，化解矛盾，确保重点工程和重点项目顺利实施，努力使重点工程和项目成为全区发展的亮点。区机关部门以单位为主重点与联系乡镇(村)或骨干企业结对。其中党群部门重点与换届选举存在一定困难或农村基层组织比较薄弱的村结对，全面分析存在的问题，重点帮助指导结对村摆脱矛盾，理清思路，凝聚合力，促进发展。政府部门结合本部门工作，选择对破解制约本部门工作有典型意义的乡镇(村)、或企业结对，通过结对联心，探索破解制约因素的措施和办法，为本部门创业创新提供示范。乡镇(街道)领导以个人为主结合分工与困难村和工作薄弱村结对。重点帮助指导困难村或工作薄弱村找到制约发展和工作的主要因素，帮助落实整改措施。

2. 深化拓展“一户一策一干部”帮扶机制，多途径增加农民收入(4—10月)。进一步深化拓展“一户一策一干部”帮扶机制，全面实施“低收入农户奔小康工程”，增强低收入农户创业创新能力，加快脱贫致富步伐。建立“一业一策一队伍”工作机制。大力扶持发展花卉苗木、畜禽养殖、奶牛乳品、优质稻米、茶叶等优势产业的发展，促进农民增收。

3. 完善驻村指导员制度，入村进户解难题、办实事(4—10月)。在乡镇(街道)干部中进一步加强和完善农村驻村工作指导员制度，组织开展“百名干部联千家”活动，引导广大基层干部深入农户察民情、听民意、解民忧、办实事。开展驻村工作指导员工作培训，努力提高农村工作指导员的素质，增强农村工作指导员解决矛盾、指导发展的能力。完善驻村工作指导员管理制度，有条件的乡镇要选派优秀的基层干部担任专职驻村指导员。进一步落实驻村工作指导员考核办法，鼓励群众参与驻村工作指导员工作考核。

4. 积极开展创业创新基地建设(4—10月)。从服务企业、服务农村、服务社区、服务人才等各个层面出发，挖掘设立10个区级“创业创新基地”和每乡镇(街道)2—4个“创业创新基地”，大力开展“创业创新基地”典型宣传，推动创业创新全面开展。

（三）开展创业创新送服务（4—8月）

主要任务是：面向创业创新主体，开展政策、科技、信息、项目、资金、人才等方面服务。

一是开展指导协调服务。区党政班子领导对所联系的重点项目、重点工程、重点企业和乡镇（街道）进行跟踪指导，采取召开现场办公会、协调会等形式，帮助解决1—2件实质性问题。

二是开展人力资源服务。按照干部在一线培养的要求，选派一批区机关的中青年干部到基层任职或到信访部门锻炼。有条件的机关部门（单位），要组建“咨询团”、“服务团”，由领导干部带队，开展下基层送服务活动。组织全区拔尖人才为基层开展“人才服务月”活动。积极开展“青年创业指导团”和“大学生村官顾问团”活动，对青年创新创业开展指导，对大学生村官服务新农村建设开展指导、帮带。

三是开展政策服务。按照政策服务向一线倾斜的要求，尤其注重开展决策咨询、项目论证、可行性研究，帮助解决实际问题。在调研基础上，进一步理顺部门与乡镇职能关系，继续推进行政许可职能归并和政府信息公开工作。

四是开展民生服务。组织教育、医疗、农林、工商、科技等专业技术人员开展送服务下乡活动。4—6月份由区主题实践活动办公室组织一次大型民生服务活动。

（四）开展创业创新民主恳谈和民主听证（5—11月）

主要任务是：围绕推进决策的科学化和民主化，对创业创新拟出台的重要政策和改革举措，特别是涉及民生、民富、民安方面的政策举措，广泛征求基层和群众的意见建议。

1. 完善村规民约，全面推行村级民主议事制度。在建立完善村规民约的基础上，建立健全村级重大事项民主议事制度和听证制度，探索村民代表的培训、管理和作用发挥机制，进一步落实“五个由民”原则，促进基层民主的规范化运行。

2. 全面推行区管干部群众满意度测评。进一步加强干部队伍的管理，在全面推行一般干部双向选择、中层干部竞争上岗的基础上，对区管干部实施群众满意度测评。广泛接受群众的民主评议，自觉接受群众监督。对群众满意度较低的领导干部采取组织谈话、诫勉谈话、调离岗位、降职处理，对完全不胜任领导岗位工作的领导干部要免去领导职务。

3. 进一步落实重大事项民主恳谈和听证制度（8—9月）。定期征求基层和广大群众对区委区政府拟出台的重要政策、改革举措的意见建议。广泛听取党代表、人大代表、政协委员以及社会各界知名人士的意见建议。各乡镇（街道）也要对涉及民生的重大决策，探索开展民主恳谈和民主听证。9月份，由区政府排出1—2个民主恳谈和民主听证内容，由主要领导参加民主恳谈和民主听证。

4. 开展“千人评树创”活动（11—12月）。组织全区“两代表一委员”和干部群众代表，对全区深化和拓展主题实践活动进行民意调查和民主评议。根据评议结果，梳理意见和建议，进一步查找问题和不足，公布整改措施，并抓好落实，推动主题实践活动深入开展。

（五）开展创业创新破难攻坚（5—11月）

1. 攻坚破难的重点。围绕全区工作部署，集中破解一批制约我区“两个年”活动深入开展的瓶颈性问题；破解制约创业创新的关键问题；破解事关民生的重大问题和加强基层组织建设的难点问题；破解影响社会稳定的突出问题。尤其要针对奥运会做好赴京重复上访集中处理和依法处理非正常上访工作，切实化解疑难信访事项和不稳定因素。在全区全面组织开展“百日攻坚破百难”行动。

2. 实行难题交办和包案制。结合领导班子的蹲点调研，区“两会”的建议议案，群众反映的热点难点问题以及从各渠道征集的难点问题，由区主题实践领导小组办公室进行集中梳理，并结合婺城区实际，确定100个需要重点破解的难题（包括信访案件），经区委审核后，结合领导干部工作分工和结对的情况进行落实。涉及全区性重点难题由区党政班子领导领办，每个领导干部至少领办一个以上破难项目，包案负责，并以此带动其他干部攻坚破难。涉及乡镇或部门范围的难题实行破难工作领衔制，由难题涉及乡镇（街道）或部门领衔破难。涉及多个部门或需要上下联动的难题由主题实践活动领导小组交办，由涉及的相关单位联合承办。对需要部门、乡镇（街道）共同破解的难题，由主题实践领导小组召集相关部门和乡镇街道交办。涉及需要区级以上部门协调破解的难题由区分管领导牵头，区主题实践活动领导小组办公室配合协调，通过主动与上级相关部门沟通协调，争取上下联动和上级机关部门互动合力破解。

各级领导干部对承办的各类难题要积极创新思路，采取集中攻坚、现场办公、蹲点推进、因势利导、以点带面、寻求政策支持、结对帮扶、述职评议等办法破难攻坚。每位领导干部要至少撰写1篇“创业创新破难记实”。

3. 建立长效机制。在破解难题的基础上，要注重推进体制机制创新，优化创业创新环境。要注重建立长效机制，制定完善一批有利于创新创业的新政策措施。同时，各部门要对现有政策规定进行全面清理，结合当前工作实际，废止、修订一批政策性文件。9月底前公布清理结果。

三、深化拓展主题实践活动的组织领导

对深化拓展主题实践活动，各地各部门必须高度重视、精心组织、狠抓落实，真正把这项活动抓紧抓好抓出成效。

一要落实领导责任。主题实践活动在区委的领导下，由区委组织部牵头负责，区委宣传部、区委政法委、区委农办、区直机关工委、区信访局、区法制办等部门共同参与组织。各乡镇（街道）机关部门要落实领导责任，党委（党组）书记要切实履行第一责任人职责，率先垂范、身体力行，立足自身、重抓本级。要确定一名具体负责活动联络和督查工作的领导，认真抓好本地本部门主题实践活动。

二要坚持统筹安排。各地各部门要结合自身实际，认真制定切实可行的具体实施方案。注重与“高举旗帜、科学发展、创业创新”为主题的十七大精神宣传教育活动，与作风建设和当前正在开展的各项工作紧密结合，并为下一步开展“深入学习实践科学发展观”活动做好前期准备。

三要鼓励实践创新。各地各部门都要从实际出发，围绕主题实践的目标要求，精心设计载体，丰富活动内涵，创新活动形式，确保主题实践活动取得实实在在的成效。

四要加强宣传引导。运用各种宣传手段，广泛开展深化拓展主题实践活动的宣传，及时反映活动中的好做法、好经验和优秀党员干部的先进事迹。认真总结经验，充分发挥先进典型的导向作用，形成主题实践活动的良好氛围。

中共永康市委
关于建立“两下两上”干部培养选拔机制的意见

永委〔2008〕10号

各镇党委，各街道党工委，经济开发区党委，城西新区党工委，市机关各部门党组（党委），市直各企事业单位党委：

为深化推进干部人事制度改革，树立正确的干部用人导向，规范选人用人行为，激发干部工作热情，促进干部健康成长，结合我市实际，建立“镇（街道、区）→机关→再镇（街道、区）→再机关”的“两下两上”干部培养选拔机制。具体意见如下：

一、指导思想和目标任务

1. 指导思想。坚持以科学发展观为指导，深入贯彻落实党的十七大以及中组部提出的要“注重选拔在基层和生产一线工作的优秀干部”、“年轻干部要往下走”等一系列重要精神，树立“基层一线出干部、从基层一线选干部”的用人导向，建立健全来自基层和生产一线的、符合干部成长规律的党政干部培养选拔机制，全面加强我市领导班子和干部队伍建设。

2. 目标任务。通过建立“两下两上”干部培养选拔机制，进一步探索掌握干部成长规律，努力建成“镇（街道、区）→机关→再镇（街道、区）→再机关”的领导干部培养选拔链，让干部能预见自身成长的一般路径，明晰自身进步和努力的方向，形成良性循环，促进干部健康成长；进一步推进干部人事制度改革，严格干部选拔任用条件，规范选人用人行为，防范用人不正之风，提高选人用人公信度；进一步树立重视基层导向，引导广大干部积极投身改革和建设的第一线，干事创业、增长才干，推进我市各项事业的全面发展。

二、主要做法

1.“一下”，是指重视基层工作经验积累，通过选拔录用、交流挂职等途径把年轻干部安排到镇（街道、区）基层一线锻炼。今后凡新进人员原则上安排到镇（街道、区）工作，不断充实镇（街道、区）基层工作力量；今后机关部门从镇（街道、区）选调的干部必须工作满2年以上。确因工作需要安排机关部门工作的“三门干部”（家门→学校门→机关门），要通过下派担任农村工作指导员、村支部书记、一般干部培养性交流、担任重点工作、重点工程工作组成员等形式，有计划地安排到镇（街道、区）基层一线锻炼。

2.“一上”，是指通过公开选调等方式，及时选调镇（街道、区）基层一线表现突出的优秀年轻干部到市机关综合部门工作。进一步完善落实好镇（街道、区）一般干部考核评价办法，认真组织实施组织部领导下访约谈和干部工作巡查等制度，及时了解掌握干部情况，健全干部动态表现档案；进一步规范市机关部门工作人员借用和选调工作，通过公开选调或组织推荐等方式，将平时表现突出的镇（街道、区）年轻干部挑选到市机关综合部门工作。

3.“二下”，是指通过下派任职、挂职锻炼等方式，及时选派市机关部门优秀后备干部到基层工作，优化镇（街道、区）领导班子结构。加强对选调干部的跟踪考察力度，及时把表现突出的优秀年轻干部补充到市管后备干部队伍中来，对各方面条件成熟的，及时提拔使用，特别优秀的破格提拔。注重从市机关部门选拔优秀年轻干部到镇（街道、区）任职，继续实施领导干部公开选拔、中层干部竞争上岗等制度，给优秀年轻干部成长提供平台。建立市机关部门后备干部中的“三门干部”到基层一线锻炼一年制度。实行市机关部门新提任副局级市管领导干部到信访局、行政服务中心、市重点工程等窗口单位或岗位挂职锻炼制度。

4.“二上”，是指实行基层干部推优制度，把表现优秀的镇（街道、区）干部交流到市机关部门工作。实施优秀镇（街道、区）干部推优制度，对于长期在基层工作尤其在艰苦环境下取得突出成绩的干部，优先提拔使用，市机关重要部门的正职原则上要求有镇（街道、区）党政正职经历。

三、相关要求

干部培养选拔工作是一项关系我市改革发展事业兴旺发达、后继有人的重要工作。各级党组织和各相关单位党委（党组）要充分认识这项工作的重要意义，坚持党管干部的原则，按照干部管理权限积极履行教育培养、监督管理职责。组织部门要切实承担指导、检查、综合和协调的职责，不断深化“两下两上”干部培养选拔机制，健全完善配套制度，确保“两下两上”干部培养选拔机制运行实效，努力形成良性循环的干部成长机制。

中共永康市委

二〇〇八年八月二十八日

中共台州市委
关于进一步建立健全各级党委(党组)
抓基层党建工作责任制的实施意见

(2008年1月23日)

台市委〔2008〕4号

为认真贯彻落实中办发〔2006〕21号和浙委办〔2006〕116号文件精神，巩固先进性教育活动成果，进一步明确我市各级党委(党组)抓基层党建工作的责任，不断加强和改进党的基层组织建设，提高党的执政能力，巩固党的执政地位，现提出如下实施意见。

一、指导思想

高举中国特色社会主义伟大旗帜，全面落实科学发展观，以新党章和十七大精神为指针，着眼于加强党的执政能力建设和先进性建设，以改革创新的精神，切实形成责任明确、领导有力、运转有序、保障到位的工作机制，促进基层党建工作科学化、制度化和规范化，不断增强基层党组织的创造力、凝聚力和战斗力，为我市"两个社会"建设提供坚强有力的组织保证。

二、基本原则

1. *坚持党要管党、从严治党。*始终把抓基层党建工作摆在突出位置，纳入各级党委(党组)重要议事日程，切实加强领导，逐级明确责任，整合各方面力量，主要领导亲自抓，一级抓一级，层层抓落实。

2. *坚持围绕中心、服务大局。*紧紧围绕市委实施"三个台州"战略，打造"三张名片"目标来谋划和推进基层党建工作，为我市经济社会又好又快发展提供坚强的政治保证。

3. *坚持分类指导、务求实效。*从不同领域、不同行业的实际出发，分类指导，找准工作着力点，有针对性地采取措施，扎实推进，不断提高基层党建工作整体水平。

4. *坚持与时俱进、开拓创新。*以改革的精神研究新情况、解决新问题、总结新经验，创新工作机制、拓展工作领域、改进工作方法，使党的基层组织和党员队伍始终充满生机与活力。

三、主要责任

按照党组织隶属关系，市、县、乡三级党委领导本地区的基层党建；部门党组指导本部门机关及直属单位党建工作；部门党委根据批准其成立的党组织授权，领导或指导本部门机关和直属单位党建工作。党的组织关系实行属地管理、业务工作实行垂直管理的基层单位，其党建工作由地方党委领导，业务主管部门党组(党委)指导。党的组织关系和业务工作都实行垂直管理的基层单位，其党建工作由业务主管部门党组(党委)领导，地方党委指导。各级党委(党组)抓基层党建工作的主要责任是：

1. 认真贯彻执行中央和省、市委关于基层党建工作的决议、决定和指示，研究制定本地区本部门基层党建工作规划、计划、制度和措施，组织实施，抓好落实。

2. 建立健全党的基层组织，扩大党的工作覆盖面，领导和指导基层党组织有效开展工作。

3. 加强基层党组织领导班子建设，选好配强基层党组织书记，及时整顿软弱涣散的基层党组织。

4. 加强党员队伍建设，指导和规范基层党组织发展党员工作程序，注意在生产一线发展党员，注意发展年轻党员和妇女党员，积极创新流动党员管理模式，加强对党员的教育、管理、监督和服务，认真做好处置不合格党员工作，引导党员自觉履行义务，保障党员充分行使权利。

5. 加强基层党务干部队伍建设，建立健全党内关爱机制，关心爱护基层党务干部成长，落实好基层党建工作经费、场所等，为基层党组织开展工作提供必要的条件。

6. 重视基层党建工作制度创新，做好基层党建工作的督促检查和考核评价。

四、工作目标

1. *组织健全，坚强有力。*党的基层组织机构健全，设置合理，隶属关系明晰，各项制度配套落实，在经济建设、政治建设、文化建设和社会建设中充分发挥战斗堡垒作用。

2. *党员示范，作用突出。*广大党员自觉运用马克思主义中国化的最新成果武装头脑，理想信念坚定，宗旨观念牢固，在生产、工作、学习和社会生活中充分发挥先锋模范作用，为我市"两个社会"建设作出贡献。

3. *促进工作，科学发展。*基层党组织统揽全局、协调各方、领导发展的能力得到增强，党的路线方针政策得到贯彻落实，广大党员和群众的积极性、主动性、创造性得到充分发挥，各项工作取得新的进展。

4. *群众满意，成效明显。*基层党建工作体现群众意愿，组织群众、宣传群众、教育群众和服务群众工作成效明显，党群干群关系更加和谐融洽。

五、工作措施

1. *加强领导，明确责任。*各级党委(党组)对本地区本部门的基层党建工作负总责，每年至少两次专题研究基层党建工作。各级党委(党组)书记是抓基层党建工作第一责任人，分管领导是直接责任人，领导班子其他成员根据分工抓好职责范围内的基层党建工作。要建立健全党建工作领导小组和基层党建工作联席会议制度，形成由党委统一领导，有关职能部门各司其职、密切配合的工作格局。各县、市、区在党代会年会上可选择部分乡、镇、街道和部门党组织就本地本部门抓基层党建工作情况向代表报告。各县、市、区要及时成立党的社会工作委员会，加强对“两新”组织党建工作的领导和指导。

2. 深入基层，调查研究。各县市区党委、部门党委（党组）领导班子成员要结合各自分工，建立健全基层党建工作联系点，经常深入到联系点，研究解决问题，努力把联系点建成示范点，推动全市基层党建工作水平整体提高。

3. 提供条件，强化保障。各县、市、区党委要重视基层党组织基础建设，从人力、财力、物力方面为基层党组织开展工作提供条件和保障。要重视基层党务工作者队伍建设，加强培训，提高能力。要把基层党建工作经费要列入本级财政预算，建立健全财政支持或经费补助机制。“两新”组织党员教育管理活动经费要列入本单位年度财务预算，活动经费有困难的“两新”组织和社区党员交纳的党费，可大部分或全部返回。要加强基层党建工作阵地建设，健全党员管理服务网络。

4. 督促检查，狠抓落实。要结合基层党建工作实际，采取各种有效方式进行经常性的督促检查并进行通报，发现问题及时解决，认真抓好落实。要注意检查党员经常性教育、党员联系和服务群众、流动党员管理等基层党建工作各项制度的落实情况，以及新经济、新社会组织党建工作情况。

5. 典型示范，舆论引导。要根据基层党建工作的总体目标和要求，选树不同层面、不同类型的典型，形成门类齐全、各具特色的基层党建工作示范网络体系。要广泛开展“创先争优”活动，适时评选表彰先进基层党组织、优秀共产党员和优秀党务工作者，发挥先进典型的示范带动作用。同时，要充分运用新闻媒介，加大基层党建工作的宣传力度，深入宣传党的光辉历史和新形势下优秀共产党员的先进事迹，及时推广、介绍基层党建工作的好经验好做法，形成积极向上、奋发有为的浓厚氛围。

六、责任考核及结果运用

市和各县、市、区党委常委会每年要向全委会报告抓基层党建工作情况。党委（党组）领导班子成员特别是书记要把履行抓基层党建工作责任制情况作为述职述廉的重要内容。党委（党组）每年要向上级党组织报告抓基层党建工作责任落实情况。要把抓基层党建工作情况纳入领导班子和领导干部考核体系，与经济社会发展和业务工作考核一并进行。要把考核结果作为领导班子和领导干部工作实绩评定的重要内容，作为领导干部选拔任用、培养教育、奖励惩戒的重要依据。对抓基层党建工作成绩突出的要予以表彰奖励；对思想不重视、工作不得力、没有达到目标要求的，要提出批评，限期整改；对不认真履行职责，责任范围内基层党建工作存在严重问题而没有及时解决，造成不良影响和严重后果的，要追究领导班子和相关责任人的责任。

中共台州市椒江区委
关于开展创建“创业创新型”党组织活动的实施意见

（2008年2月28日）

椒区委发〔2008〕21号

为深入贯彻落实党的十七大精神和省十二次党代会提出的目标任务，切实提高基层党组织和党员在新一轮创业创新活动中的领导能力和服务能力，推进我区经济社会又好又快发展，实现区七届二次党代会提出建设“五区”的目标。根据省委《关于推进创业富民创新强省的决定》精神，经区委研究决定，在全区基层党组织中开展创建“创业创新型”党组织活动。现提出如下意见：

一、指导思想

坚持以邓小平理论和“三个代表”重要思想为指导，认真落实党的十七大精神，深入贯彻科学发展观，按照省委《关于推进创业富民创新强省的决定》，以增强带头创业能力和自主创新能力为主要目标，引导基层党组织转变发展理念，破解发展难题，健全工作机制，增强服务能力，使广大基层党组织成为“创业富民、创新强区”的战斗堡垒，成为新时期创业创新的表率。

二、目标要求

（一）总体目标

通过创建活动，使全区基层党组织及广大共产党员在新一轮创业创新活动中学习劲头更足、创新意识更浓、创业能力更强、工作水平更高、工作业绩更佳。每年在农村、企业、机关中分别评选30个左右区级“创业创新型”先进党组织、“创业创新型”模范党员，通过3年的努力，培育100个“创业创新型”先进党组织、100名“创业创新型”模范党员。

（二）基本要求

“创业创新型”党组织的基本要求：

1. 创业创新理念好。认真贯彻和深刻领会“创业创新”的有关精神，善于学习，创新观念，按照科学发展观的要求转变发展理念，形成一种有利于“创业创新”的良好氛围。

2. 创业创新举措好。善于从实际出发，科学规划发展目标，确定发展举措，破解发展难题，积极打造创业创新的平台，推进创业创新活动深入开展。

3. 创业创新机制好。围绕“创业创新”的要求，着眼于完善联系和服务农村群众、企业职工的工作机制，充分发挥党组织在技能培训、转移就业、服务生产生活、自主创新、回馈社会等方面的作用，用足用活创业创新的有关政策，形成创业创新活力迸发的良好局面。

4. 创业创新业绩好。在推进创业创新活动中发挥党组织的战斗堡垒和政治核心作用。农村党组织负责人和党员开展创业承诺，带头创业，带领群众创业的能力显著增强，不断推进社会主义新农村建设。企业党组织大力抓好企业的制度创新、技术创新和管理创新，努力把企业打造成可持续发展的和谐企业。机关党组织要围绕建设“学习型、服务型、效能型、节约型、廉洁型、创新型、和谐型”为主要内容的人民满意机关的总体要求，在服务创业创新活动中取得明显成效。

“创业创新型”党员的基本要求：

1. 创业创新本领强。认真学习党的创新理论，自觉践行科学发展观，立足本职工作，积极探索新思路、新方法，积极参加各类培训，注重提升素质，提高创业创新本领。

2. 创业创新成效大。积极响应“创业富民、创新强区”的号召，因地制宜，带头投身全民创业创新大潮，引导、激励群众和职工参与创业创新，积极为群众、为基层提供便捷、高效、优质的服务，创业创新业绩突出。

3. 创业创新服务好。积极参与党员创业承诺、创业援助、党员示范户、党员先锋岗、党员示范车间、结对帮扶等活动，积极为全区经济社会发展及本单位中心工作的推进献“金点子”。通过技能带动、项目带动等途径，使服务群众、职工创业创新的意识不断增强。

三、主要措施

（一）选好班子，强化管理，为党组织创业创新提供坚强的组织保障

按照《党章》和《中国共产党基层组织工作条例》等要求，切实加强基层党组织建设，充分发挥基层党组织的领导核心作用。把创建活动与村级组织换届选举工作、企业“创五星、争五好”活动和深化“人民满意机关”建设活动有机结合起来，并贯穿于始终。在换届选举工作中，要不断拓宽选人视野和渠道，积极在“两新”组织特别是农村专业合作社中的能人和农村种养殖大户、外出“回归”的致富带头人、退伍军人中选拔村党组织书记。要切实选好配强企业党组织书记，继续通过内部产生、双向选择、公开招聘、组织选派等办法，选好配强党组织领导班子。同时，进一步加大对党建工作指导员的选派力度，坚持从党政机关、企事业单位、转业干部中挑选优秀干部，指导帮助企业开展党建工作。建立健全党组织书记任期工作总结、考核、评选、奖惩等激励和约束机制。进一步完善党组织内部的议事规则和决策程序，全面推行村级重大事务民主决策“五步法”，继续完善企业领导班子联席会、党员与职工代表议事（恳谈）会、企务民主监督会，为创业创新营造宽松民主的环境。要切实加强机关党员的执政能力建设和先进性建设，在创业创新热潮中发挥引领示范作用。

（二）加强培训，激发活力，着力增强广大党员的创业创新能力

继续深化“学习型党支部”创建活动，注重政治理论教育、政策法规教育、学历教育和科技教育相结合，着力提升农村、企业和机关广大党员的素质和能力。通过培训、党员干部现代远程教育网络平台、业余党校、村（厂）务公开栏、报刊杂志等阵地，加大党员日常教育和培训力度，突出抓好村党组织“一把手”和企业专兼职党务工作者的培训，不断提高党员创业创新能力。大力实施“党员人才工程”建设，切实把农村党员培养成农村致富带头人、把农村致富带头人培养成党员，把“双带型”党员培养成政治素质强、发展能力强的“双强型”干部；切实开展“三培养两推荐”活动，努力把企业一线优秀员工、技术骨干、经营管理人才集聚到党内来，把党员人才推荐到企业中高层管理决策岗位。建立党员党性定期分析、流动党员管理等制度，积极开展机关党员先进性指数考核评价活动，健全让党员经常受教育、永葆先进性的长效机制，切实增强党员在创业创新活动中的党性意识和责任意识。

（三）拓宽思路，丰富载体，全面落实创业创新的工作措施

推进创业创新，必须依靠强有力的政策支持，依靠各级党组织的组织引导。各镇街道党（工）委要充分发挥组织领导、政策引导、发动群众等方面的优势，制定具体的创建活动方案，实行政策倾斜，拓宽发展思路，做大做强区域性产业，打造具有镇街道特色的品牌产业，促进农村集体经济和企业快速、健康发展。农村党组织要充分发挥主导产业、农村专业合作社等优势，整合各类资源，带领群众共同致富。大力加强各级党员服务中心建设，为推进创业创新提供良好的服务。企业党组织要积极开展劳动技能竞赛、技术大比武、科技攻关等自主创新活动，为企业创新创优、持续发展提供不竭动力。区级机关党组织要充分发挥政策、资金、技术、信息等方面的优势，探索建立“党员创业创新”项目援助机制。

（四）改进作风，加强服务，建立健全党组织创业创新的长效机制

各级党组织要结合本地和本企业实际，进一步完善为群众、职工办事和联系群众、职工制度，拓展党员联系群众、职工的途径，畅通群众、职工意愿表达的渠道，丰富服务群众、职工内容。农村党组织要建立“村干部接待日”、“民情调查日”等联系群众制度，确保民情反映渠道畅通；加强农村远教基地建设，组建农业技术专家团，深入开展“深入基层，服务三农”活动。企业党组织要继续深化“民主恳谈”、“爱心工程”、“凝聚力工程”、“村企共建”等活动，使党组织服务企业增活力，服务员工聚人心，服务社会促和谐。健全党员示范带动制度，积极倡导广大党员依靠科

学技术，带头创新、致富；积极探索联系服务群众、职工工作责任机制，根据每个党员的能力、特长，采取组织决定和个人自愿相结合方法，确定党员所联系的群众、职工及其家庭，经常向联系对象了解情况，听取意见，并帮助联系对象解决实际困难。机关党组织要结合正在开展的以"联学联建联心"为主要内容的十七大精神主题宣传教育活动，进村居、入企业、访困难户，倾情民生、解决问题、转变作风、增进感情，以创业创新为动力，把"联学联建联心"活动引向深入。

四、组织领导

（一）加强领导，精心组织。为切实加强对开展创建活动的领导和指导，区委成立了以区委副书记蒋冰风为组长，区委常委、组织部长朱崇敏为副组长，区委组织部、区农办、区经贸局、区科技局、区科协、区机关党工委等相关单位为成员的领导小组，下设办公室，并由区委组织部牵头负责。各级党组织要充分认识当前开展创建活动的重要性和必要性，各镇街道党（工）委、区直各有关单位党委（党组）要作出专题部署，将这项工作与"先锋工程"建设相结合，与党建工作薄弱村、集体经济薄弱村转化工作、企业党组织"创五星、争五好"活动和创建"人民满意机关"活动相结合，与机关"联学联建联心"活动相结合。要从各单位实际情况出发，按照要求有计划有步骤地推进，切实加强对创建工作的指导和管理。

（二）整合资源，创新载体。区"创业创新型"党组织创建活动领导小组成员单位要根据基层党组织设置的不同特点，有效整合各类资源，精心设计创建载体，拓宽广大党员创业创新渠道，引导农村、企业、机关党组织和党员自觉投身到创建活动中来，积极开展争先创优活动。

（三）加大宣传，营造氛围。各级党组织在创建活动中要积极营造浓厚的舆论氛围，发动广大党员广泛参与。要大力培树各类"创业创新型"党组织的示范点，积极宣传创建活动中涌现出来的先进典型，运用先进典型来促进创建工作，进一步激发基层党组织及广大党员创业创新的工作热情，推动我区经济社会又好又快发展。

各镇街道党（工）委要结合本地实际，制订切实可行的《实施意见》，扎实开展创建"创业创新型"党组织活动。

中共温岭市委
关于党内民主恳谈的若干规定(试行)

温市委〔2008〕2号

第一条 为进一步加强党的执政能力建设，发展党内民主，深化党代会常任制试行工作，推进党务公开，畅通党内诉求渠道，保障党员的主体地位，提高党委决策的民主化、科学化、制度化水平，根据《中国共产党章程》和党内有关规章，结合本市实际，制定本规定。

第二条 党内民主恳谈是党委正确决策的前提和基础，是重大决策的必经程序。下列需提交党委讨论决定的事项，应在党委决策前开展党内民主恳谈：

1. 提交党代会、全委会审议的工作报告；
2. 党代会代表（以下简称代表）提出的全局性或涉及面较广的提案；
3. 拟出台的重要规范性文件；
4. 党的建设的重大问题；
5. 涉及经济社会发展的重大事项；
6. 党员群众反映强烈的热点难点问题。

第三条 党内民主恳谈要遵守党章和有关规章，服从服务于党的工作大局，坚持恳谈参与者平等交流，双向互动，集思广益，推进问题的解决和工作的落实。

第四条 党内民主恳谈应有明确的议题，一般应一事一议。党内民主恳谈的议题、时间、地点、召集人应在会议召开7天前由所在党委发出书面通知，并视情况在一定范围内公布。

第五条 党内民主恳谈会一般由党委主持召开。以提交党代会、全委会审议的工作报告和特别重大的事项为议题的党内民主恳谈会，由党委主要负责人召集；其他议题的党内民主恳谈会根据党政班子成员工作分工确定召集人，相关职能部门负责人应配合召集人做好民主恳谈的有关工作。在党的代表大会（年会）期间分议题召开的民主恳谈会，由大会指定召集人。

第六条 党内民主恳谈的对象以代表、党员为主体，其中代表一般不少于参会人数的三分之一；必要时可邀请部分人大代表、政协委员和其他相关人员参加；人数视议题而定。参加党内民主恳谈会的党员按照党员自愿报名和召集人确定相结合的原则，由召集人根据恳谈会议题，结合党员自愿报名情况确定。参加党内民主恳谈会的代表由召集人根据恳谈议题确定。市党的代表大会常任制工作办公室负责提供市级代表名单。每名代表在届期内应参加一次以上党内民主恳谈会，参加党内民主恳谈会的代表应围绕党内民主恳谈会议题就相应问题事先征求所在选举单位党员群众的意见。

第七条 党内民主恳谈的会议程序

1. 通报议题。召集人通报党内民主恳谈议题、有关恳谈议题的初步意见和恳谈方案。

2. 恳谈发言。党内民主恳谈的对象围绕恳谈议题有序发言，提出意见、建议和要求。恳谈对象就有关恳谈议题的意见、建议和要求，相互交流，相互讨论，交换意见。

3. 现场答复。召集人根据实际情况，对恳谈中提出的问题，能当场答复的，应予明确答复；不能明确答复的，会后一般在15天内以适当形式予以反馈；如遇特殊情况，可适当延长至30天。

4. 梳理总结。梳理恳谈意见，为党委决策提供参考。

第八条 党内民主恳谈会结束后，召集人应将会议情况及征求收集到的意见、建议和要求向党委汇报和说明，然后按照民主集中制原则进行决策。需票决的，按有关规定进行无记名投票表决。

第九条 党委应充分吸收民主恳谈征求到的合理化建议和意见，体现在相关文稿、方案和实施意见中，并通过下一次党内民主恳谈或其他途径及时反馈，接受广大代表、党员的评议和监督。

第十条 本规定由市委组织部负责解释。

第十一条 本规定自市十二届党代表大会第二次会议通过之日起试行。

中共温岭市委

二○○八年一月十六日

中共玉环县委
关于实施“五心工程” 加强村级班子建设的意见

（2008年4月14日）

玉县委〔2008〕14号

为进一步深化农村基层组织“先锋工程”建设，夯实党在农村基层的执政基础，在认真总结近年来我县基层组织建设经验的基础上，经研究决定，在全县农村实施以“选好班子强核心、理顺关系结同心、提升素质增信心、激励保障促安心、规范服务顺民心”为主要内容的“五心工程”。特提出如下意见。

一、指导思想

深入贯彻党的十七大精神，坚持以科学发展观为指导，围绕推进社会主义新农村建设、提高党在农村的执政能力这个大局，通过实施“五心工程”，加强以村级党组织为核心的村级组织建设，增强村级党组织和村级干部队伍在新一轮创业创新中的领导能力和服务能力，为我县新农村建设提供坚强的组织保证。

二、主要内容

（一）选好班子强核心

1. 加强村级党组织书记队伍建设。采取“两推一选”和党组织书记直选等方式，把群众公认度高、“双带”能力强的党员选拔到村党组织书记岗位。对党组织书记无合适人选的，由镇乡党委及时选派工作能力强、熟悉党务工作的机关干部担任。鼓励村支部委员、村委会委员交叉兼职；鼓励党员参选村民代表，努力使村民代表中的党员比例达到三分之一以上，不断强化村党组织的领导核心地位。

2. 选好配强村两委班子成员。积极探索通过村党组织“两推一选”、无候选人海选以及村委会海推直选、自荐海选等方式，把那些政治素质好、热心为群众服务、能创业致富、有奉献精神、公道正派、廉洁自律、群众公认的农村优秀人才选进村级组织班子。要进一步优化村级组织班子的年龄、文化、性别结构。积极推选在农村工作的大中专毕业生中的优秀人才进入村两委班子，每个村两委班子原则上要有一名35岁以下的干部，村两委班子中要有1名女干部。

3. 抓好后备人才队伍建设。推行村级后备人才公推选拔制度。村级后备人才的选拔，必须在全体党员和村民代表推荐的基础上，经村两委联席会议讨论，并报镇乡党委审定。每个村要有3名以上后备人才。重视在后备人才中做好发展党员工作，选拔优秀后备人才担任村两委协助员，列席村两委班子会议、参与村务管理，加强后备人才的培养和实践锻炼。优先推荐群众威信较高的后备人才为村两委候选人。

4. 实施“一村一名大学生”计划。通过公开选聘，5年内实现每个村（社区）都有1名素质较好的高校毕业生。根据实际需要安排高校毕业生担任村党组织书记助理、村委会主任助理、经济合作社社长助理、团支部书记、文书等职务，对适应工作、表现优秀的，通过法定程序进入村（社区）领导班子，进一步提高村干部队伍的整体素质。

（二）理顺关系结同心

5. 规范村两委联席会议制度。村两委联席会议每月至少召开1次，要求驻村联户干部参加。会前村两委主要负责人先进行交流谈心，统一思想，商定会上需要讨论的议题；会上共同商讨村务，提出需要村民代表会议讨论的重大事项。建立村委会定期向村党组织汇报工作，村党组织定期向村委会通报工作制度，进一步形成两委工作的合力。

6. 规范重大村务民主决策机制。试行村民代表会议主席制，由村党组织负责人担任村民代表会议主席，完善“村党组织领导、村民会议(村民代表会议)决策、村两委分工负责”的工作机制。在实施村级民主决策“五步法”中，党组织通过加强对村民代表会议、落实创业承诺以及跟踪监督等环节的组织领导，发挥领导核心作用；村民代表会议通过村民会议规范授权，对村两委研究提交的议案进行民主表决，履行重大村务民主决策职能；村委会通过班子成员分解任务，责任到人，确保创业承诺落到实处。

7. 开展村级“和谐班子”创建活动。按照“四和谐一满意”(即村党组织书记和村民委员会主任关系和谐、村党组织和村民委员会关系和谐、村级其他组织之间关系和谐、社会和谐、群众满意)的条件，每届内开展1次以上村级“好搭档”评选活动，切实提高村两委协作的水平。

(三)提升素质增信心

8. 完善村干部培训教育制度。建立分级培训村干部责任制。县里每年组织村两委主要干部，举办3至5期不同类型的专题培训班，镇乡负责村两委其他成员的培训，培训时间1年不少于7天。依托高等院校、党校大专班、农函大等，每年选派一定数量的村干部及后备人才参加大专以上学历教育，进一步提升村干部学历层次。

9. 加强村干部培训实践基地建设。各镇乡要按照班子和谐示范村、党员作用发挥示范村、党务村务公开示范村、村务民主决策示范村、为民服务示范村、远程教育学用示范村等不同类型，建立各类村干部培训实践基地，通过跟班学习、参观考察、经验交流等形式，不断提高村干部“双带”能力和服务群众的水平。

10. 完善村干部工作例会制度。各镇乡每2—3个月要召开1次村两委主要干部例会，会前预先确定议题，会上充分听取各村情况，相互交流经验，会后及时改进不足，努力实现共同提高。

11. 健全机关、企业党组织对村班子的结对帮扶机制。通过开展城乡基层党组织“心连心”共建、村企结对以及部门领导干部驻村联户等措施，帮助村级班子转变观念，理清思路，增强发展壮大村级集体经济和带领群众致富奔小康的能力和本领。

(四)激励保障促安心

12. 完善村干部人身保障保险制度。县财政按照增收幅度，逐步增加投入，不断提高在职村两委干部年度人身意外伤害(死亡)以及疾病医疗保险标准。

13. 完善集体经济薄弱村村干部误工报酬补助制度。县财政每年安排专项资金，用于集体经济薄弱村村干部误工报酬补助。集体经济薄弱村由镇乡申报，县委组织部审定。

14. 完善表彰奖励先进村(社区)干部制度。结合村干部年度考核，每年评选一批班子和谐、集体经济增长较快、社会事业协调发展的村为先进村(社区)，由县委、县政府进行表彰奖励。设立“金牛奖”，每年评选表彰10名群众信任度高、有突出贡献的优秀村干部。

15. 完善长期任职村干部正常离任补贴制度。对男60周岁、女55周岁以上已离任的累计担任村两委主要负责人9年以上且年度没有违法违纪问题的，给予定额补助。补助标准一般每5年调整1次。

16. 注重在村干部中考录机关事业单位工作人员。根据需要，在符合条件的优秀村干部中定向招考镇乡、部门事业单位工作人员。坚持每两年安排1—2个镇乡公务员职位，专门面向业绩突出的村干部进行考录；逐步探索在领导干部职位选拔时，适当放宽村干部报考条件。

(五)规范服务顺民心

17. 规范村级办公场所服务功能。逐步在村级活动场所推行VIS视觉识别系统，完善“三室三栏一中心”设施，加强管理和使用。实行村干部轮流坐值班制度和周末集中办公制度，规范村级全程办事代理点，及时处理日常事务，为群众办事提供便利服务。充分利用现代远程教育系统，积极组织广大党员、干部和村民开展学习教育培训和各类文娱活动。

18. 规范村干部履职行为。各镇乡要结合村干部岗位职责承诺情况，制订村干部履职责任状，每年初由村两委干部分别与全体党员和村民代表签订，年终向党员群众述职。对述职测评不称职的，取消当年度经济薄弱村村干部补助、先进村村干部奖励及其他先进评选资格。

19. 规范村干部联系服务群众机制。每位村干部要联系10户以上群众，及时听取群众意见建议和服务需求。有条件的村干部要与困难群众进行结对帮扶，努力树好班子形象。

20. 规范党务村务公开。一般的党务村务事项通过村务公开栏、村网页等，至少每季度向党内外公开1次，涉及党员、村民利益的重大问题以及党员、群众关心的事项及时进行公开。村级财务必须做到逐笔逐项公开明细账目。实行村级财务联章联签制度，完善村级财务委托代理制和村级财务审计监督制度。

三、工作要求

开展村级班子“五心工程”建设活动，是深化“先锋工程”创建活动，加强新时期村级班子建设的重要举措，对于密切农村基层干群关系、提高党在农村基层执政能力，具有十分重要的意义。各镇乡和相关部门要切实提高认识，全力抓好落实。

高度重视，落实责任。各镇乡要把实施“五心工程”列入党委重要议事日程，加强组织领导，精心制订方案。要按照基层党建工作责任制的要求，坚持“一把手”负总责，班子成员各负其责，确保责任到人。

重心下移，解决难题。镇乡领导干部要结合驻村联户工作，深入各村了解党员、群众反映强烈的热点难点问题和班子建设中存在的突出问题，及时帮助村班子化解矛盾，破解难题，推进村级各项工作的深入开展。

结合实际，注重创新。要紧密结合自身实际，坚持以改革创新的精神，积极探索新时期加强村级班子建设的好方法、好措施。要加强典型培树，推广好的经验做法，不断提高村级班子建设水平。

其他

中共浙江省委　浙江省人民政府
关于进一步做好支援四川抗震救灾工作的通知

浙委〔2008〕56 号

各市、县(市、区)党委和人民政府,省直属各单位:

5 月 12 日四川汶川发生特大地震灾害,给灾区人民生命财产造成了严重损失。党中央、国务院高度重视,紧急部署,号召举全国之力抗震救灾。按照党中央、国务院的部署和要求,省委、省政府及时研究部署,精心组织安排,广泛动员全省各方面力量抗震救灾,各项支援灾区工作正在有力有序有效进行。当前,抗震救灾工作处于关键时期,面临繁重艰巨的任务。根据省委常委会议研究的意见,现就进一步做好支援四川抗震救灾工作通知如下:

一、进一步加强对支援抗震救灾工作的组织领导。各地各部门要牢固树立“全国一盘棋”的观念,切实把支援四川抗震救灾作为一项重大政治任务和当前的头等大事,摆上重要议事日程,全力以赴支援灾区抗震救灾和灾后重建。省委、省政府决定成立支援四川抗震救灾工作领导小组,由省委书记赵洪祝任组长,省委副书记、省长吕祖善任常务副组长,省委常委、常务副省长陈敏尔和副省长陈加元任副组长。各市、县(市、区)也要成立相应机构,加强领导,统筹协调,努力把支援灾区工作做得更加扎实有效。

二、进一步落实支援抗震救灾的各项措施。各地各部门要坚持一切为了灾区,全力支援灾区,努力做好支援灾区的各项工作。一要继续做好抗震救灾物资筹集、生产和运输,尽最大努力满足灾区要求,做到灾区需要什么,就尽最大努力提供什么。当前,尤其要抓紧组织落实帐篷、活动板房等救灾物资的筹集和生产,并以最快速度送往灾区,帮助灾区解决燃眉之急。二要切实加大捐赠工作力度,利用各种形式开展捐赠活动,多渠道、全方位募集救灾资金和物资。充分发挥我省民营经济发达的优势,引导民营企业家和在外浙商勇担社会责任,积极捐款捐物。三要按照中央统一安排,及早做好支持灾区生活安置、恢复重建等工作,做到立足当前、着眼长远,在人力、物力、财力等方面提供更多的帮助。特别要认真负责地做好对四川广元市的对口支援工作。四要把奥运火炬传递和支援抗震救灾结合起来,积极开展捐款、献血等活动,努力营造“圣火传递温暖、奥运凝聚关爱、浙江支援四川”的浓厚氛围。

三、进一步发挥各级党组织和党员干部的作用。抗震救灾是对党组织和党员干部最现实最直接的考验。各级党组织要认真贯彻落实 5 月 19 日召开的中央党的建设工作领导小组会议精神,充分发挥领导核心作用和战斗堡垒作用,继续动员社会各界力量向灾区伸出援助之手,帮助灾区群众渡过难关。同时,要竭诚关心我省赴灾区救援人员的家庭困难,努力为他们解决后顾之忧;认真做好灾区在浙工作、生活和学习人员的安抚和救助工作,尽可能地为他们提供帮助。各地各部门党政主要领导要以身作则、身先士卒,亲自部署、亲自督促检查,切实抓好本地本部门各项支援灾区工作。广大党员干部要心系灾区群众,带头发扬“一方有难、八方支援”的精神,在支援灾区工作中充分发挥先锋模范作用。

四、进一步加大对支援抗震救灾工作的宣传力度。各级宣传部门和新闻媒体要按照中央和省委的要求，认真做好抗震救灾宣传报道工作，加强正面舆论引导，大力宣传党和政府对抗震救灾作出的一系列科学决策，大力宣传万众一心、共克时艰的社会主义协作精神，大力宣传军民团结、共渡难关的鱼水深情，大力宣传我省支援四川抗震救灾的先进典型和感人事迹，努力营造团结一致、众志成城、不畏艰辛、奋力拼搏、无私奉献的良好氛围。

五、进一步加强我省防灾减灾和应急救援准备工作。各地各部门要坚持以人为本、科学防御，加快实施"强塘固房"工程，扎实做好防汛防台抗旱各项工作。加强防灾减灾基础设施建设，完善应急管理体系和工作机制，不断提高应对和防范各类自然灾害的能力。加强对台风、洪涝、雷电和地质灾害等自然灾害的危害性宣传，最大程度地普及防御和救灾知识，提高全民的灾害防范意识和避灾自救能力。

六、进一步做好当前经济社会发展各项工作。各地各部门要以支援四川抗震救灾为动力，深入贯彻落实科学发展观，认真实施"创业富民、创新强省"总战略，扎实推进我省改革发展稳定工作。要以纪念改革开放30周年活动为契机，大力弘扬浙江精神，全面推进经济、政治、文化、社会等领域的各项改革。加快转变经济发展方式，积极推进产业转型升级，确保我省经济健康稳定运行。坚持把维护稳定作为第一责任，着力保障和改善民生，妥善处理人民内部矛盾，努力促进社会和谐稳定。广大干部群众要立足本职岗位，争创一流业绩，以推动我省经济社会又好又快发展的实际行动，支援灾区抗震救灾，为全国大局多作贡献。

中共浙江省委
浙江省人民政府
二○○八年五月二十日

浙江省人民政府
关于下达2008年浙江省国民经济和社会发展计划的通知

浙政发〔2008〕11号

各市、县（市、区）人民政府，省政府直属各单位：

2008年浙江省国民经济和社会发展计划已经省十一届人大一次会议审议批准，现印发给你们，请认真组织实施。有关专业计划由省发改委另行下达。

2008年是全面贯彻党的十七大和省第十二次党代会精神的第一年，是改革开放30周年。做好今年工作，保持经济社会发展的良好势头，具有十分重要的意义。今年的经济社会发展工作，要按照省十一届人大一次会议的要求，进一步贯彻落实科学发展观，坚决执行中央宏观调控政策，认真实施"创业富民、创新强省"总战略，深入推进"全面小康六大行动计划"，着力推进自主创新和结构调整，着力深化改革和扩大开放，着力统筹城乡和区域发展，着力加强节能减排和环境保护，着力促进改善民生和社会和谐，努力实现全省经济社会又好又快发展。

2008年我省国民经济和社会发展主要预期目标是：

——生产总值增长10%以上，其中：第一产业增加值增长3%，第二产业增加值增长12%，第三产业增加值增长13%；

——全社会固定资产投资增长10%；

——社会消费品零售总额实际增长12%以上；

——外贸出口总额增长15%以上；

——地方财政收入增长12%；

——研究与试验发展经费支出占生产总值比例达到1.6%以上；

——单位生产总值能耗下降4%以上，化学需氧量、二氧化硫排放量均下降3%左右；

——城镇居民人均可支配收入实际增长7%，农村居民人均纯收入实际增长7%；

——居民消费价格总水平涨幅控制在4.2%以内；

——城镇新增就业65万人，城镇登记失业率控制在4%以内；

——人口自然增长率控制在6.2‰以内。

按照上述要求和目标，各地、各部门在今年计划安排和组织实施过程中，要切实做好以下几个方面的工作：

一、努力促进经济发展方式加快转变

推进自主创新。进一步完善区域创新体系，强化企业技术创新主体地位，加大政府扶持力度，引导创新要素向企业集聚，鼓励企业加强研究开发和科技成果转化。综合运用财税、金融等政策手段，加快建设"六个一批"创新载体、公共科技基础条件平台、行业和区域创新平台，深化产学研合作，组织实施一批重大科技专项和重点科技项目。加大知识产权创造、应用和保护力度，强化自主品牌和标准化建设。深化科技管理体制改革，加强科技发展战略研究。加大对创业风险投资的支持，加快发展技术市场和科技中介服务，鼓励中小企业特别是科技型企业自主创新。积极培养和引进各类创新人才，改革人才评价、职称评定和岗位聘用制度，完善技术要素参与股权和收益分配政策，注重培养一线创新人才，努力营造创新人才脱颖而出、各尽所能的良好环境。

加快产业结构优化升级。着力提高环杭州湾产业带发展水平，大力推进温台沿海和金衢丽高速公路沿线产业带建设，推动基础设施完善和产业集聚提升。加快建设先进制造业基地，继续实施“958”行业龙头企业技术赶超计划和技术改造“双千”工程，努力提升传统产业，积极发展装备制造业，提升高新技术产业规模和层次，推动块状经济向现代产业集群转变。进一步发展建筑业。加快企业信息化建设。把发展服务业放在更加突出的位置，健全工作机制，制定政策措施，大力发展金融、物流、软件、创意、会展、咨询等生产性服务业，积极发展空港经济。进一步改善消费环境，扩大旅游、通信、文化、健身、休闲等消费，形成服务业新的增长点。加强都市经济圈和城市群规划建设，提高中心城市综合服务功能。制定实施港航强省建设规划，加快完善港口布局，推进宁波—舟山港一体化，研究组建全省港口联盟，健全集疏运体系。合理开发和利用海洋资源，加强标准渔港建设，积极发展临港型产业、现代渔业和海洋新兴产业。

加强资源节约和环境保护。强化节能减排工作责任制，完善和落实节能减排统计、监测和考核体系。严格执行能效标准和环保标准，加快淘汰电力、钢铁、建材、造纸等行业的落后产能。深入开展十百千节能行动，突出抓好重点行业、重点企业节能减排，推进建筑节能、交通节能和公共机构节能。制定实施循环经济试点省建设方案，继续实施循环经济“991”和工业循环经济“4121”示范工程，推广应用节能环保新技术和先进管理模式。启动“811”环境保护新三年行动，狠抓流域水污染等重点环境问题整治。加快燃煤电厂二氧化硫脱硫改造进度，控制污染排放。加快太湖流域城镇及钱塘江流域临江城镇等污水处理设施建设，抓紧生活污水处理厂配套管网建设。加强农业农村面源污染防治，抓好大气、土壤、近海和辐射环境污染综合整治。推进水土流失治理、湿地保护和重点生态公益林、沿海防护林建设，组织实施生态修复工程。探索合同能源管理、排污权交易等市场化新机制。落实最严格的土地管理制度，加强耕地保护，加快编制新一轮土地利用总体规划，切实推进节约集约利用土地，科学有序推进滩涂围垦和低丘缓坡综合开发，完善工业用地招标拍卖挂牌出让制度，鼓励建设多层标准厂房和“零增地技改”，切实提高土地利用效率。开展资源节约与环境保护全民行动，使节约环保成为每个企业、单位和家庭的自觉行为。

二、着力提高统筹城乡和区域协调发展水平

加快社会主义新农村建设。把发展现代农业、繁荣农村经济放在首位，促进农业增产增效、农民增收致富。落实粮食行政首长分级负责制，在稳定播种面积基础上主攻粮食单产，加大对粮食生产扶持力度，确保粮食安全。抓好“菜篮子”产品生产，保障主要农产品基本供给。加快培育专业大户、农业龙头企业等现代农业生产经营主体，扶持农业主导产业发展，完善农业产业化经营机制。加强以标准农田为重点的农业基础设施建设。大力推进科教兴农，实行责任农技推广制度，加强动植物疫病防控，促使绿色安全等农业技术进村入户。实施“千村示范、万村整治”等工程，重点解决农村安全饮水、道路交通、治污保洁等问题，加强电网、通信、广播电视和商贸流通等设施建设，改善农村基本生活条件。加强农村职业教育，开展农民“双证制”教育培训和预备劳动力技能培训。健全村民自治机制。巩固和完善支农惠农政策，各级财政支农资金投入的增量要明显高于上年，政府固定资产投资和土地出让收入用于农村的增量也要明显高于上年，让农民群众得到更多实惠。

支持欠发达地区加快发展。按照主体功能区规划要求和基本公共服务均等化原则，完善欠发达地区发展的扶持政策和机制，加大财政转移支付力度，优先支持欠发达地区基础设施、社会发展等项目建设，支持欠发达地区发展特色产业和生态经济。继续实施山海协作工程，重点在产业发展、社会事业、人力资源开发等领域开展合作与帮扶，健全教师、医生等专业人才交流任职制度，促进欠发达地区人口内聚外迁、合理流动。扩大江河源头地区生态保护财政专项补助试点，逐步完善生态环境补偿机制。加大革命老区、少数民族地区、偏远海岛和贫困山区扶贫开发力度。以欠发达地区为重点推进低收入农户奔小康工程，全面建立低收入农户档案，抓好低收入农户集中村结对帮扶，推进地质灾害隐患点、高山远山村等农户下山搬迁，采取扶贫小额信贷、劳动力转移培训、社会救助等措施，进一步使扶贫工作取得实效。

三、深入推进经济体制改革和对内对外开放

深化经济体制改革。统筹推进重要领域改革攻坚，抓好一批综合配套改革试点。继续优化民营经济发展环境，引导民营企业推进制度、技术和管理创新，进一步打造“浙商”品牌。深化国有企业改革，推动资产重组和股权结构优化，完善法人治理结构，健全激励、约束与监督机制。积极发展和利用资本市场，支持企业境内外上市，加强对“三农”和中小企业金融服务。着力推进土地、水、电、劳动力等要素市场化配置改革，积极开展排污总量控制和排污权交易制度改革。进一步深化教育、文化体制、收入分配制度改革，积极推进医疗卫生体制改革。稳妥推进居住证制度改革，优化外来务工人员的就业和创业环境。进一步扩大县级政府的管理权限，开展中心镇执法体制改革试点。深化审批制度改革。加强和规范新开工项目管理，完善投资管理体制。进一步推进破解城乡二元体制的改革，促进城乡经济社会发展一体化。扩大支农资金整合改革试点。积极扩大政策性农业保险试点，进一步完善政策性农村住房保险制度。推进企业和个人信用体系建设，促进行业协会和市场中介组织健康发展。

提高对内对外开放水平。健全对外开放服务平台，提升开发区、保税区和出口加工区发展水平，推进保税港区、“区港联动”等规划和建设，发挥国际贸易会展功能，完善大通关体系。切实转变外贸增长方式，积极培育国家级出口基地，扩大具有自主知识产权的产品出口。大力发展服务贸易，推进服务外包产业基地建设。促进加工贸易转型升级。鼓励进口先进技术装备和大宗资源产品。健全对外贸易、产业损害等监测预警和应对机制。深化选商引资、"以民引外"，大力引进先进技术、管理经验和高素质人才。鼓励民营企业在研发设计、生产销售、资源利用等方面开展国际化经营，积极创建境外经贸合作区。加强外事、侨务工作。围绕基础设施、科技创新、市场准入、环境保护等重点领域，深化与沪苏合作。做好参与上海世博会相关工作。促进与中西部地区和东北地区的互动发展，做好对口帮扶工作。继续深化与港澳台的合作和交流。

四、切实加强重点项目建设

抓好以"三个千亿"工程为主体的重点项目建设。深入实施"十一五"重大建设项目规划，以"三个千亿"("千亿基础网络"、"千亿惠民安康"、"千亿产业提升")工程为主体推进一批重点项目建设，保持投资适度增长，着力优化投资结构。加快高标准铁路客运专线、城际轨道交通、航空枢纽港等规划和建设，完善高速公路网络，提高干线公路通畅水平和农村公路通达深度。加快电网建设与改造，推进重点电源和天然气项目建设，健全石油、煤炭等能源储运体系，开发利用清洁能源和可再生能源。实施水资源保障百亿工程，加快浙东、浙北等引水项目建设进程，推进城乡一体化供水。完善通信网络、"数字城市"等信息基础设施。加强防汛防台、城市防洪排涝等设施建设和管理。加大新农村建设、欠发达地区、海岛地区和社会发展以及生态环境等惠民方面的投资力度。大力推进高新技术产业、传统产业改造、临港产业、装备制造业和现代服务业等一批产业提升项目的实施。

完善重点项目推进机制。着力破解土地、资金等要素制约，尤其要加强对重点项目征地拆迁、政策处理工作的协调和指导力度，引导银行贷款向重点项目倾斜。进一步完善重点项目推进机制，以落实"四制"(项目法人制、招标投标制、工程建设监理制、合同管理制)和"四控制"(质量控制、进度控制、投资控制、安全控制)为突破口，提高重点项目建设的规范化、科学化、法制化管理水平。加强重点建设质量、安全监管，开展重点工程专项检查，加大督查考评力度，落实奖惩措施，健全激励约束机制，推动重点项目的组织实施。

五、加大社会主义和谐社会建设力度

大力发展社会事业。坚持优先发展教育，加大义务教育保障力度，进一步加强农村基础教育，制定落实化解义务教育债务的措施。研究制定农村教师队伍的激励政策，着力提高教师素质。健全扶贫助学体系，落实和完善农民工子女接受义务教育的各项政策。大力发展职业教育，优化专业设置和课程结构，加强实训基地建设。加快高等教育改革和发展，加强重点学科建设。研究制定促进学前教育发展的政策措施。鼓励和规范社会力量兴办教育。深入实施农民健康工程，完善农村和城市社区卫生服务网络，加强基层卫生技术人员培训。抓好重大传染病预防控制工作。扶持中医药事业发展。积极构建公共文化服务体系，推进文化建设"八项工程"和新农村文化建设"十项工程"。开展"全民健身与奥运同行"主题活动，努力提高竞技体育水平，做好参加北京奥运会、残奥会的各项工作。继续稳定低生育水平，实行免费婚检和免费孕前优生检测，提高出生人口素质，综合治理出生人口性别比和流动人口生育率偏高问题。

加强就业和社会保障。贯彻实施就业促进法和劳动合同法，推进城乡统筹就业，建立城镇零就业家庭动态帮扶长效机制，全面加强农村低保家庭就业援助，开展对大中专毕业生、复退军人的就业服务。研究制定鼓励自主创业的政策措施。加强和改进劳动合同管理，大力推进工资集体协商，规范企业工资支付。以"五费合征"为抓手，扩大社会保险覆盖面。完善职工基本养老保险制度，夯实缴费基数，逐步做实个人账户。稳步开展农村养老保障试点工作。全面推进城镇居民基本医疗保险，继续提高新型农村合作医疗保障水平，确保所有市县建立覆盖城乡居民的医疗保障制度。妥善解决城镇部分破产、关闭企业未参保职工的养老、医疗保障问题。完善最低生活保障制度，健全分层分类救助办法。巩固和完善农村"五保"和城镇"三无"对象集中供养、被征地农民基本生活保障等制度，研究制定独生子女伤残和死亡家庭扶助政策。健全城镇住房保障体系，合理调整住房供应结构，加大廉租住房保障力度，改进和规范经济适用住房政策，多渠道改善农民工居住条件。实施农村住房解困工程。推进新型社会福利体系建设，加强老龄工作，实施残疾人共享小康工程，积极支持慈善事业发展。做好维护妇女、未成年人合法权益的各项工作。抓好救灾工作，妥善安排受灾群众的生产生活。

切实维护社会稳定。实施强塘固房工程，重点抓好海塘、江塘、山塘和水库除险加固工作，加强灾害频发地区民房的安全管理。研究制定重点市县地质灾害防治措施。严格安全生产责任制，加强道路交通、消防等重点行业和领域专项整治，全面开展隐患排查治理，切实预防和减少重特大事故的发生。继续整顿和规范市场经济秩序，强化以食品药品为重点的产品质量安全监管，开展农村小作坊、小餐饮等"十小"企业质量安全整治行动。完善突发公共事件应急机制，抓好"多员合一"的农村公共安全协管员队伍建设。创新社会管理体制，推进城乡和谐社区、和谐企业建设。进一步做好信访工作，强化对困难群众的法律援助，完善人民调解制度。加强国家安全工作。深入开展平安创建活动，夯实基层基础工作，强化社会治安综合治理，依法打击各类违法犯罪活动，进一步增强人民群众的安全感。

六、加强规划引导和经济监测预警工作

充分发挥规划的引导作用。大力推进"十一五"规划纲要及各专项规划实施，进一步落实环杭州湾、温台沿海、金衢丽高速公路沿线三大产业带规划年度实施计划。开展"十一五"规划纲要中期评估。加快推进主体功能区规划编制工作，引导形成主体功能定位清晰，人口、经济、资源环境相互协调，公共服务和城乡人民生活水平差距不断缩小的区域协调发展格局。创新规划综合管理和衔接协调的体制机制，推进规划工作法制化，逐步形成以国民经济和社会发展规划为依据，以主体功能区规划为基础，以城乡规划和土地规划为支撑的规划体系，促进全省经济社会全面协调可持续发展。

加强经济运行的监测预警和综合协调。完善月度、季度经济形势分析和重要情况报告制度，特别是对固定资产投资、房地产业、产能过剩行业、节能减排、物价、就业、收入分配等方面的变化趋势和突出矛盾，进行密切跟踪，加强调研，及时发现苗头性、趋势性问题并采取有效措施加以解决。制定和落实重要生产资料的储备、应急预案，重点做好有序用电工作。认真做好土地、资金等要素供给的综合协调。坚决落实国家价格调控各项政策措施，加强市场价格调控监管，严格控制政府定价和政府指导价的调整，对群众基本生活必需品适时进行价格干预，健全价格监测、预警和应急机制，努力保持重要消费品和服务价格基本稳定。完善和落实低收入群众价格补贴办法。

附件：2008年浙江省国民经济和社会发展计划主要指标

二〇〇八年二月十九日

附　件

2008年浙江省国民经济和社会发展计划主要指标

指标分类	指标名称	计算单位	2007年初步统计		2008年预期		备注
			绝对值	比上年增长(%)	绝对值	比上年增长(%)	
一、经济发展指标	1. 地区生产总值	亿元	18638	14.5	21000	10以上	注1
	2. 地方财政收入	亿元	1650	16.3	1850	12	注2
	3. 全社会固定资产投资	亿元	8433	11.1	9300	10	
	4. 社会消费品零售总额	亿元	6214	12.4	7000	12以上	注3
	5. 外贸出口总额	亿美元	1283	27.2	1480	15以上	
	6. 居民消费价格指数	上年=100	104.2	/	104.2以内	/	
	7. 城镇居民人均可支配收入	元	20574	8.4	22000	7	注4
	8. 农村居民人均纯收入	元	8265	8.2	8800	7	
二、社会发展指标	9. 人口自然增长率	‰	4.81	/	6.2以内	/	注5
	10. 非农从业人员占全社会从业人员比重	%	78以上	/	79	/	
	11. 城市化率	%	57.2	/	58	/	注6
	12. 高等教育毛入学率	%	38	/	39	/	
	13. 千人口拥有公共文化设施建筑面积数	平方米/千人	60.3	11	66.9	11	
	14. 研究与试验发展经费支出占生产总值比例	%	1.52	/	1.6以上	/	
	15. 千人口医院卫生院床位数	张	3.05	/	3.1	/	
	16. 新型农村合作医疗参合率	%	89	/	89以上	/	
	17. 城镇登记失业率	%	3.27	/	4以内	/	注7
	18. 城镇新增就业人数	万人	73.5	/	65	/	
	19. 新增企业职工基本养老保险参保人数	万人	112	/	60	/	

指标分类	指标名称	计算单位	2007 年初步统计		2008 年预期		备注
			绝对值	比上年增长(%)	绝对值	比上年增长(%)	
三、资源利用与生态环境指标	20. 单位生产总值能耗	吨标准煤	/	-4	/	-4 以上	
	21. 化学需氧量排放量	万吨	/	-4.5	/	-3 左右	
	22. 二氧化硫排放量	万吨	/	-4.6	/	-3 左右	
	23. 工业固体废物综合利用率	%	92	/	92.4	/	
	24. 县城以上城市污水处理率	%	59	/	60	/	
四、安全生产指标	25. 亿元生产总值生产安全事故死亡人数	人	0.41	-5	0.39	-3	

注:1. 地区生产总值按当年价格计算,增长数按可比价格计算;
2. 增长数按可比口径计算;
3. 增长数为扣除价格因素后的实际增长数;
4. 增长数均为扣除价格因素后的实际增长数;
5. 口径为常住人口;
6. 按"五普"口径计算;
7. 统计范围仅限于在就业服务机构进行失业登记的城镇失业人员。

浙江省人民政府
关于加强测绘工作的意见

浙政发〔2008〕23 号

测绘是经济社会发展和国防建设的一项基础性工作,是准确掌握国情国力,提高管理决策水平的重要手段。改革开放以来,我省测绘事业快速发展,测绘工作处于全国领先地位,但是,还不适应科学发展观的要求和各方面对测绘日益增长的需求。为认真贯彻《国务院关于加强测绘工作的意见》(国发〔2007〕30 号),进一步加强我省测绘工作,提高测绘对经济社会发展的保障服务水平,现提出如下意见:

一、加强测绘工作的指导思想和基本原则

(一)加强测绘工作的指导思想。坚持以邓小平理论和"三个代表"重要思想为指导,全面贯彻落实科学发展观,把为经济社会发展提供保障服务作为测绘工作的出发点和落脚点,完善体制机制,着力自主创新,加快信息化测绘体系建设,构建数字区域地理空间框架,加强测绘公共服务,发展地理信息产业,努力建设服务型测绘、开放型测绘、创新型测绘,全面提高测绘对我省建设惠及全省人民的小康社会、构建社会主义和谐社会的保障服务水平。

(二)加强测绘工作的基本原则。坚持统筹规划、协调发展,立足于经济社会发展大局和测绘工作全局,合理规划安排,推进地理信息资源共建共享,推动测绘事业全面协调发展;坚持保障安全、高效利用,妥善处理测绘成果保密与开发利用的关系,加强测绘成果开发应用,在确保国家安全的前提下提供测绘保障服务;坚持科技推动、服务为本,积极推进测绘科技自主创新,切实提高测绘科技整体实力,更好地服务于经济社会发展;坚持完善体制、强化监管,健全测绘行政管理体制,强化测绘工作统一监督管理。

二、切实提高测绘保障能力和服务水平

(三)加快基础地理信息资源建设。"十一五"期间,完成全省卫星定位连续运行综合服务系统建设;实现全省 1:10000 基本比例尺地形图的全面更新和地理框架要素的快速更新,1:5000 基本比例尺地形图全部覆盖县城以上城市规划区,1:10000、1:5000基本比例尺地形图地理框架要素每 2 年更新 1 次,全要素每 5 年更新 1 次;1:500—1:2000 基本比例尺地形图全面覆盖全省建制镇以上城市规划区,并做到 2 年以内更新 1 次,有条件的市、县(市)逐步做到动态更新;基础航空摄影每 5 年,卫星影像每 2 年全省覆盖 1 次,经济发达的主要城市争取每年覆盖 1 次;全面开展城市地下管线普查、整测工作,建立和更新城市地下管线信息系统;按照国家统一部署开展海岛(礁)

测绘工作。建立健全定期更新和动态更新、框架要素更新和全要素更新相结合的基础地理信息更新机制与技术体系，切实提高基础地理信息的现势性，实现基础地理信息资源数量增加、质量提高和结构优化。

（四）推进“数字浙江”地理空间框架建设。按照统一设计、分级负责的要求，“十一五”期间建成和完善省级基础地理信息系统，市、县（市、区）建成基础地理信息数据库，有条件的地区建成市、县级基础地理信息系统。在国家“数字城市”地理空间框架建设试点的基础上，开展省“数字城市”地理空间框架建设试点。

（五）建设省地理空间数据交换平台。积极开展省地理空间数据交换平台建设，2010年完成数据交换中心软件系统开发和支撑保障体系及数据库群建设，基本建成省地理空间数据交换平台。通过计算机网络系统将全省范围内与地理空间位置有关的经济社会发展和社会公众需要的信息资源按统一标准进行信息数据集成、整合和有效管理，实现地理空间信息数据的快速交换和全面共享，促进地理信息资源的开发应用，依法、依规为信息需求者提供服务。

（六）构建基础地理信息公共平台。结合国民经济和社会信息化的需求，在基础地理信息数据库的基础上，整合与地理空间位置有关的信息资源，构建面向政府部门的电子政务地理信息平台、服务企事业单位地理信息应用的电子地图数据库、面向公众查询服务的公益性地图网站，更好地满足政府、企事业单位以及人民生活等方面对基础地理信息公共产品服务的需求。

（七）推进地理信息资源共建共享。建立健全各级测绘部门之间、测绘部门与相关部门以及长三角地区测绘部门之间的地理信息资源共建共享机制，明确共建共享的内容、方式和责任，统筹协调地理信息数据采集分工、持续更新和共享服务工作。完善地理信息资源共建共享机制，制订共建共享政策法规和技术标准，以共建基于地理空间位置的信息系统为纽带，推进地理信息资源共建共享。使用财政资金的测绘项目和使用财政资金的建设工程测绘项目，发展改革、财政等有关部门在批准立项前应当征求本级政府测绘行政主管部门的意见，有适宜测绘成果的，应当充分利用已有的测绘成果。加强基础航空摄影和高分辨率卫星影像数据获取与分发的统筹协调。由测绘部门组织基础航空摄影，并根据基础测绘实际需要采购、处理卫星影像数据，制成地图产品向社会提供使用。测绘部门要按规定及时向社会提供基础测绘成果。基础测绘成果和国家投资完成的其他测绘成果，用于国家机关决策和社会公益性事业的，应当无偿提供。有关部门应当及时向测绘部门提供用于基础地理信息更新的地名、境界、交通、水系、土地覆盖等信息。

（八）拓宽测绘服务领域。完善省基础测绘信息网上发布系统，统一发布全省测绘成果目录，实现网上订购基础测绘成果。妥善处理测绘成果保密与广泛应用的关系，大力开发适用、实用的权威性测绘公共产品，不断丰富测绘成果产品种类，积极稳妥地推出公众版地形图，提高测绘公共服务水平。加强测绘对农村各项事业建设的服务，为新农村建设开发适用的综合地理信息服务系统，无偿提供基础测绘成果。积极开展全省重要地理信息数据的量测和基础地理信息变化监测以及综合分析工作，及时提供地表覆盖、生态环境等方面的变化信息，为加强和改善宏观调控提供科学依据。利用基础地理信息数据，加强信息资源整合，建设各类基于地理信息的政府管理与决策系统。建立健全应急管理测绘保障机制，为突发公共事件的防范处置工作提供及时的地理信息和技术服务。

（九）促进地理信息产业发展。认真落实国家地理信息产业政策，加快建设用于导航、定位服务的全省电子地图地理框架数据库和全省卫星定位连续运行综合服务系统，积极推出基于位置增值服务的测绘公共产品。引导社会资金投入，鼓励企业开展地理信息开发利用和增值服务，培育具有自主创新能力的地理信息骨干企业，逐步建立以企业为主体的基础地理信息社会化应用服务的机制，推动地理信息的社会化应用和产业化进程，促进智能交通、现代物流、车载导航、手机定位等新兴服务业的发展，提高测绘对经济增长的贡献率。

三、加快测绘科技进步与创新

（十）增强测绘科技自主创新能力。认真贯彻省委“创业富民、创新强省”总战略，依靠中国测绘科学研究院共建测绘科研机构，建设测绘科技创新基地，构建符合我省实际的测绘科技创新体系。加强与全国其他测绘科研机构、院校、实验室合作，引进、吸收先进的测绘技术。以创新载体为平台，培养一批开发型、研究型测绘科研人才，加强先进测绘科学技术推广和测绘科技成果转化应用工作，积极开展省地理空间数据交换平台建设关键技术的创新攻关工作。加大对测绘科技创新的支持力度，增强自主创新能力。加强我省大地测量基准完善、基础地理信息快速获取和更新、地理信息交换与共享、地理信息变化监测等关键技术攻关，显著提高我省测绘科技的整体实力。加快推进信息化测绘体系建设，促进地理信息获取实时化、处理自动化、服务网络化和应用社会化。

（十一）加强现代化测绘装备建设。加快基础测绘生产基地的装备和设施更新，加强野外测绘高新技术和现代化装备建设，逐步配备野外测绘快速采集和数据处理的高新技术装备，以及适应野外作业需要的交通工具，改进野外工作的防护装备和生活必需品配置，提高野外测绘技术装备水平。加强应急测绘装备建设。改善各级测绘档案资料和基础地理信息存储管理与服务机构的库房设施和装备条件。建立和完善省、市、县之间互联互通的基础地理信息网络体系。

四、加强测绘工作统一监管

（十二）健全测绘行政管理体制。市、县（市、区）政府要进一步落实和强化测绘工作管理职责，明确测绘行政执法主体，加强测绘资质、标准、质量以及测绘成果提供使用等方面的统一监督管理。市、县两级履行测绘行政管理职能的部门应明确分管测绘工作的领导，设置、配备与测绘管理工作相适应的内设机构和人员。各级测绘行政主管部门要按照统一、协调、高效的原则，进一步加强测绘行政管理工作，认真履行职责，切实提高测绘工作能力。

（十三）完善测绘法规和标准。加强依法行政，完善与《中华人民共和国测绘法》和《浙江省测绘管理条例》配套的地方测绘法规、政策。抓紧制订测绘成果管理、地理空间数据交换与共享等方面的政府规章。进一步加强基础测绘、市场监管和地理信息资源共建共享等方面的制度建设，完善协调、指导和监管的长效机制。积极参与测绘与地理信息国家标准的制订，加强与地理信息资源共建共享有关的地方标准的研究制订，提高标准的科学性、协调性和适用性，强化标准的贯彻执行力度。

（十四）加强测绘成果管理。严格执行测绘成果汇交制度，政府投资项目的测绘成果必须依法及时向测绘行政主管部门无偿汇交，加强测绘成果汇交执行情况的定期检查和重点抽查。推进测绘档案管理信息化。加强对外提供测绘成果的统一管理。加大对省内重要地理信息数据审核、公布和使用的监管力度。完善测绘成果安全保障体系，落实基础测绘成果异地备份制度，强化测绘成果保密和使用监管。强化测绘成果安全防范意识，依法打击窃取国家秘密测绘成果和向境外非法提供国家秘密测绘成果的犯罪行为。“十一五”期间完成全省永久性测量标志土地使用权办理工作，加强永久性测量标志的维护管理。开展城市坐标系统清理，一个城市只能使用一个相对独立的平面坐标系统，并与国家坐标系统相联系。

（十五）加强地图市场监管和国家版图意识宣传教育。加强以地图产品监管为重点的地图市场监管，加大对公开出版地图、导航电子地图、广告、互联网网站登载地图的审核和监管力度，杜绝出现有损国家主权和领土完整的“问题地图”。提高联合执法能力，加强对地图产品生产、销售、出口的监管，严肃查处和封堵互联网用户上传、标注涉密地理信息，严厉打击各种违法违规编制、出版、传播、使用地图以及侵犯地图知识产权的行为。深入开展国家版图意识宣传教育活动，提高全社会的国家版图意识。

（十六）加大测绘市场监管力度。加强测绘资质管理，从事测绘活动必须依法取得测绘行政主管部门统一颁发的测绘资质证书，严格市场准入。健全测绘单位质量管理体系，探索建立测绘质量监理制度，加强对房产测绘、地籍测绘和导航电子地图、重大建设项目等的测绘质量监督。依法严肃查处无证测绘、超资质超范围测绘、非法采集提供地理信息、重复测绘、侵权盗版和不正当竞争等行为。加强对外国的组织和个人来华测绘的监督管理。加快建立测绘市场信用体系，健全测绘项目招投标制度，严格市场准入和退出机制，加强测绘执法监督，形成统一、竞争、有序的测绘市场。

五、加强对测绘工作的领导

（十七）加强对测绘工作的组织领导。测绘工作在加强和改善宏观调控、促进区域协调发展、推进自主创新、构建资源节约型和环境友好型社会等方面具有重要作用。各级政府要充分认识测绘工作的重要性，加强对测绘工作的组织领导和统筹协调，采取有效措施，切实解决本地区测绘工作中的突出矛盾和问题。有关部门要结合自身职责，加大对测绘工作的支持力度，加强协作配合，共同做好测绘工作。

（十八）完善测绘投入机制。市、县（市、区）政府要切实将基础测绘纳入本级国民经济和社会发展计划及财政预算，逐步提高经费投入水平。省、市测绘行政主管部门要通过安排为新农村建设服务的测绘项目和“数字城市”试点项目等方式，支持经济欠发达地区的基础测绘工作。建立健全公共财政对测绘基础设施建设维护、公共应急测绘保障、测绘科技创新、测绘与地理信息标准化建设等方面的投入机制，加大投入力度。加强财政经费使用的监管和绩效评估，提高财政资金使用效率。

（十九）加强测绘队伍建设。加大测绘人才培养力度，全面提高测绘队伍整体素质。完善以引进人才、在职继续教育、在职培训相结合的测绘人才培养体系。大力开展职业技能教育，积极实施注册测绘师制度。稳步推进测绘事业单位改革，加强基础地理信息获取和服务队伍建设，在省、市、县努力形成一支布局合理、技术先进、装备精良、功能完善、保障有力的基础测绘队伍。大力改善野外测绘工作条件，减轻野外测绘工作的劳动强度，缩短野外作业时间，改善野外测绘一线职工的待遇。充分发挥测绘有关社团和中介组织的作用。教育广大测绘工作者进一步增强责任感和使命感，弘扬“爱祖国、爱事业、艰苦奋斗、无私奉献”的测绘精神，脚踏实地，开拓进取，为全面建设小康社会、构建社会主义和谐社会作出更大的贡献。

二〇〇八年三月十四日

中共浙江省委办公厅　浙江省人民政府办公厅 关于进一步加强和改进国有企业信访工作的意见

（2008年6月3日）

浙委办〔2008〕46号

为深入贯彻党的十七大精神、国务院《信访条例》和省第十二次党代会精神，促进国有企业改革发展，维护社会和谐稳定，经省委、省政府同意，现就进一步加强和改进我省国有企业(包括部属在浙企业，下同)信访工作提出如下意见。

一、加强国有企业信访工作的重要意义和总体要求

(一)国有企业是国民经济的重要支柱，是我们党执政的物质基础。近年来，我省国有企业发展态势良好，为全省经济社会发展作出了重大贡献。但是，随着国有企业改革的不断深入，因企业内部利益关系调整而导致的各类矛盾冲突也不断显露出来，企业信访工作呈现出信访数量增加、处理难度增大的趋势。做好国有企业的信访工作，妥善化解矛盾纠纷，不仅事关国有企业自身的改革与发展，而且事关全省社会和谐稳定大局。各级党委、政府要从全局和战略的高度，进一步提高对做好新形势下国有企业信访工作重要性的认识，切实增强做好企业信访工作的责任感和紧迫感，进一步加强和改进企业信访工作，努力提高信访工作水平，妥善化解各类矛盾纠纷，为企业又好又快发展创造良好环境，为社会和谐稳定贡献力量。

(二)做好国有企业信访工作必须以邓小平理论和“三个代表”重要思想为指导，深入贯彻落实科学发展观，紧紧围绕“创业富民、创新强省”总战略，按照全面改善民生、促进社会和谐的总体要求，坚持“谁主管、谁负责”的原则，切实维护职工合法权益，最大限度地增加和谐因素、减少不和谐因素，努力构建“以条为主、条块结合、部门协同、齐抓共管”的工作格局，全面提升国有企业信访工作水平。

二、着力解决国有企业信访突出问题

(三)认真分析把握国有企业信访工作新形势。当前，国有企业信访工作面临着许多新情况、新问题：一是信访问题复杂化，利益分配、劳资纠纷、职工维权、产权改革等成了矛盾的焦点，而且各种利益矛盾相互作用、相互交织；二是信访形式多样化，除传统信访方式外，许多信访人利用信息网络进行串联组织，上访的网络化、组织化程度较高，集体访、越级访有增多趋势。各地各企业单位要结合实际，对近年来的信访工作进行一次全面的总结分析，通过认真分析研究发生在企业内部各类信访问题的特点、成因和规律，找准问题的症结，找出工作中的薄弱环节，采取切实有效措施加以解决。近期要集中一段时间对信访积案进行一次全面清理，努力消化一批信访“存量”，着力解决一批信访“老大难”问题。特别是要对可能造成的集体访、来省去京上访的不稳定因素进行一次彻底排查，坚决防范和制止大规模集体上访、来省去京上访事件的发生，为确保北京奥运会和纪念改革开放30周年活动顺利进行作出应有贡献。

(四)着力解决民生信访问题。企业职工的信访诉求，大量的是关系职工个人切身利益的民生问题。国有企业要切实担负起保障国计民生的重要职责，进一步增强责任意识、大局意识，充分尊重职工在企业中的主人翁地位，努力维护广大职工的合法权益。在改革发展过程中，要增强改革的透明度，推进厂务财务公开，支持职工参与管理决策，切实保障广大职工的知情权、参与权、表达权、监督权。要正确把握企业改革的节奏和力度，充分考虑职工的现实利益，量力而行、扎实推进，妥善处理好改革和稳定的关系。在此基础上，要注意维护改革中的弱势群体的利益，着力保障和改善民生，关心照顾特殊困难职工的生产生活。对一些涉法涉诉的民生诉求，要积极引导信访人通过司法途径解决，以此达到息诉息访、案结事了的目的。

三、建立完善国有企业信访工作长效机制

(五)健全信访工作制度。国有企业要按照国务院《信访条例》的规定，建立健全职工来信来电办理、“网上信访”、职工来访接待等一系列信访工作制度，进一步规范办信、接访、督查、复查复核等工作程序。实行重要信访信息报送和月排查制度，对涉及企业的重大信访事件要及时上报企业主管部门和信访等相关部门，坚决防止迟报、漏报、瞒报现象发生。企业党政负责人要亲自阅批职工来信，接待职工来访，妥善处理职工信访问题。

(六)创新信访工作方法。层层落实信访工作责任，把信访工作目标任务纳入企业生产经营、日常管理、党的建设和精神文明建设等各项工作之中，做到一起部署，一起落实，一起检查，一起考核。要走进矛盾，破解难题，通过领导下访、约访、包案调处等多种形式，化解疑难信访问题。对信访事项发生在本单位而处理权限在上级主管部门的，企业要及时报告上级主管部门，并主动与当地政法、维稳、信访及涉事主管部门等的联系沟通，加强协调配合。企业所在地的党委、政府要主动协助配合企业处理重大信访事项，帮助企业有效处置违法违规行为，防止企业重大信访事项演变为社会治安问题。对群体性信访事件的处置，企业主要负责人要靠前指挥，加强协调，果断处置，确保把矛盾纠纷化解在企业内部和事发地。

四、进一步加强对国有企业信访工作的组织领导

(七)健全信访工作机构。按照中央提出的“信访工作只能加强，不能削弱”的要求，国有企业要成立由企业主要负责人任组长，分管负责人任副组长，有关职能部门负责人参加的信访工作领导小组，切实加强对本单位本系统信访工作的组织领导。企业信访工作领导小组要定期召开信访例会，听取信访工作情况汇报，及时研究解决企业信访工作中存在的突出问题。进一步明确和落实承担信访工作的职能部门，配备必要的专职或兼职信访工作人员。信访量较大的国有企业应设立专门的信访工作机构，建立企业领导信访接待日等制度。各企业单位要把政治素质好、有奉献精神、善于做群众工作的人员配备充实到信访工作岗位上去，并加强有关信访工作业务培训，不断提高信访干部的业务水平。要为本单位信访部门正常开展工作提供必要的办公、接访等条件，信访量大的企业，应设立专门的职工来访接待室。

(八)建立信访工作目标管理考核制度。从2008年起，将省(部)属国有企业信访工作列入省委、省政府年度信访工作目标管理的考核内容。凡因工作失职、渎职引发大规模集体上访并造成严重后果的，要追究有关主管部门和企业单位负责人的责任。

中共浙江省委办公厅　浙江省人民政府办公厅
关于印发浙江省支援青川县灾后恢复重建方案的通知

浙委办〔2008〕69 号

各市、县(市、区)党委和人民政府,省直属各单位:

《浙江省支援青川县灾后恢复重建方案》已经省委、省政府同意,现印发给你们,请认真贯彻执行。

中共浙江省委办公厅
浙江省人民政府办公厅
二〇〇八年七月十六日

浙江省支援青川县灾后恢复重建方案

为贯彻落实党中央、国务院的决策部署,切实做好我省对口支援四川省青川县地震灾后恢复重建工作,特制定本方案。

一、对口支援的原则

(一)坚持以当地为主、我省积极援建相结合的原则。在党中央、国务院的统一领导下,紧紧依靠当地党委政府和人民群众,按照《灾后重建规划》,在充分协商基础上,尽最大努力,为灾区重建提供最急需的支援。

(二)坚持对口支援、统分结合的原则。按照中央部署,我省对口支援青川县,省内经济较发达市、县(市、区)对口支援青川县受灾乡镇。

省里主要职责是:统一负责支持青川县灾后恢复重建工作的组织领导和协调;统一制订援建项目标准及相应政策;统一筹措安排援建资金;统一与青川县协商确定三年援建项目规划,以及分年度项目实施和资金安排计划;统一规划协调跨县、跨乡镇的线性工程,以及重大城乡住房、公共服务设施和基础设施等重点项目建设;统一汇总、上报和考核援建计划实施进度及工作情况。

对口支援市、县(市、区)主要职责是:按照省里部署要求,分工负责、分头实施、分级落实。负责对口支援乡镇工作的组织协调;帮助对口支援乡镇灾后恢复重建规划编制;按照省统一援建项目规划和年度实施计划,负责相关项目计划的实施和质量检查工作;帮助对口乡镇开展劳务输出和培训,以及急需人才、技术等其他方面的支持;负责对口支援乡镇援建工作的情况汇总上报等工作。

(三)坚持政府推动、社会参与相结合的原则。在各级政府加大对口支援工作力度的同时,充分发挥市场机制作用,鼓励社会各界多形式、多渠道参与灾后恢复重建工作。

二、对口支援的安排

青川县共有 36 个乡镇。根据青川县提供的受灾乡镇灾情程度和我省各地财政状况,兼顾各市对口支援乡镇的地理位置相对集中的要求,全省安排 11 个市及 29 个经济较发达县(市、区)参与对口支援青川县灾后恢复重建工作。

杭州市本级及萧山、余杭、富阳、临安等 4 个县(市、区)负责竹园镇及周边白家乡、建峰乡、金子山乡等 4 个乡镇的对口支援(具体由杭州市负责安排);宁波市本级及鄞州、慈溪、余姚、宁海、象山、奉化等 6 个县(市、区)负责乔庄镇及周边黄坪乡、瓦砾乡、茶坝乡等 4 个乡镇的对口支援(具体由宁波市负责安排)。温州市本级及乐清、瑞安等 2 个县(市),嘉兴市本级及海宁、桐乡、平湖、嘉善、海盐等 5 个县(市),湖州市本级及长兴、德清等 2 个县,绍兴市本级及绍兴、诸暨、上虞、嵊州等 4 个县(市),金华市本级及义乌、永康、东阳等 3 个县(市),台州市本级及温岭、玉环、临海等 3 个县(市),以及舟山、丽水、衢州等 3 个市,分别对口支援青川县其余 28 个乡镇。未安排对口支援乡镇的县(市、区),可通过提供选派医务人员、师资和农业科技、农民工培训等形式进行支援。

省级机关中的发改、经贸、科技、建设、交通、水利、教育、卫生、广电、林业、旅游等部门,要与青川县相应部门建立业务联系,提供规划、建设、管理、科技等方面的指导服务。其他部门也应积极做好对口支援的相关服务工作。

本次安排仅限于对口支援青川的灾后重建,中央原确定的我省对口帮扶和对口支援任务结对关系不变。

三、对口支援的内容、方式和任务

坚持"硬件"与"软件"相结合,"输血"与"造血"相结合,当前与长远相结合,调动人力、物力、财力、智力等多种力量,优先解决灾区群众基本生活生产条件。对口支援的内容和方式有:

(一)提供规划编制、建筑设计、专家咨询、工程建设和监理等技术服务。

(二)建设和修复城乡居民住房。

(三)建设和修复学校、医院、广播电视、文化体育、社会福利等公共服务设施。

(四)建设和修复城乡道路、供(排)水、供气、污水和垃圾处理等基础设施。

(五)建设或修复农业、农村等基础设施。

(六)提供机械设备、器材工具、建筑材料等支持。选派师资和医务人员等,提供人才培训、异地入学入托、劳务输入输出、农业科技等服务。

(七)以市场化运作方式,鼓励企业投资建厂、兴建商贸流通等市场服务设施,参与经营性基础设施建设。

(八)对口支援双方协商的其他内容。

具体内容和方式由我省和当地政府协商确定。

援建的重点,突出帮助搞好规划,恢复建设城乡住房、公共服务设施和基础设施,同时开展人才培训、科技支持等服务。

四、对口支援工作的组织领导

在省支援四川抗震救灾工作领导小组(以下简称省领导小组)下设"浙江省支援青川县灾后恢复重建工作办公室"(以下简称省援建办),主要职责是按照省委、省政府和省领导小组的统一部署要求,组织、协调我省对口支援青川灾后恢复重建工作。省援建办成员单位包括省直有关单位和11个市政府,工作机构设在省发改委。

在青川县组建浙江省支援青川县灾后恢复重建指挥部(以下简称省援建指挥部),主要负责组织、协调我省在青川的对口支援工作,搞好与当地政府的衔接。选调一批政治素质高、业务能力强、身体条件好的中青年领导干部和专业技术人员,作为省援建指挥部人员。根据工作需要,省援建指挥部主要领导以挂职方式兼任广元市党政领导职务,其他干部视情兼任青川县党政领导职务。干部管理参照援藏或援疆的相应政策。

五、对口支援的资金保障

我省要按中央确定的不低于上年地方财政收入的1%安排对口支援实物工作量,对口支援期限按三年安排。我省援建的资金来源主要包括财政资金、社会各界救灾捐款以及社会各界通过"认建"项目等方式的出资。具体资金筹措和安排方案由省财政厅另行制定。

三年援建规划和年度项目实施计划,由省援建办会同省援建指挥部编制,经省政府和省领导小组审定后由省发改委发文,省援建指挥部组织实施。援建资金计划,由省援建办会同省援建指挥部根据援建规划和年度项目实施计划编制,经省政府和省领导小组审定后由省财政厅发文;援建资金拨付,由省财政厅根据工程进展和资金需要,征求省援建办意见后,核拨省援建指挥部。

严格按照国家和省有关规定,加强援建项目和资金的管理和监督,统筹安排,形成合力,充分发挥援建资金的综合效益。

附:1.《浙江省对口支援结对表》(略)

2.《浙江省支援青川县灾后恢复重建工作办公室组建方案》

3.《浙江省支援青川县灾后恢复重建指挥部组建方案》

附件2

浙江省支援青川县灾后恢复重建工作办公室组建方案

一、省援建办工作机构及组成人员

省援建办成员单位包括:省委组织部、省委宣传部、省发改委、省经贸委、省教育厅、省科技厅、省监察厅、省民政厅、省财政厅、省劳动保障厅、省国土资源厅、省建设厅、省交通厅、省水利厅、省农业厅、省林业厅、省文化厅、省卫生厅、省人口计生委、省审计厅、省环保局、省广电局、省体育局、省统计局、省质量技监局、省食品药品监管局、省旅游局、省机关事务局、省应急办、省协作办、省测绘局、省农办、省地震局、省红十字会、省慈善总会、省政府驻川办等单位和11个市政府。

省援建办主任由省发改委主要负责人担任,副主任由省发改委、省经贸委、省财政厅、省建设厅分管负责人担任,其他省直单位的分管负责人和市政府分管负责人为成员。

省直单位确定一名处级干部为联络员,各市发改委分管负责人为各市政府联络员。

省援建办下设3个组:即项目资金组、产业智力组、综合宣传组。人员从省发改委、省财政厅、省经贸委、省协作办等成员单位抽调。

二、省援建办主要职责

按省委、省政府和省领导小组的统一部署和要求,组织、协调我省对口支援青川灾后恢复重建工作。办公室工作机构设在省发改委。主要职责是:负责与青川县对口支援工作的联络和协调;负责与青川县协商拟订三年援建项目规划、资金筹措计划以及分年度项目实施和资金安排计划,报省政府和领导小组审定;负责组织协调人力、物力、智力等方面的支援工作;负责检查督促考核援建计划实施进度及工作情况,统计、报送相关信息;负责与省援建指挥部的联系协调,以及日常管理工作。

三、省援建办运行机制

(一)集中办公制度。从省发改委、省财政厅、省经贸委、省协作办、省应急办等单位抽调处级骨干人员集中办公。

(二)工作协调机制。每季度召开1次省援建办全体成员会议,研究协调援建工作的重要事项,重大问题提请省领导小组讨论决定;每个月召开1次省援建办主任会议,研究协调援建工作的具体事项;紧急事务随时进行研究。

(三)工作推进机制。按照三年援建规划、年度项目实施计划,以及省级部门和市县职责,分解工作任务,落实责任单位，实施督查措施。

（四）汇报通报制度。建立援建工作重大事项及时向省领导小组请示汇报制度；编辑《浙江省支援青川地震灾后恢复重建工作信息》，及时向省委、省政府，以及省援建办成员单位、各相关市县和省援建指挥部等报送工作动态；对年度援建计划实施情况进行通报。

四、省援建办成员单位工作职责分工

省委组织部：负责省援建指挥部领导挂职有关事项的研究、确定、联系和落实，负责有关工作力量的调配。

省委宣传部：负责相关宣传报导工作。

省发改委：牵头负责制定对口支援青川灾后恢复重建规划、我省援建项目规划及年度实施计划，统筹安排重大援建项目。

省经贸委：负责协调企业投资建厂，兴建商贸流通等市场服务设施，牵头负责组织援建物资的生产和采购。

省教育厅：负责学校的援建，选派师资、提供图书资料和教学设备、异地入学入托等服务。

省科技厅：负责科技设施援建，提供科技、智力支持。

省监察厅：负责援建工作的行政监督。

省民政厅：负责援建捐赠款物的接收和管理、社会福利设施的援建等。

省财政厅：牵头负责援建资金的统筹管理，编制援建资金筹措方案。

省劳动保障厅：负责就业援助、职业技能培训等服务工作。

省国土资源厅：负责重建规划用地和受灾群众集中安置点的地质灾害危险性评估等服务。

省建设厅：牵头负责城乡居民住房、城市道路、供（排）水、供气、污水和垃圾处理等基础设施的援建工作，提供城乡规划编制、建筑设计、专家咨询、工程监理等技术服务。

省交通厅：负责交通设施援建和物资的运输和协调组织。

省水利厅：负责水利设施援建。

省农业厅：负责农业基础设施援建，农业科技服务。

省林业厅：负责林业方面的援建。

省文化厅：负责文化设施援建。

省卫生厅：负责医疗卫生机构的援建。选派医疗卫生人员以及开展医疗、疫病预防控制和卫生监督方面的合作或培训支持。

省人口计生委：负责计划生育服务设施援建。选派有关专家和人员开展再生育技术指导等方面的计划生育技术服务。

省审计厅：负责援建项目、资金和物资的审计监督。

省环保局：负责环境保护援助。

省广电局：负责广播电视设施援建。

省体育局：负责体育设施援建。

省统计局：负责援建相关的统计工作。

省质量技监局：负责援建工作相关的技术标准和质量监督工作。

省食品药品监管局：负责支援药品的质量保障，提供食品安全综合监督工作支持。

省旅游局：负责旅游资源和设施恢复援建。

省机关事务局：负责援建工作的有关后勤事务保障。

省应急办：负责组织协调援建工作中重大应急事件的处理，做好有关紧急信息的汇总，检查督促省领导小组援建工作的决定事项。

省协作办：负责援建工作的协作联络，省外浙商援建的动员，提供素质培训、产业合作、劳务输入输出等服务。

省测绘局：负责提供测绘资料、图件服务。

省农办：负责指导农业、农村的援建工作。

省地震局：负责地震专业指导。

省红十字会、省慈善总会：负责相应捐赠款物的接收和社会各界援建项目的认建工作。

省政府驻川办：负责与四川的联络工作。

11个市政府：负责市本级和所属县（市、区）的对口援建工作。

附件3

浙江省支援青川县灾后恢复重建指挥部组建方案

一、组织机构及组成人员

建立浙江省支援青川县灾后恢复重建指挥部及党委。省援建指挥部设指挥长一名、党委书记一名（兼）、副书记一名、副指挥长四名，由省委选配。

省援建指挥部下设“一办五组”，即办公室、规划项目组、工程建设组、资金管理组、产业发展组、综合支援组。人员从省发改委、省建设厅、省交通厅、省教育厅、省卫生厅、省广电局、省农办、省水利厅、省财政厅、省审计厅、省经贸委等部门处级和科级干部中派任。

二、省援建指挥部主要职责

省援建指挥部负责组织、协调我省在青川县的对口支援工作。具体职责是：负责与青川县对口支援具体工作的联络和对接；负责我省在青川县援建工作的组织与领导；负责援建项目规划和年度计划的实施；负责跨县、跨乡镇的线性工程，以及重大城乡住房、公共服务设施和基础设施等重点项目的指挥、协调；负责援建项目建设质量和资金使用监督管理；负责对省内各援建分指挥部的协调工作；负责援建干部队伍的管理；负责接待工作；负责做好宣传、信息工作。

三、省援建指挥部“一办五组”主要职责

（一）办公室：负责省援建指挥部日常工作的沟通、协调和联络；负责省援建指挥部文字综合工作；负责援建工作的统计汇总和信息报送工作，编辑《援建青川信息》；负责省援建指挥部的党务工作；负责省援建指挥部的干部管理和教育监督工作;负责省援建指挥部后勤保障工作;负责接待工作。

(二)规划项目组:衔接、指导当地灾后重建专项规划编制;参与编制援建项目规划和年度实施计划,并组织实施;研究提出援建项目管理模式。

(三)工程建设组:负责跨县、跨乡镇的线性工程,重大城乡住房、公共服务设施和基础设施等重点项目的招投标、监理和建设推进工作;负责协调援建项目的实施进度和工程质量管理工作;负责协调援建项目建筑材料的组织保障工作;负责安全生产工作。

(四)资金管理组:参与援建资金使用总体方案及年度使用计划建议方案编制;根据援建资金使用管理办法,做好援建资金使用监督管理工作;配合做好援建资金审计工作;管理省援建指挥部工作经费。

(五)产业发展组:负责帮助指导青川县受灾企业恢复重建,以及发展生态、旅游、林业等优势产业的工作;负责浙江企业和省外浙商到青川投资建厂、兴建商贸流通等市场服务设施以及经营性基础设施的相关工作;负责浙江援建工业园区的推进工作;负责就业、劳动力培训等工作。

(六)综合支援组:负责协调在青川的人力、物力、智力支援工作;负责援建工作的宣传报道工作。

四、省援建指挥部运行机制

(一)组织领导机制。省援建指挥部在省领导小组和当地党委政府的双重领导下开展工作。

(二)组织协调机制。(1)指挥长会议。由指挥长、党委副书记、副指挥长、办公室主任、组长以及 11 个市驻青川负责人参加,研究援建工作的重要工作、重大事项,协调解决重大问题;(2)专题协调会议。针对具体项目、具体乡镇、具体问题,及时召开专题协调会议,研究、协调工作推进中的矛盾和问题。

(三)工作责任机制。(1)实行指挥长总负责,党委副书记、副指挥长分工负责制。指挥长全面负责我省在青川前线的援建实施工作,党委副书记、副指挥长按照分工协助指挥长做好相关工作;(2)“一办五组”按照工作职责,分别做好相关援建工作,向指挥长负责;(3)各部门和各地派出的援建工作机构和人员,在省援建指挥部的统一领导下,共同做好职责范围的援建工作。

(四)沟通联络机制。(1)通过省援建指挥部领导兼任当地党政领导等方式,加强与广元和青川的联系和沟通;(2)通过及时报告援建工作的重大事项和报送工作信息的方式,加强与省领导小组的汇报和省援建办的联系沟通;(3)通过省援建指挥部成员例会的方式,加强省援建指挥部各组和各市县援建机构的沟通协调。

(五)制约监督机制。(1)建立公开透明的办事决策制度;(2)加强项目建设过程的监察工作;(3)强化资金运用的监督与审计。

(六)学习教育机制。(1)建立省援建指挥部党委中心组学习制度;(2)加强干部学习教育,经常组织省援建指挥部干部开展政治学习、业务学习和廉政教育,努力打造一支“特别能吃苦、特别能战斗、特别能团结、特别能奉献”的援川干部队伍。

中共浙江省委办公厅　浙江省人民政府办公厅
关于表彰 2007 年度全省党政系统优秀调研成果的通报

浙委办〔2008〕120 号

各市、县(市、区)党委和人民政府,省直属各单位:

根据省委办公厅、省政府办公厅《关于评选 2007 年度全省党政系统优秀调研成果的通知》(浙委办〔2008〕51 号)精神,经逐级评审,共评出“关于新时期浙江省流动人口的特点及治安管理对策的调研报告”等优秀调研成果 65 篇(见附件),现予以通报表彰。

希望获奖单位和个人发扬成绩、再接再厉,多出成果、多出精品,为党委和政府科学决策提供依据。各级党政机关、领导干部和调查研究部门要坚持以邓小平理论和“三个代表”重要思想为指导,全面贯彻落实科学发展观,深入学习贯彻党的十七大、十七届三中全会和省第十二次党代会及十二届三次、四次全会精神,大兴调查研究之风,积极探索新时期调查研究的规律,着力提高调查研究的针对性、科学性和有效性,为深入实施“创业富民、创新强省”总战略,全面建设惠及全省人民的小康社会作出新的贡献。

附:2007 年度浙江省党政系统优秀调研成果

中共浙江省委办公厅
浙江省人民政府办公厅
二〇〇八年十二月三十一日

附：

2007年度浙江省党政系统优秀调研成果

一等奖(5篇)

1. 关于新时期浙江省流动人口的特点及治安管理对策的调研报告
（省公安厅凌秋来）
2. 浙江省农民工子女入学情况调查报告
（省教育厅刘希平等）
3. 构建生活品质(杭州)评价体系及其运作机制研究
（杭州市委许勤华等）
4. 浙江制造向浙江创造转变的核心问题研究
（省科协项浙学等）
5. 增强企业六种能力，促进民营经济持续发展
（省政协经济委员会胡贵生等）

二等奖(10篇)

1. 全面实施港航强省战略，服务浙江经济又好又快发展
（省交通厅郭剑彪等）
2. 完善财政转移支付制度，促进基本公共服务均等化
（省财政厅钱巨炎等）
3. 嘉兴“十一五”约束性经济指标完成的途径与对策研究
（嘉兴市委政研室施卫华等）
4. 深化完善具有浙江特色的社会救助体系
（省民政厅调研组）
5. 关于围绕产业集群构建区域生产性服务体系的研究
（省发改委黄勇等）
6. 对我省经济增长的驱动力分析
（省统计局金汝斌等）
7. 社会分化和转型背景下村民自治面临的难题与对策
（衢州市委政研室）
8. 杭州市社会工作人才队伍建设研究报告
（杭州市委组织部于跃敏等）
9. 推进浙江企业自主创新研究
（省科技厅蒋泰维等）
10. 城镇居民医疗保障制度设计中的问题与建议
（省政府研究室陈广胜等）

三等奖(20篇)

1. 进一步规范中小企业信用担保服务体系建设
（省政府办公厅孙厚军）
2. 无直接利益冲突群体事件成因与对策研究
（绍兴市委史济锡）
3. 浙江省县及县以上医院经济运行机制研究
（省卫生厅杨敬等）
4. 浙江新型城市化评价指标体系研究
（省建设厅张苗根等）
5. 实施“三个台州”发展战略，加快转变经济发展方式
（台州市委张鸿铭）
6. 加快我省会展旅游发展的调研与建议
（省旅游局赵金勇等）
7. 以人为本，关注民生，着力解决困难群体的就业问题
（省劳动保障厅陈小恩）
8. 关于加快工业创新发展步伐，推进先进制造业基地建设的若干思考
（省经贸委郑一方等）
9. 我省村民自治工作的现状与思考
（省人大内务司法委沈雷等）
10. 加快循环经济发展，积极创建浙江示范区
（省发展规划研究院刘亭等）
11. 关于我省司法鉴定工作情况的调研报告
（省委政法委王毅等）
12. 关于浙江实施文化“走出去”战略的调研报告
（省委宣传部课题组童芍素等）
13. 浙江省节约用水制度建设调研报告
（省水利厅陈川）
14. 当前我省检察机关贯彻宽严相济刑事司法政策情况的调查分析
（省检察院庄建南等）
15. 关于开展廉情预警机制建设的实践与思考
（宁波市镇海区纪委陈瑜）
16. 丽水市低收入农户增收的实践与对策建议
（丽水市委政研室李华）
17. 浙江省残疾人共享小康工程调研报告
（省残联陈燕萍等）
18. 农村公共服务体系建设对策研究
（金华市政府陈昆忠）
19. 创优发展环境，提升发展能力，推动嘉兴经济社会发展再上新台阶
（嘉兴市委陈德荣）
20. 贯彻港航强省决策，全面推进实施以港兴市发展战略
（舟山市政府梁黎明等）

优秀奖(30篇)

1. 舟山市做强、做精船舶工业的对策研究
（舟山市委政研室赵利平等）
2. 浙江与沿海主要省市开放型经济比较研究
（省外经贸厅陈如昉等）
3. 关于新农村建设中文化引领服务功能的调查
（衢州市委宣传部徐宇宁等）
4. 省直机关党员干部思想状况调查报告
（省直机关工委张小勇等）
5. 借鉴国外经验，创建“就业项目经理人制度”——宁波创建就业服务新模式令人瞩目（省委党校吴锦良）
6. 我省第三产业分行业经济与税收互动发展研究
（省地税局单美娟）
7. 民间金融与民营经济和区域经济发展研究

浙江省人民政府办公厅转发省安全生产委员会办公室关于开展“安全生产隐患排查治理年”活动意见的通知

浙政办发〔2008〕8号

各市、县（市、区）人民政府，省政府直属各单位：

省安全生产委员会办公室《关于开展“安全生产隐患排查治理年”活动的意见》已经省政府同意，现予转发，请认真组织实施，切实抓好落实。

二〇〇八年二月十三日

关于开展“安全生产隐患排查治理年”活动的意见

省安全生产委员会办公室

（二〇〇八年一月三十一日）

近年来，全省安全生产形势呈现总体稳定、趋于好转的态势。但是，一些行业和领域安全隐患仍大量存在，一些重大安全隐患尚未得到有效治理，重大事故时有发生，安全生产形势依然严峻。为进一步加强安全生产工作，着力消除安全隐患，预防和减少安全生产事故的发生，根据《国务院办公厅关于进一步开展安全生产隐患排查治理工

作的通知》(国办发明电〔2008〕15 号),现就开展全省“安全生产隐患排查治理年”活动提出如下意见:

一、指导思想

深入贯彻落实党的十七大和省第十二次党代会精神,坚持科学发展、安全发展的理念,全面落实“安全第一、预防为主、综合治理”的方针,积极开展“安全生产隐患排查治理年”活动,着力整治安全隐患,落实安全责任,创新监管手段,强化安全措施,建立长效机制,促进安全生产形势稳定好转,确保人民群众生命财产安全,为经济社会又好又快发展营造安全、稳定的环境。

二、工作目标

通过开展“安全生产隐患排查治理年”活动,进一步落实企业的安全生产主体责任和各级政府及有关部门的监管主体责任;全面排查治理事故隐患和薄弱环节,认真解决存在的突出问题;建立健全重大危险源监控机制和重大隐患排查治理长效机制及分级管理制度,确保各级挂牌督办的重大安全隐患整改率达到 95%以上,有效防范和遏制重特大事故的发生,全面完成省政府下达的安全生产各项目标任务。

三、对象和范围

“安全生产隐患排查治理年”活动的对象和范围主要是矿山、化工、烟花爆竹、建筑施工、民爆器材、电力等工矿企业;道路交通、水上交通、铁路、民航等交通运输企业;渔业、农机、水利、旅游等单位;医院、学校、人员密集场所、“三合一”场所、出租房以及其他有关行业和领域。

四、工作分工

按照属地为主、条块结合的原则,在当地政府的统一领导下,各有关部门分工负责,密切配合,认真组织实施“安全生产隐患排查治理年”活动。

(一)矿山、化工、烟花爆竹等行业安全隐患排查治理工作由省安全监管局牵头组织实施。

(二)道路交通事故多发点段排查治理工作由省公安厅牵头组织实施。

(三)道路交通设施及临水临崖危险路段安全隐患排查治理工作由省交通厅牵头组织实施。

(四)水上交通安全隐患排查治理工作由省交通厅、浙江海事局按各自职责牵头组织实施。

(五)民爆器材安全隐患排查治理工作由省经贸委牵头组织实施。

(六)建筑施工领域、城市公共交通、燃气安全隐患排查治理工作由省建设厅牵头组织实施。

(七)电力企业安全隐患排查治理工作由电监会杭州监管办牵头组织实施。

(八)水利工程建设安全隐患排查治理工作由省水利厅牵头组织实施。

(九)旅游行业安全隐患排查治理工作由省旅游局牵头组织实施。

(十)农机安全隐患排查治理工作由省农业厅牵头组织实施。

(十一)渔业安全隐患排查治理工作由省海洋与渔业局牵头组织实施。

(十二)民航安全隐患排查治理工作由民航浙江安全监管办牵头组织实施。

(十三)铁路安全隐患排查治理工作由杭州铁路办事处牵头组织实施。

(十四)学校安全隐患排查治理工作由省教育厅牵头组织实施。

(十五)医院安全隐患排查治理工作由省卫生厅牵头组织实施。

(十六)特种设备安全隐患排查治理工作由省质量技监局牵头组织实施。

(十七)人员密集场所、“三合一”场所、出租房消防安全隐患排查治理工作由省消防总队牵头组织实施。

以前文件规定与上述工作分工不一致的,以本通知为准。

五、实施步骤和措施

(一)动员部署阶段(2008 年 3 月 10 日前)。由各牵头单位抓紧制订本行业隐患排查治理的具体指导意见。各地应按照省里的统一部署和要求,结合本地实际,研究制订“安全生产隐患排查治理年”活动方案,明确各相关部门工作责任,广泛动员,统一认识,周密部署,精心组织。要将“安全生产隐患排查治理年”活动的时间安排、排查范围、隐患治理要求等向社会发布,并公布举报电话接受群众监督和举报,提高生产经营单位整改隐患的自觉性。各牵头单位制订的指导意见、各市“安全生产隐患排查治理年”活动方案请于 3 月 10 日前报省安全生产委员会办公室。

(二)全面排查阶段(2008 年全年)。各地、各有关部门和单位要组织对生产经营单位的安全隐患进行全面排查,重点检查企业安全生产责任制落实情况、安全生产规章制度建立和落实情况、安全管理机构和人员落实情况、安全设施设备运行情况、安全投入和风险抵押金缴纳情况、安全教育培训情况、应急预案制订及演练情况等。要根据不同时段安全生产的不同特点,有针对性地开展隐患排查工作。4 月底前,重点要围绕确保全国“两会”期间安全生产,加强对交通运输、电力、烟花爆竹、人员密集场所等行业和领域安全生产情况的监督检查。5 月至 9 月,围绕汛期和北京“奥运会”安全,做好矿山、水库、学校、旅游、人员密集场所以及夏季事故易发行业和领域的隐患排查治理工作。四季度,针对赶任务、抢工期现象增多和恶劣天气多发的特点,深入推进工矿企业、交通运输、建筑工地、消防等安全隐患排查治理,坚决防范遏制重特大事故。通过排查,建立完善隐患排查台账,对安全隐患进行认定、分类梳理、建档。

(三)隐患整改阶段(2008 年全年)。在全面排查的基础上,各有关单位应按照安全生产法律法规的要求,坚持边查边改,对能立即整改的,要及时予以整改;对一时难以治理的要排出计划,落实资金和责任,限期整改,并制订应急预案,加强监控,严防各类安全生产事故的发生。各地、各有关部门要加强对安全隐患排查治理工作的监督检查,充分运用经济、行政和法律手段,加大行政执法力度,严肃查处隐患排查整改不力或拒不整改的单位。对重大安全隐患单位，要逐级上报，于4月15日前报省安全生产委员会办公室和有关主管部门，实行分级挂牌督办，加大整改力度，并向社会公开，接受社会监督。

（四）督查验收阶段（2008年11月至12月）。各地政府应组织由安全监管和其他有关部门参加的督查组，对本行政区域内开展安全生产隐患排查治理工作情况进行督促检查，主要内容包括企业安全生产主体责任落实情况、企业安全生产投入和隐患治理资金落实情况、隐患排查治理和应急措施制订情况、已发生的事故按照“四不放过”的原则处理情况等。各市于11月30日前将督查情况报省安全生产委员会办公室。

省安全生产委员会将组织由省有关部门参加的联合督查组，对各地开展“安全生产隐患排查治理年”活动情况进行督查，主要内容包括开展隐患排查治理工作的部署和贯彻落实情况、重大安全隐患排查治理和监控情况、隐患排查监管机制建立健全情况、安全生产治本之策落实情况、安全生产事故查处情况等。

六、工作要求

（一）加强领导，落实责任。省政府成立由金德水副省长任组长，省安全生产委员会其他副主任及各牵头单位的省安全生产委员会成员参加的“安全生产隐患排查治理年”活动领导小组，办公室设在省安全监管局，负责这项活动的领导和组织协调工作。各地也应根据实际，成立相应的组织。要进一步强化政府及有关部门行政首长负责制和企业法定代表人负责制，建立健全安全隐患排查治理机制，狠抓工作落实。各有关部门要加强协调配合，形成合力，进一步完善齐抓共管的工作格局。

（二）广泛发动，群防群治。各地、各有关部门要充分依靠和发动广大从业人员参与隐患排查治理工作。各类生产经营单位要充分调动职工群众的积极性，紧紧依靠技术管理人员和员工，发挥他们对安全生产的知情权、参与权和监督权，组织职工全面细致地查找各类事故隐患，积极主动地参加隐患治理。

（三）突出重点，强化督导。各地、各有关部门要结合本地区、本部门实际，突出工作重点，加强督促检查和指导，切实消除事故隐患。要强化安全生产执法，创新监管机制，严厉查处安全生产违法行为。加大安全投入，加快安全技术改造，淘汰落后生产能力，提高企业的安全生产管理水平，增强事故防范能力。要把开展“安全生产隐患排查治理年”活动与落实安全生产治本之策结合起来，全面强化安全生产基础。

（四）立足当前，着眼长远。各地、各有关部门要以“安全生产隐患排查治理年”活动为契机，既要治标，着力解决当前安全生产中存在的突出问题，更要注重治本，完善政策措施，加强制度建设，建立安全生产的长效机制，坚决防止产生新的安全隐患。完善事故应急救援预案体系，加强应急管理。

（五）广泛宣传，舆论监督。各地要充分利用报纸、广播、电视等各种新闻媒体广泛宣传“安全生产隐患排查治理年”活动。加大舆论监督和群众监督力度，对排查治理走过场的单位要予以曝光。各地、各有关部门对举报的事故隐患要认真进行核查，督促落实整改，并对隐患举报人进行奖励。要大力宣传隐患排查治理和安全生产工作中的先进典型与经验，普及安全生产知识，促进安全生产工作。

浙江省人民政府办公厅转发省道路交通安全工作领导小组关于进一步贯彻落实“五整顿”“三加强”工作措施意见的通知

浙政办发〔2008〕9号

各市、县（市、区）人民政府，省政府直属各单位：

省道路交通安全工作领导小组《关于进一步贯彻落实“五整顿”“三加强”工作措施的意见》已经省政府同意，现予转发，请认真贯彻执行。

二〇〇八年二月十三日

关于进一步贯彻落实“五整顿”“三加强”工作措施的意见

省道路交通安全工作领导小组

近年来，各地、各有关部门认真开展道路交通安全工作，取得了一定成效。但是，道路交通安全形势依然严峻，重大事故时有发生，给人民群众生命财产造成重大损失。为进一步落实道路交通安全“五整顿”、“三加强”工作措施，有效预防和减少道路交通事故的发生，根据《国务院办公厅转发全国道路交通安全工作部际联席会议关于进一步落实“五整顿”“三加强”工作措施意见的通知》（国办发〔2007〕35号），现提出如下工作意见：

一、指导思想和工作目标

（一）指导思想：全省道路交通安全工作要以邓小平理论和“三个代表”重要思想为指导，深入贯彻党的十七大和省第十二次党代会精神，认真落实科学发展观，牢固树立安全发展的理念，进一步落实“五整顿”（整顿驾驶员队伍、整顿路面行车秩序、整顿交通运输企业、整顿机动车生产改装企业、整顿危险路段）、“三加强”（加强责任制、加强宣传教育、加强执法检查）工作措施，全面推进“平安畅通县（市、区）”创建活动，进一步完善政府统一领导、有关部门各司其职、齐抓共管、综合治理、标本兼治的道路交通安全工作格局，切实提高道路交通安全工作整体水平，最大限度地预防道路交通事故的发生，最大限度地减少道路交通事故造成的损失。

（二）工作目标：以降事故、保安全、保畅通为总体目标，力争到2008年底，各县（市、区）基本建成“平安畅通县（市、区）”；今后5年内全省万车死亡率逐年下降，确保完成国家下达和省政府提出的道路交通事故控制指标，坚决遏制群死群伤道路交通事故的发生，为促进经济又好又快发展、全面建设惠及全省人民的小康社会创造安全畅通有序的道路交通环境。

二、推动农村道路交通安全工作

（一）各级政府要按照《浙江省人民政府办公厅关于加强农村道路交通安全工作的通知》（浙政办发〔2005〕62号）要求，加强本地区农村道路交通安全管理。充分发挥村（居）委会等基层组织在交通安全宣传教育、协助维护道路交通秩序等方面的作用。公安部门要加强乡（镇）交警中队的规划和建设，当地政府及相关部门要在用地、资金及装备建设等方面予以支持。地处偏远、尚未设立交警中队的乡（镇），当地公安派出所要按照有关规定积极参与道路交通安全工作。

（二）各地、各有关部门要认真贯彻《国务院办公厅关于印发农村公路管理养护体制改革方案的通知》（国办发〔2005〕49号）和《浙江省人民政府办公厅关于印发浙江省农村公路管理养护体制改革方案的通知》（浙政办发〔2008〕4号），加强农村公路的管理和养护。进一步完善农村公路安全设施，改善安全通行条件。积极发展农村客运交通，解决一些地方农民“出行难”的问题。

三、严格规范机动车驾驶人培训、考试和管理

（一）交通、农业部门要加强对驾驶人培训市场的监管，严格执行机动车驾驶人培训机构资格条件地方标准，把好市场准入关。以提高驾驶人素质为重点，督促驾驶人培训机构严格执行驾驶人培训教学大纲和教学计划，使用统编培训教材，加强对机动车驾驶学员交通安全意识的培养和医疗急救技能的培训，并建立学员档案。对机动车驾驶人培训机构培训质量情况，每半年向社会公布一次。对培训质量低劣、达不到教学大纲规定要求的，要按有关规定严肃处理。

（二）交通、农业部门要加强对教练员资格的管理，督促驾驶人培训机构严格教练员资格条件和考核制度，建立健全教练员职业道德、教学水平等评议制度，加强社会舆论监督。严格执行教练员资格管理标准，不定期地对教练员从业资格进行检查、考核，对擅离教学岗位、未按教学大纲教学、无证上岗的，要按有关规定予以处罚；对发生重大以上道路交通事故且负主要责任的，要依法予以严肃处理。

（三）交通部门要进一步落实《道路运输从业人员管理规定》（交通部令2006年第9号），严格执行客运、货运、危险化学品等道路运输从业人员资格考试制度。

（四）公安、农业部门要进一步完善机动车驾驶人考试制度，严格考试标准，注重对实际道路驾驶技能的考核。加大监督检查力度，严格考试员资格管理和考核制度，对不符合条件的考试员，要取消其考试员资格。

（五）公安、农业部门要建立和完善信息交流制度。农业部门要定期向公安部门通报拖拉机登记和驾驶证发放情况；公安部门要及时向农业部门通报拖拉机道路交通事故和拖拉机驾驶人交通违法情况，加强对拖拉机及其驾驶人的管理。

（六）保险监管部门要进一步推动机动车交通事故责任强制保险制度的实施，会同公安、农业部门完善机动车交通事故责任强制保险、道路交通违法和交通事故信息共享机制；会同交通、公安部门推进承运人责任强制保险制度；配合财政、公安、农业、卫生部门积极建立道路交通事故社会救助基金。

（七）军队、武警部队要进一步严把驾驶培训和考试关，修订完善驾驶人年度考试题库，进一步规范和严格驾驶人年度审验，定期组织开展驾驶人复训。

四、加强道路通行秩序管理

（一）公安部门要进一步加大路面行车和行人秩序的管理力度，会同有关部门大力开展各类交通秩序整治专项行动。严厉查处超速、客车超员、违法超车、酒后驾驶、疲劳驾驶、无证驾驶、驾驶无牌机动车、驾乘二轮摩托车不戴安全头盔、在高速公路上违法停车和拖拉机、低速载货汽车、三轮汽车违法载人等严重交通违法行为。对超速50%以上、客车超员20%以上的，要通报车辆登记地公安机关交通管理部门。

（二）公安、建设部门要继续实施城市“畅通工程”，做到道路完好、交通标志标线清晰、交通信号准确及时、占用和挖掘道路管理规范、停车和行车有序，努力缓解城市停车难、行车难问题。

（三）公安部门要组织开展“平安畅通高速”创建活动。公安、交通、安全监管部门要加强对高速公路经营单位的安全监管，建立健全有效的安全监督机制，落实高速公路经营单位的安全责任。交通部门要会同公安、气象部门加强对高速公路运行状况的监控，及时掌握高速公路气象、路况信息，配合公安部门实施交通管制。

（四）公安、交通、农业、教育、安全监管等部门要加强对营运客车、危险化学品运输车和学生接送车及其驾驶人的管理，严格落实户籍化管理措施。加强对持省外驾驶证的驾驶人在我省从事客车、危险化学品运输车、学生接送车和拖拉机营运的监督检查，发现驾驶人取得驾驶证不符合国家规定条件的，要依法予以调查或者对其道路驾驶技能进行测试。经调查或者测试证明其不符合国家规定条件的，公安部门要收缴其驾驶证，并转递原发证机关。

（五）教育、公安、交通等部门要深入贯彻《浙江省人民政府办公厅转发省公安厅等部门关于加强中小学幼儿园学生交通安全管理工作意见的通知》（浙政办发明电〔2005〕55号）和《浙江省教育厅关于加强中小学学生接送车管理的意见》（浙教基〔2006〕137号）等文件精神，切实加强中小学幼儿园学生交通安全工作。

（六）交通、公安等部门要坚持依法严管、规范行为、立足源头、科学治超、标本兼治的原则，综合运用经济、行政、法律手段，进一步加大治理车辆超限超载工作力度，建立健全长效机制。公安、交通、农业部门要加强协调配合，在依法依规设立的省际卡点、治超站（点）、春运服务站等重点部位以及重要时期，实行联合执法管理。农业、公安部门可通过建立“公安驻农机联络警务室”等方式，提高执法效能。

（七）军队、武警部队要进一步加强对军车及号牌的管理，不得转借地方使用；完善军车交通违法抄告制度，及时将军车驾驶人交通违法处理结果反馈公安部门。

（八）各类医院要开通“绿色通道”，对道路交通事故伤员的救治要坚持先抢救，后办理手续；急救中心（急救分中心）要按照就近、就急、自愿的原则进行伤员急救和转送；未经卫生行政部门批准，不得擅自设立和指定急救机构。

（九）公安部门要加强对高速公路经营单位清障、救援工作的组织指导，加大清障、施救工作力度，为安全畅通提供有力保障；建立高速公路应急救援机制，形成统一指挥、反应灵敏、协调有序、运转高效的应急体系。

五、加强对道路交通运输企业的安全监管

（一）交通部门要认真贯彻落实道路运输法律法规和有关标准，强化“三关一监督”（严把运输经营者市场准入关、营运车辆技术状况关、营运驾驶人从业资格关和汽车客运场站安全监督）。加强对道路运输企业开业及新增运力的安全审核，防止安全条件达不到要求的企业、车辆、驾驶人进入运输市场。

（二）交通、公安、安全监管部门要加强对运输企业的安全监管，督促运输企业对客运车辆及聘用驾驶人上岗资格进行全面清理，健全完善营运车辆技术档案和台账，建立驾驶人管理档案，从严把关，定期向社会公布客运企业交通安全状况。对安全条件达不到要求、存在重大隐患的运输企业，要责令限期整改，甚至停业整顿；整改后仍达不到安全生产条件的，要坚决取消其相关经营资格。对多次发生超员、超速等严重交通违法行为或者发生致人死亡道路交通事故的营运车辆及其驾驶人，公安部门要将情况通报交通、安全监管部门，交通部门要会同公安、安全监管等部门依法追究企业和有关人员的责任。

（三）经贸、公安、质量技监、交通、安全监管等部门要积极推广使用符合国家标准的汽车行驶记录仪。对已经安装的行驶记录仪，要尽快解决信息的统一读取问题。鼓励运输企业使用GPS（全球定位系统）等先进技术装备，实现对运输企业驾驶人的动态监督和管理。

（四）城市公共交通主管部门要进一步贯彻落实《城市公共汽电车客运管理办法》（建设部令第138号），建立健全安全管理制度，认真落实公共交通运行各方的安全责任制，层层签订责任状，加强对从业人员的安全教育，强化安全管理，提高公共交通安全营运水平。要针对城乡公共交通一体化发展的实际，严格按照《浙江省实施〈中华人民共和国道路交通安全法〉办法》的规定配备客运车辆，对行经高速公路或者城市建成区以外二级以下公路的客运车辆不得使用有站立乘员席的客车车型。

六、强化车辆生产和使用监管

（一）经贸、质量技监部门要加强对机动车生产的监督管理，整顿、规范低速载货车和三轮汽车生产企业，清理不具备生产条件的企业，提高产品质量。

（二）经贸、公安部门要进一步加强对机动车产品合格证的监督管理。进一步督促机动车生产企业按国家有关车辆生产企业及产品公告组织生产，做到试验样品车辆、实际生产的车辆与公告的车型相一致，产品合格证内容与上传的合格证信息中所有相关参数相一致。对不按规定传送合格证信息或者传送虚假合格证信息、倒卖或者转让合格证的机动车生产企业，省级经贸部门要上报国家有关部门按有关规定处理；对合格证内容（包括技术参数）与公告不一致的车辆，公安部门不予注册登记。

（三）经贸、质量技监等部门要加强对电动自行车生产的监管，严格安全技术鉴定和公告制度，对违规生产超标电动自行车的企业，要依法予以查处。在国家制定公布电动摩托车技术标准和上牌政策前，督促相关企业停止生产和销售电动摩托车。

（四）工商部门要协同有关部门按照职责分工做好非法生产和改装汽车企业的清理整顿工作，进一步建立健全各项工作制度，整合资源，齐抓共管，严厉查处违反国家标准生产车辆、非法改装车辆的违法行为。对经营违规电动自行车的单位，要依法给予严厉处罚。

（五）公安部门要严格车辆登记和查验，会同有关部门加强对机动车安全技术检测工作的监督。质量技监部门要严格按照机动车安全技术检验机构管理规定及相关要求，坚持统筹规划、合理布局、方便检测、总量控制的原则，做好机动车安全技术检验机构设置规划工作，强化机动车安全技术检验机构资格管理。

（六）农业部门要严格拖拉机登记管理，规范登记手续，清理和查处超标准、超范围发放拖拉机牌证的行为；会同有关部门对长驻我省的省外拖拉机进行安全整治。

七、继续开展危险路段的排查整治

（一）各级政府要组织有关部门对本行政区域道路交通安全隐患进行排查整治，对重大安全隐患进行分级挂牌督办。各县（市、区）要制定临水临崖高落差危险路段治理规划，并认真组织实施。交通部门要会同有关部门制定防护栏的设置标准和规范。

(二)交通部门要会同有关部门进一步加大公路安全保障工程实施力度,拓展实施范围,按计划对国省道、主干公路和重要旅游公路的安全隐患路段进行改造,并逐步向县乡公路延伸,积极开展公路铁路立交安全整治工作。高速公路经营管理单位要及时对所属道路安全隐患进行治理。

(三)交通、公安、电力、安全监管等部门要以县(市、区)为单位,以国省道和主干公路为重点,按照公路技术标准及有关养护要求,坚决封闭不合理的路口,清除不符合公路建设标准的路口建筑物及严重影响行车安全视距的绿篱、广告牌(灯箱)等障碍物,保证事故多发路段、路口的夜间照明用电。

(四)交通部门要加强对新建、改建公路的交通安全管理。新建、改建道路要按照道路设计和施工规范,健全交通安全设施,做到交通安全设施与道路建设主体工程同时设计、同时施工、同时验收。对无交通安全设施或者交通安全设施达不到标准的道路,不得投入使用。对"康庄工程"通村公路,在规划设计上要坚持"近村不进村"的原则,尽可能绕开村庄和集镇。同时,要严格有关标准,完善交通安全设施。

八、进一步加大交通安全宣传教育力度

(一)各级政府和宣传、公安、教育、交通、司法行政、安全监管等部门要加强道路交通安全宣传教育,建立完善宣传教育机制,积极拓展宣传阵地,改进宣传教育方法,动员全民共同参与和维护道路交通安全。乡(镇、街道)政府(办事处)、运输企业、居委会、村委会、中小学校要认真做好本地区、本单位交通安全宣传教育工作,实现交通安全宣传教育社会化、制度化。

(二)宣传、公安、教育、交通、司法行政、安全监管等部门要深入开展"保护生命、平安出行"交通安全宣传教育工程,按照职责分工,密切配合,扎实开展交通安全法律法规、基本常识等方面的宣传教育。要充分发挥新闻媒体的作用,深化普及教育,提高全民交通法制意识、安全意识和文明意识。

(三)建立交通安全公益宣传制度,通过各级媒体黄金时段或重要版面免费播发道路交通安全公益广告、依托各类固定宣传专栏张贴宣传资料和图片等形式,组织开展交通安全宣传教育活动。

九、严格落实道路交通安全责任

(一)各级政府要把道路交通安全作为日常工作的重要组成部分,摆上议事日程,建立健全道路交通安全责任制,定期分析研判道路交通安全形势,协调解决道路交通安全工作中的重大问题,狠抓各项安全措施的落实。各设区的市政府要于每年1月5日前向省政府专题报告本地区上年度道路交通安全工作情况。

(二)各市、县(市、区)政府要研究制订本地区道路交通安全发展规划和实施方案,并认真组织实施。每年要制订本地区道路交通安全工作计划,明确工作任务和目标。

(三)交通、公安、安全监管部门要监督道路运输企业切实落实交通安全主体责任,强化运输企业内部管理教育,完善内部安全管理制度,规范职工交通行为。

(四)严格道路交通安全责任追究制。各级政府及有关部门要严格执行《生产安全事故报告和调查处理条例》(国务院令第493号)等法规规定,组织道路交通事故调查,按照"四不放过"的原则,查明原因,分清责任,严肃处理;对构成犯罪的,移送司法机关依法追究刑事责任。凡发生一次死亡10人以上或者1年内发生5起一次死亡3人以上道路交通事故的,设区的市政府要及时将书面检查报省政府。

浙江省人民政府办公厅
关于印发浙江省气象灾害预警信号发布与传播规定的通知

浙政办发〔2008〕11号

各市、县(市、区)人民政府,省政府直属各单位:

《浙江省气象灾害预警信号发布与传播规定》已经省政府同意,现印发给你们,请结合实际,认真组织实施。

二〇〇八年二月二十八日

浙江省气象灾害预警信号发布与传播规定

第一条　为规范气象灾害预警信号(以下简称预警信号)发布与传播工作,增强全民防灾减灾意识,提高气象灾害预警信息使用效率,有效防御和减轻气象灾害,保护国家和人民生命财产安全,根据《浙江省气象条例》、《浙江省突发公共事件总体应急预案》，制定本规定。

第二条 在本省行政区域及本省管辖的海域内发布与传播预警信号，应当遵守本规定。

第三条 本规定所称预警信号，是指由各级气象主管机构所属的气象台站（以下简称各级气象台站）为有效防御和减轻突发气象灾害而向社会公众发布的预警信息。

预警信号由信号名称、信号图标、信号含义和防御指南组成（见附件）。

浙江省气象灾害预警信号分为台风、暴雨、暴雪、寒潮、大风、大雾、雷电、冰雹、霜冻、高温、干旱、道路结冰、霾等十三类。

第四条 根据气象灾害可能造成的危害程度、发生的紧急程度以及发展态势，预警信号一般划分为四级：Ⅳ级（一般）、Ⅲ级（较重）、Ⅱ级（严重）、Ⅰ级（特别严重），分别用蓝色、黄色、橙色和红色的中英文图标标识。

第五条 各级气象主管机构负责本级行政区域及管辖海域内预警信号发布与传播的管理工作。

其他相关部门应当按照各自职责，配合气象主管机构做好当地预警信号发布与传播的有关工作。

第六条 各级气象台站负责本责任区内预警信号的统一发布工作。其他组织和个人不得发布预警信号。

第七条 各级气象台站应当及时发布预警信号，并根据天气变化情况，及时更新或解除预警信号，同时通报本级政府及相关部门、防灾减灾机构。

第八条 各级气象台站应当充分利用广播、电视、报纸、互联网等公共新闻媒体向社会公众及时发布预警信号。广播、电视、报纸、互联网等公共新闻媒体应有明确版面（画面、时段）播发预警信号。预警信号以图标形式发布的，要保证图标刊播位置相对固定，图案清晰。预警信号以文字或语音形式发布的，要明确指出预警信号名称、含义及相关防御指南。

其他媒体和信息服务单位播发预警信号的，应当使用当地气象台站直接提供的适时预警信号信息。

第九条 预警信号的具体刊播办法，由各级气象台站会同当地新闻宣传、信息产业和通信管理等单位共同制定。

第十条 各级政府及相关部门接收到当地气象台站提供的预警信号后，应及时采取有效措施，避免或减轻气象灾害带来的损失。

第十一条 各级政府应当加强预警信号发布与传播基础设施建设，建立畅通、高效的预警信号发布与传播渠道，扩大预警信号覆盖面，并组织相关部门建立气象灾害防御应急机制。

乡镇、社区、学校、企业及机场、港口、车站、高速公路、广场、旅游景点等人口密集公共场所的管理单位应当设置广播、电子显示屏、公告牌等设施，及时传播预警信号。

第十二条 各级政府和相关部门应当结合实际，根据本规定编印气象灾害预警信号宣传手册，宣传、普及气象灾害预警信号和防灾减灾知识，增强社会公众的防灾减灾意识，提高公众自救、互救能力。

第十三条 本规定自发布之日起实施。《浙江省人民政府办公厅关于印发浙江省气象灾害预警信号发布规定（试行）的通知》（浙政办发〔2005〕22号）同时予以废止。

附件：浙江省气象灾害预警信号分类等级及防御指南

附件：

浙江省气象灾害预警信号分类等级及防御指南

序号	信号名称	信号图标	信号含义	防御指南
一	台风预警信号		24小时内可能或者已经受热带气旋影响，并可能持续，风力达到以下标准： 内陆：平均风力6级以上或阵风8级以上。 沿海：平均风力7级以上或阵风9级以上。	1. 政府及相关部门做好防台准备工作； 2. 注意有关媒体报道的热带气旋最新消息和有关防风通知； 3. 相关水域水上作业和过往船舶采取积极的应对措施，如回港避风或者绕道航行等； 4. 固紧门窗、围板、棚架、户外广告牌、临时搭建物等易被风吹动的搭建物，妥善安置易受热带气旋影响的室外物品。
			24小时内可能或者已经受热带气旋影响，并可能持续，风力达到以下标准： 内陆：平均风力8级以上或阵风10级以上。 沿海：平均风力9级以上或阵风11级以上。	1. 政府及相关部门做好防台应急准备工作； 2. 相关水域水上作业和过往船舶采取积极的应对措施，如回港避风或者绕道航行等，加固港口设施，防止船舶走锚、搁浅和碰撞； 3. 处于危险地带中的居民应到避风场所避风，高空、滩涂、水上等户外作业人员应停止作业，危险地带工作人员应及时撤离，露天集体活动应及时停止，并做好人员疏散工作； 4. 关紧门窗，加固或者拆除易被风吹动的搭建物，人员切勿随意外出，确保老人小孩留在家中最安全的地方，危房中的人员及时转移。

<table>
<tr><th>序号</th><th>信号名称</th><th>信号图标</th><th>信号含义</th><th>防御指南</th></tr>
<tr><td rowspan="2">一</td><td rowspan="2">台风预警信号</td><td></td><td>12 小时内可能或者已经受热带气旋影响，并可能持续，风力达到以下标准：
内陆：平均风力 9 级以上或阵风 11 级以上。
沿海：平均风力 10 级以上或阵风 12 级以上。</td><td>1. 政府及相关部门做好防台抢险应急工作；
2. 必要时停止室内外大型集会、停课、停业（除特殊行业外）；
3. 相关水域水上作业和过往船舶应当回港避风，加固港口设施，防止船舶走锚、搁浅和碰撞；
4. 加固或者拆除易被风吹动的搭建物，人员应当尽可能待在防风安全的地方，当台风中心经过时风力会减小或者静止一段时间，切记强风将会突然吹袭，应当继续留在安全处避风，危房中的人员及时转移；
5. 相关地区应当注意防范强降水可能引发的山洪、地质灾害。</td></tr>
<tr><td></td><td>6 小时内可能或者已经受热带气旋影响，并可能持续，风力达到以下标准：
内陆：平均风力 10 级以上或阵风 12 级以上。
沿海：平均风力 12 级以上或阵风 14 级以上。</td><td>1. 政府及相关部门做好防台应急和抢险工作；
2. 必要时停止集会、停课、停业（除特殊行业外）；
3. 回港避风的船舶要视情况采取积极措施，妥善安排人员留守或者转移到安全地带；
4. 加固或者拆除易被风吹动的搭建物，人员应当待在防风安全的地方，当台风中心经过时风力会减小或者静止一段时间，切记强风将会突然吹袭，应当继续留在安全处避风，危房中的人员及时转移；
5. 相关地区应当注意防范强降水可能引发的山洪、地质灾害。</td></tr>
<tr><td rowspan="4">二</td><td rowspan="4">暴雨预警信号</td><td></td><td>12 小时内降雨量将达 50 毫米以上，或者已达 50 毫米以上，可能或已经造成影响且降雨可能持续。</td><td>1. 政府及相关部门做好防暴雨准备工作；
2. 学校、幼儿园采取适当措施，保证学生和幼儿安全；
3. 驾驶人员应当注意道路积水和交通阻塞，确保安全；
4. 检查城市、农田、鱼塘排水系统，做好排涝准备。</td></tr>
<tr><td></td><td>6 小时内降雨量将达 50 毫米以上，或者已达 50 毫米以上，可能或已经造成影响且降雨可能持续。</td><td>1. 政府及相关部门做好防暴雨工作；
2. 交通管理部门应当根据路况在强降雨路段采取交通管制措施，在积水路段实行交通引导；
3. 切断低洼地带有危险的室外电源，暂停在空旷地方的户外作业，转移危险地带人员和危房中的人员到安全场所避雨；
4. 检查城市、农田、鱼塘排水系统，采取必要的排涝措施。</td></tr>
<tr><td></td><td>3 小时内降雨量将达 50 毫米以上，或者已达 50 毫米以上，可能或已经造成较大影响且降雨可能持续。</td><td>1. 政府及相关部门做好防暴雨应急工作；
2. 切断有危险的室外电源，暂停户外作业；
3. 处于危险地带的单位应当停课、停业，采取专门措施保护已到校学生、幼儿和其他上班人员的安全；
4. 做好城市、农田的排涝，注意防范可能引发的山洪、滑坡、泥石流等灾害。</td></tr>
<tr><td></td><td>3 小时内降雨量将达 100 毫米以上，或者已达 100 毫米以上，可能或已经造成严重影响且降雨可能持续。</td><td>1. 政府及相关部门做好防暴雨应急和抢险工作；
2. 必要时停止集会、停课、停业（除特殊行业外）；
3. 做好山洪、滑坡、泥石流等灾害的防御和抢险工作。</td></tr>
</table>

序号	信号名称	信号图标	信号含义	防御指南
三	暴雪预警信号		12 小时内降雪量将达 4 毫米以上，或者已达 4 毫米以上且降雪持续，可能对交通或者农林业有影响。	1. 政府及有关部门做好防雪灾和防冻害准备工作； 2. 交通、铁路、电力、通信等部门注意道路、铁路、线路维护； 3. 行人注意防寒防滑，驾驶人员小心驾驶，车辆行驶应当采取防滑措施； 4. 农林区做好防雪灾和防冻害准备； 5. 加固棚架等易被雪压的临时搭建物。
			12 小时内降雪量将达 6 毫米以上，或者已达 6 毫米以上且降雪持续，可能对交通或者农林业有影响。	1. 政府及相关部门落实防雪灾和防冻害措施； 2. 交通、铁路、电力、通信等部门加强道路、铁路、线路维护； 3. 行人注意防寒防滑，驾驶人员小心驾驶，车辆行驶应当采取防滑措施； 4. 农林区做好防雪灾和防冻害准备； 5. 加固棚架等易被雪压的临时搭建物。
			6 小时内降雪量将达 10 毫米以上，或者已达 10 毫米以上且降雪持续，可能或者已经对交通或者农林业有较大影响。	1. 政府及相关部门做好防雪灾和防冻害应急工作； 2. 交通、铁路、电力、通信等部门加强道路、铁路、线路维护； 3. 尽量减少户外活动； 4. 农林区做好防雪灾和防冻害准备； 5. 加固棚架等易被雪压的临时搭建物。
			6 小时内降雪量将达 15 毫米以上，或者已达 15 毫米以上且降雪持续，可能或者已经对交通或者农林业有严重影响。	1. 政府及相关部门做好防雪灾、防冻害应急和抢险工作； 2. 必要时停课、停业(除特殊行业外)； 3. 必要时飞机暂停起降，火车暂停运行，高速公路暂时封闭； 4. 做好农林区等抗灾救灾工作。
四	寒潮预警信号		48 小时内平均气温将要下降 10℃以上，最低气温小于等于 5℃；或者已经下降 10℃以上，最低气温小于等于 5℃，并可能持续。	1. 政府及相关部门做好防寒潮准备工作； 2. 居民要留意有关媒体报道大风降温的最新信息，注意添衣保暖； 3. 农林作物及水产养殖应采取一定的防护措施； 4. 做好防风准备工作。
			24 小时内平均气温将要下降 10℃以上，最低气温小于等于 5℃；或者已经下降 10℃以上，最低气温小于等于 5℃，并可能持续。	1. 政府及相关部门做好防寒潮工作； 2. 居民要留意有关媒体报道大风降温的最新信息，随时添衣保暖，照顾好老、弱、病人； 3. 做好牲畜、家禽的防寒防风工作，对易受低温冻害的农林作物及水产养殖采取相应防御措施； 4. 做好防风工作。
			24 小时内平均气温将要下降 12℃以上，最低气温小于等于 0℃；或者已经下降 12℃以上，最低气温小于等于 0℃，并可能持续。	1. 政府及相关部门做好防寒潮应急工作； 2. 加强人员(尤其是老、弱、病人)的防寒保暖； 3. 农、林、牧、渔产业等要积极采取防寒措施； 4. 做好防风工作。
			24 小时内平均气温将要下降 14℃以上，最低气温小于等于 0℃；或者已经下降 14℃以上，最低气温小于等于 0℃，并可能持续。	1. 政府及相关部门做好防寒潮应急和抢险工作； 2. 加强人员(尤其是老、弱、病人)的防寒保暖； 3. 农、林、牧、渔产业等要积极采取防寒措施； 4. 做好防风工作。

序号	信号名称	信号图标	信号含义	防御指南
五	大风预警信号		24小时内可能受大风影响，或已经受大风影响，并可能持续： 内陆：平均风力6级以上或阵风8级以上。 沿海：平均风力7级以上或阵风9级以上。	1. 政府及相关部门做好防大风工作； 2. 注意高空等户外危险作业的安全，刮风时不要在广告牌、临时搭建物等下面逗留； 3. 相关水域水上作业和过往船舶采取积极的应对措施，加固港口设施，防止船舶走锚、搁浅和碰撞； 4. 切断户外危险电源，妥善安置易受大风影响的室外物品； 5. 航空、航运等单位注意采取安全保障措施。
			12小时内可能受大风影响，或已经受大风影响，并可能持续： 内陆：平均风力8级以上或阵风10级以上。 沿海：平均风力9级以上或阵风11级以上。	1. 政府及相关部门做好防大风应急工作； 2. 停止高空等户外危险作业，人员尽量减少外出； 3. 相关水域水上作业和过往船舶应当回港避风，加固港口设施，防止船舶走锚、搁浅和碰撞； 4. 切断危险电源，妥善安置易受大风影响的室外物品； 5. 航空、航运、铁路、公路等单位应当采取安全保障措施。
			6小时内可能受大风影响，或已经受大风影响，并可能持续： 内陆：平均风力9级以上或阵风11级以上。 沿海：平均风力10级以上或阵风12级以上。	1. 政府及相关部门做好防大风应急和抢险工作； 2. 停止高空等户外危险作业，人员应当停留在防风安全的地方； 3. 回港避风船舶要视情况采取积极措施，妥善安排人员留守或者转移到安全地带； 4. 切断危险电源，妥善安置易受大风影响的室外物品； 5. 航空、航运、铁路、公路等单位应当采取安全保障措施。
六	大雾预警信号		12小时内可能出现能见度小于500米的雾，或者已经出现能见度小于500米、大于等于200米的雾并将持续。	1. 相关部门和单位做好防雾准备工作； 2. 机场、高速公路、轮渡码头等单位加强交通管理，保障安全； 3. 驾驶人员注意雾的变化，小心驾驶； 4. 户外活动注意安全。
			6小时内可能出现能见度小于200米的雾，或者已经出现能见度小于200米、大于等于50米的雾并将持续。	1. 相关部门和单位做好防雾工作； 2. 机场、高速公路、轮渡码头等单位加强调度指挥； 3. 驾驶人员必须严格控制车、船的行进速度； 4. 减少户外活动。
			2小时内可能出现能见度小于50米的雾，或者已经出现能见度小于50米的雾并将持续。	1. 相关部门和单位做好防雾应急工作； 2. 机场、高速公路、轮渡码头等单位适时采取交通安全管制措施； 3. 驾驶人员根据雾天行驶规定，采取雾天预防措施，根据环境条件采取合理行驶方式，并尽快寻找安全停放区域停靠； 4. 不要进行户外活动。

序号	信号名称	信号图标	信号含义	防御指南
七	雷电预警信号		6小时内可能发生雷电活动及阵风8级以上的雷雨大风,可能会造成雷电灾害。	1. 政府及相关部门做好防雷工作; 2. 密切关注天气,尽量避免户外活动。
			2小时内发生雷电活动的可能性很大,或者已经受雷电活动影响及阵风10级以上的雷雨大风,且可能持续,出现雷电灾害的可能性比较大。	1. 政府及相关部门落实防雷应急措施; 2. 人员应当留在室内,并关好门窗; 3. 户外人员应当躲入有防雷设施的建筑物或者汽车内; 4. 切断危险电源,不要在树下、电杆下、塔吊下避雨; 5. 在空旷场地不要打伞,不要使用手机,不要把金属杆物扛在肩上。
			2小时内发生雷电活动的可能性非常大,或者已经有强烈的雷电活动发生及阵风12级以上的雷雨大风,且可能持续,出现雷电灾害的可能性非常大。	1. 政府及相关部门做好防雷应急和抢险工作; 2. 人员应当躲入有防雷设施的建筑物或者汽车内,并关好门窗; 3. 不要在树下、电杆下、塔吊下避雨,切勿接触天线、水管、铁丝网、金属门窗、建筑物外墙,远离电线等带电设备和其他类似金属装置; 4. 不要使用无防雷装置或者防雷装置不完备的电视、电话等电器; 5. 在空旷场地不要打伞,不要使用手机,不要把金属杆物扛在肩上。
八	冰雹预警信号		6小时内可能出现冰雹天气,并可能造成雹灾。	1. 政府及相关部门做好防冰雹应急工作; 2. 户外行人立即到安全的地方暂避; 3. 驱赶家禽、牲畜进入有顶篷的场所,妥善安置、保护易受冰雹袭击的室外物品或设备; 4. 注意防御冰雹天气伴随的雷电灾害。
			2小时内出现冰雹可能性极大,并可能造成重雹灾。	1. 政府及相关部门做好防冰雹应急和抢险工作; 2. 户外行人立即到安全的地方暂避; 3. 驱赶家禽、牲畜进入有顶篷的场所,妥善安置、保护易受冰雹袭击的室外物品或设备; 4. 注意防御冰雹天气伴随的雷电灾害。
九	霜冻预警信号		48小时内最低气温将要下降到0℃以下(春秋季4℃以下),对农林业将产生影响,或者已经降到0℃以下(春秋季4℃以下),对农林业已经产生影响,并可能持续。	1. 政府及相关部门做好防霜冻准备工作; 2. 对茶叶、蔬菜、花卉、瓜果等农林作物采取一定的防护措施。
			24小时内最低气温将要下降到零下3℃以下(春秋季2℃以下),对农林业将产生较重影响,或者已经降到零下3℃以下(春秋季2℃以下),对农林业已经产生较重影响,并可能持续。	1. 政府及相关部门做好防霜冻应急工作; 2. 对茶叶、蔬菜、花卉、瓜果等农林作物及时采取防冻害措施。

序号	信号名称	信号图标	信号含义	防御指南
九	霜冻预警信号		24小时内最低气温将要下降到零下5℃以下(春秋季0℃以下),对农林业将产生严重影响,或者已经降到零下5℃以下(春秋季0℃以下),对农林业已经产生严重影响,并将持续。	1. 政府及相关部门做好防霜冻应急工作; 2. 对茶叶、蔬菜、花卉、瓜果等农林作物及时采取防冻害措施; 3. 做好供电供水等设备防冻工作。
十	高温预警信号		24小时内最高气温将升至38℃以上。	1. 相关部门和单位落实防暑降温保障措施; 2. 尽量避免在高温时段进行户外活动,高温条件下作业的人员应当缩短连续工作时间; 3. 对老、弱、病、幼人群提供防暑降温指导,并采取必要的防护措施; 4. 注意防范电力设备负载过大而引发的事故。
			24小时内最高气温将升至40℃以上。	1. 相关部门和单位采取防暑降温应急措施; 2. 停止户外露天作业(除特殊行业外),减少户外活动; 3. 对老、弱、病、幼人群采取保护措施; 4. 特别防范高温引发的火险火灾事故。
十一	干旱预警信号		预计未来一周综合气象干旱指数达到重旱(气象干旱为25—50年一遇),或者某一县(市、区)有40%以上的农作物受旱。	1. 相关部门和单位做好防御干旱应急工作; 2. 启用应急备用水源,调度辖区内一切可用水源,优先保障城乡居民生活用水和牲畜饮水; 3. 压减城镇供水指标,优先经济作物灌溉用水,限制大量农业灌溉用水; 4. 限制非生产性高耗水及服务业用水,限制排放工业污水; 5. 适时开展人工增雨作业。
			预计未来一周综合气象干旱指数达到特旱(气象干旱为50年以上一遇),或者某一县(市、区)有60%以上的农作物受旱。	1. 相关部门和单位做好防御干旱应急和救灾工作; 2. 采取应急供水措施,确保城乡居民生活和牲畜饮水; 3. 限时或者限量供应城镇居民生活用水,缩小或者阶段性停止农业灌溉供水; 4. 严禁非生产性高耗水及服务业用水,暂停排放工业污水; 5. 适时加大人工增雨作业力度。
十二	道路结冰预警信号		当路表温度低于0℃,出现降水,12小时内可能出现对交通有影响的道路结冰。	1. 相关部门做好道路结冰应对准备工作; 2. 驾驶人员应当注意路况,安全行驶; 3. 减少外出,注意防滑。
			当路表温度低于0℃,出现降水,6小时内可能出现对交通有较大影响的道路结冰。	1. 相关部门做好道路结冰应急工作; 2. 驾驶人员必须采取车辆防滑措施,听从指挥,慢速行使; 3. 减少外出,注意防滑; 4. 遇下雨天,要注意防御冻雨危害。
			当路表温度低于0℃,出现降水,2小时内可能出现或者已经出现对交通有很大影响的道路结冰。	1. 相关部门做好道路结冰应急和抢险工作; 2. 交通、公安等部门注意指挥和疏导行驶车辆,必要时关闭结冰道路交通; 3. 减少外出,注意防滑; 4. 遇下雨天,要注意防御冻雨危害。

序号	信号名称	信号图标	信号含义	防御指南
十三	霾预警信号		12小时内可能出现能见度小于3000米的霾，或者已经出现能见度小于3000米的霾且可能持续。	1. 驾驶人员小心驾驶； 2. 因空气质量明显降低，人员需适当防护； 3. 呼吸道疾病患者尽量减少外出，外出时可带上口罩。
			6小时内可能出现能见度小于2000米的霾，或者已经出现能见度小于2000米的霾且可能持续。	1. 机场、高速公路、轮渡码头等单位加强交通管理，保障安全； 2. 驾驶人员谨慎驾驶； 3. 空气质量差，人员需适当防护； 4. 人员减少户外活动，呼吸道疾病患者尽量避免外出，外出时可带上口罩。

说明：1. 平均风力仅指2分钟平均风力。

2. 表中有关数量的表述中，"以上"含本数，"以下"不含本数。

浙江省人民政府办公厅转发省安全监管局　省编委办关于进一步加强乡镇(街道)安全生产监督管理工作意见的通知

浙政办发〔2008〕14号

各市、县（市、区）人民政府，省政府直属各单位：

省安全监管局、省编委办《关于进一步加强乡镇（街道）安全生产监督管理工作的意见》已经省政府同意，现转发给你们，请结合实际，认真贯彻执行。

二〇〇八年二月二十九日

关于进一步加强乡镇(街道)安全生产监督管理工作的意见

省安全监管局　省编委办

二〇〇八年二月二十九日

为深入贯彻落实《浙江省安全生产条例》和《浙江省人民政府关于切实加强安全生产工作的决定》（浙政发〔2004〕21号）精神，进一步加强新形势下乡镇（街道）安全生产工作，保障人民群众生命和财产安全，现就加强全省乡镇（街道）安全生产监督管理工作提出如下意见：

一、充分认识乡镇(街道)安全生产监督管理工作的重要性

安全生产关系到人民群众的根本利益，加强安全生产工作，保障人民群众的生命财产安全，是维护改革、发展、稳定大局的重要保证，是建设"平安浙江"的重要内容。当前我省安全生产事故总量仍居高不下，重大事故时有发生，各类事故隐患大量存在，特别是基层安全生产的基础工作薄弱，安全生产形势仍十分严峻。各级政府要充分认识乡镇（街道）安全生产监督管理工作的重要性和紧迫性，认真贯彻落实党的十七大提出的"坚持安全发展，强化安全生产管理和监督，有效遏制重特大安全事故"的要求，建立健全乡镇（街道）安全生产监督管理工作长效机制，抓好安全监督管理工作的落实，切实推进本地区的安全生产各项工作。

二、明确乡镇(街道)安全生产监督管理工作职能

根据《浙江省安全生产条例》的规定，乡镇政府和街道办事处应当对本辖区内生产经营单位执行安全生产法律、法规、规章和国家标准、行业标准的情况实施监督管理，行使以下职权：进入生产经营单位进行检查，调阅有关资料，向有关单位和人员了解情况；对检查中发现的安全生产违法行为，应当当场予以纠正或者要求限期改正；对检查中发现的依法应当给予行政处罚的行为，应当建议负有安全生产监督管理职责的部门依法作出行政处罚决定，负有安全生产监督管理职责的部门应当及时处理并答复；对检查中发现的事故隐患，应当责令排除；生产经营单位拒不改正的，应当报告负有安全生产监督管理职责的部门；对检查中发现的重大事故隐患，应当在责令排除的同时，采取必要的应急措施，并报告负有安全生产监督管理职责的部门。乡镇（街道）安全生产监督管理机构应当配合和协助负有安全生产监督管理职责的部门开展安全生产监督检查，依法受上级安全生产监督管理部门委托实施行政处罚。

三、切实加强乡镇（街道）安全生产监管体系建设

加强乡镇（街道）安全生产监督管理体系建设，是抓好安全生产基层基础工作的重要内容。针对全省乡镇（街道）中小企业量大面广、安全监督管理工作任务繁重而安全监督管理力量不足的实际，各地要按照《浙江省安全生产条例》规定，切实将安全生产监督管理工作纳入乡镇（街道）的主要职能，并结合乡镇综合执法和监察工作实际，根据当地安全生产监督管理工作的需要，建立或确定乡镇（街道）安全生产监督管理机构，配备安全生产监督管理人员，确保乡镇（街道）能切实有效地承担起对本辖区内生产经营单位安全生产监督管理的职责。

浙江省人民政府办公厅
关于印发浙江省电子政务2008年度建设任务指导书的通知

浙政办发〔2008〕15号

各市、县（市、区）人民政府，省政府直属各单位：

《浙江省电子政务2008年度建设任务指导书》已经省政府同意，现印发给你们，请结合实际，认真贯彻执行。

二〇〇八年二月二十九日

浙江省电子政务2008年度建设任务指导书

2008年我省电子政务建设要继续遵循“应用、整合、创新”的工作方针，进一步加大政府门户网站信息公开工作，使绝大部分行政许可项目能够实现在线处理；积极开展统一的电子政务网络应用，逐步建立信息资源公开和共享机制；全面推进电子监察系统建设，切实保障信息安全，使电子政务在提高公共服务水平，创新行政监管模式，发挥集约效益、降低行政成本等方面发挥更大作用。

一、主要任务

（一）政府门户网站工作。要贯彻实施《中华人民共和国政府信息公开条例》（以下简称《条例》），推进网上办事系统建设，深化便民服务应用，加强政府网站的宣传推广。

省政府直属各单位：要按照《条例》的要求，在本单位网站和省政府门户网站上实现政府信息依法公开，设立政府信息公开意见箱和依申请公开受理箱，并完成与省政府门户网站相关系统的对接；继续做好省政府门户网站各项有关内容保障工作，借助省政府门户网站开展网上调查、民意征集、活动直播、在线访谈等不少于一次；加快开发网上办事系统，深化网上便民服务，实现办事项目过程和结果的集中公示，继续推进对本部门直属单位网站信息和服务的整合；推广“浙江政务通”在本系统的应用，开展“网上值班”工作，在政务外网自建的即时通讯系统要和“浙江政务通”实现消息互通。

各市、县（市、区）政府：要按照《条例》的要求，在本地区政府门户网站实现政府信息依法公开，设立政府信息公开意见箱和依申请公开受理箱；加快开发网上办事系统，深化网上便民服务，实现办事项目过程和结果的集中公示；整合各直属单位的网站信息和服务，具备条件的要推进统一建站；积极利用省政府门户网站开展重要活动直播、在线访谈等活动；在政务外网自建的即时通讯系统与“浙江政务通”实现消息互通，没有即时通讯系统的地区要积极推广“浙江政务通”的应用。

（二）电子政务网络和信息安全工作。要确保网络稳定运行，借助统一的省电子政务网络平台开展电子政务应用，保障信息安全，推进电子政务数字证书的应用。

省政府直属各单位：要实现本单位局域网和省电子政务网络的互联互通，利用统一的省电子政务网络平台，在本系统推出全省性的应用项目；完成本单位基础网络和重要信息系统的安全等级评估和定级，通过部署安全设备、使用电子政务数字证书等手段加固安全体系，完善管理制度。

各市、县（市、区）政府：要利用电子政务网运维支撑平台终端开展网络运维工作，完善网络运维队伍和管理制度，确保全省电子政务网络稳定可靠运行，并配合相关单位开展虚拟专网等增值服务；完成本地基础网络和重要信息系统的安全等级评估和定级，并在此基础上增添安全设备，加固信息安全，完善管理制度；完成电子政务外网安全支撑平台CA系统建设,逐步推广应用省电子政务数字证书。

(三)电子政务应用工作。要以需求为导向,以应用促发展,继续推进机关办公电子化,全面推进全省电子监察系统建设。

省政府直属各单位:要继续做好省政府办公厅统一部署的公文、信息、批示、会议、邮件等应用系统终端的技术保障工作;按照《浙江省人民政府办公厅关于加快实施全省电子监察系统建设工作的通知》(浙政办发〔2007〕95号)的要求部署电子监察系统,建设审批系统,依照省电子监察统一数据采集标准做好接口,实现数据自动上报。

各市、县(市、区)政府:要继续做好省政府办公厅统一部署的公文、信息、批示、会议等应用系统终端的技术保障工作,完成电子政务内网邮件系统的互联互通;按照浙政办发〔2007〕95号文件的要求,尽快成立各市、县(市、区)电子监察系统建设领导小组(3月底前),落实工作机构,加快完成本地区行政许可事项、非行政许可事项和其他事项的梳理工作,推进行政审批电子化建设,部署本级电子监察系统,实现与省电子监察系统的互联互通。

二、保障措施

(一)加强组织领导。各地、各部门要充分认识新形势下推进电子政务建设和运维的重要性和紧迫性,加强组织领导,明确职责,科学谋划,突出重点,分阶段、有步骤地完成好各项建设任务和系统运行维护工作。

(二)加强督促检查。各地、各部门要严格按照任务分工、时间节点,加强对本地、本部门建设任务完成情况的检查。省政府办公厅信息中心要加大督查力度,及时了解、掌握各地各部门电子政务建设和运维工作进展情况,协调解决有关问题,采取切实有效措施,确保年度目标任务的如期完成。

浙江省人民政府办公厅
关于切实做好清理规范职业资格相关活动工作的通知

浙政办发〔2008〕40号

各市、县(市、区)人民政府,省政府直属各单位:

根据《国务院办公厅关于清理规范各类职业资格相关活动的通知》(国办发〔2007〕73号)、人力资源和社会保障部等8部委《关于贯彻〈国务院办公厅关于清理规范各类职业资格相关活动的通知〉的通知》(人社部发〔2008〕8号)精神,为切实做好我省各类职业资格相关活动的清理规范工作,经省政府同意,现就有关事项通知如下:

一、充分认识做好清理规范工作的重要意义

人力资源是第一资源。加强人力资源建设、健全人才评价体系,是贯彻落实科学发展观的重要内容,是实施"创业富民、创新强省"总战略的关键环节,是全面建设惠及全省人民的小康社会的重要支撑。职业资格制度是社会主义市场经济条件下科学评价人才的一项重要制度。规范完善职业资格制度,遏制职业资格设置、考试、发证等活动中的混乱现象,是加强人力资源建设,维护人才队伍合法权益,维护公共利益和社会秩序的重要举措,是尊重人才、尊重知识的具体体现。各地、各部门要从深入贯彻科学发展观、全面落实党的十七大和省第十二次党代会精神、构建社会主义和谐社会的高度,充分认识做好清理规范各类职业资格相关活动工作的重要意义,切实增强责任感和紧迫感,按照国家和省里的统一部署和要求,抓紧做好清理规范各项工作。

二、进一步明确清理规范工作内容

(一)清理规范范围。省政府各部门、各直属事业单位及其下属单位,各市、县(市、区)政府各部门、各直属事业单位及其下属单位,各类行业协会、学会等社会团体,各类企业面向社会设置或组织实施的职业资格及相关考试、发证等活动。

(二)清理规范内容。各地、各部门要按照管辖范围和职责权限,全面清查本行政区域和本系统各类职业资格相关活动的情况,包括资格设置、资格类别、实施机构、相关培训活动、资格证书印制和发放等方面的情况。各行业协会、学会等社会团体面向社会设置或组织实施的职业资格及相关考试、鉴定、发证等活动,由其主管部门负责清理规范。企业面向社会设置或组织实施的职业资格及相关考试、鉴定、发证等活动,由所在设区市政府负责清理规范。

三、认真落实清理规范工作措施

各地、各部门、各单位要在自查的基础上,分步、分类开展清理规范工作。一是对于清理出来的各类职业资格,必须认真提出保留、归并、调整或取消的意见。对清查中发现的没有法律、法规或国务院决定为依据设置的行政许可类职业资格及相关考试、发证等活动,以及各地、各部门和各单位自行设置的非行政许可类职业资格,应立即停止。对确需保留的,由省政府报经人力资源和社会保障部审批同意后纳入国家统一管理,并向社会发布公告,再按照相关规定组织实施。未经批准和向社会公告的职业资格,一律不得开展相应的考试、鉴定、培训、发证等活动。二是各类企业自行开展的冠以职业资格名称的相关活动应立即停止。三是要全面检查本行政区域、本系统内组织实施的各类职业资格考试、鉴定活动，特别是考试、鉴定等重要环节的组织实施工作，发现问题及时纠正，确保公平公正，规范有序。四是对举办考试、鉴定活动的单位（机构）与职能不一致、使用含义模糊的名称或假借行政机关名义开展的考试、鉴定活动，要立即停止或予以纠正。五是对违法违规印制、滥发证书等活动，依法予以严肃查处。六是对强制开展的考前培训、以考试为名推行的各种培训、超越职能范围或不按办学许可证规定举办的各种培训，坚决予以查处。对在培训活动中进行的虚假宣传等，应及时予以纠正。七是按照国家和省政府有关收费政策，对各类职业资格相关活动收费情况进行认真检查，发现问题及时纠正和处理。

四、及时报送清理规范工作情况

各地、各部门和各单位在对本行政区域和本系统各类职业资格相关活动全面清查的基础上，按照专业技术人员职业资格和技能人员职业资格两类情况分别填报《职业资格清理规范情况统计表》，并由各设区市政府和省级主管部门汇总形成清理规范职业资格相关活动工作总结。

工作总结的主要内容是：本行政区域或本系统开展各类职业资格相关活动基本情况；清理规范过程中采取的主要措施、取得的成效；对每一职业资格明确提出保留、取消、停止、调整或归并的处理意见；详细说明各类职业资格名称、类型、设置依据、设置部门（或单位）、实施部门（或单位）、实施时间和已获得资格人数、涉及范围、证书名称及需要上报人力资源和社会保障部研究进行调整、审批并予以公告的理由；下一步规范发展的意见等。

各市和省级主管部门要于2008年5月31日前，将职业资格清理规范工作总结和统计表，分别报送省人事厅和省劳动保障厅。

五、切实加强对清理规范工作的组织领导

清理规范职业资格相关活动涉及面广，政策性强，情况复杂，各地、各部门要切实加强组织领导，按照国家和省里的部署，精心组织，抓紧实施，积极稳妥地做好清理规范工作。

各级人事、劳动保障部门要在当地政府的统一领导下，切实承担好清理规范的牵头工作，建立工作协调机制，会同相关部门组织实施好各类职业资格清理规范的相关工作。各级财政和物价部门负责全面清理各类职业资格考试、鉴定、培训、发证等方面的收费活动，查处和纠正各种违规收费行为。各级工商部门负责查处各类违法广告、虚假宣传、超范围经营行为。各级公安部门负责依法严厉打击伪造、变造或者买卖公文、证件、证明文件、印章和冒用职业资格之名进行欺诈等各类违法犯罪行为。各级民政部门和各有关业务主管单位要对社会团体开展的有关活动加强指导和监督。各级监察部门要对清理规范工作进行监督，并对违纪违规行为进行查处。其他省级部门负责本部门、本系统的职业资格清理规范工作。

为进一步加强领导，切实做好清理规范各项工作，由省人事厅和省劳动保障厅牵头，会同省发改委、省经贸委、省公安厅、省监察厅、省教育厅、省民政厅、省财政厅、省工商局、省物价局建立职业资格清理规范工作协调机制，在清理规范各类职业资格相关活动期间成立省专业技术人员职业资格清理规范工作办公室和省技能人员职业资格清理规范工作办公室，分别负责专业技术人员和技能人员的职业资格清理规范工作。省专业技术人员职业资格清理规范工作办公室设在省人事厅，省技能人员职业资格清理规范工作办公室设在省劳动保障厅。

附件：1. 职业资格清理规范情况统计表（略）
2. 浙江省职业资格清理规范工作办公室成员及联系方式（略）

二〇〇八年五月十三日

浙江省文化厅关于印发《浙江省非物质文化遗产普查验收评估办法》的通知

浙文社〔2008〕63号

各市、县（市、区）文化广电新闻出版局：

做好非物质文化遗产普查工作，是加强抢救保护工作的前提与基础。我省自2007年以来，在民族民间艺术资源普查取得成效的基础上，认真开展了涉及18个门类的非物质文化遗产普查。经过全省广大文化工作者和社会热心人士的共同努力，艰苦工作，即将完成阶段性普查任务。

为做好我省非物质文化遗产普查验收评估工作，全面掌握全省非物质文化遗产普查工作情况，总结普查工作经验，根据文化部的有关要求和我省非物质文化遗产普查实施方案，我厅于今年4月拟订了《浙江省非物质文化遗产普查验收评估办法（草稿）》，并印发各地征求意见，现对评估办法重新修改后正式印发给你们，请遵照执行。

浙江省文化厅

二〇〇八年五月二十八日

附件

浙江省非物质文化遗产普查验收评估办法

全面开展非物质文化遗产普查，了解和掌握各地非物质文化遗产资源的各种形态和现状，是加强非物质文化遗产保护的基础性工作。为掌握全省非物质文化遗产普查工作情况，更好地完成浙江省非物质文化遗产普查的验收评估工作，根据文化部有关要求和我省实际，特制定本办法。

一、验收评估对象与方法

本次验收评估以各市、县(市、区)为单位，接受普查评估验收的是市、县(市、区)文化广电新闻出版局及具体承担本项工作的单位。

此次普查验收评估实行“分级上报，分级验收”的方法，由各市文化广电新闻出版局对所辖县(市、区)进行逐个验收，省组织验收小组对各市进行分别验收，并抽查若干县(市、区)。

二、验收评估标准与内容

按照非物质文化遗产普查的范围、内容，验收评估的标准与内容是：

1. 全面掌握了本地区非物质文化遗产资源的种类、数量、分布状况、生存环境、保护现状与存在问题。做到不漏村镇、不漏线索、不漏种类、不漏项目。

2. 基本摸清了本地区非物质文化遗产项目的传承人、表演者、讲述者，并进行登记备案。

3. 及时采集了本地区有代表性的或有重大意义的口头作品或艺术作品。

4. 有效抢救了本地区具有重要价值、濒临消失的非物质文化遗产。

5. 科学建立了本地区非物质文化遗产普查资料(文字、音像)档案，做到资料齐全，有效保存；有条件的建立数据库。

三、验收评估材料与数据

本次验收评估主要检查2007年以来非物质文化遗产普查工作的进展及完成情况，被验收评估的单位，应提供下列材料和数据：

1. 实施普查的文件，包括开展普查的通知、组织机构、普查方案等。

2. 普查工作总结报告，其内容包括普查工作时间、人员安排、工作成效(包括普查线索数、调查项目数、种类数、新发现项目数)、基本做法、存在问题等。总结报告以文字为主，并配以必要的图片和音像资料。总结报告要求具体、务实。

3. 参与实施普查人员的数量及登记表，包括市、县、乡、村四级普查人员姓名、性别、年龄、职业，参加普查的时间等。

4. 浙江省非物质文化遗产普查项目调查表、类别一览表等汇编本。

5. 本地保护项目清单，包括非物质文化遗产资源目录、重点抢救项目名单、分期保护项目名单等。

6. 普查中采录和征集的民间作品、民俗实物登记表。

7. 普查摄制的照片、录音、录像资料等。

8. 普查经费投入情况介绍材料，包括市级投入、县级投入、乡镇投入数。

9. 其它有助于说明市、县(市、区)普查工作的表格、文字、资料、实物等。

四、验收评估程序与时间

本次验收评估的主要形式是听汇报，看材料，查成果。

1. 准备阶段(2008年7月31日前)

各市文化广电新闻出版局对本市验收评估工作安排部署，督促各县(市、区)做好验收准备，县(市、区)完成对乡镇的验收。

2. 自评阶段(2008年8月1日—10日)

各市、县(市、区)文化广电新闻出版局组织自查自评，并准备翔实的验收材料。

3. 市对县验收阶段(2008年8月10日—31日)

各市文化广电新闻出版局组织专门人员，验收评估所辖各县(市、区)的普查工作，并形成验收评估报告，于2008年9月10日前报省文化厅。

4. 省对市验收阶段(2008年9月—10月)

省文化厅成立验收评估组，对各市进行验收评估，抽查县(市、区)的普查工作。

通过验收，全面检查各地非物质文化遗产普查的情况，作出客观、公正的等级评估。根据验收评估的结果，对工作成绩突出的市、县(市、区)予以表彰，对不符合要求的提出限期整改意见。

浙江省民政厅
关于印发《浙江省村民代表会议工作规程(试行)》的通知

浙民基〔2008〕248号

各市、县(市、区)民政局:

为进一步坚持和完善村民代表会议制度,保障村民依法行使民主权利,推动农村基层群众自治制度建设,根据《中华人民共和国村民委员会组织法》、《浙江省实施〈中华人民共和国村民委员会组织法〉办法》和《浙江省村级组织工作规则(试行)》等规定,制定《浙江省村民代表会议工作规程(试行)》。现印发给你们,请认真组织指导,贯彻施行。

浙江省民政厅

二〇〇八年十二月三十日

浙江省村民代表会议工作规程(试行)

第一章 总 则

第一条 为坚持和完善村民代表会议制度,发挥村民代表作用,保障村民依法行使民主权利,推动农村基层群众自治制度建设,根据《中华人民共和国村民委员会组织法》、《浙江省实施〈中华人民共和国村民委员会组织法〉办法》和《浙江省村级组织工作规则(试行)》等规定,制定本规程。

第二条 村民会议是村级事务决策的最高形式。

人数较多或者居住分散的村,可以设立村民代表会议,讨论决定村民会议授权的事项。

人口不足300人、居住较为集中的村,一般不设立村民代表会议。

第三条 村民代表会议必须坚持村党组织的领导,所作的决议、决定必须符合法律、法规以及党委、政府的方针政策,且不得与村民会议所作决议、决定相抵触。

第四条 各村可根据实际,建立村民代表考核奖励制度,对履行职责较好的村民代表进行适当奖励。

第二章 村民代表会议组成

第五条 村民代表会议由村民推选产生的村民代表组成。

非村民代表的村党组织、村民委员会成员应当列席村民代表会议,具有本村户籍、非村民代表的各级党代表、人大代表、政协委员可以列席村民代表会议,上述人员均没有表决权。

第六条 村民代表应具备以下基本条件:

(一)拥护党的路线、方针、政策,遵纪守法;

(二)依法具有选举权和被选举权;

(三)关心集体,办事公道,在群众中有较高威信;

(四)具有履行代表职责的能力、时间、精力。

第七条 人口不足500人的村,村民代表人数不少于20人;人口500人以上的村,村民代表人数不少于30人。规模特别大的村,村民代表人数一般不超过80人。

第八条 村民代表的推选工作,由村党组织主持,一般在新一届村民委员会换届选举前进行。

在村民代表中,妇女、党员应占一定比例;多民族居住的村,人数较少的民族应占一定比例。

村党组织书记、村民委员会主任不是村民代表的,可在村党组织、村民委员会选举结束后按民主推选程序增补。

第九条 村民代表一般以村民小组为单位进行推选,也可按5户至15户为单位划分选区进行推选。

推选村民代表应当有推选单位半数以上有选举权的村民或三分之二以上的户代表参加,采用无记名投票或举手表决方式,按票数从高到低产生。

选民或户代表须直接参加推选,不得实行委托投票。

第十条 村民代表的任期与村民委员会的任期相同,可以连选连任。

第十一条 村民代表书面向村民委员会提出不再担任村民代表要求的,经原推选单位同意,可以不再担任村民代表。

第十二条 原推选单位三分之一以上有选举权的村民或户代表书面联名,可以向村民委员会要求取消本推选单位的村民代表资格。村民委员会在接到取消资格要求的30日内,应召集原推选单位村民或户代表进行表决。表决时,应当有原推选单位一半以上有选举权的村民或三分之二以上的户代表参加,并经到会人数的过半数通过。

第十三条　村民代表在任期内亡故，或者被依法剥夺政治权利的，其村民代表资格自行终止。严重违反村民自治章程、村规民约，或连续三次无故不参加村民代表会议的，应终止其村民代表资格。

被依法追究刑事责任但未被剥夺政治权利的，在服刑期间停止履行代表资格，不计入村民代表总数。服刑期满后的代表资格问题由原推选单位决定。

第十四条　村民代表因故出缺的，由村党组织、村民委员会视情决定是否进行补选。

第十五条　村民委员会在村民代表出现下列情形时应及时向村民公告：

（一）推选产生；

（二）不再担任；

（三）取消资格；

（四）资格终止；

（五）停止资格；

（六）补选产生。

第十六条　任何组织和个人不得指定、委派或随意更换村民代表。

第三章　村民代表会议职责

第十七条　村民代表会议履行下列职责：

（一）讨论决定村民会议授权的事项；

（二）讨论村民自治章程、村规民约，提出意见交村民会议决定；

（三）讨论决定村民委员会选举的选举办法、工作人员和选举其他事宜；

（四）选举产生村级民主监督组织成员；

（五）听取、审议村民委员会工作报告、村级民主监督组织工作报告；

（六）监督评议村民委员会、村级民主监督组织及其成员的工作、行为；

（七）向村党组织、村民委员会反映村民的意见、要求和建议。

第十八条　村民代表会议根据村民会议授权，可以讨论决定下列事项：

（一）本村建设规划，经济和社会发展规划，年度计划；

（二）本村享受误工补贴的人数及补贴标准；

（三）从村集体经济所得收益的使用；

（四）兴办学校、道路、水利、电力、自来水等村公益事业的经费筹集方案；

（五）村集体经济项目立项、承包方案及村公益事业的建设承包方案；

（六）村民的承包经营方案；

（七）国家计划生育政策的落实方案；

（八）宅基地的安排使用方案；

（九）土地征用及各项补偿费的使用方案（法律另有规定的除外）；

（十）村民会议认为应由村民代表会议讨论决定的涉及村民利益的其它事项。

第十九条　下列事项应由村民会议或本村十八周岁以上的村民投票表决的形式决定：

（一）法律、法规规定应由村民会议决定的；

（二）法律、法规没有规定，村民会议也没有授权村民代表会议决定的；

（三）村民会议授权村民代表会议决定，但村民代表会议意见分歧较大难以形成决定的。

第二十条　村民会议向村民代表会议授权，可以通过召开村民会议或村民书面表决的形式进行，也可以在制定修改村民自治章程中明确。授权要写明授权事项、授权期限。

第二十一条　村民会议、村民代表会议下设村级民主监督组织，行使监督权，对村民会议、村民代表会议负责并报告工作。

实行村民代表会议制度的村，村级民主监督组织成员从村民代表中选举产生。

第二十二条　建立村民代表联系村民（户）制度。每个村民代表均应联系若干个村民（户），经常性地征求、听取所联系村民（户）的意见。

第二十三条　建立村民代表工作小组制度。村民代表可组成若干工作小组，分别参与专项事务的决策、管理、监督。

第四章　村民代表权利和义务

第二十四条　村民代表享有下列权利：

（一）推选、更换村级民主监督组织成员；村民委员会选举前，可以依法推选产生村民选举委员会成员。

（二）对村民会议授权的事项进行讨论并参与表决，有自主表示同意、不同意或弃权的权利。

（三）三分之一以上村民代表联名，可以要求召开村民代表会议；五分之一以上村民代表联名，可以向村党组织提出议案。

（四）对村民代表会议作出的决定、决议实施情况进行监督；在村民代表会议上对村民委员会及其成员的工作进行评议，提出批评、建议或质询。

（五）在征求选区村民意见基础上向村党组织、村民委员会或乡镇人民政府反映村民的意见和要求；

（六）参加乡镇、村组织的专项培训，提高履行职责能力。

第二十五条　村民代表应当履行下列义务：

（一）学习宣传和模范遵守国家的法律法规和政策，自觉接受村党组织的领导；

（二）密切联系群众，经常走访联系村民，及时了解和收集村民的意见建议；

（三）积极参加村民代表会议，真实代表本选区村民的利益，客观反映村民的意愿、要求；

（四）及时向所联系的村民传达村民代表会议精神，带头执行村民代表会议的各项决定、决议，带头完成各项工作任务，接受村民的监督；

（五）积极支持和协助村民委员会工作，教育和引导村民

遵纪守法,履行应尽的义务,自觉接受村民委员会的管理;

(六)监督村民委员会、村级民主监督组织及其成员的工作。

第五章　村民代表会议议事程序

第二十六条　村民代表会议至少每六个月召开一次;有三分之一以上村民代表或十分之一以上村民提议,应当及时召开村民代表会议。

村党组织、村民委员会联席会议决定召开村民代表会议有关事宜。

第二十七条　村民代表会议一般由村民委员会负责召集。应该召集村民代表会议,但村民委员会不召集的,在乡镇党委、政府的支持和指导下,村党组织可以召集会议。

试行村民代表会议主席团、工作委员会等制度的村,可由村民代表会议主席团主席、工作委员会主任等主持会议。

讨论决定村民委员会选举问题的村民代表会议,由村党组织负责召集。

第二十八条　召开村民代表会议必须有三分之二以上的代表参加,所作决定应当经全体代表的过半数通过。

第二十九条　村民代表会议议题一般由村党组织、村民委员会提出,经村党组织、村民委员会联席会议研究后提交村党员大会或党员议事会讨论。

重要事项应通过民主恳谈(听证)等形式广泛征求意见,但不得以此代替村民代表会议。

第三十条　村民委员会应当在召开村民代表会议的3日前,将需要讨论的内容告知村民代表,重要事项应提供相关材料,以便代表广泛征求意见。

会议需要讨论的内容应当及时告知村民。

第三十一条　村民代表会议按以下程序召开:

(一)村民代表签到,清点参加会议人数;

(二)主持人提出会议议题,介绍并说明提供决策的方案;

(三)对决议事项进行讨论和审议,对方案进行修改;

(四)采用无记名投票或举手的方式进行表决,通过或否决都要形成决定,并当场宣读表决结果;

(五)会议小结。

第三十二条　村民代表会议应安排专人负责记录,记录内容包括:会议名称、会议时间、会议地点、主持人、参加会议人数、缺席人员、会议议题、讨论情况、表决结果等。

会议记录、决定文本、代表签名、表决结果等资料应按有关规定整理立卷归档。

第六章　村民代表会议决定的执行

第三十三条　村民代表会议作出的决定,应及时通过村务公开栏公告或以其他形式向村民公布。

第三十四条　村民代表会议作出的决定由村党组织、村民委员会按分工组织实施,并接受村民的监督。

第三十五条　村民代表会议作出的不适当决定,村民会议有权予以撤销或者改变。

村民代表会议通过的决定,侵犯村民合法权益的,可通过法定程序宣布无效。

第七章　附　则

第三十六条　本规则由省民政厅负责解释。

第三十七条　本规则自发布之日起试行。

浙江省人民政府侨务办公室
关于印发《浙江省侨办系统实施“海外人才为浙江服务计划”》的通知

浙侨〔2008〕81号

各市侨办:

为贯彻落实《中共中央关于进一步加强人才工作的意见》和全国侨务工作会议精神,紧紧围绕我省“创业富民、创新强省”总战略,加快实施人才强省战略,为全面建设惠及全省人民的小康社会提供有力的人才保证和智力支持,省侨办决定印发《浙江省侨办系统实施“海外人才为浙江服务计划”》。

请各地侨办根据此计划的有关要求,结合当地实际,努力在引进海外人才智力、做好华侨华人专业人士工作方面有新进展、新突破和新成效。各地侨办在引智实践中有好的做法和建议请及时报送我办。

附件:浙江省侨办系统实施“海外人才为浙江服务计划”(2008—2012)

浙江省人民政府侨务办公室

二〇〇八年十二月二十日

浙江省侨办系统实施“海外人才为浙江服务计划”(2009—2013)

为认真贯彻落实《中共中央关于进一步加强人才工作的意见》,按照我省各项事业长远发展对各类人才的总体需求,针对当前我省对高层次和紧缺人才引进的紧迫性特点,以及华侨华人专业人士实现抱负、成就事业的自身需要,积极发挥侨务部门的资源优势,大力引进人才智力,多形式推动海外专业人才为浙江服务,特制定此计划。

一、指导思想

以《中共中央关于进一步加强人才工作的意见》和全国侨务工作会议精神为指导,紧紧围绕我省“创业富民、创新强省”总战略,充分发挥海外华侨华人专业人士资源优势,结合我省实际,积极引进各类人才和高新项目,加快实施人才强省战略,为全面建设惠及全省人民的小康社会提供有力的人才保证和智力支持。

二、总体思路和目标

经过3—5年的努力,在侨务引智方面,全省侨办系统联合相关部门建立一批引智基地,省、市侨办建立一批引智重点联系单位;建立1000名以上海外专业人士资料库及查询平台;引进100名以上海外专业人才和100个以上高新科技项目。

计划分两个阶段完成,2009—2011年为第一阶段,通过各级侨办的共同努力,在各市建立引智基地,在海外初步建立人才网络。省侨办建立海外人才储备库和引智重点联系单位,并搭建若干引智平台,与各市共同开展引进高层次紧缺人才和高新项目工作,实际引进一批人才和项目。2011—2013年为第二阶段,健全海外人才网络系统和完善海外人才资料库,进一步加大引智工作力度,省、市搭建更多更加有效的引智平台,引进一批高层次紧缺人才和高新项目。

三、主要内容和措施

(一)充分利用现有资源,做实海外人才为浙江服务基础工作

1. 在省、市党委、政府统一领导下,加强与有关部门的联系与合作,借助各方面的力量,发挥侨务资源优势,更加有效地开展引智工作,形成左右配合、上下联动的工作机制。

2. 在浙江侨网上做大做强“经济科技”专栏的宣传工作,及时介绍浙江经济的发展形势、引进人才的最新政策等;大力宣传在浙创业成功专业人士的经验;系统解答海外专业人士来浙创业的有关问题。在《浙江侨声报》开设相关专栏,全面展示海外人才回国自主创业的成就和风采以及爱国爱乡的精神风貌;热情褒扬他们在发展高新技术产业、调整和优化产业结构中所发挥的作用;客观展现他们的成功经历和心路历程;生动介绍他们的成功经验和做法,发挥成功创业的典范效应,鼓励和引导更多的海外人才来浙江创业发展。全省各级侨办也要充分运用网络、传媒等手段,配合做好宣传、引导工作。

3. 在现有资料库的基础上,加大对海外专业人士的调研力度。第一阶段,省侨办本级建立海外专业人士社团资料库、海外专业人士重点联系对象资料库和海外高新项目检索库;各市侨办完成对当地有关部门、高校、科研院所、大型企业的人才和高新项目需求情况的调研工作。第二阶段,省侨办本级建立和完善省内对接海外高新技术项目需求库,各市侨办参照省侨办建立相应的资料库,形成全省侨务系统的资料查询体系,推动侨务引智工作的系统化、专业化和信息化。

(二)充分协调社会资源,营造海外人才为浙江服务的良好氛围

1. 第一阶段,省侨办选择确定一批创业条件好、投资环境优越的高新技术开发区或留学人员创业园以及重点侨资企业,作为引智引资重点联系单位。省侨办将利用海外资源优势,对这些重点联系单位进行重点支持;重点联系单位要充分利用政策和基地优势,集聚海外创业人才,把自身变为吸引海外人才和转化科技成果的重要环节。第二阶段,各市侨办立足属地特点,建立相应的引智引资重点联系单位,依托重点联系单位的人才聚集和科技孵化器作用和优势,建立本级的侨务引智基地,鼓励和引导海外科技人才创业落户其中,推进高新技术企业发展。

2. 积极与有关部门沟通,推动制定和完善有关发挥侨务资源优势、大力引进华侨华人专业人才的政策措施,促进创业环境的不断改善。建议各级政府和部门成立旨在吸引和扶持海外专业人才来我省创业发展的“创业引导基金”,倡导更多的企业建立和扩大风险投资基金,加强民间资金对引进人才、项目的保障和促进作用。

3. 认真贯彻落实浙江省人民政府印发的《浙江省华侨权益保障暂行规定》,切实维护华侨华人专业人士投资企业的合法权益;要发挥“浙江省为侨资企业服务律师顾问团”和各级相应服务机构的作用,为企业提供法律援助,建立健全侨务部门的服务体系。

(三)充分利用海外资源,编织海外人才为浙江服务网络

1. 加强与海外专业人士社团的联系与联谊,在巩固已建立的海外专业人士及专业社团联系的基础上,着力扩大与美、加等重点地区和一些联系相对较少的国家华侨华人和科技社团组织的联系。同时重点抓好实施联系百个重点专业人士社团、百名重点新华侨华人和华裔新生代专业人士、百家留学人员企业的“三百计划”等工作,在海外建立广泛的专业人士网络。全省各级侨办也要根据各自掌握的侨务资源情况,建立相应的联系网络。

2. 发挥社团的辐射功能,利用海外专业人士社团在当地的人脉资源,建立与世界500强等跨国公司以及重要知名院校的联系和合作,帮助我省院校同国外重要知名院校建立更加广泛密切的联系,促进与国外杰出专家和科研学术机构的合作与交流。

3. 注意培养华侨华人新生代对祖(籍)国和家乡的感情,鼓励新生代参加侨团活动。要通过各种途径关心、了解新生代的工作、学习、生活情况。在做好老一辈华侨华人工作的同时,注意开展新生代的工作,根据实际,逐步建立联系。除组织华裔青少年前来参加夏(冬)令营等活动外,在邀请老一辈华侨华人回国参加涉侨活动时,可有选择地请其带子女一起回祖(籍)国和家乡观光考察,感受亲情乡谊,培育"根在中国"的思想理念。

(四)充分利用活动平台开展引智工作,为浙江实施"两创战略"提供人才和智力支撑

1. 突出高层次、紧缺人才引进工作。邀请有关领域的海外杰出专家来浙江开展专题性讲座、培训和咨询,针对浙江发展建设的实际献计献策,帮助解决有关难题。要联合有关部门,与生物医药、环保、能源等领域的海外专业人士开展更深层次、更大范围的合作与交流。聘请更多的海外专业人士担任特约顾问、客座教授、技术指导等,为我省政府、企业、院校等提供信息、意见和建议。要努力促进海外人才科技智力优势与我省民营经济发展相结合。

2. 积极为全省各地引进人才工作服务。省侨办将联合市、县侨办每两年举办一次"海外华侨华人专业人士回国创业研习班"或"海外专业人士回国创业论坛(座谈会)",邀请有关专家及省有关部门介绍浙江创业环境和政策,探讨浙江创业创新的重要课题,引导和促进海外专业人士来浙江创业发展,支持各地开展引智工作。

3. 促进海外高新项目与浙江的合作与对接。继续组织好江、浙、沪三地的"相聚长三角"品牌引智活动,利用"浙江省投资贸易洽谈会"、"杭州西湖国际博览会"、"甬港经济合作论坛"等平台,推动海外研发机构、有关大学就产品研发、自主创新等内容与浙江进行交流合作,积极引进高新项目。重点引导海外高新项目与民营企业开展对接合作,为民营企业提供科研成果、专利技术,提升浙江民营企业的整体形象;引导海外人才为新农村建设服务,包括引进国外优良品种和栽培技术、养殖技术,以及引进农村环境保护先进项目和技术,提高农业综合效应。

(五)树立典型,营造氛围,不断促进和完善引智工作

1. 推出一批专业人士先进典型。省侨办在"浙江省优秀侨资企业"评选活动中,注入"专业人士"元素,评选一批对我省经济、科技发展做出突出贡献的海外华侨华人专业人士创办的企业,予以表彰奖励并推荐授予荣誉称号;积极推荐德才兼备、有参政议政能力的专业人士担任各级政协委员等社会职务。重视海外专业人才所提出的重要意见和建议,营造爱才、信才和用才的浓厚氛围。

2. 树立并宣扬海外人才为浙江服务工作先进典型。各级侨办系统要对海外人才工作中工作表现突出,创新意识比较强,有一定贡献的人员进行宣传和表彰,省侨办对全省侨办系统成绩突出的单位和个人适时予以表彰和奖励。

3. 第一阶段结束后,根据工作进度和形势需要,可适当调整第二阶段的计划和目标,补充和完善"海外人才为浙江服务计划",力争计划更加科学、合理、有效。

四、实施"海外人才为国服务计划"的几点要求

贯彻落实海外人才为浙江服务计划,要坚持为大局服务和为侨服务相结合,促进浙江经济社会发展和有利于海外人才事业发展相结合,发挥侨务资源优势与发挥相关部门优势相结合的原则。

(一)要认真学习、贯彻全国侨务工作会议和浙江省有关引进人才的文件精神,不断加深对引进华侨华人人才和智力工作重要性的认识,结合实际,制定规划,科学实施,把引进海外高层次人才、紧缺人才,做好华侨华人人才工作摆到更加突出的位置上。

(二)要认真掌握政策,特别要注意把握侨务引智工作原则性和灵活性的统一,善于引导海外人才以各种形式为国服务,切实做好知识产权保护工作,严格按照侨务工作"三有利"原则、公开合法原则和积极稳妥原则开展工作。

(三)要突出重点,力求实效。要针对浙江的实际,围绕"创业富民、创新强省"总战略,做好重点国家和地区的引智工作,多途径、多形式牵线搭桥,搭建平台,引进人才。

(四)要进一步做好已回国创业的华侨华人人才工作,主动联谊,经常联系,协同有关部门提供有效服务,积极为其排忧解难,扶持其事业发展。

中共嘉兴市委　嘉兴市人民政府
关于进一步加强接轨上海扩大区域合作交流的若干意见

（2008年2月24日）

嘉委〔2008〕8号

为认真贯彻落实党的十七大和省第十二次党代会精神，全力打造浙江省接轨上海扩大开放的前沿阵地，促进我市经济社会发展再上新台阶，现就进一步加强接轨上海扩大区域合作交流提出以下意见。

一、加强接轨上海扩大区域合作交流的总体要求

1. 充分认识加强接轨上海扩大区域合作交流的重要意义。主动接轨上海，积极参与长江三角洲地区合作与交流，打造浙江接轨上海的前沿阵地，既是省委、省政府对嘉兴的明确要求，也是市委、市政府立足我市区位优势和发展条件作出的重大战略决策。随着长三角区域一体化发展上升为国家战略、2010年上海世博会、浦东新区新一轮发展高潮的到来和我市自身条件的优化，全面审视我们所面临的机遇和挑战，全面加强接轨上海扩大区域合作交流，对充分发挥我市区域优势，推动经济社会发展再上新台阶具有重要意义。

2. 加强接轨上海扩大区域合作交流的目标定位。按照国家对长三角区域的总体目标定位，立足嘉兴特色和优势，通过5—10年的努力，把嘉兴打造成为上海六大支柱产业的重要配套地、上海农产品市场的重要供应地、上海金融等生产性服务业的重要延伸地、上海科教文卫等公共服务的重要扩散地、上海客源旅游休闲的重要目的地、上海居民外移的重要宜居地，努力与上海形成互惠共赢的大合作格局、产业配套的大分工格局、海陆并进的大交通格局、要素对流的大市场格局，凸显与上海及周边大城市的“同城效应”。加快形成与长三角城市交通共连、资源共享、产业互补、人才互流、市场相通、体制相融的格局，实现区域全方位、多层次、宽领域的合作交流。

3. 加强接轨上海扩大区域合作交流的总体思路。深入实施接轨上海扩大开放首位战略，按照“提升、创新、融合、拓展”的总要求，以转变接轨理念为先导，进一步优化发展环境、提升接轨能力；以体制机制接轨为保障，进一步创新接轨模式和组织形式、活动方式；以要素和产业接轨为重点，加快推进基础设施、要素及产业等融合发展；以拓展合作领域为发展方向，更加重视体制、政策、环境、服务等无形领域的接轨与合作，实现与上海及周边城市同城发展，不断提高区域合作交流水平。

4. 加强接轨上海扩大区域合作交流的工作原则

——市场主导，政府推动。遵循经济发展规律，坚持以市场为主导、企业为主体，充分发挥市场机制的基础性作用，进一步加大行政推动力度，促进接轨上海扩大区域合作交流顺利开展。

——整体规划，分步实施。加强对接轨上海扩大区域合作交流的统筹规划，并根据现实情况制定年度性实施计划，确保整体规划的适度超前性和实施计划的可行性。

——突出重点，全面推进。结合我市实际，以要素和产业接轨为重点，全面推进规划、交通、市场、体制、社会建设、公共服务等领域的接轨及合作交流。

——优势互补,互惠共赢。充分发挥我市的区位、交通及产业优势,正确处理竞争与合作的关系,努力形成互惠共赢、各得其所、相得益彰的发展格局。

二、优化发展环境,提升城市承载能力

5. 加强规划编制,推动接轨工作有序开展。加强对国家即将出台的长三角区域规划、主体功能区规划及上海市总体规划、专项规划的研究,加快我市总体及各专项规划的编制(或修编),实现与上海及长三角区域的规划衔接。加快制定和完善接轨上海规划以及产业、要素、社会事业、世博等重点领域对接的配套规划。围绕规划目标制订接轨上海年度行动计划,分解落实计划任务,明确部门分工和责任,推进接轨工作有序开展。

6. 加快交通互联,推进基础设施对接。加强与上海及周边城市的沟通与协调。推动杭浦、申嘉湖高速公路在上海境内相应工程早日建成通车。加快杭州湾跨海大桥北岸连接线二期、嘉绍通道、嘉萧通道等重大路桥工程的规划和建设,进一步做好沪嘉杭城际轨道交通、沪杭高标准客运专线、浦乍嘉湖铁路、磁浮、上海至松江轨道对接等项目的前期工作,加强嘉兴军用机场军民两用改造的前期研究。加快嘉兴港建设和连接上海及长三角区域的湖嘉申、杭平申、东宗线等航道的建设改造步伐,提高干线航道等级和通航能力,加快形成功能完善、高效畅通的综合交通运输网络,缩短与上海和长三角其它城市的时空距离。

7. 完善城市功能,促进要素产业集聚。全面实施"1640"工程,加快建设设施完善、功能互补、大中小城市协调发展的现代化网络型大城市。突出中心城市在区域发展中的辐射带动和服务支撑作用,协调推进南湖新区、秀洲新区、运河新区建设,加快建设商贸金融、文体会展、市场物流、科技研发和教育、旅游等功能区块。加快五个副中心城市、滨海新城及40个左右的新市镇建设,全面提高副中心城市及新市镇建设和管理水平。推进基础设施网络化,合理规划和建设路网布局,形成便捷、畅通、高效的区域综合交通网络,增强综合服务配套功能。

8. 建设文化和生态城市,提升环境竞争力。加强城市文化和生态建设,积极打造文化和生态城市,提高人居环境品质,增强城市竞争力。深入挖掘嘉兴的文化底蕴,加快国家历史文化名城创建步伐,再现具有嘉兴传统历史特色、浓郁地方特点、强烈时代特征的"越韵吴风"文化风采。加强生态环境治理和保护,积极构建区域环境统筹治理体系,再现"水都绿城"自然风貌。

9. 优化体制机制,加快公共服务接轨步伐。加强对上海及长三角城市相关政策的研究,优化体制机制,强化公共服务政策对接和社会性公共服务区域合作,提高区域公共服务设施共享度,降低公共服务设施建设成本。树立区域公共管理理念,创新社会公共服务供给模式,整合区域公共服务资源,促进公共文化、教育、卫生、体育及科普设施共享。依靠市场力量和必要的行政推动,稳步推进社保卡、高速公路收费卡、公交卡及各项公用事业收费卡互通共用,加快区域公共服务一体化。

三、推进资源要素集聚,提升支撑发展能力

10. 加快人才引进,壮大高层次人才队伍。强化人力资源市场建设,不断丰富与上海人力资源市场合作内容,逐步实现两地人力资源市场互通。建立与上海及长三角人力资源市场信息互联共享机制。进一步完善人才引进激励机制,增强对上海高层次人才的吸引力。坚持刚性引进与柔性引进相结合的引才方式,开辟人才绿色通道,加强在教育、科技、文化、医疗等方面的人才引进与合作交流,大力引进我市急需高层次人才。建立嘉兴经济社会发展急需人才库,积极探索和形成各类人才集聚的长效机制,提高与上海及长三角区域高层次人才资源的共享度。

11. 加强科技合作,提高自主开发水平。积极利用和引进上海各高校、中科院上海分院和上海市知识产权服务中心等科技资源,组织开展系列交流洽谈活动,扩大和深化与上海科研机构的全面合作。积极引进上海高新技术科研成果,重点抓好上海等地信息技术、先进制造业、现代生物技术、新材料技术和绿色技术的引进和产业化。完善我市各类特色产业基地、区域科技创新服务中心建设,积极打造区域科技创新基地和成果转化基地。做好嘉兴企业与上海大专院校、科研机构的科研开发对接,加强产学研结合,提高嘉兴企业的自主开发水平。

12. 促进教育共享,吸纳优质教育资源。以引进上海优质教育资源为重点,加强政策引导和财政等各类扶持,推进联合办学,加快教育发展。加快推进同济大学浙江学院建设,研究实施南洋学院迁扩建。大力发展职业教育,抓好中职园二期和各类实训中心(基地)建设,构建长三角人力资源教育培训高地。推进与上海高校合作办学,增进沪嘉及长三角学术交流与合作。积极选送党政和公共服务机构干部和优秀骨干到上海挂职锻炼、进修培训。

13. 推进卫生领域合作,提高医疗卫生资源共享度。鼓励上海的知名医疗卫生机构与我市联合办医,吸引上海知名医院到我市设立分支机构,发展各类医疗和康复产业及事业。加强医疗科研项目的合作,组织开展医疗卫生重大课题的联合攻关、联合研究。定期邀请上海知名专家来我市开展专题讲座、学术报告、坐诊、会诊、疑难病例讨论等技术指导活动,提高我市医务人员的医疗技术水平。加强与上海医疗机构间信息系统建设,组织开展远程医疗会诊。建立健全与上海医疗机构间双向转诊制度,共享上海优质医疗卫生资源。

14. 加强文化领域合作,促进文化大繁荣。加强与上海文化部门、机构等在文化研究、文化遗产保护相关领域的合作,推进我市历史文化、地域文化、名人文化资源的保护与开发利用。深化与上海文化创作、文艺演出机构的合作,扩大文化精品供给,丰富我市群众文化生活。加强与上海在传媒领域的合作,广泛宣传嘉兴。扩大与上海文化产业合作,加快发展我市动漫、创意等文化产业。探索与上海体育组织合作新途径,加快引进和举办高水平体育赛事。

15. 加强金融对接,扩大资金引进规模。进一步发挥市金融服务办与市外银行的联系和服务功能,健全与上海、杭州等股份制商业银行和外资银行的长效合作机制。探索建立嘉兴金融服务中心,完善相关政策和社会服务,积极吸引上海、杭州等及外资金融机构来我市设立分支机构,拓展引入市外资金渠道,加大市外银行的信贷投入。加强与上海、杭州等地金融机构联合开发金融产品,加强业务合作,改善资金清算环节,提高企业资金运行效率。

16. *加强信息交流,促进信息互通*。以电子政务和企业信用信息资源共享为重点,共同开发建设综合性或专门的信息交换平台,加强网上技术市场、科技信箱、企业电子商务建设,推动上海及长三角城市信息联网,实现信息互通共享。大力推进信息网络平台建设和世博信息直通,向企业提供有关世博会筹建信息,引导企业参与世博建设。建立和完善与上海及长三角城市间高层领导、部门的互访交流机制,促进重大交通建设、城市建设、产业发展等方面的信息交流与合作。完善信息交流和统计制度,加强对上海有关信息的收集、分析和研究。

四、促进产业互动,提升经济竞争能力

17. *完善产业导向,推进产业联动发展*。围绕上海六大支柱产业和重点发展的产品系列,修订、完善我市的产业导向目录,提高与上海产业的关联度,引导产业向新型化、高端化方向发展。依托上海张江等高科技园区的科技资源,利用嘉兴的综合商务成本优势,引进高新技术企业和已经进入产业化或产业扩张期的企业进驻。依托上海软件人才优势,加快浙江软件产业(嘉兴)基地等"一园三基地"建设。依托上海国际航运中心优势,积极引进上海船代、货代公司在嘉兴设立分支机构,吸引上海物流企业特别是国外大型物流企业落户嘉兴,提升嘉兴现代服务业发展水平。加强与跨国公司、世界500强、国内大型企业在沪总部(办事处)的联系,确定、细化招商对象,加快优质项目引进步伐。针对上海市民的需求,大力发展无公害农产品和休闲观光农业。

18. *深化产业协作,提高产业配套水平*。依托我市产业基础,推进与上海在汽车、机械电子、生物医药、新材料、商贸物流等领域的产业协作,通过资本融合、产业融合,逐步形成以垂直分工为主,兼有水平分工的产业配套分工格局。加快发展汽车零部件产业,培育、壮大一批汽车零部件企业,建设上海汽车配套生产基地。利用港口优势,吸纳上海优质资源要素,联合发展新材料和装备制造业等基础工业,发展上海重工业的配套和延伸产品,形成滨海产业带。加强与上海、宁波港的配套协作,大力发展嘉兴港与上海、宁波港的国际集装箱支线业务,努力把嘉兴港建设成为上海、宁波国际航运中心的重要组成部分。

19. *加快平台建设,提高产业接轨承载力*。强化重点开发区承接产业转移主力军作用,推进省级开发区扩容升级。整合提升乡镇工业功能区,完善园区基础设施及配套,加快培育集群式产业区和产业带。加快嘉兴高新产业技术园区申报国家级产业园区工作。实施滨海新区总体规划和产业发展等专项规划,完善嘉兴出口加工区功能,推动临港工业向规模化、集群化、高端化发展,增强滨海新区产业承载能力。加强港口建设,抓好大宗原燃材料、集装箱等公用码头和嘉兴内河多用途港区、海河联运互通枢纽港等项目建设,构筑海河联运网络。借鉴周边地区开辟"临沪经济区(产业带)"经验,创造条件设立临沪、临杭、临苏经济区,加快沿边经济发展,打造接轨新平台。

五、把握世博机遇,提升服务世博能力

20. *加快设施开发,提升服务能力*。开展世博客源综合开发利用工作,加快宾馆、景区的开发及市政设施、市容景观、商贸旅游等配套设施建设,配合上海等周边城市,为世博会期间国内外游客的住宿、出行、观光提供良好条件。加快酒店宾馆建设,重点建设一批四、五星级酒店,鼓励发展连锁型、经济型酒店。筹建浙北旅游集散中心,加快景区与各集散节点之间的交通建设,加强市域内旅游交通专线规划,串联市域内主要景点,推进联网异地售票。提升信息服务手段和综合管理水平,提高我市客运能力。依托嘉兴名、特、优产品和皮革城、毛衫城等知名市场,打造专业旅游购物市场。加强特色餐饮、购物及休闲娱乐设施建设,提高服务接待能力。

21. *塑造旅游形象,打造旅游品牌*。以市场需求为导向,以江南水乡、历史文化、红色文化、滨海休闲、观光农业等为重点,打造旅游精品。抓住承办"浙江山水旅游节"的机遇,加快推出一批重大旅游文化项目,推进旅游业快速发展。以一湖二河三街区建设为重点,挖掘红色文化、再现历史文化,打响市区旅游品牌。打造乌镇古镇旅游"中国第一景区"品牌,深度挖掘西塘文化景观,进一步发展江南水乡古镇游。加快南北湖、九龙山、盐官等景区的深度开发,建设环杭州湾北岸滨海休闲旅游度假带。大力推进适合城市居民休闲的农业观光、乡村旅游发展。

22. *加强会展领域合作,发展会展经济*。利用嘉兴的区位、交通、成本等优势,加强与上海会展业的紧密合作,主动引入上海专业展会到嘉兴举办或设立新的展览项目。充分利用上海世博平台,帮助企业将嘉兴名特优产品打入世博会。办好江南文化节、国际(嘉兴)汽车零部件展示交易会、中国羊毛衫和皮革博览会、嘉兴汽车文化博览会、嘉兴丝绸博览会等节事活动,努力打造嘉兴会展品牌。大力引进上海具有竞争力的展览公司和会展人才,建立一批起点高、竞争力强、经营规范的中介机构,为嘉兴提供会展信息咨询、项目推介、国内外参展商引进等服务。探索筹建浙江商品展示中心,提升浙江特别是嘉兴商品的知名度。

23. *加强与世博局配合,积极参与世博*。制订全市对接世博、发展世博经济的行动计划,制订农业、旅游业、会展业、建筑建材业等方面的具体实施方案。加强与上海世博局和世博集团的沟通联系,商讨可行的合作方法与途径。积极组织实施项目对接,争取更多的旅游休闲点、嘉兴特色产品列入世博局统一营销产品。积极参与上海"筹博"、"办博"有关活动,组织派遣干部到世博局挂职学习、交流信息,加强对接。

六、深化区域合作,提升融合共进能力

24. *加强浙北城市间合作,积极参与构建杭嘉湖绍都市圈*。加强与杭州等城市的合作,以推进临杭经济区建设为突破口,进一步加快杭嘉湖绍都市圈构建。以杭州湾跨海大桥通车为契机,加强与宁波都市圈的联系和合作。加快内连外接的交通网络建设,推进都市圈基础设施对接。以集聚扩散对接服务为重点,谋划都市圈产业联动发展。强化环境保护和资源保障合作,促进都市圈永续发展。推动生产要素的自由流动,建立和形成都市圈统一市场。加强社会公共服务合作,促进都市圈社会资源开放共享。

25. 打破行政壁垒,加快融入长三角。打破行政区划限制,推动统一、开放、竞争、有序的大市场建设,以市场一体化为核心,促进建立和形成涵盖商品、产权、金融、技术、人力资源等要素的统一市场体系。加快推动市场准入一体化,实施统一的市场准入政策,强化市场监管联动和对跨地区经济违法行为的查处。推动建立统一的市场执法标准和市场交易规则,加强联合执法,促进市场竞争公平有序。加快推动质量互认、资格互认制度的对接,促进商品、资本、技术等要素无障碍流动。加强与上海等地海关、检验检疫部门的合作与交流,进一步完善关检合作机制,加快"大通关"工程建设,提高流通效率。

26. 突出合作重点,推进长三角一体化。坚持全面推进与重点突破相结合,以规划对接、环境保护、交通设施等为重点,加快形成全方位合作的新局面。加强与周边城市有关规划的合作,在城镇体系建设、产业布局、重大设施、战略项目等方面形成有效对接。抓住国家太湖流域综合治理契机,加快推动建立跨行政区域环保联动机制和生态补偿机制,跨区域同步实施运河综合治理与保护开发,加强节能减排方面的合作,共建绿色生态屏障。加强交通设施建设合作,促进重大交通项目同步立项、同步开工、同步建成。加强知识产权、企业征信、反不正当竞争、反垄断等方面的政府合作。

27. 立足合作共赢,促进跨区域发展。着眼于中西部及东北地区能源、矿产等资源优势,鼓励企业参与资源深加工项目合作,建立原料开发加工基地。鼓励企业参与中西部及东北地区国资重组、科技研发、重大装备制造等。扎实推进对口支援工作。以实施"山海协作工程"为载体,积极探索与省内其它地市建立异地土地整理等协作办法。以增强对口支援地区自我发展能力为着力点,有序组织企业开展梯度转移,到对口支援地区投资经营、开发实业。

七、加强组织领导,确保工作落到实处

28. 加强领导,健全接轨机构。成立由市委、市政府主要领导牵头的嘉兴市接轨上海扩大区域合作交流委员会,下设办公室。按照"机构重组、职能归并、人员集中、统一运作"的原则,整合市级相关部门职能,形成全市接轨上海扩大区域合作交流工作合力,推进接轨上海扩大开放首位战略的深入实施。

29. 完善考核,建立长效机制。将接轨上海工作纳入县(市、区)党政目标责任制考评体系,列入市级部门考核栏目,对嘉兴经济开发区、嘉兴港区进行单独考核,并分别制定相应的考核评分细则。建立激励机制,对接轨工作有突出贡献的单位和个人要给予表彰奖励。建立市、县(市、区)、部门的三级对接机制,多层面推进与上海等长三角城市的交流合作。建立市、县(市、区)联动机制,统筹开展全市重大接轨活动,做到月月有活动、各方都参与。

30. 扩大宣传,营造良好氛围。进一步强化接轨意识,增强接轨上海、参与长三角合作交流的主动性,使接轨上海扩大区域合作交流成为全市上下的自觉行动。加大宣传力度,制定年度宣传方案,统筹安排全市大型宣传活动,做到市县统筹、部门联动。拓展宣传内容,创新宣传手段,充分发挥传统新闻媒体的作用,注重利用网络等新型手段进行宣传。扩大宣传范围,加强与上海等地新闻界的联系,借其媒体宣传我市江南水乡文化、风土人情、风景名胜、投资环境、产业特色等,扩大我市知名度,打响嘉兴品牌。

中共湖州市吴兴区委办公室　湖州市吴兴区人民政府办公室
关于印发吴兴区重大事项社会稳定风险评估化解若干规定的通知

吴委办通〔2008〕60号

各乡镇党委、政府,各街道党委、办事处,区级各部门:

经区委、区政府研究同意,现将《吴兴区重大事项社会稳定风险评估化解若干规定(试行)》印发给你们,请遵照执行。

中共湖州市吴兴区委办公室

湖州市吴兴区人民政府办公室

二〇〇八年十月八日

吴兴区重大事项社会稳定风险评估化解若干规定(试行)

第一条 为贯彻落实科学发展观,从源头上预防和减少重大事项决策实施过程中可能出现的制约因素和稳定风险,切实维护社会稳定,更好地科学决策、民主决策、依法决策,促进我区经济社会又好又快发展,根据有关法律、法规和中央、省、市有关维护稳定工作的精神,制定本办法。

第二条 本办法所称的重大事项是指我区涉及到较大范围人民群众切身利益的重大决策、重大政策和改革举措以及重点建设项目的实施。社会稳定风险评估化解是指对重大事项是否可能引发群众大规模集体上访或群体性事件进行先期预测、先期研判、先期介入、有效化解和稳控。

第三条 重大事项社会稳定风险评估应坚持以人为本、预防为主的原则;坚持科学发展、统筹兼顾的原则;坚持属地管理、分级负责,谁主管、谁负责的原则。

第四条 重大事项社会稳定风险评估包括可行性评估、合法性评估、稳定性评估和可控性评估。在全区经济社会发展中,凡区委、区政府有权决定的,关系广大人民群众根本利益的重大决策,关系较大范围群众切身利益调整的重大政策,关系相当数量群众切身利益的重大改革,关系相当数量群众切身利益的重点工程,关系广大人民群众切身利益的社会就业、医疗改革、企业改制、行政性收费调整等敏感问题,都属于应当开展风险评估工作的重大事项。同时,要结合工作实际,不断拓宽、充实风险评估的范围和内容,防止因损害群众利益而引发重大社会矛盾。

第五条 区委、区政府对重大事项社会稳定风险评估工作负总责,主要领导是第一责任人,分管领导是直接责任人。

第六条 区委、区政府对重大事项实行统筹协调,区委维护稳定工作领导小组办公室对各责任主体实施重大事项社会稳定风险评估化解工作进行协调服务、监督指导。领导小组在区委、区政府领导下开展风险评估工作,将风险评估结果报区委、区政府,由区委、区政府决定重大事项实施与否。

第七条 各乡镇(街道)、各有关职能部门在领导小组的统一部署下,按照各自的职能和权限,做好重大事项的社会稳定风险评估工作。

第八条 各乡镇(街道)、各有关职能部门的主要领导是本单位、本部门重大事项社会稳定风险评估工作的第一责任人,对重大事项社会稳定风险评估负总责,分管领导负直接责任。

第九条 可行性评估。由区发展改革局牵头,会同重大事项涉及的各乡镇(街道)、各有关职能部门进行评估。评估的内容主要包括:是否符合经济社会发展的总体水平;是否正确反映绝大多数群众的意见,兼顾人民群众的现实利益和长远利益;是否经过严格的审批、核准、备案的法定程序;是否进行严谨周密的可行性研究论证;编制的方案是否具体、详实,配套措施是否完善;重大事项实施或出台的时机是否成熟,相应的主、客观条件是否基本具备;政策是否具有稳定性、连续性和严密性,并与周边地区相关政策基本协调一致,不会导致相关地区、行业群众的互相攀比。

第十条 合法性评估。主要由区法制办牵头,会同相关职能部门对该重大事项涉及的各项工作的合法性进行评估。评估的内容主要包括:该重大事项是否符合党和国家的大政方针,是否与现行法律、法规、政策相抵触,是否有充足的法律、法规、政策依据;重大事项所涉及的政策调整、利益调节的对象和范围是否界定准确,调整、调节的依据是否合法。若发现存在与法律法规相抵触、与我区实际不符等情形的,区政府法制办在对送审稿进行审查时,应当提请领导小组将草案缓办或退回起草部门。

第十一条 稳定性评估。由区委维稳办牵头,会同应急办、公安、信访、环保、安监等部门共同评估。评估的内容主要包括:是否会引发较大影响社会治安和社会稳定的事件,实施过程中可能出现哪些较大的治安和涉稳问题;是否可能给周边治安带来较大的冲击;重大事项确定和实施前,相关治安突出问题和治安混乱地区是否得到有效整治;是否对生态环境有重大影响,群众有何较强烈的要求,是否具备相关权威部门的环保鉴定或审批手续;是否存在安全生产方面的重大隐患。

第十二条 可控性评估。由区委维稳办牵头,会同应急办、公安等部门,对重大项目实施中可能出现的影响社会治安和社会稳定问题进行预测,对应急预案是否科学、具体,是否具有较强的操作性,是否能保证切实有效地处置群体性事件进行评估。

第十三条 重大事项社会稳定风险评估化解必须坚持以下工作程序:

(一)确定事项。决策提出部门、政策建议部门、项目报建部门、改革实施部门为重大事项社会稳定风险评估提出部门。由提出部门就重大事项向领导小组办公室提出评估申请,并填写风险评估申请表。领导小组办公室将评估申请表提交领导小组讨论,由领导小组作出是否进入风险评估程序的决定。区委、区政府或区委维护稳定工作领导小组也可根据实际情况指令评估责任主体对某一重大事项进行社会稳定风险评估。

(二)组织评估。决定该重大事项进入风险评估程序后,由事项提出部门按要求采取召开座谈会、问卷调查、重点走访、民意测验、现场勘验等方式,了解掌握重大事项的基本情况,广泛征求各方面意见,对评估事项实施后可能出现的不稳定因素逐项进行分析预测,特别要对因实施评估事项可能引发的矛盾冲突及所涉及的人员数量、范围和激烈程度作出评估预测，并形成专项报告，连同决策建议或政策草案、项目报告、改革方案，呈送各牵头单位初审。牵头单位根据专项报告等资料组织相关职能部门进行可行性评估、合法性评估、稳定性评估和可控性评估。各职能部门应及时召集有关专家和代表，进行认真审查，组织论证，提出书面初审意见，并对评估结论负责。初审时间一般为1个月，涉及事项有特殊时限要求的，由领导小组按要求决定初审时限。

（三）形成报告。领导小组办公室将各职能部门的评估报告和初审意见进行汇总，形成总体评估报告，提交领导小组进行会审，由领导小组作出实施、暂缓实施、暂不实施的决定。对存在重大意见分歧的重大事项，由领导小组组织召开听证会，听取有关单位、专家和公众的意见，并将听证结果报区委、区政府，由区委、区政府统筹决定。区委、区政府对重大事项作出决定后，及时将决定情况反馈给重大事项责任部门，并对下步有关维稳工作提出明确要求。

（四）化解稳控。对经评估决定实施的重大事项，应针对评估报告分析的矛盾纠纷、安全隐患和不稳定问题，研究制定预防化解稳控处置工作预案，组成专门班子，落实解决矛盾和隐患，维护社会稳定的具体措施。对存在较大矛盾和稳定风险，经评估决定暂缓实施的事项，应及时研究对策，化解矛盾、消除隐患，待时机成熟后再行实施。

（五）综合会商。重大事项责任部门对评估后决定实施但化解社会风险难度较大的和暂缓实施的重大事项，可向区委维护稳定领导小组提出并组织专门的研判会商。区委维护稳定领导小组及其办公室根据需要组织相关部门和单位进行研判会商，并协调相关力量全力以赴配合重大事项责任部门化解矛盾、消除隐患，积极预防可能发生的群体性事件，确保重大事项的顺利实施。

第十四条 对有下列情形之一的，应追究相关单位和责任人的责任：

（一）未对重大事项进行社会稳定风险评估，导致在重大事项实施过程中出现不稳定因素，造成重大影响的；

（二）不认真执行重大事项社会稳定风险评估机制，不积极化解稳定风险，引发不稳定因素，造成严重后果的；

（三）在重大政策制定和实施过程中，或在重大工程项目建设过程中，不重视稳定工作，不履职尽责，发生影响社会稳定事件，造成重大损失或恶劣影响的。

第十五条 对重大事项未进行风险评估或搞虚假评估、风险评估工作不认真而实施重大事项，导致和引发重大群体性事件或造成严重后果、重大影响的，按照有关规定，实行责任倒查，严格责任追究。

第十六条 加强组织领导。各乡镇（街道）、各部门要按照“属地管理、分级负责”和“谁主管、谁负责”的原则，高度重视重大事项社会稳定风险评估工作，把它作为源头防范工作的重要抓手，作为维护稳定的重要基础性工作切实抓紧抓好。在重大事项组织实施过程中，主管或实施部门要确保信息灵敏、快捷、畅通，一旦出现重要情况超前防范、迅速处置。

第十七条 加强协作配合。各乡镇（街道）、各部门要树立“稳定工作一盘棋”思想，加强协作，密切配合，共同做好重大事项社会稳定风险评估化解工作，切实把重大事项风险降至最低。要正确处理好发展、平安、和谐的关系，既要坚持发展这个“第一要务”，加快提升我区综合实力，又坚持稳定这个“第一责任”，开展重大事项社会稳定风险评估，努力维护我区社会和谐稳定。要正确处理好民意主流和少数人意见的关系，既体现绝大多数人的意愿，又重视反对意见，并做好教育引导工作，防止产生过激和极端行为。

第十八条 加强督促检查。坚持将重大事项社会稳定风险评估化解工作纳入乡镇（街道）和区各有关部门的工作目标管理，列为维稳工作的重要内容，确定目标，加重分值，严格考评，明确奖惩。同时要加强督查，区委、区政府督查室、区委维稳办等部门，要督促重大事项责任部门和各职能部门及时研究制定评估对象的维稳措施，切实抓好落实，促进源头防范工作取得实效，确保全区社会政治和谐稳定。

第十九条 本规定由区委维护稳定工作领导小组办公室负责解释，自下发之日起施行。

中共湖州市南浔区委办公室　湖州市南浔区人民政府办公室关于开展“送服务、解难题”专项行动的通知

浔委办通〔2008〕68号

各镇党委、镇人民政府，南浔开发区党委、管委会，区级各单位：

为适应当前经济形势的新变化，有效解决企业目前出现的突出矛盾和困难，促进企业的稳定和发展，经研究，决定在全区范围内开展“送服务、解难题”专项行动。现将具体实施方案通知如下：

一、指导思想

认真贯彻落实区委二届五次全会的精神，针对当前宏

观调控形势、企业经营困难、项目推进难度加大的实际情况，进一步改进和创新服务企业方式、方法，创新服务机制，健全协调机制，帮助企业应对挑战、走出困境，推进项目顺利建设，确保全区工业经济平稳健康发展和全年经济工作目标实现。

二、活动内容

结合今年“三个年”活动，在区级部门中确定100名领导联系百家企业或项目，以“资金、劳动力、审批”为主要服务内容，着力破解“征地拆迁、要素制约、平稳运行”三大环节中的难题，努力实现“审批走上门、资金引上门、工人领上门”。

1. 摸清企业实情。百名联系领导落实“一助一”的帮扶关系，原则上每周走访企业不少于一次，全面掌握企业的生产经营状况和项目建设进度，重点了解企业发展中面临的土地供给、资源保障、资金需求、人力资源、权证办理等诸多方面的困难以及劳资纠纷等不稳定因素，掌握企业急需政府协调解决的事项以及企业对政府服务的意见建议，并提出解决方案。

2. 加强解困协调。根据对企业排摸的实际情况，按照“审批走上门、资金引上门、工人领上门”的要求，由联系领导牵头，对企业存在的各种问题，想方设法，包干解决，进一步提升服务质量，优化全区投资环境，切实增强企业解困、发展、创业的信心。

3. 强化“三送”服务。各联系领导在解困过程中，重点要做到“三送”：一是“送政策”。及时将优化发展环境的相关政策、法规送到联系企业，让企业熟悉相关的政策法规、办事程序，特别是要根据市政府出台的《关于加大企业扶持力度，促进工业经济平稳健康发展的若干意见》(湖政办发〔2008〕84号)，指导企业对照条件积极申报，并做好和有关部门的衔接工作，最大限度争取扶持政策。二是“送资金”。进一步推进企业与金融机构合作，鼓励企业进行“网络互保贷款”试点，着力解决企业融资困难。同时，加强与市中小企业担保中心和相关信用担保公司沟通，帮助企业提供担保平台。三是“送技术”。根据企业的技术需求和研发新品需求，充分利用各种渠道，帮助企业与大专院校和区公共创新平台加强联系，为企业送去有科技含量的新技术、新项目。

4. 理清发展思路。联系领导要以此次宏观调控为契机，在充分调研、掌握实情的基础上，与联系企业共同探讨在新形势下进一步做大做强的思路，为联系企业出点子、求发展，为推进企业转型升级出谋划策，特别在一些关键技术的研发、新产品的开发、战略投资者的引进等方面，要与所联系的企业共同进行充分的论证，促进企业在新一轮的结构调整中加快发展。

三、保障措施

当前开展“送服务、解难题”专项行动，意义十分重大。各联系领导要把这次行动作为转变作风、密切政企关系的具体抓手，统筹安排，狠抓落实，务求实效。

1. 统一思想、提高认识。企业是经济发展的主体，维护企业的稳定与发展是当前最大的民生。广大领导干部要充分认识“送服务、解难题”专项行动的重要性，切实把此项工作作为转变工作作风，提高干部素质的重要方面来抓，不折不扣地加以贯彻落实。通过专项行动的实施，进一步提高服务的水平，进一步提升队伍素质，进一步赢得企业、群众和社会的肯定与支持。

2. 加强领导，落实责任。成立“送服务、解难题”专项活动领导小组，切实加强领导，精心组织实施，确保这项活动扎实推进并取得实效。各联系领导要切实履行职责，抓好工作落实。

3. 注重实效，兼顾长效。此次专项行动，关键在于切实为企业解决一批实际困难，使企业得实惠，与企业共克时艰。服务企业贵在持久，要通过“一帮一”的形式，使企业在发展的过程中，尽可能地减少一些阻力、增大一些推力，不仅解决当前面临的困境，更能使企业获得长足的发展。

附件：1. 南浔区“送服务、解难题”专项活动领导小组名单(略)
2. 南浔区“送服务、解难题”专项活动“百名干部联企解困”名单(略)
3. 干部联系企业调查表(略)
4. 干部联系企业周报表(略)

中共湖州市南浔区委办公室
湖州市南浔区人民政府办公室
二〇〇八年八月二十八日

中共舟山市委　舟山市人民政府 关于开展“网格化管理、组团式服务”工作的若干意见

舟委〔2008〕13号

为认真贯彻落实党的十七大精神和省委“两创”总战略，坚持科学发展观，全面改善民生，密切党群干群关系，健全综治维稳长效机制，进一步提升我市社会综合管理和公共服务的水平，实现经济社会协调发展、统筹发展、和谐

发展，构建海岛和谐社会，现就在全市开展“网格化管理、组团式服务”工作，提出如下意见。

一、充分认识开展“网格化管理、组团式服务”工作的重要意义

（一）“网格化管理、组团式服务”的基本内涵。网格化管理，是根据属地管理、地理布局、现状管理等原则，将管辖地域划分成若干网格状的单元，并对每一网格实施动态、全方位管理，它是一种数字化管理模式。组团式服务，是根据网格划分，按照对等方式整合公共服务资源，组织服务团队，对网格内的居民进行多元化、精细化、个性化服务。网格化管理、组团式服务，就是依托信息网络技术建成的一套比较精细、准确、规范的综合管理服务系统，政府通过这一系统整合，为辖区内的居民提供主动、高效、有针对性的服务，从而提高公共管理、综合服务的效率。

（二）开展“网格化管理、组团式服务”工作的重要意义。当前，我市经济社会发展正处于发展黄金期和矛盾凸显期，一个重要工作，就是如何在大建设、大发展的同时，把握群众需求的多样性、群众利益的多元化，化解矛盾纠纷，维护社会稳定；一个重要任务，就是要通过提供有力的公共服务，推进以改善民生为重点的社会建设，巩固党的执政基础。“网格化管理、组团式服务”是管理服务理念、管理服务模式、管理服务手段、管理服务运行机制的创新。开展“网格化管理、组团式服务”工作是我市坚持科学发展、完善社会管理服务的一个具体实践，是坚持和谐发展、促进社会持续稳定的一个制度创新，是改善民生、加强基层政权建设的一个有效载体，是固本强基、进一步密切党群干群关系的一个重要机制。全市各级党委、政府和各部门要从提高执政能力和构建海岛和谐社会的战略高度，充分认识开展“网格化管理、组团式服务”工作的重要意义，创新管理服务理念，建立管理服务长效机制，开创我市社会综合管理服务新格局。

二、开展“网格化管理、组团式服务”工作的指导思想、总体目标和基本原则

（三）开展“网格化管理、组团式服务”工作的指导思想。以科学发展观和省委“两创”总战略为指导，以为民、惠民、便民为宗旨，整合资源，搭建平台，城乡并举，条块联动，分类指导，务求实效，打造数字化为民工程，建立长效为民服务机制，推动经济发展、社会和谐、作风转变、党建加强，实现经济社会协调、统筹、和谐发展。

（四）推行“网格化管理、组团式服务”工作的总体目标。依托现有的行政管理体系和各级信息平台建设，以市、县（区）、乡镇（街道）、社区为脉络，以辖区内的居民和单位为对象，划分成若干个区域，每个区域划分成若干个网格，在每个网格区域内配置相应的组团服务，实时采集网格内家家户户和所在单位的情况，实现对网格内居民的全覆盖、全方位、全过程动态管理和服务，努力使公共资源整合化，管理服务水平更有效率；业务流程规范化，管理服务机制更加便民；管理时空预警化，管理服务方式更为主动；管理队伍务实化，管理服务作风更加深入，为我市经济社会统筹协调发展提供强有力的保障。

（五）开展“网格化管理、组团式服务”工作的基本原则：

——促进发展，以人为本。要坚持“发展方是硬道理”的战略思想，通过开展“网格化管理、组团式服务”工作，进一步提高行政效率，优化发展环境，为经济社会又好又快发展提供保障。要做到以人为本，寓管理于服务之中，急群众所急，想群众所想，解群众所难，为最广大人民谋利益，把“网格化管理、组团式服务”打造成得人心、暖人心、稳人心的数字化为民工程。最终检验这项工作的实效，要看是否促进科学发展，是否使群众得到实惠。

——因地制宜，分类指导。各地、各部门要从实际出发，区别不同情况，进行分类指导，不搞一刀切。既要善于借鉴运用试点乡镇（街道）好的经验和做法，又要积极探索符合本地、本部门实际的网格化管理的办法和措施，把管理节点抓得更紧、更实、更全面，把服务工作做得更细、更好、更周到，最终在全市城乡实现纵向到底、横向到边的全覆盖。

——整合资源，实用有效。各地、各部门要把本地、本部门开展的活动与“网格化管理、组团式服务”工作有机结合起来，以“网格化管理、组团式服务”为统领，强化条块协同，整合公共管理服务资源，使有限的公共资源发挥最大效能。要不求形式，务求实效，既全面服务群众，又不能越位、错位、失位服务，力争形成具有舟山特色、服务基层群众、运行实用有效的公共管理服务机制。

——开拓创新，与时俱进。“网格化管理、组团式服务”作为一项长效机制，贵在长期坚持。要建立规章制度，用机制来保证，不因领导变更而停止。要系统考虑基层组织管理服务模式的创新，根据条块特点，着眼提高整体管理服务质量，深入细化研究，做到边摸索、边总结、边完善，与时俱进，不断创新，把“网格化管理、组团式服务”打造成为我市推动经济社会发展、维护社会和谐稳定、加强党的建设的综合性工作品牌。

三、开展“网格化管理、组团式服务”工作的主要任务

（六）合理划分责任网格，建立起市、县（区）、乡镇（街道）、社区、网格五级体系。“网格化管理、组团式服务”的基本环节是网格的划分。总的要求是，合理确定责任网格，按常住人口统计，渔农村一般以 150 户左右为一居民网格，城区可适当放大。各地可结合自身实际情况灵活进行设置。总的原则是，网格的划分要使党委、政府的管理服务职能覆盖到社区，延伸到网格。要有利于组团服务，包干负责，上门调查，面对面服务，从而形成覆盖城乡、条块结合的市、县（区）、乡镇（街道）、社区、网格五级体系，提高我市综合管理服务水平。

（七）摸清群众所思所想，建立起统筹兼顾、全面覆盖的管理服务体系。“网格化管理、组团式服务”的核心是做好群众的各项工作。要建立科学有效的信息采集、监督、反馈、督办系统，做到上情下达、下情上达、渠道畅通、反馈及时，节约、集约管理成本，更好满足群众需求。要提高党委、政府掌握信息的敏感度，把基层的情况特别是社会不稳定情况及时化解或上报。运用不断获得的最新可靠信息，加以预测、预警，采取防范措施，将问题解决在萌芽状态，解决在基层，维护社会稳定。要做到精细服务，关注每个家庭的细小环节，全面掌握辖区内住户的基本情况；要做到个性服务，通过有针对性的帮扶，着力增加群众收入，调动群众创业积极性；要做到全面服务，不断扩充服务内容种类，提高服务效果，建立为民服务体系。

（八）合理配备组团人员，建立起素质高、业务精、作风好的管理服务团队。“网格化管理、组团式服务”的重中之重是组建好服务团队。网格团队要因地制宜，原则上每支团队由乡镇（街道）机关干部、社区干部、医护人员、教师和民警组成，定期或不定期地对网格内的居民进行走访，收集和处理居民所反映的问题和意见。下派到基层的“暖促”指导员、民情调查员等可以结合到网格化管理团队中去，充分发挥好网格团队人员政策法规宣传员、民情社意调研员、富民强市服务员、矛盾纠纷化解员、民主制度监督员“五个员”的作用。要与“暖促”指导员、民情调查员制度相结合，与党员联系群众制度相结合，与社区群防群治和义工制度相结合，与发挥基层人民代表和居民骨干作用相结合，充分动员社会力量，彰显网格化管理的群众性、公益性和人文性，加强党的建设和基层政权建设，提高社会管理服务水平。

（九）大力推进信息化建设，建立起高效运作、资源共享的公共管理服务平台。“网格化管理、组团式服务”的物质基础是信息化建设。要以市信息中心为主体，加快对网格化管理信息系统的开发升级，建立覆盖全市的网格化信息平台。该信息平台要充分利用市属各部门的局域网和数据库，整合计算机资源，节约网格化管理成本，提高数字化管理成效。各县（区）和各部门要统一进入市网格化管理信息平台，建成综合性、集成式的管理服务信息平台，实现从社区、街道（乡镇）、（县）区、市的情况采集、反馈机制，将基层需要市、县（区）解决的问题及时反馈到职能部门。并根据密级要求，设置相应权限，确保信息的安全性。促进电子政务与社区信息化对接，推动全市中心数据库的建设，提高信息的共享性。

四、加强对开展“网格化管理、组团式服务”工作的组织领导

（十）开展“网格化管理、组团式服务”工作是一项全新的工作，点多、面广、影响大。各级党委、政府和各部门要把这项工作切实摆上重要议事日程，进一步统一思想，加强组织领导。

（十一）加强领导，建立机构。市里成立“网格化管理、组团式服务”工作领导小组，梁黎明、周国辉同志任组长，钟达同志任常务副组长，张兵、江建国、周伟江、李善忠同志任副组长。领导下组下设办公室，办公室主任由钟达同志兼任，办公室副主任由李晓武、郑方斌同志担任。办公室下设综治平安组，由市委政法委负责；团队管理组，由市委组织部负责；城区工作组，由市民政局负责；渔农村工作组，由市渔农办负责；技术保障组，由市府办（市信息中心）负责。领导小组及其办公室要加强对这项工作的协调和指导，积极当好党委和政府参谋。县（区）及乡镇（街道）也要成立相应领导机构，同时要加强县（区）信息中心建设，并在各乡镇（街道）设立信息站，配备专职信息员，各社区也要有一名信息管理员，专门从事信息平台管理维护及信息输入、反馈工作。

（十二）精心组织，全面推开。开展“网格化管理、组团式服务”工作，县（区）是关键，乡镇（街道）是基础。各县（区）委要精心组织，统一思想，制订方案，动员部署。只要涉及到基层的各类事务尽量纳入到“网格化管理、组团式服务”具体工作中，提高公共管理和服务效能。要求在年底前全市基本推开，到明年上半年初见成效。

（十三）加大投入，形成合力。“网格化管理、组团式服务”是一个综合管理服务体系，需要方方面面形成合力。各部门、单位要将条块投入倾斜到这项工作去，对全市网格化管理信息软件的开发要有相应投入，提高共享性和利用率。各部门要全力支持，主动对接，大力支持乡镇（街道）、社区开展这项工作；县（区）、乡镇（街道）要理顺关系，做到条块结合，资源共享。市信息中心要充分了解各地、各部门的工作需求，建立一个覆盖面广、操作简便的网格化管理信息平台。

（十四）加强宣传，引导舆论。宣传部门要组织新闻舆论单位，制定周密的宣传方案，让全社会充分认识开展“网格化管理、组团式服务”工作的意义，充分感受这种管理模式带来的好处，激发全社会的热情和积极性，使更多的人投入到“网格化管理、组团式服务”工作中来。要突出宣传基层组织和服务团队中的先进人物和生动事迹，树立基层党员、干部的良好形象，营造良好的社会舆论氛围。

（十五）落实责任，强化考核。各地、各部门要在真抓实干、落实责任上，在务求实效、建章立制上，在督促检查、狠抓落实上下功夫。要充分调动基层干部和网格团队工作人员的积极性、主动性，确保任务到格、责任到人、奖罚明晰、取得实效。

中共舟山市委

舟山市人民政府

二〇〇八年九月九日

中共岱山县委 岱山县人民政府
关于在全县开展“学先进、强服务、促发展”活动的意见

岱委〔2008〕5号

乡镇党委政府、县属各单位：

为全面贯彻落实县十一届二次党代会确定的各项目标任务，大力弘扬罗家岙边防派出所心系群众、真情为民的精神，不断巩固“作风建设年”活动成果，县委、县政府决定在全县党员干部中开展“学先进、强服务、促发展”活动。为此，提出如下意见：

一、充分认识开展活动的重要意义

罗家岙边防派出所是我县在新形势下涌现的心系群众、真情为民的杰出典型，曾先后获得省政府授予的“模范边防派出所”和公安部表彰的“基层基础建设示范单位”等荣誉称号，并被公安部荣记集体一等功。2007年8月，县委专门就学习宣传罗家岙边防派出所先进事迹作出部署，并以报告会、专题座谈会等形式总结介绍了罗家岙边防派出所牢记宗旨、真心爱民的事迹。继续深入学习宣传罗家岙边防派出所先进事迹，在全县大力倡导和弘扬罗家岙边防派出所心系群众、真情为民的精神，对于更好地坚持发展第一要务，增强发展意识、服务意识和责任意识；更好地坚持“群众利益无小事”，切实做好群众工作，增进党群、干群关系；更好地坚持求真务实，提高工作效率都具有十分重要的意义。当前，在加快建设富强和谐岱山的进程中，每位同志、每个单位和全县上下，都应当大力弘扬这种时代精神。各级党委、政府和广大党员干部群众要充分认识开展这项活动的重要意义，增强责任感和使命感，让心系群众、真情为民的精神，切实体现在工作和生活中，落实到具体行动上，收效于加快发展中。

二、进一步落实活动的各项工作

*（一）深化以“学先进、找差距、比贡献”为主要内容的罗家岙边防派出所先进事迹学习宣传活动。*一是全面把握罗家岙边防派出所精神的实质，继续采用多种形式学习宣传先进事迹。二是建立党员干部见习制度，把罗家岙边防派出所作为干部学习教育培训基地，每年选派一些新任领导干部及优秀后备干部见习锻炼，提高为民服务意识和群众工作能力。三是开展一次熟悉民情大比武活动，以罗家岙边防派出所“人口熟悉五法”、“见人知名，提名知情”等为借鉴和目标，与县情、乡镇情教育相结合，分层次组织开展熟悉民情大比武活动，在全县掀起爱家乡、比贡献热潮。四是组织一次“以先进为榜样，为创业创新作贡献”为主题的大讨论，努力推动全县涌现一批罗家岙边防派出所式的先进群体，产生一批周斌式的先进个人，发掘一批像“爱民服务流动车”、“真情黄手帕”、“为渔民守夜”、“海岛流动办证室”那样的生动事例。

*（二）深化以“知民情、解民忧、帮民富”为主要内容的渔农村党员干部联系和服务群众制度。*一是开展“进百家门、知百家情、解百家忧、暖百家心”活动。通过访贫问苦、结对帮扶，掌握社情民意，解决实际困难。继续推行“作风建设年”活动中倡导的领导干部十联基层、蹲点调研、破解难题等行之有效的工作制度，在乡科级以上领导干部中开展“服务创业、再增感情”和“推动创新、再破难题”专项行动。二是健全党员干部联村（社区）联户制度，实行联村（社区）联户网络化管理。每个乡镇党政班子成员至少联系一个村（社区），乡镇、村（社区）干部每人至少联系一个村民小组，确定一定数量联系户，确保每个村民有一个联系干部。要强化日常联系沟通，通过联系卡、《民情日记》、民情恳谈会、联户报告制度、联户工作例会等形式及时汇集、分析和了解掌握社情民意。要形成畅通民意和解决问题的绿色通道，建立联户干部、乡镇政府、县属部门分级解决问题的机制和定人员、定部门、定时限的监督机制，对无所用心、敷衍塞责、阳奉阴违的行为可直接向县纪委（监察局）效能投诉中心或县委组织部综合科反映举报。三是实施低收入家庭奔小康工程。对年收入低于2500元的家庭要调查摸底，弄清底数、分析原因，开展各种思想上扶志、生活上扶困、生产上扶技活动，集中精力和财力，想方设法帮助低收入家庭早日脱贫致富。

*（三）深化以“强服务、化梗阻、提效率”为主要内容的机关效能建设活动。*一是继续开展走进项目送服务活动。县属有关职能部门要确定重点项目联系领导、责任部门、责任人员，主动走访联系和服务相关重点项目，及时破解项目推进中的难题，促成项目早落户、早建成、早投产。二是要加强县审批办证中心的建设，重点做好审批办证中心硬件设施的改善和审批事项的集中归并，建设电子实时监察系统，切实解决两头受理问题；要全面推行办证服务代理，加强乡镇、村（社区）便民中心建设，切实做到便民利民。三是开展县属职能部门中层干部向服务对象述职述廉、“社区评站所”和民主评议行风活动，以确保政令畅通、减少中间梗阻、促进加快发展为目的，以三项活动和经常性的机关效能明查暗访工作为抓手，加强对违反“四条禁令”等违反机关效能建设行为的监督检查和实名通报，着力发现和解决管理服务对象意见最集中、呼声最强烈的突出问题。

三、切实加强对活动的领导

为加强对活动的领导，决定建立教育联席会议制度，县委副书记陈伟为召集人，纪委、组织、宣传等部门为成员单位，并分别负责机关效能建设、渔农村党员干部联系和服务群众、先进事迹学习宣传活动等各项具体任务的分解实施。“学先进、强服务、促发展”活动是“作风建设年”活动的继续和深化，也是加快建设富强和谐岱山的有力举措，各级党委、政府要高度重视，整体谋划，周密实施，务必抓出成效。要把该项活动开展情况作为今年的重要工作纳入领导班子和领导干部的考核。加强监督检查，以群众是否满意作为检验活动成效的基本标准，自觉接受群众的评议和监督。要总结推广先进经验，县里将在适当时机召开现场会，对活动工作进行交流总结；要注重整合资源，精心设计活动载体，把开展该项活动与抓工作落实相结合，以作风的转变促进工作的落实；要与平时思想教育相结合，不断提高干部的政治思想水平；要与制度建设相结合，不断构建党员干部作风建设和队伍管理的长效机制；要与党的建设其他各项工作结合起来，把作风建设贯穿党建各项工作的始终，以良好的作风保证县委、县政府各项工作的顺利实施。

中共岱山县委

岱山县人民政府

二〇〇八年三月四日

中共天台县委　天台县人民政府
关于在全县推行“四通工作法”的实施意见

（2008 年 11 月 5 日）

天县委发〔2008〕86 号

为切实加强领导班子和领导干部思想政治建设，提升机关部门服务水平，为推进“两年”活动、实施“三个天台”战略、推动我县新一轮创业创新创造良好的发展环境，在前一阶段试点的基础上，经县委、县政府研究决定，在全县各乡镇(街道)、各部门全面推行“四通工作法”。现提出如下实施意见：

一、指导思想

以党的十七大精神为指导，以科学发展观为统领，以“解放思想、创业创新”为动力，积极探索优化作风的有效机制，通过全面推行“四通工作法”(即：加强沟通、形成互动，善于变通、创新服务，高效直通、提速增效，业务精通、有效工作)，促进工作理念的更新和工作方法的优化，全面提升机关的行政效能和服务水平，切实加强领导班子的思想政治建设和干部队伍的工作作风建设。

二、主要内容

(一)深入基层求沟通。沟通就是要全面推行“一线工作法”，走进基层、深入群众，加强上下、左右、内外的沟通，通过沟通了解需求、解决问题，化解矛盾、促进和谐，整合资源、推动发展，加强互动、形成合力。

1. 加强与服务对象的沟通。制作联系卡和告知单，编发《工作指南》，建立走访日、接待日、恳谈会、面商会和蹲点调研、结对联系村居、企业、项目、工业园区(功能区)等制度，变被动服务为主动服务，建立起平等、互信、和谐的政民、政企关系。

2. 加强部门与部门、乡镇(街道)相互之间的沟通。通过联系函、协调会等途径，加强部门与乡镇(街道)以及部门之间、乡镇(街道)之间的沟通协作，整合资源，协调解决工作中存在的热点、难点问题。

3. 加强与“两代表一委员”及其他社会各界人士的沟通。每年有重点地采取个别约谈、召开恳谈会等形式，走上门、请进来征求意见；坚持向党代表、人大代表、政协委员、行风监督员等寄送简报；在议提案办理中坚持面商制度，党代表提案提议、人大代表议案建议、政协委员提案办理面商率达到 100%，做到未面商沟通的不答复。

4. 加强系统内部沟通。加强与本系统上级部门的沟通，积极向上争取资金、项目、土地等资源；加强本系统内部的沟通，建立健全领导联系科、室、站、所制度和工作例会制度，提高工作效率。

(二)解放思想善变通。变通就是要解放思想，创造性地掌握和运用政策，创新工作思路和工作方法，通过变通使难事能办、慢事快办、特事特办。

1. 思想上变。从大局利益出发，站在全县的角度、发展的高度，用新的理念、新的思维、新的眼光，重新审视自己的思想观念和认识水平，重新反思自己的工作规范和做法规定，坚决克服保守思想，勇于革除唯书、唯上的教条做法，敢于冲破束缚发展的本位思想。

2. 方法上变。坚持“非禁即可”原则，对于法律法规没有明文禁止的，只要是符合科学发展观，为了多数人民群众利益的，就可以打破“常规”、“惯例”，创造性地去办。

3. 建立阳光变通机制。建立科学、公开、民主的变通机制，有效防止乱变通、乱作为。

(三)提速增效抓直通。直通就是要提速办事、热情服务，对申请事项做到热情办、顺畅办、快速办。

1. 实施办事流程再造。实施行政审批职能归并，对原有办事程序和工作流程进行改进和整合，进一步优化审批流程、减少办事环节、缩短承诺时限、降低各类收费。

2. 开通"绿色通道"。围绕"两年"活动，对县重点工程、重点项目、企业、工业园区（功能区）开通"绿色通道"，实行专袋专人专办，实行现场办公和联合审批，进一步落实全程代理制、服务承诺制和限时审批制。

3. 推行延伸服务。延伸服务地点，实施偏远山区集中办公日制，对行动不便的老人、病人、残疾人等特殊对象，根据申办对象要求，实行预约服务、上门服务；延伸服务时间，对已来人办事的，即使已到下班时间，工作人员也必须办好有关事项才能下班，一些急办的项目，则实行无休日工作制；延伸服务形式，积极推行电子政务和"网上审批"；延伸服务范围，进一步落实首问责任制，不管办事群众询问的事项是否属职责范围，都要热情接待，是职责内的及时办理，非职责内的帮助联系到经办人员，非本部门的，帮助联系指引到相关部门。

（四）加强学习促精通。精通就是要加强学习，提升素质，使每位干部成为精通本职工作的行家里手，做到想干事、能干事、会干事、干成事。

1. 提高政治素质。坚持把思想教育摆在首位，深入开展科学发展观、正确政绩观和牢固群众观教育，加强党风廉政建设，增强干部的事业心和责任感，做到廉洁高效。

2. 提高业务水平。建立健全学习制度、调研制度，不断创新学习方式，通过集中培训、举办讲座、开设论坛、开展竞赛等途径，坚持向书本学、向专家学、向实践学，加强有关法律法规和专业知识的学习，不断提高掌握运用政策的水平和解决处理问题的能力。

三、工作要求

（一）高度重视，加强领导。各乡镇（街道）、各部门要高度重视，精心组织，认真抓好"四通工作法"的推行落实，要成立专门的工作机构，明确专人负责，并根据县里的总体部署和工作要求，结合本地本部门本系统实际，制订实施"四通工作法"的实施方案，于 2008 年 11 月 14 日之前报送县"树创"办。各级领导干部尤其是党政"一把手"要率先示范，带头学习好、运用好、落实好"四通工作法"，使之成为本单位提升服务、树立形象、推动工作的重要载体。

（二）开展讨论，提高认识。各乡镇（街道）、各部门要利用周一学习夜制度，开设"干部讲坛"，组织本单位干部职工原原本本学习"四通工作法"，围绕"推行'四通工作法'要我做什么"、"推行'四通工作法'我的差距在哪里"、"推行'四通工作法'我该怎么做"等主题，展开深入思考和讨论，推进干部思想的大解放。新闻媒体要开设专栏、专版，及时宣传报道各单位推行"四通工作法"的典型经验，曝光反面典型，营造良好的舆论氛围。

（三）建章立制，注重实效。各乡镇（街道）、各部门要对照"四通工作法"，认真查找、梳理不合时宜的做法和规章制度，按照"能不前置的就不前置，能不收费的就不收费，能不处罚的就不处罚，能精简办事环节的就尽量精减"的原则，对原有工作制度进行改进和整合，建立健全"沟通、变通、直通、精通"的一整套具体、可操作的工作机制和服务机制，于 2008 年 12 月 1 日之前报送县"树创"办，并运用"四通工作法"解决一批群众反映强烈、事关天台经济社会发展的问题。第一批、第二批试点单位也要对工作机制和服务机制进行不断完善。县"树创"办将组织有关人员对各单位的工作机制和服务机制建设情况进行检查。各乡镇（街道）、各部门工作机制和服务机制要分期分批在新闻媒体上公布，接受群众监督。

（四）严格考评，狠抓落实。县里将建立由县委办、县府办、县纪委、县委组织部、县委宣传部、"两代表一委员"、老干部、效能监督员等组成的"四通工作法"督查组，加强经常性督查。定期不定期地组织县人大代表、县政协委员就"四通工作法"实施情况开展专项视察，充分发挥人大代表的依法监督和政协委员的民主监督作用。同时，运用部门重点岗位动态监管机制，对各单位在工作过程中该沟通不沟通造成工作被动、该变通不变通造成"中梗阻"现象、该直通不直通致使办事效率低下的，实行问责制。将把"四通工作法"作为今后"五型机关"建设的一项常态化工作，纳入"五型机关"考核、领导班子和领导干部年度考核的重要内容，确保"四通工作法"落到实处、取得实效。

中共丽水市委　丽水市人民政府
关于推进"六城联创"工作的实施意见

（2008 年 6 月 18 日）

丽委〔2008〕8 号

为认真贯彻党的十七大、省第十二次党代会和市纪委四次全会精神，加快创业创新、建设生态文明、推进丽水新跨越，市委、市政府决定，全面推进中国优秀旅游城市、国家园林城市、国家卫生城市、国家环保模范城市、国家森林城市和全国文明先进城市创建的"六城联创"工作，力争用 5 年时间，实施创建目标。现就推进"六城联创"工作提出如下实施意见：

一、推进"六城联创"工作的重要性和必要性

推进"六城联创"是落实科学发展观，构建和谐社会，加快创业创新、建设生态文明、推进丽水新跨越的需要，是

推进新型城市化、建设生态文明城市的需要，是坚持政为民、全面改善民生的需要。近几年来，在全市人民的共同努力下，我市经济社会取得较快发展，各类文明创建工作也取得明显成效。目前我市已创建成国家级生态示范区、省级文明（卫生）城市和双拥模范城，这些创建工作为“六城联创”锻炼了队伍，积累了经验。因此，要乘势而上，顺势而为，把推进“六城联创”工作作为建设生态文明、为民办实事的重要措施来抓，进一步完善城市功能，优化城市环境，提升城市形象，提高市民综合素质和城市文明程度，增加城市综合竞争力。

二、“六城联创”工作的指导思想、目标和原则

“六城联创”工作的指导思想是：紧紧围绕“加快创业创新、建设生态文明、推进丽水新跨越”的总目标，以科学发展观和生态文明理念统领创建工作，按照中国优秀旅游城市、国家园林城市、国家卫生城市、国家环保模范城市、国家森林城市和全国文明先进城市创建标准，坚持以人为本，完善机制，整合资源，齐抓共管，努力提高全社会文明程度，为把我市建成生态文明城市奠定良好的基础。

“六城联创”工作的总体目标是：从今年开始，力争用5年时间，基本实现“六城联创”目标。2009年，力争实现中国优秀旅游城市创建目标；2010年，确保实现省级环保模范城市、园林城市、森林城市创建目标；2011年，力争实现国家园林城市、国家卫生城市创建目标；2012年，力争实现国家环保模范城市、国家森林城市和全国文明先进城市创建目标。

为实现上述目标，工作中必须把握以下原则：

一要统筹规划、整合资源。“六城联创”工作是一个有机整体，是一项系统工程，要切实做好“联”字文章，以“六城联创”的内在联系提高创建工作效率、降低创建成本。每一个“城”的创建、每项工作的开展都必须放到全局的层面来分析研究，统筹规划、整合资源、形成合力，切实提高创建工作的关联度，增强工作的协调性。

二要兼顾长远、有序推进。“六城联创”工作是一项长期性工作，要克服一蹴而就的突出思想，防止一哄而上的盲目行为，把创建工作与其他各项工作有机结合起来，把长远目标与阶段性任务结合起来，制定完善的总体方案和年度实施计划，每年抓几个重点，集中力量予以突破，稳扎稳打，有序推进。

三要创新机制、强化基础。“六城联创”工作是一项群众性、社会性活动，要坚持创新机制、标本兼治，着力在提高市民素质、加强社区自治、严格城市执法等基层基础工作上下功夫，着力在探索解决难点和瓶颈问题的长效机制上下功夫，努力形成“横向到边、纵向到底，责任明确、管理高效”的创建工作体系，使创建工作始终保持旺盛的生机和活力。

四要狠抓落实、务求实效。“六城联创”工作是一项为民办实事工程，要出实招、办实事、求实效，以群众欢迎不欢迎、赞成不赞成、满意不满意为标准，紧紧围绕群众关注的突出问题，坚持从具体问题抓起，力求在完善功能、强化管理、塑造特色、提升品位上有较大突破。

三、“六城联创”工作的主要内容和工作重点

1. 中国优秀旅游城市是由国家旅游局命名表彰的荣誉称号，标准内容有20项：产业政策与旅游发展水平、旅游管理体制与法规、旅游市场专项治理、旅游行业建设与管理、旅游宣传、城市旅游服务功能、旅游配套设施与项目、城市旅游环境、旅游安全管理。总分为1000分，达标分需在900分以上。工作重点是：通过创优活动，达到“三优一满意”（优美环境、优良秩序、优质服务、旅客满意）目标。

2. 国家园林城市是由国家住房和城乡建设部命名表彰的荣誉称号，标准内容有8项：组织管理、规划设计、景观保护、绿化建设、园林建设、生态建设、市政建设、特别条款。总分为100分。重点工作有四项：一是加强城市绿化的规划管理，严格实行绿线管制制度，确保绿化建设用地。二是加快城市重点区域和重大项目的绿化建设步伐。三是实行全社会绿化达标责任制，确保公园绿地、居住区（单位）绿地、交通绿地、生产绿地、防护绿地和城市道路绿化的建设任务落到实处。四是建立和完善城市绿化执法队伍，从严查处侵占绿地、非法砍伐、破坏绿地等行为。

3. 国家卫生城市是由国家爱卫会命名表彰的荣誉称号，标准内容有10项：爱国卫生组织管理、健康教育、市容环境卫生、环境保护、公共场所和生活饮用水卫生、食品卫生、传染病防治、城区除四害、单位和居民区卫生、民意测验。重点工作有四项：一是必须理顺市区卫生保洁体制，建立“统一清扫管理，清扫与监督分离”的科学清扫保洁机制。二是加强对环境卫生和公共卫生基础设施建设的投入，提高环境整洁程度、公共卫生服务和处置突发公共卫生事件能力。三是大力开展健康教育。四是加大对市容环境卫生整治力度，抓好城市出入口、社区（城中村）、城乡结合部、集贸市场、小餐饮业的整治和卫生管理。

4. 国家环保模范城市是由国家环境保护部命名表彰的荣誉称号，考核指标共设三大类32项，包括3项基本条件、5项社会经济指标、5项环境质量指标、10项环境建设指标、7项环境管理指标和2项参考指标。工作重点是：要确保完成省政府与我市签订的环保责任书中规定的任务，突出抓好城市生活污水集中处理、生活垃圾无害化处理、工业固体废物处置利用、降低单位GDP用水量、能耗、污染物减排、提高城市内河水质、建城区绿化覆盖率、城市生活污水集中处理率和丽水经济开发区革基布、合成革行业环境污染专项整治等方面工作。

5. 国家森林城市是由国家林业局命名表彰的荣誉称号，考核指标有六大项：全市森林覆盖率，建成区绿化覆盖率、绿地率、人均公共绿地面积，道路、水系绿化率，城市森林乡土树种占比、城市森林自然度，创建知晓率、支持率，全民义务植树尽责率。重点工作是：新建、改造一批城市森林公园、湿地公园，加强环城山体林改造和城区生态景观林建设；开展绿化示范村和绿色通道工程建设，扎实推进村庄绿化和沿路、沿江通道绿化美化；加强生态公益林管理，加强森林资源保护，保障生态安全；加大绿化宣传力度，普及生态文化。

6. 全国文明先进城市是由中央精神文明建设委员会命名表彰的反映城市整体水平的综合性荣誉称号，创建全国文明先进城市是申报全国文明城市的必备条件。《全国文明城市测评体系》包括基本指标和特色指标。基本指标反映文明城市创建的基本情况，共 37 条。特色指标反映城市精神文明创建工作特色、城市整体形象，共 3 条，总分 120 分。工作重点是：通过创建工作，建立“六大环境”，即廉洁高效的政务环境、公正公平的法治环境、规范守信的市场环境、健康向上的人文环境、安居乐业的生活环境、可持续发展的生态环境。

在具体工作中，力求做到五个结合：

一是要把“联创”工作与促进发展结合起来，做到以“联创”促发展。推进“六城联创”工作的根本目的就是创造更好的城市环境、创业环境和人居环境，提高城市的文明程度，推进丽水新跨越。“六城联创”是手段，推进丽水新跨越是目的。工作中要统筹安排，协调推进，互相促进。

二是要把“联创”工作与加快城市建设结合起来，着力提升城市品位。要按照基础设施现代化、人居环境生态化、城市形象特色化、社会秩序文明化的要求，重点抓好三个环节：一要强功能。在城市总体规划的指导下，对照“六城联创”标准要求，高标准、高起点地编制与“六城联创”相配套的城市基础设施建设专项规划。按照“三年铺开，五年完成”的要求，积极推进旧城、内河和道路“三大改造”，不断改善城市面貌和人居环境。二要重特色。突出山水、生态优势，深入挖掘文化内涵，做好南明山、白云山、万象山、南明湖和九龙湿地公园等生态精品文章，真正做到显山露水，努力构建城市特色。按照“林之洋、花之海”的理念推进城市绿化美化，构建“点、线、面”相结合、“平面兼顾立面”的中心城市整体绿化系统。三要造精品。确立城市建设不求大、但求精的意识，努力提高城市规划和设计水平，在城市建设的各个环节精益求精，多建精品，多造亮点，努力形成既有鲜明丽水特色、又有强烈时代气息的城市形象。

三是要把“联创”工作与实施“新丽水、新市民”文明素质提升工程结合起来，大力深化公民思想道德建设。深入持久地开展社会主义核心价值体系宣传教育，广泛开展社会公德、职业道德、家庭美德和个人品德教育，把社会主义核心价值体系融入精神文明建设全过程。加强未成年人思想道德建设，努力营造有利于未成年人健康成长的社会环境。开展道德模范评选表彰工作，大力张扬社会主义荣辱观。广泛搭建学习平台，构建学习型城市。开展“双文明”（礼仪文明、生态文明）普及活动。深化“文明出行树新风”活动。认真办好邻居节，大力倡导互帮互助、互敬互爱的和谐邻里关系。办好有丽水特色的节庆活动，丰富群众文化生活。加强宣传引导和管理，注重法治与德治相结合，规范市民行为，以市民素质的大提高促进城市文明的大提升。

四是要把“联创”工作与为民办实事结合起来，着力解决群众关心关注的热点难点问题。在“联创”工作中，既要重视抓大的设施配套，又要重视群众反映强烈的社区（城中村）环境卫生、消防、绿化、美化、交通秩序、城市噪音、菜市场环境等方面需要进一肯提高或解决的问题。通过创建，切实提升城市整体形象，营造良好人居环境，为市民群众提供实实在在的利益。

五是要把“联创”工作与体制改革、机制创新结合起来，着力提高城市管理水平。加快研究和构建具有丽水特色的现代化城市管理框架，积极推进城市管理资源优化整合、管理流程科学再造。进一步完善“数字城管”运行机制。积极深化城市管理综合执法工作，健全行政执法责任制。加强城市应急管理，建立和完善“横向到边、纵向到底”的应急预案体系和健全的应急管理工作机制。加强城市管理规范化建设，推进城市民主管理、依法管理。进一步加快城市公用事业管理体制改革，理顺园林养护、环卫保洁、广告管理等体制机制。探索社区物业管理改革，创新社区管理机制。

四、“六城联创”工作的总体安排和方法步骤

根据“六城联创”总体目标，整个工作分三步进行：

第一步，从 2008 年至 2009 年，重点是全面启动“六城联创”工作，做好中国优秀旅游城市创建工作，确保通过省级卫生城市的复核工作。一是健全组织体系，全面启动“六城联创”工作；二是确保 2008 年通过省级卫生城市的复核工作；三是签订中国优秀旅游城市创建责任书；四是力争通过中国优秀旅游城市的考核验收。

第二步，从 2010 年至 2011 年，重点做好省级环保、园林、森林城市和国家园林、卫生城市创建工作。一是召开动员会，签订国家园林、卫生城市创建责任书；二是确保 2010 年通过省级环保、园林、森林城市考核验收；三是力争通过国家园林、卫生城市的考核验收。

第三步，2012 年，重点做好国家环保、森林城市和全国文明先进城市的创建工作。一是召开相关会议，签订责任书，全面部署国家环保、森林城市和全国文明先进城市的迎验工作；二是力争通过国家环保、森林城市和全国文明先进城市的考核验收；三是召开“六城联创”工作表彰会，总结经验，表彰先进，提出新的创建目标。

五、“六城联创”工作的组织领导和工作要求

一要加强组织领导。市委、市政府决定成立“六城联创”工作领导小组，下设综合办公室和六个专项创建工作组。各相关部门要建立相应的创建工作机构，确保人力、财力、物力、精力到位，形成党政齐抓、部门配合、条块结合、市区联动的工作格局。

二要明确责任主体。各专项创建工作组和有关部门要按照“六城联创”工作的总体目标和方案，制订年度创建实施计划，做到目标明确，任务清楚，稳步推进。要实施目标管理，坚持一把手负总责，把创建工作目标任务层层分解，落实到责任单位，落实到人，坚持一个目标抓到底、一个责任负到底，切实抓出成效。

三要强化考核督查。要把“六城联创”工作纳入市政府对市直单位和莲都区年度目标考核。要建立每季通报、年终检查制度，加大督查推动力度，做到真抓实干，确保创建工作事事有人抓、件件见实效。

四要全民参与。要广泛发动群众，组织市民积极投身“六城联创”工作。宣传部门要制订宣传计划，加大宣传力度。新闻单位要开辟专栏，加强引导，通过典型宣传、跟踪报道、问题曝光等方式，使“六城联创”工作家喻户晓、深入人心，真正把群众动员起来，把全社会的力量凝聚起来，形成全民参与、合力共创的浓厚氛围。

中共云和县委办公室　云和县人民政府办公室关于印发《云和县人才引进、奖励和调动办法〈试行〉》的通知

云委办〔2008〕56 号

各乡(镇)党委，各乡(镇)人民政府，县直属各单位：

《云和县人才引进、奖励和调动办法(试行)》已经县委、县政府研究同意，现印发给你们，请结合实际，认真贯彻实施。

中共云和县委办公室

云和县人民政府办公室

二〇〇八年八月十八日

云和县人才引进、奖励和调动办法(试行)

第一章　总则

第一条　为大力营造“尊重劳动、尊重知识、尊重人才、尊重创造”的良好社会氛围，切实改善我县引才和用才环境，充分调动各类人才工作积极性，为扎实推进创业创新，深入实施“小县大城”发展战略提供人才支撑和智力保障，根据《云和县“十一五”人才发展规划》(云委〔2007〕6号)和上级有关文件精神，特制定本办法。

第二条　县委人才工作领导小组负责全县人才引进、奖励和调动等工作的政策制定、决策部署和宏观指导，县委人才工作领导小组办公室(以下简称“县委人才办”)具体负责各项工作的落实和督查，其他有关部门在各自职责范围内做好相关工作。

第二章　人才引进

第三条　根据云和经济社会发展实际需求，引进人才的重点对象为：

(一)各类高级专家，包括享受国务院特殊津贴的专业技术人员，或获得省级科技进步三等奖以上科研项目的主要承担者，以及进入浙江省“151”人才工程的人员等；

(二)具有博士学位并有一定专业实践经验，或具有正高级专业技术职称，或获得市“中青年技术拔尖人才”和“科技新秀”等荣誉称号的人员，以及进入我市“138”人才工程中一、二层次培养的人员等；

(三)具有全日制硕士学位并有一定专业实践经验，或具有副高级以上专业技术职称、高级技师任职资格的人员；

(四)我县主导产业或重点企业急需的企业高级经营管理人员；

(五)国家“211 工程”高等院校毕业生，或我县建设、交通、农业、林业、水利、环保等领域紧缺急需的全日制本科生，或我县各领域紧缺急需的具有中级专业技术职称或技师任职资格的人员；

(六)由相关部门认定具有特殊才能的人员。

第四条　引进的人才与县属国有企事业单位签订 5 年以上服务合同或协议，并在人事部门建立人事档案后，发给安家补贴。具体标准和支付方式为：

凡在云和租房居住的每年享受 3000 元租房补贴(截止购买新房或合同期满，最长不超过 5 年)；

凡在云和新购住房的，给予购房补贴，其中：

具备第三条第(一)项条件的每人享受 15 万元购房补贴；

具备第三条第(二)项条件的每人享受 10 万元购房补贴；

具备第三条第(三)(四)项条件之一的每人享受 5 万元购房补贴；

具备第三条第(五)(六)项条件之一的每人享受 3 万元购房补贴。

以上各类购房补贴，购房后工作满一年时支付 20%，满两年时支付 30%，满五年时，再支付 50%。

第五条 引进的人才来云和县属国有企事业单位工作满一年并继续留任的，可享受政府津贴。具体标准为：

具备第三条第(一)(二)项条件之一的每人每月享受500元政府津贴；

具备第三条第(三)(四)(五)(六)项条件之一的每人每月享受300元政府津贴(连续享受五年，满五年后继续留在云和工作的列入本地同类人才管理)。

第六条 私营企业自行引进第三条第(一)(二)(三)(四)项所列的人才，并服务满三年以上的，一次性给予每人1.5万元补助。

以上补贴、津贴和补助申领程序为：本人提出申请，用人单位签署意见，报县委人才办审核，经县委人才工作领导小组同意后发放。

第七条 引进的人才本人及其配偶、子女户口可随调随迁，不迁户口不转关系的，凭《云和县引进人才审批表》、单位证明、户口簿，公安部门给予办理《云和县引进人才居住证》。持《云和县引进人才居住证》的人员，享受本县常住人口同等待遇。

第八条 引进人才的配偶可随调，在机关事业单位工作的，可以调入对口对应单位，县组织人事部门负责协调落实；在企业工作的，由用人单位落实。引进人才的子女处学龄阶段的，由教育部门负责落实就读学校；系高等院校毕业生的，在不违反上级有关政策的前提下，享受我县高等院校毕业生同等就业待遇。

第九条 需调转人事关系而因特殊情况不能调转的，可凭相关材料，由县人事劳动部门为其办理有关手续，并给予享受相应的工资待遇。

第十条 建立人才引进绿色通道，事业单位引进40周岁以下紧缺急需的人才可不受单位编制和工资总额限制，先进后出，在今后自然减员中冲抵。凡属引进的紧缺急需人才，可一事一议、特事特办。

第十一条 引进人才由县人才交流中心提供免费人事代理服务，其户口可挂靠在县人才交流中心集体户，由县人才交流中心提供人事关系与档案保管、代理办理社会养老保险缴纳、代为申报专业技术职称、党员组织关系挂靠与接转、出具各种证明等服务，并负责为引进人才及其随迁的配偶、子女等代办户口迁移、落户等手续。

第十二条 引进人才自带科研项目的，根据所承担的科研项目情况，政府资助科研经费。

第十三条 引进人才可以参加本县专业技术人员职称考试、评审；已取得专业技术资格的，可不受用人单位岗位职数的限制，聘任相应的专业技术职务，享受相应的工资待遇。引进后作出突出贡献的人才，可破格申报晋升专业技术职称。优秀人才可推荐参加市“138”人才工程培养人选和享受政府特殊津贴专家等的评选。引进后取得的科技成果，可以参加县级及以上各类科技成果项目的评选。

第十四条 鼓励以智力引进、业余兼职、讲课讲学、短期聘用、技术合作、技术入股、合作经营、项目承包等方式柔性引进人才。以柔性方式引进的高层次人才，其工资待遇、住房等问题由用人单位与本人协商确定，鼓励其以专利、技术、管理等要素参与分配。

第十五条 各用人单位每年年初将本年度引才需求目录报县委人才办审批。引进的人才需享受本办法有关引才优惠政策的，必须报县委人才办审核认定。

第十六条 用人单位应做好引进人才的考察工作，并及时与引进的人才签订书面合同或协议，对服务期限、工作条件、违约责任等双方的权利和义务作出约定。引进人才履行合同或协议情况，作为发放补贴、津贴、补助和资助等的依据。

第十七条 用人单位根据双方签订的合同或协议对引进人才进行管理，做好考核工作。

第三章 人才奖励

第十八条 县委、县政府统一设置“云和县高层次人才政府津贴”和“云和县突出贡献人才奖”等两项奖励措施，并可根据经济社会发展需要，适时灵活地设置其他各种人才奖项。具体评选工作在县委人才工作领导小组的统一领导下，由县委人才办具体负责实施。

第十九条 县属国有企事业单位可以结合自身实际，单独设置人才奖励措施，并报县委人才办审核备案。具体评选工作由本单位(系统或行业)负责实施，并将实施情况报县委人才办备案。

第二十条 “云和县高层次人才政府津贴”发放对象主要是在本县企事业单位从事与专业技术职务任职资格相应工作的一线工作人员，重点是指：

(一)各类高级专家，包括享受国务院特殊津贴的专业技术人员，或获得省级科技进步三等奖以上科研项目的主要承担者，以及进入浙江省“151”人才工程培养的人员等；

(二)具有博士学位，或具有正高级专业技术职称，或获得省级特级教师、市“中青年技术拔尖人才”和“科技新秀”等荣誉称号的人员，以及进入我市“138”人才工程中一、二层次培养的人员等；

(三)具有全日制硕士学位，或具有副高级以上专业技术职称的人员；

(四)由相关部门认定具有特殊才能的人员。

具备第(一)(二)项条件之一的人员，每人每月享受500元政府津贴，其中获得市“中青年技术拔尖人才”和“科技新秀”等荣誉称号的人员，以及进入我市“138”人才工程中一、二层次培养对象的人员只在届内享受(连续三届获得市“中青年技术拔尖人才”称号，且继续在同一岗位上工作的，一直享受至退休为止)。

具备第(三)(四)项条件之一的人员，根据农业、工业、教育、卫生和宣传文化等系统进行归类，每一系统根据个人工作业绩，分别按照本系统中符合条件总人数的30%比例择优确定人选，具体实施对象每两年确定一次，确定对象两年内每月享受300元政府津贴。

第二十一条 每年年初，上年度考核合格以上等次、具备第二十条第(一)(二)项条件之一的人员自行填写《云和县高层次人才政府津贴申请表》，经单位核实并签署意见，报县委人才办审核，经县委人才工作领导小组研究同意后发放。

农业、工业、教育、卫生和宣传文化等系统灵活制定推荐具备第二十条第(三)(四)项条件之一的人员享受政府津贴的相关办法，并将推荐办法与每次具体研究推荐情况一并报送县委人才办备案。确定对象所在单位填写《云和县高层次人才政府津贴推荐表》，经单位核实并签署意见，报县委人才办审核，经县委人才工作领导小组同意后发放。

第二十二条 享受“云和县高层次人才政府津贴”的人员出现调动等情况，不再具备享受政府津贴条件的，停止发放该人员的政府津贴。

第二十三条 “云和县突出贡献人才奖”参评对象主要是为我县经济社会发展作出突出贡献的各类人员，参评人选应模范遵守宪法和法律，具有良好的社会公德和职业道德，模范履行岗位职责等，并具备下列条件之一：

(一)在自然科学、工程科学技术、人文社会科学等领域或重点工程项目中，取得较大成果或解决了较大科技难题，具有较大科学价值、应用成效或社会效益，为提高我县自主创新能力、加快跨越发展做出突出贡献，业绩得到社会和业内认可；

(二)在企业经营管理中，促进所在企业树立现代经营管理理念，创新经营管理方式，建立科学的经营管理制度，使所在企业取得较大经济效益，企业综合竞争力在县内外同行业中处于领先地位；

(三)在农业、工业、服务业生产第一线和经济社会发展的其他领域中，积极进行创造性劳动，取得较大的经济效益和社会效益。

第二十四条 “云和县突出贡献人才奖”每两年评选一次，每次评选名额不超过10名。县委、县政府对获奖者进行表彰，授予“云和县突出贡献人才”荣誉称号，颁发荣誉证书，并给予每人奖励2万元。

“云和县突出贡献人才奖”具体评选办法另行制定。

第四章 人才调动

第二十五条 机关事业单位工作人员要求跨县域调动的，先由本人提交书面申请，经主管部门同意后报县组织人事部门审核，按照干部管理权限进行审批。以下四类人员原则上应在我县服务一定年限后，方可申请跨县域调动：

(一)新录用、引进或调入(含因公开选拔调入)的机关事业单位工作人员服务满五周年；

(二)取得中高级专业技术职称之日起服务满三周年；

(三)由单位报销学习费用取得在职教育本科以上学历的人员，取得学历之日起服务满三周年；

(四)被评为“云和县突出贡献人才奖”的人员，从得奖之日起服务满三周年。

第二十六条 机关事业单位工作人员参加公开选拔或上级部门组织的公开选调考试，报考前必须按干部管理权限办理审批手续，经批准报考被录用的，不受第二十五条规定限制。

第二十七条 对于未经批准的人员，不予办理人事关系手续。

第五章 附则

第二十八条 完善人才经费投入机制，县财政每年安排70万元专项资金用于人才引进和奖励工作，并根据经济社会发展情况作相应调整。设立人才工作经费专户，实行专款专用。

第二十九条 本办法实施前各单位单独制定的各类人才优惠政策继续执行，其中引进的人才按照“就高不就低”原则享受有关的优惠政策。

第三十条 本办法由县委人才办负责解释。

第三十一条 本办法自发文之日起施行。

图书在版编目(CIP)数据

浙江政策年鉴．2009/中共浙江省委政策研究室编．
—北京：研究出版社，2009.12
ISBN 978-7-80168-535-3
Ⅰ．浙…
Ⅱ．浙…
Ⅲ．方针政策—浙江省—2009—年鉴
Ⅳ．D675.5-54

中国版本图书馆 CIP 数据核字(2008)第 083596 号

浙江政策年鉴·2009

编　　者：中共浙江省委政策研究室
　　　　　杭州市省府路省行政中心三号楼
　　　　　邮编：310025　电话：0571—87055075
出版发行：研究出版社
　　　　　北京 1746 信箱
　　　　　邮编：100017　电话：010—63097512
责任编辑：未　爽
责任校对：石柏千
印　　刷：浙江印刷集团有限公司
开　　本：889mm×1194mm　　1/16
印　　张：43.75
字　　数：1785 千字
版　　别：2009 年 12 月第 1 版
版　　次：2009 年 12 月第 1 次印刷
印　　数：1—5000
定　　价：300.00 元
ISBN 978-7-80168-535-3